DICIONÁRIO PRÁTICO
SACCONI

© 2022 - Luiz Antonio Sacconi
Direitos em língua portuguesa para o Brasil:
Matrix Editora
www.matrixeditora.com.br
❶/MatrixEditora | ◐ @matrixeditora | ◉ /matrixeditora

Diretor editorial
Paulo Tadeu

Capa
Patricia Delgado da Costa

Diagramação
Daniela Vasques

Revisão
Cida Medeiros

CIP-BRASIL - CATALOGAÇÃO NA PUBLICAÇÃO
SINDICATO NACIONAL DOS EDITORES DE LIVROS, RJ

Sacconi, Luiz Antonio
Dicionário Prático Sacconi / Luiz Antonio Sacconi. - 1. ed. - São Paulo: Matrix, 2022.
720 p.; 23 cm.

ISBN 978-65-5616-232-4

1. Língua portuguesa - Dicionários. I. Título.

22-77507   CDD: 469.3
                                CDU: 811.134.3'371(038)

Meri Gleice Rodrigues de Souza - Bibliotecária - CRB-7/6439

LUIZ ANTONIO SACCONI

DICIONÁRIO PRÁTICO
SACCONI

O SEU DICIONÁRIO
DO DIA A DIA
ANTI-INTERNET

MATRIX

POR QUE VOCÊ NÃO PODE DEIXAR DE TER ESTE DICIONÁRIO

MUITO IMPORTANTE – Dicionário envolve o conceito de **credibilidade**. Há uma tendência, hoje, de a Internet ser o refúgio de boa parte de consulentes menos exigentes. É uma pena que haja os que se satisfazem com os "dicionaristas de plantão". Há neles alguma credibilidade? Há ali um tratamento por excelência dado aos verbetes, como há neste dicionário? Ademais, o que oferecemos aqui você não encontra na Internet. Essa é a GRANDE diferença. Repare nos verbetes **contra, desde, difícil** e **então**! Não sabe a diferença de significado entre **ambição** e **ganância**? Nem entre **agnóstico** e **ateu**? Só este dicionário traz a diferença. A apresentação que se segue vai lhe dar ainda uma ideia mais clara da importância deste dicionário, uma obra moderna, didática, ricamente atualizada, que segue a tendência mundial de usar, sempre que possível, os verbetes e subverbetes num só bloco. Enfim, este não é um a mais do mesmo.

À GUISA DE APRESENTAÇÃO

Antes de qualquer coisa: esta é uma obra moderna, que usa tanto quanto possível **família de palavras** num só bloco, ou seja, o verbete e seus correspondentes subverbetes, a fim de dar uma ideia geral dos membros dessa família e de sua extensão.

VOCÊ VAI ENCONTRAR NESTE DICIONÁRIO:

1 algo que não vai encontrar em nenhum dicionário, nem muito menos na Internet: a diferença sutil de significado entre palavras que a maioria dos dicionários registra equivocadamente como sinônimas, quais sejam:

entre **acidente** e **incidente**;
entre **acrônimo** e **sigla**;
entre **ageísmo** e **etarismo**;
entre **agnóstico** e **ateu**;
entre **aleitar** e **amamentar**;
entre **ambição** e **ganância**;
entre **anão** e **pigmeu**;
entre **anime** e **mangá**;

entre **assunto** e **tema**;
entre **autoestrada** e **estrada de rodagem**;
entre **automobilismo** e **automotivo**;
entre **carne de sol, carne-seca** e **charque**;
entre **cisgênero, transgênero** e **intergênero**;
entre **coadjuvante** e **figurante**;
entre **comburente** e **combustível**;
entre **cupê** e **sedã**;
entre **dália** e *teleprompter*;
entre **derradeiro** e **último**;
entre **descabreado** e **descabriado**;
entre **desmistificar** e **desmitificar**;
entre **despercebido** e **desapercebido**;
entre **diferençar** e **diferenciar**;
entre **driblar** e **fintar**;
entre **emoção** e **comoção**;
entre **encefálico** e **cefálico**;
entre **enfear** e **afear**;
entre **estada** e **estadia**;
entre **estádio** e **estágio**;
entre **filarmônica** e **sinfônica**;
entre **frialdade** e **frieza**;
entre **gelato** e **sorvete**;
entre **gentílico** e **pátrio**;
entre **hebraico** e **hebreu**;
entre **heliponto** e **heliporto**;
entre **homossexualidade** e **homossexualismo**;
entre **incontestável** e **inconteste**;
entre **instante** e **momento**;
entre **inveja** e **ciúme**;
entre **invendável** e **invendível**;
entre **jovem** e **jovial**;
entre **jurídico** e **judicial**;
entre **jurisconsulto** e **jurista**;
entre **medicamento** e **fármaco**;
entre **metrossexual** e **retrossexual**;
entre **parricídio** e **patricídio**;
entre **poupança** e **popança**;
entre **prebiótico, probiótico** e **simbiótico**;
entre **proeza** e **façanha**;
entre **psicopata** e **sociopata**;
entre **raça** e **etnia**;
entre **religião** e **seita**;
entre **resíduo** e **rejeito**;
entre **retrô** e *vintage*;
entre **salário mínimo** e **salário-mínimo**;
entre **sexo** e **gênero**;

entre **simpatia** e **empatia**;
entre **síndrome** e **doença**;
entre **solidão** e **solitude**;
entre **tampar** e **tapar**;
entre **teleassistente** e **telefonista**;
entre **torque** e **potência**;
entre **vendável** e **vendível**;
entre **veneno** e **peçonha**,
além da diferença de emprego
entre **mais** e **mas**;
entre **mal** e **mau**;
entre **por ventura** e **porventura**;
entre **tampouco** e **tão pouco**;
e, afinal, **assertividade** e **assertivo** têm algo a ver com *acerto*, como quer a presidente da S.E. Palmeiras na sua frase *Temos que ser o mais assertivos possível?*

2 palavras, expressões e siglas que não constam em nenhum outro dicionário, quais sejam:

agroglifo;	escondidinho;	PIX;
aporofobia;	esquerdopata;	*podcast*;
atacarejo;	fundoplicatura;	portão-gaiola;
babalu;	*gaslighting*;	pubalgia
baby boom;	gastroesofágico;	*qubit*;
bagaça (gíria);	gelateria	sindemia;
bardoto;	gelato	sobresterçante;
biotelemetria;	geóglifo;	*stalking*;
bitcoin;	geossítio;	subesterçante;
blini;	*ghosting*	taissô;
bundoril;	*green card*;	taquinho;
ciberpropaganda;	hominínio;	teranóstica;
ciberterrorismo;	intifada;	teresa;
ciclofaixa;	*K-POP*;	tiki-taka;
comorbidade;	*meme*,	*tiltrotor*;
coach;	mensalão;	tiriça;
contactologia;	metaverso;	trolar;
cronotacógrafo;	migué;	*TIF*;
degermação;	miguelito;	tucanalha;
descansa-braço;	mi-mi-mi;	tunelamento;
direitopata;	modelódromo;	*TWI*;
drogadicção;	negativado;	viralizar;
embaçado (gíria);	nootrópico;	*webcast*
endolação;	nutracêutico;	e muito mais.
engana-mamãe;	PDF;	
ePub;	petralha;	

3 a real e precisa **definição** dos nomes abstratos, tais como: **amor, confiança, desprezo, emoção, inveja, saudade**, etc.

4 palavras e expressões usadas na informática e no mundo da tecnologia (**blockchain, fintech, flopar, hospedagem, servidor, smartphone, smiley, startup**, etc.), assim como saber o que é **Instagram, Twitter** e **Yahoo**, etc.

5 os neologismos que correm atualmente, como **homoafetivo** e **metrossexual**) e as mais recentes gírias das redes sociais, como **cringe, embuste, empoderar, foi mal, passar o pano para** (em **passar**), etc.

6 profusão de exemplos (que é o que firma conhecimento), quase sempre exemplos personalíssimos, neste que é o mais minucioso (v. **acesso, alto, bom, decoro, gente, grande, mau** e **reconhecer**), o mais didático (v. **me, mim** e **nada**) e o mais atualizado (v. **apple watch, baba-ovo, barista, bitcoin, chatbot, ciclocomputador, communifaking, compliance, contrail, criptoativo, feminicídio, gentrificação, homoparentalidade, podcast, queer, quiz, sororidade, token** e muitas outras).

7 solução dos principais problemas de uso da língua, ortográficos (v. **debaixo** e **muçarela**), morfológicos (v. **chegar, ganhar, pagar** e **pegar**) e sintáticos (v. **deparar**).

8 advertência sobre o uso de palavras e expressões que, embora comuns no dia a dia, não convém usá-las (v. **conta-gotas, massivo, muçarela, para-raios, porta-aviões**, além de **em mão** (no verbete **mão**) e **ir a óbito** (no verbete **óbito**).

9 o registro de todas as pronúncias corretas, inclusive das formas verbais e das sílabas átonas (v. **alopecia, ambidestro, cavoucar, cervo, destro, distinguir, ecoponto, endoidar, ectoplasma, extinguir, festejar, ileso, longevo, megalomania, osteoporose, oxigênio, roubar** e **tremer**) e a representação correta da pronúncia de todos os estrangeirismos (v. **emoticon** e as três acepções corretas de **ombudsman**).

10 observações sobre certas inadequações de uso cotidiano (v. **elenco, estrelado, estória, megassena** e **et cetera**) e também sobre neologismos ainda não registrados no VOLP (v. **dólar** e **superavit**).

11 questionamentos sobre certos registros do VOLP (v. **futsal, jinjibirra, bebê, nenê** e **nhem-nhem-nhem**).

12 as abreviaturas corretas de **apartamento, hora, número**, etc. e o gênero correto de todas as siglas e acrônimos (v. **Ceasa, covid-19, Dersa, GPS, HDL, ISO, Fifa, Fiesp, LCD, LED, OLED, QLED, SAMU, SISU, SIVAM, SKD**, etc.)

13 uma obra moderna, que usa tanto quanto possível **família de palavras** num só bloco, ou seja, o verbete e seus correspondentes subverbetes, a fim de dar uma ideia geral dos membros dessa família e de sua extensão

e muito mais.

ABREVIATURAS USADAS

abrev. = abreviatura
abs. = absoluto
adj = adjetivo
adv = advérbio
al. = alemão
AL = Alagoas
altern = alternativa
antôn. = antônimo
ár. = árabe
art = artigo
aum. = aumentativo
BA = Bahia
CE = Ceará
chin. = chinês
col = coletivo
comb = combinação
comp = composto
conj = conjunção
contr = contração
cor. = coreano
def. = definido
der. = derivado
dim. = diminutivo
dir. = direito
ed. = edição
el = elemento
esp. = especialmente ou espanhol
ex. = exemplo(s)
fem. = feminino
fig. = figurado
fr. = francês
fut. = futuro
gír. = gíria
GO = Goiás
gram. = gramática
hebr. = hebraico

imp = imperativo
imperf. = imperfeito
ind. = indicativo
interj = interjeição
interr = interrogativo
irreg. = irregular
it. = italiano
jap. = japonês
loc = locução
masc = masculino
Mat. = Matemática
MG = Minas Gerais
m.-q.-perf. = mais-que-perfeito
N = Norte
NE = Nordeste
neol. = neologismo
n.º = número
num = numeral
obj. = objeto
PA = Pará
pal = palavra
par = paroxítona
part = particípio
pass = passado
PB = Paraíba
PE = Pernambuco
pej. = pejorativo (sentido pejorativo)
perf. = perfeito
pert. = pertencente
pess = pessoa
p.ex. = por exemplo
p.ext. = por extensão
pl = plural
pop. = popular (língua ou uso popular)
PR = Paraná

pref = prefixo
prep = preposição
pres. = presente
pret. = pretérito
princ. = principalmente
pron = pronome
propar = proparoxítona
red. = redução
reg. = regular
RJ = Rio de Janeiro
RS = Rio Grande do Sul
rus. = russo
S = Sul
s = substantivo
SC = Santa Catarina
s2gên2núm = substantivo de dois gêneros e dois números
séc. = século
sem. = semelhante
sf = substantivo feminino
sf2núm = substantivo feminino e de dois números
símb. = símbolo
sing. = singular
sint. = sintético
sm = substantivo masculino
sm2núm = substantivo masculino e de dois números
SP = São Paulo
subj. = subjuntivo
subst. = substantivo
suf. = sufixo
super = superioridade
superl. = superlativo
temp = temporal
v = verbo ou veja
var. = variante

Atenção – As palavras terminadas em **-ão** que não tiverem o registro de plural, trocam essa terminação por -ões no plural.

A

a/A *sm* Primeira letra do alfabeto. · Pl.: os *ás* ou os *aa*.

a¹ *art def* **1**. Antecede um substantivo, determinando-o (*a* rua). // *pron* **2**. Indica a terceira pessoa do singular feminina, com a função de complemento direto (eu *a* beijei). **3**. Equivale a *esta*, *essa* ou *aquela* (chegaram as laranjas, *a* que eu experimentei estava doce).

a² *prep* que indica inúmeras relações, entre as quais a de *lugar* (vou *a* Santos), *modo* (vou *a* pé), *intervalo entre dois pontos temporais ou espaciais* (daqui *a* Santos é perto) e *preço* (o abacaxi está *a* cinco reais). (Não se confunde seu emprego com *há*, do verbo *haver*, porque não se substitui nunca por *faz*: Estamos *a* dez minutos de pousar. As eleições serão *a* 15 de novembro. Esse problema brasileiro remonta *a* séculos. Chegaremos daqui *a* vinte minutos.)

à *contr* da preposição *a* com o artigo definido (vou à Bahia) ou com o pronome demonstrativo *a* (essa blusa é igual à que eu comprei).

a.ba *sf* **1**. Parte extrema e inferior de móveis, telhados, peças do vestuário, do nariz, etc. **2**. Parte baixa e prolongada de monte, montanha, morro, etc. **3**. Rebordo de chapéu.

a.ba.ca.te *sm* Fruto comestível do abacateiro, de casca grossa e polpa oleosa, com um único e grande caroço. → **abacateiro** *sm* (árvore de grande porte, nativa do México, que dá o abacate).

a.ba.ca.xi *sm* **1**. Infrutescência (a que muitos chamam *fruto*), de formato oval, polpa doce e suculenta, envolvida por uma casca grossa, segmentada, encimada por uma coroa de folhas longas, duras e geralmente espinhosas; ananás. **2**. Planta nativa do Brasil que dá o abacaxi; abacaxizeiro; ananás. **3**. *Pop*. Qualquer coisa muito difícil ou desagradável de fazer: *ter de fazer companhia a sua irmã, no namoro dela, era para ele um abacaxi*. **4**. *Pop*. Problema, pepino: *surgiu um abacaxi de última hora; depois de eleito, ele declara que governar o país é um abacaxi*. **5**. *Fig*. Coisa difícil de arrumar ou de consertar: *esse carro é um abacaxi para qualquer mecânico*. **6**. *Fig*. Pessoa desagradável, chata, maçante, cacete ou complicada, perigosa: *a verdade é que aquele professor de Matemática era mesmo um abacaxi; ser amigo de traficante sempre será um abacaxi*. → **abacaxizeiro** *sm* [abacaxi (2)]. ·· **Descascar um abacaxi**. **1**. Resolver um problema sério, difícil, intrincado. **2**. Enfrentar uma situação difícil ou desagradável. (O abacaxi ganhou o significado de *problema*, porque é difícil de descascar.)

a.ba.da *sf* **1**. Porção de coisas que uma aba suspensa pela barra pode conter: *a mulher trazia do pomar uma abada de maçãs para os filhos*. **2**. *Fig*. Grande quantidade: *uma abada de cartas*. **3**. Beiral de telhado: *os pombos sujaram toda a abada da casa*. **4**. Fêmea do rinoceronte.

a.ba.dá *sm* **1**. Túnica branca e longa, usada por negros muçulmanos, em casa e nos momentos de oração. **2**. *Pop*. NE Camisolão folgado e de mangas curtas, de cores vivas e bastante enfeitado ou decorado, usado por foliões em blocos de carnaval para serem reconhecidos como de determinado grupo. **3**. *Pop*. RJ Calça usada pelo capoeirista.

a.ba.de *sm* Superior de abadia. · Fem.: abadessa (ê). → **abadia** *sf* (igreja ou paróquia onde o superior é um abade; mosteiro).

a.ba.far *v* **1**. Cobrir, para conservar o calor: *abafou a xícara, para que o café não esfriasse*. **2**. Cobrir, para impedir que se espalhe ou propague: *abafar o fogo com areia*. **3**. Sufocar, dificultando a respiração: *o calor de Teresina abafa a gente*. **4**. Matar por asfixia; asfixiar, sufocar: *abafaram a vítima, usando um travesseiro*. **5**. Ocultar, esconder: *abafar um escândalo*. **6**. Diminuir (som) de intensidade; amortecer: *abafar os tiros com um silenciador*. **7**. Não deixar progredir; conter: *abafar uma revolta militar*. **8**. *Fig*. Exercer forte pressão sobre: *o time precisa jogar abafando o adversário*. **9**. *Pop*. Fazer grande sucesso; sobressair, destacar-se; abafar a banca: *ela abafou no concurso de beleza*. → **abafadiço** *adj* (em que mal se respira; abafado); **abafado** *adj* (**1**. abafadiço; **2**. que não foi divulgado; encoberto); **abafação** *sf* ou **abafamento** *sm* (ato ou efeito de abafar). ·· **Abafar a banca**. Fazer grande sucesso: *Ela abafou a banca no concurso de beleza*.

a.ba.gun.çar *v* V. **bagunçar**.

a.bai.xar *v* **1**. Fazer descer: *abaixar a persiana*. **2**. Inclinar para baixo: *abaixar a veneziana*. **3**. Diminuir: *abaixar a bainha da saia*. **4**. Pôr embaixo; arriar: *abaixar as calças*. **5**. Diminuir, reduzir: *a loja abaixou todos os preços*. **abaixar-se 6**. Rebaixar-se, humilhar-se. · Antôn. (1 a 4): *subir*; (4): *erguer*, *subir*; (5): *aumentar*, *elevar*; (6): *exaltar-se*. · V. **baixar**. → **abaixamento** *sm* (ato ou efeito de abaixar).

a.bai.xo *adv* **1**. Em lugar, condição, posição ou nível inferior: *pus meu peso abaixo*. // *interj* **2**. Indica reprovação ou protesto: *abaixo a impunidade!* (Cuidado para não usar acento no **a**!) · Antôn. (1): *acima*; (2): *viva!* (Não se confunde com *a baixo*, em dois vocábulos, que se usa em oposição a *alto*: *olhei-a de alto a baixo*.)

a.bai.xo-as.si.na.do *sm* Documento assinado por várias pessoas, no qual se pede, se reivindica, se protesta, etc. · Pl.: *abaixo-assinados*. (Não se confunde com *abaixo assinado*, que é cada um dos que assinam o documento.)

a.ba.jur *sm* Peça colocada em volta de uma lâmpada, para proteção dos olhos ou para direcionar a luz; quebra-luz. · Pl.: *abajures*.

a.ba.lar *v* **1**. Tornar menos firme: *as chuvas abalaram as casas dos morros*. **2**. *Fig*. Perturbar moralmente, abater: *calúnias não o abalam*. **3**. *Fig*. Enfraquecer, debilitar: *as doenças abalam as pessoas*. **abalar-se 4**. *Fig*. Abater-se moralmente: *a torcida se abalou com a perda do título*. → **abalada** *sf*, **abalamento** ou **abalo** *sm* [ato ou efeito de abalar(-se)]; **abalado** *adj* (**1**. sem firmeza; instável: *abalado com o terremoto, o prédio ruiu*; **2**.*fig*. que sente doentio; abatido, debilitado: *abalado com a doença, já não sai de casa*; **3**. *fig*. tocado por alguma comoção: *ficou abalado com a morte do avô*); **abalo** *sm* [**1**. abalada, abalamento; **2**. tremor, estremecimento; **3**. crise: *sofrer um abalo nervoso*; **4**. comoção, choque: *a morte do filho lhe causou grande abalo*]. ·· **Abalo sísmico**. Terremoto, sismo.

a.ba.li.zar *v* **1**. Demarcar com balizas: *abalizar um terreno*. **abalizar-se 2**. *Fig*. Tornar-se ilustre ou notável; destacar-se, sobressair: *ele se formou e logo se abalizou na sua profissão*. → **abalizado** *adj* (**1**. demarcado com balizas: *terreno todo abalizado*; **2**. *fig*. altamente competente ou qualificado: *jornalista abalizado em política*); **abalizamento** *sm* [ato ou efeito de abalizar(-se)].

a.bal.ro.ar *v* Ir de encontro a; chocar-se ou colidir com; chocar-se: *um ônibus abalroou uma carroça*; *dois navios abalroaram na baía de Guanabara*. · Conjuga-se por abençoar. **abalroação**, **abalroada** *sf* ou **abalroamento** *sm* (ato ou efeito de abalroar).

a.ba.nar *v* **1**. Refrescar com leque ou abano: *abanar o rosto*. **2**. Agitar, sacudir: *quando vê o dono, o cão abana o rabo*. **3**. Fazer vento sobre, com abano; avivar, excitar: *abane o fogo, senão ele se apaga!* → **abanação** *sf*, **abanamento** ou **abano** *sm* (ação ou movimento que se faz para abanar); **abano** *sm* (**1**. abanação, abanamento; **2**. qualquer objeto que sirva para refrescar ou para avivar o fogo), de dim. irregular *abanico*.

a.ban.do.nar *v* **1**. Deixar para sempre (pessoa, coisa, lugar, vício, etc.): *abandonar a família, os estudos, o cigarro*. **2**. Deixar ou sair de (em consequência de calamidade): *a enchente fez muita gente abandonar suas casas*. **3**. Pôr de lado, desistir, deixar de: *abandone essa ideia, rapaz!* **abandonar-se 4**. Deixar-se dominar; entregar-se: *o pobre do rapaz se abandonou ao vício*. → **abandono** *sm* [ato ou efeito de abandonar(-se)].

a.ba.rá *sm* Bolinho que se faz com feijão-fradinho, temperado com pimenta e azeite de dendê, envolto em folha de bananeira.

a.bar.ca *sf* **1**. Calçado rústico, que cobre parte do pé e se amarra com correias até o calcanhar. **2**. Sapato de madeira ou de couro, com sola de madeira.

a.bar.car *v* **1**. Conter em sua área; abranger, compreender: *a Península Ibérica abarca a Espanha e Portugal*. **2**. Alcançar, atingir: *tudo o que a sua vista pode abarcar pertence a meu pai*. **3**. Abraçar: *ele dorme abarcando o travesseiro; com medo de assalto, ela caminha abarcando a bolsa*. **4**. Ter o monopólio ou controle exclusivo de; monopolizar: *os atravessadores abarcam toda a produção de cebola, para controlar os preços*. → **abarcamento** *sm* (ato ou efeito de abarcar); **abarcável** *adj* (que se pode abarcar; abrangível).

a.bar.ro.tar *v* **1**. Encher de barrotes; cobrir com barrotes. **2**. *Fig*. Encher demasiado, sobrecarregar: *abarrotar o bolso de pedras*. **abarrotar-se 3**. Ficar lotado ou demasiadamente cheio: *o estádio se abarrotou de torcedores*. → **abarrotamento** *sm* [ato ou efeito de abarrotar(-se)].

a.bas.tan.ça sf **1**. Grande quantidade; abundância: *ter abastança de bens*. **2**. Riqueza, fortuna: *viver na abastança é bom*. → **abastado** adj e sm (que ou aquele que está muito bem de vida; rico), de antôn. *pobre, miserável*; **abastar(-se)** v [prover(-se) do necessário; abastecer(-se)].

a.bas.tar.dar(-se) v Tornar(-se) pior, física ou moralmente; degenerar(-se), corromper(-se): *as más companhias abastardam o caráter; ele se abastardou no vício*. → **abastardamento** sm [ato ou efeito de abastardar(-se)].

a.bas.te.cer v **1**. Colocar o necessário em (alguma coisa), para seu perfeito funcionamento: *abastecer o carro*. **abastecer(-se)** **2**. Prover(-se) do necessário: *abastecer a despensa; abastecer-se de alimentos nos supermercados*. → **abastecimento** sm [ato ou efeito de abastecer(-se)].

a.ba.ta.ta.do adj **1**. Que tem forma de batata. **2**. *Fig.* Diz-se do nariz grosso e largo.

a.ba.ter v **1**. Pôr abaixo, no chão; derrubar: *abater árvores*. **2**. Derrubar com um golpe mortal (geralmente animais para consumo humano): *abater reses*. **3**. Derrubar, destruindo: *um caça abateu o avião inimigo*. **4**. Descontar ou reduzir (quantia): *abater parte de uma dívida*. **abater-se 5**. Ficar deprimido ou profundamente desanimado: *ele nunca se abate: é uma fortaleza!* → **abate** sm (ato ou efeito de abater); **abatido** adj (**1**. que se abateu ou derrubou; **2**. desanimado; **3**. adoentado); **abatimento** sm [ato, processo ou efeito de abater(-se)].

a.ba.u.lar(-se) v Tornar(-se) curvo ou convexo: *abaular uma grade; essa madeira se abaúla com o tempo*. · As formas rizotônicas têm acento no **u**: *abaúlo, abaúlas*, etc. → **abaulamento** sm [ato ou efeito de abaular(-se)].

abaya [ár.] sf Túnica preta feminina, traje típico das mulheres árabes ou muçulmanas. · Pronuncia-se *abáia*. · V. **dishdasha**.

ABCD sm Sigla que define a região metropolitana de São Paulo compreendida pelas cidades de Santo André, São Bernardo do Campo, São Caetano do Sul e Diadema, todas quatro cidades operárias e fabris. → **abecedense** adj e s2gên (habitante do ABCD).

ab.di.car v Renunciar voluntariamente a (alto cargo ou coroa): *D. Pedro I abdicou da coroa e foi para Portugal*. → **abdicação** sf (ato ou efeito de abdicar; renúncia voluntária a alto cargo ou coroa).

ab.do.me ou **ab.dô.men** sm Parte do corpo do homem e dos mamíferos que contém o estômago, os intestinos e outros órgãos. · Pl.: *abdomes, abdomens* (sem acento). → **abdominal** adj (do abdome: *região abdominal*) e sf (exercício físico para a região do abdome).

ab.du.ção sf **1**. Movimento pelo qual um membro ou um órgão qualquer se afasta do plano médio que divide imaginariamente o corpo em duas partes simétricas. **2**. Suposto sequestro que sofre uma pessoa por intervenção extra-terrestre. → **abduzir** v [**1**. mover (uma parte do corpo), afastando do eixo médio ou de outra parte; **2**. sequestrar (diz-se dos alienígenas)].

á-bê-cê sm Alfabeto, abecedário. · Pl.: *á-bê-cês*. → **abecedário** sm (alfabeto, á-bê-cê).

a.be.lha (ê) sf Inseto voador que vive em colônias e produz mel, cera e própolis. (Voz: *azoinar, sussurrar, zoar, zumbir, zunir, zunzunar*.) · Macho: *zangão* ou *zângão*. · Col.: *enxame*. · V. **apiário** e **apicultura**. → **abelhudice** sf (pop. atitude ou comportamento de abelhudo); **abelhudo** adj e sm (que ou aquele que se mete naquilo que não lhe diz respeito; intrometido, xereta, enxerido).

a.ben.ço.ar v **1**. Dar bênção a, benzer: *o padre abençoou os fiéis*. **2**. Proteger, fazer feliz: *que Deus o abençoe, meu filho!* · Conj.: *abençoo, abençoas, abençoa, abençoamos, abençoais, abençoam* (pres. do ind.); *abençoe, abençoes, abençoe, abençoemos, abençoeis, abençoem* (pres. do subj.). Nos demais tempos e modos, é regular. Todos os verbos terminados em *-oar* se conjugam por este.

a.be.rém sm Bolinho de origem afro-brasileira, feito com massa de feijão-fradinho temperada com pimenta, sal, cebola e azeite de dendê, às vezes com camarão seco, inteiro ou moído e misturado à massa, embrulhado com folha de bananeira e cozido em água.

a.ber.ra.ção sf **1**. Desregramento de conduta; perversão. **2**. Ação ou palavras absurdas, que devem ser evitadas; disparate.

a.ber.to adj **1**. Que não está fechado: *porta aberta*. **2**. *Fig.* Que aceita facilmente ideias novas e não se apega ao passado: de bom trato: *ela tem um pai aberto*. · Antôn. (1): *fechado, cerrado*; (2): *quadrado, tacanho*.

a.ber.tu.ra sf **1**. Ato ou efeito de abrir(-se). **2**. Qualquer buraco natural ou provocado: *a abertura da fechadura*. **3**. Inauguração ou início: *hoje se dará a abertura das Olimpíadas*. · Antôn. (1): *fechamento, cerramento*; (3): *fim, término, encerramento*.

a.bes.ta.do adj Pop. **1**. Falto de inteligência ou de esperteza; estúpido, burro; besta; lesado: *jornalista abestado; justamente na hora da eleição, o povo brasileiro fica abestado*. **2**. Incomodado, irritado: *fico abestado com tanta impunidade*. **3**. Surpreso, admirado; embasbacado; espantado; abestalhado (2): *estou abestado com tanta mulher bonita nesta festa!* · Antôn. (1): *inteligente, perspicaz*; (2): *tranquilo, sossegado*; (3): *indiferente*.

a.bes.ta.lha.do adj **1**. Diz-se do indivíduo abobado, tonto, imbecil; besta; *você entendeu o que eu disse, seu abestalhado?; agi como um verdadeiro abestalhado*. **2**. Surpreso, espantado, abestado (3); embasbacado; besta: *estou abestalhado com tanto escândalo!* · Antôn. (1): *vivo, esperto, ladino*; (2): *indiferente*.

ABI sf Sigla de Associação Brasileira de Imprensa, fundada em 1908 para congregar uma categoria que, àquela época, se encontrava dispersa, necessitando de proteção, segurança trabalhista, salários mais justos, etc.

a.bi.lo.la.do adj *Gír.* **1**. Abestado (1); lesado. **2**. Abestalhado (1), tonto. · Antôn. (1); *inteligente, perspicaz*; (2): *esperto, vivo, ladino*.

a.bi.o sm **1**. Árvore de grande porte que dá um fruto comestível de mesmo nome e madeira de lei; abieiro. **2**. Essa madeira; abieiro. **3**. Esse fruto. → **abieiro** sm [abio (1 e 2)].

a.bis.coi.tar v **1**. Secar no forno até a consistência do biscoito; cozer como biscoito: *abiscoitar o pão, o bolo*. **2**. Conseguir ou arranjar inesperadamente e com facilidade ou esperteza; obter: *abiscoitar um cargo de confiança no governo; na época das eleições, eles vão abiscoitar votos na periferia, depois a esquecem*. **3**. Conseguir, ganhar ou conquistar com méritos ou como prêmio: *meu time abiscoitou dois títulos de campeão este ano; o Flamengo abiscoitou uma vaga para a disputa da Taça Libertadores da América; ele abiscoitou o prêmio sozinho!* · O ditongo *oi* continua fechado e claramente pronunciado durante a conjugação.

a.bis.mar(-se) v Assombrar(-se), espantar(-se): *a notícia de uma nova guerra sempre abisma a população; o povo se abismou com essa notícia*. → **abismado** adj (muito surpreso; espantado); **abismamento** sm [ato ou efeito de abismar(-se)].

a.bis.mo sm Fenda natural muito profunda na terra, precipício. → **abismal** adj [**1**. abissal (1); **2**. *p.ext.* muito profundo)]. · V. **abissal**.

a.bis.sal adj **1**. Relativo a abismo; abismal: *as regiões abissais do oceano*. **2**. *Fig.* Enorme, imenso, incomensurável: *há uma diferença abissal entre seu time e o meu*.

ab.je.to adj **1**. Extremamente miserável; desgraçado: *viver em pobreza abjeta*. **2**. *Fig.* Moralmente baixo; sórdido, calhorda, canalha: *os corruptos são seres abjetos*. · Antôn. (1): *faustoso*; (2): *honrado, honesto*. → **abjeção** sf (último grau de baixeza moral; sordidez: *para conseguir votos, ele era capaz das maiores abjeções*), de antôn. *dignidade, nobreza, probidade*.

ab.ju.rar v **1**. Renunciar sob juramento a (religião, crença, partido, etc.); perjurar (1): *ele abjurou o cristianismo, para adotar o islamismo*. **2**. Renunciar a ou renegar; repudiar, perjurar (2): *ele abjurou todas as ideias que sempre defendeu*. → **abjuração** sf ou **abjuramento** sm (ato ou efeito de abjurar).

ABL sf Sigla de Academia Brasileira de Letras, entidade privada, criada em 15/12/1896, no Rio de Janeiro, por Machado de Assis e outros intelectuais, com o objetivo precípuo de preservar a língua e a literatura nacionais. São de sua responsabilidade a edição e o conteúdo do *Vocabulário Ortográfico da Língua Portuguesa* (VOLP).

a.bla.ção sf Retirada ou amputação de um tecido ou parte do corpo. · V. **ablativo**.

a.bla.ti.vo adj **1**. Relativo a ablação. **2**. Relativo ao caso ablativo. // sm **3**. Caso de declinação de latim e de outras línguas que indica as circunstâncias de lugar, tempo, origem, agente, instrumento, matéria, afastamento, etc.

a.blu.ção sf Banho do corpo ou de parte dele.

ab.ne.gar(-se) v Sacrificar-se em benefício de outra pessoa: *ela abnegou a riqueza para se dedicar aos pobres; ela abnegou, para doar-se aos necessitados*. → **abnegação** sf [ato

ou efeito de abnegar(-se)]; **abnegado** *adj* e *sm* (que ou quem demonstra abnegação).
ABNT *sf* Sigla de *A*ssociação *B*rasileira de *N*ormas *T*écnicas, sociedade civil sem fins lucrativos, fundada em 1940, no Rio de Janeiro, com o propósito de elaborar normas técnicas para todas as atividades científicas, comerciais e industriais, além de incentivar a padronização de medidas no país.
a.bó.ba.da *sf* Teto arqueado ou abaulado de grandes edifícios. ·· **Abóbada palatina**. Céu da boca; palato.
a.bo.ba.do ou **a.bo.ba.lha.do** *adj* **1**. Que é meio bobo ou tonto; sonso. **2**. Próprio de bobo: *olhar abobado*. **3**. *Pop*. Admirado, espantado: *fiquei abobado com tanta violência*.
a.bó.bo.ra *sf* Fruto da aboboreira, conhecido no Nordeste como *jerimum*, muito usado na culinária e na alimentação de animais. → **aboboreira** *sf* (planta herbácea, trepadeira e rasteira que dá a abóbora); **abobrinha** *sf* (**1**. variedade de abóbora, usada na alimentação humana, de forma alongada, casca verde e polpa branca ou amarelada; **2**. *pop*. coisa sem nenhuma importância; futilidade, besteira, tolice: *você só diz abobrinhas*).
a.bo.ca.nhar *v* **1**. Apanhar com a boca: *o cão abocanhou aquele pedaço de frango e correu*. **2**. Ferir com os dentes; morder: *os cães abocanharam a panturrilha do rapaz*. **3**. *Fig*. Apoderar-se ilicitamente de: *o que eles querem mesmo é abocanhar toda a nossa Amazônia*. **4**. *Fig*. Receber (dinheiro); abiscoitar: *com a perda desse título, o clube deixou de abocanhar dez milhões de dólares*. → **abocanhamento** *sm* (ação ou efeito de abocanhar).
a.boi.o (ôi) ou **a.boi.a.do** *sm* Canto triste e monótono dos vaqueiros que conduzem boiadas. → **aboiar** *v* (guiar boiada com aboio), que mantém fechado o ditongo *oi* durante a conjugação.
a.bo.iz *sm* **1**. Armadilha montada para apanhar aves e coelhos. **2**. *P.ext*. Cilada, arapuca.
a.bo.lir *v* Pôr fim a, extinguir, acabar com; suprimir: *abolir a corrupção não é fácil; aboliram a escravidão; já aboliram essa gíria faz tempo*. · Antôn.: *restabelecer, restaurar*. · Este verbo não tem a 1.ª pessoa do singular do presente do indicativo nem todo o presente do subjuntivo. → **abolição** ou **abolimento** *sm* (ato ou efeito de abolir); **abolicionismo** *sm* (sistema dos que pregavam o fim da escravatura; **abolicionista** *adj* e *s2gên* (que ou pessoa que pregava o abolicionismo).
a.bo.mi.nar *v* Sentir forte aversão ou repulsa a; detestar, execrar: *as mulheres abominam falsidade*. → **abominação** *sf* (ato ou efeito de abominar; repulsa, execração); **abominável** *adj* (detestável, execrável).
a.bo.nar *v* **1**. Declarar bom ou legítimo; aprovar: *abonar o crédito de um cliente*. **2**. Perdoar; não levar em conta, relevar: *abonar uma falta ao trabalho*. → **abonação** *sf*, **abonamento** ou **abono** *sm* [abono (1)]; **abonado** *adj* (que se abonou ou relevou: *o funcionário teve sua falta abonada*) e *adj* e *sm* (que ou aquele que tem muitas posses ou que está com boa quantia disponível: *casou com homem abonado; hoje pago tudo, porque estou abonado*); **abono** *sm* (**1**. ato ou efeito de abonar; abonação, abonamento; **2**. perdão por falta ao trabalho; **3**. complemento de salário pago a título precário, como antecipação de futuro aumento, gratificação especial, etc.).
a.bor.dar *v* **1**. Aproximar-se para assaltar e tomar: *os bandidos o abordaram no carro*. **2**. Aproximar-se para falar: *ela me abordou para saber as horas*. **3**. Tratar ou falar de: *o professor ainda não abordou esse assunto*. → **abordagem** *sf* (ato ou efeito de abordar).
a.bo.rí.gi.ne ou **a.bo.rí.ge.ne** *adj* **1**. Que é originário do lugar em que existe ou vive; nativo. // *sm* **2**. Membro da população mais antiga de uma região; nativo, indígena, autóctone. · Antôn.: *alienígena*. (A forma *aborígene* é de responsabilidade do VOLP, já que era considerada cacográfica até bem pouco tempo.)
a.bor.re.cer *v* **1**. Chatear, encher, amolar, incomodar: *ruídos sempre me aborrecem*. **aborrecer-se 2**. Ficar desgostoso, pondo-se de mau humor: *ele se aborreceu, porque seu time perdeu*. · Antôn. (1): *satisfazer, alegrar, agradar*. → **aborrecido** *adj* (desgostoso, chateado); **aborrecimento** *sm* (desgosto que provoca irritação, contrariedade ou mau humor), de antôn.: *satisfação, prazer, alegria*.
a.bor.res.cên.cia *sf* Idade em que o adolescente causa, por sua própria natureza, os maiores transtornos aos pais: *ele confessa que deu trabalho aos pais na aborrescência*. → **aborrescente** *adj* e *s2gên* (que ou adolescente que está na aborrescência).
a.bor.to (ô) *sm* Expulsão, espontânea ou provocada, do feto do ventre, antes do parto normal, nos primeiros seis meses de gravidez. → **abortar** *v* (expulsar prematuramente o feto do útero, de modo natural ou provocado); **abortícida** *adj* e *s2gên*

(que ou pessoa que é responsável por aborticídio); **aborticídio** *sm* (aborto criminoso); **abortista** *adj* e *s2gên* (que ou pessoa que é favorável à liberação do aborto); **abortivo** *adj* e *sm* (que ou droga que provoca o aborto).
a.bo.to.ar *v* Fechar com botões: *abotoar o paletó*. · Conjuga-se por *abençoar*. → **abotoamento** *sm* (ato ou efeito de abotoar); **abotoadura** *sf* (**1**. cada uma das duas pequenas peças que servem para fechar o punho da camisa, usadas no lugar dos botões; **2**. conjunto dos botões de um vestuário). ·· **Abotoar o paletó** (pop.). Morrer.
a.bra.ca.da.bra *sm* Palavra cabalística de poderes supostamente mágicos.
a.bra.çar *v* **1**. Apertar junto ao peito, com os braços: *abraçar o travesseiro; abraçar uma pessoa*. **2**. Seguir, adotar: *abraçar uma carreira*. → **abraço** *sm* (**1**. ato ou efeito de abraçar; **2**. *fig*. demonstração de afeto ou amizade, concluindo comunicação verbal ou escrita: *aceite, por fim, um grande abraço*). ·· **Abraçar o jacaré** (gír.). Dar-se mal, ferrar-se, danar-se; quebrar a cara: *Quis dar uma de esperto, abraçou o jacaré!*
a.bran.dar *v* **1**. Tornar brando, mole, macio; amolecer: *o calor abranda a cera*. **2**. Tornar brando ou suave; suavizar: *a brisa abranda o forte calor*. **abrandar(-se) 3**. Ficar mole ou macio; amolecer. **4**. Perder o caráter violento; tornar-se sereno ou suave; amortecer: *a tempestade já (se) abrandou*. → **abrandamento** *sm* [ato ou efeito de abrandar(-se)].
a.bran.ger *v* **1**. Conter em si; compreender, encerrar, englobar: *essa coleção abrange vinte volumes*. **2**. Alcançar com a vista; abarcar: *lá do monte podemos abranger toda a cidade*. → **abrangedor** (ô) *adj* e *sm* (que ou o que abrange: *a rua se torna, naquela praça da cidade, um ponto de encontro de músicos que tocam e compõem o mais abrangedor dos gêneros musicais brasileiros*); **abrangência** *sf* (qualidade ou propriedade do que é abrangente); **abrangente** *adj* (**1**. que abrange; abrangedor; **2**. que é extensivo, amplo, vasto); **abrangimento** *sm* (ato ou efeito de abranger); **abrangível** *adj* (passível de ser abrangido).
a.bra.são *sf* Desgaste causado por atrito ou fricção. → **abrasivo** *adj* (que causa desgaste ou abrasão) e *adj* e *sm* (que ou qualquer material que serve para polir).
a.bra.sar *v* Esquentar muito; aquecer em excesso; arder: *o sol do deserto abrasa a pele*. **2**. Transformar ou ficar em brasa: *o incêndio abrasou a floresta; os galhos secos abrasaram no fogo que destruiu a mata*. **3**. *Fig*. Tornar-se ruborizado; enrubescer, ruborizar(-se): *aquele palavrão do namorado abrasou o rosto da moça; ela facilmente se abrasa, ao ouvir piada picante*. **4**. *Fig*. Excitar(-se): *o filme abrasou o rapaz; ele se abrasou com o filme*. → **abrasador** ou **abrasante** *adj* (que abrasa ou arde: *o sol do deserto é abrasador*); **abrasamento** *sm* (ato ou efeito de abrasar).
a.bra.si.lei.rar *v* **1**. Fazer adquirir modos ou comportamento de brasileiro. **abrasileirar-se 2**. Adotar modos e costumes brasileiros: *na Bahia, em pouco tempo, o turco se abrasileirou*. → **abrasileiramento** *sm* [ato ou efeito de abrasileirar(-se)].
a.bra.zô *sm* Bolinho da culinária afro-brasileira, feito de farinha de milho ou de mandioca, apimentado, frito em azeite de dendê.
a.bre-a.las *sm2núm* **1**. Carro que abre o desfile carnavalesco. **2**. Grupo de pessoas que conduzem esse carro.
a.breu.gra.fi.a *sf* Radiografia do tórax ou do pulmão. → **abreugráfico** *adj* (que se faz tendo por base uma abreugrafia).
a.bre.vi.a.tu.ra *sf* **1**. Abreviação. **2**. Representação de uma palavra, em forma reduzida, mediante alguma(s) de suas letras ou sílabas [p. ex.: *ap*. (apartamento), *p*. ou *pág*. (página)]. **3**. Redução do nome de uma entidade, empresa, país, etc. a uma sigla ou a um acrônimo formado por suas primeiras letras, como *Petrobras*. **4**. Sinal que representa palavra ou locução de forma simbólica, como **%** (abreviatura de *por cento*). → **abreviação** ou **abreviatura** *sf* (ato ou efeito de abreviar); **abreviar** *v* (**1**. reduzir, diminuir: *abreviar um discurso*; **2**. antecipar: *eles resolveram abreviar a data do casamento*; **3**. resumir, sintetizar: *abreviar uma palavra*).
a.bri.có *sm* Fruto do abricoteiro; damasco. → **abricoteiro** *sm* (árvore que dá o abricó; damasqueiro).
a.bri.go *sm* **1**. Lugar em que se fica protegido; proteção. **2**. Casa de caridade ou assistência social que recolhe pessoas necessitadas de amparo (idosos, órfãos, pobres, andantes, etc.). → **abrigar(-se)** *v* [**1**. dar abrigo ou proteção a; acolher: *o Brasil abrigou muitos venezuelanos; a igreja abrigou muitos que perderam tudo na enchente*; **2** proteger(-se), refugiar(-se): *abriguei-me da tempestade embaixo do viaduto*; **3**. *fig*. alimentar em si (sentimento); nutrir; cultivar: *nunca abriguei ódios em meu coração*].

a.bril *sm* Nome do quarto mês do ano. → **abrilino** ou **aprilino** *adj* (rel. ou pert. a abril).

a.bri.lhan.tar *v* **1.** Dar brilho ou lustre a; lustrar: *esta graxa abrilhanta bastante qualquer couro.* **2.** *Fig.* Dar brilho ou realce a; realçar: *sua presença abrilhantou a minha festa.* → **abrilhantamento** *sm* (ato ou efeito de abrilhantar).

a.brir *v* **1.** Separar (as partes de uma coisa), deixando seu interior a descoberto, descerrar: *abrir a boca.* **2.** Tirar a tampa a: *abrir a garrafa.* **3.** Estender, estirar: *abrir os braços.* **4.** Cortar: *abrir uma melancia.* **5.** Montar: *abrir uma loja.* **6.** Começar: *abrir uma reunião.* **7.** Dar pronúncia aberta a: *abrir uma vogal.* **8.** Descerrar as portas; iniciar suas atividades diárias: *a loja só abre às 10h.* **abrir-se 9.** Romper-se: *ao cair, o pacote se abriu.* **10.** Descerrar-se: *a porta se abriu lentamente.* **11.** *Fig.* Desabafar: *resolvi abrir-me com ela.* → **abridor** (ô) *adj* e *sm* (que ou o que abre: *um diploma é um abridor de oportunidades*) e *sm* (instrumento que serve para abrir latas, garrafas, etc.). · V. **aberto** e **abertura**.

ab-ro.gar *v* Anular ou abolir totalmente: *o Congresso ab-rogou duas leis antigas.* · Antôn.: *restabelecer.* → **ab-rogação** *sf* ou **ab-rogamento** *sm* (ato ou efeito de ab-rogar).

a.bro.lho *sm* Rochedo marinho coberto por menos de 20m de água, que às vezes chega à superfície; recife, restinga (3).

ab-rup.to ou **a.brup.to** *adj* **1.** Íngreme e escabroso: *subida abrupta.* **2.** Brusco, inesperado, repentino: *durante um assalto, evite fazer movimentos abruptos; chuva ab-rupta.* · Antôn. (1): *suave, brando;* (2): *esperado.* (A pronúncia geral desta palavra, tanto em Portugal quanto no Brasil, é *a-brup-to*; a outra é antiga e nem deveria existir, porque a palavra nos vem do latim *abruptus,* e não "ab-ruptus".)

ABS *sm* Sigla inglesa de *antilock break system,* sistema antitravamento de freios; instalado nos carros modernos, tal sistema evita que as rodas travem ou que o carro derrape em freadas bruscas. (Como se vê, há redundância em "sistema ABS".)

abs.ces.so ou **ab.ces.so** *sm* Acúmulo de pus em cavidade ou em tecido do corpo.

abs.cis.sa ou **ab.cis.sa** *sf* Em geometria, coordenada horizontal de um ponto em um sistema de coordenadas cartesianas.

ab.sin.to *sm* Planta herbácea ou bebida alcoólica preparada com a essência dessa planta.

ab.so.lu.to *adj* **1.** Que não admite nenhuma relação ou comparação. **2.** Que não tem limites; ilimitado. **3.** Que não depende de nenhuma causa. **4.** Completo, perfeito, total. → **absolutamente** *adv* (**1.** de forma absoluta; inteiramente, totalmente, completamente: *estou absolutamente tranquilo;* **2.** de jeito nenhum; em absoluto: *não posso aceitar isso, absolutamente!*); **absolutismo** *sm* (forma de governo em que o poder é concentrado nas mãos de uma só pessoa, geralmente um rei); **absolutista** *adj* (rel. ou pert. ao absolutismo) e *adj* e *s2gên* (que ou pessoa que é partidária do absolutismo). ·· **Em absoluto.** De jeito nenhum; não mesmo; absolutamente.

ab.sol.ver *v* **1.** Declarar (um processado) inocente, inocentar. **2.** Perdoar pecados ou faltas a: *o Pai sempre absolve Seus filhos.* (Não se confunde com *absorver.*) → **absolvição** *sf* (ato ou efeito de absolver).

ab.sor.to (ô) *adj* **1.** Voltado para o que está fazendo e alheio ao que se passa ao redor; distraído, desligado: *absorto no trabalho, nem me viu, quando entrei.* **2.** Extasiado, maravilhado, encantado: *absorto, ao ver o mar de perto, chorou.* · Antôn. (1): *atento;* (2): *decepcionado, desapontado.*

ab.sor.ver *v* **1.** Atrair e reter (líquido ou gás): *papel que absorve tinta.* **2.** Gastar, consumir: *essa obra absorveu boa parte da verba do Ministério.* **3.** Aguentar, assimilar: *é um boxeador que absorve bem os golpes.* **4.** Despertar ou atrair a atenção de; cativar: *a televisão absorve muito as crianças.* **5.** Superar: *o mercado já absorveu o aumento da gasolina.* (Não se confunde com *absolver.*) → **absorção** *sf* ou **absorvimento** *sm* (ato ou efeito de absorver); **absorvente** *adj* e *sm* (que ou produto que absorve líquidos).

abs.tê.mio *adj* e *sm* Que ou aquele que não toma nenhuma bebida alcoólica. · Antôn.: *alcoólatra.*

abs.ter *v* **1.** Obrigar (alguém) a evitar a ou deixar de fazer alguma coisa; impedir; privar: *os amigos o abstêm de beber.* **abster-se 2.** Desistir de fazer alguma coisa por vontade própria; evitar voluntariamente: *ele é inteligente; abstém-se dos colegas que se drogam.* **3.** Privar-se voluntariamente do exercício de um direito: *muitos eleitores se abstiveram nesta eleição.* **4.** Evitar dar seu voto: *na votação de hoje do Congresso, muitos parlamentares se abstiveram.* **5.** Praticar a abstinência: *abstenha-se de fumar em recinto fechado!* · Conjuga-se por *ter.* →

abstenção *sf* [**1.** ato ou efeito de abster(-se); **2.** recusa de dar seu voto; **3.** não comparecimento a algum lugar); **abstinência** *sf* (jejum voluntário de alimento, álcool, fumo, droga ou sexo); **abstinente** *adj* e *s2gên* (que ou pessoa que faz abstinência).

abs.tra.ir *v* **1.** Fazer a abstração (1) de, separar mentalmente as qualidades de (uma coisa): *abstrair as ideias principais de um discurso.* **2.** Não levar em conta; desconsiderar, prescindir: *ele consegue abstrair de tudo o que o rodeia, quando está lendo.* **abstrair-se 3.** Isolar-se mentalmente do ambiente exterior; desligar-se: *aérea, ela se abstraía inteiramente da conversa das amigas.* · Conjuga-se por *cair.* → **abstração** *sf* [**1.** ato ou efeito de abstrair(-se); **2.** capacidade de abstrair, capacidade mental de considerar uma coisa, prestando atenção não apenas ao que se vê, mas também ao que não se vê; consideração isolada de alguma coisa, fora da sua existência concreta; **3.** ideia ou conceito abstrato; **4.** estado de distração ou de alheamento do espírito].

abs.tra.to *adj* **1.** Que não tem existência material; que não tem existência própria ou independente. **2.** Difícil de entender; obscuro. **3.** Diz-se do que opera unicamente com ideias, com noções. **4.** Diz-se do substantivo que expressa ação, estado ou qualidade e sentimento.

abs.tru.so *adj* Difícil de entender; complexo, complicado, intrincado, esotérico: *física quântica é uma ciência abstrusa.* · Antôn.: *simples.*

ab.sur.do *adj* e *sm* Que ou o que contraria a lógica, a razão ou o bom senso; que ou o que não faz nenhum sentido: *afirmar que a Terra é plana é um absurdo.*

a.bun.dân.cia *sf* Grande quantidade de uma coisa; fartura. · Antôn.: *carência, falta, escassez.* → **abundante** *adj* (**1.** que abunda; **2.** diz-se do verbo que tem duas ou mais formas equivalentes, geralmente de particípio, como *pagar,* cujo particípio pode ser *pagado* ou *pago*), de antôn. (1): *escasso, pobre;* **abundar** *v* (ter ou existir em abundância), de antôn. *faltar, carecer, escassear.* ·· **Em abundância.** Em grande quantidade, fartamente.

a.bu.são *sf* Crença estranha à fé e à razão; superstição, crendice.

a.bu.sar *v* **1.** Obter proveito de pessoa ou coisa de forma exagerada ou inconveniente: *abusar da bondade de alguém.* **2.** Aproveitar-se ou tirar vantagem de pessoa de menor experiência, força ou poder: *é um chefe que abusa de seus subordinados.* **3.** *Fig.* Deflorar ou ter relações sexuais com: *o bandido abusou da vítima.* → **abusado** *adj* (**1.** que abusa ou faz o que não convém; **2.** *pop.* que falta com o respeito a outrem; confiado, atrevido); **abusivo** *adj* (em que há abuso; exagerado, excessivo); **abuso** *sm* (**1.** uso indevido ou excessivo de qualquer coisa, em prejuízo próprio ou alheio; excesso; **2.** uso excessivo de um poder; desmando; **3.** exagero).

a.bu.tre *sm* Ave de rapina de grande porte, cabeça e pescoço pelados, típico da África, Europa e Ásia, que se alimenta princ. de animais mortos. (Não se confunde com *urubu,* que ocorre apenas no continente americano.)

a.ca.bar *v* **1.** Dar fim a; terminar: *acabar um namoro.* **2.** Dar acabamento a; rematar: *acabar um móvel.* **3.** Vencer por larga vantagem: *o meu time acabou com o seu: 10 a 1!* **4.** Exterminar; eliminar completamente: *acabar com uma praga do pomar.* **acabar(-se) 5.** Ter seu fim; terminar: *acabaram(-se) as férias.* **6.** *Fig.* parar: *acabou a chuva.* · Antôn. (1) *começar, iniciar, principiar.* → **acabamento** *sm* (tratamento ou remate final dado a qualquer coisa, para melhorar o seu aspecto ou aparência).

a.ca.bru.nhar *v* **1.** Desanimar, provocando sofrimento; abater: *não passando no vestibular, ele acabrunhou os pais.* **acabrunhar-se 2.** Desanimar; abater-se: *ao invés de acabrunhar-se, encheu-se de ânimo.* · Antôn.: *animar, entusiasmar.* → **acabrunhado** *adj* (desanimado, abatido); **acabrunhamento** *sm* [**1.** ato ou efeito de acabrunhar(-se); **2.** falta de ânimo; desânimo; abatimento].

a.ca.çá *sm* Bolinho da culinária afro-brasileira, feito de milho ralado ou moído, cozido e envolvido, ainda quente, em folhas verdes de bananeira, servido com vatapá ou caruru.

a.ca.cha.pan.te ou **a.ca.ça.pan.te** *adj* Que desmoraliza; desmoralizante, humilhante, vergonhoso: *sofrer uma derrota acachapante.* · Antôn.: *glorioso, apoteótico.* → **acachapar** ou **acaçapar** *v* (desmoralizar, humilhar: *meu time acachapou o seu ontem*).

a.cá.cia *sf* **1.** Árvore ornamental de flores amarelas e frutos comestíveis. **2.** Madeira dessa árvore, supostamente usada na construção da Arca da Aliança, onde teriam sido guardadas as tábuas dos Dez Mandamentos.

a.ca.ci.a.no *adj* e *sm* Que ou aquele que faz lembrar o conselheiro Acácio, personagem de *O Primo Basílio*, de Eça de Queirós, no modo solene e habitual de proferir tolices ou frases sem sentido; que ou aquele que é ridículo no que diz ou pensa: *só acacianos estão certos de que a Terra é plana*.

a.ca.de.mi.a *sf* **1**. Associação de artistas, literatos, cientistas, etc. **2**. Qualquer associação particular de caráter científico, literário ou mesmo recreativo. → **acadêmico** *adj* (rel. a escola superior ou faculdade) e *sm* (**1**. aluno de curso superior; **2**. membro de academia de letras, ciências, etc.)

a.ça.fa.te *sm* **1**. Pequeno cesto de vime. **2**. Pequena canastra.

a.ça.frão *sm* **1**. Planta de flor azul, vermelha ou púrpura. **2**. Essa flor. **3**. Pó retirado dessa flor.

a.ça.í *sm* **1**. Fruto do açaizeiro; juçara. **2**. Calda escura extraída desse fruto, servida como refresco. **3**. Açaizeiro. → **açaizeiro** *sm* [palmeira amazônica que dá o açaí; açaí (3)].

a.çai.mo *sm* Pequeno cabresto que se põe ao focinho dos animais para não morderem ou não comerem; focinheira (4).

a.ca.ju *sm* **1**. Árvore que dá madeira de lei; mogno. **2**. Essa madeira. // *adj* **3**. Que tem cor castanho-avermelhada, própria dessa madeira: *cabelos acaju*. (Como se vê, neste caso não varia.) **4**. Diz-se dessa cor.

a.ca.len.tar ou **a.ca.lan.tar** *v* **1**. Cantar para fazer (criança) dormir; ninar, embalar: *acalentar o bebê*. **2**. Alimentar espiritualmente, afagar: *acalantar um sonho*. → **acalento** ou **acalanto** *sm* (cantiga de ninar).

a.cal.mar(-se) *v* Tornar(-se) calmo; serenar(-se), sossegar: *a boa notícia o acalmou; o pai só (se) acalmou quando a filha chegou*. → **acalmação** *sf* [ato ou efeito de acalmar(-se)].

a.ca.lo.rar *v* **1**. Aquecer muito; esquentar: *o incêndio acalorou o ar*. **2**. *Fig*. Animar: *a banda acalorou a festa*. → **acalorado** *adj* (**1**. que sente calor: *a mulher emprestou o seu leque ao acalorado rapaz*; **2**. animado, entusiasmado: *sentiu-se acalorado com a situação favorável*; **3**. *fig*. inflamado, excitado, aceso, veemente; exaltado: *debate acalorado*).

a.ca.ma.do *adj* Deitado na cama, por estar doente; de cama.

a.çam.bar.car *v* Ter exclusividade de (um tipo de negócio); monopolizar: *essa empresa açambarca toda a produção de cimento do país*. → **açambarcação**, **açambarcagem** *sf*, **açambarcamento** ou **açambarque** *sm* (ato ou efeito de açambarcar).

a.cam.par *v* **1**. Instalar em algum terreno ou em campo: *o comandante já acampou suas tropas*. **acampar(-se) 2**. Alojar-se ou instalar-se temporariamente em algum terreno: *eles (se) acamparam na praia*. → **acampamento** *sm* [**1**. ato de acampar(-se); **2**. lugar onde se acampa].

a.can.ga.tar *sm* Canitar.

a.ca.nhar(-se) *v* Tornar(-se) inibido, retraído ou tímido; inibir(-se), retrair(-se): *essa piada o acanhou; ela se acanha ante estranhos*. → **acanhação** *sf*, **acanhamento** ou **acanho** *sm* [ato ou efeito de acanhar(-se)]; **acanhado** *adj* (**1**. tímido, inibido, retraído; **2**. de tamanho muito pequeno; reduzido, apertado: *quarto acanhado*).

a.ção *sf* **1**. Ato ou efeito de agir; realização. **2**. Efeito produzido por um fato. **3**. Gesto, comportamento. **4**. Possibilidade ou faculdade de agir. **5**. Conjunto de fatos que constituem o argumento de uma obra literária ou cinematográfica. **6**. Cada uma das partes em que se divide o capital de uma empresa e respectivo título que acredita seu valor. **7**. Uso do direito de pedir a intervenção da justiça no caso de um direito lesado ou interesse ofensivo. **8**. Enfrentamento bélico; batalha. → **acional** *adj* (rel. a ação); **acionamento** *sm* (ato ou efeito de acionar); **acionar** *v* [**1**. pôr em ação ou em funcionamento (um mecanismo): *acionar o alarme*; **2**. mover ação judicial contra; processar: *acionar o Estado*]; **acionista** *adj* e *s2gên* (que ou pessoa que tem uma ou mais ações de sociedade anônima).

a.ca.ra.jé *sm* Bolinho de massa de feijão-fradinho descascado, muito bem temperado e batido antes de ser frito em azeite de dendê e servido com molho de pimenta-malagueta, camarões secos, etc.

a.ca.re.ar *v* Pôr (duas ou mais pessoas) cara a cara, perante autoridade policial ou judicial, para se chegar à verdade; submeter a processo de acareação; confrontar depoimentos de: *a polícia acareou o bandido e a vítima; o juiz acareou as testemunhas, que mantiveram seus depoimentos*. · Conjuga-se por *frear*. → **acareação** *sf* ou **acareamento** *sm* (ato ou efeito de acarear; confrontação de depoimentos perante autoridade).

a.ca.ri.ci.ar *v* **1**. Tocar afetuosamente em; fazer carícias em: *acariciar o rosto do namorado*. **2**. Alisar, afagar, cofiar: *acariciar o bigode*. → **acariciamento** *sm* (ato ou efeito de acariciar).

a.ca.ri.nhar *v* **1**. Fazer carinho em; afagar: *acarinhar o rosto da mãe*. **2**. Passar a mão repetidamente e de forma afetuosa em; mimar, apajear: *acarinhar um cãozinho*. **3**. *Fig*. Manter vivo; alentar, acalentar, alimentar: *acarinhar esperanças vãs*. **4**. *Fig*. Tocar levemente; afagar: *a brisa acarinhava-lhe a pele*. → **acarinhamento** *sm* (ato ou efeito de acarinhar).

á.ca.ro *sm* Pequenino animal aracnídeo (carrapatos, micuins, etc.), geralmente microscópico, que se desenvolve em substâncias alimentícias, em lugares que contêm restos dessas substâncias (lençóis, camas, sofás, cadeiras, etc.) ou vive como parasito de plantas e animais, causando várias doenças.

a.car.pe.tar ou **car.pe.tar** *v* Forrar ou revestir com carpete o piso de: *acarpetar o apartamento*. (Cuidado para não usar "encarpetar"!)

a.car.re.tar *v* Causar, provocar, ocasionar: *drogas acarretam dor e morte*. → **acarretamento** ou **acarreto** (ê) *sm* (ato ou efeito de acarretar).

a.ca.sa.lar(-se) *v* Juntar(-se) [macho e fêmea] para reprodução. → **acasalação** *sf* ou **acasalamento** *sm* [ato ou efeito de acasalar(-se)].

a.ca.so *sm* **1**. Causa desconhecida de um fato ou acontecimento imprevisto; casualidade. **2**. Caso acidental; acidente. // *adv* **3**. Porventura, por acaso. ·· **Ao acaso**. A esmo. ·· **Por acaso**. **1**. Porventura, acaso. **2**. Por pura sorte, por mera casualidade, acidentalmente.

a.ca.tar *v* **1**. Seguir, observar: *acatar ordens*. **2**. Respeitar, obedecer a: *acatemos nossos pais!* → **acatamento** ou **acato** *sm* (ato ou efeito de acatar).

a.ca.tó.li.co *adj* e *sm* Que ou aquele que não é católico.

a.cau.le ou **a.cáu.li.co** *adj* Diz-se da planta que não tem caule.

a.cau.te.lar *v* **1**. Chamar a atenção de (alguém) para algum perigo eventual ou iminente; prevenir: *quando vi a onça, acautelei meus colegas*. **2**. Guardar bem: *ela acautela suas joias num cofre*. **acautelar-se 3**. Prevenir-se: *acautele-se contra os ladrões das ruas!* → **acautelamento** *sm* [ato ou efeito de acautelar(-se)].

a.ca.va.lar *v* **1**. Cobrir o garanhão a (égua), para reprodução. **2**. Amontoar, empilhar: *acavalar livros num canto da sala*. **acavalar-se** (pôr-se sobre; sobrepor-se: *o cão se acavalou na perna da moça, que ficou envergonhada*). → **acavalação** *sf* ou **acavalamento** *sm* [ato ou efeito de acavalar(-se)].

ac.ces.sí.vel ou **a.ces.sí.vel** *adj* **1**. Diz-se do lugar a que se pode chegar, porque tem acessos ou caminhos; fácil de chegar. **2**. Diz-se daquele com quem é fácil conversar, apesar da importância do cargo que ocupa. **3**. Que pode ser facilmente entendido. **4**. Possível de alcançar, exercer, conseguir, obter, possuir ou comprar.

ac.ces.só.rio ou **a.ces.só.rio** *adj* **1**. Diz-se daquilo que não é muito importante ou não é necessário a uma coisa. **2**. Que depende de uma coisa principal ou está intimamente ligado a ela; acidental. // *sm* **3**. Peça suplementar de alguma coisa. // *smpl* **4**. Conjunto de elementos de adorno com os quais uma pessoa se veste, como brincos, argolas, braceletes, etc.

ace [ingl.] *sm* No tênis e no vôlei, ponto conseguido com o serviço de saque. · Pl.: *aces*. · Pronuncia-se *êis*.

a.ce.bo.lar *v* Temperar com cebola: *acebolar um bife*. **acebolado** *adj* (**1**. frito ou cozido com cebola; **2**. que tem cheiro de cebola).

a.ce.der *v* **1**. Ter acesso a (um lugar); acessar. **2**. Consentir num pedido; concordar, anuir, aquiescer: *o pai dela não acedeu ao namoro*. **3**. Obter acesso a (dados, arquivo, etc.); acessar.

a.cé.fa.lo *adj* **1**. Que nasceu sem cabeça. **2**. *Fig*. Sem comando, sem chefia.

a.ce.fo.bi.a *sf* Discriminação contra pessoas assexuais. · Pronuncia-se *êicefobía* (ingl. *ace*). → **acefóbico** *adj* (rel. a acefobia) e *adj* e *sm* (que ou aquele que tem acefobia).

a.cei.ro *sm* Faixa limpa de terreno destinada a evitar ou impedir a propagação do fogo.

a.cei.tar *v* **1**. Receber (coisa oferecida) de boa vontade. **2**. Concordar com; aprovar. → **aceitação** *sf* (ato ou efeito de aceitar); **aceitável** *adj* (que pode ser aceito; razoável).

a.ce.le.rar *v* **1**. Tornar mais rápido; apressar: *acelerar o passo*. **2**. Aumentar a velocidade de: *acelerar o carro*. → **aceleração** *sf* ou **aceleramento** *sm* (ato ou efeito de acelerar); **acelerado** *adj* (apressado, rápido) e *sm* (passo de tropa mais apressado que o normal); **acelerador** (ô) *sm* (pedal com que o motorista aumenta a velocidade do veículo).

a.cel.ga *sf* **1**. Planta hortense. **2**. Cada uma das folhas dessa planta, muito consumidas em salada.

a.ce.lu.lar *adj* Diz-se de tecido ou organismo que não contém células.

a.cém *sm* Carne de primeira qualidade, do lombo do boi.

a.ce.nar *v* **1**. Fazer gestos a alguém mediante aceno, para indicar alguma coisa: *acenar um adeus a um amigo*. **2**. Fazer acenos: *acenei ao motorista com as mãos, mas ele não parou*. **3**. Procurar atrair mediante proposta vantajosa: *o clube rival acenou ao jogador com salário milionário*. → **aceno** *sm* (gesto ou sinal feito com as mãos, olhos, cabeça, para comunicar alguma coisa a alguém).

a.cen.der *v* **1**. Pôr para arder: *acender um fósforo*. **2**. Causar o funcionamento do sistema elétrico de, ligar: *acender uma lâmpada*. **3**. Acionar um sistema elétrico de iluminação para ter (claridade): *acenda a luz da sala!* **acender(-se) 4**. Ficar iluminado, por ter sido acionado sistema elétrico: *todas as luzes do estádio já (se) acenderam*. → **acendalha** *sf* [tudo o que é fácil de acender (folhas secas, aparas, cavacos, etc.], que mais se usa no plural; **acendimento** *sm* [ato ou efeito de acender(-se)].

a.cen.to *sm* **1**. Intensidade de pronúncia. **2**. Sinal gráfico que indica essa intensidade. · V. **assento**. → **acentuação** *sf* (**1**. ato de dar intensidade de pronúncia às palavras; **2**. ato de realçar uma coisa); **acentuar** *v* (**1**. pôr acento gráfico em: *acentuar uma palavra*; **2**. *fig*. dar realce ou destaque a; realçar, destacar: *batom acentua os lábios*); **acentuar-se** (tornar-se mais intenso; intensificar-se: *o frio se acentua nesta época do ano*). ·· **Acento agudo** (´). Aquele que serve para indicar vogal aberta (*José, cipó*). ·· **Acento circunflexo** (^). Aquele que serve para indicar vogal fechada (*maiô, vovô*). ·· **Acento grave** (`). Aquele que indica a fusão de dois *aa* ou crase (*à, àquele*).

a.cep.ção *sf* Cada um dos sentidos que uma palavra pode ter: *o verbo dar tem mais de cem acepções*.

a.ce.pi.pe *sm* **1**. Qualquer comidinha para abrir o apetite; aperitivo. **2**. Qualquer comida muito gostosa ou apetitosa.

a.cer.bo *adj* **1**. Azedo, ácido ou amargo ao paladar. **2**. Duro, severo.

a.cer.ca de (ê) *loc prep* Sobre, a respeito de: *falamos acerca de política e futebol*. (Não se confunde com *a cerca de*, que equivale a *aproximadamente*: *Campinas fica a cerca de cem quilômetros de São Paulo*.)

a.ce.ro.la *sf* **1**. Arbusto que produz um fruto redondo e vermelho, suculento, rico em vitamina C, semelhante à cereja. **2**. Esse fruto.

a.cer.tar *v* **1**. Dar resposta certa a: *acertei todas as questões da prova*. **2**. Pagar: *acertei minha dívida*. **3**. Encontrar, sem dados suficientes: *acertar a casa dela por acaso*. **4**. Atingir: *acertei a vidraça do vizinho*. **5**. Agir com acerto: *o povo acertou, ao eleger esse homem?* → **acertamento** ou **acerto** (ê) *sm* (ato ou efeito de acertar).

a.cer.vo (ê) *sm* Conjunto de obras de biblioteca, museu, pinacoteca, etc.; patrimônio cultural.

a.ces.cên.cia *sf* Tendência a se azedar: *por causa da acescência do leite, convém conservá-lo em geladeira*. → **acescente** *adj* (que começa a se azedar: *o leite, fora da geladeira, já está acescente*).

a.ce.so (ê) *adj* **1**. Particípio irregular de *acender*. **2**. Que se acendeu. **3**. *Fig.* Animado, entusiasmado. **4**. *Gír*. Acordado (geralmente por efeito de drogas).

a.ces.sar *v* **1**. Obter acesso a: *acessar uma conta corrente*. **2**. Abrir ou carregar (um arquivo de computador, um *site* da Internet, etc.); *acesse o nosso site!*

a.ces.sí.vel *adj* V. **accessível**.

a.ces.so *sm* **1**. Qualidade ou estado de ser acessível: *mata de difícil acesso*. **2**. Forma ou meio de entrada ou de aproximação a um lugar: *o acesso ao local do acidente era por uma trilha; essa escada tem acesso ao terceiro andar*. **3**. Forma ou meio de permissão ou admissão a alguma coisa: *tenho acesso a todos os arquivos*. **4**. Direito ou oportunidade de usar algo: *nem todo o mundo tem acesso a computadores*. **5**. Direito ou oportunidade de se aproximar ou de ver alguém: *o juiz negou ao pai acesso ao filho*. **6**. Comunicação com o que está armazenado na memória de um computador: *não consigo ter acesso ao arquivo*. **7**. Ataque súbito e intenso: *o chefe teve um acesso de cólera, e eu tive um acesso de riso*. **8**. Trato social; comunicação; atenção; disponibilidade: *pessoa de fácil acesso*. **9**. Subida de um clube à divisão superior (em oposição a *decesso*).

a.ces.só.rio *adj* e *sm* V. **accessório** ou **acessório**.

a.cé.ti.co *adj* **1**. De vinagre. **2**. Diz-se do ácido que constitui a base do vinagre. → **acetato** *sm* (**1**. sal do ácido acético; **2**. base da película de filmes fotográficos, que tem a propriedade de não ser inflamável).

a.ce.ti.le.no *sm* Gás altamente inflamável e explosivo, usado em iluminação.

a.ce.til.sa.li.cí.li.co *adj* Diz-se do ácido usado em medicamentos analgésicos e antifebris.

a.ce.ti.na.do *adj* **1**. Macio e lustroso como o cetim. **2**. De superfície lisa e brilhante, como o cetim.

a.ce.to.na *sf* Líquido incolor, volátil e inflamável.

a.cha *sf* Pedaço de madeira rachada, para alimentar o fogo.

a.cha.car *v* **1**. Tomar dinheiro a, intimidando: *os menores de rua achacaram um homem que passava*. **2**. Pedir dinheiro emprestado a: *é um sujeito que vive achacando os colegas*. **3**. Pedir dinheiro a (para não multar, não prender, etc.): *o traficante disse que o policial o achacou*. → **achaque** *sm* (**1**. pequena indisposição ou doença sem gravidade; mal-estar; **2**. defeito moral, vício).

a.char *v* **1**. Passar a saber onde está; encontrar: *achei o documento perdido*. **2**. Ter a impressão de; supor, pensar: *achei que era noite*. **3**. Julgar, considerar: *acho ótima sua ideia!* **4**. Localizar, situar: *ache o Iraque no mapa!* **achar-se 5**. Encontrar-se: *o médico não se acha no consultório*. **6**. Considerar-se o, bom, o maioral: *ele se acha!* **7**. Estar, permanecer, continuar: *as matrículas acham-se abertas*. → **achado** *adj* (que se achou ou encontrou; encontrado) e *sm* (coisa que se acha ou achou). ·· **Ser um achado**. Ser coisa difícil de encontrar, por suas qualidades; ser pura sorte.

a.cha.tar *v* **1**. Fazer ficar plano ou chato: *achatar um inseto, no chão*. **achatar-se 2**. Ficar plano, tornar-se chato: *com um murro, seu nariz se achatou*. → **achatadura** *sf* ou **achatamento** *sm* [ato ou efeito de achatar(-se)].

a.cha.vas.car *v* Dar aparência rústica ou grosseira a: *é um marceneiro que achavasca todos os móveis que faz*. → **achavascado** *adj* (mal-acabado, rústico, grosseiro, malfeito).

a.che.gar(-se) *v* Aproximar(-se) com jeito: *achegue cá uma cadeira!; achegou-se da fogueira, para se esquentar*. → **achegamento** ou **achego** (ê) *sm* [ato ou efeito de achegar(-se)].

a.chin.ca.lhar *v* **1**. Ridicularizar, fazer piada ou chacota de: *todo o mundo anda achincalhando o presidente*. **2**. Humilhar: *o chefe achincalhou a secretária na frente de todos*. → **achincalhação** *sf*, **achincalhamento** ou **achincalhe** *sm* (ato ou efeito de achincalhar).

a.chis.mo ou **a.cha.dis.mo** *sm* Prática ou hábito daquele que emite opiniões ou juízos apenas baseado nas aparências ou em suas próprias impressões, geralmente falsas. → **achista** ou **achadista** *adj* e *s2gên* (que ou pessoa que é dada ao achismo).

a.cho.co.la.ta.do *adj* e *sm* Que ou alimento adocicado que contém chocolate ou que tem sabor de chocolate: *biscoitos achocolatados: trouxe para casa vários achocolatados*.

a.ci.ca.te *sm* **1**. Espora de uma só pua ou aguilhão. **2**. *Fig.* Estímulo, incentivo: *confessou sob o acicate do medo*. → **acicatar** *v* [estimular com acicate ou espora (a cavalgadura)].

a.ci.cu.la.do ou **a.ci.cu.lar** *adj* Que tem forma fina e pontiaguda, como a de agulha: *folhas aciculares*.

a.ci.den.te *sm* **1**. Acontecimento imprevisto que causa dano, prejuízo, sofrimento, feridos e mortos: *acidente de trânsito; o acidente provocou a morte do piloto brasileiro*. **2**. Ocorrência não planejada, que ocorre por acaso ou que não tem causa aparente: *essa gravidez foi um acidente; nosso encontro foi um acidente*. **3**. Acaso, casualidade, lance da fortuna: *eles se conheceram por acidente; a penicilina foi descoberta por acidente*. **4**. Propriedade não essencial: *o acidente da nacionalidade*. **5**. Irregularidade ou desnível de um terreno. (Não se confunde com *incidente*.) → **acidentado** *adj* e *sm* (que ou aquele que sofreu acidente) e *adj* (**1**. diz-se do terreno que tem desníveis, que é muito irregular ou desigual; **2**. em que houve muitos imprevistos); **acidental** *adj* (**1**. que acontece meramente por acaso, que ocorre fora do estabelecido ou do previsto, circunstancial, inesperado, casual; **2**. que não é essencial ou fundamental; acessório, secundário); **acidentar** *v* [**1**. causar acidente a: *esta rodovia acidenta muitos viajantes*; **2**. tornar irregular ou acidentado (um terreno): *caminhões muito pesados acidentam o leito da estrada*; **3**. causar ou sofrer acidente; vitimar: *a neblina costuma acidentar muitos motoristas*]; **acidentar-se** (sofrer acidente: *muitos se acidentam nesta rodovia*). ·· **Acidente do trabalho**. Lesão corporal que sofre o trabalhador durante o trabalho ou no local de trabalho. ·· **Acidente geográfico**. Forma diferenciada de um terreno, quando comparado com outros das proximidades. ·· **Acidente vascular**

cerebral (AVC). Perda de funções cerebrais em consequência da interrupção do fluxo sanguíneo no cérebro.

á.ci.do *adj* **1.** De sabor acre ou cáustico. **2.** *Fig.* Extremamente irônico; sarcástico: *dito ácido; escritor ácido.* // *sm* **3.** Substância química que se combina com metais ou com bases, para dar sais. **4.** Substância azeda: *o ácido do limão.* **5.** Qualquer substância cáustica, corrosiva e venenosa, usada para limpar peças metálicas, que provoca queimaduras na pele. → **acidez** (ê) *sf* (qualidade do que ou de quem é ácido).

a.ci.ma *adv* **1.** Em lugar mais alto ou numa parte superior: *ela mora dois andares acima; contate-me no endereço acima.* **2.** Anteriormente, atrás: *como afirmei acima, estou à disposição.* **3.** Em direção a parte superior: *fogo morro acima.* **4.** Em nível ou camada superior: *coloque uma quantidade de café na xícara com chantili acima!* **5.** Em música, mais agudo: *uma oitava acima.* •• **Acima de.** Em situação, nível, posição hierárquica, camada, condição, idade, preço ou número superior: *Sargento está acima de cabo. Havia hematomas acima dos olhos. Pessoa acima de qualquer suspeita. Crianças acima de um ano.*

a.cin.te *sm* Ação praticada com premeditação, para contrariar, ofender ou prejudicar alguém; provocação. → **acintoso** (ô; pl.: ó) *adj* (caracterizado por acinte).

a.cir.rar *v* **1.** Estimular, excitar, aguçar, provocar: *aquilo me acirrou a curiosidade.* **acirrar-se 2.** Tornar-se mais intenso; intensificar-se, avivar-se, exacerbar-se: *as divergências se acirram.* → **acirramento** *sm* [ato ou efeito de acirrar(-se)].

a.cla.mar *v* **1.** Demonstrar (muitas pessoas) sua aprovação com vozes, assobios e aplausos: *a torcida aclamou os jogadores, mesmo derrotados.* **2.** Eleger por unanimidade através de aplausos, e não do voto individual e secreto; proclamar: *aclamaram-no presidente do clube.* → **aclamação** *sf* (ato ou efeito de aclamar).

a.cla.rar *v* **1.** Tornar claro, iluminar: *grandes holofotes aclaram a pista do aeroporto.* **2.** Tornar compreensível; elucidar, esclarecer, explicar: *o professor aclarou esse assunto.* → **aclaração** *sf* ou **aclaramento** *sm* [ato ou efeito de aclarar(-se)].

a.cli.ma.tar(-se) *v* Adaptar(-se) a um novo meio ambiente ou a um clima diferente daquele a que estava acostumado: *aclimatar um animal ao clima tropical; essa raça de cão se aclimata bem no Brasil.* → **aclimatação** *sf* [ato ou efeito de aclimatar(-se)].

a.cli.ve *sm* Inclinação de terreno, visto de baixo para cima; inclinação ascendente. • Antôn.: *declive.*

ac.ne *sf* Doença de pele muito comum em adolescentes, que causa espinhas princ. no rosto, testa, tórax, ombros e parte superior das costas.

a.ço *sm* Liga de ferro e carbono. → **aço-carbono** *sm* [aço que dá origem a todas as suas propriedades físicas (dureza, resistência, etc.)], de pl. *aços-carbono* ou *aços-carbonos;* **aço-liga** *sm* (liga de ferro com outro metal), de pl. *aços-liga* ou *aços-ligas.*

a.co.ber.tar *v* **1.** Cobrir com coberta ou manta. **2.** Esconder (fato ou pessoa), para evitar consequências: *acobertar um crime, um criminoso.* **3.** Defender; proteger: *o pai acobertava o filho, acusado de roubo.* **acobertar-se 4.** Cobrir-se com coberta ou manta. **5.** Defender-se; amparar-se: *o parlamentar acobertou-se na imunidade de que goza.* → **acobertamento** *sm* [ato ou efeito de acobertar(-se)].

a.co.char *v* **1.** Apertar: *acochar um parafuso.* **2.** Comprimir, apertar: *acochar a cintura, para esconder a obesidade.* **3.** Abaixar, agachar: *acochou o filho para passá-lo por baixo da cerca.* **acochar-se 4.** Apertar-se, comprimir-se: *madames que se acocham todas, para parecerem de cintura fina.* **5.** Pôr-se de cócoras; agachar-se, acocorar-se. → **acocho** (ô) *sm* [ato ou efeito de acochar(-se)].

a.co.cham.brar *v* **1.** Fazer com descaso ou negligência: *como não recebeu aumento, acochambra o serviço.* **2.** Fazer (algo) mal ou às pressas: *acochambrar uma festa.* **3.** Encobrir (algo), para que isso seja conhecido de outros: *o governo acochambra os dados da criminalidade.* → **acochambração** *sf* (ato ou efeito de acochambrar); **acochambrador** (ô) *adj* e *sm* (que ou aquele que faz acordos, para se livrar de problemas ou enrascadas, mesmo que isso cause danos a terceiros).

a.co.co.rar *v* **1.** Pôr de cócoras; abaixar; agachar; acochar (3). **acocorar-se 2.** Abaixar-se, apoiando o corpo na ponta dos pés; agachar-se, pôr-se de cócoras. → **acocoração** *sf* ou **acocoramento** *sm* [ato ou efeito de acocorar(-se)].

a.ço.dar *v* **1.** Apressar, acelerar: *açodar um processo.* **2.** Causar afobação ou pressa a; afobar; precipitar: *a inexperiência açodou o centroavante, que perdeu o gol sem goleiro.* **3.** Atiçar, incitar, açular: *açodar um cão.* **açodar-se 4.** Apressar-se: *açodei-me a*

comunicá-la do ocorrido. **5.** Afobar-se, precipitar-se: *o promotor se açodou na denúncia que fez.* → **açodamento** *sm* [ato ou efeito de açodar(-se); pressa ou afobamento].

a.coi.mar *v* **1.** Censurar, criticar. **2.** Acusar, incriminar. **acoimar-se 3.** Reconhecer-se culpado. • Mantém fechado o ditongo *oi* durante toda a conjugação. → **acoimamento** *sm* [ato ou efeito de acoimar(-se)].

a.coi.tar *v* **1.** Proteger, escondendo (fugitivo da polícia): *ele acoita bandidos.* **acoitar-se 2.** Refugiar-se, pôr-se a salvo: *alguns oficiais alemães fugiram dos soviéticos, em 1945, acoitando-se na Argentina.* → **acoitamento** *sm* [ato ou efeito de acoitar(-se)].

a.çoi.te *sm* Instrumento de punição feito de tiras de couro ou de varas finas e compridas. → **açoitamento** *sm* [ato ou efeito de açoitar(-se)]; **açoitar(-se)** *v* [bater(-se) com açoite em].

a.co.lá *adv* Naquele lugar distante: *aqui, casebres; acolá, mansões.*

a.col.cho.ar *v* Forrar com algodão, lã, paina, etc., para tornar mais macio: *acolchoar o assento de uma cadeira.* → **acolchoado** *adj* (cheio ou forrado com algodão, lã, paina, etc.) e *sm* (coberta acolchoada, para propiciar maior calor; edredom); **acolchoamento** *sm* (ato ou efeito de acolchoar).

a.co.lher *v* **1.** Dar hospitalidade a; receber em casa; hospedar: *acolher bem as visitas.* **2.** Atender a: *acolher um pedido.* → **acolhedor** (ô) *adj* e *sm* (que ou aquele que acolhe bem; hospitaleiro: *o povo brasileiro é muito acolhedor);* **acolhida** *sf* ou **acolhimento** *sm* (ato ou efeito de acolher).

a.có.li.to *sm* **1.** Aquele que ajuda à missa; coroinha. **2.** Aquele que acompanha ou ajuda alguém mais por interesse que por solidariedade ou altruísmo. → **acolitar** *v* (servir de acólito a).

a.co.me.ter *v* **1.** Atacar aberta e decididamente; investir contra: *acometer o inimigo.* **2.** Ir de encontro a, violentamente: chocar-se com; colidir com; abalroar: *o trem acometeu o ônibus que estava atravessando a passagem de nível.* **3.** Aparecer repentinamente em; atacar: *uma doença grave o acometeu.* **4.** Hostilizar, insultar, injuriar: *os torcedores acometiam os jogadores à saída do campo, por causa da derrota.* **5.** Aproximar-se de (alguém) com certa intenção; abordar: *acometeram a garota para sequestrá-la.* **6.** Tomar conta de; manifestar-se subitamente em; dominar: *uma alegria incontida o acometeu por causa dessa vitória.* → **acometida** *sf* ou **acometimento** *sm* (ato ou efeito de acometer).

a.co.mo.dar *v* **1.** Hospedar, alojar: *hotel que acomoda muitos estudantes.* **2.** Arrumar, ajeitar: *acomodei a bagagem no porta-malas.* **3.** Adaptar, ajustar, adequar: *demorou para eu acomodar a vista à claridade novamente.* **4.** Acalmar; serenar: *a polícia chegou e acomodou os briguentos.* **5.** Dar colocação ou emprego: *o cunhado acomodou-o na empresa.* **6.** Colocar em acordo; chegar a: *o chefe soube acomodar as opiniões divergentes.* **acomodar-se 7.** Hospedar-se; alojar-se. **8.** Arrumar-se; ajeitar-se. **9.** Obter colocação ou emprego. → **acomodação** *sf* ou **acomodamento** *sm* [ação, processo ou efeito de acomodar(-se)].

a.com.pa.nhar *v* **1.** Ir em companhia de, para cuidar: *acompanhar os filhos até a escola.* **2.** Ir atrás de, seguir: *muitas crianças acompanhavam a banda.* **3.** Seguir com atenção e concentração: *acompanhar a missa.* **4.** Seguir em harmonia; estar de acordo com: *o filho sempre acompanha a opinião do pai.* **acompanhar-se 5.** Cercar-se; rodear-se: *sempre se acompanhava de bons amigos.* **6.** Tocar música adequada ao que se canta: *ele sempre se apresentava acompanhando-se ao violão.* → **acompanhamento** *sm* [ato ou efeito de acompanhar(-se)]; **acompanhante** *adj* e *s2gên* (que ou pessoa que acompanha ou guia outrem).

a.con.che.gar *v* Trazer para bem perto do corpo, para propiciar maior conforto e bem-estar; aproximar: *a mãe aconchega o bebê ao peito, por causa do frio.* → **aconchegante** *adj* (que aconchega ou oferece conforto, bem-estar); **aconchego** (ê) *sm* (ato ou efeito de aconchegar).

a.con.di.cio.nar *v* **1.** Guardar em lugar conveniente ou apropriado: *acondicionar o leite na geladeira.* **2.** Proteger (mercadoria) em embalagem apropriada; embalar: *acondicionar as frutas, para exportar.* → **acondicionação** *sf* ou **acondicionamento** *sm* (ato ou efeito de acondicionar).

a.con.se.lhar *v* **1.** Dar conselho(s) a: *aconselhar os filhos.* **2.** Recomendar: *não aconselho o uso dessa palavra.* **3.** Convencer: *aconselhei-o a ficar.* **aconselhar-se 4.** Pedir ou tomar conselhos; consultar: *aconselhar-se com um amigo.* → **aconselhamento** *sm* [ato ou efeito de aconselhar(se)].

a.con.te.cer *v* **1**. Constituir (um fato); suceder, ocorrer: *aconteceu ali um crime; ela sabe de tudo o que acontece*. **2**. Dar-se por acaso (geralmente algo desagradável): *aconteceu, paciência, aconteceu, agora bola para a frente*. → **acontecido** *sm* (fato que ocorreu); **acontecimento** *sm* (**1**. aquilo que ocorre; ocorrência, fato, sucesso; **2**. pessoa, coisa ou fato de grande repercussão: *essa conquista do clube foi um acontecimento*).

a.co.plar *v* **1**. Estabelecer o acoplamento ou a união no espaço de, conectar: *acoplar duas naves*. **acoplar-se 2**. Juntar-se por acoplamento: *as naves espaciais já se acoplaram*. → **acoplação**, **acoplagem** *sf* ou **acoplamento** *sm* [ato ou efeito de acoplar(-se)].

a.çor (ô) *sm* Ave de rapina de hábitos diurnos, semelhante ao gavião e menor que a águia.

a.cór.dão *sm* Decisão final proferida sobre um processo por tribunal superior, que serve de modelo para casos semelhantes; sentença final de instância superior, capaz de formar jurisprudência. · Pl.: *acórdãos*.

a.cor.dar *v* **1**. Fazer (alguém) sair do sono: *acordei-o bem cedo*. **2**. Resolver de comum acordo: *nós dois acordamos o salário a ser pago à empregada*. **3**. Sair do sono naturalmente: *acordei cedo hoje*.

a.cor.de *sm* Conjunto de sons simultâneos e distintos que, unidos, formam harmonia; harmonia.

a.cor.de.ão ou **a.cor.de.om** *sm* Instrumento musical portátil cujas palhetas livres, vibram por meio de um fole. → **acordeonista** *adj* e *s2gên* (que ou pessoa que toca acordeom).

a.cor.do (ô) *sm* **1**. Harmonia ou conformidade de ideias; unanimidade, consenso, concordância. **2**. Tratado, pacto. ·· **Acordo de cavalheiros**. Entendimento entre duas partes garantido apenas pela palavra dada ou pelo fio do bigode.

a.cor.ren.tar *v* Prender com corrente, para conter dentro de certos limites: *acorrentar o cão*. → **acorrentamento** *sm* (ação ou efeito de acorrentar).

a.cor.rer *v* **1**. Correr (a algum lugar): *chamados, os bombeiros acorreram ao local do incêndio*. **2**. Acudir ou socorrer às pressas: *muita gente acorreu para ajudar*. → **acorrimento** ou **acorro** (ô) *sm* (ato ou efeito de acorrer).

a.cos.sar *v* **1**. Dar caça a; caçar, perseguir: *a polícia acossa os bandidos*. **2**. Castigar, flagelar: *a seca acossa os nordestinos*. → **acossamento** ou **acosso** (ô) *sm* (ato ou efeito de acossar).

a.cos.ta.men.to *sm* **1**. Ato ou efeito de acostar. **2**. Cada uma das faixas laterais das estradas de rodagem, destinadas a paradas emergenciais de veículos ou para trânsito de pedestres, veículos leves, etc. → **acostar** *v* [**1**. estacionar: *acostei o carro para ver o que era aquela fumaça que saía do motor*; **2**. encostar; tocar: *alguém acostou em mim*].

a.cos.tu.mar *v* **1**. Levar (alguém) a fazer alguma coisa com frequência e certa facilidade, habituar: *acostumar os filhos à leitura*. **2**. Habituar-se: *não acostumo de jeito nenhum com fumaça de cigarro*. **acostumar-se 3**. Passar a fazer certa coisa frequentemente; tomar o hábito, habituar-se: *acostume-se a obedecer, para aprender a mandar!* → **acostumado** *adj* (habituado: *pessoa acostumada a reclamar*).

a.co.ti.le.dô.neas *sfpl* Grupo de plantas em que os cotilédones não estão presentes ou são quase imperceptíveis. → **acotiledône** ou **acotiledôneo** *adj* (que não tem cotilédones).

a.co.to.ve.lar(-se) *v* **1**. Dar ou tocar com o cotovelo em (para chamar a atenção): *quando o bonitão passou, uma amiga acotovelou a outra*. **2**. Dar empurrões em, usando o cotovelo: *à saída do estádio, os torcedores se acotovelam*. → **acotovelamento** *sm* [ato ou efeito de acotovelar(-se)].

a.çou.gue *sm* Lugar onde se vende e compra carne. → **açougueiro** *sm* (**1**. dono ou trabalhador de açougue; **2**. *pop.pej.* cirurgião inábil; carniceiro).

a.co.var.dar(-se) *v* Tornar(-se) covarde ou medroso; amedrontar(-se): *os traficantes procuram acovardar a polícia; ante o perigo, ele sempre se acovarda*. → **acovardado** *adj* (que se acovardou; que se tornou covarde); **acovardamento** *sm* [ato ou efeito de acovardar(-se)].

a.cre *adj* **1**. Diz-se de sabor ou cheiro forte ou picante. // *sm* **2**. Medida agrária equivalente a 4.046,84m². · Superl. abs. sintético: *acérrimo* (irreg.), *acríssimo* (reg.). → **acridade** ou **acridez** (ê) *sf* (qualidade ou propriedade de ser acre).

Acre *sm* Estado da Região Norte do Brasil. · Abrev.: **AC**. → **acriano** *adj* e *sm* (A forma correta do adjetivo pátrio é com *i*, e não com "e": os nomes terminados em *-e* ou *-es* recebem o sufixo *-iano* ou *-ino* (cf. Iraque/*iraquiano*; Açores/*açoriano*, etc.)].

a.cre.di.tar *v* **1**. Ter certeza ou convicção de: *ela não acredita que o homem foi à Lua*. **2**. Julgar, achar, supor, pensar: *acredito que vai chover*. **3**. Confiar: *você acredita nesse presidente?* **4**. Crer na existência de: *acredito em Deus*. **5**. Ter como possível: *acreditas em milagres?*

a.cres.cen.tar *v* **1**. Dizer em aditamento a (o que já disse): *ele acrescentou que não deve nada a ninguém*. **2**. Colocar a mais; aumentar: *acrescentar assentos a um teatro*. → **acrescentamento** *sm* (ato ou efeito de acrescentar); **acrescer** *v* (tornar maior; aumentar); **acréscimo** *sm* (parte que se acrescenta ou aumenta; aumento).

a.cri.di.a.no *adj* Relativo, pertencente ou semelhante a gafanhoto. → **acrídeos** *smpl* (família de insetos, cujo tipo é o gafanhoto).

a.cri.gel *sm* Mistura de gel com pó acrílico, que se aplica sobre a unha natural, para deixá-la mais resistente e menos quebradiça.

a.crí.li.co *adj* **1**. Derivado ou feito do ácido acrílico. // *sm* **2**. Fibra acrílica. **3**. Resina acrílica.

a.cri.mô.nia *sf* **1**. Qualidade ou estado do que é acre ou azedo: *a acrimônia do limão*. **2**. *Fig*. Amargura ou aspereza de palavras, temperamento ou sentimento; animosidade amarga e aguda, na fala ou no comportamento; hostilidade: *a discussão continuou com acrimônia crescente*; *à minha pergunta, ela respondeu com tanta acrimônia, que desisti do caso*. **3**. *Fig*. Rigor na crítica; mordacidade: *esperava crítica ao meu trabalho, mas não tamanha acrimônia*.

a.cro.ba.ci.a *sf* **1**. Exercício de agilidade ou de equilíbrio que se realiza em algum espetáculo público; funâmbulo. **2**. Manobra arrojada de avião. → **acrobata** ou **acróbata** *s2gên* (artista que realiza exercícios de equilíbrio ou faz movimentos perigosos sobre um trapézio).

a.cro.fo.bi.a *sf* Medo extremo ou anormal de altura. → **acrofóbico** *adj* (rel. a acrofobia); **acrofóbico** ou **acrófobo** *adj* e *sm* (alguém que tem acrofobia).

a.cro.má.ti.co *adj* **1**. Sem cor; neutro: *sensações visuais acromáticas*. **2**. Diz-se da lente capaz de emitir, transmitir e receber luz sem separá-la em cores: *telescópio acromático*. **3**. Diz-se da estrutura celular difícil de corar. **4**. Em música, sem acidentes ou mudanças na chave; diatônico: *escala acromática*. → **acromatismo** *sm* (**1**. qualidade de acromático; **2**. carência de cores).

a.crô.ni.mo *sm* Que ou tipo de abreviatura que é formada pela junção de letras ou sílabas iniciais de um grupo de palavras, pronunciada como se fosse uma palavra comum, como *Petrobras, Ceasa, sonar, Bradesco*, etc. (Difere da sigla propriamente dita, que tem seus elementos soletrados, como SBT, IBGE, SOS, etc.)

a.␣cró.po.le *sf* Parte mais alta e fortificada das antigas cidades gregas, na qual se situavam os templos.

a.crós.ti.co *sm* Composição poética em que as primeiras ou as últimas letras de cada verso formam uma ou mais palavras, um ou mais nomes.

ac.tí.nio *sm* Elemento químico metálico radiativo (símb.: **Ac**), de n.º atômico 89, encontrado em minérios de urânio.

a.çu ou **gua.çu** *adj* Grande. · Antôn.: *mirim*. · Usam-se mais como sufixos: *Mojiguaçu, Mojimirim*.

a.cu.ar *v* **1**. Perseguir (caça) até que se esconda na toca: *acuar um tatu*. **2**. *Fig*. Perseguir (adversário ou inimigo) de tal forma que não possa fugir ou dar boa saída: *meu time acuou o seu do começo ao fim do jogo*. → **acuação** *sf*, **acuamento** ou **acuo** *sm* (ato ou efeito de acuar).

a.çú.car *sm* Produto doce, obtido princ. da cana-de-açúcar e da beterraba, conhecido cientificamente por *sacarose*. → **açucarar** *v* (cobrir, misturar ou adoçar com açúcar); **açucareiro** *adj* (**1**. que produz açúcar; do açúcar: *indústria açucareira*; **2**. diz-se da terra em que há cana-de-açúcar; e *sm* (**1**. recipiente de uso doméstico, no qual se guarda açúcar; **2**. fabricante ou comerciante de açúcar).

a.çu.ce.na *sf* **1**. Planta herbácea ornamental, nativa da Ásia, de talo alto e flores brancas e perfumadas; amarílis. **2**. Essa flor; amarílis. **3**. *Pop*. Abertura do castiçal, na qual se introduz a vela.

a.çu.de *sm* Represamento das águas de um rio ou da chuva, feito princ. nas regiões de seca, para serem aproveitadas para a agricultura e o uso humano. → **açudagem** *sf* ou **açudamento** *sm* (ato ou efeito de açudar); **açudar** *v* [represar (água) em açude].

a.cu.dir *v* **1**. Correr em ajuda a (alguém) que está em perigo; socorrer: *só eu fui acudir o menino que se afogava*. **2**. Responder logo; replicar, retorquir: *quando sugeri a cirurgia,* *o médico acudiu que não era possível.* **3.** Auxiliar, ajudar: *nas provas e exames, os professores não podem nem devem acudir aos alunos em dúvida.* **4.** Vir à lembrança; ocorrer: *só agora me acode tudo o que houve.* **5.** Atender: *procuro acudir a todos os pedidos que me fazem.* · Conjuga-se por *fugir.* → **acudimento** *sm* (ato ou efeito de acudir).

a.cu.i.da.de *sf* **1.** Qualidade do que é agudo, que termina em ponta, que pode espetar; agudeza: *a acuidade de um punhal, de um alfinete, de uma agulha.* **2.** *Fig.* Grande capacidade de percepção sensorial; agudeza da percepção de estímulos sensoriais, princ. da visão e audição.

a.çu.lar *v* Provocar (cão) para que se torne feroz e queira morder: *não açule seu cão contra o carteiro!* → **açulamento** ou **açulo** *sm* (ato ou efeito de açular).

a.cú.leo *sm* Protuberância aguda e facilmente destacável do caule: *as roseiras têm acúleo; os limoeiros, espinhos.*

a.cul.tu.ra.ção *sf* ou **a.cul.tu.ra.men.to** *sm* Processo de assimilação da cultura de um grupo humano por parte de outro, resultado de um contato permanente entre eles. → **aculturar(-se)** *v* (fazer ou sofrer aculturação).

a.cu.mã *sm* **1.** Palmeira brasileira, de cujas folhas se extraem fibras para a fabricação de vassouras. **2.** Fruto comestível dessa palmeira.

a.cu.mu.lar *v* **1.** Reunir em grande quantidade: *acumular dinheiro.* **2.** Exercer ao mesmo tempo: *acumular cargos.* **acumular-se 3.** Encher-se em excesso: *móveis que se acumulam de pó.* → **acumulação** *sf* ou **acúmulo** *sm* [ato ou efeito de acumular(-se)]; **acumulador** *sm* (aparelho que armazena e fornece eletricidade).

a.cu.pun.tu.ra *sf* Prática da medicina tradicional oriental que consiste na colocação de finas agulhas em determinados pontos do corpo humano, para curar doenças ou aliviar dores. **acupunturista** *adj* e *s2gên* (especialista em acupuntura).

a.cu.ra.do *adj* **1.** Feito com muito cuidado; cuidadoso: *uma prova de concurso deve ser feita de forma acurada.* **2.** Feito com primor ou capricho; esmerado; primoroso: *carro de acurado acabamento.* (Não se confunde com *apurado.*) → **acurar** *v* (melhorar, aprimorar).

a.cu.sar *v* **1.** Apontar ou declarar como culpado: *a vítima acusou o rapaz.* **2.** Informar, notificar, comunicar: *acuso o recebimento de sua carta.* **3.** Revelar, mostrar: *o teste acusou a presença de cocaína no sangue do rapaz morto.* → **acusação** *sf* ou **acusamento** *sm* (ato ou efeito de acusar); **acusativo** *adj* (rel. à acusação; acusatório: *peça acusativa*) e *sm* (caso de declinação do latim e de outras línguas declináveis que indica basicamente o regime direto dos verbos transitivos); **acusatório** *adj* [acusativo (1)].

a.cús.ti.ca *sf* **1.** Estudo das leis do som e das ondas sonoras. **2.** Efeito total do som, princ. aquele produzido em ambiente fechado. → **acústico** *adj* (**1.** do ouvido ou do sentido da audição; **2.** rel. a som ou a acústica; **3.** que facilita a geração ou a propagação do som).

a.cu.tân.gu.lo *adj* Diz-se do triângulo que tem todos os ângulos agudos.

a.dá.gio *sm* **1.** Movimento musical vagaroso. **2.** Frase tradicional breve, que encerra um conteúdo moral; refrão, ditado, provérbio, como *Quem tudo quer tudo perde* ou *Nem tudo o que reluz é ouro.* → **adagial** *adj* (rel. a adágio).

a.da.man.ti.no ou **di.a.man.ti.no** *adj* Que tem o brilho ou a dureza do diamante.

a.dâ.mi.co *adj* Relativo a Adão: *o pecado adâmico.*

a.dap.tar *v* **1.** Ajustar para determinado uso ou situação: *adaptar um aparelho de som ao televisor.* **adaptar-se 2.** Ajustar-se ou acomodar-se a diferentes condições, meio ambiente, etc.; ambientar-se: *ela logo se adaptou ao clima de Salvador.* · Durante a conjugação, a tonicidade recai na segunda sílaba (dap), nas formas rizotônicas. → **adaptação** *sf* [ato ou efeito de adaptar(-se)].

a.de.ga *sf* Dependência escura, geralmente na parte mais baixa da casa, para guardar vinhos, azeite e outras bebidas.

a.de.jar *v* **1.** Agitar (ave) as asas para se manter em equilíbrio no ar. **2.** Dar pequenos e repetidos voos, sem direção certa; esvoaçar. · Mantém fechada a vogal tônica durante a conjugação. → **adejo** (ê) *sm* (ato ou efeito de adejar).

a.de.mais *palavra denotativa de situação* Além disso; além do quê.

a.de.ma.nes *smpl* **1.** Gestos manuais para expressar sentimentos ou para fazer acenos. **2.** Gestos afetados ou extravagantes, princ. quando se fala.

a.den.do *sm* ou **a.den.da** *sf* Aquilo que se junta a uma obra ou a um escrito, para completá-lo; apêndice.

a.de.no.ví.rus *sm* Tipo de vírus que tem como material genético DNA e causa doenças como conjuntivite, influenza e herpes. (Não se confunde com *retrovírus*, que tem como material genético RNA e causa doenças como aids e covid-19.) → **adenovirose** *sf* (doença causada por adenovírus).

a.den.trar *v* **1.** Entrar em: *os jogadores já adentraram o gramado; durante boa parte da pandemia, os torcedores não puderam adentrar estádios de futebol.* **adentrar-se 2.** Penetrar no interior de; embrenhar-se: *as crianças adentraram-se a mata e não souberam retornar.* (Cuidado para não usar com a preposição "em": adentrar "no" gramado, "na" mata!)

a.den.tro *adv* **1.** Em direção ao interior de algo; interiormente; para dentro: *essa gente costumava penetrar pelos sertões adentro.* **2.** No meio ou íntimo de; dentro de: *a música alta continuou noite adentro.*

a.dep.to *sm* **1.** Aquele que é filiado a alguma associação, instituição ou ideologia. **2.** Aquele que é partidário de alguém ou de alguma ideia, teoria, partido, religião, corrente de opinião, etc.

a.de.quar(-se) *v* Amoldar(-se), ajustar(-se): *procure adequar seu traje ao ambiente!; ela já se adequou ao novo estilo de vida da família.* (No português contemporâneo, já se conjuga integralmente: *adequo, adequas,* etc.) → **adequação** *sf* [ato ou efeito de adequar(-se)]; **adequado** *adj* (**1.** apropriado, conveniente; **2.** próprio, recomendado).

a.de.re.ço (ê) *sm* Qualquer coisa que enfeita; enfeite, adorno. → **adereçamento** *sm* (ato de adereçar); **adereçar** *v* (enfeitar, adornar).

a.de.rir *v* **1.** Grudar, colar: *aderir uma folha a outra.* **2.** Ligar, juntar: *aderir uma peça a outra.* **3.** Ficar grudado; grudar-se: *o chiclete aderiu ao cabelo.* **4.** Dar adesão ou apoio; apoiar: *adira você também ao combate ao desmatamento da Amazônia!* · Conjuga-se por *ferir.* → **aderência** ou **adesão** *sf* **1.** ato ou efeito de aderir; **2.** qualidade do que é aderente); **aderente** *adj* (que adere; adesivo); **adesão** *sf* (**1.** aderência; **2.** apoio solidário a uma causa ou iniciativa; **adesionismo** ou **adesismo** *sm* (adesão política sistemática, oportunista e interesseira a qualquer situação, facção ou partido político); **adesionista** ou **adesista** *adj* (rel. a adesionismo) e *adj* e *s2gên* (que ou pessoa que pratica o adesionismo); **adesivo** *adj* (que adere; aderente) e *sm* (qualquer substância ou produto colante).

a.der.nar *v* **1.** Inclinar(-se) [embarcação] sobre um dos lados por algum agente externo (vento, onda, etc.): *enorme onda adernou o barco e quase o afundou; o barco adernou duas ou três vezes antes de adernar.* **2.** Inclinar-se (vaso, panela, etc.) para um lado, deixando cair o líquido: *a panela de água quente adernou, e ela se queimou.* → **adernação** *sf* ou **adernamento** *sm* (ato ou efeito de adernar).

a.des.trar *v* **1.** Levar (pessoas e animais) a fazer alguma coisa com habilidade; amestrar; treinar: *adestrar cães., cavalos.* **adestrar-se 2.** Tornar-se hábil ou capaz para executar alguma coisa: *os policiais se adestraram antes dessa missão.* → **adestração** *sf* ou **adestramento** *sm* [ato ou efeito de adestrar(-se)]; **adestrador** (ô) *adj* e *sm* (que ou aquele que adestra).

a.deus *sm* **1.** Despedida, separação. // *interj* **2.** Emprega-se nas despedidas. · Pl. (1): *adeuses.*

a.di.an.tar *v* **1.** Mover ou pôr para a frente; avançar: *adiantar o ponteiro do relógio.* **2.** Fazer mais rapidamente; acelerar, apressar: *adiantar o passo.* **3.** Antecipar: *adiantar um pagamento.* **4.** Trazer vantagem, proveito ou benefício: *discutir não adianta.* **adiantar(-se).** Andar (maquinismo) mais rápido que o normal: *meu relógio (se) adianta dois minutos por hora!* → **adiantamento** *sm* [ato ou efeito de adiantar(-se)];

adiante *adv* (**1.** na frente; num lugar mais à frente; **2.** para frente, à frente) e *interj* (avante!).

a.di.ar *v* Transferir ou deixar para outro dia: *adiar um casamento.* → **adiamento** *sm* (ato ou efeito de adiar).

a.di.ci.o.nar *v* **1.** Calcular a soma de (dois ou mais números), a fim de obter o valor total; efetuar a operação de adição ou somar: *adicione 28 mais 45!* **2.** Juntar, acrescentar: *adicionar flúor à água.* → **adicionação** ou **adicionamento** *sm* (ato ou efeito de adicionar); **adição** *sf* (operação aritmética de somar, representada pelo símbolo +); **adicional** *adj* e *sm* (que ou quantia extra que se acrescenta a salário, taxa, imposto, etc.) e *adj* (que foi acrescentado por alguma razão e serve como opção; secundário, acessório).

a.di.do *sm* Funcionário auxiliar de uma embaixada diplomática: *falei com um adido à embaixada suíça.* · Fem.: *adida.*

a.dim.plên.cia sf Qualidade de adimplente. · Antôn.: *inadimplência*. → **adimplente** adj e s2gên (que ou pessoa que cumpre rigorosamente seus compromissos financeiros ou suas obrigações contratuais), de antôn. *inadimplente*.

a.di.po.so (ô; pl.: ó) adj **1**. Cheio de gordura; gorduroso: *tecido adiposo*. **2**. Que é muito gordo; obeso. → **adiposidade** sf (qualidade ou estado do que é adiposo).

a.di.ta.men.to sm **1**. Aquilo que se acrescenta ou ajunta a algo já pronto. **2**. Renovação semestral do contrato de financiamento que ocorre no período de rematrícula do estudante num curso. → **aditar** v (fazer o aditamento de: *aditar um contrato*).

a.di.ti.vo sm **1**. Produto que se ajunta a outro, para melhorar algumas de suas propriedades. **2**. Quantidade precedida do sinal +, juntada a outro número (p. ex.: em 5 + 2 = 7, o *aditivo* é 2).

a.di.vi.nhar v **1**. Descobrir por meios artificiais ou sobrenaturais (o que está no passado, presente ou futuro): *adivinhe o meu nome!* **2**. Interpretar, decifrar: *adivinhou a charada?* **3**. Predizer, vaticinar: *todos adivinham um grande futuro para o Brasil*. → **adivinhação**, **adivinhança** sf ou **adivinhamento** sm (ato ou efeito de adivinhar); **adivinhão** sm (**1**. aquele que pretensamente faz adivinhações; **2**. bidu); **adivinho** sm (aquele que adivinha o futuro).

ad.ja.cên.cias sfpl Região situada na divisa de um perímetro urbano; proximidades; redondezas; vizinhanças. → **adjacente** adj (que se situa ao lado um do outro; contíguo). ·· **Ângulos adjacentes**. Dois ângulos de lado comum.

ad.je.ti.vo sm Palavra que se junta ao substantivo, para indicar uma qualidade ou característica. → **adjetivação** sf ou **adjetivamento** sm (ato, modo ou processo de adjetivar); **adjetivado** adj (tomado ou empregado como adjetivo: *advérbio adjetivado*); **adjetivar** v (**1**. empregar adjetivos em: *jornalista que gosta de adjetivar sua matéria*; **2**. transformar em adjetivo; usar como adjetivo: *adjetivar um advérbio*).

ad.jun.to adj **1**. Que se localiza do lado; contíguo, adjacente. **2**. Que auxilia; assistente, auxiliar. // sm **3**. Funcionário auxiliar de um superior; assistente, assessor. **4**. Termo acessório da oração que modifica outro.

ad.ju.tó.rio sm Auxílio ou ajuda, geralmente em dinheiro.

ad.mi.nis.trar v **1**. Dirigir ou gerir (negócios públicos ou particulares): *administrar uma empresa*. **2**. Ministrar (sacramento). → **administração** sf (ato, processo ou resultado de administrar); **administrativo** adj (da administração: *assistente administrativo*).

ad.mi.rar v **1**. Olhar com prazer ou satisfação: *admirar uma paisagem*. **2**. Ver com surpresa e admiração ao mesmo tempo: *todos admiraram o seu desempenho na prova*. **3**. Ter alto conceito sobre; respeitar: *admiro-lhe o talento*. **admirar-se 4**. Sentir admiração ou espanto: *na cidade, o caipira se admirava de tudo*. → **admiração** sf [ato ou efeito de admirar(-se)]; **admirado** adj (**1**. maravilhado, encantado; **2**. surpreendido: *o povo ficou admirado de haver tanta corrupção no Brasil*); **admirador** (ô) adj e sm (que ou aquele que admira ou gosta muito: *sou grande admirador do trabalho dessa atriz*); **admirável** adj (**1**. digno de admiração: *gesto admirável*; **2**. excelente, extraordinário, ótimo: *filme admirável; desempenhar um papel admirável numa peça*).

ad.mi.tir v **1**. Concordar que (algo) é verdadeiro, reconhecer: *admito que errei*. **2**. Receber para hospedar: *é perigoso admitir estranhos em casa*. **3**. Permitir a entrada de: *admitir mais um sócio no clube*. **4**. Contratar, empregar: *a empresa admitiu mil funcionários*. **5**. Consentir, tolerar: *o chefe não admite brincadeiras no serviço*. **6**. Permitir, aceitar: *é restaurante que nunca admitiu fumantes*. → **admissão** sf (ato ou efeito de admitir).

ad.mo.es.tar v Chamar a atenção de, por causa de alguma falta cometida; advertir, repreender: *o chefe admoestou a secretária pelo erro cometido*. → **admoestação** sf ou **admoestamento** sm (ato ou efeito de admoestar; repreensão, advertência).

ad.no.mi.nal adj Diz-se do adjunto que determina um substantivo.

a.do.be (ô) sm **1**. Tijolo cru. **2**. Pedra lisa do leito dos rios, riachos, etc.

a.do.çar v Dar sabor doce a: *adoçar o leite*. → **adoçagem** sf ou **adoçamento** sm (ato ou efeito de adoçar); **adoçante** adj e sm (que ou substância que adoça, usada como substituta do açúcar); **adocicar** v (adoçar de leve).

a.do.e.cer v **1**. Tornar ou deixar doente: *a poluição adoece as pessoas*. **2**. Ficar doente ou enfermo: *ele nunca adoece*. → **adoecimento** sm (fato de adoecer).

a.do.en.tar(-se) v Tornar(-se) doente ou um tanto doente. → **adoentado** adj (que apresenta sinais de alguma doença; meio doente).

a.doi.dar v **1**. Tornar ou deixar doido: *a miséria acabou adoidando-o*. **2**. Fig. Ficar doido; endoidar: *ele adoidou: saiu da escola!* · Mantém o ditongo *oi* fechado durante a conjugação. → **adoidado** adj (meio doido, amalucado) e adv (pop. muito, à beça: *chove adoidado*).

a.do.les.cên.cia sf Período da vida que se estende dos 12 aos 20 anos. → **adolescente** adj e s2gên (que ou pessoa que está na adolescência).

a.do.rar v **1**. Prestar culto a (divindade ou suposta divindade): *os índios adoravam o trovão*. **2**. Fig. Amar muito, profundamente: *ele adora os pais*. **3**. Fig. Gostar muito de: *adoro cinema*. → **adoração** sf (ato ou efeito de adorar); **adorável** adj (**1**. digno de adoração: *São Jorge é adorável no mundo inteiro*; **2**. que encanta; encantador, gracioso: *suas crianças são adoráveis!*).

a.dor.me.cer v **1**. Fazer pegar no sono; adormentar (1): *a mãe adormeceu o filho nos braços*. **2**. Tornar(-se) insensível ou dormente; insensibilizar(-se): *depois de horas na mesma posição, minhas pernas adormeceram*. **3**. Pegar no sono: *encostei ali e acabei adormecendo*. → **adormecimento** sm (ato ou efeito de adormecer; adormentamento).

a.dor.men.tar v **1**. Adormecer (1). **2**. Tornar-se dormente; adormecer (2). → **adormentador** (ô) adj e sm (que ou o que adormenta); **adormentamento** sm (ato de adormentar; adormecimento).

a.dor.no (ô) sm Tudo o que serve para enfeitar, embelezar ou decorar; enfeite, ornamento. → **adornar** v (enfeitar, embelezar, ornar).

a.do.tar v **1**. Receber como filho: *adotei duas crianças*. **2**. Usar, empregar, aplicar: *o governo adotou medidas severas contra a inflação*. **3**. Seguir, abraçar: *ele adotou a profissão do pai*. → **adoção** sf (ato ou efeito de adotar); **adotivo** adj (**1**. rel. a adoção; **2**. que sofreu adoção; **3**. que fez adoção) e sm (filho adotivo).

ad.qui.rir v **1**. Obter naturalmente ou por méritos próprios: *adquirir experiência*. **2**. Obter com dinheiro: *adquirir uma casa*. **3**. Contrair, passar a ter: *adquirir um hábito*. · V. **aquisição** e **aquisitivo**. → **adquirente** adj e s2gên (que ou quem adquire alguma coisa).

a.dre.de (ê) adv De propósito, propositadamente, intencionalmente: *crime adrede planejado*.

a.dre.na.li.na sf **1**. Hormônio secretado pelas glândulas suprarrenais e liberado na corrente sanguínea em condições de estresse, aumentando as taxas de circulação sanguínea, respiração e metabolismo de carboidratos e preparando os músculos para a reação; epinefrina: *ele sentiu uma onda de adrenalina, ao saltar de paraquedas*. **2**.P.ext. Entusiasmo, excitação. **3**.P.ext. Energia, força, vigor. (É marca registrada, portanto nome próprio que se tornou comum, a exemplo de *fórmica, gilete*, etc.)

a.dri.ça sf Cabo ou corda que serve para içar velas, bandeiras, etc.

a.dro sm Área de terreno em frente da fachada e igrejas católicas, onde antigamente se tinha o costume de enterrar cadáveres.

ads.trin.gen.te adj **1**. Que adstringe ou causa a contração da mucosa. **2**. Que resseca o local com que tem contato. // sm **3**. Substância que contrai a mucosa bucal, dando a impressão de ressecamento ou aspereza. **4**. Reagente que estanca a hemorragia. → **adstringência** sf (qualidade ou propriedade de adstringente).

ads.tri.to adj **1**. Subordinado, incorporado: *funcionário adstrito a uma repartição*. **2**. Limitado, restrito: *o direito de voto é adstrito a cidadãos brasileiros*. **3**. Sujeito, submetido: *estar adstrito a ordens superiores*. **4**. Que sofreu contração; comprimido; constrito.

a.du.a.na sf Alfândega. → **aduaneiro** adj (de aduana; alfandegário) e sm (funcionário de aduana).

a.du.bo sm Tudo o que, depositado à superfície do solo e misturado com a terra arável, aumenta ou restabelece a fecundidade da terra; esterco. → **adubação**, **adubagem** sf ou **adubamento** sm (ato ou efeito de adubar); **adubar** v (fertilizar com adubos; estercar).

a.du.e.la sf **1**. Cada uma das tábuas curvas que formam o corpo de um tonel, pipa, etc., conservadas unidas por meio de arcos. **2**. Cada uma das pedras que se usam na construção de arcos e abóbadas. **3**. Peça de madeira que forra as ombreiras de portas e janelas.

a.du.lar *v* **1.** Falar bem de (alguém) exageradamente, por interesse, para tirar alguma vantagem; agradar interesseiramente, puxar o saco de (alguém): *ele vive adulando o professor.* **2.** Tratar (alguém) muito bem, por amor; paparicar: *todo avô adula o neto.* → **adulação** *sf* (ato ou efeito de adular).

a.dul.te.rar *v* **1.** Mudar ou alterar o conteúdo de (algo), para obter vantagem; tornar falso ou ilegal: *adulterar documentos.* **2.** Tornar impuro, adicionando substância pobre ou imprópria; tirar a (uma substância) sua pureza ou sua naturalidade: *adulterar o leite é crime.* → **adulteração** *sf* ou **adulteramento** *sm* (ato ou efeito de adulterar; falsificação).

a.dul.té.rio *sm* Relação sexual que uma pessoa casada mantém com outra que não seja seu cônjuge; infidelidade conjugal. → **adulterinidade** *sf* (qualidade, estado ou condição de adulterino); **adulterino** *adj* (**1.** rel. a adultério; adúltero; **2.** diz-se do filho que é fruto de adultério); **adúltero** *adj* e *sm* (que ou aquele que comete adultério) e *adj* [adulterino (1)].

a.dul.to *adj* e *sm* Que ou qualquer ser vivo que já se desenvolveu completamente.

a.dun.co *adj* Que tem a forma de gancho; curvo: *nariz adunco.* → **aduncidade** *sf* (qualidade do que é adunco).

a.du.tor (ô) *adj* e *sm* Que ou músculo que é capaz de executar um movimento de aproximação ao eixo central do corpo.

a.du.to.ra (ô) *sf* Canal artificial ou tubulação que conduz água de um manancial para um reservatório.

a.du.zir *v* **1.** Trazer, conduzir: *que motivos o aduzem até minha casa?* **2.** Apresentar, expor ou trazer (razões, provas, etc.): *o advogado aduziu novas provas durante a audiência.* (Perde o *e* final da 3.ª pessoa do singular do pres. do ind. e, consequentemente, na 2.ª pessoa do singular do imperativo afirmativo: *aduz.*)

ad.ven.to *sm* **1.** Chegada, vinda: *o advento da família real ao Brasil, em 1808.* **2.** Aparecimento ou surgimento, princ. de coisa extremamente importante: *como o advento do computador, a qualidade de vida do homem deu um enorme salto.* **3.** Instituição ou implantação de qualquer coisa importante: *o advento da república no Brasil se deu em 1889.* → **adventismo** *sm* (seita protestante, cuja doutrina e crença se baseiam na iminência de um segundo advento de Cristo à Terra, seguido do fim do mundo); **adventista** (*ê*) *e s2gên* (que ou pessoa que segue o adventismo).

ad.vér.bio *sm* Palavra invariável que acompanha geralmente um verbo e às vezes um adjetivo e outro advérbio, indicando tempo, lugar, modo, intensidade, etc. → **adverbial** *adj* (que tem o valor de advérbio: *adjetivo adverbial*).

ad.ver.sá.rio *adj* e *sm* Que ou o que está em luta contra outra pessoa ou grupo; oponente.

ad.ver.sa.ti.vo *adj* Diz-se da conjunção que estabelece diferença entre o termo anterior e o posterior, indicando oposição.

ad.ver.so *adj* **1.** Que provoca insatisfação ou desprazer; desfavorável. **2.** Contrário, oposto. → **adversidade** *sf* (situação desfavorável, sorte adversa, infortúnio).

ad.ver.tir *v* **1.** Admoestar, repreender: *o pai advertiu o filho pela má-criação.* **2.** Fazer (alguém) tomar conhecimento de algum fato, para que evite fazer determinada coisa; avisar, prevenir: *se eu não o advertisse, ele teria comprado um carro roubado.* · Conjuga-se por *ferir.* → **advertência** *sf* (**1.** aviso: *praias perigosas estão cheias de advertências*; **2.** repreensão; admoestação; chamada; **3.** penalidade branda, que consiste em alertar uma pessoa por falta disciplinar cometida: *o síndico do prédio lhe aplicou uma advertência por ter deixado a porta de entrada aberta*).

ad.vir *v* **1.** Ser resultado ou consequência de; provir, resultar: *sua cultura adveio do hábito da leitura.* **2.** Vir a acontecer; ocorrer, suceder: *depois do terremoto, adveio uma onda gigante.* · Conjuga-se por *vir.*

ad.vo.ga.do *sm* Aquele que, diplomado em ciências jurídicas e sociais, qualificou-se para defender causas de direito. → **advocacia** *sf* (profissão de advogado); **advocatício** ou **advocatório** *adj* (rel. a advogado ou a advocacia: *honorários advocatícios; prestar serviços advocatórios*); **advogar** *v* (**1.** defender, apoiar; **2.** exercer a advocacia). ·· **Advogado do diabo** (fig.). **1.** Pessoa que expressa uma opinião contenciosa, a fim de fomentar o debate ou testar a força dos argumentos opostos.: *O professor costuma bancar o advogado do diabo, para provocar discussões na sala de aula.* **2.** Oficial católico romano cujo dever é verificar a real ocorrência de um milagre ou desafiar uma proposta de beatificação ou canonização.

a.e.des *sm* Mosquito que transmite a febre amarela e a dengue.

á-é-i-ó-u *sm* As primeiras noções de qualquer assunto ou matéria; o básico; os rudimentos; a-bê-cê: *já aprendi o á-é-i-ó-u de informática.* · Pl.: *á-é-i-ó-us.* (A 6.ª ed. do VOLP não registra o substantivo.)

a.é.reo *adj* **1.** Relativo ao ar. **2.** Produzido pelo ar. **3.** Feito no ar ou do ar. **4.** Que vive no ar. **5.** Que opera por cabo, acima do solo. **6.** Que tem o avião como meio de transporte. **7.** Fig. Que está com o pensamento distante de tudo o que ocorre à sua volta; desatento, distraído.

a.e.ró.bi.ca *sf* Ginástica de exercícios rápidos, saltos, flexões, etc., praticada ao ritmo de música bem marcada. → **aeróbico** *adj* (rel. a aeróbica ou usado em aeróbica).

a.e.ró.bio *sm* Que ou microrganismo que só é capaz de viver com oxigênio. · Antôn.: *anaeróbio.*

a.e.ro.clu.be (è) *sm* Associação que treina e forma pilotos de aviação civil.

a.e.ro.di.nâ.mi.ca (è) *sf* Estudo do movimento dos gases em relação aos corpos sólidos. → **aerodinâmico** (è) *adj* (**1.** rel. a aerodinâmica e a suas aplicações; **2.** projetado para oferecer a mínima resistência possível ao ar; **3.** que tem desenho moderno ou futurista).

a.e.ró.dro.mo (è) *sm* Campo de aviação.

a.e.ro.du.to (è) *sm* Tubo ou duto para condução de ar, como o que distribui ar por toda e qualquer construção subterrânea.

a.e.ro.es.pa.ço (è) *sm* Espaço aéreo. → **aeroespacial** (è) *adj* (da navegação aérea e espacial).

a.e.ro.fó.lio (è) *sm* Asa aerodinâmica, adaptada à traseira dos carros de corrida ou esportivos de passeio, para dar-lhes maior estabilidade; *spoiler.*

a.e.ro.fo.to.gra.fi.a (è) *sf* Ciência, arte ou prática de tirar fotografias panorâmicas com câmeras especiais. → **aerofoto** (è) *sf* (foto assim tirada); **aerofotográfico** (è) *adj* (rel. a aerofotografia).

a.e.ro.fo.to.gra.me.tri.a (è) *sf* Utilização de fotografias aéreas. → **aerofotogramétrico** (è) *adj* (rel. a aerofotogrametria).

a.e.ro.gra.ma (è) *sm* Carta aérea.

a.e.ró.li.to (è) *sm* Estrela cadente; meteorito.

a.e.ro.mo.ça (è) *sf* Tripulante de aeronave comercial encarregada de servir refeições aos passageiros e de lhes prestar outros serviços, mormente tranquilidade e segurança de voo; comissária de bordo.

a.e.ro.mo.de.lis.mo (è) *sm* Modalidade esportiva praticada com miniaturas de aviões, chamados aeromodelos. · V. **modelódromo.** → **aeromodelista** (è) *adj* e *s2gên* (**1.** que ou pessoa que projeta ou constrói aeromodelos; **2.** que ou pessoa que pratica o aeromodelismo); **aeromodelo** (è; è) *sm* (miniatura de aeronaves utilizada geralmente em competições esportivas).

a.e.ro.mó.vel (è) *adj* **1.** Diz-se da operação de forças militares terrestres em que as unidades executantes são transportadas e colocadas em ação por helicópteros numa zona de combate, ou de um lugar a outro dentro do palco de operações bélicas. // *sm* **2.** Meio de transporte urbano automatizado, em via elevada.

a.e.ro.náu.ti.ca (è) *sf* **1.** Ciência e técnica que projeta e constrói aviões. **2.** Aviação militar ou força aérea de um país. → **aeronauta** (è) *s2gên* (piloto ou tripulante de avião); **aeronáutico** (è) *adj* (da aeronáutica).

a.e.ro.na.ve (è) *sf* Qualquer veículo construído pelo homem capaz de navegar pelo ar, como avião, foguete, aeroplano, planador, helicóptero, balão, asa-delta, etc. → **aeronaval** (è) *adj* (rel. ao mesmo tempo a força aérea e a força naval); **aeronavegação** (è) *sf* (navegação aérea).

a.e.ro.pis.ta (è) *sf* Pista de pouso e aterragem de aviões.

a.e.ro.pla.no (è) *sm* Nome que se dá a qualquer tipo de avião, desde o monomotor até o caça supersônico.

a.e.ro.por.to (è; ô) *sm* Campo de pouso de aeronaves, devidamente equipado para atender ao movimento aeronáutico, ao serviço de carga e descarga e para o amplo conforto dos passageiros; campo de aviação. → **aeroportuário** (è) *adj* (de aeroporto) e *adj* e *sm* (que ou aquele que trabalha em aeroporto).

a.e.ros.fe.ra (è) *sf* Porção inferior da atmosfera, em que os voos tripulados e não tripulados são possíveis. → **aerosférico** (è) *adj* (rel. a aerosfera).

a.e.ros.sol (è) *sm* **1.** Substância líquida (tinta, inseticida, detergente, etc.) mantida sob pressão num recipiente metálico, liberada por gás propelente mediante pressão de uma válvula. **2.** Redução de bomba de aerossol, recipiente que contém tal substância. · Pl.: *aerossóis.* → **aerossolização** (è) *sf* (ação ou efeito de aerossolizar); **aerossolizar** (è) *v* (usar aerossol em: *aerossolizar um ambiente*).

a.e.ros.tá.ti.ca (è) *sf* Ciência dos gases em equilíbrio e do equilíbrio de balões ou aviões em condições atmosféricas de voo instáveis. → **aerostático** (è) *adj* (rel. a aerostática); **aeróstato** (è) ou **aerostato** (è) *sm* (balão atmosférico).
a.e.ro.ter.res.tre (è) *adj* Relativo a forças ou operações militares de terra e ar.
a.e.ro.trans.por.te (è) *sm* Transporte aéreo de cargas ou de pessoas.
a.e.ro.trem (è) *sm* Trem monotrilho que desliza sobre uma almofada de ar quente.
a.e.ro.via (è) *sf* **1**. Rota aérea comercial. **2**. Empresa de transporte aéreo. → **aeroviário** (è) *adj* (rel. a aerovia ou a aerotransporte) e *sm* (aquele que trabalha em aerovia).
a.é.ti.co *adj* V. **anético**.
a.fã *sm* Desejo intenso; anseio, pressa: *no afã de agradar, acabou decepcionando.*
a.fa.bi.li.da.de *sf* Qualidade de afável; cortesia e cordialidade de trato; amabilidade.
a.fa.gar *v* **1**. Demonstrar afeto ou amizade por, passando levemente a mão pela cabeça, pelo rosto, pelas costas, etc.; amimar: *a criança afaga o gatinho.* **2**. Alimentar, alentar, acalentar: *ela afaga sonhos impossíveis.* → **afago** *sm* (ato de afagar).
a.fa.ma.do *adj* Famoso, insigne, célebre: *um afamado ator.*
a.fa.nar *v* Tirar (alguma coisa) sem o consentimento do dono e nunca mais devolver, furtar: *afanaram a minha caneta.*
a.fas.tar *v* **1**. Pôr a certa distância, pôr longe: *afaste de mim esse cálice!* **2**. Distanciar: *seu comportamento afastou os melhores amigos.* **afastar-se 3**. Pôr-se longe: *o cão não se afasta do dono.* **4**. Desligar-se, deixar: *afastou-se do cargo para concorrer às eleições.* → **afastado** *adj* (**1**. distante do lugar em que se está; **2**. aberto, separado); **afastamento** *sm* [ato ou efeito de afastar(-se)].
a.fá.vel *adj* Doce ou cordial no trato; amável. · V. **afabilidade**.
a.fa.zer(se) *v* Acostumar(-se), habituar(-se*): afazer os filhos ao estudo; já me afiz ao frio.* · Conjuga-se por *fazer*. → **afazimento** *sm* [ato ou efeito de afazer(-se)].
a.fa.ze.res (è) *smpl* Tarefas, ocupações ou encargos do cotidiano; quefazeres: *deixei meus afazeres para atendê-la.*
a.fe.ar *v* Tornar ou deixar feio: *essa maquiagem lhe afeou o rosto.* (Não se confunde com *enfear.*) → **afeamento** *sm* (ato ou efeito de afear). · Conjuga-se por *frear.*
a.fec.ção *sf* Doença mental ou física: *afecção nervosa; afecção hepática.*
Afeganistão *sm* País do sudoeste da Ásia, de área equivalente à dos estados de Minas Gerais e da Paraíba juntos. → **afegane** *adj* e *s2gên* ou **afegão** *adj* e *sm*, de pl. *afegãos* ou *afeganes*.
a.fei.ção *sf* Sentimento bom, que se desenvolve com o tempo e liga uma pessoa a outra; afeto. · Antôn.: *desafeição.* → **afeiçoamento** *sm* [ato ou efeito de afeiçoar(-se)]; **afeiçoar** *v* (inspirar afeição a; cativar: *sua simpatia afeiçoou todos os presentes*); **afeiçoar-se** (**1**. tomar afeição ou estima; ligar-se por laços afetivos: *eu me afeiçoei àquela professora*; **2**. acostumar-se, habituar-se: *o homem se afeiçoa a qualquer clima*), que se conjuga por *abençoar*; **afeito** *adj* (acostumado, habituado; *estar afeito ao frio*).
a.fé.lio *sm* Ponto mais afastado do Sol da órbita do planeta, cometa ou satélite artificial. · Antôn.: *periélio*.
a.fe.mi.na.do ou **e.fe.mi.na.do** *adj* e *sm* Que ou aquele que tem trejeitos e modos femininos; maricas, bicha, veado, *gay*. → **afeminação** ou **efeminação** *sf* [ato ou efeito de afeminar(-se)]; **afeminador** (sem registro na 6.ª ed. do VOLP) ou **efeminador** (ô) *adj* (que afemina ou efemina); **afeminar(-se)** ou **efeminar(-se)** *v* [tornar(-se) afeminado].
a.fé.re.se *sf* **1**. Em linguística, supressão de letra(s) ou de sílaba no início de uma palavra (p. ex.: 'tava por *estava*, 'inda por *ainda*). **2**. Em medicina, processo de remoção temporária de um componente específico do sangue (plasma, plaquetas ou glóbulos brancos). → **aferésico** ou **aferético** *adj* (rel. a aférese; em que houve aférese: *forma aferética*).
a.fe.rir *v* **1**. Conferir (pesos, medidas, etc.) de acordo com o padrão estabelecido: *aferir balanças.* **2**. Avaliar, estimar, calcular: *algumas mulheres aferem a beleza de um homem pelo saldo da sua conta bancária.* · Conjuga-se por *ferir*. (Não se confunde com *auferir*.) → **aferição** *sf* ou **aferimento** *sm* (ato ou efeito de aferir).
a.fer.rar *v* **1**. Prender (alguma coisa) com ferro: *aferrar o cão*. **2**. Ancorar: *onde eles aferraram o barco?* **aferrar-se 3**. Apegar-se, agarrar-se: *aferrar-se às suas opiniões.* **4**. Dedicar-se ardorosamente, entregar-se com afinco: *ele se aferrou aos estudos e passou no vestibular.* → **aferro** (ê) *sm* [ato ou efeito de aferrar(-se)].
a.fer.ro.ar ou **fer.ro.ar** *v* Ferir com ferrão, picar: *um marimbondo aferroou-me o braço.* · Conjuga-se por *abençoar*.
a.fer.ven.tar ou **fer.ven.tar** *v* Submeter a ligeira fervura: *aferventou o molho para usar no macarrão.* → **afervenlação** *sf* ou **aferventamento** *sm* (ato ou efeito de aferventar).
a.fe.tar *v* **1**. Fingir ou simular de modo ridículo: *é uma mulher que afeta seriedade, mas é vadia.* **2**. Perturbar, abalar: *fofocas não o afetam.* **3**. Causar dano ou mal a, prejudicar: *cigarro afeta a saúde.* **4**. Dizer respeito a, interessar: *esse problema não me afeta.* → **afetação** *sf* (ato ou efeito de afetar); **afetado** *adj* (**1**. que não é natural; artificial; **2**. *fig.* pedante, pretensioso).
a.fe.to *sm* **1**. Sentimento de imenso carinho que se tem por pessoa ou animal; afeição. **2**. Ser merecedor de afeição: *os netos eram o seu afeto.* // *adj* **3**. Dedicado, devotado: *homem afeto a jardinagem.* · Antôn. (1): *repulsa, aversão.* → **afetividade** *sf* (**1**. modo de se comportar carinhoso e amável; afetuosidade; **2** tendência a deixar-se levar pelas emoções); **afetivo** *adj* (**1**. rel. a afeto; **2** capaz de dar afeto; afetuoso; **3**. sentimental, emotivo); **afetuosidade** *sf* (qualidade de quem é afetuoso; afetividade); **afetuoso** (ô; pl.: ó) *adj* [que revela afeto, carinho; carinhoso; afetivo (2)].
affaire [fr.] *sm* **1**. Questão, caso, assunto: *o affaire inflação já não preocupa tanto os brasileiros.* **2** Caso amoroso breve, inicialmente secreto e posteriormente de conhecimento público; romance: *ficou famoso o affaire da princesa com o seu segurança.* · Pronuncia-se *aféR* (este R soa como o de *fleur*).
a.fi.an.çar *v* **1**. Assumir responsabilidade por; responsabilizar-se por; garantir, abonar: *afiancei-lhe um empréstimo.* **2**. Afirmar com segurança ou com absoluta certeza; garantir, assegurar: *ela afiançou que me ama.*
a.fi.ar *v* **1**. Dar fio a; amolar: *afiar uma faca.* **2**. Afinar (algo) na ponta; apontar: *afiar um lápis.* **3**. *Fig.* Preparar com eficiência: *é um curso que afia os alunos para o vestibular.* → **afiação**, **afiadura** *sf* ou **afiamento** *sm* (ato ou efeito de afiar); **afiado** *adj* (diz-se de instrumento de corte que está com corte bem agudo muito fino).
a.fi.ci.o.na.do *adj* e *sm* Que ou aquele que é fã ou grande admirador de uma pessoa, clube, esporte, etc.: *ele é aficionado ao Flamengo; os aficionados do Palmeiras soltaram fogos de artifício para comemorar mais um título; nunca fui aficionado ao automobilismo.* (Cuidado para não usar "aficcionado"! A melhor regência é com a prep. **a**, embora se aceite atualmente a prep. *de*.)
a.fi.gu.rar *v* **1**. Apresentar a forma ou a figura de: *aquela montanha em Marte afigura uma pirâmide.* **2**. Representar artisticamente, como pintor, escultor ou desenhista: *afigurar um mármore.* **3**. Aparentar, parecer: *a mulher me afigurava mais jovem; esse assunto se me afigura importante.* → **afiguração** *sf* ou **afiguramento** *sm* [ato ou efeito de afigurar(-se)].
a.fi.lar *v* **1**. Tornar fino, afinar: *ele fez cirurgia plástica para afilar o nariz.* **afilar-se 2**. Terminar em ponta, afinar-se: *todo espeto se afila na ponta.* → **afilação** *sf* ou **afilamento** *sm* [ato ou efeito de afilar(-se)]; **afilado** *adj* (fino e delicado).
a.fi.lha.do *sm* **1**. Homem, em relação a seus padrinhos. **2**. Homem, em relação a seu protetor; protegido.
a.fi.li.ar ou **fi.li.ar** *v* **1**. Adotar como filho: *filiar um menor de rua.* **2** Agregar ou associar (a uma corporação, organização ou sociedade maior): *ele afiliou a sua emissora à Rede Globo; filiei vários amigos ao partido.* **3**. Inscrever como membro ou sócio de uma sociedade: *ele afiliou todos os filhos ao clube do seu coração.* **afiliar-se** ou **filiar-se 4**. Entrar para alguma sociedade, partido, corporação, etc.: *afiliar-se a um partido.* → **afiliação** ou **filiação** *sf* [**1**. ato ou efeito de afiliar(-se) ou filiar(-se); **2** laço que une um indivíduo a seu pai ou a sua mãe; descendência direta; **3**. determinação judicial da paternidade de uma criança, princ. a ilegítima; **4**. relação de uma coisa com outra, de que é derivada; derivação; **5**. admissão numa entidade, sociedade, partido, ordem, etc.]; **afiliada** ou **filiada** *sf* (estação local que mantém acordo operacional com uma grande rede, para retransmitir as suas programações); **afiliado** ou **filiado** *adj* (que se afiliou ou ajuntou).
a.fim *adj* **1**. Que tem relação, afinidade ou semelhança: *ela vende redes para aranhas, folhas, insetos e afins; pai e filho possuem temperamentos afins.* **2**. Que tem parentesco apenas por afinidade: *sogros e cunhados são afins.* // *sm* **3**. Parente por afinidade ou não sanguíneo: *os afins têm direito a herança?* **4**. Pessoa que possui afinidade com outra: *os afins se entendem.* (V. **a fim de**, em **fim**).
a.fi.nal *adv* **1**. Finalmente, por fim (exprimindo uma vitória ou sucesso, depois de vencidos todos os obstáculos): *Afinal,*

o time conseguiu um título importante. // palavra denotativa de conclusão **2**. Redução de *afinal de contas*: *afinal, quem é você para falar assim comigo?* •• **Afinal de contas**. Em conclusão; em suma; afinal: *Afinal de contas, o que ficou decidido na reunião?*

a.fi.nar *v* **1**. Tornar fino: *afinar a voz*. **2**. Pôr no devido tom: *afinar o piano*. **3**. Emagrecer: *fez regime e em três meses, ela afinou*. **4**. *Fig.* Acovardar-se: *chamado para a briga, ele afinou*. → **afinação** *sf* ou **afinamento** *sm* (ato ou efeito de afinar).

a.fin.car *v* **1**. Penetrar, enterrar, cravar, fincar (1): *afincar um prego na parede; as garras da águia afincaram na presa*. **afincar-se 2**. Aferrar-se, apegar-se, empenhar-se: *ele se afincou aos estudos e passou*. → **afincamento** ou **afinco** *sm* [ato ou efeito de afincar(-se)]; **afinco** *sm* (**1**. afincamento. **2**. *fig*. vontade de continuar firme no que faz; perseverança; aferro; pertinácia).

a.fi.ni.da.de *sf* **1**. Relação íntima ou estreita; semelhança. **2**. Identidade de pontos de vista. **3**. Parentesco por casamento.

a.fir.mar *v* **1**. Garantir que (algo) é verdadeiro; declarar com firmeza, asseverar: *ela afirma que viu um extraterrestre*. **2**. Firmar, fixar: *afirme bem a vista, que você vê o que estou vendo!* **afirmar-se 3**. Fixar-se, consolidar-se, firmar-se, impor-se: *ele se afirmou no gol da seleção brasileira*. **4**. Sentir-se mais confiante ou seguro, autoafirmar-se: *ele compra carrões só para se afirmar*. → **afirmação** *sf* [**1**. ato ou efeito de afirmar(-se); **2**. afirmativa], de antôn. *negação*; **afirmativa** *sf* (palavra ou expressão de afirmação; declaração positiva; afirmação), de antôn. *negativa*; **afirmativo** *adj* (**1**. que envolve afirmação: *oração declarativa afirmativa*; **2**. que concorda ou aquiesce; concordante: *com a cabeça fez um sinal afirmativo*; **3**. positivo, categórico: *a testemunha foi afirmativa no seu depoimento*), de antôn. *negativo*.

a.fi.ve.lar *v* Prender com fivela: *a comissária mandou todos os passageiros afivelarem o cinto*. → **afivelação** *sf* ou **afivelamento** *sm* (ação ou efeito de afivelar).

a.fi.xar (x = ks) *v* **1**. Fazer ficar preso ou firme, firmar, prender: *afixar o pé da mesa*. **2**. Colar, colocar ou pregar em lugar público: *afixar cartazes aos postes*. → **afixação** (x = ks) *sf* (ato ou efeito de afixar).

a.fi.xo (x = ks) *sm* Elemento gramatical que se apõe ao tema de uma palavra, para lhe modificar o sentido ou o valor (são os prefixos e sufixos). → **afixal** (x = ks) *adj* (rel. a prefixo ou próprio de prefixo).

a.fli.ção *sf* **1**. Estado de ânimo perturbado por alguma razão séria; estado de quem está aflito. **2**. Sentimento de ansiedade ou de profundo desgosto, por causa de alguma preocupação, dor ou incômodo; atribulação; angústia; agonia; tormento. → **afligir** *v* (**1**. causar aflição a; angustiar: *que problema o aflige?*; **2**. assolar, arruinar, devastar: *a seca aflige os nordestinos*); **afligir-se** (ficar aflito ou angustiado: *não se aflija, que tudo vai acabar bem!*); **aflito** *adj* e *sm* (**1**. que ou aquele que sente aflição; **2**. que ou aquele que está inquieto, atormentado).

a.flo.rar *v* **1**. Vir à tona ou à superfície; emergir: *é uma ilha que só aflora no período de seca*. **2**. *P.ext*. Surgir, revelar-se: *finalmente, a verdade aflorou*. → **afloração** *sf* ou **afloramento** *sm* (ato ou efeito de aflorar).

a.flu.ên.cia *sf* **1**. Movimento incessante ou contínuo para um ponto (de grande número de pessoas ou coisas); afluxo. **2**. Grande quantidade; abundância. **3**. Corrente abundante de água ou de qualquer outro líquido. → **afluente** *sm* (corrente de água que deságua em outra, principal, ou no mar: *o rio Negro é afluente do Amazonas*); **afluir** *v* (**1**. correr para; convergir: *o rio Amazonas aflui ao mar*; **2**. ir ou chegar em grande número: *muitos torcedores afluíram ao estádio*), que se conjuga por *atribuir*; **afluxo** (x = ks) *sm* [afluência (1)].

a.fo.bar *v* **1**. Deixar em sobressalto ou apressar: *não afobe o motorista!* **afobar-se 2**. Precipitar-se, ficar afobado: *como o atacante se afobou, perdeu o gol*. → **afobação** *sf* ou **afobamento** *sm* [ato ou efeito de afobar(-se)].

a.fo.fi.ê ou **a.fo.fi.é** *sm* Pequena flauta de bambu ou taquara, com bocal de madeira, usada nos cultos afro-brasileiros.

a.fo.ga.di.lho *sm* Pressa, precipitação, açodamento: *em casa não fazemos nada no afogadilho*. •• **De afogadilho**. **1**. Às pressas, precipitadamente: *O país não pode fazer um plebiscito de afogadilho*. **2**. Apressado, açodado, precipitado: *Segundo leituras de afogadilho, há racismo na obra de Monteiro Lobato*.

a.fo.gar *v* **1**. Impedir (alguém) de respirar; sufocar, asfixiar: *uma espinha de peixe quase me afoga*. **2**. Matar mergulhando num líquido: *afogaram o gatinho da moça*. **3**. *Pop*. Fazer enguiçar (o motor) por excesso de gasolina no carburador: *não pise muito fundo no acelerador, para não afogar o motor!* **afogar-se 4**. Ficar impedido de respirar, por alguma razão; sufocar-se, asfixiar-se: *quase ele se afoga com uma espinha de peixe*. **5**. Morrer na água por asfixia: *duas pessoas se afogaram na lagoa esta semana*. → **afogador** (ô) *sm* (válvula que controla o fluxo de ar dentro do motor de um veículo); **afogamento** *sm* [ato ou efeito de afogar(-se)].

a.foi.to *adj* **1**. Diz-se daquele que mostra coragem para fazer alguma coisa; corajoso, ousado, destemido. **2**. Diz-se daquele que se mostra apressado ou precipitado em fazer alguma coisa, geralmente por causa de ansiedade, nervosismo ou preocupação. → **afoiteza** (ê) *sf* ou **afoitamento** *sm* (qualidade de quem é afoito).

a.fo.lha.men.to *sm* **1**. Ato ou efeito de afolhar. **2**. Forma de cultivo empregada para evitar o esgotamento do solo, com mudança de espécies de cultura de uma safra para a outra; rotação de culturas. → **afolhar** *v* [**1**. dividir (um terreno) em lotes ou folhas, para alternar as culturas; proceder ao afolhamento de; **2**. criar folhas: *as plantas começam a afolhar*].

a.fo.ni.a *sf* Falta de voz, geralmente causada por problemas na laringe. → **afônico** *adj* (que ficou com afonia).

a.fo.ra *adv* **1**. Para o lado de fora; para a parte exterior: *os cães fizeram-no correr portão afora; divulgou seu livro mundo afora*. **2**. Ao longo, por toda a extensão (tempo e espaço): *já rodei por esse mundo afora; você ainda terá muitas surpresas vida afora*. // *prep* **3**. Exceto, salvo: *todos venceram, afora eu*. **4**. Além de: *o rapaz, afora ser bonito, era rico*.

a.fo.ris.mo *sm* Frase breve que contém uma mensagem importante ou um conceito moral; máxima; pensamento: *Quanto mais conheço os homens, mais amo os animais – eis um aforismo*. (A 6.ª ed. do VOLP passou a registrar também *aforisma*, forma que era considerada cacográfica até pouco tempo atrás.) → **aforismal** ou **aforismático** *adj* (rel. a aforismo); **aforista** *s2gên* (pessoa que escreve aforismos ou que os coleciona); **aforístico** *adj* (**1**. rel. a aforismo ou a aforista; **2**. que contém aforismo: *documentário aforístico*).

a.for.tu.na.do *adj* Que tem muita sorte; sortudo: *sinta-se afortunado por estar vivo, porque o acidente foi grave!* · Antôn.: *desafortunado, infeliz, desgraçado, azarado*.

a.fo.xé *sm* **1**. Candomblé de categoria inferior, praticado na Bahia. **2**. Bloco carnavalesco de negros que cantam músicas do candomblé.

a.fres.co (ê) *sm* Pintura feita em parede, abóbada ou teto antes de o estuque secar.

a.fre.ta.men.to ou **fre.ta.men.to** *sm* **1**. Contrato pelo qual se aluga um navio, para fazer um transporte de mercadorias. **2**. Ato ou efeito de afretar ou fretar; aluguel de embarcação ou de qualquer veículo. → **afretar** ou **fretar** *v* [**1**. tomar alugado (geralmente embarcação), para fazer transporte de carga ou de passageiro; **2**. alugar (qualquer veículo) para fazer esse mesmo transporte].

África *sf* O segundo maior continente do mundo, situado a sul da Europa. → **africano** *adj* e *sm*; **afro-** *adj* contraído: *povos afro-asiáticos; homem afrodescendente*.

a.fri.ca.do *adj* Diz-se do fonema dúplice, formado de consoante oclusiva seguida de fricativa, representada graficamente por *x* (p. ex.: *táxi, tóxico*).

África do Sul *loc sf* República independente do sul da África, de área pouco menor que a do estado do Pará. **sul-africano** *adj* e *sm*

a.fro-a.me.ri.ca.no *adj* **1**. Dos americanos de ancestrais africanos ou da sua história e cultura. **2**. Dos afro-americanos. // *sm* **3**. Negro americano de ascendência africana. · Pl.: *afro--americanos*.

a.fro-a.si.á.ti.co *sm* **1**. Aquele que tem ancestrais africana e asiática. // *adj* **2**. Dos povos afro-asiáticos. · Pl.: *afro-asiáticos*.

a.fro-ba.i.a.no *adj* Que contém influências da África e da Bahia; culto afro-baiano. · Pl.: *afro-baianos*.

a.fro-bra.si.lei.ro *adj* **1**. Dos brasileiros de ancestrais africanos ou à sua história e cultura; dos afro-brasileiros: *cultura afro--brasileira*. // *sm* **2**. Negro brasileiro de ascendência africana. · Pl.: *afro-brasileiros*.

a.fro.cên.tri.co *adj* Centrado na África ou nas culturas de origem africana, como as do Brasil, Cuba e Haiti: *arte afrocêntrica, rituais afrocêntricos*. → **afrocentrismo** *sm* (tendência a considerar os povos africanos como protagonistas da história e da civilização humanas); **afrocentrista** *adj* (rel. ao afrocentrismo) e *adj* e *s2gên* (que ou pessoa que é adepta do afrocentrismo).

a.fro-cu.ba.no *adj* **1**. Dos cubanos de ancestrais africanos ou à sua história e cultura; dos afro-cubanos: *cultura afro-cubana*. **2**. Que contém influências da África e de Cuba: *ritmos afro-cubanos*. // *sm* **3**. Negro cubano de ascendência africana. · Pl.: *afro-cubanos*.

a.fro.des.cen.den.te *adj* e *s2gên* Que ou pessoa que descende de africanos trazidos para a América, geralmente como escravos; negro(a).

a.fro.di.si.a *sf* Desejo sexual intenso, exagerado; concupiscência. · Antôn.: **anafrodisia**. → **afrodisíaco** *adj* e *sm* (que ou alimento ou droga que aumenta o apetite sexual: *o cacau era considerado afrodisíaco pelos astecas; o amendoim é um afrodisíaco*), de antôn. *anafrodisíaco*.

a.fro.fu.tu.ris.mo *sm* Amplo movimento político, social e artístico, com o objetivo de criar um mundo em que os povos afrodescendentes, sua história e suas culturas, desempenhem nele um papel central: *o afrofuturismo avalia o passado e o futuro, a fim de criar melhores condições para a geração atual de afrodescendentes, por meio do uso da tecnologia, tendo atraído adeptos de todos os espectros das artes*. → **afrofuturista** *adj* (rel. a afrofuturismo) e *adj* e *s2gên* (que ou pessoa que é adepta desse movimento); **afrofuturístico** *adj* (rel. a afrofuturismo ou a afrofuturista).

a.fron.ta *sf* Demonstração de desrespeito ante outras pessoas; ofensa, ultraje, insulto. → **afrontar** *v* (causar afronta a; ofender ou insultar abertamente, ante outras pessoas); **afrontoso** (ó; pl.: ó) *adj* (em que há afronta ou grande desonra; injurioso, ignominioso, infamante, ultrajante: *Cristo morreu morte afrontosa; salário de vinte mil reais para vereadores é afrontoso*).

a.frou.xar *v* **1**. Fazer ficar folgado ou mais folgado; desapertar, soltar: *afrouxar o nó da gravata*. **2**. Tornar menos rígido; relaxar, diminuir, enfraquecer: *afrouxar a disciplina*. **afrouxar-se 3**. Tornar-se frouxo ou solto; soltar-se, desapertar-se: *o cordão do sapato se afrouxou*. · Mantém o ditongo *ou* fechado durante a conjugação. → **afrouxamento** *sm* [ato ou efeito de afrouxar(-se)].

af.ta *sf* Pequena ulceração esbranquiçada e dolorosa da mucosa da boca.

af.to.sa *sf* Doença contagiosa do gado leiteiro, que dá febre e faz surgir aftas na mucosa bucal e no bico do úbere. (Também se diz *febre aftosa*.)

a.fu.gen.tar *v* Pôr em fuga; fazer fugir; espantar, afastar: *a fumaça afugenta as abelhas*. → **afugentamento** *sm* (ato ou efeito de afugentar).

a.fun.dar *v* **1**. Fazer ir até o fundo: *uma onda afundou nosso barco*. **2**. Levar ao insucesso, ao fracasso, a um mau resultado; enterrar: *o goleiro afundou o time*. **3**. Ir ao fundo: *uma pedra afunda, mas uma tábua não afunda*. **afundar-se 4**. Ir a pique, naufragar: *o Titanic se afundou*. **5**. Ir muito mal, fracassar: *se você não estudar, vai afundar-se no vestibular*. → **afundamento** *sm* [ato ou efeito de afundar(-se)].

a.fu.ni.lar *v* **1**. Dar forma de funil a: *afunilar uma cartolina*. **2**. Fazer ter saída apertada ou estreita, estreitar: *afunilar um corredor*. **afunilar-se 3**. Ter saída apertada ou estreita, estreitar-se: *é um corredor que se afunila na saída*. → **afunilamento** *sm* [ato ou efeito de afunilar(-se)].

a.fu.rá *sm* Bebida refrigerante da culinária afro-brasileira, que se prepara dissolvendo em água açucarada um bolo fermentado de arroz moído na pedra.

a.gá *sm* Nome da oitava letra do alfabeto (h). · Pl.: os *agás* ou os *hh*.

a.ga.char *v* **1**. Abaixar, inclinar: *agache a cabeça!* **agachar-se 2**. Dobrar os joelhos e curvar o corpo para a frente; abaixar-se ou inclinar-se para o chão, encolhendo o corpo: *se não me agachasse, batia a cabeça no batente da porta*. → **agachamento** ou **agacho** *sm* [ato ou efeito de agachar(-se)].

a.ga.da.nhar ou **a.ga.fa.nhar** *v* **1**. Ferir com as unhas ou com as garras; arranhar; agatanhar: *o tigre agadanhou o braço do seu treinador*. **2**. Furtar, surripiar: *ia a restaurantes finos só para agadanhar talheres*. → **agadanhamento** ou **agafanhamento** *sm* (ato ou efeito de agadanhar).

á.ga.pe *sm* ou **á.ga.pa** *sf* **1**. Refeição de confraternização que os antigos cristãos faziam. **2**. *P.ext*. Qualquer refeição de confraternização entre amigos, colegas, correligionários ou entes queridos; banquete amistoso. (A 6.ª ed. do VOLP registra *ágape* como *s2gên*.)

á.gar *sm* **1**. Nome nativo malaio de uma alga vermelha, muito utilizada no Oriente para fazer sopas e geleias. **2**. Produto gelatinoso feito dessa alga, usado para dar consistência gelatinosa aos meios de cultura de microrganismos,
na indústria de alimentos, cosméticos, medicamentos, etc. · Pl.: *ágares*. (Usa-se também **ágar-ágar**.)

a.gar.ra-a.gar.ra *sm Pop*. Namoro escandaloso. · Pl.: *agarra-agarras* ou *agarras-agarras*. (A 6.ª ed. do VOLP não registra este nome.)

a.gar.rar *v* **1**. Pegar com força, prender com garra: *a águia agarrou a presa*. **2**. Prender, aprisionar: *a polícia já agarrou os ladrões*. **3**. Segurar firme: *agarrar o adversário pela camisa*. **4**. Apanhar, pegar: *é um goleiro que sabe agarrar qualquer bola*. **agarrar-se 5**. Socorrer-se: *em perigo, ela se agarra a seu santo protetor*. → **agarração** *sf* ou **agarramento** *sm* [ato ou efeito de agarrar(-se)].

a.ga.sa.lho *sm* Peça de vestuário destinada a manter o corpo aquecido. → **agasalhar** *v* (proteger ou aquecer com agasalho).

a.gas.tar *v* **1**. Aborrecer muito; irritar, chatear, aporrinhar: *essa medida agastou os aposentados*. **agastar-se 2**. Irritar-se, chatear-se; aporrinhar-se: *o povo já se agastou com esse presidente*. → **agastamento** *sm* [ato ou efeito de agastar(-se); irritação, aperreação, aporrinhação].

a.gas.tu.ra *sf* Sensação de mal-estar causada por fome; aperto no estômago. (Não se confunde com *gastura*.)

á.ga.ta *sf* Pedra semipreciosa muito dura, com camadas distintas e multicoloridas.

a.ga.ta.nhar *v* Agadanhar (1). → **agatanhamento** *sm* (ato ou efeito de agatanhar).

a.ga.ti.nhar *v* Subir ou trepar com dificuldade em: *agatinhar um pau de sebo*.

a.gau.char *v* **1**. Dar aspecto ou ares de gaúcho a: *agauchar a fala*. **agauchar-se 2**. Adquirir modos ou hábitos de gaúcho: *morando no Rio Grande do Sul, ele logo se agauchou*. · Conjuga-se por *saudar*.

a.ge.ís.mo *sm* Tipo de etarismo que consiste também na hostilidade e discriminação sofridas por pessoas idosas. → **ageísta** *adj* (rel. a ageísmo: *postura ageísta*) e *adj* e *s2gên* (que ou pessoa que manifesta ageísmo).

a.gên.cia *sf* **1**. Estabelecimento que se encarrega de tratar de certos negócios mediante remuneração. **2**. Filial de repartição pública ou privada.

a.gen.ci.ar *v* Representar comercialmente; ser agente ou representante comercial de: *ele agencia uma editora em toda a região*. → **agenciação** *sf* ou **agenciamento** *sm* (ato ou efeito de agenciar).

a.gen.da *sf* Pequeno caderno com folhas datadas, em que se anotam os compromissos de cada dia. → **agendamento** *sm* (ato ou efeito de agendar), que não tem registro na 6.ª ed. do VOLP; **agendar** *v* [marcar na agenda (um compromisso)].

a.gê.ne.ro *adj* e *sm* Que ou aquele que tem identidade de gênero neutra: *homens agêneros, mulheres agêneros*. · Como se vê, não varia. → **ageneridade** *sf* (qualidade ou estado de quem é agênero).

a.gen.te *s2gên* **1**. Pessoa que age ou pratica. **2**. Pessoa que cuida de negócio alheio; representante. **3**. Pessoa encarregada de uma agência, promotor(a). // *sm* **4**. Sujeito de oração cujo verbo é ativo (p. ex.: *ela comeu o doce*).

a.gi.gan.tar *v* Aumentar enormemente: *o governo agiganta a dívida pública; minha dívida se agiganta dia a dia*. → **agigantamento** *sm* [ato ou efeito de agigantar(-se)].

á.gil *adj* Que é rápido, esperto. · Antôn.: *lento, lerdo*. · Superl. abs. sint. erudito: *agílimo*. → **agilidade** *sf* (qualidade do que é ágil); **agilização** *sf* [ato ou efeito de agilizar(-se); apressamento]; **agilizar** *v* (tornar ágil ou rápido; apressar).

á.gio *sm* **1**. Lucro sobre a diferença do valor da moeda. **2**. Juro de dinheiro emprestado.

a.gi.o.ta *s2gên* Pessoa que empresta dinheiro, cobrando juros exorbitantes. → **agiotagem** *sf* (empréstimo de dinheiro a juros exorbitantes); **agiotar** *v* (praticar agiotagem).

a.gir *v* **1**. Atuar, exercer ação: *o antibiótico já não está agindo sobre o doente*. **2**. Tomar atitudes, atuar: *o salva-vidas agiu rápido e salvou o menino do afogamento*. **3**. Comportar-se: *você não agiu bem*. (Durante a conjugação, troca o *g* pelo *j* antes de *a* e *o*, sem que isso caracterize irregularidade.)

a.gi.tar *v* **1**. Sacudir ou mover diversas vezes: *agite o frasco, antes de usar!* **2**. Causar problemas ou transtornos a; perturbar: *ele só veio mesmo para agitar a reunião*. **agitar-se 3**. Movimentar-se muito: *com a tempestade, as águas do mar se agitam*. → **agitação** *sf* ou **agitamento** *sm* [ato ou efeito de agitar(-se)]; **agitado** *adj* (em que há muito movimento ou atividade); **agito** *sm* [*pop.* **1**. movimentação ou animação intensa; agitação; **2**. muvuca (2); **2**. grande confusão; muvuca (3); **3**. muvuca (1)].

a.glo.me.rar *v* **1**. Amontoar ou ajuntar (gente) desordenadamente: *o show aglomerou muita gente na praça*. **aglomerar-se 2**. Amontoar-se: *muitas pessoas se aglomeram nas filas bancárias*. → **aglomeração** *sf* [ato ou efeito de aglomerar(-se)].

a.glu.ti.nar *v* **1**. Unir com cola; colar, grudar: *aglutinar o cimento e a cal*. **2**. Reunir, juntar: *aglutinar forças para uma ação*. → **aglutinação** *sf* [**1**. aglutinamento; **2**. em gramática, processo de formação de palavras por composição em que há união de radicais, com perda de fonema de um deles (p. ex.: *plano + alto = planalto*)]; **aglutinação** *sf* ou **aglutinamento** *sm* [ato ou efeito de aglutinar(-se)].

ag.nos.ti.cis.mo *sm* Doutrina filosófica ou teológica que declara que a existência de Deus, do divino ou do sobrenatural é desconhecida ou incognoscível; visão filosófica de que o conhecimento humano é limitado e, portanto, incapaz de fornecer bases racionais suficientes para justificar a crença de que Deus existe ou a crença de que Deus não existe. → **agnóstico** *adj* (rel. ou pert. a agnosticismo: *doutrina agnóstica*) e *adj* e *sm* [**1**. que ou aquele que mantém a visão de que qualquer realidade última (como Deus) é desconhecida e provavelmente incognoscível; que ou quem não se compromete em acreditar na existência ou na inexistência de Deus ou de um deus; **2**. *p.ext.* que ou aquele que não está disposto a se comprometer com uma opinião sobre qualquer assunto: *um político agnóstico; Sócrates era um agnóstico no assunto da imortalidade*]. ⋯ Não se confunde *ateu* com *agnóstico*: este não sabe se existe um deus ou se é cognoscível; aquele não acredita na existência de Deus nem muito menos de deuses. O islã não aceita nem um nem outro.

ág.nus-dei *sm* Medalha benta pelo Papa, na qual se acha impressa a figura de um cordeiro, representação de Cristo. · Pl.: *ágnus-deis*.

a.go.gô *sm* Instrumento musical de percussão, de origem africana, muito usado no samba.

a.go.ni.a *sf* **1**. Sofrimento extremo (físico, mental ou espiritual). **2**. Dor aguda e repentina que precede a morte. **3**. Ânsia, aflição. → **agoniar** *v* (causar agonia ou aflição a; agonizar); **agoniar-se** (ficar aflito ou angustiado); **agonizante** *adj* (rel. a agonia) e *adj* e *s2gên* [que ou pessoa que agoniza ou está morrendo; moribundo(a)]; **agonizar** *v* (**1**. causar agonia a; agoniar, afligir; **2**. estar morrendo).

a.go.ra *adv* **1**. Neste momento: *cheguei agora*. **2**. Atualmente: *a moda agora é funk*. // *conj* **3**. Mas: *gosto muito dela; agora, aguentar desaforos, eu não vou*.

á.go.ra *sf* Praça das antigas cidades gregas, na qual também se encontrava o mercado e lugar onde se reuniam pessoas em assembleia. → **agorafobia** (à) *sf* (medo mórbido de lugares abertos ou públicos ou de estar em um lugar onde a fuga é difícil ou impossível), de antôn. *claustrofobia*.

a.gos.to (ô) *sm* Nome do oitavo mês do ano.

a.gou.ro *sm* Qualquer coisa que se toma como sinal ou anúncio de desgraças e azares. → **agourar** *v* (**1**. prever, vaticinar: *agourar tempos difíceis*; **2**. predizer desgraças e azares de modo supersticioso); **agourento** *adj* (que anuncia males e desgraças).

a.gra.ci.ar *v* Conceder medalha, prêmio, etc. a (alguém), por alguma coisa boa que fez; condecorar: *o presidente o agraciou com uma medalha*. → **agraciação** *sf* ou **agraciamento** *sm* (ato ou efeito de agraciar; condecoração).

a.gra.dar *v* **1**. Fazer agrados a; mimar: *não convém agradar muito os filhos, que acabam crescendo cheios de vontades*. **2**. Causar satisfação ou prazer; satisfazer, contentar: *a notícia da queda do PIB não agradou ao presidente*. · Antôn. (1): *agredir*; (2); *irritar*. → **agrado** *sm* (**1**. ato ou efeito de agradar; **2**. satisfação, contentamento; **3**. gratificação, propina).

a.gra.dá.vel *adj* Diz-se de coisa que agrada ou causa boa impressão. **2**. Diz-se de pessoa que trata bem as pessoas. · Antôn. (1): *desagradável*; (2): *grosseiro, rude*. · Superl. abs. sint. *eruditо*: *agradabilíssimo*.

a.gra.de.cer *v* **1**. Mostrar-se reconhecido por: *agradecer os aplausos recebidos*. **2**. Demonstrar gratidão a: *agradecer os eleitores pela excelente votação recebida*. **3**. Ficar muito agradecido; demonstrar reconhecimento pelo que recebeu: *ela saiu sem agradecer*. → **agradecido** *adj* (que demonstra reconhecimento por um favor ou benefício recebido; reconhecido); **agradecimento** *sm* (ato ou efeito de agradecer).

a.grá.rio *adj* Do campo: *reforma agrária*.

a.gra.vo *sm* **1**. Ato que ofende alguém e geralmente provoca uma reação; insulto, ofensa. **2**. Recurso jurídico que se impetra na mesma vara contra sentença considerada injusta. → **agravação** *sf* ou **agravamento** *sm* [ato ou efeito de agravar(-se)]; **agravante** *adj* (que agrava ou torna mais grave, mais difícil de aceitar) e *s2gên* (fato que torna mais grave a situação), de antôn. *atenuante*; **agravar(-se)** *v* [tornar(-se) pior, mais sério ou mais perigoso].

a.gre.dir *v* **1**. Usar de violência (física ou moral) contra: *o jogador agrediu o árbitro*. **2**. Causar má impressão a; irritar: *esse tipo de música agride o ouvido*. **3**. Causar mal ou dano a; prejudicar, hostilizar: *o homem vive agredindo a natureza*. · Conj.: *agrido, agrides, agride, agredimos, agredis, agridem* (pres. do ind.); *agrida, agridas, agrida, agridamos, agridais, agridam* (pres. do subj.). Nos demais tempos e modos, conjuga-se normalmente. → **agressão** *sf* (**1**. ato ou efeito de agredir; **2**. provocação, hostilidade); **agressividade** *sf* (atitude de quem se mostra violento ou agressivo); **agressivo** (**1**. que agride verbal ou fisicamente: *chegou agressivo em casa*; **2**. caracterizado pela agressividade; provocativo, hostil, ofensivo: *gesto agressivo*; **3**. caracterizado pela iniciativa, audácia e contundência: *campanha publicitária agressiva; um advogado agressivo*; **4**. forte ou intenso em efeito: *cores agressivas; o sabor agressivo dos pratos baianos*; **5**. que se espalha rapidamente: *tumor agressivo*; **6**. que enfatiza o máximo de rendimento: *investimento agressivo*; **7**. que tem efeitos colaterais graves: *a quimioterapia é um tratamento agressivo*); **agressor** (ô) *adj* e *sm* (que ou aquele que agride).

a.gre.gar *v* **1**. Juntar, reunir: *agregar forças para uma ação*. **2**. Ajuntar (a conjunto semelhante): *o maestro agregou mais dois músicos à orquestra*. **agregar-se 3**. Reunir-se, juntar-se: *ela se agregou aos demais turistas na Europa*. → **agregação** *sf* [ato ou efeito de agregar(-se)]; **agregado** *adj* (junto, anexo, ligado).

a.gre.mi.a.ção *sf* Grupo de pessoas que se organizam com propósitos comuns; sociedade, clube, grêmio.

a.gres.te *adj* **1**. Do campo (inculto), rústico, tosco, rude: *estávamos num lugar desconhecido e agreste*. **2**. *Fig*. Rigoroso, inclemente: *tempo agreste*. **3**. *Fig*. Grosseiro, indelicado, áspero: *não poderíamos prevê-lo tão agreste*. → **agrestia, agrestice** ou **agrestidade** *sf* (qualidade de agreste).

Agreste *sm* Uma das quatro sub-regiões naturais do Nordeste brasileiro, zona de transição entre o Sertão e a Zona da Mata, de solo pedregoso e vegetação escassa e rala, estendendo-se desde o Rio Grande do Norte até a Bahia. Seu solo é inaproveitável no verão, por absoluta falta de água e escassez de chuva. → **agrestino** *adj* (do Agreste) e *adj* e *sm* (natural ou habitante do Agreste).

a.gri.ão *sm* **1**. Planta herbácea de folhas muito apreciadas na culinária, por serem saborosas e nutritivas. **2**. Essa folha, rica em vitaminas C e K.

a.grí.co.la *adj* **1**. Relativo à agricultura. **2**. Que se dedica à agricultura. **3**. Relativo ao cultivo do campo.

a.gri.cul.tu.ra *sf* Prática do cultivo da terra em larga escala. → **agricultor** (ô) *sm* (aquele que cultiva a terra; lavrador).

a.gri.do.ce (ô) ou **a.gro-do.ce** *adj* e *sm* **1**. Que tem sabor azedo e doce ao mesmo tempo. // *adj* **2**. *Fig*. Diz-se do que causa ao mesmo tempo tristeza e alegria ou prazer e amargura. (A 6.ª ed. do VOLP registra *agro-doce* apenas como adjetivo).

a.gri.lho.ar *v* Prender com grilhões; acorrentar com violência, opressão: *antigamente, os senhores agrilhoavam escravos*. · Conjuga-se por *abençoar*. → **agrilhoamento** *sm* (ato ou efeito de agrilhoar).

a.gri.men.su.ra *sf* **1**. Medição de campos e terrenos rurais. **2**. Arte de proceder a essa medição. → **agrimensor** (ô) *sm* (aquele que mede campos e terrenos rurais); **agrimensório** *adj* (rel. à agrimensura).

a.gro.a.çu.ca.rei.ro *adj* Relativo à cultura e industrialização da cana-de-açúcar: *setor agroaçucareiro*.

a.gro.a.li.men.tar *adj* **1**. Da produção, processamento e embalagem ou acondicionamento dos produtos de origem agrícola, destinados ao consumo humano ou animal: *indústrias agroalimentares*. **2**. Diz-se dos produtos agrícolas que são transformados por processos industriais: *a produção agroalimentar*.

a.gro.cli.má.ti.co ou **a.gro.cli.ma.té.ri.co** *adj* Relativo à agricultura e ao clima.

a.gro-do.ce *adj* e *sm* V. **agridoce**. · Pl.: *agro-doces*. (A 6.ª ed. do VOLP só registra este nome como adjetivo).

a.gro.e.co.lo.gi.a *sf* Parte da ecologia que estuda a adequação entre a atividade agrícola e a proteção do meio ambiente. → **agroecológico** *adj* (rel. a agroecologia).

a.gro.e.co.nô.mi.co *adj* Relativo a economia agrícola de um país.

a.gro.e.cos.sis.te.ma *sm* Conjunto das relações entre as plantas cultivadas, as pragas, as moléstias, as plantas competidoras, as técnicas de produção agropecuária e o ambiente: *um agroecossistema sustentável é o que mantém a produtividade ao longo do tempo, com introdução mínima de insumos externos e sem degradação dos recursos naturais e da diversidade biológica*. → **agroecossistêmico** *adj* (rel. a agroecossistema: *zoneamento agroecossistêmico*), adjetivo este que não tem registro na 6.ª ed. do VOLP.

a.gro.ex.por.ta.dor (ô) *adj* e *sm* Que ou aquele que exporta produtos agrícolas ou agrários: *setor agroexportador*.

a.gro.flo.res.ta *sf* Sistema agrícola em que se incluem árvores em agroecossistemas de produção vegetal ou animal. → **agroflorestal** *adj* (1. rel. ou pert. a agrofloresta); **2.** da cultura de produtos agrícolas concomitantemente com a plantação de árvores, no esforço para o reflorestamento).

a.gro.ge.o.lo.gi.a *sf* Ciência que estuda a constituição físico-química do solo, com vistas a seu aproveitamento agrícola. → **agrogeológico** *adj* (rel. a agrogeologia); **agrogeólogo** *sm* (aquele que é versado em agrogeologia).

a.gró.gli.fo *sm* Grande círculo com figuras geométricas, formado com achatamento inexplicável de cereais em desenvolvimento no campo, que aparece da noite para o dia, atribuído a alienígenas. (A 6.ª ed. do VOLP não registra a palavra, que tem prosódia diferente na língua cotidiana: *agroglifo*.)

a.gro.gra.fi.a *sf* Descrição dos campos. → **agrográfico** *adj* (rel. a agrografia); **agrógrafo** *sm* (aquele que é versado em agrografia).

a.gro.in.dús.tria *sf* Atividade econômica que consiste na industrialização dos produtos agrícolas. → **agroindustrial** *adj* (rel. a agroindústria).

a.gro.ne.gó.cio *sm* Atividade agrícola que engloba toda a cadeia produtiva, desde a produção inicial (lavouras, pecuárias, extração vegetal, etc.) até as finais, que fazem os produtos chegar ao consumidor (suco de laranja enlatado, óleo de soja, etc.). → **agronegociador** (ô) *sm* ou **agronegociante** *s2gên* [empresário(a) que atua no agronegócio], que não têm registro no VOLP.

a.gro.no.me.tri.a *sf* Parte da agronomia que se ocupa do estado da fertilidade do solo e, consequentemente, da sua capacidade produtiva. → **agronométrico** *adj* (rel. a agronometria).

a.gro.no.mi.a *sf* Ramo da agricultura que se ocupa do manejo do solo e da produção agrícola. → **agronomando** *sm* (estudante do último ano do curso de agronomia); **agronômico** *adj* (rel. à agronomia; da agronomia); **agrônomo** *sm* (técnico, diplomado ou versado em agronomia).

a.gro.pas.to.ril *adj* Relativo à agricultura e ao pastoreio: *região agropastoril*.

a.gro.pe.cu.á.ria *sf* Atividade que concilia a agricultura com a pecuária. → **agropecuário** *adj* (da agropecuária); **agropecuarista** *s2gên* (pessoa que se dedica à agropecuária).

a.gros.sil.vi.cul.tu.ra *sf* Sistema racional e eficiente de uso da terra, que busca promover a integração entre a agricultura e a floresta, pelo qual árvores são cultivadas em consórcio com culturas agrícolas e/ou criação animal, propiciando, entre outras vantagens, a recuperação da fertilidade dos solos, o fornecimento de adubos verdes e o controle de ervas, com o objetivo de produzir alimento, melhorar a paisagem e conservar o ambiente. → **agrossilvicultor** (ô) *sm* (agricultor adepto da agrossilvicultura).

a.gros.so.ci.al *adj* Relativo às questões de natureza social que envolvem a agronomia: *programa agrossocial*.

a.gro.téc.ni.co *adj* e *sm* **1.** Que ou aquele que é técnico agrícola: *gerente agrotécnico*. // *adj* **2.** Relativo a técnicas agrícolas: *ensino agrotécnico*.

a.gro.tó.xi.co (x = ks) *sm* Pesticida para pragas da lavoura; defensivo agrícola.

a.gro.tu.ris.mo *sm* Modalidade de turismo praticada no meio rural, com hospedagem em habitações rústicas, próprias do local, na qual agricultores familiares compartilham seu modo de vida com os turistas, geralmente habitantes do meio urbano, oferecendo-lhes serviços de conforto, higiene e segurança, ao mesmo tempo que valorizam e respeitam o meio ambiente e a cultura local, na qual os turistas podem participar de uma rotina diária dos afazeres domésticos ou produtivos da propriedade, para, assim, viverem a autêntica experiência da vida no campo; turismo rural. → **agroturista** *adj* e *s2gên* (que ou pessoa que faz agroturismo); **agroturístico** *adj* (rel. ao agroturismo ou a agroturista).

a.gro.vi.a *sf* Via (terrestre, marítima ou fluvial) para escoamento de produtos agrícolas.

a.gro.vi.la *sf* **1.** Comunidade rural provida de escola, farmácia, hospital, etc. **2.** Núcleo populacional que abriga e assiste trabalhadores que constroem estradas de desbravamento.

a.gru.par(-se) *v* Reunir(-se), juntar(-se) ou dispor(-se) em grupo(s): *agrupar as crianças por idade*. → **agrupação** *sf* ou **agrupamento** *sm* [ato ou efeito de agrupar(-se)].

a.gru.ra *sf* Situação difícil ou dolorosa; dissabor, adversidade.

á.gua *sf* **1.** Líquido incolor, insípido e inodoro, composto de oxigênio e hidrogênio, indispensável à existência dos seres vivos. **2.** Plano de telhado: *terraço com cobertura de uma só água*. // *sfpl* **3.** Chuvas: *águas de março*. ·· **Água com açúcar. 1.** Água acrescida de açúcar: *Para espantar o medo, tomou um pouco de água com açúcar*. **2.** *Fig*. Muito simples ou corriqueiro; elementar: *Probleminha água com açúcar*. **3.** *Fig*. Que não traz maiores consequências; inofensivo: *Namorinho água com açúcar*. **4.** *Fig*. Extremamente romântico; piegas: *Cena água com açúcar*. **5.** *Fig*. Ingênuo: *Filmes água com açúcar*. (Como se vê, não varia.) ·· **Água de cheiro**. Água-de-colônia; perfume. ·· **Água de coco**. Conteúdo líquido do coco-da-baía. ·· **Água dormida**. Água que se deixa ao sereno, para, segundo a crença popular, ganhar mais forças terapêuticas e servir como mezinha no dia seguinte. ·· **Água que passarinho não bebe**. Cachaça.

a.gua.cei.ro *sm* Chuva forte que cai de repente e passa rápido; toró; salseiro (2).

á.gua-de-co.lô.nia *sf* Água aromática, mistura de álcool, óleos e essências, de menor concentração do que o perfume, usada para refrescar e perfumar a pele; colônia (3); água de cheiro. · Pl.: *águas-de-colônia*.

a.gua.do *adj* **1.** Sem sabor, por ter muita água: *café aguado*. **2.** Misturado com água: *uísque aguado*. **3.** Fraco; não carregado: *carro de cor aguada*. **4.** Cheio (de lágrimas): *ela já chegou com os olhos aguados de lágrimas*. **5.** Diz-se do cabelo ralo e fino.

á.gua-e.men.da.da *sf* Nascente ou desaguadouro comum de dois ou mais rios. · Pl.: *águas-emendadas*.

á.gua-fur.ta.da *sf* Pavimento superior de uma casa, com janelas que dão para o telhado. · Pl.: *águas-furtadas*.

á.gua-ma.ri.nha *sf* **1.** Pedra semipreciosa, de cor verde-azulada ou verde-mar. // *sm* **2.** Cor verde-azulada ou verde-mar, própria dessa pedra. // *adj* **3.** Diz-se dessa cor. **4.** Que tem essa cor. · Pl. (1): *águas-marinhas*.

á.gua-mor.na *adj* e *s2gên* *Pop.Pej*. Que ou pessoa que é molenga e inofensiva, que para quase nada presta. · Pl.: *águas-mornas*.

a.gua.pé ou **gua.pé** *sm* Planta aquática flutuante, que cresce em águas estagnadas, à qual se dá literariamente o nome de *nenúfar*.

a.guar *v* **1.** Jogar água em cima de (planta), borrifar água em (vegetal); regar: *ela água as plantas diariamente*. **2.** Misturar água com (outro líquido); adulterar: *aguar o leite*. **3.** Em pintura, tornar (cor) menos viva, misturando água na aquarela. **aguar(-se) 3.** Encher-se de lágrimas, saliva, etc.: *esse doce me aguou a boca*. · Conjuga-se por *apaziguar*. → **aguagem** *sf* ou **aguamento** *sm* [ação ou efeito de aguar(-se)].

a.guar.dar *v* Estar ou ficar no aguardo de: *aguardar um telefonema*. → **aguardo** *sm* (ato ou efeito de aguardar; espera). ·· **Ficar** (ou **Estar**) **ao aguardo de**. Ficar (ou Estar) à espera de.

a.guar.den.te *sf* Bebida alcoólica muito forte, obtida da destilação da cana, cereais, plantas, frutos, etc.

á.gua-ré.gia *sf* Mistura de ácido nítrico (65%) e ácido clorídrico (35%), que forma um reagente que dissolve o ouro e a platina. · Pl.: *águas-régias*.

a.guar.rás *sf* Essência de terebintina. · Pl.: *aguarrases*.

á.gua-vi.va *sf* Animal marinho invertebrado, de estrutura gelatinosa e também conhecido por *medusa*, que causa queimadura e muita dor na pele humana. · Pl.: *águas-vivas*.

a.gu.çar *v* **1.** Tornar agudo ou pontiagudo: *aguçar um pau*. **2.** Excitar, estimular: *pimenta aguça o apetite*. **3.** *Fig*. Tornar maior ou mais intenso; aumentar: *aquilo me aguçou a curiosidade*. → **aguçado** *adj* (**1.** terminado em ponta; pontiagudo, agudo; **2.** muito sensível; apurado); **aguçadura** *sf* ou **aguçamento** *sm* (ato ou efeito de aguçar).

a.gu.do *adj* **1**. Terminado em ponta; pontiagudo, aguçado. **2**. Intenso e brusco. **3**. Violento. **4**. Diz-se do som alto e fino. **5**. Diz-se do ângulo que tem menos de 90°. **6**. Diz-se da sílaba proferida em tom alto. // *sm* **7**. Som agudo. · Superl. abs. sint. erudito: *acutíssimo*. **agudez** (ê) ou **agudeza** (ê) *sf* (qualidade do que é agudo ou pontiagudo).

a.guen.tar *v* **1**. Ter força física para sustentar (alguma coisa) acima do chão; suportar: *você aguenta cinquenta quilos?* **2**. Ter paciência para aturar (algo ou alguém desagradável), aturar, suportar: *você aguenta gente chata?*

a.guer.ri.do *adj* **1**. Acostumado à guerra: *o romano era um povo aguerrido*. **2**. Valente, corajoso: *os aguerridos bombeiros*.

á.guia *sf* **1**. Ave de rapina de grande porte, a mais forte de todas. **2**. *Fig*. Pessoa de grande inteligência ou sutileza. // *sm* **3**. Velhaco, espertalhão, sabichão, vigarista. · Dim. irregular: *aguieta* (ê). · V. **aquilino**.

a.gui.lha.da *sf* Vara comprida com ferro agudo na ponta, usada geralmente para instigar os bois.

a.gui.lhão *sm* **1**. Aguilhada curta. **2**. Ponta de ferro, ferrão. **3**. Arma ofensiva de certos insetos (vespas, abelhas, etc.). **4**. Peixe-espada, espadarte. **aguilhoada** *sf* (**1**. picada com aguilhão; **2**. picada que provoca dor momentânea muito intensa; fisgada); **aguilhoamento** *sm* (ação de aguilhoar); **aguilhoar** *v* (**1**. picar ou ferir com aguilhão; *o peão aguilhoa brutalmente os bois*; **2**. *fig*. estimular; excitar; **3**. *fig*. fazer sofrer física ou moralmente; afligir; pungir: *maltratar animais aguilhoa-me o coração*), que se conjuga por *abençoar*.

a.gu.lha *sf* **1**. Pequena e fina haste de aço polido, pontiaguda numa das extremidades e, na outra, com um orifício para dar passagem a fio ou linha, usada para costurar. **2**. Pino de aço de arma de fogo. **3**. Carne do dorso do boi. **4**. Ponteiro do relógio. // *sm* **5**. Variedade de arroz (geralmente no dim.). · Col. (**1**): *agulheiro*. · V. **aciculado**.

ah *interj* Indica alegria ou espanto e, às vezes, dor.

ah, ah *interj* Indica acerto ou ocorrência de um fato ardentemente desejado: *ah, ah! casei!*

ai *interj* Indica dor ou surpresa. ·· **Ai, ai, ai!** Exprime iminência de fato desagradável: *Ai, ai, ai! o pai dela está vindo!*

a.í *adv* **1**. Nesse lugar (aquele em que está a pessoa com quem se fala): *quem está aí contigo?* // *interj* **2**. Indica aplauso ou aprovação e, às vezes, malícia.

ai.a.to.lá *sm* Líder máximo entre os xiitas muçulmanos, visto como mestre, administrador e juiz supremo.

AIDS ou **aids** *sf* Sigla inglesa de <u>a</u>cquired <u>i</u>mmunological <u>d</u>eficiency <u>s</u>yndrome = síndrome da imunodeficiência adquirida (= SIDA ou sida), doença sexualmente transmissível, causada pelo vírus HIV. → **aidético** ou **sidético** *adj* e *sm* (que ou aquele que tem aids ou sida). [Não convém grafar apenas com a inicial maiúscula ("Aids"), como faz a mídia brasileira: nome de doença nunca é próprio, mas comum. Em países de língua portuguesa e também espanhola usa-se SIDA; o único país que não o faz é o Brasil, que prefere seguir os americanos.]

aileron [fr.] *sm* V. **elerão**.

ai.mo.ré *s2gên* **1**. Membro dos aimorés, tribo botocuda, muito aguerrida, que nos séculos XV e XVI habitava a região que hoje corresponde aos Estados da Bahia e do Espírito Santo. // *adj* **2**. Relativo ou pertencente a essa tribo.

a.in.da *adv* **1**. Até agora, até este momento: *você ainda é muito jovem*. **2**. Até aquele momento: *ela ainda era jovem quando a conheci*. **3**. Algum dia vindouro, no futuro: *eu ainda vou ser um grande cientista*. **4**. Até (exprimindo intensidade, antes de um comparativo): *ela é ainda mais linda que a irmã*.

a.i.pim *sm* Mandioca, macaxeira.

ai.po *sm* **1**. Planta herbácea, odorífera, nativa da Europa, também conhecida como salsão. **2**. Talo grosso e suculento dessa planta, usado com fins culinários; salsão.

ai.qui.dô *sm* Arte marcial japonesa de autodefesa. → **aiquidoísta** *s2gên* (praticante do aiquidô), que a 6.ª ed. do VOLP não registra.

air bag [ingl.] *loc sm* Bolsa de ar inflável em automóvel, destinada a proteger o motorista e os passageiros, em caso de colisão; bolsa inflável; bolsa de ar. · Pl.: *air bags*. · Pronuncia-se *ér bég*.

air-bus [ingl.] *sm* Sistema de viagem que conjuga a utilização do transporte aéreo com o rodoviário coletivo, durante o itinerário. · Pronuncia-se *ér-bâs*.

ai.ro.so (ô; pl.: ó) *adj* **1**. Que tem boa aparência ou bom porte; bem-apessoado; esbelto, elegante. **2**. Cortês, urbano, gentil, educado, polido: *motoristas airosos*. **3**. Que age conforme o decoro ou honestidade; digno, decente, honesto, íntegro, honrado: *atitude airosa; editores airosos*. · Antôn. (1): *desleixado, relaxado*; (2): *grosseiro, indelicado*; (3): *indecente, indigno*. → **airosidade** *sf* (qualidade do que é airoso).

a.jei.tar *v* **1**. Colocar em ordem, acomodar, arrumar: *ajeitar o cabelo*. **ajeitar-se 2**. Acomodar-se, pôr-se a jeito: *não me ajeito nesta cadeira*. **3**. Ficar bem de vida: *ao casar com mulher rica, ele se ajeitou na vida*. → **ajeitação** *sf* ou **ajeitamento** *sm* [ato ou efeito de ajeitar(-se)]; **ajeitada** *sf* [arrumada, melhorada, guaribada (2)].

a.jo.e.lhar(-se) *v* Ficar de joelhos: *ajoelhou(-se), tem de rezar!* → **ajoelhação** *sf* ou **ajoelhamento** *sm* [ato ou efeito de ajoelhar(-se)].

a.jou.jo *sm* **1**. Corrente, coleira, corda, etc. com que se juntem ou prendem pelo pescoço cães de caça ou outros animais dois a dois. **2**. *P.ext*. Esse par de animais. **3**. *Fig*. União ou relação forçada, imposta e incômoda de duas pessoas: *casamento feito por ajoujo*.

a.ju.dar *v* **1**. Prestar auxílio ou ajuda a; auxiliar: *você ajuda os pobres?* **2**. Socorrer: *ajudei as vítimas do acidente*. **3**. Facilitar: *água não ajuda a digestão*. **4**. Servir de acompanhante: *ajudar à missa*. · Antôn.: *atrapalhar*; (3): *dificultar, prejudicar*. → **ajuda** *sf* (ato ou efeito de ajudar); **ajudante** *adj* e *s2gên* (que ou pessoa que ajuda alguém), de fem. (opcional) *ajudanta*.

a.ju.i.za.do *adj* Que tem juízo, siso, bom senso; sensato.

a.jun.tar ou **jun.tar** *v* **1**. Pôr junto: *ajuntar duas camas*. **2**. Reunir: *juntar a família em torno da lareira*. **3**. Economizar, poupar: *ajuntar dinheiro*. **ajuntar-se 4**. Reunir-se em grupo; aglomerar-se; *os jogadores ajuntam-se em círculo antes de iniciar a partida*. → **ajunta** *sf* ou **ajuntamento** *sm* [ato ou efeito de ajuntar(-se)].

a.ju.ra.men.ta.do ou **ju.ra.men.ta.do** *adj* Que prestou juramento: *testemunha ajuramentada*.

a.jus.tar *v* **1**. Diminuir a folga de; apertar: *ajustar uma saia*. **2**. Combinar, acertar: *ajustar o valor de um serviço*. **3**. Fazer o ajuste de (máquinas, equipamento, etc.): *ajustar um motor*. **ajustar-se 4**. Adaptar-se, acomodar-se: *não demorou para se ajustar ao novo ambiente*. **5**. Entrar em acordo; combinar: *deixe, que eu me ajuste com eles!* → **ajustagem** *sf*, **ajustamento** ou **ajuste** *sm* [ato ou efeito de ajustar(-se)].

a.la *sf* **1**. Fileira, renque. **2**. Cada um dos grupos de um conjunto. **3**. Facção. // *sm* **4**. Cada um dos laterais no futebol moderno, que defendem e também atacam. · **Abrir alas**. Formar fila dupla: *Abram alas, que os noivos vão passar!*

à la carte [fr.] *loc adv* Pelo cardápio.

a.la-di.rei.ta *s2gên* Jogador(a) de futebol que atua no lado direito do campo de jogo, defendendo e atacando. · Pl.: *alas-direitas*.

a.la.do *adj* Que tem asas; asado.

a.la-es.quer.da *s2gên* Jogador(a) de futebol que atua no lado esquerdo do campo de jogo, defendendo e atacando. · Pl.: *alas-esquerdas*.

Alagoas (ô) *sm* Estado da Região Nordeste do Brasil. → **alagoano** *adj* e *sm*

a.la.gar(-se) *v* Encher(-se) ou cobrir(-se) de água ou de outro líquido: *as chuvas alagaram a cidade; ao ver aquilo, seu rosto se alagou de lágrimas*. → **alagação** *sf* ou **alagamento** *sm* [ato ou efeito de alagar(-se)]; **alagadiço** *adj* (sujeito a alagamento); **alagado** *adj* (cheio de água).

a.la.mar *sm* Cordão ou trança de fio de seda, ouro, etc., que guarnece a frente de uma peça de vestuário e o aperta, passando de um a outro lado da abotoadura.

a.lam.bi.que *sm* Aparelho usado para destilação. → **alambicar** *v* (destilar no alambique: *alambicar a aguardente*).

a.lam.bra.do *sm* Cerca de fios de arame. → **alambrar** *v* [cercar (terreno) com alambrado].

a.la.me.da (ê) *sf* Rua ou avenida cheia de árvores.

á.la.mo *sm* **1**. Árvore ornamental, fina e alta, também conhecida como *choupo*. **2**. Madeira dessa árvore; choupo.

a.la.no *sm* **1**. Membro dos alanos, povo asiático, invasor da Península Ibérica, no séc. V. // *adj* **2**. Relativo ou pertencente a esse povo.

a.lar.de *sm* **1**. Fala orgulhosa ou demonstração ostensiva do que se possui ou do que se é; ostentação, exibicionismo: *o dicionário foi lançado com algum alarde*. **2**. Fanfarronada; bazófia. → **alardeamento** ou **alardeio** *sm* (ato ou efeito de alardear); **alardear** *v* (falar ou demonstrar com orgulho do que se possui ou do que se é; fazer exibicionismo de; ostentar, gabar-se de), que se conjuga por *frear*.

a.lar.gar *v* **1.** Tornar largo ou mais largo: *alargar uma rua*. **2.** Prolongar, dar maior duração a: *alargaram o prazo das inscrições ao vestibular*. **alargar(-se) 3.** Ficar largo ou mais largo: *esta estrada só se alarga ali na frente*. → **alargamento** *sm* [ato ou efeito de alargar(-se)].

a.la.ri.do *sm* Grito muito forte, por uma ou muitas pessoas, por causa de dor, medo, raiva, alegria ou qualquer outra sensação ou sentimento.

a.lar.me ou **a.lar.ma** *sm* **1.** Sinal ou aviso de perigo, de aproximação do inimigo. **2.** Mecanismo que avisa de perigo ou de violação de portas, janelas, etc. → **alarmante** *adj* (que causa alarme ou assusta); **alarmar** *v* (**1.** avisar de perigo, pôr em alarme; **2.** assustar).

Alasca *sm* O maior e menos povoado estado americano. → **alasquiano** *adj* e *sm* ou **alasquiense** *adj* e *s2gên*.

a.las.trar(-se) *v* Espalhar(-se), propagar(-se); proliferar(-se): *a aids (se) alastrou pelo mundo afora*. → **alastramento** *sm* [ato ou efeito de alastrar(-se)].

a.las.trim *sm* Doença infectocontagiosa causada por um vírus, forma atenuada da varíola.

a.la.ú.de *sm* Antigo instrumento musical de cordas, semelhante ao banjo. → **alaudista** *adj* e *s2gên* (pessoa que toca alaúde).

a.la.van.ca *sf* **1.** Máquina formada por uma barra inflexível fixa num ponto de apoio, destinada a mover, elevar ou sustentar peso, ou a abrir alguma coisa à força. **2.** Dispositivo destinado a controlar ou operar máquinas ou maquinismos: *alavanca de câmbio*. → **alavancagem** *sf* (ato ou efeito de alavancar); **alavancar** *v* [**1.** elevar o índice de audiência de (um programa de televisão), utilizando-se de muitas atrações, geralmente já consagradas do público; **2.** melhorar ou aumentar o índice de aceitação popular de: *essa propaganda eleitoral alavancou a campanha do candidato governista*; **3.** promover o impulso necessário para: *irão as privatizações alavancar o desenvolvimento brasileiro?*; **4.** aumentar, incrementar: *o que alavancou as vendas nestes mês foi o dia das Mães*].

a.la.vão ou **a.la.bão** *sm* Rebanho de ovelhas leiteiras. · Pl.: *alavães*, *alabães*. → **alavoeiro** ou **alaboeiro** *sm* (pastor que cuida dos alavães).

a.la.zão *adj* e *sm* Que ou cavalo que tem cor de canela. · Fem.: *alazã*. · Pl.: *alazães* ou *alazões*.

Albânia *sf* Pequeno país europeu, de área equivalente à do estado de Alagoas. → **albanês** *adj* e *sm*.

al.bar.da *sf* Sela grosseira para animais de carga.

al.bar.rã ou **al.var.rã** *sf* Torre sólida e saliente, nos castelos medievais árabes, erguida de espaços a espaços, ao longo das muralhas, que serve de defesa e atalaia.

al.ba.troz *sm* Ave palmípede de grande porte que se alimenta de peixes e só vem a terra para nidificar.

al.ber.gue *sm* **1.** Lugar onde se recolhem pessoas pobres ou necessitadas. **2.** Estabelecimento que hospeda pessoas; hospedaria. → **albergamento** *sm* [ato ou efeito de albergar(-se)]; **albergar(-se)** [recolher(-se) em albergue: *albergar mendigos*]. ·· **Albergue noturno**. Abrigo a que mendigos se recolhem à noite.

al.bi.no *adj* **1.** Que é todo branco (homem, animal ou planta), por ser desprovido da pigmentação normal. // *sm* **2.** Indivíduo que tem albinismo. → **albinia** *sf* ou **albinismo** *sm* (anomalia congênita dos albinos).

al.bor.noz *sm* Grande manto de lã com capuz, usado pelos árabes. · Pl.: *albornozes*.

ál.bum *sm* Livro de páginas brancas e grossas, para guardar retratos, selos, autógrafos, etc.

al.bu.me ou **al.bú.men** *sm* Clara do ovo.

al.bu.mi.na *sf* Proteína encontrada no leite, clara de ovo, tecidos vegetais, etc.

ALCA ou **Alca** *sf* Acrônimo de Área de Livre Comércio das Américas, bloco econômico idealizado pelos Estados Unidos e inspirado no Mercado Comum Europeu, destinado a abolir as tarifas que os países americanos (exceto Cuba) cobram no comércio de produtos entre si.

al.ça *sf* **1.** Suspensório que segura princ. peças de roupas femininas (maiôs, sutiãs, etc.). **2.** Parte de certos utensílios (cestas, bolsas, etc.), feita para pegar, levantar e segurar; asa.

al.cá.cer ou **al.cá.çar** *sm* Fortaleza, castelo ou palácio fortificado, de origem moura, para servir de residência oficial de reis, governadores, alcaides ou casteleiros, na Espanha.

al.ca.cho.fra (ô) *sf* **1.** Planta hortense, de folíolos carnudos comestíveis. **2.** Esse folíolo.

al.ca.çuz *sm* **1.** Planta de rizoma ou raiz adocicada. **2.** Raiz dessa planta. · Pl.: *alcaçuzes*.

al.ça.da *sf* **1.** Jurisdição delimitada de juízes. **2.** Área de competência, atribuição.

al.ca.gue.te ou **al.ca.gue.ta** (o **u** soa) *s2gên* **1.** Pessoa que espia para a polícia ou que lhe presta informações; espião(ã) de polícia, delator(a), dedo-duro. **2.** Qualquer pessoa que delata outra; dedo-duro. // *sm* **3.** Aquele que intermedeia relações amorosas ou sexuais; corretor de meretriz; cáften, proxeneta, alcoviteiro (1). → **alcaguetagem** (o **u** soa) *sf* (ato ou efeito de alcaguetar); **alcaguetar** (o **u** soa) *v* (denunciar, delatar, dedurar). (Existem as variantes populares *caguetar* e *caguetagem*; *alcagueta* também é variante popular.)

al.cai.de *sm* **1.** Autoridade administrativa espanhola, correspondente ao nosso prefeito. **2.** *P.ext.* Prefeito. **3.** *Pop.* Mercadoria encalhada; encalhe. **4.** *Pop.* RS Cavalo ordinário; pangaré. // *adj* **5.** De baixa qualidade; ordinário: *motorista alcaide*. · Fem.: *alcaidessa* (ê) ou *alcaidina*.

ál.ca.li *sm* **1.** Qualquer base ou hidróxido que tem as seguintes propriedades: a) solubilidade em água; b) poder de neutralizar ácidos: c) capacidade de alterar o matiz de cores; d) sabor acre. **2.** Qualquer sal mineral solúvel ou mistura de sais encontrada na água natural e em certos tipos de solo (como em alguns desertos, p. ex.), capaz de neutralizar ácidos. → **alcalinidade** *sf* (qualidade de alcalino); **alcalino** *adj* (**1.** rel. aos álcalis ou que contém um álcali; **2.** que tem um pH maior que 7).

al.ca.loi.de (ói) *sm* Substância orgânica nitrogenada com propriedades alcalinas, muitas das quais, como a morfina, a estricnina e a cocaína, são usadas como drogas ou entorpecentes. → **alcaloideu** (lòi), **alcalóidico** ou **alcaloídico** *adj* (rel. a alcaloide).

al.can.çar *v* **1.** Chegar a, depois de muito esforço; atingir: *corri, para alcançar o ônibus*. **2.** Conseguir, obter: *alcançar uma graça*. → **alcançamento** ou **alcance** *sm* (ato ou efeito de alcançar).

al.can.til *sm* Rochedo a pique ou quase a pique, mergulhado no mar. → **alcantilado** *adj* (talhado a pique; alto e empinado: *montanha alcantilada*).

al.ça.pão *sm* **1.** Porta ou tampa horizontal que se fecha de cima para baixo e dá entrada a pavimento inferior. **2.** Essa entrada. **3.** Armadilha para apanhar pequenas aves.

al.ca.par.ra *sf* **1.** Planta hortense, cujo botão floral se mantém em conserva para servir como condimento. **2.** Esse botão floral.

al.ça-pé *sm* **1.** Armadilha usada para apanhar a caça, prendendo-a pelo pé. **2.** Golpe traiçoeiro numa luta, no qual um lutador enfia um pé por entre as pernas do adversário, para derrubá-lo. **3.** Qualquer artifício para enganar alguém. · Pl.: *alça-pés*.

al.çar(-se) *v* Tornar(-se) mais alto; elevar(-se); levantar(-se); erguer(-se): *alçar um muro; alçou-se na ponta dos pés para ver o desfile na rua*. → **alçadura** *sf* ou **alçamento** *sm* [ato ou efeito de alçar(-se)].

al.ca.tei.a (éi) *sf* **1.** Bando de lobos ou de quaisquer animais ferozes: *ser atacado por uma alcateia faminta; uma alcateia de javalis, de hienas*. **2.** *P.ext.* Bando de gente ordinária; corja, malta, súcia, caterva: *uma alcateia de corruptos, de terroristas, de traficantes, de sequestradores*.

al.ca.ti.fa *sf* Tapete grande que se estende no chão. → **alcatifar** (cobrir com alcatifa).

al.ca.tra *sf* Carne de vaca, tirada de perto dos rins ou da anca do animal.

al.ca.trão *sm* **1.** Líquido escuro, extraído do petróleo, carvão, madeira, etc. **2.** Substância semelhante obtida com a queima do tabaco.

al.ca.traz *sm* Ave marinha semelhante ao pelicano, com cauda em forma de tesoura.

al.ca.truz *sm* Balde fixado a uma corda, com o qual se tira água de poço.

al.ce *sm* Veado de grande porte das regiões polares da América do Norte, da Europa e da Ásia.

al.ci.o.ne *sf* Ave marinha de pequeno porte, que mergulha para apanhar peixe; maçarico.

al.coi.ce *sm* Casa ou espelunca que aluga cômodo para casais manterem relações sexuais.

ál.co.ol *sm* Líquido incolor, volátil e inflamável, de muitas utilidades. · Pl.: *álcoois* (e não "alcoóis"). → **alcoólatra** *adj* e *s2gên* (que ou pessoa que sofre de alcoolismo crônico); **alcooleiro** *adj* (**1**. rel. a álcool; **2**. que produz álcool: *indústria alcooleira*) e *sm* (fabricante ou negociante de álcool); **alcoólico** *adj* (**1**. que tem álcool; **2**. que resulta do alcoolismo); **alcoolizar** *v* (embriagar, embebedar). ·· **Álcool anidro**. Álcool puro, sem água. ·· **Álcool etílico**. Etanol. ·· **Álcool em gel**. Álcool etílico com a textura em gel, usado princ. na higiene das mãos. (Cuidado para não usar "álcool gel"!) ·· **Álcool hidratado**. Álcool misturado com água, hoje utilizado como combustível de motores.

al.co.o.tes.te *sm* **1**. Teste destinado a verificar o teor de álcool no ar expirado. **2**. Aparelho portátil utilizado para fazer esse teste. → **alcootestar** *v* (aplicar o alcooteste em).

Alcorão ou **Corão** *sm* Livro sagrado do islamismo, correspondente à Bíblia dos cristãos. · Pl.: *Alcorães* ou *Alcorões*, *Corães* ou *Corões*. → **alcorânico** ou **corânico** *adj* (do Alcorão ou da religião muçulmana); **alcoranista** ou **coranista** *s2gên* (pessoa muçulmana ou versada no Alcorão).

al.co.va (ô) *sf* **1**. Pequeno quarto sem janelas do interior de uma habitação. **2**. Esconderijo de animais ferozes; furna.

al.co.vi.tei.ro *sm* **1**. Alcaguete (3.) **2**. Homem mexeriqueiro ou fofoqueiro. → **alcovitagem** *sf* (ato ou efeito de alcovitar); **alcovitar** *v* [**1**. arranjar (namorados, amantes ou prostitutas) para alguém; atuar como alcoviteiro(a): *a própria mãe alcovitava a filha*; **2**. *fig.* fazer mexericos ou fofocas sobre; mexericar, fofocar: *ela vive alcovitando os colegas*]; **alcoviteira** *sf* [**1**. mulher que faz o papel de alcoviteiro (1); **2**. mulher mexeriqueira ou fofoqueira; **3**. dona de prostíbulo; **alcoviteirice** ou **alcovitice** *sf* (**1**. ocupação de alcoviteiro; **2**. *fig.* mexerico, fofoca, intriga; **3**. exploração da prostituição; lenocínio).

al.cu.nha *sf* Nome irônico ou sarcástico que se atribui a alguém, apelido: (p. ex.: *Zé dos Burros, Maria Sapatão*). → **alcunhar** *v* (pôr alcunha em; apelidar).

al.dei.a *sf* **1**. Povoação rústica, povoado. **2**. Pequena comunidade indígena. · Dim. irregulares: *aldeola* e *aldeota*. → **aldeão** (de fem. *aldeã* e pl.: *-ãos, -ões, -ães*) *adj* (de aldeia: *ambiente aldeão; gente aldeã*) e *sm* (morador de aldeia).

al dente [it.] *loc sm* **1**. Grau de cozedura de massas alimentícias. // *loc adj* **2**. Diz-se do alimento cozido o suficiente para estar firme, consistente, pronto para ser mastigado: *macarrão al dente*.

al.dra.va ou **al.dra.ba** *sf* **1**. Trinco ou ferrolho de porta, portão, janela, etc. **2**. Peça ou argola de ferro instalada no lado externo da porta, para chamar a atenção de quem está dentro.

al.dra.vão ou **al.dra.bão** *sm* **1**. Aldrava grande. // *adj* e *sm* **2**. Que ou aquele que fala muito depressa e confusamente. **3**. Que ou aquele que mente muito. **4**. Que ou quem trabalha mal; matão. · Fem.: *aldravona*.

a.le.a.tó.rio *adj* **1**. Feito ou escolhido sem método ou decisão consciente; que não foi escolhido intencionalmente; arbitrário: *o computador gerou um número aleatório*. **2**. Que depende do acaso ou do acontecimento incerto; fortuito; casual: *foi um encontro aleatório o que tive com ela*.

a.le.crim *sm* **1**. Arbusto que exala odor forte, mas agradável. **2**. Qualquer parte desse arbusto (ramo, folha, flor, etc.).

a.le.gar *v* **1**. Apresentar como desculpa ou pretexto: *ele alegou que estava doente, para não ir à escola*. **2**. Citar ou apresentar (fato) como prova de defesa: *ele alegou um álibi para escapar da acusação*. → **alegação** *sf* (ato ou efeito de alegar).

a.le.go.ri.a *sf* **1**. Narrativa agradável em que se apresentam simbolicamente importantes verdades, com fins educativos. **2**. Obra artística que apresenta uma coisa para dar ideia de outra. → **alegórico** *adj* [que traz alegoria(s)]. ··· **Carro alegórico**. Veículo de grande porte, enfeitado com figuras ou motivos simbólicos, usado princ. em desfiles de carnaval.

a.le.gre *adj* **1**. Que mostra abertamente o prazer que está sentindo no momento, através de palavras, atos, gestos, etc. **2**. Diz-se da cor viva e vistosa. **3**. Ligeiramente bêbado; alto. · Antôn. (1): *triste*. **alegrar(-se)** *v* [tornar(-se) alegre].

a.le.gri.a *sf* Manifestação externa de contentamento mediante ações, gestos, palavras, etc. · Antôn.: *tristeza*.

a.lei.a (éi) *sf* Renque ou fileira de árvores.

a.lei.jar *v* **1**. Causar aleijão a, mutilar: *as guerras aleijam muitas pessoas*. **aleijar(-se) 2**. Ficar aleijado: *ele (se) aleijou na guerra*. · Durante a conjugação, mantém o ditongo fechado. → **aleijado** *adj* e *sm* (que ou aquele que tem algum aleijão); **aleijão** *sm* (deformidade em qualquer dos membros; grande defeito físico); **aleijamento** *sm* [ato ou efeito de aleijar(-se)].

a.lei.tar *v* Dar de mamar a (com mamadeira): *a veterinária aleita o filhote de chimpanzé*. (Não se confunde com *amamentar*.) **aleitação** *sf* ou **aleitamento** *sm* (ato ou efeito de aleitar), que não se confunde com *amamentação*.

a.lei.vo.si.a *sf* Fingimento de amizade. → **aleivoso** (ô; pl.: ó) *adj* e *sm* (que ou aquele que é caracterizado por aleivosia: *atitude aleivosa; colega aleivoso*).

a.le.lo *sm* Em genética, uma das duas ou mais formas alternativas de um gene, das quais apenas uma pode estar presente num cromossomo; gene alélico; alelomorfo. → **alélico** *adj* (rel. a alelo); **alelismo** ou **alelomorfismo** *sm* (ocorrência de dois ou mais genes localizados no mesmo lugar do cromossomo); **alelomorfo** *sm* (alelo).

a.le.lu.i.a *sf* **1**. Canto de alegria, em louvor a Deus. // *interj* **2**. Indica alegria.

a.lém *adv* **1**. Ao longe, acolá: *um lobo além uiva*. **2**. Mais à frente, mais adiante: *este é um pequeno mercado; o supermercado fica além*. **3**. Afora: *seguimos pela mata além*. // *sm* **4**. Lugar para o qual supostamente se vai depois da morte; além-mundo; além-túmulo: *sobre o além nada se sabe*. · Antôn. (1): *aquém*.

Alemanha *sf* País da Europa, de área equivalente à do estado do Mato Grosso do Sul. → **alemão** *adj* e *sm*, de fem. *alemã* e pl. *alemães*.

a.lém-fron.tei.ras ou **a.lém-fron.tei.ra** *adv* Fora do país: *viajar além-fronteiras*. · Antôn.: *aquém-fronteiras*.

a.lém-mar *adv* **1**. Para o outro lado do mar; além do mar. // *sm* **2**. Terra ou território situado do outro lado do mar; ultramar. · Pl. (2): *além-mares*. · Antôn.: *aquém-mar*.

a.lém-mun.do *sm* Além; além-túmulo. · Pl.: *além-mundos*.

a.lém-tú.mu.lo *sm* Além; além-mundo. · Pl.: *além-túmulos*.

Alencar, José de (1829-1877). Escritor romântico cearense, autor de *O Guarani, Iracema* e *Senhora*, entre outras obras. → **alencariano** ou **alencarino** *adj* (rel. a José de Alencar) e *adj* e *sm* (que ou aquele que admira ou estuda a obra de José de Alencar).

a.len.to *sm* **1**. Ar que expelimos naturalmente dos pulmões; bafo. **2**. *Fig.* Entusiasmo, ânimo. → **alentar(-se)** *v* [animar(-se)].

a.lér.ge.no *sm* Substância que causa reação alérgica, como pólen, pelo de animal e veneno de abelha. → **alergenicidade** *sf* (propriedade ou característica de ser alergênico: *alguns cosméticos têm baixa alergenicidade*), palavra que não consta na 6.ª ed. do VOLP; **alergênico** ou **alergizante** *adj* (que causa ou pode causar reação alérgica). · V. **hipoalergênico**.

a.ler.gi.a *sf* **1**. Hipersensibilidade do organismo à ação de certas substâncias. **2**. Forte aversão ou antipatia; repugnância. → **alérgico** *adj* (**1**. rel. a alergia; **2**. que detesta; avesso) e *adj* e *sm* (que ou aquele que tem alergia).

a.ler.ta *adv* **1**. De sobreaviso, de vigilância. // *sm* **2**. Aviso ou sinal de vigilância, de cuidado, de atenção. // *interj* **3**. Atenção, cuidado. → **alertar** *v* [**1**. pôr em estado de alerta; deixar prevenido; **2**. avisar a (alguém) que tenha muito cuidado com alguma coisa; prevenir].

a.le.vi.no *sm* Filhote recém-nascido de peixe.

a.le.xan.dri.no *adj* e *sm* Que ou verso que tem doze sílabas, com o acento predominante na sexta e na duodécima.

al.fa *sm* **1**. Primeira letra do alfabeto grego (A, α), equivalente do nosso A. a. **2**. *Fig.* Começo, início: *para muitos, o dinheiro é o alfa e o ômega do propósito da vida*. **3**. Estado de total relaxamento mental: *entrar em alfa*. **4**. Estrela mais brilhante de uma constelação: *Alfa Centauri*. · Antôn.: *ômega*. (Usa-se para descrever alguém forte ou poderoso, que gosta de estar no comando: *Ela gerencia difíceis personalidades alfa de sua equipe*. Serve ainda para descrever animal socialmente dominante: *macho alfa, fêmea alfa*.)

al.fa.be.to *sm* Conjunto ordenado das letras de uma língua; abecedário, á-bê-cê. → **alfabético** *adj* (do alfabeto: *ordem alfabética*); **alfabetização** *sf* (ato ou efeito de alfabetizar); **alfabetizando** *sm* (aquele que está sendo alfabetizado); **alfabetizar** *v* (ensinar a ler e a escrever).

al.fa.ce *sf* **1**. Planta hortense cujas folhas são comestíveis. **2**. Essa folha. (Cuidado para não trocar o gênero, usando "o" alface!)

al.fa.fa *sf* Planta usada como forragem, alimento para gado e cobertura de colheitas em terreiro.

al.fai.a.te *sm* Homem que faz, repara ou altera roupas masculinas sob medida. · Fem.: *alfaiata* (*costureira* é fem. de *costureiro*, e não heterônimo feminino de *alfaiate*). → **alfaiataria** *sf* (lugar onde trabalha o alfaiate).

al.fân.de.ga *sf* **1**. Repartição pública, situada nas fronteiras, nos portos e aeroportos, destinada a registrar gêneros e mercadorias, importados ou exportados, e cobrar os devidos impostos; aduana. **2**. Lugar onde essa repartição funciona; aduana. → **alfandegário** *adj* (da alfândega; aduaneiro).

al.fan.je *sm* Sabre curto, de folha larga e curva.

al.fa.nu.mé.ri.co *adj* Diz-se do sistema ou teclado composto de letras e números.

al.far.rá.bio *sm* **1**. Livro antigo ou velho, sem importância. **2**. *P.ext.* Qualquer livro guardado há muito tempo e pouco usado. → **alfarrabista** *adj* e *s2gên* (que ou pessoa que compra, vende ou coleciona alfarrábios) e *sm* (livreiro ou loja que compra, vende e troca livros usados; sebo).

al.fa.va.ca *sf* **1**. Planta hortense, cultivada por suas folhas, muito utilizadas como tempero; manjericão. **2**. Essa folha; manjericão.

al.fa.ze.ma *sf* **1**. Arbusto de cujas folhas perfumadas se faz a lavanda. **2**. Folha desse arbusto.

al.fe.res *sm2núm* **1**. Oficial que antigamente levava a bandeira na infantaria ou o estandarte na cavalaria. **2**. Antigo posto militar no Exército brasileiro, equivalente ao de atual segundo-tenente.

al.fi.ne.te (ê) *sm* Pequena haste metálica de ponta aguçada e cabeça redonda e chata, usada como presilha. → **alfinetada** *sf* (**1**. espetada com alfinete; **2**. *fig*. crítica irônica; ironia); **alfinetar** *v* (**1**. espetar com alfinete; **2**. *fig*. tecer críticas irônicas a; ironizar).

al.for.je *sm* Duplo saco, fechado nas extremidades e aberto no meio, para equilibrar a carga sobre animais ou no ombro das pessoas.

al.for.ri.a *sf* **1**. Liberdade que o senhor conferia ao escravo. **2**. Ato que assegurava essa liberdade. → **alforriar** *v* [conceder alforria a (escravo); libertar].

al.ga *sf* Planta que vive na água e é o principal alimento dos peixes. · V. **algologia**.

al.ga.ra.vi.a *sf* **1**. Linguagem árabe do tempo do domínio à Península Ibérica. **2**. *Fig*. Linguagem confusa, difícil de entender. **3**. *Fig*. Confusão de vozes; vozerio. → **algaraviar** *v* (exprimir-se confusamente).

al.ga.ris.mo *sm* Símbolo que representa os números e a ausência de valor numérico (o zero): *o número 18.470 tem cinco algarismos*. ·· **Algarismo arábico**. Símbolo pertencente à numeração dos árabes, ou seja, 1, 2, 3, 4, 5, 6, 7, 8, 9 e 0. ·· **Algarismo romano**. Símbolo pertencente ao alfabeto latino, ou seja, I (um), V (cinco), X (dez), L (cinquenta), C (cem), D (quinhentos) e M (mil).

al.ga.ro.ba (ô) ou **al.gar.ro.ba** (ô) *sf* **1**. Fruto da algarobeira, de vagem longa e sementes achatadas. **2**. Essa vagem. → **algarobeira** ou **algarrobeira** *sf* (árvore que dá a algaroba).

al.ga.zar.ra *sf* Conjunto de vozes tão confusas, que não se percebe nada do que se diz; vozearia, tumulto.

ál.ge.bra *sf* **1**. Parte da matemática que usa letras e símbolos, como *a*, *b*, *x*, *y* =, ≠, >, <, para representar quantidades possíveis e resolver problemas na forma de equações. → **algébrico** *adj* (da álgebra).

al.ge.mas *sfpl* Par de argolas de aço usado para prender os braços de prisioneiros pelos punhos. → **algemagem** *sf* ou **algemamento** *sm* (ato ou efeito de algemar), palavras que não constam da 6.ª ed. do VOLP, mas sim dos principais dicionários portugueses); **algemar** *v* (prender com algemas).

al.ge.roz *sm* **1**. Calha que escoa as águas pluviais do telhado. **2**. Parte saliente do telhado que desvia as águas da parede que o sustenta. · Pl.: *algerozes*.

al.gi.be.be *sm* Vendedor de roupas feitas, geralmente ordinárias; mascate. · Fem.: *algibeba*.

al.gi.bei.ra *sf* Bolso. ·· **Pergunta de algibeira**. Pergunta feita com o intuito de confundir ou embaraçar a pessoa inquirida, geralmente de resposta difícil.

ál.gi.do *adj* Extremamente frio. → **algidez** (ê) *sf* (frio muito intenso).

al.go *pron* **1**. Alguma coisa: *algo o preocupa*. // *adv* **2**. Em algum grau ou medida; um tanto, um pouco, meio: *estava algo preocupado*.

al.go.dão *sm* **1**. Filamento branco e macio que envolve a semente do algodoeiro. **2**. Fio de tecido feito desse filamento. · V. **cotonicultura** e **cotonifício**. → **algodãozinho** (pl.: *-õezinhos*) *sm* (tecido grosseiro de algodão); **algodoal** *sm* (plantação de algodoeiros); **algodoeiro** *adj* (de algodão) e *sm* (planta que dá o algodão). ·· **Algodão em rama**. Algodão bruto, como se apresenta na natureza.

al.go.dão-do.ce *sm* Doce preparado com açúcar, de filamentos reunidos em flocos, parecido com o algodão em rama. · Pl.: *algodões-doces*.

al.go.lo.gi.a *sf* Ramo da botânica que estuda as algas. → **algológico** *adj* (rel. a algologia); **algologista** *s2gên* ou **algólogo** *sm* (especialista em algologia).

al.go.rit.mo *sm* Conjunto de instruções que devem ser seguidas para resolver um problema de matemática ou executar uma tarefa computacional: *os algoritmos são muito utilizados na área de programação, descrevendo as etapas que precisam ser efetuadas, a fim de que um programa execute as tarefas que lhe são designadas*. → **algorítmico** *adj* (**1**. rel. ou pert. a algoritmo; **2**. que usa algoritmos ou que se expressa por algoritmos).

al.goz (ô ou ó) *sm* **1**. Pessoa que executa a pena de morte; carrasco, verdugo. **2**. Qualquer pessoa cruel, desumana. · Pl.: *algozes* (ô ou ó). (A prosódia com *o* aberto é coisa recente do VOLP.)

al.guém *pron* **1**. Pessoa de identidade indefinida: *alguém bate à porta*. **2**. Pessoa importante, respeitada: *estude, para ser alguém na vida!* // *sm* **3**. Indivíduo, pessoa, sujeito, cara: *quem é esse alguém que não lhe sai do pensamento?* · Antôn. (1 e 2): *ninguém*.

al.gui.dar *sm* Vaso cuja boca tem muito maior diâmetro que o fundo, usado princ. para lavagens. · Pl.: *alguidares*. → **alguidarada** *sf* (conteúdo de um alguidar).

al.gum *pron* **1**. Indica quantidade ou número indeterminado ou não especificado de pessoas ou coisas: *alguns notaram o desconforto do presidente na entrevista; ganhei algum dinheiro nesse negócio*. **2**. Indica alguém ou algo desconhecido, indeterminado ou não especificado: *algum jornalista deve saber desse fato; você tem algum amigo em Paris?; se precisar de uma faca, vá até a cozinha e pegue alguma!; tive alguma dificuldade em reconhecê-la*. **3**. Grande quantidade ou número: *levará algum tempo para o Brasil ser o país do futuro*. **4**. Usado para fazer referência a alguma pessoa ou coisa, sem indicar exatamente qual: *algum amigo meu foi o autor dessa brincadeira; deve haver alguma forma de resolver isso*. **5**. Nenhum (sempre posposto ao substantivo): *não recebi dinheiro algum*. // *pl* **6**. Indica parte de algo ou pequeno número dentre muitos: *apenas alguns responderam ao questionário; o conserto do carro me custou alguns reais*. **7**. Poucos: *volto dentro de alguns minutos*. // *sm* **8**. Pequena quantia: *tem algum aí para me emprestar?* (Indica concessão em frases como: *Alguma dor que você vá sentir, será insignificante em comparação com a que já sentiu*.) · Antôn.: *nenhum*.

al.gu.res *adv* Em algum lugar: *já vi isso algures*. · Antôn.: *nenhures*.

a.lhe.a.do *adj* Que está alheio do que se passa à sua volta; desatento, distraído.

a.lhei.o *adj* **1**. Que é de outra pessoa. **2**. Que não se preocupa com o que se passa à sua volta; indiferente. · Antôn. (1): *próprio*; (2): *interessado*.

a.lho *sm* **1**. Planta hortense cujo bulbo, formado de gomos, se usa como tempero. **2**. Esse bulbo. · Col.: *alhada* ou *réstia*. · V. **aliáceo**.

a.lhu.res *adv* Em outra parte; em outro lugar: *vivo aqui, mas trabalho alhures*.

a.li *adv* **1**. Naquele lugar (que se está vendo): *moro ali*. **2**. Àquele lugar ou para aquele lugar: *vou ali e já volto*. · Antôn. (1): *aqui*.

a.li.á *sf* Nome que se dá no Sri Lanka (ex-Ceilão) à fêmea do elefante. ··· Essa palavra foi usada para designar a fêmea do elefante no antigo Ceilão, nos séculos XVII e XVIII. Já no século seguinte, mais precisamente em 1844, passou-se a usar *elefanta* como feminino de *elefante*, arcaizando-se a forma *aliá*, que muitos ainda aceitam como heterônimo feminino de *elefante*.

a.li.á.ceo *adj* Relativo ou semelhante ao alho, no cheiro, sabor, etc.: *ninguém a beija, porque ela tem hálito aliáceo*.

a.li.a.do *adj* **1**. Unido ou ligado (geralmente para propósito comum). // *sm* **2**. Aquele que fez aliança. // *smpl* **3**. Nações que se uniram durante a Primeira ou a Segunda Guerra Mundial para combater um inimigo comum.

a.li.an.ça *sf* **1**. Acordo de ajuda recíproca entre países, governos ou grupos de pessoas; pacto. **2**. Anel simbólico de compromisso (namoro), noivado ou de casamento.

a.li.ar *v* **1**. Reunir, juntar, combinar: *aliar o útil ao agradável*. **aliar-se 2**. Formar com outro um grupo, com determinado fim, unir-se: *aliar-se aos bons*.

alias [ingl.] *sm* Segundo nome ou apelido, usado em informática para designar endereço de *e-mail* alternativo, associado a uma conta de *e-mail* padrão. · Pl.: *aliases*. · Pronuncia-se *êilias*.

a.li.ás *conj* **1**. Mas, contudo, no entanto; sim, ela viajou, aliás contra a vontade dos pais. // *palavra denotativa de retificação* **2**. Por sinal: *aliás, eu nem deveria estar falando isso*. **3**. Ou por outra; ou seja; digo: *vi uma linda garota na praia; aliás, duas*. **4**. Diga-se de passagem: *temos uma empregada doméstica que, aliás, cozinha como ninguém*.

á.li.bi *sm* **1**. Prova que um acusado de crime apresenta, mostrando que se encontrava em lugar diverso daquele em que o fato se deu. **2**. Pretexto para se safar de alguma situação; subterfúgio.

a.li.can.ti.na *sf* **1**. Treta, manha ou malícia para enganar, princ. no jogo ou nos negócios; embuste, trapaça, velhacaria, ardil. **2**. Em direito, astúcia com o fim de prejudicar a atividade processual da parte contrária. **alicantineiro** *adj* ou **alicantinador** (ô) *adj* e *sm* (trapaceador).

a.li.ca.te *sm* Ferramenta composta por duas barras de ferro que se movem sobre um eixo, destinada a torcer, prender ou cortar arames e outros objetos duros.

a.li.cer.ce *sm* **1**. Parte sólida, feita de alvenaria (mistura de areia, pedra, cimento e água), sobre a qual se sustenta uma construção. **2**. Escavação onde assenta essa parte. → **alicerçar** *v* (**1**. fazer o alicerce de; cimentar; **2**. tornar firme, sólido; fortalecer, consolidar).

a.li.ci.ar *v* **1**. Atrair com mentiras ou com promessas que nunca serão cumpridas: *aliciar eleitores*. **2**. Subornar: *aliciar testemunhas*. → **aliciação** *sf* ou **aliciamento** *sm* (ato ou efeito de aliciar); **aliciador** (ô) *adj* e *sm* (que ou aquele que alicia).

a.li.e.nar *v* **1**. Ceder ou transferir (bens, títulos, etc.): *alienar uma casa*. **2**. Tornar doido ou louco; alucinar, perturbar mentalmente: *as drogas alienam o viciado*. **3**. Afastar, separar, alhear: *o vício das drogas aliena os filhos dos pais*. **alienar-se 4**. Tornar-se alienado ou louco: *depois que perdeu todos os filhos no acidente, ele se alienou*. → **alienação** *sf* [**1**. ato ou efeito de alienar(-se); **2**. cessão ou transferência de bens ou direitos; **3**. estado de quem não se acha na posse de suas faculdades mentais; **4**. desinteresse, indiferença]; **alienado** *adj* (**1**. que se alienou ou transferiu para outrem; **2**. que sofre de alienação; demente, louco, maluco, doido).

a.li.e.ní.ge.na *adj* e *s2gên* Natural ou habitante de outro país ou supostamente de outro planeta. · Antôn.: *indígena, nativo, autóctone, aborígine*.

a.li.gá.tor *sm* Grande réptil, semelhante ao crocodilo, mas de cara maior. · Pl.: *aligatores* (ô).

a.li.jar *v* **1**. Excluir, geralmente com violência: *o zagueiro alijou o centroavante do jogo*. **alijar-se 2**. Ficar excluído (por algum ato violento): *o centroavante se alijou do jogo no violento lance com o zagueiro*. → **alijação** *sf* ou **alijamento** *sm* [ato ou efeito de alijar(-se)].

a.li.má.ria *sf* **1**. Animal irracional, princ. quadrúpede; besta. **2**. *Fig.Pej*. Pessoa grosseira, abrutalhada; cavalgadura.

a.li.men.tar *v* **1**. Dar alimento a, prover de alimentos: *alimentar os passarinhos*. **2**. Conservar vivo dentro de si; alentar, acalentar, afagar: *alimentar um sonho*. **3**. Estimular, despertar: *alimentar ódios e rancores*. // *adj* **4**. Relativo a alimento: *hábitos alimentares*. → **alimentação** *sf* [ato ou efeito de alimentar(-se)]; **alimentício** *adj* [que produz alimentos]; **alimento** *sm* (comida e bebida necessárias à sobrevivência).

a.lim.par *v* V. **limpar**.

a.lí.nea *sf* **1**. Toda linha que abre parágrafo. **2**. Cada uma das subdivisões de um artigo, designadas por *a), b), c)*, etc. ou *1), 2), 3)*; inciso, parágrafo. → **alinear** *v* [dispor em alíneas (artigos de lei)], que se conjuga por *frear*.

a.li.nhar *v* **1**. Pôr em linha reta, enfileirar: *alinhar soldados*. **2**. Vestir com alinho: *é uma mãe que alinha os filhos*. **alinhar-se 3**. Vestir-se com elegância ou apuro: *ela se alinha, para ir à festa*. → **alinhado** *adj* (**1**. posto em linha reta; **2**. vestido com elegância); **alinhamento** ou **alinho** *sm* [ato ou efeito de alinhar(-se)].

a.li.nha.var *v* **1**. Coser com pontos largos, preparando para costura posterior, com pontos miúdos; pontear (2): *alinhavar a barra das calças*. **2**. *Fig*. Fazer (alguma coisa) sem o devido preparo; improvisar: *alinhavar um discurso*. → **alinhavo** *sm* (ato ou efeito de alinhavar).

a.li.quan.ta *adj* Em matemática, diz-se da parte de um número cuja quantidade não está contida noutra um número exato de vezes. · Antôn.: *alíquota*.

a.lí.quo.ta (quo = co) *adj* **1**. Em matemática, diz-se da parte de um número cuja quantidade está contida noutra um número exato de vezes. // *sf* **2**. Percentual com que um tributo incide sobre o valor da coisa tributada. · Antôn. (1): *aliquanta*.

a.li.sar *v* **1**. Tornar liso: *alisar um terreno*. **2**. Passar a mão delicadamente em; amimar: *alisar o cabelo*. → **alisamento** *sm* (ação ou efeito de alisar).

a.lí.sio ou **a.li.seu** *adj* e *sm* Que ou vento quente e constante que sopra o ano inteiro em direção ao equador. (A 6.ª ed. do VOLP, incompreensivelmente, registra ainda *alíseo*, forma que, contudo, não convém usar.)

a.lis.tar *v* **1**. Pôr em lista; relacionar, arrolar: *alistar peças de roupa, para lavar*. **2**. Colocar (alguém) na lista do serviço militar; recrutar: *o Exército está alistando quem já completou 18 anos*. **alistar-se 3**. Inscrever-se no serviço militar: *ele se alistou na Marinha*. **4**. Filiar-se, inscrever-se: *em que partido você se alistou?* → **alistamento** *sm* [ato ou efeito de alistar(-se)].

a.li.te.ra.ção *sf* Em gramática, repetição das mesmas consoantes a curta distância (p. ex.: *o rato roeu a roupa da rainha raivosa*).

a.li.vi.ar *v* **1**. Tornar leve ou mais leve: *aliviar um navio, jogando a carga no mar*. **2**. Tornar menos severo ou menos intenso; diminuir: *todo analgésico alivia a dor*. **3**. Diminuir de intensidade, acalmar: *a dor já aliviou*. **4**. Tranqüilizar, dar sossego ou tranqüilidade; confortar: *chorar alivia*. · Antôn. (1): *sobrecarregar*; (2 e 3): *aumentar, intensificar*; (4): *intranquilizar, preocupar*. → **alívio** *sm* (**1**. ato ou efeito de aliviar; **2**. diminuição de dor, peso, preocupação, etc.; conforto).

a.li.zar *sm* Guarnição de madeira das ombreiras das portas e janelas.

al.ja.va *sf* Estojo de flechas que geralmente se traz pendente do ombro; carcás.

al.ma *sf* **1**. Parte imaterial e imortal do ser humano que, segundo os cristãos, sobrevive ao corpo, depois da morte. **2**. *Fig*. Pessoa, indivíduo: *não havia uma alma na rua*. **3**. *Fig*. Peça ou elemento fundamental: *propaganda é a alma do negócio*. · V. **anímico**. ·· **Lavar a alma**. Lavar a égua.

al.ma.ce.ga *sf* Pequeno tanque destinado a recolher e armazenar a água da chuva.

al.ma.ço *adj* Diz-se de certo tipo de papel, com ou sem linhas, de folha dupla.

al.ma.na.que *sm* Publicação anual que traz calendário e muitas informações úteis.

al.mei.rão *sm* **1**. Planta hortense, cujas folhas são comestíveis; chicória. **2**. Essa folha; chicória.

al.me.jar *v* Desejar do íntimo da alma, ardentemente: *almejar um diploma*. · Mantém o *e* fechado durante a conjugação. → **almejo** (ê) *sm* (desejo muito intenso).

al.me.na.ra *sf* **1**. Facho ou fogueira que se acendia antigamente nas torres ou castelos, para dar sinal ao longe. **2**. Essa torre ou esse castelo. (Cuidado para não usar "almanara"!)

al.mi.ran.te *sm* **1**. Oficial que chegou ao mais alto posto da Marinha e, por isso, pode comandar uma armada. **2**. O mais alto posto da Marinha. // *adj* **3**. Diz-se da embarcação onde está o almirante. · Fem.: *almiranta*. → **almirantado** *sm* (**1**. posto de almirante; **2**. corporação de almirantes).

al.mís.car *sm* Substância perfumada segregada pelo almiscareiro macho, ou produzida artificialmente, usada como base de perfumes. · Pl.: *almíscares*. → **almiscareiro** *sm* (mamífero ruminante cuja glândula abdominal, no macho, segrega o almíscar).

al.mo.ço (ô) *sm* **1**. Refeição que se toma por volta do meio-dia. **2**. Comida servida numa refeição. → **almoçar** *v* (**1**. comer durante o almoço; **2**. tomar o almoço).

al.mo.fa.da *sf* **1**. Saco fechado de pano, cheio de matéria macia, usado como assento, como enfeite ou para encosto confortável do corpo. **2**. Pequena caixa de metal forrada, destinada a reter tinta e utilizada para bater carimbo. → **almofadinha** *sf* (pequena almofada) e *sm* (*fig.pej*. homem que se veste com extremo apuro, quase beirando o ridículo; dândi).

al.mo.fa.riz *sm* Vaso em que se tritura alguma coisa com um pilão.

al.môn.de.ga *sf* Bolinho de carne moída, ovos e vários temperos consistentes.

al.mo.to.li.a *sf* **1**. Vasilha portátil de forma cônica, boca estreita e bojo largo, para conservar azeite e outros líquidos oleaginosos. **2**. Recipiente de bico longo, destinado a conter líquido oleoso, para lubrificar maquinaria; cantimplora.

al.mo.xa.ri.fa.do *sm* **1**. Função de almoxarife. **2**. Lugar onde trabalha o/a almoxarife. **3**. Depósito de material e produtos sob a responsabilidade do(a) almoxarife. → **almoxarife** *s2gên* (pessoa encarregada, numa empresa, do almoxarifado).

a.lô *interj* **1**. Usa-se: a) para saudar ao telefone; b) para cumprimentar, equivalendo a *oi* ou a *olá*. // *sm* **2**. Saudação, cumprimento. **3**. Sinal, aviso.

a.lo.car *v* **1**. Em informática, reservar (um recurso na memória ou disco) para um sistema poder funcionar. **2**. Destinar (recursos, verbas, etc.) a uma entidade determinada ou a um fim específico: *alocar verba para a Educação*. → **alocação** *sf* (ato ou efeito de alocar).

a.lóc.to.ne *adj* Que é originário de outro país; que não tem suas origens no lugar onde vive: *espécie alóctone; animal alóctone*. · Antôn.: *autóctone*. → **aloctonia** *sf* ou **aloctonismo** *sm* (qualidade ou condição de alóctone), de antôn. *autoctonia, autoctonismo*. (A 6.ª ed. do VOLP não registra *aloctonismo*, mas registra *autoctonismo*; se há esta, tem de haver aquela.)

a.lo.cu.ção *sf* Discurso breve, feito em ocasião solene. (Sendo assim, há redundância na combinação "breve alocução", já que toda alocução é breve.)

a.lo.é *sm* ou **a.lo.és** *sm2núm* **1**. Planta medicinal, também conhecida como *babosa*. **2**. Resina extraída dessa planta.

a.lo.jar *v* **1**. Oferecer a (alguém) lugar para ficar e dormir; abrigar, acomodar, hospedar: *alojar turistas*. **2**. Receber, conter: *um barco tão pequeno não podia alojar tantas pessoas*. **alojar(-se) 3**. Fixar-se, depositar-se: *a bala (se) alojou no fígado da vítima*. **4**. Arrumar um lugar para ficar e dormir, hospedar-se, acomodar-se: *as delegações de fora (se) alojaram numa escola*. → **alojação** *sf* ou **alojamento** *sm* [ato ou efeito de alojar(-se)].

a.lo.mor.fe *sm* Cada uma das formas variantes de um morfema em um contexto linguístico (p. ex.: a negatividade representada pelos prefixos *in-* e *des-* em *infeliz* e *desunir*). → **alomorfia** *sf* (variação de um morfema sem mudança no seu significado).

a.lon.gar *v* **1**. Tornar longo ou mais longo: *alongar um discurso*. **2**. Estender (parte flexível do corpo); prolongar: *alongar um músculo*. **alongar-se 3**. Prolongar-se: *alongar num assunto*. → **alongamento** *sm* [ato ou efeito de alongar(-se)].

a.lô.ni.mo *sm* **1**. Autor que assume o nome de uma figura, geralmente histórica, como pseudônimo e publica obra com tal nome. // *adj* e *sm* **2**. Diz-se de ou obra assim publicada.

a.lo.pa.ti.a *sf* Método da medicina de combate às doenças por meios contrários à natureza delas (em oposição a *homeopatia*). → **alopata** *s2gên* [médico(a) que pratica a alopatia] e *adj* [diz-se desse(a) médico(a)], de antôn. *homeopata*; **alopático** *adj* (rel. a alopatia), de antôn. *homeopático*.

a.lo.pe.ci.a *sf* Ausência total ou parcial de pelos em áreas onde eles se desenvolvem normalmente. → **alopécico** *adj* (rel. a alopecia: *problemas alopécicos*) e *adj* e *sm* (que ou quem sofre de alopecia). (Cuidado para não imitar os médicos, que só dizem "alopécia"!)

a.lo.pra.do *adj* **1**. Muito agitado; irrequieto: *crianças alopradas*. **2**. Meio doido; amalucado: *motorista aloprado; ideia aloprada*. **3**. Diz-se daquele que age fraudulentamente, sem medir as consequências de seus atos: *é um partido cheio de aloprados*.

a.lor.pa.do *adj* Diz-se de quem age ou se comporta como lorpa; apalermado, imbecil.

al.pa.ca *sf* **1**. Quadrúpede ruminante dos Andes, também conhecido por *lhama*. **2**. Lã desse animal. **3**. Tecido feito dessa lã.

al.par.ga.ta ou **al.per.ga.ta** *sf* Calçado de lona com sola de pano ou de corda. (Também existem as variantes *alparca, alparcata* e *alpercata*, menos usadas.)

al.pen.dre *sm* Terraço com cobertura de uma só água, geralmente na entrada das casas; varanda coberta.

Alpes *smpl* Cordilheira da Europa central: *os Alpes continuam cobertos de neve*. → **alpense** *adj* e *s2gên* (alpino); **alpestre** ou **alpino** *adj* (dos Alpes); **alpinismo** *sm* (esporte que consiste em escalar os picos das mais altas montanhas; montanhismo); **alpinista** *adj* e *s2gên* (praticante de alpinismo; montanhista); **alpino** *adj* (dos Alpes; alpestre) e *adj* e *sm* (natural ou habitante dos Alpes; alpense).

al.pis.te *sm* **1**. Planta gramínea cujos grãos servem como alimento de passarinhos em gaiola. **2**. Grão dessa planta.

al.pis.to *sm* Caldo de carne ou de qualquer outro alimento substancioso, destinado a doentes impossibilitados de mastigar.

al.pon.dras *sfpl* Pedras colocadas nos leitos de rios, ribeiros, etc. destinadas à passagem de pessoas.

al.que.brar *v* **1**. Dobrar a coluna vertebral, geralmente por velhice: *a idade alquebra as pessoas*. **2**. Enfraquecer, debilitar, prostrar: *a aids é uma doença que alquebra pessoas de qualquer idade*. **alquebrar-se 3**. Adquirir curvatura na espinha dorsal: *quando a idade chega, as pessoas (se) alquebram*. → **alquebramento** ou **alquebre** *sm* [ato ou efeito de alquebrar(-se)].

al.quei.re *sm* **1**. Unidade de medida de superfície agrária equivalente a $24.200m^2$ (SP), $48.400m^2$ (MG, RJ e GO) e a $27.225m^2$ (no N e NE). **2**. Terreno que recebe um alqueire de semeadura.

al.qui.mi.a *sf* Química medieval pela qual se pretendia descobrir a pedra filosofal, com a qual os alquimistas iriam produzir o elixir da longa vida e também transformar qualquer metal em ouro. → **alquimista** *adj* e *s2gên* (que ou pessoa que se dedica à alquimia).

al.ta *adj* **1**. Feminino de *alto*. // *sf* **2**. Aumento de preço ou de valor. **3**. Licença médica para o doente deixar o hospital e se convalescer em casa. **4**. Redução de *alta sociedade*, grupo de pessoas de alto poder aquisitivo e de alto *status* social; alta-roda.

al.ta-cos.tu.ra *sf* **1**. Conjunto dos grandes costureiros: *a alta-costura está toda reunida hoje aqui em Paris*. **2**. Moda sofisticada, pomposa, elegante. · Pl.: *altas-costuras*.

al.ta-fi.de.li.da.de *sf* Aparelho eletroeletrônico que funciona baseado na técnica eletrônica de reprodução e amplificação dos sons, sem distorções. · Pl.: *altas-fidelidades*.

al.ta.na.ri.a *sf* **1**. Voo alto das aves. **2**. Redução de *caça de altanaria*, caça de aves feita com falcões. → **altaneiro** *adj* (**1**. que voa muito alto; **2**. *fig*. levantado, erguido: *desfilar com a cabeça e o peito altaneiros*; **3**. *fig*. altivo, sobranceiro, orgulhoso, soberbo: *olhar altaneiro*).

al.tar *sm* **1**. Mesa ou pedra situada em lugar elevado, onde se realizam ritos religiosos, sacrifícios e oferendas. **2**. No cristianismo, pedra consagrada para celebrar o sacrifício da missa.

al.ta-ro.da *sf* Nata ou elite de uma sociedade ou de um grupo; alta sociedade: *a alta-roda do carnaval carioca está reunida*. · Pl.: *altas-rodas*.

al.ta-ten.são *sf* Elevada carga de corrente elétrica; alta voltagem. · Pl.: *altas-tensões*.

al.te.ar *v* Tornar alto ou mais alto; erguer: *altear um muro*. · Antôn.: *baixar*. · Conjuga-se por *frear*. → **alteamento** *sm* (ato ou efeito de altear).

al.te.rar *v* **1**. Dar novo aspecto ou nova disposição a: *alterar os móveis da sala*. **2**. Falsificar, adulterar: *alterar a data de nascimento na carteira de identidade*. **3**. Causar mal ou dano a; prejudicar: *o estresse altera a saúde*. **alterar-se 4**. Ganhar novo aspecto, tomar outro rumo, modificar-se: *a situação política rapidamente se alterou no Brasil*. **5**. Enfurecer-se, revoltar-se: *ele se altera se o chamam pelo apelido*. → **alteração** *sf* [ato ou efeito de alterar(-se)].

al.ter.car *v* Discutirem (duas ou mais pessoas) de forma veemente ou calorosa; regatear (4): *na rua, dois corintianos se altercavam com um palmeirense*. → **altercação** *sf* ou **alterco** (ê) *sm* (ato ou efeito de altercar; discussão acalorada); **altercador** (ô) *adj* e *sm* ou **altercante** *adj* e *s2gên* (que ou pessoa que alterca ou discute calorosamente).

al.ter.nar *v* **1**. Fazer com que, repetida e sucessivamente, venha uma coisa seguida da outra; revezar: *é um time que alterna bons e maus resultados no campeonato*. **alternar-se 2**. Ocorrer ora uma coisa, ora outra, com regularidade; acontecer alternadamente: *na vida, bons momentos se alternam com os maus momentos*. **3**. Realizar ou desempenhar uma coisa por vez: *eles se alternam para comer*. → **alternação** ou **alternância** *sf* (revezamento); **alternador** (ô) *sm* (aparelho elétrico que serve para gerar corrente alternada); **alternativa** *sf* (**1**. cada uma de duas ou mais coisas que se oferecem à escolha; **2**. solução possível); **alternativo** *adj* (**1**. que se diz, faz ou acontece com alternância; **2**. que pode substituir, por escolha; **3**. que oferece uma opção; **4**. que não se afina com valores e métodos convencionais).

al.te.za (ê) *sf* Título honorífico e tratamento dado a príncipes.

al.tí.me.tro *sm* Instrumento usado para medir altitudes.

al.ti.nha *sf* ou **al.ti.nho** *sm* Brincadeira com bola na praia, derivada do futebol, geralmente com a participação de quatro ou cinco pessoas, que formam uma roda, controlam e passam a bola, sem deixá-la cair no chão; roda de bola.

al.ti.pla.no *sm* Região plana e alta; planalto.

al.tis.so.nan.te *adj* **1**. Que soa muito alto. **2**. *Fig.* Pomposo, sublime: *espetáculo altissonante*.

al.ti.tu.de *sf* Altura em relação ao nível do mar.

al.ti.vez (ê) *sf* **1**. Ausência de qualquer tipo de baixeza; brio (1): *os japoneses assinaram a rendição com a mesma altivez de um povo vencedor*. **2**. Orgulho atrevido e infundado; arrogância, soberba: *é uma garota que olha todo o mundo com altivez*. → **altivo** *adj* (caracterizado pela altivez).

al.to *adj* **1**. De grande dimensão vertical: *muro alto, prédio alto*. **2**. Que está a grande altura: *voo alto; bola alta*. **3**. Que está muito acima da linha do horizonte: *o Sol ainda está alto*. **4**. Voltado para o céu; empinado, levantado: *seios altos; andar de cabeça alta; pala alta*. **5**. Que está acima do normal ou do padrão: *a grama está alta; febre alta, alta velocidade, preços altos*. **6**. Elevado, superior: *alto comando; alto espiritismo; pessoa de alta sensibilidade; carro de alto desempenho; exercer altas funções no governo*. **7**. Forte e incômodo: *som alto*. **8**. Privilegiado: *alta sociedade; população de alta renda*. **9**. Importante, relevante: *altas reuniões, altas negociações; manter altos papos com alguém*. **10**. Grave, sério: *alta traição*. **11**. Ilimitado: *os altos mistérios da natureza*. **12**. Ousado, arrojado: *altos feitos, altas conquistas*. **13**. Completo, absoluto: *viver em alta paz*. **14**. Afastado no tempo ou no espaço; remoto, distante: *alto sertão*, **15**. Muito adiantado: *altas horas da noite*. **16**. Distante da costa: *mar alto*. **17**. Situado em nível superior: *cidade alta*. **18**. Diz-se de rio situado distante da sua nascente: *alto Xingu*. **19**. Situado mais ao norte: *alto Minho*. **20**. *Pop.* Bêbado, embriagado: *ele se gaba por beber e não ficar alto*. // *sm* **21**. Altura: *prédio de 50m de alto*. **22**. Parte mais alta; topo, cume: *ir para o alto do prédio; o alto da cabeça*. **23**. Lugar elevado; monte, outeiro: *a casa fica num alto*. **24**. Instância superior: *essa ordem veio do alto*. **25**. Grande altitude: *a antena fica lá no alto*. **26**. Céu (inicial maiúscula): *saiu, pedindo proteção e a bênção do Alto*. **27**. Saliência, protuberância; galo: *a pancada lhe causou um alto na testa*. // *smpl* **28**. Andar superior de um sobrado: *há um mercadinho embaixo e uma residência nos altos*. **29**. Momentos bons ou venturosos: *os altos e baixos da vida*. // *adv* **30**. A grande altura: *o condor voa muito alto*. **31**. Em tom elevado: *cantar alto; ouvir música alto*. **32**. Com coragem e determinação: *apostei alto nesse cavalo*. // *interj* **33**. Pare!: *alto!, gritou o comandante*. · Superlativo absoluto sintético: *altíssimo* (regular), *supremo* ou *sumo* (irregulares ou eruditos). · Antôn. (1 a 9, 14, 17 a 19, 30, 31 e 32): *baixo*. ·· **De alto a baixo**. De cima para baixo; em toda a sua extensão: *Ela me olhou com arrogância, de alto a baixo*. ·· **Por alto**. Superficialmente: *Li a notícia por alto*.

al.to-as.tral *sm* **1**. Situação favorável. // *adj* e *s2gên* **2**. Que ou quem está sempre bem-humorado. · Pl.: *alto-astrais* (adj); *altos-astrais* (subst.). · Antôn.: *baixo-astral*.

al.to-cú.mu.lo *sm* Camada de nuvens, geralmente arredondadas, situada a uma altitude entre 2.500 e 6.000m. · Pl.: *altos-cúmulos*.

al.to-es.tra.to *sm* Camada de nuvens cinzentas, situada a uma altitude entre 3.000m e 4.000m. · Pl.: *altos-estratos*.

al.to-fa.lan.te *sm* ou **al.ti.fa.lan.te** *sm* Aparelho de rádio ou televisão que converte impulsos elétricos em sons. · Pl.: *alto-falantes*. · Usa-se muitas vezes apenas *falante*. (Cuidado para não usar "auto-falante"!)

al.to-for.no *sm* Forno grande, em que se derrete minério de ferro. · Pl.: *altos-fornos* (ó).

alto-mar *sm* Zona marítima afastada da costa e livre à navegação; mar alto. · Pl.: *altos-mares*. (Se *mar alto* se grafa sem hífen, não há nenhuma razão para que haja a grafia *alto-mar*, como registra a 6.ª ed. do VOLP.)

al.to-re.le.vo *sm* **1**. Escultura em que dois terços das figuras emergem do plano. **2**. Impressão ou gravura que sobressai do papel. · Pl.: *altos-relevos* · Antôn.: *baixo-relevo*.

al.tru.ís.mo *sm* Amor ao próximo sem medida nem interesse; filantropia. · Antôn.: *egoísmo*. → **altruísta** *adj* (rel. ao altruísmo; filantrópico) e *adj* e *s2gên* (que ou pessoa que age com altruísmo; filantropo) | **altruístico** *adj* (rel. ao altruísmo ou a altruísta).

al.tu.ra *sf* **1**. Distância da base de alguma coisa ao seu topo: *a altura de um prédio*. // *sfpl* **2**. Céu: *pedir proteção às alturas*.

a.lu.ci.nar *v* **1**. Causar sensação ilusória a: *a sede no deserto alucina o viajante*. **2**. Fazer perder momentaneamente o uso da razão, a sanatez ou o bom senso; enlouquecer, desvairar:

aquelas ofensas o alucinaram. **alucinar-se 3**. Privar-se da razão momentaneamente. → **alucinação** *sf* ou **alucinamento** *sm* [ato ou efeito de alucinar(-se)]; **alucinante** ou **alucinatório** *adj* (**1**. rel. a alucinação: *droga de poder alucinatório*; **2**. que alucina: *droga alucinatória*); **alucinógeno** *adj* e *sm* (que ou substância que provoca alucinação).

a.lu.de *sm* Massa de neve, terra ou rocha que se desprende numa parte de montanha; avalanche.

a.lu.del *sm* Conjunto de vasos piriformes, geralmente de louça de barro, com abertura em uma extremidade, para permitir o encaixe de uns nos outros, formando um tubo contínuo, usado como condensador em sublimação.

a.lu.dir *v* Referir-se indiretamente a (alguém ou a algo), numa fala, conversação ou escrito: *falando sobre ufologia, o orador aludiu a extraterrestres*. · V. **alusão** e **alusivo**.

a.lu.gar *v* **1**. Entregar (algo a alguém) para uso por um determinado tempo; dar de aluguel: *aluguei minha casa a um turista*. **2**. Receber (algo de alguém), para se servir por um determinado tempo; tomar de aluguel: *aluguei um terno a uma loja, para poder ir ao casamento*. **3**. *Gír.* Tomar tempo de: *esse cara está me alugando por três horas já*.

a.lu.guel ou **a.lu.guer** *sm* **1**. Cessão de posse de um bem por certo tempo; arrendamento. **2**. Preço combinado para tal cessão; arrendamento.

a.lu.mi.ar *v* Dar alguma luz a: *as estrelas alumiam a Terra*. → **alumiação** *sf* ou **alumiamento** *sm* (ato ou efeito de alumiar).

a.lu.mí.nio *sm* Elemento químico metálico (símb.: Al), leve e prateado, de n.º atômico 13, muito utilizado e o terceiro mais abundante de todos os elementos conhecidos. → **aluminagem** *sf* (**1**. processo que consiste em recobrir com uma fina camada de alumínio, para proteger; **2**. aluminização); **aluminaria** *sf* (lugar onde se fabrica ou vende alumínio); **alumínico** *adj* (**1**. rel. a alumínio; aluminoso; **2**. diz-se do sal que contém alumínio); **aluminioso** (ô; pl.: ó) ou **aluminoso** (ô; pl.: ó) *adj* (rel. a alumínio ou que o contém); **aluminização** *sf* [operação que consiste em depositar alumínio sobre o vidro dos espelhos; aluminagem (2)]; **aluminizar** *v* [**1**. recobrir com uma fina camada de alumínio, para proteger; **2**. proceder à aluminagem (2) de].

a.lu.nar ou **a.lu.nis.sar** ou **a.lu.ni.zar** *v* **1**. Fazer pousar suavemente na Lua: *o astronauta alunissou a nave na hora marcada*. **2**. Pousar suavemente na Lua: *a nave alunissou na hora prevista*. → **alunação, alunagem, alunissagem** ou **alunizagem** *sf* (ato ou efeito de alunar; pouso suave na superfície lunar).

a.lu.no *sm* Aquele que frequenta qualquer estabelecimento de ensino; estudante, educando. · V. **discente**.

a.lu.são *sf* **1**. Ato ou efeito de aludir. **2**. Menção ou referência indireta a alguém ou a algo numa fala, conversação ou escrito. → **alusivo** *adj* (que contém alusão).

a.lu.vi.ão *sf* **1**. Depósito de sedimentos (lodo, areia, cascalho, etc.) deixado nas praias ou nas margens de rios por inundações ou enchentes. **2**. Cheia, inundação **3**. Grande quantidade. → **aluvial, aluvional** ou **aluvionário** *adj* (característico de aluvião ou formado por aluvião: *depósitos aluviais*).

al.va *sf* **1**. Luz suave que desponta no horizonte e precede a aurora; alvor. **2**. Veste comprida, de pano branco, usada pelos padres nas missas e outras cerimônias.

al.va.cen.to *adj* Um tanto alvo; esbranquiçado: *pele alvacenta*.

al.va.do *sm* **1**. Buraco por onde as abelhas entram na colmeia. **2**. Parte oca e cilíndrica dos instrumentos, pela qual entra o cabo.

al.var *adj* **1**. Apalermado, atoleimado: *vizinhos alvares*. **2**. Próprio de tolo ou imbecil: *sorriso alvar*.

al.va.rá *sm* **1**. Permissão formal ou legal para funcionamento de algo específico. **2**. Documento que comprova essa permissão.

al.va.ren.ga *sf* Barco forte e comprido, usado para carga e descarga de navios; saveiro.

al.ve.drio *sm* Liberdade que tem o homem de escolher para si o que melhor lhe convém; arbítrio (1), alvitre (2): *ajo sempre segundo o meu alvedrio*.

al.ve.jar *v* **1**. Tornar ou ficar mais claro ou mais branco: *o Sol alveja as roupas brancas*. **2**. Acertar tiro em: *o policial alvejou um dos bandidos*. **3**. Mantém e o fechado durante a conjugação. → **alvejante** *adj* e *sm* (que ou produto que se usa para deixar a roupa branca).

al.ve.na.ria *sf* **1**. Qualquer obra que se constrói com pedras ou tijolos unidos por argamassa. **2**. Profissão de pedreiro.

al.vé.o.lo sm **1**. Pequena cavidade numa superfície. // smpl **2**. Parte da gengiva acima e atrás dos dentes incisivos. → **alveolado** adj (cheio de pequenas cavidades; *queijo alveolado*); **alveolar** adj (**1**. do alvéolo; **2**. formado pelo contato da ponta da língua com os alvéolos).

al.vi.ce.les.te adj e sm **1**. Que ou clube esportivo que tem as cores azul e branca. // adj e s2gên **2**. Que ou pessoa que torce por um time cuja camisa tem as cores azul e branca.

al.vi.ne.gro adj e sm **1**. Que ou clube esportivo que tem as cores preta e branca. **2**. Que ou aquele que torce por um time cuja camisa tem as cores preta e branca.

al.vi.ru.bro adj e sm **1**. Que ou clube esportivo que tem as cores vermelha e branca. **2**. Que ou aquele que torce por um time cuja camisa tem as cores vermelha e branca.

al.vís.sa.ras sfpl **1**. Prêmio ou recompensa que se dá ao portador de boas notícias ou a quem entrega algo que se perdeu. // interj **2**. Serve para indicar boas notícias. → **alvissareiro** adj (**1**. que dá alvíssaras ou boas novas; **2**. que gera boas esperanças; promissor, auspicioso).

al.vi.tre sm **1**. Ato ou efeito de alvitrar; alvitramento. **2**. Arbítrio, alvedrio: *ajo sempre segundo o meu alvitre*. **3**. Sugestão, conselho: *será de bom alvitre recomendar-lhe calma no debate*. → **alvitrar** v (aconselhar, sugerir, propor: *alvitro-lhe não sair à noite em São Paulo; alvitrei que agíssemos com prudência*); **alvitreiro** adj e sm (que ou aquele que dá ou costuma dar alvitres ou sugestões; palpiteiro).

al.vi.ver.de adj e sm **1**. Que ou clube esportivo que tem as cores verde e branca; esmeraldino. // adj e s2gên **2**. Que ou pessoa que torce por um time cuja camisa tem as cores verde e branca; esmeraldino.

al.vo adj **1**. Da cor da neve, branco. // sm **2**. Ponto em que se deseja acertar. **3**. Escopo, objetivo, meta: *dez deputados são alvo do inquérito*. (Note que *alvo* não varia quando exerce a função de predicativo.) → **alvor** (ô) sm (**1**. alva: *levantar-se da cama ao primeiro alvor*; **2**. alvura, brilho: *o alvor da roupa lavada com um bom sabão em pó*); **alvura** sf (brancura: *a alvura de um lençol*).

al.vo.ra.da sf **1**. Começo do dia, quando surgem as primeiras luzes; crepúsculo matutino, aurora, alvorecer, amanhecer. **2**. Toque matinal nos quartéis, para acordar os militares. **3**. Toque de qualquer música, com foguetes ou não, anunciando o alvorecer. **4**. *Fig.* Princípio, começo.

al.vo.re.cer v **1**. Romper o dia; amanhecer: *acordei quando alvorecia*. // sm **2**. Alvorada (1).

al.vo.ro.çar v **1**. Causar alvoroço em: *o desfile das misses alvoroçou o ambiente*. **alvoroçar-se 2**. Ficar assustado, assustar-se: *o gato se alvoroçou ante a presença do cão*. **3**. Ficar alegre ou entusiasmado, entusiasmar-se: *as crianças se alvoroçaram quando souberam que iam ao circo*. → **alvoroçamento** sm [ato ou efeito de alvoroçar(-se)]; **alvoroço** (ô) sm (**1**. alvoroçamento; **2**. tumulto, confusão).

AM sf **1**. Abreviatura de *Amazonas*. **2**. Sigla inglesa de *amplitude modulation = variação de amplitude* das ondas de radiodifusão, que podem ser longas, médias e curtas, cujas frequências variam de 550 a 1.600kHz. · Pl.: AMs.

a.ma sf **1**. Feminino de *amo*. **2**. Criada (no NE); babá, ama-seca (no SE e no S). ·· **Ama de leite**. Mulher que amamenta criança de outra pessoa.

a.ma.bi.li.da.de sf Qualidade de amável; comportamento gentil e educado com as pessoas, cortesia.

a.ma.ci.ar v **1**. Tornar macio; tirar a dureza ou a aspereza de: *produto que amacia roupas*. **2**. Em futebol, amortecer, matar: *amaciar a bola no peito*. · Antôn. (1): *endurecer*. → **amaciamento** sm [ato ou efeito de amaciar(-se)].

a.ma.do adj **1**. Querido. // sm **2**. Homem amado; namorado ou marido. · Antôn. (1): *odiado, detestado*.

a.ma.dor (ô) adj e sm **1**. Que ou quem se dedica a alguma atividade por mero prazer ou passatempo, sem desejar receber nenhum pagamento por isso. // adj **2**. Diz-se daquele que ainda não adquiriu o necessário senso profissional, que implica não só dedicação exclusiva, como competência. · Antôn.: *profissional*. → **amadorismo** sm [**1**. atividade de amador (2); **2**. *fig.pej.* condição de amador (2), falta de seriedade e de competência]; **amadorístico** adj (rel. a amadorismo).

a.ma.du.re.cer ou **a.ma.du.rar** ou **ma.du.rar** v **1**. Fazer (um fruto) chegar ao ponto de ser colhido ou consumido, tornar maduro: *o calor amadurece mais rápido as frutas*. **2**. Levar (pessoa) a ser mais experiente, tornar experiente: *o sofrimento amadurece as pessoas*. → **amadurecimento, amadurecimento** ou **maduramento** sm (ato ou efeito de amadurecer). (A 6.ª ed. do VOLP registra *amadurar* e *madurar*; *amaduramento*, mas não *maduramento*; trata-se de uma "coerência" admirável...)

â.ma.go sm **1**. Parte central, essencial, interna ou mais importante de alguma coisa. **2**. Íntimo de uma pessoa.

a.mai.nar (âi) v **1**. Fazer (algo) perder a violência; abrandar, acalmar: *não há nada que possa amainar a fúria de um furacão*. **2**. Abrandar, serenar (tudo o que pela forte agitação está causando estragos): *o furacão só amainou depois de três dias de destruição*.

a.mal.di.ço.ar v Desejar mal a (alguém), movido por grande sentimento de ódio e revolta; lançar maldição sobre: *ele amaldiçoou os vizinhos*. · Conjuga-se por *abençoar*.

a.mál.ga.ma sm **1**. Liga de mercúrio com qualquer outro metal. **2**. *Fig.* Mistura; reunião de coisas ou pessoas diferentes. **amalgamar** v [misturar ou ligar (um metal) com mercúrio]; **amalgâmico** adj (que se pode amalgamar ou combinar).

a.ma.lu.ca.do adj Que não é muito certo do juízo; meio maluco; pancada.

a.ma.men.tar v Dar de mamar a (com os peitos ou os úberes): *é importante que as mães amamentem os filhos; as vacas estão amamentando os bezerros*. (Não se confunde com *aleitar*.) → **amamentação** sf (ato ou efeito de amamentar), que não se confunde com *aleitação* ou *aleitamento*.

a.man.ce.bar-se v Unir-se como amante a alguém; amasiar-se, amigar-se: *ele se amancebou com a secretária*. · Durante a conjugação, o *e* permanece fechado. → **amancebamento** sm (ato ou efeito de amancebar-se).

a.ma.nei.ra.do adj **1**. Diz-se de qualquer estilo afetado, exagerado, rebuscado. **2**. Pretensioso: *rapaz amaneirado*. · Antôn. (1): *natural, simples*; (2). *humilde, modesto*.

a.ma.nhã adv **1**. No dia que se segue imediatamente ao de hoje. // sm **2**. Tempo que ainda virá; futuro, porvir. · Pl. (2): *amanhãs*.

a.ma.nhar v Preparar, cultivar ou lavrar (terras). → **amanho** sm (preparo ou cultivo de terras).

a.ma.nhe.cer v **1**. Raiar ou romper o dia: *assim que amanhece, ele sai para o trabalho*. **2**. Despertar de manhã, acordar: *amanheci com dor de cabeça*. **3**. Passar a madrugada: *amanheci na rua*. // sm **4**. Começo do dia; alvorecer, alvorada, aurora.

a.man.sar(-se) v Tornar(-se) manso, fazendo(-se) submisso e obediente: *amansar um potro*. → **amansador** (ô) adj e sm (que ou aquele que amansa); **amansadura** sf ou **amansamento** sm [ato ou efeito de amansar(-se)].

a.man.te adj e s2gên **1**. Que ou pessoa que ama. // s2gên **2**. Pessoa que mantém ligação íntima e amorosa com outra, fora do casamento.

a.ma.nu.en.se s2gên Pessoa que, numa repartição pública, é encarregada de fazer todo o trabalho à mão; escrevente.

Amapá sm Estado da Região Norte do Brasil. → **amapaense** adj e s2gên

a.mar v **1**. Sentir amor por; ter por (uma pessoa) um sentimento elevado de carinho e afeição: *amar os filhos*. **2**. Gostar muito de: *amar a sua terra*. **3**. Ser capaz de amar: *quem ama não mata*. · Antôn.: *odiar, detestar*.

a.ma.rar ou **a.me.ris.sar** v **1**. Fazer pousar no mar: *amarar um hidravião*. **2**. Pousar no mar: *o hidravião amerissou suavemente*. → **amaragem** ou **amerissagem** sf (ato ou efeito de amarar ou amerissar).

a.ma.re.li.nha sf Jogo recreativo infantil em que a criança joga uma pedra e, seguindo a sequência de casas riscadas no chão, vai pulando sobre as outras com um só pé.

a.ma.re.lo adj **1**. Da cor do ouro ou da gema do ovo. **2**. Pálido, descorado. // sm **3**. Cor amarela. → **amarelão** sm (**1**. doença intestinal; **2**. *gír.pej.* aquele que se acovarda ante uma situação adversa qualquer; cagão); **amarelar** v [**1**. tornar(-se) amarelo: *o tempo amarela o papel*; **2**. *pop.* ficar com medo; tremer, acovardar-se: *nas decisões, seu time sempre amarela*]; **amarelidão** ou **amarelidez** (ê) sf (**1**. coloração amarela; **2**. palidez).

a.ma.re.lo-ca.ná.rio adj e sm Amarelo-claro: *camisas amarelo-canário*. (Como se vê, não varia no plural.)

a.ma.re.lo-cla.ro adj **1**. De um matiz claro de amarelo. // sm **2**. Esse matiz. · Pl.: (1): *amarelo-claros*; (2): *amarelos-claros*.

a.ma.re.lo-es.cu.ro adj **1**. De um matiz escuro de amarelo. // sm **2**. Esse matiz. · Pl.: (1): *amarelo-escuros*; (2): *amarelos-escuros*.

a.ma.re.lo-ou.ro adj **1**. De um matiz de amarelo tirante a ouro: *carros amarelo-ouro*. (Como se vê, não varia.) // sm **2**. Esse matiz.

a.mar.fa.nhar(-se) *v* Amassar: *amarfanhar notas de dinheiro: a nota se amarfanhou no meu bolso.* → **amarfanhamento** ou **amarfanho** *sm* [ação ou efeito de amarfanhar(-se)].

a.mar.go *adj* **1**. De sabor ou gosto desagradável ao paladar. **2**. Que causa aflição ou profundo desgosto; difícil, doloroso. · Superlativo absoluto sintético irregular ou erudito: *amaríssimo*. → **amargar** *v* (**1**. tornar amargo: *os caquis meio verdes amargam a boca da gente*; **2**. sentir os males ou desgostos de, sofrer: *amargar uma derrota humilhante*); **amargoso** (ô; pl.: ó) *adj* [**1**. de sabor amargo; **2**. que revela amargor (2)]; **amargor** (ô) *sm* (**1**. sabor amargo; **2**. sentimento intenso e duradouro de aflição ou profundo desgosto; amargura); **amargura** *sf* [amargor (2)]; **amargurar(-se)** *v* [torturar(-se) moralmente; afligir(-se), agoniar(-se), angustiar(-se): *um filho viciado amargura os pais; a família toda se amargura, quando tem um viciado em seu seio*].

a.ma.rí.li.co *adj* Relativo à febre amarela.

a.ma.rí.lis *sf2ním* Açucena.

a.mar.ra *sf* **1**. Cabo ou corrente grossa que prende o navio à âncora. **2**. Qualquer corda ou corrente que serve para amarrar ou segurar algo grande e pesado.

a.mar.rar *v* **1**. Prender com cabo, arame, corda, fio, cordão, etc.: *amarrar o cavalo ao poste*. **2**. Prender por laços amorosos; conquistar: *a simpatia e a atenção dele amarraram a moça*. **amarrar-se 3**. Concentrar-se totalmente: *amarrar-se na leitura de um livro*. **4**. Gostar muito: *eu me amarro em cinema*. **5**. Ficar enamorado ou apaixonado: *eu me amarrei nela*. → **amarração** *sf* [ato ou efeito de amarrar(-se)].

a.mar.ri.lho *sm* Cordão ou fio de amarrar; cadarço.

a.mar.ro.tar *v* Amassar muito: *não amarrote as notas de dinheiro!* · Antôn.: *alisar*. → **amarrotamento** *sm* (ato ou efeito de amarrotar).

a.ma-se.ca *sf* Babá que não amamenta. · Pl.: *amas-secas*.

a.ma.si.ar-se *v* Ligar-se ilicitamente a outra pessoa e com ela conviver; amancebar-se, amigar-se: *a moça se amasiou com o chefe*. → **amasio** *sm* (concubinato, mancebia); **amásio** *sm* (homem que se amasiou).

a.mas.sar *v* **1**. Transformar ou converter em massa ou pasta: *amassar o pão*. **2**. Apertar muito (uma coisa), geralmente nas mãos, reduzindo-lhe o tamanho: *amassou a carta e jogou-a no lixo*. **3**. Achatar, esmagar: *a pata do elefante amassou o gato*. **4**. Fazer carícias em: *ele vive amassando a namorada*. **amassar(-se) 5**. Ficar amassado ou com muitas dobras ou vincos: *sua roupa toda (se) amassou no tumulto do ônibus*. → **amassamento** *sm* [ato ou efeito de amassar(-se)].

a.má.vel *adj* Que faz tudo para agradar, tratando as pessoas da melhor forma possível; gentil, delicado, atencioso, agradável. · Antôn.: *grosseiro, áspero, rude*. · V. **amabilidade**.

a.ma.zo.na *sf* **1**. De acordo com a lenda, mulher caçadora e guerreira. **2**. Mulher que pratica a equitação. (Não confunda com *cavaleira*, peoa da zona rural, tocadora de gado ou de rebanho.)

Amazonas *sm* Estado da Região Norte do Brasil, o maior do país. Abrev.: AM. → **amazonense** ou **baré** *adj* e *s2gên*.

Amazonas, rio. O rio mais extenso do mundo (6.992 km), o mais caudaloso e o de maior bacia, situado no norte do Brasil. → **amazônico** *adj* (rel. ou pert. ao rio Amazonas).

A.ma.zô.nia *sf* Área setentrional do continente sul-americano, na qual se situa a bacia hidrográfica do rio Amazonas, a maior floresta equatorial do planeta em terras do Brasil, Guiana, Guiana Francesa, Suriname, Equador, Bolívia, Peru, Colômbia e Venezuela, num total de 5.000.000km². ·· **Amazônia Legal**. Região formada pela bacia amazônica, a maior bacia hidrográfica do mundo (oitenta mil quilômetros de rios navegáveis), incluindo parte do Norte de Mato Grosso, de Minas Gerais, de Goiás, do Tocantins e do Oeste do Maranhão, com uma superfície de mais de cinco milhões de quilômetros quadrados ou 61% do território brasileiro, onde está a metade de todas as espécies de plantas tropicais até agora conhecidas e uma variedade de peixes maior que a do oceano Atlântico. A *Amazônia Legal* foi criada por meio da Lei n.º 1.806, de 06/01/1953. → **amazônico** ou **amazônio** *adj* (da Amazônia); **amazônida** *adj* e *s2gên* (que ou pessoa que nasce ou habita na Amazônia).

âm.bar *sm* **1**. Resina fóssil, quebradiça, opaca ou semitransparente de uma cor que varia entre o amarelo-acastanhado e o vermelho-claro, usada para fazer colares, vernizes, etc. **2**. Cor que varia entre o amarelo-acastanhado e o vermelho-claro, própria dessa resina. // *adj* **3**. Diz-se dessa cor. **4**. Que tem essa cor. → **ambárico** ou **ambarino** *adj* (**1**. rel. ou sem. ao âmbar; **2**. feito de âmbar).

am.bi.ção *sf* **1**. Avidez ou desejo intenso de ter posição, fama, poder e dinheiro ou de cumprir um objetivo: *que ambição pode ter um morador de rua?; geralmente, a ambição do homem é colher o que nunca plantou*. **2**. Desejo muito forte de atingir um objetivo específico, geralmente exigindo determinação e trabalho árduo; aspiração, pretensão: *era nobre a sua ambição de se tornar um piloto de caça*. · Pl.: *ambições*. (Não se confunde com *ganância*, em que há um componente pejorativo: o *ambicioso* quer alcançar para si o que deseja com justo, pelo seu esforço, dedicação, etc.; já o *ganancioso* quer ir muito além do que lhe é merecido.) → **ambicionar** *v* (desejar ou pretender ardentemente; aspirar *ambicionar o sucesso; ambicionar um diploma*); **ambicioso** (ô; pl.: ó) *adj* e *sm* (que ou quem tem ambição) e *adj* (diz-se de qualquer coisa concebida para impressionar as pessoas, que pode ter êxito ou não; ousado: *nosso projeto é muito ambicioso*), que não se confunde com *ganancioso*.

am.bi.des.tro (ê) *adj* e *sm* Que ou aquele que usa as duas mãos com a mesma facilidade. · Antôn.: *ambiesquerdo*. (A 6.ª ed. do VOLP registra ainda a pronúncia *ambidéstro*, que não é nem nunca foi a tradicional.) → **ambidestreza** (ê), **ambidestria** *sf* ou **ambidestrismo** *sm* (qualidade de quem é ambidestro).

am.bi.en.te *adj* **1**. Que rodeia ou cerca, ambiental. // *sm* **2**. Meio em que vivemos. **3**. Recinto, local. → **ambiência** *sf* (espaço que nos envolve; meio ambiente); **ambiental** *adj* [**1**. ambiente (1); **2**. do ambiente]; **ambientação** *sf* [ato ou efeito de ambientar(-se)]; **ambientalismo** *sm* [**1**. defesa da preservação, restauração e melhoria do ambiente físico natural; preocupação e ação voltadas para a proteção do meio ambiente; ecologia (3); **2**. teoria de que o ambiente, e não a hereditariedade, tem influência primária no desenvolvimento de uma pessoa ou grupo]; **ambientalista** *adj* (rel. ao ambientalismo: *faço parte do movimento ambientalista*) e *adj* e *s2gên* (que ou pessoa que se dedica ao ambientalismo); **ambientalístico** *adj* (rel. a ambientalista ou a ambientalístico); **ambientar** *v* [fazer com que (alguém) se sinta bem em novo meio ou ambiente; adaptar: *o treinador se encarregou de ambientar o novo jogador entre os companheiros*]; **ambientar-se** (adaptar-se ou acostumar-se a um novo meio ou ambiente: *ambientei-me logo ali*.)

am.bi.es.quer.do (ê) *adj* e *sm* Que ou aquele que é desajeitado no uso de ambas as mãos. · Antôn.: *ambidestro*.

am.bi.gui.da.de (ô u soa) *sf* **1**. Possibilidade múltipla de entendimento ou interpretação. **2**. Falta de clareza. → **ambíguo** *adj* (caracterizado pela ambiguidade).

âm.bi.to *sm* **1**. Contorno ou perímetro de um recinto. **2**. Círculo em que uma pessoa vive ou tem existência. **3**. Campo de ação ou de atividade.

am.bi.va.len.te *adj* **1**. Que tem dois valores ou dois aspectos distintos. **2**. Que tem ou demonstra atitudes ou sentimentos múltiplos e contraditórios sobre algo ou alguém: *sua relação com o trabalho é ambivalente, conflituosa; é verdade que alguns a amavam, outros a odiavam, mas poucos eram ambivalentes em relação a ela*. **3**. Em psicologia, que apresenta sensações simultâneas e conflitantes. → **ambivalência** *sf* (qualidade ou condição de ambivalente).

am.bos *num pl* Um e outro, os dois: *ambos os times se classificaram*. (Não convém suprimir o artigo depois desse numeral, quando antecede substantivo no plural, como faz boa parte da mídia brasileira.)

am.bro.si.a *sf* **1**. Manjar dos deuses do Olimpo, para conservar a imortalidade: *Ganimedes tinha como função servir néctar e ambrosia aos deuses*. **2**. P.ext. Qualquer coisa de sabor e fragrância deliciosa. **3**. Doce de ovos cozidos em leite com açúcar e baunilha: *hoje temos ambrosia como sobremesa*. → **ambrosíaco** *adj* (**1**. rel. a ambrosia; **2**. *fig.* delicioso: *sobremesa ambrosíaca*).

âm.bu.la *sf* **1**. Pequeno vaso com gargalo estreito, bojo largo e redondo no fundo. **2**. Vaso que contém o óleo usado nas cerimônias eclesiásticas. **3**. Vaso destinado a conter o vinho e a água da Eucaristia. **4**. Em anatomia, dilatação arredondada em forma de bolsa ou saco, num ducto. → **ambuláceo** *adj* (sem. a uma âmbula).

am.bu.lân.cia *sf* Veículo equipado para transportar feridos ou doentes. → **ambulancial** *adj* (de ambulância: *sirene ambulancial*).

am.bu.lan.te *adj* **1**. Que não tem lugar fixo; que ora está aqui, ora está ali. // *adj* e *s2gên* **2**. Que pessoa que compra e vende mercadorias aqui e ali, sem ter local fixo. **3**. Que ou aquele que muda de lugar, casa, cidade, trabalho, etc. com algum propósito ou objetivo.

am.bu.la.tó.rio *sm* **1**. Dependência de hospital na qual se dá atendimento médico a pessoas não internadas, ou seja, as que podem locomover-se normalmente. **2**. Qualquer dependência semelhante, em farmácias, escolas, empresas, etc. → **ambulatorial** *adj* (de ambulatório).

a.me.a.ça *sf* **1**. Palavra, atitude ou gesto intimidativo. **2**. Promessa de fazer algum malefício. // *sfpl* **3**. Prenúncio de algo indesejável; ameaço, ameaços: *teve uma ameaça de gripe*. → **ameaçar** *v* (**1**. dirigir ameaças a: *o locador ameaçou o locatário*; **2**. estar prestes a ocorrer: *ameaça uma tempestade*); **ameaças** *sfpl*, **ameaço** *sm* ou **ameaços** *smpl* [ameaça (3)].

a.me.a.lhar *v* Juntar pouco a pouco; economizar, poupar: *já amealhei um bom dinheirinho para viajar nas férias*.

a.me.ba *sf* Organismo microscópico e unicelular, que vive na terra e em água doce, água salgada e água parada. → **amebiano** ou **amébico** *adj* (de ameba).

a.me.dron.tar *v* **1**. Meter medo em, assustar: *um cão desses amedronta qualquer pessoa*. **amedrontar-se 2**. Ficar com medo ou assustado; assustar-se: *os bandidos já não se amedrontam com a polícia*. → **amedrontamento** *sm* [ato ou efeito de amedrontar(-se)].

a.mei.xa *sf* Fruto comestível da ameixeira. → **ameixeira** *sf* (arvoreta nativa da Europa que dá a ameixa).

a.mém *sm* **1**. Concordância, aprovação: *vou pedir o amém ao pai da garota, para começar o namoro*. // *interj* Assim seja! (exprime concordância). → **amenista** *adj* e *s2gên* (que ou pessoa que tem o costume de dizer amém a tudo).

a.mên.doa *sf* **1**. Fruto oval e alongado da amendoeira. **2**. Semente carnosa desse fruto. → **amendoeira** *sf* [árvore frutífera que dá a amêndoa (1)].

a.men.do.im *sm* **1**. Planta rasteira leguminosa que dá flor debaixo da terra e produz vagens que contêm sementes oleaginosas comestíveis. **2**. Cada uma dessas sementes. (Evite usar "minduim"!)

a.me.nis.ta *adj* e *s2gên* V. **amém**.

a.me.no Diz-se do ambiente ou do clima que apresenta uma série de características que o torna agradável, suave, aprazível. → **amenidade** *sf* (qualidade de ameno) e *sfpl* (assuntos corriqueiros, sem importância); **amenização** *sf* [ato ou efeito de amenizar(-se)]; **amenizar(-se)** *v* [tornar(-se) ameno ou agradável, suavizar(-se): *a brisa ameniza o calor; o calor se ameniza com a brisa*].

a.me.nor.rei.a (éi) *sf* Interrupção ou ausência da menstruação, normal antes da puberdade, depois da menopausa e durante a gravidez e a lactação. → **amenorreico** (éi) *adj* (rel. a amenorreia).

a.me.ri.ca.no *adj* e *sm* Natural ou habitante dos Estados Unidos da América do Norte ou do continente americano. (Convém referir-se aos habitantes dos Estados Unidos da América apenas como *americanos*: é mais apropriado. Os próprios habitantes desse país se dizem *americanos* (*We are americans*), e não "norte-americanos".) → **americanismo** *sm* (admiração das coisas americanas); **americanista** *adj* (rel. a americanismo) e *s2gên* (pessoa versada em assuntos americanos); **americanização** [ato ou efeito de americanizar(-se)]; **americanizar(-se)** *v* [tornar(-se) sem. aos americanos]; **américo-** elemento contraído que entra em compostos com o significado de *americano*: *comércio américo-europeu*.

a.me.rí.cio *sm* Elemento químico metálico (símb.: **Am**), transurânico, de n.º atômico 95, produzido por fissão atômica.

a.me.rín.dio *adj* **1**. Dos povos indígenas americanos. // *sm* **2**. Indivíduo de uma tribo ameríndia; indígena americano.

a.me.ris.sar *v* V. **amarar**.

a.me.sen.dar(-se) *v* Fazer sentar-se ou sentar-se à mesa: *os pais amesendaram as crianças para jantar; as crianças já se amesendaram para jantar*.

a.mes.qui.nhar(-se) *v* Tornar(-se) mesquinho: *há pais que amesquinham os filhos; ele se amesquinha justamente na hora de demonstrar generosidade*. → **amesquinhamento** *sm* [ato ou efeito de amesquinhar(-se)].

a.mes.trar *v* Adestrar, treinar: *amestrar cavalos*. → **amestramento** *sm* (ato ou efeito de amestrar; adestramento).

a.me.tis.ta *sf* Pedra semipreciosa roxa. → **ametístico** *adj* (rel. a ametista ou que tem sua cor).

a.mi.an.to *sm* Mineral usado para fazer produto resistente ao fogo e isolante de eletricidade e calor.

a.mí.da.la ou **a.míg.da.la** *sf* Cada uma das duas pequenas glândulas laterais existentes no fundo da garganta, perto da base da língua, em forma de amêndoa; tonsila. → **amidalite** ou **amigdalite** *sf* [inflamação da(s) amídala(s); tonsilite].

a.mi.do *sm* Carboidrato existente em muitos alimentos (batata, inhame, ervilha, cereais, etc.) e importante nutriente; fécula (2). · V. **amiláceo**.

a.mi.go *adj* e *sm* **1**. Que ou aquele a quem conhecemos há bastante tempo e de quem gostamos muito, sobretudo pela afeição e respeito mútuo. // *sm* **2**. Amásio, amante, companheiro. · Superl. abs. sint. erudito: *amicíssimo*. · Aum. (pej.): *amigaço, amigalhaço, amigalhão*. · Dim. irregular (pej.): *amigalhote*. → **amigar-se** *v* (amasiar-se); **amigável** *adj* (próprio de amigos; amistoso). · **Amigo da onça**: Amigo em quem não se pode confiar, que finge ser amigo; falso amigo; amigo-urso; amigalhote.

a.mi.go-o.cul.to *sm* Brincadeira de final de ano caracterizada pela troca de presentes entre amigos ou colegas de trabalho, cuja identidade se conhece apenas no momento da troca de presentes; amigo-secreto. · Pl.: *amigos-ocultos*.

a.mi.go-se.cre.to *sm* Amigo-oculto. · Pl.: *amigos-secretos*.

a.mi.go-ur.so *sm* Amigo da onça. · Pl.: *amigos-ursos*.

a.mi.lá.ceo *adj* Semelhante ao amido ou que o contém.

a.mi.mar *v* V. **mimar**.

a.mi.no.á.ci.do *sm* Composto químico orgânico fundamental de todas as proteínas.

a.mis.to.so (ô; pl.: ó) *adj* **1**. Próprio de amigo, amigável. // *sm* **2**. Jogo que não faz parte de campeonato nem vale pontos.

a.mi.ú.de *adv* Com bastante frequência, frequentemente, repetidamente: *viajar amiúde*. · Antôn.: *raramente*. → **amiudado** *adj* (frequente, repetido), de antôn. *raro*; **amiudar(-se)** *v* [tornar(-se) amiúde ou frequente; repetir(-se) com muita frequência].

a.mi.za.de *sf* **1**. Sentimento de grande afeição, estima, confiança, apreço e natural simpatia, fidelidade e ternura entre duas ou mais pessoas: *tenho muita amizade a meus colegas*. **2**. Relação que resulta desse sentimento: *a amizade é o maior bem entre os seres humanos*. **3**. Boa vontade e simpatia: *todos os tratavam com muita amizade ali*. **4**. Cooperação ou aliança internacional: *um tratado de paz e amizade entre o Brasil e o Japão foi assinado ontem*. **5**. Fraternidade entre povos: *é antiga a amizade luso-brasileira*. // *sfpl* **6**. Relações sociais: *no clube é fácil fazer novas amizades*. · Antôn.: *inimizade*.

am.né.sia ou **am.ne.si.a** *sf* Perda da memória. → **amnésico** *adj* (rel. a amnésia) e *adj* e *sm* (que ou aquele que tem amnésia).

a.mo *sm* Dono da casa (em relação aos serviçais); patrão.

âm.nio *sm* A mais interna das membranas que envolvem o embrião dos vertebrados superiores, formando um fino e transparente saco que encerra o feto suspenso no fluido amniótico. → **amniótico** *adj* (rel. a âmnio: *fluido amniótico*).

a.mo.dés.tia *sf* Qualidade daquele que não quer, não aceita, não pode ou não deve ser modesto. → **amodesto** *adj* e *sm* (que ou aquele que se caracteriza pela amodéstia).

a.mo.fi.nar *v* **1**. Desgostar (alguém) por seu mau comportamento ou atitude; aborrecer, irritar, chatear: *há alunos que gostam de amofinar o professor*. **amofinar-se 2**. Aborrecer-se, chatear-se, irritar-se: *o presidente se amofinou quando soube do resultado das pesquisas eleitorais*. → **amofinação** *sf* [ato ou efeito de amofinar(-se)].

a.moi.tar(-se) *v* Esconder(-se) atrás da moita ou de qualquer outro obstáculo: *os bandidos amoitaram as armas do crime: eles se amoitaram, mas foram descobertos pela polícia*. · Durante a conjugação, mantém o ditongo fechado.

a.mo.lar *v* **1**. Fazer (um instrumento) cortar bem; afiar em pedra ou em rebolo: *amolar uma faca*. **2**. Aborrecer, aporrinhar, chatear: *não me amole!* **amolar-se 3**. Estrepar-se, danar-se, arrumar-se: *você votou nele, agora que se amole!* → **amolação** *sf* [ato ou efeito de amolar(-se)]; **amolado** *adj* [aborrecido, chateado, bolado (2)].

a.mol.dar(-se) *v* **1**. Moldar(-se), modelar(-se): *amoldar o barro; o barro amoldou-se logo*. **2**. Ajustar(-se), adaptar(-se), adequar(-se): *amoldar a fala ao ouvinte; nunca me amoldarei a essa gente*. **3**. Acostumar(-se), habituar(-se): *ela logo se amoldou ao novo ambiente*. → **amoldamento** *sm* [ato ou efeito de amoldar(-se)].

a.mo.le.cer *v* **1**. Tornar(-se) mole: *o sol forte amolece o asfalto; o asfalto amolece com o forte calor*. **2**. Abrandar(-se): *com o tempo, o coração do tirano acabou amolecendo*. · Antôn.: *endurecer*. → **amolecimento** *sm* (ato ou efeito de amolecer).

a.mô.nia *sf* Solução aquosa do amoníaco, também conhecida como *água de amônia*, que neutraliza ácidos. → **amoníaco** *sm* (gás formado de nitrogênio e hidrogênio); **amoniacado** ou **amoniacal** *adj* (rel. a amônia ou a amoníaco, ou que o contém).

a.mon.to.ar *v* **1**. Colocar (coisas) umas sobre as outras, sem nenhuma ordem; acumular em montes; empilhar: *amontoar livros*. **amontoar-se 2**. Acumular-se: *roupas sujas se amontoam num canto do quarto*. · Conjuga-se por *abençoar*. → **amontoação** *sf* ou **amontoamento** *sm* [ato ou efeito de amontoar(-se)].

a.mor (ô) *sm* **1**. Afeição profunda a outrem, a ponto de estabelecer um vínculo afetivo intenso, capaz de doações próprias, até o sacrifício: *bebês enchem os pais de sentimentos de amor*. **2**. Dedicação extrema e carinhosa; devoção: *ter amor à Pátria*. **3**. Sentimento profundo e caloroso de atração que uma pessoa experimenta pela outra: *se não é amor o que sinto por ela, o que será, então?; o amor adolescente é inesquecível!* **4**. Cuidado, zelo: *fazer algo com amor é gratificante*. **5**. Apego, paixão, entusiasmo: *ter amor à música, aos animais, a futebol*. **6**. Carinho, ternura, apreço: *falo com amor desse meu professor, porque ele mudou a minha vida; ter amor pelos colegas da escola*. **7**. Caridade, compaixão: *ter amor aos pobres e necessitados*. **8**. Cuidado extremo; zelo, esmero: *é um sapateiro que faz tudo com amor*. **9**. Devoção, veneração: *ter amor a Deus, aos santos*. **10**. Episódio ou caso amoroso: *tive apenas um amor passageiro com ela*. **11**. Pessoa amada, ser amado: *Beatriz foi meu amor da adolescência*. // *smpl* **12**. Relações amorosas, namoro: *estar de amores com alguém*. · Antôn.: *desamor, ódio, aversão*. ·· V. **erótico**. → **amorosidade** *sf* (qualidade do que é amoroso); **amoroso** (ô; pl.: ó) *adj* (**1**. cheio de amor; carinhoso; **2** que exprime amor; **3**. rel. a amor). ·· **Amor platônico**. O totalmente sentido de desejo sexual. ·· **Amor romântico**. Sentimento nobre, tido como ideal ou perfeito entre duas pessoas, no qual uma idealiza e projeta na outra tudo o que ela gostaria que a outra fosse. ·· **Fazer amor**. Praticar o coito ou ato sexual; ter relações sexuais; copular, transar: *Ela confessou que faz amor dez vezes por dia*. ·· **Pelo amor de Deus**. Pelo amor que tens a Deus; por favor. ·· **Por amor à arte**. Sem interesse algum: *Dei carona a ela por amor à arte*.. ·· **Por amor de**. Por causa de: *Fui lá por amor de me despedir dela*. (O caipira usa *por mór de* ou apenas *mor de*.) ·· **Um amor**. **1**. Uma graça, um encanto, um sonho: *Um amor o seu presente*. **2**. Pessoa muito educada, gentil, atenciosa: *Um amor o seu filho!*

a.mo.ra *sf* Fruto comestível da amoreira. → **amoreira** *sf* (árvore nativa da Ásia que dá a amora).

a.mo.ral *adj* e *s2gên* Que ou pessoa que é moralmente neutra, não é nem moral nem imoral; que ou pessoa que não tem senso da moral, por desconhecer os princípios morais: *o mundo animal é um mundo amoral*. (Não se confunde com *imoral*.) → **amoralidade** *sf* ou **amoralismo** *sm* (qualidade ou estado de amoral; falta de sentido moral); **amoralista** *adj* (rel. a amoralismo) e *adj* e *s2gên* (que ou pessoa que se caracteriza pelo amoralismo); **amoralizar(-se)** *v* [tornar(-se) amoral].

a.mor.da.çar *v* **1**. Pôr mordaça em: *o bandido amordaçou a vítima*. **2**. *Fig*. Impedir de se manifestar ou expressar; calar, silenciar: *o ato institucional amordaçou a mídia*. → **amordaçamento** *sm* (ato ou efeito de amordaçar); **amordaçante** *adj* (que amordaça, que impede a livre manifestação do pensamento; que cala ou silencia: *um decreto amordaçante*), palavra que não tem registro na 6.ª ed. do VOLP.

a.mo.re.nar(-se) *v* Tornar(-se) moreno ou bronzeado: *o sol do Nordeste amorena a pele; minha pele se amorena fácil*. → **amorenado** *adj* (meio moreno; bronzeado).

a.mor.fo *adj* **1**. Sem forma ou sem forma claramente definida; amórfico: *as nuvens são amorfas; o ABCD é uma conurbação amorfa*. **2**. De nenhum tipo ou caráter particular; inclassificável, indeterminado, desorganizado: *personalidade amorfa; temos uma legislatura amorfa e sem líder; o ego adolescente é uma coisa nebulosa, amorfa, semelhante a uma nuvem*. **3**. Diz-se do sujeito que é apático, indiferente, sem nenhuma iniciativa. **4**. Em mineralogia e química, que não é cristalino em sua estrutura: *um polímero amorfo*. → **amorfia** *sf* ou **amorfismo** *sm* (qualidade, estado ou condição do que é amorfo); **amórfico** *adj* (rel. a amorfia ou que a apresenta).

a.mor.nar *v* Tornar(-se) morno: *amornar o leite; o leite já amornou*.

a.mor-per.fei.to *sm* **1**. Pequena planta ornamental. **2**. Flor dessa planta. · Pl.: *amores-perfeitos*.

a.mor-pró.prio *sm* **1**. Sentimento daquele que tem profundo respeito por si mesmo, reconhece o seu valor, dignidade e princípios. **2**. Opinião exageradamente favorável que alguém faz de si; orgulho. · Pl.: *amores-próprios*.

a.mor.ta.lhar *v* **1**. Envolver (cadáver) em mortalha. **2**. Dispor (o cadáver) no caixão mortuário. → **amortalhamento** *sm* (ato ou efeito de amortalhar).

a.mor.te.cer *v* **1**. Reduzir ou diminuir a intensidade de; atenuar; enfraquecer; suavizar: *amortecer um choque; amortecer um som alto*. **2**. Perder grande parte da força; abrandar: *assim que penetrou em terra, o furacão amorteceu*. → **amortecedor** (ô) *sm* (peça automotiva destinada a reduzir a trepidação); **amortecimento** *sm* (ato ou efeito de amortecer).

a.mor.ti.zar *v* **1**. Reduzir gradualmente o montante de (dívida). **2**. Abater (parte da dívida) mediante pagamento antecipado. → **amortização** *sf* (ato ou efeito de amortizar).

a.mos.tra *sf* **1**. Ato ou efeito de amostrar; amostragem. **2**. Pequena porção de um produto ou mercadoria que o vendedor apresenta ao provável comprador, como prova de sua qualidade. → **amostragem** *sf* [**1**. amostra (1); **2**. ato de escolher uma amostra adequada, para análise de um todo; **3**. extração de uma pequena quantidade de um produto, para proceder à sua análise].

a.mos.tra-ti.po *sf* Pequena porção de qualquer gênero, classificada de acordo com as suas características de qualidade. · Pl.: *amostras-tipo* ou *amostras-tipos*.

a.mo.ti.nar *v* **1**. Levar (um grupo de pessoas) a fazer motim ou revolta: *a má qualidade da comida do presídio amotinou os detentos*. **amotinar-se 2**. Levantar-se em motim, revoltar-se: *os detentos se amotinaram, por causa da má qualidade da comida*. → **amotinação** *sf* ou **amotinamento** *sm* [ato ou efeito de amotinar(-se)].

a.mo.ví.vel *adj* **1**. Que pode ser removido ou transferido. **2**. Não vitalício; transitório. · Antôn.: *inamovível*. → **amovibilidade** *sf* (qualidade ou condição do que é amovível).

am.pa.rar *v* **1**. Oferecer a (pessoa ou coisa) proteção suficiente contra quaisquer dificuldades; auxiliar, assistir, ajudar, socorrer: *o presidente está amparando a educação?* **2**. Não permitir a queda de, escorar: *amparei uma senhora que estava caindo*. **amparar-se 3**. Encostar-se para não cair; apoiar-se: *o velhinho se ampara na bengala*. → **amparo** *sm* [**1**. ato ou efeito de amparar(-se), assistência; **2**. lugar em que uma pessoa busca abrigo ou proteção: *como começou a chover, procuramos amparo debaixo de um toldo*; **3**. *fig*. pessoa ou coisa que ampara; arrimo].

am.pe.re *sm* Unidade padrão de intensidade das correntes elétricas. → **amperagem** *sf* (intensidade de uma corrente elétrica expressa em amperes); **amperímetro** ou **amperômetro** *sm* (instrumento, graduado em amperes, destinado a medir a intensidade de uma corrente elétrica).

am.ple.xo (x = ks) *sm* Abraço bem apertado. · É palavra de uso eminentemente literário.

am.pli.ar(-se) *v* **1**. Tornar(-se) amplo ou maior; aumentar: *ampliar um estádio*. **2**. Tornar(-se) mais vasto, desenvolver(-se): *ampliar os conhecimentos de português*. **ampliar 3**. Reproduzir em formato ou tamanho maior: *ampliar uma foto*. · Antôn.: *diminuir, reduzir*. → **ampliação** *sf* ou **ampliamento** *sm* [ato ou efeito de ampliar(-se)]; **amplificação** *sf* (ato ou efeito de amplificar); **amplificador** (ô) *sm* (aparelho que aumenta a potência de um som); **amplificar** *v* (ampliar ou aumentar a potência de: *a fala do presidente só serviu para amplificar a crise*).

am.plo *adj* **1**. De grande tamanho, extensão ou capacidade. **2**. Mais que suficiente; abundante. · Antôn. (1): *estreito, acanhado;* (2): *pequeno, insuficiente*. → **amplidão** *sf* (**1**. qualidade do que é amplo, muito grande; vastidão; amplitude; **2**. espaço indefinido ou muito distante, longínquo); **amplitude** *sf* (**1**. qualidade ou estado de amplo; grandeza, vastidão, amplidão; **2**. máximo valor absoluto de uma quantidade variável periodicamente).

am.po.la (ô) *sf* **1**. Pequeno recipiente de vidro, fechado, que contém doses simples de medicamento líquido injetável. **2**. Conteúdo desse recipiente: *tomar uma ampola da droga*. **3**. Empola (1). → **ampuláceo, ampular** ou **ampuliforme** *adj* (que tem forma de ampola).

am.pu.lhe.ta (ê) *sf* Relógio de areia.

am.pu.tar *v* Cortar (membro do corpo ou parte dele): *amputar uma perna*. → **amputação** *sf* (ato ou efeito de amputar).

a.mu.ar *v* **1**. Deixar (alguém) mal-humorado: *não amue seu pai!* **amuar(-se) 2**. Ficar amuado ou mal-humorado: *o avô (se) amuou com a má-criação do neto*. → **amuado** *adj* (mal-humorado); **amuamento** ou **amuo** *sm* (ato ou efeito de amuar(-se)].

a.mu.le.to (ê) *sm* Figura, medalha ou outro objeto que se carrega consigo para dar sorte. → **amulético** *adj* (rel. ao amuleto).

a.mu.ra.da *sf* **1**. Face interna do costado de uma embarcação. **2**. Muro de arrimo, paredão.

a.nã *adj* e *sf* **1.** Feminino de *anão*. // *sf* **2.** Redução de *estrela anã*, estrela, como o Sol, que tem relativamente baixa massa, pequeno tamanho e baixa luminosidade.

a.na.bo.li.zan.te *sm* Hormônio sintético que, injetado via intramuscular, aumenta consideravelmente a massa muscular, porém, com sérios danos ao fígado e aos rins.

a.na.co.lu.to *sm* Figura de sintaxe que consiste na mudança abrupta da sequência lógica frasal, com propósito literário (p. ex.: *eu parece que não me faço entender*). → **anacolútico** *adj* (rel. a anacoluto ou relacionado com o anacoluto: *construção anacolútica*).

a.na.con.da *sf* Sucuri.

a.na.co.re.ta (ê) *s2gên* **1.** Pessoa que se retira do convívio social para entregar-se à meditação religiosa. **2.** *P.ext.* Pessoa que vive solitariamente, por não apreciar a convivência social. → **anacorético** *adj* (rel. a anacoreta ou próprio de anacoreta); **anacoretismo** *sm* (**1.** hábito ou vida de anacoreta; **2.** gosto pela vida de anacoreta).

a.na.crô.ni.co *adj* Que está em desacordo com os usos e costumes de uma época; desatualizado. → **anacronismo** *sm* (coisa anacrônica); **anacronístico** *adj* (rel. a anacronismo).

a.ná.dro.mo *adj* Diz-se de peixe que migra rio acima, para se reproduzir. · V. **catádromo**.

a.na.e.ró.bio *sm* **1.** Microrganismo que é capaz de crescer e viver sem oxigênio. // *adj* **2.** Diz-se desse microrganismo. · Antôn.: *aeróbio*.

a.na.fi.la.xi.a (x = ks) *sf* Hipersensibilidade ou reação exagerada do organismo a substância a que tem alergia, como camarão, vacina, veneno de abelha, etc. → **anafilático** *adj* (rel. à anafilaxia). ·· **Choque anafilático**. Reação alérgica brusca, violenta e grave, que surge pouco depois de a pessoa entrar em contato com uma substância à qual tem alergia, como camarão, droga, veneno de abelha, etc. e que exige socorro imediato.

a.na.fro.di.si.a *sf* Diminuição ou perda completa da libido. → **anafrodisíaco** *adj* e *sm* (que ou droga que contém a libido); **anafrodita** *adj* e *s2gên* (que ou pessoa que é insensível à libido).

a.na.gra.ma *sm* Palavra formada pela recombinação ou pelo rearranjo das letras de outra (p. ex.: *maca* é anagrama de *cama*). → **anagramático** *adj* (rel. a anagrama ou formado por anagrama: *pseudônimo anagramático*).

a.ná.gua *sf* **1.** Saia usada sob o vestido ou sob outra saia. **2.** Roupa íntima feminina que cai desde os ombros; combinação.

a.nais *smpl* **1.** Fatos históricos arrolados ano a ano e em ordem cronológica. **2.** Publicação periódica de coleção científica, artística ou literária.

a.nal *adj* Do ânus ou pelo ânus: *pregas anais; relação anal*.

a.nal.fa.be.to *adj* e *sm* Que ou aquele que nunca aprendeu a ler nem a escrever. · Antôn.: *alfabetizado*. → **analfabetismo** *sm* (qualidade, estado ou condição de analfabeto). ·· **Analfabeto funcional**. Aquele que lê, mas não consegue interpretar um texto.

a.nal.gé.si.co *sm* Medicamento que alivia ou elimina a dor.

a.ná.li.se *sf* **1.** Ato ou efeito de analisar. **2.** Determinação da dosagem dos componentes de uma substância. **3.** Exame detalhado de dados, de um escrito ou de uma obra. **4.** Redução de *psicanálise*. → **analisar** *v* (fazer a análise ou o exame detalhado de); **analista** *s2gên* (**1.** pessoa que faz análise de alguma coisa; **2.** psicanalista; **3.** red. de *analista de sistemas*, pessoa que faz programas de computador); **analítico** *adj* (**1.** rel. a análise; **2.** diz-se da construção que emprega mais de uma palavra para exprimir uma ideia, o antôn. *sintético*).

a.na.lo.gi.a *sf* **1.** Qualidade, estado ou condição de análogo. **2.** Relação de semelhança entre coisas distintas. **analógico** *adj* (**1.** rel. a analogia ou que há analogia; **2.** baseado na analogia; **3.** diz-se de aparelho cujo mecanismo está configurado por analogia às leis matemáticas), de antôn. (**3.**) *digital*; **análogo** *adj* (que tem analogia ou alguma semelhança com outra coisa diversa; semelhante, parecido), de antôn. *diferente*.

a.nam.ne.se *sf* Reminiscência (3). → **anamnético** *adj* (rel. a anamnese).

a.na.nás *sm* Abacaxi (1 e 2).

a.não *sm* **1.** Indivíduo (homem, animal ou planta) de altura muito inferior à normal. // *adj* **2.** De tamanho muito pequeno. · Pl.: *anãos* e *anões*. · Antôn.: *gigante*. (Não se confunde com *pigmeu*: o *anão* apresenta má conformação, desarmonia de membros e certas características somáticas muito próprias; o *pigmeu* é sempre bem-conformado, proporcional, pode ser até elegante. Além do quê, a palavra *anão* se aplica também a animais e plantas; *pigmeu* só se aplica ao ser humano.)

a.nar.qui.a *sf* **1.** Ausência completa de leis e governo. **2.** Desordem e confusão política. **3.** Desordem, bagunça, baderna. · Antôn.: *ordem*. → **anárquico** *adj* (rel. a anarquia ou a anarquismo); **anarquização** *sf* (ato ou efeito de anarquizar; desordem; baderna; desorganização); **anarquismo** *sm* (teoria política que defende a ausência total de governo); **anarquizar** *v* (promover anarquia ou baderna em; desorganizar; bagunçar).

a.nás.tro.fe *sf* Em gramática, alteração da ordem direta dos termos da oração, caracterizada pela anteposição, em expressões nominais, do termo regido de preposição ao termo regente (p. ex.: *de preocupações cheio* por *cheio de preocupações*). → **anastrófico** *adj* (rel. a anástrofe).

ANATEL ou **Anatel** *sf* Acrônimo de A̱gência Ṉacional de Ṯelecomunicações, órgão federal, criado em novembro de 1997, para controlar e fiscalizar os serviços de telecomunicações.

a.ná.te.ma *sm* **1.** Maldição formal da Igreja, que consiste na excomunhão de alguém ou na condenação de algo visto como diabólico. **2.** *P.ext.* Algo ou alguém que se detesta ou odeia: *o racismo deve ser um anátema para o homem civilizado*. **3.** *Fig.* Forte maldição que se roga contra alguém; imprecação, praga: *o homem saiu bastante contrariado da empresa, murmurando anátemas*. → **anatemático** *adj* (rel. a anátema ou que contém anátema).

a.na.to.mi.a *sf* Estudo, classificação e descrição das formas dos seres vivos. → **anatômico** *adj* (**1.** rel. a anatomia ou estrutura corporal: *anormalidades anatômicas*; **2.** diz-se dos objetos que se adaptam à anatomia humana: *sapatos anatômicos*).

a.nau.ê *interj* Salve. ··· É a saudação dos escoteiros brasileiros, desde 1923.

an.ca *sf* **1.** Parte traseira dos quadrúpedes, correspondente ao quadril humano. **2.** *P.ext.* Quadril, cadeiras. · É mais usada no plural: *ancas*.

an.ces.tral *adj* **1.** Muito antigo, antiquíssimo, remoto. // *smpl* **2.** Conjunto das pessoas de uma família, de um grupo ou de um povo que viveram num tempo remoto ou muito antigo; antepassados, ascendentes.

Anchieta, José de (1534-1597). Padre jesuíta e missionário português, conhecido como *o Apóstolo do Brasil*, nascido em Tenerife, nas ilhas Canárias, filho de pai espanhol e mãe indígena. → **anchietano** *adj* (rel. a José de Anchieta).

an.cho *adj* **1.** Amplo, espaçoso: *recinto ancho*. **2.** *Fig.* Cheio de si; orgulhoso: *andava muito ancho do filho que entrara na faculdade*. **3.** *Fig.* Vaidoso, presunçoso: *lá vai ela toda ancha no seu vestido novo*.

anchor [ingl.] *sm* Ícone.

an.cho.va (ô) *sf* V. **enchova**.

an.ci.ão *adj* **1.** Diz-se do homem respeitoso de idade avançada. // *sm* **2.** Homem idoso e respeitado pela sua sabedoria e probidade. · Fem.: *anciã*. · Pl.: *anciãos* (são arcaicas as formas *anciões* e *anciães*).

an.ci.la *sf* Escrava.

an.ci.los.to.mí.a.se *sf* Amarelão.

an.ci.nho *sm* Rastelo, ciscador.

ân.co.ra *sf* **1.** Peça pesada de ferro com farpas, lançada da embarcação por um cabo, para mantê-la parada. **2.** Redução de *loja âncora*. // *sm* **3.** Apresentador(a) de telejornal que lê e comenta as notícias. → **ancoradouro** *sm* (lugar em que ancoram as embarcações); **ancoragem** *sf* (ato ou efeito de ancorar); **ancorar** *v* [**1.** parar (embarcação), lançando âncora; **2.** comandar (um telejornal), na função de âncora; **3.** lançar âncora].

an.dai.me (ãi) *sm* Armação de madeira, montada paralelamente a uma obra, para o trabalho dos operários.

an.dar *v* **1.** Percorrer a pé: *andei a rua toda*. **2.** Dar passos para diante, sem objetivo definido: *seu nenê já anda?* **3.** Ser transportado: *nunca andei de navio*. **4.** Estar, encontrar-se, viver: *ela anda triste*. // *sm* **5.** Pavimento de edifício acima do térreo ou da sobreloja. **6.** Modo de andar. → **andada** *sf* (caminhada: *fomos dar uma andada pelo calçadão da praia*); **andador** (ô) *adj* e *sm* (que ou aquele que anda muito); **andadura** ou **andança** *sf* (ato ou modo de andar); **andamento** *sm* (ato ou efeito de andar); **andante** *adj* e *s2gên* (que ou pessoa que anda sem destino, por não ter casa; errante); **andarilho** *adj* e *sm* [**1.** andador; **2.** vagabundo (1)]; **andejo** (ê) *adj* e *sm* (que ou aquele que não para em casa, que gosta de rua; rueiro).

an.di.no *adj* **1**. Dos Andes, grande cordilheira sul-americana, paralela ao oceano Pacífico. // *adj* e *sm* **2**. Natural ou habitante dos Andes.

an.dor (ô) *sm* Espécie de padiola de madeira, devidamente decorada e com varais, sobre o qual se coloca uma imagem de santo, para ser carregada em procissão.

an.do.ri.nha *sf* Ave migratória, muito veloz, de asas pontudas e compridas, grande auxiliar do agricultor, pelo grande número de insetos que consome diariamente. · Dim. irregular: *andorinho* sm.

an.dra.jo *sm* **1**. Pano velho e rasgado; trapo, farrapo. // *smpl* **2**. Roupa suja, velha e rasgada. → **andrajoso** (ô; pl.: ó) *adj* (coberto ou vestido de andrajos).

an.dro.ceu *sm* Conjunto dos estames ou órgãos masculinos de uma flor.

an.dro.fo.bi.a *sf* Forte aversão a homens. → **androfóbico** *adj* (rel. a androfobia); **andrófobo** *adj* e *sm* (que ou aquele que tem androfobia).

an.dro.gê.nio ou **an.dró.ge.no** *adj* e *sm* Que ou hormônio que produz elementos masculinos ou ocasiona o desenvolvimento de características virilizantes, como a testosterona. (Não se confunde com *andrógino*.) → **androgênico** *adj* (rel. a andrógeno: *esteroide androgênico*).

an.dró.gi.no *adj* e *sm* **1**. Que ou o que tem os dois sexos; hermafrodita. **2**. Que ou aquele que apresenta comportamento ou traços não característicos do seu sexo. **3**. Que ou indivíduo que transita entre dois polos, homem e mulher, geralmente usando roupas, penteado e acessórios considerados unissex. (Não se confunde com *andrógeno*.) → **androginia** *sf* (qualidade ou estado de andrógino).

an.droi.de (ói) *adj* **1**. Que possui feições humanas. // *sm* **2**. Robô ou autômato criado com matéria biológica e semelhante ao ser humano; humanoide.

an.dro.pau.sa *sf* Período que marca no homem uma série de sintomas, entre os quais a diminuição da libido, por efeito da redução paulatina da produção de testosterona; climatério masculino.

an.dros.te.ro.na *sf* Hormônio esteroide sintetizado e liberado pelos testículos, responsável pelo controle do desenvolvimento sexual masculino.

a.ne.cú.me.na *sf* ou **a.ne.cú.me.no** *sm* **1**. Área da Terra que não pode ser habitada pelo homem em condições normais, como os desertos, as altas montanhas, as regiões polares, as florestas muito densas, os pântanos, etc. // **anecúmeno** *adj* **2**. Diz-se dessa área. · Antôn.: *ecúmena*, *ecúmeno*. → **anecumênico** *adj* (rel. a anecúmena ou anecúmeno).

a.ne.do.ta *sf* Pequena narrativa que provoca riso; piada. · Col.: *anedotário*. → **anedótico** *adj* (1. que contém anedotas; **2**. que provoca riso; engraçado, divertido); *adj* e **anedotista** *s2gên* (que ou pessoa que conta ou coleciona anedotas).

ANEEL ou **Aneel** *sf* Acrônimo de *A*gência *N*acional de *E*nergia *E*létrica, autarquia especial criada por lei em 1996, cuja finalidade é regular, mediar e fiscalizar a produção, transmissão, distribuição e comercialização de energia.

a.nel *sm* **1**. Círculo de metal, plástico, etc. para prender ou suspender qualquer coisa; elo. **2**. Joia ou bijuteria feita para ser usada nos dedos das mãos. **3**. Caracol (de cabelo). **4**. Parte anular de diversos utensílios. → **anelado** *adj* (que forma anéis; encaracolado: *cabelos anelados*); **anelar** *v* (**1**. dar forma de anel a; encaracolar; **2** *fig.* almejar; desejar ardentemente: *anelar um diploma*); **anelo** *sm* (desejo ardente). ·· **Anel viário** ou **rodoviário** 1. Sistema viário superior que serve para interligar todas as rodovias que desembocam numa cidade, evitando que os motoristas de caminhão, p.ex., utilizem vias mais congestionadas.

a.ne.mi.a *sf* Carência de glóbulos vermelhos no sangue, provocando palidez, fraqueza, etc. → **anêmico** *adj* e *sm* (que ou aquele que sofre de anemia) e *adj* (*fig.* enfraquecido, debilitado, frágil: *uma economia anêmica*).

a.ne.mô.me.tro *sm* Instrumento que mede a velocidade ou a força do vento. → **anemometria** *sf* (medida da velocidade e da força dos ventos); **anemométrico** *adj* (rel. a anemometria ou a anemômetro).

a.ne.quim *sm* Tubarão de grande porte das águas brasileiras, conhecido por sua ferocidade.

a.nes.te.si.a *sf* **1**. Diminuição ou perda de sensibilidade em geral ou de um órgão. **2**. Perda parcial ou total da sensação de dor ou tato, provocado por aplicação de medicamento. → **anestesiar** *v* [fazer que (uma pessoa) deixe de sentir dor; aplicar anestesia a); **anestésico** *adj* e *sm* (que ou o que anestesia); **anestesista** *adj* e *s2gên* (que ou profissional que prepara e administra a anestesia antes de uma cirurgia).

a.nes.té.ti.co *adj* Falto de estética.

a.né.ti.co ou **a.é.ti.co** *adj* Sem ética; antiético

a.neu.ris.ma *sm* Tumor formado no trajeto de uma artéria ou veia. aneurismal ou aneurismático *adj* (rel. a aneurisma).

a.ne.xar (x = ks) *v* **1**. Juntar (uma parte a um todo): *o Brasil anexou o Acre em 1903*. **2** Juntar, acrescentar: *anexei uma foto à carta*. **anexar-se 3**. Passar a fazer parte de (um todo); juntar-se; unir-se: *anexei-me aos voluntários*. → **anexação** (x = ks) *sf* [ato ou efeito de anexar(-se)]; **anexo** (x = ks) *adj* (junto a algo mais importante) e *sm* (aquilo que está ligado a uma coisa principal; dependência), que varia normalmente: *Vão anexos os documentos*. *Seguem anexas as páginas solicitadas*. Não convém usar "em anexo", assim como não se usa "em incluso".

ANFAVEA ou **Anfavea** *sf* Acrônimo de *A*ssociação *N*acional dos *F*abricantes de *Ve*ículos *A*utomotores, entidade que congrega fabricantes de veículos automotores e máquinas agrícolas automotrizes de todo o Brasil, na defesa de seus interesses.

an.fe.ta.mi.na *sf* Droga sintética viciante, que altera o humor, usada ilegalmente como estimulante do sistema nervoso central e legalmente para tratar transtorno de *deficit* de atenção e narcolepsia. → **anfetamínico** *adj* (rel. a anfetamina).

an.fí.bio *adj* e *sm* **1**. Que ou o que vive tanto na água quanto na terra. **2**. Que ou veículo que pode ser utilizado fora ou dentro da água.

an.fi.dro.mo *adj* Diz-se de peixe que migra da água doce para a salgada ou vice-versa, exceto no período de procriação. · V. **anádromo**, **catádromo** e **diádromo**.

an.fi.te.a.tro *sm* **1**. Edifício de forma redonda ou elíptica, onde se celebravam os mais diferentes espetáculos, na antiguidade clássica. **2**. Local com arquibancadas um semicírculo. **3**. Plateia aí reunida. **4**. Salão em escolas, empresas, etc., com filas de cadeiras ou poltronas em volta de um palco central, no qual se promovem palestras, conferências, demonstrações, etc. → **anfiteatral** ou **anfiteátrico** *adj* (rel. a anfiteatro ou em forma de anfiteatro).

an.fi.tri.ão *sm* Aquele que recebe convidados em sua própria casa para festa, banquete, etc., tudo oferecido por sua conta. · Fem.: *anfitriã* e *anfitrioa* (melhor forma).

ân.fo.ra *sf* **1**. Vaso grande de duas asas, gargalo estreito e fundo pontiagudo, usado na antiguidade para guardar água e vinho. **2**. Vaso moderno, mais ou menos semelhante à antiga ânfora.

an.ga.ri.ar *v* **1**. Atrair para si, conseguir: *angariar a simpatia de todos*. **2**. Conseguir (dinheiro ou objetos) pedindo a muitas pessoas; arrecadar: *angariar dinheiro para uma festa beneficente*. → **angariação** *sf* ou **angariamento** *sm* (ato ou efeito de angariar).

an.gé.li.co *adj* Relativo a anjo. → **angelical** *adj* (**1**. de anjo; próprio de anjo: *melodia angelical*; *voz angelical*; **2**. sem. a anjo, em beleza, candura e perfeição: *expressão angelical*; **3**. *fig.* diz-se do que é perfeito ou puro, imaculado: *nessa época, o Brasil praticava um futebol angelical*).

an.ge.lim *sm* **1**. Árvore nativa da Índia, de excelente madeira. **2**. Essa madeira, muito usada em marcenaria.

an.ge.li.tu.de *sf* **1**. Qualidade, estado ou condição de anjo; caráter angelical. **2**. Pureza, candura: *ela convenceu a todos da sua angelitude*.

an.gi.co *sm* **1**. Árvore brasileira de grande porte, de madeira de lei. **2**. Essa madeira.

an.gi.na *sf* **1**. Inflamação aguda das mucosas da garganta, faringe, laringe e traqueia, com muita dor. **2**. Redução de *angina do peito*, dor no peito, acompanhada de sensação de sufoco, causada por insuficiência de irrigação sanguínea na cabeça. **anginoso** (ô; pl.: ó) *adj* (**1**. rel. ou sem. a angina; **2**. próprio de angina) e *adj* e *sm* (que ou aquele que sofre de angina).

an.gli.ca.nis.mo *sm* Fé, doutrina, sistema e prática da Igreja anglicana, oficial no Reino Unido. → **anglicano** *adj* (do anglicanismo) e *adj* e *sm* (que ou aquele que professa o anglicanismo).

an.gli.cis.mo *sm* Palavra, expressão ou construção própria do idioma inglês; estrangeirismo inglês, como *gol* e *futebol*.

an.glo *sm* **1**. Membro de um povo germânico que invadiu a Bretanha no séc. V e, junto com os jutos e os saxões, formou os povos anglo-saxões. **2**. Natural ou habitante da Inglaterra; inglês. // *adj* **3**. Relativo ou pertencente aos anglos, povo invasor da Bretanha. **4**. Relativo ou pertencente à Inglaterra; inglês.

an.glo-sa.xão (x = ks) *sm* **1**. Membro de qualquer dos povos germânicos ocidentais (os anglos, os saxões e os jutos; estes ocuparam a atual Dinamarca) que invadiram e ocuparam a Bretanha nos sécs. V e VI. **2**. Língua desses povos. **3**. Nativo da Inglaterra ou imigrante descendente de ingleses. // *adj* **4**. Dos antigos povos germânicos: *costumes anglo-saxões*. **5**. Relativo ao período de domínio desses povos na Bretanha, que se encerrou com a conquista normanda, em 1066. **6**. Relativo à Grã-Bretanha e a todas as nações de cultura inglesa que adotaram o inglês como língua oficial. **7**. Relativo aos ancestrais ingleses ou à civilização britânica. · Fem.: anglo-saxã (x = ks). · Pl.: *anglo-saxões*.

Angola *sf* País do sudoeste da África, de área equivalente à do estado do Pará. **angolano** *adj* e *sm* ou **angolense** *adj* e *s2gên*.

an.go.rá *adj* **1**. Diz-se de animal doméstico (gato, coelho e cabra) de pelos longos, finos e macios. **2**. Diz-se da lã feita com pelos do coelho ou da cabra angorá. // *sm* **3**. Essa lã.

an.gra *sf* Pequena baía ou enseada.

an.gu *sm* **1**. Farinha de milho (fubá), de mandioca ou de arroz cozida em água e sal; pirão. **2**. Redução de *angu de caroço*: confusão, rolo. **3**. Mistura desordenada, miscelânea.

ân.gu.lo *sm* **1**. Figura formada por duas linhas retas que divergem do ponto comum, ou por dois planos que divergem de uma linha comum. **2**. Espaço compreendido entre essas linhas ou superfícies. **3**. Esquina, canto. **4**. *Fig.* Ponto de vista, aspecto. · Dim. irregular (1 e 2): *angulete* (ê). → **angulado** ou **angulosos** (ô; pl.: ó) *adj* (que tem ângulos); **angular** *adj* (rel. a ângulo ou em forma de ângulo); **angularidade** *sf* (qualidade do que é angular). ·· **Ângulo conjugado**: Replemento.

an.gús.tia *sf* **1**. Sentimento de grande aflição, combinado com temor, dúvidas e incertezas, por causa de um grande perigo ou iminência de uma desgraça; ansiedade opressiva: *depois de vinte dias de angústia, encontrou vivo o filho debaixo dos escombros do prédio que desabou*. **2**. Grande ansiedade; agonia: *a angústia de chegar, de vê-la, abraçá-la, beijá-la*. → **angustiado** *adj* (cheio de angústia; aflito, atormentado); **angustiante** ou **angustioso** (ô; pl.: ó) *adj* (que provoca angústia); **angustiar** *v* (causar angústia a); **angustiar-se** (sofrer angústia).

a.nhan.gue.ra (o **u** soa) *adj* e *sm* **1**. Que ou aquele que é muito corajoso, extremamente valente; valentão. // *adj* **2**. Diabo soberano do fogo; diabo velho.

a.ni.a.gem *sf* Tecido grosseiro de juta, linho cru, etc., utilizado princ. na fabricação de sacaria.

a.ni.dri.co ou **a.ni.dro** *adj* Que não contém água; sem água.

a.ni.dri.do *sm* Composto químico formado por outro (geralmente um ácido), pela eliminação de água.

a.nil *sm* **1**. Corante azul forte que se obtém de certas plantas ou sinteticamente; índigo. **2**. Cor azul forte; índigo. // *adj* **3**. Que tem essa cor: *céu anil*.

a.ni.li.na *sf* Líquido oleoso, tóxico, usado como base na fabricação de borracha, corantes, resinas, vernizes e produtos farmacêuticos. → **anilínico** *adj* (rel. a anilina ou que a contém).

a.ni.mad.ver.são *sf* **1**. Sentimento que se tem por alguém em razão de sua idade, posição, etc.; consideração, respeito. **2**. Reprimenda, advertência: *depois daquela animadversão do diretor, ele se aquietou*. **3**. Forte repulsa; aversão: *sempre tive animadversão por esse tipo de brincadeira*. · Pl.: *animadversões*. → **animadvertir** *v* (**1**. considerar, respeitar; **2**. advertir, repreender; **3**. sentir forte repulsa por).

a.ni.mal *sm* **1**. Ser vivo, dotado de sensibilidade, capaz de movimentos voluntários e incapaz da fotossíntese. // *adj* e *sm* **2**. Que ou aquele que é muito grosseiro(a) ou abrutalhado(a), que costuma abusar da força física; bruto(a): *essa tua vizinha é um animal*. // *adj* **3**. De animal. · Aum. (1): *animalaço* (irregular). · Dim. (1): *animálculo* (erudito); *animalejo* (irregular). → **animalesco** (ê) *adj* (**1**. rel. a animal ou próprio de animal; **2**. *fig.* bruto, estúpido, grosseiro); **animalismo** *sm* (**1**. atividade, apetite, natureza, etc. dos animais; **2**. preocupação com a libido mais que com as forças espirituais ou intelectuais; **3**. doutrina segundo a qual o ser humano é meramente animal, sem nenhuma natureza espiritual).

animal-watching [ingl.] *sm* Observação dos animais selvagens em seu habitat. · Pl.: *animal-watchings*. · Pronuncia-se *énimòl uátchin*.

a.ni.mar *v* **1**. Dar ânimo ou coragem a: *o sargento animou a tropa*. **2**. Dar vida ou brilho a: *boa banda animou a festa*. **animar-se 3**. Encher-se de ânimo, de alegria ou de coragem: *bebeu um copo de cerveja e já se animou*. → **animação** *sf* [ato ou efeito de animar(-se)]; **animado** *adj* (**1**. que tem vida; vivo: *as plantas são seres animados*; **2**. em que há muita animação ou alegria: *festa animada*); **animador** (ô) *adj* (que anima ou estimula; estimulante: *ouvi dela palavras animadoras*) e *sm* (apresentador de programa de auditório, em rádio e televisão: *esse animador dos domingos é desanimador!*)

anime [jap.] *sm* Desenho animado de qualquer nacionalidade, princ. japonês: *um dos animes mais famosos é Pokémon*. · Pronuncia-se *ânime*. (Não se confunde com *mangá*.)

a.ní.mi.co *adj* **1**. Relativo ou pertencente à alma: *forças anímicas*. **2**. Psíquico, psicológico: *perturbações anímicas*.

â.ni.mo *sm* **1**. Modo de ser mais característico de uma pessoa; temperamento, índole. **2**. Disposição de espírito; energia, força. // *interj* **3**. Coragem.

a.ni.mo.si.da.de *sf* Sentimento de antipatia, hostilidade ou repulsa por outra pessoa.

a.ni.nhar *v* **1**. Levar ao ninho: *a leoa abocanhou o filhote e o aninhou*. **aninhar(-se) 2**. Fazer ninho, nidificar: *o tico-tico (se) aninha, e o chupim toma*. **aninhar-se 3**. Abrigar-se, acomodar-se, aconchegar-se: *ao ver a mãe, a criança aninhou-se em seus braços*. → **aninho** *sm* (**1**. abrigo tranquilo e confortável; **2**. comodidade; conforto; aconchego; bem-estar; **3**. lã da primeira tosquia).

a.ni.qui.lar *v* **1**. Destruir, reduzindo a nada; arrasar: *as tropas brasileiras aniquilaram o inimigo*. **aniquilar-se 2**. Abater-se profundamente: *o time se aniquilou com essa goleada*. → **aniquilação** *sf* ou **aniquilamento** *sm* [ato ou efeito de aniquilar(-se)].

a.nis *sm* **1**. Semente da planta do mesmo nome, também conhecida por *erva-doce*. **2**. Essa planta. **3**. Licor aromatizado feito com a essência dessa planta; anisete. · Col. (2): *anisal*. → **anisete** (ê) *sm* [anis (3)].

a.nis.ti.a *sf* Perdão que uma autoridade pública concede a criminosos comuns ou a políticos. → **anistiar** *v* (conceder anistia a).

a.nis.tó.ri.co *adj* Que não é histórico; contrário à história, aos fatos; anti-histórico: *os relatos anistóricos da Segunda Guerra Mundial*. (A 6.ª ed. do VOLP registra ainda *a-histórico*.)

a.ni.ver.sá.rio *sm* Dia ou data em que alguém ou alguma coisa (empresa, fato, etc.) completa mais um ano de existência. → **aniversariante** *adj* e *s2gên* (que ou pessoa que aniversaria); **aniversariar** *v* (fazer aniversário, fazer anos).

an.jo *sm* **1**. Criatura puramente espiritual, inteligente, imortal, superior ao ser humano e o mensageiro de Deus. **2**. Pessoa cheia de virtudes. **3**. Criança acomodada, educada, que se comporta muito bem; anjinho. · V. **angelical, angélico** e **angelitude**. → **anjinho** *sm* [**1**. diminutivo de *anjo*; **2**. anjo (3); **3**. *fig.* criança morta ou que já nasce morta]. ·· **Anjo da guarda**: Criatura celeste que se supõe guiar o homem para o bem, protegendo-o contra o mal. **2**. *Fig.* Pessoa que protege ou defende outra. **3**. *Gír.* Estudante que, nas provas e exames, ensina os colegas. ·· **Anjo mau**. **1**. Lúcifer. **2**. *Fig.* Pessoa que dá maus conselhos; mau-caráter.

ankle-boat [ingl.] *sf* Bota de cano curto, que se usa até a altura do tornozelo. · Pl.: *ankle-boats*. · Pronuncia-se *énkol-but*.

anmá [jap.] *sm* Uma das mais antigas e tradicionais técnicas de massagens asiáticas, que consiste em realizar deslizamentos dos músculos, utilizando os dedos, mãos e braços, para favorecer as circulações sanguínea e linfática e, assim, melhorar as condições da pele, da tensão e da contratura muscular. · V, *shiatsu*.

a.no *sm* **1**. Tempo que a Terra leva para dar uma volta em torno do Sol, equivalente a 365 dias (366 nos bissextos), dividido em 12 meses, começando em primeiro de janeiro e terminando em trinta e um de dezembro (ano civil). **2**. Período de 12 meses do calendário, começando em qualquer data. **3**. Período de frequência escolar (ano letivo).

a.no-bom *sm* Dia primeiro de janeiro; ano-novo. · Pl: *anos-bons*.

a.noi.te.cer *v* **1**. Cair a noite; fazer-se noite: *anoiteceu rapidamente*. **2**. Estar (em algum lugar), quando cai a noite: *anoitecemos na mata*. // *sm* **3**. Caída da noite.

a.no-luz *sm* Medida de distância equivalente ao percurso da luz em um ano (cerca de 10 trilhões de quilômetros) à velocidade de 300.000km/s. · Pl.: *anos-luz*.

a.nô.ma.lo *adj* Que se desvia das regras gerais; anormal, irregular. → **anomalia** *sf* (qualidade ou estado de anômalo; anormalidade, irregularidade).

a.no.ná.cea *sf* Espécie das anonáceas, família de plantas de belas e grandes flores, que compreendem o araticum, a fruta-do-conde e a graviola. → **anonáceo** *adj* (rel. ou pert. a essa família).

a.nô.ni.mo *adj* **1**. De autor não identificado; que não é assinado. **2**. De identidade desconhecida ou não pública. // *sm* **3**. Aquele cujo nome é desconhecido. → **anonimato** *sm* (estado, qualidade ou condição do que é anônimo).

a.no-no.vo *sm* Ano-bom. · Pl.: *anos-novos*.

a.no.ra.que *sm* **1**. Agasalho de comprimento até os quadris, com capuz, inicialmente feito de pele de foca, usado pelos esquimós. **2**. *P.ext*. Agasalho semelhante, impermeável, confeccionado com náilon e acolchoado com outras fibras sintéticas, usado em atividades esportivas ou informais, fechado com zíper ou abotoado dos quadris ao pescoço.

a.no.re.xi.a (x = ks) *sf* Perda do apetite, devida a depressão, indisposição, princípios de febre e doenças, perturbações gástricas, excessos alcoólicos ou de drogas, princ. cocaína. → **anoréctico** ou **anorético** *adj* (rel. a anorexia) e *adj* e *sm* (que ou aquele que sofre de anorexia). ·· **Anorexia nervosa**. Doença psiconeurótica de garotas adolescentes, caracterizada pela aversão ou recusa a comida, resultando em emagrecimento, amenorreia, distúrbios emocionais relacionados com a própria imagem e medo mórbido de tornar-se obesa. (Está associada com estresse ou conflito emocional, como ansiedade, irritação, ódio e medo.)

a.nor.mal *adj* **1**. Que não é normal. // *s2gên* **2**. Pessoa que sofre das faculdades mentais; excepcional; deficiente. → **anormalidade** *sf* (qualidade ou estado do que é anormal; falta de normalidade).

a.no.tar *v* Tomar nota de, para não esquecer: *anotar o número de um telefone*. → **anotação** *sf* (ato ou efeito de anotar).

an.qui.nha *sf* **1**. Anca pequena. // *sfpl* **2**. Armação de arame usada antigamente pelas mulheres, para fazer as saias ficarem mais armadas e altas na altura dos quadris.

an.sei.o *sm* Desejo urgente, muito forte e sofrido de ter ou fazer alguma coisa; aspiração, ânsia (2).

an.se.ri.no *adj* Relativo ou semelhante a ganso.

ân.sia *sf* **1**. Sensação de angústia e aflição causada por um sentimento de preocupação, expectativa ou incerteza; ansiedade (1): *na ânsia de salvar o filho, acabou se afogando*. **2**. Desejo ardente, poderoso, urgente e anormal; aspiração, anseio: *a ânsia por ficar rico o levou à ruína: a ânsia do sucesso acabou por destruí-lo*. // *sfpl* **2**. Náusea, enjoo: *toda grávida sente ânsias*. **3**. Nojo: *sinto ânsias só de pensar naquele ex-presidente*. **4**. Momento que antecede a morte; agonia. · **ansiedade** *sf* [**1**. ânsia (1): *a ansiedade aumentava à medida que avançávamos na floresta*; **2** em psiquiatria, distúrbio nervoso, caracterizado por um estado de inquietação e apreensão excessivas, geralmente com comportamento compulsivo ou ataques de pânico]; **ansiolítico** *adj* e *sm* (que ou droga que combate ou diminui a ansiedade); **ansioso** (ô; pl.: ó) *adj* (cheio de ânsia ou ansiedade).

an.si.ar *v* **1**. Desejar veementemente, com certo sofrimento; almejar: *ele anseia esse casamento desde criança*. **ansiar(-se)** **2**. Afligir(-se), angustiar(-se): *a espera pelo nascimento do primeiro bebê anseia os pais; pais e avós se anseiam quando os filhos e netos entram no mundo das drogas*. **3**. Sentir-se fisicamente mal, com enjoo ou ânsias: *apenas meia hora no navio já a ansiou; ela se anseia fácil quando viaja de navio*. · É verbo irregular (ganha um **-e-** nas formas rizotônicas): *anseio, anseias, anseia, ansiamos, ansiais, anseiam* (pres. do ind.); *anseie, anseies, anseie, anseemos, anseeis, anseiem* (pres. do subj.). Nos demais tempos e modos, conjuga-se normalmente.

ans.pe.ça.da *sm* **1**. Antiga patente militar da cavalaria e da infantaria, acima do soldado e abaixo do cabo de esquadra. **2**. Militar que detinha essa patente.

an.ta *sf* **1**. Mamífero sul-americano parecido com o porco; tapir. **2**. *Pop.Pej*. Pessoa pouco inteligente: *seu irmão é uma anta*.

an.ta.go.nis.ta *s2gên* **1**. Pessoa que se opõe a outra; opositor(a), adversário(a). **2**. Personagem principal que se opõe ao protagonista ou herói de um romance ou drama. → **antagônico** *adj* (contrário e hostil); **antagonismo** *sm* (hostilidade entre grupos rivais ou inimigos).

Antártica *sf* Continente situado princ. dentro do círculo antártico e assimetricamente centrado no Polo Sul. → **antártico** *adj* (rel. ou pert. ao Polo Sul e regiões circunvizinhas, oposto ao ártico. (A forma "Antártida" é desprezível.)

an.te- *pref* Indica anterioridade e exige hífen apenas antes de *e* e *h*.

an.te *prep* **1**. Perante, diante de: *rezamos ante a cruz*; ante o exposto, nada mais tenho a declarar. **2**. Por efeito de, em consequência de: *alquebrado ante o peso da idade, já não sai de casa*.

an.te.a.to *sm* Breve representação teatral levada antes da peça principal.

an.te.bo.ca (ô) *sf* Parte anterior da boca. · Antôn.: *pós-boca*.

an.te.bra.ço *sm* Parte do membro superior humano que vai desde o cotovelo até o pulso.

an.te.câ.ma.ra *sf* **1**. Aposento anterior à câmara, num navio, no qual estão os camarotes dos primeiros oficiais. **2**. Sala de espera; antessala.

an.te.ce.der *v* **1**. Ocorrer ou acontecer antes de: *o forte calor sempre antecede um toró*. **2**. Vir antes de um fato, pessoa ou tempo: *o pai o antecedeu na presidência da empresa*. **anteceder-se** (antecipar-se; adiantar-se: *o inverno antecedeu-se neste ano*). · Antôn.: *suceder*. → **antecedência** *sf* [**1**. ato ou efeito de anteceder(-se); **2**. precedência ou anterioridade no tempo: *o comércio fechou as portas com trinta minutos de antecedência*; **antecedente** *adj* (que antecede; anterior) e *smpl* (vida passada; procedimento social anterior); **antecessor** (ô) *sm* (aquele que tinha uma atividade ou um cargo que passou a ser exercido por outra pessoa). ·· **Com antecedência**. Antes do tempo previsto ou combinado; antecipadamente; de antemão: *Avisei-o com antecedência*.

an.te.ci.par *v* **1**. Fazer realizar antes do tempo marcado: *antecipar uma reunião*. **antecipar-se** **2**. Tomar uma atitude antes de combinado; adiantar-se: *o atacante antecipou-se ao goleiro e fez o gol*. → **antecipação** *sf* [ato ou efeito de antecipar(-se)].

an.te.clás.si.co *adj* Anterior ao classicismo ou aos clássicos.

an.te.con.ju.gal *adj* Anterior ao casamento; antenupcial.

an.te.con.tra.to *sm* Contrato provisório; pré-contrato.

an.te.cu.bi.tal *adj* Relativo à superfície interna do antebraço: *fossa antecubital*. (A 6.ª ed. do VOLP não registra o adjetivo.)

an.te.da.ta *sf* Data de um documento anterior à da sua redação. · Antôn.: *pós-data*. → **antedatado** *adj* (que antedatou), de antôn. *pós-datado*; **antedatar** *v* (pôr antedata em; pré-datar), de antôn. *pós-datar*.

an.te.di.lu.vi.a.no *adj* **1**. Que existiu ou aconteceu antes do dilúvio. **2**. *Fig*. Extremamente velho ou antigo; fora de moda. · Antôn.: *pós-diluviano*.

an.te-es.trei.a *sf* Pré-estreia. · Pl.: *ante-estreias*.

an.te.go.zo (ô) *sm* Gozo ou deleite antecipado. → **antegozar** *v* (gozar ou deleitar-se antecipadamente).

an.te-hi.pó.fi.se *sf* Lobo anterior da hipófise. · Pl.: *ante-hipófises*.

an.te-his.tó.ri.co *adj* Pré-histórico. · Pl.: *ante-históricos*.

an.te.jul.gar *v* Prejulgar. → **antejulgamento** *sm* (prejulgamento).

an.te.mão, de *loc adv* Antecipadamente; com antecedência: *brigas de torcida, hoje, são combinadas de antemão*.

an.te.me.ri.di.a.no *adj* Anterior ao meio-dia. · Antôn.: *pós-meridiano*.

an.te.na *sf* **1**. Fio ou haste usada para captação das ondas hertzianas, na transmissão de programas de rádio ou televisão. **2**. Apêndice anterior, flexível e sensitivo de insetos, crustáceos, caranguejos, etc. → **antenado** *adj* (**1**. que tem antena; **2**. *pop*. muito atento ao que se passa ao redor; ligado); **antenista** *s2gên* (especialista na instalação de antenas).

an.te.na.tal *adj* Que acontece antes do nascimento; pré-natal.

an.te.no.me *sm* Palavra que precede o nome e lhe confere um qualificativo honorífico (p. ex.: *Dom* Pedro II, *Doutor* Ivo).

an.te.nup.ci.al *adj* Anterior ao casamento; pré-nupcial.

an.te.on.tem *adv* No dia imediatamente anterior ao de ontem.

an.te.pa.ro *sm* Qualquer coisa que serve para proteger (escudo, p. ex.) ou para esconder (biombo, p.ex.).

an.te.par.to *sm* Conjunto de providências tomadas pela mãe, antes do trabalho de parto.

an.te.pas.sa.do *adj* **1**. Que passou ou viveu antes. // *smpl* **2**. Ancestrais, ascendentes.

an.te.pas.to *sm* Comida (aperitivos, sortidos, tira-gostos, etc.) servida antes da refeição principal; entrada.

an.te.pe.núl.ti.mo *adj* Que vem imediatamente antes do penúltimo.

an.te.por *v* **1**. Pôr antes ou à frente: *não anteponha o carro aos bois!* **2**. Preferir: *anteponha a honestidade a tudo!* · Antôn.: *pospor*. · Conjuga-se pelo v. *pôr*. → **anteposição** *sf* [ato ou efeito de antepor(-se)].

an.te.pro.je.to *sm* Esboço ou rascunho de um projeto, para discussão.

an.te.ra *sf* Parte da flor na qual se encontram os grãos de pólen.

an.te.ri.or (ô) *adj* Que está antes, no tempo ou no espaço. · Antôn.: *posterior*. → **anterioridade** *sf* (qualidade, estado ou condição de anterior).

an.te.ro- *pref* que exprime a noção de anterioridade, de posição anterior: *anterodorsal, anterolateral, anteroposterior, anterossuperior*, etc. Como se vê, não exige hífen.

an.te.ró.gra.do *adj* **1**. Que anda ou se dirige para a frente: *fluxo sanguíneo anterógrado*. **2**. Diz-se da memória por um período de tempo imediatamente após um evento precipitante (como intoxicação por álcool, lesão cerebral traumática ou estresse emocional grave) e, especialmente, desde o início até o presente: *amnésia anterógrada*. · Antôn.: *retrógrado*.

an.ter.ros.to (ô) *sm* Página que precede o frontispício ou rosto de uma obra, a qual só contém, geralmente, o título da mesma obra.

an.tes *adv* **1**. Em tempo ou lugar anterior (em relação a algo explícito ou não); mais cedo: *a carreira desse jogador terminou dois anos antes; todos os passageiros desceram do ônibus antes do ponto final*. **2**. Antigamente: *antes era tudo diferente*. **3**. Antecipadamente: *paguem as passagens antes!* **4**. Em lugar anterior: *está vendo aquele prédio? a minha casa fica antes*. **5**. Preferivelmente; melhor: *antes só do que mal acompanhado*. **6**. Primeiramente (em relação a algo): *antes o trabalho, depois a diversão*.

an.tes.sa.la *sf* Sala antes da principal ou da recepção; antecâmara.

an.te.ve.lhi.ce *sf* Velhice precoce.

an.te.ver *v* Ver com antecedência: *antevi a pedra no meio da estrada*. · V. **antevisão**. · Conjuga-se por *ver*.

an.te.vés.pe.ra *sf* Dia imediatamente anterior ao da véspera.

an.te.vi.são *sf* Ato ou efeito de antever.

an.te.vo.cá.li.co *adj* Que está antes de uma vogal.

an.ti- *pref* que exige hífen somente antes de palavras iniciadas por **i** ou **h**.

an.ti.a.bor.ti.vo *adj* e *sm* Que ou droga que evita o aborto.

an.ti.a.bor.to *adj* Contrário ao aborto: *manifestações antiaborto*. (Como se vê, não varia.)

an.ti.á.ci.do *adj* e *sm* Que ou droga que combate a acidez estomacal.

an.ti.ac.ne *adj* e *sm* Que ou preparado que é eficaz contra acnes ou espinhas; antiespinha: *cremes antiacne*. (Como se vê, não varia.)

an.ti.a.de.ren.te *adj* e *sm* Que ou o que não adere, pega, cola, agarra.

an.ti.a.é.reo *adj* **1**. Que protege dos ataques aéreos. **2**. Empregado contra ataques aéreos.

an.ti.al.co.ó.li.co *adj* e *sm* **1**. Que ou droga que protege o organismo da ação e dos efeitos do álcool. **2**. Que ou aquele que é contra o alcoolismo. → **antialcoolismo** *sm* (atitude contrária ao alcoolismo); **antialcoolista** *adj* (rel. a antialcoolismo) e *adj* e *s2gên* (que ou pessoa que é partidária do antialcoolismo).

an.ti.a.lér.gi.co *adj* e *sm* Que ou droga que combate a alergia.

an.ti.a.ma.rí.li.co *adj* e *sm* Que ou droga que combate a febre amarela.

an.ti.a.me.ri.ca.no *adj* e *sm* Que ou aquele que é contra tudo o que se relaciona com os Estados Unidos da América. → **antiamericanismo** *sm* (sentimento ou comportamento antiamericano).

an.ti.ar.ra.nhão *adj* Antirrisco: *películas antiarranhão*. (Como se vê, não varia.)

an.ti.ar.te *sf* Arte que rejeita teorias e formas de arte tradicionais. → **antiartístico** *adj* (rel. a antiarte).

an.ti.as.má.ti.co *adj* e *sm* Que ou droga que combate a asma.

an.ti.bac.te.ri.a.no *adj* e *sm* Que ou droga que destrói bactérias ou inibe seu desenvolvimento.

an.ti.ba.lís.ti.co *adj* Diz-se de míssil defensivo projetado para interceptar e destruir míssil balístico em voo.

an.ti.ba.tis.ta *adj* e *s2gên* Que ou pessoa que não aceita a eficácia do batismo.

an.ti.be.li.co.so (ô; pl.: ó) *adj* e *sm* **1**. Que ou aquele que é contra as guerras ou quaisquer conflitos militares; antibelicista. **2**. Que ou aquele que evita brigas ou discussões. → **antibelicismo** *sm* (amor à paz; oposição às guerras; pacifismo; espírito antibelicoso); **antibelicista** *adj* e *s2gên* [que ou pessoa que é adepta do antibelicismo; antibelicoso(a)].

an.ti.bi.o.gra.ma *sm* Registro gráfico da resistência bacteriana a um número dado e mencionado de antibióticos.

an.ti.bi.ó.ti.co *adj* e *sm* Que ou substância que destrói bactérias.

an.ti.ble.nor.rá.gi.co *adj* e *sm* Que ou droga que cura a blenorragia.

an.ti.bó.cio *adj* e *sm* Que ou droga que evita a formação de papeira.

an.ti.bom.ba *adj* Especializado em desativar ou desarmar bombas: *esquadrões antibomba*. (Como se vê, não varia.)

an.ti.bra.si.lei.ro *adj* e *sm* Que ou aquele que é contrário a tudo o que se relaciona com o Brasil.

an.ti.bri.tâ.ni.co *adj* e *sm* Que ou aquele que é contrário aos ingleses ou à sua influência política ou econômica.

an.ti.cân.cer *adj* Antitumor: *drogas anticâncer*. (Como se vê, não varia.)

an.ti.ca.pi.ta.lis.ta *adj* e *s2gên* Que ou pessoa que é contrária ao capitalismo.

an.ti.cá.rie *adj* Que combate a cárie: *cremes dentais anticárie*. (Como se vê, não varia.)

an.ti.car.tel *adj* Antitruste (1): *medidas anticartel*. (Como se vê, não varia.)

an.ti.cas.pa *adj* Que combate ou evita a caspa ou seborreia; antisseborreico: *loções anticaspa*. (Como se vê, não varia.)

an.ti.ce.fa.lál.gi.co *adj* Que elimina as dores de cabeça.

an.ti.ce.lu.lí.ti.co *adj* Que combate a celulite.

an.ti.cho.que *adj* Que protege de choques ou que os amortece: *capacetes antichoque*. (Como se vê, não varia.)

an.ti.ci.clo.ne *sm* Extenso sistema de ventos espiralados, fora do centro de alta pressão, que circula no sentido horário no hemisfério norte e no sentido anti-horário no hemisfério sul. · Antôn.: *ciclone*. → **anticiclônico** *adj* (rel. a anticiclone).

an.ti.cí.vi.co *adj* Contrário ao civismo, aos deveres de cidadão. → **anticivismo** *sm* (oposição ao civismo: *o anticivismo acadêmico*).

an.ti.clás.si.co *adj* e *sm* Que ou aquele que é contrário aos clássicos.

an.ti.cle.ri.cal *adj* e *sm* Que ou pessoa que é contrária ao clero ou à sua influência política. → **anticlericalismo** *sm* (oposição ao clero); **anticlericalista** *adj* (rel. a anticlericalismo) e *adj* e *s2gên* [que ou pessoa que é partidária do anticlericalismo].

an.ti.clí.max (x = ks) *sm* **1**. Clímax falso. **2**. Em gramática, gradação descendente.

an.ti.co.a.gu.lan.te *adj* e *sm* Que ou droga que evita a coagulação do sangue.

an.ti.co.li.são *adj* Que serve para prevenir colisões, princ. aéreas: *dispositivos anticolisão*. (Como se vê, não varia.)

an.ti.co.mer.ci.al *adj* Contrário aos interesses ou práticas do comércio.

an.ti.co.mu.nis.ta *adj* **1**. Relativo a anticomunismo. // *adj* e *s2gên* **2**. Que ou pessoa que é contra o comunismo. → **anticomunismo** *sm* (oposição ao comunismo).

an.ti.con.cep.ci.o.nal *adj* e *sm* Que ou droga que evita a gravidez.

an.ti.con.ju.gal *adj* **1**. Contrário à vida conjugal. **2**. Que contraria a harmonia conjugal; que afeta a estabilidade do casal: *fofocas anticonjugais*. · V. **antinupcial**.

an.ti.cons.ti.tu.ci.o.nal *adj* Contrário ao estabelecido na constituição de um país. → **anticonstitucionalidade** *sf* (qualidade ou característica do que é anticonstitucional); **anticonstitucionalismo** *sm* (ação ou sistema dos que se opõem ao constitucionalismo).

an.ti.cor.po (ô; pl.: ó) *sm* Substância proteica que defende o organismo contra as doenças.

an.ti.cor.ro.si.vo *adj* e *sm* Que ou droga que impede a ação de substâncias corrosivas.

an.ti.cri.me *adj* Destinado a evitar a incidência de crimes numa dada área ou num certo grupo: *organizações anticrime*. (Como se vê, não varia.)

an.ti.cris.tão *adj* e *sm* Que ou aquele que é oposto às doutrinas ou ideias cristãs. · Fem.: *anticristã*. · Pl.: *anticristãos*. → **anticristianismo** *sm* (doutrina contrária ao cristianismo).

an.ti.cris.to *sm* **1**. Grande inimigo de Cristo, que, segundo o Apocalipse, deverá aparecer antes do fim do mundo. **2**. *P.ext.*

Qualquer pessoa descrente em Cristo ou força oposta a Cristo e aos cristãos. **3**.*P.ext*. Falso Cristo. **4**.*P.ext*. Feroz perseguidor de cristãos. **5**. *Fig*. Pessoa ou coisa considerada extremamente má ou um oponente diabólico: *ele considera a mídia atual o anticristo da geração moderna*.

an.ti.cul.tu.ral *adj* Contrário à cultura.

an.ti.de.mo.cra.ta *adj* e *s2gên* Que ou pessoa que é contrária à democracia. → **antidemocracia** *sf* (doutrina contrária à democracia); **antidemocrático** *adj* (contrário à democracia).

an.ti.de.mo.ní.a.co *adj* **1**. Que nega a existência de demônios: *seita antidemoníaca*. **2**. Que afugenta o demônio: *rituais antidemoníacos*.

an.ti.de.pres.si.vo *adj* e *sm* Que ou droga que combate a depressão.

an.ti.der.ra.pan.te *adj* e *sm* Antideslizante.

an.ti.des.li.zan.te *adj* e *sm* Que ou o que evita o deslizamento; antiderrapante.

an.ti.de.to.nan.te *adj* e *sm* Que ou aditivo que, adicionado ao combustível (gasolina ou álcool), impede a combustão prematura, quando submetido a alta compressão nos motores de explosão.

an.ti.di.ar.rei.co (éi) *adj* e *sm* Que ou droga que é eficaz contra a diarreia.

an.ti.dif.té.ri.co *adj* e *sm* Que ou droga que combate a difteria.

an.ti.di.vor.cis.ta *adj* e *s2gên* Que ou pessoa que é contra o divórcio.

an.ti.dog.má.ti.co *adj* Que é contrário aos dogmas. → **antidogmatismo** *sm* (atitude ou sentimento contrário ao dogmatismo).

antidoping [ingl.] *sm* **1**. Coibição do uso e da administração de substâncias excitantes ou estimulantes a atletas e animais competidores, com o propósito de obter melhores resultados. // *adj* **2**. Diz-se do exame laboratorial a que se procede, para verificar se há substâncias excitantes ou estimulantes na urina ou no sangue de atletas e animais competidores. · Pl.: *antidopings*. · Pronuncia-se *antidópin*.

an.ti.do.to *sm* Droga capaz de impedir ou neutralizar a ação nociva ou as propriedades tóxicas de uma substância; contraveneno.

an.ti.dro.ga *adj* **1**. Contrário ao tráfico e o consumo de drogas ilegais: *campanhas antidroga*. **2**. Que combate o tráfico e o consumo de drogas: *esquadrões antidroga*. (Como se vê, não varia.) (Costuma-se usar *antidrogas*, mesmo com o substantivo no singular: *campanha antidrogas, esquadrão antidrogas*.)

an.ti.e.co.nô.mi.co *adj* Contrário a todos os interesses econômicos.

an.ti.e.lei.to.ral *adj* Que é contrário a eleições ou a uma eleição em particular.

an.ti.e.li.tis.ta *adj* e *s2gên* Que ou pessoa que é contrária às elites.

an.ti.e.mé.ti.co *adj* e *sm* Que ou droga que evita ou alivia a náusea e o vômito.

an.ti.en.ve.lhe.ci.men.to *sm* **1**. Oposição ao envelhecimento: *a ciência busca o antienvelhecimento*. // *adj* **2**. Que evita ou previne o envelhecimento: *cremes antienvelhecimento*. (Como se vê, o adjetivo não varia.)

an.ti.en.zí.mi.co ou **an.ti.en.zi.má.ti.co** *adj* e *sm* Que ou substância que se opõe à ação de uma enzima.

an.ti.e.pi.dê.mi.co *adj* Diz-se dos meios utilizados no combate a uma epidemia.

an.ti.e.pi.lé.ti.co *adj* e *sm* Que ou droga que é eficaz contra a epilepsia.

an.ti.es.cor.bú.ti.co *adj* e *sm* Que ou droga que é eficaz contra o escorbuto.

an.ti.es.cor.pi.ô.ni.co *adj* e *sm* Que ou droga que é eficaz contra os efeitos da picada de um escorpião.

an.ti.es.cra.vis.ta *adj* e *s2gên* Que ou pessoa que é contra a escravatura.

an.ti.es.pas.mó.di.co *adj* e *sm* Que ou droga que é eficaz contra os espasmos ou cólicas.

an.ti.es.pi.nha *adj* e *sm* Antiacne: *cremes antiespinha*. (Como se vê, o adjetivo não varia.)

an.ti.es.por.ti.vo *adj* Que é contra o espírito competitivo.

an.ti.es.ta.tis.mo *sm* Doutrina contrária à intervenção do Estado nas atividades produtivas e à iniciativa privada. → **antiestatista** *adj* (rel. a antiestatismo: *medidas antiestatistas*) e *adj* e *s2gên* (que ou pessoa que é partidária do antiestatismo).

an.ti.es.té.ti.co *adj* Contrário à estética ou bom gosto.

an.ti.es.tres.se *adj* Que combate o estresse: *drogas antiestresse*. (Como se vê, não varia.)

an.ti.é.ti.co *adj* Contrário a todos os princípios morais ou éticos; anético.

an.ti.eu.fô.ni.co *adj* **1**. Diz-se de palavra de som desagradável. **2**. Que causa antieufonia. → **antieufonia** *sf* (som desagradável).

an.ti.fas.cis.ta *adj* **1**. Relativo a antifascismo. // *adj* e *s2gên* Que ou pessoa que é contra o fascismo. → **antifascismo** *sm* (oposição ou hostilidade ao fascismo).

an.ti.fe.bril *adj* e *sm* Que ou droga que é eficaz contra a febre; antipirético, antitérmico.

an.ti.fe.mi.nis.mo *sm* Corrente ou opinião contrária às ideias, conquistas e posições defendidas pelo feminismo; reação, oposição ou hostilidade ao feminismo: *todas as formas de antifeminismo baseiam-se no domínio do homem sobre a mulher*. → **antifeminista** *adj* (rel. a antifeminismo: *manifesto antifeminista; ideias antifeministas*) e *adj* e *s2gên* (que ou pessoa que é partidária do antifeminismo); **antifeminístico** *adj* (rel. a antifeminismo ou a antifeminista).

an.ti.fen *sm* Sinal (#) usado em revisão para indicar a separação de palavras unidas erroneamente; cerquilha; *hashtag*.

an.ti.fer.ru.gem *adj* **1**. Que protege contra a ferrugem; antioxidante. **2**. Que elimina manchas de ferrugem: *produtos antiferrugem*. (Como se vê, não varia.) → **antiferruginoso** (ô; pl.: ó) *adj* e *sm* (que ou agente que resiste à ferrugem ou oxidação; antioxidante).

an.ti.fla.tu.len.to *adj* e *sm* Que ou droga que combate a flatulência.

an.ti.fo.go (ô) *adj* Que evita ou resiste à propagação do fogo: *portas antifogo*. (Como se vê, não varia.)

an.ti.fo.na *sf* Versículo litúrgico entoado ou cantado antes de um salmo ou canto bíblico, depois repetido em coro. → **antifonário** *sm* (livro de antífonas); **antifoneiro** *adj* (rel. a antífona) e *sm* (aquele que num coro eclesiástico inicia o canto de cada salmo); **antifônico** *adj* (rel. a antífona).

an.tí.fra.se *sf* Uso de palavras, expressões ou frases em sentido oposto ao seu significado próprio, geralmente por ironia ou sarcasmo (p. ex.: *meu filho é um anjo de chifrinhos!*). → **antifrasear** *v* (**1**. aplicar antífrase a; **2**. fazer antífrase), que se conjuga por *frear*; **antifrástico** *adj* (rel. a antífrase ou que a contém).

an.ti.fric.ção *adj* Que reduz ou elimina a fricção ou o atrito nas máquinas e maquinismos, evitando seu desgaste: *lubrificantes antifricção*. (Como se vê, não varia.)

an.ti.fún.gi.co *adj* Que é eficaz contra os fungos; antimicótico.

an.ti.fur.to *adj* Destinado a evitar furtos: *alarmes antifurto*. (Como se vê, não varia.)

an.ti.ga.men.te *adv* Em tempos passados; no passado; antes.

an.ti.gás ou **an.ti.gá.si.co** *adj* Que protege contra os gases danosos à saúde: *máscaras antigás*. (Como se vê, *antigás* não varia.)

an.tí.ge.no *sm* Substância que, introduzida no organismo, estimula a formação de anticorpos. → **antigenicidade** *sf* (propriedade ou potência de um antígeno); **antigênico** *adj* (rel. a antígeno).

an.ti.ger.mâ.ni.co *adj* e *sm* Que ou aquele que é contra tudo o que se relaciona com a Alemanha. → **antigermanismo** *sm* (aversão a tudo o que vem da Alemanha).

an.ti.glo.ba.li.za.ção *sm* **1**. Oposição à globalização. // *adj* **2**. Contrário à globalização: *manifestações antiglobalização*. (Como se vê, o adjetivo não varia.)

an.ti.go *adj* **1**. Que existiu em tempos passados. **2**. Que existe há muito tempo; velho. **3**. Que já não está em atividade (cargo ou profissão). **4**. Fora de moda, ultrapassado. // *smpl* **5**. Conjunto dos homens da antiguidade. · Superl. abs. sint. erudito: *antiquíssimo*. · Antôn. (1): *moderno, contemporâneo;* (2): *novo, recente;* (3): *atual*.

an.ti.go.nor.rei.co (éi) *adj* e *sm* Que ou droga que cura a gonorreia.

an.ti.go.ver.na.men.tal *adj* Contrário ou hostil ao governo: *grupos antigovernamentais*. → **antigovernista** *adj* e *s2gên* (que ou pessoa que é contrária a um governo; oposicionista).

an.ti.gra.ma.ti.cal *adj* **1**. Contrário à gramática ou a seu ensino: *professores antigramaticais*. **2**. Que contraria as normas da gramática: *construção antigramatical*.

an.ti.gre.ve *adj* Contrário a greves: *movimento antigreve; leis antigreve.* (Como se vê, não varia.) → **antigrevista** *adj* e *s2gên* (que ou pessoa que é inimiga de greves ou se opõe a greves).

an.ti.gri.pal *adj* e *sm* Que ou droga que é eficaz contra a gripe.

Antígua e Barbuda *loc sf* País das Antilhas, formado por três pequenas ilhas. → **antiguano** *adj* e *sm.*

an.ti.gua.lha, an.ti.ga.lha ou **an.ti.qua.lha** *sf* **1**. Objeto de época antiga, porém, com interesse histórico: *ela conservou algumas antigualhas que decoravam a casa dos avós.* **2**. Costume, uso, moda, vestimenta, obra, etc. já em desuso: *o Pequeno Príncipe é um livro que encantou algumas gerações do século passado, mas hoje é tido por muitos como cafonice e antigualha.* **3**. Notícia sobre algo que aconteceu em tempos idos. **4**. Objeto antigo e com pouco valor; antiguidade, velharia.

an.ti.gui.da.de (o **u** soa ou não) *sf* **1**. Qualidade de antigo. **2**. Tempo antigo, especialmente aquele anterior à Idade Média. **3**. Conjunto dos homens que viveram nos séculos muito anteriores ao nosso. **4**. Ciência, filosofia, etc. de tudo o que se relaciona com o homem dos tempos antigos. **5**. Tempo de serviço em cargo, função, profissão, etc. **6**. Peça ou objeto muito antigo; antigualha, velharia.

an.ti-hel.mín.ti.co *adj* e *sm* Que ou droga que faz expelir germes intestinais; vermífugo. · Pl.: *anti-helmínticos.*

an.ti-he.mo.fí.li.co *adj* e *sm* Que ou agente que promove a coagulação e evita hemorragias. · Pl.: *anti-hemofílicos.*

an.ti-he.mor.rá.gi.co *adj* e *sm* Que ou droga que evita a hemorragia. · Pl.: *anti-hemorrágicos.*

an.ti-he.rói *sm* Protagonista de novela, filme, etc. caracterizado pela falta das qualidades heroicas tradicionais, como idealismo, coragem e audácia. · Pl.: *anti-heróis.* → **anti-heroico** (ói) *adj* (rel. a anti-herói), de pl. *anti-heroicos*; **anti-heroísmo** *sm* (qualidade daquele que é anti-herói), de pl. *anti-heroísmos.*

an.ti-her.pé.ti.co *adj* e *sm* Que ou droga que combate o herpes. · Pl.: *anti-herpéticos.*

an.ti-hi.dro.fó.bi.co *adj* e *sm* Antirrábico. · Pl.: *anti-hidrofóbicos.*

an.ti-hi.gi.ê.ni.co *adj* **1**. Contrário aos princípios da higiene. **2**. Sujo e sujeito a germes de todos os tipos. · Pl.: *anti-higiênicos.*

an.ti-hi.per.ten.si.vo *adj* e *sm* Que ou droga que reduz ou controla a alta pressão sanguínea. · Pl.: *anti-hipertensivos.*

an.ti-hip.nó.ti.co *adj* e *sm* Que ou droga que tira o sono ou a sonolência. · Pl.: *anti-hipnóticos.*

an.ti-his.ta.mí.ni.co *adj* e *sm* Que ou droga que combate os efeitos da histamina, composição química usada nos tratamentos contra a alergia. · Pl.: *anti-histamínicos.*

an.ti-his.té.ri.co *adj* e *sm* Que ou droga que combate a histeria. · Pl.: *anti-histéricos.*

an.ti-his.tó.ri.co *adj* Anistórico. · Pl.: *anti-históricos.*

an.ti-hi.tle.ris.ta *adj* e *s2gên* Que ou pessoa que é adversária do hitlerismo ou de Adolf Hitler, líder alemão de 1933 a 1945. · Pl.: *anti-hitleristas.* → **anti-hitlerismo** *sm* (oposição ao hitlerismo).

an.ti-ho.rá.rio *adj* Que gira em sentido oposto ao do relógio. · Pl.: *anti-horários.*

an.ti-hu.ma.no *adj* Desumano, cruel, bárbaro. · Pl.: *anti-humanos.* → **anti-humanitário** *adj* (contrário aos princípios da humanidade), de pl. *anti-humanitários.*

an.ti-ic.té.ri.co *adj* e *sm* Que ou droga que combate a icterícia. · Pl.: *anti-ictéricos.*

an.ti-i.gua.li.tá.rio *adj* Contrário ao igualitarismo: *opiniões anti-igualitárias.* · Pl.: *anti-igualitários.*

an.ti-im.pe.ri.a.lis.ta *adj* **1**. Relativo a anti-imperialismo. // *adj* e *s2gên* **2**. Que ou pessoa que é partidária do anti-imperialismo. · Pl.: *anti-imperialistas.* → **anti-imperialismo** *sm* (corrente de opinião contrária ou hostil ao imperialismo), de pl. *anti-imperialismos.*

an.ti-in.cên.dio *adj* **1**. Que evita incêndio: *sistema anti-incêndio.* **2**. Que protege contra incêndio: *porta anti-incêndio.* · Pl.: *anti-incêndios.*

an.ti-in.dus.tri.al *adj* Contrário aos interesses da indústria ou ao seu progresso. · Pl.: *anti-industriais.*

an.ti-in.fa.li.bi.lis.mo *sm* Corrente que nega a infalibilidade do Papa. → **anti-infalibilista** *adj* (rel. a anti-infalibilismo) e *adj* e *s2gên* (que ou pessoa que nega a infalibilidade papal).

an.ti-in.fec.ci.o.so (ô; pl.: ó) *adj* Que combate a infecção. · Pl.: *anti-infecciosos.*

an.ti-in.fla.ci.o.ná.rio *adj* Que combate a inflação. · Pl.: *anti-inflacionários.*

an.ti-in.fla.ma.tó.rio *adj* e *sm* Que ou droga que evita ou reduz as inflamações. · Pl.: *anti-inflamatórios.*

an.ti-in.te.lec.tu.al *adj* e *s2gên* Que ou pessoa que é contra ou hostil aos pontos de vista intelectuais. · Pl.: *anti-intelectuais.* → **anti-intelectualismo** *sm* (oposição aos intelectuais), de pl. *anti-intelectualismos*; **anti-intelectualista** *adj* (rel. a anti-intelectualismo), de pl. *anti-intelectualistas*; e *adj* e *s2gên* (que ou pessoa que é partidária do anti-intelectualismo).

an.ti.jo.go (ô; pl.: ó) *sm* Jogo truncado, que não se desenvolve naturalmente ou com a beleza que dele se espera.

an.ti.ju.dai.co *adj* e *sm* **1**. Que ou aquele que é inimigo dos judeus. // *adj* **2**. Contrário aos judeus: *sermão antijudaico; produção literária antijudaica.*

an.ti.ju.rí.di.co *adj* Contrário aos princípios do direito. → **antijuridicidade** *sf* (oposição ao direito).

an.ti.lar.vá.rio *adj* e *sm* Que ou droga que combate as larvas.

Antilhas *sfpl* Ilhas (com exceção das Baamas) que separam o mar do Caribe do oceano Atlântico, divididas em Grandes Antilhas a norte e Pequenas Antilhas a leste. → **antilhano** *adj* e *sm*

an.ti.li.be.ral *adj* e *s2gên* Que ou pessoa que é contrária aos liberais, às ideias liberais ou à liberdade. → **antiliberalismo** *sm* (qualidade do que ou de quem é antiliberal).

an.ti.lo.gi.a *sf* Contradição de ideias, afirmações, etc. existente num mesmo discurso ou numa mesma obra. → **antilógico** *adj* (**1**. contrário à lógica; **2**. que encerra antilogia); **antilogismo** *sm* (atitude ou doutrina filosófica hostil à razão discursiva).

an.tí.lo.pe *sm* Mamífero ruminante africano, semelhante ao veado.

an.ti.lu.si.ta.no ou **an.ti.lu.so** *adj* e *sm* Que ou o que é inimigo do povo português.

an.ti.ma.çô.ni.co *adj* e *sm* Que ou aquele que é contra a maçonaria.

an.ti.mag.né.ti.co *adj* Que contraria a ação do magnetismo ou que não a sofre.

an.ti.ma.lá.ri.co *adj* e *sm* Que ou droga que evita ou combate a malária; antipaludino.

an.ti.man.cha *adj* Diz-se do produto que, aplicado num tecido, favorece o desaparecimento de manchas: *produtos antimancha.* (Como se vê, não varia.)

an.ti.ma.ri.a.no *adj* e *sm* Que ou aquele que se opõe ao culto da Virgem Maria.

an.ti.mar.xis.mo (x = ks) *sm* Corrente contrária ao marxismo. → **antimarxista** (x = ks) *adj* (rel. ou pert. ao antimarxismo) e *adj* e *s2gên* (que ou pessoa que é partidária do antimarxismo).

an.ti.ma.té.ria *sf* Matéria composta de antipartículas.

an.ti.me.nin.go.có.ci.co *adj* Que combate o meningococo ou a infecção meningocócica.

an.ti.me.ta.fí.si.co *adj* e *sm* Que ou aquele que é contra todos os princípios da metafísica.

an.ti.mi.có.ti.co *adj* Antifúngico.

an.ti.mi.cro.bi.a.no ou **an.ti.mi.cró.bi.co** *adj* Que destrói ou evita o desenvolvimento de microrganismos.

an.ti.mi.li.tar *adj* **1**. Contrário ao espírito e disciplina militares: *comportamento antimilitar.* **2**. Contrário aos militares ou às forças armadas: *governantes antimilitar; manifestos antimilitar.* (Como se vê, não varia.) → **antimilitarismo** *sm* (**1**. corrente de opinião ou sistema político contrário ao militarismo); **2**. sentimento de oposição a qualquer conflito bélico); **antimilitarista** *adj* (rel. a antimilitarismo) e *adj* e *s2gên* (que ou pessoa que é adepta do antimilitarismo).

an.ti.mís.sil *adj* **1**. Diz-se do sistema de defesa que destrói mísseis balísticos: *sistemas antimíssil.* (Como se vê, não varia.) // *sm* **2**. Míssil destinado a interceptar e destruir outro míssil em voo.

an.ti.mo.fo (ô) *adj* Diz-se de um composto destinado a combater o desenvolvimento de bactérias, algas, fungos ou outros microrganismos suscetíveis de destruir o verniz, a pintura, o couro, os têxteis, etc.: *produtos antimofo.* (Como se vê, não varia.)

an.ti.mo.nár.qui.co *adj* **1**. Contrário ao monarquismo. **2**. Relativo ao antimonarquismo. → **antimonarquismo** *sm* (oposição ao monarquismo); **antimonarquista** *adj* (rel. a antimonarquismo) e *adj* e *s2gên* (que ou pessoa que se opõe ao monarquismo).

an.ti.mô.nio *sm* Elemento químico metálico (símb.: **Sb**), de n.º atômico 51, usado princ. em ligas e semicondutores.
an.ti.mo.ral *adj* **1**. Oposto à moral. **2**. Relativo a antimoralismo. → **antimoralismo** *sm* (doutrina ou atitude que se opõe ao moralismo).
an.ti.mu.çul.ma.no *adj* e *sm* Que ou aquele que é inimigo dos muçulmanos.
an.ti.na.cio.nal *adj* Oposto aos interesses da nação. → **antinacionalismo** *sm* (sentimento oposto aos interesses nacionais); **antinacionalista** *adj* (rel. a antinacionalismo) e *adj* e *s2gên* (que ou pessoa que é partidária do antinacionalismo).
an.ti.nar.có.ti.co *adj* e *sm* Que ou droga que destrói ou atenua os efeitos de um narcótico.
an.ti.na.tu.ral *adj* Contrário às leis da natureza.
an.ti.nau.se.an.te *adj* e *sm* Que ou droga que evita a náusea ou vômito.
an.ti.na.zis.ta *adj* **1**. Relativo ao antinazismo. // *adj* e *s2gên* **2**. Que ou pessoa que se opõe ao nazismo. → **antinazismo** *sm* (oposição ao nazismo).
an.ti.ne.bli.na *adj* Diz-se do farol de veículo automotor que permite maior visibilidade de tráfego quando há neblina ou nevoeiro; antinevoeiro: *faróis antineblina*. (Como se vê, não varia.)
an.ti.ne.frí.ti.co *adj* e *sm* Que ou droga que combate as doenças ou dores renais.
an.ti.neu.ró.ti.co *adj* e *sm* Que ou droga que combate as neuroses.
an.ti.ne.vo.ei.ro *adj* Antineblina: *faróis antinevoeiro*. (Como se vê, não varia.)
an.ti.ne.vrál.gi.co *adj* e *sm* Que ou droga que evita a nevralgia.
an.ti.no.bi.li.á.rio *adj* e *sm* Que ou aquele que é contrário à nobreza ou inimigo dos nobres.
an.ti.nu.cle.ar *adj* **1**. Que se opõe à produção ou ao uso de armas atômicas. **2**. Que reage com os componentes de um núcleo celular.
an.ti.nup.ci.al *adj* Contrário ao casamento. · V. **anticonjugal**.
an.ti.o.don.tál.gi.co *adj* Que alivia ou cura a dor de dente.
an.ti.o.dor (ô) *adj* Que protege contra o mau cheiro princ. dos pés: *meias femininas com substâncias antiodor; tênis antiodor*. (Como se vê, não varia.)
an.ti.o.fí.di.co *adj* e *sm* Que ou agente que é eficaz contra o veneno de cobras.
an.ti.o.li.gár.qui.co *adj* Contrário às oligarquias.
an.ti.or.to.pé.di.co *adj* Que provoca deformidade do corpo ou de uma parte dele.
an.ti.o.xi.dan.te (x = ks) *adj* e *sm* **1**. Que ou agente que evita ou impede a oxidação ou deterioração de certas matérias ou compostos orgânicos, devido aos efeitos da oxidação. **2**. Antiferruginoso.
an.ti.pa.ci.fis.ta *adj* e *s2gên* Que ou pessoa que é contrária à paz em qualquer meio social.
an.ti.pa.lu.di.a.no *adj* e *sm* Antimalárico.
an.ti.pa.pa *sm* Aquele que se insurge contra a autoridade de um papa legítimo. → **antipapado** *sm* (pontificado ou jurisdição do antipapa); **antipapal** *adj* (rel. ao antipapa); **antipapismo** *sm* (oposição ao Papa); **antipapista** *adj* e *s2gên* (**1**. que ou pessoa que é hostil ou contrária à existência de papas; **2**. que ou pessoa que se opõe aos papistas; **3**. que ou pessoa que advoga a existência de antipapas).
an.ti.pa.ra.si.ta *adj* **1**. Diz-se das substâncias que matam os parasitas: *drogas antiparasita*. **2**. Que mata parasitas: *as sementes de graviola demonstram possuir propriedades antiparasita*. **3**. Diz-se dos dispositivos usados nas telecomunicações sem fios, para atenuar os ruídos chamados *parasitas*. **4**. Contrário aos parasitas (pessoas que vivem à custa de outrem): *embora não se declare marxista, também não se declara antiparasita*. (Como se vê, não varia.) → **antiparasitário** *adj* e *sm* (que ou droga que combate os parasitos humanos ou animais).
an.ti.pa.ti.a *sf* Aversão natural entre pessoas, de causa desconhecida. · Antôn.: *simpatia*. → **antipático** *adj* e *sm* (que ou aquele que inspira antipatia), de superl. abs. sint. erudito *antipaticíssimo* e antônimo *simpático*; **antipatizar** *v* (ter antipatia), de antôn. *simpatizar*.
an.ti.pa.tri.o.ta *adj* e *s2gên* Que ou pessoa que não tem amor à sua própria pátria. → **antipatriótico** *adj* (que contraria os interesses da pátria); **antipatriotismo** *sm* (**1**. falta de patriotismo; **2**. atitude antipatriótica).
an.ti.pe.da.gó.gi.co *adj* Contrário aos princípios da pedagogia.
an.ti.pe.di.cu.lo.so (ô; pl.: ó) *adj* Que combate piolhos.
an.ti.pers.pi.ran.te *adj* e *sm* Que ou produto que se aplica na pele para evitar a transpiração.
an.ti.pes.so.al *adj* Diz-se da arma militar (nuclear, química ou biológica) destinada a infligir mortes ou danos corporais, mais do que destruições materiais: *granadas antipessoais*.
an.ti.pes.ti.len.to ou **an.ti.pes.ti.len.ci.al** *adj* e *sm* Que ou droga que combate a peste.
an.ti.pi.ré.ti.co *adj* e *sm* Antifebril, antitérmico.
an.ti.pi.ró.ti.co *adj* e *sm* Que ou droga que auxilia na cura de queimaduras.
an.ti.pla.ca *adj* Que evita a formação de placas dentárias: *cremes dentais antiplaca*. (Como se vê, não varia.)
an.ti.pneu.mô.ni.co *adj* Eficaz contra a pneumonia.
an.ti.po.bre.za *adj* Criado ou programado para combater a pobreza: *programas antipobreza*. (Como se vê, não varia.)
an.tí.po.da *adj* **1**. Situado do lado oposto da Terra: *o Brasil e o Japão ocupam regiões antípodas no planeta, são países antípodas*. // *s2gên* **2**. Habitante de lugar situado no lado da Terra diametralmente oposto: *o japonês é antípoda do brasileiro*. → **antipodal, antipodiano** ou **antipódico** *adj* (rel. a antípoda).
an.ti.pó.lio ou **an.ti.po.li.o.mi.e.lí.ti.co** *adj* Eficaz contra a poliomielite: *vacinas antipólio*. (Como se vê, não varia.)
an.ti.po.lí.ti.co *adj* e *sm* Que ou aquele que é inimigo da política ou dos políticos. (Não se confunde com *apolítico*.)
an.ti.po.lu.en.te *adj* e *sm* Que ou o que elimina a poluição ambiental: *filtros antipoluentes*.
an.ti.po.lu.i.ção *adj* Destinado a combater a poluição; eficaz contra a poluição: *filtros antipoluição*. (Como se vê, não varia.)
an.ti.po.pu.lar *adj* **1**. Que não é popular; impopular. **2**. Contrário aos interesses do povo.
an.ti.pru.ri.gi.no.so (ô; pl.: ó) *adj* Que evita ou alivia a sarna.
an.ti.pul.ga *adj* Que espanta ou elimina pulgas: *produtos antipulga*. (Como se vê, não varia.)
an.ti.pú.tri.do *adj* e *sm* Que ou o que evita ou combate a putrefação.
an.ti.qua.do *adj* Que é antigo; que é dos tempos passados. · Antôn.: *moderno*.
an.ti.quá.rio *sm* **1**. Estabelecimento comercial especializado na compra e venda de móveis e objetos de arte antigos. **2**. Aquele que se dedica ao estudo, comércio ou coleção de antiguidades ou peças de objetos antigos. → **antiquariato** *sm* (**1**. conhecimento de antiguidades ou peças e objetos antigos; **2**. lugar onde estão tais peças e objetos; **3**. atividade ou ofício de antiquário).
an.tir.rá.bi.co *adj* e *sm* Que ou droga que combate a raiva ou hidrofobia.
an.tir.ra.cio.nal *adj* Contrário à razão.
an.tir.ra.dar *adj* e *sm* Que ou qualquer dispositivo que detecta e neutraliza radares inimigos: *equipamentos antirradar*. (Como se vê, o adjetivo não varia.)
an.tir.ra.di.a.ção *adj* Que protege da radiação nociva, princ. da radiatividade: *roupas antirradiação*. (Como se vê, não varia.)
an.tir.ra.quí.ti.co *adj* Que remedeia ou previne o raquitismo. → **antirraquitismo** *sm* (qualidade de antirraquítico: *o antirraquitismo se combate com vitaminas*).
an.tir.reu.má.ti.co *adj* e *sm* Que ou droga que é eficaz contra o reumatismo.
an.tir.re.fle.xo (x = ks) ou **an.tir.re.fle.xi.vo** (x = ks) *adj* **1**. Diz-se da lente que recebe um tratamento especial, a fim de reduzir os reflexos da luz, princ. solar. **2**. Diz-se desse tratamento.
an.tir.re.for.mis.ta *adj* e *s2gên* Que ou pessoa que se opõe a determinada reforma ou a qualquer reforma.
an.tir.re.gi.men.tal *adj* Contrário ao disposto no regimento de uma instituição.
an.tir.re.gu.la.men.tar *adj* Que infringe o regulamento.
an.tir.re.jei.ção *adj* Diz-se da substância que se opõe ao fenômeno da rejeição, em transplante ou enxerto: *substâncias antirrejeição*. (Como se vê, não varia.)

an.tir.re.li.gi.o.so (ô; pl.: ó) *adj* e *sm* Que ou aquele que se opõe a toda e qualquer religião.

an.tir.re.pu.bli.ca.no *adj* e *sm* Que ou aquele que se opõe ou é contrário aos republicanos, às suas ideias ou ao regime republicano de governo. → **antirrepublicanismo** *sm* (corrente política contrária ao republicanismo).

an.tir.re.tro.vi.ral *adj* e *sm* Que ou medicamento que impede a multiplicação de vírus, utilizado no tratamento de infecções causadas por retrovírus, princ. o HIV.

an.tir.reu.má.ti.co *adj* e *sm* Que ou droga que combate o reumatismo.

an.tir.re.vo.lu.ci.o.ná.rio *adj* e *sm* Que ou aquele que se opõe a determinada revolução ou a todas elas. → **antirrevolução** *sf* (movimento político contrário à revolução).

an.tir.ris.co *adj* Diz-se do sistema de proteção de lentes acrílicas que consiste na aplicação de uma espessa camada de quartzo à superfície de uma lente orgânica (acrílica), para ampliar em até dez vezes sua resistência contra riscos e arranhões; antiarranhão: *lentes antirrisco; películas antirrisco*. (Como se vê, não varia.

an.tir.rou.bo *adj* Diz-se de qualquer dispositivo mecânico, acústico, eletroeletrônico, etc., às vezes combinados, destinado a impedir ou dificultar roubos e assaltos: *equipamentos antirroubo*. (Como se vê, não varia.)

an.tir.ru.í.do *adj* Destinado a reduzir o ruído ambiental: *aparelhos antirruído*. (Como se vê, não varia.)

antispam [ingl.] *adj* Em informática, diz-se do serviço ou ferramenta, normalmente fornecida por provedores, para impedir o recebimento de *e-mails* enviados em massa: *ferramentas* antispam. (Como se vê, não varia e pronuncia-se *spã*.)

an.tis.sa.té.li.te *adj* e *sm* Que ou satélite artificial que é lançado para destruir ou neutralizar satélites inimigos. (O adjetivo não varia.)

an.tis.se.bor.rei.co (éi) *adj* e *sm* Anticaspa.

an.tis.se.mi.ta *adj* e *s2gên* Que ou pessoa que é inimiga dos semitas, particularmente dos judeus. → **antissemítico** *adj* (rel. a antissemitismo); **antissemitismo** *sm* (aversão aos semitas, particularmente aos judeus).

an.tis.sép.ti.co *adj* e *sm* Que ou desinfetante que impede a propagação de micróbios ou evita o seu aparecimento. → **antissepsia** *sf* (destruição de germes infecciosos; desinfecção); **antissepsiar** *v* (desinfetar).

an.tis.se.ques.tro (o **u** soa) *adj* Que combate ou visa a combater sequestros: *policiais antissequestro*. (Como se vê, não varia.)

an.tis.sin.di.cal *adj* Que é contrário aos sindicatos, a seus interesses ou a seus direitos.

an.tis.sís.mi.co *adj* Feito para resistir aos sismos ou terremotos.

an.tis.so.ci.al *adj* e *s2gên* **1**. Que ou pessoa que é hostil às leis e instituições sociais ou a qualquer comunidade organizada. **2**. Que ou pessoa que é desrespeitosa e indelicada ou grosseira com os outros. **3**. Que ou pessoa que é desrespeitosa e indelicada ou grosseira com os outros. // *adj* **4**. Diz-se daquilo que vai de encontro à melhora das condições sociais de trabalho.

an.tis.so.ci.a.lis.mo *sm* Doutrina ou corrente oposta ao socialismo. → **antissocialista** *adj* (rel. a antissocialismo) e *adj* e *s2gên* (que ou pessoa que se opõe ao socialismo).

an.tis.sub.ma.ri.no *adj* Que combate ou destrói submarinos: *mísseis antissubmarino*. (Como se vê, não varia.)

an.ti.ta.ba.co *adj* **1**. Que visa lutar contra os efeitos prejudiciais do tabagismo, divulgando informação; antitabagista: *movimentos antitabaco*. **2**. Que é contra os efeitos do tabaco: *medicamentos antitabaco*. (Como se vê, não varia.) → **antitabagismo** *sm* (disposição contrária ao uso de cigarro, charuto, cachimbo, etc., em público); **antitabagista** *adj* (rel. a antitabagismo) e *adj* e *s2gên* (que ou pessoa que é contra o tabagismo).

an.ti.tan.que *adj* Eficaz contra tanques de guerra: *granadas antitanque; armas antitanque*. (Como se vê, não varia.)

an.ti.tér.mi.co *adj* e *sm* Antifebril, antipirético.

an.ti.ter.ro.ris.mo *sm* Movimento ou atitude contrária ao terrorismo. → **antiterrorista** *adj* (que age contra o terrorismo).

an.tí.te.se *sf* **1**. Contraste ou oposição entre duas coisas: *a antítese entre prosa e verso*. **2** Aquilo que é exatamente oposto: *sua ideologia é a antítese da minha; o mal é a antítese do bem*. **3**. Figura de linguagem que consiste em opor, na mesma frase, duas palavras, expressões ou pensamentos de sentidos opostos, para intensificar-lhes o contraste: *sem conhecer as trevas, como apreciar a luz?* **4**. Em filosofia, a segunda etapa de um processo dialético. → **antitético** *adj* (rel. a antítese).

an.ti.te.tâ.ni.co *adj* e *sm* Que ou droga que combate o tétano.

an.ti.tí.fi.co *adj* Que combate o tifo.

an.tí.ti.po *sm* **1**. Pessoa identificada com algum tipo ou símbolo anterior, como uma figura do Novo Testamento que tem uma contrapartida no Antigo Testamento, p. ex. **2**. Tipo oposto ou contrastante: *ela é o antítipo da beleza e da estética*. → **antitípico** *adj* (rel. a antítipo).

an.ti.tó.xi.co (x = ks) *adj* **1**. Que age contra toxina ou veneno. **2**. Relativo a antitoxina ou que a contém: *soro antitóxico*. → **antitoxicidade** (x = ks) *sf* (qualidade de antitóxico).

an.ti.to.xi.na (x = ks) *sf* **1**. Anticorpo que reage a uma toxina específica de origem biológica e a neutraliza. **2**. Soro humano ou animal que contém antitoxinas, usado contra tétano, botulismo e difteria.

an.ti.tra.go *sm* Saliência do pavilhão auricular, situada antes e um pouco abaixo do trago. **antitrágico** *adj* (rel. ou pert. ao antítrago).

an.ti.tri.ni.tá.rio *adj* e *sm* Que ou o que é contrário ao dogma da Santíssima Trindade.

an.ti.trus.te *adj* **1**. Que se opõe a trustes; anticartel: *legislação antitruste*. **2**. Que combate os trustes ou monopólios ilegais nos negócios, com práticas comerciais desleais, que limitam a concorrência pela combinação de preços: *investigações antitruste*.

an.ti.tu.mor (ô) *adj* Que evita a formação de tumores malignos; anticâncer: *drogas antitumor*. (Como se vê, não varia.)

an.ti.tús.si.co ou **an.ti.tus.sí.ge.no** *adj* e *sm* Que ou droga que é eficaz contra a tosse. (Como se vê, não varia.)

an.ti.va.ri.ó.li.co *adj* Eficaz contra a varíola.

an.ti.va.ti.ca.nis.ta *adj* e *s2gên* Que ou pessoa que é contra as disposições da cúria romana.

an.ti.ve.ne.no *sm* Antídoto.

an.ti.ve.né.reo *adj* Que combate as doenças venéreas.

an.ti.ví.rus *sm2núm* **1**. Vírus que atua contra outro, no organismo. **2**. Programa que encontra e elimina vírus de computador. → **antiviral** ou **antivirótico** *adj* e *sm* (que ou droga que mata vírus); **antivirulento** *adj* (que combate a multiplicação ou propagação do vírus). (A 6.ª ed. do VOLP não registra *antivirótico*.)

an.ti.zí.mi.co ou **an.ti.zi.mó.ti.co** *adj* Que impede ou dificulta a fermentação.

an.to.lhos *smpl* **1**. Palas destinadas a proteger da luz olhos doentes. **2**. Placas de couro dos arreios, postas junto aos olhos das cavalgaduras, para impedir visão lateral e evitar que se assustem. ·· **Ter antolhos**. Ser limitado intelectualmente.

an.to.lo.gi.a *sf* Coleção de textos literários escolhidos, em prosa e verso, de um ou mais autores; coletânea. → **antológico** *adj* (**1**. rel. a antologia ou que é digno de figurar em antologia; **2**. *fig.* notável, admirável; **antologista** *adj* e *s2gên* ou **antólogo** *sm* [organizador(a) de antologias].

an.tô.ni.mo *adj* e *sm* Que ou palavra que tem significação oposta à de outra (p.ex.: *amor e ódio; capaz e incapaz*). · Antôn.: *sinônimo*. → **antonímia** *sf* (relação semântica entre palavras de significação oposta: *amor e ódio têm uma relação de antonímia*), de antôn. *sinonímia*; **antonímica** *sf* (estudo das palavras antônimas), de antôn. *sinonímica*; **antonímico** *adj* (rel. a antonímia), de antôn. *sinonímico*.

an.to.no.má.sia *sf* **1**. Figura de linguagem, variedade de metonímia, que consiste em usar um nome próprio para designar um membro de uma classe (p. ex., Brastemp por bom refrigerador: *A minha geladeira não é uma Brastemp, mas quebra o galho*) ou o uso de um epíteto ou título por um nome próprio (p. ex., O Mestre = Jesus Cristo). **2**. Prática, geralmente zombeteira, de descrever um indivíduo por meio de uma certa característica sua e em seguida transformá-la em nome próprio (p. ex., o Nove-Dedos, o Aleijadinho). **antonomástico** *adj* (rel. a antonomásia ou em que existe antonomásia).

an.traz *sm* Doença infecciosa aguda que geralmente ataca animais, transmissível ao homem, caracterizada por uma porção de furúnculos que se inflamam, formando um só tumor, com um carnegão. → **antracoide** (ói) *adj* (sem. a antraz).

an.tro *sm* **1**. Cova profunda e escura, aberta naturalmente; caverna, furna. **2**. Lugar frequentado por gente desqualificada, ou seja, criminosos, prostitutas, viciados, etc.

an.tró.pi.co *adj* Relativo a seres humanos ou a era da vida humana: *ambiente antrópico*.

an.tro.po.cên.tri.co *adj* Que considera o ser humano como o elemento central do universo ou o fim último do Criador: *os renascentistas tinham uma filosofia antropocêntrica*. → **antropocentrismo** *sm* (doutrina ou teoria segundo a qual o homem é o centro e o fim absoluto da natureza).

an.tro.po.fa.gi.a *sf* ou **an.tro.po.fa.gis.mo** *sm* Hábito de comer carne humana; canibalismo. → **antropofágico** *adj* (rel. a antropofagia ou próprio de antropófago; canibalesco); **antropófago** e *sm* (que ou aquele que se alimenta de carne humana; canibal). · V. **anal**.

an.tro.poi.de (ói) *adj* e *s2gên* **1.** Que ou qualquer ser que se assemelha ao homem. // *smpl* **2.** Grupo de símios (gorilas, chimpanzés, orangotangos, etc.) do Velho Mundo, desprovidos de cauda.

an.tro.po.lo.gia *sf* **1.** Estudo científico da origem, comportamento e desenvolvimento físico, social e cultural dos seres humanos. **2.** Parte do ensinamento cristão relativa à gênese, natureza e futuro dos seres humanos. → **antropológico** *adj* (rel. a antropologia); **antropologista** *adj* e *s2gên* ou **antropólogo** *sm* (especialista em antropologia).

an.tro.po.mór.fi.co *adj* **1.** Que atribui forma ou características humanas a uma coisa ou a um ser não humano (objetos inanimados, animais, fenômenos naturais, deuses, etc.). **2.** Que tem forma ou aparência humana; antropoide. → **antropomorfismo** *sm* (crença em que todos os seres, inclusive Deus, têm forma humana); **antropomorfista** *adj* e *s2gên* (que ou pessoa que segue a doutrina do antropomorfismo).

an.tro.po.ní.mia *sf* Estudo dos nomes próprios de pessoa ou antropônimos. → **antroponímico** *adj* (rel. à antroponímia); **antropônimo** *sm* (nome próprio de pessoa).

an.tú.rio *sm* Planta herbácea ornamental de folhagem extremamente colorida.

a.nu ou **a.num** *sm* Ave negra, de bico forte, cauda longa e canto que parece ser a expressão da palavra *anu*, de onde lhe vem o nome. (Voz: *piar*.)

a.nu.al *adj* **1.** Relativo a um ano. **2.** Que dura um ano. **3.** Feito ou realizado uma vez por ano. → **anualidade** ou **anuidade** *sf* (quantia paga anualmente por algo: *anuidade escolar*).

a.nu.á.rio *sm* Publicação anual que traz informações, estatísticas, etc. relativas ao ano que passou.

a.nu.ir *v* Estar de acordo; aprovar, concordar, consentir: *o pai acabou anuindo ao casamento da filha*. · Conjuga-se por *atribuir*. → **anuência** *sf* (ato ou efeito de anuir; aprovação, consentimento); **anuente** *adj* (que anui ou consente).

a.nu.lar *v* **1.** Declarar nulo, como se nunca tivesse acontecido; invalidar: *anular um contrato*. **2.** Deixar sem ação; neutralizar: *a defesa anulou o ataque do time adversário*. **anular-se 3.** Tornar-se nulo ou sem efeito; ficar invalido; invalidar-se. **4.** Não assumir a sua identidade ou o seu valor; perder a própria noção de identidade ou de seu mérito; desvalorizar-se; descaracterizar-se. // *adj* **5.** De anel. **6.** Em que se usa anel. // *sm* **7.** Dedo a que o povo chama *seu-vizinho* e no qual geralmente se usa anel. → **anulação** *sf* ou **anulamento** *sm* [ato ou efeito de anular(-se)]; **anulatório** *adj* (que tem força para anular: *sentença anulatória de casamento*); **anuloso** (ô; pl.: ó) *adj* (cheio de anelos ou formado por eles).

a.nun.ci.ar *v* **1.** Divulgar ou tornar público mediante anúncio; comunicar publicamente; publicar: *o governo anuncia a edição de nova medida provisória*. **2.** Tornar público por meio de publicidade; pôr anúncio ao público; publicar: *a loja anunciou que fará liquidação*. **3.** Comunicar a presença ou a chegada de; apresentar: *o criado anunciou o visitante, assim que este chegou*. **anunciar-se 4.** Revelar-se claramente; prenunciar-se: *anuncia-se desde manhã um dia muito quente para hoje*. **5.** Dar-se a conhecer; apresentar-se: *entrei sem pedir licença e anunciei-me ao presidente*. → **anunciação** *sf* [ato ou efeito de anunciar(-se)]; **Anunciação** (**1.** mensagem do anjo Gabriel a Maria, para lhe comunicar que seria mãe de Jesus; **2.** celebração católica dessa mensagem).

a.nún.cio *sm* **1.** Aviso que se faz publicamente. **2.** Mensagem publicitária. → **anunciante** *adj* e *s2gên* (que ou o que faz anúncios na mídia). · **Anúncio classificado.** Pequeno anúncio que, num jornal ou revista, é publicado em seção especializada; classificado. ·· **Anúncio luminoso.** O que tem a mensagem transmitida em gás neônio ou lâmpadas incandescentes, geralmente instalado em lugares elevados, para ser facilmente visto à noite; luminoso (5).

a.nún.cio-san.du.í.che *sm* Anúncio volante em que se justapõem dois cartazes aos ombros de uma pessoa, um à frente e o outro às costas. (Usa-se também apenas *sanduíche*.) · Pl.: *anúncios-sanduíche* ou *anúncios-sanduíches*.

a.nu.ro *sm* **1.** Espécime dos anuros, animais anfíbios de sangue frio, desprovidos de pescoço e cauda e de patas traseiras bem desenvolvidas, para facilitar o salto; batráquio: *os sapos e as rãs são anuros*. // *adj* **2.** Relativo ou pertencente a esses animais; batráquio: *hábitos anuros*. **3.** Desprovido de cauda; sem cauda: *animais anuros*.

â.nus *sm2núm* Orifício externo do reto, por onde são expelidos os excrementos. · V. **anal**.

a.nu.vi.ar(-se) *v* **1.** Cobrir(-se) de nuvens; nublar(-se): *de repente, o céu se anuviou*. **2.** *Fig.* Tornar(-se) triste ou carrancudo: *ao perceber a gravidade do acidente, seu semblante se anuviou*. · Antôn. (1): *desanuviar(-se), clarear*; (2): *alegrar(-se)*. → **anuviado** *adj* (**1.** cheio de nuvens: *céu anuviado*; **2.** *fig.* triste, sombrio: *chegou com o semblante anuviado*); **anuviamento** *sm* [ação ou efeito de anuviar(-se)].

an.ver.so *sm* **1.** Lado principal de qualquer objeto que apresenta dois lados opostos. **2.** Face de moeda ou de medalha onde está a efígie ou o emblema; cara. **3.** Num livro aberto, página da direita; reto. · Antôn.: *verso, reverso*.

an.zol *sm* Pequeno gancho de aço, terminado em farpa, próprio para apanhar peixes.

ao *comb* da preposição *a* com o artigo masculino ou pronome demonstrativo *o*.

a.on.de *comb* da preposição *a* com o pronome adverbial interrogativo ou pronome relativo *onde*. [Usa-se com verbos e nomes que dão ideia de movimento: *Aonde você foi? A chegada do hidravião foi aonde?* Não havendo tal ideia, usa-se *onde* (v.)].

a.or.ta *sf* Artéria principal do corpo. → **aórtico** *adj* (da aorta).

a.pa.dri.nhar *v* **1.** Ser padrinho de: *quem o apadrinhou no batismo?; aceitei o convite dele de apadrinhar o seu casamento*. **2.** Proteger, favorecer, apaniguar: *é um chefe que apadrinha seus amigos*. **3.** Servir de fiador ou avalista a; avalizar: *não encontrou ninguém que o apadrinhasse no contrato de locação*. **apadrinhar-se 4.** Pôr-se sob a proteção ou o amparo de; proteger-se: *o menino, com medo do padrasto, apadrinhou-se com os avós*. **5.** Buscar apoio ou crédito: *apadrinhou-se justamente com quem não lhe podia ajudar*. → **apadrinhamento** *sm* [ato ou efeito de apadrinhar(-se)].

a.pa.gar *v* **1.** Extinguir; eliminar: *apagar incêndio*. **2.** Destruir: *apagar rancores*. **3.** Limpar (o que está escrito, pintado ou desenhado): *apagar a lousa; apagar as pichações*. **4.** Fazer desaparecer (algo antigo): *apagar os vestígios da cultura holandesa*. **5.** *Pop.* Perder os sentidos; desmaiar: *quando viu aquela cena, apagou*. **6.** *Pop.* Dormir instantaneamente: *tomou tanta cerveja, que quando viu a cama, apagou*. **7.** *Pop.* Perder a vida; morrer: *não suportou a cirurgia e apagou*. **8.** *Pop.* Tirar a vida de; matar; eliminar: *o policial apagou o marginal*. **9.** *Pop.* Deixar de funcionar; enguiçar, pifar: *em pleno trânsito, meu carro apagou*. **apagar-se 10.** Extinguir-se: *a luz se apagou de repente*. **11.** Ficar desbotado: *com o tempo, as cores fortes se apagam*. · Antôn. (1): *acender*; (2): *avivar*. → **apagador** (ô) *sm* (objeto usado para apagar o que se escreveu no quadro-negro); **apagamento** *sm* [ato ou efeito de apagar(-se)].

a.pai.xo.na.do *adj* e *sm* **1.** Que ou aquele que está dominado pela paixão; enamorado. **2.** Que ou aquele que é muito afeiçoado por alguma coisa ou por alguém. **3.** Que ou aquele que não consegue deixar de ser parcial num julgamento, em virtude da paixão pela coisa ou pela pessoa.

a.pai.xo.nar *v* **1.** Causar paixão a; cativar: *a beleza dessa miss me apaixonou*. **2.** Entusiasmar: *a beleza das nossas praias apaixona os turistas*. **apaixonar-se 3.** Ficar tomado de paixão; enamorar-se: *apaixonei-me por ela assim que a vi*. → **apaixonante** *adj* (que apaixona; cativante).

a.pa.je.ar *v* **1.** Servir de pajem a; pajear (1). **2.** *Fig.* Tratar com lisonjas; lisonjear, adular: *viver apajeando o chefe*. **3.** *Fig.* Tratar com carinho; mimar. · Conjuga-se por *frear*.

a.pa.la.vrar *v* **1.** Combinar pela palavra; contratar verbalmente: *apalavrar a compra de um carro*. **apalavrar-se 2.** Comprometer-se pela palavra: *apalavrei-me com o dono do carro que o compraria à vista*. → **apalavramento** *sm* [ato ou efeito de apalavrar(-se)].

a.pa.ler.ma.do *adj* e *sm* **1.** Que ou aquele que tem jeito ou modos de palerma. // *adj* **2.** Pasmado, espantado, boquiaberto, perplexo: *os turistas estão apalermados com tanto assalto*. ·

Antôn. (1): *vivo, ladino, perspicaz, sutil, esperto.* → **apalermar(-se)** *v* [tornar(-se) palerma].

a.pal.par ou **pal.par** *v* **1.** Tocar com a mão para fazer um reconhecimento; tatear: *apalpar o tomate.* **2.** Fazer carícias em; acariciar: *apalpar os seios da namorada.* → **apalpação** ou **palpação** *sf*, **apalpamento, palpamento** ou **apalpo** *sm* (ato ou efeito de apalpar); **apalpada** ou **palpada** *sf* (ato de apalpar uma só vez); **apalpadela** ou **palpadela** *sf* (pequena apalpada).

a.pa.ná.gio *sm* **1.** Característica particular; qualidade inerente; peculiaridade: doenças e reumatismos são apanágio da velhice. **2.** Bem exclusivo; direito especial; prerrogativa, privilégio: *a boa educação escolar não pode ser apanágio apenas dos ricos.*

a.pa.nhar *v* **1.** Colher: *apanhar laranjas.* **2.** Levantar (coisa caída); recolher: *apanhar um lenço do chão.* **3.** Pescar ou caçar: *apanhar jacarés.* **4.** Contrair, pegar: *apanhar uma gripe.* **5.** Tomar ou pegar (veículo): *apanhar um táxi.* **6.** Levar surra: *o menino fez má-criação e apanhou da mãe.* → **apanha, apanhação** *sf* ou **apanhamento** *sm* (ato ou efeito de apanhar).

a.pa.ni.guar *v* Apadrinhar (2): *é um ministro que apanigua os parentes.* · Conjuga-se por *apaziguar.* → **apaniguado** *adj* e *sm* (protegido, apadrinhado).

a.pa.ra.fu.sar *v* Fixar ou apertar com parafuso; atarraxar: *aparafusar uma braçadeira.* → **aparafusamento** *sm* (ato, processo ou efeito de aparafusar).

a.pa.rar *v* **1.** Segurar (algo que cai): *se não aparo o copo, ele se espatifaria no chão.* **2.** Tirar as desigualdades de; igualar: *aparar a grama.* **3.** Rebater, amortecendo: *o boxeador aparou todos os socos do adversário.* **4.** Fazer (alguma coisa) ficar com ponta; apontar, aguçar: *aparar os lápis, para fazer a prova.* → **aparação, aparagem** *sf* ou **aparo** *sm* (ato ou efeito de aparar); **aparado** *adj* (que se aparou).

a.pa.ras *sfpl* Fragmentos ou partes que caem de qualquer coisa que se corta.

a.pa.ra.to *sm* **1.** Demonstração ostensiva de luxo, riqueza ou poder. **2.** Conjunto de recursos destinados a demonstrar poder ou força. · Antôn. (1): *discrição, singeleza, modéstia.* → **aparatoso** (ô; pl.: ó) *adj* (**1.** em que há aparato; **2.** magnífico; suntuoso; pomposo: *desfile aparatoso*; **3.** que chama a atenção; espetacular; sensacional: *mulher de corpo aparatoso*).

a.pa.re.cer *v* **1.** Ser ou fazer-se visível; mostrar-se: *um mendigo apareceu, pedindo comida.* **2.** Comparecer, apresentar-se: *ninguém apareceu na festa.* **3.** Merecer destaque: *esse caso apareceu até nos jornais do exterior.* **4.** Fazer-se notar: *ela gosta de aparecer.* · Antôn. (1): *desaparecer.* → **aparecimento** *sm* (ato ou efeito de aparecer), que não se confunde com *aparição.*

a.pa.re.lhar *v* **1.** Equipar: *aparelhar uma academia de ginástica.* **aparelhar(-se) 2.** Preparar(-se): *aparelhar-se para uma viagem.* · Durante a conjugação, o **e** continua fechado. → **aparelhagem** *sf* (**1.** aparelhamento; **2.** conjunto de aparelhos e acessórios; equipamento: *aparelhagem de som*; **3.** ato de aplainar e lixar madeira; **4.** conjunto de preparativos ou providências antes de um navio deixar o porto); **aparelhamento** *sm* [ato ou efeito de aparelhar; aparelhagem (1)].

a.pa.re.lho (ê) *sm* **1.** Conjunto de peças que funcionam ou podem ser postas a funcionar harmonicamente; equipamento. **2.** Telefone. **3.** Conjunto de órgãos do corpo que cooperam para a mesma função; sistema. **4.** Médium que recebe uma entidade; cavalo. **5.** *Gír.* Apartamento de guerrilheiro. **6.** *Gír.* RJ Mulher extremamente bonita: *vixe, mira aquele aparelho doido na praia!*

a.pa.rên.cia *sf* **1.** Aspecto exterior de alguma coisa: *os narcisistas dão excessiva importância à aparência.* **2.** Capa, máscara, disfarce: *é um ladrão sob a aparência de homem de bem.* // *sfpl* **2.** Sinais exteriores: *as aparências enganam.*

a.pa.ren.tar *v* **1.** Mostrar exteriormente: *ela não aparenta a idade que tem.* **2.** Fingir, simular: *ele aparentava calma, mas estava muito nervoso.* **3.** Estabelecer parentesco entre: *o destino aparentou esses dois grandes inimigos.* **aparentar-se 4.** Contrair parentesco: *uma plebeia aparentou-se com o príncipe inglês.* → **aparentado** *adj* (que tem certo parentesco).

a.pa.ren.te *adj* **1.** Que parece real sem sê-lo; enganoso, imaginário. **2.** Que é quase certo; provável: *pelo jeito, teremos pela frente uma aparente tempestade.* **3.** Que aparece ou se mostra; à vista: *casa de tijolos aparentes.* **4.** Que só tem aparência de verdade; irreal, fingido, enganador, ilusório: *o ar de preocupação dela parece ser mais aparente que real; o movimento aparente do Sol.* **5.** Suposto, hipotético: *morreu de um aparente ataque cardíaco.*

a.pa.ri.ção *sf* Ato de aparecer; manifestação súbita de um ser fantástico, de uma entidade sobrenatural ou de um astro: *a aparição do anjo Gabriel a Maria; a aparição do Sol.* (A mídia brasileira usa "aparição" por *aparecimento*: "aparição" do Papa na sacada da basílica;" aparição" do presidente, depois de muito tempo ausente, etc.)

a.par.ta.men.to *sm* **1.** Apartação, separação: *o apartamento do joio do trigo.* **2.** Unidade residencial em prédio de condomínio. **3.** Quarto com banheiro privativo, em hotéis e hospitais. · Abrev. (2): *ap.* (e não "apto").

a.par.tar *v* **1.** Afastar (o que era unido ou estava junto); desunir, separar: *brigas constantes apartam os casais; guerras apartam pais de filhos.* **2.** Separar, apaziguando (os que brigam ou estão em discórdia): *quando eles brigavam, eu é que os apartava.* **3.** Separar, dividir: *um rio aparta o México dos Estados Unidos.* **4.** Desviar do bom caminho: *drogas apartam a juventude; as más companhias apartam os filhos dos pais.* **5.** Dividir, repartir: *os pais apartaram ainda em vida a cada um dos filhos o que lhes pertencia por herança.* **apartar-se 6.** Afastar-se, isolar-se, retirar-se, distanciar-se: *depois que enviuvou, apartou-se de todos os amigos.* · Antôn. (1): *juntar, unir, ligar.* → **apartação** *sf* ou **apartamento** (1) *sm* [ato ou efeito de apartar(-se)].

a.par.te *sm* **1.** Em teatro, texto que um ator diz em cena para não ser ouvido por outros personagens. **2.** Interpelação direta a orador, no meio do discurso. → **apartear** *v* [interromper com aparte; atalhar(3)], que se conjuga por *frear.*

apart-ho.tel *sm* Apartamento residencial combinado com serviços de hotelaria; *flat.* · Pl.: *apart-hotéis.*

a.par.ti.dá.rio *adj* Que é alheio a partido(s) ou não é filiado a nenhum partido. → **apartidarismo** *sm* (não filiação a partido).

a.par.va.lhar(-se) *v* **1.** Tornar(-se) parvo ou aparvalhado: *não aparvalhe seus filhos!* **2.** Tornar(-se) atrapalhado ou desnorteado; desnortear(-se), atrapalhar(-se): *ela se aparvalha quando dirige.* → **aparvalhado** *adj* (**1.** que é ou age como idiota; **2.** que está desorientado ou desnorteado; atrapalhado; confuso); **aparvalhamento** *sm* [ato ou efeito de aparvalhar(-se)].

a.pas.cen.tar *v* **1.** Levar ou conduzir (animais) ao pasto: *logo cedo ele foi apascentar o gado.* **2.** Pastorear: *o pastor apascenta suas ovelhas.* **apascentar-se 3.** Divertir-se; recrear-se: *as crianças apascentam-se na fazenda.* **4.** Alimentar-se: *só os ricos apascentam-se cinco vezes ao dia.* → **apascentamento** *sm* [ato ou efeito de apascentar(-se)].

a.pas.si.var *v* Pôr (verbo) na voz passiva. → **apassivação** *sf* ou **apassivamento** *sm* (ato ou efeito de apassivar); **apassivado** *adj* (empregado na voz passiva: *verbo apassivado*); **apassivador** (ô) *adj* (diz-se do pronome *se*, quando acompanha verbo na voz passiva sintética, como em *vendem-se casas*).

a.pa.te.ta.do *adj* Meio tolo ou pateta; apalermado, abobalhado. → **apatetamento** *sm* [ato ou efeito de apatetar(-se)]; **apatetar(-se)** [tornar(-se) pateta ou palerma].

a.pa.ti.a *sf* **1.** Falta de interesse, de entusiasmo ou de emoção: *havia uma apatia generalizada entre os alunos.* **2.** Ausência completa de estímulo ou de motivação; indiferença: *na última eleição, notou-se a apatia do eleitor.* · Antôn. (1): *vivacidade, diligência.* → **apático** *adj* (que tem apatia ou caracterizado pela apatia).

a.pá.tri.da *adj* e *s2gên* Que ou pessoa que não tem pátria.

a.pa.vo.rar(-se) *v* Encher(-se) de pavor ou de muito medo; aterrorizar(-se): *a presença do cão apavorou o gato; o gato se apavorou ante a presença do cão.* → **apavorado** *adj* (cheio de pavor; em pânico), de antôn. *tranquilo*; **apavorador** (ô) ou **apavorante** *adj* (que apavora); **apavoramento** *sm* [ato ou efeito de apavorar(-se); pânico].

a.pa.zi.guar(-se) *v* Acalmar(-se) ou aquietar(-se): *apaziguo todos os meus tormentos; os ânimos dos briguentos já se apaziguaram.* · Conjuga-se, indiferentemente, *apaziguo* ou *apazi*gu*o*, no pres. do ind.; *apazíg*u*e* ou *apazig*u*e*, no pres. do subj., etc. → **apaziguador** (ô) *adj* e *sm* (que ou aquele que apaziguia); **apaziguamento** *sm* [ato ou efeito de apaziguar(-se)].

a.pê *sm* Abreviação de *apartamento.*

a.pe.ar *v* **1.** Fazer descer (de cavalgadura ou de veículo); desmontar: *o pai desceu o filho.* **apear(-se) 2.** Descer de cavalgadura ou de veículo: *vamos, apeie(-se) para uma prosa!* · Conjuga-se por *frear.* → **apeamento** *sm* [ato ou efeito de apear(-se)].

a.pe.deu.ta *adj* e *s2gên* Que ou pessoa que nunca recebeu nenhuma instrução; ignorante completo(a). → **apedeutismo** *sm* (qualidade, estado ou condição de quem é apedeuta; falta total de instrução; ignorância).

a.pe.di.dos *smpl* Seção de jornal na qual se insere matéria paga.

a.pe.dre.jar *v* **1**. Atirar pedras a: *apedrejar vidraças*. **2**. Ferir ou matar a pedradas: *apedrejar gatos*. · Durante a conjugação, o e da penúltima sílaba permanece fechado. → **apedrejamento** *sm* (ato ou efeito de apedrejar).

a.pe.gar *v* **1**. Fazer uma coisa ficar unida ou ligada a outra; colar, pegar: *apeguei um selo na carta e a pus no correio*. **apegar-se 2**. Aderir, agarrar-se: *carrapichos se apegaram às minhas calças*. **3**. Recorrer, invocar a proteção de: *apeguei-me a meu santo forte naquele momento*. **4**. Afeiçoar-se, prender-se: *os alunos se apegaram à nova professora*. **5**. Comunicar-se por contágio; pegar: *gripe é uma doença que se apega com facilidade*. → **apegação** *sf* ou **apegamento** *sm* [ato ou efeito de apegar(-se)].

a.pe.go (ê) *sm* **1**. Ligação afetuosa; afeição. **2**. Dedicação intensa. **3**. Sentimento de quem gosta muito de uma coisa e não a deixa de jeito nenhum; aferro, afinco.

a.pe.lar *v* **1**. Interpor apelação (para instância superior): *o advogado apelou da sentença*. **2**. Invocar auxílio ou socorro: *ao sentir-se ameaçado, apelou para um guarda*. **3**. Agir com violência: *quando se viu perdido, apelou*. → **apelação** *sf* (**1**. ato ou efeito de apelar; **2**. uso de violência; **3**. recurso da sentença de um juiz ou tribunal inferior, para o de superior instância, a fim de que este revogue ou modifique a sentença definitiva por aquele proferida; apelo (3)]; **apelativo** *adj* e *sm* (que ou nome que identifica alguém ou algo como marca; marca: *lei que levou o apelativo Pelé*.) e *adj* (**1**. de apelo publicitário: *o poder apelativo da televisão*; **2**. caracterizado pela antiética; antiético: *filme apelativo*); **apelo** (ê) *sm* [**1**. ato ou efeito de apelar; **2**. pedido ou chamamento (de auxílio ou socorro); invocação; **3**. recurso judicial a instância superior; apelação (3)]. ·· **Apelar** (ou **Partir**) **para a ignorância**. Usar de grosseria ou de violência, geralmente como reação a uma brincadeira ou zoação não aceita.

a.pe.li.do *sm* **1**. Nome de família; sobrenome. **2**. Nome com que uma pessoa passa a ser chamada ou conhecida, sem ser o seu nome de batismo; alcunha. → **apelidação** *sf* (ato ou efeito de apelidar); **apelidar** *v* (**1**. chamar por apelido: *ele não atendia quem o apelidasse*; **2**. pôr apelido ou alcunha em; alcunhar: *é uma terra em que todo o mundo apelida todo o mundo*).

a.pe.nar *v* Impor pena a; punir: *o juiz apenou com rigor o réu*. (Não confunda com *penalizar*.)

a.pe.nas *adv* **1**. Nada mais além do que; somente: *há apenas cem ingressos disponíveis; isso foi descoberto apenas no ano passado*. **//** *conj* **2** Logo que; mal: *apenas cheguei em casa, desabou um toró*. **//** *palavra denotativa de exclusão* **3**. Só; única e exclusivamente: *ela vive apenas para os filhos*.

a.pên.di.ce *sm* **1**. Item com informações suplementares no final de uma obra ou de um documento. **2**. Pequeno canal sem função, ligado ao intestino. **3**. Parte acessória e contínua de um órgão. → **apendicite** *sf* [inflamação do apêndice (2)].

a.pen.so *adj* e *sm* Anexo: *documento acrescido aos, os apensos já foram incluídos nos autos*. → **apensar** *v* (anexar, juntar).

a.pe.que.nar(-se) *v* **1**. Tornar(-se) pequeno: *os engenheiros estão apequenando todos os apartamentos; o quarto se apequenou com a inclusão do guarda-roupa*. **2**. Humilhar(-se), rebaixar(-se): *não merece respeito chefe que apequena seus subordinados; não se apequene ante ninguém!* **3**. *Fig*. Desmerecer, apoucar, depreciar: *apequenar a inteligência de alguém; é um time que se apequena ante um adversário considerado mais forte*. → **apequenamento** *sm* [ato ou efeito de apequenar(-se)].

a.per.ce.ber-se *v* **1**. Notar, perceber: *quando me apercebi do perigo, já era tarde*. **2**. Munir-se; servir-se: *para abrir a caixa, apercebi-me de um facão*. → **apercebimento** *sm* (ato ou efeito de aperceber-se).

a.per.fei.ço.ar *v* **1**. Melhorar, aprimorar: *aperfeiçoar o motor de um carro*. **aperfeiçoar-se 2**. Melhorar, ficar mais perfeito: *ele se aperfeiçou no inglês na Inglaterra*. · Conjuga-se por *abençoar*. → **aperfeiçoamento** *sm* [ato ou efeito de aperfeiçoar(-se)].

a.pe.ri.ti.vo *sm* Qualquer coisa que se bebe ou come antes das refeições para estimular o apetite.

a.per.re.ar(-se) *v* Aborrecer(-se), irritar(-se), aporrinhar(-se); agastar(-se): *qualquer ruído me aperreia; eu me aperreio com qualquer tipo de ruído*. · Conjuga-se por *frear*. → **aperreação** *sf*, **aperreamento** ou **aperreio** *sm* [ato ou efeito de aperrear(-se); agastamento, irritação, aporrinhação].

a.per.tar *v* **1**. Comprimir, pressionar: *apertar a mão de alguém*. **2**. Apressar: *apertar o passo*. **3**. Fazer que não esteja frouxo ou folgado; acochar: *apertar um parafuso*. **4**. Tornar-se mais intenso, intensificar-se: *o frio apertou*. **5**. Ficar mais difícil: *com a crise, a situação apertou*. **6**. Ter sabor adstringente, travar: *caqui, quando não está bem maduro, aperta*. **apertar-se 7**. Ficar em difícil situação financeira: *gastou demais e agora se apertou*. → **apertado** *adj* (**1**. bem preso ou unido; **2**. justo demais no corpo; **3**. pequeno, acanhado; **4**. feito por pequena diferença; **5**. em dificuldade financeira; **6**. desejoso de fazer uma necessidade fisiológica) e *adv* (com muita dificuldade);

apertamento ou **aperto** (ê) *sm* [ato ou efeito de apertar(-se)]; **aperto** (ê) *sm* (**1**. apertamento; **2**. *fig*. situação financeira difícil; apuro, apertura; **3**. *fig*. angústia, aflição); **apertura** *sf* [aperto (2)].

a.pe.sar de *loc prep* A despeito de, não obstante. ·· **Apesar de que**. Embora; ainda que. (Cuidado para não usar apenas "apesar que"!) ·· **Apesar dos pesares**. Apesar de tudo.

a.pes.so.a.do *adj* De boa aparência; bem-apessoado.

a.pe.te.cer *v* **1**. Despertar apetite ou desejo: *frutos do mar muito lhe apetecem*. **2**. Agradar, causar prazer: *se já não lhe apetece estar ao lado dela, termine o namoro!* → **apetência** *sf* (vontade de comer, apetite); **apetite** *sm* [desejo ou vontade de comer (por prazer), apetência]; **apetitoso** (ô; pl.: ó) *adj* (diz-se de comida muito gostosa).

a.pe.tre.chos (ê) *smpl* Suprimentos necessários à execução de obra, trabalho, etc.

a.pi.á.rio *sm* **1**. Lugar onde se mantém colônia de abelhas, para a produção de mel. **//** *adj* **2**. Relativo a abelhas.

á.pi.ce *sm* **1**. Parte mais alta de uma coisa; cume, vértice. **2**. *Fig*. Auge, clímax, apogeu. → **apical** *adj* (**1**. rel. a ápice: *a porção apical de uma palmeira*; **2**. entendido em ápice; **3**. rel. à ponta da língua; **4**. rel. à ponta do coração ou do pulmão; **5**. rel. à extremidade terminal da raiz de um dente; **6**. diz-se do fonema consonantal que se articula com o auxílio da ponta da língua: */n/ é um fonema apical*).

a.pi.cul.tu.ra *sf* Criação de abelhas com fins comerciais. → **apícola** *adj* (rel. a apicultura: *atividade apícola*); **apicultor** (ô) *sm* (criador de abelhas com fins comerciais).

a.pie.dar-se *v* Sentir piedade ou dó; condoer-se, compadecer-se. · Durante a conjugação, pode trocar o *e* por *a*, nas formas rizotônicas: *apigdo-me, apigdas-te*, etc., mas a conjugação regular é a mais aconselhada.

a.pi.men.tar *v* **1**. Colocar pimenta em (comida): *apimentei demais o acarajé*. **2**. *Fig*. Tornar mordaz ou ofensivo: *apimentar uma crítica*. **3**. *Fig*. Tornar malicioso ou picante: *apimentar uma piada*.

a.pi.na.jé *s2gên* **1**. Membro dos apinajés, grupo indígena brasileiro que habita as margens do rio Tocantins. **//** *adj* **2**. Relativo ou pertencente a esse grupo.

a.pi.nhar *v* **1**. Encher totalmente; atulhar, abarrotar, lotar: *esse time apinha os estádios*. **apinhar-se 2**. Encher-se completamente; abarrotar-se, ficar lotado: *o estádio se apinha quando esse time joga*.

a.pi.to *sm* **1**. Pequeno instrumento que, soprado, produz um silvo. **2**. Som desse instrumento; silvo. → **apitaço** *sm* (pop. manifestação popular coletiva de protesto que consiste em fazer grande ruído, assoprando apitos num determinado local); **apitar** *v* [**1**. dirigir (jogo esportivo), arbitrar, mediar: *quem apitou aquele jogo?*; **2**. tocar ou fazer soar apito: *o guarda apitou, mas o motorista não parou*].

a.pla.car *v* **1**. Fazer desaparecer ou diminuir (algo desagradável); abrandar: *aplacar a sede*. **aplacar(-se) 2**. Perder a violência; abrandar, serenar: *a tempestade já (se) aplacou*. → **aplacação** *sf* ou **aplacamento** *sm* [ato ou efeito de aplacar(-se)].

a.pla.cen.tá.rio *adj* Que não tem placenta.

a.plai.nar ou **a.pla.nar** *v* Tornar plano; nivelar, igualar: *aplanar um terreno*. → **aplainação** ou **aplanação** *sf*, **aplainamento** ou **aplanamento** *sm* (ato ou efeito de aplainar ou aplanar); **aplanadora** (ô) *sf* (niveladora).

a.plau.dir *v* Manifestar satisfação, por ter apreciado muito, batendo palmas: *todos aplaudiram a apresentação; quando o público gosta, aplaude*. · Antôn.: *apupar, vaiar*. → **aplauso** *sm* (ato ou efeito de aplaudir).

a.pli.car *v* **1**. Empregar, usar, passar: *aplicar pomada onde dói*. **2**. Pôr em prática, executar: *aplicar um novo método de ensino*. **3**. Ministrar, dar: *aplicar injeção*. **4**. Investir: *aplicar dinheiro em ações*. **5**. Infligir, impor: *aplicar uma surra em alguém*. **aplicar-se 6**. Dedicar-se: *aplicar-se aos estudos*. → **aplicação** *sf* ou **aplicamento** *sm* [ato ou efeito de aplicar(-se)]; **aplicado** *adj* (**1**. que se aplica ou aplicou: *vacina aplicada em criança*; **2**. dado ao estudo ou ao trabalho; dedicado, esforçado; *aluno aplicado; funcionário aplicado*; **3**. investido; empregado: *dinheiro apli-*

cado na caderneta de poupança; **4**. que tem aplicação prática: *Matemática aplicada*).
a.pli.ca.ti.vo *sm* Programa informático que visa facilitar a realização de tarefas no computador, *smartphones*, etc. · Abrev.: *app.*
a.pli.que *sm* **1**. Enfeite ou ornamento feito na superfície de um material: *fazer um aplique no vestido*. **2**. Espécie de peruca longa que princ. as mulheres usam ligada aos próprios cabelos.
ap.nei.a (éi) *sf* Cessação temporária da respiração espontânea, durante o sono. → **apneico** (éi) *adj* (rel. a apneia).
a.po.ca.lip.se *sm* **1**. Acontecimento catastrófico; desgraça, fim do mundo. **Apocalipse** *sm* **2**. O último livro do Novo Testamento, escrito por São João Evangelista, no qual faz descrições proféticas acerca do fim do mundo. → **apocalíptico** ou **apocalítico** *adj* (**1**. rel. ao apocalipse; **2**. terrível, catastrófico). (A 6.ª ed. do VOLP não registra *apocalítico*, forma que todos os dicionários portugueses e brasileiros trazem.)
a.pó.co.pe *sf* Perda de um ou mais fonemas no fim de uma palavra (p. ex.: *mui* por *muito*). → **apocopado** *adj* (que sofreu apócope); **apocopar** *v* [fazer apócope em (palavra)].
a.pó.cri.fo *adj* Que não é autêntico; que não é do autor a que se atribui. · Antôn.: *autêntico*. → **apocrifia** ou **apocrifidade** *sf* (qualidade do que é apócrifo), de antôn. *autenticidade*.
a.po.de.rar-se *v* Tornar-se dono ou senhor de uma coisa, geralmente mediante violência ou sem ter direito a ela; assenhorear-se: *apoderar-se de terras alheias*. → **apoderação** *sf* ou **apoderamento** *sm* (ato ou efeito de apoderar-se).
a.po.dre.cer(-se) *v* Tornar(-se) podre; putrefazer(-se); deteriorar(-se): *a umidade apodrece a madeira; a madeira (se) apodrece com a umidade*. → **apodrecimento** *sm* [ato ou efeito de apodrecer(-se)].
a.po.geu *sm* **1**. Ponto mais distante da Terra na órbita de astro ou satélite artificial. **2**. *Fig.* Auge, ápice, clímax. · Antôn. (1): *perigeu*.
a.poi.ar *v* **1**. Firmar, encostar: *apoiar o cotovelo na mesa*. **2**. Dar apoio a; aprovar: *apoiar um candidato*. **apoiar-se 3**. Firmar-se: *apoiar-se no corrimão da escada, para descer*. **4**. Basear-se, fundamentar-se: *em quem você se apoia para formular sua tese?* → **apoiamento** (apoio de parlamentar a uma iniciativa de um de seus colegas, representado pela aposição da sua assinatura a um documento, que deverá conter um número regimental mínimo de assinaturas, para que o assunto seja levado à discussão no Congresso); **apoio** (ô) *sm* (**1**. base, sustentáculo; **2**. aprovação; **3**. auxílio, ajuda).
a.po.jo (ô) *sm* Leite mais grosso tirado da vaca, depois de extraído o primeiro, que é pouco espesso.
a.pó.li.ce *sf* **1**. Certificado de contrato de seguro. **2**. Ação de sociedade anônima. **3**. Título de dívida pública.
a.po.lí.ti.co *adj* e *sm* Que ou aquele que não se interessa por política. (Não se confunde com *antipolítico*.)
a.po.lo.gi.a *sf* Manifestação em defesa de alguém ou de alguma coisa; elogio. · Antôn.: *censura*. → **apologético** ou **apológico** *adj* (que contém apologia: *discurso apologético*); **apologista** *adj* e *s2gên* (que ou pessoa que faz a apologia de alguém ou de alguma coisa); **apologizar** *v* (fazer apologia de: *apologizar o feminismo*).
a.pó.lo.go *sm* Narrativa agradável, em que falam animais ou coisas inanimadas, da qual se extrai uma lição moral: *os apólogos trazem um ensinamento de vida por meio de situações semelhantes às reais*. → **apologal** *adj* (**1**. rel. a apólogo; **2**. que contém apólogo).
a.pon.ta.dor (ô) *sm* **1**. Ponteiro de relógio. **2**. Encarregado de anotar o ponto dos operários de uma obra. **3**. Objeto próprio para aguçar lápis. **4**. Ponto (de teatro).
a.pon.ta.men.to *sm* **1**. Ato ou efeito de apontar. **2**. Nota, anotação: *fazer o apontamento das despesas domésticas*. **3**. Lembrete do que cumpre fazer. **4**. Apresentação de um título cambial ao oficial de protesto: *ele foi ao cartório, para apontamento de título*. **5**. Nota que o oficial de protestos toma desse título, para que seja protestado, à falta de pagamento.
a.pon.tar *v* **1**. Fazer a ponta de; aguçar: *apontar um lápis*. **2**. Anotar, registrar: *um bedel apontava todas as faltas dos alunos*. **3**. Mostrar, indicar: *apontar o autor do crime*. **4**. Fazer pontaria, ameaçar com: *apontar uma arma para alguém*. **5**. Começar a aparecer; surgir: *veja, o Sol aponta no horizonte!* · V. **apontamento**.
a.po.quen.tar(-se) *v* Aborrecer(-se) com coisas pequenas, sem importância; amolar, importunar: *o neto apoquenta o avô com perguntas; uma pessoa estressada se apoquenta com pouco*. → **apoquentação** *sf* [ato ou efeito de apoquentar(-se)].

apoquentador (ô) *adj* e *sm* (que ou o que apoquenta; importuno, amolante).
a.por *v* **1**. Pôr junto ou sobre; justapor; aplicar: *apor assinatura a um documento; apor os talheres aos pratos, na mesa*. **2**. Anexar; juntar; apensar: *sempre apunha belos comentários a tudo o que lia*. **3**. Acrescentar: *apor apêndice a uma obra*. · Conjuga-se pelo v. *pôr*. · V. **aposição**.
a.po.ro.fo.bi.a *sf* Aversão, hostilidade, repulsa ou nojo aos pobres. → **aporofóbico** *adj* (rel. à aporofobia); **aporófobo** *adj* e *sm* (que ou aquele que tem aporofobia).
a.por.ri.nhar *v* **1**. Abusar da paciência de (alguém), com coisas miúdas, sem importância; amolar, apoquentar, aperrear, encher, agastar: *é aluno que vive aporrinhando o professor*. **aporrinhar-se 2**. Ficar desgostoso ou chateado com pessoa ou coisa; aperrear-se, chatear-se, agastar-se: *eu me aporrinho com fumça de cigarro*. → **aporrinhação** *sf* ou **aporrinhamento** *sm* [ato ou efeito de aporrinhar(-se)]; **aporrinhador** (ô; pl.) *adj* e *sm* (que ou aquele que aporrinha).
a.por.tar *v* **1**. Fazer chegar ao porto (uma embarcação): *o comandante aportou o navio de madrugada*. **2**. Chegar ao porto ou a qualquer lugar: *aportamos a Uberlândia de manhã*. → **aportamento** *sm* (ato ou efeito de aportar; chegada a um porto ou a qualquer lugar).
a.por.te *sm* Qualquer tipo de auxílio ou contribuição (moral, financeira, etc.) com propósito bem definido.
a.por.tu.gue.sar *v* **1**. Adaptar ao modo ou às normas portuguesas: *aportuguesar uma palavra inglesa*. **aportuguesar-se 2**. Adquirir feição portuguesa: *o inglês whisky se aportuguesou em uísque*. → **aportuguesamento** *sm* [ato ou efeito de aportuguesar(-se)].
a.pós *prep* **1**. Depois de, atrás de (espaço): *entrei na fila, após a última pessoa*. **2**. Em sequência a, depois de (tempo): *após três dias, retornou ao trabalho*. **3**. Desde, depois de (tempo): *após dez anos do acidente, ainda chora a perda dos pais*. // *adv* **4**. Atrás, depois (espaço): *o carro deles vinha logo após o nosso*. **5**. Depois, em seguida (tempo): *entrou e logo após saiu*. · Antôn. (1 a 3): *antes de*; (4): *antes*. (Não se usa *após* com infinitivo: *Após chegar, foi dormir*. Substitui-se por *depois de*.)
a.po.sen.tar *v* **1**. Afastar do serviço ativo por invalidez, conveniência, etc.: *aposentaram o professor*. **aposentar-se 2**. Afastar-se do serviço ativo: *ele se aposentou aos 60 anos*. → **aposentado** *adj* e *sm* (que ou aquele que se aposentou); **aposentadoria** *sf* (**1**. afastamento de uma pessoa do serviço ativo, depois de completar os anos estipulados em lei ou antes do prazo, por invalidez; **2**. benefício em forma de dinheiro que essa pessoa recebe).
a.po.sen.to *sm* Cada uma das dependências de uma casa, especialmente o quarto de dormir.
a.pós-guer.ra ou **pós-guer.ra** *sm* Período seguinte a uma guerra, no qual se verificam grandes mudanças socioeconômicas. (Usa-se particularmente em relação à Segunda Guerra Mundial.) · Pl.: *após-guerras, pós-guerras*.
a.po.si.ção *sf* **1**. Ato ou efeito de apor. **2**. Construção gramatical em que dois elementos são colocados lado a lado, para que um identifique com precisão o outro já mencionado; emprego de substantivo ou de locução substantiva na função de aposto (p. ex.: *Sua irmã, **Lurdes**, deixou-lhe um recado*.). → **apositivo** *adj* (**1**. que está em aposição; **2**. caracterizado por aposição; **3**. que tem função de aposto: *oração apositiva*).
a.po.si.o.pe.se *sf* Figura de linguagem pela qual o orador, interrompendo-se, dá a entender o que ele não quer dizer expressamente, representada graficamente por três-pontinhos; reticências.
a.pos.sar *v* **1**. Dar posse a: *o presidente já apossou todos os ministros*. **apossar-se 2**. Meter-se na posse de alguma coisa; apoderar-se: *apossar-se de propriedade alheia*. **3**. Tomar conta de alguém; apoderar-se: *uma grande alegria se apossou de mim*. **apossamento** *sm* [ato ou efeito de apossar(-se)].
a.pos.ta *sf* **1**. Trato entre pessoas de opiniões diferentes, no qual o perdedor deve pagar ao vencedor aquilo que ficou previamente determinado. **2**. Quantia ou coisa apostada. → **apostador** (ô) *adj* e *sm* (que ou aquele que aposta); **apostar** *v* (**1**. fazer aposta de; arriscar, jogar: *apostou todo o salário e perdeu*; **2**. garantir, assegurar: *aposto que hoje chove*).
a.pos.ta.si.a *sf* Abandono público e voluntário de qualquer crença, religião ou princípios políticos. → **apóstata** *adj* e *s2gên* (que ou pessoa que cometeu apostasia); **apostático** *adj* (rel. a apostasia).
a.pos.ta.tar *v* **1**. Abandonar (fé, crença, religião); mudar de religião ou de partido: *ele apostatou do cristianismo*. **2**. Deser-

tar do sacerdócio por conta própria, sem permissão superior; deixar o hábito: *como quis casar, o padre apostatou*.

a posteriori [lat.] *loc adj* **1.** Que designa o processo de raciocínio de fatos ou efeitos particulares a princípios ou leis gerais, baseado na observação, ou de efeitos a causas; indutivo, empírico; que exige prova para validação: *demonstração* a posteriori. (Exemplo de raciocínio *a posteriori*: *Meu carro está funcionando, deve haver gasolina no tanque*.) **2.** Que não existe na mente antes ou fora da experiência. (A afirmação *Os porcos não podem voar* deve ser verificada *a posteriori*. // *loc adv* **2.** Posteriormente à experiência: *ele realizou o experimento e estudou o seu resultado* a posteriori. **4.** Após exame dos fatos: *decidir* a posteriori. · Pronuncia-se *a posterióri*. · Antôn.: *a priori*.

a.pos.ti.la *sf* **1.** Anotação de lição de classe, resumida em opúsculo ou brochura. **2.** Esse opúsculo ou brochura. → **apostilar** *v* (fazer apostila de).

a.pos.to (ô; pl.: ó) *sm* Termo acessório da oração que esclarece, explica, desenvolve ou resume outro (p. ex.: Brasília, *capital do Brasil*, foi fundada em 1960). · V. acepção 3 de **apositivo** (em **aposição**).

a.pos.tó.li.co *adj* **1.** Relativo aos apóstolos ou próprio deles. **2.** Relativo à Santa Sé ou ao papado. → **apostolicidade** *sf* (caráter do que é apostólico).

a.pós.to.lo *sm* **1.** Cada um dos doze discípulos de Cristo. **2.** Líder de nova crença religiosa. · Fem. (2): *apóstola*. → **apostolado** *sm* (missão de apóstolo); **apostolar** *v* [difundir ou pregar (ensinamentos religiosos ou doutrinários): *apostolar o Evangelho*].

a.pós.tro.fe *sf* Figura de linguagem que consiste na interpelação violenta a pessoas ou coisas presentes ou ausentes, reais ou fantásticas, como: *Mundo, que és tu para um coração sem amor?!* (Não se confunde com *apóstrofo*).

a.pós.tro.fo *sm* Sinal de pontuação, em forma de vírgula (') usado para indicar corte de letras (p. ex.: *copo d'água, 'tava, 'sperança*). (Não se usa apóstrofo no plural das siglas: "SUV's", "IPVA's", etc. Usamos corretamente o apóstrofo para indicar supressão do "e" da preposição *de*: *Joana d'Arc, Estrela d'Oeste, Rosa d'Ávila, gota d'água*, etc.

a.po.te.o.se *sf* Momento mais importante de um acontecimento, no qual há demonstração de muito entusiasmo. → **apoteótico** *adj* (rel. a apoteose ou caracterizado por apoteose).

a.pou.car(-se) *v* **1.** Tornar(-se) menor em tamanho ou quantidade; reduzir, diminuir: *sua forte dieta apoucou o tamanho de sua calça; com o tempo, as visitas dela se apoucaram*. **2.** Depreciar, desmerecer: *apoucar a inteligência de alguém; apoucou-se ante o chefe, para não lhe parecer superior*. **3.** *Fig.* Desanimar, desestimular: *ele se apouca por nada*.

app [ingl.] *sm* Sigla inglesa, redução de *application*, *software* projetado para executar uma função específica e ser baixado em computador, *smartphone*, etc.: *existem milhares de aplicativos projetados para serem executados nos smartphones e tablets de hoje; alguns podem ser baixados gratuitamente, enquanto outros devem ser adquiridos em lojas especializadas*. · Pl.: *apps*.

apple watch [ingl.] *loc sm* Relógio inteligente, cheio de sensores para rastrear os dados vitais de seu portador, criado pela Apple, empresa americana que fabrica *iPhone, iPods*, etc. · Pl.: *apple watchs*. · Pronuncia-se *épol uótch*.

a.pra.zar *v* Marcar tempo ou data para: *aprazar um pagamento*. → **aprazamento** *sm* (ato ou efeito de aprazar).

a.pra.zer *v* Causar prazer ou satisfação; agradar: *não me apraz falar de política; o governo apraz apenas uma minoria com esse decreto*. **aprazer-se 2.** Gostar muito; contentar-se; deleitar-se; regozijar-se: *ele não se apraz com assuntos de política*. · Assim como *aduzir*, perde o **e** da 3.ª pessoa do singular do pres. do ind.: *apraz*. Só o verbo pronominal se conjuga integralmente; nos demais casos, tem uso apenas nas terceiras pessoas. → **aprazedor** (ô) *adj* (que apraz; prazeroso, aprazível, agradável); **aprazibilidade** *sf* (qualidade do que é aprazível); **aprazimento** *sm* [**1.** ato ou efeito de aprazer(-se); **2.** sensação agradável; prazer, satisfação; **3.** consentimento; anuência; beneplácito]; **aprazível** *adj* (**1.** que apraz; que causa muito prazer ou satisfação; prazeroso: *ter sonhos aprazíveis*; **2.** de clima ameno, agradável e de onde se avista belo panorama: *mirante aprazível*).

a.pre.çar *v* **1.** Marcar o preço de: *apreçar mercadorias*. **2.** Perguntar o preço de: *apreçou o carro, mas era muito caro*. **3.** Avaliar o preço de. → **apreçamento** *sm* (ato ou efeito de apreçar).

a.pre.ci.ar *v* **1.** Ver com gosto: *apreciar um quadro*. **2.** Gostar de: *aprecio um bom vinho*. **3.** Julgar, avaliar: *vou apreciar o seu caso*. **4.** Ter em alta conta; estimar, prezar: *aprecio muito a sua amizade*. → **apreciação** *sf* (ato ou efeito de apreciar).

a.pre.ço (ê) *sm* Consideração especial, devido ao valor da pessoa; estima. · Antôn.: *desapreço*.

a.pre.en.der *v* **1.** Fazer a apreensão ou o confisco de; confiscar: *a polícia apreendeu muita cocaína este ano*. **2.** Assimilar; compreender; absorver intelectualmente: *as pessoas inteligentes logo apreendem tudo*. · V. **apreensão**.

a.pre.en.são *sf* **1.** Ato ou efeito de apreender. **2.** Desassossego do espírito por receio de que algo ruim aconteça; grande inquietação; ansiedade; temor. → **apreensivo** *adj* (cheio de apreensão; receoso, temeroso).

a.pre.go.ar *v* **1.** Anunciar em pregão ou em voz alta: *o vendedor de frutas apregoava os seus produtos pelo bairro*. **2.** Anunciar publicamente, divulgar: *alguns líderes religiosos andam apregoando o fim do mundo*. · Conjuga-se por abençoar. → **apregoamento** *sm* (ato ou efeito de apregoar).

a.pren.der *v* **1.** Passar a ficar sabendo: *aprendi que não vale a pena brigar*. **2.** Reter ou fixar na memória: *ele aprendeu logo a lição*. **3.** Adquirir conhecimentos ou experiências: *a gente vive aprendendo na vida*. · Antôn.: *desaprender*.

a.pren.diz *sm* Aquele que está aprendendo um ofício ou uma arte. · Fem.: *aprendiza* (mas também se usa *a aprendiz*). · Antôn.: *veterano*.

a.pren.di.za.do *sm* ou **a.pren.di.za.gem** *sf* **1.** Ato ou efeito de aprender. **2.** Tempo durante o qual se aprende.

a.pre.sar *v* **1.** Fazer prisioneiro; aprisionar, capturar: *os bandeirantes apresavam índios, a fim de trabalhar para eles*. **2.** Pegar com força, usando as garras; tomar como presa; agarrar: *o leão apresou uma gazela*. → **apresamento** *sm* (ato ou efeito de apresar).

a.pre.sen.tar *v* **1.** Mostrar, exibir: *apresente seus documentos!* **2.** Introduzir ou recomendar socialmente: *quem o apresentou ao ministro?* **apresentar-se 3.** Comparecer ou fazer-se presente espontaneamente: *ele se apresentou à polícia junto de um advogado*. **4.** Mostrar-se ou exibir-se em público: *a banda se apresentará amanhã*. → **apresentação** *sf* [ato ou efeito de apresentar(-se)]; **apresentador** (ô) *adj* e *sm* (que ou aquele que apresenta alguém ou alguma coisa) e *sm* (aquele que apresenta programa ou espetáculo no rádio ou na televisão); **apresentável** *adj* (**1.** que pode ser apresentado ou visto por todos; **2.** que tem boa aparência; apessoado).

a.pres.sar *v* **1.** Acelerar: *apressar o passo*. **apressar-se 2.** Mostrar-se com pressa: *por que se apressar em casar?* **3.** Tornar-se rápido ou apressado: *preocupada, ela se apressou em explicar o que realmente quis dizer*. → **apressamento** *sm* [ato ou efeito de apressar(-se)].

a.pri.li.no *adj* V. **abril**.

a.pri.mo.rar(-se) *v* **1.** Tornar(-se) mais apurado, mais elegante, mais benfeito; aperfeiçoar(-se); melhorar: *ela estuda para aprimorar o português; o carro nacional se aprimorou?* **2.** Tornar(-se) mais eficaz naquilo que oferece à tecnologia de ponta; sofisticar(-se). → **aprimoramento** *sm* [ato ou efeito de aprimorar(-se)].

a priori [lat.] *loc adj* **1.** Diz-se de conhecimento ou raciocínio que parte do geral para o particular; dedutivo. **2.** Baseado numa hipótese ou teoria, e não em experimentos ou experiências; que apenas existe na mente: *são argumentos* a priori, *com base apenas no bom senso*. // *loc adv* **3.** Anterior aos fatos ou à experiência; por dedução: *o talento não se prova* a priori; *sabemos a priori que todo efeito tem uma causa*. **4.** Por hipótese; sem base em provas; sem o fundamento dos fatos: *argumentar* a priori. · Pronuncia-se *a prióri*. · Antôn.: *a posteriori*.

a.pris.co *sm* **1.** Curral onde se recolhem as ovelhas, para se abrigarem, ou para serem ordenhadas; redil. **2.** Local em que se refugiam criminosos; covil, antro. **3.** Casa humilde; cabana, choupana. **4.** O seio da Igreja católica (comparando-se os fiéis às ovelhas). → **apriscar** *v* [recolher(-se) em aprisco; abrigar(-se)].

a.pri.si.o.nar *v* **1.** Proceder à apreensão de; prender: *as bandeiras eram expedições organizadas para aprisionar índios e procurar pedras preciosas*. **2.** Colocar na prisão; encarcerar, prender: *aprisionar bandidos*. · Antôn.: *libertar*. → **aprisionamento** *sm* (ato ou efeito de aprisionar).

a.pro.fun.dar *v* **1.** Tornar fundo ou mais fundo: *aprofundar um poço*. **2.** Tornar maior ou mais aprofundado: *aprofundar seus conhecimentos de gramática*. **aprofundar-se 3.** Penetrar, ir a fundo: *aprofundar-se num assunto*. **4.** Tornar-se mais fundo: *o rio se aprofunda naquele ponto*. **5.** Fig. Tornar-se mais grave, agravar-se: *a crise se aprofundou*. → **aprofundação** *sf* ou **aprofundamento** *sm* [ato ou efeito de aprofundar(-se)].

a.pron.tar *v* **1**. Deixar pronto ou acabado, em condições de ser usado ou consumido: *aprontar o almoço*. **2**. Arrumar, preparar: *aprontar as crianças para ir à escola*. **3**. Praticar ou fazer (coisa desagradável): *aprontar um berreiro*. **4**. Praticar ou fazer coisas desagradáveis; traquinar: *crianças sempre aprontam*. **aprontar-se 5**. Arrumar-se, preparar-se: *aprontar-se para sair*. **6**. Fazer os últimos preparativos: *os blocos carnavalescos se aprontam para o desfile*. → **aprontamento** ou **apronto** *sm* [ato ou efeito de aprontar(-se)].

a.pro.pri.a.do *adj* **1**. Conveniente, adequado, pertinente: *usar traje apropriado à ocasião*. **2**. Oportuno, azado, próprio: *falarei com ela no momento apropriado*. · Antôn. (1): *inconveniente, inadequado;* (2): *inoportuno, impróprio*.

a.pro.pri.ar *v* **1**. Tomar para si; apoderar-se de: *apropriar um bem alheio*. **apropriar-se 2**. Tornar-se dono ou proprietário de alguma coisa sem ter esse direito; apossar-se, apoderar-se: *corrupto é aquele que se apropria do dinheiro público*. → **apropriação** *sf* [ato ou efeito de apropriar(-se)].

a.pro.var *v* **1**. Julgar favoravelmente: *aprovar uma sugestão*. **2**. Julgar habilitado: *aprovar um aluno*. **3**. Autorizar, sancionar: *o Congresso aprovou o projeto*. **4**. Ser considerado bom: *o novo carro aprovou*. → **aprobativo, aprobatório, aprovatório** ou **aprovativo** *adj* (que encerra ou indica aprovação; que contém aprovação); **aprovação** *sf* (ato ou efeito de aprovar).

a.pro.vei.tar *v* **1**. Utilizar, não desperdiçar: *aproveitar o arroz do dia anterior para fazer risoto*. **2**. Valer-se de, tirar proveito de: *aproveitar o descuido de alguém, para roubá-lo*. **3**. Tornar proveitoso, útil, rendoso: *aproveite bem o seu caderno, folha por folha!* **aproveitar-se 4**. Valer-se, prevalecer-se: *aproveito-me da ocasião para desejar-lhe felicidades*. **5**. Abusar sexualmente: *o bandido se aproveitou da vítima*. · Antôn. (1): *desperdiçar*. → **aproveitamento** *sm* [ato ou efeito de aproveitar(-se)].

a.pro.xi.mar (x = ss) *v* **1**. Chegar para perto: *aproxime aquela cadeira!* **2**. Unir intimamente: *um filho aproxima o casal*. **aproximar-se 3**. Colocar-se perto, ficar próximo: *não se aproxime da jaula do leão!* **4**. Estar cada vez mais próximo, avizinhar-se: *as férias se aproximam*. · Antôn. (1): *afastar*. → **aproximação** (x = ss) *sf* [ato ou efeito de aproximar(-se)]; **aproximado** (x = ss) ou **aproximativo** (x = ss) *adj* (quase exato).

a.pru.mar *v* **1**. Pôr a prumo ou em posição vertical; endireitar: *aprumar uma árvore*. **aprumar-se 2**. Colocar-se em posição ereta e firme; endireitar-se: *o sargento mandou o soldado aprumar-se*. **3**. Melhorar de situação financeira: *depois que casou, aprumou-se na vida*. **4**. Vestir-se com elegância ou apuro: *ele se apruma quando vai à missa*. → **aprumação** *sf* ou **aprumo** *sm* [ato ou efeito de aprumar(-se)].

ap.ti.dão *sf* **1**. Conjunto de requisitos necessários para exercer alguma atividade. **2**. Capacidade natural para fazer uma coisa; inclinação, queda, vocação. · Antôn.: *inaptidão*.

ap.to *adj* Diz-se daquele que está em perfeitas condições para fazer determinada coisa; autorizado, habilitado. · Antôn.: *inapto*.

a.pu.nha.lar *v* **1**. Dar punhalada(s) em; ferir. **2**. Ofender ou agredir moralmente: *a conduta de um filho viciado apunhala os pais*. **3**. Agir com falsidade e traiçoeiramente: *mais cedo ou mais tarde ele o apunhalará*.

a.pu.po *sm* Vaia. · Antôn.: *aplauso*. → **apupar** *v* (vaiar).

a.pu.ra.do *adj* **1**. Elegante, refinado, primoroso. **2**. Caracterizado por apuro ou primor; seleto, primoroso. **3**. Sensível. **4**. Averiguado, esclarecido. **5**. Em apuros, aflito, apertado. // *sm* **6**. Quantia apurada, arrecadação. (Não se confunde com *acurado*.)

a.pu.rar *v* **1**. Purificar, tirando a borra ou parte impura: *apurar um metal*. **2**. Aprimorar, aperfeiçoar, melhorar: *apurar a dicção*. **3**. Averiguar, investigar, conhecer ao certo: *apurar um caso*. **4**. Reunir (dinheiro) vendendo alguma coisa: *ela apura bom dinheiro, vendendo sanduíches na praia*. **5**. Conta: *apurar os votos*. **6**. Tornar mais concentrado: *apurar um molho*. **apurar-se 7**. Aperfeiçoar-se, aprimorar-se: *seu inglês se apurou rapidamente na Inglaterra*. **8**. Ficar em má situação financeira: *gasta o salário logo no começo do mês e depois se apura*. **9**. Ficar sobrecarregado de serviço: *quando se apura, ele se enerva*. → **apuração** *sf* [**apuro** (1)]; **apuro** *sm* [**1**. ato ou efeito de apurar(-se); apuração; **2**. capricho extremo; esmero; **3**. situação delicada; aperto; **4**. correria do dia a dia; roda-viva, azáfama]. ·· **Em apuros**. Em situação muito difícil (financeira ou não).

a.qua.lou.co *sm* Acrobata que, vestido a caráter, salta do trampolim atabalhoadamente, com fins de diversão.

a.qua.nau.ta *s2gên* Pessoa treinada para viver e trabalhar imersa numa câmera, a fim de fazer experiências oceanográficas.

a.qua.pla.na.gem *sf* **1**. Pouso sobre a água. **2**. Pouso arriscado, em pista molhada ou escorregadia. **3**. Deslizamento, derrapagem ou "flutuação" do pneu sobre uma camada de água (poça ou pista muito molhada), em que o pneu perde contato direto com o solo; aquaplaning.

aquaplaning [ingl.] *sm* **1**. Modalidade de esporte em que o indivíduo (*aquaplaner*) se equilibra em pé sobre uma prancha, puxado por uma lancha. **2**. Efeito resultante da perda de aderência de um pneu, em virtude da existência de muita água na pista: aquaplanagem (3).

a.qua.pla.no *sm* Prancha desenhada para deslizar velozmente sobre a água, sobre a qual o esportista se mantém em equilíbrio, puxado por uma lancha a motor.

a.qua.re.la *sf* **1**. Tinta (de artista) em que o pigmento é diluído em água (e não em óleo). **2**. Pintura feita com essa tinta. → **aquarelista** *adj* e *s2gên* [que ou artista que é especializado(a) em aquarelas].

a.quá.rio *sm* **1**. Caixa envidraçada, onde se criam peixes ou plantas. **2**. Edifício onde se expõe essa caixa. **Aquário 3**. Constelação e signo do zodíaco. → **aquariano** *adj* e *sm* (que ou aquele que nasceu sob o signo de Aquário).

a.quar.te.lar(-se) *v* Alojar(-se) em quartéis. → **aquartelamento** *sm* (ato ou efeito de aquartelar).

a.quá.ti.co *adj* **1**. Da água ou que vive na água. **2**. Próprio para praticar na água.

aquawear [ingl.] *sm* Roupa própria para esportes náuticos e produtos relacionados. · Pl.: *aquawears*. · Pronuncia-se *ékua-uér*.

a.que.cer *v* **1**. Esquentar: *aquecer as mãos*. **2**. Aumentar, incrementar: *aquecer as vendas*. **aquecer-se 3**. Ficar quente: *aquecer-se junto à lareira*. **4**. Preparar-se fisicamente para atuar em uma partida: *os jogadores se aquecem no gramado*. · Antôn.: *esfriar*. → **aquecedor** (ô) *adj* e *sm* (que ou o que aquece) e *sm* (aparelho elétrico próprio para esquentar o ar ou a água); **aquecimento** *sm* [ato ou efeito de aquecer(-se)]. ·· **Aquecimento global**. Aumento gradual na temperatura da atmosfera da Terra, atribuído ao efeito estufa; bomba-relógio ecológica: *Em menos de dez anos, ou seja, por volta de 2015, é possível que o aquecimento global chegue a um ponto irreversível, cujas consequências serão secas mais fortes, falta de água, desaparecimento de florestas, dificuldades na agricultura, alta do nível dos mares e intensificação das doenças*.

a.que.du.to (o **u** não soa) *sm* Grande canal artificial que conduz água de um lugar para outro.

a.que.la *pron* Feminino de *aquele*.

a.que.le (ê) *pron* O que está ali, distante do falante e do ouvinte.

à.que.le (ê) *contr* da preposição *a* com o pronome demonstrativo *aquele*.

a.quém *adv* Na parte de cá; do lado de cá. ·· **Aquém de**. **1**. Do lado de cá de. **2**. Abaixo de.

a.qui *adv* **1**. Neste lugar (oposto a *lá*): *aguarde aqui!* **2**. A este lugar: *venha aqui!* **3**. Na terra: *aqui se faz, aqui se paga*. // *sm* **2**. Este lugar: *aqui é muito bom!* · Antôn. (1): *lá*.

a.qui.cul.tu.ra (o **u** soa) *sf* Cultivo de seres (peixes, plantas, etc.) que vivem na água. → **aquicultor** (o **u** soa; ô) *sm* (aquele que se dedica à aquicultura); **aquicultural** *adj* (rel. a aquicultura).

a.qui.es.cer *v* Consentir, anuir, concordar: *o pai aquiesceu no namoro da filha*. → **aquiescência** *sf* (anuência, consentimento, concordância, aprovação).

a.qui.e.tar(-se) *v* Tornar(-se) calmo; acalmar(-se), sossegar(-se), tranquilizar(-se): *a presença da mãe aquietou a criança; a criança (se) aquietou ante a presença da mãe*. · Antôn.: *inquietar*. → **aquietação** *sf* [ato ou efeito de aquietar(-se)].

a.qui.la.tar (o **u** não soa) *v* Estimar, avaliar, calcular: *aquilatar o impacto de uma explosão*. → **aquilatação** (o **u** não soa) *sf* (ato ou efeito de aquilatar).

a.qui.li.no (o **u** não soa) *adj* **1**. Da águia ou próprio dela. **2**. *Fig.* Curvo como o bico da águia: *nariz aquilino*. **3**. *Fig.* Penetrante como os olhos da águia. · V. **águia**.

a.qui.lo *pron* Aquela(s) coisa(s): *você sabe o que é aquilo?*

à.qui.lo *contr* da preposição *a* com o pronome demonstrativo *aquilo*.

a.qui.nho.ar ou **qui.nho.ar** *v* **1**. Favorecer, contemplar: *ele aquinhoou os filhos, deixando as filha de fora*. **2**. Dotar, contemplar:

Deus aquinhoou o Brasil com belas praias. · Conjuga-se por *abençoar*. → **aquinhoamento** *sm* (ato ou efeito de aquinhoar).

a.qui.si.ção (o **u** não soa) *sf* **1**. Ato ou efeito de adquirir. **2**. Aquilo que se adquiriu; coisa adquirida ou comprada. → **aquisitivo** (o **u** não soa) *adj* (rel. a aquisição).

a.quo.so (o **u** soa; ô; pl.: ó) *adj* Que tem água ou muita água. → **aquosidade** (o **u** soa) *sf* (qualidade ou atributo do que é aquoso).

ar *sm* **1**. Camada gasosa, mas sensível, que envolve a Terra, formada princ. por oxigênio e nitrogênio; atmosfera terrestre. **2**. Aparência, aspecto, jeito: *ele tem um ar de boiola*. // *smpl* **3**. Clima: *os ares de Campos do Jordão são benéficos à saúde*. **4**. Ambiente, meio: *vou mudar de ares*.

á.ra.be *adj* e *s2gên* **1**. Natural ou habitante da Arábia, península do sudoeste da Ásia, entre o mar Vermelho e o golfo Pérsico. // *sm* **2**. Língua falada em toda a região da Arábia; arábico. // *adj* **3**. Da Arábia. → **arabesco** (ê) *sm* (desenho de estilo árabe com folhagens, flores, ramificações e ornamentos); **arábico** *adj* (rel. ou pert. aos árabes). ·· **Algarismo** (ou **Número**) **arábico**. Cada um dos símbolos (1, 2, 3, 4, 5, 6, 7, 8, 9, 0) usados para indicar os números e inventados pelos árabes.

Arábia Saudita *loc sf* País monárquico, o maior da Arábia, de área equivalente à dos estados do Amazonas e de Minas Gerais juntos. → **árabe-saudita** *adj* (de pl. *árabe-sauditas*) e *s2gên* (de pl. *árabes-sauditas*), **saudi-arábico** *adj* e *sm* (ambos de pl. *saudi-arábicos*) ou **saudita** *adj* e *s2gên*.

a.ra.çá *sm* **1**. Pequeno fruto silvestre comestível, semelhante à goiaba. **2**. Planta que dá esse fruto; araçazeiro. → **araçazeiro** *sm* [araçá (2)].

Aracaju *sf* Capital e a maior cidade do estado de Sergipe. → **aracajuano** *adj* e *sm* ou **aracajuense** *adj* e *s2gên*.

a.rac.ní.deo *sm* **1**. Espécime dos aracnídeos, classe de pequenos animais terrestres que compreende aranhas, escorpiões e ácaros. // *adj* **2**. Relativo ou pertencente a essa classe.

a.rac.no.fo.bi.a *sf* Medo de aranhas. → **aracnofóbico** *adj* (rel. a aracnofobia); **aracnófobo** *adj* e *sm* (que ou aquele que tem aracnofobia).

a.ra.do *sm* Implemento agrícola para abrir sulcos na terra e revirar o solo.

a.ra.gem *sf* Vento suave, agradável.

a.ra.mai.co *sm* **1**. Língua semítica que compreende vários dialetos falados na Caldeia, Síria e Assíria. // *adj* **2**. Relativo a essa língua ou aos arameus, povo que falava o aramaico.

a.ra.me *sm* Fio flexível de metal. → **aramar** *v* (cercar com arame). ·· **Arame farpado**. Fio duplo de arame, nos quais se fixam pontas agudas.

a.ran.de.la *sf* **1**. Peça do castiçal onde se fixa a vela. **2**. Braço ou suporte fixo na parede, destinado a receber vela ou lâmpada elétrica. **3**. Qualquer luminária de parede.

a.ra.nha *sf* Pequeno animal invertebrado, aracnídeo, que faz teia para capturar suas presas. → **aranhol** *sm* (**1**. teia de aranha; **2**. lugar cheio de teias de aranha).

a.ra.nha-ca.ran.gue.jei.ra *sf* Aranha que não faz teia, grande, peluda, predadora, cuja mordedura é venenosa para pequenos vertebrados (rãs, cobras, etc. de que se alimenta) e dolorosa, porém, inócua no homem, também conhecida por apenas *caranguejeira*. · Pl.: *aranhas-caranguejeira* ou *aranhas-caranguejeiras*.

a.ra.pon.ga *sf* **1**. Ave brasileira de canto metálico, assemelhado ao bater do ferro na bigorna. (Voz: *martelar, retinir, tinir*.) // *s2gên* **2**. *Pop*. Pessoa que só fala gritando. // *sm* **3**. *Gír*. Detetive ou investigador(a) sem muita experiência, que costuma trabalhar fazendo grampos telefônicos. → **arapongagem** *sf* (*gír*. espionagem feita através de grampos de telefone).

a.ra.pu.ca *sf* **1**. Armadilha em forma de pirâmide, feita de varetas, para apanhar aves. **2**.*P.ext*. Cilada, armadilha.

a.ra.pu.çá *sf* Tartaruga que chega a atingir 45cm de comprimento, de cor pardo-escura.

a.ra.que, de *loc adj* **1**. Falso: *dólar de araque*. **2**. De má qualidade; ordinário, vagabundo: *craque de araque*.

a.rar *v* Lavrar (a terra) com o arado. → **aração**, **arada** ou **aradura** *sf* (ato ou efeito de arar).

a.ra.ra *sf* Ave trepadora, multicolorida, de rabo comprido e pontudo. (Voz: *chalrar, grasnar, taramelar*.)

a.ra.ro.ba *sf* **1**. Árvore brasileira de grande valor medicinal e industrial. **2**. Pó extraído dessa árvore.

a.ra.ru.ta *sf* **1**. Planta de cujo rizoma se extrai uma farinha muito nutritiva. **2**. Essa farinha.

a.ra.ti.cu ou **a.ra.ti.cum** *sm* **1**. Nome genérico de várias árvores anonáceas. **2**. Fruto dessas árvores, saboroso e aromático.

a.ra.tu *sm* Pequeno caranguejo de cabeça triangular.

a.rau.cá.ria *sf* **1**. Árvore de tronco reto, folhas no alto e madeira muito apreciada; pinheiro-do-paraná. **2**. Essa madeira.

a.rau.to *sm* **1**. Oficial da Idade Média que anunciava as mensagens ou decisões do governo; porta-voz. **2**.*P.ext*. Aquele que anuncia notícias importantes ou significativas; anunciador. **3**.*P.ext*. Mensageiro (2). **4**. *Fig*. Defensor intransigente: *ele se diz o arauto da democracia*.

ar.bi.trar *v* **1**. Fixar (quantia) de modo arbitrário ou discricionário; estipular a seu critério: *a companhia seguradora arbitrou uma quantia muito pequena a ser paga ao segurado*. **2**. Dirigir, mediar, apitar: *quem arbitrará a final da Copa do Mundo?* → **arbitração**, **arbitragem** ou **arbitramento** *sm* (ato ou efeito de arbitrar).

ar.bi.trá.rio *adj* **1**. Que se baseia na vontade ou no capricho de uma só pessoa. **2**. Despótico, autoritário. → **arbitrariedade** *sf* (ato ou comportamento arbitrário); **arbitrarismo** *sm* (qualidade de arbitrário).

ar.bí.trio *sm* **1**. Faculdade que tem o ser humano de adotar uma resolução de preferência a outra; decisão que só leva em conta a própria vontade; alvedrio: *a mim cabe o arbítrio de decidir se caso ou não; decidi, segundo o meu arbítrio, mudar de país*. **2**. Vontade que não responde à razão, senão ao capricho; autoritarismo: *o regime democrático é o único em que as vítimas do arbítrio podem postular em sua defesa*. **3**. Poder, autoridade: *este assunto está sujeito ao arbítrio de um tribunal superior*. **3**. Em filosofia, faculdade de escolher entre possibilidades alternativas. ·· **Ao arbítrio de**. À vontade de; à mercê: *Vai ser julgado ao arbítrio da lei. Deixe ao arbítrio de seu filho decidir que carreira seguir*. ·· **Arbítrio judicial**. Competência conferida ao juiz para julgar ou sentenciar a seu critério casos não regulados por lei ou que, sendo regulados, sejam obscuros ou insuficientes.

ár.bi.tro *sm* **1**. Aquele que é investido de autoridade para decidir uma questão entre partes que não conseguem chegar a um acordo; mediador. **2**. Aquele que dirige uma partida esportiva; mediador de jogos. · Fem.: *árbitra*. → **arbitral** *adj* (**1**. rel. a árbitro: *apito arbitral*; **2**. composto por árbitros: *conselho arbitral*).

ar.bó.reo *adj* **1**. Relativo ou semelhante a árvore: *construir barreiras arbóreas em frente da casa*. **2**. Diz-se do animal que vive em árvore; arborícola: *o esquilo é um roedor arbóreo*. **3**. Diz-se da planta que tem o porte ou as características de árvore.

ar.bo.res.cer *v* Tornar-se árvore: *logo aquela plantinha arboresceu*. **2**. Crescer, desenvolver-se: *são vegetais que arborescem rapidamente*. → **arborescência** *sf* (estado de um vegetal arborescente); **arborescente** *adj* (**1**. diz-se da planta herbácea cujo caule ou ramo adquire consistência lenhosa; **2** diz-se da planta de tronco lenhoso, cuja altura se aproxima de uma árvore).

ar.bo.rí.co.la *adj* Que vive nas árvores; arbóreo (2).

ar.bo.ri.zar(-se) *v* Encher(-se) de árvores em: *arborizar a cidade; a floresta se arborizará naturalmente*. → **arborização** *sf* [ato ou efeito de arborizar(-se)].

ar.bo.ví.rus *sm2núm* Vírus que pode ser transmitido ao homem por vetores artrópodes, como os mosquitos. → **arbovirose** *sf* (doença causada por arbovírus).

ar.bus.to *sm* Árvore de pequeno porte, cujo caule se ramifica desde a base. · Dim. erudito: *arbúsculo*. → **arbustivo** *adj* (rel. ou pert. a arbusto).

ar.ca *sf* Grande caixa de madeira, vime ou bambu, com tampa chata, para guardar coisas.

ar.ca.bou.ço *sm* **1**. Esqueleto de ser humano ou de animal. **2**. Armação básica ou estrutura de uma construção.

ar.ca.da *sf* **1**. Série de arcos contíguos, sustentados por colunas. **2**. Curva formada por certas partes ósseas.

Arcádia *sf* **1**. Região da antiga Grécia, na província do Peloponeso. **2**. Sociedade literária dos sécs. XVII e XVIII, cujos componentes, chamados *árcades*, propunham-se restaurar o classicismo e adotavam nomes poéticos simbólicos. → **árcade** *adj* e *s2gên* ou **arcádico** *adj* e *sm* (membro da Arcádia); **Arcadismo** *sm* (corrente literária que combateu a estética barroca e pretendeu restaurar o classicismo, com seus gêneros, formas e técnicas literárias, cultivadas em Portugal no séc. XVI; escola arcádica).

ar.cai.co *adj* Muito antigo, desusado, ultrapassado. · Antôn.: *moderno*. → **arcaísmo** *sm* (palavra ou expressão arcaica), de antôn. *neologismo*; **arcaização** *sf* ou **arcaizamento** *sm* [ato ou efeito de arcaizar(-se)]; **arcaizante** *adj* (que tende a se arcaizar: *gíria arcaizante*); **arcaizar(-se)** *v* [tornar(-se) arcaico].

ar.can.jo *sm* Anjo de ordem superior, que está mais próximo de Deus.

ar.ca.no *sm* **1**. Segredo importante, guardado a sete chaves; segredo esotérico. **2**. Grande segredo da natureza que os alquimistas buscavam. **3**. Remédio misterioso; elixir. // *adj* **4**. Misterioso.

ar.ção *sm* Parte saliente e arqueada, adiante e atrás da sela.

ar.car *v* **1**. Curvar, arquear: *arcar uma barra de ferro*. **2**. Assumir: *arcar com as despesas da casa*. **arcar(-se) 3**. Curvar-se: *o galho (se) arqueia com o peso dos frutos*. → **arcado** *adj* (curvo, recurvado, arqueado: *Garrincha tinha as pernas arcadas*).

ar.ce.bis.po *sm* Bispo de categoria superior a outros bispos e responsável por uma arquidiocese. → **arcebispado** ou **arquiepiscopado** *sm* (dignidade de arcebispo).

ar.cho.te *sm* Tocha portátil; facho (1).

ar.co *sm* **1**. Curvatura. **2**. Segmento de uma circunferência. **3**. Arma de atirar setas. **4**. Meta, cidadela, gol. → **arciforme** *adj* (sem. a arco ou em forma de arco).

ar.co-da-ve.lha *sm* Arco-íris. · Pl.: *arcos-da-velha*. ·· **Coisa do arco-da-velha**. Coisa espantosa, extraordinária, incomum. ·· **Estória** (ou **História**) **do arco-da-velha**. Estória maluca, incrível, inverossímil.

ar.co-í.ris *sm2núm* Arco de cores que aparece no horizonte, formado pela chuva e pela ação de raios solares; arco-da-velha.

ar-con.di.cio.na.do *sm* Aparelho ou sistema que controla a umidade e a temperatura do ambiente; condicionador de ar. · Pl.: *ares-condicionados*. (Não se confunde com *ar condicionado*, que é justamente o ar refrigerado que sai do aparelho.)

ar.den.te *adj* **1**. Que queima ou arde; que está em fogo ou em brasa; abrasador. **2**. *P.ext*. Muito alta (temperatura): *febre ardente*. **3**. *Fig*. Ardido, picante, acre: *o rabanete tem um sabor ardente*. **4**. Intenso, impetuoso, vivo: *desejo ardente*. **5**. *Fig*. Apaixonado, extasiado: *coração ardente*. **6**. *Fig*. Vivo, forte. **7**. *Fig*. Sensual: *corpos ardentes*. · Antôn. (5): *frio, gélido*. → **ardência** *sf* ou **ardimento** *sm* (qualidade ou estado de ardente).

ar.der *v* **1**. Causar sensação de ardor a: *a pimenta arde a língua*. **2**. Consumir-se em chamas: *o edifício inteiro ardeu, naquele incêndio*. **3**. Ser abrasador ou muito quente: *o sol arde no deserto*. → **ardido** *adj* (de sabor picante).

ar.dil *sm* Meio sutil, astucioso de enganar, em que as verdadeiras intenções são cobertas com fingidas aparências; trapaça, embuste, logro. → **ardiloso** (ô; pl.: ó) *adj* (caracterizado por ardis; astucioso, manhoso).

ar.dor (ô) *sm* **1**. Calor intenso; canícula: *o ardor do Nordeste*. **2**. Paixão. **3**. Desejo violento. **4**. Entusiasmo irrefreável; fervor. **5**. Sabor picante, como o da pimenta, canela, etc.; ardume. **6**. Sabor acre; ardência. → **ardoroso** (ô; pl.: ó) *adj* (cheio de ardor; fervoroso: *ser ardoroso defensor das mulheres*).

ar.dó.sia *sf* **1**. Tipo de pedra que facilmente se quebra em pedaços ou placas planas e lisas, muito usada em quadros-negros ou lousas, para cobrir casas, em pisos, paredes, etc. **2**. Lousa. → **ardosieira** (dò) *sf* (pedreira de onde se extraem ardósias; louseira).

ar.du.me *sm* Ardor (1).

ár.duo *adj* **1**. Que exige muito esforço ou energia; custoso, trabalhoso, penoso. → **arduidade** *sf* (qualidade de árduo; dificuldade, penosidade).

a.re *sm* Unidade de medida agrária equivalente a 100m². · Símb.: **a**.

á.rea *sf* **1**. O que resulta da multiplicação da largura pelo comprimento; superfície. **2**. Setor de atividades ou de uma especialidade; campo.

a.re.ar *v* Esfregar com areia, esponja de aço, sapólio, lixa, etc.: *arear uma panela*. · Conjuga-se por *frear*. → **areação** *sf* (ato ou efeito de arear).

a.rei.a *sf* **1**. Grão finíssimo e solto, resultante de desgaste de rocha, encontrado abundantemente em desertos, praias, leitos de rio, etc. **2**. Praia. **3**. Dificuldade. // *sm* **4**. Cor amarelo-pálida, semelhante à areia. · Aum. regular: *areão*. · V. **arenícola** e **arenoso**. → **areal** ou **areão** *sm* (grande superfície coberta com areia); **areento** *adj* [arenoso (1)]. ·· **Areia movediça**. Banco de areia saturado de água que não oferece resistência ao peso e engole tudo o que nele se mete.

a.re.jar *v* **1**. Expor à ventilação, à entrada do ar: *arejar um ambiente*. **2**. Esfriar; deixar livre de preocupações: *arejar a cabeça*. · Durante a conjugação, o *e* continua fechado. → **arejamento** *sm* (ato ou efeito de arejar).

a.re.na *sf* **1**. Círculo central do anfiteatro, no qual combatiam os gladiadores e as feras, na época romana. **2**. Espaço circular fechado, para apresentações ou espetáculos. **3**. Estrado onde lutam os boxeadores; ringue.

a.ren.ga *sf* **1**. Discurso animado e comovente que se faz a soldados antes da batalha ou de qualquer ação perigosa. **2**. Discurso longo e cansativo; lenga-lenga; nhem-nhem-nhem. // *sfpl* **3**. Questões, alteração, rixa, diferenças.

a.re.ní.co.la *adj* Que vive na areia ou em terreno arenoso: *serpentes arenícolas*.

a.re.ni.to *sm* Rocha formada por grãos de areia comprimidos e consolidados por cimento natural.

a.re.no.so (ô; pl.: ó) *adj* **1**. Cheio ou coberto de areia; areento. **2**. Com aspecto de areia. **3**. Misturado com areia.

a.ré.o.la *sf* **1**. Círculo escuro ou rosado em volta do bico do seio; halo. **2**. Círculo que se forma em torno das borbulhas da vacina, da varíola ou de outras erupções cutâneas. → **areolado** *adj* (que tem aréolas; cheio de aréolas); **areolar** *adj* (rel., pert. ou sem. a uma aréola); **areolite** *sf* (inflamação da aréola).

a.res.ta *sf* **1**. Ângulo formado por dois planos que se cortam; quina, canto, esquina. **2**. Linha formada pelo encontro de duas faces.

ar.far *v* **1**. Respirar com dificuldade ou grande esforço; ofegar, esbaforir-se: *depois de correr dez quilômetros, era natural que ele arfasse*. **2**. Oscilar, imergindo ora a proa, ora a popa: *a tempestade fazia o navio arfar*. → **arfada, arfadura** ou **arfagem** *sf* (ato ou efeito de arfar).

ar.ga.mas.sa *sf* Mistura de cal ou cimento com areia e água para fixar tijolos, ladrilhos ou pedras nas construções.

Argélia *sf* País do norte da África, de área equivalente à dos estados do Amazonas e de Minas Gerais juntos. → **argelino** *adj* e *sm*.

ar.gên.teo *adj* Prateado.

Argentina *sf* País da América do Sul, de área equivalente à dos estados do Amazonas e do Pará juntos. → **argentino** *adj* e *sm*.

ar.gen.ti.no *adj* **1**. De prata: *joias argentinas*. **2**. De timbre fino como o da prata: *voz argentina*. // *adj* e *sm* **3**. Natural ou habitante da Argentina.

ar.gi.la *sf* Barro usado em olaria. → **argiláceo** *adj* (que contém argila); **argiloso** (ô; pl.: ó) *adj* (que contém muita argila).

ar.go.la *sf* Aro metálico ou de plástico.

ar.go.nau.ta *s2gên* **1**. Grande navegador(a) ou explorador(a) de mares. **2**. Pessoa aventureira, que gosta de viver perigosamente. → **argonáutico** *adj* (rel. a argonauta: *coragem argonáutica*).

ar.gô.nio *sm* Elemento químico, gás nobre, de número atômico 18, usado em lâmpadas elétricas e fluorescentes, válvulas eletrônicas, *laser*, etc. · Símb.: **Ar**.

ar.gú.cia *sf* **1**. Sutileza de argumentação ou de raciocínio com a qual se pretende convencer alguém: *todo malandro tem uma argúcia impressionante!*; *o motorista cedeu à habilidade e à argúcia do interrogatório e acabou confessando a verdade*. **2**. Senso aguçado de observação; sutileza de espírito; perspicácia; sagacidade: *era feio, truncudo, mas não deixava de mostrar na fisionomia carrancuda certo ar de argúcia ou inteligência; observe a argúcia de Machado de Assis, na descrição desse aspecto psicológico da personagem!*; *O conhecimento do mundo gera a desconfiança; a desconfiança gera a suspeita; a suspeita gera a argúcia; a argúcia gera a maldade; e a maldade gera tudo*. (Provérbio chinês.) **3**. Argumento capcioso, matreiro, ardiloso; sofisma. · V. **arguto**.

ar.guei.ro *sm* **1**. Partícula de pó ou poeira em suspensão no ar; cisco: *há quem veja um argueiro no olho dos outros, mas não uma trave no seu próprio*. **2**. *Fig*. Coisa insignificante; ninharia, bagatela.

ar.guir (o **u** soa) *v* **1**. Questionar, apresentando razões favoráveis ou contrárias; discutir: *arguir a constitucionalidade de uma medida do governo*. **2**. Tentar provar racionalmente, usando bons argumentos: *há os que arguem que a existência de bombas nucleares ajuda a manter a paz*. **3**. Examinar, interrogando: *enquanto o professor arguia um aluno, os outros bagunçavam*. **4**. Discutir, questionar; ter altercações: *não argua comigo, rapaz, apenas faça o que mando!* **5**. Manifestar-se, posicionar-se: *argui com tamanha firmeza, que acabei convencendo a todos*. · Conj.: *arguo, arguis, argui, arguimos, arguís, arguem* (pres. do ind.);

argua, arguas, argua, arguamos, arguais, arguam (pres. do subj.). → **arguição** (o **u** soa) *sf* (ato ou efeito de arguir).

ar.gu.men.tar *v* **1.** Apresentar como argumento; alegar: *argumentei que não podia viajar.* **2.** Defender ideia ou pensamento mediante raciocínio lógico ou apresentação de argumentos: *você argumentou muito bem e me convenceu.* → **argumentação** *sf* (ato ou efeito de argumentar); **argumentativo** *adj* (que contém argumento); **argumento** *sm* (**1.** razão ou série de razões apresentadas para demonstrar alguma coisa; arrazoado; **2.** assunto ou matéria tratada numa obra literária, cinematográfica, etc.).

ar.gu.to *adj* Sutil ou perspicaz nos argumentos, no raciocínio; que tem argúcia (1): *todo malandro é extremamente arguto.* **2.** Que é capaz de perceber rapidamente as coisas mais sutis; sagaz, perspicaz: *Machado de Assis foi um arguto observador; leitor arguto.* **3.** Caracterizado pela sutileza ou espirituosidade; sutil, espirituoso: *olhar arguto.*

á.ria *sf* Peça musical para uma só voz.

á.ri.do *adj* **1.** Muito seco. **2.** Que não desperta nenhum interesse; desagradável, aborrecido, chato. · Antôn. (1): *fecundo*; (2): *agradável, interessante.* → **aridez** (ê) *sf* (qualidade ou condição de árido).

Áries *sm* Constelação e o primeiro signo do zodíaco; Carneiro. → **ariano** *adj* e *sm* (que ou aquele que nasce sob o signo de Áries).

a.ri.e.te *sm* Máquina de guerra que os antigos utilizavam para arrombar os fortes portões das muralhas.

a.ri.gó *adj* e *s2gên Pop.* **1.** Que ou pessoa que é da zona rural, sem instrução nenhuma, que tem um modo todo próprio de viver e falar; caipira, jeca, jacu. **2.** Que ou pessoa que é simplória ou abobalhada.

a.ri.ra.nha *sf* **1.** Mamífero carnívoro, diurno e semiaquático, muito feroz, de pele muito apreciada. (Voz: *regougar*.) **2.** Essa pele.

a.ris.co *adj* Diz-se do animal que foge assim que alguém se aproxima. **2.** Diz-se de pessoa que tem dificuldade no contato com outra; desconfiado, arredio. **3.** Ágil, ligeiro.

a.ris.to.cra.ci.a *sf* **1.** Forma de governo em que o poder pertence à classe nobre ou a uma elite. **2.** Essa classe. **3.** Estado ou país governado por essa classe. **4.** Nata, fina flor. → **aristocrata** *adj* e *s2gên* (**1.** que ou quem pertence à aristocracia. **2.** que ou quem tem maneiras requintadas); **aristocrático** *adj* (**1.** rel. à aristocracia; **2.** distinto, requintado, refinado).

Aristóteles *sm* O maior filósofo grego (384-322 a.C.), discípulo de Platão. → **aristotélico** *adj* (rel. a Aristóteles ou próprio dele) e *adj* e *sm* (que ou aquele que é adepto da filosofia de Aristóteles).

a.rit.mé.ti.ca *sf* Parte da matemática que trata das operações de adição, subtração, multiplicação, divisão, potenciação e extração de raízes; ciência dos números. (Cuidado para não usar "arimética"!) → **aritmético** *adj* (rel. à aritmética ou nela baseado) e *adj* e *sm* (que ou aquele que se dedica ao estudo ou ao ensino de aritmética).

ar.le.quim *sm* **1.** Personagem que usava roupas de cores extravagantes, multicoloridas, semelhantes às de um palhaço, nas pantomimas italianas. **2.** Fantasia carnavalesca inspirada nas roupas dessa personagem. **3.** Homem sem princípios definidos, que muda de opinião a cada instante. **4.** Um dos personagens do bumba meu boi.

ar.ma *sf* **1.** Qualquer instrumento ou utensílio de ataque ou defesa. **2.** Meio, expediente, recurso. **3.** Cada uma das espécies de tropa que compõem uma força militar. // *sfpl* **4.** Profissão militar. **5.** Conjunto das tropas, as forças armadas. ·· **Arma branca**. Arma feita de lâmina de aço polido, que fere com a ponta ou com o gume.

ar.ma.ção *sf* **1.** Ato ou efeito de armar(-se); armamento (1). **2.** Peça que serve para sustentar algo. **3.** *Gír.* Trama que se arma para enganar e prejudicar alguém; mutreta, cambalacho.

ar.ma.da *sf* Conjunto dos navios de guerra de um país.

ar.ma.di.lha *sf* Artifício usado para apanhar caça de surpresa.

ar.ma.dor (ô) *sm* **1.** Construtor de navios mercantes. **2.** Aquele cuja profissão é enfeitar igrejas, salões de festas, etc. **3.** Meia-armador. **4.** Cada um dos dois ganchos a que se prende a rede de dormir.

ar.ma.du.ra *sf* **1.** Armação de ferro que o guerreiro da antiguidade usava para protegê-lo durante uma luta. **2.** Estrutura, armação.

ar.ma.men.to *sm* **1.** Ato ou efeito de armar(-se); armação (1). **2.** Conjunto de armas de guerra.

ar.man.di.nho *sm* Jogador de futebol, geralmente do meio de campo, que não rende para a equipe, pelo excesso de toques e jogadas improdutivas, sem objetividade.

ar.mar *v* **1.** Prover de armas: *armar uma milícia.* **2.** Preparar (dispositivo) para entrar em funcionamento: *armar uma ratoeira.* **3.** Maquinar, arquitetar, tramar: *estão armando alguma coisa lá fora.* **4.** Montar: *armar um quebra-cabeça.* **5.** Dar volume ou corpo a: *armar um vestido.* **armar-se 6.** Fortalecer-se: *armar-se de coragem.* **7.** Munir-se, servir-se: *armar-se de um facão.*

ar.ma.ri.nho *sm* **1.** Loja que vende material para costura e muitas miudezas. **2.** Armário pequeno.

ar.má.rio *sm* Móvel com prateleiras para guardar objetos domésticos. ·· **Estar fora do armário**. Assumir ser membro da comunidade LGBTQIA+. ·· **Sair do armário** (gír.). Anunciar publicamente a sua orientação sexual ou identidade de gênero, ou comportar-se como se anunciasse.

ar.ma.zém *sm* **1.** Estabelecimento de secos e molhados; mercearia. **2.** Grande depósito de mercadorias. → **armazenagem** *sf* ou **armazenamento** *sm* (ato ou efeito de armazenar); **armazenar** *v* [**1.** guardar em armazém; **2.** reunir, acumular: *armazenar experiências*; **3.** em informática, conservar ou guardar (dados ou arquivos) num dispositivo de memória de um computador].

Armênia *sf* País do sudoeste da Ásia, de área equivalente à do estado de Alagoas. → **armênio** *adj* e *sm*.

ar.men.to *sm* Rebanho de gado grosso (cavalos, zebras, gnus, etc.). → **armental** *adj* (rel. a armento); **armentoso** (ô; pl.: ó) *adj* (**1.** que possui muitos armentos; **2.** possuidor de muitas cabeças de gado).

ar.mi.nho *sm* **1.** Mamífero polar de pele ruiva que, no inverno, torna-se branca e macia. **2.** Essa pele.

ar.mis.tí.cio *sm* Acordo durante uma guerra ou batalha para um cessar-fogo temporário; trégua.

a.ro *sm* **1.** Círculo de metal ou de qualquer material rígido; argola. **2.** Banda de rodagem de uma roda, na qual se encaixa o pneu. **3.** Cada uma das duas peças redondas ou ovais que sustentam as lentes dos óculos.

a.ro.ei.ra *sf* **1.** Árvore de grande porte, nativa dos Andes peruanos, de madeira rija, cuja casca, folhas e suco têm uso medicinal e cujos frutos produzem uma tinta rosa. **2.** Essa madeira.

a.ro.ma *sm* Cheiro bom e duradouro; fragrância. → **aromaticidade** *sf* (qualidade do que é aromático); **aromático** *adj* (de cheiro bom e duradouro; que tem aroma); **aromatização** *sf* (ato ou efeito de aromatizar); **aromatizador** (ô) ou **aromatizante** *adj* e *sm* (que ou o que aromatiza); **aromatizar** *v* (tornar aromático, perfumar).

ar.pão *sm* Lança farpada unida a um cabo, feita especialmente para apanhar baleias. · Dim. irregular: *arpéu*.

ar.pe.jo (ê) *sm* Execução sucessiva e rápida das notas musicais de um acorde. → **arpejar** *v* (executar arpejos), que mantém fechada a vogal tônica durante a conjugação.

ar.po.ar *v* Ferir ou caçar com arpão: *arpoar baleias é um crime.* → **arpoação** *sf* (ato ou efeito de arpoar); **arpoador** (ô) *sm* (aquele que arpoa).

ar.que.ar(-se) *v* Dobrar(-se) em forma de arco ou curva; curvar(-se): *o peso dos frutos arqueia o galho; o galho se arqueia com o peso dos frutos.* · Conjuga-se por *frear.* → **arqueação, arqueadura** *sf*, **arqueamento** ou **arqueio** *sm* [ato ou efeito de arquear(-se)].

ar.quei.ro *sm* **1.** Aquele que fabrica, vende ou usa arco. **2.** Goleiro.

ar.que.jar *v* Respirar com dificuldade; ofegar, arfar: *quem corre muito arqueja.* · Durante a conjugação, o *e* continua fechado. → **arquejamento** ou **arquejo** (ê) *sm* (ato de arquejar; respiração ofegante).

ar.que.o.a.cús.ti.ca *sf* Estudo do papel do som em artefatos e sítios históricos; arqueologia do som. → **arqueoacústico** *adj* (rel. à arqueoacústica).

ar.que.o.lo.gi.a *sf* Estudo científico de civilizações pré-históricas ou desaparecidas, através de material fóssil encontrado em escavações e cidades soterradas. → **arqueológico** *adj* (rel. à arqueologia); **arqueólogo** *sm* (aquele que é versado em arqueologia).

ar.qué.ti.po *sm* Exemplo típico, modelo, protótipo.

ar.qui- *pref* Indica *superioridade*. e exige hífen apenas antes de *i* e *h*.

ar.qui.ban.ca.da *sf* Série de assentos dispostos em níveis diferentes, sendo uns mais acima dos outros, para oferecer visibilidade a toda a assistência.

ar.qui.di.o.ce.se *sf* Diocese de um arcebispo; arcebispado. → **arquidiocesano** *adj* (da arquidiocese).

ar.qui.du.que *sm* **1**. Nos regimes monárquicos, o mais alto título de nobreza. **2**. Título que se dava aos príncipes da família que reinava na Áustria. · Fem.: *arquiduquesa* (ê).

ar.qui.e.pis.co.pa.do *sm* Arcebispado. → **arquiepiscoal** *adj* (do arcebispo).

ar.qui.fo.ne.ma *sm* Unidade fonológica que expressa as características comuns de dois ou mais fonemas envolvidos em uma neutralização; fonema resultante da neutralização entre dois ou mais fonemas, ou da anulação de seus traços distintivos, em determinadas posições. → **arquifonêmico** *adj* (rel. a arquifonema).

ar.qui-hi.pér.bo.le *sf* Hipérbole exagerada. · Pl.: *arqui-hipérboles*. → **arqui-hiperbólico** *adj* (rel. a arqui-hipérbole).

ar.qui-i.ni.mi.go *sm* Inimigo supremo. · Pl.: *arqui-inimigos*.

ar.qui.mi.li.o.ná.rio *adj* e *sm* Que ou aquele que tem muito dinheiro; multimilionário.

ar.qui.pé.la.go *sm* Grupo de ilhas oceânicas mais ou menos próximas entre si.

ar.quir.ri.val *adj* e *s2gên* Que ou o que é extremamente rival de outro: *o Corinthians é arquirrival do Palmeiras*.

ar.qui.te.tar *v* **1**. Criar e desenhar; projetar: *quem arquitetou essa casa?* **2**. *Fig.* Maquinar, tramar: *arquitetar um crime*.

ar.qui.te.tu.ra *sf* Arte de criar e desenhar edificações com estilo e estética. → **arquiteto** *sm* (profissional da arquitetura); **arquitetônico** *adj* (rel. a arquitetura: *projeto arquitetônico*).

ar.qui.tra.ve *sf* **1**. Em arquitetura, viga mestra que assenta sobre colunas ou pilares; cimalha (2). **2**. Moldura de porta ou janela.

ar.qui.vo *sm* **1**. Conjunto de documentos históricos de uma instituição ou comunidade. **2**. Lugar onde esses documentos são guardados. **3**. Conjunto de dados digitalizados que pode ser gravado em um dispositivo de armazenamento e tratado como ente único; documento. **4**. Pasta num computador na qual se guardam documentos não usados com frequência. → **arquivação** *sf* ou **arquivamento** *sm* (ato ou efeito de arquivar); **arquival** ou **arquivístico** *adj* (rel. a arquivo); **arquivar** *v* [1. guardar em arquivo: *arquivar um documento*; **2**. encerrar o andamento; suspender o prosseguimento de: *arquivar um inquérito, um processo*; **3**. em informática, transferir e guardar numa pasta (arquivos que não são frequentemente usados)]; **arquivista** *s2gên* (pessoa encarregada de um arquivo). · **Queima de arquivo**. Execução de uma testemunha chave, para evitar que denuncie executores ou planejadores de um delito.

ar.ra.bal.de *sm* Conjunto de todos os bairros de uma cidade, afora o centro. (Cuidado para não usar "arrebalde"!)

ar.rai.a *sf* **1**. Peixe marinho em forma de disco; raia. **2**. *Pop.* Papagaio de papel; pipa.

ar.rai.al *sm* **1**. Acampamento, princ. militar. **2**. Vila muito pequena; lugarejo. **3**. Lugar onde se fazem festas populares.

ar.rai.a-mi.ú.da *sf* Classe mais baixa da sociedade; escória social; rabacuada; ralé. · Pl.: *arraias-miúdas*.

ar.rai.gar *v* **1**. Firmar pela raiz; fixar, enraizar: *o jardineiro arraigou a muda da planta*. **2**. Fixar definitivamente: *é preciso arraigar o homem no campo*. **3**. Lançar raízes: *a planta arraigou em pouco tempo*. **arraigar-se 4**. Estabelecer domicílio em algum lugar, com intenção de nele permanecer; fixar-se: *ele se arraigou em Salvador*. **5**. Fixar-se definitivamente (falando-se dos costumes): *o vício de roer unhas se arraigou nele desde criança*. · As formas rizotônicas recebem acento no *i*: *arraigo, arraígas, arraíga, arraígam* (pres. do ind.); *arraígue, arraígues, arraígue, arraíguem* (pres. do subj.). → **arraigado** *adj* (**1**. que se arraigou ou enraizou; enraizado: *a flor estava arraigada na pedra*; **2**. radicado profundamente; entranhado: *a tal festa do boi, em Santa Catarina, é de fato um costume arraigado na comunidade local*; **3**. muito apegado; aferrado: *homem arraigado ao dinheiro*); **arraigamento** *sm* [ato ou efeito de arraigar(-se)].

ar.ran.car *v* **1**. Tirar com esforço (o que está fixo ou o que resiste): *arrancar um prego*. **2**. Provocar, causar: *arrancar aplausos*. **3**. Partir rapidamente: *quando saí ao terraço, o carro arrancou*. **arrancar-se 4**. Fugir: *quando viu a polícia chegando,* *ele se arrancou*. → **arrancada** *sf*, **arrancamento**, **arranco** ou **arranque** *sm* [(ato ou efeito de arrancar(-se)].

ar.ran.ca-ra.bo *sm* Conflito ou altercação violenta entre pessoas; briga; quebra-pau. · Pl.: *arranca-rabos*.

ar.ra.nha-céu *sm* Edifício de grande altura; torre. · Pl.: *arranha-céus*.

ar.ra.nhar *v* **1**. Riscar ou ferir com unha ou coisa pontuda: *a gata me arranhou*. **2**. Macular, manchar; comprometer seriamente: *esse escândalo arranhou a popularidade do presidente*. **3**. Produzir arranhadura ou arranhão: *essa bucha arranha demais*. **4**. Tocar muito mal (um instrumento musical). **5**. Conhecer apenas superficialmente: *eu arranho o mandarim*. **arranhadura** *sf* ou **arranhão** *sm* (ferimento superficial na pele, produzido pela unha ou por coisa pontuda).

ar.ran.jar *v* **1**. Pôr em ordem; ajeitar, arrumar: *arranjar as roupas na mala*. **2**. Consertar, reparar: *arranjar uma fechadura*. **3**. Achar um meio de ter; conseguir, obter, arrumar: *arranjar dinheiro para viajar*. **arranjar-se 4**. Arrumar-se, amolar-se: *você votou nele, agora que se arranje!* → **arranjamento** ou **arranjo** (1) *sm* [ato ou efeito de arranjar(-se)]; **arranjo** *sm* (**1**. arranjamento; **2**. acordo, trato; **3**. adaptação de uma composição, para ser executada por um determinado número de vozes ou instrumentos).

ar.ras *sfpl* **1**. Sinal que se dá como garantia ou segurança de um contrato; penhor. **2**. Quantia ou bens que eram assegurados pelo noivo à noiva, no caso de ela lhe sobreviver. **3**. Prova, demonstração.

ar.ra.sar *v* **1**. Pôr (algo) abaixo, com grande violência; destruir completamente, aniquilar: *o terremoto arrasou a cidade*. **2**. Humilhar: *o chefe arrasou a secretária na frente de todo o mundo*. **3**. Tornar (alguém) muito infeliz, abater muito, moral ou fisicamente: *a morte da menina arrasou toda a família*. **arrasar-se 4**. Abater-se muito: *a família toda se arrasou com essa morte*. **5**. Perder muito dinheiro: *ele se arrasou no jogo*. → **arrasamento** *sm* [ato ou efeito de arrasar(-se)].

ar.ras.tão *sm* **1**. Rede de pesca que se arrasta pelo fundo e apanha grande número de peixes. **2**. Ato de recolher do mar a rede de pesca. **3**. *Pop.* Assalto coletivo, praticado por um grupo numeroso de delinquentes que se desloca em correria, princ. em praias.

ar.ras.ta-pé *sm* **1**. Baile popular em que, geralmente, predomina o forró. **2**. Qualquer festa familiar informal e improvisada, em que há dança; baileco. · Pl.: *arrasta-pés*.

ar.ras.tar *v* **1**. Levar ou trazer de rastos os à força: *arrastar um bandido até a delegacia*. **2**. Roçar pelo chão: *andar arrastando os chinelos*. **3**. Levar com violência ou ímpeto: *a enxurrada arrastou vários carros*. **arrastar-se 4**. Mover-se pelo chão. **5**. Passar muito lentamente: *os dias se arrastavam no presídio*. **6**. Tramitar lentamente: *é um processo que se arrasta desde 1980*. → **arrastamento** ou **arrasto** *sm* [ato ou efeito de arrastar(-se)].

ar.ra.zo.a.do *sm* **1**. Discurso, oral ou escrito, em que se apresentam as razões de uma defesa. **2**. Exposição de razões, de desculpas, de pretextos; alegação. // *adj* **3**. Conforme à razão; sensato: *decisão arrazoada*. **4**. Lógico, pertinente, procedente: *reclamação arrazoada*. → **arrazoar** *v* (**1**. em direito, expor o direito de uma causa, alegando razões pró ou contra; **2**. apresentar argumentos; argumentar, discutir: *chega de arrazoar, vamos aos fatos*), que se conjuga por *abençoar*; **arrazoação** *sf* ou **arrazoamento** *sm* (ato ou efeito de arrazoar).

ar.re *interj* Indica aborrecimento ou irritação: *arre, que cara chato!*

ar.re.ar *v* Preparar (cavalgadura) para montaria ou trabalho; aparelhar, encilhar: *arrear um alazão*. · Conjuga-se por *frear*. → **arreamento** *sm* (ato ou efeito de arrear); **arrearia** *sf* (casa ou loja de arreios).

ar.re.ba.nhar *v* **1**. Juntar em rebanho: *arrebanhar os bois e vacas*. **2**. Juntar, reunir: *arrebanhar fiéis*. · Antôn.: *dispersar*. → **arrebanhamento** *sm* (ato ou efeito de arrebanhar).

ar.re.ba.tar *v* **1**. Tirar com violência, raptar: *a mulher arrebatou a criança dos braços da mãe*. **arrebatar-se 2**. Ficar encantado ou fascinado: *quem não se arrebata com a beleza das nossas praias?* → **arrebatado** *adj* (**1**. encantado, fascinado, maravilhado; **2**. tirado com violência; raptado); **arrebatador** (ó) *adj* (**1**. que arrebata; **2**. que entusiasma; entusiasmante; **3**. encantador, cativante; **4**. delicioso: *passar por uma arrebatadora experiência*); **arrebatamento** *sm* [ato ou efeito de arrebatar(-se)].

ar.re.ben.tar(-se) ou **re.ben.tar(-se)** *v* **1**. Quebrar(-se), partir(-se), romper(-se): *arrebentar uma corrente*. **2**. Desgastar(-se) fisicamente: *esse trabalho me arrebentou*. **3**. Romper-se, partir-se: *a* *corda arrebenta sempre do lado mais fraco*. **4**. Ter início (algo violento), estourar: *a guerra arrebentou no dia primeiro de setembro*. → **arrebentação** ou **rebentação** *sf* [**1**. ato ou efeito de arrebentar(-se); arrebentamento; **2**. choque das ondas do mar contra qualquer obstáculo, fazendo espuma; **3**. lugar na costa onde as ondas se quebram e fazem espuma); **arrebentamento** *sm* [arrebentação (1)].

ar.re.bi.tar ou **re.bi.tar** *v* Virar a ponta ou a aba de (algo) para cima: *arrebitar a aba do boné*. **arrebitado** ou **rebitado** *adj* (com a ponta voltada para cima); **arrebitamento** ou **rebitamento** *sm* (ato ou efeito de arrebitar ou rebitar).

ar.re.bi.te *sm* V. **rebite**.

ar.re.bol *sm* Vermelhidão do horizonte tanto no amanhecer quanto no entardecer.

ar.re.ca.dar *v* Recolher (dinheiro ou contribuições) de muitas pessoas. → **arrecadação** *sf* (**1**. ato ou efeito de arrecadar; arrecadamento; **2**. quantia arrecadada); **arrecadamento** *sm* [arrecadação (1)]. ·· **Tardou, mas arrecadou**. Custou, mas conseguiu o que desejava.

ar.re.ci.fe *sm* V. **recife**.

ar.re.dar *v* **1**. Tirar do caminho; afastar, remover: *arredei a cadeira com o pé*. **2**. Convencer (alguém) de mudar de ideia; demover, dissuadir: *arredei-a dessa intenção*. **arredar(-se) 3**. Recuar, afastar-se: *arreda daqui, moleque!* **4**. Deixar um lugar; retirar-se: *ninguém se arredou dali, mesmo com a chegada da polícia*. **5**. Demover(-se); dissuadir(-se): *não conseguimos arredá-lo daquela opinião; nunca me arredei de meus princípios*. → **arredamento** *sm* [ato ou efeito de arredar(-se).

ar.re.di.o *adj* **1**. Que não gosta do convívio social. **2**. Afastado, apartado, separado. **3**. Diz-se dos indivíduos que se desviam do rebanho, manada, etc.

ar.re.don.dar *v* **1**. Deixar (uma conta) só com números inteiros. **arredondar(-se) 2**. Tornar(-se) redondo: *o bico do sapato se arredondou*. → **arredondamento** *sm* [ato ou efeito de arredondar(-se)].

ar.re.do.res *smpl* Áreas próximas de um local, de uma cidade, etc.; vizinhanças, cercanias: *ela mora nos arredores do Recife*.

ar.re.fe.cer *v* **1**. Esfriar, desanimar, afrouxar: *o excesso de impostos arrefece o comércio*. **2**. Esfriar, tornar-se frio: *de repente, o tempo arrefeceu*. **3**. Ceder, abrandar: *a febre, aos poucos, foi arrefecendo*. → **arrefecimento** *sm* (ato ou efeito de arrefecer). ·· **Sistema de arrefecimento de um motor**. Sistema de um motor de explosão responsável por manter a temperatura do motor a um nível adequado a seu bom funcionamento, composto por radiador, vaso ou reservatório de expansão, ventoinha, bomba d'água, sensor de temperatura, válvula termostática e mangueiras: *Hoje o sistema de arrefecimento mais usado é o de fluxo fechado e pressurizado, que impede que o líquido composto por água e aditivo evapore*. (Não há propriedade no uso de *sistema de "resfriamento" do motor*.)

ar.re.gão *adj* e *sm Gír*. Que ou sujeito que é medroso, que pede arrego antes mesmo de a dificuldade se apresentar; cagão. · Fem.: *arregona*. · V. **arrego**.

ar.re.ga.çar ou **re.ga.çar** *v* **1**. Puxar ou dobrar para cima: *arregaçar as mangas da camisa*. **2**. Mostrar acintosamente: *o cão me arregaçou os dentes, feroz*. → **arregaçamento** ou **regaçamento** *sm* (ato ou efeito de arregaçar ou de regaçar),

ar.re.ga.lar *v* Abrir muito (os olhos) por espanto, surpresa ou satisfação, esbugalhar. → **arregalado** *adj* (diz-se de olho muito aberto; esbugalhado).

ar.re.ga.nhar *v* **1**. Mostrar (os dentes) clara e amplamente em sinal de repúdio ou de contentamento. **2**. Abrir inteira e acintosamente: *arreganhar as pernas*. **arreganhar-se 3**. Rir à toa, como bobo: *ele vive arreganhando-se*. **4**. Abrir as pernas inteira e acintosamente: *para que sentar-se, arreganhando-se toda?* → **arreganhamento** ou **arreganho** *sm* [ato ou efeito de arreganhar(-se)].

ar.re.gar *v Gír*. **1**. Desistir ou render-se ante um adversário; pedir arrego. **2**. Demonstrar medo para enfrentar alguma adversidade ou problema; amedrontar-se ante uma situação difícil ou delicada; dar uma de cagão. **arregar-se 3**. Dar-se por vencido; desistir.

ar.re.gi.men.tar *v* Reunir (pessoas) para determinada tarefa, recrutar: *arregimentar voluntários para uma campanha beneficente*. → **arregimentação** *sf* (ato ou efeito de arregimentar).

ar.re.glar *v* Entrar em acordo. → **arreglo** (é) *sm* (ato ou efeito de arreglar); acordo: *com essa gente, não tem arreglo*). ·· **Pedir arreglo**. Solicitar acordo: *O STF não pretende pedir arreglo*,

e tudo pode piorar no relacionamento com o Palácio do Planalto.

ar.re.go (ê) *sm Pop*. Reconhecimento de derrota; rendição, desistência. ·· **Pedir arrego**. Render-se; reconhecer a derrota; desistir: *Enquanto o adversário não pediu arrego, não parou de bater*.

ar.rei.o *sm* Conjunto de aparelhos que se usam numa cavalgadura.

ar.re.li.a *sf* **1**. Aborrecimento, irritação, amolação. **2**. Briga, confusão, rolo, rebu. → **arreliento** *adj* (que arrelia; que provoca briga ou aborrecimento); **arreliar(-se)** *v* [aborrecer(-se), irritar(-se)].

ar.re.ma.tar *v* **1**. Dar arremate ou acabamento a: *arrematar um vestido*. **2**. Adquirir em leilão; rematar (6): *arrematar um boi*. **3**. Fazer remate de pontos em: *arrematar uma costura*. **4**. Em futebol, concluir (jogada): *é um atacante que não sabe arrematar nenhuma jogada*. · V. **rematar**. → **arrematação** *sf* ou **arremate** *sm* (ato ou efeito de arrematar).

ar.re.me.dar ou **re.me.dar** *v* Imitar pondo em ridículo: *todo o mundo anda arremedando o presidente*. → **arremedo** (ê) ou **remedo** (ê) *sm* (ato ou efeito de arremedar ou remedar).

ar.re.mes.sar *v* **1**. Lançar com força para longe; atirar, chutar: *arremessar a bola ao cesto*. **arremessar-se 2**. Arrojar-se com força; precipitar-se, atirar-se: *arremessar-se contra as ondas*. **3**. Investir: *cães se arremessam contra os pobres carteiros*. → **arremessamento** ou **arremesso** (ê) *sm* [ato ou efeito de arremessar(-se)].

ar.re.me.ter *v* **1**. Fazer sair com ímpeto: *vendo-se em perigo, o cavaleiro arremeteu o animal*. **2**. Açular, incitar: *arremeti os cães contra os ladrões*. **3**. Arrojar-se furiosamente: *o touro arremeteu contra o toureiro, ferindo-o gravemente*. → **arremetida** *sf* ou **arremetimento** *sm* (ato ou efeito de arremeter).

ar.ren.da.men.to *sm* **1**. Ato ou efeito de arrendar. **2**. Contrato pelo qual o dono de um bem assegura a uma pessoa, mediante certo valor, o uso e gozo desse bem, por prazo determinado. **3**. Esse valor.

ar.ren.dar *v* Ceder ou tomar (um bem) por preço previamente ajustado: *arrendar um imóvel*. → **arrendador** (ô) *sm* (aquele que dá em arrendamento), de antôn. *arrendatário*; **arrendatário** *sm* (aquele que toma ou recebe por arrendamento), de antôn. *arrendador*.

ar.re.pen.der-se *v* **1**. Ficar deprimido por ter feito ou ter deixado de fazer alguma coisa: *ele se arrependeu dos pecados*. **2**. Mudar de opinião ou de ideia por alguma razão: *eles iam casar, mas arrependeram-se a tempo*. → **arrependimento** *sm* (ato ou efeito de arrepender-se). (Cuidado para não usar apenas "arrepender": *eu "arrependi" do que fiz!*)

ar.re.pi.ar *v* **1**. Fazer (cabelo) se levantar, eriçar: *essa notícia me arrepiou os cabelos*. **2**. Causar horrores a; fazer ficar com muito medo: *a possibilidade de um maremoto arrepia as populações litorâneas*. **3**. Causar arrepios: *o ruído da lixa no assoalho arrepia*. **arrepiar-se 4**. Ficar arrepiado: *arrepiar-se de medo*. → **arrepiadura** *sf*, **arrepiamento** ou **arrepio** *sm* [**1**. ato ou efeito de arrepiar(-se); **2**. tremor (de medo ou de frio), calafrio].

ar.re.ta.do *adj Pop*.PE Palavra-ônibus que pode significar bonito, formoso, legal, excelente, vistoso, etc.: *carro arretado, garota arretada, penteado arretado, camisa arretada, dia arretado, bom para praia*. (Na Bahia, usa-se *retado*.)

ar.re.ve.sar *v* **1**. Pôr ao avesso: *arrevesar as meias*. **2**. Tornar obscuro, complicar: *é um escritor que arrevesa demais o estilo*. **3**. Dar sentido oposto a, desvirtuar: *não arrevese minhas palavras!* → **arrevesado** *adj* (**1**. posto às avessas; **2**. difícil de entender; obscuro, complicado); **arrevesamento** *sm* (ato ou efeito de arrevesar).

ar.ri.ar *v* **1**. Abaixar, fazer descer: *arriar as calças*. **2**. Dobrar-se, vergar-se: *com tantas frutas, o galho arriou*. **3**. Ir por terra; cair; desabar: *com o ciclone, pequenas construções arriaram*. **4**. Deixar sem força; extenuar; prostrar: *a elevada carga arriou o jegue*. → **arriação** *sf* ou **arriamento** *sm* (ação ou efeito de arriar); **arriado** *adj* (**1**. abaixo, descido: *encontrei-o com as calças arriadas*; **2**. baixado, murcho: *os quatro pneus do carro estavam arriados*; **3**. *fig*. muito cansado; exausto: *esse trabalho me deixou arriado*.

ar.ri.ba.ção *sf* **1**. Migração de aves. **2**. Chegada a um lugar para permanência curta. **3**. Ancoragem de uma embarcação num local imprevisto, por motivo de força maior. → **arribar** *v* (chegar a um lugar, depois de longo percurso, migrar: *as andorinhas arribam, procurando o verão*). ·· **Animais de**

ar.ri.ba.ção. Os que emigram coletivamente. ·· **Aves de arribação**. As que emigram de paragens distantes e vêm geralmente em bandos (as andorinhas, p. ex.).

ar.ri.mo sm **1**. Suporte, apoio. **2**. Proteção, amparo. → **arrimar** v (servir de arrimo ou amparo a; amparar, sustentar: *ele é o filho mais jovem, mas é o que arrima a família*).

ar.ris.car v **1**. Expor ou sujeitar a riscos: *arriscar a vida*. **arriscar(-se) 2**. Expor-se ou sujeitar-se a riscos: *quem não (se) arrisca não petisca*. **arriscar-se 3**. Lançar-se, atirar-se: *arriscar-se num investimento duvidoso*. → **arriscado** adj (em há risco ou perigo; perigoso).

ar.rit.mi.a sf Irregularidade no ritmo normal das batidas do coração. → **arrítmico** adj (caracterizado por arritmia).

ar.ri.vis.ta s2gên Pessoa que quer alcançar sucesso ou fama a qualquer preço, mesmo que para isso tenha de comprometer a própria honra. → **arrivismo** sm (qualidade ou comportamento de arrivista).

ar.ri.zo.tô.ni.co adj Diz-se de vocábulo que tem tonicidade fora do radical (p. ex.: *amamos*). · Antôn.: *rizotônico*.

ar.ro.ba (ô) sf Unidade de peso equivalente a 15kg. → **arrobação** ou **arrobagem** sf (**1**. pesagem por arrobas; **2**. avaliação por arrobas); **arrobar** v (**1**. pesar por arrobas; **2**. avaliar por arroba).

ar.ro.cho (ô) sm **1**. Ato ou efeito de arrochar, aperto. **2**. Pedaço de madeira, torto e curto, com o qual se torcem as cordas, para apertar a carga da cavalgadura. **3**. Aperto ou dificuldade econômica; falta de dinheiro. **4**. Pressão econômica exagerada; redução geral do valor real dos salários. → **arrochar** v [**1**. apertar muito: *arrochar um parafuso*; **2**. pressionar muito economicamente: *arrochar o salário dos professores*; **3**. exigir muito (de subordinados): *aluno não gosta de professor que arrocha*], que não se confunde com *arroxar*.

ar.ro.gân.cia sf Atitude soberba daquele que se acha superior aos outros e, por isso, os despreza. · Antôn.: *modéstia*. → **arrogante** adj e s2gên (que ou pessoa que tem ou mostra arrogância), de antôn. *modesto*.

ar.ro.gar v Atribuir, imputar ou avocar a si próprio (algo), quase sempre indevidamente: *ele se arroga o desplante de criticar a vítima e absolver o agressor; ele se arroga defensor de todas as mulheres*. → **arrogação** sf (ato ou efeito de arrogar).

ar.roi.o (ô) sm Pequeno rio, estreito e raso; riacho, ribeiro, regato, córrego.

ar.ro.jar(-se) v **1**. Atirar(-se) ou lançar(-se) com força; arremessar(-se): *o cavalo arrojou o cavaleiro ao chão; os surfistas se arrojam às enormes ondas, num desafio sem fim*. **arrojar-se 2**. Arriscar-se, atrever-se: *ele se arrojou a praticar esportes radicais*. → **arrojado** adj (**1**. corajoso, ousado; **2**. em que há arrojo; perigoso, arriscado; **3**. que apresenta inovação, vanguardista); **arrojamento** ou **arrojo** (ô) sm [**1**. ato ou efeito de arrojar(-se); **2**. capacidade de fazer uma coisa arriscada sem nenhum medo; ousadia].

ar.ro.lar v Pôr no rol, na lista; listar: *arrolar as peças de roupa que seguirão para a lavanderia*. → **arrolamento** sm (ato ou efeito de arrolar; listagem).

ar.rom.ba sf Canção muito ruidosa, própria para ser tocada com acompanhamento de viola. ·· **De arromba**. Grandioso, sensacional.

ar.rom.bar v **1**. Fazer rombo em; romper: *as águas arrombaram as comportas da represa*. **2**. Abrir à força, quebrando o que estava trancado): *arrombar um cofre*. **3**. Abrir com violência: *arrombar uma porta*. **4**. Fazer em pedaços; despedaçar; quebrar: *vândalos arrombaram os vidros dos bancos, durante a manifestação*. **5**. Arruinar; destruir: *essa mulher arrombou-lhe a vida*. **6**. Tirar a virgindade a, com violência; desvirginar ou deflorar violentamente. → **arrombamento** sm (ato ou efeito de arrombar).

ar.ros.tar v Olhar de frente, sem demonstrar fraqueza ou covardia; enfrentar corajosamente, encarar: *o boxeador brasileiro arrostou o adversário, que era muito mais experiente*.

ar.ro.tar v Soltar pela boca (gases do estômago): *ele chegou arrotando cerveja*. **2**. Alardear, ostentar: *ele só arrota vantagens*. **3**. Dar ou soltar arrotos: *qualquer nenê arrota, depois que mama*. → **arrotação** sf ou **arroto** (ô) sm (**1**. ato ou efeito de arrotar; **2**. emissão barulhenta e pela boca dos gases do estômago; eructação). ·· **Arrotar grandezas**. Contar vantagens (que não tem); jactar-se, vangloriar-se.

ar.rou.bar v **1**. Produzir um estado de êxtase ou grande admiração em (uma pessoa), extasiar, enlevar: *ele fez um discurso que arroubou a plateia*. **arroubar-se 2**. Tomar-se de arroubo, ficar possuído de êxtase ou grande admiração, extasiar-se, enlevar-se: *os brasileiros se arroubaram com o discurso do presidente*. · Mantém o ditongo ou bem pronunciado durante toda a conjugação.) → **arroubamento** ou **arroubo** sm [**1**. ato ou efeito de aroubar(-se); **2**. estado da alma caracterizado por uma interrupção momentânea dos sentidos; êxtase, enlevo].

ar.ro.xar(-se) ou **ar.ro.xe.ar(-se)** v Tornar(-se) roxo: *o frio arroxa as mãos; as mãos se arroxeiam com o frio*. · Arroxear se conjuga por *frear*. (Não se confunde com *arroxar* nem com *arrochar*.)

ar.roz (ô) sm **1**. Planta gramínea, cujo grão é muito usado na alimentação humana. **2**. Esse grão. · Pl.: *arrozes*. · Col.: *arrozal*. · V. **orizicultura**. ·· **Arroz de carreteiro**. Prato típico da culinária paranaense, feito de arroz com carne-seca ou carne de sol desfiada e temperado com salsa, cebolinha, cheiro-verde e cebola, geralmente picados. ·· **Arroz tropeiro**. Arroz cozido em água e sal, a que se junta carne-seca picada.

ar.roz-do.ce sm Doce feito com arroz cozido no leite, que se serve pulverizado com canela. · Pl.: *arrozes-doces*.

ar.ru.a.ça sf Algazarra ou desordem promovida por vadios em lugares públicos; baderna, tumulto. → **arruaçar** v (promover arruaça); **arruaceiro** adj e sm (que ou aquele que promove arruaças; baderneiro).

ar.ru.da sf **1**. Planta de cheiro forte, cultivada no mundo todo por suas propriedades medicinais e muito usada popularmente contra mau-olhado. **2**. Folha dessa planta.

ar.ru.e.la sf Chapa metálica em cujo furo se mete o parafuso para que a porca não desgaste a peça.

ar.ru.i.nar v **1**. Destruir completamente, arrasar: *uma nuvem de gafanhotos arruinou a plantação de milhos*. **2**. Comprometer financeiramente, empobrecer: *o vício do jogo arruinou-lhe a família*. **3**. Comprometer, prejudicar: *extravagâncias arruínam a saúde*. **4**. Encher-se de micróbios, infeccionar: *cuidado com os pearcings, que eles arruínam!* **arruinar-se 5**. Estragar-se, danificar-se: *as estradas se arruínam, com as chuvas*. **6**. Perder-se moralmente, corromper-se: *ele se arruinou no vício das drogas*. · Durante a conjugação, as formas rizotônicas trazem *i* acentuado: *arruíno, arruínas, arruína, arruínam* (pres. do ind.); *arruíne, arruínes, arruíne, arruínem* (pres. do subj.). → **arruinação** sf ou **arruinamento** sm [ato ou efeito de arruinar(-se)].

ar.ru.lho sm Canto de pombo ou de rola, semelhante a um gemido. → **arrulhar** [cantar (o pombo a a rola), soltar arrulhos].

ar.ru.mar v **1**. Deixar em ordem ou com boa apresentação; arranjar, ajeitar: *arrumar a cozinha*. **2**. Conseguir, obter: *arrumar dinheiro*. **3**. Inventar, encontrar: *arrumar uma desculpa para não ir à escola*. **arrumar-se 4**. Melhorar de vida: *casou e se arrumou*. **5**. Amolar-se, danar-se, arranjar-se, estrepar-se: *você votou nele, agora que se arrume!* → **arrumação** sf [ato ou efeito de arrumar(-se)]; **arrumada** ou **arrumadela** sf (arrumação rápida; ajeitada, guaribada); **arrumadeira** sf (mulher que arruma quartos em residências ou em estabelecimentos hoteleiros).

ar.se.nal sm Depósito de material bélico.

ar.sê.ni.co adj e sm **1**. Que ou ácido (H_3AsO_4), altamente tóxico, usado como agente desfolhante e para matar ratos. **2**. Que ou anidrido (As_2O_3), usado mormente como inseticida e herbicida.

ar.sê.nio sm Elemento químico cristalino (As_2O_3), de brilho metálico, extremamente tóxico, usado princ. em preservativos de madeira, ligas e semicondutores.

ar.te v **1**. Atividade criadora do ser humano que produz obras com valor estético; criação, domínio e produção do belo. **2**. Objeto desse domínio, como a pintura, a escultura, a arquitetura, o desenho, a música, a literatura, o teatro, a dança, etc. **3**. Tipo ou categoria de arte. **4**. Conjunto das obras artísticas de uma época ou de um país. **5**. Conjunto de princípios que norteiam um ofício, uma habilidade ou ramo de aprendizado. **6**. Bom gosto. **7**. Travessura, traquinagem. **8**. Arte-final. · V. **artístico**.

ar.te.fa.to ou **ar.te.fac.to** sm Qualquer objeto feito pelo homem com o propósito de uso.

ar.te-fi.nal sf Ilustração gráfica pronta para ser reproduzida graficamente; arte (8). · Pl.: *artes-finais*. → **arte-finalista** s2gên (profissional cujo ofício é finalizar tecnicamente uma peça de *design* ou publicidade, para o fim a que se destina); **arte-finalizar** v (preparar a arte-final de).

ar.tei.ro *adj* Diz-se de criança que faz artes ou brincadeiras desagradáveis aos adultos; peralta, levado, traquinas, travesso. → **arteirice** *sf* (ação de arteiro; travessura, traquinagem).

ar.te.lho (ê) *sm* **1**. Saliência óssea formada pela tíbia e fíbula; tornozelo: *o jogador sofreu uma entorse no artelho*. **2**. Ponto de junção de dois ou mais ossos; articulação. **3**. Cada um dos dedos dos pés; pododáctilo.

ar.té.ria *sf* **1**. Cada um dos vasos que conduzem sangue do coração a todas as partes do corpo. **2**. Importante via de comunicação. · Dim. erudito: *arteríola*. → **arterial** *adj* (**1**. da artéria: *pressão arterial*; **2**. diz-se do sangue rico em oxigênio, por oposição a *venoso*).

ar.te.ri.os.cle.ro.se *sf* Engrossamento e endurecimento das paredes arteriais, impedindo a circulação normal do sangue.

ar.te.são *sm* Aquele que exerce uma arte manual por sua própria conta, sem vínculo empregatício; artífice (1). · Fem.: *artesã*. · Pl.: *artesãos*. → **artesanal** *adj* (de artesão ou de artesanato); **artesanato** *sm* (**1**. obra de artesão; **2**. loja onde se vendem obras de artesão).

ar.te.si.a.no *adj* Diz-se de poço em que a água jorra naturalmente até a superfície.

ár.ti.co *adj* Do Polo Norte. · Antôn.: *antártico*.

ar.ti.cu.lar *adj* **1**. Das articulações. // *v* **2**. Pronunciar distinguindo bem os fonemas ou as sílabas: *fale, articulando bem as palavras!* **3**. Organizar, promover: *articular um encontro entre o presidente e o líder da oposição*. **4**. Unir pelas articulações: *o médico conseguiu articular um osso com outro*. **articular-se 5**. Juntar-se para organizar-se: *o inimigo se articulou rapidamente e contra-atacou*. **6**. Unir-se mediante acordo: *as forças políticas mais sérias do Brasil têm de se articular, para tirar o país da crise*. → **articulação** *sf* [**1**. ato ou efeito de articular(-se); **2**. ponto do corpo no qual se dá a junção de dois ou mais ossos; junta].

ar.ti.cu.lis.ta *s2gên* Pessoa que escreve artigos em jornal, revista, etc.

ar.ti.fi.ce *s2gên* **1**. Pessoa hábil em produzir artefatos ou trabalhos manuais; artesão ou artesã. **2**. Autor(a); praticante: *um adolescente foi o artífice desse crime*. **3**. Idealizador(a); criador(a): *fui um artífice dessa candidatura; ele é o artífice diabólico dessa seita religiosa*. **4**. Oficial(a) mecânico(a).

ar.ti.fi.ci.al *adj* **1**. Que não é natural, que é feito pelo homem: *inteligência artificial; coração artificial*. **2**. Que imita um qualquer ser natural: *flor artificial; isca artificial*. **3**. Realizado por meios não naturais: *inseminação artificial*. **4**. Que não é natural; afetado, fingido. · Antôn.: *natural*. → **artificialidade** *sf* ou **artificialismo** *sm* (qualidade do que é artificial; afetação), de antôn. *naturalidade*; **artificializar(-se)** *v* [tornar(-se) artificial].

ar.ti.fí.cio *sm* **1**. Recurso ou meio indireto de se conseguir um intento; manha; artimanha. **2**. Aquilo que é artificial. · **Fogos de artifício**. Sequência de tiros ou disparos que detonam com efeitos luminosos, promovendo uma festa em pleno ar.

ar.ti.go *sm* **1**. Divisão de tratado, lei, contrato, etc. **2**. Peça escrita para ser publicada em jornal ou revista. **3**. Mercadoria. **4**. Palavra que antecede e determina o substantivo (p. ex.: *o livro, um livro*). · Dim. irregular (1): *artiguete*; (2): *artiguelho* (pej.). · V. **articulista**.

ar.ti.lha.ri.a *sf* **1**. Conjunto de armas de fogo de grosso calibre usadas em operações bélicas terrestres. **2**. Setor do Exército que usa tais armas. **3**. Ciência que ensina as regras para utilização dessas armas. **4**. Fogo despedido por essas armas.

ar.ti.lhei.ro *sm* **1**. Soldado da arma de artilharia. **2**. Jogador que mais gols consegue fazer num jogo ou num campeonato inteiro; goleador.

ar.ti.ma.nha *sf* Atitude esperta e calculada, para enganar; trapaça, manha, artifício.

ar.tis.ta *s2gên* **1**. Pessoa que pratica ou cultiva alguma das belas-artes. **2**. Pessoa que trabalha em cinema, televisão, teatro ou circo representando. **3**. Pessoa que faz alguma coisa com muita perfeição. → **artístico** *adj* [**1**. da(s) arte(s) ou do(s) artista(s); **2**. feito com arte].

ar.tri.te *sf* Inflamação das articulações, com muita dor. → **artrítico** *adj* (rel. a artrite) e *adj* e *sm* (que ou aquele que tem artrite ou artritismo); **artritismo** *sm* (reumatismo nas articulações).

ar.tró.po.de *sm* **1**. Espécime dos artrópodes, animais invertebrados que compreendem insetos, aracnídeos, crustáceos e miríápodes. // *adj* **2**. Desse espécime ou desses animais.

ar.tro.se *sf* Doença que causa deformações nas articulações.

Aruba *sf* Pequeno país insular da costa venezuelana de apenas 180km², pertencente aos Países Baixos. → **arubano** *adj* e *sm*.

a.run.di.ná.ceo *adj* Relativo, semelhante ou pertencente às arundináceas, gênero de plantas cujo tipo é a cana-de-açúcar. → **arundíneo** *adj* (feito de cana-de-açúcar); **arundinoso** (ó; pl.: ó) *adj* (**1**. que produz canas-de-açúcar; **2**. abundante em canas-de-açúcar).

ar.vo.a.do *adj Pop*. Sem juízo; desatinado: *viver um arvoado amor*.

ár.vo.re *sf* Planta de grande porte, que tem um tronco de muitos galhos e ramos na parte superior. · Col.: *arvoredo, bosque, floresta*. · Dim. irregular: *arvoreta* (ê). · V. **arbóreo, arborícola, arborizar, arbusto** e **arvorismo**. → **arvoragem** *sf* [ato ou efeito de arvorar(-se)]; **arvorar** *v* (**1**. pôr a prumo; **2**. erguer em triunfo) **arvorar-se** (**3**. elevar-se (a cargo, posto, etc.); assumir por autoridade própria (título, encargo, missão, etc.)].

ar.vo.ris.mo ou **ar.bo.ris.mo** *sm* Atividade de aventura ou esporte radical que consiste em atravessar plataformas montadas no alto das árvores, ultrapassando diversos tipos de obstáculos, como pontes suspensas (feitas de corda), redes, troncos, discos de madeira, cabos, escadas, tirolesas, etc.

ás *sm* **1**. Carta de baralho, pedra de dominó ou face do dado com um só ponto marcado. **2**. Pessoa que se destaca em sua atividade.

a.sa *sf* **1**. Cada um dos dois órgãos de voo de aves, morcegos, insetos, etc. **2**. Cada uma das partes laterais de uma aeronave encarregadas de lhe sustentar o voo. **3**. Parte saliente de certos utensílios pela qual se pegam; alça. · Dim.: *aselha* (irregular), *álula* (erudito). → **asado** (alado).

a.sa-del.ta *sf* **1**. Planador ultraleve para a prática de voo livre; deltaplano. **2**. *Pop*. Tipo de biquíni feminino bem cavado na parte inferior e mais largo na superior traseira. // *adj* **3**. Diz-se desse tipo de biquíni: *biquínis asa-deltas*. · Pl.: *asas-deltas* ou *asas-delta*. (O adjetivo faz no plural *asa-deltas*, como se viu.)

a.sa-ne.gra *s2gên* **1**. Pessoa que tem olho-grande e, quando está próxima, só prejudica os negócios de outra; pessoa que dá azar: *o treinador ora demitido era o asa-negra de Rivaldo*. // *sf* **2**. Oponente que sempre oferece grande dificuldade para vencê-lo ou que sempre traz dissabores: *o Cruzeiro perdeu novamente para a sua asa-negra, o América; o Guaraní paraguaio já foi a asa-negra do Corinthians*. · Pl.: *asas-negras*.

as.bes.to (ê) *sm* Mineral cinzento, fibroso, usado em material à prova de fogo, sendo o amianto a sua variedade mais pura. → **asbestose** *sf* (doença crônica e progressiva do pulmão, causada por inalação prolongada de partículas de asbestos).

as.cen.dên.cia *sf* **1**. Conjunto de todas as gerações passadas numa dada família; ascendentes, ancestrais, antepassados. **2**. Autoridade moral; influência, prestígio. · Antôn. (1): *descendência*.

as.cen.den.te *adj* **1**. Que sobe. // *sm* **2**. Pessoa de quem se descende. // *smpl* **3**. Linha genealógica formada pelo pai, avô, bisavô e trisavô; antepassados, ancestrais, ascendência (1). · Antôn.: *descendente*.

as.cen.der *v* Subir, elevar-se: *ascender ao quinto andar de um prédio*. · Antôn.: *descender*. → **ascendimento** *sm* ou **ascensão** *sf* (ato ou efeito de ascender; subida, elevação), de antôn. *descida*; **ascensional** *adj* (rel. a ascensão).

as.cen.sor (ô) *sm* Cabina que, numa obra ou construção, sobe e desce, transportando operários ou cargas. → **ascensorista** *adj* e *s2gên* (que ou pessoa que é encarregada de manejar elevador).

as.ce.se *sf* Exercício espiritual de penitência, meditação e devoção religiosa. → **asceta** *s2gên* (pessoa que se consagra à ascese); **asceticismo** ou **ascetismo** *sm* (doutrina moral que propugna por uma vida austera, pela renúncia às coisas terrenas e pela luta contra os impulsos carnais); **ascético** *adj* (**1**. rel. a ascetas ou a ascetismo; **2**. diz-se da pessoa que pratica o asceticismo; **3**. *fig*. diz-se de pessoa muito sisuda ou austera).

as.ci.te *sf* Barriga d'água. → **ascítico** *adj* (rel. a ascite) e *adj* e *sm* (que ou aquele que sofre de ascite).

as.co *sm* Repugnância por tudo o que contraria violentamente o gosto ou a mente; nojo, repulsa. · V. **asqueroso**.

as.cór.bi.co *adj* Diz-se do ácido encontrado nas frutas cítricas e em certos vegetais, também conhecido como vitamina C.

as.fal.to *sm* Substância negra e viscosa, derivada do petróleo bruto, usada principalmente na pavimentação de ruas e estradas. → **asfaltagem** *sf* ou **asfaltamento** *sm* (ação ou efeito de asfaltar); **asfaltar** *v* (cobrir com asfalto); **asfáltico** *adj* (rel. a asfalto ou que o contém).

as.fi.xi.a (x = ks) *sf* Sufocação, falta de ar. → **asfixiar(-se)** *v* [sufocar(-se)].

Ásia *sf* O maior dos continentes, localizado no hemisfério oriental. → **asiático** *adj* e *sm*.

a.si.lo *sm* **1**. Lugar de segurança, onde o cidadão de um país pode se proteger de perseguição, por motivo político; refúgio político. **2**. Casa de assistência social onde velhos ou crianças sem recurso ficam morando. → **asilado** *adj* e *sm* (**1**. que ou aquele que está internado em asilo; **2**. que ou aquele que recebeu asilo ou refúgio; refugiado); **asilar** *v* (**1**. dar asilo, refúgio ou proteção a; **2**. recolher em asilo: *asilar idosos*) **asilar-se** (**3**. tomar asilo; refugiar-se, abrigar-se, proteger-se de perseguição política: *o presidente iraquiano queria asilar-se no Brasil*).

a.si.ni.no *adj* **1**. Relativo a asno ou próprio dele; de asno: *atitude asinina*. **2**. Que tem grande dificuldade para aprender, compreender e julgar por absoluta falta de inteligência; burro, estúpido: *políticos asininos*.

as.ma *sf* Doença crônica do aparelho respiratório, que provoca tosse e dificuldade de respirar. → **asmático** *adj* (rel. a asma) e *adj* e *sm* (asmento); **asmento** *adj* e *sm* (que ou aquele que sofre de asma).

as.no *sm* **1**. Animal semelhante ao cavalo, de porte menor, orelhas compridas e crina curta; burro, jegue, jerico, jumento. **2**. Homem tolo, estúpido, burro, idiota. · Fem.: *asna*. · Aum.: *asneirão*. · V. **asinino**. → **asneira** ou **asnice** *sf* (palavra, ideia, ação ou atitude sem nenhum cabimento, que se diz ou se faz por ignorância ou por falta de bom senso; tolice, besteira, burrice, estupidez).

as.par.go *sm* **1**. Planta herbácea cujos brotos, macios e carnosos, são usados princ. em saladas. **2**. Esse broto.

as.pas *sfpl* Sinal gráfico ou ortográfico com que se abrem e fecham citações, transcrições, estrangeirismos, arcaísmos, neologismos, vulgarismos, etc. → **aspar** ou **aspear** *v* (colocar entre aspas), sendo este conjugado por *frear*.

as.pec.to ou **as.pe.to** *sm* **1**. Cada uma das características particulares de uma pessoa ou coisa; faceta, lado, elemento: *o aspecto financeiro é importante em qualquer circunstância; pensei no problema sob todos os aspectos; o divórcio afetou todos os aspectos de sua vida; analisei os aspectos de sua personalidade*. **2**. Aparência de pessoa ou coisa; ar: *os óculos lhe emprestam um aspecto erudito; o aspecto ameaçador do céu escuro*. **3**. Expressão facial; semblante, fisionomia: *ela tem um aspecto tristonho*. **4**. Ponto de vista; maneira de ver ou pensar; ângulo: *vejo o problema sob outro aspecto*. **5**. Em gramática, forma de um verbo que mostra como o seu significado é considerado em relação ao tempo, expressando se a ação é completa, repetida ou contínua (p. ex., na frase *ela estava rindo*, o verbo está no aspecto progressivo, pois mostra que a ação estava em progressão).

as.per.gir *v* **1**. Borrifar, salpicar ou respingar gotículas ou aerossóis em: *aspergir as flores*. **2**. Borrifar de (água benta): *aspergir os fiéis*. · Conjuga-se por *ferir: aspirjo, asperges*, etc., mas a 1.ª pessoa é frequentemente substituída pela correspondente do v. *asperger* (aspergo), o que acarreta modificação em todo o pres. do subj. → **aspergimento** ou **aspersão** *sf* (ato ou efeito de aspergir; borrifo); **aspersório** *sm* (instrumento usado para aspergir; hissope).

ás.pe.ro *adj* **1**. Quem tem a superfície grosseira, desigual, irregular e, por isso, impressiona desagradavelmente o sentido do tato. **2**. Que impressiona mal qualquer sentido. **3**. Que ofende o amor-próprio ou a dignidade. **4**. Rude, grosseiro, bruto. · Superl. abs. sint. erudito: *aspérrimo*. · Antôn. (1): *liso, suave*; (2): *gostoso, agradável*; (3): *amável, agradável*; (4): *doce, meigo*. **aspereza** (ê) *sf* (qualidade ou condição de áspero).

ás.pi.de *sf* Pequena serpente, semelhante à víbora.

as.pi.rar *v* **1**. Meter nos pulmões (pela boca ou pelo nariz) qualquer matéria gasosa; respirar: *aspirar ar puro*. **2**. Absorver (em aparelho apropriado): *aspirar o pó do tapete*. **3**. Pronunciar guturalmente: *aspirar o h*. **4**. Desejar ardentemente (algo que favoreça), querer muito, pretender ardorosamente, ansiar: *aspirar a um diploma; aspirar a uma vida melhor*. · Antôn. (1): *expirar*. → **aspiração** *sf* (ato ou efeito de aspirar); **aspirador** (ô) *sm* (redução de *aspirador de pó*, aparelho eletrodoméstico que aspira pó, partículas de lixo, etc.); **aspirante** *adj* (que aspira) e *s2gên* (**1**. pessoa que é aluna das escolas militares, destinada ao serviço do Exército ou da Marinha, onde entra no posto de oficial; **2**. atleta juvenil que aguarda vaga nas equipes principais, princ. de futebol).

as.pi.ri.na *sf* Droga usada para contra dores e para combater a febre.

as.que.ro.so (ô; pl.: ó) *adj* Que causa asco. repulsa, repugnância ou nojo; repugnante; nojento. · Antôn.: *atraente*. **asquerosidade** *sf* (qualidade ou estado do que é asqueroso).

as.sa.car *v* Inventar ou levantar calúnia (contra alguém): *ela me assacou atos que não pratiquei*.

as.sa.la.ri.ar(-se) *v* Contratar ou ser contratado para realizar trabalho mediante salário: *assalariar trabalhadores, sem assinar-lhes a carteira de trabalho; ele resolveu assalariar-se, depois de anos trabalhando como autônomo na empresa*. → **assalariação** *sf* ou **assalariamento** *sm* [ato ou efeito de assalariar(-se)]; **assalariado** *adj* (remunerado com salário: *trabalho assalariado*) e *adj* e *sm* (que ou aquele que trabalha mediante salário).

as.sal.to *sm* **1**. Ataque de surpresa e repentino. **2**. Cada uma das fases em que se divide uma luta de boxe. → **assaltador** (ô) *adj* e *sm* ou **assaltante** *adj* e *s2gên* (que ou pessoa que assalta); **assaltar** *v* (**1**. tomar de assalto, para garantir posição; **2**. atacar de repente e de surpresa, para roubar).

as.sa.nhar *v* **1**. Despertar a agressividade de: *não assanhe o leão!* **2**. Despertar a libido de: *mulher de fio-dental assanha os homens*. **assanhar-se 3**. Tornar-se agressivo: *o leão se assanhou na jaula, por causa das pessoas*. **4**. Comportar-se de modo provocante: *quando viram o ator, as fãs se assanharam*. → **assanhação** *sf*, **assanhamento** ou **assanho** *sm* [ato ou efeito de assanhar(-se)]; **assanhado** *adj* (**1**. cheio de sanha ou de fúria; raivoso, furioso; **2**. *fig*. atrevido).

as.sar *v* **1**. Cozinhar em forno, expondo à ação do calor: *assar um peru*. **2**. Provocar assadura ou inflamação em: *o calor assa os bebês*. → **assadeira** *sf* [utensílio de cozinha, com ou sem furo no centro, próprio para assar alimentos (pães, bolos, etc.); tabuleiro (2)]; **assado** *adj* (que se assou) e *sm* (pedaço de carne assada); **assadura** *sf* (irritação da pele, princ. nas dobras ou na região interna das coxas).

as.sas.si.no *adj* **1**. Que causa ou causou a morte. // *adj* e *sm* **2**. Que ou quem matou (pessoa) intencionalmente. // *sm* **3**. Destruidor. → **assassinar** *v* [matar, geralmente com premeditação (ser humano)]; **assassinato** ou **assassínio** *sm* (ato de matar um ser humano premeditadamente; homicídio intencional).

as.saz *adv* **1**. Em alto grau; muito, bastante: *caso assaz curioso*. // *pron* **2**. Muito: *falar com assaz sinceridade*.

as.se.ar(-se) *v* Tornar(-se) limpo; limpar(-se): *asseie sempre as mãos antes das refeições!; as cozinheiras devem assear-se antes de ir para a cozinha*. · Antôn.: *sujar*. · Conjuga-se por *frear*. → **asseado** *adj* (que está sempre limpo), de antôn. *sujo, imundo*; **asseamento** ou **asseio** *sm* [ato ou efeito de assear(-se)].

as.se.cla *s2gên* Pessoa que segue uma corrente (partidária, religiosa, de opinião, etc.) com subserviência.

as.se.di.ar *v* **1**. Pôr assédio ou cerco a (praça de guerra ou lugar fortificado). **2**. Importunar ou incomodar com pretensões, perguntas, propostas ou pedidos insistentes: *os repórteres assediam o ministro, em busca de informações*. **assédio** *sm* (ato de assediar). ·· **Assédio moral**. **1**. Exposição de alguém a situação humilhante e constrangedora, repetitiva e prolongada, durante a jornada de trabalho, provocando vergonha, insegurança e estresse. **2**. *Bullying*. ·· **Assédio sexual**. Crime que consiste em superior hierárquico prevalecer-se de sua posição para constranger uma pessoa subalterna, com insistência e impertinência inoportunas, a fim de obter dela favorecimento sexual.

as.se.gu.rar *v* **1**. Tornar seguro ou firme: *é um tratado que assegura a paz entre os dois povos*. **2**. Afirmar com segurança, mostrando convicção íntima; garantir: *asseguro-lhe que ainda vou casar com ela*. **assegurar-se 3**. Ficar certo de alguma coisa, certificar-se: *antes de ir dormir, assegurei-me de que todas as portas e janelas estavam fechadas*. → **asseguração** *sf* ou **asseguramento** *sm* [ato ou efeito de assegurar(-se)].

as.sei.da.de *sf* **1**. Caráter ou natureza do ser que existe por si mesmo, sem necessitar de outro para existir. **2**. A absoluta autossuficiência, independência e autonomia de Deus; atributo divino tradicional pelo qual Deus existe de e a partir de si mesmo.

as.sei.o *sm* **1**. Ato ou efeito de assear(-se); asseamento. **2**. Higiene, limpeza: *ela capricha no asseio do corpo*. **3**. Apuro no trajar; esmero, alinho: *governador que se veste com asseio*. · Antôn. (2): *sujeira*; (3): *desleixo, displicência*.

as.sem.blei.a (éi) *sf* **1**. Reunião mais ou menos solene de muitas pessoas, para tomada de decisões. **2**. Redução de *assembleia legislativa*. ·· **Assembleia legislativa**. **1**. Prédio ou lugar em que se reúnem os deputados estaduais; assembleia (2). **2**. Conjunto dos deputados estaduais desse prédio; assembleia (2).

as.se.me.lhar ou **se.me.lhar** v **1**. Tornar semelhante ou parecido: *a convivência acaba assemelhando as pessoas*. **assemelhar-se** ou **semelhar-se 2**. Ser semelhante, parecer-se: *ele se assemelha demais com o pai*. → **assemelhação** *sf* [ato ou efeito de assemelhar(-se)]; **assemelhado** ou **semelhado** *adj* (parecido, semelhante) e *smpl* (artigos semelhantes a outros, já mencionados: *se a construtora não encontrar os pisos e azulejos arrolados neste memorial descritivo, substituí-los-á por semelhados*).

as.se.nho.re.ar-se *v* Tomar posse como senhor ou dono; apropriar-se indevidamente; apossar-se; apoderar-se: *assenhorear-se do dinheiro público*. · Conjuga-se por *frear*. → **assenhoreamento** *sm* (ato ou efeito de assenhorear-se).

as.sen.tar *v* **1**. Pôr num assento; sentar: *assentou os filhos e começou a falar*. **2**. Pôr com acerto, de modo conveniente e seguro: *assentar tijolos*. **3**. Armar, montar: *assentar um acampamento*. **4**. Tomar nota por escrito; anotar, registrar: *assentar as despesas num caderno*. **5**. Determinar ou estipular por escrito: *assentar as bases de um contrato*. **6**. Aplicar, desferir: *assentar um tapa em alguém*. **7**. Amoldar-se ao corpo; cair, ajustar-se: *esse vestido lhe assenta bem*. **8**. Baixar ou depositar-se (diz-dos líquidos, do pó, poeira, areia, etc.): *deixe a poeira assentar!* **9**. Fixar em determinado lugar: *o governo assentou várias famílias este ano*. **10**. Conservar arrumado ou fixar (cabelo): *usou um produto para assentar o cabelo*. **11**. Ganhar juízo ou maturidade; sossegar: *só assentou quando completou vinte anos*. **11**. Tornar-se plano (solo); aplainar: *depois de tanto trabalho, o terreno assentou*. **assentar-se 12**. Tomar assento; sentar-se: *por favor, assente-se aqui!* **13**. Fixar-se em determinado lugar: *os sem-terras assentaram-se em propriedade alheia*. → **assentador** (ô) *adj* e *sm* (que ou operário que assenta azulejos, pisos, pedras, etc.) e *sm* (pedaço de pau com couro em um dos lados, próprio para assentar fio de navalhas); **assentamento** *sm* [ato ou efeito de assentar(-se)]; **assento** *sm* [**1**. qualquer móvel ou lugar que sirva para sentar-se com alguma comodidade (banco, cadeira, poltrona, etc.); **2**. parte desse móvel ou lugar na qual se senta; **3**. base do tronco no corpo; traseiro, nádegas], que não se confunde com *acento*.

as.sen.tir *v* Concordar, consentir; anuir: *a mãe assentiu no namoro da filha*. · Conjuga-se por *ferir*. → **assentimento** *sm* (ato ou efeito de assentir; anuência, concordância, consentimento).

as.sep.si.a *sf* Limpeza que se faz num local para deixá-lo higiênico, livre de bactérias que possam causar infecção; desinfecção. → **assepsiar** *v* (proceder à assepsia de; desinfetar); **asséptico** *adj* (**1**. rel. à assepsia; **2**. isento de qualquer germe; sem bactérias que possam causar infecção).

as.ser.ção, **as.ser.ti.va** *sf* ou **as.ser.to** (ê) *sm* Afirmação absolutamente certa, que não se pode contestar. → **assertividade** *sf* (qualidade ou condição de assertivo); **assertivo** *adj* (**1**. diz-se da pessoa firme, segura e direta na exposição e defesa de suas intenções e posições, sem ser hostil ou causar constrangimentos, respeitando os direitos e opiniões alheias; **2**. afirmativo, declarativo; **3**. categórico, taxativo). (*Assertividade* não tem, como se vê, nada com *acerto*, mas com afirmação categórica, taxativa.)

as.ses.sor (ô) *sm* Aquele que trabalha junto de um superior para fazer sugestões ou aconselhar; auxiliar, adjunto, assistente. → **assessoramento** *sm* ou **assessoria** (1) *sf* (ato ou efeito de assessorar); **assessorar** *v* (servir como assessor de; auxiliar, assistir); **assessoria** *sf* (**1**. assessoramento; **2**. cargo ou função de assessor; **3**. conjunto dos assessores; **4**. empresa ou instituição especializada na coleta e análise de certos dados, de interesse empresarial ou governamental).

as.se.ve.rar *v* Afirmar com certeza ou segurança; assegurar: *todos os ambientalistas asseveram que é preciso preservar a natureza, mas o homem parece surdo a isso*. → **asseveração** *sf* (ato ou efeito de asseverar; afirmativa feita com toda a segurança; afirmativa segura); **asseverativo** *adj* (afirmativo, positivo).

as.se.xu.a.do (x = ks) *adj* **1**. Que não possui órgãos sexuais. // *adj* e *sm* **2**. Que ou aquele que não tem desejo sexual nem quer vida sexual (que não se confunde com o *assexual*).

as.se.xu.a.li.da.de (x = ks) *sf* Ausência de atração sexual por qualquer pessoa, independentemente do sexo. → **assexual** *adj* e *s2gên* (que ou pessoa que se caracteriza pela assexualidade, que não se confunde com o *assexuado*. (O/A *assexual* é capaz de amar e de se envolver com outra pessoa, em namoro ou até em casamento, mas com a condição de não haver contato sexual com penetração, admitidos, porém, a masturbação e o sexo oral.)

as.sí.duo *adj* **1**. Que se faz presente com regularidade em determinado lugar; que não falta; habitual: *ser frequentador assíduo de bibliotecas*. **2**. Que não falta a suas obrigações; diligente; aplicado: *professor assíduo e pontual*. **3**. Constante; contínuo; regular: *ele sempre teve um comportamento assíduo entre os amigos*. · Antôn. (1): *inabitual*; (2): *negligente*; (3): *irregular*, *inconstante*. → **assiduidade** *sf* (qualidade ou caráter de quem é assíduo).

as.sim *adv* **1**. Deste, desse ou daquele modo (indicando estranheza ou admiração): *não fale assim com seu pai!* **2**. Igualmente, da mesma forma: *conheces a fidelidade canina? assim sou eu*. **3**. Dessa classe ou qualidade: *a um jogo assim não se assiste todo dia*. **4**. Desse modo: *assim você me machuca!* **5**. *Pop*. Cheio: *a festa estava assim de mulheres!* // *conj* **6**. Portanto, desta forma: *está se armando uma tempestade, assim vamos nos precaver!* ·· **Assim como**. Bem como; como. ·· **Assim que**. Quando; logo que.

as.si.me.tri.a *sf* **1**. Falta de proporção ou de simetria: *a assimetria dos seios*. **2**. Falta de conformidade ou de identidade; disparidade: *a assimetria entre a matéria e a antimatéria é uma das questões mais intrigantes do nosso universo*. **3**. Desigualdade, diferença: *existe notável assimetria entre o macho e a fêmea*. → **assimétrico** *adj* (**1**. rel. a assimetria; **2**. que não tem simetria, desproporcional; **3**. diferente, desigual; **4**. diz-se de modelo de roupa que proporciona linhas diferentes de um lado para o outro).

as.si.mi.la.ção *sf* **1**. Ato ou efeito de assimilar, ou seja, de fazer com que duas ou mais coisas diferentes se tornem semelhantes ou idênticas. **2**. Transformação de nutrientes em tecido vivo do corpo; metabolismo construtivo. **3**. Em gramática, processo eufônico pelo qual um som ou fonema, influenciado pelo contíguo ou vizinho (geralmente posterior), se torna idêntico ou semelhante a este (p. ex.: o pref. *in-* torna-se *im-* em *impossível*, por assimilação da bilabial *p*, de *possível*). **4**. Processo pelo qual um grupo minoritário adota gradualmente as atitudes, os usos e costumes de uma cultura predominante. · Antôn. (3): *dissimilação* (2). → **assimilativo** *adj* (**1**. que causa assimilação; **2**. caracterizado por assimilação); **assimilar** *v* [**1**. produzir a assimilação de; **2**. tornar semelhante; identificar; **3**. absorver e incorporar; **4**. absorver na mente; **5**. Em gramática, absorver e incorporar (um fonema a outro, pela proximidade)]. **assimilar-se 6**. (identificar-se; assemelhar-se).

as.si.na.lar *v* **1**. Marcar com sinal: *assinalar o local de um acidente*. **2**. Identificar por um sinal: *uma cruz assinala o local do acidente*. **assinalar-se 3**. Sobressair, destacar-se; evidenciar-se; distinguir-se: *essa freira se assinalou pela dedicação aos pobres*. → **assinalação** *sf* ou **assinalamento** *sm* [ato ou efeito de assinalar(-se)].

as.si.nan.te *adj* e *s2gên* **1**. Que ou pessoa que assina qualquer papel ou documento. **2**. Que ou pessoa que assina um periódico.

as.si.nar *v* **1**. Escrever (o próprio nome) de modo pessoal, num escrito ou documento, para assumir a responsabilidade do seu conteúdo; firmar: *assinar um cheque*. **2**. Tomar assinatura de (jornal, revista, TV por cabo, etc.): *você assina alguma revista?* **3**. Escrever (o próprio nome): *ele ainda não sabe assinar o nome*. **assinar-se 4**. Escrever o próprio nome de modo pessoal: *como você se assina: Luís ou Luiz?* **assinação** *sf* [ato ou efeito de assinar(-se); assinatura (1)]; **assinante** *adj* e *s2gên* (**1**. que ou pessoa que assina qualquer papel ou documento; **2**. que ou pessoa que assina um jornal, revista, tv por cabo, etc.).

as.si.na.tu.ra *sf* **1**. Ato ou efeito de assinar(-se). **2**. Nome escrito de modo pessoal em documento, certidão, etc. **3**. Acordo formal que dá direito a receber periódico, serviços, etc. por certo tempo mediante preço previamente ajustado. **5**. Preço desse acordo.

as.sin.de.to *sm* Supressão da conjunção coordenativa num período (p. ex.: *Vim, vi, provei, não gostei*). · Antôn.: *polissíndeto*. → **assindético** *adj* (rel. ao assíndeto).

as.sí.rio *adj* **1**. Da Assíria, império da antiga Ásia. // *adj* e *sm*. **2**. Natural ou habitante da Assíria.

as.si.sa.do *adj* Que tem siso ou juízo; ajuizado: *filho assisado*.

as.sis.tir *v* **1**. Prestar assistência a; ajudar socialmente: *é um governo que assiste os pobres*. **2**. Auxiliar; ajudar no trabalho de: *vários assessores assistem o presidente*. **3**. Estar presente; presenciar, ver: *assisti a um bom filme ontem*. **4**. Caber, tocar, pertencer: *esse direito não lhe assiste*. → **assistência** *sf* (**1**. ato ou efeito de assistir; **2**. conjunto de assistentes; plateia); **assistencial** *adj* (rel. à assistência); **assistente** *adj* e *s2gên* (**1**. que ou pessoa que assiste ou auxilia alguém; ajudante; **2**. que ou pessoa que assiste ou vê um programa, evento, etc.). ·· **Assistente de arbitragem**. Auxiliar de arbitragem, em futebol; bandeirinha. ·· **Assistente social**. Profissional de assistência social encarregado(a) de assistir e aconselhar os membros de uma comunidade, na resolução de problemas de ordem moral, médica ou material.

as.so.a.lho ou **so.a.lho** *sm* Revestimento de madeira que se coloca sobre o piso de um aposento. → **assoalhamento** ou **soalhamento** *sm* (ato ou efeito de assoalhar); **assoalhar** ou **soalhar** *v* (cobrir com assoalho ou soalho).

as.so.an.tes *sfpl* Vocábulos ou palavras que têm a mesma vogal tônica, mas consoantes distintas depois delas (p. ex.: *casa* e *fada*).

as.so.ar *v* 1. Fazer sair (secreção) do nariz, mediante impulso expiratório: *assoe o nariz no lenço!* **assoar-se** 2. Limpar-se da secreção nasal, mediante impulso expiratório: *procure sempre assoar-se no lenço!* · Conjuga-se por *abençoar*.

as.so.ber.ba.do *adj* 1. Dominado pela soberba; soberbo, arrogante, altivo, orgulhoso. 2. Sobrecarregado (de trabalho, afazeres, etc.). → **assoberbamento** *sm* [ato ou efeito de assoberbar(-se)]; **assoberbar(-se)** *v* [1. tornar(-se) soberbo; 2. sobrecarregar(-se) de trabalho].

as.so.bi.o ou **as.so.vi.o** *sm* Som agudo que uma pessoa emite comprimindo o ar entre os lábios. → **assobiar** ou **assoviar** *v* [1. executar (música) mediante assobio; 2. produzir som fazendo o ar comprimido passar entre os lábios].

as.so.ci.ar *v* 1. Reunir em sociedade: *associar poetas*. 2. Ver alguma relação em: *ele associou o crescimento do Brasil ao desempenho do governo*. 3. Tornar sócio: *ele associou o filho ao Palmeiras*. 4. Combinar (medicamentos). **associar-se** 5. Reunir-se em sociedade: *associei-me ao Palmeiras*. 6. Manifestar solidariedade; solidarizar-se: *associo-me à sua dor pela morte de seu filho*. 7. Reunir-se em cooperação; unir-se com espírito de solidariedade: *associar-se a nós na defesa da natureza!* → **associação** *sf* [1. ato ou efeito de associar(-se); 2. reunião ou união de esforços de pessoas com um fim comum: *uma associação de moradores*; 3. pessoa jurídica sem fim lucrativo; clube; agremiação; sociedade; 4. relação; conexão: *associação de ideias*. 5. combinação de medicamentos]; **associado** *adj* e *sm* (que ou aquele que é membro de um clube ou organização; sócio); **associativo** *adj* (rel. a associação).

as.so.lar *v* Devastar, arrasar, arruinar: *o terremoto assolou a região*. → **assolação** *sf* ou **assolamento** *sm* (ação ou efeito de assolar; devastação, ruína).

as.so.mar *v* 1. Mostrar-se ou aparecer (em lugar elevado): *quando o Papa assomou à janela da basílica, o povo aplaudiu*. 2. Aparecer, surgir: *eis a Lua, que entre as nuvens assoma!* 3. Subir (a lugar elevado): *quando assomou ao palanque, foi vaiado*. · V. **assomo**.

as.som.brar *v* 1. Causar assombro ou grande admiração; maravilhar: *a beleza da mulher brasileira assombra os turistas*. 2. Causar susto ou medo a; assustar, amedrontar: *a violência nas cidades brasileiras assombra os turistas*. **assombrar-se** 3. Ficar espantado ou admirado: *o povo se assombra de ver tanta corrupção*. 4. Assustar-se, atemorizar-se: *as crianças se assombram com esses filmes de terror*. // **assombração** *sf* [1. ato ou efeito de assombrar(-se); assombramento; 2. alma que assombra ou apavora; fantasma, aparição]; **assombramento** *sm* [assombração (1)]; **assombro** *sm* (1. grande susto ou temor; pavor; 2. maravilha; 3. grande admiração; espanto, pasmo; 4. *fig.* pessoa que se destaca em alguma coisa; portento, prodígio); **assombroso** (ô; pl.: ó) *adj* (1. que causa assombro, admiração ou surpresa; admirável, magnífico; *as pirâmides são construções assombrosas*; 2. que produz assombro ou pavor; pavoroso, horroroso, dantesco: *cena assombrosa*).

as.so.mo *sm* 1. Ato ou efeito de assomar ou aparecer. 2. Ligeiro ataque: *ter um assomo de raiva, de estupidez*. 3. Indício; vislumbre; sinal: *ter um assomo de sensatez*.

as.so.nân.cia *sf* 1. Semelhança de sons em palavras ou sílabas (p. ex.: *nós/noz*). 2. Rima apenas de vogal tônica (p. ex.: *casa/fada; vento/quente; triste/misto*). · V. **assoantes** e **consonância**.

as.so.prar ou **so.prar** *v* 1. Dirigir o sopro contra: *assoprar o fogo*. 2. Dirigir o sopro para dentro de; encher, inflar: *soprar um balão*. 3. Dizer em voz baixa, para que ninguém ouça: *soprei a resposta certa para ela, durante a prova*. **assopro** (ô) ou **sopro** (ô) *sm* (ato de assoprar ou soprar).

as.so.re.a.men.to *sm* 1. Processo de elevação da superfície do leito dos rios, portos e reservatórios, devido à deposição de sedimentos (acúmulo de areia, terra, etc.), causada por enchentes, construções, marés fortes, etc. 2. Ação ou método de aterrar por processo mecânico, quando se constroem barragens, diques, praias, etc. → **assorear** *v* (proceder ao assoreamento de), que se conjuga por *frear*.

as.su.ã ou **su.ã** *sf* 1. Carne da parte inferior do lombo do porco. 2. Espinha ou vértebra desse animal abatido.

as.su.mir *v* 1. Chamar ou tomar para si: *assumir uma responsabilidade*. 2. Mostrar, aparentar: *de repente, ele assumiu um ar sério*. 3. Responsabilizar-se por: *assumir as despesas da casa*. 4. Entrar no exercício de: *assumir um cargo*. 5. Aceitar como verdadeiro, reconhecer publicamente: *ele já assumiu que é homossexual*. 6. Arcar com as consequências de: *assuma o erro que cometeu!* **assumir-se** 7. Aceitar, mostrar ou reconhecer publicamente determinado estado ou condição; declarar-se, revelar-se: *ele não se assume gay por nada*. · V. **assunção**. → **assumido** *adj* e *sm* (que ou aquele que aceitou plenamente sua condição, no que se refere à ideologia, preferência sexual, moral, etc.).

as.sun.ção *sf* 1. Ato ou efeito de assumir. 2. Elevação, subida. (Não se confunde com *ascensão*.) **Assunção** 3. Festa eclesiástica comemorativa da elevação da Virgem aos céus.

Assunção *sf* Capital e a maior cidade do Paraguai. → **assuncionenho** *adj* e *sm* (A 6.ª ed. do VOLP não registra este *adj* pátrio, preferindo *assuncionense*, que nem mesmo os assuncionenhos usam.)

as.sun.tar *v* 1. Prestar atenção a; atentar para: *as crianças assuntam o que diz o personagem da novela*. 2. Verificar, constatar, apurar, checar: *assunte lá o que está acontecendo!* 3. Observar com olhos de bisbilhoteiro: *as velhotas assuntavam à janela as moças seminuas que desfilavam na avenida*. 4. Pensar com preocupação; meditar, refletir, matutar: *perdi o sono, assuntando nesse caso*. 5. Informar-se, perguntando ou investigando: *o policial foi assuntar sobre o crime na favela e é quase morto*. 6. Escutar, observar: *assuntei à porta, mas quase nada pude colher*.

as.sun.to *sm* Aquilo sobre o qual se conversa ou se discorre, oralmente ou por escrito; matéria, objeto: *não estar a par do assunto*. (Não se confunde com *tema*; o *assunto* tem maior abrangência que o *tema*, que é um ponto dentro do *assunto*; portanto, o *assunto* é amplo e envolve diferentes *temas*; *assunto* é o geral; *tema* é o específico: **educação** é um *assunto*; **a influência da televisão na educação** é um *tema*; **saúde** é um *assunto*, mas **as consequências mundiais de uma pandemia** é um *tema*; **cidadania** é um *assunto*, já **o direito e o dever do cidadão** é um *tema*, que deve ser desenvolvido, com manifestação do ponto de vista de quem escreve, dando origem a discussão.)

as.sus.tar *v* 1. Provocar medo ou pavor a; amedrontar, apavorar, aterrar: *o filme assustou até os adultos*. **assustar(-se)** 2. Sentir ou tomar susto: *os habitantes da ilha se assustaram com a erupção do vulcão*. → **assustadiço** *adj* (que se assusta com facilidade); **assustado** *adj* (que levou susto; amedrontado); **assustador** (ô) *adj* (que mete medo; que apavora ou amedronta; apavorador, apavorante, aterrador).

as.te.ca *adj* e *s2gên* 1. Membro dos astecas, povo indígena que dominava o México antes da conquista espanhola, em 1519. // *adj* 2. Relativo ou pertencente a esse povo. 3. *P.ext.* Do México; mexicano.

as.te.ris.co *sm* Sinal gráfico em forma de estrelinha (*) usado para chamar a atenção do leitor para nota ao pé da página. (Cuidado para não usar "asterístico"!)

as.te.roi.de (ói) *adj* 1. Que tem forma e aparência de estrela; semelhante a estrela. // *sm* 2. Cada um dos pequenos corpos celestes que gravitam o Sol, situados entre Marte e Júpiter, que se incendeiam e são destruídos, ao entrarem em contato com a nossa atmosfera, não chegando a atingir o solo; planetoide.

as.tig.ma.tis.mo *sm* Perturbação visual causada por defeito na curvatura do cristalino ou da córnea, impedindo a focalização correta das imagens. (Cuidado para não usar "estigmatismo"!) → **astigmático** *adj* (rel. a astigmatismo) e *adj* e *sm* (que ou aquele que tem astigmatismo).

as.tra.cã *sf* 1. Pele escura de cordeiro nonato, empregada como agasalho. 2. Tecido que imita essa pele.

as.trá.ga.lo *sm* Nome antigo do *tálus*.

as.tro *sm* 1. Qualquer corpo celeste visto como ponto de luz no céu (estrelas, planetas, cometas, asteroides, satélites, etc.). 2. *Fig.* Homem talentoso e notável em sua atividade. 3. *Fig.* Ator famoso de cinema. · Dim. (1): *asteroide*. → **astral** *adj* (dos astros, sideral ou que emana dos astros: *região astral; influência astral*) e *sm* (1. humor, disposição de ânimo ou estado de espírito supostamente influenciado pelos astros: *se não melhorar esse astral, vai se dar mal na vida*; 2. corpo supersensível que os teosofistas e alquimistas acreditam coexistir e sobreviver à morte do corpo físico humano). ·· **Astro rei**. Sol. (Dicionários portugueses trazem *astro-rei*, com hífen; a 6.ª ed. do VOLP não registra o composto, sugerindo que se trata, em verdade, de uma expressão.)

as.tro.lá.bio *sm* Instrumento astronômico medieval, usado para determinar a posição do Sol e das estrelas.

as.tro.lo.gi.a *sf* Estudo da suposta influência dos astros na vida humana. → **astrológico** *adj* (rel. a astrologia); **astrólogo** *sm* (aquele que é versado em astrologia).

as.tro.nau.ta *s2gên* Tripulante de nave espacial. → **astronáutica** *sf* (estudo científico das viagens espaciais e sua tecnologia; cosmonáutica); **astronave** *sf* [nave espacial americana (a russa se denomina *cosmonave*); espaçonave].

as.tro.no.mi.a *sf* Ciência que estuda a origem, tamanho, movimento, etc. dos astros. → **astronômico** *adj* (1. rel. a astronomia; 2. *fig.* muito grande ou elevado; vultoso: *quantia astronômica*); **astrônomo** (aquele que é versado em astronomia).

as.tú.cia *sf* Sutileza manhosa, quase sempre com intenção de enganar, prejudicar ou fraudar. → **astucioso** (ó; pl.: ó) ou **astuto** *adj* (que tem habilidade ou manha para enganar ou para evitar que o enganem e também para conseguir seus objetivos, quando se vê impotente de alcançá-los por meios honestos: *a raposa é um animal astucioso; ele é um astuto homem de negócios*).

a.ta *sf* 1. Documento escrito em que um secretário relata todos os fatos ocorridos numa reunião. 2. Fruto da ateira ou da pinheira; pinha, fruta-do-conde.

a.ta.ba.lho.ar(-se) *v* Atrapalhar(-se), confundir(-se): *um animal na pista o atabalhoou; ela sempre se atabalhoa ao volante*. · Conjuga-se por *abençoar*. → **atabalhoação** *sf* ou **atabalhoamento** *sm* [1. ato ou efeito de atabalhoar(-se); 2. precipitação]; **atabalhoado** *adj* (1. atrapalhado, confuso, atarantado; 2. feito às pressas e sem cuidado).

a.ta.ba.que ou **ta.ba.que** *sm* Tambor usado nos cultos afro-brasileiros, para marcar o ritmo das danças; carimbó.

a.ta.ca.do *adj* 1. Que sofreu ataque. // *sm* 2. Venda de mercadoria em grande quantidade. · Antôn. (2): *varejo*. → **atacadista** *adj* (rel. a atacado) e *s2gên* (negociante de mercadorias em grande quantidade).

a.ta.car *v* 1. Hostilizar ou agredir física ou moralmente: *atacar a honra de alguém*. 2. Abrir fogo ou agir violentamente contra: *o coronel deu ordens para atacar o inimigo*. 3. Afetar, causar danos a: *o estresse ataca o sistema nervoso*. 4. Estragar, corroer, destruir: *a ferrugem ataca o ferro*. 5. Investir contra, agredir, pressionar: *é um time que ataca sempre o adversário*. · Antôn. (1, 2 e 5): *defender*. → **atacante** *s2gên* (1. pessoa que ataca ou hostiliza física ou moralmente; 2. No futebol, jogador(a) do ataque que atua sempre em direção à meta adversária, para fazer gols), de antôn. *defensor*.

a.ta.ca.re.jo (ê) *sm* Modalidade moderna de comércio, que reúne características dos dois principais conceitos de comercialização, o atacado e o varejo, utilizando o conceito de autosserviço. (O neologismo não tem registro na 6.ª ed. do VOLP.)

a.ta.char *v* Em informática, anexar (arquivo ou documento) a um *e-mail* ou mensagem eletrônica. → **atachado** *adj* (diz-se de arquivo ou documento que segue com um *e-mail* ou mensagem eletrônica).

a.ta.du.ra *sf* Faixa de gaze ou pano fino, usada para proteger ferimentos.

a.ta.fo.na *sf* Moinho.

a.ta.lai.a *sm* Vigia que vê de lugar alto o que se passa ao longe e grita quando há perigo. → **atalaiar** *v* [1. observar de ponto elevado (o que se passa ao longe), de onde se vigia; 2. ficar de sentinela a; guardar, defender: *ele atalaiou todos os companheiros foragidos*]. ·· **De atalaia**. **1**. De vigia; à espreita: *Nossos cães sempre estão de atalaia*. **2**. Prevenido; precavido: *Esteja de atalaia, que seus inimigos estão por aí!*

a.ta.lhar *v* 1. Impedir de continuar ou progredir; interromper: *forte chuva atalhou nossa viagem*. 2. Tomar por atalho, encurtando o caminho: *se você atalhar, chegará mais depressa*. 3. Manifestar-se, interrompendo em tom falando; apartear: *quando ele disse aquela asneira, atalhei-o, refutando sua afirmação; é justo viver praticando o mal? – atalhou o padre*. 4. Atravancar; obstruir: *um caminhão atalhava o trânsito, na avenida*.

a.ta.lho *sm* **1**. Caminho secundário que se toma para encurtar uma distância e chegar mais rápido ao destino. **2**. Em informática, ícone na área de trabalho ou teclas pelas quais se acessam rapidamente arquivos ou programas. **3**. Acesso rápido a um arquivo, programa, etc., por meio do clique nesse ícone.

a.ta.na.zar *v* Atazanar.

a.ta.pe.tar ou **ta.pe.tar** *v* Cobrir com tapete: *atapetou todo o escritório*. → **atapetamento** ou **tapetamento** *sm* (ação ou efeito de atapetar ou tapetar).

a.ta.que *sm* **1**. Ato ou efeito de atacar. **2** Ofensiva militar contra um inimigo ou posição inimiga. **3**. Expressão de forte crítica, comentário hostil, censura forte. **4**. Ação ofensiva num jogo esportivo. **5**. Linha de jogadores que executam essa ação. **6**. Manifestação súbita. · Antôn. (1 a 5): *defesa*.

a.tar *v* **1**. Prender com corda, fita, barbante, atadura, etc.; amarrar: *atar os cabelos*. **2**. Estabelecer: *atar relações com alguém*. · Antôn. (1): *desatar, soltar*.

a.ta.ran.ta.do *adj* Atrapalhado, confuso, atabalhoado. → **atarantar(-se)** *v* [atrapalhar(-se), confundir(-se), atabalhoar(-se)].

a.ta.re.fa.do *adj* Muito ocupado em trabalho; sobrecarregado, assoberbado. · Antôn.: *folgado*. → **atarefamento** *sm* [1. ação ou efeito de atarefar(-se); 2. pressa, azáfama]; **atarefar(-se)** [sobrecarregar(-se) de trabalho].

a.tar.ra.ca.do *adj* **1**. Muito apertado: *morar num quartinho atarracado*. **2**. Baixo e gordo: *homem atarracado*. → **atarracar** *v* (apertar com corda; arrochar).

a.tar.ra.xar ou **tar.ra.xar** *v* Apertar bem; fixar: *atarraxar a tampa de um vidro*. → **atarraxação** *sf* ou **atarraxamento** *sm* (ato ou efeito de atarraxar).

a.ta.ú.de *sm* Caixão luxuoso de defunto.

a.ta.vi.o *sm* **1**. Ato ou efeito de ataviar; ataviamento. **2**. Enfeite ou adorno vistoso e de mau gosto: *táxis rodam pela cidade cheios de atavios*. → **ataviado** *adj* (adornado de mau gosto: *umbigo ataviado com piercing*); **ataviamento** *sm* [atavio (1)]; **ataviar** *v* (enfeitar ou adornar, revelando mau gosto).

a.ta.vis.mo *sm* **1**. Reaparecimento em um indivíduo de traços ou caracteres de um ascendente mais ou menos remoto, permanecidos latentes em uma ou mais gerações; fenômeno em que um traço fenotípico reaparece em um organismo, após um período de ausência. **2**. *P.ext.* Recorrência ou reversão a um estilo, maneira, método, costume ou atividade do passado; retrocesso: *a cidade está vivendo um atavismo arquitetônico*. → **atávico** *adj* (**1**. rel. a atavismo; **2**. adquirido ou transmitido por atavismo: *segundo certo cineasta, o patrimonialismo e o pessimismo atávico mantêm o Brasil no atraso*).

a.ta.za.nar, a.ta.na.zar ou **a.te.na.zar** *v* Viver aborrecendo ou incomodando; atormentar, perturbar, azucrinar: *os netos vivem atazanando o avô*. (A forma original é *atenazar* = a- + tenaz + -ar, que o povo modificou para *atazanar*.)

a.té *prep* Indica relação de limite no tempo ou no espaço: *espere até amanhã!; ir até o supermercado*. // *palavra denotativa de inclusão* **2**. Inclusive, também: *até eu acreditei nela*.

a.te.ar *v* Acender (fogo). · Conjuga-se por *frear*.

a.te.ís.mo *sm* Descrença na existência de Deus. → **ateísta** *adj* (rel. a ateísmo) e *adj* e *s2gên* (que ou pessoa que não acredita em Deus); **ateístico** *adj* (rel. a ateísmo ou a ateísta: *teorias ateísticas*).

a.te.li.ê *sm* **1**. Oficina de trabalho artístico (pintura, escultura, fotografia, etc.); estúdio. **2**. Oficina de trabalho de artesãos de alta qualidade.

a.te.mó.lia *sf* **1**. Planta híbrida anonácea, resultante do cruzamento da ateira com a cherimólia, que produz um fruto de casca rugosa e pontiaguda, como a da graviola. **2**. Esse fruto. (A 6.ª ed. do VOLP não registra a palavra, e o povo tem esse fruto com o nome de *atemoia* (ói)).

a.te.mo.ri.zar *v* **1**. Meter pavor ou muito medo a; amedrontar, apavorar: *os bandidos andam atemorizando a população*. **atemorizar-se** **2**. Sentir medo ou muito pavor: *o rapaz não se atemorizou ante o perigo*. → **atemorização** *sf* [ato ou efeito de atemorizar(-se)].

Atenas *sf* Capital da Grécia. **ateniense** *adj* e *s2gên*

a.te.na.zar *v* atazanar.

a.ten.ção *sf* **1**. Concentração mental num único ser: *preste atenção à lição do professor!* **2**. Manifestação de afeto, cortesia, gentileza, urbanidade ou respeito; consideração, cuidado especial: *ele nos atendeu com a devida atenção*. **3**. Cuidado; zelo; dedicação; empenho: *é preciso ter mais atenção no que faz, menino!* // *interj* **4**. Cuidado, alerta. → **atencioso** (ô; pl.: ó) *adj* (**1**. que está com o espírito atento; que não está distraído;

2. gentil, cortês), de antôn. (1): *desatenção, desinteresse, distração;* (2): *grosseria;* (3): *desleixo, displicência.* •• **Chamar a atenção de alguém. 1.** Fazer com que algo seja por ele notado: Chamei a atenção dela para o eclipse. **2.** Despertar o interesse ou a curiosidade de alguém: *Minissaia sempre chama a atenção do homem.* •• **Chamar alguém à atenção.** Adverti-lo; admoestá-lo; repreendê-lo: *A mãe chamou o filho à atenção por causa do palavrão que ele proferiu.*

a.ten.der *v* **1.** Receber (para ouvir): *o diretor atendeu prontamente o pai do aluno.* **2.** Acolher ou acatar com atenção, para tomada de providências: *o diretor atendeu prontamente ao pedido do pai do aluno.* **3.** Escutar, dar atendimento: *atenda à campainha!* → **atendente** *s2gên* (**1.** pessoa que atende outras; recepcionista; **2.** pessoa que presta serviços auxiliares de enfermagem em consultórios e hospitais); **atendimento** *sm* (ato ou efeito de atender).

a.te.neu *sm* **1.** Em Atenas, na antiga Grécia, templo à deusa Palas Atena (Minerva, para os romanos), no qual poetas e escritores liam suas obras em público. **2.** Nome que se dava antigamente ao estabelecimento de ensino médio; colégio.

a.ten.ta.do *sm* **1.** Tentativa ou concretização de assassinato de uma pessoa. **2.** Ofensa grave, chocante.

a.ten.tar *v* **1.** Reparar, observar bem: *atente para os sinais de trânsito!* **2.** Cometer atentado: *atentar contra a vida de alguém.*

a.ten.ta.tó.rio *adj* Que é contrário à autoridade, à lei, ao poder, às instituições, aos costumes.

a.ten.to *adj* **1.** De espírito alerta; de sobreaviso; vigilante, observador: *o vigia está atento a esses moleques de rua.* **2.** Que está prestando muita atenção; que está concentrado ou ligado: *estou atento ao jogo.* · Antôn.: *desatento, distraído.*

a.te.nu.ar *v* **1.** Tornar tênue ou menos forte, menos grave; minorar: *atenuar uma crise.* **2.** Enfraquecer, diminuir: *o tempo atenua a raiva.* **atenuar-se 3.** Enfraquecer-se, diminuir, abrandar: *tudo se atenua com o tempo.* · Antôn.: *agravar(-se).* → **atenuação** *sf* [ato ou efeito de atenuar(-se)]; **atenuante** *adj* (que atenua ou torna menos grave) e *s2gên* (circunstância que atenua ou diminui a gravidade de algum fato), de antôn. *agravante.*

a.ter(-se) *v* **1.** Fazer parar; deter: *o policial ateve o motorista infrator.* **2.** Fazer apegar-se: *avareza sempre atém o indivíduo a ninharias.* **3.** Prender-se, apegar-se: *nunca se atenha a ninharias!* **4.** Limitar-se, restringir-se: *hoje ele só se atém à educação dos filhos.* · Conjuga-se por *ter.*

a.te.ros.cle.ro.se *sf* Doença das artérias, tipo de arteriosclerose. → **aterosclerótico** *adj* (rel. a aterosclerose) e *adj* e *sm* (que ou aquele que tem aterosclerose).

a.ter.rar *v* **1.** Causar terror ou pavor a; aterrorizar, amedrontar, apavorar: *o terremoto aterrou a população da cidade.* **2.** Encher com terra ou entulho; tapar: *aterrar um buraco.* **3.** Nivelar (terreno); terraplenar: *aterrar uma grande área, para urbanização.* **4.** Aterrissar, pousar: *aterramos em Congonhas.* **aterrar-se 5.** Encher-se de terror; aterrorizar-se, apavorar-se: *a população se aterra com o aumento da violência.* **6.** Esconder-se debaixo da terra, em tocas (coelhos, tatus, etc.): *tatu se aterra com facilidade.* · Antôn. (4): *decolar.* → **aterragem** *sf* [ação ou efeito de aterrar (4), aterrissagem, pouso], de antôn. *decolagem.*

a.ter.ris.sar *v* Aterrar (4). → **aterrissagem** *sf* (aterragem, pouso). (As formas "aterrisar", "aterrisagem", "aterrizar" e "aterrizagem" devem ser desprezadas.)

a.ter.ro (ê) *sm* **1.** Ato ou efeito de aterrar, cobrir com terra ou entulho uma área ou um terreno. **2.** Essa terra ou entulho. **3.** Essa área ou terreno. •• **Aterro sanitário.** Aterro em que se deposita o lixo sólido recolhido das cidades, construído de forma que permita a captação de biogás produzido pelas reações anaeróbicas da matéria inorgânica; lixão.

a.ter.ro.ri.zar(-se) *v* Encher(-se) de terror; aterrar(-se), apavorar(-se): *bandidos andam aterrorizando todo o bairro; todo o bairro se aterroriza com os constantes assaltos desses bandidos.* → **aterrorização** *sf* [ato ou efeito de aterrorizar(-se)]; **aterrorizado** *adj* (tomado de terror; apavorado).

a.tes.tar *v* **1.** Certificar ou confirmar por escrito e de forma oficial; passar atestado de: *o delegado atestou que o rapaz tem bons antecedentes.* **2.** Declarar saber que (determinado fato) é verdade; assegurar; asseverar; garantir; testemunhar: *todos atestaram a sua inocência; atesto a sua honestidade.* **3.** Servir de testemunha; depor; testemunhar: *atestarei por sua participação no crime.* **4.** Provar; demonstrar; certificar: *os fatos atestam a sua culpa.* · Antôn. (2 e 4): *negar.* **atestação** *sf* (ato ou efeito de atestar); **atestado** *sm* (**1.** declaração assinada, destinada a servir de documento, com a qual se dá testemunho da verdade de um fato; **2.** prova, demonstração).

a.teu *adj* e *sm* Que ou homem que não crê em Deus; ateísta. · Fem.: *ateia* (éi). · Antôn.: *crente.* → **ateização** *sf* [ato ou efeito de ateizar(-se)]; **ateizar(-se)** *v* [tornar(-se) ateu].

a.ti.çar *v* **1.** Pôr ou atear (fogo). **2.** Instigar, fomentar: *atiçar brigas.* **3.** Incitar, açular: *não atice o cão!* → **atiçação** *sf* ou **atiçamento** *sm* (ato ou efeito de atiçar); **atiçador** (ô) *adj* e *sm* (que ou o que atiça) e *sm* (**1.** instigador, fomentador; **2.** provocador, agitador).

a.ti.la.do *adj* **1.** Muito sensível, penetrante, agudo. **2.** Ajuizado, atinado. **3.** Hábil, esperto, vivo. → **atilamento** *sm* (**1.** qualidade ou condição de atilado; **2.** precisão no cumprimento dos deveres e compromissos; pontualidade; **3.** tino, juízo, siso; **4.** sagacidade, perspicácia); **atilar(-se)** *v* [tornar(-se) esperto, hábil, sagaz, perspicaz].

a.ti.lho *sm* **1.** Qualquer fio de atar ou amarrar (corda, barbante, fita, etc.). **2.** Feixe de espigas de milho.

á.ti.mo *sm* **1.** Brevíssimo espaço de tempo; instante. **2.** Porção mínima de alguma coisa: *ela só me deu um átimo de sobremesa.* •• **Num átimo.** Num instante.

a.ti.na.do *adj* **1.** Que tem tino ou juízo; ajuizado, atilado: *ter filhos atinados e desatinados.* **2.** Que tem bom raciocínio e não se deixa enganar; inteligente, perspicaz, sagaz. · Antôn. (1); *desatinado.*

a.ti.nar *v* **1.** Descobrir pelo tino: *ninguém atinou que o indivíduo era homem, e não mulher.* **2.** Dar-se conta de, imaginar: *você não atinou o perigo que estava correndo?* **3.** Descobrir, encontrar: *não atinei com nenhum erro nessa redação.* **4.** Lembrar-se de: *ninguém conseguia atinar com o número do telefone do hotel.* **5.** Acertar, encontrar: *depois de muito caminharmos, atinamos com a rua da praia.* → **atino** *sm* (ato ou efeito de atinar; juízo, discernimento, tino).

a.ti.nen.te *adj* Referente, relativo, pertinente, concernente: *assunto atinente à política.*

a.tin.gir *v* **1.** Alcançar, chegar a: *as despesas atingem vultosa quantia.* **2.** Alcançar com um projetil: *o torcedor atingiu o árbitro com uma pedra.* **3.** Ir de encontro a: *na colisão, o ônibus acabou atingindo dois outros carros.* **4.** Tocar com precisão: *as bombas atingiram o alvo.* **5.** Compreender, perceber, entender: *ela não consegue atingir o que lhe digo.*

a.tí.pi.co *adj* **1.** Anormal, singular, anômalo: *ano atípico.* **2.** Diz-se da doença que aparece com intervalos irregulares. → **atipicidade** *sf* (característica do que é atípico; ausência de tipicidade; anormalidade).

a.ti.rar *v* **1.** Jogar, lançar: *atirar papéis na rua.* **2.** Jogar ou arremessar (com intenção de machucar, ferir ou afugentar): *atirei um pau no gato.* **3.** Jogar, lançar: *não atire balas aos animais, no zoo!* **4.** Disparar arma de fogo; alvejar: *atirar contra alguém.* **5.** Dar tiro(s): *atirar a esmo.* **atirar-se 6.** Jogar-se, lançar-se: *os surfistas se atiram às ondas.* → **atiradeira** *sf* (bodoque, estilingue); **atirado** *adj* (**1.** arremessado, lançado; **2.** arrojado, intrépido, corajoso); **atirador** (ô) *adj* e *sm* (que ou aquele que atira qualquer coisa); **atiramento** *sm* [ato ou efeito de atirar(-se)].

a.ti.to *sm* Grito ou pio agudo que dão certas aves, quando ficam embravecidas ou assustadas. → **atitar** *v* (dar atitos).

a.ti.tu.de *sf* **1.** Posição ou postura assumida para uma determinado propósito; modo de agir; conduta: *sua atitude era ameaçadora.* **2.** Sentimento ou reação em relação a um fato ou estado: *a violência aumenta, e o governo continua sem mostrar atitude.* **3.** Postura corporal que expressa um estado de ânimo ou uma disposição para realizar alguma coisa: *levantar os braços, numa atitude de rendição.*

a.ti.va *sf* **1.** Serviço ativo (no Exército). **2.** Período durante o qual o trabalhador está empregado. · Antôn. (1): *reserva.*

a.ti.var(-se) *v* Tornar(-se) ativo ou mais ativo; acelerar, intensificar(-se): *sal ativa a sede; ativar a circulação sanguínea; o vermelho das mangas ativa-se com o sol.* → **ativação** *sf* [ato ou efeito de ativar(-se)].

a.ti.vis.mo *sm* Militância política. → **ativista** *adj* (rel. a ativismo) e *adj* e *s2gên* (que ou pessoa que é adepta do ativismo).

a.ti.vo *adj* **1.** Vivo, esperto, cheio de energia. **2.** Atuante, que participa com entusiasmo. **3.** Animado, movimentado. **4.** Muito forte, intenso. **5.** Que está em atividade ou poderá entrar em atividade. // *sm* **6.** Contabilidade que mostra os recursos disponíveis de pessoa, firma ou empresa (em oposição a *passivo,* montante de recursos não disponíveis). · Antôn. (1): *inativo;* (2): *passivo, inerte;* (3): *parado, estático.* → **atividade**

sf (**1**. qualidade ou estado de ativo; movimento, uso de energia; **2**. disposição, ânimo; **3**. animação, manifestação de energia; **4**. esfera de ação específica; **5**. processo fisiológico; **6**. tarefa educacional que compreende a participação e a experiência direta do educando).

Atlântico, oceano. O mais importante dos três oceanos; banha as Américas e grande parte da Europa e da África. → **atlântico** *adj* (**1**. rel. ou pert. ao Atlântico ou de suas costas: *correntes atlânticas; litoral atlântico;* **2**. que habita o Atlântico ou está localizado nas suas proximidades: *aves atlânticas; fauna atlântica*.

a.tlas *sm2núm* **1**. Coleção de mapas geográficos, geralmente em forma de livro. **2**. Livro de tabelas, gravuras, gráficos, etc. ilustrando aspectos de um assunto: *atlas de anatomia*. **3**. *Fig*. Pessoa que carrega um grande fardo, como Atlas (**4**). **4**. Primeira vértebra da coluna, que sustenta o crânio. **Atlas** *sm* **5**. Titã condenado a apoiar o céu em seus ombros, como punição por se rebelar contra Zeus. **6**. Pequeno satélite de Saturno, descoberto em 1980.

a.tle.ta *s2gén* **1**. Pessoa que pratica esportes com regularidade. **2**. Pessoa que mostra suas habilidades em qualquer modalidade esportiva. → **atlético** *adj* (**1**. rel. a atleta ou a atletismo; **2**. *fig*. forte e rijo; musculoso); **atletismo** *sm* [**1**. conjunto dos desportos atléticos (corrida, salto, arremesso de peso, dardo, disco, etc.); **2**. prática de cada um desses esportes].

at.mos.fe.ra *sf* **1**. Camada de ar que envolve a Terra. **2**. Camada gasosa que envolve qualquer astro: *na atmosfera de Júpiter ocorrem tempestades constantes*. **3**. Meio, ambiente: *há muita gente nesta sala fumando, e a atmosfera está carregada, pesada*. **4**. Ambiente emocional, moral ou espiritual; clima: *a reunião foi realizada numa atmosfera de paz*.

a.to *sm* **1**. Algo que se faz ou fez voluntariamente; ação, atitude: *ato criminoso; ele ficou famoso por seus atos de coragem*. **2**. Produto formal de um órgão legislativo: *um ato do Congresso*. **3**. Decisão ou determinação de um soberano, um conselho legislativo ou um tribunal de justiça. **4**. Momento, ocasião: *as chaves do imóvel serão entregues no ato da compra*. **4**. Divisão de peça de teatro, ópera, etc.: *peça em três atos*. **5**. Cada uma das curtas apresentações num espetáculo de variedades: *um ato mágico*. **6**. Demonstração de sentimento que não é sincero, que serve apenas para criar uma impressão. **7**. Soma das ações ou efeitos de uma pessoa que servem para criar uma impressão ou dar um exemplo: *um ato difícil de seguir*. **8**. Exibição de sentimento falso ou de comportamento afetado; fingimento: *ela encenou um ato na audiência que não enganou ninguém*. ·· **No ato**. Instantaneamente: *Ele reagiu no ato*.

à to.a *loc adj* ou *loc adv* **1**. Sem valor, ordinário, vagabundo: *filme à toa*. **2**. Insignificante: *país à toa*. **3**. Fútil, superficial, pequeno: *opinião à toa*. **4**. Sem caráter, ordinário: *mulher à toa*. **5**. A esmo; sem cuidado ou reflexão: *acusar à toa*. ·· **Mulher à toa**. Prostituta, meretriz.

a.to.char *v* **1**. Encher demasiadamente; abarrotar, atulhar. **2**. Meter à força; enfiar. **3**. Obrigar alguém a esforço ou trabalho exagerado; sobrecarregar.

a.tol *sm* Recife de coral, em forma circular, próximo a uma lagoa ou a uma baía.

a.to.lar *v* **1**. Meter em atoleiro: *atolei o carro*. **atolar(-se)** **2**. Ficar preso em atoleiro: *meu carro (se) atolou*. **3**. Arruinar-se: *atolar-se em dívidas*. → **atoladiço** *adj* (que forma atoleiro; alagadiço); **atolamento** *sm* [ato ou efeito de atolar(-se)]; **atoleiro** *sm* (**1**. lugar onde, a cada passo, atola-se o pé ou grande parte da perna, dificultando o andar; **2**. *fig*. situação difícil ou complicada).

á.to.mo *sm* **1**. A menor partícula de qualquer elemento químico, origem da energia atômica ou nuclear. **2**. Quantidade muito pequena de qualquer coisa. → **atômico** *adj* (**1**. rel. ou pert. a átomos; **2**. que carrega energia nuclear); **atomização** *sf* [ato ou efeito de atomizar(-se)]; **atomizador** (ô) *sm* (pulverizador de líquidos; nebulizador); **atomizar(-se)** *v* [dividir(-se) em átomos, em finíssimas partículas ou em pequenos fragmentos].

a.tô.ni.to *adj* **1**. Assombrado (de susto ou de extrema admiração). **2**. Pasmado, abismado, perplexo, estupefato, aturdido. **3**. Confuso, desnorteado, perturbado.

á.to.no *adj* Sem tonicidade ou força. · Antôn.: tônico. → **atonicidade** *sf* (característica do que é átono; falta de tonicidade ou força).

a.to.pe.tar *v* Encher muito, abarrotar, lotar: *meu time sempre atopetou estádios*.

a.tor (ô) *sm* **1**. Aquele que representa um papel em teatro, cinema, televisão, etc. **2**. *Fig*. Aquele que se comporta como se estivesse desempenhando um papel, para enganar; fingidor, simulador. **3**. *Fig*. Participante em ação ou processo: *o Brasil foi um ator importante na guerra*. · Fem.: *atriz*.

a.tor.do.ar *v* **1**. Causar abalo ou perturbação a, por alguma razão; deixar tonto ou desorientado: *a pancada o atordoou*. **2**. Causar perturbação; diminuir a lucidez: *uma dose de uísque já atordoa*. · Conjuga-se por *abençoar*. → **atordoado** *adj* (**1**. meio zonzo, por efeito de queda, pancada ou grande comoção; **2**. que não está lúcido, por qualquer razão); **atordoamento** *sm* (ato ou efeito de atordoar).

a.tor.men.tar *v* **1**. Causar tormento a; incomodar muito: *criança que atormenta os pais*. **atormentar-se** **2**. Preocupar-se: *os pais se atormentam com o futuro dos filhos*. → **atormentação** *sf* [ato ou efeito de atormentar(-se)].

a.to-show *sm* Ato público com a participação de artistas famosos, que dão espetáculo. · Pl.: *atos-show*.

a.tó.xi.co (x = ks) *adj* Que não contém tóxico; que não é venenoso.

a.tra.bi.li.á.rio *adj* e *sm* **1**. Que ou aquele que sofre de melancolia. **2**. Que ou aquele que vive mal-humorado e reclama de tudo; rabugento, ranzinza. **3**. Que ou aquele que é irascível e se irrita ou se enfurece facilmente.

a.tra.ção *sf* **1**. Ato ou efeito de atrair. **2**. Força em virtude da qual um corpo é atraído por outro. **3**. Coisa, animal ou pessoa que, por alguma razão, desperta o interesse do público.

a.tra.car *v* **1**. Amarrar (embarcação) a terra. **2**. Encostar-se ao cais: *o navio já atracou*. **atracar-se** **3**. Lutar corpo a corpo, engalfinhar-se: *atracar-se com um bandido*. → **atracação** *sf* [ato ou efeito de atracar(-se)]; **atracadouro** *sm* (lugar onde se atracam as embarcações).

a.tra.en.te *adj* **1**. Que tem o poder de atrair; sedutor, encantador, cativante, fascinante. **2**. Que desperta interesse; interessante. · Antôn.: *repelente*.

a.trai.ço.ar *v* **1**. Entregar ao inimigo, por traição; trair: *ele atraiçoou todos os companheiros*. **2**. Enganar, ser desleal ou infiel a: *ela é mulher que atraiçoa marido*. · Conjuga-se por *abençoar*.

a.tra.ir *v* **1**. Trazer até si ou fazer aproximar-se a si, em vitude de uma força física: *o ímã atrai os metais*. **2**. Fascinar, seduzir, encantar: *sua simpatia me atrai*. **3**. Despertar, provocar, aguçar: *o barulho atraiu a atenção da polícia*. **4**. Chamar, fazer vir ou aproximar: *a luz atrai as mariposas*. **5**. Fazer dirigir para si: *naqueles trajes sumários, ela atraiu olhares provocantes*. · Antôn.: **1**) *repelir*. · Conjuga-se por *cair*.

a.tra.pa.lhar *v* **1**. Confundir ou embaraçar (alguém que esteja falando ou fazendo alguma coisa): *a vaia atrapalhou o desempenho dos jogadores em campo*. **2**. Produzir confusão: *se podemos atrapalhar, para que ajudar?* **atrapalhar-se** **3**. Ficar confuso, confundir-se, embaraçar-se: *ela se atrapalha toda no trânsito*. → **atrapalhação** *sf* [ato ou efeito de atrapalhar(-se)]; **atrapalhado** *adj* (que se atrapalha ou fica confuso; embaraçado).

a.trás *adv* **1**. Na parte posterior ou no fundo de alguma coisa: *na sala de aula, eu sentava lá atrás; encontrei-a com as mãos cruzadas atrás*. **2**. Após; em seguida: *ele ia e eu seguia atrás*. **3**. Antes, no passado: *isso aconteceu tempos atrás*. **4**. Anteriormente; antes: *volte a fita um pouco atrás!* · Antôn. (**1** e **2**): *adiante*. ·· **Atrás de**. **1**. Logo a seguir: *Vinha um atrás do outro*. **2**. Na parte posterior de: *Urinou atrás da igreja*. **3**. Em busca de: *A polícia está atrás de você*. **4**. À procura: *Estou atrás de emprego*. **5**. Em condição de inferioridade: *Seu filho está atrás do meu, na escola*.

a.tra.sa.do *adj* **1**. Que se faz presente depois do horário normal ou da hora marcada. **2**. Antiquado, ultrapassado, retrógrado. **3**. Pouco desenvolvido. **4**. Que não se honra na época estabelecida. **5**. Que passou. **6**. Que tem conhecimento abaixo da média. // *sm* **7**. Aquele que chega depois do horário marcado. · Antôn.: *adiantado*.

a.tra.sar *v* **1**. Retardar: *atrasar um relógio*. **2**. Prejudicar, comprometer: *esse casamento só serviu para lhe atrasar a vida*. **3**. Recuar: *atrasar a bola ao goleiro*. **4**. Chegar (coisa) depois do horário marcado: *o avião atrasou*. **5**. Mover-se lentamente, em relação ao normal ou desejado: *este meu relógio atrasa demais*. **atrasar-se** **6**. Chegar (pessoa) depois do horário marcado: *eu me atrasei por causa do trânsito*. **7**. Ficar para trás; distanciar-se pelo recuo: *não se atrasem de seus colegas!* **8**. Deixar de honrar compromissos no tempo certo: *nunca me* *atrasei nas prestações.* · Antôn.: *adiantar.* → **atraso** *sm* [ato ou efeito de atrasar(-se)].

a.tra.ti.vo *adj* 1. Que atrai ou desperta atenção ou interesse; atraente. 2. Que estimula o interesse; interessante. // *sm* 3. Aquilo que atrai, encanta ou desperta o interesse. // *smpl* 3. Modos ou qualidades que atraem ou encantam; encantos pessoais: *os atrativos de uma miss.* 4. Aquilo que agrada ou diverte: *os atrativos do parque de diversão.* → **atratividade** *sf* (qualidade do que é atrativo).

a.tra.van.car *v* 1. Impedir (trânsito), obstruir. 2. Atrapalhar, dificultar, estorvar: *atravancar as investigações da polícia.* → **atravancamento** ou **atravanco** *sm* (ato ou efeito de atravancar).

a.tra.vés de *loc prep* 1. De um para o outro lado (vencendo obstáculo ou estorvo): *a luz passa através do vidro.* 2. No decurso de, no decorrer de, ao longo de: *aprendemos a viver através do tempo; tratou-se do crescimento da Igreja através dos séculos.* 3. Por, por intermédio de: *ligue através do número desse telefone!; chegou à chefia através de um pistolão.* 4. Pelo interior de: *a seiva circula através do caule.* 5. Por entre: *o Sol surgiu através das nuvens.*

a.tra.ves.sar *v* 1. Passar por ou através de; cruzar: *atravessar uma ponte.* 2. Trespassar, perfurar: *a bala lhe atravessou o coração.* 3. Passar por cima de; transpor: *a passarela de pedestres atravessa a pista.* 4. Monopolizar: *o negociante atravessou toda a produção de cebola.* 5. Continuar através de ou ao longo de: *as tradições atravessam os séculos.* **atravessar-se 6.** Ficar atravessado: *uma árvore se atravessou na estrada, por causa da ventania.* 8. Cruzar-se, encontrar-se: *dê luz baixa, ao se atravessar com outro veículo!* 9. Interpor-se entre o reprodutor e o consumidor, para auferir lucros exorbitantes: *aquele que se atravessa é quem mais lucra.* → **atravessado** *adj* (1. posto de través; oblíquo; 2 trespassado; 3. desconfiado; 4. cheio de más intenções); **atravessador** (ô) *sm* (aquele que compra gêneros por atacado do produtor, geralmente a preços vis, para revendê-los a preços exorbitantes, no varejo, ao consumidor); **atravessamento** *sm* [ato ou efeito de atravessar(-se)].

a.tre.lar *v* Prender, atando pela trela: *atrelar os bois ao carro.* 2. Ligar, associar: *não atrelei um caso ao outro.* → **atrelagem** *sf* (ação de atrelar).

a.tre.ver-se *v* 1. Ter a coragem ou a audácia de fazer alguma coisa: *atrever-se a saltar de paraquedas.* 2. Ter o atrevimento de cometer um ato: *atrever-se a beijar a namorada na frente dos pais dela.* → **atrevido** *adj* (que se atreve; audaz, corajoso) e *adj* e *sm* (petulante, irreverente, malcriado); **atrevimento** *sm* (1. ato ou efeito de atrever-se; 2. ato corajoso ou audacioso; audácia ; 3. petulância, insolência; 4. falta de respeito, desafio).

a.tri.bu.ir *v* 1. Conceder o que é de direito a alguém; conferir: *o juiz atribui uma pensão mensal à filha.* 2. Considerar como autor: *atribuir um crime a alguém.* 3. Dar como causa ou origem: *a imprensa atribui a violência a causas sociais.* 4. Conferir, dar, considerar: *não atribua gênero feminino à palavra guaraná.* · Conj.: *atribuo, atribuis, atribui, atribuímos, atribuís, atribuem* (pres. do ind.); *atribuí, atribuíste,* etc. (pret. perf.); *atribuía, atribuías,* etc. (pret. imperf.); *atribuíra, atribuíras,* etc. (pret. mais-que-perf.); *atribuirei, atribuirás,* etc. (fut. do pres.); *atribuiria, atribuirias,* etc. (fut. do pret.); *atribua, atribuas,* etc. (pres. do subj.); *atribuísse, atribuísses,* etc. (pret. imperf.); *atribuir, atribuíres,* etc. (fut.); *atribuindo* (gerúndio); *atribuído* (particípio); *atribuir* (infinitivo impessoal); *atribuir, atribuíres,* etc. (infinitivo pessoal). → **atribuição** *sf* (ato ou efeito de atribuir).

a.tri.bu.lar(-se) *v* Afligir(-se), inquietar(-se), angustiar(-se): *o sequestro atribulou toda a família; toda a família se atribulou com o sequestro.* → **atribulação** *sf* [ato ou efeito de atribular(-se); sofrimento ou inquietação moral; aflição, angústia]. · V. **tribulação**.

a.tri.bu.to *sm* 1. Tudo o que é próprio ou peculiar de alguém ou de alguma coisa; característica, marca. 2. Sinal distintivo, símbolo.

a.tri.ção *sf* Ação de esfregar contra alguma coisa; fricção.

á.trio *sm* 1. Área central ou pátio principal de casa da antiga Roma, geralmente decorado com estátuas e quadros. 2. Grande área, num edifício, destinada à distribuição de circulação; vestíbulo. 3. Qualquer área espaçosa interna que dá entrada a um edifício; saguão. 4. Em anatomia, cada uma das cavidades (direita e esquerda) do coração ou do nariz.

a.tri.tar *v* 1. Causar atrito a, friccionar, roçar: *uma peça atritava a outra.* 2. Provocar desentendimento de: *atritar colegas.* **atritar-se 3.** Friccionar-se: *peça que se atrita com outra.* 4. Criar atrito, desentender-se: *ele se atrita com todo o mundo.*

→ **atrito** *sm* (1. fricção entre dois corpos duros e ásperos; 2.*fig.* desentendimento, desavença).

a.tro.ar ou **tro.ar** *v* Fazer grande ruído ou estrondo; roncar fortemente (dizendo-se de motores). · Conjuga-se por *abençoar.* → **atroada** ou **troada** *sf* (grande ruído; estrondo).

a.tro.fi.a *sf* Falta de desenvolvimento de um órgão ou de parte dele, por alguma razão; atrofiamento. → **atrofiamento** *sm* [1. ação ou efeito de atrofiar(-se); 2. atrofia]; **atrofiar** *v* (causar atrofia a); **atrofiar(-se)** [sofrer atrofia], de antôn. *robustecer, revigorar(-se).*

a.tro.pe.lar *v* 1. Derrubar com violência (veículo), passando por cima: *o ônibus atropelou um pedestre.* 2. Empurrar precipitadamente, com certa grosseria: *entrou correndo, atropelando as pessoas.* **atropelar-se 3.** Confundir-se, embaralhar-se: *meus pensamentos são tantos, que se me atropelam na cabeça.* → **atropelação** *sf*, **atropelamento** ou **atropelo** (1) *sm* [ato ou efeito de atropelar(-se)]; **atropelo** (ê) *sm* (1. atropelamento; 2. agitação provocada por grande pressa; confusão).

a.troz *adj* Muito cruel, extremamente perverso; brutal, desumano. · Superl. abs. sint. erudito: *atrocíssimo.* → **atrocidade** *sf* (qualidade de atroz; crueldade extrema).

a.tu.al *adj* 1. Que existe agora, neste momento. 2. Que não é dos tempos antigos; de sua época. · Antôn.: *passado, antigo.* → **atualidade** *sf* (qualidade de atual) e *sfpl* (notícias recentes); **atualmente** *adv* (hoje em dia; nos dias que correm).

a.tu.a.li.zar *v* 1. Tornar atual: *a fábrica já atualizou esse modelo de veículo.* **atualizar-se 2.** Tornar-se atual: *é um carro que já se atualizou.* 3. Estar informado das atualidades: *quem não se atualiza fica para trás.* → **atualização** *sf* [ato ou efeito de atualizar(-se)].

a.tu.ar *v* 1. Exercer sua força ativamente; ter influência: *a ferrugem atua no ferro.* 2. Ter atividade: *nunca atuei na política.* 3. Agir: *o pai atuou bem não permitindo o namoro da filha.* 4. Mediar ou arbitrar qualquer partida: *é um árbitro que sempre atua bem.* → **atuação** *sf* (ato ou efeito de atuar); **atuante** *adj* (que atua, que não se omite; bastante ativo).

a.tu.lhar *v* Encher completamente, entupir, atochar: *atulhar os bolsos de pedras.* → **atulhado** *adj* (completamente cheio; abarrotado), **atulhamento** ou **atulho** *sm* (ato ou efeito de atulhar).

a.tum *sm* Peixe marinho do gênero *Thunnus*, de grande porte e alta importância para a indústria pesqueira.

a.tu.rar *v* 1. Aguentar (coisa molesta ou penosa) com resignação e muita paciência, suportar, tolerar: *quem é que atura bêbado?* 2. Aceitar, admitir: *ela não atura desaforos.* → **aturação** *sf* ou **aturamento** *sm* (ato ou efeito de aturar).

a.tur.di.do *adj* Atordoado, desnorteado, tonto. → **aturdimento** *sm* (ato ou efeito de aturdir); **aturdir** *v* (desnortear, atordoar, estontear: *é um ruído constante, que me aturde*), que se conjuga por *abolir.*

at.xim *sm* Onomatopeia do espirro.

au.dá.cia *sf* Arroubo ou impulso da alma que leva uma pessoa a cometer ações arriscadas e extraordinárias, desprezando quaisquer obstáculos e perigos; ousadia da alma, atrevimento descomedido. · Superl. abs. sint. erudito: *audacíssimo.* · Antôn.: *timidez, pusilanimidade.* → **audacioso** (ô; pl.: ó) ou **audaz** *adj* (que não tem medo de enfrentar perigos; corajoso), de antôn. *tímido, pusilânime.*

au.di.ção *sf* 1. Ato de ouvir. 2. Sentido que permite perceber os sons; sensação de ouvir. 3. Sessão ou concerto musical.

au.di.ên.cia *sf* 1. Conjunto de ouvintes. 2. Recepção formal dada por autoridade a quem tem interesse em lhe falar. 3. Sessão de tribunal.

áu.dio *sm* 1. Parte do equipamento de cinema ou de televisão relacionado com o som. 2. Transmissão, recepção ou reprodução de som. 3. Som audível. 4. Sinal sonoro.

au.dio.con.fe.rên.cia *sf* Tipo de reunião *on-line* em que os participantes, em diferentes locais, comunicam-se entre si por áudio em tempo real.

au.di.ó.fi.lo *sm* Aquele que tem paixão por ouvir música ao vivo e também reproduzida eletronicamente; amante do som.

au.dio.gra.ma *sm* Registro gráfico da capacidade auditiva, usado para medir a perda da audição.

au.dio.li.vro *sm* Texto de livro, gravado, usado princ. por deficientes visuais.

au.dio.vi.su.al *adj* 1. Que exige os sentidos da audição e da visão. 2. Relativo ao material audiovisual (filmes, videocassetes, eslaides, etc.). // *sm* **3.** Aparelho que emite som e imagem na apresentação de uma informação.

au.di.ti.vo *adj* Relativo ao ouvido ou à audição.

au.di.to.ri.a *sf* **1.** Exame minucioso das operações contábeis de uma empresa; auditagem. **2.** Lugar ou repartição onde trabalha o auditor. **3.** Cargo ou função de auditor. → **auditagem** *sf* [auditoria (1)]; **auditar** *v* (examinar pericialmente e em todos os detalhes a contabilidade de); **auditor** (ô) *sm* (contador especializado e autorizado a fazer apuração minuciosa de operações contábeis).

au.di.tó.rio *sm* **1.** Público que assiste a alguma coisa; plateia. **2.** Sala ou recinto onde se acomoda esse público.

au.dí.vel *adj* Que se consegue ouvir. · Antôn.: *inaudível*.

au.ê *sm* Pop. Confusão, tumulto, rebu, bafafá.

au.fe.rir *v* Obter, colher, tirar: *auferir vantagem num negócio*. · Conjuga-se por *ferir*. (Não se confunde com *aferir*.) → **auferição** *sf* ou **auferimento** *sm* (ato ou efeito de auferir: *auferimento de pensão por morte*). (A 6.ª ed. do VOLP não registra nem um nem outro substantivo, mas a língua cotidiana os tem consagrado.)

au.ge *sm* **1.** O ponto mais elevado ou o mais importante; apogeu, clímax. **2.** O máximo grau; o mais alto nível.

au.gu.rar *v* **1.** Anunciar (fatos futuros), a partir de observações, sinais, crenças, etc.: *auguro um futuro brilhante a esse jogador*. **2.** Desejar, fazer votos: *auguro-lhes muitas felicidades*. → **augúrio** *sm* (sinal de que algo, bom ou mau, vai acontecer; presságio: *dizem que sonhar com carneiro é bom augúrio*).

au.gus.to *adj* **1.** Merecedor de respeito, por sua suprema dignidade e grandeza: *a augusta presença do monarca*; "*salve, símbolo augusto da paz!*" **2.** Imponente, majestoso: *visitamos sua augusta mansão*. **3.** Ilustre, sublime: *ele estava em augusta companhia*. **4.** Digno de respeito pela idade e dignidade, posição elevada, etc. (às vezes usado ironicamente).

au.la *sf* **1.** Cada um dos períodos de ensino dados por um professor. **2.** Aquilo que se aprende em cada um desses períodos; lição. **3.** Sala onde se ministra essa lição; classe.

au.men.tar *v* **1.** Tornar maior, ampliar: *aumentar um quarto*. **2.** Tornar mais grave ou mais intenso; agravar: *a distância só aumenta a saudade*. **3.** Ficar mais intenso; intensificar: *o calor aumentou*. · Antôn.: *diminuir, reduzir*. → **aumento** *sm* (ato ou efeito de aumentar), de antôn. *diminuição, redução*.

au.men.ta.ti.vo *adj* **1.** Diz-se do grau que exprime tamanho maior ou intensidade de qualidade (p. ex.: *narigão, beijoca, pedregulho*). // *sm* **2.** Esse grau. · Antôn.: *diminutivo*.

au.ra *sf* **1.** Emanação, radiação ou halo invisível de luz e/ou de cor em volta de uma pessoa, como se vê em certas fotografias; campo de energia que emana de um ser vivo: *os videntes conseguem ver a nossa aura*. **2.** *P.ext.* Qualidade característica, mas intangível, que parece envolver pessoa ou coisa; ar, atmosfera: *uma aura de mistério envolve esse crime*. **3.** Vento brando e aprazível, mais agitado que a aragem. (Cuidado, muito cuidado para não usar "áurea" para a primeira acepção!)

áu.reo *adj* **1.** Que é de ouro ou que tem a cor do ouro. **2.** *Fig.* Magnífico, esplêndido, excelente, brilhante.

au.ré.o.la *sf* **1.** Círculo luminoso simbólico que envolve a cabeça dos santos, nas imagens; nimbo, halo. **2.** Aura que envolve uma pessoa ou coisa famosa: *a sua fama de homem mau cercou de uma auréola sinistra*. (Não se confunde com *aréola* nem com *ourela*.) → **aureolar** *adj* (que tem a forma de auréola).

au.rí.cu.la *sf* **1.** Pavilhão auricular. **2.** Cada uma das cavidades superiores do coração, acima dos ventrículos; átrio. → **auricular** *adj* (**1.** da aurícula ou orelha; **2.** rel. a aurícula ou cavidade superior do coração).

au.rí.fe.ro *adj* Que contém ou traz ouro.

au.ri.ver.de *adj* Verde-amarelo.

au.ro.ra *sf* **1.** A primeira luz do dia; alvorada, alvorecer, amanhecer. **2.** *Fig.* Início, começo: *a aurora de uma nova vida*.

aus.cul.tar *v* **1.** Ouvir ruídos de dentro de (parte do corpo) para fazer diagnósticos: *o médico auscultou-lhe os pulmões*. **2.** Procurar conhecer, sondar: *o ministro procurou auscultar a opinião do presidente em relação a esse assunto*. → **ausculta** ou **auscultação** *sf* (ato ou efeito de auscultar).

au.sên.cia *sf* **1.** Período em que uma pessoa está afastada do seu domicílio ou do lugar onde deveria estar. **2.** Não existência, falta. **3.** Não comparecimento, falta. · Antôn.: *presença*. → **ausentar-se** *v* (deixar de ir a um lugar por algum tempo);

au.sen.te *adj* e *s2gên* (que ou pessoa que não se encontra onde deveria estar ou onde normalmente está).

aus.pí.cio *sm* **1.** Bom ou mau pressentimento; presságio. // *smpl* **2.** Apoio financeiro, patrocínio. **3.** Proteção, responsabilidade. → **auspicioso** (ô; pl.: ó) *adj* (**1.** favorável, próspero; **2.** marcado pelo sucesso ou êxito).

aus.te.ro *adj* **1.** Rigoroso nos costumes, nas opiniões e no caráter; que não tem complacência com os outros nem consigo próprio; severo. **2.** Caracterizado por absoluta seriedade e simplicidade. → **austeridade** *sf* (qualidade do que ou de quem é austero).

aus.tral *adj* **1.** Situado no sul, meridional. **2.** Que vem do sul. · Antôn.: *boreal, setentrional*.

Austrália *sf* País da Oceania, de área correspondente à do Brasil, excetuando-se o estado de Mato Grosso. → **australiano** *adj* e *sm*.

Áustria *sf* País da Europa Central, de área quase equivalente à do estado de Santa Catarina. **austríaco** *adj* e *sm*.

au.tar.qui.a *sf* **1.** Entidade que tem autonomia administrativa, mas é fiscalizada pelo Estado, destinada a prestar serviços à comunidade. **2.** Repartição pública não subordinada a nenhum ministério, mas diretamente à Presidência da República. → **autárquico** *adj* (rel. a autarquia).

au.ten.ti.car *v* Declarar de forma oficial como verdadeiro: *autenticar um documento*. → **autenticação** *sf* (ato ou efeito de autenticar).

au.tên.ti.co *adj* **1.** Que tem origem verdadeira e reconhecimento oficial; legalizado. **2.** Legítimo, genuíno. · Antôn.: *falso, falsificado*. → **autenticidade** *sf* (natureza, propriedade ou condição do que ou de quem é autêntico).

au.tis.mo *sm* Doença psiquiátrica que se caracteriza por deixar o seu portador completamente desligado ou isolado da realidade exterior. → **autista** *adj* (rel. a autismo) e *adj* e *s2gên* (que ou pessoa que sofre de autismo).

au.to- *pref* que só exige hífen antes de *o* e de *h* e exprime a ideia de *automóvel* ou *por si próprio*: *auto-ônibus, auto-hemoterapia*.

au.to *sm* **1.** Abreviação de *automóvel* e exprime ainda a ideia de *automóvel*, como em *automodelismo*. **2.** Forma medieval de peça teatral; composição dramática de cunho moral ou pedagógico: *os autos de Gil Vicente*. // *smpl* **3.** Peças constitutivas de um processo: *o que não nos autos não está no mundo*. ·· **Auto de fé. 1.** Julgamento ou cerimônia inquisitorial em que o réu era obrigado a pedir perdão por seus pecados para posteriormente receber a sentença, que na maioria das vezes era ser queimado vivo. **2.** *P.ext.* Queima de algo inútil ou pernicioso.

au.to.a.de.si.vo *sm* Que ou etiqueta, papel ou impresso que traz um dos lados recoberto de substância aderente, a fim de permitir colagem imediata; autocolante.

au.to.a.fir.ma.ção *sf* Necessidade que tem uma pessoa de ser aceito por si mesmo e pelo meio em que vive, o que a leva a cometer atitudes infantis, só para chamar a atenção dos outros sobre si. → **autoafirmar-se** *v* (impor-se à aceitação do meio em que vive); **autoafirmativo** *adj* (rel. a autoafirmação).

au.to.a.ju.da *sf* **1.** Procedimento de se ajudar, empregando os próprios recursos interiores, a fim de superar uma dificuldade qualquer e atingir o objetivo. **2.** Conjunto de orientações e/ou conselhos que servem de suporte para possibilitar tal procedimento.

au.to.a.ná.li.se *sf* **1.** Análise e interpretação que uma pessoa faz de si própria; exame íntimo da consciência; introspecção. **2.** Tentativa que uma pessoa faz de compreender a própria personalidade, sem auxílio de outrem.

au.to.a.pren.di.za.gem *sf* Processo de aquisição de conhecimentos que se realiza por própria conta do indivíduo; aprendizagem por si mesmo, sem a ajuda de outra pessoa.

au.to.bi.o.gra.fi.a *sf* Biografia de uma pessoa escrita por ela própria. → **autobiográfico** *adj* (rel. a autobiografia: *obra autobiográfica*); **autobiógrafo** *sm* (autor de autobiografia).

au.to.ca.pa *sf* Capa usada para revestir e proteger automóveis.

au.to.cen.su.ra *sf* Controle feito pela própria pessoa sobre o que pode ou não dizer, escrever ou publicar.

au.to.co.lan.te *sm* Autoadesivo.

au.to.com.bus.tão *sf* Combustão espontânea.

au.to.con.fi.an.ça *sf* Confiança em si próprio. → **autoconfiante** *adj* (que demonstra autoconfiança).

au.to.con.tro.le (ô) *sm* Controle de suas próprias emoções e reações; equilíbrio emocional e mental; autodomínio.

au.to.cra.ci.a *sf* **1**. Forma de governo em que a vontade de uma só pessoa é soberana e indiscutível, acima de tudo e de todos; despotismo. **2**. País ou Estado governado por essa pessoa. **3**. *Fig.* Poder excessivo: *a autocracia do STF*. → **autocrata** *adj* (caracterizado pela autocracia) e *s2gên* [governante absoluto(a)]; **autocrático** *adj* (rel. ou pert. a autocracia ou a autocrata).

au.to.crí.ti.ca *sf* Crítica feita a si mesmo, seja em referência às atitudes, seja em referência aos trabalhos. → **autocrítico** *adj* (rel. a autocrítica).

autocross [ingl.] *sm* Competição automobilística para pilotos adolescentes testarem sua perícia ao volante, em altas velocidades. · Pronuncia-se *autocrós*.

au.tóc.to.ne *adj* e *s2gên* Natural de um lugar; nativo(a), aborígine: *espécie autóctone; animal autóctone.* · Antôn.: *alóctone*. → **autoctonia** *sf* ou **autoctonismo** *sm* (qualidade ou condição de autóctone), de antôn. *aloctonia, aloctonismo*.

au.to.de.fe.sa (ê) *sf* **1**. Defesa de si próprio, quando fisicamente atacado. **2**. Resistência às influências externas. **3**. Defesa de um direito feita pelo próprio interessado.

au.to.des.tru.i.ção *sf* Destruição de si próprio; extinção da própria espécie a que pertence. **autodestrutivo** *adj* (rel. a autodestruição).

au.to.de.ter.mi.na.ção *sf* Princípio segundo o qual todo país tem o direito de decidir seu próprio futuro, seu regime, etc.

au.to.di.da.ta *adj* e *s2gên* Que ou quem aprende lições sozinho(a), sem auxílio nem orientação de professores. → **autodidática** *sf* (prática do autodidata); **autodidático** *adj* (rel. a autodidática); **autodidatismo** *sm* (**1**. qualidade de autodidata; **2**. ato ou prática de estudar e aprender por si, sem o auxílio de professores).

au.to.do.mí.nio *sm* Autocontrole.

au.tó.dro.mo *sm* Lugar devidamente preparado para competições esportivas motorizadas (motocicletas, automóveis, etc.).

au.to.e.du.ca.ção *sf* **1**. Processo educativo que consiste em aprender sozinho(a), sem ajuda ou assistência de professor. **2**. Método pedagógico que consiste em adquirir conhecimento pelo esforço pessoal do educando, cabendo ao professor apenas a tarefa de orientação. → **autoeducativo** *adj* (da autoeducação).

au.to.e.lé.tri.co *sm* Oficina especializada na manutenção da parte elétrica dos veículos automotores.

au.to.e.lo.gi.o *sm* Elogio que a pessoa faz de si mesma: *o autoelogio é uma forma positiva de a pessoa falar a si mesma e de se parabenizar, quando acredita ter agido corretamente*.

au.to.e.ro.tis.mo *sm* Atividade e satisfação sexual praticada e obtida solitariamente, mediante estimulação das zonas erógenas ou através de fantasias sexuais; autossatisfação (2). → **autoerótico** *adj* (do autoerotismo: *gozo autoerótico*).

au.to.es.co.la *sf* Escola que instrui pessoas para se habilitarem como motoristas.

au.to.es.ti.ma *sf* Opinião e sentimento que cada pessoa tem de si mesma ou capacidade de respeitar, confiar, valorizar e gostar de si, demonstrando, por consequência, confiança em todos os seus atos e atitudes; reconhecimento do seu próprio valor.

au.to.es.tra.da *sf* Rodovia projetada e construída para altas velocidades, com o mínimo de quatro pistas; autopista. (Não se confunde com *estrada de rodagem*.)

au.to.ex.pli.ca.ti.vo *adj* **1**. Que se explica por si só; capaz de ser compreendido sem explicação: *desenho autoexplicativo*. **2**. Que não deixa margem à dúvida: *atitude autoexplicativa*. → **autoexplicação** *sf* (técnica de estudo usada para aprendizagem de conteúdos abstratos).

au.to.fa.gi.a *sf* **1**. Nutrição de um organismo feita à custa de sua própria substância. **2**. Processo de autodigestão verificado numa célula pela ação de enzimas que se originam dentro da mesma célula. → **autofágico** *adj* (rel. a autofagia); **autófago** *adj* e *sm* (que ou o que comete autofagia).

au.to.fi.nan.ci.a.men.to *sm* Reaplicação dos lucros obtidos no próprio negócio.

au.to.ges.tão *sf* Gerência e administração de uma empresa feita pelos seus próprios funcionários.

au.tó.gra.fo *sm* Assinatura do próprio punho do autor. → **autografar** *v* (colocar autógrafo em); **autografia** *sf* (ação de escrever do próprio punho).

au.to.he.mo.te.ra.pi.a *sf* Terapia que consiste em retirar uma determinada quantidade de sangue do paciente e injetá-lo imediatamente no mesmo paciente. → **auto-hemoterápico** *adj* (rel. à auto-hemoterapia).

au.to-hip.no.se *sf* Hipnose feita por si mesmo. · Pl.: *auto-hipnoses*. → **auto-hipnótico** *adj* (rel. a auto-hipnose).

au.to.i.mo.la.ção *sf* Sacrifício voluntário de si próprio.

au.to.i.mu.ne *adj* Diz-se da doença que ocorre quando o sistema imunológico ataca e destrói tecidos saudáveis do corpo, por engano: *a artrite reumatoide e o lúpus são doenças autoimunes*. → **autoimunidade** *sf* (estado patológico de um organismo atingido por seu próprio sistema imunológico).

au.to.in.du.ção *sf* Indução de corrente elétrica sobre o seu próprio circuito.

au.to.in.je.tar-se *v* Injetar (substância) em si mesmo, usando seringa. → **autoinjeção** *sf* (ação de autoinjetar-se).

au.to.i.no.cu.la.ção *sf* Inoculação de parte sã do próprio organismo de um indivíduo usando um agente infeccioso de uma parte doente do corpo; inoculação de microrganismos provenientes do organismo do próprio indivíduo: *a verruga é uma infecção dermatológica que ocorre por autoinoculação ou por contato com pessoa infectada; a varicela pode ser transmitida por autoinoculação*. → **autoinocular** *v* [inserir um vírus morto ou atenuado em (o organismo), a fim de buscar imunidade; praticar a autoinoculação em]; **autoinocular-se** (passar um vírus de uma região do corpo para a outra: *uma pessoa pode autoinocular-se com o HPV, coçando ou esfregando uma ferida e, em seguida, tocando a pele não infectada*).

au.to.ins.tru.ção *sf* Método de aprendizagem em que o indivíduo adquire conhecimento por seu próprio esforço.

au.to.lo.ca.do.ra (ô) *sf* Estabelecimento onde se locam veículos automóveis.

au.to.lo.ta.ção *sm* Qualquer veículo coletivo (carro, perua, ônibus) que transporta passageiros de um ponto a outro da cidade, com maior rapidez e preços maiores que os coletivos de linha regular, saindo do ponto de origem somente quando se completa a sua capacidade de transporte; lotação.

au.to.ma.ça.ção *sf* Processo industrial que consiste em fazer a própria máquina controlar todo o seu funcionamento; automatização (2).

au.to.má.ti.co *adj* **1**. Que pode funcionar sozinho, sem necessidade de controle externo. **2**. Feito inconscientemente ou por força do hábito; mecânico. **3**. Diz-se da arma de fogo capaz de disparar continuamente até se acabar a munição. → **automatismo** *sm* (**1**. qualidade ou estado de automático; ação mecânica ou involuntária: *o automatismo das pupilas a uma luz forte*; **2**. ação automática ou inconsciente de uma parte do corpo (como um tique, p. ex.).

au.to.ma.ti.za.ção *sf* **1**. Ato ou efeito de automatizar(-se). **2**. Automação. → **automatizar(-se)** *v* [tornar(-se) automático].

au.tô.ma.to *sm* **1**. Máquina que se movimenta sozinha; robô. **2**. Pessoa que age sem vontade própria, sob o comando de outrem; fantoche, títere.

au.to.me.di.ca.ção *sf* Ingestão de remédio sem receita médica; procedimento de automedicar-se. → **automedicar-se** *v* (tomar medicamento sem prescrição médica).

au.to.mo.bi.lis.mo *sm* Modalidade esportiva praticada com automóveis de alto desempenho, geralmente na Fórmula 1, a mais popular modalidade de automobilismo do mundo. **automobilista** *adj* e *s2gên* [que ou pessoa que se dedica ao automobilismo; piloto(a) de Fórmula 1]; **automobilístico** *adj* (rel. ao automobilismo ou a automobilista: *prova automobilística*). · Não se confunde com *automotivo*; no Brasil não existe indústria "automobilística", porque nenhuma fábrica aqui monta carros para correr na Fórmula 1. Um dicionário, porém, registra o inconveniente (além, aliás, de muitos outros).

au.to.mo.de.lis.mo *sm* **1**. Arte e técnica de projetar e produzir miniaturas de automóveis. **2**. Atividade de lazer que consiste em conduzir miniaturas de automóveis. · V. **modelódromo**. → **automodelista** *adj* (rel. a automodelismo) e *adj* e *s2gên* (que ou pessoa que se dedica ao automodelismo); **automodelo** (ê) *sm* (miniatura de automóvel).

au.to.mo.ti.vo *adj* **1**. Que se move por si mesmo; automóvel. **2**. Relativo a automóvel ou a outros veículos motorizados; automóvel: *a indústria automotiva brasileira já passou por várias crises*. (Não se confunde com *automobilismo*.)

au.to.mó.vel *sm* **1**. Veículo de quatro rodas, movido a motor de combustão interna, destinado ao transporte de cinco passageiros no máximo; carro, auto. // *adj* **2**. Automotivo: *a indústria automóvel; um veículo automóvel.*

au.to.no.mia *sf* **1**. Faculdade de se reger ou se conduzir por si próprio; independência. **2**. Distância máxima que um veículo motorizado pode percorrer sem reabastecimento. → **autônomo** *adj* (que tem autonomia; independente) e *adj* e *sm* (que ou aquele que trabalha por conta própria).

au.to-ô.ni.bus *sm2núm* Ônibus.

au.to.pe.ça *sf* **1**. Peça de veículo automóvel. **2**. Loja onde se vendem tais peças.

au.to.pis.ta *sf* Autoestrada.

au.to.plas.ti.a *sf* Cirurgia plástica que usa matéria do próprio corpo do paciente. → **autoplástico** *adj* (rel. a autoplastia).

au.to.pro.mo.ção *sf* Promoção de si próprio. → **autopromover-se** *v* (fazer promoção de si próprio; promover-se).

au.tóp.sia ou **au.to.psi.a** *sf* Exame médico minucioso feito em cadáver para descobrir as causas da morte; necropsia. → **autopsiar** *v* (proceder à autópsia em); **autóptico** *adj* (rel. a autópsia).

au.tor (ô) *sm* **1**. Aquele que escreve ou publica livro, estória, artigo ou qualquer obra literária ou científica. **2**. Aquele que propõe demanda judicial. **3**. Aquele que cria ou executa qualquer coisa; criador; causador. → **autoral** *adj* (rel. a autor de obra literária, artística ou científica); **autoria** *sf* (qualidade ou condição de autor).

au.to.ra.ma *sm* Miniatura de autopista em que correm carros de brinquedo, movidos à eletricidade, para divertimento infantil.

au.to.ri.da.de *sf* **1**. Poder ou direito de dar ordens, comandar, fazer-se obedecer ou julgar; jurisdição. **2**. Ascendência, influência moral. **3**. Oficial com o poder ou direito de dar ordens, comandar, fazer-se obedecer ou julgar. **4**. *Fig.* Pessoa com conhecimento especializado, perito.

au.to.ri.tá.rio *adj* Que abusa do poder que tem; déspotico. → **autoritarismo** *sm* (qualidade de autoritário; despotismo).

au.to.ri.zar *v* **1**. Conferir autoridade a: *só a lei autoriza os juízes.* **2**. Permitir, consentir: *autorizei-o a entrar.* · Antôn. (2): *proibir.* → **autorização** *sf* (**1**. ato de autorizar; consentimento, permissão; **2**. documento que autoriza), de antôn. *proibição.*

au.tor.ra.di.o.gra.fia *sf* Método pelo qual um material radiativo pode ser localizado dentro de um determinado tecido. → **autorradiográfico** *adj* (da autorradiografia: *estudo autorradiográfico*).

au.tor.re.a.li.za.ção *sf* Realização das suas próprias capacidades ou habilidades. → **autorrealizado** *adj* (que se autorrealizou); **autorrealizar-se** (realizar as suas próprias capacidades ou habilidades).

au.tor.re.ge.ne.rar-se *v* Formar-se ou constituir-se novamente; reconstituir-se. → **autorregeneração** *sf* (ato ou efeito de autorregenerar-se).

au.tor.re.gu.la.ção *sf* Capacidade de monitorar e gerenciar emoções, pensamentos e comportamentos, de maneira que sejam aceitáveis e produzam resultados positivos, como bem-estar, relacionamentos amorosos e aprendizado: *aquele que possui autorregulação emocional tem a capacidade de manter suas emoções sob controle.* → **autorregular-se** *v* (determinar as próprias regras: *a ideia de que o mercado é capaz de autorregular-se é uma fantasia*).

au.tor.re.no.var-se *v* Ter (uma célula) a capacidade de se dividir e produzir cópias de si mesma por um período indefinido de tempo: *as células-tronco têm a capacidade de autorrenovarem-se.* → **autorrenovação** *sf* (ato ou efeito de autorrenovar-se: as células-tronco têm capacidade de autorrenovação). (A 6.ª ed. do VOLP não registra nem uma nem outra.)

au.tor.res.pei.to *sm* Respeito a si próprio. → **autorrespeitar-se** *v* (praticar o autorrespeito).

au.tor.re.tra.to *sm* Retrato de um indivíduo feito por ele próprio: *a selfie é um autorretrato.* → **autorretratar-se** v (**1**. fazer o próprio retrato; tirar uma *selfie*; **2**. descrever-se, expressar-se ou manifestar-se como realmente se é).

au.tos.sa.tis.fa.ção *sf* **1**. Satisfação consigo mesmo. **2**. Autoerotismo. → **autossatisfazer-se** *v* (realizar a autossatisfação: *as pessoas não vêm ao mundo para autossatisfazerem-se, mas para colocarem-se a serviço de outras pessoas*).

au.tos.ser.vi.ço *sm* **1**. Sistema de comércio em que os próprios clientes se servem, apanhando os produtos expostos nas prateleiras. **2**. Loja que adota tal sistema. · Em inglês: *self-service* (que se pronuncia *sélf sârvis*).

au.tos.su.fi.ci.en.te *adj* Capaz de viver ou de fazer tudo sem ajuda de outrem; independente. → **autossuficiência** *sf* (qualidade, condição ou estado de autossuficiente).

au.tos.su.ges.tão *sf* **1**. Ato ou efeito de autossugestionar-se. **2**. Influência de uma ideia persistente que a pessoa tem sobre o seu próprio comportamento ou atitude; sugestão que uma pessoa exerce sobre si mesma, provocando alterações de conduta: *o ódio, o medo e a raiva podem levar ao crime, por autossugestão.* → **autossugestionar-se** *v* (convencer ou persuadir a si mesmo por meio de sugestão).

au.tos.sus.ten.tá.vel *adj* Capaz de sustentar por si próprio: *cidade autossustentável.* → **autossustentabilidade** *sf* (qualidade do que é autossustentável).

au.to.to.mi.a *sf* Mutilação espontânea de parte do próprio corpo, recurso de certos animais para escapar a predadores. → **autotômico** *adj* (rel. a autotomia), palavra que não tem registro na 6.ª ed. do VOLP.

autotour [ingl.] *sm* Circuito turístico em que estão incluídos aluguel de veículos e pernoites em hotéis e, geralmente, os serviços de um guia. · Pl.: *autotours.* · Pronuncia-se *autotur.*

au.to.trans.plan.te *sm* **1**. Cirurgia que consiste em transferir órgão ou pedaços de tecido de uma parte do corpo a outra, na mesma pessoa. **2**. Ação de autotransplantar.

au.to.va.ci.na *sf* Vacina preparada do vírus desenvolvido no próprio corpo de uma pessoa.

au.to.vi.a.ção *sf* Serviço de ônibus que percorrem determinadas linhas, para uso público.

au.tu.ar *v* Lavrar um auto de infração contra (alguém), multar: *o guarda autuou o motorista.* → **autuação** *sf* (ato ou efeito de autuar; multa).

au.xi.li.ar (x = ss) *adj* e *s2gên* **1**. Que ou o que auxilia, ajuda, assiste ou colabora; ajudante, assistente. // *v* **2**. Ajudar, assistir, socorrer: *ninguém me auxiliou no trabalho.* → **auxílio** (x = ss) *sm* (**1**. ajuda, socorro; **2**. assistência, incentivo; **3**. doação material; caridade, esmola); **auxílio-desemprego** *sm* (seguro-desemprego), de pl. *auxílios-desemprego* ou *auxílios-desempregos.* (Esse composto não tem registro na 6.ª ed. do VOLP.) ·· **Verbo auxiliar**. Verbo que perdeu o seu sentido pleno e tem como função marcar o tempo, modo, número e pessoa, enquanto os verbos principais carregam a maior carga semântica da locução verbal. (Os principais verbos auxiliares estão arrolados no verbete **conjugação**.)

a.va.ca.lhar *v* **1**. Desmoralizar, ridicularizar: *avacalhar uma festa.* **2**. Fazer malfeito, matar: *você avacalhou o serviço, por isso não vai ganhar gorjeta.* **avacalhação** *sf* ou **avacalhamento** *sm* (ato ou efeito de avacalhar); **avacalhado** *adj* (**1**. desmoralizado, ridicularizado); **2**. malfeito, matado).

a.val *sm* Assinatura que se apõe a um título de crédito, responsabilizando-se pelo seu pagamento, no caso de seu titular não honrar a dívida. → **avalista** *s2gên* (pessoa que avaliza); **avalização** *sf* (ato ou efeito de avalizar); **avalizar** *v* [dar aval em (título de crédito): *avalizar uma nota promissória*].

a.va.lan.che ou **a.va.lan.cha** *sf* **1**. Grande massa de neve e gelo que se desprende do cume das montanhas e desmorona súbita e violentamente, arrastando consigo pequenas e grandes pedras, lama e entulhos, levando de roldão tudo quanto encontra; alude. **2**. Grande quantidade de qualquer coisa; enchente: *recebi uma avalanche de cartas.*

a.va.li.ar *v* **1**. Determinar o valor ou o preço, com certa base: *o joalheiro avaliou o anel.* **2**. Apreciar o mérito de: *avaliar um aluno.* **3**. Calcular; fazer ideia de: *você não avalia quanto a amo.* **avaliação** *sf* (ato ou efeito de avaliar).

a.van.ça.do *adj* **1**. Muito à frente; em franco desenvolvimento ou progresso: *as negociações estão em fase avançada; a doença já estava em estádio avançado.* **2**. Que fica ou vai adiante: *posto militar avançado.* **3**. Que está à frente do seu tempo; progressista, inovador: *ideias avançadas; métodos avançados de ensino.* **4**. Distante no tempo; provecto: *idade avançada; homem avançado em anos.* **5**. Altamente desenvolvido e moderno; complexo, intrincado, sofisticado: *tecnologia avançada; um avançado sistema de radares.* **6**. Que sobressai; saliente, proeminente: *varanda avançada.* **7**. Que está em nível alto, muito além do básico ou do elementar: *o livro explica técnicas básicas e avançadas; química avançada.* · Antôn. (3): *conservador;* (5): *obsoleto;* (7): *básico, elementar.*

a.van.çar *v* **1**. Prosseguir, continuar: *avançar uma pesquisa.* **2**. Numa construção, fazer sair fora do alinhamento geral: *avançar uma sacada.* **3**. Fazer ir para a frente: *avançar o meio de campo.* **4**. Investir: *o cão avançou contra nós.* **5**.

Prolongar-se, estender-se: *os galhos da árvore avançam sobre nosso quintal.* **7**. Progredir, desenvolver-se muito: *a ciência avança diariamente.* · Antôn.: *recuar, retroceder.* → **avançada** *sf,* **avançamento** ou **avanço** *sm* (ato ou efeito de avançar).

a.van.ta.ja.do *adj* **1**. Que leva vantagem ou tem superioridade sobre alguma coisa. **2**. Maior que os outros ou que o normal; que excede o tamanho ou as dimensões do que é comum ou ordinário: *bumbum avantajado.*

a.van.te *adv* **1**. Para a frente, adiante. // *s2gên* **2**. Atleta que atua na linha de ataque; atacante. // *interj* **3**. Incita a ir para a frente.

avaant-première [fr.] *sf* Pré-estreia. · Pronuncia-se avã--premiéR (este R soa como o de *fleur.*)

a.va.ran.da.do *adj* **1**. Que tem varanda: *apartamento avarandado.* // *sm* **2**. Varanda coberta, à frente ou em volta da casa.

a.va.ren.to *adj* e *sm* Que ou aquele que é um tanto avaro. · Antôn.: *generoso, pródigo.*

a.va.re.za (ê) *sf* Qualidade de avaro, apego exagerado a dinheiro, falta de generosidade. · Antôn.: *prodigalidade.*

a.va.ri.a *sf* **1**. Dano, prejuízo, estrago. **2**. Defeito em veículo. → **avariar** *v* [**1**. danificar, estragar; **2**. causar defeito em (veículo)].

a.va.ro *adj* e *sm* Que ou quem tem exagerado apego ao dinheiro, por isso não gasta nem nas coisas mais necessárias; pão-duro, unha de fome. · Antôn.: *generoso, pródigo.*

a.va.tar *sm* **1**. Forma humana ou animal de um deus hindu que aparece na terra; cada uma das encarnações de Vishnu: *Buda é considerado um avatar de Vishnu; o javali, um dos avatares de Vishnu.* **2**. *P.ext.* Processo metamórfico; metamorfose, transformação, transfiguração: *o avatar de um ator.* **3**. Alguém que representa um tipo de pessoa, ideia ou qualidade; personificação: *ele é o último avatar do socialismo; ele é um avatar de humildade.* **4**. Ícone ou pequena imagem eletrônica móvel que representa um usuário de computador em jogos *online,* salas de *chat,* etc.: *ele escolheu um periquito como seu avatar pessoal na sala de chat; meu avatar tem cabelos longos.* **5**. Na ficção científica, criatura híbrida, composta de DNA humano e alienígena, controlada remotamente pela mente de um ser humano geneticamente compatível.

AVC *sm* Sigla de *acidente vascular cerebral,* conhecido popularmente como *derrame.*

a.ve *sf* **1**. Animal bípede vertebrado, cujo corpo é coberto de penas e cujos membros anteriores formam asas. // *interj* **2**. Salve: *ave, César!* · Aum. irregular: *avejão.* · Dim. erudito: *avícula.* · Col.: *aviário.*

a.ve.a.da.do *adj Pop.* Diz-se daquele que tem aparência ou modos de veado ou maricas; efeminado.

a.vei.a *sf* **1**. Planta gramínea cujo grão é muito nutritivo, por ter grande valor proteico. **2**. Esse grão. **3**. Farinha feita com esse grão. · Col.: *aveal.*

a.ve.lã *sf* Noz comestível, da avelaneira. → **avelaneira, avelãzeira** ou **aveleira** *sf* (arbusto que dá a avelã).

a.ve.lu.da.do *adj* Macio como veludo.

a.ve-ma.ri.a *sf* Oração católica dirigida a Virgem Maria. · Pl.: *ave-marias.*

a.ven.ca *sf* Planta ornamental muito delicada, que se desenvolve em ambientes úmidos, de propriedades medicinais; capilária.

a.ven.ça *sf* **1**. Acordo, ajuste ou entendimento entre pessoas desavindas. **2**. Documento que comprova esse acordo. · Antôn.: *desavença.* → **avençar-se** *v* (entender-se, avir-se: *avençar-se com os adversários*).

a.ve.ni.da *sf* Rua bem larga, geralmente com canteiro central. · Abrev.: *av.*

a.ven.tal *sm* Peça usada à frente da roupa, para protegê-la durante certos trabalhos.

a.ven.tu.ra *sf* **1**. Ação arriscada, cheia de emoções. **2**. *Fig.* Namoro passageiro. → **aventuresco** (ê) *adj* [aventuroso (2)]; **aventuroso** (ô; pl.: ó) *adj* (**1**. inclinado a empreender novas aventuras: *os aventurosos conquistadores portugueses;* **2**. que envolve ou oferece riscos; arriscado, perigoso, aventuresco: *fazer uma aventurosa viagem marítima,* de pl.: (ó); **aventurar(-se)** *v* [expor(-se) ou arriscar(-se) à situação de perigo: *aventurar a vida num esporte radical; que aventura a pular daquele morro?*]; **aventureiro** *adj* e *sm* (**1**. que ou aquele que vive arriscando a vida, pelo mero prazer de estar sempre frente a frente com o perigo ou com as emoções que ele provoca. **2**. que ou aquele que, por não ter ocupação certa nem profissão definida, utiliza-se de vários recursos para sobreviver, princ. golpes e falcatruas; vagabundo.)

a.ver.bar *v* Tomar nota; anotar, registrar: *averbar uma queixa.* → **averbação** *sf* ou **averbamento** *sm* (ato ou efeito de averbar).

a.ve.ri.guar *v* **1**. Investigar: *averiguar um crime.* **2**. Verificar, apurar: *averiguar o passado de uma pessoa.* · Conjuga-se por *apaziguar.* → **averiguação** *sf* (ato ou efeito de averiguar; investigação, apuração).

a.ver.me.lha.do *adj* De tonalidade vermelha. · V. **envermelhar(-se)**.

a.ver.são *sf* Grande repugnância ou repulsa por alguém ou algo: *tenho aversão a cigarro.*

a.ves.so (ê) *adj* **1**. Contrário, oposto. **2**. Contrário, inimigo. // *sm* **3**. Parte oposta ao lado principal; reverso. ·· **Às avessas** (é). Ao contrário; do avesso: *O mundo está às avessas.* ·· **Do** (ou **Pelo**) **avesso**. Do lado contrário ao direito; às avessas. (Cuidado para não usar "no" avesso!)

a.ves.truz *sm* Ave pernalta de grande porte, a maior do mundo (2,5m). (Voz: *grasnar, roncar, rugir*).

a.vi.a.ção *sf* **1**. Navegação aérea com aparelho mais pesado que o ar. **2**. Conjunto das aeronaves para determinado fim. → **aviador** (ô) *sm* (piloto de avião); **aviatório** *adj* (rel. à aviação; da aviação: *os progressos aviatórios*).

a.vi.ão *sm* **1**. Aparelho mais pesado que o ar, que voa e se sustenta no ar por meio de duas asas; aeronave, aeroplano. **2**. Pessoa excepcionalmente bela, sedutora, de formas sensuais e encantadora.

a.vi.ar *v* Preparar (aquilo que está prescrito em receita médica): *aviar óculos.* → **aviamento** ou **avio** *sm* (ato ou efeito de aviar).

a.vi.á.rio *adj* **1**. Relativo a aves e a suas doenças; avícola, avicular, aviculário. // *sm* **2**. Conjunto de aves vivas ou empalhadas. **3**. Lugar em que se criam e vendem aves.

a.ví.co.la *adj* **1**. Relativo a aves; aviário: *setor avícola.* // *s2gên* **2**. Pessoa que cria aves com fins comerciais; avicultor(a).

a.vi.cul.tu.ra *sf* Criação de aves, com fins comerciais. → **avicultor** (ô) *sm* (criador de aves; avícola).

á.vi.do *adj* Muito desejoso; ansioso, sedento, sôfrego. · Antôn.: *moderado.* **avidez** (ê) *sf* (desejo muito intenso; ânsia, sofreguidão).

a.vil.tar *v* **1**. Tornar indigno, vil, desprezível; desonrar: *a corrupção avilta a pessoa.* **2**. Humilhar: *a miséria avilta a pessoa.* **3**. Baixar sensivelmente (preço), para vencer a concorrência. **aviltar-se** **4**. Rebaixar-se, humilhar-se: *ninguém deve aviltar-se para conseguir um emprego.* · Antôn.: *nobilitar.* → **aviltação** *sf* ou **aviltamento** *sm* [ato ou efeito de aviltar(-se)]; **aviltante** ou **aviltoso** (ô; pl.: ó) *adj* (que avilta; desonroso, humilhante).

a.vi.nha.do *adj* **1**. Diz-se do que tem cor vermelho-escura, semelhante à do vinho tinto. // *sm* **2**. Curió.

a.vir-se *v* Entender-se (objetivando acordo, conciliação): *o empresário aveio-se com os funcionários, para pôr fim à greve.* · Conjuga-se por *vir.* · Antôn.: *desavir(-se), indispor(-se).*

a.vi.sar *v* **1**. Fazer (alguém) tomar conhecimento de alguma coisa, comunicar, informar, cientificar: *avisei a polícia do assalto.* **2**. Prevenir, aconselhar: *quem avisa amigo é.* → **avisado** *adj* (que recebeu aviso; prevenido, informado), de antôn.: *desprevenido, desinformado);* **aviso** *sm* (**1**. ato ou efeito de avisar; **2**. notícia que diz respeito ou interessa a alguém; notificação, comunicação; **3**. notificação por escrito; documento de informação).

a.vis.tar *v* **1**. Alcançar com a vista (o que está distante); ver ao longe: *Cabral avistou terra a 21 de abril.* **2**. Distinguir (alguém ou alguma coisa) em meio a muita gente ou a muitas coisas: *avistei minha namorada na multidão.* **3**. Ver ou dar de cara com (uma ocorrência incomum ou inusitada): *avistar um fantasma, um óvni.* **avistar-se 4**. Encontrar-se casualmente, deparar: *avistei-me com o Papa na rua.* **5**. Ter entrevista ou reunião; reunir-se: *ainda não me avistei com os repórteres.* → **avistamento** *sm* (ato ou efeito de avistar). (Até 6.ª ed. do VOLP não registra o substantivo.)

a.vi.var *v* **1**. Tornar mais vivo, realçar: *avivar as cores de um quadro.* **2**. Excitar, estimular: *avivar a memória.* **3**. Tornar grave, agravar, exacerbar: *avivar rancores.* **avivar(-se) 4**. Revelar-se, manifestar-se, despertar: *ao ouvir aquela música, minha memória prontamente (se) avivou.* **5**. Realçar-se, tornar-se mais vivo: *as cores do quadro (se) avivaram, com a mudança.* → **avivamento** *sm* [ato ou efeito de avivar(-se)].

a.vi.zi.nhar(-se) *v* Chegar(-se) para mais perto, aproximar(-se): *avizinhar dois inimigos; eu me avizinhei dela e provoquei conversa.*

a.vo *sm* Em matemática, palavra que, juntada ao denominador de uma fração (de 10 em diante), equivale à desinência de um número ordinal (p. ex.: 1/12 = um doze avo, ou seja, um duodécimo; 2/12 = dois doze avos, isto é, dois duodécimos). · Note que, quando o numerador é representado pela unidade, *avo* não varia.)

a.vó *sf* Mãe do pai ou da mãe.

a.vô *sm* Pai do pai ou da mãe. · Pl.: *avós* (quando se trata só dos homens); *avós* (quando se trata dos homens e das mulheres, ou seja, do avô e da avó, ou dos avôs e das avós).

a.vo.a.do *adj* Diz-se da pessoa que vive desatenta; aéreo, distraído, desligado.

a.vo.an.te *sf* Ave maior que a rola, que vive em bandos migratórios.

a.vo.car *v* **1.** Fazer voltar; despertar; levar a: *esses fatos todos me avocaram a lembrança dos dias que passamos juntos.* **2.** Chamar à sua presença: *avoquei um transeunte, para lhe pedir informações.* **3.** Atribuir, arrogar: *avoquei a mim o direito de permitir ou não a viagem.* **avocação** *sf* (ato de avocar).

a.vo.lu.mar(-se) *v* Tornar(-se) volumoso ou maior, aumentar: *as chuvas avolumaram as águas do rio; essas águas se avolumaram e provocaram enchentes.* → **avolumamento** *sm* [ato ou efeito de avolumar(-se)].

a.vul.so *adj* **1.** Isolado ou separado da coleção de que fazia parte. **2.** Separado, solto.

a.vul.tar *v* **1.** Sobressair, destacar-se: *entre os militares brasileiros avulta Caxias.* **2.** Crescer, aumentar: *avultam as exportações brasileiras.* → **avultação** *sf* (ato ou efeito de avultar).

a.xé *sm* **1.** Boa energia, que o orixá dá ou nega. // *interj* **2.** Usa-se para cumprimentar a quem se quer bem, desejando muita sorte e saúde.

a.xi.al (x = ks) *adj* **1.** Do eixo. **2.** Em forma de eixo.

a.xi.la (x = ks) *sf* Parte do corpo situada debaixo do braço, onde este se une ao tronco; sovaco. → **axilar** (x = ks) *adj* [da(s) axila(s): *glândula axilar; odor axilar*].

a.xi.o.ma (x = ks ou ss) *sm* **1.** Postulado (1). **2.** Declaração ou ideia aceita como verdade: *o axioma de que o esporte constrói o caráter ou de que o trabalho dignifica o homem.* **3.** Princípio ou verdade universalmente aceita, sem necessidade de prova: *o dia segue a noite é um axioma, assim como a parte é menor que o todo.* → **axiomático** (x = ks ou ss) *adj* (rel. a axioma ou que encerra um axioma).

a.xô.nio (x = ks) *sm* Parte alongada em forma de fio de uma célula nervosa, ao longo da qual os impulsos são conduzidos do corpo celular para outras células.

a.zá.fa.ma *sf* Correria que geralmente provoca esquecimentos; pressa, sufoco, corre-corre. → **azafamar(-se)** *v* [apressar(-se)].

a.za.gai.a *sf* Lança curta, própria para arremesso.

a.zá.lea ou **a.za.lei.a** (éi) *sf* **1.** Planta ornamental, cujas flores variam do branco ao vermelho. **2.** Essa flor.

a.zar *sm* **1.** Circunstância infeliz resultante de resultados desfavoráveis; falta de sorte. // *interj* Expressa simpatia por quem errou ou ficou desapontado: *você perdeu hoje? Azar! Amanhã você ganha.* → **azarado** *adj* e *sm* (que ou aquele que tem azar); **azarão** *sm* (em qualquer competição, mas princ. no turfe, competidor que recebe poucas apostas, por ter pouquíssimas chances de vencer; zebra); de antôn.: *baba, barbada;* **azarar** *v* (trazer ou dar azar a, desgraçar) **azarar-se** (sair-se mal); **azarento** *adj* (que dá azar) e *adj* e *sm* (que ou quem tem muito azar; azarado, caipora).

a.ze.do (ê) *adj* **1.** De gosto ou cheiro ácido, picante, acre. **2.** Que se estragou pela fermentação, fermentado. **3.** Mal-humorado, irascível. // *sm* **4.** Sabor ácido; acidez. → **azedamento** *sm* [ato ou efeito de azedar(-se)]; **azedar(-se)** *v* [tornar(-se) azedo: *fora da geladeira, o leite (se) azedou*]; **azedume** *sm* (**1.** qualidade de azedo; acidez; **2.** *fig.* irritação, mau humor).

a.zei.te *sm* Óleo que se extrai da azeitona. → **azeitar** *v* (**1.** pôr azeite em, temperar com azeite; **2.** lubrificar). ·· **Azeite de dendê.** Óleo comestível extraído do dendê. ·· **Azeite de oliva** (ou **de oliveira**). Óleo de azeitona; azeite.

a.zei.to.na *sf* Fruto da oliveira; oliva.

Azerbaidjão *sm* República independente do Sudoeste da Ásia, ex-república soviética, de área equivalente à dos estados do Rio de Janeiro e do Espírito Santo. → **azerbaidjanês** *adj* e *s2gên* ou **azerbaidjano** *adj* e *sm*.

a.ze.vi.che *sm* **1.** Carvão fóssil de cor muito negra. **2.** *P.ext.* Qualquer coisa muito negra. **3.** Cor de azeviche.

a.zi.a *sf* Sensação de queimação no estômago, por excesso de acidez; acidez gástrica.

a.zi.a.go *adj* Que traz azar ou desgraça. · Antôn.: *propício.*

á.zi.mo *adj* e *sm* Que ou pão que não tem fermento.

a.zi.nha.vre ou **zi.na.bre** *sm* Camada superficial verde que se forma nos objetos de cobre expostos à umidade do ar.

a.zo *sm* **1.** Circunstância favorável ou propícia; ensejo. **2.** Motivo, pretexto.

a.zo.a.do *adj* **1.** Perturbado, tonto. **2.** Zangado, aborrecido.

a.zor.ra.gue *sm* **1.** Instrumento de punição feito de pele ou de couro; relho. **2.** *P.ext.* Castigo, flagelo.

a.zou.gue *sm* Mercúrio (metal). ·· **Ser um azougue.** Ser muito ágil, esperto, rápido de movimentos.

AZT *sm* Sigla de *azidotimidina*, droga antiviral usada no combate ao HIV, vírus causador da AIDS ou SIDA. · Pl.: **AZTs**.

a.zu.cri.nar *v* Aborrecer, apoquentar, atazanar, chatear: *esse moleque só serve para me azucrinar.* → **azucrinação** *sf* (ato ou efeito de azucrinar; chateação).

a.zul *adj* **1.** Diz-se da cor intermediária entre o verde e o violeta, como a do céu ou a do mar, em dia ensolarado: *carro azul.* // *sm* **2.** Essa cor: *ela estava vestida de azul.* → **azular** *v* (fazer ficar azul).

a.zu.lão *sm* **1.** Pássaro canoro brasileiro, cujo macho tem plumagem azul. **2.** Tom vivo e forte de azul.

a.zul-ce.les.te *adj* Da cor do céu: *camisas azul-celeste.* (Como se vê, não varia.)

a.zul-cla.ro *adj* De um tom claro de azul: *camisas azul-claras.* · Pl.: *azul-claros.*

a.zu.le.jo (ê) *sm* Ladrilho geralmente decorado, usado no revestimento de paredes. → **azulejador** (ô) *sm* ou **azulejista** *s2gên* (fabricante ou assentador de azulejos); **azulejar** *v* (revestir ou guarnecer de azulejo), que mantém o e fechado durante toda a conjugação.

a.zul-es.cu.ro *adj* De um tom escuro de azul: *camisas azul-escuras.* · Pl.: *azul-escuros.*

a.zul-fer.re.te (ê) *adj* **1.** De um azul bem escuro, quase preto: *camisas azul-ferrete.* **2.** Diz-se dessa cor. (Como se vê, não varia.)

a.zul-ma.ri.nho *adj* **1.** De um azul da cor do mar profundo. **2.** Diz-se dessa cor. // *sm* **3.** Essa cor. (Não varia: *camisas azul-marinho.*)

a.zul-pis.ci.na *adj* **1.** De um azul como o da água clorada das piscinas: *camisas azul-piscina.* **2.** Diz-se dessa cor. (Como se vê, não varia.)

a.zul-tur.que.sa (ê) *adj* De um azul do tom da turquesa: *gravatas azul-turquesa.* (Como se vê, não varia.)

B

b/B *sm* Segunda letra do alfabeto. · Pl.: os *bês* ou os *bb*.

Baamas *sfpl* País formado por um grupo de ilhas das Antilhas, de área equivalente a meio Alagoas. → **baamense** *adj* e *s2gên*, **baamês** ou **baamiano** *adj* e *sm*.

ba.ba *sf* **1**. Saliva que escorre da boca; babugem. **2**. Mucosidade segregada por alguns animais, como a lesma. **3**. *Pop*. Tudo aquilo que é fácil de fazer ou de vencer; moleza, barbada, manha, fichinha, sopa: *seu time para o meu é uma baba.* · Antôn. (3): *azarão*. ·· **Baba de moça**. Tradicional doce da culinária brasileira, de origem portuguesa, feito com calda grossa de açúcar, gemas de ovo e leite de coco, sobremesa favorita da princesa Isabel.

ba.bá *sf* Mulher encarregada de tomar conta de criança, ama-seca.

ba.ba.ca *adj* e *s2gên Gír*. **1**. Que ou pessoa que é tola, ingênua, simplória e não goza do respeito de ninguém. // *adj* **2**. Diz-se de tudo aquilo que não tem nenhum conteúdo aproveitável; fútil: *telenovela babaca*. // *sf* **3**. *Pop.Chulo* Órgão sexual da mulher; boceta. → **babaquice** *sf* (*gír*. **1**. ato, dito ou conduta de quem é babaca; idiotice, asnice; **2**. algo que não desperta nenhum interesse, por ser fútil, não ter nenhum conteúdo útil; futilidade: *BBB é uma grande babaquice*).

ba.ba.ção *sf* Redução de *babação de ovo*, elogio exagerado e interesseiro; bajulação, puxa-saquismo.

ba.ba.çu *sm* **1**. Palmeira que dá fruto comestível, do qual se extrai óleo que se emprega como alimento, combustível e lubrificante, além de base para a fabricação de sabonetes e cosméticos. **2**. Esse fruto.

baba-de-boi *sf* Palmeira alta e oleaginosa, também conhecida por *coquinho*. · Pl.: *babas-de-boi*.

ba.ba.di.nho *adj* **1**. *Pop*. Que deseja muito uma coisa: *estar babadinho por um carro novo*. **2**. *Pop*. Muito apaixonado; vidrado, fissurado, babado (2), baboso (3): *estar babadinho pela vizinha*. // *sm* **3**. Babado estreito e franzido, preso à borda de um decote, cava, punho ou bainha.

ba.ba.do *adj* **1**. Cheio de baba. **2**. *Pop*. Apaixonado; fissurado, gamado; babadinho (2), baboso (3): *estou babado nessa minha vizinha*. // *sm* **3**. Tira de tecido com muitas dobras, usada para enfeitar roupas. **4**. *Gír*. Conversa fiada, conversa mole, baboseira: *qual é o babado?*

ba.ba.dou.ro *sm* Guardanapo infantil que se prende em volta do pescoço de nenê, para evitar que a comida ou a baba escorra para a roupa; babador. → **babador** (ó) *adj* e *sm* (que ou aquele que baba: *bebê babador*) e *sm* (babadouro).

ba.ba.la.ô *sm* Babalorixá.

ba.ba.lo.ri.xá *sm* Pai de santo; babalaô. · Heterônimo fem.: *ialorixá*.

ba.ba.lu *sm* No ciclismo, manobra que consiste em equilibrar a bicicleta com o pneu dianteiro travado e a parte traseira suspensa.

ba.bão *adj* e *sm* **1**. Que ou aquele que baba muito; baboso (1). **2**. Que ou aquele que é dengoso. **3**. Que ou aquele que é bobão ou tontão. · Fem.: *babona*.

ba.ba-o.vo *sm Gír*. Pessoa que tem por hábito bajular pai, professor, chefe, na esperança de conseguir algum benefício em troca; bajulador(a); puxa-saco: *Judite é o maior baba-ovo do chefe*. · Pl.: *baba-ovos*. (Usa-se até como se fosse um verbo, mas neste caso sem hífen e com a preposição *para*: *Ela hoje baba ovo até para o ex-namorado*. *Nunca babei ovo para esse telejornal*.)

ba.bar *v* **1**. Sujar ou molhar com baba; deixar cair baba sobre: *ele babou o travesseiro*. **2**. Deixar sair da boca, feito baba; expelir como baba: *o nenê babou todo o leite que mamou*. **3**. Deixar sair a saliva; derramar baba: *você baba, quando dorme?* **babar-se 4**. Sentir muito amor ou desejo: *ela ainda se baba por Dione*. **5**. Gostar muito; adorar: *ela se baba por brigadeiro*. **6**. Ficar encantado ou extasiado; encantar-se, extasiar-se: *é um avô que se baba com as peraltices do neto*.

ba.ba.tar *v* **1**. Orientar-se palpando ou tateando (como fazem os cegos, com as mãos ou com a bengala): *na escuridão, ele babatava em busca da porta de saída*. **2**. Querer pegar em (alguma coisa), sem conseguir: *ao babatar um livro da última prateleira, sofreu uma dor aguda*. **3**. Querer muito (algo) sem conseguir: *o suplente babatava o mandato do titular*.

ba.bau *interj* **1**. Palavra usada para exprimir que algo se perdeu de modo irreversível, equivalente da expressão popular *já era*: *você não aceitou aquele ótimo emprego, agora babau!* **Babau** *sm* **2**. Personagem do bumba meu boi. **3**. Figura folclórica que faz medo às crianças: *se você não obedecer à mamãe, o Babau vem pegar*.

ba.be.co *sm Pop*. PB Matuto, caipira.

ba.bel *sf* **1**. Confusão de línguas. **2**. Confusão de sons e vozes misturados; pandemônio: *com aquela babel de vozes no salão, era impossível conversar*. **3**. Lugar onde reinam o barulho e a confusão: *aquela casa era uma babel*. **4**. Grande número de; abundância, variedade: *esse caso exigiu uma babel de investigações*. → **babélico** *adj* (muito confuso). ·· **Torre de Babel**. Torre que, na Babilônia, começou a ser construída pelos descendentes de Noé, que tentavam presunçosamente alcançar o céu. Segundo a Bíblia, Deus os frustrou, ao confundir a linguagem dos construtores em muitas línguas mutuamente, a fim de que não pudessem mais se entenderem.

Babilônia *sf* Importante cidade e império da antiguidade. → **babilônico** ou **babilônio** *adj* e *sm*.

ba.bo.sa *sf* **1**. Planta também conhecida como *aloé* e *aloés*, de cujas folhas se extrai um gel utilizado na indústria cosmética. **2**. Esse gel; aloé.

ba.bo.sei.ra *sf* **1**. Dito ou escrito irrelevante, inconsequente, impertinente ou inoportuno; tolice, disparate, asneira, bobagem: *há muita baboseira nas obras desse escritor esotérico*. **2**. Qualquer obra ou serviço malfeito, medíocre: *lá vem o escritor esotérico com mais uma baboseira*. **3**. Qualquer coisa desprezível: *tem muito dinheiro por trás dessa baboseira de pirataria*. **4**. Conversa mole, conversa fiada, babado: *acho uma baboseira essa de dizer que meditação é harmonizar-se com as energias cósmicas*.

ba.bo.so (ô; pl.: ó) *adj* e *sm* **1**. Que ou aquele que baba muito; babão (1). **2**. Que ou aquele que pronuncia mal as palavras. **3**. *Gír*. Que ou aquele que está babadinho ou muito apaixonado.

ba.bu.cha *sf* Espécie de chinela oriental, sem salto, que deixa o calcanhar a descoberto.

ba.bu.gem *sf* **1**. Saliva que escorre da boca; baba. **2**. Espuma produzida por agitação da água: *a babugem marinha*. **3**. Resto de comida: *guardar babugem para dar aos porcos*.

ba.bu.í.no *sm* Macaco africano que vive em bandos, de focinho alongado, caninos grandes, calosidades nas nádegas e temperamento selvagem.

ba.bus.ca *sf* Cachecol feminino para a cabeça, muito usado pelas camponesas e mulheres idosas russas, amarrado sob o queixo.

baby-beef [ingl.] *sm* Carne de novilha ou vitela de no máximo dois anos. · Pl.: *baby-beefs*. · Pronuncia-se *bêibi-bife*.

baby boom [ingl.] *loc sm* Crescimento repentino da taxa de natalidade, princ. o que se deu nos Estados Unidos, depois da Segunda Guerra Mundial, entre 1946 e 1965. · Pronuncia-se *bêibi-bum*. → ***baby boomer*** *loc s2gên* (membro de uma geração *baby boom*), que se pronuncia *bêibi-búmâr*.

baby-cot [ingl.] *sm* Num hotel, berço ou cama de criança que se põe no apartamento dos pais, a pedido destes, como cama extra. · Pl.: *baby-cots*. · Pronuncia-se *bêibi-kót*.

babydoll [ingl.] *sm* Peça leve, feita de tecido transparente, que as mulheres usam para dormir. · Pronuncia-se *beibedól*.

baby-look [ingl.] *sf* **1**. Estilo de blusas, camisetas ou vestidos amplos com recorte abaixo do busto. // *adj* **2**. Diz-se dessa blusa, camiseta ou vestido. · Pl.: *baby-looks*. · Pronuncia-se *bêibi-luk*.

baby-sitter [ingl.] *s2gên* Pessoa que cuida de crianças, durante ausências curtas dos pais, princ. à noite e geralmente remunerada por hora. · Pl.: *baby-sitters*. · Pronuncia-se *beibi-sítâr*.

ba.cá.ceo *adj* Diz-se dos frutos que têm a forma de uma baga ou que são semelhantes a uma baga: *o açaí é um fruto bacáceo*.

ba.ca.lhau *sm* **1**. Peixe marinho de grande importância comercial. **2**. Carne desse peixe, muito apreciada na alimentação humana. // *adj* e *s2gên* **3**. *Gír*. Torcedor(a) do Vasco da Gama, vascaíno(a), cruz-maltino(a). → **bacalhoada** *sf* (comida preparada com bacalhau); **bacalhoeiro** sm (**1**. vendedor de bacalhau; **2**. barco usado na pesca do bacalhau).

ba.ca.mar.te sm Espingarda antiga, de cano curto e largo, cujos projetis se dispersavam. → **bacamartada** sf (tiro de bacamarte ou pancada com esse tipo de arma).

ba.ca.na adj **1**. Palavra-ônibus que qualifica positivamente pessoas ou coisas; legal; maneiro: *ambiente bacana, carro bacana, gente bacana, professor bacana.* // s2gên **2**. Pessoa da classe abastada e de hábitos requintados; grã-fino(a).

ba.ca.nal sf **1**. Festa em honra a Baco, celebrada em Roma, à imitação das festas dionisíacas gregas. **2**. Fig. Festa sem nenhum compromisso com a moral, na qual reina a devassidão, a libertinagem; orgia.

ba.ca.rá sm Jogo de cartas de azar, no qual vence aquele que tem cartas que perfazem o total de nove pontos, ou o mais próximo de nove.

ba.cha.rel sm Aquele que recebeu diploma universitário. · Fem.: *bacharela*. → **bacharelado** ou **bacharelato** sm (**1**. grau de bacharel; **2**. curso que confere esse grau); **bacharelando** sm [aquele que vai receber o bacharelado (1)]; **bacharelar-se** v (receber o diploma de bacharel); **bacharelático** ou **bacharelesco** (ê) adj (**1**. rel. a bacharel; **2**. próprio de bacharel).

ba.ci.a sf **1**. Vaso redondo, próprio para lavar coisas e se lavar. **2**. Cintura óssea da extremidade inferior do tronco humano. **3**. Conjunto de terras por onde passa um rio e seus afluentes. → **baciada** sf (conteúdo de uma bacia). ·· **Bacia fluvial** (ou **hidrográfica**). Conjunto de terras banhadas por um rio e seus afluentes. ·· **Comprar na bacia das almas**. Comprar baratíssimo.

ba.ci.lo sm Bactéria semelhante a um bastonete. → **bacilar** adj (rel. a bacilo ou causado por bacilo).

backbone [ingl.] sm Em informática, espinha dorsal de uma rede de comunicações; grande rede que espalha ramificações: *o backbone é o trecho de maior capacidade da rede e tem o objetivo de conectar várias redes locais.* · Pl.: *backbones*. · Pronuncia-se *bék-bôuN*.

backdoor [ingl.] sf Em informática, programa que abre um acesso indevido aos sistemas, sendo normalmente usado para escapar da segurança do sistema. · Pl.: *backdoors*. · Pronuncia-se *bék-dór*.

background [ingl.] sm **1**. Cenário geral ao fundo de um palco, estúdio, etc.: imagem de fundo, pano de fundo. **2**. Conjunto de experiências, conhecimentos e treinamentos que caracterizam a formação de uma pessoa: *ele tem o background certo para o cargo*. **3**. Em informática, área sobre a qual são apresentados textos e imagens numa página da Web. **4**. Em informática, atributo utilizado em linguagem HTML, para definir o fundo de uma página. **5**. Música baixa ou efeito sonoro utilizado princ. para acompanhar diálogos ou ações em filmes, televisão, etc.: *curta-metragem sem nenhum background*. **6**. Radiação natural de baixa intensidade, causada pelos raios cósmicos. **7**. Som ou radiação intrusa que tende a interferir na transmissão ou na recepção de sinais eletrônicos. · Pl.: *backgrounds*. · Pronuncia-se *bék-gráund*.

backlight [ingl.] sm **1**. Iluminação usada atrás de um objeto, pessoa ou cena. **2**. Painel ou *outdoor* assim iluminado. · Pl.: *backlights*. · Pronuncia-se *bék-láit*.

backup [ingl.] sm V. **becape**.

ba.ço. sm **1**. Órgão situado na porção esquerda do abdome. // adj **2**. Sem brilho; fosco, embaçado: *vidro baço*. **3**. Moreno, trigueiro: *pele baça*. · Antôn. (2): *lustroso, brilhante*. · V. **esplênico**.

bacon [ingl.] sm Toucinho defumado. · Pl.: *bacons*. · Pronuncia-se *bêicon*. (Em alguma de suas próximas edições, o VOLP trará, inevitavelmente, o aportuguesamento *bêicon*, assim como trará *aicebergue*. Ainda neste século...)

bá.co.ro sm Filhote de porco; leitão.

bac.té.ri.a sf Organismo microscópico, de uma só célula, que se divide em dois quando se reproduz. → **bacterial, bacteriano** ou **bactérico** adj (da bactéria); **bactericida** adj e sm (que ou substância que destrói bactérias); **bacteriologia** sf (estudo das bactérias); **bacteriológico** adj (rel. a bacteriologia); **bacteriologista** adj e s2gên ou **bacteriólogo** sm (especialista em bacteriologia).

bá.cu.lo sm Bastão com a parte superior curvada, usado por bispos e pelo Papa, como símbolo de sua autoridade religiosa.

ba.cu.rau sm **1**. Ave de hábitos noturnos que tem penas semelhantes às da coruja, também conhecida como *curiango*. (Voz: *piar*.) **2**. Pessoa que tem o hábito de só sair à noite de

casa, coruja. **3**. Pop. RJ Indivíduo afrodescendente. **4**. Gír. Pessoa feia e arrogante, antipática.

ba.cu.ri sm **1**. Árvore de grande porte que dá fruto de polpa amarelada, muito saboroso, consumido largamente no Pará; bacurizeiro. **2**. Esse fruto. → **bacurizeiro** sm [bacuri (1)].

ba.da.lar v **1**. Fazer soar, tocar: *badalar um sino*. **2**. Fazer exagerados elogios a; bajular, puxar o saco de: *badalar o chefe*. **3**. Tocar (um sino): *muitos sinos badalam no Natal*. → **badalação** sf (**1**. ato ou efeito de badalar; **2**. ato de fazer elogios exagerados a alguém; bajulação; **3**. vida social intensa; agitação: *luxo, conforto, contato com a natureza e muita badalação são destaques das praias de Santa Catarina*; **4**. publicação nem sempre consentida da vida e de dados pessoais de celebridades: *é uma revista especializada na badalação da vida dos artistas de televisão*; **5**. propaganda ou promoção de algum evento ou lançamento comercial com grande estardalhaço: *em meio a muita badalação, o novo modelo de automóvel decepcionou*); **badalada** sf (som produzido pela pancada do badalo no sino); **badaladal** sm (som resultante de badaladas simultâneas); **badalado** adj (que está na boca do povo; muito falado ou comentado); **badalo** sm (peça metálica pendurada no interior de um sino ou de uma campainha, para produzir som).

ba.de.jo (é ou ê) ou **a.ba.de.jo** (é ou ê) sm **1**. Peixe marinho que vive nas águas costeiras, no fundo do mar, semelhante ao bacalhau, de carne muito apreciada. **2**. Essa carne.

ba.der.na sf Situação em que reina grande agitação de pessoas que promovem confusão e geralmente quebra-quebra; bagunça. → **badernar** v (fazer baderna; bagunçar); **baderneiro** adj e sm (que ou pessoa que gosta de badernar; bagunceiro).

badminton [ingl.] sm Modalidade de esporte, semelhante ao tênis, praticada com raquetes mais leves e petecas. · Pronuncia-se *bédmintn*.

ba.dó adj e sm Pej. Que ou aquele que só diz tolices; tonto, tolo.

ba.do.fe sm **1**. Prato da culinária baiana, feito com a carne da cabeça do boi, língua-de-vaca e quiabo ou com miúdos de boi, linguiça e toucinho picados, com muito tempero, que se come com angu. **2**. Pop. RJ Carne-seca desfiada com cebola e tutu de feijão. **3**. Pop. Comida de má qualidade.

ba.du.la.que sm **1**. Guisado de fígado e bofes. **2**. Pingente. // smpl **3**. Trastes de pouco valor que uma pessoa traz consigo, em alguma parte do corpo.

ba.fa.fá sm Discussão ou briga em que se envolvem várias pessoas, com muita confusão e gritaria; tumulto.

ba.fa.gem sf Vento bem fraco, quase imperceptível.

ba.fe.jar v **1**. Esquentar com o bafo: *bafejar as mãos, por causa do frio*. **2**. Oferecer boas oportunidades a, favorecer: *a sorte bafeja os que a merecem*. · Durante a conjugação, o *e* continua fechado. → **bafejo** (ê) sm (ato ou efeito de bafejar).

ba.fi.o sm Cheiro desagradável, peculiar do que está úmido ou falto de renovação do ar; mofo; bolor.

ba.fo sm **1**. Ar que sai dos pulmões. **2**. Cheiro desse ar; hálito. **3**. Mau hálito; bafo de onça (1): *você, hoje, está com bafo*. **4**. Qualquer ar ou vento: *no calor, os ventiladores soltam um bafo quente*. **5**. Vapor: *legumes cozidos no bafo*. → **bafômetro** sm (aparelho que mede a quantidade de álcool no organismo, através do bafo da pessoa). ·· **Bafo de onça**. **1**. Mau hálito; halitose. **2**. Pop. Forte cheiro de bebida alcoólica.

ba.fo.rar v Expulsar pela boca (fumaça): *baforar fumaça de cigarro*. → **baforada** sf (fumaça lançada por fumante).

ba.ga sf **1**. Fruta de polpa macia e suculenta, com mais de uma semente. **2**. Gota de suor ou de orvalho.

ba.ga.ça sf Gír. **1**. Qualquer objeto; troço, trem: *essa bagaça funciona?* **2**. Qualquer lugar: *cheguei na bagaça pra ficar*. **3**. Coisa imprestável: *quis fazer o bolo, que acabou virando essa bagaça*. **4**. Pessoa que descambou ou entrou em declínio: *admirava tanto essa atriz, de repente ela virou uma bagaça*.

ba.ga.cei.ra sf **1**. Lugar em que se joga o bagaço da uva ou da cana-de-açúcar. **2**. Aguardente feita do bagaço da uva ou da cana-de-açúcar; cachaça.

ba.ga.ço sm **1**. Aquilo que sobra de um fruto, quando se lhe retira o suco. **2**. Coisa que já foi muito usada. **3**. Pessoa de má aparência, por causa de muita extravagância, doença, excesso de trabalho, etc.

ba.ga.gem sf **1**. Conjunto de objetos de uso pessoal de um viajante, devidamente arrumados para o transporte, como malas, bolsas, pacotes, etc. **2**. Conjunto de conhecimentos ou experiências de uma pessoa. → **bagageiro** sm (**1**. carregador

de bagagem; **2**. lugar fechado em veículo para o transporte de bagagem; **3**. armação no teto de um veículo, para o transporte de bagagem; bagagito); **bagagito** sm [bagageiro (3)].
ba.ga.na sf **1**. Guimba, chica, xepa. **2**. Comida ruim. **3**. Coisa de pouco ou nenhum valor; ninharia, bagatela.
ba.ga.te.la sf Qualquer coisa pequena e sem importância, ninharia, bagana (3).
Bagdá sf Capital do Iraque. → **bagdali** adj e s2gên (Cuidado para não usar "bagdáli", prosódia comum entre os apresentadores de telejornais.)
bagel [ingl.] sm Pão salgado, em forma de rosca, de aspecto brilhante e textura característica, com cerca de 12cm de diâmetro, muito comum nos Estados Unidos. · Pl.: bagels. · Pronuncia-se bèigol.
baggage claim [ingl.] loc sm Local aonde chegam as malas nos aeroportos. · Pronuncia-se bágdj klêim.
baggy [ingl.] sm **1**. Calça ampla nos quadris e afunilada nas pernas. **2**. Blusão bem amplo, ajustado à cintura. · Pronuncia-se bégh. (Em inglês, esta palavra é adjetivo, portanto sem plural, mas no Brasil se usava baggies.)
ba.go sm **1**. Qualquer fruto pequeno e carnoso sem semente ou com semente pequena, como a da uva. **2**. Testículo: levou um chute nos bagos. **3**. Qualquer quantia de dinheiro: os assaltantes queriam o bago do carro-forte, mas não conseguiram levá-lo. · Aum. irregular: bagalhão.
ba.gre sm **1**. Peixe de água doce ou salgada, sem escamas, de hábitos noturnos, com barbilhões bastante desenvolvidos, que habita no fundo das águas. **2**. Carne desse peixe, de grande valor nutritivo.
ba.gual ou **ba.guá** adj e sm Pop. RS **1**. Que ou potro que é arisco ou que foi recém-domado. **2**. Que ou qualquer animal que, depois de domado ou domesticado, voltou ao estado selvagem. // adj **3**. Assustadiço, espantadiço. **4**. Diz-se daquele que é pouco sociável ou intratável; grosseiro, rude: chefe bagual. **5**. Muito grande; enorme, gigantesco: um sofrimento bagual; uma alegria baguala. · Fem.: baguala.
ba.gue.te sf Pão francês, longo e mais fino que a bengala.
ba.gu.lho sm **1**. Semente de uva e de outros frutos, contida no bago: bago de uva com dois bagulhos. **2**. Coisa sem valor; traste. **3**. Gír. Coisa furtada ou roubada: esconder o bagulho na boca. **4**. Pessoa muito feia; tiriça. **5**. Pop. Pessoa de pouca idade, mas já com aparência de velho. **6**. Joça (1); treco, trem.
ba.gun.ça sf **1**. Situação em que muita gente fala alto e promove confusão, baderna, anarquia, tumulto. **2**. Falta de ordem em algum lugar; desordem, desarrumação. → **bagunçado** adj (caracterizado pela bagunça: aula bagunçada); **bagunçar** v (fazer bagunça em; badernar, anarquizar, tumultuar).
bah interj Indica grande surpresa, espanto ou indignação: bah, que mulher horrível! (Muito usada no RS.)
Bahia sf Estado da Região Nordeste do Brasil. Abrev.: **BA**. → **baiano** adj e sm.
ba.í.a sf Braço de mar ou de lago que entra pela terra por uma pequena abertura e depois se alarga; enseada, golfo.
bai.a.na sf **1**. Mulher nascida na Bahia. **2**. Pop. Mulher afro-brasileira, gorda e trajada de branco.
bai.ão sm Música e dança populares do Nordeste. ·· **Baião de dois**. Prato popular da culinária cearense, feito de feijão e arroz cozidos juntamente, servido com pedaços de queijo branco.
bai.la sf Bailado. → **bailado** sm (**1**. dança artística com coreografia, ao som de música, geralmente em palco e apresentada em público; baila; **2**. p.ext. qualquer dança); **bailar** v (dançar); **bailarino** sm (**1**. artista que tem como profissão a dança; dançarino; **2**. p.ext. homem que dança bem; pé de valsa); **baile** sm (**1**. festa realizada para pessoas dançarem; **2**. gír. em qualquer esporte, princ. no futebol, superioridade marcada por grande vantagem no placar; chocolate). ·· **Chamar à baila**. Chamar para que se manifeste ou se explique: O chefe chamou o subordinado à baila. ·· **Trazer à baila** (ou **à colação**) Citar ou mencionar a propósito: Na reunião, o secretário trouxe à baila a antiga questão. ·· **Vir à baila** (ou **à colação**). Vir a propósito; ser mencionado: Durante a reunião, o assunto veio à baila.
bai.léu sm Andaime suspenso por cordas ou por cabos de aço, que se movimenta verticalmente, sobre o qual trabalham operários ou limpadores de vidros de edifícios.
ba.i.nha sf **1**. Estojo onde se mete arma branca (faca, punhal, espada, etc.). **2**. Dobra com costura na extremidade de um pano ou peça do vestuário, barra.

bai.o adj e sm Que ou cavalo que tem o pelo castanho e crina e extremidades pretas.
bai.o.ne.ta (ê) sf Tipo de faca que se adapta ao cano do fuzil, para o corpo a corpo.
bair.ro sm Cada uma das partes em que se divide uma cidade. → **bairrismo** sm (defesa intransigente de tudo o que se relaciona com o seu bairro ou a sua terra, geralmente com desprezo ou hostilização dos demais); **bairrista** adj e s2gên (**1**. que ou pessoa que habita ou frequenta um bairro; **2**. que ou pessoa que demonstra bairrismo).
bai.ta adj Pop. **1**. Muito grande, enorme: levei um baita susto quando a vi. **2**. Muito bom; excelente: Ademir da Guia foi um baita jogador!
bai.ta.ca sf **1**. Espécie de papagaio de pequeno porte, corpo verde e cabeça azul; maritaca. **2**. P.ext. Pessoa que fala muito; tagarela.
bai.to.la (ô) ou **bai.to.lo** (ô) sm Homossexual masculino; pederasta passivo; boiola, gay.
bai.u.ca sf **1**. Pequeno bar, geralmente imundo, no qual se vende bebida alcoólica a baixo preço; bodega; taberna. **2**. P.ext. Qualquer casa pequena e imunda. → **baiuqueiro** adj (rel. a baiuca) e sm (**1**. dono de baiuca; **2**. frequentador de baiucas).
bai.xa sf **1**. Diminuição de preço, de valor ou de intensidade; queda. **2**. Perda de integrante de uma força militar por ferimento, captura, doença ou morte. **3**. Queda na cotação das ações nas bolsas de valores. **4**. Dispensa do serviço por obrigação. **5**. Decadência. · Antôn. (1 e 3): alta, elevação.
bai.xa.da sf Planície entre montanhas.
bai.xa-mar sf Maré baixa, vazante. · Pl.: baixas-mares. · Antôn.: preamar.
bai.xar v **1**. Fazer descer, arriar, abaixar: baixar a bandeira do mastro. **2**. Expedir (ordem por escrito): baixar um decreto. **3**. Inclinar, curvar: baixar a cabeça. **4**. Tornar mais fraco: baixar o volume do rádio. **5**. Ficar mais baixo: as águas do rio já baixaram. ·· **Baixar a bola**. Ter calma, acalmar-se: É melhor você baixar a bola, senão vai apanhar.
bai.xa.ri.a sf Comportamento ou atitude absolutamente inaceitável dentro dos padrões da ética.
bai.xe.la sf Conjunto de utensílios usados no serviço de mesa.
bai.xo adj **1**. De pouca altura ou altitude: muro baixo; nuvens baixas. **2**. Pouco elevado: som baixo; baixa temperatura. **3**. Que está abaixo da linha do horizonte: o Sol já está baixo. **4**. Voltado para o chão; inclinado: andar de cabeça baixa. **5**. Situado em nível inferior: cidade baixa. **6**. De posição menos importante: o baixo clero. **7**. De pouco prestígio social ou pouco poder econômico: a classe baixa da sociedade. **8**. Fig. Caracterizado pela falta de ética; vil, desprezível, abjeto: gente baixa, mal-educada. **9**. Inferior ao normal ou ao padrão: pressão baixa; baixo nível de emprego; o petróleo está em baixa oferta. **10**. Inferior ao nível médio habitual: dar baixa, alimento de baixa caloria. **11**. Mau, ruim, desfavorável: tive uma baixa impressão dela. **12**. Pouco importante; pequeno: tarefa de baixa prioridade. **13**. Inferior ao nível do mar: Países Baixos. **14**. Diz-se do som ou da voz na parte inferior da gama de sons: as notas baixas são desempenhadas pela dupla de graves. **15**. Diz-se de rio que está próximo de sua foz ou nascente: o baixo São Francisco. **16**. Situado mais ao sul. **17**. Desonesto: usou um truque baixo para se promover. **18**. Grosseiro, chulo, reles: homem de vocabulário baixo. **19**. Desprezível, mesquinho, vil: sujeitinho baixo, de sentimentos baixos. **20**. Bem movimentado e frequentado princ. por jovens, para diversão noturna: o baixo Leblon. **21**. Fraco, brando: cozinhar em fogo baixo. // sm **22**. Instrumento de diapasão mais grave de cada família de instrumentos. **23**. A mais grave das vozes masculinas. **24**. Cantor que tem essa voz. **25**. Instância inferior: o que vem de baixo não me atinge. // smpl **26**. Depressões de um terreno. **27**. Momentos ruins ou adversos: os altos e baixos de uma carreira. // adv **28**. A pequena altitude: voar baixo. **29**. Em volume pouco elevado: ouvir baixo uma música. · Superl. abs. sint. erudito: ínfimo. · Antôn. (1 a 7): alto. → **baixeza** (ê) sf (**1**. qualidade do baixo; **2**. atitude altamente reprovável do ponto de vista moral; vileza, sordidez, indignidade, de antôn. (1): altura, (2): grandeza; **baixio** sm (banco de areia ou no rochedo que fica com pouca água por cima); **baixista** s2gên (pessoa que toca qualquer instrumento classificado como baixo). ·· **Pra baixo** (pop.). Tristonho, deprimido, capiongo.
bai.xo-as.tral sm **1**. Situação difícil. **2**. Situação psicológica desagradável. // adj **3**. Que traz azar ou infortúnio. · Pl.:

baixos-astrais (do substantivo); *baixo-astrais* (do adjetivo). · Antôn.: *alto-astral*.

bai.xo-re.le.vo *sm* Escultura em que as figuras ficam pouco acima do plano. · Pl.: *baixos-relevos*. · Antôn.: *alto-relevo*.

bai.xo-ven.tre *sm* Parte inferior do ventre, situada abaixo do umbigo. · Pl.: *baixos-ventres*.

ba.ju.lar *v* Adular demais e por interesse: *bajular o patrão*. → **bajulação** , **bajulice** *sf* ou **bajulismo** *sm* (ação ou efeito de bajular); **bajulador** (ô) *adj* e *sm* (que ou aquele que bajula).

ba.la *sf* **1**. Peça metálica, própria para ser disparada por arma de fogo. **2**. Conjunto formado por essa peça e pelo cartucho em que ela se encontra. **3**. Pequeno doce feito de açúcar e de variados sabores, próprio para chupar. · Aum.: *balaço, balázio*. · V. **balear** e **baleiro**. ·· **Bala perdida**. Bala que, num tiroteio, atinge uma pessoa que dele não participa. ·· **Em ponto de bala**. Em excelentes condições; pronto para entrar em atividade e fazer sucesso: *Meu time está em ponto de bala*.

ba.la.cla.va *sf* Gorro justo que cobre toda a cabeça e o pescoço, deixando apenas olhos e às vezes boca visíveis, mais conhecido como *touca ninja*.

ba.la.co.ba.co *sm* Diversão animada, regada a muita bebida e mulheres; farra. ·· **Do balacobaco**. **1**. Muito bom, excelente. **2**. Que gosta de farra; farrista.

ba.la.da *sf* **1**. Peça musical lenta e suave. **2**. Pequeno poema que narra uma lenda. **3**. *Gír.* Festança noturna, onde há bebida e mulheres. **4**. *Gír.* Lugar onde se realiza essa festança. → **baladeiro** *adj* e *sm* [que ou aquele que gosta de balada (3)]; **baladista** *s2gên* (pessoa que compõe ou canta baladas).

ba.lai.o *sm* Cesto de palha, bambu, taquara, vime, etc., sem asas, em formato de bacia. ·· **Balaio de gatos**. **1**. Conflito em que se envolvem pessoas de todos os tipos e níveis sociais; angu de caroço, arranca-rabo, rififi, rolo, rebu, sururu. **2**. Local onde reina a confusão ou desordem: *Seu quarto está um balaio de gatos*.

ba.la.lai.ca *sf* Instrumento musical russo, espécie de bandolim triangular.

ba.lan.ça *sf* **1**. Instrumento que determina a massa ou o peso de um corpo. **Balança 2**. Constelação e signo do zodíaco: Libra. → **balançar** *v* (mover de um lado para o outro); **balançar-se** (brincar em balanço)

ba.lan.cê *sm* Passo de quadrilha em que o corpo ora se apoia num pé, ora noutro.

ba.lan.ce.ar *v* **1**. Balançar: *balancear o berço*. **2**. Fazer o balanceamento (2) de: *balancear as rodas do carro*. · Conjuga-se por *frear*. → **balanceamento** *sm* (**1**. ato ou efeito de balancear; balanceio; **2**. ato de dar equilíbrio às rodas de um veículo, para lhe conferir melhor dirigibilidade e estabilidade); **balanceio** *sm* [balanceamento (1)].

ba.lan.ce.te (ê) *sm* **1**. Avaliação parcial que se faz das finanças de uma empresa. **2**. Cálculo, estimativa.

ba.lan.cim *sm* **1**. Peça de movimento oscilatório que comanda a abertura das válvulas de um motor de explosão. **2**. Espécie de prensa manual dotada de uma alavanca que, sob pressão, aplica rebite, ilhós, botão flex, etc.

ba.lan.ço *sm* **1**. Ato ou efeito de balançar: *ela põe balanço no andar*. **2**. Brinquedo infantil constituído de cordas ou correntes penduradas em alguma coisa fixa superiormente, com assento, para balançar. **3**. Descrição minuciosa do ativo e do passivo de uma empresa, feita anualmente: *realizado o balanço, verificou que ainda teve pequeno lucro*. **4**. Levantamento; exame detalhado: *fazer um balanço da situação*. **5**. Equilíbrio entre sons graves e agudos, ou na intensidade das várias fontes de luz, em programas de televisão.

ba.lan.gan.dãs *smpl* Enfeites de pescoço: *as baianas que vendem acarajé gostam de usar balangandãs*.

ba.lão *sm* **1**. Aerostato. **2**. Artefato de papel fino e colorido que se lança ao ar durante as festas juninas. **3**. Bola inflável de borracha; bexiga. **4**. Globo de vidro destinado a experiências químicas. **5**. Contorno, para retorno de veículos. **6**. Mentira, lorota. **7**. Contorno que, nas revistas em quadrinhos, indica e contém a fala dos personagens, suas emoções, sons onomatopaicos, etc. **8**. Bola ou pelota com que se joga um esporte, princ. futebol. **9**. No futebol, chute para cima ou para o alto, sem direção. · Pl.: *balões*. · V. **baloeiro** e **balonismo**. ·· **Balão de ensaio**. **1**. Balão que se solta para conhecer a direção dos ventos. **2**. Tentativa, ensaio, experiência. **3**. Qualquer coisa que se diz ou faz propositadamente, só para conhecer a repercussão junto à opinião pública.

ba.lão-sonda *sm* Balão munido de aparelhagem própria para observações meteorológicas. · Pl.: *balões-sonda* ou *balões-sondas*.

ba.lar *v* Dar balidos (carneiros e ovelhas), balir.

ba.la.ús.tre *sm* **1**. Pequena coluna que, junto com outras, sustenta um corrimão. **2**. Na parte superior dos ônibus, coluneta de apoio para os passageiros que viajam em pé. · Col.: *balaustrada sf*. → **balaustrada** *sf* (**1**. conjunto de balaústres; **2**. grade de pequena altura); **balaustrar** *v* [pôr balaústre(s) em].

bal.bu.ci.ar *v* Falar com dificuldade ou de modo confuso: *os bebês balbuciam palavras*. → **balbuciação** *sf*, **balbuciamento** ou **balbucio** *sm* (ato de balbuciar).

bal.búr.dia *sf* **1**. Ruído provocado por muitas vozes juntas; vozearia. **2**. Confusão ou desordem barulhenta: *o trânsito hoje está uma balbúrdia*. → **balburdiar** *v* (causar balbúrdia em).

bal.ça *sf* **1**. Mata espessa, fechada; matagal. **2**. Cerca viva; sebe. (Não se confunde com *balsa*.)

bal.cão *sm* **1**. Móvel comprido e preso ao chão, usado em bares e lojas para o atendimento dos fregueses. **2**. Num teatro, conjunto dos assentos do segundo andar, situado à frente e acima do palco. **3**. Varanda cercada por uma balaustrada, situada em pavimento superior, com acesso por uma ou mais portas; sacada. → **balconista** *adj* e *s2gên* (que ou pessoa que trabalha ao balcão de um estabelecimento).

Bálcãs *smpl* Península do Sudeste europeu, formada pela Albânia, Bulgária, Grécia continental, Sudeste da Romênia, Turquia europeia e a maior parte da ex-Iugoslávia, banhada pelos mares Negro, Mediterrâneo, Egeu, Adriático e de Mármara; Península balcânica. (A prosódia rigorosamente portuguesa é *Balcãs* (oxítona); vingou entre nós, porém, a prosódia inglesa. Como palavra só usada no plural, exige verbo e todos os determinantes no plural: *Todos os Bálcãs estão em guerra*.) → **balcânico** *adj* (rel. ou pert. aos Bálcãs) e *adj* e *sm* (natural ou habitante dos Bálcãs); **balcano-** elemento que exprime a ideia de *balcânico*: *população balcano-russa*.

bal.da *sf* Pequeno defeito ou falta habitual; mania: *ele sempre teve a balda de roer unhas e de estalar os dedos*. **2**. Cacoete, tique: *piscar um dos olhos, repuxando o pescoço não era lá balda muito agradável*.

bal.dar(-se) *v* **1**. Frustrar(-se), malograr(-se): *o frango do goleiro baldou todo o esforço do time; todas as suas ameaças se baldavam num instante*. **2**. Empregar inutilmente ou com mau resultado: *baldar esforços; baldar energias*. **baldar-se 3**. Descartar-se (no jogo); livrar-se das cartas inúteis: *resolvi baldar-me a ouros*.

bal.de *sm* Vaso com alça curvada, usado princ. para o transporte de líquidos. → **baldeação** *sf* (ato ou efeito de baldear); **baldear** *v* [transportar (pessoa ou coisa) de um lugar para outro), que se conjuga por *frear*.

bal.di.o *adj* **1**. Diz-se de terreno vazio, sem proveito, inútil. **2**. Diz-se do campo não cultivado ou inculto; agreste.

bal.dra.me *sm* Parte sólida, de alvenaria, sobre a qual assenta uma construção; alicerce.

ba.lé *sm* **1**. Dança mímica e representativa, feita por vários dançarinos e acompanhada de música. **2**. Conjunto desses dançarinos. **3**. Companhia de balé. (Cuidado para não usar "balê"!)

ba.le.ar *v* Acertar um tiro em: *balear um urso*. · Conjuga-se por *frear*.

ba.lei.a *sf* Grande mamífero cetáceo, com narinas localizadas no topo da cabeça, que vive no mar. · Dim.: *baleato*. → **baleação** *sf* (**1**. pesca de baleias; **2**. azeite que se extrai das baleias); **baleeira** *sf* [baleeiro (2)]; **baleeiro** *adj* (rel. a baleias) e *sm* (**1**. pescador de baleias; **2**. navio devidamente equipado para a pesca de baleias; baleeira); **baleia-anã** ou **baleia-*minke*** *sf* (pequena baleia dos mares temperados e polares, a preferida dos arpões japoneses), de pl. *baleias-anãs, baleias-minkes*; **baleia-assassina** *sf* (cetáceo preto e branco, extremamente agressivo e predador, que se alimenta de grandes peixes, focas, lulas e às vezes de golfinhos e baleotes; orca), de pl. *baleias-assassinas*; **baleia-azul** *sf* (a maior das espécies de baleia atualmente existentes, que pode alcançar 40m de comprimento e 120 toneladas de peso), de pl. *baleias-azuis*.

ba.lei.ro *sm* Vendedor ambulante de balas, chocolates e outros tipos de doces.

ba.le.la *sf* Afirmação ou informação falsa; boato, mentira.

ba.les.tra sf Arma antiga que consiste em um arco de aço ou de madeira, usado na posição horizontal, preso a uma corda que se retesa, ao ser puxada, disparando dardos ou flechas; besta.

ba.li.do sm Grito próprio da ovelha e do carneiro. → **balir** v (soltar balidos).

ba.lís.ti.ca sf **1**. Ciência que estuda o movimento e o impacto dos projetis. **2**. Estudo do funcionamento das armas de fogo. → **balístico** adj (da balística).

ba.li.za sf **1**. Estaca que marca um limite. **2**. Boia utilizada como sinal, na navegação. // s2gên **3**. Pessoa que vai à frente de um grupo, manejando um bastão e fazendo acrobacias, em paradas e desfiles. **balizador** (ô) adj e sm (que ou o que baliza); **balizagem** sf ou **balizamento** sm (ato ou efeito de balizar ou demarcar com balizas; demarcação com balizas); **balizar** v (**1**. marcar com balizas; demarcar, delimitar; **2**. separar, distinguir); **balizeiro** adj e sm (que ou aquele que é encarregado de colocar ou de guardar balizas).

bal.ne.á.rio adj **1**. Relativo a banho ou próprio para banho. // sm **2** Lugar onde existem águas medicinais. **3**. Cidade praiana muito visitada por turistas.

ba.lo.ei.ro sm Aquele que fabrica ou solta balões sistematicamente.

ba.lo.fo (ô) adj e sm Pop.Pej. **1**. Que ou pessoa que é muito gorda ou obesa. // adj **2**. Que possui excesso de volume; volumoso: embrulho balofo. **3**. Que é bem leve; fofo: bolo balofo. **4**. Falto de conteúdo: novela balofa. · Antôn. (1): magro. → **balofice** sf (qualidade de balofo).

ba.lo.nê sm Roupa, princ. saia e vestido, que parece um balão, porque tem a barra franzida, virada e presa, indicada geralmente para mulheres jovens, altas e magras.

ba.lo.nis.mo sm Esporte ou prática que consiste em soltar ou dirigir balões.

ba.lou.çar(-se) v Mover(-se) de um lado para o outro, balançar(-se): o forte vento balouça o barco.

bal.sa sf Embarcação larga e chata, própria para travessia de passageiros e carga em rio ou braço de mar, de uma margem a outra.

bál.sa.mo sm **1**. Líquido grosso e cheiroso que se extrai de algumas plantas e se utiliza na fabricação de perfumes e medicamentos. **2**. Cheiro bom, agradável; perfume. **3**. Coisa que alivia ou conforta. → **balsâmico** adj (**1**. que exala perfume; perfumado, aromático); **2**. fig. que alivia ou conforta).

ba.lu.ar.te sm **1**. Conjunto formado pelo bastião e pelo espaço nele compreendido. **2**. Lugar absolutamente seguro; fortaleza inexpugnável; cidadela, reduto. **3**. Fig. Base, alicerce, sustentáculo: as Forças Armadas são o baluarte do governo cubano. **4**. Pessoa que sustenta opinião, causa, ideal, etc.: ela é o baluarte da democracia.

bal.za.qui.a.na adj e sf Que ou mulher que está na casa dos trinta anos de idade.

bam.ba sf **1**. Pura sorte; acaso: acertou no gol por bamba. // adj e sm **2**. Que ou pessoa que é craque ou sumidade numa atividade, assunto ou determinada área do conhecimento; bambambã (2): aluno bamba em matemática.

bam.bam.bã s2gên **1**. Pessoa valentona e desordeira, que gosta de ameaçar e desafiar todo o mundo, acovardando-se quando encontra quem lhe faça frente; garganta, prosa. **2**. Pessoa que é craque ou sumidade numa atividade, assunto ou determinada área do conhecimento; bamba (2); fera: ela é a bambambã em física.

bâm.bi sm **1**. Filhote de corça ou de gazela. // adj e sm **2**. Pop. Pej. Torcedor(a) do São Paulo Futebol Clube; são-paulino(a).

bam.bi.ne.la sf Cada uma das cortinas franjadas e apanhadas para o lado, com as quais se decora interiormente uma janela.

bam.bi.no sm Menino de tenra idade.

bam.bo adj **1**. Que está frouxo. **2**. Sem firmeza, fraco. Antôn. (1): esticado. → **bambear** v [tornar(-se) bambo], que se conjuga por frear; **bambeio** sm (ato ou efeito de bambear).

bam.bo.lê sm Brinquedo que consiste em um aro de plástico que se faz girar em volta da cintura ou do corpo. → **bamboleamento** sm ou **bamboleio** sm (ato de bambolear); **bamboleante** adj (que bamboleia); **bambolear(-se)** v [requebrar(-se). rebolar(-se), gingar], que se conjuga por frear.

bam.bu sm **1**. Planta gramínea de grande porte, cultivada pela utilidade do seu caule oco e lenhoso. **2**. Esse caule. → **bambuada** sf (pancada com bambu); **bambual** ou **bambuzal** sm (mata de bambus ou grande quantidade de bambus). ·· **Agora o bambu vai gemer** (gír.) Agora a coisa vai ficar preta, difícil, complicada: Você bateu numa criança, agora o bambu vai gemer.

ba.nal adj Que não causa mais surpresa ou admiração, por acontecer com certa frequência; comum, corriqueiro, trivial. → **banalidade** sf (qualidade ou característica do que é banal; trivialidade); **banalização** sf [ato ou efeito de banalizar(-se)]; **banalizar(-se)** v [tornar(-se) banal, comum, trivial].

ba.na.na sf **1**. Fruto da bananeira. **2**. P.ext. Cartucho de dinamite. // sm **3**. Pop. Pessoa sem energia nem autoridade; palerma, pateta. → **bananada** sf (doce de banana); **bananeira** sf (planta herbácea de folhas compridas inteiriças, que dá frutos em cacho, as bananas); **bananeiro** sm (plantador ou vendedor de bananas); **bananicultor** (ô) sm (aquele que se dedica à bananicultura, com fins comerciais); **bananicultura** sf (cultura de bananeiras, com fins comerciais).

ba.na.na-a.nã sf Variedade de banana, também conhecida por banana-nanica e banana-d'água. · Pl.: bananas-anãs.

ba.na.na-d'á.gua sf Banana-anã. · Pl.: bananas-d'água.

ba.na.na-da-ter.ra sf Variedade de banana, de tamanho grande. · Pl.: bananas-da-terra.

ba.na.na-ma.çã sf Variedade de banana, de tamanho pequeno e de sabor delicioso. · Pl.:bananas-maçã ou bananas-maçãs.

ba.na.na-na.ni.ca sf Banana-anã. · Pl.: bananas-nanicas.

ba.na.na-são-to.mé sf Variedade de banana muito popular, por ser bastante nutritiva e de fácil digestão, princ. assada, como alimento infantil. · Pl.: bananas-são-tomé.

banana split [ingl.] loc sm Travessa de sorvete de um ou mais sabores, com bananas partidas ao meio, chantili e castanhas de caju picadas. · Pl.: bananas split. · Pronuncia-se banéna split.

ba.na.no.sa sf Gír. Situação crítica, delicada, complicada ou perigosa.

ban.ca sf **1**. Mesa de trabalho ou sobre a qual se expõem produtos à venda. **2**. Grupo de examinadores. **3**. Escritório de advocacia. **4**. Quantia para pagamento de aposta em certos jogos de azar. **5**. Pose. ·· **Banca de jornais** (ou **de revistas**). Armação na via pública para a venda de periódicos.

ban.ca.da sf **1**. Conjunto de bancos dispostos em ordem. **2**. Conjunto de vereadores de um município ou de deputados e senadores de um Estado ou de um partido.

ban.car v **1**. Responsabilizar-se pelo pagamento aos ganhadores de (jogo). **2**. Pagar, financiar: bancaram minha viagem. **3**. Fingir-se de: banquei o bonzinho.

ban.cá.rio adj **1**. De banco (instituição financeira): tarifas bancárias. // sm **2**. Funcionário de banco.

ban.car.ro.ta (ô) sf **1**. Falência econômica que afeta uma pessoa, uma empresa ou uma nação inteira. **2**. Fig. Decadência, declínio, ruína: o desemprego o levou à bancarrota.

ban.co sm **1**. Assento estreito e longo, destinado a acomodar várias pessoas. **2**. Local de pouca profundidade no mar. **3**. Casa bancária; instituição financeira onde se deposita dinheiro. **4**. Estabelecimento encarregado de coletar, conservar e distribuir fluidos, órgãos ou tecidos humanos, como sangue, esperma, etc. **5**. Grande quantidade. · V. **bancada, bancário** e **banqueiro**.

ban.da sf **1**. Parte lateral de qualquer objeto; lado, flanco. **2**. Margem (de rio): a banda esquerda do rio. **3**. Listra larga e de cor diferente na borda de saia ou vestido; franja. **4**. Faixa de cor diferente: o bico desse pássaro tem uma banda preta no meio. **5**. Cinta dos oficiais militares. **6**. Faixa larga que se usa a tiracolo, insígnia de certas autoridades. **7**. Inclinação tomada por um navio, qual a carga está mal distribuída ou por efeito do vento. **8**. Conjunto de músicos que tocam instrumentos de sopro e percussão, especialmente em dobrados e marchas militares: no final do desfile, a tradicional banda militar. **9**. Grupo de músicos organizado para tocar em conjunto: o sonho dele é criar uma banda de rock. **10**. Em radiodifusão, faixa de frequências. // sfpl **11**. Lados: ela mora lá pelas bandas da Penha. **12**. Localidade, lugar: vou morar em outras bandas. ·· **À banda**. Descaído para o lado: Alguns militares usam boina à banda. ·· **Banda B**. Faixa de frequência da telefonia celular. ·· **Banda de rodagem**. Face do pneu que fica em contato direto com o solo. ·· **Banda larga**. Conexão da internet que permite ao usuário navegar em alta velocidade. ·· **Banda** (ou **Trilha**) **sonora**. **1**. Parte da película cinematográfica onde o som é registrado. **2**. Esse som, que acompanha um filme. ·· **Dar uma banda**. Dar uma volta, um rolê (ou rolé): Fui dar uma banda

por aí. ·· **De banda**. De lado, de esguelha, de soslaio: *Ela só me olhava de banda.*
ban.da.da *sf* Bando numeroso de aves.
ban.da.gem *sf* Atadura ou faixa para cobrir ferimento.
band-aid [ingl.] *sm* Pequena bandagem de gaze com fita adesiva. · Pl.: *band-aids.* · Pronuncia-se *bandêid.*
ban.da.lho *sm* **1**. Pessoa maltrapilha. **2**. Pessoa safada, sórdida, canalha, sem-vergonha: *um bandalho desses chegar à presidência é castigo merecido para todo o povo.* → **bandalheira** *sf* (*pop.* **1**. bandalhice, bandalhismo; **2**. safadeza, indecência, pouca-vergonha); **bandalhice** *sf* ou **bandalhismo** *sm* [ação, dito, comportamento ou atitude própria de bandalho (2); bandalheira (1)]; **bandalhista** *adj* (rel. a bandalho ou a bandalhismo) e *s2gên* (pessoa sórdida, safada).
ban.da.ri.lha *sf* Pequena haste enfeitada que o toureiro crava no cachaço do animal; farpa (2). **bandarilhar** *v* (**1**. cravar bandarilha em; farpear; **2**. *fig.* criticar irônica e maliciosamente; ridicularizar, satirizar, farpear); **bandarilheiro** *sm* (toureiro que bandarilha).
ban.de.ar *v* **1**. Juntar em bando: *bandear as ovelhas.* **2**. Pender para o lado: *bandear o boné.* **3**. Movimentar para uma e outra banda; agitar, balançar: *bandear o lenço para quem parte de viagem.* **4**. Hesitar ou vacilar entre dois partidos, opiniões, etc.: *ele bandeia entre o partido democrata e o partido republicano.* **bandear-se 5**. Reunir-se em bando, partido ou facção; formar bando. **6**. Passar-se ou ingressar (em outro bando, partido ou facção): *bandeou-se para o lado inimigo.* · Conjuga-se por *frear.* → **bandeamento** *sm* [ato ou efeito de bandear(-se)].
ban.dei.ra *sf* **1**. Pedaço de pano, com uma ou mais cores, que serve de símbolo de uma nação ou comunidade; pavilhão, pendão. **2**. Grupo de pessoas que explorava o sertão brasileiro na época colonial. **3**. Nacionalidade: *navio de bandeira alemã.* **4**. *Pop.* Peça do taxímetro que aciona a bandeirada. · Dim. (1): *bandeirola.* → **bandeiraço** *sm* (*pop.* **1**. sinal feito por um juiz de linha com a bandeira, especialmente para indicar o início de uma prova; **2**. em época de eleições, agitação de bandeiras feita nas ruas por partidários de um candidato, como propaganda eleitoral; **bandeirada** *sf* (**1**. sinalização no final de uma competição automobilística; **2**. taxa inicial marcada pelo taxímetro dos carros de praça); **bandeirante** *sm* [aquele que pertencia a uma bandeira (2)], *sf* (mulher que pratica o escotismo feminino) e *s2gên* (paulista); **bandeirantismo** *sm* (escotismo feminino); **bandeirinha** *sf* (bandeira pequena; bandeirola) e *sm* (auxiliar de arbitragem: *Ana Paula era um bom bandeirinha*); **bandeirola** *sf* (bandeira pequena; bandeirinha).
ban.de.ja (ê) *sf* **1**. Peça usada para servir bebidas e comidas à mesa; tabuleiro (1). **2**. No basquete, lance de arremesso da bola à cesta. → **bandejão** *sm* (**1**. bandeja grande; **2**. *pop.* refeição servida em bandeja, nas escolas, indústrias, etc.; *self-service* popular; **3**. restaurante que serve essa comida). (Cuidado para não usar "bandeija" nem "bandeijão"!)
ban.di.do *sm* **1**. Homem que vive cometendo crimes, geralmente assaltos e mortes. **2**. Vilão, nos filmes de faroeste. · Aum.: *bandidaço.* → **banditismo** *sm* (vida ou atividade de bandido).
ban.do *sm* Grupo de pessoas (geralmente ordinárias) ou de animais.
ban.dó *sm* Penteado feminino que divide o cabelo em partes iguais.
ban.dô *sm* Faixa decorativa que oculta o trilho das cortinas.
ban.do.lei.ra *sf* **1**. Feminino de *bandoleiro.* **2**. Correia que se traz a tiracolo, para segurar arma ou algum utensílio.
ban.do.lei.ro *sm* Bandido que age em bando, sob as ordens de um líder.
ban.do.lim *sm* **1**. Instrumento musical de quatro cordas duplas que se toca com palheta. **2**. Bandolinista. → **bandolinista** *s2gên* [pessoa que toca bandolim; bandolim (2)].
ban.do.ne.on ou **ban.do.ni.ão** ou **ban.dô.nio** ou **ban.dô.ni.on** *sm* **1**. Instrumento musical semelhante ao acordeon, mas quadrado, muito popular na Argentina e no uruguai, onde se toca na interpretação do tango. **2**. Bandoneonista. · Pl.: *bandoneons, bandoniões, bandônios, bandônions.* → **bandoneonista** *s2gên* [pessoa que toca bandoneon; bandoneon (1).]
ban.du.lho ou **pan.du.lho** *sm* **1**. Barriga proeminente; pança. **2**. Intestinos: *a buchada se faz com o bandulho do bode.*

ban.ga.lô ou **ban.ga.ló** *sm* Pequena casa de campo ou de praia, de no máximo dois pavimentos, com varanda coberta, geralmente usada para estada de férias.
Bangladesh *sm* País do sul da Ásia, de área equivalente à do estado do Ceará. **bangladeshiano** ou **bengalês** *adj* e *sm.*
ban.guê (o **u** soa) *sm* **1**. Padiola usada antigamente para o transporte de cadáveres de escravos e do bagaço verde de cana para a bagaceira ou bagaceiro. **2**. Padiola usada no transporte de material de construção para o canteiro de obras. **3**. Engenho de açúcar primitivo, com os canaviais e a propriedade rural. **4**. Vara usada para suspender carga transportada nos ombros.
ban.gue-ban.gue *sm* Filme em que há muitas lutas e muitos tiros, para contar a história da conquista do Oeste americano; faroeste. · Pl.: *bangue-bangues.*
ban.gue.la *adj* e *s2gên* Que ou quem não tem os dentes da frente. ·· **Na banguela**. Em ponto morto: *Na descida, ele costuma deixar o caminhão na banguela, o que é um perigo!*
ba.nha *sf* Gordura de animal, princ. do porco.
ba.nha.do *sm* Brejo, pântano.
ba.nhar *v* **1**. Lavar: *banhar as crianças.* **2**. Passar ou correr por: *que rio banha sua cidade?* **banhar-se 3**. Tomar banho, lavar-se: *ela se banha duas vezes por dia.*
ba.nho *sm* **1**. Lavagem do corpo todo com água. **2**. Divertimento em qualquer corpo aquoso. **3**. Exposição do corpo a raios de luz. **4**. *Pop.* Derrota por larga diferença de pontos; goleada; lavada; chocolate. → **banheira** *sf* (grande bacia côncava, própria para banho em imersão); **banheiro** *sm* (aposento com instalações sanitárias, para a higiene pessoal); **banhista** *s2gên* (**1**. pessoa que toma banhos de mar, piscina, rio, caldas, lago, lagoa, etc.; **2**. pessoa que dá banho em outra). ·· **Banho de descarrego** (ou **de sal grosso**). Banho que se toma com sal grosso, para limpar o corpo, de cima a baixo, de todo e qualquer mal.
ba.nho-ma.ri.a *sm* Processo de aquecimento ou de cozimento de um alimento, mergulhando em água fervente o recipiente em que está contido. · Pl.: *banhos-maria* ou *banhos-marias.*
ba.nir *v* **1**. Expulsar da pátria para sempre: *banir criminosos.* **2**. Expulsar de uma comunidade ou de uma sociedade; excluir, eliminar: *banimos o mau sócio do clube.* · Conjuga-se por *abolir.* → **banimento** *sm* (ato ou efeito de banir).
ban.jo *sm* **1**. Instrumento musical de quatro cordas duplas, com braço longo e estreito, que tem num pequeno tambor sua caixa de ressonância. **2**. Banjoísta. → **banjoísta** *s2gên* [pessoa que toca banjo; banjo (2)].
banner [ingl.] *sm* **1**. Mensagem publicitária breve, às vezes animada, num *site* da Internet, geralmente com um *link* para a página do anunciante. **2**. Peça publicitária promocional, impressa em material flexível, geralmente flâmulas, para ser exposta à vista pública. · Pl.: *banners.* · Pronuncia-se *bénâr*, mas se ouve muito no Brasil *bâner.*
ban.quei.ro *sm* **1**. Dirigente ou proprietário de banco. **2**. Dono de banca de jogo.
ban.que.ta (ê) *sf* **1**. Pequeno banco sem encosto. **2**. Pequena mesa de trabalho.
ban.que.te (ê) *sm* Jantar todo cerimonioso, que se faz com muitos convidados. → **banquetear** *v* (dar banquete a) **banquetear-se** (**1**. tomar parte em banquete; **2**. gastar muito com comida), que se conjuga por *frear;* **banqueteiro** *sm* (preparador ou realizador de banquete).
ban.qui.sa *sf* Banco de gelo flutuante ligado a uma baía, na costa, geralmente com 2 a 3m de espessura.
ban.to *sm* **1**. Membro dos bantos, povos negros do Sul da África. **2**. Conjunto de línguas intimamente relacionadas, faladas por tais povos. // *adj* **3**. Desses povos ou dessas línguas.
ban.zai *sm* Saudação japonesa que significa *você pode viver dez mil anos.*
ban.zé *sm* Agitação de quem grita, esperneia e reclama; tumulto; confusão.
ban.zei.ro *adj* **1**. Diz-se do mar quando faz pequenas ondas e se agita vagarosamente. **2**. Diz-se do jogo em que a sorte e o azar alternam, não fazendo muita diferença para os jogadores. **3**. Triste, melancólico: *cantigas banzeiras.*
ban.zo *sm* **1**. Nostalgia ou melancolia mortal dos negros africanos, quando eram cativos e se tornavam ausentes do seu país. // *adj* **2**. Diz-se da pessoa que, por estar sentindo-se infeliz, fica pensativa, fechada, levemente amuada.

ba.o.bá sm **1**. Árvore enorme, cujo tronco é o maior do mundo, comum na África, apreciada por sua madeira, muito leve. **2**. Essa madeira.

ba.que sm **1**. Estrondo ou grande ruído de corpo que cai ou que se choca violentamente com outro; queda súbita e ruidosa. **2**. Coisa inesperada e chocante, que provoca muito sofrimento; choque, abalo, comoção.

ba.que.ar v **1**. Cair de repente, com baque ou grande ruído: *o viaduto baqueou*. **2**. Cansar muito, esgotar-se: *ela anda cem metros e já baqueia*. · Conjuga-se por *frear*.

ba.que.li.ta ou **ba.que.li.te** sf Resina de largo emprego industrial.

ba.que.ta (ê) sf **1**. Varinha de madeira com que se tocam tambores ou outros instrumentos de percussão. **2**. Vareta de guarda-sol. → **baquetar** ou **baquetear** (tocar tambor com baqueta), sendo este conjugado por *frear*.

bá.qui.co adj **1**. Relativo a Baco, deus do vinho, ou ao vinho. **2**. Próprio de bêbado. **3**. Em que há orgia; orgíaco, depravado. **4**. Que estimula a beber.

bar sm **1**. Casa comercial com balcão e mesas que vende bebidas e comidas rápidas. **2**. Armário próprio para guardar bebidas, na sala de uma casa.

ba.ra.ço sm **1**. Corda ou cordel feito de fio resistente. **2**. Corda ou laço para enforcar. ·· **Senhor de baraço e cutelo**. Aquele que é senhor da vida e da morte de outrem.

ba.ra.fun.da sf Mistura ou confusão de pessoas ou coisas; bagunça, baderna.

ba.ra.lhar ou **em.ba.ra.lhar** v **1**. Misturar as cartas de (baralho), embaralhar. **2**. Colocar em completa desordem, desordenar, embaralhar: *baralhar as respostas de uma entrevista*. **baralhar-se** ou **embaralhar-se 3**. Misturar-se em confusão; confundir-se, atrapalhar-se, embaralhar-se: *eram mil pensamentos que se baralhavam na minha cabeça*. → **baralhamento** ou **embaralhamento** sm [ato ou efeito de baralhar(-se) ou embaralhar(-se)].

ba.ra.lho sm **1**. Conjunto de 52 cartas de jogar. **2**. Tarô.

ba.ran.ga adj e s2gên **1**. Que ou qualquer profissional de pouco ou nenhum valor: *meu time só tem barangas*. // adj **2**. De mau gosto; brega: *o nome do filme pode ser baranga, mas o enredo é bom*. // sf **3**. Mulher muito feia e desmazelada.

ba.rão sm **1**. Título de nobreza imediatamente inferior ao de visconde. **2**. Homem que tem esse título. **3**. *Fig*. Homem poderoso, sobretudo pelos bens que possui. · Fem.: *baronesa* (ê). · V. *baronato*.

ba.ra.ta sf **1**. Inseto de hábitos noturnos, que se alimenta de qualquer coisa e se constitui num poderoso agente de contaminação de alimentos: *a barata é o terror de todas as mulheres do mundo*. **2**.*Fig.Pej*. Pessoa de personalidade abjeta, sem brio nem dignidade, que prefere suportar as maiores ofensas a reagir. ·· **Barata tonta** (fig.). Pessoa desnorteada, perdida, atrapalhada. ·· **Entregue às baratas**. Abandonado(a). ·· **Ter sangue de barata**. Não reagir a provocação ou ofensa.

ba.ra.ti.nar v **1**. Deixar (alguém) muito preocupado ou encucado: *filho que baratina os pais*. **2**. Confundir, atrapalhar: *o zagueiro baratinou o goleiro, por isso saiu o gol*. → **baratinado** adj (**1**. muito preocupado; encucado; **2**. muito confuso ou atrapalhado).

ba.ra.to adj **1**. De preço baixo: *gasolina barata, só na Venezuela*. // sm **2**. *Gír*. Coisa extraordinária, curtição: *foi um barato essa viagem*. **3**. *Gír*. Curtição, onda, chinfra (1). // adv **4**. Por preço baixo: *comprei barato essas frutas*. · Antôn.: *caro*. → **barateamento** ou **barateio** sm (ato ou efeito de baratear); **baratear** v (**1**. baixar o preço de: *a loja barateou tudo*; **2**. baixar de preço: *o dólar barateou?!*), que se conjuga por *frear*; **barateza** (ê) sf (preço módico ou baixo: *a barateza deste dicionário*), de antôn. *careza*, *carestia*. ·· **Dar de barato** (gír.). Admitir sem discussão o que outrem diz ou faz.

bar.ba sf **1**. Conjunto de pelos do rosto masculino. **2**. Conjunto de pelos do focinho de certos animais. **3**. Conjunto de pelos de certas plantas. · Aum.: *barbaça*. · Dim.: *barbicha*. → **barbado** adj (**1**.em quem já nasceu barba: *rapaz barbado*; **2**. que tem a barba crescida: *a garota disse não gostar de namorar rapaz barbado*) e sm (homem barbado ou adulto); **barbar** v (**1**. começar a ter barba: *aos 16 anos, ele começou a barbar*; **2**. adquirir radículas: *a planta já está barbando*); **barbeação** sf [ato ou efeito de barbear(-se)]; **barbeador** (ô) sm (aparelho de barbear); **barbear(-se)** v (rapar a barba crescida, com navalha ou aparelho apropriado), que se conjuga por *frear*; **barbicha** sf (**1**. barba pequena e rala sob o queixo; **2**. barba de bode) e sm (homem que tem barbicha). · V. **barbeiro**. ·· **Pôr as barbas de molho**. Estar atento contra iminentes perigos ou contratempos; precaver-se.

bar.ba.da sf **1**.Beiço inferior do cavalo. **2**. *Pop*. Jogo ou disputa fácil de vencer; moleza, baba. · Antôn. (2): *zebra*, *azarão*.

Barbados sm Pequeno país das Antilhas, de apenas 439km^2. → **barbadiano** adj e sm.

bar.ban.te sm Conjunto de fios frágeis unidos e torcidos, para amarrar pequenos volumes. **barbantinho** sm (**1**. pequeno barbante; **2**.*pop*. pequeno barbante que, quando queimado, expele cheiro muito ruim).

bar.bá.rie ou **bar.ba.ria** sf **1**. Falta de civilização; ausência total de cultura; vida de bárbaro. **2**.*P.ext*. Crueldade, brutalidade, selvageria. · Antôn. (1): *civilização*; (2): *bondade*, *generosidade*. → **barbaridade** sf [**1**. barbárie, barbarismo (1); **2**. fato inaceitável: *a impunidade é uma barbaridade*] e interj (indica espanto ou surpresa). ·· **Barbaridade de**. Grande quantidade de: *Comprou barbaridade de frutas no Ceasa*.

bar.ba.ris.mo sm **1**. Barbaridade (1). **2**. Em gramática, emprego de palavras ou construções estrangeiras num escrito português (p. ex.: *hoje eu estou numa "nice"*). **3**. Cada uma dessas palavras ou construções.

bár.ba.ro adj **1**. Caracterizado por falta de sentimento humano; desumano, cruel, impiedoso. **2**. Lindo, maravilhoso, extraordinário. // smpl **3**. Conjunto de todos os povos que invadiram o império romano. · Antôn. (1): *gentil*, *educado*. → **barbaresco** (ê) adj (próprio de bárbaro); **barbarização** sf [ato ou efeito de barbarizar(-se)]; **barbarizar(-se)** v (tornar(-se) bárbaro ou bruto; embrutecer].

bar.ba.ta.na sf **1**. Órgão externo do corpo dos peixes, que lhes possibilita nadar; nadadeira. **2**. Cada uma das lâminas córneas da maxila superior das baleias. **3**. Pequena haste flexível usada para manter armado o colarinho.

barbecue [ingl.] adj Diz-se do molho de sabor forte, ideal para churrasco com qualquer tipo de carne. · Pronuncia-se *barbkíul*.

bar.bei.ra.gem sf Erro grosseiro cometido por um motorista ou por qualquer outro profissional; barbeirada.

bar.bei.ro sm **1**. Homem que trabalha fazendo a barba e cortando o cabelo das pessoas. **2**. Inseto que transmite a doença de Chagas. **3**. Mau motorista. **4**. Qualquer profissional que não executa direito seu trabalho. → **barbearia** sf (salão de barbeiro); **barbeirada** sf (barbeiragem); **barbeirola** sm (barbeiro ordinário).

bar.be.la sf **1**. Pele pendente do pescoço do boi. **2**. Dobra adiposa sob o queixo das pessoas gordas; papada.

bar.bi.a.na sf Amante de ladrão, encarregada de esconder o produto dos roubos.

bar.bi.ca.cho sm **1**. Cordão ou tira que prende o chapéu de vaqueiro ao queixo. **2**. Cabresto de corda.

barbie [ingl.] sf **1**. Mulher toda certinha e bastante produzida. **2**. Homem que aprecia ostentar seu físico forte. · Pl.: *barbies*. · Pronuncia-se *bárbi*.

bar.bi.lhão sm Apêndice carnoso sob o bico de algumas aves (o galo, p. ex.) ou da boca de certos peixes (o bagre, p. ex.).

bar.bi.lho sm **1**. Rede que se põe ao focinho de bois, para não comerem as sementeiras, e nos bezerros e cabritinhos, para não mamarem nas mães. **2**. *Fig*. Obstáculo, freio, empecilho: *a vida é cheia de barbilhos*.

bar.bi.tú.ri.co sm Droga sedativa e soporífera, que causa dependência.

bar.bu.do adj e sm **1**. Que ou aquele que tem muita barba **2**. Que ou aquele que deixou a barba crescer.

bar.ca sf Embarcação larga e pouco profunda, usada na pesca e no transporte de passageiros e carga. · Aum.: *barcaça*. · Dim.: *barqueta* (ê). → **barcagem** sf (**1**. frete pago pelo transporte em barco ou barca; **2**. carga de uma barca ou de um barco; **3**. contrato pelo qual alguém se obriga a transportar por água pessoa, animais ou mercadorias); **barco** sm (qualquer embarcação pequena ou de médio porte, com ou sem coberta); **barqueiro** sm (homem que tem como profissão dirigir barcos; marinheiro), de fem. *barqueira*.

bar.di.a sf Grande quantidade de lenha.

bar.do sm **1**. Na Europa antiga, aquele que compunha e recitava poemas épicos, fazendo-se acompanhar pela lira ou pela harpa, geralmente exaltando o valor dos heróis de guerra. **2**.*P.ext*. Qualquer poeta ou trovador; vate. · Fem.: *barda*.

bar.do.to (ô) *sm* Animal híbrido, resultante do cruzamento de cavalo com jumenta. · Fem.: *bardota* (ô). (O animal híbrido resultante do cruzamento inverso, ou seja, de jumento com égua, chama-se *mula* ou *muar*.)

ba.ré *s2gên* **1**. Indivíduo dos barés, tribo indígena que vive na região do alto rio Negro e também na Venezuela. // *adj* **2**. Relativo ou pertencente a essa tribo. // *adj* e *s2gên* **3**. Amazonense.

Barein *sm* Emirado árabe independente, no golfo Pérsico, de apenas 765,3km². → **bareinita** *adj* e *s2gên*.

bar.ga.nhar ou **ber.ga.nhar** *v* Trocar: *barganhar um lápis por uma caneta.* → **barganha** ou **berganha** *sf* (ato de barganhar; troca); **barganhista** ou **berganhista** *adj* e *s2gên* (que ou pessoa que faz barganhas).

bá.rio *sm* Elemento químico metálico tóxico (símb.: **Ba**), de n.º atômico 56, usado na indústria cerâmica, na medicina, etc.

ba.ris.ta *s2gên* Especialista na preparação de cafés, princ. expressos, e de outras bebidas à base de café; mestre(a) em café.

ba.rí.to.no *sm* **1**. Tom de voz masculina entre o tenor e o baixo. **2**. Cantor que tem essa voz. **3**. Instrumento de sopro, de metal, em forma de tuba, de registro semelhante à voz desse cantor.

bar.la.ven.to *sm* Lado ou direção de onde o vento está soprando: *o lado de barlavento da montanha era sem vegetação.* · Antôn.: *sotavento*.

barmaid [ingl.] *sf* Mulher que prepara e serve bebidas num bar. · Pl.: *barmaids*. · Pronuncia-se *bármeid*. · Masc.: *barman*.

barman [ingl.] *sm* Funcionário de bar ou hotel encarregado de preparar coquetéis e bebidas. · Fem.: *barmaid*. · Pl.: *barmen*. · Pronuncia-se *bármen*. · V. **bartender**.

bar.na.bé *s2gên* Funcionário(a) público(a) de modesta categoria.

ba.rô.me.tro *sm* Instrumento usado para medir a pressão da atmosfera. → **barométrico** *adj* (rel. a barômetro).

ba.ro.na.to *sm* Título ou dignidade de barão; baronia (1). → **baronia** *sf* (1. baronato; **2**. senhorio ou terra de barão); **baronial** *adj* (de barão: *roupas baroniais*).

ba.ro.ne.sa (ê) *sf* Mulher de barão ou que tem baronia.

bar.ra *sf* **1**. Bloco retangular de metal precioso, antes de ser trabalhado. **2**. Qualquer peça longa, estreita e dura. **3**. Redução de *barra fixa*, aparelho de ginástica, composto por uma peça roliça de ferro ou de madeira, fixada horizontalmente sobre dois esteios. **4**. Bloco de certos produtos industrializados, que constitui uma unidade comercial. **5**. Bainha em peça de vestuário. **6**. Traço oblíquo (/) que serve para separar princ. números e palavras. **7**. Entrada estreita de um porto. **8**. Foz ou desembocadura de rio ou de riacho. **9**. Bancos de areias, cascalhos, etc., total ou parcialmente submersos, paralelos à linha da costa. **10**. Situação, estado de coisas. // *sm* **11**. Homem forte e robusto, que dá conta de qualquer recado (para brigas, princ.). · V. **barrista**. ·· **Barra fixa**. Barra (3).

bar.ra-ban.dei.ra *sf Pop*.PE Brincadeira infantil que consiste em apanhar a bandeira fincada no campo da equipe adversária; rouba-bandeira (SP); salva-bandeira (SC). · Pl.: *barra-bandeiras*.

bar.ra.ca *sf* **1**. Abrigo de lona ou de outro tecido, usado para acampar; tenda. **2**. Construção leve, montada em feira. **3**. Casa muito pobre, cabana. → **barracão** *sm* (**1**. barraca grande; **2**. abrigo que se faz para guardar material de construção durante uma obra); **barraqueiro** *sm* (**1**. que ou aquele que é dono de barraca que trabalha em barraca, princ. de feira; **2**. que ou aquele que fabrica, vende ou aluga barracas; **3**. *gír.* que ou aquele que é dado a promover escândalos e confusões).

bar.ra.co *sm* Casebre de favela, feito de madeira de caixotes, folhas de latas e qualquer outro material improvisado. ·· **Armar o maior barraco** (gír.). Promover grande escândalo, sem necessidade; dar piti.

bar.ra.cu.da *sf* **1**. Peixe marinho predador, voraz e agressivo, que chega a atingir 2m de comprimento e vive em todos os mares, de carne considerada tóxica. **2**. Essa carne.

bar.ra.gem *sf* Construção destinada a fechar um vale onde passa um rio, para obstruir a passagem da água. → **barrageiro** *sm* (**1**. aquele que trabalha na construção de barragens; **2**. técnico favorável à construção de barragens para a geração de energia).

bar.ra-lim.pa *adj* e *s2gên* Boa-praça, gente fina, boa gente. · Pl.: *barras-limpas*. (A 6.ª ed. do VOLP registra o pl. *barra-limpas*, considerado barra verbo, e não substantivo.)

bar.ran.ca *sf* Parte alta de terreno à margem de rio; ribanceira.

bar.ran.co *sm* Parte alta de terreno à beira de um rio ou de uma estrada. → **barranqueira** *sf* (**1**. grande barranco; **2**. série de barrancos. (Portanto, *barranqueira* é ao mesmo tempo aumentativo e coletivo.) ·· **Aos trancos e barrancos**. Desordenadamente; de modo improvisado; aos trambolhões: *Aos trancos e barrancos, o Brasil vai seguindo o seu caminho em direção ao país do futuro*.

bar.ra-pe.sa.da *adj* e *s2gên* Que ou pessoa que se faz respeitar, geralmente por ser valentão. · Pl.: *barras-pesadas*.

bar.rar *v* **1**. Não permitir a entrada de (alguém), impedir o ingresso de: *os seguranças barraram os arruaceiros à entrada da boate*. **2**. Não deixar (alguma coisa) acontecer, impedir: *a prefeitura barrou a obra*.

bar.ra-su.ja *sf* **1**. Ação ilegal, ilícita, desonesta ou indigna. // *adj* e *s2gên* **2**. Que ou pessoa que é indigna, vil, safada. · Pl.: *barras-sujas*. (A 6.ª ed. do VOLP registra *barra-limpa*, mas não *barra-suja*.)

bar.rei.ra *sf* **1**. Qualquer coisa material que obstrui ou impede; obstrução, obstáculo, impedimento. **2**. Qualquer coisa imaterial que obstrui ou impede; obstáculo, dificuldade. **3**. Posto fiscal para controle de tráfego ou cobrança de taxas de mercadorias, produtos, etc. **4**. No futebol, grupo de jogadores que se postam em linha, regularmente a 9,15m da bola, na direção do gol, para cobrança de falta, por parte do time adversário.

bar.re.la *sf* Redução de *água de barrela*, solução alcalina forte que se obtém com a passagem de água quente sobre cinzas de madeira ou sobre camada de soda, para branqueamento de roupa.

bar.re.ta.da *sf* **1**. Saudação de antigamente que consistia em o homem tirar o chapéu da cabeça à simples passagem de uma dama. **2**. *P.ext.* Qualquer mesura exagerada ou descabida.

bar.re.te (ê) *sm* **1**. Espécie de touca de malha que se põe na cabeça, ao deitar-se; gorro. **2**. Chapéu quadrangular usado por padres (preto), bispo (púrpura) e cardeais (vermelho). **3**. Segundo compartimento do estômago dos ruminantes; retículo, coifa.

bar.ri.ca *sf* **1**. Vasilha feita de tábuas curvas, presas por cintas metálicas, para guardar coisas. **2**. Tonel com capacidade para 200 litros. **3**. Seu conteúdo.

bar.ri.ca.da *sf* Conjunto de coisas que se colocam num lugar, para impedir a passagem.

bar.ri.do ou **bar.ri.to** *sm* Voz do elefante e do rinoceronte. · V. **barrir**.

bar.ri.ga *sf* **1**. Parte do corpo do homem e dos animais vertebrados no qual se localizam o estômago, os intestinos e outros órgãos; abdome. **2**. Qualquer parte arredondada e saltada que se destaca do corpo principal. → **barrigada** *sf* (**1**. pancada com a barriga; **2**. vísceras de rês abatida); **barrigal** *adj* (da barriga: *ela quer perder toda gordura barrigal*); **barrigudo** *adj* (de barriga grande; obeso). ·· **Barriga d'água**. **1**. Acúmulo anormal de água ou humor seroso no abdome; hidropisia abdominal; ascite. **2**. Esquistossomose.

bar.ri.ga-ver.de *adj* e *s2gên* Catarinense. · Pl.: *barrigas-verdes*.

bar.ril *sm* **1**. Recipiente grande, feito de tábuas curvadas e unidas por cintas de madeira ou de metal, usado geralmente para guardar ou transportar líquidos. **2**. Seu conteúdo. **3**. Medida de volume de petróleo e de álcool, equivalente a 159 litros. · Pl.: *barris*. · Dim. irregular: *barrilete* (ê), *barrilote*.

bar.rir *v* Emitir barridos (elefante ou rinoceronte).

bar.ris.ta *adj* e *s2gên* Que ou ginasta que se exercita nas barras fixas.

bar.ro *sm* Terra que se torna pastosa e pegajosa, quando misturada com água; lama. → **barreiro** *sm* (**1**. lugar de onde se retira argila para olaria; **2**. lugar onde existe muito barro); **barrento** *adj* (que tem muito barro; lamacento).

bar.ro.ca *sf* **1**. Grande buraco, causado geralmente por erosão ou enxurrada. **2**. Despenhadeiro, precipício.

bar.ro.co (ô) *sm* **1**. Estilo de arte caracterizado pelo exagero de curvas e de detalhes. // *adj* **2**. Diz-se desse estilo ou que apresenta esse estilo. **3**. *P.ext.* Exageradamente enfeitado ou rebuscado; extravagante, exótico. → **barroquismo** *sm* (**1**. qualidade do que é barroco; **2**. arte dos que cultivam o estilo barroco; **3**. *fig.* extravagância, exagero).

bar.ro.te *sm* Trave ou viga, maior que o caibro e menor que a vigota, na qual assentam as tábuas do assoalho ou o madeiramento do telhado.
bartender ou **barkeeper** [ingl.] *s2gên* Num bar ou hotel, funcionário(a) encarregado(a) não só de fazer coquetéis e preparar bebidas, mas também de atrair a clientela, pelo seu jeito peculiar e descontraído de trabalhar. · Pl.: *bartenders*. · Pronuncia-se *bar-têndâr, bar-kípâr*.
ba.ru.lho *sm* **1**. Qualquer som que desagrada ao ouvido, seja por ser alto demais, seja por ser áspero. **2**. Agitação de pessoas; desordem, confusão, tumulto. · Aum.: *barulheira*. → **barulhaço** *sm* (manifestação coletiva ruidosa, com apitos, buzinas, etc.); **barulhada** ou **barulheira** *sf* (barulho muito grande e contínuo); **barulhento** *adj* (**1**. que faz muito barulho: *liquidificador barulhento*; **2**. que há muito barulho: *cidade barulhenta*).
ba.sal *adj* **1**. Relativo ou pertencente a base. **2**. Relativo à temperatura mais baixa registrada, em condições de absoluto repouso. ·· **Metabolismo basal** ou **Taxa metabólica basal**) Quantidade mínima de energia despendida pelo corpo, para manter os processos vitais (respiração, circulação, digestão, temperatura, peristalse, etc.), quando se está em repouso.
ba.sal.to *sm* Rocha escura, muito dura, de origem vulcânica, muito usada na pavimentação de ruas e estradas. → **basáltico** *adj* (formado de basalto).
bas.ba.que *adj* e *s2gên* Que ou quem fica admirado(a) de tudo o que vê; palerma, babaca. · V. **embasbacar**. → **basbacaria** *sf* (porção de basbaques); **basbaquice** *sf* (ato, dito ou comportamento de basbaque).
bas.co *adj* e *sm* **1**. Que ou aquele que habita a região ocidental dos Pireneus. // *sm* **2**. Idioma desse povo.
bás.cu.la *sf* **1**. Balança de grandes dimensões, própria para pesagem de corpos pesados, como caminhões carregados, contêineres, etc. **2**. Corpo que oscila sobre um eixo horizontal.
bas.cu.lan.te *adj* e *sm* Que ou o que se movimenta de baixo para cima e de cima para baixo. → **básculo** *sm* (peça metálica móvel que abre e fecha os ferrolhos de porta, janela, etc.).
bas.cu.lho *sm* **1**. Vassoura de cabo longo, usada para limpeza de fornos, tetos e paredes altas. **2**. *Pop.*NE Lixo resultante dessa limpeza. **3**. *Pop.*PE O que não serve para nada; lixo. **4**. *Fig.Pej.* Serviçal que se ocupa de trabalhos ordinários. **5**. *Fig. Pej.* Pessoa porca, sem nenhuma noção de higiene.
ba.se *sf* **1**. Aquilo que serve de apoio para outra coisa, suporte, fundamento. **2**. Conjunto de conhecimentos fundamentais. **3**. Local em que uma tropa de soldados fica estacionada, para controlar as atividades militares da região. · V. **basal** e **basilar**.
ba.se.ar(-se) *v* Apoiar(-se), sustentar(-se): *basear-se no exemplo dos pais*. · Conjuga-se por *frear*. → **baseado** *adj* (fundado, fundamentado: *economia baseada no turismo*) e *sm* (*gír.* cigarro de maconha).
bá.si.co *adj* e *sm* Que ou aquilo que é essencial ou fundamental: *português é matéria básica de qualquer curso.* // *sm* **2**. Peça do vestuário quase sem detalhes, que deve estar sempre presente em qualquer guarda-roupa, por ser essencial, como calça *jeans*, camiseta branca, etc. **3**. Estilo simples e espontâneo de se vestir. → **basicidade** *sf* (característica daquilo que é básico).
ba.si.lar *adj* **1**. Básico, fundamental. **2**. Que nasce na base de um órgão ou que pertence a ele. **3**. Que forma a base de um órgão.
ba.sí.li.ca *sf* Igreja católica que recebe romeiros. → **basilical** *adj* (da basílica).
bas.que.te ou **bas.que.te.bol** *sm* Jogo esportivo entre duas equipes de cinco pessoas em dois tempos de vinte minutos cada um, que tem como objetivo fazer a bola entrar em cesto suspenso; bola ao cesto. · Pl.: *basquetebóis*. → **basquetebolista** *s2gên* [jogador(a) de basquete]; **basquetebolístico** *adj* (rel. a basquetebol ou a basquetebolista).
bas.sê *sm* **1**. Raça de cães de caça de corpo longo, pernas e pelos curtos e longas orelhas caídas. **2**. Esse cão.
bas.ta *interj* Indica ordem de parada de alguma coisa que já se considerou inaceitável. ·· **Dar o** (ou **um**) **basta**. Acabar com; dar um fim a: *Depois de tanto sofrimento, ela deu um basta ao casamento*.
bas.tan.te *adj* e *sm* **1**. Que ou o que basta, que ou o que é suficiente: *demos provas bastantes da nossa competência; não estudei o bastante para chegar a qualquer conclusão sobre isso.* // *pron* **2**. Muito: *comam bastantes frutas!; não preciso de mais uma preocupação; já tenho bastantes.* // *adv* **3**. Muito: *estudem bastante!; as crianças são bastante interessadas em informática*.

bas.tão *sm* **1**. Vara grossa de madeira, na qual se apoia para facilitar a caminhada. **2**. Qualquer coisa que tem a forma de uma pequena vara. · Dim.: *bastonete*. · V. **bastonada** e **bastonete**.
bas.tar *v* **1**. Ser suficiente: *basta um segundo para se perder a vida*. **bastar-se 2**. Não depender de ninguém; ser autossuficiente: *ele sempre se bastou e se compraz nisso*.
bas.tar.do *adj* e *sm* **1**. Que ou filho que é ilegítimo, que nasceu fora do matrimônio. // *adj* **2**. De qualidade inferior ou de origem duvidosa: *produtos bastardos*.
bas.ti.ão *sm* **1**. Obra de forma mais ou menos pentagonal que serve de anteparo ao ângulo saliente de uma fortaleza. **2**. Centro ou comando de resistência; posição bem fortificada: *foi duramente bombardeado por aviões americanos o bastião dos terroristas*. · Pl.: *bastiões* ou *bastiães*.
bas.ti.dor (ô) *sm* **1**. Aparelho que se usa para bordar. **2**. Cada uma das armações de pano e madeira, nas partes laterais do palco de um teatro. // *smpl* **3**. Espaços entre essas armações. **4**. Conjunto de fatos que ocorrem e estão fora do conhecimento do grande público: *os bastidores da televisão são curiosos*.
bas.to *adj* **1**. Cerrado, denso, espesso, compacto: *mata basta*. **2**. Abundante, farto, copioso, numeroso: *pais de basta prole*. · Antôn. (1): *ralo*; (2): *raro*.
bas.to.na.da *sf* Golpe dado com bastão.
bas.to.ne.te (ê) *sm* **1**. Bastão pequeno. **2**. Bactéria alongada, em forma de pequeno bastão; bacilo.
ba.ta *sf* **1**. Roupa larga feminina, abotoada na frente de cima até embaixo. **2**. Blusa larga e solta. **3**. Vestimenta profissional, branca e leve, usada por professores, médicos, dentistas, enfermeiros, etc.; jaleco.
ba.ta.lha *sf* **1**. Luta ou combate entre exércitos: *a batalha do Riachuelo*. **2**. *P.ext.* Esforço em que se envolvem muitas pessoas: *a batalha do ENEM*. → **batalhar** *v* (**1**. entrar em batalha; **2**.*p.ext.* esforçar-se muito).
ba.ta.lhão *sm* **1**. Parte de um regimento, subdividida em companhias. **2**. Grande quantidade de pessoas: *alimentar um batalhão de mendigos*.
ba.ta.ta *sf* **1**. Planta rasteira que produz tubérculos de forma e tamanho variados. **2**. Cada um desses tubérculos; batata-inglesa, batatinha. · V. **abatatado**. → **batatada** *sf* (**1**. grande quantidade de batatas; **2**. doce de batata-doce; **3**.*pop.* grande besteira; tolice, asneira); **batatinha** *sf* [batata (2)].
ba.ta.ta-do.ce *sf* **1**. Planta rasteira, que produz um tubérculo adocicado. **2**. Esse tubérculo. · Pl.: *batatas-doces*.
ba.ta.ta-in.gle.sa *sf* Batata (2). · Pl.: *batatas-inglesas*.
ba.te.a.da *sf* Conteúdo de uma bateia. → **batear** *v* (lavar na bateia), que se conjuga por *frear*.
bateau-mouche [fr.] *sm* Tipo de embarcação de fundo chato, próprio para rios. · Pronuncia-se *batô-múchi*.
ba.te-bo.ca *sm* Discussão acalorada; baticum. · Pl.: *bate-bocas*.
ba.te-bo.la *sm* **1**. Aquecimento muscular feito pelos jogadores num campo de futebol, antes de uma partida, com troca rápida de passes entre os atletas. **2**. Jogo de futebol informal; racha; pelada. · Pl.: *bate-bolas*.
ba.te.dei.ra *sf* **1**. Aparelho de uso doméstico, para bater ovos, massas de bolo, etc. **2**. Palpitações cardíacas; tremedeira.
ba.te.dor (ô) *sm* **1**. Soldado que vai à frente de uma tropa, para ver se há perigo adiante. **2**. Soldado motorizado que acompanha e protege uma autoridade.
ba.te.dou.ro *sm* **1**. Pedra lisa em que as lavadeiras batem a roupa. **2**. Local onde se batem e sacodem panos de limpeza, tapetes, etc.
ba.te-es.ta.cas *sm2núm* Máquina usada para fazer estacas entrar fundo na terra.
bá.te.ga *sf* Redução de *bátega de água*, pancada súbita de chuva forte; toró.
ba.tei.a *sf* Bacia de madeira, mais larga que funda, usada na lavagem das areias em que há ouro ou diamante. · V. **bateada**. → **bateeiro** *sm* (garimpeiro que maneja a bateia).
ba.tel *sm* Canoa. → **batelada** *sf* [**1**. carga de um batel; **2**. *fig.* grande quantidade (de víveres)].
ba.te.lão *sm* Barca grande, para carregar artilharia e carga pesada.
ba.ten.te *sm* **1**. Ombreira onde se encaixa porta ou janela. **2**. Folha que primeiro se fecha, nas portas e janelas de duas

folhas. **3.** *Fig.* Trabalho duro, do dia a dia; lida: *pegar no batente, ninguém quer.*

ba.te-pa.po *sm* Conversa breve e despreocupada, entre amigos; prosa, papo, resenha. · Pl.: *bate-papos.*

ba.ter *v* **1.** Dar pancadas (em): *bater a carne; bater no filho.* **2.** Fechar com pancada: *não bata a porta do carro!* **3.** Agitar rapidamente, remexendo: *bater as claras em neve.* **4.** Tirar (foto). **5.** Atingir (uma marca) e superá-la: *bater um recorde.* **6.** Usar muito: *bater uma camisa.* **7.** Comer com voracidade, não deixando resto nenhum: *as crianças bateram toda a comida.* **8.** Roubar: *bateram minha carteira.* **9.** Ir de encontro a, chocar-se: *o ônibus bateu num muro.* **10.** Soar, dar: *já bateu meio-dia?* → **batida** *sf* (**1.** ato ou efeito de bater; batimento: *a batida das horas*; **2.** encontro violento de uma coisa com outra; choque, colisão, trombada; **3.** investigação minuciosa em algum local suspeito, em busca de alguma coisa; **4.** cada uma das pancadas do coração; batimento, pulsação); **batido** *adj* (**1.** que sofreu derrota; derrotado; **2.** que sofreu uma batida ou colisão; sinistrado, trombado; **3.** gasto pelo uso); **batimento** *sm* [**1.** ato de bater; batida (1): *o batimento das horas*; **2.** cada uma das pancadas do coração; pulsação; batida (4)].

ba.te.ri.a *sf* **1.** Conjunto dos utensílios de cozinha. **2.** Conjunto dos instrumentos de percussão de uma banda ou de uma orquestra. **3.** Conjunto de pilhas ou de condensadores elétricos. **4.** Conjunto de armas médias ou pesadas de um exército. **5.** Baterista. → **baterista** *s2gên* [pessoa que toca bateria (2); bateria (5)].

ba.ti.cum ou **ba.te.cum** *sm* **1.** Barulho de palmas e sapateados. **2.** Ruído de marteladas, pancadas com os pés, etc. **3.** Pulsação forte (do coração e das artérias). **4.** Bate-boca.

ba.ti.na *sf* Veste talar de membros da Igreja católica, hoje desusada.

ba.tis.ca.fo *sm* Submarino de pequeno porte, capaz de imergir a grandes profundidades (até 12.000m), destinado a levar cientistas para explorar grandes profundidades marinhas.

ba.tis.mo *sm* **1.** O primeiro dos sete sacramentos cristãos, que apaga o pecado original, purificando e admitindo a pessoa batizada no seio da Igreja, por aspersão de água benta ou imersão em água; batizado. **2.** Admissão solene no meio de religião ou seita. **3.** Administração desse sacramento. **4.** *P.ext.* Iniciação: *o batismo universitário.* **5.** Ato de dar nome a pessoa ou coisa. **6.** *P.ext.* Cerimônia de lançamento de navio em que, depois de solenemente benzido, quebra-se nele uma garrafa de champanhe. **7.** *Pop.* Adulteração de bebida (vinho, uísque, leite, etc.) pela adição de água ou qualquer outro líquido. → **batismal** *adj* (rel. a batismo: *pia batismal*); **batizando** *sm* (aquele que está prestes a receber o batismo).

ba.tis.se.la *s2gên* Pessoa que cavalga muito mal, não conseguindo firmar-se na sela.

ba.tis.ta *s2gên* **1.** Pessoa que batiza. // *adj* **2.** De uma seita evangélica protestante, que só ministra o batismo a adultos convertidos, e por imersão, e não por aspersão. // *adj* e *s2gên* **3.** Que ou pessoa que é membro dessa seita.

ba.tis.té.rio *sm* **1.** Lugar da igreja, ou capela adjacente a ela, onde se acha a pia batismal. **2.** Certidão de batismo.

ba.ti.zar *v* **1.** Administrar o sacramento do batismo a: *batizar duas crianças.* **2.** Fazer receber esse sacramento: *os pais batizaram todos os filhos, exceto um.* **3.** Servir de padrinho ou de madrinha de batismo a: *meus vizinhos batizaram dois de meus filhos.* **4.** Benzer solenemente (objeto de uso profano): *batizar o automóvel.* **5.** Adulterar bebida (leite, uísque, vinho) pela adição de água ou outro líquido qualquer. → **batizado** *sm* (**1.** ato de batizar uma pessoa; batismo; **2.** cerimônia de celebração do batismo), *adj* e *sm* (que ou aquele que foi batizado) e *adj* [*pop.* diz-se de bebida (leite, uísque, vinho) adulterada pela adição de água ou de outro líquido qualquer].

ba.tom *sm* Cosmético em forma de bastão, de cores diversas, para pintar os lábios.

ba.to.ta *sf* Patota (2 e 3). → **batoteiro** *adj* e *sm* (que ou aquele que trapaceia em jogos; patoteiro).

ba.trá.quio *adj* e *sm* Animal anfíbio, de sangue frio, sem pescoço nem cauda.

ba.tu.car *v* **1.** Bater com algum ritmo e alguma força: *batucar um samba.* **2.** Dançar o batuque. **3.** Dar batidas ritmadas, geralmente acompanhado um samba. → **batucada** *sf* [**1.** ato ou efeito de batucar; batuque (1); **2.** batuque (2)]; **batuque** *sm* [**1.** batucada (1); **2.** dança afro-brasileira acompanhada por instrumentos de percussão, batucada (2); **3.** som feito por esses instrumentos]; **batuqueiro** *adj* e *sm* (que ou aquele que gosta de fazer batucadas).

ba.tu.ta *sf* **1.** Bastão de maestro. // *adj* **2.** *Pop.* Entendido, craque, bambambã: *quem é o batuta aqui em física?* **3.** *Pop.* Muito bom, primoroso: *sua campanha foi batuta.*

ba.ú *sm* Caixa com tampa curva ou reta, usada para guardar coisas. ·· **Dar o golpe do baú**. Casar por interesse, por dinheiro.

bau.ni.lha *sf* **1.** Planta ornamental, cujas raízes saem da base das folhas; baunilheira. **2.** Fruto dessa planta, usado como aromatizante em perfumaria e confeitaria. → **baunilheira** *sf* [baunilha (1)].

bau.ru *sm* Sanduíche quente, feito com pão francês, presunto, tomate e queijo.

bau.xi.ta (x = ch) *sf* Rocha de que se extrai o alumínio. → **bauxítico** *adj* (que contém bauxita).

ba.zar *sm* Loja que vende grande variedade de mercadorias.

ba.zó.fia *sf* Ato ou atitude daquele que se vangloria de tudo o que faz ou de tudo o que tem; alarde, fanfarronada. → **bazofiar** *v* (contar vantagem sobre; alardear, fanfarronear, gabar-se de); **bazófio** *adj* e *sm* (que ou aquele que bazofia; fanfarrão).

ba.zu.ca *sf* Arma portátil antitanque.

bê *sm* Nome da letra *b*.

bê-á-bá *sm* **1.** Abecedário, á-bê-cê. **2.** Primeiras noções ou lições de alguma coisa. · Pl.: *bê-á-bás*.

beachwear [ingl.] *sm* Roupa adequada para praia ou piscina. · Pl.: *beachwears*. · Pronuncia-se *bítch-uér*.

be.a.ti.tu.de *sf* **1.** Felicidade eterna, gozada no céu pelos escolhidos. **2.** Estado de felicidade, de serenidade completa.

bea.tle.ma.ni.a *sf* Paixão pelos Beatles, banda inglesa de *rock* dos anos sessentas. · Pronuncia-se *bítol-mania*. → **beatlemaníaco** *adj* (rel. a beatlemania) e *adj* e *sm* (que ou aquele que tem beatlemania).

be.a.to *sm* **1.** Aquele que foi beatificado pela Igreja católica e é considerado quase santo. // *adj* e *sm* **2.** Que ou aquele que aparenta ser muito religioso e frequenta demais a igreja. · Aum. pej.: *beatão* ou *beatorro* (ô). → **beatério** *sm* **1.** porção de beatos ou de beatas; **2.** práticas ou devoções de beatos ou de beatas; **beatice** *sf* (*pop.* devoção religiosa falsa; hipocrisia religiosa; tartufice); **beatificação** *sf* (ato ou efeito de beatificar); **beatificar** *v* (declarar beato).

bê.ba.do ou **bê.be.do** *adj* e *sm* Que ou aquele que tomou bebida alcoólica demais; embriagado, alto. → **bebedeira** *sf* (embriaguez, fogo, pileque, porre).

be.bê *sm* Criança de colo, nenê. [Assim como com *nenê*, o VOLP mudou recentemente a classificação morfológica de *bebê*; antes era apenas *sm*, agora passou a ser *s2gên*, o que lhe permite (não a mim) usar **o** *bebê* para o menino e **a** *bebê* para a menina. Na verdade, a menina também é **um** *bebê*, assim como é também **um** *nenê*. V. **nenê**.].

be.bê-con.for.to *sm* Cadeirinha que se adapta ao banco traseiro dos automóveis, para transporte de crianças. · Pl.: *bebês-confortos*. (A 6.ª ed. do VOLP não registra a palavra.)

be.ber *v* **1.** Ingerir, tomar: *beber água.* **2.** Embriagar-se, ficar bêbado: *ele bebe de cair pelas ruas.* → **bebedouro** *sm* (qualquer lugar ou aparelho onde se bebe água); **beberagem** *sf* (**1.** remédio líquido que resulta do cozimento de ervas; **2.** bebida preparada com inúmeros ingredientes, de sabor pesado, desagradável; **3.** água misturada com farelo, para alimentação de animais); **bebericar** *v* (**1.** beber devagar, pouco a pouco; **2.** beber um pouco de); **beberrão** *adj* e *sm* (que ou aquele que exagera no consumo de bebida alcoólica; bebum); **bebida** *sf* (**1.** ato de beber; **2.** qualquer líquido para beber, alcoólico ou não; **3.** vício de beber: *afundar-se na bebida*); **bebum** *adj* e *sm* (beberrão).

be.ca *sf* **1.** Túnica preta, usada por advogados, juízes, professores universitários e diplomados de faculdades; toga. **2.** *P.ext.* Magistratura. (Neste caso, com inicial maiúscula.) **3.** *Gír.* Qualquer roupa fina ou elegante: *vestiu uma beca e saiu.*

be.ça, à *loc adv* Muito, bastante: *chove à beça.*

be.ca.pe *sm* Cópia de arquivo(s), feita para preservar os dados, em caso de avaria no computador. → **becapar** *v* (fazer becape de; salvar).

be.cha.mel *sm* **1.** Molho branco e salgado, feito de leite, creme de leite, azeite ou manteiga, farinha de trigo e vários vegetais aromatizantes, mexido até adquirir consistência cremosa. // *adj* **2.** Diz-se desse molho.

bé.cher ou **bé.quer** *sm* Recipiente de vidro cilíndrico, semelhante a um copo, de uso em laboratório.

be.co (ê) *sm* Rua estreita e curta. ·· **Beco sem saída** (fig.). Situação muito difícil, da qual não é fácil sair.

be.del *sm* **1**. Funcionário de categoria inferior nas secretarias das faculdades, encarregado de apontar as faltas dos estudantes e dos professores, além de fazer as pautas dos exames, etc. **2**. Funcionário de estabelecimento de ensino encarregado de manter a disciplina entre os alunos; inspetor de alunos. · Fem.: *bedela*.

be.de.lho (ê) *sm* **1**. Pequena tranca chata, assentada horizontalmente entre os batentes de uma porta, ou entre o batente e a ombreira, que permite abrir e fechar, com um toque para cima ou para baixo; ferrolho de porta; trinco, tranqueta. **2**. Trunfo pequeno, no jogo de cartas, como o pôquer, insuficiente para ganhar, mas de que o jogador pode servir-se, ao blefar. **3**. Garoto de comportamento infantil; rapazote, fedelho: *quem socorreu o bedelho que se afogava fui eu*. → **bedelhar** *v* (**1**. intrometer-se ou dar palpite em conversa alheia; **2**. conversar descontraidamente; bater papo), que, durante a conjugação, mantém sempre o *e* tônico fechado. ·· **Meter o bedelho**. Intrometer-se no que não lhe diz respeito; meter o nariz; enxerir-se: *Parente gosta de meter o bedelho em tudo, só para azucrinar a vida da gente*.

be.du.i.no *sm* **1**. Árabe nômade da África setentrional e do Oriente Médio. **2**. Homem insolente, de modos bárbaros e comportamento brutal. // *adj* **3**. Diz-se do árabe nômade. **4**. *Fig*. Caracterizado pela simplicidade, porém, com fartura: *refeição beduína*.

beefsteak [ingl.] *sm* Bifesteque. · Pl.: *beefsteaks*. · Pronuncia-se *bífsteik*.

be.ge *adj* **1**. Da cor da areia: *sapatos bege*. (Como se vê, não varia.) **2**. Diz-se dessa cor. // *sm* **3**. Essa cor.

be.gô.nia *sf* **1**. Planta ornamental, cultivada pela beleza de suas folhas e flores. **2**. Flor dessa planta.

be.ha.vi.o.ris.mo *sm* Escola psicológica que busca o conhecimento e o controle das ações do ser humano e dos animais mediante a observação de seu comportamento; psicologia do conhecimento. · Pronuncia-se *berràviorismo*. → **behaviorista** *adj* (rel. a behaviorismo) e *adj* e *s2gên* (que ou pessoa que é partidária do behaviorismo); **behaviorístico** *adj* (rel. a behaviorismo ou a behaviorista).

bei.ço *sm* **1**. Parte externa e vermelha do contorno da boca dos animais. **2**. Lábio grosso e carnudo do ser humano. · Aum.: *beiçola, beiçorra*. → **beiçana** *s2gên* (pessoa de beiço grosso e caído) e *sf* (beiço inferior volumoso e caído); **beiçoca, beiçola** ou **beiçorra** (ô) *sf* (beiço grande e grosso).

beija-flor *sm* Pequena ave, de bico fino e longo, que se alimenta do néctar das flores, pairando no ar; colibri. · Pl.: *beija-flores*.

beijo *sm* Ato de beijar, toque com os lábios em alguém ou alguma coisa. · Aum. irregular: *beijoca*. · Dim. irregular: *beijote*. → **beijar** *v* (dar beijo em); **beijoca** *sf* (**1**. aum. de *beijo*; **2**. beijo com estalido); **beijocar** *v* (dar beijoca em (pessoa); **beijoqueiro** *adj* e *sm* (que ou aquele que gosta de dar beijos em pessoas). ·· **Beijo de moça**. Doce de ovos envolto em papel de seda.

bei.ju ou **bi.ju** *sm Pop*. Bolo de massa de mandioca ou de tapioca bem fina.

bei.ra *sf* **1**. Borda que abrange grande porção da costa, da praia, da margem. **2**. Beiral. → **beirada** *sf* (**1**. extremidade de uma superfície; borda: *sentar-se na beirada da calçada*; **2**. aba do telhado; beiral); **beiral** *sm* [beirada (2)]. ·· **À beira de**. Perto de, na iminência de.

bei.ra-mar *sf* Faixa de terra banhada pelo mar; costa marítima; litoral, praia. · Pl.: *beira-mares*.

bei.rar *v* **1**. Caminhar à beira de, margear: *beirar um abismo*. **2**. Estar quase chegando a (determinado limite): *ela já está beirando os sessenta anos*.

bei.ru.te *sm* Sanduíche de rosbife, queijo, tomate e orégano, servido no pão sírio.

bei.se.bol *sm* Jogo de bola popular nos Estados Unidos, disputado num campo delimitado por quatro bases, entre duas equipes de nove jogadores cada uma. · Pl.: *beisebóis*.

bel *sm* Unidade de medida da intensidade do som, igual a 10 decibels (símb.: **B**). · Pl.: *bels* (pref.) ou *béis*. (O nome foi dado em homenagem a Alexander Graham Bell, inventor do telefone.)

be.las-ar.tes *sfpl* Nome que se dá a qualquer das artes que têm por fim representar o belo e excitar a sensibilidade humana, como a arquitetura e as artes plásticas e gráficas (escultura, pintura, desenho, gravura), além da música e da dança.

bel.chi.or ou **ber.chi.or** *sm* **1**. Negociante de objetos, roupas e móveis usados. **2**. Livreiro de sebo.

bel.da.de *sf* Mulher muito bonita.

be.le.léu *sm* **1**. Fracasso, malogro. **2**. Morte. **3**. Desaparecimento, sumiço. ·· **Ir para o 1**. Morrer: *meu vizinho acabou de ir para o beleléu: que saudade!* **2**. Desaparecer, sumir-se: *vai para o beleléu a saúde de quem usa drogas; os dólares que os turistas europeus deixaram no cofre do hotel foram para o beleléu*. **3**. Fracassar, malograr-se, gorar: *meu time foi para o beleléu*. **4**. Ficar imprestável ou inútil: *a colisão foi tão forte, que meu carro foi para o beleléu*. **5**. Deixar de acontecer ou de realizar-se: *por causa da chuva, o desfile carnavalesco na avenida foi para o beleléu*.

Belém *sf* **1**. Capital e a principal cidade do Pará. → **belenense** *adj* e *s2gên* **2**. Cidade da Cisjordânia. → **belemita** *adj* e *s2gên*

be.le.za (ê) *sf* **1**. Caráter do que é belo, do que está de acordo com um padrão ideal de estética ou de harmonia, ou com o ideal estético e harmônico de uma pessoa em particular; combinação de qualidades que impressionam agradavelmente a visão ou outros sentidos: *a beleza de uma paisagem*. **2**. Qualidade de uma pessoa bela: *mulher de grande beleza*. **3**. Caráter do que é intelectualmente ou moralmente digno de admiração: *a beleza de um gesto desinteressado*. **4**. Coisa que funciona bem: *esse governo é uma beleza!* **5**. Pessoa muito bela, atraente e sedutora: *as garotas acham esse cantor uma beleza!* **6**. Pessoa que executa extraordinariamente bem seu ofício: *esse marceneiro é uma beleza!* // *sfpl* **7**. Tudo aquilo que constitui a atração de um lugar: *as belezas do litoral brasileiro*. · Antôn. (1 e 2): *feldade, feiura*. → **belezura** *sf* (pop. mulher linda e formosa; formosura). ·· **Beleza não põe mesa**. Mulher bonita sabe cozinhar ou mulher bonita não tem qualidades para o casamento. (O povo distorceu esta frase feita para "Beleza não se põe na mesa".)

Bélgica *sf* País monárquico da Europa, de área equivalente à do estado de Alagoas. → **belga** *adj* e *s2gên*.

be.li.che *sm* **1**. Redução de *cama-beliche*, par de camas superpostas, estreitas e simples, formando uma unidade. **2**. Cabina de passageiro nos navios.

bé.li.co *adj* De guerra. → **belicismo** *sm* (qualidade de bélico), de antôn. *pacifismo*; **belicista** *adj* e *s2gên* (que ou pessoa que é partidária do belicismo), de antôn. *pacifista*.

be.li.co.so (ô; pl.: ó) *adj* Que gosta da guerra; guerreiro. · Antôn.: *pacífico*. → **belicosidade** *sf* (qualidade de belicoso).

be.li.ge.ran.te *adj* e *s2gên* Que ou pessoa que está em guerra. → **beligerância** *sf* (qualidade de beligerante).

be.lis.car *v* **1**. Apertar e torcer (parte do corpo de alguém) com a ponta dos dedos, dar beliscão em: *beliscar a bochecha do namorado*. **2**. Tirar só um pouco de, com a ponta dos dedos: *ele vive beliscando a comida na cozinha*. → **beliscão** ou **belisco** *sm* (**1**. ato ou efeito de beliscar; **2**. aperto em alguma parte do corpo, com os dedos polegar e indicador, que causa dor).

Belize *sm* País da América Central, no Caribe, de área equivalente à do estado de Sergipe. → **belizenho** *adj* e *sm*.

be.lo *adj* e *sm* **1**. Que ou aquilo que causa grande prazer ou encantamento, por ter forma ou aparência agradável, perfeita, harmoniosa. // *interj* Exprime aprovação e satisfação ao mesmo tempo. · Antôn.: *feio, horrível*. · V. **beleza**.

be.lo-an.tô.nio *sm* **1**. Pessoa que só aparenta qualidades ou virtudes, mas na realidade não as tem para oferecer: *essa mulher é o maior belo-antônio da cidade*. **2**. Qualquer coisa que só causa boa impressão pelas aparências, mas não pelo conteúdo. · Pl.: *belos-antônios*.

Be.lo Ho.ri.zon.te *loc sf* Capital do estado de Minas Gerais. → **belo-horizontino** *adj* e *sm*, de pl. *belo-horizontinos*.

be.lo.na.ve *sf* Navio de guerra.

bel-pra.zer *sm* Vontade própria; arbítrio. · Pl.: *bel-prazeres*. ·· **A bel-prazer**. Segundo a sua própria vontade; de acordo com o seu capricho; à vontade: *Ele faz tudo a bel-prazer, não importando se vai ou não prejudicar alguém*.

bel.tra.no *sm* Certa pessoa; indivíduo indeterminado (usa-se depois de *fulano*).

bel.ve.der (êr) ou **bel.ve.de.re** *sm* Qualquer lugar elevado, de onde se descortina belo e vasto panorama.

Bel.ze.bu *sm* Príncipe dos demônios, o único capaz de voar. → **belzebútico** *adj* (rel. a Belzebu; demoníaco, diabólico).

bem *sm* **1**. Conjunto das ações que fazem seu praticante merecer a aprovação e o respeito geral. **2**. Vida feliz; bem-estar, felicidade. **3**. Pessoa amada. **4**. Objeto de compra e venda. // *adv* **5**. Perfeitamente. **6**. Muito, bastante. · Antôn. (1 e 2): *mal.* ·· **Bem como**. E também.

bem-a.ca.ba.do *adj* Feito com muito capricho. · Pl.: *bem-acabados*.

bem-a.ma.do *adj* e *sm* Que ou quem é muito querido. · Pl.: *bem-amados*.

bem-a.pes.so.a.do *adj* Que tem boa aparência. · Pl.: *bem-apessoados*.

bem-a.ven.tu.ra.do *adj* **1**. Que goza de muita felicidade; que é muito feliz. // *adj* e *sm* **2**. Que ou pessoa morta que goza do céu a beatitude eterna. · Pl.: *bem-aventurados*.

bem-a.ven.tu.ran.ça *sf* Felicidade perfeita ou completa. · Pl.: *bem-aventuranças*.

bem-bom *sm* Comodidade completa; conforto total. · Pl.: *bem-bons*.

bem-com.por.ta.do *adj* e *sm* Que ou aquele que é disciplinado. · Pl.: *bem-comportados*.

bem-composto *adj* Elegante. · Pl.: *bem-compostos*. · Antôn.: *malcomposto*.

bem-con.for.ma.do *adj* Bem-proporcionado, gracioso, harmonioso. · Pl.: *bem-conformados*. · Antôn.: *malconformado*.

bem-cri.a.do *adj* **1**. De boa criação. **2**. Nutrido, gordo. · Pl.: *bem-criados*. · Antôn.: *malcriado*.

bem-dis.pos.to *adj* Cheio de ânimo; animado. · Pl.: *bem-dispostos*.

bem-do.ta.do *adj* **1**. Que tem dotes; prendado. **2**. Que tem habilidades especiais; superdotado: *criança bem-dotada*. **3**. *Pop. Chulo* Diz-se de homem de pênis avantajado; superdotado. · Pl.: *bem-dotados*.

bem-e.du.ca.do *adj* Diz-se de quem é educado, cortês, gentil, fino. · Pl.: *bem-educados*.

bem-es.tar *sm* Estado de pleno conforto físico, material e espiritual. · Pl.: *bem-estares*. · Antôn.: *mal-estar*.

bem-fei.to *interj* Exprime satisfação por alguma infelicidade, adversidade ou insucesso de uma pessoa: *tropeçou na escada. Bem-feito!* (O adjetivo e o substantivo se grafam numa só palavra: *benfeito*, que é, justamente, o particípio de *benfazer*.)

bem-hu.mo.ra.do *adj* De bom humor. · Pl.: *bem-humorados*. · Antôn.: *mal-humorado*.

bem-in.for.ma.do *adj* Que está a par de tudo o que se passa ou acontece. · Pl.: *bem-informados*. · Antôn.: *mal-informado*.

bem-in.ten.cio.na.do *adj* e *sm* Que ou aquele que tem boas intenções. · Pl.: *bem-intencionados*. · Antôn.: *mal-intencionado*.

bem-me-quer *sm* **1**. Planta ornamental, de flores amarelas; malmequer. **2**. *Fig.* Dessa planta. · Pl.: *bem-me-queres*.

bem-nas.ci.do *adj* **1**. Que nasceu para praticar o bem: *as freiras são seres bem-nascidos*. **2**. De família distinta ou abastada. · Pl.: *bem-nascidos*. · Antôn.: *malnascido*.

be.mol *sm* Sinal musical (♭) que indica abaixamento de um semitom na nota seguinte. · Pl.: *bemóis*. · Antôn.: *sustenido*. → **bemolização** *sf* (ato ou efeito de bemolizar); **bemolizar** *v* [1. pôr bemol em (chave ou trecho musical); **2**. abrandar, enfraquecer ou suavizar o tom de; **3**. *fig.* suavizar, abrandar].

bem-pas.sa.do *adj* Bem frito: *bife bem-passado*. · Pl.: *bem-passados*. · Antôn.: *malpassado*.

bem-pro.por.cio.na.do *adj* Bem-conformado. · Pl.: *bem-proporcionados*. · Antôn.: *malproporcionado*.

bem-que.rer *sm* **1**. Sentimento de carinho ou de estima para com as pessoas; afeição; benquerença. **2**. *Fig.* Pessoa amada a quem se quer bem: *Rosa sempre foi meu bem-querer*. // *v* **3**. Querer bem: *bem-querer aos amigos*. · Pl. (1 e 2): *bem-quereres*. · Antôn.: *malquerer*.

bem-su.ce.di.do *adj* Que alcançou sucesso. · Pl.: *bem-sucedidos*. · Antôn.: *malsucedido*.

bem-te-vi *sm* Pássaro de bico grande e recurvado. · Pl.: *bem-te-vis*.

bem-ves.ti.do *adj* Trajado segundo os padrões vigentes. · Pl.: *bem-vestidos*. · Antôn.: *malvestido*.

bem-vin.do *adj* **1**. Recebido com satisfação: *sua sugestão é bem-vinda*. // *interj* **2**. Exprime satisfação pela chegada de uma pessoa ou do advento de algum bem. · Pl.: *bem-vindos*. · Antôn.: *mal-vindo*.

bem-vis.to *adj* Que tem o respeito de todos; respeitado: *é um escritor muito bem-visto pela crítica*. · Pl.: *bem-vistos*. · Antôn.: *malvisto*.

bên.ção *sf* **1**. Ato ou palavras de quem abençoa ou benze: *a bênção do padre ao rosário, ao carro novo*. **2**. Invocação da proteção de Deus sobre uma pessoa: *tomar a bênção ao Papa*. **3**. Graça divina: *receber uma bênção*. **4**. *Fig.* Algo bom pelo qual agradecemos: *a saúde é uma bênção que o dinheiro não compra*. **5**. *Fig.* Aprovação, consentimento: *a repressão policial teve a bênção do governador*. · Pl.: *bênçãos*. · Antôn.: *maldição*.

ben.di.zer *v* **1**. Dizer bem de; exaltar, elogiar, enaltecer: *bendizer o comportamento do filho*. **2**. Lançar bênçãos a; abençoar: *o Papa bendisse os fiéis na Praça de São Pedro*. **3**. Tornar próspero ou venturoso; fazer feliz: *bendigam esses votos o nosso pais!* **4**. Exaltar ou louvar, mostrando agradecimento ou satisfação: *o rapaz bendisse o homem que o salvou do afogamento; bendigo a hora em que conheci essa mulher!* **5**. Desejar o bem a; felicitar: *vi aqueles homens, operários e engenheiros, irmanados, trabalhando numa imensa tarefa de domarem a natureza, para dela extraírem um bem, a energia, a fim de atender às aspirações do desenvolvimento e do progresso, e bendisse aqueles homens extraordinários, aqueles verdadeiros heróis*. · Antôn. (1, 4 e 5): *maldizer*. · Conjuga-se por *dizer*. → **bendito** *adj* (feliz e abençoado), de antôn. *maldito*.

be.ne.di.ti.no *adj* e *sm* Que ou religioso que pertence à ordem de São Bento.

be.ne.fi.cên.cia *sf* **1**. Ato de fazer o bem, princ. do ponto de vista social: *obra de beneficência*. **2**. Generosidade ou caridade: *usar de beneficência para com os mendigos*. · Antôn.: *maleficência*. → **beneficente** *adj* (**1**. que tem efeito positivo; benéfico: *chuva beneficente; obra beneficente*; **2**. que promove ações benéficas: *sociedade beneficente*; **3**. que traz recursos para algum objetivo nobre: *festa beneficente*), de Superlativo absoluto sintético irregular ou erudito: *beneficentíssimo* e antônimo *maleficente*. (Cuidado para não usar "beneficiência" nem "beneficiente"!)

be.ne.fi.ci.ar *v* **1**. Causar benefício a; favorecer: *no testamento, ela beneficiou os sobrinhos*. **2**. Cultivar: *beneficiar a terra*. **3**. Limpar, descascar: *máquina de beneficiar arroz*. **4**. Lavrar, explorar: *beneficiar uma mina de ouro*. **5**. Melhorar, reparar: *beneficiar um velho edifício*. **6**. Apurar por processos adequados: *beneficiar metais*. **beneficiar-se** **7**. Ser beneficiado ou favorecido: *só os especuladores se beneficiam desse tipo de boato*. · Antôn. (1): *prejudicar*. → **beneficiação** *sf* ou **beneficiamento** *sm* [ato ou efeito de (se) beneficiar]; **beneficiário** *adj* e *sm* (que ou aquele que é beneficiado ou favorecido: *a mulher e os filhos são beneficiários do seu seguro de vida*).

be.ne.fí.cio *sm* **1**. Bem que se faz ou que se recebe. **2**. Proveito, ganho ou vantagem tirada de alguma coisa: *o benefício da experiência*. **3**. Dinheiro, lucro ou outros bens que se ganham com uma coisa: *os benefícios deste empreendimento serão altos*. **4**. Favor, graça: *agradeço a Deus todas as manhãs o benefício da vida que me concedeu*. **5**. Ajuda, vantagem ou auxílio assegurado por força de lei: *receber benefício por acidente no trabalho*. **6**. Serviço ou bem que se presta à coletividade; melhoramento, benfeitoria: *esse prefeito promoveu muitos benefícios à cidade*. **7**. Trabalho e cultivo que se dá aos campos e plantas. **8**. Exploração e aproveitamento das minas, minérios e outras substâncias. · Antôn.: *malefício*.

be.né.fi.co *adj* **1**. Que traz benefícios ou vantagens; vantajoso, favorável, salutar, benigno: *os efeitos benéficos da chuva; os suplementos alimentares, afinal, são benéficos ou maléficos à saúde?; chuva benéfica à lavoura*. **2**. Caracterizado pela generosidade; generoso, que denota bondade; bondoso: *homem de espírito benéfico*. **3**. Favorável, propício: *que ventos benéficos a trazem aqui, Susana?* · Superl. abs. sintético: *beneficentíssimo*.

be.ne.me.ren.te *adj* Que é digno de estima ou que merece recompensa (honras, aplausos) pelos notáveis serviços prestados ou pelo comportamento singular, extraordinário, em prol de uma causa: *os beneméritos congressistas da atual legislatura*.

be.ne.mé.ri.to *adj* e *sm* Que ou aquele que é digno de estima ou que merece recompensa (honras, aplausos) pelos notáveis serviços prestados ou pelo comportamento singular, extraordinário, em prol de uma causa: *os brasileiros não se esquecerão daqueles beneméritos congressistas que cassaram o mandato dele; ser sócio benemérito de um clube*. → **bene-**

merência sf (qualidade ou ato de benemérito); **benemerente** adj [que merece recompensa (honras, aplausos) pelos notáveis serviços prestados ou pelo comportamento singular, extraordinário, em prol de uma causa: *os benemerentes congressistas da atual legislatura*].

be.ne.plá.ci.to sm **1**. Mostra de aprovação ou de conformidade; consentimento, aprovação, licença: *sem o beneplácito do pai no casamento, a festa não sai; se não tiver o beneplácito do povo, o plano não dará certo; não posso dar o meu beneplácito a todas essas sandices que escrevem alguns jornalistas*. 2. Aprazimento (3). · Antôn.: *reprovação*.

be.nes.se sf **1**. Toda e qualquer prestação que, por uso e costume, os paroquianos dão a seus párocos pelos serviços que deles recebem em diferentes atos do seu ministério, tais como batismos, crismas, funerais, etc.; rendimento paroquial. **2**. Lucro fácil, que não advém de esforço ou trabalho: *as benesses percebidas pelos traficantes de drogas; auferir benesses nem sempre justas*. **3**. Favorecimento, ajuda: *receber as benesses do Estado; o legislador resolveu conceder aos juízes outra benesse, que estes não reivindicaram*. **4**. Recompensa justa; prêmio: *a aposentadoria do servidor público deixou de ser uma benesse do Estado*.

be.ne.vo.len.te adj Que é complacente, simpático ou tem boa vontade: *o juiz foi benevolente com o réu no julgamento; um governo benevolente com os narcotraficantes; povo benevolente com os pobres*. · Superl. abs. sintético: *benevolentíssimo*. · Antôn.: *malevolente*. → **benevolência** sf (qualidade de benevolente; complacência, simpatia ou demonstração de boa vontade no trato com as pessoas), de antôn. *malevolência*.

be.né.vo.lo adj **1**. Que, por sua qualidade natural, demonstra sempre boa vontade para com todos e com tudo; caracterizado pela disposição sempre favorável de fazer o bem ou de ajudar: *povo benévolo com os pobres*. **2**. Que é indulgente ou pouco rígido; tolerante: *um pai benévolo com os filhos*. · Superl. abs. sintético: *benevolentíssimo*. · Antôn.: *malévolo*.

ben.fa.ze.jo (ê) adj **1**. Que pratica o bem; benfeitor, caridoso: *as freiras são criaturas benfazejas*. **2**. Que produz um bem; que tem ação favorável; benéfico, útil, benigno: *chuva benfazeja à lavoura de algodão*. · Antôn.: *malfazejo*.

ben.fei.to adj **1**. *Que foi bem executado ou realizado: serviço benfeito*. **2**. *Bem-acabado: carro benfeito*. **3**. Caprichado, esmerado: *trabalho escolar benfeito*. **4**. *Perfeito ou quase perfeito de forma; bem-proporcionado: pernas benfeitas*. // sm **5**. Melhoramento que se faz em propriedade, para valorizá-la; benfeitoria: *depois de fazer uns benfeitos na chácara, colocou-a à venda*. **6**. Benefício: *os aposentados nunca recebem nenhuns benfeitos*. · Antôn.: *malfeito*. · V. **bem-feito**.

ben.fei.tor (ô) adj e sm **1**. Que ou aquele que pratica o bem ou faz ações caridosas; benfazejo (1): *ele é um benfeitor anônimo*. **2**. Que ou aquele que faz benfeitorias ou melhoramentos em alguma coisa ou em algum lugar: *ele é um prefeito benfeitor, ao contrário do anterior*. · Fem.: *benfeitora* (ô). → **benfeitoria** sf (qualquer melhoramento que se faz num imóvel, para sua conservação, embelezamento ou maior funcionalidade: *com as benfeitorias que fiz na chácara, ela já vale o dobro do que paguei*).

ben.ga.la sf **1**. Bastão polido, com castão e ponteira, usado para apoio no andar. **2**. *Pop.* Pão francês, comprido e cilíndrico, afinado nas pontas; bisnaga. → **bengalada** sf [pancada com bengala (1)].

be.nig.no adj **1**. Que, além de bondoso, é generoso. **2**. Que causa benefícios; benéfico. **3**. Favorável, propício, benfazejo. **4**. Que não oferece risco à saúde; que não é cancerígeno.

Benin sm País da África, de área equivalente à dos estados de Sergipe e Pernambuco juntos. → **beninense** adj e s2gên ou **beninês** adj e sm.

ben.ja.mim sm **1**. Filho preferido. **2**. Membro mais jovem de um grupo, sociedade, etc. **3**. Dispositivo que serve para ligar até três aparelhos elétricos num uma só tomada; plugue duplo ou múltiplo.

ben.que.ren.ça sf Estima, bem-querer (1). · Antôn.: *malquerença*. → **benquerente** adj [que quer bem a outrem; afeiçoado(a)].

ben.quis.to adj Diz-se de pessoa de quem, em determinado lugar ou ambiente, todos gostam; estimado, querido: *esse fato o fez benquisto com seus vizinhos*. · Antôn.: *malquisto*.

ben.ti.nho smpl Pedaço de pano com estampas de santos que devotos trazem ao pescoço; patuá. · Usa-se também no singular: *o bentinho*.

ben.to adj **1**. Consagrado pela bênção eclesiástica; benzido: *água benta; carro bento*. // sm **2**. Região mais profunda de mar ou oceano. **3**. Fauna e flora aí existentes. → **bêntico** adj (rel. ao fundo do mar: *ecossistema bêntico*); **bentônico** adj (diz-se de animal ou planta que vive no fundo do mar: *organismos bentônicos*).

ben.ze.du.ra sf **1**. Benzimento. **2**. Reza, acompanhada de práticas supersticiosas, feita por curandeiros. → **benzedeira** sf (mulher que supostamente cura doenças com benzeduras); **benzedeiro** ou **benzedor** (ô) sm (homem que exerce a mesma função da benzedeira).

ben.ze.no sm Líquido incolor, volátil, tóxico e inflamável, derivado do petróleo, usado como solvente, combustível e na fabricação de plásticos. → **benzênico** adj (rel. a benzeno ou que o contém).

ben.zer v **1**. Lançar bênção a, acompanhada de preces e com os devidos ritos, para invocar a proteção divina: *mandei benzer o carro*. **2**. Fazer benzeduras em: *o curandeiro benze o garoto, que estava com lombrigas*. **3**. Fazer benzeduras: *o curandeiro benze, Deus cura*. **benzer-se 4**. Fazer uma cruz com a mão, da testa ao peito e de um ombro ao outro; fazer o sinal-da-cruz: *antes de entrar em campo, benzia-se três vezes*. → **benzido** adj (bento); **benzimento** sm [ato ou efeito de benzer; benzedura (1)].

ben.zi.na sf Líquido incolor, derivado do petróleo, usado como solvente em lavanderias e para tirar qualquer tipo de mancha.

ben.zi.nho sm Pessoa querida; amoreco: *Marisa, meu benzinho, perdoe-me!* ··· É tratamento usado na intimidade de pessoas que se querem bem. (Cuidado para não usar "benzinha" em referência a mulher.)

be.ó.cio adj e sm Que ou aquele que é curto de inteligência; idiota, imbecil.

be.que s2gên Zagueiro.

ber.ço (ê) sm **1**. Cama para nenê. **2**. *Fig.* Lugar onde alguma coisa tem origem; começo: *a Grécia é o berço da civilização*. → **berçário** sm (recinto reservado, nas maternidades e nas creches, aos berços dos recém-nascidos); **berçarista** adj e s2gên [que ou enfermeiro(a) que cuida dos recém-nascidos num berçário]. ·· **Ter berço** (fig.) **1**. Surgir, nascer: *O Renascimento teve berço na Itália*. **2**. Ter boa formação moral e educativa; ser educado(a) e urbano(a) por formação familiar.

be.re.ba sf V. **pereba**.

be.re.ré sm *Gír.* Dinheiro ganho sem nenhum esforço ou trabalho; propina. (Não se confunde com *pixulé* (1), que é o dinheiro ganho com o uso de pilantragem.)

ber.ga.mo.ta sf **1**. Planta comercialmente desenvolvida no Sul da Itália, por causa de seu fruto; bergamoteira. **2**. Esse fruto, conhecido no Sul com esse nome, no RJ como *tangerina*, em SP e MG como *mexerica*, nos outros estados como *laranja-cravo* e em Portugal como *mandarina*. → **bergamoteira** sf [bergamota (1)].

be.ri.bé.ri sm Doença causada por carência de vitamina B1. → **beribérico** adj (rel. a beribéri) e adj e sm (que ou aquele que tem beribéri).

be.rí.lio sm Elemento metálico (símb.: **Be**), levíssimo e duro, de n.º atômico 4, derivado do berilo, altamente resistente à corrosão.

be.ri.lo sm Pedra semipreciosa transparente, cuja cor pode ser azul, amarela ou branca.

be.rim.bau sm Instrumento musical de origem africana, composto por um arco com extremidades ligadas por um fio metálico, a que se prende uma meia cabaça, que serve como caixa de ressonância, muito usado para acompanhar a capoeira.

be.rin.je.la sf **1**. Planta originária da Índia, que dá frutos carnudos, geralmente ovoides e violeta, muito utilizados na alimentação humana. **2**. Esse fruto. [A bem da verdade e sobretudo da etimologia, a grafia correta desta palavra é com **g** (**beringela**), forma, porém, que o VOLP rejeita. Como esse vocabulário tem força de lei, somos obrigados a engolir a *berinjela*.]

Berlim sf Capital da Alemanha. → **berlinense** adj e s2gên ou **berlinês** adj e sm.

ber.lin.da sf Nome que se dava a uma carruagem. ·· **Estar na berlinda**. Ser objeto de comentários gerais; estar na ordem do dia.

ber.lo.que sm **1**. Acessório de moda ou pequeno enfeite que se traz pendente da corrente de relógio, da pulseira, etc.;

pingente, penduricalho. // *smpl* **2**. Coisas de pequeno valor; trastes.

ber.mu.da *sf* ou **ber.mu.das** *sfpl* Calça curta que termina acima dos joelhos. → **bermudão** *sm* (tipo de bermuda larga, folgada, que vai até o joelho, ou até um pouco abaixo dele).

ber.ne *sm* **1**. Larva de uma mosca que se desenvolve sob a pele dos mamíferos. **2**. Tumor provocado por essa larva. → **bernento** *adj* (cheio de bernes); **bernicida** *sm* (preparado que elimina os bernes).

ber.ro *sm* **1**. Som produzido por certos animais, princ. bois e carneiros. **2**. Som muito forte, prolongado e penetrante; grito. **3**. *Pop*. Revólver. → **berrante** *adj* (**1**. que berra; **2**. diz-se da cor muito viva ou brilhante; **3**. diz-se de roupa com essa cor) e *sm* (instrumento de peão ou de boiadeiro, feito de chifre de boi, que produz um som forte e prolongado); **berranteiro** *sm* (tocador de berrante); **berrar** *v* [**1**. dizer aos berros; gritar; **2**. gritar; **3**. soltar berros (diz-se do boi, da cabra e de outros animais)]; **berraria** *sf* ou **berreiro** *sm* (choradeira alta, irritante e insistente de criança).

ber.ru.ga *sf Pop*. Verruga. → **berruguento** *adj* (cheio de berrugas; verruguento).

be.sou.ro *sm* Nome que se dá a várias espécies de insetos que têm um par de asas duras. → **besoural** *adj* (próprio de besouro ou sem. a besouro); **besourar** *v* (fazer zunido como o do besouro).

bes.ta *sf* Balestra.

bes.ta (ê) *sf* **1**. Qualquer animal quadrúpede, princ. de carga. **2**. *Fig*. Pessoa pouco inteligente, estúpido(a). // *sm* **3**. *Fig*. Pessoa pretensiosa ou arrogante, que se acha a maior em tudo. // *adj* **4**. *Fig*. Pouco inteligente, burro(a), estúpido(a). **5**. Pretensioso(a), arrogante. **6**. Admirado(a); surpreso(a); espantado(a): *estou besta de saber disso!* → **bestalhão** *adj* e *sm* (que ou aquele que é muito besta ou burro), de fem. *bestalhona*; **bestial** *adj* (próprio de besta; muito bruto, cruel); **bestialidade** *sf* (caráter de uma pessoa que se comporta como uma besta ou bestialmente; **bestificação** *sf*; **bestificado** *adj* (muito admirado ou espantado); **bestificar(-se)** *v* [tornar(-se) besta ou burro]. ·· **Metido a besta**. Pretensioso e ridículo.

bes.ta-fe.ra *sf* **1**. Qualquer animal feroz (hiena, lobo, tigre, etc.). // *s2gên* **2**. *Fig*. Pessoa excessivamente cruel, desumana, sanguinária. · Pl.: *bestas-feras*.

bes.tei.ra *sf* **1**. Qualquer gesto ou palavra que se faz ou se diz sem pensar; asneira, burrice, tolice. **2**. Coisa boba, bobagem. → **besteirol** *sm* (**1**. gênero de espetáculo humorístico que extrai sua comicidade do ridículo, do grotesco, do absurdo, da crítica social; **2**. grande quantidade de besteiras ou asneiras: *o besteirol dos programas esportivos da televisão*).

bes.ti.al *adj* **1**. Próprio de besta: *pegadas bestiais*. **2**. Que revela estupidez ou burrice: *frase bestial*. **3**. Grosseiro e brutal: *gestos bestiais*. **4**. Que repugna ou indigna pela brutalidade; chocante: *crime bestial*. → **bestialidade** *sf* (caráter de uma pessoa que se comporta como uma besta ou bestialmente); **bestialização** *sf* [ato ou efeito de bestializar(-se)]; **bestializado** *adj* (bestificado); **bestializar(-se)** *v* [bestificar(-se)]; **bestificação** *sf* [ato ou efeito de bestificar(-se)]; **bestificado** *adj* (extremamente surpreso; pasmado, bestializado: *fiquei bestificado com essa declaração do presidente*); **bestificar(-se)** *v* [**1**. tornar(-se) estúpido ou obtuso; **2**. espantar(-se), pasmar(-se)].

best-seller ou **bestseller** [ingl.] *sm* Livro mais vendido no momento ou em determinado momento. · Pl.: *best-sellers*. · Pronuncia-se *bést-sélâr*.

bes.tun.to *sm* Cabeça de pouco juízo ou de alcance limitado: *mete nesse teu bestunto que estamos no Brasil, e não no Primeiro Mundo!*

be.sun.tar *v* **1**. Sujar de substância gordurosa, por descuido e relaxamento: *foi meter-se o mecânico e besuntou toda a roupa; besuntar a roupa toda de graxa*. **2**. Untar demasiado: *besuntar o pão com manteiga*. **besuntar-se 3**. Sujar-se com substância gordurosa: *o mecânico se besuntou todo de óleo e de graxa, ao limpar o motor*.

be.ta *sf* Nome da segunda letra do alfabeto grego.

be.ta.ca.ro.te.no *sm* Forma mais importante de caroteno, abundante nos vegetais amarelos (cenoura, abobrinha, milho, etc.), que no organismo se transforma em vitamina A.

be.ter.ra.ba *sf* **1**. Planta herbácea, de raiz comestível, avermelhada, com grande quantidade de açúcar. **2**. Essa raiz. → **beterrabal** *sm* (plantação de beterrabas); **beterrabeiro** *adj* (rel. a beterraba: *atividade beterrabeira*) e *adj* e *sm*

(**1**. produtor ou vendedor de beterrabas: *agricultor beterrabeiro*; **2**. que ou aquele que gosta muito de beterraba: *sempre fui beterrabeiro*).

be.to.nei.ra *sf* Máquina própria para preparar e misturar o concreto. (Cuidado para não usar "bentoneira"!) → **betoneirista** *adj* e *s2gên* [operador(a) ou condutor(a) de betoneira].

be.tu.me *sm* Asfalto. → **betumar** *v* (tapar, calafetar ou cobrir com betume); **betuminoso** (ó; pl.: ó) *adj* (que contém betume).

be.xi.ga *sf* **1**. Órgão situado na parte de baixo da barriga, destinado a recolher a urina. **2**. Bola colorida e inflável, feita de borracha muito fina, usada como decoração ou brinquedo infantil; balão. **3**. Varíola. **4**. Marca deixada no rosto pela varíola. → **bexigoso** (ó; pl.: ó) ou **bexiguento** *adj* e *sm* (**1**. que ou aquele que apresenta no rosto os sinais da varíola; **2**.*gír*. que ou sujeito que não presta, que não vale o que come: *a classe política está cheia de gente bexiguenta; o que esse bexiguento quer conosco?*).

be.zer.ro (ê) *sm* Cria masculina da vaca até um ano de idade, novilho, vitelo. · Fem.: *bezerra*. · Col.: *bezerrada*.

bi.a.nu.al *adj* Bienal (1 e 2).

bi.be.lô *sm* **1**. Pequeno objeto decorativo, usado em cima de móveis. **2**. *Fig*. Aquilo que é inútil ou tem pouco valor. **3**. *Fig*. Pessoa bonita ou delicada. **4**. *Fig*. Pessoa bem-apessoada, mas fútil e inútil. → **bibelotista** *s2gên* (artista que trabalha em bibelôs).

bi-bi *sm* **1**. Na linguagem infantil, automóvel. **2**. Som da buzina de qualquer automóvel: *o bi-bi de seu carro é ridículo!* // *interj* **3**. Onomatopeia da buzina de qualquer automóvel: *bi-bi, sai da frente!* · Pl.: *bi-bis*.

Bíblia *sf* **1**. Conjunto dos livros sagrados dos cristãos, Sagrada Escritura. // **bíblia** *sf* **2**. Qualquer exemplar da Bíblia: *comprei uma bíblia de bolso*. **3**. *Fig*. Obra fundamental de determinado assunto, disciplina ou ideologia; guia: *qual é a bíblia dos publicitários?* → **bíblico** *adj* (da Bíblia: *passagens bíblicas*).

bi.bli.á.tri.ca *sf* Arte de restaurar livros. → **bibliátrico** *adj* (rel. a bibliátrica).

bi.bli.o.bus *sm2núm* Ônibus especialmente adaptado para funcionar como biblioteca itinerante, usado para levar cultura à população com pouco acesso à leitura; ônibus-biblioteca. (Trata-se de um neologismo ainda não registrado na 6.ª ed. do VOLP.)

bi.bli.o.clep.to.ma.ni.a *sf* Mania de furtar livros, princ. de bibliotecas públicas. → **biblioclepta** *s2gên* [bibliocleptômano(a)]; **bibliocleptomaníaco** *adj* (rel. a bibliocleptomania); **bibliocleptomaníaco** ou **bibliocleptômano** *adj* e *sm* (que ou pessoa que furta livros de bibliotecas). (A 6.ª ed. do VOLP não registra *bibliocleptomaníaco*, que consta em todos os dicionários.)

bi.bli.o.fi.li.a *sf* Amor aos livros, princ. aos raros. → **bibliófilo** *sm* (**1**. aquele que tem amor aos livros; **2**. colecionador de livros).

bi.bli.o.gra.fi.a *sf* Lista de obras que tratam de um determinado assunto. → **bibliográfico** *adj* (rel. a bibliografia); **bibliógrafo** *sm* (aquele que é entendido em bibliografias ou que as compila).

bi.bli.o.po.la *s2gên* Negociante de livros raros.

bi.bli.o.te.ca *sf* **1**. Coleção de livros classificados em determinada ordem. **2**. Prédio ou recinto onde se guarda essa coleção. **bibliotecal** *adj* (bibliotecário); **bibliotecário** *adj* (rel. a biblioteca; bibliotecal: *silêncio bibliotecário*) e *sm* (encarregado da conservação, classificação e distribuição de livros numa biblioteca).

bi.bli.o.te.co.no.mi.a *sf* Conjunto de conhecimentos relativos à organização e administração de bibliotecas. → **biblioteconômico** *adj* (rel. a biblioteconomia); **biblioteconomista** *s2gên* ou **biblioteconômo** *sm* (especialista em biblioteconomia).

bi.bo.ca *sf* **1**. Casa pequena e pobre, coberta de palha ou de sapé; casebre. **2**. Pequena casa em que se vendem e se servem bebidas; baiuca, bodega. **3**. Barranco escavado por enxurrada.

bi.ca *sf* Cano por onde escorre água. ·· **Em bicas**. Copiosamente, abundantemente: *Suar em bicas*.

bi.ca.da *sf* **1**. Picada com o bico. **2**. *Pop*. Ato de tirar uma pequena porção de qualquer coisa: *dar uma bicada no manjar*. **3**. *Pop*. Porção de aguardente bebida de uma só vez; trago.

bi.ca.ma *sf* Sofá que tem uma cama embutida embaixo.

bi.ca.me.ral *adj* Que tem duas câmaras legislativas. → **bicameralismo** *sm* (sistema político bicameral); **bicameralista** *adj* e *s2gên* (que ou pessoa que é partidária do bicameralismo).

bi.cam.pe.ão *adj* e *sm* Que ou aquele que conquistou o título de campeão pela segunda vez, consecutiva ou não. → **bicampeonato** *sm* (campeonato conquistado pela segunda vez, consecutiva ou não).

bi.car.bo.na.to *sm* Sal do ácido carbônico. (Cuidado para não usar "bircabonato"!)

bi.ca.ri.a *sf* Simulação, fita, fingimento: *ela sempre chora quando briga com o marido, mas é pura bicaria*.

bi.cen.te.ná.rio *adj* **1**. Que tem duzentos anos. // *sm* **2**. O segundo centenário.

bí.ceps *sm2núm* Nome que se dá a certos músculos do corpo, em especial ao flexor do antebraço sobre o braço, chamado *bíceps braquial*. · V. **bicipital**.

bi.cha *sf* **1**. Verme do intestino humano; lombriga. **2**. *Pop*. Homem efeminado; *gay*. ·· **Bicha travada** (gír.pej.). *Gay* que não se assume, por ter medo da reação da família, da crítica social, ou dos comentários alheios.

bi.cha.no *sm* **1**. Gato manso e dócil, criado em casa, junto da família. **2**.*P.ext*. **2**. Qualquer gato.

bi.cho *sm* **1**. Animal terrestre. **2**. Inseto que ataca madeira, papel, cereais e frutas. **3**. Jogo do bicho. → **bichar** *v* (criar bicho); **bicharada** ou **bicharia** *sf* (porção de bichos); **bicheira** *sf* (ferida cheia de bichos, nos animais); **bicheiro** *sm* (banqueiro do jogo do bicho). ·· **Bicho de sete cabeças**. Aquilo que é difícil de fazer, de resolver ou de entender. ·· **Ser o bicho cacau** (gír.). **1**. Ser ótimo na sua ocupação, ofício ou profissão. **2**.*Pej*. Querer ser o bom, melhor que todo o mundo.

bi.cho-ca.be.lu.do *sm* Taturana. · Pl.: *bichos-cabeludos*.

bi.cho-ca.re.ta *sm* Qualquer pessoa. · Pl.: *bichos-caretas*.

bi.cho-car.pin.tei.ro *sm* Inseto que vive de excremento de animais herbívoros, escaravelho. · Pl.: *bichos-carpinteiros*.

bi.cho-da-se.da *sm* Inseto cuja lagarta produz um fio de seda, na fabricação do casulo. · Pl.: *bichos-da-seda*.

bi.cho-de-pé *sm* Inseto cuja fêmea penetra na pele do homem, na região dos pés, onde põe seus ovos, provocando muita coceira. · Pl.: *bichos-de-pé*. → **bichento** *adj* (atacado pelo bicho-de-pé).

bi.cho-fei.o *adj* e *sm* **1**. Que ou pessoa que é intragável ou intolerável: *essa minha vizinha é bicho-feio!* **2**. Que ou o que é inaceitável, por ser de péssima qualidade: *esta nossa classe política é bicho-feio!* · Pl.: *bichos-feios*. (A 6.ª ed. do VOLP não registra esta palavra.)

bi.cho-fo.lha *sm* Inseto que, por sua singular morfologia e coloração, confunde-se com as folhas das plantas nas quais se encontra. · Pl.: *bichos-folha* ou *bichos-folhas*.

bi.cho-gri.lo *s2gên* Pessoa que, sem ter moradia certa, vive como ambulante, fazendo e vendendo quinquilharias (brincos, colares, pulseiras, etc.). · Pl.: *bichos-grilos*.

bi.cho-ho.mem *sm* Homem considerado como animal malfazejo, predador. · Pl.: *bichos-homens*.

bi.cho-pa.pão *sm* Monstro que os adultos inventaram só para amedrontar as crianças que não lhes querem obedecer. · Pl.: *bichos-papões*.

bi.cho-pau *sm* Inseto de corpo semelhante a graveto, que vive em plantas; maria-seca; taquarinha. · Pl.: *bichos-pau* ou *bichos-paus*.

bi.cho-pre.gui.ça *sm* Mamífero desdentado, arborícola, de movimentos extremamente lentos, que se pendura de cabeça para baixo nos galhos das árvores, usando seus pés com garras longas e em forma de gancho, nativo das florestas tropicais americanas. · Pl.: *bichos-preguiça*.

bi.ci.cle.ta *sf* **1**. Veículo de duas rodas, sendo a de trás acionada por uma corrente ligada ao pedal, manobrado por um guidão. **2**. Lance no futebol em que o jogador salta e, no ar, chuta a bola por cima de sua cabeça, com os pés imitando o ato de pedalar uma bicicleta. **bicicletaria** *sf* (lugar onde se consertam bicicletas); **bicicletário** *sm* (lugar onde ficam bicicletas); **bicicletista** *s2gên* (ciclista).

bi.ci.pi.tal *adj* Relativo ou pertencente ao bíceps.

bi.co *sm* **1**. Extremidade dura e saliente da boca das aves. **2**. Peça de borracha ou de plástico usada na boca da mamadeira. **3**. Extremidade do seio, por onde sai o leite materno. **4**. Extremidade de certos objetos. **5**. Trabalho de ocasião; biscate. **6**. Chute dado com a ponta da chuteira: *o centroavante deu um bico e fez o gol*. → **bicanca** *sf* [**1**. nariz grande; **2**. bico (6)]; **bicanço** *sm* ou **bicarra** *sf* (bico grande); **bicar** *v* (**1**. dar bicadas em; **2**. bebericar); **bicudo** *adj* (de bico grande). ·· **Bico de papagaio** (med.). Crescimento ósseo anormal entre duas vértebras da coluna vertebral que causa dor e limitação de movimentos. ·· **Bico de pena**. **1**. Técnica de desenho que utiliza pena de bico fino e tinta nanquim. **2**. Obra produzida com essa técnica. ·· **De bico**. Dado com a ponta da chuteira: *O gol foi de bico*. ·· **Não ser para o bico de alguém**. Não ser destinado a ele (por ser de nível ou condição inferior); *Essa mulher não é para o seu bico*. ·· **Ser bom de bico**. Ser muito sagaz ou astuto, por isso indigno de confiança.

bi.co.lor (ô) *adj* Que tem duas cores.

bi.com.bus.tí.vel *adj* e *sm* Que ou veículo que utiliza dois tipos de combustível, indiferentemente; flex: *o Brasil já fabrica veículos bicombustíveis, a etanol e à gasolina; você já tem um bicombustível?*

bi.côn.ca.vo *adj* Côncavo dos dois lados; côncavo-côncavo: *lente bicôncava*.

bi.con.ve.xo (x = ks) *adj* Convexo dos dois lados; convexo-convexo: *lente biconvexa*.

bi.cor.ne *adj* De dois cornos ou duas pontas: bicornuto: *animal bicorne*. → **bicornuto** *adj* (bicorne).

bi.co.ta *sf* Beijo com estalo, beijoca exagerada. → **bicotar** *v* (dar bicota em).

bi.cu.do *adj* **1**. Que tem bico: *sapato bicudo*. **2**. Intrincado, complicado: *caso bicudo*. **3**. Difícil, duro: *em tempos bicudos como os que estamos vivendo, ceticismo é uma necessidade*. **4**. Amuado, trombudo: *ficar bicudo por nada*. // *sm* **5**. Passarinho de gaiola, muito apreciador de sementes de capim, também conhecido no Sul por *papa-capim*. **6**. Inseto que ataca os botões florais do algodoeiro. ·· **Dois bicudos não se beijam** (fig.). **1**. Duas pessoas de mesmo temperamento ou gênio nunca se entendem. **2**. Dois teimosos nunca chegam a um acordo ou consenso.

bi.dê ou **bi.dé** *sm* Vaso de banheiro, usado para a higiene da parte inferior do tronco.

bi.di.men.si.o.nal *adj* De duas dimensões: *desenho bidimensional*. → **bidimensionalidade** *sf* (qualidade ou estado do que é bidimensional).

bi.di.re.ci.o.nal *adj* **1**. Relativo a duas direções: *o bloqueio policial era bidirecional*. **2**. Que funciona em duas direções: *a cobrança bidirecional de pedágio*. **3**. Que se aplica a dois objetivos: *dicionário bidirecional inglês-português*.

bi.du *sm* e *s2gên* Que ou pessoa que adivinha facilmente as coisas ou sabe tudo; adivinhão.

bi.eb.do.ma.dá.rio ou **bi-heb.do.ma.dá.rio** *adj* e *sm* Que ou o que é publicado duas vezes por semana: *jornal biebdomadário*.

bi.e.la *sf* Em motor de combustão interna, peça que conecta o pistão ao eixo de manivela.

bi.e.lás.ti.co *adj* Diz-se do tecido que possui alta elasticidade em ambos os sentidos, vertical e horizontal, devida à utilização do elastano; *bi-stretch*.

bi.e.nal *adj* **1**. Que dura dois anos, bianual. **2**. Que acontece de dois em dois anos, bianual. // *sf* **3**. Exposição cultural que acontece de dois em dois anos. → **bienalidade** *sf* (qualidade ou condição de bienal).

bi.ê.nio *sm* Espaço de dois anos consecutivos.

bi.fa.ci.al *adj* De duas faces, geralmente iguais e opostas: *machado de mão bifacial*.

bi.fá.si.co *adj* De duas fases (duas entradas e duas saídas); difásico: *chave bifásica*.

bi.fe *sm* Fatia de carne, geralmente bovina, frita ou grelhada. → **bifeira** *sf* (utensílio em que se passam bifes); **bifesteque** *sm* (v. *beefsteak*). ·· **Bife a cavalo**. Bife superposto de ovo estrelado. ·· **Bife à milanesa**. Bife que, antes de ser frito, é passado no ovo batido e farinha de rosca.

bi.fen.di.do *adj* Separado em duas partes iguais; aberto ao meio; bífido: *a unha do boi é bifendida*.

bi.fes.te.que *sm* Bife grelhado ou malpassado, com molho da própria carne; *beefsteak*.

bí.fi.do *adj* Bifendido.

bi.fo.cal *adj* **1**. Que tem dois focos diferentes, um inferior, para visão próxima, outro superior, para visão à distância. // *smpl* **2**. Redução de *óculos bifocais*.

bi.for.me *adj* Diz-se do adjetivo que tem duas formas, uma para o masculino e a outra para o feminino (p. ex.: *bonito*).

bi.fur.car(-se) *v* Dividir(-se) em dois: *naquele ponto, uma montanha bifurca a estrada; a estrada se bifurca naquele ponto.* → **bifurcação** *sf* ou **bifurcamento** *sm* (ponto em que um caminho se divide em dois).
big [ingl.] *adj* **1.** Grande (antes do subst.): *o Airbus é um* big *avião.* **2.** Extraordinário, sensacional (antes do subst.): *foi um* big *filme.* · Pl.: *bigs.* · Pronuncia-se *bigh.*
bi.ga *sf* Carro comum na antiga Roma, quase sempre de duas rodas e puxado por dois cavalos.
bí.ga.mo *adj* e *sm* Que ou aquele que tem duas mulheres ao mesmo tempo. · Fem.: *bígama* (que ou aquela que tem dois maridos ao mesmo tempo). → **bigamia** *sf* [ato de casar com uma pessoa estando ainda legalmente casado(a) com outra]; **bigamizar** *v* (cometer bigamia).
Big Bang [ingl.] *loc sm* Explosão cósmica que marcou a origem do universo, de acordo com a teoria do mesmo nome. · Pronuncia-se *bigue béng.* (Em português se grafa *bigue--bangue*, mas tal grafia não é comum.) ·· **Teoria do Big Bang.** Teoria cosmológica segundo a qual o universo teve origem numa violenta explosão, há cerca de 20 bilhões de anos, e continua a sua expansão, até chegar o momento de se contrair, retornando ao estádio inicial, que resultará numa nova explosão e expansão.
bigfoot [ingl.] *sm* Picape gigante, cujas rodas têm a altura de um homem. · Pl.: *bigfeet.* · Pronuncia-se *big-fut.*
big.nô.nia *sf* Planta ornamental, nativa do sudeste dos Estados Unidos, de belas flores alaranjadas.
bi.go.de *sm* Conjunto de pelos que cresce sobre o lábio superior. → **bigodinho** (gò) *sm* (**1.** bigode fino; **2.** homem que usa bigodinho; **3.** pássaro brasileiro, também conhecido como *bigorrilho*, que vive em descampados, plantações e à beira de capoeira, muito apreciado pelo seu canto); **bigodudo** *adj* e *sm* (que ou aquele que tem bigode grande).
bi.gor.na *sf* **1.** Peça de ferro para malhar e amolar metais. **2.** Pequeno osso do ouvido.
bi.gor.ri.lha *s2gên* ou **bi.gor.ri.lhas** *s2gên2núm* **1.** *Pop.Pej.* Pessoa sem escrúpulos, reles, vil, baixa, desprezível; biltre, pulha: *nas favelas germinam bigorrilhas.* **2.** Pessoa que se dá pouca importância; mequetrefe. **3.** Pessoa malvestida. **4.** *Pop.* RS Pessoa fraca e covarde, mas metida a valentona. **5.** Bigorrilho (2).
bi.gor.ri.lho *sm* **1.** Bigodinho. **2.** Bigorrilha. **3.** *Pop.* Político que sempre está do lado do governo, da situação. **4.** *Pop.* Letreiro luminoso com a palavra TÁXI, instalado na capota dos carros de aluguel.
bi.guá *sm* Ave palmípede e aquática das Américas Central e do Sul.
bi.gue-ban.gue *sm* Explosão cósmica que supostamente teria dado origem ao universo. · Pl.: *bigue-bangues.*
biju *sm* **1.** V. **beiju. 2.** Redução de *bijuteria.*
bi.ju.te.ri.a *sf* Objeto pequeno e delicado, que imita uma joia; falsa joia; biju (2).
bike [ingl.] *sf* Bicicleta moderna, com marchas. · Pronuncia-se *báiki.* → **biker** *s2gên* (ciclista); **bike way** *loc sf* (faixa na pista exclusiva de ciclistas); **biking** *sm* (ato de andar de bicicleta), que se pronunciam, respectivamente: *báikár, báik uêi* e *báikin.*
bi.la *sf* Bolinha de vidro ou de gude.
bi.la.bi.a.do *adj* Que tem dois lábios.
bi.la.bi.al *adj* Diz-se da consoante formada pela concorrência dos lábios (p. ex.: *p, b, m*). → **bilabialidade** *sf* (qualidade de bilabial).
bi.la.te.ral *adj* **1.** Que tem dois lados. **2.** Que afeta igualmente as duas partes.
bi.lau *sm Pop.* Pênis de criança.
bil.bo.quê *sm* Brinquedo formado por uma bola de madeira com um furo no centro, ligada por um cordel a um bastonete pontudo que se movimenta para fazer a bola se encaixar nele. (Cuidado para não usar "bibliquê"!)
bi.lha *sf* Moringa.
bi.lhão ou **bi.li.ão** *num* e *sm* Mil milhões (1.000.000.000).
bi.lhar *sm* Jogo praticado com bolas de marfim impulsionadas por um taco de madeira sobre uma mesa retangular forrada de feltro verde.
bi.lhe.te (ê) *sm* **1.** Mensagem breve, escrita num pedaço de papel. **2.** Esse pedaço de papel. **3.** Papel impresso que garante o direito ao que se pagou. **4.** Papel que traz impresso um número de loteria. → **bilhetada** *sf* (grande quantidade de bilhetes); **bilheteiro** *sm* (vendedor de bilhetes); **bilheteria** *sf* (**1.** lugar onde se vendem bilhetes; **2.** público: *o filme deu boa bilheteria*).
bi.li.ar *adj* Da bílis ou que produz a bílis.
bi.li.ar.dá.rio *adj* e *sm* Que ou aquele que é muitíssimo rico; ricaço. (A 6.ª ed. do VOLP não registra a forma "bilhardário", mas registra *milhardário.*)
bi.lín.gue (o **u** soa) *adj* e *s2gên* **1.** Que ou pessoa que fala duas línguas. // *adj* **2.** Em que há duas línguas oficiais ou não.
bi.lin.guis.mo (o **u** soa) *sm* (prática de duas línguas por um indivíduo ou por uma coletividade).
bi.li.o.ná.rio *adj* e *sm* Que ou aquele que tem bens ou valores de pelo menos um bilhão de reais (ou de dólares, libras, etc.).
bi.li.o.né.si.mo *adj* e *sm* **1.** Que ou o que ocupa, numa ordem ou sequência, a posição do número 1 bilhão: *cerimônia de entrega do bilionésimo litro de leite às populações carentes; eu era o bilionésimo da fila, por isso desisti.* **2.** Que ou o que corresponde a cada uma das partes iguais em que pode ser dividido 1 bilhão.
bí.lis ou **bi.le** *sf* Líquido esverdeado, amargo e viscoso, produzido pelo fígado, para auxiliar na digestão; fel. · V. **biliar.**
bi.lo.ca.ção *sf* Faculdade de estar em dois lugares ao mesmo tempo.
bi.lon.tra *adj* e *s2gên Pej.* **1.** Que ou pessoa que se dá ares de importância e de gente de bem para poder agir desonestamente; velhaco(a), malandro(a), pilantra. // *adj* e *sm* **2.** Conquistador reles; mulherengo; galinha. **3.** *Pop.* Frequentador de bordéis. → **bilontragem** *sf* (**1.** ato ou comportamento de bilontra; **2.** bando de bilontras); **bilontrar** *v* (agir como bilontra).
bil.ro *sm* Peça de madeira ou de metal, usada para fazer renda. → **bilrar** *v* (produzir rendas com bilros); **bilreira** *sf* (mulher que faz ou vende rendas).
bil.tre *adj* e *s2gên* Que ou pessoa que é vil, sórdida, ordinária e não tem nenhum escrúpulo; canalha, calhorda. · Fem.: *biltra.* · Aum. irregular: *biltraço.* → **biltragem** ou **biltraria** *sf* (**1.** bando de biltres; **2.** atitude ou comportamento de biltre).
bi.lu-bi.lu ou **bi.lo-bi.lo** *sm* Onomatopeia que representa o afago que se faz com o dedo nos lábios das crianças, para lhes provocar riso que, muitas vezes, não passa de espasmo.
bí.ma.no *adj* **1.** De duas mãos. // *smpl* **2.** Os homens, a humanidade.
bim.ba.lhar *v* **1.** Repicar [sino(s)]. // *sm* **2.** Ato de bimbalhar. → **bimbalhada** *sf* (toque simultâneo de muitos sinos).
bi.mem.bre *adj* Que tem dois membros.
bi.men.sal *adj* Que acontece ou se publica duas vezes por mês; quinzenal.
bi.mes.tral *adj* Que dura dois meses ou que aparece ou acontece de dois em dois meses.
bi.mes.tre *sm* Espaço de dois meses consecutivos.
bi.mo.tor (ô) *adj* e *sm* Que ou veículo que é dotado de dois motores.
BINA ou **bina** *sm* Identificador de chamada telefônica. (Não se divide em sílaba, porque se trata de um acrônimo.)
bi.na.ci.o.nal *adj* **1.** De duas nações. **2.** Feito por duas nações. // *sf* **3.** Empresa binacional.
bi.ná.rio *adj* Diz-se do número composto de dois algarismos (p. ex.: 18).
bi.nér.veo *adj* Diz-se da folha que tem dois nervos ou duas nervuras.
bin.go *sm* **1.** Jogo de azar em que há letras e números nas cartelas, preenchidas à medida que são anunciados os números das pedras ou bolas retiradas de uma sacola ou de um globo. **2.** Lugar onde funciona esse jogo.
bi.nó.cu.lo *sm* Instrumento óptico composto de duas lentes, próprio para ver a distância. **binocular** *adj* (que envolve ambos os olhos ao mesmo tempo: *visão binocular*).
bi.nô.mio *sm* Expressão algébrica composta de dois termos, separados pelos sinais + ou - . → **binômico** *adj* (rel. a binômio).
bí.nu.bo *adj* Casado pela segunda vez.
bi.o.a.cu.mu.la.ção *sf* Acumulação de uma substância, como um produto químico tóxico, p. ex., em vários tecidos de um organismo vivo: *a bioacumulação de mercúrio no peixe.* → **bioacumulativo** *adj* (rel. a bioacumulação ou em que há bioacumulação).

bi.o.a.gri.cul.tu.ra *sf* Cultivo da terra que consiste em prescindir do uso de pesticidas e de adubos químicos e em respeitar os ciclos naturais das plantas.

bi.o.car.bu.ran.te *sm* Carburante obtido de vegetais (sementes oleaginosas, cereais, cana-de-açúcar, etc.).

bi.o.ce.no.lo.gi.a *sf* Ramo da biologia que se ocupa do estudo de comunidades naturais e a interação de seus membros. → **biocenológico** *adj* (rel. a biocenologia); **biocenologista** *adj* e *s2gên* ou **biocenólogo** *sm* (especialista em biocenologia). (A 6.ª ed. do VOLP registra *biocenologia*, mas não *biocenológico*, *biocenólogo* e *biocenologista*.)

biochip [ingl.] *sm* Chip de computador feito de moléculas orgânicas, e não de silicone ou germânio. · Pl.: *biochips*.

bi.o.ci.da *sm* Produto químico (pesticida, p. ex.) que destrói plantas ou microrganismos considerados nocivos à atividade humana ou à saúde. → **biocídio** *sm* (eliminação de plantas e microrganismos com o uso de biocida).

bi.o.ci.ên.cia *sf* Qualquer ciência que estuda organismos vivos (biologia, bioquímica, etc.). → **biocientífico** *adj* (rel. a biociência).

bi.o.co (ô; pl.: ó) *sm* **1**. Mantilha que as mulheres usavam para envolver a cabeça e parte do rosto, como demonstração de pudor e vida austera, reservada. **2**. *P.ext.* Capuz. **3**. *Fig.* Falsa modéstia; hipocrisia. **4**. *Fig.* Gesto ameaçador falso, que se faz só para assustar.

bi.o.com.bus.tí.vel *sm* Combustível de origem vegetal.

bi.o.com.pa.tí.vel *adj* Diz-se de material usado em implantes cirúrgicos que é compatível com tecido vivo, por não ser tóxico, prejudicial ou fisiologicamente reativo, e por não causar rejeição imunológica. → **biocompatibilidade** *sf* (qualidade do que é biocompatível).

bi.o.cos.mé.ti.co *sm* Cosmético desenvolvido de elementos naturais.

bi.o.de.gra.dá.vel *adj* Que pode ser decomposto no próprio meio ambiente. → **biodegradabilidade** *sf* (qualidade de substância biodegradável); **biodegradação** *sf* (decomposição de uma substância em componentes mais simples, mediante a ação de microrganismos: *a biodegradação do lixo*); **biodegradante** *adj* e *sm* (que ou o que provoca biodegradação); **biodegradar** *v* (proceder à biodegradação de); **biodegradar-se** (sofrer o processo de biodegradação).

bi.o.die.sel *sm* Combustível biodegradável, não tóxico e pouco poluente, produzido a partir de óleos vegetais extraídos de diversas matérias-primas, destinado a ser usado em motores diesel. · Pronuncia-se *biodízel*.

bi.o.di.ver.si.da.de *sf* Toda e qualquer variedade de vida existente no planeta (animais, plantas, microrganismos, fungos, etc.), bem como ecossistemas e os complexos ecológicos dos quais fazem parte; variedade de vida na Terra em todas as suas formas e em todas as suas interações.

bi.o.e.co.lo.gi.a *sf* Ecologia que lida com a inter-relação de plantas e animais com o seu ambiente comum. → **bioecológico** *adj* (rel. a bioecologia); **bioecologista** *s2gên* ou **bioecólogo** *sm* (especialista em bioecologia).

bi.o.e.le.men.to *sm* Qualquer elemento químico componente dos seres vivos, necessário para a sua sobrevivência e desenvolvimento.

bi.o.e.le.tri.ci.da.de *sf* Corrente elétrica gerada por tecido vivo (nervo e músculo). **bioelétrico** *adj* (rel. a bioeletricidade).

bi.o.e.ner.gia *sf* **1**. Energia para uso comercial ou industrial, renovável, produzida por matéria orgânica, conhecida como *biomassa*. **2**. Terapêutica pela qual se pode restabelecer o equilíbrio psicossomático pela liberação de fluxos energéticos. → **bioenergético** *adj* (rel. a bioenergia).

bi.o.en.ge.nha.ria *sf* **1**. Aplicação dos princípios e técnicas de engenharia no campo da biologia e da medicina, como o projeto e produção de membros e órgãos artificiais; engenharia biomédica, biotecnologia (2). **2**. Aplicação de técnicas biológicas, como recombinação genética, para criar versões modificadas de organismos, como plantações; engenharia genética. → **bioengenheiro** *sm* (aquele que é versado em bioengenharia).

bi.o.es.pu.ma *sf* Material biodegradável, leve e mole, semelhante ao isopor, mas sem os seus inconvenientes ecológicos, usado como alternativa aos materiais de isolamento tradicionais.

bi.o.es.ta.tís.ti.ca *sf* Biometria (1). → **bioestatístico** *adj* (rel. a bioestatística).

bi.o.é.ti.ca *sf* Disciplina que estuda as implicações éticas de novas descobertas biológicas e avanços biomédicos, como as que ocorrem no campo da engenharia genética (a clonagem, p. ex.) e das pesquisas de drogas. → **bioético** *adj* (rel. a bioética).

bi.o.fá.bri.ca *sf* Unidade de pesquisa e produção em massa de insetos estéreis destinados à liberação na natureza, com o objetivo de combater pragas, princ. para reduzir o uso de pesticidas.

bi.o.fa.gia *sf* ou **bi.o.fa.gis.mo** *sm* Ingestão de organismos vivos, como alimento (aplica-se especialmente a plantas insetívoras). → **biofágico** *adj* (rel. a biofagia: *planta biofágica*); **biófago** *adj* e *sm* (que ou o que ingere organismos vivos).

bi.o.fa.se *sf* Em farmacologia, local de efeito de um medicamento.

biofeedback [ingl.] *sm* **1**. Técnica de procurar controlar certos estados emocionais, como ansiedade ou depressão, mediante autotreinamento, com a ajuda de aparelhos eletrônicos, para modificar funções corporais involuntárias, como pressão sanguínea ou batimentos cardíacos. **2**. Transmissão de informação em circuito fechado. · Pl.: *biofeedbacks*. · Pronuncia-se *báiou-fidbék*.

bi.o.fer.ti.li.zan.te *sm* Fertilizante orgânico obtido a partir de matéria orgânica fermentada (estercos ou partes de plantas), que pode ser enriquecido com alguns minerais, como calcário e cinzas, repleto de microrganismos, usado no solo ou diretamente sobre a planta.

bi.o.fi.li.a *sf* Instinto de preservação; amor à vida. → **biofílico** *adj* (rel. a biofilia); **biófilo** *adj* e *sm* (que ou aquele que tem amor à vida).

bi.o.gás *sm* Gás gerado por matéria orgânica em decomposição, empregado em sistema de calefação.

bi.o.gra.fi.a *sf* História da vida de uma pessoa. → **biografar** *v* (fazer a biografia de); **biográfico** *adj* (rel. a biografia); **biografista** *adj* e *s2gên* ou **biógrafo** *sm* (que ou pessoa que escreve biografias).

bi.o.in.dús.tri.a *sf* **1**. Empresa industrial que utiliza matéria-prima e processos de transformações biológicas. **2**. Conjunto dessas atividades industriais. → **bioindustrial** *adj* (rel. a bioindústria).

bi.o.ins.tru.men.to *sm* Aparelho colocado no corpo para registrar ou transmitir dados fisiológicos do indivíduo. → **bioinstrumentação** *sf* (**1**. uso de bioinstrumentos; **2**. conjunto desses instrumentos).

bi.o.la.rei.ra *sf* Lareira portátil, cujo aquecimento é obtido a partir da combustão de álcool, sem gerar fumaça nem fuligem: ecolareira; lareira ecológica.

bi.o.lo.gi.a *sf* Estudo dos seres vivos. → **biológico** *adj* (rel. a biologia); **biologista** *adj* e *s2gên* ou **biólogo** *sm* (especialista em biologia).

bi.o.lu.mi.nes.cên.cia *sf* Emissão de luzes de cor azul, verde, amarela ou vermelha, por organismos vivos, como os vaga-lumes, as algas marinhas e vários tipos de peixes, fungos, moluscos e bactérias. → **bioluminescente** *adj* (**1**. rel. a bioluminescência. **2**. que emite luz de origem biológica).

bi.o.ma *sm* Conjunto das comunidades biológicas existentes numa dada região geográfica (floresta tropical, savana, deserto, etc.) que a caracterizam.

bi.o.mag.ne.tis.mo *sm* Geração de campos magnéticos por organismos vivos; magnetismo animal. **biomagnético** *adj* (que possui biomagnetismo: *fenômenos biomagnéticos*).

bi.o.mas.sa *sf* **1**. Massa ou quantidade total de organismos vivos numa determinada área ambiental. **2**. Matéria orgânica, princ. de origem vegetal (madeira, p. ex.), usada como combustível (em contraposição às fontes fósseis, como o petróleo e o carvão de pedra).

bi.o.ma.te.ri.al *sm* Material biocompatível, usado para construir órgãos artificiais, aparelhos de reabilitação ou prótese e recolocação de tecidos naturais do corpo: *o silicone é um biomaterial*.

bi.om.bo *sm* Móvel usado para dividir um quarto ou para criar um recanto especial.

bi.o.me.câ.ni.ca *sf* **1**. Estudo das leis mecânicas e de suas aplicações nos organismos vivos, princ. o corpo humano e seu sistema locomotor. **2**. Mecânica da atividade biológica, princ. muscular, como na locomoção ou exercício. → **biomecânico** *adj* (rel. a biomecânica) e *sm* (aquele que é versado em biomecânica).

bi.o.me.di.ci.na *sf* **1**. Ramo da medicina que estuda a capacidade dos seres humanos de suportar estresses e variações do meio ambiente, como nas viagens espaciais. **2**. Aplicação dos princípios das ciências naturais, princ. a biologia e a fisiologia, à medicina clínica. → **biomédico** *adj* (rel. a biomedicina) e *sm* (aquele que é versado em biomedicina).

bi.o.me.tri.a *sf* **1**. Estudo estatístico dos fenômenos biológicos; biometrica. **2**. Medição de tecidos vivos ou estruturas corporais, por ultrassom ou ressonância magnética. **3**. Medição e análise de características físicas, como impressões digitais e padrões de voz, como meio de verificar a identidade pessoal. **4**. Cálculo da duração provável da vida humana. → **biômetra** ou **biometrista** *s2gên* (especialista em biometria; biometricista); **biométrica** [biometria (1)]; **biometricista** *adj* e *s2gên* (especialista em biometria); **biométrico** *adj* (rel. a biometria ou a biométrica).

bi.o.nau.ta *s2gên* Pessoa que vive temporariamente na biosfera e nela participa das experiências ecológicas.

bi.on.go *sm* **1**. Pequena venda; botequim. // *smpl* **2**. Casa pequena, velha e muito pobre; casebre.

bi.ô.ni.co *adj* **1**.Relativo a biônica. **2**. Que tem partes do corpo substituídas por peças mecânicas que funcionam como as de um robô. **3**. Que tem desempenho aprimorado por dispositivos eletrônicos ou eletromecânicos. **4**. Que tem força, poder ou capacidade extraordinários; sobre-humano. **5**. Dizia-se, no regime militar (1964-85), do político indicado pelo governo para exercer um cargo público (governador, senador, deputado, etc.). → **biônica** *sf* (estudo de como seres humanos e animais realizam certas tarefas e resolvem certos problemas, e da aplicação dos resultados ao projeto de dispositivos eletrônicos e peças mecânicas; ciência que combina sistemas biológicos naturais com tecnologia).

bi.ô.ni.mo *sm* Conjunto de dois nomes que são ou devem ser intimamente relacionados: *o biônimo arte-tecnologia*.

bi.o.no.mi.a *sf* Ciência que se ocupa do estudo das leis que regulam as funções vitais; fisiologia. → **bionômico** *adj* (rel. a bionomia).

bi.on.te *sm* Qualquer organismo vivo, considerado como ser uno e independente. → **biôntico** *adj* (rel. a bionte).

bi.o.pi.ra.ta.ri.a *sf* Contrabando de plantas e animais para a retirada de princípios ativos, com fins comerciais.

bi.o.plas.ti.a *sf* Plástica sem cortes nem bisturi, aplicada no rosto e no corpo, realizada com o implante de biomateriais em planos atômicos profundos, por processo minimamente invasivo. → **bioplástico** *adj* (rel. a bioplastia).

bi.o.pró.te.se *sf* Prótese que contém biomaterial.

bi.óp.sia ou **bi.op.si.a** *sf* Retirada de um fragmento de tecido de um ser vivo para análise.

bi.o.quí.mi.ca *sf* Ciência que estuda as reações químicas processadas nos seres vivos (animais e vegetais). → **bioquímico** *adj* (rel. a bioquímica) e *sm* (aquele que é versado em bioquímica).

bi.or.rit.mo *sm* Qualquer fenômeno biológico cíclico (o ciclo do sono, o ciclo menstrual, o ciclo respiratório); ritmo biológico. → **biorrítmico** *adj* (rel. a biorritmo).

BIOS *sm* Sigla inglesa de *basic input output system* = sistema básico de entrada e saída, conjunto de instruções que iniciam o computador, assim que a máquina é ligada. · Pronuncia-se *bái-ós*.

bi.os.fe.ra *sf* **1**. Parte da Terra (atmosfera e crosta terrestre) em que existem organismos vivos ou na qual é possível haver vida. **2**. Conjunto dos organismos vivos e seu meio ambiente. **Biosfera 3**. Grande estrutura de aço, vidro e concreto, construída no deserto do Arizona, nos Estados Unidos, para experiências ecológicas. → **biosférico** *adj* (rel. a biosfera ou a Biosfera).

bi.os.sa.té.li.te *sm* Satélite artificial que leva seres vivos para estudo de sua adaptação no espaço.

bi.os.se.gu.ran.ça *sf* Conjunto de medidas e procedimentos destinados a proteger seres humanos e animais contra doenças ou agentes biológicos nocivos.

bi.os.se.gu.ri.da.de *sf* Conjunto de procedimentos técnicos e operacionais destinados a prevenir e controlar a contaminação de rebanhos por agentes de doenças infecciosas que possam impactar na produtividade ou colocar em risco a saúde dos consumidores.

bi.os.so.ci.al *adj* Relativo à interação de forças biológicas e sociais.

bi.os.so.ci.o.lo.gi.a *sf* Estudo dos organismos que vivem em comunidade. → **biossociológico** *adj* (rel. a biossociologia); **biossociólogo** *sm* (aquele que é versado em biossociologia).

biossonar *sm* Sonar natural de que dispõem algumas espécies animais (princ. mamíferos), como os morcegos e golfinhos, destinado a identificar obstáculos à frente, a fim de que possam contorná-los.

bi.o.ta *sf* Conjunto da flora e da fauna de uma região: *a biota amazônica*.

bi.o.tec.ni.a *sf* **1**. Arte e técnica de adaptar os seres vivos às necessidades humanas. **2**. Aplicação dessa arte e técnica à engenharia e ao *design*. → **biotécnico** *adj* (rel. a biotecnia).

bi.o.tec.no.lo.gi.a *sf* **1**. Uso de microrganismos (bactéria, p. ex.) ou substâncias biológicas (enzimas, p. ex.) na execução de determinados processos industriais ou de fabricação. **2**. Aplicação dos princípios de engenharia e tecnologia nas ciências vitais; bioengenharia. → **biotecnológico** *adj* (rel. a biotecnologia); **biotecnologista** *adj* e *s2gên* (especialista em biotecnologia).

bi.o.te.le.me.tri.a *sf* Monitoramento, medição e registro a distância de uma função, atividade ou condição humana ou animal, como temperatura corporal, atividade muscular ou frequência cardíaca. → **biotelemétrico** *adj* (rel. a biotelemetria). (A 6.ª ed. do VOLP não traz nem uma nem outra.)

bi.o.te.ra.pi.a *sf* Tratamento de doenças por meio de substâncias segregadas por organismos vivos, como soros, vacinas, bílis, penicilina, etc. → **bioterápico** *adj* (rel. a bioterapia).

bi.o.té.rio *sm* Lugar onde se conservam cobaias e outros animais vivos, princ. para experiências laboratoriais e estudos bacteriológicos. → **bioterismo** *sm* (conjunto de técnicas relacionadas com o manejo de biotérios); **bioterista** *adj* (rel. a bioterismo) e *s2gên* (especialista em bioterismo ou pessoa que cuida de biotérios).

bi.o.ter.ro.ris.mo *sm* Terrorismo em que o terrorista emprega armas biológicas. → **bioterrorista** *adj* (rel. a bioterrorismo) e *adj* e *s2gên* (que ou pessoa que pratica o bioterrorismo).

bi.ó.ti.po ou **bi.o.ti.po** *sm* **1**. Grupo de organismos que compartilham um genótipo específico. **2**. Genótipo compartilhado ou sua peculiaridade distintiva. → **biotípico** *adj* (rel. a biótipo).

bi.o.ti.po.lo.gi.a *sf* **1**. Estudo dos biótipos. **2**. Classificação dos seres humanos em tipos físicos. → **biotipológico** *adj* (rel. a biotipologia).

bi.o.tro.pis.mo *sm* **1**. Redução da resistência orgânica, que propicia a ativação de um processo infeccioso latente. **2**. Facilidade de atividade reprodutora de agentes microbianos no organismo, ocasionada por efeito nocivo de outro agente. **3**. Movimento orientado, verificado por certos vegetais, segundo estímulos do ambiente. **4**. Afinidade apresentada pelos seres vivos.

bi.o.xi.do (x = ks) *sm* V. **dióxido**.

bi.pa.ro *adj* **1**. Que produz dois filhotes num único parto. **2**. Que se divide em dois ramos.

bi.par.ti.da.ris.mo *sm* Existência, num Estado, de apenas dois partidos políticos ou somente de dois partidos políticos importantes. → **bipartidário** *adj* (rel. a bipartidarismo); **bipartidarista** *adj* e *s2gên* (que ou pessoa que é partidária do bipartidarismo).

bi.par.tir(-se) *v* Dividir(-se) ao meio, em duas partes. → **bipartição** *sf* [ato ou efeito de bipartir(-se)]; **bipartido** *adj* (dividido ao meio, em duas partes).

bi.par.ti.te *adj* **1**. Que tem duas partes. **2**. Que tem duas partes correspondentes, uma para cada lado. **3**. Que tem dois participantes ou componentes: *acordo bipartite*.

bi.pe *sm* Sinal sonoro breve, às vezes repetido, emitido por computador ou qualquer outro aparelho eletrônico. → **bipar** *v* [contatar (alguém) pelo bipe: *ela bipava o marido a cada dez minutos*]. (Com o advento da telefonia celular, tanto *o bipe* quanto o verbo correspondente caíram em desuso.)

bi.pé *sm* Peça que serve de apoio para objetos pesados: *o rifle descansava no bipé*.

bí.pe.de *adj* e *sm* Que ou animal que anda em dois pés. → **bipedal** *adj* (**1**. rel. a bípede; **2**. que mede dois pés); **bipedalidade** *sf* (qualidade ou condição de bipedal ou de bípede).

bi.pla.no *sm* e *sm* Que ou aeronave que é provida de dois pares de asas em planos paralelos.

bi.po.lar *adj* **1**. Que tem dois polos. **2**. De ambas as regiões polares da Terra. **3**. Que tem duas ideias ou naturezas opostas ou contraditórias. → **bipolaridade** *sf* (estado de bipolar); **bipolarizar(-se)** *v* [tornar(-se) bipolar]. ·· **Transtorno bipolar**. Condição de saúde mental que causa oscilações extremas de humor que incluem alturas emocionais (mania ou hipomania) e baixas (depressão): *Uma pessoa com transtorno bipolar experimentará mudanças no humor, na energia e nos níveis de atividade que podem dificultar a vida cotidiana*.

bi.qua.dra.do *adj* **1**. Que envolve a quarta potência de uma incógnita ou variável, numa formulação matemática. **2**. Que é duas vezes quadrado. ·· **Equação biquadrada**. Equação algébrica do quarto grau, que só contém as potências pares da variável. (Usa-se também apenas **biquadrada**.)

bi.quei.ra *sf* **1**. Tubo metálico ou formado de telhas que se destaca da fachada de um edifício e por onde escorrem as águas da chuva. **2**. Peça metálica que guarnece o bico de um sapato. **3**. Ponteira de alguma coisa: *a biqueira do sapato*.

bi.quí.ni *sm* **1**. Maiô feminino de duas peças, de tamanho reduzido. **2**. Calcinha de tamanho reduzido.

bi.ra *sf* Buraco que as crianças cavam, para o jogo do pião.

BIRD ou **Bird** *sm* Acrônimo de *Banco Internacional de Reconstrução e Desenvolvimento*, instituição financeira da ONU, para efetuar empréstimos aos países-membros, conhecida também como *Banco Mundial*.

bi.ri.ba *sm* Jogo carteado em que se distribuem, além das onze cartas a cada jogador, mais duas mãos completas, que ficam à parte e constituem o biriba propriamente dito.

bi.ri.nai.te *sm* Gír. Qualquer bebida alcoólica, menos cachaça.

bi.ri.ta *sf* Pop. **1**. Cachaça. **2**. *P.ext*. Qualquer tipo de bebida alcoólica. → **biritar** *v* (tomar birita); **biriteiro** *adj* e *sm* (que ou aquele que toma muita birita).

bi.rô *sm* **1**. Redução de *birô de informações*, repartição pública que coleta e distribui informações ou exerce serviços específicos; agência. **2**. Unidade administrativa independente do governo federal. **3**. Escrivaninha com gaveta(s) para papéis. **4**. Em informática, escritório que converte dados de um programa de editoração eletrônica ou gráfico, gravados em disco, em arte-final. ·· **Birô de serviços**. Empresa especializada na digitação de dados ou no processamento de lotes de dados para outras, menores. (Como já é oficial o aportuguesamento, não há nenhuma necessidade de usar *bureau*.)

bi.ro.la *sf* Morte por exaustão ou excesso de trabalho, entre os trabalhadores rurais, princ. boias-frias.

bi.ro.ró *sm* Espécie de beiju, constituído de mandioca temperada com açúcar e erva-doce e torrada no forno.

bi.ros.ca *sf* **1**. Boteco de favela. **2**. Jogo infantil com bolinhas de gude. → **birosqueiro** *sm* (dono de birosca).

bi.ro.te *sm* Penteado feminino em que os cabelos são enrolados no alto da cabeça; cocó.

bir.ra *sf* **1**. Ato de insistir em não fazer aquilo que outra pessoa manda; teimosia, teima. **2**. Antipatia. → **birrar** *v* (mostrar-se birrento); **birrento** *adj* (que faz birra; teimoso).

bir.ra.ci.al *adj* **1**. Relativo a membros de duas raças. **2**. Que consiste em membros de duas raças.

bi.ru.ta *sf* **1**. Aparelho em forma de saco afunilado, que indica a direção dos ventos, para orientar os pilotos. // *adj* e *s2gên* **2**. Que ou quem é meio doido(a). → **birutice** *sf* (ato, atitude ou comportamento de biruta).

bis *interj* Indica pedido de repetição de alguma coisa. · V. **bisar**.

bi.são *sm* Mamífero ruminante e selvagem, da mesma família do boi, que apresenta uma corcova na região anterior do dorso e pelos longos e crespos na região anterior do corpo.

bi.sar *v* Repetir (aquilo que já foi feito): *bisar um título de campeão*.

bi.sa.vô *sm* Pai do avô ou da avó. · Fem.: *bisavó*. · Pl.: *bisavôs*.

bis.bi.lho.tar *v* Procurar saber (o que não é da sua conta), xeretar: *ela vive bisbilhotando a vida dos outros*. → **bisbilhoteiro** *adj* e *sm* (que ou aquele que gosta de bisbilhotar; abelhudo, xereta, enxerido); **bisbilhotice** *sf* (ato de bisbilhotar; **2**. qualidade de bisbilhoteiro; **3**. intriga, fofoca, mexerico).

bis.bór.ria *s2gên* Pessoa vil, desprezível, sem nenhuma importância; mequetrefe, pé de chinelo.

bis.ca *sf* **1**. Jogo de cartas. // *sf* **2**. Pessoa de mau caráter ou de má conduta. ·· **Boa bisca**. Pessoa vil, sórdida: *Meu vizinho é boa bisca*.

bis.ca.te *sm* **1**. Trabalho que se faz por pouco tempo, para ganhar algum dinheiro extra; bico. // *sf* **2**. Mulher da vida; prostituta. → **biscatear** *v* [**1**. fazer biscate (1); **2**. procurar biscates (2) pelas ruas], que se conjuga por *frear*; **biscateiro** *sm* [**1**. aquele que faz biscates; **2**. aquele que só procura biscates (2)].

bis.coi.to ou **bis.cou.to** *sm* Bolinho seco, feito de farinha de trigo, ovos, açúcar ou sal, etc., assado no forno. → **biscoiteira** ou **biscouteira** *sf* (pote para guardar biscoitos).

bi.sel *sm* **1**. Borda (de peça, madeira, pedra, etc.) cortada obliquamente, para não terminar em aresta; chanfro, chanfradura: *o cinzel tem uma das extremidades talhada em bisel*. **2**. Corte de cinzel em ângulos obtusos. → **biselamento** *sm* (ato ou efeito de biselar); **biselar** *v* (talhar em bisel).

bis.mu.to *sm* Elemento químico metálico (símb.: **Bi**) muito frágil, de n.º atômico 83, usado em medicina e em ligas de baixo ponto de fusão.

bis.na.ga *sf* **1**. Tubo para qualquer embalagem que guarde produto que sai sob pequena pressão. **2**. Pequeno esguicho, usado para brincar no carnaval. **3**. *Pop*. Pão comprido, que vai se afinando nas pontas; bengala. → **bisnagar** *v* (molhar com bisnaga).

bis.ne.to *sm* Filho de neto(a).

bi.so.nho *adj* Inexperiente, novato. · Antôn.: *experiente, hábil*. → **bisonharia** ou **bisonhice** *sf* (atitude ou comportamento de bisonho; inexperiência).

bi.so.tar *v* Cortar obliquamente (vidro de espelho). → **bisotação** *sf* (ação ou efeito de bisotar); **bisotado** ou **bisotê** *adj* (diz-se de vidro de espelho cortado obliquamente).

bis.po *sm* **1**. Autoridade eclesiástica que ordena padres e dirige uma diocese. **2**. Uma das peças do jogo de xadrez. → **bispado** ou **episcopado** *sm* (**1**. cargo de bispo; **2**. território sob a autoridade espiritual de um bispo).

bis.se.cu.lar *adj* Que tem dois séculos.

bis.se.ma.nal *adj* Que acontece ou é publicado duas vezes por semana.

bis.se.triz *sf* Semirreta que divide um ângulo ao meio.

bis.sex.to (ê) *adj* Diz-se do ano que tem um dia a mais no mês de fevereiro.

bis.se.xu.a.do (x = ks) *adj* Bissexual (1).

bis.se.xu.al (x = ks) *adj* **1**. Que apresenta características de ambos os sexos; hermafrodita, bissexuado. // *adj* e *s2gên* **2**. Que ou indivíduo que sente atração por pessoas de ambos os sexos. → **bissexuado** (x = ks) *adj* [bissexual (1)]; **bissexualidade** *sf* (caráter de plantas e animais bissexuados); **bissexualismo** (x = ks) *sm* (prática sexual com pessoas de ambos os sexos).

bis.te.ca *sf* Pedaço de contrafilé do boi com osso.

bi-stretch [ingl.] *adj* Bielástico. · Pronuncia-se *bi-strétch*.

bis.trô *sm* Pequeno café ou restaurante, simples, mas muito agradável, que também serve bebidas finas.

bis.tu.ri *sm* Instrumento muito afiado, usado por cirurgiões.

bit [ingl.] *sm* Menor unidade de informação digital, de somente dois valores: 0 ou 1. · Pl.: *bits*. ·· **Bit quântico**. Qubit.

bitcoin [ingl.] *sm* Moeda digital ou virtual descentralizada (símb.: ₿), sem interferência de banco central ou de administrador, criada em 2009, que usa tecnologia ponto a ponto para facilitar pagamentos instantâneos. **2**. *P.ext*. Unidade dessa moeda. · Abrev.: **BTC** ou **XBT**. · Pronuncia-se *bít-kôin*.

bi.to.la *sf* Distância entre os trilhos de uma estrada de ferro. → **bitolado** *adj* (diz-se da pessoa que sempre faz a mesma coisa, sem evoluir); **bitolar(-se)** *v* [tornar(-se) bitolado].

bi.tri.bu.tar *v* Cobrar o mesmo imposto duas vezes sobre: *bitributar mercadorias é inconstitucional*. → **bitributação** *sf* (dupla incidência de um mesmo imposto sobre um mesmo bem ou sobre o mesmo contribuinte).

bi.tri.mes.tral *adj* Que aparece, acontece ou é publicado duas vezes a cada três meses: *publicação bitrimestral*.

bitter [ingl.] *sm* Licor alcoólico obtido da maceração ou destilação de ervas ou raízes amargas, usado como aperitivo ou como estimulante do apetite. · Pronuncia-se *bítâr*.

bi.tu.ca *sf* Parte que sobra do charuto, cigarro ou baseado, depois de fumados; bagana, guimba, chica.

bi.u.ní.vo.co *adj* Diz-se da relação entre dois conjuntos, em que a cada elemento de um conjunto corresponde um só do outro conjunto. → **biunivocidade** *sf* (qualidade ou condição de biunívoco).

bi.va.len.te *adj* Que tem duas valências. → **bivalência** *sf* (qualidade ou propriedade do elemento químico que tem duas valências).

bi.val.ve *adj* Diz-se de molusco marinho e de água doce que tem a concha formada por duas valvas.

bi.va.que *sm* Acampamento temporário de soldados ao ar livre, geralmente entre árvores, para descanso.

bi.vi.te.li.no *adj* Diz-se do ovo que tem duas gemas.

bi.volt *adj* Diz-se do aparelho eletrônico ou eletrodoméstico que funciona tanto em 110V quanto em 220V.

Bizâncio *sf* Cidade europeia fundada pelos gregos no séc. VII a.C., que depois passou a chamar-se Constantinopla, hoje Istambul. → **bizantino** *adj* e *sm* (**1**. natural ou habitante dessa cidade; **2**. *fig.* que ou aquele que vive interessado em discutir insignificâncias, futilidades ou o sexo dos anjos, como faziam os teólogos de Bizâncio) e *adj* (fútil, inútil, vão, sem importância nenhuma: *discussão bizantina*); **bizantinice** *sf* ou **bizantinismo** *sm* (interesse por discussões fúteis); **bizantinismo** *sm* (**1**. bizantinice; **2**. estudo da história e da civilização bizantinas).

bi.zar.ro *adj* **1**. Bem-apessoado. **2**. Que tem bom porte; garboso. **3**. Elegante no traje. **4**. Gentil, respeitoso. **5**. Brioso. **6**. Arrogante. **7**. Que envolve contrastes sensacionais ou incongruências: *a timidez bizarra de uma celebridade*. **8**. *Gír.* Estranho, extravagante ou excêntrico, no estilo, modo ou no feitio: *comportamento bizarro; mas que penteado mais bizarro!* → **bizarria, bizarrice** *sf* ou **bizarrismo** *sm* (atitude ou conduta de bizarro).

bi.zu *sm Gír.* **1**. Gabarito de prova, que vaza. **2**. Notícia dada em tom de fofoca. **3**. Recurso criativo ou meio prático de resolver algo facilmente; manha, macete. **4**. Segredo. **5**. Qualquer objeto; treco, trem: *pegue esse bizu que está em cima da mesa e jogue no lixo!* **6**. Orientação certa; dica: *o cursinho dá bizus para o exame do ENEM.* **7**. Situação: *entrei na festa só para ver como estava o bizu.* **8**. Dinheiro, grana: *meu bizu está curto.* **9**. Papo, zum-zum-zum, babado: *o bizu que está rolando é que ele vai renunciar.* // *adj* e *sm* **10**. Que ou o que é muito bom, excelente: *um carro bizu*.

blá-blá-blá *sm* Conversa fiada, conversa mole, lenga-lenga. · Pl.: *blá-blá-blás*.

blackjack [ingl.] *sm* Vinte e um. · Pronuncia-se *blak-jak*.

blackout [ingl.] *sm* V. **blecaute**.

black piano [ingl.] *loc sm* Material preto brilhoso forte, semelhante às teclas escuras de um piano. · Pronuncia-se *blak piânu*.

bla.gue *sf* Dito ou narrativa para fazer rir ou para enganar; gozação, brincadeira.

blas.fê.mia *sf* Ofensa ou insulto dirigido a Deus ou a coisas sagradas. → **blasfemador** (ô) ou **blasfemo** *adj* e *sm* (que ou aquele que blasfema); **blasfemar** *v* [dirigir palavras desrespeitosas contra (Deus ou coisas sagradas)].

bla.te.rar *v* **1**. Falar mal de, em voz alta; xingar: *blaterar toda a cúpula do governo.* **2**. Chamar violentamente contra (pessoas ou coisas): *o advogado saiu do fórum blaterando o tribunal.* → **blateração** *sf* (ação ou efeito de blaterar).

ble.cau.te *sm* **1**. Escurecimento total de ruas e moradias, por falta de energia elétrica; apagão. **2**. Escuridão intencional, numa guerra, para dificultar o bombardeio aéreo. **3**. Forro escuro de cortina.

ble.far *v* **1**. Agir no jogo como se tivesse boas cartas, só para enganar o adversário. **2**. Enganar mediante ameaça que não pode ser cumprida. → **blefe** *sm* (ato ou efeito de blefar; logro, engano).

blêi.zer *sm* **1**. Casaco esporte, geralmente de flanela e cor azul-marinho, preto ou vinho, usado geralmente como uniforme de membros de escolas, clubes, etc. **2**. Jaqueta leve, folgada, de dois ou três botões, usada por ambos os sexos, tanto na proteção contra o frio quanto na moda. · Pl.: *blêizeres*.

ble.nor.ra.gi.a *sf* Gonorreia. → **blenorrágico** *adj* (rel. a blenorragia; gonorreico).

blimp [ingl.] *sm* Balão inflável de grandes dimensões, com gás hélio, construído geralmente para levar mensagem publicitária. · Pl.: *blimps*. · Pronuncia-se *blimp*.

blin.dar *v* Guarnecer com chapas de aço: *blindar um carro.* → **blindagem** *sf* (ato ou efeito de blindar).

bling [ingl.] *sm* Gif animado, de efeito brilhante. · Pl.: *blings*. · Pronuncia-se *bling*.

bling-bling [ingl.] *sm* Estilo de vida marcado pela ostentação de joias vistosas, bolsas de grife, acessórios da moda, etc., com o único objetivo de mostrar riqueza ou *status*. · Pronuncia-se *bling-bling*.

blini [rus.] *sm* Pequena panqueca saborosa, de 5 a 10cm de diâmetro, da culinária russa, feita com massa fermentada. · Pronuncia-se *blíni*.

blister [ingl.] *sm* Embalagem de plástico que guarda as cápsulas de medicamento. · Pronuncia-se *blístâr*.

blitz [al.] *sf* Batida policial. · Pl.: *blitze*.

blockchain [ingl.] *sf* Tecnologia descentralizada, espalhada por muitos computadores, que garante a segurança das transações com criptoativos, permitindo rastrear o envio e o recebimento de informações pela internet: *a grande vantagem da* blockchain *é que duas partes podem fazer uma transação sem a necessidade de intermediários, o que garante agilidade e custos menores.* · Pronuncia-se *blók-chêin*.

blo.co *sm* **1**. Massa grande, sólida e compacta de madeira, pedra, metal, gelo, etc. **2**. Reunião de folhas de papel presas por um dos lados. **3**. Cada um dos edifícios de um conjunto de prédios. **4**. Grupo de políticos ideologicamente coesos. **5**. Grupo carnavalesco. → **blocado** *adj* (diz-se da composição, do texto ou da coluna, em que todas as linhas ficam alinhadas à direita e à esquerda; justificado); **blocagem** *sf* [ação ou efeito de blocar (2)]; **blocar** *v* [justificar (linhas de uma composição gráfica)].

blo.gue *sm* Publicação frequente e cronológica de pensamentos pessoais e *links* da Web: *os blogues começaram como uma mistura do que estava acontecendo na vida de uma pessoa e o que estava ocorrendo na Web, uma espécie de diário.* · Aportuguesamento do inglês *blog*, que, por sua vez, é redução de *weblog*. → **blogar** *v* (escrever em blogue ou manter um blogue); **blogonauta** *s2gên* (pessoa que participa ativamente de blogues); **blogosfera** *sf* (mundo virtual dos blogues); **blogueiro** *adj* (rel. a blogue; bloguístico: *está havendo uma verdadeira febre blogueira*) e *sm* (aquele que faz, cria ou usa blogues); **bloguista** *adj* e *s2gên* [que ou pessoa que escreve blogue]; **bloguístico** *adj* (rel. a blogue; blogueiro). (A 6.ª ed. do VOLP só traz *blogue* e *blogueiro*.)

bloomer [ingl.] *sm* Shorts, bermuda ou calça bufante, com elástico nas pernas. · Pl.: *bloomers*. · Pronuncia-se *blúmâr*.

blo.que.ar *v* **1**. Impedir a passagem de veículos por: *uma grande pedra bloqueou a estrada.* **2**. Impedir o uso de: *bloquearam minha conta bancária.* · Conjuga-se por *frear.* → **bloqueador** (ô) *adj* e *sm* (que ou o que bloqueia alguma coisa: *bloqueador de chamadas telefônicas*); **bloqueio** *sm* (ato ou efeito de bloquear).

blue jeans [ingl.] *loc smpl* Roupa feita de brim azul; *jeans*. · Pronuncia-se *blu-djíns*.

blues [ingl.] *sm2núm* Música do folclore negro do Sul dos Estados Unidos. · Pronuncia-se *blús*.

bluetooth [ingl.] *sm* Tecnologia de rádio de curto alcance, criada para conectar aparelhos eletroeletrônicos entre si, sem o uso de fios e cabos. · Pronuncia-se *blú-txiu*.

blurb [ingl.] *sm* Nota breve que resume o conteúdo de um livro, enviada especialmente à imprensa, para publicação. · Pl.: *blurbs*. · Pronuncia-se *blâr*.

blu.sa *sf* Parte superior da indumentária feminina, com ou sem mangas, usada em combinação com calça ou saia.

blu.san.te *sm* Tipo de blusa que tomba sobre a cintura, formando um bufante, deixando esta à mostra ou escondida totalmente.

blu.são *sm* Blusa esportiva folgada, usada sobre outra roupa.

blu.sê *sm* **1**. Blusa bufante, presa na cintura ou no quadril, deixando cair à saia. // *adj* **2**. Diz-se do efeito causado por esse tipo de roupa. **3**. Diz-se da roupa ou do estilo de roupa com esse efeito: *vestidos blusê*. (Como se vê, o adjetivo não varia.)

blush [ingl.] *sm* Cosmético em pó, de tom avermelhado, para colorir as maçãs do rosto; ruge. · Pl.: *blushes*. · Pronuncia-se *blâxi*.

BMX *sm* Sigla de *bicycle motocross*, modalidade de esporte com bicicleta de tamanho reduzido e reforçada, para a prática de saltos e manobras as mais variadas, também conhecida como *bicicross*: *o BMX surgiu graças à admiração dos jovens americanos pelo motocross*.

BNDES *sm* Sigla de *Banco Nacional de Desenvolvimento Econômico e Social*, instituição financeira criada em 1952 pelo governo federal para incentivar a economia brasileira, tanto nos setores públicos quanto nos privados. · Pronuncia-se *bê ene dê é* (e não "ê") *esse*.

bo.a (ô) *adj* **1**. Feminino de *bom*. // *adj* e *sf* **2**. Que ou mulher que tem corpo escultural. // *sf* **3**. Situação difícil, embaraçosa ou arriscada: *livrei-me de boa hoje*. **4**. Em certas regiões brasileiras, última partida do jogo da véspora, jogada com prêmio maior ao ganhador e como a derradeira esperança para quem perdeu. ·· **Boa gente**. Boa-praça: *Ele é meio nervoso, mas é boa gente*. ·· **Estar de boa** (gír.). Estar tranquilo(a), alegre e bem-humorado(a): *Hoje o chefe está de boa, vamos aproveitar para pedir um aumento*. ·· **Estar de boaça** (gír.). Estar muito tranquilo(a) e de bom humor (apesar de alguma adversidade): *Ela quebrou dois dentes no acidente, mas está de boaça*.

bo.a-fé *sf* Honestidade de propósito; pureza de intenções: *você não tem o direito de questionar a minha boa-fé*. · Pl.: *boas-fés*. · Antôn.: *má-fé*.

bo.a.na *sf* **1**. Tábua fina e frágil, serrada especialmente para fechar caixas de frutas, legumes, etc. **2**. Cardume de peixes miúdos.

bo.a-noi.te *sm* Cumprimento que se usa à noite. · Pl.: *boas-noites*.

bo.a-pin.ta *adj* e *s2gên* Que ou pessoa que se veste com elegância e tem boa aparência. · Pl.: *boas-pintas*.

bo.a-pra.ça *adj* e *s2gên* Que ou pessoa que é querida de todos; barra-limpa; boa gente. · Pl.: *boas-praças*.

bo.as-fes.tas *sfpl* Cumprimento usado no Natal e no ano-novo.

bo.as-vin.das *sfpl* Cumprimento dirigido a quem acaba de chegar.

bo.a-tar.de *sm* Cumprimento que se usa entre o meio-dia e as dezoito horas. · Pl.: *boas-tardes*.

bo.a.te *sf* Estabelecimento de diversões noturnas, com bar, música, dança, etc.; *nightclub*.

bo.a.to *sm* Notícia sem confirmação, geralmente ruim, que se espalha rapidamente pela população. · Col.: *boataria sf*. → **boateiro** *adj* e *sm* (que ou aquele que espalha boatos).

bo.a-vi.da *adj* e *s2gên* Que ou pessoa que prefere gozar a vida a trabalhar; *bon-vivant*. · Pl.: *boas-vidas*.

Boa Vista *loc sf* Capital do estado de Roraima. → **boa-vistense** *adj* e *s2gên*, de pl. *boa-vistenses*.

bo.ba.gem *sf* Coisa errada que se faz ou se diz sem pensar ou por não saber; besteira, tolice, bobeira, bobice. → **bobice** *sf* (bobagem).

bo.be *sm* Rolo de cabelo.

bo.be.ar *v* Descuidar-se, dar bobeira, vacilar: *em São Paulo, se você bobear, é roubado*. · Conjuga-se por *frear*. → **bobeada** *sf* (erro cometido por falta de cuidado ou por descuido).

bo.bei.ra *sf* Bobagem. ·· **Dar bobeira** (gír.). Bobear.

bo.bi.na *sf* **1**. Peça em que se enrola fio, linha, papel, etc. **2**. Peça necessária ao funcionamento de motores elétricos.

bo.bi.nar *v* Enrolar (papel, fio, linha, fita, filme, etc.) em bobina. → **bobinagem** *sf* (ato ou efeito de bobinar).

bo.bi.nho *sm* **1**. Diminutivo de *bobo*. **2**. No futebol, brincadeira em que os jogadores formam um círculo e deixam um companheiro no meio tentando roubar a bola. **3**. Forma carinhosa de dirigir-se a alguém, sempre em vocativo: *bobinho, ela te ama!*

bo.bo (ô) *adj* e *sm* **1**. Que ou aquele que tem pouca inteligência. // *adj* **2**. Diz-se de coisa insignificante, sem importância; tolo. → **bobalhão** *adj* e *sm* (que ou aquele que é muito bobo), de fem. *bobalhona*; **boboca** *adj* e *s2gên* [que ou pessoa que é muito bobo(a)].

bo.bó *sm* Prato da culinária baiana, de origem africana, feito com feijão-mulatinho e azeite de dendê, servido com inhame ou aipim.

bobsled [ingl.] *sm* **1**. Esporte de inverno que consiste em deslizar com um trenó sobre uma pista de gelo. **2**. Esse trenó. · Pl.: *bobsleds*. · Pronuncia-se *bábslèd*. → ***bobsledding*** *sm* (modalidade esportiva que consiste em deslizar sobre uma superfície coberta de gelo num *bobsled*), que se pronuncia *bábslédin*.

bo.ca (ô) *sf* **1**. Abertura do rosto pela qual se come e bebe. **2**. Parte interior dessa abertura, onde se produz a fala. **3**. Qualquer abertura. · Aum. irregular: *bocarra, bocaça, boqueirão* (este *sm*.). → **bocaça** ou **bocarra** *sf* (boca grande).

bocada *sf* (**1**. apreensão de alimentos com a boca; **2** dentada, mordida). ·· **Arrebentar** (ou **Estourar**) **a boca do balão** (gír.). Fazer enorme sucesso; bombar (3). ·· **Boca de fumo**. Ponto de venda de drogas ilícitas. ·· **Boca de lobo**. Abertura localizada na sarjeta ou sob o meio-fio ou calçada, que tem a finalidade de captar as águas pluviais que escoam pelas sarjetas para em seguida restituí-las ao sistema de drenagem. ·· **Boca de sino**. Diz-se da peça do vestuário que se alarga muito na extremidade: *Calças bocas de sino; manga boca de sino*. ·· **Boca de urna**. **1**. Aliciamento de eleitores, durante uma eleição, feito nas proximidades do local de votação: *Os partidários do candidato oposicionista faziam boca de urna e foram detidos*. **2**. Proximidades do local de votação, durante uma eleição: *Pesquisas de boca de urna apontam vitória do candidato da situação*. ·· **Boca do lixo**. Local numa cidade em que se concentram vagabundos, prostitutas e viciados em drogas.

bo.ca.di.nho *sm* **1**. Curto espaço de tempo: *dormir um bocadinho*. **2**. Pequeno pedaço ou porção de qualquer coisa: *um bocadinho de arroz*. **3**. Um pouco, alguma coisa: *falar um bocadinho de inglês*. // *adv* **4**. Um tanto, meio, bocado: *ficar bocadinho triste*.

bo.ca.do *sm* **1**. Porção de alimento que se leva de uma só vez à boca. // *adv* **2**. Meio.

bo.cai.na (ãi) *sf* Depressão numa serra ou cordilheira.

bo.cai.u.va *sf* Tipo de palmeira, de várias espécies, muito encontrada em Mato Grosso.

bo.cal *sm* **1**. Abertura de certos recipientes, como castiçal, vaso, frasco, etc. **2**. Embocadura de alguns instrumentos musicais de sopro. **3**. Parte do freio que entra na boca do animal.

bo.çal *adj* e *s2gên* Que ou quem é inculto(a), burro(a), grosseiro(a) e ignorante ao mesmo tempo. → **boçalidade** *sf* (**1**. qualidade de boçal; **2**. dito ou comportamento de indivíduo boçal).

bo.ca-li.vre *sf* **1**. Reunião ou festa de entrada franca, em que se come e bebe gratuitamente. **2**. Utilização abusiva ou fraudulenta de qualquer serviço público. · Pl.: *bocas-livres*.

bo.ca-mo.le *s2gên* **1**. Pessoa que fala demais e sem pensar. **2**. Pessoa indiscreta, que não consegue guardar segredo. · Pl.: *bocas-moles*.

bo.cão *sm* **1**. Boca grande. **2**. Comida grátis: *hoje tem bocão na sua casa?*

bo.ca-ri.ca *s2gên* Pessoa (geralmente de meia-idade ou mais) que tem muito dinheiro ou muitos bens. · Pl.: *bocas-ricas*.

bo.ca-su.ja *s2gên* Pessoa que só conversa indecências ou coisas imorais. · Pl.: *bocas-sujas*.

bo.ce.jar *v* Respirar abrindo muito e involuntariamente a boca, aspirando-a e em seguida expirando-o prolongadamente. · Durante a conjugação, o *e* permanece fechado. → **bocejo** (ê) *sm* (ato de bocejar).

bo.ce.ta (ê) *sf* **1**. Pequena caixa, usada para guardar pequenos objetos de valor. **2**. Bolsa de borracha para guardar tabaco. **3**. Caixa de rapé. **4**. *Pop*.*Chulo* Órgão sexual da mulher; babaca. ·· **Boceta de Pandora**. Origem de todos os males. (No Brasil, por motivos óbvios, troca-se *boceta* por *caixa*, nessa expressão. É termo desusado nas acepções 1, 2 e 3.)

bo.cha *sf* **1**. Jogo que consiste em lançar bolas de madeira de uma distância de cerca de 15m, tentando aproximá-las o mais possível de uma menor, chamada *bolim*. **2**. Bola grande, usada nesse jogo.

bo.che.cha (ê) *sf* Parte mais saliente de cada uma das faces. → **bochechada** *sf* ou **bochecho** (ê) *sm* (ação de bochechar); **bochechada** *sf* ou **bochechão** *sm* (palmada na face ou nas bochechas); **bochechar** *v* [agitar (líquido) na boca, movendo as bochechas), que mantém o *e* tônico fechado durante a conjugação; **bochechudo** *adj* e *sm* (que ou aquele que tem bochechas grandes).

bo.chin.che, **bo.chi.cho** ou **bo.chin.cho** *sm* **1**. Baile de pessoas de baixa renda; arrasta-pé. **2**. Confusão, tumulto; muvuca. **3**. Boato, fofoca, mexerico. → **bochincheiro** *adj* e *sm* (que ou aquele que é dado a bochinches).

bó.cio *sm* Papeira.

bo.có *adj* e *s2gên* Que ou aquele que tem pouca inteligência; bobo(a), tolo(a), abestado(a).

bo.das (ô) *sfpl* Celebração de casamento ou de aniversário de casamento.

bo.de *sm* Macho da cabra. ·· **Amarrar o bode**. Ficar enfezado; amuar-se. ·· **Bode expiatório**. Pessoa que leva a culpa pelos erros dos outros. ·· **Dar um bode**. Haver confusão ou encrenca.

bo.de.ga *sf* **1**. Pequeno bar onde se vende bebida alcoólica a preço baixo; boteco; taberna. **2**. Pequeno armazém. **3**. *P.ext*. Qualquer coisa velha ou suja.

bo.do.que *sm* Atiradeira, estilingue; funda. → **bodocada** *sf* (tiro de bodoque); **bodoqueiro** *sm* (aquele que usa bodoque).

bo.dum *sm* **1**. Cheiro fétido, característico do bode. **2**. Cheiro forte e desagradável da transpiração das pessoas.

body art [ingl.] *loc sf* Arte ou suposta arte feita no corpo, como tatuagens, *piercings* e *brandings*. · Pl.: *body arts*. · Pronuncia-se *bódi art*.

body-board [ingl.] *sm* Prancha usada na prática do *body--boarding*. · Pronuncia-se *bódi bórd*.

body-boarder [ingl.] *s2gên* Praticante de *body-boarding*. · Pronuncia-se *bódi bôrder*.

body-boarding [ingl.] *sm* Esporte que consiste em deslizar sobre uma prancha, nas ondas do mar, executando certos movimentos. · Pronuncia-se *bódi bórdin*.

body-modification [ingl.] *sf* Culto ao corpo que consiste em implantar produtos ou objetos no corpo, como silicone, botox, colágeno, etc. · Pl.: *body-modifications*. · Pronuncia-se *bódi-mòdifikêichan*.

body-piercing [ingl.] *loc sm* Piercing. · Pronuncia-se *bódi pírcin*.

body-play [ingl.] *sf* Culto ao corpo que consiste em formar desenhos com agulhas, como tatuagens, *brandings*, etc. · Pl.: *body-plays*. · Pronuncia-se *bódi-plei*.

body popping [ingl.] *loc sm* Tipo de dança caracterizado por movimentos convulsivos do corpo e mímica robótica. · Pronuncia-se *bódi pópin*.

bo.ê.mio *adj* e *sm* Que ou aquele que se entrega à bebida e aos prazeres noturnos, preferindo dormir de dia. → **boêmia** ou **boemia** *sf* (vida de boêmio).

bo.fe *sm* **1**. Pulmão bovino, usado para consumo humano. **2**. *Pop*. Pessoa muito feia, sem atrativo físico nenhum; bonde: *sua irmã é um bofe!* **3**. *Pop*. Meretriz em franca decadência. **4**. *Gír*. Homem jovem; rapaz. // *smpl* **5**. Vísceras de um animal: *temos bofes hoje no almoço*. **6**. *Pop*. Índole, caráter: *chefe de bons bofes*.

bo.fe.ta.da *sf* Tapa no rosto com a palma da mão aberta; bolacha. → **bofetão** *sm* (grande bofetada; sopapo); **bofete** (é ou ê) *sm* (tapa no rosto dado com pouca força; tabefe).

Bogotá *sf* Capital da Colômbia. → **bogotano** *adj* e *sm*.

boi *sm* Mamífero quadrúpede ruminante, criado pelo homem para auxiliá-lo no trabalho agrícola e para consumo de sua carne. · Heterônimo fem.: *vaca*. · Col.: *boiada, manada*. → **boiada** ou **boiama** *sf* (manada de bois; rebanho bovino); **boiadeiro** *sm* (**1**. homem que conduz boiada; **2**. comprador e revendedor de gado); **boião** ou **boizão** *sm* (aum. regular de boi; boi grande); **boieiro** *adj* e *sm* (que ou peão que guarda ou toca boiada) e *adj* (**1**. diz-se da vaca que está no cio; **2**. rel. a boi: *carrro boieiro*).

bói *sm* Rapaz que, numa empresa, faz pequenos serviços, princ. externos.

boi.a *sf* **1**. Peça que flutua numa caixa d'água. **2**. Objeto redondo e flutuante, que serve para manter uma pessoa à tona d'água. **3**. Comida. ·· **Boia cross**. Modalidade esportiva que consiste em descer o leito de um rio de corredeira leve ou moderada em grandes boias redondas, geralmente com acompanhamento de canoístas profissionais, para garantir a segurança dos participantes: *O boia cross é a diversão perfeita para quem quer unir a natureza e emoção*.

boi.a-fri.a *s2gên* Trabalhador(a) rural temporário, que come no local de trabalho a comida, fria, que traz de casa. · Pl.: *boias-frias*.

boi.ar *v* **1**. Ficar à tona d'água, flutuar. **2**. Comer: *vou boiar na sua casa hoje*. **3**. Não compreender um assunto: *o professor falava, falava, e a classe boiava*.

boi-bum.bá *sm* Bumba meu boi. · Pl.: *bois-bumbás* ou *bois--bumbá* (segundo o VOLP).

boi.co.te *sm* Cessação voluntária de todas as relações comerciais ou econômicas com um indivíduo, grupo ou país, a fim de exercer pressão, por represália; boicotagem. → **boicotagem** *sf* (boicote); **boicotar** ou **boicotear** *v* (**1**. abster-se de comprar ou usar, por motivo de represália, protesto ou coerção; praticar o boicote de: *boicotar os produtos argentinos*; **2**. criar embaraços ao trabalho, interesses ou negócios de: *os colegas o boicotaram por vários meses*), sendo este conjugado por *atear*.

boi.co.ti.a.ra *sf* Cotiara.

boiler [ingl.] *sm* **1**. Tanque ou reservatório próprio para manter a água do seu interior sempre quente. **2**. Qualquer caixa em que o conteúdo líquido seja esquentado ou fervido. **3**. Caldeira. · Pl.: *boilers*. · Pronuncia-se *bôilâr*.

boi.na *sf* Boné de lã achatado, sem costura nem pala.

boi.na-ver.de *sm* Soldado(a) com treino especial do Exército americano. · Pl.: *boinas-verdes*.

boi.o.la *sm* Baitola.

boi.ta.tá *sm* **1**. Figura mitológica brasileira, protetora dos campos, que aparece como uma serpente de fogo. **2**. Fogo-fátuo.

boi.u.na *sf* **1**. Figura mitológica brasileira da Amazônia, em forma de cobra, que faz virar as embarcações. **2**. Sucuri, anaconda.

bo.iz *sf* Armadilha para pássaros.

bo.jo (ô) *sm* **1**. Qualquer protuberância arredondada numa superfície plana; ressalto. **2**. *P.ext*. Grande barriga; pança. **3**. *Fig*. Âmago, íntimo, cerne: *no bojo do problema está a oposição; a lei estabelece em seu bojo que é nula essa cláusula*. **4**. *Pop*. Parte inferior, com enchimento, que sustenta um sutiã e aumenta o tamanho dos seios. → **bojudo** *adj* (que tem bojo).

bo.la *sf* **1**. Qualquer corpo redondo ou arredondado por todas as partes: *bola de neve, de sabão*. **2**. Esfera, globo: *a Terra é uma bola que não para nunca*. **3**. Artefato de borracha, madeira, plástico, couro, feltro, etc., com que se jogam mormente competições esportivas: *bola de futebol, de bocha, de beisebol*. **4**. Jogada que se faz com essa bola; passe: *a bola que o lateral deu para o atacante fazer o gol foi um primor!* **5**. Capacidade ou competência esportiva: *ele não está com essa bola toda*. **6**. Cabeça, cachola: *não se bate na bola*. **7**. Dinheiro ilícito; propina, suborno: *guarda que aceita bola*. **8**. Comida envenenada para matar animais, princ. cães; bolinha, bolinho: *o cão comeu a bola e morreu*. **9**. *Fig*. Pessoa engraçada: *esse palhaço é mesmo uma bola!* · V. **boleiro**. → **bolada** (bò) *sf* (**1**. pancada dada com bola: *levou uma bolada no rosto*; **2**. *pop*. vultosa quantia: *ganhou uma bola na loteria*); **bolão** (bò) *sm* (**1**. bola grande; **2**. bolada da loteria; **3**. prêmio grande em dinheiro resultante de aposta coletiva: *o bolão vai ser dividido entre vinte pessoas*; **4**. participação de vários apostadores num mesmo jogo da loteria: *não entrei no bolão*) e *sm* (*pop*. craque: *Ademir da Guia era um bolão*); **bolinha** (bò) *sf* (**1**. bola pequena; **2**. red. de *bolinha de gude*, pequena bola de vidro, usada no gude; **3**. jogo com bola de gude; gude; **4**. veneno que maldosamente se dá a cães, em forma de bolinha; bolinho; **5**. pílula psicotrópica). ·· **Bola ao cesto**. Basquete. ·· **Bola de neve** (fig). Qualquer coisa que vai crescendo e tomando vulto: *a inflação brasileira era uma bola de neve*. ·· **Bola murcha** (gír.). **1**. Que ou pessoa que é molenga e está sempre indisposta, desanimada; bunda-mole; pamonha (1). **2**. Que ou pessoa que não tem nenhum prestígio; zé-mané (2). **3**. Jogador(a) de futebol muito ruim; cabeça de bagre. ·· **Estar com a bola murcha**. Estar desanimado(a).

bo.la.cha *sf* **1**. Tipo de biscoito de forma achatada. **2**. *Fig*. Bofetada. → **bolachão** *sm* (*pop*. elepê; *long-play*); **bolachudo** *adj* (rechonchudo).

bo.la.do *adj* *Gír*. **1**. Surpreso e constrangido ante algo inesperado. **2**. Aborrecido, chateado, amolado. **3**. Sob o efeito de drogas; drogado, chapado, doidão.

bo.lar *v* *Gír*. **1**. Inventar, imaginar, criar: *bolei um plano genial!* **2**. Perceber, sacar, manjar: *bolou o que ela quer?* **3**. Planejar, arquitetar: *bolar um plano de fuga*.

bo.las *interj* Indica chateação, protesto, desaprovação, que quase sempre vem precedida da palavra *ora*.

bol.do *sf* **1**. Planta cujas folhas e caule têm propriedades medicinais. **2**. Cada uma dessas folhas.

bol.dri.é *sm* Correia que se traz a tiracolo, para prender a arma.

bo.le.a.dei.ras *sfpl* Aparelho composto de três pesadas bolas, ligadas por correias ou cordas de couro, usado pelos vaqueiros, para atirar às pernas do animal e derrubá-lo.

bo.lei.a (éi) *sf* **1**. Assento de cocheiro, em coche, carruagem, etc. **2**. Cabine do motorista nos caminhões, carretas ou jamantas.

bo.lei.ro *sm* **1**. Fabricante ou comerciante de bolas. **2**. *Pop*. Gandula. **3**. Indivíduo responsável por fazer a bola girar, no jogo de roleta. // *adj* e *sm* **4**. Que ou aquele que é ou foi jogador profissional de futebol. **5**. Que ou jogador de futebol que aceita bola ou suborno. **6**. Que ou funcionário que é responsável por guardar as bolas de um clube esportivo e por elas zelá-las. // *adj* **7**. Relativo a bolo. // *adj* e *sm* **8**. Fabricante ou vendedor de bolos.

bo.le.ro *sm* **1**. Dança e música de origem espanhola ou caribenha. **2**. Jaqueta feminina curta, aberta na frente, de função decorativa.

bo.le.ta (ê) *sf* Documento em que os operadores registram os negócios de compra e venda de ações no recinto de negociações das bolsas de valores.

bo.le.tim *sm* **1**. Resumo das últimas notícias ou de certa situação na atualidade. **2**. Publicação periódica de documentos oficiais, leis, relatórios, etc. **3**. Caderneta escolar. → **boletineiro** *sm* (**1**. distribuidor de boletins; **2**. entregador de telegramas); **boletinista** *s2gên* (pessoa que escreve boletins).

bo.le.to (ê) *sm* Impresso em que se registra a quantia que deve ser paga por uma dívida.

bo.lha (ô) *sf* **1**. Pequena bola cheia de ar, que se forma num líquido. **2**. Bolinha que se forma na pele, cheia de água ou de pus. // *adj* e *s2gên* **3**. Que ou pessoa que é maçante, desagradável, chata. → **bolhento** *adj* (que forma bolha); **bolhar** *v* (formar ou apresentar bolhas); **bolhoso** (ô; pl.: ó) *adj* (que tem ou apresenta bolhas).

bo.li.che *sm* **1**. Jogo em que se arremessa uma pesada bola, com o objetivo de derrubar um conjunto de garrafinhas de madeira, dispostas na extremidade de uma pista. **2**. Estabelecimento onde se pratica esse jogo. → **bolicheiro** *sm* (dono ou frequentador de boliches).

bó.li.de *sf* ou **bó.li.do** *sm* **1**. Corpo celeste que, ao penetrar na atmosfera, brilha intensamente; estrela cadente. **2**. Qualquer coisa muito veloz: *esse carro é uma bólide*.

bo.lim *sm* Bola pequena, no jogo da bocha, também chamada *chico*.

bo.li.na *sf* Cada um dos cabos que sustentam a vela, numa embarcação. ·· **Andar à bolina**. Andar inclinado para um dos lados.

bo.li.nar *v* Dar amasso em (pessoa do sexo oposto). → **bolinação** ou **bolinagem** *sf* (ato de bolinar; troca voluptuosa de carícias; amasso).

Bolívia *sf* País da América do Sul, de área equivalente à dos estados da Bahia e de Minas Gerais juntos. → **boliviano** *adj* e *sm*.

bo.lo (ô) *sm* **1**. Alimento assado geralmente em forno, feito com farinha de trigo, ovos e outros ingredientes. **2**. Pancada punitiva dada na mão aberta; palmatoada. **3**. Quantia formada pelas apostas de parceiros de jogos. **4**. Aposta feita por muitas pessoas num mesmo número ou num mesmo cartão. **5**. *Gír*. Compromisso assumido e não cumprido; mancada (2), furada: *ela já me deu bolo duas vezes*. · V. **boleiro**. → **bolinho** *sm* (**1**. bolo pequeno; **2**. comida maldosamente envenenada para matar princ. cães; bolinha). ·· **Dar bolo** (pop.). Não comparecer a compromisso ou encontro marcado; dar o cano. ·· **Dar um bolo**. Dar um desfalque; desfalcar.

bo.lo-po.dre *sm* Bolo de tapioca, leite, leite de coco, ovos e outros ingredientes. · Pl.: *bolos-podres*.

bo.lor (ô) *sm* Mofo. → **bolorento** *adj* (cheio de bolor).

bo.lo.ta *sf* ou **bo.lo.te** *sm* **1**. Pequena bola. **2**. Caroço: *o mingau ficou cheio de bolotas*.

bol.sa (ô) *sf* **1**. Espécie de saco pequeno, de couro, plástico ou pano, geralmente com zíper, usada para carregar miudezas e dinheiro. **2**. Auxílio em dinheiro dado a estudantes ou a pessoas premiadas; subsídio. **3**. Redução de *bolsa de estudos*. **4**. Redução de *bolsa de valores*, instituição em que se negociam títulos de crédito, ações e mercadorias. **5**. Redução de *bolsa de valores*, prédio onde se realizam tais operações. → **bolsista** *adj* e *s2gên* (**1**. que ou pessoa que faz habitualmente operações nas bolsas de valores; **2**. que ou pessoa que recebeu bolsa ou subsídio para estudos, viagens, pesquisas literárias ou científicas, etc.) e *adj* (rel. às transações nas bolsas de valores ou do comércio). ·· **Bolsa amniótica** (ou **d'água**). *Bíol*. membranosa que envolve o embrião e, posteriormente, o feto. ·· **Bolsa de ar**. Air bag. ·· **Bolsa de estudos**. Quantia que se concede a estudantes pobres ou a pesquisadores carentes, para que possam dedicar-se exclusivamente a seus estudos; bolsa (2).

bol.são *sm* **1**. Bolso ou bolsa grande. **2**. Concentração de pessoas ou de coisas distintas daquilo que a rodeia: *é um país rico, mas se notam aqui e ali bolsões de pobreza*.

bol.so (ô) *sm* Saquinho costurado no vestuário, destinado a guardar pequenos objetos e dinheiro.

bom *adj* **1**. Que tem bondade; bondoso, generoso: *homem bom*. **2**. Solidário: *fazer uma boa ação*. **3**. Magnânimo: *homem de bom coração*. **4**. Satisfatório: *bom jogo, boa redação, bom dia*. **5**. Vantajoso, lucrativo: *fez bons negócios na Rússia*. **6**. Que voltou a gozar de boa saúde: *passei maus bocados com a covid-19, mas já estou bom*. **7**. Eficiente, competente: *bom jogador, bom funcionário; ser bom em matemática*. **8**. Apropriado, ideal: *você tem um bom carro*. **9**. Autêntico: *o documento era bom*. **10**. Sarado, curado: *já estou bom do resfriado*. **11**. Nada desprezível, considerável; razoável: *ele ficou um bom tempo na cadeia; bebeu dois bons copos de cerveja*. **12**. Benfeito: *carro de bom acabamento*. **13**. Que funciona bem: *tenho um bom relógio*. **14**. Saboroso, gostoso: *o almoço estava muito bom*. **15**. Favorável: *o mar está bom para surfar; o dia está bom pra praia*. **16**. Agradável, aprazível: *clima bom, dia bom*. **17**. Vultoso: *ganhei um bom dinheiro no cassino*. **18**. Confortável, amplo, espaçoso: *mora em boa casa; ter uma boa cozinha*. **19**. Correto, direito: *ele é ranzinza, mas é bom sujeito*. **20**. Afável, cortês: *o brasileiro sempre foi um bom anfitrião*. // *sm* **21**. Aquele que é superior aos demais no seu ofício ou profissão: *se precisar de médico, busque um bom (e de mecânico também..)* **22**. Coisa agradável, prazerosa: *bom mesmo é estar na praia agora, e não trabalhando*. **23**. Superior a tudo e a todos: *seu carro é que é o bom*. **24**. Qualidade admirável: *o bom desse garoto é que ele não performa*. **25**. Aquilo que mais agrada, que causa grande satisfação ou prazer: *desejo-lhe tudo de bom; o bom desse professor é que ele tem paciência*. // *interj* **26**. Exprime aprovação, reconhecimento ou julgamento favorável: *você passou? Bom, muito bom!* **27**. Exprime votos: *bom dia, bom trabalho!* // palavra denotativa de situação, geralmente usada para introduzir frases, equivalendo a **bem**: *bom, vamos ao que interessa!; bom, agora chega, vamos dormir!*· Antôn.: *mau, ruim*. · Pl.: *bons*. · Superlativo absoluto sintético irregular ou erudito: *ótimo*. · Comparativo de superioridade: *melhor*.

bom.ba *sf* **1**. Projétil com substância explosiva, que provoca estrondo. **2**. Máquina que eleva líquidos ou transporta-os por tubulações. **3**. Aparelho que esgota água represada. **4**. Aparelho que enche de ar os pneus de automóveis e bicicletas. **5**. Doce com recheio. **6**. Notícia inesperada e sensacional. **7**. Reprovação em exames escolares finais; pau. **8**. Dispositivo pirotécnico, apenas para fazer ruído. **9**. *Gír*. Anabolizante ou esteroide usado por frequentadores de academias de ginástica: *ele está assim todo musculoso porque usa bomba*. ·· **Bomba d'água**. **1**. Aparelho que tira a água de um reservatório ou poço para lançá-la numa caixa ou no sistema de distribuição. **2**. Bomba que movimenta água para o sistema de refrigeração dos motores refrigerados à água. **3**. Aguaceiro forte e repentino; toró.

bom.ba.chas *sfpl* Calças muito largas em toda a perna, presas ao tornozelo por botões, usadas princ. por gaúchos.

bom.bar *v Gír*. **1**. Fazer impressionar formidavelmente: *quero bombar meu carro na exposição*. **2**. Impressionar favoravelmente: *a parada gay carioca promete bombar Copacabana*. **3**. Superar todas as expectativas; fazer enorme sucesso; arrebentar a boca do balão: *ela vai bombar no concurso*. **4**. Ser reprovado em exame, geralmente escolar.

bom.bar.de.ar *v* Arremessar bombas sobre: *caças bombardearam a cidade*. · Conjuga-se por *frear*. → **bombardeamento** ou **bombardeio** *sm* (ato de bombardear); **bombardeiro** *adj* (que bombardeia; que lança bombas) e *sm* (avião militar que lança bombas; avião de bombardeio).

bom.ba-re.ló.gio *sf* Artefato explosivo que detona em hora marcada. · Pl.: *bombas-relógios* ou *bombas-relógio*. ·· **Bomba-relógio ecológica**. Aquecimento global.

bom.bás.ti.co *adj* **1**. Que causa estrondo semelhante àquele de uma bomba. **2**. *Fig*. Que tem muito conteúdo e pouco significado; excessivamente prolixo; pomposo, empolado, pretensioso: *em campanha, os candidatos são mestres em discursos bombásticos*.

bom.be.ar *v* **1**. Puxar (líquido) com bomba: *bombear água para a caixa*. **2**. Reprovar ou ser reprovado em exame escolar final: *o professor gostava de me bombear*. · Conjuga-se por *frear*. → **bombeação** *sf* ou **bombeamento** *sm* (ato ou efeito de bombear).

bom.bei.ro *sm* **1**. Soldado cuja função é combater incêndios e outros tipos de desastres. **2**. *Pop*. RJ e NE Aquele que conserta a rede de água de uma construção; encanador. **3**. *Gír*. Criança que faz xixi na cama, à noite. → **bombeirinho** *sm* (mistura de pinga com groselha).

bom.bi.lha *sf* Canudo para tomar chimarrão.

bôm.bix (x = ks) *sm2núm* Bicho-da-seda. (A 6.ª ed. do VOLP só registra esta palavra como sm.)

bom.bo ou **bum.bo** *sm* Grande instrumento musical, de som forte e grave, constituído de uma ou mais peles esticadas sobre uma caixa arredondada, zabumba.

bom-bo.ca.do *sm* Doce em forma de pequeno bolo, feito de gemas, coco ralado, maisena, coco, açúcar, etc. · Pl.: *bons-bocados*.

bom.bom *sm* Doce de chocolate com recheios diversos (frutas, nozes, licores, etc.). [Só não se grafa com hífen (*bom-bom*, a exemplo de *fom-fom*), por se tratar de um galicismo (*bonbon*)]. → **bomboneira** ou **bomboniere** [fr.] *sf* (**1**. pequeno móvel de madeira, com vidro de todos os lados, no qual se expõem bombons e outras guloseimas; **2**. loja onde se vendem bombons e outras guloseimas).

bom.bor.do *sm* Lado esquerdo da embarcação, para quem olha da popa para a proa. · Antôn.: *estibordo* ou *boreste*.

bom.bril *sm* Qualquer esponja de lã de aço, usada para limpeza. · Pl.: *bombris*. · Dim. plural: *bombrizinhos*.

bom-ca.rá.ter *adj* e *s2gên* Que ou quem possui boa índole, boa formação moral ou ética. · Pl.: *bons-caracteres*. · V. **mau--caráter**. (A 6.ª ed. do VOLP não registra *bom-caráter*, mas traz *mau-caráter*..) → **bom-caratismo** *sm* (qualidade de quem é bom-caráter), de pl. *bons-caratismos*.

bom-co.po *sm* Pessoa que bebe muito, sem ficar embriagada: *sua mulher é um bom-copo*. · Pl.: *bons-copos*.

bom-di.a *sm* Saudação que se dirige a alguém pela manhã, à chegada ou à partida. · Pl.: *bons-dias*.

bom-tom *sm* Boas maneiras, etiqueta. · Pl.: *bons-tons*.

bo.na.chão ou **bo.na.chei.rão** *adj* e *sm* **1**. Que ou aquele que nunca se irrita e sempre trata a todos de forma afável, paciente e cordial. // *adj* **2**. Próprio desse tipo de pessoa. · Fem.: *bonachona, bonacheirona*.

bo.nan.ça *sf* **1**. Bom tempo no mar, calmaria. **2**. Calma, sossego, tranquilidade.

bon.da.de *sf* **1**. Qualidade daquele que é sensível aos males alheios e está sempre disposto a ajudar; natural inclinação a praticar o bem e a não causar dano, dor ou prejuízo ao próximo; qualidade de ser moralmente bom ou virtuoso: *a bondade de um religioso; o papa João Paulo II era uma pessoa de tamanha bondade, que irradiava paz e luz*. **2**. Atitude que reflete essa qualidade; ação generosa, respeitosa e solidária; gentileza, delicadeza: *o garoto teve a bondade de ajudar o cego a atravessar a rua; é muita bondade sua dar-me seu lugar*. · Antôn.: *maldade*. ·· **Ter a bondade de** (expressão usada em pedidos exageradamente educados). Fazer o favor de: *Tenha a bondade de sentar-se! Tenha a bondade de aguardar um minuto!* → **bondoso** (ô; pl.: ó) *adj* (**1**. que tem bondade; bom: *ser bondoso com todos*; **2**. caracterizado pela bondade: *gesto bondoso*).

bon.de *sm* **1**. Veículo elétrico urbano que se move sobre trilhos, para o transporte de pessoas. **2**. *Gír*. Pessoa feia e sem atrativo; bofe (2): *sua irmã é um bonde!* **3**. *Gír*. Em futebol, atleta de qualidades técnicas muito limitadas; perna de pau, cabeça de bagre.

bo.né *sm* Cobertura para a cabeça, sem abas, com uma pala sobre os olhos.

bo.ne.ca *sf* **1**. Figura que imita a forma feminina e serve de brinquedo para crianças, geralmente do sexo feminino. **2**. *Gír.Pej*. Homem efeminado; *gay*. **3**. Espiga de milho antes de criar grão.

bo.ne.co *sm* **1**. Figura que imita a forma masculina e serve de brinquedo para crianças, geralmente do sexo feminino. **2**. Manequim. **3**. *Fig.Pej*. Pessoa sem vontade própria, fantoche, títere, marionete. **4**. Leiaute (1). → **bonequeiro** *sm* (**1**. fabricante ou vendedor de bonecas ou de bonecos; **2**. aquele que trabalha com bonecos, em televisão, circos, espetáculos, etc.; **3**. aquele que dorme muito; dorminhoco).

bon.gô *sm* Instrumento de percussão para ser tocado com os dedos, formado por dois pequenos tambores unidos.

bo.ni.fi.ca.ção *sf* **1**. Gratificação, prêmio. **2**. Diminuição no preço da mercadoria, feita pelo vendedor ao comprador, ou entrega de quantidade maior de mercadoria. → **bonificar** *v* (**1**. conceder bonificação a; **2**. gratificar, premiar).

bo.ni.to *adj* **1**. Que agrada à visão ou aos ouvidos; que seduz ou encanta, sem chegar a ser lindo ou belo: *música bonita; mulher bonita*. **2**. Nobre, muito digno: *bonito gesto*. // *adv* **3**. De modo que encanta a todos: *falou bonito*. // *interj* **4**. Exprime reprovação irônica: *bonito! quer dizer, então, que o senhor vai ter de casar com minha filha?!* · Antôn. (1): *feio*; (2): *indigno, indelicado*. → **bonitão** *adj* e *sm* (que ou homem que é muito bonito), de fem. *bonitona*; **boniteza** (ê) *sf* (qualidade do que é bonito).

bo.no.bo (ô) *sm* Espécie de chimpanzé de pernas longas, lábios cor-de-rosa e rosto moreno, famoso por seus altos níveis de comportamento sexual, encontrado na República Democrática do Congo, antigo Zaire.

bo.no.mi.a *sf* Extrema simplicidade, bondade e credulidade: *o Papa trata a todos com a costumada bonomia*.

bon.sai *sm* **1**. Tipo de árvore cujo crescimento foi propositadamente impedido por motivos ornamentais. **2**. Arte de cultivar esse tipo de árvore.

bô.nus *sm* **1**. Benefício dado por uma empresa a seus acionistas. **2**. Prêmio que se dá a empregados ou compradores. **3**. Título da dívida pública.

bon-vivant [fr.] *s2gên* Pessoa que sabe gozar a vida; boa-vida. · Pl.: *bon-vivants*. · Pronuncia-se *bonvivã*.

bon.zo *sm* Monge budista. · Fem.: *bonza*.

book [ingl.] *sm* Redução de *book fotográfico*, álbum de fotos de uma só pessoa, feitas geralmente por um fotógrafo profissional. · Pl.: *books*. · Pronuncia-se *buk*.

bookcrossing [ingl.] *sm* Abandono ou troca de livros em lugares públicos. · Pl.: *bookcrossings*. · Pronuncia-se *buk-króssin*.

bookmark [ingl.] *sm* **1**. Tira de papel ou de cartolina, colocada entre as páginas de um livro, para marcar o local de leitura; marcador de leitura. **2**. Lugar no navegador onde se colocam os *sites* preferidos. · Pl.: *bookmarks*. · Pronuncia-se *buk-márk*.

boom [ingl.] *sm* **1**. Período de expansão ou de crescimento muito rápido dos negócios e das atividades econômicas e industriais. **2**. Aumento, explosão, grande expansão. **3**. Braço de extensão móvel, usado em estúdios de cinema e televisão, para facilitar o manejo do microfone ou da câmara; girafa. · Pronuncia-se *bum*. · Antôn. (1): *recessão*; (2): *retraimento, diminuição*.

booster [ingl.] *sm* **1**. Amplificador utilizado para captar sinais de TV de longa distância. **2**. Dispositivo elétrico que aumenta a voltagem. · Pl.: *boosters*. · Pronuncia-se *bústâr*.

boot [ingl.] *sm* Operação que consiste em dar início ao programa do computador, de acordo com as instruções iniciais; iniciação. · Pl.: *boots*. · Pronuncia-se *búti*.

bo.quei.ra *sf* **1**. Pequena ferida no canto da boca, geralmente causada por aparelhos ortodônticos ou pelo excesso de saliva acumulada no local, o que favorece a proliferação de fungos e bactérias; sabiá. **2**. *P.ext*. Ferida ou inflamação no canto da boca de cavalgadura, causada pelo atrito do freio; sabiá.

bo.quei.rão *sm* **1**. Boca grande, bocaça, bocarra. **2**. Braço de mar. **3**. Rua que dá para rio ou para praia. **4**. Foz de rio.

bo.que.te *sm Pop.Chulo* Sexo oral; chupeta.

bo.qui.a.ber.to *adj* **1**. De boca aberta: *todo dentista pede que fiquemos boquiabertos*. **2**. *P.ext*. Admirado, surpreso, espantado, pasmado: *fiquei boquiaberto de saber que ele é frutinha*.

bo.qui.lha *sf* **1**. Tubo onde se mete cigarro ou charuto para fumar; piteira. **2**. Parte do instrumento musical de sopro em que se põe a boca. **3**. Encaixe para unir os caixilhos das portas e janelas.

bo.qui.nha *sf* **1**. Boca pequena. **2**. *Gír.Pej*. Cargo público.

bo.quir.ro.to (ô) *adj* e *sm* Que ou aquele que fala demais, quer por ser demasiadamente indiscreto, quer por ser incapaz de guardar segredos.

bo.quis.su.mi.do *adj* e *sm* Que ou aquele que, por já não ter os dentes dianteiros, possui os lábios sumidos ou pouco aparentes.

bor.bo.le.ta (ê) *sf* **1**. Inseto de asas multicoloridas e com antenas compridas. **2**. *Pop*. Aparelho que registra o número de passageiros ou de espectadores; catraca, roleta, torniquete. → **borboleteamento** ou **borboleteio** *sm* (ato ou efeito de borboletear); **borboletear** *v* (ir de um lugar a outro, de pessoa em pessoa, como uma borboleta: *a anfitriao borboleteava* *por todo o recinto, distribuindo sorrisos e gentilezas*), que se conjuga por *frear*.

bor.bo.ris.mo ou **bor.bo.rig.mo** *sm* Ruído surdo no abdome, causado pela deslocação de gases intestinais.

bor.bo.tão *sm* Jato impetuoso e interrompido de líquido, gás, labareda, etc. → **borbotar** *v* (sair em borbotões, em jorros; jorrar).

bor.bu.lha *sf* 1. Pequena vesícula na pele, com líquido aquoso ou não, provocada geralmente por irritação. 2. Pequena bolha que vem à superfície de um líquido fervente, efervescente ou com gás. → **borbulhante** *adj* (que borbulha); **borbulhar** *v* (produzir borbulhas); **borbulhento** *adj* (que tem borbulhas).

bor.co (ô), **de** *loc adv* De bruços.

bor.da *sf* 1. Extremidade ou limite de uma superfície: *a borda da mesa*. 2. Parte que rodeia e termina um objeto: *tomar sopa pelas bordas do prato*. 3. O que guarnece em roda: *as bordas da toalha eram de renda fina*. 4. Beira, margem: *lavar as roupas na borda do rio*.

bor.da.do *adj* 1. Que se bordou. // *sm* 2. Desenho que se faz sobre pano, com agulha e linha ou fio. → **bordadeira** *sf* (máquina ou mulher que borda); **bordadura** *sf* (1. ato ou efeito de bordar; 2. enfeite que arremata a superfície de um objeto); **bordar** *v* (fazer bordado em).

bor.dão *sm* 1. Vara grossa e resistente que se leva à mão para facilitar o andar, maior e mais grossa que a bengala. 2. Palavra ou frase que se repete muito na conversa, geralmente por mania, como *certo?, né?, tá ligado?*, etc.; fabordão. · V. **bordoada**.

bor.del *sm* Casa de prostituição; prostíbulo, lupanar. → **bordeleiro** ou **bordelengo** *adj* e *sm* (que ou aquele que frequenta bordel; prostibulário).

bor.de.rô *sm* Nota em que se discriminam mercadorias ou valores entregues.

bor.do *sm* 1. Cada um dos lados de uma embarcação. 2. Interior de uma embarcação. ·· **A bordo**. No interior da embarcação e, por extensão, do avião, do trem, do ônibus.

bor.dô *adj* 1. Vermelho-escuro: *camisas bordô*. 2. Diz-se dessa cor. // *sm* 3. Essa cor. (Como se vê, o adjetivo não varia.)

bor.do.a.da *sf* Pancada com bordão; cacetada, porretada, paulada.

bor.du.na *sf* Cacete de índio; tacape. → **bordunada** *sf* (pancada com borduna).

bo.re.al *adj* Que fica no norte; setentrional. 2. Que vem do norte. · Antôn.: *austral, meridional*.

bo.res.te *sm* Estibordo. · Antôn.: *bombordo*.

bó.ri.co *adj* Diz-se de um ácido usado como suave antisséptico. ·· **Água boricada**. Água que contém esse ácido (5%), empregada como desinfetante.

bor.nal ou **em.bor.nal** *sm* 1. Pequeno saco com ração que se coloca ao focinho das bestas, para evitar que saiam à busca de pastagem. 2. Pequeno saco em que se leva alimento, geralmente para o local de trabalho.

bo.ro *sm* Elemento químico não metálico (símb.: **B**), de n.º atômico 5, duríssimo, bastante resistente a altas temperaturas, usado em ligas metálicas duras e em reatores nucleares.

bo.ro.co.xô *adj* e *s2gên* Que ou pessoa que já está velha, acabada e imprestável.

bo.ro.ro (ô) *s2gên* 1. Membro dos bororos, tribo indígena jê que vive em Mato Grosso. // *adj* 2. Dessa tribo: *terras bororos*. (Não se confunde com *bororó*, espécie de veado do Brasil Central, o menor da fauna brasileira.)

bor.ra (ô) *sf* 1. Parte grosseira do algodão, da lã ou do linho, usada apenas para confeccionar tecidos grosseiros. 2. Resíduo sólido ou pastoso de um líquido, acumulado no fundo de um recipiente; sedimento. 3. Qualquer sujeira ou imundície; porcaria. 4. *Fig*. Escória social; ralé; gentalha.

bor.ra-bo.tas *s2núm* 1. Mau engraxate. // *s2gên* e *2núm* 2. Pessoa sem nenhuma importância; joão-ninguém, mequetrefe, pé de chinelo: *agora, qualquer borra-botas quer ser presidente da República!*

bor.ra.cha *sf* 1. Substância elástica e resistente, obtida do látex da seringueira ou produzida em laboratório. 2. Pedaço dessa substância, usado para apagar escrita ou desenho.

bor.ra.chei.ro *sm* 1. Consertador de câmaras de ar e pneus. 2. Borracharia. · Fem. (1): *borracheira*. → **borracharia** *sf* [1. local em que trabalha o borracheiro; 2. borracheiro (2)].

bor.ra.cho *adj* e *sm* Bêbado, embriagado. → **borracheira** *sf* (bebedeira, embriaguez).

bor.ra.chu.do *sm* Mosquito do litoral, cuja fêmea tem picada dolorosa, que provoca muita coceira; pium.

bor.ra.dor (ô) *adj* 1. Que borra. // *sm* 2. Livro de contabilidade em que se registram as operações comerciais diárias; borrão.

bor.ra.lha *sf* ou **bor.ra.lho** *sm* 1. Braseiro misturado com cinzas. 2. Cinzas quentes. ·· **Gata borralheira**. 1. Mulher que não gosta de sair de casa, preferindo dedicar-se aos afazeres domésticos. 2. Cinderela (2).

bor.ra.lhei.ra *sf* ou **bor.ra.lhei.ro** *sm* Lugar onde se acumulam as cinzas ou borralho do fogão ou do forno. → **borralheiro** *adj* e *sm* [1. que ou aquele que gosta de estar sempre junto à borralha, na cozinha; 2. que ou aquele que gosta de ficar em casa; (homem) caseiro] e *sm* (borralheira). ·· **Gata borralheira**. Mulher que só gosta de fazer os serviços domésticos e não aprecia sair; mulher caseira.

bor.rão *sm* 1. Mancha de tinta. 2. Caderno de rascunho. 3. Borrador (2). 4. *Fig*. Nódoa, mácula. 5. *Fig*. Excrescência (2).

bor.rar *v* 1. Pôr borrões em, manchar, sujar: *borrar a folha do caderno*. **borrar(-se)** 2. Sujar(-se) de fezes, involuntariamente: *ele se borrou todo, quando viu o pai da moça*.

bor.ras.ca *sf* Temporal com vento forte, mas passageiro, geralmente no mar. · Antôn.: *bonança*. → **borrascoso** (ô; pl.: ó) *adj* (que traz ou prenuncia borrasca), de antôn. *bonançoso*.

bor.ra-tin.tas *s2gên2núm* 1. Pintor(a) ordinário(a). 2. Qualquer profissional matão.

bor.re.go (ê) *sm* 1. Carneiro com menos de um ano de idade. 2. Animal manso. 3. Pessoa pacata, pacífica. → **borregueiro** *sm* (pastor de borregos); **borreguice** *sf* (qualidade de borrego; mansidão).

bor.ri.far ou **es.bor.ri.far** *v* Molhar com borrifo ou pequenas gotas: *borrifar a roupa, para ficar fácil de passar*. → **borrifamento** ou **esborrifamento**, **borrifo** ou **esborrifo** *sm* (ato de borrifar). (A 6.ª ed. do VOLP registra *borrifamento*, mas não *esborrifamento*; onde ficou a coerência?)

bor.ze.guim *sm* Botina cujo cano se fecha com cordões, botões ou presilhas.

Bósnia-Herzegóvina *sf* País da Europa, ex-república da Iugoslávia, de área equivalente à do estado da Paraíba. → **bósnio** ou **bósnio-herzegóvino** *adj* e *sm*.

bos.que *sm* Conjunto numeroso de árvores nativas ou cultivadas. · Dim. irregular: *bosquete* (ê).

bos.que.jo (ê) *sm* Plano inicial ou geral de uma obra; esboço, rascunho. → **bosquejar** *v* (fazer o bosquejo de, esboçar), que mantém o e tônico fechado, durante toda a conjugação.

bos.sa *sf* 1. Inchaço provocado por pancada; galo. 2. Habilidade ou inclinação natural para fazer alguma coisa; aptidão, jeito. 3. Jeito novo e diferente de fazer uma coisa; novidade. 4. Redução de *bossa nova*. ·· **Bossa nova**. Ritmo e estilo musical brasileiro, misto de samba e *jazz*, muito em voga no Brasil e no mundo na década de 1960 e apenas no mundo nas demais décadas..

bos.sa.no.va *adj* 1. Relativo ou pertencente à bossa nova: *samba bossa-nova; conjuntos bossa-nova*. 2. Da moda, que está em voga: *penteados bossa-nova*. (Como se vê, não varia.) · V. **bossa nova** (em bossa).

bos.ta *sf* 1. Excremento de qualquer animal e, p. ext., do homem. 2. *Pop*. *Chulo* Coisa malfeita, droga. // *sm* 3. *Pop*. *Chulo* Pessoa desprezível, que vive causando problemas aos outros: *seu vizinho é um bosta!* // *interj* Exprime contrariedade: *bosta, soltaram o homem!*

bo.ta *sf* Calçado que cobre o pé e parte da perna.

bo.ta-fo.ra *sm2núm* Qualquer despedida festiva, tanto de pessoas quanto de coisas.

bo.tâ.ni.ca *sf* Ciência que estuda as plantas. → **botânico** *adj* (rel. a botânica) e *sm* (especialista em botânica).

bo.tão *sm* 1. Estado da flor antes de desabrochar. 2. Pequena peça, quase sempre redonda, que serve para unir duas partes do vestuário. 3. Pequena peça de máquina ou instrumento, própria para ser pressionada ou girada. 4. Jogo semelhante ao futebol, praticado sobre uma mesa que imita o campo. · V. **botoeira**, **botoeiro** e **botonista**. ·· **A** (ou **Com**) **seus botões**. Consigo mesmo: *Ele fala a seus botões*. ·· **Botão flex**. Botão metálico, usado princ. em calças *jeans*, que se aplica com o uso do balancim (2).

bo.tar *v* **1**. Pôr, colocar: *botar a casa à venda*. **2**. Fazer jorrar, soltar: *botar sangue pela boca*. **3**. Introduzir, enfiar, pôr: *botar o dedo no nariz*. **4**. Pôr (ovos).

bo.te *sm* **1**. Pequena embarcação de rio, sem convés, movida a remo. **2**. Investida de cobra sobre uma presa.

bo.te.co *sm* Pequeno botequim de categoria inferior, geralmente imundo e frequentado por pinguços e maus elementos.

bo.te.quim *sm* Bar modesto, onde se servem bebidas e comidas baratas. · Dim. irregular: *boteco*. → **botequineiro** *sm* (proprietário ou administrador de botequim).

bo.ti.ca *sf* Farmácia (geralmente pequena). → **boticário** *sm* (dono de botica; farmacêutico).

bo.ti.cão *sm* Espécie de tenaz, para extrair dentes.

bo.ti.ja *sf* Vaso de cerâmica, bojudo, de gargalo pequeno e boca estreita. ·· **Com a boca na botija**. Em flagrante.

bo.ti.jão *sm* Recipiente metálico e cilíndrico, em que se armazena princ. gás de cozinha; bujão (1).

bo.ti.na *sf* Bota de cano curto, geralmente grosseira e usada apenas por homens.

bo.ti.nha *sf* **1**. Bota de cano curto, geralmente delicada e usada apenas por mulheres. **2**. Bota pequena, usada por crianças.

bo.to (ô) *sm* Mamífero cetáceo que tem dentes e a boca em forma de bico.

bo.to.cu.do *sm* **1**. Indígena da tribo dos botocudos. **2**. Sujeito ignorante. // *adj* **3**. Dos botocudos.

bo.to.ei.ra *sf* Pequena casa na lapela de paletós e casacos masculinos, para colocar flor, *button*, medalha condecorativa, etc.

bo.to.ei.ro *sm* Fabricante de botões.

bó.ton *sm* Broche de campanha política; *button*.

bo.to.nis.ta *s2gên* Pessoa que joga futebol de botão.

bo.to.que *sm* Enfeite chato e redondo com que alguns índios alargam o lábio inferior ou a parte sob a orelha.

bo.tox (x = ks) *sm* Toxina botulínica, produzida por uma bactéria, muito usada em estética facial, para amenizar rugas de expressão. → **botocar** *v* (aplicar botox em: *ele botocou só a testa*).

Botsuana *sf* País da África, de área equivalente à do estado de Minas Gerais. **botsuanês** *adj* e *sm*.

bo.tu.lis.mo *sm* Intoxicação alimentar de caráter grave, provocada pela ingestão de conservas deterioradas. → **botulina** *sf* (neurotoxina produzida pelos bacilos *Clostridium botulinum* e *Clostridium parabotulinum*); **botulínico** *adj* (rel. à botulina ou ao botulismo).

bou.ba *sf* Doença bacteriana caracterizada por lesões cutâneas na face e nos membros. → **boubento** *adj* e *sm* (que ou aquele que tem bouba).

bouquet [fr.] *sm* V. **buquê**.

bourbon [fr.] *sm* V. **burbom**.

BOVESPA ou **Bovespa** *sm* Acrônimo de <u>Bo</u>lsa de <u>V</u>alores do <u>E</u>stado de <u>S</u>ão <u>P</u>aulo, a mais importante do país.

bo.ví.deo *adj* **1**. Relativo ou pertencente aos bovídeos. // *sm* **2**. Espécime dos bovídeos. // *smpl* **3**. Família de mamíferos ruminantes que compreende princ. o boi, o búfalo, o bisão, o antílope, o carneiro, a cabra, a ovelha e o bode, dotados de um par de chifres não ramificados e dedos protegidos por cascos.

bo.vi.no *adj* Do boi ou próprio do boi. → **bovinocultura** *sf* (pecuária); **bovinocultor** (ô) *sm* (pecuarista).

box [ingl.] *sm* V. **boxe**.

bo.xe (x = ks) *sm* **1**. Modalidade esportiva em que os contendores fazem jogo de murro à inglesa; pugilismo. **2**. Compartimento separado por divisória, em cavalariças, mercados, feiras, estádios, etc. **3**. Compartimento do banheiro, destinado ao banho de chuveiro. **4**. Pequeno artigo em jornais, revistas, etc., fechado por fios. → **boxador**, **boxeador** (x = ks; ô) *sm* ou **boxista** (x = ks) *s2gên* (pugilista).

boy [ingl.] *sm* V. **bói**.

bo.zer.ra (ê) *sf* **1**. Monte de esterco ou de excremento animal. **2**. *P.ext*. Coisa sem nenhum valor. **3**. *Fig*. Serviço matado ou malfeito. **4**. *Fig.Pej*. Pessoa moleirona, sem préstimo para nada.

bo.zó *sm* **1**. Capanga (1). **2**. *Pop*.BA Feitiço, despacho. **3**. *Pop*. Jogo de dados em que os cubos são atirados em um copo, só se descobrindo o lance, depois de feitas as apostas. **4**. *P.ext*.

Esse copo. **5**. Quantia que os parceiros de um jogo deixam de lado, quando ganham, para dividirem no fim. **6**. *Pop.Chulo* Bunda ou ânus.

bra.bo *adj* V. **bravo**. → **brabeza** ou **braveza** (ê) *sf* (qualidade de quem é brabo).

bra.ça *sf* **1**. Antiga medida de comprimento, equivalente a 2,2m. **2**. Unidade de comprimento do sistema inglês, equivalente a 1,8m.

bra.ça.da *sf* **1**. Aquilo que se pode abranger e transportar nos braços. **2**. Cada um dos movimentos feitos com os braços por um nadador.

bra.ça.dei.ra *sf* **1**. Tira de pano que se leva no braço. **2**. Presilha metálica que abraça suas peças, para mantê-las unidas.

bra.çal *adj* **1**. Do(s) braço(s), braquial. **2**. Diz-se de trabalho físico penoso, feito com os braços. **3**. Diz-se do trabalhador que exerce sua profissão com os braços. · Pl.: *braçais*.

bra.ce.le.te (ê) *sm* Pulseira feminina.

bra.cho.la *sf* Pequena fatia de carne enrolada, recheada com cenoura, toucinho, queijo, etc. e cozida.

bracket [ingl.] *sm* Aparelho ortodôntico, destinado a corrigir a arcada dentária, necessitando, para isso, de ajustes periódicos. · Pl.: *brackets*. · Pronuncia-se <u>brákèt</u>.

bra.ço *sm* **1**. Parte do membro superior do homem, compreendida entre a espádua e o cotovelo. **2**. Esse membro superior tomado por inteiro. **3**. Parte alongada e horizontal de uma coisa. **4**. Parte estreita de mar ou rio que entra terra adentro. · V. **braçal** e **braquial**. ·· **Braço de ferro**. **1**. Pessoa que comanda, governa ou dirige com muita energia. **2**. Jogo de desafio em que duas pessoas tentam torcer o braço uma da outra com a força do punho e do antebraço, apoiando-se numa mesa ou em qualquer superfície horizontal; quebra de braço; queda de braço; luta de braço. **3**. Prova de forças entre duas partes opostas; medição de forças; quebra de braço; queda de braço; luta de braço. ·· **Braço direito**. Pessoa eficiente, prestativa, de absoluta confiança e o principal auxiliar de alguém: *Marisa é o meu braço direito na empresa*.

bra.dar *v* Dizer (algo) com voz forte e enérgica, para ser ouvida a distância, gritar, berrar: *bradar a conquista do pentacampeonato*. → **brado** *sm* (voz forte e enérgica, destinada a ser ouvida ao longe: *o brado do Ipiranga*).

bra.gui.lha *sf* Abertura na parte dianteira das calças, calções, cuecas, etc.; vista.

brai.le *sm* Sistema de leitura para cegos.

brâ.ma.ne *s2gên* **1**. Membro da primeira e mais alta das castas hindus. // *adj* **2**. Dos brâmanes. → **bramânico** *adj* (rel. a bramanismo); **bramanismo** *sm* [sistema político, religioso e social dos brâmanes, caracterizado pela adoração de Brama (o criador do universo, segundo essa religião) e pelo sistema de castas]; **bramanista** *adj* (do bramanismo) e *adj* e *s2gên* (que ou pessoa que é adepta do bramanismo).

bra.mi.do *sm* **1**. Rugido de certos animais ferozes. **2**. Grito ou berro de pessoa furiosa. **3**. Som forte do mar, do vento ou da trovoada. → **bramar** ou **bramir** *v* (dar bramido; rugir, urrar).

bran.co *adj* **1**. Que tem a cor do leite ou da cal: *meias brancas*. **2**. Diz-se dessa cor: *a cor branca*. **3**. Diz-se de tudo o que possui cor mais clara, embora não seja totalmente branco: *ouro branco*. **4**. Encanecido: *cabelos brancos*. **5**. Limpo, asseado: *o chão do banheiro ficou branco depois de lavado*. **6**. Que não tem nada escrito: *página branca*. **7**. Sem más intenções; inofensivo: *magia branca; mentira branca*. **8**. Quase incolor; transparente: *vinho branco*. **9**. Sem cor, muito pálido, lívido: *ele ficou branco de susto*. **10**. Marcado pela neve; nevado: *noites brancas*. **11**. Feito de aço polido: *armas brancas*. **12**. Diz-se de versos que não rimam. **13**. Diz-se de bilhete de loteria que não foi premiado. // *sm* **14**. Cor cromática de máxima luminosidade; cor dos objetos que refletem quase toda a luz de todos os comprimentos de onda visíveis: *o branco é a junção de todas as cores do espectro de luz visível*. **15**. Roupa de cor branca: *ele só veste branco*. **16**. Homem que tem pigmentação clara da pele; membro da divisão caucasoide dos humanos. **17**. Espaço livre em escritos; lacuna. **18**. Momento de esquecimento; vazio: *tive um branco*. **19**. Parte branca do globo ocular. · Antôn.: *preto, negro*. → **brancura** *sf* (qualidade do que é branco).

bran.dir *v* Agitar na mão (arma) repetidamente, antes de descarregar, atirar ou desferir: *brandir a espada*. · Conjuga-se por *abolir*. → **brandimento** *sm* (ato ou efeito de brandir).

bran.do *adj* **1**. Que cede com facilidade à pressão e ao tato; macio, mole. **2**. Que é pouco rígido; frouxo: *fiz um nó brando*.

3. Que não é severo; que não é agressivo; dócil, flexível: *ter um chefe brando*. **4.** Pouco intenso; fraco: *vento brando*; chuva branda; *cozinhar arroz em fogo brando*. **5.** Doce, meigo, suave, terno: *olhar brando; voz branda; dirigi-lhe palavras brandas*. **6.** Ameno: *recebeu punição branda*. **7.** Lento, vagaroso: *ao passar por escolas, use velocidade branda*. → **brandura** *sf* (qualidade do que é brando: *regime totalitário não se coaduna com a brandura de costumes*).

bran.que.ar(-se) *v* Tornar(-se) branco: *branquear os dentes; a roupa (se) branqueia ao sol*. · Conjuga-se por *frear*. → **branqueação** *sf* ou **branqueamento** *sm* [ato, processo ou efeito de branquear(-se)].

brân.quia *sf* Órgão respiratório dos peixes; guelra. → **branquial** *adj* (das brânquias).

bra.qui.al *adj* Braçal (1).

bra.sa *sf* **1.** Fragmento de carvão incandescente. **2.** Estado de incandescência. → **braseira** *sf* ou **braseiro** *sm* (**1.** recipiente para conter brasas; **2.** montão de brasas).

bra.são *sm* Conjunto de desenhos que formam o símbolo de uma família nobre, de uma cidade ou de uma nação.

Brasil *sm* O maior país da América do Sul e o quinto maior do mundo. → **brasileirismo** *sm* (palavra, expressão ou construção própria do português falado no Brasil); **brasileiro** *adj* e *sm* (natural ou habitante do Brasil) e *adj* (do Brasil: *praias brasileiras*); **brasilidade** *sf* (sentimento de amor ao Brasil); **brasilo-** (elemento reduzido que entra em compostos: *amizade brasilo-colombiana*). · V. **brasis** e **brasuca**.

Brasília *sf* Capital do Brasil, fundada em 21 de abril de 1960. → **brasiliense** *adj* e *s2gên*

bra.sis *smpl* **1.** O território brasileiro; as terras do Brasil: *já viajei por esses brasis afora e nunca cacei nem matei nenhum animal silvestre*. **2.** Tipos de país brasileiro (com inicial maiúscula): *a palestra foi sobre os dois Brasis, o dos pobres e o dos ricos; existem muitos Brasis; em qual deles se situa você?*

bra.su.ca *adj* e *s2gên* Natural ou habitante do Brasil; brasileiro(a).

bra.va.ta *sf* **1.** Ameaça arrogante de falso valentão; falso ato de valentia: *não se preocupe com as bravatas desse sujeito!* **2.** Alarde de qualidade que não tem ou de virtude que não possui: *um professor cheio de bravatas*. → **bravatear** *v* [dizer com arrogância (ameaças): *ele bravateava que não receava processos judiciais*; **2.** alardear ou ostentar (qualidade ou virtude que não tem): *é um professor que gosta de bravatear conhecimentos*), que se conjuga por *frear*.

bra.vi.o *adj* **1.** Que é ao mesmo tempo feroz e selvagem. **2.** Diz-se de planta que não produz frutos; silvestre. **3.** Rude, primitivo, não civilizado: *indígenas bravios*. **4.** *Fig.* Muito agitado, revolto, bravo: *hoje o mar está bravio*. // *adj* e *sm* **5.** Que ou terreno que não foi cultivado, por isso está coberto de vegetação espontânea ou rasteira.

bra.vo *adj* **1.** Diz-se daquele que enfrenta o perigo corajosamente: *os bravos bombeiros*. **2.** Hostil, intratável: *ela tem pai bravo*. **3.** Furioso, irado: *o pai ficou bravo com ela*. **4.** Muito rígido; extremamente rigoroso; inflexível, autoritário: *antigamente, todo professor era bravo, todo diretor de escola era bravo*. **5.** Feroz: *cuidado, cão bravo!* **6.** Revolto, muito agitado, bravio: *o mar está bravo hoje*. **7.** Que se desenvolve sem ser plantado; espontâneo, silvestre, inculto: *limoeiro bravo*. **8.** Muito intenso; violento; *no Sul faz um frio bravo!* // *sm* **9.** Homem corajoso, valente, destemido. // *interj* **10.** Exprime aprovação ou plena satisfação. · Var. (exceto 1 e 10): **brabo**. (1): *covarde*; (2): *calmo*; (3): *satisfeito*; (4): *frouxo*; (5): *manso*; (6): *calmo*; (7): *cultivado*; (8): *ameno*. → **braveza** (ê) *sf* (qualidade de bravo), de antôn. *mansidão*; **bravura** *sf* [ato ou comportamento de bravo (5)], de antôn. *medo, covardia*.

bre.ca *sf* Diabo. ·· **Com a breca!** Locução interjetiva que exprime espanto ou contrariedade. ·· **Levado da breca.** Muito traquinas. ·· **Levar a breca.** Complicar-se (situação, problema, etc.).

bre.car *v* Parar ou diminuir a velocidade de (veículo) usando o breque ou freio, frear: *brecar o carro*. → **brecada** *sf* (freada).

bre.cha *sf* **1.** Abertura feita em uma superfície; fenda, rachadura. **2.** *Fig.* Oportunidade, chance: *aproveitei a brecha para dar a minha opinião*.

bre.chó *sm* Loja de objetos, roupas, eletrodomésticos, etc. usados.

bre.ga *sf* **1.** Zona do meretrício. // *adj* e *s2gên* **2.** Que ou pessoa que tem muito mau gosto; cafona. // *adj* **3.** De mau gosto; cafona: *calça brega*. → **breguice** *sf* (qualidade, condição ou característica do que ou de quem é brega; breguice; coisa ou atitude que revela mau gosto).

bre.jei.ro *adj* **1.** Relativo a brejo ou habitante de brejo: *população brejeira*. **2.** Ligeiramente picante ou levemente malicioso: *olhar brejeiro; sorriso brejeiro*. // *adj* e *sm* **3.** Que ou aquele que é muito brincalhão, travesso; gozador. → **brejeirice** *sf* (qualidade do que ou de quem é brejeiro).

bre.jo *sm* Terreno úmido, lamacento e inculto, pântano. → **brejento** ou **brejoso** (ô) *adj* (cheio de brejos).

bre.nha *sf* **1.** Mata espessa, fechada; matagal. **2.** *Fig.* Complicação, confusão: *meter-se em brenha*. → **brenhoso** (ô; pl.: ó) *adj* (cheio de brenhas).

bre.que *sm* Freio de veículos. · V. **brecar**.

bre.tão *adj* e *sm* Natural ou habitante da Bretanha, região da França, ou da Grã-Bretanha. // *adj* **2.** Da Bretanha ou da Grã-Bretanha. · Fem.: *bretã*.

bre.te (ê) *sm* **1.** Corredor fechado de ambos os lados, por onde passa o gado para curativo, marcação, vacina, abate, etc. **2.** Pequeno curral, usado para tosa ou castração, princ. de gado lanígero. **3.** Nos estádios de rodeio, corredor estreito onde se imobiliza o animal, para ser montado pelo peão, antes de entrar na arena.

breu *sm* Substância pegajosa e escuríssima, obtida de matéria orgânica, de largo emprego industrial.

bre.ve *adj* **1.** De pouca duração; rápido. // *adv* **2.** Em pouco tempo; logo. · Antôn. (1): *longo*. → **brevidade** *sf* (qualidade ou caráter do que é breve), de antôn. *demora*.

bre.vê *sm* Documento que habilita uma pessoa a pilotar aviões. → **brevetação** *sf* [ato ou efeito de brevetar(-se); concessão de brevê]; **brevetado** *adj* e *sm* (que ou aquele que recebeu brevê); **brevetar(-se)** *v* [diplomar(-se) em curso de aviação].

bre.vi.á.rio *sm* **1.** Livro de orações diárias dos padres. **2.** Livro predileto: *meu breviário é Dom Casmurro*. **3.** Resumo, síntese, sumário: *o presidente recebeu um breviário dos fatos ocorridos ontem*.

bri.ca.bra.que *sm* **1.** Estabelecimento comercial que compra e vende objetos decorativos de pouco valor, geralmente artesanatos. **2.** Conjunto desses objetos.

BRICS ou **Brics** *sm* Acrônimo que designa o grupo dos cinco grandes países emergentes, formado por Brasil, Rússia, Índia, China e República Sul-Africana.

bri.da *sf* **1.** Rédea. **2.** Conjunto completo do freio do cavalo.

bridge [ingl.] *sm* Jogo de cartas em que um lado joga para cumprir aquilo que se propôs, e o outro para impedi-lo. · Pronuncia-se *brídji*. → **bridgista** *s2gên* (pessoa que joga *bridge*).

bri.ga.da *sf* **1.** Corpo militar composto de dois ou mais regimentos. **2.** *Fig.* Grupo de pessoas que se organizam para alcançar um objetivo comum: *uma brigada de microempresários*. → **brigadista** *adj* e *s2gên* [**1.** que ou soldado(a) que faz parte de uma brigada; **2.** que ou pessoa que faz parte de qualquer brigada].

bri.ga.dei.ro *sm* **1.** O mais alto posto da Aeronáutica. **2.** Oficial que detém esse posto. **3.** Docinho redondo, feito com leite condensado cozido e chocolate.

bri.gar *v* Trocar socos e pontapés: *brigar com um colega*. → **briga** *sf* (ato de brigar); **brigão** ou **briguento** *adj* e *sm* (que ou aquele que gosta de brigar).

bri.lho *sm* **1.** Luz intensa, própria ou refletida. **2.** Essa mesma luz, artificial. → **brilhante** *adj* (**1.** que tem brilho; resplandecente; **2.** *fig.* muito inteligente; talentoso) e *sm* (diamante lapidado); **brilhantismo** *sm* (qualidade de brilhante); **brilhantina** *sf* (preparado que se usa para perfumar, dar brilho e assentar o cabelo); **brilhar** *v* (**1.** dar brilho ou lustre a; lustrar: *o engraxate brilhou meus sapatos*; **2.** lançar luz muito viva e intensa: *o Sol brilha*; **3.** refletir essa luz: *o chão brilhava*; **4.** luzir intensamente: *as estrelas brilham no firmamento*; **5.** sobressair, destacar-se: *ela brilhou no concurso*).

brim *sm* Denim.

brin.car *v* **1.** Divertir-se infantilmente: *brincar de casinha*. **2.** Imitar infantilmente o papel de: *brincar de caubói*. **3.** Pular o carnaval: *vais brincar este ano?* → **brincadeira** *sf* (**1.** ato ou efeito de brincar; divertimento; **2.** gracejo; **3.** festa familiar dançante; **4.** folia carnavalesca); **brincalhão** *adj* e *sm* (que ou aquele que gosta de fazer brincadeiras), de fem. *brincalhona*; **brincante** *s2gên* (*pop.* participante de qualquer festa popular, princ. do carnaval); **brinquedo** (ê) *sm* (qualquer objeto com que se brinca).

brin.co *sm* Adorno para as orelhas.

brin.de *sm* **1**. Saudação que se faz a alguém, acompanhada de bebida. **2**. Coisa que se oferece como lembrança; presente. → **brindar** *v* (**1**. fazer um brinde a; **2**. presentear).

bri.o *sm* **1**. Sentimento da própria honra, valor e dignidade, associado à decência; altivez (1): *os japoneses se renderam, sim, mas com brio; quando lhe ferem os brios, ele vira fera; os ataques de bandidos aos postos policiais mexeram com o brio da polícia; esse treinador sabe como ninguém mexer com os brios e o lado emocional do time.* **2**. Senso de grande dedicação; devotamento: *a moça fez a depilação com grande brio profissional, retirando pelo mu a um, pacienciosamente.* **3**. Qualidade daquele que é bravo ou corajoso; coragem, bravura: *nossos pracinhas lutaram com muito brio durante a II Guerra Mundial.* **4**. Energia, disposição, empenho: *esse é um time com brio: derrotado no primeiro tempo de jogo, o time recuperou os brios no segundo tempo e virou o placar, de 0 a 3 para 4 a 3.* **5**. Garbo, elegância: *seu andar é de extraordinário brio; o brio de andadura dos cavalos árabes; ela chegou com muito brio na indumentária.* → **brioso** (ô; pl.: ó) *adj* (que tem brio).

bri.o.che *sm* Pãozinho macio, feito basicamente de farinha de trigo, manteiga, sal e ovos.

bri.quis.mo *sm* Hábito involuntário que consiste em ranger os dentes de forma rítmica durante o sono, conhecido vulgarmente por *bruxismo*.

bri.sa *sf* Vento suave, fresco e agradável, próprio do litoral.

bri.ta *sf* Pedra quebrada em pedacinhos, usada em construção e pavimentação de estradas. → **britadeira** *sf* (máquina barulhenta, própria para quebrar matéria dura); **britagem** *sf* ou **britamento** *sm* (ação ou efeito de britar); **britar** *v* [quebrar ou fragmentar (rochas)].

bro.a (ô) *sf* Pão redondo feito de farinha de milho.

bro.ca *sf* **1**. Instrumento usado para furar. **2**. Peça que se adapta a esse instrumento e abre buracos; pua. **3**. Pequena peça de dentista, usada para obturar dentes cariados. **4**. Inseto que ataca planta, madeira, papel, cereal, raízes e, geralmente, se aloja na madeira. → **brocar** *v* (furar com broca).

bro.ca.do *sm* **1**. Tecido de seda, entretecido com fios de ouro ou de prata, formando desenhos que parecem bordados: *colcha de brocado de seda branca.* // *adj* **2**. Diz-se desse tecido: *os tecidos brocados são usados geralmente em colchas, cortinas e estofados.*

bro.car.do *sm* **1**. Máxima jurídica: *quem não conhece o famoso brocardo latino in dubio pro reo?* **2**. *P.ext.* Qualquer máxima, pensamento, aforismo: *diz o velho brocardo popular: rei morto, rei posto.*

bro.cha *sf* Prego curto, de cabeça chata e larga; tacha. (Não se confunde com *broxa*.)

bro.char *v* Costurar os cadernos de (um livro), acrescentando uma capa flexível. (Não se confunde com *broxar*.) → **brochagem** ou **brochura** (1) *sf* (ato ou efeito de brochar); **brochureiro** *adj* e *sm* ou **brochurista** *adj* e *s2gên* (que ou pessoa que encaderna livros, revistas, etc. à máquina); **brochura** *sf* (**1**. brochagem; **2**. livro brochado).

bro.che *sm* Adorno com alfinete e fecho, usado na parte de cima do vestuário feminino.

brochette [fr.] *sf* **1**. Pequeno espeto, onde se enfiam alimentos de pequenas dimensões. **2**. Esses alimentos: *comi duas brochettes de camarões.* · Pronuncia-se *brochéte*.

bro.coi.ó *sm* **1**. Caipira, matuto, capiau. **2**. *Pop.CE* Engenhoca que fabrica rapadura. // *adj* e *sm* **3**. Que ou o que tem qualidade ordinária. **4**. Que ou aquele que é parvo, pateta, bocó.

bró.co.lis ou **bró.co.los** *smpl* **1**. Planta hortense cujos brotos e inflorescências são comestíveis. **2**. Esses brotos e inflorescências: *os brócolis são vegetais importantes para a saúde; os brócolis estão baratos hoje.* · O povo usa *"o" brócoli* e até *"o" brócolis,* que é o mesmo que usar *"o" pastéis..*

bro.me.li.á.ceo *adj* **1**. Relativo à bromeliáceas, família de plantas nativas do Brasil, importantes por seus frutos e pelas suas folhas, que fornecem fibras têxteis, representada princ. pelo abacaxi. // *sm* **2**. Espécime dessa família.

bro.mo (ô) *sm* Elemento químico não metálico (símb.: **Br**), de n.º atômico 35, que existe como líquido vermelho-escuro, de cheiro forte, que se transforma facilmente em gás, usado na agricultura e na indústria.

bron.ca *sf* **1**. Repreensão severa, áspera. **2**. Reclamação veemente ou protesto coletivo. → **bronquear** *v* (dar bronca; reclamar muito), que se conjuga por *frear*.

bron.co *adj* **1**. Diz-se de pessoa que não recebeu nenhuma instrução ou educação, por isso age sempre de forma grosseira. **2**. Diz-se daquele que se deixa enganar com facilidade; ingênuo, bobo, tolo. · Antôn. (1): *culto*; (2): *esperto, vivo, ladino*. → **bronquice** *sf* (qualidade ou condição de bronco).

bron.co.pneu.mo.ni.a *sf* Inflamação aguda dos pulmões e dos brônquios.

bro.nha *sf Pop.Chulo* Masturbação masculina; punheta.

brôn.quio *sm* Cada um dos dois condutos em que se divide a traqueia. → **bronquial** ou **brônquico** *adj* (do brônquio); **bronquite** *sf* (inflamação dos brônquios).

bron.tos.sau.ro *sm* O maior dinossauro vegetariano, provavelmente semiaquático, com mais de trinta toneladas, de pescoço e rabo longos.

bron.ze *sm* **1**. Liga de cobre, estanho e zinco. **2**. Escultura ou medalha feita dessa liga. → **bronzagem** *sf* ou **bronzeamento** *sm* [ato ou efeito de bronzear(-se)]; **bronzeado** *adj* (da cor do bronze; moreno) e *sm* [cor semelhante à do bronze]; **bronzeador** *adj* e *sm* (que ou o que bronzeia); **bronzear** *v* (dar a cor de bronze a; amorenar; **bronzear-se** (tornar-se moreno ou bronzeado), que se conjuga por *frear*; **brônzeo** *adj* [êneo (1)]; **bronzista** *s2gên* (pessoa que executa trabalhos em bronze).

brother [ingl.] *sm* Irmão. (No Brasil, usa-se por *amigo íntimo, parceiro.*) · Pl.: *brothers*. · Pronuncia-se *brôdâr*.

bro.to (ô) *sm* **1**. Ramo ou folha que acaba de surgir ou nascer; botão, rebento. **2**. Adolescente que chama a atenção pela beleza, graça e formosura. → **brotação, brotadura** *sf* ou **brotamento** *sm* (ato ou efeito de brotar); **brotar** *v* (**1**. sair da semente; germinar, nascer; **2**. jorrar, manar).

bro.to.e.ja (ê) *sf* Irritação na pele formada por pequenas vesículas, com muita coceira.

brownie [ingl.] *sm* Bolo de chocolate com nozes, cortado em pedaços retangulares ou quadrados. · Pl.: *brownies*. · Pronuncia-se *bráuni*.

browser [ingl.] *sm* Programa utilizado para navegação na Internet, como o Internet Explorer; navegador. · Pl.: *browsers*. · Pronuncia-se *bráuzâr*.

bro.xa *sf* **1**. Pincel curto, com muitas cerdas, próprio para caiação de paredes. // *adj* e *sm* **2**. Que ou o homem que não tem potência sexual. (Não se confunde com *brocha*.) → **broxar** *v* (**1**. pintar com broxa; **2**. perder a potência sexual), que não se confunde com *brochar*.

bru.a.ca *sf* **1**. Saco de couro cru, para transporte de carga em lombo de animais. **2**. *Fig.* Mulher sem dignidade. **3**. *Fig.* Mulher desmazelada, velha e muito feia; bruxa (2).

bru.ce.lo.se *sf* Doença infecciosa bacteriana, comum ao homem e a certos animais.

bru.ços, de *loc adv* De barriga para baixo.

bru.ma *sf* Nevoeiro princ. no mar. · Aum. irregular: *brumaça*. → **brumado** ou **brumoso** (ô) *adj* (cheio de brumas, nebuloso); **brumal** *adj* (rel. a bruma).

brum-brum *sf* Que não consegue comunicar-se direito, porque não conhece a língua do lugar, da região ou do país: *turista brum-brum.* · Pl.: *brum-bruns*.

brunch [ingl.] *sm* Café da manhã reforçado, que serve ao mesmo tempo de desjejum e almoço. · Pl.: *brunches*. · Pronuncia-se *brântch*.

Brunei *sm* Sultanato independente no Norte de Bornéu, a sul do mar da China, de área equivalente à do Distrito Federal. → **bruneano** *adj* e *sm*.

bru.nir *v* Dar brilho ou polimento a; polir, lustrar: *brunir os talheres.* · É verbo regular. → **brunido** *adj* (polido, brilhante); **brunidor** (ô) *sm* (instrumento de aço ou de pau muito duro, para brunir metais, mármores, madeiras, solas de sapato, etc.); **brunidora** (ô) *sf* (máquina que torna polidas e brilhantes as superfícies internas e externas de metais, mármores, etc.); **brunidura** *sf* ou **brunimento** *sm* (ato ou efeito de brunir).

brus.co *adj* **1**. Diz-se do tempo nublado, escuro, carregado. **2**. Rude, áspero, bruto, indelicado: *homem brusco*. **3**. Súbito, repentino: *manobra brusca.* → **brusquidão** ou **brusquidez** (ê) *sf* (qualidade, condição ou caráter do que ou de quem é brusco).

bru.ta.mon.tes *s2gên2núm* ou **bru.ta.mon.te** *s2gên* Sujeito grande, forte, abrutalhado, grosseiro e violento.

bru.to *adj* **1**. Que está tal qual se encontra na natureza. **2**. Que não recebeu nenhuma educação; grosseiro; grosso, mal--educado. **3**. Que não tem desconto ou abatimento; integral, total. **4**. De tamanho grande; enorme; descomunal, gigantesco. **5**. Diz-se do peso total de uma coisa, incluído o da embalagem ou do vasilhame que a contém. // *sm* **6**. Qualquer animal irracional. **7**. Homem não refinado, grosseiro, rude, tosco, selvagem: *os brutos também amam*. · Antôn. (1): *cultivado, trabalhado;* (2): *fino, gentil;* (4): *pequeno, leve;* (7): *refinado, fino, gentil, cavalheiro.* → **brutal** *adj* (**1**. próprio de bruto; desumano, cruel; **2**. muito grande, enorme, gigantesco); **bruteza** (ê), **brutalidade** ou **brutidade** *sf* (**1**. qualidade de brutal; **2** ação bárbara, cruel, brutal; selvageria); **brutalização** *sf* [ato ou efeito de brutalizar(-se)]; **brutalizar** *v* (tratar com brutalidade; maltratar: *brutalizar os filhos*) **brutalizar-se** [tornar(-se) bruto].

bru.xa *sf* **1**. Mulher que representa o mal nos contos infantis. **2**. Mulher idosa, desmazelada e muito feia; bruaca (3). → **bruxaria** *sf* (feitiçaria); **bruxo** *sm* (homem que faz bruxaria; feiticeiro).

bru.xis.mo (x = ch ou ks) *sm Pop*. Briquismo.

bru.xu.le.ar *v* **1**. Tremeluzir, cintilar (luz, lâmpada, chama, etc.). **2**. Brilhar sem intensidade.; alumiar: *as estrelas bruxuleiam no firmamento*. · Conjuga-se por *frear*. → **bruxuleante** *adj* (que bruxuleia; tremeluzente, cintilante); **bruxuleio** *sm* (ato ou efeito de bruxulear; oscilação de brilho; brilho pouco intenso).

bru.zun.dan.ga *sf* V. **burundanga**.

bú.ba.lo *sm* Antílope semelhante à corça, mas de cabeça maior e mais comprida.

bu.bão *sm* Inflamação de um gânglio linfático da(s) virilha(s), no curso de uma doença venérea ou da peste bubônica. → **bubônico** *adj* (rel. a bubão ou que apresenta bubões).

bu.bui.a *sf* **1**. Ato ou efeito de bubuiar ou boiar. **2**. Bolha de vapor ou gás; borbulha. → **bubuiar** *v* (**1**. flutuar, boiar; **2**. borbulhar). ·· **De bubuia**. **1**. *Pop*. Boiando, flutuando: *As crianças ficavam só de bubuia ali no lago*. **2**. *Gír*. Relaxado, tranquilo: *Só mesmo no campo, longe da cidade, a gente pode ficar de bubuia*.

bu.çá *sm* Cabresto de couro cru, usado no adestramento de cavalos.

bu.cal *adj* Da boca; oral: *higiene bucal*.

bu.çal *sm* **1**. Peça complexa, usada na cabeça e no pescoço do cavalo. **2**. Cabresto simples. **3**. Pequeno saco em que se dá milho a animais e também com o qual se pegam animais soltos no potreiro. → **buçalar** *v* (pôr o buçal em); **buçalete** (ê) *sm* (**1**. pequeno buçal; **2**. cabresto requintado).

bu.ca.nei.ro *sm* **1**. Pirata que atacava os navios e as colônias espanholas nas Antilhas, durante a segunda metade do séc. XVII (1655-1665). **2**. Aventureiro que caçava touros selvagens nas Antilhas, no séc. XVII, para defumar a carne e comerciar suas peles. **3**. *P.ext*. Qualquer aventureiro.

bu.cha *sf* **1**. Qualquer pano ou papel com que se aperta a carga das armas de fogo ou se veda qualquer orifício. **2**. Planta trepadeira cujo fruto maduro se usa como esponja de limpeza. **3**. Esse fruto. **4**. Pedaço de pano, estopa, etc. a que se ateia fogo, para fazer o balão subir. **5**. Chumaceira (1), mancal. ·· **Na bucha** (ou **Em cima da bucha**). No ato; imediatamente após (um fato), na lata: *Respondi à pergunta na bucha*.

bu.cho *sm* **1**. Estômago dos quadrúpedes e dos peixes. **2**. Estômago do homem, barriga. **3**. *Pop.Pej*. Mulher feia. → **buchada** *sf* [**1**. conjunto formado pelo bucho (estômago) e outras entranhas dos animais; **2**. iguaria da cozinha nordestina, feita com bucho de bode ou de carneiro, recheado com vísceras]; **buchudo** *adj* (**1**. de bucho grande; barrigudo; **2**. prenhe).

bu.clê *sm* Tecido grosso, de lã ou de algodão, que forma anéis com os fios da própria trama, resultando numa textura crespa, produzido com fio fantasia do mesmo nome e usado princ. para fazer tapetes.

bu.ço *sm* Conjunto de finos e ralos pelos que nascem no lábio superior dos adolescentes e de algumas mulheres; penugem.

bu.có.li.co *adj* **1**. Relativo aos aspectos agradáveis da vida no campo ou próprio dessa vida; pastoril: *paisagem bucólica; poesia bucólica*. **2**. *P.ext*. Que não tem malícia; simples, puro. **3**. Relativo ao bucolismo. → **bucólica** *sf* (poesia pastoril); **bucolismo** *sm* (**1**. gênero ou estilo de prosa ou de poesia que dá ênfase às belezas da vida do campo; **2**. qualidade de bucólico); **bucolista** *adj* (rel. a bucolismo) e *adj* e *s2gên* (que ou pessoa que compõe bucólicas).

bu.co.ma.xi.lo.fa.ci.al (x = ks) *adj* Relativo à boca, maxila e face: *cirurgia bucomaxilofacial*. (Cuidado para não usar hifens: "buco-maxilo-facial", como fazem os cirurgiões-dentistas menos preparados.)

bu.dis.mo *sm* Religião e filosofia baseadas nos ensinamentos de Buda. → **budista** *adj* (de Buda ou do budismo) e *adj* e *s2gên* (que ou pessoa que segue o budismo).

bu.é *sm* Berreiro ou choradeira de criança.

bu.ei.ra *sf* Abertura no telhado de casa de gente pobre, para saída da fumaça da cozinha.

bu.ei.ro *sm* **1**. Conduto fechado e subterrâneo que serve para escoar as águas pluviais nas rodovias, ferrovias, canais, etc.: *galeria pluvial*. **2**. Conjunto de caixa e tampa de ferro grelhada, situado nas sarjetas, pelo qual entram essas águas.

Buenos Aires *loc sf* Capital e a maior cidade da Argentina. → **bonaerense**, **buenairense** *adj* e *s2gên* ou **portenho** *adj* e *sm*.

bu.fa *sm Pop.Chulo* Peido que não faz ruído, mas muito fétido; torpedo (6).

bú.fa.lo *sm* Boi selvagem, de chifres achatados e voltados para baixo. → **bufalino** *adj* (de búfalo: *chifres bufalinos*).

bu.fan.te *adj* **1**. Diz-se da roupa, ou de parte dela, que fica franzida, volumosa, enfunada, como se estivesse cheia de vento, folgada e afastada do corpo: *mangas bufantes*. // *sm* **2**. Essa roupa ou parte dela: *a estilista aposta no bufante para a nova estação*.

bu.fão *sm* **1**. Aquele que diverte os outros com truques, piadas, gestos e posturas estranhas; palhaço: *pare de agir como um bufão!* **2**. Aquele que é dado a contar piadas grosseiras ou indecentes. **3**. Sujeito tolo, idiota: *toda mulher sabe como fazer de um homem um bufão*. · Fem.: *bufona*. → **bufonaria** *sf* (**1**. ação ou dito de bufão; **2**. graça, palhaçada); **bufonear** *v* (agir como bufão), que se conjuga por *frear*.

bu.far *v* **1**. Expelir com força o ar pela boca e/ou pelo nariz: *correu muito e agora está bufando*. **2**. Expelir fortemente o ar pela boca e pelo nariz, como sinal de fúria ou grande contrariedade: *ao saber da verdade, o pai da garota bufava*. **3**. *Pop*. Reclamar, protestar: *pague a conta e não bufe!*

bu.fa.ri.nhas *sfpl* Bugigangas vendidas por ambulantes ou camelôs. **bufarinheiro** *sm* (vendedor de bufarinhas).

bu.fê ou **bu.fe.te** *sm* **1**. Mesa ou balcão em que se colocam comes e bebes, em festa ou banquete. **2**. Serviço fixo ou volante prestado nessas ocasiões. **3**. Provisão de comidas e bebidas servidas nessas ocasiões.

bu.fo *sm* **1**. Ato de bufar; bafo. **2**. Ator de comédia cujo papel é fazer o público rir; bufão. // *adj* **3**. Diz-se de peça teatral que faz rir, cômico.

bu.fo.na.ri.a *sf* V. **bufão**.

bu.fun.fa *sf Pop*. Dinheiro, grana.

bug [ingl.] *sm* Defeito ou erro num código ou num programa de computador. · Pl.: *bugs*. · Pronuncia-se *bâg*.

bu.ga.lho *sm* **1**. Parte normal arredondada que cresce em algumas plantas, princ. nos carvalhos. **2**. Globo ocular: *estar com os bugalhos vermelhos e doloridos*. ·· **Falar em alhos e responder em bugalhos**. Dar resposta inteiramente incompatível com o teor da pergunta. ·· **Misturar alhos com bugalhos**. Confundir coisas que, por sua própria natureza, são muito diversas; tomar uma coisa por outra.

bu.gan.vi.lia *sf* Flor da planta trepadeira ornamental do mesmo nome, também conhecida por *três-marias*.

buggy [ingl.] *sm* V. **bugue**. · Pl.: *buggies*.

bu.gi.gan.ga *sf* Coisa de pouco valor; quinquilharias. (Cuidado para não usar "buginganga"!)

bu.gi.o *sm* **1**. Macaco de barba espessa no queixo, que vive em bando, guiado por um líder, sempre o macho mais velho. **2**. *P.ext*. Homem muito feio, mas engraçado. · Fem.: *bugia*.

bu.gre *sm* **1**. Nome genérico de diversos grupos indígenas brasileiros, selvagens e agressivos. // *adj* **2**. Relativo ou pertencente a cada um desses indígenas: *aldeia bugre*. // *s2gên* **3**. *Fig*. Pessoa rude, ignorante, grosseira. **4**. *Fig*. Pessoa geralmente sem instrução e muito desconfiada, arredia. · Fem.: *bugra*.

bu.gue *sm* Veículo todo aberto, próprio para transitar em terrenos arenosos; *buggy*.

bu.jão *sm* **1**. Botijão. **2**. Qualquer peça ou objeto usado para vedar orifícios; bucha. · Pl.: *bujões*.

bu.jar.ro.na *sf* Vela triangular, içada na proa da embarcação.

bu.la *sf* **1**. Carta do papa contendo orientação aos católicos. **2**. Explicação impressa que acompanha um medicamento. · Col. (1): *bulário*. → **bulático** (rel. a bula). ·· **Contar bulas**. Dizer asneiras. ·· **Vender bulas**. Querer passar por homem de bem, sem sê-lo.

bul.bo *sm* Caule curto e grosso, que fica sob a terra, com muitas folhas cheias de suco, agrupadas umas sobre as outras. → **bulbar** *adj* (rel. ou sem. a bulbo); **bulboso** (ô; pl.: ó) *adj* (que tem bulbo).

bul.do.gue *sm* **1**. Raça inglesa de cães de aspecto feroz, porém dóceis e brincalhões. **2**. Cão dessa raça, musculoso, de cabeça grande e arredondada, pelagem curta e focinho também curto e achatado e maxilas proeminentes. ·· **Buldogue francês. 1**. Raça de cães de companhia, de pequeno porte, de cabeça volumosa e achatada, pelo e cauda curtos. **2**. Cão dessa raça, inteligente, carinhoso e brincalhão; *frenchie*.

bul.dô.zer *sm* **1**. Trator grande e potente, provido na frente de uma lâmina de aço, espécie de pá, para remover grandes pedras, toras de madeira, terra, entulhos, etc. **2**. Essa lâmina. · Pl.: *buldôzeres*.

bu.le *sm* Recipiente provido de bico e asa, para servir chá, café e chocolate.

bu.le.var *sm* Rua larga e arborizada, avenida. · Pl.: *bulevares*.

Bulgária *sf* País da Europa Oriental, de área pouco maior que a do estado de Pernambuco. **búlgaro** *adj* e *sm*.

bu.lha *sf* **1**. Barulho, ruído. **2**. Gritaria de manifestantes. **3**. Briga entre inimigos. → **bulhar** *v* (**1**. brigar com inimigos; **2**. promover bulha ou barulho); **bulhento** *adj* [**1**. que faz bulha (1), barulhento; **2**. briguento].

bu.lhu.fas ou **bu.lu.fas** *pron* Nada, patavina: *não entendi bulhufas do que o professor disse*.

bu.lí.cio *sm* **1**. Agitação ou alvoroço que causa muita gente ou muita coisa junta ou em movimento, burburinho: *o bulício da Rua 25 de Março, em São Paulo*. **2**. Rumor ou sussurro contínuo e indefinido que essa agitação provoca: *o bulício das grandes feiras internacionais*. **3**. Ruído baixo e quase imperceptível; murmúrio: *o bulício das folhas de uma árvore; o bulício de um riacho*.

bu.li.ço.so (ô; pl.: ó) *adj* **1**. Ativo, vivo, esperto: *loja de buliçosos funcionários*. **2**. Que não para quieto; que não sossega; irrequieto; travesso: *toda criança sadia é buliçosa*. **3**. Diz-se do que está sempre agitado ou em movimento: *o italiano e suas mãos buliçosas*. → **buliçosidade** *sf* (qualidade ou caráter de buliçoso).

bu.li.mi.a *sf* **1**. Apetite insaciável. **2**. Transtorno alimentar que consiste em a pessoa comer demais para em seguida, por sentir culpa, induzir o vômito, para não ganhar peso. → **bulímico** *adj* (rel. a bulimia) e *adj* e *sm* (que ou aquele que padece de bulimia).

bu.lir *v* **1**. Tocar, mexer: *não bula nas minhas coisas!* **2**. Mexer, importunar, incomodar: *não bula com o chefe!* · Conjuga-se por *fugir*.

bullying [ingl.] *sm* Todo e qualquer ato de violência física ou psicológica, intencional e sistemática, sem motivação aparente, que ocorre geralmente entre estudantes, no ambiente escolar, praticado por um indivíduo ou um grupo de indivíduos forte sobre outro mais fraco, incapaz de se defender, com o objetivo de intimidar e perseguir, causando danos físicos, sociais e/ou psicológicos; assédio moral: *o bullying pode acontecer pessoalmente ou* on-line. · Pronuncia-se *búlin*.

bum *interj* Exprime queda ou estrondo.

bum.ba *sm* Redução de *bumba meu boi*, dança folclórica brasileira do Nordeste, princ. do Maranhão, cômico-dramática, que apresenta atores fantasiados de animais, entre os quais o boi, protagonista do bailado, que morre e volta à vida; boi-bumbá.

bum.bo *sm* V. **bombo**.

bum-bum *sm* Som de pancada repetida: *o bum-bum de uma escola de samba*. · Pl.: *bum-buns*.

bum.bum *sm* Região glútea; conjunto das nádegas, bunda, buzanfa.

bu.me.ran.gue *sm* Arma de arremesso que volta ao ponto de partida, depois de lançada.

bun.da *sf* **1**. Conjunto das nádegas, buzanfã, bumbum. // *adj* **2**. *Pop*. De baixa qualidade; sem importância ou valor: *carros bunda; governos bunda*. (Como se vê, o adjetivo não varia.) → **bundudo** *adj* e *sm* (que ou aquele que tem bunda grande; popozudo).

bun.da-mo.le *adj* e *s2gên* **1**. Que ou pessoa que é fraca, muito covarde, que só alardeia coragem longe do perigo; bundão (2): *seu irmão é um bunda-mole*. **2**. Que ou pessoa que é molenga, sem energia nem iniciativa; pamonha, banana. **3**. Que ou pessoa que vive desanimada; bola-murcha. · Pl.: *bundas-moles*.

bun.dão *sm* **1**. Aumentativo regular de *bunda*; bunda grande. **2**. Bunda-mole (1). **3**. Pessoa que fica ruborizada e sem graça, depois de ter cometido ou dito uma besteira: *depois da asneira que disse, o bundão se calou e, disfarçadamente, foi embora mais cedo da festa*. · Fem.: *bundona*. ·· **Ficar com cara de bundão**. Ficar todo sem graça; ficar desconcertado, com cara de asno ou de quem comeu e não gostou.

bun.da-su.ja *s2gên* Pessoa sem nenhuma importância; zéninguém. · Pl.: *bundas-sujas*.

bundled [ingl.] *adj* Diz-se do *software* ou programa que vem instalado no computador, estando já incluído no preço. · Pl.: *bundleds*. · Pronuncia-se *bândol*.

bun.do.ril *sm* Peça de madeira ou de plástico que serve de assento em abrigos de paradas de ônibus, praças, *shoppings*, etc.

bungee-jump [ingl.] *sm* Esporte radical em que o participante é preso por um cabo elástico pelos pés e salta de grande altura, quase tocando o chão. · Pronuncia-se *bângui-djâmp*.

bunker [ingl.] *sm* **1**. Abrigo ou refúgio subterrâneo, feito de cimento reforçado, contra bombardeios aéreos. *P.ext*. Qualquer local muito seguro e protegido. · Pl.: *bunkers*. · Pronuncia-se *bângkâr*.

bunraku [jap.] *sm* Tradicional teatro de marionetes japonês, com manipulação de grandes bonecos de madeira e acompanhamento de narração cantada. · Pronuncia-se *bunráku*.

bu.quê *sm* **1**. Porção de flores arrumadas; ramalhete. **2**. Fragrância característica de certas bebidas alcoólicas.

bú.ra.ca ou **bú.ri.ca** *sf* **1**. Pequeno buraco no solo cavado para jogar gude ou bolinha de vidro. **2**. Jogo de gude.

bu.ra.co *sm* **1**. Qualquer abertura circular no solo. **2**. Certo jogo de cartas. **3**. *Pop*. Coisa difícil ou complicada de resolver. → **buraqueira** *sf* (grande quantidade de buracos). ·· **Buraco negro**. Região do universo em que a força gravitacional é tão intensa, que nada lhe escapa, nem mesmo a luz.

bur.bu.ri.nho ou **mur.mu.ri.nho** *sm* Barulho confuso e prolongado.

bur.ca *sf* Túnica usada em público pelas mulheres muçulmanas, que consiste em cobrir inteiramente o corpo, da cabeça aos pés, deixando apenas pequenos furos, na altura do rosto, para visão e respiração.

bu.ré *sm* Mingau de milho verde.

bureau [fr.] *sm* V. **birô**.

bu.rel *sm* **1**. Tecido grosseiro de lã: *gorro de burel*. **2**. Hábito de frade ou de freira feito com esse tecido: *ninguém podia imaginar que sob aquele burel se escondesse tanta formosura*.

bu.re.ta (ê) *sf* Tubo de vidro graduado e de forma cilíndrica, dotado de pequena torneira, usado em análise química, para dosar reagentes químicos.

bur.go *sm* **1**. Na Idade Média, fortaleza que servia de abrigo às populações situadas fora das muralhas. **2**. Castelo ou mosteiro rodeados por muralhas de proteção. **3**. Povoação que se desenvolveu junto a essas edificações.

bur.guês *adj* **1**. Do burgo ou da burguesia. // *sm* **2**. Na Idade Média, habitante do burgo que, não sendo nobre nem servo, se dedicava às atividades comerciais lucrativas. // *adj* e *sm* **3**. *P.ext*. Que ou aquele que pertence à classe média, é conservador e acomodado com a ordem social. · Fem.: *burguesa*. → **burguesia** *sf* (classe média alta, representada pelos grandes proprietários de terra, industriais, banqueiros, grandes empresários e grandes comerciantes).

bú.ri.ca *sf* Búraca.

bu.ril *sm* **1**. Instrumento com ponta de aço, para gravar. **2**. Instrumento semelhante, para lavrar pedras. → **burilada** *sf* (**1**. golpe ou traço feito com buril; **2**. melhoramento, aperfeiçoamento, aprimoramento); **burilar** *v* (**1**. gravar com buril; **2**. melhorar, aperfeiçoar, aprimorar).

bu.ri.ti ou **mu.ri.ti** *sm* **1**. Variedade de palmeira, buritizeiro. **2**. Fruto dessa palmeira. → **buritizeiro** ou **muritizeiro** *sm* [buriti (1)].

Burkina Faso *loc sm* País da África, ex-Alto Volta, de área equivalente à do estado do Tocantins. · Pronuncia-se *burkína faço*. → **burquino** *adj* e *sm*.

bur.lar *v* **1**. Enganar, através de artimanhas; ludibriar: *burlar a vigilância*. **2**. Fraudar, lesar: *burlar o fisco*. → **burla** *sf* (ato de burlar; fraude); **burlador** (ô), **burlão** (fem.: *burlona*) *adj* e *sm*, **burlante** ou **burlista** *adj* e *s2gên* [que ou pessoa que burla; fraudador(a)].

bur.les.co (ê) *adj* **1**. Diz-se do gênero literário que encerra burla jocosa e zombeteira, de um cômico exagerado e quase sempre trivial. **2**. Que é ridiculamente cômico; grotesco, caricato: *ela teve uma reação burlesca, ao ser elogiada*. // *sm* **3**. Aquilo que é grotesco ou caricato. **4**. Estilo burlesco.

bu.ro.cra.ci.a *sf* **1**. Sistema de administração pública que se caracteriza pela morosidade e grandes dificuldades na consecução dos serviços, na qual tudo depende da assinatura de muitos funcionários. **2**. Esses funcionários. → **burocrata** *s2gên* [funcionário(a) ou servidor(a) público(a), cujo trabalho se resume em receber e passar adiante os documentos que recebe]; **burocrático** *adj* (da burocracia ou próprio dela); **burocratização** *sf* [ato ou efeito de burocratizar(-se)]; **burocratizar(-se)** *v* [tornar(-se) burocrata ou transformar(-se) em burocracia].

bur.ra *sf* **1**. Fêmea do burro. **2**. Caixa-forte. •• **Lavar a burra**. Lavar a égua.

bur.ra.da *sf* **1**. Manada de burros. **2**. Coisa impensada; asneira, besteira, estupidez, burrice (1).

bur.ri.ce *sf* **1**. Falta de inteligência; estupidez. **2**. Burrada, asneira.

bur.ri.nho *sm* **1**. Burro pequeno; burrico. **2**. *Pop*. Bomba de freio de veículos automotivos.

bur.ro *sm* **1**. Quadrúpede, híbrido de égua com jumento ou de cavalo com mula; asno (o verdadeiro nome). (Voz: *azurrar, ornejar, zurrar*.) // *adj* e *sm* **2**. Que ou aquele que é estúpido, teimoso, ignorante e curto de inteligência. •• **Pra burro**. Muito, à beça, pra chuchu, pra cachorro: *Choveu pra burro aquele dia. Ela é rica pra burro*.

bur.si.te *sf* Inflamação das bolsas serosas das articulações, princ. do ombro, cúbito e joelho.

bu.run.dan.ga ou **bru.zun.dan.ga** *sf* **1**. Coisa de pouco valor ou inútil; insignificância, ninharia. **2**. Linguagem confusa, ininteligível. **3**. Mistura confusa de coisas; miscelânia, mixórdia. **4**. Confusão, trapalhada: *não me meta em burundanga!* **5**. Comida ordinária ou de aspecto repugnante: *na cadeia você vai apreciar uma bela de uma bruzundanga*.

Burundi *sm* Pequeno país africano, de área pouco menor que a do estado de Alagoas. · Pronuncia-se *burúndi*. → **burundiano**, **burundinês** *adj* e *sm* ou **burundiense** *adj* e *s2gên*

bus [ingl.] *sm* **1**. Ônibus. **2**. Componente da arquitetura do computador através do qual se realizam as comunicações dentro do sistema. · Pl.: *buses*. · Pronuncia-se *bás*.

bus.ca-fun.do *sm* Aparelho próprio para descer ao fundo do mar, para colher amostras de material. · Pl.: *busca-fundos*.

bus.ca-pé *sm* Pequena peça de fogo de artifício que sai ziguezagueando à altura dos pés das pessoas e acaba explodindo. · Pl.: *busca-pés*.

bus.car *v* **1**. Tratar de conseguir; procurar: *buscar ajuda*. **2**. Tentar, procurar: *buscar subir na vida*. **3**. Pegar (alguém ou algo) para levar e trazer: *buscar o filho na escola*. → **busca** *sf* (ato ou efeito de buscar).

bu.si.lhão *sm* **1**. Monte de roupa suja. **2**. Monte de lixo; monturo. **3**. Pessoa que anda com a roupa toda suja e rota. · Fem. (3): *busilhona*.

bu.sí.lis *sm2núm* Ponto nevrálgico ou principal para a solução de um problema, caso, etc.; xis da questão.

bús.so.la *sf* Pequena caixa com uma agulha imantada que repousa livremente sobre um eixo, que aponta sempre para o norte.

bus.ti.ê *sm* Blusa de malha colante, sem manga nem alça, substituto eventual do sutiã.

bus.to *sm* **1**. Parte superior do corpo humano. **2**. Representação dessa parte do corpo em escultura, pintura ou fotografia. **3**. Seios. → **bustuário** *sm* (aquele que faz bustos).

bus.to-re.li.cá.rio *sm* Retrato de busto de um santo que contém uma relíquia sua (um fio de cabelo, um dente, um pedaço de osso, etc.). · Pl.: *bustos-relicários*.

bus tour [ingl.] *loc sm* Excursão rodoviária, feita em ônibus dotado de todo o conforto para os passageiros. · Pl.: *bus tours*. · Pronuncia-se *bás tur*.

bu.ta.no *sm* Hidrocarboneto saturado, incolor e inflamável, composto do gás liquefeito de petróleo, empregado princ. como combustível doméstico.

Butão *sm* Reino isolado, situado na cordilheira do Himalaia, na Ásia Central, entre o Tibete e a Índia, de área equivalente à do estado do Espírito Santo. → **butanês** *adj* e *sm*

bu.ti.que *sf* Pequena loja onde se vendem artigos de vestuário, perfumes e bijuterias.

button [ingl.] *sm* V. **bóton**. · Pl.: *buttons*. · Pronuncia-se *bâtan*.

bu.tu.ca ou **mu.tu.ca** *sf* **1**. Inseto cuja fêmea tem picada muito dolorosa. **2**. *Gír*. Intromissão curiosa no que outrem está fazendo. •• **De butuca (ligada)**. De olho; atento: *Fica de butuca, que vais ver que estou com a razão!*

bu.tu.cum *sm* Pequeno saco que se leva a tiracolo, em viagens ou caçadas.

bu.xo *sm* Arbusto ornamental de folhas pequenas e flores brancas, muito visto em jardins e mais usado no diminutivo (*buxinho*).

bu.zan.fa ou **bu.zan.fã** *sf* Conjunto das nádegas; bumbum.

bu.zi.na *sf* Aparelho elétrico, princ. de veículos automotivos, que produz um som forte e estridente, para chamar a atenção das pessoas. → **buzinada** *sf* (toque de buzina); **buzinar** *v* (tocar buzina).

bu.zi.no.te *sm* Pequeno pedaço de cano que se usa nos terraços e varandas para escoar a água das chuvas.

bú.zio *sm* **1**. Molusco de grande concha univalve e abertura larga. **2**. Essa concha. **3**. Buzina feita com essa concha.

bye-bye [ingl.] *sm* **1**. Saudação inglesa de despedida, empregada no dia a dia, equivalente a chau, adeus, até logo. // *interj* **1**. Adeus. · Pl.: *bye-byes*. · Pronuncia-se *bai-bai*.

bu-pass ou **bypass** [ingl.] *sm* **1**. Desvio de direção; contorno, circuito. **2**. Dispositivo destinado a favorecer a circulação do sangue através de um desvio. // *adj* e *sf* **3**. Que ou válvula de motor de veículo que tem a função de criar ramificação alternativa entre dois componentes, princ. para evitar que uma substância (água, óleo, gases de exaustão ou ar) passe por eles. · Pl.: *by-passes, bypasses*. · Pronuncia-se *bai-pés*, mas no Brasil se ouve muito *bai-pás*.

byte [ingl.] *sm* Unidade de informação digital formada de oito *bits*. · Pronuncia-se *báite*.

C

c/C *sm* Terceira letra do alfabeto. · Pl.: os cês ou os cc.

cá *adv* **1.** Aqui, neste lugar; nesta terra: *já estou cá no sítio; eu de cá, você de lá*. **2.** A este lugar; até aqui: *venha cá!* **3.** Aqui: *cá estamos nós*. // *sm* **4.** Nome da letra *k*. · Pl. (3): *cás* ou *kk*. (Usa-se como palavra expletiva ou de realce: *E eu cá sei do que você está falando?! Isso agora é cá comigo.*) ·· **De cá para** (ou **pra**) **lá** (ou **De lá para** (ou **pra**) **cá**. De um lado a outro. · V. **lá**.

ca.a.tin.ga ou **ca.tin.ga** *sf* **1.** Vegetação rala, característica do Nordeste, formada de cactos e árvores espinhentas que perdem as folhas durante a seca. **2.** Região onde ocorre esse tipo de vegetação.

ca.ba.ça *sf* **1.** Cabaceira, cuieira. **2.** Fruto da cabaceira; cuia. **3.** Pote feito com esse fruto; cuia. → **cabaceira** *sf* [**1.** árvore que dá a cabaça; cabaça (1); **2.** madeira dessa árvore, própria para marcenaria].

ca.ba.ço *sm* **1.** Casca da cabaceira, depois de seca, utilizada como cuia ou tigela. **2.** *Pop.Chulo* Hímen. **3.** *Pop.Chulo* Mulher virgem. // *adj* **4.** *Pop.Chulo* Diz-se da mulher que ainda é virgem.

ca.bal *adj* **1.** Completo, perfeito, pleno. **2.** Terminante, definitivo.

ca.ba.la *sf* **1.** Interpretação secreta ou conjunto de comentários místicos que os judeus fazem do Antigo Testamento. **2.** Manobra secreta, conspiração. → **cabalar** *v* [**1.** fazer cabala; conspirar, tramar; **2.** *pop.* angariar (votos ou eleitores) com pedidos, ou usando de ardis]; **cabalista** *adj* e *s2gên* [**1.** especialista na cabala; **2.** que ou pessoa que conspira ou que participa de cabala (2)]; **cabalístico** *adj* (**1.** rel. à cabala judaica: *número cabalístico*; **2.** *fig.* misterioso, enigmático: *figuras rupestres cabalísticas*).

ca.ba.li.no *adj* Relativo ou pertencente a cavalo: *crinal cabalina, doença cabalina*.

ca.ba.na *sf* Casa pequena, de construção simples, coberta de palha ou de outro material grosseiro, palhoça, choupana, choça. → **cabaneiro** *sm* (**1.** homem que mora em cabana; **2.** homem pobre e sem instrução, que geralmente vive só; **3.** cesto alto, de boca larga, feito de vime; cabano).

ca.ba.nha *sf* Estabelecimento rural destinado à criação e manutenção de rebanho e gado de raça, princ. reprodutores.

ca.ba.no *adj* **1.** Diz-se do boi de chifres voltados para baixo e no sentido horizontal. **2.** Diz-se do cavalo de orelhas pensas ou derrubadas. **3.** Diz-se das orelhas de abano. **4.** Diz-se do asno vagaroso, mas muito resistente. **5.** Diz-se do chapéu de palha de abas largas, moles e caídas. // *sm* **6.** Cabaneiro (3).

ca.ba.ré *sm* Casa noturna de diversões, que apresenta espetáculos de variedades. → **cabareteiro** *sm* (dono ou empregado de cabaré).

ca.baz *sm* Cesto fundo, de vime ou de junco, com tampa e asa, para conter e transportar frutas, garrafas, objetos miúdos, etc.

ca.be.ça *sf* **1.** Parte superior do corpo humano ou anterior de grande parte dos animais, onde se localizam os principais órgãos sensoriais, a boca e o cérebro. **2.** Essa parte do corpo humano como sede do pensamento; mente. **3.** Parte arredondada e mais larga de alguma coisa. // *sm* **4.** Chefe, líder. · Aum. irregular (1): *cabeçorra* (ô). → **cabeçada** *sf* [**1.** pancada ou batida com a cabeça; **2.** *pop.* burrada, asneira; **3.** em futebol, lance em que se usa a cabeça (que não se confunde com *cabeceio*); **cabeção** *sm* (**1.** cabeça grande; **2.** gola larga e pendente de capa, casaco, camisa, etc.); **cabecear** *v* [**1.** atirar (bola) com a cabeça; **2.** deixar pender a cabeça, por causa de sono; cochilar], que se conjuga por *frear*; **cabeceio** *sm* [**1.** ato ou efeito de cabecear; **2.** no futebol, movimento em que o jogador desloca a bola com a cabeça para outro lugar do campo (que não se confunde com *cabeçada*): *com o cabeceio do zagueiro, a bola foi para a linha lateral*]; **cabeçudo** *adj* e *sm* (**1.** que ou aquele que tem cabeça grande; **2.** que ou aquele que é teimoso; cabeça-dura). ·· **Cabeça d'água**. **1.** As primeiras águas das enchentes dos rios periódicos do sertão nordestino. **2.** Crescimento súbito do nível das águas dos rios correntes ou já cheios. ·· **Cabeça de área**. **1.** Posição do jogador de futebol que fica à frente dos zagueiros; médio-volante. **2.** Zona em que essa jogador atua. ·· **Cabeça de bagre**. **1.** Pessoa estúpida, totalmente desprovida de inteligência; idiota. **2.** *Gír.* Futebolista de recursos técnicos muito limitados; bonde, perna de pau (2). ·· **Cabeça de casal**. Pessoa que administra os bens de uma herança, até a sua liquidação ou partilha. ·· **Cabeça de chave**. Equipe ou atleta colocado à cabeça de cada um dos grupos numa fase eliminatória de uma competição ou prova esportiva. ·· **Cabeça de negro**. Artefato pirotécnico de alta e forte detonação, utilizado durante as festas juninas. (Não confunda com cabeça-de-negro.) ·· **Cabeça de página**. Cabeço (3). ·· **Cabeça de porco**. **1.** Habitação coletiva, onde vive grande número de pessoas, geralmente promiscuamente; cortiço. **2.** RJ Prédio de apartamentos muito pequenos, tipo quitinete. ·· **Cabeça de prego**. Abscesso cutâneo; furúnculo. ·· **Cabeça de vento**. **1.** Pessoa muito distraída ou pouco responsável. **2.** Pessoa esquecida, avoada: *Essa menina é uma cabeça de vento mesmo, saiu e deixou todas as luzes da casa acesas*. ·· **Cabeça fria** (fig.). **1.** Que ou pessoa que é extremamente calma, tranquila: *Pai cabeça fria*. **2.** Calma, tranquilidade, serenidade: *Em situações de pânico, sai-se melhor quem tem cabeça fria*. ·· **Cabeça quente** (fig.). **1.** Que ou pessoa que é extremamente irrequieta, intranquila: *Mãe cabeça quente*. **2.** Intranquilidade, desassossego: *Em situações de pânico, sai-se pior quem tem cabeça quente*.

ca.be.ça-cha.ta *s2gên* Alcunha dada aos nordestinos em geral, princ. o cearense. · Pl.: *cabeças-chatas*.

ca.be.ça-de-ne.gro *sm* Planta anonácea cujas sementes têm propriedades medicinais. · Pl.: *cabeças-de-negro*. (Não confunda com *cabeça de negro*, visto em **cabeça**.)

ca.be.ça-du.ra *s2gên* Pessoa teimosa; cabeçudo(a). · Pl.: *cabeças-duras*.

ca.be.ça-fei.ta *adj* e *s2gên* Que ou pessoa que mostra personalidade em tudo o que faz, não se deixando influenciar por opiniões de outrem: *ter um filho cabeça-feita*. · Pl.: *cabeças-feitas*.

ca.be.ça-in.cha.da *sf* **1.** Amor-próprio ferido, por infortúnio no amor. **2.** Despeito do vencido (no amor, no esporte, etc.); dor de cotovelo. · Pl.: *cabeças-inchadas*.

ca.be.ça.lho *sm* **1.** Princípio de uma exposição escrita. **2.** Cabeço (2).

ca.be.cei.ra *sf* **1.** Parte da cama onde se deita a cabeça. **2.** Cada uma das extremidades de uma mesa retangular. **3.** Nascente de rio.

ca.be.ci.lha *sm* Chefe ou cabeça de bando ou quadrilha.

ca.be.ço (ê) *sm* **1.** Cume convexo e arredondado de um monte. **2.** Título de jornal, revista, etc., no qual constam data, número, periodicidade, diretoria, etc.; cabeçalho. **3.** Alto de página, numa obra, onde se imprime o nome do autor, título, etc.; cabeça de página.

ca.be.ço.te *sm* **1.** Cabeça magnética de um gravador. **2.** Parte superior do motor dos carros e caminhões, onde se localiza a câmara de combustão e são montadas as válvulas, etc.

ca.be.dal *sm* **1.** Conjunto de todos os bens de uma pessoa. **2.** Conjunto de conhecimentos de uma pessoa; experiência.

ca.be.de.lo (ê) *sm* **1.** Diminutivo irregular de *cabo* (2); pequeno cabo de terra que invade o mar. **2.** Pequeno monte de areia que se forma junto à foz dos rios.

ca.be.la.me *sm* Conjunto das radículas de uma planta.

ca.be.lei.ra *sf* **1.** Conjunto de todos os cabelos da cabeça. **2.** Cabelos crescidos, compridos. **3.** Cabelos postiços, peruca. **4.** Nebulosidade que envolve o núcleo dos cometas. // *sm* **5.** Homem de cabelos compridos. **6.** *Pop.NE* Homem perverso, cruel, malfeitor. → **cabelama** *sf* (vasta cabeleira, geralmente malcuidada).

ca.be.lei.rei.ro *sm* **1.** Profissional que corta e penteia cabelos. **2.** Local onde esse profissional realiza seu trabalho. (Cuidado para não usar "cabelereiro" nem muito menos "cabelelero", pois a palavra se forma de *cabeleira* + *-eira*.)

ca.be.lo (ê) *sm* Pelo ou conjunto de pelos da cabeça humana. · V. **capilar**.

ca.be.lu.do *adj* **1.** Cheio de cabelos: *peito cabeludo*. **2.** *Fig.* Difícil, complicado: *questão cabeluda*. **3.** *Pop.* Indecente, obsceno, imoral: *piada cabeluda*. **4.** *Pop.* Exagerado, grosseiro, forte: *mentira cabeluda*. // *sm* **5.** Homem com bastante cabelo. ·· **Couro cabeludo**. Parte da cabeça onde nascem os cabelos.

ca.ber *v* **1.** Ser de direito ou de competência; assistir, competir: *cabe aos pais educar os filhos*. **2.** Poder estar dentro: *cabe mais* *uma camisa na mala?* · Conj.: *caibo, cabes, cabe*, etc. (pres. do ind.); *cabia, cabias*, etc. (pret. imperf.); *coube, coubeste*, etc. (pret. perf.); *coubera, couberas*, etc. (pret. mais-que-perf.); *caberei, caberás*, etc. (fut. do pres.); *caberia, caberias*, etc. (fut. do pret.); *caiba, caibas*, etc. (pres. do subj.); *coubesse, coubesses*, etc. (pret. imperf.); *couber, couberes*, etc. (fut.); *cabendo* (gerúndio); *cabido* (particípio); *caber* (infinitivo impessoal); *caber, caberes*, etc. (infinitivo pessoal). Não tem imperativo.

ca.bi.da *sf* Cabimento.

ca.bi.de *sm* Peça própria para pendurar chapéus e roupas em armários.

ca.bi.de.la *sf* Prato da cozinha luso-brasileira que consiste em miúdos de ave refogados no próprio sangue da ave; galinha ao mulho pardo; galinha à cabidela.

ca.bi.do *sm* Conjunto dos cônegos de uma catedral.

ca.bil.da ou **ca.bi.la** *sf* **1**. Designação de algumas tribos nômades, especialmente árabes norte-africanas. **2**. Bando de selvagens. **3**. Bando de ciganos. **4**. *Pop.Pej.* Qualquer bando de gente ordinária.

ca.bi.men.to *sm* Lógica, cabida, razão de ser: *a impunidade só tem cabimento mesmo em país infeliz*.

ca.bi.na ou **ca.bi.ne** *sf* **1**. Quarto de dormir de navio; camarote. **2**. Quarto de dormir de trem. **3**. Compartimento de avião reservado ao piloto e copiloto. **4**. Recinto do motorista de ônibus ou de caminhão. **5**. Pequeno compartimento de espaçonave, onde se acomodam os astronautas. **6**. Compartimento reservado, onde banhistas trocam de roupa. **7**. Recinto onde se vota. **8**. Qualquer pequeno recinto, geralmente com porta, para uso específico.

ca.bis.bai.xo *adj* **1**. De cabeça baixa, em razão de uma adversidade qualquer. **2**. Abatido, humilhado.

ca.bí.vel *adj* Que tem cabimento, plenamente aceitável.

cable modem [ingl.] *loc sm* Aparelho que, conectado ao computador, propicia acesso à Internet em alta velocidade, por meio de cabo: *eu acesso a Internet não por linha telefônica, mas por* cable modem. · Pronuncia-se *kêibol môudem*.

ca.bo *sm* **1**. Parte por onde se segura alguma coisa. **2**. Ponta de terra que entra mar adentro. **3**. Feixe de fios metálicos, protegidos por um invólucro isolante, destinado às comunicações telegráficas ou telefônicas, ou para transmissão de energia elétrica. **4**. Corda grossa de embarcação. **5**. Posto militar superior apenas a soldado e marinheiro. **6**. Pessoa que detém esse posto. ·· **Cabo de esquadra**. **1**. Antiga patente militar superior ao anspeçada e inferior ao furriel ou ao porta-estandarte. **2**. Militar detentor dessa patente, que comandava uma esquadra de soldados.

ca.bo.clo (ô) *sm* **1**. Mestiço de branco com índio. **2**. Homem sertanejo, rude, de cor bronzeada; caipira, matuto. // *adj* **3**. Relativo ou pertencente ao caboclo. · Col.: *caboclada*. ·· **Caboclo d'água**. Ser fantástico que habita as águas do São Francisco e aparece à noite, para virar canoas e assustar a população ribeirinha.

ca.bo.gra.ma *sm* Telegrama transmitido por cabo submarino.

ca.bo.ta.gem *sf* Navegação mercante e costeira. → **cabotar** *v* (costear).

ca.bo.ti.no *adj* e *sm* **1**. Que ou aquele que vive para se autopromover, para falar ou escrever bem de si mesmo. **2**. Que ou o que ganha a vida como humorista ambulante. **3**. Ator ou comediante ordinário; canastrão. → **cabotinagem, cabotinice** *sf* ou **cabotinismo** *sm* (ação, vida ou costumes de cabotino).

ca.bo-ver.de *s2gên* **1**. Mestiço(a) de índio com negro; cafuzo(a), caburé. // *adj* e *s2gên* **2**. Cabo-verdiano(a). · Pl. (1): *cabos-verdes*; (2): *cabo-verdes*.

Cabo Verde *loc sm* País africano formado de um grupo de ilhas, de área menor que a do Distrito Federal. ·· **cabo-verde, cabo-verdense** *adj* e *s2gên* ou **cabo-verdiano** *adj* e *sm*.

ca.bra *sf* **1**. Mamífero ruminante criado para obtenção de leite, carne e eventualmente lã; fêmea do bode. // *sm* **2**. *Pop.* Pessoa, geralmente um valentão, contratada para defender um maioral ou poderoso; capanga. **3**. *Pop.* Sujeito, cara, indivíduo, pessoa: *essa mulher é um cabra de sorte*. · Dim. irregular (1): *capréolo sm*. → **cabril** *sm* (curral de cabras); **cabrito** *sm* (filhote de cabra); **cabrum** *adj* (**1**. que consta de cabras e bodes; caprino: *gado cabrum*; **2** de cabras ou de bodes; caprino: *exposição cabrua*), de fem. *cabrua*. · V. **caprino**. ·· **Cabra da moléstia** (ou **da peste**). **1**. Que ou pessoa que é safada, desqualificada, ordinária: *quem não tem ou nunca teve um vizinho cabra da moléstia?; essa mulherzinha é mesmo um cabra da peste retado!* **2** Que ou pessoa que, por sua valentia, coragem, ousadia, inteligência ou talento, ganhou o respeito no seu meio, ofício, atividade, etc.: *tenho uma filha cabra da peste: passou no vestibular sem fazer cursinho!; o que anda fazendo aquele cabra da peste de sua irmã por aquelas bandas?: sujeito cabra da moléstia esse nosso presidente; o que aquele cabra da peste da sua irmã foi fazer lá?* · Repare que ambas as expressões se usam como nomes sobrecomuns e no masculino. ·· **Cabra de peia**. **1**. Sujeito frouxo, covarde. **2**. Sujeito ordinário, vagabundo, mau-caráter. **3**. Capanga ou segurança valentão.

ca.bra-ce.ga *sf* **1**. Brincadeira infantil em que um dos participantes procura os companheiros com os olhos vendados, na tentativa de agarrar um deles, para lhe passar a vez de procurar. // *s2gên* **2**. Pessoa de olhos vendados que participa dessa brincadeira. · Pl.: *cabras-cegas*.

ca.bra-es.co.va.do *sm* **1**. Pessoa esperta, viva, sagaz; cabra-sarado (1); malandro(a) velho(a): *minha colega é um conhecido cabra-escovado, por isso não entra em pua*. **2**. Pessoa que é exímia jogadora de carteado e conhece todos os truques para roubar o adversário: *você vai se meter a jogar com Ifigênia, rapaz, ela é o maior cabra-escovado que conheço!* · Pl.: *cabras-escovados*.

ca.bra-ma.cho *sm* Pessoa valente, que não se acovarda ante nenhum perigo: *nunca vi um cabra-macho igual a Severina Xiquexique*. · Pl.: *cabras-machos*.

ca.bra-sa.ra.do *sm* **1**. Cabra-escovado (1). **2**. Pessoa que não tem nenhum escrúpulo: *o ministro da Fazenda confessava, então, ao jornalista que era um cabra-sarado, sem nem desconfiar que estava sendo ouvido e visto em todo o Brasil, por antena parabólica*. · Pl.: *cabras-sarados*.

cá.brea *sf* Guindaste próprio para levantar grandes pesos nas construções.

ca.brei.ro *adj* e *sm* **1**. Que ou quem pastoreia cabras. // *adj* **2**. *Gír.* Desconfiado, arisco. **3**. *Pop.* Matreiro, esperto, manhoso.

ca.bres.tan.te *sm* Sarilho em que se enrolam os cabos que erguem a âncora e outros grandes pesos.

ca.bres.to (ê) *sm* Correia que se prende à cabeça do animal, destinada a dirigi-lo. · Dim. irregular: *cabrestilho*.

ca.bri.o.la *sf* **1**. Salto de cabra. **2**. Cambalhota. → **cabriolar** *v* (**1**. pular com grande agilidade; **2**. dar cambalhota).

ca.bri.o.lé *sm* **1**. Charrete puxada por um só cavalo. **2**. Automóvel de capota removível, para apenas dois passageiros; cupê conversível.

ca.bri.ta *sf* **1**. Filhote fêmea de cabra; feminino de *cabrito*. **2**. Antiga máquina de guerra, usada para atirar pedras. **3**. Empunhadura da serra braçal. **4**. Mulatinha jovem, bonita, de lábios grossos, filha de negro com mulato; cabrocha. **5**. *Pop.* Garota adolescente, sapeca, assanhada.

ca.bri.ú.va ou **ca.bre.ú.va** *sf* **1**. Árvore de grande porte, nativa do Brasil, cultivada por sua madeira nobre e por sua serragem, usada em perfumaria e em medicina. **2**. Essa madeira.

ca.bro.cha *sf* **1**. Mulatinha jovem e bonita; cabrita (4). **2**. Garota que participa dos desfiles de escola de samba.

ca.brum *adj* V. **cabra**.

cá.bu.la *s2gên* Estudante que falta às aulas por vadiagem ou preguiça. → **cabular** *v* (fugir às aulas ou das aulas, para vadiar); **cabulice** *sf* (ato de cabular).

ca.bu.lo.so (ô; pl.: ó) *adj* **1**. Que traz azar; azarento. **2**. Pavoroso, impressionante, assustador: *acidente cabuloso*. **3**. Complicado, confuso: *texto cabuloso*. **4**. Antipático: *chefe cabuloso*. **5**. Maçante: *filme cabuloso*.

ca.bu.ré *s2gên* **1**. Cabo-verde (1). **2**. Caipira, jeca. // *sm* **3**. Pequeno vaso, bojudo no centro e estreito na base. **4**. Homem baixo e gordo; caçapo. **5**. Pessoa feia e de ar melancólico. **6**. Pessoa que só sai de casa à noite; coruja. **7**. Nome comum a duas espécies de pequenas corujas, ativas dia e noite, alimentando-se de pardais, beija-flores, lagartixas e pequenos ofídios. (Voz: *piar, silvar*.)

ca.bu.ri *sm* Pequeno caranguejo terrestre, comum no litoral brasileiro; uçá.

ca.ca *sf* **1**. Excremento, cocô. **2**. Qualquer porcaria ou imundície. · É palavra própria da linguagem infantil.

ca.ça *sf* **1**. Ação de caçar, caçada. **2**. Animal ou conjunto de animais que podem ser caçados. **3**. Busca, procura: *a caça ao tesouro*. **4**. Perseguição policial sem trégua; caçada: *começou a caça aos sequestradores*. // *sm* **5**. Redução de *avião de caça*. → **caçada** *sf* [**1**. caça (1); **2**. produto da caça; **3**. caça (4)]. ··

Caça (ou **Pesca**) **submarina**. Modalidade esportiva que consiste em apanhar peixes embaixo da água, munido de máscara especial, arpão e pés de pato.

ca.ça-bom.bar.dei.ro *sm* Avião militar, leve e de grande mobilidade, destinado a transportar bombas e outras armas para ataque a alvos no solo. · Pl.: *caças-bombardeiros*.

ca.ca.bor.ra.da *sf* **1**. Grande besteira ou asneira; burrada: *que cacaborrada: casei!* **2**. Coisa malfeita ou mal-acabada: *os veículos nacionais continuam sendo puras cacaborradas.*

ca.ça.dor (ô) *adj* e *sm* **1**. Que ou o que caça. // *sm* **2**. Soldado de tropa ligeira de infantaria ou de cavalaria. **3**. Piloto ou tripulante de avião de caça.

ca.ça-do.tes *s2gên2núm* Pessoa pobre que procura casamento com alguém muito rico; pessoa que busca dar o golpe do baú.

ca.çam.ba *sf* **1**. Balde amarrado a uma corda, usado para tirar água de poço. **2**. *P.ext*. Qualquer balde de conduzir água. **3**. Lata velha ou balde em que os serventes levam argamassa para os pedreiros. **4**. Parte da betoneira onde se faz a mistura de cimento com areia. **5**. Carroçaria metálica de caminhão que faz transporte de terra, areia, pedra, etc. **6**. Recipiente para entulho, princ. de obras de engenharia. **7**. *Pop*. Veículo velho; calhambeque.

ca.ça-ní.quel *sm* ou **ca.ça-ní.queis** *sm2núm* Máquina de jogo de azar que premia de vez em quando aquele que nela coloca uma moeda.

ca.ção *sm* **1**. Peixe da família do tubarão, cuja carne é usada como alimento humano. **2**. Essa carne.

ca.ça.pa *sf* Cada um dos seis buracos da mesa de sinuca.

ca.ça.po *sm* **1**. Filhote de coelho. **2**. Homem atarracado; tortulho (2), tarugo (5), caburé (4). → **caçapeira** *sf* (toca de coelhos).

ca.çar *v* **1**. Perseguir para abater (aves e animais): *caçar codornas*. **2**. *Fig*. Perseguir sem trégua: *caçar bandidos*. (Não se confunde com *cassar*.)

ca.ca.ra.cá, de *loc adj* **1**. De pequena monta; irrisório, insignificante: *ter prejuízos de cacaracá*. **2**. Diz-se de argumentos, razões, opiniões, pontos de vista, pretextos, etc. que não convencem.

ca.ca.re.co ou **ca.ca.réu** *sm* Coisa velha e sem valor; traste. (Ambas são usadas mais no plural.)

ca.ca.re.jar *v* Cantar (princ. a galinha); soltar cacarejos. · Durante a conjugação, o *e* continua fechado. → **cacarejo** (ê) *sm* (**1**. canto da galinha; voz da galinha; **2**.*pop*. característica de quem fala demais).

ca.ça.ro.la *sf* Panela metálica com cabo, bordas altas e tampa.

ca.ça-ta.len.tos *s2gên* e *2núm* Pessoa ou entidade ligada ao mundo empresarial da moda ou do esporte, dedicada à busca e ao descobrimento de novos valores e talentos. (Cuidado para não usar "caça-talento"!)

ca.cau *sm* **1**. Fruto ovoide do cacaueiro, com cujas sementes se faz chocolate. **2**. Produto em pó, extraído de tais sementes, matéria-prima na fabricação do chocolate e da manteiga de cacau. **3**. Cacaueiro. **4**. *Pop*. Dinheiro, grana: *comprar você quer, mas cacau você não tem; então*. → **cacaueiro** ou **cacauzeiro** *sm* [planta que dá o cacau; cacau (3)]; **cacauicultor** (ô) *sm* ou **cacauísta** *s2gên* (plantador ou negociante de cacau); **cacauicultura** *sf* (plantação ou cultivo de cacau); **cacauísta** *s2gên* [proprietário(a) de fazenda de cacau].

ca.ce.te (ê) *sm* **1**. Pedaço de pau com uma ponta mais grossa que a outra, próprio para dar pancada; porrete. **2**. *Pop.Chulo* Pênis. // *adj* **3**. Diz-se do que ou de quem é chato ou maçante. → **cacetada** *sf* (**1**. pancada dada com cacete; bordoada, paulada, porretada; **2**. chute muito forte em direção ao gol, no futebol; tirambaço); **cacetar** ou **cacetear** *v* (bater ou golpear com cacete),

ca.ce.te.ar *v* **1**. Cacetar. **cacetear(-se) 2**. *Fig*. Chatear(-se), aborrecer(-se): *esse moleque só me caceteia; ele sempre se caceteia, quando seu time perde*. · Conjuga-se por *frear*. → **caceteação** *sf* (ato ou efeito de cacetear; aborrecimento, chateação).

ca.cha.ça *sf* **1**. Aguardente de cana; pinga. **2**. *Fig*. Grande paixão ou mania: *o futebol é a cachaça do povo brasileiro*. → **cachaceiro** *adj* e *sm* (**1**. que ou aquele que toma muita cachaça; **2**. que ou aquele que é alcoólatra; pinguço).

ca.cha.ço *sm* **1**. Nuca (de pessoa ou animal). cangote. **2**. Pescoço largo e grosso. **3**. Porco reprodutor; varrão. **4**. Porco cevado, muito gordo. → **cachação** *sm* (**1**. pancada no cachaço; pescoção; **2**. *p.ext*. murro, soco).

ca.cha.lo.te *sm* Mamífero marinho semelhante à baleia, de cabeça enorme e dentes fortíssimos.

cache [ingl.] *sm* **1**. Redução de *cache de memória* ou *de disco*, recurso que permite aos navegadores armazenar no disco rígido do computador, em arquivos temporários, as últimas páginas visitadas, para que sejam visualizadas mais rapidamente, num posterior acesso. **2**. Redução de *cache de RAM*, pequena área da memória de um computador, que mantém armazenados os dados mais recentes, carregados pela memória RAM, para que sejam acessados mais rapidamente. **3**. Recurso que consiste em uma máscara vazada, colocada sobre a lente da câmera de cinema ou de televisão, para produzir efeito especial. · Pronuncia-se *kách*.

ca.chê *sm* Quantia que se paga a modelos profissionais, a quem dá espetáculo público (artista, cantor, mágico, etc.), a quem faz anúncio, etc.

ca.che.ar *v* **1**. Fazer cachos em (cabelo); encrespar. **2**. Dar cachos (uma planta). **3**. Ficar cacheado: *os cabelos dela cacheiam normalmente*. · Antôn. (1): *alisar*. · Conjuga-se por *frear*. → **cacheado** *adj* (cheio de cachos, ondulado).

ca.che.col *sm* Manta própria para agasalhar o pescoço.

ca.che.nê *sm* Manta própria para agasalhar o rosto até o nariz.

ca.che.pô *sm* Recipiente ornamental para guardar e ocultar ou disfarçar vaso de flores.

ca.chim.bo *sm* Aparelho próprio para fumar, formado de uma peça onde se coloca o tabaco e de um tubo fino e oco, por onde se aspira a fumaça. → **cachimbada** *sf* (**1**. porção de fumo que se põe no cachimbo; **2**. baforada de cachimbo); **cachimbador** (ô) *adj* e *sm* (que ou aquele que cachimba); **cachimbar** *v* (**1**. fumar cachimbo; **2**. lançar vapores: *o vulcão está cachimbando*).

ca.chi.na.da *sf* **1**. Gargalhada exagerada e inapropriada, **2**. Gargalhada irônica. → **cachinar** *v* (dar cachinadas).

ca.cho *sm* **1**. Conjunto de flores ou de frutos que nascem da mesma haste. **2**. Anel de cabelo. **4**. *Pop*. Pessoa com quem se tem um relacionamento afetivo clandestino; caso: *cuidado, que ela é cacho do chefe!*

ca.cho.ei.ra *sf* Queda d'água que tomba de grande altura, que fica entre a cascata e a catarata.

ca.cho.la *sf Pop*. Cabeça. → **cacholeta** (ê) *sf* (pancada que se dá na cabeça de alguém com as mãos).

ca.cho.po (ô; pl.: ó) *sm* Penhasco que se eleva bem acima da flor da água e no qual rebentam ondas.

ca.chor.ro (ô) *sm* **1**. Qualquer cão. **2**. *Pop*. Homem safado, canalha, patife. · Col. (1): *canicalha sf*. → **cachorrada** *sf* (**1**. bando de cachorros; **2**.*pop*. ato ou comportamento baixo, desleal; canalhice, safadeza, sujeira, cachorrice, sordidez); **cachorrice** *sf* [cachorrada (2)].

ca.chor.ro-quen.te *sm* Sanduíche feito com salsicha quente e pão, com ou sem molho; *hot dog*. · Pl.: *cachorros-quentes*.

ca.ci.fe *sm* **1**. Quantia mínima estipulada para a entrada de um jogador, em jogos de cartas ou de azar: *o cacife aqui é alto*. **2**. Montante de dinheiro arrecadado dos jogadores. **3**. *Fig*. Capacitação financeira suficiente para a concretização de um negócio; condição material para a realização de algo: *você tem cacife para comprar uma casa dessas?* **4**.*P.ext*. Situação, condição ou conjuntura favorável: *o clube não está com cacife para recusar essa proposta pelo jogador*. → **cacifar** *v* (recolher cacifes); **cacifeiro** *sm* (aquele que recolhe cacife).

ca.cim.ba *sf* **1**. Cova aberta em leito seco de rio ou em locais úmidos, para acumular água, como num poço. **2**. Buraco que se cava na terra até se encontrar água; poço, cisterna. → **cacimbão** *sm* (cacimba de maior diâmetro e de pouca profundidade).

ca.ci.que *sm* **1**. Chefe índio; morubixaba. // *s2gên* **2**. Chefe político(a), mandachuva, coronel(a). → **cacical** *adj* (rel. a cacique: *autoridade cacical*); **caciquismo** *sm* (**1**. ato ou comportamento típico de cacique; arbitrariedade; **2**. predomínio da vontade de um mandachuva); **caciquista** *adj* (rel. a caciquismo ou próprio dele) e *adj* e *s2gên* (que ou pessoa que é adepta do caciquismo).

ca.co *sm* **1**. Pedaço de coisa quebrada. **2**. Palavra, expressão ou frase que, durante o trabalho, o ator diz fora do texto, geralmente para obter algum efeito cômico. **3**. *Pop*. Pessoa muito velha ou doente.

ca.ço.a.da *sf* Brincadeira sem maldade, porém, que expõe alguém à vergonha ou ao ridículo; chacota, gozação. → **caçoar** *v* [ridicularizar (mais por brincadeira que para escarnecer); fazer chacota; gozar], que se conjuga por *abençoar*.

ca.co.é.pia ou **ca.co.e.pi.a** *sf* Erro na pronúncia de uma palavra (p. ex.: *compania*, *drento*, *gor*, *próprio*). · Antôn.: *ortoépia* ou *ortoepia*. → **cacoépico** *adj* (rel. a cacoépia), de antôn. *ortoépico*.

ca.co.e.te (ê) *sm* **1**. Hábito de mover repetidamente alguma parte do corpo involuntariamente; tique. **2**. Gesto, palavra ou expressão que se repete habitualmente, como *não é?*, *ok?*, *percebe?*, *certo?* → **cacoeteiro** *adj* e *sm* (que ou aquele que tem cacocete (1)]; **cacoético** *adj* (rel. a cacoete ou caracterizado por cacoete).

ca.có.fa.to *sm* Tipo de cacofonia que consiste na produção de som obsceno pela união de duas ou mais sílabas (p. ex.: meu time nun<u>ca ga</u>nha, nunca mar<u>ca gol</u>!). (Não se confunde com *cacofonia*.)

ca.co.fo.ni.a *sf* Qualquer sequência silábica intervocabular que provoca som desagradável (p. ex.: <u>ela tinha</u>; <u>por cada</u> limão paguei um real; dei um beijo na bo<u>ca dela</u>). · Não se confunde com *cacófato*. → **cacofônico** *adj* (**1**. que produz cacofonia; **2**. em que há cacofonia).

ca.co.gra.fi.a *sf* Erro na grafia ou flexão de uma palavra (p. ex.: mai<u>z</u>ena, <u>um</u> bananal, os cidad<u>ões</u>, fazer quest<u>ã</u>). → **cacografar** *v* (escrever incorretamente ou cometendo erro de ortografia: *ele cacografa metade das palavras que escreve*); **cacográfico** *adj* (rel. a cacografia ou em que há cacografia); **cacógrafo** *sm* (aquele que desrespeita as normas ortográficas em vigor).

ca.ço.le.ta (ê) *sf* **1**. Pequena caçoula. **2**. Cadinho de ourives. **3**. Frigideira pequena. **4**. Medalha que se usa na correntinha do pescoço. ·· **Bater a caçoleta**. Morrer.

ca.cós.to.mo *adj* e *sm* **1**. Que ou aquele que possui hálito fétido; que ou quem tem mau cheiro na boca. **2**. Que ou aquele que pronuncia erroneamente as palavras, como "pobrema" e "própio". → **cacostomia** *sf* (**1**. hálito fétido; halitose; **2**. pronúncia errada).

ca.çou.la ou **ca.çoi.la** *sf* **1**. Vaso geralmente de barro, mais largo que alto, usado para cozinhar alimentos. **2**. Vaso de porcelana onde se queimam resinas ou plantas aromáticas; defumador. → **caçoulada** ou **caçoilada** *sf* (iguaria feita em caçoula ou caçoila).

cac.to *sm* Planta de caule achatado e largo, cheia de espinhos, sem folhas, própria de regiões semidesérticas. → **cactácea** *sf* (espécime das cactáceas, família de plantas suculentas, com espinhos em vez de flores no seu grosso caule, por causa das reservas de água, desprovidas de folhas, típicas das regiões áridas das Américas do Norte e do Sul, representada princ. pelo cacto e pelo mandacaru); **cactáceo** *adj* (rel. ou pert. a essa família); **cactiforme** ou **cactoide** (ói) *adj* (sem. a cacto).

ca.çu.á *sm* **1**. Rede de malhas largas. **2**. Espécie de cesto grande, em formato de mala, feito de cipós ou de vime, sem tampa e com duas pequenas asas de couro ou de corda, destinada ao transporte de coisas as mais diversas (frutas, legumes, leitões e frangos para as feiras, etc.).

ca.çu.la *adj* e *s2gên* Que pessoa que é a mais moça dos filhos ou dos irmãos.

ca.da *pron* **1**. Qualquer de várias pessoas ou coisas, consideradas e identificadas separadamente: *cada pessoa tem sua própria personalidade; para cada um o seu; o trem para em cada estação*. **2**. Antes de número cardinal, indica porção de um todo: *a cada dois quilômetros, eu tinha um pneu furado*. **3**. Todos os: *Cada dia acontece uma coisa diferente por aqui. Cada ano se tem aumento de desmatamento na Amazônia.* (Neste caso, pode vir antecedido da prep. a: *a cada dia.*) **4**. Indica valor enfático: *criança tem cada pergunta!* ·· **Cada qual** (ou **Cada um**). Cada pessoa: *Cada qual sabe onde lhe aperta o sapato*. **2**. Indica a unidade em particular, de um todo citado: *O hotel tem muitos quartos, cada um com duas camas de casal. Ele consultou vários médicos, cada qual lhe deu um diagnóstico diferente*. ·· **Cada uma!** Indica situação surpreendente ou extraordinária: *Você tem cada uma!* ·· **Cada vez que**. Sempre, todas as vezes que: *Cada vez que você perguntar isso, vai levar um tapa*. (Não se usa em substituição a *cada um*, como nesta frase: *Os abacaxis custaram R$5,00 "cada"*.)

ca.da.fal.so *sm* Estrado em lugar público para a execução de condenados. (Não se confunde com *catafalco*.)

ca.dar.ço *sm* Cordão de calçados; amarrilho.

ca.das.tro *sm* Registro de dados e informações gerais sobre pessoas ou empresas. → **cadastragem** *sf* ou **cadastramento** *sm* (ato, processo ou efeito de cadastrar); **cadastral** *adj* (rel. a cadastro); **cadastrar(-se)** *v* [incluir(-se) em um cadastro].

ca.dá.ver *sm* Corpo morto, especialmente de ser humano. → **cadavérico** *adj* (rel. a cadáver ou próprio de cadáver: *cheiro cadavérico*).

ca.dê, que.dê ou **que.de** *contr* da expressão interrogativa *que é de?*: *cadê minha caneta = que é de minha caneta?*

ca.de.a.do *sm* Tipo de fechadura portátil, formado por um aro que se fixa num bojo e só pode ser solto com chave ou com conhecimento do segredo.

ca.dei.a *sf* **1**. Série de elos, geralmente metálicos, presos entre si. **2**. Prisão, cárcere, presídio. **3**. Rede de emissoras que transmitem simultaneamente o mesmo programa. → **cadeião** *sm* (**1**. cadeia grande; **2**. peça transversal de madeira que une as duas mesas do carro de bois).

ca.dei.ra *sf* **1**. Assento para acomodar uma só pessoa, com encosto e às vezes com braços. **2**. Cargo de professor. **3**. Disciplina ou matéria que se ensina numa escola. // *sfpl* **4**. Quadris do corpo humano, ancas. → **cadeirudo** *adj* (diz-se daquele que tem cadeiras largas); **cadeirante** *adj* e *s2gên* (que ou pessoa deficiente física que utiliza cadeira de rodas para movimentar-se). ·· **Cadeira da vovó**. Poltrona reciclável.

ca.de.la *sf* **1**. Fêmea do cão. **2**. *Chulo* Prostituta.

ca.dên.cia *sf* Efeito obtido pela regularidade da ocorrência de sons ou movimentos; compasso, ritmo. → **cadenciado** ou **cadencioso** (ô; pl.: ó) *adj* (que tem cadência; ritmado, compassado); **cadenciar** *v* (dar cadência a: *cadenciar o passo*).

ca.den.te *adj* **1**. Que caí ou está caindo: *ao final do discurso, via-se em seu rosto uma lágrima cadente*. **2**. Ritmado, cadenciado: *batucada cadente*. (Não se confunde com *candente*.) ·· **Estrela cadente**. Pequeno meteoro visual que aparece como um raio de luz temporário no céu noturno.

ca.der.ne.ta (ê) *sf* **1**. Pequeno caderno para anotações. **2**. Caderno exclusivo do professor, para registros de presenças ou ausências de alunos, da matéria já ministrada, etc. (Cuidado para não usar "cardeneta"!) ·· **Caderneta de poupança**. Aplicação financeira de renda fixa que está isenta de pagamento de imposto de renda.

ca.der.no *sm* **1**. Conjunto de folhas de papel em branco, presas por um lado. **2**. Cada um dos conjuntos de folhas de papel que, reunidos com cola ou com fios, formam uma revista ou um livro. **3**. Suplemento de jornal ou revista que trata de um só assunto.

ca.de.te (ê) *sm* Aluno de academia militar; aspirante a oficial.

ca.di.nho *sm* Vaso próprio para fundir metais; crisol.

cád.mio *sm* Elemento químico metálico pesado (símb.: **Cd**), de n.º atômico 48, usado em chapas, blindagens de reatores nucleares, amálgamas dentários, soldas e em certas ligas. → **cádmico** *adj* (rel. a cádmio).

ca.du.car *v* **1**. Perder a lucidez ou o juízo, devido à idade avançada; ficar caduco: *ele caducou aos 90 anos*. **2**. Perder a validade (direito, lei, contrato, etc.), por causa do fim do seu prazo de validade; expirar, prescrever: *seu direito de receber o prêmio já caducou*.

ca.du.co *adj* **1**. Que perdeu a lucidez, o juízo ou o completo domínio das faculdades mentais, por efeito de senilidade. **2**. Que se tornou inválido ou nulo (direito, lei, contrato, etc.), pelo término do prazo de validade. **3**. Que desapareceu ou caiu em desuso. **4**. Que já não tem vigência. → **caducário** *adj* (rel. a coisas caducas ou a bens que deixaram de ter dono); **caducidade**, **caduquez** (ê) ou **caduquice** *sf* (qualidade ou estado de caduco).

ca.e.ta.no *sm* Semáforo conjugado com câmara fotográfica ou fotossensor, usado para flagrar motoristas que não respeitam as normas de trânsito, na cidade.

ca.fa.jes.te *adj* e *s2gên* Que ou pessoa que tem mau caráter e sempre péssimo comportamento, chocando as pessoas. → **cafajestada**, **cafajestagem**, **cafajestice** *sf* ou **cafajestismo** *sm* (ação, comportamento ou atitude de cafajeste).

ca.far.na.um *sm* **1**. Lugar em que costuma haver tumulto ou desordem. **2**. Lugar onde se amontoam desordenadamente muitos objetos ou utensílios; mixórdia, miscelânea.

ca.fé *sm* **1**. Fruto do cafeeiro. **2**. Cafeeiro. **3**. Bebida que se faz com esse fruto, torrado e moído. **4**. Estabelecimento em que se serve bebida, lanche ligeiro, café, etc. **5**. Redução de *café da manhã*. · V. **barista**. → **cafedório** *sm* (café aguado e sem sabor); **cafeeiro** *sm* [arbusto que dá o café; café (2)] e *adj* (rel. a café); **cafeicultor** (ô) *sm* (cultivador de cafeeiros); **cafeicultura** *sf* (cultura do cafeeiro); **cafeteira** *sf* (recipiente em que se serve ou se faz café); **cafezal** *sm* (plantação de cafeeiros); **cafezinho**

sm (pequena porção de café, servida em xícara). ·· **Café com leite**. Que ou cor que é mais escura que o bege. ·· **Café da manhã**. Refeição que se toma pela manhã ou nas primeiras horas do dia; café (5); desjejum.

ca.fé-con.cer.to *sm* Pequeno teatro ou casa de diversão em que se pode beber, ouvir música ao vivo e assistir a números de dança ou a pequenas encenações de variedades; café-teatro. · Pl.: *cafés-concerto* ou *cafés-concertos*.

ca.fe.í.na *sf* Substância estimulante do sistema nervoso central, encontrada princ. no chá, café e guaraná em pó. → **cafeínico** *adj* (rel. a cafeína ou que a contém).

ca.fé-so.çai.te *sm* Alta sociedade; grã-finagem, soçaite. · Pl.: *cafés-soçaites*.

ca.fe.tão *sm* Cáften. · Fem.: *cafetina*.

ca.fi.fa *sf* **1**. Má sorte ou azar no jogo; caguira. **2**. Mal-estar ou indisposição indefinida, que traz fraqueza e desânimo; cafife (2). **3**. Implicância, impertinência: *o velho tem cafifa com criança*. **4**. Pipa, papagaio, pandorga. **5**. Pessoa que não tem sorte no jogo. **6**. Pessoa a quem um jogador atribui a sua má sorte, quando está jogando. → **cafifar** *v* (dar má sorte a); **cafifento** *adj* e *sm* (que ou aquele que tem má sorte no jogo ou que traz azar a um jogador).

ca.fi.fe *sm* **1**. Série de insucessos, adversidades ou contrariedades: *estou vivendo um cafife impressionante!* **2**. Cafifa (2). → **cafifice** *sf* ou **cafifismo** *sm* (estado de quem sofre cafife).

cá.fi.la *sf* **1**. Grupo de camelos que carregam pessoas e mercadorias. **2**. *Pop.Pej*. Bando de pessoas desqualificadas; corja.

ca.fo.na *adj* e *s2gên* Que ou quem revela falta de requinte, de bom gosto, princ. no trajar-se e no revelar suas preferências de vida; brega: *presidente cafona*. → **cafonice** *sf* (**1**. qualidade, condição ou caráter de cafona; breguice; **2**. ato, atitude, gesto ou comportamento de cafona; breguice; **3**. tudo o que é cafona; breguice: *quando se separou, jogou todas as cafonices da mulher do lixo; cafonice combina com essa gente*.

caf.ta *sf* Iguaria da culinária árabe que consiste em um espetinho de carne moída de primeiríssima qualidade, amassada com farinha de trigo e especiarias, assada ou frita.

cáf.ten *sm* Homem que vive da prostituição feminina; homem que explora o lenocínio; cafetão. · Fem.: *caftina*. → **caftinagem** *sf* (atividade de cáften); **caftina** *sf* (mulher que explora o lenocínio; dona de bordel); **caftinar** *v* (exercer a caftinagem).

ca.fun.dó *sm* Lugar muito longe e difícil de chegar; caixa-pregos, cu do mundo, cu de judas.

ca.fu.né *sm* Carinho que consiste em coçar de leve o couro cabeludo de alguém.

ca.fu.zo *adj* e *sm* **1**. Que ou aquele que é mestiço de negro com índio. // *adj* **2**. Desse mestiço: *sangue cafuzo*.

ca.ga.ço *sm* Chulo **1**. Grande medo; pavor. **2**. Covardia. **3**. Decepção total; fiasco, cagada (3): *o jogo foi um cagaço!*

ca.ga.da *sf* Chulo **1**. Ato de cagar ou defecar; defecada, defecação. **2**. Produto da defecação; merda, bosta, cocô. **3**. *Fig*. Cagaço (3): *o movimento grevista desta vez foi uma cagada*.

cá.ga.do *sm* Réptil semelhante à tartaruga, mas de água doce e hábitos terrestres.

ca.gão *adj* e *sm* Chulo **1**. Que ou quem faz muito cocô. **2**. *Gír*. Que ou quem tem medo de tudo, até da sombra; covarde; arregão. · Fem.: *cagona*.

ca.gar *v* Chulo Soltar matéria fecal pelos intestinos; fazer cocô, defecar.

ca.ga-re.gras *s2gên* e *2núm* Pessoa que se julga superior aos outros, a dona da verdade, tratando quem age e pensa diferente como se fosse completamente ignorante. *(Cuidado para não usar "caga-regra"!)*

ca.gui.ra (o **u** soa) *sf* **1**. Má sorte no jogo; cafifa. **2**. Má sorte no que se faz ou se tenta fazer; azar, urucubaca, ziquizira: *dizem que pular sete ondas na noite do réveillon espanta a caguira pelo ano inteiro; conheço corintiano que já está comemorando o título e, se realmente acontecer, foi merecido, mas é preciso ter paciência e saber esperar, comemorar antes pode dar caguira*. **3**. Medo, temor (por covardia): *quando apareceu o pai da moça, o rapaz, de caguira, deu no pé*.

cai.a.na *adj* e *sf* **1**. Que ou variedade de cana-de-açúcar que se origina de Caiena. // *sf* **2**. Pinga, cachaça. · V. **cana-caiana**.

cai.a.pó *s2gên* **1**. Membro dos caiapós, tribo indígena da família linguística jê que habita Mato Grosso. // *adj* **2**. Dessa tribo.

cai.a.que *sm* Pequena embarcação a remo, para uso esportivo ou de lazer.

cai.ar *v* Cobrir ou pintar com cal: *caiar uma parede*. → **caiação** ou **caiadura** *sf* (ato ou efeito de caiar).

cãi.bra ou **cã.im.bra** *sf* Contração brusca, dolorosa e involuntária de um ou mais músculos.

cai.bro *sm* Peça de madeira em que se apoiam as ripas de um telhado.

cai.ça.ra *sf* **1**. Estacada que circunda aldeia indígena, como proteção contra inimigos e animais selvagens. // *s2gên* **2**. Habitante tradicional do litoral, que geralmente vive da pesca.

cai.çu.ma *sf* **1**. Tucupi engrossado com cará, batata, farinha, mandioca, etc., muito usado no Pará. **2**. Bebida fermentada, feita por certas tribos indígenas.

ca.í.da *sf* Queda, diminuição ou declínio.

ca.í.do *adj* **1**. Que caiu. **2**. Apaixonado.

cai.ei.ra *sf* **1**. Forno onde se calcina a cal. **2**. Fábrica de cal. **3**. Forno de olaria armado com os próprios tijolos a serem cozidos. **4**. Monte de lenha, antes de ser aceso para fazer a fogueira, em festas juninas.

cai.men.to *sm* **1**. Ato ou efeito de cair. **2**. Modo como uma peça do vestuário se ajusta ao corpo, quando cai.

ca.in.ça.da ou **ca.in.ça.lha** *sf* **1**. Bando de cães em algazarra. **2**. Bando de cães vadios, de vira-latas; cachorrada, canzoada (1).

cai.nhar *v* **1**. Latir dolorosamente: *ao ser mordido pelo lobo, o cão saiu cainhando*. **2**. Cometer mesquinharias, recusando-se a dar a alguém pequenas coisas, como pedaço do lanche, do doce, etc.: *na escola, quando lhe pediam um pedaço do lanche, ele cainhava*. → **cainheza** (ê) *sf* (avareza); **cainho** *adj* (avarento).

cai.pi.ra *adj* e *s2gên* **1**. Que ou pessoa que vive no campo e tem um modo todo próprio de falar e comportar-se; jeca, matuto, tabaréu, capiau. // *adj* **2**. Próprio da roça ou do campo rural. → **caipirada** *sf* (porção de caipiras); **caipiragem**, **caipirice** *sf* ou **caipirismo** *sm* (jeito, atitude, modos ou costumes próprios de caipira).

cai.pi.ri.nha *adj* e *s2gên* **1**. Diminutivo regular de *caipira*. // *sf* **2**. Bebida alcoólica preparada com pedaços de limão macerados, açúcar (ou mel), aguardente e gelo. → **caipiríssima** *sf* (caipirinha preparada com vodca ou rum no lugar da aguardente) e *adj* (superlativo absoluto sintético de *caipira*); **caipirosca** *sf* (caipirinha feita com vodca, no lugar da aguardente).

cai.po.ra ou *sf* **1**. Entidade indígena que se acredita trazer azar a quem a vê. // *adj* e *s2gên* **2**. Que ou quem traz azar às pessoas de quem se aproxima. // *sf* **3**. Azar, má sorte, caiporismo, caiporice. → **caiporice** *sf* ou **caiporismo** *sm* [caipora (3)].

cai.que *sm* Embarcação à vela, comprida e estreita, de um só mastro, muito usada no leste do Mediterrâneo, para pescaria.

ca.ir *v* **1**. Ir ao chão, tombar: *cair da cama*. **2**. Baixar, descer: *a temperatura caiu*. **3**. Baixar de qualidade: *o ensino público caiu muito*. **4**. Sofrer brusca interrupção: *a ligação caiu*. **5**. Sair de moda: *a minissaia não cai nunca*. · Conj.: *caio, cais, cai, caímos, caís, caem* (pres. do ind.); *caía, caías*, etc. (pret. imperf. do ind.); *caí, caíste*, etc. (pret. perf. do ind.); *caíra, cairás*, etc. (pret. mais-que-perf. do ind.); *cairei, cairás*, etc. (fut. do pres.); *cairia, cairias*, etc. (fut. do pret.); *caia, caias*, etc. (pres. do subj.); *caísse, caísses*, etc. (pret. imperf. do subj.); *cair, caíres*, etc. (fut. do subj.); *caindo* (gerúndio); *caído* (particípio); *cair* (infinitivo impessoal); *cair, caíres*, etc. (infinitivo pessoal).

cais *s2núm* Lugar de um porto onde se faz o embarque e o desembarque de pessoas e cargas.

cái.ser *sm* **1**. Título dos antigos imperadores da Áustria (1806-1918) e da Alemanha (1871-1918). **2**. Cada um desses imperadores. · Fem.: *caiserina*. · Pl.: *cáiseres*.

cai.ti.tu *sm* Mamífero suíno herbívoro, de pelagem áspera e escura e hábitos diurnos, nativo da América, que vive em bandos de 15 a 20 indivíduos, também conhecido como *cateto*, *queixada* e *porco-do-mato*. (Voz: *grunhir, roncar*).

cai.xa *sf* **1**. Recipiente próprio para guardar ou transportar coisas. // *sm* **2**. Seção de um estabelecimento comercial onde se fazem e recebem pagamentos. **3**. Pessoa responsável por tal seção. → **caixeta** (ê), **caixinha** ou **caixola** *sf* (caixa pequena). ·· **Caixa de descarga**. Reservatório de água para lavar sanitários. ·· **Caixa de fósforos**. **1**. Recipiente de palitos de fósforos. **2**. *Fig*. Qualquer recinto apertado, de diminutas dimensões: *Ela mora numa caixa de fósforos*. ·· **Caixa dois**. Tipo de sonegação fiscal que consiste em não lançar na contabilidade regular

nem receita nem despesas, para usar em despesas extras os recursos não computados.
caixa-alta *sf* Letra maiúscula tipográfica. · Pl.: *caixas-altas*.
cai.xa-bai.xa *sf* Letra minúscula tipográfica. · Pl.: *caixas-baixas*.
cai.xa-d'á.gua *sf* Reservatório de água potável, destinado ao consumo humano. · Pl.: *caixas-d'água*. (A 6.ª ed. do VOLP não registra este composto, induzindo-nos à grafia "caixa d'água", registro inexistente em dicionário brasileiro ou português.)
cai.xa-for.te *sf* Lugar seguro e à prova de fogo, geralmente em banco, para guardar valores; burra, cofre-forte. · Pl.: *caixas-fortes*.
cai.xão *sm* 1. Caixa grande. 2. Caixa de madeira e do tamanho de uma pessoa, na qual se coloca um defunto para ser enterrado; caixão de defunto. ·· **Caixão de defunto**. Caixão (2).
cai.xa-pre.gos *sm2núm* ou **cai.xa-pre.go** *sm* 1. Cafundó. 2. Lugar cujo nome se ignora: *ela mora no caixa-pregos, sei lá*. ·· **Ir** (ou **Mandar**) **para o caixa-pregos**. Mandar embora, para desvencilhar-se de alguém inconveniente ou importuno.
cai.xa-pre.ta *sf* Caixa de cor laranja que contém um computador que registra tudo o que se passa na cabine de comando de uma aeronave e de seus sistemas vitais nas últimas quatro horas de voo, situada na cauda do avião, para maior segurança. · Pl.: *caixas-pretas*.
cai.xei.ro *sm* 1. Homem que faz caixas. 2. Balconista. 3. Aquele que faz entregas de compras na casa do comprador; entregador.
cai.xei.ro-vi.a.jan.te *sm* Funcionário de um estabelecimento comercial encarregado de vender as mercadorias de cidade em cidade; viajante. · Fem.: *caixeira-viajante*. · Pl.: *caixeiros-viajantes*.
cai.xe.ta (ê) *sf* 1. Caixa pequena; caixola. 2. Forminha de papel, de bordas pregueadas, usada para acondicionar e servir pequenas e delicadas guloseimas.
cai.xi.lho *sm* Moldura em que se encaixa vidro de janela, quadro, estampas, etc.
cai.xi.nha *sf* 1. Caixa pequena, caixola, caixeta. 2. *Pop.* Gorjeta. 3. *Pop.* Quantia que se arrecada com alguma finalidade.
cai.xo.te *sm* Caixa de madeira para transporte de pequenos produtos. → **caixotaria** *sf* (1. lugar onde se fabricam ou vendem caixotes; 2. grande quantidade de caixotes).
ca.já *sm* Fruto da cajazeira; cajarana, cajá-manga. → **cajazeira** *sf* ou **cajazeiro** *sm* (árvore de grande porte que dá o cajá, abundante no Norte do Brasil).
ca.ja.do *sm* Pau grosso e comprido, com a extremidade superior dobrada em arco, usado por pastores, enquanto vigiam o rebanho. → **cajadada** *sf* (pancada ou golpe com o cajado).
ca.já-man.ga *sm* 1. Árvore que dá fruto grande, de polpa saborosa, chamado *cajá* ou *cajarana*. 2. Esse fruto; cajarana. · Pl.: *cajás-manga* ou *cajás-mangas*. → **cajarana** *sf* (cajá-manga).
ca.ju *sm* Polpa suculenta encimada pelo fruto do cajueiro, a castanha. → **cajuada** *sf* (1. refresco de caju; 2. doce de caju); **cajual** ou **cajueiral** *sm* (plantação de cajueiros); **cajueiro** ou **cajuzeiro** *sm* (árvore que dá o caju); **cajuína** *sf* (vinho feito de caju); **cajuzinho** *sm* (1. caju pequeno; 2. doce em forma de caju, comum em festas de aniversário, geralmente preparado com uma massa de amendoim torrado e moído, sem pele, mais leite condensado e margarina).
cal *sf* Pó branco, obtido de pedras calcárias. · Pl.: *cais*.
ca.la *sf* Pequena abertura que se faz em melancia, melão ou em queijo com casca para ver se estão em condições de consumo; calado (3).
ca.la.bo.ca (ô) ou **ca.la-bo.ca** *sm* 1. Pau usado como arma para golpear pessoa ou animal; cacete, porrete. 2. Golpe desferido com esse pau. 3. Ato ou ordem que faz silenciar: *o resultado da eleição foi um calaboca para a oposição*. · Pl.: *cala-bocas*.
ca.la.bou.ço *sm* Cela subterrânea, usada antigamente para prender criminosos perigosos; masmorra.
ca.la.bre.sa (ê) *sf* 1. Natural ou habitante da Calábria, região da Itália. 2. Tipo de linguiça apimentada. // *adj* 3. Diz-se desse tipo de linguiça.
ca.la.da *sf* Silêncio profundo.
ca.la.do *sm* 1. Distância vertical entre a linha de flutuação do navio e a borda da quilha. 2. Profundidade mínima de água necessária para a embarcação flutuar. 3. Cala. // *adj* 4. Que está em silêncio, silencioso. · Antôn. (4): *falante, tagarela*.
ca.la.fe.tar *v* Tapar (buraco, fenda, etc.) com qualquer coisa. → **calafate** *s2gên* (pessoa que calafeta); **calafetação**, **calafetagem** *sf* ou **calafetamento** *sm* (ato de calafetar); **calafetador** (ô) *sm* (instrumento para calafetar); **calafetagem** *sf* (1. calafetação, calafetamento; 2. material com que se calafeta).
ca.la.fri.o *sm* Estremecimento passageiro devido a frio ou medo; arrepio.
ca.la.gem *sf* Aplicação de cal no solo, para corrigir sua acidez.
ca.la.mi.da.de *sf* Desgraça que atinge muita gente; catástrofe. → **calamitoso** (ô; pl.: ó) *adj* (que traz calamidade ou em que há calamidade; catastrófico).
ca.lan.dra *sf* 1. Máquina própria para acetinar papéis e tecidos. 2. Máquina própria para alisar ou curvar chapas metálicas. → **calandragem** *sf* (ato ou efeito de calandrar); **calandrar** *v* [passar por calandra (papel, tecido, etc.)].
ca.lan.go *sm* Pequeno réptil, semelhante ao lagarto.
ca.lão *sm Pej.* 1. Linguajar grosseiro, que chega a ofender; gíria ofensiva: *o calão dos bandidos, dos malandros, das prostitutas*. 2. *P.ext.* Linguajar próprio de determinado grupo; jargão: *o calão dos jornalistas, dos médicos*. ·· **Baixo calão**. Linguajar chulo. (Apesar de alguns verem redundância em *baixo calão*, a ver-se pelas definições, tal vício não ocorre.)
ca.lar *v* 1. Fazer ficar em silêncio, silenciar: *o bom desempenho do governo calou a oposição*. 2. Abrir cala ou calado em: *calar uma melancia*. **calar(-se)** 3. Parar de falar: *ela só (se) calou quando levou um tapa na boca*. ·· **Calar a boca** (ou **o bico**). Ficar calado ou mudo; silenciar, emudecer.
ca.la.zar *sf* Doença infecciosa crônica, quase sempre fatal, caracterizada por anemia, hidropisia, febre irregular e aumento do tamanho do baço e do fígado.
cal.ça *sf* ou **cal.ças** *sfpl* Peça do vestuário tanto do homem quanto da mulher, que começa na cintura e envolve os quadris e cada uma as pernas, separadamente.
cal.ça.da *sf* Parte da rua mais elevada que ela, destinada ao trânsito de pedestres; passeio.
cal.ça.dão *sm* Calçada larga, projetada urbanisticamente, que, geralmente, cobre toda a extensão da rua, por onde só é permitido o trânsito de pedestres.
cal.ça.do *sm* 1. Peça, geralmente de couro, que cobre e protege os pés. // *adj* 2. Que se calçou ou pavimentou. 3. Firme com calço. → **calçadeira** *sf* (utensílio que ajuda a pôr o calçado); **calçadista** *adj* (rel. a calçado: *ramo calçadista*) e *adj* e *s2gên* (que ou pessoa que fabrica calçados).
cal.ca.nhar *sm* Parte posterior do pé ou do calçado. ·· **Calcanhar de aquiles** (fig.). Ponto fraco ou vulnerável: *O calcanhar de aquiles desse time é a defesa*.
cal.ção *sm* Calça curta, com elástico ou cordão na cintura, usada pelo homem. (Não se confunde com *caução*.)
cal.car *v* Fazer força ou pressão sobre alguma coisa; comprimir. → **calcadura** *sf* ou **calcamento** *sm* (ato ou efeito de calcar; compressão).
cal.çar *v* 1. Introduzir (os pés) em calçados, (as mãos) em luvas ou (a cabeça) em chapéus e bonés. 2. Cobrir de material apropriado (rua), pavimentar. 3. Colocar calço sob, para firmar: *calçar o pé da mesa*. → **calçamento** *sm* [1. ato ou efeito de calçar (rua, estrada, etc.); 2. pavimentação de via pública com pedras, asfalto, concreto, etc.].
cal.cá.rio *adj* 1. Que contém cálcio. // *sm* 2. Rocha que tem grande teor de cálcio e se transforma em cal, quando calcinada ou queimada.
cal.ce.tar *v* Calçar (vias públicas) com pedras justapostas. → **calcetamento** *sm* (ação ou efeito de calcetar); **calcetaria** *sf* (ofício ou serviço de calceteiro); **calceteiro** *sm* (aquele que calceta uma área qualquer).
cal.ci.fi.car *v* 1. Endurecer com cálcio ou sais de cálcio: *tomar cálcio, para calcificar os ossos e os dentes*. **calcificar-se** 2. Ficar (qualquer tecido orgânico) impregnado de sais de cálcio, em razão de alguma anomalia: *as paredes arteriais se calcificam*. → **calcificação** *sf* [ato ou efeito de calcificar(-se)].
cal.ci.nar *v* Submeter ou queimar a temperatura muito elevada, transformando em pó ou em cinzas: *o Sol, um dia, vai calcinar a Terra*. → **calcinação** *sf* (ato ou efeito de calcinar).

cal.ci.nha *sf* **1**. Calça pequena. **2**. Veste íntima das mulheres, usada para cobrir a parte baixa da barriga. (Em Portugal se usa apenas no plural: *calcinhas*.)

cál.cio *sm* Elemento químico metálico, prateado (símb.: **Ca**), mole, leve e maleável, encontrado princ. no calcário, gesso, conchas marinhas, ossos e dentes de seres humanos e de animais, etc.

cal.ço *sm* Pedaço de qualquer coisa que se coloca sob outra, para que se torne firme ou segura.

cal.ço.lão *sm Pop.*BA Espécie de bermuda larga, amarrada por cordão na cintura.

cal.ço.las *sfpl* Calcinha que cobre inteiramente as nádegas. (A 6.ª ed. do VOLP não registra "calçola", no singular.)

cal.cu.lar *v* **1**. Fazer contas para se chegar a um resultado; determinar mediante cálculo: *calcular o resultado de uma soma*. **2**. Chegar a um resultado mediante o raciocínio; avaliar, estimar: *calculei as despesas em mil reais*. **3**. Ter ideia sobre, avaliar, imaginar: *você não calcula quanto sofri!* → **calculadora** (ô) *sf* (máquina de calcular); **calculista** *adj* e *s2gên* [**1**. especialista em cálculos; **2**. que ou quem é interesseiro(a)]; **cálculo** *sm* (**1**. ato ou processo de calcular; determinação de algo por métodos matemáticos; cômputo: *o computador faz milhões de cálculos em segundos*; **2**. resultado ou produto dessa determinação: *esse cálculo está errado*; **3**. avaliação dos riscos, possibilidades ou efeitos de uma situação: *os cálculos políticos de uma decisão*; **4**. estimativa baseada em fatos conhecidos ou em probabilidades; previsão: *seu cálculo dos custos dessa obra foram precisos*; **5**. pedra que se forma nos rins, na vesícula, etc.).

cal.da *sf* **1**. Mistura de açúcar em água fervente, para fazer doces. // *sfpl* **2**. Estação de águas termais. (Não se confunde com *cauda*.)

cal.dei.ra *sf* Grande tanque metálico em que se ferve água para produzir vapor. → **caldeirada** *sf* (**1**. conteúdo de um caldeirão; **2**. porção de líquido que se coloca numa caldeira; **3**. prato feito com diversas espécies de peixes cozidos); **caldeirão** *sm* (**1**. caldeira grande; **2**. panela grande e de bordas altas, com alça, usada para cozinhar; **3**. conteúdo dessa panela).

cal.dei.re.ta (ê) *sf* Copo grande, com o dobro da capacidade dos comuns, próprio para servir chope, nos bares e restaurantes.

cal.deu *adj* e *sm* **1**. Natural ou habitante da Caldeia, antiga região da Ásia. // *adj* **2**. Da Caldeia, caldaico. // *sm* **3**. Língua falada pelos caldeus. · Fem. (1): *caldeia* (éi).

cal.do *sm* **1**. Líquido alimentício em que se cozinhou carne ou outro alimento. **2**. Mergulho forçado que se dá em banhista. **3**. Suco que se extrai de frutos.

caleçon [fr.] *sm* Mistura de calcinha com calção, feita de materiais próprios para *lingerie*: *o conjunto de regata e caleçon fica bem em jovens*. · Pl.: *caleçons*. · Pronuncia-se *kéliçon*. (Usa-se também adjetivamente: *calcinha caleçon*.)

ca.le.fa.ção *sf* **1**. Ação de aquecer; aquecimento. **2**. Aquecimento de casa, apartamento, etc. para evitar o frio do inverno. **3**. Sistema que proporciona esse aquecimento.

ca.lei.dos.có.pio *sm* V. **calidoscópio**.

ca.le.jar *v* **1**. Provocar calo em ou endurecimento de: *calejar as mãos*. **2**. *Fig.* Fazer ganhar experiência: *o sofrimento me calejou*. **3**. Criar calo: *na roça, as mãos calejam facilmente*. · Durante a conjugação, o *e* continua fechado. → **calejado** *adj* (**1**. que tem calos; **2**. experiente, vivido, tarimbado); **calejamento** *sm* (ato ou efeito de calejar, de obter ou produzir calos).

ca.len.dá.rio *sm* **1**. Sistema de contagem do tempo, dividindo-o em anos, meses e dias. **2**. Folha ou impresso em que se se registram todos os dias, as semanas e os meses do ano; folhinha. **3**. Conjunto de datas programadas para a realização de certos acontecimentos; programação. → **calendarista** *s2gên* (pessoa que elabora calendários).

ca.len.das *sfpl* O primeiro dia de cada mês, no antigo calendário romano. ·· **Para as calendas gregas**. Para nunca: *O Brasil do futuro fica, então, para as calendas gregas?* (Os gregos não tinham calendas, daí a razão do significado.)

ca.lên.du.la *sf* **1**. Planta ornamental de flores grandes e largas, que exalam cheiro desagradável. **2**. Essa flor.

ca.lha *sf* **1**. Cano de escoamento das águas pluviais, nos telhados das casas; canaleta. **2**. Qualquer tubo ou canal que serve para o escoamento de líquido, grãos, etc.; canaleta.

ca.lha.ma.ço *sm* **1**. Livro volumoso e princ. antigo. **2**. Grande quantidade de papel.

ca.lham.be.que *sm* Qualquer carro muito velho, de mau aspecto ou em mau estado de conservação.

ca.lhar *v* **1**. Cair bem, ajustar-se, harmonizar-se: *esse vestido calhou em você*. **2**. Vir a tempo ou a propósito; convir: *seu pedido veio a calhar*. **3**. Acontecer, suceder, coincidir: *calhou que naquele dia fiquei doente e não pude viajar*.

ca.lhau *sm* **1**. *Pop.* Fragmento de rocha, com mais ou menos 3cm de diâmetro; seixo, cascalho. **2**. *Gír.* No jornalismo, anúncio feito a preço reduzido, por haver espaço de sobra no jornal. **3**. *Gír.* Texto jornalístico de pouco interesse, publicado para preencher claros.

ca.lhor.da *adj* e *s2gên* Que ou pessoa que é vil, desprezível, mau-caráter; canalha, patife, pulha. → **calhordice** *sf* (patifaria, canalhice).

ca.li.bre *sm* **1**. Diâmetro interno de um cilindro oco ou do cano de uma arma de fogo: *arma de calibre 22*. **2**. Diâmetro externo de um projétil. **3**. *Fig.* Grau de excelência ou importância; padrão, nível: *trabalho de alto calibre; na livraria havia escritores de todos os calibres*. → **calibração** ou **calibragem** *sf* (ação ou efeito de calibrar); **calibrador** (ô) *sm* (instrumento usado para calibrar); **calibrado** *adj* (com calibre adequado: *deixe sempre calibrado o estepe do seu carro!*); **calibrar** *v* [**1**. determinar o calibre de (arma de fogo, morteiro, etc.); **2**. dar a devida pressão de ar a (pneu)].

ca.li.ça *sf* Pó ou grânulos de cal resultantes da demolição de obra de alvenaria.

cá.li.ce *sm* **1**. Copo com pé, princ. para vinho. **2**. Copo para consagrar o vinho, na missa. **3**. Invólucro externo da flor que tem perianto. → **caliciado** *adj* (**1**. envolto em cálice; **2**. que tem cálice); **calicinal** ou **calicino** *adj* (rel. ou sem. a cálice).

cá.li.do *adj* **1**. Quente. **2**. Caloroso. · Antôn.: *frio*. → **calidez** (ê) *sf* (qualidade ou estado de cálido; quentura), de antôn. *frialdade*.

ca.li.dos.có.pio ou **ca.lei.dos.có.pio** *sm* Tubo cilíndrico e opaco onde se movimentam pedacinhos de vidro colorido que se refletem em pequenos espelhos e formam figuras que variam conforme se roda o tubo na mão. → **calidoscópico** ou **caleidoscópico** *adj* (rel. a calidoscópio ou caleidoscópio: *imagens calidoscópicas*).

ca.li.fa *sm* Chefe supremo do islamismo, sucessor de Maomé. → **califado** *sm* (**1**. governo, território ou dignidade de califa; **2**. duração do reinado de um califa).

ca.li.fór.nia *sf Fig.* **1**. Lugar ou fonte de riqueza e prosperidade: *o interior paulista é uma califórnia*. **2**. Fortuna, riqueza: *acumulou califórnia em apenas cinco anos*.

ca.li.gra.fi.a *sf* Escrita à mão feita com estética ou capricho. → **caligráfico** *adj* (rel. a caligrafia); **calígrafo** *sm* (aquele que se dedica à caligrafia ou ao seu ensino).

ca.lip.so *sm* Gênero musical caribenho (de Trinidad e Tobago), influenciado pelo *jazz*, notável por seu lirismo, geralmente improvisado, cheio de humor e ironia.

call center [ingl.] *loc sm* Escritório equipado para lidar com um grande número de chamadas telefônicas em nome de uma organização ou empresa (montadora, loja, banco, etc.), especialmente para receber pedidos ou fornecer atendimento ao cliente; central de atendimento. · Pl.: *call centers*. · Pronuncia-se *kol cêntâr*. (É comum empresas de grande porte terem seu *call center*, com o objetivo de oferecer apoio aos clientes, dirimir suas dúvidas, fazer *telemarketing* e realizar pesquisas de mercado.)

cal.ma *sf* **1**. Modo de comportar-se da pessoa que age, em qualquer circunstância, sem demonstrar nenhuma afobação, pressa ou emoções fortes (estresse, ansiedade, nervosismo, etc.); controle de si; serenidade: *tenha calma, não precisa gritar!* **2**. Ausência total de agitação; tranquilidade, paz, sossego: *é preciso levar a vida com muita calma*. **3**. Ausência de vento ou turbulência: *no olho do furacão há calma*. · Antôn.: *agitação*.

cal.man.te *adj* e *sm* Que ou droga que alivia dores e acalma.

cal.ma.ri.a *sf* **1**. Ausência total de vento, no mar. **2**. Calor intenso, sem vento. **3**. Sossego, tranquilidade. · Antôn. (1): *tempestade, borrasca*; (3): *agitação, tumulto*.

cal.mo *adj* **1**. Tranquilo, sereno: *o presidente ouviu calmo todas as críticas a seu governo*. **2**. Livre de agitação ou intempéries: *mar calmo, a noite corria calma*. · Antôn. (1): *excitado, irrequieto*; (2): *agitado, tormentoso*. → **calmoso** (ô) *adj* [**1**. em que há calma: *ambiente calmoso*; **2**. muito quente, abafadiço, caloroso (1): *ar parado e calmoso*], de pl.: (ó).

ca.lo *sm* Parte endurecida e geralmente dolorosa de pele, surgida por compressão ou atrito constante. → **calista** *s2gên* (pessoa cuja profissão é extrair calos); **calosidade** *sf* (endurecimento indolor de uma camada da pele, princ. da palma da mão).

ca.lom.bo *sm* **1**. Inchaço em alguma parte do corpo. **2**. Qualquer saliência ou elevação. → **calombento** *adj* (cheio de calombos).

ca.lor (ô) *sm* **1**. Sensação que se tem quando se permanece ao sol ou em contato com qualquer coisa quente. **2**. Sentimento de amizade, compreensão e ternura. · Antôn. (1): *frio*; (2): *frieza*. → **calorama** *sf* ou **calorão** *sm* (grande calor); **calorento** *adj* (**1**. em que há calor: quente: *quarto calorento*; **2**. diz-se daquele que sente muito os efeitos do calor; sensível ao calor); **caloricidade** *sf* (faculdade que têm os corpos vivos de produzir calor); **calórico** *adj* (rel. a calor: *o valor calórico de um alimento*); **calorígeno** *adj* (que produz calor).

ca.lo.ri.a *sf* Unidade com que se mede o valor energético ou nutritivo dos alimentos. · Abrev.: **cal.** → **calórico** *adj* (rel. a caloria); **calorífico** *adj* (que gera calor ou calorias).

ca.lo.ro.so (ô; pl.: ó) *adj* **1**. Muito quente; abafadiço, calmoso: *quarto caloroso*. **2**. *Fig.* Cheio de entusiasmo; entusiástico, acalorado: *receber calorosos aplausos*. **3**. *Fig.* Afetuoso, carinhoso: *receba o meu caloroso abraço!* · Antôn.: *frio*.

ca.lo.ta *sf* Peça metálica que antigamente se usava na parte externa das rodas dos carros, para proteger as extremidades dos eixos.

ca.lo.te *sm* Dívida não paga propositadamente. → **calotear** *v* (pregar calote em), que se conjuga por *frear*; **caloteiro** *adj* e *sm* (que ou quem é dado a pregar calotes); **calotismo** *sm* (mania de dar calote em todo o mundo; hábito do calote).

ca.lou.ro *sm* **1**. Estudante novato, geralmente de faculdade, em oposição a *veterano*. **2**. *P.ext.* Homem inexperiente naquilo que faz ou executa: *sou calouro na direção deste automóvel*. → **calourice** *sf* (ingenuidade, inexperiência ou tolice de calouro).

ca.lun.ga *sm* **1**. Divindade secundária do culto banto que representa a força da natureza. **2**. Imagem ou fetiche dessa divindade. **3**. Qualquer objeto de pequeno tamanho. **4**. Planta brasileira que medra abundantemente no cerrado e na caatinga. **5**. Boneco pequeno. **6**. Figuras humanas, nos desenhos feitos por crianças. **7**. Boneco que, nos quartéis, serve de alvo nos exercícios de tiro. **8**. Trabalhador braçal que carrega e descarrega caminhões e carretas. **9**. Ratinho doméstico; camundongo. // *s2gên* **10**. *Pej.* Pessoa de baixa estatura; tampinha. **11**. Amigo(a) ou companheiro(a) fiel. **12**. Pessoa afrodescendente.

ca.lú.nia *sf* Afirmação falsa ou leviana, maliciosamente destinada a desonrar uma pessoa. → **caluniador** (ô) *adj* e *sm* (que ou aquele que calunia); **caluniar** *v* [acusar (alguém) falsamente, para desonrá-lo].

cal.va *sf* Parte da cabeça de onde caiu o cabelo, careca.

cal.vá.rio *sm* **1**. Colina em que Cristo foi crucificado. (Usa-se com inicial maiúscula.) **2**. Longo sofrimento, martírio.

cal.vo *adj* e *sm* Que ou aquele que não tem cabelo na cabeça ou em parte dela; careca. → **calvície** *sf* (estado de calvo).

cal.zo.ne *sm* Prato italiano que consiste em uma massa de *pizza* com recheios diversos (princ. queijo, presunto e ervas) e assada dobrada ao meio, com as bordas unidas, fechada, como um grande pastel.

ca.ma *sf* Móvel próprio para se descansar horizontalmente ou dormir; leito. · V. **camilha**.

ca.ma-be.li.che *sf* Beliche (1). · Pl.: *camas-beliche* ou *camas-beliches*.

ca.ma.da *sf* **1**. Matéria espalhada por igual sobre uma superfície. **2**. Cada uma das porções de matéria superposta. **3**. Classe, categoria.

ca.ma.feu *sm* **1**. Pedra semipreciosa que traz duas camadas de diferentes cores, numa das quais está gravada uma figura em relevo. **2**. Efígie dos reis em moeda. **3**. *Pop.* Mulher muito feia e grosseira: *escolheu tanto e acabou casando com um camafeu!*

ca.ma.le.ão ou **ca.me.le.ão** *sm* **1**. Lagarto arborícola de cerca de 60cm de comprimento que apresenta a característica de mudar de cor, para escapar aos seus predadores. **2**. *Fig.* Pessoa versátil ou volúvel, que muda facilmente de opinião, de acordo com as circunstâncias e seus interesses. → **camaleônico** ou **cameleônico** *adj* (próprio de camaleão ou sem. a ele).

ca.ma.lhão *sm* **1**. Porção de terra de lavoura ou de horta, entre dois regos, preparada para a sementeira. **2**. Nas estradas de terra, elevação linear de terra que fica entre dois sulcos abertos pelas rodas dos carros.

câ.ma.ra *sf* **1**. Compartimento fechado. **2**. Máquina fotográfica, câmera. **3**. Aparelho que filma e transmite imagens; câmera. **4**. Quarto de dormir. **5**. Conjunto de vereadores ou de deputados. // *sm* **6**. Pessoa que trabalha com esse aparelho. → **camarário** *adj* [rel. ou pert. a câmara (5): *decisão camarária, reunião camarária*]; **camarista** *s2gên* [vereador(a)]. ·· **Câmara de ar**. Tubo circular de borracha que se coloca dentro de pneu ou bola de couro e se enche de ar, para dar-lhe volume, forma e pressão interna convenientes.

câ.ma.ra-ar.den.te *sf* Recinto, sala ou salão em que se expõe o defunto sobre o catafalco, para ser velado; capela-ardente. · Pl.: *câmaras-ardentes*.

ca.ma.ra.da *s2gên* **1**. Companheiro. **2**. Empregado de fazenda. // *adj* **3**. Que sempre está disposto a ajudar ou a colaborar; amigo. → **camaradagem** *sf* (atitude ou comportamento próprio de camarada); **camaradesco** (ê) *adj* (rel. a camarada ou próprio de camarada).

ca.ma.rão *sm* Pequeno crustáceo marinho, usado como alimento humano. → **camaroeiro** *sm* (**1**. rede ou barco de pescar camarões; **2**. pescador ou vendedor de camarões; camaroneiro); **camaroneiro** *adj* (**1**. rel. a camarão: *a pesca camaroneira*; **2**. camaroeiro (2)].

ca.ma.rá.rio *adj* V. **câmara**.

ca.ma.ra.ta *sf* Dormitório coletivo, em quartéis, hospitais, colégios, etc.

ca.ma.rei.ro *sm* Arrumador de quarto de hotel. → **camararia** *sf* (cargo de camareiro); **camareira** *sf* (arrumadeira de quarto de hotel).

ca.ma.ri.lha *sf* Grupo de pessoas que vivem em torno de alguém poderoso, para influir em suas decisões ou tirar vantagens pessoais.

ca.ma.rim *sm* Pequeno recinto nos teatros e estúdios de televisão onde os atores e apresentadores se vestem para entrar em cena ou no ar.

ca.ma.ri.nha *sf* **1**. Pequena prateleira em canto de quarto ou de sala. **2**. Quarto de dormir. **3**. Espaço vazio nos canaviais, resultante do corte ou do furto de canas. // *sfpl* **4**. Gotículas redondas: *camarinhas de suor*.

Camarões *smpl* País da África Ocidental, formado em 1960, cujo nome oficial é República de Camarões, de área equivalente à dos estados de São Paulo e do Paraná juntos. → **camaronense** *adj* e *s2gên* ou **camaronês** *adj* e *sm*.

ca.ma.ro.te *sm* **1**. Compartimento fechado e em lugar elevado em teatro ou em locais onde haverá desfile carnavalesco. **2**. Pequeno quarto de dormir, em navios. → **camaroteiro** *sm* (criado dos camarotes).

cam.ba.da *sf* **1**. Conjunto de coisas penduradas juntas ou enfiadas: *cambada de alhos*. **2**. Porção de pessoas de má índole; malta, corja, súcia.

cam.ba.do *adj* **1**. Torto ou gasto para um lado; acalcanhado: *chinelo cambado*. **2**. Cambaio: *Garrincha era jogador cambado*. · V. **cambar**.

cam.ba.gem *sf* Ligeira inclinação lateral das rodas dianteiras de um veículo automotivo.

cam.bai.o *adj* Diz-se daquele que tem os joelhos voltados para dentro e as pernas tortas; cambado. · V. **cambar**.

cam.ba.la.cho *sm* **1**. Negócio fraudulento, negociata. **2**. Combinação para prejudicar alguém; trama, tramoia. → **cambalachar** *v* (fazer cambalacho); **cambalacheiro** *adj* e *sm* (que ou aquele que faz cambalacho).

cam.ba.le.ar *v* Mover-se de um lado para o outro, quase caindo: *os bêbados cambaleiam*. · Conjuga-se por *frear*. → **cambaleante** *adj* (que cambaleia); **cambaleio** *sm* (ato de cambalear).

cam.ba.lho.ta *sf* Volta que se dá com o corpo sobre si mesmo. → **cambalhotar** *v* (dar cambalhotas).

cam.bão *sm* **1**. Aparelho com que se unem duas juntas de bois ao mesmo carro ou a um instrumento agrário. **2**. Junta de bois. **3**. Pau com gancho para apanhar frutas. **4**. Pau que se pendura ao pescoço da rês para que não se afaste muito nem penetre em roças ou cerrados.

cam.bar *v* **1**. Entortar ou gastar para um lado: *ela camba todos os sapatos que calça*. **2**. Entortar as pernas. → **cambamento** *sm* (**1**. ação ou efeito de cambar; **2**. pequena curvatura ou convexidade).

cam.bau *sm* Triângulo de madeira que se enfia no pescoço das cabras, para impedi-las de passar cercas.

cam.ba.xir.ra *sf* **1.** Corruíra, garrincha. **2.** *Pop.* Mulher de baixa estatura muito ativa, esperta e irrequieta.

cam.be.ta (ê) *adj* e *s2gên* Que ou pessoa que é cambada ou que tem pernas tortas. → **cambetear** *v* (coxear, manquejar), que se conjuga por *frear*.

cam.bi.an.te *adj* **1.** Que muda de tonalidade conforme a luz que recebe; furta-cor. // *sm* **2.** Cor indefinida, furta-cor.

cam.bi.ar *v* **1.** Trocar (princ. moeda de um país) para receber o mesmo valor em moeda de outro país. **2.** Mudar ou trocar (marcha do carro). **3.** Mudar de cor: *é um tecido que facilmente cambia, quando exposto à luz*. · É verbo regular: *cambio, cambias, cambia*, etc. → **cambiação** ou **cambiagem** *sf* (ação de cambiar).

câm.bio *sm* **1.** Troca, permuta. **2.** Compra e venda de moedas emitidas por países diferentes. **3.** Taxa em que é efetuada essa operação. **4.** Alavanca que serve para mudar a marcha dos carros. → **cambial** *adj* (rel. ou pert. a câmbio ou à letra de câmbio, cheque, nota promissória e a quaisquer outros títulos endossáveis); **cambialidade** *sf* (qualidade própria dos títulos cambiais).

cam.bis.ta *s2gên* **1.** Pessoa que trabalha em câmbio, papéis de crédito e troca de moedas. **2.** Pessoa que vende ingressos para espetáculos ou jogos de futebol acima do preço, fora das bilheterias. **3.** Pessoa que faz jogo do bicho.

cam.bi.to *sm* **1.** Pernil de porco. **2.** *Pop.Pej.* Perna fina; gambito.

Camboja *sm* País do sudeste da Ásia, de área pouco menor que a do estado do Paraná. **cambojano** ou **cambojiano** *adj* e *sm* (Não se aconselha a grafia "Cambodja", vista em alguns periódicos.)

cam.brai.a *sf* **1.** Tecido de linho ou de algodão, fino e transparente. // *adj* **2.** Diz-se de cavalo, boi ou carneiro que tem o pelo todo branco.

cam.bri.a.no *adj* **1.** Do primeiro período geológico da era paleozoica, com duração aproximada de 70 milhões de anos, caracterizado pelo aparecimento dos primeiros animais marinhos e da vida vegetal. // *sm* **2.** Esse período.

cam.bu.lha.da *sf* **1.** Miscelânea, mixórdia. **2.** Desordem, confusão, bagunça: *o quarto do rapaz era uma verdadeira cambulhada*. **3.** Conjunto ou porção de cambulhos. → **cambulho** *sm* (**1.** rodela de barro, com um furo no centro, presa à rede de pesca, para fundeá-la; **2.** *p.ext.* qualquer coisa improvisada, usada como lastro nas redes de pesca; âncora improvisada). ·· **De cambulhada**. **1.** A mais, de lambujem, de quebra: *Comprei 1kg de feijão e de cambulhada vieram alguns grãos de soja*. **2.** Desordenadamente; confusamente; aos empurrões: *Os torcedores entram no estádio de cambulhada, empurrando tudo e a todos*.

cam.bu.rão *sm* **1.** Carro em que a polícia transporta presos. **2.** Recipiente de fezes que os presos recolhem quando fazem a faxina do xadrez.

cam.bu.ta *adj* e *s2gên* **1.** Que ou pessoa que é muito magra, raquítica, que não se desenvolveu perfeitamente ou normalmente, por má nutrição. **2.** Que ou pessoa que é cambaia, de pernas tortas.

camcorder [ingl.] *sf* Câmera de vídeo compacta e portátil, geralmente com gravador de áudio e vídeo digital e microfone embutidos. · Pl.: *camcorders*. · Pronuncia-se _kémkòrdâr_.

ca.mé.lia *sf* **1.** Planta de flores ornamentais, de tamanhos e cores variados. **2.** Flor dessa planta.

ca.me.lo (ê) *sm* Mamífero ruminante que tem duas corcovas no dorso, ao contrário do dromedário, que só tem uma. · Col.: *cáfila*. → **cameleiro** *sm* (condutor de camelos).

ca.me.lô *s2gên* Pessoa que apregoa e vende bugigangas pela rua; ambulante. → **camelódromo** *sm* (*gír.* lugar onde se reúnem os camelôs para vender suas mercadorias); **camelotagem** *sf* (atividade ou ofício de camelô).

camembert [fr.] *sm* Tipo de queijo mole e cremoso, semelhante ao feito em Camembert, vila da Normandia, França. · Pronuncia-se _kámèmbèR_ (este R soa como o de *fleur*).

câ.me.ra ou **câ.ma.ra** *sf* **1.** Máquina de filmar ou de fotografar. // *sm* **2.** Pessoa que opera essa máquina: *Luísa é o nosso melhor câmera*.

ca.mer.len.go *sm* Cardeal que substitui o Papa, na falta deste. → **camerlengado** *sm* (**1.** funções do camerlengo; **2.** período em que o camerlengo exerce suas funções).

ca.mi.ca.se *sm* **1.** Piloto japonês treinado na II Guerra Mundial para realizar ataques suicidas, princ. contra navios inimigos. **2.** Aeroplano carregado de explosivos, para ser pilotado em ataque suicida. // *adj* **3.** Relativo a ataque aéreo suicida.

ca.mi.lha *sf* **1.** Diminutivo de *cama*; cama pequena. **2.** Canapé ou encosto para nele se dormir a sesta ou descansar.

ca.mi.nha.da *sf* **1.** Ação de caminhar. **2.** Passeio longo, a pé. **3.** Grande distância percorrida ou por percorrer, a pé. **4.** Passeata.

C

ca.mi.nhão *sm* Veículo motorizado de grande porte, próprio para o transporte de cargas pesadas. → **caminhonaço** *sm* (carreata de caminhões); **caminhonagem** *sf* (**1.** serviço de caminhões ou de caminhonetes; **2.** entrega de mercadorias em domicílio, feita por caminhão ou por caminhonete; **3.** taxa cobrada por esse transporte); **caminhoneiro** *sm* (motorista de caminhão); **caminhoneta** (ê) ou **caminhonete** *sf* (caminhão leve e pequeno, para entrega rápida de mercadorias e cargas). (Em Portugal se usa *camião, camionagem* e *camioneta*, formas legítimas, que não sofreram influência de *caminho*, como as outras. Os lusitanos usam *camionista* por *caminhoneiro*.)

ca.mi.nhão-ba.ú *sm* Caminhão de carroceria fechada. · Pl.: *caminhões-baú* ou *caminhões-baús*.

ca.mi.nhão-cis.ter.na *sm* Caminhão-tanque. · Pl.: *caminhões-cisterna* ou *caminhões-cisternas*.

ca.mi.nhão-pi.pa *sm* Carro-pipa. · Pl.: *caminhões-pipa* ou *caminhões-pipas*.

ca.mi.nhão-tan.que *sm* Caminhão equipado com um tanque ou reservatório fechado, para transporte de líquidos, princ. combustíveis e produtos químicos; caminhão-cisterna. · Pl.: *caminhões-tanque* ou *caminhões-tanques*.

ca.mi.nhão-tra.tor *sm* Veículo automotor destinado a tracionar ou arrastar outro. · Pl.: *caminhões-trator* ou *caminhões-tratores*.

ca.mi.nhar *v* **1.** Percorrer alguma distância a pé; andar em determinada direção: *vamos caminhar pela praia?* **2.** Seguir, evoluir: *meus negócios caminham bem*. **3.** Ir para a frente, progredir: *é um país em que nada caminha*. · V. **caminhada**.

ca.mi.nho *sm* **1.** Faixa de terreno por onde se transita, a pé ou de carro. **2.** Rumo marítimo. ·· **Caminho da roça**. Caminho usual ou do dia a dia. ·· **Caminho das pedras**. Maneira pela qual se pode chegar mais rapidamente a um lugar, objetivo ou solução de um problema: *Deixe esse caso com meu tio, que ele conhece o caminho das pedras para sua solução*. ·· **Caminho de mesa**. Toalha decorada, usada no centro da mesa de jantar, sobre a qual se põe um objeto qualquer (vaso, jarra, etc.).

ca.mi.sa *sf* Roupa com colarinho e mangas curtas ou longas, que cobre desde o pescoço até as coxas, usada fora ou dentro das calças. → **camisão** *sm* (**1.** aum. regular de *camisa*; camisa grande ou folgada; **2.** camisa feminina, bem folgada e de tamanho exagerado); **camisaria** *sf* (fábrica ou loja de camisas); **camiseira** *sf* ou **camiseiro** *sm* (móvel onde se guardam camisas); **camiseiro** *sm* (**1.** fabricante ou vendedor de camisas; **2.** camiseira); **camiseta** (ê) *sf* (camisa de tecido leve, sem colarinho e geralmente sem mangas, para ser usada sob outra camisa; camisa de meia); **camisinha** *sf* (**1.** dim. regular de *camisa*; camisa pequena; **2.** camisa de vênus); **camisola** *sf* (bata curta ou longa, levíssima, de tecido fino e transparente, que as mulheres usam para dormir). ·· **Camisa de força**. Camisa de tecido muito resistente, com mangas compridas e fechadas que se amarram às costas, para tolher os movimentos dos braços e imobilizar loucos furiosos. ·· **Camisa de meia**. Camiseta. ·· **Camisa de vênus**. Pequeno saco, de látex bem fino e elástico, usado pelo homem para recobrir o pênis durante o ato sexual e, assim, evitar a gravidez da mulher e proteger a ambos de doenças transmissíveis; camisinha; preservativo.

ca.mi.sa-ne.gra *sm* **1.** Grupo paramilitar fascista da Itália que tinha uma camisa negra como parte de seu uniforme: *os camisas-negras foram organizados por Benito Mussolini*. **2.** Membro desse grupo. · Pl.: *camisas-negras*.

ca.mi.sa-ver.de *sm* **1.** Milícia uniformizada da Ação Integralista Brasileira (AIB), criada em 1932 por Plínio Salgado. **2.** Membro dessa milícia; integralista. · Pl.: *camisas-verdes*.

Camões, Luís Vaz de (1524-1580). Poeta e dramaturgo português, autor de *Os Lusíadas*, poema épico, obra-prima da literatura portuguesa. → **camoniano** *adj* (rel. ou pert. a Luís de Camões) e *adj* e *sm* (que ou aquele que é grande admirador ou profundo conhecedor da obra de Camões).

ca.mo.mi.la *sf* **1.** Planta cujas flores, aromáticas, quando secas se usam para fazer chás. **2.** Essa flor.

cam.pa *sf* **1.** Pedra que cobre a sepultura. **2.** A própria sepultura.

cam.pa.i.nha *sf* **1.** Pequeno sino, que geralmente se pendura no pescoço de animais de criação. **2.** Sineta provida de um botão que se comprime para tocá-la. **3.** Dispositivo elétrico ou não, que soa quando tocado. **4.** Úvula. → **campainhada** *sf* (toque em campainha); **campainhar** *v* (tocar campainha insistentemente); **campaniforme, campanuláceo, campanulado** ou **campanular** *adj* (em forma de campainha: *a petúnia é uma flor campanulácea*).

cam.pal *adj* V. **campo**.

cam.pa.na *sf* Ato de campanar. · **De campana**. À espreita. → **campanar** *v* (espionar de longe, geralmente para prender ou roubar).

cam.pa.ná.rio *sm* **1.** Torre com sinos. **2.** Parte da torre em que estão suspensos os sinos.

cam.pa.nha *sf* **1.** Conjunto de manobras militares. **2.** Conjunto de esforços para se atingir uma finalidade. **3.** Conjunto articulado de publicidade nos meios de comunicação de massa.

cam.pa.nu.do *adj* **1.** Que tem forma de sino. **2.** *Fig.* Empolado, rebuscado, pretensioso: *escritor de estilo campanudo*.

cam.pâ.nu.la *sf* Pequeno vaso de vidro, em forma de sino, destinado a cobrir e proteger alguma coisa, geralmente alimentos.

cam.pe.ão *adj* e *sm* Vencedor de prova, campeonato ou torneio. · Pl.: *campeões*.

cam.pe.ar *v* **1.** Andar pelo campo, a cavalo, à procura de (o gado). **2.** Acampar. **3.** Estar ou viver no campo. **4.** Ser corriqueiro ou comum: *a violência campeia nas grandes cidades*. · Conjuga-se por *frear*. → **campeação** *sf* ou **campeio** *sm* (ato de campear); **campeador** (ô) *adj* e *sm* (que ou aquele que campeia).

cam.pe.che *sm* **1.** Árvore de madeira corante, empregada na tinturaria. **2.** Essa madeira.

cam.pei.ro *adj* **1.** Relativo ao campo. // *adj* e *sm* **2.** Que ou aquele que trabalha no campo. // *sm* **3.** Veado que vive nos campos e tem armação pouco desenvolvida, em oposição ao *galheiro*.

cam.pe.o.na.to *sm* Conjunto de jogos, de duração mais ou menos longa, no qual o vencedor recebe o título de campeão.

cam.pe.si.no ou **cam.pe.si.nho** *adj* Relativo à vida no campo; rural, campestre (2): *ambiente campesino; romance campesino; o árduo trabalho campesino*.

cam.pes.tre *adj* **1.** Relativo ou pertencente a campo aberto, verde, geralmente cultivado e agradável de ver; bucólico: *paisagem campestre*. **2.** Campesino. **3.** Situado na zona rural: *clube campestre*.

cam.pi.na *sf* **1.** Terreno plano e de certa extensão, sem árvores, no qual nascem ervas espontaneamente ou por cultivo, geralmente destinado a pastagem; descampado, prado. **2.** Planície. **3.** Campo-limpo.

camping [ingl.] *sm* **1.** Hábito ou atividade esportiva de quem viaja e acampa em barracas ao ar livre, campismo. **2.** Lugar próprio para esse tipo de atividade. · Pronuncia-se *kémpin*.

cam.pis.mo *sm* Camping (1). → **campista** *adj* e *s2gên* (que ou pessoa que pratica o campismo).

cam.po *sm* **1.** Qualquer terreno aberto e amplo, com árvores e plantações ou não, situado longe da cidade, de paisagem agradável. **2.** Terreno grande e aberto, próprio para pastagens ou cultivo. **3.** Gramado de estádio esportivo. **4.** O próprio estádio. **5.** Local em torno de qualquer corpo elétrico, magnético ou de força elétrica. **5.** Área de conhecimento ou de atividade; matéria; assunto. · V. **campeiro** e **campesino**. → **campal** *adj* (**1.** rel. a campo ou ao ar livre; **2.** travado em campo raso: *batalha campal*; **3.** diz-se da missa rezada ao ar livre).

Campo Grande *loc sf* Capital e a maior cidade do estado do Mato Grosso do Sul. → **campo-grandense** *adj* e *s2gên*, de pl. *campo-grandenses*.

cam.po-lim.po *sm* Terreno constituído princ. de subarbustos e gramíneas, com perda de folhas durante a estação seca; campina (3). · Pl.: *campos-limpos*. · V. **campo-sujo**.

cam.po.nês *adj* **1.** Campesino, campestre. // *sm* **2.** Pequeno proprietário de terra ou trabalhador do campo; lavrador. → **campesinado** ou **campesinato** *sm* (classe ou conjunto dos camponeses).

cam.po-san.to *sm* Cemitério. · Pl.: *campos-santos*.

cam.po-su.jo *sm* Terreno constituído por gramíneas misturadas com arbustos e árvores esparsas. · Pl.: *campos-sujos*. · V. **campo-limpo**.

cam.pus [lat.] *sm* Área pertencente a uma escola ou a um hospital. · Pl.: *campi* (pronuncia-se *kâmpi*). · Pronuncia-se *kâmpus*.

ca.mu.cim *sm* **1.** Pote de barro preto. **2.** Vaso de barro para encerrar os corpos dos mortos, entre os indígenas.

ca.mu.flar(-se) *v* Disfarçar(-se), para não ser reconhecido ou percebido: *camuflar um canhão no mato; os soldados se camuflam na selva*. → **camuflado** *adj* (disfarçado); **camuflagem** *sf* (ato de camuflar).

ca.mun.don.go *sm* Ratinho caseiro. (Voz: *chiar, guinchar*). (A 6.ª ed. do VOLP registra ainda *camondongo*, forma desprezível, já que o étimo (quimbundo *kamun'dongo*) não nos autoriza tal grafia, aliás, não agasalhada por nenhum dicionário sério.)

ca.mur.ça *sf* **1.** Mamífero das regiões montanhosas do Velho Mundo. **2.** Pele curtida desse animal. **3.** Tecido que imita a pele desse animal.

ca.na *sf* **1.** Caule de taquara, de bambu ou de cana-de-açúcar. **2.** Cana-de-açúcar. **3.** Prisão, xadrez, xilindró. **4.** Cachaça.

câ.na.bis ou **câ.na.be** *sf* **1.** Planta herbácea, nativa da Ásia, da qual se extrai a maconha ou *marijuana*, além do *haxixe*. **2.** Droga obtida das folhas e flores secas dessa planta, de efeito entorpecente. (A 6.ª ed. do VOLP registra ambas as palavras como proparoxítonas, mas os portugueses e muitos brasileiros parecem preferir *canábis*.)

ca.na-cai.a.na *sf* Variedade de cana-de-açúcar, de colmos arroxeados, originária de Caiena, capital da Guiana Francesa, da qual saem bom açúcar e boa aguardente. · Pl.: *canas-caianas*.

Canadá *sm* País do norte da América do Norte, membro da Comunidade Britânica, em cuja área caberiam todo o Brasil e o estado do Amazonas. → **canadense** *adj* e *s2gên*.

ca.na-de-a.çú.car *sf* **1.** Planta gramínea de cujo caule se extraem açúcar, álcool e aguardente. **2.** Esse caule. · Pl.: *canas-de-açúcar*.

ca.nal *sm* **1.** Curso de água cavado pelo homem, ligando rios, lagos ou mares. **2.** Órgão cilíndrico e oco destinado a conduzir um líquido do organismo; conduto. **3.** Tubo dentro do organismo; conduto. **4.** Faixa de transmissão de frequência reservada a determinada estação. **5.** Braço de mar ou de rio; estreito. **6.** Escavação feita pelo homem, por onde corre água.

ca.na.le.ta (ê) *sf* Calha.

ca.na.lha *adj* e *s2gên* Que ou pessoa que é moralmente vil, safada, calhorda, patife. → **canalhada** *sf* (**1.** ação ou atitude de canalha; canalhice, canalhismo; **2.** bando de canalhas); **canalhice** *sf* ou **canalhismo** *sm* [**1.** ato próprio de quem é canalha; canalhada (1); **2.** falta de moral, de caráter].

ca.na.li.zar *v* **1.** Direcionar por meio de canos, canais ou valas: *canalizar a água das chuvas*. **2.** Construir um canal para dirigir um (curso d'água): *canalizar um rio*. **3.** Colocar rede de água e esgoto em: *o prefeito mandou canalizar todo o bairro*. **4.** Direcionar, dirigir, encaminhar: *o eleitorado canalizou todo o seu rancor contra o governo*. → **canalização** *sf* (**1.** ato ou efeito de canalizar; **2.** abertura de canais num dado local; **3.** conjunto ou disposição dos canos ou canais que formam um sistema ou rede; **4.** *fig.* direcionamento, encaminhamento: *a canalização de reclamações*).

ca.na.pé *sm* **1.** Espécie de sofá, com costas e braços, para duas ou três pessoas. **2.** Pequena fatia de pão que se recobre de pasta ou massa condimentada, servida como aperitivo.

ca.ná.rio *sm* **1.** Pequeno pássaro canoro, geralmente de plumagem amarela, chamado comumente de *canarinho*. · Fem.: *canária*. (Voz: *cantar, modular, trilar, trinar*.) // *adj* e *sm* **2.** Que ou aquele que nasce no arquipélago das Canárias, também conhecido como *canarinho*. → **canaricultor** (ô) *sm* (criador de canários); **canaricultura** *sf* (criação de canários); **canarinho** *sm* (canário) e *adj* (*fig.* diz-se da seleção brasileira de futebol, em razão das cores de sua camisa (amarelo-canário) e de tudo o que lhe diz respeito: *seleção canarinho; camisas canarinho* (como se vê, não varia).

ca.nas.tra *sf* **1.** Cesta larga, longa e pouco alta, feita de cipó ou de verga. **2.** Jogo de cartas cujo objetivo é fazer canastras ou trancas; tranca. **3.** Série de sete cartas do mesmo valor, que podem ser completadas aos poucos; tranca.

ca.nas.trão *sm* **1.** Canastra (1) grande. **2.** *Pop.Pej.* Mau ator. · Fem. (2): *canastrona*.

ca.na.vi.al *sm* Plantação de cana-de-açúcar.

can.ção *sf* **1**. Composição em verso que se canta ou à qual se acrescenta música. **2**. Música com que se canta uma canção. **3**. Composição poética de origem provençal, a que se acrescenta música, destinada a ser cantada. · V. **cancioneiro**.

can.ce.la *sf* **1**. Porta gradeada e baixa, de madeira ou de ferro; porteira pequena. **2**. Porteira ou haste de madeira que serve como porteira, em passagens de nível de rodovia ou de ferrovia e também em pedágios.

can.ce.lar *v* **1**. Fazer ficar sem valor, anular, eliminar, invalidar: *cancelar uma matrícula*. **2**. Desistir de, suspender: *cancelar um pedido*. → **cancelamento** *sm* (ato ou efeito de cancelar).

cân.cer *sm* **1**. Doença resultante da multiplicação desordenada de células; tumor maligno, cancro. **2**. Quarta constelação do zodíaco, caranguejo. **3**. Quarto signo do zodíaco, representado por um caranguejo; caranguejo. · Nas acepções 2 e 3, escreve-se com inicial maiúscula: *Câncer*. → **canceriano** *adj* e *sm* (que ou aquele que nasce sob o signo de Câncer); **cancerígeno** *adj* (que causa câncer); **canceroso** (ô; pl.: ó) *adj* e *sm* (que ou aquele que tem câncer) e *adj* (da natureza do câncer: *tumor canceroso*).

can.cha *sf* **1**. Campo de futebol. **2**. Pista preparada em terreno plano para corrida de cavalos. **3**. *Pop*. Longa prática em alguma atividade; experiência, tarimba: *treinador de muita cancha*.

can.cio.nei.ro *sm* **1**. Livro que contém uma coleção de canções e poesias de um ou mais autores, princ. aquele que inclui uma coletânea de poesias dos séculos XV e XVI. **2**. Coleção de canções e poesias em geral, de vários autores.

can.ço.ne.ta (ê) *sf* Pequena canção satírica ou maliciosa. → **cançonetista** *adj* (rel. a cançoneta) e *s2gên* (pessoa que compõe ou canta cançonetas).

can.cro *sm* **1**. Tumor maligno; câncer. **2**. *P.ext*. Qualquer mal que cresce continuamente e causa destruição pouco a pouco.

can.dan.go *sm* **1**. Nome que se dava ao trabalhador pioneiro da construção de Brasília. **2**. *P.ext*. Brasiliense.

can.de.ei.ro *sm* Lampião a gás ou a óleo.

can.dei.a *sf* **1**. Pequeno aparelho de iluminação que se pendura na parede, com mecha e abastecido com óleo ou gás inflamável. **2**. Nome comum a diversas espécies de árvores e arbustos, cuja madeira é utilizada em marcenaria, e o lenho, para iniciar fogo. **3**. Essa madeira. → **candeal** *sm* [terreno coberto de candeias (2)].

can.de.la.bro *sm* Lampadário decorativo, de vários braços, cada qual com um bocal para a lâmpada.

can.den.te *adj* **1**. Que está em brasa ou muito quente. **2**. *Fig*. Cheio de entusiasmo ou de energia; caloroso: *um debate candente*. **3**. *Fig*. De máxima atualidade e interesse: *a violência é uma questão candente*. · Antôn. (1): *frio*; (2); *frouxo*; (3): *indiferente*. → **candência** *sf* (qualidade ou estado de candente).

cân.di *sm* Qualquer guloseima açucarada e industrializada (bala, caramelo, bombom, pirulito, bala de goma, chiclete, confeito, drope, etc.).

cân.di.da *sf* Água sanitária.

can.di.da.to *sm* Aquele que se apresenta para concorrer a um cargo ou a uma vaga em empresa. → **candidatar(-se)** *v* [apresentar(-se) como candidato]; **candidatura** *sf* (**1**. fato ou condição de ser considerado para determinado cargo, público ou privado, em eleição: *deverei anunciar minha candidatura amanhã*; **2**. pretensão a esse cargo: *minha candidatura é irreversível*; **3**. cada um dos grupos de pessoas que se apresentam para uma eleição: *ele formava parte da candidatura oposicionista*).

can.di.dí.a.se *sf* Infecção de pele ou de mucosa, causada por fungos, que ocorre mais frequentemente na boca (conhecida popularmente como afta).

cân.di.do *adj* **1**. Da cor da neve; alvo; muito branco: *o cândido hábito de uma freira*. **2**. Sem nenhuma maldade; puro, imaculado: *as crianças têm cândida alma*. **3**. Sem malícia; ingênuo, inocente: *os olhos cândidos de uma criança*. → **candidez** (ê) *sf* (qualidade de cândido; candura).

can.dom.blé *sm* **1**. Ritual e culto afro-brasileiros, que rende culto aos orixás. **2**. Lugar em que se realiza tal ritual.

can.du.ra *sf* Qualidade de cândido; candidez, pureza extrema, inocência perfeita: *grande homem é aquele que não perdeu a candura da infância*.

ca.ne.ca *sf* Vasilha pequena e cilíndrica, com asa, para líquido. → **canecada** *sf* (**1**. caneca cheia: *tomou uma canecada de cerveja*; **2**. golpe com caneca: *levou uma canecada na cabeça*); **caneco** *sm* (caneca estreita e alta).

ca.nei.ro *sm* **1**. Pequeno canal, geralmente para escoar água; rego de água. **2**. Braço de mar entre rochedos. **3**. Parte mais funda e navegável do leito de um rio. **4**. Passagem entre estacas, no leito de um rio. **5**. Canal por onde o peixe entra na caniçada.

ca.ne.la *sf* **1**. Casca da caneleira, usada como tempero ou como remédio. **2**. Parte anterior da perna. → **canelada** *sf* (pancada na canela); **caneleira** *sf* (**1**. árvore que dá á canela; **2**. peça que protege de pancadas a canela dos jogadores de futebol); **caneludo** *adj* (diz-se de quem tem canelas grossas e compridas).

ca.ne.lo.ne *sm* Macarrão em forma de tubo, que se recheia com carne, frango, ricota, etc. e coberto com molho.

ca.ne.ta (ê) *sf* Utensílio com tinta, usado para escrever e desenhar. → **canetada** *sf* (ato de canetar: *com uma canetada ele demitiu o ministro*); **canetar** *v* (**1**. lavrar multa de trânsito a; multar; **2**. usar da caneta para qualquer ato administrativo: *o presidente achava que canetando os juros baixariam*).

ca.ne.ta-tin.tei.ro *sf* Caneta com reservatório de tinta. · Pl.: *canetas-tinteiro* ou *canetas-tinteiros*.

cân.fo.ra *sf* Substância branca, de cheiro forte, tirada da canforeira ou produzida artificialmente, de largo emprego na indústria e na medicina. → **canforado** *adj* (que tem cânfora); **canforar** *v* (**1**. dissolver cânfora em; **2**. misturar com cânfora; **3**. cobrir de cânfora); **canforeira** *sf* (árvore asiática, parecida com a canela, da qual se obtém a cânfora); **canfórico** *adj* (rel. a cânfora, que contém cânfora ou que deriva de cânfora).

can.ga *sf* **1**. Peça de madeira que se prende ao pescoço dos bois e serve para ligá-los ao carro ou ao arado; jugo. **2**. Opressão, domínio.

can.ga.cei.ro *sm* Bandido que andava em bando pelos sertões nordestinos, entre 1870 e 1940. → **cangaço** *sm* (modo de vida do cangaceiro).

can.ga.lha *sf* **1**. Triângulo de madeira que se enfia no pescoço dos porcos, para que não devastem hortas cultivadas. // *sfpl* **2**. Peça de madeira ou de ferro que sustenta e divide a carga das bestas, metade para cada lado.

can.ga.pé *sm* **1**. Pancada de leve na barriga da perna de outra pessoa, para fazê-la cair. **2**. *Pop*.NE Pontapé que, por brincadeira, uma pessoa desfere em outra dentro d'água, em uma espécie de jogo de capoeira. **3**. *Pop*. Encerramento de namoro ou noivado meio conflituoso; fim: *quando viu o namorado com outra, aplicou-lhe um cangapé daqueles*. **4**. *Pop*.RN Pirueta que o peixe dá no ar. ·· **Dar cangapé**. Pular loucamente para todos os lados e em círculos: *De repente, o cavalo começou a dar cangapé, e eu caí*.

can.go.te ou **co.go.te** *sm* Parte de trás do pescoço; nuca. → **cangotudo** ou **cogotudo** *adj* (de cangote grande e gordo).

can.gu.çu *sm* Onça-pintada, jaguar.

can.gu.ru *sm* Mamífero marsupial herbívoro da Oceania, de orelhas compridas, que se movimenta saltando com as pernas traseiras, mais longas que as dianteiras.

câ.nha.mo *sm* **1**. Planta herbácea, conhecida popularmente como maconha. **2**. Fibra têxtil extraída dessa planta. → **canhamiço** *adj* (rel. ou pert. a cânhamo).

ca.nhão *sm* **1**. Arma de guerra de grosso calibre que atira balas a longa distância. **2**. Mulher feia. **3**. Cânion. → **canhonada** *sf* ou **canhoneio** *sm* (descarga de canhões); **canhonear** *v* (bombardear, usando canhões), que se conjuga por *frear*; **canhoneira** *sf* (pequeno navio de combate, armado de canhões, utilizado em operações de defesa fluvial costeira e de portos); **canhoneiro** *adj* (que tem canhões).

ca.nhe.nho (ê) *sm* Pequeno caderno de apontamentos, geralmente utilizado por repórteres.

ca.nhes.tro (ê) *adj* **1**. Diz-se de pessoa que não tem habilidade no que faz; desajeitado. **2**. Diz-se de pessoa acanhada, inibida, envergonhada. · Antôn. (1): *destro, versátil*; (2): *desembaraçado, desinibido*.

ca.nho.nei.ra *sf* V. **canhão**.

ca.nho.ta *sf* Mão ou perna esquerda. · Antôn.: *destra, direita*. → **canhoteiro** ou **canhoto** (ô) *adj* e *sm* (que ou quem usa a mão ou a perna esquerda com a mesma facilidade); **canhotismo** *sm* (uso predominante e preferencial da mão ou do pé esquerdo); **canhoto** (ô) *sm* (**1**. canhoteiro; **2**. parte à esquerda, não destacável de um carnê ou de um talão).

ca.ni.bal *adj* e *sm* Que ou o que se alimenta da carne de seu semelhante. **canibalesco** (ê) *adj* (de canibal ou próprio de canibal); **canibalismo** *sm* (costume de comer carne dos seus semelhantes).

ca.ní.cie *sf* **1**. Embranquecimento dos cabelos, princ. em pessoas jovens: *não há nada a fazer para retardar a canície*. **2**.*P.ext.* Idade em que aparecem as cãs; velhice.

ca.ni.ço *sm* **1**. Cana fina. **2**. Vara de pescar. **3**.*P.ext*. Perna fina; cambito. **4**. *Fig*. Pessoa alta e muito magra.

ca.ní.cu.la *sf* **1**. Época do verão em que faz mais calor. **2**. Parte do dia em que faz mais calor. **3**. Grande calor atmosférico; calorão. → **canicular** *adj* (rel. a canícula ou de sua época).

ca.ni.cul.tu.ra *sf* Criação de cães, com fins comerciais. → **canicultor** (ô) *adj* e *sm* (que ou aquele que se dedica à canicultura).

ca.nil *sm* Lugar onde se criam ou se abrigam cães.

ca.ni.na.na *sf* **1**. Grande cobra. **2**. *Fig*. Pessoa irascível, geniosa.

ca.nin.dé *sm* **1**. Ave psitacídea também conhecida como *arara--canindé*. **2**. *Pop*.CE Faca comprida e afiada, usada no sertão.

ca.ni.nha *sf* **1**. Cana pequena. **2**. Diminutivo carinhoso para aguardente (que vem da cana).

ca.ni.no *adj* **1**. De cão. **2**. Diz-se de cada um dos quatro dentes pontudos da arcada dentária. // *sm* **3**. Esse dente.

câ.ni.on *sm* V. *canyon*.

câ.nis.ter (tèr) *sm* **1**. Peça do motor de veículos que funciona por meio de carvão ativado, destinada a filtrar elementos poluentes do combustível, antes de este passar pelo carburador ou pela injeção eletrônica. **2**. Lata de metal fino ou de plástico, usada para conservar secos certos alimentos, como farinha, açúcar, café, chá, etc. · Pl.: *canísteres*. (A 6.ª ed. do VOLP não registra esta palavra.)

ca.ni.tar *sm Pop*. Cocar de penas usado pelos índios, em certas solenidades; acangatar.

ca.ni.ve.te *sm* Pequena faca formada por uma lâmina que se dobra e fecha sobre o cabo. → **canivetada** *sf* (golpe com canivete).

can.ja *sf* **1**. Caldo de galinha com arroz. **2**. *Pop*. Coisa que se faz com extrema facilidade, sopa. (Cuidado para não cometer redundância, ao usar "canja de galinha"!) ·· **Dar uma canja**. Apresentar (geralmente músico, banda, cantor) número não programado, geralmente improvisado e no final de uma apresentação, a pedido do público. ·· **Ser canja** (fig). Ser muito fácil; ser sopa: *Ganhar do seu time sempre foi canja*.

can.ja.ra.na ou **can.je.ra.na** *sf* **1**. Árvore de madeira vermelha, amarela ou preta, aromática e boa de trabalhar, também conhecida como *pau-de-santo*. **2**. Essa madeira.

can.je.rê *sm* **1**. Reunião de negros, com danças ao ritmo de atabaques, para a prática de feitiçarias. **2**.*P.ext*. Feitiço, mandinga.

can.ji.ca *sf* **1**. Sopa ou creme de milho branco, temperado com açúcar, leite de vaca, leite de coco, canela em pau, cravo-da--índia e manteiga; munguzá. **2**. *Pop*.N e NE Curau.

can.ji.rão *sm* **1**. Jarro grande, com asa, de boca larga, para vinho. **2**. Pessoa grande e desajeitada: *essa mulher é um canjirão bravo!* ·· **Aguentar o canjirão**. Resistir bravamente a uma situação difícil ou penosa; aguentar o tranco.

canyoning [ingl.] *sm* Modalidade de esporte radical que consiste em descer de penhascos e/ou de cachoeiras, com o auxílio de equipamento especial ou *rappel*. · Pl.: *canyonings*. · Pronuncia-se *kénionin*.

ca.no *sm* **1**. Nome genérico de todos os tipos de tubos ocos que têm uma utilidade. **2**. Parte da bota que cobre a perna. **3**. *Pop*. Mau negócio; roubada: *foi o maior cano comprar esse carro*. ·· **Dar o cano** (pop.). Não comparecer a compromisso marcado; dar bolo. ·· **Entrar pelo cano** (pop.). Ser malsucedido; sair-se mal; danar-se, ferrar-se. ·· **Levar um cano** (pop.). Não ser correspondido pelo ser desejado.

ca.no.a (ô) *sf* **1**. Pequena embarcação de fundo chato, movida a remo, fina e a remo. **2**. *Gír*. RJ Pão francês cortado em metades, do qual se retira o miolo. → **canoagem** *sf* (**1**. transporte ou navegação em canoas; **2**. modalidade de esporte náutico radical que consiste em competir, correr ou navegar em rios encachoeirados, com utilização de canoas a remo ou de caiaques; *canoeing*); **canoeiro** *sm* (condutor ou fabricante de canoas); **canoísta** *adj* e *s2gên* (que ou pessoa que pratica canoagem). ·· **Canoa furada** (fig.). Medida, atitude, negócio ou empreendimento, destinado ao fracasso: *O Plano Cruzado foi uma canoa furada*. ·· **Não embarcar** (ou **entrar**) em **canoa furada**. Não fazer negócio arriscado.

canoeing [ingl.] *sm* Canoagem (2). · Pl.: *canoeings*. · Pronuncia-se *kenúin*.

câ.non ou **câ.no.ne** *sm* **1**. Decisão tomada por um concílio da Igreja. **2**. Catálogo dos livros sagrados declarados autênticos pela Igreja. **3**. Lista de santos canonizados pela Igreja. **4**. Parte principal da missa. **5**. Princípio, regra: *essa telenovela vai de encontro a todos os cânones do bom gosto*. → **canonical** *adj* (v. **cônego**); **canônico** *adj* (rel. a cânone); **canonização** *sf* (ato ou efeito de canonizar); **canonizar** *v* (declarar santo).

ca.nó.pia *sf* Parte móvel do teto da cabina do piloto de uma aeronave.

ca.no.pla *sf* Peça metálica, com abertura central, usada em acabamentos de serviços hidráulicos, junto à saída de tubos ou canos de água.

ca.no.ro *adj* De voz ou canto melodioso.

can.san.ção *sf* Nome comum a diversas espécies de plantas urticantes.

can.sar *v* **1**. Deixar sem força para mais atividade; extenuar: *a viagem me cansou*. **cansar(-se) 2**. Ficar cansado ou sem forças para continuar: *depois de brincar o dia todo, a criança (se) cansou*. **3**. Desistir de fazer alguma coisa: *eu (me) cansei de esperar você*. → **cansaço** *sm* ou **canseira** *sf* (fraqueza ou indisposição, causada por excesso de trabalho, de exercícios físicos ou por doença); **cansado** *adj* (que se cansou; exausto); **cansativo** *adj* (**1**. que cansa: *trabalho cansativo*; **2**. que aborrece: *discurso cansativo*).

can.ta.lu.po *sm* **1**. Pequena variedade ou cultivar de melão, de aspecto rugoso e polpa suculenta e doce, de cor alaranjada, desenvolvida princ. na Europa. **2**.*P.ext*. Qualquer das outras variedades semelhantes de melão.

can.tão *sm* Divisão territorial equivalente a estado, usada em vários países europeus, entre os quais a Suíça.

can.tar *v* **1**. Emitir com a voz (sons ritmados e melodiosos): *cantar o Hino Nacional*. **2**. Celebrar com versos; exaltar: *os poetas cantam a beleza da nossa terra*. **3**. Procurar convencer com palavras doces, para conseguir alguma coisa: *o garoto procurava cantar o pai, para ter sua mesada aumentada*. **4**. Tentar seduzir com palavras: *o chefe cantou a secretária e foi demitido*. → **cantada** *sf* (**1**. canto; **2**. conversa sedutora, geralmente para conquistar alguém); **cantador** (ô) *adj* (que canta) e *sm* (cantor popular e improvisador, princ. do Nordeste); **cantarolar** *v* (cantar baixinho). · V. **cantor** e **cantoria**.

can.ta.ri.a *sf* **1**. Arte ou ofício de canteiro. **2**. Pedra lavrada ou aparelhada, geralmente em paralelepípedos, usada na construção civil.

cân.ta.ro *sm* Vaso grande e bojudo, com duas asas, para líquidos.

can.tei.ro *sm* **1**. Cada uma das partes de um jardim, onde se plantam flores, ou de uma horta, onde se plantam legumes e hortaliças. **2**. Artífice que labra pedras de cantaria. **3**. Redução de *canteiro de obras*, lugar próximo a uma construção, onde se preparam as argamassas, se alojam os operários, se deposita o material, etc.

cân.ter *sm* **1**. Andadura macia, suave, princ. de cavalos, mais lenta que um galope e mais rápida que um trote. **2**. No turfe, galope de apresentação dos animais que vão disputar um páreo. · Pl.: *cânteres*.

cân.ti.co *sm* **1**. Canto, poema ou hino de louvor, com letras tiradas de textos bíblicos ou sagrados, usado em certos serviços religiosos. **2**. Ode.

can.ti.ga *sf* **1**. Canção curta e simples: *a cantiga desse comercial não me sai da cabeça; todo jingle é uma cantiga*. **2**. Gênero lírico trovadoresco. **3**. Poesia destinada a canto. **4**. *Pop*. Conversa fiada; lorota, estória: *lá vem você com sua velha cantiga, que já não engana ninguém*.

can.til *sm* Pequeno recipiente para líquido, usado por viajantes.

can.ti.le.na *sf* **1**. Cantiga suave. **2**. Narração maçante, chata. **3**. *Pop*. Queixa incômoda e repetida; nhem-nhem-nhem.

can.tim.plo.ra ou **can.ti.plo.ra** ou **ca.tim.plo.ra** *sf* **1**. Vasilha de metal usada para resfriar água. **2**. Sifão. **3**. Almotolia (2). **4**. Regador de jardim. **5**. Bueiro feito em muro, para escoamento das águas pluviais. **6**. *Pop*. Sorveteria portátil; carrinho de sorvete.

can.ti.na *sf* **1**. Lugar onde se vendem salgadinhos, sanduíches e refrigerantes dentro de um estabelecimento qualquer. **2**. Restaurante especializado em comida italiana e bons vinhos. **3**. Fábrica ou loja de vinhos.

can.to *sm* **1**. Ângulo saliente formado pela junção de duas superfícies, tanto para fora quanto para dentro. **2**. Lugar quieto e retirado; recanto. **3**. Série de sons musicais formados pela voz humana ou de certas aves. **4**. Arte de produzir sons musicais com a voz. **5**. Cada uma das partes de um poema longo.

can.to.chão *sm* **1**. Canto litúrgico tradicional da Igreja católica; canto gregoriano: *o cantochão é creditado ao papa Gregório Magno*. **2**. *Fig.* Doutrina já muito sabida e conhecida. **3**. *Fig.Pej.* Qualquer coisa que, de tanto ser repetida, torna-se cansativa, aborrecida, maçante. · Pl.: *cantochãos*. → **cantochanista** *s2gên* [cantor(a) de cantochãos].

can.to.nei.ra *sf* **1**. Encaixe de papel, para fixar fotos ou selos em álbuns; charneira (3). **2**. Peça de metal, em forma de L, destinada a servir de reforço ao suporte. **3**. Armário ou prateleira triangular que se adapta a um canto da casa.

can.tor (ô) *sm* **1**. Aquele que canta por hábito ou prazer, ou profissionalmente. **2**. Poeta que celebra grandes feitos ou um herói.

can.to.ri.a *sf* **1**. Música vocal; coro. **2**. Canto maçante. **3**. Desafio entre cantadores, princ. nordestinos.

can.triz *sf* Cantora que também representa ou atriz que também canta: *a cantriz Tânia Alves*. (A 6.ª ed. do VOLP não registra esta palavra.)

ca.nu.do *sm* **1**. Pequeno tubo que serve para sorver líquidos de um recipiente. **2**. Qualquer tubo estreito e comprido. **3**. *Pop.* Diploma universitário.

câ.nu.la *sf* Tubo metálico flexível, para inserção em orifício do corpo e permitir a passagem de gases ou líquidos, efetuar lavagens, etc.

ca.nu.ti.lho *sm* **1**. Canudo pequeno.; canudinho. **2**. Fio de ouro, prata ou cobre retorcido, utilizado em bordados.

canvas [ingl.] *sm* **1**. Tecido de algodão, denso, forte e durável, muito usado na confecção de calças *jeans*, casacos e bolsas. **2**. Tecido semelhante a tela de pintura, com qualidade fotográfica, para impressoras jato de tinta. **3**. Tela de pintura. · Pronuncia-se *kénvas*.

canyon [ingl.] *sm* Em geologia, vale estreito e profundo, ou geralmente sinuoso, de grande extensão, entre dois paredões verticais, em áreas áridas e semiáridas, pelo qual corre um curso de água; canhão (3). · Pl.: *canyons*. · Pronuncia-se *kénian*. · A forma aportuguesada é *cânion*, mas pouco usada.

canyoning [ingl.] *sm* Tipo de esporte radical, no qual o praticante se deixa soltar, preso apenas por um dos pés a uma corda elástica, para chegar próximo de grandes quedas-d'água (cataratas, cachoeiras, etc.). · Pronuncia-se *kénionin*.

canyon swinging [ingl.] *loc sm* Modalidade de esporte radical, no qual o praticante, pendurado num cabo estendido entre as duas paredes de um cânion, salta em queda livre de uma altura de até 109m, atingindo uma velocidade de 150km/h. · Pronuncia-se *kénion suinguin*.

can.zil *sm* **1**. Cada um dos dois paus presos à canga, entre os quais o boi mete o pescoço; cangalho. **2**. Marca nas orelhas da rês; canzo. → **canzo** *sm* [canzil (2)].

can.zo.a.da *sf* **1**. Cainçada (2). **2**. *Pej.* Bando de arruaceiros ou de pessoas de más intenções.

cão *sm* **1**. Mamífero quadrúpede e carnívoro, de pelagem, tamanho e cores variáveis conforme a raça, considerado o melhor amigo do homem; cachorro. **2**. Peça do mecanismo da culatra de uma arma de fogo que percute a cápsula. **3**. Pessoa má. **4**. Diabo, demônio, satanás. · Fem. (1): *cadela*. · Pl.: *cães*. · Aum. irregular (1): *canzarrão*. · Col. (1): *canição*, *canzoada* e *cachorrada*. · V. **canil**. → **canicultor** (ô) *adj* e *sm* (criador de cães); **canicultura** *sf* (criação de cães); **canino** *adj* (de cão: *ração canina*). ·· **Cão chupando manga** (pop.). Pessoa horrenda, extremamente feia: *Minha nossa, sua irmã é o cão chupando manga!* ·· **Cão de guarda**. **1**. Cão, geralmente bravio e de grande porte, destinado a proteger propriedade. **2**. Pessoa leal a seu chefe e que o protege com a maior dedicação.

ca.ô *sm* **1**. Mentira contada com intenção de enganar ou tungar alguém: *mascates são doutores em caôs*. **2**. Qualquer mentira; peta: *ela precisou inventar um caô para não levar sabão do pai, por ter chegado tarde*. **3**. Conversa fiada para impressionar alguém: *o pai da moça percebeu logo que era puro caô, quando o rapaz disse que era herdeiro de um bilionário*.

cão-gui.a *sm* Cão especialmente treinado para atuar como guia de deficientes visuais; cão de ou para cegos. · Pl.: *cães-guia* ou *cães-guias*.

ca.ol *sm* Líquido próprio para limpeza de metais.

ca.o.lho (ô) *adj* e *sm* **1**. Que ou aquele que é cego de um olho; zarolho. **2**. Que ou aquele que tem um olho torto; estrábico, vesgo, zarolho.

ca.os *sm2núm* **1**. Estado ou local de absoluta confusão ou desordem; bagunça: *o apagão causou um caos em toda a cidade*; *seu quarto está um caos!* **2**. Mistura confusa; miscelânea: *um caos de antenas de televisão; a mesa era um caos de papéis*. **3**. Estado confuso e desorganizado da matéria primordial, antes da criação do universo ordenado ou de formas distintas. **4**. Em física, propriedade de um sistema complexo, cujo comportamento é tão imprevisível, que parece aleatório, devido à grande sensibilidade a pequenas mudanças nas condições. → **caótico** *adj* (**1**. rel. a caos: *sistema caótico*; **2**. que está em grande confusão; anárquico: *trânsito caótico*). **caotização** *sf* (ato ou efeito de caotizar); **caotizar** *v* (tornar caótico: *o guarda conseguiu caotizar o trânsito da avenida*).

cão-ti.nho.so *sm* Diabo. · Pl.: *cães-tinhosos*.

ca.pa *sf* **1**. Peça que se veste sobre outra roupa, para se proteger da chuva ou do frio. **2**. Peça de tecido ou de outro material que cobre totalmente algum objeto para protegê-lo contra a poeira. **3**. Folha grossa, de papel ou outro material, presa a um conjunto de folhas de papel, para protegê-las. **4**. Pano de cor vermelha viva, usado pelos toureiros. **5**. Aspecto exterior; aparência: *sob a capa de honesto, acabou se elegendo*. **6**. *Fig.* Pessoa que aparece em capa de revista: *o presidente foi capa da revista americana*. · V. **capear** e **capista**. ·· **Capa de filé**. Carne bovina própria para cozidos e ensopados.

ca.pa.ce.te (ê) *sm* Armadura metálica ou de plástico, de copa oval, para a proteção da cabeça: *os motoqueiros devem usar capacete*. ·· **Capacete azul**. **1**. Peça marcante do uniforme dos soldados que participam das missões de paz da Organização das Nações Unidas (ONU). **2**. Cada um desses soldados (acepção que, a nosso ver, deveria ser marcada com hífen: *capacete-azul*, forma que, porém, não tem registro na 6.ª ed. do VOLP). ·· **Capacete verde**. **1**. Peça marcante do uniforme dos soldados que participam do combate a catástrofes ambientais. **2**. Cada um desses soldados (acepção que, a nosso ver, deveria ser marcada com hífen: *capacete-verde*, que, porém, não tem registro na 6.ª ed. do VOLP).

ca.pa.cho *sm* **1**. Tapete grosso, usado na frente de portas, para limpar a sola dos sapatos. **2**. *Fig.* Pessoa extremamente servil, sem brio nem dignidade, que faz tudo o que a outra quer, sem nunca reclamar ou questionar. → **capachismo** *sm* (ação, atitude ou qualidade de quem é capacho; servilismo).

ca.pa.ci.da.de *sf* **1**. Conjunto de qualidades que permitem a uma pessoa fazer algo; qualidade de capaz; competência. **2**. Pessoa que faz bem alguma coisa; sumidade. **3**. Volume interior de um recipiente. **4**. Quantidade de pessoas ou de coisas que podem ser acomodadas em um local. **5**. Possibilidade de fazer alguma coisa. **6**. Pessoa de grande saber e aptidão; sumidade.

ca.pa.ci.tân.cia *sf* Resistência oposta por um condensador à passagem da corrente alternada. **capacitativo** *adj* (que tem capacitância).

ca.pa.ci.tar(-se) *v* **1**. Tornar(-se) capaz ou apto; qualificar(-se), habilitar(-se): *o governo precisa capacitar a polícia para enfrentar o crime organizado; as novas máquinas capacitaram a empresa a aumentar sua produção*. → **capacitação** *sf* [ato ou efeito de capacitar(-se); qualificação, habilitação]; **capacitado** *adj* (que está apto ao exercício de alguma coisa; habilitado).

ca.pa.ci.tor (ô) *sm* Condensador.

ca.pa.dó.cio *adj* e *sm* **1**. Natural ou habitante da Capadócia (Turquia). **2**. Que ou aquele que vive de explorar a boa-fé das pessoas; impostor, embusteiro, trapaceiro. **3**. *Pop.Pej.* Que ou aquele que procura enganar os outros, fingindo ser importante; espertalhão. **4**. *Pop.Pej.* Que ou aquele que tem má índole; patife, canalha, cafajeste. **5**. *Pop.Pej.* Que ou aquele que é pouco inteligente; imbecil, estúpido, burro, tapado. // *adj* **6**. Relativo a Capadócia. → **capadoçada** ou *capadoçagem sf* (pop. **1**. atitude ou comportamento de capadócio; **2**. bando de capadócios); **capadoçal** *adj* (**1**. rel. a capadócio; **2**. próprio de capadócio).

ca.pan.ga *sf* **1**. Pequena bolsa com alça, para ser tirada, princ. por homens, a tiracolo, também conhecida por *bozó*.

// *sm* **2**. Homem forte e valentão, contratado para proteger a integridade física do patrão; guarda-costas; jagunço. · Col. (2): *capangada*.

ca.pão *sm* **1**. Frango capado e alimentado de maneira especial, a fim de que engorde rapidamente, para que seja logo abatido para consumo. **2**. Qualquer animal capado ou castrado, princ. porco, carneiro, cavalo e bode. **3**. Redução de *capão de mato*, porção de mato denso, isolado no meio de uma região descampada ou de vegetação rasteira. **4**. *Fig.* Pessoa frouxa ou covarde.

ca.par *v* Retirar os órgãos sexuais a (animal macho), para evitar reprodução, castrar. → **capação** *sf* (ato ou efeito de capar animais; castração); **capado** *adj* (que se capou ou castrou; castrado) e *sm* (porco, carneiro ou bode castrado).

ca.pa.ra *sf* Folha larga e comprida que, afunilada, utiliza-se no mato como copo.

ca.pa.rão *sm* Espécie de capuz usado para cobrir a cabeça das aves empregadas na caça, para que se aquietem onde foram deixadas pelo caçador.

ca.par.ro.sa *sf* Arbusto originário do Brasil, de folhas que nascem diretamente dos ramos, flores amarelas e fruto piriforme, com grande quantidade de sementes.

ca.pa.taz *s2gên* **1**. Pessoa que chefia um grupo de trabalhadores braçais, destinados a determinada tarefa. **2**. Pessoa encarregada de administrar uma fazenda e de fiscalizar seus empregados. **3**. Indivíduo encarregado de conduzir uma tropa, de grande autoridade sobre os peões. → **capatazar** *v* (dirigir como capataz); **capatazia** *sf* (**1**. funções de capataz; **2**. grupo de pessoas dirigidas por um capataz); **capatázio** *adj* e *sm* (aquele que faz parte do grupo dirigido por um capataz).

ca.paz *adj* **1**. Que tem capacidade de conter algo em si. **2**. Que tem competência. **3**. Que pode fazer uma coisa. **4**. Provável. // *interj* **5**. Indica descrença em relação a uma declaração. · Superl. abs. sint. erudito: *capacíssimo*.

cap.ci.o.so (ô; pl.: ó) *adj* Diz-se da pergunta ou frase que procura confundir alguém ou levá-lo a cometer engano. → **capciosidade** *sf* (qualidade do que é capcioso).

ca.pe.ar *v* Cobrir com capa, encapar: *capear os livros*. · Conjuga-se por *frear*. → **capeamento** *sm* (ato ou efeito de capear).

ca.pe.la *sf* **1**. Igreja pequena. **2**. Parte da igreja que comporta um altar. **3**. Lugar destinado ao culto religioso dentro de alguns estabelecimentos. **4**. Bando de bugios. → **capelania** *sf* (cargo, ofício ou dignidade de capelão); **capelão** (pl.: *-ães*) *sf* [**1**. padre de capela (1); **2**. padre que dá assistência espiritual às pessoas de uma organização ou instituição).

ca.pe.la-ar.den.te *sf* Câmara ardente. · Pl.: *capelas-ardentes*.

ca.pe.le.te (ê) *sm* Prato da culinária italiana que consiste em um pastelzinho enrolado, com recheio de carne, presunto ou queijo.

ca.pe.lo (ê) *sm* **1**. Capuz antigamente usado por freis, freiras e viúvas. **2**. Chapéu de cardeal. **3**. Proteção superior de chaminé, usada para evitar a entrada de vento e chuva. → **capeludo** *adj* (que usa capelo).

ca.pen.ga *adj* e *s2gên* **1**. Que ou pessoa que coxeia ou manca. // *adj* **2**. Desequilibrado; sem firmeza: *a mesa está capenga*. **3**. Sem atividade, inerte, frouxo: *um Congresso capenga desses compromete o país inteiro*. **4**. Malfeito ou incompleto; tímido, superficial: *investigação capenga*. → **capengar** *v* (**1**. mancar, coxear; **2**. não ir bem das pernas; ir mal: *meu time capenga no campeonato*).

ca.pe.pe.na *sf* **1**. Ramos e galhos quebrados deixados pelos caçadores, na Amazônia, com os quais assinalam a sua passagem pela mata e se orientam para a volta. **2**. Picada aberta desse modo.

ca.pe.ta (ê) *sm* **1**. Diabo. // *adj* e *sm* **2**. *P.ext.* Que ou criança que é traquinas, dá trabalho, é levada da breca: *sua irmãzinha é um capeta!* (A 6.ª ed. do VOLP registra *capeta* como *s2gên*, mas os melhores dicionários portugueses registram a palavra como *sm* e essa também a nossa classificação.) → **capetagem** ou **capetice** *sf* (diabrura, travessura).

ca.pi.au *sm* Homem caipira. · Fem.: *capioa* (ô).

ca.pi.cu.a *sf* **1**. Número que não varia, se lido da esquerda para a direita, ou vice-versa (p. ex.: 454). **2**. Jogada do dominó na qual se ganha com uma pedra que pode colocar-se em ambas as pontas.

ca.pi.lá.ria *sf* Avenca.

ca.pi.lar *adj* **1**. Relativo ou pertencente a cabelo: *loção capilar*. **2**. Fino como cabelo: *vasos capilares*. → **capilaridade** *sf* (**1**. qualidade do que é capilar; **2**. propriedade física que os fluidos têm de subirem ou descerem em tubos extremamente finos, chamados *capilares*, como resultado da tensão superficial; **3**. em engenharia civil, fenômeno que promove a infiltração de água nas paredes, através do solo; **4**. conjunto de rodovias e vias que interligam cidades e estados por rotas pavimentadas; **5**. *fig.* ampliação; expansão: *a capilaridade dos cartórios; o MST é uma organização de grande capilaridade em território nacional*).

ca.pi.lé *sm* **1**. Xarope feito com suco de avenca ou capilária. **2**. Refresco feito com esse xarope.

ca.pim *sm* Nome genérico de várias espécies de gramíneas que se utilizam como forragem. → **capinzal** *sm* (terreno coberto de capim).

ca.pi.nar *v* Limpar (terreno, lavoura) de qualquer erva daninha, com máquina, enxada, facão, etc. → **capina** ou **capinação** *sf* (ação ou efeito de capinar; carpinação); **capinadeira** *sf* (máquina agrícola para capina mecânica; carpideira).

ca.pin.cho *sm* Macho da capivara.

ca.pi.nha *sf* **1**. Capa pequena. **2**. Capa com que o toureiro provoca o touro; capote (4).

ca.pi.on.go *adj* **1**. Deprimido, tristonho, pra baixo. **2**. Que tem defeito em um dos olhos.

ca.pis.car *v* **1**. Entender pouco de (língua, ofício, etc.). **2**. Entender ou perceber (intriga, ardil, etc.).

ca.pis.ta *s2gên* Desenhista de capa de revista, livro, caderno, etc.

ca.pis.tro *sm* Faixa ou atadura usada na cabeça, após uma cirurgia.

ca.pi.ta.ção *sf* Imposto, tributo ou contribuição que se paga *per capita*, ou seja, por cabeça, e não sobre capitais, rendas, etc. (Não se confunde com *captação*, de captar.)

ca.pi.tal *adj* **1**. De grande importância; fundamental, essencial: *assunto de capital importância*. **2**. Diz-se da pena que leva à morte. // *sf* **3**. Cidade onde fica a sede da administração estadual ou federal. // *sm* **4**. Todo bem ou riqueza que se aplica para dar lucros e conseguir novas produções. **5**. Parte de dívida com exclusão dos juros. **6**. Patrimônio de um indivíduo ou empresa. ·· **Capital de giro**. Conjunto de bens e valores necessários para manter a atividade de uma empresa ou de um negócio. ·· **Capital de risco**. Valor investido num projeto, sem garantia de retorno. ·· **Capital social**. Valor que os sócios ou acionistas estabelecem para a sua empresa, no momento da abertura, quantia necessária para o início das atividades.

ca.pi.ta.lis.mo *sm* Sistema socioeconômico que se baseia na propriedade privada dos meios de produção, visando ao lucro. → **capitalista** *adj* (do capital ou do capitalismo) e *adj* e *s2gên* [que ou pessoa que é muito rica; milionário(a)].

ca.pi.ta.li.zar *v* **1**. Transformar em capital financeiro: *ele capitalizou todos os seus imóveis*. **2**. Juntar a um negócio (o lucro dado): *a empresa capitalizou apenas parte dos lucros*. **3**. Tirar proveito ou partido de; aproveitar-se de: *a imprensa capitalizou o escândalo de corrupção no governo, para promover teses da oposição*. **capitalizar-se 4**. Acumular recursos financeiros, para formação ou fortalecimento de um capital: *naquela época, a empresa resolveu se capitalizar ainda mais, vendendo os caminhões de entrega aos respectivos motoristas em condições facilitadas*. → **capitalização** *sf* [ato ou efeito de capitalizar(-se)].

ca.pi.ta.ne.ar *v* **1**. Comandar como capitão: *capitanear uma equipe*. **2**. *P.ext.* Mandar como superior em (uma ou mais pessoas), numa atividade; dirigir, chefiar, comandar: *capitanear uma equipe de vendedores*. · Conjuga-se por *frear*.

ca.pi.ta.ni.a *sf* **1**. Qualidade, posto ou dignidade de capitão. **2**. Redução de *capitania dos portos*, repartição da Marinha encarregada da segurança e do tráfego marítimo em sua jurisdição; sede da administração de um porto. **3**. Redução de *capitania hereditária*, cada uma das primeiras circunscrições administrativas e territoriais do Brasil, da época colonial.

ca.pi.tâ.nia *sf* **1**. Navio em que está o comandante da esquadra. // *adj* **2**. Diz-se desse navio.

ca.pi.tão *sm* **1**. Posto militar entre o de primeiro-tenente e o de major. **2**. Aquele que ocupa esse posto. **3**. Comandante de navio mercante; capitão-mercante. **4**. Líder de um grupo. · Fem.: *capitã*. · Pl.: *capitães*. · V. **capitanear** e **capitania**. ·· **Capitão de corveta**. Posto hierárquico da Marinha, acima de capitão--tenente e abaixo de capitão de fragata, correspondente a major, no Exército, e a major-aviador, na Aeronáutica. ·· **Capitão de fragata**. Posto hierárquico da Marinha, acima de capitão de corveta e abaixo de capitão de mar e guerra, correspondente a tenente-coronel, no Exército, e a tenente-coronel-aviador, na Aeronáutica. ·· **Capitão de mar e guerra**. Posto de oficial da Marinha acima de capitão de fragata e abaixo de contra-almirante, correspondente a coronel, no Exército, e a coronel-aviador, na Aeronáutica. ·· **Capitão do mato**. Capataz encarregado de perseguir e prender os negros escravos que fugiam da senzala.

ca.pi.tão-a.vi.a.dor (ô) *sm* **1**. Posto, na Aeronáutica, imediatamente superior ao de tenente-aviador. **2**. Oficial que detém esse posto. · Pl.: *capitães-aviadores*.

ca.pi.tão-mer.can.te *sm* Capitão (3). · Pl.: *capitães-mercantes*.

ca.pi.tão-mor *sm* Título que recebia o donatário de uma capitania hereditária. · Pl.: *capitães-mores*.

ca.pi.tão-te.nen.te *sm* **1**. Posto, na Marinha, entre primeiro-tenente e capitão de corveta. **2**. Oficial que detém esse posto. · Pl.: *capitães-tenentes*.

ca.pi.ta.ri *sm* Macho da tartaruga. (É regionalismo do Amazonas. Classifica-se *tartaruga* melhormente como nome epiceno.)

ca.pi.tel *sm* **1**. Parte superior, geralmente esculpida, de uma coluna, que coroa o fuste e suporta o peso das vigas da construção. **2**. Parte superior de pilastra, pilar ou balaústre, artisticamente trabalhada. **3**. Cabeça de foguete. **4**. Capacete de alambique. **5**. Porção apical de uma palmeira.

ca.pi.to.nê *adj* Diz-se do estofamento preso de espaços a espaços, geralmente com botões, formando losangos fofos.

ca.pi.tu.lar *adj* **1**. Relativo a capítulo ou a cabido. **2**. Maiúsculo, versal: *letra capitular*. // *v* **3**. Entregar-se ao inimigo, desistindo da luta; depor as armas; render-se: *o Japão capitulou, depois que os Estados Unidos lançaram a segunda bomba atômica*. **4**.*P.ext.* Transigir, ceder: *é só a mulher chorar, que ele capitula*. → **capitulação** *sf* (ato ou efeito de capitular).

ca.pí.tu.lo *sm* **1**. Divisão de livro, lei, tratado, etc., geralmente numerada. **2**. Assembleia de religiosos, para deliberarem sobre assuntos da sua jurisdição.

ca.pi.va.ra *sf* Mamífero roedor semiaquático de grande porte, sem cauda, nativo da América do Sul. (Embora no Rio Grande do Sul se tome *capincho* como termo para designar o macho da capivara, convém classificar este nome como epiceno: *a capivara macho, a capivara fêmea*.)

ca.pi.xa.ba *adj* e *s2gên* **1**. Que ou quem nasce ou habita no Espírito Santo; espírito-santense. // *adj* **2**. Do Espírito Santo: *praias capixabas*.

ca.pi.xim *sm* **1**. Arvoreta de grandes folhas e pequenas flores e frutos, que fornece madeira flexível, própria para tonéis. **2**. Essa madeira.

ca.pô *sm* Tampa protetora do motor, nos veículos automotivos; capuz (2).

ca.po.ei.ra *sf* **1**. Terreno roçado ou queimado para cultivo da terra, limpeza, etc. **2**. Mato ralo e fino que nasce onde já houve culturas. **3**. Luta ou esporte em que se usam os pés e pernas para atingir o adversário; capoeiragem. // *s2gên* **4**. Pessoa que pratica essa luta; capoeirista. → **capoeiragem** *sf* [capoeira (3)]; **capoeirão** *sm* (capoeira muito alta e densa); **capoeirista** *s2gên* [capoeira (4)].

ca.pon.ga *sf* **1**. Pequeno lago que, por efeito das marés e das águas pluviais, se forma no litoral; maceió. **2**. Linha de pescar, sem anzol, munida de uma bola, com que o pescador atrai o peixe para apanhá-lo à mão.

ca.po.ta *sf* Cobertura de automóveis e de outros veículos. → **capotagem** *sf* (ato ou efeito de capotar); **capotar** *v* [virar (veículo) de rodas para cima; tombar].

ca.po.te *sm* **1**. Casaco longo, de tecido grosso, com mangas compridas e capuz. **2**. Sobretudo longo e grosso, usado nos invernos rigorosos, princ. por militares. **3**. *Fig*. Disfarce, dissimulação. **4**. Capinha (2). **5**. Tampo de colmeia. **6**. *Pop*. Vitória indiscutível, em jogo ou aposta. **7**. Galinha d'angola. ·· **Capote de pobre** (pop.). Cachaça. ·· **Dar um capote**. Ganhar com grande diferença de pontos ou de gols; dar um chocolate.

cappuccino [it.] *sm* Café quente e expresso, misturado com leite e creme chantili. · Pronuncia-se *kaputchíno*.

ca.pri.cho *sm* **1**. Grande cuidado ou rigor no fazer as coisas; esmero, zelo. **2**. Desejo de fazer alguma coisa só por birra ou teimosia. **3**. // *smpl* **3**. Inconstância, imprevistos; altos e baixos; *o futebol tem muitos caprichos*. → **caprichado** *adj* (feito com capricho; benfeito); **caprichar** *v* (fazer muito cuidado ou capricho; esmerar-se); **caprichoso** (ô; pl.: ó) *adj* (**1**. que faz tudo com muito cuidado ou esmero; **2**. que tem caprichos; birrento).

Capricórnio *sm* Décimo signo astrológico do zodíaco. → **capricorniano** *adj* e *sm* (que ou aquele que nasce sob o signo de Capricórnio).

ca.pri.no *adj* **1**. De cabra ou de caprinos; cabrum: *rebanho caprino; exposição caprina*. // *sm* **2**. Espécime dos caprinos. // *smpl* **3**. Família de mamíferos bovídeos que compreende cabras, bodes, carneiros e ovelhas.

cáp.su.la *sf* **1**. Pequeno recipiente gelatinoso que encerra dose simples de medicamento ou de líquido. **2**. Pequeno tubo de cobre com munição, para armas de fogo. **3**. Redução de *cápsula espacial*, compartimento destacável de uma nave espacial que contém instrumentos e a tripulação, ou somente instrumentos, em naves não tripuladas. → **capsulação** ou **encapsulação** *sf* (ato ou efeito de capsular ou encapsular); **capsular** *adj* (em forma de cápsula) e *v* (encerrar em cápsula; encapsular: *capsular um medicamento*).

cap.tar *v* **1**. Apreender o sentido de: *captar uma mensagem*. **2**. Atrair a si; granjear, conquistar: *captar a simpatia do público*. **3**. Apanhar, desviar ou recolher (água corrente), para uso ou proveito próprio: *captar água de reserva*. **4**. Receber ou apanhar (mensagens radiofônicas, televisivas, etc.): *este rádio não capta emissora nenhuma!* (Durante a conjugação, a tonicidade reside sempre na primeira sílaba, nas formas rizotônicas: *cap*.) → **captação** ou **captagem** *sf* (ato ou efeito de captar); **captador** (ô) *adj* e *sm* (que ou o que capta) e *sm* (equipamento que capta sons de instrumentos acústicos para amplificação; captador; **captatório** *adj* (rel. a captação: *sistema captatório das águas pluviais*).

cap.tu.rar *v* Prender, deter, aprisionar: *capturar ladrões*. → **captor** (ô) ou **capturador** (ô) *sm* (aquele que captura alguém); **captura** *sf* (ato ou efeito de capturar). (Em português não se "captura imagem", como se vê comumente na mídia brasileira.)

ca.pu.chi.nho *sm* **1**. Pequeno capuz. **2**. Frade franciscano. // *adj* **3**. Relativo a frade franciscano.

ca.pu.ci.no ou **ca.pu.chi.no** *sm* Aportuguesamento de *cappuccino*.

caput [lat.] *sm* **1**. Capítulo, parágrafo. **2**. Resumo, síntese. · Pronuncia-se *cáput*.

ca.pu.xu *sm* Marimbondo preto, comum na Paraíba, que costuma construir sua casa no chão, geralmente em formigueiros, produtor de mel de excelente qualidade.

ca.puz *sm* **1**. Cobertura de pano, que fica presa à gola de uma peça de roupa, para proteção da cabeça. **2**. Capô. · Dim. irregular: *capuchinho*.

ca.que.mo.no *sm* Painel com um retrato ou uma inscrição, que os japoneses costumam pendurar nas paredes de suas casas, como se fosse um mapa, em ocasiões especiais.

ca.que.xi.a (x = ks) *sf* **1**. Estado patológico caracterizado por extrema magreza e mau estado geral grave, devido a doença ou a subnutrição. **2**. *Fig*. Estado ou condição do que está muito alquebrado, desgastado pelo uso ou bastante ultrapassado: *a caquexia é própria da senilidade*. → **caquético** *adj* (**1**. rel. a caquexia ou que a apresenta; **2**. muito alquebrdao, muito usado ou muito ultrapassado: *ideologia caquética*) e *adj* e *sm* (que ou aquele que sofre de caquexia).

ca.qui *sm* Fruto do caquizeiro, semelhante ao tomate, de polpa muito doce, quando maduro, mas extremamente adstringente, quando não inteiramente maduro. → **caquizeiro** *sm* (árvore de madeira dura e fina, nativa do Japão, que dá o caqui, aparentada com o ébano).

cá.qui *sm* **1**. Tecido marrom-amarelado claro, altamente resistente, feito de algodão ou de lã, usado princ. na confecção de uniformes militares. **2**. Vestimenta feita desse tecido: *aquele presidente só usava cáqui*. **3**. Essa cor: *o cáqui nunca esteve na moda*. // *adj* **4**. Que tem essa cor: *calças cáqui, fardas cáqui*. (Como se vê, o *adj* não varia.) **5**. Diz-se dessa cor.

ca.ra *sf* **1**. Parte anterior da cabeça de alguns animais. **2**. Parte anterior da cabeça do homem; rosto. **3**. *Fig*. Aparência, aspecto: *ele tem cara de vigarista; esse negócio está com cara de fraude*. **4**. Parte da moeda que traz a efígie (oposta à coroa). **5**. *Fig*. Ânimo, coragem: *não tenho cara para voltar lá*. // *sm* **6**. Pessoa, indivíduo, figura: *sua irmã é um cara muito estranho*. **7**. Pessoa desconhecida ou indivíduo cujo nome não se quer dizer, por alguma razão; sujeito: *chegou um cara aqui te procurando*. (Como vocativo, pode equivaler a *meu amigo*:

Ela não quis te beijar, Ivã. E daí, cara?) · Aum. irregular (1 e 2): *carantonha* (pej.), *caraça*. ·· **Cara a cara**. Frente a frente. ·· **Cara de lua cheia**. Pessoa de rosto arredondado. ·· **Cara de madalena arrependida**. Expressão de quem sabe que fez algo errado ou reprovável, mas dá mostras de arrependimento: *Ela ficou uma semana sem aparecer nem telefonar e agora me aparece com essa cara de madalena arrependida*. (*Madalena arrependida* é o nome de uma tela do artista barroco italiano Michelangelo.) ·· **Cara de mamão-macho**. Rosto comprido e macérrimo: *Gente com cara de mamão-macho*. ·· **Cara de pau**. Cínico ou cinismo. ·· **Quebrar a cara**. Não obter o resultado pretendido ou conforme desejado; dar-se mal; ferrar-se; danar-se. ·· **Ter duas caras**. Ser falso. ·· **Uma cara** (gír.). Muito tempo; um tempão: *Faz uma cara que não vejo aquela gente*.

ca.rá *sm* **1**. Nome comum a diversas espécies de plantas de raiz tuberosa comestível. **2**. Essa raiz ou esse tubérculo, conhecido impropriamente como *inhame*, rico em amido. **3**. Pequeno peixe de água doce.

ca.ra.bi.na *sf* Espingarda curta, usada por soldados e caçadores. → **carabinada** *sf* (tiro de carabina); **carabineiro** *sm* (**1**. soldado armado de carabina; **2**. fabricante de carabinas).

ca.ra.ca *sf* **1**. Casca de ferida em fase de cicatrização. **2**. Secreção nasal ressequida; cataraca. **3**. Crosta de sujeira na pele. // *interj* **4**. *Gír*. Indica espanto, admiração, surpresa, indignação ou contrariedade: *caraca, você passou no exame do ENEM?!* (Neste caso, a palavra foi criada para substituir um palavrão.)

ca.ra.ça *sf* **1**. Aumentativo irregular de *cara*; cara grande. **2**. Máscara de papelão ou de plástico, usada no carnaval.

ca.ra.ca.rá *sm* V. **carcará**.

Caracas *sf* Capital e a maior cidade da Venezuela. → **caraquenho** *adj* e *sm*

ca.ra.ca.xá ou **cra.ca.xá** *sm* **1**. Reco-reco, ganzá. **2**. Chocalho com que se distraem crianças.

ca.ra-chu.pa.da *s2gên* Pessoa de rosto muito magro, esquelético. · Pl.: *caras-chupadas*. (A 6.ª ed. do VOLP registra esse composto como *sf*, contrariando todos os dicionários, tanto brasileiros quanto portugueses.)

ca.ra.col *sm* **1**. Pequeno molusco terrestre ou de água doce, de casca fina, enrolada em espiral. **2**. Porção de cabelo enrolado em espiral; cacho, anel. **3**. *P.ext*. Qualquer objeto ou figura espiralada. **4**. Parte do ouvido interno de formato espiralado. ·· **A passo de caracol**. Muito devagar; lentamente; a passo de tartaruga.

ca.rac.te.re *sm* Qualquer sinal gráfico ou símbolo (letra, número, etc.) que aparece na tela do computador; caráter (5).

ca.rac.te.res *smpl* **1**. Plural de *caráter*. **2**. Sinais usados para escrever. **3**. Elementos ou sinais que individualizam e identificam pessoa, animal ou coisa; propriedades, características: *cabelos pretos e lisos e olhos amendoados são caracteres dos povos orientais; os caracteres de um ácido*.

ca.rac.te.rís.ti.ca ou **ca.ra.te.rís.ti.ca** *sf* Aquilo que constitui o traço distintivo ou a particularidade de uma pessoa, animal ou coisa; característico. → **característico** ou **caraterístico** *sm* (característica) e *adj* (típico, distintivo, próprio).

ca.rac.te.ri.zar *v* **1**. Destacar as particulares de; identificar: *os biólogos já caracterizaram a vegetação desta floresta*. **2**. Preparar (ator) para entrar em cena: *os maquiadores caracterizaram o ator em poucos minutos, para entrar em cena*. **caracterizar-se** **3**. Ser reconhecido por algum aspecto ou particularidade; destacar-se, distinguir-se, sobressair: *ela se caracteriza pela simpatia*. → **caracterização** *sf* [ato ou efeito de caracterizar(-se)].

ca.ra.cu *adj* **1**. Diz-se de uma raça de gado bovino de pelo arruivado e curto. **2**. Diz-se do boi dessa raça. // *sm* **3**. Espécime dessa raça. **4**. Essa raça. **5**. Medula do osso animal; tutano.

ca.ra.du.ra *adj* e *s2gên* Cara de pau. → **caradurismo** *sm* (falta de vergonha; descaramento; cara de pau; cinismo). ·· **Na caradura**. Sem nenhum constrangimento; no maior cinismo.

ca.ra.já *s2gên* **1**. Indígena dos carajás, tribo da ilha do Bananal (TO) e margens do rio Araguaia (TO). // *adj* **2**. Relativo ou pertencente a essa tribo: dessa tribo: *costumes carajás; terras carajás*.

ca.ra.lho *sm Pop.Chulo* **1**. Pênis do adulto. // *interj* **2**. Indica espanto, admiração, surpresa, indignação ou contrariedade: *caralho, ela ainda conseguiu casar!* → **caralhada** *sf* (grande quantidade, porção: *entrou uma caralhada de gente sem pagar*). ·· **Do caralho**. Expressão que indica intensidade:

Vigarista do caralho, me enganou! Meu time é do caralho: 5 a O no rival. ·· **Pra caralho**. Muito, à beça, pacas: *O Flamengo tem torcedores pra caralho!* (Alguns driblam o palavrão, princ. na Internet, usando certa criatividade: *dugarai, pra garaio*.)

ca.ra.man.chão *sm* Construção simples, de ripas ou estacas, coberta de trepadeiras.

ca.ram.ba *interj* Indica espanto, irritação ou ironia. (Está fora de moda; a língua popular tem usado em seu lugar *caraca*.)

ca.ram.bi.na *sf* Caramelo (5).

ca.ram.bó ou **ca.rom.bó** *adj* Diz-se da rês que tem os chifres tortos: *boi carombó*.

ca.ram.bo.la *sf* Fruto da carambolеira, de sabor agridoce, rico em vitaminas e sais minerais. → **carambolеira** *sf* ou **caramboleiro** *sm* (arvoreta ornamental, nativa da Índia, que dá a carambola).

ca.ra.me.lo *sm* **1**. Substância de cor castanha, obtida do açúcar aquecido a temperatura de 180°C, usada como corante. **2**. Cor característica dessa substância; castanho, marrom: *o caramelo voltou à moda*. **3**. Calda de açúcar queimado, que endurece, ao esfriar-se, usada para colorir e enfeitar outras guloseimas: *sorvete de morango com cobertura de caramelo*. **4**. Bala mastigável, feita dessa calda e leite, manteiga e cacau. **5**. Gelo que pende de árvores, telhados, etc., no inverno; floco de neve; carambina. → **caramelar** ou **caramelizar** *v* [**1**. passar caramelo (3) em (forma de assar); untar com caramelo; **2**. envolver (fruta) com caramelo: *a doceira caramelizou as bananas*; **3**. cobrir com caramelo (3): *caramelei meu sorvete todinho*]; **caramelização** *sf*(ação ou efeito de caramelar ou caramelizar); **caramelizado** *adj* (que passou por caramelização: *bananas caramelizadas*).

ca.ra-me.ta.de *sf* Cada pessoa amada em relação à outra, num casal; metade. · Pl.: *caras-metades*.

ca.ra.min.guás *smpl* **1**. Objetos de pouco valor que se levam em viagem; bugigangas. **2**. Dinheiro miúdo, trocados.

ca.ra.mi.nho.la *sf* **1**. Penteado em que os cabelos são presos com uma fita no alto da cabeça. **2**. Cabelos em desalinho, desgrenhados. **3**. Nas bicicletas de atividades esportivas e de cicloturismo, reservatório preso a um suporte fixo ao quadro, para transportar líquidos em geral, conhecido também como *garrafinha*. // *sfpl* **4**. Ideias pouco razoáveis, cheias de sonhos ou fantasias: utopia, quimera: *toda adolescência é plena de caraminholas*. **5**. *P.ext*. História inventada, fantasiosa; mentira.

ca.ra.mu.jo *sm* Molusco de água doce ou salgada, semelhante ao caracol, mas de tamanho maior e de concha grossa.

ca.ran.cho *sm* Ave de rapina, falconídea, dos Andes, à qual muitos chamam impropriamente de *carcará*.

ca.ran.go *sm Gír*. **1**. Automóvel, caranga. **2**. Piolho que parasita a púbis, também conhecido como *chato*. **3**. Comichão na pele, provocada por parasitares. **4**. Soldado da polícia; policial. → **caranga** *sf* [*gír*. carango (1)].

ca.ran.gue.jo (ê) *sm* **1**. Crustáceo de dez patas, duas delas terminadas em pinças, que vive enterrado na lama, de carne muito apreciada. **2**. Essa carne: *temos caranguejo hoje no almoço*. **Caranguejo 3**. Constelação e signo do zodíaco; Câncer. · V. **carcinoide**. → **caranguejada** *sf* (*pop*.NE prato feito à base de caranguejos); **caranguejeira** *sf* (redução de aranha-caranguejeira, aranha sem teia, grande e peluda); **caranguejola** *sf* [**1**. crustáceo de tamanho maior que o caranguejo; **2**. armação frágil de madeira; **3**. *pop*. firma ou empresa de pouca solidez econômico-financeira; **4**. *pop*.NE jangada (2)]. (Cuidado para não usar um "i" antes do *j* em todas essas palavras: "caranguejio", "carangueijada", etc.!)

ca.ran.to.nha *sf* **1**. Cara grande e feia. **2**. Máscara, careta. → **carantonhar** *v* (fazer carantonhas).

ca.rão *sm* **1**. Cara grande. **2**. *Pop*. Repreensão, reprimenda, sabão. → **Levar carão**. Ser repreendido, levar sabão ou pito. ·· **Passar carão**. Passar vergonha.

ca.ra.o.quê *sm* **1**. Tipo de diversão que consiste em cantar a letra de músicas populares e conhecidas ao microfone de um estabelecimento comercial, com acompanhamento instrumental já gravado. **2**. Estabelecimento comercial que propicia esse tipo de diversão.

ca.ra.pa.ça *sf* Cobertura dura que protege o corpo de alguns animais, como camarão, lagosta, tartaruga, etc.

ca.ra-pá.li.da *s2gên* Designação que os índios americanos aplicam aos homens e mulheres brancos. · Em vocativo e como gíria, pode equivaler a *meu amigo, cara*: *Ela não quis te beijar, Luís. E daí, cara-pálida?* · Pl.: *caras-pálidas*.

ca.ra.pa.nã *sm* Pernilongo, muriçoca, bicuda.

ca.ra.pe.ta (ê) *sf* **1**. Carrapeta (1 e 2). **2**. Mentira leve, inofensiva; mentirinha. → **carapetar** *v* (dizer mentirinhas).

ca.ra.pi.nha *sf* Cabelo crespo dos afrodescendentes; pixaim.

ca.ra.pi.nha.da *sf* Bebida congelada, feita de xarope ou suco de frutas, que, despejada sobre gelo picado, toma a aparência de flocos e a forma do recipiente que a contém: *a carapinhada caiu em desuso com o aparecimento dos refrigerantes*.

ca.ra.pi.nhé *sm* **1**. Ave de rapina encontrada em todo o Brasil, também conhecida como *gavião-carrapateiro* e *chimango*. // *sf* **2**. Brincadeira infantil que consiste em beliscar e suspender a pele das costas de uma das mãos.

ca.ra-pin.ta.da *sm* Pessoa, princ. jovem, que protesta fazendo exigências públicas com o rosto pintado à moda de índios quando em pé de guerra: *minha filha foi um cara-pintada na queda daquele presidente*. Usa-se também como adjetivo: *estudante cara-pintada*. (Neste caso, no plural, não varia: *estudantes cara-pintada*.)

ca.ra.pu.ça *sf* Tipo de touca com ponta, usada para cobrir a cabeça. ·· **Vestir a carapuça**. Aceitar uma crítica que foi feita a outra pessoa.

ca.ra.tê *sm* Arte marcial de ataque e defesa, de origem japonesa. → **carateca** *s2gên* (pessoa que luta caratê).

ca.rá.ter *sm* **1**. Conjunto de traços psicológicos e morais que distinguem um indivíduo do outro; combinação particular de qualidades que torna alguém um tipo particular de pessoa, diferente das outras: *todo homem tem três caracteres: o que ele exige, o que ele tem e o que ele pensa que tem*. **2**. Complexo de traços mentais e éticos que marcam e muitas vezes individualizam uma pessoa, grupo ou nação; característica distintiva: *fez-se um estudo sobre o caráter do réu; a polidez faz parte do caráter britânico; acolher bem estrangeiros faz parte do caráter do povo brasileiro*. **3**. Alta qualidade ética ou integridade moral: *homem de caráter*. **4**. Traço característico; cunho: *filme de caráter político*. **5**. Em informática, caractere. **6**. Gênio, índole: *fugir não estava de acordo com o seu caráter; homem de mau caráter*. **7**. Natureza principal ou essencial: *o excesso de esgoto mudou o caráter do lago*. **8**. Qualquer símbolo escrito ou imobreso: *o endereço foi escrito em caracteres chineses*. · V. **caracteres**.

ca.ra.va.na *sf* Qualquer grupo de viajantes. → **caravaneiro** *sm* (guia de caravanas); **caravanista** *s2gên* (membro de caravana).

ca.ra.van.ça.rá ou **ca.ra.van.ça.rai** *sm* **1**. Hospedaria construída em volta de um grande pátio, para o pernoite de caravanas, no Oriente Médio. **2**. Qualquer grande hospedaria, hotel ou albergue. **3**. *Fig*. Mistura, miscelânea, confusão: *o Brasil é um país formado por um caravançará de etnias*.

ca.ra.ve.la *sf* Embarcação à vela, de pequeno porte, própria dos séculos XV e XVI.

ca.ra.ve.la-do-mar *sf* Animal marinho celenterado, maior e mais perigoso que a água-viva, de que é afim. · Pl.: *caravelas-do-mar*.

car.bo-hi.dra.to ou **car.bo.i.dra.to** *sm* Substância abundante em plantas e animais, representada pelos açúcares, amido e celulose, importantes fontes de alimento para o homem e os animais. · Pl.: *carbo-hidratos*.

car.bo.na.ra *sm* Molho para massa, feito de ovos, *bacon* ou presunto picado, queijo e temperos.

car.bo.na.to *sm* Qualquer sal do ácido carbônico.

car.bo.ne.to (ê) ou **car.bu.re.to** (ê) *sm* Composto binário de carbono com um elemento mais eletropositivo.

car.bo.ní.fe.ro *adj* Que contém ou produz carvão.

car.bo.ni.zar *v* Transformar em carvão, queimar completamente, calcinar: *o incêndio carbonizou a floresta*. → **carbonização** *sf* (ou ato ou efeito de carbonizar).

car.bo.no *sm* **1**. Elemento químico (símb.: **C**), encontrado em grande quantidade na natureza. **2**. Redução de *papel-carbono*. → **carbonáceo** *adj* (que contém carbono ou carvão); **carbônico** *adj* (que contém carbono).

car.bún.cu.lo *sm* Doença infecciosa dos gados bovino, caprino e ovino, que pode afetar o homem. **carbuncular** *adj* (rel. ou sem. a carbúnculo); **carbunculoso** (ô; pl.: ó) *adj* (**1**. da natureza do carbúnculo; **2**. que causa carbúnculo).

car.bu.rar *v* Misturar (combustíveis), para elevar o teor de um deles. → **carburação** *sf* (ato de carburar); **carburador** (ô) *sm* (peça do motor do automóvel destinada a fazer a mistura do combustível com o ar).

car.ca.ça *sf* **1**. Corpo morto de um animal, princ. o abatido, para consumo humano, com a cabeça, couro, membros e entranhas removidos. **2**. Cadáver de animal: *na estrada havia carcaças de veados atropelados*. **3**. Estrutura inacabada ou abandonada de prédio ou navio. **4**. Restos decadentes ou inúteis de uma estrutura ou qualquer coisa da qual a vida e o poder se foram: *a carcaça enferrujada de um automóvel abandonado; a cidade de Chernobyl, hoje, é uma mera carcaça*. **5**. *Pop*. Corpo humano, princ. o velho e alquebrado. **6**. Armação interna que sustenta a parte exterior de alguma coisa. **7**. *Pop.Pej*. Mulher magra e velha.

car.ca.ma.no *sm* Alcunha pejorativa dada aos italianos ou descendentes deles.

car.ca.rá ou **ca.ra.ca.rá** *sm* Ave de rapina, de coloração geral parda e penacho na nuca, comum em todas as regiões brasileiras. (Voz: *crocitar, grasnar*).

car.cás *sm* Estojo em que se metiam as setas, trazido pendente do ombro; aljava. · Pl.: *carcases*.

cár.ce.re *sm* **1**. Cela de prisão: *os detentos só saem do cárcere para tomar sol*. **2**. Prisão, cadeia: *nossos cárceres estão superlotados*. → **carceragem** *sf* (ato ou efeito de encarcerar); **carcerário** *adj* (rel. a cárcere); **carcereiro** *sm* (aquele que toma conta dos presos). ·· **Cárcere privado**. Lugar em que alguém conserva uma vítima de sequestro presa ilegalmente.

car.ci.nó.ge.no ou **car.ci.no.gê.nio** *sm* Qualquer substância que produz ou aumenta o risco de desenvolver câncer, tanto em animais quanto em seres humanos. → **carcinogenicidade** *sf* (qualidade do que é carcinogênico); **carcinogênico** *adj* (rel. a carcinogeno).

car.ci.noi.de (ói) *adj* **1**. Relativo ou semelhante aos crustáceos em geral, em particular aos caranguejos. // *sm* **2**. Pequeno tumor encontrado nas mucosas gastrintestinais, pâncreas, brônquios e ovários.

car.ci.no.lo.gi.a *sf* Ramo da zoologia que estuda os crustáceos. → **carcinológico** *adj* (rel. a carcinologia); **carcinologista** *adj* e *s2gên* ou **carcinólogo** *sm* (especialista em carcinologia).

car.ci.no.ma *sm* Tumor maligno; câncer, cancro. → **carcinomatoso** (ô; pl.: ó) *adj* e *sm* (canceroso).

car.co.ma *sm* **1**. Inseto coleóptero que ataca a madeira, roendo-a; caruncho. // *sf* **2**. Pó da madeira carcomida. → **carcomer** *v* (**1**. roer, pulverizando: *traças carcomem a madeira*; **2**. corroer: *úlceras carcomem a mucosa do estômago*; **3**. *fig*. arruinar, destruir: *a impunidade carcome as instituições*.

car.dã *sm* Redução de *junta cardã*, mecanismo formado por uma junta em cruzeta articulada que transmite a potência do motor às rodas; junta universal.

car.da.mo.mo *sm* **1**. Erva indiana, de frutos capsulares e sementes aromáticas, usadas como condimento. **2**. Essa semente.

car.dão *sm* **1**. Cor azul-violeta, da flor do cardo. **2**. Cavalo que tem o pelo mesclado de preto e branco, com predominância do preto. // *adj* **3**. Azul-violeta: *cavalo cardão; mula cardã*. **4**. Diz-se dessa cor. · Fem.: *cardã*.

car.dá.pio *sm* Lista das iguarias que um restaurante, lanchonete, etc. pode servir, com o preço de cada uma delas; *menu*.

car.dar *v* Desembaraçar, desenredar, destriçar ou pentear as fibras de (lã, linho, algodão, etc., para facilitar a fiação). → **carda**, **cardação**, **cardadura** ou **cardagem** *sf* (ação ou efeito de cardar); **cardada** *sf* (**1**. porção de lã que se carda de uma vez; **2**. pancada com a carda; **3**. *fig*. questão complicada).

car.de.al *adj* **1**. Principal, fundamental, essencial, cardinal: *notícia de cardeal importância*. **2**. Diz-se de cada um dos quatro principais pontos de orientação geográfica: *são quatro os pontos cardeais*. // *sm* **3**. Cada um dos membros do colégio eleitoral do Vaticano. **4**. Passarinho de topete e peito vermelhos. V. **cardinalato** e **cardinalício**. (Não se confunde com *cardial*.)

cár.dia *sf* Abertura superior do estômago. → **cardial** *adj* (rel. a cárdia), que não se confunde com *cardeal*.

car.dí.a.co *adj* **1**. Do coração (físico). // *adj* e *sm* **2**. Doente do coração; cardiopata.

car.di.gã *sm* Casaco ou suéter tricotado, geralmente de lã, sem gola, com ou sem botões.

car.di.nal *adj* **1**. Cardeal (1). **2**. Diz-se do numeral que indica quantidade absoluta, como *um, dois, três*, etc., distinguindo-se do *ordinal*, que indica ordem, sequência. · Pl.: *cardinais*.

car.di.na.la.to *sm* Dignidade de cardeal.

car.di.na.lí.cio *adj* Relativo ou pertencente a cardeal.

car.di.o.gra.fia *sf* **1**. Técnica de registro gráfico dos movimentos mecânicos do coração. **2**. Esse registro gráfico; cardiograma. → **cardiográfico** *adj* (rel. a cardiografia); **cardiógrafo** *sm* (aparelho que registra as atividades elétricas do músculo cardíaco).

car.di.o.lo.gi.a *sf* Ramo da medicina que estuda as doenças e anomalias do coração. → **cardiológico** *adj* (rel. a cardiologia); **cardiologista** *adj* e *s2gên* ou **cardiólogo** *sm* (especialista em cardiologia).

car.di.o.pa.ti.a *sf* Qualquer doença cardíaca. → **cardiopata** *adj* e *s2gên* (doente do coração; cardíaco).

car.di.or.res.pi.ra.tó.rio *adj* Relativo ao coração e ao aparelho respiratório: *parada cardiorrespiratória*.

car.di.o.vas.cu.lar *adj* Relativo ao coração e aos vasos sanguíneos.

car.do *sm* Planta composta, nativa da Europa e da África, de caule e folhas espinhentos e flores azul-violeta.

car.du.me *sm* **1**. Bando numeroso de peixes que nadam juntos: *um cardume de piranhas*. **2**. *Fig*. Grande quantidade: *um cardume de submarinos*.

ca.re.ca *sf* **1**. Cabeça humana com ausência total ou parcial de cabelos; calva: *alisar a careca*. // *adj* e *s2gên* **2**. *P.ext*. Que ou pessoa que não tem cabelos na cabeça ou em parte dela; calvo(a). // *adj* **3**. *Pop*. Diz-se do pneu já liso ou totalmente gasto pelo uso. · Antôn. (2): *cabeludo*. ·· **Estar careca de** (gír.). Estar cansado de: *O povo está careca de pedir mais segurança, mas nada ou pouco tem sido feito para que saiamos de casa com tranquilidade*.

ca.re.cer *v* **1**. Ter necessidade; necessitar, precisar: *o povo carece de segurança*. **2**. Não ter: *o povo carece de saúde, educação e habitação*. → **carecido** *adj* (que carece ou não tem; falto: *estou carecido de tempo para passear*); **carecimento** *sm* (ato ou efeito de carecer).

ca.rei.ro *adj* Que vende caro. · Antôn.: *barateiro*.

ca.re.na.gem *sf* Parte anterior das motocicletas e motonetas, encimada pelo guidão.

ca.rên.cia *sf* **1**. Falta, escassez: *carência de alimentos*. **2**. Privação, necessidade: *carência de liberdade*. **3**. Período durante o qual o devedor não paga o principal da dívida, mas apenas os juros, com anuência do credor. · Antôn. (1): *abundância, fartura*. → **carencial** *adj* (**1**. rel. a carência; **2**. diz-se da doença causada pela falta, na alimentação, de certos elementos, indispensáveis à nutrição dos tecidos); **carente** *adj* (**1**. falto, carecido: *não faz exercícios físicos porque anda carente de tempo*; **2**. que tem carência ou falta do que é fundamental: *crianças carentes*).

ca.re.pa *sf* **1**. Esfoliação da epiderme em pequenas escamas; caspa. **2**. Pó ou lanugem que se forma à superfície das frutas secas (figos, pêssegos, nêsperas, etc.). **3**. Superfície áspera da madeira mal aplainada. **4**. Fuligem que se acumula no interior dos cilindros dos motores de explosão. **5**. Pequenas fagulhas que saltam do ferro candente batido na bigorna. **carepento** ou **careposo** (ô; pl.: ó) *adj* (que tem carepa). ·· **Limpar a carepa** (fig.). Sair-se bem nos negócios; sair da miséria; lavar a alma ou a égua.

ca.res.ti.a *sf* Encarecimento do custo de vida.

ca.re.ta (ê) *sf* **1**. Forma feia ou engraçada que se dá ao próprio rosto, para assustar, divertir ou exprimir dor, desagrado, insatisfação, etc.; esgar: *fiz careta para o macaco, que revidou!; ao provar a bebida, fez careta de desagrado*. **2**. *Fig*. Cara feia; atitude ameaçadora: *tens medo de careta?* // *adj* e *s2gên* **3**. *Gír.Pej*. Que ou pessoa que segue os padrões antigos, que é antiquada, conservadora ou tradicional: *ter avô careta*. **4**. *Gír.Pej*. Que ou pessoa que não usa drogas ilícitas: *eu era o careta da turma*. // *adj* **5**. *Gír.Pej*. Conservador, tradicional, quadrado: *carro careta; tempos caretas*. // *s2gên* **6**. Cada um dos personagens do bumba meu boi. **caretear** *v* (fazer careta), que se conjuga por *frear*; **careteiro** *adj* e *sm* (que ou aquele que faz caretas); **caretice** *sf* [atitude ou comportamento de careta (3 e 4)].

ca.re.za (ê) *sf* Qualidade de caro, de ter preço alto. · Antôn.: *barateza*.

car.ga *sf* **1**. Ato ou efeito de carregar; carregação, carregamento: *terminamos a carga do caminhão*. **2**. Conjunto de coisas que um veículo ou um animal transporta; carregamento: *roubo de carga é comum hoje no Brasil*. **3**. Grande quantidade; volume: *a carga de trabalho aqui é grande*. **4**. Coisa com que se carrega aparelho ou instrumento. **5**. Munição para arma de fogo. **6**. *Fig*. Aquilo que é ou que se tornou grande incumbência ou compromisso; encargo: *a guarda desse montão de dinheiro dos meus amigos é uma carga*. **7**. Ataque, investida: *desta vez não a conquistei, mas voltarei à carga*. **8**. *Fig*. Algo que oprime ou incomoda. **9**. Quantidade que um objeto ou aparelho está destinado a receber ou a conter: *a carga de extintor de incêndio*. **10**. Quantidade total de eletricidade armazenada num capacitor. **11**. Investida ilegal sobre um adversário, em vários esportes. **12**. Poder de sentimentos fortes: *os casos de pedofilia têm forte carga emocional*. ·· **Carga elétrica**. Quantidade de eletricidade retida ou presente num corpo. ·· **Carga horária**. Quantidade de horas que uma pessoa deve trabalhar, determinada por lei.

car.ga-d'á.gua *sf* **1**. Chuva muito forte e prolongada; temporal. // *sfpl* **2**. *Fig*. Razão misteriosa; motivo desconhecido: *não sei por que cargas-d'água ela me deixou*. · Pl.: *cargas-d'água*.

car.go *sm* Emprego público ou privado que exige certa responsabilidade ou obrigação. ·· **A cargo de**. Sob a responsabilidade de; aos cuidados de.

car.guei.ro *adj* e *sm* Que ou navio ou avião que transporta cargas.

ca.ri.ar *v* **1**. Provocar cárie em: *açúcar caria os dentes*. **2**. Ficar destruído por cárie dentária: *todos os seus dentes cariaram*.

ca.ri.bé *sm* **1**. Prato feito com polpa de abacate. **2**. Mingau feito com farinha fina. **3**. Refresco com beiju de tapioca.

ca.ri.bo.ca *s2gên* Pessoa que descende de europeu com caboclo; mestiço.

ca.ri.ca.to *adj* **1**. Semelhante a caricatura. **2**. Que causa riso ou zombaria, por ser excessivamente ridículo ou grotesco. // *adj* e *sm* Que ou ator que interpreta personagens caricatos.

ca.ri.ca.tu.ra *sf* Desenho que exagera certos aspectos característicos de uma pessoa. → **caricatural** ou **caricaturesco** (ê) *adj* (rel. a caricatura); **caricaturar** *v* (representar mediante caricatura); **caricaturista** *adj* e *s2gên* (que ou pessoa que desenha caricaturas).

ca.rí.cia *sf* Toque afetuoso, amoroso, cheio de ternura, acompanhado de sensualidade ou não.

ca.ri.da.de *sf* **1**. Sentimento de amor ao próximo. **2**. Esmola, donativo. **3**. No cristianismo, virtude teologal que consiste em amar a Deus e ao próximo. · V. **caritativo**. → **caridoso** (ô; pl.: ó) *adj* e *sm* (que ou quem tem ou faz caridade) e *adj* (que revela caridade).

cá.rie *sf* Lesão dos dentes e dos ossos, que leva a sua destruição total. · V. **cariar**.

ca.ri.jó *adj* **1**. Dos carijós, tribo extinta que vivia no litoral sul do Brasil. **2**. Diz-se de galinha ou de galo que tem penas cobertas de manchas brancas e pretas. // *s2gên* Indígena da tribo carijó.

ca.ril *sm* Aportuguesamento de *curry*.

ca.ri.mã *sf* **1**. Bolinho de farinha de mandioca. **2**. Certa praga que ataca o algodão e os canaviais.

ca.rim.ba.do *adj* Que recebeu carimbo; marcado com carimbo: *deixou carimbados todos os documentos, antes de sair; álbum com várias figurinhas carimbadas de jogadores de futebol*. ·· **Ser figura carimbada** (fig.). Ser pessoa muito conhecida ou assídua frequentadora de um local: *Esse sujeito é figura carimbada aqui na boate. Eu era figura carimbada na casa dela*.

ca.rim.bo *sm* **1**. Instrumento com letras, números, etc. destinado a marcar ou datar documentos. **2**. Marca produzida por esse instrumento. → **carimbação** ou **carimbagem** *sf* (ação ou efeito de carimbar); **carimbador** (ô) *sm* (máquina ou aquele que carimba a correspondência postal); **carimbar** *v* (bater carimbo em).

ca.rim.bó *sm* **1**. *Pop*.PA **1**. Tipo de dança de roda que teve origem na ilha de Marajó, tornou-se folclórico em todo o estado e consiste numa formação circular, com homens e mulheres que dançam descalços e em pares, com roupas muito coloridas. **2**. Instrumento musical que dá a marcação desse tipo de dança, constituído por um grande atabaque.

ca.ri.nho *sm* **1**. Sentimento ou gesto de simpatia, afeição, apreço e meiguice extremamente delicado; afeto. **2**. Manifestação ou expressão de tal sentimento: *a avó faz carinhos na neta*. **3**. Maneira delicada ou suave de tratar uma coisa: *muito cuidado; capricho, desvelo: ela tem muito carinho com todas as suas bonecas*. → **carinhoso** (ô; pl.: ó) *adj* (**1**. cheio de carinho, de estima: *recepção carinhosa*; **2**. que trata com carinho: *povo carinhoso com os turistas*).

ca.ri.o.ca *adj* e *s2gên* **1**. Natural ou habitante da cidade do Rio de Janeiro (RJ). // *adj* **2**. Da cidade do Rio de Janeiro: *praias cariocas*. → **cariocada** *sf* [**1**. cariocas em geral; conjunto de todos os cariocas: *e aí, cariocada, gostaram da goleada que os cearenses impuseram a seus times ontem?*; **2**. porção de cariocas: *há quem diga que o que estraga a CBF é a cariocada que existe lá*; **3**. ação, ditos ou modos de carioca; carioquice; carioquismo (1): *convocar para o gol da seleção brasileira Júlio César e deixar Marcos é o que se chamou a grande cariocada*; **4**. elogio aos cariocas: *ele gosta de fazer cariocadas*; **5**. bairrismo carioca: *meus amigos cariocas que me desculpem, mas dizer que o Rio de Janeiro que se pratica o melhor futebol do Brasil é a mais autêntica das cariocadas*]; **carioquice** *sf* [cariocada (3); carioquismo (1)]; **carioquismo** *sm* [**1**. cariocada (3); carioquismo; **2**. sentimento de amor à cidade do Rio de Janeiro, a seu povo, cultura, modismos, hábitos e costumes; **3**. modismo típico do linguajar dessa cidade].

ca.ris.ma *sm* **1**. Grande prestígio e rara qualidade pessoal que possuem algumas pessoas, princ. certos líderes, para atrair, fascinar e excitar a devoção e o entusiasmo das massas: *o carisma do Papa João Paulo II o fez amado por todo o mundo*. **2**. Magnetismo pessoal; charme: *os telejornais ganham audiência de acordo com o maior ou o menor grau de carisma de seus apresentadores*. **3**. Poder de exercer forte atração ou encanto; fascinação, fascínio, encanto: *o Flamengo exerce um carisma impressionante sobre os nordestinos, quando joga na sua região*; *o carisma que o cinema exerce sobre as pessoas*. → **carismático** *adj* (**1**. de carisma: *atitude carismática*; **2**. que tem carisma: *um carismático apresentador de TV*).

ca.ri.ta.ti.vo *adj* **1**. Que está sempre disposto a praticar atos de caridade. **2**. Tolerante ou moderado no julgamento dos outros; clemente.

ca.riz *sm* **1**. Aparência, aspecto: *homem de cariz juvenil*. **2**. Expressão do rosto; fisionomia, semblante, feição: *homem de cariz rude*. **3**. Natureza, caráter: *notícia de cariz oficioso; tema de cariz social*. **4**. Aspecto da atmosfera ou do céu. **5**. Conjunto de características; qualidade distintiva; traço: *filme de cariz ficcional*.

carjacking [ingl.] *sm* Roubo de automóvel que consiste em o assaltante, por meio da força ou de ameaças, obrigar o motorista a sair do veículo ou a conduzi-lo durante atividades criminais. · Pl.: *carjackings*. · Pronuncia-se *kèrdjékin*.

car.lin.ga *sf* Lugar do avião onde fica o piloto; cabina.

car.lo.vín.gio ou **ca.ro.lín.gio** *adj* Relativo a Carlos Magno (742-814), rei dos francos.

car.ma *sm* **1**. Princípio filosófico budista e hinduísta, segundo o qual as ações e conduta humanas durante as sucessivas fases da existência do homem (reencarnações) determinam o seu destino na próxima. **2**. Peso do destino que uma pessoa carrega e tem de resgatar, segundo o mesmo princípio. **3**. Atmosfera, ar, aspecto. → **cármico** *adj* (rel. a carma).

car.me.ar *v* Desfazer os nós de (lã, antes de cardada); carpear. · Conjuga-se por *frear*. → **carmeadura** *sf* (ação ou efeito de carmear; carpeadura.)

car.me.li.ta *adj* **1**. Diz-se de frade ou de freira da Ordem de N.S.ª do Carmo ou do Monte Carmelo. // *s2gên* **2**. Esse frade ou essa freira.

car.me.sim *adj* **1**. Diz-se da cor vermelha muito viva e escura; carmim. **2**. Que tem essa cor; carmim. // *sm* **3**. Essa cor, carmim.

car.mim *sm* **1**. Cor vermelha viva; carmesim. **2**. Corante dessa cor. // *adj* **3**. Diz-se dessa cor; carmesim. **4**. Que tem essa cor; carmesim. · Pl.: *carmins*.

car.mi.na.ti.vo *adj* e *sm* Que ou droga que provoca a expulsão de gases do estômago e intestinos.

car.mo.na ou **cre.mo.na** *sf* Ferrolho que se estende em toda a altura de porta ou de janela, encaixado em cima e embaixo, ao mesmo tempo.

car.na.ção *sf* **1**. Representação do corpo humano com seu colorido natural. **2**. Cor natural da carne.

car.na.du.ra *sf* Musculatura do corpo humano.

car.nal *adj* **1**. Da carne (em oposição a *espiritual*); do corpo físico, dos sentidos; sensual: *o voto de castidade pressupõe a renúncia ao amor carnal, aos prazeres carnais*. **2**. Relativo a instintos sexuais; lascivo: *é fácil se deixar levar pelos apetites carnais, difícil é evitá-los*. **3**. Diz-se da pessoa que é parente do mesmo sangue; consanguíneo: *irmão carnal; primo carnal*.

→ **carnalidade** *sf* (gosto exagerado pelos prazeres carnais ou sexuais; lascívia: *os crentes têm muito preconceito contra a dança, associando-a à carnalidade*).

car.nas.si.al *adj* e *sm* Que ou dente que é adaptado para cortar a carne (geralmente o último pré-molar superior ou o primeiro molar inferior, nos mamíferos carnívoros).

car.na.ú.ba *sf* **1**. Palmeira de cujas folhas se tira uma cera muito usada na indústria; carnaubeira. **2**. Essa cera. → **carnaubeira** *sf* [carnaúba (1)].

car.na.val *sm* Festa popular que dura de três a cinco dias antes da Quarta-Feira de Cinzas. → **carnavalesco** (ê) *adj* (**1**. rel. ou pert. a carnaval) e *sm* (**1**. aquele que brinca intensamente no carnaval ou em micaretas; folião; **2**. aquele que programa e executa os festejos de carnaval ou de micareta).

car.naz *sm* Parte da pele dos animais oposta à do pelo.

car.ne *sf* **1**. Tecido muscular do homem e dos animais. **2**. Parte do corpo dos animais que serve de alimento humano. **3**. Matéria, corpo físico. **4**. Parte da fruta que envolve o caroço; polpa. · V. **carnoso**. ·· **Carne branca**. **1**. Carne de galinha, peixe, peru, vitela, etc., em oposição à *carne vermelha*, de vaca, porco e à carne amarela, de perdiz, codorna, etc. **2**. Carne do peito do frango: *Ele não come coxa de frango, só come carne branca*. ·· **Carne de pescoço** (fig.). Pessoa complicada, difícil de lidar ou de aturar: *Esse aluno é uma carne de pescoço daquelas!* ·· **Carne de sol**. Peça de carne bovina que se salga e deixa secar em lugar coberto e bem ventilado e não exposta ao sol, apesar do nome.

car.nê *sm* Talão com folhas destacáveis, para pagamento de compras feitas a prazo. ·· **Carne verde**. **1**. Carne fresca, ainda sem sal, que vai do matadouro diretamente para o açougue, a fim de ser retalhada e vendida ao consumidor. **2**. Carne proveniente de bois e vacas criados de forma não convencional, que envolve de seus produtores compromisso com o meio ambiente e com o bem-estar do animal, desde o nascimento do novilho até o abate. ·· **Carne vermelha**. Carne bovina, suína, etc., em oposição à carne branca e a carne amarela.

car.ne-de-va.ca *sf* Coisa corriqueira: *acidente, nessa esquina, é carne-de-vaca; ir à Lua já virou carne-de-vaca*. · Pl.: *carnes-de-vaca*

car.ne.gão ou **car.ni.cão** *sm* Núcleo endurecido e purulento de certos furúnculos.

car.nei.ra *sf* **1**. Fêmea do carneiro (e não feminino); ovelha. **2**. Pele de carneiro curtida: *sapato em carneira*. **3**. Tira de couro que guarnece internamente os chapéus de homem, para proteger o feltro do suor. **4**. Tira de papel gomado, para fixar os selos em álbuns filatélicos. **5**. Cada um dos sepulcros que se dispõem em paredes verticais, nos cemitérios; gaveta.

car.nei.ro *sm* **1**. Mamífero ruminante e lanígero, de carne comestível. (Voz: *balir*; heterônimo fem.: *ovelha*) **2**. Essa carne: *temos carneiro hoje no almoço*. **3**. Couro feito da lã desse animal: *bolsa de carneiro*. **4**. Urna cadavérica, nos cemitérios; subterrâneo destinado a sepulturas. **5**. Pequeno ossuário, nos nichos de cemitério. **6**. Pessoa tímida, fraca e sem opinião própria: *muitos acham o presidente um carneiro*. // *adj* **7**. Fraco, frouxo: *nunca fui carneiro*. · **Carneiro** *sm* **8**. Constelação e signo do zodíaco; Áries. → **carneirada** *sf* (**1**. rebanho de carneiros; **2**. *fig*. pequenas ondas espumosas do mar que se formam quando há vento rijo, seguindo como os carneiros de um grande rebanho; **3**. *pop*. porção de gente sem opinião própria; bando de maria vai com as outras); **carneirum** *adj* (de carneiro: *gado carneirum*).

car.nê-le.ão *sm* Recolhimento mensal obrigatório de imposto de renda sobre rendimentos que o cidadão recebe de outra pessoa física (p. ex.: gratificações) ou rendimentos que tem no exterior. · Pl.: *carnês-leão* ou *carnês-leões*. (A 6.ª ed. do VOLP não registra este composto.)

car.ne-se.ca *sf* Peça de carne bovina, semelhante à carne de sol, mas mais salgada, que, após a sua secagem, é estendida em varal ao sol para completar sua dessidratação. · Pl.: *carnes-secas*. (Como se vê, a *carne de sol*, apesar do nome, não é exposta ao sol, mas a *carne-seca* sim.)

car.ni.ça *sf* Carne podre e abandonada, de animal em decomposição.

car.ni.cei.ro *adj* **1**. Que mata, devora e se compraz na carnificina: *a hiena é um animal carniceiro*. **2**. Que possui instinto sanguinário, cruel, bárbaro; que sente prazer em matar pessoas: *ditador carniceiro*. // *sm* **3**. Aquele cujo ofício é matar reses para vendê-las a retalho; açougueiro, magarefe. **4**. *Pop*.

Cirurgião inábil, incompetente; açougueiro. **5**. *Pop*. Jogador de futebol desleal e violento.

car.ni.fi.ci.na *sf* Matança cruel de muitos homens ou de animais.

car.ní.vo.ro *adj* **1**. Que se alimenta principal e preferencialmente de carne: *havia dinossauros carnívoros*. **2**. Diz-se de planta que é capaz de capturar insetos e deles se alimentar; insetívoro. → **carnivoridade** *sf* ou **carnivorismo** *sm* (qualidade ou caráter do que é carnívoro).

car.no.so (ô; pl.: ó) *adj* **1**. Semelhante a carne. **2**. Que tem muita carne ou polpa; polpudo, carnudo: *coco carnudo*. → **carnosidade** *sf* (qualidade ou estado do que é carnoso); **carnudo** *adj* [carnoso (2): *lábios carnudos*].

ca.ro *adj* **1**. De preço alto: *gasolina cara*. **2**. Que causa grandes despesas, que é muito dispendioso: *empregado caro*. **3**. Querido, estimado, amado: *caros amigos*. // *adv* **4**. Por preço alto: *paguei caro essas laranjas*. · Antôn. (exceto 3): *barato*. · V. **careiro** e **careza**.

ca.ro.ba ou **ca.ro.bei.ra** *sf* **1**. Arbusto ornamental brasileiro, de propriedades medicinais. **2**. Madeira desse arbusto, muito usada na construção civil, em obras internas.

ca.ro.cha *sf* **1**. Carapuça de papel usada antigamente para castigar as crianças malcomportadas na escola. **2**. Coruchéu (3). → **carochinha** *sf* (**1**. dim. regular de *carocha*; carocha pequena; **2**. personagem de estórias infantis, geralmente bruxa ou mulher feia e idosa; **3**. red. de conto da carochinha, narrativa leve, curta, própria para o deleite infantil. ·· **Conto** (ou **Estória**) **da carochinha**. **1**. Carochinha (3). **2**. *Pop*. Conversa mole; conversa fiada; lorota, mentira: *Lá vem ele com a estória da carochinha de que foi a Júpiter num óvni*.

ca.ro.ço (ô; pl.: ó) *sm* **1**. Parte dura que fica no interior de algumas frutas. **2**. Bolinha que se forma em massa. → **caroçama** *sf* ou **caroçame** *sm* (grande quantidade de caroços); **caroçudo** *adj* (que tem muitos caroços).

ca.ro.la *adj* e *s2gên* Que ou pessoa que vive em igreja. → **carolice** *sf* ou **carolismo** *sm* (qualidade, ato ou comportamento de carola).

ca.ro.lín.gio *adj* V. **carlovíngio**.

ca.ro.lo (ô) *sm* **1**. Espiga de milho já debulhada. **2**. *Pop*. Pequena pancada que se dá na cabeça com os nós dos dedos; cascudo, cocre.

ca.rom.bó *adj* V. **carambó**.

ca.ro.na *sf Pop*. **1**. Viagem de favor. // *s2gên* **2**. Pessoa que viaja gratuitamente. → **caroneiro** *adj* e *sm* (que ou aquele que está acostumado a pegar carona).

ca.ro.te.no *sm* Pigmento amarelo presente em vários tecidos animais e vegetais (gema de ovo, leite, folhas verdes, cenoura, batata-doce, folhas de beterraba, espinafre e brócolis). → **carotenoide** (ói) *adj* (rel. a caroteno ou que consiste em caroteno) e *sm* (cada um dos pigmentos vegetais responsáveis pelo tom de vermelho, amarelo e laranja em muitas frutas e vegetais), palavra que a 6.ª ed. do VOLP registra como feminina (!), que ela não é nem nunca foi.)

ca.ró.ti.da ou **ca.ró.ti.de** *sf* Cada uma das duas maiores artérias, uma em cada lado do pescoço, que conduzem sangue da aorta para a cabeça. → **carotídeo** *adj* (rel. ou pert. à carótida).

car.pa *sf* Peixe ornamental de água doce. · V. **ciprinocultura**.

carpaccio [it.] *sm* Fatia finíssima de carne de vaca ou de atum cru, temperada com azeite, sumo de limão, etc. e servida com vinagrete ou qualquer outro molho picante. · Pronuncia-se *karpátcho*.

car.pe.lo (ê) *sm* Órgão reprodutor feminino de uma flor, que consiste em um ovário, um estigma (às vezes ausente) e geralmente um estilete: *os carpelos são fundidos para formar um único pistilo*; *um carpelo é uma folha modificada*.

car.pe.te *sm* Tecido grosso usado para forrar um piso. → **acarpetamento** ou **carpetamento** *sm* (ato ou efeito de acarpetar ou carpetar: *empresa que faz serviços de acarpetamento*), palavras não registradas na 6.ª ed. do VOLP; **acarpetar** ou **carpetar** *v* [forrar (piso) com carpete]. (Cuidado para não usar "encarpetar"!)

car.pi.dei.ra *sf* **1**. Mulher que chora muito. **2**. Mulher contratada para chorar em velório. **3**. Capinadeira.

car.pin.tei.ro *sm* Artesão especializado em fazer artigos grosseiros de madeira (assoalhos, tetos, pisos, etc.). → **carpintaria** *sf* (oficina de carpinteiro).

car.pir *v* **1**. Capinar: *carpir café*. **2**. Lamentar, lastimar, prantear: *carpir a morte de um parente*. → **carpição** *sf* (capina,

capinação); **carpidura** *sf* ou **carpimento** *sm* [ato de carpir (2); lamentação, pranto].

car.po *sm* **1**. Região da mão correspondente ao pulso. **2**. Conjunto dos oito ossos da articulação do pulso; pulso. **3**. Em botânica, fruto. → **carpal** *adj* [rel. ou pert. ao carpo (1 e 2)]; **cárpeo** ou **cárpico** *adj* [rel. ou pert. ao carpo (3)].

car.pó.fa.go *adj* e *sm* Que ou o que se alimenta basicamente de frutos; frugívoro. → **carpofagia** *sf* (qualidade de carpófago).

car.po.lo.gi.a *sf* **1**. Ramo da botânica que estuda os frutos e a estrutura das sementes. **2**. Disciplina paleobotânica que estuda os grãos dos cereais e os frutos conservados nos sedimentos arqueológicos. → **carpológico** *adj* (rel. a carpologia); **carpologista** *s2gên* ou **carpólogo** *sm* (especialista em carpologia).

car.que.ja (ê) *sf* Nome comum a várias espécies de plantas compostas, algumas das quais com propriedades medicinais e gosto amaríssimo, indicadas para os males gastrintestinais: *tomei um chá de carqueja e fiquei bom do estômago*.

car.qui.lha *sf* Dobra ou franzido da pele; ruga, prega: *as carquilhas faciais*.

car.ra.da *sf* **1**. Quantidade que um carro pode carregar ou transportar de uma só vez: *uma carrada de pedras, de lenha, de cimento*. **2**. Grande quantidade; porção: *ter carradas de razões; fazer carradas de insinuações*.

car.ran.ca *sf* **1**. Cara feia, que demonstra irritação ou preocupação. **2**. Grande cabeça de madeira que algumas barcas levam na proa; visagem (2). **3**. Cara de pedra ou de metal na bica de um chafariz; visagem (2). → **carrancudo** *adj* (de cara ou aparência amarrada, fechada; *chefe carrancudo*; *semblante carrancudo*), de antôn. *risonho*.

car.ran.ça *sf* e *s2gên* Que ou pessoa que é apegada ao passado, retrógrada: *ter pai carrança*. **carrancismo** *sm* (ato, atitude ou comportamento de carrança),

car.ra.pa.tei.ra *sf* Mamona, mamoneira.

car.ra.pa.to *sm* **1**. Aracnídeo minúsculo, hematófago, que suga o sangue tanto do homem como de animais. **2**. *Fig.Pej*. Pessoa incômoda, que segue outra aonde quer que ela vá; pessoa cacete, que não desgruda: *essa menina é um carrapato da mãe*. → **carrapaticida** *adj* e *sm* (que ou produto que serve para eliminar carrapatos: *banho carrapaticida*).

car.ra.pe.ta (ê) *sf* **1**. Pequeno pião que se faz girar com os dedos. **2**. Porção de muco nasal ressequido; meleca. **3**. Cada uma das duas peças circulares, onde se enrola a fita, nas máquinas de escrever. · Var.: *carapeta* (1 e 2). ·· **Salto carrapeta**. Salto de sapato masculino, de 5 a 7cm de altura, muito usado em bota.

car.ra.pi.cho *sm* **1**. Planta de sementes espinhosas que facilmente aderem ao pelo dos animais e à roupa. **2**. Semente dessa planta. **3**. Tufo de cabelo no alto ou na parte posterior da cabeça; coque.

car.ras.co *sm* **1**. Homem que executa a pena de morte; algoz, verdugo. **2**. *Fig*. Pessoa muito má, desumana, cruel. **3**. *Pop*. Aquele que é responsável pelo insucesso do adversário ou que lhe atrapalhou um objetivo: *na década de 1960, o carrasco do poderoso Santos F.C. era a S.E. Palmeiras*.

car.ras.pa.na *sf* **1**. Bebedeira, pileque, porre. **2**. Repreensão, pito, sabão: *levei uma carraspana do chefe*.

car.re.ar *v* Transportar de um lugar para o outro em carro: *carrear areia para uma obra*. · Conjuga-se por *frear*. → **carreação** *sf* (ato ou efeito de carrear); **carreadouro** ou **carreador** (ô) *sm* (caminho para carro, no meio rural); **carreata** *sf* (desfile de carros, em caravana política, de promoção comercial, em manifestação de protesto, etc.).

car.re.gar *v* **1**. Encher de carga: *carregar um caminhão*. **2**. Levar de um lugar para outro; transportar: *carregar mercadorias*. **3**. Trazer consigo: *você carrega documento*? → **carregação** *sf* ou **carregamento** ou **carrego** (ê) *sm* (**1**. ato ou efeito de carregar; **2**. a carga propriamente dita); **carregadeira** *sf* (**1**. mulher que costuma carregar fardos na cabeça) e *adj* (que carrega ou transporta coisa: *as saúvas são formigas carregadeiras*); **carregador** (ô) *sm* e **carregadora** *sf* e *sm* (aparelho que se liga à corrente elétrica e permite recarregar baterias de celulares). ·· **De carregação** (pop.). De má qualidade ou malfeito: *Roupa de carregação, que dura pouco tempo*.

car.rei.ra *sf* **1**. Ato de correr; correria. **2**. Rota de navios ou de aviões. **3**. Grupo de coisas seguidas; ala, fileira. **4**. Atividade profissional, profissão. ·· **Às carreiras**. Apressadamente, precipitadamente, afoitamente: *Quem faz tudo às carreiras nada faz benfeito*. ·· **Fazer carreira**. **1**. Vencer profissionalmente. **2**. Ser usado ou adotado por grande número de pessoas: *O* piercing *fez carreira entre os jovens, mas é altamente anti-higiênico.*

car.rei.ris.mo *sm* Prática de vida de pessoa que usa de qualquer expediente para se dar bem, mesmo que seja inescrupuloso. → **carreirista** *adj* e *s2gên* (que ou pessoa que pratica o carreirismo; oportunista).

car.rei.ro *sm* **1**. Caminho seguido pelas formigas em bando. **2**. Porção de formigas em fila. **3**. Caminho estreito; trilha. **4**. Aquele que conduz um carro de bois.

car.re.ta (ê) *sf* **1**. Carrinho de mão, de duas rodas; carriola. **2**. Grande caminhão de transporte; jamanta.

car.re.tel *sm* Pequeno cilindro em que se enrolam linhas, fios, etc.

car.re.ti.lha *sf* **1**. Pequena roldana. **2**. Peça dotada de cabo, com uma roda dentada, com a qual se corta tecido ou massa de farinha de trigo; cortilha, cortadeira.

car.re.to (ê) *sm* **1**. Transporte a frete. **2**. Preço cobrado por esse transporte. → **carreteiro** *sm* (aquele que faz carretos).

car.ril *sm* **1**. Sulco aberto no solo por roda de carro, carroça, etc. **2**. Trilho ferroviário.

car.ri.lhão *sm* **1**. Conjunto de sinos tocados coordenadamente, compondo música. **2**. Relógio grande, de parede, que dá as horas tocando música.

car.ri.nho *sm* **1**. Carro pequeno. **2**. Pequeno carro de ferro, com uma roda e dois braços, usado no transporte de cargas leves em obras de construção e também no serviço de jardinagem; redução de *carrinho de mão*. **3**. Carro para transportar criança de colo. **4**. Pequeno carro de metal, usado para carregar bagagens princ. em aeroportos e estações ferroviárias, ou em supermercados, para carregar as compras. **5**. Pequeno veículo usado para movimentar câmera de cinema ou de televisão. **6**. Lance no futebol em que o jogador se atira ao chão, deslizando como se estivesse sentado, com o objetivo de atingir a bola: *o carrinho deveria ser punido com expulsão.* **·· Carrinho de mão.** Carrinho (2).

car.ro *sm* **1**. Veículo de quatro rodas, com motor e carroceria, próprio para levar pessoas e carga leve; automóvel. **2**. Parte de uma máquina que se movimenta semimecanicamente. → **carriola** *sf* [carreta (1)].

car.ro-bo.lha *sm* Carrinho de bebê completamente fechado por uma película de plástico que reflete os raios infravermelhos e ultravioleta, destinado a proteger as crianças de dois meses a quatro anos da poluição e da radiação solar. · Pl.: *carros-bolha* ou *carros-bolhas*. (A 6.ª ed. do VOLP não registra a palavra.)

car.ro-bom.ba *sm* Veículo especialmente preparado para explodir em determinado local, em atentado terrorista. · Pl.: *carros-bomba* ou *carros-bombas*.

car.ro.ça *sf* **1**. Carro grosseiro, de duas rodas, puxado por animais, para transporte de cargas. **2**. Carro duro, de péssimo acabamento e baixo nível de segurança: *há muitas carroças circulando por aí*. → **carroçada** *sf* (carga que uma carroça pode transportar de uma só vez); **carroção** *sm* (**1**. carroça grande; **2**. carro grande, coberto por um toldo, puxado por bois, usado antigamente no transporte de pessoas; **3**. peça do dominó que tem seis marcas de cada lado); **carroçável** *adj* (próprio para o tráfego de carros e carroças: *o leito carroçável das nossas estradas está todo esburacado*); **carroceiro** *sm* (**1**. aquele que conduz carroça ou que com ela faz frete; **2**. sujeito mal-educado, grosseiro, malcriado).

car.ro.ce.ri.a ou **car.ro.ça.ri.a** *sf* **1**. Estrutura única dos automóveis modernos, estampada geralmente em chapas de aço e mais modernamente em alumínio, na qual se alojam os passageiros e todo o conjunto eletromecânico; monobloco. **2**. Parte traseira dos caminhões, geralmente aberta, destinada à carga.

car.ro-che.fe *sm* **1**. Principal carro alegórico de um desfile. **2**. *Fig.* Aquilo que num conjunto tem maior importância ou melhor desempenho: *hoje o carro-chefe das nossas exportações é a soja*. · Pl.: *carros-chefe* ou *carros-chefes*.

car.ro.ci.nha *sf* **1**. Carroça pequena. **2**. Carrinho de duas rodas em que se estouram pipocas, se cozinham milhos verdes, se preparam tapiocas, etc., que também serve de ponto de venda. **3**. Redução de *carrocinha de cachorro*, veículo fechado, espécie de caminhonete, da prefeitura, destinado especialmente ao recolhimento de cães vadios ou vira-latas das ruas.

car.ro-con.cei.to *sm* Modelo experimental de um veículo, construído pela fábrica apenas para mostrar seu avançado estádio tecnológico e *design*, podendo ser fabricado em série, se certos fatores forem preenchidos; carro conceitual; *concept-car*. · Pl.: *carros-conceito* ou *carros-conceitos*.

car.ro-dor.mi.tó.rio *sm* Carro-leito (1). · Pl.: *carros-dormitório* ou *carros-dormitórios*.

car.ro-for.te *sm* Caminhonete blindada, com guardas armados, usada no transporte de valores e altas quantias. · Pl.: *carros-fortes*.

car.ro-guin.cho *sm* Guincho (4). · Pl.: *carros-guincho* ou *carros-guinchos*.

car.ro-lei.to *sm* Carro que, nos trens, tem dormitórios. · Pl.: *carros-leitos* ou *carros-leito*.

car.ro-ma.ca *sm* Pequeno carro que serve de maca nos estádios de futebol, para retirada dos atletas que se contundem. · Pl.: *carros-maca* ou *carros-macas*.

car.ro-ma.dri.nha *sm* Automóvel de alto desempenho que, numa corrida, lidera os competidores na volta de apresentação pelo circuito, sem participar da competição; *pace car*. · Pl.: *carros-madrinha* ou *carros-madrinhas*.

car.ro-pi.pa *sm* Caminhão dotado de um tanque, para o transporte de água; caminhão-pipa. · Pl.: *carros-pipa* ou *carros-pipas*.

car.ro-pullman *sm* Vagão ferroviário de luxo, dotado de poltronas especiais e, em alguns casos, serviço autônomo de bar. · Pl.: *carros-pullman*.

car.ro-res.tau.ran.te *sm* Vagão ferroviário destinado a proporcionar serviços de cozinha e restaurante aos passageiros. · Pl.: *carros-restaurante* ou *carros-restaurantes*.

car.ros.sel *sm* Divertimento infantil que consiste num aparelho giratório, montado em parques de diversões, com uma série de assentos, geralmente com a forma de cavalinhos, colocados em círculo.

car.ro-tan.que *sm* Caminhão equipado com tanque, para transporte de líquidos, princ. combustíveis. · Pl.: *carros-tanque* ou *carros-tanques*.

car.ru.a.gem *sf* Carro sobre molas, luxuoso e de estilo elegante, puxado por parelhas de cavalos.

carryon [ingl.] *sm* Bagagem de mão permitida a bordo de aviões, limitada a 5kg por passageiro. · Pl.: *carryons*. · Pronuncia-se *kérion*.

car.te *sm* V. **kart**.

car.ta *sf* **1**. Comunicação escrita que se envia a alguém, geralmente envelopada. **2**. Cada uma das peças de um baralho. **3**. Mapa: *carta hidrográfica*. **4**. Redução de *carta de motorista*, documento que habilita seu portador a dirigir um veículo; carteira de habilitação. · Aum. irregular: *cartapácio sm*. **·· Carta branca**. Autorização de um superior para um inferior, para proceder conforme convier em determinada situação ou circunstância.

car.ta-bom.ba *sf* Explosivo enviado pelo correio, disfarçado em carta comum, para ferir ou matar, assim que for aberta. · Pl.: *cartas-bomba* ou *cartas-bombas*.

car.ta.da *sf* **1**. Lance em jogo de cartas. **2**. Ação arriscada para tentar conseguir alguma coisa.

Cartago *sf* Cidade-estado da antiguidade, destruída em 146 a.C., com a terceira guerra púnica. **cartaginês** *adj* e *sm*.

car.tão *sm* **1**. Folha de papel grossa, encorpada, composta de várias camadas de papel coladas entre si. **2**. Redução de *cartão de visita*, pequeno cartão onde se imprime o nome de uma pessoa, com alguns de seus dados, para apresentação e geralmente com fins comerciais. **3**. Redução de *cartão de crédito*, cartão plastificado, duro e resistente, com código, emitido por instituição de crédito, em nome de um cliente, que está autorizado ou credenciado a efetuar compras de bens e serviços com ele, sem o uso de dinheiro em espécie. **4**. Ingresso, bilhete. **5**. Redução de *cartão-fone*. **·· Cartão de crédito**. Cartão (3). **·· Cartão de visita**. Cartão (2). **·· Cartão inteligente**. Cartão magnético de inúmeras funções (identifica o usuário ou titular, transfere fundos, etc.); *smart card*.

car.tão-cou.ro *sm* Papelão duro, resistente e fibroso, de cor semelhante ao do couro; cartão-fibra. · Pl.: *cartões-couro* ou *cartões-couros*.

car.tão-fi.bra *sm* Cartão-couro. · Pl.: *cartões-fibra* ou *cartões--fibras*.

car.tão-fo.ne *sm* Cartão magnético substituto da ficha metálica do telefone público, o qual dá direito a vários pulsos telefônicos, de acordo com o valor nele fixado; cartão telefônico; cartão (5). · Pl.: *cartões-fone* ou *cartões-fones*.

car.tão-pa.lha *sm* Papelão usado na fabricação de caixas para embalagens. · Pl.: *cartões-palha* ou *cartões-palhas*.

car.tão-pe.dra *sm* Papelão reduzido a massa e misturado com cola, gesso, etc., que adquire dureza e resistência, para ser aplicado em decorações artísticas. · Pl.: *cartões-pedra* ou *cartões-pedras*.

car.tão-pos.tal *sm* Cartão ilustrado num dos lados, para ser enviado pelo correio sem necessidade do uso de envelope; postal. · Pl.: *cartões-postais*.

car.tão-res.pos.ta *sm* Impresso com porte postal pago, enviado a um público-alvo, para facilitar o pedido de compra, o retorno de um questionário informativo, etc.; carta-resposta. · Pl.: *cartões-resposta* ou *cartões-respostas*.

car.ta.pá.cio *sm* **1**. Carta grande e volumosa. **2**. Livro volumoso, antigo e em mau estado; calhamaço.

car.ta-re.nún.cia *sf* Carta em que alguém renuncia a um cargo, a um posto, etc. · Pl.: *cartas-renúncia* ou *cartas-renúncias*.

car.ta-res.pos.ta *sf* Cartão-resposta. · Pl.: *cartas-resposta* ou *cartas-respostas*.

car.taz *sm* **1**. Papel com anúncio, dizeres e ilustrações, afixado em lugares públicos. **2**. *Pop*. Bom conceito, prestígio: *tenho cartaz com o chefe*. → **cartazeiro** *sm* (aquele que fixa ou cola cartazes); **cartazista** *adj* e *s2gên* (especialista em pintar cartazes).

car.te *sm* V. **kart**.

car.te.ar *v* **1**. Jogar (cartas): *receber as cartas e carteá-las*. **2**. Dar as cartas no jogo de baralho: *ela gosta de cartear*. · Conjuga-se por *frear*. → **carteado** *sm* (qualquer jogo de cartas de baralho); **carteamento** ou **carteio** *sm* (ação de cartear).

car.tei.ra *sf* **1**. Feminino de *carteiro*. **2**. Pequena bolsa, geralmente de couro, que se leva no bolso, usada para guardar cédulas e documentos. **3**. Conjunto de cadeira e mesa, usado por alunos em sala de aula. **4**. Documento oficial que comprova alguma coisa sobre seu portador. **5**. Invólucro em que se colocam cigarros; maço. **6**. Seção num estabelecimento bancário que trata de assunto específico. → **carteirada** *sf* (**1**. golpe com carteira; **2**. *pop*. ato de uma autoridade ou de uma pseudoautoridade sacar de seu documento profissional, falso ou verdadeiro, quando se vê em situação delicada ou delituosa, visando a safar-se dela. ·· **Carteira de habilitação**. Carta .·

car.tei.ro *sm* Funcionário do Correio que entrega correspondência. · Fem.: *carteira*.

car.tel *sm* **1**. Combinação entre empresas que produzem uma mesma coisa, para uniformizar preços de produtos e serviços, eliminando, assim, a livre concorrência. **2**. Grupo que se une para atuar num comércio ilegal. → **cartelização** *sf* (formação de cartel para uniformização de preços de produtos e serviços); **cartelizar** *v* [organizar (empresas) em cartel].

car.te.la *sf* **1**. Cartão com números para jogo de azar. **2**. Cartão em que se acondicionam separadamente pequenas coisas.

cár.ter *sm* Redução de *cárter do motor*, caixa metálica que protege as engrenagens de uma máquina e serve de depósito de graxa ou óleo. · Pl.: *cárteres*.

car.te.si.a.no *adj* De Descartes, filósofo, matemático e físico francês (1596-1650).

car.ti.la.gem *sf* Tecido resistente, flexível e elástico que forma o esqueleto de certos animais e boa parte do esqueleto dos vertebrados superiores. → **cartilaginoso** (ô; pl.: ó) *adj* (que tem cartilagem ou que é semelhante à cartilagem).

car.ti.lha *sf* **1**. Pequeno livro destinado àqueles que estão aprendendo a ler. **2**. Livreto em linguagem simples, para orientar ou esclarecer.

car.to.gra.fi.a *sf* Arte ou técnica de elaborar mapas ou cartas geográficas. → **cartografar** *v* (mapear); **cartográfico** *adj* (rel. a cartografia); **cartógrafo** *sm* (aquele que é versado em cartografia); **cartograma** *sm* (representação diagramática de dados estatísticos, distribuídos geograficamente, num mapa).

car.to.la *sf* **1**. Chapéu cilíndrico, alto e de cor preta e brilhante. // *sm* **2**. *P.ext*. Alto dirigente esportivo.

car.to.li.na *sf* Tipo de papel de superfície lisa, mais grosso que o normal e mais fino que o papelão.

car.to.man.te *adj* e *s2gên* Que ou pessoa que supostamente adivinha o futuro, lendo cartas de baralho. → **cartomancia** *sf* (prática de pretender adivinhar o futuro, lendo cartas de baralho).

car.to.nar *v* Revestir (livro) de capa resistente. → **cartonado** *adj* (**1**. diz-se do livro revestido com papel-cartão ou capa resistente: *livro cartonado*; **2**. diz-se desse papel; **cartonagem** *sf* (**1**. confecção de produtos de cartão ou papelão; **2**. arte ou ofício de encadernar em cartão; **3**. lugar onde se confeccionam produtos de cartão ou papelão; **4**. qualquer artefato ou objeto feito de cartão; **5**. conjunto de obras feitas de cartão ou papelão; **6**. livro cartonado); **cartonista** *s2gên* [artista especializado(a) na execução de modelos em cartão].

car.toon [ingl.] *sm* V. **cartum**.

car.tó.rio *sm* Estabelecimento público que emite certidões, atestados, procurações, etc. , registra e arquiva contratos, documentos, etc. → **cartorário** ou **cartorial** *adj* (rel. a cartório); **cartorário** *sm* (funcionário de cartório).

car.tu.cho *sm* **1**. Canudo de papel ou de papelão. **2**. Pequeno saco de papel. **3**. Tubo metálico que contém a bala de uma arma de fogo. **4**. Diploma. **5**. Pessoa influente que serve como meio para outrem conseguir algo; pistolão: *Mônica era meu cartucho para conseguir o cargo*. (Não se confunde com *cartuxo*, com registro em **cartuxa**.) → **cartucheira** *sf* (cinturão próprio para encaixar os cartuchos um a um).

car.tu.lá.rio *sm* **1**. Registro de títulos, documentos, contratos, escrituras, etc. de todas as propriedades estatais ou de corporações religiosas (conventos, mosteiros, igrejas, etc.). **2**. Aquele que se encarrega desse registro ou da guarda desses títulos, documentos, etc.

car.tum *sm* Desenho humorístico de uma figura pública. → **cartunismo** *sm* (arte do cartunista); **cartunista** *s2gên* (desenhista de cartuns). · V. **charge**.

car.tu.xa *sf* Ordem religiosa fundada por São Bruno no século XI. → **cartusiano** ou **cartuxano** *adj* e *sm* (que ou aquele que pertence à cartuxa), que não se confunde com *cartucho*.

ca.run.cho *sm* Inseto que corrói madeira e cereais armazenados. → **caruncharr** *v* (ficar cheio de carunchos); **carunchento** ou **carunchoso** (ô; pl.: ó) *adj* (cheio de carunchos).

ca.ru.ru *sm* Prato da culinária baiana, feito com quiabo, camarões, peixe, etc. e tempero condimentado, com azeite de dendê.

cá.rus *sm2núm* Redução de *coma cárus*, coma profundo, em que o paciente não tem reflexos e geralmente precede a morte.

car.va.lho *sm* **1**. Árvore grande, de madeira dura e resistente, muito utilizada em construções e marcenaria. **2**. Madeira dessa árvore.

car.vão *sm* **1**. Matéria escura que resulta da combustão incompleta de vegetais e se utiliza para fazer fogo. **2**. Brasa apagada. · V. **carbonífero** e **carbonizar**. → **carvoaria** *sf* (lugar onde se fabrica ou vende carvão; carvoeira (2)]; **carvoeira** *sf* (**1**. depósito de carvão; **2**. estabelecimento que fabrica ou vende carvão; carvoaria); **carvoeiro** *adj* (rel. a indústria ou a comércio de carvão) e *sm* (fabricante ou vendedor de carvão); **carvoejar** *v* (negociar com carvão), que mantém o *e* fechado durante toda a conjugação. ·· **Carvão de pedra**. **1**. Rocha sedimentar, de cor escura, extremamente combustível, acumulada em depósitos fósseis de origem vegetal; carvão mineral, hulha. **2**. Pedaço dessa rocha. ·· **Carvão mineral**. Carvão de pedra; hulha.

carving [ingl.] *sm* **1**. Talha em pedra ou madeira, para formar uma figura, gravura ou desenho. **2**. Essa figura, gravura ou desenho. · Pl.: *carvings*. · Pronuncia-se *kárvin*.

cãs *sfpl* **1**. Cabelos brancos: *ter cãs prematuras*. **2**. *Fig*. Velhice: *devemos respeito às cãs*.

ca.sa *sf* **1**. Construção destinada a residência; habitação, morada. **2**. Construção onde funciona um estabelecimento comercial ou financeiro. **3**. Cada uma das divisões de uma tabela ou tabuleiro. **4**. Abertura nas roupas, por onde passa o botão. · Aum. irregular (1): *casarão*. · Dim. irregular e pej. (1): *casebre*. · Col. (1): *casario*. ·· **Casa da mãe joana**. **1**. Casa de pouco respeito ou de moral suspeita; casa de tolerância; bordel; prostíbulo. **2**. Local onde reina a bagunça ou a baderna; casa onde cada qual faz o que bem entende; casa da sogra; cu de mãe joana: *Vocês pensam que a escola é a casa da mãe joana?* ·· **Casa da sogra**. Casa da mãe joana (2). ·· **Casa de marimbondo** (fig.). Qualquer coisa ou assunto em que não convém tocar, para evitar consequências adversas ou amargas.

ca.sa.be.que ou **ca.sa.ve.que** *sm* Casaco feminino, leve e curto.

ca.sa.ca *sf* Roupa masculina de cerimônia, curta na frente e comprida atrás. ·· **Virar a casaca** (fig.). Mudar de opinião, partido, time, etc.

ca.sa.co *sm* Sobretudo usado por homens e mulheres. → **casacão** *sm* (casaco longo; sobretudo, capote).

ca.sa.do *adj* e *sm* Que ou aquele que se uniu a outra pessoa pelo matrimônio. · Antôn.: *solteiro*. → **casadinhos** *smpl* (**1**. conjunto de dois biscoitos redondos, unidos com qualquer substância doce; **2** conjunto de dois doces de leite condensado, um com chocolate e o outro sem).

ca.sa-for.te *sf* Seção de casa bancária de paredes espessas, refratárias ao fogo, com portas de aço, para guarda de dinheiro, valores, documentos, etc. · Pl.: *casas-fortes*.

ca.sa-gran.de *sf* **1**. Casa do senhorio, na época colonial. **2**. Casa de fazendeiro; sobrado. · Pl.: *casas-grandes*.

ca.sal *sm* **1**. Par composto geralmente de macho e fêmea (animais) ou de mulher e homem (pessoas). **2**. *P.ext*. Par de qualquer coisa: *casal de meias*. · Pl.: *casais*.

ca.sa.ma.ta *sf* **1**. Abrigo feito de cimento armado, à prova de bombardeio, encravado na terra. **2**. Prisão subterrânea; masmorra.

ca.sa.men.to *sm* **1**. União, normalmente entre um homem e uma mulher, na presença de autoridades civis ou eclesiásticas e outras testemunhas; união conjugal; matrimônio, núpcias, conúbio. **2**. Festa que celebra essa união; casório, bodas. · Antôn. (1): *divórcio*. → **casamenteiro** *adj* e *sm* (que ou quem arranja casamento). ·· **Casamento** (ou **Matrimônio**) **religioso**. Celebração em que se estabelece o vínculo matrimonial segundo as regras de uma determinada religião; religioso (6).

ca.sa-mu.seu *sf* ou **mu.seu-ca.sa** *sm* Tipo de museu que, abrigado num imóvel que serviu como residência de alguém, busca preservar a forma original, os objetos e o ambiente em que viveu aquela(s) pessoa(s), como a casa-museu José de Alencar, em Fortaleza. · Pl.: *casas-museu* ou *museus-casa*. (A 6.ª ed. do VOLP não registra nem uma nem outra.)

ca.sa.no.va *sm* Homem sedutor, conquistador, mulherengo: *ele era o casanova da faculdade*.

ca.sa.que.ta (ê) *sf* Casaquinha (1).

ca.sa.qui.nha *sf* **1**. Corpete de abas estreitas e curtas, para mulheres; casaqueta. **2**. Vestido feminino para equitação. **3**. Casaco curto feminino.

ca.sar *v* **1**. Unir em casamento: *que padre os casou?* **2**. Unir-se por casamento: *ela casou com um desconhecido*. **3**. Combinar: *essa gravata casa com sua camisa*. **4**. Depositar a confiança da aposta: *eu só aposto se você casar primeiro*. **casar(-se) 5**. Unir-se a alguém por casamento: *ela (se) casou muito jovem*. · Antôn. (1): *divorciar*. → **casadouro** ou **casadoiro** *adj* (que está em idade de casar).

ca.sa.rão *sm* **1**. Aumentativo irregular de *casa*; casa grande. **2**. Casa antiga: *Salvador tem muitos casarões coloniais*.

ca.sa.ri.o *sm* ou **ca.sa.ri.a** *sf* Conjunto ou aglomeração de casas, geralmente modestas.

cas.ca *sf* Película externa de vegetais, ovo, pão, etc. · Aum. irregular: *cascarrão*. · Dim. irregular: *casqueta* (ê) e *casquilha*. · Col.: *cascalho*. · V. **casquento**. ·· **Tratar com casca e tudo**. Tratar grosseiramente, rudemente.

cas.ca-gros.sa *adj* e *s2gên Pop*. Que ou pessoa que é mal-educada, grosseira, rude. · Pl.: *cascas-grossas*.

cas.ca.lho *sm* **1**. Seixo, calhau. **2**. Depósito de seixos, areia grossa e ferruginosa, etc., em geral em que são encontrados diamantes e ouro.

cas.cão *sm* **1**. Casca grande e grossa. **2**. Crosta endurecida. **3**. Camada de sujeira sobre a pele.

cas.car *v* **1**. Tirar a casca; descascar: *casquei duas laranjas; casquei-lhe duas laranjas*. **2**. Pespegar, pregar, aplicar, desferir: *casquei-lhe um safanão*.

cas.ca.ta *sf* **1**. Pequena queda d'água, por entre pedras. **2**. *Pop*. Mentira. → **cascatear** *v* (**1**. cair em cascata; **2**. dizer ou escrever cascatas), que se conjuga por *frear*; **cascateiro** *adj* e *sm* (que ou aquele que mente muito).

cas.ca.vel *sf* **1**. Serpente que tem um guizo na ponta da cauda. **2**. *Fig*. Pessoa maldosa, que gosta de falar mal dos outros.

cas.co *sm* **1**. Conjunto formado pela quilha e os costados de uma embarcação. **2**. Unha grossa, dura e forte de alguns animais, como o boi e o cavalo. **3**. Garrafa vazia; vasilhame.

cas.cu.do *adj* **1**. Que tem casca grossa. // *sm* **2**. *Pop*. Pancada na cabeça dada com o nó dos dedos; cocre, carolo. **3**. Peixe de cabeça grande, revestido de placas ósseas, que vive no fundo dos rios.

ca.se.ar *v* Abrir casas em (peça do vestuário): *casear uma camisa*. · Conjuga-se por *frear*. → **caseação** *sf* (ato ou efeito de casear).

ca.se.bre *sm Pej*. Casa pequena, velha e muito humilde. · Antôn.: *mansão*.

ca.se.í.na *sf* Principal proteína do leite, que forma a base do queijo, utilizada na fabricação de plásticos e adesivos.

ca.sei.ro *adj* **1**. Que se usa em casa. **2**. Feito em casa. **3**. Que gosta de ficar em casa. // *sm* **4**. Aquele que administra e cuida de casa de chácara, fazenda, sítio, etc.

ca.ser.na *sf* **1**. Alojamento dos soldados dentro do quartel. **2**. *P.ext*. Quartel.

cash [ingl.] *sm* **1**. Dinheiro vivo ou em espécie; moeda: *pagar em cash um carro*. // *adj* **2**. Feito em dinheiro vivo: *pagamento cash*. // *adv* **3**. Em dinheiro vivo; em espécie: *paguei cash*. · Pl.: *cashes*. · Pronuncia-se *kéch*.

cashmere [ingl.] *sm* Caxemira (1 e 2) · Pronuncia-se *káchmir*.

ca.si.mi.ra *sf* Tecido de lã fina, encorpado, para o vestuário masculino.

ca.si.nho.la *sf* Casinha pobre, mas não tanto quanto o casebre.

cas.mur.ro *adj* e *sm* **1**. Que ou quem é teimoso, cabeçudo. **2**. Que ou quem é muito calado, retraído, de poucas palavras e mostra tendência a se isolar. → **casmurral** *adj* (**1**. rel a casmurro; **2**. próprio de casmurro: *comportamento casmurral*); **casmurrice** *sf* (ação ou comportamento de casmurro).

ca.so *sm* **1**. Aquilo que realmente ocorre; ocorrência, acontecimento, fato: *a imprensa deu grande destaque a esse caso*. **2**. Hipótese, eventualidade: *em caso de chuva, não viaje!* **3**. Desentendimento, discordância. **4**. Situação difícil ou complicada; impasse: *deixe esse caso comigo, que eu resolvo!* **5**. Conjunto de manifestações que caracterizam uma doença diagnosticada em uma determinada pessoa: *esse é caso de faringite crônica*. **6**. Aventura amorosa: *ela está de caso com o chefe*. **7**. Conto, causo: *todo pescador é um bom contador de casos*. **8**. Cada um dos seis casos flexionais do latim clássico (nominativo, genitivo, dativo, acusativo, ablativo e vocativo). **9**. Pessoa com quem se tem uma relação amorosa ilegítima; cacho: *ela é caso do chefe, cuidado!* // *conj* **10**. Se: *caso chova, não viaje!*

ca.so.na *sf* Na linguagem infantil, principalmente, casa grande.

ca.só.rio *sm* Festa de casamento; bodas.

cas.pa *sf* Pequenas escamas secas de células mortas da pele, princ. do couro cabeludo. → **caspento** ou **casposo** (ô; pl.: ó) *adj* (que tem muita caspa).

cás.pi.te *interj* Indica admiração, espanto, surpresa. Equivale a *caramba!* ou *puxa vida!*

cas.quen.to *adj* Cheio de cascas.

cas.que.te *sm* Cobertura para a cabeça, sem abas, princ. a usada por militares e por mulheres, em eventos sociais importantes.

cas.qui.lho *adj* e *sm* Que ou aquele que, por vaidade, traja-se no rigor da moda e sente enorme prazer em ostentar sua elegância; janota. → **casquilhório** *adj* (*pej*. ridiculamente trajado).

cas.qui.nar *v* Soltar risadinhas sucessivas, tolas ou de gozação; caçoar. → **casquinada** *sf* (risada de escárnio ou gozação; caçoada).

cas.qui.nha *sf* **1**. Casca pequena. **2**. *Gír*. Pequena vantagem ou proveito: *tirar uma casquinha da situação*. **3**. Copinho de massa de biscoito, para sorvete. **4**. O próprio sorvete.

cas.sa.co *sm* **1**. Atendente de balcão em padaria e confeitaria. **2**. Trabalhador de engenho de cana-de-açúcar ou da construção de ferrovias. **3**. Roedor menor que o gambá, que se alimenta preferencialmente de pintos. · Fem. (1 e 2): *cassaca*.

cas.san.dra *sf* Pessoa que profetiza males a que ninguém dá crédito. → **cassandrear** *v* (predizer infortúnios a que ninguém dá crédito), que se conjuga por *frear*.

cas.sar *v* **1**. Tornar sem efeito, anular: *cassar um mandato*. **2**. Privar do mandato político: *cassar deputados*. → **cassação** *sf* (ato ou efeito de cassar); **cassatório** *adj* (que tem força de cassar: *ato institucional cassatório*).

cas.sa.ta *sf* Sorvete de frutas cristalizadas, revestido com creme ou chocolate.

cas.se.te *sm* **1**. Fita magnética compactada em cartucho, com gravação de som ou de imagens. **2**. Gravador que funciona com essa fita. // *adj* **3**. Que está preparado em cassete ou que funciona por meio dele. (Não varia no plural: *fitas cassete*.)

cas.se.te.te *sm* Cacete de borracha, usado por policiais.

cás.sia *sf* Nome comum a várias ervas, arbustos e árvores ornamentais, de propriedades medicinais.

cas.si.no *sm* Estabelecimento de jogo de azar e outros entretenimentos.

cas.si.te.ri.ta *sf* Mineral de que se extrai o estanho.

cast [ingl.] *sm* Elenco (de rádio, televisão, teatro e cinema). · Pronuncia-se *kást*.

cas.ta *sf* **1**. Cada uma das classes em que se divide a sociedade, na Índia. **2**. Linhagem, raça.

cas.ta.nha *sf* **1**. Fruto do castanheiro. **2**. Fruto do cajueiro, representado pela castanha. **3**. Castanha-do-pará. **4**. Pancada no alto da cabeça com o nó dos dedos; cocre, cascudo. → **castanheira** *sf* ou **castanheiro** *sm* (árvore que dá a castanha).

cas.ta.nha-de-ca.ju *sf* Fruto do cajueiro, também conhecido apenas como *castanha*. · Pl.: *castanhas-de-caju*. (A 6.ª ed. do VOLP não registra *castanha-de-caju*, mas registra *castanha--do-pará*; onde ficou a coerência?)

cas.ta.nha-do-pa.rá *sf* Fruto arredondado, grande, que contém amêndoas comestíveis, nutritivas e oleaginosas; castanha (3). · Pl.: *castanhas-do-pará*. → **castanheira-do-pará** *sf* ou **castanheiro-do-pará** *sm* (árvore gigantesca, de tronco roliço e ereto, de cerca de 1m de diâmetro e 40m de altura, que dá a castanha-do-pará).

cas.ta.nhe.ta (ê) *sf* Estalido produzido pelas pontas dos dedos médiio e polegar.

cas.ta.nho *adj* **1**. Da cor da casca da castanha; marrom: *olhos castanhos*. **2**. Diz-se dessa cor. // *sm* **3**. Cor castanha; marrom.

cas.ta.nho.las *sfpl* Instrumento de percussão formado por duas conchas de madeira ou de marfim, arredondadas e côncavas, que se prendem na mão e se chocam quando tocadas pelo dançarino. → **castanholar** *v* (tocar castanholas).

cas.tão *sm* Remate superior de metal que se coloca como enfeite em bengalas. · Pl.: *castões*.

cas.te.lha.no *adj* **1**. De Castela, região da Espanha. // *sm* **2**. Natural ou habitante de Castela. **3**. Língua espanhola; espanhol. → **castelhanismo** *sm* (palavra, expressão ou construção própria do espanhol).

cas.te.lo *sm* Construção fortificada e muito grande da Idade Média que servia de residência real ou feudal. → **castelão** (pl.: *-ãos* ou *-ões*) *sm* (dono ou administrador de castelo), de fem. *castelã*.

cas.ti.çal *sm* Peça em que se encaixa a vela de iluminação. · Pl.: *castiçais*.

cas.ti.ço *adj* **1**. De boa casta ou raça; puro: *animal castiço*. **2**. Sem vícios; puro, vernáculo: *ele escreve num português castiço*. · Antôn. (2): *vicioso*.

cas.ti.da.de *sf* **1**. Qualidade de casto. **2**. Abstinência completa dos prazeres sexuais. · Antôn. (1); *sensualidade*.

cas.ti.go *sm* Sofrimento corporal ou moral que se aplica a uma pessoa considerada culpada; punição. · Antôn.: *prêmio*, *recompensa*. → **castigar** *v* (aplicar castigo a; punir), de antôn. *premiar*.

casting [ingl.] *sm* Seleção de atores para atuar num filme, anúncio publicitário ou em qualquer obra de caráter artístico; escala de elenco artístico. · Pl.: *castings*. · Pronuncia-se *kástin*.

cas.to *adj* **1**. Que é moralmente puro, em pensamento ou em conduta; virtuoso. **2**. Que não tem nenhuma experiência sexual; virgem. · Antôn. (1): *sensual*. · V. **castidade**.

cas.tor (ô) *sm* **1**. Mamífero roedor que vive em rios e lagos do hemisfério norte. **2**. Pele desse animal. **3**. Cor castanho-clara, própria da pele desse animal. // *adj* **4**. Diz-se dessa cor. **5**. Que tem essa cor; dessa cor: *meias castor; camisas castor*. (Como se vê, o *adj* não varia.)

cas.trar *v* Tornar incapaz para a reprodução; capar: *castrar um touro*. → **castração** *sf* ou **castramento** *sm* (ação ou operação de castrar).

cas.tren.se *adj* De acampamento militar e, por extensão, da classe militar, dos militares em geral: *insatisfação castrense; vida castrense*.

cas.tro *sm* Castelo fortificado dos tempos pré-romanos ou romanos.

ca.su.al *adj* Que acontece por acaso; acidental, fortuito. → **casualidade** *sf* (qualidade do que é casual); **casualismo** *sm* (doutrina filosófica que atribui todos os fenômenos ao acaso); **casualista** *adj* (rel. a casualismo) e *adj* e *s2gên* (que ou pessoa que segue ou defende o casualismo).

ca.su.la *sf* Vestimenta sacerdotal sem manga, usada sobre a alva e a estola, para a celebração da missa.

ca.su.lo *sm* **1**. Invólucro construído pelas larvas de vários insetos (abelhas, vespas, bichos-da-seda, etc.). **2**. Invólucro das sementes de algumas plantas.

ca.ta *sf* Ato ou efeito de catar. ·· **À cata de**. Em busca de: *Estou à cata de informações*.

ca.ta.ba.tis.ta *adj* e *s2gên* Que ou pessoa que se opõe ao batismo como necessidade à salvação.

ca.ta.bo.lis.mo *sm* Fase destrutiva do metabolismo, na qual o tecido vivo é substituído por produtos supérfluos, de composição química mais simples, em oposição a *anabolismo*. → **catabólico** *adj* (rel. a catabolismo).

ca.ta-ca.va.co *sm* Posição arqueada do corpo, considerada indecorosa, que é como se a pessoa estivesse catando algo no chão. · Pl.: *cata-cavacos*.

ca.ta.ce.go *adj* e *sm* **1**. Que ou aquele que tem a vista curta e, por isso, anda tateando, às apalpadelas. **2**. *Fig.* Que ou aquele que é pouco ajuizado.

ca.ta.clis.mo *sm* Grande desastre no planeta ou numa região do planeta, como uma guerra, um dilúvio, um terremoto, etc.; catástrofe. (Cuidado para não usar "cataclisma"!) → **cataclismático** ou **cataclísmico** *adj* (rel. ou sem. a cataclismo).

ca.ta.cre.se *sf* **1**. Emprego de palavras de relacionamento contraditório, por esquecimento ou ignorância do seu étimo, como *embarcar num avião* e *mesada semanal*. **2**. Metáfora viciada (a que, pelo uso contínuo, perdeu o valor estilístico, formando-se graças à semelhança de forma existente entre os seres, como *pé de cadeira, braço de rio, boca do estômago*). → **catacrético** *adj* (rel. a catacrese), forma que a 6.ª ed. do VOLP não registra.

ca.ta.cum.ba *sf* **1**. Túmulo, sepultura. // *sfpl* **2**. Grande construção subterrânea, escura, com galerias, destinada à guarda de cadáveres. → **catacumbal** *adj* (rel. a catacumba).

ca.tá.dro.mo *adj* Diz-se de peixe de água doce que se reproduz em água salgada, como a enguia. · V. **anádromo**.

ca.ta.du.pa *sf* Queda d'água de grande altura, em grande quantidade e com estrondo, porém, menor que a catarata.

ca.ta.du.ra *sf* Aspecto ou expressão do semblante, tanto do ser humano quanto do animal: *todo tigre tem catadura feroz*.

ca.ta.fal.co *sm* Estrado alto sobre o qual se coloca o féretro.

ca.ta.guá *s2gên* **1**. Membro dos cataguás ou cataguases, tribo indígena que habitava as matas de Minas Gerais. // *adj* **2**. Relativo ou pertencente a essa tribo.

ca.ta.lão *adj* e *sm* **1**. Natural ou habitante da Catalunha, região autônoma do nordeste da Espanha, na qual fica a cidade de Barcelona. // *sm* **2**. Língua românica falada princ. na Catalunha e em Andorra. // *adj* **3**. Da Catalunha. · Fem. (1 e 3): *catalã*. · Pl. (1): *catalães*.

ca.tá.li.se *sf* Aceleração de uma reação química pela simples presença de um agente físico, químico ou biológico, que não é consumido no processo. → **catalisação** *sf* (ato ou efeito de catalisar); **catalisador** (ô) *adj* e *sm* (que ou substância que provoca catálise; que ou dispositivo que reduz as emissões de gases tóxicos dos veículos automotores); **catalisar** *v* (**1**. operar uma catálise em; **2**. estimular, incentivar, instigar); **catalítico** *adj* (rel. a catálise).

ca.tá.lo.go *sm* **1**. Lista ordenada de pessoas ou coisas que se catalogou. **2**. Livro que contém essa lista. → **catalogação** *sf* (ato ou efeito de catalogar); **catalogador** (ô) *adj* e *sm* (que ou aquele que cataloga); **catalogal** *adj* (rel. a catálogo); **catalogar** *v* [separar (pessoas ou coisas semelhantes) e colocá-las numa lista; classificar, relacionar].

ca.ta.ma.rã *sm* **1**. Barco feito com troncos paralelos, movido à vela ou a remo, usado nas costas da Índia, nas Antilhas e na América do Sul. **2**. *Fig.Pej.* Mulher rabugenta, ranzinza ou briguenta: *sua vizinha é um catamarã?*

ca.ta.mê.nio *sm* Processo cíclico do fluxo de sangue menstrual do útero; mênstruo, regras. **catamenial** *adj* (rel. a catamênio).

ca.ta.na *sf* **1**. Espada japonesa, curva e larga. **2**. Faca comprida e larga. **3**. Pessoa dada a difamar os outros. // *adj* **4**. *Pop.PA* Diz-se da rês de um só chifre, por ter o outro fraturado rente ao crânio. → **catanada** *sf* (**1**. golpe de catana; **2**. *fig.* repreensão severa; pito, sabão: *passei-lhe uma catanada daquelas!*).

ca.ta-pi.o.lho *sm* Dedo polegar da mão; mata-piolho. · Pl.: *cata-piolhos*.

ca.ta.plas.ma *sf* Papa medicamentosa quente que se aplica diretamente sobre a pele ou entre panos.

ca.ta.po.ra *sf* Doença contagiosa, comum na infância, provocada por vírus, conhecida cientificamente por *varicela*.

ca.ta.pul.ta *sf* Antiga máquina de guerra, usada para atirar grandes pedras.

ca.tar *v* 1. Pegar (do chão): *catar papel*. 2. Tirar (inseto): *catar piolho na cabeça das crianças*. 3. Escolher: *catar feijão*.

Catar *sm* País do golfo Pérsico, de área equivalente a meio estado de Sergipe. **catariano** *adj* e *sm*.

ca.ta.ra.ca *sf* Caraca (2).

ca.ta.ra.ta *sf* 1. Grande cachoeira. 2. Opacidade do cristalino, com a consequente impossibilidade de os raios luminosos chegarem à retina.

ca.ta.ri.nen.se *adj* e *s2gên* 1. Natural ou habitante de Santa Catarina; barriga-verde. // *adj* 2. De Santa Catarina.

ca.tar.ro *sm* Muco proveniente de inflamação de mucosa, princ. do nariz e da traqueia. → **catarral** *adj* (rel. a catarro: *afecção catarral*); **catarrento** ou **catarroso** (ô; pl.: ó) *adj* (que tem muito catarro).

ca.tar.se *sf* 1. Evacuação dos intestinos. 2. Em psicanálise, processo terapêutico que visa trazer à consciência do paciente sentimentos e experiências traumáticas reprimidas no inconsciente, com o objetivo de eliminar sintomas ou neuroses. 3. *P.ext.* Purificação ou limpeza da mente humana: *a música é um meio de catarse para ele*. → **catártico** *adj* (rel. a catarse: *experiência catártica*).

ca.tás.tro.fe *sf* 1. Acontecimento que causa destruição, com grande número de mortes ou feridos e muitos danos materiais; grande desgraça; calamidade. 2. Qualquer acontecimento de consequências graves. → **catastrófico** *adj* (rel. a catástrofe ou que tem as proporções de uma catástrofe).

ca.ta.tau *s2gên* 1. Pessoa de baixa estatura, tampinha. // *sm* 2. Coisa volumosa, princ. livro.

ca.ta.traz *interj* Indica estrondo, queda ou pancadaria.

ca.ta-ven.to *sm* 1. Aparelho que indica a direção e a velocidade do vento; ventoinha. 2. Aparelho que aproveita a força do vento; moinho de vento. · Pl.: *cata-ventos*.

catch [ingl.] *sm* Modalidade de luta livre em que valem todos os tipos de golpe. · Pl.: *catches*. · Pronuncia-se *kátch*.

catchup [ingl.] *sm* V. **ketchup**.

ca.te.cis.mo *sm* 1. Ensino dos princípios básicos do cristianismo, para principiantes na religião católica. 2. Cartilha que traz tais princípios, geralmente em forma de perguntas e respostas.

ca.te.cú.me.no *sm* Aquele que, depois de convertido, se prepara para raceber o batismo. → **catecumenato** *sm* (estado ou período de catecúmeno).

cá.te.dra *sf* 1. Cadeira de quem ensina. 2. Cadeira pontifícia. 3. Antigo cargo do professor titular no ensino universitário.

ca.te.dral *sf* Igreja episcopal de uma diocese.

ca.te.drá.ti.co *adj* 1. Relativo a cátedra. // *sm* 2. Professor titular de uma universidade. 3. Que entende a fundo de um assunto.

ca.te.go.ri.a *sf* 1. Qualquer divisão num sistema de classificação; classe, espécie, grupo: *a baleia pertence à categoria dos animais mamíferos*. 2. Tipo, natureza, espécie: *de que categoria é sua loção?* → **categórico** *adj* (1. rel. a categoria; 2. que não deixa dúvida alguma; terminante, claro, positivo); **categorização** *sf* (organização ou classificação por categorias); **categorizado** *adj* (1. que tem categoria ou capacidade; competente; 2. competente, notável); **categorizar(-se)** *v* [1. classificar por categorias; 2. situar(-se) em categoria elevada]. ·· **De categoria**. De excelente qualidade ou capacidade: *Hotel de categoria*.

ca.te.gu.te *sm* Fio para sutura, empregado em cirurgia.

ca.te.que.se *sf* Ensino do catequismo ou doutrina cristã; catequização. → **catequético** *adj* (rel. a catequese); **catequização** *sf* (ato ou efeito de catequizar; catequese); **catequista** *adj* e *s2gên* ou **catequizador** (ô) *adj* e *sm* (que ou aquele que catequiza); **catequizar** *v* [1. ensinar o catecismo a; 2. levar (alguém) a aceitar alguma coisa ou a concordar com ela; doutrinar, aliciar].

ca.te.re.tê *sm* Dança rural folclórica em que os participantes, em fileiras opostas, fazem evoluções ao som de palmas e bate-pés guiados pelos violeiros.

ca.ter.pí.lar *sm* 1. Tanque ou trator pesado que se move sobre esteiras de aço rolantes, o que lhes permite trafegar em todo tipo de terreno. 2. Essa esteira; lagarta. · Pl.: *caterpílares*. [Trata-se de marca registrada (Caterpillar) que se tornou nome comum, a exemplo de Formica, Jacuzzi, Gillette, etc.]

ca.ter.va *sf* Bando de gente ordinária em geral; súcia, malta.

ca.te.ter (tér) *sm* Sonda que se introduz em um canal natural do organismo ou numa região afetada por uma doença. · Pl.: *cateteres* (téres). → **cateterismo** *sm* (sondagem com o cateter); **cateterizar** *v* (introduzir um cateter em).

ca.te.to (ê) *adj* 1. Diz-se de uma variedade de milho e de uma variedade de arroz. // *sm* 2. Caititu. 3. Em matemática, cada um dos lados do triângulo retângulo, unidos pela hipotenusa. (A melhor pronúncia, para o termo matemático, é com *e* aberto: *catéto*. A 6.ª ed. do VOLP, no entanto, registra apenas timbre fechado.)

ca.ti.li.ná.ria *sf* 1. Cada um dos três discursos proferidos por Cícero contra Catilina (108 a.C-62 a.C), militar e senador da antiga Roma. 2. *P.ext.* Qualquer discurso de acusação violento e eloquente contra alguém. · Antôn. (2): *louvor*.

ca.tim.ba *sf* Manha utilizada princ. no futebol, que consiste em provocar o adversário com todo tipo de atitudes provocativas ou antiesportivas. → **catimbar** *v* (usar de catimba em); **catimbeiro** ou **catimbento** *adj* e *sm* (que ou aquele que é dado a catimbas: *jogador argentino é, por natureza, catimbento*).

ca.tim.bau *sm* 1. Prática de feitiçaria ou baixo espiritismo; catimbó. 2. Cachimbo reles, usado nessa prática.

ca.tim.bó *sm* Baixo espiritismo; catimbau.

ca.tim.plo.ra *sf* V. **cantimplora**.

ca.tim.pu.e.ra ou **ca.tam.bru.e.ra** *sf* Bebida fermentada, preparada com aipim cozido e amassado, água e mel de abelha.

ca.tin.ga *sf* 1. Cheiro forte e desagradável que exala do corpo humano e de certos animais, quando há falta de higiene. 2. Mau cheiro, fedor. 3. Caatinga. → **catingar** *v* (cheirar mal; feder); **catingoso** (ô; pl.: ó), **catinguento** ou **catingudo** *adj* (fedorento).

cá.ti.on *sm* Íon ou grupo de íons de carga positiva que apresenta a característica de se movimentar em torno do eletrodo negativo na eletrólise. · Antôn.: *ânion*. → **catiônico** *adj* (rel. a cátions).

ca.ti.ri.pa.po *sm* Pancada na cara dada com a mão aberta; tapa, bofetada, tabefe.

ca.ti.ta *adj* 1. Diz-se de qualquer coisa bonita, elegante, atraente. // *adj* e *s2gên* 2. Que ou pessoa que é elegante, se veste bem, com bom gosto e discrição. → **catitice** *sf* ou **catitismo** *sm* (elegância no trajar: *o catitismo domingueiro, para ir à missa*).

ca.ti.var *v* 1. Tornar cativo; manter em cativeiro: *os sequestradores cativam pessoas em pleno dia*. 2. Ganhar a simpatia ou a estima de; encantar, seduzir: *ela me cativou*. → **cativação** *sf* (ato ou efeito de cativar); **cativador** (ô) *adj* e *sm* (que ou o que cativa); **cativante** *adj* (que cativa ou encanta).

ca.ti.vei.ro *sm* 1. Estado ou condição de cativo. 2. Lugar onde alguém está ou esteve cativo. 3. Tempo que alguém passou como cativo.

ca.ti.vo *adj* e *sm* 1. Que ou aquele que foi capturado, perdeu a liberdade e ficou detido: *os romanos faziam dos vencidos cativos de guerra*. 2. Que ou aquele que foi forçado à escravidão: *no séc. XIX havia muitos negros cativos no Brasil*. // *adj* 3. Mantido em confinamento; confinado: *animais cativos*. 4. Certo, garantido: *o seu programa tem audiência cativa*. · Antôn. (1 e 2): *livre*. ·· **Cadeira cativa**. Assento exclusivo, por compra ou por direito: *Ter cadeira cativa no estádio do Morumbi*.

ca.tlei.a (éi) *sf* Nome comum a inúmeras espécies de plantas cultivadas por causa das suas flores grandes, vistosas e variadamente coloridas.

cá.to.do ou **ca.to.do** (ô) *sm* 1. Eletrodo carregado negativamente, pelo qual os elétrons entram em um dispositivo elétrico. 2. Eletrodo carregado positivamente de um dispositivo elétrico, como uma célula primária, que fornece corrente. → **catódico** *adj* (rel. a cátodo).

ca.to.lé ou **ca.tu.lé** *sm* 1. Nome de diversas palmeiras oleaginosas do Brasil. 2. Fruto dessas palmeiras.

ca.to.li.cis.mo *sm* Religião católica. → **catolicidade** *sf* (1. qualidade de ser católico; 2. conjunto dos católicos); **católico** *adj* (do catolicismo) e *adj* e *sm* (que ou aquele que professa o catolicismo).

ca.to.lo.to.lo (ô) *sm* Chicungunha.

ca.tor.ze (ô) ou **qua.tor.ze** (ô; o **u** não soa) *num* **1**. Dez mais quatro (14, XIV). **2**. Décimo quarto: *página catorze*.

ca.tra.bu.cha *sf* **1**. Pequena escova de fios de metal que serve para dar lustro. **2**. Qualquer objeto desconhecido.

ca.tra.ca *sf* **1**. Aparelho que registra o número de pessoas que passam por ele; borboleta, torniquete. **2**. Engrenagem menor da transmissão das bicicletas e motocicletas.

ca.tra.fi.ar *v* Prender, encarcerar.

ca.trai.a *sf* **1**. Pequeno barco, de um só remador. **2**. *Fig*. Construção pequena, de pouca importância; casinhola. **3**. Prostituta rampeira.

ca.tra.pus *sm* **1**. Galope do cavalo. // *interj* **2**. Indica o galopar do cavalo ou queda súbita e com estrondo: *catrapus! o viaduto desmoronou!*

ca.tre *sm* **1**. Cama grosseira, rústica, tosca. **2**. Cama dobrável, de campanha ou de viagem.

ca.tu.a.ba *sf* **1**. Planta de propriedades estimulantes e afrodisíacas. **2**. Bebida alcoólica feita com essa planta.

ca.tu.car *v* V. **cutucar**. → **catucada** *sf* ou **catucão** *sm* (cutucão).

ca.tu.lé *sm* V. **catolé**.

ca.tur.ra *adj* e *s2gên* **1**. Que ou pessoa que é turrona, de mentalidade estreita, opiniões retrógradas e amiga de discutir à toa. **2**. Que ou pessoa que é apegada a questiúnculas e a usos e costumes antigos. → **caturrar** *v* (**1**. teimar muito; turrar; 2. mostrar-se caturra, turrão). **caturrice** *sf* ou **caturrismo** *sm* (ato, atitude ou comportamento de caturra).

ca.tur.ri.ta *sf* Ave, espécie de periquito de cauda longa, que nidifica em árvores.

catwalk [ingl.] *sm* O caminhar do(a) modelo na passarela. · Pl.: *catwalks*. · Pronuncia-se *kát-uók*.

cau.bói *sm* **1**. Vaqueiro ou boiadeiro americano. **2**. Faroeste, bangue-bangue: *filme de caubói*.

cau.ção *sf* Qualquer coisa ou meio com que se assegura o cumprimento de uma obrigação contraída; garantia: *o locador exigiu um depósito em dinheiro como caução*. (Não se confunde com *calção*.) → **caucionante** *adj* e *s2gên* [que ou pessoa que cauciona; caucionário(a)]; **caucionar** *v* [dar (dinheiro, ações, etc.) como caução ou garantia de (dívida)]; **caucionário** *adj* (rel. a caução: *depósito caucionário*) e *adj* e *sm* (que ou aquele que dá caução; caucionante).

cau.cho *sm* **1**. Árvore de cujo látex se faz borracha de má qualidade. **2**. Essa borracha. (É palavra que entra em *recauchutar*.)

cau.da *sf* **1**. Prolongamento da parte posterior do corpo de alguns animais; rabo. **2**. Conjunto das penas na parte traseira das aves; rabo. **3**. Parte posterior da fuselagem de um avião. **4**. Parte do vestido que se arrasta pelo chão. **5**. Rasto luminoso dos cometas. **6**. Parte alongada de um piano de concerto. (Não se confunde com *calda*.)

cau.dal *sm* **1**. Torrente impetuosa de águas; grande volume de água. // *adj* **2**. De cauda. **3**. Diz-se do rio que leva água em abundância; abundante, caudaloso. → **caudaloso** (ô; pl.: ó) *adj* [caudal (3)].

cau.da.tá.rio *sm* **1**. Afluente de rio. // *adj* e *sm* **2**. Que ou aquele que é bajulador, subserviente, servil.

cau.di.lho *sm* Chefe político ou civil que costuma agir de modo arbitrário ou autoritário. → **caudilhesco** (ê) *adj* (rel. a caudilho ou próprio de caudilho); **caudilhete** (ê) *sm* (caudilho insignificante, reles); **caudilhismo** *sm* (modo de agir típico de caudilhos).

cau.im *sm* Bebida indígena preparada com mandioca cozida, ou com caju, ou com outras frutas.

cau.í.ra ou **cau.í.la** *adj* e *s2gên* Que ou pessoa que é avara, mão de vaca.

cau.le *sm* Parte da planta que geralmente fica acima do solo e sustenta as folhas, as flores e os frutos. · Dim. erudito: *caulículo*. → **caulificação** *sf* (formação do caule); **caulificar** *v* (formar caule); **caulificar-se** (tornar-se caule).

cau.lim *sm* Argila branca, muito fina, usada em porcelanas, cerâmicas, utensílios refratários e nas camadas superficiais de papel e têxteis.

cau.sa *sf* **1**. Aquilo que dá origem ou existência a uma coisa ou fato; razão, motivo. **2**. Processo judicial; demanda, ação. → **causação** *sf* (ato ou efeito de causar); **causador** (ô) *adj* e *sm* (que ou o que causa alguma coisa); **causal** *adj* (**1**. rel. a causa; causativo; **2**. diz-se da conjunção que inicia oração que dá ideia de causa); **causalidade** *sf* (**1**. qualidade, condição ou natureza do que é causal; **2**. influência da causa sobre o efeito); **causar** *v* (ser a causa de; produzir, provocar); **causativo** *adj* [causal (1)]; **causídico** *sm* (advogado).

cau.seu.se [fr.] *sf* Pequeno sofá para duas pessoas. · Pronuncia-se *kózez*.

cau.so *sm Pop*. Aventura curiosa que se conta entre amigos; caso, conto, estória: *o matuto mineiro é um homem cheio de causos*.

caus.ti.car *v* **1**. Queimar, cauterizar: *causticar uma ferida*. **2**. Aquecer muito: *o Sol do meio-dia caustica a pele*. **3**. *Fig*. Criticar com mordacidade ou sarcasmo. → **causticante** *adj* (que caustica, arde ou queima); **causticidade** *sf* (qualidade do que é cáustico); **cáustico** *adj* (**1**. que caustica, corrói ou dissolve outra substância; **2**. *fig*. que faz críticas mordazes ou sarcásticas).

caut.chu *sm* Substância elástica e resistente, amarelada, amorfa, obtida da coagulação do látex de diversas plantas tropicais, vulcanizada, pigmentada, acabada e modificada em produtos como isolantes elétricos, tiras e fios de elástico, pneus, etc.

cau.te.la *sf* **1**. Atitude daquele que pensa no que pode acontecer; prudência, cuidado, atenção. **2**. Documento que prova a entrega de alguma coisa que garante um empréstimo. → **cautelar** ou **cautelatório** *adj* (preventivo; *medidas cautelares*); **cauteloso** (ô; pl.: ó) *adj* (que age com cuidado, cautela ou prudência; prudente, cuidadoso).

cau.té.rio *sm* **1**. Qualquer substância ou instrumento usado para destruir tecido, como corrente elétrica, ferro quente, *laser*, etc., com propósitos curativos. **2**. Processo de destruição de tecido com o uso de tal substância ou instrumento.

cau.te.ri.zar *v* Queimar (tecido do corpo) usando ferro em brasa ou corrente elétrica: *cauterizar uma verruga*. → **cauterização** *sf* (ato ou efeito de cauterizar); **cauterizador** (ô) *adj* e *sm* (que ou o que cauteriza); **cauterizante** *adj* (que cauteriza).

cau.to *adj* Que tem cautela; cauteloso, prudente. · Antôn.: *incauto*.

ca.va *sf* **1**. Ação de cavar. **2**. Lugar cavado; buraco, fossa, cova. **3**. Parte do vestuário na qual se encaixa a manga. // *adj* **4**. Diz-se de cada uma das duas grossas veias que recolhem o sangue do organismo e o levam para o coração.

ca.va.co *sm* **1**. Lasca de madeira. **2**. *Pop*. Bate-papo, resenha. · V. **cavaquear**.

ca.va.cu.é *sm* Ave, espécie de papagaio, da região amazônica.

ca.va.dei.ra *sf* Peça metálica, com gume adaptado a cilindro de madeira, usada para abrir buracos na terra, para semeação.

ca.va.do *adj* **1**. Fundo, encovado. **2**. De cava aberta (vestuário).

ca.va.la *sf* **1**. Peixe marinho comestível. **2**. Carne desse peixe. **3**. *Gír*. Potranca (3).

ca.va.la.da *sf* **1**. Atitude grosseira ou impensada, própria de cavalo. **2**. Dito ou ação absurda; grande asneira; asnice, disparate.

ca.va.la.gem *sf* **1**. Padreação de éguas ou preço dessa padreação, pago ao dono do garanhão. **2**. Estilo ou modo de andar a cavalo.

ca.va.lão *sm* **1**. Cavalo grande. // *adj* e *sm* **2**. *Fig.Pej*. Que ou aquele que é muito alto ou muito desenvolvido, mas geralmente rude, tosco e sem elegância.

ca.va.lar *adj* **1**. Relativo a cavalo ou próprio de cavalo. **2**. *Fig*. Muito grande, enorme: *dose cavalar de antibiótico*.

ca.va.la.ri.a *sf* **1**. Grande número de cavalos. **2**. Arma do Exército que antigamente lutava a cavalo e hoje luta em veículos motorizados. → **cavalariano** *sm* (soldado da cavalaria).

ca.va.la.ri.ça *sf* Cocheira. → **cavalariço** *sm* (empregado de cavalariça).

ca.va.lei.ro *adj* e *sm* Que ou aquele que anda ou está a cavalo. · Fem.: *cavaleira* ou *amazona*.

ca.va.le.te (ê) *sm* Armação em que se coloca lousa, tela para pintar, prancha de desenho, etc.

ca.val.ga.da ou **ca.val.ga.ta** *sf* Grupo de pessoas a cavalo, geralmente a passeio.

ca.val.ga.du.ra *sf* **1**. Animal que serve de montaria. **2**. *Fig.Pej*. Pessoa mal-educada, bruta, estúpida, ignorante; grosseirão.

ca.val.gar *v* **1**. Montar sobre: *cavalgar um belo animal; bruxas cavalgam vassouras*. **2**. Sentar-se escarranchado em ou sobre: *o neto gostava de cavalgar o avô, na sala*. **3**. Carregar (pessoa na postura de um cavaleiro): *ele levantou o filho, cavalgou-o* *sobre os ombros e saiu.* **4.** Passar ou saltar por cima de; galgar, transpor: *cavalgar um muro, uma cerca; cavalgar obstáculos.* **5.** Estar em cima de (uma coisa), na posição semelhante à do cavaleiro: *uns óculos de grossas lentes cavalgavam o seu delicado nariz.* **6.** Montar, andar ou passear a cavalo: *cavalgar na praia; ela cavalga bem.* → **cavalgamento** *sm* (**1.** ação ou efeito de cavalgar; **2.** sobreposição óssea, numa fratura; **3.** *enjambement*).

ca.va.lhei.ro *adj* e *sm* **1.** Que ou aquele que se mostra muito educado, fino, distinto, gentil com as pessoas. // *sm* **2.** Homem que dança com uma mulher. · Fem.: *dama*. → **cavalheiresco** (ê) *adj* (próprio de cavalheiro; nobre, fino, distinto, gentil); **cavalheirismo** *sm* (ação ou atitude própria de cavalheiro; nobreza, fineza, distinção, gentileza).

ca.va.lo *sm* **1.** Mamífero quadrúpede herbívoro, usado como animal de montaria e força de tração. (Voz: *bufar, fungar, ornejar, relinchar, rinchar*.) **2.** Peça de jogo de xadrez. **3.** Cavalo-vapor. **4.** Pessoa grosseira, mal-educada; cavalgadura. **5.** Planta que recebe enxerto. · V. **cabalino**. ·· **Cavalo d'água**. Ente fantástico que, segundo a lenda, vive no rio São Francisco, perseguindo e virando embarcações; cavalo do rio. ·· **Cavalo de crista**. Doença sexualmente transmissível, causada pelo Papilomavírus humano (HPV), também conhecida como *crista de galo*. ·· **Cavalo de pau**. **1.** Cavalete usado para ginástica ou saltos. **2.** Manobra brusca na direção e freios de um veículo, para fazê-lo viltar-se para a direção contrária à de onde vinha. ·· **Cavalo de troia** (fig.). Vírus de computador que obtém, exclui, bloqueia e modifica dados.

ca.va.lo-boi *sm* Cavalo robusto, muito forte, usado essencialmente como animal de tração. · Pl.: *cavalos-boi* ou *cavalos-bois*.

ca.va.lo-ma.ri.nho *sm* Peixe cuja cabeça é parecida com a do cavalo e nada em posição vertical; hipocampo. · Pl.: *cavalos-marinhos*.

ca.va.lo-va.por *sm* Unidade de medida de potência de motores (símb.: **cv**) correspondente a 735,5 watts. · Pl.: *cavalos-vapor*. · Usa-se também apenas *cavalo* ou *cavalo de força*.

ca.va.nha.que *sm* Barba do queixo, cortada em ponta, barbicha.

ca.va.que.ar *v* Conversar animadamente; bater papo: *os aposentados sentam-se no banco da praça, para cavaquearem*. · Conjuga-se por *frear*. · V. **cavaco**.

ca.va.qui.nho *sm* Pequena viola de quatro cordas. → **cavaquista** *s2gên* (pessoa que toca cavaquinho).

ca.var *v* **1.** Abrir buraco em; furar, perfurar: *cavar um tronco*. **2.** Praticar uma escavação em (terra), para ter alguma coisa; escavar: *cavar um poço*. **3.** Conseguir com esforço: *cavar um emprego*. **4.** Abrir cava em (vestuário), cavear: *cavar um vestido*. **5.** Obter ilicitamente: *cavei um ingresso para o jogo*. → **cavação** *sf* (ação ou efeito de cavar).

ca.va.ti.na *sf* **1.** Composição musical curta e melodiosa, cantada por uma só pessoa, inserida numa composição maior, geralmente ópera ou oratório. **2.** Qualquer composição instrumental de caráter lírico.

ca.ve.ar *v* Cavar (4). · Conjuga-se por *frear*.

ca.vei.ra *sf* **1.** Cabeça descamada do homem e dos animais. **2.** Rosto muito magro.

ca.vi.ar *sm* Conserva de ovas de esturjão.

ca.vi.da.de *sf* **1.** Espaço oco dentro do corpo: *a cavidade uterina*. **2.** Espaço cavado e vazio num corpo sólido; buraco. · Antôn.: *saliência, protuberância*. · V. **cavitário**.

ca.vi.la.ção *sf* **1.** Astúcia para induzir em erro; maquinação fraudulenta. **2.** Razão falsa e enganosa; sofisma. **3.** Promessa dolosa. **4.** Agrado fingido; falsidade, cavilagem. · Antôn (4): *sinceridade, franqueza*. → **cavilagem** *sf* [cavilação (4)]; **cavilar** *v* (**1.** tramar, maquinar fraudulentamente; **2.** distorcer as palavras de outrem, interpretando-as maldosamente e a seu bel-prazer, no intuito de prejudicar).

ca.vi.lha *sf* Prego de madeira ou de metal, com cabeça numa ponta e fenda na outra.

ca.vi.tá.rio *adj* **1.** Relativo a cavidade. **2.** Em que há cavidade. **3.** Situado em uma cavidade.

ca.vi.ú.na ou **ca.bi.ú.na** *sf* **1.** Árvore alta, nativa do Brasil, que fornece madeira escura, dura e resistente; jacarandá. **2.** Essa madeira.

ca.vo *adj* **1.** Que tem o meio mais fundo; côncavo. **2.** Diz-se do som rouco e profundo; cavernoso.

ca.vo.dá *sm* Orifício deixado pelos andaimes nas paredes de taipa.

ca.vou.car *v* **1.** Fazer buraco(s) em, cavar: *cavoucar o chão*. **2.** Cutucar, cavucar: *não cavouque o nariz, menino!* · Mantém o ditongo *ou* fechado e bem pronunciado durante a conjugação.

ca.vou.co *sm* **1.** Buraco ou escavação na terra; cova, fosso, vala. **2.** Escavação para o assentamento dos alicerces de uma construção. **3.** Sapata de uma construção. **4.** Cova para cisterna. **5.** Buraco que se abre na rocha, para enchê-lo de pólvora e fragmentá-la. → **cavoucador** (ô) ou **cavouqueiro** *sm* (aquele que abre cavoucos).

ca.vu.car *v* Cutucar, cavoucar (2).

ca.xam.bu *sm* **1.** Dança afro-brasileira, ao som de um grande tambor, semelhante ao samba. **2.** Esse tambor; zabumba feito de barril; jongo. **3.** Morro em forma de tambor.

ca.xa.re.la ou **ca.xa.re.lo** ou **ca.xa.réu** *sm* Nome que se dá em algumas regiões brasileiras à baleia macho adulta.

ca.xe.mi.ra *sf* **1.** Fio da fina lã do subpelo das cabras da Caxemira, região montanhosa do norte da Índia e do Paquistão; *cashmere*. **2.** Tecido fino e macio feito com esse fio; *cashmere*: *suéter de caxemira*. // *sm* **3.** Xale oriental feito desse tecido, com desenhos típicos.

ca.xi.as *adj* e *sm2gên* e *2núm* Que ou pessoa que é muito preocupada com o cumprimento dos seus deveres, das leis, dos regulamentos, etc.

ca.xin.gue.lê *sm* Esquilo, serelepe.

ca.xum.ba *sf* Doença infectocontagiosa que causa febre e inflamação das glândulas parótidas e salivares; parotidite. → **caxumbento** *adj* e *sm* (que ou aquele que está com caxumba).

Cazaquistão *sm* República asiática, de área equivalente à dos estados do Amazonas e do Pará juntos. → **cazáquio** *adj* e *sm* ou **cazaque** *adj* e *s2gên*.

ca.zu.za *sm* Vespa solitária, de ferroada muito dolorosa, à qual também chamam *cazuzinha*.

CBF *sf* Sigla de *Confederação Brasileira de Futebol*.

CD *sm* Sigla inglesa de *compact disc* = disco compacto. · Pl.: CDs.

CDB *sm* Sigla de *certificado de depósito bancário*, título de renda fixa emitido por bancos comerciais e de investimento que rende juros. · Pl.: CDBs. · V. **certificado**.

CD-I *sm* Sigla de *compact disk interactif* = disco compacto interativo; CD com microprocessador e reproduzível por um leitor conectado a um televisor, para uso interativo de informação composta por imagens, som e texto. · Pl.: CD-Is. · Pronuncia-se *ci di ai* (à inglesa) ou *cê dê i* (à portuguesa).

CD player [ingl.] *loc sm* Toca-CDs. · Pl.: *CD players*. · Pronuncia-se *ci di plêiâr*.

CD-ROM *sm* Disco igual a um CD, mas capaz de armazenar som, imagem e texto. · Pl.: CDs-ROM.

CD-RW *sm* Sigla inglesa de *compact disk rewritable* = disco compacto ou digital regravável, suporte óptico para armazenamento de dados digitais (texto, imagens, áudio e vídeo), cujo conteúdo pode ser alterado ou regravado inúmeras vezes. · Pl.: CDs-RW. · Pronuncia-se *ci di ár dábliu* (à inglesa) ou *cê dê erre dábliu* (à portuguesa).

cê *sm* Nome da terceira letra do alfabeto. · Pl.: os *cês* ou os *cc*.

CEAGESP ou **Ceagesp** *sf* Acrônimo de *Companhia de Entrepostos e Armazéns Gerais de São Paulo*. · V. **Ceasa** (gênero).

ce.ar *v* **1.** Comer (alguma coisa), numa refeição especial de uma noite festiva: *cear peru no Natal*. **2.** Comer a ceia: *vamos cear mais cedo*. · Conjuga-se por *frear*.

Ceará *sm* Estado da Região Nordeste do Brasil. Abrev.: **CE**. → **cearense** *adj* e *s2gên*.

CEASA ou **Ceasa** *sm* Acrônimo de *Centrais de Abastecimento S.A.* (Note o gênero, diferentemente de *Ceagesp*.)

ce.a.ta *sf* Ceia farta, abundante.

ce.bo.la (ô) *sf* **1**. Planta hortense de bulbo comestível. **2**. Esse bulbo. · Col. (2): *réstia*. · V. **cepáceo**. → **cebolão** *sm* (**1**. cebola grande; **2**.*pop.* relógio antigo de bolso); **cebolinha** *sf* (**1**. cebola pequena; **2**. pequena erva usada em temperos).

cê-cê *sm Pop.* Mau cheiro do corpo sem higiene, princ. das axilas. · Pl.: *cê-cês*.

ce.ce.ar *v* Pronunciar os sons *sê* e *zê* tocando a ponta da língua nos dentes da frente. (Não se confunde com *ciciar*.) · Conjuga-se por *frear*. → **ceceio** *sm* (ato ou efeito de cecear); **ceceísmo** *sm* (vício do ceceio); **ceceoso** (ô; pl.: ó) *adj* (que fala com ceceio).

cê-ce.di.lha ou **cê-ce.di.lha.do** *sm* Letra *c* com o sinal gráfico da cedilha. · Pl.: *cês-cedilhas* ou *cês-cedilha*, *ces-cedilhados*. → **cê-cedilhar** *v* (usar cê-cedilha em).

ce.co ou **cé.cum** *sm* A primeira parte do intestino grosso.

cê-dê-e.fe *s2gên* Que ou estudante que nunca falta às aulas, sempre faz seus deveres e sempre tira notas altas; cu de ferro. · Pl.: *cê-dê-efes*.

ce.der *v* **1**. Transferir ou emprestar (qualquer coisa): *ceder o carro*. **2**. Aceitar, concordar: *ceder a uma tentação*. **3**. Vergar: *o teto cedeu*. **4**. Abrandar, diminuir: *a febre já cedeu bastante*. **5**. Dar-se por vencido; curvar-se, dobrar-se: *o presidente não cedia, não queria renunciar, mas teve de fazê-lo*. **cedência** *sf*, **cedimento** *sm* ou **cessão** *sf* (ato ou efeito de ceder); **cedente** *adj* e *s2gên* (que ou pessoa que faz cessão de alguma coisa); **cessionário** *adj* e *sm* (que ou aquele a quem se fez cessão, por ele aceita).

ce.di.ço *adj* **1**. Estagnado, parado, quase podre: *água cediça*. **2**. Velho, antigo: *costumes cediços*. **3**. *Fig.* Sabido de todos; corriqueiro: *notícia cediça; é cediço que o meio ambiente deve ser equilibrado*. **4**. *Fig.* Que causa tédio; entediante, maçante: *filme cediço*. **5**. *Fig.* Que já saiu de moda; anacrônico, obsoleto: *gíria cediça*. **6**. *Fig.* Desagradável ao paladar; de péssimo sabor: *cerveja cediça; queijo cediço*.

ce.di.lha *sf* Sinal gráfico (,), usado debaixo da letra *c* (antes das vogais *a, o, u*), para indicar som *sa, so, su*. → **cedilhado** *adj* (que tem cedilha); **cedilhar** *v* [colocar a cedilha sob (a letra c)].

ce.do (ê) *adv* **1**. Antes da hora. **2**. No início da manhã. · Antôn.: *tarde*.

ce.dro *sm* **1**. Árvore ornamental de grande porte, que fornece boa madeira. **2**. Essa madeira.

cé.du.la *sf* **1**. Dinheiro em papel; nota. **2**. Papeleta de voto.

ce.fa.lei.a (éi) *sf* Dor de cabeça.

ce.fá.li.co *adj* Relativo a cabeça ou a encéfalo: *massa cefálica*.

ce.fa.ló.po.de *adj* **1**. Diz-se do molusco marinho de cabeça e olhos grandes, tentáculos e uma bolsa de tinta que contém fluido escuro, usado como defesa. // *sm* **2**. Esse molusco (polvo e lula, princ.).

ce.fa.lor.ra.qui.di.a.no (cè) ou **ce.fa.lor.ra.qui.a.no** (cè) *adj* Relativo simultaneamente a cabeça e a medula espinhal.

ce.gar *v* **1**. Tornar cego: *o acidente quase me cegou*. **2**. Fazer perder o corte: *em pouco tempo, a cozinheira cegou a faca*.

ce.gas, às *loc adv* Sem cuidado; descuidadamente.

ce.go *adj* e *sm* **1**. Que ou aquele que perdeu ou nunca teve o sentido da visão. // *adj* **2**. *Fig.* Que não percebe o que é perceptível a quase todos; incapaz de perceber: *ele é cego, não vê que sua mulher o trai descaradamente; todos somos cegos aos defeitos de quem amamos*. **3**. *Fig.* De fio gasto: *faca cega*. **4**. *Fig.* Difícil ou impossível de desatar: *nó cego*. **5**. *Fig.* Não determinado pela razão; alucinado, desvairado, transtornado: *amor cego; cego de ciúme*. **6**. *Fig.* Sem restrições ou questionamentos; inquestionável, incondicional, absoluto: *obediência cega; fé cega*. **7**. *Fig.* Indiferente, insensível: *cego a injustiça*. **8**. *Fig.* Sem janelas ou passagem: *parede cega*. **9**. *Fig.* Feito por instrumentos: *voo cego*. **10**. *Fig.* Escondido da vista: *carro de muitos pontos cegos*. **11**. *Fig.* Sem ter visto de antemão: *compra cega*. → **cegueira** *sf* (**1**. estado de cego; **2**. *fig.* falta de bom senso). ·· **Às cegas**. Sem critério ou controle: *Atirar às cegas*.

ce.go.nha *sf* **1**. Ave pernalta europeia, de bico comprido. **2**. *Pop.* Caminhão de carroceria aberta, para transportar carros. → **cegonheiro** *sm* (pop. motorista de cegonha).

cei.a *sf* **1**. Refeição leve que se faz no início da noite. **2**. Refeição que se faz em dia de grande festa. · · V. **ceata** e **cenatório**.

cei.far *v* **1**. Cortar (cereais) com instrumento ou máquina adequada: *ceifar o trigo*. **2**. Tirar (a vida): *a aids já ceifou muitas vidas*. → **ceifa** *sf* (ato ou efeito de ceifar); **ceifadeira** *sf* (máquina própria para ceifar cereais).

ce.la *sf* Quartinho simples de detento em prisão ou de religioso em convento. · Dim. erudito: *célula*. (Não se confunde com *sela*.)

ce.la.can.to *sm* Peixe de grande porte, considerado extinto há mais de 60 milhões de anos, tido como um dos predecessores dos anfíbios, e que vive nas águas profundas do oceano Índico.

ce.la.gem *sf* Cor do céu, ao nascer e ao pôr do Sol.

ce.le.brar *v* **1**. Lembrar (um fato importante) com festa; comemorar, festejar: *celebrar o Natal*. **2**. Enaltecer, exaltar: *celebrar os feitos de nossos heróis*. **3**. Realizar (um ato) como autoridade: *o padre celebrou dois casamentos hoje*. **5**. Dizer missa: *o padre celebrou de manhã*. → **celebração** *sf* (ato ou efeito de celebrar); **celebrante** *adj* e *s2gên* (que ou pessoa que celebra) e *sm* (padre que diz missa).

cé.le.bre *adj* **1**. Que tem fama; famoso. **2**. Notável, ilustre. · Superl. abs. sint. erudito: *celebérrimo*. → **celebridade** *sf* (**1**. qualidade de célebre; **2**. pessoa célebre ou notável); **celebrização** *sf* (ato ou processo de celebrizar(-se)]; **celebrizar(-se)** *v* [tornar(-se) célebre].

ce.lei.ro *sm* **1**. Depósito ou armazém de cereais. **2**. Região ou país grande produtor de cereais. → **celeireiro** *sm* (administrador de celeiro).

ce.len.te.ra.do *adj* **1**. Relativo a celenterados. // *sm* **2**. Espécime dos celenterados, filo constituído por animais aquáticos, predominantemente de água salgada, que compreende os corais, águas-vivas, caravelas-do-mar, etc.

ce.le.ra.do *adj* e *sm* Que ou aquele que cometeu ou é capaz de cometer grandes crimes.

cé.le.re *adj* Muito veloz, rápido, ligeiro. · Superl. abs. sint. erudito: *celérrimo*. · Antôn.: *lento*. → **celeridade** *sf* (grande velocidade, rapidez), de antôn. *lentidão*.

ce.les.te ou **ce.les.ti.al** *adj* Relativo ou pertencente ao céu ou ao firmamento.

ce.le.tis.ta *adj* e *s2gên* Que ou trabalhador(a) que tem o contrato de trabalho regido pela CLT (Consolidação das Leis do Trabalho).

ce.leu.ma *sf* Discussão, debate.

ce.lha (ê) *sf* **1**. Cílio, pestana. **2**. Cada um dos pelos que guarnecem a parte superior do olho; sobrancelha.

ce.lí.a.co *adj* **1**. Da região abdominal. **2**. Diz-se da artéria que constitui o primeiro ramo da aorta abdominal. // *adj* e *sm* **3**. Que ou aquele que tem doença celíaca (intolerância ao glúten).

ce.li.ba.tá.rio *adj* e *sm* Que ou aquele que não se casou. → **celibato** *sm* (estado de celibatário).

ce.lo.fa.ne *sm* Papel fino e transparente, usado para embalagens.

cél.si.us *adj* Diz-se da escala de temperatura em que 0°C é a temperatura de fusão do gelo, e 100°C, a temperatura de ebulição da água, sob condições atmosféricas normais.

cel.ta *s2gên* **1**. Membro dos celtas, povo pré-histórico, de origem indo-europeia, originário da Europa central, que se espalhou pela Europa ocidental na fase pré-romana e foi vencido pelos romanos, no séc. III. // *sm* **2**. Idioma desse povo; céltico. // *adj* **3**. Desse povo ou de seu idioma; céltico. → **céltico** *sm* [celta (2)] e *adj* [do povo celta ou da sua língua; celta (3)].

cel.ti.be.ros *smpl* Povo do norte da Espanha, surgido da fusão dos celtas com os iberos, que se opôs tenazmente ao domínio romano. (Cuidado para não usar "celtíberos"!) → **celtibérico** *adj* (dos celtiberos).

cé.lu.la *sf* **1**. Pequena cela. **2**. Cada uma das unidades fundamentais de todos os seres vivos, com exceção dos vírus. → **célula-filha** *sf* (cada uma das células geneticamente idênticas, resultantes da divisão mitótica de uma célula-mãe), de pl. *células-filha* ou *células-filhas*; **célula-mãe** *sf* [célula que dá origem a outras semelhantes a ela (células-filhas) ou de tipo diferente], de pl. *células-mãe* ou *células-mães*; **celular** *adj* (rel. a célula) e *sm* [red. de telefone celular (*v*. **telefone**)]; **célula-tronco** *sf* (célula embrionária que tem a capacidade de se multiplicar e se diferenciar em células especializadas, servindo como fonte de todo tipo de célula; célula estaminal), de pl. *células-tronco* ou *células-troncos*. ·· **Célula estaminal**. Célula-tronco. ·· **Célula germinativa**. Qualquer célula que dá origem aos gametas de um organismo que se reproduz de maneira sexuada. ·· **Células somáticas**. Células que formam todos os órgãos e tecidos do organismo.

ce.lu.li.te *sf* Gordura localizada nas coxas e nas nádegas, princ. das mulheres obesas.

ce.lu.loi.de (ói) *sm* Matéria plástica transparente e elástica, altamente inflamável, fabricada com produtos de origem vegetal.

ce.lu.lo.se *sf* Matéria encontrada nos vegetais, muito usada na fabricação de papel.

cem *num* **1.** Dez vezes dez; uma centena (100, C). **2.** Centésimo: *página cem.* · V. **centenário, centesimal, centésimo, centuplicar** e **cêntuplo**.

ce.men.to *sm* **1.** Substância (zinco, alumínio, cromo) usada na cementação de metais. **2.** Folheado de aço que protege certos objetos metálicos. **3.** Substância óssea que recobre e protege o marfim da raiz dos dentes. **4.** Substância usada na obturação de dentes, incrustações e outras restaurações. (Não se confunde com *cimento*.) → **cementação** *sf* [ato, efeito ou processo de cementar(-se)]; **cementar** *v* [ligar com cemento (1); **2.** cobrir ou revestir com cemento (4); **3.** ficar cementado], que não se confunde com *cimentar*; **cementatório** *adj* (**1.** rel. a cementação; **2.** que cementa).

CEMIG ou **Cemig** *sf* Acrônimo de *Centrais Elétricas de Minas Gerais S.A.*, a primeira empresa estatal brasileira de eletricidade, criada em 1952 pelo então governador Juscelino Kubitschek.

ce.mi.té.rio *sm* Lugar onde se enterram os mortos; necrópole. → **cemiterial** *adj* (rel. ou pert. a cemitério).

ce.na *sf* **1.** Parte do teatro onde os atores representam; palco. **2.** Cada uma das situações de uma peça teatral, de um filme ou de uma telenovela. **3.** A própria ação ou representação teatral. → **cênico** *adj* (rel. a cena).

ce.ná.cu.lo *sm* **1.** Sala onde Cristo realizou a ceia com os discípulos ou apóstolos. **2.** Pequena sala de jantar, geralmente em andar superior da casa. **3.** *Fig.* Grupo de pessoas que têm os mesmos ideais, princ. de escritores.

ce.ná.rio *sm* **1.** Lugar em que se filma a ação dramática. **2.** Local onde ocorre algum fato. **3.** Panorama, cena.

ce.na.ris.ta *s2gên* Especialista em cenografia; cenoplasta, cenógrafo(a).

ce.na.tó.rio *sm* Relativo a ceia: *hora cenatória*.

ce.nho *sm* **1.** Expressão carregada, carrancuda; cara amarrada; carranca. **2.** Rosto, cara. → **cenhoso** (ô; pl.: ó) *adj* (carrancudo).

ce.no.bi.o.se *sf* Relacionamento entre indivíduos da mesma espécie, como as abelhas na colmeia, as formigas no formigueiro, um casal no seu quarto, etc. → **cenobiótico** *adj* (rel. a cenobiose).

ce.no.bi.ta *s2gên* Pessoa de vida regrada, quase sempre contemplativa, austera, de abstinência aos prazeres mundanos. → **cenobial** ou **cenobítico** *adj* (rel. ou pert. a cenobita); **cenobitismo** *sm* (estado ou modo de vida de cenobita).

ce.no.gra.fi.a *sf* Arte e técnica de representar objetos de acordo com as normas da perspectiva, geralmente para espetáculos teatrais e de televisão; arte e técnica de construir cenários; cenoplastia. → **cenográfico** *adj* (rel. a cenografia; cenoplástico); **cenógrafo** *sm* (aquele que é versado em cenografia; cenarista; cenoplasta); **cenoplastia** *sf* (cenografia); **cenoplástico** *adj* (rel. a cenoplastia; cenográfico).

ce.no.tá.fio *sm* Sepulcro erguido em memória de um morto, enterrado em outro lugar. → **cenotáfico** *adj* (rel. a cenotáfio).

ce.no.téc.ni.ca *sf* Técnica de executar e fazer funcionar cenários e demais dispositivos cênicos para espetáculos teatrais, cinematográficos e televisivos. → **cenotécnico** *adj* (rel. a cenotécnica) e *adj* e *sm* (que ou aquele que é versado em cenotécnica).

ce.nou.ra *sf* **1.** Planta hortense de raiz comestível, alongada, de cor alaranjada. **2.** Essa raiz, rica em vitamina A.

ce.no.zoi.co (ói) *adj* **1.** Relativo à era geológica iniciada há cerca de 65 milhões de anos, que inclui os períodos terciário e quaternário, caracterizada pela formação dos atuais continentes e pelo surgimento dos mamíferos, das aves e das plantas. // *sm* **2.** Essa era.

cen.so *sm* Contagem, levantamento ou alistamento periódico, oficial e geral da população de um país; recenseamento: *o último censo revelou que somos quase cento e setenta milhões de brasileiros.* → **censitário** ou **censual** *adj* (rel. a censo); **censor** *sm* (**1.** aquele que faz o censo da população); **2.** aquele que faz a censura de uma publicação ou matéria; **3.** aquele que critica: *ser um rigoroso censor do governo*), de fem. *censora* (ô); **censório** *adj* (rel. a censor ou a censura).

cen.su.ra *sf* **1.** Ato ou efeito de censurar. **2.** Conjunto de funcionários do governo encarregados de analisar obras artísticas, literárias ou textos de jornais e revistas, antes de sua publicação. · V. **censor** e **censório** (em **censo**). → **censurar** *v* (fazer, praticar ou exercer a censura); **censurável** *adj* (que merece censura; condenável, reprovável).

cen.tau.ro *sm* Monstro da mitologia grega, metade homem, metade cavalo.

cen.ta.vo *sm* Em alguns países, cada uma das cem partes em que se divide sua moeda.

cen.tei.o *sm* **1.** Planta gramínea, cujo grão é usado na fabricação de pães e de cerveja. **2.** Esse grão ou cereal. · V. **centenoso**.

cen.te.lha *sf* Faísca provocada pelo choque de material duro (pedra, metal, etc.) ou por uma descarga elétrica; fagulha. → **centelhar** *v* (lançar centelhas; faiscar).

cen.te.na *sf* Conjunto ou série de cem unidades; cento.

cen.te.ná.rio *adj* e *sm* **1.** Que ou aquele que está na casa dos cem anos. // *sm* **2.** Centésimo aniversário.

cen.te.no.so (ô; pl.: ó) *adj* **1.** Que produz centeio. **2.** Semelhante a centeio.

cen.te.si.mal *adj* **1.** Relativo a centésimo. **2.** Diz-se da fração cujo denominador é cem.

cen.té.si.mo *num* **1.** Que completa uma série de cem unidades. // *sm* **2.** Cada uma das cem partes iguais contidas num todo.

cen.ti.a.re *sm* Unidade agrária de superfície (símb.: **ca**), equivalente a 1m²; a centésima parte do are.

cen.tí.gra.do *adj* **1.** Que tem escala dividida em cem graus. **2.** Diz-se de cada um desses graus.

cen.ti.gra.ma *sm* A centésima parte do grama. · Símb.: **cg**.

cen.ti.li.tro *sm* A centésima parte do litro. · Símb.: **cL**.

cen.tí.me.tro *sm* A centésima parte do metro. · Símb.: **cm**.

cen.to *num* **1.** Dez vezes dez. // *sm* **2.** Centena. ·· **Cem por cento. 1.** Completamente, totalmente: *Lucrar cem por cento.* **2.** *Fig.* Muito bom, ótimo, excelente: *O trânsito hoje está cem por cento.*

cen.to.pei.a (éi) *sf* Animal invertebrado que apresenta um par de antenas na cabeça, corpo alongado e achatado, com vários pares de patas; lacraia.

cen.tra.do *adj* **1.** Que se centrou ou se centra: *bola centrada na área, nessa defesa, é um perigo!* **2.** Localizado no centro: *composição gráfica centrada.* **3.** Direcionado, concentrado, focado: *ensino centrado no aluno.* **4.** Diz-se de pessoa emocionalmente equilibrada; sensato, ponderado.

cen.tral *adj* **1.** Que fica no centro. // *sf* **2.** Lugar que concentra uma série de instalações. // *s2gên* **3.** Redução de *beque central*, zagueiro que fica no centro da grande área.

cen.tra.li.na *sf* Circuito eletrônico que, num veículo automotor de alta tecnologia, comanda a injeção de combustível e a ignição do motor.

cen.tra.lis.mo *sm* Sistema centralizado de poder e decisões. → **centralista** *adj* (rel. a centralismo) e *adj* e *s2gên* (que ou pessoa que é partidária do centralismo).

cen.tra.li.zar *v* **1.** Colocar no centro; centrar: *centralizar uma mesa, na sala.* **2.** Atrair para si: *centralizar as atenções.* → **centralização** *sf* (ato ou efeito de centralizar).

cen.trar *v* **1.** Colocar no centro; centralizar. **2.** Chutar pelo alto de uma das laterais do campo de futebol, em direção à grande área adversária: *o lateral centrou, e o centroavante marcou*.

cen.trí.fu.ga ou **cen.tri.fu.ga.do.ra** (ô) *sf* Máquina que possui um mecanismo que gira em alta velocidade, utilizada para centrifugações. → **centrifugação** *sf* ou **centrifugamento** *sm* (aplicação da força centrífuga); **centrifugar** *v* (passar pela centrifugadora); **centrífugo** *adj* [que se afasta do centro (em oposição a *centrípeto*)].

cen.trí.pe.to *adj* Que se aproxima do centro (em oposição a *centrífugo*).

cen.tro *sm* **1.** Ponto que se encontra a igual distância de alguma coisa; meio. **2.** Zona ou região mais concorrida de uma cidade, onde se concentra a atividade comercial. **3.** Local da cidade ou de um estabelecimento em que certa atividade é mais intensa. **4.** Ponto de onde partem certas coisas. **5.** Terreiro de macumba ou de candomblé. **6.** Posição política equidistante tanto da direita quanto da esquerda. **7.** Passe da lateral para a área adversária, no futebol. **8.** Pessoa ou coisa que merece atenção maior. **9.** Casa de oração, princ. dos espíritas. **10.** Ponto em volta do qual uma coisa gira. → **centrismo** *sm* (doutrina ou atitude política própria dos partidos de centro); **centrista**

adj (rel. ao centrismo) e *adj* e *s2gên* (que ou pessoa que é partidária do centrismo).

cen.tro-a.me.ri.ca.no *adj* e *sm* Que ou aquele que nasceu ou habita na América Central. · Pl.: *centro-americanos*.

cen.tro.a.van.te *s2gên* Futebolista que atua no centro da linha atacante.

cen.tro.bá.ri.co *adj* **1**. Relativo ao centro de gravidade. **2**. Que depende do centro de gravidade.

Centro-Oeste *sm* Região geográfica e administrativa do Brasil que compreende o Distrito Federal (DF), Goiás (GO), Mato Grosso (MT) e o Mato Grosso do Sul (MS).

cen.tún.vi.ro *sm* Membro do corpo de magistrados da antiga Roma, nomeado pelo pretor, para decidir causas comuns do povo. → **centunviral** *adj* (rel. a centúnviros); **centunvirato** *sm* (cargo ou dignidade de centúnviro).

cen.tu.pli.car(-se) *v* Tornar(-se) cem vezes maior: *nossa empresa centuplicou as vendas este ano; sua fortuna (se) centuplicou em dez anos*. → **centuplicação** *sf* [ato ou efeito de centuplicar(-se)].

cên.tu.plo *adj* **1**. Que vale cem vezes outro tanto; que é cem vezes maior. // *sm* **2**. Produto da multiplicação por cem.

cen.tú.ria *sf* **1**. Grupo de cem coisas da mesma espécie; centena: *uma centúria de copos de cristal*. **2**. Século, centenário: *os fatos mais marcantes da última centúria*. **3**. Unidade do exército romano que, inicialmente, era formada de cem homens, sob o comando do centurião. → **centurial** *adj* (**1**. de uma centúria; **2**. que caracteriza ou começa uma centúria; **3**. de centurião); **centurião** *sm* (oficial do exército da antiga Roma que comandava uma centúria).

CEP *sm* Acrônimo de *Código de Endereçamento Postal*. · Pl.: CEPs.

ce.pa (ê) *sf* **1**. Tronco da videira. **2**. Parte inferior do tronco das árvores abatidas para o aproveitamento da madeira, que é extraída com as raízes grossas, para carvão; cepo (1). **3**. Linhagem de família; origem, estirpe: *rapaz que descende de boa cepa*. **4**. Redução de *cepa microbiana*, conjunto de microrganismos pertencentes a uma mesma espécie.

ce.pá.ceo *adj* **1**. Que tem forma de cebola. **2**. Que cheira a cebola: *mãos cepáceas*.

ce.po (ê) *sm* **1**. Cepa (2). **2**. Armadilha para apanhar aves e pequenos animais. **cepudo** *adj* (**1**. que tem forma de cepo; **2**. *fig*. tosco, malfeito, matado: *serviço cepudo*).

cép.ti.co *adj* e *sm* V. **cético**. → **cepticismo** *sm* (v. **ceticismo**).

ce.ra (ê) *sf* **1**. Substância amarelada e mole produzida pelas abelhas. **2**. Substância semelhante, usada pra dar brilho a uma superfície. **3**. Substância semelhante que se forma dentro do ouvido; cerume. · V. **cerífero**.

ce.râ.mi.ca *sf* **1**. Arte de modelar ou fabricar objetos de barro cozido. **2**. Cada um desses objetos. **3**. Lugar onde se fabricam esses objetos. → **cerâmico** *adj* (rel. ou pert. a cerâmica); **ceramista** *adj* e *s2gên* [fabricante, vendedor(a) ou decorador(a) de cerâmica].

ce.ra.ti.na ou **que.ra.ti.na** *sf* Proteína insolúvel que constitui a principal estrutura das unhas e dos tecidos córneos (cabelo, chifre, casco, etc.).

cer.ca (ê) *sf* Obra feita de ripas, bambus, etc. e geralmente arame farpado, posta em volta de propriedade, jardim, campo, etc., para delimitar áreas. → **cercado** *adj* (que se cercou) e *sm* [**1**. terreno fechado por cerca; **2**. sossega-leão (3); chiqueirinho]; **cercar** *v* (**1**. fechar com cerca: *cercar um terreno*; **2**. rodear, circundar: *os repórteres cercaram o ministro*; **3**. sitiar, fazer o cerco de: *as tropas inimigas cercaram a cidade*); **cerco** (ê) *sm* (**1**. ato ou efeito de cercar; **2**. manobra militar que consiste em as tropas ocuparem todo o terreno em torno daquele em que está o inimigo, para impedir que ele saia ou receba alimentos e socorro; sítio). ·· **Cerca de**. Aproximadamente, perto de, em torno de: *Ter cerca de quinze anos*. ·· **Cerca viva**. Cerca feita com plantas. ·· **Há cerca de**. Faz: *Não durmo há cerca de três noites*.

cer.ca.ni.as *sfpl* Arredores, imediações: *morar nas cercanias da cidade*.

cer.ce.ar *v* Tornar menor; diminuir, reduzir: *cercear o direito de defesa*. · Conjuga-se por *frear*. → **cerceamento** ou **cerceio** *sm* (ato ou efeito de cercear).

cer.ci.lho *sm* Tonsura larga, usada por alguns frades. → **cercilhar** *v* (tonsurar).

cer.da (ê) *sf* **1**. Pelo curto e duro de alguns animais. **2**. Cada um dos pelos de uma escova.

ce.re.al *sm* **1**. Planta cultivada por causa de seus grãos altamente nutritivos. **2**. Grão dessa planta. → **cerealífero** *adj* (rel. a cereal ou que o produz); **cerealista** *adj* (rel. a produção e comércio de cereais) e *s2gên* (pessoa que vende ou produz cereais).

ce.re.be.lo (ê) *sm* Parte menor do encéfalo, encarregada de coordenar os movimentos musculares. → **cerebelar** *adj* (rel. ou pert. a cerebelo).

cé.re.bro *sm* Principal órgão do sistema nervoso, composto pela parte anterior do encéfalo, localizado acima do cerebelo. → **cerebração** *sf* (atividade intelectual); **cerebral** *adj* (rel. a cérebro).

ce.re.bros.pi.nal ou **ce.re.bros.pi.nhal** *adj* Relativo ou pertencente a cérebro e a medula espinal.

ce.re.ja (ê) *sf* **1**. Fruto da cerejeira. // *sm* **2**. Cor vermelho-escura, da cereja. // *adj* **3**. Diz-se dessa cor. **4**. Que tem essa cor: *lábios cereja*. (Como se vê, não varia.) → **cerejeira** *sf* (árvore de grande porte, nativa da Ásia, que dá a cereja).

ce.rí.fe.ro *adj* Que produz cera: *inseto cerífero*.

ce.ri.mô.nia *sf* **1**. Ato celebrado com alguma pompa e de acordo com certas normas estabelecidas. **2**. Formalismo na maneira de se comportar. → **cerimonial** *adj* (rel. a cerimônia) e *sm* (**1**. conjunto de regras e formalidades que presidem certas cerimônias civis ou militares; **2**. livro que contém tais regras); **cerimonioso** (ô; pl.: ó) *adj* (cheio de cerimônias).

cé.rio *sm* Elemento químico metálico (símb.: **Ce**), de n.º atômico 58, usado em ligas e em várias aplicações metalúrgicas, medicinais e nucleares. (Não se confunde com *sério*.)

cer.ne *sm* **1**. Parte interna do tronco de uma árvore. **2**. *Fig*. Ponto principal; âmago.

ce.rol *sm* **1**. Pasta usada por sapateiros, para costurar o couro. **2**. Mistura cortante de cola e vidro moído que as crianças passam na linha da pipa, para cortar a linha da pipa das outras crianças.

ce.ro.plas.ti.a ou **ce.ro.plás.ti.ca** *sf* Arte de modelar figuras em cera. → **ceroplástico** *adj* (**1**. rel. a ceroplastia; **2**. modelado em cera).

ce.ro.to (ó) *sm* **1**. Pomada ou unguento cujos ingredientes principais são a cera e o óleo. **2**. *Pop*.NE Sujeira da pele por falta de banho.

ce.rou.las *sfpl* Peça íntima usada antigamente pelos homens, que ia da cintura até o tornozelo. · No Brasil usa-se ainda *ceroula*, mas não convém.

cer.qui.lha *sf* Antífen (#); *hashtag*. · É termo da informática.

cer.ra.ção *sf* Neblina, nevoeiro.

cer.ra.do *adj* **1**. Que se cerrou; fechado. // *sm* **2**. Vegetação caracterizada por árvores baixas, tortas e espaçadas.

cer.rar *v* **1**. Fechar: *cerrar portas e janelas*. **2**. Unir fortemente: *cerrar os lábios*. (Não se confunde com *serrar*.) → **cerramento** *sm* (ato ou efeito de cerrar).

cer.ta.me *sm* Competição esportiva em que se disputa um troféu ou taça.

cer.tei.ro *adj* **1**. Que atira direto ao alvo. **2**. Que vai direto ao alvo.

cer.te.za (ê) *sf* **1**. Qualidade de certo. **2**. Convicção plena, total de alguma coisa. · Antôn.: *dúvida, incerteza*. ·· **Com certeza**. Sem dúvida; indubitavelmente: *Com certeza, hoje chove*. (Não convém usar essa expressão como equivalente de *sim*, como nesta frase: *Se eu quero café? "Com certeza"*. Nem se escreve numa só palavra: "concerteza".)

cer.ti.dão *sf* **1**. Documento legal, feito em tabelionato ou cartório, comprovando um fato: *certidão de nascimento, de batismo, de óbito*. **2**. Documento passado por funcionário portador de fé pública, no qual se reproduzem peças processuais, escritos constantes de suas notas ou se certifica algo que ele conheça, em razão de seu ofício. ·· **Certidão negativa**. Documento que atesta a inexistência de ação civil, criminal ou federal contra uma pessoa, ou se ela está impedida de realizar algum ato.

cer.ti.fi.ca.do *sm* **1**. Documento entregue a pessoa que completou o curso ou estudo não conferido por diploma: *certificado de conclusão do ensino médio*. **2**. Documento que por algum tempo tem idêntico valor ao do definitivo; atestado: *como o diploma não estava pronto, deram-me um certificado*. **3**. Conteúdo de uma certidão. **4**. Documento que comprova propriedade: *certificado de registro de um veículo.* **5.** Qualquer documento que comprova compra de papéis de investimento ou valores.

cer.ti.fi.car *v* **1.** Declarar oficialmente e por escrito como verdadeiro: *a escola certificou que o rapaz se matriculou.* **2.** Levar ao conhecimento de alguém um fato; cientificar, informar, comunicar: *certifico-o de que votarei nulo.* → **certificação** *sf* [ato ou efeito de certificar(-se)]; **certificador** (ô), **certificante** ou **certificativo** *adj* (que certifica).

cer.to *adj* **1.** Que acredita firmemente em alguma coisa; seguro, convicto. **2.** Que não traz erro; correto, exato, preciso. // *adv* **3.** Com correção; corretamente. // *pron* **4.** Determinado. ·· **Na** (ou **Pela**) **certa**. Com certeza; decerto.

ce.ru.me *sm* Cera do ouvido. → **ceruminoso** (ô; pl.: ó) *adj* (rel. a cerume).

cer.ve.ja (ê) *sf* Bebida fermentada, feita basicamente de água, lúpulo e cevada. → **cervejada** *sf* (reunião em que se toma muita cerveja); **cervejaria** *sf* (fábrica de cerveja ou lugar onde se vende cerveja).

cer.viz *sf* **1.** Parte superior e posterior do pescoço das pessoas e dos animais; nuca, cachaço. **2.** Pescoço. **3.** Cabeça: *ele não é de baixar a cerviz.* **4.** Colo: *a cerviz do útero.* → **cervical** *adj* (rel. ou pert. a pescoço).

cer.vo *sm* Veado. · Fem.: *cerva*. (Atenção: a pronúncia correta é com e aberto: *cérvu*. Não temos ideia da razão pela qual a mídia usa timbre fechado. Ou temos...)

cer.zir *v* Remendar (um tecido), com pontos tão miúdos, de forma que não se perceba o remendo: *as freiras cerziram minhas meias.* · É verbo irregular: *cirzo, cirzes, cirze, cerzimos, cerzis, cirzem* (pres. do ind.), *cirza, cirzas, cirza, cirzamos, cirzais, cirzam* (pres. do subj.). → **cerzideira** *sf* (mulher que cirze); **cerzidor** (ô) *adj* e *sm* (que ou aquele que cirze); **cerzidura** *sf*, **cerzido** ou **cerzimento** *sm* (ato ou efeito de cerzir).

ce.sá.rea ou **ce.sa.ri.a.na** *sf* Cirurgia que consiste em abrir o ventre materno para extrair o bebê; cirurgia cesariana; cesariana.

cé.sio *sm* Elemento químico metálico alcalino (símb.: **Cs**), raro, de n.º atômico 55, prateado, mole, o mais ativo dos metais, usado em células fotoelétricas e em câmeras de televisão.

CESP ou **Cesp** *sf* Acrônimo de *Companhia Energética de São Paulo*, empresa paulista fundada em 1966.

ces.são *sf* V. **ceder** ou **cessionário** *adj* e *sm* (v. **ceder**).

ces.sar *v* **1.** Parar ou interromper (uma atividade qualquer): *cessamos o serviço.* **2.** Ter fim, parar: *a chuva cessou.* · Antôn.: *continuar.* → **cessação** *sf* ou **cessamento** *sm* (ato ou efeito de cessar); **cessante** *adj* (que cessa).

ces.sar-fo.go *sm2núm* Fim dos combates de uma guerra. · Pl.: *cessar-fogos.*

ces.ta (ê) *sf* **1.** Utensílio feito de fibra trançada, para guardar ou transportar objetos. **2.** Quantidade de objetos contidos nesse utensílio. **3.** Aro guarnecido de rede, para onde se lança a bola, no basquete. **4.** Ponto marcado nesse jogo. → **cestaria** *sf* (**1.** porção de cestas ou de cestos; **2.** fábrica ou loja de cestos ou de cestas); **cesteiro** *adj* (**1.** rel. ou pert. a cesto; **2.** próprio para cesto) e *sm* (fabricante ou vendedor de cestas ou de cestos); **cestinha** *sm* (atleta que, no basquete, faz maior número de pontos ou tentos num jogo ou num campeonato); **cesto** (ê) *sm* (cesta pequena e estreita, sem alça, que não se confunde com *sexto*; **cestobol** *sm* (basquete), de pl. *cestobóis*.

ce.su.ra *sf* **1.** Corte com instrumento; incisão. **2.** Cicatriz resultante desse corte ou incisão. **3.** Pausa na sexta sílaba do verso alexandrino, exatamente no meio da linha métrica. **4.** Pausa ou interrupção numa conversação. → **cesurar** *v* (abrir cesura em; cortar).

ce.tá.ceo *sm* **1.** Espécime dos cetáceos, ordem de mamíferos aquáticos de narina no alto da cabeça e membros anteriores transformados em nadadeiras. // *adj* **2.** Relativo a esse mamífero.

ce.ti.cis.mo ou **cep.ti.cis.mo** *sm* **1.** Doutrina filosófica que sustenta a inexistência da verdade. **2.** Estado, qualidade ou atitude de quem sempre duvida de tudo. → **cético** ou **céptico** *adj* e *sm* (que ou aquele que sempre duvida de tudo; descrente).

ce.tim *sm* Tecido macio e lustroso. → **acetinado** ou **cetinoso** (ô; pl.: ó) *adj* (macio ao tato como o cetim).

ce.to.lo.gi.a *sf* Parte da zoologia que estuda os cetáceos. → **cetológico** *adj* (rel. a cetologia); **cetologista** *adj* e *s2gên* ou **cetólogo** *sm* (especialista em cetologia).

ce.tras *sfpl* Riscos que acompanham a assinatura ou a rubrica, para dificultar a falsificação; guarda (6).

ce.tro *sm* **1.** Bastão curto, feito de material nobre e valioso, portado por soberanos, símbolo de sua autoridade e dignidade. **2.** *Fig.* Poder ou dignidade real. **3.** *P.ext.* Primeiro lugar; primeira colocação; primazia, superioridade: *o boxeador brasileiro defenderá o cetro no próximo mês.* **4.** *Fig.* Hegemonia, domínio, supremacia: *o Brasil tem o cetro na produção de soja.*

céu *sm* **1.** Espaço infinito em que se movimentam os astros. **2.** Parte desse espaço, que vai de horizonte a horizonte; firmamento. **3.** Estado ou aspecto dessa parte do espaço. **4.** Segundo algumas religiões, morada das divindades e dos anjos. **Céu 5.** Deus, Providência. · V. **celeste** e **celestial**.

ce.va *sf* **1.** Ação ou efeito de cevar(-se); cevadura, cevagem. **2.** Alimento que se dá aos animais, para engordá-los. **3.** Lugar onde se põe comida para apanhar peixes, aves, animais, etc.; cevadeiro, cevadouro, ceveiro. **4.** *Fig.* Tudo o que nutre as paixões. → **cevadeiro, cevadouro** ou **ceveiro** *sm* [ceva (2)]; **cevado** *adj* e *sm* (que ou porco que se cevou); **cevadura** ou **cevagem** *sf* [ceva (1)]; **cevão** *sm* (porco cevado ou em ceva); **cevo** (ê) *sm* (**1.** alimento para engorda; pasto; **2.** isca para atrair a pesca ou a caça; engodo).

ce.va.da *sf* **1.** Planta gramínea, cujo grão se utiliza na fabricação de cerveja. **2.** Esse grão.

CGS, unidade. Sistema métrico de unidades, baseado em *centímetro* (comprimento), *grama* (massa) e *segundo* (tempo). · Usam-se também **cgs** e **c.g.s.**

chá *sm* **1.** Arbusto cujas folhas, depois de secas, permitem conseguir uma infusão estimulante. **2.** Cada uma dessas folhas. **3.** Infusão dessas folhas ou de outras ervas. **4.** *Fig.* Reunião social, geralmente no final da tarde, na qual se toma uma infusão dessas. · V. **teicultura**. ·· **Chá de alecrim** (fig.). Surra de pau. ·· **Chá de casca de vaca.** Surra de relho, cinta ou chicote. ·· **Chá de panela.** Festa oferecida a uma noiva, para receber presentes domésticos. ·· **Tomar chá de cadeira** (pop.). **1.** Aguardar por longo tempo alguém que não apareceu ao encontro marcado. **2.** Aguardar longo tempo para ser atendido em qualquer situação.

chã *sf* **1.** Terreno plano; planície. **2.** Carne da coxa nos animais de corte. ·· **Chã de dentro.** Carne da parte interna e posterior da coxa do boi, macia, própria para bifes e churrasco, mais conhecida como *coxão mole.* ·· **Chã de fora.** Carne da parte exterior da coxa do boi, dura, própria para cozer, mais conhecida como *coxão duro.*

cha.bo.quei.ro ou **cham.bo.quei.ro** *adj* **1.** *Pop.Pej.*NE Diz-se de pessoa desmazelada, sem linha, de modos grosseiros e um tanto ignorante. **2.** *Pop.Pej.*NE De aspecto grosseiro: *nariz chaboqueiro.* **3.** *Pop.* PB Que executa mal o serviço que faz; matão: *marceneiro chamboqueiro.* **4.** *Pop.* RJ De má qualidade; ordinário, vagabundo: *comida chamboqueira.*

cha.bu *sm* Qualquer falha que ocorre em fogos de artifício, princ. quando eles explodem inesperadamente. ·· **Dar chabu.** Não dar certo, fracassar.

cha.cal *sm* Mamífero carniceiro, semelhante ao cachorro, muito feroz. (Voz: *ladrar, uivar*.)

chá.ca.ra *sf* Pequena propriedade rural, usada quase sempre para a criação de animais domésticos e pequenas plantações (hortas e pomares). → **chacareiro** *sm* (dono ou empregado de chácara).

chá-chá-chá *sm* **1.** Dança de salão cubana, caracterizada por pequenos passos e gingado do quadril. **2.** Peça musical composta para essa dança. · Pl.: *chá-chá-chás.*

cha.ci.na *sf* Grande matança de pessoas de uma só vez. → **chacinar** *v* [matar em massa e sem piedade (pessoas)].

cha.co.a.lhar *v* **1.** Sacudir, sacolejar: *ônibus que chacoalha passageiros.* **2.** Passar chacoalhada (2) em: *o professor me chacoalhou, porque cheguei atrasado.* → **chacoalhada** *sf* (**1.** ato ou efeito de chacoalhar; **2.** *fig.* repreensão severa e acintosa; pito, carão, sabão, bronca).

cha.co.ta *sf* Zombaria, gozação. → **chacoteação** *sf* (ação ou efeito de chacotear; troço; mofa; gozação); **chacoteador** (ô) *sm* (aquele que chacoteia; zombador, gozador); **chacotear** *v* (zombar, gozar), que se conjuga por *frear*.

cha.cra *sm* Cada um dos sete pontos centrais de energia espiritual do corpo humano, de acordo com a filosofia Yoga.

cha.cri.nha *sf Pop.* **1.** Diminutivo regular de *chácara*; pequena chácara. **2.** Grupo de pessoas que conversam e riem, fazendo algazarra. **3.** Bagunça, baderna: *o diretor não quer chacrinha* *na sala de aula.* •• **Fazer chacrinha.** Formar grupos de interesse comum, para comentar desfavoravelmente os colegas de trabalho; formar panelinha.

chá-dan.çan.te *sm* Reunião dançante, geralmente vespertina, com trajes informais, na qual se servem bebidas e comidas; chá-paulista. · Pl.: *chás-dançantes*.

Chade *sm* País da África, de área pouco superior à do estado do Pará. → **chadiano** *adj* e *sm*.

cha.fa.riz *sm* Fonte artificial de jardins públicos.

cha.fur.da *sf* **1**. Chiqueiro ou lamaçal onde os porcos se rebolam. **2**. *P.ext*. Casa imunda. → **chafurdar** *v* (enlamear, sujar) **chafurdar-se** (**1**. corromper-se, perverter-se; **2**. atolar-se em lugar fétido e imundo; enlamear-se); **chafurdice** *sf* (ação ou efeito de chafurdar).

cha.ga *sf* **1**. Ferida aberta, provocada por queimadura, objeto pontiagudo, etc.; úlcera. **2**. *Fig.* Coisa que magoa ou fere. → **chagar** *v* (fazer chagas em); **chaguento** *adj* (cheio de chagas).

cha.gá.si.co *adj* e *sm* Que ou aquele que sofre da doença de Chagas.

chai.rel *sm* Pano grosso que se usa sob o selim ou sob a albarda, para não ferir os animais de carga ou de montaria.

cha.la.ça *sf* Gozação pesada ou grosseira. → **chalaçar** ou **chalacear** *v* (aplicar chalaças em; gozar pesadamente; ridicularizar).

cha.la.na *sf* Barco de fundo chato, próprio para o transporte de cargas em rios.

cha.lé *sm* **1**. Casa campestre, de madeira, com telhado em forma piramidal. **2**. Casa rústica, cabana. **3**. Casa de jogo do bicho.

cha.lei.ra *sf* **1**. Vasilha para ferver água. **2**. Que ou pessoa que bajula; puxa-saco, chaleirista. → **chaleiramento** *sm* (ato ou efeito de chaleirar; bajulação); **chaleirismo** *sm* ou **chaleirice** *sf* (bajulação); **chaleirar** *v* (bajular), que mantém fechado o ditongo *ei* durante a conjugação; **chaleirista** *adj* e *s2gên* [que ou pessoa que é bajuladora; chaleira (2)].

chal.rar ou **chal.re.ar** *v* **1**. Conversar alegremente. **2**. Falar demais, à toa e alegremente, sem dizer coisa útil, tagarelar.

cha.lu.pa *sf* Pequena embarcação à vela, de um só mastro, para cabotagem ou águas rasas.

cha.ma *sf* **1**. Fluxo luminoso e ardente que solta de si matéria em combustão. **2**. *Fig.* Sentimento muito forte ou intenso; paixão.

cha.ma.da *sf* **1**. Ação de chamar; chamado. **2**. Ato de chamar cada pessoa de uma lista pelo nome, para saber dos presentes e dos ausentes. **3**. Essa lista. **4**. Sinal gráfico, num texto, para chamar a atenção sobre nota ou erro, feito por revisor. **5**. Resumo de matéria de jornal, publicado na primeira página. **6**. Advertência, repreensão.

cha.mar *v* **1**. Fazer vir: *chamar o elevador*. **2**. Acordar: *chame-me às 6h!* **3**. Emitir som, tocar: *o telefone está chamando*. **chamar-se 4**. Denominar-se: *como você se chama?* → **chamado** *sm* [chamada (1)]; **chamativo** *adj* (que chama muito a atenção; que dá muito na vista: *camisa chamativa*).

cha.ma.ris.co ou **cha.ma.riz** *sm* Aquilo que atrai pessoa ou animal como isca.

chá-ma.te *sm* Mate. · Pl.: *chás-mates*.

cham.bão *sm* **1**. Carne de péssima qualidade, cheia de nervos e peles. // *adj* e *sm* **2**. Que ou aquele que se veste muito mal, parecendo grosseiro, rude. **3**. Que ou aquilo que é muito malfeito. · Fem. (2): *chambã*.

cham.ba.ril *sm* **1**. Pau que se enfia pelos jarretes do porco morto, para pendurá-lo e abri-lo. **2**. Mocotó.

cham.bre *sm* **1**. Roupão caseiro. **2**. Traje feminino que se usa, ao levantar-se ou antes de se deitar.

cham.bri.é *sm* Açoite comprido, preso a uma haste de pau, usado pelos domadores, nos picadeiros.

cha.me.go (ê) *sm* **1**. Agitação, inquietação, excitação. **2**. Carinho. **3**. Demonstração de amizade muito íntima. **4**. Namoro. → **chameguento** *adj* (**1**. rel. a chamego; **2**. cheio de chamego).

cha.me.jar *v* **1**. Lançar chamas: *a fogueira chameja há duas horas*. **2**. Brilhar: *ao ouvir a declaração de amor do namorado, seus olhos chamejaram.* · Durante a conjugação, o *e* permanece fechado. → **chamejamento** ou **chamejo** (ê) *sm* (ato ou efeito de chamejar); **chamejante** *adj* (que chameja).

cha.mi.né *sf* Tubo por onde passa fumaça de fogão, lareira, etc., canalizada para o exterior.

cha.mor.ro (ô) *adj* e *sm* Que ou aquele que tem cabelo curto, tosquiado, tosado.

cham.pa.nhe ou **cham.pa.nha** *sm* Vinho branco espumante, feito em Champagne, na França. (Sendo assim, todo *champanhe* é francês; no Brasil e em outros países o que se fabrica são *espumantes*; portanto, constitui redundância a combinação "champanhe francês", equivalente de "faraó do Egito".)

cham.pi.gnon [fr.] *sm* Cogumelo comestível. · Pronuncia-se *champinhom*.

cha.mus.car *v* Queimar ligeiramente. → **chamusca, chamuscada, chamuscadura** *sf*, **chamuscamento** ou **chamusco** *sm* (ação ou efeito de chamuscar).

chan.ca *sf* **1**. Calçado com sola de pau; calçado grosseiro. **2**. Chuteira. **3**. Pé grande e disforme.

chan.ce *sf* Momento oportuno; oportunidade.

chan.ce.lar *v* **1**. Carimbar: *chancelar documentos*. **2**. *Fig.* Considerar bom, aprovar: *chancelar um vinho*. → **chancela** *sf* (ato, processo ou efeito de chancelar).

chan.ce.ler *s2gên* **1**. Ministro(a) das Relações Exteriores, no Brasil e em outros países. **2**. Chefe de Estado em alguns países europeus. → **chancelaria** *sf* (repartição pública por onde correm todos os negócios diplomáticos).

chan.chã *sm* **1**. Ave do cerrado, também conhecida por *pica-pau-do-campo*. **2**. Inseto que ataca arrozais.

chan.cha.da *sf* Qualquer espetáculo teatral ou cinematográfico sem valor artístico.

chan.fa.lho *sm* **1**. Espada velha e enferrujada, que já não corta. **2**. Facão sem fio. **3**. Qualquer instrumento de corte já sem préstimo. **4**. Instrumento musical desafinado.

chan.frar *v* Cortar obliquamente, em ângulo: *chanfrar um vidro*. → **chanfradura** *sf* ou **chanframento** *sm* (ato ou efeito de chanfrar); **chanfradura** *sf* (**1**. chanframento; **2**. bisel, chanfro); **chanfro** *sm* [**1**. pequeno corte em forma de meia-lua; **2**. superfície oblíqua obtida com esse corte; chanfradura (2)].

chan.ta.gem *sf* Pressão que se exerce sobre alguém para extorquir dinheiro, com ameaça de revelação de fatos escandalosos ou de algum segredo. → **chantagear** *v* (praticar chantagem contra), que se conjuga por *frear*; **chantagista** *adj* e *s2gên* (que ou pessoa que faz chantagens).

chan.ti.li *sm* Creme feito com creme de leite batido, usado em sobremesas.

chão *adj* **1**. Diz-se do terreno plano e horizontal. **2**. Diz-se do que é vulgar, rasteiro. // *sm* **3**. Terreno em que se pisa. **4**. Terra, solo. · Superl. abs. sint. erudito: *chaníssimo*. · Fem.: *chã*. · Pl.: *chãos*. •• **Rés do chão**. Pavimento de uma casa situado no nível do solo ou da rua; andar térreo.

cha.pa *sf* **1**. Peça lisa de qualquer material; placa. **2**. Folha metálica. **3**. Radiografia. **4**. Placa usada em fogão para cozinhar ou grelhar alimentos. **6**. Lista oficial de candidatos a cargos públicos. **7**. Negativo fotográfico. **8**. Pessoa amiga ou camarada. → **chapar** ou **chapear** *v* [revestir de chapas de (metal)].

cha.pa-bran.ca *sf* **1**. Veículo oficial, do serviço público, com chapa branca. // *adj* **2**. Relativo ao governo; do governo; oficial, governamental. **3**. Diz-se daquele que defende a situação ou o governo; situacionista: *jornalistas chapa-branca*. (Como se vê, o *adj* não varia.) · Pl.: *chapas-brancas*.

cha.pa.da *sf* **1**. Pancada com chapa. **2**. Terreno plano e elevado; planalto. → **chapadão** *sm* (**1**. chapada extensa; **2**. série de chapadas).

cha.pa.do *adj* **1**. Guarnecido, revestido ou reforçado com chapas. **2**. Completo, perfeito, rematado: *é um doido chapado*. **3**. *Gír.* Drogado, bolado.

cha.par *v* **1**. Chapear (1): *chapar o portão de entrada da casa, para maior segurança*. **2**. Reduzir a chapa ou lâmina; achatar. → **chapação** *sf* (ação ou efeito de chapar).

cha.par.ral *sm* **1**. Tipo de vegetação que engloba desde arbustos a plantas suculentas, como as cactáceas. **2**. Erva de supostas propriedades medicinais.

cha.par.rei.ro ou **cha.par.ro** *sm* **1**. Sobreiro novo. **2**. Árvore pequena e tortuosa, cujo tronco só serve para lenha.

cha.pa.tes.ta *sf* Chapa ou lâmina em que entra a lingueta da fechadura sob a pressão da chave.

chá-pau.lis.ta *sm* Chá-dançante. · Pl.: *chás-paulistas*.

cha.pe *sm* **1**. Ruído seco de coisa que bate ou cai na água: *o chape da rede chamou a atenção da polícia florestal.* // *interj* **2**. Indica o som de coisa que cai na água: *chape! é mais um fruto que cai no rio.*

cha.pe.ar *v* **1**. Guarnecer, revestir ou reforçar com chapa(s) metálica(s); chapar (1). **2**. Lançar com força porções de argamassa, barro ou cimento em (paredes, muros e tetos), para obter um revestimento rústico, rugoso. · Conjuga-se por *frear.* → **chapeação** *sf* (serviço de funilaria em um veículo automotivo); **chapeador** (ô) *adj* e *sm* (que ou aquele que chapeia ou faz chapeação); **chapeamento** *sm* (**1**. ato ou efeito de chapear; **2**. conjunto de chapas que revestem alguma coisa).

cha.pe-cha.pe *sm* **1**. Som produzido por alguém que anda em lama ou em terreno lamacento. **2**. Som produzido por um corpo sólido que repetidamente resvala ou bate num líquido. · Pl.: *chape-chapes.*

cha.péu *sm* **1**. Peça do vestuário que serve para cobrir a cabeça, que consta normalmente de copa e aba. **2**. Jogada em que a bola é chutada por cima do adversário e recuperada logo adiante, às suas costas. · Aum.: *chapelão.* · Dim.: *chapeleta* (ê). → **chapelaria** *sf* (lugar onde se fabricam ou vendem chapéus); **chapeleira** *sf* (**1**. vendedora ou fabricante de chapéus; **2**. cabide para chapéus; **3**. caixa em que se guarda e transporta chapéu); **chapeleiro** *sm* (vendedor ou fabricante de chapéus); **chapeuzinho** *sm* (**1**. dim. reg. de *chapéu*; chapéu pequeno; chapeleta; **2**. acento circunflexo).

cha.péu-co.co *sm* Chapéu masculino de copa baixa, rígida, abas estreitas, reviradas e de forma semiesférica. · Pl.: *chapéus-coco* ou *chapéus-cocos.*

cha.pi.nhar *v* **1**. Banhar com a mão ou com um pano ensopado em um líquido: *chapinhar uma lesão.* **2**. Agitar (água) com as mãos ou com os pés: *como os bebês gostam de chapinhar, no banho.* **3**. Bater a água em alguma coisa, quando cai: *a chuva chapinha no para-brisa.*

cha.pis.co *sm* Argamassa feita de areia e cimento, aplicada em superfície lisa, para torná-la áspera, dando-lhe maior capacidade de aderência. → **chapiscar** (aplicar chapisco em).

cha.pis.ta *s2gên* **1**. Pessoa que trabalha à chapa de bar, lanchonete, restaurante, etc. **2**. Pessoa que trabalha desamassando a lataria dos automóveis; funileiro (SP); lanterneiro (RJ). **3**. Pessoa encarregada, numa tipografia, dos pequenos impressos, como convites, cartões de visita, etc.

cha.po.dar ou **cha.po.tar** *v* Cortar ou aparar os ramos inúteis ou muito longos de (árvores). → **chapota** *sf* (ação de chapotar).

cha.po.le.ta.da ou **cha.pu.le.ta.da** *sf Gír.* Pancada forte; cacetada, porrada. (A 6.ª ed. do VOLP não registra nem uma nem outra.)

cha.puz *sm* **1**. Bucha de madeira que se mete em parede para fixar qualquer objeto. **2**. Qualquer objeto que se junta a uma coisa para reforçá-la. **3**. Peça de madeira, em forma de cunha, que sustenta os degraus da arquibancada de circos e teatros. ·· **De chapuz**. **1**. De cabeça para baixo. **2**. De repente, repentinamente: *Notícia de morte de parente não se dá assim de chapuz.* → **chapuzar** *v* [atirar (alguém) de chapuz na água] **chapuzar-se** (sentar-se sobre as pernas dobradas); agachar-se).

cha.ra.da *sf* Passatempo que consiste em descobrir uma palavra, partindo-se de sílabas e de um conceito que expressa a palavra oculta. → **charadismo** *sm* (arte de fazer e decifrar charadas); **charadista** *adj* e *s2gên* (que ou pessoa que faz ou resolve charadas); **charadístico** *adj* (rel. a charada, a charadismo ou a charadista).

cha.ran.ga *sf* **1**. Pequena banda de música, composta por amadores. **2**. Automóvel em mau estado de conservação.

char.co *sm* **1**. Água parada e suja. **2**. Lugar em que se acumula essa água; brejo.

char.cu.ta.ri.a ou **char.cu.te.ri.a** *sf* **1**. Loja que vende frios em geral (salsicha, presunto, salame, patê, etc.). **2**. Conjunto desses frios. → **charcuteiro** *sm* [**1**. funcionário de charcutaria (1); **2**. preparador ou vendedor de charcutaria (2)].

char.ge *sf* Desenho caricaturesco, satírico ou humorístico em que se representa pessoa (geralmente político do momento), fato ou ideia corrente, sempre com o componente da crítica; caricatura. · V. **cartum**. → **chargismo** *sm* (emprego da charge como modo de expressar opinião, crítica, etc., princ. a fatos políticos); **chargista** *adj* e *s2gên* (que ou pessoa que cria e desenha charges); **chargístico** *adj* (rel. a chargismo ou a chargista).

cha.ri.va.ri *sm* **1**. Tumulto, confusão, algazarra, balbúrdia; cu de boi: *nos bailes funk não é incomum haver charivaris a cada instante; o livro apresenta um charivari de datas.* **2**. Manifestação ruidosa, com apitos, panelaços, etc.: *as mulheres dos militares promoveram um charivari ante o Palácio do Planalto, por causa do baixo salário de seus maridos.* **3**. Gritaria, berreiro: *ninguém mais suportava aquele charivari promovido pelas crianças, durante a festa.*

char.lar *v* Falar à toa; jogar conversa fora. → **charla** *sf* (conversa à toa, informal, agradável; resenha); **charlador** (ô) (que ou aquele que charla).

char.la.tão *sm* **1**. Aquele que explora a boa-fé das pessoas. **2**. Falso médico. (Na língua do dia a dia, usa-se muito *charlata* por *charlatão.*) · Fem.: *charlatã* e *charlatona.* · Pl.: *charlatães* ou *charlatões.* → **charlatanaria**, **charlatanice** *sf* ou **charlatanismo** *sm* (atitude, fala ou procedimento de charlatão); **charlatanear** *v* (proceder ou agir como charlatão), que se conjuga por *frear*; **charlatanesco** (ê) *adj* (**1**. rel. a charlatão ou próprio de charlatão); **2**. caracterizado pela charlatanice: *negócios charlatanescos*).

char.lo.te ou **char.lo.ta** *sf* Sobremesa gelada feita com pão de ló, creme e frutas cristalizadas.

char.me *sm* Qualidade pessoal muito particular, que atrai; encanto. → **charmoso** (ô; pl.: ó) *adj* (cheio de charme; atraente).

char.ne.ca *sf* Terreno árido e inculto, em que só medram plantas rasteiras e silvestres.

char.nei.ra *sf* **1**. Dobradiça, gonzo. **2**. Peça por onde a fivela se prende ao sapato. **3**. Triângulo de cartolina, usado pelos colecionadores para fixar o selo ao álbum; cantoneira.

cha.ro.la *sf* **1**. Andor de procissão. **2**. Corredor semicircular entre o corpo da igreja e o altar-mor. **3**. Nicho.

cha.ro.lês *adj* e *sm* **1**. Que ou raça bovina que é originária da França. // *sm* **2**. Espécime dessa raça. · Fem.: *charolesa* (ê).

char.pa *sf* **1**. Faixa larga de pano; cinta. **2**. Tipoia.

char.que *sm* Peça de carne bovina bastante salgada, mais que a carne de sol e a carne-seca, secada ao sol e cortada em postas, de sabor e odor intensos; jabá. → **charqueação** *sf* ou **charqueio** *sm* (ação de charquear); **charqueada** *sf* (lugar onde se prepara o charque); **charquear** *v* (preparar o charque), que se conjuga por *frear*.

char.ra.vas.cal *sm* Mata cerrada, formada de plantas espinhosas.

char.re.te *sf* Veículo leve, de duas rodas, com pneus, puxado por um cavalo, para o transporte de pessoas.

char.ro *adj* Grosseiro, rude, bronco.

char.ru.a *sf* Espécie de arado grande, de ferro. → **charruada** *sf* (terreno lavrado com charrua); **charruar** *v* (lavrar com charrua).

charter [ingl.] *sm* **1**. Voo reservado exclusivamente para um ou mais grupos específicos de pessoas, no qual a principal parte com lotação e destino certos, de preço mais acessível que o dos voos convencionais; voo *charter*; voo fretado: *o charter só pode ser feito por organizações, clubes ou entidades sem fins lucrativos, nos quais haja identidade de objetivos entre os viajantes.* **2**. Custo para fretamento de aeronave que faz esse voo. · Pl.: *charters.* · Pronuncia-se *tchártár*. → **chartering** *sm* [**1**. ato de alugar, fretar ou arrendar provisoriamente um meio de transporte (geralmente avião), para transportar viajantes a um determinado local e sob certas condições estabelecidas para o tráfego internacional; fretamento; **2**. empresa especializada em efetuar contratos de fretamento; **3**. empresa que representa armadores navais, especializada em transporte marítimo], que se pronuncia *tcárterin*. ·· **Voo charter**. Charter (1).

cha.ru.to *sm* **1**. Rolo de folhas secas de tabaco, maior e mais grosso que o cigarro, preparado para se fumar. **2**. Bolinho de arroz e carne moída, envolto numa folha de parreira, de repolho, etc., em forma de charuto. → **charutaria** *sf* (loja onde se vende fumo e artigos para fumante; tabacaria); **charutear** *v* (fumar charuto), que se conjuga por *frear*; **charuteira** *sf* (estojo para guardar e levar charutos); **charuteiro** *sm* (**1**. fabricante de charutos; **2**. proprietário de charutaria).

chas.co *sm* Caçoada com uma ponta de desprezo. → **chasquear** *v* (fazer chasco de: *chasquear os vizinhos*), que se conjuga por *frear*.

chas.si *sm* Estrutura de aço de um veículo que sustenta a carroceria.

chat [ingl.] *sm* Conversa amigável e informal a distância, utilizando a Internet; bate-papo virtual. · Pronuncia-se *tchét*.

chatbot [ingl.] *sm* Robô que conversa com uma pessoa de forma natural e permite, assim, que empresas interajam com seus clientes 24h por dia, 7 dias por semana. · Pl.: *chatbots*.

· Pronuncia-se *tchét-bót*. → **chatterbot** [ingl.] *sm* (programa de computador que simula um ser humano na conversação com as pessoas), de pl. *chatterbots* e pronúncia *tchétâr-bót*.

cha.ta *sf* **1**. Embarcação de carga, larga e de fundo chato. // *adj* e *sf* **2**. Feminino de *chato*.

cha.te.ar(-se) *v* Aborrecer(-se), agastar(-se); irritar(-se): *ruído sempre me chateia; ele se chateou com o filho.* · Conjuga-se por *frear*. → **chata** *sf* (embarcação de carga, larga e de fundo chato); **chateação** *sf* (**1**. ato ou efeito de chatear; **2**. aquilo que aborrece; aborrecimento; amolação; chatice); **chateado** *adj* (que se chateou); **chateza** (ê) ou **chatice** *sf* [chateação (2)]; **chato** *adj* (**1**. sem altos nem baixos; plano; **2**. que chateia ou aborrece). e *sm* [**1**. tipo de piolho que vive nos pelos do corpo, princ. na região pubiana e causa muita coceira; carango (2); **2**. homem cacete, irritante]. ·· **Chato de galocha(s)**. Pessoa extremamente chata, que ninguém aguenta.

cha.tô *sm* **1**. Castelo ou fortaleza, na França. **2**. Moradia humilde, onde geralmente reside pessoa solteira: *ela veio visitar o meu chatô*.

cha.to.bri.ã *sm* Bife alto de filé-*mignon*, às vezes recheado com tempero e grelhado de forma que seu interior continue vermelho.

chau ou **tchau** *interj* Usa-se nas despedidas. Usa-se também como *sm*: *ela me deu um chau triste.* (A 6.ª ed. do VOLP registra apenas *tchau*.)

chau.á ou **chau.á** ou **chu.á** *sm* Ave psitacídea de coloração geral verde e cabeça escarlate.

chau.vi.nis.mo (chau = chô) *sm* Nacionalismo ou patriotismo exagerado. → **chauvinista** (chau = chô) *adj* (rel. a chauvinismo) e *adj* e *s2gên* (que ou pessoa que é nacionalista ou patriota exagerada).

cha.vão *sm* **1**. Chave grande. **2**. Palavra ou expressão muito gasta pelo uso; lugar-comum.

cha.vas.ca.da *sf* Chicotada.

cha.ve *sf* **1**. Peça com que se abre e fecha qualquer coisa. **2**. Ferramenta usada para apertar e desapertar peças mecânicas. **3**. Elemento ou fator decisivo. **4**. Sinal gráfico ({) usado para abranger os elementos de um conjunto. · Aum.: *chaveirão*. · Dim.: *chaveta* (ê). · Col. (1): *molho* (ó). → **chaveamento** *sm* (ação ou efeito de chavear); **chavear** *v* (fechar à chave), que se conjuga por *frear*; **chaveiro** *sm* (**1**. aro em que se prendem chaves; **2**. aquele que faz ou conserta chaves; **chaveta** (ê) *sf* (**1**. chave pequena; **2**. peça que ajuda a fixar a roda na ponta do eixo).

cha.ve.lha (ê) *sf* **1**. Timão do arado. **2**. Peça, prego, etc. que se coloca na ponta do cabeçalho das carroças, para sustê-las nas descidas.

cha.ve.lho (ê) *sm* **1**. Chifre, corno. **2**. Antena dos insetos. **3**. Tentáculo do caracol. → **chavelhudo** *adj* e *sm* (que ou aquele que tem chifres).

chá.ve.na *sf* Xícara ou taça para servir chá, café, chocolate, etc.

ché *interj* Indica zombaria ou dúvida.

chê *interj* No Sul do Brasil, serve para chamar alguém ou indicar admiração, surpresa: *vem cá, chê!* · Pronuncia-se *tchê*.

che.ca.pe *sm* **1**. Exame completo e minucioso da saúde de uma pessoa, com propósito preventivo. **2**. Exame, revisão ou análise completa e minuciosa das condições gerais de qualquer coisa.

che.car *v* Verificar, conferir: *cheque se todas as portas estão fechadas!* → **checagem** *sf* (ação ou efeito de checar).

Chechênia *sf* República muçulmana do sul da Rússia, de território menor que o estado de Alagoas. → **chechene** *adj* e *s2gên* ou **checheno** *adj* e *sm*.

check control [ingl.] *loc sm* Sistema de controle eletrônico num veículo automóvel que informa o motorista, antes da partida, através de um visor de verificação no painel, sobre a situação dos principais itens de funcionamento ou de segurança do veículo. Se qualquer anomalia for detectada pelo sistema, a luz correspondente à área do problema ficará acesa, até que ela seja sanada. · Pronuncia-se *tchék kontról*.

check-in [ingl.] *sm* **1**. Nos aeroportos, local onde o passageiro apresenta o bilhete, documento, despacha as bagagens e recebe o cartão de embarque. **2**. Registro da chegada de hóspede ao balcão do hotel. · Pl.: *check-ins*. · Pronuncia-se *tchékin*.

checklist *sf* ou **check list** [ingl.] *loc sf* Lista de itens a ser anotados, checados ou lembrados. · Pronuncia-se *tchèk-list*.

checkout [ingl.] *sm* **1**. Registro da saída de hóspede ao balcão de um hotel, com emissão de nota fiscal. **2**. Qualquer caixa recebedor, princ. para compras pela Internet. · Pl.: *checkouts*. · Pronuncia-se *tchèkáut*.

che.co *adj* e *sm* **1**. Natural ou habitante da República Checa. // *adj* **2**. Do povo desse país, sua língua, cultura, costumes, etc. // *sm* **3**. Língua eslava ocidental, falada na República Checa. (Há os que preferem grafar "tcheco", forma que não é nem nunca foi portuguesa.)

cheddar [ingl.] *sm* Tipo de queijo inglês, feito com leite de vaca, de textura firme e de variados sabores, de suave a picante, conforme a idade. · Pronuncia-se *tchédâr*.

cheeseburger [ingl.] *sm* Hambúrguer com queijo. · Pl.: *cheeseburgers*. · Pronuncia-se *chisburgâr*. (A 6.ª ed. do VOLP ainda não aportuguesou este anglicismo.)

chef [fr.] *sm* Principal cozinheiro de um grande restaurante ou hotel, responsável pela confecção do cardápio e supervisão do preparo dos alimentos. · Pl.: *chefs*. · Pronuncia-se *chéf*.

che.fe *s2gên* Pessoa cuja função é dar ordens dentro de um grupo. → **chefatura** ou **chefia** *sf* (lugar em que o chefe trabalha); **chefiar** *v* (exercer a chefia de ou as funções de chefe).

che.ga (ê) *sm* **1**. Repreensão, pito, sabão. // *interj* **2**. Basta!

che.ga.do *adj* **1**. Que chegou ou que acabou de chegar: *estive com um amigo chegado dos Estados Unidos*. **2**. Grande apreciador: *ele é chegado em morenas*. **3**. Em grau bem próximo: *primo chegado*. **4**. Que está a pouca distância; quase pegado ou próximo: *casas muito chegadas umas às outras*. **5**. Íntimo: *colegas chegados; ele é chegado ao presidente*. **6**. Pendor, vocação: *ela é chegada a dança*. **7**. Que gosta ou aprecia: *candidato chegado a um debate; mulher chegada a uma fofoquinha*. ·· **Cabelo chegado**. Cabelo pixaim.

che.ga.dor (ô) *adj* e *sm* **1**. Que ou aquele que chega. **2**. *Pop. RS* Que ou aquele que tem coragem ou é valente. **3**. Que ou cavalo que é veloz e treinado em perseguir a rês, no mato ou no campo. // *sm* **4**. Ajudante de maquinista de trem. **5**. Operário que cuida da fornalha e chega o carvão.

che.gan.ça *sf* **1**. Festa do folclore nordestino que consiste, no Natal, em dançar e representar as aventuras marítimas portuguesas e as lutas entre cristãos e mouros, sendo estes finalmente vencidos e batizados. // *sfpl* **2**. Visitas que nas festas de Nastal e de Reis os festeiros fazem às residências, onde são esperados e bem-vindos.

che.gar *v* **1**. Alcançar determinado ponto ou lugar: *estamos chegando à praia*. **2**. Começar, ter início: *chegaram as férias*. **3**. Ser suficiente; bastar: *a gasolina do tanque chega até nosso destino?* **chegar-se 4**. Aproximar-se: *chegue-se mais a mim!* (Só tem como particípio a forma *chegado*: *Tenho chegado cedo ao trabalho*. Evite "chego"!)→ **chegada** *sf* (ato ou efeito de chegar). ·· **Chega pra lá**. Empurrão repulsivo; repelão.

chei.a *sf* Enchente de rio, ribeiro, riacho, etc.

chei.o *adj* **1**. Que contém tudo o que pode caber. **2**. Completamente ocupado; lotado. **3**. Chateado, aborrecido. · Antôn. (1 e 2): *vazio*; (3): *satisfeito, contente*.

chei.ro *sm* Impressão agradável ou desagradável que se percebe pelo nariz. → **cheirada** *sf* (ato de cheirar), palavra que a 6.ª ed. do VOLP não registra; **cheirar** *v* [**1**. sentir o cheiro de: *cheirar uma flor*; **2**. exalar certo cheiro: *sua camisa está cheirando a cigarro*; **3**. exalar cheiro: *maçã cheira bem*; **4**. parecer: *isso está cheirando a mutreta*); **cheiroso** (ô; pl.: ó) *adj* (de cheiro bom). ·· **Cheirinho da loló**. Entorpecente caseiro, preparado com clorofórmio e éter, que causa sensação análoga à provocada pelo cloreto de etila, dos lança-perfumes.

chei.ro-ver.de *sm* Condimento feito de cebolinha e salsinha. · Pl.: *cheiros-verdes*.

chemisier [fr.] *adj* **1**. Diz-se da roupa feminina de feitio e estilo de uma camisa social. // *sm* **2**. Vestido nesse feitio e estilo; *chemise*. · Pronuncia-se *chãmiziê*. → **chemise** [fr.] *sm* (vestido *chemisier*; *chemisiers*), que se pronuncia *chemíze*.

chemtrail [ingl.] *sm* Trilha visível deixada no céu por um avião, que alguns chegaram a acreditar consistir em produtos químicos liberados para alterar a atmosfera terrestre: *na realidade, os chemtrails são simples trilhas de condensação formadas pelo vapor d'água do escapamento do motor da aeronave, quando encontra ar frio*. · Pl.: *chemtrails*. · Pronuncia-se *kêmtrèl*.

che.ni.le *sf* **1**. Fio grosso e macio utilizado na fabricação de malhas, colchas, etc. **2**. Tecido feito com esse fio, usado em cortinas, colchas, tapetes, etc.

che.que *sm* Documento bancário por meio do qual se emite uma ordem de pagamento à vista. (Não se confunde com *xeque*.)

che.re.rém *sm Pop*.GO Chuva miúda e persistente; garoa.

che.ri.mó.lia *sf* **1**. Planta anonácea originária do Peru, de fruto comestível. **2**. Esse fruto, de polpa cremosa, adocicada e sementes pretas, rico em vitaminas A e C. [O povo usa *cherimoia* (ói)].

cher.ne *sm* **1**. Peixe marinho do Atlântico, de grande porte (2,3m e 400kg), de cor chocolate e carne muito apreciada. // *sm* **2**. Essa carne.

chernozem [rus.] *sm* Solo negro e rico em húmus, próprio dos climas semiáridos frios ou temperados, princ. da Rússia europeia. · Pronuncia-se *tchérnozem*. → **chernozêmico** *adj* (rel. a *chernozem*).

CHESF ou **Chesf** *sf* Acrônimo de Companhia Hidrelétrica do São Francisco, empresa de companhia mista, com sede em Recife (PE), criada em 1948 com a finalidade de produzir e transmitir energia para todo o Nordeste brasileiro.

chester [ingl.] *sm* **1**. Frango de peito e coxas avantajadas, mas pouca gordura: *o chester é abatido quando atinge quatro quilos*. **2**. Esse frango, já preparado para consumo humano: *hoje temos chester no almoço*. · Pronuncia-se *chéstâr*.

che.vi.o.te *sm* **1**. Raça de carneiros de cuja lã se faz tecido para vestuário maculino. **2**. Esse tecido. **3**. Carneiro dessa raça.

chevron [fr.] *sm* Tecido com armação que imita a forma dos espinhos do peixe, padrão muito usado para as lãs, podendo ser feito em duas cores ou em tom sobre tom; espinha de peixe. · Pronuncia-se *chevRã*.

chi.a.do *sm* Som agudo e desagradável, produzido pelo atrito de corpos sólidos. → **chiadeira** *sf* (chiado prolongado); **chiar** *v* (**1**. emitir chiados; **2**. reclamar: *pague e não chie!*).

chianti [it.] *sm* Vinho de mesa, geralmente tinto e seco, produzido na região italiana de Chianti. · Pronuncia-se *kiânti*.

Chibamba *sm* Entidade fantástica que, segundo a crença popular, ronca como porco e vem, coberta de folhas de bananeiras, amedrontar as crianças.

chi.ban.ca *sf* Ferramenta própria para arrancar tocos de árvores de terrenos, com um lado para cavar a terra e o outro para cortar as raízes e o tronco das árvores.

chi.ban.te *adj* e *s2gên* **1**. Que ou pessoa que é briguenta ou rixenta e gosta de alardear valentia, sem tê-la; garganta, fanfarrão ou fanfarrona. **2**. Que ou pessoa que é altiva, orgulhosa, cheia de si. **3**. Que ou pessoa que está elegantemente vestida: *a noiva está linda, e o noivo, chibante*.

chi.bar.ra.da *sf* Rebanho de gado caprino; fato.

chi.bar.ro *sm* **1**. Chibo castrado. **2**. Homem cujos pais são de raças diferentes; mestiço.

chi.ba.ta *sf* Vara curta, fina e flexível, usada para bater em pessoas e animais. → **chibatada** *sf* (pancada com chibata); **chibatar** ou **chibatear** *v* (castigar com chibata), sendo este conjugado por *frear*.

chi.ba.tã ou **xi.ba.tã** *sm* **1**. Árvore de grande porte, que fornece madeira de lei, própria para a construção civil e o naval, para marcenaria de luxo, dormentes, escultura, etc. **2**. Essa madeira.

chi.ba.to *sm* Cabrito dos seis aos doze meses de idade.

chi.bo *sm* Cabrito de até um ano de idade. · V. **chibarro**.

chic [fr.] *adj* e *sm* V. **chique**.

chi.ca *sf* **1**. Bebida alcoólica fortíssima, preparada pelos índios da América do Sul e da América Central, com mel, água, mandioca ou milho fermentado e fruta; chicha. **2**. Dança afro, marcada por sapateados e requebros. **3**. *Gír*. Toco de qualquer coisa que se fuma (cigarro, charuto ou baseado); guimba, bagana, xepa, bituca.

chi.ca.na *sf* **1**. Abuso de direito, que consiste em um advogado utilizar meios cavilosos, mediante inúmeros recursos e formalidades, com o propósito de tumultuar, confundir, protelar ou criar embaraços ao andamento normal de um processo. **2**. Manha de prolongar uma contestação ou discussão, mediante meios evasivos e trapaças, artifícios, cavilações, etc., para levar vantagem; malandragem. **3**. Tramoia, subterfúgio, ardil. **4**. Alteração radical do caráter linear de uma pista de rolamento, com o propósito de fazer o motorista reduzir a velocidade, para evitar acidentes, mediante mudança na trajetória do veículo. → **chicanar** ou **chicanear** *v* (**1**. fazer chicana; **2**. trapacear; **3**. contestar sem fundamento; **4**. agir com má-fé), sendo este conjugado por *frear*; **chicaneiro** *adj* e *sm* ou **chicanista** *ad*. e *s2gên* (que ou pessoa que é dada à prática de chicanas).

chi.ca.no *adj* e *sm* Que ou aquele que nasceu no México e vive nos Estados Unidos; mexicano-americano.

chi.can.te *adj* Que está elegantemente vestido; chique.

chi.ca.ro.la *sf* Endívia.

chi.cha *sf* **1**. Carne de vaca (na linguagem infantil). **2**. Qualquer gulodice (bala, confeito, etc.). **3**. Chica (1).

chi.char.ro *sm* Nome comum a diversas espécies de peixes marinhos, do Atlântico e do Pacífico.

chi.chis.béu *sm* Homem que vive cortejando senhoras casadas, viúvas, etc.

chi.cle, chi.cle.te *sm* Redução de *chicle* ou *chiclete de bola*, goma de mascar; chiclé (2).

chi.clé *sm* **1**. Nome de uma goma extraída do látex de uma árvore, com a qual se faz chiclete. **2**. Chiclete; goma de mascar.

chi.co *sm* **1**. Mar sem ondas. **2**. Macaco doméstico; mico. **3**. *Pop*. *Chulo* Menstruação. **4**. No jogo de bochas, a bola pequena; bolim.

chi.có.ria *sf* **1**. Planta hortense, de folhas comestíveis, lisas ou crespas; almeirão. **2**. Folha dessa planta; almeirão. → **chicória-brava** *sf* (serralha), de *pl*. *chicórias-bravas*.

chi.co.te *sm* Instrumento de couro ou de corda entrelaçada, com cabo, para bater princ. em animais. → **chicotada** *sf* (pancada com chicote); **chicotar** *v* (bater com chicote em); **chicoteamento** *sm* (ação ou efeito de chicotear).

chi.co.te-quei.ma.do *sm* Brincadeira infantil em que um participante esconde um objeto (geralmente lenço), para que os outros procurem e achem, ao mesmo tempo que vai dizendo "está quente" ou "está frio", conforme se aproximem ou se afastem do referido objeto. · *Pl*.: *chicotes-queimados*.

chi.cun.gu.nha *sf* Doença infecciosa febril, de sintomas semelhantes aos da dengue, caracterizada por febre alta, erupções cutâneas, leve comichão e dores intensas nas articulações, causada por um vírus e transmitida ao homem pelo mosquito do gênero *Aedes*; catolotolo.

chiffon [fr.] *sm* **1**. Tecido de raiom ou de pura seda, usado em trajes femininos. **2**. Acessório de adorno (fita, faixa, etc.), para roupa feminina. · Pronuncia-se *chifom*.

chifonnier [fr.] *sm* Cômoda alta, estreita e de gavetas, geralmente com espelho em cima. · *Pl*.: *chifonniers*. · Pronuncia-se *chifoniê*.

chi.fra *sf* Instrumento de ferro, em forma de formão, com o qual os encadernadores raspam o couro, para afiná-lo. → **chifrar** *v* (usar chifra em).

chi.fre *sm* Apêndice duro na cabeça de alguns animais, usado princ. para ataque e defesa. → **chifrada** *sf* (golpe com chifre); **chifrar** *v* [**1**. golpear com o chifre; **2**. botar chifre em (cônjuge); cornear]; **chifrudo** *adj* (que tem chifres) e *adj* e *sm* (que ou aquele que é traído pela mulher; corno, cornudo). ·· **Ser do chifre furado**. Ser traquinas; intrépido.

Chile *sm* País da América do Sul, de área equivalente à dos estados do Rio Grande do Sul, do Paraná e de São Paulo juntos. → **chileno** *adj* e *sm*.

chile ou **chili** [esp.] *sm* **1**. Pimenta mexicana extremamente picante. **2**. Prato tradicional da cozinha mexicana feito com essa pimenta, picadinho de carne bovina e feijão cozido sem caldo.

chi.le.nas *sfpl* Esporas grandes, cujas rosetas chegam a 10cm de diâmetro.

chi.li.do *sm* Voz aguda e fraca dos passarinhos.

chi.li.que *sm* Ligeiro ataque de nervos, em que a pessoa perde o controle emocional; faniquito.

chil.re.ar ou **chil.rar** *v* Soltar (o pássaro) pios rápidos e repetidos; gorjear: *as andorinhas chilreiam*. → **chilrada**, **chilreada** *sf*, **chilreio** ou **chilro** *sm* (ato de chilrear).

chim *adj* e *s2gên* Chinês ou chinesa.

chi.man.go *sm* Carapinhé.

chi.mar.rão *adj* e *sm* Que ou mate que é amargo, servido quente e em uma cuia, sorvido por um canudo de metal.

chim.be.ar *v Pop*. RS Vadiar, vagabundear. · Conjuga-se por *frear*.

chimichurri [esp.] *sm* Molho de origem platina, composto de azeite de oliva, vinagre, orégano e salsa, cebola e alho picados, próprio para acompanhar carnes. · Pronuncia-se *chimichúrri*.

chi.mi.er ou **chi.mi.ê** *sm* Doce de fruta, misturado com geleia e melado, para ser comido com pão ou biscoito, no lugar da manteiga.

chim.pan.zé ou **chi.pan.zé** *sm* Macaco da África tropical, facilmente domesticável. (A forma **chipanzé** é meramente popular e só tem registro aqui porque o VOLP a traz.)

China *sf* País asiático em cuja área caberia o Brasil e ainda meio estado de Sergipe. → **chim** *adj* e *s2gên* ou *chinês adj* e *sm*.

chin.cha *sf* **1**. Pequena rede da pesca de arrasto. **2**. Pequeno barco utilizado na pesca com essa rede. · V. **cincha**.

chin.chi.la *sf* **1**. Pequeno mamífero roedor. **2**. Pele desse mamífero, usada na indústria.

chi.ne.lo *sm* ou **chi.ne.la** *sf* Calçado que cobre só a frente do pé, para ser usado em casa. → **chinelada** *sf* (pancada com chinelo); **chinelar** *v* (andar de chinelos); **chinelinho** *sm* (**1**. dim. reg. de *chinelo*; chinelo pequeno; **2**.*gír.pej.* (atleta de alto salário que, porém, atua poucas vezes, quer por viver no departamento médico, quer por não se integrar completamente no grupo de atletas do clube a que pertence). ·· **Botar** (ou **Meter** ou **Pôr**) **num chinelo**. Suplantar, impondo humilhação. ·· **Chinelo de dedo**. Chinelo de borracha que se prende ao pé por uma tira entre os dedos.

chi.ne.que *sm* Pão doce em formato de caracol, consumido geralmente nos desjejuns de sábado dos lares alemães do Sul do Brasil.

chin.fra *sf* **1**. Sensação de prazer, provocada por estímulos externos ou por drogas; curtição, barato, onda. **2**. Comportamento forjado; aparência fingida; pose: é um sujeitinho cheio de chinfra, por isso tem poucos amigos. → **chinfreiro** *adj* (**1**. que está na onda ou que anda na moda: *corte de cabelo chinfreiro; garota chinfreira;* **2**. diz-se daquele que é cheio de chinfra: *sujeitinho chinfreiro esse teu amigo*).

chin.frim *adj* **1**. De qualidade inferior; vagabundo, ordinário, reles: *jornalismo chinfrim*. **2**. De mau gosto; brega: *calça chinfrim*. // *sm* **3**. Coisa sem valor ou sem serventia: as *máquinas de datilografia viraram chinfrins*. **4**. Grande desordem ou agitação; confusão, tumulto: *quando começou o chinfrim, caí fora*.

ching-ling *sm Pop.Pej.* Qualquer mercadoria ou produto contrabandeado ou pirateado, de origem asiática. (Trata-se de um neologismo puramente popular, portanto sem registro no VOLP.)

chi.no.ca *sf Pop.* RS **1**. Jovem solteira e bonita. **2**. *Pej.* Prostituta jovem.

chi.o *sm* Chiado.

chip [ingl.] *sm* **1**. Pequena lâmina miniaturizada, importante na fabricação de computadores. // *sfpl* **2**. Batatas fritas salgadas, em rodelas finas. · Pl.: *chips*. · Pronuncia-se *tchips*.

chi.pa *sf* Rosquinha de polvilho e queijo ralado.

chi.pan.zé *sm* V. **chimpanzé**.

Chipre *sf* País insular do mar Mediterrâneo, próximo da costa da Turquia. → **cipriota** *adj* e *s2gên* (Este nome próprio não admite artigo, portanto: visitei Chipre, e não "o" Chipre.)

chi.que *adj* **1**. Que revela bom gosto; bem-vestido, elegante: *homem chique*. **2**. Que está na moda; estiloso: *terno chique*. **3**. Vistoso, bonito: *casa chique*. **4**. De frequência refinada: *festa chique*. → **chiqueza** (ê) *sf* ou **chiquismo** *sm* (caráter do que é chique).

chi.quê *sm* **1**. Recusa falsa ou fingida a aceitar ou fazer algo, por efeito de vergonha ou segundas intenções; fricote. **2**. Elegância afetada, janotismo. ·· **Cheio de chiquês**. Cheio de exigências exageradas ou dengues, de frescuras; cheio de chita.

chi.quei.ro *sm* **1**. Curral de porcos; pocilga. **2**.*P.ext*. Qualquer lugar fétido e imundo. → **chiqueirinho** *sm* [**1**. chiqueiro pequeno; **2**. *pop.* cercado (3)].

chir.ca *sf* **1**. Planta arbustiva que cresce à beira de rios, considerada de propriedades medicinais. **2**. Erva daninha das pastagens.

chi.ri.no.la *sf* **1**. Confusão, rebu, rolo. **2**. Conversa fiada; conversa mole; lorota.

chir.ri.ar *v* **1**. Cantar (a coruja). 2. Produzir som agudo e prolongado, como a voz da coruja. → **chirriada** *sf* ou **chirrio** *sm* (ato de chirriar).

chi.ru *adj* e *sm* **1**. *Pop*.S Que ou aquele que tem pele morena e traços acaboclados. **2**. *Pop*.S Índio ou caboclo. // *sm* **3**. Antílope tibetano, ameaçado de extinção, devido à caça para extração de sua lã, de altíssima qualidade. **4**. Essa lã. · Fem.: *chirua*.

chis.pa *sf* Faísca ou fagulha provocada por descarga elétrica ou pelo atrito de metais ou de pedras. → **chispada** *sf* (**1**. ato ou efeito de chispar; **2**. corrida veloz; disparada); **chispar** *v* [**1**. expelir (faísca, fogo, etc.); **2**. soltar ou lançar chispas; faiscar; **3**. sair rápido, ir embora de modo apressado; picar a mula: *chispa daqui, vamos!*].

chis.pe *sm* Pé de porco; pezunho (1).

chis.te *sm* Dito gracioso, só para fazer rir; graça. → **chistoso** (ô; pl.: ó) *adj* (engraçado).

chi.ta *sf* **1**. Tecido barato de algodão, com estampas coloridas. **2**. Leopardo africano; guepardo. → **chitão** *sm* (chita estampada de padrão grande). ·· **Cheio de chita** (fig.). Muito dengoso, cheio de chiquês.

cho.ça *sf* Casinha muito rústica, coberta de capim ou palha; choupana.

cho.ca.dei.ra *sf* Aparelho usado para chocar ovos; incubadeira.

cho.ca.lho *sm* **1**. Espécie de sino que se pendura no pescoço dos animais, para que sejam encontrados com facilidade. **2**. Brinquedo infantil que imita esse instrumento. **3**. Instrumento musical de percussão que ao ser sacudido produz ruído. → **chocalhada** *sf* (ação de chocalhar); **chocalhar** *v* [sacudir (alguma coisa), fazendo barulho sem. ao do chocalho]; **chocalheiro** *adj* (que traz chocalho).

cho.car *v* **1**. Aquecer ou fazer aquecer (ovos) para desenvolver o embrião; incubar: *as tartarugas cobrem os ovos com areia, para chocá-los*. **2**. Abalar, comover: *esse crime chocou o país*. **3**. Ficar estragado: *com o calor, a cerveja chocou*. **chocar(-se)** **4**. Ir de encontro, bater, colidir: *o ônibus chocou-se com um caminhão*. · V. **chocadeira**. → **chocante** *adj* (**1**. que choca, ofende ou fere; **2**. lindo ou excelente); **choco** (ô; pl.: ó) *adj* (**1**. diz-se de ovo que está sendo chocado ou de ave que está chocando ovos; **2**. estragado) e *sm* (**1**. ato de chocar; incubação; **2**. tempo de incubação).

cho.car.rei.ro *adj* e *sm* Que ou aquele que gosta de fazer graças pesadas, atrevidas; palhaço inconveniente, que a poucos agrada e a muitos ofende. → **chocarrice** *sf* (gracejo atrevido, grosseiro, petulante).

cho.cho (ô) *adj* **1**. Sem miolo ou substância interior, seco. **2**. Sem conteúdo, vazio, fútil. **3**. Diz-se em futebol do chute fraco.

cho.co.la.te *sm* **1**. Alimento feito com as sementes torradas do cacau. **2**. Bebida ou guloseima feita com esse alimento. **3**. *Pop*. Derrota por larga margem de gols; banho; lavada. → **chocolataria** *sf* (fábrica ou loja de chocolate); **chocolateira** *sf* (recipiente onde se serve o chocolate); **chocolateiro** *sm* (fabricante ou vendedor de chocolate); **chocólatra** *adj* e *s2gên* (que ou pessoa que gosta muito de chocolate). ·· **Dar um chocolate** (pop.). Vencer com grande margem de gols; dar um capote.

chodopak *sm* Tipo de vidro moderno, de alta tecnologia, geralmente opaco e colorido, com ranhuras próprias para assentamento, como se fosse uma cerâmica, que se aplica no revestimento de paredes, pisos e até móveis, como acabamento. (Trata-se de marca registrada (*Chodopak*) de uma indústria belga.

cho.fer (ér) *s2gên* Condutor de veículo automotor; motorista. · Pl.: *choferes* (fé).

cho.fre (ô) *sm* **1**. Pancada ou choque súbito. **2**. Tiro contra a ave que se levanta. ·· **De chofre**. **1**. Subitamente, inesperadamente, de repente: *Perguntei-lhe de chofre quais eram suas intenções para com minha filha*. **2**. Em cheio, de chapa: *Durante a viagem toda, o sol batia de chofre no meu rosto*.

chol.dra (ô) *sf* **1**. Coisa desprezível; sem utilidade. **2**. Bando de gente ordinária; corja, súcia.

chômage [fr.] *sm* Ócio forçado, em razão da falta de oferta de emprego. · Pronuncia-se *chomáj*.

cho.pe (ô) *sm* Cerveja tirada à pressão, diretamente do barril, servida fresca num copo de 33cL, alto e mais estreito em baixo do que em cima. (Cuidado para não usar "um chopes"!) → **chopada** *sf* (reunião de amigos ou colegas na qual se toma chope); **choperia** *sf* (casa de chope).

chop-suey [ingl.] *loc sm* Prato da culinária sino-americana que consiste em pequenos pedaços de presunto, cebola, ovos e vegetais cozidos (princ. cenoura), servidos com arroz. · Pronuncia-se *chóp-súi* ou *chóp-suí*.

cho.que *sm* **1**. Encontro entre dois corpos em movimento ou entre um corpo em movimento e o outro em repouso; batida, colisão. **2**. Emoção muito forte e chocante; comoção, abalo emocional. **3**. Redução de *choque elétrico*, impressão ou sensação desagradável causada por uma descarga elétrica. ·· **Choque elétrico**. Choque (3).

cho.ri.nho *sm* **1**. Choro ligeiro, de pouca duração. **2**. Música popular, variante do choro, de andamento mais rápido, tocada princ. em bandolim, cavaquinho e clarinete.

cho.ro (ô) *sm* **1**. Ato ou efeito de chorar. **2**. Conjunto instrumental de música popular, formado por violão, flauta, cavaquinho, pandeiro e reco-reco. **3**. Tipo de música tocada por esse conjunto, de caráter melodioso e sentimental. → **choradeira** *sf* (choro ou queixa prolongada); **chorado** *adj* (**1**. que provocou o choro de muita gente; **2**. conseguido a muito custo: *gol chorado*); **choramingar** *v* (chorar baixinho); **choramingas** *s2gên2núm* (pessoa que choraminga; chorão ou chorona); **choramingo** *sm* (ato de choramingar); **chorão** *adj* e *sm* (que ou quem vive chorando), de fem. *chorona*; **chorar** *v* (**1**. mostrar-se muito sentido por, soltando lágrimas; **2**. derramar lágrimas, em razão de uma forte dor, física ou moral), de antôn. *rir*; **choroso** (ô; pl.: ó) *adj* (que chora muito).

cho.ro.rô *sm Gír.* **1**. Choradeira ranzinza ou reclamação sem fundamento; mi-mi-mi (1). **2**. No futebol, reclamação indevida ou injustificada contra a arbitragem de uma partida: *quando os corintianos perdem, é aquele chororô*.

chor.ri.lho *sm* **1**. Série de coisas de caráter efêmero: *um chorrilho de sortes, de azares, de fracassos*. **2**. Série de coisas desagradáveis: *um chorrilho de calúnias, de fofocas*.

cho.ru.do *adj* **1**. Cheio de gordura; gordo. **2**. Cheio de caldo; suculento: *o caju é uma fruta choruda*. **3**. Que traz bastante vantagem; altamente vantajoso; rendoso: *negócio chorudo*.

cho.ru.me *sm* **1**. Gordura que sai da carne animal; banha. **2**. *Fig.* Grande quantidade de qualquer coisa; abundância, fartura, riqueza, opulência. **3**. Resíduo líquido de matérias orgânicas em decomposição, que escorre de aterros sanitários.

cho.ru.me.la *sf* **1**. Conversa fiada; nhem-nhem-nhem; lorota: *não me venha com chorumelas!* **2**. Insignificância, ninharia, bagatela: *o salário mínimo é uma chorumela*.

chou.pa *sf* **1**. Ponta metálica com que se encabam hastes, varas e paus. **2**. Ferro de dois gumes, de cabo curto, usado para abater as reses nos matadouros.

chou.pa.na *sf* Casa rústica e pobre, geralmente na zona rural; choça.

chou.po *sm* Álamo.

chou.ri.ço *sm* Alimento feito de tripa recheada com carne e sangue de porco e temperos, curtida à fumaça.

chou.to *sm* Trote entre a marcha e o galope, miúdo e incômodo. → **choutar** ou **choutear** *v* (andar vagarosamente), sendo este conjugado por *frear*.

cho.ver *v* Cair água das nuvens em forma de pingos. ·· **Chove não molha**. **1**. Situação que nunca se define, que não ata nem desata; indecisão. **2**. *Fig.* Pessoa extremamente indecisa. ·· **Chover canivete** (ou **a cântaros**). Chover muito e intensamente.

chu.á *sm* **1**. Grande afluência de público a cinema, teatro, estádio, etc. // *interj* **2**. Indica barulho de águas: *e a fonte a cantar, chuá, chuá!*

chu.ca *sf* Mamadeira pequena para dar água ou suco ao nenê ou criança de tenra idade.

chu.ca-chu.ca *sm* Pequeno tufo de cabelo que se enrola no alto da cabeça de criança. · Pl.: *chuca-chucas*.

chu.char *v* **1**. Chupar, sugar: *o nenê chucha a chupeta*. **2**. Cutucar, chuçar: *não chuche o cachorro, menino!* → **chucha** *sf* [**1**. ação de chuchar; sugada; **2**. aquilo em que se chucha (seio, chupeta ou mamadeira). ·· **Ficar chuchando o dedo**. Ficar sem aquilo que se esperava ou desejava; ver frustrada uma esperança ou um desejo.

chu.chu *sm* **1**. Planta trepadeira herbácea; chuchuzeiro. **2**. Fruto comestível dessa planta, de cor verde e forma alongada. **3**. *Pop.* Pessoa bonita. (Nesta acepção, costuma aparecer no diminutivo: *chuchuzinho*.) → **chuchuzeiro** *sf* [chuchu (1)].

chu.chur.re.ar *v* Ao beber ou tomar alguma coisa: *ele é dos que chuchurreiam a sopa*. · Conjuga-se por *frear*. → **chuchurreio** *sm* (ato ou efeito de chuchurrear).

chu.ço *sm* Vara ou pau com ponta de ferro. → **chuçar** *v* (**1**. ferir ou incitar com chuço ou qualquer outro objeto pontiagudo; **2**. chuchar).

chu.cru.te *sm* Conserva de repolho picado, salgado e fermentado.

chu.é *adj* **1**. De má qualidade; ordinário, reles: *almoço chué*. **2**. Desleixado, relaxado: *mulher chué*.

chu.la *sf Pop.* RS Dança folclórica que consiste em três homens executarem, ao som da gaita gaúcha e acompanhados de palmas, violão, cavaquinho, pandeiros e castanholas, diferentes sapateados e evoluções ao redor de uma lança de quatro metros de comprimento, fincada no chão.

chu.lé *sm* **1**. Sujeira formada pelo suor dos pés. **2**. Mau cheiro produzido por essa sujeira. → **chulepento** *adj* (**1**. que tem chulé; **2**. sujo, imundo: *casa chulepenta*).

chu.le.ar *v* Costurar a barra de (pano ou tecido), para não desfiar: *chulear um vestido*. · Conjuga-se por *frear*. → **chuleado** ou **chuleio** *sm* (ato ou efeito de chulear); **chuleio** (**1**. chuleado; **2**. costura feita na orla de peças leves, para evitar que se desfiem).

chu.le.ta (ê) *sf* **1**. Costela da rês junto com a carne pegada a ela; costeleta (1). **2**. Essa parte da rês, cozida, assada ou grelhada, que serve para o consumo humano. **3**. *Fig.* Pancada dada na cara com a mão aberta; tabefe; bofetada; tapão, chapuletada.

chu.li.pa *sf* **1**. Peça de madeira que se coloca transversalmente à via férrea, na qual se assentam e fixam os trilhos; dormente. **2**. Pancada na bunda de alguém, com o lado exterior do pé. **3**. Sapato com o calcanhar dobrado, que se usa como chinelo. **4**. Piparote que se dá na orelha de alguém. ·· **Uma chulipa! Coisíssima nenhuma!**; uma ova!: *Ela está namorando outro uma chulipa!*

chu.lo *adj* **1**. Que não se deve dizer ou escrever, por ser indecente, indecoroso ou grosseiro; que só é usado pela ralé: *palavras chulas*. **2**. Grosseiro, rude, tosco: *gente chula, de modos chulos*. → **chulice** *sf* ou **chulismo** *sm* (ação, expressão ou comportamento chulo); **chulista** *adj* e *s2gên* (que ou pessoa que faz ou diz chulices).

chu.ma.cei.ra *sf* **1**. Coxim sobre o qual se move um eixo; mancal, bucha (5). **2**. Peça sobre a qual se movimenta o remo. **3**. Peça de ferro que reforça o dente gasto do arado ou da charrua.

chu.ma.ço *sm* **1**. Porção de qualquer material macio que se usa como enchimento. **2**. Porção de algodão usada princ. em curativos. → **chumaçar** *v* (guarnecer de chumaço; estofar).

chum.bo *sm* **1**. Elemento químico metálico (símb.: **Pb**), mole e pesado de cor cinza-escuro. **2**. Grão desse metal, usado como projétil de arma de fogo. · V. **plúmbeo**. → **chumbada** *sf* (**1**. tiro de chumbo miúdo; **2**. chumbo da rede de pescar); **chumbado** *adj* (**1**. que se chumbou; **2**. *pop.* bêbado); **chumbar** *v* (**1**. soldar com chumbo; **2**. ferir com tiro de chumbo miúdo; **3**. *pop.* embebedar, embriagar).

chu.me.co *sm* Sapateiro ordinário, vagabundo, matão.

chu.pa-ca.bra *sm* Ser fantástico e monstruoso que, segundo a lenda, aparece na zona rural para matar e sugar o sangue de animais. · Pl.: *chupa-cabras*. (Cuidado para não usar "o chupa-cabras"!)

chu.par *v* **1**. Colocar a boca em (algo), puxando o ar para dentro; sugar: *chupar laranja*. **2**. Deixar consumir na boca levemente: *chupar uma bala*. **3**. Absorver: *este papel chupa tinta*. → **chupada** *sf* (**1**. ato de chupar; **2**. sexo oral; chupeta; boquete); **3**. *pop.* repreensão, pito, sabão); **chupão** *sm* (**1**. chupada forte; **2**. beijo demorado, com ruído; **3**. mancha escura no lugar do corpo que recebeu beijo forte) e *adj* (que chupa ou absorve líquido).

chu.pa-san.gue *s2gên* **1**. Pessoa que vive à custa do esforço ou do suor de outrem; parasito, sanguessuga. **2**. Jogador(a) profissional sem espírito de equipe, que não se esforça, sobrecarregando os(as) companheiros(as). · Pl.: *chupa-sangues*.

chu.pe.ta (ê) *sf* **1**. Bico de borracha ou de plástico, sem furo, para as crianças chuparem; chucha. **2**. *Pop.Chulo* Sexo oral; felação, chupada, boquete. (Nesta acepção, mais usada no diminutivo: *chupetinha*.)

chu.pim *sm* **1**. Passarinho negro que costuma pôr seus ovos em ninho de outra ave, que os choca e cuida dos filhotes. // *sm* **2**. *Fig.Pej.* Marido que vive à custa da mulher. (A 6.ª ed. do VOLP registra ainda *chopim*, que nenhum dicionário será traz.)

chu.pi.tar *v* **1**. Chupar devagarinho, repetidas vezes. **2**. Bebericar. → **chupitador** (ô) *adj* e *sm* (que ou o que chupita).

chur.ras.co *sm* Pedaço de carne assada apenas pelo calor das brasas depositadas na churrasqueira. → **churrascada** *sf* [churrasco (2)]; **churrascaria** *sf* (restaurante cuja especialidade é o churrasco); **churrasquear** *v* (1. preparar carnes para churrasco; 2. comer churrasco), que se conjuga por *frear*; **churrasqueira** *sf* (grelha para preparar churrasco).

chur.ro *sm* Tipo de biscoito cilíndrico, alongado e oco, frito, passado em açúcar e canela e com doce de leite no interior.

chus.ma *sf* 1. Porção de marinheiros. 2. *Fig.* Porção de pessoas ou de coisas.

chu.te *sm* 1. Pancada desferida com o pé. 2. Tentativa de acerto. → **chutar** *v* (1. dar chute a; 2.*pop.* dar palpite sobre; arriscar uma resposta a); **chuteira** *sf* (calçado de cano curto, com travas, próprio para a prática do futebol). ·· **Chutar alto.** Mentir muito. ·· **Chutar o pau da barraca.** 1. Exagerar, ir fundo. 2. Abandonar tudo e todos. ·· **Pendurar as chuteiras.** 1. Parar com a prática do futebol. 2.*P.ext.* Aposentar-se.

chutney [ingl.] *sm* Condimento agridoce da culinária indiana, feito de frutas ou de legumes cozidos, com vinagre, açúcar e temperos. · Pl.: *chutneys.* · Pronuncia-se *tchâtni*.

chu.va *sf* 1. Água que cai em gotas das nuvens; precipitação atmosférica de água em gotas. 2. Queda semelhante de qualquer coisa. → **chuvarada** *sf* (chuva forte; toró); **chuviscar** *v* (chover fino; garoar); **chuvisco** ou **chuvisqueiro** *sm* (garoa); **chuvoso** (ô; pl.: ó) *adj* (1. diz-se do tempo nublado, que ameaça chuva; 2. em que chove muito).

chu.vei.ro *sm* 1. Aparelho com o fundo cheio de pequenos furos, ligado a um cano, próprio para derramar água sobre quem se banha. 2. Anel de pedra preciosa, rodeada de pequenos brilhantes. 3. Em futebol, bola centrada na área adversária. (Nesta acepção, é muito usada no diminutivo: *chuveirinho*.)

ci.a.ne.to (ê) ou **ci.a.nu.re.to** (ê) *sm* Sal do ácido cianídrico, extremamente tóxico: *cápsula de cianeto*.

ci.a.ni.nha *sf* Espécie de fita achatada, de espessura média, com as margens onduladas e curvas, fabricada com fios de algodão, seda ou fibra sintética, em várias cores.

ci.a.no ou **ciã** *sm* 1. Azul-esverdeado, uma das quatro cores primárias usadas no processo de impressão, ao lado do magenta, amarelo e preto. // *adj* 2. Que tem essa cor. 3. Diz-se dessa cor.

ci.a.no.bac.té.ria *sf* Bactéria fotossintética unicelular, que forma colônias em forma de filamentos, folhas ou esferas e é encontrada em diversos ambientes (água salgada ou doce, solo, rochas, etc.), sendo a forma de vida mais antiga conhecida na Terra.

ci.a.no.se *sf* Moléstia provocada por insuficiência de oxigênio no sangue, com coloração azul e às vezes escura ou lívida da pele. → **cianótico** *adj* (1. rel. a cianose; 2. afetado de cianose).

ci.a.nu.re.to (ê) *sm* V. **cianeto**.

ci.á.ti.ca *sf* Redução de *dor ciática*, dor na zona correspondente ao nervo ciático, devida à compressão de suas raízes ou a uma neurite. → **ciático** *adj* (1. dos quadris: *veia ciática*; 2. diz-se de cada um dos dois maiores nervos do membro inferior, que se estende da coxa ao pé) e *sm* (esse nervo).

ci.ba.lo *sm* Cada uma das pequenas bolas ou fragmentos endurecidos em que se transformam as fezes, quando permanecem retidas por longo tempo no cólon, assemelhando-se a excrementos caprinos.

ci.be.ra.ta.que *sm* Prática de *hackers* que consiste em transmitir arquivos maliciosos (vírus) que infectam, danificam e roubam informações de computadores e demais bancos de dados *on-line*.

ci.ber.café *sm* Bar, lanchonete ou loja que disponibiliza a seus frequentadores computadores para jogos eletrônicos, acesso à Internet, etc.

ci.be.res.pa.ço *sm* Mundo virtual das redes de computadores, onde circulam as informações.

ci.ber.fi.li.a *sf* Grande entusiasmo por computador ou pela informática. · Antôn.: *ciberfobia*. → **ciberfílico** *adj* (rel. a ciberfilia), de antôn. *ciberfóbico*; **cibérfilo** *adj* e *sm* (que ou aquele que tem ciberfilia), de antôn. *cibérfobo*.

ci.ber.fo.bi.a *sf* Medo irracional e exagerado a computadores ou à informática. → **ciberfóbico** *adj* (rel. a ciberfobia), de antôn. *ciberfílico*; **cibérfobo** *adj* e *sm* (que ou aquele que tem ciberfobia), de antôn. *cibérfilo*.

ci.ber.guer.ra *sf* Uso de tecnologia de computador para interromper as atividades de um Estado ou organização, princ. o ataque deliberado de sistemas de informação com fins estratégicos ou militares.

ci.ber.nau.ta *s2gên* Infonauta.

ci.ber.né.ti.ca *sf* Ciência do controle e da comunicação nos sistemas biológicos, eletrônicos e mecânicos. → **ciberneticista** *adj* e *s2gên* (especialista em cibernética); **cibernético** *adj* (rel. ou pert. a cibernética).

ci.ber.pi.ra.ta *s2gên* Pessoa versada em informática que usa seus conhecimentos para exercer atividades ilícitas ou ilegais numa rede, princ. a Internet; pirata eletrônico.

ci.ber.pro.pa.gan.da *sf* Uso de meios eletrônicos modernos, para manipular eventos ou influenciar a percepção do público em relação a um determinado ponto de vista; propaganda cibernética.

ci.ber.se.gu.ran.ça *sf* Prática de defender computadores, servidores, dispositivos móveis, sistemas eletrônicos, redes e dados de ataques maliciosos.

ci.ber.ter.ro.ris.mo *sm* Uso político de computadores e tecnologia da informação, com o propósito de causar graves perturbações ou medo generalizado na sociedade; terrorismo cibernético. → **ciberterrorista** *adj* (rel. a ciberterrorismo) e *adj* e *s2gên* (que ou pessoa que se envolve com o ciberterrorismo).

ci.bor.gue *sm* Ser humano biônico. (A 6.ª ed. do VOLP não registra a palavra, que nos vem do inglês *cyborg*, que por sua vez é resultado da junção das palavras da expressão *cyber organism* = organismo cibernético.)

ci.bó.rio *sm* Vaso em que se guardam as hóstias, usado permanentemente sobre o altar.

ci.ca *sf* Travo ou sabor amargo de certas frutas, quando ainda não totalmente maduras.

ci.ca.triz *sf* Marca deixada na pele por um ferimento curado. → **cicatrização** *sf*; **cicatrizante** *adj* e *sm* (que ou o que cicatriza); **cicatrizante** *adj* e *sm* (que ou medicamento que cicatriza ou que favorece a cicatrização); **cicatrizar** *v* [1. fazer com que uma ferida se feche, deixando marca; 2. curar-se ou fechar-se, deixando marca (diz-se de ferida)].

ci.ce.ro *sm* Unidade de medida ou cálculo de linhas, páginas, etc. de uma composição tipográfica (tem 12 pontos e equivale a 4,512mm).

ci.ce.ro.ne *s2gên* Guia de turistas a locais interessantes e desconhecidos. → **ciceronagem** *sf* (atividade ou ofício de cicerone); **ciceronear** *v* (servir de cicerone a), que se conjuga por *frear*.

ci.ci.ar *v* Falar em voz muito baixa. (Não se confunde com *cecear*.) → **cicio** *sm* (1. rumor brando, igual ao da aragem nas folhagens; 2. murmúrio, cochicho, sussurro).

ci.cla.gem *sf* Frequência de uma corrente elétrica alternada.

ci.cla.ma.to *sm* Adoçante artificial.

ci.clis.mo *sm* Prática de andar de bicicleta ou esporte de corrida de bicicletas. → **ciclista** *s2gên* (pessoa que anda de bicicleta ou que pratica o ciclismo); **ciclístico** *adj* (rel. a ciclismo ou a ciclistas).

ci.clo *sm* 1. Série de fenômenos ou de acontecimentos que se sucedem e completam numa determinada ordem ou sequência: *o ciclo das estações do ano*. 2. Período após o qual esses mesmos fenômenos se reproduzem na mesma ordem: *o ciclo menstrual é de cerca de 28 dias*. 3. Período histórico longo e marcante: *o ciclo do ouro no Brasil*. 4. Divisão de programa de ensino: *o primeiro e o segundo ciclos*. 5. Conjunto de obras literárias, musicais, cinematográficas, etc. sobre um tema, herói ou figura central: *o ciclo do cacau de Jorge Amado*. 6. Denominação geral de veículos leves, de duas ou mais rodas, movidos a propulsão humana, como bicicletas, patinetes, triciclos, etc. → **cíclico** *adj* (1. que obedece a uma certa regularidade; que se realiza ou retorna periodicamente; periódico: *crise cíclica; febre cíclica*; 2. rel. a ciclos ou caracterizado por eles: *um padrão cíclico das mudanças do tempo*).

ci.clo.com.pu.ta.dor (ô) *sm* Computador de bordo do ciclista, fixado no guidão, serve para informar a distância total percorrida, tempo, velocidade máxima, média, hora e até batimentos cardíacos e altitude.

ci.clo.fai.xa *sf* Parte da pista de rolamento destinada à circulação exclusiva de ciclos, delimitada por sinalização específica.

ci.cloi.de (ói) *adj* 1. Semelhante a círculo. 2. Denotativo de um anel de átomos. 3. Diz-se das variações extremas de humor, que vão do júbilo à melancolia ou da alegria à depressão. // *s2gên* 4. Pessoa cicloide ou que sofre de transtorno bipolar.

ci.clô.me.tro *sm* **1.** Instrumento que registra os giros ou revoluções de uma roda, para indicar a distância percorrida por um veículo. **2.** Instrumento que mede arcos circulares. → **ciclometria** *sf* (medição de círculos ou ciclos); **ciclométrico** *adj* (rel. a ciclometria).

ci.clo.mo.tor (ô) *sm* Veículo motorizado, de duas ou três rodas, de pequena cilindrada (não além de 50cm3) e velocidade máxima de não mais que 50km/h. → **ciclomotorista** *s2gên* (pessoa que anda de ciclomotor).

ci.clo.ne *sm* Massa de vento de alta velocidade, que sopra em círculos diretamente de cima para baixo sobre um ponto do solo. → **ciclônico** *adj* (rel. a ciclone).

ci.clo.pe *sm* **1.** Gigante que, segundo a mitologia grega, possuía um só olho no meio da testa. **2.** *P.ext.* Homem grande, forte e feio. → **ciclópico** *adj* (**1.** rel. ou pert. a ciclope; **2.** *fig.* gigantesco, monumental: *despesas ciclópicas*).

ci.clo.tu.ris.mo *sm* Modalidade de lazer que consiste em passear ou viajar de bicicleta por rodovias pavimentadas ou não, numa combinação saudável de paixão pelo ciclismo e o prazer de viajar. → **cicloturista** *s2gên* (pessoa que pratica o cicloturismo), palavra que a 6.ª ed. do VOLP não traz.

ci.clo.vi.a *sf* Pista para ciclistas. → **cicloviário** *adj* (rel. ou pert. a ciclovia).

ci.cu.ta *sf* **1.** Planta venenosa. **2.** Veneno extraído dessa planta.

ci.da.dão *sm* Aquele que goza dos direitos civis e políticos de um Estado ou país. · Fem.: *cidadã*. · Pl.: *cidadãos*. → **cidadania** *sf* (**1.** qualidade ou condição de cidadão; **2.** conjunto de direitos e deveres da pessoa nascida ou naturalizada de um Estado ou país).

ci.da.de *sf* **1.** Lugar em que uma população vive e trabalha, constituído de grande número de casas e prédios, com escolas, hospitais, centros comerciais, etc. **2.** Conjunto dos habitantes desse lugar. · V. **citadino** e **urbano**.

ci.da.de-dor.mi.tó.rio *sm* Cidade com reduzido mercado de trabalho, caracterizada pelo deslocamento diário da força operária para um grande centro próximo. · Pl.: *cidades-dormitórios* ou *cidades-dormitório*.

ci.da.de-es.ta.do *sf* **1.** Estado soberano da antiguidade, constituído de uma cidade independente e seus territórios adjacentes. **2.** Estado assemelhado dos tempos modernos, como o da ex-Guanabara e o de Singapura. · Pl.: *cidades-estado* ou *cidades-estados*.

ci.da.de-jar.dim *sf* Área ou bairro residencial planejado de uma cidade, boa parte do qual se destina a parques e jardins. · Pl.: *cidades-jardim* ou *cidades-jardins*.

ci.da.de.la *sf* Fortaleza situada em lugar estratégico, para a defesa de uma cidade. **2.** Em futebol, gol, meta, baliza, arco.

ci.da.de-sa.té.li.te *sf* Cidade situada nas imediações de uma metrópole, da qual depende economicamente. · Pl.: *cidades-satélite* ou *cidades-satélites*.

CIDE ou **cide** *sf* Acrônimo de <u>c</u>ontribuição de <u>i</u>ntervenção no <u>d</u>omínio <u>e</u>conômico, tributo cobrado desde janeiro de 2002 sobre a venda de combustíveis, destinado, em princípio, à construção e conservação das estradas.

ci.dra *sf* **1.** Fruto da cidreira, de polpa ácida, casca grossa e aromática, muito utilizado na fabricação de doces. **2.** Doce feito com essa casca ou com esse fruto. → **cidreira** *sf* (arbusto nativo da Ásia ou da cidra). · V. **cítreo**.

ci.ên.cia *sf* **1.** Conjunto de conhecimentos sobre as coisas, fatos e fenômenos, obtidos mediante o estudo e a observação de seus princípios e causas. **2.** Conjunto de conhecimentos em uma distinta matéria, considerados em separado. **3.** Conhecimento, informação. → **científico** *adj* (rel. a ciência ou que tem o rigor da ciência); **cientista** *s2gên* (pessoa que se dedica incessantemente a pesquisas científicas ou é especializada em uma ou mais ciências).

ci.en.te *adj* Que tem conhecimento de alguma coisa. → **cientificação** *sf* [ato ou efeito de cientificar(-se)]; **cientificar(-se)** *v* [tornar(-se) ciente, informar(-se), certificar(-se)].

ci.fa *sf* Areia usada pelos ourives para moldagem.

ci.fo.se *sf* Curvatura anormal convexa da espinha dorsal, causando um calombo na região logo abaixo do pescoço, à qual o povo chama *corcunda* ou *corcovo*. → **cifótico** *adj* (rel. a cifose) e *adj* e *sm* (que ou aquele que tem cifose).

ci.fra *sf* **1.** Zero. **2.** Quantidade, número. **3.** Quantia. → **cifrado** *adj* [escrito em cifra (3)]; **cifrar** *v* (escrever em cifra: *cifrar uma carta*).

ci.frão *sm* Sinal ($) que indica a unidade monetária de vários países. (O cifrão tem apenas um traço vertical, e não dois, e esse traço deve ser integral, e não seccionado.)

ci.ga.no *sm* Indivíduo dos ciganos, povo nômade de origem discutida, que vive da prática da quiromancia, da cartomancia e do comércio. // *adj* **2.** Relativo ou pertencente a esse povo. · Col. (2) *ciganada*. → **ciganada** *sf* (grande quantidade de ciganos; ciganagem); **ciganagem** *sf* (**1.** ciganada; **2.** ação própria de cigano; **3.** nomadismo: *deixei a ciganagem: já não viajo há muito tempo*); **ciganar** ou **ciganear** *v* (**1.** andar sem rumo, à toa, como cigano; **2.** levar vida incerta, aventureira, boêmia, como a dos ciganos), sendo este conjugado por *frear*; **ciganismo** *sm* (modo de vida, organização, costumes e tradições próprias dos ciganos: *a principal característica do ciganismo é a forte união familiar*).

ci.gar.ra *sf* **1.** Inseto saltador, cujo macho emite um som peculiar, estridente, produzido pela vibração de duas membranas. (Voz: *cantar, chiar, ciciar, cigarrear, estridular, estrilar, fretenir, rechiar, retinir, zunir*.) **2.** Campainha ou dispositivo elétrico que imita esse som.

ci.gar.ri.lha *sf* **1.** Cigarro enrolado na própria folha de tabaco. **2.** Pequeno charuto.

ci.gar.ro *sm* Pequena porção de fumo picado, enrolado em papel fino ou em palha, formando um pequeno tubo, que se fuma. → **cigarreira** *sf* (porta-cigarros).

ci.la.da *sf* Ardil camuflado, disfarçado e feito de surpresa; emboscada, tocaia, insídia.

ci.lha *sf* Tira de couro que prende a sela ou a carga sobre o lombo de uma cavalgadura. → **cilhar** *v* (apertar ou cingir, com cilha ou qualquer outra coisa).

ci.lin.dro *sm* **1.** Qualquer corpo alongado e roliço, de diâmetro igual em todo o comprimento. **2.** Qualquer das partes rotativas de uma impressora, princ. a que contém o papel. **3.** Câmara em que se movimenta o pistão de um motor de combustão interna. → **cilindrada** *sf* (capacidade dos cilindros de um motor, expresa em metros cúbicos); **cilíndrico** *adj* (**1.** rel. a cilindro; **2.** que tem forma de cilindro).

cí.lio *sm* Cada um dos pelos que crescem na borda das pálpebras e servem para proteger os olhos; pestana. → **ciliar** *adj* (rel. ou pert. a cílios).

ci.ma *sf* Parte mais elevada de alguma coisa; topo, cume, cimo. ·· **De cima**. Do alto. ·· **Em cima**. Sobre a superfície (de alguma coisa). ·· **Por cima**. Em posição superior.

ci.ma.lha *sf* **1.** Em arquitetura, parte mais alta da cornija. **2.** Arquitrave (1). **3.** Alto das paredes de um edifício que faz pequena sacada e sobre a qual assenta o beiral do telhado.

cím.ba.lo *sm* Instrumento de percussão composto de um par de pratos metálicos e circulares, com o centro abaulado, fixados a uma empunhadura de couro; prato.

ci.men.to *sm* **1.** Pó cinzento feito de calcário e argila, que endurece logo após ser misturado com água. **2.** Argamassa preparada com esse pó. → **cimentar** *v* (ligar ou pavimentar com cimento).

ci.mi.tar.ra *sf* Espada de lâmina larga e curva, que corta só de um lado.

ci.mo *sm* Ponto mais alto de qualquer coisa; cume, topo, cima.

ci.na.mo.mo *sm* Árvore ornamental, de flores pequenas e aromáticas, e de cuja casca se extraem substâncias aromatizantes e medicinais.

cí.na.ra *sf* Gênero de plantas herbáceas de folhas espinhosas e grandes capítulos, com receptáculo carnoso, ao qual pertence a alcachofra.

ci.na.ri.na *sf* Substância extraída das folhas da alcachofra, que estimula a produção da bílis e com a qual se prepara medicamento hepático.

cin.ca ou **cin.ca.da** *sf* **1.** Erro cometido por imperícia ou inabilidade profissional. **2.** Comentário ou observação desastrada; gafe, rata. → **cincar** *v* (errar; cometer cinca).

cin.cer.ro (ê) *sm* Chocalho que se pendura no pescoço do animal que guia os demais.

cin.cha ou **chin.cha** *sf* Faixa de couro ou de pano resistente que se passa por baixo da barriga da cavalgadura para lhe prender a sela ao lombo. ·· **Chamar na chincha**. Trazer para perto a fim de ter uma conversa séria sobre determinado assunto ou conferir bronca.

cin.co *num* Quatro mais um (4, IV). *quatro dos onze membros do STF*. **2.** Quinto: *página cinco*. // *sm* **3.** Algarismo

representativo do número cinco. **4**. Algo numerado cinco ou alguém representativo desse número: *esse time precisa de um bom cinco*. **5**. Nota cinco, em provas, concursos ou exames. · Ordinal e fracionário: quinto. ·· **Cinco estrelas** (fig.). Que ou o que é considerado de excelente qualidade: *filme cinco estrelas; Ava Gardner era uma cinco estrelas*.
CINDACTA ou **Cindacta** *sm* Acrônimo de *C*entro *I*ntegrado de *D*efesa *A*érea e *C*ontrole do *T*ráfego *A*éreo.
Cinderela *sf* **1**. Heroína de famoso conto de fadas. **cin.de.re.la 2**. *Fig*. Garota que inesperadamente alcança o sucesso, depois de um período de grandes dificuldades; gata borralheira (1).
cin.dir(-se) *v* Separar(-se), dividir(-se), fragmentar(-se): *a guerra cindiu o país; o país cindiu-se em dois Estados*. · V. **cisão**.
ci.ne *sm* Abreviação de *cinema*, que, por sua vez, é abreviação de *cinematógrafo*, nome dado ao aparelho destinado a registrar imagens e a projetá-las animadas sobre uma tela; antigamente se usava pelo que hoje denominamos *cinema*.
ci.ne.a.ma.dor (ô) *adj* e *sm* Que ou aquele que faz cinema por mero prazer, como diletante, e não como profissional; cinediletante. → **cineamadorismo** *sm* (condição de cineamador; cinediletantismo).
ci.ne.as.ta *s2gên* Pessoa que produz ou dirige filmes.
ci.ne.clu.be *sm* Associação que visa a promover a cultura cinematográfica entre seus membros. → **cineclubista** *adj* (rel. a cineclube) e *s2gên* [associado(a) de cineclube].
ci.ne.di.le.tan.te *adj* e *s2gên* Cineamador. → **cinediletantismo** *sm* (cineamadorismo).
ci.ne.dra.ma *sm* **1**. Drama cinematográfico. **2**. Argumento dramático de um filme. → **cinedramático** *adj* (rel. a cinedrama).
ci.ne.fil.me *sm* Filme fotográfico especial, que possibilita gravar imagens em movimento e som.
ci.né.fi.lo *adj* e *sm* Entusiasta ou aficionado de cinema.
ci.ne.gé.ti.ca *sf* **1**. Arte de caçar com cães. **2**. Arte de caçar cães. **3**. Arte da caça. → **cinegético** *adj* (rel. a caça).
ci.ne.gra.fis.ta *s2gên* Profissional que opera câmera de cinema ou de televisão; câmera.
ci.ne.jor.nal *sm* Noticiário para ser exibido em cinemas. → **cinejornalismo** *sm* (jornalismo que tem como veículo o cinema).
ci.ne.ma *sm* **1**. Cinematografia. **2**. Sala onde se projetam filmes para o público. (*Cinema* é abreviação de *cinematógrafo*; v. **cine**.) · V. **cinemascope** e **cinerama**. → **cinemania** *sf* [mania ou grande interesse por tudo o que se relaciona com cinema (filmes, atores, diretores, trilhas sonoras, Óscares, etc.)]; **cinemaníaco** *adj* e *sm* (que ou aquele que tem cinemania); **cinemateca** *sf* (**1**. coleção ou arquivo de filmes; **2**. lugar onde se guarda essa coleção; **3**. pequena sala de projeção de filmes clássicos ou de vanguarda, não exigidos no circuito comercial); **cinematografia** *sf* (conjunto dos processos e técnicas usados na projeção em tela de filmes cinematográficos; cinema); **cinematográfico** *adj* (**1**. rel. ou pert. a cinema; **2**. *fig*. digno de cinema: *paisagem cinematográfica*; **3**. *fig*. próprio de cinema: *beijo cinematográfico*); **cinemeiro** *adj* e *sm* (que ou aquele que é assíduo frequentador de cinema).
cinemascope [ingl.] *sm* Processo cinematográfico surgido depois da Segunda Guerra Mundial, no qual as imagens, projetadas em grandes telas, são expostas com maior ilusão de relevo e melhor distribuição dos planos. · Pronuncia-se *cínemaskôup*.
ci.ne.má.ti.ca *sf* Parte da mecânica que estuda o movimento dos corpos, sem considerar as forças que o produzem. → **cinemático** *adj* (rel. a cinemática).
ci.ne.ma-ver.da.de *sm* Forma de filme documentário em que uma pequena câmara registra cenas do cotidiano e as mais naturais possível, sem nenhuma intervenção de diretores. · Pl.: *cinemas-verdade* ou *cinemas-verdades*.
ci.ne.ral Porção de cinzas. → **cinerário** *sm* (urna funerária com as cinzas de um corpo cremado); **cinéreo** *adj* (**1**. formado de cinzas; **2**. sem. a cinzas; **3**. de cor cinza; cinzento).
ci.ne.ra.ma *sm* Processo de projeção cinematográfica em telas amplas e côncavas de 120 graus, para dar a impressão de tridimensionalidade.
ci.ner.ra.di.o.gra.fi.a *sf* Técnica de diagnose em que se usa uma câmara cinematográfica para filmar as imagens das estruturas internas do corpo, com o auxílio da radiografia ou da fluoroscopia. → **cinerradiográfico** *adj* (rel. a cinerradiografia).

ci.ner.re.vis.ta *sm* Gênero de cinema caracterizado pelo estilo narrativo, com fins informativos.
cin.gel *sm* ou **cin.ge.la.da** *sf* Parelha de bois.
cin.gir *v* **1**. Amarrar cinto ou faixa em torno de (uma parte do corpo ou o próprio corpo): *os árabes cingem a cabeça com turbantes*. **2**. Cercar, rodear, envolver: *águas frias e traiçoeiras cingem essa ilha*. **cingir-se 3**. Prender-se, limitar-se, restringir-se; ater-se: *cingi-me ao que me competia*. · É verbo regular.
cín.gu.lo *sm* Cinto com que o sacerdote aperta a alva em torno da cintura.
cí.ni.co *adj* e *sm* **1**. Que ou aquele que comete atos errados e afirma com a maior seriedade que não os praticou. // *adj* **2**. Diz-se daquele que acredita que as pessoas agem sempre de forma egoísta; que desconfia do desdenha do altruísmo alheio: *ele tem uma visão cínica do mundo*. **3**. Relativo ou pertencente a uma seita de antigos filósofos gregos que fingiam viver no estado natural, opondo-se radicalmente aos valores culturais vigentes. // *sm* **4**. Cada um desses filósofos. → **cinismo** *sm* (**1**. modo de ser ou de comportar-se de um cínico; descaramento; falta de vergonha; **2**. sistema filosófico dos cínicos).
ci.ni.ra *sf* Harpa de duas cordas, usada antigamente por hebreus, fenícios e sírios.
ci.no.fi.li.a *sf* Gosto pelos cães. · Antôn.: *cinofobia*. **cinofílico** *adj* (rel. a cinofilia); **cinófilo** *adj* e *sm* (que ou aquele que tem cinofilia).
ci.no.fo.bi.a *sf* Temor ou aversão a cães. · Antôn.: *cinofilia*. → **cinofóbico** ou **cinófobo** *adj* e *sm* (que ou aquele que tem cinofobia), de antôn. *cinófilo* ou *cinofílico*.
ci.no.gra.fi.a *sf* Estudo científico e descritivo sobre os cães. → **cinográfico** *adj* (rel. a cinografia).
ci.no.mo.se *sf* Doença viral canina altamente contagiosa, que provoca vômito, diarreia, desidratação, febre, etc.
cinquecento [it.] *sm* **1**. O séc. XVI como período da arte e literatura italianas. **2**. Estilo de arte italiana desse período. · Pronuncia-se *tchincue-tchento*. → **cinquecentista** (o **u** soa) *s2gên* [**1**. poeta, escritor ou artista italiano do séc. XVI; **2**. estudioso(a) da arte e literatura italianas do *cinquecento*].
cin.quen.ta (o **u** soa) *num* **1**. Cinco dezenas. **2**. Quinquagésimo: *página cinquenta*.
cin.quen.tão (o **u** soa) *adj* e *sm* Que ou aquele que está na faixa dos 50 anos. · Fem.: *cinquentona*.
cin.quen.te.ná.rio (o **u** soa) *sm* Quinquagésimo aniversário.
cin.ta *sf* **1**. Tira de couro ou de plástico usada em torno da cintura; cinto (1). **2**. Peça íntima do vestuário, destinada a modelar a cintura e a barriga. **3**. Tira de papel que se coloca envolvendo a capa de um livro, com informação adicional. → **cintar** *v* (pôr cinta em).
cin.ta-cal.ça *sf* Peça íntima feminina, em forma de calça, feita de tecido elástico, destinada a modelar os quadris e as coxas. · Pl.: *cintas-calça* ou *cintas-calças*.
cin.ta-li.ga *sf* Cinta de quatro tiras elásticas, em cujas extremidades há um prendedor de meias. · Pl.: *cintas-liga* ou *cintas-ligas*.
cin.ti.lar *v* Brilhar de modo rápido e trepidante; tremeluzir: *as estrelas cintilam no firmamento*. → **cintilação** *sf* (ato ou efeito de cintilar); **cintilante** *adj* (que cintila; bruxuleante; tremeluzente).
cin.to *sm* **1**. Cinta (1). **2**. Redução de *cinto de segurança*, cinto apropriado para prender motorista e passageiros ao assento do veículo. · Aum. irregular (1): *cinturão*. · Dim. irregular (1): *cintilho*. → **cintura** *sf* (parte mais estreita do corpo humano na sua parte média); **cinturão** *sm* (cinto grande e largo). ·· **Apertar o cinto** (fig.). Cortar ou conter as despesas, os gastos em geral.
cin.za *sf* **1**. Pó que resulta da queima completa de alguma coisa. // *adj* **2**. Da cor desse pó; cinzento. · V. **cineral**. **cinzeiro** *sm* (objeto em que se deposita a cinza de cigarro ou charuto); **cinzento** *adj* (de cor cinza, cinza). ·· **Massa cinzenta**. **1**. Cérebro. **2**. *Fig*. Inteligência.
cin.za-cla.ro *sm* **1**. Cor cinza moderada, pouco intensa. // *adj* **2**. Diz-se dessa cor. **3**. Que tem essa cor: *camisas cinza-claro, calças cinza-claro*. (Como se vê não varia.)
cin.za-es.cu.ro *sm* **1**. Cor cinza forte, intensa, carregada. // *adj* **2**. Diz-se dessa cor. **3**. Que tem essa cor: *paletós cinza-escuro, calças cinza-escuro*. (Como se vê, também não varia.)
cin.zel *sm* Instrumento de aço, com ponta afiada, próprio para gravar ou para desgastar pedra. →**cinzelagem**, **cinzeladura**

sf ou **cinzelamento** *sm* (ato ou efeito de cinzelar); **cinzelar** *v* (trabalhar com cinzel).

ci.o *sm* Desejo sexual dos animais, em certos períodos.

ci.o.so (ô; pl.: ó) *adj* **1.** Que zela muito por alguma coisa; zeloso, cuidadoso. **2.** Que mostra um grande apego por alguma coisa; ciumento.

ci.pó *sm* **1.** Planta trepadeira que tem uma haste muito comprida, semelhante a uma corda. **2.** Essa haste.

ci.pres.te *sm* **1.** Árvore ornamental de grande porte, de madeira resistente e muito rija. **2.** Essa madeira.

ci.pri.no.cul.tu.ra *sf* Criação de carpas com fins comerciais. → **ciprinocultor** (ô) *sm* (aquele que se dedica à criação de carpas).

ci.pri.o.ta *adj* e *s2gên* V. **Chipre**.

ci.ran.da *sf* **1.** Cantiga e dança infantil de roda; cirandinha. **2.** Peneira grossa para separar grãos, areia, etc. **3.** *Fig.* Instabilidade, vaivém: *a ciranda do dólar e do euro*. **4.** *Fig.* Rotina muito ativa; roda-viva; corre-corre: *o artista falou de sua ciranda de shows pelo Brasil*. → **cirandagem** *sf* [ato de cirandar (1)]; **cirandar** *v* (brincar de ciranda); **cirandinha** *sf* [ciranda (1)].

cir.co *sm* **1.** Espetáculo público de variedades, dado por acrobatas, palhaços, etc. **2.** Companhia que promove tal espetáculo. **3.** Anfiteatro na antiga Roma para espetáculos públicos. **4.** *Fig.* Lugar onde se verifica atividade frenética ou onde reina muita confusão, sem nenhum resultado prático. → **circense** *adj* (rel. ou pert. a circo).

circuit breaker [ingl.] *loc sm* **1.** Dispositivo que interrompe um circuito elétrico, para evitar excesso de corrente, causada por um curto-circuito. **2.** Dispositivo que protege o computador, cortando automaticamente o fornecimento de energia, quando as condições são anormais. · Pl.: *circuit breakers*. · Pronuncia-se *sârkt brêikâr*.

cir.cui.to *sm* **1.** Linha que limita qualquer área fechada; perímetro, contorno. **2.** Limite exterior; circunferência. **3.** Pista de automobilismo. **4.** Sequência ininterrupta de condutores elétricos. **5.** Conjunto dos cinemas ou salas de projeção de uma mesma exibidora.

cir.cu.lar *adj* **1.** Que tem a forma de círculo. **2.** Diz-se do coletivo que segue por um caminho e volta por outro ao ponto de partida. // *sf* **3.** Tipo de correspondência enviada a muitas pessoas. // *sm* **4.** Ônibus circular. // *v* **5.** Cercar, rodear, circundar: *curiosos circulavam o mágico*. **6.** Mover-se continuadamente, indo por um caminho e retornando por outro: *o sangue circula nas veias*. **7.** Passar regularmente: *o caminhãozinho de frutas e legumes circula às quintas-feiras pelo bairro*. **8.** Passar de mão em mão: *a nota de cem reais circulava, para ver se era autêntica*. → **circulação** *sf* (ato ou efeito de circular); **circulada** *sf* (*pop.* giro rápido; volta breve: *vou dar uma circulada por aí*), palavra que tem registro na 6.ª ed. do VOLP; **circulador** (ô) *adj* e *sm* (que ou aquilo que faz circular alguma coisa: *aparelho circulador de água; um circulador de ar*); **circulante** *adj* (que circula ou está em circulação); **circulatoriedade** *sf* (caráter do que apresenta fluxo circulatório); **circulatório** *adj* (rel. a circulação do sangue: *problemas circulatórios*). ·· **Aparelho** (ou **Sistema**) **circulatório**. Sistema estrutural formado pelo coração, vasos sanguíneos e linfáticos, pelo qual circulam pelo corpo o sangue e a linfa.

cir.cu.lo *sm* **1.** Linha curva contínua, cujos pontos estão sempre a mesma distância de um ponto central fixo, ou na área dentro de tal linha; anel, halo: *desenhe um círculo de 30cm de circunferência!; um círculo de alunos, para debater um tema*. **2.** *Fig.* Grupo de pessoas de amizade, profissão, interesse e conhecimento em comum: *o círculo de amigos, o círculo familiar; o círculo político*. **3.** Curso ou caminho circular: *a aeronave está voando em círculo antes de pousar; as crianças correram em círculo junto à árvore*. // *smpl* **4.** Em jornalismo, pessoas bem-informadas, que podem dar informações para o noticiário.

cir.cum-mu.ra.do *adj* Cercado de muro ou muralha: *terreno circum-murado*. · Pl.: *circum-murados*. → **circum-murar** *v* (cercar de muro ou muralha).

cir.cum-na.ve.gar *v* Navegar em volta de. → **circum-navegação** *sf* (viagem marítima em torno de uma ilha, de um continente ou do globo terrestre).

cir.cum.po.lar *adj* Que está em volta do polo.

cir.cun.ci.dar *v* Extrair o prepúcio do pênis ou o prepúcio do clitóris. → **circuncisão** *sf* (**1.** ação ou efeito de circuncidar; **2.** cerimônia religiosa em que alguém é circuncidado).

cir.cun.cis.fláu.ti.co *adj* **1.** Diz-se daquele que se quer passar por homem de grandes méritos ou virtudes; afetado, pretensioso. **2.** Misterioso, enigmático: *plano circuncisfláutico*. **3.** *Fig.* Triste e sombrio; macambúzio, sorumbático: *encontrei-o pensativo e circuncisfláutico*.

cir.cun.clu.so *adj* Fechado em volta; cercado: *uma ilha é uma porção de terra circunclusa de água*.

cir.cun.dar *v* Rodear, cercar: *muitos fãs circundavam o ator*. → **circundação** *sf* ou **circundamento** *sm* (ato ou efeito de circundar); **circundante** *adj* (que circunda).

cir.cun.fe.rên.cia *sf* **1.** Linha que delimita um círculo, uma superfície arredondada ou uma área que sugere um círculo; perímetro de um círculo. **2.** Comprimento dessa linha: *o círculo mede 20cm de circunferência*. **3.** Limite externo ou superfície de uma figura ou objeto; periferia: *a circunferência de uma laranja*. → **circunferencial** *adj* (**1.** rel. a circunferência; **2.** que forma uma circunferência ou tem forma de circunferência); **circunferente** *adj* (que anda ou se movimenta em volta; que gira).

cir.cun.fle.xo (x = ks) *adj* Diz-se do sinal gráfico (^) que se usa para indicar som fechado da vogal (p. ex.: *avô, nenê*), conhecido popularmente como *chapeuzinho*. → **circunflexão** (x = ks) *sf* (**1.** ato de dobrar ou fazer com que assuma uma forma curva: *a circunflexão de uma vara de marmelo*; **2.** giro, circuito: *a circunflexão de um pião*).

cir.cun.ja.cen.te *adj* Que está colocado à volta; circunvizinho. → **circunjacência** *sf* (qualidade do que está circunjacente; circunvizinhança).

cir.cun.ló.quio *sm* Uso de muitas palavras para exprimir algo que se poderia dizer com poucas ou mesmo com uma só, princ quando se tenta ser vago ou evasivo; rodeio de palavras; perífrase; circunlocução; firula (1), como em "pai nosso que estais nos céus" por *Deus* ou "ser econômico com a verdade" por *mentir*: *quem é que tem paciência com esses circunlóquios diplomáticos?; os políticos são especialistas em circunlóquios*. → **circunlocução** *sf* (circunlóquio); **circunlocutório** *adj* (rel. a circunlocução).

cir.cun.lu.nar *adj* Que circunda a Lua: *nave circunlunar*.

cir.cuns.cre.ver *v* **1.** Traçar uma figura ao redor de (outra), de modo que a toque no maior número de pontos possível: *circunscrever uma circunferência a um polígono*. **circunscrever(-se) 2.** Manter(-se) ou reduzir(-se) a certos limites; limitar(-se), restringir(-se): *a polícia circunscreveu os manifestantes a uma área da cidade; a onda de frio se circunscreve ao Sul do país*. → **circunscrição** *sf* [**1.** ato ou efeito de circunscrever(-se); **2.** divisão territorial administrativa]; **circunscricional** *adj* (rel. a circunscrição: *delegacia circunscricional*); **circunscritivo** *adj* (que circunscreve ou limita); **circunscrito** *adj* (limitado, restrito: *a onda de frio está circunscrita ao Sul do país*).

cir.cun.ses.são *sf* União íntima das três pessoas divinas, no mistério da Santíssima Trindade.

cir.cun.so.lar *adj* Que circunda o Sol.

cir.cuns.pec.to ou **cir.cuns.pe.to** *adj* **1.** Ponderado, cuidadoso ou cauteloso em tudo o que faz, para não correr riscos: *os agiotas são muito circunspectos em seus empréstimos*. **2.** Que denota ponderação, cuidado, cautela; prudente: *palavras circunspectas; resposta circunspeta*. **3.** Sisudo (1). · Antôn. (1 e 2): leviano, imprudente; (3): alegre, descontraído. → **circunspecção** ou **circunspeção** *sf* (qualidade de circunspecto).

cir.cuns.tân.cia *sf* **1.** Fato, evento ou condição relevante que acompanha, condiciona ou determina outro: *o tempo é uma circunstância a ser levada em consideração para a realização do jogo*. **2.** Conjunto de eventos que mudam a vida da pessoa, sobre os quais ela não tem controle: *fomos vítimas das circunstâncias*. **3.** Fato acessório: *os custos da obra são uma circunstância menor nesse caso*. **4.** Prova que indica a probabilidade ou a improbabilidade de um fato: *a circunstância da falta da arma do crime é relevante; as circunstâncias sugerem homicídio, e não suicídio*. **5.** Estado de coisas; eventualidade (neste caso mais usada no pl): *ser vítima das circunstâncias*. **6.** Situação em relação à condição financeira: *ele se ergueu de circunstâncias difíceis*. → **circunstancial** *adj* (rel. a circunstância); **circunstanciar** *v* [**1.** revelar as circunstâncias de (um fato); **2.** detalhar, pormenorizar]; **circunstante** *adj* (que está à volta, ao redor) e *adj* e *s2gên* (que ou pessoa que está presente em algum lugar quando ocorre um fato; assistente).

cir.cun.ter.res.tre *adj* Que circunda a Terra: *satélite circunterrestre*.

cir.cun.va.gar ou **cir.cun.vol.ver** *v* **1**. Girar em torno de; rodear, contornar: *Fernão de Magalhães foi o primeiro a circunvagar o mundo.* **2**. Fazer movimento circular com: *circunvolveu os olhos pelo ambiente e entrou.* **3**. Andar sem destino; vagar, vaguear, errar: *deprimido, circunvagava pelas ruas da cidade, lamentando-se da sorte.* → **circunvagante** ou **circunvago** *adj* (**1**. que gira em torno: *olhar circunvagante*; **2**. *fig.* que anda sem destino; errante: *os ciganos são gente circunvagante*).
cir.cun.vi.zi.nhan.ça *sf* Área que rodeia uma povoação; proximidades, arredores: *ela mora na circunvizinhança da cidade.* → **circunvizinho** *adj* (situado em derredor ou em volta).
cir.cun.vo.lu.ção *sf* Movimento em volta de um centro ou eixo central.
ci.ri.gue.la (o **u** soa) *sf* **1**. Árvore que dá um fruto amarelo e doce, que tem uma semente quase do seu próprio tamanho, rico em vitamina C. **2**. Esse fruto. (A 6.ª ed. do VOLP registra ainda *seriguela*.)
cí.rio *sm* **1**. Vela grande de cera. **2**. *P.ext.* Romaria em que se leva essa vela de um local para outro, tradicional em Belém do Pará.
ci.ri.rin.ga *sf* Ar expirado dentro d'água, que sobe à tona em forma de bolhas. **ciriringar** *v* (produzir ciriringa).
cir.ro *sm* **1**. Forma de nuvem branca, alta e fina, geralmente formada por minúsculos cristais de gelo, em altitudes entre 6.000 e 12.000m. **2**. Gavinha.
cir.ro-cú.mu.lo *sm* Forma de nuvem situada a grande altitude (de 5.000 a 13.000m) que consiste em pequenas massas brancas arredondadas, geralmente formando grupos regulares. · Pl.: *cirros-cúmulo* ou *cirros-cúmulos*.
cir.ro-es.tra.to *sm* Forma de nuvem plana e mais escura do que o cirro, acima de 6.000m, que geralmente cobre todo o céu. · Pl.: *cirros-estrato* ou *cirros-estratos*.
cir.ro.se *sf* Doença grave do fígado. → **cirrosidade** *sf* (qualidade ou estado de cirroso); **cirroso** (ô; pl.: ó) *adj* e *sm* [cirrótico (2)]; **cirrótico** *adj* (rel. a cirrose) e *adj* e *sm* (que ou aquele que tem cirrose; cirroso).
ci.ru.e.la *sf* **1**. Umbuzeiro. **2**. Umbu.
ci.rur.gi.a *sf* Operação médica. → **cirurgião** (pl.: -ões e -ães) *sm* (médico que faz cirurgia); **cirurgião-dentista** *sm* (dentista), de pl. *cirurgiões-dentistas* ou *cirurgiães-dentistas*; **cirúrgico** *adj* (**1**. rel. ou pert. a cirurgia; **2**. usado em cirurgia); **cirúrgico-dentário** *adj* (rel. a cirurgia dentária: *cuidados cirúrgico-dentários*).
ci.sa.lha *sf* **1**. Tesoura mecânica própria para cortar papelão. // *sfpl* **2**. Fragmentos ou aparas de folhas de metal. → **cisalhamento** *sm* (deformação sofrida por um corpo, quando sujeito à ação de forças externas cortantes); **cisalhar** *v* (cortar com cisalha).
ci.sal.pi.no *adj* Situado aquém dos Alpes (em relação a Roma). · Antôn.: *transalpino*.
ci.san.di.no *adj* Situado além dos Andes. · Antôn.: *transandino*.
ci.são *sf* **1**. Ação ou efeito de cindir; divisão, separação, fragmentação. **2**. Divisão de uma sociedade ou associação qualquer, em razão de divergências.
ci.sa.tlân.ti.co *adj* Situado aquém do oceano Atlântico. · Antôn.: *transatlântico*.
cis.car *v* Arranhar ou esgaravatar (o solo), à procura de alimento: *as galinhas vivem ciscando e cacarejando.* → **ciscador** (ô) *adj* e *sm* (que ou o que cisca) e *sm* (utensílio de ferro, provido de longo cabo de madeira, utilizado para juntar detritos vegetais, animais, etc.; rastelo, ancinho).
cis.co *sm* Grão minúsculo de pó; argueiro. → **ciscada** *sf* (porção ou monte de cisco).
cis.gê.ne.ro *adj* e *sm* Que ou indivíduo que aceita o sexo biológico com o qual nasceu, por oposição ao *transgênero*: *homens cisgênero, mulheres cisgênero.* (Como se vê, não varia.) → **cisgeneridade** *sf* (qualidade ou característica de quem é cisgênero).
cis.lu.nar *adj* Situado entre a Terra e a Lua: *meteoros cislunares.*
cis.mar *v* **1**. Desconfiar, suspeitar: *ela cisma que o namorado tem outra.* **2**. Meter na cabeça; convencer-se: *ela cismou que é um gênio.* **3**. Antipatizar gratuitamente, implicar: *esse professor anda cismando comigo.* → **cisma** *sm* (separação, princ. religiosa) e *sf* (**1**. preocupação obsessiva, doentia; ideia fixa; **2**. implicância).
cis.ne *sm* Ave palmípede aquática, geralmente de plumagem branca, longo e gracioso pescoço e patas negras e curtas, situadas muito para trás, que vive em águas calmas e doces. (Voz: *arensar, grasnar.*) → **císneo** *adj* (de cisne ou próprio dele); **cisnífero** *adj* (em que há cisnes: *lagos cisníferos*).
cis.pla.ti.no *adj* Que fica aquém do rio da Prata: *o Uruguai se chamava província cisplatina, quando esse território pertencia ao Brasil.* · Antôn.: *transplatino*.
cis.ter.na *sf* **1**. Reservatório de águas pluviais; cacimba, poço. **2**. Reservatório subterrâneo de água potável, nos edifícios.
cis.ti.cer.co.se *sf* Doença causada pela ingestão de carne infectada com cisticerco. → **cisticerco** (ê) *sm* (larva da tênia ou solitária, que vive nos músculos do porco e do boi e se desenvolve no intestino humano, depois de ser ingerida); **cisticercótico** *adj* (rel. a cisticercose ou que a apresenta).
cis.to *sm* Tumor em forma de saco fechado por uma membrana, que contém fluido, semifluido ou material sólido, geralmente resultante de obstrução de dutos, de infecção parasítica ou de anomalias de desenvolvimento, que pode desenvolver-se em qualquer parte do corpo. (A forma *quisto*, se bem que mais usada, deve ser desprezada.) → **cístico** *adj* (**1**. da bexiga ou da vesícula biliar; **2**. que contém cisto); **cistite** *sf* (inflamação da mucosa da bexiga). ·· **Cisto sebáceo**. Aquele que se forma pela obstrução do conduto da glândula sebácea.
ci.su.râ.ni.co *adj* Diz-se do elemento químico cujo número atômico é menor que o do urânio (92), que, portanto, existe na natureza. · Antôn.: *transurânico*.
ci.ta.di.no *adj* **1**. Relativo à cidade; urbano. // *adj* e *sm* **2**. Que ou aquele que nasce e mora na cidade.
ci.tar *v* **1**. Dar o nome de (pessoa ou coisa), falando algo sobre ela: *cite duas capitais brasileiras!* **2**. Repetir as palavras de: *para mostrar que estava certo, citei Sócrates.* **3**. Ordenar que compareça ao fórum: *o juiz mandou citar a testemunha.* → **citação** *sf* (ato ou efeito de citar); **citando** *adj* e *sm* (que ou aquele que deve ser citado judicialmente); **citatório** *adj* (**1**. que contém citação; **2**. rel. a citação).
cí.ta.ra *sf* **1**. Instrumento musical muito usado na Grécia antiga. **2**. Citarista. → **citarista** *s2gên* [pessoa que toca cítara; cítara (2)].
ci.ti.fi.car *v* Tornar urbano ou citadino; urbanizar: *apenas um mês na cidade não citifica nenhum jeca.* → **citificação** *sf* (ato ou efeito de citificar).
ci.to.lo.gi.a *sf* Parte da biologia que estuda as células. → **citológico** *adj* (rel. a citologia); **citologista** *adj* e *s2gên* (especialista em citologia).
ci.to.plas.ma *sm* Conteúdo de uma célula, com exclusão do núcleo. → **citoplasmático** ou **citoplásmico** *adj* (rel. a citoplasma).
cí.tri.co *adj* **1**. Relativo ou pertencente a plantas de frutos ácidos, como a laranja, o limão, etc. **2**. Diz-se do ácido extraído desses frutos. → **citricultor** (ô) *adj* e *sm* (que ou aquele que se dedica à citricultura); **citricultura** *sf* (cultivo de plantas cítricas); **citrino** *adj* (da cor do limão) e *sm* (fruto cítrico, como seja, limão, laranja, tangerina, lima, cidra, etc.).
ci.tro.ne.la *sf* Erva-cidreira.
cí.trus *sm2núm* ou **ci.tro** *sm* Qualquer planta ou fruta cítrica, como a laranjeira, o limoeiro, a laranja e o limão: *você consegue espremer cítrus sem deixar cheiro nas mãos?*
city tour [ingl.] *loc sm* Passeio de ônibus que os turistas fazem numa cidade, visitando as suas principais atrações (praias, museus, lugares históricos, etc.). · Pl.: *city tours*. · Pronuncia-se *cíti tur*.
ci.ú.me *sm* **1**. Apego excessivo ao ser amado, acompanhado do temor de que ele se incline para outrem ou de que receba algum dano; receio de perder o que lhe pertence. **2**. Forte sentimento de posse, associado a um cuidado extremado: *ele tem ciúme do seu carro.* [Não se confunde com *inveja*. Cuidado para não usar "o ciúmes": *ela tem muito "ciúmes" do marido.*] → **ciumeira** *sf* (ciúme exagerado); **ciumento** *adj* e *sm* (que ou aquele que tem ciúme).
ci.u.rí.deo *sm* **1**. Espécime dos ciurídeos, família de mamíferos roedores de corpo delgado, cauda com pelos longos, lábio superior fendido, quatro dedos nas pernas anteriores e cinco nas posteriores, representada princ. pelos esquilos ou caxinguelês. // *adj* **2**. Relativo ou pertencente a essa família.
cí.vel *adj* **1**. Relativo ao direito civil. // *sm* **2**. Jurisdição dos tribunais civis. · Antôn.: *criminal, penal*.
cí.vi.co *adj* **1**. Relativo ao cidadão, a seus direitos e deveres. **2**. Patriótico. ·· **Educação Cívica**. Disciplina escolar ministrada antigamente em todas as escolas públicas brasileiras,

destinada a preparar os alunos a seu papel de cidadão. · **Senso cívico**. Civismo.

ci.vil *adj* **1**. Relativo a cidadão. **2**. Que não é militar. **3**. Que não é religioso. **4**. Social, civilizado (em oposição a *selvagem*). **5**. Polido, cortês, urbano. // *sm* **6**. Redução de *casamento civil*. // *s2gên* **7**. Pessoa que não é nem militar, nem eclesiástica. · Antôn. (5): *grosseiro, rude*. **civilismo** *sm* (**1**. movimento político que prega a predominância dos civis no governo de uma nação; **2**. predomínio das normas do direito civil); **civilista** *adj* (rel. a civilismo; civilístico) e *adj* e *s2gên* [que ou pessoa que é partidária do civilismo (1); **2**. especialista em direito civil]; **civilístico** *adj* (rel. a civilismo ou a civilista).

ci.vi.li.da.de *sf* Modo de ser ou de se comportar da pessoa que é cortês, educada e amável; polidez, urbanidade. · Antôn.: *grosseria, incivilidade*. (Não se confunde com *civismo*.)

ci.vi.li.zar *v* **1**. Fazer progredir social e culturalmente: *os romanos civilizaram os bárbaros*. **civilizar(-se) 2**. Tornar(-se) cortês, educado: *a escola civiliza as pessoas: na escola, as pessoas se civilizam*. → **civilização** *sf* [**1**. ato ou efeito de civilizar(-se); **2**. estado da sociedade em que há leis, governo e uma nação em particular, numa região ou numa época; **3**. estado de desenvolvimento econômico, social e político a que chegam certas sociedades, considerado como o ideal]; **civilizado** *adj* e *sm* (que ou aquele que é dotado de civilização ou que é cortês, educado) e *adj* (que mostra educação e respeito ao próximo).

ci.vis.mo *sm* Devotamento aos valores da sociedade e à causa e interesses da pátria e respeito pelas responsabilidades e deveres de cidadão; senso cívico. (Não se confunde com *civilidade*.)

ci.zâ.nia *sf* **1**. Gramínea nociva que cresce entre o trigo; joio. **2**. *Fig*. Discórdia ou desarmonia provocada por terceiros. **3**. Desarmonia doméstica.

clã *sm* **1**. Entre os gauleses, escoceses e irlandeses, tribo ou unidade social tradicional constituída de várias famílias subordinadas a um único chefe hereditário: *o clã dos Kennedys*. **2**. Grupo de pessoas de ascendência comum; grande família: *eles só casam dentro do clã*. **3**. Grande grupo de parentes, amigos, associados, filiados ou torcedores: *o clã palmeirense*.

cla.mar *v* Pedir com força, em voz alta e insistentemente: *clamar ajuda*.

cla.mor (ô) *sm* Pedido que se faz com força, em voz alta e insistentemente; grito. → **clamoroso** (ô; pl.: ó) *adj* (**1**. feito com clamor; ruidoso; **2**. escandaloso).

clan.des.ti.no *adj* **1**. Mantido ou feito em segredo, geralmente a fim de ocultar um propósito ilícito. // *sm* **2**. Passageiro que viaja escondido, sem passagem. · Antôn. (1): *legal*. → **clandestinidade** *sf* (qualidade ou condição de clandestino), de antôn. *legalidade*.

clan.gor (ô) *sm* Som forte e repetido; estrondo contínuo: *o clangor das baterias antiaéreas*.

cla.que *sf* Conjunto de pessoas combinadas para aplaudir ou vaiar.

cla.que.te *sf* Pequeno quadro-negro com informações técnicas, usado nas filmagens para marcar o início de uma nova tomada.

cla.ra.boi.a (ói) *sf* Abertura envidraçada em teto, telhado ou parede, para permitir a entrada de luz.

cla.rim *sm* **1**. Espécie de trombeta, de som agudo e estridente, próprio para sinais militares. **2**. Pessoa que toca esse instrumento. → **clarinada** *sf* (toque de clarim); **clarinar** *v* (tocar clarim).

cla.ri.ne.ta (ê) *sf* ou **cla.ri.ne.te** (ê) *sm* **1**. Instrumento musical de sopro composto por um tubo de madeira ou de metal com furos e chaves. // *s2gên* **2**. Clarinetista. → **clarinetista** *s2gên* [pessoa que toca clarineta, clarineta (2)].

cla.ri.vi.den.te *adj* **1**. Que é capaz de compreender bem as coisas. **2**. Que tem a capacidade paranormal de ver objetos ou ações imperceptíveis pelos sentidos. **3**. Que tem conhecimento intuitivo rápido, agudo, de coisas e pessoas; sagaz. → **clarividência** *sf* (qualidade de clarividente).

cla.ro *adj* **1**. Cheio de luz ou claridade; bem iluminado: *salões claros*. **2**. Sem nuvens; limpo: *céu claro*. **3**. Sem névoa ou poeira: *dia claro*. **4**. Branco ou quase branco: *roupas claras, pele clara*. **5**. De cor pouco carregada: *azul--claro*. **5**. Diz-se da imagem ou do som limpo, nítido, puro: *a imagem clara de um televisor; o som claro de uma flauta*. **6**. Transparente: *mar de águas claras*. **7**. Diz-se daquilo que é de fácil compreensão ou interpretação; livre de dúvidas; *explicação clara, suas instruções não são claras; intenções claras; não quero mais você aqui, estou sendo claro?* **8**. Facilmente visível; desimpedido, desobstruído: *sinal claro; daqui temos uma visão clara do mar*. **9**. Patente, evidente: *quero deixar bem claro que não concordo com vocês; não está claro de como devemos proceder; é um caso claro de corrupção*. **10**. Certo, óbvio, lógico: *é claro que ela não quer mais casar com ele*. // *sm* **11**. Clareira, clarão. // *adv* **12**. Com clareza, sem rodeios: *falei bem claro com ela*. // *interj* **13**. Sem dúvida; lógico: *você vai passar no exame? Claro!* · Antôn. (1 a 4 e 6): *escuro*; (7): *confuso, enigmático*. → **clara** *sf* (parte branca do ovo); **clarão** *sm* (**1**. claridade intensa e instantânea; **2**. clareira); **clareação** *sf* ou **clareamento** *sm* (ato ou efeito de clarear); **clarear** *v* (**1**. fazer ficar claro: *clarear os cabelos*; **2**. esclarecer, aclarar: *clarear um assunto*; **3**. ficar claro: *a roupa clareia ao sol*; **4**. amanhecer: *assim que clarear, partiremos*; **5**. ficar sem nuvens: *choveu, mas o céu já clareou*), que se conjuga por frear e tem como antôn. *escurecer*;

clareira *sf* [espaço sem árvores em mata ou floresta; claro, clarão (2)]; **clareza** (ê) *sf* (qualidade de claro ou inteligível), de antôn. *obscuridade, confusão*; **claridade** *sf* (qualidade de claro ou luminoso), de antôn. *escuridão*.

cla.ro-es.cu.ro *sm* Combinação de luz e sombra, em pintura. · Pl.: *claros-escuro* ou *claros-escuros*.

clas.se *sf* **1**. Conjunto de pessoas que, por suas características ou interesses comuns, constituem uma unidade homogênea dentro de uma população. **2**. Cada uma das categorias em que se podem classificar pessoas, animais ou coisas, segundo umas características comuns. **3**. Conjunto de alunos que recebem um mesmo grau de ensino. **4**. Sala onde se ensina; aula. **5**. Distinção, categoria. → **classista** *adj* e *s2gên* (que ou pessoa que defende ou representa uma classe social: *bancário classista*) e *adj* (corporativista: *bancário de espírito classista*).

clás.si.co *adj* e *sm* **1**. Que ou estilo, obra ou autor que pertence à época de maior esplendor de uma evolução artística ou literária e se tem por modelo digno de imitação. // *adj* **2**. Que tem relação com a arte ou a literatura da antiguidade. **3**. Diz-se da música que tem tradição culta. **4**. Que mantém suas qualidades estéticas por cima da moda. **5**. Que é típico ou característico: *o turista e sua clássica máquina fotográfica*. // *sm* **6**. Jogo entre dois times arquirrivais.

clas.si.fi.car *v* **1**. Distribuir em classes ou categorias: *classificar as plantas*. **2**. Agrupar, ordenar: *classificar uma documentação*. **3**. Causar a classificação de; qualificar: *meu time classificou o seu para a segunda fase do campeonato*. **classificar-se 4**. Ser aprovado em competição, exame, concurso, etc.: *você se classificou para a segunda fase do vestibular?* → **classificação** *sf* [ato ou efeito de classificar(-se)]; **classificado** *adj* e *sm* (que ou o que se classificou), *adj* (disposto em classes ou categorias) e *sm* (red. de *anúncio classificado*, pequeno anúncio publicado em jornais e revistas).

clau.di.car *v* **1**. Andar mancando; mancar, coxear: *o jogador saiu do campo claudicando*. **2**. Cometer erros; errar, falhar: *quem no trabalho nunca claudicou?* → **claudicação** ou **claudicância** *sf* (ato ou efeito de claudicar); **claudicante** *adj* (que claudica).

claus.tro *sm* **1**. Pátio interno descoberto e rodeado de muros, nos mosteiros e conventos. **2**. Vida monástica. → **claustral** *adj* (rel. ou pert. a claustro).

claus.tro.fo.bi.a *sf* Medo doentio de espaços fechados ou pequenos. → **claustrofóbico** *adj* (rel. a claustrofobia); **claustrófobo** *adj* e *sm* (que ou aquele que tem claustrofobia).

cláu.su.la *sf* Cada um dos itens de um contrato, de um tratado, etc. → **clausular** *adj* (rel. a cláusula) e *v* (estabelecer as cláusulas de).

clau.su.ra *sf* **1**. Recinto fechado. **2**. Estado ou condição de quem não pode sair do claustro. → **clausural** *adj* (rel. a clausura).

cla.va *sf* Pau mais grosso numa das extremidades, usado como arma; cacete, tacape.

cla.ve *sf* Sinal colocado no princípio da pauta musical, para determinar o nome das notas.

cla.ví.cu.la *sf* Cada um dos ossos longos do ombro. → **clavicular** *adj* (rel. ou pert. a clavícula).

cla.vi.na *sf* Carabina. · Aum. irregular: *clavinaço*. · Dim. irregular: *clavinote*.

clean [ingl.] *adj* **1**. Limpo ou claro: *energia clean; todo espaço gourmet deve ser clean*. **2**. Sem excessos ou exageros; na medida ou no tom adequado: *decoração clean; sutiã clean.* · Pl.: *cleans.* · Pronuncia-se *klin.*

cle.mên.cia *sf* **1.** Perdão total ou parcial de autoridade constituída. **2.** *P.ext.* Suavidade, amenidade. · Antôn. (1): *crueldade*; (2): *rigor*. → **clemente** *adj* (**1.** que tem clemência: *juiz clemente*; **2.** diz-se do tempo ou do clima ameno, pouco rigoroso: *inverno clemente*).

clep.to.ma.ni.a *sf* Tendência doentia para o furto, por mero prazer. → **cleptomaníaco** *adj* (rel. a cleptomania) e *adj* e *sm* (cleptômano); **cleptômano** *adj* e *sm* (que ou aquele que tem cleptomania; cleptomaníaco).

cle.ro *sm* Conjunto de padres e bispos da Igreja. → **clerezia** *sf* (**1.** classe clerical; clero; **2.** ofício ou ocupação de clérigos); **clerical** *adj* (rel. ou pert. a clero); **clericalismo** *sm* (influência sociopolítica de clero); **clericato** *sm* (estado, condição ou dignidade de clérigo); **clérigo** *sm* (aquele que faz parte de clero).

cli.car *v* **1.** Fotografar ou filmar: *cliquei todo o aniversário de minha filha.* **2.** Pressionar (um dos botões do *mouse*). · V. **clique**.

cli.chê *sm* **1.** Chapa metálica em relevo, para impressão. **2.** Chapa fotográfica negativa. **3.** Frase muito repetida; chavão, lugar-comum. → **clicheria** *sf* (oficina onde se fazem clichês).

clickstream [ingl.] *sm* Trajetória percorrida por um internauta em um *site* ou deste para outros. · Pl.: *clickstreams*. · Pronuncia-se *klik-strim*.

click-through [ingl.] *sm* Número de vezes que um usuário da Internet clica sobre um anúncio, num *site*. · Pl.: *click-throughs*. · Pronuncia-se *klik-crú*. ·· **Taxa de click-through.** Percentagem de pessoas que clicaram no anúncio do *banner*.

cli.dé.lia *sf* Tecido de viscose fiada leve e textura creponada.

cli.en.te *s2gên* Pessoa que utiliza os serviços de um profissional liberal. (Tem sido usada na língua cotidiana por *freguês*: *os clientes de um mercado, os clientes de um feirante*, etc.) → **clientela** *sf* (conjunto dos clientes de um profissional liberal).

cliff [ingl.] *sm* Gancho que os alpinistas fincam no paredão da rocha, para servir de apoio aos pés. · Pl.: *cliffs*. · Pronuncia-se *klíf*.

cli.ma *sm* **1.** Conjunto de condições meteorológicas que caracterizam uma região. **2.** Ambiente moral; ar, barra. **3.** Condição favorável ou propícia. → **climão** *sm* (*pop.* ambiente ou clima pesado, ruim; situação tensa); **climático** *adj* (rel. ao clima); **climatologia** *sf* (ciência que tem por objeto o estudo meteorológico dos climas e seus fenômenos); **climatológico** *adj* (rel. a climatologia); **climatologista** *adj* e *s2gên* (especialista em climatologia), que a 6.ª ed. do VOLP só registra como adj.

cli.ma.té.rio *sm* **1.** Período da vida caracterizado por mudanças fisiológicas e psíquicas que assinalam o fim da capacidade reprodutiva feminina (menopausa). **2.** Período correspondente, de menor atividade sexual no homem (climatério masculino), apesar da manutenção da fertilidade. **3.** Período da vida em que a força física começa a declinar. → **climatérico** *adj* (rel. a climatério).

cli.ma.ti.za.ção *sf* Criação ou manutenção de determinadas condições ambientais de temperatura, umidade, pressão, etc., para o conforto de quem se encontra no ambiente. → **climatizador** (ô) *sm* (sistema que funciona ao mesmo tempo como ar-condicionado e como aquecedor, destinado a manter estável a temperatura em um recinto fechado); **climatizar** *v* (proceder à climatização de: *climatizar um ambiente*).

clí.max (x = ks) *sm* **1.** Momento culminante de uma coisa; auge. **2.** Ponto decisivo de uma obra literária ou dramática.

cli.na *sf* V. **crina**.

clinch [ingl.] *sm* Expediente usado pelos pugilistas, que consiste em abraçar o oponente, colando os corpos, para evitar-lhe os socos. · Pl.: *clinches*. · Pronuncia-se *klínch*.

clí.ni.ca *sf* **1.** Prática da medicina. **2.** Estabelecimento ou lugar onde se atendem doentes ou se fazem consultas médicas. → **clinicar** *v* (trabalhar como médico, atendendo os doentes; praticar a medicina); **clínico** *adj* (rel. à prática da medicina) e *sm* (redução de *clínico geral*). ·· **Clínico geral.** Médico que examina todo tipo de doente; médico que não é especialista em nenhuma área em particular; clínico.

clinker [ingl.] *sm* V. **clínquer**.

clín.quer *sm* **1.** Resíduo pedregoso de carvão queimado ou de uma fornalha. **2.** Tipo muito duro de tijolo, de superfície vitrificada, usado em pavimentações. **3.** Matéria vitrificada, expelida por um vulcão. · Pl.: *clínqueres*. → **clinquerização** *sf* (fabricação de clínqueres pelo processo de moagem de calcário e silicato semifundidos); **clinquerizar** *v* (proceder à clinquerização).

clipboard [ingl.] *sm* **1.** Tabuleta portátil que serve como superfície para escrita, dotada de um clipe na extremidade superior, para fixação dos papéis em que se escreve. **2.** Peça da memória de um computador que armazena as últimas informações extraídas de um documento. · Pl.: *clipboards*. · Pronuncia-se *klíp-bórd*.

cli.pe *sm* **1.** Pequeno prendedor de papéis, de plástico ou de metal; grampo (2): *eu lhe pedi um clipe, mas ela me deu dois clipes.* **2.** Videoclipe. (Na acepção 1, cuidado para não usar "um clipes"!)

cli.pe-ar.te *sm* Conjunto de imagens (desenhos, figuras, fotos) que podem ser usadas em documentos ou apresentações criadas em computador. · Pl.: *clipes-artes* ou *clipes-arte*.

clí.per *sm* **1.** Navio à vela, velocíssimo, armado com mais de três mastros altos e pano redondo. **2.** Qualquer cavalo, automóvel, avião, etc. notável pela sua velocidade. **3.** Pessoa altamente admirável pelo desempenho, princ. esportivo. · Pl.: *clípperes*.

clipping [ingl.] *sm* **1.** Serviço de recortes de jornais, para fornecimento a clientes. **2.** Conjunto de todas as notícias recortadas. · Pl.: *clippings*. · Pronuncia-se *klípin*.

cli.que *sm* **1.** Ruído seco de qualquer coisa. **2.** Pressão no *mouse*.

clis.ter *sm* Lavagem intestinal. · Pl.: *clisteres*.

cli.tó.ris ou **cli.to.ris** *sm* Pequeno órgão da vulva. → **clitorídeo** ou **clitoridiano** *adj* (rel. a clitóris). (Embora tenha registro na 6.ª ed. do VOLP a segunda prosódia, convém evitá-la.)

clo.a.ca *sf* **1.** Coletor de esgoto. **2.** Lugar imundo. **3.** Cavidade por onde saem os excrementos das aves, dos répteis e de muitos peixes. → **cloacal** ou **cloacino** *adj* (rel. a cloaca).

clo.ne *sm* **1.** Célula ou indivíduo pluricelular reproduzido de forma perfeita nos aspectos fisiológico e bioquímico, a partir de uma célula originária. **2.** Coisa ou pessoa muito semelhante a outra. → **clonagem** *sf* (**1.** cópia ou duplicação de células ou embriões, a partir de um ser já adulto; produção deliberada de indivíduos geneticamente idênticos; **2.** cópia ou contrafação de algo original; duplicação fraudulenta: *a clonagem de um cartão de crédito*); **clonal** *adj* (rel. a clone); **clonar** *v* (**1.** produzir por meio de clonagem; **2.** copiar, geralmente com fins fraudulentos: *clonar um celular*).

clo.que-clo.que *sm* Onomatopeia de sons cadenciados (passos dados com calçado de sola dura, p. ex.). · Pl.: *cloque-cloques*.

clo.re.to (ê) *sm* Sal ou éster do ácido clorídrico.

clo.rí.dri.co *adj* Diz-se do ácido que contém hidrogênio e cloro em volumes iguais.

clo.ro *sm* Gás de cor amarelada, cheiro forte e sufocante, usado para tratamento da água. → **cloração** ou **cloragem** *sf* (**1.** purificação da água pelo cloro, para torná-la potável; **2.** adição ou substituição de um átomo de cloro por um átomo de hidrogênio; **3.** desinfecção de um alimento com produtos clorados, como a água sanitária, o cloro, etc.); **clorar** *v* [aplicar cloro em (a água)].

clo.ro.ben.ze.no *sm* Líquido incolor, volátil e inflamável, usado como solvente geral e no preparo de fenol, DDT e anilina. → **clorobenzênico** *adj* (rel. a clorobenzeno).

clo.ro.fi.la *sf* Substância dos vegetais que lhes dá a cor verde. → **clorofilado** *adj* (que tem clorofila).

clo.ro.flu.or.car.bo.no *sm* Qualquer dos vários compostos de halocarbono formado de carbono, hidrogênio, cloro e flúor, muito usados em aerossóis e refrigerantes.

clo.ro.fór.mio *sm* Substância líquida e aromática, antigamente usada como anestésico. → **clorofórmico** *adj* (rel. a clorofórmio).

close [ingl.] *sm* Cena ou fotografia tomada a curta distância, para mostrar os seus detalhes. · Pronuncia-se *klôus*.

closet [ingl.] *sm* Pequeno compartimento dos dormitórios, com gavetas, porta e chave, para se guardar princ. roupas. · Pronuncia-se *klozet*.

CLT *sf* Sigla de *Consolidação das Leis do Trabalho*, conjunto de normas constitucionais que regem as relações entre patrões e empregados. · Pl.: CLTs. → **celetista** *adj* e *s2gên* [que ou trabalhador(a) que tem o contrato de trabalho regido pela CLT].

clubber [ingl.] *s2gên* Jovem, geralmente culto(a), que gosta muito de festas e viagens e cultua a música eletrônica, figurinos extravagantes coloridos, uso obrigatório de óculos escuros, cabelos coloridos, tatuagens e *piercings*. · Pl.: *clubbers*. · Pronuncia-se <u>klâbâr</u>.

clu.be *sm* **1**. Associação cujos membros têm afinidades profissionais, culturais, esportivas, etc. **2**. Lugar onde se reúnem os membros dessa associação. → **clubismo** *sm* (espírito de dedicação exagerada ao clube a que se pertence ou pelo qual se torce); **clubista** *adj* e *s2gên* (**1**. que ou pessoa que é sócia ou frequentadora de clube; **2**. que ou pessoa que coloca os interesses de seu clube acima de tudo) e *adj* (rel. a esse tipo de pessoa ou a esse clube).

clu.be-em.pre.sa *sm* Clube esportivo que deixa de ser uma associação civil sem fins lucrativos, para se tornar uma sociedade empresarial, com finalidades lucrativas. · Pl.: *clubes-empresa* ou *clubes-empresas*.

clu.nâm.bu.lo *sm* Aleijado que, sem pernas, anda sobre as nádegas, apoiadas num estrado de madeira.

CNBB *sf* Sigla de <u>C</u>onferência <u>N</u>acional dos <u>B</u>ispos do <u>B</u>rasil, entidade católica fundada em 1952 por D. Hélder Câmara, com sede num sítio jesuíta em Itaici, bairro de Indaiatuba (SP).

CNPJ *sm* Sigla de <u>C</u>adastro <u>N</u>acional da <u>P</u>essoa <u>J</u>urídica, da Receita Federal. Identifica cada pessoa jurídica (firma/empresa/sociedade civil ou mercantil, ou companhia) existente no país. Nenhuma pessoa jurídica pode funcionar sem o número de sua inscrição no CNPJ.

CNPq *sm* Sigla de <u>C</u>onselho <u>N</u>acional de <u>P</u>esquisas, hoje *Conselho Nacional de Desenvolvimento Científico e Tecnológico*, fundação pública vinculada ao Ministério de Ciência e Tecnologia que tem por finalidade promover e fomentar o desenvolvimento científico-tecnológico do país e contribuir na formulação das políticas nacionais de ciência e tecnologia.

co- *pref* que não exige hífen antes de nenhuma letra: coautor, coedição, coerdeiro, corresponsável, correitor, corré, corréu, cossecante, cosseno, etc.

co.a.bi.tar *v* Viver ou morar junto: *eles coabitam há muito tempo*. → **coabitação** *sf* (ato ou efeito de coabitar).

coach[ingl.] *sm* Profissional que usa metodologias, ferramentas e técnicas de treino e ensino dirigidas a profissionais das mais diversas áreas, tanto no âmbito pessoal quanto no âmbito profissional, a fim de despertar conhecimentos, habilidades e dons latentes, tornando-os mais dinâmicos e proativos. · Pronuncia-se *kôuch*. → **coaching** *sm* (processo em que um profissional orienta o treinamento e a instrução de uma pessoa), que se pronuncia *kôuchin*.

co.ad.ju.tor (ô) *adj* e *sm* **1**. Que ou aquele que coadjuva ou ajuda alguém; coadjuvante. // *sm* **2**. Eclesiástico que ajuda ou substitui o bispo residencial de uma diocese. **3**. Padre que auxilia o pároco, no exercício de seu ministério. **coadjutoria** *sf* (cargo, serviço ou função de coadjutor); **coadjuvação** *sf* (ato de coadjuvar; ajuda, cooperação); **coadjuvante** *adj* e *s2gên* [**1**. que ou pessoa que ajuda ou auxilia; auxiliar, ajudante, coadjutor(a); **2**. em cinema, teatro e televisão, que ou personagem que auxilia no desenvolvimento da história, exercendo função que pode ou não estar relacionada com a narrativa principal], que não se confunde com *figurante*; **coadjuvar** *v* (ajudar, auxiliar: *dois serventes coadjuvam o pedreiro nessa obra*).

co.ad.mi.nis.trar *v* Administrar com outrem. → **coadministração** *sf* (ação ou efeito de coadministrar; administração conjunta); **coadministrador** (ô) *sm* (aquele que coadministra).

co.ad.qui.rir *v* Adquirir em comum com outrem. → **coadquirente** *adj* e *s2gên* (que ou pessoa que coadquire); **coadquirição** ou **coaquisição** *sf* (ato ou efeito de coadquirir).

co.a.du.nar(-se) *v* Combinar(-se), conciliar(-se): *é o meio-de-campo que coaduna as jogadas de um time; seu comportamento não se coaduna com a sua formação*. → **coadunação** *sf* [ato ou efeito de coadunar(-se)].

COAF *sm* Acrônimo de <u>C</u>onselho de Controle de <u>A</u>tividades <u>F</u>inanceiras, órgão subordinado ao Ministério da Fazenda, encarregado de receber, analisar e distribuir às autoridades competentes (Polícia Federal e Ministério Público) informações sobre comunicações de operações financeiras suspeitas e comunicações de operações em espécie efetuadas pelos bancos e entidades análogas.

co.a.gir *v* Obrigar, forçar, constranger: *coagiram-no a casar com a moça*. → **coação** *sf* (ato ou efeito de coagir); **coagido** *adj* (pressionado, forçado, obrigado: *sentindo-se coagido, confessou*).

co.a.gu.lar(-se) *v* Transformar(-se) um líquido em estado sólido: *coagular o leite, para fazer queijo; o leite (se) coagula rapidamente*. → **coagulação** *sf* [ato ou efeito de coagular(-se)]; **coagulante** *adj* e *sm* (que ou o que facilita a coagulação); **coágulo** *sm* (**1**. massa espessa de líquido coagulado, princ. sangue: *ele teve um coágulo de sangue removido de seu cérebro*; **2**. coalho).

co.a.la *sm* Mamífero marsupial australiano, semelhante a um pequeno urso.

co.a.lhar *v* **1**. Coagular: *coalhar o leite*. **2**. Encher muito; lotar: *corintianos coalharam o Maracanã*. **coalhar(-se) 3**. Tornar-se sólido: *o leite (se) coalhou*. → **coalhada** *sf* (parte espessa, rica em caseína, do leite coagulado); **coalhado** *adj* (**1**. que passou do estado líquido para o estado sólido; **2**. *fig*. muito cheio; repleto: *país coalhado de espiões*); **coalho** *sm* [substância ou produto que promove a coagulação do leite; coágulo (2)].

co.a.li.zão *sf* Reunião de pessoas, empresas, partidos, etc. para a realização de algo em comum; aliança.

có.a.na *sf* ou **có.a.no** *sm* Cada uma das duas pequenas aberturas ovais (2,5cm de altura e 1,5cm de diâmetro) pelas quais a cavidade nasal se comunica com a faringe, permitindo a inalação e a exalação do ar.

co.ar *v* Fazer passar (líquido ou pó) pelo coador: *coar café*. · Conjuga-se por *abençoar*. → **coação** *sf* (ação ou efeito de coar); **coador** (ô) *adj* e *sm* (que ou aquilo que serve para coar).

co.au.tor *sm* Aquele que é autor junto com outro. → **coautoria** *sf* (qualidade ou condição de quem é coautor).

co.a.va.lis.ta *s2gên* Pessoa que, juntamente com outra(s), obriga-se por aval no mesmo título. **coavalizar** *v* [avalizar juntamente com outra(s) pessoa(s)].

co.a.xar *v* Soltar a voz (a rã ou o sapo). → **coaxo** *sm* (ato ou efeito de coaxar).

co.a.xi.al (x = ks) *adj* Que tem um eixo comum ou é montado sobre um eixo comum.

COB *sm* Acrônimo de <u>C</u>omitê <u>O</u>límpico <u>B</u>rasileiro. · Pronuncia-se *cób*.

co.baia *sf* **1**. Pequeno roedor usado em experiências de laboratório; porquinho-da-índia. **2**. *P.ext*. Qualquer pessoa utilizada como teste.

co.bal.to *sm* Elemento químico metálico (símb.: **Co**), de n.º atômico 27, azul-escuro, de larga aplicação industrial e no tratamento de cânceres.

co.bi.ça *sf* Avidez ou desejo intenso de possuir as coisas. → **cobiçar** *v* (ter cobiça de); **cobiçoso** (ô; pl.: ó) *adj* e *sm* (que ou aquele que tem muita cobiça).

co.bo.gó ou **com.bo.gó** *sm* Tijolo furado ou elemento vazado, feito de concreto ou cerâmica, usado para separar o interior do exterior, sem impedir a entrada de claridade e de ar.

co.bra *sf* **1**. Qualquer réptil da ordem dos ofídios, venenoso ou não. (Voz: *assobiar, chocalhar, guizalhar, roncar, sibilar, silvar*). **2**. *Fig.Pej*. Pessoa má. // *sm* **3**. *Pop*. Pessoa que entende bastante de um assunto; craque, fera: *a menina era o maior cobra em matemática*.

co.bra-co.ral *sf* Cobra de cabeça e olhos pequenos, venenosa ou não, de coloração geral vermelha, com faixas pretas e amarelas; coral (6). · Pl.: *cobras-coral* ou *cobras-corais*.

co.brar *v* **1**. Fazer que (algo) seja pago: *cobrar um serviço*. **2**. Encher-se de algo bom; recuperar: *cobrar coragem*. → **cobrança** *sf* (ação de cobrar).

co.bre *sm* Elemento químico metálico (símb.: **Cu**), avermelhado, de n.º atômico 29, um dos primeiros conhecidos pelo homem, de ampla aplicação industrial.

co.brei.ro *sm Pop*. Cobrelo. **cobrelo** (ê) *sm* (doença infecciosa da pele; cobreiro).

co.bre-man.cha *sm* Pequena toalha, usada sobre a toalha de mesa. · Pl.: *cobre-manchas*.

co.brir *v* **1**. Colocar alguma coisa sobre (pessoa ou coisa): *cobrir a criança que dorme*. **2**. Defender, impedindo que o inimigo ataque: *um policial cobriu o delegado, na ação*. **3**. Andar determinada distância; percorrer: *cobri alguns quilômetros a pé*. **4**. Ser (uma quantia) suficiente para uma coisa: *meu salário cobre todas as despesas de casa*. **5**. Garantir prejuízos ou danos sofridos: *o seguro não cobre esse tipo de sinistro*. · Conj.: *cubro, cobres, cobre, cobrimos, cobris, cobrem* (pres. do ind.); *cubra, cubras, cubra, cubramos, cubrais, cubram* (pres. do subj.). Seu particípio é *coberto*. → **coberta** *sf* (aquilo que se usa para cobrir); **coberto** *adj* (que se cobriu) e *sm* (lugar coberto); **cobertor** (ô) *sm* (peça de pano grosso, usada na cama para agasalhar no inverno); **cobertura** *sf* (**1**. ato de cobrir; **2**. coisa que cobre; **3**. apartamento que constitui o último andar de um edifício; **4**. cremes e confeitos que cobrem bolos e sorvetes).

co.ca *sf* **1**. Planta de cujas folhas e casca se obtém a cocaína. **2**. Essa folha. **3**. Cocaína. **4**. Coca-cola. → **cocaleiro** *adj* e *sm* (**1**. que ou aquele que tem plantações de coca; **2**. que ou aquele que tem o apoio dos plantares de coca).

co.ca-co.la *sf* Refrigerante mundialmente conhecido; coca (4). · Pl.: *coca-colas*.

co.ca.da *sf* Doce de coco ralado e calda açucarada.

co.ca.í.na *sf* Droga que se obtém da coca (1). → **cocainomania** *sf* (vício de consumir cocaína); **cocainômano** *sm* (aquele que é viciado em cocaína).

co.car *sm* **1**. Enfeite de chapéu ou de capacete. **2**. Enfeite de penas que os índios usam na cabeça.

co.çar *v* **1**. Arranhar levemente (parte do corpo): *coce minhas costas!* **2**. Causar coceira: *a ferida está coçando muito*. → **coça** *sf* (**1**. ação de coçar; coçadura; **2**. *fig*. surra, sova: *levou uma coça da mãe*); **coçadura** *sf* (ação de coçar; coça); **coceira** *sf* (grande vontade de coçar; grande comichão).

coc.ção *sf* Ato ou efeito de cozer; cozimento.

cóc.cix *sm2núm* Osso da base da coluna vertebral. · Pronuncia-se *kóksis*.

có.ce.gas *sfpl* Sensação agradável a uns e desagradável a outros, produzida pela fricção em certos pontos da pele ou das mucosas; cosquinhas. → **coceguento** ou **cosquento** *adj* (diz-se de pessoa que sente muitas cócegas).

co.chei.ra *sf* Estrebaria. → **cocheiro** *sm* (condutor de qualquer veículo puxado por cavalos).

co.chi.char *v* Falar em voz baixa: *o que essas meninas vivem cochichando?* → **cochichada** *sf* ou **cochicho** *sm* (ato de cochichar).

co.chi.lar *v* **1**. Dormir de leve e por pouco tempo: *encostei ali e cochilei*. **2**. Descuidar-se, vacilar: *no centro da cidade, se você cochilar, é roubado*. → **cochilada** *sf* ou **cochilo** *sm* (ato de cochilar).

co.chi.ni.lha ou **co.cho.ni.lha** *sf* **1**. Inseto de cuja fêmea se extrai um corante vermelho. **2**. Corante extraído desse inseto.

co.cho (ô) *sm* Lugar em que o gado come e bebe. (Não se confunde com *coxo*.)

co.ci.en.te *sm* V. **quociente**.

cockpit [ingl.] *sm* Cabina de piloto de avião ou de carro de corrida. · Pronuncia-se *kók-pit*.

có.clea *sf* Parte anterior do labirinto, situada no ouvido interno.

co.co *sm* Bactéria esférica.

co.co (ô) *sm* **1**. Fruto de várias espécies de palmeiras, princ. do coqueiro-da-baía. **2**. *Pop*. Crânio, cabeça: *esse menino tem o coco duro*. · V. **cocada** e **coqueiro**.

co.có *sm* Penteado feminino que consiste em enrolar os cabelos no cocuruto; birote.

co.cô *sm* Fezes, excremento. ·· **Fazer cocô**. Defecar. (Ocorrem princ. na linguagem infantil.)

co.cô-boy *sm* Adolescente sem responsabilidade nem cultura, que só pensa em vestir roupas de grife, frequentar bares da moda e dedicar-se a coisas fúteis. · Fem.: *cocô-girl*. · Pl.: *cocôs-boys*.

co.co-da-ba.í.a *sm* **1**. Espécie de palmeira, também conhecida por *coqueiro-da-baía*. **2**. Fruto dessa palmeira. · Pl.: *cocos-da-baía*.

có.co.ras, de *loc adj* **1**. Agachado; sentado sobre os calcanhares: *falei com aquele homem de cócoras*. // *loc adv* **2**. Sobre os calcanhares: *postei-me de cócoras*.

co.co.ri.có ou **co.co.ro.có** *sm* Voz imitativa do canto do galo ou da galinha, depois de esta pôr o ovo.

co.co.ro.te *sm* Coque (1); cascudo, carolo.

co.co.ta *sf* Adolescente muito vaidosa e dada a frequentar festas, espetáculos e todo tipo de diversões públicas, geralmente acompanhada de pessoa do sexo oposto; *teen* fogosa ou assanhada.

co.cre.dor (ô) *sm* Aquele que é credor em comum com outrem.

co.cur.ri.cu.lar *adj* Que complementa um currículo regular, sem fazer parte integrante dele.

co.cu.ru.to *sm* Alto da cabeça.

cô.dea *sf* **1**. Camada exterior do tronco e dos ramos das árvores e arbustos; casca. **2**. Parte externa de alguns frutos ou de outros alimentos (torta, pudim, etc.), mais dura e grossa que a pele e mais fina e mole que a casca, como a da laranja, do limão, ou a da abóbora e do queijo parmesão. **3**. Camada endurecida que recobre o pão: *ela só come a côdea do pão, desprezando o miolo*. **4**. Sujeira na roupa ou em objeto doméstico; crosta: *a patroa não admite talher na mesa com côdeas da refeição anterior*.

co.des.co.bri.dor (ô) *sm* Aquele que descobriu alguma coisa junto com outro.

code-sharing [ingl.] *sm* Acordo comercial entre companhias aéreas para operar conjuntamente em determinados trechos. · Pl.: *code-sharings*. · Pronuncia-se *kúd-chérin*.

co.de.ten.tor (ô) *sm* Aquele que, juntamente com outrem, detém alguma coisa (quantia, propriedade, recorde, etc.).

co.de.ve.dor (ô) *sm* Aquele que deve juntamente com outrem.

có.di.ce ou **có.dex** (x = ks) *sm* **1**. Volume manuscrito antigo, princ. de obra clássica ou das Escrituras. **2**. Coleção de manuscritos e documentos históricos.

co.di.ci.lo *sm* **1**. Adição a um testamento, para alterar ou explicar alguma disposição ou cláusula, ou para acrescentar outras. **2**. Apêndice ou suplemento. → **codicilar** *adj* (rel. a codicilo).

có.di.go *sm* **1**. Coleção ordenada, metódica e sistemática de *leis*. Coletânea sistemática de regras de procedimento ou conduta. **3**. Sistema de sinais usados para representar letras e números. **4**. Sistema de sinais convencionais usados no comércio. **5**. Conjunto de normas ou regras; regulamento. → **codificação** *sf* (ato ou efeito de codificar); **codificador** (ô) *adj* e *sm* (que ou o que codifica) e *sm* (equipamento que codifica uma informação sob forma numérica, para posterior tratamento, de antôn. *decodificador* ou *descodificador*; **codificar** *v* (transformar em código).

có.di.go-fon.te *sm* Conjunto de instruções, escritas em linguagem de programação de alto nível, que necessitam ser compiladas ou interpretadas pelo computador, para que possam ser executadas; sistema de símbolos empregado para codificar o programa-fonte. · Pl.: *códigos-fonte* ou *códigos-fontes*.

co.di.no.me *sm* Qualquer nome que oculta a verdadeira identidade de pessoa ou coisa, por razões ilícitas (de subversivos, p. ex.); nome codificado.

co.di.re.tor (ô) *sm* Diretor junto com outro. → **codireção** *sf* (direção conjunta de duas ou mais pessoas numa mesma empresa, negócio, peça teatral, etc.); **codiretoria** *sf* (grupo de codiretores).

co.di.ri.gir *v* Dirigir (filme, peça, empresa, escola, etc.) com outrem. → **codireção** ou **codiretoria** *sf* [direção exercida conjuntamente com outra(s) pessoa(s)]; **codiretor** (ô) *sm* (cada um daqueles que codirigem).

co.dor.na *sf* **1**. Pequena ave do campo brasileira, de hábitos solitários, muito encontrada no campo e apreciada como caça. (Voz: *piar*, *trilar*.) **2**. Carne dessa ave, servida na alimentação humana: *comemos codorna hoje no almoço*.

co.e.di.ção *sf* Edição de uma obra (livro, filme, etc.) publicada mediante convênio entre editores. → **coeditar** *v* (fazer coedição de: *coeditar uma enciclopédia*); **coeditor** (ô) *sm* (cada um daqueles que coeditam).

co.e.du.ca.ção *sf* Sistema de educação em que crianças de ambos os sexos frequentam a mesma instituição ou as mesmas classes; educação de ambos os sexos juntos. → **coeducacional** ou **coeducativo** *adj* (rel. a coeducação); **coeducar** *v* (educar simultaneamente ou em comum).

co.e.fi.ci.en.te *sm* Número ou letra constante que multiplica uma incógnita.

co.e.lho (ê) *sm* **1**. Mamífero quadrúpede lagomorfo de pequeno porte, muito prolífico, criado para o aproveitamento da carne e da pele. (Voz: *chiar*, *guinchar*.) **2**. Prato feito com a carne desse animal: *comemos coelho no almoço*. · Fem. (1): *coelha*. → **coelheira** *sf* (lugar onde se criam coelhos); **coelheiro** *adj* e *sm* (diz-se do cão que caça coelhos).

co.en.tro *sm* **1**. Planta cujas folhas e flores se utilizam como condimento, em culinária. **2**. Folha ou flor dessa planta.

co.er.ção *sf* Ação de coagir, coação. → **coercitivo** *adj* (caracterizado pela coerção).

co.er.dei.ro *sm* Aquele que tem direito a uma herança, juntamente com outrem. → **coerança** *sf* (herança conjunta: *a* *coerança de variantes patogênicas*), grafia que a 6.ª ed. do VOLP não registra; **coerdar** [herdar com outro(s)].

co.e.ren.te *adj* **1**. Que tem lógica ou nexo. **2**. Que age sem contrariar o que diz ou o que está acostumado a fazer. → **coerência** *sf* (qualidade ou estado de coerente).

co.e.são *sf* **1**. Adesão recíproca. **2**. Resultado da união íntima de elementos distintos. → **coeso** *adj* (**1**. ligado por coesão; intimamente unido; **2**. que tem organização lógica). (Em rigor, o *e* tônico soa aberto (*koézu*), mas no Brasil se ouve mais com som fechado: *koêzu*.)

co.es.ta.du.a.no *adj* e *sm* Que ou aquele que é do mesmo estado que outrem.

co.e.tâ.neo *adj* e *sm* **1**. Que ou o que é da mesma idade; coevo: *amigos coetâneos*. **2**. Que ou o que é da mesma época; contemporâneo: *Santos Dumont e Einstein eram coetâneos*. → **coetaneidade** *sf* (qualidade de quem é coetâneo).

co.e.ter.no *adj* Que existe eternamente com outro(s). → **coeternidade** *sf* (qualidade do que ou de quem é coeterno).

co.e.vo *adj* Coetâneo (1).

co.e.xis.tir (x = z) *v* Existir ao mesmo tempo ou conjuntamente: *no Brasil coexistem judeus e árabes*. → **coexistência** *sf* (existência simultânea); **coexistente** *adj* (que coexiste).

coffee-break [ingl.] *sm* Pausa ou intervalo para tomar café ou lanche, durante o expediente de trabalho, ou durante convenções, congressos, seminários, etc. · Pl.: *coffee-breaks*. · Pronuncia-se *kóf-brêik*.

co.fi.a.dor (ô) *sm* Aquele que é fiador juntamente com outro(s).

co.fi.ar *v* Alisar ou afagar com a mão (barba, bigode, cabelo, pelo).

COFINS ou **Cofins** *sf* Acrônimo de <u>Co</u>ntribuição para o <u>Fi</u>nanciamento da <u>S</u>eguridade Social, imposto federal, pago pelas pessoas jurídicas, destinado a atender a programas sociais do governo federal.

co.fre *sm* Móvel, geralmente de aço, em forma de caixa, onde se guardam coisas de valor. → **cofrinho** *sm* (**1**. cofre pequeno; **2**. *pop*. região do corpo entre as nádegas, na sua parte superior, que fica à mostra, se a pessoa usa roupa com cós baixo demais ou quando fica de cócoras). · **Pagar cofrinho** (pop.). Ser ridicularizado(a) por deixar à mostra essa região do corpo.

co.ges.tão *sf* Gestão de negócio, empresa, etc. em comum, em sociedade.

co.gi.ta.bun.do *adj* **1**. Muito pensativo; meditabundo. **2**. Preocupado, apreensivo.

co.gi.tar *v* Pensar muito sobre; refletir: *ninguém cogitou esse* (ou *nesse*) *assunto*. → **cogitação** *sf* (ato ou efeito de cogitar).

cog.na.to *adj* e *sm* Que ou vocábulo que tem radicais comuns.

cog.ni.ção *sf* Aquisição de conhecimentos.

cog.no.me *sm* Qualificativo de um indivíduo relativo a seus traços físicos, particularidade moral, etc., entre os povos antigos; qualificativo de caráter histórico; título (p. ex.: Filipe, *o Belo*; Alexandre, *o Grande*). → **cognominar** *v* (designar por cognome).

cog.nos.cí.vel *adj* Que pode ser conhecido. · Antôn.: *incognoscível*.

co.go.te *sm* V. **cangote**.

co.gu.me.lo *sm* Planta parasita sem clorofila que aparece em madeira apodrecida ou no chão; fungo.

COHAB ou **Cohab** *sf* Acrônimo de <u>Co</u>mpanhia de <u>Hab</u>itação Popular. · Pl.: COHABs.

COI *sm* Acrônimo de <u>C</u>omitê <u>O</u>límpico <u>I</u>nternacional, organização com sede na Suíça, fundada em 1894, para promover a organização dos Jogos Olímpicos ou Olimpíadas, de quatro em quatro anos, em alguma sede mundial. · Pronuncia-se *kói*.

co.i.bir *v* Conter, impedir, reprimir: *a polícia coibiu a passeata*. → **coibição** *sf* (ato ou efeito de coibir; repressão).

coi.ce *sm* **1**. Pancada violenta que um animal quadrúpede dá com as patas traseiras. **2**. Pancada para trás de arma de fogo, quando é disparada. → **coicear** ou **escoicear** (dar coices em), que se conjugam por *frear*.

coi.fa *sf* **1**. Rede para os cabelos, usado princ. pelas mulheres. **2**. Cobertura de fogão doméstico, destinado a recolher a fumaça. **3**. Segundo compartimento do estômago dos ruminantes; retículo, barrete.

coiffeur [fr.] *sm* Cabeleireiro requintado e famoso, exclusivo de gente fina; estilista de cabelos. · Fem.: *coiffeuse*. que se pronuncia *kuá-fêzi* · Pl.: *coiffeurs*. · Pronuncia-se *kuê-féR* (este R soa como o de *fleur*).

coiffure [fr.] *sm* Maneira criativa de pentear o cabelo; penteado com estilo. · Pronuncia-se *koê-féR* (este R soa como o de *fleur*).

co.i.gual *adj* Diz-se de cada uma das pessoas da Santíssima Trindade, em relação às outras.

co.in.ci.ne.ra.ção *sf* Processo de tratamento de resíduos industriais nocivos que consiste em incinerá-los em fornos industriais, juntamente com os combustíveis usuais (carvão, nafta, etc.).

co.in.ci.dir *v* **1**. Ser igual: *minha opinião coincide com a sua*. **2**. Acontecer ao mesmo tempo: *meu aniversário coincide com o dela*. → **coincidência** *sf* (situação em que dois fatos ocorrem ao mesmo tempo); **coincidente** *adj* (em que há coincidência).

co.in.qui.li.no *sm* Aquele que é inquilino juntamente com outro(s), no mesmo edifício ou no prédio.

co.in.te.res.sa.do *adj* e *sm* Que ou aquele que é interessado juntamente com outro(s).

co.in.ven.tor (ô) *sm* Aquele que inventou alguma coisa juntamente com outro(s).

coi.ó *adj* e *s2gên* **1**. Que ou pessoa que é tola, boboca, sonsa, a quem todos enganam: *escolheu tanto e acabou casando com uma coió*. // *sm* **2**. Pop. Assobio galanteador dirigido a uma mulher: *a cada coió, ela rebolava ainda mais*.

coi.o.te *sm* Lobo americano, encontrado do Alasca até a Guatemala.

co.ir.mão *adj* Diz-se daquele que tem a mesma origem ou filiação. · Pl.: *coirmãos*.

coi.sa *sf* **1**. Tudo o que existe, concreto ou abstrato, real ou irreal, cujo significado se precisa pelo contexto. **2**. Ser inanimado que tem realidade física por oposição ao ser animado; objeto. **3**. Assunto, matéria; negócio. → **coisada** *sf* (monte de coisas diferentes); **coisar** *v* (palavra-ônibus, usada pela gente inculta ou de baixa escolaridade, para substituir um verbo ignorado ou de que não se tem lembrança no momento); **coisica** *sf* (**1**. coisa pouca ou pequena; **2**. coisa sem importância); **coisificação** *sf* (ato ou efeito de coisificar); **coisificar** *v* [tratar (ideia, pessoa, etc.) como uma coisa: *é um regime que coisifica os cidadãos*]; **coisinha** *sf* [**1**. coisa pequena; coisica (1); **2**. animal ou objeto delicado ou gracioso; gracinha; **3**. qualquer coisa sem valor ou sem importância; coisica (2)] e *sm* (**1**. Fig. pessoa simpática ou a quem se dedica amor; **2**. *fig.pej.* pessoa sem valor, insignificante; mequetrefe: *o que essa coisinha está querendo com minha filha?*); **coiso** (ôi) *sm* (**1**. homem de quem não se sabe o nome ou de cujo nome não se lembra; **2**. (com inicial maiúscula) diabo: *cuidado, que o Coiso te pega!*).

coi.sa-fei.ta *sf* Feitiçaria. · Pl.: *coisas-feitas*.

coi.sa-ru.im *sm* Diabo. · Pl.: *coisas-ruins*.

coi.ta.do *adj* e *sm* **1**. Que ou o que é digno de dó ou pena; desgraçado, infeliz, miserável: *o coitado do rapaz é humilhado e não reage!; o coitado do animal era surrado a cada dois segundos*. // *interj* **2**. Exprime dó, pena, piedade, compaixão: *coitado! ele é muito burro!*

coi.to (ô) *sm* Cópula do macho e da fêmea na espécie humana e entre os animais; ato sexual.

coi.va.ra *sf* **1**. Monte de galhos secos, gravetos e até mesmo de árvores abatidas, depois de derrubada a mata nativa, juntados para serem queimados, a fim de deixar o terreno limpo para estabelecer uma roça, abrir estradas, etc. **2**. Fogueira de gravetos. **3**. Galhada que desce rio abaixo ou que se prende à margem do rio. → **coivarar** *v* (reunir em pilhas ou coivaras).

co.la *sf* **1**. Substância viscosa e grudenta, feita de gelatina animal, usada como adesivo. **2**. Cópia fraudulenta em exame escrito. **3**. Rasto, encalço: *estou na sua cola*. **4**. Planta africana de sementes aromáticas, das quais se extraem substâncias usadas em refrigerantes e em produtos farmacêuticos. **5**. Refrigerante feito com tais sementes, escuro e aromatizado. · V. **coloidal** (em **coloide**).

co.la.bo.rar *v* **1**. Prestar colaboração ou ajuda; cooperar: *colaboro com ela na lavagem das louças*. **2**. Concorrer, contribuir: *tudo colaborava para uma nova guerra*. → **colaboração** *sf* (ato ou efeito de colaborar); **colaboracionismo** *sm* (**1**. política de colaboração com as forças de ocupação de um determinado país; **2**. ação, atitude ou sentimento de colaboracionista); **colaboracionista** *adj* e *s2gên* (**1**. que ou pessoa que colabora com o invasor ou com as forças de ocupação do seu próprio país; **2**. que ou pessoa que colabora com uma determinada situação política).

co.la.ção sf **1**. Colagem. **2**. Ato de conferir grau acadêmico, título, direito ou benefício eclesiástico a alguém ou a um grupo de pessoas: *a colação de grau dos formandos*. **3**. Comparação ou confronto entre a cópia e o original, para marcar a edição correta. **4**. Em direito, restituição à massa da herança dos valores recebidos pelos herdeiros antes da partilha. → **colacionar** v (fazer colação de); **colativo** adj (**1**. rel. a colação; **2**. que se pode colar ou comparar; comparativo). ·· **Trazer à colação** (ou **à baila**). Referir ou mencionar a propósito: *Na audiência, o advogado trouxe à colação passagem de um de meus livros*. ·· **Vir à colação** (ou **à baila**). Vir a propósito: *Na reunião, veio à colação novamente esse assunto constrangedor*.

co.la.ço adj e sm Que ou aquele que se nutriu do leite da mesma mulher que outro, não sendo irmãos; irmão de leite.

co.lá.ge.no sm Substância gelatinosa encontrada no tecido conjuntivo, ossos e cartilagens. → **colagenação** sf (presença de colágeno no tecido); **colagênico** adj (que produz ou contém colágeno).

co.lan.te adj **1**. Que cola ou gruda. **2**. Que ou o que fica justo no corpo; *collant*. **3**. Peça inteiriça do vestuário feminino, que une sutiã e calcinha; *collant*.

co.lap.so sm **1**. Diminuição súbita e violenta das forças orgânicas. **2**. Redução súbita de eficiência ou de atividade; crise. → **colapsar** v (provocar ou sofrer colapso).

co.lar sm **1**. Enfeite que se usa em volta do pescoço. // v **2**. Passar cola em, para grudar: *colar cartazes*. **3**. Pôr junto, encostar: *colei o ouvido à porta, para escutar*. **4**. *Gír*. Copiar (resposta) clandestinamente em prova escrita: *ela colava tudo de mim, nas provas*. **5**. Receber (título, grau universitário, etc.). → **colagem** sf (ação de colar).

co.la.ri.nho sm **1**. Parte da camisa que cinge o pescoço; gola de camisa. **2**. *Pop*. Espuma em copo de cerveja ou de chope.

co.la.ri.nho-bran.co sm Profissional liberal ou alto funcionário público que se traja formalmente, de acordo com o cargo que ocupa ou a função que exerce: *Juçara é um colarinho-branco solteiro*. · Pl.: *colarinhos-brancos*.

co.la.te.ral adj **1**. Diz-se daquilo que está de um e outro lado do principal: *nave colateral*. **2**. Que corre lado a lado; situado paralelamente; paralelo: *rios e avenidas colaterais*. **3**. Diz-se do parente que não é em linha reta: *são parentes, em linha colateral, ou transversal, até o sexto grau, as pessoas que provêm de um só tronco, sem descenderem umas das outras*. → **colateralidade** sf (qualidade do que é colateral). ·· **Efeito colateral**. Efeito indesejado de um medicamento. ·· **Pontos colaterais**. Pontos intermédios aos pontos cardeais: nordeste, noroeste, sudeste e sudoeste.

co.la-tu.do sm2núm Substância de alto poder de aderência.

col.cha (ô) sf Peça de enxoval de cama para ser usada sobre os lençóis, como cobertura ornamental ou como enfeite de janelas e sacadas em dias de festa.

col.chão sm Grande almofada que vai da cabeceira aos pés da cama e se cobre com o lençol. → **colchoaria** sf (loja ou fábrica de colchões, travesseiros e almofadas); **colchonete** sm (pequeno colchão portátil). ·· **Colchão de ar**. Colchão inflável.

col.chei.a (ê) sf Figura de notação musical que vale a metade de uma semínima ou duas semicolcheias.

col.che.te (ê) sm **1**. Pequeno gancho metálico, usado para prender uma parte da roupa à outra. **2**. Gancho duplo onde se pendura a carne, nos açougues. **3**. Cada um dos sinais ([ ]) que indicam os limites de uma expressão.

col.dre sm Estojo para arma de fogo, preso ao cinto.

co.le.ar v **1**. Andar sinuosamente, como fazem as cobras: *lutava com todas as forças, coleando como uma cobra na areia, para escapar*. **colear-se 2**. Andar fazendo ziguezagues (ofídio); mover-se sinuosamente; ziguezaguear: *a áspide entrou coleando-se pela greta de alguma rocha do deserto*. **3**. Mover-se como os ofídios, quando anda; requebrar-se, rebolar-se: *a mulata passou coleando-se pelo grupo de rapazes*. · Conjuga-se por *frear*. → **coleamento** ou **coleio** sm (ato ou efeito de colear; movimento sinuoso); **coleante** adj (que coleia).

co.le.ção sf **1**. Ato ou efeito de colecionar. **2**. Conjunto de coisas colecionadas. → **colecionador** (ô) sm ou **colecionista** s2gên (pessoa que coleciona alguma coisa); **colecionar** v (fazer coleção de). · V. **coligir**.

co.le.ga s2gên **1**. Pessoa que tem a mesma profissão, exerce as mesmas funções ou as mesmas atividades que outra. **2**. Companheiro(a) de escola, de classe ou de quarto, em república ou pensão. → **coleguismo** sm (amizade, camaradagem e solidariedade entre colegas).

co.lé.gio sm **1**. Estabelecimento de ensino onde se ministram cursos dos ensinos fundamental e médio. **2**. Conjunto dos alunos dessa escola. → **colegiado** sm (conjunto de dirigentes que têm poderes iguais); **colegial** adj (rel. a colégio) e s2gên (estudante de colégio).

co.lei.ra sf Peça metálica ou de couro que se coloca em volta do pescoço de certos animais.

có.le.ra sf **1**. Raiva, ira. **2**. Doença infectocontagiosa e epidêmica, que causa desidratação e diarreia, vômitos e câimbras, muitas vezes fatal. → **colérico** adj (que sofre de cólera) e adj e sm (que ou aquele que está furioso).

có.le.ra-mor.bo sf Termo obsoleto para designar a cólera (2). · Pl.: *cóleras-morbos*.

co.les.te.rol sm Substância encontrada na gordura animal, óleos, gema de ovo e largamente distribuída pelo organismo, de grande importância no metabolismo e também responsável pela arteriosclerose. · Pl.: *colesteróis*. → **colesterolemia** sf (presença excessiva de colesterol no sangue).

co.le.tâ.nea sf Conjunto de trechos escolhidos de vários autores ou de um só autor.

co.le.ta sf **1**. Ato ou efeito de colher, recolher ou coletar; recolhimento: *a coleta do lixo, a coleta de sangue, de urina, de fezes; a coleta de donativos, de contribuições, de doações*. **2**. Arrecadação de donativos, princ. para obra de caridade: *quem vai fazer a coleta na missa de hoje?* **3**. Montante ou quantia arrecadada: *a coleta da missa de hoje será destinada à campanha do agasalho*. **4**. Quantia que se paga de imposto. → **coletar** v (pegar e recolher coisas: *coletar donativos*). ·· **Coleta seletiva**. Sistema de recolhimento e separação de material reciclável, como papéis, plásticos, borracha, latas, vidros, etc., alternativa ecologicamente correta para a coleta de lixo.

co.le.te (ê) sm Peça do vestuário masculino sem gola nem mangas, usada sobre a camisa, a camiseta ou a blusa.

co.le.ti.va sf Redução de *entrevista coletiva*, conjunto de declarações, em torno de determinado assunto, de uma ou mais pessoas, dadas a diversos jornalistas, na mesma ocasião.

co.le.ti.vi.da.de sf **1**. Conjunto de indivíduos que têm interesses ou preferências comuns; agremiação: *a coletividade italiana; a coletividade palmeirense*. **2**. Conjunto da sociedade; povo: *os impostos devem ser arrecadados em benefício da coletividade*. **3**. Qualidade de coletivo: *a coletividade de lobos de uma área*.

co.le.ti.vo adj **1**. De um grupo ou coletividade. **2**. Usado por muitos. // adj e sm **3**. Que ou nome que está no singular mas indica um conjunto de seres. // sm **4**. Ônibus ou micro-ônibus urbano. **5**. Treino entre dois times formados por atletas do mesmo clube. → **coletivismo** sm (**1**. sistema socioeconômico centralizado, que coloca toda a atividade econômica nas mãos da comunidade ou do governo, pelo qual os bens de produção e de consumo são igualmente distribuídos entre todos os membros da coletividade, em oposição ao *capitalismo*, que enfatiza a propriedade privada: *em Israel, se pratica o coletivismo, nos kibutzim*; **2**. espírito de grupo; senso de solidariedade entre pessoas que exercem a mesma atividade: *o treinador gostou do coletivismo de sua equipe*); **coletivista** adj (rel. ou pert. a coletivismo) e adj e s2gên (que ou aquele que é partidária ou seguidora do coletivismo); **coletivização** sf [ato ou efeito de coletivizar(-se)]; **coletivizar** v (**1**. transformar o individual em coletivo; **2**. distribuir (riqueza) entre a coletividade e pôr a seu serviço os meios de produção) **coletivizar-se** (unir-se a várias pessoas que têm os mesmos interesses).

co.le.tor (ô) adj e sm **1**. Que ou o que coleta: *cano coletor de esgoto; coletor de energia solar*. // sm **2**. Aquele que coleta ou arrecada impostos, taxas e outros pagamentos compulsórios, geralmente ao Estado. **3**. Aquele que coleciona alguma coisa, como *hobby* ou investimento; colecionador: *coletor de borboletas, de livros raros*. → **coletoria** sf (repartição pública onde se pagam ou recolhem impostos).

co.lhão sm **1** Testículo, saco. **2**. *Fig.Pej*. Paciência, saco: *não tem colhões para atender o público*. **3**. *Fig.Pej*. Coragem, peito: *não teve colhões para enfrentar o pai da moça*. **4**. *Fig.Pej*. Pessoa sem coragem, covarde, bunda-mole.

co.lhe.do.ra-de.bu.lha.do.ra (ô) *sf* Máquina própria para colher e debulhar milho e outros cereais. · Pl.: *colhedoras-debulhadoras*.

co.lhei.ta (êi) *sf* **1**. Ação de colher os produtos da terra. **2**. Totalidade desses produtos. **3**. Época em que se colhem produtos agrícolas. → **colhedeira** ou **colheitadeira** *sf* (máquina de colher princ. grãos, que ceifa, trilha, classifica e ensaca).

co.lher *sf* **1**. Utensílio de mesa formado por um cabo com uma parte côncava, próprio para se tomar sopa. **2**. Conteúdo desse utensílio: *tomou uma colher do xarope*. **3**. Qualquer objeto ou instrumento de mesmo formato desse utensílio: *colher de pedreiro*. · Aum. irregular: *colheraça*. → **colherada** *sf* (**1**. pancada com colher; **2**. porção que enche uma colher). ·· **Colher de chá** (fig.). **1**. Nova oportunidade; outra chance: *O chefe resolveu dar-lhe uma colher-de-chá, antes de demiti-lo*. **2**. Ajuda, favor, auxílio: *você pode me dar uma colher-de-chá neste serviço?*

co.lher (ê) *v* **1**. Tirar do pé (flores, folhas ou frutos); apanhar; recolher: *colher amoras*. **2**. Ter plantação ou lavoura de: *ele colhe milho*. **3**. Receber em troca; ter como paga: *quem semeia vento colhe tempestade*. **4**. Conseguir, obter, auferir: *os banqueiros colhem lucros cada vez maiores*. · V. **colheita**.

co.lhe.ra *sf* **1**. Peça que prende dois animais entre si. **2**. Esses dois animais presos por essa peça. **3**. Duas pessoas muito ligadas, que andam sempre juntas.

co.li.ba.ci.lo ou **co.lo.ba.ci.lo** *sm* Nome comum a diversos bacilos, princ. do gênero *Escherichia*, que vive no solo e no intestino dos vertebrados. → **coliforme** *adj* (rel. ou sem. a colibacilo).

co.li.bri *sm* Beija-flor.

có.li.ca *sf* Dor muito forte na região abdominal. → **colicativo** *adj* (rel. a cólica).

co.lí.der *s2gên* Pessoa, grupo, equipe, empresa, etc. que lidera com outra pessoa, grupo, equipe, empresa, etc. → **coliderança** *sf* (situação, condição ou função de colíder).

co.li.dir *v* **1**. Fazer ir de encontro a; provocar choque entre: *o vento colidiu o barco com o navio*. **2**. Ir de encontro a, chocar-se: *um barco colidiu com o outro*. **3**. Opor-se: *suas ideias colidem com a minha*. **4**. Contradizer-se: *suas palavras e suas atitudes colidem*. **5**. Chocar-se: *os ônibus colidiram*. **6**. Ser contrário ou oposto: *nossas ideias sempre colidiram*. → **colidente** *adj* (que colide; **colisor** (ô) *sm* (aquilo que colide). · V. **colisão**.

co.li.for.me *sm* **1**. Cada uma de uma ampla variedade de bactérias gram-negativas, como a *Escherichia coli*, presente normalmente no intestino dos mamíferos. // *adj* **2**. Relativo a essa bactéria. · V. **colibacilo**.

co.li.gar(-se) *v* Unir(-se) ou aliar(-se) com objetivo comum: *coligar partidos políticos; as nações se coligaram para enfrentar o inimigo comum*. → **coligação** *sf* [ato ou efeito de coligar(-se); aliança, união]; **coligativo** *adj* (**1**. que coliga; **2**. rel. a coligação).

co.li.gir *v* **1**. Reunir em coleção e organizar com algum critério; agrupar: *coligir leis, selos*. **2**. Ajuntar ou reunir (o que está disperso): *coligir exemplares da fauna e da flora*.

co.li.mar *v* **1**. Ajustar a linha de visão de telescópio ou outro instrumento óptico. **2**. Mirar, visar: *colimar um alvo*. **3**. Ter em vista; visar a; aspirar a: *colimar um diploma*. → **colimação** *sf* (ato ou efeito de colimar).

co.li.na *sf* Elevação natural da superfície da terra, geralmente arredondada, menor que a montanha.

co.lí.rio *sm* **1**. Loção medicinal para os olhos. **2**. *Fig*. Sensação agradável à vista: *mulher bonita é colírio para qualquer olho*.

co.li.são *sf* **1**. Ato de colidir. **2**. Choque entre dois corpos; batida, trombada. **colisivo** *adj* (em que há colisão).

co.li.seu *sm* **1**. Grande anfiteatro em que na Roma antiga se realizavam jogos públicos. **2**. Grande estádio ou ginásio.

co.li.te *sf* Inflamação do cólon. → **colítico** *adj* (rel. a colite).

collant [fr.] *sm* Colante (2 e 3). · Pl.: *collants*. · Pronuncia-se *kolã*.

col.mei.a (êi ou éi) *sf* Cortiço ou colônia de abelhas. · Col.: *colmeal* sm. → **colmeeiro** *sm* (aquele que cuida da colmeia ou a tem para negócio).

col.mi.lho *sm* **1**. Dente em ponta, situado antes do primeiro pré-molar, de cada lado dos incisivos; presa: *o pit bull cravou-lhe os colmilhos, provocando profundos ferimentos em seu braço*. **2**. Cada um dos grandes dentes do elefante; presa. → **colmilhudo** *adj* (de grandes colmilhos: *potro colmilhudo*).

col.mo (ô) *sm* **1**. Caule das gramíneas. **2**. Palha dessas gramíneas com que se cobrem cabanas.

co.lo *sm* **1**. Parte do corpo formada pelo pescoço e pelos ombros. **2**. *P.ext*. Pescoço. **3**. Em botânica, parte entre a raiz e o calule. **4**. Em anatomia, embocadura de algumas cavidades. **5**. Cólon. ·· **Colo do útero**. Parte inferior, mais estreita e cilíndrica do útero, que se abre na vagina.

co.lo.car *v* **1**. Deixar ou pôr (alguma coisa) em determinado lugar: *colocar o livro na estante*. **2**. Arranjar trabalho para; empregar: *assim que assumiu, o prefeito colocou todos os parentes*. **3**. Montar: *colocaram um bar aqui*. **colocar-se 4**. Acomodar-se, instalar-se: *ao entrar no ônibus, coloquei-me logo no banco da frente*. **5**. Situar-se moralmente: *coloque-se no seu lugar, seu pilantra!* → **colocação** *sf* [ato ou efeito de colocar(-se)].

co.lo.ga.rit.mo *sm* Logaritmo do inverso de um número. · Abrev.: *colog* (sem ponto).

co.loi.de (ói) *sm* **1**. Mistura em que partículas microscópicas de uma substância são distribuídas uniformemente por outra substância; solução coloidal. // *adj* **2**. Coloidal (2). → **coloidal** *adj* (**1**. rel. a coloide; **2**. sem. a cola no aspecto, na transparência e na dificuldade de se cristalizar; coloide). ·· **Solução** (ou **Sistema**) **coloidal**. Coloide.

Colômbia *sf* País da América do Sul, de área equivalente à dos estados da Bahia e de Minas Gerais juntos. → **colombiano** *adj* e *sm*.

co.lom.bi.na *sf* Fantasia carnavalesca inspirada na Colombina, personagem vulgar da comédia italiana e da pantomima do séc. XVII.

có.lon ou **co.lo** *sm* Parte do intestino grosso entre o ceco e o reto; colo. · V. **colite**.

co.lô.nia *sf* **1**. Território sem independência política. **2**. Grupo de pessoas de um país que se fixa em outro. **3**. Água-de-colônia. → **colonial** *adj* [rel. a colônia (1 e 2)]; **colonialismo** *sm* (política pela qual uma nação mantém ou estende seu controle sobre territórios estrangeiros, por interesses econômicos, estratégicos, etc.); **colonialista** *adj* (rel. a colonialismo ou próprio do colonialismo) e *adj* e *s2gên* (que ou pessoa que é partidária do colonialismo ou que o exerce); **colonialístico** *adj* (rel. a colonialismo ou a colonialista: *algumas das grandes epopeias do passado possuem fundo colonialístico*); **colonização** *sf* (ato ou efeito de colonizar); **colonizador** (ô) *adj* e *sm* (que ou aquele que coloniza); **colonizar** *v* (**1**. estabelecer colônia em; **2**. promover a colonização de); **colono** *sm* (**1**. membro ou habitante de uma colônia; **2**. cultivador de terra alheia).

co.ló.quio *sm* Conversa entre duas ou mais pessoas. → **coloquial** *adj* (rel. a colóquio); **coloquialidade** *sf* (qualidade do que é coloquial); **coloquialismo** *sm* (**1**. expressão coloquial; **2**. estilo coloquial ou de linguagem informal).

co.lo.rar *v* Colorir: *a criança colorou o desenho de verde*. → **coloração** *sf* (**1**. ato ou efeito de colorar; **2**. efeito visual produzido pelas cores; cor).

co.lo.rau *sm* Pó vermelho usado na cozinha, como condimento.

co.lo.ri.do *adj* **1**. Cheio de cores. **2**. De certa cor. // *sm* **3**. Brilho das cores do rosto e dos frutos.

co.lo.rir *v* Dar cor(es) a, colorar: *a criança coloriu o desenho de verde*. · Conjuga-se por *abolir*.

co.lo.ri.zar *v* Dar cor(es) a (filme em preto e branco) por meio de computador: *colorizar os filmes de O Gordo e o Magro*. → **colorização** *sf* (ato ou efeito de colorizar).

co.los.so (ô) *sm* Qualquer coisa muito grande. → **colossal** *adj* (muito grande; enorme; gigantesco).

co.los.tro (ô) *sm* Fluido inicial amarelado, segregado pelas glândulas mamárias, princ. logo após o parto, antes do aparecimento do leite verdadeiro, rico em certas proteínas e sais minerais, além de transmitir alguns anticorpos da mãe para a criança.

co.lu.bri.no *adj* **1**. Relativo ou semelhante a cobra. **2**. Próprio de cobra: *hábitos colubrinos*.

co.lum.bá.rio *sm* **1**. Pombal. **2**. Galeria com nichos para urnas que contêm cinzas de mortos. **3**. Cada um desses nichos. → **columbicultura** *sf* (criação de pombos em grande escala, com fins comerciais); **columbicultor** (ô) *sm* (criador de pombos); **columbino** *adj* (rel., pert. ou sem. a pombo).

co.lu.na *sf* **1**. Peça arquitetônica de sustentação, de forma cilíndrica, das edificações. **2**. Qualquer coisa semelhante na forma, às vezes dispostas umas atrás das outras. **3**. Coluna vertebral. **4.** Cada uma das divisões verticais de páginas de jornais e de alguns livros. · Dim. irregular: *colunelo* (*sm*), *columela*, *colunela* ou *coluneta* (ê). · Col.: *colunata* (conjunto de colunas dispostas a intervalos regulares). → **colunar** *adj* (rel. a coluna); **colunável** *adj* e *s2gên* (*pop.* que ou pessoa que, pela sua posição social, é digna de ser mencionada nas colunas sociais dos periódicos); **colunista** *s2gên* (pessoa que assina uma coluna em jornal ou revista). ·· **Coluna vertebral**. Conjunto de vértebras superpostas que formam a espinha dorsal; coluna (3).

col.za (ô) *sf* Planta cujas folhas se usam como forragem e cujas sementes produzem um óleo comestível valioso, extraído das suas sementes.

com *prep* Estabelece inúmeras relações, entre as quais a de **companhia** (andar *com* amigos), **causa** (*com* o frio, ele tremia), **tempo** (*com* a chuva, dormiu), **modo** ou **meio** (enriqueceu *com* o trabalho), **oposição** (jogar *com* o Flamengo), **adição** (café *com* leite), **conteúdo** (tanque *com* gasolina), de **instrumento** (escrever *com* a caneta) e a de **correspondência** (casar *com* um príncipe).

co.ma *sm* Perda prolongada da consciência e da sensibilidade, por efeito de acidente ou de doença grave. · V. **comatoso**.

co.ma.dre *sf* **1.** Madrinha do filho de um casal ou mãe do afilhado de um casal. **2.** Mulher fofoqueira. · V. **compadre**. → **comadresco** (ê) *adj* (rel. a comadre ou próprio de comadre); **comadrice** *sf* (coisa de comadre ou mulher fofoqueira; fofoca, intriga, mexerico).

co.man.da *sf* **1.** Anotação do pedido dos clientes feito pelo garçom, em bares, restaurantes, etc. **2.** Papel, bloco ou caderneta em que é feita essa anotação.

co.man.dan.te *adj* e *sm* **1.** Que ou aquele que comanda ou dá ordens a um grupo de pessoas. // *sm* **2.** Oficial militar em exercício de comando. · Fem.: *comandanta*. ·· **Comandante-chefe** ou **Comandante em chefe**. Comandante supremo das Forças Armadas de um país.

co.man.dan.te-che.fe *sm* **1.** Comandante supremo de todas as forças armadas de uma nação. **2.** Oficial que comanda uma força armada. · Fem.: *comandante-chefe*. · Pl.: *comandantes-chefes*. (Muitos usam *comandante em chefe*, francesismo evitável.) → **comando-chefe** *sm* (**1.** cargo de comandante-chefe; **2.** órgão mediante o qual o comandante-chefe exerce suas atividades; **3.** local em que funciona esse órgão). (Usa-se ainda o francesismo *comando em chefe*.)

co.man.do *sm* **1.** Ação de comandar. **2.** Poder daquele que comanda. **3.** Liderança, chefia. **4.** Conjunto de sinais que leva uma máquina a executar determinada tarefa. → **comandância** *sf* (**1.** cargo ou grau de comandante; **2.** território e divisão sob a jurisdição militar de um comandante; **3.** edifício, quartel ou departamento onde estão instaladas as dependências do comandante); **comandar** *v* (**1.** dirigir com autoridade, como chefe ou superior: *comandar um exército*; **2.** liderar, chefiar: *comandar um time*).

co.mar.ca *sf* Região que tem um ou mais juízes de direito a serviço da Justiça.

co.ma.to.so (ô; pl.: ó) *adj* **1.** Relativo a coma. // *adj* e *sm* **2.** Que ou aquele que está em coma.

com.ba.lir(-se) *v* Enfraquecer(-se), debilitar(-se): *a doença muito o combaliu; ele muito se combaliu com a doença*. · Conjuga-se por *abolir*. → **combalido** *adj* (que está muito fraco, física ou psicologicamente).

com.ba.te *sm* **1.** Ato ou efeito de combater. **2.** Luta sem cessar; esforço por vencer. → **combatente** *adj* e *s2gên* (que ou pessoa que combate); **combater** *v* [**1.** lutar em combate; fazer guerra contra; **2.** ser contra a; **3.** vencer (doença)]; **combatividade** *sf* (qualidade, caráter ou natureza de quem é combativo); **combativo** *adj* (**1.** que está sempre predisposto ao combate; **2.** que combate com toda a agressividade: *jornalista de estilo combativo*).

com.bi.nar *v* **1.** Reunir em determinada ordem, harmonizar: *combinar cores*. **2.** Conciliar, compatibilizar: *combinar o cinto com o sapato*. **3.** Unir quimicamente, associar: *combinar o hidrogênio com o carbono*. **4.** Acertar, ajustar: *combinei com um colega irmos ao estádio*. **5.** Harmonizar-se, condizer: *ela combina comigo*. **combinar(-se) 6.** Harmonizar-se, estar de acordo, compatibilizar-se: *são gênios que não (se) combinam*. **combinar-se 7.** Entrar em combinação; pactuar-se; associar-se: *os filhos se combinaram para fazer uma surpresa à mãe*. → **combinação** *sf* [**1.** ato ou efeito de combinar(-se); **2.** aquilo que é combinado; acordo, trato; **3.** anágua (2); **4.** união de duas pequenas palavras, sem perda de elementos); **combinado** *adj*

(que se combinou) e *sm* (**1.** acordo, trato, combinação; **2.** equipe formada por jogadores de dois ou mais times).

com.boi.o (ô) *sm* **1.** Formação militar ou policial que acompanha pessoa, grupo de pessoas ou coisa(s) que têm de ser transportadas de um lugar a outro; escolta. **2.** Conjunto de veículos ou mercadorias escoltadas. **3.** Trem. → **comboiar** *v* (acompanhar, protegendo; escoltar).

com.bu.ren.te *adj* e *sm* Que ou corpo que mantém a combustão: *o oxigênio e o cloro são comburentes*. (Não se confunde com *combustível*.)

com.bus.tão *sf* Ato ou efeito de queimar; queima.

com.bus.tí.vel *adj* e *sm* Que ou substância que é capaz de se queimar e produzir energia: *o carvão e a lenha são combustíveis*. (Não se confunde com *comburente*: nos explosivos, o *comburente* está intimamente misturado com o *combustível*.) → **combustibilidade** *sf* (propriedade dos corpos combustíveis).

co.me (ô) *sm Pop.* Drible: *o zagueiro levou um come tão bem dado, que o levou ao chão*.

co.me.çar *v* **1.** Iniciar: *começar um serviço*. **2.** Ter começo ou início, iniciar-se: *começaram as aulas*. → **começo** (ê) *sm* (ato ou efeito de começar).

co.mé.dia *sf* Obra de cinema ou de teatro para provocar o riso. → **comediante** *s2gên* (ator ou atriz de comédia); **comediógrafo** *sm* (autor de comédia).

co.me.dir(-se) *v* Não (se) exceder em; conter(-se), moderar(-se): *comedir o apetite; comedir-se no apetite*. · Conjuga-se por *medir*, mas não possui a 1.ª pessoa do singular do presente do indicativo e todo o presente do subjuntivo. → **comedido** *adj* (moderado, sóbrio), de antôn. *exagerado*; **comedimento** *sm* (moderação nas atitudes e decisões).

co.me.mo.rar *v* Celebrar com festa ou festejar (qualquer coisa importante): *comemorar um aniversário*. → **comemoração** *sf* (ato de comemorar); **comemorativo** *adj* (que serve para comemorar).

co.men.da *sf* **1.** Condecoração de ordem militar ou honorífica. **2.** Medalha que acompanha essa condecoração. → **comendador** (ô) *sm* (aquele que recebeu uma comenda), de fem. *comendadeira*; **comendadoria** *sf* (dignidade de comendador).

co.men.da.ti.vo *adj* Que se recomenda: *compra comendativa*; *profissional comendativo*.

co.men.sal *s2gên* Pessoa que come à mesma mesa, num almoço ou jantar, sem pompa nem formalidades. → **comensalidade** *sf* (qualidade de comensal); **comensalismo** *sm* (tipo de associação entre dois organismos de espécies distintas, na qual um deles se beneficia e o outro não tem benefícios ou prejuízos).

co.men.su.rá.vel *adj* **1.** Que se pode medir. **2.** Em matemática, que tem medida comum: *números comensuráveis*. → **comensurabilidade** *sf* (qualidade ou condição do que é comensurável); **comensurar** *v* [**1.** medir (duas ou mais grandezas) com a mesma unidade; **2.** medir, avaliar, levar em conta: *comensure todas as possibilidades!*; **3.** comparar, cotejar, confrontar].

co.men.tar *v* **1.** Explicar ou expor, interpretando: *comentar o código civil*. **2.** Fazer uma apreciação crítica; observar as ocorrências de; analisar: *comentar um jogo de futebol*. **3.** Falar maldosamente ou maliciosamente sobre: *todo o mundo comentava o novo penteado dela*.

co.men.tá.rio *sm* Observação ou crítica feita sobre alguém ou alguma coisa. → **comentador** (ô) ou **comentarista** *adj* e *s2gên* (que ou pessoa que comenta algum fato em rádio e televisão, com fins de esclarecimento ou crítica). ·· **Sem comentários**. Expressão que se usa para indicar que não se quer dar ou não se tem nenhuma declaração sobre um fato.

co.me-qui.e.to *sm Pop.Pej.* Homem discreto, que não expõe ou alardeia suas conquistas amorosas. · Pl.: *come-quietos*.

co.mer *v* **1.** Levar à boca (alimento), mastigar e engolir: *comer uma feijoada*. **2.** Tomar refeição; alimentar-se: *não comi hoje*. **3.** Inutilizar (pedra de jogo): *comer uma pedra no jogo de damas*. → **comedor** (ô) *adj* e *sm* (**1.** que ou aquele que come; **2.** comilão); **comível** *adj* (comestível). ·· **Come e dorme**. Pessoa sem ocupação, que vive no ócio; boa-vida. ·· **Comer solto**. Acontecer de modo intenso e sem trégua: *A briga na cozinha comendo solto, e ele tomando uíque na sala!*

co.mér.cio *sm* **1.** Atividade profissional que consiste em comprar e vender coisas. **2.** Classe dos comerciantes. **3.** Classe dos comerciários. **4.** Conjunto de todas as lojas dos comerciantes. **comercial** *adj* (rel. a comércio) e *sm* (**1.** mensagem publicitária pelo rádio ou pela televisão; **2.** *pop.*

refeição rápida e simples); **comercialista** *adj* e *s2gên* (especialista em direito comercial); **comercialização** *sf* (ato ou efeito de comercializar); **comercializar** *v* (tornar objeto de comércio: *as prostitutas comercializam o corpo*), que não se confunde com *comerciar*; **comerciante** *adj* e *s2gên* (que ou quem exerce o comércio; negociante); **comerciar** *v* [trabalhar comprando e vendendo (coisas); negociar: *ele comercia carros usados*], que não se confunde com *comercializar*; **comerciário** *sm* (empregado do comércio); **comerciável** *adj* (que pode ser comerciado ou objeto de comércio: *a dignidade não é comerciável*).

co.mes.tí.vel *adj* e *sm* Que ou aquilo que se pode comer ou consumir sem prejuízo à saúde. → **comestibilidade** *sf* (qualidade do que é comestível).

co.me.ta (ê) *sm* Astro formado por um núcleo e uma cabeleira luminosa.

co.me.ter *v* Praticar (geralmente ato reprovável ou condenável): *cometer erro, pecado, violência*. → **cometimento** *sm* (ato de cometer).

co.me-to.dos *sm2núm Pop*. Dedo médio.

co.me.zai.na *sf* Refeição leve, mas abundante, com muita gente, sem nenhuma preocupação com as normas da etiqueta.

co.me.zi.nho *adj* **1**. Fácil de comer; apetitoso: *pudim comezinho*. **2**. *Fig.* Fácil de entender; muito simples, trivial, elementar. **3**. Comum, banal, corriqueiro: *hábitos comezinhos; viver dias comezinhos*. **4**. Próprio da vida doméstica; caseiro. · Antôn. (2); *difícil, complexo*; (3): *incomum, raro*.

co.mi.chão *sf* Coceira, prurido. → **comichar** *v* (causar comichão em ou sentir comichão; coçar).

co.mí.cio *sm* Reunião pública para propaganda política de candidatos, mediante discursos.

cô.mi.co *adj* **1**. Relativo ou pertencente a comédia. // *adj* e *sm* **2**. Que ou o que provoca riso, é engraçado, divertido. → **comicidade** *sf* (qualidade do que é cômico).

co.mi.da *sf* **1**. Tudo aquilo que se come para fazer bem ao organismo e à vida. **2**. Cozinha, culinária. **3**. Almoço ou jantar; refeição.

co.mi.go *pron* **1**. Com a minha pessoa. **2**. Em minha companhia.

co.mi.go-nin.guém-po.de *sm2núm* Planta ornamental cujas folhas têm substância tóxica.

co.mi.lan.ça *sf* **1**. Ação de comer muito. **2**. Roubalheira na política.

co.mi.lão *adj* e *sm* Que ou quem come muito. · Fem.: *comilona*.

co.mi.nar *v* **1**. Ameaçar (com pena ou castigo), por infração da lei. **2**. Decretar ou impor (pena ou castigo). → **cominação** *sf* (ato ou efeito de cominar).

co.mi.nho *sm* **1**. Planta hortense, cujo fruto contém sementes de propriedades medicinais e com os quais se faz condimento em pó. **2**. Esse fruto.

co.mi.se.ra.ção *sf* Sentimento de profunda tristeza com o sofrimento alheio; compaixão. → **comiserar** (inspirar dó, compaixão ou pena a) **comiserar-se** (ter ou demonstrar dó, compaixão ou pena; compadecer-se: *comisero-me dessa gente sofrida*).

co.mis.são *sf* **1**. Conjunto de pessoas encarregadas de determinado trabalho ou missão; comitê. **2**. Quantia que se cobra pela realização de determinada operação comercial que normalmente é uma percentagem do total da operação. · V. **comissionado**.

co.mis.sá.rio *sm* **1**. Aquele que exerce uma comissão. **2**. Autoridade policial. **3**. Aquele que é encarregado de um serviço temporário e específico. **4**. Aquele que compra e/ou vende por comissão. **5**. Funcionário das companhias aéreas encarregado de prestar assistência aos passageiros a bordo. **6**. Oficial da marinha mercante encarregado de certos serviços administrativos. → **comissariado** *sm* (**1**. local ou repartição pública onde o comissário exerce as suas funções; **2**. cargo ou função de comissário).

co.mis.si.o.na.do *adj* e *sm* **1**. Que ou aquele que recebeu uma comissão. **2**. Que ou aquele que recebeu uma missão ou está ocupando um cargo temporariamente.

co.mis.si.o.nar *v* **1**. Conferir poderes a, para realizar alguma missão ou negociação; nomear como comissário: *o governo só comissiona pessoal idôneo e capaz*. **2**. Dar ou pagar comissão (3) a: esta editora comissiona todos os seus vendedores. **3**. Exigir a providência de; dar ordem para providenciar: *o gerente comissionou um quadro para o lobby do hotel*. **4**. Pôr em serviço (navio ou submarino): *em 1954, a Marinha americana comissionou o Nautilus, primeiro submarino nuclear*. **5**. Confiar a (alguém) tarefa temporária: *o pai comissionou o filho mais velho do cuidado com os irmãos, na praia*. → **comissionamento** *sm* (ato ou efeito de comissionar).

co.mis.su.ra *sf* Região de um tecido onde se encontram duas porções de um órgão, formando ângulo. → **comissural** *adj* (rel. a comissura).

co.mi.tê *sm* **1**. Comissão (1). **2**. Lugar em que um candidato a cargo público faz a sua sede temporária, para receber os eleitores, preparar a campanha, etc.

co.mi.ti.va *sf* Conjunto de pessoas que acompanham figura importante; séquito.

commodity [ingl.] *sf* **1**. Qualquer item que serve, no comércio, para compra e venda; mercadoria. // *sfpl* **2**. Produtos diários de consumo. · Pl.: *commodities*. · Pronuncia-se *komóditi*.

communifaking [ingl.] *sm* Simulação de conversa ao telefone celular ou que está enviando alguma mensagem por ele, para evitar ser incomodado. · Pl.: *communifakings*. · Pronuncia-se *komiúni-fêikin*.

co.mo *conj* **1**. Conforme, consoante, segundo: *fiz tudo como me pediram*. **2**. Porque, já que: *como era amigo do delegado, recebia atendimento especial*. **3**. Da mesma forma que: *essa mulher fala como papagaio*. **4**. Na qualidade de; enquanto: *como policial, não podia permitir aquele assalto*. // *adv* **5**. De que maneira ou condição: *como faremos isso?; como foram suas férias?; como você está se sentindo?; como foi seu voo?* **6**. Quanto: *como é linda essa mulher! 7*. Por que preço; a quanto: *como está o alface?* // *pron* **8**. Pelo qual: *não entendi a maneira como isso foi feito*.

co.mo.ção *sf* **1**. Abalo violento e repentino sofrido pela alma ou pelo físico; estado de quem sofreu forte choque ou abalo emocional: *a morte do piloto causou comoção nacional*. **2**. *P.ext.* Turbulência ou agitação grave dos ânimos; revolta: *a abrupta renúncia do presidente causou comoção nacional*. [Não se confunde (1) com *emoção*; a *comoção* está relacionada com algo triste ou fúnebre, diferentemente da *emoção*. A chegada de um querido presidente a sua cidade é motivo de *emoção*; a chegada do mesmo presidente, morto, é razão de compreensível *comoção*.) → **comocional** *adj* (**1**. rel. a comoção; **2**. que provoca comoção), que não se confunde com *emocional*; **comovido** *adj* (tomado de comoção; abalado, chocado), que não se confunde com *emocionado*: ninguém fica *comovido* com um gol de sua equipe, mas *emocionado*; ninguém fica apenas *emocionado* com um acidente em que toda uma equipe desaparece num acidente de avião, motivo de *comoção* não apenas nacional.)

cô.mo.da *sf* Móvel com gavetas de alto a baixo, próprio para guardar camisas, meias, etc.

co.mo.dis.ta *adj* **1**. Relativo ao comodismo. // *adj* e *s2gên* **2**. Que ou pessoa que só pensa no seu bem-estar e comodidade, pouco se importando com os outros; egoísta. → **comodismo** *sm* (qualidade ou condição de quem é comodista; egoísmo).

cô.mo.do *adj* **1**. Que é confortável. // *sm* **2**. Cada uma das partes de uma casa; aposento, dependência. → **comodidade** *sf* (qualidade do que é cômodo).

co.mor.bi.da.de *sf* **1**. Ocorrência simultânea de duas ou mais doenças ou condições médicas em um paciente. **2**. Doença ou condição médica simultaneamente presente com outra(s) em um paciente. → **comórbido** *adj* (diz-se das doenças ou condições médicas presentes simultaneamente em um paciente: *insônia e ansiedade comórbidas*).

co.mo.ver *v* Causar comoção a; abalar o espírito de; perturbar a sensibilidade de; impressionar vivamente: *a morte do Papa comoveu o mundo*. **comover-se** (sentir comoção; ficar vivamente impressionado ou abalado; sensibilizar-se): *comoveu-se com a morte do Papa*. → **comovedor** (ô) ou **comovente** *adj* (que comove).

compact disc [ingl.] *loc sm* V. **CD**. · Pronuncia-se *kompákt dísk*.

com.pac.to *adj* **1**. Que tem seus elementos ou moléculas muito juntos, unidos; comprimido. **2**. Diz-se do que é espesso e funcional. // *sm* **3**. Pequeno disco fonográfico, gravado em 33 ou em 45 rotações. → **compacidade** *sf* (qualidade do que é compacto); **compactação** *sf* (ato, operação ou efeito de compactar); **compactar** *v* (tornar compacto ou comprimido; comprimir).

com.pac.tu.ar *v* **1**. Associar-se a outrem com propósitos escusos: fazer pacto escuso. **2**. Concordar tacita ou ilicitamente, colaborando materialmente, moralmente, etc. ou não:

aceitar passivamente. → **compactuação** *sf* (ato ou efeito de compactuar).

com.pa.de.cer-se *v* Sentir compaixão, condoer-se: *a morte não se compadece de ninguém.* · V. **compassível**. → **compadecido** *adj* (que se compadece); **compadecimento** *sm* (ato de compadecer-se; compaixão).

com.pa.dre *sm* **1**. Padrinho, em relação aos pais do afilhado. **2**. Pai do afilhado, em relação aos padrinhos. **3**. Amigo íntimo. **4**. Tratamento afetuoso dado a velhos conhecidos, princ. no interior do Brasil. · V. **comadre**. → **compadresco** (ê) *adj* e *sm* (**1**. rel. a relações entre compadres; **2**. característico ou próprio de compadre: *favor compadresco*) e *sm* (compadrio); **compadrio** *sm* (**1**. relações entre compadres; **2**. amizade, cordialidade).

com.pai.xão *sf* Sentimento de tristeza ou de profundo pesar que nos causa o mal sofrido por alguém; dó, pena, piedade. · V. **compassivo**.

com.pa.nha *sf* **1**. Tripulação de navio. **2**. Grupo de pescadores que se reúnem em associação.

com.pa.nhei.ro *adj* e *sm* **1**. Que ou o que acompanha; camarada. // *sm* **2**. Amante, amásio. → **companheirismo** *sm* (convívio amigo e cordial, próprio de companheiros).

com.pa.nhi.a *sf* **1**. Ato de acompanhar; acompanhamento. **2**. Presença de alguém. **3**. Grupo de soldados comandados por um capitão. **4**. Grupo de pessoas que se reúnem para uma finalidade permanente. (Pronuncia-se o *nh* como se faz em *acompanha* e em *companheiro*.)

côm.par *adj* **1**. Igual, idêntico: *viver situações cômpares.* **2**. Diz-se do tom que acompanha outro, em música. · Antôn. (1): *dispar*.

com.pa.rar *v* **1**. Confrontar (coisas), para conhecer suas semelhanças ou suas diferenças; cotejar: *comparar preços*. **comparar-se 2**. Igualar-se: *não me comparo com vocês*. **3**. Assemelhar-se em qualidade ou talento: *os carros japoneses não se comparam aos nacionais.* → **comparação** *sf* (ato de comparar; confronto; paralelo); **comparativo** *adj* e *sm* (que ou grau que serve para comparar).

com.pa.re.cer *v* **1**. Apresentar-se pessoalmente, em local determinado: *o juiz o intimou a comparecer ao fórum.* **2**. Estar presente em algum acontecimento ou lugar: *compareci à festa.* → **comparecimento** *sm* (ato de comparecer).

com.par.sa *s2gên* **1**. Pessoa que tem participação secundária em qualquer coisa. **2**. Figurante, em cinema, teatro e televisão. **3**. Companheiro(a) para más ações. · Col.: *comparsaria*.

com.par.ti.lhar *v* **1**. Participar de, compartir: *compartilhar as alegrias de alguém.* **2**. Repartir, dividir: *compartilhar os lucros.* → **compartilhamento** *sm* (ato ou efeito de compartilhar).

com.par.ti.men.to *sm* Cada uma das divisões de qualquer coisa. → **compartimentar** *v* (dividir em compartimentos).

com.par.tir *v* Compartilhar: *compartir as alegrias de alguém; compartir os lucros*.

com.pas.sa.gei.ro *sm* Aquele que viaja em companhia de outro(s).

com.pas.sar *v* Ritmar, cadenciar: *compassar a respiração.* → **compassado** *adj* (ritmado, cadenciado).

com.pas.sí.vel *adj* Que facilmente se compadece; sensível.

com.pas.si.vo *adj* Que tem ou revela compaixão. → **compassividade** *sf* (qualidade ou caráter de quem é compassivo).

com.pas.so *sm* **1**. Instrumento de duas hastes móveis, ligadas superiormente, que serve para traçar círculos, tirar medidas, etc. **2**. Medida dos tempos, em música.

com.pa.tí.vel *adj* Que pode conviver ou coexistir sem nenhum problema. → **compatibilidade** *sf* (qualidade do que é compatível); **compatibilizar(-se)** *v* [tornar(-se) compatível, harmonizar(-se)].

com.pa.trí.cio *adj* e *sm* ou **com.pa.tri.o.ta** *adj* e *s2gên* Que ou o que nasceu na mesma pátria; conterrâneo(a).

com.pe.lir *v* Obrigar, coagir, forçar: *o pai da moça compeliu o rapaz a casar.* · Conjuga-se por *ferir*. · V. **compulsão**.

com.pên.dio *sm* **1**. Exposição sucinta de alguma coisa; resumo, síntese. **2**. Livro de textos escolar. → **compendiar** *v* (**1**. reduzir a compêndio; **2**. resumir, sintetizar); **compendioso** (ô; pl.: ó) *adj* (que contém apenas o essencial de uma matéria; sucinto).

com.pe.ne.trar(-se) *v* Convencer(-se) intimamente: *o professor compenetrou os alunos da importância do estudo; os alunos se compenetraram da importância do estudo.* → **compenetração** *sf* [ação de compenetrar(-se)]; **compenetrado** *adj* (**1**. convencido intimamente; **2**. muito sério, sisudo).

com.pen.sa.do *sm* Chapa formada de várias folhas finas de madeira, coladas e prensadas juntas, com os fios ou veios cruzados, para oferecer maior resistência, usada na indústria moveleira. // *adj* **2**. Diz-se dessa chapa: *madeira compensada*. **3**. Que se compensou: *cheque compensado*.

com.pen.sar *v* **1**. Recompensar: *a aprovação compensou os dias e noites de estudo.* **2**. Indenizar, ressarcir: *compensar o prejuízo causado a alguém.* **3**. Pagar (cheque de outro estabelecimento bancário). **4**. Substituir, suprir: *a abundância de chope compensou a escassez de carne, no churrasco.* → **compensação** *sf* (ação de compensar); **compensatório** *adj* (**1**. que compensa ou contém compensação; **2**. rel. a compensação).

com.pe.ten.te *adj* e *s2gên* **1**. Que ou pessoa que realiza muito bem uma atividade intelectual ou profissional. // *adj* **2**. Que tem autoridade para resolver determinado assunto. → **competência** *sf* (**1**. capacidade que decorre de profundo conhecimento que alguém possui sobre determinado assunto: *temos de recorrer à competência de um especialista*; **2**. legitimação de uma autoridade pública de julgar ou apreciar determinados assuntos; **3**. alçada: *não me parece da competência desse juiz julgar esse caso*).

com.pe.ti.ção *sf* **1**. Oposição ou rivalidade entre duas ou mais pessoas, empresas instituições ou Estados, por conseguir a mesma coisa. **2**. Disputa por algum prêmio, troféu, etc. · V. **competitivo**.

com.pe.tir *v* Rivalizar, disputar: *o Japão compete com os Estados Unidos na produção de automóvel.* · Conjuga-se por *ferir*. → **competitividade** *sf* (qualidade ou condição do que ou de quem é competitivo); **competitivo** *adj* (**1**. rel. a competição; **2**. que envolve competição; **3**. que participa de competição; **4**. diz-se do produto que tem capacidade para competir com similares, em preço ou em qualidade; que está apto a concorrer comercialmente).

com.pi.lar *v* **1**. Reunir metodicamente (textos de autores diversos), para compor uma única obra; coligir: *compilar pensamentos.* **2**. Em informática, converter (programa desenvolvido em linguagem de alto nível) para a linguagem de computador. → **compilação** *sf* (ato ou efeito de compilar); **compilador** (ô) *adj* e *sm* (que ou aquele que compila); **compilatório** *adj* (rel. a compilação).

com.pla.cên.cia *sf* Tendência de uma pessoa de procurar fazer os gostos e desejos de outrem, para ser agradável; tolerância, condescendência. → **complacente** *adj* (que tem complacência ou a apresenta).

com.plei.ção *sf* **1**. Cor natural; aparência saudável da pele (princ. facial), resultante do bom estado de saúde. **2**. *P.ext.* Aparência, aspecto. → **compleicional** *adj* (rel. a compleição).

com.ple.men.tar *adj* **1**. Que complementa ou serve para complementar. // *v* **2**. Completar, inteirar: *o salário do filho complementa a renda da família.* → **complementação** *sf* (ato ou efeito de complementar); **complementaridade** *sf* (qualidade do que é complementar).

com.ple.men.to *sm* **1**. Coisa que se acrescenta, para completar ou inteirar outra; complementação. **2**. Termo gramatical que completa o sentido de outro. → **complementação** *sf* [complemento (1)].

com.ple.to *adj* **1**. Que tem todos os elementos necessários ou possíveis. **2**. Que tem todas as qualidades desejáveis; perfeito. **3**. Inteiro, total. → **completar** *v* (**1**. inteirar; **2**. terminar, concluir); **completitude** ou **completude** *sf* (qualidade ou estado do que é completo).

com.ple.xo (x = ks) *adj* **1**. Que é completo ou está composto de elementos diversos. **2**. Difícil de entender; confuso, complicado. // *sm* **3**. Conjunto de várias coisas que têm alguma ligação entre si. **4**. Conjunto de sentimentos e tendências que determinam a personalidade de cada ser humano e determinam suas ações e pensamentos. → **complexidade** (x = ks) ou **complexidão** (x = ks) *sf* (qualidade do que é complexo).

compliance [ingl.] *sm* Observância no cumprimento dos atos, normas, regimentos e leis estabelecidos numa empresa interna e externamente, a fim de proporcionar segurança e minimizar riscos. · Pronuncia-se *kampláians*.

com.pli.car(-se) *v* **1**. Tornar(-se) confuso ou difícil de entender: *complicar uma explicação.* **2**. Tornar(-se) grave ou pior; agravar(-se): *o escândalo complicou a crise no governo; a situação do governo se complica a cada dia.* → **complicação** *sf* [ato ou efeito de complicar(-se)]; **complicado** *adj* (**1**. que tem complicação; **2**. difícil de entender; complexo).

com.plô *sm* **1**. Trama secreta de um grupo contra uma autoridade constituída ou contra o Estado. **2**. Qualquer tramoia realizada por pessoas, para prejudicar outrem.

com.por *v* **1**. Formar (um todo) juntando diferentes partes: *compor um quebra-cabeça*. **2**. Criar, produzir: *compor um poema*. **3**. Dispor com certa arte, arrumar, arranjar: *compor o penteado*. **4**. Formar, constituir: *compor um júri*. · Antôn. (1): *decompor*. · V. **composição**. → **componente** *adj* e *sm* (que ou o que serve para compor algo).

com.por.ta *sf* Porta móvel de barragem, represa, eclusa, etc.

com.por.tar *v* **1**. Poder conter em si: *meu carro só comporta duas pessoas*. **comportar-se 2**. Ter determinado desempenho; conduzir-se, proceder: *comportei-me como cavalheiro*. **3**. Ter modos: *se você não se comportar, vai apanhar, menino!* → **comportado** *adj* (bem-comportado); **comportamento** *sm* (modo de se comportar; procedimento moral e social; conduta).

com.po.si.ção *sf* **1**. Ato ou efeito de compor. **2**. Obra literária, musical ou científica. **3**. Exercício de redação. **4**. Conjunto de carros ferroviários com a locomotiva; trem. **5**. Acordo, conciliação.

com.po.si.tor (ô) *sm* Aquele que compõe música ou textos tipográficos.

com.pos.to (ô; pl.: ó) *adj* e *sm* Que ou o que é formado de diversas partes ou de vários elementos.

com.pos.tu.ra *sf* Correção com que nos compomos física e moralmente, para manter a decência conveniente com os outros; decoro.

com.po.ta *sf* Doce de frutas conservado em calda de açúcar. → **compoteira** *sf* (vasilha para compota).

com.prar *v* **1**. Trocar dinheiro por (alguma coisa): *comprar uma casa*. **2**. Corromper com dinheiro; subornar: *comprar um fiscal*. **3**. Retirar (certa carta do baralho). · Antôn. (1): *vender*. → **compra** *sf* (**1**. ato de comprar; **2**. a coisa comprada; **3**. corrupção ativa; suborno; **4**. ato de tirar do baralho certo número de cartas, em alguns jogos), de antôn. (1) *venda*; **comprador** (ô) *adj* e *sm* (que ou aquele que compra).

com.pra.zer *v* **1**. Fazer o gosto ou a vontade: *esforçar-se para comprazer aos pais*. **2**. Condescender, transigir: *comprazer a um convite*. **comprazer-se 3**. Deleitar-se; achar prazer: *comprazer-se em fazer o bem*. → **comprazimento** *sm* (ato de comprazer).

com.pre.en.der *v* **1**. Conter em si; abarcar, abranger: *o Brasil compreende mais de 5.500 municípios*. **2**. Ser compreensivo com: *pai que compreende os filhos*. **3**. Perceber, entender: *não compreendi o que você disse*. → **compreensão** *sf* (faculdade de compreender); **compreensível** *adj* (**1**. que pode ser compreendido, entendido ou percebido; inteligível: *uma teoria compreensível; ele não foi trabalhar por uma razão compreensível: estava doente*; **2**. que se justifica; justificável, natural: *é compreensível que ele se preocupe com a sua saúde*); **compreensivo** *adj* (diz-se da pessoa que aceita com indulgência as razões, explicações e dificuldades das pessoas).

com.pres.sa *sf* Pedaço de pano dobrado que se coloca sobre a parte dolorida do corpo.

com.pres.são *sf* Ato ou efeito de comprimir(-se).

com.pres.sor (ô) *adj* e *sm* Que ou o que comprime.

com.pri.do *adj* Que tem muito comprimento ou muita duração; longo. · Antôn.: *curto*.

com.pri.men.to *sm* **1**. Distância entre o começo e o fim de alguma coisa. **2**. Altura, tamanho. (Não se confunde com *cumprimento*.)

com.pri.mi.do *adj* **1**. Que sofreu compressão ou que se comprimiu. // *sm* **2**. Medicamento em forma de pastilhas.

com.pri.mir *v* **1**. Exercer pressão sobre (qualquer coisa), para reduzir seu volume: *comprimir uma esponja*. **2**. Pressionar (alguma coisa), apertar: *comprimir o botão do elevador*. **3**. Encolher, contrair: *comprimir os músculos da barriga, para não mostrar obesidade*. **4**. Tornar mais compacto; compactar: *comprimir dados do computador*. **comprimir-se 5**. Apertar-se, espremer-se: *comprimir-se num ônibus superlotado*. · Antôn. (1): *dilatar*. · V. **compressão**, **comprimido** e **compressor**.

com.pro.ba.tó.rio *adj* V. **comprovar**.

com.pro.me.ter *v* **1**. Expor a risco; arriscar: *as drogas comprometem a saúde*. **comprometer-se 2**. Assumir compromisso: *comprometi-me a ficar com ela*. → **comprometedor** (ô) *adj* (que compromete ou expõe a risco); **comprometido** *adj* (que já tem um compromisso; que não está livre; compromissado, de antôn. *livre*; **comprometimento** *sm* [ato de comprometer(-se)].

com.pro.mis.so *sm* **1**. Obrigação, geralmente de caráter social, que se assume com alguém: *hoje tenho um compromisso, não posso atendê-la*. **2**. Aliança; acordo; pacto: *ele já assumiu esse compromisso político*. **3**. Promessa formal; comprometimento: *vou assumir um compromisso com você de não procurar outro profissional*. → **compromissado** *adj* (comprometido); **compromissar(-se)** [comprometer(-se)]; **compromissário** *adj* (rel. a compromisso); **compromitente** *adj* e *s2gên* (que ou pessoa que assume compromisso).

com.pro.var *v* **1**. Dar prova de (alguma coisa), ser testemunha de, confirmar: *meu amigo comprovou que eu não bebi*. **2**. Mostrar com clareza; demonstrar: *ele comprovou que é honesto*. → **comprovação** ou **comprobação** *sf* (ato ou efeito de comprovar); **comprovante** ou **comprobante** *adj* e *sm* (que ou documento que comprova alguma coisa); **comprovativo** ou **comprobativo**, **comprovatório** ou **comprobatório** *adj* (que comprova ou que serve para comprovar).

com.pul.são *sf* **1**. Ato ou efeito de compelir. **2**. Imposição ou exigência interna irresistível que faz com que o indivíduo seja levado a realizar certa coisa, a agir de determinada forma, etc. **3**. Ato de tribunal superior para obrigar o de instância inferior a cumprir o seu despacho. → **compulsivo** *adj* (**1**. rel. a compulsão; **2**. que não se pode controlar; incontrolável, irreprimível).

com.pul.sar *v* Manusear, examinar, lendo: *compulsar obras raras*. → **compulsação** *sf* (ato ou efeito de compulsar), que não se confunde com *compulsão* (de **compelir**).

com.pul.só.rio *adj* Que compele ou obriga a fazer algo; obrigatório por lei: *em ditaduras se estabelece o silêncio compulsório dos cidadãos*. → **compulsória** *sf* (**1**. ato de tomar conta dos registros e minutas por mandado judicial; **2**. determinação judicial ou disposição legal que obriga funcionários civis ou militares a aposentadoria ou reforma; **3**. ordem de juízo superior para o inferior).

com.pun.gir *v* **1**. Excitar à compunção. **compungir(-se) 2**. Enternecer(-se), sensibilizar(-se) com os males alheios. → **compunção** *sf* ou **compungimento** *sm* (**1**. sentimento de pesar e arrependimento experimentado depois de uma falta ou pecado cometido; contrição; **2**. sentimento de pena, dó ou tristeza experimentado ante a desgraça alheia; compaixão, piedade; **3**. ar de falsa seriedade estampado no rosto de uma pessoa); **compungitivo** *adj* (que compunge).

com.pu.ta.ção *sf* **1**. Ato ou efeito de computar; cálculo. **2**. Ciência relativa ao uso de computadores. **3**. Processamento de dados. → **computacional** *adj* (**1**. rel. à computação ou a computadores; **2**. que envolve o uso de computador; **3**. rel. ou pert. ao conjunto de operações matemáticas ou lógicas que se executam por meio de regras previamente estabelecidas). ·· **Computação gráfica**. Técnica que consiste na criação de imagens que possuem forma e movimento calculados automaticamente pelo computador, largamente utilizada na televisão e no cinema, para produzir quadros e diagramas animados. ·· **Computação quântica**. Tecnologia que busca realizar tarefas e resolver problemas extremamente difíceis ou até impossíveis para os supercomputadores convencionais, mediante uma abordagem de computação fundada em uma unidade básica completamente diferente; os *qubits*, em vez dos *bits*: *A computação quântica está impulsionando novas descobertas em saúde, energia, sistemas ambientais, materiais inteligentes e muito, muito mais*.

com.pu.ta.dor (ô) *sm* **1**. Aquele que faz cômputos ou cálculos, calculista. **2**. Aparelho eletrônico que executa com enorme velocidade as instruções que recebe. · Fem.: *computadora* (ô). → **computadorização** *sf* (ato ou efeito de computadorizar); **computadorizar** *v* [**1**. computar (dados) **computadorizar(-se) 2**. equipar(-se) com computador(es)]. ·· **Computador quântico**. Computador que consegue realizar em três minutos e vinte segundos o que o computador mais rápido do mundo levaria dez mil anos para realizar.

com.pu.tar *v* **1**. Fazer o cômputo ou cálculo de, calcular: *computar as despesas domésticas*. **2**. Determinar pelo uso de um computador: *computar dados*. **3**. Fazer constar; incluir, contar: *esqueci de computar os gastos com médico entre as minhas despesas*. · V. **computação**. → **cômputo** *sm* (ato ou efeito de computar; cálculo, contagem).

co.mum *adj* **1**. Que é de muitos ou de todos. **2**. Sem nenhuma sofisticação; simples. **3**. Sem nenhuma expressão ou significado; insignificante. **4**. Corriqueiro, frequente. **5**. Diz-se de substantivo que designa todos os seres de sua espécie (em oposição a *próprio*). // *sm* **6**. O normal, o habitual. ·· **Comum de dois**. Que ou substantivo que tem uma só forma para ambos os gêneros (p. ex.: *o/a dentista*). ·· **Comum de dois gêneros**. Substantivo comum de dois: Dentista *é um comum de dois gêneros*.

co.mu.na *sf* **1**. Cidade ou vila que, na Idade Média, emancipava-se do jugo feudal e tornava-se autônoma, regendo-se por leis próprias. **2**. Divisão territorial na França, correspondente a município. **3**. Governo exercido nessa divisão territorial. **4**. *Pop.Pej.* Abreviação de *comunista*. → **comunal** *adj* (rel. ou pert. a comuna) e *s2gên* (habitante de uma comuna; comuneiro); **comuneiro** *sm* (comunal).

co.mun.gar *v* Receber o sacramento da comunhão do padre: *comungo todos os domingos*. → **comunhão** *sf* [**1**. ato ou efeito de comungar; **2**. participação comum; **3**. sacramento da Eucaristia; **4**. recepção desse sacramento; **5**. antífona entoada pelo coro, enquanto o padre comunga); **comunial** *adj* (rel. a comunhão).

co.mu.ni.car *v* **1**. Fazer saber, cientificar, certificar, informar: *comuniquei o roubo à polícia*. **comunicar-se 2**. Entrar em contato com alguém, corresponder-se: *ele diz que se comunica com os ETs!* → **comunicação** *sf* [**1**. ato ou efeito de comunicar(-se); **2**. informação, aviso, comunicado] e *sfpl* (conjunto de veículos que faz circular informações numa sociedade); **comunicado** *sm* [comunicação (2)]; **comunicador** (ô) *adj* (que comunica ou que serve para comunicar) e *sm* (**1**. dispositivo que transmite movimento motor a uma máquina; **2**. aquele que apresenta um programa de televisão ou de rádio; animador, apresentador; **3**. aquele que é versado em comunicação; comunicólogo; **4**. aquele que, no processo da comunicação, exerce a função de emissor ou fonte); **comunicante** *adj* e *s2gên* (que ou pessoa que comunica) e *adj* (diz-se dos vasos sanguíneos ou nervos que ligam vários troncos importantes); **comunicatividade** *sf* (qualidade de comunicativo); **comunicativo** *adj* (que estabelece comunicação com facilidade; que gosta de falar com os outros; sociável); **comunicável** *adj* (que se pode comunicar); **comunicólogo** *sm* (aquele que se especializou em comunicações e artes ou apenas em comunicação; comunicador).

co.mu.ni.da.de *sf* **1**. Grupo de pessoas que vivem numa determinada área ou lugar, ou que são consideradas uma unidade, por terem os mesmos interesses, a mesma religião, etc.: *ele é bem conhecido na comunidade local; a comunidade científica; a comunidade religiosa*. **2**. *P.ext.* Conjunto de todas as coisas vivas que vivem em uma determinada área. **3**. Grupo de nações com uma história comum ou com interesses sociais, econômicos e políticos comuns: *a comunidade da Europa Ocidental*. **4**. A sociedade em geral: *as necessidades da comunidade; seu maior objetivo é servir à comunidade*. **5**. Conjunto de deveres ou de obrigações. **6**. Conformidade, similaridade, identidade: *comunidade de interesses*. **7**. Favela (2). · V. **comunitário**.

co.mu.nis.mo *sm* Sistema socioeconômico e político que elimina a liberdade, a propriedade privada e o lucro. → **comunista** *adj* (rel. ou pert. a comunismo) e *adj* e *s2gên* (simpatizante ou membro de partido comunista).

co.mu.ni.tá.rio *adj* Relativo ou pertencente à comunidade social: *trabalho comunitário*. ·· **Centro comunitário**. Lugar de encontro, usado por membros de uma comunidade, com objetivos sociais, culturais e recreativos.

co.mu.tar *v* **1**. Mudar (qualquer punição) por uma forma menos severa ou mais branda: *o juiz não quis comutar a pena*. **2**. Trocar, permutar: *eles vêm à feira para comutar produtos da terra*. → **comutação** *sf* (ato ou efeito de comutar; troca; permuta); **comutador** (ô) *adj* e *sm* (que ou o que comuta) e *sm* (chave que liga ou desliga uma corrente elétrica; interruptor); **comutativo** *adj* (permutável); **comutatriz** *sf* (aparelho elétrico que converte a corrente alternada em contínua e vice-versa).

co.na.ção *sf* Processo mental caracterizado por desejos, impulsos, vontades e esforços (em oposição a *cognição*). ·· **Função conativa** (ou **apelativa**). Função da linguagem que, centrada no receptor da mensagem, visa a uma atitude ou tomada de posição por parte do interlocutor ou receptor; por isso, o texto é geralmente persuasivo, sedutor (p. ex.: *Você acredita que haja vida em Marte?*).

CONAR ou **Conar** *sm* Acrônimo de Conselho Nacional de Autorregulamentação Publicitária, órgão criado para analisar anúncios comerciais e decidir se são idôneos ou não, ou seja, se há propaganda enganosa ou não.

con.ca.te.nar *v* Estabelecer ligação ou relação entre as partes de um todo; encadear: *concatenar ideias*. → **concatenação** *sf* ou **concatenamento** *sm* (ato ou efeito de concatenar).

côn.ca.vo *adj* Que tem o meio mais fundo que as extremidades. · Antôn.: *convexo*. → **concavidade** *sf* (**1**. estado de côncavo; **2**. parte côncava de alguma coisa; cavidade), de antôn. *convexidade*.

côn.ca.vo-côn.ca.vo *adj* Côncavo dos dois lados; bicôncavo. · Pl.: *côncavo-côncavos*.

côn.ca.vo-con.ve.xo (x = ks) *adj* Côncavo de um lado e convexo do outro. · Pl.: *côncavo-convexos*.

con.ce.ber *v* **1**. Dar origem a; gerar: *conceber um filho*. **2**. Formar na cabeça a ideia de (alguma coisa); imaginar, idealizar: *conceber um plano*. **3**. Crer que (uma coisa) é possível; aceitar, admitir: *não concebo um homem morrer por causa de vinte reais*. · V. **concepção**. → **concebível** *adj* (**1**. que se pode conceber, aceitar ou admitir; aceitável, admissível; **2**. imaginável), de antôn. *inconcebível*.

con.ce.der *v* **1**. Permitir, consentir: *o juiz concedeu que o réu entrasse*. **2**. Tornar disponível; disponibilizar: *conceder um empréstimo*. **3**. Dar (aquele que tem autoridade ou poder para tal); outorgar: *esse presidente não é de conceder entrevistas; o Brasil concedeu liberdade a todos os escravos em 1888*. **4**. Fazer o favor ou a gentileza de permitir ou aceitar: *a moça lhe concedeu uma dança*. **5**. Aceitar o que outrem afirma, numa discussão; dar: *eu te concedo a razão neste caso*. **6**. Concordar, anuir: *o presidente concedeu que fosse retirado o imposto*.

con.cei.to *sm* **1**. Ideia de alguma coisa, formada pela combinação mental de todas as suas características ou particularidades; noção geral. **2**. Opinião. **3**. Reputação, fama. **4**. No sistema escolar, avaliação do desempenho de um aluno ou educando.

con.cei.tu.ar *v* **1**. Dar o significado de; definir: *não é fácil conceituar tempo*. **2**. Conceituar com o bom ou o mau conceito de: *essa atitude o conceituou muito bem na sociedade*. **3**. Dar nota ou conceito a: *conceituar um aluno*. **4**. Formar conceito ou opinião sobre; avaliar: *como conceituar essas telenovelas*. → **conceituação** *sf* (ato ou efeito de conceituar); **conceituado** *adj* (de boa fama; respeitado: *cirurgião conceituado*).

con.ce.le.bra.ção *sf* **1**. Ato ou efeito de concelebrar. **2**. Missa celebrada por dois ou mais sacerdotes ao mesmo tempo, no mesmo altar. **concelebrante** *s2gên* (aquele que celebra junto; cooficiante); **concelebrar** *v* (**1**. celebrar em comum; comemorar juntamente; **2**. celebrar ofício litúrgico juntamente com outrem; cooficiar). · Pl.: *concelebrações*.

con.cen.trar *v* **1**. Reunir num mesmo ponto, centralizar: *concentrar tropas*. **2**. Tornar mais denso ou mais ativo, pela diminuição do volume, condensar: *concentrar um molho*. **3**. Promover a concentração (2) de: *o clube concentrou os jogadores numa chácara*. **concentrar-se 4**. Fixar a atenção: *concentrar-se nas aulas*. **5**. Reunir-se em um mesmo lugar: *os manifestantes se concentraram em frente à prefeitura*. **6**. Reunir-se por um período de tempo em determinado local, às vésperas de um jogo esportivo: *os jogadores já se concentraram para a partida decisiva*. → **concentração** *sf* [**1**. ato ou efeito de concentrar(-se); **2**. reunião de jogadores profissionais num local retirado, às vésperas de uma partida; **3**. esse local]; **concentrado** *adj* (**1**. que sofreu concentração; que teve algum líquido removido: *suco de laranja concentrado*; **2**. que não está espalhado; centralizado: *feixe de luz altamente concentrado*; **3**. intensivo, intenso: *trabalho que exige horas de esforço concentrado*; **4**. *fig.* absorto em pensamentos) e *sm* (alimento cujo teor de água foi total ou parcialmente reduzido: *um concentrado de tomate*).

con.cên.tri.co *adj* Diz-se de círculos, arcos, anéis, etc. que compartilham o mesmo centro (em oposição a *excêntrico*): *as trilhas de um disco rígido são concêntricas*. → **concentricidade** *sf* (qualidade ou caráter do que é concêntrico).

con.cep.ção *sf* **1**. Ato ou efeito de conceber. **2**. Geração de um ser vivo, pela fusão do espermatozoide com o óvulo; geração, fecundação. → **conceitual** ou **conceptual** *adj* (**1**. rel. a concepção; **2**. em que há concepção).

concept-car [ingl.] *sm* Carro-conceito. · Pl.: *concept-cars*. · Pronuncia-se *koncépt-kar*.

con.cer.nen.te *adj* Relativo, referente: *assunto concernente a futebol*. → **concernir** *v* (**1**. ter relação com; relacionar-se, referir-se: *ser reservado nos assuntos que concernem à vida íntima*; **2**. caber, competir, tocar: *a ele concerne tomar uma decisão*), que é verbo unipessoal (só se conjuga nas terceiras pessoas) e não tem particípio. ·· **No que concerne a**. No que se refere a; quanto a: *No que concerne ao aumento de salários, falo com vocês o ano que vem.*

con.cer.to (ê) *sm* **1**. Ato ou efeito de concertar. **2**. Apresentação pública de uma peça musical. **3**. Peça musical para um só instrumento, com acompanhamento orquestral. → **concertar** *v* (concordar: *todos concertaram no adiamento da partida*); **concertista** *s2gên* (pessoa que dá concertos).

con.ces.são *sf* **1**. Ato ou efeito de conceder. **2**. Permissão, licença. **3**. Direito que se obtém do Estado para exploração de riquezas minerais do subsolo, de serviços públicos, etc. → **concessionária** *sf* (empresa a que foi dada uma concessão); **concessionário** *adj* e *sm* (que ou aquele que recebe concessão); **concessivo** *adj* (1. rel. a concessão; concessório; **2**. diz-se de conjunção ou de oração que dá ideia de concessão); **concessório** *adj* [concessivo (1)].

con.cha *sf* **1**. Invólucro calcário do corpo de certos moluscos. **2**. Concreção córnea dos quelônios. **3**. Espécie de colher grande, com que se serve sopa. → **conchada** *sf* (conteúdo de uma concha); **conchado** *adj* (em forma de concha).

con.cha.vo *sm* Acordo pouco honesto para levar vantagem; cambalacho, maracutaia, trama. → **conchavar** *v* (combinar, ajustar: *conchavar um encontro*) **conchavar-se** (conluiar-se, mancomunar-se: *ela se conchavou com a amiga para me apanhar em flagrante, com outra*).

con.ci.da.dão *sm* Aquele que é da mesma cidade ou do mesmo país que outra pessoa. · Fem.: *concidadã*. · Pl.: *concidadãos*.

concierge [ingl.] *s2gên* Em hotelaria, pessoa encarregada dos serviços de bagagem, correspondência, reservas, etc. para os hóspedes, que também atende às solicitações especiais destes e é responsável pelos porteiros e mensageiros do hotel. · Pl.: *concierges*. · Pronuncia-se *kanciérj*.

con.ci.li.á.bu.lo *sm* Reunião secreta para tramar alguma coisa.

con.ci.li.ar *adj* **1**. Relativo a concílio. **conciliar(-se) 2**. Pôr(-se) de acordo, harmonizar(-se): *conciliar velhos inimigos; corintianos e palmeirenses vão conciliar-se um dia?* · Pl. (1): *conciliares*. → **conciliação** *sf* [ato ou efeito de conciliar(-se)]; **conciliador** (ô) *adj* e *sm* (que ou quem concilia); **conciliatório** *adj* (que concilia; conciliador).

con.cí.lio *sm* **1**. Reunião de bispos com o papa, para tratar de assuntos dogmáticos, doutrinários e disciplinares. **2**.*P.ext*. Qualquer reunião ou assembleia de pessoas convocada para consultas, deliberações e discussões.

con.ci.so *adj* Que expressa muito em poucas palavras; breve e preciso; sucinto: *ele me deu uma explicação concisa sobre o assunto; estilo conciso*. · Antôn.: *prolixo*. → **concisão** *sf* (qualidade do que é conciso; laconismo, brevidade), de antôn. *prolixidade*.

con.ci.tar *v* Excitar, estimular, incitar: *concitar velhas rivalidades; concitar os torcedores à invasão do gramado*. → **concitação** *sf* (ato ou efeito de concitar); **concitador** (ô) *adj* e *sm* (que ou aquele que concita; incitador, instigador).

con.cla.mar *v* **1**. Clamar simultaneamente: *os consumidores conclamam que vão ao boicote contra os preços altos.* **2**. Gritar em tumulto: *o povo conclamava que se crucificasse Jesus e libertasse Barrabás.* **3**. Aclamar, eleger: *a diretoria do clube conclamou o novo presidente.* **4**. Chamar a participar; convocar: *o presidente conclamou todos os cidadãos a lutar contra a inflação*. → **conclamação** *sf* (ato ou efeito de conclamar).

con.cla.ve *sm* Reunião de cardeais para a eleição do papa. → **conclavista** *adj* e *s2gên* (que ou cardeal que participa de um conclave).

con.clu.ir *v* **1**. Acabar, terminar: *concluir um trabalho*. **2**. Deduzir: *pelo seu sorriso, concluo que passamos no vestibular.* · Antôn. (1): *começar*. → **concludente** *adj* [conclusivo (2)]; **concluimento** *sm* ou **conclusão** *sf* (ato ou efeito de concluir), de antôn. *começo*; **conclusivo** *adj* (**1**. que põe fim a uma questão de modo decisivo, categórico, terminante; que encerra uma conclusão; **2**. que serve para pôr fim a dúvida, questão ou incerteza; decisivo, terminante, categórico, concludente); **concluso** *adj* (em direito, diz-se do processo que subiu à presença do juiz para despachar ou sentenciar).

con.co.mi.tan.te *adj* Que se produz ao mesmo tempo que outro. → **concomitância** *sf* (qualidade do que é concomitante; simultaneidade).

con.cor.dar *v* **1**. Pôr de acordo; conciliar: *é difícil concordar interesses opostos*. **2**. Pôr em concordância gramatical: *concordar o verbo com o sujeito*. **3**. Estar de acordo; convir: *todos concordaram em ajudar os pobres*. **4**. Ser da mesma opinião: *não concordo com vocês*. **5**. Estar em concordância gramatical: *o adjetivo concorda com o substantivo*. · Antôn. (1 e 3): *discordar*. → **concordância** *sf* (**1**. ato ou efeito de concordar; **2**. harmonia; conformidade, acordo: *a concordância de opiniões*; **3**.*gram.* harmonia de flexão entre as palavras: *a concordância do verbo com o sujeito*), de antôn. (1) *discordância* e *divergência*; **concorde** *adj* (que está de acordo: *os filhos estão concordes com a decisão dos pais*).

con.cor.da.ta *sf* Instituto jurídico que objetiva regularizar a situação econômica do comerciante devedor, evitando ou suspendendo a falência, hoje mais conhecido como *recuperação judicial*. → **concordatário** *adj* (rel. a concordata) e *sm* (negociante insolvente que pediu concordata).

con.cór.dia *sf* Estado de paz e harmonia no relacionamento entre as pessoas, princ. as que vivem juntas. · Antôn.: *discórdia*.

con.cor.rer *v* **1**. Candidatar-se: *concorrer a um emprego*. **2**. Competir: *concorremos com os gigantes do mercado*. **3**. Tomar parte em concurso, disputa ou competição: *concorrer ao prêmio da loteria, concorrer nas Olimpíadas*. **4**. Colaborar, contribuir, cooperar: *concorri para o seu sucesso*. **5**. Influir, contribuir: *vários fatores concorreram para que houvesse a enchente*. → **concorrência** *sf* (**1**. ato ou efeito de concorrer; **2**. disputa entre duas ou mais pessoas pelo mesmo objetivo; competição; **3**. disputa de mercado entre empresas que fabricam os mesmos produtos e oferecem os mesmos serviços; **4**. afluência simultânea de muitas pessoas a um mesmo local: *minhas festas sempre têm muita concorrência*); **concorrente** *adj* e *s2gên* (que ou o que concorre ou faz concorrência); **concorrido** *adj* (**1**. que exige espírito de competição: *as provas de fórmula 1 são muito concorridas*; **2**. que atrai muitas pessoas: *clube concorrido*).

con.cre.ção *sf* **1**. Ação de tornar algo concreto ou sólido, ou resultado de tal ação; concretização; solidificação. **2**. Massa arredondada de matéria mineral encontrada em rocha sedimentar. **3**. Massa sólida formada em uma cavidade ou tecido do corpo; cálculo, pedra: *concreções biliares*. → **concrecional** *adj* (rel. a concreção ou em que há concreção); **concrecionar** *v* (causar a formação de concreção).

con.cres.cên.cia *sf* **1**. Em biologia, desenvolvimento junto de partes, tecidos ou células relacionadas, como de um dente superposto a outro. **2**. Acúmulo de partículas físicas. → **concrescente** *adj* (**1**. em que há concrescência; **2**. que se forma dentro de um todo); **concrescer** *v* (**1**. crescer ligado, em conjunto ou aglutinado; **2**. crescer dentro de um todo; **3**. aderir, unir-se).

con.cre.tis.mo *sm* **1**. Teoria ou prática da poesia concreta. **2**. Representação de coisas abstratas como concretas. **3**. Escola de arte que procura apresentar obras concretas, isto é, que são uma realidade em si, sem partir da imitação da natureza. → **concretista** *adj* (rel. a concretismo) e *adj* e *s2gên* [que ou artista que é adepto(a) do concretismo].

con.cre.ti.zar(-se) *v* Tornar(-se) real, concreto; realizar-se: *quero concretizar meu sonho; meu sonho se concretizou*. → **concretização** *sf* [ato ou efeito de concretizar(-se); realização].

con.cre.to *adj* **1**. Que se percebe pelos sentidos; real. // *sm* **2**. Mistura de cimento, areia e pedra. · V. **concreção. concretagem** *sf* (ato ou efeito de concretar); **concretar** *v* (construir com concreto).

con.cu.bi.na *sf* Mulher que vive maritalmente com um homem, sem estar casada com ele; amante. → **concubinagem** *sf* ou **concubinato** (estado de um homem e de uma mulher que, não sendo legalmente casados, vivem maritalmente; mancebia); **concubinal** *adj* (rel. a concubina ou a concubinato); **concubinar-se** *v* (viver em concubinato, amigar-se); **concubinato** *sm* (estado de um homem e de uma mulher que convivem, sem estarem casados).

con.cu.nha.do *sm* Homem em relação a outro, quando as respectivas mulheres são irmãs.

con.cu.pis.cên.cia *sf* Atração irresistível pelos prazeres materiais ou sensuais: *os desejos da carne são comandados pela concupiscência; seu mal foi ter casado mais pela concupiscência do que pelo amor*. **2**. Apetite sexual intenso ou desenfreado; afrodisia: *nas praias cariocas, os olhos são os grandes motores da concupiscência*. **concupiscente** *adj* (cheio de desejo sexual: *os adolescentes são naturalmente concupiscentes; não há como controlar olhos concupiscentes nas praias cariocas nem sonhos concupiscentes*).

con.cur.so *sm* **1**. Ato ou efeito de concorrer. **2**. Exame a que só é admitido um determinado número de candidatos, com garantia de colocação a todos os aprovados. → **concursado** *adj* e *sm* (que ou aquele que prestou concurso para preencher um cargo ou para obter um prêmio); **concursar** *v* (submeter a concurso; admitir por concurso).

con.cus.são *sf* **1**. Choque ou pancada violenta na cabeça; golpe ou forte sacudida na cabeça ou qualquer golpe no corpo que faz com que a cabeça e o cérebro se movam abruptamente para frente e para trás: *concussão cerebral; o jogador ficou atordoado com a concussão recebida*. **2**. Efeito atordoante decorrente dessa pancada; inconsciência temporária ou confusão, provocada por esse choque: *não foi nada sério, o jogador teve apenas uma leve concussão*. **3**. Choque ou abalo violento causado pelo impacto de uma colisão, explosão, etc.; tremor: *a concussão da explosão foi sentida a vinte quilômetros de distância*. **4**. Crime cometido por funcionário público, ao exigir, para si ou para outrem, vantagem indevida, direta ou indiretamente, ainda que fora do cargo ou antes de assumi-lo, mas em razão desse cargo. → **concussionário** *adj* e *sm* (que ou aquele que, no uso das suas funções oficiais, exige indevidamente dinheiro ou outra coisa qualquer para fazer tal coisa); **concutir** *v* (**1**. bater violentamente em ou contra; socar; **2**. fazer tremer; abalar, sacudir; **3**. comover, chocar).

con.da.do *sm* V. **conde**.

con.dão *sm* **1**. Poder mágico. **2**. Dom, prerrogativa. • **Varinha de condão**. Varinha mágica.

con.de *sm* **1**. Título de nobreza, nos regimes monárquicos, entre marquês e visconde. **2**. Homem que detém esse título. • Fem.: *condessa* (ê). → **condado** *sm* (**1**. dignidade de conde; **2**. divisão territorial na Inglaterra e nos Estados Unidos).

con.de.co.rar *v* Premiar ou distinguir com medalha, condecoração ou outra insígnia que signifique honra ao mérito: *o presidente o condecorou três ou quatro vezes*. → **condecoração** *sf* (ato ou efeito de condecorar); **condecorativo** *adj* (rel. a condecoração ou que serve para condecorar).

con.de.nar *v* **1**. Declarar culpado: *o juiz condenou o réu*. **2**. Reprovar, censurar: *condeno o uso de drogas*. → **condenação** *sf* (ato ou efeito de condenar); **condenado** *adj* e *sm* (que ou quem sofreu condenação); **condenatório** *adj* (rel. a condenação); **condenável** *adj* (**1**. que merece condenação; **2**. passível de reprovação; reprovável, censurável).

con.den.sar *v* **1**. Fazer passar do estado de vapor ou de gás ao estado líquido ou sólido: *o frio condensou o orvalho*. **2**. Reduzir (um texto) ao mais importante; resumir, sintetizar: *condensar um romance*. **condensar(-se) 3**. Tornar(-se) denso ou mais grosso; engrossar(-se): *condensar(-se): os vapores se condensaram em nuvens*. → **condensação** *sf* [ato ou efeito de condensar(-se)]; **condensador** (ô) *adj* e *sm* (que ou aparelho que condensa) e *sm* (dispositivo usado para armazenar ou conservar energia elétrica; capacitor).

con.des.cen.dên.cia *s f* Transigência ou tolerância com os gostos, desejos ou maus comportamentos dos outros. • Antôn.: *intransigência*. → **condescendente** *adj* (que tem condescendência; tolerante, transigente), de antôn. *intransigente*; **condescender** *v* (ceder por bondade ou tolerância; transigir).

con.di.ção *sf* **1**. Situação ou posição social. **2**. Estado de uma pessoa ou coisa. **3**. Imposição que se faz a alguém; exigência. **4**. Algo necessário para que outra coisa se realize. → **condicional** *adj* (sujeito a condição: *liberdade condicional*), *sm* (tempo verbal, hoje chamado futuro do pretérito) e *sf* (**1**. redução de *liberdade condicional*, soltura antecipada de um preso, mediante certas condições; **2**. redução de *conjunção condicional*, conetivo que une a oração subordinada condicional à principal).

con.di.ci.o.nar *v* **1**. Pôr em estado conveniente: *condicionar o físico para a corrida*. **2**. Controlar ou regular a temperatura de (o ar), em recintos fechados, com aparelho apropriado. **3**. Estabelecer como condição: *o patrão condicionou o pagamento dos salários ao final da greve*. **4**. Influenciar psicologicamente, levando a certo comportamento: *a propaganda condiciona as pessoas a comprar os produtos*. **condicionar-se 5**. Adaptar-se: *não conseguir condicionar-se a clima frio*. → **condicionador** (ô) *adj* e *sm* (**1**. que ou produto que melhora o estado físico de alguma coisa: *pó condicionador; um condicionador de solo*; **2**. que ou produto que torna os cabelos mais macios, sedosos e fáceis de desembaraçar: *creme condicionador; um condicionador de boa marca*) e *sm* (redução de *condicionador de ar*, aparelho usado para regular a temperatura e a umidade de um ambiente); **condicionamento** *sm* (**1**. ato ou efeito de condicionar; **2**. processo pelo qual se estabelece um novo comportamento entre as pessoas, mediante o uso de um estímulo: *o condicionamento de consumidores pela propaganda*).

con.dig.no *adj* **1**. Proporcional ao merecimento: *punição condigna com o crime cometido*. **2**. Justo, devido, merecido: *todos os trabalhadores querem receber salários condignos*. **3**. Caracterizado pela dignidade ou honradez; digno, honrado: *todos devem ter condições condignas de vida*. **4**. Conveniente, adequado, apropriado: *todo animal merece um tratamento condigno*. → **condignidade** *sf* (qualidade ou condição do que é condigno).

côn.di.lo *sm* Protuberância arredondada do final de um osso, ao articular-se com outro. → **condiliano** ou **condilar** *adj* (rel. ou pert. a côndilo).

con.di.lo.ma *sm* Excrescência carnosa e dolorosa, geralmente na vulva, no ânus ou na glande peniana, característica da segunda fase da sífilis.

con.di.men.to *sm* Tudo o que torna a comida de cheiro ou sabor mais gostoso e mais nutritiva (pimenta, cebola, alho, salsa, etc.); tempero. → **condimentação** *sf* (ato ou efeito de condimentar; tempero); **condimentar** *adj* e *v* (a condimento) e *v* (pôr condimento em; temperar: *condimentar a comida*); **condimentício** ou **condimentoso** (ô; pl.: ó) *adj* (que condimenta ou que serve para condimentar).

con.dis.cí.pu.lo *sm* Colega de escola ou de classe.

con.di.zer *v* Estar de acordo ou em harmonia; ajustar-se, combinar: *seus gastos não condizem com o seu salário*. • Conjuga-se por *dizer*. → **condizente** ou **condicente** *adj* (que condiz; que está de acordo; que combina).

con.do.er *v* **1**. Despertar a compaixão ou pena de: *seu sofrimento me condoeu*. **condoer-se 2**. Ter pena ou dó: *todos se condoeram da sorte dos escravos*. → **condoimento** *sm* (sentimento de quem se condói; pena, dó).

con.do-ho.tel *sm* Hotel em condomínio. • Pl.: *condo-hotéis*.

con.do.lên.cia *sf* **1**. Sentimento de tristeza ou de pesar pelo sofrimento ou dor de outrem; compaixão, piedade. // *sfpl* **2**. Palavras que se dizem a alguém, para mostrar-lhe a tristeza sentida pela morte de um seu ente querido; pêsames. → **condolente** *adj* (pesaroso).

condom [ingl.] *sm* Camisa de vênus; camisinha, preservativo. • Pl.: *condoms*. • Pronuncia-se *kândam*.

con.do.mí.nio *sm* **1**. Domínio exercido juntamente com outro(s). **2**. Conjunto dos condôminos. **3**. Taxa de condomínio. → **condominial** *adj* (rel. a condomínio); **condômino** *sm* (**1**. dono junto com outro; **2**. coproprietário de edifício).

con.dor (ô) *sm* A maior ave de rapina existente, de cor negra, colar branco e pescoço, nuca e cabeça implumes. (Voz: *crocitar, grasnar*.) • Pl.: *condores* (ô).

con.do.rei.ris.mo *sm* Estilo literário que caracterizou a última fase do romantismo brasileiro, com excesso de imagens e comparações arrojadas. → **condoreiro** *adj* (diz-se desse estilo ou do poeta adepto desse estilo) e *sm* (esse poeta).

con.du.í.te *sm* Tubo, embutido ou não, usado em instalações elétricas.

con.du.ta *sf* Modo de agir de uma pessoa; comportamento, procedimento.

con.du.zir *v* **1**. Levar consigo, dirigindo: *conduzi-os até a porta de saída*. **2**. Guiar, dirigir: *conduzir um carro*. **conduzir-se 3**. Comportar-se, portar-se, proceder: *você se conduziu muito bem, parabéns!* → **condução** *sf* [**1**. ato ou efeito de conduzir(-se); **2**. meio de transporte]; **conducente** *adj* (que conduz a algum fim: *esse é o único método conducente a uma educação mais objetiva*); **condutância** *sf* (capacidade de um condutor de transmitir corrente); **condutibilidade** *sf* (propriedade que os corpos têm de conduzir ou transmitir calor, eletricidade, som, etc.); **condutividade** *sf* (qualidade de um corpo de ser condutor de energia); **condutivo** *adj* (que conduz ou que serve para conduzir); **conduto** *sm* (**1**. canal que conduz líquido, gás ou pó; **2**. nome que se dá a vários canais do organismo); **condutor** (ô) *adj* e *sm* (que ou aquele que conduz; líder, cabeça) e *sm* (**1**. motorista de veículo coletivo (ônibus, trem, etc.); **2**. aquele que dirige orquestra, banda, coro, etc., com batuta; maestro; **3**. corpo que conduz calor, eletricidade, som, etc.].

co.ne *sm* Objeto que tem uma base circular e termina em ponta; qualquer objeto cônico. • V. **cônico**.

co.nec.tar(-se) *v* Estabelecer conexão entre: *conectar um computador à Internet; conectar-se à Internet*. • V. **conexão**.

co.nec.ti.vo ou **co.ne.ti.vo** *sm* Vocábulo cuja função é ligar outras palavras, orações ou termos oracionais. → **conectividade** *sf* [**1**. qualidade ou estado do que é conectivo (1); **2**. capacidade de um programa, computador, etc. de operar em um ambiente de rede].

co.nec.tor ou **co.ne.tor** (ó) *sm* Componente que estabelece ligações entre circuitos elétricos ou eletrônicos.

cô.ne.go *sm* **1**. Clérigo de um cabido. **2**. Padre que faz parte da direção de igreja matriz ou catedral. → **canonical** *adj* (de cônego ou de canonicato); **canonicato** *sm* (dignidade de cônego).

co.ne.xão (x = ks) *sf* **1**. Ato ou efeito de conectar(-se). **2**. Ligação de uma coisa com outra. **3**. Peça que liga canos, tubos ou fios. → **conexidade** (x = ks) *sf* (qualidade do que é conexo); **conexivo** (x = ks) *adj* (rel. a conexão); **conexo** (x = ks) *adj* (**1**. que tem conexão; **2**. que tem nexo; **3**. ligado, relacionado, vinculado).

con.fa.bu.lar *v* Conversar, bater papo: *os pais precisam confabular mais com os filhos*. → **confabulação** *sf* (ato ou efeito de confabular; conversação).

CONFAZ ou **Confaz** *sm* Acrônimo de <u>Con</u>selho Nacional dos Secretários Estaduais de <u>Fa</u>zenda.

con.fec.ção *sf* **1**. Ato ou efeito de confeccionar. **2**. Roupa que já se compra pronta para uso. **3**. Lugar onde se faz essa roupa. → **confeccionista** *s2gên* (pessoa que possui uma confecção ou que trabalha numa confecção).

con.fec.ci.o.nar *v* **1**. Preparar ou manipular: *confeccionar um bolo, um medicamento*. **2**. Manufaturar, fabricar: *confeccionar roupas*. **3**. Preparar cuidadosamente; elaborar: *confeccionar um novo código penal*.

con.fe.de.ra.ção *sf* **1**. União de Estados que se submetem a uma constituição comum, mas conservam o pleno governo político, devendo-se tomar quase todas as decisões gerais por unanimidade. **2**. Conjunto dos Estados ou organismos que se unem dessa forma. → **confederado** *adj* e *sm* (que ou aquele que é coligado, associado, aliado); **confederar(-se)** *v* [unir(-se) em confederação ou coligação]; **confederativo** *adj* (rel. a confederação).

con.fei.to *sm* **1**. Bala de cobertura dura e açucarada, colorida com corante. **2**. Qualquer doce que tenha vários ingredientes. **confeitadeira** ou **confeiteira** *sf* (mulher que faz ou vende doces e confeitos); **confeitar** *v* (cobrir com confeitos e açúcar); **confeitaria** *sf* (loja onde se fazem e vendem confeitos); **confeiteiro** *sm* (fabricante ou vendedor de confeitos).

con.fe.rên.cia *sf* **1**. Ato ou efeito de conferir. **2**. Exposição de um assunto literário, científico, político, etc. feita a determinado público; preleção. → **conferenciar** *v* (fazer conferência ou preleção); **conferencista** *s2gên* [pessoa que faz conferência; conferente (2)].

con.fe.rir *v* **1**. Repassar (uma coisa), para verificar se está tudo certo, revisar: *conferir os gabaritos das provas*. **2**. Ser exatamente igual a (outra coisa): *a cópia tem de conferir com o original*. **3**. Usar a autoridade ou o poder que tem para atribuir alguma coisa a alguém; conceder: *o prefeito conferiu-lhe o título de cidadão paulistano*. · Conjuga-se por *ferir*. → **conferição** *sf* (ato ou efeito de conferir); **conferente** *s2gên* (**1**. pessoa que confere alguma coisa; **2**. conferencista); **conferidor** (ó) *adj* e *sm* (que ou aquele que confere ou verifica).

con.fes.sar *v* **1**. Reconhecer (uma verdade): *o homem confessou o crime*. **2**. Admitir como real ou verdadeiro: *confesso que chorei*. **3**. Contar (pecados) ao padre: *você confessou todos os seus pecados?* **4**. Ouvir em confissão: *o padre já confessou muitos fiéis hoje*. **confessar-se 5**. Contar seus pecados ao padre: *quanto tempo faz que você não se confessa?* · V. **confissão** e **confitente**. → **confessando** (aquele que vai confessar-se); **confesso** *adj* (que confessou as suas culpas ou reconheceu as acusações que lhe fazem; *réu confesso*).

con.fes.si.o.nal *adj* Relativo a confissão.

con.fes.si.o.ná.rio *sm* Lugar onde o padre ouve as confissões dos fiéis.

con.fes.sor (ô) *sm* Padre que ouve confissões.

con.fe.te *sm* **1**. Cada uma das pequenas rodas de papel colorido, usadas para se lançar aos punhados, no carnaval. **2**. *Gír.* Elogio.

con.fi.an.ça *sf* **1**. Esperança de que uma pessoa ou coisa funcione ou se comporte segundo o esperado: *tenho confiança nos meus amigos; tenho confiança no meu carro*. **2**. Segurança que se tem em si mesmo: *tenho confiança em minhas possibilidades no vestibular*. **3**. Esperança firme: *ter confiança em Deus*. **4**. Crença na probidade moral, na sinceridade ou nas qualidades profissionais de alguém: *os pais não devem nunca permitir que os filhos lhes percam a confiança*. **5**. Convicção ou segurança íntima do sucesso: *estou com muita confiança para o jogo de amanhã contra o Flamengo*. **6**. Crédito, boa reputação, bom conceito: *você perdeu a confiança que sempre lhe tive*. **7**. Atitude atrevida ou desrespeitosa; atrevimento: *que confiança é essa, rapaz, lendo as minhas cartas?* · Antôn. (1 a 3): *desconfiança*. **confiabilidade** *sf* (qualidade de confiável: *a confiabilidade das pesquisas eleitorais*); **confiado** *adj* (**1**. entregue com segurança: *meus filhos estavam confiados à sua guarda*; **2**. cheio de confiança; seguro: *lançar-se confiado à luta*; **3**. atrevido, petulante, descarado: *que homem confiado é esse, que lê as cartas dos outros?*), de antôn. (2) *desconfiado*, *inseguro* e (3) *respeitoso*; **confiante** *adj* (que tem confiança: *estou confiante no meu time*); **confiar** *v* [**1**. ter confiança em: *confio em meus pais*; **2**. ter fé; acreditar: *confio em Deus*; **3**. entregar (pessoa ou coisa) a alguém, na certeza de que será bem cuidada: *eles viajaram e confiaram suas crianças aos vizinhos*]; **confiável** *adj* (em que ou em quem se pode confiar: *carro confiável; colega confiável*).

con.fi.dên.cia *sf* Informação ou comunicação de um segredo. → **confidencial** *adj* [dito ou feito em confidência, sigiloso, confidencioso (1)]; **confidenciar** *v* (dizer em segredo ou em confiança); **confidencioso** (ô; pl.: ó) *adj* (**1**. confidencial: *informação confidenciosa*; **2**. revelado confidencialmente: *como é um acontecimento confidencioso, nada lhe vou revelar*); **confidente** *adj* e *s2gên* (que ou pessoa que é digna de ouvir confidências).

con.fi.gu.rar *v* **1**. Dar uma determinada forma, figura ou aspecto a: *configurar um castelo na areia da praia; o escultor soube muito bem configurar o rosto da santa*. **2**. Conceber; planejar: *antes de praticar o crime, configurou-o minuciosamente*. **3**. Caracterizar, representar: *tantos casos dessa doença já configuram uma pandemia*. **4**. Em informática, definir padrões para o funcionamento de (programa, impressora, etc.). **configurar-se 5**. afigurar-se, parecer: *essa discusão se me configura improdutiva*; **6**. surgir, aparecer: *um vulto de mulher se configura ao longe*. **7**. representar, significar: *o desemprego se configura o nosso maior problema*. → **configuração** *sf* (forma exterior de uma coisa; aspecto, aparência).

con.fim *adj* **1**. Que tem limite comum com outra coisa; que confina; confinante. // *smpl* **2**. Divisa. **3**. Lugar ermo e longínquo.

con.fi.nar *v* **1**. Manter ou encerrar dentro de certos limites; isolar: *confinar criminosos políticos*. **2**. Limitar-se: *o Brasil confina com o Paraguai*. **confinar-se 3**. Dedicar-se exclusivamente; consagrar-se, devotar-se: *confinar-se nos estudos*. **4**. Manter-se ou encerrar-se dentro de certos limites; isolar-se: *o prefeito se confinou na prefeitura, até resolver o problema*. · V. **confim**. → **confinamento** *sm* [**1**. ato ou efeito de confinar(-se); **2**. sistema de criação de animais que consiste em prendê-los ou isolá-los em determinado espaço, para que sua carne fique mais mole].

con.fir.mar *v* **1**. Afirmar que é verdade, certo ou válido de forma definitiva; ratificar, corroborar: *o tribunal confirmou a sentença; confirmar uma reserva de hotel*. **2**. Comprovar, demonstrar: *os exames confirmaram a suspeita médica*. **3**. Sancionar, aprovar, ratificar: *o senado confirma ou rejeita as nomeações do presidente*. **confirmar-se 4**. Provar ser real ou verdadeiro; ficar comprovado; comprovar-se: *minha suspeita se confirmou*. → **confirmação** *sf* [ato ou efeito de confirmar(-se)]; **confirmante** ou **confirmativo** *adj* (que confirma ou ratifica; confirmatório: *pedido confirmativo*); **confirmatório** *adj* (**1**. rel. a confirmação ou que a contém: *teste confirmatório anti-HIV*; **2**. confirmante, conformativo: *pedido confirmatório*).

con.fis.car *v* **1**. Apreender para o fisco, em consequência de crime ou de contravenção: *o governo confiscou os bens dos corruptos*. **2**. Apoderar-se ou apossar-se de (valores) arbitrariamente: *aquele governo confiscou todo o dinheiro do povo*. → **confiscação** *sf* ou **confisco** *sm* (ato ou efeito de confiscar).

con.fis.são *sf* Ato ou efeito de (se) confessar. · V. **confessional**, **confessionário** e **confessor**. → **confessório** *adj* (rel. a confissão).

con.fi.ten.te *adj* e *s2gên* Que ou pessoa que se confessa.

confiteor [lat.] *sm* Oração que começa por essa palavra latina e na qual o católico, depois de se confessar, pede a proteção dos santos; confissão. · Pronuncia-se *konfíteor*.

con.fla.gra.ção *sf* **1**. Devastação produzida por incêndio. **2**. Revolução política. **3**. Conflito internacional; guerra. →

con.fla.grar *v* (**1**. incendiar totalmente; **2**. agitar completamente; subverter a ordem de).

con.fli.to *sm* **1**. Guerra. **2**. Desentendimento entre pessoas. → **conflitante** *adj* (**1**. que está em conflito; **2**. que se chocam; oposto, contrário); **conflitar** *v* (entrar em choque, colidir).

con.flu.ir *v* **1**. Dirigir-se de pontos diferentes para um mesmo lugar; convergir, afluir: *os torcedores confluem para os estádios, nos domingos*. **2**. Juntarem-se (dois rios) e correrem depois num leito comum: *o rio Negro e o Amazonas confluem em Manaus*. → **confluência** *sf* [**1**. ato de confluir (1); **2**. ponto de encontro de dois ou mais rios, riachos, ruas, etc.; **3**. lugar onde se dá esse encontro; **4**. vinda concomitante de pessoas ou coisas; afluência, concurso: *a confluência de torcedores e veículos ao estádio neste momento é intensa*]; **confluente** *adj* (que conflui: *rios confluentes*) e *sm* (rio que com outro se encontra ou que deságua com outro no mesmo ponto: *o rio Negro é um confluente do Amazonas, em Manaus*).

con.for.mar *v* **1**. Dar forma a; configurar: *o escultor conformou mal o nariz da estátua*. **2**. Tornar conformado ou resignado: *as religiões conformam as pessoas*. **3**. Pôr de acordo; adaptar, ajustar, adequar: *procure conformar seu padrão de vida com o seu salário!* **conformar-se 4**. Tomar ou adquirir a forma de alguma coisa, adaptando-se a ela: *o colchão tem de conformar-se ao corpo de quem dorme*. **5**. Aceitar com resignação; resignar-se: *o homem tem de se conformar com a morte*. **6**. Contentar-se ou satisfazer-se com algo que na realidade não satisfaz: *ela se conforma com pouco*. → **conformação** *sf* (ato ou efeito de conformar(-se)]; **conformado** *adj* (que ou quem se conforma: *família conformada com a pobreza*); **conformativo** *adj* (**1**. destinado a conformar; **2**. diz-se da conjunção que inicia uma oração subordinada indicativa de conformidade com um ato, fato, etc., expresso na oração principal).

con.for.me *adj* **1**. Que tem forma idêntica ou semelhante: *bolinhas de sabão nunca são conformes*. **2**. Semelhante, igual, idêntico: *as cópias devem estar conformes ao original*. **3**. Coerente, harmônico: *essa frase está mais conforme com o francês que com o português*. **4**. Concorde; que está de acordo: *os grevistas só não estavam conformes num ponto: terem descontado os dias parados*. **5**. Conformado, resignado: *depois de tanto sofrer, hoje parece conforme com o seu destino*. // *adv* **6**. Do mesmo modo que: *os títulos foram resgatados conforme à lei; as cópias foram tiradas conforme ao original*. // *conj* **7**. Consoante, segundo, como: *conforme todos sabem, sou médico*. **8**. À medida que, à proporção que: *conforme andava, a dor aumentava*. **9**. Logo que, assim que: *conforme as visitas chegavam, iam sentando-se*. // *prep* **10**. De acordo com; segundo, consoante: *danço conforme a música*. **11**. proporcionalmente a: *o salário na empresa é fixado conforme a experiência; o imposto é cobrado conforme o lucro auferido pela empresa*. · Antôn. (1 e 2): *diferente, dessemelhante*. → **conformidade** *sf* (**1**. qualidade de conforme; concordância; **2**. resignação, conformismo).

con.for.mis.mo *sm* Atitude daquele que com tudo se conforma; conformidade (2). → **conformista** *adj* e *s2gên* (que ou pessoa que com tudo se conforma).

con.for.to (ô) *sm* Bem-estar físico ou moral. · Antôn.: *desconforto*. → **confortante** *adj* (que conforta); **confortar** *v* (**1**. dar conforto a; **2**. consolar, animar); **confortável** *adj* (em que há conforto).

con.fra.de *sm* **1**. Colega da mesma causa, dos mesmos ideais, da mesma profissão. **2**. Membro de confraria. · Fem.: *confreira*. → **confraria** *sf* (**1**. associação laica, formada por pessoas piedosas, fundada sobre princípios religiosos e regida por estatutos, destinada a prestar assistência a necessitados, praticar caridades, etc.; irmandade; **2**. grupo de pessoas unidas em torno dos mesmos objetivos, das mesmas preferências, etc. e geralmente da mesma profissão: *confraria de bailarinos*.

con.fra.ter.ni.zar *v* **1**. Cumprimentar(-se) amistosa ou fraternalmente: *ao final da partida, os jogadores confraternizaram com o árbitro; jogadores e árbitro confraternizaram depois do jogo*. **2**. Manter relações amistosas ou fraternais: *ele nunca confraterniza com parentes*. → **confraternização** *sf* (ato ou efeito de confraternizar). · Antôn.: *agredir*. (Note: este verbo não é pronominal; portanto, não existe "confraternizar-se".)

con.frei *m* **1**. Planta europeia, de flores coloridas e folhas grandes e abundantes, de propriedades medicinais. **2**. Folha dessa planta.

con.fron.tar *v* **1**. Comparar, cotejar: *confrontei as duas notas, para saber qual era a falsa*. **2**. Pôr frente a frente; acarear: *o delegado confrontou as testemunhas*. **confrontar-se 3**. Enfrentar: *os bandidos já não têm medo de confrontar-se com a polícia*. → **confrontação** *sf*, **confrontamento** ou **confronto** *sm* [ato ou efeito de confrontar(-se)].

Confúcio (551-479 a.C.). Filósofo chinês, fundador do confucionismo, doutrina filosófico-moral ensinada por ele, baseada na ideia de que, ao cultivar sua própria pessoa, o sábio difunde um princípio de ordem, que se vai estendendo ao universo inteiro. → **confucionismo** ou **confucianismo** *sm* (sistema de ensinamentos éticos e filosóficos de Confúcio); **confucionista** ou **confucianista** *adj* (rel. a confucionismo) e *adj* e *s2gên* (que ou pessoa que professa o confucionismo).

con.fun.dir *v* **1**. Tornar impossível de reconhecer: *a escuridão confunde o rosto das pessoas*. **2**. Deixar sem saber o que fazer; desnortear: *a mudança no trânsito confundiu os motoristas*. **3**. Cair em engano, ao imaginar que pessoa, animal ou coisa é outra; não conseguir estabelecer a diferença entre: *confundi papagaio com periquito*. **confundir-se 4**. Ficar confuso ou atrapalhado; atrapalhar-se: *ela sempre se confunde no trânsito*. → **confusão** *sf* [**1**. ato ou efeito de confundir(-se); **2**. perturbação da ordem; alvoroço, tumulto; **3**. falta de ordem, de método ou de critério; bagunça, desordem]; **confuso** *adj* (**1**. atrapalhado; **2**. feito sem critério, tornando difícil de entender).

con.fu.tar *v* Provar ser falso; demonstrar a falsidade de; refutar decisivamente; contestar. → **confutação** *sf* (ato ou efeito de confutar).

con.ge.lar *v* **1**. Transformar (um líquido) em sólido, pela ação do frio: *o frio congelou a água nas torneiras*. **2**. Proibir o aumento de, fazer o congelamento de: *congelar preços e salários*. **congelar-se 3**. Transformar-se em gelo, solidificar-se: *a água das torneiras se congelou, por causa do frio*. → **congelação** *sf* ou **congelamento** *sm* [ato ou efeito de congelar(-se); esfriamento]; **congelador** (ô) *sm* (parte da geladeira, geralmente na sua porção superior, onde se congela água).

con.ge.mi.nar *v* Maquinar, arquitetar, planejar: *congeminar um plano diabólico*. → **congeminação** *sf* (ato ou efeito de congeminar).

con.gê.ne.re *adj* Do mesmo gênero, espécie, tipo, etc.; similar: *no Rio de Janeiro existe uma organização criminosa congênere à de São Paulo*. · Antôn.: *diferente, distinto*.

con.gê.ni.to *adj* **1**. Diz-se de doença ou anomalia física presente desde o nascimento; de nascença: *ele tem malformação congênita do coração*. **2**. Diz-se de pessoa que tem uma característica particular desde o nascimento, ou por hábito firmemente estabelecido; por natureza; inato: *ele é um mentiroso congênito*.

con.gé.rie *sf* **1**. Multidão, agregado, massa. **2**. Porção irregular e desordenada de quaisquer coisas (concretas ou abstratas).

con.ges.tão *sf* Acúmulo excessivo e anormal de fluidos (princ. sangue) em alguma parte do corpo. → **congestivo** *adj* (**1**. que pode provocar congestão; **2**. associado com congestão ou causado por ela).

con.ges.ti.o.nar *v* **1**. Produzir congestão em: *o calor congestiona o cérebro*. **2**. *Fig*. Engarrafar (trânsito): *caminhões e ônibus congestionam o trânsito*. **congestionar-se 3**. *Fig*. Ficar engarrafado (trânsito): *o trânsito na avenida já se congestionou*. → **congestionamento** *sm* [ato ou efeito de congestionar(-se)]; **congestionante** *adj* (que congestiona).

con.glo.bar *v* **1**. Juntar formando globo ou bola: *conglobar barro*. **2**. Amontoar, acumular. **3**. Concentrar, sintetizar, resumir. · Antôn. (1 e 2): *dispersar*. → **conglobação** *sf* (ato ou efeito de conglobar).

con.glo.me.ra.do *sm* União de partes num todo. → **conglomeração** *sf* [ato ou efeito de conglomerar(-se)]; **conglomerar(-se)** *v* [juntar(-se) num só todo].

Congo *sm* País da África, de área equivalente à do estado de Goiás. → **congolense** *adj* e *s2gên* ou **congolês** *adj* e *sm*.

Congo, República Democrática do *loc sf* País da África, de área equivalente à dos estados do Amazonas, Minas Gerais e Paraná juntos. → **congolês** ou **conguês** *adj* e *sm*.

con.gra.çar(-se) *v* Harmonizar(-se), reconciliar(-se): *o filho ajudou a congraçar os pais; os pais se congraçaram, graças à ajuda do filho*. → **congraçamento** *sm* [ato ou efeito de congraçar(-se)].

con.gra.tu.lar *v* **1**. Dar os parabéns a; parabenizar, felicitar: *congratulo-te pela vitória*. **congratular-se 2**. Ficar satisfeito com o sucesso ou a vitória de alguém: *congratulo-me contigo por essa vitória*. → **congratulação** *sf* (**1**. ato ou efeito de congratular(-se); **2**. felicitação]; **congratulações** *sfpl* (parabéns, felicitações).

con.gre.ga.ção *sf* **1**. Ato ou efeito de congregar(-se). **2**. Conjunto dos professores de uma escola, que tem poder de decisão. **3**. Organização religiosa formada por um grupo de pessoas que seguem certas regras e têm os mesmos objetivos de vida. → **congregado** *sm* (membro de congregação religiosa); **congregar** *v* [reunir (um grupo de pessoas) para determinado objetivo].

con.gres.so *sm* **1**. Reunião ou encontro de pessoas, geralmente especialistas numa área de conhecimento. **Congresso 2**. Poder legislativo que reúne a Câmara federal e o Senado. → **congressional** ou **congressual** *adj* (rel. a Congresso; congressista); **congressista** *adj* (congressional, congressual) e *s2gên* (membro de um Congresso).

con.gru.en.te *adj* **1**. Concorde, semelhante: *não há conflito entre nossos objetivos, porque eles são congruentes*. **2**. Em geometria, diz-se da figura que tem mesmo tamanho e forma que outro: *triângulos congruentes*. **3**. Diz-se de ângulos que têm a mesma medida de grau. **4**. Diz-se de círculos que têm o mesmo raio. **5**. *Fig*. Adequado, coerente; *os gestos são congruentes com a conversa que eles estão tendo*. · Antôn.: *incongruente*. → **congruência** *sf* (qualidade do que é congruente; coerência), de antôn. *incongruência*.

co.nha.que *sm* **1**. Aguardente de frutas fabricada na cidade francesa de Cognac. **2**. *P.ext*. Qualquer bebida semelhante.

co.nhe.cer *v* **1**. Ter ciência ou informação de; saber: *conheço as obras desse autor*. **2**. Ter o primeiro contato com: *conheci-a numa festa*. · Antôn.: *ignorar, desconhecer*. → **conhecido** *adj* e *sm* (que ou quem se conhece); **conhecimento** *sm* (**1**. ato ou efeito de conhecer; **2**. informação ou experiência que se tem sobre alguém ou algo).

cô.ni.co *adj* Que tem a forma de um cone. → **conicidade** *sf* (**1**. qualidade de cônico; **2**. forma cônica).

co.ní.fe.ras *sfpl* Grupo de plantas que compreende árvores ou arbustos de fruto em forma de cone (o pinheiro e o cedro, p. ex.).

co.ni.ven.te *adj* Diz-se da pessoa que finge não saber de uma ação maldosa ou de um crime que outro pratica; cúmplice. → **conivência** *sf* (estado ou caractetística de conivente).

con.je.tu.ra ou **con.jec.tu.ra** *sf* Opinião baseada em probabilidades, especulações ou um mero palpite; suposição, hipótese. → **conjetural** ou **conjectural** *adj* (especulativo); **conjeturar** ou **conjecturar** *v* (supor, presumir).

con.ju.ga.ção *sf* **1**. Ato ou efeito de conjugar(-se). **2**. Conjunto de verbos que têm a mesma terminação no infinitivo. ·· **Conjugação perifrástica**. Conjugação que utiliza um verbo auxiliar, seguido de um infinitivo ou de gerúndio, para expressar a ideia. Os principais verbos auxiliares são: *andar, dever, estar, ir, vir, ter, começar, haver, deixar* e *acabar*.

con.ju.ga.do *adj* Diz-se de apartamento com sala, quarto e cozinha numa peça única.

con.ju.gar *v* **1**. Juntar, unir, reunir: *conjugar esforços, para acabar com a violência*. **2**. Fazer (o verbo) passar por suas flexões de tempo, modo e pessoa: *é difícil conjugar verbos?*

côn.ju.ge *sm* Cada um dos casados em relação ao outro; consorte. → **conjugal** *adj* (rel. ou pert. a cônjuges ou a casamento).

con.ju.mi.nar(-se) *v* Combinar(-se): *ela conjuminou com o filho para surpreender o marido; nossos planos não se conjuminam*. → **conjuminância** *sf* (ato ou efeito de conjuminar(-se); combinação].

con.jun.ção *sf* **1**. União, ligação. **2**. Palavra invariável que liga duas orações ou dois elementos de mesma função sintática.

con.jun.ti.va *sf* Membrana mucosa que recobre o interior das pálpebra e a face anterior da esclerótica. → **conjuntival** *adj* (da conjuntiva); **conjuntivite** *sf* (inflamação da conjuntiva).

con.jun.ti.vo *adj* **1**. Em gramática, que exerce as funções da conjunção. **2**. Diz-se do tecido que liga outros tecidos do corpo.

con.jun.to *adj* **1**. Unido a outro; ligado, conjugado. **2**. Combinado, associado. // *sm* **3**. Reunião de várias coisas que formam uma unidade. **4**. Grupo de músicos ou cantores que atuam juntos.

con.jun.tor-dis.jun.tor *sm* Dispositivo de ligação e interrupção automáticas. · Pl.: *conjuntores-disjuntores*.

con.jun.tu.ra *sf* **1**. Situação que resulta do concurso de várias circunstâncias; ocasião. **2**. Conjunto de elementos que determinam a situação econômica, social, política ou demográfica num determinado momento. → **conjuntural** *adj* (rel. a conjuntura ou que depende de conjuntura).

con.ju.rar *v* **1**. Planejar revolução secreta contra: *militantes esquerdistas conjuraram o regime militar em 1968*. **2**. Afastar ou desviar (mal provável ou iminente); evitar, impedir: *é preciso conjurar o perigo da volta à inflação galopante; não foi possível conjurar a guerra, apesar de todos os esforços diplomáticos*. **3**. Expulsar com clamor, em nome de Deus, um demônio do corpo de: *o padre conjurou todos os membros daquela família*. **4**. Pedir encarecidamente; suplicar, implorar: *a vítima conjurou que não a matassem*. **conjurar-se 5**. Unir-se ou associar-se, com o fim de voltar-se contra algo que incomoda ou contra uma autoridade, geralmente mediante juramento; unir-se em conjuração: *aqueles mineiros se conjuraram contra a derrama; os vereadores conjuraram-se, para cassar o mandato do prefeito*. → **conjuração** *sf* (**1**. ação de conjurar; **2**. união de pessoas para fins geralmente políticos, quase sempre subversivos, firmada num juramento); **conjurado** *adj* e *sm* (que ou aquele que toma ou tomou parte em uma conjuração); **conjuratório** *adj* (rel. a conjuro); **conjuro** *sm* (palavras de ordem dirigidas ao demônio ou às almas do outro mundo).

con.lui.o *sm* **1**. Trama para prejudicar alguém. **2**. Aliança, acordo. → **conluiar** *v* (**1**. reunir em conluio; **2**. tramar ou fraudar em combinação com outrem) **conluiar-se** *v* (reunir-se para causar algum mal).

co.nos.co (ô) *pron* **1**. Em nossa companhia. **2**. Entre nós. **3**. A nós. **4**. Para nós. **5**. A nosso respeito. **6**. Em nosso poder. **7**. Próprio para nós. **8**. A nosso cargo.

co.no.ta.ção *sf* **1**. Ligação que se observa entre duas ou mais coisas. **2**. Conjunto de valores afetivos que se associam a uma palavra ou expressão.

con.quan.to *conj* Se bem que, embora. (Não se confunde com **com quanto**, conjunto formado de prep. (**com**) e pronome de interrogação (**quanto**), que varia normalmente: *Com quanto você está? Dá para pagar um almoço?*

con.quis.tar *v* **1**. Vencer pela força; subjugar: *os Estados Unidos conquistaram territórios do México no século XIX*. **2**. Alcançar numa competição ou disputa: *conquistamos o pentacampeonato mundial*. **3**. Cativar: *conquistei-a com rosas*. → **conquista** *sf* (ato ou efeito de conquistar); **conquistador** (ô) *adj* e *sm* (**1**. que ou aquele que conquista pela força, fazendo vencidos; **2**. que ou aquele que faz conquistas amorosas; galã).

con.sa.grar *v* **1**. Entregar ao serviço religioso; sagrar: *o bispo consagrou muitos padres este ano*. **2**. Proceder ao ritual da transformação (de elementos da Eucaristia) no corpo e sangue de Jesus Cristo: *consagrar a hóstia*. **3**. Tornar famoso: *suas invenções o consagraram*. **4**. Empregar, dedicar: *ela consagra todo o seu tempo aos filhos*. **consagrar-se 5**. Dedicar-se com afinco: *ele se consagra à família*. → **consagração** *sf* [ato ou efeito de consagraçar(-se)].

con.san.guí.neo (o **u** soa) *adj* e *sm* Que ou quem tem o mesmo sangue ou a mesma origem. → **consanguinidade** (o u soa) *sf* (**1**. parentesco entre pessoas de ascendência comum; **2**. parentesco do lado paterno).

cons.ci.ên.cia *sf* **1**. Conhecimento que uma pessoa tem de si mesma e do mundo que a rodeia. **2**. Faculdade do espírito que leva as pessoas a praticar o bem e a evitar o mal. → **consciencioso** (ô; pl.: ó) *adj* (que tem consciência; extremamente cuidadoso); **consciente** *adj* (**1**. que sabe o que está fazendo; que tem perfeita noção do que faz; lúcido; **2**. feito com consciência); **conscientização** *sf* [ato ou efeito de conscientizar(-se)]; **conscientizar** *v* (tornar consciente); **conscientizar-se** (adquirir consciência); **conscientização** *sf* (ciente, consciente).

côns.cio *adj* Que tem pleno e total conhecimento do que lhe compete fazer; ciente, consciente: *os pais estão cônscios da responsabilidade que têm sobre os filhos*.

cons.cri.ção *sf* Alistamento compulsório de pessoas para prestar o serviço militar; recrutamento. → **conscrito** *adj* e *sm* (que ou aquele que foi alistado compulsoriamente para o serviço militar; recrutado).

con.se.cu.ção *sf* Ato ou efeito de conseguir.

con.se.cu.ti.vo *adj* Que segue outro, numa ordem; seguido.

con.se.guin.te *adj* Consecutivo. ·· **Por conseguinte**. Por isso; logo.

con.se.guir *v* **1**. Alcançar, obter: *conseguir boas notas*. **2**. Ter como resultado ou consequência: *consegui nadar até a margem*. · Conjuga-se por *ferir*. · V. **consecução**.

con.se.lho (ê) *sm* **1**. Opinião pessoal que alguém recomenda a outra pessoa, para orientá-la. **2**. Conjunto de pessoas que têm a função de dar opiniões sobre determinados assuntos. **3**.

Reunião de professores, para tratar de questões específicas. → **conselheiro** *sm* (aquele que dá conselhos ou que é membro de um conselho).

con.sen.so *sm* Concordância de ideias ou de opiniões de todos. → **consensual** *adj* (rel. a consenso).

con.sen.tâ.neo *adj* Conveniente, adequado, apropriado. → **consentaneidade** *sf* (qualidade do que é consentâneo).

con.sen.tir *v* **1**. Deixar que alguém faça (alguma coisa), permitir: *o professor consentiu que ele saísse mais cedo*. **2**. Concordar, aprovar: *o pai não consentia aquele namoro*. · Conjuga-se por *ferir*. → **consentimento** *sm* (ato ou efeito de consentir; licença, permissão).

con.se.quên.cia (o **u** soa) *sf* Coisa que acontece por causa de outra, que se deu antes; resultado, efeito. · Antôn.: *causa*. → **consequencial** (o **u** soa) *adj* (rel. a consequência), de antôn. *casual;* **consequente** (o **u** soa) *adj* (**1**. que segue como resultado ou efeito natural; resultante; **2**. que raciocina com lógica; coerente do ponto de vista lógico), de antôn. *inconsequente, incoerente*.

con.ser.tar *v* **1**. Pôr novamente (uma coisa) em bom estado ou em condição de ser usada: *consertar o carro*. **2**. Corrigir: *consertei todos os meus erros de ortografia*. **conserto** (ê) *sm* (ato ou efeito de consertar; reparo).

con.ser.va.ci.o.nis.mo *sm* Conjunto de leis, normas e princípios fundamentado no equilíbrio ecológico; conservação do meio ambiente. → **conservacionista** *adj* (rel. a conservacionismo) e *adj* e *s2gên* (que ou pessoa que é adepta do conservacionismo, que defende os princípios ambientalistas).

con.ser.va.do.ris.mo ou **con.ser.van.tis.mo** *sm* Inclinação, princ. em política, de manter o estado de coisas vigente, com oposição a mudanças súbitas e repentinas na ordem estabelecida. → **conservador** (ô) *adj* e *sm* (**1**. que ou o que conserva; **2**. que ou aquele que é dado ao conservadorismo; conservantista); **conservantista** *adj* e *s2gên* [conservador(a)].

con.ser.var *v* **1**. Não permitir que (alguma coisa importante) se perca; manter: *conservar o bom humor*. **2**. Não permitir que (alguma coisa) se estrague: *conservar a saúde*. **3**. Fazer com que (alguma coisa) permaneça onde ou como está; manter: *conservar as mãos sempre limpas*. **conservar-se 4**. Manter-se (em determinada situação ou posição): *conserve-se à direita, nas estradas!* → **conserva** *sf* (**1**. calda doce ou salgada de produtos alimentícios, embalada em vasilhas hermeticamente fechadas, para durar muito tempo; **2**. cada um desses produtos); **conservação** *sf* [ato ou efeito de conservar(-se)].

con.ser.va.tó.rio *sm* Escola de música e canto.

con.si.de.rar *v* **1**. Avaliar, ponderar: *considerar as vantagens de uma mudança*. **2**. Levar em conta; examinar, apreciar: *nem vou considerar sua proposta, ela é muito baixa*. **3**. Ter em alta conta, prezar: *eu o considero muito, amigo!* → **consideração** *sf* (**1**. ato ou efeito de considerar; exame, avaliação; **2**. estima, respeito) e *sfpl* (comentários, opiniões); **considerando** *sm* [**1**. cada uma das considerações (começadas pela palavra *considerando* que fundamentam uma resolução ou ato executivo; **2**.*p.ext.* razão, motivo]; **considerável** *adj* (**1**. grande em quantidade, extensão ou grau; **2**. digno de consideração ou atenção; importante), de antôn. *insignificante*.

con.sig.nar *v* **1**. Fazer o registro (geralmente por escrito) de; registrar: *fiz questão de consignar o fato*. **2**. Assinalar, estabelecer, determinar: *o médico detectou a doença sem lhe consignar as causas*. **3**. Entregar (mercadorias) para acerto de contas após a venda: *a editora consigna livros, mas não dicionários*. · Durante a conjugação, as formas rizotônicas têm o acento no *i*: *consigno, consignas, consigna, consignam* (pres. do ind.); *consigne, consignes, consigne, consignem* (pres. do subj.), etc. **consignação** *sf* (**1**. ato ou efeito de consignar; **2**. entrega de mercadoria a um consignatário, geralmente para vendê-la); **consignatário** *sm* (aquele que recebe mercadoria consignada).

con.si.go *pron* **1**. Em sua companhia. **2**. De si para si. **3**. Dentro de si; em seu ser. **4**. Com a sua pessoa.

con.sis.tên.cia *sf* **1**. Grau de firmeza, viscosidade ou de dureza de alguma coisa. **2**. Firmeza. → **consistente** *adj* (**1**. firme; **2**. que não é contraditório; coerente: *a testemunha foi consistente com os fatos*).

con.sis.tir *v* **1**. Ser o equivalente de; equivaler a: *"a liberdade não consiste em fazer o que queremos, mas em ter o direito de fazer o que devemos"* (João Paulo II); *o amor não consiste em olhar um para o outro, mas sim em olharem juntos para a mesma direção, visando aos mesmos objetivos*. **2**. Ser composto ou constituído; compor-se, constituir-se: *o arquipélago consiste em dezenas de ilhas*. **3**. Fundar-se, estribar-se, basear-se, fundamentar-se: *nossa atividade consiste na venda de produtos pela Internet*. **4**. Residir, constituir-se: *em que consistiu seu erro?*

con.sis.tó.rio *sm* Assembleia de cardeais, presidida pelo Papa. → **consistorial** *adj* (rel. a consistório).

con.so.a.da *sf* **1**. Pequena refeição que, nos dias de jejum, pode ser tomada à noite. **2**. Ceia da noite de Natal. → **consoar** *v* [**1**. comer ou beber em consoada (1); **2**. celebrar ou tomar a consoada (2)], que se conjuga por *abençoar*.

con.so.an.te *adj* **1**. Que soa com outro: *fonema consoante*. **2**. Diz-se do fonema resultante de algum obstáculo à passagem da corrente de ar. **3**. Diz-se da letra que representa esse fonema. // *sf* **4**. Esse fonema. // *prep* **5**. Conforme, segundo: *receber consoante a necessidade*. // *conj* **6**. Conforme, segundo: *fui à festa, consoante prometi*. · V. **consonantal**.

con.so.lar *v* **1**. Aliviar ou suavizar a pena, dor ou aflição de; reconfortar: *consolar a viúva*. **2**. Produzir sensação agradável em; suavizar: *o analgésico me consolou*. **3**. Causar prazer: *consola ver um filho tão estudioso*. **4**. Trazer alívio; aliviar: *as lágrimas consolam*. **consolar-se 5**. Conformar-se, resignar-se: *eles muito se consolarão, ao saberem dos nossos problemas; a viúva se consolou com o cunhado*. · Antôn. (1): *afligir, angustiar*. → **consolação** *sf* ou **consolo** *sm* [**1**. ato ou efeito de consolar(-se); **2**. coisa que consola; **3**. alívio, conforto: *experimentei grande consolação com a chegada das crianças*]; **consolativo** ou **consolatório** *adj* (que consola ou que é próprio para consolar), de antôn. *aflitivo, angustiante*.

con.so.le *sm* Acessório de automóvel localizado no meio e abaixo do painel, entre os bancos dianteiros, para guardar pequenos objetos.

con.so.li.dar *v* **1**. Tornar mais firme ou mais forte; fortalecer: *o Brasil consolidou sua democracia*. **2**. Fazer aderir (ossos fraturados): *consolidar uma fratura*. **3**. Reunir (leis) ordenadamente: *consolidar as leis trabalhistas*. **consolidar-se 4**. Aderirem entre si ossos fraturados: *a fratura se consolidou rapidamente*. → **consolidação** *sf* [ato ou efeito de consolidar(-se)].

con.so.mê *sm* Caldo claro, de carne, peixe ou galinha, geralmente acompanhado de gema de ovo, fatias de pão torrado, servido frio ou quente.

con.so.nân.cia *sf* **1**. Ato ou efeito de consonar, de soar simultaneamente em harmonia. **2**.*P.ext.* Harmonia, equilíbrio: *falta consonância neste escritório, porque todos os móveis estão de um só lado*. **3**. *Fig.* Acordo, concordância, conformidade: *a consonância de ideias, de opiniões; sua ideologia está em perfeita consonância com a minha*. **3**. Em música, combinação de sons ou notas (acorde) agradável ao ouvido. **4**. Em poética ou versificação, uniformidade ou semelhança do som final das palavras; rima. · Antôn.: *dissonância*. → **consonar** *v* (**1**. soar em conjunto, harmonicamente; **2**. *fig.* apresentar consonância ou concordância; concordar; **3**. em versificação, rimar).

con.so.nan.tal *adj* Relativo a consoante(s). → **consonantização** *sf* [transformação de semivogal (i, u) em consoante (j, v), de antôn. *vocalização*; **consonantizar** *v* [transformar(-se) em consoante (uma semivogal)].

con.sór.cio *sm* **1**. Associação de empresas do mesmo ramo comercial ou industrial, a fim de empreender negócios que exigem grandes somas de capital. **2**. Coopeerativa organizada entre grupos ou instituições afins. **3**. Associação de pessoas, organizadas com o objetivo de adquirir bens duráveis de alto valor, devendo cada associado pagar uma prestação mensal para fazer jus ao sorteio que indicará o ganhador do mês. → **consorciação** *sf* [ato ou efeito de consorciar(-se)]; **consorciado** *adj* e *sm* [que ou aquele que faz parte do consórcio, para adquirir um bem (casa, carro, etc.)]; **consorciar(-se)** [unir(-se) em casamento; casar].

con.sor.te *s2gên* **1**. Companheiro(a) na sorte. **2**. Cônjuge. **3**. Pessoa que, com outra(s), participa dos mesmos direitos ou coisas. ·· **Príncipe consorte**. Esposo de rainha, sem direito ao trono.

cons.pí.cuo *adj* **1**. Fácil de notar; óbvio, evidente: *havia uma conspícua falha de projeto na construção desse viaduto; as conspícuas placas de sinalização nas rodovias americanas*. **2**. Que chama a atenção por suas qualidades ou por suas excentricidades; marcante: *ele se destaca pela sua conspícua estupidez; sua característica marcante era a saia um palmo acima dos joelhos*. **3**. Marcado pela violação perceptível do bom gosto; brega, cafona: *ela apareceu com seu conspícuo cabelo verde*. **4**. Que se distingue pela seriedade; sério, grave, circunspecto: *os nossos conspícuos tribunais*. **5**. Digno de respeito pelas qualidades intelectuais, pelo alto grau de cultura ou pela excelência do trabalho; ilustre, notável, respeitável, distinto, eminente. · Antôn. (3); *discreto*. → **conspicuidade** *sf* (qualidade de conspícuo).

cons.pi.rar *v* **1**. Planejar secretamente; tramar, maquinar: *conspirar contra o regime*. **2**. Unir-se, agir conjuntamente: *a neblina, a chuva e o vento conspiram contra os motoristas na serra*. **3**. Tramar conspirações contra a ordem instituída: *apanhou tanto da polícia, para que nunca mais tentasse conspirar*. → **conspiração** *sf* (**1**. ato ou efeito de conspirar; **2**. plano secreto entre muitos, contra os poderes instituídos; conluio ou união de pessoas para cometer atos subversivos: *a conspiração tinha vários líderes, que foram todos presos*); **conspirativo** ou **conspiratório** *adj* (caracterizado por conspiração: *movimento conspirativo; o tom conspiratório de um livro*).

cons.pur.car *v* **1**. Tornar sujo, manchado ou impuro; sujar, manchar (o que é considerado precioso, puro, sagrado, etc.): *a noiva caminhava com cuidado, para não conspurcar o rico vestido; o homem vive para conspurcar a natureza*. **2**. *Fig*. Profanar, violar: *infiéis conspurcaram a mesquita*. **conspurcar(-se) 3**. *Fig*. Macular(-se), ofender(-se), infamar(-se), ultrajar(-se): *conspurcar a honra alheia; com tanto escândalo, ele se conspurcou para sempre*. **4**. *Fig*. Aviltar(-se), corromper(-se): *a mídia conspurca nossa língua diariamente; nossa língua se conspurca dia a dia*. **conspurcar-se 5**. Tornar-se sujo, sujar-se (o que é considerado precioso, puro, sagrado, etc.): *se o vestido da noiva se conspurcasse, não haveria casamento*. → **conspurcação** *sf* (ato ou efeito de conspurcar); **conspurcador** (ô) *adj* e *sm* (que ou aquele que conspurca: *esse homem é um conspurcador de consciências*).

cons.tan.te *adj* **1**. Que não para; contínuo, incessante. **2**. Que não varia ou muda regularmente; inalterável. → **constância** *sf* (qualidade, estado ou natureza do que é constante).

cons.tar *v* **1**. Chegar ao conhecimento: *não me consta que isso tenha ocorrido*. **2**. Estar registrado: *essa declaração consta do processo*. **3**. Fazer parte: *consta de meus bens um velocípede*. **4**. Ser composto, compor-se: *o apartamento consta de três quartos*. **5**. Ser de conhecimento público: *consta que ele é médico*.

cons.ta.tar *v* **1**. Estabelecer a verdade ou a exatidão de (um fato); atestar, demonstrar, comprovar: *a polícia constatou que o incêndio foi criminoso*. **2**. Tomar conhecimento de; certificar-se de; perceber claramente: *os turistas constataram as precárias condições de nossas estradas*. **3**. Dar prova ou testemunho de; atestar; certificar: *o médico-legista constatou o óbito; os analistas constataram a presença de álcool no sangue do motorista*. **4**. Tomar conhecimento de; verificar: *ao abrir o pacote, constatei que se tratava de uma bomba-relógio; constato com pesar que minha filha é daltônica*. → **constatação** *sf* (ato ou efeito de constatar).

cons.te.la.ção *sf* **1**. Grupo de estrelas que se assemelha a alguma figura, objeto, animal, etc. **2**. *Fig*. Grupo de pessoas eminentes.

cons.ter.nar *v* **1**. Entristecer profundamente: *a morte do Papa consternou o povo brasileiro*. **consternar-se 2**. Experimentar grande tristeza ou pesar profundo; abater-se moralmente: *com a morte do filho, consternou-se; o mundo inteiro se consternou com o ato terrorista na Rússia, que matou centenas de crianças*. → **consternação** *sf* (sentimento intenso de abatimento moral, causado por um fato profundamente triste e lamentável, geralmente imprevisto; desolação); **consternado** *adj* (desolado); **consternador** (ô) *adj* (que consterna).

cons.ti.pa.ção *sf* **1**. Prisão de ventre. **2**. Resfriado. → **constipado** *adj* (que tem constipação); **constipar** *v* (causar constipação a) **constipar-se** (ficar constipado).

cons.ti.tu.i.ção *sf* **1**. Ato ou efeito de constituir(-se). **2**. Composição ou estrutura de uma coisa. **3**. Compleição física de uma pessoa. **4**. Sistema de leis e princípios supremos e fundamentais, pelo qual se governa princ. um Estado, também conhecido como *carta magna*. → **constitucional** *adj* (**1**. rel., pert. ou conforme a constituição; **2**. constante na constituição); **constitucionalidade** *sf* (qualidade, estado ou natureza do que é constitucional); **constitucionalismo** *sm* (**1**. sistema dos partidários do regime constitucional; **2**. conjunto de princípios de um governo constitucional); **constitucionalista** *adj* (rel. a constitucionalismo) e *adj* e *s2gên* (**1**. que ou pessoa que é partidária do constitucionalismo); **2**. especialista em direito constitucional); **constitucionalizar(-se)** *v* [tornar(-se) constitucional].

cons.ti.tu.in.te *adj* **1**. Que serve para formar alguma coisa; componente. **2**. Que tem poderes para elaborar ou alterar uma constituição. // *sm* **3**. Componente, constitutivo. // *s2gên* **4**. Pessoa que passa procuração a outra, para agir em seu nome. **5**. Pessoa que faz parte de assembleia ou congresso constituinte.

cons.ti.tu.ir *v* **1**. Formar (pessoas ou coisas) as partes integrantes de um todo; compor: *cinco sócios constituem a empresa; as coníferas constituem cerca de um terço das florestas do mundo*. **2**. Representar: *o ouro constitui uma riqueza brasileira*. **3**. Estabelecer, organizar, estruturar, formar: *constituir uma empresa, uma sociedade, um sindicato; o pai não conseguiu constituir uma família coesa*. **4**. Criar, produzir: *a abertura das importações constitui um desafio aos produtos internos*. **5**. Dar procuração a: *constituir um advogado*. **constituir-se 6**. Representar: *o ouro se constitui numa das maiores riquezas brasileiras*. **7**. Compor-se, formar-se: *a Terra se constitui de dois terços de água*. **8**. Ter sua formação ou criação; formar-se, criar-se: *o sistema solar se constituiu há bilhões de anos*. **9**. Assumir um cargo, encargo, obrigação ou condição: *ela se constituiu na representante da classe*. **10**. Ser fundado ou estabelecido; estabelecer-se: *a editora se constituiu no ano passado e já é a quinta do país*. · Conjuga-se por *atribuir*. → **constitutivo** *adj* (**1**. que constitui ou compõe; constituinte; componente; **2**. que estabelece juridicamente um direito) e *sm* (aquilo que constitui ou compõe; constituinte; componente).

cons.tran.ger *v* **1**. Forçar, coagir ou obrigar (alguém) a fazer alguma coisa contra a vontade: *nos sequestros relâmpago, os bandidos constrangem a vítima a entregar-lhes o cartão de crédito e a senha*. **2**. Apertar fortemente (uma parte do corpo): *sapatos novos costumam constranger os pés*. **3**. Levar (uma pessoa) a sentir-se incomodada ou desconfortável, por estar ali presente; tolher a liberdade de; incomodar: *a briga do casal constrangeu a visita, que resolveu ir embora*. **4**. Tolher, cercear: *é um governo que quer constranger o exercício da liberdade da população*. **5**. Inibir, acanhar: *exame médico não pode constranger o paciente*. **constranger-se 6**. Ficar acanhado; acanhar-se, inibir-se: *o ex-ministro mente, mente e mente e nem se constrange!* → **constrangedor** (ô) *adj* (que constrange); **constrangido** *adj* (**1**. tolhido na sua liberdade; incomodado, desconfortável: *sentia-me constrangido no meio daquela gente mal-encarada*; **2**. forçado, obrigado, coagido: *senti-me constrangido a uma improvisação*; **3**. forçado, artificial, contrafeito: *sorriso constrangido*); **constrangimento** *sm* [ato ou efeito de constranger(-se)].

cons.tri.ção *sf* **1**. Pressão exercida circularmente de que resulta diminuição no diâmetro de um objeto. **2**. Aperto. → **constringir** *v* (apertar em volta); **constritivo** *adj* (**1**. que causa constrição; **2**. diz-se da consoante que, ao ser articulada, produz uma constrição ou atrito).

cons.tru.ir *v* **1**. Dar estrutura e forma a; estruturar, edificar: *construir prédios*. **2**. Arranjar sistemática ou metodicamente; ordenar, organizar: *construir frases*. **3**. Fabricar: *construir carros*. **4**. Conceber, elaborar, engendrar: *construir planos*. · Conj.: *construo, constróis, constrói, construímos, construís, constroem* (pres. do ind.). → **construção** *sf* (**1**. ação, processo ou efeito de construir; **2**. obra construída; edificação; **3**. imóvel que está sendo erguido; obra); **construtivo** *adj* (que serve para melhorar); **construtor** (ô) *adj* e *sm* (que ou aquele que tem como profissão construir casas, edifícios, etc.).

cons.tru.ti.vis.mo *sm* **1**. Movimento de arte abstrata surgido em Moscou, entre 1913 e 1920. **2**. Corrente baseada nos trabalhos do suíço Jean Piaget (1896-1980), que explica a estrutura da inteligência humana como um produto, não só do inatismo, mas igualmente da ação do indivíduo sobre o meio. (Facultativamente, usa-se com inicial maiúscula; *Construtivismo*.) → **construtivista** *adj* (rel. a construtivismo) e *adj* e *s2gên* (que ou pessoa ou artista que segue ou defende os princípios do construtivismo).

con.subs.tan.ci.a.ção *sf* **1**. Doutrina teológica luterana da presença de Cristo na Eucaristia (em oposição à *transubstanciação*). **2**. União de dois ou mais corpos numa só substância; fusão. **3**. União íntima; identificação. → **consubstancial** *adj* (**1**. que tem a mesma substância ou natureza essencial: *o Filho é consubstancial com o Pai*; **2**. do mesmo tipo ou natureza); **consubstancialidade** *sf* (unidade e identidade de substância das três pessoas da Santíssima Trindade); **consubstancialismo** *sm* (doutrina da consubstancialidade); **consubstanciar** (consolidar, concretizar: *consubstanciar uma proposta*) **consubstanciar-se** (unir-se intimamente; identificar-se).

con.su.e.to *sm* Uso, costume. → **consuetudinário** *adj* (baseado nos usos e costumes; costumeiro).

côn.sul *sm* Funcionário diplomático encarregado de cuidar dos interesses de seu país ou dos cidadãos de seu país, num país estrangeiro. · Fem.: *consulesa* (ê). · Pl.: *cônsules*. → **consulado** *sm* (**1**. cargo, dignidade ou função de cônsul; **2**. período em que um cônsul exerce seu cargo; **3**. lugar onde o cônsul exerce suas funções); **consular** *adj* (rel. ou pert. a cônsul ou a consulado).

con.sul.tar *v* **1**. Aconselhar-se com: *consultar um médico*. **2**. Pesquisar em: *consultar um dicionário*. **3**. Sondar, antes de decidir: *consultar o público, antes de lançar um produto no mercado*. **4**. Dar consultas: *o médico não consulta aos sábados*. **consultar-se 5**. Refletir ou meditar, antes de decidir-se: *antes de casar, consulte-se!* **6**. Fazer consultas entre si; frequentar; conclusão: *a consumação de uma venda, de um contrato por assinatura das partes*. **2**. Ato de tornar um casamento ou um relacionamento completo, tendo relações sexuais. **3**. Redução de *consumação mínima*, gasto mínimo que o freguês de um bar ou outro estabelecimento comercial qualquer tem de pagar, mesmo que nada tenha consumido. (A palavra se consagrou nesse sentido, na acepção 3, mas o caso é de emprego de *consumição*, do verbo *consumir*.) → **consumado** *adj* (**1**. acabado; plenamente realizado; **2**. irremediável: *fato consumado*; **3**. *fig.* público e notório, sabido de todos: *ele é um corrupto consumado*); **con.su.mar(-se)** *v* [realizar(-se) por completo; completar(-se): *consumar um crime; o crime se consumou*].

con.su.me.ris.mo *sm* Movimento ou associação de consumidores e de outros agentes da sociedade que tem como objetivo defender seus interesses, utilizando o seu poder de compra para garantir os seus direitos e equilibrar forças com as empresas fornecedoras de produtos e serviços. → **consumerista** *adj* (rel. a consumerismo: *foi nos Estados Unidos que o movimento consumerista assumiu grande destaque*) e *adj* e *s2gên* (que ou pessoa que é partidária ou membro do consumerismo).

con.su.mir *v* **1**. Fazer que (uma coisa) seja destruída ou extinta: *os incêndios estão consumindo a Amazônia*. **2**. Gastar (alguma coisa) como alimento ou como combustível: *ele não consome carne; esse carro consome pouca gasolina*. → **consumição** *sf* (**1**. ato ou efeito de consumir: *a consumição de uma floresta pelas chamas*; **2**. ato ou efeito de gastar ou desgastar pelo uso contínuo: *a consumição de uma camisa*; **3**. *fig.* grande apreensão ou preocupação; aflição; **4**.*p.ext.* grande aborrecimento; amolação); **consumidor** (ô) *adj* e *sm* (que ou o que consome coisas ou produtos), em oposição a *produtor*; **consumível** *adj* (diz-se daquilo que pode ser consumido e não afetar a saúde); **consumismo** *sm* (gasto exagerado com mercadorias e serviços); **consumista** *adj* (rel. a consumismo) e *adj* e *s2gên* (que ou pessoa que é favorável ao consumismo ou que o pratica); **consumo** *sm* (**1**. ato ou processo de consumir, usar, gastar; gasto, dispêndio: *essa carne está imprópria para consumo humano*; **2**. quantidade consumida: *precisamos reduzir o consumo de água*; **3**. informação destinada a um pequeno grupo de pessoas: *esse documento é apenas para consumo interno, e não para consumo público*).

con.sú.til *adj* Que tem costura: *túnica consútil*. · Antôn.: *inconsútil*.

con.ta *sf* **1**. Ato ou efeito de contar. **2**. Operação aritmética de somar, subtrair, multiplicar ou dividir; cálculo. **3**. Lista ou rol de despesas; nota, fatura: *o garçom já trouxe a conta*. **4**. Resumo de *conta-corrente*, conjunto dos débitos e créditos de um cliente, num banco. **5**. Contrato de uma empresa (cliente) com agência de publicidade, a fim que esta promova suas campanhas promocionais. **6**. Cada cliente dessa agência. **7**. *Fig.* Consideração, reputação, conceito: *sempre o tive em alta conta*. **8**. *Fig.* Informação, relato: *não dava conta do que fazia na empresa*. // *sfpl* **9**. Terço, rosário. ·· **Afinal de contas**. Em suma: *Afinal de contas, o Brasil é um país sério ou não?* ·· **Por conta**. **1**. Como parte do total: *Não estou com todo o dinheiro comigo para lhe pagar o carro, mas toma aqui mil reais por conta*. **2**. Pop. Indignado, revoltado: *Esse fato deixou o pai da moça por conta*. ·· **Por conta de**. **1**. Aos cuidados de; sob a responsabilidade de: *Deixou os filhos por conta dos avós e viajou*. **2**. A expensas de: *O casório correu por conta do pai da noiva*. **3**. A pretexto de; em razão de: *Faltou à aula por conta de uma gripe*.

con.ta.bi.li.da.de *sf* **1**. Escrituração comercial ou bancária. **2**. Escrituração de receita e despesas. **3**. Lugar onde se faz essa escrituração. → **contábil** *adj* (rel. a contabilidade); **contabilista** *adj* e *s2gên* ou **contador** (ô) *adj* e *sm* (que ou pessoa que é formada em contabilidade); **contabilização** *sf* (ato ou efeito de contabilizar; escrituração); **contabilizar** *v* (escriturar); **contadoria** *sf* (**1**. setor de uma empresa no qual se realizam os serviços de contabilidade; **2**. escritório onde se faz pagamento ou se recebe dinheiro).

con.ta-cor.ren.te *sf* Conta (4). · Pl.: *contas-correntes*.

con.tac.tar *v* V. **contatar**. → **contacto** *sm* (v. **contato**).

con.tac.to.lo.gi.a ou **con.ta.to.lo.gi.a** *sf* **1**. Técnica de fabricação das lentes de contato. **2**. Indústria da fabricação e venda de lentes de contato. **3**. Ramo da oftalmologia que se ocupa das lentes de contato, suas indicações e contraindicações. → **contactólogo** ou **contatólogo** *sm* (especialista na aplicação de lentes de contato).

con.ta.dor (ô) *adj* e *sm* **1**. Que ou aquele que conta, narra. // *sm* **2**. Aquele que é formado em contabilidade; contabilista. **3**. Encarregado da escrituração contábil de uma firma ou empresa. → **contadoria** *sf* (v. **contabilidade**).

CONTAG ou **Contag** *sf* Acrônimo de <u>C</u>onfederação <u>N</u>acional dos <u>T</u>rabalhadores na <u>A</u>gricultura, entidade sindical com sede em Brasília, fundada em 1963 com a finalidade de defender a reforma agrária e os interesses e direitos dos assalariados agrícolas, pequenos proprietários, meeiros, etc.

con.ta.gi.ar *v* **1**. Transmitir moléstia, males morais, vícios a, por contágio; contaminar, infectar: *um sifilítico a contagiou; criança com sarampo pode contagiar a família toda*. **2**. Exercer influência positiva sobre; comunicar-se a; espalhar-se ou irradiar-se rapidamente a: *a alegria dela contagiou os presentes*. **3**. Afetar positiva ou negativamente: *ele contagiou todo o mundo com seu entusiasmo; não me venha com pessimismo, que isso contagia!* **contagiar-se 4**. Adquirir doença contagiosa; contaminar-se: *ele se contagiou na caverna*. → **contagiante** ou **contagioso** (ô; pl.: ó) *adj* (que passa de indivíduo para indivíduo); **contágio** *sm* (transmissão ou disseminação de doença por contato direto ou não; contaminação).

con.ta-gi.ros *sm2núm* Instrumento que mede a velocidade de rotação de um motor ou de um eixo. (Cuidado para não usar "conta-giro"!)

con.ta-go.tas *sm2núm* Pequeno instrumento que serve para pingar e contar as gotas de um líquido, geralmente um medicamento. (Cuidado para não usar "conta-gota"!)

container [ingl.] *sm* V. **contêiner**.

con.ta.mi.nar *v* Passar doença a (pessoa) ou o que causa doença a (coisa). → **contaminação** *sf* (transmissão ou propagação de doença de um indivíduo para outro, por contato direto ou indireto; contágio).

con.tan.to que *loc conj* Com a condição de que; desde que.

con.tar *v* **1**. Dar a cada coisa um número, começando pela unidade e aumentando progressivamente, para se conhecer o resultado; fazer a contagem de: *contar os alunos de uma classe*. **2**. Narrar: *contar suas peripécias de infância*. **3**. Esperar com muita confiança: *conto com você na minha festa*. → **contagem** *sf* (**1**. ato ou efeito de contar; **2**. determinação do número total de algo: *na última contagem de votos, vencia o candidato oposicionista*; **3**. resultado de um jogo esportivo; escore, placar).

con.ta.to ou **con.tac.to** *sm* **1**. Toque ou ligação de dois ou mais corpos entre si. **2**. Profissional encarregado de estabelecer ligação entre cliente e empresa ou entre cliente e agência de publicidade. → **contatar** ou **contactar** *v* (estabelecer contato ou contacto com).

con.têi.ner *sm* Recipiente metálico, de grandes dimensões e hermeticamente fechado, para transporte de mercadorias a longa distância, geralmente em navios e trens. · Pl.: *contêineres*.

CONTEL ou **Contel** Acrônimo de <u>C</u>onselho <u>N</u>acional de <u>Tele</u>comunicações, órgão federal, criado em 1962 para supervisionar as telecomunicações, estimular a indústria de equipamentos dessa área e regular a concessão de seus serviços.

con.tem.plar *v* **1**. Olhar com muita atenção e admiração (pessoa ou coisa): *contemplar uma paisagem*. **2**. Premiar: *a empresa contemplou seus melhores funcionários, no Natal*. **contemplar-se 3**. Olhar-se com admiração: *ela vive* *contemplando-se no espelho*. → **contemplação** *sf* [ato ou efeito de contemplar(-se)]; **contemplativo** *adj* (rel. a contemplação).

con.tem.po.râ.neo *adj* e *sm* Que ou aquele que é do mesmo tempo ou época. **contemporaneidade** *sf* (qualidade do que é contemporâneo), que não deve ser trocada por "contemporaneidade".

con.tem.po.ri.zar *v* Transigir, condescender: *é um professor que contemporiza com os alunos, o que o torna simpático*. → **contemporização** *sf* (ato ou efeito de contemporizar); **contemporizador** (ô) *adj* e *sm* (que ou aquele que contemporiza).

con.ten.ção *sf* **1**. Ato ou efeito de conter(-se): *contenção de gastos*. **2**. Controle daquilo que pode mover-se: *muro de contenção*. **3**. Discordância acalorada. **4**. Fala em que há forte desacordo.

con.ten.ci.o.so (ô; pl.: ó) *adj* **1**. Sujeito a litígio ou a disputa: *questão contenciosa*. **2**. Relativo a contenção. **3**. Duvidoso, incerto, errático. **4**. Em que pode haver reclamações. // *sm* **5**. Situação em que há litígio, conflito ou dúvida, submetida a decisão jurisdicional. **6**. Relação conflituosa entre duas ou mais partes.

con.ten.da *sf* **1**. Desacordo, litígio, pendência. **2**. Luta ou briga resultante desse desacordo; guerra. → **contendedor** ou **contendor** (ô) *sm* (aquele que contende); **contender** *v* (**1**. ter contenda; lutar; **2**. rivalizar, competir, concorrer).

con.ten.te *adj* **1**. Que experimenta grande prazer interior, em razão de circunstâncias agradáveis. **2**. Que não deseja mais do que já tem ou recebe. · Antôn. (1): *triste*; (2): *satisfeito*. → **contentar(-se)** *v* [tornar(-se) contente].

con.ten.to *sm* Contentamento, satisfação. ·· **A contento**. De modo satisfatório; satisfatoriamente: *Realizar uma tarefa a contento*. ·· **A seu contento**. Segundo os seus desejos: *Fez o investimento a seu contento*.

con.ten.tor *sm* Recipiente, geralmente usado em via pública, para a coleta de lixo ou de resíduos para reciclagem.

con.ter *v* **1**. Ter em si ou dentro de si: *o copo dela só contém água*. **2**. Ter como partes constituintes; incluir, encerrar: *são compostos químicos que contêm mercúrio*. **3**. Refrear, dominar, controlar: *não consegui conter a curiosidade*. **4**. Prevenir, impedir ou limitar o avanço ou a influência de (coisa ruim ou desagradável): *conter surtos epidêmicos*. **5**. Ser divisível exatamente por; ser múltiplo de: *dez contém duas vezes cinco*. **6**. Ser igual ou equivalente de: *um quilômetro contém mil metros*. **conter-se 7**. Exercer pleno controle sobre si próprio; refrear-se, dominar-se, controlar-se: *não se conter de tanta alegria*. · Conjuga-se por *ter*. · V. **contenção**.

con.ter.râ.neo *adj* e *sm* Que ou aquele que nasceu na mesma terra.

con.tes.tar *v* **1**. Arguir contra; questionar: *contestar uma decisão*. **2**. Não aceitar; impugnar, refutar, contradizer: *contestar o resultado de uma eleição*. **3**. Negar a validade ou a verossimilhança de; contrariar; opor-se a: *contestar uma tese, uma teoria*. **4**. Reclamar ou protestar contra: *eles contestaram o meu direito de falar*. **5**. Demonstrar oposição ou contrariedade; opor-se, resistir, ser contrário: *a decisão está tomada, e se alguém contestar, que o faça com fortes razões!* · Antôn. (1): *admitir*; (2): *conceder*; (3): *apoiar*. → **contestação** *sf* (**1**. ato ou efeito de contestar; **2**. protesto às vezes violento contra o estabelecido ou proposto; **3**. resposta do réu ou reclamado nos autos às pretensões do autor de uma ação).

con.tes.te *adj* **1**. De afirmações ou declarações iguais ou semelhantes: *testemunhas contestes*. **2**. Que contém as mesmas afirmações ou declarações contidas em outro: *depoimentos contestes*. · Antôn.: *inconteste*.

con.te.ú.do *sm* **1**. Coisa que está contida dentro de outra: *bebeu todo o conteúdo do copo*. **2**. Teor de escrito; assunto: *o conteúdo da carta não foi divulgado*. **3**. Lista de tópicos ou assuntos incluídos em um livro ou documento. **4**. Na Internet, qualquer informação disponível para recuperação pelo usuário, incluindo páginas da Web, imagens, música, áudio, *downloads*, etc., bem como materiais de treinamento, educacionais e de referência: *provedores de conteúdo*; site chamativo, *mas sem conteúdo*. **5**. Relevo, importância, significado: *seu texto carece de conteúdo*. **6**. Programa de um curso educacional: *merece elogio o conteúdo desse curso*. **7**. Em filosofia, substância ou matéria de cognição.

con.tex.to (ê) *sm* **1**. Texto anterior e posterior ao que se está considerando e do qual depende seu significado. **2**. Conjunto das circunstâncias em que se dá um fato. → **contextual** *adj* (rel. a contexto).

con.tex.tu.ra *sf* **1**. Ligação das partes que formam um todo. **2**. Estrutura ou textura.

con.ti.go *pron* **1**. Em tua companhia. **2**. De ti para ti. **3**. Dentro de ti; em teu ser. **4**. Em tua mente. **5**. A teu respeito. **6**. Para teu proveito. **7**. Próprio de ti. **8**. Em teu poder. **9**. A teu cargo.

con.tí.guo *adj* Próximo; vizinho. → **contiguidade** (o **u** soa) *sf* (estado do que é contíguo; vizinho).

con.ti.nên.cia *sf* **1**. Moderação, parcimônia. **2**. Saudação ou cumprimento militar. **3**. Abstinência completa ou parcial dos prazeres carnais.

con.ti.nen.te *adj* **1**. Moderado, comedido. // *sm* **2**. Objeto que contém alguma coisa. **3**. Cada uma das grandes extensões em que se divide a superfície terrestre. → **continental** *adj* (rel. ou pert. a continente); **continentalidade** *sf* (qualidade ou estado de continental: *a continentalidade do território brasileiro*).

con.tin.gen.te *adj* **1**. Que pode ou não acontecer; incerto, errático. // *sm* **2**. Grupo de tropas, navios, etc. que formam parte de uma força militar. → **contingência** *sf* (qualidade ou caráter do que é contingente).

con.ti.nu.ar *v* **1**. Dar seguimento a (alguma coisa): *continuar um trabalho*. **2**. Prolongar, esticar: *continuar uma rodovia até a fronteira do país*. **3**. Persistir, prosseguir, perdurar: *o frio vai continuar*. **4**. Permanecer: *continuo em férias*. → **continuação** *sf* (ato ou efeito de continuar; prosseguimento: *a continuação de uma greve*), que não se confunde com *continuidade*, em que está implícita a ideia de coerência, ausente em *continuação*.

con.ti.nu.ís.mo *sm* Artimanha política para se perpetuar no poder ou para nele se manter por mais tempo do que o devido. → **continuísta** *adj* e *s2gên* (que ou pessoa que é simpatizante do continuísmo) e *s2gên* (pessoa encarregada, num filme ou numa telenovela, de garantir a sua continuidade, ou seja, do desenvolvimento contínuo e coerente de uma cena, capítulo, som, etc.).

con.tí.nuo *adj* **1**. Que não para; ininterrupto. // *sm* **2**. Funcionário que, numa firma, faz serviços sem muita responsabilidade. → **continuidade** *sf* (qualidade daquilo que é contínuo, cronológica ou fisicamente: *a continuidade de uma telenovela, de um filme, de uma ferrovia*), que não se confunde com *continuação*.

continuum [lat.] *sm* Qualquer coisa (extensão, sucessão, conjunto, etc.) que se estende continuamente; conjunto contínuo. · Pl.: *continua*. · Pronuncia-se *contínuum* e *contínua*, respectivamente.

con.to *sm* Obra literária breve que narra fatos fictícios. → **contista** *adj* e *s2gên* (que ou aquele que escreve contos). ·· **Conto** (ou **História**) **da carochinha**. **1**. Conto popular e infantil, no qual se narram aventuras de seres fabulosos que geralmente assumem a forma humana. **2**. *Fig.* Coisa inventada com astúcia e má-fé; balela. ·· **Conto de fadas**. **1**. História que narra episódios de personagens encantadors. **2**. *Fig.* Coisa maravilhosa, fantástica; mar de rosas: *A vida nunca foi um conto de fadas*. ·· **Conto do bilhete premiado**. Toco-mocho. ·· **Conto do vigário**. Golpe que um malandro passa em pessoa de boa-fé, para tirar-lhe dinheiro.

con.tor.cer(-se) *v* Torcer(-se): *contorci o tornozelo; contorci-me de dor*. → **contorção** *sf* (ato ou efeito de contorcer-se); **contorcionismo** *sm* (acrobacia que consiste em contorcer o próprio corpo); **contorcionista** *adj* e *s2gên* (que ou artista circense que faz contorcionismo).

con.tor.no (ô) *sm* Linha que limita exteriormente um corpo; periferia, perímetro, circuito. → **contornar** *v* [**1**. andar em volta de; rodear; **2**. enfrentar (dificuldade) de maneira indireta].

con.tra *prep* **1**. Contrário a: *ser contra as reformas*. **2**. Em oposição a: *estar contra o governo*. **3**. Em direção a: *atirar contra um alvo*. **4**. Em direção oposta a: *remar contra a maré*. **5**. Defronte de: *a casa está contra a nascente*. **6**. Junto a: *segurava o crucifixo contra o peito*. **7**. De encontro a: *bater contra um poste*. **8**. Em contradição com: *viajar contra a vontade*. **9**. Em desfavor de: *falar contra o governo*. **10**. Em oposição hostil a: *essa gente está contra o povo; atentado contra o meio ambiente*. **11**. De obstáculo a; de recurso ou remédio para: *xarope contra a tosse*. **12**. De objeção a: *nada tenho contra isso*. **13**. Em troca de: *apostar um contra cem*. **14**. Em contraste com: *fazer um desenho de flores contra um fundo escuro*. **15**. Em débito de: *emitir cheque contra um banco*. **16**. Em competição com: *jogar contra os alemães*. **17**. Em contato com: *apoiar-se contra a parede*. **18**. Em antecipação a: *alimentos armazenados contra o inverno*. **19**. Em defesa, proteção ou salvaguarda de: *proteger-se contra o frio; ele virou o guarda-chuva contra o vento*. **20**. Por conta ou desconto de: *o pagamento foi feito contra meu saldo bancário*. // *sm* **21**.

Lado negativo: *os prós e os contras da questão*. **22**. Defeito, inconveniente: *ela só tem um contra: é feia*. **23**. Resposta ou decisão negativa; objeção: *o pai da moça deu o contra sobre o namoro*. // *adj* **24**. Contrário a sua própria equipe: *gol contra*. // *adv* **25**. De modo contrário ou desfavorável; contrariamente: *votei contra essa proposta*. ·· **Ser do contra**. Discordar de tudo e de todos habitualmente.

con.tra- *pref* que exige hífen apenas antes de palavra iniciada por **a** ou por **h**.

con.tra-al.mi.ran.te *sm* **1**. Posto da Marinha entre vice-almirante e capitão de mar e guerra. **2**. Oficial que detém esse posto. · Pl.: *contra-almirantes*.

con.tra-a.ta.car *v* Atacar em resposta: *é um time que gosta de jogar contra-atacando o adversário*. → **contra-ataque** *sm* (ataque em resposta a uma ação; contraofensiva, contragolpe), de pl. *contra-ataques*.

con.tra-a.vi.so *sm* Contraordem. · Pl.: *contra-avisos*.

con.tra.bai.xo *sm* **1**. O maior dos instrumentos de corda e o que tem o som mais grave; rabecão. **2**. Contrabaixista. → **contrabaixista** *s2gên* [músico(a) que toca contrabaixo; contrabaixo (2)].

con.tra.ba.lan.çar *v* Contrapor, compensar: *ele contrabalança a pouca inteligência com muita força de vontade*.

con.tra.ban.do *sm* **1**. Entrada de mercadoria estrangeira num país sem o pagamento de impostos nem atendimento às exigências da lei; muamba. **2**. Mercadoria que dessa forma entra num país; muamba. → **contrabandear** *v* (fazer contrabando de), que se conjuga por *frear*; **contrabandista** *adj* e *s2gên* [que ou pessoa que faz contrabando; muambeiro(a)].

con.tra.ção *sf* **1**. Ato ou efeito de contrair(-se). **2**. Reunião de duas vogais em uma só; crase.

con.tra.ca.pa *sf* **1**. Parte de trás de uma publicação, por oposição à capa. **2**. Cada uma das partes internas da capa de uma publicação; verso da capa ou verso da contracapa.

con.tra.ce.nar *v* Representar ou atuar junto com (outros atores): *ela contracenou com o maior galã do Brasil*. → **contracena** *sf* (**1**. ato de contracenar; **2**. diálogo simulado desenvolvido paralelamente à cena principal).

con.tra.cep.ção *sf* Prevenção da concepção. → **contraceptivo** *adj* (rel. a contracepção) e *sm* (anticoncepcional).

con.tra.che.que *sm* Documento que habilita o empregado a receber seu salário e no qual se discriminam os descontos previstos em lei; holerite.

con.tra.cul.tu.ra *sf* Modo de vida de pessoas, geralmente jovens, caracterizado pela rejeição dos valores estabelecidos da sociedade e suas práticas (tecnologia do desperdício de energia, guerra, competitividade, etc.).

con.tra.dan.ça *sf* Dança de quatro ou mais pares que ficam frente a frente e fazem movimentos contrários.

con.tra.di.ta *sf* Resposta que se dá à parte contrária, geralmente em debate, juízo, discussão, etc.; contraditório. → **contraditar** *v* (opor ou apresentar contradita a; contestar).

con.tra.di.zer *v* **1**. Desmentir: *o filho contradisse o pai*. **contradizer-se 2**. Cair em contradição: *ele se contradisse durante o depoimento*. → **contradição** *sf* [ato ou efeito de contradizer(-se)]; **contraditório** *adj* (em que há contradição) e *sm* (alegação responsiva em juízo de uma parte contra a outra; contradita).

con.tra.en.te *adj* e *s2gên* Que ou pessoa que se casa.

con.tra.es.pi.ão *sm* Espião que trabalha em oposição à espionagem inimiga. → **contraespionagem** *sf* (**1**. atividade que visa a denunciar e a reprimir a atuação de espiões estrangeiros, tanto dentro como fora do território nacional; **2**. serviço encarregado dessa atividade).

con.tra.fa.ção *sf* **1**. Falsificação. **2**. Fingimento, simulação. (Cuidado para não usar "contrafacção"!) → **contrafator** (ô) *sm* (agente de contraespionagem); **contrafeito** *adj* (**1**. falsificado;. **2**. forçado, obrigado, constrangido).

con.tra.fa.go.te *sm* **1**. Instrumento musical de sopro de palheta dupla, de madeira, com um alcance uma oitava abaixo do fagote. **2**. *P.ext*. Músico(a) que toca esse instrumento; contrafagotista. → **contrafagotista** *s2gên* [contrafagote (2)].

con.tra.fa.zer *v* **1**. Imitar fraudulentamente ou por falsificação; falsificar: *contrafazer uma assinatura*. **2**. Disfarçar, dissimular: *contrafazer a voz, para não ser reconhecido*. **3**. Simular, fingir: *contrafazer uma dor, uma doença*. **contrafazer-se 4**. Disfarçar-se, dissimular-se: *ao ser apanhado roubando*, *contrafez-se, mas não adiantou*. **5**. Violentar-se, reprimindo a própria vontade: *não tenho úlceras nem recalques, porque nunca me contrafaço*. · Conjuga-se por *fazer*.

con.tra.fé *sf* Cópia autêntica de citação ou intimação judicial para ser entregue à pessoa citada ou intimada.

con.tra.fi.lé *sm* Parte média do dorso do boi, usada principalmente para bifes, por causa de sua maciez.

con.tra.flu.xo (x = ks) *sm* Fluxo em direção oposta a de outro; contramão.

con.tra.for.te *sm* **1**. Peça que serve para reforçar outra. **2**. Forro posterior do calçado, que se ajusta ao calcanhar. **3**. Pilar usado para escorar um elemento de construção. **4**. Montanha localizada junto a outra.

con.tra.gol.pe *sm* **1**. Disposição súbita de um governo que chegou ao poder por um golpe de Estado. **2**. Em esporte, contra-ataque, contragolpe.

con.tra.gos.to (ô) *sm* Desprazer, desagrado. ·· **A contragosto**. Contra a própria vontade; sem prazer.

con.tra-has.te *sf* Nas máquinas de vapor, prolongamento da haste do êmbolo. · Pl.: *contra-hastes*.

contrail [ingl.] *sm* Rastro ou trilha branca de vapor d'água condensado que às vezes se forma na esteira de um avião ou foguete em grande altitude. · Pl.: *contrails*. · Pronuncia-se *cântreil*.

con.tra.in.di.car *v* Não aconselhar; considerar impróprio ou inadequado; desaconselhar: *contraindico esse filme a menores de idade*. → **contraindicação** *sf* (ato de contraindicar ou aquilo que é contraindicado: *é um medicamento que não tem contraindicação*); **contraindicado** *adj* (impróprio, desaconselhado).

con.tra.in.te.li.gên.cia *sf* Ramo do serviço de inteligência de um país encarregado de manter as informações secretas do inimigo, enganá-lo, evitar a subversão e a sabotagem e reunir informação político-militar.

con.tra.ir *v* **1**. Tornar mais estreito ou apertado, princ. pela pressão envolvida; provocar contração em; comprimir, apertar: *algumas drogas contraem os músculos cardíacos*; *contrair os músculos*; *sapato apertado contrai os pés*. **2**. Franzir, enrugar: *contrair a testa*. **3**. Assumir (compromisso, que precisa ser honrado): *contrair dívidas, empréstimo, casamento*. **4**. Ser acometido por; pegar: *contrair um resfriado*. **contrair-se 5**. Sofrer contração; encolher: *alguns metais se contraem com o frio*; *seus lábios se contraíram de raiva*. **6**. Reduzir (fonemas): *contrair o de e o o*. · Antôn. (1): *dilatar, afrouxar, relaxar*. · Conjuga-se por *cair*. · V. **contração**.

con.tral.to *sm* **1**. Voz mais grave de mulher ou de criança. **2**. *P.ext*. Pessoa com essa voz.

con.tra.luz *sf* Luz que incide num quadro em sentido oposto àquele em que foi pintado.

con.tra.mão *adj* **1**. De sentido contrário ao estabelecido: *essa rua é contramão*. **2**. Que é muito afastado do trajeto a ser percorrido: *sua casa é muito contramão para mim, por isso não lhe dou carona*. // *sf* **3**. Sentido contrário àquele que os veículos devem seguir; contrafluxo: *bêbado, percorreu quilômetros na contramão e foi preso*. **4**. Contrário às normas estabelecidas: *essa proposta vai na contramão do bom senso*. · Pl.: *contramãos*.

con.tra.mar.cha *sf* **1**. Marcha em sentido contrário à daquela que se estava fazendo. **2**. Mudança completa; reviravolta.

con.tra.me.di.da *sf* Medida ou ação tomada para conter outra.

con.tra.mes.tre *sm* Aquele que é responsável pelos operários em obra, oficina, fábrica, navio, estaleiro, etc. · Fem.: *contramestra*.

CONTRAN ou **Contran** *sm* Acrônimo de Conselho Nacional de Trânsito, órgão máximo consultivo e normativo do Sistema Nacional de Trânsito no Brasil., responsável por criar as normas que regulamentam a política nacional de trânsito, além de coordenar os outros órgãos relacionados com o trânsito, como os Detrans.

con.tra.o.fen.si.va *sf* Contra-ataque, contragolpe.

con.tra.o.fer.ta *sf* Oferta que se contrapõe a outra, já feita e não aceita.

con.tra.or.dem *sf* Ordem contrária a outra ou que a revoga. → **contraordenar** *v* (dar contraordem a).

con.tra.pa.ren.te *sm* ou *s2gên* Parente por afinidade. · Fem. (opcional): *contraparenta*.

con.tra.par.te sf **1**. Cópia ou duplicata de qualquer papel legal; xérox de documento. **2**. Em música, parte que serve como acompanhamento a outra. **3**. *Fig*. Pessoa que lembra muito outra. **4**. Pessoa que exerce as mesmas funções de outra.

con.tra.par.ti.da sf **1**. Aquilo que serve para compensar ou equilibrar; compensação, garantia: *qual é a contrapartida a esse empréstimo que lhe faço?* **2**. Opinião contrária: *sustentar a contrapartida de uma tese*. ·· **Em contrapartida**. Em compensação; por outro lado: *O Brasil é um país pobre; em contrapartida, seu povo é alegre*.

con.tra.pas.so sm **1**. Passo em oposição ao que se dera antes. **2**. Meio passo militar que emprega a tropa, para recuperar a cadência perdida.

con.tra.pé sm Base, apoio. ·· **Pegar o goleiro no contrapé**. Chutar a bola justamente no lado oposto ao que o goleiro estava se dirigindo, para agarrar a pelota.

con.tra.pe.so (ê) sm **1**. Peso que serve para equilibrar uma força. **2**. Qualquer coisa que se usa para contrabalançar outra.

con.tra.pon.to sm **1**. Em música, arte ou técnica de combinar duas ou mais linhas melódicas distintas, para serem executadas simultaneamente. **2**. Qualquer melodia tocada ou cantada contra uma melodia básica. **3**. Melodia que acompanha outra, nota por nota. **4**. Qualquer coisa feita em contraste com outra.

con.tra.por v **1**. Pôr contra; opor: *contrapor o rosto à ventania*. **2**. Apresentar ou expor em oposição; opor: *ela contrapôs fortes argumentos aos meus*. **3**. Comparar ou confrontar (duas ou mais coisas), para constatar suas diferenças; cotejar: *contrapor a inflação atual à de anos atrás!* **contrapor-se 4**. Colocar-se em oposição ou contraste; opor-se: *que país, hoje, tem a coragem de contrapor-se aos Estados Unidos?*; *como contrapor-se à globalização da economia?* · Conjuga-se pelo verbo *pôr*, de que é derivado. → **contraposição** sf [ato ou efeito de contrapor(-se)].

con.tra.por.ca sf Porca suplementar, atarraxada sobre a primeira, para que esta não afrouxe ou desande.

con.tra.pro.du.cen.te adj Que apresenta resultados contrários aos esperados.

con.tra.pro.pa.gan.da sf Propaganda destinada a combater ou anular os efeitos de outra, feita por um concorrente.

con.tra.pro.pos.ta sf Proposta apresentada como alternativa a outra, recusada. → **contrapropor** v (apresentar como contraproposta), que se conjuga pelo v. *pôr*.

con.tra.pro.tes.to sm Protesto destinado a destruir os efeitos de outro.

con.tra.pro.va sf **1**. A segunda prova ou experiência, destinada a confirmar a exatidão da primeira. **2**. A segunda prova de um impresso, para ser comparada à primeira e verificar se foram feitas as emendas. → **contraprovar** v (fazer a contraprova de: *contraprovar um exame de urina*).

con.tra.ri.a.do adj Desgostoso por não ter alcançado o desejado. → **contrariar** v (**1**. opor-se; dizer, querer ou fazer o contrário de; *contrariar os interesses do país*; **2**. desagradar, aborrecer, deixar contrariado), de antôn. (1): *admitir*; (2): *agradar*, *satisfazer*; **contrariedade** sf (**1**. sentimento de quem está contrariado ou desgosto, por não ter conseguido o desejado; **2**. oposição de duas coisas contrárias; antagonismo: *contrariedade de opiniões*; **3**. obstáculo, embaraço, dificuldade, empecilho: *durante a viagem, deparou com algumas contrariedades*; **4**. aborrecimento, desgosto: *a ordem do coração é evitar contrariedades*).

con.trá.rio adj **1**. Que é oposto ou totalmente diferente de outra coisa; distinto: *ele ignorou o conselho contrário e fez o negócio*. **2**. Diz-se do movimento oposto. **3**. Avesso, inimigo: *ser contrário a cigarro*. // sm **4**. O oposto: *o jornalista provou que o contrário é verdadeiro*. · Antôn. (1 a 3): *favorável*. ·· **Ao** (ou **Em**) **contrário**. Discordante, divergente, discrepante: *O amianto foi considerado por muito tempo uma substância inofensiva, mas hoje há provas em contrário*.

con.trar.re.a.ção sf Reação oposta a outra.

Contrarreforma sf Movimento de reação da Igreja católica contra o avanço do protestantismo na Europa, que culminou com o Concílio de Trento, em 1545.

con.trar.re.gra s2gên **1**. Pessoa que, no teatro ou na televisão, é encarregada de marcar a entrada dos atores em cena e de outras tarefas. // sf **2**. Função exercida por essa pessoa.

con.trar.re.vo.lu.ção sf Movimento político de resistência a uma revolução. · Pl.: *contrarrevoluções*. → **contrarrevolucionário** adj (rel. a contrarrevolução) e adj e sm (que ou aquele que se opõe a uma revolução recente ou em curso, ou que a combate)

con.tras.sen.so sm **1**. Dito, ideia ou escrito desprovido de coerência; absurdo, disparate: *afirmar que a Terra é plana é um contrassenso*. **2**. Conduta boba, estúpida, contrária ao bom senso: *as crianças estão sempre atentas aos contrassensos dos adultos*.

con.tras.te sm Diferença que se observa entre seres comparados. → **contrastante** adj (que contrasta); **contrastar** v (contrapor-se, opor-se, destacar-se pela diferença: *a bondade do pai contrasta com a maldade da mãe*).

con.tra.tar v **1**. Combinar a realização ou execução de: *contratar uma obra*. **2**. Dar serviço a; empregar: *contratar operários para a obra*. **3**. Reforçar o plantel com (novo atleta): *meu time contratou um bom centroavante*. → **contratação** sf (ato ou efeito de contratar).

con.tra.tem.po sm **1**. Acontecimento, evento ou circunstância oposta ao esperado ou que perturba o curso normal das coisas; ocorrência inoportuna e embaraçosa: *o corte de energia nos causou um forte contratempo no trabalho*. **2**. Pequena discussão, geralmente pública, que causa constrangimento geral: *num ambiente de bar, sempre ocorre um contratempo entre torcedores de equipes rivais*. **3**. Percalço, revés, infortúnio: *a cerimônia ocorreu sem contratempos*. **4**. Intervalo entre a fala de dois atores, no cinema, teatro e televisão.

con.tra.ter.ro.ris.mo sm Conjunto de ações em reação ao terrorismo, mediante meios análogos. → **contraterrorista** adj (rel. a contraterrorismo) e adj e s2gên (que ou pessoa que atua no contraterrorismo).

con.trá.til ou **con.trác.til** adj Que se contrai. → **contratilidade** ou **contractilidade** sf (qualidade do que é contrátil ou contráctil).

con.tra.to sm **1**. Acordo em que duas ou mais pessoas assumem certos compromissos ou obrigações. **2**. Documento que comprova esse acordo. → **contratação** sf (ato ou efeito de contratar); **contratar** v (**1**. celebrar contrato para que seja realizado ou executado; **2**. empregar, assalariar; **3**. reforçar a equipe com: *o clube contratou bons jogadores*); **contratual** adj (rel. a contrato).

con.tra.tor.pe.dei.ro sm Pequeno e rápido navio de guerra, armado com canhões de 13cm e mísseis; destróier.

con.tra.tu.ra sf Contração involuntária de um músculo; espasmo muscular.

con.tra.ven.ção sf Delito menos grave que o crime. → **contravencional** adj (rel. a contravenção ou que pode ser enquadrado como contravenção); **contraventor** (ô) adj e sm (que ou aquele que pratica contravenção).

con.tra.ve.ne.no sm Antídoto.

con.tra.vir v **1**. Infringir ou transgredir (norma estabelecida); praticar contravenção. **2**. Dar em resposta; responder, replicar: *a mãe perguntou onde o filho estava; estou aqui – contraveio o rapaz*. · Conjuga-se por *vir*. · V. **contravenção**.

con.tri.bu.ir v **1**. Dar (dinheiro, roupa, comida, etc.) para um fundo comum; fornecer meios, juntamente com outros, para a consecução de alguma coisa; cooperar, colaborar: *contribuí na campanha do agasalho*. **2**. Ter participação decisiva ou importante em alguma coisa; cooperar, colaborar, participar: *você pode contribuir de diversas maneiras para o desenvolvimento do país*; *como posso contribuir na melhoria do nosso ensino?*; *usinas hidrelétricas contribuem para o efeito estufa*. **3**. Fornecer ou escrever (artigos, teses, etc.) para periódicos: *contribuir com belos artigos para o jornal do bairro*. **4**. Pagar contribuição; tomar parte em alguma despesa comum: *as despesas foram grandes, por isso contribuí*. **5**. Pagar impostos ao Estado, como contribuinte: *contribuímos demais e não recebemos nada em troca*. → **contribuição** sf (ato ou efeito de contribuir); **contribuinte** adj e s2gên (que ou pessoa que contribui, princ. para os cofres do estado, União ou município, para que estes possam oferecer em troca e em princípio serviços e bens à comunidade com o dinheiro arrecadado); **contributário** adj e sm [que ou aquele que contribui juntamente com outro(s) no pagamento de um tributo]; **contributivo** adj (rel. a contribuição ou imposto).

con.tri.ção sf Arrependimento sincero de haver ofendido a Deus com pecados. → **contrito** adj (arrependido).

con.tris.tar(-se) v Entristecer(-se) profundamente; penalizar(-se). → **contristação** sf [ato ou efeito de contristar(-se)].

con.tro.lar v **1**. Exercer autoridade, domínio, comando, vigilância ou habilidade sobre; dirigir, comandar, dominar: *controlar os filhos, os alunos, o veículo*. **2**. Manter dentro de certos limites; refrear, conter: *controlar o temperamento, as emoções; controlar a alta dos preços*. **3**. Impedir ou evitar alta, excesso, propagação ou desenvolvimento de: *controlar preços, incêndios, surtos epidêmicos*. **4**. Ser o maior acionista de: *a Ford controlava a Mazda*. **controlar-se 5**. Dominar os próprios impulsos; manter o autocontrole; conter-se, refrear-se, dominar-se: *tive que me controlar para não começar a chorar*. · As formas rizotônicas têm a vogal tônica aberta: *controlo, controlas, controla, controlam; controle, controles, controle, controlem*, etc. → **controlador** (ô) *adj* e *sm* (que ou o que controla alguma coisa); **controladoria** *sf* (órgão, setor ou departamento que exerce os controles contábil, financeiro, orçamentário, operacional e patrimonial de uma instituição).

con.tro.le (ô) *sm* **1**. Ato ou efeito de controlar(-se). **2**. Autoridade, domínio, comando ou habilidade para dirigir alguém ou alguma coisa. **3**. Instrumento ou série de instrumentos usados num veículo ou máquina; aparelho que regula o mecanismo de certas máquinas. **4**. Ação ou medida que impede ou evita propagação, alta ou desenvolvimento de alguma coisa. **5**. Domínio, administração. → **controlado** *adj* (**1**. submetido a controle; **2**. moderado, comedido). ·· **Controle de qualidade**. Conjunto de técnicas e atividades operacionais dentro de uma empresa destinadas a monitorar um processo ou um serviço, a fim de evitar ou eliminar um resultado insatisfatório e atingir a eficácia econômica, de acordo com os padrões estabelecidos. ·· **Controle remoto**. **1**. Sistema que emite sinais por linha de comunicação, para executar comandos a distância. **2**. Instrumento portátil usado para exercer controle a distância de qualquer tipo de máquina, maquinismo, etc., por sinais codificados ou de rádio.

con.tro.vér.sia *sf* Divergência de opiniões entre muitas pessoas; polêmica. → **controversial** *adj* (rel. a controvérsia); **controverso** ou **controvertido** *adj* (polêmico, controvertido).

con.tu.do *conj* No entanto, entretanto, mas, todavia.

con.tu.maz *adj* **1**. Diz-se daquele que insiste em cometer um erro: *ser contumaz num vício*. **2**. Que mantém obstinadamente uma opinião indefensável do ponto de vista sensato; turrão, cabeçudo: *ele é contumaz em afirmar que a Terra é plana*. → **contumácia** *sf* (grande teimosia; insistência em errar; obstinação).

con.tun.den.te *adj* **1**. Que causa contusão, que machuca. **2**. Que não deixa margem a nenhuma dúvida; categórico. → **contundência** *sf* (qualidade do que é contundente).

con.tun.dir *v* **1**. Machucar (parte do corpo) com pancada; provocar contusão em; lesionar: *contundi o joelho*. **contundir-se 2**. Sofrer contusão ou lesão, lesionar-se: *eu me contundi, ao descer a escada*. · V. **contusão**. → **contundido** *adj* e *sm* (que ou aquele que recebeu contusão).

con.tur.bar *v* **1**. Provocar desordem ou confusão em; agitar: *as torcidas organizadas conturbam a maior parte dos clássicos*. **conturbar-se 2**. Perder a calma, a tranquilidade ou a serenidade; desorientar-se; ficar inteiramente confuso: *ela facilmente se conturba no trânsito paulistano*. → **conturbação** *sf* (ato ou efeito de conturbar(-se)).

con.tu.são *sf* Lesão provocada por pancada; traumatismo.

co.nú.bio *sm* Casamento. → **conubial** *adj* (rel. a casamento ou conúbio).

co.nur.ba.ção *sf* União de duas ou mais cidades, em consequência de seu crescimento geográfico, dando origem à formação de regiões metropolitanas: *o ABCD é um exemplo de conurbação*.

con.va.les.cen.ça *sf* **1**. Recuperação da saúde, depois de uma doença, lesão ou operação cirúrgica. **2**. Espaço de tempo que demora essa recuperação. → **convalescente** *adj* e *s2gên* (que ou pessoa que está em convalescença); **convalescer** *v* (recuperar-se de uma doença).

con.ven.ção *sf* **1**. Acordo ou pacto entre pessoas, entidades ou nações; tratado. **2**. Conveniência ou conformidade entre duas ou mais pessoas. **3**. Assembleia ou reunião de representantes de uma profissão. **4**. Reunião ou congresso geral de partidos ou de qualquer tipo de associações políticas, para eleger ou proclamar candidatos ou, ainda, para resolver outros assuntos internos. **5**. Local onde se realiza essa reunião. **6**. Norma ou prática admitida por costume, acordo ou tradição. → **convencional** *adj* (**1**. rel. a convenção; **2**. que é de uso constante e generalizado) e *s2gên* (membro de uma convenção); **convencionalismo** *sm* (adesão ou defesa das convenções sociais; formalismo); **convencionalista** *adj* (rel. a convencionalismo ou baseado nele) e *adj* e *s2gên* (que ou pessoa que é partidária do convencionalismo); **convencionar** *v* (estabelecer por convenção; combinar, ajustar, pactuar: *convencionar as regras de um jogo*).

con.ven.cer *v* **1**. Fazer (uma pessoa) refletir e mudar de posição ou de opinião: *convenci-o a ficar*. **2**. Deixar satisfeito, em razão do bom desempenho: *meu time venceu, mas não me convenceu*. **convencer-se 3**. Aceitar uma verdade ou uma falsa verdade: *ele se convenceu de que é gênio*. · V. **convincente**. → **convencido** *adj* (que se convenceu; certo) e *adj* e *sm* (que ou aquele que se comporta com demasiada segurança, muita presunção e arrogância, todo cheio de si; presunçoso, arrogante); **convencimento** *sm* [ato ou efeito de convencer(-se)].

con.ve.ni.ên.cia *sf* **1**. Estado ou qualidade do que é conveniente; praticidade, vantagem: *a conveniência de ter uma parada de ônibus em frente de casa*. **2**. Interesse: *casamento de conveniência*. **3**. Aquilo que traz conforto ou menos dificuldade e complicação: *um computador é uma das boas conveniências da vida moderna*. → **conveniente** *adj* (**1**. interessante, vantajoso; **2**. apropriado, adequado, certo; **3**. decente, correto), de antôn. *inconveniente*. ·· **Loja de conveniência**. Pequena loja de venda a varejo, aberta às 24h do dia, na qual se encontram jornais, revistas, produtos de mercearia, farmácia, etc., enfim, aquilo que se necessita numa emergência. (Não se confunde com *delicatéssen*.)

con.vê.nio *sm* **1**. Acordo ou combinação entre pessoas. **2**. Contrato entre duas entidades, para prestação de serviços. **3**. Acordo internacional para a realização de algo em conjunto. → **conveniado** *adj* e *sm* (que ou quem fez convênio); **conveniar(-se)** *v* [fazer convênio (sobre)].

con.ven.to *sm* Habitação de uma comunidade religiosa. → **conventículo** *sm* (**1**. reunião clandestina de dissidentes religiosos ou políticos; **2**. lugar onde se dá tal reunião); **conventilho** *sm* (prostíbulo, lupanar).

con.ver.gir *v* Dirigir-se para um mesmo ponto: *todos os olhares convergiram para mim*. · Antôn.: *divergir*. · Conjuga-se por *ferir*. → **convergência** *sf* (ato ou efeito de convergir), de antôn. *divergência*; **convergente** *adj* (que converge), de antôn. *divergente*.

con.ver.sa *sf* **1**. Troca de ideias oral entre pessoas sobre assunto sério e de interesse mútuo. **2**. Conversação, bate-papo. **3**. Conversa mole, balela, mentira. → **conversação** *sf* [conversa (2)] e *sfpl* (tentativas de entendimento ou acordo); **conversador** (ô) *adj* e *sm* (que ou aquele que gosta de conversar ou que conversa demais), de fem. *conversadeira*; **conversar** *v* [falar com alguém (sobre alguma coisa); travar conversa].

con.ver.sa-fi.a.da *sm* Pessoa que não cumpre o que promete: *os maiores conversas-fiadas são justamente os políticos*. · Pl.: *conversas-fiadas*. (Não se confunde com *conversa fiada* (conversa mole, balela)].

con.ver.ter *v* **1**. Transformar, mudar: *converter água em gelo*. **2**. Fazer (alguém) adotar outra fé ou doutrina: *converti-o ao cristianismo*. **3**. Mudar de direção para tomar outra mão ou outra via; virar: *o ônibus convertiu à direita*. **converter-se 4**. Mudar de religião, partido, opinião, etc.: *ela se converteu ao cristianismo*. → **conversão** *sf* [ato ou efeito de converter(-se)]; **conversibilidade** ou **convertibilidade** *sf* (qualidade do que é conversível); **conversível** *adj* (**1**. que se pode converter ou trocar: *moeda conversível em dólar*; **2**. diz-se do automóvel que tem capote móvel); **conversor** (ô) *sm* (**1**. máquina elétrica que transforma corrente contínua em alternada ou vice-versa. **2**. red. de *conversor de frequência*, circuito eletrônico que converte a frequência de um sinal; **3**. dispositivo ou programa que traduz dados de uma forma para outra. ·· **Conversor catalítico**. **1**. Aparelho que remove contaminantes orgânicos, oxidando-os em gás carbônico e água mediante reação química, utilizado no combate à poluição atmosférica. **2**. Catalisador (2).

con.vés *sm* Qualquer piso ou pavimento de navio a céu aberto. · Pl.: *conveses*.

con.ves.co.te *sm* Piquenique.

con.ve.xo (x = ks) *adj* Curvado ou arredondado externamente; bojudo. · Antôn.: *côncavo*. → **convexidade** (x = ks) *sf* (qualidade de convexo), de antôn. *concavidade*.

con.ve.xo-côn.ca.vo *adj* **1**. Convexo de um lado e côncavo de outro. **2**. Que tem maior curvatura do lado convexo que do lado côncavo. · Pl.: *convexo-côncavos*.

con.ve.xo-con.ve.xo *adj* Convexo dos dois lados; biconvexo. · Pl.: *convexo-convexos*.

conveyor [ingl.] *sf* Esteira que se move continuamente, para o transporte de malas, pacotes, etc. de viajantes, princ. de

168

aeroportos; esteira de bagagem. · Pl.: *conveyors*. · Pronuncia-se *kenvêior*.

con.vic.ção *sf* Estado de espírito daquele que crê piamente no que diz ou pensa; convencimento. → **convicto** *adj* (que tem convicção; convencido).

con.vi.dar *v* Pedir a presença de (alguém) em algum lugar, com alguma finalidade: *convidei-a para vir à minha festa*. → **convidado** *adj* e *sm* (que ou aquele que recebeu um convite); **convidativo** *adj* (que convida; atraente).

con.vin.cen.te *adj* Que convence: *vitória convincente*.

con.vir *v* **1**. Ser útil ou benéfico a (pessoa ou coisa): *estudar convém a todo o mundo*. **2**. Concordar: *convenho com o professor em que o estudo melhora a vida da gente*. · Conjuga-se por *vir*.

con.vi.te *sm* **1**. Ato de convidar. **2**. Papel em que se formaliza esse ato.

con.vi.va *s2gên* Pessoa que toma parte em almoço, jantar ou banquete como convidada.

con.vi.ver *v* **1**. Viver em comum, coabitar: *eles convivem há muito tempo*. **2**. Ter certo tipo de relacionamento: *esses irmãos não convivem bem*. **3**. Aguentar, suportar: *não é fácil conviver com dores na coluna*. → **convivência** *sf* ou **convívio** *sm* (ato ou efeito de conviver).

con.vo.car *v* **1**. Chamar ou convidar para reunião: *o síndico já convocou os condôminos para a assembleia*. **2**. Chamar para prestar serviço militar ou para participar de operações de guerra: *o Exército está convocando todos os cidadãos de 18 anos*. **3**. Chamar (atletas) para atuar numa partida ou numa competição: *o treinador brasileiro convocou 22 jogadores para disputar a Copa do Mundo*. → **convocação** *sf* (ato ou efeito de convocar); **convocatória** *sf* (carta circular de convocação para assembleia, reunião, etc.); **convocatório** *adj* (que serve para convocar: *circular convocatória*).

con.vo.lar *v* **1**. Mudar (de estado ou de foro): *convolar para novas núpcias*. **2**. Mudar (de partido, ideais, sentimentos, etc.): *convolar para um partido da oposição*. → **convolação** *sf* (ato ou efeito de convolar).

con.vo.lu.ção *sf* **1**. Condição de estar enrolado internamente em espiral, característica de certas folhas, pétalas e conchas. **2**. Cada uma das muitas dobras na superfície dos hemisférios cerebrais, separadas por sulcos. → **convoluto** *adj* (**1**. que tem inúmeras convoluções; **2**. *fig.* intrincado, complicado, complexo: *teoria convoluta*).

con.vos.co (ô) *pron* **1**. Em vossa companhia. **2**. De vós para vós. **3**. Dentro de vós; em vosso ser. **4**. Em vossa mente. **5**. A vosso respeito. **6**. Para vosso proveito. **7**. Próprio de vós. **8**. Em vosso poder. **9**. A vosso cargo.

con.vul.são *sf* **1**. Movimento brusco, violento e incontrolável de um membro do corpo, causado por contração involuntária dos músculos, devido a doença ou drogas. **2**. Ataque ou acesso incontrolável: *ter uma convulsão de tosse, de raiva, de riso*. **3**. Distúrbio ou tumulto violento; grande agitação da ordem vigente: *a Revolução Russa foi a maior convulsão do séc. XX*. → **convulsionar** *v* (pôr em convulsão); **convulsivo** ou **convulso** *adj* (rel. a convulsão ou em que há convulsão).

co.o.bar *v* Destilar pela segunda vez (um líquido). → **coobação** *sf* (ato ou efeito de coobar).

co.o.bri.ga.ção *sf* Obrigação de que participam duas ou mais pessoas. → **coobrigado** *adj* e *sm* (que ou aquele que assumiu coobrigação).

co.o.fi.ci.ar *v* Celebrar (ofício religioso) com outrem; concelebrar. → **cooficiante** *adj* e *sm* (concelebrante).

cookie ou **cooky** [ingl.] *sm* **1**. Biscoito crocante, arredondado e recheado de passas, nozes, etc., preparado com massa de bolo. **2**. Pequeno arquivo do computador que armazena informações durante a visita a um *site*, permitindo que o computador reconheça páginas já visitadas. · Pl.: *cookies, cookys*. · Pronuncia-se *kúki*.

cooktop [ingl.] *sm* Tipo de fogão de cozinha planejada, que só tem os queimadores e fica perfeitamente embutido, geralmente dotado de *timer*, tripla chama e programador eletrônico. · Pl.: *cooktops*. · Pronuncia-se *kúktòp*.

cool [ingl.] *adj* **1**. Caracterizado pela calma, descontração e autocontrole; frio: *piloto* cool; *negociador* cool. **2**. Livre de tensões ou violência; tranquilo: *eles costumavam brigar, mas agora estão* cools. // *sm* **3**. Redução de *jazz cool*, estilo de *jazz* surgido no final da década de 1940, caracterizado por uma seção rítmica menos complexa e por sonoridades doces e

abafadas. // *adj* e *sm* **4**. Que ou tudo o que é moderno, elegante e sofisticado em moda; *ela fica muito* cool *com aqueles óculos escuros*. · Pl.: *cools*. · Pronuncia-se *kul*.

cooler [ingl.] *sm* Pequeno ventilador, destinado a refrigerar circuitos eletrônicos (amplificadores, mesas de som, computadores, etc.). · Pl.: *coolers*. · Pronuncia-se *kúlâr*.

co.o.nes.tar *v* Dar aparência de honestidade, decência e honradez a; disfarçar, dissimular. → **coonestação** *sf* (ato ou efeito de coonestar); **coonestativo** *adj* (que coonesta).

cooper [ingl.] *sm* Método de condicionamento aeróbico criado pelo médico e preparador físico americano Kenneth H. Cooper (1926-), difundido em todo o mundo. · Pl.: *coopers*. · Pronuncia-se *kúpâr*. ·· **Fazer (o) cooper**. Exercitar-se fisicamente, princ. andar e correr, segundo o método de Cooper.

co.o.pe.rar *v* Trabalhar junto com (uma ou mais pessoas), para um mesmo fim; colaborar: *cooperei com os operários nessa obra*. → **cooperação** *sf* (ato ou efeito de cooperar); **cooperador** (ô) *adj* e *sm* ou **cooperante** *adj* e *s2gên* (que ou pessoa que coopera); **cooperativo** *adj* (**1**. que coopera; cooperador; cooperante; **2**. caracterizado pela cooperação; em que há cooperação).

co.o.pe.ra.ti.va *sf* **1**. Sociedade formada por pessoas que têm interesses comuns, para conseguir certos fins que beneficiem a todos. **2**. Estabelecimento comercial onde se vendem artigos procedentes dessa sociedade. → **cooperativismo** *sm* (sistema socioeconômico que, baseado no princípio cooperativo, representa uma alternativa entre o capitalismo e o socialismo); **cooperativista** *adj* (rel. a cooperativismo) e *adj* e *s2gên* (que ou pessoa que é partidária do cooperativismo); **cooperativo** *adj* (rel. a cooperativa: *armazém cooperativo*).

co.op.tar *v* **1**. Admitir num grupo, sociedade, corporação, etc., com dispensa das condições ordinariamente exigidas para a admissão. **2**. Nomear sumariamente: *nenhum governo sério coopta funcionários*. **3**. Assumir; aceitar por convicção: *cooptou a crítica e emendou-se*. **4**. Neutralizar ou vencer (minoria independente, p. ex.), por assimilação em um grupo ou cultura estabelecida: *o novo regime cooptou os rebeldes, dando-lhes posições de autoridade*. **5**. Atrair (alguém) para a consecução de seus objetivos: *cooptar crianças para trabalho insalubre*. → **cooptação** *sf* (ato ou efeito de cooptar).

co.or.de.na.ção *sf* **1**. Ato ou efeito de coordenar. **2**. Conjunto de pessoas que coordenam alguma coisa. **3**. Lugar onde trabalham essas pessoas. **4**. Em gramática, relacionamento de termos de mesma função sintática dentro da oração, ou de orações de funções equivalentes dentro de um período. → **coordenativo** *adj* (**1**. rel. a coordenação; **2**. que coordena ou que é próprio para coordenar; **3**. em gramática, que liga orações independentes).

co.or.de.na.da *sf* **1**. Sistema de magnitude ou grandeza usado para dar a posição de um ponto, linha, curva, plano, como a latitude e a longitude, p. ex., em relação a um sistema de referência. **2**. Oração independente, que tem sentido completo. **3**. Diretriz, informação, orientação.

co.or.de.nar *v* **1**. Dispor com método e ordem, tendo em vista determinados objetivos: *coordenar os pensamentos*. **2**. Combinar; conjugar: *coordenar esforços para atingir metas*. **3**. Tornar harmonioso: *coordenar os instrumentos de uma orquestra*. **4**. Responsabilizar-se por (uma atividade comum); dirigir (várias coisas compatíveis, para uma ação comum): *coordenar a área de vendas de uma empresa*. **5**. Ligar por coordenação: *coordenar orações*.

co.or.te *sf* **1**. Antiga unidade militar romana, de 300 a 600 homens, igual à décima parte de uma legião. **2**. *P.ext*. Grupo de pessoas agressivas e armadas, prontas para agir, que apoia uma pessoa específica ou um líder: *o governador e sua coorte estavam presentes no comício*. **3**. Grupo de pessoas que se unem em prol de uma causa comum: *uma coorte de legisladores elabora um novo código civil*. **4**. Grupo definido de pessoas, com característica estatística comum, como idade ou nível de renda: *uma coorte de 400 pacientes mais de 70 anos; a coorte de 20 a 30 anos mostra um aumento acentuado nas mortes por coronavírus*.

co.pa *sf* **1**. Taça disputada em competições esportivas. **2**. Ramagem da parte superior das árvores; copagem. **3**. Parte superior do chapéu. **4**. Aposento da casa, anexo à cozinha, no qual se fazem normalmente as refeições. // *sfpl* **5**. Cada um dos quatro naipes do baralho, representado por uma taça de coração vermelho. → **copado** *adj* (diz-se da árvore que tem grande copa); **copagem** *sf* [copa (2)]; **copar** *v* [**1**. desbastar, para formar copa; **2**. aparar (o cabelo) por igual, em torno da cabeça; **3**. formar copa (a árvore); **copeiro** *sm* (empregado doméstico que trabalha na copa ou que serve à mesa) e *adj* (diz-se do treinador de futebol que está acostumado a ganhar copas).

co.pa-co.zi.nha *sf* Dependência da casa que serve ao mesmo tempo de copa e de cozinha. · Pl.: *copas-cozinhas*.

co.par.ti.ci.par *v* Participar junto com outro(s). → **coparticipação** *sf* (ato ou efeito de coparticipar); **coparticipante** *adj* e *s2gên* (que ou pessoa que coparticipa).

co.pá.zio *sm* Copo grande; coparrão.

co.pei.ro *sm* **1**. Empregado doméstico que cuida da copa ou que serve à mesa. // *adj* **2**. *Gír.* Acostumado a participar de copas ou torneios de taça importante: *treinador copeiro*.

có.pia *sf* **1**. Reprodução fiel de alguma coisa. **2**. Transcrição. **3**. Imitação fraudulenta, plágio. **4**. Coisa muito semelhante a outra. **5**. Grande número, abundância. → **copiadeira** ou **copiadora** (ô) *sf* (máquina usada para reproduzir filmes, cópias ou eslaides); **copiador** (ô) *adj* e *sm* (que ou aquele que copia); **copiadora** (ô) *sf* (**1**. copiadeira; **2**. máquina de reprografia; **3**. estabelecimento especializado em fazer cópias reprográficas); **copiagem** *sf* (operação que consiste em tirar cópias de um original, a partir de qualquer matriz); **copião** *sm* (**1**. cópia grande; **2**. primeira seleção montada das cenas filmadas de um comercial, para análise e decisão final sobre a montagem ou edição); **copiar** *v* (**1**. fazer a cópia de; transcrever; **2**. imitar fraudulentamente; plagiar); **copista** *s2gên* [**1**. pessoa que copia textos à mão; escrevente; **2**. pessoa que copia partituras para os músicos de uma orquestra; **3**. pessoa que copia os trabalhos, escritos ou obras de arte de outra; plagiador(a)].

co.pi.des.que *sm* **1**. Revisão de um texto jornalístico ou de propaganda, para ser publicado, melhorando-lhe a redação, os elementos supérfluos, a gramática, etc. **2**. Esse texto, corrigido, condensado, melhorado ou adaptado às normas do periódico, para ser publicado. **3**. Departamento do jornal ou da agência de publicidade onde se elabora esse texto. // *s2gên* **4**. Profissional que faz esse trabalho de revisão. → **copidescagem** *sf* (ação de copidescar); **copidescar** *v* (fazer o copidesque de).

co.pi.lo.to (ô) *sm* Piloto auxiliar no comando de uma aeronave. · Fem.: *copilota* (ô).

co.pi.ó.gra.fo *sm* Aparelho cuja parte principal é uma pasta gelatinosa sobre a qual se estampa um manuscrito de que se podem extrair mecanicamente muitas cópias. **copiografar** *v* [reproduzir (desenhos ou textos) por meio do copiógrafo]; **copiografia** (cò) *sf* (processo pelo qual se reproduz, por meio de um copiógrafo, desenho ou texto).

co.pi.o.so (ô; pl.: ó) *adj* Abundante, farto. → **copiosidade** *sf* (qualidade de copioso; fartura, abundância).

co.pla.nar *adj* **1**. Diz-se de pontos, figuras ou linhas situadas no mesmo plano. // *sfpl* **2**. Figuras geométricas situadas num mesmo plano. → **coplanaridade** *sf* (qualidade de ser coplanar ou de estar no mesmo plano), palavra que a 6.ª ed. do VOLP não registra, embora exista.

co.po *sm* **1**. Recipiente geralmente cilíndrico e sem asa, usado para beber líquidos. **2**. Conteúdo desse recipiente. · Aum. irregular: *copaço, coparrão, copázio*.

co.po-de-lei.te *sm* Açucena. · Pl.: *copos-de-leite*. (Não se confunde com *copo de leite*, que é copo cheio de leite.)

COPOM ou **Copom** *sm* Acrônimo de *Comitê de Política Monetária do Banco Central*, composto por dirigentes do Banco Central, que se reúnem periodicamente (geralmente uma vez por mês), para estabelecer as linhas gerais da política monetária do país, princ. a política de juros e a taxa SELIC.

copperhead [ingl.] *sm* Cabo de aço com ponta de cobre, destinado ao apoio dos alpinistas, numa escalada. · Pl.: *copperheads*. · Pronuncia-se *kápâr-réd*.

co.pro.ces.sa.dor (ô) *sm* Processador suplementar, usado para aumentar a velocidade de execução de um programa de computador.

co.pro.du.zir *v* Produzir em sociedade com outrem. → **coprodução** *sf* (**1**. ato ou efeito de coproduzir; **2**. produção de um filme ou de um espetáculo por vários produtores, geralmente de nacionalidades diferentes; **3**. espetáculo ou filme assim produzido); **coproduto** *sm* (cada um dos produtos resultantes de um mesmo processo de produção); **coprodutor** (ô) *sm* (produtor ou sociedade produtora interveniente numa coprodução).

co.pro.la.li.a *sf* Tendência mórbida de usar palavras vulgares, obscenas, chulas ou sacrílegas. → **coprolálico** *adj* (rel. a coprolalia).

co.pro.pri.e.tá.rio *sm* Proprietário em comum: *ele é coproprietário de uma construtora*. → **copropriedade** *sf* (**1**. fato de possuir algo com uma ou mais pessoas: *adquiriu o imóvel em copropriedade com o sogro*; **2**. bem comum a duas ou mais pessoas: *essa copropriedade não pode ser vendida*).

có.pu.la *sf* **1**. Relação sexual; coito, copulação, **2**. Ligação, união, vínculo. **3**. Na lógica tradicional, verbo *ser*, que no interior de uma proposição conecta o sujeito (S) ao predicado (P), segundo o modelo S é P. **4**. Em música, registro que une um teclado de órgão a outro. → **copulação** *sf* [cópula (1)]; **copular** *v* (ter cópula com); **copulativo** *adj* (**1**. que copula; **2**. que liga ou une orações coordenadas: *o* e *é uma conjunção copulativa*).

copyreader [ingl.] *s2gên* **1**. Pessoa que edita, corrige e reescreve textos de jornal, para publicação. // **2**. Editor de texto. · Pl.: *copyreaders*. · Pronuncia-se *kópi-rídâr* (o primeiro *r* soa brando, pronunciado com a língua no céu da boca).

copyright [ingl.] *sm* **1**. Direito legal de exclusividade para impressão, reprodução ou venda de obra literária, artística, científica, musical, dramática, etc.; direito autoral. **2**. Marca que indica esse direito. // *adj* **3**. Relativo a direito: *lei* copyright. **4**. Protegido por esse direito: *material* copyright. · Pl.: *copyrights*. · Pronuncia-se *kópi-ráit* (o *r* soa brando, pronunciado com a língua no céu da boca).

copywriter [ingl.] *s2gên* Pessoa que redige anúncios publicitários. · Pl.: *copywriters*. · Pronuncia-se *kópi-raidâr* (o *r* inicial soa brando, pronunciado com a língua no céu da boca).

co.que *sm* **1**. Pancada na cabeça com o nó dos dedos; cascudo. **2**. Penteado feminino em que os cabelos são enrolados e fixados por grampos na parte traseira da cabeça; carrapicho (3).

co.quei.ro *sm* Qualquer palmeira que produz fruto comestível, o coco. → **coqueiro-da-baia** *sm* (coco-da-baía), de pl. *coqueiros-da-baía*.

co.que.lu.che *sf* **1**. Doença infectocontagiosa, comum em crianças, caracterizada por tosse violenta, conhecida popularmente como *tosse comprida* ou *tosse convulsa*; pertússis. **2**. Diz-se daquilo que tem a preferência de um grande número de pessoas, por curto espaço de tempo: *a minissaia era a coqueluche do momento*.

co.que.te *adj* e *s2gên* **1**. Que ou adolescente que procura desesperadamente atrair a atenção masculina sobre si. // *adj* e *sf* **2**. Que ou garota pretensiosa que procura chamar a atenção a qualquer custo, geralmente usando gritinhos, requebrando-se, flertando, etc. → **coquetear** *v* (proceder como coquete), que se conjuga por *frear*; **coquetismo** *sm* (comportamento de coquete).

co.que.tel *sm* **1**. Bebida, alcoólica ou não, feita com a mistura de outras. **2**. Reunião social em que se servem salgadinhos, bebidas, etc. → **coquetelaria** *sf* (arte de preparar coquetéis). ·· **Coquetel molotov**. Bomba de fabricação caseira, basicamente uma garrafa cheia de gasolina, que explode e se incendeia quando atinge o alvo.

cor (ô) *sf* **1**. Impressão que a luz refletida pelos corpos produz sobre o órgão da visão. **2**. Substância usada para colorir, pintar, etc. // *sfpl* **3**. Tons que se adotam como símbolo de uma nação, clube esportivo, ou qualquer outra entidade e se utilizam em bandeiras e uniformes: *navio que navega sob as cores brasileiras*. **4**. Dois ou mais tons empregados no meio de apresentação: *dicionário em cores*. **5**. *Fig.* Aspecto, feição, aparência: *seu depoimento tem as cores da mentira*. **6**. *Fig.* Natureza, caráter: *nesse episódio, ele mostrou suas verdadeiras cores*. ·· **Pessoa de cor**. Pessoa de pele negra; afrodescendente.

cor, de *loc adv* De memória: *saber a tabuada de cor, hoje, é uma grande virtude!*

co.ra.ção *sm* **1**. Órgão muscular e oco, situado no tórax, que, por meio de contrações, faz o sangue correr pelo corpo inteiro. **2**. Peito. **3**. *Fig.* Parte emocional de uma pessoa. **4**. *Fig.* Parte mais importante de qualquer coisa: *morar no coração da cidade*. · Aum. irregular: *coraçaço*. · V. **cardíaco** e **cordial**.

co.ra.do *adj* **1**. Que tem cor ou as faces avermelhadas; enrubescido. **2**. *Fig.* Encabulado, envergonhado. · Antôn. (1): pálido; (2): desavergonhado.

co.ra.dou.ro ou **qua.ra.dou.ro** *sm* Lugar em que se põe ou estende de roupa a corar; corador, estendedouro: *não se viam peças* *íntimas femininas no coradouro.* → **corador** ou **quarador** (ô) *sm* (coradouro).

co.ra.gem *sf* Qualidade daquele que enfrenta o perigo com bravura e sem vacilar. · Antôn.: *covardia.* → **corajoso** (ô; pl.: ó) *adj* (caracterizado pela coragem).

co.ral *adj* **1.** Relativo a coro. // *sm* **2.** Pequeno animal marinho invertebrado que vive em colônias, formando recifes e atóis. **3.** Cor avermelhada, própria dessas colônias. **4.** Coro (1). **5.** Canto em coro. **6.** Conjunto dos componentes do coro. // *sf* **7.** Cobra de cor vermelha, venenosa ou não, com faixas pretas e amarelas; cobra-coral. → **coralino** *adj* (da cor do coral).

co.ra.mi.na *sf* Substância empregada como estimulante cardíaco.

co.ran.chim *sm* V. **curanchim**.

co.ran.del *sm* V. **corondel**.

co.ran.te *adj* e *sm* Que ou substância que se usa para tingir ou corar.

Corão *sm* V. **Alcorão**.

co.rar *v* **1.** Colorir: *o sangue subiu e corou-lhe o rosto*. **2.** Deixar (a roupa) ao sol para tirar as manchas de sujeira pela ação do sabão e do calor; quarar. **3.** Ficar vermelho ou corado: *ela corou de vergonha, ao ouvir isso*.

cor.be.lha *sf* **1.** Pequeno cesto de vime ou de madeira, delicadamente arranjado com flores, frutas e/ou doces. **2.** Lugar onde se colocam os presentes de casamento. (Cuidado para não dizer "corbêlha"!)

cor.cel *sm* Cavalo que se usava em batalhas ou cavalo de raça e muito veloz.

cor.ço (ô) *sm* Antílope menor que o cervo ou veado, espécie de cabrito selvagem, da mesma família do alce e da rena. → **corça** (ô) *sf* (**1.** fêmea do corço; **2.** *pop.* fêmea do veado).

cor.co.va *sf* **1.** Protuberância formada pelo desvio de ossos, no zebu, no dromedário (uma só) e no camelo (duas), etc. **2.** *P.ext.* Sinuosidade, curva, volta: *as corcovas de um rio*. **3.** Salto que o cavalo dá, curvando as costas; pinote, salto, corcovo. → **corcovado** *adj* (**1.** que tem uma ou mais corcovas; **2.** diz-se daquele que é corcunda); **corcovear** *v* (dar pinotes; saltar furiosamente), que se conjuga por *frear*; **corcovo** (ô; pl.: ó) *sm* [corcova (3)].

cor.cun.da *sf* **1.** Proeminência formada pelo desvio de ossos no homem (nas costas ou no peito); giba. // *adj* e *s2gên* **2.** Que ou pessoa que tem essa anomalia física.

cor.da *sf* **1.** Conjunto de inúmeros fios unidos e torcidos, usado para amarrar as coisas. **2.** Fio feito da tripa de animais ou de outro material, usado em instrumentos musicais. **3.** Mola que movimenta algum mecanismo. · Col. (1): *cordame sm* ou *cordagem, cordoalha* sf. · Dim. irregular (1): *cordel* sm. · V. **cordoalha** e **cordoaria**. → **cordoeiro** *sm* (fabricante ou vendedor de cordas).

cor.dão *sm* **1.** Corda grande. **2.** Corda fina, usada para amarrar sapatos e tênis; cadarço, amarrilho. **3.** Corrente de ouro ou de prata que se usa ao pescoço. **4.** Grupo de foliões carnavalescos.

cor.da.to *adj* **1.** Que concorda sempre; que não discorda nunca. **2.** Que tem bom senso; sensato. → **cordura** *sf* (qualidade ou característica de cordato).

cor.dei.ro *sm* **1.** Carneiro novo. (Voz: *balar, balir.*) **2.** *Fig.Pej.* Pessoa extremamente mansa, que não tem sequer opinião própria; carneirinho: *sua mulher é um cordeiro, por isso você se aproveita.* · Fem. (1): *cordeira.* ·· **Cordeiro de Deus**. Jesus Cristo.

cor.del *sm* **1.** Corda pequena. **2.** Corda fina e frágil, barbante. → **cordelista** *s2gên* (pessoa que faz literatura de cordel). ·· **Literatura de cordel**. Romancero popular nordestino, impresso em folhetos e vendido nas feiras e mercados dependurados em cordel.

cor-de-ro.sa *adj* De cor vermelho-clara; rosa, rosado, róseo: *vestidos cor-de-rosa.* // *sm* **2.** Essa cor. (Como se vê, o *adj* não varia.)

cor.di.al *adj* **1.** Relativo ao coração (no sentido figurado); sincero: *receba meu abraço cordial.* **2.** Caracterizado pela afetuosidade, carinho ou amizade; afetuoso, carinhoso ou amistoso; amável: *tratei-os de modo cordial, com recepção cordial.* **3.** Franco no trato: *amigos têm de ser cordiais.* · Antôn. (1): *falso, fingido, hipócrita*; (2 e 3): *agressivo, grosseiro, hostil.* → **cordialidade** *sf* (qualidade do que é cordial); **cordialmente** *adv* (com cordialidade, apreço, estima ou amizade: *despeço-me de você, cordialmente.*)

cor.di.lhei.ra *sf* Extensa cadeia de montanhas.

cor.do.a.lha *sf* **1.** Coletivo de *cordas*; cordame. **2.** Conjunto de cordas ou cabos de um navio.

cor.do.a.ri.a *sf* Fábrica ou loja de cordas. → **cordoeiro** *sm* (fabricante ou vendedor de cordas).

cordon bleu [fr.] *loc sm* Cozinheiro excelente, de alto nível. · Pronuncia-se *kórdon blê.*

cor.do.nel *sm* Lona usada no revestimento interno de pneumáticos.

cor.do.vão *sm* Couro de cabra curtido e preparado especialmente. para a fabricação de calçados finos. → **cordovaneiro** ou **cordoveiro** *sm* (fabricante ou vendedor de cordovões).

cor.du.ra *sf* V. **cordato**.

core [ingl.] *sm* **1.** Parte central, fibrosa ou dura, de certos frutos (como a maçã e a pera), que contém as sementes. **2.** Redução de *core memory*, memória central de um computador. **3.** Parte central da Terra que tem um raio de 3.379km, formada provavelmente de ferro e níquel. **4.** Parte de um reator nuclear na qual ocorre a fissão. · Pronuncia-se *kór.*

core business [ingl.] *loc sm* Negócio principal de uma empresa ou seu foco de atuação. · Pronuncia-se *kór bízniz.*

co.rei.a (éi) *sf* Doença do sistema nervoso, caracterizada por convulsões, movimentos involuntários, princ. do rosto e dos membros, também conhecida por *dança de São Guido* e por *dança de São Vito.* → **coreico** (éi) *adj* e *sm* (rel. a coreia ou que a apresenta).

Coreia (éi) *sf* Antigo país do Leste asiático, atualmente dividido em dois Estados: a comunista Coreia do Norte, com capital em Pyongyang, e a capitalista Coreia do Sul, com capital em Seul. A Coreia do Norte possui uma área equivalente à dos estados de Pernambuco e Sergipe juntos; a Coreia do Sul tem área pouco menor que a do estado de Pernambuco. → **coreano** *adj* e *sm* (natural ou habitante da Coreia).

co.re.o.gra.fi.a *sf* Arte da dança ou de compor bailados. → **coreográfico** *adj* (rel. a coreografia); **coreógrafo** *sm* (especialista em coreografia).

co.re.to (ê) *sm* **1.** Diminutivo irregular de *coro*; pequeno coro. **2.** Construção, geralmente redonda e coberta, em praças públicas, para apresentações princ. de bandas.

co.ri.á.ceo *adj* **1.** Que tem textura semelhante à do couro; semelhante a couro. **2.** Duro como couro cru.

co.ri.feu *sm* **1.** Líder do coro no antigo drama grego. **2.** *P.ext.* Chefe ou líder de qualquer empresa, equipe, movimento, partido, seita, escola de pensamento, etc. · Fem.: *corifeia* (éi).

co.rin.cho *sm Pop.S* Arrogância, petulância, topete. ·· **Quebrar o corincho a alguém**. Fazê-lo baixar o topete; tirar-lhe a pose; dar um fim à sua arrogância.

co.rín.don, **co.rín.do** ou **co.run.do** *sm* Mineral extremamente duro, usado como pedra preciosa.

co.rin.ga *sm* **1.** Rapaz que trabalha em barcaça. // *sf* **2.** Vela triangular que se iça na proa das canoas, ou quadrangular, na proa das barcaças. // *s2gên* **3.** Pessoa feia e raquítica. (Não se confunde com *curinga*.)

co.ri.no *sm* Tipo de plástico de pouca espessura, frágil, com a face interna em feltro bem fino, usado princ. no revestimento de sofás.

co.rin.ti.a.no *adj* e *sm* **1.** Que ou aquele que é torcedor, atleta ou associado do Sport Club Corinthians Paulista. // *adj* **2.** Relativo ou pertencente a esse clube; desse clube: *arena corintiana.* (Cuidado para não escrever "corinthiano", que, embora seja a grafia preferida dos torcedores desse clube, não existe no idioma.)

co.ris.co *sm* **1.** Faísca elétrica. **2.** Relâmpago. // **3.** *Fig.* Pessoa muito esperta e ágil: *essa menina é um corisco!*

co.ri.za *sf* Secreção nasal abundante, princ. durante resfriados e gripes.

cor.ja *sf* Bando de gente ordinária em geral; caterva, malta, matula, súcia.

cor.ne *sm* Trompa (2).

cór.nea *sf* Membrana anterior, transparente e convexa do globo ocular.

corned beef [ingl.] *loc sm* Carne preparada em salmoura e cozida. · Pl.: *corned beefs.* · Pronuncia-se *kórnd bif.*

cór.ner sm **1**. Cada um dos quatro cantos do campo de futebol. **2**. Falta cobrada de cada um desses cantos; escanteio. · Pl.: *córneres*.

cor.ne.ta (ê) sf **1**. Espécie de trombeta. **2**. Buzina feita de corno. → **cornetada** sf (ato de cornetar); **cornetar** v [tecer críticas em voz alta sobre (trabalho ou desempenho de alguém), sem ter autoridade para tal: *os torcedores palmeirenses gostam de cornetar alguns jogadores durante a partida*]; **cornetear** v (**1**. tocar corneta; **2**. fazer alarde; alardear: *cornetear a coragem que não tem*), que se conjuga por *frear*; **corneteiro** sm (aquele que corneteia).

cornflakes ou **corn flakes** [ingl.] smpl Pequenos flocos de milhos crocantes, comercialmente preparados, para serem consumidos com leite, no café da manhã. · Pronuncia-se *kórn flêikis*.

cornichon [fr.] sm Variedade de pepino, bem pequeno, conservado em vinagre ou em salmoura, consumido como condimento. · Pl.: *cornichons*. · Pronuncia-se *kornichom*.

cor.ni.ja sf **1**. Na arquitetura clássica, parte superior do entablamento que assenta sobre o friso. **2**. *P.ext*. Qualquer ornamento saliente na parte superior de móvel, porta, etc.

cor.no (ô; pl.: ó) sm **1**. Prolongamento de osso que alguns animais têm no alto da cabeça; chifre. **2**. Homem traído pela mulher; marido de adúltera. · Dim. irregular (1): *cornicho*. · Fem. (2): *corna* (ô). → **corneação** sf (ato de cornear); **cornear** v [**1**. ferir com os chifres; chifrar; **2**. trair (o marido ou a mulher), que se conjuga por *frear*]; **córneo** adj (de corno ou duro como corno); **cornudo** ou **cornuto** adj (**1**. que tem cornos; chifrudo; **2**. que é traído pela mulher) e adj e sm (que ou aquele que tem mulher infiel), de fem. *cornuda, cornuta*.

cor.nu.có.pia sf **1**. Vaso em forma de corno, com grande quantidade de frutas e vegetais, antigo símbolo da fertilidade, riqueza, abundância, que hoje simboliza a agricultura e o comércio. **2**. *P.ext*. Qualquer fonte de riqueza ou de felicidade. **3**. *P.ext*. Abundância, fartura: *a mesa continha uma cornucópia de todo tipo de comida e bebida*.

co.ro (ô; pl.: ó) sm **1**. Grupo organizado de cantores, em igreja ou escola; coral: *ela integra o coro da escola*. **2**. Parte da igreja ou catedral ocupada por esse grupo. **3**. *P.ext*. Grupo organizado de pessoas ou coisas: *um coro de publicitários; um coro de corbelhas*. **4**. *P.ext*. Grupo organizado para falar em conjunto: *um coro de estudantes foi falar com o diretor*.

co.ró sm Bicho que aparece princ. dentro da goiaba.

co.ro.a (ô) sf **1**. Círculo de ramos, flores, metais ou outro material que rodeia e se apoia sobre a cabeça como adorno, sinal de distinção, prêmio, etc. **2**. Oferenda de flores, disposta em círculo. **3**. Lado da moeda que é o inverso da cara. **4**. Círculo luminoso em volta de um astro. **5**. Calvície no cocuruto. **6**. Em mecânica, peça cilíndrica que faz conjunto com o pinhão, numa engrenagem. **7**. *Pop*. Pessoa que não é jovem nem velha. → **coroação** sf ou **coroamento** sm (ato ou efeito de coroar); **coroar** v (**1**. colocar coroa na cabeça de: *coroar uma princesa*; **2**. fazer ficar por cima; encimar: *uma cereja coroava o sorvete*; **3**. terminar; levar a cabo: *os alunos coroaram o mês com um baile*), que se conjuga por *abençoar*; **coroinha** sf (coroa pequena) e sm (menino que ajuda o sacerdote nos ofícios divinos); **coronal** ou **coronário** adj (rel. a coroa ou a coroação).

co.ro.ca adj *Pop.Pej*. **1**. Diz-se daquele que está velho e caduco; decrépito. // sf **2**. Mulher velha, feia, fofoqueira e briguenta.

co.roi.de (ói) sf Membrana fina, bastante vascular, que cobre os 5/6 posteriores do globo ocular, entre a retina e a esclerótica.

co.ro.la sf Conjunto de pétalas da flor. · Dim. erudito: *corólula*.

co.ro.lá.rio sm **1**. Dedução óbvia: *se a + b = c, o corolário é bc = a*. **2**. *P.ext*. Algo que segue naturalmente; efeito natural; resultado, consequência: *a violência é o corolário de tamanha mudança de costumes da sociedade*.

co.ro.nal adj V. **coroa**.

co.ro.ná.ria sf Cada uma das duas artérias que saem da aorta e irrigam o coração. → **coronariano** ou **coronário** adj (rel. a coronária).

co.ron.del ou **co.ran.del** sm **1**. Parte de texto cuja largura se reduziu, para inserir uma ilustração. **2**. Coluna de dizeres que entram pelo meio da composição tipográfica.

co.ro.nel sm **1**. Posto do Exército brasileiro, imediatamente inferior a general de brigada e superior a tenente-coronel. **2**. Pessoa que ocupa esse posto. **3**. Chefe político, no interior do Brasil; mandachuva, dunga. · Fem.: *coronela*. · Abrev.: *cel*. ou *c.ᵉˡ* → **coronelato** sm (posto ou função de coronel); **coronelício** adj (próprio de coronel); **coronelismo** sm [domínio político exercido no interior do Brasil pelos coronéis (3)].

co.ro.nel-a.vi.a.dor (ô) sm **1**. Posto da Aeronáutica entre brigadeiro do ar e tenente-coronel-aviador. **2**. Oficial que detém esse posto. · Fem.: *coronela-aviadora*. · Pl.: *coronéis-aviadores*.

co.ro.nha sf Parte das armas de fogo portáteis por onde são empunhadas. → **coronhada** sf (golpe ou pancada com a coronha).

co.ro.nho sm Fardo, feixe ou carga que se transporta na cabeça.

co.ro.plas.ti.a sf Arte de modelar figuras em barro ou em cera. → **coroplasta** s2gên (artista que modela figuras em barro ou em cera).

co.ro.te sm Pequeno barril destinado ao transporte de água.

cor.pe.te (ê) sm Peça de roupa que a mulher usava por baixo de outra, justa ao peito, à qual alguns se referem como *corpinho*.

cor.po (ô; pl.: ó) sm **1**. Qualquer matéria sólida, líquida ou gasosa. **2**. Organismo do homem, em oposição ao espírito. **3**. Tronco do corpo. **4**. Aspecto externo de uma pessoa. **5**. Pessoa sem vida, cadáver. **6**. Grupo de pessoas que formam um conjunto organizado. · Aum. irregular (3 e 4): *corpanzil, corpaço*. → **corporal** ou **corpóreo** adj (rel. ao corpo). ·· **Corpo a corpo**. **1**. Combate físico direto, em que cada contendor procura atingir o corpo do outro, sem utilizar arma de longo alcance. **2**. *Fig*. Conflito de ideias entre pessoas. **3**. *Fig*. Contato direto entre candidato a cargo público e o leitor. **4**. Mediante contato físico entre pessoas: *Propaganda feita corpo a corpo*.

cor.po-lú.teo sm Estrutura que se forma no ovário após a ovulação, que tem como principal função favorecer a fecundação e a implantação do embrião fecundado no útero, resultando na gravidez; corpo-amarelo. · Pl.: *corpos-lúteos*.

cor.po.ra.ção sf **1**. Associação de pessoas que se sujeitam às mesmas regras, obrigações, etc. **2**. Organismo social que congrega todos os membros de uma mesma profissão. → **corporativo** adj (rel. a corporação).

cor.po-a.ma.re.lo sm Corpo-lúteo. · Pl.: *corpos-amarelos*.

cor.po.ra.ti.vis.mo sm **1**. Sistema socioeconômico e político baseado nas corporações de empregadores e empregados, combinando capitalismo com sindicalismo, sob a fiscalização do Estado. **2**. Atendimento aos interesses de uma categoria, classe, corporação, etc., em detrimento dos interesses públicos. → **corporativista** adj (rel. a corporativismo) e adj e s2gên (que ou possui ou é adepta do corporativismo).

cor.po.ra.tu.ra sf **1**. Configuração ou forma externa de um corpo; compleição física. **2**. Corpo avantajado; corpulência: *sua corporatura o impediu de passar pela catraca do ônibus*.

cor.po.ri.fi.car v **1**. Em teologia, atribuir corpo a (o que não o tem). **corporificar-se 2**. Tomar corpo; adquirir materialidade; materializar-se. → **corporificação** sf [ato ou efeito de corporificar(-se)].

cor.pu.len.to adj Forte, grande e avantajado de corpo. · Antôn.: *franzino*. → **corpulência** sf (qualidade de quem é corpulento).

corpus [lat.] sm **1**. Grande coleção de leis ou escritos de matéria específica. **2**. O principal ou o capital de uma dívida, investimento, etc. (em oposição a *juros* ou *rendimentos*).

cor.pús.cu.lo sm Diminutivo erudito de corpo; corpo muito pequeno; partícula. → **corpuscular** adj (rel. a corpúsculo).

cor.re.a.me sm Conjunto de correias, princ. de uniforme militar.

cor.re.ão sm **1**. Correia larga e grossa. **2**. Cinto largo de couro, com fivela grande.

cor.re-cam.po sf Ofídio brasileiro de cor cinzento-avermelhada, não venenoso, que chega a atingir 1m de comprimento. · Pl.: *corre-campos*.

cor.re.ção sf **1**. Ato ou efeito de corrigir(-se): *o professor fez algumas correções em tinta vermelha em minha redação*. **2**. Punição ou castigo que se aplica a alguém, com o propósito de corrigir falha ou mau comportamento. **3**. Qualidade daquele que é correto; lisura. **4**. Declínio temporário na atividade do mercado de ações ou preços, após um período de alta ou aumentos. → **correcional** adj (**1**. rel. a correção; **2**. diz-se de pena aplicada a pequenos delitos; **3**. diz-se de tribunal que julga tais delitos).

cor.re-cor.re sm **1**. Pressa exagerada, azáfama, lufa-lufa, correria: *o corre-corre do dia a dia*. **2**. Corrida desordenada;

correria: *o corre-corre de torcedores, ao saírem do estádio.* · Pl.: *corre-corres* ou *corres-corres*.

cor.re.dei.ra *sf* Trecho de rio em que as águas correm muito depressa.

cor.re.di.ça *sf* **1**. Peça que corre ou desliza dentro de outra. **2**. Cortina de correr, usada em janelas, que se enrola e desenrola por meio de mecanismo apropriado; estore. **3**. Folha de porta corrediça. **4**. Janela corrediça. → **corrediço** ou **corredio** *adj* (que corre ou desliza com facilidade: *portão corrediço; terreno corrediço; trava corredia*).

cor.re.dor (ô) *adj* e *sm* **1**. Que ou aquele que corre muito. // *sm* **2**. Faixa estreita e longa de passagem, geralmente entre paredes.

cor.re.ge.dor (ô) *sm* Juiz encarregado de corrigir e fiscalizar erros e abusos das autoridades judiciais e dos serventuários da justiça. · V. **correição** (2 e 3).→ **corregedoria** *sf* (**1**. cargo ou jurisdição do corregedor; **2**. lugar onde trabalha o corregedor).

cor.re.gen.te *s2gên* Pessoa que rege juntamente com outra(s). → **corregência** *sf* (função de corregente).

cór.re.go *sm* **1**. Rego por onde corre água. **2**. Pequeno rio; riacho, regato, ribeiro.

cor.rei.a (ê) *sf* Faixa larga de couro ou de pano, usada para rodear ou apertar. · V. **correame** e **correão**. → **correada** *sf* (golpe ou pancada que se dá com correia); **correaria** *sf* (loja onde se vendem correias); **correeiro** *sm* (aquele que faz ou vende correias).

cor.rei.ção *sf* **1**. Sindicância ou inquérito para apurar irregularidades ou ato criminoso; devassa. **2**. Função administrativa exercida pelo corregedor. **3**. Visita e exame do corregedor aos cartórios de sua alçada. **4**. Carreiro ou fila de formigas em trabalho.

cor.rei.o (ê) *sm* **1**. Repartição pública encarregada de receber e distribuir correspondência. **2**. Edifício onde se localiza essa repartição. ·· **Correio elegante**. Mensagem amorosa, escrita em bilhete ou em cartão apropriado, que uma pessoa envia a outra por um mensageiro de ocasião, em recinto público, numa espécie de paquera por escrito.

cor.rei.tor (ô) *sm* Aquele que é reitor junto com outrem.

cor.re.la.ção *sf* Relação mútua entre dois ou mais seres, correspondência. → **correlacionar** *v* (estabelecer relação mútua ou recíproca entre: *correlacionar o depoimento da testemunha com o da vítima*); **correlacionar-se** (ter correlação ou ligação íntima: *desemprego e violência se correlacionam*); **correlativo** ou **correlato** *adj* (em que há correlação; correspondente).

cor.re.li.gi.o.ná.rio *adj* e *sm* Que ou aquele que é da mesma religião ou do mesmo partido que outrem. → **correligionarismo** *sm* (solidariedade entre correligionários).

cor.re-mun.do *sm* Pessoa que vive viajando, ou que não se fixa em lugar nenhum. · Pl.: *corre-mundos*.

cor.ren.te *adj* **1**. Que corre ou flui; fluente. **2**. Admitido ou aceito por todos; geral. // *sf* **3**. Correnteza. **4**. Conjunto de anéis de metal, ligados uns aos outros. ·· **Corrente alternada**. Corrente elétrica que inverte a direção num circuito a intervalos regulares.

cor.ren.te.za (ê) *sf* Lugar do rio onde a água corre mais rápido, corrente (3).

cor.ren.tis.ta *s2gên* Pessoa que tem conta-corrente em banco.

cor.rer *v* **1**. Mover-se por toda a extensão de; percorrer: *corri a cidade à procura de uma farmácia*. **2**. Passar, deslizar: *correr as mãos pelo corrimão*. **3**. Andar apressadamente: *corra, que você os alcança!* · V. **corrimento**. → **correntio** *adj* (**1**. que corre ou desliza com facilidade; **2**. comum, vulgar, usual); **correria** *sf* (corre-corre).

cor.res.pon.der *v* **1**. Estar em correspondência ou em relação: *a nota corresponde ao que você fez na prova*. **2**. Retribuir equivalentemente: *você corresponde ao amor de sua namorada?* **corrresponder-se 3**. Trocar cartas: *eu me correspondo com muita gente*. → **correspondência** *sf* [**1**. ato ou efeito de corresponder(-se); **2**. conjunto de cartas; **3**. troca de cartas; **4**. correlação, conformidade, analogia]; **correspondente** *adj* (**1**. que corresponde; respectivo, correlativo; **2**. proporcional, ajustado) e *s2gên* (**1**. pessoa que se corresponde com alguém; **2**. jornalista de periódicos ou de televisão em outro país, encarregado(a) de enviar notícias e reportagens à redação).

cor.res.pon.sá.vel *adj* Responsável junto com outrem. → **corresponsabilidade** *sf* (responsabilidade conjunta); **corresponsabilizar(-se)** [tornar(-se) corresponsável].

cor.re.ti.vo *adj* e *sm* **1**. Que ou o que corrige; corretor: *substância corretiva*. // *sm* **2**. Castigo, punição: *a todo delito corresponde um corretivo, no código penal*. **3**. Repreensão severa; descompostura, corrigenda, pito, sabão: *passei-lhe um corretivo daqueles!*

cor.re.to *adj* **1**. Que não tem erro. **2**. Que é honesto, íntegro. **3**. Em que há correção; digno: *procedimento correto*.

cor.re.tor (ô) *adj* e *sm* **1**. Corretivo. // *sm* **2**. Aquele que intermedeia compra e venda. → **corretagem** *sf* (agência, serviço ou comissão de corretor); **corretar** *v* (fazer serviços de corretagem); **corretora** (ô) *sf* (**1**. mulher que faz corretagem; **2**. instituição que atua no mercado de títulos e valores mobiliários); **corretoria** *sf* (cargo ou função de corretor).

cor.re.tó.rio *adj* V. **corrigir**.

cor.réu *sm* Aquele que é réu juntamente com outrem. · Fem.: *corré*.

cor.ri.co *sm* Redução de *pescaria de corrico*, pesca feita com um anzol arrastado por uma embarcação em alta velocidade, provocando o salto dos peixes atrás da isca.

cor.ri.da *sf* **1**. Ato ou efeito de correr. **2**. Trajeto percorrido por um táxi com passageiro. **3**. Esporte em que os participantes têm de correr uma determinada distância. **4**. Afluência súbita e maciça a estabelecimento bancário, para retirada de depósitos: *uma corrida pode quebrar um banco num dia*.

cor.ri.gen.da *sf* **1**. Lista de correções de erros aparecidos em livros, revistas, etc.; errata. **2**. *Fig*. Descompostura, pito, sabão, corretivo.

cor.ri.gir *v* **1**. Fazer a correção de; retificar: *corrigir as provas*. **2**. Castigar, punir: *os pais têm que corrigir os filhos malcriados*. **corrigir-se 3**. Mudar de vida, regenerar-se: *se você não se corrigir, vai sofrer muito*. → **corretório** *adj* (que corrige) e *sm* (registro penitenciário).

cor.ri.lho *sm* **1**. Bando de gente que planeja ou intenta maldades ou más ações: *um corrilho de fofoqueiros, de conspiradores*. **2**. Mexerico, intriga, fofoca.

cor.ri.mão *sm* Peça ao longo e ao lado de uma escada, para apoio das mãos e, consequentemente, para maior segurança de quem sobe ou desce. · Pl.: *corrimãos* ou *corrimões*.

cor.ri.men.to *sm* **1**. Ato ou efeito de correr. **2**. Secreção patológica que escorre de algum órgão interno.

cor.ri.o.la *sf* Grupo de malfeitores; quadrilha.

cor.ri.quei.ro *adj* Que acontece habitualmente; vulgar, comum, banal, trivial. → **corriqueirice** *sf* (qualidade de corriqueiro; vulgaridade, banalidade, trivialidade).

cor.ro.bo.rar *v* Confirmar, ratificar: *corroborar uma afirmação*. → **corroboração** *sf* (ato ou efeito de corroborar; confirmação; ratificação).

cor.ro.er *v* **1**. Acabar com, aos poucos; desgastar: *a ferrugem corrói o ferro*. **corroer(-se) 2**. Destruir(-se); consumir(-se): *a inveja corrói o invejoso; corroer-se de remorso*. · V. **corrosão**.

cor.rom.per(-se) *v* Tornar(-se) pervertido ou podre, física ou moralmente: *o calor corrompe as frutas; em más companhias, logo ele se corrompeu*. → **corrompido** *adj* e *sm* (corrupto).

cor.ro.são *sf* **1**. Ato ou efeito de corroer(-se). **2**. Destruição do solo, provocada princ. pela ação a água. → **corrosivo** *adj* (que corrói ou desgasta).

cor.ru.í.ra *sf* Passarinho de movimentos ágeis no chão, que frequenta habitações humanas, também conhecido como *garrincha*. (Voz: *chilrear*.)

cor.rup.ção ou **cor.ru.ção** *sf* **1**. Ato ou efeito de corromper(-se) uma substância ou matéria orgânica; putrefação, podridão, deterioração, decomposição. **2**. Mudança para pior; deturpação, desvirtuamento; corruptela. **3**. Adulteração das propriedades ou características originais de uma coisa. **4**. Mau uso; uso excessivo, abuso, degeneração, depravação, perversão. **5**. Incitamento ou coação à realização de atos contrários à moral ou à lei; indução ao mal; sedução. **6**. Ato de induzir alguém, mediante promessas ou recompensas, não só a deixar de cumprir o dever, como também a praticar ação ilegal, ilícita e injusta; suborno.

cor.ru.pi.ão *sm* Ave brasileira bela e canora, muito apreciada para gaiola. (Voz: *cantar, gorjear, trinar*.)

cor.ru.pi.o *sm* **1**. Giro, rodopio. **2**. Nome de várias brincadeiras infantis. → **corrupiar** *v* (rodopiar).

cor.ru.pi.xel *sm* Vara com um recipiente qualquer na ponta (cesto, sacola, etc.), para apanhar fruta(s) no pé.

cor.rup.te.la ou **cor.ru.te.la** *sf* **1**. Corrupção (2). **2**. Palavra escrita ou pronunciada erradamente: cangote é *corruptela de* cogote.

cor.rup.to ou **cor.ru.to** *adj* **1**. Podre. **2**. Que se deixou subornar ou corromper. // *sm* **3**. Aquele que se deixa subornar, que se vende por dinheiro ou presentes. · O mesmo que **corrompido**. → **corruptível** ou **corrutível** *adj* (que se deixa corromper); **corruptor** ou **corrutor** (ô) *adj* e *sm* (que ou aquele que corrompe).

cor.sá.rio *sm* **1**. Marinheiro que, sem ser militar, tinha licença das autoridades de seu país para atacar os navios de países inimigos. **2**. Esse navio. // *adj* **3**. Diz-se desse navio.

cor.so (ô) *sm* **1**. Desfile de carros carnavalescos; préstito. **2**. Porção de peixes miúdos. // *adj* e *sm* **3**. Natural ou habitante da Córsega, ilha francesa do mar Mediterrâneo.

cor.ta-a.ra.me *sm* Alicate próprio para cortar arame. · Pl.: *corta-arames*.

cor.ta.dei.ra *sf* **1**. Qualquer utensílio ou máquina que corta; cortadora. **2**. Saúva que corta folhas, para levá-las ao ninho.

cor.ta-luz *adj* e *sm* **1**. Que ou qualquer dispositivo que não permite a passagem de luz para o interior de um ambiente. // *sm* **2**. No basquete, tentativa de retardar ou impedir que um adversário, sem a bola, chegue a um determinado ponto na quadra. **3**. No futebol, interposição de um jogador num lance, a fim de iludir o adversário e favorecer ou a si mesmo ou a um companheiro na sequência da jogada. · Pl.: *corta-luzes*.

cor.ta-pa.pel *sm* Utensílio em forma de faca, para cortar papel dobrado, ou para separar as folhas ainda unidas de um livro. · Pl.: *corta-papéis*.

cor.tar *v* **1**. Dividir ou separar em partes, com um instrumento cortante: *cortar o bolo*. **2**. Produzir ferimento em (pessoa): *cortei a mão*. **3**. Retirar ou extrair: *cortar um pedaço de pão*. **4**. Passar pela frente de (outro veículo em movimento, quase lhe barrando a passagem): *um ônibus cortou o nosso carro*. → **corte** *sm* (**1**. ação ou efeito de cortar: *corte de energia*; **2**. talho com instrumento cortante; **3**. fio ou gume de instrumento cortante; **4**. talho feito em carne de gado, em abatedouro ou em açougue; **5**. modo como se corta o cabelo: *corte curto*; **6**. talho que o escultor faz na madeira ou na pedra, ao esculpir; **7**. talhe de uma roupa; **8**. porção de tecido necessário para confeccionar uma peça do vestuário; **9**. diminuição ou eliminação de algo; supressão: *corte de despesas*).

cor.te (ô) *sf* **1**. Residência de rei; palácio real. **2**. Conjunto de pessoas nobres que rodeiam um rei. **3**. Tribunal de justiça. **4**. Galanteio.

cor.te.jar *v* **1**. Cumprimentar ou saudar com elegância e educação: *o cavalheiro cortejou todos os presentes, ao entrar*. **2**. Praticar uma série de atos amáveis e gestos de simpatia, para tentar conquistar (mulher); galantear: *ele cortejou todas as garotas da festa*. · O e continua fechado durante a conjugação. → **cortejo** (ê) *sm* (**1**. ato ou efeito de cortejar; **2**. grupo de pessoas ou de veículos que acompanham alguém ou algo num determinado trajeto).

cor.tês *adj* Que é educado, fino, polido. · Antôn.: *descortês, grosseiro, rude*.

cor.te.são *adj* **1**. Relativo ou pertencente à corte. // *adj* e *sm* **2**. Que ou aquele que frequenta ou frequentava a corte. · Fem.: *cortesã*. · Pl.: *cortesãos* ou *cortesões*. → **cortesã** (**1**. fem. de *cortesão*; **2**.*pop.pej.* prostituta de executivos ou de homens ricos; meretriz da alta sociedade); **cortesania** *sf* (modos de cortesão); **cortesanice** *sf* (intriga de cortesão).

cor.te.si.a *sf* **1**. Comportamento ou gesto fino, polido. **2**. Ato ou expressão de respeito ou consideração. **3**. Favor, generosidade. **4**. Presente de casa comercial. **5**. Gesto em testemunho de respeito e agradecimento, feito por mulheres, que consiste em curvar os joelhos e baixar ligeiramente o corpo, após uma apresentação pública. → **cortesanice** *sf* (cortesia fingida; urbanidade aparente).

cór.tex (x = ks) *sm2núm* Camada superficial externa de vários órgãos vegetais e animais: *córtex de um caule; córtex do cérebro*. → **cortical** *adj* (rel. a córtex).

cor.ti.ça *sf* **1**. Casca grossa de certas árvores. **2**. Pedaço industrializado dessa casca, usado geralmente como tampa de garrafas de vinho. → **corticeiro** *adj* (rel. a cortiça) e *sm* (**1**. aquele que trabalha na colheita da cortiça; **2**. negociante de cortiça); **corticento** *adj* (que tem o aspecto da cortiça); **cortíceo** *adj* (**1**. sem. a cortiça; **2**. feito de cortiça); **corticícola** *adj* (que vive na casca das árvores: *insetos corticícolas*).

cor.ti.ço *sm* **1**. Caixa em que as abelhas vivem e fabricam a cera e o mel. **2**. Conjunto de abelhas que vivem nessa caixa. **3**. Habitação coletiva de gente pobre, com serviços comuns de água e esgoto.

cor.ti.coi.de (ói) ou **cor.ti.cos.te.roi.de** (ói) *sm* Qualquer dos hormônios esteroides produzidos pelo córtex das glândulas suprarrenais ou por seus equivalentes sintéticos.

cor.ti.lha *sf* Utensílio provido de uma roseta, com o qual os pasteleiros e confeiteiros recortam a massa; carretilha, cortadeira. → **cortilhar** *v* (**1**. recortar com cortilha; **2**. cortar em pedacinhos bem miúdos).

cor.ti.na *sf* Pedaço de pano ou de outro material, geralmente suspenso, usado para resguardar ou decorar um ambiente. → **cortinado** ou **acortinado** *adj* (provido de cortina) e *sm* (**1**. armação composta de cortina: *cama com cortinado, para evitar picada de mosquito*; **2**. cortina grande); **cortinar** ou **acortinar** (encobrir ou tapar com cortina), que não se confunde com *encortinar* (pôr cortinas em: *encortinar a sala*); **cortineiro** *sm* (**1**. fabricante, vendedor ou instalador de cortinas; **2**. no teatro, aquele que cuida da abertura e fechamento do pano de boca; paneiro).

cor.ti.so.na *sf* Hormônio natural, produzido pelas glândulas suprarrenais e também preparado sinteticamente, de uso medicinal. → **cortisônico** *adj* (rel. a cortisona).

cor.to.no.mia *sf* Arte ou técnica de formar herbários. → **cortonômico** *adj* (rel. a cortonomia).

co.ru.chéu *sm* **1**. Remate superior de um edifício ou torre. **2**. Cobertura convexa e hemisférica de um edifício; zimbório, domo. **3**. Mitra de papelão que portavam os condenados do tribunal da Inquisição a caminho do suplício; carocha.

co.ru.ja *sf* **1**. Nome comum a várias aves de rapina de hábitos princ. noturnos. (Voz: *arrulhar, cantar, chiar, chirriar, crocitar, piar, sussurrar*.) **2**. *Fig.Pej*. Mulher velha e feia. **3**. *Fig*. Pessoa de hábitos noturnos: *minha vizinha é a maior coruja do bairro*. // *adj* **4**. Diz-se de pai, mãe, avô, avó, tio ou tia que só vê virtudes em seus entes queridos, que podem ser filhos, sobrinhos, netos, etc.: *pai coruja; mãe coruja; avós coruja; tios coruja*. (Como se vê, neste caso não varia.) // *sm* **5**. Esse pai, essa mãe, esse tio, esse avô, etc. **corujar** *v* [**1**. soltar (a coruja) o seu pio; chiar, arrulhar; **2**.*pop*. enaltecer (ente querido); **3**. *pop*. observar às ocultas; espreitar, espiar: *corujar a vizinha trocando de roupa*].

co.rus.car *v* **1**. Lançar ou expelir de si; dardejar: *os olhos do tigre coruscavam faíscas de agressividade*. **2**. Soltar lampejos; faiscar, chispar. → **coruscação** *sf* (ato de coruscar); **coruscante** *adj* (que corusca).

cor.ve.jar *v* Soltar a voz (o corvo); crocitar. (Mantém fechado o e durante a conjugação).

cor.ve.ta (ê) *sf* Pequeno navio de escolta armada, altamente manobrável, menor que um destróier.

cor.vi.na *sf* **1**. Peixe marinho do Pacífico, de cor prateada com tons amarelados, de carne muito apreciada. **2**. Prato culinário feito com essa carne.

cor.vo (ô; pl.: ó) *sm* Ave europeia de médio porte, plumagem negra e canto alto desagradável, encontrado em todos os continentes, exceto na América do Sul, simbolicamente associada a mau agouro, azar e morte. (Voz: *crocitar, grasnar*.) · Dim. irregular: *corvacho*. → **corvino** *adj* (de corvo: *hábitos corvinos*). (Não se confunde com *abutre* nem com *urubu*.)

cós *sm2núm* Tira ou reforço de pano que remata as saias e as calças na altura da cintura.

cos.co.rão *sm* **1**. Casca grossa de ferida cicatrizada. **2**. Tira de massa de farinha com ovo, depois de frita, é polvilhada com açúcar e canela; filhó (2). **3**. *Pop.Pej*. Pessoa grosseira, malcriada, bronca.

co.ser *v* Unir com pontos de agulha; costurar: *coser meias, calças, vestidos; o ferimento, de tão grande, teve de ser cosido no hospital*. (Não se confunde com *cozer*.) → **cosedura** *sf* (ato ou efeito de coser; costura).

cos.me e da.mi.ão *loc sm* Dupla de policiais que fazem ronda juntos.

cos.mé.ti.ca *sf* **1**. Prática ou técnica profissional de melhorar a aparência do rosto, cabelo e pele, usando maquiagem e tratamentos de beleza; cosmetologia. **2**. Indústria que pesquisa, fabrica e comercializa cosméticos. **3**. Conjunto de produtos de higiene e beleza. **4**. Conjunto de traços decorativos adicionados a projetos de produtos em sua fase final de criação, cuja etapa central foi realizada por departamentos de engenharia. → **cosmético** *sm* (qualquer preparado para limpar, conservar, realçar ou embelezar o rosto, a pele, os cabelos e as unhas) e *adj* (diz-se desse preparado: *pó cosmético*);

cosmetologia *sm* [cosmética (1)]; **cosmetológico** *adj* (rel. a cosmetologia); **cosmetologista** *adj* e *s2gên* ou **cosmetólogo** *sm* (especialista em cosmetologia).

cos.mi.a.tri.a *sf* Arte ou ciência médica que se ocupa do cuidado e melhora das características estéticas da pele sadia. → **cosmiatra** *adj* e *s2gên* (especialista em cosmiatria).

cos.mo *sm* ou **cos.mos** *sm2núm* Universo (tomado como exemplo de ordem e harmonia, por oposição ao caos). → **cósmico** *adj* (rel. ou pert. ao cosmo; espacial); **cosmonauta** *s2gên* [tripulante russo(a) de nave espacial, sendo *astronauta* o tripulante americano]; **cosmonave** *sf* [nave espacial russa (a americana se chama *astronave*)].

cos.mo.go.ni.a *sf* Parte da astronomia que estuda a formação e evolução inicial de um sistema particular do Universo, como o sistema solar. → **cosmogônico** *adj* (rel. a cosmogonia); **cosmogonista** *adj* e *s2gên* (especialista em cosmogonia).

cos.mo.lo.gi.a *sf* Parte da astronomia que estuda o Universo na sua totalidade, sua origem, leis gerais, evolução, estrutura e história. → **cosmológico** *adj* (rel. a cosmologia); **cosmologista** *adj* e *s2gên* ou **cosmólogo** *sm* (especialista em cosmologia).

cos.mó.po.le *sf* Metrópole habitada por pessoas de muitas origens diferentes, como Nova Iorque e São Paulo. → **cosmopolita** ou **cosmopolitano** *adj* (**1**. rel. a cosmópole; **2**. diz-se da cidade que contém imigrantes de muitos países diferentes; **3**. diz-se da cidade que recebe a visita de pessoas do mundo inteiro; **4**.*p.ext.* diz-se de planta ou animal encontrado na maior parte do mundo) e *s2gên* [**1**. esse(a) imigrante; **2**. pessoa que se sente à vontade nas cosmópoles dos mais diferentes países do mundo]; **cosmopolitismo** *sm* (teoria política ou crença de que todas as pessoas do mundo têm direito a igual respeito e consideração, não importando sua condição de cidadania ou outras afiliações); **cosmopolitista** *adj* (rel. a cosmopolitismo) e *adj* e *s2gên* (que ou pessoa que é adepta do cosmopolitismo).

cos.mo.ra.ma *sm* **1**. Série de fotos em perspectiva de diferentes partes do mundo, geralmente os maiores marcos mundiais, para serem observadas por instrumentos ópticos ampliativos, a fim de dar às imagens um maior realismo. **2**. Lugar onde se expõem tais fotos. **3**.*P.ext.* Vista ampliada de qualquer lugar. → **cosmorâmico** *adj* (rel. a cosmorama).

cos.mo.vi.são *sf* Modo particular pelo qual uma pessoa, sociedade ou civilização vê o mundo astronômico.

cos.pe-cos.pe *sm* Pessoa que, quando fala, solta muitos perdigotos: *sua irmã é o maior cospe-cospe da turma.* · Pl.: *cospe-cospes* ou *cospes-cospes*.

cosplay [ingl.] *sm* Abreviação de *costume player* (fantasia), prática de se vestir ou fantasiar-se do personagem de livro, filme, televisão ou mangá, do qual é ardoroso fã, e participar de eventos, princ. para fazer amigos. · Pronuncia-se *ká̱splei*. → **cosplayer** *s2gên* (pessoa que assim se fantasia), que se pronuncia *ká̱splei-er*.

cos.quen.to *adj* V. **cócegas**.

cos.sa.co *sm* **1**. Membro de uma tribo do Sul da Rússia e da Ucrânia, conhecido por sua equitação e habilidade militar, que integrava a cavalaria de elite da Rússia czarista. // *adj* **2**. Relativo a cossacos ou característico deles: *dança cossaca*.

cos.se.can.te *sf* Secante do complemento, ou a recíproca do seno, de um dado ângulo ou arco.

cos.se.no *sm* Em um triângulo retângulo, função trigonométrica igual à razão entre o lado adjacente a um ângulo agudo e a hipotenusa.

cos.so.co (ó) *sm* Arma artesanal, feita por presidiários; naifa.

cos.ta *sf* **1**. Região banhada pelo mar; litoral. // *sfpl* **3**. Parte de trás do corpo do homem e de outros vertebrados. → **costado** *sm* (parte externa do casco do navio); **costear** *v* (navegar junto à costa), que se conjuga por *frear*; **costeiro** *adj* (**1**. rel. a costa; **2**. que navega junto à costa).

Costa do Marfim *loc sf* País da África, de área equivalente à do estado do Maranhão. → **costa-marfinense** (de pl. *costa-marfinenses*), **marfinense** *adj* e *s2gên*, **ebúrneo** ou **marfiniano** *adj* e *sm*.

Costa Rica *loc sf* País da América Central, de área equivalente à do estado do Rio Grande do Norte. → **costa-ricense, costa-riquense** *adj* e *s2gên* ou **costa-riquenho** *adj* e *sm*, de pl., respectivamente, *costa-ricenses, costa-riquenses* e *costa-riquenhos*.

cos.te.la *sf* **1**. Cada um dos ossos curvos e alongados que protegem a cavidade torácica. **2**. Pedaço de carne que contém uma costela animal, usado na alimentação humana.

cos.te.le.ta (ê) *sf* **1**. Chuleta (1). **2**. Prato preparado com a chuleta. // *sfpl* **3**. Porção de cabelo e barba que se deixa crescer em cada lado do rosto.

cos.tu.me *sm* **1**. Modo de agir fundado numa tradição ou adquirido pela tendência a realizar sempre certa ação da mesma forma; hábito. **2**. Conjunto de duas peças do vestuário feminino composto de casaco e saia. **3**. Conjunto de peças do vestuário masculino, composto de calça e paletó e, às vezes, também colete. // *smpl* **4**. Conjunto de qualidades, inclinações e modos de proceder distintivos de pessoa, grupo ou nação. → **costumado** ou **costumeiro** *adj* e *sm* (que se faz por costume; habitual, usual, frequente: *minhas costumadas caminhadas à beira-mar*) e *sm* (que o é de hábito ou costume: *o costumeiro é viajarmos nas férias*); **costumar** *v* (ter o costume de; ter por hábito: *costumo lavar as mãos antes das refeições*); **costumar-se** (adquirir o costume ou o hábito de: *costume-se a lavar as mãos, antes das refeições!*).

cos.tu.rar *v* Fazer a linha passar de um a outro lado de (tecido, couro, etc.), arrastada pela agulha; coser. → **costura** *sf* (**1**. ato ou efeito de costurar; **2**. profissão de costureira, modista ou alfaiate; **3**. arte de costurar; **4**. obra de costura; **5**. conjunto de pontos dados para suturar uma ferida ou uma incisão); **costureira** *sf* (mulher que é profissional da costura); **costureiro** *sm* (homem profissional da alta-costura; estilista).

co.ta ou **quo.ta** (o **u** não soa) *sf* **1**. Parte que cabe proporcionalmente a cada elemento de um todo. **2**. Número máximo de quantidade de pessoas ou coisas que podem ser admitidas num país ou numa instituição. → **cotação** *sf* (ação ou efeito de cotar); **cotar** *v* [**1**. fixar o preço de (imóvel, mercadoria, títulos, ações, moedas estrangeiras); **2**. pesquisar o preço de (mercadorias ou serviços)]; cotário *sm* (aquele que tem cota numa sociedade mercantil). · V. **cotista** e **cotizar**.

co.tan.gen.te *sf* Em um triângulo retângulo, razão entre o comprimento do lado adjacente e o do lado oposto; o recíproco da tangente.

co.tão *sm* **1**. Cota grande. (Nesta acepção, o primeiro **o** soa aberto.) **2**. Pelo que largam os panos, em consequência de uso ou atrito. **3**. Poeira, penugem, conjunto de pequeninas coisas que se juntam no forro da roupa, nas paredes e atrás ou embaixo dos móveis, por falta de limpeza. **4**. Penugem ou lanugem de alguns frutos, como a do algodão. · Dim. irregular (4): *cotanilho*.

co.ta-par.te ou **quo.ta-par.te** *sf* **1**. Parte que cabe a cada um na divisão de um todo; quinhão; dividendo (2). **2**. Quantia com que cada um contribui para um determinado objetivo. **3**. Dividendo (3). · Pl.: *cota-partes* ou *quotas-partes*, *cotas-parte* ou *cotas-partes*. (A 6.ª ed. do VOLP registra dois plurais para *quota-parte*, mas apenas um para *cota-parte*, em mais uma das suas demonstrações crônicas de incoerência.)

co.tar *v* V. **cota**.

co.te.jar *v* Comparar, confrontar: *coteje os preços, antes de comprar!* · O *e* permanece fechado, durante a conjugação. → **cotejo** (ê) *sm* (ato de cotejar; comparação, confronto).

côtelé [fr.] *sm* Tecido estriado, de algodão ou raiom, com pelo de veludo, de grande resistência e durabilidade, muito usado antigamente em calções, casacos e trajes de caça e, no séc. XX, em paletós, saias e calças. · Pronuncia-se *kotelê*.

co.ti.a.ra ou **qua.ti.a.ra** *sf* Réptil ofídio peçonhento que atinge quase 1m de comprimento, muito comum de Minas Gerais até o Rio Grande do Sul, também conhecido como *boicotiara*.

co.ti.di.a.no ou **co.ti.di.a.no** (o **u** não soa) *adj* **1**. Que ocorre diariamente; diário: *a chuva cotidiana de Belém do Pará; jornal cotidiano; nossas necessidades cotidianas*. **2**.*P.ext.* Muito comum; frequente: *esquina de acidentes cotidianos*. **3**. Diz-se do registro informal da língua; popular; do dia a dia: *a língua cotidiana é sempre muito desprestigiosa*. // *sm* **4**. O que se faz ou o que ocorre diariamente: *compromissos do meu cotidiano*. → **cotidianidade** ou **quotidianidade** *sf* (qualidade, condição ou característica do que é cotidiano).

co.ti.lé.do.ne *sm* Folha embrionária, carregada de reserva nutritiva, que surge logo que as sementes germinam. → **cotiledôneas** *sfpl* (divisão do reino vegetal que pertencem as plantas que têm um ou mais cotilédones); **cotiledôneo** *adj* (que tem cotilédone).

co.tis.ta ou **quo.tis.ta** (o **u** não soa) *s2gên* Pessoa que tem cotas do capital das sociedades mercantis de responsabilidade limitada.

co.ti.zar ou **quo.ti.zar** (o **u** não soa) *v* **1**. Dividir em cotas: *cotizar uma dívida*. **cotizar-se 2**. Reunir-se a outros, a fim de contribuir para uma despesa comum: *eles se cotizaram para pagar as despesas*. → **cotização** ou **quotização** (o **u** não soa) *sf* (ato ou efeito de cotizar).

co.to (ô) *sm* **1**. Toco de cigarro, vela, lápis, etc. ou de membro amputado; cotoco. **2**. Espécie de lima com que os serradores afiam as serras. // *smpl* **3**. Nós dos dedos das mãos.

co.tó *adj* **1**. Que tem membro ou rabo mutilado: *gato cotó*. // *s2gên* **2**.*P.ext*. Pessoa que tem membro mutilado. **3**. *Fig. Pej.* Pessoa de baixa estatura; catatau, tamborete, tampinha.

co.to.co (ô) *sm* Coto (1).

co.to.ne.te *sm* Haste com chumaço de algodão nas extremidades, para fins de higiene, princ. do ouvido.

co.to.ni.cul.tu.ra *sf* Cultura do algodão. → **cotonicultor** (ô) *sm* (aquele que se dedica à cotonicultura).

co.to.ni.fí.cio *sm* Fábrica de tecidos de algodão.

co.to.ve.lo (ê) *sm* **1**. Ponto em que se articulam o braço e o antebraço; cúbito: *cumprimentar-se com o cotovelo*. **2**. Parte da manga de peça do vestuário que cobre esse ponto: *o casacão de lã tinha uma peça de couro nos cotovelos*. **3**. *P.ext*. Qualquer coisa parecida. **4**. Joelho (3). → **cotovelada** *sf* ou **cotovelão** *sm* (pancada com o cotovelo); **acotovelar** ou **cotovelar** *v* (**1**. tocar com o cotovelo, a fim de chamar a atenção para alguma coisa; **2**. forçar caminho, empurrando com os cotovelos: *a segurança do ator acotovelava rudemente todos que estavam no caminho*); **acotovelar-se** ou **cotovelar-se** (apoiar-se nos cotovelos: *acotovelava-se na mesa às refeições*). ·· **Falar pelos cotovelos**. Falar demais e com desembaraço. ·· **Ter dor de cotovelo**. Sentir ciúme ou despeito.

co.to.vi.a *sf* Pequeno pássaro europeu, campestre, canoro e migratório, de plumagem parda e bico extremamente fino. (Voz: *cantar, gorjear*.)

co.to.xó *s2gên* **1**. Membro dos cotoxós, tribo indígena baiana, hoje extinta. // *adj* **2**. Relativo ou pertencente a essa tribo.

cotton [ingl.] *sm* Fio, fibra ou tecido de algodão. · Pronuncia-se *kátN*.

co.tur.no *sm* **1**. Bota de sola bem grossa, cano alto, fechada com cordões, usada para proteção contra estrepes, lama, picadas de insetos e de ofídios, etc. **2**. Bota similar, usada por atores nas tragédias gregas, para lhes dar aparência de estatura elevada (em contraposição à meia soquete, usada nas comédias). ·· **Calçar o coturno**. **1**. Representar bem um papel dramático. **2**.*P.ext*. Tratar de assunto importante, em estilo solene. ·· **De alto coturno**. **1**. De linhagem nobre. **2**. De alta hierarquia ou elevada posição: *Os deputados de alto coturno do Congresso*. ·· **De baixo coturno**. **1**. De linhagem plebeia. **2**. De baixa hierarquia ou irrelevante posição: *Os deputados de baixo coturno do Congresso são chamados também, ironicamente, de baixo clero*. ·· **De coturno**. Elevado, importante: *Era um assunto de coturno o que tínhamos de tratar*.

co.tu.te.la *sf* Tutela exercida com outrem. → **cotutor** (ô) *sm* (tutor juntamente com outrem).

couché [fr.] *adj* V. **cuchê**.

couchette [fr.] *sf* Beliche ou leito embutido em cabine de trem ou de navio. · Pronuncia-se *kuchét*.

cou.de.la.ri.a *sf* Fazenda de procriação e aperfeiçoamento de raças cavalares. → **coudel** *sm* (administrador de coudelaria), de fem. *coudela*; **coudélico** *adj* (rel. a coudel ou a coudelaria).

coulomb [fr.] *sm* Unidade de medida para carga elétrica (símb.: **C**) no Sistema Internacional (SI), equivalente à carga transportada por um ampere (unidade de corrente elétrica) em um segundo. · Pronuncia-se *kúlon*.

country [ingl.] *adj* **1**. Diz-se do que está associado com o meio rural, princ. música, vestuário e decoração. // *sm* **2**. Estilo característico do meio rural. · Pl.: *countries*. · Pronuncia-se *kântri*. ·· **Country club**. Clube suburbano para atividades sociais e esportivas. (Pronuncia-se *kântri-kláb*.) ·· **Country music**. Música popular americana, baseada no folclore rural do Sul dos Estados Unidos ou na música dos caubóis do Oeste americano. (Pronuncia-se *kântri-miúzik*.)

coupé [fr.] *sm* V. **cupê**.

cou.ra.ça *sf* **1**. Armadura que cobria o peito e as costas do guerreiro, antigamente. **2**. Conjunto de chapas de aço de proteção dos navios de guerra; blindagem. **3**. Invólucro protetor de certos animais. → **couraçado** *adj* [protegido com couraça (2)] e *sm* (navio de guerra de casco blindado; encouraçado); **couraçar** *v* (blindar).

courier [fr.] *sm* **1**. Serviço de coleta e entrega rápida de correspondência, encomenda, mensagens, etc. **2**.*P.ext*. Qualquer serviço de coleta e entrega em domicílio. **3**. Pessoa encarregada de tal serviço. **4**. Guia ou acompanhante de uma excursão. · Pronuncia-se *kurriê*.

cou.ro *sm* **1**. Pele espessa e dura de grandes animais que, depois de curtida, usa-se comercialmente. **2**. Pele humana: *procurou salvar o próprio couro*. · Col. (1): *courama* sf. · V. **coriáceo**. → **courinho** *sm* (**1**. rodela de couro usada na vedação de torneiras; **2**. torresmo de couro). ·· **Couro curto** (fig.). **1**. Pessoa preguiçosa, indolente. ·· **Couro grosso** (fig.). **1**. Moleque travesso, que só comete peripécias e não se cansa de apanhar. **2**. Pessoa que, por ser inescrupulosa, é insensível a críticas.

cou.to *sm* Lugar seguro a que alguém se acolhe, fugindo a perseguição, maus-tratos, etc.; abrigo, refúgio.

cou.ve *sf* **1**. Planta hortense, cujas folhas são comestíveis. **2**. Cada uma dessas folhas.

cou.ve-flor *sf* Variedade de couve, de cabeça branca e compacta. · Pl.: *couves-flores* ou *couves-flor*.

couvert [fr.] *sm* Conjunto de pequenos alimentos (pãozinho, torradas, manteiga, azeitonas, etc.) servidos antes da refeição principal, nos restaurantes; antepasto; entrada. · Pronuncia-se *kuvéR* (este *R* soa como o de *fleur*). ·· **Couvert artístico**. Pagamento que o freguês de um restaurante é obrigado a fazer, por apresentação musical durante a sua refeição.

co.va *sf* **1**. Abertura na terra, feita com um determinado objetivo. **2**. Buraco onde moram alguns animais; toca. → **covagem** *sf* (abertura de cova); **covato** *sm* (**1**. ofício de coveiro; **2**. local onde se abrem covas); **covear** *v* (abrir cova plantar), que se conjuga por *frear*; **coveiro** *sm* (trabalhador que tem por ofício abrir covas para enterrar defuntos).

co.va.len.te *adj* Relativo à ligação química formada pelo compartilhamento de elétrons entre átomos. → **covalência** *sf* (valência caracterizada pelo compartilhamento de átomos).

co.var.de ou **co.bar.de** *adj* e *s2gên* **1**. Que ou pessoa que não tem coragem para nada. **2**. Que ou pessoa que briga com pessoa indefesa ou muito mais fraca. **3**. Que ou quem, depois de provocar ou ferir à traição, recua com medo da reação da vítima. · Antôn.: *corajoso*(a), *valente*, *audacioso*(a). → **covardia** ou **cobardia** *sf* (**1**. comportamento de covarde; **2**. comportamento do indivíduo forte, ignorante e violento ante pessoas frágeis), de antôn. *coragem*, *valentia*, *audácia*.

co.va.to *sm* V. **cova**.

cover [ingl.] *s2gên* Pessoa, geralmente jovem, fanática por um ídolo, a quem procura imitar no traje, gestos, fala, andar, etc.: *Elvis Presley tem muitos covers no Brasil*. · Pl.: *covers*. · Pronuncia-se *kávâr*, mas no Brasil se ouve muito *kôver*. ·· **Cover girl**. **1**. Modelo que posa para capas de revista. **2**. Garota da capa. (Pronuncia-se *kávâr gârl*.)

covid-19 *sf* Acrônimo inglês de *coronavírus disease* (doença do coronavírus), sendo 19 correspondente ao ano em que a doença surgiu: 2019. (Note que a inicial é minúscula e o gênero é feminino: *a* covid-19).

co.vil *sm* **1**. Buraco ou abrigo de feras. **2**.*P.ext*. Esconderijo de gente ordinária (bandidos, criminosos, vagabundos, sequestradores, traficantes, etc.).

co.vi.lhe.te (ê) *sm* **1**. Pires chato, de louça, próprio para servir doce ou sobremesa. **2**. Pequena tigela; tigelinha.

co.vi.nha (cò) *sf* **1**. Diminutivo regular de *cova*; pequena cova. **2**. Pequena cavidade no queixo ou que se forma nas bochechas de uma pessoa, quando sorri, conhecida no Nordeste como *sinal de beleza*.

co.vo (ô; pl.: ó) *adj* e *sm* Que ou o que é muito côncavo ou fundo, formando cova: *prato covo; o covo do pilão*.

cowboy [ingl.] *sm* V. **caubói**.

co.xa (ô) *sf* **1**. Parte do corpo humano entre a virilha e o joelho. · V. **crural**. // *sm* **2**. *Pop*. Torcedor(a), jogador(a) ou associado(a) do *Coritiba Foot Ball Club*, da capital paranaense: *ela é um coxa fanático*. → **coxal** *adj* (rel ou pert. a coxa: *estrias coxais*).

co.xão *sm* Parte traseira, acima da coxa do boi, a qual compreende as partes laterais ou chã de fora (coxão duro) e as partes posteriores ou chã de dentro (coxão mole).

co.xe.ar *v* Andar, balançando o corpo por causa de algum defeito físico ou de algum ferimento numa das pernas; mancar;

ele coxeia porque tem uma perna mais curta que a outra. · Conjuga-se por *frear*. → **coxeadura** *sf* (manquejamento); **coxo** (ô) *adj* e *sm* (que ou aquele que coxeia; manco).

co.xi.a *sf* **1.** Corredor estreito. **2.** Espaço que cada cavalo ocupa na estrebaria. ·· **Correr a coxia.** Andar por toda a parte, sem destino; vagar ou vaguear pelo mundo.

co.xim *sm* **1.** Almofada que serve de assento. **2.** Sofá sem espaldar nem braços; divã. **3.** Peça de ferro superposta ao dormente, no qual se assenta o trilho. **4.** Parte da sela em que se assenta e acomoda o cavaleiro.

co.xi.nha *sf* **1.** Diminutivo regular de *coxa*; coxa pequena. **2.** *Pop.* Salgadinho com a forma de uma pequena coxa, recheado com peito de frango desfiado.

co.xi.ni.lho ou **co.xo.ni.lho** *sm* Manta que se põe sobre a sela, para maior conforto do cavaleiro. (Não se confunde com *cochinilha.*)

co.xo (ô) *adj* e *sm* V. **coxear.** → **coxofemoral** *adj* (rel. ou pert. a quadril e a fêmur: *articulação coxofemoral*); **coxovertebral** *adj* (rel. a coxa e a vértebras).

co.zer *v* **1.** Preparar (alimento, geralmente dentro de um líquido) pela ação do fogo ou do calor intenso, sem exposição direta a uma chama; cozinhar ou assar: *cozer arroz, feijão, carne; cozer pães e bolos no forno*. **2.** Submeter à ação do fogo ou ao calor seco, para endurecer: *cozer o barro; o sol coze a terra, no Nordeste*. (Não se confunde com *coser*.) → **cocção, cozedura** *sf* ou **cozimento** *sm* (ato ou processo de cozer); **cozido** *adj* (que se cozeu: *batata cozida*) e *sm* (comida preparada com carne, verduras e legumes fervidos em água). ·· **Cozer a bebedeira.** Dormir, até que a embriaguez passe.

co.zi.nha *sf* **1.** Compartimento de casa, hospital, restaurante, navio, trem, etc., devidamente equipado, para o preparo de alimentos e lavagem de louças e talheres: *cozinha pequena*. **2.** Pessoal que trabalha nesse compartimento: *a cozinha do restaurante está em greve*. **3.** Arte, técnica ou modo de preparar os alimentos, com criatividade e bom gosto; gastronomia: *admiro a cozinha francesa*. **4.** Conjunto dos pratos característicos de um país ou de uma região; culinária: *a cozinha italiana compreende essencialmente massas*. · V. **culinária.** → **cozinhar** *v* [cozer(1)]; **cozinheiro** *sm* (**1.** homem que cozinha; **2.** aquele que tem por profissão cozinhar; profissional da cozinha).

CPF *sm* **1.** Sigla de *cadastro de pessoas físicas* da Secretaria da Receita Federal, do Ministério da Fazenda, no qual todas as pessoas que declaram imposto de renda são obrigadas a estar inscritas. **2.** Documento que confirma essa inscrição. · Pl.: *CPFs*.

CPI *sm* Sigla de *comissão parlamentar de inquérito*, que investiga irregularidades administrativas em órgãos públicos. · Pl.: *CPIs*.

CPU *sf* Sigla inglesa de *central processing unit* = unidade central de processamento, parte do computador que gerencia e controla todas as execuções. · Pronuncia-se *ci pi u* (à inglesa) ou *cê pê u* (à portuguesa). · Pl.: *CPUs*.

CPMF *sf* Sigla de *contribuição provisória sobre movimentação financeira*, de triste memória. · Pl.: *CPMFs*.

c.q.d. Abreviatura de *como queríamos demonstrar*, expressão usada em matemática, no final da solução de teoremas.

cra.ca *sf* Crustáceo com concha calcária, que vive incrustado nos rochedos marinhos, cascos de navios, madeiras do cais ou sobre a carapaça de outros animais marinhos e constitui marisco muito apreciado.

cra.ca.xá *sm* V. **caracaxá.**

cra.chá *sm* **1.** Insígnia honorífica que se traz ao peito; condecoração, comenda. **2.** *P.ext.* Cartão de identificação que se pendura ao peito.

crack [ingl.] *sm* **1.** Nas bolsas de valores, fato que se dá quando as cotações das ações declinam velozmente para níveis extremamente baixos. **2.** Craque (3). · V. **cracolândia.** · Pl.: *cracks*. · Pronuncia-se *krák*.

cracker [ingl.] *s2gên* Pessoa versada em informática que faz de tudo para invadir um sistema alheio, interferindo nos dados ou programas de outro computador, a fim de espionar ou causar danos; pirata da Internet; *hacker* (2). · Pl.: *crackers*. · Pronuncia-se *krákâr*.

cra.co.lân.dia *sf* Neologismo que designa o local de uma cidade em que viciados se reúnem para consumir droga, princ. *crack*.

cra.co.nha *sf* Neologismo que designa uma droga composta por uma mistura de *crack* com maconha; zirrê.

crâ.nio *sm* **1.** Conjunto de ossos que dão forma à cabeça. **2.** *Fig.* Pessoa muito inteligente ou muito entendida em alguma coisa; craque (2), fera. → **craniano** *adj* (rel. ou pert. ao crânio); **craniar** *v* (bolar, idealizar).

cran.ter *sm* Dente do siso.

crá.pu.la *s2gên* Pessoa vil, canalha, sórdida, patife.

cra.que *s2gên* **1.** Jogador(a) de futebol excelente, espetacular. **2.** Crânio (2). // *sm* **3.** Droga derivada da cocaína, para ser fumada numa espécie de cachimbo, de efeitos devastadores para o cérebro; *crack* (2). **4.** Ruído de algo que se fragmenta. // *interj* **5.** Indica esse ruído. · V. **crack.**

cra.se *sf* **1.** Contração da preposição *a* com o artigo *a* ou *as*, com o pronome demonstrativo *a* ou *as*, ou com *a* inicial dos pronomes demonstrativos *aquele, aquela, aqueles, aquelas, aquilo*. **2.** Designação vulgar do acento grave que marca na escrita essa contração: *será que esse a não tem crase, professora?* → **crasear** *v* (**1.** pôr o acento da crase em: *crasear um a*; **2.** usar o acento indicador da ocorrência de crase: *você não sabe crasear*), que se conjuga por *frear*.

crash-test [ingl.] *sm* Prova ou teste automotivo de resistência e segurança que consiste no veículo se chocar de frente, a determinada velocidade (geralmente entre 2,5 e 65km/h), contra uma barreira fixa de concreto, para avaliar a deformação produzida na carroceria e também a eficácia de *airbags* e cintos de segurança, o impacto real sofrido pelo motorista e pelos passageiros, etc. · Pl.: *crash-tests*. · Pronuncia-se *krêch-tést*.

cras.so *adj* **1.** Consistente, espesso: *molho crasso*. **2.** Pesado denso: *o ar estava crasso*. **3.** *Fig.* Tosco, grosseiro, rudimentar, bronco: *sujeito crasso*. **4.** *Fig.* Grosseiro no mais alto grau; palmar: *erro crasso*. **5.** *Fig.Pej.* Total, completo: *ignorância crassa*.

cra.te.ra *sf* Boca de vulcão ou buraco muito grande no solo.

cra.var *v* **1.** Fazer qualquer coisa penetrar em algo maior: *cravar um prego na parede*. **2.** Fixar (os olhos). → **cravação, cravadura, cravagem** *sf* ou **cravamento** *sm* (ato ou efeito de cravar); **cravadeira** *sf* (máquina própria para cravar rebites a ar comprimido).

cra.vei.ra *sf* **1.** Orifício da ferradura pelo qual entra o cravo. **2.** Compasso de sapateiro, para tirar medida do pé.

cra.vei.ro *sm* **1.** Planta nativa da Europa que dá o cravo. **2.** Fabricante de cravos para ferraduras. **3.** Instrumento musical de cordas semelhante ao cavaquinho.

cra.vei.ro-da-ín.dia *sm* Cravo-da-índia (1). · Pl.: *craveiros-da--índia*.

cra.ve.jar *v* **1.** Fixar ou pregar com cravos: *cravejar alguém numa cruz*. **2.** Engastar, cravar: *cravejar diamantes num anel*. · Mantém fechado o *e* durante a conjugação. → **cravejamento** *sm* (ação ou efeito de cravejar).

cra.ve.lha (ê) *sf* Peça com que se afinam instrumentos musicais de corda.

cra.ve.lho (ê) *sm* Peça grosseira de madeira, para fechar portinholas, postigos, etc.; tramela.

cra.ve.te (ê) *sm* Cada uma das pontas metálicas da fivela.

cra.vi.na *sf* **1.** Diminutivo irregular de *cravo* (1); pequeno cravo. **2.** Planta ornamental de flores solitárias, aromáticas e rosadas, originária da Europa.

cra.vo *sm* **1.** Prego usado para fixar ferraduras ou os pés e as mãos de condenados na cruz. **2.** Inflamação sebácea nos poros da pele. **3.** Cravo-da-índia (2). **4.** Flor do craveiro. **5.** Instrumento musical de cordas e teclado, semelhante ao piano. **6.** Cravista. · Dim. irregular (1): *cravina*. → **cravista** *s2gên* [pessoa que toca cravo; cravo (6)].

cra.vo-da-ín.dia *sf* **1.** Planta cujos botões secos são colhidos antes de florescer, para serem utilizados como condimento; craveiro-da-índia. **2.** Esse botão, de aroma forte e sabor picante; cravo (3). · Pl.: *cravos-da-índia*.

crawl [ingl.] *sm* Estilo de natação em que o nadador se move com o peito sobre a água, dando braçadas acima do ombro e para a frente; estilo livre. · Pl.: *crawls*. · Pronuncia-se *króu*.

CREA ou **Crea** *sm* Acrônimo de *Conselho Regional de Engenharia, Arquitetura e Agronomia*, órgão federal que regula o exercício profissional, fiscaliza e assessora os profissionais das referidas áreas. · Pronuncia-se *Créa*.

cream cheese [ingl.] *loc sm* Tipo de queijo branco, mole, feito de creme e leite. · Pronuncia-se *krim tchíz*.

cream cracker [ingl.] *loc sm* Biscoito fino, bem torrado, salgado, crocante e friável, geralmente quadrado (7cm x 7cm), feito de massa de farinha de trigo não fermentada. · Pl.: *cream crackers*. · Pronuncia-se *krim krákâr*.

cre.a.ti.na *sf* **1**. Composto de aminoácidos, $C_4H_9N_3O_2$, usado para fornecer energia aos músculos e favorecer o desenvolvimento das fibras musculares, a fim de ganhar massa muscular, melhorar o desempenho físico e reduzir o risco de lesões. **2**. Forma sintética desse composto, usada princ. como suplemento dietético. → **creatinina** *sf* [derivado da creatina, $C_4H_7N_3O$, cuja taxa elevada no sangue indica insuficiência renal].

cre.bro *adj* Repetido, amiudado, frequente: *crebros ruídos; as crebras tentativas de invasão do Congresso*.

cre.che *sf* **1**. Estabelecimento que se encarrega de cuidar geralmente de crianças até dois anos. **2**. Asilo diurno em que as mães trabalhadoras podem deixar seus filhos pequenos.

CRECI ou **Creci** *sm* Acrônimo de *Conselho Regional de Corretores de Imóveis*, órgão fiscalizador da profissão, criado pela necessidade de organizar a categoria e impedir o mau exercício dessa atividade profissional. · Pronuncia-se *Créci*.

cre.den.ci.al *adj* **1**. Digno de crédito: *testemunho credencial*. // *sfpl* **2**. Documento que acredita um embaixador ou diplomata junto do governo de país estrangeiro, também chamado *cartas credenciais*. **3**. Qualquer coisa (documento, currículo, etc.) que constitui a base de uma confiança, de um crédito, etc. → **credenciação** *sf* ou **credenciamento** *sm* [ato ou efeito de credenciar(-se)]; **credenciar** *v* (dar credenciais a: *credenciar um funcionário*); **credenciar-se** (tornar-se apto; habilitar-se, qualificar-se).

cre.di.á.rio *sm* **1**. Sistema de vendas com pagamento em prestações. **2**. Setor de um estabelecimento comercial onde funciona esse sistema. → **crediarista** *adj* e *s2gên* (que ou pessoa que compra à prestação ou pelo crediário).

cré.di.to *sm* **1**. Certeza de que outrem diz a verdade; confiança. **2**. Facilidade de comprar, para pagar mês a mês. · Antôn.: *débito*. → **credibilidade** *sf* (possibilidade de que uma pessoa, empresa, instituição ou organização tenha crédito; confiabilidade); **creditar** *v* (**1**. dar crédito a, garantir; **2**. levar a crédito bancário; depositar), de antôn. *debitar*. ·· **Crédito de carbono**. **1**. Unidade de medida que corresponde a uma tonelada de carbono que deixou de ser emitida na atmosfera, contribuindo, assim, para a redução do efeito estufa. **2**. Licença ou certificado negociável que permite a um país ou a uma empresa que o detém de emitir uma determinada quantidade de dióxido de carbono ou outros gases de efeito estufa.

cre.do *sm* **1**. Oração cristã que começa pela palavra latina *credo* (= creio); creio em deus pai. **2**. Princípio político, religioso, etc.; conjunto de convicções; doutrina, programa. // *interj* **3**. Indica espanto, nojo, aversão ou horror. ·· **Credo em cruz!** Interjeição que exprime espanto ou horror; creio (3); cruz credo! ·· **Credo em deus pai**. Credo (1). ·· **Cruz credo!** Credo em cruz.

cre.dor (ô) *adj* e *sm* **1**. Que ou aquele que tem pagamento ou qualquer outra coisa a receber. // *adj* **2**. Merecedor, digno: *ele é credor de minha confiança*. · Antôn. (1): *devedor*; (2): *indigno*.

cré.du.lo *adj* e *sm* Que ou aquele que acredita em tudo com muita facilidade; ingênuo. · Antôn.: *céptico*. → **credulidade** *sf* (qualidade de quem é crédulo; ingenuidade; simplicidade de alma).

crei.om *sm* **1**. Lápis colorido, de cera, giz ou outro material, próprio para desenhos. **2**. Desenho feito com esse lápis.

cre.ma.lhei.ra *sf* **1**. Cada uma das rodas dentadas que funcionam juntas, numa máquina. **2**. Tipo de linha férrea dentada, própria para vencer rampas fortes. **3**. Trilho usado nessa linha. **4**. Dispositivo dentado retilíneo, que se engrena com uma roda dentada ou pinhão, para transformar um movimento rotacional em retilíneo, ou vice-versa, como na direção de um automóvel.

cre.mar *v* Incinerar ou queimar (cadáver). → **cremação** *sf* (ato de cremar; redução de cadáver a cinzas, pela calcinação); **crematório** *adj* (rel. a cremação) e *sm* (lugar onde se fazem cremações).

cre.master *sm* Cada um dos músculos que elevam e envolvem os testículos, nos mamíferos; músculo cremastérico. → **cremastérico** *adj* (rel. a cremaster).

cre.me *sm* **1**. Nata do leite. **2**. Manjar feito com leite, ovos, açúcar, farinha e aromatizado artificialmente. **3**. Qualquer alimento ou cosmético que, depois de pronto, tem consistência grossa ou cremosa. → **cremosidade** *sf* (qualidade ou estado do que é cremoso); **cremoso** (ô; pl.: ó) *adj* (sem. a creme, na consistência).

cre.mo.na *sf* V. **carmona**.

cren.ça *sf* **1**. Aceitação de alguma coisa como real, verdadeira. **2**. Convicção firme das verdades de uma religião; fé. → **crendice** *sf* (crença tola ou ridícula, fundada na ignorância; superstição); **crente** *adj* e *s2gên* (**1**. que ou pessoa que tem uma determinada fé religiosa; **2**. que ou pessoa que tem crença em seita evangélica; **3**.*pop*. cê-dê-efe) e *adj* (ciente, certo, convicto).

cre.no.lo.gi.a *sf* Ciência ou estudo das águas termais ou das águas minerais, que compreende a análise de suas propriedades terapêuticas e medicinais. → **crenológico** *adj* (rel. a crenologia); **crenologista** *adj* e *s2gên* (especialista em crenologia); **crenoterapia** *sf* (aplicação terapêutica das fontes minerais); **crenoterápico** *adj* (rel. a crenoterapia).

cre.o.li.na *sf* Líquido extraído da hulha, usado como desinfetante e antisséptico.

cre.o.so.to (ô) *sm* Líquido oleoso, transparente, cáustico, volátil, extraído do alcatrão por destilação, usado como antisséptico e para conservar carnes, madeira e outras substâncias orgânicas. → **creosotagem** *sf* (ação ou efeito de creosotar); **creosotar** *v* (colocar creosoto em, para evitar deterioração ou apodrecimento).

cre.pe *sm* **1**. Tecido fino, leve e transparente, de aspecto ondulado ou crespo. **2**. Fita preta desse tecido, usada em sinal de luto ou de protesto. **3**. Papel crepom. → **creperia** *sf* (estabelecimento onde se confeccionam e servem crepes). ·· **Dar crepe** (fig.). Falhar, fracassar: *O motor deu crepe em pleno viaduto*. ·· **Fita crepe**. Fita adesiva, de aspecto rugoso do lado que não adere.

cre.pi.tar *v* Emitir uma série de sons secos e explosivos ou estalidos (quando se expõe madeira ao fogo, p. ex., ou ao se lançar sal ao fogo); estalar: *era bom ouvir a lenha crepitando na lareira; ao pisar folhas secas, elas crepitam*. (É muito usado como substantivo: *o crepitar das chamas, o crepitar da lenha*, etc.) → **crepitação** *sf* (ato ou efeito de crepitar: *os estalos nas articulações são conhecidos cientificamente como crepitações articulares*); **crepitante** *adj* (que crepita: *lareira crepitante*).

cre.pom *sm* Tecido grosso, crespo e leve, semelhante ao crepe na aparência. ·· **Papel crepom**. Papel de seda, fino e enrugado, usado para decorações; crepe (3).

cre.pús.cu.lo *sm* **1**. Claridade pouco intensa deixada pelo Sol, no final do dia. **2**. *Fig*. Final, ocaso: *estar no crepúsculo da vida*. **3**. *Fig*. Decadência, derrocada: *o ano do crepúsculo da União Soviética foi 1991*. → **crepuscular** *adj* (**1**. rel. a crepúsculo; crepusculino: *luz crepuscular*; **2**. que aparece ao cair da noite: *borboletas crepusculares*); **crepusculino** *adj* [crepuscular(1)].

crer *v* **1**. Ter ou considerar como verdadeiro, real, existente, por crença ou sensibilidade: *creio em Deus*. **2**. Supor, considerar, julgar, achar: *creio que ele tem razão*. **3**. Ter fé ou confiança: *creio no meu país*. · Antôn.: *descrer*. · Conj.: *creio, crês, crê, cremos, credes, creem* (pres. do ind.); *cri, creste, creu, cremos, crestes, creram* (pret. perf.); *cria, crias, cria, críamos, críeis, criam* (pret. imperf.); *crera, creras, crera, crêramos, crêreis, creram* (pret. mais-que-perf.); *crerei, crerás, crerá, creremos, crereis, crerão* (fut. do pres.); *creria, crerias, creria, creríamos, creríeis, creriam* (fut. do pret.); *creia, creias, creia, creiamos, creiais, creiam* (pres. do subj.); *cresse, cresses, cresse, crêssemos, crêsseis, cressem* (pret. imperf.); *crer, creres, crer, crermos, crerdes, crerem* (fut.); *crendo* (gerúndio); *crido* (particípio); *crer* (infinitivo impessoal); *crer, creres, crer, crermos, crerdes, crerem* (infinitivo pessoal). ·· **Creio em deus pai**. Credo (1).

cres.cer *v* **1**. Ficar maior; aumentar de tamanho: *o bolo cresceu rápido*. **2**. Tornar-se mais intenso; intensificar-se; aumentar: *cresce a violência*. · Antôn.: *decrescer, diminuir*. → **crescendo** *sm* (aumento progressivo e constante; progressão: *a violência está num crescendo no país*); **crescente** *adj* (que cresce); **crescido** *adj* (que cresceu); **crescimento** *sm* (ato ou efeito de crescer).

cre.sol *sm* Líquido oleoso, incolor, amarelo-escuro, extraído do alcatrão.

cres.po (ê) *adj* **1**. Diz-se do que tem a superfície rugosa ou áspera. **2**. Diz-se de cabelo muito anelado. **3**. Diz-se do mar bastante agitado. → **crespar** *v* (tornar crespo); **crespidão** *sf* (estado ou qualidade do que é crespo; aspereza).

cres.tar *v* Queimar ligeiramente (pela ação do fogo ou do sol): *a geada crestou as folhas do cafeeiro*. → **cresta** *sf* ou **crestamento** *sm* (ato ou efeito de crestar); **crestadeira** *sf* (**1**. instrumento de ferro, usado para crestar colmeias; **2**. utensílio culinário usado para dourar certas iguarias).

cres.to.ma.ti.a *sf* Coleção de textos em prosa ou verso, de autores consagrados, dispostos em ordem crescente de dificuldade, programados para auxiliar no aprendizado de um idioma. → **crestomático** *adj* (rel. a crestomatia).

cre.tá.ceo *adj* Diz-se do período geológico, um dos mais longos da história da Terra, caracterizado pelo desaparecimento dos dinossauros.

cre.ti.no *adj* e *sm* **1**. Que ou aquele que teve uma parada no desenvolvimento geral (do corpo e da mente). **2**. *P.ext*. Que ou aquele que é idiota, imbecil. → **cretinice** *sf* (**1**. idiotice, imbecilidade; **2**. cretinismo); **cretinice** *sf* ou **cretinismo** *sm* (doença causada por insuficiência da glândula tireoide, que provoca retardamento mental e, com frequência, atrofia orgânica).

cre.to.ne *sm* Tecido lustroso e pesado, muito resistente, feito de algodão ou de linho, de padrões estampados em cores, de um ou de ambos os lados, usado em lençóis, cortinas, revestimentos removíveis, sofás, cadeiras, etc.

cri.a *sf* **1**. Animal recém-nascido; filhote de animal. **2**. *Fig*. Criança adotiva. **3**. *Fig*. Pessoa cuja formação de princípios se deve à orientação ou influência de outrem: *esse sargento é cria antiga do capitão*. ·· **Cria de peito**. Criança que ainda não deixou de mamar.

cri.a.ção *sf* **1**. Ato ou efeito de criar. **2**. Conjunto dos animais criados. **3**. Conjunto de todos os seres existentes no universo. **4**. Educação, formação moral. **5**. O que se produz industrialmente.

cri.a.dei.ra *sf* **1**. Rês destinada à procriação. **2**. Caixa de papelão grosso, com furos, apropriada para acomodar pintinhos recém-nascidos.

cri.a.do *adj* **1**. Crescido, adulto: *ser rapaz já criado*. // *sm* **2**. Empregado de casa de família; empregado doméstico; serviçal, servo. → **criadagem** *sf* (coletivo de *criado*; conjunto dos criados).

cri.a.do-mu.do *sm* Pequeno móvel que se usa ao lado da cama, princ. para acomodar objetos pessoais de quem dorme; mesinha de cabeceira. · Pl.: *criados-mudos*.

cri.a.dor (ô) *adj* e *sm* **1**. Que ou aquele que cria animais. // *adj* **2**. Que cria; criativo. ·· **O Criador**. Deus.

cri.an.ça *sf* Pessoa de pouca idade (1 a 12 anos). → **criançada** *sf* (porção de crianças); **criançao** *sm* ou **criançola** *sm* (pessoa adulta com mentalidade de criança); **criancice** *sf* (atitude de criança; infantilidade).

cri.ar *v* **1**. Causar a existência de (alguma coisa): *Deus criou tudo o que existe*. **2**. Acompanhar o desenvolvimento de (alguém ou algo): *criar filhos*. **3**. Provocar o surgimento em si de (algo abstrato): *criar coragem*.

cri.a.ti.vo *adj* Que tem a capacidade de inventar coisas originais. → **criatividade** *sf* (qualidade de quem é criativo).

cri.a.tó.rio *sm* **1**. Estabelecimento de criação de gado: *ele sempre trabalhou na agropecuária, em criatórios*. **2**. Gado bovino: *pasto ideal para criatório*. **3**. Local onde se criam quaisquer seres, geralmente para alimentação humana ou benefício humano: *um criatório de lagostas, de rãs, de jacarés, de serpentes*.

cri.a.tu.ra *sf* **1**. Qualquer coisa criada, animada ou inanimada: *somos todos criaturas divinas; aquele dicionário foi minha melhor criatura*. **2**. Ser humano ou pessoa vista com carinho, desejo ou com desprezo: *meu tio era uma excelente criatura; uma criatura morena, formosa, entrou na sala; os tiranos são criaturas sem coração*. **3**. Pessoa que é servil, dependente ou ferramenta de outra; instrumento: *a czarina era uma criatura de Rasputin*. **4**. *Fig*. Ser vivo monstruoso, fictício ou imaginário, assustador e ameaçador: *o Pé Grande seria mesmo uma criatura mítica?*

cri.ci.ú.ma *sf* Taquara fina e flexível.

cri.coi.de (ói) *adj* e *sf* Que ou tecido cartilaginoso que se situa na parte inferior da laringe.

cri-cri *sm* **1**. Voz do grilo; cricrido. // *adj* e *s2gên* **2**. *Pop.Pej*. Que ou pessoa muito chata, desagradável, que só fala de assuntos desinteressantes. · Pl.: *cri-cris*. → **cricrido** *sm* [cri-cri (1)]; **cricrilar** *v* [soltar cri-cris (o grilo)].

cri.cri.ó *sm* Pássaro que chega a atingir 27cm de comprimento, muito barulhento, também conhecido por *tropeiro*, por seu assobio assemelhar-se ao do condutor de tropas.

cri.me *sm* **1**. Ato grave, que merece pena severa, cometido contra as leis de uma sociedade; delito. **2**. *P.ext*. Todo e qualquer ato pessoal ou socialmente inaceitável: *o desmatamento da Amazônia é um crime!* // *adj* **3**. Criminal (em oposição a cível). → **criminal** *adj* (rel. ou pert. a crime); **criminalidade** *sf* (**1**. estado ou qualidade de criminoso: *a criminalidade de um réu*; **2**. ação ou prática criminal: *a miséria só aumenta a criminalidade*; **3**. conjunto de crimes praticados: *é elevado o índice de criminalidade em São Paulo*); **criminalista** *adj* e *s2gên* [que ou advogado(a) ou jurista que é especializado(a) em causas criminais]; **criminar** *v* (v. **incriminar**); **criminologia** *sf* (estudo sociológico do crime, do comportamento do criminoso e de suas correções); **criminológico** *adj* (rel. a criminologia); **criminologista** *adj* e *s2gên* (especialista em criminologia); **criminoso** (ô; pl.: ó) *adj* e *sm* (**1**. que ou aquele que cometeu crime) e *adj* (**1**. rel. a crime ou que resulta de crime: *um incêndio criminoso*; **2**. que provoca ou causa crime: *as estradas criminosas do Brasil*; **3**. considerado extremamente reprovável ou condenável; vergonhoso, escandaloso, inaceitável: *um desperdício criminoso de alimentos*; **4**. *fig*. exagerado, ultrajante: *a ganância criminosa é a causa do desmatamento da Amazônia*).

cri.na ou **cli.na** *sf* Conjunto de pelos do pescoço e da cauda do cavalo. → **crinal** *adj* (rel. a crina) e *sm* [crineira (1)]; **crineira** *sf* (**1**. conjunto de crinas que forma crista no pescoço dos cavalos; crinal; **2**. conjunto de pelos ou fios que alto de um capacete descaem para trás).

cringe [ingl.] *sf* **1**. Situação muito chata, embaraçosa, constrangedora; vexame, mico. **2**. Coisa ou pessoa já ultrapassada, fora de moda; brega. **3**. Pessoa sem noção. // *adj* **4**. Diz-se daquele que sempre passa vergonha, mas sempre acaba se dando bem: *esse blogueiro é cringe*. **5**. Vergonhoso: *nossa, mas isso é tão cringe!* **6**. Comovente, patético: *é cringe ver alguém se alimentando de lixo*. **7**. Que já perdeu a graça; que já não é interessante: *essa banda virou* cringe. · Pronuncia-se *krínj*.

cri.o.pre.ser.va.ção *sf* Preservação de organismos biológicos no *freezer*, como tecidos, órgãos, fluidos, sangue, plasma, etc. → **criopreservar** *v* (proceder à criopreservação).

cri.os.fe.ra *sf* Parte da superfície terrestre coberta de gelo, a maior parte na Antártica. **criosférico** *adj* (rel. a criosfera).

cri.o.tem.pe.ra.tu.ra *sf* Temperatura extremamente baixa (inferior a -46ºC).

cri.o.te.ra.pi.a *sf* Uso local ou geral de criotemperaturas, na terapia médica. → **crioterápico** *adj* (rel. a crioterapia).

cri.o.to.le.ran.te *adj* Capaz de tolerar temperaturas muito baixas. → **criotolerância** *sf* (tolerância a temperaturas muito baixas).

cri.ou.lo *adj* e *sm* **1**. Que ou aquele que tem ascendência mista, europeia e negra, princ. no Caribe e fala um dialeto do francês ou do espanhol. **2**. Que ou aquele que é afrodescendente, morando no continente americano. **3**. Língua que se desenvolveu de uma mistura de diferentes línguas e se tornou a língua principal de um determinado lugar: *ela se comunica pelo crioulo do Haiti*. → **crioulada** *sf* (porção de crioulos).

crip.ta *sf* **1**. Galeria subterrânea em igrejas ou conventos, para enterrar religiosos. **2**. *P.ext*. Qualquer galeria subterrânea; gruta. **3**. *Fig*. Lugar subterrâneo secreto. → **críptico** *adj* (rel, sem. ou pert. a cripta).

crip.to.a.ti.vo *sm* Representação digital do valor denominado em unidade de conta própria, cujo preço pode ser expresso em moeda soberana, local ou estrangeira, transacionado eletronicamente, com o uso de tecnologias de criptografia e registro distribuído, que pode ser utilizado como forma de investimento, instrumento de transferência de valores mobiliários ou acesso a serviços, sem que seja uma moeda oficial de pagamento.

crip.to.gra.fi.a *sf* **1**. Ciência e arte de escrever mensagens em forma cifrada ou em código; criptologia. **2**. Sistema de codificação e decodificação de dados, por meio de algoritmos matemáticos, usado com o objetivo de garantir o sigilo do registro de informações pessoais e financeiras na Internet. → **criptografar** *v* (**1**. escrever em código; **2**. criar um código para); **criptográfico** *adj* (rel. a criptografia; criptológico); **criptógrafo** *adj* e *sm* (que ou aquele que entende de criptografia;

criptólogo); **criptograma** *sm* (mensagem escrita em código secreto); **criptologia** *sf* (criptografia); **criptológico** *adj* (rel. a criptologia; criptográfico); **críptólogo** *adj* e *sm* (que ou aquele que é versado em criptologia; criptógrafo).
crip.to.mo.e.da *sf* ou **crip.to.di.nhei.ro** *sm* **1**. Moeda digital em que as transações são verificadas e os registros mantidos por um sistema descentralizado, usando criptografia, em vez de uma autoridade monetária centralizada: *as criptomoedas funcionam usando uma tecnologia chamada blockchain*. **2**. Forma de pagamento que pode ser trocada *on-line* por bens e serviços. → **criptomonetário** *adj* (rel. a criptomoeda).
crip.to.ní.mia ou **crip.to.ni.mi.a** *sf* Ocultação do nome; pseudonímia. → **criptônimo** *adj* (que falsifica o nome; pseudônimo: *autor criptônimo*) e *sm* (nome falso, fictício ou disfarçado; pseudônimo; *Fernando Pessoa escreveu por criptônimos*).
crip.tô.nio *sm* Elemento químico de n° atômico 36 (símb.: **Kr**), gás nobre, usado em lâmpadas fluorescentes.
crí.que.te *sm* Jogo de origem inglesa disputado num gramado entre dois times de onze jogadores cada um, que usam uma pá de madeira para levar a bola até a meta adversária.
cri.sá.li.da *sf* **1**. Estado intermediário entre a lagarta e a borboleta. **2**. Casulo que envolve o inseto nessa fase.
cri.sân.te.mo *sm* **1**. Planta nativa da China, cultivada por causa de suas flores ornamentais. **2**. Flor dessa planta.
cri.se *sf* **1**. Tempo de dificuldades agudas ou perigosas, princ. na política e na economia; conjuntura difícil. **2**. Ponto crítico no curso de uma doença, indicativo de melhora ou piora, geralmente caracterizado por mudança na intensidade dos sintomas. **3**. Momento decisivo de um acontecimento, que afeta o estado emocional de uma pessoa. **4**. Ataque; acesso: *ter crise de asma*. · V. **crítico** (1).
cris.ma *sf* **1**. Sacramento da confirmação do batismo, entre os católicos. **2**. Cerimônia desse sacramento. // *sm* **3**. Óleo usado na crisma. → **crismar** *v* (dar o sacramento da crisma); **crismar-se** (receber o sacramento da confirmação).
cri.sol *sm* **1**. Recipiente em material refratário, utilizado para reações químicas a altas temperaturas; cadinho. **2**. *Fig*. Prova a que alguém é submetido, que serve para realçar as boas qualidades de alguém; provação.
cri.só.li.ta *sf* ou **cri.só.li.to** *sm* Mineral composto de sílica, magnésio e ferro, de tonalidade dourada, usado como pedra semipreciosa.
cris.par *v* **1**. Encrespar, franzir: *crispar a saia*. **2**. Enrugar, contrair: *crispar o senho*. → **crispação** *sf* ou **crispamento** *sm* [ato ou efeito de crispar(-se)].
cris.ta *sf* **1**. Excrescência carnosa e avermelhada na cabeça do galo, do peru, etc. **2**. Ponto mais alto de uma onda ou de uma montanha. **3**. *Fig.Pej*. Arrogância, empáfia. ·· **Baixar a crista** (fig.). Mostrar renúncia aos ares de rebeldia, insubmissão ou superioridade. ·· **Crista de galo**. Cavalo de crista. ·· **Levantar a crista** (fig.). Mostrar rebeldia, insubmissão ou superioridade. ·· **Na crista da onda**. Na moda, em evidência e fazendo sucesso: *O rosa está na crista da onda*.
cris.tal *sm* **1**. Matéria sólida de formas regulares, as quais ela conserva, quando se fragmenta. **2**. Vidro branco, muito transparente e frágil. // *smpl* **3**. Objetos de cristal. → **cristaleira** *sf* (armário envidraçado, usado para guardar louças e cristais); **cristalização** *sf* [ato ou efeito de cristalizar(-se)]; **cristalizar(-se)** *v* [transformar(-se) em cristal: *o mel puro (se) cristaliza*].
cris.ta.li.no *adj* **1**. Claro como cristal; transparente. **2**. Claro e limpo como o cristal; puro. // *sm* **3**. Lente transparente do olho, situada atrás da íris.
cris.tão *adj* **1**. Próprio do cristianismo. // *adj* e *sm* **2**. Que ou aquele que pratica o cristianismo. · Fem.: *cristã*. · Pl.: *cristãos*. · Superlativo absoluto sintético irregular ou erudito: *cristianíssimo*. → **cristandade** *sf* (os cristãos em geral); **cristão-novo** *sm* (judeu convertido ao cristianismo), de pl. *cristãos-novos*; **cristão-velho** *sm* (cristão que não tem judeus entre os seus ascendentes), de pl. *cristãos-velhos*; **cristianismo** *sm* (religião ou doutrina baseada nos ensinamentos de Jesus); **cristianização** *sf* [ato ou efeito de cristianizar(-se)]; **cristianizar(-se)** *v* [tornar(-se) cristão; converter(-se) ao cristianismo]. ·· **Ser** (ou **Bancar**) **o cristo**. Pagar por culpas alheias; ser o bode expiatório.
cri.té.rio *sm* **1**. Norma para conhecer a verdade de uma coisa; princípio. **2**. Capacidade de julgar ou discernir; juízo, discernimento. **3**. Opinião que uma pessoa tem sobre qualquer assunto; juízo. → **criterioso** (ô; pl.: ó) *adj* (**1**. em que há critério; **2**. de bom senso; sensato, prudente, ponderado).

cri.té.ri.um *sm* Prova ciclística amadora disputada num circuito curto e fechado ao trânsito, nas ruas de uma cidade.
crí.ti.ca *sf* **1**. Exame ou análise detalhada que procura estabelecer a verdade, a autenticidade de alguma coisa; apreciação. **2**. Arte de fazer julgamentos sobre obras artísticas, literárias, etc. **3**. Conjunto dos críticos. **4**. Julgamento hostil; censura. → **criticar** *v* (**1**. fazer a crítica de; **2**. censurar, hostilizar).
crí.ti.co *adj* **1**. Relativo a crise ou a crítica. // *sm* **2**. Aquele que faz críticas, julgando produções científicas, literárias, artísticas, etc. **3**. Aquele que vê defeitos em tudo. → **criticastro** ou **critiqueiro** *sm* (crítico reles, desprezível, ordinário).
cri.var *v* Encher, cobrir: *crivaram o bandido de balas*. → **crivação** *sf* (ação ou efeito de crivar).
crí.vel *adj* Diz-se daquilo em que se pode crer. · Superl. abs. sint. erudito: *credibilíssimo*. · Antôn.: *incrível*.
cri.vo *sm* **1**. Parte da peneira que retém as partículas mais grossas, deixando passar as mais finas. **2**. Peneira de arame. **3**. Parte do chuveiro ou do regador por onde saem os jatos de água. **4**. Exame rigoroso; prova decisiva.
CRM *sm* Sigla de <u>C</u>onselho <u>R</u>egional de <u>M</u>edicina, órgão que fiscaliza o exercício do médico, estabelece boas práticas de trabalho e atua em prol da saúde da população. · Pl.: CRMs.
Croácia *sf* País da Europa, uma das seis ex-repúblicas da Iugoslávia, de área equivalente à do estado da Paraíba. → **croaciano**, **croácio** *adj* e *sm* ou **croata** *adj* e *s2gên*.
cro.can.te *adj* Diz-se do alimento que, ao ser mastigado, faz um ruído seco característico: *biscoito crocante*.
cro.chê ou **cro.ché** *sm* **1**. Pano de renda, feito à mão, com agulha própria. **2**. Ato de fazer tal renda. → **crochetar** *v* (fazer crochê); **crocheteira** *sf* (mulher que faz crochê).
cro.ci.tar *v* Soltar a voz (o corvo, o abutre ou o urubu). · V. **corvejar**. → **crocitante** *adj* (que crocita); **crocito** *sm* (voz de qualquer ave de rapina).
cro.co.di.lo *sm* **1**. Grande réptil anfíbio, voracíssimo, muito perigoso, de pele grossa, pequenas patas, cauda longa e mandíbulas enormes. (Voz: *bramir*.) // *sm* **2**. Couro feito da pele desse réptil, usado na confecção de bolsas, sapatos, carteiras, etc.
croissant [fr.] *sm* Pãozinho amanteigado, em forma de meia-lua. · Pl.: *croissants*. · Pronuncia-se *kRoassã*.
cro.mo *sm* Elemento químico metálico (símb.: **Cr**), prateado, lustroso e muito duro. → **cromação** *sf* (ação ou efeito de cromar); **cromado** *adj* (revestido de cromo); **cromar** *v* [revestir (peça metálica) com uma camada de cromo: *cromar para-choque*].
cro.mos.so.mo ou **cro.mos.so.ma** *sm* Elemento do núcleo das células, responsável por todas as características físicas hereditárias de um indivíduo. → **cromossomial** ou **cromossômico** *adj* (rel. ou pert. a cromossomo).
crô.ni.ca *sf* **1**. Relato de fatos registrados em ordem cronológica. **2**. Gênero literário proveniente desse tipo de relato. **3**. Parte de revista ou de jornal que trata de um só tipo de assunto. → **cronista** *s2gên* [autor(a) de crônicas].
crô.ni.co *adj* **1**. Que sempre se repete. **2**. Difícil de sarar ou de curar. → **cronicidade** *sf* (qualidade ou estado das doenças crônicas); **crônico-degenerativo** *adj* (diz-se de tecido, doença, etc. que evolui lenta e irreversivelmente, sempre para pior: *o câncer é uma doença crônico-degenerativa*), de pl.: *crônico-degenerativos*.
cro.nó.gra.fo *sm* Instrumento que mede e registra frações de minutos com extrema precisão.
cro.no.gra.ma *sm* **1**. Registro produzido por um cronógrafo. **2**. Representação gráfica da previsão da execução de um trabalho no que se refere a prazo. → **cronogrâmico** *adj* (rel. a cronograma).
cro.no.lo.gi.a *sf* **1**. Ciência que trata das divisões do tempo. **2**. Sucessão de fatos, datas, etc. na ordem em que ocorreram. → **cronológico** *adj* (rel. a cronologia).
cro.nô.me.tro *sm* Relógio de alta precisão. → **cronometragem** *sf* (ato ou efeito de cronometrar); **cronometrar** *v* (registrar a duração de, com o uso de um cronômetro); **cronometria** *sf* (**1**. arte ou ciência de medir o tempo de forma precisa; **2**. medida exata do tempo); **cronométrico** *adj* (rel. a cronometria); **cronometrista** *s2gên* [**1**. fabricante ou vendedor(a) de cronômetros; **2**. pessoa encarregada de cronometrar alguma coisa].

cro.no.ta.có.gra.fo *sm* Instrumento ou conjunto de instrumentos que permite monitorar e registrar todos os dados relativos ao deslocamento de um veículo (velocidade, distância percorrida, etc.): *veículos de carga com peso bruto acima de 4536kg e de passageiros com mais de 10 lugares são obrigados pelo Código de Trânsito Brasileiro a possuir cronotacógrafo*. (A 6.ª ed. do VOLP não registra esta palavra.)

cron *sm* Pequena gaita, que produz sons semelhantes aos da harmônica.

cro.que *sm* Pequena pancada na cabeça; carolo, cascudo.

cro.que.te *sm* Bolinho de carne moída, passada em farinha de rosca, servido frito.

cro.qui *sm* **1.** Plano geral de algum projeto, sem detalhes. **2.** Desenho que mostra apenas o contorno de um objeto, sem o uso de sombra. **3.** Resumo de um assunto com os seus pontos mais importantes.

cross-country [ingl.] *sm* Modalidade de corrida de atletismo, ciclismo ou esqui, realizada em trilhas ou terrenos com obstáculos naturais (riachos, lamaçais, etc.). · Pl.: *cross-countries*. · Pronuncia-se *krós kântri*.

crossdresser [ingl.] *sm* Homem que se veste ocasionalmente com roupas de mulher, sem ser necessariamente homossexual.: *os crossdressers aparecem mais na época do carnaval*. · Pronuncia-se *krós-drèssár*.

crossfit [ingl.] *sm* Modalidade esportiva cujo objetivo é promover a melhoria da capacidade cardiorrespiratória, do condicionamento físico e da resistência muscular mediante a combinação de exercícios funcionais e aeróbicos, realizados em alta intensidade, com diversos benefícios para a saúde. · Pronuncia-se *krós-fit*.

crossover [ingl.] *sm* Veículo automotivo semelhante a um utilitário esportivo, mas montado sobre o chassi de um carro: *o que torna os crossovers atraentes é que combinam a aparência de um SUV com as características de direção mais civilizadas de um carro*. · Pl.: *crossovers*. · Pronuncia-se *krassóver*.

cros.ta (ô) *sf* Camada externa, superficial e dura que cobre alguma coisa; casca: *crosta de pão*. ·· **Crosta terrestre**. Camada sólida do planeta, também chamada *litosfera* (espessura: 40km), em oposição à atmosfera e à hidrosfera.

crostini [it.] *sm* Torrada crocante de pão italiano, cortada fina, recheada de variados sabores. · Pronuncia-se *krostíni*.

croûton [fr.] *sm* Pequeno pedaço de pão torrado, frito numa mistura de óleo e margarina. · Pl.: *croûtons*. · Pronuncia-se *kRutom*.

crowd-surfing [ingl.] *sm* Ato de um artista ou músico se lançar sobre a plateia, durante uma apresentação. · Pl.: *crowd-surfings*. · Pronuncia-se *kráud-sàrfin*.

cru *adj* Diz-se do alimento que não está cozido ou frito. · Fem.: *crua*. → **crueza** (ê) *sf* (**1.** qualidade ou estado de cru: *a crueza do arroz*; **2.** propriedade do que é rude, mas natural, espontâneo: *a massa se expressa na sua crueza*; **3.** rigor, severidade: *fazer uma crítica com crueza*; **4.** cruedade, barbaridade: *a crueza de um crime*).

cru.ci.al *adj* **1.** Que tem forma de cruz; cruciforme: *desenho crucial*. **2.** De extrema importância, princ. em relação a um resultado: *uma gestão eficiente é crucial para uma empresa de sucesso*. **3.** Vital ou essencial para a solução de uma crise; decisivo: *a estratégia foi crucial para o sucesso da operação*. (Não se confunde com *cruciante*.)

cru.ci.an.te *adj* Que crucia ou tortura; torturante, terrivelmente aflitivo: *dor cruciante, saudade cruciante, expectativa cruciante*. (Não se confunde com *crucial*.) → **cruciação** *sf* (ato ou efeito de cruciar); **cruciar** *v* (crucificar: *cruciaram Cristo*.)

cru.ci.fi.xo (x = ks) *sm* **1.** Imagem ou figura de Cristo pregado na cruz. **2.** Cruz, vista como o símbolo da crucificação de Jesus. **3.** Cruz, vista como o símbolo do cristianismo. → **cruciação, crucificação** ou **crucifixão** (x = ks) *sf* (ato ou efeito de crucificar); **cruciar, crucificar** ou **crucifixar** (x = ks) *v* (**1.** fazer morrer pregado na cruz; **2.** *fig.* fazer sofrer muito; atormentar, torturar)

cru.el *adj* **1.** Que sente prazer em praticar o mal ou em ser desumano; que não tem pena do sofrimento alheio; bárbaro, perverso: *ser cruel com os animais*. **2.** Que não mostra compaixão ou compadece pelos outros; impiedoso: *governantes cruéis*. **3.** Que causa muito sofrimento, muita dor, tristeza, angústia; doloroso: *o ambiente cruel dos presídios; levar vida cruel; é cruel saber que existe tanta corrupção no país*. **4.** Terrível, horrível: *doença cruel*. **5.** Rigoroso, rígido, severo: *professor cruel, crítica cruel*. **6.** Extremamente incômodo, insuportável: *frio cruel, risadinha cruel*. **7.** Duro, violento, sangrento, cruento: *luta cruel*. · Antôn. (1 e 2): *bondoso, clemente, humano, benevolente*; (3): *alegre, satisfatório*; (5): *complacente*; (6): *ameno*. · Superl. abs. sint. erudito: *crudelíssimo*. → **crueldade** *sf* (**1.** qualidade de cruel; **2.** ação cruel: *praticar crueldades*).

cru.en.to *adj* Em que se derramou muito sangue; sangrento, sanguinolento, cruel (7): *batalha cruenta*.

cru.e.za (ê) *sf* V. **cru**.

cruise [ingl.] *sm* Míssil americano que alcança objetivos a grande distância, com extrema precisão. · Pl.: *cruises*. · Pronuncia-se *kruz*.

cruise-control [ingl.] *sm* **1.** Piloto automático. **2.** Manutenção da velocidade constante num veículo. · Pl.: *cruise-controls*. · Pronuncia-se *kruz kontról*.

cru.pe *sm* Doença infantil da laringe, caracterizada por dificuldade respiratória e tosse rouca e metálica. → **crupal** *adj* (rel. a crupe: *tosse crupal*).

cru.pi.ê *s2gên* Pessoa que, na mesa de jogo de um cassino, encarrega-se de coletar dinheiro e pagar aos ganhadores.

cru.ral *adj* Relativo ou pertencente à coxa.

crus.tá.ceo *sm* **1.** Espécime dos crustáceos, classe de animais marinhos representada princ. pelos camarões, caranguejos, siris e lagostas. // *adj* **2.** Relativo ou pertencente a essa classe. · V. **carcinoide** e **carcinologia**.

cruz *sf* **1.** Antigo instrumento de tortura, composto de duas tábuas, uma atravessada na outra, onde eram presos os condenados à morte. **2.** Símbolo do cristianismo. **3.** Qualquer coisa em forma de cruz. // *interj* **4.** Indica espanto, aversão ou contrariedade. · Aum. irregular: *cruzeiro*. · Dim. irregular: *cruzeta* (ê). → **cruciferário** *sm* (aquele que leva a cruz nas procissões); **cruciforme** *adj* [em forma de cruz; crucial (1)]; **cruzado** *adj* (**1.** disposto em cruz; atravessado: *pernas cruzadas*; **2.** mestiço: *gado cruzado*) e *sm* (**1.** expedicionário das Cruzadas; **2.** soco desferido de lado, obliquamente, princ. no boxe; **3.** ex-unidade monetária e moeda brasileira). ·· **Palavras cruzadas**. Passatempo cultural em que as palavras que devem ser achadas ficam em forma de cruz.

Cruzada *sf* **1.** Cada uma das expedições militares empreendidas pelos cristãos, na Idade Média, contra os hereges, ou para recuperar a Terra Santa (Jerusalém) aos muçulmanos do império bizantino. · **cru.za.da** *sf* **2.** Qualquer expedição militar com propósitos religiosos, a exemplo das Cruzadas. **3.** Campanha vigorosa movida contra um mal público ou em favor de alguma nova ideia de interesse público: *vamos fazer uma cruzada contra a matança das baleias, o massacre dos golfinhos e o desmatamento na Amazônia!* **4.** *Futebol* Ação de cruzar uma bola para a grande área; cruzamento: *o gol saiu de uma cruzada perfeita da direita*.

cru.za.dis.mo *sm* Passatempo das palavras cruzadas: *dedica-se, nas horas de folga e nas viagens, ao cruzadismo*. → **cruzadista** *adj* e *s2gên* (que ou pessoa que se ocupa do cruzadismo).

cru.zar *v* **1.** Dar a forma de cruz a: *cruzar os braços*. **2.** Ir para o outro lado de; atravessar: *cruzar uma ponte*. **3.** Acasalar (animais). **4.** Passar por, vindo de outra direção; encontrar-se: *cruzei com ela na praia*. **cruzar-se 5.** Encontrar-se, vindo cada um de uma direção: *nós nos cruzamos na praia*. → **cruzador** (ô) *adj* e *sm* (que ou o que cruza; também nos céus do mundo inteiro; *um cruzador de fronteiras*) e *sm* (navio de guerra, muito veloz, que se movimenta para a frente e para trás, destinado à captura de embarcações inimigas ou à proteção de navios mercantes de seu país).

cruzamento *sm* [**1.** ato ou efeito de cruzar(-se); **2.** ponto em que dois caminhos se cortam; encruzilhada].

cruz-cre.do *interj* Indica espanto ou aversão; credo, cruz.

cru.zei.ro *sm* **1.** Aumentativo irregular de *cruz*; cruz grande. **2.** Viagem turística em grande navio de passageiros. **3.** Ex-unidade monetária e moeda brasileira.

cru.ze.ta (ê) *sf* **1.** Diminutivo irregular de *cruz*; cruz pequena. **2.** Peça transversal na extremidade de um eixo, haste ou poste. **3.** Régua de madeira, em forma de T, usada pelos operários para nivelamento. **4.** *Pop.NE* Cabide.

cruz-mal.ti.no *adj* e *sm* Torcedor, jogador ou associado do Clube de Regatas Vasco da Gama; vascaíno, bacalhau. · Pl.: *cruz-maltinos*. (Cuidado para não escrever "cruzmaltino", como faz a maior parte da mídia!)

cu *sm* Orifício por onde saem as fezes; ânus. ·· **Cu da** (ou **de**) **mãe joana**. Casa da mãe joana (2). ·· **Cu de boi**. Briga entre duas ou mais pessoas; alvoroço; confusão; charivari. · V. **cuzão**. ·· **Cu de ferro**. Que ou pessoa que é extremamente empenhada nos estudos ou na execução de qualquer tarefa; cê-dê-efe. ·· **Cu de judas** (ou **do mundo**). Lugar muito distante e difícil de chegar; cafundó.

cu.ba *sf* **1**. Tina para guardar vinho. **2**. Bacia, geralmente de louça, da pia dos banheiros.

Cuba *sf* País insular do Caribe, de área equivalente à do estado de Pernambuco. **cubano** *adj* e *sm*.

cu.bar *v* **1**. Avaliar a capacidade ou o volume de, em medidas cúbicas; fazer a cubagem de. **2**. Multiplicar três vezes um número por si mesmo; elevar ao cubo. → **cubagem** *sf* (**1**. ação, efeito ou método de cubar; cubação, deslocamento ou volume cúbico; **3**. determinação do conteúdo cúbico de alguma coisa; **4**. capacidade).

cú.bi.co *adj* **1**. Relativo a cubo. **2**. Que tem a forma de cubo; cuboide: *uma sala cúbica*. **3**. Relativo à medição de volume: *o conteúdo cúbico de um recipiente*. **4**. Medido em unidades cúbicas: *a capacidade cúbica do motor de um carro*. **5**. Relativo a uma unidade de medida linear multiplicada por si mesma duas vezes, a fim de formar uma unidade de medida de volume: *um centímetro cúbico tem um centímetro de altura, um centímetro de comprimento e um centímetro de largura; pé cúbico, metro cúbico*. **6**. Que envolve um número ou uma variável que foi elevada à terceira potência. **7**. Diz-se de um cristal com três eixos de igual comprimento, que se cruzam em ângulos retos: *o mineral pirita possui cristais cúbicos*. → **cubar** ou **cubicar** *v* [medir ou avaliar em unidades cúbicas (o volume de um sólido): *é preciso cubar a sala, para instalar esse equipamento*].

cu.bí.cu.lo *sm* **1**. Quarto muito pequeno. **2**. Cela de cadeia ou de convento. **3**. Qualquer pequeno compartimento. → **cubicular** *adj* (rel. a cubículo).

cu.bis.mo *sm* Estilo de pintura e escultura desenvolvido em Paris, no início do séc. XX, caracterizado princ. pelo uso de cubos e outras figuras geométricas, em vez de uma representação realista da natureza. → **cubista** *adj* (rel. a cubismo) e *adj* e *s2gên* [que ou artista que é adepto(a) do cubismo].

cú.bi.to *sm* **1**. O mais grosso e o mais comprido dos ossos do antebraço. **2**. Nome atual do cotovelo. → **cubital** *adj* (rel. a cúbito).

cu.bo *sm* **1**. Sólido com seis lados quadrados iguais; hexaedro regular. **2**. Qualquer coisa com essa forma: *um cubo de açúcar; cubos de gelo*. **3**. A terceira potência de um número ou quantidade, expressa assim: $a^3 = a\ x\ a\ x\ a$. **4**. Redução de cubo de roda, peça em que se encaixa a extremidade do eixo dos carros. ·· **Elevar ao cubo**. Multiplicar um número três vezes por ele próprio (p. ex.: $2^3 = 8$, ou seja: 2 x 2 x 2). · V. **cúbico** (1 e 2). → **cubar** *v* [**1**. elevar ao cubo; **2**. proceder à cubagem de (gás, líquido, etc.); **3**. cubicar]; **cuboide** (ói) *adj* [cúbico (2)].

cu.ca *sf* **1**. Entidade fantástica e assustadora com que se mete medo às crianças, representada por uma velha feia que ameaça crianças desobedientes, princ. as que não querem dormir à noite; bicho-papão. **2**. *Pop*. Cabeça: *homem de cuca fresca*. **3**. Faculdade de aprendizado; capacidade mental; aptidão: *nunca tive cuca para matemática*. ·· **Fundir a cuca**. **1**. Ficar maluco; perder o juízo; enlouquecer: *Era uma garota linda, de fundir a cuca*. **2**. Concentrar-se por longo tempo, a fim de resolver algo; quebrar a cabeça: *Eu aqui fundindo a cuca para consertar o carro, e ela na praia*.

cuca *sf* ou **cu.que** *sm* Bolo com cobertura esfarelada e crocante.

cu.chê *sm* Redução de *papel-cuchê*.

cu.co *sm* **1**. Pássaro europeu que imita as vozes de outros pássaros. (Voz: *cantar, cucular*.) **2**. Relógio de parede que tem a figura de um cuco para anunciar as horas.

cu.cui.a *sf* Fracasso total; malogro, fiasco. ·· **Ir para a cucuia**. **1**. Fracassar completamente; malograr-se, gorar. **2**. Falecer ou morrer.

cu.cur.bi.tá.cea *sf* Espécime das cucurbitáceas, família de plantas dicotiledôneas, herbáceas, trepadeiras ou rastejantes, de folhas grandes, representada princ. pela melancia, abóbora, melão, pepino, cabaceira e bucha. → **cucurbitáceo** *adj* (**1**. rel. ou pert. a essa família; **2**. rel. ou sem. a abóbora).

cu-do.ce *sm Pop.Chulo* **1**. Negação ou recusa dissimulada; negaça, frescura, charme: *ela quer sair comigo, mas está com cu-doce*. // *s2gên* **2**. Pessoa, princ. mulher, que se faz de difícil, fingindo desprezar aquilo que mais quer: *todo cu-doce é mestre em frescura*. // *adj* **3**. Cheio de trique-trique; fresco:

ela é muito cu-doce. · Pl.: *cus-doces*. ·· **Fazer cu-doce**. Fazer-se de difícil, mas desejando muito o que é apresentado: *Toda vez que a convido para sair, ela faz cu-doce*.

cu.e.ca *sf* Peça íntima do vestuário masculino: *ele só dorme de cueca*. (Em Portugal se usa apenas no plural: *cuecas*.)

cu.ei.ro *sm* Pano macio em que se envolvem as nádegas e as pernas de recém-nascidos; fralda. ·· **Ainda cheirar a cueiros** (ou **Ainda estar fedendo aos cueiros**). Ser ainda muito jovem para fazer o que pretende.

cui.a *sf* **1**. Casca do fruto da cuieira que, depois de vazia e seca, usa-se como vasilha; cabaça. **2**. *P.ext*. Qualquer vasilhame semelhante.

Cuiabá *sf* Capital e a maior cidade de Mato Grosso. → **cuiabaense, cuiabense** *adj* e *s2gên* ou **cuiabano** *adj* e *sm*.

cu.í.ca *sf* **1**. Instrumento musical de percussão, formado por uma vara presa a uma pele esticada na boca de um pequeno barril. **2**. Músico(a) que toca esse instrumento.

cui.da.do *sm* **1**. Atenção ou cautela aplicada a alguma coisa. **2**. Responsabilidade, incumbência: *eles estão sob meus cuidados*. // *adj* **3**. Feito com esmero; esmerado, caprichado: *acabamento cuidado*. // *interj* **4**. Atenção, alerta. → **cuidadoso** (ô; pl.: ó) *adj* (**1**. cauteloso, prudente: *investigação cuidadosa dos fatos; ele sempre foi cuidadoso em questões de dinheiro*; **2**. zeloso: *ele era muito cuidadoso de sua reputação*).

cui.dar *v* **1**. Fazer o necessário para que nada de mal aconteça com (pessoa ou coisa): *cuidar do bebê; cuidar dos livros*. **2**. Tratar, velar: *quem usa drogas não cuida da saúde*. **3**. Tratar da saúde de: *se ficar doente, cuidarei de você*. **cuidar-se 4**. Ter cuidado consigo próprio: *eu me cuido, tomo vitaminas*.

cui.ei.ra *sf* Arvoreta ornamental que dá a cuia; cabaceira. → **cuidador** (ô) *adj* e *sm* (**1**. que ou aquele que cuida de alguém ou de algo; **2**. que ou aquele que é zeloso, cuidadoso: *família cuidadora de suas tradições*).

cu.in.cho *sm* Grunhido. → **cuinchar** *v* (grunhir).

cui.te.lo *sm* Beija-flor.

cu.jo *pron* Expressa uma relação de posse do termo antecedente (possuidor) com o termo consequente (possuído) e com este concorda em gênero e número: *é uma árvore cujo fruto não é comestível; é uma árvore cujos frutos não são comestíveis*.

cu.la.tra *sf* **1**. Fundo do cano de arma de fogo. **2**. Parte traseira do canhão.

cul-de-sac [fr.] *sm* Rua sem saída, ao final da qual existe uma área circular, para a manobra de veículos, que, assim, retornam à entrada. · Pronuncia-se *ki dessák*.

cu.li.ci.da *adj* e *sm* Que ou produto químico que mata mosquitos (perinlongos, muriçocas, dengues, etc.).

cu.li.ná.ria *sf* Arte ou prática de cozinhar. → **culinário** *adj* (rel. ou pert. a cozinha).

cul.mi.nar *v* **1**. Alcançar o mais alto ponto ou grau; atingir o clímax. **2**. Chegar ao fim; terminar. → **culminância** *sf* (ponto mais elevado; pico, auge); **culminante** *adj* (que é o mais elevado; pico culminante).

cu.lo.te *sm* **1**. Calça própria para montaria, larga na parte superior e justa do joelho para baixo. **2**. Excesso de gordura no lado externo da articulação coxofemoral.

cul.pa *sf* **1**. Responsabilidade da pessoa que causou um dano a outra, voluntária ou involuntariamente. **2**. Transgressão da lei religiosa; pecado. → **culpabilidade** *sf* (qualidade ou estado de culpável ou de culpado); **culpado** *adj* e *sm* (que ou aquele que tem culpa), de antôn. *inocente*; **culpar** *v* (declarar culpado; incriminar).

cult [ingl.] *sm* **1**. Grupo exclusivo de pessoas intelectualizadas que compartilham interesses esotéricos, geralmente artísticos ou intelectuais. **2**. Filme ou espetáculo que serve de objeto de interesse desse grupo. **3**. Tudo o que é brega, mas ganhou certo *status*: *o programa do Chacrinha, tão criticado pela mídia durante a sua existência, agora virou cult*. // *adj* **4**. Cultuado nos meios intelectuais e artísticos: *filmes cult; movimentos cult*. (Como se vê, não varia.) · Pl.: *cults*. · Pronuncia-se *kált*.

cul.ti.var *v* **1**. Trabalhar (a terra) para torná-la fértil. **2**. Dedicar-se à cultura de: *cultivar milho*. **3**. Melhorar através de exercícios ou do estudo: *cultivar o físico*. // *sf* **4**. Em botânica, nome genérico dado às variedades de plantas obtidas mediante cultivo: *a Embrapa apresentou oito novas cultivares de frutas; a cultivar poncã*. → **cultivador** *sm* ou **cultor** (ô) *sm* (**1**. aquele que se dedica a um gênero especial de cultura; **2**. aquele que cultiva profissionalmente alguma coisa; **3**. *fig*.

aquele que é apaixonado por alguma coisa); **cultivo** *sm* (ato ou efeito de cultivar).

cul.to *sm* **1**. Adoração, devoção ou honra religiosa. **2**. Cerimônia dessa adoração. **3**. Serviço religioso protestante. // *adj* **4**. Que adquiriu cultura.

cul.tu.ar *v* Demonstrar todo o seu respeito e admiração por (pessoa, divindade ou coisa); reverenciar: *cultuar um artista, um santo*.

cul.tu.ra *sf* **1**. Conjunto de operações necessárias para obter os produtos da terra. **2**. Terreno cultivado. **3**. Amor ao saber, esforço contínuo para desenvolver a educação e proteger os que sobressaem pela inteligência. **4**. Conjunto de experiências humanas acumuladas durante muito tempo. **5**. Conjunto de tradições e valores materiais e espirituais característicos de uma sociedade. → **cultural** *adj* (rel. a cultura ou próprio da cultura).

cu.ma.ri *sm* Pimenta pequena e muito ardida, também conhecida como *pimenta-cumari*.

cum.bu.ca *sf* Vasilha de abertura pequena, feita da casca da cuia.

cu.me *sm* **1**. Ponto mais alto de monte, montanha, etc.; cumeeira (1), pico. **2**. Auge, apogeu. → **cumeada** *sf* (série de cumes de montanhas); **cumeeira** *sf* [**1**. cume (1); **2**. parte mais alta do telhado].

cúm.pli.ce *adj* e *s2gên* Que ou pessoa que participa de ação criminosa. → **acumpliciar(-se)** ou **cumpliciar(-se)** *v* [tornar(-se) cúmplice]; **cumplicidade** *sf* (ato, estado ou característica de cúmplice).

cum.pri.men.to *sm* **1**. Ato ou efeito de cumprir. // *smpl* **2**. Felicitações, parabéns. (Não se confunde com *comprimento*.) → **cumprimentar** *v* (**1**. dirigir cumprimentos ou felicitações a; **2**. saudar, felicitar).

cum.prir *v* **1**. Fazer (o que é devido); executar: *cumprir uma obrigação*. **2**. Obedecer a, respeitar: *cumprir a lei*. ·· **Cumprir ordens**. Obedecer a ordens superiores. ·· **Cumprir pena**. Sofrer pena de prisão por certo tempo.

cú.mu.lo *sm* **1**. Conjunto de muitas coisas sobrepostas; amontoado; montão, acumulação: *no canto da sala, um cúmulo de livros velhos, prontos para ser doados a uma biblioteca*. **2**. Ponto mais alto; auge: *o cúmulo do monte*. **3**. Suprasumo do intolerável; excesso inadmissível: *o cúmulo da vigarice*. // *smpl* **4**. Nuvens brancas e arredondadas, parecidas com flocos de algodão. → **cumulação** *sf* (ato ou efeito de cumular); **cumular** *v* (**1**. acumular: *cumular cargos, aposentadorias*; **2**. encher, conceder em grande quantidade; entupir; *cumular alguém de atenção, de privilégio, de carinho*); **cumulativo** *adj* (que acumula; acumulativo: *o chumbo tem efeito cumulativo no organismo*).

cú.mu.lo-nim.bo *sm* Tipo de nuvem escura e espessa, semelhante a um cogumelo atômico, de curto período de vida (cerca de 2h), que anuncia trovoadas e gera de um a três raios por minutos. · Pl.: *cúmulos-nimbo* ou *cúmulos-nimbos*.

cu.nei.for.me *adj* **1**. Em forma de cunha. **2**. Diz-se da escrita ou inscrição dos assírios, persas, babilônicos, sumérios e medas.

cu.nha *sf* **1**. Peça em forma de ângulo vivo, afiada em uma das pontas, que se introduz em uma brecha, para rachar lenha, abrir pedras, etc. **2**. Pedaço de madeira de forma semelhante, usado para vedar fendas. **3**. Pessoa influente que favorece outra; pistolão. · V. **cuneiforme**.

cu.nha.do *sm* **1**. Irmão do marido ou da mulher. **2**. Marido da irmã ou do irmão. → **cunhadio** *sm* (parentesco entre cunhados).

cu.nhal *sm* Ângulo saliente formado por duas paredes convergentes; esquina. · Pl.: *cunhais*.

cu.nhe.te (ê) *sm* Caixote de madeira próprio para guardar ou transportar munição de guerra.

cu.nho *sm* **1**. Matriz para cunhar moedas e medalhas. **2**. Sinal que fica impresso nas moedas e nas medalhas. **3**. Marca, caráter distintivo. → **cunhagem** *sf* (operação de cunhar moedas); **cunhar** *v* (**1**. imprimir cunho em: *cunhar moedas*; **2**. inventar: *cunhar apelidos*).

cu.ni.cul.tu.ra *sf* Criação de coelhos, com fins comerciais. → **cunicultor** (ô) *sm* (criador de coelhos).

cu.pão *sm* V. **cupom**.

cupcake [ingl.] *sm* Bolinho individual, caprichosamente decorado, cozido em papel fino de alumínio, servido em forminha. · Pronuncia-se *kâp-kêik*.

cu.pê *sm* Carro esporte ou de passeio, de duas portas e assento para quatro passageiros. (Não se confunde com *sedã*.)

cu.pi.do *sm* **1**. Pessoa amada, amor. **Cupido 2**. Deus do amor, da paixão, da libido, na mitologia romana. → **cupidez** *sf* (**1**. avidez de ganhar poder, dinheiro, riquezas, bens; *cobiça exagerada*; **2**. desejo sexual ardente e apaixonado; *libido exagerada*).

cú.pi.do *adj* Ávido, desejoso, cobiçoso: *homem cúpido de bens*. · Antôn.: *desinteressado*.

cu.pim *sm* **1**. Inseto que ataca a madeira e raízes. **2**. Monte de terra dura, que serve de ninho para esse inseto, nos campos. **3**. Corcova do boi. **4**. Carne retirada dessa corcova, servida como alimento humano. · Fêmea do cupim (1): *arará*. · Col. (2): *cupinzama sf*. → **cupineiro** ou **cupinzeiro** *sm* (ninho de cupins).

cu.pin.cha *s2gên Pop*. Pessoa muito amiga ou protegida de um maioral.

cu.pom ou **cu.pão** *sm* Bilhete impresso e numerado que dá a seu portador direito a alguma coisa.

cú.pri.co ou **cu.pri.no** *adj* De cobre: *tacho cúprico; fios cuprinos*.

cu.pu.a.çu *sm* **1**. Árvore amazônica que dá um fruto cujas sementes têm um gosto semelhante ao do cacau. **2**. Fruto dessa árvore.

cú.pu.la *sf* **1**. Parte interna côncava de igreja ou de qualquer grande edifício: abóbada. **2**. Parte externa e convexa dessa abóbada; zimbório, domo. **3**. Conjunto das pessoas mais graduadas de uma instituição ou que a comandam; alta direção; chefia: *a cúpula do partido está reunida*.

cu.rar *v* **1**. Fazer (alguém) ficar bom de saúde; sarar: *o remédio me curou*. **2**. Secar (alguma coisa) com calor ou fumaça: *curar o peixe*. **curar-se 3**. Ficar bom de saúde, restabelecer-se: *mudei de cidade e me curei*. → **cura** *sf* (ato ou efeito de curar; recuperação da saúde) e *sm* [pároco de aldeia ou povoado; v. **curato**]; **curador** (ô) *adj* e *sm* (que ou o que cura) e *sm* (aquele que cuida dos bens de menor ou de incapaz); **curadoria** ou **curatela** *sf* (cargo, poder ou função de curador); **curandeirice** ou **curandice** *sf* (**1**. charlatanice de curandeiro; **2**. ato de curandeiro); **curandeirismo** *sm* (ação, atuação ou influência de curandeiro); **curandeirista** *adj* (rel. a curandeirismo e a suas práticas: *não confio nas receitas curandeiristas*) e *adj* e *s2gên* (que ou pessoa que é adepta, praticante, simpatizante ou usuária do curandeirismo); **curandeiro** *sm* (aquele que cura as pessoas sem ter diploma de medicina; charlatão); **curativo** *adj* (**1**. rel. a cura de doenças; **2**. que serve para curar doenças) e *sm* [**1**. aplicação tópica de remédio num ferimento, para facilitar a regeneração dos tecidos; penso; **2**. material (atadura, gaze, faixa, *band-aid*, etc.) que se usa para fixar o remédio].

cu.ra.re *sm* Substância venenosa e escura, extraída da casca de um cipó, usada em flechas pelos índios sul-americanos.

cu.ra.to *sm* **1**. Cargo ou dignidade de cura. **2**. Casa do cura. **3**. Área ou povoação sob a direção espiritual de um cura.

cu.rau *sm* **1**. No Norte do Brasil, paçoca de carne com farinha de mandioca. **2**. Em São Paulo, Mato Grosso e Goiás, creme consistente de milho verde moído ou ralado, cozido com leite, manteiga e açúcar (ou leite condensado), servido quente ou frio, geralmente polvilhado com canela, conhecido no Norte e Nordeste como *canjica* e prato típico das festas juninas dessas regiões.

Curdistão *sm* Região montanhosa que, depois do esfacelamento do império otomano, após a I Guerra Mundial, foi dividida entre a Turquia, a Armênia, o Iraque, a Síria e o Irã. → **curdo** *adj* e *sm*.

cu.re.ta (ê) *sf* Instrumento cirúrgico próprio para fazer curetagens. → **curetagem** *sf* (raspagem de uma cavidade do corpo); **curetar** *v* (raspar com cureta: *curetar o útero*).

cú.ria *sf* Conjunto de entidades eclesiásticas que cooperam com o bispo, na direção da diocese. ·· **Cúria romana**. O governo e o tribunal da Igreja católica, sob a autoridade do Papa; administração central que governa a Igreja.

cu.ri.an.go *sm* Bacurau (1).

cu.ri.mã *s2gên Pop*. N e NE Tainha.

cu.rim.ba.tá *sm* Peixe de água doce que se alimenta de vegetais e sobretudo de lodo.

cu.rin.ga *sm* **1**. Carta de baralho que pode, dependendo do jogo, pode substituir e assumir o valor de qualquer outra; dunga. **2**. *P.ext*. Atleta que joga em mais de uma posição.

cu.ri.ó *sm* Pássaro canoro, distribuído por todo o Brasil, também conhecido como *avinhado*.

cu.ri.o.so (ô; pl.: ó) *adj* e *sm* **1**. Que ou aquele que tem sede de ver ou de saber tudo o que se passa ou está se passando, ainda que para tal use de toda a indiscrição. **2**. Que ou aquele que se mete a executar trabalhos sem estar devidamente preparado para isso: *livre-se dos curiosos quando seu carro encrecar!* // *adj* **3**. Incomum, interessante. → **curiosar** ou **curiosear** *v* (olhar ou espiar com curiosidade), sendo este conjugado por *frear*; **curiosidade** *sf* (**1**. qualidade ou característica daquele ou daquilo que é curioso; **2**. desejo forte de ver, conhecer ou desvendar alguma coisa; **3**. desejo de adquirir conhecimentos; **4**. desejo incontrolável e indiscreto de saber detalhes da vida alheia; bisbilhotice; **5**. modo de executar trabalhos sem o devido preparo).

Curitiba *sf* Capital e a maior cidade do estado do Paraná. → **curitibano** *adj* e *sm*.

curling [ingl.] *sm* Modalidade esportiva dos Jogos Olímpicos de Inverno, uma das mais antigas do mundo, praticada em uma pista de gelo, que consiste em lançar pedras o mais próximo possível de um alvo: *a Escócia é o berço do curling, mas o Canadá é a principal potência desse esporte*. · Pronuncia-se *kârlin*.

cur.ra *sf* Estupro de uma mulher, praticado por dois ou mais homens. → **currar** *v* (cometer curra contra).

cur.ral *sm* Local onde se recolhe o gado.

cur.rí.cu.lo *sm* **1**. Conjunto das matérias que uma escola oferece em cada curso. **2**. Conjunto dos dados pessoais, escolares e profissionais de uma pessoa; *curriculum vitae*. → **curricular** *adj* (rel. a currículo).

curriculum vitae [lat.] *loc sm* Resumo de todas as informações e habilitações relativas a uma pessoa (carreira estudantil, profissional, cursos de extensão, etc.); currículo (2). · Pl.: *curricula vitae* (quando os currículos são de uma só pessoa); *curricula vitarum* (quando os currículos são de pessoas diferentes). · Pronuncia-se *kurríkulum vitè*.

cur.ro *sm* **1**. Compartimento onde ficam touros e potros antes de saírem para a praça, onde são corridos. **2**. Conjunto de todos os touros que vão ser corridos num mesmo dia.

curry [ingl.] *sm* **1**. Tipo de pó indiano, mistura de várias especiarias, próprio para preparar molhos condimentados. **2**. Esse molho. · Pronuncia-se *kâri*. (O aportuguesamento proposto é *caril*, mas não usado.)

cur.sar *v* **1**. Seguir o curso de: *cursar medicina*. **2**. Fazer estudos regulares em (escola): *cursar a USP*.

cur.si.lho *sm* **1**. Movimento da Igreja católica romana, surgido na Espanha em 1948, que consiste essencialmente em fazer o católico refletir sobre a sua fé, integrando-o melhor à comunidade. **2**. Técnica praticada no cursilho. → **cursilhista** *adj* (rel. a cursilho) e *adj* e *s2gên* (que ou pessoa que faz o cursilho).

cur.si.nho *sm* **1**. Diminutivo regular de *curso*; curso pequeno. **2**. Curso preparatório para concursos, exames do ENEM, etc., de forma direcionada e objetiva.

cur.si.vo *adj* e *sm* **1**. Que ou letra manuscrita que, numa palavra, se une à letra anterior e à posterior. **2**. Que ou caráter tipográfico que imita letra manuscrita. // *adj* **3**. Escrito com as letras unidas: *escrita cursiva*. **4**. *Fig*. Executado sem o menor esforço; rápido, ligeiro.

cur.so *sm* **1**. Ação de correr; movimento. **2**. Conjunto de estudos de determinado grau. **3**. Conjunto das aulas sobre determinado assunto. **4**. Cursinho (2). → **cursista** *adj* e *s2gên* (que ou estudante que frequenta qualquer curso).

cur.sor (ô) *sm* **1**. Marcador móvel que indica, na tela do computador, onde será inserido o próximo caractere ou símbolo. **2**. Qualquer peça que corre ao longo de outra. **3**. Peça que compõe o espaçador da linotipo.

cur.ta-me.tra.gem *sm* Filme de curta duração, geralmente com fins educativos ou publicitários (usa-se também apenas *curta*). · Pl.: *curtas-metragens*. → **curta-metragista** *adj* (rel. ou pert. a curta-metragem) e *adj* e *s2gên* (que ou cineasta que só produz curtas), de pl. *curtas-metragistas*.

cur.tir *v* **1**. Proceder ao curtimento de: *curtir couro*. **2**. Preparar (alimento) pondo de molho em líquido adequado: *curtir azeitonas*. **3**. Padecer, sofrer: *curtir uma saudade*. **4**. Sofrer os efeitos de: *curtir uma ressaca*. **5**. Passar (tempo) sofrendo: *curtiu boa parte da vida na cadeia*. **6**. Aproveitar ao máximo: *curtir um som*. → **curtição** *sf* [**1**. ato ou efeito de curtir; curtimento (1); **2**. coisa ou fato que traz muito prazer; barato); **curtimento** *sm* [**1**. curtição (1); **2**. tratamento de pele animal, para que não apodreça). · **Curtir com a cara de alguém**. Debochar dele, acintosa e publicamente.

cur.to *adj* **1**. Que tem pouco cumprimento ou pouca duração. // *sm* **2**. Redução de *curto-circuito*. · Antôn. (1): *comprido*, *longo*. → **curteza** (ê) *sf* (qualidade de curto, no tempo e no espaço: *a curteza de um namoro; a curteza de uma rua*).

cur.to-cir.cui.to *sm* Contato entre dois fios elétricos, que causa interrupção de corrente; curto (2). · Pronuncia-se *cirkúito*. · Pl.: *curtos-circuitos*.

cur.tu.me *sm* **1**. Curtição (1). **2**. Lugar onde se curtem peles e couros.

cu.ru.mi, cu.ru.mim ou **gu.ru.mim** *sm* **1**. Menino índio. **2**. *P.ext.* Qualquer menino, moleque ou garoto: *curumis vendem amendoins no calçadão*.

cu.ru.pi.ra ou **cur.ru.pi.ra** *sm* Ente fantástico que, segundo a crença popular, habita as florestas e protege as árvores e as caças.

cu.ru.que.rê *sm* Lagarta de uma borboleta que ataca as folhas e os brotos do algodoeiro.

cu.ru.ru *sm* **1**. Improviso dialogado ou cantado, entre cantadores de viola; desafio. **2**. Certo sapo grande do Nordeste.

cur.va *sf* **1**. Linha que muda de direção sem dobrar. **2**. Sinuosidade caracterizada por volta sem dobras. **3**. Movimento que descreve tal sinuosidade. → **curvar** *v* [**1**. aproximar as pontas de (alguma coisa), sem quebrar; vergar, arquear; **2**. dobrar para baixo; inclinar]; **curvar-se** (dobrar-se para baixo); **curvatura** *sf* (parte recurvada ou arredondada de um objeto); **curvo** *adj* (diz-se do que tem forma de arco; curvado, arqueado), de antôn. *reto*.

cur.ve.jão ou **cur.vi.lhão** *sm* Jarrete.

cus.cuz *sm2núm* Bolo feito de farinha de arroz ou de milho, cozido no vapor, com peixe, galinha, camarões, coco, etc. → **cuscuzeira** *sf* ou **cuscuzeiro** *sm* (recipiente ou forma especial para fazer cuscuz).

cús.pi.de *sf* **1**. Ponta ou extremidade aguçada. **2**. Projeção pontuda e arredondada na superfície cortante de um dente, princ. dos pré-molares e molares. **3**. Uma das divisões ou partes foliares das válvulas cardíacas. → **cuspidal** *adj* (rel, pert. ou sem. a cúspide; **cuspidado** ou **cuspidato** *adj* (terminado em cúspide; que tem pontas; aguçado, pontudo, pontiagudo).

cus.po ou **cus.pe** *sm* Secreção produzida pelas glândulas salivares; saliva. → **cusparada** *sf* (**1**. grande quantidade de cuspo; **2**. emissão de grande quantidade de cuspo), de antôn. *cuspinho*; **cuspinhar** *v* (cuspir frequentemente e em pequena quantidade); **cuspinho** *sm* (pequena porção de cuspo), de antôn. *cusparada*; **cuspir** *v* (lançar saliva com força).

cus.ta *sf* Despesa, custo. · **À custa de**. **1**. Com dinheiro ou trabalho de; a expensas de: *Vive à custa da mulher*. **2**. Com emprego ou utilização de: *Formou-se à custa de muito sacrifício*. **3**. Em troca de: *As prostitutas ganham dinheiro à custa da dignidade*. **4**. Com prejuízo ou em detrimento de: *Você não vai progredir na vida a minha custa*.

cus.tar *v* **1**. Ter um determinado preço: *um carro custa muito dinheiro*. **2**. Ser difícil: *custa ajudar os outros?* **3**. Levar tempo, demorar: *custou, mas acabaram casando*.

cus.te.ar *v* Arcar com as despesas de, financiar: *custear os estudos do filho*. · Conjuga-se por *frear*. → **custeamento** ou **custeio** *sm* (ato ou efeito de custear).

cus.to *sm* **1**. Quantia que se desembolsa para realizar determinada tarefa; despesa. **2**. Dificuldade, esforço. → **custoso** (ô; pl.: ó) *adj* (**1**. que custa fazer, pela habilidade ou tempo que exige; **2**. que custa adquirir, pelo preço alto que tem). · **A custo**. A duras penas; com muita dificuldade: *A custo, conseguiu formar-se*. · **A todo (o) custo**. A qualquer preço; custe o que custar: *Casarei com ela a todo o custo*. · **Relação custo-benefício**. Correspondência entre a quantia gasta num bem e o benefício real que ele proporciona: *A relação custo-benefício na compra de um carro híbrido é vantajosa*.

cus.tó.dia *sf* **1**. Guarda, proteção. **2**. Lugar onde se guarda alguém ou alguma coisa com segurança, geralmente sob a responsabilidade do Estado. → **custodiar** *v* [**1**. guardar (pessoa ou coisa) com cuidado e vigilância; **2**. proteger mediante escolta; escoltar].

cus.to.mi.zar *v* **1**. Adaptar ou adequar (produtos, serviços e mensagens publicitárias) a cada consumidor em particular, de acordo com suas necessidades; personalizar: *customizar uma blusa, uma calça*. **2**. Transformar (uma peça básica ou já usada), utilizando aviamentos e técnicas de pintura, para dar-lhe um toque pessoal ou *look* único, exclusivo. **3**. Personalizar ou ajustar um *software* de modo que possa atender às necessidades do usuário. → **customização** *sf* (**1**. ação ou efeito de customizar; **2**. modo de atender às necessidades específicas de um cliente; personalização; **3**. transformação de uma peça básica do vestuário, utilizando aviamentos e técnicas de pintura, para dar-lhe um *look* único, exclusivo).

CUT *sf* Acrônimo de <u>C</u>entral <u>Ú</u>nica dos <u>T</u>rabalhadores, entidade de representação sindical fundada em 28 de agosto de 1983, em São Bernardo do Campo.

cu.tâ.neo *adj* Relativo ou pertencente à pele: *manchas cutâneas*.

cu.te.lo *sm* Faca ou espada semicircular com o gume na parte convexa, que servia nas execuções por decapitação. → **cutelaria** *sf* (ofício, obra, oficina ou loja de cuteleiro); **cuteleiro** *sm* (aquele que faz, vende ou conserta cutelos); **cutilada** *sf* (golpe dado com cutelo). · V. **baraço**.

cu.ti.a *sf* Mamífero roedor de hábitos noturnos, que se alimenta de frutas, sementes e nozes.

cu.tí.co.la *adj* Que vive dentro ou debaixo da pele. (Não se confunde com *cutícula*.)

cu.tí.cu.la *sf* Película que cresce na base da unha. (Não se confunde com *cutícola*.)

cú.tis *sf* **1**. Parte da pele humana sentida pelo tato; epiderme. **2**. Pele do rosto.

cutting [ingl.] *sm* Mudança de uma cena para outra, em programas de televisão. · Pl.: *cuttings*. · Pronuncia-se *kátin*.

cu.tu.car ou **ca.tu.car** *v* **1**. Tocar (pessoa ou animal) levemente, com coisa pontuda. **2**. Tocar (alguém) de leve, com o dedo ou o cotovelo, para dar aviso disfarçado: *quando o bonitão entrou, uma amiga cutucou a outra*. → **cutucada** ou **catucada** *sf* ou **cutucão** ou **catucão** *sm* (ato ou efeito de cutucar). ·· **Cutucar a onça com vara curta**. Expor-se a perigo certo.

cu.xá *sm* Molho da culinária maranhense, feito com farinha de mandioca, pó de gergelim torrado, folhas da vinagreira, quiabo e camarões (frescos e secos), colocado sobre o arroz (arroz de cuxá) e servido com peixe cozido em leite de coco.

cu.xi.ú *sm* Macaco de barba longa e cabeça com grande topete de pelos.

cu.zão *sm* Gír.Pej.Chulo **1**. Nádegas avantajadas; bundão. **2**. Pessoa muito cuidadosa ou muito medrosa. **3**. Pessoa insuportável, extremamente antipática. **4**. Pessoa que sacaneia os outros. **5**. Pessoa covarde, que de tudo tem medo; bunda-mole.

CVM *sf* Sigla de <u>C</u>omissão de <u>V</u>alores <u>M</u>obiliários, órgão federal, criado em 1976, com a finalidade de disciplinar e fiscalizar de forma ampla o mercado de títulos e valores mobiliários no Brasil. Seu principal objetivo é o fortalecimento do mercado de ações.

cybersquatting [ingl.] *sm* Prática, geralmente de má-fé, que consiste em registrar domínios relativos a grandes empresas ou pessoas famosas, objetivando obter ganho financeiro, com a venda posterior desse domínio para tais pessoas ou empresas. · Pl.: *cybersquattings*. · Pronuncia-se *sáibâr-skuótin*.

cyclo-cross [ingl.] *sf* Corrida de bicicletas, em meio à natureza, em terrenos acidentados, e não em pistas normais de competição. · Pronuncia-se *siklo-krós*.

czar *sm* V. **tsar**.

D

D/d *sm* Quarta letra do alfabeto. · Pl.: os *dês* ou os *dd*.
dá.blio ou **dá.bliu** *sm* Nome da letra *w*.
dá.di.va *sf* **1**. Graça ou favor que se concede por generosidade ou bondade; dom, graça: *ser mãe é uma dádiva divina*. **2**. Pessoa ou presente muito valioso: *seu bebê é uma dádiva de Deus*; *essa rodovia foi uma dádiva do governo à população local*. **3**. Algo bom que acontece inesperadamente, especialmente no momento em que é mais necessário; generosidade: *essa chuva é uma dádiva de Deus para os agricultores*. →
dadivar *v* [conceder dádiva(s) a]; **dadivosidade** *sf* (qualidade do que é dadivoso); **dadivoso** (ô; pl.: ó) *adj* e *sm* (que ou aquele que é amigo de dar; que ou aquele que gosta de fazer dádivas; generoso).
da.do *adj* **1**. Concedido sem ônus; gratuito: *a cavalo dado não se olham os dentes*. **2**. Muito barato; quase de graça: *esse carro, por esse preço, é dado*. **3**. Que mostra tendência a; propenso, inclinado: *ele é dado a brigas e discussões*. **4**. Habituado, acostumado, afeito: *desde criança, é dado a roer unhas*. **5**. Comunicativo, social, tratável, afável: *tenho uma vizinha muito dada*. // *sm* **6**. Pequeno cubo, com as faces cheias de pontos (de 1 a 6), usado em certos jogos. **7**. Elemento, quantidade ou informação conhecida da resolução de um problema. // *smpl* **8**. Conjunto de informações sobre alguém ou alguma coisa: *não tenho dados para incriminá-lo*; *os dados de uma pesquisa*. **9**. Informação numérica ou convencional para ser processada em computador: *processamento de dados*. **10**. Valores obtidos de experimentos científicos. // *pron* **11**. Determinado, certo: *num dado momento, ouviram-se tiros*. // *prep* **12**. Por, visto: *dado haver dolo nessa ação, há necessidade de um advogado presente*. · Antôn. (5): *fechado, reservado, intratável*. ·· **Dado que**. Visto que, uma vez que: *Dado que ambas as partes estão satisfeitas, o caso se encerra aqui*.
da.í *contr* da preposição *de* com o advérbio *aí*.
dai.mão *sm* Pequeno mamífero da África e da Ásia Menor, terrestre ou arborícola, que atinge no máximo 55cm de comprimento.
dai.qui.ri *sm* Coquetel alcoólico gelado, feito de rum, açúcar e suco de lima ou de limão.
da.lai-la.ma *sm* **1**. Título do chefe da religião budista. **2**. Pessoa que detém esse título. · Pl.: *dalai-lamas*.
da.li *contr* da preposição *de* com o advérbio *ali*.
dá.lia *sf* **1**. Planta ornamental de flores de diversas cores e tamanhos. **2**. Flor dessa planta. **3**. Em televisão, texto de letras enormes, contendo o que os apresentadores ou locutores devem dizer, colocado bem em frente da câmera. (Não se confunde com *teleprompter*.)
dal.to.nis.mo *sm* Distúrbio visual que impede a pessoa de distinguir entre uma cor e outra, princ. entre o verde e o vermelho. → **daltoniano** ou **daltônico** *adj* (rel. a daltonismo) e *adj* e *sm* (que ou aquele que sofre de daltonismo).
da.ma *sf* **1**. Mulher muito educada. **2**. Mulher que dança com um homem. **3**. Carta do baralho em que aparece a figura de uma mulher; rainha. **4**. Peça do jogo de xadrez, que pode se mover para qualquer lugar, ao longo de casas livres. **5**. Peça dupla no jogo de damas, porque o jogador conseguiu chegar à oitava fila do tabuleiro. // *sfpl* **6**. Jogo de damas: *sabes jogar damas?*
da.mas.co *sm* **1**. Fruto oval, aromático, aveludado e amarelo-avermelhado, do damasqueiro; abricó. **2**. Tecido de seda, com desenhos. → **damasqueiro** *sm* (árvore eurasiana, cultivada desde os mais remotos tempos, que dá o damasco; abricoteiro).
da.na.do *adj* e *sm* **1**. Que ou o que foi atacado pela doença da raiva. // *adj* **2**. Diz-se daquele que não tem coração. // *sm* **3**. Homem de má índole ou de mau caráter. → **danada**, **danadinha** ou **danadona** *sf* (pop. cachaça).
da.nar *v* **1**. Causar dano ou prejuízo a; prejudicar: *a geada danou os cafeicultores*. **2**. Passar a doença da raiva ou hidrofobia a: *os morcegos danam o ser humano*. **danar-se** **3**. Estragar-se, deteriorar-se, corromper-se: *exposto ao calor, o iogurte se danou*. **4**. *Pop*. Estrepar-se, lascar-se, ferrar-se, ralar-se: *você votou nele, agora se dane!* **5**. *Pop*. Irritar-se, enfurecer-se: *ao ouvir aquilo da filha, danou-se*. → **danação** *sf* [ato ou efeito de danar(-se)].
dan.çar *v* **1**. Executar, dançando: *dançar um forró*. **2**. Bailar ritmadamente: *ela dança bem*. **3**. Sair-se mal, danar-se, estrepar-se: *não estudou para o vestibular; dançou*. → **dança** *sf* (**1**. arte ou técnica de dançar; **2**. sequência de passos e movimentos corporais cadenciados, ao som de música; bailado; **3**. baile: *depois do discurso, haverá dança*; **4**. correria, tumulto, confusão: *houve muita discussão e depois até eu entrei na dança*); **dançante** *adj* (**1**. em que há dança: *bar dançante*; **2**. que convida para dançar); **dançarino** *sm* (homem que dança por profissão; bailarino); **danceteria** *sf* (casa com bar e pista de dança; discoteca); **dancing** [ingl.] *sm* (lugar onde se dança ou se aprende a dançar com profissionais), que se pronuncia *dâncin*.
dân.di *sm* *Pej*. Homem extremamente afetado na indumentária e no comportamento; almofadinha: *o Brasil naquela época era governado por um dândi*. → **dandismo** *sm* (**1**. atitude, qualidade ou modos de dândi; **2**. afetação extrema na indumentária e no comportamento).
da.ni.fi.car *v* Causar dano ou prejuízo a; prejudicar; estragar: *a geada danifica os cafezais*. → **danificação** *sf* ou **danificamento** *sm* (ato ou efeito de danificar; estrago, prejuízo).
da.ni.nho *adj* **1**. Que causa dano, nocivo: *erva daninha*. **2**. Traquinas, travesso: *crianças daninhas*. → **daninhar** *v* [fazer traquinagens (criança): *onde estão as crianças? por certo já estão daninhando*]; **daninheza** (ê) *sf* (traquinagem de criança).
da.no *sm* Prejuízo ou estrago causado a alguém ou a algo. → **danoso** (ô; pl.: ó) *adj* (que causa dano; nocivo, prejudicial). ·· **Danos morais**. Prejuízos causados pela violação da intimidade, da honra e da imagem. ·· **Perdas e danos**. Quantia que se dá a alguém por indenização de prejuízo.
dan.tes *adv* Antigamente: *vivo como dantes: pobre*.
dan.tes.co (ê) *adj* **1**. Característico de Dante Alighieri (1265-1321), poeta italiano considerado precursor do Renascimento, ou relativo a ele, sua obra ou estilo; dantiano, dântico. **2**. Que se dedica ao estudo da obra de Dante Alighieri; dântico, dantiano. **3**. *Fig*. Que causa muito horror; horroroso, assombroso: *cena dantesca*. → **dantiano** ou **dântico** *adj* [dantesco (1 e 2)].
dão-dão ou **dan.dão** *sm* Pesadelo noturno. · Pl.: *dão-dãos*, *dandões*. (A 6.ª ed. do VOLP não registra *dandão*, que é a forma usada em Portugal).
da.que.le (ê) *contr* da preposição *de* com o pronome demonstrativo *aquele*.
da.qui *contr* da preposição *de* com o advérbio *aqui*.
da.qui.lo *contr* da preposição *de* com o pronome demonstrativo *aquilo*.
dar *v* **1**. Produzir: *a vaca dá leite*. **2**. Apresentar ao público: *dar um show*. **3**. Doar: *dar esmola*. **4**. Causar, ocasionar: *dar alegria aos pais*. **5**. Aplicar, desferir: *dar um beijo na namorada*. **6**. Ter como resultado: *o plano deu certo*. **7**. Bater, soar: *estão dando seis horas*. **dar-se 8**. Acontecer: *o casamento só se deu ontem*. **9**. Sair-se (bem ou mal): *fui lá e me dei bem*. **10**. Ter relações de amizade: *ela se dá com todos os colegas*. · Conj.: *dou, dás, dá, damos, dais, dão* (pres. do ind.); *dei, deste, deu, demos, destes, deram* (pret. perf.); *dava, davas, dava, dávamos, dáveis, davam* (pret. imperf.); *dera, deras, dera, déramos, déreis, deram* (pret. mais-que-perf.); *darei, darás, dará, daremos, dareis, darão* (fut. do pres.); *daria, darias, daria, daríamos, daríeis, dariam* (fut. do pret.); *der, deres, der, dermos, derdes, derem* (pres. do subj.); *desse, desses, desse, déssemos, désseis, dessem* (pret. imperf.); *der, deres, der, dermos, derdes, derem* (fut.); *dando* (gerúndio); *dado* (particípio); *dar* (infinitivo impessoal); *dar, dares*, etc. (infinitivo pessoal). ·· **Dar uma de** (+ adjetivo). Querer passar-se por: *Quis dar uma de esperto, acabou quebrando a cara*.
dar.do *sm* **1**. Arma de arremesso pré-histórica, com ponta aguçada, lançada unicamente à força do pulso. **2**. Pequena lança, curta e delgada, que se arremessa com o braço e serve como arma. → **dardejamento** ou **dardejo** (ê) *sm* (ato de dardejar); **dardejante** *adj* (que dardeja); **dardejar** *v* (**1**. arremessar dardos contra; ferir com dardo; **2**. emitir luz; cintilar: *as estrelas dardejam*), que mantém o *e* fechado durante a conjugação.
DARF *sm* Acrônimo de <u>d</u>ocumento de <u>a</u>rrecadação da <u>R</u>eceita <u>F</u>ederal, guia que contempla vários tributos. · Pl.: DARFs.

da.ro.ês ou **da.ru.ês** *sm* Dervixe.

da.ta *sf* **1**. Registro do dia, mês e ano de um acontecimento. **2**. Porção, grande quantidade (com nomes abstratos): *disse uma data de asneiras*. · V. **datação**. → **datar** *v* (pôr data em).

databank *sm* ou **data bank** [ingl.] *loc sm* **1**. Conjunto de dados dispostos de forma a facilitar e agilizar a pesquisa e a recuperação de dados; *database*; banco de dados. **2**. Organização relativa à construção, manutenção e uso de um banco de dados. · Pronuncia-se *dêid-bénk*.

database *sm* ou **data base** [ingl.] *loc sm* Conjunto de dados organizados eletronicamente, de acordo com uma sequência lógica, que podem ser acessados e manipulados de forma simples, por um ou mais usuários, em diferentes terminais de computador; banco de dados; *databank*. · Pronuncia-se *dêid-béis*.

da.ta-ba.se *sf* Data estipulada para a concessão de reajustes salariais obrigatórios a determinada categoria profissional. · Pl.: *datas-base* ou *datas-bases*.

da.ta.ção *sf* **1**. Ato ou efeito de datar. **2**. Processo usado em arqueologia e em paleontologia para determinar escalas cronológicas, quando da falta de textos escritos: *os resultados da análise lhe permitiram a datação dos fósseis*. ·· **Datação por radiocarbono**. Determinação da idade de material que contém carbono (madeira, concha, carvão, etc.) pela medida da proporção de radiocarbono (^{14}C). O método tem um alcance máximo de trinta mil anos.

datafile *sm* ou **data file** [ingl.] *loc sm* Em informática, arquivo que contém dados (em oposição ao que contém programas). · Pronuncia-se *dêid-fáiL*.

data venia [lat.] *loc adv* Expressão respeitosa com que se inicia uma exposição contrária ao que foi dito anteriormente, pedindo licença para discordar; com a devida licença. · Pronuncia-se *dáta vênia*.

da.ti.lo.gra.fi.a ou **dac.ti.lo.gra.fi.a** *sf* Técnica de utilização da máquina de escrever. → **datilografar** ou **dactilografar** *v* (escrever à máquina); **datilográfico** ou **dactilográfico** *adj* (rel. a datilografia); **datilógrafo** ou **dactilógrafo** *sm* (aquele que bate à máquina).

da.ti.los.co.pi.a ou **dac.ti.los.co.pi.a** *sf* Sistema de identificação pessoal pelas impressões digitais. → **datiloscópico** ou **dactiloscópico** *adj* (rel. a datiloscopia); **datiloscopista** ou **dactiloscopista** *s2gên* (**1**. especialista em datiloscopia; **2**. pessoa encarregada de tirar impressões digitais).

da.ti.vo *adj* **1**. Nomeado por magistrado. **2**. Referente ao dativo, caso gramatical latino que exprime a relação de objeto indireto. // *sm* **3**. Esse caso.

day after [ingl.] *loc sm* **1**. Dia posterior (a uma grande catástrofe, provocada pelo homem). **2**. Consequência de um fato importante e extremamente negativo. **3**. Dia seguinte (a uma bebedeira, a uma extravagância, a uma decepção, etc.). · Pronuncia-se *dêi áftâr*.

day-glo [ingl.] *sm* Tipo de tinta colorida que brilha com a luz do dia, muito usada em painéis de propaganda. · Pronuncia-se *dêi-glóu*.

d. C. *abrev*. de *depois de Cristo*. · V. **a. C.**

DDT *sm* Sigla de *diclorodifeniltricloroetano*, poderoso inseticida, altamente tóxico quando inalado ou absorvido pela pele; dedetê. · Pl.: DDTs. → **dedetização** *sf* (ação ou efeito de dedetizar); **dedetizar** *v* (aplicar DDT a: *dedetizar um ambiente*).

de *prep* Indica inúmeras relações, entre as quais a de origem ou ponto de partida (veio *de* Paris), lugar de onde (vejo o mar *da* minha varanda), meio (ele vive *de* renda), tempo (cheguei *de* madrugada), causa (chorar *de* alegria), etc.

dê *sm* Nome da letra *d*. · Pl.: os *dês* ou os *dd*.

de.ão *sm* **1**. Sacerdote que preside ao cabido de uma catedral. **2**. *P. ext*. Membro mais antigo ou mais velho de uma classe, categoria, corporação, instituição, etc.: *quem é hoje o deão do Supremo Tribunal Federal?* · Fem.: *deã*. · Pl.: *deãos*, *deões* ou *deães*.

de.ba.cle *sf* Fracasso completo, geralmente por causa de mau planejamento e organização; ruína, colapso: *a debacle da União Soviética, a debacle dos negócios de um empresário*. · Antôn.: *sucesso, êxito*.

de.bai.xo *adv* **1**. Em plano ou lugar inferior: *quem estava ali debaixo?; todos esperamos que ainda haja pessoas vivas aí debaixo*. **2**. *Fig*. Desanimado ou deprimido: *a pandemia deixou todo o mundo debaixo*. ·· **Debaixo de**. **1**. Sob: *Morar debaixo da ponte*. *Chegou debaixo de chuva*. **2**. Por efeito de; como consequência de; por causa de: *Confessar debaixo de pancadas*. **3**. Sob a dependência, sujeição ou subordinação de: *Estávamos debaixo do tacão daquela quadrilha. Não podia mesmo viver muito, debaixo desse vício. Debaixo de ditaduras, ninguém tem direitos, apenas deveres. Depôs debaixo de juramento*. **4**. Devido a; em virtude de: *Debaixo de explicação tão convincente, deu a mão à palmatória*. (Não se confunde com **de baixo**, locução adjetiva e opõe-se a *parte de cima*: *A parte de baixo da concha é côncava* (a parte de cima é convexa). *Eu moro no quinto andar, e ela mora no apartamento de baixo* (o apartamento de cima é o meu).

de.bal.de ou **em.bal.de** *adv* Em vão, inutilmente: *muitos morrem debalde nas guerras*.

de.ban.dar *v* **1**. Pôr em fuga desordenada; provocar a dispersão de: *a chuva debandou os manifestantes*. **debandar(-se)** **2**. Fugir às pressas e desordenadamente: *ao final dos jogos, os torcedores (se) debandam, em direção aos portões de saída do estádio*. → **debandada** *sf* (fuga apressada e desordenada; corre-corre).

de.ba.te *sm* **1**. Discussão de um assunto sobre o qual as pessoas têm pontos de vista diferentes; troca de ideias em defesa ou contra um assunto: *é acirrado o debate entre os cientistas sobre esse assunto; recolher sugestões dos colegas para debate*. **2**. Discussão de questão importante, de interesse público: *haverá debate pela televisão entre os candidatos; o Conselho de Segurança da ONU debaterá o assunto amanhã*. **3**. Discussão acalorada; altercação, bate-boca: *o que era uma conversa acabou virando um debate, justamente porque envolvia futebol*. **3**. Em direito, discussão entre defesa e acusação, antes do julgamento. → **debater** *v* (promover o debate sobre); **debater-se** (agitar-se muito).

de.be.lar *v* Eliminar (algo que ataca ou que ameaça); extinguir: *debelar um incêndio*. → **debelação** *sf* (ato ou efeito de debelar); **debelatório** *adj* (que debela).

de.bên.tu.re *sf* Título de dívida, emitido pelo Estado ou por empresa privada, amortizável em longo prazo; obrigação. → **debenturagem** *sf* (emissão de debêntures); **debenturar** *v* (emitir debêntures); **debenturista** *adj* e *s2gên* [portador(a) de debêntures]; **debenturístico** *adj* (rel. a debênture ou a debenturista).

dé.bil *adj* **1**. Sem forças; fraco. **2**. Fraco ou deficiente em determinado assunto. **3**. Sem lógica ou nexo, ilógico. **4**. Que sofre das faculdades mentais. · Antôn. (1 e 2): *forte*. → **debilidade** *sf* (qualidade ou do estado de débil; fraqueza); **debilitação** *sf* ou **debilitamento** *sm* [ato ou efeito de debilitar(-se)]; **debilitar(-se)** *v* [tornar(-se) débil ou fraco; enfraquecer(-se)]. ·· **Débil** (ou **Retardado**) **mental**. **1**. Indivíduo com desenvolvimento intelectual atrasado ou muito deficiente. **2**. Pessoa atoleimada, boboca; debiloide. (Em ambos os casos, usa-se também apenas *débil*.)

dé.bi.to *sm* Dinheiro devido; dívida. · Antôn.: *crédito*. → **debitar** *v* [lançar (quantia) como dívida: *debitaram à minha conta, no banco, uma quantia que não saquei*].

de.bo.che *sm* Caçoada, zombaria, gozação. → **debochado** *adj* e *sm* (que ou aquele que costuma debochar dos outros; gozador); **debochar** *v* (caçoar, ridicularizar, zombar, gozar).

de.bru.çar *v* **1**. Colocar (pessoa) com o peito ou o rosto virados para baixo; pôr de bruços: *debrucei o bebê no berço*. **2**. Inclinar, pender: *debruce sua cabecinha no meu ombro e chore!* **debruçar-se 3**. Pôr-se de bruços; inclinar-se: *debrucei-me para tomar água na fonte*.

de.bu.lhar ou **des.bu.lhar** *v* **1**. Extrair os grãos de (espiga) de. **2**. Descascar: *debulhar arroz*. → **debulha, debulhada** *sf* ou **debulho** *sm* (operação que consiste em separar o grão da espiga); **debulhadeira** ou **debulhadora** (ô) *sf* (máquina agrícola própria para debulhar cereais); **debulho** *sm* (**1**. debulha, debulhada; **2**. resíduo dos cereais depois de debulhados).

de.bu.tar *v* Fazer sua estreia na vida social ou em qualquer atividade: *nossa filha já debutou*. → **debutante** *sf* (**1**. mocinha, geralmente de 15 anos, que faz sua estreia na vida social; **2**. pessoa que inicia atividades em algum lugar; estreante); **debute** *sm* (ato ou efeito de debutar).

de.bu.xo *sm* **1**. Desenho de um objeto pelos seus contornos ou linhas gerais; esboço, delineamento: *o debuxo de um rosto feminino*. **2**. Plano, projeto: *o debuxo de um dicionário inovador*. → **debuxar** *v* (**1**. fazer o debuxo de; esboçar, delinear; **2**. projetar, planejar: *debuxar um dicionário inovador*).

de.ca.cam.pe.ão (dè) *adj* e *sm* Que ou o que conquistou o título de campeão pela décima vez, consecutiva ou não. →

de.ca.cam.pe.o.na.to (dè) *sm* (campeonato conquistado dez vezes, consecutivas ou não).
dé.ca.da *sf* Espaço ou período de dez anos; decênio.
de.ca.dên.cia *sf* Perda contínua da vitalidade; aproximação do fim. · Antôn.: *progresso*. → **decadente** *adj* (que está em decadência ou em declínio: *civilização decadente*).
de.ca.e.dro *adj* e *sm* Que ou poliedro que tem dez faces. → **decaédrico** *adj* (rel. a decaedro).
de.cá.go.no *adj* e *sm* Que ou polígono que tem dez ângulos e dez lados. → **decagonal** *adj* (rel. a decágono).
de.ca.gra.ma *sm* Unidade métrica de massa ou peso igual a dez gramas. · Símb.: **dag**.
de.ca.ir *v* Declinar em saúde, força, prosperidade, moral, etc.; piorar: *sua resistência física decai sensivelmente*. · Antôn.: *progredir, melhorar*. · Conjuga-se por *cair*. → **decaída** *sf* ou **decaimento** *sm* (ato ou efeito de decair; ruína, colapso).
de.cal.car *v* Copiar (desenho, figura, etc.) em papel transparente sobreposto: *decalcar um mapa*. → **decalque** [**1**. ato ou efeito de decalcar; **2**. decalcomania (2)].
de.cal.co.ma.ni.a *sf* **1**. Processo de produzir imagens, calcando contra um papel transparente figuras impressas em outro papel. **2**. Imagem ou figura obtida por esse processo; decalque.
de.ca.li.tro *sm* Unidade métrica de volume igual a dez litros. · Símb.: **dal**.
de.cá.lo.go *sm* Conjunto dos Dez Mandamentos, preceitos recebidos por Moisés no monte Sinai, originalmente escritos em duas peças de pedra.
de.câ.me.tro *sm* Medida de comprimento igual a dez metros. · Símb.: **dam**.
de.ca.na.to *sm* **1**. Dignidade de decano. **2**. Cada uma das três divisões de cada signo do zodíaco.
de.ca.no *sm* Membro mais velho ou mais antigo de um grupo, instituição, classe ou associação.
de.can.tar *v* **1**. Separar (impurezas) de (um líquido), proceder à decantação de. **2**. Purificar, limpar. → **decantação** *sf* [ato ou efeito de decantar (1)]; **decantador** (ô) *adj* (que decanta) e *sm* (recipiente usado para fazer decantações).
de.ca.pi.tar *v* Cortar a cabeça de: *durante a Revolução Francesa, decapitaram muitas pessoas*. → **decapitação** *sf* (ato ou efeito de decapitar).
de.cas.sé.gui *s2gên* Trabalhador(a) latino-americano(a), de origem japonesa, princ. do Brasil e do Peru, que viaja ao Japão para trabalho temporário. (A 6.ª ed. do VOLP registra esta palavra como *sm*; se assim fosse, como seria o feminino?)
de.cas.sí.la.bo *adj* Diz-se de palavra ou de verso que tem dez sílabas.
de.ca.tlo *sm* Competição atlética em que cada competidor participa de dez provas (corridas de velocidade de 100m, 400m e 1.500m e 110m com barreiras; lançamentos de peso, de disco e de dardo; saltos em distância, em altura e com vara), saindo vencedor o competidor que receber o maior número de pontos, no somatório das dez provas. → **decatleta** *s2gên* (atleta que compete em provas de decatlo).
de.ce.mes.tre *sm* Período ou espaço de dez meses. → **decemestral** *adj* (rel. a decemestre ou que dura dez meses).
de.ce.nal *adj* **1**. Que dura dez anos. **2**. Que acontece de dez em dez anos.
de.ce.ná.rio *adj* **1**. Que se divide em dezenas. // *sm* **2**. Décimo aniversário.
de.cên.dio *sm* Espaço ou período de dez dias consecutivos. → **decendial** ou **decendiário** *adj* (que ocorre a cada decêndio ou que compreende um decêndio).
de.cê.nio *sm* Década: *o decênio 1981-1990*.
de.cen.te *adj* **1**. Que se comporta respeitando e cumprindo as normas sociais e morais; conforme ao decoro; não obsceno; decoroso: *traje decente*; *comportamento decente*. **2**. Honrado, honesto, idôneo, correto: *homem decente*. **3**. Asseado ou limpo (para alguma coisa): *depois de boa faxina, o quarto ficou decente para dormirmos; estar decente para sair*. **4**. Respeitável, digno: *gente decente não diz palavrões nem dá gargalhadas*. **5**. *Pop*. Razoável, adequado, justo: *receber um salário decente. (Cuidado, muito cuidado para não escrever "descente"!)* · Antôn. (1): *indecente, indecoroso*; (2): *calhorda, safado*; (3) *imundo, sujo*; (4): *indigno, mau-caráter*. (Não se confunde com *discente* nem com *docente*.) → **decência** *sf* (**1**. qualidade de decente; **2**. ato que não ofende o código de valores de uma sociedade; lisura de comportamento ou de atitudes; decoro: *fazer política com decência*; **3**. limpeza e ordem nas pessoas ou nas coisas; asseio: *o prefeito pediu que reparasse na decência de todas as dependências do Terminal Rodoviário do Tietê*).
de.ce.par *v* Cortar (parte de um corpo); amputar, mutilar: *ele decepou um dedo, no torno*. → **decepamento** *sm* (ato ou efeito de decepar; amputação, mutilação).
de.cep.ção *sf* **1**. Sentimento de grande tristeza, contrariedade ou frustração provocado por algo que não responde às expectativas dele esperadas; surpresa altamente desagradável; desencanto, desengano, desilusão: *sofrer uma grande decepção no casamento*. **2**. Coisa que produz tal sentimento: *esse casamento foi uma decepção!* **3**. Pessoa que produz tal sentimento: *esse presidente é uma decepção!* → **decepcionado** *adj* (que sofreu decepção; desapontado, desiludido: *o público ficou decepcionado com a atuação do ator nessa peça*); **decepcionante** *adj* (que causa decepção; frustrante: *filme decepcionante*).
de.cep.ci.o.nar *v* **1**. Causar decepção a; desenganar, desiludir: *nunca decepcione o ser amado!* **2**. Falhar em satisfazer as expectativas de; surpreender desagradavelmente; frustrar, desapontar: *a equipe brasileira decepcionou a torcida no jogo de hoje; sua falta de solidariedade me decepcionou*. **3**. Ter desempenho medíocre ou abaixo da expectativa; surpreender desagradavelmente: *o ataque desse time decepcionou novamente*. **decepcionar-se 4**. Sofrer decepção; desapontar-se, desiludir-se: *a torcida se decepcionou com a equipe*.
de.cer.to *adv* Sem dúvida nenhuma; com certeza; certamente: *ela não veio à escola hoje, decerto por causa da chuva*.
de.ces.so *sm* **1**. Rebaixamento de um clube à divisão imediata (em oposição a *acesso*). **2**. Rebaixamento de alguém a cargo inferior (em oposição a *promoção*).
de.ci.bel *sm* Unidade de medida da intensidade do som. · Abrev.: **dB**. · Pl.: *decibels* (pref.) ou *decibéis*. → **decibelímetro** *sm* (aparelho próprio para medir a intensidade do som).
de.ci.dir *v* **1**. Resolver: *os professores decidiram entrar em greve*. **2**. Ser a causa decisiva: *esse gol decidiu a partida*. **3**. Sentenciar: *o juiz já decidiu*. **4**. Decretar: *o Congresso decidiu isso ano passado*. **decidir-se 5**. Resolver-se: *ela viu os carros e decidiu-se pelo mais caro; o campeonato brasileiro decide-se domingo*. · V. **decisão**. → **decidido** *adj* (**1**. firme na ação; resoluto: *pessoa decidida*; **2**. certo, definido, resolvido: *seu caso já está decidido*; **3**. determinado: *estou decidido a ir à Justiça*), de antôn. (1): *hesitante, indeciso*; (2): *incerto, indefinido*; (3): *hesitante*.
de.ci.frar *v* **1**. Descobrir o sentido de (escrita desconhecida ou cifrada); decodificar: *decifrar uma mensagem*. **2**. Adivinhar: *as cartomantes deciframento mesmo o futuro?* **decifração** *sf* ou **deciframento** *sm* (ato ou efeito de decifrar).
de.ci.gra.ma *sm* Unidade métrica de massa ou peso igual à décima parte de um grama. · Símb.: **dg**.
de.ci.li.tro *sm* Unidade métrica de volume ou capacidade igual à décima parte de um litro. · Símb.: **dl**.
dé.ci.ma *sf* **1**. Cada uma das dez partes iguais em que se divide a unidade. **2**. Imposto ou contribuição correspondente à décima parte de uma renda; dízima (1). **3**. Poema ou estrofe de dez versos.
de.cí.me.tro *sm* Unidade métrica de comprimento igual à décima parte de um metro. · Símb.: **dm**.
dé.ci.mo *num* e *sm* **1**. A décima parte: *ele negociou ações por um décimo do valor de face*. **2**. Aquele ou aquilo que, numa ordem ou série, ocupa o lugar correspondente a dez: *eu era o décimo na fila*. // *num* e *adj* **3**. Que, numa ordem ou série de coisas está no lugar correspondente a dez. → **decimal** *adj* (**1**. rel. a décimo ou ao número dez); **2**. baseado no número dez).
de.ci.são *sf* **1**. Ato ou processo de decidir: *chegou o momento da decisão do campeonato*. **2**. Julgamento formal; veredicto, sentença: *as provas foram a base da decisão do tribunal*. **3**. Resolução ou deliberação alcançada após consideração sobre várias possibilidades; *tomei a decisão sozinho*. **4**. Firmeza e rapidez de conduta; determinação: *um presidente tem de agir com decisão; ele é um homem de decisão*. → **decisivo** *adj* (**1**. que resolve um problema ou questão, produzindo um resultado definitivo; que tem o poder de decidir: *o Supremo Tribunal Federal anulou o decreto do governo por um voto decisivo*; **2**. que mostra resolução e firmeza nas suas decisões; resoluto: *um presidente decisivo é fundamental*; **3**. que afeta fortemente como uma situação pode avançar ou acabar: *essa vitória foi decisiva para estabelecer o campeão; a batalha do*

Riachuelo foi decisiva na Guerra do Paraguai; o resultado dos testes de DNA foi decisivo nesse caso).

deck [ingl.] *sm* **1**. V. **deque**. **2**. Redução de *tape deck*.

de.cla.mar *v* **1**. Dizer (texto poético ou retórico) de cor e em voz alta, com entonação e gestos pertinentes, para expressar algo com forte sentimento; recitar: *os alunos declamaram muito bem a poesia de Gonçalves Dias*. **2**. Falar ou discursar em público pomposa e solenemente: *fui o escolhido para declamar o discurso de formatura*. **3**. Emitir impropérios ou ofensas contra; bradar ou vociferar contra: *ele vive para declamar o governo*. → **declamação** *sf* (ato ou efeito de declamar); **declamador** (ô) *adj* e *sm* ou **declamante** *adj* e *s2gên* (que ou pessoa que declama).

de.cla.rar *v* **1**. Revelar publicamente: *declarar uma decisão*. **2**. Confessar, revelar: *declarar os pecados*. **3**. Proclamar formalmente: *declarar guerra*. **declarar-se 4**. Abrir-se apaixonadamente: *ela resolveu declarar-se para o rapaz*. **5**. Manifestar-se, pronunciar-se: *declarei-me contra a reeleição*. → **declaração** *sf* [ato ou efeito de declarar(-se)]; **declarante** *adj* e *s2gên* (que ou pessoa que declara alguma coisa); **declarativo** *adj* (**1**. declaratório; **2**. diz-se da oração ou da frase que exprime uma afirmação ou asserção); **declaratório** *adj* (que contém ou encerra uma declaração; declarativo (1)].

de.cli.nar *v* **1**. Desviar-se, afastar-se: *não decline do rumo da honestidade!* **2**. Inclinar-se, propender: *só os fracos declinam para as drogas*. **3**. Recusar, não aceitar: *o treinador declinou do convite para dirigir o Corinthians*. **4**. Baixar, cair: *a temperatura declinou rapidamente*. **5**. Descair, inclinar-se: *o Sol declina no horizonte*. **6**. Entrar em decadência; desintegrar-se: *o império soviético declinou em 1990*. **7**. Aproximar-se do seu fim: *já vai declinando o dia*. → **declinação** *sf* (ato ou efeito de declinar); **declinante** *adj* (que declina, que está em declínio; decrescente: *inflação declinante*); **declinável** *adj* (**1**. que pode ser declinado; **2**. diz-se de palavra que pode ser declinada); **declínio** *sm* (**1**. queda ou diminuição progressiva: *o declínio da qualidade de vida*; **2**. ruína, colapso: *o declínio da União Soviética*; **3**. queda, diminuição: *a temperatura está em declínio*), de antôn. *ascensão*.

de.cli.ve *sm* Inclinação de terreno, olhado de cima para baixo; descida. · Antôn.: *aclive*.

de.coc.ção *sf* **1**. Operação que consiste em fazer ferver num líquido uma substância vegetal de que se deseja extrair seus princípios ativos; infusão (2). **2**. Produto líquido dessa operação; decocto. **decocto** *adj* (obtido por decocção: *mezinha decocta*) e *sm* [decocção (2)].

de.co.di.fi.car ou **des.co.di.fi.car** *v* **1**. Decifrar (mensagem codificada): *o serviço secreto decodificou a mensagem*. **2**. Converter (qualquer mensagem ou texto ininteligível ou indecifrável) em linguagem clara, compreensível. → **decodificação** ou **descodificação** *sf* (ato ou efeito de decodificar ou descodificar); **decodificador** ou **descodificador** (ô) *adj* e *sm* (que, pessoa ou aparelho que decodifica ou descodifica). (As formas com *des-* na primeira sílaba são as preferidas, mas não as usuais.)

de.co.lar *v* **1**. Deixar o solo ou a água (aparelho), para começar a voar; levantar voo (aeronave). **2**. *Fig.* Despertar, para tomar seu rumo de progresso: *quando o Brasil vai decolar?* · Antôn.: *aterrar*, *aterrissar*. → **decolagem** *sf* (ato ou efeito de decolar), de antôn. *pouso*.

de.com.por *v* **1**. Separar as partes que compõem (um todo): *decompor uma palavra*. **2**. Provocar o apodrecimento de; apodrecer, estragar: *o calor decompôs a carne*. **decompor-se 3**. Dividir-se nas suas partes. **4**. Estragar-se, deteriorar-se. **5**. Modificar-se ou alterar-se para pior. · Antôn.: *compor*. → **decomponente** *adj* (que decompõe); **decomponível** *adj* (que se pode decompor); **decomposição** *sf* [ato ou efeito de decompor(-se)].

DECON ou **Decon** *sf* Acrônimo de <u>D</u>elegacia de <u>D</u>efesa do <u>C</u>onsumidor, criada para apurar e resolver problemas entre empresas e consumidores.

de.co.rar *v* **1**. Aprender de cor: *decorar uma poesia*. **2**. Enfeitar, adornar: *decorar um ambiente*. → **decoração** *sf* (ato ou efeito de decorar); **decorativo** *adj* (que serve para decorar); **decoreba** *sf* (mania de decorar).

de.co.ro (ô) *sm* **1**. Honradez ou beleza moral de comportamento na boa sociedade, em respeito a si e a outro(s); decência de conduta: *o decoro no exercício da magistratura*. **2**. Seriedade e gravidade em ações, gestos ou palavras; compostura: *ela se senta, sem perder o decoro*. **3**. Pudor ou recato na aparência, linguagem ou comportamento: *um presidente deve discursar com decoro, sem usar gírias ou termos chãos*. **4**. Circunstância daquilo que, sem luxo, apresenta um aspecto cuidado ou de acordo com a sua classe: *a loja foi decorada de forma simples, mas com decoro*. → **decoroso** (ô; pl.: ó) *adj* (conforme ao decoro; digno, decente: *comportamento decoroso*). ·· **Decoro parlamentar**. Conjunto de normas de conduta ou postura a que deve obedecer o parlamentar, no exercício de seu cargo.

de.cor.rer *v* **1**. Ser consequência: *a contusão decorreu da pancada que levou*. **2**. Passar, transcorrer: *dez meses já decorreram desde que ela se foi*. **3**. Acontecer, suceder, transcorrer: *o jogo decorreu num clima de paz*. **4**. Derivar, proceder: *o poder decorre do povo*. → **decorrência** *sf* (ato ou efeito de decorrer; decurso, consequência); **decorrente** *adj* (que se segue; consequente).

de.co.te *sm* Abertura na parte de cima de roupa, deixando o colo descoberto. → **decotado** *adj* (que tem decote); **decotar** *v* (fazer decote em).

de.cré.pi.to *adj* Muito velho, fraco e já no final da vida; enfraquecido pela idade; acabado fisicamente: *um ministro decrépito*. → **decrepidez** (ê) ou **decrepitude** *sf* (enfraquecimento físico, por efeito de extrema velhice; estado de decrépito).

de.cres.cen.te *adj* **1**. Que diminui ou reduz aos poucos; declinante, minguante: *febre decrescente*. **2**. Diz-se do ditongo em que a vogal vem antes da semivogal (p. ex.: *pai*). · Antôn.: *crescente* → **decrescer** *v* (diminuir aos poucos); **decrescimento** ou **decréscimo** *sm* (diminuição gradual).

de.cre.to *sm* Decisão ou resolução emanada de uma autoridade, geralmente presidente, governador e prefeito, que obriga a observância. → **decretação** *sf* (ato ou efeito de decretar); **decretar** *v* (estabelecer por decreto).

de.cre.to-lei *sm* Decreto que tem força de lei, emanado do poder executivo, por estar excepcionalmente acumulando as funções do poder legislativo. · Pl.: *decretos-lei* ou *decretos-leis*.

de.cú.bi.to *sm* Posição de quem está deitado. ·· **Decúbito dorsal**. Posição de quem está deitado de barriga para cima. ·· **Decúbito lateral**. Posição de quem está deitado de lado. ·· **Decúbito ventral**. Posição de quem está deitado de barriga para baixo, ou seja, de bruços.

dé.cu.plo *num* **1**. Multiplicativo de dez: *20 é o décuplo de 2*. // *sm* **2**. Número ou quantidade dez vezes maior que outra ou repetida dez vezes. → **decuplicar(-se)** *v* (tornar(-se) dez vezes maior].

de.cur.so *sm* **1**. Ato ou efeito de decorrer; decorrência. **2**. Passagem de determinado tempo; transcurso: *só se tornou responsável com o decurso dos anos; nada aprendeu no decurso dos cinco anos de faculdade*. **3**. Prazo de tempo já esgotado ou decorrido: *não serão aceitos documentos enviados após decurso de prazo*. **4**. Sucessão, sequência: *o decurso dos fatos veio provar que eu estava certo*. **5**. Percurso, curso: *no decurso da viagem, conheci uma linda garota*. **6**. Tempo de duração; transcurso: *no decurso de seu mandato, o presidente concedeu anistia ampla, geral e irrestrita*. **7**. Distância ou espaço percorrido; percurso: *o decurso do Sol*.

de.dal *sm* Utensílio que se encaixa no dedo, para empurrar a agulha, quando se costura.

de.dar *v Pop*. Apontar como culpado; delatar, dedurar: *dedar um colega*.

de.dei.ra *sf* **1**. Peça usada no polegar por tocadores de violão, para percutir as cordas graves. **2**. Cada um dos entalhes que constituem o índice de dedo de livros volumosos, como dicionários, enciclopédias, etc. **3**. Qualquer coisa com que se reveste o dedo.

de.de.tê *sm* V. **DDT**.

de.di.car *v* **1**. Oferecer como homenagem ou por afeto: *dedicar um poema à namorada*. **2**. Consagrar, devotar: *dedico-lhe grande estima*. **3**. Consagrar ao culto de: *o povo dedicou essa basílica a Nossa Senhora Aparecida*. **4**. Aplicar, empregar: *dedico minhas horas de lazer à leitura*. **dedicar-se 5**. Oferecer grande parte do seu tempo, consagrar-se: *dedicar-se à música*. → **dedicação** *sf* [ato ou efeito de dedicar(-se)]; **dedicado** *adj* (que se sacrifica por alguém ou por algo; consagrado, devotado: *mãe dedicada aos filhos*); **dedicatória** *sf* (inscrição em livro, disco, etc., na qual o autor oferece o seu trabalho a alguém).

de.di.lhar *v* **1**. Fazer vibrar (instrumento de cordas) com os dedos: *dedilhar uma harpa*. **2**. Bater com os dedos, tamborilar: *dedilhar na mesa*. → **dedilhação** *sf* ou **dedilhamento** *sm* (ato ou efeito de dedilhar).

de.do *sm* **1.** Cada uma das extremidades da mão, do pé ou da luva. **2.** Medida equivalente à largura de um dedo humano. **3.** Porção ou quantidade muito pequena; pitada: *um dedo de pimenta na comida.* **4.** *Fig.* Intervenção segura; poder: *demorou, mas ele acabou conhecendo o dedo da Justiça.* **5.** *Fig.* Mão, influência: *sente-se o dedo do diretor nesse filme.* •• **A dedo.** Com extremo critério ou cuidado: *Escolhe suas amizades a dedo.*

de.do-du.ro *sm* Alcaguete, delator(a). · Pl.: *dedos-duros.* → **dedurar** *v* (alcaguetar, dedar).

de.du.zir *v* **1.** Chegar a uma resposta, decisão ou conclusão pela lógica ou por pensar cuidadosa e meticulosamente sobre os fatos; concluir: *a partir desses dados, deduzo que a população brasileira decresceu; deduzi que ele é inocente.* **2.** Abater, descontar: *deduzir as despesas de viagem.* → **dedução** *sf* (**1.** ação ou efeito de deduzir, abatimento; **2.** conclusão); **dedutivo** *adj* (rel. a dedução ou que procede por dedução lógica: *argumento dedutivo, raciocínio dedutivo; as crianças têm mais dificuldade com explicações dedutivas do que com explicações empíricas*).

defacer [ingl.] *s2gên Hacker* que invade *websites* para alterar o seu conteúdo. · Pl.: *defacers.* · Pronuncia-se *difêicár.*

de.fa.sa.gem *sf* **1.** Ato ou efeito de defasar. **2.** Em física, diferença de fase entre dois fenômenos alternativos da mesma frequência. **3.***P.ext.* Diferença, discrepância, desproporção, disparidade: *existe alguma defasagem de idade entre esses rapazes; a defasagem tecnológica entre as duas Coreias é gritante.* **3.** Divergência, desencontro, incompatibilidade: *é normal que haja defasagem de opiniões numa casa parlamentar.* → **defasar** *v* (produzir defasagem em).

default [ingl.] *sm* Em informática, valor que o usuário estabelece como parâmetro operacional do aplicativo com que trabalha. · Pl.: *defaults.* · Pronuncia-se *difóut.*

de.fe.car *v* **1.** Separar as impurezas de (um líquido). **2.***P.ext.* Purificar, limpar: *é preciso defecar o Congresso.* **3.** Expulsar naturalmente as matérias fecais do organismo pelo ânus; evacuar, cagar. → **defecação** ou **defecada** *sf* (ação de defecar; evacuação, cagada); **defecatório** *adj* (que faz defecar). (A 6.ª ed. do VOLP registra *cagada,* mas não *defecada*).

de.fec.ti.vo *adj* Diz-se do verbo imperfeito, que não tem todas as formas (p. ex.: *abolir*). → **defectibilidade** *sf* (qualidade, condição ou o fato de ser defectível; falibilidade); **defectível** *adj* (**1.** sujeito a engano ou falha; falível: *o homem é um ser defectível;* **2.** que tem defeito; defeituoso, imperfeito: *governo defectível*).

de.fei.to *sm* **1.** Imperfeição física, moral ou estética, falha. **2.** Imperfeição em objeto que lhe estraga a aparência ou lhe prejudica o bom uso. → **defeituoso** (ô; pl.: ó) *adj* (que apresenta algum defeito; imperfeito).

de.fen.der *v* **1.** Assistir, amparar: *esse governo defende os pobres?* **2.** Proteger contra estranhos: *o cão defende a casa.* **3.** Sustentar com argumentos ou razões: *cada um deve defender sua opinião.* **4.** Praticar a defesa de (sua equipe): *é um goleiro que defende bolas como nenhum outro.* → **defender-se 5.** Resistir: *se me atacam, eu me defendo.* · Antôn.: *atacar.* · V. **defesa.** → **defensiva** *sf* (**1.** conjunto dos meios de defesa; **2.** posição de quem se defende), de antôn. *ofensiva;* **defensivo** *adj* (próprio para se defender) e *sm* (produto químico contra pragas agrícolas; agrotóxico, pesticida); **defensor** (ô) *adj* e *sm* (que ou aquele que defende ou protege alguém ou algo).

de.fe.rên.cia *sf* Respeito com cortesia. → **deferente** *adj* (respeitoso, atencioso), que não se confunde com *diferente.* •• **Ducto deferente.** Qualquer ducto interno que conduz fluidos para fora ou para baixo.

de.fe.rir *v* Atender ou anuir a (pedido ou requerimento); *o diretor deferiu meu pedido.* (Não se confunde com *diferir.*) · Conjuga-se por *ferir.* → **deferimento** *sm* (ato ou efeito de deferir; despacho favorável), que não se confunde com *diferimento.*

de.fe.sa (ê) *sf* Ato ou efeito de defender(-se). · Antôn.: *ataque.*

de.fe.so *adj* **1.** Proibido, impedido: *é defeso fumar em elevadores.* // *adj* **2.** Época do ano em que é proibida a caça ou a pesca. (Não se confunde com *defesso.*)

de.fes.so *adj* Cansado, fatigado. (Não se confunde com *defeso.*)

dé.fi.ce *sm* Aquilo que falta para as receitas financeiras igualarem o montante das despesas. → **deficitário** *adj* (que apresenta défice). (Desde que esta grafia tem registro no VOLP, convém preferi-la a *déficit.*)

de.fi.ci.ên.cia *sf* Falta, carência. → **deficiente** *adj* (falto, carente).

deficit [lat.] *sm* V. **défice.** · Antôn.: *superávit* (segundo o VOLP).

de.fi.nhar(-se) *v* Tornar(-se) magro ou fraco; enfraquecer: *a aids definha o doente.* → **definhamento** *sm* [ato ou efeito de definhar(-se); enfraquecimento ou emagrecimento excessivo].

de.fi.nir *v* **1.** Dar a definição de, conceituar: *definir um fenômeno.* **2.** Explicar o significado exato, preciso de (um termo): *defina amor!* **3.** Determinar, delimitar: *definir uma área para reserva indígena.* **4.** Manifestar claramente: *vou definir minha posição acerca desse assunto.* **5.** Fixar, marcar, estabelecer: *definir o tempo de uma corrida.* **definir-se 6.** Declarar-se, decidir-se: *o Congresso tem de se definir contra o aumento de impostos.* → **definição** *sf* [ato ou efeito de definir(-se)]; **definido** *adj* [**1.** claramente determinado; fixo, marcado: *data definida para o casamento; os limites do terreno já estão definidos;* **2.** diz-se do artigo que individualiza o substantivo (p. ex.: **o** livro)].

de.fi.ni.ti.vo *adj* **1.** Que não vai ser alterado ou reformulado; conclusivo, final, irrevogável: *decisão definitiva, diagnóstico definitivo sobre uma doença.* **2.** Categórico, terminante: *foi uma vitória definitiva, que não dá margem a dúvidas; é um livro definitivo sobre os alienígenas.* **3.** Que é o mais completo e acurado; considerado o melhor do seu gênero: *publicaram um guia definitivo sobre o Brasil.* · Antôn. (1): *provisório;* (2): *vacilante, hesitante;* (3): *sofrível.* •• **Em definitivo.** Sem possibilidade de modificação; definitivamente: *O vice assumiu em definitivo o cargo.*

de.fla.ção *sf* Situação econômica caracterizada por uma queda forte e contínua do nível geral de preços, associada à quebra do ritmo das atividades econômicas, com contração do crédito, redução de circulação do papel-moeda, etc., em consequência do desequilíbrio entre oferta e demanda. · Antôn.: *inflação.* → **deflacionar** *v* (desinflacionar); **deflacionário** *adj* (rel. a deflação).

de.fla.grar *v* **1.** Provocar (algo destruidor ou pungente): *deflagrar uma rebelião.* **2.** Fazer arder com chama cintilante: *deflagrar um fósforo.* **3.** Arder rapidamente, explodindo e lançando chama intensa: *o depósito de explosivos deflagrou, causando vítimas.* **4.** Estourar, rebentar: *a guerra deflagrou a 1.º de setembro.* → **deflagração** *sf* (ato ou efeito de deflagrar).

de.flo.rar ou **des.flo.rar** *v* **1.** Tirar a flor a; desflorar: *o vento deflorou a mangueira.* **2.** Romper o hímen de (virgem) durante o coito, por acidente, cirurgicamente ou em exame vaginal; tirar a virgindade de, propositada ou acidentalmente; desvirginar. → **defloração** ou **desfloração** *sf* ou **defloramento** ou **desfloramento** *sm* (ato ou efeito de deflorar).

de.flu.xo (x = ks ou ss) *sm* **1.** Inflamação da mucosa nasal. **2.** Corrimento nasal copioso, resultante dessa inflamação.

de.for.mar(-se) *v* Tornar(-se) desfigurado; desfigurar(-se): *o acidente deformou-lhe o rosto; seu rosto se deformou no acidente.* → **deformação** *sf* [ato ou efeito de deformar(-se)]; **deformado** *adj* (que se deformou; desfigurado); **deformidade** *sf* (estado de deformado; perda da forma original).

de.frau.dar *v* **1.** Fraudar, adulterar: *defraudar as contas públicas.* **2.** Privar dolosamente; espoliar: *defraudar o filho mais velho da herança; defraudar funcionários.* **3.** Desrespeitar ou contrariar (lei, regra, etc.) mediante subterfúgio: *jornalistas que defraudam as normas gramaticais.* **4.** Macular, manchar: *esse fato defraudou a imagem que eu tinha da empresa; defraudar expectativas.* **5.** Frustrar, decepcionar: *defraudar expectativas.* **6.** Fazer sofrer perda, mediante meios desonestos; fraudar: *defraudar um sócio.* → **defraudação** *sf* ou **defraudamento** *sm* (ato ou efeito de defraudar).

de.fron.tar *v* **1.** Estar defronte de: *o cinema defronta o clube.* **2.** Enfrentar, encarar: *meu time vai defrontar o seu, domingo.* **defrontar-se 3.** Ficar frente a frente com alguém ou com uma situação, sem demonstrar medo; enfrentar, confrontar-se: *defrontei-me com inúmeros perigos, durante a viagem.* **4.** Encontrar, topar: *defrontei-me com um leão, na mata.* → **defrontação** *sf* ou **defrontamento** *sm* [ato ou efeito de defrontar(-se)].

de.fron.te *adv* Na frente. •• **Defronte a** (ou **de**). Em frente a, diante de: *Estávamos defronte à* (ou *da*) *nossa casa.* •• **Defronte de.** Em comparação com; comparado a: *Defronte de você, não sou ninguém.*

de.fu.mar *v* **1.** Secar sob a ação da fumaça: *defumar a carne de porco.* **2.** Queimar substância aromática em, para afastar maus-olhados: *defumei meu quarto com alecrim.* **defumar(-se) 3.** Perfumar(-se) com a fumaça de substância aromática: *defumei todas as roupas da casa; antes de se deitar, ela sempre se defuma.* → **defumação** ou **defumadura** *sf* [ato ou efeito de

defumar(-se)]; **defumador** (ô) *adj* e *sm* (que ou o que defuma) e *sm* (**1**. vaso em que se defuma; defumadouro; **2**. substância usada na defumação); **defumadouro** *sm* [defumador (1)].

de.fun.to *adj* **1**. Que perdeu a vida. // *sm* **2**. Homem morto; cadáver. • Fem.: *defunta*. • Antôn.: *vivo*.

de.gas *s2gên* A pessoa que fala (eu): *ela gosta mesmo é do degas aqui, rapaz!* (É uma forma de alguém se referir à própria pessoa, sem dizer o nome, geralmente em tom de brincadeira ou de galhofa.)

de.ge.lo ou **des.ge.lo** (ê) *sm* Descongelação. • Antôn.: *congelação*. → **degelar** ou **desgelar** *v* (**1**. derreter, descongelar; **2**. remover o gelo de), de antôn. *congelar*.

de.ge.ne.rar(-se) *v* Mudar para pior: *as drogas degeneram o homem; o jogo degenerou em pancadaria; com as drogas, o homem só (se) degenera*. → **degeneração** *sf* [ato ou efeito de degenerar(-se)]; **degenerado** *adj* e *sm* (que ou aquele que se degenerou, depravou ou corrompeu; depravado); **degenerativo** *adj* (que provoca degeneração; que piora).

de.ger.ma.ção *sf* Remoção de impurezas, detritos, sujeira e microrganismos de um tecido vivo (a pele das mãos, p. ex.) através de meios quimiomecânicos: *a degermação das mãos é uma prática extremamente relevante na prevenção da infecção hospitalar*. → **degermante** *adj* e *sm* (que ou produto químico que, por meio de ação física, é ativo contra todas as formas de bactérias, fungos e vírus: *solução degermante*). (A 6.ª ed. do VOLP não traz nem uma nem outra.)

de.glu.tir *v* Engolir com esforço: *por causa da cirurgia na garganta, ele deglutia os alimentos*. → **deglutição** *sf* (ato ou efeito de deglutir).

de.go.lar *v* Separar a cabeça do corpo de: *o acidente degolou o motorista*. → **degola** ou **degolação** *sf* (ato ou efeito de degolar); **degola** *sf* (**1**. degolação; **2**. dispensa em massa de empregados ou reprovação maciça de alunos).

de.gra.dar *v* **1**. Destituir de cargo, honras ou insígnias de maneira humilhante; rebaixar; exauturar: *degradar um militar; o diretor degradou o professor rebelde*. **2**. Humilhar; aviltar: *é um consulado que costuma degradar os brasileiros que vão tirar o visto*. **3**. Deteriorar, estragar: *as queimadas degradam o solo*. **4**. Punir com o exílio; banir: *o ditador degradou os adversários*. **5**. Graduar, diminuindo: *graduar cores ou sombras*. **degradar(-se)** **6**. Tornar(-se) desprezível; aviltar(-se). → **degradação** *sf* ou **degradamento** *sm* [ato ou efeito de degradar(-se)]; **degradante** *adj* (que rebaixa na dignidade, na categoria, na apresentação; que degrada; humilhante).

dégradé [fr.] *sm* **1**. Diz-se de cor, vidro ou lente que apresenta variações graduais de cor, em ordem decrescente. // *sm* **2**. Conjunto de tonalidades diferentes de uma mesma cor, em ordem decrescente de nível de intensidade. • Pronuncia-se *degradê*.

de.grau *sm* **1**. Cada uma das partes da escada na qual se apoia o pé. **2**. *P.ext*. Meio de que alguém se vale para atingir seu objetivo.

de.gre.do (ê) *sm* Pena que consiste na expulsão da terra natal; desterro. → **degredar** *v* (expulsar da terra natal, desterrar).

de.gres.si.vo *adj* Que vai diminuindo ou reduzindo gradativamente: *velocidade degressiva*. • Antôn.: *progressivo*. → **degressão** *sf* (redução ou diminuição gradativa: *a degresssão da taxa de juros*).

de.grin.go.lar *v* Tornar-se pior, arruinar-se: *a economia brasileira quase degringolou em 1989*. → **degringolada** *sf* (queda, decadência, ruína).

de.gus.tar *v* Provar pelo paladar, experimentar; delibar: *degustar um bom vinho*. → **degustação** *sf* (ato ou efeito de degustar); **degustador** (ô) *adj* e *sm* (que ou aquele que degusta, saboreia ou prova) e *sm* (aquele que, princ. em supermercados, tem o ofício de oferecer às pessoas bebidas ou produtos alimentares recentemente lançados, para que elas os provem e saboreiem, a fim de que os aprovem e adquiram).

dei.da.de *sf* **1**. Divindade mitológica; deusa. **2**. Mulher formosíssima; tigresa.

dei.fi.car *v* **1**. Tomar (alguém) por divindade e prestar-lhe culto; endeusar. **2**. Fazer a apoteose de; endeusar, mitificar. → **deificação** *sf* (ato ou efeito de deificar; endeusamento).

de.is.cen.te *adj* Diz-se do fruto que se abre espontaneamente depois de maduro, para deixar cair a semente. → **deiscência** *sf* (abertura espontânea e natural de um órgão vegetal, que deixa cair a semente).

de.ís.mo *sm* Crença na existência de um ser supremo, criador do universo que não interfere nos assuntos humanos por meio de milagres ou revelação sobrenatural nem interage com a humanidade; crença em Deus baseada na razão, e não no ensino de qualquer religião específica: *no final do séc. XVII, o deísmo era a crença dominante entre as classes educadas da Europa, tendo sido aceito inclusive pelos três primeiros presidentes americanos*. → **deísta** *adj* (rel. a deísmo) e *adj* e *s2gên* (que ou pessoa que é adepta do deísmo: *os deístas afirmam que a razão pode encontrar evidências de Deus na natureza e que Ele criou o mundo e depois o deixou; como os deístas não acreditam em um Criador que interfere nos assuntos humanos, eles consideram infrutífero qualquer esforço para evocá-Lo por Seus favores*).

dei.tar *v* **1**. Colocar (pessoa ou coisa) ao comprido, horizontalmente: *já deitei as crianças na cama*. **deitar-se 2**. Meter-se ao comprido, em cama, sofá, no chão, etc.: *a que horas você se deita?*

dei.xa *sf* **1**. Ato ou efeito de deixar; herança, legado. **2**. Em teatro, última palavra de um ator, indicativa de que outro deve começar a falar ou entrar em cena. **3**. Oportunidade de fala ou de interferência num debate, conversação, etc.

dei.xa-dis.so *sm* Separação de briguentos. (Usado exclusivamente na expressão *a turma do deixa-disso*.)

dei.xar *v* **1**. Largar, abandonar: *deixar os estudos*. **2**. Não considerar, deixar de lado: *deixemos esse caso, que não nos interessa!* **3**. Sair de: *deixamos a estrada, para tomarmos um atalho*. **4**. Permitir, admitir: *deixei-a ir*. **5**. Adiar: *não deixes para depois o que podes fazer hoje!* **6**. Desabituar-se, largar: *deixar o vício*. **7**. Causar, partindo ou morrendo: *ela deixou saudades*. **8**. Separar-se de, morrendo: *ele deixou muitos herdeiros*. **9**. Tornar possível: *a forte neblina não deixa ver a estrada*. **10**. Manter num estado, lugar, situação, etc., não intervindo: *deixe tudo como está!* **11**. Parar: *deixe de fumar!*

déjà vu [fr.] *loc sm* **1**. Em psicologia, ilusão de já ter experimentado ou vivido alguma coisa que ora se experimenta ou vive pela primeira vez. **2**. Sensação de familiaridade com algo que, aparentemente, está sendo experimentado ou vivenciado pela primeira vez. • Pronuncia-se *dêja vu*.

de.je.ção *sf* **1**. Evacuação de fezes. **2**. Matéria evacuada; dejeto, fezes, excremento. **3**. *Fig*. Tristeza, depressão, melancolia, baixo-astral. // *sfpl* **4**. Matéria lançada pelos vulcões. → **dejeto** [dejeção (1)].

de.la.tar *v* Denunciar ou comunicar voluntariamente (um delito ou seu autor) a uma autoridade: *ele delatou todos os companheiros*. (Não se confunde com *dilatar*.) → **delação** *sf* (ato ou efeito de delatar; denúncia); **delator** (ô) *adj* e *sm* (que ou aquele que delata). •• **Delação premiada**. Instituto jurídico pelo qual um réu diz o que sabe em troca de um alívio na pena, tida como certa.

délavé [fr.] *adj* Diz-se de qualquer coisa que perdeu a cor, tornando-se pálido ou desbotado: *tecido délavé*. • Pronuncia-se *delavê*.

de.le (ê) *contr* da preposição *de* com o pronome pessoal *ele*.

de.le.ção *sf* **1**. Destruição: *deleção de sintomas*. **2**. Remoção. **3**. Tipo de mutação que envolve a perda de material genético. • V. **deletar**.

de.le.ga.do *sm* **1**. Aquele que recebeu delegação (encargo) da comunidade ou autoridade superior para agir em seu nome. **2**. Enviado, emissário: *delegados de paz da ONU*. **3**. Aquele que é autorizado por outrem a representá-lo; representante. **4**. Numa delegacia, a maior autoridade policial; bacharel em direito. → **delegacia** *sf* (**1**. repartição em que um delegado exerce as suas funções; **2**. cargo de delegado).

de.le.gar *v* **1**. Transmitir por delegação ou confiança: *delegar poderes*. **2**. Enviar (alguém) como delegado ou com investido de poder(es) para agir em nome de outrem, incumbir: *delegar representantes a um congresso*. → **delegação** *sf* (**1**. ato ou efeito de delegar ou confiar a outrem certa representatividade; **2**. comissão representativa); **delegante** *adj* e *s2gên* (que ou pessoa que delega); **delegatário** *adj* e *sm* (que ou aquele a quem se delega poderes e/ou representatividade).

de.lei.te *sm* O maior grau de delícia ou de prazer levado ao seu extremo, de que já não se pode passar; deleitação, deleitamento, → **deleitação** *sf* ou **deleitamento** *sm* (satisfação plena); **deleitar** *v* (causar grande prazer a, agradar muito, deliciar); **deleitar-se** (sentir grande prazer; deliciar-se).

de.le.tar *v* **1**. Apagar, remover (texto, arquivo, documento): *deletar dados do computador*. **2**. *Pop*. Apagar da memória;

esquecer: *delete as adversidades da vida, para viver melhor!; amigos de infância, muitos eu tive de deletar.* → **deleção** ou **deletação** *sf* (ato ou efeito de deletar).

de.le.té.rio *adj* **1**. Que causa dano, muitas vezes de forma sutil; nocivo; prejudicial: *o divórcio tem efeitos deletérios nas crianças.* **2**. Nocivo à saúde; pernicioso: *as drogas têm efeito deletério sobre o sistema nervoso central.* **3**. Que corrompe: *as más companhias exercem influência deletéria sobre nossos filhos.* · Antôn. (1): *salubre, saudável.* → **deleteriedade** *sf* (qualidade, estado ou condição de deletério).

del.fim *sm* Mamífero cetáceo também conhecido por *golfinho.* → **delfínico** ou **delfinino** *adj* (rel. ou sem. a delfim).

del.ga.do *adj* **1**. De pouca grossura; fino. **2**. Magro. → **delgadeza** (ê) *sf* (qualidade de delgado).

de.li.bar *v* Provar ou avaliar pelo paladar; degustar: *delibar um vinho.* → **delibação** *sf* (ato ou efeito de delibar).

de.li.be.rar *v* **1**. Resolver ou decidir após muita reflexão, discussão, debate ou exame minucioso: *acumulei tantos e tantos poemas, que deliberei reuni-los num volume.* **2**. Examinar atentamente, refletir cuidadosamente (antes de tomar uma decisão): *os professores se reunirão para deliberar sobre a greve.* → **deliberação** *sf* (ato ou efeito de deliberar); **deliberativo** *adj* (que tem poderes para deliberar).

de.li.ca.do *adj* **1**. Suave ou gentil no trato; cortês, polido, amável: *os diplomatas são delicados de maneiras.* **2**. Refinado, apurado, requintado, sofisticado: *gosto delicado; fruta de sabor delicado; ter ouvido delicado.* **3**. Extremamente fino na textura, qualidade, acabamento, etc.: *as teias de aranha são extremamente fortes, porém delicadas; rendas delicadas; móveis e quadros delicados.* **4**. Deliciosamente suave, brando, agradável, princ. aos sentidos: *toda brisa é naturalmente delicada; as rosas têm perfume delicado; os franceses fazem pratos delicados em seus restaurantes.* **5**. Pequeno e sutil; tênue: *fios delicados; o homem surgiu tão somente para perturbar o delicado equilíbrio da natureza.* **6**. Que requer grande cuidado, por ser débil, fraco, frágil; *pessoa de saúde delicada; o cristal é um material delicado; joia delicada.* **7**. Que exige muita habilidade; melindroso, difícil, complicado, complexo: *cirurgia delicada; questão delicada.* **8**. Que se ofende facilmente; muito sensível: *estômago delicado não tolera pimenta.* **8**. Macio ao toque; suave: *pele delicada.* **9**. De forma atraente, graciosa, elegante: *mulher de mãos e pés delicados.* **10**. Esmerado, caprichoso, primoroso: *é uma delicada obra de arte; um entalhe delicado.* **11**. Constrangedor, embaraçoso, complicado: *ela sempre me deixa em situação delicada.* **12**. Diz-se de homem que tem modos e atitudes femininos; afeminado. **13**. Meigo, afetuoso: *presentear com flores é um gesto delicado.* **14**. Mimoso, gracioso; *bordado delicado.* **15**. Que exige muito cuidado, esmero ou zelo: *trabalho delicado.* **16**. Capaz de medir mudanças muito pequenas: *os meteorologistas têm equipamentos extremamente delicados.* **17**. Extremamente leve: *ela veste um delicado tom de rosa.* · Antôn. (1): *indelicado, grosseiro, rude;* (6): *resistente;* (7): *fácil, simples.* → **delicadeza** (ê) *sf* (qualidade de delicado).

de.li.ca.tés.sen *sf* **1**. Pequena loja, muito bem-montada, que vende alimentos preparados e prontos para serem servidos (queijos, saladas, pães, etc.), além de guloseimas, bebidas e iguarias e conservas finas; empório. // *sfpl* **2**. Conjunto de todos esses alimentos. (A 6.ª ed. do VOLP registra a palavra apenas como sfpl.)

de.lí.cia *sf* **1**. Grande prazer físico ou espiritual, sensação extremamente agradável. **2**. Coisa deliciosa, gostosura. → **deliciar(-se)** *v* [deleitar(-se)]; **delicioso** (ô) *adj* (cheio de delícias, de pl.: (ó) e antôn. *detestável.*

de.li.mi.tar *v* Marcar os limites de, demarcar. → **delimitação** *sf* (ato ou efeito de delimitar; demarcação); **delimitado** *adj* (demarcado: *a área delimitada pelo governo à reserva indígena foi considerada insuficiente pelos índios*); **delimitador** (ô) *adj* e *sm* (que ou o que delimita ou demarca) e *sm* (caráter, símbolo ou espaço que, em informática, marca o início ou o final de uma unidade de dados).

de.li.ne.ar *v* **1**. Desenhar ou riscar os traços gerais de, esboçar: *delinear o rosto de alguém.* **2**. Descrever em linhas gerais, dar uma ideia sucinta de: *delinear o caráter de alguém.* · Conjugase por *frear.* → **delineação** *sf* ou **delineamento** *sm* (ato ou efeito de delinear).

de.lin.quên.cia (o **u** soa) *sf* **1**. Conjunto de infrações penais, praticadas geralmente por menor de idade. **2**. À totalidade de delinquentes: *a delinquência não sossega.* → **delinquente**

(o **u** soa) *adj* e *s2gên* (que ou adolescente que pratica crime); **delinquir** (o **u** soa) *v* [cometer crime ou delito (menor de idade)], que se conjuga por *abolir.*

de.lí.rio *sm* **1**. Distúrbio mental agudo, que ocorre durante uma febre, intoxicação, uso de drogas e até por efeito de muita alegria, caracterizado por inquietação, alucinações e incoerência de pensamento e fala desordenada; *nos casos de delírio grave, as pessoas podem nem mesmo saber quem são.* **2**. *Fig.*Transtorno espiritual violento, causado por uma grande paixão: *o trabalho protege-nos do delírio.* **3**. *Fig.* Emoção ou excitação incontrolável; excesso de entusiasmo, exaltação, frenesi, arrebatamento, êxtase: *o gol no último minuto levou a torcida ao delírio.* → **delirante** (id (1. que delira ou está em delírio; **2**. próprio de quem delira; extravagante: *ideias delirantes*); **delirar** *v* (**1**. dizer repetida e irrefletidamente palavras desconexas, por causa de doença; ter delírio; variar; **2**. demonstrar intensamente uma emoção; exultar, entusiasmar-se: *a cada passe dos jogadoress, a torcida delirava: olé!, olé!*).

de.li.to *sm* Ato humano voluntário, que a lei estabelece como punível; transgressão da lei penal; crime. → **delituoso** (ô; pl.: ó) *adj* (em que há delito; criminoso).

delivery [ingl.] *sm* **1**. Sistema de entrega rápida de mercadorias em domicílio, princ. de comida e medicamentos. **2**. Sistema de entrega de compra via computador. · Pl.: *deliveries.* · Pronuncia-se *delíveri.*

de.lon.ga *sf* **1**. Ato de delongar(-se); delongamento. **2**. Demora na execução de alguma coisa; procrastinação, dilação: *a justiça foi feita sem delonga.* **3**. Período de tempo durante o qual uma coisa é objeto de retardamento: *a delonga do processo durou anos.* **4**. Intervalo de tempo entre dois fatos: *a delonga entre o crime e o julgamento foi de três anos.* → **delongamento** *sm* [delonga (1)]; **delongar** *v* (**1**. adiar, procrastinar: *delongar uma decisão;* **2**. prolongar, estender: *delonguei minha estada no hotel*); **delongar-se** (prolongar-se, estender-se: *vou me delongar um pouco neste tema*).

del.ta *sm* **1**. A quarta letra do alfabeto grego, correspondente ao nosso D. **2**. Tipo de foz fluvial de forma triangular. **3**. Em matemática, acréscimo finito numa variável. → **deltaico** *adj* [rel. a delta (2): *o delta do rio Doce representa o principal ambiente deltaico do Espírito Santo*].

del.ta.pla.no (dèl) *sm* Asa-delta (1). → **deltaplanar** (dèl) *v* (voar de asa-delta); **deltaplanismo** (dèl) *sm* (prática ou ato de voar de asa-delta); **deltaplanista** (dèl) *s2gên* (pessoa que deltaplana).

de.ma.go.gi.a *sf* **1**. Politicagem, cuja característica é explorar a paixão e a boa-fé do povo, para satisfazer a interesses próprios ou de camarilhas: *no Brasil nunca houve demagogia..* **2**. Simulação de pobreza, modéstia, humildade, simplicidade, etc., para lograr princ. eleitores. → **demagógico** *adj* (rel. a demagogia ou caracterizado por demagogia); **demagogo** (ô) *adj* e *sm* (que ou aquele que é dado à demagogia).

de.mais *adv* **1**. Demasiado, muito., em excesso: *falei demais; ela ficou bonita demais; café doce demais; sua casa é longe demais.* // *pron pl* **2**. Os restantes.: *você fica, os demais estão dispensados.* **3**. Outros(as); restantes.: *dispensei os demais candidatos.* // *palavra denotativa de situação* **4**. Além do quê; de mais a mais: *demais, eu nem estava lá para saber realmente o que houve.* ·· **Demais a mais**. Além de tudo isso; ainda por cima; por cúmulo: *Os deputados corruptos obstruíram os trabalhos da CPI, mentiram, choraram, ameaçaram e demais a mais pousavam de vítimas!* ·· **Demais da conta**. Demasiadamente; em excesso: *O homem fumava demais da conta!* ··· Convém conhecer a diferença de emprego entre o advérbio *demais* e a locução substantiva *de mais,* contrária a *de menos. Demais* é advérbio e se usa como visto acima. *De mais* indica quantia ou quantidade em excesso e facilmente se substitui por a *mais*: *Devolveram-me troco de mais. Café com açúcar de mais eu não tomo. Onde há problemas de mais, há paciência de meno. Ela fez comida de mais. Saúde, assim como dinheiro, nunca é de mais.* Modifica sempre um substantivo. Antecedido de *nada,* equivale a *de incomum* ou de *extraordinário*: *Não vejo nada de mais nessa mulher, para ela querer ser miss. Não aconteceu nada de mais em nossa viagem.*

de.man.da *sf* **1**. Em direito, ato de requerer em juízo, começando uma ação; causa: *da demanda à sentença foram dez anos.* **2**. Em economia, desejo por mercadorias ou serviços, associado com a capacidade de compra; procura: *há grande demanda por televisores em ano de Copa do Mundo.* **3**. Cota de energia elétrica necessária ao consumo de empresa industrial, cidade, etc. ·· **Demanda agregada** (ou **de mercado** ou **global**). Quantidade de bens ou de serviços que o consumidor deseja adquirir ou utilizar, num determinado período de tempo e por determinado preço.

de.man.dar *v* **1**. Requerer em juízo contra, para obter algum presumido direito: *a mulher demandou o ex-marido e perdeu.* **2**. Requerer em juízo: *foi a mulher, e não o marido, quem demandou o divórcio.* **3**. Exigir, requerer: *um dicionário inovador demanda muita pesquisa e tempo.* **4**. Precisar ou necessitar de; exigir: *o Brasil demanda estadistas; seu estado de saúde demanda ainda muitos cuidados.* **5**. Exercer demanda (2): *a população demanda televisores em ano de Copa do Mundo.* **6**. Dirigir-se para: *muitos torcedores demandam neste instante o estádio do Maracanã.*

de.mão *sf* **1**. Cada uma das camadas de cal, tinta, verniz, etc. que se dá a uma superfície; mão: *deram só uma demão de tinta nessa parede.* **2**. Ajuda ou auxílio (para carregar algum peso); mão: *dei-lhe uma demãozinha para carregar o pacote.* · Pl.: *demãos.*

de.mar.car *v* **1**. Traçar os limites de, delimitar: *já demarquei minhas terras.* **2**. Determinar, fixar, estabelecer, definir: *demarcar a pauta de uma reunião.* → **demarcação** *sf* (ato ou efeito de demarcar).

demarketing [ingl.] *sm* Estratégia de *marketing* que consiste em desencorajar a população a consumir determinado produto, serviço ou bem, como cigarros, energia, água, etc.: *o demarketing do consumo de cigarro envolve fotos chocantes nos maços.* · Pronuncia-se *dimárketim.*

de.ma.si.a *sf* O que é excessivo; excessos, abusos: *a demasia faz tudo mais caro.* → **demasiado** *adj* e *adv* (muito: *agiu com demasiado rigor; comer demasiado*). ·· **Em demasia**. Além do normal; demais, demasiado: *Trabalho em demasia causa estresse.*

de.men.te *adj* e *s2gên* Que ou pessoa que se acha privada da razão, da faculdade de entender e raciocinar; que ou pessoa que é alienada mental. → **demência** *sf* (estado de demente; alienação mental).

de.mé.ri.to ou **des.mé.ri.to** *sm* **1**. Aquilo que merece censura e faz perder a admiração, a consideração ou a estima das pessoas; falha, senão, defeito, imperfeição: *os méritos e deméritos de um piloto profissional; ela conhecia meus deméritos mais do que eu próprio.* **2**. Ausência de mérito; desvantagem; *no Brasil, há demérito em ser vice-campeão.* → **demeritório** *adj* (**1**. rel. a demérito; **2**. que causa perda da confiança, da estima ou da afeição: *conduta demeritória*). (A 6.ª ed. do VOLP registra *desmérito*, mas não *demeritório.*)

de.mer.sal *adj* Que vive ou ocorre nas camadas mais baixas do oceano ou de qualquer outro corpo aquoso: *tubarões demersais.*

dê.mi.co *adj* **1**. Relativo ao povo em geral ou povão: *se houver uma revolta dêmica dessa magnitude, quem é que segura?* **2**. Demográfico, populacional: *o Amapá é um estado de baixa densidade dêmica.* **3**. Relativo a qualquer doença epidêmica ou endêmica: *a AIDS, como doença dêmica que é, ainda é preocupação constante das autoridades sanitárias.*

de.mi.tir *v* **1**. Mandar (alguém) embora de um emprego ou de um serviço; despedir: *a loja demitiu dois funcionários.* **demitir-se 2**. Sair de um emprego ou serviço por vontade própria: *ele se demitiu para concorrer a um cargo público.* → **demissão** *sf* (ato ou efeito de demitir); **demissionário** ou **demitente** *adj* (que se demitiu ou foi demitido de cargo ou emprego); **demissório** *adj* (rel. a demissão); **demitido** *adj* e *sm* (que ou aquele que recebeu demissão).

de.mo *sm* Demônio, satanás.

demo [ingl.] *sm* **1**. Filme breve, CD, fita ou gravação fonográfica de uma nova música ou de um novo intérprete que se distribui com propósitos comerciais. **2**.*P.ext.* Qualquer coisa que se distribui para demonstrar ou tornar conhecido um produto a ser vendido. **3**.*P.ext.* Qualquer produto (carro, p. ex.) que se usa para demonstração ou *test-drive* e posteriormente é vendido com desconto. · Usa-se adjetivamente: *fita demo, versão demo,* etc. · Pl.: *demos.* · Pronuncia-se *démou.*

de.mo.cra.ci.a *sf* **1**. Forma de governo em que o povo vota, elegendo livremente seus representantes. **2**. Estado que adota essa forma de governo. → **democrata** *adj* e *s2gên* (que ou pessoa que é partidária da democracia); **democrático** *adj* (rel. a democracia); **democratização** *sf* [ato ou efeito de democratizar(-se)]; **democratizar(-se)** *v* [tornar(-se) democrático ou democrata].

démodé [fr.] *adj* Fora de moda; ultrapassado, obsoleto: *vestido démodé; carro démodé; gíria démodé.* · Pronuncia-se *demodê.*

de.mo.du.la.ção *sf* Operação inversa à modulação, que consiste na conversão do sinal analógico para o digital. → **demodulador** (ô) *sm* (dispositivo eletrônico que opera uma demodulação); **demodular** *v* (proceder à demodulação de).

de.mo.gra.fi.a *sf* **1**. Ciência que estuda as características das populações humanas (tamanho, crescimento, densidade, distribuição, migrações e estatísticas vitais, como nascimentos, doenças, mortes, casamentos, etc.). **2**. Taxa de população numa determinada cidade, região ou de uma determinada etnia: *a demografia de Jerusalém; a demografia judaica nos Estados Unidos.* **3**. Composição de uma determinada população humana: *a demografia da Europa está mudando.* → **demográfico** *adj* (rel. a demografia; populacional); **demógrafo** *sm* (aquele que é versado em demografia). ·· **Crescimento demográfico**. Taxa de aumento da população de uma região, de um país ou do mundo.

de.mo.lir *v* Desfazer aos poucos e completamente (uma construção); derrubar (o que estava construído): *demolir um prédio.* · Conjuga-se por *abolir.* → **demolição** *sf* (ato ou efeito de demolir).

de.mo.ne.ti.zar *v* V. **desmonetizar**.

de.mô.ni.mo *sm* Pseudônimo ou denominação imprecisa de um profissional, por não haver interesse, por alguma razão, na sua identificação.

de.mô.nio *sm* **1**. Na doutrina cristã, anjo que se rebelou contra Deus; gênio do mal. **2**. *Fig.* Pessoa má, cruel: *essa mulher é um demônio!* **3**. *Fig.* Pessoa de grande habilidade na sua atividade: *Pelé era um demônio para as defesas adversárias.* → **demoníaco** *adj* (rel. a demônio ou próprio do demônio; satânico, diabólico: *ideias demoníacas*).

de.mons.trar ou **de.mos.trar** *v* **1**. Provar de maneira incontestável; deixar claro por meio de raciocínio ou evidência: *demonstrar um teorema.* **2**. Confirmar, comprovar: *a ciência demonstrou que o Sol é o centro do nosso sistema; a investigação demonstrou que os bebês reconhecem a voz da mãe, logo após o nascimento.* **3**. Explicar ou esclarecer na prática; fazer a demonstração de: *ele conseguiu um emprego demonstrando o uso de eletrodomésticos pela televisão.* **4**. Manifestar, dar a conhecer, exprimir, mostrar: *demonstrar interesse numa compra.* **5**. Mostrar claramente; deixar claro ou patente, patentear: *demonstrou o seu valor; temos que lhes demonstrar que somos os melhores.* **demonstrar(-se)** ou **demostrar(-se) 5**. Revelar(-se): *seu rosto demonstra cansaço; ele se demonstrou bom ator.* → **demonstração** ou **demostração** *sf* (ato ou efeito de demonstrar); **demonstrativo** ou **demostrativo** *adj* [**1**. que tem o poder de mostrar com clareza e exatidão; **2**. que serve para deixar clara a verdade de alguma coisa; conclusivo; **3**. que tem de ser feito com demonstração; **4**. caracterizado por forte exibição de um sentimento ou qualidade; **5**. diz-se do pronome que situa o ser no tempo e no espaço, em relação às pessoas do discurso (p. ex.: **aquele** livro)] e *sm* (aquilo que serve para demonstrar ou esclarecer).

de.mo.rar *v* **1**. Atrasar, adiar ou retardar a realização ou a efetivação de: *a empresa anda demorando o pagamento ultimamente.* **2**. Deter-se por muito tempo: *o orador demorou muito nesses pormenores, e isso tornou o comício desinteressante.* **3**. Tardar a acontecer, a voltar ou a vir: *as mudanças na política econômica demoraram, mas vieram; vou até casa, mas não demoro; a resposta dela demorou, mas valeu a pena: foi positiva.* **4**. Custar a ser feito; levar algum tempo para ficar pronto: *o serviço no seu automóvel vai demorar; o senhor aguarda?* **5**. Ficar ou permanecer num lugar durante um tempo maior do que o normal ou o previsto; deter-se: *se você demorar muito na praia hoje, com este sol, vai ficar todo vermelho!* **demorar(-se) 6**. Levar tempo; tardar, custar: *o juiz demorou(-se) a dar a sentença.* **demorar-se 7**. Atrasar-se: *não se demorem, crianças; já está na hora de começarem as aulas!; se você se demorar um minuto, eu não a esperarei!* → **demora** *sf* [ato de demorar(-se); delonga], de antôn. *rapidez*; **demorado** *adj* (**1**. que dura além do tempo normal: *parada demorada; viagem demorada; serviço demorado; consulta demorada;* **2**. que chega com atraso; atrasado, tardio: *uma providência demorada*).

de.mó.ti.co *adj* **1**. Relativo ao povo ou às pessoas comuns; popular: *diversões demóticas.* **2**. Relativo à forma de linguagem usada por pessoas comuns; popular, coloquial, informal, por oposição à forma padrão: *querem legitimar e introduzir a* *linguagem demótica nas escolas.* // *sm* **3**. Língua cotidiana; discurso coloquial: *o grego moderno se baseia no demótico.*

de.mo.ver *v* **1**. Levar (alguém) a deixar de fazer alguma coisa; dissuadir: *seus colegas o demoveram de terminar o namoro.* **demover-se 2**. Renunciar a uma pretensão: *ele ainda não se demoveu da ideia de ser presidente.* **3**. Dar-se o trabalho; dispor-se: *ela nem se demoveu a me ouvir.*

den.dê *sm* **1**. Palmeira de cujo fruto se extrai um óleo de cozinha; dendezeiro. **2**. Esse fruto. → **dendezeiro** *sm* [dendê (1)].

de.ne.gar *v* **1**. Afirmar categoricamente que não é verdade; negar: *denegou todas as acusações que lhe foram feitas.* **2**. Não dar; negar, recusar-se a dar: *o prefeito denegará qualquer apoio nas próximas eleições.* **3**. Indeferir, não conceder: *o juiz denegou o pedido.* **4**. Impedir, não permitir: *o professor denegou a entrada na sala de aula do aluno atrasado.* **5**. Demonstrar desprezo ou desrespeito por; renegar, rejeitar: *ele denega toda e qualquer religião.* **6**. Não aceitar; recusar: *denegou o convite, o presente.* **7**. Desmentir: *a mulher o denegou na frente de todo o mundo.* **denegar-se 8**. Recusar-se, negar-se: *denegou-se a assinar o auto de infração de trânsito.* → **denegação** *sf* [ato ou efeito de denegar(-se)].

de.ne.grir(-se) ou **de.ni.grir(-se)** *v* **1**. Tornar(-se) escuro; escurecer: *o fumo denigre os dentes; o céu se denegriu com tantas nuvens plúmbeas.* **2**. *Fig.* Manchar(-se), macular(-se): *tantos escândalos denegriram sua imagem: foi um presidente que se denegriu com tantos escândalos.* **3**. *Fig.* Criticar(-se) de forma depreciativa; depreciar(-se), desprezar(-se): *ninguém deve denegrir as pessoas por terem credo diferente; ela não se denigre por ser feia.* **denegrir 4**. Negar a importância, a validade de; menosprezar, depreciar: *os corintianos denigrem a conquista do título mundial do Palmeiras, em 1951.* · Conjuga-se por *agredir.* → **denigração** *sf* (ato ou efeito de denegrir); **denegrinte, denigrinte, denigrativo** ou **denigratório** *adj* (que denigre: *recebeu um tratamento denigratório*).

den.go *sm* V. **dengue**.

den.gue¹ ou **den.go** *sm* **1**. Atitude afetada, para chamar a atenção, princ. de pessoas do sexo oposto; requebro exagerado e ostensivo; frescura, denguice: *repare no dengue dela, quando passa!* **2**. Birra ou manha de criança, que chora e berra para conseguir o que quer. → **dengoso** (ô; pl.: ó) *adj* (**1**. cheio de dengos; afetado: *garota dengosa;* **2**. diz-se de criança birrenta, que chora manhosamente por qualquer motivo; manhoso); **denguice** *sf* [qualidade de quem é dengoso(a); frescura; dengue (1)].

den.gue² *sf* Doença febril infecciosa, que provoca fortes dores nas articulações, transmitida pelo mosquito *Aedes aegypti.*

de.nim *sm* Tecido de algodão, grosso e forte, geralmente na cor azul, usado princ. para fabricar *jeans;* brim.

de.no.do (ô) *sm* Ousadia, bravura, desenvoltura ou desembaraço na hora do perigo; presença de espírito para tomar a atitude mais correta ou mais sensata em momento perigoso: *não fosse o denodo do piloto, todos estariam mortos; todo bombeiro deve ter, por princípio, um alto espírito de denodo.* · Antôn.: *covardia.* → **denodado** *adj* (**1**. que tem denodo; desembaraçado: *os bombeiros são soldados denodados no combate ao fogo;* **2**. impetuoso, arrojado, vigoroso, veemente: *nunca houve exército tão denodado na capacidade de fogo quanto o alemão*).

de.no.mi.na.dor (ô) *adj* e *sm* **1**. Que ou aquele que denomina ou nomeia: *fui eu o denominador da nova praça.* // *sm* **2**. Numa fração, número que vem escrito embaixo do traço ou à direita, indicando em quantas partes se dividiu a unidade (em oposição a *numerador*). ·· **Denominador comum**. Quantidade pela qual todos os denominadores de um conjunto de frações podem ser divididos, sem deixar resto. ·· **Mínimo denominador comum (MDC)**. O menor múltiplo comum dos denominadores de uma série de frações, também chamado *menor denominador comum.*

de.no.mi.nar *v* **1**. Dar nome a, nomear: *denominar as ruas de uma cidade.* **denominar-se 2**. Intitular-se, chamar-se: *é um sambinha que se denomina* Aquarela do Brasil. → **denominação** *sf* [ato ou efeito de denominar(-se)]; **denominativo** *adj* e *sm* (que ou o que serve para designar ou denominar: *placas denominativas de ruas e avenidas*).

de.no.ta.ção *sf* **1**. Ato de denotar; mostra, indicação, demonstração: *uma denotação de coragem, de bom senso.* **2**. Indicação por meio de sinal, ícone ou símbolo; designação. **3**. Em linguística, significado literal de uma palavra (em oposição a *conotação*); significação básica, particular, direta de uma palavra: *a palavra* abacaxi *possui uma significação literal,* *mas várias conotações diferentes.* → **denotativo** *adj* (**1**. que denota; indicativo, designativo: *a cor vermelha denota sangue ou perigo;* **2**. rel. a denotação: *o significado denotativo de uma palavra é o seu significado principal, sem associar sentimentos e ideias à palavra;* **3**. que remete para o referente ou para a função referencial da linguagem).

de.no.tar *v* **1**. Apresentar indícios ou sinais de; mostrar, indicar, demonstrar: *seu gesto denota falta de maturidade.* **2**. Significar, simbolizar, representar: *o cão denota fidelidade, enquanto a águia denota inteligência.* **3**. Em linguística, significar objetivamente (em oposição a *conotar*): *coração denota um órgão interno do corpo e conota amor.*

den.so *adj* **1**. Diz-se do corpo que tem muita massa em relação ao seu volume. **2**. Muito unido, compacto. **3**. Difícil de penetrar, cerrado. **4**. Que permite a passagem de pouca luz por entre si, em vista de íntima união da matéria. · Antôn.: *rarefeito.* → **densidade** ou **densidão** *sf* (**1**. característica do que é denso, espesso, nebuloso; **2**. grau de compactação de uma substância: *teve uma redução na densidade óssea;* **3**. em física, grau de consistência medido pela quantidade de massa por unidade de volume).

den.te *sm* **1**. Cada uma das estruturas duras, orgânicas e minerais implantadas nos maxilares, que serve para mastigar e produzir sons da fala. **2**. Peça ou objeto semelhante a um dente. · Aum.: *dentola.* · Dim.: *dentículo.* → **dentada** *sf* (mordida); **dental** ou **dentário** *adj* (rel. a dente: *problemas dentais*); **dentição** *sf* (formação e nascimento dos dentes); **dentifrício** *sm* (pasta de dentes; creme dental); **dentina** *sf* (marfim dos dentes); **dentinar**, **dentinário** ou **dentínico** *adj* (rel. ou pert. a dentina); **dentista** *s2gên* [(profissional que cuida dos dentes; cirurgião-dentista; odontólogo(a)]; **dentuço** *adj* e *sm* (que ou aquele que tem dentes grandes e salientes).

den.tre *contr* das preposições *de* e *entre:* Dentre os trinta jogadores que tem à disposição, o treinador escolherá os onze que estarão em campo. Dentre os óbitos, 55% ocorreram no sexo masculino e 45% no sexo feminino. Usa-se mormente para destacar, num universo, um indivíduo, uma classe, um grupo, equivalendo, grosso modo, a *do* **ou** *no meio de:* Dentre todas as mulheres, Deus escolheu Maria. Dentre as folhagens surgiu uma cobra.

den.tro *adv* **1**. Do lado interno; na parte interior, interiormente: *verifique o que está acontecendo lá dentro!; aí dentro está quente?* **2**. Para o interior de; adentro: *navegar mar dentro; assim que a loja abriu, logo às 7h, liquidando todo o seu estoque, uma multidão irrompeu porta dentro, em alvoroço.* · Antôn.: *fora.*

de.nún.cia *sf* **1**. Ato ou efeito de denunciar. **2**. Censura ou condenação pública feita às autoridades contra alguém. **3**. Em direito, peça inicial de ação penal do Ministério Público. **4**. Notificação ou participação de uma nação a outra, com o propósito de pôr fim a tratado, armistício, acordo comercial, etc. **5**. Forma de pôr fim a um contrato, impedindo sua renovação, mediante comunicado efetuado com a antecedência prevista na lei ou no próprio contrato. → **denunciar** *v* [**1**. informar ou acusar (alguém) às autoridades, por ato considerado irregular, errado, ilícito, ilegal, criminoso, etc.: *denuncie sempre os corruptos!;* **2**. declarar o fim de: *denunciar um contrato*]. **denunciar-se 3**. Trair-se, revelar-se, identificar-se: *vestiu-se de mulher, mas denunciou-se pela voz.*

de.pa.rar *v* **1**. Encontrar por acaso ou inesperadamente; topar: *deparei um* (ou *com um*) *leão na rua!* **deparar-se 2**. Encontrar-se inesperadamente: *deparei-me com ela na feira!* [Seu uso como verbo pronominal (deparar-se) é recente na língua; passou a ser usado assim, por influência do seu sinônimo *encontrar-se*, que rege *com*; daí o surgimento de *deparar-se com.* Quando o complemento é coisa, preferível será usá-lo sem o pronome nem a preposição: *Deparei um erro grave no seu texto. Deparamos uma pedra no meio da estrada.*

de.par.ta.men.to *sm* **1**. Divisão especializada de uma organização. **2**. Repartição administrativa de uma empresa. **3**. Seção de loja em que se encontra um determinado tipo de mercadoria. **4**. Divisão ou seção em escola que compreende área específica de estudo: *o departamento de Tupi da USP.* → **departamental** *adj* (rel. ou pert. a departamento).

de.pau.pe.rar *v* **1**. Tornar pobre; empobrecer: *o vício o depauperou completamente.* **depauperar(-se) 2**. Tornar(-se) fraco; debilitar(-se) enfraquecer: *as drogas depauperam a saúde; a saúde se depaupera com as drogas.* → **depauperação** *sf* ou **depauperamento** *sm* [ato ou efeito de depauperar(-se)]; **depauperado** *adj* (que se depauperou; fraco, abatido).

de.pe.nar *v* **1**. Tirar as penas a: *depenar o frango*. **2**. Tirar todo o dinheiro a, pelar, deixar liso: *o ladrão depenou a vítima*. **depenar-se 3**. Perder as penas: *esse passarinho se depena nesta época do ano*. → **depenação** *sf* [ato ou efeito de depenar(-se)].

de.pen.dên.cia *sf* **1**. Subordinação, sujeição. **2**. Construção ou edificação anexa a outra, maior; cômodo. **3**. Necessidade compulsiva ou crônica, estado ou condição de dependente. // *sfpl* **4**. Aposentos de uma casa. → **dependente** *adj* (subordinado, sujeito) e *s2gên* (**1**. pessoa que está sujeita a outra, para estudar, comer, vestir-se, etc.; **2**. pessoa que tem necessidade de consumir alguma droga); **depender** *v* (**1**. estar sujeito ou subordinado; ser dependente; **2**. resultar ou derivar). ·· **Dependência química**. Dependência física e psicológica de uma droga (álcool, fumo, cocaína, heroína, etc.).

de.pen.du.rar *v* V. **pendurar**.

de.pe.ni.car *v* **1**. Arrancar aos poucos (penas, pelos, etc.) de: *depenicar a sobrancelha*. **2**. Beliscar (porção de alimento): *entrou na copa, depenicou um pão doce e saiu*. → **depenicação** *sf* ou **depenicamento** *sm* (ato ou efeito de depenicar).

de.pe.re.cer *v* Perecer lentamente. → **deperecimento** *sm* (ato ou efeito de deperecer; perecimento lento).

de.pi.lar *v* Tirar ou remover cabelos ou pelos indesejáveis de: *depilar as axilas*. → **depilação** *sf* (remoção dos pelos indesejáveis do corpo); **depilatório** *adj* e *sm* (que ou aquilo que facilita a depilação).

de.plo.rar *v* **1**. Desaprovar radicalmente, condenar fortemente: *deplorar a corrupção*. **2**. Mostrar muita tristeza por; lamentar, sentir muito: *deplorar a morte de um amigo*. **deplorar-se 3**. Demonstrar profundo arrependimento; lamentar-se: *eu me deploro por ter votado nele*. → **deploração** *sf* (ato ou efeito de deplorar); **deplorável** *adj* (**1**. que merece forte condenação; fortemente condenável; inaceitável: *a corrupção é deplorável*; *todo assédio sexual é deplorável*; **2**. extremamente ruim em qualidade ou condição: *sua letra é deplorável*; *eles vivem em condições deploráveis*).

de.po.en.te *s2gên* **1**. V. **depor**. // *adj* **2**. Em gramática, diz-se do verbo latino que tem forma passiva, mas sentido ativo.

de.pois *adv* **1**. Em seguida; após: *cheguei ao meio-dia; ela chegou logo depois; viajou e só voltou vinte anos depois; ela abriu a porta; depois, as luzes se acenderam e começaram a cantar parabéns*. **2**. Atrás; *sentei-me no banco da frente, ela sentou bem depois*. // palavra denotativa de situação **3**. Além disso, além do quê; ademais: *eu nunca quis mesmo casar; depois, não gostava dela*. · Antôn. (1 e 2): *antes*.

de.por *v* **1**. Pôr, colocar ou deixar de lado (algo que se tem na mão): *depor as armas*. **2**. Tirar, à força ou por medida excepcional, de cargo elevado ou dignidade; derrubar: *o povo depôs o presidente corrupto*. **3**. Testemunhar ou declarar como testemunha em juízo: *depôs na justiça; depor na polícia federal*. (Como se vê, não rege "a", mas *em*.) **4**. Fornecer indícios ou provas: *seu relato depõe contra você e a favor do seu adversário*. **5**. Depositar ou projetar (esperança, expectativa, confiança, etc.): *o povo depôs todas as suas esperanças no candidato errado*. **6**. Deslustrar, desdourar: *esse tipo de comportamento depõe a pessoa*. **7**. Fazer perder a reputação, a boa fama, o prestígio: *isso que você fez depõe*. · Conjuga-se pelo v. *pôr*. → **depoente** *s2gên* (pessoa que depõe em juízo como testemunha); **depoimento** *sm* [ato ou efeito de depor (3); testemunho: *acompanhei seu depoimento na polícia federal*]; **deposição** *sf* (ato ou efeito de depor).

de.por.tar *v* **1**. Desterrar ou degredar perpetuamente, para lugar distante: *os reis deportavam os criminosos*. **2**. Expulsar (pessoa indesejável) de um país: *os Estados Unidos deportaram vários imigrantes ilegais*. → **deportação** *sf* (ato ou efeito de deportar).

de.po.si.tar *v* **1**. Deixar em lugar seguro; guardar: *depositar dinheiro em banco*. **2**. Pôr, colocar, deitar: *o chupim deposita seus ovos no ninho do tico-tico*. **3**. Estocar, armazenar: *depositar mercadorias num silo*. **4**. Projetar ou depor (esperança, expectativa, confiança, etc.): *o povo depositou todas as suas esperanças no candidato errado*. **depositar(-se) 5**. Assentar(-se), acumular(-se), pousar: *a maré alta depositou muita sujeira na praia; muita poeira se depositou nos móveis*. → **depositante** *adj* e *s2gên* (que ou pessoa que deposita); **depositário** *sm* (**1**. aquele que recebe em depósito um bem penhorado e se responsabiliza por sua guarda, conservação e restituição, no mesmo estado em que o recebeu; **2**. aquele a quem confiamos um segredo e em quem depositamos toda a nossa confiança, com absoluta segurança; confidente: *sua vizinha era depositária de todas as suas lambanças*); **depósito** *sm* [**1**. ação ou ato de depositar(-se); **2**. lugar onde se depositam mercadorias, produtos, etc.; armazém; **3**. quantia ou dinheiro posto em instituições financeiras; **4**. concentração de matéria mineral ou sedimento em camadas, veios ou cavidades]. ·· **Depositário judicial**. Pessoa nomeada pelo juiz para guardar objetos penhorados ou consignados. ·· **Fiel depositário**. Atribuição dada a alguém para guardar um bem durante um processo judicial.

de.pra.var(-se) *v* Perverter(-se), corromper(-se): *é um sujeito que deprava todos os colegas; depois de velho, resolveu depravar-se*. → **depravação** *sf* [ato ou efeito de depravar(-se)]; degeneração moral; perversão]; **depravado** *adj* e *sm* (que ou aquele que é moralmente corrupto, pervertido; dissoluto).

de.pre.ci.ar *v* **1**. Diminuir o valor de; desvalorizar: *a inflação deprecia a moeda*. **2**. Fazer parecer pequeno, menosprezar: *depreciar o trabalho alheio*. **depreciar-se 3**. Desvalorizar-se: *a moeda brasileira já não se deprecia como antes*. · Antôn. (1): *valorizar*; (2): *enaltecer, louvar*. → **depreciação** *sf* [ato ou efeito de depreciar(-se)]; **depreciativo** *adj* (que deprecia ou avilta; pejorativo, aviltante: *comentário depreciativo*).

de.pre.dar *v* **1**. Atirar pedras em, com intenção de danificar ou saquear: *depredar supermercados*. **2**. Roubar, saquear: *aquele presidente depredou o país*. (Cuidado para não usar "depedrar"!) → **depredação** *sf* (ato ou efeito de depredar); **depredatório** *adj* (em que há depredação: *é preciso coibir o comportamento depredatório dos torcedores nos estádios*).

de.pre.en.der *v* **1**. Perceber pela compreensão; compreender: *é um motorista que não consegue depreender o significado das placas de trânsito*. **2**. Chegar a uma conclusão, depois de observar; concluir, deduzir, inferir: *depreendi de sua expressão que sentia dores*. → **depreensão** *sf* (ato ou efeito de depreender).

de.pres.sa *adv* **1**. Com pressa, apressadamente: *comer depressa*. **2**. Sem demora; imediatamente: *quando viu o agente de trânsito, voltou depressa para casa*. **3**. Em pouco tempo; rapidamente: *num jato desses, você chega depressa a seu destino*. · Antôn.: *devagar*.

de.pres.são *sf* **1**. Ato ou efeito de deprimir(-se). **2**. Estado emocional de grande prostração ou abatimento moral, em que a pessoa só se sente triste, infeliz e ansiosa, não tendo energia nem entusiasmo; baixo-astral. **3**. Área muito baixa de terreno, em relação às vizinhas. → **depressivo** *adj* (que deprime; que revela ou provoca depressão; deprimente: *filme depressivo*) e *adj* e *sm* (que ou medicamento que reduz a atividade funcional e as energias vitais em geral, causando relaxamento muscular); **depriměncia** *sf* (ação deprimente); **deprimente** *adj* [**1**. depressivo (1); **2**. *p.ext.* que abate ou abala moralmente: *crítica deprimente*; **3**. aviltante, humilhante: *acusações deprimentes; situação deprimente*]; **deprimido** *adj* e *sm* (que ou aquele que sofre de depressão); **deprimir(-se)** *v* [abater(-se) moralmente].

de.pu.rar *v* **1**. Pesquisar, encontrar e eliminar erros em (um programa de computador). **de.pu.rar(-se) 2**. Purificar(-se): *depurar o sangue; o sangue se depura, com o bom funcionamento dos rins*. **3**. *Fig.* Aprimorar(-se), aperfeiçoar(-se), melhorar: *depurar o estilo, a técnica; o estilo se depura com a leitura*. → **depuração** *sf* [ato ou efeito de depurar(-se)]; **depurativo** *adj* e *sm* (**1**. que ou o que depura; **2**. que ou o que elimina substâncias inúteis ou nocivas do organismo); **depuratório** *adj* [depurativo (2)].

de.pu.ta.do *sm* **1**. Aquele que é encarregado de tratar de negócios ou interesses alheios, princ. em assembleias. **2**. Delegado ou representante do povo em assembleia ou câmara legislativa, em alguns países: *ser deputado por Goiás, pela Bahia, por Mato Grosso*. (Como se vê, rege apenas a preposição *por*.) → **deputação** *sf* (**1**. ato ou efeito de deputar; **2**. delegação de poderes; **3**. conjunto dos deputados); **deputar** *v* (mandar em missão; designar, incumbir: *o bispo deputou três padres para investigar o tal milagre*).

de.que *sm* **1**. Convés. **2**. Qualquer plataforma de um ou dois pisos, feita de tábuas de madeira paralelas, envernizadas ou não. **3**. Unidade leitora de disco ou de fitas, em informática. (Nesta acepção, tem sido usada mais a forma inglesa: *deck*).

de.que.ís.mo *sm Pop.* Neologismo usado para designar o uso indevido da locução *de que*, quando o regime verbal não a admite, como *acredito "de que", o que eu disse foi "de que", a expectativa é "de que"*, etc.

DER *sm* Sigla de *D*epartamento de *E*stradas de *R*odagem, órgão vinculado à Secretaria de Transportes de cada estado da União, além do Distrito Federal, que tem a finalidade de planejar, projetar, construir, conservar, operar e administrar, diretamente ou através de terceiros, as rodovias estaduais. · Pronuncia-se dê é (e não "ê") erre.

dér.bi *sm* **1**. Corrida de cavalos de particular importância. **2** *P.ext*. Nome que se dá a todo jogo entre as equipes da S. E. Palmeiras e do Sport Club Corinthians Paulista.

de.ri.va *sf* **1**. Desvio de um navio ou de um avião de sua rota ou rumo, por efeito do vento ou de uma corrente. **2** Variação indesejável, lenta e contínua, de uma grandeza física, ou de uma característica de um instrumento de medida. **3**. Estabilizador vertical do aeromodelo, ao qual se prende o leme. ·· **À deriva 1**. Diz-se do modo como vai uma embarcação ou qualquer objeto flutuante, quando está à mercê dos ventos, do mar ou das correntes; sem rumo. **2**.*P.ext*. Sem comando, governo, direção ou rumo fixo; submetido às circunstâncias: *O país estava à deriva*. **3**.*P.ext*. Desnorteado, desorientado, sem rumo: *Tu me deixas à deriva com tuas doces palavras, faz-me perder a rota, o prumo, a fala*.

de.ri.var(-se) *v* **1**. Desviar(-se) do seu curso normal (rio, riacho, etc.): *derivaram o rio Tietê naquele ponto*. **2**. Originar-se, provir: *o queijo e o iogurte derivam do leite; seu sucesso deriva-se de muito trabalho; catequizar deriva(-se) de catequese*. **3**. Ser descendente, descender: *ele deriva da família real*. → **derivação** *sf* [**1**. ato ou efeito de derivar-se; **2**. processo empregado na formação de palavras que consiste em acrescentar ou suprimir afixos; **3**. em matemática, operação para se encontrar a derivada de uma função]; **derivativo** *adj* (**1**. rel. a derivação de palavras; **2**. derivado de outro; secundário) e *sm* (qualquer coisa derivada).

der.ma.to.lo.gi.a *sf* Ramo da medicina que trata das doenças da pele. → **dermatológico** *adj* (rel. a dermatologia); **dermatologista** *adj* e *s2gên* (especialista em dermatologia).

der.me *sf* ou **der.ma** *sm* Tecido situado abaixo da epiderme; pele propriamente dita. → **dermatite** ou **dermite** *sf* (inflamação da derme); **dermatose** (ou *sf*) (nome genérico das doenças da pele); **dermático** ou **dérmico** *adj* (rel. a derme).

der.ra.bar ou **des.ra.bar** *v* Cortar o rabo ou a cauda a (animal): *só os veterinários devem derrabar cães*. → **derrabação** *sf* ou **desrabamento** *sm* (ação ou efeito de derrabar ou desrabar).

der.ra.dei.ro *adj* Que vem no final, sem possibilidade de haver outro posteriormente: *todos nós teremos nossa derradeira hora; o gol foi marcado no derradeiro minuto da partida*. (Não se confunde com *último*.)

der.ra.ma *sf* **1**. Ato ou efeito de derramar; derrame (1), derramamento. **2**. Tributo local, dividido proporcionalmente com os rendimentos de cada contribuinte. **3**. No Brasil colonial, na região das minas, cobrança da quinta parte do ouro que estava em atraso.

der.ra.mar *v* **1**. Deixar sair (um líquido) pelas bordas de um recipiente; entornar: *derramar café na toalha*. **2**. Sair pelas bordas; transbordar: *o leite ferveu e acabou derramando*. **3**. Fazer correr (líquido), verter: *não derramei uma só lágrima àquela morte*. **4**. Jogar, lançar: *os foliões derramavam confete entre si*. **5**. Espalhar, difundir: *a lua cheia derramava claridade no ambiente*. **6**. Exalar, emitir: *a dama-da-noite derrama seu perfume na noite fria*. **7**. Distribuir à larga: *derramar sorrisos aos fãs*. **8**. Entornar-se, cair: *o café derramou-se na toalha*. **9**. *Fig*. Mostrar-se apaixonado, derreter-se: *ela se derrama por qualquer cantorzinho*. **10**. *Fig*. Ir além do considerado normal; exceder-se: *derramou-se em gentilezas quando conheceu o pai da moça*. **11**. *Fig*. Espichar-se, estender-se, estirar-se: *chegou cansado e já se derramou no sofá*. → **derramamento** ou **derrame** *sm* (ato ou efeito de derramar); **derrame** [**1**. derramamento; derrama (1); **2**. acidente vascular cerebral].

der.ra.par *v* Escorregar de lado (veículo de rodas), desgovernando-se: *os carros derrapam na neve*. → **derrapada** *sf* ou **derrapagem** *sf* (ato ou efeito de derrapar); **derrapante** *adj* (que derrapa ou que provoca derrapagem: *pneu derrapante; pista derrapante*). (A 6.ª ed. do VOLP não registra *derrapada*, palavra comum na língua cotidiana.)

der.re.dor *sm* **1**. Espaço que rodeia uma pessoa ou uma coisa; cercania, arredor, vizinhança. // *adv* **2**. Ao redor, em volta, em torno, em derredor: *os pais querem os filhos derredor, no Natal*. ·· **Em derredor**. Derredor (2). ·· **Em** (ou **Ao**) **derredor de**. Em torno de, em volta de: *Construíram muitas casas em derredor da praça. Ao derredor da casa havia muros altos*.

der.re.ter *v* **1**. Mudar do estado sólido para o estado líquido, por ação do calor: *o efeito estufa pode derreter as geleiras*. **2**. Fundir: *derreter aço*. **derreter(-se) 3**. Tornar(-se) líquido, liquefazer(-se), fundir(-se): *o efeito estufa está derretendo as geleiras; as geleiras se derreterão em alguns anos*. **derreter-se 4**. *Fig*. Chorar: *ela se derrete por qualquer coisa*. **5**. *Fig*./Exceder-se, deramar-se: *derreter-se em desculpas, em gentilezas, em agradecimentos*. **6**. *Fig*. Mostrar-se apaixonado; derramar-se: *ela se derrete por qualquer cantorzinho*.→ **derretedura** *sf* ou **derretimento** *sm* [ação ou efeito de derreter(-se)].

der.ro.car *v* **1**. Arrasar, destruir: *o temporal derrocou ruas e estradas*. **2**. Demolir, derrubar: *os engenheiros resolveram derrocar o prédio todo, por já estar comprometido*. **3**. *Fig*. Depor, derrubar: *o povo o derrocou*. **4**. *Fig*. Eliminar, exterminar: *é preciso derrocar a miséria*. **derrocar-se 5**. Desmoronar-se, ruir: *o viaduto derrocou-se em cima de veículos*. → **derrocada** *sf* (**1**. desabamento com caída de grandes pedras e estrondo; desmoronamento; derrocamento; **2**. queda, ruína, colapso: *a derrocada da União Soviética em 1991*; **3**. derrota militar); **derrocamento** *sm* [derrocada (1)].

der.ro.gar *v* **1**. Revogar ou abolir parcialmente (lei, regulamento, estatuto, etc.): *o Congresso apenas derrogou essas leis, não as ab-rogou*. **2**. Conter disposições contrárias a; restringir: *a Constituição de 1988 não derrogou nenhuma das conquistas trabalhistas*. **3**. Depreciar, desmerecer, diminuir: *alguns casos ou exemplos imprecisos não podem derrogar o mérito de Rui Barbosa*. **4**. Desprezar, menosprezar: *é típico dele derrogar os poderes da razão*. → **derroga**, **derrogação** *sf* ou **derrogamento** *sm* (ato ou efeito de derrogar); **derrogatório** *adj* (que contém derrogação).

der.ro.tar *v* **1**. Destruir e dominar (forças inimigas) num conflito bélico ou vencer (adversário) numa disputa, eleição, competição, etc.; ganhar de; sobrepujar, superar, subjugar: *o Brasil derrotou o Paraguai em março de 1870; Biden derrotou Trump em 2021; meu time sempre derrota o seu*. **2**. Não aprovar, rejeitar: *o Congresso derrotou a moção, o projeto de lei*. **3**. Levar ao fracasso; frustrar: *o rompimento daquele namoro derrotou todos os meus sonhos*. **4**. Desapontar, desanimar: *é um quebra-cabeça que derrota qualquer pessoa*. **5**. Acabar com; destruir, eliminar: *os antibióticos vieram para derrotar as bactérias nocivas*. → **derrota** *sf* (ação ou efeito de derrotar); **derrotismo** *sm* (espírito ou índole de derrotado; pessimismo); **derrotista** *adj* e *s2gên* (que ou pessoa que é pessimista).

der.ru.bar ou **der.ri.bar** *v* **1**. Pôr abaixo, fazer cair: *derrubar árvores, prédios antigos*. **2**. Lançar ou jogar (a plano inferior): *derrubaram-me no chão*. **3**. Depor, destituir: *o povo derrubou o presidente corrupto*. **4**. Prostrar, abater, extenuar: *esse trabalho me derrubou*. **5**. Obrigar a demitir-se: *o escândalo derrubou todo o ministério*. · Antôn. (1): *erguer, erigir*; (2): *levantar*. → **derruba**, **derrubada** ou **derrubamento** *sm* (ação de derrubar: *a derrubada de árvores na Amazônia continua*); **derrubada** *sf* (**1**. derruba, derrubamento; **2**. abate de grandes árvores, com o fim de preparar o terreno para o plantio; **3**. demissão em massa de funcionários públicos, quando assume um novo governo).

DERSA ou **Dersa** *sm* Acrônimo de *D*epartamento *R*odoviário *S.A.* (Repare: gênero masculino, já que *departamento* é substantivo desse gênero.)

der.vi.xe ou **der.vis** *sm* Membro de ordem religiosa muçulmana (sufi) que faz votos de caridade, pobreza e humildade, vivendo de esmolas e destacando-se por uma dança rodopiante como parte de seu culto; monge muçulmano, conhecido pela sua extrema pobreza e austeridade; daroês.

de.sa.ba.far *v* Expor ou revelar francamente (o que sente ou pensa, a fim de se aliviar de tensão emocional): *desabafar as mágoas; depois que desabafou, sossegou*. → **desabafamento** ou **desabafo** *sm* (desafogo).

des– *pref*. que indica princ. ação contrária (desarrumar, desenterrar, desfazer, desmentir) e negação (desconhecer, desleal).

de.sa.ba.far *v* **1**. Refrescar, arejar, ventilar: *abram as janelas, para desabafar o ambiente!* **2**. Destravancar, desafogar; desobstruir: *o guarda, a custo, conseguiu desabafar o trânsito*. **desabafar(-se) 3**. *Fig*. Expor francamente problemas e sentimentos, para alívio emocional; abrir-se, desafogar-se: *o filho acabou desabafando(-se) com o pai*. **4**. *Fig*. Exprimir(-se) profundamente, de forma súbita e incontrolada: *ante aquela cena, a pobre mulher desabafou(-se) em gritos de dor*. → **desabafamento** ou **desabafo** *sm* (ato ou efeito de desabafar).

de.sa.ba.la.do *adj* **1**. Apressado (por estar em fuga); desenfreado; *animais desabalados fugiam dos caçadores; fugir* *em desabalada carreira.* **2**. Excessivo, enorme, desmedido: *todo político se caracteriza por uma desabalada ambição.* → **desabalar** *v* (fugir apressadamente).

de.sa.bar *v* **1**. Abaixar a aba de (chapéu). **2**. Cair pesadamente, desmoronar, despencar, ruir: *o viaduto desabou em vários carros.* **3**. Largar o corpo inteiramente; cair pesadamente: *chegou do trabalho, nem jantou, desabou na cama.* **4**. Cair com violência; desencadear-se: *de repente, desabou um toró.* → **desabamento** ou **desabe** *sm* (ação ou efeito de desabar).

de.sa.bi.tar *v* **1**. Deixar de habitar: *desabitar uma cidade inteira, por questões de acidente nuclear.* **2**. Provocar a retirada de habitação: *a enchente sempre desabita os ribeirinhos; a seca desabita os sertanejos.* → **desabitado** *adj* (que já não tem habitantes nem habitações).

de.sa.bi.tu.ar *v* **1**. Fazer perder o hábito: *não permita a seus filhos desabituarem de escovar os dentes, após as refeições!* **desabituar-se 2**. Desacostumar-se, perder o hábito: *com cinco anos, ainda não se desabituou de mamar aos peitos da mãe.* → **desabituação** *sf* [ato ou efeito de desabituar(-se)].

de.sa.bo.nar *v* **1**. Desacreditar: *provas que desabonam testemunhos.* **desabonar-se 2**. Perder o crédito, a credibilidade ou a estima: *esses escândalos desabonaram o governo.* → **desabono** (ô) *sm* (desfavor: *falar em desabono de alguém*).

de.sa.bri.do *adj* Grosseiro, áspero, desrespeitoso: *balconistas desabridos.* · Antôn.: *amável, cortês.*

de.sa.bri.gar *v* Deixar sem lugar para morar: *o furacão desabrigou muitas famílias.*

de.sa.bri.men.to *sm* Grosseria, desrespeito.

de.sa.bro.char *v* **1**. Fazer abrir (uma flor); transformar (botão) em flor; abrir: *o calor desabrochou as rosas.* **2**. Abrir, mostrar, descerrar: *ela desabrochou um sorriso quando me viu.* **desabrochar(-se) 3**. Começar a abrir ou abrir-se (a flor): *este ano as rosas (se) desabrocharam cedo.* // *sm* **4**. Começo, início: *o desabrochar de uma nova paixão.* → **desabrochamento** ou **desabrocho** (ô) *sm* [ação ou efeito de desabrochar(-se)].

de.sa.ca.tar *v* **1**. Faltar com o devido respeito a, desrespeitar: *desacatar uma autoridade.* **2**. Não dar importância a; não fazer caso de; desprezar: *desacato sua opinião.* → **desacatamento** ou **desacato** *sm* (ato ou efeito de desacatar; falta de respeito com pessoa ou coisa que o merece).

de.sa.cor.ço.ar ou **des.sa.co.ro.ço.ar** ou **des.cor.ço.ar** ou **des.co.ro.ço.ar** *v* **1**. Desapontar profundamente; desanimar, desalentar: *a justiça brasileira desacorçoa qualquer cristão.* · Conjuga-se por *abençoar.* → **desacorçoamento**, **desacoroçoamento**, **descorçoamento** ou **descoroçoamento** *sm* (desânimo, desalento).

de.sa.cor.da.do *adj* Que perdeu os sentidos ou a consciência; desfalecido, desmaiado: *com o choque de cabeça no ar, o jogador saiu desacordado do campo.*

de.sa.cor.do (ô) *sm* Falta de acordo; desavença, divergência.

de.sa.cos.tu.ma.do *adj* **1**. Não acostumado; desabituado: *olhos desacostumados à luz.* **2**. Incomum, raro, desusado: *agiu com desacostumada coragem.*

de.sa.cre.di.tar *v* **1**. Fazer perder o crédito, o conceito, o prestígio ou a reputação a: *o governo quis desacreditá-lo perante a opinião pública.* **2**. Não acreditar em: *desacredito esses milagres.* **desacreditar-se 3**. Perder o crédito, o prestígio ou a reputação: *desacreditou-se com seus melhores amigos.*

de.sa.fe.to *sm* **1**. Falta de afeto, desamor: *nutro por essa gente todo o desafeto do mundo.* **2**. Pessoa que desperta antipatia; rival: *Paula era o maior desafeto de Susana.*

de.sa.fi.nar *v* **1**. Perder a afinação: *o piano desafinou, depois de muito tempo desativado.* **desafinar 2**. Perder a afinação; não ter o tom ou entonação corretos: *é uma cantora que desafina o tempo inteiro.* **3**. *Fig.* Discordar, divergir: *só um desafinou do coro dos descontentes; seus valores desafinam dos meus.* **desafinar(-se) 4**. *Fig.* Desentender-se: *mal casaram, já estão a desafinar(-se).* → **desafinação** *sf* ou **desafinamento** *sm* [ato ou efeito de desafinar(-se)]; **desafinado** *adj* (**1**. que não produz as notas certas; não afinado, fora do tom: *piano desafinado;* **2**. *fig.* discordante, divergente: *suas opiniões eram francamente desafinadas com todos da família*).

de.sa.fi.o *sm* **1**. Chamado à luta, combate ou disputa; provocação. **2**. Estímulo provocativo. **3**. Disputa entre dois cantadores nordestinos, em versos improvisados; cururu. → **desafiar** *v* (**1**. chamar a combate, luta ou disputa; provocar; *uma torcida desafiava a outra*; **2**. enfrentar com coragem; encarar: *desafiar um perigo;* **3**. tirar o fio a; embotar: *o uso constante desafiou a faca;* **4**. pedir em desafio; convidar: *desafio-o a provar o que afirma;* **5**. perder o fio: *com o uso constante, a faca desafiou*).

de.sa.fo.gar *v* **1**. Livrar do que sufoca ou asfixia; desapertar: *desafogar a garganta.* **2**. Livrar de peso ou de excesso de peso, descarregando: *desafogar um navio.* **3**. Tornar menos congestionado; desobstruir: *desafogar o trânsito.* **4**. Livrar de problemas financeiros: *esse prêmio da loteria me desafogou.* **5**. Livrar-se de: *desafogar as mágoas, os ressentimentos.* **desafogar(-se) 6**. Desabafar(-se): *ela precisava desafogar(-se) com alguém.* → **desafogo** (ô) *sm* [ato ou efeito de desafogar(-se)].

de.sa.fo.ro (ô) *sm* **1**. Qualquer palavra ou ato que demonstra falta de respeito ou insolência; atrevimento: *os mais velhos acham um desaforo o topless na praia.* **2**. Afronta, insulto, ultraje: *artigo cheio de desaforos contra a equipe econômica do governo.* → **desaforado** *adj* (**1**. que não tem respeito; atrevido, insolente: *mulher nenhuma gosta de homem desaforado;* **2**. afrontoso, infamante, injurioso: *dirigiu-me palavras desaforadas*); **desaforar-se** (tornar-se atrevido ou insolente).

de.sa.fron.ta *sf* Ação ou efeito de desafrontar(-se); reparação de uma afronta ou ofensa; desagravo. → **desafrontar** *v* [tirar satisfação ou obter reparação de (afronta, insulto, ofensa ou injúria recebida); desagravar, vingar: *desafrontou o amigo de uma ofensa*]; **desafrontar-se** (vingar-se de afronta recebida; desagravar-se).

de.sá.gio *sm* **1**. Desvalorização do papel-moeda em relação ao preço do ouro; depreciação da moeda. **2**. Diferença para menos entre o preço fixado de um produto ou mercadoria e o preço realmente praticado; desconto: *comprei o carro com bom deságio; saiu vencedora do leilão a empresa que ofereceu o maior deságio.* **3**. Diferença para menos entre o valor nominal de uma moeda, título de crédito, etc. e seu valor de mercado: *o dólar está sendo trocado com 10% de deságio.*

de.sa.gra.do *sm* Perda do sentimento de prazer; desprazer, descontentamento: *sua presença causa muito desagrado a todos aqui.* → **desagradar(-se)** *v* [tornar(-se) aborrecido, descontente ou irritado; desgostar(-se), descontentar(-se): *o jogo desagradou aos torcedores; sempre me desagradei das atitudes dessa mulher*]; **desagradável** *adj* (que desagrada).

de.sa.gra.var *v* Reparar (ofensa), desafrontar, vingar: *ele queria desagravar a honra ofendida a qualquer custo.* → **desagravo** *sm* [ato ou efeito de desagravar(-se), desafronta, vingança, retaliação].

de.sa.gre.gar *v* **1**. Arrancar, desarraigar: *desagregar o índio do seu meio.* **2**. Fragmentar, seccionar: *desagregar a empresa em várias unidades autônomas.* **3**. Separar(-se), desunir(-se): *o vício desagrega a família; a família se desagregou depois do falecimento do seu chefe.* → **desagregação** *sf* [ato ou efeito de desagregar(-se); separação, desunião].

de.sa.gu.ar *v* **1**. Esgotar ou escoar a água de: *desaguar um reservatório.* **2**. Drenar, secar: *desaguar um terreno, para iniciar uma construção.* **3**. *Pop.* Urinar: *ele precisava desaguar com urgência.* **desaguar(-se) 4**. Lançar suas águas em outro corpo de água; desembocar: *é um rio que (se) deságua no mar.* · Conjuga-se por *apaziguar.* → **desaguadouro** *sm* [qualquer via (vala, canal, etc.) para escoamento de águas]; **desaguamento** *sm* [ato ou efeito de desaguar(-se)].

de.sa.jei.tar *v* Deixar fora de lugar ou fora de ordem; desarrumar, desarranjar: *não desajeitem os livros na biblioteca, crianças!* → **desajeitado** *adj* (que não tem jeito para fazer alguma coisa; inábil).

de.sa.jus.tar *v* **1**. Romper (ajuste, acordo). **2**. Separar ou desunir (coisas juntas ou unidas). **3**. Desarranjar, transtornar. **desajustar-se 4**. Romper o ajuste. **5**. Indispor-se, desavir-se. → **desajustamento** ou **desajuste** *sm* [ato ou efeito de desajustar(-se)].

de.sa.len.to *sm* Desânimo, abatimento, esmorecimento. → **desalentar(-se)** desanimar(-se): *as constantes derrotas do time desalentaram seus torcedores; a torcida (se) desalentou com tantas derrotas do seu time.*

de.sa.li.nho *sm* **1**. Falta de alinho, alinhamento ou de ajuste: *todas as casas desta rua estão em desalinho.* **2**. Descuido, desleixo ou desmazelo na maneira de trajar: *o desalinho chegou à moda: cabelos em desalinho, calças em desalinho, a vida em desalinho.* **3**. *Fig.* Desconcerto, desordem, desarrumação: *a nova equipe econômica pôs em desalinho toda a economia do país.* → **desalinhado** *adj* (**1**. fora de alinhamento: *as rodas do seu carro estão desalinhadas;* **2**. mal-arrumado, descuidado no traje: *chegou à reunião* *todo desalinhado*; **3**. fora da ordem normal; desarrumado, bagunçado: *os livros estão desalinhados na estante*); **desalinhar(-se)** [**1**. sair do alinhamento: *meu carro desalinhou-se*; **2**. tornar(-se) bagunçado, desarranjar(-se): *o vento lhe desalinhou os cabelos; na pressa, desalinhei-me todo*].

de.sal.ma.do *adj* De maus sentimentos; cruel, perverso, desumano. · Antôn.: *caridoso*.

de.sa.lo.jar *v* **1**. Fazer sair de um posto ou de um lugar: *a polícia desalojou os invasores*. **2**. Expulsar, repelir: *as tropas brasileiras desalojaram as forças inimigas*. → **desalojado** *adj* (que perdeu o alojamento ou o local onde se mora: *há muitas famílias desalojadas, em razão das enchentes*); **desalojador** (ô) *adj* (que desaloja: *chuva torrencial e desalojadora*); **desalojamento** *sm* (ato ou efeito de desalojar).

de.sam.bi.ção *sf* Falta de ambição, desinteresse, despretensão. → **desambicioso** (ô; pl.: ó) *adj* (que não tem ambição).

de.sa.mor (ô) *sm* **1**. Falta de amor, desafeição, desapego: *ter desamor pelos filhos*. **2**. Desprezo, desdém: *ter desamor à arte*. → **desamorado** *adj* (desafeiçoado).

de.sam.pa.rar *v* **1**. Abandonar, deixando de sustentar, de proteger ou de amparar: *os bons pais nunca desamparam os filhos*. **2**. Afastar-se de; deixar, abandonar, desproteger: *a sorte me desamparou*. → **desamparado** *adj* (que sofre ou sofreu desamparo); **desamparo** *sm* (falta de amparo, auxílio ou proteção; abandono).

de.san.dar *v* **1**. Fazer andar para trás: *desandar a carruagem*. **2**. Soltar, emitir: *ao final da piada, desandaram sonoras gargalhadas*. **3**. Redundar, reverter: *as suas iniciativas de paz na região desandaram em fracasso*. **4**. Começar, desatar (coisa desagradável ou ruim): *ao ouvir a notícia, desandou a chorar*. → **desando** *sm* (ato ou efeito de desandar).

de.sa.ni.mar *v* **1**. Fazer perder o ânimo, desacoroçar: *a derrota desanimou a equipe*. **2**. Desistir: *desanimei de lutar*. **desanimar(-se) 3**. Perder o ânimo, desacoroçar-se: *a torcida (se) desanimou, depois da derrota*. · Antôn. (1): *animar, entusiasmar*. → **desanimação** *sf* ou **desânimo** *sm* (falta de ânimo), de antôn. *ânimo, entusiasmo*; **desanimado** *adj* (**1**. que perdeu o ânimo ou o entusiasmo; desacoroçado: *o povo está desanimado com a carga tributária*; **2**. que revela desânimo; abatido: *chegou com expressão desanimada*).

de.sa.nu.vi.ar(-se) v **1**. Tornar(-se) sem nuvens: *os ventos fortes desanuviaram o céu; o céu de repente se desanuviou com os fortes ventos*. **2**. *Fig.* Serenar(-se), acalmar(-se), tranquilizar(-se): *aquela piada desanuviou o clima hostil entre eles; os pais desanuviaram-se, quando viram o filho são e salvo*. → **desanuviado** *adj* (**1**. sem nuvens: *dia de céu desanuviado*; **2**. *fig.* sereno, tranquilo, calmo, despreocupado: *vejo-o com o semblante desanuviado*).

de.sa.pai.xo.na.do *adj* **1**. Que não tem paixão; frio. **2**. Em que não há paixão: *um namoro desapaixonado*. **3**. *Fig.* Feito de forma objetiva, isenta, desinteressada, imparcial: *crítica desapaixonada*. → **desapaixonar** *v* (fazer perder a paixão ou o interesse por alguma coisa: *a violência nos estádios desapaixona boa parte dos torcedores*); **desapaixonar-se** (perder a paixão ou o interesse: *é o tipo de homem que se desapaixona rapidamente; os brasileiros estão desapaixonando-se da seleção brasileira de futebol*).

de.sa.pa.re.cer *v* **1**. Ser eliminado ou suprimido: *o trema ainda não desapareceu das palavras*. **2**. Deixar de ser visto: *a Lua desapareceu por entre as nuvens*. **3**. Deixar de ocorrer; cessar: *desapareceram os sintomas da doença*. **4**. Sumir-se: *os amigos desaparecem, quando mais se precisa deles*. **5**. Perder-se: *muitos livros desapareceram durante a mudança*. **6**. Morrer: *o piloto desapareceu na flor da idade*. → **desaparecido** *adj* (que deixou de existir; extinto: *civilizações extintas; língua extinta*) e *adj* e *sm* (**1**. que ou o que desapareceu ou sumiu: *meus documentos estão desaparecidos*; **2**. *fig.* aquele que morreu ou que se presume morto); **desaparecimento** *sm* (ato ou efeito de desaparecer).

de.sa.pe.go (ê) *sm* **1**. Falta de apego, desamor. **2**. Desinteresse, desprendimento. → **desapegar** *v* [**1**. separar (o que está pegado, unido); **desapegar-se** [tornar(-se) menos afeiçoado ou apegado; *desapegar-se de parentes*; **2**. afastar(se), deixar ou fazer deixar (hábito ruim ou nocivo): *a custo, os pais o desapegaram do vício; desapegou-se dos vícios que tinha*].

de.sa.per.ce.bi.do *adj* **1**. Que está desprevenido ou não preparado para fazer frente a um imprevisto: *a garota seguia desapercebida pela rua, quando foi atacada por um marginal; saí de casa desapercebido de guarda-chuva, porque o tempo não era de chuva iminente*. **2**. Privado de algo necessário; desprovido, carente: *a casa está desapercebida de mantimentos; estar desapercebido de dinheiro*. **3**. Desprovido, isento, livre: *sempre fui desapercebido de maldade; como era um rapaz desapercebido de más intenções, o pai da moça aprovou o namoro*. (Não se confunde com *despercebido*, embora a língua cotidiana o faça.)

de.sa.pon.tar *v* **1**. Decepcionar: *meu time me desapontou hoje*. **desapontar-se 2**. Ficar decepcionado, frustrar-se, decepcionar-se: *a torcida se desapontou com o desempenho da equipe*. → **desapontado** *adj* (envergonhado, sem-graça); **desapontamento** *sm* (frustração, decepção).

de.sa.pro.pri.ar(-se) *v* Privar(-se) do que é seu; expropriar(-se): *desapropriar terras; desapropriei-me de todos os bens, para ajudá-lo*. → **desapropriação** *sf* [ato ou efeito de desapropriar(-se); expropriação].

de.sar.mar *v* **1**. Privar de arma ou de meios de ataque e de defesa a (geralmente por autoridade ou pela força): *há governantes que desejam desarmar a população, enquanto outros preferem armá-la*. **2**. Desmontar: *desarmar uma barraca, um acampamento*. **3**. Desengatilhar, descarregar: *desarmar um revólver*. **4**. Tornar inofensivo; privar da capacidade de ferir; desativar (bomba, mina, etc.). **5**. Desmilitarizar: *os Estados Unidos querem desarmar as milícias palestinas*. **6**. Roubar a bola de (adversário). **7**. *Fig.* Acalmar ou afastar a hostilidade ou a suspeita de; deixar sem ação ou reação: *a franqueza do rapaz desarmou o pai da moça; aquele sorriso me desarmou completamente*. **8**. *Fig.* Neutralizar, fazer perder o sentido: *ao reconhecer os erros, desarmou os críticos*. **desarmar-se** (**9**. depor ou não usar armas; *a sociedade se desarma, e os bandidos armam-se*. **10**. *Fig.* serenar-se, acalmar-se: *desarmou-se, ao gesto gentil do rapaz*; **11**. desmilitarizar-se: *as FARC desarmaram-se*. → **desarmamento** *sm* (**1**. ação ou efeito de desarmar; **2**. redução ou abolição das forças e armas militares).

de.sar.mo.ni.a *sf* **1**. Combinação de sons dissonantes ou desagradáveis; falta de harmonia sonora ou musical; dissonância. **2**. *Fig.* Falta de harmonia; discórdia, desavença: *desarmonia conjugal*. **3**. *Fig.* Má disposição das partes que constituem um todo; desequilíbrio: *a desarmonia de cores; a desarmonia estética*. → **desarmônico** *adj* (em que não existe harmonia); **desarmonioso** (ô; pl.: ó) *adj* (**1**. diz-se de som dissonante; **2**. que não tem equilíbrio ou harmonia; **3**. *fig.* caracterizado por desentendimento ou discórdia: *casal desarmonioso*).

de.sar.rai.gar *v* **1**. Arrancar (planta) pela raiz ou com a raiz: *desarraigar uma jabuticabeira, para replantá-la noutro local*. **2**. *Fig.* Pôr fim a, erradicar: *o novo diretor desarraigou a indisciplina na escola*. **3**. Afastar (alguém) à força de algum lugar: desalojar (de uma posição fixa): *a polícia desarraigou os invasores do terreno*. **desarraigar-se 4**. Livrar-se, ver-se livre: *desarraigou-se de seus vícios e manias*. (Nas formas rizotônicas, a tonicidade recai no *i*, assim como em *arraigar*: *desarraígo, desarraígas*, etc.) → **desarraigamento** *sm* [ação ou efeito de desarraigar(-se)].

de.sar.ran.jo *sm* **1**. Desorganização, desordem, bagunça: *o desarranjo da economia, de um quarto, de uma biblioteca*. **2**. Redução de *desarranjo intestinal*, perturbação do funcionamento normal do intestino; diarreia. **3**. Pane, enguiço, avaria: *o motor do carro sofreu um desarranjo e parou*. **4**. Transtorno, incômodo, contratempo: *com um desarranjo ter de viajar todos os dias para ir trabalhar*. **5**. Confusão, perturbação: *a queda de um asteroide pode provocar um desarranjo no clima; a morte de um negro pela polícia, nos Estados Unidos, causou um desarranjo social*. → **desarranjar** *v* (**1**. pôr em desordem; desarrumar: *desarranjar a economia, o quarto*; **2**. estragar, avariar: *a descarga elétrica desarranjou todo o meu equipamento eletrônico*; **3**. causar problemas gastrintestinais a: *a feijoada o desarranjou*; **4**. causar transtorno ou contratempo a transtornar: *o ciclone tropical desarranjou a vida de todos os habitantes da cidade*); **desarranjar-se** (**1**. ter problemas de funcionamento: *seu intestino desarranjou-se, porque comeu muita feijoada*; **2**. desentender-se: *quando sócios se desarranjam, melhor é desfazer a sociedade*).

de.sar.ru.mar *v* Tirar do lugar, da ordem ou da disposição conveniente em que se achava; bagunçar: *desarrumar a cama; a ventania desarrumou-lhe os cabelos*. → **desarrumação** *sf* (ato ou efeito de desarrumar); desarrumado *adj* (**1**. que está desalinhado; bagunçado: *cama desarrumada; toda desarrumada, ela não permitiu fotografarem-na*; **2**. em maus lençóis; perdido, frito: *estou desarrumado com um filho desses*).

de.sar.ti.cu.lar *v* **1**. Separar (dois ou mais ossos) nas suas articulações; deslocar: *para ingerir a presa, a cobra desarticulou* *a mandíbula superior da inferior.* **2**. Realizar a amputação de (um membro do corpo), sem corte em osso: *desarticular um pé.* **3**. *Fig.* Quebrar a lógica de: *alguns filmes de ficção desarticulam toda a teoria científica conhecida.* **4**. Desmontar, desmantelar; destruir; acabar com: *a polícia desarticulou um esquema de tráfico de drogas.* **desarticular(-se) 5**. Separar(-se) pela articulação; torcer, destroncar(-se); *desarticular os joelhos, numa queda; seu pulso se desarticulou no basquete;* **6**. *fig.* Fragmentar(-se), dividir(-se); desunir(-se), desordenar(-se); *essa medida do governo desarticulou a oposição; à chegada da polícia, o grupo criminoso se desarticulou.* → **desarticulação** *sf* [ato ou efeito de desarticular(-se)].

de.sar.vo.ra.do *adj* **1**. Diz-se de embarcação sem governo. **2**. Que teve fuga desordenada. **3**. Transtornado, desorientado. **desarvorar(-se)** *v* (desorientar(-se), desnortear(-se): *o não a garota o desarvorou; desarvorou-se com a negativa da garota).* → **desarvoramento** *sm* [ato ou efeito de desarvorar(-se)].

de.sas.som.bro *sm* **1**. Franqueza: *discursou com grande desassombro.* **2**. Coragem, intrepidez: *é um presidente que enfrenta os problemas com desassombro.* → **desassombrar(-se)** *v* [livrar(-se) de receios; encorajar(-se)].

de.sas.sos.se.go (ê) *sm* Ausência de sossego, de tranquilidade, de paz, causada por aflição ou medo; intranquilidade: *o desassossego dos pais de hoje é muito maior do que o dos pais de antigamente.* → **desassossegado** *adj* (que perdeu o sossego, por medo ou aflição; inquieto, intranquilo); **desassossegar(-se)** *v* (inquietar(-se), perturbar(-se), intranquilizar(-se): *muitos são os vícios, hoje, que desassossegam os pais; os pais se desassossegam com tanta violência campeando pelas ruas).*

de.sas.tre *sm* **1**. Qualquer fato infeliz, súbito, inesperado e muito grave, que traz grandes prejuízos físicos ou materiais, infortúnio, sinistro: *desastre de avião, de trem.* **2**. *P.ext.* Catástrofe, calamidade: *desastre ecológico; o desastre nuclear de Chernobyl.* **3**. *Fig.* Fracasso total; fiasco: *a vida dele é caracterizada por uma série de desastres pessoais; como ator, ele foi um desastre!* **4**. *Fig.* Negócio ou fato que resulta em vultoso prejuízo, por isso considerado inaceitável: *a aquisição da refinaria de Pasadena foi um desastre para a Petrobras e para o Brasil; será um desastre para a equipe não chegar à final.* → **desastrado** *adj* (**1**. que sofreu desastre: *carro desastrado;* **2**. *fig.* sem sorte: *aluno desastrado;* **3**. desajeitado: *mecânico desastrado*); **desastrar** *v* (causar desastre a; desgraçar, infelicitar) **desastrar-se** (sofrer desastre); **desastroso** (ô/ pl.: ó) *adj* (**1**. em que ocorrem muitos desastres; *rodovia desastrosa;* **2**. *fig.* muito ruim; trágico, catastrófico: *a derrota de hoje foi particularmente desastrosa para as pretensões do time de conquistar o título brasileiro;* **3**. *fig.* extremamente desagradável ou infeliz; péssimo, terrível: *tive um domingo desastroso!; sua opinião foi simplesmente desastrosa!).*

de.sa.tar *v* **1**. Desfazer ou soltar (nó, laço, etc.). **2**. *Fig.* Soltar subitamente: *desatou gargalhadas no teatro.* **3**. Começar repentinamente: *quando me viu, desatou a chorar.* **desatar-se 4**. Soltar-se, desprender-se: *o cordão do tênis se desatou e quase caí, pisando nele.* **5**. Romper: *desatar-se em lágrimas.* → **desatado** *adj* (que não está atado; solto, desamarrado: *cordão desatado*); **desatamento** ou **desate** *sm* [ato ou efeito de desatar(-se)].

de.sa.tar.ra.xar *v* Tirar a tarraxa ou o parafuso de; desapertar: *desatarraxe todos os parafusos da roda!* → **desatarraxamento** *sm* (ação ou efeito de desatarraxar).

de.sa.ten.ção *sf* **1**. Falta de atenção ou de concentração; distração. **2**. *Fig.* Falta de cortesia, descortesia, indelicadeza. → **desatencioso** (ô; pl.: ó) *adj* (caracterizado pela desatenção); **desatento** *adj* (**1**. que não presta atenção; distraído; **2**. desinteressado: *pais desatentos aos filhos*).

de.sa.ti.no *sm* Falta de tino ou de juízo; ato próprio do doido; loucura, desvario. → **desatinar** *v* (**1**. tornar doido; endoidar, enlouquecer; **2**. dizer ou cometer desatinos; proceder de modo insensato).

de.sa.ti.var *v* **1**. Tornar inativo, inoperante: *desativar um sistema eletrônico.* **2**. Desarmar (explosivo). **3**. Deixar de movimentar: *desativar uma conta bancária.* **4**. Deixar de utilizar; cancelar: *desativar um serviço.* → **desativação** *sf* (ato ou efeito de desativar).

de.sa.tra.van.car ou **des.tra.van.car** *v* **1**. Desimpedir, desobstruir, deixar livre: *destravancar o trânsito.* **2**. Desembaraçar ou facilitar o andamento de: *destravancar processos.* → **desatravancamento** ou **destravancamento** *sm* (ato ou efeito de desatravancar; desobstrução).

de.sau.to.rar *v* **1**. Privar de autoridade, honras ou dignidades (por pena ou castigo): *o ministro desautorou o secretário.* **2**. Desautorizar, desacreditar: *o aluno procura desautorar o professor.* **desautorar-se 3**. Perder a autoridade ou a confiança; desautorizar-se: *os pais não podem desautorar-se ante os filhos.* → **desautoração** *sf* [ato ou efeito de desautorar(-se)].

de.sau.to.ri.zar *v* **1**. Desautorar (2): *ela não podia desautorizar o marido, permitindo a viagem ao filho.* **desautorizar-se 2**. Desautorar (3): *o presidente muito se desautorizou, ao exceder-se na cachaça durante esse evento.* → **desautorização** *sf* ou **desautorizamento** *sm* [ato ou efeito de desautorizar(-se)].

de.sa.ven.ça *sf* Discordância ou indisposição de relacionamento, geralmente por questões de negócio; desentendimento, dissensão: *havia desavenças entre os herdeiros.* · V. **desavir**.

de.sa.ver.go.nha.do *adj* e *sm* Que ou aquele que perdeu a vergonha, tornando-se cínico, descarado, sem-vergonha: *achar-se a única alma honesta do mundo é atitude típica dos desavergonhados.* → **desavergonhamento** *sm* (falta ou perda de vergonha); **desavergonhar** *v* (**1**. fazer perder a vergonha ou o constrangimento: *o pai se esforçava por desavergonhar o filho, no campo de nudistas;* **2**. tornar descarado, cínico, sem-vergonha: *a presidência o desavergonhou*); **desavergonhar-se** (**1**. perder a vergonha ou o constrangimento: *depois de duas ou três vezes frequentando o campo de nudistas, ele finalmente se desavergonhou;* **2**. tornar-se descarado, cínico, sem-vergonha; **3**. faltar ao respeito: *desavergonhar-se ante os superiores).*

de.sa.vir(-se) *v* Pôr(-se) em conflito ou em desavença, indispor(-se), pôr(-se) de mal: *procuraram desavir os cônjuges; eu me desavim com ela há tempos.* · Conjuga-se por **vir**. → **desavindo** *adj* (**1**. que está em desavença; brigado: *sócios desavindos;* **2**. desentendido, discordante: *comprador e vendedor desavindos no preço abortam qualquer transação imobiliária*).

des.ban.car *v* Suplantar, mostrando superioridade de forças ou de méritos: *que time vai desbancar o meu da liderança?* → **desbanque** *sm* (ato ou efeito de desbancar).

des.ba.ra.tar *v* **1**. Dissipar, dilapidar, esbanjar: *o rapaz desbaratou a herança em pouco tempo.* **2**. Arruinar, estragar, destruir: *desbaratar a saúde.* **3**. Desmantelar, desfazer: *a polícia desbaratou a quadrilha.* → **desbaratamento** ou **desbarato** *sm* (ato ou efeito de desbaratar).

des.bas.tar *v* **1**. Tornar menos basto ou espesso: *desbastar o bigode.* **2**. Desengrossar (peça de madeira ou de pedra), cortando a matéria inútil: *desbastar uma ripa.* → **desbastamento** ou **desbaste** *sm* (ato ou efeito de desbastar, de tornar menos basto).

des.blo.que.ar *v* **1**. Desimpedir, liberar: *desbloquear a estrada.* **2**. Levantar o bloqueio de (créditos ou bens): *desbloquear uma quantia da conta bancária.* · Conjuga-se por *frear*. → **desbloqueio** *sm* (ação ou efeito de desbloquear).

des.bo.ca.do *adj* **1**. Diz-se do cavalo que não obedece ao freio. // *adj* e *sm* **2**. *Fig.* Que ou aquele que costuma usar linguagem obscena ou dizer palavrões: *motorista desbocado.* → **desbocação** *sf* ou **desbocamento** *sm* (**1**. ato ou efeito de desbocar; **2**. uso de linguagem grosseira, indecorosa); **desbocadamente** *adv* (de forma desbocada ou grosseira: *quando ouviu aquilo, reagiu desbocadamente*); **desbocar** *v* [endurecer a boca de (o cavalo)]; **desbocar-se** (**1**. tomar (o cavalo) o freio nos dentes, desobedecendo ao comando das rédeas; **2**. *fig.* usar linguagem obscena ou indecorosa].

des.bo.tar *v* **1**. Fazer perder a cor, o brilho ou o viço: *o sol desbotou a bandeira.* **desbotar(-se) 2**. Perder a cor, o brilho ou o viço: *é um tecido que (se) desbota com facilidade.* → **desbotadura** *sf* ou **desbotamento** *sm* [ato ou efeito de desbotar(-se)].

des.bra.ga.do *adj* **1**. Marcado pelo exagero; exagerado, desmedido, desregrado: *um ciúme desbragado de um dos cônjuges arruinou o casamento.* // *adj* e *sm* **2**. Que ou aquele que não tem compostura, agindo e se expressando de modo a agredir a decência e o pudor; que ou aquele que é indecente, indecoroso ou despudorado.

des.bra.var *v* **1**. Explorar (terras desconhecidas): *os bandeirantes desbravaram os sertões brasileiros.* **2**. *P.ext.* Abrir (qualquer via): *os escoteiros desbravam a mata sem medo.* → **desbravamento** *sm* (ato ou efeito de desbravar).

des.bun.dar *v* **1**. Causar impacto ou deslumbramento a (alguém), por algo extraordinário: *essa jogada desbundou a torcida.* **2**. Fazer ficar desconcertado ou sem ação, por algo inesperado; entortar: *foi um drible que desbundou o zagueiro.* **3**. Perder o autocontrole ou a compostura, tornando-se inconveniente, em consequência de uso de bebida ou de entorpecentes: *bebeu tanto, que desbundou*. **4**. Adotar um estilo de vida diferente do vigente: *ele se formou e desbundou*. **5**. Ficar deslumbrado ante algo extraordinário: *quando viu o ator de perto, ela desbundou*. **6**. Ficar desconcertado ou sem ação, ante algo inesperado: *com aquele drible desmoralizante, o zagueiro desbundou*. → **desbundado** *adj* (deslumbrado: *ele ficou desbundado com os elogios que recebeu*); **desbundante** *adj* (que causa desbunde; espetacular: *o Brasil tem praias desbundantes*); **desbunde** *sm* (fascínio, deslumbramento: *note o desbunde dos turistas alemães por nossa praia*).

des.bu.ro.cra.ti.zar *v* **1**. Eliminar a exigência ou tramitação de papéis considerados desnecessários por órgãos oficiais. **desburocratizar-se 2**. Perder o caráter eminentemente burocrático. → **desburocratização** *sf* [ato ou efeito de desburocratizar(-se)]; **desburocratizante** *adj* (que desburocratiza ou busca desburocratizar: *medidas desburocratizantes*).

des.ca.be.lar ou **es.ca.be.lar** *v* **1**. Arrancar os cabelos ou os pelos a: *um irmãozinho descabelou o outro*. **2**. Tirar o alinho dos cabelos a; desgrenhar, desalinhar: *o vento a escabelou toda*. **descabelar-se** ou **escabelar-se** (**1**. desgrenhar-se, despentear-se: *ela se descabelou, para parecer uma louca*; **2**. *fig*. desesperar-se: *ele se descabelou quando viu eleito aquele candidato*). → **descabelamento** *sm* (ato ou efeito de descabelar). (A 6.ª ed. do VOLP não registra *escabelamento*.)

des.ca.bi.do *adj* Que não é oportuno nem tem cabimento; inoportuno e sem cabimento; despropositado: *é descabido seu protesto; pergunta descabida*.

des.ca.bre.a.do *adj Gír*. Diz-se de quem não tem nenhum escrúpulo nem possui vergonha na cara; desavergonhado; descarado. · Antôn.: *escabreado* (3). (Não se confunde com *descabriado*.)

des.ca.bri.a.do *adj Gír*. **1**. Que ou aquele que está sem perspectiva de vida, por isso anda sempre desanimado, desinteressado de tudo. **2**. Que ou aquele que desconfia de tudo e de todos. **3**. Que ou aquele que perdeu o controle emocional; descontrolado. (Não se confunde com *descabreado*.)

des.ca.ir *v* **1**. Deixar pender ou cair: *descair os cabelos no ombros*. **2**. Descambar: *o jogo descaiu em violência*. **3**. Perder a velocidade, declinando: *a bola fez uma curva e descaiu rente à trave*. → **descaimento** *sm* (declínio, decadência).

des.ca.la.bro *sm* **1**. Grande dano, perda ou prejuízo, estrago: *aqueles planos econômicos acabaram causando um descalabro na economia*. **2**. Desorganização extrema; caos: *a equipe econômica levou a economia do país ao descalabro*.

des.cal.çar *v* **1**. Despir do que estava calçado: *descalçar os pés*. **2**. Despir (o que estava calçado): *descalçar as luvas*. **3**. Tirar o calço a: *descalçar uma mesa*. **4**. Desempedrar: *descalçar uma rua*. → **descalçadura** *sf* ou **descalçamento** *sm* (ato ou efeito de descalçar).

des.cal.va.do ou **es.cal.va.do** *adj* **1**. Que teve a cabeça rapada por algum motivo; sem cabelos; careca. **2**. Sem vegetação; árido, estéril. → **descalvar** ou **escalvar** *v* (**1**. rapar a cabeça de; tornar careca: *ao entrar na faculdade, descalvaram-no*; **2**. arrancar a vegetação de; tornar árido).

des.ca.mar(-se) ou **es.ca.mar-se** *v* Tornar(-se) sem escamas ou algo semelhante: *escamar um peixe*. → **descamação** *sf* [ato ou efeito de descamar(-se)].

des.cam.bar *v* Derivar para (algo ruim); degenerar: *o jogo descambou em pancadaria*. **2**. Cair, desabar: *de repente descambou um toró*. **3**. Cair para um lado; pender: *o barco descambou para a esquerda e virou*. → **descambação** *sf* (ato ou efeito de descambar).

des.ca.mi.sa.do *adj* e *sm* **1**. Que ou aquele que não tem camisa. **2**. Que ou aquele que não tem recursos, por pertencer a classe social baixa; maltrapilho. → **descamisar** *v* (**1**. tirar a camisa a; **2**. tornar pobre).

des.cam.pa.do *adj* **1**. Aberto, amplo e desabitado. // *sm* **2**. Grande área aberta, desabitada e sem nenhum tipo de cultura.

des.can.sa-bra.ço *sm* Peça do painel interno das portas dos automóveis, em forma de aba, destinada ao descanso ou apoio para o braço dos ocupantes do veículo. · Pl.: *descansa-braços*. (A 6.ª ed. do VOLP não registra a palavra.)

des.can.sar *v* **1**. Livrar-se de fadiga ou de aflição: *as férias me descansaram*. **2**. Tomar descanso: *sentou-se para descansar um pouco*. **3**. Dormir, pegar no sono: *com esse barulho, ninguém consegue descansar*. **4**. Estar sepultado, jazer: *aqui descansa em paz um grande brasileiro*. **5**. Ficar tranquilo; sossegar, tranquilizar-se: *só descansou quando a filha voltou da festa*. **6**. Morrer: *depois de tanto sofrer, descansou*. // *interj* **7**. Voz de comando militar, para que o soldado avance o pé esquerdo e descanse sobre o direito. · Antôn. (1): *cansar, fatigar*; (5): *preocupar-se, inquietar-se*. → **descansado** *adj* (**1**. calmo, tranquilo: *fiquei descansado depois do que ela me disse*; **2**. livre do cansaço, da fadiga: *agora, que já estou descansado, podemos recomeçar*; **3**. aliviado: *estar com o espírito descansado de preocupações*; **4**. apoiado: *tinha os cotovelos descansados sobre a mesa*), de antôn. (1): *agitado, inquieto, intranquilo*; (2): *cansado, defesso, fatigado*; (3): *tenso, preocupado*; (4): *desapoiado*; **descanso** *sm* (**1**. tempo ou momento que intermedeia duas fases de qualquer trabalho ou atividade: *os peões da obra não tinham descanso nenhum: trabalhavam das 8h às 18h, direto*; **2**. ócio, folga, tempo livre: *o recreio é hora de descanso para alunos e professores*; **3**. paz, sossego, tranquilidade: *não ter descanso na vida*; **4**. apoio, suporte: *ela esqueceu o ferro de passar no descanso*; **5**. sono: *bom descanso!*).

des.ca.pi.ta.li.zar *v* **1**. Diminuir o capital de (uma empresa). **2**. Despender ou pôr em circulação (valores capitalizados). **descapitalizar(-se) 3**. Ficar sem nenhum capital (empresa). **4**. Gastar ou perder os bens ou o dinheiro capitalizado: *descapitalizou-se para comprar um carro novo*. → **descapitalização** *sf* [ato ou efeito de descapitalizar(-se)].

des.ca.rac.te.ri.zar *v* **1**. Tirar a originalidade de: *construções modernas descaracterizaram a cidade histórica*. **2**. Desfazer a caracterização a, retirando a maquiagem, adornos, etc.: *as crianças queriam descaracterizar os palhaços*. **descaracterizar-se 3**. Perder o verdadeiro caráter: *no Brasil, a esquerda descaracterizou-se*. **4**. Desfazer-se da caracterização: *após o espetáculo, os atores descaracterizam-se*. → **descaracterização** *sf* (ato ou efeito de descaracterizar).

des.ca.ra.do *adj* e *sm* **1**. Que ou quem não tem vergonha nem escrúpulos; desvergonhado. **2**. Que ou aquele que é cínico, atrevido, cara de pau. → **descaramento** *sm* (**1**. ação, ato ou modos de descarado; falta absoluta de vergonha; **2**. cinismo, atrevimento).

des.car.ga *sf* **1**. Ato ou efeito de descarregar; descarregamento. **2**. Tiro ou conjunto de tiros disparados em sequência. **3**. Redução de *tubo de descarga*, escapamento dos gases de combustão, em motor de explosão. **4**. Válvula que controla a saída de água de um vaso sanitário.

des.car.go *sm* Desencargo (2): *por descargo de consciência, resolvi dizer toda a verdade*.

des.car.nar *v* Separar a carne dos ossos de (aves, rês, etc.): *descarnar uma leitoa*. **descarnar(-se) 2**. Tornar(-se) muito magro: *a AIDS descarna o indivíduo: depois que contraiu a doença, descarnou-se*. → **descarnadura** *sf* ou **descarnamento** *sm* (operação de descarnar); **descarnagem** *sf* (num curtume, operação que consiste em tirar a carne que ficou aderente ao couro).

des.ca.ro.çar *v* Tirar o caroço a: *descaroçar as azeitonas*. → **descaroçamento** *sm* (ação ou efeito de descaroçar).

des.car.re.gar *v* **1**. Tirar a carga de: *descarregar um navio*. **2**. Disparar (arma de fogo): *descarreguei a arma neles*. **3**. Ficar sem carga: *a bateria do carro descarregou*. → **descarregamento** ou **descarrego** (ê) *sm* (ação de descarregar).

des.car.ri.lar ou **des.car.ri.lhar** *v* **1**. Fazer sair dos trilhos: *descarrilaram o bondinho*. **2**. Sair dos trilhos: *o trem descarrilou*. → **descarrilamento** ou **descarrilhamento** *sm* (ato ou efeito de descarrilar ou descarrilhar).

des.car.tar *v* **1**. Não levar em conta, afastar: *descartar uma possibilidade*. **2**. Jogar fora, após o uso: *descartar uma seringa*. **descartar-se 3**. Livrar-se: *o ministro se descartou dos repórteres*. **4**. Desfazer-se: *descartou-se da droga quando viu a polícia*. → **descartável** *adj* (que, após o uso, deve ser inutilizado); **descarte** *sm* [ato ou efeito de descartar(-se)].

des.cas.car *v* **1**. Tirar a casca a: *descascar laranjas*. **2**. Despelar: *depois de dias na praia, agora, sua pele está descascando*. → **descascação, descascadura** *sf* ou **descascamento** *sm* (ato ou efeito de descascar).

des.ca.so *sm* Desprezo, desatenção, pouco-caso.

des.cen.der *v* **1**. Proceder ou provir por geração: *descender de nobres*. **2**. Derivar, originar-se: *o português descende do latim*. → **descendência** *sf* (série de pessoas que procedem de uma mesma linhagem), de antôn. *ascendência*; **descendente** *adj* e *s2gên* (que ou pessoa que descende de outra ou de uma mesma linhagem), de antôn. *ascendente*.

des.cen.so *sm* **1.** Ato, efeito ou processo de descer; descida. **2.** Descida para uma série ou divisão inferior; rebaixamento, decesso (por oposição a *acesso*). **3.** Queda da pálpebra superior devida a paralisia ou doença; ptose.

des.cen.tra.li.zar *v* **1.** Afastar do centro: *descentralizar os vendedores ambulantes.* **2.** Dar autonomia administrativa a: *descentralizar os órgãos do governo.* descentralizar-se **3.** Afastar-se do centro: *a administração pública descentralizou-se com o novo governo.* → **descentralização** *sf* [ato ou efeito de descentralizar(-se)].

des.cer *v* **1.** Retirar (de lugar elevado), pôr embaixo: *descer caixas de sapatos das prateleiras.* **2.** Ir ou vir de cima para baixo: *descer pela escada, e não pelo elevador.* **3.** Apear, saltar, desmontar: *descer do carro.* **4.** Desembarcar: *a tripulação desceu junto com os passageiros.* · Antôn.: *subir.* → **descimento** *sm* ou **descida** *sf* (ato de descer).

des.cer.rar *v* **1.** Abrir (o que estava fechado, coberto ou unido): *descerrar os lábios.* **descerrar-se 2.** Abrir-se: *seus olhos se descerraram ao primeiro beijo.* → **descerramento** *sm* [ato ou efeito de descerrar(-se)].

des.ci.da *sf* **1.** Ato de descer; descimento. **2.** Ladeira em declive: *na descida, todo santo ajuda.* · Antôn.: *subida.*

des.clas.si.fi.car *v* **1.** Desqualificar, tirar ou eliminar de concurso, exame, disputa, competição, etc.: *seu time desclassificou o meu.* **desclassificar-se 2.** Ser eliminado ou reprovado em exame, concurso, competição, disputa, etc.; não se classificar: *seu time se desclassificou muito cedo.* → **desclassificação** *sf* [ato ou efeito de desclassificar(-se)].

des.co.brir *v* **1.** Pôr à vista: *descobrir a barriga.* **2.** Encontrar (o que se procura): *descobri o endereço dela.* **3.** Ficar sabendo de: *descobrir um segredo.* **4.** Inventar: *descobriram a roda.* **5.** Reconhecer, identificar: *descobrir um defeito no televisor.* **6.** Tirar a cobertura de: *descobrir um cadáver.* → **descoberta** *sf* (aquilo que se descobriu, invenção); **descoberto** *adj* (**1.** sem cobertura: *dormir com os pés descobertos;* **2.** revelado, desvendado: *a polícia considera o crime inteiramente descoberto;* **3.** encontrado: *de quem são as jazidas descobertas?;* **4.** visível: *na maré baixa, inúmeras ilhotas ficam descobertas*); **descobrimento** *sm* (ato ou efeito de descobrir).

des.co.di.fi.car *v* V. decodificar.

des.co.la.do *adj* **1.** Que se descolou, despegou ou desuniu: *sola de sapato descolada.* // *adj* e *sm* **2.** *Gír.* Que ou o que é muito especial, incomum, maneiro: *até que enfim você comprou um carro descolado.* **3.** *Gír.* Que ou pessoa que tem bom papo, é desenrolada e tem bom comportamento social: *minha irmã é descolada, quando chega a uma festa é sempre recebida com beijos e abraços; meus clientes são jovens, maduros e descolados.*

des.co.lo.ran.te *adj* e *sm* Que ou o que descolora ou faz perder a cor; descorante: *a água sanitária é um poderoso descolorante.*

des.co.me.di.do *adj* **1.** Excessivo, imoderado, exagerado: *ter descomedido apetite.* **2.** Disparado, desconexo, absurdo: *pronunciar frases descomedidas.* **3.** Inconveniente, desrespeitoso: *é um comentário descomedido numa mesa de jantar.* → **descomedimento** *sm* (falta de comedimento ou de moderação; imoderação, excesso); **descomedir-se** *v* (praticar excessos, exceder-se, descompassar-se).

des.com.pas.so *sm* **1.** Falta de compasso. **2.** Falta de acordo; desacordo. → **descompassar** *v* (**1.** executar sem medida; **2.** estender muito e sem limites; **3.** desproporcionar); **descompassar-se** (descomedir-se, exceder-se).

des.com.por *v* **1.** Desalinhar, desarrumar: *o vento lhe descompôs os cabelos.* **descompor-se 2.** Perturbar-se, transtornar-se: *ao ouvir a ofensa, não se descompôs.* · Conjuga-se pelo v. *pôr.* → **descomposição** *sf* [ato ou efeito de descompor(-se)]; **descompostura** *sf* [**1.** falta de compostura ou de alinho no vestir e no arranjo pessoal: desalinho; **2.** falta de respeito; desrespeito; **3.** excesso de atrevimento; descaramento; **4.** censura áspera; repreensão grave; reprimenda, sabão, pito: *de dedo em riste, o árbitro passou uma descompostura no zagueiro, pela violência*].

des.co.mu.nal *adj* Fora do comum; gigantesco, colossal.

des.con.cer.tar *v* **1.** Desregular: *o mecânico desconcertou todo o motor do meu carro.* **2.** Desarrumar: *o vento lhe desconcertou os cabelos.* **3.** Atrapalhar, perturbar, embaraçar: *a presença dela na festa me desconcertou um pouco.* **desconcertar-se 4.** Perturbar-se, transtornar-se: *ele não se desconcertou com a ironia.* → **desconcertado** *adj* (perturbado, atrapalhado); **desconcertante** *adj* (que atrapalha ou embaraça); **desconcerto**

(ê) *sm* [**1.** ato ou efeito de desconcertar(-se); **2.** perturbação, transtorno; **3.** desentendimento, discordância].

des.co.nec.tar *v* **1.** Desfazer ou cortar a conexão de ou entre: *desconectar a mangueira da torneira; desconectar a impressora do computador.* **2.** Desunir, desligar: *desconectar os fios telefônicos.* → **desconexão** (x= ks) *sf* (**1.** ato ou efeito de desconectar; **2.** falta de conexão; incompatibilidade: *há uma desconexão entre o que ele acha que está acontecendo e o que realmente está acontecendo*); **desconexo** (x = ks) *adj* (sem nexo ou lógica; ilógico, incoerente).

des.con.fi.ar *v* **1.** Supor, achar: *desconfio que ela é casada.* **2.** Suspeitar, duvidar: *ela desconfia até da sombra.* → **desconfiado** *adj* e *sm* (que ou aquele que desconfia, receia ou suspeita); **desconfiança** *sf* (falta de confiança); **desconfiômetro** *sm* (pop. **1.** capacidade de uma pessoa de perceber quando está sendo inconveniente ou importuna, num sinal de sensatez; semancol, semancômetro; **2.** suposto aparelho que confere tal capacidade: *quando estiver empurrando um carrinho no supermercado, ligue o desconfiômetro para não bater no calcanhar da pessoa da frente!*).

des.con.fi.gu.ra.ção *sf* **1.** Ato ou efeito de desconfigurar(-se). **2.** Alteração das instruções de funcionamento do sistema operacional de um computador, apagando ou substituindo seus arquivos, *drives* ou informações do "registro" ou, ainda, quando algum programa faz isso sem aviso. → **desconfigurado** *adj* (que sofreu desconfiguração); **desconfigurar (-se)** [tornar(-se) desconfigurado].

des.con.for.to (ô) *sm* **1.** Falta de conforto. **2.** Desconsolo, desânimo.

des.con.ge.lar *v* **1.** Fundir (gelo ou coisa congelada); provocar o degelo de; degelar, liquefazer: *o efeito estufa poderá descongelar as geleiras e provocar desastres incalculáveis.* **2.** Submeter (um alimento congelado) à temperatura ambiente, de modo a restituir-lhe o aspecto e consistência normais: *descongelar peixes e frutos do mar.* **3.** Dar por encerrado o congelamento de; liberar ou desbloquear (conta, crédito, empréstimo, preços, salários, etc.). **descongelar-se 4.** Derreter-se, fundir-se, degelar: *os cubos de gelo já se descongelaram.* **5.** Voltar (um alimento congelado) à temperatura ambiente: *o peixe só se descongelou depois de três horas.* → **descongelação** *sf* ou **descongelamento** *sm* [ato ou efeito de descongelar(-se)].

des.con.ges.ti.o.nar *v* **1.** Livrar de congestão: *descongestionar o nariz.* **2.** Aliviar o congestionamento de; desobstruir: *descongestionar o trânsito, o tráfego de veículos.* **3.** Facilitar o escoamento do trânsito de: *esse viaduto descongestionou a avenida.* **descongestionar-se 4.** Livrar-se de congestão: *meu nariz já se descongestionou.* **5.** Ficar livre do fluxo de trânsito: *as marginais logo se descongestionaram depois que as duas pistas obstruídas foram liberadas.* → **descongestionamento** *sm* [ato ou efeito de descongestionar(-se)]; **descongestionante** *adj* e *sm* (que ou o que descongestiona).

des.co.nhe.cer *v* **1.** Não ter conhecimento de, ignorar: *desconhecer o significado de uma palavra.* **2.** Não reconhecer, estranhar: *cresceu tanto a garota, que a desconheci.* **3.** Não reconhecer (benefício ou favor recebido): *os ingratos sempre desconhecem o que fazemos por eles.* → **desconhecido** *adj* e *sm* (**1.** que ou o que não é conhecido; que é estranho; que nunca se viu; **2.** que ou aquele que, por alguma razão, não se identifica; anônimo) e *sm* (aquilo que não se conhece); **desconhecimento** *sm* (falta de conhecimento; ignorância).

des.con.jun.tar *v* **1.** Desfazer, desmanchar: *desconjuntar um nó.* **2.** Separar, desunir: *desconjuntar os pés de meia.* **desconjuntar(-se) 3.** Desarticular(-se): *desconjuntar o braço.* **4.** Lesionar (articulação) ou sofrer lesão: *desconjuntar o pulso.* **5.** Desestruturar(-se), desmantelar(-se); *com o forte terremoto, o prédio desconjuntou-se.* → **desconjuntado** *adj* (**1.** que se desconjuntou ou se desarticulou; *tive desconjuntado o braço;* **2.** que se move de modo todo desajeitado; desengonçado (1); **3.** separado, desunido; desconjunto); **desconjunto** *adj* [desconjuntado (3)].

des.con.ser.to (ê) *sm* Falta de conserto; estrago, desarranjo. (Não se confunde com *desconcerto.*) → **desconsertar** *v* (**1.** desfazer o conserto de; **2.** desarranjar, estragar), que não se confunde com *desconcertar.*

des.con.si.de.rar *v* **1.** Tratar sem respeito, não dar a devida atenção a: *desconsiderar os filhos.* **2.** Não considerar, desprezar: *desconsiderar os centavos de uma conta.* → **desconsideração** *sf* (falta de consideração, de respeito; desrespeito).

des.con.so.lo (ô) *sm* Falta de consolação ou de consolo; tristeza, desolação, desconsolação. → **desconsolação** *sf* ou **desconsolo** (ô) *sm* (falta de consolação ou de consolo; tristeza, desolação); **desconsolado** *adj* (muito triste ou muito desanimado); **desconsolar** *v* (desanimar ou entristecer muito).

des.con.tar *v* **1.** Pagar, receber ou trocar (título de crédito) antes do vencimento, mediante desconto: *descontar duplicatas no banco.* **2.** Receber em dinheiro o valor estipulado em: *descontei o seu cheque hoje.* **3.** Abater, deduzir: *desconte o que lhe devo!* → **desconto** *sm* (**1.** ato ou efeito de descontar; **2.** abatimento, redução no preço; **3.** quantia abatida).

des.con.ten.te *adj* e *s2gên* Que ou pessoa que não está contente ou satisfeita: *estar descontente com o excesso de impostos.* → **descontentamento** *sm* (falta de contentamento ou de satisfação; insatisfação); **descontentar** *v* (desagradar a); **descontentar-se** (sentir desgosto; desgostar-se: *descontentar-se da vida*).

des.con.tex.tu.a.li.zar *v* **1.** Tirar do seu contexto: *o aparte descontextualizou o tema.* **2.** Fazer sentir-se deslocado, fora do contexto: *os adultos descontextualizam os jovens, às vezes.* → **descontextualização** *sf* (ato ou efeito de descontextualizar); **descontextualizado** *adj* (**1.** que se caracteriza por estar fora do contexto ou pela descontextualização: *título de notícia descontextualizado da matéria*; **2.** que não combina bem com certo contexto ou situação: deslocado: *às vezes, os adultos fazem os jovens sentirem-se descontextualizados*).

des.con.ti.nu.ar *v* **1.** Não continuar; interromper, suspender: *a companhia de aviação descontinuou a rota que não gerava retorno financeiro; a empresa descontinuou a produção desse veículo, que não caiu nas graças do consumidor.* **2.** Mudar de maneira permanente e contínua; variar: *com tamanha irregularidade de atuação, o time descontinua e desagrada aos torcedores.* → **descontinuação** *sf* (ato ou efeito de descontinuar); **descontínuo** *adj* [**1.** intermitente (1): *febre descontínua*; **2.** que não tem regularidade ou continuidade; irregular].

des.con.tra.ir *v* **1.** Deixar de contrair: *descontrair os músculos.* **2.** Fazer perder o constrangimento: *este ambiente me descontrai.* **descontrair-se 3.** Perder o constrangimento, ficar à vontade: *quando me descontraí, aproveitei a festa.* → **descontração** *sf* [ato ou efeito de descontrair(-se)]; **descontraído** *adj* (sem tensões nem constrangimento; relaxado).

des.con.tro.lar(-se) *v* **1.** Desgovernar(-se): *um cão na pista descontrolou o motorista; o carro se descontrolou na pista molhada.* **2.** Perder o controle emocional; desequilibrar-se: *descontrolei-me e dei-lhe uns bofetões.* → **descontrolado** *adj* (**1.** falto de controle; desgovernado: *o veículo, descontrolado, rolou barranco abaixo*; **2.** desequilibrado emocionalmente: *um presidente descontrolado é um perigo!*); **descontrole** (ô) *sm* (falta de controle).

des.con.ver.sar *v* **1.** Mudar ou fugir do assunto: *quando lhe perguntei se era casada, ela desconversou.* **2.** Fazer-se de desentendido, disfarçar-se, despistar: *quando lhe lembrei a dívida que tem comigo, ele desconversou.* → **desconversação** *sf* (ato ou efeito de desconversar).

des.co.rar *v* **1.** Tirar a cor de; desbotar. **descorar(-se) 2.** Empalidecer; perder a cor. → **descorado** *adj* (**1.** que perdeu a cor ou o brilho; desbotado; **2.** que perdeu a cor; pálido, sem cor: *face descorada*); **descoramento** *sm* (ato ou efeito de descorar; desbotamento); **descorante** *adj* e *sm* (descolorante).

des.cor.tês *adj* Grosseiro, indelicado: *ser descortês com turistas.* · Antôn.: *cortês, polido, urbano, educado, gentil.* → **descortesia** *sf* (ação descortês; grosseria, indelicadeza), de antôn. *cortesia, delicadeza, polidez.*

des.cor.ti.no *sm* **1.** Ato ou efeito de descortinar. **2.** Capacidade de antevisão: *demonstrou descortino, vendendo as ações na hora certa.* **3.** Percepção aguda; perspicácia: *casei com uma mulher de grande descortino.* → **descortinar** *v* (**1.** tirar as cortinas de: *descortinou todo o apartamento*; **2.** abrir, fazendo correr a cortina: *descortinar a janela*; **3.** dar a conhecer; revelar: *descortinar um grande mistério*; *descortinar a nossa realidade interior*; **4.** ver a distância; avistar, enxergar: *em meio ao oceano, já sem água potável, descortinamos uma ilha*; **5.** perceber, notar: *não descortinei nele nenhuma má intenção*; **6.** distinguir, diferençar: *é difícil descortinar nessa frase o que é sério e o que é ironia*).

des.cre.den.ci.ar *v* Tirar as credenciais a; retirar credenciamento de; desabilitar: *meu plano de saúde descredenciou vários hospitais e médicos.* **descredenciamento** *sm* (ato ou efeito de descredenciar).

des.cré.di.to *sm* **1.** Perda de crédito, de confiança ou de estima. **2.** Má fama que resulta de mau procedimento.

des.cren.ça *sf* **1.** Incredulidade. **2.** Irreligiosidade. → **descrente** *adj* e *s2gên* (**1.** que ou pessoa que em nada crê e de tudo duvida; **2.** que ou pessoa que não tem religião); **descrer** *v* (**1.** rejeitar, renegar, negar; **2.** perder a confiança, duvidar).

des.cre.ver *v* **1.** Fazer a descrição de, expor ou pintar por meio do discurso todos os detalhes de: *descrever uma paisagem.* **2.** Contar ou narrar minuciosamente: *querem descriminalizar o uso da maconha.* **descriminalizar-se 2.** Tornar-se prática ou uso legal: *se o uso da maconha se descriminalizar, será o caos.* → **descriminalização** *sf* [ato ou efeito de descriminalizar(-se)]. (Note: descriminaliza o uso, e não a droga.)

des.cri.mi.nar *v* Absolver de crime; inocentar: *o juiz descriminou o réu.* → **descriminação** *sf* (ato ou efeito de descriminar). (Não se confunde com *discriminar*.)

des.cri.ti.vo *adj* **1.** Que envolve descrição, caracterizado por descrição: *estilo descritivo.* **2.** Relativo a descrição ou classificação: *ciência descritiva.* **3.** Que não é baseado na experiência ou observação: *conclusões descritivas.* ·· **Geometria descritiva.** Parte da matemática aplicada que tem por objetivo representar os corpos por meio de projeções. ·· **Linguística descritiva.** Ramo da linguística que descreve as estruturas das línguas como elas existem, sem referência à sua história ou à comparação com outras línguas.

des.cui.dar *v* **1.** Tratar sem cuidado; não fazer caso de; negligenciar, descurar: *descuidar os filhos, a língua pátria.* **2.** Distrair: *um boi na rua descuidou o motorista do ônibus.* **3.** Não cuidar de: *descuidar dos filhos, na praia.* **descuidar-se 4.** Esquecer-se: *descuidar-se dos compromissos*; **5.** não cuidar; descurar: *descuidar-se do traje*; **6.** relaxar-se: *depois que casou, descuidou-se completamente*; **7.** estar ou ficar desatento: *nas ruas de São Paulo e do Rio de Janeiro, quem se descuida é roubado.* → **descuidado** *adj* e *sm* (que ou aquele que não tem cuidado ou zelo; negligente, desleixado: *você foi atropelado, porque é muito descuidado*); **descuido** *sm* (**1.** falta de cuidado; negligência; desleixo: *o descuido dos filhos para com os pais*; **2.** falta de atenção; desatenção: *um descuido no trânsito paulistano pode ser fatal*).

des.cul.pa *sf* **1.** Ato ou efeito de (se) desculpar. **2.** Razão apresentada para nos livrarmos de culpa ou para nos justificarmos de repreensão certa ou eventual. → **desculpar** *v* (aceitar desculpa de); **desculpar(-se)** [pedir desculpa].

des.cum.prir *v* Deixar de cumprir: *descumprir a lei.* → **descumprimento** *sm* (ato ou efeito de descumprir).

des.cu.rar *v* Descuidar, não tratar de: *descurar o (ou do) traje.* → **descuramento** *sm* (ato ou efeito de descurar; desmazelo).

des.de (ê) *prep* **1.** A partir de (o tempo dado até agora): *ele usa óculos desde os cinco anos.* **2.** Durante o período entre (o tempo dado e agora): *viajei duas vezes desde janeiro.* **3.** A partir de (o lugar inicial): *ela chorou desde lá até aqui.* (Cuidado para não usar desde "de", como em: *Desde "de" manhã chove muito.*)

des.dém *sm* **1.** Ato de desdenhar(-se). **2.** Sentimento, atitude ou expressão de desprezo arrogante; menosprezo ostensivo; altivez, soberba: *ela me fitou de cima a baixo com todo o desdém deste mundo.* **3.** Descaso, indiferença: *nunca trate uma mulher com desdém: ela sempre se vinga..* **4.** Desalinho, displicência, negligência, relaxo: *desde criança que ela se veste com desdém..* · Antôn.: (1): *modéstia, humildade*; (3): *atenção, consideração*; (4): *alinho, elegância, primor.* → **desdenhador** (ô) *adj* e *sm* (que ou aquele que desdenha); **desdenhar** *v* (**1.** tratar com desdém, menosprezar ostensivamente; **2.** menosprezar); **desdenhoso** (ô; pl.: ó) *adj* (**1.** que demonstra desdém: *olhar desdenhoso*; **2.** que não faz caso; indiferente: *criança desdenhosa da boa leitura*).

des.den.tar *v* **1.** Tirar os dentes a: *o dentista o desdentou.* **desdentar-se 2.** Perder os dentes: *ele se desdentou ainda na adolescência.* → **desdentado** *adj* (**1.** sem dentes ou sem alguns dentes: *crianças desdentadas;* **2**. que deixa ver a falta de dentes: *sorriso desdentado*).

des.di.ta *sf* Má sorte; infelicidade, desventura, infortúnio. · Antôn.: *sorte, ventura.* → **desditoso** (ô; pl.: ó) *adj* (que não tem sorte; desafortunado, infeliz, desventurado), de antôn. *venturoso, sortudo*.

des.di.zer *v* **1**. Desmentir, negar: *ele desdisse tudo o que afirmou ontem.* **2**. Destoar, divergir: *seu depoimento desdiz do anterior.* **desdizer-se 3**. Dizer justamente o contrário do que disse: *no segundo depoimento, a testemunha se desdisse inteiramente.* · Conjuga-se por *dizer*.

des.do.brar *v* **1**. Abrir ou estender (algo dobrado): *desdobrar uma bandeira, um guardanapo, um cobertor, um mapa na mesa.* **2**. Dividir em duas ou mais partes; desmembrar: *o governo desdobrou o décimo terceiro salário dos aposentados.* **3**. Intensificar, aumentar: *desdobrar esforços, para conseguir um objetivo.* **desdobrar-se 4**. Empenhar-se a fundo, esforçar-se ao máximo; dar tudo de si: *desdobrou-se para conseguir o diploma; o treinador teve que se desdobrar para colocar os onze jogadores em campo.* **5**. Desenvolver-se, estender-se: *a plantação de cana-de-açúcar se desdobra por muitos hectares; havia uma cena dantesca desdobrando-se à minha frente; os fatos se desdobraram de forma diferente do planejado.* **6**. Prolongar-se: *a reunião desdobrou-se até a madrugada.* **7**. Desmanchar-se em gentilezas: *quando via o chefe, desdobrava-se quase servilmente.* → **desdobramento** *sm* (ato ou efeito de desdobrar(-se)).

des.dou.ro *sm* **1**. Perda da camada dourada que cobria ou revestia um objeto: *o desdouro de um fino e caro relógio.* **2**. *Fig.* Deslustre na reputação, no prestígio, etc.: *não há nenhum desdouro em reconhecer o erro, ao contrário, há mérito.* **3**. *Fig.* Desonra, ignomínia, opróbrio, vergonha, infâmia: *ser tachado de corrupto é um grande desdouro.* → **desdourar(-se)** *v* (**1**. fazer perder ou perder o dourado: *a maresia desdourou o relógio;* **2**. *fig.* fazer perder ou perder o bom nome, a reputação, o prestígio, a fama; desabonar(-se), deslustrar(-se): *cheques sem fundo desdouram o seu emitente; as pessoas se desdouram frequentando bordeis*).

de.se.jar *v* **1**. Ter vontade de; querer, pretender: *desejo morar na Europa.* **2**. Cobiçar, ambicionar: *ela deseja bens impossíveis.* **3**. Fazer votos de: *desejo que tudo corra bem na viagem.* → **desejo** (ê) *sm* (**1**. ato de desejar; **2**. aquilo que se deseja; objeto do desejo; **3**. apetite sexual; libido; **4**. vontade incontrolável de mulher grávida de comer ou beber alguma coisa); **desejoso** (ô; pl.: ó) *adj* (que tem muito desejo; ávido: *desejoso de fama, de glória*).

de.se.le.gân.cia *sf* **1**. Qualidade de quem é deselegante; falta de elegância: *a deselegância no traje, nas atitudes.* **2**. Ato ou procedimento deselegante ou não educado, não gentil: *foi deselegância sua não abrir a porta do carro para ela entrar.* → **deselegante** *adj* e *s2gên* (que ou pessoa que se caracteriza pela deselegância).

de.sem.ba.ra.çar *v* **1**. Livrar de embaraço, desobstruir: *desembaraçar uma rua.* **2**. Soltar, desembaralhar: *desembaraçar os cabelos.* **3**. Fazer perder a timidez, o acanhamento: *o curso de arte dramática o desembaraçou.* **desembaraçar-se 4**. Livrar-se (do que embaraça ou aborrece): *desembaraçar-se dos repórteres.* → **desembaraçado** *adj* (**1**. livre de embaraços ou obstáculos; desimpedido; **2**. que não tem nenhum acanhamento; desinibido, extrovertido; **3**. solto, desembaralhado); **desembaraçamento** ou **desembaraço** *sm* (**1**. ação de desembaraçar(-se); **2**. ausência total de acanhamento ou inibição; desinibição, desenvoltura: *logo no primeiro dia de trabalho, já revelou seu desembaraço no trato com os clientes*).

de.sem.ba.ra.lhar *v* **1**. Separar (o que está embaralhado), desemaranhar, desembaraçar, soltar: *desembaralhar os cabelos.* **desembaralhar-se 2**. Desembaraçar-se: *desembaralhar-se dos repórteres.* → **desembaralhado** *adj* (desembaraçado, solto).

de.sem.bar.ga.dor (ô) *sm* Juiz de tribunal superior de justiça ou de apelação.

de.sem.bo.car *v* **1**. Sair de um lugar relativamente estreito, para outro mais largo: *saí de uma rua para desembocar numa avenida.* **2**. Lançar suas águas em rio maior ou no mar (falando-se de rio), desaguar: *o rio Amazonas desemboca no mar.* **3**. Ir sair ou terminar, ir dar: *esta rua desemboca na praia.* → **desembocadura** *sf* (**1**. ação de desembocar; **2**. lugar onde se dá essa ação; foz).

de.sem.bol.sar *v* **1**. Tirar do bolso ou da bolsa: *desembolsou um revólver e atirou.* **2**. Gastar: *desembolsou milhões na construção da casa.* → **desembolso** (ô) *sm* (ato ou efeito de desembolsar).

de.sem.bre.ar *v* Desligar a força de (motor), acionando o pedal da embreagem do veículo. · Conjuga-se por *frear.* → **desembreagem** *sf* (ação ou efeito de desembrear).

de.sem.bu.char *v* **1**. Expelir do bucho ou estômago (excesso de alimento): *desembuchou a feijoada ali mesmo.* **2**. *Fig.* Dizer logo e francamente (o que estava ocultando); confessar: *vamos, desembuche tudo o que sabe sobre esse crime!* **3**. *Pop.* Desembolsar (dinheiro), despender, pagar: *sem custo a namorada ele desembuchava algum nos seus passeios.* → **desembuchamento** *sm* (ato ou efeito de desembuchar).

de.sem.pa.tar *v* **1**. Resolver ou decidir (o que estava empatado): *meu voto desempatou a decisão.* **2**. *Fig.* Desembaraçar, resolver ou solucionar (o que estava complicado ou intrincado): *desempatar uma negociação.* **3**. *Fig.* Liberar (dinheiro aplicado); desaplicar (dinheiro): *desempatei tudo o que tinha na caderneta de poupança para comprar esse carro.* **4**. *Pop.* Deixar livre; liberar: *se você não quer casar, então, desempate logo a moça!* → **desempate** *sm* (ato ou efeito de desempatar).

de.sem.pe.nar *v* **1**. Aplainar (reboco), alisar: *desempenar um piso.* **2**. Desentortar, endireitar: *desempenar uma tábua.* **3**. Nivelar, aplainar: *desempenar uma mesa.* **4**. Aprumar, endireitar: *desempenar a coluna.* → **desempenamento** ou **desempeno** *sm* (ato ou efeito de desempenar).

de.sem.pe.nhar *v* **1**. Resgatar (o que se tinha empenhado): *desempenhou todas as suas joias.* **2**. Cumprir, executar: *desempenhar uma missão.* **3**. Representar, encenar, interpretar: *desempenhar um papel num filme.* → **desempenhamento** ou **desempenho** *sm* (**1**. ato ou efeito de desempenhar; **2**. modo de agir ou de se comportar; atuação, comportamento, conduta; **3**. funcionamento de uma máquina, motor ou veículo; **4**. modo de representar em cinema, teatro e televisão; interpretação).

de.sem.pre.go (ê) *sm* Falta de emprego. → **desempregado** *adj* e *sm* (que ou aquele que está sem emprego); **desempregar** *v* (**1**. demitir do emprego; **2**. fazer perder o emprego).

de.sen.ca.de.ar *v* **1**. Desprender ou soltar com força; romper: *ele desencadeou os elos da corrente.* **2**. Provocar, causar: *esse fato quase desencadeia uma guerra.* **3**. Cair com força ao ímpeto (chuva, temporal, etc.): *mal pegamos a estrada, desencadeou violento temporal.* **desencadear-se 4**. Começar de repente: *desencadeou-se uma chuva forte.* · Conjuga-se por *frear.* → **desencadeamento** *sm* [ato ou efeito de desencadear(-se)].

de.sen.ca.mi.nhar *v* **1**. Desviar do verdadeiro caminho: *a tempestade desencaminhou o navio.* **2**. Desviar do bom caminho; corromper, perverter: *desencaminhar uma menor.* **3**. Extraviar: *é um correio que desencaminha muitos objetos.* **desencaminha-se 4**. Extraviar-se: *objetos e valores se desencaminham no correio.* → **desencaminhamento** *sm* [ato ou efeito de desencaminhar(-se)].

de.sen.can.tar *v* **1**. Quebrar o encanto de: *a fada desencantou o príncipe.* **2**. Desiludir, decepcionar: *a convivência desencanta qualquer casal apaixonado.* **desencantar-se 3**. Livrar-se do encanto: *o sapo se desencantou a um toque apenas da varinha mágica da fada.* **4**. Desiludir-se, decepcionar-se: *quanta gente nos faz sonhar hoje e se desencanta no dia seguinte!* → **desencantação** *sf*, **desencantamento** ou **desencanto** *sm* [ato ou efeito de desencantar(-se)].

de.sen.car.dir *v* **1**. Limpar (o que tem sujeira acumulada): *esse sabão em pó desencarde toda roupa.* **2**. Branquear, alvejar: *desencardir um lençol.* **3**. *Fig* Livrar de (má reputação, desonra, etc.), limpar, purificar: *desencardir um partido político.* → **desencardimento** *sm* (ação ou efeito de desencardir).

de.sen.car.go *sm* **1**. Desobrigação de encargo, trabalho, ônus ou responsabilidade: *para uma família pobre, uma filha que se casa é um enorme desencargo.* **2**. Diminuição de um sentimento opressivo; alívio, desafogo; descargo: *por desencargo de consciência, resolvi dizer toda a verdade.* (Nesta acepção, é preferível usar *descargo*).

de.sen.car.nar *v* Deixar a carne, passando para o mundo espiritual; morrer. → **desencarnação** *sf* (ato ou efeito de desencarnar).

de.sen.con.trar *v* **1**. Fazer que (duas pessoas ou coisas) não se encontrem ou ajustem; desajustar: *esses fatos desencontraram os irmãos justamente na hora da partilha da herança.* **desencontrar(-se) 2**. Divergir, destoar, discrepar: *nossas opiniões sempre (se) desencontraram.* **desencontrar-se 3**.

Perder-se: *desencontrei-me dos companheiros*. → **desencontro** *sm* [ato ou efeito de desencontrar(-se)].

de.sen.fre.ar *v* **1**. Soltar os freios de: *uma criança desenfreou o ônibus parado em frente de sua casa*. **2**. *Fig*. Deixar correr livre e solto; liberar: *o décimo terceiro salário desenfreia o consumo em todas as famílias*. **desenfrear-se 3**. Soltar(-se), arremessando-se com ímpeto. **4**. Tornar-se libertino; exceder-se, descomedir-se: *bebeu demais e acabou desenfreando-se, ao assediar todas as mulheres da festa*. · Conjuga-se por *frear*. → **desenfreado** *adj* (**1**. sem freio nem controle: *caminhão desenfreado*; **2**. imoderado, incontrolável: *paixões desenfreadas*); **desenfreamento** ou **desenfreio** *sm* [ação ou efeito de desenfrear(-se)].

de.sen.ga.nar *v* **1**. Tirar do engano, erro ou falsa crença; desiludir: *desenganar um crente*. **2**. Não dar esperanças de cura ou salvação a: *os médicos já o desenganaram*. → **desenganado** *adj* (**1**. desiludido; **2**. que já não tem cura médica; que está gravemente doente e já sem esperanças de sobreviver); **desengano** *sm* (ação ou efeito de desenganar).

de.sen.gon.çar *v* **1**. Desconjuntar: *desengonçar a cabeça*. **desengonçar-se 2**. Mover-se como se estivesse todo desconjuntado: *ele se desengonça, ao andar*. → **desengonçado** *adj* (**1**. de andar e modos deselegantes, desajeitados; desconjuntado; **2**. desajeitado, deselegante); **desengonçamento** ou **desengonço** *sm* [ação ou efeito de desengonçar(-se)].

de.se.nho *sm* **1**. Conjunto de formas ou figuras representadas por meio de linhas traçadas sobre uma superfície plana (papel, rocha, madeira, etc.). **2**. Esboço para mostrar como algo pode ser feito, forma geral de alguma coisa. **3**. Arte de representar objetos por meio de linhas e sombras. → **desenhar** *v* (**1**. fazer ou traçar o desenho de: *desenhar um leão*; **2**. *fig*. delinear, planejar, projetar: *tudo ocorreu conforme desenhamos*; **3**. *fig*. ressaltar, realçar: *vestido que desenha o corpo*); **desenhar-se** (delinear-se, esboçar: *um sorriso desenhou-se, então, em seus lábios*); **desenhista** *adj* e *s2gên* (que ou pessoa que exerce a arte do desenho).

de.sen.la.ce *sm* **1**. Ato ou efeito de desenlaçar; desatamento de nó ou laço; desenlaçamento. **2**. Desfecho ou solução de um enredo dramático. **3**. Resultado de uma sequência de eventos, resultado final: *o desenlace de uma rixa antiga*. **4**. Fim de um relacionamento amoroso: *ela não se conforma com esse desenlace, às vésperas do casamento*. **5**. *Fig*. Morte. → **desenlaçar** *v* (finalizar, encerrar: *demorou para desenlaçarem essa telenovela*; **desenlaçar(-se)** *v* [deslaçar(-se)]: *o prefeito desenlaçou a fita de inauguração do cinema*; *o animal desenlaçou-se e fugiu*].

de.sen.ten.der *v* **1**. Não entender: *fingiu desentender a mensagem*. **2**. Pôr em desacordo; desavir: *filho que desentende os pais*. **3**. Fingir que não entende: *ela desentendeu essa minha indireta*. **desentender-se 4**. Entrar em desacordo, ter desentendimento(s): *o árbitro se desentendeu com vários jogadores*. → **desentendido** *adj* e *sm* (**1**. que ou aquele que não entende ou que não é versado em determinado assunto, atividade, etc.; **2**. que ou aquele que não entendeu ou que fingiu não ter entendido ou ouvido o que se passou ou disse); **desentendimento** *sm* (falta de entendimento; desacordo).

de.sen.ter.rar *v* **1**. Tirar do seio da terra (o que estava plantado): *desenterrou a palmeira e plantou-a noutro lugar*. **2**. Tirar de debaixo da terra, do seio dela: *desenterrar ossadas*. **3**. *Fig*. Descobrir: *desenterrar obras raras numa livraria*. **4**. *Fig*. Tirar do esquecimento: *desenterrar palavras antigas*. → **desenterramento** ou **desenterro** (ê) *sm* (ação ou efeito de desenterrar).

de.sen.tu.pir *v* **1**. Livrar de entupimento ou obstrução; desobstruir (o que estava entupido): *desentupir uma pia, um ralo, o nariz, o ouvido*. **2**. *Fig*. Falar ou soltar sem rodeios; dizer tudo o que sabe; desembuchar. **desentupir-se** (desobstruir-se: *o cano se desentupiu sozinho*). · Conjuga-se por *fugir*. → **desentupimento** *sm* [ato ou efeito de desentupir(-se)]. ·· **Desentupir o beco** (gír.). Cair fora; ir embora.

de.sen.vol.to (ô) *adj* Esperto, ligeiro, ágil, desembaraçado: *operários desenvoltos no trabalho*. → **desenvoltura** *sf* (**1**. qualidade de desenvolto; **2**. ausência total de inibição ou acanhamento; desembaraço; **3**. agilidade, esperteza, desembaraço).

de.sen.vol.ver *v* **1**. Fazer crescer: *vitaminas desenvolvem o organismo*. **2**. Fazer progredir; melhorar, aperfeiçoar: *a leitura desenvolve o raciocínio*. **3**. Fazer uso de, empregar: *desenvolver todas as suas habilidades*. **4**. Ir a uma velocidade de: *este carro desenvolve até 300km/h*. **5**. Dar origem a, produzir: *a Toyota está desenvolvendo um novo tipo de motor*. **6**. Expor minuciosamente: *desenvolver uma ideia*. **desenvolver-se 7**. Crescer, progredir: *o Brasil se desenvolveu muito na década de 1990*. **8**. Passar-se, desenrolar-se, acontecer: *a ação se desenvolve na Sibéria*. → **desenvolvimento** *sm* [ato ou efeito de desenvolver(-se)].

de.sen.xa.vi.do ou **de.sen.xa.bi.do** *adj* **1**. Marcado pela repetição; aborrecido, maçante: *a desenxavida programação da nossa TV por cabo*. **2**. Sem sabor; insípido, insosso: *arroz desenxavido; comida de hotel é totalmente desenxabida*.

de.se.qui.li.brar *v* **1**. Desfazer o equilíbrio de. **2**. Desatinar. **desequilibrar-se 3**. Perder o equilíbrio. **4**. Sair do equilíbrio mental. → **desequilíbrio** *sm* (**1**. falta ou perda de equilíbrio; **2**. instabilidade emocional).

de.ser.to *adj* **1**. Sem gente nenhuma. **2**. Solitário, desabitado. // **3**. Região da superfície terrestre extremamente árida, de clima excessivamente seco, vegetação e chuva escassas, imprópria para a cultura e para a habitação. **4**. Lugar abandonado pelo homem ou com pouquíssimos habitantes; lugar desabitado ou inabitado. → **deserção** *sf* (ato ou efeito de desertar); **desertar** *v* (**1**. tornar deserto, despovoar; **2**. tornar-se desertor, fugir do serviço militar); **desértico** *adj* (sem. a deserto ou típico dele: *o sertão nordestino tem clima desértico*); **desertificação** *sf* (processo lento de transformação de áreas férteis ou terras cultiváveis em desertos, por efeito de mudança climática ou do uso indevido da terra); **desertificar** *v* (produzir a desertificação em) **desertificar-se** (sofrer desertificação); **desertor** (ô) *sm* (**1**. aquele que abandona causa, partido, obrigação, dever, família, posto, cargo, etc.; **2**. membro das forças armadas que deixa seu posto sem permissão e com intenção de não retornar ou, em tempo de guerra, aquele que deixa seu posto para não participar de ações arriscadas).

de.ses.pe.rar *v* **1**. Tirar toda a esperança de, desanimar: *certos políticos desesperam o povo*. **2**. Causar desespero a: *a iminência de queda do avião desesperou os passageiros*. **3**. Impacientar: *essa longa espera me desespera*. **desesperar(-se) 4**. Desanimar: *não (se) desespere: siga em frente!* **desesperar-se 5**. Irritar-se a ponto de ficar desesperado: *ante aquela tamanha traição, desesperou-se*. → **desesperação, desesperança** *sf* ou **desespero** (ê) *sm* (falta de esperança, com sensação de impotência ante uma situação; aflição extrema); **desesperado** *adj* (**1**. sem esperança; **2**. que está em desespero; **3**. estremamente aflito) e *sm* (aquele que está em desespero); **desesperador** (ô) *adj* (que causa desespero; que não permite esperanças); **desesperança** *sf* (desesperação, desespero); **desesperançar** *v* (tirar a esperança de; fazer perder a esperança); **desesperançar-se** (perder a esperança).

de.ses.ta.bi.li.zar *v* **1**. Tirar a estabilidade de; perturbar o funcionamento regular ou normal de; tornar instável; descontrolar: *greves frequentes desestabilizam qualquer governo; desestabilizar um processo eleitoral; buracos na estrada desestabilizam os veículos*. **2**. Perturbar a estabilidade normal ou emocional de; causar inquietação em: *traição desestabiliza um casamento; a polícia procurava desestabilizar o sequestrador*. **3**. Minar o poder de (líder, governo, etc.) por ações subversivas ou terroristas. **desestabilizar-se 3**. Perder a estabilidade: *com essa medida, o governo se desestabilizou e caiu*. → **desestabilização** *sf* [ação ou efeito de desestabilizar(-se)]; **desestabilizante** *adj* (que desestabiliza).

des.fa.ça.tez (ê) *sf* Qualidade de quem é descarado(a); falta de vergonha; descaramento, cinismo, cara de pau: *ele teve a desfaçatez de afirmar que era o homem mais honesto do mundo*.

des.fal.car *v* **1**. Reduzir ou diminuir em potencial; tornar menos forte: *os advogados desfalcaram o patrimônio da família; dois titulares desfalcarão a equipe para o jogo decisivo*. **2**. Dar desfalque em; roubar: *eles desfalcaram os cofres públicos em bilhões de reais*. **3**. Privar: *o acidente desfalcou a equipe dos seus melhores jogadores*. → **desfalcamento** ou **desfalque** *sm* (ato ou efeito de desfalcar); **desfalque** *sm* (**1**. desfalcamento; **2**. quantia a menos em determinada soma; **3**. desvio de fundos; rombo; **4**. em futebol princ., ausência de um jogador numa partida, por várias razões; **5**. esse jogador).

des.fa.le.cer *v* **1**. Enfraquecer: *a doença desfaleceu seu ânimo*. **2**. Perder os sentidos; desmaiar: *o calor fê-lo desfalecer; a criança foi ficando cada vez mais pálida e desfaleceu*. **3**. *Fig*. Decair em força, vigor, intensidade; minguar: *sua disposição de lutar nunca desfalece*. → **desfalecimento** *sm* (desmaio, vertigem); **desfalecido** *adj* (desacordado, desmaiado).

des.fa.vor (ô) *sm* **1**. Perda de estima ou consideração; desprezo, desdém: *é um ex-presidente que merece o desfavor de todo o* *povo.* **2.** Desabono, desaprovação: *testemunhou em desfavor do ex-amigo.*

des.fa.vo.rá.vel *adj* **1.** Que foi visto ou recebido negativamente: *tive uma impressão desfavorável dela; o filme recebeu críticas desfavoráveis.* **2.** Desvantajoso, inadequado, adverso, não propício; sombrio: *viajar em condições meteorológicas desfavoráveis; o clima estava inteiramente desfavorável para negócio.* **3.** Contrário, oposto: *o Brasil votou desfavorável ao acordo; um júri desfavorável ao réu.*

des.fa.zer *v* **1.** Destruir, desmanchar: *desfazer um nó.* **2.** Partir em pedaços, despedaçar: *desfazer uma camisa.* **3.** Tornar nulo, anular: *desfazer um acordo.* **4.** Dissolver, derreter: *desfazer uma bala na boca.* **5.** Desarrumar: *desfazer as malas.* **desfazer-se 6.** Vender: *desfazer-se de um carro.* **7.** Desmanchar-se: *com o vento, o penteado se desfez.* **8.** Dissipar-se: *desfez-se a neblina, com a chegada do sol.* · Conjuga-se por *fazer.* → **desfazimento** *sm* [ato ou efeito de desfazer(-se)].

des.fe.char *v* **1.** Abrir: *desfechar as janelas.* **2.** Disparar (com arma de fogo): *desfechar tiros.* **3.** Deferir: *desfechar pontapés.* **4.** Lançar, desencadear: *desfechar campanhas antipólio.* → **desfecho** (ê) *sm* (resultado final; conclusão).

des.fei.ta *sf* Atitude que atinge alguém no seu brio ou dignidade; desconsideração, insulto, ofensa, afronta: *cometi a desfeita de ignorá-la na festa.* **desfeiteamento** *sf* ou **desfeiteação** *sf* (ato ou efeito de desfeitear); **desfeitear** *v* (fazer desfeita a; desrespeitar ou ofender moralmente, na presença do ofendido: *desfeiteou o pai da moça, e o noivado foi rompido*), se conjuga por *frear.*

des.fe.mi.ni.za.ção *sf* **1.** Perda das características sexuais femininas; remoção das qualidades femininas; masculinização. **2.** Redução da quantidade de mulheres em algum setor da sociedade: *a desfeminização do magistério.* → **desfeminizar** *v* (**1.** retirar a feminilidade de; masculinizar; **2.** reduzir a quantidade de mulheres em: *desfeminizar o magistério*; **desfeminizar-se** *v* (despojar-se de ou perder traços, qualidades ou características sexuais femininas; masculinizar-se).

des.fe.rir *v* **1.** Soltar ao vento; desfraldar: *desferir as velas.* **2.** Desfechar: *desferir um ataque, socos, tapas e pontapés.* **3.** Emitir, lançar: *desferir flechas; desferir um olhar sensual.* · Conjuga-se por *ferir.* → **desferimento** *sm* (ato ou efeito de desferir).

des.fi.bri.la.ção ou **de.fi.bri.la.ção** *sf* Administração de choque elétrico controlado, para restaurar o ritmo cardíaco normal, nos casos de parada cardíaca, devido à fibrilação ventricular. → **desfibrilador** (ô) ou **defibrilador** (ô) *sm* (dispositivo elétrico usado para restaurar o batimento normal do coração, com aplicação de breve choque elétrico); **desfibrilar** ou **defibrilar** *v* [parar a fibrilação de (o coração) e restaurar as contrações normais, mediante o uso de drogas ou de choque elétrico].

des.fi.gu.rar *v* **1.** Alterar a figura, a imagem ou o aspecto de: *a barba e o bigode lhe desfiguraram a fisionomia.* **2.** Alterar a forma natural ou original de; deformar: *o acidente desfigurou todo o seu rosto.* **3.** Tornar feio; afear: *as acnes desfiguram a doce face das adolescentes.* **4.** Adulterar, deturpar, desvirtuar: *desfigurar as declarações de alguém.* **desfigurar-se 5.** Sofrer alteração ou modificação para pior no aspecto; alterar-se para pior: *ao saber da notícia, desfigurou-se.* → **desfiguração** *sf* ou **desfiguramento** *sm* [ato ou efeito de desfigurar(-se)].

des.fi.la.dei.ro *sm* Passagem estreita entre montanhas; garganta.

des.fi.lar *v* **1.** Exibir(-se): *desfilar as fantasias; ela gosta de desfilar para os homens, na rua.* **2.** Marchar em fila para exibição pública: *desfilei no Dia da Pátria.* → **desfile** *sm* (**1.** ato de desfilar; **2.** marcha em forma de parada ante militares e civis, geralmente em data histórica; **3.** caminhada em passarela diante de plateia, para apresentação de artigos de moda; **4.** canto e dança ao som de bateria em via pública).

des.flo.rar *v* **1.** Tirar as flores a: *o vento forte desflorou toda a mangueira.* **2.** *Fig.* Privar (mulher) de sua virgindade; rompendo-lhe o hímen; tirar a virgindade a; deflorar. **desflorar-se 3.** Despojar-se de flores. → **desfloração** *sf* ou **desfloramento** *sm* [ato ou efeito de desflorar(-se)].

des.flo.res.tar *v* Derrubar árvores de (florestas, princ. nativas), geralmente para exploração de madeira ou aproveitamento do solo em atividades agropecuárias, provocando severos danos ao ecossistema; desmatar: *estão desflorestando criminosamente a Amazônia.* · Antôn.: *reflorestar.* → **desflorestamento** *sm* (ação ou efeito de desflorestar; desmatamento).

des.fo.lhar *v* **1.** Tirar (folha) de; descamisar (espiga de milho). **desfolhar-se 2.** Perder as folhas ou as pétalas. → **desfolha**

(ô) ou **desfolhação** *sf* ou **desfolhamento** *sm* [ato ou efeito de desfolhar(-se)]; **desfolhante** *adj* e *sm* (que ou produto químico que provoca a desfolha).

des.for.ra *sf* **1.** Reparação de afronta, ultraje ou ofensa; retaliação, vingança. **2.** Retribuição de uma desvantagem anteriormente sofrida; recuperação do que se perdeu; revanche: *o time foi à desforra e conquistou o título.* → **desforrar** *v* (recuperar o perdido em jogo; retribuir a desvantagem anteriormente sofrida; dar o troco: *a primeira partida, perdemos, mas desforramos na outra*); **desforrar(-se)** *v* [vingar(-se) de afronta: *um amigo me desforrou; desforrou-se dos inimigos e morreu em paz*].

des.fral.dar *v* **1.** Soltar ao vento; desferir (1): *desfraldar uma bandeira.* **desfraldar-se 2.** Tremular: *bandeiras se desfraldam nas gerais do estádio.*

des.fru.tar *v* Gozar o uso ou o prazer de: *desfruto muita saúde; desfrutar uma herança.* → **desfrute** *sm* (ato ou efeito de desfrutar).

des.gar.rar *v* **1.** Desviar de rumo (embarcação): *o temporal desgarrou o navio.* **2.** *Fig.* Perverter, desencaminhar: *as más companhias desgarraram o rapaz.* **3.** Desviar-se, afastar-se: *o navio desgarrou de sua rota.* **desgarrar-se 4.** Afastar-se do caminho do bem e da honra; desencaminhar-se: *bastou ser eleito, para se desgarrar.* → **desgarre** ou **desgarro** *sm* [ato ou efeito de desgarrar(-se)].

des.gas.tar *v* **1.** Gastar, destruir pouco a pouco: *não desgaste a saúde, usando drogas!* **2.** Cansar, por excesso de repetição: *esse anúncio já desgastou o público.* **desgastar(-se) 3.** Enfraquecer(-se): *os sucessivos escândalos de corrupção desgastaram o presidente; sua boa reputação desgastou-se ante tantos escândalos.* **4.** Arruinar-se pouco a pouco: *nossa relação se desgastou ao longo dos anos.* → **desgaste** *sm* [ato ou efeito de desgastar(-se)].

des.ge.lo (ê) *sm* V. **degelo**.

des.gos.to (ô) *sm* Sensação desagradável que fere o coração e traz muita tristeza, desagrado profundo. · Antôn.: *prazer, satisfação, alegria.* → **desgostar** *v* (**1.** causar desgosto ou aborrecimento a; **2.** desagradar; **3.** não gostar: *desgostar de viagens longas*; **desgostoso** (ô) *adj* (**1.** que sente muito desgosto; descontente; **2.** aborrecido, enfastiado).

des.go.ver.nar *v* **1.** Governar ou administrar mal: *desgovernar as finanças da família.* **2.** Gastar mal, sem necessidade; desperdiçar, esbanjar: *desgovernou todo o salário em futilidades.* **3.** Desviar do bom caminho. **desgovernar-se 4.** Tornar-se desorientado; desnortear-se, perder o rumo: *desgovernou-se na mata.* → **desgovernado** *adj* (que se desgovernou); **desgoverno** (ê) *sm* [ato ou efeito de desgovernar(-se)].

des.gra.ça *sf* **1.** Todo acontecimento incômodo, prejudicial, funesto ou muito desagradável, que causa muito sofrimento e infelicidade: *a queda de um avião com passageiros é uma desgraça.* **2.** Perda da honra, reputação ou do respeito, como resultado de uma ação desonrosa: *ele renunciou ao cargo em desgraça; ele deixou o exército em desgraça; esse ministro caiu em desgraça no seio do governo.* **3.** *Fig.* Desonra, vergonha, deslustre: *aquele ministro falastrão era a desgraça do STF.* · Antôn.: *ventura, felicidade.* → **desgraçado** *adj* e *sm* (**1.** que ou aquele que sofreu uma ou mais desgraças; **2.** que ou aquele que é digno de dó) e *adj* (que não tem sorte; desafortunado), de antôn. *feliz, ditoso*; **desgraçar** *v* [**1.** causar desgraça a, infelicitar; *essa morte desgraçou a família*; **2.** *fig.* ser a fonte de vergonha, de constrangimento ou de descrédito a: *ele desgraçou o nome da família*; **3.** desvirginar ou deflorar (mulher solteira)]; **desgraçar-se** (arruinar-se física, financeira ou moralmente: *desgracei-me com o casamento*).

des.gre.nhar(-se) *v* Despentear(-se): *o vento desgrenhou-me o cabelo; meus cabelos se desgrenham ao menor vento.* → **desgrenhamento** *sm* [ato ou efeito de desgrenhar(-se)].

des.gru.dar *v* **1.** Descolar, despegar: *desgrudei a etiqueta do tênis, antes de calçá-lo.* **2.** Desviar, afastar, distanciar, tirar: *ela não desgrudava os olhos de mim.* **3.** Afastar-se, sair de perto: *é uma criança que não desgruda da mãe.* **desgrudar-se 4.** Descolar-se, despegar-se: *o esparadrapo desgrudou-se.* → **desgrude** *sm* [ato ou efeito de desgrudar(-se)].

des.guar.ne.cer *v* **1.** Tirar a guarnição a: *desguarnecer as paredes do banheiro.* **2.** Desprover de soldados, munições de guerra, etc. (praça, território, etc.): *o Brasil não pode desguarnecer suas fronteiras, por causa do contrabando e do narcotráfico.* → **desguarnecimento** *sm* (ato ou efeito de desguarnecer).

de.si.de.ra.to ou **desideratum** [lat.] *sm* Aquilo que é desejado, pretendido ou necessário como essencial, fundamental: *aos quarenta anos, finalmente, alcançou o desiderato de ser mãe; aos trinta anos, já havia atingido o meu desiderato na vida; ficar em casa é desiderato da maioria dos idosos e isso inclui o desejo de morrer em casa*. (O plural de *desideratum* é *desiderata*: *inteligência, criatividade e moralidade são três desiderata de uma família a seus descendentes*.)→ **desiderativo** *adj* (**1**. que denota ou exprime desejo: *oxalá é uma palavra desiderativa*; **2**. diz-se do verbo latino, grego antigo ou sânscrito que exprime desejo).

de.sí.dia *sf* Falta de cuidado; descuido, desleixo, negligência: *todos notaram a sua desídia no traje, na indumentária*.

de.si.dra.ta.ção *sf* **1**. Processo de remoção de umidade ou de água de uma substância ou de um composto. **2**. Método de conservação de gêneros alimentícios (princ. frutas, leite e vegetais) que consiste em eliminar parcial ou totalmente a umidade ou a água neles contida. **3**. Perda intensa de líquidos orgânicos. → **desidratar** *v* (**1**. causar desidratação em; **2**. extrair a água de) **desidratar-se** (sofrer desidratação).

design [ingl.] *sm* Projeto ou desenho de conceito e forma originais. → **designer** *s2gên* (pessoa que cria esse projeto). · Pronunciam-se, respectivamente, *disáiN, disáinâr*.

de.sig.nar *v* **1**. Mostrar, indicar: *o assassino designou o local exato do crime*. **2**. Dar a conhecer de modo especial; denotar: *substantivo é palavra que designa todos os seres existentes*. **3**. Selecionar ou distinguir para um determinado objetivo: *o coronel designou o tenente para comandar as operações*. **4**. Ser o sinal ou o símbolo de; denotar: *a cor vermelha designa paixão*. **5**. Fixar, determinar, marcar: *a CBF já designou a data do jogo*. · Note a pronúncia, durante a conjugação: *designo, designas, designa, designamos, designais, designam*, etc. → **designação** (zig) *sf* (ato ou efeito de designar).

de.síg.nio *sm* **1**. Intenção, objetivo, meta, propósito. **2**. Plano, esquema, projeto. **3**. Destino.

de.si.gual *adj* **1**. Diferente, diverso, diferenciado; *é um apartamento desigual de todos os outros do prédio; receber uma educação desigual*. **2**. Desproporcional: *luta desigual*. **3**. Que não é liso ou plano; acidentado: *piso desigual*. → **desigualdade** *sf* (qualidade de desigual).

de.si.lu.dir *v* **1**. Tirar as ilusões a: *ela acabou desiludindo o rapaz*. **2**. Causar decepção a, decepcionar, desapontar: *a política tem desiludido o povo*. **desiludir-se 3**. Perder as ilusões: *desiludi-me de tudo*. → **desiludido** *adj* e *sm* (que ou aquele que perdeu as ilusões); **desilusão** *sf* (perda da ilusão; desencanto).

de.sim.pe.dir *v* Desobstruir, desatravancar: *desimpedir uma estrada*. → **desimpedimento** *sm* (ato ou efeito de desimpedir). · Conjuga-se por *pedir*.

de.sim.por.tan.te *adj* Sem importância; irrelevante, imaterial, fútil (1).

de.sin.char *v* **1**. Desinflamar: *a compressa de gelo vai desinchar seu tornozelo*. **desinchar(-se) 2**. Deixar de estar inchado: *com a compressa de gelo, o tornozelo já (se) desinchou*. → **desinchação** *sf* [ato de desinchar(-se); diminuição do inchaço; desinflamação, desinchamento].

de.sin.com.pa.ti.bi.li.zar *v* **1**. Reconciliar: *desincompatibilizar um casal*. **desincompatibilizar-se 2**. Deixar de ser incompatível: *desincompatibilizou-se do cargo para concorrer às eleições*. → **desincompatibilização** *sf* [ato ou efeito de desincompatibilizar].

de.sin.de.xar (x = ks) *v* Desatrelar (a economia) de reajustes automáticos de preços e salários: *o governo desindexou a economia brasileira*. → **desindexação** (x = ks) *sf* (ato ou efeito de desindexar).

de.si.nên.cia *sf* Elemento gramatical que se apõe ao tema para indicar as flexões de gênero, número, modo, tempo e pessoa. → **desinencial** *adj* (rel. ou pert. a desinência).

de.sin.fec.cio.nar ou **de.sin.fe.cio.nar** *v* **1**. Livrar de infecção, desinfetar: *desinfeccionar uma agulha*. **2**. Limpar, para eliminar a infecção ou os microrganismos nocivos de: *desinfeccionou a ferida com álcool*. **desinfeccionar-(se) 2**. Ficar livre de infecção: *o ferimento já (se) desinfeccionou*. → **desinfecção** ou **desinfeção** *sf* [ato ou efeito de desinfeccionar(-se)]. (A maioria dos dicionários brasileiros e portugueses não registra *desinfeccionar* como verbo pronominal, como fazem com *infeccionar*. Ora, se este é pronominal, *desinfeccionar* não pode deixar de ser.)

de.sin.fe.tan.te *adj* e *sm* Que ou produto químico que desinfeta, eliminando microrganismos patogênicos. → **desinfetar** *v* (eliminar os microrganismos patogênicos de: *já desinfetei o banheiro*).

de.sin.fla.ção *sf* Situação econômica em que ocorre desaceleração do ritmo de subida dos preços gerais, com redução da taxa de inflação. (Não se confunde com *deflação*.) → **desinflacionar** *v* (conter, reduzir ou eliminar a inflação de); **desinflacionário** *adj* (que promove a desinflação; que faz baixar a inflação: *medida desinflacionária*).

de.sin.fla.mar *v* **1**. Reduzir ou curar a inflamação de, desinchar: *um cubo de gelo desinflamou a minha perna*. **desinflamar(-se) 2**. Desinchar-se: *meu joelho já (se) desinflamou*. → **desinflamação** *sf* [ato ou efeito de desinflamar(-se)].

de.sin.for.ma.ção *sf* Informação incorreta ou imprecisa, cuja intenção deliberada é enganar.

de.si.ni.bi.do *adj* Que não tem inibição ou acanhamento; desembaraçado, extrovertido. → **desinibição** *sf* (perda da inibição ou do acanhamento; extroversão); **desinibir(-se)** *v* [tornar(-se) desinibido].

de.sin.se.ti.zar *v* Eliminar os insetos de; desinfetar. → **desinsetização** *sf* (ação ou efeito de desinsetizar).

de.sin.te.grar *v* **1**. Separar em partes ou fragmentos, desunir: *há pessoas que querem desintegrar o Brasil*. **2**. Dividir, decompor: *o reator desintegra os átomos*. **desintegrar-se 3**. Separar-se em partes, fragmentar-se: *houve uma explosão, e o barco se desintegrou*. → **desintegração** *sf* [ato ou efeito de desintegrar(-se)].

de.sin.te.res.se (ê) *sm* **1**. Falta de interesse, de entusiasmo; indiferença. **2**. Generosidade. → **desinteressado** *adj* (**1**. sem interesse: *povo desinteressado por política*; **2**. que não é inspirado pelo interesse: *amor desinteressado, só o materno e o paterno*); **desinteressar** *v* (privar dos interesses, dos lucros) **desinteressar-se** (perder o interesse, desmotivar-se).

de.sin.to.xi.car (x = ks) *v* **1**. Destruir as propriedades tóxicas de: *desintoxicar uma planta*. **2**. Desenvenenar: *o leite desintoxica o fígado*. **3**. Tratar (alguém) dependente de álcool ou drogas, sob supervisão médica, para livrar o corpo de substâncias venenosas. **desintoxicar-se 4**. Curar-se de uma intoxicação. → **desintoxicação** (x = ks) *sf* (ato ou efeito de desintoxicar); **desintoxicante** (x = ks) *adj* (que desintoxica ou que ajuda a desintoxicar).

de.sis.tir *v* **1**. Renunciar (a desejo, pretensão, etc.): *ele desistiu da candidatura*. **2**. Renunciar àquilo que havia começado ou que se pretendia iniciar: *no meio da prova, o atleta desistiu*. → **desistência** *sf* (ato de desistir; renúncia); **desistente** *adj* e *s2gên* (que ou pessoa que desiste ou desistiu).

des.je.jum ou **de.je.jum** *sm* A primeira refeição do dia; café da manhã. **desjejuar** *v* (**1**. tirar o jejum a; **2**. quebrar o jejum).

desktop [ingl.] *sm* **1**. Tela principal de um sistema operacional que apresenta, por meio de ícones, seus programas e documentos mais importantes ou mais utilizados e tem por função facilitar o trabalho do usuário, deixando-os à mão ou a um simples clique do *mouse*; área de trabalho. **2**. Redução de *desktop computer*, computador pessoal de mesa. · Pl.: *desktops*. · Pronuncia-se *désk-tóp*.

des.lan.char *v* **1**. Adquirir velocidade: *este carro só deslancha em descidas*. **2**. Ir para a frente, prosseguir, seguir seu curso normal: *o processo só deslanchou quando passei alguns trocados aos cartorários*. **3**. Passar a render a contento: *demorou, mas o time acabou deslanchando*. → **deslanche** *sm* (ato ou efeito de deslanchar).

des.la.va.do *adj* **1**. Que perdeu a cor, desbotado. **2**. Que revela falta de vergonha na cara, descarado, atrevido. **3**. Grande e descarado.

des.le.al *adj* **1**. Sem lealdade, falso: *sinto-o desleal*. **2**. Que revela deslealdade ou falsidade: *atitude desleal com os colegas; ouviram-se murmúrios desleais sobre a sua liderança*. → **deslealdade** *sf* (falta de lealdade; falsidade).

des.lei.xar *v* **1**. Descuidar-se de, descurar: *desleixar o traje*. **desleixar-se 2**. Descuidar-se, relaxar: *desleixar-se no trabalho*. → **desleixado** *adj* e *sm* (que ou aquele que é descuidado ou negligente; relaxado); **desleixamento** ou **desleixo** *sm* (falta de cuidado; relaxo).

des.li.gar *v* **1**. Desatar, soltar, desatrelar: *desligar os vagões*. **2**. Separar: *aquela discussão os desligou para sempre*. **3**. Despedir, demitir: *desligaram-no antes do Natal*. **4**. Afastar, expulsar: *o PT desligou seus membros dissidentes*. **5**. Interromper a corrente de ou desconectar (aparelhos elétricos, telefônicos, etc.): *desligar o rádio*. **desligar-se 6**. Afastar-se: *desligar-se do convívio social*. **7**. Separar-se: *desligar-se dos companheiros*. → **desligado** *adj* e *sm* (*fig.* que ou aquele que é muito distraído ou vive aéreo) e *adj* (**1**. que se desligou: *o rádio está desligado*; **2**. que não está ciente ou a par: *homem desligado dos fatos cotidianos*; **3**. separado, desunido: *antigamente, a privada era desligada da casa*); **desligamento** *sm* [ato ou efeito de desligar(-se)].

des.lin.dar *v* **1**. Esclarecer, elucidar, solucionar: *deslindar o significado de uma palavra; deslindar um quebra-cabeça*. **2**. Esmiuçar, destrinçar: *deslindar um assunto*. **3**. Demarcar, delimitar: *deslindar suas terras*. → **deslindação** *sf* ou **deslindamento** *sm* (ato ou efeito de deslindar).

des.li.zar *v* **1**. Fazer correr por: *deslizei as mãos por seus sedosos cabelos*. **2**. Cometer deslizes ou lapsos: *é um orador que desliza o tempo todo*. **3**. Dançar em superfície muito lisa: *as dançarinas deslizavam pela pista de gelo*. **deslizar(-se) 4**. Deslocar-se em movimento rápido e contínuo sobre ou ao longo de uma superfície, sem perder o contato com ela: *as crianças gostam de (se) deslizar pelo tobogã do parque aquático*. **5**. Correr ou escorregar suave e tranquilamente, sem nenhum esforço nem nenhum impedimento: *os patinadores (se) deslizam no gelo; uma lágrima (se) lhe deslizou pela face; as rodas dos carros (se) deslizam na neve*. → **deslizamento** *sm* [**1**. ato ou efeito de deslizar(-se); deslize (1): *turistas apreciavam o deslizamento do bondinho do Pão de Açúcar, quando o cabo se rompeu*; **2**. deslocamento de uma porção da camada superficial de um terreno: *a estradaa foi interrompida por vários deslizamentos de terra*]; **deslize** *sm* [**1**. deslizamento (1); **2**. falta ou falha moral: *cometi um deslize, não comparecendo ao jantar*; **3**. equívoco ou indiscrição involuntária, devido à falta de reflexão ou a um descuido; lapso: *cometi um deslize, ao perguntar-lhe por seu ex-marido, a quem ela odeia*; **4**. barbarismo semântico (p. ex.: "*vultuosa*" quantia)].

des.lo.car *v* **1**. Mudar de lugar: *deslocar os móveis*. **2**. Fazer mudar de lugar, afastar: *este navio desloca muita massa de água*. **3**. Desarticular, luxar: *deslocou o pulso*. **4**. Transferir; *deslocar um funcionário de setor*. **desarticular(-se) 5**. Desarticular(-se), desconjuntar(-se): *abriu tanto a boca, que deslocou as maxilas*. → **deslocação** *sf* ou **deslocamento** *sm* [ato ou efeito de deslocar(-se)].

des.lum.brar *v* **1**. Cegar pelo intenso brilho: *a luz do Sol deslumbra a visão*. **2**. Maravilhar, encantar, fascinar: *o show me deslumbrou*. **3**. Causar delírio, a alucinar: *a possibilidade real de conquistar a Europa deslumbrou Hitler*. **deslumbrar-se 4**. Deixar-se fascinar ou seduzir: *deslumbrou-se com a conquista*. → **deslumbrado** *adj* (**1**. extremamente impressionado; encantado, maravilhado, fascinado; **2**. privado da razão ou do bom senso; alucinado) e *sm* (aquele que se entusiasma com qualquer coisa); **deslumbramento** ou **deslumbre** *sm* [ato ou efeito de deslumbrar(-se)]; **deslumbramento** *sm* (**1**. deslumbre; **2**. perda momentânea da visão, causada por luz excessiva e direta nos olhos: *a criança sofreu um deslumbramento, ao olhar fixamente para o Sol*; **3**. fascinação que uma pessoa ou uma coisa produz sobre outra; fascínio); **deslumbrante** *adj* (que deslumbra; fascinante, maravilhoso).

des.lus.trar *v* **1**. Diminuir a importância ou o valor de: *deslustrar a carreira de um ator*. **deslustrar(-se) 2**. Fazer perder ou perder o lustre ou o brilho: *o tempo deslustra os móveis; os móveis se deslustram com o tempo*. **3**. *Fig*. Fazer perder ou perder o valor, a reputação, a fama, o prestígio; desdourar: *a presença de Einstein deslustrava a dos demais cientistas; a mídia brasileira procurou de todos os meios deslustrar sem dó o presidente por quatro anos seguidos; deslustrou-se, ao participar de tantos escândalos*.

des.mai.ar *v* Perder os sentidos. → **desmaio** *sm* (perda dos sentidos).

des.ma.mar *v* **1**. Deixar de amamentar no seio: *desmame o nenê só aos seis meses!* **2**. Fazer perder o costume de mamar: *desmamar um novilho*. **3**. Deixar de mamar: *os bezerros já estão desmamando*. → **desmame** *sm* (**1**. ato ou efeito de desmamar); **2**. época de desmamar).

des.man.cha-pra.ze.res *s2gên2núm* Pessoa que estraga o prazer ou a alegria dos outros. (Cuidado para não usar "desmancha--prazer"!)

des.man.char *v* **1**. Desmontar, desfazer: *desmanchar um motor*. **2**. Anular, cancelar: *desmanchar um compromisso*. **3**. Desarrumar: *desmanchar a cama*. **4**. Pôr abaixo para fazer melhor: *desmanchar uma parede*. **5**. Fazer gorar, acabar com: *desmanchar um namoro*. **desmanchar-se 6**. Desfazer-se: *esse penteado se desmancha com facilidade*. **7**. Exceder-se, exagerar: *desmanchar-se em gentilezas, em cuidados*. → **desmancha** *sf*, **desmanche** ou **desmancho** *sm* [**1**. ato ou efeito de desmanchar(-se); **2**. oficina especializada em desmanchar carros, para a venda de suas peças].

des.man.do *sm* **1**. Falta de moderação, excesso, abuso. **2**. Despotismo, autoritarismo. **3**. Ato de indisciplina, desobediência. → **desmandar** *v* [**1**. desfazer ou contrariar (ordem): *os alunos desmandaram todas as ordens do diretor*; **2**. abusar do poder: *a família manda e desmanda no Maranhão*; **desmandar-se 3**. abusar, exceder-se: *desmandar-se na cerveja*; **4**. deixar de cumprir seus deveres e obrigações: *o ministro desmandou-se e pode cair*].

des.man.te.lar *v* **1**. Derrubar: *desmantelar as barracas de camelôs*. **2**. Desarranjar (um todo) separando-o em partes: *desmantelar um equipamento*. **3**. Desorganizar, desconcertar: *desmantelar uma quadrilha*. **desmantelar-se 4**. Vir abaixo, ruir, desabar, desmoronar-se: *o viaduto se desmantelou*. → **desmantelamento** ou **desmantelo** (ê) *sm* [ato ou efeito de desmantelar(-se)].

des.mar.car *v* **1**. Tirar as marcas a: *desmarcar as mercadorias*. **2**. Cancelar, desmanchar: *desmarcar um compromisso*. **desmarcar-se 3**. Escapar (o atleta) a um marcador direto: *jogador que se desmarca fácil*. → **desmarcação** *sf* [ato ou efeito de desmarcar(-se)].

des.mas.ca.rar *v* **1**. Descobrir, tirando a máscara: *desmascarar o rosto*. **2**. Tirar a máscara a: *desmascarar um folião*. **3**. *Fig*. Mostrar tal qual é, sem disfarces; revelar seu verdadeiro caráter ou sua real identidade ética ou moral: *foi o próprio filho que desmascarou o pai*. **4**. Tornar patente ou público (algo ainda desconhecido ou mantido em segredo): *desmascararam seu plano de golpe*; **desmascarar(-se) 5**. Mostrar(-se) como é na verdade, sem disfarces: *o governo Lula se desmascarou na votação da reforma da Previdência*. → **desmascaramento** *sm* [ato ou efeito de desmascarar(-se)].

des.ma.tar *v* Derrubar grande número de árvores de; desflorestar: *estão desmatando criminosamente a Amazônia*. · Antôn.: *reflorestar*. → **desmatado** *adj* (limpo de mato) e *sm* (lugar limpo de mato: *levava sempre o cão para passear e correr num desmatado*); **desmatamento** *sm* (ato ou efeito de desmatar; desflorestamento).

des.ma.te.ri.a.li.zar(-se) *v* **1**. Tornar(-se) imaterial; privar(-se) de matéria ou substância física: *parece mais fácil desmaterializar um átomo do que um preconceito; alguns óvnis parecem materializar-se e desmaterializar-se no espaço*. **2**. Tornar(-se) livre de (matéria ou substância física); perder ou fazer perder materialidade; converter (documento ou certificado) do papel para o formato digital ou eletrônico: *usando a CNH digital, você desmaterializa o documento*. → **desmaterialização** *sf* [ato ou efeito de desmaterializar(-se)].

des.ma.ze.lo (ê) *sm* Relaxo, desleixo, descuido. → **desmazelado** *adj* (relaxado, desleixado, descuidado); **desmazelar-se** *v* (tornar-se desmazelado ou relaxado).

des.me.di.do *adj* **1**. Imenso, enorme: *sentir desmedidas saudades da infância*. **2**. Exagerado, excessivo: *ambição desmedida faz mal*. **desmedir-se** (exagerar, exceder-se: *desmedir-se nas críticas a um filme*).

des.mem.brar *v* **1**. Cortar ou amputar os membros de (um corpo): *a menina parecia sentir prazer em desmembrar suas bonecas*. **2**. Desunir, separar, dividir (partes de um todo): *desmembrar um império*. **desmembrar-se 3**. Separar-se, dividir-se: *o império romano se desmembrou depois de séculos de sua formação*. → **desmembração** *sf* ou **desmembramento** *sm* [ato ou efeito de desmembrar(-se)].

des.me.mo.ri.a.do *adj* e *sm* Que ou aquele que, por alguma razão, perdeu a memória. → **desmemoriar** *v* (fazer perder a memória; fazer esquecer); **desmemoriar-se** (perder a memória: *depois da queda, desmemoriou-se*).

des.men.tir *v* **1**. Declarar que (alguém) mentiu; contestar: *a testemunha desmentiu o réu*. **2**. *Fig*. Mostrar que algo é falso, só aparente, que algo pode ocultar algo; dar a falsa impressão de; mostrar-se incompatível com; disfarçar: *sua calma desmentia o pavor que sentia; seus modos e aparência desmentem sua idade*. **3**. *Fig*. Patentear que (algo) é falso ou errado; ir contra; contradizer, refutar: *as provas desmentem suas alegações de inocência*. **desmentir-se 4**. Contradizer-se: *cuidado para não se desmentir perante o juiz!* · Conjuga-se por *ferir*. → **desmentido** *adj* e *sm* (que ou aquilo que desmente, nega ou contesta coisa que alguém afirmou).

des.me.re.cer *v* **1**. Ser indigno de, não merecer: *desmerecer um prêmio*. **2**. Apoucar, apequenar: *desmerecer a inteligência de alguém*. **3**. Não ser digno, não estar à altura: *esse rapaz desmerece de minha filha*. → **desmerecimento** *sm* (falta de merecimento).

des.me.su.ra.do *adj* **1**. Enorme: *fazer desmesurados esforços de paz*. **2**. Exagerado, excessivo: *fazer desmesurados gastos*.

des.mi.o.la.do *adj* e *sm* Que ou quem não tem juízo, é meio doido, louco ou maluco.

des.mis.ti.fi.car *v* **1**. Tirar o caráter místico ou misterioso de: *o escritor português procura desmistificar a figura bíblica de Cristo*. **2**. Pôr a nu, desmascarar: *desmistificar um falso médico*. **3**. Denunciar (um erro ou uma concepção errônea): *os cientistas estão procurando desmistificar a barata, afirmando que se trata de um inseto importante na cadeia ecológica*. (Não se confunde com *desmitificar*.) → **desmistificação** *sf* (ato ou efeito de desmistificar).

des.mi.ti.fi.car *v* **1**. Tirar os tradicionais aspectos lendários a: *desmitificar o bicho-papão; com vinte anos de idade, ainda não desmitificou Papai Noel*. **2**. Desfazer a fama de monstro sagrado ou de semideus a: *parte da imprensa americana se esforça por desmitificar o presidente Kennedy*. **3**. Mostrar a verdadeira face ou realidade de (alguma coisa); fazer ver (uma coisa) como ela realmente é: *esse professor desmitificou a matemática como uma coisa difícil, chata e só de cálculo*. (Não se confunde com *desmistificar*.) → **desmitificação** *sf* (ato ou efeito de desmitificar).

des.mo.bi.li.zar *v* **1**. Desfazer a mobilização de (tropas ou exército). **2**. Desfazer o estado de alerta na luta reivindicatória de: *desmobilizar os trabalhadores*. **desmobilizar-se 3**. Desfazer-se, depois de uma mobilização: *as tropas já se desmobilizaram*. **4**. Afrouxar-se numa luta reivindicatória: *os sindicalistas não se desmobilizam nunca*. → **desmobilização** *sf* [ato ou efeito de desmobilizar(-se)].

des.mo.ne.ti.zar ou **de.mo.ne.ti.zar** *v* **1**. Despojar ou privar (moeda) de seu valor monetário: *o governo brasileiro desmonetizou o cruzeiro em julho de 1994*. **2**. Deixar de usar ou proibir o uso de (metal) como padrão monetário: *os governos do mundo todo desmonetizaram a prata há muito tempo*. → **desmonetização** ou **demonetização** *sf* (ato ou efeito de desmonetizar).

des.mon.tar *v* **1**. Fazer descer ou apear de (animal ou objeto em que se monta): *desmontar as crianças do carrossel*. **2**. Desmanchar peça por peça: *desmontar um motor*. **3**. Desarmar: *desmontar um circo*. **4**. Desativar: *desmontar uma bomba*. **5**. Desbaratar, acabar com: *desmontar uma quadrilha*. **desmontar(-se) 6**. Apear: *desmontei(-me) e fui a pé*. → **desmontagem** *sf* ou **desmonte** *sm* (ação ou efeito de desmontar); **desmontável** *adj* (que se pode desmontar).

des.mo.ra.li.zar *v* **1**. Abater o moral de: *a derrota desmoralizou o time*. **desmoralizar-se 2**. Perder o respeito público: *o governo se desmoraliza com tanto imposto*. → **desmoralização** *sf* [ato ou efeito de desmoralizar(-se)].

des.mo.ro.nar *v* **1**. Derrubar: *bombas hoje desmoronam qualquer prédio*. **2**. Desfazer, dissolver: *desmoronar uma quadrilha*. **desmoronar-se 3**. Vir abaixo, desabar, ruir: *o viaduto se desmoronou antes de ser acabado*. → **desmoronamento** *sm* [ato ou efeito de desmoronar(-se); ruína, desabamento].

des.mo.ti.var(-se) *v* Desestimular(-se): *estádio vazio desmotiva os jogadores*. → **desmotivação** *sf* [ato ou efeito de desmotivar(-se)]; **desmotivado** *adj* (**1**. que não tem motivo ou razão; infundado; **2**. desestimulado, desanimado).

des.mu.nhe.ca.do *adj* e *sm* Efeminado, maricas: *árbitro desmunhecado*. → **desmunhecar** *v* (fazer trejeitos efeminados com as mãos).

des.na.sa.lar ou **des.na.sa.li.zar** *v* **1**. Tirar o som nasal a. **desnasalar-se** ou **desnasalizar-se 2**. Perder o som nasal. → **desnasalação** ou **desnasalização** *sf* [**1**. ato ou efeito de desnasalar(-se); **2**. transformação de um som nasal em som oral].

des.na.tu.ra.do *adj* e *sm* Que ou aquele que não tem coração; desumano, cruel.

des.na.tu.ra.li.zar *v* **1**. Tirar os direitos de cidadania. **desnaturalizar-se 2**. Renunciar aos direitos de cidadão. → **desnaturalização** *sf* [ato ou efeito de desnaturalizar(-se)]; **desnaturalizado** *adj* (**1**. que renunciou aos direitos de naturalidade de um país; **2**. privado dos direitos de cidadão de um Estado).

des.na.tu.rar *v* **1**. Alterar ou adulterar a natureza de: *desnaturar o vinho, acrescentando-lhe água*. **2**. Tornar desnaturado ou sem coração: *o que teria desnaturado esse filho?* → **desnaturação** *sf* (ato ou efeito de desnaturar);

desnaturado *adj* [**1**. que não é conforme aos sentimentos naturais do homem: *pais desnaturados*; **2**. desumano, cruel: *atitude desnaturada*; **3**. degenerado, estragado, adulterado: *leite desnaturado*; **4**. que se tornou impróprio para determinados usos, pela adição de outra(s) substância(s)] e *sm* (aquele que é desumano ou cruel).

des.ne.ces.sá.rio *adj* Que não é necessário ou que já não é necessário. → **desnecessidade** *sf* (falta de necessidade; inutilidade).

des.ní.vel *sm* **1**. Diferença de nível entre duas superfícies, altos e baixos.; desnivelamento: *perdi o equilíbriio por causa do desnível do terreno*. **2**. Desigualdade, diferença: *há visível desnível social entre eles*. → **desnivelamento** *sm* (ato ou efeito de desnivelar); **desnivelar** *v* [**1**. tirar do nível; **2**. diferençar, desigualar; **3**. fazer que (uma ou mais coisas) deixem de estar niveladas ou equilibradas).

des.nor.te.ar *v* **1**. Desviar para rumo incerto; desorientar: *o vento desnorteou nosso barco*. **2**. Despistar, desorientar: *os ladrões desnortearam a polícia*. **desnortear-se 3**. Perder o rumo, desorientar-se: *o carro se desnorteou e bateu no poste*. **4**. Atrapalhar-se: *ela se desnorteia toda no trânsito*. **5**. Perder o autocontrole, transtornar-se: *quando soube do fato, o pai da moça se desnorteou*. · Conjuga-se por *frear*. → **desnorteado** *adj* (**1**. que perdeu o rumo; que está sem saber o que fazer; desorientado); **2**. desatinado); **desnorteamento** ou **desnorteio** *sm* [ação ou efeito de desnortear(-se)].

des.nu.dar(-se) *v* Despir(-se) totalmente: *desnudar as crianças para o banho; a garota se desnudou em público*. → **desnudação** ou **desnudamento** *sm* [ação ou efeito de desnudar(-se)]; **desnudez** (ê) *sf* (nudez total; estado de algo ou alguém despido de toda roupa e todos os adornos); **desnudo** *adj* (sem nenhuma roupa ou adorno; despido, nu).

des.nu.trir(-se) *v* Tornar(-se) desnutrido: *desnutrir o organismo; sem ter o que comer na selva, desnutriu-se*. → **desnutrição** *sf* (falta de nutrição; subnutrição ou nutrição inadequada); **desnutrido** *adj* e *sm* (que ou aquele que está com desnutrição).

de.so.be.de.cer *v* **1**. Não obedecer: *desobedecer às ordens*. **2**. Desrespeitar, transgredir: *desobedecer às regras do trânsito*. → **desobediência** *sf* (falta de obediência; desrespeito, transgressão); **desobediente** *adj* e *s2gên* (que ou pessoa que desobedece ou desrespeita).

de.so.bri.gar(-se) *v* Isentar(-se) ou livrar(-se) de qualquer obrigação; eximir(-se): *o chefe a desobrigou de vir trabalhar hoje; os governos querem, cada vez mais, desobrigar-se de suas funções básicas, como educação, saúde e habitação*. → **desobrigação** *sf* [ato ou efeito de desobrigar(-se)]; **desobrigatório** *adj* (que desobriga; que isenta de obrigação).

de.sobs.tru.ir *v* **1**. Desimpedir, desatravancar: *desobstruir uma rua*. **2**. Desentupir: *desobstruir o nariz*. · Conjuga-se por *atribuir*. → **desobstrução** *sf* (ato ou efeito de desobstruir).

de.so.cu.par *v* **1**. Sair de (lugar que ocupava): *desocupar uma cadeira*. **2**. Liberar, desobstruir: *desobstruir uma rodovia*. **desocupar(-se) 3**. Tornar(-se) livre de ocupação ou trabalho; isentar(-se de tarefa ou compromisso: *meu chefe nunca me desocupa; desocupou-se mais cedo, para resolver problemas familiares*. → **desocupação** *sf* [ato ou efeito de desocupar(-se)]; **desocupado** *adj* e *sm* (que ou quem não tem ocupação nem trabalho certo).

de.so.do.ran.te *adj* e *sm* Que ou substância que tem o poder de destruir ou agir contra odores indesejáveis. → **desodoração** ou **desodorização** *sf* (ato ou efeito de desodorar ou desodorizar); **desodorizante** *adj* (que desodoriza); **desodorar** ou **desodorizar** *v* (tirar o mau cheiro a).

de.so.lar *v* **1**. Despovoar, por efeito de calamidade: *as autoridades desolaram a área contaminada*. **2**. Arruinar, devastar: *a nuvem de gafanhotos desolou a lavoura*. **3**. Consternar, afligir, tornar profundamente triste: *meu irmão me desolou*. → **desolação** *sf* ou **desolamento** *sm* (ato ou efeito de desolar); **desolado** *adj* (**1**. despovoado, em virtude de calamidade: *é grande a região desolada em torno da usina nuclear de Chernobyl*. **2**. muito triste, inconsolável: *o pai ficou desolado com a morte do filho*); **desolador** (ô) *adj* e *sm* (que ou o que desola ou causa muita tristeza: *todo cenário de guerra é desolador*).

de.so.ne.rar *v* **1**. Livrar ou desobrigar de (compromisso assumido): *o credor desonerou todos os fiadores do devedor*. **2**. Exonerar: *o presidente desonerou dois ministros*. **3**. Aliviar: *desonerar a consciência*. **desonerar-se 4**. Livrar-se, desobrigar-se: *desonerar-se de um compromisso; desonerei-me* *do aluguel, comprando uma casa.* → **desoneração** *sf* [ato ou efeito de desonerar(-se)].

de.so.nes.to *adj* e *sm* **1**. Que ou aquele que, por ser inclinado à mentira, à fraude, ao roubo, ao logro ou à trapaça, não é merecedor de confiança: *o presidente foi deposto porque é desonesto.* // *adj* **2**. Em que há fraude ou falta de honestidade; fraudulento. → **desonestidade** *sf* (falta de honestidade ou integridade moral; disposição para fraudar, enganar ou roubar).

de.son.ra *sf* Perda da honra, do respeito, da reputação; desonradez (2). → **desonradez** (ê) *sf* [**1**. ato ou efeito de desonrar(-se); **2**. desonra]; **desonrar** *v* (**1**. macular ou ofender a honra de; desmoralizar, encher de vergonha; envergonhar: *ao ser preso como assaltante, desonrou toda a família;* **2**. desvirginar, deflorar); **desonrar-se** (perder a reputação e o respeito; desmoralizar-se); **desonroso** (ô; pl.: ó) *adj* (**1**. que desonra, degrada ou avilta; degradante, aviltante, ignominioso, vergonhoso: *pedir esmola é desonroso;* **2**. indecoroso, indecente: *a prostituição é uma profissão desonrosa).*

de.so.pi.lar *v* **1**. Aliviar, desobstruir: *desopilar o fígado.* **2**. Descontrair; espairecer; relaxar: *o filme foi bom para desopilar as tensões cotidianas; jogos de futebol são bons para desopilar a mente.* **desopilar(-se) 3**. Distrair-se, divertir-se: *fomos ontem ao teatro do humor, para (nos) desopilar.* → **desopilação** *sf* (ato ou efeito de desopilar).

de.so.ras, a *loc adv* Fora de horas; altas horas da noite: *cheguei a casa a desoras.*

de.sor.dem *sf* **1**. Falta de ordem, de organização; bagunça: *quarto em desordem.* **2**. Briga, rixa, confusão: *boteco chama desordem.* **3**. Quebra da paz e da ordem pública: *a desordem tomou conta do país após as eleições.* **4**. Distúrbio na saúde ou nas funções físicas ou mentais; desarranjo: *desordem gastrintestinal.* → **desordeiro** *adj* e *sm* (que ou aquele que promove desordens; arruaceiro, baderneiro); **desordenar(-se)** *v* [pôr(-se) em desordem; desorganizar(-se), desarrumar(-se): *desordenaram a economia do país; a economia do país se desordenou completamente*].

de.sor.ga.ni.zar(-se) *v* Desarrumar(-se), desordenar(-se): *desorganizar a economia de um país; toda a economia brasileira se desorganizou naquele governo.* → **desorganização** *sf* (falta de organização; desarrumação, bagunça).

de.so.ri.en.tar(-se) *v* **1**. Desnortear(-se): *o forte vento desorientou o navio; com a fechada, o ônibus se desorientou e caiu na ribanceira.* **2**. Perturbar(-se), descontrolar(-se): *esse gol no primeiro minuto de jogo desorientou a equipe; o time se desorientou com o gol sofrido.* → **desorientação** *sf* [ato ou efeito de desorientar(-se)].

de.sos.sar *v* Despegar os ossos de: *desossar o frango.* → **desossamento** *sm* (ato ou efeito de desossar).

de.so.var *v* **1**. Depor em abundância: *desovar estoques de mercadorias em supermercados.* **2**. Pôr ovos (peixes, crustáceos, répteis, etc.): *as tartarugas desovam na praia.* **3**. *Gír.* Deixar ou jogar (cadáver) em lugar diferente daquele em que houve o crime. → **desova**, **desovação** *sf* ou **desovamento** *sm* (ato ou efeito de desovar); **desovadouro** *sm* (lugar em que um animal desova).

des.pa.cho *sm* **1**. Ato ou efeito de despachar. **2**. Nota ou resolução de autoridade pública, em petição ou requerimento, deferindo ou indeferindo. **3**. Nomeação para emprego ou cargo público. **4**. Notícia transmitida à redação de um jornal por um repórter ou por uma agência de informação. **5**. *Pop.* Oferenda ou pagamento a Exu, deixado geralmente em encruzilhadas, macumba. → **despachante** *adj* e *s2gên* (que ou profissional que trata de despachos de papéis em repartições públicas, empresas, etc.); **despachar** *v* (**1**. pôr despacho em, deferindo ou indeferindo; **2**. expedir, enviar; **3**. lavrar despachos).

des.pa.ra.fu.sar ou **de.sa.pa.ra.fu.sar** *v* Desapertar, desatarraxar. → **desparafusagem, desaparafusagem** *sf* ou **desaparafusamento** *sm* (ação ou efeito de desparafusar). (A 6.ª ed. do VOLP registra *desparafusagem*, mas não *desparafusamento*.)

des.pau.té.rio *sm* Disparate tão grande, tolice tão sem tamanho, que nem merece atenção ou consideração; despropósito, asnice: *dizer que a Terra é plana é um despautério.*

des.pe.da.çar(-se) ou **es.pe.da.çar(-se)** *v* Partir(-se) em pedaços: *a pedra despedaçou o para-brisa; o para-brisa se espedaçou todo.* → **despedaçamento** ou **espedaçamento** *sm* [ato ou efeito de despedaçar(-se)].

des.pe.dir *v* **1**. Mandar embora, por não prestar ou por cumprir mal seus deveres e obrigações: *o patrão a despediu por justa causa.* **2**. Lançar, arremessar: *despedi-lhe uma cusparada.* **despedir-se 3**. Dar ou dizer adeus à partida: *despedi-me dela no aeroporto.* **4**. Ir-se, acabar: *o ano já se despediu, e ela ainda não voltou.* **5**. Deixar um emprego por vontade própria: *despedi-me da empresa para viajar pelo mundo.* · Conjuga-se por *pedir.* → **despedida** *sf* ou **despedimento** *sm* [ato ou efeito de despedir(-se)].

des.pei.to *sm* Sentimento vil, rasteiro, caracterizado pelo desejo de ferir ou prejudicar, motivado por inveja ou por ciúme, por ter sido preterido em favor de outrem; ressentimento. → **despeitado** *adj* e *sm* (que ou quem se mostra ressentido ou magoado, por ter sido preterido); **despeitoso** (ô) *adj* (em que há despeito). ·· **A despeito de**. Apesar de que, em que pese a.

des.pe.jar *v* **1**. Fazer cair (líquido) do recipiente que o contém: *despejar água de um pote.* **2**. Intimar (inquilino) a desocupar imóvel por alguma razão, promover o despejo de. **3**. Esvaziar: *despejar o lixo.* **despejar-se 4**. Perder a vergonha, o acanhamento: *depois do primeiro copo de cerveja, ela se despejou.* · O e continua fechado, durante a conjugação. → **despejamento** ou **despejo** (ê) *sm* [ação ou efeito de despejar(-se)].

des.pe.lar *v* **1**. Tirar a pele a: *despelar um pêssego.* **2**. Perder a pele ou o pelo: *tomou muito sol e agora está despelando.* → **despela** *sf* (ato ou efeito de despelar).

des.pen.car *v* **1**. Tombar ou cair de grande altura, desabar: *a criança despencou do vigésimo andar.* **2**. *Fig.* Sofrer grande queda (preço, inflação, moeda, ações, etc.). **despencar(-se) 3**. Soltar(-se) do cacho (uvas e bananas): *é um tipo de uva que despenca facilmente.*

des.pen.der *v* **1**. Fazer dispêndio ou gasto; gastar: *despender o salário em poucos dias.* **2**. *Fig.* Empregar, aplicar, gastar: *despendemos energia à toa; despendi tanto esforço, para nada.* · V. **dispêndio**.

des.pe.nha.dei.ro *sm* Rochedo vertical e muito alto, que expõe alguém a se despenhar ou cair de grande altura; precipício. → **despenhar(-se)** *v* [lançar(-se) de grande altura; atirar(-se), precipitar(-se)].

des.pen.sa *sf* Compartimento da casa no qual se guardam mantimentos. (Não se confunde com *dispensa.*)

des.per.ce.bi.do *adj* Não notado: *nada lhe passa despercebido.* (Não se confunde com *desapercebido.*) → **desperceber** *v* (**1**. não perceber, não notar; **2**. não dar atenção a; não levar em conta) e **desperceber-se** (desprevenir-se): *mal me despercebi, fui roubado*); **despercebimento** *sm* [ato ou efeito de desperceber(-se)].

des.per.di.çar ou **es.per.di.çar** *v* **1**. Gastar inutilmente, sem proveito e desatinadamente: *desperdiçar alimentos.* **2**. Empregar sem proveito, perder: *desperdiçar o tempo.* → **desperdiçamento** ou **esperdiçamento, desperdício** ou **esperdício** *sm* (ato ou efeito de desperdiçar; esbanjamento).

des.per.tar *v* **1**. Fazer sair do sono: *despertar as crianças.* **2**. Fazer aparecer ou surgir: *esse fato despertou velhos rancores entre os dois.* **3**. Estimular, aguçar: *essa pimenta desperta o apetite.* **4**. Pressionar, tirar: *o telefone me despertou de um sono profundo.* **5**. Alertar: *desperte-o para a realidade!* **6**. Sair do sono por atuação de agente externo: *despertei com aquele ruído.* // *sm* **7**. Ato de despertar: *que triste despertar tive eu!* · Antôn. (6): *adormecer, dormir.* → **despertador** (ô) *adj* e *sm* (que ou o que desperta) e *sm* (relógio que desperta); **desperto** *adj* (acordado: *costumo estar desperto às 6h*).

des.pe.sa (ê) *sf* **1**. Ato ou efeito de despender. **2**. Aquilo que se gasta; gasto, dispêndio: *ter um carro envolve muitas despesas.* **3**. Algo que faz gastar dinheiro; causa de gasto: *nossa maior despesa neste ano foram as férias nas Maldivas.* · Antôn. (2): *receita.*

des.pig.men.ta.ção *sf* Perda, remoção ou ausência da pigmentação normal. → **despigmentar(-se)** *v* [desprover(-se) de pigmento(s)].

des.pir *v* **1**. Tirar a roupa a: *despir as crianças.* **2**. Tirar do corpo (peça do vestuário): *o médico despiu o jaleco e saiu.* **3**. Descalçar: *despir as botas.* **despir-se 4**. *Fig.* Despojar-se de toda roupa; ficar completamente nu; desvestir-se. **5**. *Fig.* Largar, abandonar: *despiu-se do orgulho e foi falar com a moça; nunca se dispa da razão!* · Conjuga-se por *ferir.* · Antôn. (1 e 2): *vestir*; (3): *calçar.* → **despido** *adj* (**1**. que tirou a própria roupa; **2**. diz-se daquele de quem tiraram a roupa do corpo; **3**. *fig.* despojado, desprovido: *sou despido de preconceitos;*

mangueira despida de flores); **despimento** sm [ação ou efeito de despir(-se)].

des.pis.tar v **1**. Desnortear, desorientar: *os ladrões despistaram a polícia*. **2**. Descartar (alguém indesejável): *a garota despistou o rapaz, sem deixar mágoas*. **3**. Fazer-se de desentendido, disfarçar-se: *quando ele viu o pai da moça, despistou e caiu fora*. → **despistamento** ou **despiste** sm (**1**. ato ou efeito de despistar; **2**. desorientação, desnorteamento).

des.plan.te sm **1**. Em esgrima, posição oblíqua, que dá base ao corpo. **2**. *Fig.* Petulância, atrevimento, ousadia, descaramento: *teve o desplante de vir sem ser convidado; é impressionante o desplante com que essa gente mente*.

des.po.jar v **1**. Espoliar de seus pertences; roubar, saquear: *os piratas despojavam qualquer embarcação*. **2**. Privar da posse, geralmente com dor ou com violência; desapossar: *o divórcio despojou-a de tudo o que tinha; os ladrões o despojaram de tudo o que tinha*. **despojar-se 3**. Abandonar, largar: *despoje-se do orgulho e vá falar com a moça!, sem saída, teve que se despojar de todas as armas*. **4**. Abdicar ou desistir espontaneamente de tudo; renunciar: *amar é despojar-se*. **despojar(-se) 5**. Desvestir(-se); desnudar(-se): *o inverno despoja as árvores; despojou-se de toda a roupa e caiu na água*. → **despojamento** ou **despojo** (ô) sm [ato ou efeito de despojar(-se)]; **despojo** (ô) sm [**1**. despojamento; **2**. tudo o que foi tirado do inimigo ou de um país inimigo, com o uso da força, da violência; espólio) e smpl (ó) **3**. corpo morto de uma pessoa; cadáver, restos, cinzas: *jazem ali os despojos mortais de Cabral*).

des.po.lu.ir v **1**. Eliminar a poluição de; limpar: *temos que despoluir o oceano, o planeta*. **2**. *Fig.* Retirar (tudo o que é demasiado e atrapalha ou obstrui): *a prefeitura paulistana despoluiu as vias públicas que estavam cheias de cartazes publicitários*. → **despoluente** adj e sm (que ou o que age contra a poluição); **despoluição** sf (ato ou efeito de despoluir).

des.pon.tar ou **es.pon.tar** v **1**. Tirar ou gastar a ponta de: *despontar um lápis*. **2**. Ocorrer, lembrar: *só agora me desponta o que ocorreu*. **3**. Começar a surgir, nascer: *é um novo dia que desponta*.

des.por.to (ô; pl.: ó) ou **des.por.te** sm Esporte. → **desportismo** sm (gosto ou prática do esporte; esportismo); **desportista** adj e s2gên (que ou pessoa que é aficionada ao esporte); **desportividade**, **esportividade** sf ou **desportivismo**, **esportivismo** sm (**1**. ética desportiva; **2**. respeito pelas regras de um jogo, de um esporte; **3**. espírito desportivo); **desportivo** adj (**1**. rel. a desporto; esportivo; **2**. próprio para a prática desportiva ou para atividades de lazer; esportivo).

des.po.sar ou **es.po.sar** v Casar com: *desposei Luísa*.

dés.po.ta s2gên Pessoa que exerce o poder de modo absoluto, geralmente de modo arbitrário e violento. → **despótico** adj (**1**. rel. a déspota ou despotismo; tirânico; **2**. em que há despotismo; próprio de déspota; tirânico: *medida despótica*); **despotismo** sm (**1**. forma de governo absoluto e discricionário, em que o poder é exercido por alguém cuja vontade não é regulada por lei; **2**. poder absoluto e arbitrário, violento; tirania; **3**. ato próprio de um desposta; prepotência).

des.po.vo.ar v **1**. Reduzir o número de habitantes de: *o êxodo rural despovoa o campo*. **despovoar-se 2**. Tornar-se deserto, sem habitantes. · Conjuga-se por *abençoar*. → **despovoação** sf ou **despovoamento** sm (ato ou efeito de despovoar); **despovoado** adj e sm (que ou lugar que não tem povoação ou habitantes).

des.pra.zer sm **1**. Sentimento de desagrado ou desgosto; dissabor. // v **2**. Causar desagrado (que se conjuga por *aprazer*).

des.pre.ca.vi.do adj e sm Que ou aquele que não está precavido ou prevenido. → **deprecaver(-se)** (desprevenir(-se), desacautelar(-se), que se conjuga por *precaver*).

des.pre.gar v **1**. Tirar (o que está pregado): *despregar as tábuas do caixão*. **2**. Soltar (o que estava com linha, alfinete, etc.): *despregar botões*. **3**. Desfazer as rugas ou as pregas de: *despregar o vestido*. **despregar-se 4**. Soltar-se (o que estava unido): *os botões da camisa se despregavam com facilidade*.

des.pren.der v **1**. Soltar (o que estava preso): *as crianças desprenderam todos os passarinhos das gaiolas*. **2**. Soltar, emitir: *despender gritos de dor*. **desprender-se 3**. Soltar-se: *desprender-se dos braços da mãe*. **4**. Desligar-se, não se importar: *desprender-se dos bens materiais*. **5**. Exalar-se: *são emanações que se desprendem do pântano*. → **desprendimento** sm [ato ou efeito de desprender(-se)].

des.pre.o.cu.par v **1**. Livrar de preocupação: *o médico despreocupou a família, pois a doença não era grave*. **despreocupar-se 2**. Ficar despreocupado: *ganhou na loteria e despreocupou-se do futuro*. → **despreocupação** sf [ato ou efeito de despreocupar(-se)].

des.pre.pa.ro sm **1**. Falta de preparo, de conhecimento, de estudo, de cultura. **2**. Falta de organização; desorganização. → **despreparado** adj (que não se preparou ou que não tem o devido preparo); **despreparar(-se)** v [tornar(-se) despreparado].

des.pres.su.ri.zar v Reduzir a pressão do ar ou do gás dentro de (câmara ou veículo). **despressurizar-se** (perder a pressurização). → **despressurização** sf [ato ou efeito de despressurizar(-se)].

des.pres.tí.gio sm Falta ou perda de prestígio, descrédito. → **desprestigiar** v (tirar o prestígio a; desacreditar) **desprestigiar-se** (perder o prestígio).

des.pre.ten.si.o.so (ô; pl.: ó) adj Caracterizado pela falta de pretensão ou ambição. → **despretensão** sf (falta de pretensão ou ambição; desambição).

des.pre.ve.ni.do adj **1**. Que não está prevenido; desapercebido: *ela me pegou desprevenido*. **2**. Sem dinheiro disponível: *estou desprevenido, por isso não posso pagar o seu almoço*. **desprevenir** v (deixar de prevenir; desavisar). **desprevenir-se** [privar-se (do que é necessário), desprover-se, desaperceber-se: *como é que você vai a um tiroteio e se desprevine de balas?!*]. (A 6.ª ed. do VOLP, não se sabe bem por quê, não registra *desprevenido*. Registra, sim, *prevenido* (apenas como adjetivo). Por outro lado, traz *desprecavido*, sinônimo de *desprevenido*, como adj e sm. Mas somos obrigados a segui-lo, o que a mim particularmente me causa muito desconforto.)

des.pre.zo (ê) sm **1**. Sentimento de profunda repugnância por alguém ou algo considerado vil, baixo, sórdido, nojento e, por isso mesmo, indigno de estima, respeito, atenção ou consideração: *tenho desprezo pelas pessoas falsas*. **2**. Desatenção, desrespeito: *alguns políticos têm desprezo pela opinião pública*. · Antôn. (1): admiração, simpatia; (2): atenção, respeito. → **desprezar** v (**1**. sentir desprezo por; **2**. não considerar, desconsiderar); **desprezível** adj (**1**. digno de desprezo, de repúdio; **2**. insignificante, irrisório: *doou quantia desprezível*.

des.pro.por.ção sf **1**. Falta de proporção; desconformidade. **2**. Desarmonia. **3**. Desigualdade. → **desproporcional** adj (desigual); **desproporcionalidade** sf (desigualdade).

des.pro.pó.si.to sm **1**. Absurdo, disparate, desatino, despautério, asnice: *dizer que a Terra é plana é um despropósito*. **2**. Quantia ou quantidade enorme; exagero: *ela queria ganhar um despropósito, por isso não foi admitida; havia um despropósito de gente na festa*.

des.pro.vi.do adj **1**. Falto, carecido. **2**. Privado, que não foi dotado. **3**. Destituído, que não tem ou não traz.

des.pu.dor (ô) sm Falta de pudor; descaramento, impudor. → **despudorado** adj e sm (que ou quem não tem nenhum pudor: *foliã despudorada*); **despudorar** v (fazer perder o pudor); **despudorar-se** (perder o pudor; ser sensual não é tirar a roupa e se despudorar).

des.qua.li.fi.car v **1**. Tirar a qualificação a, desclassificar: *desqualificar uma expressão*. **2**. Excluir de um certame, competição ou torneio, desclassificar: *meu time desqualificou o seu*. **desqualificar-se 3**. Desclassificar-se: *seu time desqualificou para a próxima fase do campeonato*. → **desqualificação** sf [ato ou efeito de desqualificar(-se)].

des.qui.te sm Dissolução da vida conjugal apenas com separação de corpos e bens. → **desquitar** v [separar (os cônjuges) por desquite] **desquitar-se** [separar-se (os cônjuges) por desquite].

des.ra.ti.zar v **1**. Eliminar os ratos de: *desratizar os esgotos*. **2**. *Fig.Pej.* Limpar, depurar: *desratizar o Congresso*. → **desratização** sf (**1**. ação ou efeito de desratizar; desinfestação que consiste em eliminar roedores; **2**. *fig.pej.* depuração, limpeza).

des.res.pei.to sm **1**. Baixa consideração ou estima por alguém; falta de respeito; desobediência, desacato: *o desrespeito aos mais velhos será sempre condenável; ele trata os subordinados com desrespeito*. **2**. Ataque, agressão: *esse desrespeito à natureza ainda vai custar caro à humanidade*. **3**. Transgressão: *o desrespeito às leis de trânsito*. → **desrespeitar** v (**1**. faltar ao respeito a; desacatar: *desrespeitar os pais*; **2**. desobedecer a, não levar em conta: *desrespeitar a sinalização de trânsito*; **3**. atacar, agredir: *desrespeitar a natureza; nosso lar é nosso templo, nosso santuário, e ninguém tem o direito de abusar de *nossa privacidade ou desrespeitar a nossa necessidade de paz e tranquilidade*); **desrespeitoso** (ô; pl.: ó) *adj* (caracterizado pelo desrespeito).

des.sa.li.ni.zar *v* **1**. Remover os sais ou outros produtos químicos de (o solo), geralmente por lavagem. **2**. Tornar potável (água salobra ou salgada). → **dessalinização** *sf* (ato ou efeito de dessalinizar).

des.san.grar *v* **1**. Tirar todo o sangue de: *as aranhas dessangram as presas*. **2**. *Fig.* Privar de recursos; enfraquecer ou debilitar financeiramente; empobrecer: *as loterias dessangram os pequenos municípios*. **3**. Verter muito sangue; sangrar abundantemente: *o corte foi profundo e dessangra*. **dessangrar-se 4**. Esvair-se em sangue: *a vítima foi conduzida ao hospital dessangrando-se*. → **dessangramento** *sm* [ato ou efeito de dessangrar(-se)].

des.se (ê) *contr* da preposição *de* com o pronome demonstrativo *esse*.

des.se.me.lhan.ça *sf* Falta de semelhança; diferença, desigualdade, disparidade. → **dessemelhante** *adj* (diferente, desigual, díspar).

des.ser.vi.ço *sm* **1**. Ação nociva ou danosa; mau serviço; transtorno: *notícias falsas ou fake news: um desserviço à sociedade*. **2**. Prejuízo, dano: *drogas causam desserviço à saúde*. → **desservir** *v* (**1**. prestar mau serviço a; **2**. prejudicar, causar dano a), que se conjuga por *ferir*.

des.ta.car *v* **1**. Selecionar para um serviço especial: *o comandante destacou um pelotão para fazer o reconhecimento da área*. **2**. Separar, desprender: *não destaque as páginas da revista!* **3**. Dar destaque, relevo ou realce a, realçar: *o batom destaca a beleza natural dos lábios*. **destacar-se 4**. Sobressair, distinguir-se: *ela se destacou entre as candidatas*. **5**. Soltar-se, desprender-se: *os frutos se destacam sozinhos da árvore*. → **destacamento** *sm* (**1**. separação; **2**. envio de unidade militar selecionada para um serviço especial; **3**. essa unidade militar); **destaque** *sm* (**1**. qualidade daquele ou daquilo que se destaca, que sobressai; **2**. realce, brilho).

des.tar.te ou **des.sar.te** *palavra denotativa de conclusão* Assim, desse modo, diante disso: *o acusado se diz pai da criança, destarte não há mais o que investigar*.

des.te (ê) *contr* da preposição *de* com o pronome demonstrativo *este*.

des.te.lhar *v* Tirar ou arrancar as telhas de. · O *e* continua fechado, durante a conjugação. **destelhamento** *sm* (ato ou efeito de destelhar).

des.te.mi.do *adj* **1**. Diz-se daquele que manifesta coragem e determinação; que não se deixa dominar pelo medo ou adversidade; corajoso, valente, bravo: *os destemidos bombeiros*. **2**. Caracterizado pela coragem; corajoso: *uma atitude destemida*. · Antôn.: *covarde*. → **destemidez** (ê) *sf* (qualidade de destemido; coragem); **destemor** (ô) *sm* (ausência total de temor ou medo; intrepidez, audácia: *o destemor dos nossos bravos bombeiros*).

des.tem.pe.ro (ê) *sm* **1**. Falta de temperança, moderação ou comedimento com alimento e bebida; imoderação, destemperança, intemperança. **2**. *Pop.* Desarranjo intestinal; diarreia. **3**. *Fig.* Descontrole, descomedimento, imoderação: *o presidente respondeu à pergunta do jornalista com destempero*. → **destemperança** *sf* [destempero (1)]; **destemperar** *v* [**1**. diminuir a têmpera ou a força de (aço); **2**. alterar o sabor de, usando excesso de água: *ela destemperou a sopa*; **3**. enfraquecer (consistência) diluindo em água: *o pintor destemperou a tinta*; **4**. desarranjar: *iogurte lhe destempera o intestino*); **destemperar(-se)** [exceder-se em palavras ou ações; perder a cabeça ou o equilíbrio emocional; desatinar: *a filha de 16 anos apareceu grávida, o pai (se) destemperou e deu-lhe uma surra*].

des.ter.ra.do *adj* e *sm* Que ou aquele que sofreu desterro; exilado. **desterrar** *v* (exilar, expatriar); **desterro** (ê) *sm* (**1**. ato ou efeito de desterrar; **2**. lugar onde reside o desterrado).

des.ti.lar *v* **1**. Extrair os componentes voláteis de: *os primeiros a destilar uma bebida foram os chineses*. **2**. Infundir pouco a pouco; instilar: *ela não desiste de destilar seu veneno*. **3**. Causar, provocar, ocasionar, trazer: *a situação do sertanejo destila tristeza*. **4**. Manifestar em suas palavras ou em seus atos (determinado sentimento ou qualidade); insinuar, instilar: *se você destilar ódio, ele se voltará contra si; se destilar paz, terá paz*. **5**. Deixar sair em gotas; gotejar: *a chaga destilava sangue*. **6**. Separar-se de uma ou mais substâncias menos voláteis por meio do calor: *o querosene destila a temperatura elevada*. **7**. Cair gota a gota; gotejar: *muito sangue destilava da chaga*. → **destilação** *sf* (ato ou efeito de destilar); **destilado** *adj* e *sm* (que ou produto que resulta da destilação); **destilador** (ô) *adj* e *sm* (que ou aquele que se dedica a destilar água ou licores) e *sm* (alambique); **destilaria** *sf* (estabelecimento em que se processa a destilação).

des.ti.nar *v* **1**. Determinar antecipadamente. **2**. Determinar, designar. **3**. Reservar. **destinar-se 4**. Dedicar-se, consagrar-se. **5**. Ter como objetivo, objetivar. → **destinação** *sf* [ato ou efeito de destinar(-se)]; **destinatário** *sm* (aquele a quem se destina ou envia alguma coisa ou alguma mensagem), de antôn. *remetente*.

des.ti.no *sm* **1**. Força superior irresistível e incontrolável que se supõe reger inexoravelmente o curso dos acontecimentos e da vida do homem: *o destino os uniu; ninguém pode lutar contra o destino*. **2**. Força sobrenatural; fado, dita, sorte, fortuna: *agradece ao destino não teres morrido nesse acidente!* **3**. Aquilo que ocorrerá fatalmente a alguém; futuro: *seu destino é casar com ela mesmo*. **4**. Lugar, real ou fictício, a que se dirige uma pessoa ou se envia alguma coisa: *meu destino era Nova Iorque*.

des.ti.tu.ir *v* **1**. Demitir (subalternos): *o ministro destituiu seu secretário*. **destituir(-se) 2**. Privar(-se) (de posição, autoridade ou dignidade): *destituíram-no de chefe de sua seção*. **3**. Despojar(-se), privar(-se): *destituíram-no de todos os seus bens; destituiu-se de todos os seus bens*. · Conjuga-se por *atribuir*. → **destituição** *sf* [ato ou efeito de destituir(-se)].

des.to.ar *v* **1**. Discordar, divergir: *o único que destoou do professor fui eu*. **2**. Não combinar: *sua roupa destoa de sua aparência*. **3**. Desafinar: *o violino da orquestra destoou*.

des.tra (ê) *sf* Mão direita. · Antôn.: *sinistra*. (A 6.ª ed. do VOLP registrou recentemente a pronúncia também com *e* aberto, certamente seguindo a mídia brasileira...)

des.tram.be.lha.do *adj* **1**. Que é muito desorganizado: *chefe destrambelhado*. **2**. Que é meio amalucado. → **destrambelhamento** ou **destrambelho** (ê) *sm* (**1**. ato ou efeito de destrambelhar; **2**. doidice, maluquice, desatino; **3**. desorganização, desarranjo, desordem); **destrambelhar** *v* (**1**. desorganizar-se, desarranjar-se; **2**. dizer ou fazer coisas sem sentido ou inoportunas; disparatar; portar-se mal).

des.tra.tar *v* Maltratar com palavras, tratar mal ou com desrespeito, desacatar: *a balconista foi despedida, porque destratou o freguês*. (Não se confunde com *distratar*.)

des.tra.van.car *v* V. **desatravancar**.

des.tra.var *v* **1**. Soltar a trava de: *destravei a porta*. **2**. *Fig.* Soltar, desentravar: *destrave a língua, rapaz!* **destravar-se** (livrar-se de trava); soltar-se: *a língua do gago só se destrava quando ele canta*. → **destrava**, **destravação** *sf* ou **destravamento** *sm* [ação ou efeito de destravar(-se)].

des.tre.za (ê) *sf* **1**. Facilidade maior no uso da mão direita que no da mão esquerda. **2**. *Fig.* Experiência, prática, traquejo, prática: *repare na destreza desse marceneiro!*

des.trin.çar ou **des.trin.char** *v* **1**. Separar os fios ou fibras de; desenredar, desenlear. **2**. Separar minuciosamente; discriminar, individualizar. **3**. *Fig.* Expor minuciosamente, destrinçar um plano. **4**. *Fig.* Investigar minuciosamente, esmiuçar, esquadrinhar: *destrinçar o passado de alguém*. **5**. *Fig.* Resolver (um problema); dar solução a (caso complicado): *o professor destrinçou o teorema em segundos*. (Não se confunde com *trinchar*.) → **destrinça** *sf* ou **destrinchamento** *sm* (ato ou efeito de destrinçar ou destrinchar).

des.tro (ê) *adj* e *sm* Que ou aquele que usa de preferência a mão direita (e não o pé direito): *a maior parte das pessoas são destras*. (A 6.ª ed. do VOLP registrou recentemente a pronúncia também com *e* aberto, certamente seguindo a mídia brasileira...)

des.tro.çar *v* **1**. Derrotar, aniquilando, arrasando; desbaratar: *as tropas alemãs destroçaram o inimigo nessa batalha*. **2**. Quebrar, despedaçar: *as crianças destroçaram todos os brinquedos*. → **destroço** (ô) *sm* (ato ou efeito de destroçar); **destroços** (ó) *smpl* (restos de coisa destroçada ou que sofreu grande avaria).

des.trói.er *sm* Contratorpedeiro moderno e rápido. · Pl.: *destróieres*. (Recebe acento, porque é paroxítona terminada em *-r*, assim como *revólver* e *repórter*; já o plural é palavra proparoxítona.)

des.tro.nar *v* **1**. Derrubar do trono. **2**. *Fig.* Fazer perder o prestígio ou a predileção; desprestigiar, rebaixar: *a irmã mais nova destronou-a em três tempos: era mais alta, mais bonita e mais simpática*. **3**. Tirar ou despojar (de liderança): *meu time*

destronou o seu da liderança do campeonato. → **destronação** sf ou **destronamento** sm (ato ou efeito de destronar).

des.tron.car ou **es.tron.car** v Tirar ou fazer sair da articulação ou junta, desarticular, desconjuntar, torcer (qualquer membro do corpo). → **destroncamento** ou **estroncamento** sm (ato ou efeito de destroncar ou estroncar).

des.tru.ir v 1. Exterminar: *o homem está destruindo muitas espécies animais e vegetais na Amazônia*. 2. Dar fim a, fazer desaparecer: *destruir as provas do crime*. 3. Desfazer: *destruir sonhos*. 4. Provocar muitas avarias em; avariar: *os torcedores destruíram o estádio*. 5. Acabar com, aniquilar (trazendo prejuízo moral): *ela disse que vai destruir minha vida*. · Antôn.: *construir*. → **destruição** sf (ação ou efeito de destruir), de antôn. *construção*; **destrutivo** adj (que destrói ou aniquila).

de.su.ma.no adj 1. Falto das qualidades humanas de compaixão e misericórdia; que não é humano; cruel, bárbaro: *a matança de baleias é desumana; o tratamento desumano dado aos prisioneiros de guerra*. 2. Que não parece humano; estranho, incomum e assustador; não humano: *não haverá algo desumano na perfeição?; esses gritos que ouço são desumanos*. → **desumanidade** sf (1. falta de humanidade; crueldade: *a polícia foi acusada de desumanidade no tratamento dos presos*; 2. ato cruel, bárbaro; barbaridade, selvageria: *praticar desumanidades no poder*).

de.su.nir v 1. Desfazer a união de; separar, desligar: *desunir empresas de um mesmo grupo*. 2. Produzir discórdia entre; desarmonizar, indispor: *a política desuniu toda a família*. → **desunião** sf (falta de união; desarmonia).

de.sur.ba.ni.da.de sf 1. Falta de compromissos com os pressupostos, valores, costumes e práticas citadinas, princ. das metrópoles: *em algumas capitais brasileiras, percebem-se facilmente várias situações de desurbanidade, como pessoas assoando o nariz com os dedos, urinando nas ruas, jogando lixo pela janela dos carros, etc*. 2. Falta de urbanidade ou civilidade; descortesia, indelicadeza, impolidez. · Antôn. (2): *urbanidade*.

de.su.so sm 1. Falta de uso ou de utilização: *o desuso de uma palavra*. 2. Falta de uso ou de costume: *o desuso de um traje*. → **desusado** adj (1. que já não se usa; que está fora de uso: que caiu em desuso; antigo, ultrapassado, obsoleto: *gíria desusada; a anágua é uma peça íntima feminina desusada*; 2. não costumeiro; que não é comum; incomum, extraordinário: *esses são costumes quase desusados nesta região*); **desusar** v (deixar de usar: *o mundo passou a desusar a caneta-tinteiro e aderiu às esferográficas, descartáveis*). · **Cair em desuso**. Deixar de ser usado, por já ser considerado obsoleto, ultrapassado, fora de uso ou de moda; desusar-se: *A gíria É uma brasa, mora! caiu em desuso há muito tempo*.

des.vai.rar v 1. Deixar fora de si, enlouquecer: *os filhos de hoje desvairam os pais*. 2. Desnortear, desorientar: *os sequestradores desvairaram a polícia*. **desvairar(-se)** 3. Ficar fora de si, por alienação mental. 4. Perder a cabeça; agir insensatamente; desatinar. → **desvairamento** ou **desvairo** sm (1. ato ou efeito de desvairar; 2. ação, palavra ou pensamento incoerente e sem sentido; disparate, desatino; 3. insanidade mental; loucura, demência).

des.va.li.do adj e sm Que ou aquele que é desprotegido, infeliz, pobre e desgraçado.

des.va.lo.ri.zar v 1. Reduzir o valor de, depreciar: *o governo não desvalorizou o real*. **desvalorizar-se** 2. Perder o próprio valor, depreciar-se: *o real não se desvalorizou este ano*. → **desvalorização** sf [ato ou efeito de desvalorizar(-se)].

des.va.ne.cer v 1. Fazer desaparecer, reduzindo a uma coisa vã, atenuando ou adelgaçando: *o tempo desvanece o rancor*. **desvanecer-se** 2. Apagar-se, extinguir-se: *foi uma esperança que logo se desvaneceu*. → **desvanecimento** sm [ato ou efeito de desvanecer(-se)].

des.van.ta.gem sf 1. Condição de inferioridade ou circunstância desfavorável; *handicap*: *ter desvantagem no placar*. 2. Perda, prejuízo: *vender mercadorias com desvantagem não é negócio*. → **desvantajoso** (ô; pl.: ó) adj (que oferece desvantagem).

des.vão ou **es.vão** sm 1. Espaço entre dois planos, geralmente entre o telhado e o forro do último andar de uma casa; sótão. 2. Quarto usado nesse espaço; água-furtada, mansarda. 3. Recanto, esconderijo. · Pl.: *desvãos, esvãos*.

des.va.ri.o sm 1. Perturbação mental causada por debilidade orgânica ou espiritual, manifestada sobretudo no olhar e nos atos sem nexo; desatino. 2. Desmando, abuso, erro grave.

des.ve.lar v 1. Tirar o véu ou a cobertura a: *desvelar uma placa comemorativa*. 2. Dar a conhecer, revelar: *desvelar um segredo*. **desvelar-se** 3. Ter muito cuidado, zelo ou dedicação, encher-se de zelo: *os pais se desvelam pelos filhos*. → **desvelado** adj (cheio de desvelo; dedicado, cuidadoso); **desvelo** (ê) sm (grande cuidado; vigilância constante; dedicação carinhosa e contínua; zelo).

des.ven.ci.lhar(-se) ou **de.sen.ven.ci.lhar** v Libertar(-se), desprender(-se), desembaraçar(-se): *desvencilhei os braços, mas não as pernas; desvencilhei-me dos repórteres*. → **desvencilhamento** ou **desenvencilhamento** sm [ato ou efeito de desvencilhar(-se), desprendimento, desembaraçamento].

des.ven.dar v 1. Tirar a venda de (os olhos). 2. Tirar a venda dos olhos de: *desvendar um sequestrado*. 3. Descobrir: *desvendar segredos*. **desvendar-se 4**. Revelar-se, dar-se a conhecer, manifestar-se: *a doença só se desvendou quando já era tarde demais para a cura*. → **desvendamento** sm [ato ou efeito de desvendar(-se)].

des.ven.tu.ra sf Falta de ventura; má sorte, infelicidade, infortúnio, desdita. → **desventurado** adj e sm (que ou o que é desventuroso, infeliz); **desventurar** v (tornar desventuroso; infelicitar); **desventuroso** (ô; pl.: ó) adj (que não é venturoso; infeliz, desditoso, infausto).

des.vi.ar v 1. Mudar a direção de: *desviar o curso de um rio*. 2. Mudar a posição de, deslocar: *desviar a coluna vertebral*. 3. Mudar o rumo ou a tônica de: *não desvie a conversa!* 4. Afastar, rechaçar: *desviou o soco com o braço*. 5. Desencaminhar: *desviar verbas*. **desviar-se 6**. Afastar-se, separar-se: *desviar-se do bom caminho*. → **desvio** sm [1. ato ou efeito de desviar(-se); 2. mudança da posição normal: *desvio da coluna vertebral*; 3. curva: *desvio da estrada*; 4. desaparecimento, sumiço: *desvio de documentos*; 5. roubo: *desvio de dinheiro público*; 6. caminho secundário de via férrea ou rodoviária].

des.vin.car v Tirar os vincos de; alisar: *desvincar uma calça*.

des.vin.cu.lar v 1. Tornar alienável (bens vinculados): *o juiz desvinculou todos os bens do finado, para que a viúva possa vendê-los*. **desvincular(-se)** 2. Desligar(-se): *desvincular um funcionário; desvinculou-se do governo, para candidatar-se*. → **desvinculação** sf [ato ou efeito de desvincular(-se)].

des.vir.gi.nar v Tirar a virgindade de; deflorar, desonrar. → **desvirginamento** sm (ação ou efeito de desvirginar).

des.vir.tu.ar v 1. Tirar a virtude, o valor próprio, o mérito ou o prestígio a; desacreditar: *desvirtuar o governo*. 2. Deformar ou deturpar o sentido de; interpretar em mau sentido; distorcer: *desvirtuar uma declaração*. **desvirtuar-se 3**. Alterar-se de maneira viciosa; adulterar-se, deturpar-se: *nas metrópoles, todos os costumes se desvirtuam*. 4. Perder as características originais: *com o uso de guitarras, o samba desvirtuou-se*. → **desvirtuação** sf ou **desvirtuamento** sm [ato ou efeito de desvirtuar(-se)].

de.ta.lhe sm 1. Pequenas características de algo ou de alguém, só percebidas quando olhadas com atenção; particularidade, pormenor, minúcia. minudência: *conheço todos os detalhes desse caso*. 2. Coisa muito pequena, a que não se costuma dar importância: *a atenção aos detalhes é importante neste tipo de trabalho*. 3. Qualquer desenho ou arte elaborada em alguma coisa: *ele está vestindo meias pretas com detalhes verdes*. 4. Aproximação da câmera de televisão, em tomada de cena, mais do que necessário, para um *close-up*. → **detalhamento** sm (ato ou efeito de detalhar); **detalhar** v (descrever ou expor em detalhes, item por item; pormenorizar: *detalhou os opcionais que já vêm no carro*); **detalhismo** sm (mania de detalhes); **detalhista** adj e s2gên (que ou pessoa que se preocupa com detalhes).

de.tec.tar ou **de.te.tar** v 1. Encontrar a existência, presença, manifestação, estímulo de (alguma coisa escondida, não clara, não manifesta espontaneamente): *detectar água no subsolo*. 2. Perceber, sentir, captar: *detectar malícia num sorriso*. → **detecção** ou **deteção** sf (ato, processo ou efeito de detectar); **detector** (ô) ou **detetor** (ô) adj e sm (que ou qualquer aparelho que detecta algo).

de.ter v 1. Fazer parar, interromper: *deter o avanço do inimigo*. 2. Reter em seu poder: *o Brasil detém o título de pentacampeão mundial de futebol*. 3. Prender provisoriamente: *deter um suspeito de crime*. 4. Reter, fazer demorar, retardar: *o guarda o deteve por meia hora*. **deter-se 5**. Parar: *deter-se ante um sinal de trânsito*. 6. Ocupar-se demoradamente: *não se deter em detalhes*. · V. **detido**. · Conjuga-se pelo verbo *ter*. → **detenção**

sf [ato ou efeito de deter(-se)]; **detento** *sm* (prisioneiro, preso); **detentor** (ô) *sm* (aquele que detém algo).

de.ter.gen.te *sm* **1**. Produto de limpeza doméstico, solúvel em água, feito de compostos químicos, usado para dissolver gorduras e ser substituto do sabão. // *adj* **2**. Que tem poder de limpeza: *óleo detergente, solução detergente*.

de.te.ri.o.rar(-se) *v* **1**. Estragar(-se); apodrecer(-se); putrefazer(-se): *a umidade deteriora a farinha; a farinha se deteriora com a umidade*. **2**. Tornar-se pior; piorar, agravar-se, complicar-se: *seu estado de saúde deteriorou-se nas últimas horas*. → **deterioração** *sf* ou **deterioramento** *sm* [ato ou efeito de deteriorar(-se)].

de.ter.mi.na.do *adj* **1**. Que se determinou ou definiu precisamente; definido, estabelecido, fixado: *viajou num dia determinado*. **2**. Firmemente decidido; resolvido: *o time entrou em campo determinado a ganhar o título*. **3**. Certo, fixo: *as estações se iniciam em dias determinados*. **4**. Que se comporta com valor e ousadia; ousado, valoroso, resoluto: *pessoa determinada*. // *pron* **5**. Não definido precisamente; certo (antes do subst.): *viajou num determinado dia*. · Antôn. (1): *vago, incerto, indefinido*.

de.ter.mi.nar *v* **1**. Definir, precisar: *ninguém sabe determinar a data de nascimento de Camões*. **2**. Delimitar, fixar, demarcar: *determinar as fronteiras de um país*. **3**. Decidir ou estabelecer definitivamente, ordenar: *o governo determinou que sejam apuradas as causas do acidente*. **4**. Ser a causa de, causar, ocasionar: *fatores econômicos determinam o progresso de uma sociedade*. **5**. Estabelecer, fixar, marcar: *a CBF determinou o dia e o local do jogo*. **determinar-se 6**. Resolver-se, decidir-se: *determinar-se a morrer pela Pátria*. → **determinação** *sf* [ato ou efeito de determinar(-se)]; **determinador** (ô) *adj* e *sm* (que ou o que determina); **determinativo** *adj* (que determina; determinador).

de.ter.mi.nis.mo *sm* Teoria filosófica segundo a qual tudo, inclusive decisões e preferências humanas, é o resultado da vontade da Providência, negando o livre-arbítrio. · Antôn.: *livre-arbítrio*. → **determinista** *adj* (rel. a determinismo) e *adj* e *s2gên* (que ou pessoa que é partidária do determinismo).

de.tes.tar *v* **1**. Sentir horror ou nojo por: *detestar jiló*. **2**. Abominar, odiar: *detestar falsidades*. **3**. Não gostar, repudiando; antipatizar com, ter aversão a: *detestar música sertaneja*. · Antôn. (1): *gostar*; (2 e 3): *amar, adorar*.

de.te.ti.ve *s2gên* Profissional cujo trabalho é investigar crimes, vigiar pessoas suspeitas, colhendo informações, tirando fotos, etc.

de.ti.do *adj* **1**. Minucioso, acurado: *passar por detido exame*. **2**. Impedido de prosseguir: *veículo detido na fronteira*. // *adj* e *sm* **3**. Que ou aquele que se encontra preso provisoriamente: *o elemento detido para averiguações fugiu da delegacia*.

de.to.nar *v* **1**. Causar a detonação ou explosão de: *um dispositivo a distância detonou a bomba*. **2**. Explodir súbita e ruidosamente: *a bomba detonou antes da chegada da polícia técnica*. → **detonação** *sf* (ato ou efeito de detonar); **detonador** (ô) *adj* e *sm* [que ou aquilo (um estopim, p. ex.) que aciona carga explosiva]; **detonante** *adj* (que detona ou que pode detonar; detonador).

detox [ingl.] *sm* **1**. Desintoxicação de substância viciante: *clínica de detox*. **2**. Programa ou seção de desintoxicação de drogas entorpecentes ou álcool: *passou uma semana em detox*. **3**. Regime ou tratamento destinado a remover toxinas ou impurezas do corpo. · Pronuncia-se *ditóks*.

de.trair *v* Falar mal de, para diminuir o mérito, o crédito, a reputação, ou por puro prazer de denegrir; detratar: *detrair o patrão*. · V. **detratar**. → **detração** *sf* (ato ou efeito de detrair; detratação).

de.trás *adv* **1**. Na parte posterior ou oposta à principal; por detrás, pelas costas, por trás (em oposição a *pela frente*): *chamaram-me detrás, por isso não vi quem era; ela me agarrou detrás*. **2**. Atrás, depois, posteriormente: *meu prédio fica ali, o que fica detrás é o dela; a banda desfilava, e a garotada ia detrás*. **3**. Em seguida, depois: *primeiro chegou o marido e detrás a mulher e os filhos*. ·· **Por detrás**. **1**. Detrás (1). **2**. Na origem, por baixo do pano, às ocultas: *Há um pistolão por detrás dessa nomeação*. **3**. Além disso: *O livro é excelente e tem, por detrás, o fato de ser barato*. (Não se confunde com *de trás* (locução adjetiva), que se usa por *traseiro, posterior* (banco *de trás*), por *da parte traseira, por trás* (ela veio *de trás* e não da frente) e *de longa data, de muito tempo, de longe* (essa rixa não é nova, já vem *de trás*).

de.tra.tar *v* Detrair. → **detratação** *sf* (detração); **detrator** (ô) *adj* e *sm* (que ou aquele que detrai ou detrata: *eu já estava desconfiado de que era esse sujeitinho o detrator de seus colegas*), de fem. *detratora* (ô).

de.tri.men.to *sm* Qualquer coisa que causa dano, prejuízo ou perda: *está mais que provado que o fumo é um detrimento à saúde, mas os "inteligentes" continuam fumando*.

de.tri.to *sm* Tudo aquilo que resta dos corpos (orgânicos ou inorgânicos) desfeitos: *as indústrias lançam seus detritos nos rios, poluindo-os e matando os peixes*.

de.tur.par *v* **1**. Desfigurar, tornando torpe: *deturpar os fatos*. **2**. Desvirtuar, distorcer: *deturpar o sentido de uma frase*. **deturpar-se 3**. Mudar ou alterar para pior, adulterar-se: *deturpar-se em más companhias*. → **deturpação** *sf* [ato ou efeito de deturpar(-se)].

deus *sm* **1**. *Fig*. Aquele que é muito admirado e respeitado: *ele é o deus da favela*. **2**. Ser imortal, de forças e poderes sobre-humanos, que tinha especiais poderes sobre os homens e a natureza, na mitologia greco-romana. **3**. Divindade das religiões indígenas e afro-brasileiras, dotada de poderes sobrenaturais e de ascendência sobre a vida humana. · Fem.: *deusa, diva, deia*. → **deusa** *sf* (**1**. diva, deia; **2**. *fig*. mulher muito bela e formosa; tigresa). ·· **Ao deus-dará**. **1**. Sem direção, plano ou propósito determinado: *Viver ao deus-dará*. **2**. À mercê da própria sorte: **Não podemos deixar a Amazônia ao deus-dará**. ·· **Foi um deus nos acuda**. Foi uma confusão muito grande, um rebu.

Deus *sm* Ser supremo, infinito, perfeito, criador e soberano do universo, no cristianismo, judaísmo e islamismo; Jeová, Alá. · V. **divino**.

de.va.gar ou **de.va.ga.ri.nho** (pop.) *adv* **1**. Em velocidade lenta; sem pressa, vagarosamente: *ela dirige devagar; fale devagar!* **2**. De modo suave ou delicado; delicadamente: *retirei o esparadrapo devagar*. **3**. Aos poucos, paulatinamente: *estou melhorando devagar; devagarinho eu vou convencendo-a*. (Não se confunde com *divagar*.)

de.va.nei.o ou **des.va.nei.o** *sm* **1**. Ato ou resultado de devanear ou desvanear. **2**. Estado de divagação do ser humano que, alterado em sua consciência, deixa-se levar pela imaginação, imagens e sonhos, que o ajudam a fugir da realidade; produto da imaginação; sonho quimérico, ilusão, fantasia, quimera: *ele alimenta o devaneio de ganhar sozinho o prêmio da loteria*. **3**. Ausência de razão; esperança vã: *a ideia de casar com a princesa surgiu de um devaneio*. → **devanear** ou **desvanear** *v* (**1**. fantasiar, sonhar acordado: *devaneou um casamento impossível*; **2**. dizer ou imaginar coisas sem nexo, delirar: *o remorso o fazia devanear*), que se conjugam por *frear*.

de.vas.sar *v* **1**. Invadir e pôr a descoberto (o que é vedado): *devassar a intimidade de alguém*. **2**. Ter vista para dentro de: *a construção desse viaduto devassou todo o meu apartamento*. **3**. Proceder à sindicância de, para apurar eventual ato criminoso: *devassar as contas da empresa*. → **devassa** *sf* (investigação completa e rigorosa).

de.vas.so *adj* e *sm* Que ou aquele que é dissoluto, libertino, licencioso, depravado. → **devassidão** *sf* (desregramento ou depravação de costumes; corrupção moral; libertinagem).

de.vas.tar *v* **1**. Causar grande destruição a (princ. o meio ambiente, a fauna e a flora), arrasar: *o homem vem devastando a Amazônia*. **2**. Causar grande desgraça a; assolar: *uma nuvem de gafanhotos devastou a lavoura de milho*. **3**. Despovoar: *a peste devastou a região*. → **devastação** *sf* (ato ou efeito de devastar).

de.ver *v* **1**. Ter como dívida: *dever dinheiro*. **2**. Ter de pagar: *dever favores*. **3**. Ter dívidas: *quem não deve não teme*. // *sm* **4**. Obrigação. // *smpl* **5**. Tarefa escolar. **6**. Prova de respeito e afeição. · Como verbo auxiliar modal, usado em conjugações perifrásticas, com o verbo principal no infinitivo, geralmente indica: **1**. obrigação (*devo respeitar os mais velhos*); **2**. necessidade (*você deve sair*) e **3**. probabilidade, dúvida ou incerteza, que pode ser seguido, neste caso, da prep. *de* (*você deve estar aborrecido comigo; ela, a estas horas, já deve de estar dormindo; o que eles devem de estar pensando de mim agora*). · V. **dívida**. → **devedor** (ô) *adj* e *sm* (que ou aquele que deve; que ou aquele que está em débito financeiro), de antôn. *credor*.

de.ve.ras *adv* Realmente, de fato: *todos ficamos deveras surpresos com a sua reação*.

de.ver.bal *adj* e *sm* Que ou substantivo abstrato que é formado a partir do radical de um verbo (p. ex.: *ampliação* e *aperfeiçoamento* são nomes deverbais, respectivamente de *ampliar* e *aperfeiçoar*) e, mais particularmente, derivado de um verbo, mas formado sem sufixo, neste caso denominado substantivo regressivo nominal, por surgir de derivação regressiva (p. ex.: *ameaça, ataque, soco*). (Alguns preferem a denominação *pós-verbal*.)

de.vi.do *sm* **1**. Aquilo que se deve: *pague o devido!* **2**. Aquilo que é de direito ou justo: *receber o devido.* // *adj* **3**. Que se deve: *é alta a quantia devida.* **4**. Exigido, obrigatório: *cada um portava seu devido documento.* **5**. Necessário, indispensável: *atravesse a rua com as devidas precauções!* **6**. Merecido, justo: *tratei-o com o devido respeito.* → **devidamente** *adv* (como é devido ou exigido; convenientemente: *ele está devidamente habilitado para conduzir tratores*). •• **Devido a**. Em virtude de, graças a, por causa de: *Devido à seca, os nordestinos migram.*

de.vo.ção *sf* **1**. Fervor com que se praticam certos exercícios religiosos, provocado pela esperança; ato de oração ou de adoração privada: *ele se ajoelhou, em humilde devoção.* **2**. Culto ou observância religiosa, realizada como meio de prestar culto a Deus: *o objetivo da ordem era viver uma vida de devoção.* **3**. Veneração especial: *o santo de sua devoção é São Cristóvão.* **4**. *Fig.* Dedicação fervorosa, grande amor ou afeição: *ter devoção aos filhos, a sua causa; ela cuidou dos pobres com devoção incomum.* **5**. *Fig.* Apoio e carinho: *é um professor que inspira respeito e devoção de seus alunos.*

de.vo.lu.to *adj* **1**. Desocupado, vago: *os terrenos devolutos serão taxados com vultosos impostos.* **2**. Não cultivado: *terras devolutas.*

de.vol.ver *v* **1**. Entregar de volta (o que não nos pertence) àquele de quem se recebeu: *devolvi o dinheiro a mais que recebi.* **2**. Restituir: *devolvi o livro emprestado.* **3**. Retribuir: *devolver uma gentileza.* **4**. Não aceitar; recusar, rejeitar: *devolver um convite.* → **devolução** *sf* (ato ou efeito de devolver).

de.vo.rar *v* **1**. Comer com ganância ou voracidade, quase sem mastigar, engolir: *o leão devorou o gato.* **2**. Ler com avidez: *devorar um livro.* **3**. Consumir, destruir: *o incêndio devorou florestas inteiras.* → **devoração** *sf* (ato ou efeito de devorar); **devorador** (ô) *adj* e *sm* (que ou o que devora: *os gafanhotos são insetos devoradores de lavouras inteiras; os buracos negros são vorazes devoradores de tudo, inclusive da luz*).

de.vo.to *adj* e *sm* **1**. Que ou aquele que é inteiramente dedicado a alguma coisa, a alguém ou a um santo, entusiasta. **2**. Que ou aquele que se dedica inteiramente ao exercício religioso. → **devotação** *sf* ou **devotamento** *sm* [ato ou efeito de devotar(-se); dedicação]; **devotar(-se)** *v* [dedicar(-se), consagrar(-se)].

dex.tro.se (x = s) *sf* Glicose.

dez *num* **1**. Nove mais um (10, X): *dez dos onze membros do STF.* **2**. Décimo: *página dez.* // *sm* **3**. Algarismo representativo do número dez. **4**. Algo numerado por ou alguém representativo desse número: *esse time precisa de um bom dez.* **5**. Nota dez, em provas, concursos ou exames. • Ordinal e fracionário: *décimo.*

de.zem.bro *sm* Décimo segundo e último mês do ano. → **dezembrino** *adj* (rel. a dezembro: *festas dezembrinas*).

de.ze.na *sf* Grupo ou série de dez unidades.

de.ze.no.ve *num* **1**. Dezoito mais um (19, XIX). **2**. Décimo nono: *página dezenove.* // *sm* **3**. Algarismo representativo desse numeral: *você fez um dezenove malfeito.*

de.zes.seis *num* **1**. Quinze mais um (16, XVI). **2**. Décimo sexto: *página dezesseis.* // *sm* **3**. Algarismo representativo desse numeral: *você fez um dezesseis malfeito.*

de.zes.se.te *num* **1**. Dezesseis mais um (17, XVII). **2**. Décimo sétimo: *página dezessete.* // *sm* **3**. Algarismo representativo desse numeral: *você fez um dezessete malfeito.*

de.zoi.to *num* **1**. Dezessete mais um (18, XVIII). **2**. Décimo oitavo: *página dezoito.* // *sm* **3**. Algarismo representativo desse numeral: *você fez um dezoito malfeito.*

di.a *sm* **1**. Período que medeia o nascente e o poente. **2**. Tempo de uma rotação da Terra, espaço de tempo de 24h, de uma meia-noite a outra. **3**. Conjunto das horas de trabalho. • Antôn. (1): *noite.* •• **Dia a dia**. **1**. Sucessão dos dias; cotidiano: *Como é o seu dia a dia?* **2**. Cada dia; todos os dias: *Ele melhora dia a dia.* **3**. Cotidianamente: *Convivo dia a dia com esse problema.* •• **Dia de semana**. Dia útil; dia de trabalho. •• **Dia útil**. Dia em que se trabalha; dia de semana.

di.a.ba *sf* **1**. Feminino de *diabo*; diabra, diáboa. **2**. *Fig.* Mulher má: *onde mora hoje aquela diaba de sua tia?* **3**. *Fig.* Garota sapeca, assanhada: *os olhos e a pele: eram as únicas coisas que aquela diaba tinha de bonito.*

di.a.be.tes *s2gên2núm* ou **di.a.be.te** *s2gên* Doença que se caracteriza por excessiva excreção urinária, consequência geralmente de perturbação das glândulas endócrinas que regulam o metabolismo da glicose. → **diabético** *adj* (rel. a diabetes) e *adj* e *sm* (que ou aquele que tem diabetes).

di.a.bo *sm* **1**. Supremo espírito do mal e inimigo de Deus, demônio. **2**. *Pop.* Tipo, espécie, diacho: *que diabo de avião é aquele?* **3**. *Fig.* Pessoa má: *essa minha vizinha é o diabo!* • Fem. (todos de uso figurado): *diaba, diabra, diáboa.* • Dim.: *diabrete* (ê).

di.a.bó.li.co *adj* **1**. Que procede do diabo; demoníaco, satânico: *tentação diabólica.* **2**. Tão mau ou sinistro, que sugere o diabo, em grau de maldade ou crueldade; próprio do diabo; maligno: *plano diabólico; sorriso diabólico; criança de gênio diabólico.* **3**. *Fig.* Terrível, insuportável: *"errar é humano, mas persistir no erro é diabólico".* **4**. *Fig.* De grande complexidade; difícil, complicado, intrincado: *a física quântica é uma ciência diabólica.* **5**. *Pop.* Que mete medo, por sua eficiência, força ou efetividade: *esse jogador tem uma perna esquerda diabólica.*

di.a.bre.te (ê) *sm* **1**. Diminutivo irregular de *diabo*. **2**. *Fig.* Criança traquinas: *sua filha é um diabrete!*

di.a.bru.ra *sf* **1**. Coisa ou obra própria do diabo; maldade, crueldade. **2**. *Fig.* Travessura de criança; traquinagem: *a professorinha já estava acostumada com as diabruras daquele aluno.*

di.a.cho *sm* **1**. Diabo. **2**. *Fig.* Tipo, espécie, diabo: *que diacho de ônibus é esse?* // *interj* **3**. Indica aborrecimento, contrariedade.

di.á.co.no *sm* Nas Igrejas católica e anglicana, clérigo que recebeu a ordem imediatamente inferior à de padre. • Fem.: *diaconisa.* → **diaconado** ou **diaconato** *sm* (ordem sacra imediata ao sacerdócio, na religião católica); **diaconal** *adj* (rel. a diácono).

di.a.crí.ti.co *adj* Usado para distinguir; distintivo: *mente de grande poder diacrítico.* •• **Sinal diacrítico** (ou **Notação léxica**). Qualquer sinal usado sobre, sob ou após uma letra, para indicar um valor fonético especial, distinguir palavras de grafia idêntica, etc. (São sete: os acentos agudo, circunflexo e grave, o til, a cedilha, o apóstrofo e o hífen.)

di.a.cro.ni.a *sf* **1**. Estudo da evolução da língua ou de dois ou mais estados de uma língua. **2**. *P.ext.* Qualquer análise ou estudo histórico, princ. de linguagem. **3**. *P.ext.* Alteração linguística ocorrida ao longo do tempo. • Antôn.: *sincronia.* → **diacrônico** *adj* (**1**. rel. a diacronia; **2**. que se desenvolve no tempo; histórico).

di.a.de.ma *sm* **1**. Coroa usada como sinal de realeza. **2**. *P.ext.* Qualquer coisa semelhante a uma coroa. **3**. *Fig.* Poder, autoridade ou dignidade real.

di.á.dro.mo *adj* Diz-se de peixe ou de espécie de peixe que migra regularmente da água doce para a água salgada, como o robalo. • V. **anfídromo** e **catádromo**.

di.á.fa.no *adj* Diz-se do corpo quase transparente: *cortina diáfana; película diáfana.* → **diafaneidade** ou **diafanidade** *sf* (qualidade ou estado do que é diáfano).

di.á.fi.se *sf* Parte média dos ossos longos.

di.a.frag.ma *sm* **1**. Músculo largo e fibroso que separa a cavidade torácica da abdominal, nos mamíferos. **2**. Tipo de contraceptivo feminino. **3**. Dispositivo que controla a quantidade de luz que entra na lente das câmeras, microscópios, etc. **4**. Membrana da bomba injetora de combustíveis, nos motores de explosão. → **diafragmático** *adj* (rel. a diafragma).

di.ag.no.se *sf* **1**. Termo que denota o nome de uma doença ou síndrome que uma pessoa tem ou se acredita que tenha. **2**. Diagnóstico (1). **3**. Opinião ou conclusão que daí deriva; diagnóstico (2). **4**. Análise crítica da natureza de alguma coisa; diagnóstico (3). **5**. Conclusão a que se chega em tal análise; diagnóstico (4).

di.ag.nós.ti.co *sm* **1**. Identificação ou determinação da natureza e a causa de uma doença pelos sintomas; diagnose (2). **2**. Opinião ou conclusão resultante dessa identificação; diagnose (3). **3**. Diagnose (4). **4**. Diagnóstico (5). // *adj* **5**. Relativo a diagnose. → **diagnosticar** *v* [determinar a identidade de (qualquer mal orgânico) mediante exame médico ou diagnóstico].

di.a.go.nal *adj* **1**. Que é inclinado obliquamente em relação a uma linha de referência; oblíquo, transversal: *gravata com listras diagonais.* **2**. *Fig.* Qualquer análise ou cruzado: *o centroavante recebeu um passe diagonal e fez o gol.* // *sf* **3**. Segmento de reta que une dois vértices não consecutivos de um polígono. **4**. Direção ou linha oblíqua.

di.a.gra.ma *sm* **1.** Representação gráfica de uma relação algébrica ou geométrica. **2.** Croqui explicativo de como algo funciona ou de como é a relação entre as suas partes. **3.** Gráfico explicativo ou ilustrativo de ideias, frases, estatísticas, etc. → **diagramático** *adj* (rel. a diagrama).

di.a.gra.mar *v* Distribuir ou dispor (espaço de livros, jornais, revistas, etc.) de acordo com o estabelecido para a impressão: *diagramar a primeira página de um jornal*. → **diagramação** *sf* (ato ou efeito de diagramar); **diagramador** (ô) *sm* (profissional encarregado da diagramação).

dial [ingl.] *sm* **1.** Painel de rádio ou de televisão, no qual se indicam as frequências ou os canais. **2.** Controle móvel de mudança de frequência ou de canal, num receptor de rádio ou num televisor. · Pronuncia-se *dáial*.

di.a.lé.ti.ca *sf* **1.** Arte de raciocinar e expor bem e com lógica os argumentos, numa discussão, a fim de convencer: *todo bom político tem de ser forte na dialética*. **2.** Prática de examinar questões, opiniões ou ideias de forma lógica, geralmente pelo método de perguntas e respostas, de modo a determinar sua validade. **3.** Método lógico usado por Hegel e adaptado por Marx aos processos sociais e econômicos observáveis, baseado no princípio de que uma ideia ou o evento (tese) gera seu oposto (antítese), levando a uma reconciliação dos opostos (síntese). **4.** Aplicação geral desse princípio em análise, crítica, exposição, etc. → **dialético** *adj* (**1.** rel. a dialética. **2.** em que há dialética) e *adj* e *sm* (que ou aquele que cultiva a dialética).

di.a.le.to *sm* **1.** Variante regional de uma língua, sem o *status* de língua nacional (p. ex.: o dialeto napolitano). **2.** *P.ext.* Qualquer variedade linguística que, coexistente com outra, não pode ser considerada propriamente uma língua (p. ex.: o dialeto caipira). **3.** *P.ext.* Qualquer língua resultante de um tronco linguístico: *o português e o francês são dialetos românicos*. **4.** *Fig.* Língua peculiar a um grupo profissional ou classe sociocultural; jargão, linguajar: *o dialeto da informática*. → **dialetal** *adj* (rel. ou pert. a dialeto).

di.á.lo.go *sm* **1.** Fala ou conversação alternada entre duas ou mais pessoas. **2.** Troca de ideias, princ. quando aberta e franca, com vistas à solução de problemas, ao entendimento ou à concórdia, comunicação. → **dialogação** *sf* (ato ou efeito de dialogar); **dialogado** *adj* [expresso em forma de diálogo; dialogal (2)]; **dialogal** *adj* (**1.** rel. a diálogo; **2.** dialogado); **dialogar** *v* (**1.** dizer ou escrever em forma de diálogo: *dialogar uma lição de gramática*. **2.** conversar; manter conversação, princ. para entender-se: *é preciso dialogar sempre com os filhos; o governo colombiano resolveu dialogar com os guerrilheiros*).

dial-up [ingl.] *sm* Tipo de conexão de dados via Internet, realizada por um *modem* conectado a uma linha telefônica. · Pl.: *dial-ups*. · Pronuncia-se *dáialàp*.

di.a.man.te *sm* **1.** Mineral extremamente duro (dureza 10), formado de carbono puro cristalizado – ou quase puro – notável pelo seu poder de refração da luz e grande brilho, usado na indústria como abrasivo. **2.** Peça desse mineral engastado, usada como joia ou pedra preciosa. **3.** Instrumento de vidraceiro, para cortar vidro. → **diamantação** *sf* (procedimento que consiste em dar brilho intenso e instantâneo, de grande durabilidade, à pintura de veículos); **diamantar** *v* (proceder à diamantação de); **diamantífero** *adj* (em que há diamante); **diamantino** *adj* (rel. a diamante ou sem. a diamante, no brilho e na dureza: *pedra diamantina*); **diamantista** *s2gên* (pessoa que vende diamantes ou trabalha com eles).

di.â.me.tro *sm* **1.** Segmento de reta que passa pelo centro de uma circunferência, de um lado a outro. **2.** Comprimento desse segmento. **3.** Dimensão transversal. → **diametral** *adj* (rel. a diâmetro).

di.an.te de *loc prep* **1.** Na frente de, ante, perante: *rezar diante de uma imagem santa*. **2.** Em virtude de; ante: *diante do exposto, solicito providências*. **3.** Em comparação com: *que é o seu time diante do meu?*

di.an.tei.ra *sf* **1.** Frente: *a dianteira de um carro*. **2.** Vanguarda; ponto mais avançado: *a dianteira da tropa*. · Antôn. (1): *traseira*; (2): *retaguarda*. ·· **Tomar a dianteira**. **1.** Passar adiante ou à liderança de algo: *O Palmeiras tomou a dianteira do campeonato e foi campeão*. **2.** Liderar empreendimento: *Quando o filho tomou a dianteira dos negócios da família, tudo prosperou*.

di.an.tei.ro *adj* **1.** Que está na frente. // *sm* **2.** Em esporte, jogador de ataque; atacante. · Antôn. (1): *traseiro*.

di.a.pa.são *sm* **1.** Pequeno instrumento metálico, em forma de U, que produz uma nota constante (geralmente o *lá*), próprio para afinar instrumentos musicais e vozes. **2.** *Fig.* Padrão, nível, tom.

di.á.ria *sf* **1.** Quantia paga por um dia de serviço. **2.** Receita ou despesa do dia a dia. **3.** Quantia cobrada em hotel ou hospital por um dia de hospedagem ou internamento. **4.** Quantia dada como ajuda de custo a funcionário que presta serviço fora da sede da empresa.

di.á.rio *adj* **1.** Relativo a cada dia; cotidiano. // *sm* **2.** Jornal que sai todos os dias; folha. **3.** Relato de viagem ou de atividades, princ. aquele em que se registram experiências, emoções, sentimentos e pensamentos do dia.

di.a.ris.ta *s2gên* **1.** Redator(a) de diário. // *adj* e *s2gên* **2.** Que ou pessoa que ganha por um dia de serviço prestado.

di.ar.rei.a (éi) *sf* Evacuação do ventre, líquida e frequente, causada geralmente por problemas gastrintestinais; desarranjo, destempero. → **diarreico** (éi) *adj* (rel. a diarreia).

di.ás.to.le *sf* **1.** Em fisiologia, parte do ciclo cardíaco que se segue à sístole, caracterizada por relaxamento muscular e enchimento dos ventrículos. **2.** Em gramática, deslocação do acento ou tonicidade da palavra para a sílaba seguinte (p. ex.: biótipo > biotipo; elétrodo > eletrodo). · Antôn.: *sístole*. → **diastólico** *adj* (rel. a diástole).

di.a.tô.ni.co *adj* Diz-se da escala musical de sete notas de cinco tons completos e dois semitons.

di.ca *sf* *Gír.* Informação, indicação, pista.

dic.ção ou **di.ção** *sf* Grau de clareza e distinção de pronúncia, quando se fala ou canta; enunciação: *locutor de boa dicção*.

di.ci.o.ná.rio *sm* **1.** Livro que contém, em ordem alfabética, as palavras de uma língua, acompanhadas das respectivas significações, além de outras informações pertinentes; léxico. **2.** Livro de palavras de uma língua com suas equivalentes em outra língua, em ordem alfabética. **3.** Qualquer livro cujas palavras, arroladas em ordem alfabética, exprimem termos científicos, literários, artísticos, gramaticais, etc.: *dicionário médico, dicionário de erros*. → **dicionarista** *adj* e *s2gên* [que ou pessoa que organiza um ou mais dicionários]; **dicionarização** *sf* (ato ou efeito de dicionarizar); **dicionarizar** *v* [**1.** registrar ou incluir em dicionário: *dicionarizar todos os estrangeirismos*; **2.** organizar em forma de dicionário: *o autor dicionarizou sua gramática*; **3.** escrever, elaborar ou organizar dicionário(s): *dicionarizei durante quarenta anos*; **dicionarizável** *adj* (que se pode dicionarizar; digno de registro em dicionário].

di.co.ti.le.dô.nea *sf* Planta com dois cotilédones. → **dicotiledône** ou **dicotiledôneo** *adj* (que apresenta dois cotilédones).

di.co.to.mi.a *sf* Divisão em duas partes ou opiniões, geralmente de coisas opostas ou contraditórias: *a dicotomia do gênero animal entre vertebrados e invertebrados; vivemos na eterna dicotomia entre o bem e o mal*. → **dicotômico** *adj* (rel. a dicotomia ou que a apresenta); **dicotomização** *sf* (ato ou efeito de dicotomizar); **dicotomizar** *v* (**1.** classificar por dicotomia; **2.** dividir em dois).

di.croi.ca (ói) *sf* **1.** Lâmpada halógena de foco dirigido, para destacar objetos. // *adj* **2.** Diz-se desse tipo de lâmpada.

di.dá.ti.ca *sf* **1.** Arte e técnica de ensinar, de transmitir conhecimentos através do ensino, junto com prazer e entretenimento. **2.** Ramo da pedagogia que trata dos métodos e técnicas de ensino. → **didático** *adj* (**1.** rel. a didática ou a ensino: *obra de caráter didático*; **2.** que auxilia ou facilita o ensino, o aprendizado, princ. em sala de aula: *livro didático; dicionário didático*; **3.** destinado a ensinar ou com pretensões de ensinar uma lição de moral; que é moralmente instrutivo: *contos didáticos; o Alcorão é um exemplo de literatura didática; o menino recebeu uma punição didática*); **4.** *pej.* [que se caracteriza pelo didatismo (2)]; **didatismo** *sm* (**1.** qualidade do que é didático; filosofia artística que enfatiza as qualidades instrucionais e informativas; *o didatismo no jornalismo se reveste de suma importância*; **2.** *pej.* método de ensino pedante e enfadonho).

di.e.dro *adj* e *sm* Que ou figura que é formada por dois planos que se interceptam.

DIEESE ou **Dieese** *sm* Acrônimo de *D*epartamento *I*ntersindical de *E*statística e *E*studos *S*oci*o*econômicos, instituto de pesquisas criado em 1955, em São Paulo, que realiza estudos sobre política econômica para os sindicatos. · Pronuncia-se *diêeze*.

di.e.lé.tri.co *adj* e *sm* Que ou material que não conduz eletricidade; isolante.

di.en.cé.fa.lo *sm* A segunda porção do cérebro.

di.é.re.se *sf* Transformação de um ditongo em um hiato, que ocorre geralmente em versificação ou poética (p. ex.: sau.dade, sa.u.dade). · Antôn.: *sinérese*. → **dierético** *adj* (rel. a diérese ou em que há diérese).

diesel [al.] *adj* e *sm* **1**. Que ou motor de combustão interna que tem alta taxa de compressão e provoca a autoinflamação do combustível. **2**. Que ou veículo que é equipado com esse motor. **3**. Que ou combustível que se forma por uma mistura de hidrocarbonetos derivados de petróleo. · Pronuncia-se *dízel*.

diet [ingl.] *adj* Que não contém açúcar: *refrigerantes* diet. (Como se vê, não varia.) · Pronuncia-se *dáit*.

di.e.ta *sf* **1**. Comida diária. **2**. Alimentação especial escolhida ou prescrita para a saúde durante doença, convalescença, etc. ou para ganhar ou perder peso. **3**. Regime alimentar prescrito por médico, que compreende apenas certos tipos de alimentos. → **dietética** *sf* (parte da medicina que trata da dieta); **dietético** *adj* (**1**. rel. a dieta; **2**. preparado ou processado especialmente para dietas restritivas); **dietista** *s2gên* (especialista em dietética; nutricionista).

di.fa.ma.ção *sf* Tentativa leviana e maldosa de destruir o bom nome ou o prestígio de alguém, alardeando a grande número de pessoas fato ofensivo à reputação. → **difamante** ou **difamatório** *adj* (em que há difamação: *libelo difamatório*); **difamar** *v* (desacreditar publicamente, de forma leviana e maldosa).

di.fá.si.co *adj* Bifásico.

di.fe.ren.ça *sf* **1**. Qualidade ou condição de diferente, desigual ou dessemelhante; dessemelhança. **2**. Ponto de desigualdade ou dessemelhança. **3**. Distinção, discriminação. **4**. Resultado da subtração. · Antôn. (1): *semelhança*. → **diferençar(-se)** *v* [estabelecer a diferença entre (dois ou mais seres), discriminar; distinguir(-se): *ela não sabe diferençar um lápis de uma vela; muitos não sabem diferençar uma nota falsa de uma verdadeira; esses gêmeos só se diferençam pela altura*], de antôn. *confundir*; **diferenciação** *sf* (distinção); **diferenciar(-se)** *v* [sofrer alterações ou modificações (no mesmo ser); mudar: *a cor dos carros (se) diferencia com o passar do tempo; a cor dos olhos dela (se) diferencia de acordo com a cor da roupa que ela veste*], de antôn. *assemelhar-se*; **diferente** *adj* (**1**. não igual; **2** mudado, alterado; **3**. especial, incomum). (A maioria dos dicionários brasileiros e portugueses registram *diferençar* e *diferenciar* como sinônimos perfeitos. São?)

di.fe.ren.ci.a.do *adj* **1**. Diz-se do que apresenta diferenciação: *essa loja tem uma linha diferenciada de acessórios para churrasco*. **2**. Diz-se da célula ou do tecido que possui características e funções específicas. **3**. Diz-se de apartamento que tem espaço maior que os outros do mesmo edifício, com terraço descoberto, geralmente localizado no andar térreo ou no primeiro andar. · Antôn. (2): *indiferenciado*.

di.fe.ren.ci.al *adj* **1**. Relativo a diferença ou em que há diferença. **2**. Que estabelece ou indica diferença. // *sm* **3**. Conjunto de engrenagens que, no sistema de transmissão de um veículo automotivo, permite que as rodas direita e esquerda tenham rotações diferentes nas curvas, mantendo o equilíbrio do veículo. **4**. Em publicidade, conjunto de características que tornam uma empresa, produto ou serviço mais competitivos em relação a seus concorrentes.

di.fe.rir *v* **1**. Adiar, por preguiça ou conveniência, sem marcar novo prazo: *diferir uma reunião*. **2**. Distinguir, diferençar: *o que difere um governo totalitário de um governo autoritário?* **3**. Ser diferente na natureza, qualidade, quantidade ou forma, distinguir-se: *o amor difere extraordinariamente da paixão*. **4**. Discordar, divergir: *nossas opiniões diferem bastante*. · Conjuga-se por *ferir*. → **diferimento** *sm* (ato ou efeito de diferir).

di.fí.cil *adj* **1**. Que só pode ser feito, fabricado ou executado com esforço ou dificuldade; trabalhoso, árduo: *escalada difícil; missão difícil; peça musical difícil*. **2**. Duro de lidar, agradar ou contentar; intratável, problemático, rebelde: *criança difícil*. **3**. Duro de entender ou de explicar, por exigir esforço mental; intrincado: *autor difícil, texto difícil; teoria difícil*. **4**. Duro de suportar ou de viver, por ser cheio de dificuldades ou problemas; penoso, crítico: *estamos vivendo tempos difíceis; a solidão é difícil*. **5**. Duro de conviver: *chefe de gênio difícil*. **6**. Duro de seduzir ou conquistar; *mulher difícil*. **6**. Duro de pronunciar ou de entender: *palavra difícil, vocabulário difícil*. **7**. Duro de resolver ou de fazer: *a prova foi difícil; quebra-cabeça difícil*. **8**. Que requer muito esforço para derrotar; duro de vencer: *inimigo difícil, jogo difícil*. **9**. Pouco provável; improvável: *é difícil ocorrer furacão no Brasil*. **10**. Embaraçoso, melindroso, delicado: *o presidente está numa posição difícil*. **11**. Arriscado, perigoso, penoso: *curva difícil de fazer*. **12**. Complicado, espinhoso: *decisão difícil de tomar; pergunta difícil*. **13**. Custoso de satisfazer; exigente: *homem de paladar difícil*. // *sm* **14**. Dificuldade: *casar é fácil; o difícil é o que vem depois*. // *adv* **15**. De modo complicado, difícil de entender: *eles gostam de falar difícil*. · Superlativo absoluto sintético irregular ou erudito: *dificílimo*. · Antôn. (1, 5, 6, 7, 8 e 12): *fácil*; (2): *dócil*; (3): *simples, fácil*; (4 e 10): *tranquilo, confortável*; (9): *provável*. ·· **Bancar o difícil** [ou **Fazer-se (de) difícil**]. **1**. Dar-se ares de importante. **2**. Mostrar que não se deixa conquistar facilmente.

di.fi.cul.da.de *sf* **1**. Qualidade de difícil: *casar é fácil; a dificuldade vem depois*. **2**. Coisa difícil, que embaraça; impedimento, empecilho, obstáculo: *o dólar muito baixo é uma dificuldade para a exportação de produtos*. **3**. Coisa difícil de superar: *ter dificuldade de lidar com a morte*. // *sfpl* **4**. Apuro ou aperto financeiro: *ele passa por dificuldades*. · Antôn.: *facilidade*.

di.fi.cul.tar *v* **1**. Estorvar, atrapalhar: *essa pedra dificulta a passagem*. **dificultar(-se) 2** Tornar(-se) difícil, complicar(-se): *essa declaração dificultou as negociações de paz; o acordo entre árabes e israelenses se dificultou depois dessa declaração*. · Antôn.: *facilitar*.

dif.te.ri.a *sf* Doença infecciosa aguda, nociva aos tecidos cardíacos e do sistema nervoso central, causada por um bacilo e caracterizada pela produção de uma toxina sistêmica e pela formação de falsa membrana na mucosa da garganta, provocando dificuldade de respiração, febre alta e fraqueza. → **diftérico** *adj* (**1**. rel. a difteria; **2**. acometido de difteria).

di.fun.dir *v* **1**. Transmitir ou irradiar a todos, indistintamente (luz, ondas sonoras): *o Sol difunde luz*. **2**. Espalhar, disseminar: *as rosas difundem seu aroma pelo ambiente*. **3**. Divulgar, propagar: *difundir conhecimentos*. **difundir-se 4**. Divulgar-se: *a notícia se difundiu rapidamente*. **5**. Espalhar-se, disseminar-se: *o fogo logo se difundiu por todo o prédio*. → **difusão** *sf* [ato ou efeito de difundir(-se)]; **difuso** *adj* (**1**. em que há difusão; **2**. diz-se de estilo sem concisão, prolixo, redundante; **3**. diz-se da luz refletida irregularmente em diferentes direções).

di.ge.rir *v* **1**. Fazer a digestão de: *digerir os alimentos*. **2**. Asssimilar mentalmente e por inteiro; entender completamente: *digerir uma lição*. **3**. Tornar-se assimilado pelo organismo, fazer a digestão: *melão não digere fácil*. · Conjuga-se por *ferir*.

di.ges.tão *sf* Processo pelo qual os alimentos se transformam em substâncias assimiláveis pelo organismo. → **digestivo** *adj* (rel. a digestão ou que a facilita); **digestório** *adj* (que promove ou faz a digestão).

di.gi.tal *adj* **1**. De dedo: *impressões digitais*. **2**. De dígito: *controle digital*. **3**. Semelhante a dedo: *órgão digital*. **4**. Que funciona mediante simples toque dos dedos: *tecla digital*. **5**. Que indica hora, temperatura, etc. em dígitos expostos ou luminosos: *relógio digital*. **5**. Que usa dados na forma de dígitos numéricos: *gravação digital*. **7**. Diz-se de todo dispositivo ou tecnologia eletrônica que gera, armazena, processa e transmite dados codificados pelo sistema binário, representados numericamente pelos algarismos 1 e 0 (*bit*). (Em relação ao sistema analógico, o sistema digital permite maior velocidade e melhor qualidade na transmissão de dados.) **8**. Relativo aos algarismos de 0 a 9. · Antôn. (5 a 7): *analógico*. → **digitação** *sf* (ato ou efeito de digitar); **digitador** (ô) *sm* (aquele que digita dados); **digitalização** *sf* (ato ou efeito de digitalizar); **digitalizador** (ô) *sm* [aparelho que converte dados analógicos em informação digital (dados numéricos)]; **digitalizar** *v* [converter (dados analógicos) em informação digital, passível de interpretação por um computador]; **digitar** *v* [pôr ou introduzir (dados) num computador, usando teclado; teclar]; **dígito** *sm* [**1**. dedo humano (da mão ou do pé); **2** parte correspondente em outros vertebrados (unha, garra ou dedo); **3**. qualquer dos dez números ou símbolos arábicos de 0 a 9, por cuja combinação todos os números são expressos, assim chamados por poderem ser contados nos dedos; **4**. símbolo ou caráter que representa um inteiro que é menor que a raiz da base do número usado].

di.gla.di.ar *v* **1**. Lutar corpo a corpo, brigar: *digladiei com o ladrão*. **2**. Discutir ardorosamente ou acaloradamente: *um deputado digladiava com outro*. **digladiar-se 3**. Brigar: *os irmãos digladiam há anos por causa da herança*. → **digladiação** *sf* (**1**. ato ou efeito de digladiar; **2**. luta, combate, contenda); **digladiador** (ô) *sm* (aquele que digladia).

dig.nar-se *v* Ter a bondade de, fazer favor de: *o presidente dignou-se receber-nos.* · Durante a conjugação, as formas rizotônicas têm tonicidade na primeira sílaba: *digno-me, dignas-te, digna-se, dignamo-nos, dignais-vos, dignam-se,* etc.

dig.ni.da.de *sf* **1.** Sentimento de amor-próprio ou de autoestima das pessoas muito sensíveis às ofensas, desprezos ou desrespeitos: *isso que ela disse feriu-me a dignidade; ele considerou os comentários uma afronta à sua dignidade.* **2.** Qualidade daquele que tem ideias e sentimentos elevados, nobres, que se manifestam nas palavras e atos, inspirando, por isso, consideração e respeito; reserva moral: *perdeu tudo, mas não a dignidade, porque honrou todos os seus compromissos.* **3.** Atitude grave, merecedora de respeito e consideração: *soube suportar com dignidade todas as adversidades da vida; os japoneses se renderam com dignidade.* **4.** Nobreza e mérito: *a dignidade do trabalho honesto; todos queremos morrer com dignidade.* **5.** Autoridade moral; respeitabilidade: *ele não tem dignidade para falar assim com os filhos.* **6.** Cargo, posto ou título de alta graduação: *os cardeais são investidos de alta dignidade eclesiástica.*

dig.ni.fi.car *v* **1.** Tornar digno, dar autoridade moral a, enobrecer: *o trabalho dignifica o homem.* **2.** Conferir respeitabilidade ou honra a, honrar: *a presença do cientista dignificou o nosso encontro.* **dignificar-se 3.** Tornar-se digno, adquirir autoridade moral, enobrecer-se: *o homem se dignifica, quando trabalha.* → **dignificante** *adj* (que dignifica).

dig.ni.tá.rio *sm* Aquele que exerce cargo elevado ou é investido de uma dignidade. (A 6.ª ed. do VOLP passou a registrar recentemente *dignatário,* forma que antes era considerada cacográfica e com a qual não concordamos.)

dig.no *adj* **1.** Que tem dignidade, nobre, decente, honrado, correto: *homem digno.* **2.** Caracterizado pela dignidade ou nobreza de caráter; decente: *procedimento ou atitude digna.* **3.** Merecedor, credor: *ser digno de respeito.* **4.** Que merece honra por seu caráter, talento, conduta e virtudes morais; honrado, nobre, respeitável: *foi um vencedor digno.* **5.** Suficiente, decente, justo: *recebe um salário digno.* **6.** Próprio de uma pessoa ou coisa; apropriado, adequado: *ela vestia um modelito digno duma princesa; dei-lhe uma resposta digna da pergunta que ela me fez.* **7.** Que vale a pena: *espetáculo digno de ser assistido.* · Antôn.: *indigno.* · Superl. abs. sintético: *digníssimo* (que se abrevia DD.).

dí.gra.fo *sm* Par de letras que representa um só fonema ou uma só articulação (como *ch, rr,* etc.); digrama.

di.gra.ma *sm* Dígrafo.

di.gres.são *sf* **1.** Distanciamento ou afastamento provisório do lugar onde se estava. **2.** *Fig.* Desvio passageiro do assunto principal, para se ocupar com outros mais ou menos relacionados; desvio ou afastamento do tema; divagação: *sobre o autor deste dicionário, ele merece uma leve digressão biográfica.* **3.** Jornada ou passeio que dura algum tempo e normalmente é de cunho recreativo ou cultural; excursão, viagem: *fizemos várias digressões pelo país.* **4.** Subterfúgio, evasiva, pretexto. → **digressionar** *v* (fazer digressões; divagar); **digressivo** *adj* (rel. a digressão ou em que há digressão).

di.la.ção *sf* **1.** Ato ou efeito de dilatar(-se), dilatação, dilatamento. **2.** Delonga (1). **3.** Transferência para mais tarde ou para outra data; adiamento, prorrogação: *por causa da chuva intensa, o jogo teve uma dilação de meia hora; não haverá dilação do prazo de inscrição.* **4.** Dilatação de prazo: *obtive a dilação de três dias para saldar a dívida.* **5.** Em fonética, propagação de traços de um fonema sobre o outro, que ocasiona uma alteração entre dois fonemas não contíguos (p. ex. *Roraima* e em *Elaine,* o *a* do ditongo sofre nasalização por influência do *m* ou do *n*).

di.la.ce.rar *v* **1.** Despedaçar violentamente, rompendo, rasgando (com garras, dentes, pontas de ferro, etc.): *o leão dilacerou a presa.* **2.** Afligir, torturar: *essa eterna espera dilacera os corações.* → **dilaceração** *sf* ou **dilaceramento** *sm* (ato ou efeito de dilacerar); **dilacerante** *adj* (que dilacera).

di.la.pi.dar *v* Gastar mal e rapidamente (grande fortuna ou dinheiro público). → **dilapidação** *sf* (ato ou efeito de dilapidar).

di.la.tar *v* **1.** Estender ou prolongar no tempo, prorrogar: *dilatar uma reunião.* **2.** Causar a expansão ou dilatação de; aumentar de volume ou de dimensões: *o ar dilata os pulmões.* **dilatar-se 3.** Expandir-se, aumentar de tamanho ou de volume: *nossas pupilas dilatam, na escuridão.* · Antôn. (2): *comprimir.* → **dilação, dilatação** *sf* ou **dilatamento** *sm* [ação ou efeito de dilatar(-se)].

di.le.ção *sf* **1.** Amor que se manifesta com honestidade e que se sente sem interesse. **2.** Afeição ou preferência muito especial, geralmente sigilosa ou inconsciente, que se tem por algo ou por alguém: *afirmar que nenhum professor tem dileção por qualquer de seus alunos é fugir à verdade.* · V. **dileto**.

di.le.ma *sm* **1.** Situação embaraçosa e conflitante, que oferece duas saídas, ambas difíceis de escolher, ou indesejáveis. **2.** Qualquer situação ou problema embaraçoso, desconcertante. → **dilemático** *adj* (rel. a dilema ou que envolve dilema).

di.le.tan.te *adj* e *s2gên* **1.** Que ou pessoa que se dedica a uma arte ou ofício por mero prazer ou passatempo, e não por obrigação profissional; amador(a), curioso(a). **2.** Que ou atleta que pratica um esporte sem remuneração. → **diletantismo** *sm* (qualidade, modos, atitude ou procedimento de quem é diletante).

di.le.to *adj* **1.** Muito querido ou amado, de forma honesta: *o meu dileto amigo Arnaldo.* **2.** Diz-se da pessoa por quem se tem dileção (2); preferido na estima ou na afeição, geralmente de forma sigilosa ou inconsciente: *a professora não esquece o seu dileto aluno.*

di.li.gên.cia *sf* **1.** Qualidade de quem é diligente; grande disposição, cuidado, esmero ou zelo com que se faz alguma coisa, em oposição a *negligência*: *quando alguém tem prazer em realizar uma atividade, de natureza profissional ou não, ele o faz com diligência e, às vezes, até com obsessão.* **2.** Urgência, velocidade ou presteza em fazer alguma coisa; prontidão: *o SAMU acudiu com diligência ao chamado.* **3.** Medida necessária para alcançar um fim; providência: *é um caso que requer diligências urgentes.* **4.** Emprego de meios necessários para descobrir, esclarecer ou desvendar algo; investigação: *diligência policial.* **5.** Atuação de uma figura judicial fora da repartição pública, como citações, penhoras, audiências, vistorias, avaliações, buscas e apreensões, etc. **6.** Coleta de provas ou uma busca por uma prova ou indício em algum local determinado por autoridade: *a polícia realizou diligência no acampamento dos trabalhadores rurais, para descobrir quem os está incitando à violência.* **7.** Antiga carruagem interurbana de passageiros, de quatro rodas e tração animal, usada nos Estados Unidos e na Europa, para transporte de passageiros e de malas postais. **diligenciar** *v* (**1.** esforçar-se ou empenhar-se em; **2.** fazer buscas: *os oficiais de justiça diligenciaram por várias comarcas e percorrem longas distâncias*); **diligente** *adj* (**1.** diz-se daquele que faz as coisas com muita disposição, cuidado, esmero e interesse, em oposição a *negligente*: *é um aluno muito diligente nas suas tarefas*; **2.** que faz as coisas com rapidez e presteza; pronto, rápido, ligeiro, ativo: *os vadios nunca serão seres diligentes*).

di.lu.ir *v* **1.** Tornar mais fluido, menos concentrado, pela mistura com água ou outro líquido: *diluir uma tinta.* **2.** Enfraquecer (brilho, pureza, força, resistência) pela mistura de outra coisa: *diluir uma cor.* **diluir-se 3.** Tornar-se mais fluido: *este ácido se dilui fácil.* · Conjuga-se por *atribuir.* → *diluente adj* e *sm* (que ou o que dilui); **diluição** *sf* ou **diluimento** *sm* [ato ou efeito de diluir(-se)].

di.lú.vio *sm* **1.** Cataclismo que consiste em precipitação abundante e contínua, que oprime a terra e extermina seus habitantes; grande inundação, capaz de alagar continentes e até o próprio mundo, exterminando a espécie humana: *o dilúvio bíblico está sendo provado cientificamente.* **2.** *P.ext.* Chuva torrencial, copiosa, abundante e duradoura: *caiu um dilúvio hoje em Salvador.* **3.** *P.ext.* Grande quantidade de qualquer coisa; enxurrada: *fizeram-me um dilúvio de perguntas e de acusações.* → **diluvial** ou **diluviano** *adj* (**1.** rel. a qualquer dilúvio. **2.** *Fig.* torrencial, muito abundante: *as chuvas continuam diluvianas nesta região*; **3.** em geologia, relativo a aluviões pré-históricas).

di.men.são *sf* **1.** Em física, cada uma das magnitudes que se consideram no espaço, para determinar o tamanho das coisas: *o comprimento e a massa são dimensões dos corpos.* **2.** Em geometria, comprimento, extensão ou volume de uma linha, superfície ou corpo, respectivamente: *uma linha reta tem uma só dimensão (comprimento); o plano tem duas dimensões (comprimento e largura), e um paralelepípedo tem três dimensões (comprimento, largura e altura).* // *sfpl* **3.** Medidas em comprimento, largura e altura; proporções: *as dimensões de um estádio.* **4.** Magnitude, importância, relevância: *o país vive hoje uma crise de grandes dimensões.* → **dimensional** *adj* (rel. a dimensão); **dimensionamento** *sm* (ato ou efeito de dimensionar); **dimensionar** *v* (**1.** estabelecer as dimensões exatas ou o valor preciso de: *a Petrobras ainda não dimensionou o volume de óleo encontrado na nova reserva.* **2.** atribuir certa importância a).

di.mi.nu.en.do *sm* Número ou quantidade de que se subtrai outro, o minuendo (p.ex.: em 8 − 3 = 5, o *diminuendo* é 8). · V. **subtraendo**.

di.mi.nu.ir *v* **1**. Tornar menor, baixar: *diminuir a poluição*. **2**. Tornar menos intenso, acalmar: *o canto diminui os males*. **3**. Reduzir a força ou o vigor de: *as extravagâncias diminuem a saúde*. **4**. Fazer perder o valor, o mérito, a dignidade, etc., depreciar: *sua crítica não me diminui, ao contrário, só me alevanta*. **5**. Tornar menos duradouro; abreviar, encurtar: *o estresse diminui o tempo de vida*. **6**. Tornar-se menor: *o prestígio do prefeito diminui dia a dia*. **7**. Tornar-se menos intenso, acalmar-se: *já diminuiu a dor*. **diminuir-se 8**. Humilhar-se, rebaixar-se: *nunca se diminua perante ninguém!* · Antôn. (1 e 2): *aumentar*. → **diminuição** *sf* [ato ou efeito de diminuir(-se)], de antôn. *aumento*.

di.mi.nu.ti.vo *adj* e *sm* Que ou grau, ou sufixo, ou palavra que indica proporções ou qualidades diminuídas e, em certos casos, carinho, desprezo, etc. (p. ex: *anãozinho, papaizinho*).

di.mi.nu.to *adj* **1**. De minúsculas dimensões; microscópico: *os germes são organismos diminutos*. **2**. Pequeno, reduzido, acanhado: *espaço diminuto; mora num apartamento diminuto*. **3**. Muito pouco, insuficiente, irrisório: *Ministério de verba diminuta*. **4**. Ínfimo, mínimo, escasso: *suas chances de vitória são diminutas; quadro diminuto de funcionários*. **5**. Pequeno, breve, curto: *ter um tempo diminuto para falar*. **6**. Em música, que é reduzido em meio-tom: *acorde diminuto*.

dimmer [ingl.] *sm* Dispositivo que permite mudar gradualmente a intensidade do brilho da iluminação; variador de luminosidade. · Pl: *dimmers*. · Pronuncia-se *dímâr*.

Dinamarca *sf* Monarquia da Europa, de área pouco menor que a do estado do Rio de Janeiro. **dinamarquês** *adj* e *sm*.

di.nâ.mi.ca *sf* **1**. Parte da mecânica que se preocupa com as forças que mudam ou produzem o movimento dos corpos. **2**. Processo de mudança, crescimento ou atividade: *a luta pela liderança deu uma visão fascinante da dinâmica do grupo*. **3**. *Fig*. Atividade e mudança intensa: *a dinâmica do comércio internacional*. → **dinâmico** *adj* (**1**. rel. a dinâmica; **2**. cheio de energia; diligente, de antôn. (1) *estático* e (2) *apático*.

dinamismo *sm* (**1**. processo ou mecanismo responsável pelo desenvolvimento ou movimento de um sistema; **2**. mudança, atividade ou progresso contínuo; **3**. grande atividade); **dinamização** *sf* (ato ou efeito de dinamizar); **dinamizar** *v* (dar caráter dinâmico a).

di.na.mi.te *sf* Explosivo poderoso, feito à base de nitroglicerina ou de nitrato de amônia. → **dinamitação** *sf* (ação ou efeito de dinamitar); **dinamitar** *v* [**1**. destruir por meio de dinamite; **2**. usar dinamite em (rochas, minas, morros), com algum objetivo profissional]; **dinamiteiro** *adj* (**1**. rel. a dinamite; **2**. dinamitista); **dinamitista** *adj* e *s2gên*. (que ou pessoa que usa ou fabrica dinamite).

dí.na.mo *sm* **1**. Pequeno e compacto gerador que produz corrente elétrica direta. **2**. *Fig*. Pessoa extremamente ativa e poderosa: *ele é o dínamo da nossa empresa*. → **dinamoelétrico** *adj* (diz-se da máquina que transforma energia mecânica em energia elétrica, e vice-versa; **dinamometria** *sf* (medição da intensidade das forças por meio de um dinamômetro); **dinamométrico** *adj* (rel. à dinamometria); **dinamômetro** *sm* (qualquer instrumento usado para medir potência ou força mecânica).

di.nar *sm* Unidade monetária e moeda de vários países do Oriente Médio.

di.nas.ti.a *sf* **1**. Série ou sucessão de soberanos pertencentes à mesma família ou linhagem. **2**. *P.ext*. Família ou grupo político que mantém o poder por várias gerações: *a dinastia norte-coreana*. → **dinasta** *s2gên* (pessoa partidária de uma dinastia); **dinástico** *adj* (**1**. rel. a dinastia. **2**. que faz parte de uma dinastia).

din.da *sf* Diminutivo carinhoso de *madrinha*.

di.nhei.ro *sm* **1**. Qualquer moeda ou cédula que tem curso legal; grana. **2**. Bens, haveres, riqueza. · Col. (1): *dinheirada*, *dinheirama* *sf* ou *dinheirame sm*. · V. **numerário**. → **dinheirão** *sm* (vultosa quantia: *gastou um dinheirão nessa casa*).

di.nos.sau.ro *sm* Réptil gigantesco e extinto, da era mesozoica. → **dinossáurico** *adj* (rel. ou pert. a dinossauro).

di.o.ce.se *sf* Divisão eclesiástica sujeita à jurisdição ou autoridade de um bispo, bispado. → **diocesano** *adj* (rel. a diocese).

di.ó.xi.do ou **bi.ó.xi.do** (x = ks) *sm* Óxido que possui dois átomos de oxigênio por molécula. ·· **Dióxido de carbono**. Gás incolor, inodoro, incombustível, CO_2, absorvido do ar pelas plantas, na primeira fase da fotossíntese, também chamado *gás carbônico*.

di.plo.ma *sm* **1**. Documento de conclusão de curso de estudo, passado por instituição de ensino reconhecida por órgão oficial. **2**. Documento oficial de concessão ou privilégio; carta patente, patente. → **diplomação** *sf* [ato ou efeito de diplomar(-se); graduação]; **diplomando** *sm* (aquele que está prestes a receber um diploma; formando); **diplomar** *v* (conferir diploma a) e **diplomar-se** (terminar um curso, formar-se; obter diploma, graduar-se); **diplomático** *adj* (rel. a diploma).

di.plo.ma.ci.a *sf* **1**. Arte ou prática de conduzir as relações internacionais. **2**. Carreira ou profissão de diplomata. **3**. Corpo diplomático. **4**. Cuidado no relacionamento com as pessoas, para dizer ou fazer coisas, sem ofendê-las.

di.plo.ma.ta *s2gên* **1**. Representante oficial que trata, com outro governo, dos interesses do seu país, pessoa cuja carreira ou profissão é a diplomacia. **2**. Pessoa hábil no trato de quaisquer questões. **3**. Pessoa cuidadosa no relacionamento com as pessoas, preocupada em não ofendê-las nem ferir-lhes a susceptibilidade. → **diplomacia** *sf* (**1**. ramo da ciência política que diz respeito às relações internacionais; gestão das relações entre nações: *a diplomacia ainda não conseguiu pôr fim aos combates no Oriente Médio*; **2**. *p.ext*. política externa de um país ou de um governo: *com o novo governo, nossa diplomacia mudou radicalmente*; **3**. *fig*. arte ou habilidade de lidar com as pessoas de forma educada, polida, princ. no controle de situações difíceis ou adversas, sem despertar hostilidades; jeito, tato: *usou toda a sua diplomacia para demovê-la da ideia de divorciar-se*; **4**. carreira diplomática: *tentou a diplomacia várias vezes, sem a conseguir*; **5**. corpo diplomático: *a diplomacia brasileira atuou eficazmente nesse caso*); **diplomático** *adj* (rel. a diplomacia ou a diplomata).

dip.so.ma.ni.a *sf* Necessidade irresistível e periódica de ingerir bebida alcoólica. → **dipsomaníaco** *adj* e *sm* (que ou aquele que tem dipsomania).

díp.te.ro *adj* e *sm* Que ou inseto que tem duas asas, como os mosquitos.

di.que *sm* **1**. Barragem para controlar as águas de um rio ou do mar. **2**. Construção sólida, destinada a represar águas correntes; açude, represa.

di.re.ção *sf* **1**. Ato ou efeito de dirigir(-se). **2**. Cargo de diretor. **3**. Administração, diretoria. **4**. Rumo, caminho. **5**. Via ou caminho que conduz a algum lugar. **6**. Sistema mecânico de veículo automóvel comandado pelo volante. → **direcional** *adj* (**1**. que indica uma direção a tomar; **2**. rel. a direção; **3**. capaz de receber e enviar sinais numa só direção; **4**. que sinaliza a direção a ser seguida, princ. em moda); **direcionamento** *sm* (ato ou efeito de direcionar; orientação, encaminhamento); **direcionar** *v* (**1**. encaminhar, conduzir, dirigir, orientar: *direcionar as pesquisas*; **2**. focar, concentrar: *a população direcionou toda a sua energia e tempo no socorro às vítimas do terremoto*).

di.rei.ta *sf* **1**. Região ao lado do fígado; lado direito. **2**. Mão direita; destra. **3**. Sentido direito. **4**. Grupo político que apoia o governo. **5**. No boxe, golpe desferido com a mão direita. · Antôn.: *esquerda*. → **direitismo** *sm* (**1**. posição política das correntes conservadoras; princípios e pontos de vista da direita; conservadorismo: *o direitismo tem seus valores*; **2**. tendência de um partido não direitista a adotar posições conservadoras; **3**. conjunto das pessoas de direita; **4**. *fig*. espírito conservador ou reacionário; conservadorismo, tradicionalismo); **direitista** *adj* (rel. a direitismo) e *adj* e *s2gên* [que ou pessoa que, politicamente, faz parte da direita; conservador(a)], de antôn. *esquerdista, progressista*.

di.rei.to *adj* **1**. Direto, reto. **2**. Reto, íntegro, honesto, correto. **3**. Principal, certo. **4**. Do lado da mão direita. **5**. Conveniente, apropriado. **6**. Destro (em oposição a *canhoto*). // *adv* **7**. De modo correto. // *sm* **8**. Conjunto de leis ou regras que regem o homem na sociedade. **9**. Curso desse conjunto de leis. **10**. O que é permitido a uma pessoa legal e socialmente. **11**. Faculdade legal de praticar ou deixar de praticar um ato. // *smpl* **12**. O que se pode exigir segundo a lei. → **direitinho** *adv pop*. (**1**. direto, diretamente: *você vai direitinho pro inferno, quando morrer*; **2**. muito bem: *ele fez os exercícios direitinho*; **3**. igualzinho; esculpido e encarnado; cuspido e escarrado: *essa menina saiu à mãe direitinho*); **direitopata** *adj* e *s2gên* (*pop*. que ou pessoa que é extremamente conservadora, reacionária e não admite governo corrupto, que financia obras e entidades de esquerda no exterior); **direitopatia** *sf* (*pop*. suposta doença de direitopata).

di.re.ti.va *sf* Linha de conduta ou de pensamento; norma de procedimento administrativo; orientação, diretriz: *a empresa continua seguindo as diretivas traçadas por seu fundador*.

di.re.to *adj* **1**. Que vai de um ponto a outro no tempo ou no espaço, sem desvio nem interrupção; reto: *linha direta; iluminação direta; rota direta*. **2**. Sem rodeios, claro, franco: *fui direto com ela; seja direto!* **3**. Sem atravessadores ou intermediários, imediato: *compras diretas são sempre mais baratas; a polícia está em contato direto com o sequestrador*. **4**. Diz-se de parentesco em linha reta; linear: *descendente direto de D. Pedro II*. **5**. Que ocorre pela ação do povo ou do eleitorado, e não por seus representantes: *eleições diretas; democracia direta*. **6**. Tirado das palavras de alguém, sem alteração: *citação direta de um livro*. **7**. Que provém de uma fonte de luz e calor sem ser refletido ou bloqueado: *evite luz direta sobre a garrafa de azeites finos!* **8**. Diz-se da tributação que incide sobre a renda ou os lucros, e não sobre bens ou serviços. **9**. De porta em porta: *venda direta de dicionários e enciclopédias*. // *sm* **10**. Murro que o pugilista ou qualquer lutador desfecha horizontalmente contra o adversário. // *adv* **11** Diretamente: *veio direto da escola pra casa*. **12**. Sem parada ou escala: *este ônibus vai direto para Salvador*. **13**. Imediatamente: *foram reclamar direto com o chefe*. **14**. Sem intervalo ou interrupção; ininterruptamente: *viajou doze horas direto*. **15**. Sem intermediários: *compramos direto do fabricante*.

di.re.tor (ô) *adj* e *sm* Que ou o que dirige princípios, métodos, negócios, empresas, filmes, peças de teatro, etc. → **diretoria** *sf* (cargo, ofício ou função de diretor).

di.re.to.ri.a-ge.ral *sf* Equipe profissional que, numa empresa, planeja, preside, coordena todos os seus setores e toma todas as grandes decisões. → **diretor-geral** (chefe da diretoria-geral), de pl. *diretores-gerais*.

di.re.tor-ge.ren.te *sm* Profissional subordinado ao diretor--geral, responsável pela administração de um dos setores de uma empresa. · Fem.: *diretora-gerente*. · Pl.: *diretores-gerentes*.

di.re.tó.rio *sm* **1**. Conselho encarregado de administrar negócios públicos ou políticos. **2**. Comissão diretora. **3**. Seção que organiza num disco o armazenamento de arquivos do computador. **4**. Lista de tais arquivos.

di.re.triz *sf* **1**. Comunicação expedida por autoridade, com a finalidade de traçar orientação para a execução de uma política estabelecida. **2**. Norma de procedimento administrativo; diretiva: *o presidente fixou a diretriz do seu governo*. **3**.*P.ext*. Qualquer critério ou norma de procedimento. **4**. Em geometria, linha ao longo da qual se faz correr outra linha ou uma superfície, na geração de uma figura plana ou de um sólido. **5**. Linha básica sobre a qual se projeta o traçado de uma via.

di.ri.gir *v* **1**. Administrar ou conduzir como chefe responsável, gerir: *ele dirige a empresa do pai*. **2**. Conduzir ou comandar as atividades de: *a professora me escolheu para dirigir o seminário*. **3**. Guiar: *dirigir veículos*. **4**. Orientar numa direção: *dirigi o facho da lanterna para o teto*. **5**. Encaminhar, endereçar, enviar: *dirigir uma carta ao presidente*. **dirigir-se** **7**. Encaminhar-se; ir ter: *dirigir-se ao trabalho*. **8**. Seguir determinada direção: *a agulha magnética se dirige para o norte*. **9**. Recorrer, apelar: *a quem devo me dirigir em caso de reclamação?* → **dirigente** *adj* e *s2gên* (que ou pessoa que dirige).

di.ri.gí.vel *adj* **1**. Que se pode dirigir, guiar ou pilotar. // *sm* **2**. Balão tripulado e possível de dirigir. → **dirigibilidade** *sf* (qualidade do que é dirigível).

di.ri.mir *v* **1**. Tornar nulo, extinguir, dissolver: *dirimir a sociedade*. **2**. Solucionar, esclarecendo; resolver: *dirimir uma dúvida*.

dis.car *v* Marcar ou registrar (um número) rodando o disco do telefone e, por extensão, ligar para ou chamar (um número telefônico): *disquei número errado*. → **discagem** *sf* (ação de discar).

dis.cen.te *adj* Relativo a aluno: *corpo discente*. (Não se confunde com *docente* nem com *decente*.)

dis.cer.nir *v* **1**. Ver ou distinguir perfeitamente, discriminar: *discernir as cores*. **2**. Conhecer perfeitamente, perceber claramente: *discernir os vinhos de boa qualidade*. · Conjuga-se por *ferir*. → **discernimento** *sm* (ato ou faculdade de discernir).

dis.ci.pli.na *sf* **1**. Matéria de ensino escolar. **2**. Treinamento da mente para desenvolver o autocontrole, o caráter, a eficiência e o senso de obediência e de hierarquia. **3**. Resultado desse treinamento, autocontrole. **4**. Obediência à autoridade. → **disciplinação** *sf* ou **disciplinamento** *sm* [ato ou efeito de disciplinar(-se)]; **disciplinador** (ô) , **disciplinante** ou **disciplinatório** *adj* (que mantém a disciplina ou que serve para manter a disciplina: *pena disciplinatória*); **disciplinador** *adj* e *sm* (que ou aquele que mantém a disciplina ou que faz respeitar um conjunto de regras preestabelecidas); **disciplinar** *adj* (rel. a disciplina) e *v* (**1**. impor disciplina a; **2**. exigir obediência às leis ou normas a; **3**. desenvolver metodicamente; cultivar: *disciplinar a memória*; **4**. corrigir: *disciplinar os hábitos*); **disciplinar-se** (tornar-se disciplinado).

dis.cí.pu.lo *sm* Aquele que recebe lições de um mestre ou líder e adota a sua doutrina, procurando seguir-lhe os passos, seguidor.

disc jockey [ingl.] *locs2gên* Radialista que apresenta programas de música popular, tecendo comentários sobre elas. · Abrev.: **DJ** ou **dj** (pronuncia-se *di-djêi*). · Pronuncia-se *dísk jókei*.

dis.co *sm* **1**. Todo objeto fino, chato e circular. **2**. Qualquer coisa semelhante na forma. **3**. Objeto circular em que há som gravado. **4**. Objeto circular e plano, feito de plástico recoberto de material magnético (disquete ou disco flexível) ou de alumínio (disco rígido), no qual se gravam programas e dados, para serem processados pelo computador. → **discofilia** *sf* (paixão pelos discos musicais, princ. pelos LPs); **discófilo** *adj* e *sm* (que ou aquele que coleciona discos musicais); **discoide** (ói) *adj* (em forma de disco); **discoteca** *sf* (**1**. coleção de discos ordenados; **2**. boate em que se dança ao som de música gravada, em volume alto e, geralmente, sob o piscar de luzes coloridas; danceteria); **discotecário** *sm* (dirigente de discoteca).

dis.cor.dar *v* **1**. Não concordar, divergir: *discordo de você*. **2**. Não chegar a acordo, divergir: *em relação a isso, os cientistas discordam*. · Antôn.: *concordar*. → **discordância** *sf* (desacordo, divergência).

dis.cór.dia *sf* Desentendimento sério: *a discórdia entre os sócios levou a empresa à falência*. · Antôn.: *concórdia*.

dis.cor.rer *v* Tratar ou desenvolver um assunto qualquer; discursar: *discorrer sobre os cometas*. → **discorrência** *sf* (ato ou efeito de discorrer); **discorrimento** *sm* (faculdade ou capacidade de discorrer).

dis.cre.pân.cia *sf* **1**. Ato ou efeito de discrepar, diferença. **2**. Discordância causada por incompatibilidade de opiniões. → **discrepante** *adj* (**1**. diferente, diverso, distinto: *obras de assuntos discrepantes* **2**. discordante, divergente: *os laudos apresentados são discrepantes*); **discrepar** *v* (**1**. ser diferente; diferir, divergir: *minhas ideias discrepam das suas*; **2**. contradizer-se: *o autor discrepa neste livro do que afirmara no anterior*), de antôn. (1) *compatibilizar* e (2) *confirmar, corroborar, ratificar*.

dis.cre.to *adj* **1**. Que tem discrição; que é reservado e cuidadoso no que diz ou faz; circunspecto. **2**. Diz-se de coisa que não atrai a atenção, que é agradável, por ser calmo, pouco frequentado: *barzinho discreto; praia discreta*. · Antôn.: *indiscreto*.

dis.cri.ção *sf* **1**. Qualidade de discreto, qualidade ou virtude daquele que não alardeia ou comenta irresponsavelmente assuntos privados ou sigilosos. **2**. Ausência de atropelo ou confusão: *a discrição desse bar é que atrai a clientela*. (Não se confunde com *descrição*.) · Antôn.: *indiscrição*. → **discricionariedade** *sf* (qualidade de quem é discricionário); **discricionário** *adj* (**1**. rel. a discrição; **2**. sem regras nem limites; arbitrário: *o poder discricionário de um ditador*; **3**. que pode ser reduzido, se necessário: *gastos discricionários; despesas discricionárias*; **4**. que depende da decisão de uma autoridade competente).

dis.cri.mi.nar *v* **1**. Distinguir, diferençar: *discriminar as cores*. **2**. Evitar contato físico com; segregar: *discriminar os ciganos*. **3**. Assinalar com precisão; especificar: *discriminei todas as mercadorias que chegaram*. (Não se confunde com *descriminar*.) → **discriminação** *sf* (ato ou efeito de discriminar), que não se confunde com *descriminação*; **discriminador** (ô) *adj* e *sm* ou **discriminante** *adj* e *s2gên* (que ou pessoa que discrimina); **discriminativo** *adj* (rel. a discriminação); **discriminatório** *adj* (que implica discriminação).

dis.cur.so *sm* **1**. Arte de se pronunciar em público, dizendo o que pensa ou sente, em linguagem geralmente formal, com o fim de comover ou de convencer. **2**. Arte da comunicação verbal, fala. → **discursar** *v* (falar em público, geralmente em linguagem formal e em contexto especial); **discurseira** *sf* [falação (1)]; **discursivo** *adj* (**1**. que é amigo do discurso, que gosta de falar: *o nordestino é um povo eminentemente* *discursivo*; **2**. diz-se do estilo de fala ou escrita fluente e expansivo: *o conto é concentrado, enquanto o romance é discursivo*; **3**. rel. a discurso: *estratégias discursivas*; **4**. que divaga de um assunto a outro, sem método nem critério; digressivo: *palestra discursiva*).

dis.cu.tir *v* **1**. Examinar todas as faces de (uma questão), pôr em discussão, debater: *discutir a crise*. **2**. Colocar em dúvida, questionar: *discutir a integridade moral do presidente*. **3**. Desentender-se, bater boca: *discutir com alguém*. → **discussão** *sf* (ato ou efeito de discutir); **discutível** *adj* (**1**. passível de discussão; **2**. duvidoso, contestável).

di.sen.te.ri.a *sf* Inflamação intestinal, princ. do colo, causada por irritantes químicos, bactérias, etc., da qual resultam diarreias dolorosas. → **disentérico** *adj* (rel. a disenteria) e *adj* e *sm* (que ou aquele que tem disenteria).

di.ser.to *adj* **1**. Que se exprime com propriedade, simplicidade, clareza e elegância: *orador diserto*. **2**. Que tem facilidade para discursar; facundo: *estudante diserto*. (Não se confunde com *deserto* nem com *decerto*.)

dis.far.çar *v* **1**. Encobrir, ocultar: *disfarçar uma verruga no rosto*. **2**. Modificar, alterar: *disfarçar a voz*. **3**. Reprimir, dissimular, despistar: *disfarçar a dor*. **disfarçar-se 4**. Dissimular, despistar: *disfarça-te, que vem gente!* → **disfarce** *sm* [**1**. ato de (se) disfarçar; **2**. coisa que se usa para disfarçar].

dis.fe.mis.mo *sm* **1**. Emprego de palavra ou expressão desagradável, depreciativa, chula ou ofensiva (como *rábula* ou *bicha*) por uma agradável ou inofensiva (como *advogado*, *homossexual*). **2**. Essa palavra ou expressão. · Antôn.: *eufemismo*. → **disfêmico** ou **disfemista** *adj* (rel. a disfemismo; disfemístico); **disfemista** *adj* e *s2gên* (que ou pessoa que vive empregando disfemismos), de antôn. *eufemista*; **disfemístico** *adj* (rel. a disfemismo ou a disfemista), de antôn. *eufemístico*.

dis.for.me *adj* **1**. Deformado, desfigurado: *teve o rosto disforme pelo ácido*. **2**. Feio, repulsivo: *criaturas disformes*. → **disformidade** *sf* (qualidade do que é disforme).

dis.fun.ção *sf* Perturbação ou anomalia de uma função orgânica.

dishdasha [ár.] *sm* Túnica branca masculina, traje típico dos árabes. · Pronuncia-se *dichdásha*. · V. **abaya**.

dis.jun.ção *sf* Separação, desunião, divisão.

dis.jun.tor (ô) *sm* Interruptor que, nos circuitos elétricos, corta automaticamente a corrente elétrica, quando ocorrem condições anormais, acarretando sobrecarga de corrente.

disk drive [ingl.] *loc sm* Periférico que lê e grava um disco rígido. · Pl.: *disk drives*. · Pronuncia-se *disk dráiv*.

dis.la.te *sm* Dito ou atitude tão incoerente, tão sem nexo nem propósito, que até provoca riso; despropósito, tolice, disparate, asnice.

dis.li.pi.de.mi.a *sf* Desequilíbrio de lipídios no sangue, como colesterol, triglicérides e lipoproteína de alta densidade (HDL), que pode levar a doenças cardiovasculares com complicações graves: *a dislipidemia é geralmente consequência de sedentarismo, alimentação rica e abundante em gordura e sacarose, obesidade, estresse e tabagismo*. → **dislipidêmico** *adj* (rel. a dislipidemia) e *adj* e *sm* (que ou aquele que sofre de dislipidemia): *paciente dislipidêmico*), palavra que não consta da 6.ª ed. do VOLP.

dís.par *adj* Diferente, desigual. · Antôn.: *cômpar*. → **disparidade** *sf* (qualidade de díspar.)

dis.pa.ra.da *sf* Corrida desenfreada de animais ou de multidão em pânico. ·· **Em disparada**. Em alta velocidade.

dis.pa.ra.do *adj* **1**. Que disparou: *o cavalo se assustou e saiu disparado*. // *adv* **2**. Velozmente: *o carro passou disparado por nós*. **3**. Com grande vantagem ou superioridade em relação aos demais; com folga; de longe: *o dicionário é o melhor do Brasil disparado!* **4**. Muito à frente: *um cavalo saiu disparado, assim que começou a corrida*.

dis.pa.rar *v* **1**. Atirar, arremessar: *disparar flechas*. **2**. Dar ou desfechar (tiros ou coisa semelhante). **3**. Pôr-se a correr em desabalada carreira: *o cavalo se assustou e disparou*. **4**. Partir às pressas: *quando soube que a mãe chegara de viagem, disparou para casa*. **5**. Soltar subitamente: *disparar um palavrão*. **6**. Aumentar muito: *o preço da gasolina disparou*. **7**. Pôr em funcionamento: *disparar uma sirene*. → **disparo** *sm* [**1**. ato ou efeito de disparar; **2**. detonação de arma de fogo; tiro).

dis.pa.ra.te *sm* Dislate. → **disparatado** *adj* (**1**. que diz ou comete disparates; **2**. que é incrível, exorbitante, absurdo ou insensato; despropositado); **disparatar** *v* (dizer ou cometer disparates).

dis.pên.dio *sm* **1**. Ato ou efeito de despender; gasto ou consumo de dinheiro, tempo, etc.: *tem de ser criterioso o dispêndio do dinheiro público*. **2**. Quantidade de tempo ou quantia despendida: *o dispêndio do encanador foi no máximo de uma hora, e meu dispêndio com ele foi vultoso*. **3**. Perda, dano, prejuízo: *ainda que com dispêndio da própria saúde, continua a trabalhar na mina de carvão*. → **dispendioso** (ô; pl.: ó) *adj* (**1**. que exige gasto de boa quantia; caro: *foram as férias mais dispendiosas da minha vida as que passei nas ilhas Maldivas; hotel dispendioso*; **2**. que consome em excesso: *carro dispendioso*).

dis.pen.sar *v* **1**. Mandar embora, por já não serem necessários os serviços prestados: *como a empresa vai fechar, despediu todos os funcionários*. **2**. Isentar de serviço, dever ou encargo, por alguma razão e por pouco tempo: *o diretor dispensou os alunos, em razão da grave crise*. **3**. Prescindir de: *seu gesto dispensa comentários*. → **dispensa** *sf* (isenção de serviço, dever ou encargo; licença), que não se confunde com *despensa*; **dispensatário** *sm* (aquele que concede dispensa); **dispensável** *adj* (que se pode dispensar ou de que se pode prescindir: *seus conselhos me são dispensáveis*).

dis.pen.sá.rio *sm* Instituição ou asilo de pobres, onde se trata dos enfermos gratuitamente, com distribuição de medicamentos, alimentos, roupas, etc.

dis.pep.si.a *sf* Má digestão. · Antôn.: *eupepsia*. → **dispéptico** *adj* (rel. a dispepsia) e *adj* e *sm* (que ou aquele que tem dispepsia), de antôn. *eupéptico*.

dis.per.sar *v* **1**. Debandar: *a polícia usou gás para dispersar os manifestantes*. **2**. Fazer desaparecer, lançando para diversos lados; dissipar: *o vento dispersou o fogo*. **3**. Desviar, afastar, desconcentrar: *um cão dispersou a atenção do motorista*. **dispersar(-se) 4**. Debandar: *quando chegou a polícia, os manifestantes (se) dispersaram*. **dispersar-se 5**. Espalhar-se: *as nuvens se dispersaram pela ação do vento*. → **dispersão** *sf* [ato ou efeito de dispersar(-se)]; **dispersivo** *adj* (**1**. que causa dispersão; dispersor: *as aves são criaturas dispersivas das sementes*; **2**. incapaz de se concentrar; disperso: *alunos dispersivos*); **disperso** *adj* [**1**. que se separou; espalhado: *família de membros dispersos pelo mundo*; **2**. que debandou; posto em fuga; **3**. dispersivo (2)]; **dispersor** (ô) *adj* [dispersivo (1)].

display [ingl.] *sm* **1**. Exposição ostensiva e pública de determinado produto ou linha de produtos. **2**. Em informática, dispositivo eletrônico (como um LCD) ou parte de um dispositivo (como a tela de um *tablet*) que apresenta informações de forma visual.

dis.pli.cên.cia *sf* **1**. Falta de atenção, de interesse ou cuidado com o que lhe diz respeito; desinteresse, desleixo, negligência: *vestir-se com displicência*. **2**. Desatenção, descuido: *dirigir com displicência*. → **displicente** *adj* e *s2gên* (que ou pessoa que revela displicência).

dis.pneia (éi) *sf* Falta de ar. · Antôn.: *eupneia*. → **dispneico** (éi) *adj* (rel. a dispneia) e *adj* e *sm* (que ou aquele que tem dispneia), de antôn. *eupneico*.

dis.po.ní.vel *adj* **1**. Que está à disposição ou à mão, pronto para uso ou obtenção. **2**. De que se pode dispor. → **disponibilidade** *sf* (qualidade daquele ou daquilo que está disponível).

dis.por *v* **1**. Arrumar: *dispor as mercadorias na loja*. **2**. Formar: *dispor os alunos em fila*. **3**. Determinar, prescrever: *a lei dispõe que os delitos devem ser reparados com pena*. **4**. Usar à vontade: *disponha de nós!* **5**. Desfazer-se: *dispus de todos os imóveis que eu tinha*. **6**. Ter à disposição: *não disponho de muito dinheiro para gastar*. **7**. Ter para livre emprego ou destinação: *disponho de pouco tempo para a nossa conversa*. **dispor-se 8**. Estar à disposição: *disponho-me a acompanhá-la por toda a cidade*. **9**. Resolver: *dispor-se a colaborar*. · Conjuga-se pelo v. *pôr*.

dis.po.si.ção *sf* **1**. Arranjo, arrumação. **2**. Humor, temperamento. **3**. Propensão, inclinação, queda. **4**. Faculdade de dispor de alguma coisa, controle. **5**. Ânimo, vontade.

dis.po.si.ti.vo *sm* **1**. Preceito, ordem, norma. **2**. Qualquer parte de um aparelho, destinada a determinada função, mecanismo.

dis.pos.to (ô; pl.: ó) *adj* **1**. Arrumado. **2**. Propenso, inclinado. **3**. Animado, Ativo. // *sm* **4**. Aquilo que se preceituou; preceito, regra, norma.

dis.pu.ta *sf* **1**. Briga, luta. **2**. Debate. **3**. Competição, rivalidade. → **disputante** *adj* e *2gên* (que ou pessoa que disputa); **disputar**

v (**1**. lutar por obter; **2**. concorrer a; **3**. jogar com espírito de competição).

dis.que-de.nún.cia *sm* Central telefônica que funciona 24h por dia, todos os dias, através da qual, com absoluta garantia de anonimato, qualquer pessoa pode fornecer informações sobre crimes e problemas de segurança. · Pl.: *disque-denúncias*. (A 6.ª ed. do VOLP não registra a palavra.)

dis.que.te *sm* Pequeno disco, leve, flexível, de plástico, usado antigamente para armazenar dados. → **disqueteira** *sf* (aparelho ou magazine em que colocam CDs, DVDs, MP3, etc, para reprodução), palavra que não tem registro na 6.ª ed. do VOLP.

dis.rit.mi.a *sf* Ritmo anormal ou irregular na atividade elétrica do cérebro ou do coração ou na cadência da fala. → **disrítmico** *adj* (rel. a disritmia) e *adj* e *sm* (que ou aquele que sofre de disritmia).

dis.sa.bor (ô) *sm* **1**. Falta de sabor; insipidez. **2**. *Fig.* Desagrado profundo; decepção: *teve o dissabor de ficar desempregado*. **3**. Desgosto, desprazer: *teve o dissabor de ter um vizinho incivil*.

dis.se.car *v* **1**. Separar (partes de um ser vivo) para estudo; proceder à dissecação de: *dissecar um coelho*. **2**. *Fig.* Examinar minuciosamente; analisar: *dissecar o pensamento de um grande filósofo*. → **dissecação** *sf* (ato ou efeito de dissecar).

dis.se.mi.nar *v* **1**. Espalhar por todos os lados: *o vento dissemina o pólen e as sementes*. **2**. Propagar, difundir, divulgar: *disseminar boatos*. **disseminar-se 3**. Propagar-se, difundir-se: *suas ideias se disseminaram rapidamente entre a população*. → **disseminação** *sf* [ato ou efeito de disseminar(-se)].

dis.sen.tir *v* **1**. Divergir, discordar: *minha opinião dissente da sua*. **2**. Estar em desarmonia; não combinar; discrepar: *sua resposta dissente da pergunta que lhe fiz*. · Conjuga-se por *ferir*. → **dissensão** *sf* (ato ou efeito de dissentir).

dis.ser.ta.ção *sf* **1**. Ato de dissertar. **2**. Um dos três tipos de discurso (ao lado da *descrição* e da *narração*), em que se procura provar um ponto de vista. → **dissertar** *v* (fazer dissertação); **dissertativo** *adj* (rel. a dissertação).

dis.si.dên.cia *sf* **1**. Discordância, desacordo. **2**. Cisão por divergência partidária, filosófica, religiosa, etc. **3**. Grupo dissidente. → **dissidente** *adj* e *s2gên* (que ou pessoa que diverge da opinião geral ou da orientação do regime vigente).

dis.sí.dio *sm* **1**. Ato ou efeito de dissidir. **2**. Divergência de opiniões ou interesses. **3**. Redução de *dissídio coletivo*, processo de discussão e acordo entre patrões e empregados, geralmente sobre questões salariais, submetido à Justiça do Trabalho. → **dissidiar** *v* (**1**. tornar dissidente; separar; **2**. divergir, discrepar, não concordar: *nesse quesito, os gramáticos dissidiam*).

dis.sí.la.bo *adj* e *sm* Que ou vocábulo ou verso que tem duas sílabas.

dis.si.mi.la.ção *sf* **1**. Processo de tornar desigual. **2**. Em gramática, repulsão mútua de fonemas idênticos, semelhantes ou semi-homorgânicos, por oposição a *assimilação* (3). → **dissímil** *adj* (diferente, desigual), de superl. abs. sintético *dissimílimo*.

dis.si.mu.lar *v* **1**. Não deixar perceber; disfarçar: *dissimular a raiva com um sorriso irônico*. **2**. Ocultar, esconder: *ela dissimula a idade com pesada maquiagem*. → **dissimulação** *sf* (ato ou efeito de dissimular).

dis.si.par *v* **1**. Gastar (dinheiro, recursos, energia, etc.) sem limites, rapidamente e à toa: *dissipar a herança*. **dissipár(-se) 2**. Dispersar(-se): *o vento dissipou o incêndio na floresta; o incêndio se dissipou em minutos pela floresta toda*. **3**. Espalhar(-se), difundir(-se): *dissipar boatos; notícias falsas se dissipam rapidamente*. **4**. Dirimir(-se), aclarar(-se): *dissipar dúvidas; dúvidas de significado se dissipam nos dicionários*. → **dissipação** *sf* [ato ou efeito de dissipar(-se)].

dis.so *contr* da preposição *de* com o pronome demonstrativo *isso*.

dis.so.ci.ar *v* **1**. Separar, desunir. **2**. Em química, decompor ou separar (elementos associados); **dissociar-se 3**. Separar-se, romper. **4**. Desunir-se, desagregar-se. → **dissociação** *sf* [ato ou efeito de dissociar(-se)].

dis.so.lu.to *adj* e *sm* **1**. Que ou que é contrário aos bons costumes e dado à depravação, à libertinagem; depravado: *homens e mulheres dissolutos*.// *adj* **2**. Caracterizado pela libertinagem: *nossa sociedade caminha num ritmo cada vez mais dissoluto*. · Antôn.: *austero*.

dis.sol.ver *v* **1**. Desfazer (substância sólida, semissólida ou em pó), em meio líquido, de modo que forme uma mistura homogênea: *a água dissolve o açúcar*. **2**. Dispersar, desintegrar: *o Sol dissolve a neblina*. **3**. Derreter: *o Sol dissolve a neve*. **4**. Encerrar as atividades de, à força ou de forma legal; fechar; extinguir: *dissolver o Congresso*. **dissolver-se 5**. Derreter-se, liquefazer-se. **6**. Dissipar-se, extinguir-se. → **dissolubilidade** *sf* (qualidade do que é dissolúvel); **dissolução** *sf* [ato ou efeito de dissolver(-se)]; **dissolúvel** *adj* (que pode ser dissolvido ou anulado).

dis.so.nân.cia *sf* Desafinação de sons. **2**. *Fig.* Desarmonia ou desacordo entre qualquer coisa: *dissonância de ideias, de projeto de vida*. · Antôn.: *consonância*. → **dissonante** *adj* (**1**. que provoca ou produz dissonância: *acorde dissonante*; **2**. que chama a atenção ou sobressai, por estar em desacordo com os demais: *opiniões dissonantes*).

dis.su.a.dir *v* **1**. Fazer mudar de ideia: *dissuadi-o a viajar com esse mau tempo*. **dissuadir-se 2**. Desviar-se de uma intenção; demover-se. → **dissuasão** *sf* (ato ou efeito de dissuadir); **dissuasivo** *adj* (que dissuade).

dis.tal *adj* **1**. Distante do centro ou do ponto de origem. **2**. Distante no espaço; remoto. **3**. Distante de um ponto específico do corpo: *o tornozelo está distal ao joelho; o polegar está distal ao pulso; a mão está distal ao ombro*. **4**. Diz-se de nervos ou vasos mais afastados de sua origem. **5**. Que está mais afastado do ponto médio da arcada dentária: *a face distal de um dente*. **6**. Em geologia, diz-se da parte externa de uma área afetada pela atividade geológica. · Antôn.: *proximal*.

dis.ta.ná.sia ou **dis.ta.na.si.a** *sf* Morte lenta, com muito sofrimento. · Antôn.: *ortotanásia*. → **distanásico** *adj* (rel. a distanásia).

dis.tân.cia *sf* Espaço ou intervalo que separa pessoas ou coisas. → **distanciar** *v* (separar, afastar) **distanciar-se** (afastar-se de determinado ponto); **distante** *adj* (que está muito longe), de antôn. *próximo*; **distar** *v* (ser ou estar distante). · **A distância**. De local ou tempo distante: *Ensino a distância*. (Se a distância estiver determinada, o *a* recebe acento grave: *Estávamos à distância de vinte metros do estádio*.)

dis.ten.der *v* **1**. Estirar (músculo, tendão, articulação) traumaticamente, causando lesão: *o zagueiro distendeu o músculo da coxa*. **2**. Desenvolver, alongar: *distender um assunto*. **distender-se 3**. Alongar-se: *distender-se num assunto*. **4**. Dilatar-se: *a bolha de sabão foi distendendo-se, até soltar-se do canudo*. **5**. Relaxar-se: *cheguei e já me fui distendendo no sofá*. → **distensão** *sf* [ato ou efeito de distender(-se)].

dís.ti.co *sm* Estrofe de dois versos.

dis.tin.ção *sf* **1**. Ato ou efeito de (se) distinguir. **2**. Diferenciação. **3**. Diferença. **4**. Excelência ou eminência de caráter, desempenho, reputação. **5**. Honra, louvor.

dis.tin.guir (o **u** não soa) *v* **1**. Diferençar, discernir: *distinguir bem as cores*. **2**. Tornar notável, notabilizar, enobrecer: *são muitos os feitos que o distinguem*. **3**. Diferençar, diferenciar: *distinguir o certo do errado*. **4**. Conceder distinção, honraria: *o comitê o distinguiu com o Prêmio Nobel da Paz*. **5**. Fazer distinção ou diferenciação: *não distinguimos entre cristãos e muçulmanos*. **distinguir-se 6**. Diferençar-se: *este dicionário se distingue dos outros pela inovação*. **7**. Tornar-se famoso, importante ou admirado, sobressair, destacar-se: *ela se distingue entre todas as candidatas*. · Nenhuma de suas formas tem o *u* sonoro: *distinguia, distinguimos, distinguido,* etc. · V. **extinguir**.

dis.tin.ti.vo *adj* **1**. Que serve para identificar, característico. // *sm* **2**. Figura ou grupo de letras que serve como sinal representativo de um clube, escola, sociedade, etc.

dis.tin.to *adj* **1**. Diferente, desigual: *questões distintas*. **2**. *Fig.* Fino, urbano, educado: *homem distinto*. · Antôn. (1): *igual* (2); *grosseiro, rude*.

dis.to *contr* da preposição *de* com o pronome demonstrativo *isto*.

dis.to.ni.a *sf* Série de contrações musculares que podem causar torção, movimentos repetitivos e postura anormal. → **distônico** *adj* (rel. a distonia) e *adj* e *sm* (que ou aquele que apresenta distonia).

dis.tor.cer *v* **1**. Torcer muito ou violentamente: *distorcer o tornozelo*. **2**. Desvirtuar, deturpar: *distorcer uma declaração*. **3**. Reproduzir (som, imagem, etc.) de forma alterada e para pior: *o televisor está distorcendo as imagens*. → **distorção** *sf* (ato ou efeito de distorcer).

dis.tra.ir *v* **1**. Desviar a atenção de, em momento inoportuno: *um cão vadio distraiu a atenção do motorista*. **2**. Divertir, recrear: *as crianças distraem a avó*. **distrair-se 3**. Descuidar-se em momento impróprio, tornar-se desatento inoportunamente:

motorista responsável não se distrai ao volante. **4.** Divertir-se: *saí um pouco, para me distrair.* · Conjuga-se por *cair.* → **distração** *sf* [ato ou efeito de distrair(-se)].

dis.tra.tar *v* Desfazer, dissolver, anular: *distratar um acordo, um contrato.* → **distrato** *sm* (ato pelo qual se dissolve a relação jurídica entre pessoas, como membros de uma sociedade, ou se desfazem as obrigações legais anteriormente contraídas por meio de um contrato formal).

dis.tri.bu.ir *v* **1.** Dividir ou soltar entre dois ou mais: *distribuir terras.* **2.** Entregar numa área considerável: *distribuir panfletos.* **3.** Repartir: *distribuir presentes.* **4.** Levar a diversas partes, espalhar: *estes são os canos que distribuem a água pela casa toda.* · Conjuga-se por *atribuir.* → **distribuição** *sf* (ato ou efeito de distribuir); **distribuidor** (ô) *adj* e *sm* (que ou o que distribui); **distributivo** *adj* [**1.** rel. a distribuição: *o setor distributivo de frutas e legumes;* **2.** em gramática, que expressa separação, divisão ou distribuição (p. ex.: *cada* é um pronome distributivo].

dis.tri.to *sm* **1.** Divisão administrativa dentro de um município. **2.** Delegacia de polícia. → **distrital** *adj* (rel. ou pert. a distrito).

dis.túr.bio *sm* Qualquer perturbação ou interrupção da normalidade ou da paz exterior ou interior.

di.ta *sf* Boa sorte; ventura, felicidade. · Antôn.: *desdita.* · V. **ditoso.**

di.ta.do *sm* **1.** Ação de dizer (alguma coisa) em voz alta, para alguém escrever ou repetir. **2.** Conjunto das palavras que resulta dessa ação. **3.** Frase popular, curta e anônima, na qual se dá um conselho fundado na experiência, sentença (p. ex.: *Cada macaco no seu galho*).

di.ta.dor (ô) *sm* Chefe de Estado que concentra em suas mãos todos os poderes do Estado. → **ditadura** *sf* (regime político em que os poderes se concentram nas mãos de uma só pessoa, o ditador); **ditatorial** *adj* (próprio de ditador ou de ditadura).

di.ta.me *sm* Aquilo que a razão e a consciência ditam: *siga os ditames da sua consciência!*

di.tar *v* **1.** Dizer (alguma coisa) em voz alta, para que outrem vá escrevendo ou repetindo: *ditar cartas.* **2.** Impor: *ditar ordens.*

di.to *adj* **1.** Que se disse, citado, mencionado. // *sm* **2.** Frase muito repetida pelo povo; ditado (p. ex.: *Quem tudo quer tudo perde*).

di.to-cu.jo *sm* Palavra usada com certo ar de desprezo ou ironia, para se referir a alguém cujo nome não se sabe, não se quer ou não se pode dizer; fulano; sujeito: *já libertaram o dito-cujo?* · Fem.: *dita-cuja.* · Pl.: *ditos-cujos.*

di.ton.go *sm* Encontro vocálico formado de vogal e semivogal (ditongo decrescente) ou de semivogal e vogal (ditongo crescente). → **ditongação** *sf* (fusão em um só elemento vocálico de vogais que se seguem); **ditongal** *adj* (rel. a ditongo).

di.to.so (ô; pl.: ó) *adj* Que tem dita; feliz, venturoso.

DIU *sm* Acrônimo de *dispositivo intrauterino,* tipo de contraceptivo feito de plástico ou de metal, de várias formas, inserido no útero por um período prolongado de tempo, a fim de evitar a concepção.

di.u.re.se *sf* Secreção de grande quantidade de urina. → **diurético** *adj* e *sm* (que ou o que faz urinar).

di.ur.no *adj* **1.** Que ocorre num período de 24h, diário. **2.** Que acontece, se faz, efetua ou publica durante o dia (em oposição a *noturno*). **3.** Que tem atividade maior durante o dia que durante a noite.

di.u.tur.no *adj* **1.** De longa duração; demorado: *é preciso um combate diuturno a esse vírus.* **2.** Que foi objeto de longa reflexão; refletido, amadurecido: *decisão diuturna.* → **diuturnidade** *sf* (qualidade do que é diuturno).

di.va *sf* **1.** Feminino de *deus*; deusa, deia. **2.** Mulher divina, formosíssima; tigresa, avião. **3.** Cantora extraordinária e representativa.

di.vã *sm* Assento sem braços nem encosto.

di.va.gar *v* **1.** Andar sem destino, vaguear: *os ciganos divagam pelo mundo.* **2.** Percorrer ao acaso: *divagar pelas ruas da cidade.* **3.** Desviar-se do assunto principal: *quando o orador divagava, provocava sono.* **4.** Sonhar, devanear, fantasiar: *quando ouço essa música, divago, viajo, vou longe.* → **divagação** *sf* (ato ou efeito de divagar).

di.ver.gên.cia *sf* **1.** Ato ou efeito de divergir. **2.** Desvio ou afastamento de uma norma. **3.** Desacordo, discordância, diferença. · Antôn.: *convergência.* → **divergente** *adj* (**1.** que se afasta de um ponto comum, que diverge; **2.** que diverge

ou difere; diferente, destoante); **divergir** *v* (**1.** discordar; **2.** estar em desarmonia, discordar; **3.** deslocar-se ou mover-se em diferentes posições, de um ponto de origem **4.** estar em desacordo ou desarmonia, discordar), de antôn. *convergir*; conjuga-se por *ferir.*

di.ver.são *sf* **1.** Ato ou resultado de divertir(-se). **2.** Qualquer coisa ou situação que desvia a mente de preocupações e proporciona alegria, prazer; recreação, divertimento, entretenimento: *sua maior diversão era ler; circo é a maior diversão da criançada.* **3.** Prazer, alegria, gozo: *doença tira toda a diversão da vida.* · Pl.: *diversões.*

di.ver.so *adj* **1.** Diferente, distinto: *é um computador diverso do meu.* **2.** Mudado, transformado: *ela voltou tão diversa, que não a reconheci!* // *pron pl* **3.** Mais de dois, mas não muitos, com ideia de diversidade: *ouvi diversas opiniões; comprei diversas frutas.* → **diversidade** *sf* (**1.** qualidade ou estado de ser diverso; diferença; **2.** variedade, multiplicidade), de antôn. (1) *conformidade*; **diversificação** *sf* (ato ou efeito de diversificar); **diversificar** *v* (**1.** variar, tornar diverso; **2.** expandir (negócios ou produção) em setores diferentes; **3.** tornar-se variado ou diverso, variar; **4.** distinguir-se, diferençar-se: *sua opinião diversifica da minha*).

di.ver.tir *v* **1.** Fazer passar momentos alegres ou agradáveis; entreter agradavelmente: *esse filme de O Gordo e o Magro me divertiu muito.* **2.** Tornar prazeroso o espírito de; fazer rir, alegrar, recrear: *os palhaços divertem muito as crianças.* **divertir-se 3.** Passar momentos alegres ou agradáveis; entreter-se agradavelmente: *vocês vão sair, meninos? Divirtam-se!* **4.** Rir, alegrar-se: *as crianças se divertem muito com os palhaços.* · V. **diversão.** → **divertimento** *sm* (diversão). · Conjuga-se por *ferir.* · Antôn. (1 e 2): *aborrecer, chatear.*

dí.vi.da *sf* **1.** Quantia que se deve a alguém ou a alguma instituição; débito: *ele está cheio de dívidas.* **2.** Quantia que se deve pagar, devolver ou dar: *a dívida chega a um milhão de reais.* **3.** Obrigação moral de corresponder a algo com uma pessoa ou com uma coisa de real importância: *eu me sinto em dívida com ela.*

di.vi.den.do *sm* **1.** Número ou quantidade a ser dividida por um divisor (p. ex.: em 6 + 2 = 8, o dividendo é 6). **2.** Quantia que se divide entre credores, membros de uma cooperativa, etc.; cota-parte (1). **3.** Lucro de empresa que se divide entre sócios e acionistas; cota-parte (3).

di.vi.dir *v* **1.** Separar em partes, partir: *dividir uma palavra.* **2.** Separar, limitar, demarcar: *o muro divide as duas casas.* **3.** Distribuir, repartir: *dividir o bolo.* **4.** Causar desacordo ou desentendimento entre: *essa questão dividiu os deputados.* **dividir-se 5.** Separar-se em diferentes partes: *as células se dividem rapidamente.* **6.** Discordar, divergir: *os deputados se dividiram nessa questão.* · Antôn. (1, 2 e 4): *unir, reunir.*

di.vi.na.ção *sf* **1.** Arte de adivinhar; adivinhação. **2.** Palpite. → **divinatório** *adj* (**1.** rel. à divinação; **2.** que tem a capacidade de adivinhar: *cartas divinatórias*).

di.vin.da.de *sf* **1.** Deus. **2.** Pessoa deificada. **3.** Coisa deificada. **4.** Natureza divina. **5.** Ser divino.

di.vi.no *adj* **1.** Relativo a Deus ou a Ele pertencente: *amor divino; perfeição divina.* **2.** Que provém de Deus: *inspiração divina; intervenção divina; castigo divino.* **3.** Relativo ao culto a Deus; devotado a Deus: *adoração divina; serviço divino.* **4.** Inspirado por Deus: *heróis divinos; um divino salvador.* **5.** Fig. Muito bom; perfeito, excelente, divinal: *a comida dela é divina; um dicionário divino.* **6.** Fig. Encantador, maravilhoso, sublime, divinal: *você está simplesmente divina, Marisa!; ela tem um sorriso divino; foram divinas nossas férias.* // **Divino** *sm* **7.** Nome que se dá ao Espírito Santo em certas festas populares: *a festa do Divino em Tietê (SP) é famosa.* → **divinal** *adj* [divino (5 e 6)].

di.vi.sa *sf* **1.** Marco, baliza ou linha que divide as terras de proprietários diferentes. **2.** Limite de território estadual ou municipal. **3.** Galão indicativo de patente militar. **4.** Palavra, expressão ou frase adotada por pessoa, família, entidade, país, etc., para exprimir objetivo e intenções, além de indicar o caráter e o sentimento dominante. // *sfpl* **5.** Disponibilidade de um país em moeda estrangeira ou em créditos nos mercados externos; reservas cambiais.

di.vi.são *sf* **1.** Ato ou efeito de (se) dividir, separação. **2.** Distribuição, repartição. **3.** Desacordo, discórdia, divergência, dissidência. **4.** Cada uma das partes em que se divide um todo. **5.** Marco, divisa, linha divisória. **6.** Operação que determina quantas vezes um número (o divisor) está contido em outro (o dividendo), número de vezes que constitui o quociente (símb.:

⁂ ou :). 7. Setor militar geralmente formado de três regimentos e tropas auxiliares, sob o comando de um general. **8.** Categoria de competidores esportivos.

di.vi.sar *v* Ver (algo difícil ou embaraçoso) discernindo, distinguindo, percebendo nitidamente: *a águia divisa um rato no mato, a muitos metros de altura.*

di.vi.si.o.nal *adj* **1.** Relativo a divisão; divisório: *linha divisional.* **2.** Que pertence a uma divisão: *departamento divisional de ensino.* **3.** Relativo a divisão distrital.

di.vi.si.o.ná.rio *adj* **1.** Relativo a divisão militar. **2.** Em economia, diz-se da moeda que representa uma fração da unidade monetária e tem um valor convencional superior ao efetivo.

di.vi.sí.vel *adj* **1.** Que se pode dividir. **2.** Que se pode dividir exatamente; múltiplo (p. ex.: 6 é *divisível* por 2, ou seja, 6 é múltiplo de 2). **divisibilidade** *sf* (qualidade ou característica do que é divisível).

di.vi.sor (ô) *adj* **1.** Que divide: *rio divisor de estados.* // *sm* **2.** Número que dividimos por outro, para produzir o quociente (p. ex.: em 6 ÷ 2 = 3, o *divisor* é 2, o dividendo é 6, o quociente, 3). ·· **Divisor comum.** Número ou quantidade que divide exatamente duas ou mais quantidades (p. ex.: 6 é *divisor comum* de 6, 12 e 36).

di.vi.só.ria *sf* **1.** Linha que divide ou separa dois seres confinantes. **2.** Parede ou biombo que divide um compartimento em casa ou escritório.

di.vi.só.rio *adj* **1.** Divisional (1): *a linha divisória da grande área, num campo de futebol.* **2.** Que divide ou serve para dividir: *todo biombo é um objeto divisório.*

di.vór.cio *sm* **1.** Dissolução ou anulação total e legal do casamento, com separação dos cônjuges. **2.** *Fig.* Desacordo total e definitivo; ruptura. → **divorciar(-se)** *v* [separar(-se) pelo divórcio; descasar(-se)].

di.vul.gar *v* Tornar público (algo privado ou secreto); propagar, difundir: *divulgar segredos militares.* → **divulgação** *sf* (ato ou efeito de divulgar); **divulgador** (ô) *adj* e *sm* (que ou o que divulga) e *sm* (ferramenta profissional de divulgação de *sites*, fácil de utilizar, que faz o processo de inclusão de páginas nos sistemas de busca de forma rápida e eficiente).

di.zer *v* **1.** Empregar (palavras) para comunicar alguma coisa: *ela disse que o ama.* // *smpl* **2.** Inscrição, letreiro: *os dizeres do anúncio.* · Conj.: *digo, dizes, diz, dizemos, dizeis, dizem* (pres. do ind.); *dizia, dizias*, etc. (pret. imperf.); *disse, disseste*, etc. (pret. perf.); *dissera, disseras*, etc. (pret. mais-que-perf.); *direi, dirás*, etc. (fut. do pres.); *diria, dirias*, etc. (fut. do pret.); *diga, digas*, etc. (pres. do subj.); *dissesse, dissesses*, etc. (pret. imperf.); *disser, disseres*, etc. (fut. do subj.); *dizendo* (gerúndio); *dito* (particípio). ·· **Diz que diz** (ou **Diz que diz que** ou **Disse me disse**). **1.** Comentário maldoso, geralmente com o intuito de prejudicar alguém; fofoca; mexerico; falatório. **2.** Notícia de fonte desconhecida ou suspeita.

dí.zi.ma *sf* **1.** Contribuição ou imposto equivalente à décima parte do salário ou do rendimento; décima. **2.** Redução de *dízima periódica*, parte dos números escritos depois da vírgula decimal, na qual os algarismos se repetem sempre na mesma ordem e indefinidamente (p. ex.: 3, 666666).

di.zi.mar *v* **1.** Causar catástrofe ou grande número de mortes; eliminar, exterminar: *a gripe aviária pode dizimar populações inteiras.* **2.** Reduzir a um número muito pequeno ou à décima parte: *Hitler dizimou a população judaica da Europa.* **3.** Pagar o *dízimo* a uma igreja: *você já dizimou este mês?* → **dizimação** *sf* (ato ou efeito de dizimar).

dí.zi.mo *sm* **1.** A décima parte de toda a produção agrícola anual – ou seu equivalente em dinheiro – entregue antigamente à Igreja, como contribuição. **2.** *P.ext.* Qualquer contribuição mensal dada a igrejas, seitas, etc.

DJ ou **dj** *s2gên* Sigla de *disc jockey*, profissional que apresenta e toca música popular gravada em rádio, boate, festa ou discoteca. · Pl.: *DJs* ou *djs.* · Pronuncia-se *di-djêi* ou *dijei.*

Djibuti *sm* País africano, de área pouco superior à do estado de Sergipe. · Pronuncia-se *djibúti.* → **djibutiano** *adj* e *sm.*

dlim *sf* Onomatopeia de campainha e instrumentos afins. (Às vezes aparece repetido: *dlim-dlim*, de pl. *dlim-dlins*.)

DNA *sm* Sigla inglesa de *desoryribonucleic acid* = ácido desoxirribonucleico, ácido encontrado no cromossomo do núcleo das células, constituente da molécula portadora das características hereditárias. (Em português se representa ADN, ou seja, *ácido desoxirribonucleico*, mas quase não se usa no Brasil.) · Pl.: *DNAs.*

DNER *sm* Sigla de *Departamento Nacional de Estradas de Rodagem*, órgão federal cujas atribuições são construir, melhorar e administrar rodovias, pontes e outras obras viárias. · Pronuncia-se *dê ene é* (e não "ê") *erre.*

do *contr* da preposição *de* com o artigo ou pronome *o.*

dó *sm* **1.** Sentimento de tristeza, causado pela desgraça de outra(s) pessoa(s); pena, piedade. **2.** A primeira nota da moderna escala musical. **3.** Sinal com que se representa essa nota na pauta.

do.ar *v* **1.** Dar (o que se possui), geralmente por caridade ou generosidade, fazer doação de: *doei tudo o que tinha.* **doar(-se) 2.** Consagrar(-se), dedicar(-se): *doar sua vida aos pobres; doar-se aos pobres.* → **doação** *sf* [ato ou efeito de doar(-se)].

do.bar *v* **1.** Enrolar em novelos (fio de meada de algodão, lã, etc.); enovelar: *dobar uma meada de lã para fazer uma blusa.* **2.** *P.ext.* Mover em roda; dar volta a; rodopiar. **3.** Fazer novelos. → **dobadoura** *sf* (aparelho que serve para dobar).

do.bra *sf* **1.** Parte de um objeto que faz volta, ficando em cima da outra parte. **2.** Ponto onde se dá essa volta, dobradura.

do.bra.di.ça *sf* Peça metálica formada de duas chapas unidas por um eixo comum e sobre o qual giram portas, janelas, tampas, etc., gonzo.

do.bra.di.nha *sf* **1.** Parte das vísceras ou buchos de boi ou de vaca, usada como alimento. **2.** Prato preparado com essa parte. **3.** Dupla bem afinada (em qualquer sentido).

do.bra.do *adj* **1.** Que se dobrou ou vergou. **2.** Duplo, duplicado, dobre (1). **3.** Voltado ou enrolado sobre si. // *adv* **4.** Duas vezes mais, em dobro. // *sm* **5.** Música em compasso de marcha militar.

do.brar *v* **1.** Tornar duas vezes maior; duplicar: *dobrar os lucros.* **2.** Fazer dobra(s) em: *dobrar um papel.* **3.** Inclinar: *dobrar o pescoço.* **4.** Curvar: *dobrar os joelhos.* **5.** Dar volta em: *dobrar uma esquina.* **6.** Convencer: *dobrar o pai.* **dobrar-se 7.** Curvar-se, inclinar-se: *dobrar-se sobre a varanda.* **dobrar(-se) 8.** Vergar-se: *vários galhos (se) dobraram, com a forte ventania.* → **dobração**, **dobradura**, **dobragem** ou **dobramento** *sm* [ação ou efeito de dobrar(-se)]; **dobradiço** *adj* (**1.** que facilmente se dobra; flexível: *plástico dobradiço*; **2.** que dobra sobre si: *cama dobradiça*); **dobradura** *sf* [**1.** dobramento; **2.** dobra (2)].

do.bre *adj* **1.** Que se apresenta em dobro; dobrado, duplicado, dúplice, duplo. **2.** Que tem duplicidade de caráter; fingido(a), falso(a), hipócrita. // *sm* **3.** Toque de sinos por intenção de finados. **4.** Canto ou gorjeio de pássaro. **5.** Duplicação de aposta em jogo. **6.** Em poética ou versificação, repetição de palavra em versos de uma mesma estrofe.

do.bro (ô) *num* **1.** Diz-se do número que contém duas vezes o que se menciona; duas vezes maior; duplo: *o dobro de meio é um.* // *sm* **2.** Quantia, quantidade ou valor duas vezes mais que outra: *receber o dobro do dinheiro emprestado; comprar o dobro de ações.* **3.** *Fig.* Quantidade exageradamente maior que outra: *sua fama é o dobro da dele.* ·· **Em dobro.** Duplicado; dobrado: *Desejo-te em dobro o que a mim desejares.*

DOC *sm* Acrônimo de *documento de ordem de crédito*, ordem de depósito de dinheiro entre contas bancárias em valores que não ultrapassem cinco mil reais. · Pl.: *DOCs.* · V. **TED.**

do.ca *sf* Parte de um porto onde os navios atracam, para carregar ou descarregar.

do.ce (ô) *adj* **1.** Que tem agradável sabor, semelhante ao mel ou ao açúcar. **2.** Com açúcar em alguma forma. **3.** Muito agradável. **4.** Que não é salgado. // *sm* **5.** Qualquer alimento feito com açúcar. · Superl. abs. sint. erudito: *dulcíssimo.* · Antôn. (1): *azedo.* → **doçaria** ou **doceria** *sf* (fábrica ou loja de doces); **doceira** *sf* (mulher que faz ou vende doces); **doceiro** *sm* (homem que faz ou vende doces); **doçura** *sf* (**1.** qualidade de doce; **2.** *fig.* meiguice, ternura).

do.cen.te *adj* **1.** Relativo ao ensino ou ao professorado. // *s2gên* **2.** Professor(a). → **docência** *sf* (**1.** qualidade de docente; **2.** exercício do magistério).

dó.cil *adj* **1.** Fácil de lidar ou ensinar; de bom temperamento: *crianças dóceis.* **2.** Fácil de amestrar ou treinar: *cães dóceis.* · Superlativo absoluto sintético irregular ou erudito: *docílimo* (dò). · Antôn.: *rebelde.* → **docilidade** *sf* (**1.** qualidade de dócil; **2.** atitude mansa e obediente; submissão), de antôn. *rebeldia.*

do.cu.men.to *sm* **1.** Peça escrita ou impressa que serve como prova de alguma coisa. **2.** Qualquer coisa que serve como prova ou fonte de informações. **3.** Arquivo (3). → **documentação** *sf* (conjunto de documentos); **documental** *adj* (rel. a documentos ou baseado em documentos); **documentar**

v (provar com documentos); **documentário** *adj* (que tem o valor de documento) e *sm* (filme narrado, instrutivo ou informativo, de curta duração, que apresenta os fatos como eles realmente são, sem inserção de matéria fantasiosa ou fictícia); **documentarista** *adj* e *s2gên* [que ou cineasta que é especializado(a) em produzir documentários].

do.de.ca.cam.pe.ão ou **du.o.de.ca.cam.pe.ão** *adj* e *sm* Vencedor de certame por doze vezes consecutivas ou, por extensão, por doze vezes alternadas. → **dodecampeonato** ou **duode-cacampeonato** *sm* (campeonato conquistado por doze vezes, consecutivas ou não).

do.de.ca.e.dro *sm* Poliedro de doze faces. → **dodecaédrico** *adj* (rel. a dodecaedro ou que tem a forma de dodecaedro).

do.de.cá.go.no *sm* Polígono de doze lados. → **dodecagonal** *adj* (rel. a dodecágono).

do.de.cas.sí.la.bo *adj* e *sm* Que ou vocábulo ou verso que tem doze sílabas. → **dodecassilábico** *adj* (dodecassílabo).

do.dói *sm* **1**. Ferida, dor (na linguagem infantil). **2**. Qualquer coisa ou animal predileto: *a gata era o dodói da casa.* // *s2gên* **3**. Pessoa predileta: *o caçula era o dodói da família*. •• **Estar dodói**. Estar doente.

do.en.ça *sf* **1**. Distúrbio de estrutura ou função em um ser humano, animal ou planta, princ. aquele que produz sintomas ou sinais específicos, ou que afeta um determinado local sem ser resultado direto de acidente ou lesão física; mal: *caxumba é uma doença infecciosa.* **2**.*P.ext.* Qualquer mal ou tendência anormal e nociva: *a inflação é uma doença da economia; as drogas são uma doença social.* · Antôn. (1): *saúde*. → **doente** *adj* e *s2gên* (que ou quem tem alguma doença); **doentio** *adj* (**1**. que vive doente ou que adoece com facilidade; que tem má saúde; enfermiço; **2**. que faz mal à saúde: *drogar-se é um hábito doentio;* **3**. que tem aspecto ou aparência de doente: *apareceu com uma expressão doentia;* **4**. *fig.* obsessivo, exagerado, mórbido: *ter ciúme doentio, curiosidade doentia*).

do.er *v* **1**. Causar dor ou dó; fazer sofrer: *cuidado, que isso dói!* **2**. Existir sensação de dor; estar dolorido: *onde dói?* **3**. Causar dor física ou moral: *dói-me ver um animal maltratado;* **doer-se 4**. sentir dores físicas ou morais; condoer-se: *doer-se do sofrimento de alguém; doer-se de ciúme;* **5**. ressentir-se, magoar-se: *doía-se com a indiferença da família à sua condição*. •• **Doer-se por**. Tomar as dores de: *A moça doeu-se pelo namorado e também apanhou*.

dog.ma *sm* **1**. Ponto ou princípio básico de uma crença religiosa, considerado como verdade indiscutível: *o dogma do pecado original; o dogma da Santíssima Trindade*. **2**.*P.ext.* Qualquer crença ou doutrina (religiosa, política, filosófica, etc.) que se apresenta como verdade indiscutível, que deve ser aceita sem contestação: *o dogma da infalibilidade do papa; o dogma implacável do stalinismo era que tudo o que o líder do partido decreta, por mais cruel e incompetente que seja, por mais absurdo que possa ser, devia ser aceito como lei.* **3**. *Fig.* Ideia, opinião ou preceito apresentado como inquestionável. → **dogmático** *adj* (**1**. rel. a dogma; **2**. *fig.* arbitrário); **dogmatismo** *sm* (**1**. atitude de quem afirma com arrogância e intransigência, sem admitir discutir suas ideias, opiniões ou princípios; **2**. *fig.* afirmação autoritária); **dogmatista** *adj* (rel. ao dogmatismo) e *adj* e *s2gên* (**1**. que ou pessoa que defende o dogmatismo; **2**. que ou pessoa que impõe as suas ideias, opiniões e princípios como certos e incontestáveis, sem admitir discussão ou questionamentos; **dogmatização** *sf* (ato ou efeito de dogmatizar); **dogmatizar** *v* (**1**. proclamar como dogma; **2**. ensinar como certo, sem admitir contestação, estabelecendo com arbitrariedade ou autoritarismo).

DOHC *sm* Acrônimo inglês de *double overhead camshaft* = duplo comando de válvulas no cabeçote. Diz-se do motor de explosão que usa dois comandos de válvulas para controlar a abertura e o fechamento das válvulas de admissão e de escape. V. **SOHC**.

doi.di.va.nas *s2gên* Pessoa que costuma agir de maneira precipitada, impulsiva, irresponsável e, por isso, é constantemente enganada; porra-louca.

doi.do (ói) *adj* e *sm* **1**. Que ou aquele que foi acometido de doidice. **2**. Apaixonado, doente. → **doidão** *adj* e *sm* (**1**. que ou aquele que é muito doido; **2**.*gír.* que ou aquele que está sob efeito de drogas; drogado, chapado), de fem. *doidona*; **doideira** *sf* [**1**. doidice (2); **2**. *fig.* extravagância, esquisitice: *que doideira é essa dizer que a Terra é plana?*]; **doidice** *sf* (**1**. loucura permanente; insanidade, demência; **2**. qualquer ato ou atitude leviana; leviandade, maluquice, doideira; **3**. *fig.* exagero, absurdo: *foi uma doidice o número de gols que ele fez naquele jogo!*).

dois *num* **1**. Um mais um; duas unidades (2, II): *dois dos onze ministros do STF.* **2**. Segundo: *página dois.* // *sm* **3**. Algarismo representativo desse numeral: *você fez um dois malfeito.* **4**. Algo numerado dois ou alguém representativo desse número: *esse time precisa de um bom dois.* **5**. Nota dois, em provas, concursos ou exames. · Ordinal e fracionário: segundo.

dois-pon.tos *sm2núm* Sinal de pontuação (**:**): *antes de uma citação se usa o dois-pontos e aspas.* (Não se confunde com *dois pontos* (sem hífen), um ponto depois do outro (..).

dois-quar.tos *sm2núm* Apartamento de dois quartos: *um dois--quartos para mim já está ótimo!*

dois-to.ques *sm2núm* **1**. Treino futebolístico que se realiza em dois toques, ou seja, no qual se permite que o jogador dê no máximo dois toques na bola, antes de passá-la a um companheiro: *o técnico deu apenas um dois-toques hoje ao plantel.* **2**. Cobrança de falta em que é obrigatório haver dois toques na bola, de jogadores diferentes, para ser chutada a gol.

dó.lar *sm* Unidade monetária e moeda dos Estados Unidos e de outros países. → **dolarização** *sf* (adoção do dólar americano como moeda nacional oficial de um país); **dolarizar** *v* (**1**. adotar o dólar americano como moeda nacional ou como referência nas transações comerciais: *a Argentina dolarizou a sua economia;* **2**. substituir pelo dólar americano: *dolarizar o patrimônio é fundamental para se proteger da instabilidade do real;* **dolarizar-se** (adotar e praticar a dolarização); **doleiro** *sm* (aquele que compra e vende dólares). (Quando um país desiste da dolarização, temos a **desdolarização** e o verbo *desdolarizar*, neologismos que não constam na 6.ª ed. do VOLP.)

do.lên.cia *sf* Qualidade, estado ou condição de dolente; tristeza ou dor moral profunda; aflição, pesar. → **dolente** *adj* (muito triste, pesaroso: *canto dolente*).

dól.mã ou **dól.man** *sm* **1**. Casaco militar justo na cintura e abotoado de cima a baixo. **2**.*P.ext.* Qualquer modelo de roupa inspirado nesse casaco.

dól.men *sm* Monumento pré-histórico, semelhante a um túmulo, formado de uma grande pedra chata pousada sobre duas ou três verticais. · Pl.: *dolmens* (sem acento).

do.lo *sm* Vontade deliberada de cometer um delito. (Note: o o tônico é aberto.) → **doloso** (ó) *adj* (em que há dolo).

do.lo.ri.do *adj* Em que há dor: *meu braço está dolorido*.

do.lo.ro.so (ô; pl.: ó) *adj* **1**. Que faz sentir dor: *cirurgia dolorosa.* **2**.*P.ext.* Que exprime dor e causa aflição; aflitivo: *gritos dolorosos.* **3**. *Fig.* Lamentável, deplorável: *é doloroso ver o país perdido na violência.* → **dolorosa** *sf* (*pop.* conta a pagar: *quanto é a dolorosa?*)

dom *sm* **1**. Habilidade ou capacidade inata e muito especial; dote natural; talento: *ter dom para a música; ter o dom da oratória.* **2**. Dádiva divina; bênção, graça: *essa chuva é um dom para o nordestino.* **3**. *Fig.* Presente; dádiva, graça, benefício: *sua beleza é um dom dos deuses.* **4**. Poder, capacidade: *esse menino tem o dom de irritar o avô; ter o dom de fazer amigos.*

Dom *sm* Título honorífico (abrev.: **D**.) que antigamente se usava antes de nomes de reis, príncipes e imperadores e hoje se emprega antes de nomes de bispos. · Fem.: *Dona* (abrev.: **D**.): *Dona Isabel, Dona Maria I, de Portugal.* · Só se usa antes de nome e não aceita artigo.

do.mar *v* **1**. Tornar (animal selvagem ou feroz) manso e obediente; amansar à força: *domar leões; domar um cavalo selvagem.* **2**. Conter, controlar, dominar: *dome seus impulsos!; a China doma as redes sociais.* **3**. Vencer, refrear; reprimir: *é preciso domar o tráfico antes que seja tarde demais.* → **doma** ou **domação** *sf* (ação ou efeito de domar ou amansar um animal feroz); **domador** (ô) *adj* e *sm* (que ou que doma).

do.més.ti.co *adj* **1**. Relativo ao lar, a vida íntima, familiar; caseiro. **2**. Que se usa nos serviços da casa: *utensílios domésticos.* **3**. Diz-se de animal que vive e se cria em casa habitada por gente, com quem se familiariza; manso. **4**. Relativo ou pertencente ao interior de um país; intestino: *a produção doméstica de petróleo.* // *sm* **5**. Empregado encarregado do serviço doméstico; criado. → **domesticação** *sf* (ato ou efeito de domesticar); **domesticar** *v* [**1**. tornar (animal) manso de tal forma, que possa viver em harmonia com o homem; **2**. civilizar, tornar sociável ou civilizado); **domesticidade** *sf* (hábito de passar a maior parte do tempo em casa, com a família).

do.mi.cí.lio *sm* Lugar onde a pessoa estabelece a sua residência para ali ficar por longo tempo ou definitivamente. → **domiciliado** *adj* (que habita e está estabelecido em certo lugar); **domiciliar** *adj* (1. rel. ou pert. a domicílio; **2.** que se faz em domicílio) **domiciliar-se** (fixar domicílio ou residência).

do.mi.nar *v* **1.** Controlar pela autoridade ou pela força: *os árabes dominaram a Península Ibérica.* **2.** Influenciar muito: *é uma mulher que domina o marido.* **3.** Comandar, controlar posições em: *essa gangue domina o morro.* **5.** Conhecer profundamente: *esse professor domina o assunto.* → **dominação** *sf* (ato ou efeito de dominar); **dominador** (ô) *adj* e *sm* (que ou aquele que domina ou que gosta de dominar: *ele exerce uma influência dominadora sobre seus colegas*); **dominante** *adj* (**1.** que exerce maior influência ou controle; dominador, poderoso: *classe social dominante*; **2.** que prevalece; predominante: *verde é a cor dominante na paisagem*; **3.** que é mais geral: *a religião dominante no Brasil é a católica*; **4.** principal; mais importante: *o traço dominante de um caráter, de uma personalidade*).

do.min.go *sm* O primeiro dia da semana. → **domingal** *adj* (rel. a domingo); **domingueiro** *adj* (**1.** próprio do domingo; *praia domingueira*; **2.** que se veste ou se usa aos domingos: *roupa domingueira*; **3.** *fig.* festivo, alegre: *todo dia é dia domingueiro em Salvador*); **dominical** *adj* (rel. a domingo, como o dia dedicado ao Senhor).

Dominica *sf* Pequeno país-ilha do Caribe, entre Guadalupe e Martinica, de área equivalente a um terço da área do estado de Sergipe. → **dominicano** *adj* e *sm*.

do.mi.ni.ca.nas *sfpl* Religiosas de uma congregação religiosa católica fundada por Teresa de Saldanha (1837-1916) no século XIX, em Portugal, incorporada na Ordem Dominicana ou de São Domingos de Gusmão, tendo como protetora Santa Catarina de Sena.

do.mí.nio *sm* **1.** Toda soma de poder ou de direito que se tem sobre uma coisa ou pessoa, controle ou autoridade absoluta. **2.** Exercício desse controle ou autoridade. **3.** Âmbito de uma arte ou de uma ciência. **4.** Território sob o controle de soberano, Estado, empresa ou indivíduo. **5.** Terminação do endereço da Internet, destinada a identificar a categoria do *site* ou do *e-mail*. ·· **Ser de domínio público.** Ser conhecido ou sabido de todos.

do.mi.nó *sm* **1.** Cada uma das 28 pequenas peças retangulares marcadas com pontos para o jogo do mesmo nome. **2.** Esse jogo. **3.** *Pop.* Fantasia carnavalesca de capuz e mangas longas e folgadas. **4.** Pessoa que usa essa fantasia.

dom-juan *sm* Homem que tem obsessão por seduzir mulheres; homem exageradamente conquistador. → **dom-juanesco** (ê) *adj* (**1.** rel. ou pert. a dom-juan ou aos seus hábitos de conquistador; **2.** digno de um sedutor, de um dom-juan); **dom--juanismo** *sm* (modo de ser e/ou de agir de um dom-juan); **dom-juanista** *adj* (rel. a dom-juanismo) e *adj* e *s2gên* (que ou aquele que é adepto do dom-juanismo); **dom-juanístico** *adj* (característico de dom-juan ou de dom-juanista).

do.mo (ô) *sm* Abóbada dúplice que remata superiormente grandes igrejas ou edifícios.

Dona (ô) *sf* **1.** Senhora (título de respeito que se usa antes de nome próprio): *Dona Rute, D. Luísa*. **2.** Forma de tratamento que se conferia a rainhas e princesas, no passado. **do.na** (ô) **3.** Proprietária de algum bem: *dona de butique; dona do meu coração*. **4.** *Pop.Pej.* Mulher a quem se refere com algum desprezo: *o que essa dona está querendo comigo?* ·· **Dona de casa.** Mulher, geralmente casada e sem profissão certa, que tem como ocupação principal a administração da sua própria casa.

do.na.tá.rio *sm* **1.** Aquele que recebeu uma doação. **2.** Senhor que recebia, no Brasil colonial, capitania hereditária.

do.na.ti.vo *sm* **1.** Dádiva feita por solidariedade num momento de dificuldade, por piedade, filantropia ou qualquer outro sentimento nobre. **2.** Esmola.

don.de *contr* da preposição *de* com o advérbio *onde*.

don.do.ca *sf Pop.Pej.* **1.** Mulher fútil, sem ocupação, mas de boa situação social. **2.** Mulher que se veste e maquia exageradamente.

do.ni.nha *sf* **1.** Pequeno mamífero carnívoro, muito feroz, de corpo longo e delgado, pele marrom (que em algumas espécies se torna branca, no inverno), pernas curtas, que se alimenta princ. de pequenos roedores e ovos de aves. **2.** *Fig.Pej.* Pessoa falsa, hipócrita, traiçoeira: *Ivã é a doninha da turma*.

do.no (ô) *sm* **1.** Proprietário de um bem: *dono de um imóvel; ela diz que seu coração já tem dono*. **2.** Chefe de casa. **3.** Aquele que tem pleno controle sobre algo; senhor: *provou ser dono da situação*.

donut [ingl.] *sm* Rosquinha feita com farinha selecionada, frita em óleo bem quente, envolvida em açúcar ou recheada de creme, chocolate, etc. · Pl.: *donuts*. · Pronuncia-se *dônat*.

don.ze.la *sf* **1.** Na Idade Média, título que se dava à filha solteira de rei ou fidalgo. // *adj* **2.** Que ou jovem solteira que se mantém virgem. [O masculino, *donzelo* (ê), se aplica ao jovem casto.)

do.par *v* **1.** Administrar estimulante a (cavalo), em competição esportiva. **2.** Administrar estimulante a (atleta), em competição esportiva. **3.** Pôr droga na comida ou na bebida de, para tornar inconsciente: *a prostituta dopou o homem, para roubá-lo*. → **dopagem** *sf* (ato ou efeito de dopar).

doping [ingl.] *sm* Uso de drogas para estimular o desempenho de animais e atletas, em competição esportiva. · Pl.: *dopings*. · Pronuncia-se *dópin*.

dor (ô) *sf* Todo sofrimento físico ou moral que afeta o homem, causado por doença, lesão, infortúnio, desgraça, etc.: *estar com dor de cabeça, a dor de perder um filho*. · Antôn.: *prazer*. ·· **Dor de cabeça.** **1.** Cefaleia. **2.** *Fig.* Preocupação, aborrecimento. ·· **Dor de corno.** Ressentimento ou raiva por ter sido traído(a). ·· **Dor de cotovelo.** Despeito provocado por decepção amorosa ou por inveja.

do.ra.van.te *adv* De agora em diante, daqui para a frente.

dor.men.te *adj* **1.** Não ativo ou não usado por longo tempo. **2.** Entorpecido, temporariamente inoperante. // *sm* **3.** Cada um dos toros de madeira atravessados na via férrea, para assento dos trilhos; chulipa (1). **4.** Trave em que se prega o assoalho. → **dormência** *sf* (**1.** estado de quem dorme ou de quem está entorpecido; **2.** estado de absoluto repouso; **3.** sensação desagradável de formigamento, com insensibilidade total ou parcial, que ocorre geralmente nas extremidades do corpo).

dor.mir *v* **1.** Estar entregue ao sono: *as crianças já estão dormindo*. **2.** Pegar no sono: *durmo cedo*. **3.** Descansar no estado de sono: *dormi até o meio-dia hoje*. **4.** Estar ou ficar entorpecido, insensível, dormente: *minhas pernas dormiram*. **5.** *Fig.* Mover-se tão rapidamente, a ponto de parecer estar imóvel: *é fácil fazer o pião dormir*. · Conjuga-se por *cobrir*. → **dormideira** *sf* (sensitiva, não-me-toques); **dorminhoco** (ô) *adj* e *sm* (que ou aquele que dorme muito); **dormitório** *sm* (**1.** lugar onde se dorme; **2.** mobília para quarto de dormir).

dor.so (ô) *sm* **1.** Costas do homem e dos animais. **2.** Lombada de livro. **3.** *P.ext.* Parte posterior de qualquer coisa: *o dorso do pé*. → **dorsal** *adj* (rel. ou pert. a dorso).

do.se *sf* **1.** Quantidade fixa de uma substância que entra na composição de um medicamento ou numa combinação química. **2.** Porção de medicamento para ser tomada de uma vez ou a intervalos regulares. **3.** Quantidade ou porção de qualquer coisa. → **dosagem** *sf* ou **doseamento** *sm* (**1.** determinação da dose de um medicamento; **2.** determinação da dose de qualquer coisa, material ou imaterial: *é preciso uma dosagem de paciência para lidar com crianças*); **dosar** *v* (misturar nas proporções exatas ou adequadas: *dose bem o leite e o café!; dosar as críticas e os elogios*).

dos.sel *sm* Armação ornamental que se usa sobre altar, trono, leito, etc.

dos.si.ê *sm* Arquivo de documentos que contém informações detalhadas sobre uma pessoa ou qualquer matéria.

do.tar *v* **1.** Favorecer, beneficiar (com um dom natural): *a natureza dotou o Brasil de muitas maravilhas*. **2.** Prover, munir: *esses governos só souberam dotar o Brasil de um moderno sistema de arrecadação*. **3.** Alocar ou destinar (grandes quantias) a: *este governo tem dotado o setor educacional mais do que qualquer outro*.→ **dotação** *sf* (**1.** ato ou efeito de dotar; **2.** renda vitalícia atribuída a alguém; **3.** verba destinada a cobrir determinada despesa; **4.** quantidade de munições, víveres e outros artigos existentes numa unidade militar, na previsão de uma operação a realizar e para dado período de campanha).

do.te *sm* **1.** Conjunto de bens que a mulher leva para o marido, a fim de ajudar a suportar os encargos do casamento. // *smpl* **2.** Qualidades, predicados, virtudes.

doublé [fr.] *adj* e *s2gên* V. **dublê**.

double-face [ingl.] *adj* e *sm* Que ou tecido, produto ou peça do vestuário que não tem avesso, podendo ser usada dos dois lados: *camisetas double-face; paletós double-face.* (Como se vê, o *adj* não varia.) · Pronuncia-se *dábol fêis*.

double system [ingl.] *loc sm* Sistema de gravação sonora em que se registram simultaneamente imagem e som. · Pronuncia-se *dábol sisteM.*

dou.ra.do *adj* **1.** Da cor do ouro. **2.** Banhado em ouro. **3.** Que se dourou ou bronzeou. // *sm* **4.** Certo peixe de água doce.

dou.rar *v* **1.** Banhar ou cobrir com fina camada de ouro: *dourar uma bijuteria.* **2.** Dar cor de ouro a: *dourar a pele.* →

douração *sf* ou **douramento** *sm* (ato, efeito ou processo de dourar); **dourador** (ô) *adj* e *sm* (que ou aquele que doura); **douradura** *sf* (**1.** arte de dourar; **2.** camada superficial de ouro que reveste um objeto; dourado).

dou.tor (ô) *sm* **1.** Aquele que, além de ter-se formado em curso superior, defendeu tese de doutorado. **2.** Qualquer médico ou cirurgião. **3.** Aquele que é muito entendido num assunto; perito, craque. → **doutorado** *sm* (**1.** graduação de doutor; **2.** curso especializado de pós-graduação, para conseguir tal graduação; doutoramento); **doutoral** *adj* (rel. a doutor ou próprio de doutor); **doutoramento** *sm* [**1.** ato de doutorar(-se); **2.** doutorado (2)]; **doutorando** *sm* (aquele que está prestes a se doutorar); **doutorar** *v* (conferir o grau de doutor a) **doutorar-se** (receber o grau de doutor). ·· **Doutor honoris causa** (pronuncia-se *ònóris causa*). Aquele que recebeu título universitário sem curso nem exame, apenas como mera homenagem.

dou.tri.na *sf* Conjunto de princípios de um sistema religioso, político ou filosófico; credo. → **doutrinação** *sf* ou **doutrinamento** *sm* (ato ou efeito de doutrinar); **doutrinal** ou **doutrinário** *adj* (**1.** rel. a doutrina; **2.** em que há doutrina); **doutrinar** *v* (**1.** transmitir doutrina a; catequizar: *o padre Anchieta doutrinou muitos silvícolas*; **2.** iniciar por meio de instrução doutrinária: *doutrinar os novos membros do partido*).

dou.tro *contr* da prep *de* com o pron *outro*: *isso é coisa doutro mundo*.

downhill [ingl.] *sm* Modalidade esportiva que consiste em descer ladeiras abruptas em bicicleta todo-terreno a grande velocidade. · Pronuncia-se *dáun-ril*.

download [ingl.] *sm* **1.** Transferência eletrônica de cópia de arquivos de um servidor ou computador para outro, através de rede ou de *modem.* **2.** Transferência de dado, *softwares* ou arquivos de um computador maior para um menor, de um computador distante para um próximo ou de um computador para um dispositivo periférico: *este **modem** é capaz de downloads em alta velocidade.* · Pronuncia-se *dáun-lòud*.

downsizing [ingl.] *sm* **1.** Prática organização comum de uma empresa, quando o objetivo é reduzir o seu tamanho, que consiste em demitir trabalhadores e eliminar setores improdutivos: *a diretoria dessa empresa está planejando um downsizing para o próximo ano.* **2.** Redução do tamanho de um motor ou equipamento, para projetar e produzir outro menor: *o próximo modelo desse automóvel já virá com* downsizing *do motor, de seis cilindros para quatro.* · Pronuncia-se *dáun-sáizin*.

do.ze (ô) *num* **1.** Onze mais um (12, XII). **2.** Décimo segundo; duodécimo: *página doze.* // *sm* **3.** Algarismo representativo desse numeral: *você fez um doze malfeito.* · Ordinal correspondente: *duodécimo* ou *décimo segundo.*

DPI *sf* Sigla inglesa de *dot per inch* = pontos por polegadas, medida de resolução das telas de computador. · Pronuncia-se *di pi ai* (à inglesa) ou *dê pê i* (à portuguesa).

DPT *sf* Vacina tríplice contra *difteria*, *pertússis* ou coqueluche e *tétano*, administrada em crianças menores de sete anos.

dra.ga *sf* Máquina própria para tirar areia, lodo, entulho, etc. do fundo dos canais, açudes, rios, lagos, lagoas, ou do mar. → **dragagem** *sf* (ato ou efeito de dragar; desobstrução); **dragar** *v* [desobstruir ou limpar com draga (canais, rios, açudes, etc.)].

dra.gão *sm* Monstro fabuloso, criado pela imaginação dos antigos, geralmente representado por um gigantesco réptil feroz e voraz, com cauda de serpente, patas dotadas de garras, asas, pele casquenta, capaz de soltar fogo pela boca. · Fem.: *dragoa* (ô). · Dim. irregular: *dragonete* (ê). → **dragontino** *adj* (rel. ou pert. a dragão: *ferocidade dragontina*).

drá.gea *sf* Pílula ou cápsula medicamentosa.

drag king [ingl.] *loc sm* Mulher que se veste de homem e como homem se comporta, com uma expressão de gênero exageradamente masculina. · Pl.: *drag kings.* · Pronuncia-se *drág-kín*.

dra.go.na *sf* Galão que os militares usam no ombro de seus uniformes de gala, indicativo de sua patente.

drag queen [ingl.] *loc sf* Homem que se veste de mulher, de forma extravagante, princ. à noite, para atuar em casas noturnas, cantando, dublando, etc.; homem travestido; transformista. · Pl.: *drag queens.* · Pronuncia-se *drág kuín*.

dragster [ingl.] *sm* **1.** Automóvel esp. projetado e construído para competições de aceleração. **2.** Piloto(a) desse automóvel. · Pl.: *dragsters.* · Pronuncia-se *drágstár*.

dralon *sm* Fibra acrílica, utilizada princ. na confecção de roupas de bebê e *lingerie.* · É marca registrada (*Dralon*), portanto nome próprio que se tornou comum, a exemplo de *Gillette* e *Formica.*

dra.ma *sm* **1.** Peça de teatro que possui partes trágicas e cômicas. **2.** Qualquer acontecimento da vida real muito comovente. · Aum. (pejorativo): *dramalhão.* → **dramaticidade** *sf* (qualidade de dramático); **dramático** *adj* (**1.** rel. ou pert. a drama: *artes dramáticas; ator dramático*; **2.** repentino e surpreendente ao mesmo tempo; forte: *houve um aumento dramático de preços*; **3.** que emociona fortemente: *é dramática a situação dos refugiados sírios;* **4.** impressionante, enfático: *um apelo dramático pela paz; o silêncio que se seguiu a seu apaixonado discurso foi dramático;* **5.** rigoroso: *tomar medidas dramáticas contra a inflação;* **6.** exagerado: *pessoa dramática*); **dramatização** *sf* (ato ou efeito de dramatizar); **dramatizar** *v* [**1.** adaptar (uma obra literária) para apresentação dramática, no teatro, na televisão ou no rádio; **2.** dar um tom exageradamente grave ou comovente a]; **dramaturgia** *sf* (arte dramática; teatro); **dramatúrgico** *adj* (rel. a dramaturgia); **dramaturgo** *sm* (autor de peças teatrais, teatrólogo).

dra.pe.ar ou **dra.pe.jar** *v* Dispor ou arranjar (cortinas, roupas, qualquer tecido ou peça de vestuário) artisticamente em ondulações, dobras ou pregas. · Conjuga-se *drapear* por *frear*, e *drapejar* mantém o *e* fechado durante a conjugação. → **drapê** ou **drapeado** *adj* e *sm* (que ou tecido ou vestimenta que é disposta de modo a formar ondulações, dobras ou pregas: *saias drapê, blusas drapê, calça drapeada*) **drapeamento** ou **drapejamento** *sm* (ato ou efeito de drapear ou drapejar).

drás.ti.co *adj* **1.** Enérgico, rigoroso, severo: *é preciso tomar medidas drásticas contra a violência.* **2.** De efeito ou ação forte e extrema; radical, extremado: *teve de tomar a drástica decisão de amputar a perna; houve uma redução drástica de funcionários nessa empresa.* **3.** Radical e repentino: *nos desertos há mudança drástica na temperatura, do dia para a noite.* // *adj* e *sm* **4.** Que ou purgante poderoso que provoca evacuações intensas e contínuas.

dre.no *sm* **1.** Tubo ou canal para a prática da drenagem. **2.** Sonda ou cateter utilizado para escoar fluido mórbido de um abscesso, ou após intervenção cirúrgica, tubo de drenagem. **3.** Conduto subterrâneo destinado a coletar e evacuar a água em excesso, em determinado solo. → **drenagem** *sf* (ação ou efeito de drenar); **drenar** *v* [**1.** remover ou escoar as águas de (terreno), por meio de tubos, canais, etc., a fim de secar; **2.** esvaziar gradualmente o conteúdo de; **3.** retirar gradualmente líquido de].

dre.si.na *sf* Veículo automotor leve que corre sobre trilhos, utilizado para manutenção e monitoramento das ferrovias.

dri.blar *v* **1.** Em futebol, conduzir a bola para a frente, com rápida sucessão de toques curtos e sutil jogo de corpo ante (o adversário), ultrapassando-o, sem perder o domínio da bola: *driblou até o goleiro e fez o gol.* **2.** *Fig.* Enganar, ludibriar: *ninguém dribla a morte.* [Não se confunde (1) com *fintar.*] → **drible** *sm* (ação ou efeito de driblar; come), que não se confunde com *finta.* (Cuidado para não usar "diblar", "dribrar" ou "dibrar" nem "dibre"!) ·· **Drible da vaca**. Lance em que o jogador deixa a bola passar ou a toca por um lado do adversário e corre para apanhá-la do outro.

drin.que *sm* Pequena quantidade de bebida alcoólica.

drive [ingl.] *sm* **1.** Parte do computador que opera uma fita ou disco. **2.** Periférico utilizado para gravar e ler um disco rígido. · Pronuncia-se *dráiv.*

drive-in [ingl.] *sm* Estabelecimento comercial (cinema, lanchonete, etc.) ao ar livre, a que se tem acesso de automóvel e no qual se pode tomar um lanche e namorar, além de assistir a um filme, sem sair do veículo. · Pl.: *drive-ins.* · Pronuncia-se *dráivin.*

driver [ingl.] *sm* Em informática, *software* que controla a interface entre um computador e os periféricos. · Pl.: *drivers.* · Pronuncia-se *dráivâr.*

226

drive-thru [ingl.] *adj* e *sm* Que ou qualquer estabelecimento que presta serviço rápido, com entrada para carro, cujo motorista recebe atendimento sem sair do carro. · Pronuncia-se *dráiv-çru*.

dro.ga *sf* **1**. Qualquer substância usada na preparação de medicamento ou em misturas químicas. **2**. Medicamento vendido em farmácias. **3**. Entorpecente. **4**. Coisa que não vale nada, porcaria. // *interj* **5**. Porcaria. → **drogado** *adj* e *sm* (que ou aquele que consumiu ou consome droga habitualmente; doidão); **drogar** *v* (**1**. administrar droga a; **2**. fazer usar droga); **drogaria** *sf* (estabelecimento comercial onde se vendem medicamentos, cosméticos, produtos de toalete, etc.).

dro.ga.dic.ção ou **dro.ga.di.ção** *sf* Hábito ou vício criado pela droga; dependência química: *a drogadicção é um desafio para a sociedade moderna*. → **drogadicto** ou **drogadito** *adj* e *sm* (dependente químico; toxicômano).

dro.me.dá.rio *sm* Espécie de camelo de pescoço curto e uma só corcova.

dro.ne *sm* Pequeno veículo aéreo não tripulado e remotamente pilotado, que pode realizar inúmeras tarefas e aplicações úteis: *o drone americano tinha como missão localizar usinas nucleares no Irã*; *a pizza foi entregue por um drone*.

dro.pe *sm* Cada uma das balinhas quadradas, redondas ou retangulares vendidas em tubos fechados, umas sobre as outras: *deram-me um drope de hortelã*. (Cuidado para não usar "o dropes", que equivale a "o chopes"!)

drugstore [ingl.] *sf* Estabelecimento comercial que vende medicamentos, cosméticos, livros, discos, cigarro e produtos de primeira necessidade, geralmente aberto dia e noite. · Pl.: *drugstores*. · Pronuncia-se *drágstòr*.

drui.da *sm* Sacerdote de uma ordem religiosa pré-cristã, entre os celtas da antiga Gália (França), a Bretanha e a Irlanda. · Fem.: *druidesa* (ê) ou *druidisa*.

dru.pa *sf* Nome genérico de todo fruto carnudo, de caroço muito duro, como a ameixa, a cereja, a manga, o pêssego, etc. → **drupáceo** *adj* (diz-se do fruto que tem alguma das características da drupa).

dru.so *adj* e *sm* Seguidor de uma seita islâmica do Líbano, Síria e Israel (o druzismo, fundado no séc. X, na cidade do Cairo, Egito, como uma dissidência do islamismo).

DST *sf* Sigla de *doença sexualmente transmissível*; doença venérea. · Pl.: *DSTs*.

du.al *adj* Diz-se do numeral *ambos*, que indica sempre dois seres ou duas unidades.

du.as-ca.ras *adj* e *s2gên* Que ou pessoa que é falsa ou que age traiçoeiramente, pelas costas: *uma vizinha duas-caras é um perigo; ela é um duas-caras: elogia na frente e mete a lenha por detrás*. (A 6.ª ed. do VOLP não registra esta palavra.)

du.as-pe.ças *sm2núm* Conjunto feminino formado de saia e blusa.

dú.bio *adj* **1**. Que encerra dúvida calculada, com segunda intenção. **2**. Ambíguo, que pode ser interpretado de duas ou mais maneiras. → **dubiedade, dubiez** (ê) ou **dubieza** (ê) *sf* (**1**. qualidade de dúbio; ambiguidade; **2**. incerteza, dúvida); **dubitativo** *adj* (duvidoso, incerto: *o resultado dubitativo de uma eleição*).

du.bla.gem *sf* Gravação, em estúdio, da parte falada ou cantada de um filme na língua original, pelo próprio ator, ou em língua estrangeira. → **dublar** *v* [**1**. inserir (fala, música, etc.) em trilha sonora de (filmes); **2** inserir ou gravar (fala em outra língua) no lugar da fala original em (filmes); **3**. imitar o modo de cantar de (cantor)].

du.blê *s2gên* Pessoa que, pela semelhança física com outra (ator, cantor, político, etc.) substitui-a em certas circunstâncias, geralmente por motivos de segurança.

du.ca.do *sm* **1**. Território governado por um duque ou por uma duquesa. **2**. Dignidade de duque. → **ducal** *adj* (rel. a duque).

du.cen.té.si.mo *num* Ordinal e multiplicativo correspondentes a duzentos.

du.cha *sf* **1**. Jato forte de líquido aplicado externa ou internamente a alguma parte do corpo, com propósitos higiênicos. **2**. Banho ou tratamento desse tipo.

dúc.til *adj* **1**. Que pode ser esticado ou alongado; elástico, flexível, maleável: *a maioria dos plásticos é dúctil*. **2**. *Fig.* Diz-se daquele que é facilmente influenciável ou persuadível: *um presidente dúctil*. **3**. *Fig.* Que cede facilmente; dócil: *a mente infantil é dúctil*. → **ductilidade** *sf* (**1**. qualidade ou propriedade do que ou de quem é dúctil; **2** qualidade ou propriedade física de um material, geralmente metal, como o cobre, de suportar a deformação plástica, sob a ação de cargas, sem se romper ou fraturar).

duc.to ou **du.to** *sm* **1**. Canal condutor de secreções glandulares, conduto. **2**. Tubo ou canal para conduzir líquido ou gás. **3**. Conduto com cabos ou fios elétricos.

du.e.lo *sm* **1**. Disputa solene entre duas pessoas armadas, munidas de armas iguais, preparada com certa antecedência, por motivos de honra ou para provar inocência, testemunhada por outras, chamadas espectadores. **2**. *P.ext.* Disputa acirrada entre duas pessoas ou entidades. → **duelar** *v* (bater-se em duelo) e *adj* (duelístico); **duelista** *adj* e *s2gên* (que ou pessoa que se bate em duelo); **duelístico** *adj* (rel. a duelo; duelar).

du.en.de *sm* Entidade sobrenatural da mitologia germânica, representada por um anão muito feio, que ora é bondoso, ora é traiçoeiro e travesso, praticando toda a sorte de travessuras à noite, dentro das casas.

du.e.to (ê) *sm* **1**. Composição musical para duas vozes ou dois instrumentos. **2**. Essas vozes ou esses instrumentos.

dul.ci.fi.car *v* **1**. Tornar doce; adoçar: *dulcificar o café*. **2**. *Fig.* Tornar mais agradável, suavizar: *dulcificar um relacionamento*. → **dulcificação** *sf* (ato ou efeito de dulcificar); **dulcificador** (ô) ou **dulcificante** *adj* e *sm* (adoçante).

dum *contr* da preposição *de* com o artigo *um*.

dumping [ingl.] *sm* Qualquer venda a preço simbólico, geralmente abaixo do preço de custo, com o propósito de eliminar a concorrência. · Pronuncia-se *dâmpin*.

du.na *sf* Monte de areia móvel e muito inclinado, formado pela ação do vento, em regiões desertas ou próximas de lagos e oceanos.

dun.dum *adj* e *sm* Que ou bala que se expande assim que atinge o alvo, causando um rombo no ser atingido; *balas dundum*. (Como se vê, o *adj* não varia.) ·· **Bala expansiva**. Dundum.

dun.ga *adj* **1**. Extraordinário, excepcional, fantástico, incomparável: *apresentação dunga*. // *sm* **2**. *Pop.* Pessoa notável no que faz; bambambã: *ela é o dunga da cozinha nesse restaurante*. **3**. *Pop.* Pessoa corajosa, arrojada. **4**. *Pop.NE* Pessoa valente e brigona. **5**. *Pop.NE* Chefão, mandachuva, coronel. **6**. *Pop. NE* O dois de paus no jogo de cartas; curinga, dunguinha (4).

dun.gui.nha *s2gên* **1**. Pessoa muito amiga e útil na sua amizade. **2**. Pessoa de pouco valor, insignificante, sem nenhuma importância; mequetrefe. **3**. Pessoa adulta de comportamento infantil; criançola. // *sm* **4**. Dunga (6).

dun.quer.que *sm* Pequeno armário envidraçado para guardar bugigangas.

du.o *sm* Dupla que opera, age, canta ou executa música em conjunto.

du.o.de.ca.cam.pe.ão (dè) *adj* e *sm* Que ou aquele que conquistou o título de campeão pela duodécima vez, consecutiva ou não. → **duodecacampeonato** (dè) *sm* (campeonato conquistado doze vezes, consecutivas ou não).

du.o.dé.ci.mo *num* **1**. Que ocupa a última posição, numa série de doze; décimo segundo: *morar no duodécimo andar*. **2**. Que resulta da divisão de um todo por doze; um doze avos: *ele não ganha um duodécimo do que ganha a mulher*. // *sm* **3**. O que, numa série, ocupa a posição correspondente ao número 12: *entre aqueles abacates, o duodécimo já está maduro*. **4**. Uma das doze partes iguais em que se dividiu um todo: a duodécima parte: *não me coube nem o duodécimo da herança*. **5**. Índice fixo da receita que o governo tem de repassar aos demais poderes: *é obrigação constitucional do Executivo repassar o valor integral do duodécimo ao Legislativo*. → **duodecimal** *adj* e *sm* (**1**. que se divide ou conta por séries de doze: *cota duodecimal*; **2**. diz-se do sistema numérico de base doze; **3**. que está na relação de um para doze: *repasse duodecimal*; **4**. que tem por base o número doze: *regime duodecimal*).

du.o.dé.cu.plo *num* Doze vezes maior.

du.o.de.no *sm* A primeira parte do intestino delgado, entre o estômago e o jejuno. → **duodenal** *adj* (rel. ou pert. ao duodeno).

du.pla *sf* **1**. Grupo de dois seres juntos, da mesma espécie. **2**. Grupo de duas pessoas que sempre atuam juntas em jogo, dança, canto, competição, etc.: *dupla de vôlei de praia*.

dú.plex (x = ks) ou **du.plex** (x = ks) *adj* **1**. De duas partes, duplo, dúplice: *folha dúplex*. **2**. Que permite transmissão simultânea de duas mensagens, em direções opostas, num mesmo canal: *telefonia dúplex*. **3**. Que tem duas unidades operando simultaneamente no mesmo sistema. // *sm* **4**.

Redução de *apartamento dúplex*, aquele cujas dependências se localizam em dois pisos ou pavimentos, interligados por uma escada interna. (A prosódia oxítona é a generalizada, mas não a aconselhável.)

du.pli.car *v* **1**. Multiplicar por dois; tornar duplo; dobrar: *duplicar uma rodovia.* **2**. *P.ext*. Aumentar, intensificar: *duplicar os esforços, as pesquisas.* **3**. Tornar-se maior outro tanto; dobrar: *a arrecadação duplicará, se os impostos baixarem.* → **duplicação** *sf* (ato ou efeito de duplicar); **duplicado** *adj* (repetido) e *sm* (cópia, reprodução); **duplicador** (ô) *adj* e *sm* (que ou o que duplica) e *sm* (máquina que tira cópias a partir de uma matriz especial: *o mimeógrafo é um duplicad*or); **duplicativo** *adj* (que duplica: *método duplicativo*).

du.pli.ca.ta *sf* **1**. Título de crédito com promessa de pagamento do valor nela consignado. **2**. Cópia exatamente igual a um original.

dú.pli.ce *adj* **1**. Dobre (1). **2**. Que é uno, mas dividido em duas partes: *o* **x***, em* **fixo***, apresenta o fonema dúplice* **ks**. **3**. Que serve a dois fins; ambíguo: *a atitude dúplice do candidato comprometeu-o junto ao eleitorado*. **4**. Duplo (3). **5**. Diz-se daquele que procura parecer o que não é; fingido, falso, hipócrita. → **duplicidade** *sf* (**1**. característica, estado ou condição do que é duplo: *duplicidade de nota fiscal; pagamento feito em duplicidade*; **2**. característica de quem finge o que não é; falsidade; fingimento; dissimulação).

du.plo *adj* **1**. Dobrado, dúplice. **2**. Composto de duas partes iguais; dúplice. **3**. Que permite trânsito nos dois sentidos; dúplice (4).

du.que *sm* **1**. Título nobiliárquico da monarquia imediatamente superior ao de marquês e imediatamente abaixo do de príncipe. **2**. Carta de jogo. · Fem. (1): *duquesa* (ê). · V. **ducado**.

du.ran.te *prep* **1**. No curso ou duração de: *ela baba durante a noite!* **2**. Pelo espaço de: *a criança se aquietou apenas durante alguns minutos.* **3**. À época de: *ele viaja durante as férias*.

du.rar *v* **1**. Continuar a existir, ter duração: *a reunião durou uma hora*. **2**. Viver, existir: *a gente desta região dura muito*. **3**. Resistir, aguentar: *esta camisa está durando bastante*. **4**. Ser suficiente, bastar: *os mantimentos só duraram uma semana*. → **durabilidade** *sf* (qualidade do que é durável); **duração** *sf* (espaço de tempo durante o qual algo acontece ou dura; tempo que medeia o princípio e o fim de uma coisa); **duradouro** *adj* (**1**. que dura; durativo; **2**. que há de durar muito); **durão** *adj* e *sm* (**1**. que ou aquele que é rigoroso, muito enérgico: *professor durão*; **2**. que ou aquele que resiste a emoção ou a comoção: *ele é durão, não chora de jeito nenhum*), de fem. *durona*; **durativo** *adj* (**1**. que dura; duradouro: *remédio de efeito durativo*; **3**. diz-se do aspecto verbal que exprime um processo em desenvolvimento; cursivo, progressivo: *o imperfeito do indicativo é um tempo durativo*); **durável** *adj* (diz-se de qualquer coisa forte e duradoura).

du.rim-du.rim *sm* Brincadeira que se faz com bebês, assim que começam a ficar em pé, equilibrando-os pelos pés na palma da mão. · Pl.: *durim-durins*.

du.ro *adj* **1**. Sólido e firme de tocar. **2**. Difícil de ceder; rijo, consistente. **3**. Intenso na força, violento. **4**. Rigoroso, severo. **5**. Difícil de suportar. **6**. Ofensivo. **7**. Ereto, rijo. **8**. Firme, consistente. **9**. *Pop*. Sem dinheiro, liso. · Antôn.: *mole*. → **durão** *adj* (muito duro: *esse pão já está mais do que duro, está durão*) e *adj* e *sm* (*fig*. **1**. que ou aquele que não demonstra facilmente suas emoções ou sentimentos; **2**. que ou aquele que é firme ou inflexível em suas atitudes), de fem. *durona*; **dureza** (ê) *sf* (qualidade, estado ou propriedade do que é duro.)

DUT *sm* Acrônimo de *d*ocumento *ú*nico de *t*ransferência, utilizado para a venda do veículo e o que fica em poder do proprietário. · Pl.: *DUTs*.

du.to *sm* V. **ducto**.

duty-free-shop [ingl.] *loc sf* Loja que vende mercadorias isentas de impostos alfandegários, geralmente em aeroportos, portos e navios. (Usa-se também apenas *free shop*.) · Pl.: *duty-free-shops*. · Pronuncia-se *dúti-fri-chóp*.

dú.vi.da *sf* **1**. Falta de certeza que leva a uma hesitação ou insegurança do espírito. **2**. Incerteza, ceticismo. **3**. Ponto obscuro ou não muito claro que fica após uma explicação. · Antôn.: *certeza*. · V. **dubitativo**. → **duvidar** *v* (**1**. ter dúvida sobre: *duvido que ele seja meu amigo*; **2**. não acreditar: *sou mágico; duvida?*; **3**. desconfiar, suspeitar: *duvido do que ele diz*), de antôn. *crer*; **duvidoso** (ô; pl.: ó) *adj* (**1**. que oferece dúvida; discutível; **2**. que sente dúvida, incerteza ou ceticismo). ·· **Estar em dúvida**. Hesitar, vacilar. ·· **Fora de dúvida**. Certamente, indubitavelmente, sem dúvida. ·· **Por via das** (ou **de**) **dúvida(s)**. Como medida de segurança: Dê mais uma volta na fechadura, por via das dúvidas! Leve um pouco mais de dinheiro, por via de dúvida! ·· **Sem dúvida**. Indubitavelmente; fora de dúvida.

du.zen.tos *num* **1**. Duas vezes cem (200, CC). **2**. Ducentésimo: *página duzentos*. // *sm* **3**. Algarismo representativo desse numeral: *você fez um duzentos malfeito*. · Ordinal e fracionário: *ducentésimo*.

dú.zia *sf* **1**. Doze coisas coletivamente, geralmente da mesma natureza. // *sfpl* **2**. *Fig*. Grande quantidade: *ter dúzias de problemas*. · Abrev.: **dz**. (tanto do singular quanto do plural).

DVD *sm* Sigla inglesa de *d*igital *v*ideo *d*isk, disco digital que arquiva som, imagem e outras informações. · Pl.: *DVDs*. · Pronuncia-se *di vi di* (à inglesa) ou *dê vê dê* (à portuguesa).

E

e/E *sm* Quinta letra do alfabeto (de nome *é*). · Pl.: os *es* ou os *ee* (em ambos os casos se lê *és*).

e *conj* Indica geralmente adição: *meninos e meninas*.

é.ba.no *sm* **1**. Árvore de madeira escura e dura. **2**. Essa madeira, usada em móveis e chaves de piano. **3**.*P.ext.* Cor preta brilhante e muito forte: *sansei de cabelos de ébano*.

e.bo.la *sf* **1**. Doença causada por um vírus, caracterizada por hemorragias interna e externa, febre alta, vômito e perturbações do sistema nervoso central, transmitida pelo ar ou por contato corporal com pessoa infectada. // *sm* **2**. Esse vírus.

e-book [ingl.] *sm* Redução de *electronic book*, publicação de livro em formato digital que consiste em texto, imagens, etc., legível na tela de computador, *tablet* ou *smartphone*, podendo seu conteúdo ser em formato *PDF* ou *ePub*; livro eletrônico ou digital. · Pl.: *e-books*. · Pronuncia-se *i-buk*.

é.brio *adj* e *sm* **1**. Alcoólatra, bêbado. **2**. *Fig.* Que ou aquele que está transtornado, em virtude de sentimento muito forte (paixão, ódio, fúria, etc.). **3**. *Fig.* Que ou aquele que está ávido ou sedento. → **ebriático** *adj* (que provoca ebriedade; que embriaga); **ebriedade** *sf* (embriaguez, bebedeira).

e.bu.li.ção *sf* **1**. Fervura: *o ponto de ebulição da água é de 100°C*. **2**. *Fig.* Grande agitação ou excitação. → **ebuliente** ou **ebulitivo** *adj* (fervente); **ebulir** *v* (ferver), que se conjuga por *fugir*.

e.char.pe *sf* Faixa longa de lã ou de seda, usado sobre os ombros ou em volta do pescoço ou da cabeça, mais como adorno do que como agasalho.

e.clamp.si.a ou **e.clâmp.sia** *sf* Acesso de convulsões durante ou imediatamente após a gravidez, caracterizado por coma, edema, hipertensão, etc., com perda quase completa da sensibilidade. → **eclâmptico** *adj* (rel. a eclampsia).

e.cler *sm* Doce de confeitaria, de formato longo, oco, feito com massa de farinha de trigo e diversos recheios cremosos, com cobertura de calda de chocolate endurecida; bomba. · Pl.: *ecleres*.

e.cle.si.ás.ti.co *adj* **1**. Relativo ou pertencente à Igreja. // *sm* **2**. Todo aquele que pertence à classe sacerdotal, do Papa até o mais humilde capelão. · Antôn. (1): *leigo, secular*.

e.clé.ti.co *adj* **1**. Relativo ou pertencente a uma classe de filósofos antigos que não pertenciam ou não fundaram nenhuma escola de pensamento reconhecida, mas selecionaram doutrinas de várias escolas de pensamento. **2**.*P.ext.* Composto por elementos extraídos de várias fontes ou estilos: *ele tem um gosto musical eclético, aprecia jazz, country, bossa nova, bolero, mas se recusa a aceitar o sertanejo*. **3**. Partidário dos princípios do ecletismo. // *adj* e *sm* **4**. *Fig.* Que ou aquele que obtém ideias, estilo ou gosto de uma ampla e diversa gama de fontes: *é uma universidade que oferece uma mistura eclética de cursos*.// *sm* **5**. Aquele que pratica métodos ecléticos em filosofia, ciência ou arte. → **ecletismo** *sm* (**1**. método filosófico que consiste em escolher entre vários sistemas filosóficos as teses que parecem mais aceitáveis, para formar um corpo de doutrina; **3**. doutrina assim formada; **4**. *fig.* seleção do melhor de várias doutrinas, métodos ou estilos; **5**. *fig.* atitude de quem se interessa por todos os assuntos).

e.clip.se *sm* **1**. Desaparecimento total ou parcial de um astro por interposição de outro. **2**. Período em que a luz do farol de navegação fica apagada, entre um lampejo e outro. **3**. *Fig.* Declínio ou decadência moral, intelectual, etc.: *sua reputação caiu em eclipse*. **4**. *Fig.* Desaparecimento de uma pessoa do local que frequentava ou pelo qual circulava; sumiço.→ **eclipsar** *v* (**1**. esconder ou ocultar por eclipse: *a Lua eclipsou o Sol*; **2**. *fig.* tirar o brilho ou o prestígio de; ofuscar, apagar: *é um vice que eclipsa o presidente*); **eclipsar-se** [**1**. esconder-se (um astro) na sombra de outro; **2**. desaparecer, sumir-se: *seu entusiasmo se eclipsou depois que soube da notícia*]; **eclíptico** *adj* (rel. a eclipse).

e.clo.dir *v* **1**. Começar de repente: *eclodiu a guerra*. **2**. Aparecer, surgir: *em março de 2020 eclodiu a pandemia; conflitos sociais vão acabar eclodindo, mais cedo ou mais tarde*. **3**. Abrir-se, rebentar, desabrochar: *eis que mais um botão eclode*. **4**. Emergir da casca do ovo ou do invólucro da pupa. · Para a gramática tradicional, conjuga-se apenas nas terceiras pessoas, mas, a exemplo de *explodir*, já se vai consagrando sua conjugação integral: *eclodo, eclodes*, etc. → **eclosão** *sf* (ato ou efeito de eclodir).

é.clo.ga ou **é.glo.ga** *sf* Poesia pastoril dialogada, entre pastores.

e.clu.sa ou **es.clu.sa** *sf* Represa feita em rio ou canal, para facilitar a navegação.

e.co *sm* **1**. Fenômeno físico que consiste na repetição de um som causado pela reflexão das ondas sonoras. **2**.*P.ext.* Esse som: *gritei na caverna e ouvi o eco de minha voz*. **3**. *Fig.* Repercussão positiva; boa acolhida; aceitação, adesão: *a Revolução de 1964 teve eco no seio da sociedade*. **4**.*P.ext.* Pessoa que repete as palavras, os atos e as ideias de outra. **5**. *Fig.* Vestígio, sinal: *há ecos de passos no corredor*. **6**. Processo de medição de distâncias entre astros, pela reflexão de radiofrequência. **7**. Vício de linguagem que consiste na repetição desagradável de terminações iguais (p. ex.: *Vicente não sente tanta dor de dente como antigamente, quando morava na casa de um parente*). → **ecoar** *v* (**1**. fazer produzir ou produzir eco; repercutir: *a montanha ecoa nossos gritos; nossos gritos ecoam no vale*; **2**. *fig.* repetir, imitar: *as crianças andam a ecoar as palavras dos seus professores*), que se conjuga por *abençoar*; **ecoico** (ói) *adj* (que faz eco ou que tem relação com o eco). ·· **Encontrar eco**. Ter boa acolhida; receber todo o apoio: *Sua teoria não encontrou eco na comunidade científica*.

e.co.a.ti.tu.de (è) *sf* Comportamento que leva em conta a preservação ambiental (combate à poluição e ao desmatamento, economia de água potável, preservação das espécies animais, etc.)

ecobag [ingl.] *sf* Sacola ecológica, feita de algodão ou de lona, cem por cento biodegradável, usada para transportar compras, em substituição às sacolas de plástico, não biodegradáveis, prejudiciais ao ambiente. · Pl.: *ecobags*. · Pronuncia-se *ècobég*.

e.co.ca.tás.tro.fe (è) *sf* Grande ruptura do equilíbrio ecológico; desastre de grandes proporções sobre o meio ambiente (p. ex.: vazamento de petróleo no mar). → **ecocatastrófico** (è) *adj* (rel. a ecocatástrofe); **ecocatastrofista** (è) *adj* e *s2gên* (que ou pessoa que vê a iminência de uma ecocatástrofe), palavra esta sem registro na 6.ª ed. do VOLP.

e.co.che.que (è) *sm* Técnica de controle de erros que consiste em o computador retornar os dados transmitidos para verificação de sua correção. (A 6.ª ed. do VOLP não registra esta palavra.)

e.co.cí.dio (è) *sm* Destruição deliberada ou irresponsável de grandes áreas do meio ambiente: *o uso de pesticidas configura um ecocídio, assim como o desmatamento indiscriminado*. → **ecocida** (è) *adj* e *s2gên* (que ou pessoa que comete ecocídio).

e.co.con.su.mi.dor (è; ô) *sm* Consumidor com consciência ecológica, que procura evitar a compra de produtos que causem impacto negativo ao meio ambiente. (A 6.ª ed. do VOLP não registra esta palavra.)

e.co.cri.me (è) *sm* Crime praticado contra o meio ambiente: *o desmatamento da Amazônia é um ecocrime inominável contra todos os brasileiros*. → **ecocriminoso** (è; ó; pl.; ó) *adj* e *sm* (que ou aquele que comete ecocrime). (A 6.ª ed. do VOLP não acolheu esta palavra.)

e.co.de.sen.vol.vi.men.to (è) *sm* Processo de desenvolvimento econômico baseado na preservação do meio ambiente e dos recursos naturais: *desenvolvimento sustentado: promover o ecodesenvolvimento é ajudar as populações envolvidas a se organizarem e a se educarem, para que repensem seus problemas e identifiquem as suas necessidades*.

e.co.e.fi.ci.ên.cia (è) *sf* Estratégia de gestão empresarial que consiste em produzir bens e serviços utilizando menos recursos naturais (água, energia, matéria-prima), menos resíduos e menos riscos, com a mesma eficiência econômica. → **ecoeficiente** (è) *adj* (rel. a ecoeficiência). (A 6.ª ed. do VOLP não registra nem uma nem outra.)

e.co.em.pre.sa (è; ê) *sf* Empresa que prima por colaborar na defesa e na promoção da qualidade do meio ambiente, em todas as atividades, negócios, departamentos e projetos: *quando a empresa se torna uma ecoempresa, ela vende mais do que produtos e serviços de qualidade: vende uma nova alternativa*. **ecoempresariado** (è) *sm* (conjunto de todos os ecoempresários); **ecoempresarial** (è) *adj* (rel. a ecoempresa); **ecoempresário** (è) *sm* (dono ou diretor de ecoempresa).

(A 6.ª ed. do VOLP conseguiu registrar *ecoempresariado, ecoempresarial* e *ecoempresário*, mas não *ecoempresa*. Como assim?!)

e.co.la.rei.ra (è) *sf* Biolareira. (A 6.ª ed. do VOLP não registra a palavra.)

e.co.lo.gi.a *sf* **1**. Parte da biologia que estuda o relacionamento dos organismos entre si e com seu ambiente físico: *ele se especializou em ecologia*. **2**. Esse relacionamento: *a delicada ecologia das florestas tropicais; o derramamento de óleo causou grandes danos à frágil ecologia do litoral*. **3**. Defesa da proteção dos recursos naturais contra a poluição e seus efeitos; ambientalismo (1). → **ecológico** *adj* (rel. ou pert. à ecologia); **ecologista** *adj* e *s2gên* (**1**. especialista em ecologia; **2**. *p.ext.* que ou pessoa que se dedica ativamente à defesa da natureza em todos os seus aspectos; amante da ecologia; ambientalista); **ecólogo** *sm* (ecologista). ·· **Ecologia humana**. Parte da sociologia que estuda a relação do ser humano com o seu ambiente natural: *A ecologia humana é aquela que coloca gente nos ecossistemas e estuda suas relações e consequências*.

e.co.no.mi.a *sf* **1**. Ciência que trata da produção, armazenamento, distribuição e consumo de bens materiais e das riquezas: *ele se formou em economia*. **2**. Sistema segundo o qual o dinheiro, a indústria e o comércio de um país são organizados; sistema econômico de um país: *os Estados Unidos são uma economia altamente industrializada; o corte de impostos é fundamental para estimular a economia brasileira*. **3**. Uso de recursos de forma a evitar desperdício; emprego cuidadoso, moderado, dos recursos disponíveis: *economia de combustível, de energia, de água potável; é falsa a economia de comprar roupas baratas (elas não duram nada)*. **4**. Forma de usar o mínimo possível de algo: *escrever com grande economia de palavras*. **5**. Gestão das questões financeiras de uma empresa, família, comunidade ou governo: *a economia familiar; a economia socialista*. // *sfpl* **6**. Recursos financeiros acumulados; poupança, pé-de-meia: *ele administra bem suas economias*. **7**. Maneiras de economizar dinheiro: *as grandes empresas se beneficiam de economias de escala*. · Antôn. (3): *dissipação, desperdício, esbanjamento*. → **economês** *sm* (pop. linguajar de economistas, cheio de termos técnicos e muitas vezes bárbaros); **economiário** *adj* (rel. ou pert. à Caixa Econômica Federal ou a ela pertencente: *as loterias economiárias*) e *sm* (funcionário da Caixa Econômica Federal: *os economiários estão em greve*); **econômico** *adj* (**1**. rel. a economia: *minha vida econômica está um desastre!*; **2**. que oferece boa relação custo-benefício: *carro econômico; comprei o pacote econômico da agência de viagem; viajar na classe econômica*; **3**. que, além de fazer todas as despesas necessárias, ainda guarda dinheiro: *pai econômico*); **econômico-financeiro** *adj* (rel. a economia e a finanças ao mesmo tempo), de pl. *econômico-financeiros*; **economista** *s2gên* [especialista em economia (1)]; **economizar** *v* (**1**. poupar; **2**. racionalizar), de antôn. *desperdiçar, esbanjar*. ·· **Economia de mercado**. Sistema econômico no qual bens e serviços são produzidos e vendidos, sendo seus preços estabelecidos pelo equilíbrio entre a oferta e a demanda; economia baseada nas forças de oferta e procura (em oposição a *economia centralizada* ou *planejada*, dos países socialistas). ·· **Economia Política**. Ciência que se ocupa do estudo da produção e do comércio e suas relações com a lei, os costumes e o governo, além da distribuição da renda e riqueza nacionais: *Os economistas políticos estudam como as teorias econômicas, como capitalismo, socialismo e comunismo, funcionam no mundo real*.

e.co.pis.ta (è) *sf* Corredor destinado à circulação de pessoas a pé, de bicicleta ou a cavalo, ou a outras formas não motorizadas. (A 6.ª ed. do VOLP não registra a palavra.)

e.co.pon.to (è) *sm* Local de entrega voluntária de pequenos volumes de entulho (até 1m³), grandes objetos (móveis, poda de árvores, etc.) e material reciclável (vidro, papel, plástico, etc.), geralmente em contentores de grande dimensão que servem para fazer a coleta seletiva, objetivando a reciclagem. (A 6.ª ed. do VOLP não registra a palavra.)

e.co.pro.du.to (è) *sm* Qualquer produto fabricado, elaborado ou plantado de acordo com os princípios ecológicos, a fim de exercer o menor impacto possível sobre o meio ambiente. → **ecoprodução** (è) *sf* (produção de ecoprodutos); **ecoprodutor** (è; ô) *sm* (aquele que produz ecoprodutos). (A 6.ª ed. do VOLP não registra nenhuma dessas palavras.)

e.cos.fe.ra (è) *sf* Parte da atmosfera, de cerca de 4.000m acima do nível do mar, na qual é possível respirar normalmente, sem nenhum tipo de artifício ou ajuda, que compreende a biosfera e todos os fatores ecológicos que exercem influência sobre os organismos vivos nela existentes; conjunto de todos os ecossistemas da Terra. → **ecosférico** (è) *adj* (rel. a ecosfera).

e.cos.sis.te.ma (è) *sm* Sistema formado pela interação de uma comunidade ecológica (animais, plantas, bactérias) a seu meio ambiente; comunidade ecológica junto com seu meio, funcionando como uma unidade e mantendo um equilíbrio ecológico: *no ecossistema marinho há uma dependência entre todos os seus elementos*. → **ecossistêmico** (è) *adj* (rel. a ecossistema: *a visão ecossistêmica da saúde*). (A 6.ª ed. do VOLP registra *ecossistemático* em lugar de *ecossistêmico*.)

e.co.ter.ro.ris.mo (è) *sm* Defesa da ecologia ou do meio ambiente mediante ações terroristas; terrorismo ecologicamente motivado: *o ecoterrorismo é uma reação à violência ambiental*. → **ecoterrorista** (è) *adj* (rel. a ecoterrorismo) e *adj* e *s2gên* (que ou pessoa que pratica o ecoterrorismo). (A 6.ª ed. do VOLP registra *ecoterrorista*, mas não *ecoterrorismo*.)

e.co.tu.ris.mo (è) *sm* Turismo feito em pequena escala e caracterizado pelo respeito ao meio ambiente. → **ecoturista** (è) *adj* e *s2gên* (que ou pessoa que faz ecoturismo).

écran [fr.] *sm* **1**. Superfície branca destinada a receber imagens fotográficas ou cinematográficas por projeção; tela. **2**. Tela de cinema: *fui ao cinema do écran gigante*. **3**. Em informática, aparelho para exibição eletrônica de imagens ou dados em tela de cristal líquido (LCD), tela de plasma ou de LED; monitor. **4**. Lâmina de vidro de várias cores utilizada na seleção dos raios luminosos das fotos coloridas; filtro. · Pronuncia-se *ekRã*.

ecstasy [ingl.] *sm* Droga sintética alucinógena, que causa dependência e graves sequelas ao organismo. · Pronuncia-se *ékstassi*.

ECT *sf* Sigla de *Empresa Brasileira de Correios e Telégrafos*. · Pronuncia-se *é cê tê*.

ec.to.pa.ra.si.to (èc) *adj* e *sm* Que ou qualquer parasito que vive na superfície cutânea de um animal: *a pulga é um ectoparasito*. · Antôn.: *endoparasito*. → **ectoparasitário** (èc) ou **ectoparasítico** (èc) *adj* (rel. a ectoparasito ou causado por ele).

ec.to.plas.ma (èc) *sm* **1**. Camada periférica ou externa do citoplasma de uma célula, distinta do endoplasma. **2**. Suposta substância vaporosa e luminosa que emana do corpo do médium em transe. → **ectoplasmático** (èc) ou **ectoplásmico** (èc) *adj* (rel. a ectoplasma).

e.cú.me.na *sf* ou **e.cú.me.no** *sm* **1**. Área da Terra ocupada pelo homem e permanentemente apta para a vida humana. // **ecúmeno** *adj* **2**. Diz-se dessa área. · Antôn.: *anecúmena, anecúmeno*. → **ecumênico** *adj* (v. **ecumenismo**).

e.cu.me.nis.mo *sm* Movimento que promove a unificação entre as igrejas cristãs. → **ecumênico** *adj* (**1**. rel. ao ecumenismo ou ao ecúmeno; **2**. rel. a toda a Terra habitada; universal; **3**. rel. a toda comunidade cristã: *concílio ecumênico*; **4**. *fig.* que envolve ou contém uma mistura de diversos elementos, princ. internacionais: *movimento ecumenista*); **ecumenista** *adj* (rel. a ecumenismo: *movimento ecumenista*) e *adj* e *s2gên* (que ou pessoa que é partidária do ecumenismo).

e.cu.ru *sm* Prato da culinária baiana, composto de massa de acarajé envolta em folha de bananeira, cozida em banho-maria e diluída em mel.

ec.ze.ma *sm* Inflamação aguda ou crônica da pele, não contagiosa, caracterizada por pequenas vesículas muito próximas umas das outras, vermelhidão, crostas e muita coceira. → **eczematoso** (ô; pl.: ó) *adj* e *sm* (que ou quem está com eczema).

e.de.ma *sm* Inchaço sem vermelhidão nem dor de uma parte do corpo, causado por excesso de líquido retido nos tecidos do corpo: *embora o edema possa afetar qualquer parte do corpo, nota-se mais nas mãos, pés, tornozelos e pernas*. → **edemático** *adj* (**1**. rel. a edema; **2**. que tem edema; edematoso: *paciente edemático*); **edematoso** (ô; pl.: ó) *adj* [edemático (2)].

Éden *sm* **1**. Jardim onde, segundo a Bíblia, os primeiros seres humanos viviam em perfeita paz, harmonia e felicidade, antes de desobedecerem a Deus, ao comerem o fruto da árvore do conhecimento, e por Ele serem expulsos; Paraíso. **é.den 2**. *Fig.* Lugar encantador, de beleza natural intocada e abundante; paraíso: *a Mata Atlântica era um éden, antes de o bicho-homem se encantar por ela e destruí-la*. **3**. *Fig.* Lugar ou estado de grande prazer ou felicidade: *lembro-me, às vezes com certa emoção, do éden perdido de minha infância; a nova livraria é um éden para os amantes de livros*.

e.di.ção *sf* **1**. Ato ou efeito de editar. **2**. Conjunto de exemplares de uma publicação impressa, tirados do mesmo fotolito, uma ou mais vezes, sem nenhuma alteração ou emenda. **3**. Cada um desses exemplares. **4**. Noticiário de rádio ou televisão. **5**. Trabalho de preparar as matérias, selecionando os principais assuntos desenvolvidos, suprimindo ou diminuindo outros, tornando-as prontas para a divulgação, em jornalismo e em televisão. · Abrev.: *ed.* · V. **editar** e **editor**.

e.dí.cu.la *sf* **1**. Nicho para colocar imagem de santo. **2**. Pequena capela. **3**. Pequena casa de acabamento ordinário, geralmente construída nos fundos do terreno, para abrigo de caseiros, empregados ou para guardar coisas.

e.di.fi.car *v* **1**. Levantar (uma construção) a partir do solo; construir, erguer: *edificar prédios, escolas, igrejas*. **2**. Levantar, erguer ou construir (qualquer coisa) desde a base, para atingir objetivos justos ou nobres; fundar, instituir, estabelecer: *nosso desafio hoje é edificar o Brasil; precisamos edificar uma sociedade digna, mais justa*. **3**. Induzir à virtude pelos bons exemplos: *os políticos têm o compromisso de edificar as novas gerações, e não de corrompê-las*. **4**. Infundir sentimentos morais e religiosos: *gibi não é leitura que edifica*. **edificar-se 5**. Receber impressões edificantes ou instrutivas: *antigamente os filhos se edificavam no exemplo dos pais; hoje se corrompem no exemplo dos pseudo-amigos*. · Antôn. (1): *destruir*; (3): *corromper*. → **edificação** *sf* [**1**. ato, processo ou efeito de edificar(-se); **2**. construção de edifício; **3**. obra construída; prédio]. **edificador** (ô), **edificante** ou **edificativo** *adj* (que edifica ou aperfeiçoa moral ou espiritualmente; que moraliza; moralizador: *campanha edificadora*); **edificante** *adj* (**1**. edificador, edificativo; **2**. instrutivo, esclarecedor: *exemplo edificante*; **3**. que serve de bom exemplo: *gesto edificante*); **edifício** *sm* (prédio de mais de dois andares); **edifício-garagem** *sm* (prédio destinado exclusivamente à guarda de veículos), *pl.*: *edifícios-garagem* ou *edifícios-garagens*).

e.dil *s2gên* Vereador(a); camarista. → **edilício** ou **edílico** *adj* (rel. a edil); **edilidade** *sf* (**1**. função de edil; **2**. conjunto de vereadores de um município; câmara de vereadores).

e.di.tal *sm* **1**. Ordem ou aviso de autoridade, afixado em lugar público ou publicado na imprensa. // *adj* **2**. Que se dá a conhecer mediante afixação ou publicação de edital: *uma intimação edital*.

e.di.tar *v* **1**. Organizar e preparar tecnicamente (originais ou textos de um autor) para publicação ou apresentação, corrigindo, revisando ou adaptando; editorar: *editar um dicionário; editar livros didáticos*. **2**. Modificar ou adaptar para tornar aceitável: *editou seus artigos, para apresentação a um público mais jovem*. **3**. Reunir os componentes de (reportagens, filme, teipe, trilha sonora, etc.), fazendo cortes, dispondo em determinada ordem, etc., para apresentação ao público: *editar um telejornal*. **4**. Em informática, alterar de alguma forma (texto, documento ou programa), modificando-o ou mudando a sua formatação ou imagem.

e.di.to *sm* Ordem emanada de autoridade judicial ou legislativa, com força de lei. (Não se confunde com *édito*.) → **edital** *adj* (rel. a edito).

é.di.to *sm* Mandado judicial publicado por edital, a fim de que todos dele tomem conhecimento. (Não se confunde com *edito*.) → **edital** *adj* (rel. a édito).

e.di.tor (ô) *sm* **1**. Aquele que edita alguma coisa ou dirige determinado departamento de periódico ou de televisão. **2**. Programa que permite escrever textos. → **editora** (ô) *sf* (**1**. fem. de *editor*; **2**. empresa que publica obras impressas ou gravadas); **editoração** *sf* (ato ou efeito de editorar); **editorar** *v* [editar (1)]; **editor-chefe** (sem registro na 6.ª ed. do VOLP) *sm* (jornalista que tem a responsabilidade final do conteúdo e da política de uma publicação), de *pl. editores-chefes*; **editoria** *sf* (setor ou departamento de editora, jornal, revista ou televisão sob a responsabilidade de um editor); **editorial** *adj* (rel. a editor ou a editoração) e *sm* (**1**. artigo que, numa publicação, expressa a opinião de seus editores; **2**. comentário que, na televisão ou no rádio, exprime a opinião dos donos da emissora); **editorialista** *s2gên* (jornalista que escreve o editorial de um jornal ou revista).

e.dre.dom ou **e.dre.dão** *sm* Cobertura acolchoada para cama; acolchoado.

e.du.ca.ção *sf* **1**. Ato ou processo de educar ou de ser educado. **2**. Processo de ensino e de aprendizagem sistemático, princ. em escola, para garantir a formação e o desenvolvimento do ser humano: *o Brasil precisa dar maior importância à educação*. **3**. Conhecimento obtido nesse processo: *muitas crianças recebem educação em casa*. **4**. Tipo específico de ensino: *educação sexual*. **5**. Instituição ou conjunto de pessoas envolvidas no ensino e formação: *secretaria da Educação; deve haver maior intercâmbio entre educação e indústria*. **6**. Desenvolvimento metódico e regular para alcançar um aprimoramento: *promover a educação da memória, através do exercício das palavras cruzadas; a educação do ouvido*. **7**. Comportamento que obedece às regras vigentes numa sociedade; civilidade, polidez, urbanidade: *falta de educação não é algo que se espera de um presidente*. → **educacional** ou **educativo** *adj* (**1**. rel. a educação; **2**. que propicia educação: *propaganda educacional, filme educativo*); **educado** *adj* (que tem ou revela educação); **educador** (ô) *adj* e *sm* (que ou aquele que tem o nobre ideal ou missão de educar, ilustrar a razão, melhorar o entendimento, aperfeiçoar o coração e suavizar os usos e costumes do educando); **educandário** *sm* (estabelecimento onde se educa; instituição beneficente que recebe educandos, geralmente órfãos e filhos de pais carentes, para ajudar na sua formação); **educando** *sm* (aquele que está sendo educado; aluno), de fem. *educanda*; **educar** *v* [**1**. fazer (alguém) ter os hábitos e os conhecimentos necessários para viver em sociedade; **2**. tornar mais refinado; apurar]. ·· **Educação especial**. Conjunto de medidas de reeducação de crianças desajustadas e deficientes ou de reinserção social de delinquentes.

e.fe *sm* Nome da letra *f*. · Pl.: os *efes* ou os *ff*. ·· **Com todos os efes e erres**. **1**. Com todo o capricho: *Falou com todos os efes e erres*. **2**. Em detalhes, em minúcias: *Contou tudo o que sabe com todos os efes e erres*.

e.fei.to *sm* **1**. Aquilo que acontece como resultado necessário ou acidental de uma causa; consequência: *o vazamento de radiação teve efeito desastroso no meio ambiente*. **2**. Propósito, fim, finalidade: *queria comprar um carro importado, mas não tem dinheiro suficiente para esse efeito*. **3**. Poder ou capacidade de produzir um resultado; eficácia: *as vacinas têm efeito*. **4**. Influência; *ela está sob o efeito de ansiolítico*. **5**. Influência moral ou psicológica; impressão, impacto: *esse filme causou grande efeito no público; os pais estão preocupados com os efeitos que os videogames produzem no comportamento do adolescente; a derrota teve um efeito avassalador no ânimo da equipe*. **6**. Impressão fantasiosa; sensação: *certas cores dão efeito de ser quentes*. **7**. Produção de sentimento ou reação favorável de outrem: *essas lágrimas dela são só para efeito, porque seu desejo mesmo era obter a pena ou compaixão das pessoas*. **8**. Dano moral ou físico: *os efeitos da injustiça social; os efeitos da covid-19*. **9**. Batida ou impulso que se dá a uma bola de bilhar, de futebol, etc. com o fim de que ela tome movimento excêntrico, contrário à lógica. **10**. Sucesso, êxito: *a energia eólica pode ser usada com grande efeito*. **11**. Fenômeno científico, geralmente nomeado após o seu descobridor: *o efeito Doppler*. **12**. Série de consequências advinda de um determinado comportamento pessoal ou de governo: *o efeito Trump no Brasil; o efeito Lula no dólar em 2002 repetiu-se em 2022*? // *smpl* **13**. Iluminação, som ou cenário usado em peça, filme ou transmissão, a fim de fazer algo que não existe parecer real: *é um filme que vale a pena ver por causa de seus efeitos espetaculares*. · Antôn. (1): *causa*. ·· **Com efeito**. De fato, na verdade: *Com efeito, o Brasil precisa muito de reformas*. ·· **Efeitos especiais**. Produção de sons, cenários e imagens incomuns ou impressionantes, através de recursos técnicos; trucagem. ·· **Efeito (de) estufa**. Processo que ocorre quando os gases na atmosfera da Terra aprisionam ou prendem o calor do Sol, aquecendo a atmosfera do planeta; aquecimento da atmosfera terrestre causado pela poluição do ar. ·· **Efeito dominó**. Sucessão inevitável de fatos, geralmente negativos, desencadeada por um fato inicial. ·· **Efeito colateral** (ou **secundário**). Consequência indesejada do uso de um medicamento. ·· **Fazer efeito**. Produzir o resultado ou eficácia esperada: *O analgésico ainda não fez efeito*. ·· **Jogada de efeito**. Jogada difícil, para agradar à torcida. ·· **Levar a efeito**. Executar, realizar. ·· **Para todos os efeitos**. Praticamente, virtualmente: *Sua decisão de bombardear Bagdá foi, para todos os efeitos, uma declaração de guerra. Para todos os efeitos, quem responde pela presidência, na vacância do cargo, é o vice-presidente*.

e.fe.mé.ri.de *sf* **1**. Tabela que dá as posições futuras de um planeta, cometa ou satélite. **2**. Almanaque astronômico contendo tal tabela. **3**. Fato importante ocorrido em determinada data. **4**. Celebração ou comemoração desse fato. // *sfpl* **5**. Livro onde se registra o cotidiano de pessoa importante. **6**. Seção de jornal ou livro na qual se publicam ou registram os fatos ocorridos no mesmo dia de ano, em diferentes épocas.

e.fê.me.ro *adj* Que dura muito pouco tempo, muito breve: *a vida é efêmera*. · Antôn.: *duradouro*. → **efemeridade** *sf* (qualidade ou caráter do que é efêmero).

e.fe.mi.na.do *adj* e *sm* V. **afeminado**.

e.fer.ves.cên.cia *sf* **1**. Agitação branda de um líquido que, excitado pelo calor, entra em ebulição ou fervura. **2**. Formação de bolhas gasosas dentro de um líquido. **3**. *Fig.* Grande agitação, excitação ou entusiasmo; excesso de vitalidade; vivacidade, impetuosidade: *é bom de ver a efervescência de uma grande torcida nos estádios.* → **efervescente** *adj* (**1**. que está em efervescência; **2**. *fig.* entusiasta, fervoroso: *a efervescente torcida do Flamengo*); **efervescer** *v* (**1**. entrar em efervescência: *assim que o leite efervescer, desligue o fogo!*; **2**. *fig.* exibir grande entusiasmo: *quando o time do Flamengo entra em campo, sua torcida efervesce*).

e.fe.ti.var *v* **1**. Cumprir, realizar ou levar a efeito (negócio, promessa, compromisso, obrigação, dever, etc.); efetuar (1): *efetivar uma compra, uma inscrição, uma matrícula.* **2**. Estabilizar ou fixar (em algum serviço ou trabalho); tornar efetivo: *efetivar os professores contratados; efetivar um treinador.* **efetivar-se 3**. Tornar-se realidade; realizar-se, efetuar-se: *são profecias que se efetivaram.* **4**. Fixar-se em serviço ou trabalho; tornar-se efetivo: *efetivar-se no cargo.* → **efetivação** *sf* [ato ou efeito de efetivar(-se)].

e.fe.ti.vo *adj* **1**. Que produz o resultado desejado, eficaz; *essa vacina será mesmo efetiva?* **2**. Verdadeiro, real: *carro com efetivos 500 cavalos-vapor; o governo efetivo do país é feito pela vice-presidente.* **3**. Adequado, satisfatório: *depois de três dias sem dormir, nenhum motorista consegue efetiva atenção no trânsito.* **4**. Fixo em serviço ou trabalho; estável, permanente: *professor efetivo.* // *sm* **5**. Totalidade de militares em serviço ou em disponibilidade: *exército com um efetivo de um milhão de soldados.* **6** Número de indivíduos pertencentes a um grupo: *o efetivo de médicos no Brasil não é suficiente para atender à demanda, princ. no interior do país.* **7**. Aquele que se encontra em exercício permanente e fixo de um cargo, função ou atividade. **8**. Ativo líquido de uma empresa ou comerciante. → **efetividade** *sf* (qualidade ou estado do que é efetivo).

e.fe.tu.ar *v* **1**. Efetivar (1): *efetuar pagamentos.* **2**. Fazer ou executar (operação matemática): *meus filhos já efetuam todas as quatro operações corretamente.* **efetuar-se 3**. Cumprir-se, realizar-se, efetivar-se: *são profecias que se efetuam uma a uma.* → **efetuação** *sf* [ato ou efeito de efetuar(-se)].

e.fi.caz *adj* Diz-se de qualquer pessoa ou coisa que produz benefícios, lucros, vantagens, etc. ou o efeito desejado: *funcionário eficaz; vacina eficaz; seus conselhos foram bastante eficazes na minha vida.* · Antôn.: *ineficaz.* · Superl. abs. sintético erudito: *eficacíssimo.* → **eficácia** *sf* (qualidade de eficaz), de antôn. *ineficácia.*

e.fi.ci.en.te *adj* Diz-se de pessoa ou coisa que dá ou obtém bons resultados com o mínimo de tempo, esforço, custo, consumo ou desgaste: *secretária eficiente; geladeira eficiente; carro eficiente.* → **eficiência** *sf* (qualidade de eficiente), de antôn. *ineficiência.*

e.fí.gie *sf* Representação em vulto ou relevo de uma pessoa em moeda, medalha, pintura ou escultura: *moeda cunhada com a efígie de Caxias.* (Não se confunde com *esfinge.*)

e.flo.res.cên.cia *sf* **1**. Período ou época em que as flores começam a aparecer numa planta. **2**. Esse aparecimento. **3**. *Fig.* Aparecimento, surgimento: *o povo está aguardando a eflorescência de uma verdadeira e íntegra liderança política no país.* **3**. *Fig.* Crescimento ou desenvolvimento rápido: *a eflorescência de organizações criminosas no Brasil.* **4**. Pó esbranquiçado ou cobre folhas, frutos, hastes de algumas plantas, resultante de secreção ou excreção própria desses órgãos, como na ameixa, pêssego, pera, quiuí, etc. **5**. Em dermatologia, qualquer erupção vermelha da pele. **6**. Em química, pó que aparece na superfície de tijolos, rochas, etc., quando a água evapora. → **eflorescente** *adj* (que está na eflorescência); **eflorescer** *v* (começar a florescer).

e.fó *sm* Prato da culinária baiana, feito de camarões secos e ervas, temperado com pimenta e azeite de dendê.

e.fu.são *sf* **1**. Em física, fluxo de gás sob pressão através de um pequeno orifício num recipiente: *houve ali uma efusão maciça de gás venenoso.* **2**. Em medicina, fuga de líquido de seus vasos naturais para uma cavidade ou tecido corporal. **3**. Esse fluido. **4**. *Fig.* Expressão repentina e descontrolada de sentimento; emoção incontida: *senti nela uma efusão de raiva e desespero.* **5**. *Fig.* Fervor nas preces e orações: *orar, levantando as mãos com efusão.* → **efusividade** *sf* (estado ou condição do que é efusivo); **efusivo** *adj* **1**. em que há efusão; **2**. *fig.* que denota boas-vindas, satisfação ou prazer de forma sincera: *eles nos deram uma recepção tão efusiva, que ficamos até sem graça; a ministra foi efusiva nos elogios ao presidente.*

3. *Fig.* que expressa grande e viva emoção: *minha tia era mais efusiva em casamentos e funerais.* **4**. *Fig.* que revela entusiasmo; fervoroso, veemente: *desejar efusivos votos de felicidade a alguém*; **5**. em geologia, diz-se da rocha formada pela solidificação do magma).

é.gi.de *sf* **1**. Escudo que pertencia à deusa grega Palas Atena. **2**. *Fig.* Proteção, amparo: *agir sob a égide do presidente; o cidadão de bem está sob a égide da Justiça.*

Egito *sm* País africano, no mar Mediterrâneo, de área correspondente à dos estados de Mato Grosso e Santa Catarina juntos. → **egípcio** *adj* e *sm.*

é.glo.ga *sf* V. **écloga**.

e.go *sm* **1**. O eu distinto do mundo e de outros seres; o indivíduo como ser autoconsciente: *elogios sempre massageiam o ego de qualquer pessoa.* **2**. *Fig.* Senso de autoestima ou de seu próprio valor; amor-próprio; *o NÃO dela foi uma bofetada para o ego do rapaz; seu ego nunca iria admitir que estava errado.* **3**. Em psicanálise, parte da mente que faz a mediação entre o consciente e o inconsciente, responsável pelo teste da realidade e pelo senso da identidade pessoal. · V. **id** e **superego**.

e.go.cen.tris.mo *sm* Tendência a tomar sobre si próprio como o centro de todas as atenções e de todo o interesse. → **egocêntrico** *adj* e *sm* (que ou aquele que demonstra egocentrismo, que se acha o centro de todos os potos de interesse); **egocentrista** *adj* (rel. a egocentrismo) e *adj* e *s2gên* (que ou pessoa que é egocêntrica).

e.go.ís.mo *sm* Preocupação exagerada consigo próprio, com o próprio bem-estar, com esquecimento dos outros. · Antôn.: *altruísmo.* → **egoísta** *adj* (rel. a egoísmo) e *adj* e *s2gên* (que ou pessoa que demonstra egoísmo); **egoístico** *adj* (**1**. rel. a egoísmo ou a egoísta; **2**. que revela egoísmo: *atitude egoística*).

e.gré.gio *adj* **1**. Digno de apreço e de admiração, por sua grande importância e qualidades morais. **2**. Notável por suas obras ou feitos; ilustre. **3**. Eminente, distinto, insigne (diz-se de juiz ou de tribunal de justiça).

e.gres.so *adj* **1**. Que saiu ou que se afastou. **2**. Que deixou de pertencer a um grupo ou comunidade. // *sm* **3**. Aquele que deixou o estabelecimento penal, após o cumprimento da pena. · Antôn. (1 e 2): *ingresso.* → **egressão** *sf* (saída, afastamento).

é.grio *sm* Planta herbácea afim do agrião e também usada em saladas.

é.gua *sf* Fêmea do cavalo. (Voz: *bufar, fungar, ornejar, relinchar, rinchar.*) ·· **Lavar a égua** (ou **a alma** ou **a burra**). **1**. Ganhar muito dinheiro, honestamente ou em apostas. **2**. Vencer por goleada: *O Palmeiras lavou a égua em cima do Corinthians: 8 a 0!*

e.gum *sm* **1**. Aparição de espírito nas feitiçarias dos candomblés. **2**. Esse espírito.

êh *interj* Indica chamamento, espanto ou protesto.

êh-êh *interj* Indica surpresa, admiração: *êh-êh! isso não me está cheirando bem.*

ei *interj* Serve para chamar alguém: *ei, você aí!*

ei.a *interj* Serve para animar ou excitar: *eia! avante, eia!*

ei.ra *sf* **1**. Terreno liso e duro, usado para realizar diferentes trabalhos do campo, princ. debulhar, trilhar, secar e limpar legumes e cereais. **2**. Terreiro onde se deposita o sal retirado das salinas. ·· **Sem eira nem beira**. Sem posses; muito pobre; paupérrimo, miserável: *Nas minhas viagens pela África, encontrei povos sem eira nem beira.*

Eire *sm* País das ilhas britânicas, também conhecido como República da Irlanda, de área correspondente à dos estados do Espírito Santo e de Alagoas juntos. → **eirense** *adj* e *s2gên.*

eis Elemento de força adverbial ou verbal, equivalente de *aqui está (estamos, estão), veja: eis o meu currículo; eis-nos de volta; ei-los de volta; eis-me apaixonado novamente.* ·· **Eis que**. Subitamente, de repente; eis que, então: *Eis que, então, para surpresa geral, surge ela, encantadora, maravilhosa.* (Não se usa corretamente indicando causa, substituindo *porque*, como fazem certos advogados.) ·· **Eis senão quando**. De repente; de modo inesperado; eis que: *Caminhávamos tranquilos pela floresta, eis senão quando surge um leão.*

ei.ta *interj* Indica contrariedade, surpresa, alegria ou admiração: *eita, o frio chegou com tudo!*

ei.xo *sm* **1**. Linha imaginária em torno da qual um corpo executa o movimento de rotação: *a Terra gira em torno do seu eixo uma vez a cada 24h.* **2**. Em geometria, linha reta imaginária que passa pelo centro de um sólido simétrico, sobre a qual uma figura plana pode ser concebida girando, para gerar o sólido. **3.** Linha imaginária que divide algo em metades, iguais ou quase iguais, princ. na direção do seu maior comprimento, como a linha que atravessa o corpo da cabeça aos pés, determinando os lados esquerdo e direito. **4.** Em botânica, caule principal de uma planta, em torno do qual ramos e folíolos estão dispostos. **5.** Alinhamento entre países para promover seus propósitos: *o eixo sino-russo.* **6.** Uma das três ou quatro linhas imaginárias usadas para definir as faces de um cristal e a posição dos seus átomos. **7.** *Fig.* Ponto principal ou centro dos acontecimentos. **Eixo** *sm* **8.** Conjunto dos três países (Alemanha, Itália e Japão) que, durante a Segunda Guerra Mundial, lutaram contra os Aliados. · Dim. erudito: *axículo* (x = ks).

e.ja.cu.lar *v* Lançar (sêmen ou pólen) em jatos. → **ejaculação** *sf* (ato de ejacular); **ejaculatório** *adj* (**1.** rel. a ejaculação: *controle ejaculatório*; **2.** através do qual se faz a ejaculação: *canal ejaculatório*; **3.** que contribui para a ejaculação).

e.je.tar *v* **1.** Projetar ou lançar ao exterior (particularmente assento de aeronave, com seu ocupante): *o piloto ejetou o seu banco a tempo, salvando a sua vida.* **2.** Expelir ou lançar vigorosamente, com força: *a máquina ejetou um punhado de cigarros.* **ejetar-se 3.** Projetar-se ou lançar-se ao exterior, juntamente com o assento da aeronave: *o piloto ejetou-se a tempo.* → **ejeção** *sf* [ação ou efeito de ejetar(-se)]; **ejetor** (ô) *adj* e *sm* (que ou aquilo que ejeta); **ejetos** *smpl* (matéria lançada à atmosfera por um vulcão em erupção); **ejetólito** *sm* (fragmento de rocha lançado por um vulcão).

e.lã *sm* **1.** Entusiasmo; inspiração, estro: *discursa com muito elã.* **2.** Vigor entusiástico; ardor: *o elã patriótico.* **3.** Arroubo, fervor, excitação: *juventude de elã revolucionário.* **4.** Disposição, energia, vontade: *começou o trabalho com o elã de sempre.*

e.la.bo.rar *v* **1.** Preparar gradualmente, com cuidado, detalhe e critério; organizar: *elaborar um dicionário.* **2.** Operar, produzir: *as abelhas elaboram a cera e o mel.* **3.** Modificar, convertendo em substância diferente: *o estômago elabora os alimentos.* **elaborar-se 4.** Formar-se, produzir-se: *o bolo fecal se elabora nos intestinos.* → **elaboração** *sf* [ato ou efeito de elaborar(-se)].

e.las.ta.no *sm* **1.** Fibra têxtil sintética, feita de poliuretano, usada para dar elasticidade aos tecidos. **2.** Tecido feito com essa fibra.

e.las.tex ou **las.tex** (x = ks) *sm* Malha com laicra, de grande versatilidade, para adultos e crianças, usada princ. em roupas íntimas, trajes esportivos e de banho.

e.las.ti.ci.da.de *sf* **1.** Propriedade que têm certos corpos de retomar a sua forma e medida originais, quando deixa de atuar a força que os deformava; flexibilidade: *maiô de boa elasticidade.* **2.** *Fig.* Agilidade física; flexibilidade: *a elasticidade de uma ginasta.*

e.lás.ti.co *adj* **1.** Que tem elasticidade, flexível: *cinta elástica.* **2.** Adaptável, ajustável: *regras elásticas.* // *sm* **3.** Fio ou tira de borracha, usada para apertar ou prender objetos.

e.le *sm* Nome da letra *l.* · Pl.: os *eles* ou os *ll.*

e.le (ê) *pron* Designa a 3.ª pessoa do masculino singular e indica a pessoa de quem se fala. · Fem.: *ela.*

electronic mail [ingl.] *loc sm* Correio eletrônico; *e-mail.* · Pl.: *electronic mails.* · Pronuncia-se *èletrônik mel.*

e.le.dá *sm* Anjo da guarda, na feitiçaria ou macumba carioca.

e.le.dê *sm* Porco, em alguns terreiros de rituais afro-brasileiros.

e.le.fan.te *sm* Mamífero paquiderme de grande porte (3m de altura e 5m de comprimento), que tem uma tromba. (Voz: *barrir, bramir, roncar, rugir, urrar.*) · Fem.: *elefanta* (e não "elefoa" nem "aliá".) → **elefântico** ou **elefantino** *adj* (de elefante ou próprio dele: *pegadas elefantinas; hábitos elefantinos*).

e.le.fan.te-ma.ri.nho *sm* Foca de grande porte que tem o lábio superior em forma de tromba inflável. · Pl.: *elefantes-marinhos.*

e.le.fan.tí.a.se *sf* Doença que deixa grossos os membros inferiores; paquidermia.

e.le.gan.te *adj* e *s2gên* **1.** Que ou pessoa que é benfeita de corpo e se veste com bom gosto e distinção: *mulher elegante.* **2.** Que ou pessoa que se mostra fina, gentil, distinta, polida: *eles foram muito elegantes conosco.* // *adj* **3.** Estiloso, bonito: *ele fica elegante de preto.* **4.** Diz-se do que é simples e modesto ou rico e suntuoso, mas contido pelo bom gosto: *a casa era pequena, simples, mas elegante.* **5.** Diz-se de animal que é esguio, tem graça e boa proporção de formas: *a gazela é um animal elegante.* **6.** Diz-se de lugar frequentado por pessoas requintadas ou pelo qual circulam pessoas de bom gosto, distintas; chique, charmoso, fino, sofisticado: *restaurante elegante; a Augusta, em São Paulo, era uma rua elegante, onde se viam lindas garotas.* **7.** Charmoso ou gracioso na aparência: *andar elegante, terno elegante.* **8.** Discreto(a), recatado: *foi elegante, não revelando as causas do divórcio.* **9.** De estilo impecável, apurado, correto, esmerado: *linguagem elegante.* · Antôn. (1): *brega, cafona*; (2); *grosseiro, mal-educado*; (8): *indiscreto, vulgar.* · Superlativo absoluto sintético: *elegantíssimo.* → **elegância** *sf* (**1.** qualidade de elegante; **2.** apuro e bom gosto no vestuário; **3.** aspecto físico de quem é esbelto, esguio, gracioso; **4.** recato no comportamento, nas maneiras, nas atitudes; distinção: *ele sempre agiu com muita elegância*; **5.** correção e esmero na linguagem).

e.le.ger *v* **1.** Escolher (um entre dois ou mais) mediante votação: *elegemos um presidente honesto?* **2.** Dar preferência a (um ou alguns, entre outros) mediante votação: *devemos eleger deputados incorruptíveis.* **eleger-se 3.** Alcançar ou conseguir suficiente número de votos para um cargo público: *ele se elegeu com muitos votos.* **4.** Conseguir um título importante num concurso, mediante votação: *ela se elegeu Miss Brasil com méritos.* → **elegendo** *sm* (o que há de ser eleito); **elegibilidade** *sf* (qualidade de quem é elegível); **elegível** *adj* (que pode ser eleito); **eleição** *sf* [ato ou efeito de eleger(-se)]; **eleiçoeiro** ou **eleitoreiro** *adj* (que só aparece à época de eleições: *políticos eleitoreiros*); **eleito** *adj* e *sm* (que ou aquele que foi escolhido mediante votação); **eleitor** (ô) *sm* (aquele que tem direito de voto numa eleição qualquer); **eleitorado** *sm* (conjunto de eleitores); **eleitoral** *adj* (rel. a eleições ou a eleitores).

e.le.gi.a *sf* Poemeto lírico, consagrado ao luto e à tristeza: *ela compôs uma elegia para o amigo que se foi tão precocemente.* → **elegíaco** *adj* (**1.** próprio da elegia: *poemas apavorantes e elegíacos*; **2.** *fig.* que expressa tristeza por falta de algo que já passou; *ouvi dele um lamento elegíaco pela juventude que há muito partiu*) e *adj* e *sm* (que ou aquele que compõe elegias); **elegíada** *sf* (poema elegíaco).

e.le.men.to *sm* **1.** Cada parte que entra na composição de alguma coisa. **2.** Cada uma das quatro substâncias (terra, ar, fogo e água) consideradas antigamente como constituintes fundamentais do universo físico ou material. **3.** Em química, componente fundamental, essencial e irredutível de uma entidade composta; corpo simples. **4.** Meio ambiente natural; *habitat.* **5.** Em matemática, parte infinitesimal de determinada quantidade, semelhante a ela em natureza. **6.** *Pej.* Sujeito, indivíduo: *o elemento entrou armado na casa exigindo dinheiro.* // *smpl* **7.** As primeiras noções, rudimentos. **8.** Dados. → **elementar** *adj* (**1.** rel. a elemento; simples, indecomponível: *molécula elementar*; **2.** De pouca profundidade; rudimentar, simples: *matemática elementar*; *curso elementar de informática*; **3.** básico, fundamental: *você cometeu um erro elementar; tomei as precauções mais elementares nas ruas de São Paulo, para evitar assalto*), de antôn (2): *complexo, complicado, intrincado*.

e.len.co *sm* **1.** Relação ou conjunto de artistas que atuam numa peça, filme, novela, etc. ou pertencem à mesma companhia. **2.** Lista ou rol de pessoas ou coisas em ordem alfabética. (Embora muito usado pela mídia esportiva brasileira, não convém usar "elenco" por *plantel.*) → **elencar** *v* (listar, relacionar, arrolar, enumerar: *o presidente elencou cinco eixos de sua gestão*).

e.le.pê (ê) *sm Long-play*, bolachão.

e.le.rão *sm* Dispositivo móvel ou articulado de uma asa que pode ser abaixado ou elevado, para controlar o movimento da aeronave; *aileron.*

e.le.ti.vo *adj* **1.** Relativo a eleição; eleitoral: *resultado eletivo.* **2.** Preenchido ou obtido por eleição: *a presidência é um cargo eletivo.* **3.** Diz-se de qualquer procedimento médico não emergencial, que não é essencial para a sobrevivência do paciente: *qualquer cirurgia plástica é eletiva, assim como um peeling.* **4.** Que permite escolha; optativo: *disciplinas eletivas de um curso.* → **eletividade** *sf* (qualidade de eletivo).

e.le.tri.ci.da.de *sf* **1.** Uma das formas de energia. **2.** Utilização doméstica dessa energia. **eletricista** *adj* e *s2gên* (especialista em fazer ou reparar instalações elétricas); **eletricitário** *sm* (funcionário de companhia de energia elétrica); **elétrico** *adj* (**1.** rel. a eletricidade ou que a tem; **2.** que é movido ou operado por eletricidade); **eletrificação** *sf*; **eletrificar** *v* (**1.** suprir ou prover de energia elétrica; energizar: *eletrificar a zona rural*; **2.** equipar para uso de energia elétrica: *eletrificar uma cerca*); **eletrização** *sf* (processo de substituição de tecnologias que utilizam combustíveis fósseis, como carvão, petróleo e gás natural, por tecnologias que utilizam eletricidade como fonte de energia: *a eletrificação das ferrovias*); **eletrizante** *adj* (**1**. que eletriza; **2**. *fig*. que exalta e provoca grande entusiasmo: *discurso eletrizante*); **eletrizar** *v* [**1**.desenvolver as propriedades elétricas de (um corpo); **2**. *fig*. excitar, encantar, entusiasmar, arrebatar: *os discursos de Jânio Quadros eletrizavam os eleitores*).

e.le.tro.bom.ba (lè) *sf* Bomba rotativa acionada por motor elétrico.

ELETROBRAS ou **Eletrobras** (lè) *sf* Sociedade de economia mista brasileira, cuja razão social é *Centrais Elétricas Brasileiras S.A.*, criada em 1962, com sede em Brasília, responsável pela coordenação de todas as empresas do setor elétrico.

e.le.tro.car.di.o.gra.ma (lè) *sm* Registro gráfico dos batimentos cardíacos. → **eletrocardiografia** (lè) *sf* (técnica de registro da atividade elétrica do coração); **eletrocardiográfico** (lè) *adj* (rel. a eletrocardiografia ou ao eletrocardiógrafo); **eletrocardiógrafo** (lè) *sm* (aparelho com que se fazem eletrocardiogramas)

e.le.tro.cu.tar *v* **1**. Matar com descarga elétrica: *um raio eletrocutou o lavrador*. **2**. Executar (condenado) por meio de corrente elétrica. · V. **eletroplessão**. → **eletrocussão** *sf* (**1**. ato ou efeito de eletrocutar ou de ser eletrocutado; ação de matar alguém fazendo fluir eletricidade pelo seu corpo; **2**. lesão ou morte de alguém por choque elétrico: *a fonte de alimentação foi desligada, para evitar risco de eletrocussão*); **eletrocutor** (ô) *sm* (carrasco).

e.le.tro.do (ô) ou **e.lé.tro.do** *sm* **1**. Dispositivo usado para estabelecer contato elétrico com uma parte não metálica de um circuito. **2**. Elemento em um dispositivo semicondutor (como um transístor), que emite ou coleta elétrons ou controla seus movimentos.

e.le.tro.do.més.ti.co (lè) *adj* e *sm* Que ou qualquer aparelho elétrico que tem uso exclusivamente caseiro, como televisor, refrigerador, liquidificador, batedeira, etc.

e.le.tro.e.le.trô.ni.co (lè) *sm* **1**. Aparelho elétrico e eletrônico ao mesmo tempo, ou seja, rádios portáteis, televisores, telefones celulares, câmeras digitais, etc. // *adj* **2**. Relativo ou pertencente a esse tipo de aparelho: *itens eletroeletrônicos*. **3**.Que produz esse tipo de aparelho: *indústria eletroeletrônica*.

e.le.tro.en.ce.fa.lo.gra.ma (lè-cè) *sm* Registro gráfico que se obtém através da eletroencefalografia. → **eletroencefalografia** (lè-cè) *sf* (processo que permite o registro das ondas cerebrais, por meio de eletrodos aplicados na superfície do crânio, possibilitando a detecção e a localização de certas anomalias, como tumores, hemorragias, etc.); **eletroencefalográfico** (lè-cè) *adj* (rel. a encefalografia ou ao **eletroencefalógrafo** (lè-cè) *sm* (aparelho usado no registro das ondas cerebrais geradas pela atividade das células nervosas, por meio de eletrodos colocados na superfície do crânio).

e.le.tro.i.dráu.li.co (lè) ou **e.le.tro-hi.dráu.li.co** *adj* Relativo à associação de mecanismos elétricos e hidráulicos: *alguns carros têm direção eletroidráulica*. · Pl.: *eletro-hidráulicos*.

e.le.tro.í.mã (lè) *sm* Ferro imantado por meio de corrente elétrica.

e.le.tró.li.se *sf* **1**. Decomposição produzida num eletrólito por uma corrente elétrica. **2**.Destruição de tecido vivo, princ. raízes de cabelo, por meio de corrente elétrica aplicada com eletrodo em forma de agulha. (O profissional que remove folículos capilares por esse método se chama *eletrologista*). **eletrolisar** *v* (submeter a eletrólise); **eletrólito** *sm* (**1**. solução condutora de eletricidade: *ácidos, bases e sais são eletrólitos comuns*; **2**. substância que, em solução, conduz corrente elétrica e é decomposta pela passagem de uma corrente elétrica).

e.le.tro.lu.mi.nes.cên.cia *sf* Fenômeno óptico e elétrico de certos materiais, como semicondutores, que faz com que haja emissão de luz devido à passagem de uma corrente elétrica ou a um forte campo elétrico: *visores de painéis de automóvel e luzes noturnas são baseados no princípio da eletroluminescência*. → **eletroluminescente** *adj* (rel. a eletroluminescência ou que a apresenta: *fio eletroluminescente; painel eletroluminescente*).

e.le.tro.mo.tor (lè; ô) *sm* **1**. Aparelho que transforma energia elétrica em energia mecânica. // *adj* **2**. Que desenvolve a eletricidade sob a influência de uma ação mecânica ou química. · Fem.: *eletromotriz*.

e.lé.tron *sm* A menor partícula de carga elétrica negativa de um átomo.

e.le.tro.ne.ga.ti.vo (lè) *adj* Diz-se de elemento que tende a atrair elétrons para formar elo químico. → **eletronegatividade** (lè) *sf* (capacidade que determinado átomo tem de atrair os elétrons de uma ligação covalente para si).

e.le.trô.ni.ca *sf* **1**. Ramo da física e da tecnologia relacionado ao projeto de circuitos que usa transístores e *microchips* e ao comportamento e movimento dos elétrons em um condutor, semicondutor, vácuo ou gás: ciência e tecnologia dos fenômenos eletrônicos: *ele é entendido em eletrônica*. **2**. Conjunto de equipamentos, componentes e dispositivos que usam transístores e *microchips*: *a eletrônica desse carro é complicada*. → **eletronicamente** *adv* (feito de forma eletrônica; de modo eletrônico: *os dados foram transferidos eletronicamente*); **eletrônico** *adj* (**1**. rel. a elétrons ou a eletrônica: *partes eletrônicas do átomo; engenharia eletrônica*; **2**. diz-se de qualquer equipamento ou dispositivo que possui transístores ou *chips* de silício que controlam e alteram a corrente elétrica que por ele passa: *injeção eletrônica de combustível; calculadora eletrônica*. **3**. diz-se da música produzida por elementos eletrônicos; **4**. que envolve um computador: *banco eletrônico*; **5**. que gera tons musicais pelos princípios da eletrônica: *órgão eletrônico*; **6**. realizado ou acessado por meio de um computador ou outro dispositivo eletrônico, princ. em uma rede: *a edição eletrônica do jornal*) e *smpl* (equipamentos, componentes e dispositivos eletrônicos: *é enorme a quantidade de eletrônicos nesse carro*).

e.le.tro-óp.ti.ca *sf* Ramo da física que estuda a influência dos campos elétricos sobre qualquer fenômeno relacionado com a luz. · Pl.: *eletro-ópticas*. → **eletro-óptico** *adj* (rel. ou pert. à eletro-óptica), de pl.: *eletro-ópticos*.

e.le.tro.ples.são (lè) *sf* Morte causada por violenta descarga elétrica acidental.

e.le.tro.por.tá.til (lè) *sm* Qualquer aparelho portátil, utilizado em mesa, bancada ou outra plataforma da cozinha, para realizar uma tarefa doméstica, como liquidificador, batedeira, torradeira, ventilador, etc.

e.le.tros.tá.ti.ca (lè) *sf* Ramo da física que estuda as cargas ou campos elétricos em repouso, em oposição a correntes elétricas. → **eletrostático** (lè) *adj* (rel. a eletrostática: *filtros eletrostáticos*.

e.le.tro.téc.ni.co (lè) *adj* e *sm* Que ou aquele que é prático, perito ou versado em eletricidade. → **eletrotecnia** (lè) ou **eletrotécnica** (lè) *sf* (ramo da engenharia que estuda as aplicações práticas e industriais da eletricidade).

e.le.var *v* **1**. Levantar, erguer: *elevar o braço; elevar o pensamento a Deus*. **2**. Aumentar, majorar: *elevar os preços*. **3**.Tornar mais forte ou mais alto: *elevar um muro*. **4**. Exaltar, engrandecer: *praticar o bem eleva o moral e o espírito*. **elevar-se 5**. Subir: *o balão se elevou rapidamente*. · Antôn. (1): *baixar*; (2): *conter, reduzir*; (3): *abaixar*; (4): *depreciar*. → **elevação** *sf* [**1**. ato ou efeito de elevar(-se); **2**. lugar ou ponto elevado; altura]; **elevado** *adj* (**1**. que se elevou; erguido, voltado: *olhar elevado para o céu*; **2**. situado acima do solo; *calçada elevada; ferrovia elevada*; **3**. que sofreu aumento anormal na quantia, quantidade, preço, valor ou grau: *temperatura elevada; pressão elevada; carga elevada de impostos*; **4**. alto (de ânimo ou espírito): *o time está com moral elevado*; **5**. de alto nível moral ou intelectual; superior, refinado: *conversa elevada; pensamentos elevados; inteligência elevada*; **6**. escrito ou digitado acima da linha ou do alinhamento; sobrescrito: *em 10^2 há um número elevado*; **7**. diz-se de nível de linguagem gramaticalmente correto: *sua poesia é conhecida por seu estilo elevado*) e *sm* (viaduto rodoviário ou ferroviário dentro do perímetro urbano); **elevador** (ô) *adj* (que eleva) e *sm* (cabina móvel que transporta verticalmente passageiros em edifícios e tem acabamento compatível com o nível do prédio); **elevatório** *adj* (**1**. rel. a elevação; **2**. que serve para elevar). ·· **Elevar às alturas**. Exaltar, endeusar, pôr nas alturas. ·· **Elevar** (um número) **a uma potência**. Multiplicá-lo por si mesmo ou pelos seus produtos.

e.li.mi.nar *v* **1**. Pôr para fora (do organismo): *os rins eliminam as toxinas do organismo*. **2**. Acabar com; pôr fim a: *precisamos eliminar a fome do mundo*. **3**. Matar: *eliminar os inimigos*. **4**. Expulsar: *eliminar os maus associados*. **5**. Desclassificar: *meu time eliminou o seu*. → **eliminação** *sf* (ação ou efeito de eliminar); **eliminatória** *sf* (prova que seleciona os melhores candidatos ou participantes de um concurso, competição, etc.); **eliminatório** *adj* (que elimina ou seleciona; seletivo, classificatório: *prova eliminatória*.

e.lip.se *sf* **1**. Omissão de palavra ou de expressão que facilmente se subentende. **2**. Curva plana e fechada, semelhante a uma circunferência achatada. → **elíptico** *adj* (rel. a elipse).

e.li.são *sf* **1**. Supressão, eliminação. **2**. Queda da vogal átona final de uma palavra, quando a seguinte começa por *vogal* ou por *h* (p. ex.: *de um* = dum).

e.li.te *sf* **1**. Minoria dominante e influente num grupo social; alta sociedade, nata. **2**. Conjunto dos melhores e mais qualificados membros de um grupo qualquer, nata, fina flor. → **elitismo** *sm* (sistema que favorece os melhores elementos de um grupo, em detrimento do povão ou da massa); **elitista** *adj* (rel. a elitismo e *adj* e *s2gên* [que ou pessoa que é partidária do elitismo]; **elitização** *sf* [ato ou efeito de elitizar(-se)]; **elitizar(-se)** *v* [tornar(-se) elitista].

e.li.xir *sm* **1**. Droga preparada com xarope. **2**. Poção ou bebida mágica: *já descobriram o elixir da juventude?*

el.mo *sm* Capacete enfeitado, com viseira, usado antigamente pelos cavaleiros, para a proteção da cabeça e do rosto.

e.lo *sm* **1**. Cada um dos anéis de uma corrente ou cadeia. **2**. *Fig*. Relacionamento íntimo; conexão, ligação: *perdeu o elo com a família*; *o elo fumar e câncer*. **3**. Em informática, elemento de hipermídia formado por um trecho de texto em destaque, ou por um elemento gráfico que, ao ser acionado mediante um clique de *mouse*, provoca a exibição de novo hiperdocumento; *link*. (Cuidado para não cometer redundância, ao usar "elo de ligação"!)

e.lo.cu.ção *sf* Arte de falar em público com controle de gestos e boa dicção e respiração, para controlar a voz: *recebi aulas de elocução*. → **elocutório** *adj* (rel. a elocução).

e.lo.gi.o *sm* **1**. Juízo favorável justificado que se faz de alguém ou de algo; exaltação das qualidades de pessoa ou coisa; expressão de grande aprovação ou admiração pelas realizações ou qualidades de alguém ou algo: *a crítica só teve elogios à atriz*. **2**. Discurso, texto ou composição, em prosa ou em verso, no qual se exaltam as qualidades de uma pessoa ou coisa: *esse autor escreveu vários elogios de Fernão Dias Pais; fazer um elogio da morte*. · Antôn.: *crítica, censura*. → **elogiador** (ô) *adj* e *sm* (que ou aquele que elogia); **elogiante** *adj* (que elogia; elogiador); **elogiar** *v* [tecer elogio(s) a; exaltar as qualidades de: *elogiar um ator por seu trabalho*], de antôn. *criticar, censurar*; **elogioso** (ô; pl.: ó) *adj* (que encerra elogio: *palavras elogiosas*).

e.lo.quen.te (o **u** soa) *adj* **1**. Que fala de tal modo bem, que domina, encanta e convence o auditório; convincente. **2**. *Fig*. Significativo, expressivo: *o silêncio e o sorriso do presidente a essa pergunta foram eloquentes*. · Antôn.: *ineloquente* (o *u* soa). → **eloquência** (o **u** soa) *sf* (arte ou facilidade de falar ou expressar-se em público de maneira fluente e persuasiva; *Carlos Lacerda era famoso por sua eloquência*), de antôn. *ineloquência* (o *u* soa).

El Salvador *loc sm* País da América Central, de área pouco menor que a do estado de Sergipe. **salvadorenho** *adj* e *sm*.

e.lu.ci.dar *v* Tornar claro, lúcido, inteligível: *elucidar um problema, um assassinato*. → **elucidação** *sf* (ato de elucidar; explicação de algo obscuro ou de difícil compreensão, deixando-o claro; esclarecimento); **elucidador** (ô) *adj* e *sm* (que ou o que elucida); **elucidativo** *adj* (que elucida, esclarecedor, elucidador: *nota elucidativa*).

e.lu.cu.brar ou **lu.cu.brar** *v* **1**. Trabalhar ou estudar à luz artificial, à noite: *Machado de Assis elucubrava*. **2**. Passar a noite estudando: *vestibulandos lucubram para poderem ter esperança*. **3**. Dedicar-se a longos e árduos trabalhos intelectuais: *um dicionarista, para merecer essa designação, tem de elucubrar anos e anos, senão décadas e décadas*. **4**. Pensar, meditar ou refletir muito: *elucubrei milhões de vezes sobre este tema*. → **elucubração** ou **lucubração** *sf* (ato ou efeito de elucubrar ou lucubrar).

em *prep* Indica muitas relações, entre as quais a de **lugar** (estar em casa), **tempo** (chegar *em* maio), **modo** ou **meio** (ficar *em* silêncio, pagar *em* dinheiro), **estado** (estar *em* lágrimas), etc.

e.ma *sf* Ave pernalta dos campos e cerrados brasileiros, a maior e mais pesada da fauna brasileira. (Voz: *grasnar, roncar*.)

e.ma.gre.cer *v* Tornar(-se) magro: *a AIDS emagrece o doente; ele emagreceu demais*. · Antôn.: *engordar*. → **emagrecimento** *sm* (ato ou efeito de emagrecer).

e-mail [ingl.] *sm* **1**. Mensagem enviada e recebida por computador; correio eletrônico. **2**. Endereço eletrônico. · Pl.: *e-mails*. · Pronuncia-se *í-mel*. · É redução de *electronic mail*.

e.ma.nar *v* **1**. Provir, originar-se, proceder: *o poder emana do povo*. **2**. Sair (de uma fonte algo abstrato, mas perceptível): *calor que emana da lareira; aroma que emana das flores*. **3**. Dar sinais de; emitir, manifestar, revelar: *o réu emana um ar de serenidade; seu semblante emana tristeza*. **4**. Originar-se, ser produzido por: *essa proposta emanou do Executivo*. → **emanação** *sf* (ato ou efeito de emanar).

e.man.ci.par *v* **1**. Livrar da autoridade paterna: *o pai o emancipou aos 15 anos*. **2**. Dar a liberdade a: *emancipar os escravos*. **emancipar-se 3**. Livrar-se do pátrio poder: *ele se emancipou aos 15 anos*. **4**. Tornar-se livre, independente; libertar-se: *o Brasil se emancipou de Portugal em 1882*. → **emancipação** *sf* [ato ou efeito de emancipar(-se)].

e.ma.ra.nhar(-se) *v* Embaraçar(-se), enroscar(-se): *o vento emaranhou-me os cabelos; os fios se emaranharam*. → **emaranhamento** *sm* [ato ou efeito de emaranhar(-se)].

em.ba.çar(-se) *v* Tornar(-se) baço ou opaco; ofuscar(-se), embaciar(-se): *minha respiração embaçou o para-brisa; meus óculos se embaçaram com o ar refrigerado*. → **embaçado** *adj* (**1**. embaciado, fosco, opaco; **2**. que perdeu a fala, por susto, medo ou surpresa; **3**. muito admirado; assombrado, pasmado: *ficou embaçado com a reação da moça*; **4**.*gír*. complicado, embaraçoso, difícil: *o pai da moça chegou de surpresa, e a situação ficou embaçada para o rapaz*; **5**.*gír*. confuso, atrapalhado, babélico: *mas que trânsito mais embaçado este de São Paulo!*; **6**. *gír*. perigoso: *não convém passar por ruas escuras, porque é embaçado*; **7**.*gír*. diz-se daquele que atrapalha ou empata alguma coisa: *ela tem um irmãozinho chato, embaçado*); **embaçamento** *sm* (ato ou efeito de embaçar; embaciamento).

em.ba.ci.a.do *adj* **1**. Que se tornou baço ou sem brilho; fosco, opaco, embaçado (1): *com a chuva, os vidros do carro ficaram todo embaciados*. **2**. Sem brilho; empanado: *a velhice deixa os olhos embaciados*. **3**. *Fig*. Maculado, conspurcado: *viu, entristecido, sua fama embaciada por críticas maldosas e inconsequentes*. → **embaciamento** *sm* [ato ou efeito de embaciar(-se), embaçamento]; **embaciar(-se)** *v* [tornar(-se) baço ou sem brilho; ofuscar(-se), embaçar(-se): *o tempo embacia os olhos*].

em.bai.xa.da *sf* **1**. Edifício onde trabalha e mora um embaixador: *a embaixada dos Estados Unidos em Brasília foi reformada*. **2**. Posição ou cargo de embaixador. **3**. Corpo de representantes diplomáticos e seus funcionários liderados por um embaixador: *a embaixada está em greve*. **4**. Delegação enviada por um Estado ou governante a outro. **5**.*P.ext*. Comissão especial de pessoas formada com determinado objetivo; delegação: *uma embaixada de estudantes foi falar com o reitor sobre a segurança no campus*. **6**. *Fig*. Mensagem íntima trocada entre particulares. **7**.*Pop*. Demonstração de grande habilidade em que, usando apenas os pés, ou o ombro, o tórax e a cabeça, uma pessoa ou um atleta mantém o controle da bola, sem deixá-la cair. **8**. *Pop*. Série de jogadas espetaculares, numa partida. → **embaixador** (ô) *sm* (o mais alto representante diplomático de um Estado junto a outro Estado ou um organismo internacional), de fem. *embaixadora* (mulher que ocupa o cargo de embaixador) e *embaixatriz* (mulher do embaixador).

em.bai.xo *adv* **1**. Na parte inferior: *as crianças já estão lá embaixo; a piscina do hotel fica embaixo; ela está te esperando lá embaixo; olhando do centésimo andar do prédio, tudo parece pequeno lá embaixo*. **2**. Em declínio; nos índices de popularidade do presidente estão lá embaixo. **3**. Por baixo; em decadência, em baixa: *era uma grande montadora, agora está bem embaixo; grande ator, ora embaixo*. · Antôn. (1): *em cima*. ·· **Embaixo de**. Debaixo, sob: *Todo porão fica embaixo da casa. Jogar a sujeira embaixo do tapete*.

em.ba.lar *v* **1**. Acalentar ou ninar (crianças): *a mãe embala o filho no colo*. **2**. Empacotar, embrulhar: *embalar presentes*. **3**. Balançar: *as ondas embalam o barco*. **4**. Adquirir velocidade: *este carro, quando embala, chega a 20km/h!* → **embalagem** *sf* (**1**. ato ou efeito de embalar: *quem fez a embalagem dos presentes?*; **2**. material usado para embalar: *esta embalagem é para presentes*); **embalo** *sm* (**1**. ato de embalar; **2**. movimento oscilatório de um corpo; balanço; **3**. movimento súbito; impulso; **4**. prática de uso de entorpecentes ou estimulantes; **5**. estado de euforia ou de grande animação, ocasionada por esse uso).

em.bal.de *adv* V. **debalde**.

em.bal.sa.mar *v* **1**. Impregnar de bálsamo; perfumar: *uma dama-da-noite embalsamou todo o ambiente da nossa festa ao ar livre*. **2**. Tratar (cadáveres) com substâncias balsâmicas, para prevenir a decomposição: *os egípcios embalsamavam os* *faraós*. → **embalsamação** *sf* ou **embalsamento** *sm* (ato ou efeito de embalsamar).

em.bal.sar(-se) *v* Meter(-se) em balsa. → **embalsamento** *sm* [ação ou efeito de embalsar(-se)].

em.ba.na.na.do *adj* Confuso, atrapalhado: *ficar embananado no trânsito paulistano*. → **embananamento** *sm* [ato ou efeito de embananar(-se)]; **embananar(-se)** *v* [tornar(-se) embananado; atrapalhar(-se)].

em.ban.dei.rar(-se) *v* Enfeitar(-se) com bandeiras: *embandeirar a janela; a cidade toda se embandeira, nos dias de jogos do Brasil na Copa do Mundo*. · O e continua fechado, durante a conjugação. → **embandeiramento** *sm* [ato ou efeito de embandeirar(-se)].

em.ba.ra.çar *v* **1**. Causar embaraço ou complicação a, complicar: *esse fato embaraçou nossos planos*. **2**. Emaranhar: *o vento me embaraçou os cabelos*. **embaraçar(-se) 3**. Confundir(-se), atrapalhar(-se): *a pergunta do repórter embaraçou o presidente; ele se embaraçou na resposta à pergunta*. → **embaraço** *sm* (tudo aquilo que impede, estorva ou dificulta; complicação); **embaraçoso** (ô; pl.: ó) *adj* (**1**. dificultoso, complicado, intrincado: *questão embaraçosa*; **2**. incômodo, constrangedor: *é embaraçoso para mim ter de pedir-lhe perdão novamente*).

em.ba.ra.lhar(-se) *v* Baralhar(-se). → **embaralhamento** *sm* (baralhamento).

em.bar.car *v* **1**. Pôr (dentro de qualquer veículo de transporte) para despachar ou viajar: *embarcar uma mercadoria*. **2**. Entrar em qualquer veículo de transporte, para viajar: *as crianças já embarcaram*. · Antôn.: desembarcar. → **embarcação** *sf* (**1**. embarque; **2**. qualquer corpo flutuante destinado a navegar em água corrente, para o transporte de pessoas ou de carga); **embarcado** *adj* (posto em barco, trem ou avião, para transporte: *as mercadorias embarcadas chegaram intactas*); **embarque** *sm* [ato ou efeito de embarcar; embarcação (1)]. ·· **Sistema embarcado** (ou **embutido**). Em informática, sistema microprocessado em que um computador está anexado ao sistema que ele controla: *O sistema embarcado pode realizar um conjunto de tarefas predefinidas*. ·· **Tecnologia embarcada**. Tecnologia moderna, baseada em novos métodos e descobertas, introduzida princ. em veículos automotores, como ABS, bolsa de ar inflável (*air bag*), controle de tração, LEDs, câmbio CVT, sensores que estacionam o carro sozinho, etc., usada para facilitar e proteger a vida. (Cuidado para não usar tecnologia "embargada"!)

em.bar.gar *v* **1**. Obrigar a parar de fazer (uma coisa): *a prefeitura embargou a obra*. **2**. Pôr embargos ou obstáculos a; dificultar; impedir: *alguns políticos embargam o progresso do país*. **3**. Não permitir que se manifeste; reprimir, conter: *tanta emoção acabou embargando-lhe a voz*. → **embargo** *sm* (**1**. ação ou efeito de embargar; **2**. em direito, medida judicial preventiva de retenção de bens e rendimentos do devedor, para maior segurança do credor).

em.ba.sar(-se) *v* Alicerçar(-se), fundamentar(-se), basear(-se): *embasei minha pesquisa em autores consagrados; embasei-me em autoridades no assunto, para fazer tais afirmações*. → **embasamento** *sm* [ato ou efeito de embasar(-se)].

em.bas.ba.car(-se) *v* Espantar(-se), pasmar(-se), tanto no sentido pejorativo quanto no meliorativo: *as revelações de corrupção no Congresso embasbacaram o país; os turistas se embasbacam com a beleza das nossas praias*. → **embasbacado** *adj* (estupefato, boquiaberto); **embasbacamento** *sm* [ato ou efeito de embasbacar(-se)].

em.ba.te *sm* **1**. Encontro ou choque violento; abalroamento: *o embate das ondas nas rochas*. **2**. Oposição, resistência: *o embate ao meu projeto já era esperado*. → **embater(-se)** *v* (chocar-se violentamente: *as locomotivas embateram(-se) a mais de 80km/h*).

em.ba.tu.car *v* **1**. Fazer calar; silenciar: *as ameaças embatucaram a testemunha*. **2**. Ficar sem fala, por estar atrapalhado; emudecer: *ao vê-la tão linda, embatuquei*. → **embatucado** *adj* (calado, embuchado: *permaneceu ali, num canto, embatucado, todo o tempo, durante a reunião*).

em.be.be.dar(-se) *v* Tornar(-se) bêbedo, embriagar(-se): *o rapaz embebedou a namorada*. → **embebedamento** *sm* [ato ou efeito de embebedar(-se)].

em.be.ber *v* Ensopar, encharcar, molhar: *embeber as peças em gasolina*. → **embebição** *sf* ou **embebimento** *sm* (ato ou efeito de embeber); **embebido** *adj* (**1**. impregnado, molhado ou ensopado: *lenço embebido em sangue*; **2**. *fig.* absorto, concentrado, mergulhado: *flagrei-a embebida em maus pensamentos*; **3**. *fig.* interessado, empenhado: *estava tão embebido em ouvi-la, que não me dei conta do que ocorria em derredor*).

em.be.ca.do *adj Pop.* Vestido com beca; elegante em seu traje; bem-vestido.

em.be.le.zar(-se) *v* Tornar(-se) belo, enfeitar(-se): *esse batom lhe embeleza o rosto; os camos se embelezam com a chuva*. → **embelezamento** *sm* [ato ou efeito de embelezar(-se)].

em.be.ve.cer(-se) *v* Tornar(-se) fascinado, embevecido, encantado; encantar(-se): *as praias brasileiras embevecem os turistas; os turistas se embevecem com a beleza das mulheres brasileiras*. → **embevecido** *adj* (encantado, fascinado); **embevecimento** *sm* [ato ou efeito de embevecer(-se)].

em.bir.rar *v* **1**. Teimar com birra, insistir muito: *embirrei de levar aquilo adiante*. **2**. Antipatizar, demonstrar aversão, repulsa ou antipatia: *sempre embirro com fumaça de cigarro*. **3**. Ficar ou mostrar-se embirrante: *como não concordei com as atitudes dela, resolvi embirrar*. → **embirração** *sf* (ato ou efeito de embirrar; comportamento que denota teimosia); **embirrante** *adj* (que insiste só por birra).

em.ble.ma *sm* **1**. Dispositivo heráldico ou desenho que representa o símbolo distintivo de uma nação, organização, família, etc: *o emblema da Cruz Vermelha*. **2**. Animal ou algo que representa um conceito perfeito, um princípio, uma crença, etc.; símbolo: *a pomba branca é o emblema da paz; a cruz é o emblema do cristianismo*. **3**. Distintivo, escudo: *o emblema do Corinthians é famoso*. **4**. Pessoa ou coisa que serve como símbolo de uma qualidade ou de um conceito específico: *ele passou a ser considerado o emblema do comunismo*. → **emblemático** *adj* (**1**. rel. a emblema; **2**. que serve de emblema; representativo, simbólico: *na China, o morto emblemático da covid-19 continua desconhecido; Pelé é a figura mais emblemática da histórica do futebol brasileiro*).

em.bo.a.ba ou **em.bo.a.va** *s2gên* **1**. Alcunha pejorativa que, no Brasil colonial, os descendentes dos bandeirantes davam aos portugueses, princ. portugueses, e brasileiros de regiões distantes que disputavam a posse das jazidas de ouro e pedras preciosas, nas regiões das minas. // *adj* e *s2gên* **2**. *P.ext.* Que ou pessoa que é de outro país, princ. de Portugal; estrangeiro(a).

em.bo.ca.du.ra *sf* **1**. Parte do instrumento de sopro que se introduz na boca. **2**. Parte do freio que entra na boca da cavalgadura. **3**. Entrada de uma rua. **4**. Foz ou boca de um rio. **5**. Inclinação, queda, bossa: *ela tem embocadura para a equitação*.

em.bo.çar *v* **1**. Aplicar camada de cal ou argamassa sobre (tijolos nus de paredes e muros); aplicar emboço em. **2**. Assentar (telhas côncavas ou de cumeeira) com argamassa. → **emboçamento** *sm* ou **emboço** (ô) *sm* (**1**. ação ou efeito de emboçar; **2**. primeira camada de cal ou argamassa que se assenta na parede, antes do reboco, feita com areia grossa).

em.bó.fia *sf* **1**. Esquema ou artifício com o propósito de enganar; embuste, ardil. **2**. Excesso de orgulho; soberba, empáfia, arrogância.

em.bo.la.da *sf Pop*.NE Forma poético-musical do Nordeste, em compasso binário e de andamento rápido e intervalos curtos, com refrão coral, podendo dialogada, muito empregada no desafio ou canto improvisado.

em.bo.lar *v* **1**. Armar ou revestir de bolas: *embolar a árvore de Natal*. **2**. Congestionar, engarrafar: *os ônibus costumam embolar o trânsito; é um time que embola muito o meio de campo*. **3**. Transformar em bola: *as crianças gostam de embolar a neve, para atirarem uns nos outros*. **4**. Emaranhar, embaraçar: *o vento embolou os fios elétricos*. **5**. Misturar: *a secretária embolou notas fiscais e recibos*. **6**. Provocar mal-estar ou náusea em; revirar: *cheiro de ovo podre embola o estômago*. **embolar(-se) 7**. Emaranhar-se: *os fios elétricos (se) embolaram no cilindro*. **8**. Ficar congestionado: *o meio de campo não pode embolar(-se) desse jeito, que o jogo fica feio*. → **embolação** *sf* [ato ou efeito de embolar(-se)].

em.bo.li.a *sf* Obstrução súbita de um vaso sanguíneo, princ. uma artéria, por um êmbolo (1). ·· **Embolia pulmonar**. Bloqueio em uma das artérias pulmonares, causado por coágulos sanguíneos.

êm.bo.lo *sm* **1**. Corpo estranho que, na circulação, não se mistura com o sangue e pode obstruir vasos. **2**. Disco ou cilindro que se move em vaivém dentro do corpo de uma bomba, para fazê-lo funcionar; pistão.

em.bo.lo.rar *v* Criar bolor: *o pão embolorou no armário*. → **emboloramento** *sm* (ato ou efeito de embolorar; criação de bolor).

em.bol.sar *v* **1**. Pôr na bolsa ou no bolso: *embolsou o celular, para não perder.* **2**. Colocar no bolso sem autorização; apropriar-se de, indevidamente: *o garçom embolsou o troco do freguês.* **3**. Apossar-se de; ganhar, receber: *embolsou gordos ganhos vendendo suas ações; o clube embolsou uma fortuna, com a venda do jogador.* **4**. Pagar dívida a: *a justiça obrigou-o a embolsar os credores.* → **embolso** (ô) *sm* (**1**. ato ou efeito de embolsar; **2**. aquilo que se embolsou).

em.bo.ne.car(-se) *v* **1**. Enfeitar(-se) ou maquiar(-se) exageradamente e com muito mau gosto; emperiquitar(-se), empetecar(-se): *embonecou as filhas para o baile: ela se embonecа toda quando sai de casa.* **embonecar 2**. Criar bonecas ou espigas (o milho): *o milho embonecou antes do tempo.* → **embonecamento** *sm* [ato ou efeito de embonecar(-se)].

em.bo.ra *conj* Se bem que, ainda que, posto que: *viajou, embora não quisesse.* // palavra denotativa de afastamento **2**. Para casa ou para lugar distante: *vamos embora, que já é tarde!; ela foi embora e nunca mais voltou.* ·· **Embora lá** (pop.). Expressão com a qual se convida uma ou mais pessoas para ir a determinado lugar, que alguns transformam para *bora lá*.

em.bor.car *v* **1**. Pôr de boca para baixo (recipiente), entornar: *emborcar um copo.* **2**. Beber avidamente (o conteúdo de): *emborcar um copo de cerveja.* **3**. Cair de boca para baixo: *o balde caiu e emborcou.* → **emborcação** *sf* ou **emborco** (ô) *sm* (ato ou efeito de emborcar).

em.bor.nal *sm* V. **bornal**.

em.bos.ca.da *sf* Ataque de surpresa, feito por pessoas que ficam à espreita, em posição escondida; insídia, tocaia. → **emboscar** *v* (armar emboscada a: *nossas tropas emboscaram o inimigo*). **emboscar-se** (esconder-se para atacar de surpresa; pôr-se em emboscada). ·· **De emboscada**. De tocaia.

em.bo.tar(-se) *v* **1**. Tirar o fio ou o corte a ou perder o fio; cegar: *o uso excessivo embotou a faca; com o tempo, a tesoura se embotou.* **2**. Tornar(-se) fraco ou menos intenso: *o fanatismo embota a razão; a memória se embota com o tempo.* → **embotamento** *sm* [ato ou efeito de embotar(-se)].

EMBRAER ou **Embraer** *sf* Acrônimo de <u>E</u>mpresa <u>Br</u>asileira de <u>Ae</u>ronáutica S.A., sociedade de economia mista, com sede em São José dos Campos (SP), criada em 1969, para fabricar aviões.

em.bran.que.cer(-se) *v* Tornar(-se) branco: *as preocupações embranquecem os cabelos; seus cabelos já (se) embranqueceram?* · Antôn.: *enegrecer*. → **embranquecimento** *sm* [ato ou efeito de embranquecer(-se)], de antôn. *enegrecimento*.

EMBRAPA ou **Embrapa** *sf* Acrônimo de <u>E</u>mpresa <u>Br</u>asileira de <u>P</u>esquisa <u>A</u>gropecuária, empresa pública, criada em 1975, com sede em Brasília, para gerar tecnologia de apoio à agropecuária.

em.bra.ve.cer(-se) *v* Tornar(-se) bravo ou feroz, enfurecer: *agressões embravecem as abelhas; as abelhas (se) embravecem com agressões à colmeia.* · Antôn.: *amansar*. → **embravecimento** *sm* [ato ou efeito de embravecer(-se)].

em.bre.a.gem *sf* Mecanismo de veículo automóvel que facilita a troca de marchas. → **embrear** *v* [acionar a embreagem de (veículo)], que se conjuga por *frear*.

em.bre.nhar(-se) *v* Meter(-se), internar(-se) ou esconder(-se) em brenhas, no mato: *o sargento embrenhou os soldados na floresta; as crianças se embrenharam na mata e se perderam.*

em.bri.a.ga.do *adj* e *sm* Que ou pessoa que está bêbada. → **embriagamento** *sm* [**1**. ato ou efeito de embriagar(-se); **2**. embriaguez]; **embriagar(-se)** *v* [**1**. embebedar(-se): *um só gole de cachaça já embriagou o rapaz; ele se embriaga com facilidade*; **2**. *fig.* arrebatar(-se), extasiar(-se), enlevar(-se): *música clássica o embriaga; deixou embriagar-se pelo sucesso*]; **embriaguez** (ê) *sf* (**1**. estado de embriagado; embriagamento: *foi autuado por embriaguez ao volante*; **2**. *fig.* grande entusiasmo ou exaltação pela conquista de algo importante; êxtase, arrebatamento, encanto: *a embriaguez do poder, do sucesso*).

em.bri.ão *sm* **1**. Ser vivo (animal ou vegetal) na fase inicial de seu desenvolvimento, princ. o indivíduo humano, até a oitava semana depois da concepção, após a qual se denomina *feto*: *o embrião se desenvolve na bolsa amniótica.* **2**. *P.ext.* Qualquer coisa em estádio rudimentar que apresenta grande potencial de desenvolvimento: *a economia mercantil é o embrião da economia capitalista.* **3**. *Fig.* Origem, começo, princípio: *um grupo de intelectuais foi o embrião desse partido.* → **embrionário** *adj* (**1**. rel. a embrião: *o ovo encontrado revela detalhes do desenvolvimento embrionário de dinossauros*; **2**. *fig.* que está ainda em fase inicial, incipiente: *esse projeto de automóvel está ainda em fase embrionária*).

em.bro.mar *v* **1**. Usar de promessas ou de embustes, para não cumprir o prometido a; abusar da confiança de; enganar: *embromar um cliente.* **2**. Agir ou trabalhar morosamente, por alguma razão: *os bancários estão embromando, em sinal de protesto contra os baixos salários.* → **embroma** ou **embromação** *sf* (ato ou efeito de embromar).

em.bru.lhar *v* **1**. Enrolar em papel, formando um pacote ou volume, empacotar, embalar: *embrulhar mercadorias.* **2**. Enrolar, dobrar: *a torcida embrulhou as bandeiras e deixou o estádio em silêncio, por causa da derrota do seu time.* **3**. Embromar, enganar, tapear: *eles gostam de embrulhar o eleitor.* **4**. Causar nojo ou enjoo a: *isso embrulha o estômago.* → **embrulhada** *sf* ou **embrulho** *sm* (confusão, trapalhada); **embrulhamento** *sm* (ação de embrulhar(-se)]; embrulhão *adj* e *sm* (que ou aquele que costuma tapear, enganar, lograr: *esse comerciante é um embrulhão*), de fem. *embrulhona*; **embrulho** *sm* (**1**. embrulhada, trapalhada: *você me pôs num embrulho daqueles!*; **2**. pacote, volume).

em.bru.te.cer(-se) *v* **1**. Tornar(-se) bruto, tosco, estúpido: *a guerra o embruteceu; qualquer pessoa (se) embrutece, na guerra.* **2**. *Fig.* Tornar(-se) insensível à dor ou sofrimento de outras pessoas: *a prisão embrutece as pessoas; ele se embruteceu na prisão.* → **embrutecimento** *sm* [ato ou efeito de embrutecer(-se)].

em.bu.char *v* **1**. Encher o bucho de: *costumo embuchar todos os meus convidados, nas festas que promovo.* **2**. *Pop.* Ficar em silêncio, por não ter o que dizer; embatucar. **3**. Zangar-se: *embucha, quando o contrariam.* **4**. Tornar-se feio, afear: *era bonita quando moça; envelheceu e embuchou.* **5**. Pôr bucha em: *embuchar um prego.* → **embuchado** *adj* (**1**. de bucho cheio: *saiu embuchado do restaurante;* **2**. *fig.* calado, por estar sob forte emoção, ou por não saber exprimir o que pensa ou sente; embatucado); **embuchamento** *sm* (ato ou efeito de embuchar).

em.bu.ço *sm* **1**. Ação ou efeito de embuçar(-se). **2**. Parte da capa que serve para cobrir o rosto; rebuço: *as mulheres muçulmanas usam o embuço.* **3**. *P.ext.* Disfarce, dissimulação: *direi, sem embuço, tudo o que sei.* **4**. Modo artificioso de dizer alguma coisa. → **embuçar** [cobrir (o rosto), deixando apenas uma pequena abertura para os olhos; **embuçar(-se)** [**1**. cobrir(-se) com embuço (2): *o Talibã a condenou porque não embuçou o rosto;* **2**. *fig.* disfarçar(-se); dissimular(-se): *embuçar a dor; não pretendo me embuçar: vou dizer tudo o que sei*].

em.bur.rar *v* **1**. Tornar burro ou estúpido; emburrecer: *aqueles anos de vida rural emburraram a moça.* **2**. Ficar aborrecido e calado, sem querer falar com ninguém; amuar-se: *ela emburra à toa.* → **emburração** *sf* ou **emburramento** *sm* (ato ou efeito de emburrar); **emburrecimento** *sm* (ato ou efeito de emburrecer); **emburrecer** *v* [emburrar (1)].

em.bus.te *sm* **1**. Mentira calculada ou trapaça muito bem feita, para enganar; engodo, logro. **2**. *Gír.Pej.* Qualquer pessoa que incomode de alguma maneira que, geralmente, é um sujeito cacete, insuportável, irritante: *Maria ainda dá trela ao embuste dela.* → **embusteiro** *adj* e *sm* (que ou aquele que usa e abusa de embustes; trapaceiro, impostor).

em.bu.tir *v* **1**. Meter (peça, pedra, metal, etc.) em: *embutir brilhantes.* **2**. Meter à força: *embutir um cofre na parede.* **3**. Encaixar em vão próprio, de dimensões apropriadas, incrustar: *embutir um armário na parede.* → **embutidura** *sf* ou **embutimento** *sm* (ação ou efeito de embutir).

e.me *sm* Nome da letra *m.* · Pl.: *os emes* ou *os mm*.

e.men.da *sf* **1**. Correção, acréscimo ou corte no texto original. **2**. União de peças ou de objetos. **3**. Parte ou lugar onde se dá tal união. **4**. Cada um dos erros encontrados pelo revisor, na leitura das provas. **5**. Alteração introduzida num projeto de resolução, nas câmaras legislativas. → **emendação** *sf* ou **emendamento** *sm* [ato ou efeito de emendar(-se)]; **emendar** *v* [**1**. mudar para melhor ou para pior (o que se considerava imperfeito ou perfeito demais), acrescentando, tirando, substituindo; fazer a emenda de; **2**. unir (peças): *emendar um cano*; **emendar-se** [corrigir-se (princ. moralmente); regenerar-se: *bandido que não se emenda tem de mofar na cadeia*].

e.men.ta *sf* **1**. Parte do preâmbulo de lei, decreto, portaria ou parecer que sintetiza o contexto do ato, permitindo conhecimento imediato da matéria nele contida; súmula de um texto de lei. **2**. Breve apontamento para lembrança. **3**. Resumo ou síntese dos pontos principais de qualquer coisa; texto curto, resumido. → **ementar** *v* (fazer ementa ou resumo de); **ementário** *sm* (**1**. coletânea de ementas; **2**. caderno de ementas ou apontamentos).

e.mer.gên.cia *sf* **1**. Ato de emergir. **2**. Situação ou ocorrência grave que se dá inesperadamente e exige ação e solução imediatas, necessidade urgente. → **emergencial** *adj* (rel. a emergência); **emergente** *adj* (**1**. que emerge ou tem origem; originário; **2**. diz-se dos países que estão em via de desenvolvimento; **3**. que é recentemente formado ou está começando a aparecer agora).

e.mer.gir *v* **1**. Fazer sair de onde estava mergulhado: *os homens-rãs emergiram a embarcação que afundou*. **2**. Vir à tona: *os mamíferos marinhos precisam emergir para respirar*. **3**. *Fig.* Aparecer ou sair de onde se encontrava: *uma figura estranha emergiu da escuridão*. **4**. *Fig.* Manifestar-se, tornar-se evidente: *a verdade emergiu, durante a CPI*. **5**. *Fig.* Chegar ao fim, depois de passar por uma experiência difícil: sair-se (bem): *o presidente emergiu incólume da acusação de corrupto*. · Antôn.: *imergir*. · Conjuga-se por *submergir*. → **emersão** *sf* (ato de emergir; subida à superfície; vinda à tona: *a emersão de uma baleia, de um submarino*), de antôn. *imersão*.

e.mé.ri.to *adj* **1**. Que se retirou do longo serviço ativo, por idade ou enfermidade, conservando o título ou a graduação correspondente ao cargo que exerceu. **2**. Muito versado numa ciência, arte ou profissão, ilustre ou insigne.

e.mé.ti.co *adj* e *sm* Que ou droga que provoca o vômito. → **emeticidade** *sf* (capacidade de provocar o vômito).

e.mi.grar *v* **1**. Sair de um país para ir morar em outro, em caráter permanente ou temporário: *os brasileiros emigram para os países do hemisfério norte*. **2**. Mudar regularmente de região, para evitar os rigores do inverno (aves de arribação): *as andorinhas emigram*. · Antôn. (1): *imigrar*. → **emigração** *sf* (ato ou efeito de emigrar); **emigrante** *adj* e *s2gên* (que ou pessoa que emigra); **emigratório** *adj* (**1**. rel. a emigração; **2**. que emigra: *aves emigratórias*), de antôn. *imigratório*.

e.mi.nên.cia *sf* **1**. Qualidade do que é eminente ou superior. **2**. Elevação (de terreno), colina. **3**. Tratamento dado aos cardeais. (Neste caso, usa-se de preferência com inicial maiúscula.) (Não se confunde com *iminência*.) → **eminente** *adj* (**1**. em posição elevada; alto: *todo palco tem de ser eminente*; os galhos mais eminentes da árvore não foram cortados; **2**. *fig.* que está acima de todos em alguma qualidade, posição ou importância; insigne, distinto, preeminente: *ser aluno de eminentes mestres na universidade*), que não se confunde com iminente. · Antôn. (2): *baixo*.

e.mir *sm* **1**. Título de príncipes e governantes árabes. **2**. Esse príncipe ou esse governante. → **emirado** *sm* (território governado por um emir).

Emirados Árabes Unidos *loc sm* País do sudoeste da Ásia, a norte da Arábia Saudita, de área equivalente à dos estados do Espírito Santo e de Alagoas juntos. → **emiradense** *adj* e *s2gên*.

e.mi.tir *v* **1**. Lançar de si, soltar, largar: *o fogo emite calor*. **2**. Pronunciar, exprimir: *emitir opinião*. **3**. Publicar, divulgar: *emitir nota de falecimento*. **4**. Lançar, pôr em circulação: *emitir dinheiro*. **5**. Enviar, expedir: *emitir um vale pelo correio*. **6**. Pronunciar (sons vocálicos): *emita um i!* → **emissão** *sf* (ato ou efeito de emitir); **emissário** *adj* e *sm* (**1**. que ou quem é mandado a outro país para cumprir missão importante; **2**. que ou canal que serve para escoamento de líquidos ou dejetos: *emissário submarino*); **emissivo** ou **emissório** *adj* (que tem a propriedade de emitir radiação, princ. luz); **emissor** (ô) *adj* e *sm* ou **emitente** *adj* e *s2gên* (que ou pessoa que emite ou envia); **emissor** *sm* (**1**. emitente; **2**. elemento do discurso que codifica a mensagem produzida pela fonte; elemento que formula a mensagem, mediante a palavra oral ou escrita, gestos, desenhos, etc.: codificador, fonte, remetente); **emissora** (ô) *sf* (**1**. estação transmissora de programas de rádio ou de televisão; **2**. empresa que produz e transmite esses programas).

e.mo *sm* Rapaz ou garota que usa cabelos longos e escorridos, com a franja caída no rosto, lápis preto nos olhos e unhas pintadas de negro. (Usa-se adjetivamente: *estilo emo, lenço emo, garotas emo*, que, como se vê, não varia.)

e.mo.ção *sf* **1**. Sentimento forte e passageiro que sensibiliza ou impressiona agradavelmente, ante determinado fato, circunstância ou objeto, quase sempre acarretando alteração de respiração e dos batimentos cardíacos: *a emoção de ver, em tempo real, o homem pisar na Lua*. **2**. Estado de forte agitação da alma, associado a certa confusão mental; momento caracterizado por certa instabilidade psíquica: *falou vacilante e com uma voz que denunciou sua emoção*. **3**. Parte da consciência que envolve sentimento; sensibilidade: *a propaganda nunca apela para a razão, mas sempre para a emoção e para o instinto do consumidor*. [Não se confunde (1 e 2) com *comoção* (1)]. → **emocionado** *adj* (que foi tocado por impressão extremamente agradável; sensibilizado: *o bombeiro ficou emocionado, ao salvar o bebê do incêndio*), que não se confunde com *comovido*; **emocional** *adj* [rel. a emoção; emotivo (1): *problemas emocionais*]; **emocionalmente** *adv* (do ponto de vista emocional: *personalidade emocionalmente instável*); **emocionante** *adj* (que emociona; diz-se do que é capaz de suscitar sensações fortes de entusiasmo ou de tensão: *cena emocionante; a experiência emocionante da montanha--russa*); **emocionar** *v* (causar emoção a; impressionar bem ou vivamente; sensibilizar positiva ou agradavelmente: *essa música sempre me emociona*), que não se confunde com *comover*, e **emocionar-se** (impressionar-se ou sensibilizar-se agradavelmente: *ela se emociona à toa*), que não se confunde com *comover-se*. · V. **emotivo**.

emoji [jap.] *sm* Ideograma e *smiley* usados em mensagens eletrônicas e páginas da Web, para representar emoção, objeto ou ideia. · Deriva-se da junção dos termos japoneses *e* (imagem) + *moji* (letra).

e.mol.du.rar *v* **1**. Colocar em moldura: *emoldurar um diploma*. **2**. Enfeitar, realçar: *essas tranças lhe emolduram o rosto*.

e.mo.li.en.te *adj* e *sm* Que ou medicamento que abranda ou suaviza, princ. inflamação na pele.

e.mo.lu.men.to *sm* **1**. Pagamento por um serviço prestado; gratificação. **2**. Rendimento pecuniário de um cargo, além do ordenado fixo. // *smpl* **3**. Lucros eventuais ou casuais.

emoticon [ingl.] *sm* Combinação de letras e outros caracteres do teclado para representar uma expressão facial, como :-), que representa um sorriso, formada por várias combinações de caracteres do teclado, usada para transmitir os sentimentos do escritor. · Pronuncia-se *imôudican* (em inglês), mas no Brasil se pronuncia geralmente como se escreve.

e.mo.ti.vo *adj* **1**. Relativo a emoção; emocional: *o aspecto emotivo dos símbolos*. **2**. Caracterizado pela emoção: *homem emotivo*. **3**. Que denota emoção; emocionado: *olhar emotivo*. **4**. Que excita ou envolve emoção: *a emotiva questão do aborto*. // *sm* **5**. Homem predisposto a experimentar emoções vivas e frequentes: *os emotivos não devem assistir a esse filme*. → **emotividade** *sf* (**1**. qualidade ou estado de emotivo; **2**. predisposição para emoções: *o grau de emotividade das pessoas*).

em.pa.car *v* Parar (cavalgadura), resistindo a andar ou continuar: *a mula empacou de vez*.

em.pa.char(-se) *v* Sobrecarregar (o estômago) com excesso de alimento; empanturrar(-se). → **empachação** *sf*, **empachamento**, **empacho** ou **empache** *sm* [ato ou efeito de empachar(-se)].

em.pa.co.tar *v* **1**. Colocar em pacote(s), formar pacote com, embrulhar, embalar: *empacotar jornais*. **2**. *Fig.* Morrer. → **empacotamento** *sm* (ato ou efeito de empacotar).

em.pa.da *sf* Salgadinho de massa com recheio, assado em pequenas formas. · Aum. irregular: *empanada*. · Dim. irregular: *empanadilha*. → **empadão** *sm* (empada grande, do tamanho de uma torta).

em.pá.fia *sf* Atitude ou postura da pessoa que, por acreditar ser superior a todas as demais, dá-se importância maior do que realmente possui, revelando-se nos gestos, na maneira de andar, falar, vestir, no nariz sempre empinado; arrogância insuportável; presunção tola, vazia.

em.pa.lar *v* Meter ou penetrar uma estaca pontiaguda pelo ânus de (alguém), fazendo-a sair pelas costas ou pela boca, por tortura ou punição, permanecendo dessa forma em exposição, até morrer: *na Idade Média, empalavam os criminosos perigosos*. → **empalação** *sf* ou **empalamento** *sm* (ação ou efeito de empalar).

em.pa.lhar *v* **1**. Forrar ou cobrir com palhas ou com vime trançado: *empalhar um colchão*. **2**. Acondicionar com palha, para que não se avarie: *empalhar cristais nas caixas*. **3**. Encher de palha a pele de (animal morto), para conservação da forma externa: *empalhar papagaios*. **4**. Pôr assento de palhinha em: *empalhar cadeiras*. → **empalhação** *sf* ou **empalhamento** *sm* (ato ou efeito de empalhar).

em.pa.li.de.cer *v* **1**. Tornar(-se) pálido, sem cor, sem viço: *a doença o empalideceu; àquela péssima notícia, todos empalideceram*. **2**. *Fig.* Perder o prestígio ou a importância: *com o advento da informática, os datilógrafos empalideceram*. · Antôn. (1): *corar, enrubescer*.

em.pa.nar *v* **1**. Tirar o brilho de; ofuscar, embaçar: *meu bafo empanou o vidro*. **2**. *Fig.* Deslustrar, macular: *ele veio só para empanar o brilho da festa*. **3**. Passar (carne, peixe, etc.) na farinha e no ovo, para depois fritar: *empanar filés de frango*. → **empanado** *adj* (**1**. coberto de pano; envolto em pano: *encontrou um recém-nascido empanado no lixo*; **2**. passado na farinha e no ovo antes de fritar: *berinjela empanada; bife empanado*; **3**. *fig.* embaçado, embaciado, sem brilho: *a velhice torna os olhos empanados*; **4**. *fig.* deslustrado, maculado, manchado: *considerarei empanada a minha festa, se não compareceres*); **empanamento** *sm* (ato ou efeito de empanar).

em.pan.tur.rar(-se) ou **em.pa.tur.rar(-se)** *v* Encher(-se) de comida, empachar(-se), empanzinar(-se): *empanturrar o estômago dos parentes; empanturrou-se de doces, por isso ficou sem apetite*. → **empanturramento** ou **empaturramento** *sm* [ato ou efeito de empanturrar(-se) ou empaturrar(-se)].

em.pan.zi.nar(-se) *v* Empanturrar(-se). → **empanzinamento** *sm* [ato ou efeito de empanzinar(-se), empanturramento].

em.pa.par(-se) *v* Molhar(-se) excessivamente; encharcar(-se); ensopar(-se): *o suor lhe empapou a camisa; empapou-se com a chuva torrencial*. → **empapagem** *sf* [ato ou efeito de empapar(-se)].

em.pa.pe.lar *v* Revestir de papel: *empapelar uma parede*.

em.pa.pu.çar *v* **1**. Encher de pregas ou rugas. **empapuçar-se 2**. Inchar. **3**. *Gír.* Exceder-se no consumo de drogas. → **empapuçamento** *sm* [ato ou efeito de empapuçar(-se)].

em.pa.re.lhar(-se) *v* **1**. Pôr(-se) lado a lado: *emparelhar automóveis competidores; quando ele se emparelhou comigo na avenida, acelerei*. **2**. Correr paralelamente; ladear: *os cavalos emparelharam durante bom tempo durante a corrida*. · O e continua fechado, durante a conjugação. → **emparelhamento** *sm* [(ato ou efeito de emparelhar(-se)].

em.pas.tar(-se) *v* **1**. Transformar(-se) em pasta: *adicionou água à farinha, para empastá-la*. **2**. Saturar(-se) (de pasta, creme, etc.): *empastar os cabelos com brilhantina*. → **empastação**, **empastagem** *sf*, **empastamento** ou **empaste** *sm* [ato ou efeito de empastar(-se)].

em.pas.te.lar(-se) *v* Misturar(-se) acidentalmente (caracteres). → **empastelamento** *sm* [ato ou efeito de empastelar(-se)].

em.pa.tar *v* **1**. Igualar (um jogo) em tentos: *em dez minutos, meu time empatou o jogo*. **2**. Aplicar, investir ou empregar (dinheiro em algo que não traz lucros imediatos): *empatar dinheiro em imóveis*. **3**. Igualar (em votos, pontos, gols, números, etc.): *meu time empatou com o seu*. **4**. *Gír.* Atrapalhar, perturbar, estorvar: *ela tem um irmão que só empata o nosso namoro; ele não quer nada com a moça, só empata*. → **empate** *sm* (ato ou efeito de empatar).

em.pa.ti.a *sf* Capacidade de sentir e entender as emoções de outra pessoa como se fossem suas próprias: *a síndrome de Estocolmo faz com que os reféns sintam empatia e amor por seus sequestradores*. [Não se confunde com *simpatia*; *simpatia* implica compartilhar (ou ter a capacidade de compartilhar) os sentimentos do outro, enquanto *empatia* implica imaginar (ou ter a capacidade de imaginar) sentimentos que não se têm de fato.] → **empático** *adj* (rel. a empatia).

em.pe.ci.lho *sm* **1**. Embaraço que causa dano ou algum impedimento: *a corrupção é um empecilho ao processo de desenvolvimento de um país*. **2**. *P.ext*. Qualquer coisa ou pessoa que estorva, impede ou atrapalha: *o maior empecilho para a dispensa do treinador é a multa contratual*. (Cuidado para não usar "impecílio"!) → **empecilhar** *v* (causar empecilho a).

em.pe.der.ni.do *adj* **1**. Que endureceu como pedra. **2**. *Fig.* Que nunca se comove; insensível, duro, inflexível. **3**. *Fig.* Que não manifesta arrependimento ou remorso.

em.pe.drar *v* **1**. Calçar com pedras: *empedrar uma rua*. **2**. Forrar de pedras: *empedrar um poço*. **3**. Tapar ou obstruir com pedras: *empedrar a boca de um túnel*. **empedrar(-se) 4**. Tornar(-se) duro como pedra. **5**. Tornar(-se) insensível; endurecer, petrificar(-se). → **empedradura** *sf* ou **empedramento** *sm* [ato ou efeito de empedrar(-se)].

em.pe.nar¹ *v* **1**. Entortar pela ação do calor ou da umidade; sair da linha de prumo: *o calor empenou todo o assoalho; a batida foi tão forte, que a roda do carro empenou*. **2**. Deformar-se (madeira) em consequência de calor ou umidade: *com o calor, o assoalho empenou*. → **empena** *sf*, **empenamento** ou **empeno** *sm* (ato ou efeito de empenar); **empena** *sf* [**1**. empenamento; **2**. em arquitetura, em telhado de duas águas, cada uma das duas paredes laterais onde se apoia a cumeeira; oitão (1); **3**. *pop*. parede lateral de casa situada na divisa de um terreno).

·· **Empena cega**. Parede lateral de um edifício, construída sem qualquer abertura.

em.pe.nar² *v* **1**. Enfeitar com penas: *empenar o chapéu*. **2**. Criar penas: *o passarinho já empenou novamente*.

em.pe.nhar *v* **1**. Dar em penhor ou garantia, penhorar, hipoteca: *empenhar todas as propriedades que tem*. **2**. Empregar ou aplicar com toda a diligência: *empenhar esforços para acabar com a crise*. **3**. Dar como garantia: *empenhei minha palavra, agora não posso voltar atrás*. **empenhar-se 4**. Esforçar-se: *o jornalista se empenhava em me desmoralizar*. → **empenhamento** ou **empenho** *sm* [ato ou efeito de empenhar(-se)]. ·· **Empenhar a palavra** (ou **a fé**). Comprometer-se moralmente.

em.pe.pi.nar *v* **1**. Tornar semelhante a um pepino. **2**. Tornar-se de difícil solução: *o caso acabou empepinando*. **empepinar(-se) 3**. *Fig*. Iludir(-se), enganar(-se): *queriam empepinar o presidente; empepinar-se numa paixão*. → **empepinado** *adj* (cheio de pepinos ou problemas).

em.pe.ri.qui.tar(-se) *v* Embonecar(-se), empetecar(-se): *emperiquitou as filhas para o baile: ela se emperiquita até para ir à feira*.

em.per.rar *v* **1**. Tornar duro de movimentar; endurecer: *o calor emperrou as gavetas*. **2**. Entravar: *emperrar um processo*. **3**. Parar de funcionar, por desarranjo; enguiçar, encrencar: *a janela emperrou: não abre nem fecha*. → **emperramento** ou **emperro** (ê) *sm* (ato ou efeito de emperrar).

em.pes.tar *v* **1**. Infectar com peste, pestear: *o lixo acumulado nas vias públicas empestava a cidade*. **empestar-se 2** Tornar-se pestilento: *ele se empestou com a AIDS*. → **empestação** *sf* ou **empestamento** *sm* [ato ou efeito de empestar(-se)].

em.pe.te.car(-se) *v* Embonecar(-se).

em.pi.lhar(-se) *v* Amontoar(-se): *empilhar tijolos; a roupa suja se empilhava no canto do quarto*. → **empilhadeira** *sf* (máquina utilizada para empilhar coisas em depósitos e armazéns); **empilhamento** *sm* [ato ou efeito de empilhar(-se)].

em.pi.nar *v* **1**. Deixar em posição ereta; erguer: *empinar as orelhas*. **2**. Levantar ou erguer a parte dianteira de (em que se está montado: *o Zorro sempre empina o cavalo, à despedida; é desaconselhável a prática de empinar motos*. **3**. Fazer sobressair: *empinar o nariz, o peito, o bumbum*. **4**. Virar na boca, bebendo; beber com avidez; emborcar: *empinar um copo de cerveja*. **5**. Fazer subir aos ares; soltar: *empinar pipa*. **empinar-se 6**. Ficar a pino ou levantado; erguer-se: *quando o Sol se empina, convém deixar a praia; neste exercício, o bumbum não pode se empinar*. **7**. Levantar-se (cavalgadura) sobre as patas traseiras: *o cavalo se empinou, derrubando o cavaleiro*. **8**. Erguer-se ou levantar-se (a parte dianteira de bicicleta ou motocicleta): *não acelere subitamente a moto, que ela se impina!* → **empinado** *adj* (**1**. erguido, levantado; **2**. altivo, soberbo); **empinamento** ou **empino** *sm* [ato ou efeito de empinar(-se)].

em.pi.po.car *v* Criar bolhas ou pústulas: *só deixou a praia quando as costas empipocaram*. → **empipocamento** *sm* (ato ou efeito de empipocar).

em.pi.ris.mo *sm* **1**. Teoria filosófica segundo a qual a experiência, princ. dos sentidos, é a única fonte de conhecimento. **2**. Prática da medicina que despreza as teorias científicas, baseando-se somente nas experiências e observações práticas. · Antôn. (1): *dogmatismo*, *metodismo*. → **empirista** *adj* (rel. a empirismo) *e adj* e *s2gên* [que ou pessoa que é partidária do empirismo].

em.pla.car *v* **1**. Colocar placa(s) em, com o número da licença: *emplacar um veículo*. **2**. Alcançar, chegar a: *ele está muito doente: não emplaca o novo ano*. **3**. *Fig*. Ter ou obter sucesso, dar certo: *escreveu um livro, pôs à venda, mas não emplacou*. **4**. *Fig*. Ter aceitação geral; colar, pegar: *no Brasil há leis que emplacam e leis que não emplacam*. → **emplacamento** *sm* (ato ou efeito de emplacar).

em.plas.tro ou **emplas.to** *sm* Medicamento que amolece com o calor e adere ao corpo. → **empléstrico** ou **emplástico** *adj* (rel. a emplastro ou emplasto).

em.plu.mar *v* **1**. Enfeitar de plumas ou penas. **emplumar-se 2**. Encher-se de plumas ou penas. **3**. *Fig*. Vangloriar-se, envaidecer-se. **4**. *Gír*. Assumir atitude agressiva: *quando ouve verdades, ele se empluma*.

em.po.ar(-se) *v* Cobrir(-se) de pó, geralmente branco (cosmético): *empoar o rosto; esse ator sempre se empoa antes de entrar em cena*. · Conjuga-se por *abençoar*. → **empoamento** *sm* [ato ou efeito de empoar(-se)].

em.po.bre.cer(-se) *v* **1.** Tornar(-se) pobre: *o jogo o empobreceu; ele (se) empobreceu no vício do jogo.* **2.** *Fig.* Perder a fertilidade (a terra). · Antôn. (1): *enriquecer*; (2): *fertilizar*. → **empobrecimento** *sm* [ato ou efeito de empobrecer(-se)], de antôn. *enriquecimento*.

em.po.çar *v* **1.** Meter em poço ou poça: *empoçar a água da chuva*. **empoçar(-se) 2.** Formar poça: *a água da chuva (se) empoça sempre ali.* (Não se confunde com *empossar*.) → **empoçamento** *sm* [ato ou efeito de empoçar(-se)].

em.po.de.rar(-se) *v Gír.* **1.** Tornar-se poderoso ou mais poderoso: *o Congresso empoderou o presidente; o presidente se empoderou com essa medida do Congresso.* **2.** Dar ou atribuir poder ou mais poder a: *ela batalha para empoderar os pobres; quando é que as minorias vão se empoderar?* **empoderamento** *sm* (ato ou efeito de empoderar(-se). ·· **Empoderamento feminino.** Consciência coletiva feminina, constituída de ações tomadas pelas mulheres que não se deixam inferiorizar-se, em razão de seu gênero, e combatem visceralmente o machismo da sociedade.

em.po.ei.rar(-se) *v* Cobrir(-se) de poeira: *o trânsito empoeira todos os nossos móveis; os móveis se empoeiram em segundos aqui, por causa do trânsito.* · O *e* continua fechado, durante a conjugação. → **empoeiramento** *sm* [ato ou efeito de empoeirar(-se)].

em.po.la (ô) *sf* **1.** Pequena bolsa formada pela elevação da epiderme, que contém inicialmente um líquido seroso, causada geralmente por queimadura leve ou por atrito constante; vesícula; ampola (3). **2.** Borbulha que se forma na água, quando ferve ou quando chove forte. **3.** Avultação que se produz na superfície de um metal, pela ação de um gás. → **empoláceo** ou **empolar** *adj* [sem. a uma ampola (1)].

em.po.la.do *adj* **1.** Cheio de empolas ou bolhas na pele. **2.** Encapelado: *mar empolado.* **3.** Encrespado; ondeado: *cabelos empolados.* **4.** Cheio de elevações ou de altos e baixos; irregular: *terreno empolado.* **5.** Muito enfeitado; pomposo: *estilo empolado.* → **empolamento** *sm* [ato ou efeito de empolar(-se)]; **empolar** *v* (**1.** provocar empolas; **2.** enfeitar exageradamente; tornar pomposo ou bombástico) **empolar-se** [**3.** tornar-se agitado (princ. o mar); encrespar-se; encapelar-se; **4.** criar empolas ou bolhas; **5.** tornar-se altivo, soberbo].

em.po.lei.rar *v* **1.** Pôr em poleiro: *empoleirar o papagaio.* **2.** *Fig.* Nomear para bom emprego. **empoleirar-se 3.** Pôr-se em cima do poleiro. **4.** *Fig.* Colocar-se em posição elevada. · Mantém fechado o ditongo *ei* durante a conjugação.

em.pol.gar *v* **1.** Prender o interesse ou a atenção de; provocar euforia em; impressionar favoravelmente, entusiasmar; arrebatar: *o espetáculo empolgou o público.* **2.** Atrair, interessar muito: *a Copa do Mundo empolga os brasileiros.* **empolgar-se 3.** Entusiasmar-se, ficar fortemente impressionado: *o eleitorado se empolgou com esse candidato e quebrou a cara.* → **empolgação** *sf* ou **empolgamento** *sm* [ato ou efeito de empolgar(-se), entusiasmo excessivo; euforia]; **empolgador** (ô) ou **empolgante** *adj* (que empolga ou arrebata; arrebatador).

em.pom.bar *v Gír.* Irritar-se oferecendo resistência mais ou menos violenta; pôr-se nervoso ou irritado: *quis empombar com o guarda e acabou preso.* → **empombação** *sf* (ato ou efeito de empombar).

em.por.ca.lhar *v* **1.** Sujar completamente; tornar imundo ou poluído: *emporcalhar a roupa, as mãos; em época de eleição, os políticos costumam emporcalhar a cidade.* **2.** *Fig.* Tornar desonroso; manchar, macular, enxovalhar: *emporcalhar o nome de alguém.* **emporcalhar-se 3.** *Fig.* Tornar-se algum, vil, indigno; degradar-se; aviltar-se: *esses políticos esqueceram a honra, a verdade e a dignidade, preferindo emporcalharem-se na falsidade e miséria da mentira e da escuridão moral.* · Antôn. (1): *assear; limpar.* → **emporcalhamento** *sm* [ato ou efeito de emporcalhar(-se)].

em.pó.rio *sm* **1.** Porto, cidade, região ou país de grande importância e movimento comercial: *o porto de Santos é o mais importante empório das nossas exportações.* **2.** Entreposto (3): *Hong Kong é um dos grandes empórios mundiais.* **3.** Loja de varejo que vende grande variedade de produtos ou mercadorias; bazar. **4.** *Pop.* Loja de secos e molhados; mercearia, venda, armazém. **5.** *Delicatessen* (1).

em.pos.sar *v* **1.** Dar posse a: *empossar o presidente eleito.* **2.** Investir na posse: *o presidente o empossou no cargo de ministro da Fazenda.* **empossar-se 3.** Apossar-se, assenhorear-se, apropriar-se: *empossou-se do dinheiro da família para empanturrar-se de drogas.* (Não se confunde com *empoçar*.) → **empossamento** ou **emposse** *sm* (ato ou efeito de empossar).

em.pre.en.der *v* **1.** Pôr em execução (ação trabalhosa, difícil, às vezes arriscada e perigosa): *empreender um assalto; os países europeus empreendem uma corrida para expandir seus mercados e escoar suas produções.* **2.** Propor-se fazer; levar a efeito; realizar: *empreender uma viagem ao exterior.* → **empreendedor** (ô) *adj* (**1.** ativo, dinâmico; **2.** ousado, arrojado) *adj* e *sm* (que ou aquele que é cheio de iniciativa e vontade para iniciar novos projetos, mesmo envolvendo riscos); **empreendimento** *sm* (**1.** ato ou efeito de empreender; **2.** aquilo que se empreendeu; obra importante; **3.** projeto de execução exigente; **4.** organização constituída para explorar um negócio).

em.pre.gar *v* **1.** Dar emprego ou ocupação a: *a indústria automotiva emprega muita gente.* **2.** Conseguir emprego ou colocação para: *o prefeito empregou todos os seus parentes, logo depois que assumiu o cargo.* **3.** Fazer uso de; usar, utilizar: *empregar palavras difíceis; o eletricista empregou fios de má qualidade.* **4.** Aproveitar, ocupar: *emprego meu tempo vago da melhor forma possível.* **5.** Gastar, despender: *espero que você empregue toda sua energia não só no esporte.* **6.** Utilizar; lançar mão de: *empregar armas químicas.* **7.** Aproveitar ou ocupar (o tempo, fazendo alguma coisa): *empregar o tempo livre em estudos e pesquisas.* **8.** Investir recursos em determinada coisa ou atividade; aplicar: *empregar o dinheiro em imóveis; nossa escola empregou este ano milhares de reais na aquisição de computadores.* **9.** Aproveitar os serviços ou as atividades de (alguém) em determinada atividade: *essa empresa emprega muita gente em telemarketing.* **empregar-se 10.** Exercer empregos públicos ou particulares: *empregar-se em estatais, em multinacionais.* **11.** Ocupar-se, dedicar-se, gastar ou aplicar o tempo: *ela se emprega no tricô.* → **empregado** *adj* (**1.** aplicado, investido: dinheiro empregado em imóveis; **2.** ocupado, aproveitado) e *adj* e *sm* [**1.** que ou aquele que trabalha para outro (chamado *empregador*), sob a dependência dele e mediante salário]; **emprego** (ê) *sm* [**1.** ato ou efeito de empregar(-se); **2.** uso, aplicação: *isso tem emprego na medicina?*; **3.** cargo, atividade: *homem sem emprego passa fome*; **4.** local onde se exerce esse cargo ou atividade: *saiu do emprego bem cedo*].

em.prei.ta ou **em.prei.ta.da** *sf* Trabalho, tarefa ou obra que se faz por um preço global, previamente ajustado, e não a dias nem a meses. → **empreitar** *v* (fazer ou tomar por empreita); **empreiteira** *sf* [construtora que contrata obras de empreitada de grandes proporções (estradas, represas, viadutos, pontes, etc.); **empreiteiro** *adj* e *sm* (que ou empresário que ajusta empreitadas).

em.pre.nhar *v* **1.** Tornar prenhe (qualquer fêmea); engravidar: *o garanhão emprenhou a égua.* **2.** Ficar prenhe: *a elefanta emprenhou.* ·· **Emprenhar pelos ouvidos.** Acreditar facilmente em tudo o que ouve.

em.pre.sa (ê) *sf* **1.** Qualquer organização comercial, industrial, de prestação de serviços, etc. que tem como objetivo o lucro; firma. **3.** Conjunto das pessoas que trabalham numa firma. → **empresariado** *sm* (classe dos empresários); **empresarial** *adj* (rel. a empresa ou a empresário); **empresário** *sm* (**1.** homem de negócios, responsável por uma empresa; **2.** aquele que administra a carreira de artistas e atletas mediante uma percentagem de seus rendimentos).

em.pre.sa-fan.tas.ma *sf* Empresa fictícia, aberta apenas para passar golpes na população ou enganar o fisco. · Pl.: *empresas-fantasma* ou *empresas-fantasmas.* (Trata-se de registro da 6.ª ed. do VOLP, mas não haveria necessidade do hífen aí, assim como não há hífen em *conta fantasma*, em *eleitor fantasma*, etc.)

em.pres.sa.da *sf Pop.*SP e PR Doce feito de polvilho e trigo.

em.prés.ti.mo *sm* **1.** Ato ou efeito de emprestar. **2.** Quantia obtida com o compromisso de devolução ao fim de determinado prazo, mediante certa remuneração ou juro. **3.** Aquilo que se empresta. **4.** Integração, numa língua, de um elemento proveniente de outra. **5.** Esse elemento, como *futebol* (ingl.) e *detalhe* (fr.). → **emprestar** *v* [**1.** ceder por empréstimo ou sob compromisso de devolução; **2.** dar (dinheiro) a juros; **3.** dar, imprimir, conferir: *um ministro desses empresta seriedade ao governo*].

em.pu.bes.cer *v* Adquirir pelos; entrar na puberdade ou adolescência: *ele empubesceu aos catorze anos.*

em.pu.lhar *v* **1.** Dizer pulhas a; troçar, gozar de: *o rapaz passava por ali todos os dias, e todos os dias o papagaio o empulhava, até que um dia o rapaz o empalhou..* **7.** *Fig.* Lograr, iludir, tapear, enganar: *são políticos que só empulham o povo.* → **empulhação** *sf* (**1.** ato ou efeito de empulhar; **2.** logro, tapeação, embuste).

em.pu.nhar *v* Segurar pelo punho ou cabo: *empunhar um facão*. **2**. Segurar, pegar: *ele está sempre empunhando uma bíblia, mas é safado*. → **empunhadura** *sf* [**1**. lugar por onde se empunha arma, remo, instrumento, utensílio, etc.; **2**. punho de arma branca; **3**. punho (da escada); corrimão].

em.pur.ra-em.pur.ra *sm* Ação de empurrar em sequência, numa fila ou multidão, o primeiro indivíduo contra o segundo, este contra o terceiro e assim sucessivamente. · Pl.: *empurra-empurras* ou *empurras-empurras*.

em.pur.rar *v* **1**. Afastar de si com alguma força: *empurre a porta!* **2**. Fazer força para mover ou deslocar (alguma coisa); provocar o deslocamento à força de; impelir: *empurrar um automóvel avariado*. **3**. Introduzir mediante uso da força: *empurrou o facão no pescoço da rês*. **4**. Dar empurrão em, geralmente em filas ou aglomerações: *não (me) empurre!* **5**. Impor sutilmente (algo ruim ou que já não interessa): *o comerciante quis me empurrar o televisor, um modelo antigo*. **empurrar-se 6**. Dar empurrões entre si: *os torcedores se empurravam na fila do estádio, para conseguir ingresso*. **empurrão** *sm* (**1**. ato ou efeito de empurrar com alguma violência; **2**. auxílio, ajuda).

em.pu.xar *v* **1**. Atrair com violência; puxar a si. **2**. Afastar com força; empurrar, impelir. → **empuxão** ou **empuxo** *sm* (**1**. ato de empuxar; **2**. empurrão, repelão).

e.mu.de.cer *v* Tornar(-se) mudo, calar: *a surpresa o emudeceu; quando o professor entrou, a classe emudeceu*. → **emudecimento** *sm* (ato ou efeito de emudecer).

e.mu.la.ção *sf* **1**. Esforço para igualar ou suplantar as boas ações do outro, normalmente por imitação; estímulo: *seu sucesso inspira emulação de outras pessoas*. **2**. *P.ext.* Rivalidade, concorrência. **3**. Em informática, reprodução da função ou ação de um computador diferente, sistema de *software*, etc. → **emulativo** *adj* (rel. a emulação ou caracterizado por ela: *espírito emulativo*).

ê.mu.lo *adj* e *sm* Que ou aquele que, sabendo-se inferior a outro, faz o possível para imitá-lo, igualá-lo ou suplantá-lo, sem invejas nem ódios, valendo-se apenas de meios honestos; concorrente leal: *ela era êmula da irmã*.

e.mul.são *sf* Remédio que consiste num líquido grosso, de aparência leitosa. → **emulsificante** *adj* e *sm* (que ou substância que favorece a formação de uma emulsão).

ENADE ou **Enade** *sm* Acrônimo de *Exame Nacional de Desempenho dos Estudantes*, realizado pelo Ministério da Educação (MEC) e substituto do Provão. O Enade avalia cursos de graduação de várias áreas do conhecimento.

e.nal.te.cer *v* Engrandecer, elogiando: *nunca enalteça os que não merecem!* · Antôn.: *criticar, censurar*. → **enaltecedor** (ô) *adj* e *sm* (que ou o que enaltece); **enaltecimento** *sm* (ato ou efeito de enaltecer), de antôn. *censura, crítica*.

e.na.mo.rar *v* **1**. Despertar um sentimento de amor em; encantar; apaixonar: *qualquer bandeira enamora a juventude, qualquer lema a apaixona, princ. os utópicos*. **enamorar-se 2**. Estar tomado de amor por alguém; apaixonar-se: *quando vi Beatriz não mais menina, mas já mulher, linda, enamorei-me de pronto*. **3**. Sentir paixão ou forte simpatia por uma coisa; entusiasmar-se: *eu me enamorei dos encantos daquela mulher logo à primeira vista; ainda adolescente, ele se enamorou dos pensamentos desse filósofo*. → **enamorado** *adj* (**1**. possuído ou inflamado de amor ou de paixão; fissurado, gamado, amarrado; **2**. bem impressionado, encantado, maravilhado: *os turistas ficaram enamorados da beleza das nossas praias*); **enamoramento** *sm* [ato ou efeito de enamorar(-se)].

en.ca.be.çar *v* **1**. Vir ou estar à frente de; ser o primeiro de: *membros da oposição encabeçavam a passeata*. **2**. Chefiar; ser o cabeça ou chefe de; liderar, comandar: *encabeçar uma campanha, uma quadrilha*. **3**. Aparecer ou figurar no topo de uma lista ou relação; liderar: *meu time encabeça a classificação do campeonato*. **4**. Ser a figura mais importante de um grupo de pessoas: *quem encabeça o elenco dessa telenovela?* → **encabeçamento** *sm* (ato ou efeito de encabeçar).

en.ca.bu.lar *v* **1**. Envergonhar, vexar: *o olhar dessa mulher me encabula; assim você me encabula!* **2**. Causar preocupação a; preocupar, intrigar; inquietar: *esse crime há muito tempo encabula a polícia*. **encabular(-se) 3**. Envergonhar-se, vexar-se: *ao ver os pais da namorada ali, encabulou(-se)*. **encabular 4**. Deixar (alguém) envergonhado, vexado: *há mancadas que nem são graves, só encabulam*. → **encabulação** *sf* ou **encabulamento** *sm* (sentimento constrangedor de vergonha); **encabulado** *adj* e *sm* (que ou aquele que é envergonhado ou vexado).

en.ca.de.ar *v* **1**. Prender com cadeia ou corrente de anéis : *encadear as argolas*. **2**. Ligar por cadeias ou numa sequência ordenada: *escrever é antes de tudo encadear e tecer ideias*. **3**. Prender com corrente; acorrentar: *encadear os cachorros*. **4**. Privar os movimentos ou a liberdade a; sujeitar: *o casamento a encadeou ao lar*. **5**. Unir (várias coisas não materiais), formando uma série em que cada uma delas se relaciona com a imediata; relacionar: *a polícia encadeou as suspeitas até o mordomo*. **encadear-se 6**. Prender-se a outra coisa: *a chave se encadeou a um anel do molho*. **7**. Formar cadeia ou série; conectar-se, relacionar-se: *os fatos pouco a pouco se encadeavam*. · Conjuga-se por *frear*. → **encadeação** *sf* ou **encadeamento** *sm* [**1**. ato ou efeito de encadear(-se); **2**. cavalgamento, enjambement].

en.ca.der.nar *v* Costurar ou colar as folhas de (livro, revista, etc.), sobrepondo capa, fazer encadernação de. → **encadernação** *sf* (ato, efeito ou operação de encadernar).

en.ca.fi.far *v* **1**. Envergonhar, deixar encucado: *a vaia geral encafifou o ator*. **2**. Preocupar, deixar encucado: *sua pergunta me encafifa*. **3**. Meter na cabeça, cismar, desconfiar; encanar; encasquetar: *encafifei que ela não me ama; ele encafifou que é gênio*. → **encafifado** *adj* (**1**. encabulado, envergonhado; **2**. aborrecido, contrariado, desgostoso; **3**. desconfiado, cismado).

en.cai.xar *v* **1**. Pôr em uma caixa ou em caixão; encaixotar: *encaixar mercadorias*. **2**. Meter em encaixe, embutir: *encaixar a fechadura na porta*. **3**. Colocar (peça) em outra, feita especialmente para recebê-la: *encaixei todas as peças do quebra-cabeça*. **4**. Segurar com firmeza (bola): *o goleiro encaixou a bola na hora h*. **5**. Colocar ajustadamente: *encaixou a dentadura e foi namorar*. **encaixar-se 6**. Introduzir-se, infiltrar-se: *vários policiais se encaixaram na quadrilha, para desmantelá-la*. **7**. Adaptar-se; ajustar-se; adequar-se: *para se encaixar bem na vida, você precisa conhecer sua vocação*. **8**. Adaptar-se com perfeição; ajustar-se: *você se encaixa bem no que eu pretendo fazer*. **9**. Vir a propósito; ser oportuno; calhar: *sua pergunta se encaixa perfeitamente em minha linha de raciocínio*. **10**. Estar em conformidade; afinar-se; conciliar-se; bater: *nossos gênios se encaixam perfeitamente*. → **encaixamento** ou **encaixe** *sm* [ato ou efeito de encaixar(-se)]; **encaixe** *sm* (**1**. encaixamento; **2**. cavidade ou vão destinado a receber peça saliente talhada da mesma forma; **3**. união de duas peças talhadas de tal forma que uma penetre numa fenda ou entalhe aberto na outra, ajustando-se ambas perfeitamente; junção).

en.cai.xo.tar *v* Meter em caixa ou em caixote. → **encaixotamento** *sm* (ato ou efeito de encaixotar).

en.ca.la.crar(-se) *v* Endividar(-se) vultosamente, deixar ou ficar em sérias dificuldades financeiras: *esse gerente encalacrou a minha empresa; encalacrei-me no banco*. → **encalacração** *sf* [ato ou efeito de encalacrar(-se)].

en.cal.çar *v* Seguir de perto (alguém que foge ou vai à frente): *a polícia encalça os ladrões*. → **encalço** *sm* (**1**. ação de encalçar; **2**. rastro, pegada).

en.ca.lhar *v* **1**. Ficar em seco (embarcação): *o navio encalhou*. **2**. Parar, não ir adiante: *o carro encalhou bem na curva*. **3**. Não ter saída ou venda (mercadoria): *o livro encalhou*. **4**. Ficar só, por não ter conseguido arranjar cônjuge: *ela encalhou, ficou para titia*. → **encalhação** *sf*, **encalhamento** ou **encalhe** (1) *sm* (ato ou efeito de encalhar); **encalhado** *adj* (que encalhou); **encalhe** *sm* (**1**. encalhação, encalhamento; **2**. conjunto de mercadorias não vendidas e devolvidas ao produtor).

en.ca.mi.nhar *v* **1**. Conduzir, dirigir: *encaminhei a reunião de forma agradável*. **2**. Conduzir por meios competentes, orientar: *a assistente social encaminha as pessoas que procuram emprego*. **3**. Fazer seguir, dar andamento a: *encaminhar um processo*. **4**. *Fig.* Pôr no bom caminho; encarrilar (2): *é dever dos pais encaminhar os filhos*. **encaminhar-se 5**. Dirigir-se, ir: *os torcedores já se encaminham para o estádio*. **6**. Tender a um fim: *tudo se encaminha para um final feliz*. → **encaminhamento** *sm* [ato ou efeito de encaminhar(-se)].

en.cam.par *v* Tomar (o governo) posse de (uma empresa particular), pagando a indenização estipulada: *a prefeitura encampou a empresa de ônibus*. → **encampação** *sf* (ato ou efeito de encampar).

en.ca.nar *v* **1**. Conduzir por cano; canalizar: *encanar o gás*. **2**. Meter na cadeia: *encanar os corruptos*. **3**. *Gír.* Meter na cabeça, encafifar, encasquetar: *ele encanou que é gênio!* → **encanação** *sf* ou **encanamento** *sm* (ato ou efeito de encanar); **encanador** (ô) *sm* (**1**. profissional que, numa edificação, executa o projeto hidráulico do engenheiro; **2**. profissional especializado no conserto de encanamentos; bombeiro hidráulico).

en.ca.ne.cer *v* **1**. Tornar branco aos poucos (os pelos do corpo): *o estresse encanece as pessoas*. **2**. Ficar branco: *meus cabelos encaneceram*.

en.can.tar *v* **1**. Transformar (pessoa, animal ou coisa) em outra coisa qualquer, usando poderes mágicos; enfeitiçar: *a bruxa encantou a princesinha, transformando-a numa serpente*. **2**. Maravilhar: *o espetáculo encantou a garotada*. **3**. Tornar invisível, fazer desaparecer: *a fada má encantou a pobre menina*. **encantar-se 4**. Maravilhar-se: *eu me encantei com Salvador*. → **encantação** *sf* ou **encantamento** *sm* [ato ou efeito de encantar(-se)]; **encantado** *adj* [**1**. que sofreu encantamento; **2**. maravilhado, enlevado; **3**. possuído de paixão; enamorado; **4**. que está sob encantamento; invisível]; **encantamento** *sm* [**1**. encantação; **2**. sensação de deslumbramento ou grande prazer e admiração por algo experimentado ou visto; deleite: *o encantamento daquela cena não me sai da lembrança*; **3**. estado daquele que está sob influência sobrenatural de feitiço, magia ou bruxaria; encanto (3): *nada podia desfazer o seu encantamento*; **4**. suposto efeito dessa influência: *um encantamento paralisou o piloto, que perdeu a corrida*; **5**. poder mágico de enfeitiçar por palavras e ações]; **encanto** *sm* [**1**. coisa muito atraente e agradável; algo que encanta ou deixa maravilhado: *usufruir os encantos de uma praia paradisíaca*; **2**. deslumbramento, fascínio: *com o tempo, o encanto com o novo carro logo desvaneceu*; **3**. encantamento (3); **4**. pessoa que encanta ou agrada enormemente, geralmente pela educação, simpatia e atenção: *minha filha não é um encanto?*], de antôn. *desencanto*.

en.ca.par *v* **1**. Cobrir com capa: *encapar um livro*. **2**. Revestir, cobrir: *encapar um fio*. → **encapamento** *sm* (ato ou efeito de encapar).

en.ca.pe.lar *v* **1**. Agitar, levantando: *naquele ponto, o mar encapela as ondas*. **encapelar(-se) 2**. Agitar-se levantando grandes ondas (o mar), tornar-se revolto: *nesta fase do ano o mar (se) encapela*. → **encapelado** *adj* (diz-se do mar muito agitado); **encapeladura** *sf* ou **encapelamento** *sm* [ato ou efeito de encapelar(-se)].

en.cap.su.lar *v* Encerrar em cápsula; capsular: *encapsular um medicamento*. → **encapsulação** *sf* (ato ou efeito de encapsular; capsulação).

en.ca.ra.co.lar(-se) *v* Enrolar(-se) em espiral: *encaracolar os bigodes; cabelos que (se) encaracolam naturalmente*. → **encaracolação** *sf* ou **encaracolamento** *sm* [ato ou efeito de encaracolar(-se)].

en.ca.ra.pi.nhar(-se) *v* Tornar(-se) crespo: *encarapinhar os cabelos; cabelos que (se) encarapinham facilmente*.

en.ca.rar *v* **1**. Enfrentar com o olhar: *encarei o valentão*. **2**. Enfrentar: *todos encaram situações difíceis no começo da carreira*. **3**. Observar bem, mirar: *ela me encarou duas vezes e não me reconheceu*. **4**. Olhar fixamente, fitar: *ela me encarou duas vezes: deve estar apaixonada!* **5**. Considerar, analisar: *encarar os fatos com frieza*. → **encaração** *sf* (ato ou efeito de encarar).

en.car.ce.rar *v* Prender em cárcere (público ou privado). → **encarceramento** *sm* (ato ou efeito de encarcerar).

en.car.dir *v* **1**. Sujar muito: *a poluição encarde a roupa*. **2**. Lavar insatisfatoriamente, deixando parte da sujeira: *essa lavadeira encarde a roupa*. **3**. Criar muita sujeira: *ela deixou que o chão encardisse*. · Antôn. (1): *limpar*. → **encardido** *adj* (sujo: *pano encardido*); **2**. *fig*. fechado, carregado, carrancudo: *chefe de semblante encardido*; **3**. *fig*. ameaçador, carregado: *o tempo está meio encardido, acho que não vai dar praia*; **4**. *gír*. difícil de vencer ou superar; que pode surpreender; enjoado: *esse time equatoriano é meio encardido*); **encardimento** *sm* (ato ou efeito de encardir).

en.ca.re.cer *v* **1**. Aumentar o preço de, tornar caro: *a inflação encareceu tudo*. **2**. Tornar-se caro, ter o preço muito aumentado: *com a inflação, tudo encarece*. · Antôn.: *baratear*. → **encarecimento** *sm* (ato ou efeito de encarecer).

en.car.go *sm* **1**. Incumbência, responsabilidade, dever: *essa missão está a meu encargo; o pagamento do jantar naquele dia era encargo dela, e não dele*. **2**. Imposto, tributo: *são vultosos os encargos trabalhistas de uma empresa*. **3**. Peso, fardo, ônus: *sustentar todos aqueles filhos era um encargo para ele*.

en.car.nar *v* **1**. Dar rubor a; ruborizar; avermelhar: *encarnar homens de cera*. **2**. Representar muito bem (personagem ou papel): *a atriz encarnou Cleópatra*. **3**. Ser a personificação de, representar: *esse ditador encarna a crueldade*. **4**. Receber (espírito): *a menina encarnou Joana d'Arc*. **5**. Penetrar (espírito): *Joana d'Arc encarnou na menina*. **6**. Perseguir insistentemente: *essa mulher agora encarnou em mim; o que faço?* → **encarnação** *sf* (ato ou efeito de encarnar).

en.car.nei.rar(-se) *v* **1**. Encrespar-se (o mar), formando pequenas ondas, de cristas espumosas semelhantes a um rebanho de carneiros em movimento. **2**. Encher-se (o céu) de pequenas nuvens brancas que lembram lãs de carneiro. · Durante a conjugação, o ditongo *ei* continua fechado. → **encarneirado** *adj* (**1**. diz-se desse mar e desse céu; **2**. *fig*. manso, submisso: *ditadores costumam manter o povo encarneirado*).

en.ca.ro.çar *v* **1**. Tornar-se inchado ou cheio de caroços: *ele coçou tanto a pele, que ela encaroçou*. **2**. Criar caroços (seio de gestante): *porque não amamentou, seus seios encaroçaram*. **3**. Ficar encaroçado ou semelhante a caroços: *o mingau encaroçou*.

en.car.qui.lhar(-se) *v* Encher(-se) de carquilhas ou rugas; enrugar(-se): *o sol encarquilha a pele do rosto; as mãos se encarquilham antes do rosto*. → **encarquilhamento** *sm* [ato ou efeito de encarquilhar(-se)].

en.car.re.gar(-se) *v* **1**. Atribuir(-se) ou impor(-se) como dever, encargo, responsabilidade ou obrigação; incumbir(-se): *encarreguei-o dessa missão; ela se encarregou da limpeza da casa; encarregou-se de pagar o aluguel*. → **encarregado** *adj* e *sm* (que ou quem tem sob a sua responsabilidade a execução de um serviço ou tarefa); **encarrego** (ê) ou **encargo** *sm* [ato de encarregar(-se)].

en.car.ri.lar ou **en.car.ri.lhar** *v* **1**. Pôr em carril ou trilho: *ainda não encarrilaram os vagões*. **2**. *Fig*. Pôr no bom caminho; encaminhar (4): *é missão dos sacerdotes encarrilar os fiéis*. → **encarrilamento** ou **encarrilhamento** *sm* (ação ou efeito de encarrilar). (A 6.ª ed. do VOLP registra *encarrilhamento*, mas não *encarrilamento*.)

en.car.te *sm* **1**. Ação de encartar ou pôr folhetos no meio de jornais, revistas, etc. **2**. Esse folheto, que tem fins publicitários. → **encartar** *v* (fazer o encarte de).

en.cas.que.tar *v* **1**. Encafifar, encanar; meter na cabeça: *ela encasquetou que é linda!* **encasquetar(-se) 2**. Teimar: *já me encasquetei com essa ideia*.

en.cas.te.lar *v* **1**. Fortificar (cidade, propriedade). **2**. Dar forma de castelo a. **3**. Acumular: *encastelar milhões de reais em casa*. **encastelar-se 4**. Recolher-se em qualquer fortaleza ou lugar seguro, para se defender: *os traficantes se encastelam em suas fortalezas, quando percebem a aproximação da polícia*. → **encastelamento** *sm* [ato ou efeito de encastelar(-se)].

en.ca.va.lar(-se) *v* Pôr(-se) ou colocar(-se) uma coisa sobre outra, de modo que a cubra parcialmente; sobrepor(-se): *no acidente, um veículo foi encavalando o outro; um veículo encavalou no outro; muitos veículos se encavalaram no acidente*. → **encavalamento** *sm* [ato ou efeito de encavalar(-se)].

en.cé.fa.lo *sm* Parte do sistema nervoso central contida dentro do crânio que inclui todos os centros nervosos superiores; cérebro dos vertebrados. (É o nome técnico do cérebro.) → **encefálico** *adj* (rel. ou pert. ao encéfalo; do encéfalo; cerebral: *morte encefálica; acidente vascular encefálico*); **encefalite** *sf* (inflamação do encéfalo). ·· **Massa encefálica** (ou **cinzenta**). Camada externa do cérebro de cor cinzenta, responsável pelo processamento das informações que recebemos e sobre as quais raciocinamos, de importância vital para o funcionamento do cérebro. (Não se confunde *encefálico* com *cefálico*, que se relaciona com o crânio, e não com o cérebro, sendo sinônimo de *cranial*.)

en.ce.nar *v* **1**. Produzir e apresentar para exibição pública (peça de teatro ou outro *show*): *vamos encenar o primeiro ato da peça*. **2**. *Fig*. Simular, fingir: *encenar uma dor, um desmaio, uma greve de fome*. **3**. *Fig*. Planejar, armar, preparar (algo inesperado): *o ex-presidente está encenando seu retorno*. **encenação** *sf* (**1**. ato ou efeito de encenar; **2**. montagem de um espetáculo teatral; **3**. *fig*. dramatização, fingimento, cena).

en.ce.rar *v* Dar camada(s) de cera a: *encerar um assoalho*. → **enceradeira** *sf* (eletrodoméstico próprio para encerar pisos); **encerado** *adj* (coberto de cera) e *sm* (lona impermeabilizada; oleado); **enceramento** *sm* (ato ou efeito de encerar).

en.cer.rar *v* **1**. Pôr em lugar seguro e fechado; trancar, trancafiar: *encerrar o dinheiro no cofre*. **2**. Conter: *o frasco encerrava forte veneno*. **3**. Conter em si; compreender, abranger: *o fato encerra várias lições*. **4**. Concluir, terminar: *encerrar a reunião*. **encerrar-se 5**. Conter-se: *aceite o grande amor que se encerra em meu peito!* **6**. Limitar-se, restringir-se, resumir-se: *meus exercícios físicos se encerram em três caminhadas semanais*;

seu conhecimento se encerra nesse pouco que nos deu a conhecer. · Antôn. (4): *começar, iniciar.* → **encerramento** *sm* [ato ou efeito de encerrar(-se)].

en.ces.tar *v* **1**. Meter em cesta ou em cesto: *encestar frutas e verduras, para vender na rua.* **2**. No basquete, meter (bola) no cesto, converter: *encestei uma bola difícil.* → **encestamento** *sm* (ação ou efeito de encestar).

en.ce.tar *v* Dar início a, começar, iniciar: *encetar um relacionamento, um namoro.* · Antôn.: *concluir.* → **encetamento** *sm* (ato ou efeito de encetar).

en.char.car *v* **1**. Alagar, inundar: *a chuva encharcou as ruas.* **2**. Encher demasiado (de líquido): *ela encharcou o lenço com perfume.* **3**. Ensopar, molhar completamente: *o toró encharcou todo o mundo.* **encharcar-se 4**. Converter-se em charco ou pântano: *com tanta chuva, nosso campeonato de futebol se encharcou todo.* **5**. Ensopar-se, molhar-se muito: *eu me encharquei, ao atravessar aquela poça d'água.* **6**. Entregar-se inteiramente: *encharcar-se no vício.* → **encharcamento** *sm* [ato ou efeito de encharcar(-se)].

en.cher *v* **1**. Tornar cheio: *encher o copo.* **2**. Aborrecer, chatear: *não me enche!* **encher(-se) 3**. Tornar-se cheio: *o rio (se) encheu e transbordou.* **4**. Aporrinhar, encher o saco: *esse cara enche!* **encher-se 4**. Abarrotar-se, fartar-se: *encher-se de doces.* **5**. Chatear-se, aborrecer-se: *eu me enchi e saí da festa.* · Antôn. (1): *esvaziar.* → **enchação** *sf* [ato ou efeito de encher(-se) ou aborrecer(-se)]; **enchente** *sf* (**1**. grande cheia, causada geralmente por fortes chuvas; **2**. *fig.* grande afluxo de pessoas: *o estádio recebeu uma enchente de torcedores;* **3**. *fig.* grande quantidade de qualquer coisa; avalanche: *está havendo uma enchente de notas falsas na cidade);* **enchimento** *sm* [**1**. ato ou efeito de encher(-se); **2**. recheio]. ·· **Enchção de linguiça** (pop.). Qualquer coisa sem nenhum objetivo ou sem nenhum resultado prático; enrolação: *Um filme ridículo, sem roteiro nem atrativo, uma enchção de linguiça do começo ao fim.*

en.cho.va ou **an.cho.va** (ô) *sf* Pequeno peixe marinho, também conhecido por *aliche*.

en.cí.cli.ca *sf* Carta circular do Papa aos bispos sobre algum ponto dogmático ou doutrinário.

en.ci.clo.pé.dia *sf* **1**. Obra de consulta que trata, em ordem alfabética, de todos os ramos do conhecimento humano. **2**. *Fig.* Pessoa que tem vastos conhecimentos nos diversos ramos do saber. → **enciclopédico** *adj* (**1**. rel. a enciclopédia; **2**. *fig.* vasto, amplo: *homem de conhecimento enciclopédico);* **enciclopedista** *s2gên* (pessoa que colabora na organização de uma enciclopédia).

en.ci.lhar *v* Apertar (a cavalgadura) com cilha, para montar; arrear. → **encilhamento** *sm* (ato ou efeito de encilhar).

en.ci.mar *v* Rematar por cima; estar colocado no alto de: *uma grande cruz encima a torre da igreja; cacos de vidro encimam o muro.*

en.ci.u.mar *v* Provocar ciúme em: *ela gosta de enciumar o namorado.* **enciumar-se 2**. Encher-se de ciúme. (As formas rizotônicas têm acento no *u*: *enciúmo, enciúmas,* etc.)

en.clau.su.rar *v* **1**. Encerrar em clausura; colocar em convento ou lugar de recolhimento: *os pais resolveram, então, enclausurar a única filha, que queria ser freira.* **2**. Ocultar, esconder, encerrar: *enclausurou todos os seus livros no armário com chave.* **enclausurar-se 3**. Afastar-se do meio social: *ele se enclausurou, a fim de estudar para o vestibular.* **4**. Encerrar-se em um determinado lugar; refugiar-se em determinado lugar, para evitar alguma coisa ruim; encastelar-se; fechar-se: *é inútil se enclausurar em condomínios fechados, erguer muros cada vez mais altos: a violência um dia acaba chegando.* · As formas rizotônicas têm tonicidade na sílaba *su*: *enclau̱suro, enclau̱suras,* etc. → **enclausurado** *adj* (**1**. encerrado ou isolado em clausura ou algo semelhante; preso; **2**. separado ou apartado do convívio social); **enclausuramento** *sm* [ato ou efeito de enclausurar(-se)].

en.cla.ve *sm* V. **encrave**.

ên.cli.se *sf* Colocação do pronome átono depois do verbo (*faça-me o favor!*). · Antôn.: *próclise.* · V. **mesóclise**. → **enclítico** *adj* (diz-se do vocábulo que está em ênclise), de antôn. *proclítico.*

en.co.ber.to *adj* **1**. Escondido, oculto. **2**. Cheio de nuvens.

en.co.brir *v* **1**. Esconder, cobrindo (da vista): *as nuvens encobriram o Sol; a neblina encobriu a estrada.* **2**. *Fig.* Não revelar; esconder: *mulheres costumam encobrir a idade.* **3**. *Fig.* Disfarçar, dissimular: *a forte maquiagem encobria a cicatriz.*

· Antôn. (1): *descobrir;* (2): *revelar, divulgar.* → **encobrimento** *sm* (ato ou efeito de encobrir).

en.co.le.ri.zar(-se) *v* Irritar(-se), enfurecer(-se): *a derrota encolerizou o treinador do time.* · Antôn.: *acalmar(-se).*

en.co.lher *v* **1**. Diminuir o volume (para tornar reduzido ou curto): *uma lavada já encolheu a blusa.* **2**. Retrair, contrair: *encolher a barriga.* **3**. Ficar menor, diminuir: *a blusa encolheu à primeira lavada.* · Antôn. (2): *estender, esticar.* → **encolhimento** *sm* (ato ou efeito de encolher).

en.co.men.dar *v* **1**. Mandar fazer: *encomendar um bolo.* **2**. Orar por (defunto ou alma): *encomendar a alma de um amigo.* → **encomenda** *sf* (**1**. ato ou efeito de encomendar; **2**. aquilo que se encomenda).

en.cô.mio *sm* **1**. Discurso ou texto que elogia alguém ou algo; expressão formal de louvor: *foi muito aplaudido o encômio do diretor à professora que se aposentava.* **2**. *P.ext.* Elogio, louvor: *obra digna de encômios.* · Antôn.: *censura, crítica.*

en.com.pri.dar *v* **1**. Tornar comprido ou mais comprido: *encompridar um vestido.* **2**. Prolongar, fazer durar mais tempo: *encompridar uma conversa.*

en.con.trar *v* **1**. Achar: *encontrar a cara-metade.* **2**. Achar (o que se procurava, por ter perdido): *encontrei os meus documentos.* **3**. Descobrir: *encontrei a solução para o seu caso.* **4**. Ver casualmente, topar: *encontrei-a na feira.* **5**. Deparar, topar: *encontrei com ela na feira.* **encontrar-se 6**. Deparar, topar: *encontrei-me com ela na feira.* **7**. Ir ter, avistar: *se você se encontrar com ela, mande lembranças!* → **encontrão** *sm* (esbarrão, empurrão); **encontro** *sm* [ato de encontrar(-se)]. ·· **Ao encontro de**. Conforme a, de acordo com, em conformidade com (indica, portanto, sempre situação favorável ou ideia de acordo): *O aumento de salário veio ao encontro do desejo dos funcionários. Vou ao encontro de tudo o que esse vice presidente pensa. Parabéns, sua opinião vem ao encontro da minha. A decisão do juiz agradou ao réu, porque veio ao encontro de sua expectativa. A menina, quando viu a mãe descer do ônibus, correu ao seu encontro.*) ·· **De encontro a**. Em choque ou colisão com (indica sempre oposição, choque, situação desfavorável ou ideia de discordância): *O ônibus foi de encontro ao muro. A menina, quando viu a mãe descer do ônibus, correu, tropeçou e acabou indo de encontro a ela. Recuso-me a aceitar sua opinião, que vem totalmente de encontro com a minha. A decisão do juiz desagradou ao réu, porque veio de encontro a sua expectativa.*)

en.co.ra.jar *v* **1**. Dar coragem a, animar, estimular: *encorajar um vestibulando.* **encorajar-se 2**. Animar-se: *encorajar-se para enfrentar a prova.* → **encorajamento** *sm* [ato ou efeito de encorajar(-se)].

en.cor.par *v* **1**. Dar mais corpo, espessura ou consistência a: *encorpar um molho.* **2**. *Fig.* Tornar maior ou mais vasto; ampliar: *encorpar um dicionário, uma enciclopédia.* **3**. Tornar-se encorpado, formar massa: *tomar vitaminas para encorpar.* **4**. *Fig.* Engrossar: *o molho encorpou rápido.* → **encorpado** *adj* (**1**. de corpo forte; corpulento: *rapaz encorpado*; **2**. grosso e resistente: *papel encorpado*; **3**. *fig.* diz-se de vinho consistente e espesso); **encorpadura** *sf* ou **encorpamento** *sm* (qualidade de ser encorpado).

en.cor.ti.ça.do *adj* e *sm* Que ou aquele que mora em cortiço.

en.cos.ta *sf* Declive de morro, monte, montanha ou colina.

en.cos.tar *v* **1**. Apoiar: *encostar o corpo na parede.* **2**. Unir, aproximar: *encostar os móveis.* **3**. Acomodar: *encostou a cabeça no meu ombro e dormiu.* **4**. Fechar: *encoste a porta!* **5**. Aproximar-se para tocar: *ninguém encosta em mim, quando estou com meu cão.* **encostar-se 6**. Apoiar-se: *encostar-se à parede.* → **encostamento** *sm* [ato ou efeito de encostar(-se)]; **encosto** (ô) *sm* [**1**. parte traseira de um móvel (cadeira, sofá, etc.) na qual se podem reclinar as costas; espaldar; **2**. *pop.* espírito mau ou bom que se aproxima de uma pessoa, para ajudá-la ou prejudicá-la, segundo os espíritas.]

en.cou.ra.ça.do ou **cou.ra.ça.do** *sm* Navio de guerra, revestido de couraça de aço, com máximo poder de fogo e de defesa, grande raio de ação e velocidade.

en.cra.var *v* **1**. Firmar ou fixar (prego, cravo, etc.), pregar: *encravar um prego na parede.* **2**. Enterrar, meter fundo: *encravou a machadinha no peito do rapaz.* **3**. Engastar: *encravar pedras preciosas na coroa.* **4**. Ficar (a unha) embutida na carne: *minha unha encrava sempre.* → **encravação** *sf* ou **encravamento** *sm* (ato ou efeito de encravar); **encravado** *adj* (**1**. fixado em cravos; **2**. atravessado, furado: *corpo encravado de balas;* **3**. diz-se da unha que se encravou na carne).

en.cra.ve ou **en.cla.ve** *sm* **1**. País (geralmente pequeno) ou parte de um país situada totalmente dentro das fronteiras de outro: *Mônaco é um encrave na França*. **2**. *Fig.* Qualquer pequena área ou grupo distinto, encerrado ou isolado dentro de uma unidade maior: *os encraves étnicos de uma metrópole*.

en.cren.car *v* **1**. Pôr em situação complicada ou perigosa; meter em encrenca: *por favor, não me encrenque!* **2**. Procurar encrenca ou confusão: *vá encrencar com outro!* **3**. Tornar pior ou perigoso (uma situação); agravar: *você quer mesmo encrencar o caso?* **4**. Enguiçar, avariar-se: *meu carro sempre encrenca*. → **encrenca** *sf* (**1**. qualquer situação complicada ou perigosa: *quem é que vai agora resolver essa minha encrenca?*; **2**. desordem, confusão: *ele gosta de se envolver em encrencas*; **3**. qualquer coisa que funciona mal e só traz aborrecimentos: *essa tua encrenca, que chamas automóvel, atinge quantos metros por hora?*); **encrenqueiro** *adj e sm* (que ou aquele que gosta de arrumar encrencas).

en.cres.par(-se) *v* **1**. Tornar(-se) crespo, enrugar(-se): *encrespar os cabelos; meus cabelos estão se encrespando*. **2**. Agitar(-se) levemente [o mar]: *o vento encrespou o mar; o mar se encrespou com o forte vento*. **encrespar-se 3**. *Fig.* Alterar-se, irritar-se: *ele se encrespou com o irmão*. → **encrespação** *sf* ou **encrespamento** *sm* [ato ou efeito de encrespar(-se)]; **encrespado** *adj* (**1**. crespo ou tornado crespo: *teve os cabelos encrespados num cabeleireiro famoso*; **2**. diz-se do mar levemente agitado, que faz pequenas ondas; encarneirado; **3**. *fig.* irritado, furioso: *quando o senti encrespado, retirei-me*).

en.cru.zi.lha.da *sf* Lugar onde dois ou mais caminhos se encontram e cruzam.

en.cu.car *v Pop.* **1**. Meter na cachola (ideia) e não conseguir se livrar dela, beirando a esquisitice; encasquetar: *agora ele, com cinquenta anos, encucou que quer ser piloto de caça*. **2**. Ficar preocupado; preocupar-se: *o segredo é não encucar, ficar tranquilo*. → **encucação** *sf* (ato ou efeito de encucar); **encucado** *adj* (**1**. que vive com ideia fixa: *agora ele está encucado com a ideia de ser piloto de caça*; **2**. cismado, preocupado: *essa frase dela me deixou encucado*).

en.cur.ra.lar *v* **1**. Meter ou prender no curral: *encurralar o gado*. **2**. Meter em lugar sem saída, cercar por todos os lados, sem dar chance de defesa: *a polícia encurralou os ladrões e prendeu-os*. **encurralar-se 3**. Meter-se em lugar sem saída: *os ladrões se encurralaram num beco*. → **encurralamento** *sm* [ato ou efeito de encurralar(-se)].

en.cur.tar(-se) *v* **1**. Tornar(-se) curto ou mais curto: *encurtar a barra do vestido; a vida se encurta com o uso de drogas*. **encurtar 2**. Tornar menos longo: *encurtar um percurso*. · Antôn. (1): *encompridar*; (2): *aumentar*. → **encurtamento** *sm* [ato ou efeito de encurtar(-se)].

en.cur.var *v* **1**. Dar a forma de arco a, arquear: *encurvar uma tábua*. **encurvar(-se) 2**. Tornar-se curvo, envergar-se: *os galhos da mangueira (se) encurvaram de tanto fruto*. → **encurvamento** *sm* [ato ou efeito de encurvar(-se)].

en.de.mi.a *sf* Surto de doença contagiosa peculiar e confinado a determinada região ou grupo populacional, mas de baixa mortalidade (em oposição a *epidemia*). → **endemicidade** *sf* (qualidade do que é endêmico); **endêmico** *adj* (rel. a endemia), de antôn. *epidêmico*.

en.de.mo.ni.a.do ou **en.de.mo.ni.nha.do** *adj e sm* **1**. Que ou quem está com o demônio no corpo; possesso, endiabrado. **2**. *Fig.* Furioso, irado, endiabrado. **3**. *Pop.* Travesso, levado da breca. → **endemoniação** *sf* ou **endemoninhamento** *sm* [ato ou efeito de endemoniar(-se) ou endemoninhar(-se)]; **endemoniar** ou **endemoninhar** *v* (**1**. meter o demônio no corpo de; **2**. deixar irado ou furioso; **3**. endiabrar; deixar travesso) e **endemoniar-se** ou **endemoninhar-se** (ficar irado ou furioso: *ao ver seu carro destruído, endemoninhou-se*).

en.de.re.ço (ê) *sm* Conjunto formado pelo nome da rua, número da casa e a cidade onde alguém ou alguma coisa existe. → **endereçamento** *sm* (ato de endereçar ou remeter); **endereçar** *v* (**1**. pôr endereço em, sobrescritar: *secretária que mal sabe endereçar cartas*; **2**. em informática, atribuir endereço a; **3**. enviar, encaminhar, remeter: *endereçar carta ao presidente*; **4**. dirigir, destinar: *endereçar um comunicado ao povo*); **endereçar-se** (dirigir-se, encaminhar-se: *são milhares os torcedores que ora se endereçam ao estádio*). -- **Endereço eletrônico**. Na Internet, identificação usada para ter acesso e receber mensagens pelo computador. -- **Endereço IP** (*Internet Protocol*). Endereço exclusivo que identifica um dispositivo na Internet ou em uma rede local. (O *endereço IP* é uma sequência de números separados por pontos.)

en.deu.sar *v* Atribuir qualidades ou virtudes divinas a, divinizar: *endeusar um jogador de futebol*. · O ditongo *eu* continua fechado, durante a conjugação. → **endeusamento** *sm* (ato ou efeito de endeusar).

en.di.a.bra.do *adj* **1**. Endemoniado (1). **2**. *Fig.* Endemoniado (2). **3**. *Fig.* Diz-se de criança irrequieta, dada a praticar pequenas perversidades, só para causar problemas e se divertir; travesso: *ninguém gosta de crianças endiabradas*. **4**. *Fig.* No futebol, diz-se do jogador que faz milagres com os pés: *o endiabrado Pelé*. → **endiabrar(-se)** *v* [tornar(-se) endiabrado].

en.di.nhei.rar(-se) *v* Encher(-se) de dinheiro, enriquecer(-se): *a inflação só endinheira os banqueiros; os banqueiros se endinheiram com a inflação*. · O ditongo *ei* continua fechado, durante a conjugação. → **endinheiramento** *sm* [ato ou efeito de endinheirar(-se)].

en.di.rei.tar *v* **1**. Desentortar: *endireitar o pé da mesa*. **endireitar(-se) 2**. *Fig.* Entrar nos trilhos, corrigir-se: *quando é que você vai (se) endireitar, menino?* · O ditongo *ei* continua fechado, durante a conjugação.

en.dí.via *sf* Variedade de chicória, de folhas lisas.

en.di.vi.dar *v* **1**. Fazer contrair dívida: *esse governo endividou o país*. **endividar-se 2**. Contrair dívidas: *endividar-se no banco*. → **endividamento** *sm* [ato ou efeito de endividar(-se)].

en.do.cár.dio *sm* Membrana que reveste interiormente o coração. → **endocárdico** *adj* (rel. ao endocárdio).

en.dó.cri.no *adj* Relativo a qualquer glândula de secreção interna (hipófise, tireoide, etc.). → **endocrinologia** *sf* (estudo das glândulas endócrinas e de suas secreções); **endocrinológico** *adj* (rel. a endocrinologia); **endocrinologista** *adj e s2gên* (especialista em endocrinologia).

en.do.don.ti.a *sf* Parte da odontologia que trata da raiz do dente, da polpa dentária e dos tecidos que as envolvem. → **endodôntico** *adj* (rel. a endodontia); **endodontista** *s2gên* [dentista especializado(a) em endodontia].

en.do.ga.mi.a *sf* **1**. Casamento ou união entre indivíduos de um mesmo grupo social ou em um mesmo nível social, econômico, cultural, etc. **2**. Casamento ou união entre parentes próximos. → **endogâmico** *adj* (rel. a endogamia ou próprio da endogamia); **endógamo** *adj e sm* (**1**. que ou selvagem que só casa com mulher da sua tribo, para conservar a raça; **2**. que ou aquele que só casa com gente de sua classe ou nível social, econômico, cultural, etc.).

en.dó.ge.no *adj* **1**. Em biologia, que se origina de dentro de um organismo, tecido ou célula: *hormônios endógenos*. **2**. *Fig.* Causado ou produzido por fatores internos de uma organização: *problemas endógenos*. · Antôn.: *exógeno*. → **endogenia** *sf* (qualidade ou condição de endógeno); **endogênico** *adj* (rel. a endogenia).

en.doi.dar ou **en.doi.de.cer** *v* **1**. Tornar doido; enlouquecer: *as drogas podem endoidar o viciado*. **2**. *Fig.* Fazer perder o juízo ou o bom senso: *há filhos que endoidam os pais*. **3**. Ficar, deixar ou tornar doido, enlouquecer: *ele endoidou e precisou ser internado; a guerra endoida o indivíduo*. **4**. *Fig.* Perder o juízo ou o bom senso: *marido traído endoida mesmo*. · O ditongo *oi* continua fechado e claramente pronunciado durante a conjugação.

en.do.la.ção *sf* Ato de preparar, misturar e embalar drogas em saquinhos ou papelotes para a venda. **endolar** *v* [embalar (a droga) em saquinho ou papel, para venda].

en.do.plas.ma *sm* Porção interna do citoplasma de uma célula. · Antôn.: *ectoplasma*. → **endoplasmático** *adj* (rel. a endoplasma ou nele situado).

en.dos.co.pi.a *sf* Exame do interior de cavidades do corpo, feito por meio de endoscópio. → **endoscópico** *adj* (rel. a endoscopia); **endoscópio** *sm* (instrumento médico constituído de um tubo metálico flexível de 6mm a 8mm de diâmetro, e um sistema óptico, para observar o interior de um órgão oco ou cavidade orgânica).

en.dos.fe.ra *sf* Porção do globo que fica abaixo da crosta terrestre. → **endosférico** *adj* (rel. a endosfera).

en.dos.mo.se *sf* **1**. Em biologia, osmose para o interior de uma célula ou vaso. **2**. Em química e física, fluxo de uma substância de menor concentração para outra de maior concentração. · Antôn.: *exosmose*. → **endosmótico** *adj* (rel. a endosmose).

en.dos.sar *v* **1**. Escrever no verso de (título) ordem para ser pago a outrem: *endossar um cheque*. **2**. Assumir a responsabilidade de pagamento de, mediante assinatura no verso: *endossar uma nota promissória*. → **endossado** ou

endossatário *sm* (aquele que tem ou teve documento com endosso); **endossante** *s2gên* (pessoa que endossou documento); **endossamento** ou **endosso** (ô) *sm* (**1**. ato ou efeito de endossar; **2**. declaração escrita no verso de uma letra ou outro título de crédito, com a qual se garante o pagamento da referida letra ou título).

en.do.ve.no.so (ô) *adj* Que se aplica na veia, intravenoso.

en.du.re.cer(-se) *v* **1**. Tornar(-se) duro ou rijo: *o tempo endurece a borracha; a borracha (se) endurece com o tempo*. **2**. *Fig*. Tornar(-se) frio ou insensível: *a guerra endurece o coração dos combatentes; depois de tantas decepções na vida, seu coração (se) endureceu*. → **endurecimento** *sm* [ato ou efeito de endurecer(-se)], de antôn. *amolecimento*.

en.du.ro *sm* Corrida de motociclistas ou de atletas em terreno irregular, para teste de habilidade e resistência física. · V. **raide**.

e.ne *sm* Nome da letra *n*. · Pl.: os *enes* ou os *nn*.

e.ne.a.cam.pe.ão (ê) *adj* e *sm* Que ou o que ficou campeão nove vezes, em sequência imediata ou não, numa mesma competição. → **eneacampeonato** *sm* (campeonato conquistado nove vezes, em sequência imediata ou não).

e.ne.as.sí.la.bo (ê) ou **e.ne.as.si.lá.bi.co** (ê) *adj* **1**. Diz-se do vocábulo ou do verso de nove sílabas. **eneassílabo** *sm* **2**. Esse vocábulo ou esse verso.

e.ne.gre.cer(-se) *v* Tornar(-se) negro, escurecer: *a fumaça enegreceu todo o teto da cozinha; o céu de São Paulo (se) enegreceu ao meio-dia!* · Antôn.: *clarear, embranquecer*. → **enegrecimento** *sm* [ato ou efeito de enegrecer(-se)], de antôn. *clareamento, embranquecimento*.

ENEM ou **Enem** *sm* Acrônimo de *Exame Nacional do Ensino Médio*, criado em 1998 pelo Instituto Nacional de Estudos e Pesquisas Educacionais Anísio Teixeira (INEP). É um exame individual, de caráter voluntário, oferecido anualmente aos estudantes que estão concluindo ou que já concluíram o ensino médio.

ê.neo *adj* **1**. Feito de bronze ou duro como o bronze; brônzeo. **2**. Relativo ou semelhante ao bronze.

e.ner.gi.a *sf* **1**. Capacidade de um sistema de produzir ou realizar trabalho, potência. **2**. Calor ou potência utilizável. **3**. Qualquer fonte energética (petróleo, carvão, gás, etc.). **4**. Disponibilidade de cada uma dessas fontes. **5**. Força de expressão, ênfase. **6**. Força moral, qualidade de quem é enérgico. **7**. Disposição, resistência e força para agir, vitalidade. · Antôn. (6): *pusilanimidade*; (7): *fraqueza*. → **energético** *adj* (rel. a energia ou às fontes de energia); **enérgico** *adj* (que atua com energia, vigor, firmeza: *pai enérgico; professor enérgico*); **energização** *sf* (**1**. ato ou efeito de energizar; **2**. reposição de energia); **energizar** *v* (**1**. dar energia a; ativar, revigorar; **2**. suprir de corrente elétrica; ligar à fonte de eletricidade; eletrificar).

e.ner.gú.me.no *sm* **1**. Indivíduo que, dominado por uma obsessão ou fúria, se irrita e perde o equilíbrio emocional com facilidade: *só porque foi contrariado, o energúmeno quebrou tudo na casa*. **2**. Indivíduo que só comete desatinos ou disparates; homem desatinado: *o energúmeno matou o filho e depois se suicidou*. **3**. Homem violento e extremista: *só um energúmeno pode, em pleno século XXI, defender um regime político radical*. **4**. Homem muito ignorante ou desprovido de inteligência, que inspira desprezo; boçal: *que mal fizemos nós, para termos de aturar esse energúmeno como nosso vizinho?* **5**. Aquele que é incapaz de fazer algo corretamente; homem desastrado.

e.ner.var(-se) *v* Irritar(-se); aborrecer(-se); apoquentar(-se); enfadar(-se): *fumaça de cigarro o enerva; ele se enerva com fumaça de cigarro*. → **enervação** *sf* ou **enervamento** *sm* [ato ou efeito de enervar(-se)]; sentimento constante de irritação ou enfado]; **enervado** *adj* (**1**. que foi acometido de enervação; **2**. que se enervou ou irritou; irritado, agastado); **enervante** *adj* (irritante).

e.né.si.mo *num* **1**. Relativo a um número ordinal não especificado, representado por *n*: *dez elevado a enésima potência*. // *adj* **2**. *Pop*. Relativamente grande, mas não especificado em uma série: *ela me disse isso pela enésima vez*. ·· **Ao enésimo grau**. Ao máximo: *Burrice elevada ao enésimo grau*.

en.fa.do *sm* Irritação, aborrecimento ou chateação causada por coisa sem graça; ligeira indisposição do espírito. → **enfadar(-se)** *v* [aborrecer(-se)]; **enfadonho** *adj* (que enfada, chateia ou aborrece; chato, cacete).

en.fai.xar *v* Envolver em faixas: *enfaixar o braço*. → **enfaixamento** *sm* (ato ou efeito de enfaixar).

en.far.te *sm* V. **infarto**.

ên.fa.se *sf* **1**. Vigor na maneira de se exprimir. **2**. Destaque, realce. (Cuidado para não usar "um" ênfase!) → **enfático** *adj* (caracterizado por ênfase ou que expressa com ênfase: *falar em tom enfático; orador enfático*); **enfatizar** *v* (**1**. dar ênfase, destaque ou relevo a, por alguma razão especial; **2**. salientar, ressaltar, acentuar).

en.fas.ti.ar *v* **1**. Causar fastio ou aborrecimento a; aborrecer, enfadar: *programas políticos pela TV enfastiam qualquer cristão*. **enfastiar-se 2**. Entediar-se, cansar, enjoar: *ela já se enfastiou do namorado*. → **enfastiamento** *sm* [ato ou efeito de enfastiar(-se)]; **enfastiante** *adj* (**1**. que causa fastio; que enfastia; **2** chato, maçante, cacete).

en.fa.tu.ar *v* **1**. Tornar fátuo ou arrogante: *o prêmio o enfatuou demais*. **enfatuar-se 2**. Vangloriar-se: *ela se enfatua de ser a mulher de um corrupto!* → **enfatuação** *sf* ou **enfatuamento** *sm* [ato ou efeito de enfatuar(-se)].

en.fe.ar *v* Tornar feio com algum propósito ou má intenção: *enfeou o rosto, para atuar como vampiro*. · Conjuga-se por *frear*. (Não se confunde com *afear*.)

en.fei.te *sm* Detalhe que realça a beleza de alguém ou de alguma coisa; pequena decoração ou adorno, adereço. → **enfeitar** *v* (**1**. pôr enfeites em; decorar; **2** dar bom aspecto ou aparência a; **3**. *pop*. no futebol, burilar demais um lance, a ponto de torná-lo ineficaz: *o centroavante enfeitou tanto a jogada, que acabou perdendo o gol*).

en.fei.ti.çar *v* **1**. Encantar, lançar feitiço a: *a bruxa enfeitiçou o príncipe*. **2**. Atrair irresistivelmente, fascinar com seus encantos: *essa mulher me enfeitiçou desde que a vi*. → **enfeitiçamento** *sm* (ato ou efeito de enfeitiçar).

en.fei.xar *v* **1**. Reunir em feixe: *enfeixar lenha*. **2**. Ajuntar, reunir (coisas ou publicações esparsas): *enfeixar em livro os artigos que escreve*. · O ditongo *ei* continua fechado, durante a conjugação. → **enfeixamento** *sm* (ato ou efeito de enfeixar).

en.fer.mo (ê) *adj* e *sm* Que ou aquele que está com alguma enfermidade. · Antôn.: *são, normal*. → **enfermagem** *sf* (**1**. função de enfermeiro; **2**. serviço próprio de enfermeiro); **enfermar(-se)** *v* [tornar(-se) enfermo]; **enfermaria** *sf* (lugar onde estão juntos todos os enfermos internados); **enfermeiro** *sm* (aquele que trata de enfermos); **enfermiço** *adj* (que está sempre enfermo); **enfermidade** *sf* (falta de saúde orgânica que provém da fraqueza ou debilidade do corpo), de antôn. *saúde*.

en.fer.ru.jar(-se) *v* Encher(-se) de ferrugem; oxidar(-se): *a umidade enferrujou a lâmina; o ferro facilmente (se) enferruja*. → **enferrujamento** *sm* (ato ou processo de enferrujar(-se)].

en.fes.ta *sf* **1**. Cume, pico. **2**. *Fig*. Apogeu, ápice. · Antôn. (1): *sopé*.

en.fes.tar *v* **1**. Dobrar (pano ou tecido) ao meio em todo o seu comprimento e enrolá-lo. **2**. Aumentar, pôr a mais. **3**. *Fig*. Aborrecer, chatear. **4**. *Pop*. Furtar no jogo, marcando mais pontos do que os licitamente obtidos. **5**. *Fig*. Exagerar, mentir. (Não se confunde com *infestar*.)

en.fe.zar(-se) *v* Irritar(-se), agastar(-se): *os netos gostam de enfezar o avô; o avô (se) enfezou com os netos*. → **enfezado** *adj* (zangado, amuado); **enfezamento** *sm* (irritação, agastamento).

en.fi.a.da *sf* **1**. Porção de tudo o que se enfia em uma linha, fio, haste, etc. **2**. Fileira de qualquer coisa: *meti-me na enfiada dos que entravam no estádio*. **3**. Sequência de muitas coisas; rosário (3): *ela me disse uma enfiada de tolices*.

en.fi.ar *v* **1**. Introduzir fio, linhas, etc. pelo olho ou orifício de: *já velha, ela não conseguia enfiar uma agulha*. **2**. Reunir em fio, haste, linha, etc. (qualquer coisa pequena): *enfiar pérolas, camarões, etc*. **3**. Introduzir, meter: *enfiar a mão no bolso*. **4**. Vestir ou calçar: *enfiar as meias*. **enfiar(-se) 5**. Embrenhar-se, meter-se: *enfiar-se no mato*. → **enfiação** *sf* ou **enfiamento** *sm* [ato ou efeito de enfiar(-se)].

en.fi.lei.rar(-se) *v* Alinhar(-se): *enfileirar alunos; os alunos se enfileiram, para entrar em aula*. · O ditongo *ei* continua fechado, durante a conjugação. → **enfileiramento** *sm* [ato ou efeito de enfileirar(-se)].

en.fim *adv* **1**. Finalmente, até que enfim: *enfim, eis o trem; enfim, sós; o novo modelo do carro, enfim, foi apresentado*. **2**. Em suma, em resumo, em síntese: *enfim, o que você está querendo dizer é que é casada*.

en.fi.se.ma *sm* Tumor causado por infiltração de ar no tecido celular. → **enfisemático** ou **enfisematoso** (ô; pl.: ó) *adj* (rel. a enfisema ou próprio de enfisema).

en.fo.car ou **fo.car** *v* **1.** Pôr em foco, focalizar: *enfocar o rosto de uma garota.* **2.** Pôr em evidência, destacar, abordar: *enfocar um assunto.* → **enfocação** *sf* [enfoque (1)]; **enfoque sm (1.** ação de enfocar ou de focalizar; focalização, enfocação; **2.** maneira de enfocar, de considerar ou de abordar um assunto).

en.for.car *v* **1.** Suspender (pessoa) pelo pescoço, na forca em qualquer ponto alto (árvore, teto, chuveiro, etc.): *os portugueses enforcaram Tiradentes; Judas enforcou-se.* **2.** Esganar, asfixiar: *para roubar, enforcou a vítima com um fio de náilon.* **3.** *Gír.* Faltar a ou não ir a (trabalho ou escola), em dia útil entremeado de dois feriados ou entre um feriado e um domingo: *o brasileiro gosta de enforcar dias de trabalho nos feriadões.* → **enforcador** (ô) *adj e sm* (que ou o que enforca) e *sm* (acessório em forma de coleira, criado para causar desconforto no cão sempre que ele puxar a guia, tentando conduzir o condutor); **enforcamento** *sm* (ato ou efeito de enforcar).

en.fra.que.cer(-se) *v* Tornar(-se) fraco ou frágil, debilitar(-se): *o vício enfraquece o organismo; o organismo (se) enfraquece com as drogas.* · Antôn.: *fortalecer.* → **enfraquecimento** *sm* (ato ou efeito de enfraquecer; fraqueza, debilidade), de antôn. *fortalecimento.*

en.fren.tar *v* **1.** Atacar de frente: *enfrentar um leão.* **2.** Jogar ou bater-se contra (numa competição esportiva): *meu time enfrentará o seu amanhã.* → **enfrentamento** *sm* (ato ou efeito de enfrentar).

en.fro.nhar *v* **1.** Meter em fronha: *enfronhar um travesseiro.* **enfronhar-se 2.** Tornar-se versado ou entendido: *enfronhar-se em futebol.* **3.** Informar-se minuciosamente: *enfronhei-me de tudo o que passou.* → **enfronhação** *sf* ou **enfronhamento** *sm* [ato ou efeito de enfronhar(-se)].

en.fu.ma.çar *v* Encher ou cobrir de fumaça: *os caminhões enfumaçam a estrada; fumantes enfumaçavam os salões.* → **enfumação** *sf* (ato ou efeito de enfumaçar).

en.fu.nar(-se) *v* **1.** Tornar(-se) pando, bojudo ou estufado (a vela): *o vento enfuna as velas.* **enfunar-se 2.** *Fig.* Envaidecer-se. → **enfunado** *adj* (**1.** estufado, bojudo, inflado; **2.** *fig.* envaidecido, orgulhoso: *lá vem ele todo enfunado*).

en.fu.re.cer(-se) *v* Tornar(-se) furioso ou enfurecido; encher(-se) de fúria: *esses escândalos de corrupção no governo enfurecem a população; a população (se) enfurece a cada escândalo de corrupção.* · Antôn.: *acalmar.* → **enfurecimento** *sm* [ato ou efeito de enfurecer(-se)].

en.ga.be.lar ou **en.gam.be.lar** *v* **1.** Enganar com muito jeito, levar na conversa, enrolar: *engabelar um freguês, os eleitores.* **2.** Ser agradável ou simpático(a), a fim de enganar; seduzir: *o safado ficava à porta da escola tentando engambelar as estudantes.* → **engabelação** ou **engambelação** *sf*, **engabelo** (ê) ou **engambelo** (ê), **engabelamento** ou **engambelamento** *sm* (ato ou efeito de engabelar ou de engambelar).

en.gai.o.lar *v* Meter na gaiola ou na gaiola, prender: *engaiolem os corruptos!*

en.ga.jar *v* **1.** Contratar, para prestar serviço: *engajar trabalhadores.* **engajar-se 2.** Obrigar-se a serviço por contrato ou ajuste: *engajar-se numa empresa.* **3.** Alistar-se em qualquer das forças armadas: *engajar-se no Exército.* **4.** Empenhar-se numa campanha: *engajar-se no combate ao desmatamento da Amazônia.* → **engajamento** *sm* [ato ou efeito de engajar(-se)].

en.ga.la.nar(-se) *v* Enfeitar(-se): *engalanei a casa toda para a festa; a cidade se engalanou para receber os campeões.* → **engalanação** *sf* ou **engalanamento** *sm* [ato ou efeito de engalanar(-se)]; **engalanado** *adj* (**1** enfeitado ou decorado: *o salão estava engalanado para o baile*; **2.** excessivamente rebuscado: *autor de estilo florido e engalanado*).

en.gal.fi.nhar-se *v* **1.** Brigar corpo a corpo, agarrar-se em luta corporal, atracar-se: *os dois candidatos acabaram engalfinhando-se durante o debate.* **2.** *Fig.* Entrar em discussão acirrada; travar polêmica acesa: *o homem se engalfinhou comigo nessa questão.* **engalfinhamento** *sm* (ato ou efeito de engalfinhar-se).

en.gam.be.lar *v* V. **engabelar.**

en.ga.na-ma.mãe *sm* Triquíni. · Pl.: *engana-mamães.*

en.ga.nar *v* **1.** Fazer crer (uma coisa) que não é verdade; mentir a: *ele nos enganou, dizendo que era médico; você engana o fisco?* **2.** Ludibriar, burlar, lograr, iludir, tungar: *ninguém engana a morte.* **3.** Induzir (alguém) a erro: *a memória me enganou novamente.* **4.** Causar a (alguém) uma impressão ou uma avaliação que não corresponde à verdade; causar ilusão a; iludir: *Bartolomeu Bueno, o Anhanguera, enganou os índios, ao pôr fogo num prato com álcool, dizendo ser água.* **5.** Provocar erro de percepção ou de julgamento a, em razão do aspecto ou comportamento aparente: *uma equipe de pesquisadores franceses conseguiu enganar o vírus da aids e impedi-lo de entrar no interior das células; a trajetória da bola enganou o goleiro.* **6.** Não demonstrar; ocultar, esconder: *enganava sua enorme paixão pela moça, simulando falta de interesse, desdém.* **7.** Fazer que (uma sensação) se acalme momentaneamente com uma coisa; minorar; aliviar: *comemos ali uns salgadinhos, para enganar a fome.* **8.** Aliviar (fome) metendo algo em: *enganar o estômago com bolachinhas.* **9.** Causar alívio a; aliviar, abrandar: *o vigia procura enganar o frio com uns goles de cachaça de vez em quando.* **10.** Fazer que decorra mais rápido e agradavelmente: *andei a enganar as horas.* **11.** Atrair a atenção ou a confiança de, mediante falsas promessas, para conseguir o que deseja; seduzir: *o rapaz enganou a menor, que ficou grávida.* **12.** Ser infiel a (cônjuge); praticar adultério contra; trair: *essa mulher engana o marido há mais de dez anos.* **enganar-se 13.** Errar por descuido ou negligência: *o caixa se enganou no troco.* **14.** Estar enganado ou equivocado: *se não me engano, já nos conhecemos, não?* **15.** Resistir a aceitar ou reconhecer uma realidade desagradável: *não se engane: ela já não lhe quer.* → **engano** *sm* (**1.** ação, atitude ou pensamento que, inconscientemente, desvia-se do certo, do correto ou da verdade; **2.** opinião incorreta; **3.** erro, falha, equívoco); **enganoso** (ô; pl.: ó) *adj* (**1.** que induz a engano; falso **2.** ilusório).

en.gan.char *v* **1.** Prender com gancho: *enganche a linguiça!* **2.** Pegar com gancho: *enganchei uma manga bem madura, que estava bem no alto da mangueira.* **3.** Dar forma de gancho a: *enganche esse prego!* **4.** Fazer que fique preso: *cuidado para não enganchar a pipa no fio de alta tensão!* **enganchar-se 5.** Prender-se: *a pipa se enganchou num fio de alta tensão.* → **enganchamento** *sm* [ato ou efeito de enganchar(-se)].

en.gar.ra.far *v* **1.** Meter em garrafa ou em qualquer outro recipiente; envasar: *engarrafar aguardente, azeite.* **2.** *Fig.* Congestionar ou ficar congestionado (trânsito). → **engarrafagem** *sf* [ação de engarrafar (1)]; **engarrafamento** *sm* [ato ou efeito de engarrafar (2)].

en.gas.gar *v* **1.** Produzir engasgo ou sufocação a: *o enorme pedaço de bolo engasgou a criança.* **engasgar(-se) 2.** Ficar com a garganta obstruída: *ele (se) engasgou com um pedaço de bolo.* → **engasgamento** ou **engasgo** *sm* [ato ou efeito de engasgar(-se)].

en.gas.tar *v* Encravar em ouro ou em prata (qualquer pedra preciosa): *engastar um brilhante.* → **engastamento** ou **engaste** *sm* (ato ou efeito de engastar); **engaste** *sm* (**1.** engastamento; **2.** guarnição de metal, destinada a segurar as pedras preciosas nas joias).

en.ga.tar *v* **1.** Atrelar com gato(s) ou engate(s) metálico(s), embutir: *engatar vagões.* **2.** Engrenar: *engatei a primeira marcha e parti.* **engatamento** ou **engate** *sm* (ação ou efeito de engatar); **engate** *sm* (**1.** engatamento; **2.** aparelho com que se atrelam animais a viaturas ou carros entre si).

en.ga.ti.lhar *v* **1.** Preparar (arma) para atirar. **2.** *Fig.* Preparar, armar, esboçar: *engatilhar um sorriso.* → **engatilhamento** *sm* (ato ou efeito de engatilhar).

en.ga.ti.nhar ou **ga.ti.nhar** *v* **1.** Andar de gatinhas, como as crianças. **2.** *Fig.* Ser principiante ou novato (em alguma atividade ou ciência): *estar engatinhando em informática.* **3.** *Fig.* Estar (alguma coisa) no início: *a indústria automotiva gatinhava no Brasil, em 1955.*

en.ga.ve.tar *v* **1.** Meter em gaveta: *engavetar um documento.* **2.** Não dar andamento ou prolongar indefinidamente (processo, despacho, etc.). **3.** *Fig.* Subornar (árbitro ou magistrado). **engavetar-se 4.** Ficar um carro ou veículo dentro ou em cima do outro, em consequência de vários choques simultâneos e sucessivos, meter-se (veículos e vagões) um dentro do outro, em colisões: *muitos veículos se engavetaram na serra, por causa da neblina.* → **engavetamento** *sm* [ato ou efeito de engavetar(-se)].

en.ga.zo.par *v* **1.** Mandar mais combustível para o carburador de, acionando o acelerador: *ele engazopou o carro, que acabou morrendo.* **2.** Receber quantidade de combustível maior que a normal no carburador: *quando o carro engazopa, não pega mais.* → **engazopamento** *sm* (ato ou efeito de engazopar).

en.ge.lhar *v* **1.** Fazer gelhas em; amassar, amarrotar: *não engelhe as notas de dinheiro!* **2.** Provocar rugas em; enrugar, franzir: *o tempo engelha a testa.* **3.** Tornar(-se) murcho; secar: *o tempo engelha o maracujá; as hortaliças engelham com a geada.* → **engelhado** *adj* (que engelhou).

en.gen.drar *v* **1.** Dar vida a (um novo ser); gerar: *o filho sempre tem que ser da mesma natureza do pai: não se concebe que um cavalo possa engendrar uma cabra, que uma formiga possa engendrar uma abelha.* **2.** Dar origem a; gerar, produzir: *o ódio às vezes engendra o amor.* **3.** Dar origem a; originar, ocasionar, causar: *seu comportamento engendrou todo tipo de críticas.* **4.** Conceber na imaginação; imaginar, arquitetar: *engendrar sonhos, planos, crimes hediondos.* → **engendração** *sf* ou **engendramento** *sm* (ato ou efeito de engendrar); **engendrado** *adj* (**1.** preparado; *deixou engendrado um plano para tomar o poder*; **2.** inventado, criado: *teve engendrada essa fórmula mágica por mero acaso*).

en.ge.nhar *v* **1.** Criar na imaginação; idear, inventar, imaginar: *ela engenha sonhos impossíveis.* **2.** Tramar, maquinar, arquitetar, conspirar, armar: *engenhar um motim, uma revolta popular.* **3.** Construir ou fabricar artificialmente: *a mídia está engenhando um perigoso salvador da pátria para a próxima eleição.*

en.ge.nha.ri.a *sf* Ciência, técnica e arte de projetar e construir máquinas, estradas, prédios, viadutos, usinas, etc. · **engenheiro** *sm* (profissional de engenharia). ·· **Engenharia biomédica.** Bioengenharia (1). ·· **Engenharia genética.** Técnica de manipulação e recombinação de genes, mediante um conjunto de conhecimentos científicos (genética, biologia molecular, bioquímica, etc.), que reformulam, reconstituem, reproduzem e até criam seres vivos; bioengenharia (2). ·· **Engenharia reversa.** Desmontagem de um dispositivo, objeto ou sistema, para analisá-lo em detalhes, a fim de descobrir os conceitos envolvidos em sua fabricação, com o propósito de produzir algo semelhante ou superior.

en.ge.nhei.ro-a.grô.no.mo *sm* Aquele que se formou em escola superior de agronomia e está habilitado a dirigir trabalhos agronômicos e de agricultura racional. · Pl.: *engenheiros--agrônomos*.

en.ge.nho *sm* **1.** Criatividade e habilidade que atuam em conjunto. **2.** Qualquer máquina ou artefato que produz algum efeito. **3.** Máquina de moer cana, de tirar água, etc. **4.** Propriedade agrícola destinada à fabricação de açúcar e de álcool. → **engenhoca** *sf* (**1.** invenção de pouca utilidade; **2.** coisa malfeita, de pouca durabilidade); **engenhosidade** *sf* (qualidade de engenhoso; criatividade, inventividade); **engenhoso** (ô; pl.: ó) *adj* (**1.** imaginativo, inventivo, criativo; **2.** inteligente, talentoso).

en.ges.sar *v* **1.** Cobrir ou recobrir com gesso: *engessar um teto.* **2.** Branquear com gesso: *engessar uma parede, um muro.* **3.** Igualar com gesso: *engessar a parede, o piso.* **4.** Aplicar uma bandagem endurecida de gesso em (uma parte do corpo), para imobilizá-la, em razão de lesão ou fratura; proteger, envolvendo com gesso, para curar lesão ou atar fratura: *engessar a perna fraturada.* **5.** Causar paralisia a; fazer estacionar: *esses atos de terrorismo em Israel podem engessar as conversações de paz.* **6.** Adotar formas rígidas de comportamento ou de atuação para: *engessar uma empresa.* **7.** Fazer parar de aumentar ou de crescer: *engessar os gastos públicos.* · Var. (1 e 4): **gessar.** → **engessado** *adj* (**1.** coberto ou recoberto com gesso; **2.** branqueado com gesso; **3.** igualado com gesso; **4.** protegido com gesso); **engessador** (ô) *adj* e *sm* (que ou o que engessa); **engessadura** *sf* ou **engessamento** *sm* (ato ou efeito de engessar).

en.glo.bar *v* **1.** Conter em si; abarcar, abranger, compreender: *a população negra engloba as pessoas pretas e pardas.* **2.** Incluir (várias coisas em uma só); encerrar: *o Campeonato Mundial de Clubes englobou a Taça Intercontinental e o Mundial da FIFA.* **3.** Dar a forma de globo a: *englobar os queijos.* → **englobação** *sf* ou **englobamento** *sm* (ato ou efeito de englobar).

en.go.do (ô) *sm* **1.** Isca para apanhar peixes, aves, etc. **2.** *Fig.* Presente ou qualquer outro agrado que se usa para atrair alguém, conquistando-lhe a simpatia e a confiança; chamariz. **engodamento** *sm* (ato ou efeito de engodar); **engodar** *v* (atrair por meio de engodo ou chamariz); **engodativo** *adj* (próprio para engodar).

en.gol.far(-se) *v* **1.** Meter(-se), lançar(-se) ou precipitar(-se) em sorvedouro: *a audácia e o prazer do perigo é que engolfam os surfistas nessas assustadoras ondas; os surfistas se engolfam nessas imensas ondas por puro prazer.* **engolfar 2.** Mergulhar, meter, cravar: *engolfar os pés na lama.* **engolfar-se 3.** Meter-se, penetrar, embrenhar-se: *engolfar-se na mata.* **4.** *Fig.* Afundar-se: *engolfar-se no vício.* **5.** *Fig.* Mergulhar; meter-se com afinco: *engolfar-se nos estudos, nas pesquisas.* → **engolfamento** *sm* [ato ou efeito de engolfar(-se)].

en.go.lir *v* **1.** Fazer passar (geralmente alimento) direto da boca para o estômago: *tamanha era a pressa, que eu engoli o almoço; nós não bebemos a saliva, nós engolimos a saliva.* **2.** Fazer passar para o estômago, inadvertidamente ou não: *a traficante engoliu várias trouxinhas de cocaína, para evitar o flagrante policial.* **3.** Fazer desaparecer; tragar, sorver: *o terremoto engoliu prédios inteiros.* **4.** Ser forçado a aturar; tolerar: *engolir sapos; ele não é de engolir desaforos.* **5.** Ocultar, dissimular, disfarçar: *engole o choro, menina!* **6.** Acreditar (em algo inverossímil ou mentiroso): *ninguém engoliu a derrota por goleada do Peru, contra a Argentina, na Copa do Mundo de 1974.* **7.** Suportar em silêncio, sem protestar: *o ex-presidente não engole o sucesso do seu sucessor.* **8.** Não pronunciar: *engolir o **s** final das palavras.* **9.** Deixar passar (um gol): *o goleiro engoliu um gol incrível!* · Conjuga-se por *fugir*. → **engolição** *sf* (ato de engolir).

en.go.mar *v* **1.** Meter em goma e alisar posteriormente com ferro quente: *ela quer casar, mas não sabe nem engomar uma camisa!* **2.** Passar roupa com ferro quente: *é empregada que lava e engoma muito bem.* → **engomadura** ou **engomagem** *sf* (ato ou efeito de engomar).

en.gon.ço *sm* Espécie de dobradiça; gonzo. → **engonçar** *v* (prender com engonço). ·· **Boneco de engonço.** Aquele que se move puxado por um cordel.

en.gor.dar *v* **1.** Fazer adquirir gordura; fazer ficar gordo: *engordar porcos e galinhas.* **2.** Fazer parecer gordo: *esta roupa me engorda muito.* **3.** Tornar mais robusto ou volumoso; robustecer, avolumar: *essa gente só busca mesmo engordar a conta bancária.* **4.** Adquirir alguns quilos a mais; ter o peso aumentado: *engordei um pouco nas férias.* **5.** Tornar gordo (pessoas ou coisas): *chocolate engorda.* · Antôn. (1 e 4): *emagrecer.* **engorda** *sf* ou **engordamento** *sm* (ato ou efeito de engordar animais); **engorda** *sf* (**1.** engordamento; **2.** período em que se zela melhor da alimentação das reses).

en.gor.du.rar(-se) *v* Sujar(-se) de gordura: *óleo engordura as mãos; os lábios se engorduram quando comemos macarrão a alho e óleo.* → **engorduramento** *sm* [ato ou efeito de engordurar(-se)].

en.gra.ça.do *adj* e *sm* Que ou o que faz rir, por ser divertido: *piada engraçada.* → **engraçadinho** *adj* (diz-se de criança graciosa) e *sm* (**1.***pej.* aquele que se acha engraçado ou divertido; **2.***pej.* indivíduo que é dado a espertezas; espertalhão; **3.** *pop.* indivíduo dado a conquistador; dom-juan barato).

en.gra.çar *v* **1.** Enfeitar, rebuscar: *engraçar o estilo.* **2.***P.ext.* Realçar: *cílios postiços engraçam os olhos.* **engraçar(-se) 3.** Gostar, agradar-se: *ele (se) engraçou com a nova secretária.* **engraçar-se 4.** *Pej.* Tomar liberdades; assediar: *ele se engraçou com a secretária, que não gostou.*

en.gra.da.do *adj* **1.** Provido de grade. // *sm* **2.** Armação de sarrafos ou ripas, destinada a proteger objetos, mercadorias e animais em transporte. → **engradamento** *sm* (**1.** ação ou efeito de engradar; **2.** obra engradada); **engradar** *v* (**1.** cercar de grades: *engradar a varanda*; **2.** acondicionar em engradado: *engradar os frangos, para transporte*).

en.gran.de.cer *v* **1.** Tornar maior, aumentar: *engrandecer um território.* **2.** Dignificar, tornar grande, elevar: *há políticos que não engrandecem o nosso país.* **engrandecer(-se) 3.** Crescer, elevar-se em dignidade, honras, etc.: *o Brasil não (se) engrandece, com tantos casos de impunidade e corrupção.* · Antôn. (1): *apoucar, apequenar;* (2): *denigrir, difamar.* → **engrandecimento** *sm* [ato ou efeito de engrandecer(-se)].

en.gra.vi.dar *v* **1.** Tornar grávida: *o namorado a engravidou.* **2.** Ficar grávida: *depois de um mês de namoro, ela já engravidou.* → **engravidação** *sf* (ato ou efeito de engravidar).

en.gra.xa.te *s2gên* Pessoa que engraxa sapatos. → **engraxar** *v* (aplicar graxa a; lustrar); **engraxataria** *sf* (lugar onde os engraxates exercem a sua profissão).

en.gre.nar *v* **1.** Acionar a engrenagem de (veículo automotivo): *engrenar o caminhão, para descer a serra.* **2.** Entrosar, afinar: *engrenar o time.* **3.** Engatar (marcha de veículo): *engrenei a primeira e parti.* **4.** Entrosar-se, afinar-se: *o time já engrenou.* → **engrenagem** *sf* (jogo de rodas dentadas, para transmissão de movimento num maquinismo qualquer).

en.gri.man.ço *sm* ou **en.gri.man.ça** *sf* **1.** Fala ou linguagem obscura, ininteligível. **2.** *Fig.* Procedimento para enganar alguém; artimanha, ardil: *usar de certos engrimanços para voltar a falar com o ser amado.* **3.** Figura ou desenho que não apresenta as proporções corretas. → **engrimância** *sf* (uso de engrimanço).

en.gros.sar(-se) *v* **1.** Tornar(-se) grosso ou espesso: *engrossar a voz; sua voz (se) engrossou de um ano para cá.* · Antôn. (1): *afinar, adelgaçar.* **2.** Tornar(-se) mais numeroso ou mais intenso: *o trânsito (se) engrossa depois da avenida.* **engrossar-se 3.** Mostrar-se grosso ou grosseiro: *você, agora, vai se engrossar comigo?!* → **engrossamento** *sm* [ato ou efeito de engrossar(-se)].

en.gru.pir *v Pop.* Fazer de trouxa; enganar, tungar: *o eleitor brasileiro é useiro e vezeiro em deixar-se engrupir.*

en.gui.a *sf* **1.** Peixe de corpo longo como uma serpente, fluvial ou marinho, de carne muito apreciada e barbatanas ao redor da cauda. **2.** Essa carne. **3.** Nome comum a inúmeros outros peixes alongados.

en.gui.çar *v* Parar ou deixar de funcionar (qualquer maquinismo), por desarranjo interno, encrencar. → **enguiço** *sm* (**1.** qualquer problema ou obstáculo; **2.** desarranjo interno em qualquer maquinismo).

en.gu.lho *sm* Movimento convulsivo do epigástrio que precede o vômito; náusea, ânsias. → **engulhar(-se)** *v* (sentir náuseas ou ânsias; ter vontade de vomitar).

e.nig.ma *sm* **1.** Qualquer coisa difícil de compreender, charada, mistério. **2.** *Fig.* Pessoa de reações imprevisíveis. → **enigmar** *v* (tornar enigmático); **enigmático** *adj* (rel. a enigma ou que o contém).

enjambement [fr.] *sm* Continuação da unidade semântica de um verso ao seguinte, sem pausa; cavalgamento, encadeamento. · Pronuncia-se *anjâmb'mant.*

en.jau.lar *v* **1.** Meter em jaula (animal feroz ou mesmo pessoa, quando considerada de alta periculosidade). **2.** *P.ext.* Prender, engaiolar, encarcerar: *já enjaularam todos os corruptos?* (As formas rizotônicas assim se pronunciam: *enjaulo, enjaulas,* etc.) → **enjaulamento** *sm* (ato ou efeito de enjaular).

en.jei.tar *v* Recusar com desprezo (bebê ou filhote): *a mãe enjeitou o filho; há fêmeas que enjeitam seus filhotes.* (Não se confunde com *rejeitar.*) → **enjeitado** *adj* e *sm* (**1.** que ou aquele que sofreu recusa com desprezo, geralmente por parte dos pais ou da família; abandonado; **2.** *p.ext.* que ou aquele que é desfavorecido, desvalido: *ele se diz um enjeitado no amor);* **enjeitamento** *sm* (ato ou efeito de enjeitar).

en.jo.ar *v* **1.** Sentir repugnância por (alimento ou bebida): *o preso disse que enjoava a comida da cadeia.* **2.** Chatear, aborrecer muito: *qualquer ruído me enjoa.* **3.** Ter enjoo ou náuseas: *é só ver dobradinha que eu enjoo.* **4.** Ter cheiro enjoativo: *esse perfume enjoa.* **enjoar-se 5.** Aborrecer-se, chatear-se: *os turistas se enjoaram de tantos pedintes nas ruas de Fortaleza.* · Conjuga-se por *abençoar.* → **enjoado** *adj* (**1.** nauseado, afetado de enjoo: *comeu muito doce e ficou com o estômago enjoado;* **2** *fig.* entediado, aborrecido, enfastiado: *amanheci enjoado hoje;* **3.** *fig.* antipático, desagradável, cacete, chato: *eita sujeitinho enjoado esse teu vizinho!);* **enjoativo** *adj* (**1.** que causa enjoo: *doce enjoativo);* **2.** *fig.* que aborrece; aborrecido, cacete: *filme enjoativo);* **enjoo** *sm* (**1.** mal-estar caracterizado pela vontade de vomitar; náusea; **2.** *fig.* aborrecimento, chateação, desagrado, tédio: *fazer cara de enjoo;* **3.** *fig.* nojo, repugnância: *comida que, só de ver, já causa enjoo).*

en.la.çar *v* **1.** Prender com laço; atar: *enlaçar os cabelos; enlaçar um feixe de cenouras.* **2.** Adornar ou enfeitar com um laço; laçar: *loja que enlaça carros novos.* **3.** Capturar, prender, submeter, laçar: *enlaçar animais.* · Antôn (1 e 2): *desatar.* → **enlaçamento** *sm* [enlace (1)]; **enlace** *sm* [**1.** ato ou efeito de enlaçar(-se); enlaçamento; **2.** redução de *enlace matrimonial:* casamento, matrimônio].

en.lam.bu.zar *v* V. **lambuzar.**

en.la.me.ar *v* **1.** Sujar com lama: *a ressaca do mar enlameou a avenida.* **2.** Manchar, conspurcar: *enlamearam o bom nome ou o seu nome no país.* · Conjuga-se por *frear.* → **enlameação** ou **enlameadura** *sf* (ato ou efeito de enlamear).

en.la.ta.do *adj* e *sm* Que ou produto alimentício que é conservado ou vendido em lata: *palmito enlatado; a seção de enlatados de um supermercado.* → **enlatagem** *sf* ou **enlatamento** *sm* (ato ou efeito de enlatar); **enlatar** *v* (meter em lata: *enlatar palmitos).*

en.le.ar *v* **1.** Atar, prender, amarrar: *enlear os cabelos.* **2.** Atrapalhar, confundir, embaraçar, perturbar: *é um trânsito que enleia qualquer motorista.* **3.** Provocar o envolvimento de (alguém) em algo comprometedor; envolver, implicar: *enlear um amigo num crime.* **4.** Envolver, enrolar: *enlear um lenço ao ferimento.* **enlear-se 5.** Ficar preso ou atado; prender-se, atar-se: *a aranha se enleou na própria teia.* **6.** Envolver-se, implicar-se: *enlear-se em negócios escusos.* **7.** Perturbar-se, embaraçar-se, atrapalhar-se, ficar confuso: *enlear-se no trânsito paulistano.* **8.** Envolver-se, enrolar-se: *quero enlear-me em seus braços.* · Antôn. (1): *desembaraçar;* (2): *dispersar.* · Conjuga-se por *frear.* → **enleamento** ou **enleio** *sm* [ato ou efeito de enlear(-se)].

en.le.var *v* **1.** Causar enlevo ou encanto a, encantar: *sua simpatia me enlevou.* **2.** Absorver, prender a atenção de: *a criança brincando o enlevou momentaneamente.* **3.** Fazer as delícias de, deliciar, encantar: *as estórias do avô enlevam os netos.* **4.** Causar êxtase, encantar: *a música de Schubert enleva.* → **enlevação** *sf* ou **enlevamento** *sm* (ato ou efeito de enlevar); **enlevo** (ê) *sm* (estado de quem está maravilhado, tomado de êxtase, encantado; encanto).

en.lou.que.cer *v* Tornar(-se) louco: *é um ruído que enlouquece a gente; quem enlouquece vai para o hospício.* → **enlouquecimento** *sm* (ato ou efeito de enlouquecer).

en.lu.a.ra.do *adj* Iluminado ou banhado pelo luar: *noites enluaradas.* → **enluarar-se** *v* (ser iluminado pela Lua).

en.lu.tar(-se) *v* Cobrir(-se) de luto ou de grande tristeza: *a morte do piloto enlutou o país.*

e.no.bre.cer(-se) *v* Tornar(-se) nobre: *a honestidade enobrece o caráter do homem; Santos Dumont se enobreceu pelas invenções.* → **enobrecimento** *sm* [ato ou efeito de enobrecer(-se)].

e.no.do.ar(-se) *v* Encher(-se) de nódoas, sujar(-se), manchar(-se): *a tinta lhe enodoou a roupa; o Congresso se enodoou vergonhosamente ante a opinião pública no escândalo da corrupção e da impunidade.* · Conjuga-se por *abençoar.* → **enodoamento** *sm* [ato ou efeito de enodoar(-se)].

e.no.fi.li.a *sf* Gosto por vinho. → **enófilo** *adj* e *sm* (que ou aquele que gosta de vinho); **enologia** *sf* (arte e técnica de fabricar e conservar vinho); **enológico** *adj* (rel. a enologia); **enologista** *adj* e *s2gên* ou **enólogo** *sm* (especialista em enologia).

e.no.ja.do ou **a.no.ja.do** *adj* **1.** Aborrecido, incomodado, chateado: *estar enojado da vida.* **2.** Que sente nojo ou náusea: *estar enojado da política.* → **enojar** ou **anojar** *v* [**1.** causar nojo ou náusea a: *esses escândalos enojam o homem de bem;* **enojar(-se)** ou **anojar(-se) 2.** aborrecer(-se), incomodar(-se), chatear(-se)].

e.nor.me *adj* **1.** Extremamente grande em tamanho, extensão, etc.: *uma estátua enorme; uma área enorme.* **2.** *Fig.* Tremendo, imenso: *tivemos um enorme déficit financeiro; homem de enorme responsabilidade; nossas chances de sucesso são enormes.* **3.** *Fig.* Grave, sério: *cometeste um enorme engano; estamos com um enorme problema.* **4.** *Fig.* Grosseiro, crasso: *comete enorme erro quem escreve muçarela com ss.* **5.** *Fig.* Fora do comum; extraordinário, invulgar, incomum: *pianista de enorme talento; tão novo e já com enorme cultura!* · Antôn. (1): *minúsculo;* (2): *insignificante, irrisório.* → **enormidade** *sf* (qualidade ou estado de ser enorme).

e.no.ve.lar *v* V. **novelo.**

en.qua.drar *v* **1.** Pôr ou meter em quadro ou moldura; emoldurar: *enquadrar o diploma.* **2.** Dar forma quadrada a; tornar quadrado: *enquadrar uma folha de papel, uma tábua.* **3.** Dar orientação ou rumo adequado, conveniente a: *se nós mesmos não pudermos enquadrar esses políticos, que será das próximas gerações?* **4.** Castigar, punir: *o coronel resolveu enquadrar o sargento pelo desrespeito: um mês de cadeia.* **5.** Fazer andar na linha; pôr nos eixos; disciplinar: *Leão enquadrou Edmundo.* **6.** Dispor ou posicionar no visor da câmara (a imagem que se quer fotografar) ou filmar de forma desejada. **7.** Adequar, amoldar, ajustar: *o síndico enquadrou o condomínio às novas regras ditadas pelo código civil.* **8.** Indiciar pela prática de crime; incluir ou classificar (criminosos): *o PFL queria enquadrar Lula em crime eleitoral.* **enquadrar-se 9.** Ajustar-se, adequar-se, encaixar-se: *nem todas as mulheres brasileiras se enquadram nesse padrão de beleza.* **10.** Situar-se (no tempo ou no espaço): *sua empresa não se enquadra no SIMPLES.* **11.** Submeter-se à disciplina; andar na linha ou nos eixos; disciplinar-se: *na sua volta ao Palmeiras, Edmundo prometeu se enquadrar.* → **enquadrado** *adj* (que se enquadrou); **enquadramento** *sm* [ato ou efeito de enquadrar(-se)].

en.quan.to *conj* **1.** Quando: *ela baba enquanto dorme; enquanto estive na Itália, não fez frio.* **2.** Durante o tempo que: *enquanto ele esteve fora, vivemos em paz por aqui; enquanto você descasca as batatas, eu lavo o arroz.* **3.** Ao passo que: *uma* *pessoa quer sair, enquanto a outra quer ficar.* **4**. À medida que, assim que: *os operários recebiam o salário enquanto saíam.* **5**. Considerado como: *esse homem, enquanto político, é pouco ou nada confiável.*

en.que.te *sf* Conjunto de opiniões acerca de uma pessoa ou coisa, geralmente reunido por veículo de comunicação de massa (jornal, revista, TV, etc.). (Não se confunde com *pesquisa*, que tem cunho científico.)

en.ra.bar *v* **1**. Segurar pelo rabo: *enrabou a ovelha que queria fugir.* **2**. Prender pelo cabresto (um animal) à cauda de outro, para o conduzir. **3**. Amarrar (veículo) à traseira de outro; rebocar. **4**. *Pop.Pej.* Fazer (alguém) levar a pior; enganar: *ambulante querendo enrabar freguês é o que mais se vê nas ruas.* **5**. *Pop.Chulo* Praticar o coito anal com. → **enrabação** *sf* ou **enrabamento** *sm* (ato ou efeito de enrabar).

en.ra.bi.char *v* **1**. Atar (cabelo) em forma de rabicho. **2**. Despertar amor ou paixão em; conquistar, enamorar, seduzir: *como não conseguia enrabichar a garota, passou a cortejar a mãe dela!* **3**. Ir atrás de; seguir constantemente; ficar sempre junto de: *por que você vive enrabichando sua mãe?; quando ela percebia que um freguês começava a enrabichar, buscava logo uma maneira de não atendê-lo mais.* **enrabichar-se 4**. Apaixonar-se, enamorar-se: *com tanta mulher bonita dando sopa, ele foi se enrabichar justamente por uma bruxa.* → **enrabichado** *adj* (**1**. excessivamente ligado: *um filho enrabichado com a mãe;* **2**. excessivamente apaixonado: *estava enrabichada com o professor*); **enrabichamento** *sm* [ato ou efeito de enrabichar(-se)].

en.rai.ve.cer(-se) *v* Tornar(-se) raivoso ou furioso, enfurecer: *a inveja enraivece o homem e empobrece o espírito: quem é que não (se) enraivece, ao saber de tanta corrupção?* → **enraivecimento** *sm* [ato ou efeito de enraivecer(-se)].

en.rai.zar *v* **1**. Fixar pela raiz; arraigar: *enraizar uma árvore derrubada pelo vento.* **2**. *Fig.* Fixar, prender: *enraizar o homem na terra.* **3**. Criar raízes: *a planta ainda não enraizou.* **enraizar-se 4**. Fixar-se pela raiz; arraigar-se: *a árvore em pouco tempo se enraizou novamente.* (As formas rizotônicas têm tonicidade e acento gráfico no *i*: *enraízo, enraízas*, etc.) → **enraizamento** *sm* [ato ou efeito de enraizar(-se)].

en.ras.car *v* **1**. Pôr em situação complicada e difícil, meter em apuros: *ela me enrascou!* **2**. Enganar, tapear, tungar: *o mascate me enrascou direitinho.* **enrascar-se 3**. Complicar-se, ficar em apuros: *eu me enrasquei todo!* → **enrascada** *sf* (situação complicada, difícil, embaraçosa; apuro: *acabo de me meter numa enrascada*).

en.re.dar *v* **1**. Prender ou colher na rede: *o pescador enredou muitas sardinhas.* **2**. Entrelaçar, embaraçar: *enredar os pés em alguma coisa.* **3**. Armar intrigas a, com o fim de indispor, intrigar: *enredar irmãos entre si.* **4**. Formar o enredo ou a trama de (obra literária): *o autor soube enredar muito bem sua narrativa.* **enredar-se 5**. Emaranhar-se, enlear-se: *pipas se enredam facilmente nos cabos de alta tensão.* → **enredamento** *sm* [ato ou efeito de enredar(-se); enredo (1)].

en.re.do (ê) *sm* **1**. Enredamento. **2**. Mexerico inteligente, complicado, astuto, para provocar inimizades e confusões. **3**. Trama de obra de ficção.

en.ri.je.cer(-se) *v* Tornar(-se) rijo ou duro: *enrijecer os músculos; os músculos (se) enrijecem, com exercícios.* → **enrijecimento** *sm* [ato ou efeito de enrijecer(-se)].

en.ri.que.cer(-se) ou **en.ri.car(-se)** *v* Tornar(-se) rico: *política enriquece muita gente; já (se) enriqueceu na política.* · Antôn.: *empobrecer.* → **enriquecimento** *sm* [ato ou efeito de enriquecer(-se)], de antôn. *empobrecimento.*

en.ro.lar *v* **1**. Envolver em forma cilíndrica, rodar ou rolar (uma coisa) em torno de outra, ou sobre ela mesma: *enrolar um cigarro de palha.* **2**. Embrulhar: *enrolar doces.* **3**. Embromar: *esse corretor está me enrolando.* **4**. Enganar, tapear, tungar: *mascate gosta de enrolar a gente.* **enrolar-se 5**. Atrapalhar-se, confundir-se: *ela se enrola toda no trânsito.* → **enrolação** ou **enrolada** *sf* [ato ou efeito de enrolar (3 e 4)]; **enrolamento** *sm* (**1**. ação ou efeito de enrolar; **2**. conjunto de condutores de uma máquina elétrica; **enrolão** *adj* e *sm* (embrulhão), de fem. *enrolona.*

en.ros.car *v* **1**. Contornar em círculo: *a cobra enroscou-lhe o pescoço e quase o asfixia.* **enroscar-se 2**. Dar voltas em espiral: *as cobras se enroscam, para dormir.* → **enroscamento** *sm* [ato ou efeito de enroscar(-se)]; **enrosco** (ô) *sm* (**1**. aquilo em que se enrosca; obstáculo; **2**. *fig.* situação difícil ou embaraçosa; enrascada, apuro; **3**. *pop.* amante).

en.rou.que.cer(-se) *v* Tornar(-se) rouco: *falar muito enrouquece a voz; gritou tanto, que (se) enrouqueceu.* → **enrouquecimento** *sm* [ato ou efeito de enrouquecer(-se)].

en.ru.bes.cer(-se) *v* Deixar ou ficar corado; corar: *o sol da manhã enrubesce a pele; mentiu descaradamente e nem (se) enrubesceu.* → **enrubescimento** *sm* (ato ou efeito de enrubescer; rubor).

en.ru.gar(-se) *v* Tornar(-se) cheio de rugas: *o tempo enruga a pele; as mãos (se) enrugam mais cedo que o rosto.* → **enrugação** *sf* ou **enrugamento** *sm* [ato ou efeito de enrugar(-se)].

en.rus.ti.do *adj* **1**. Extremamente introvertido: *na zona rural, as pessoas costumam ser enrustidas.* **2**. Disfarçado, dissimulado: *policial enrustido na bandidagem.* // *adj* e *sm* **3**. Que ou homossexual que ainda não se assumiu. → **enrustir** *v* [*gír.* enganar (parceiro de roubo ou furto, na partilha): *foi morto porque quis enrustir os comparsas*].

en.sa.bo.ar *v* **1**. Lavar com sabão: *ensaboar a roupa.* **2**. *Fig.* Passar um sabão ou pito em; repreender severamente: *ensaboou o filho travesso.* · Conjuga-se por *abençoar.* → **ensaboação**, **ensaboada** ou **ensaboadura** *sf* (ação ou efeito de ensaboar).

en.sa.car *v* Meter em saco ou em saca: *ensacar milho.* → **ensacagem** *sf* (ação de ensacar, de envolver fruto em saco plástico, para não sofrer ataques de pássaros ou receber larvas de moscas); **ensacamento** ou **ensaque** *sm* (ato ou efeito de ensacar).

en.sai.ar *v* **1**. Pôr à prova (algo novo ou desconhecido), experimentar: *ensaiar um novo combustível.* **2**. Repetir (uma ação) várias vezes, para atingir o ponto ideal; exercitar; treinar: *ensaiar uma jogada.* **3**. Promover essa repetição entre: *ensaiar candidatas a concurso.* **4**. Preparar, estudar: *ensaiar um discurso.* **ensaiar-se 5**. Exercitar-se: *o candidato eleito já se está ensaiando para a posse.* → **ensaio** *sm* (**1**. tentativa; **2**. teste sobre o valor ou a natureza de alguma pessoa ou de alguma coisa, prova; **3**. produção literária breve e em prosa, sobre uma determinada matéria ou tema, geralmente analítica, especulativa ou interpretativa, que apresenta o ponto de vista do autor, sem a preocupação de profundidade); e *smpl* (treinamentos, preparativos).

en.san.cha *sf* **1**. Sobra de tecido que se deixa na costura da vestimenta, para possibilitar eventuais alargamentos. **2**. *Fig.* Oportunidade, ensejo. → **ensanchar(-se)** *v* [tornar(-se) mais amplo ou mais largo por meio de ensanchas].

en.san.de.cer *v* **1**. Tornar(-se) sandeu ou idiota; apalermar(-se). **2**. Privar(-se) do uso da razão; enlouquecer, endoidecer: *anos na solitária o ensandeceram; ensandeceu-se na prisão.* **3**. *Fig.* Tornar(se) psicologicamente perturbado; endoidar: *há filhos que ensandecem os pais; quando a perdi, ensandeci.* → **ensandecido** *adj* (**1**. que ensandeceu ou perdeu o uso da razão; mentalmente perturbado; insano: *morreu ensandecido;* **2**. que se comporta como um louco; fora de si; enlouquecido, maluco: *ensandecido motorista atropelou várias pessoas;* **3**. *fig.* estranho, esquisito, doido, maluco: *o clima está ensandecido por aqui; vivemos tempos ensandecidos;* **4**. *fig.* psicologicamente perturbado; endoidado: *ficou ensandecido com o término do namoro*); **ensandecimento** *sm* (ato ou efeito de ensandecer).

en.san.guen.tar (o **u** soa) *v* **1**. Cobrir, encher ou manchar de sangue: *a guerra civil ensanguentou o país.* **ensanguentar-se 2**. Manchar-se de sangue: *eu me ensanguentei todo no acidente.*

en.se.a.da *sf* Braço de mar que penetra pouco na terra, alargando-se pelo interior da costa; pequena baía protegida, onde as embarcações podem abrigar-se.

en.se.bar *v* **1**. Sujar com sebo, engordurar: *ensebar o poste.* **2**. *P.ext.* Sujar ou manchar pelo uso constante: *ensebar o dicionário.* (O *e* continua fechado, durante a conjugação.) → **ensebamento** *sm* (ato ou efeito de ensebar).

en.se.jar *v* **1**. Esperar ansiosamente a oportunidade de: *por muito tempo ensejei este momento.* **2**. Esboçar, pensar: *ensejar uma reação.* **3**. Proporcionar, propiciar: *foi ela própria que ensejou o encontro.* (O *e* continua fechado, durante a conjugação.) → **ensejo** (ê) *sm* (ocasião propícia inesperada: *tive o ensejo de ver o Papa na rua,*).

en.si.for.me *adj* Que tem a forma de espada: *folhas ensiformes.*

en.si.lar *v* Armazenar (cereais) em silo, guardar no silo. → **ensilagem** *sf* ou **ensilamento** *sm* (ato ou efeito de ensilar).

en.si.mes.ma.do *adj* Concentrado em si mesmo; introvertido, fechado, retraído. → **ensimesmação** *sf* ou **ensimesmamento**

sm (ato ou efeito de ensimesmar-se); **ensimesmar-se** *v* (concentrar-se, meditando).

en.si.nar *v* **1**. Transmitir conhecimentos a, por meio de lições: *ensinar crianças*. **2**. Doutrinar ou mostrar a verdade a: *Jesus veio ao mundo para ensinar os homens*. **3**. Adestrar, treinar: *ensinar cães*. **4**. Lecionar, dar aulas de: *ensinar corte e costura*. → **ensinamento** ou **ensino** (1) *sm* (ato ou efeito de ensinar); **ensino** *sm* (**1**. ato de ensinar, de transmitir conhecimentos; ensinamento: *o ensino de línguas a crianças*; **2**. transmissão de conhecimentos e competências; instrução: *estabelecimento de ensino*; **3**. conjunto de métodos e técnicas empregados na instrução; sistema escolar: *o ensino decaiu muito em qualidade de 1960 para cá; é preciso reformar o ensino urgentemente*; **4**.*p.ext.* magistério, docência: *ter vocação para o ensino*; **5**. *fig.* adestramento, treinamento: *o cão recebeu ensino na polícia militar*). ·· **Ensinar pai-nosso a vigário**. Tentar ensinar ou explicar determinado assunto a quem já é perito nele. ·· **Ensino a distância**. Tele-educação. ·· **Ensino fundamental**. Instrução ministrada nos nove primeiros anos escolares. ·· **Ensino médio**. Instrução destinada à formação do adolescente, ministrada em três ou quatro anos, em prosseguimento ao ensino fundamental. ·· **Ensino superior**. Instrução ministrada após o término do curso médio, também chamada de *graduação* ou *universitária*, ministrada em universidades ou em faculdades isoladas.

en.so.la.ra.do *adj* Cheio de sol; banhado pelo Sol: *dia ensolarado*.

en.so.par *v* **1**. Transformar em sopa: *ensopar o resto de uma comida*. **ensopar(-se) 2**. *Fig.* Molhar(-se) muito, empapar(-se), encharcar(-se): *a chuva me ensopou; as crianças se ensoparam na água da chuva*. → **ensopamento** *sm* [ato ou efeito de ensopar(-se)].

en.sur.de.cer *v* Tornar(-se) surdo: *a doença o ensurdeceu; quando a gente ensurdece, perde o sentido da vida*. → **ensurdecedor** (ô) *adj* (**1**. que ensurdece; **2**. que causa grande ruído ou estrondo); **ensurdecimento** *sm* (ato ou efeito de ensurdecer).

en.ta.bla.men.to *sm* Na arquitetura clássica, conjunto de arquitrave, friso e cornija.

en.ta.bu.lar *v* **1**. Guarnecer de tábuas: *entabular todas as vidraças da casa, à passagem de um furacão*. **2**. Dar início a; iniciar, encetar: *entabular conversa com alguém; entabular um namoro*. **3**. Estabelecer, instaurar: *entabular contato com fornecedores; entabular relações diplomáticas com um país*. **entabulação** *sf* ou **entabulamento** *sm* (ato ou efeito de entabular).

en.ta.lar(-se) *v* **1**. Meter(-se) entre talas ou lugar estreito: *entalar a perna; seu corpo se entalou no vão da porta*. **entalar-se 2**. *Fig.* Meter-se em apuros ou dificuldades de qualquer natureza: *eu me entalei até o pescoço na construção dessa casa*. → **entalação** ou **entalada** *sf* [ato ou efeito de entalar(-se)].

en.ta.lhar *v* **1**. Esculpir em madeira, pedra, mármore, marfim, etc., gravar: *o artista entalhou até os batentes do museu!* **2**. Dar forma mediante corte: *entalhar uma estátua de pedra*. → **entalhadura** *sf*, **entalhamento** ou **entalhe** *sm* (ato ou efeito de entalhar); **entalhe** *sm* (**1**. entalhadura; **2**. gravação em madeira; **3**. arte de talhar figuras em madeira ou pedra; **4**. peça artística que resulta dessa arte).

en.tan.to, no *loc conj* Apesar disso, mas, contudo, todavia, entretanto: *choveu, no entanto, não trovejou*.

en.tão *adv* **1**. Nesse ou naquele tempo, época, ocasião: *dormia-se então com a janela aberta, sem susto; eu estava então morando na Europa; o então presidente era o chefe da quadrilha*. **2**. Nesse ou naquele momento: *foi então que percebi a mentira*. **3**. Nesse caso: *se isso que você diz tem fundamento, então estamos fritos; se você fizer o que eu digo, então não há nada com que se preocupar*. **4**. Talvez: *ligo para você amanhã, então deverei ter os detalhes; se você vier amanhã, então poderei atendê-lo*. **5**. Com certeza: *um dia vais casar, aí então aprenderás a economizar; vejo você amanhã, então*. **6**. Depois: *deixe-me tomar banho, então sairemos; foi até a porta, então se virou e disse adeus*. // *conj* **7**. Logo, portanto: *eu me belisquei, então não estava sonhando; se os ângulos são iguais, então os complementos também são iguais*.// palavra denotativa de situação **8**. Aí, hem!: *então, falando mal de mim, né?* **9**. Afinal de contas: *então, você casou?; e então, vamos ou não vamos?; você ainda está por aqui, então?* **10**. Finalmente: *você está decidida, então*. ·· **Até então**. Até essa época: *Até então não a tinha conhecido*. ·· **De então**. Dessa ou daquela época, de antigamente; *De então para cá, tudo mudou. O mundo de então era muito mais saudável. O Brasil de então era um país meramente agrícola*. ·· **Desde então**. Desde aquela vez: *Desde então, estou mais precavido*. ·· **Pois então**. **1**. Sendo assim: *Você não disse que ela te ama? Pois então, vá lá, fale com ela!* **2**. Sim, sem dúvida: *– Ela claramente está te enganando, rapaz! – Pois então*.

en.tar.de.cer *v* **1**. Fazer-se tarde: *entristeço quando entardece*. // *sm* **2**. (O) cair da tarde, ocaso: *o entardecer sempre me entristece*.

en.te *sm* **1**. Ser vivente abstrato: *um ente imaginário*. // *sm* **2**. Pessoa: *um ente querido*.

en.te.a.do *sm* Aquele que tem pai ou mãe adotivos, ou seja, padrasto ou madrasta.

en.te.di.ar(-se) *v* Aborrecer(-se) muito: *toda rotina me entedia; entedio-me de ver sempre as mesmas caras na televisão*. → **entediante** *adj* (que entedia; aborrecido, cansativo, enjoativo).

en.ten.der *v* **1**. Ter ideia clara de, conhecer perfeitamente: *alguns homens não entendem as mulheres, mas todas não entendem os homens*.. **2**. Alcançar (o sentido das coisas): *não entendeu isso?* **3**. Ser profundo conhecedor de, ter prática em: *entender de futebol*. **entender-se 4**. Combinar-se, entrar em acordo: *pode deixar, que eu me entendo com ela!* **5**. Ter o uso da razão: *desde que me entendo por gente, nunca vi tanta corrupção*. // *sm* **6**. Opinião, ponto de vista: *no meu entender, isso é tramoia*. → **entendido** *adj* (**1**. sabido: *o professor deu a matéria por entendida*; **2**. acertado, combinado, ajustado: *estamos entendidos, então?*) e *adj* e *sm* (**1**. que ou aquele que é grande conhecedor de um assunto, matéria, etc.: *ser entendido em informática; são poucos os entendidos em português*; **2**.*gír.* que ou aquele que está enfronhado em algo libertino, ilícito ou ilegal (homossexualismo, tóxicos, etc.); **entendimento** *sm* (faculdade de entender). ·· **Dar a entender**. Insinuar; mostrar por meias palavras ou por evasivas: *Ela deu a entender que quer me namorar*. ·· **Dar-se por entendido**. Demonstrar claramente que entendeu tudo e não tem nenhuma dúvida a respeito do caso, questão ou assunto. ·· **Eles lá se entendem**. Eles são iguais, da mesma laia; eles são farinha do mesmo saco. ·· **Eles lá que se entendam!** Eles lá que se arrumem ou que se danem! ·· **Entender uma pessoa**. Conhecer-lhe os pensamentos ou os propósitos mais íntimos: *Hoje em dia nem mesmo os pais entendem os filhos*. ·· **Fazer-se entender**. Ser claro no que diz: *Não sei se me faço entender, mas a física quântica é pura metafísica*. ·· **Não se dar por entendido**. Fazer-se de bobo ou de tolo.

enter [ingl.] *sm* Em informática, tecla que, acionada, indica ao sistema operacional que determinado comando deve ser executado. ·· Pronuncia-se *êntâr*.

en.te.ral ou **en.té.ri.co** *adj* Relativo aos intestinos ou que se faz através deles; intestinal: *tumor entérico; alimentação enteral*.

en.te.ri.te *sf* Inflamação na mucosa dos intestinos.

en.ter.ne.cer(-se) *v* **1**. Tornar(-se) terno, brando; abrandar(-se): *o sorriso de uma criança enternece-me*. **2**. Tornar(-se) sensível, sensibilizar(-se): *seu choro enterneceu o namorado; enternece-me à vista de tanta miséria*. → **enternecedor** (ô) *adj* (que enternece ou sensibiliza; comovente: *recebeu uma enternecedora homenagem*); **enternecimento** *sm* [**1**. ato ou efeito de enternecer(-se); **2**. estado de quem se enternece; **3**. sentimento de ternura ou meiguice; **4**. compaixão, dó, pena, piedade].

en.ter.rar *v* **1**. Meter, esconder ou ocultar debaixo da terra: *enterrar um tesouro*. **2**. Sepultar: *enterrar defunto*. **3**. *Fig.* Levar à ruína ou à derrota: *o goleiro enterrou o time*. **4**. *Gír.* Meter a bola com toda a força pelo aro da cesta, no basquete: *Paula conseguiu a vitória no último segundo, enterrando*. → **enterramento** *sm* [ação ou efeito de enterrar (1): *não havia coveiro para fazer o enterramento do defunto*), que não se confunde com *enterro*; **enterro** (ê) *sm* (ação de levar um morto para ser inumado, com cortejo que segue até o cemitério: *o enterro saiu na hora marcada; fui ao enterro dele*).

en.te.sou.rar *v* **1**. Guardar ou acumular (dinheiro, bens, riquezas). **2**. *Fig.* Acumular em grande quantidade (coisa de alto valor): *entesourou todos os diamantes que comprou*. **3**. *Fig.* Fixar na memória; guardar na lembrança: *entesourei aquela imagem de quando nos conhecemos, em plena praça pública*. (Mantém fechado o ditongo ou durante a conjugação.) → **entesouramento** *sm* (ato ou efeito de entesourar).

en.ti.da.de *sf* **1**. Qualquer ser que tem existência real ou individual, na realidade ou na imaginação. **2**. Qualquer associação, sociedade ou instituição de pessoas, criada para a defesa de classe ou para a prestação de serviços à coletividade.

en.to.ar ou **en.to.nar** *v* **1**. Fazer ouvir cantando: *os manifestantes entoavam protestos.* **2**. Anunciar com ênfase; proclamar: *o presidente foi à ONU entoar o programa Fome Zero.* **3**. Começar (um canto): *a seleção brasileira de futebol, ali no gramado já postada, entoava o Hino Nacional.* **4**. Dar certo tom a (voz). **5**. Cantar ou recitar (um hino, um soneto) em honra de algo ou alguém: *a torcida entoa o hino do clube em cada jogo.* **6**. Começar uma pessoa a cantar uma canção, a fim de dar o tom aos demais: *a professora entoava, e o coro a seguia.* · *Entoar* se conjuga por *abençoar.* → **entoação** ou **entonação** *sf* (**1**. ato ou efeito de entoar; **2**. modo de observar os tons ou ato de dar o tom; **3**. modulação na voz de quem fala ou recita; inflexão; **4**. solfejo de principiantes de música).

en.to.car *v* **1**. Meter na toca: *o cão entocou o tatu.* **2**. Esconder: *mulher, onde entocaste minhas cuecas?* **entocar-se 3**. Meter-se em toca, enfurnar-se: *o tatu se entocou ao primeiro latido.*

en.to.jar *v* **1**. Causar nojo a; provocar repugnância a; enojar, repugnar: *essa comida entoja as pessoas; as mentiras do ex-ministro e seu cinismo são de entojar qualquer cidadão.* **2**. Provocar aborrecimento a; aborrecer, amolar: *sei que já entojei muitas pessoas falando da falta que ela me faz.* **3**. Sentir algo ou náuseas: *mulheres grávidas facilmente entojam.* → **entojado** *adj* (**1**. enjoado, repugnante; **2**. implicante, cacete, desagradável, chato); **entojo** (ô) *sm* (**1**. ato ou efeito de entojar; **2**. nojo ou desejo extravagante que a mulher sente, no período da gravidez; náusea; **3**. aversão a qualquer espécie de alimento; **4**. sensação de aborrecimento, amolação ou tédio).

en.to.mo.fau.na *sf* Conjunto dos insetos indígenas de uma região ou *habitat.* → **entomofáunico** *adj* (rel. a entomofauna), palavra que não tem registro na 6.ª ed. do VOLP.

en.to.mo.lo.gi.a *sf* Ramo da zoologia que estuda os insetos. → **entomológico** *adj* (rel. a entomologia); **entomologista** *adj* e *s2gên* ou **entomólogo** *sm* (especialista em entomologia).

en.to.na.ção *sf* V. **entoação**.

en.ton.te.cer *v* **1**. Tornar tonto; causar tonturas ou vertigens a: *Garrincha era um ponta-direita que entontecia os zagueiros.* **2**. Fazer perder o tino ou a razão; perturbar o juízo de: *o cheiro provocante do sexo nas calcinhas entontece os fetichistas.* **3**. Tornar estúpido, tolo, tonto ou imbecil; imbecilizar: *as constantes surras que levou da mãe na infância o entonteceram para sempre.* **entontecer(-se) 4**. Achar-se afetado por tonturas ou vertigens: *por um instante, todos ali (se) entonteceram com aqueles tremores de terra.* **5**. Tornar-se tonto, estúpido, tolo ou imbecil; imbecilizar-se: *no internato, ao invés de ilustrar-se, ele (se) entonteceu.* → **entontecedor** (ô) *adj* (que entontece; estonteante); **entontecimento** *sm* [ato ou efeito de entontecer(-se)].

en.tor.nar *v* **1**. Derramar ou despejar (líquido), emborcando, virando: *de raiva, ela entornou um copo d'água na minha roupa.* **entornar-se 2**. Extravasar: *encheu tanto o copo, que o leite se entornou.*

en.tor.no (ô) *sm* **1**. Conjunto de pessoas, coisas e circunstâncias que rodeiam alguém ou algo e influem em seu desenvolvimento; meio ou ambiente que rodeia alguma coisa: *a violência é uma constante nas cidades do entorno do Distrito Federal.* **2**. Conjunto de todos os elementos (área verde, construções vizinhas, anexas, etc.) que interferem na paisagem: *o edifício respeitou o entorno arquitetônico de uma antiga propriedade e está situado a cinco minutos do centro histórico.* **3**. Em informática, tipo de sistema operativo, de *hardware* e de informações de *software* organizadas, com o qual um processo está destinado a operar: *os agentes móveis precisam de um entorno para serem criados e executados.*

en.tor.pe.cer *v* **1**. Causar torpor ou entorpecimento a, adormentar: *o excesso de ruído entorpece a razão.* **entorpecer(-se) 2**. Interromper o movimento ou a ação de: *o frio congelante lhe entorpeceu os membros.* **3**. Ficar entorpecido (2): *minhas pernas (se) entorpeceram pela longa inatividade.* → **entorpecente** *adj* e *sm* (que ou qualquer tipo de substância tóxica que embota os sentidos, porque age sobre os centros nervosos do indivíduo e, dependendo da dose, causa confusão, estupor, coma e até a morte); **entorpecido** *adj* (**1**. que se entorpeceu; **2**. em estado de torpor; **3**. sem movimento; paralisado; imóvel; **4**. sem ânimo, vontade ou disposição; desanimado; **5**. sem força, vigor ou energia; enfraquecido; debilitado); **entorpecimento** *sm* [ato ou efeito de entorpecer(-se)].

en.tor.se *sf* Distensão súbita e violenta dos ligamentos de uma articulação, acompanhada de dor e geralmente de inflamação: *toda entorse é dolorosa.*

en.tor.tar(-se) *v* Tornar(-se) torto, torcer: *entortar um garfo; o garfo (se) entortou, quando espetei a carne.* · Antôn.: *endireitar.* → **entortadura** *sf* [ato ou efeito de entortar(-se)].

en.tra.da *sf* **1**. Ato ou efeito de entrar. **2**. Ingresso, admissão. **3**. Chegada. **4**. Boca ou abertura de qualquer cavidade. **5**. Bilhete que dá direito a ingresso em casa de espetáculo; ingresso. **6**. Quantia inicial de compra a crédito. **7**. Nos tempos coloniais (séc. XVI), expedição armada, geralmente oficial, que adentrava os sertões brasileiros para fazer exploração, respeitando, todavia, o Tratado de Tordesilhas, o que não ocorria com as bandeiras. **8**. Palavra que abre um verbete, nos dicionários, enciclopédias, etc. **9**. Em futebol, intervenção do jogador no adversário que tem a posse de bola. · Antôn. (1 e 2): *saída.*

en.tran.çar *v* **1**. Fazer trança em: *entrançar o cabelo.* **entrançar(-se) 2**. Entrelaçar(-se): *entrançar palhinhas; fios de cabelo que se entrançam com o vento.* → **entrançamento** *sm* [ato ou efeito de entrançar(-se)].

en.trân.cia *sf* Categoria das circunscrições jurisdicionais estabelecida segundo a organização judiciária de cada estado ou do Distrito Federal. (Não se confunde com *instância*.)

en.tra.nha *sf* **1**. Qualquer das vísceras contidas nas cavidades torácica e abdominal. // *sfpl* **2**. Ventre (materno). **3**. Conjunto das vísceras abdominais. **4**. *Fig.* Parte interior e mais profunda da terra e do mar; profundezas: *desejar ser sepultado nas entranhas da sua terra natal.* → **entranhar** *v* [introduzir (algo) nas entranhas, cravar profundamente, enfiar: *entranhar uma faca no peito de alguém*]; **entranhar-se** (penetrar profundamente, embrenhar-se: *entranhei-me na mata*).

en.trar *v* **1**. Passar para dentro: *entrei em casa.* **2**. Comparecer por alguma razão: *entro às 8h no serviço.* **3**. Penetrar: *o alfinete entrou-lhe no dedo.* **4**. Ser admitido: *entrar num clube.* **5**. Encaixar-se, caber: *o boné não entrou na minha cabeça.* · Antôn.: *sair.* → **entrante** *adj* (que entra: *na semana entrante, no mês entrante, no ano entrante*); **entrão** *adj* e *sm* (que ou aquele que vai metendo as caras em tudo, sem ser convidado, sem pagar, etc., não medindo as consequências de seus atos), de fem. *entrona.* (A 6.ª ed. do VOLP não registra a palavra.) ·· **Entra e sai**. Movimentação contínua de entrada e saída de pessoas; vaivém de pessoas: *Todo banco é um entra e sai de todo tipo de gente.*

en.tra.ve *sm* **1**. O que impede alguém de prosseguir ou de progredir; obstáculo: *a falta de dinheiro sempre foi um entrave a meus planos.* **2**. Entravamento. → **entravamento** ou **entrave** *sm* [ato ou efeito de entravar); **entravar** *v* (**1**. colocar entraves a; travar; **2**. obstruir, impedir: *a corrupção entrava o desenvolvimento do país*).

en.tre *prep* Indica inúmeras relações, entre as quais a de situação intermédia (*entre o verde o azul*), espaço intermédio (*entre uma árvore e outra*), quantidade aproximada (*entre cinco e dez minutos*), etc. (Usa-se *mim* e *ti* depois de *entre*, e não "eu" e "tu": *Entre mim e ela só há amizade. O que houve entre ti e o delegado?*)

en.tre.a.brir *v* Abrir um pouco ou ao de leve: *entreabrir a porta.* → **entreaberto** *adj* (semiaberto: *a porta estava entreaberta*).

en.tre.a.to *sm* **1**. Intervalo entre os atos de uma peça dramática ou musical. **2**. Pequena peça musical que se executa nesse intervalo; interlúdio.

en.tre.cor.tar *v* **1**. Cortar, cruzando os cortes: *muitas estradas vicinais de terra entrecortam a autopista.* **entrecortar-se 2**. Formar interseções, cruzar-se: *são avenidas que se entrecortam num determinado ponto.* → **entrecorte** *sm* (**1**. em arquitetura, espaço entre duas abóbadas esféricas sobrepostas; **2**. arredondamento ou chanfradura na esquina dos edifícios, para facilitar a circulação de veículos).

en.tre-ei.xo *sm* Espaço entre dois eixos. · Pl.: *entre-eixos.*

en.tre.gar *v* **1**. Passar (algo) às mãos de: *entregar correspondência.* **2**. Trair, atraiçoar: *Judas entregou Jesus.* **entregar-se 3**. Dedicar-se inteiramente, consagrar-se: *entregar-se ao estudo.* **4**. Deixar-se levar: *entregar-se ao sono.* **5**. Render-se: *os japoneses se entregaram depois das bombas atômicas.* **6**. Confiar-se à guarda ou à proteção de autoridade ou ser superior: *entreguem-se à polícia!* · Antôn. (1): *receber.* → **entrega** *sf* [**1**. ato ou efeito de entregar(-se): *a entrega do carro ao proprietário se dará amanhã*; **2**. aquilo que foi entregue: *a entrega estava pesada*; **3**. dedicação total: *a entrega na trabalho é própria dos meus funcionários*], de antôn. (1): *recebimento*; **entregue** *adj* (**1**. que se entregou: *os estádios ficaram entregues às moscas, durante a pandemia*; **2**. *fig.* muito cansado; exausto: *estou entregue*;

3. inteiramente concentrado; absorto: *ficar entregue às fantasias*); **entreguismo** *sm* (mentalidade política que consiste em entregar à exploração estrangeira os recursos naturais do país, como o petróleo, os minerais, etc.); **entreguista** *adj* (rel. a entreguismo) e *adj* e *s2gên* (que ou pessoa que é partidária do entreguismo). ·· **Entregar a alma a Deus**. Falecer. ·· **Entregar a rapadura** (pop.). Render-se, dar-se por vencido, jogar a toalha.

en.tre.la.çar *v* Enlaçar (uma coisa com outra): *entrelaçar fitas vermelhas e brancas numa embalagem*. **entrelaçar-se 2**. Entrançar-se, enlear-se.→ **entrelaçamento** ou **entrelace** *sm* [ato ou efeito de entrelaçar(-se)].

en.tre.li.nha *sf* **1**. Espaço entre duas linhas consecutivas de um texto. **2**. Aquilo que se escreve nesse espaço. // *sfpl* **3**. O que está implícito ou subentendido num escrito: *ler as entrelinhas de um texto*. → **entrelinhamento** *sm* (ato ou efeito de entrelinhar); **entrelinhar** *v* [**1**. pôr entrelinha em; espacejar, intervalar; **2**. escrever (algo) entre as linhas de um texto; **3**. aumentar os claros que separam as linhas de (composição gráfica), com entrelinhas de metal; abrir].

en.tre.lu.zir *v* **1**. Luzir fracamente: *o galo cantou, os passarinhos já pipilavam e, no céu, as últimas estrelas entreluziam*. **2**. Principiar a luzir: *com a chegada da noite, as estrelas entreluzem*. **3**. *Fig*. Divisar, perceber: *entreluzi pequenina e tímida luz no final do túnel*.

en.tre.ma.nhã *sf* Crepúsculo matinal.

en.tre.meio *sm* **1**. Aquilo que está entre dois seres, intermédio. **2**. Intervalo (no tempo e no espaço). **3**. Renda ou tira bordada entre duas peças lisas. → **entremeado** *adj* (**1**. que tem coisas misturadas de permeio: *cafezal entremeado de laranjeiras*; **2**. interrompido, entrecortado: *conversa entremeada de risadas*; **3**. misturado, alternado, intercalado: *comprei laranjas boas entremeadas de algumas podres*); **entremear** *v* (**1**. pôr de permeio: *entremear cartões num livro; entremear frutas podres entre as boas*; **2**. intercalar, interpor: *entremear uma fileira de cadeiras com uma fileira de poltronas*); **entremear-se** (alternar-se: *dias ensolarados que se entremeavam de outros chuvosos*), que se conjuga por *frear*. ·· **Nesse entremeio**. Nesse ínterim; nesse meio-tempo; nesse entretempo; no entretanto; entrementes: *O Congresso discute e, nesse entremeio, intensificam-se as atividades de remoção e comercialização ilegal de madeira oriunda de reservas florestais*.

en.tre.men.tes *adv* Nesse entremeio: *em Brasília a política ferve; entrementes, aqui, neste fim de mundo, a vida segue calma, tranquila, serena*. (Usa-se também *nesse entrementes*.)

en.tre.mos.trar *v* Mostrar incompletamente, deixar entrever; esboçar: *ao sorrir, entremostrou uma falha dentária; ao ouvir aquilo, ela entremostrou um sorriso*.

en.tre.nó *sm* Porção do caule ou do tronco entre dois nós; internódio.

en.tre.o.lhar *v* Olhar reciprocamente: *ante aquela acusação, pai e filha se entreolharam*.

en.tre.por(-se) *v* Interpor(-se): *o pai entrepôs-se entre o filho e o assaltante*.

en.tre.pos.to (ô) ou **en.tre.pó.si.to** *sm* **1**. Lugar onde se põem as mercadorias em depósito, enquanto aguardam a venda, expedição, exportação ou pagamento dos direitos alfandegários. **2**. Grande armazém ou depósito de produtos ou mercadorias. **3**. Lugar importante como centro de comércio; empório (2).

en.tres.sa.fra *sf* Período que medeia duas safras ou colheitas de um mesmo produto, intervalo entre duas safras de um produto.

en.tres.so.la *sf* Peça intercalada entre a sola e a palmilha do calçado.

en.tres.so.nhar *v* **1**. Sonhar muito vagamente. **2**. *Fig*. Devanear. → **entressonho** *sm* (ato ou efeito de entressonhar).

en.tres.sor.ri.so *sm* Sorriso vago, ligeiro. → **entressorrir** *v* (sorrir ligeiramente).

en.tre.tan.to *conj* Todavia, mas, no entanto, contudo: *as razões do crime são essas, entretanto pode haver outras*. ·· **No entretanto**. Nesse ínterim, nesse entremeio.

en.tre.te.cer(-se) *v* Entrelaçar(-se), entremear(-se): *entretecer bordados*. → **entretecedura** *sf* ou **entretecimento** *sm* (ato ou efeito de entretecer).

en.tre.te.la *sf* Tecido resistente e encorpado que se põe entre o forro e a fazenda de uma peça do vestuário, para dar maior consistência. (Cuidado para não usar "intertela"!)

en.tre.tem.po *sm* Período ou momento intermédio entre dois fatos ou situações; intervalo de tempo; meio-tempo, ínterim. ·· **Nesse entretempo**. Nesse entremeio; entrementes.

en.tre.ter *v* **1**. Ocupar agradavelmente a atenção de, divertir: *entreter as crianças*. **2**. Encher ou ocupar (tempo): *entreter o tempo, lendo*. **entreter-se 3**. Ocupar-se agradavelmente, divertir-se: *ele se entretém contando-nos lorotas*. · Conjuga-se por *ter*. → **entretenimento** ou **entretimento** *sm* (ocupação agradável, passatempo, divertimento).

en.tre.ver *v* **1**. Ver mal e mal, vagamente, indistintamente, parcialmente: *entrevi-o na praia; seu decote deixava entrever belos seios*. **2**. Sentir antecipadamente; pressentir: *entrevi a dor que eu iria passar, ao saber do diagnóstico médico*. **entrever-se 3**. Ver-se de passagem ou rapidamente: *entrevimo-nos no metrô, depois de cinco anos*. **4**. Ver-se reciprocamente: *eles se entreviram para assinar o acordo*. **5**. Ter entrevista ou encontro com: *entrevi-me com o diretor da escola*. → **entrevisão** *sf* (**1**. ato ou efeito de entrever; **2**. visão vaga, confusa, indefinida).

en.tre.ve.ro (ê) *sm* **1**. Confusão ou desordem entre pessoas, coisas ou animais. **2**. Conflito em que os combatentes, no ardor da luta, misturam-se em desordem, pelejando individualmente. **3**. Conflito verbal, bate-boca, discussão, briga.

en.tre.vis.ta *sf* **1**. Visita ou encontro previamente ajustado entre profissionais, para a solução de um caso. **2**. Conjunto de declarações dadas à imprensa, através de respostas a um repórter ou a vários repórteres. → **entrevistador** (ô) *adj* e *sm* (que ou aquele que entrevista); **entrevistar** *v* [manter conversação com (uma pessoa) para divulgar suas respostas, ideias, planos, etc.: *o jornalista entrevistou vários ministros*); **entrevistar-se** (conversar ou ter uma entrevista, com uma ou mais pessoas, para tratar de algum assunto: *o presidente se entrevistou com outros chefes de Estado na ONU*).

en.trin.chei.rar(-se) *v* Fortificar(-se) com trincheira ou com barricadas: *entrincheirei portas e janelas de casa, para evitar os ladrões; as tropas se entrincheiraram*. · O ditongo *ei* continua fechado, durante a conjugação. → **entrincheiramento** *sm* [ato ou efeito de entrincheirar(-se)].

en.tris.te.cer(-se) *v* Tornar(-se) triste: *essa derrota me entristeceu; entristeci-me com essa derrota*. · Antôn.: *alegrar*. → **entristecedor** (ô) *adj* (que entristece ou causa tristeza); **entristecido** *adj* (tomado de tristeza; triste); **entristecimento** *sm* [ato ou efeito de entristecer(-se)].

en.tron.car *v* **1**. Inserir, introduzir. **2**. Fazer a junção (a tronco principal). **3**. Criar tronco, engrossar. **4**. *Fig*. Tornar-se espadaúdo ou corpulento. **entroncar-se 5**. Ligar-se por parentesco. → **entroncamento** *sm* [**1**. ato ou efeito de entroncar(-se); **2**. lugar onde se reúnem dois ou mais caminhos ou vias públicas; **3**. junção de duas ou mais linhas férreas; **4**. ligação de uma coisa a outra já existente; ramificação].

en.tro.sar *v* **1**. Organizar harmoniosamente (coisas complexas), para melhor desempenho: *entrosar o time*. **2**. Ambientar, adaptar: *entrosar um jogador no plantel*. **entrosar-se 3**. Ambientar-se, adaptar-se: *o jogador logo se entrosou no plantel*. **4**. Ajustar-se, afinar-se: *o time ainda não se entrosou*. → **entrosação**, **entrosagem** *sf* ou **entrosamento** *sm* [**1**. ato ou efeito de entrosar(-se); **2**. ligação harmoniosa, adequação mútua; **3**. entendimento; **4**. adaptação].

en.tu.ba.ção ou **in.tu.ba.ção** *sf* **1**. Ação ou efeito de entubar. **2**. Introdução de um tubo em um duto natural do corpo, geralmente na traqueia, da laringe, com o objetivo de assegurar a passagem do ar para as vias respiratórias, ou no estômago, através do esôfago, para assegurar a nutrição; entubagem: *entubação endotraqueal, intubação nasotraqueal*. → **entubagem** ou **intubagem** *sf* [entubação (2)]; **entubar** ou **intubar** *v* (**1**. introduzir um tubo em; **2**. tornar semelhante a tubo: *as universidades entubam os diplomas*; **3**. prejudicar; causar dano a; estrepar: *a ex-mulher queria intubá-lo, mas ele acabou se safando*) **entubar-se** ou **intubar-se** (**4**. sair-se mal; estrepar-se, ferrar-se, danar-se: *entubou-se no acordo que fez*). (A 5.ª edição do VOLP só trazia as formas com *e* inicial; a 6.ª trá-las com *i* inicial. Ou seja, eles mudam a ortografia como se muda de camisa. E não se trata de caso único.)

en.tu.lho *sm* **1**. Tudo o que pode entupir vão, fosso, cavidade, etc., como pedregulhos, cascalhos, jornais, papéis, etc. **2**. Material inútil, resultante de obra de construção ou de demolição, escombros. **3**. Montão de coisas inúteis, lixo, bagulho. → **entulhagem** *sf* (ação ou efeito de entulhar ou recolher em tulhas ou celeiros); **entulhamento** *sm* [ato ou efeito de entulhar (2 a 4) ou entulhar-se]; **entulhar** *v* (**1**. meter ou recolher em tulhas ou celeiros; **2**. abarrotar, encher; **3**. encher com entulho; entupir; **4**. amontoar, acumular); **entulhar-se** (ficar cheio ou abarrotado).

en.tu.pir *v* **1**. Obstruir ou tapar (cano, orifício, bueiro, etc.): *o lixo entope os bueiros*. **2**. Encher, lotar: *os torcedores entopem os estádios*. **3**. Encher, cobrir, cumular: *eu o entupi de tapas*. **entupir-se 4**. Obstruir-se, entulhar-se: *os bueiros da cidade entupiram-se de detritos, dificultando o escoamento da água da chuva*. **5**. Encher-se, fartar-se, abarrotar-se: *entupir-se de comida*. · Conjuga-se por *fugir*. → **entupimento** *sm* (ato ou efeito de entupir).

en.tur.mar(-se) *v* Fazer ou formar turma, adaptar-se: *já enturmei com todo o mundo lá na empresa; logo (me) enturmei com os colegas*. → **enturmado** *adj* (**1**. diz-se daquele que tem turma ou grupo de amigos ou companheiros; **2**. diz-se daquele que tem facilidade para fazer amigos).

en.tur.var(-se) *v* **1**. Tornar(-se) turvo: *com as chuvas, a água do rio enturvou-se*. **2**. *Fig.* Zangar(-se), amuar(-se). → **enturvação** *sf* [ato ou efeito de enturvar(-se)].

en.tu.si.as.mo *sm* **1**. Ato ou efeito de entusiasmar(-se). **2** Estado de grande júbilo da alma da pessoa que na antiguidade se acreditava ter, por inspiração divina, o dom da premonição ou da profecia; inspiração ou possessão sobrenatural. **3**. Prazer intenso; interesse vivo: *mesmo doente, em estado terminal, chega a emocionar o seu ainda entusiasmo pela vida*; *há uma evidente falta de entusiasmo para votar*. **4**. *P.ext*. Algo que desperta esse prazer ou interesse: *meus três principais entusiasmos são política, esporte e livros*. **5**. *Fig.* Admiração passional; paixão; ardor: *falar de um ator com entusiasmo*. **6**. *Fig.* Exaltação, excitação, vibração: *o desempenho da atriz provocou o entusiasmo do público*. **7**. *Fig.* Grande animação ou contentamento: *recebeu a notícia com entusiasmo*. **8**. *Fig.* Dedicação ardorosa; paixão viva; fanatismo: *é grande o seu entusiasmo por esportes radicais*. · Antôn.: *apatia, indiferença, frieza*. → **entusiasmado** *adj* (**1**. cheio de entusiasmo ou regozijo: *ela não se mostra entusiasmada com o casamento*; **2**. cheio de ânimo por um sucesso já alcançado: *anda entusiasmado com a aprovação no vestibular*); **entusiasmar(-se)** *v* [encher(-se) de ânimo ou de entusiasmo; animar(-se): *é um time que entusiasma os torcedores; ela se entusiasmou com os elogios recebidos*]; **entusiasta** *adj* e *s2gên* [**1**. que ou pessoa que sente entusiasmo; **2**. que ou pessoa que é adepta fervorosa de alguma coisa; fanático(a): *ser entusiasta de esportes radicais*], de antôn. *frio, indiferente*; **entusiástico** *adj* (**1**. que tem ou demonstra entusiasmo: *torcida entusiástica*; **2**. caracterizado pelo entusiasmo: *os campeões mundiais tiveram uma recepção entusiástica*).

e.nu.me.rar *v* Relacionar ou especificar um a um: *foram tantos os acidentes ocorridos nessa esquina, que é difícil enumerá-los*. (Não se confunde com *numerar*.) → **enumeração** *sf* (ato ou efeito de enumerar); **enumerador** (ô) *adj* e *sm* (que ou o que enumera).

e.nun.ci.ar *v* **1**. Manifestar ou expor clara e formalmente (os pensamentos) por palavras: *enunciei o desejo de tirar férias*. **2**. Anunciar, revelar: *meu estômago enuncia náusea, quando sinto fumaça de cigarro*. **enunciar-se 3**. Manifestar-se, expressar-se: *o ministro não se enunciou sobre o escândalo*. → **enunciação** *sf* [ato ou efeito de enunciar(-se)]; **enunciado** *adj* (que se enunciou ou manifestou; expresso por palavras; declarado, exposto: *ideias enunciadas podem ser discutidas; as não enunciadas são impossíveis de discutir*) e *sm* (**1**. conjunto de palavras com as quais se propõe ou expõe uma questão; cada uma das proposições de uma questão de prova ou exame: *com a comprovada imprecisão do enunciado da questão 12, ela foi anulada; antes de responderem, leiam bem o enunciado das questões!*; **2**. conjunto dessas questões: *alguns candidatos afirmam já terem visto o enunciado do exame antes da sua realização*; **3**. em matemática, exposição sumária de uma proposição a ser explicada ou demonstrada: *o enunciado de um teorema*; **4**. em linguística, sequência de palavras delimitadas por silêncios muito marcados, que podem ser constituídas por uma ou mais frases); **enunciativo** *adj* (que enuncia, manifesta, expõe).

en.vai.de.cer(-se) *v* Encher(-se) de vaidade: *a homenagem me envaideceu; ele me envaideci com a homenagem*. → **envaidecimento** *sm* [ato ou efeito de envaidecer(-se)].

en.ve.lhe.cer *v* **1**. Tornar(-se) velho: *sol envelhece a pele: a pele envelhece com o sol; envelhecer é inevitável; ser velho é opcional*. **2**. Tornar(-se) arcaico ou desusado: *as gírias nascem e envelhecem com muita rapidez*. → **envelhecido** *adj* [**1**. que aparenta idade maior do que a real; **2**. *fig.* que envelheceu na prática de algo nocivo: *rapaz envelhecido na vício*; **3**. *fig.* experiente, calejado, tarimbado: *é um treinador envelhecido na profissão*; **4**. diz-se de bebida que permaneceu em repouso até adquirir a qualidade ou as características ideais: *vinho envelhecido em tonéis de carvalho*; **5**. *fig.* antiquado, ultrapassado, *démodé* (diz-se de coisas): *ideologia envelhecida*]; **envelhecimento** *sm* (ato ou processo de envelhecer), de antôn. *rejuvenescimento*.

en.ve.lo.pe *sm* Invólucro e recipiente de correspondência, geralmente com goma na borda, para colagem; sobrecarta. → **envelopamento** *sm* (ato ou efeito de envelopar); **envelopar** *v* (**1**. pôr em envelope; **2**.*pop*. revestir, princ. veículo, com película adesiva transparente ou colorida: *ele envelopou o seu BMW de preto fosco*).

en.ve.ne.nar *v* **1**. Misturar veneno em: *envenenar a comida*. **2**. Intoxicar, ministrar veneno a: *envenenaram o preso*. **3**. *Gír.* Alterar a mecânica original de (veículo), a fim de possibilitar melhor desempenho: *envenenar o carro*. → **envenenamento** *sm* (ato ou efeito de envenenar).

en.ver.de.cer *v* **1**. Cobrir(-se) de verde ou de folhas verdes. **2**. *Fig.* Rejuvenescer. → **enverdecimento** *sm* (ato ou efeito de enverdecer).

en.ve.re.dar *v* **1**. Encaminhar, dirigir, conduzir: *enveredar a conversa para o futebol*. **2**. Seguir, rumar, encaminhar-se: *a conversa enveredou para o futebol*. **3**. Dirigir-se, encaminhar-se: *o ladrão enveredou por um beco*.

en.ver.gar *v* **1**. Vergar, curvar: *o peso dos livros envergou a prateleira*. **2**. Vestir, trajar: *eu envergava uma blusa cinza*. → **envergadura** *sf* ou **envergamento** *sm* (ato ou efeito de envergar); **envergadura** *sf* (**1**. envergamento; **2**. extensão apresentada pelas duas asas abertas de uma ave, de ponta a ponta; **3**. dimensão máxima transversal de um extremo a outro das asas de um avião; **4**. *fig.* capacidade, competência; **5**. *fig.* valor, importância).

en.ver.go.nhar *v* **1**. Causar vergonha a, encher de vergonha: *a corrupção envergonha o país*. **2**. Comprometer, prejudicar a reputação ou o bom nome de: *ele não podia envergonhar o nome da família*. **envergonhar-se 3**. Ter vergonha, corar de vergonha: *não me envergonho de chorar*. → **envergonhação** *sf* ou **envergonhamento** *sm* [ato ou efeito de envergonhar(-se)]; acanhamento, vergonha.

en.ver.me.lhar(-se) ou **a.ver.me.lhar(-se)** *v* **1**. Tornar(-se) vermelho. **2**. *Fig.* Pôr-se em brasa (ferro ou outro metal); abrasar(-se).

en.ver.ni.zar *v* **1**. Dar verniz a, cobrir de verniz: *envernizar as portas*. **2**. Dar brilho ou lustre a; lustrar, polir: *envernizar os sapatos*. **3**. *Fig.* Revestir de falsas aparências; disfarçar: *envernizar o nojo por alguma comida*. → **envernizamento** *sm* (ato ou efeito de envernizar).

en.ves.gar *v* **1**. Tornar(-se) vesgo ou estrábico. **2**. Desviar (os olhos) para um ponto, entortando-os.

en.vi.ar *v* **1**. Despachar, remeter, expedir: *enviar cartas*. **2**. Mandar (diplomata ou jornalista) em missão especial. → **enviado** *adj* (mandado, despachado, expedido) e *sm* (**1**. mensageiro, agente; **2**. diplomata ou jornalista mandado em missão especial); **enviamento** ou **envio** *sm* (ação de enviar; remessa, despacho).

en.vi.dar *v* **1**. Provocar ou desafiar (parceiro) para que aceite uma parada num jogo, aposta, etc.: *envidei um corintiano a apostar na vitória do meu time*. **2**. *Fig.* Empregar com empenho: *envidar esforços para formar-se*. **4**. Oferecer ou propor (alguma coisa) apenas como gesto de gentileza, sem a real intenção de que seja aceita: *envidou ao colega dividir a conta do restaurante*); **envidar-se 4**. Dedicar-se com empenho; esforçar-se, empenhar-se: *envidei-me nesse objetivo e consegui*.

en.vi.de ou **vi.de** ou **en.vi.di.lha** *sf* Parte do cordão umbilical que fica presa à placenta, depois de cortada a comunicação com o feto.

en.vi.dra.çar *v* **1**. Guarnecer de vidros ou de vidraças; vidrar: *envidraçar a varanda*. **envidraçar-se 2**. Perder o brilho; vidrar-se (os olhos de idoso ou pessoa doente). → **envidraçamento** *sm* [ato ou efeito de envidraçar(-se)].

en.vi.e.sar *v* **1**. Pôr de viés ou de esguelha: *enviesar o olhar*. **2**. Entortar (parte do corpo): *enviesar o pescoço*. **3**. *Fig.* Dirigir ou administrar mal (negócio, empresa, etc.); **enviesar-se 4**. Andar de viés; entortar o corpo quando anda. → **enviesado** *adj* (torto, oblíquo); **enviesamento** *sm* [ato ou efeito de enviesar(-se)].

en.vi.le.cer(-se) *v* Tornar(-se) vil ou desprezível, aviltar(-se): *a corrupção envilece tanto a mão que dá quanto a mão* *que recebe; quantos não (se) enviieceram nesse escândalo?* · Antôn.: *enobrecer.* → **envilecimento** *sm* [ato ou efeito de envilecer(-se); aviltação, desonra].

en.vi.u.var *v* Tornar(-se) viúvo(a): *acidentes enviúvam muita gente; ela enviuvou jovem.* (As formas rizotônicas têm tonicidade e acento gráfico no *u*: *enviúvo, enviúva*, etc.)

en.vol.tó.rio *sm* Qualquer coisa que serve para envolver; embalagem, invólucro, capa.

en.vol.ver *v* **1.** Fazer tomar parte, abranger: *a guerra envolveu muitos países.* **2.** Conter, encerrar: *o resultado da CPI envolve a honra de uma nação.* **3.** Cobrir, toldar: *as trevas envolveram a política nacional em 2005.* **4.** Trazer como consequência, acarretar: *esse tipo de trabalho envolve grande dispêndio de energia.* **envolver-se 5.** Tomar parte, participar, intrometer-se: *o Brasil não se envolveu nessa guerra.* **6.** Comprometer-se, enredar-se: *envolver-se com drogas.* → **envolto** (ô) *adj* (**1.** que se envolveu ou embalou; acondicionado, embalado, embrulhado: *peça envolta em papel de seda*; **2.** rodeado, cercado: *ator envolto de fãs*; **3.** *fig.* comprometido, enredado, envolvido: *político envolto em falcatruas*); **envoltório** *sm* (qualquer coisa que serve para envolver; embalagem, invólucro, capa); **envoltura** *sf* (**1.** ato ou efeito de envolver(-se); **2.** meio circundante; **3.** ligadura); **envolvência** *sf* [**1.** qualidade do que é envolvente; **2.** qualidade daquilo que atrai, fascina ou seduz; **3.** contexto em que algo se insere; envolvimento (2)]; **envolvente** *adj* (**1.** que envolve ou rodeia: *membrana enolvente*; **2.** *fig.* que atrai, cativa ou encanta; atraente, encantador, fascinante: *pessoa envolvente*); **envolvimento** *sm* [**1.** ato ou efeito de envolver(-se); **2.** envolvência (3); **3.** participação ativa em determinado projeto; **4.** *fig.* ligação afetiva ou amorosa; **5.** forma de manobra ofensiva militar, em que o ataque principal é executado sobre um dos flancos das forças inimigas, procurando atingir um objetivo situado na retaguarda imediata daquelas forças].

en.xa.co.co (ô) *adj* e *sm* **1.** Que ou aquele que fala mal uma língua estrangeira, mesclando-a com sua língua materna: *eu, como enxacoco que era, não podia ir muito longe no papel de tradutor da minha turma.* // *adj* **2.** De caráter excêntrico ou exótico: *costumes enxacocos; penteados enxacocos.*

en.xa.da *sf* Instrumento agrícola próprio para carpir e revolver a terra. · Aum.: *enxadão.* → **enxadada** *sf* (golpe ou pancada com enxada); **enxadar** *v* (cavar ou trabalhar com a enxada).

en.xa.dre.zar, a.xa.dre.zar ou **xa.dre.zar** *v* Dividir em quadrados de várias cores, como o tabuleiro de xadrez: *enxadrezar o piso do terraço.* → **enxadrezado, axadrezado** ou **xadrezado** *adj* (dividido em pequenos quadrados, à maneira do tabuleiro de xadrez).

en.xa.dris.mo *sm* Esporte do jogo de xadrez. → **enxadrista** *adj* e *s2gên* (que ou pessoa que joga xadrez).

en.xa.guar *v* **1.** Lavar pela segunda vez, ou mais, para tirar sabão, xampu, etc.: *enxaguar os cabelos.* **2.** Lavar mal e mal, passando por água apenas: *enxaguar as mãos.* · Conjuga-se por *apaziguar.* → **enxaguada, enxaguadura** *sf* ou **enxágue** *sm* (ação ou efeito de enxaguar).

en.xa.me *sm* **1.** Conjunto de abelhas de um cortiço ou colmeia. **2.** *P.ext.* Grande quantidade de pessoas ou coisas: *um enxame de torcedores protesta na sede do clube por causa da derrota do seu time; um enxame de meteoritos caiu hoje.* (Note que o verbo fica sempre no singular, concordando com o núcleo do sujeito, e não com o seu complemento.)

en.xa.que.ca (ê) *sf* Dor de cabeça unilateral, violenta e periódica, acompanhada de perturbações gastrintestinais (náuseas e vômito), que se torna mais intensa com a luz e com ruídos, de causa inteiramente desconhecida.

en.xár.cia *sf* Nas embarcações à vela, conjunto dos cabos fixos que de um e de outro lado do navio sustentam os mastros e mastaréus.

en.xer.ga (ê) *sf* **1.** Colchão grosseiro de palha ou de folhas secas. **2.** *P.ext.* Cama rústica. → **enxergão** *sf* (espécie de colchão grosseiro que fica em contato com o estrado e sobre o qual se coloca o verdadeiro colchão).

en.xer.gar *v* **1.** Ver sem conseguir distinguir nitidamente; ver com dificuldade; perceber com os olhos (um objeto), sem distinguir suas partes: *a claridade fazia que os alunos não enxergassem o que estava escrito no quadro-negro.* **2.** Alcançar com a vista; avistar: *do último andar deste prédio, enxergo boa parte da cidade.* **3.** Reparar em; notar, perceber: *ninguém enxergou o erro durante a revisão.* **4.** Perceber antecipadamente; pressentir: *naquele acidente, enxerguei a morte.* **5.** Chegar à conclusão; concluir: *fi-la enxergar que estava errada.* **6.** Entender muito de; perceber tudo o que se passa em: *esse treinador enxerga o jogo como nenhum outro.* **7.** Perceber as coisas pelo sentido da visão; ver: *os cegos não enxergam.*

en.xe.ri.do *adj* e *sm* Que ou aquele que se mete no que não lhe diz respeito, intrometido, abelhudo. → **enxerimento** *sm* (ato ou efeito de enxerir-se); **enxerir-se** *v* (intrometer-se).

en.xer.tar *v* **1.** Fazer enxerto em: *enxertar as laranjeiras.* **2.** Introduzir ou inserir descabidamente: *enxertar citações científicas num discurso para crianças; enxertar piadinhas num discurso.* **enxertar-se 3.** Introduzir-se ou inserir-se descabidamente: *uma plebeia se enxertou no trono inglês.* → **enxertadeira** *sf* (faca própria para fazer enxertos); **enxertador** (ô) *adj* e *sm* (**1.** que ou aquele que enxerta plantas; **2.** que ou utensílio que se usa para enxertos); **enxerto** (ê) *sm* (**1.** operação de multiplicação de plantas que consiste em inserir a parte viva de um vegetal em outro, chamado *cavalo*, que passa a lhe fornecer a seiva; **2.** planta enxertada; **3.** transplante de qualquer órgão ou tecido humano; **4.** aquilo que enxertou).

en.xó *sf* Instrumento de carpinteiro, de cabo curto e chapa de aço cortante, próprio para desbastar madeira.

en.xo.fre (ô) *sm* Elemento químico (símb.: **S**), de nº atômico 16, usado na fabricação de ácido sulfúrico.

en.xo.tar *v* Fazer sair de um lugar, empurrando, batendo ou gritando; expulsar: *enxotar cães.* → **enxotadura** *sf* ou **enxotamento** *sm* (ato ou efeito de enxotar).

en.xo.val *sm* Conjunto de roupas e adornos de uma noiva, de um recém-nascido, de internos em colégios, sanatórios, etc.

en.xo.va.lhar *v* **1.** Amarrotar: *enxovalhar a roupa.* **2.** Sujar aos poucos pelo uso: *as mãos enxovalham as cortinas.* **3.** Manchar, macular, deslustrar: *enxovalhar a honra.* **4.** Insultar, ofender, injuriar: *não enxovalhe os símbolso nacionais!* **enxovalhar-se 5.** Perder o prestígio, o bom nome ou a reputação, por ações desonrosas ou pelo trato com gente de má caráter: *alguns deputados se enxovalharam nesses escândalos de corrupção.* → **enxovalhamento** ou **enxovalho** *sm* [ato ou efeito de enxovalhar(-se)]; **enxovalho** *sm* (**1.** enxovalhamento; **2.** água que as vagas jogam dentro da embarcação).

en.xu *sm* **1.** Casa ou colmeia da vespa enxuí. // *sf* **2.** Essa vespa.

en.xu.gar *v* **1.** Tirar a umidade externa e acidental a: *enxugar as roupas ao sol.* **2.** Beber: *ela enxugou duas cervejas em dez minutos!* **3.** Eliminar ou cortar (o que é supérfluo): *enxugar um texto.* // **enxugar(-se) 4.** Perder a umidade externa: *as roupas já (se) enxugaram.* → **enxugamento** *sm* [ato ou efeito de enxugar(-se)].

en.xu.í *sf* Vespa preta e bravia que constrói ninhos arredondados pequenos, e produz mel de excelente qualidade; enxu (2).

en.xur.ra.da *sf* **1.** Corrente impetuosa de águas pluviais. **2.** *Fig.* Grande quantidade de coisas efêmeras ou passageiras; chorrilho: *desfechou-nos uma enxurrada de insultos, de palavrões.* **3.** Jorro ou corrente de águas sujas ou de imundícies; enxurro (2). → **enxurro** *sm* [**1.** enxurrada (3); **2.** ralé, escória: *boteco frequentado pelo enxurro da cidade*).

en.xu.to *adj* **1.** Que perdeu toda a umidade acidental, que se enxugou. **2.** Resumido, conciso, sucinto.

en.zi.ma *sf* Cada uma das complexas proteínas produzidas por células vivas que catalisam reações bioquímicas específicas na temperatura corporal. → **enzimático** *adj* (que se deriva de uma enzima); **enzímico** *adj* (rel. a enzima).

e.ó.li.co ou **e.ó.lio** *adj* Relativo a vento.

e.pa (ê) *interj* Indica espanto ou surpresa.

e.pi.car.po ou **e.pi.cár.pio** *sm* Película ou epiderme externa dos frutos.

e.pi.ce.no *adj* Diz-se do substantivo ou nome que apresenta uma só forma e um só gênero para os dois sexos (de animais e insetos inferiores). Ex.: *a onça, o jacaré, a pulga, o perniIongo.* A distinção de sexo se faz mediante o emprego das palavras *macho* e *fêmea*: *a onça macho, a onça fêmea, o jacaré macho, o jacaré fêmea*, etc.

e.pi.cen.tro *sm* **1.** Ponto ou área da superfície terrestre diretamente acima do foco de um sismo e onde é máxima a intensidade de um terremoto. **2.** *P.ext.* Ponto central ou nevrálgico; centro nervoso: *o epicentro de uma crise internacional.* → **epicentral** ou **epicêntrico** *adj* (rel. a epicentro ou nele situado).

é.pi.co *adj* **1.** Relativo à epopeia. **2.** Diz-se da composição poética em que o autor canta, em estilo elevado, uma ação heroica.

3. *P.ext.* Heroico, grandioso, majestoso. **4.** Caracterizado por evento de importância histórica ou lendária. **5.** *Fig.* Fora do comum; extraordinário. // *sm* **6.** Autor de epopeia; poeta épico.

e.pi.de.mi.a *sf* Doença contagiosa que ataca grande número de pessoas ao mesmo tempo, na mesma área geográfica, podendo alastrar-se pelo país inteiro ou por outros países. → **epidêmico** *adj* (rel. a epidemia: *surto epidêmico*).

e.pi.der.me *sf* **1.** Camada celular superficial não vascularizada, protetora da pele dos vertebrados, constituída de várias camadas celulares que cobrem a derme, com a qual forma o que chamamos *pele*. **2.** *P.ext.* Pele. **3.** Camada externa de vários invertebrados. **4.** Camada celular superficial que reveste as folhas e partes novas de uma planta. **epidérmico** *adj* (rel. ou pert. a epiderme: *tecido epidérmico*).

Epifania *sf* **1.** Revelação do Menino Jesus ao mundo pelos Reis Magos: *a Epifania é contada por Mateus, Marcos e Lucas.* **2.** Festa que comemora tal revelação, a 6 de janeiro ou no duodécimo dia depois do Natal: *as crianças queriam mais é saber dos comes e bebes da Epifania.* // **e.pi.fa.ni.a 3.** *Fig.* Grande experiência religiosa, representada pela manifestação de um ser divino ou sobrenatural. **4.** *Fig.* Qualquer momento de brilhante e repentina percepção de algo desconhecido; *insight* súbito; lampejo, estalo: *a epifania de Newton sobre a gravidade ficou conhecida no mundo todo, ao perceber a queda de uma maçã do galho*.

e.pi.gás.trio *sm* Região acima da boca do estômago. → **epigástrico** *adj* (rel. a epigástrio).

e.pi.glo.te *sf* Válvula fibrocartilaginosa situada na parte superior da laringe, que fecha a glote no momento da deglutição, a fim de que os alimentos sólidos ou líquidos não penetrem nas vias aéreas. → **epiglótico** *adj* (rel. ou pert. a epiglote); **epiglotite** *sf* (inflamação da epiglote).

e.pí.gra.fe *sf* **1.** Citação breve, colocada na entrada de um capítulo, no início de uma composição literária, no frontispício de um livro, etc., para indicar a finalidade ou a inspiração da obra, declarar os sentimentos do autor, etc. **2.** Inscrição gravada sobre edifício, estátua, túmulo, etc., para indicar datas. → **epigrafar** *v* (pôr epígrafe em: *epigrafar um livro, uma sepultura*).

e.pi.gra.ma *sm* **1.** Qualquer breve composição poética em que se expressa pensamento singelo. **2.** Breve poema satírico, irônico ou espirituoso. **3.** Discurso, crítica ou frase epigramática. → **epigramático** *adj* (rel. a epigrama: *Bocage foi um poeta satírico e epigramático*); **epigramatismo** *sm* (emprego de epigramas); **epigramatista** *adj* e *s2gên* (que ou pessoa que compõe epigramas).

e.pi.lep.si.a *sf* Doença nervosa e cerebral não contagiosa que se manifesta ocasionalmente, mas de forma brusca e rápida, caracterizada por ataques com convulsões, baba pela boca e perda da consciência. → **epiléptico** ou **epilético** *adj* (rel. a epilepsia) e *adj* e *sm* (que ou aquele que sofre de epilepsia).

e.pí.lo.go *sm* Conclusão de livro, discurso, peça teatral, etc., em que se recapitula o que foi desenvolvido ou aquilo de que se tratou; resumo, fecho. · Antôn.: *prólogo.* → **epilogação** *sf* (ato ou efeito de epilogar); **epilogal** *adj* (1. rel. a epílogo; **2.** que vem depois ou que conclui), de antôn. *prologal;* **epilogar** *v* (**1.** resumir, condensar; **2.** recapitular, revisar; **3.** pôr fim a; encerrar).

e.pi.ne.fri.na *sf* Adrenalina (1).

e.pis.co.pa.do *sm* **1.** Dignidade de bispo. **2.** Duração da dignidade episcopal. **3.** Diocese, bispado. **4.** Conjunto de bispos ou bispos. → **episcopal** *adj* (rel. ou pert. a bispo); **episcopisa** *sf* (mulher que, nos primórdios do cristianismo, exercia algumas funções sacerdotais, sem nenhuma jurisdição).

e.pi.só.dio *sm* **1.** Acontecimento ou fato isolado em uma série de outros. **2.** Evento ou incidente que faz parte da ação principal, numa obra literária ou artística. **3.** Fato, acontecimento. → **episódico** *adj* (**1.** rel. a episódio: ocasional: *descontrole episódico;* **2.** que não é essencial à ação principal; secundário, acessório, periférico: *argumentos episódicos*).

e.pís.to.la *sf* **1.** Cada uma das cartas dos apóstolos dirigidas aos fiéis, nos primórdios do cristianismo. **2.** Parte da missa em que o celebrante lê um trecho das epístolas dos apóstolos. **3.** *P.ext.* Qualquer carta trocada entre figuras célebres. **4.** Composição literária em forma de carta. · Col. (1): **epistolário**. → **epistolar** *adj* (**1.** rel. a epístola; **2.** que tem forma de carta ou de um conjunto de cartas; **3.** diz-se do romance que utiliza como técnica narrativa a troca de correspondência entre as personagens) e *v* (narrar em epístola ou sob a forma de epístola).

e.pi.tá.fio *sm* **1.** Inscrição tumular, em honra de pessoa morta. **2.** Escrito em louvor de pessoa falecida; breve elogio fúnebre. → **epitáfico** *adj* (rel. a epitáfio); **epitafista** *adj* e *s2gên* (que ou pessoa que faz ou compõe epitáfios).

e.pi.té.lio *sm* **1.** Tecido membranoso de excepcional capacidade de regeneração, composto de uma ou mais camadas de células, separadas por reduzidíssima substância intercelular, que forma a cobertura da maior parte das superfícies interna e externa do corpo e de seus órgãos. **2.** Em botânica, espécie de epiderme formada de células jovens, finíssimas e delicadas, cheias de seiva homogênea, incolor e transparente. → **epitelial** *adj* (rel. ou pert. a epitélio, ou composto por epitélios).

e.pí.te.to *sm* Palavra, expressão ou frase que qualifica uma pessoa, de forma elogiosa ou depreciativa e vem sempre anteposta a uma vírgula (p. ex.: *D. Manuel, o Venturoso; Chacrinha, o Velho Guerreiro; Jesus, o Cristo*). → **epitetar** *v* (pôr epíteto em); **epitético** *adj* (**1.** rel. a epíteto; **2.** que tem caráter de epíteto).

e.pí.to.me *sm* **1.** Síntese de uma obra vasta ou extensa. **2.** *P.ext.* Resumo, sinopse.

e.pi.zo.o.ti.a *sf* Doença contagiosa que afeta grande número de animais ao mesmo tempo, na mesma região geográfica. → **epizoótico** *adj* (rel. a epizootia).

é.po.ca *sf* **1.** Série de anos ou um largo lapso de tempo que compreende fatos e homens notáveis: *a época da Renascença; a época de César.* **2.** Espaço ou período de tempo que faz parte de um processo; etapa, fase: *a adolescência foi a melhor época da minha vida; esse carro é da época de Camões..* **3.** Tempo presente, aquele em que se está vivendo; temporada, estação: *frutas da época; estamos na época das mangas; esta não é época para ir à Europa.* **4.** Momento ou período em que um fato ocorre ou ocorreu: *estamos em época de eleições; você viveu a época da Revolução de 1964?*

e.po.pei.a (éi) *sf* **1.** Poema longo em que o poeta canta, em estilo elevado, conquistas heroicas e grandiosas: *Os Lusíadas são a maior epopeia portuguesa.* **2.** *P.ext.* Série de ações heroicas. **3.** *Fig.* Série de acontecimentos ou fatos extraordinários, maravilhosos. **4.** *Fig.* Diferentes fases de um sentimento muito intenso. · V. **épico**. → **epopeico** (éi) *adj* (**1.** rel. ou pert. a epopeia; **2.** *fig.* digno de uma epopeia; grandioso, heroico, épico: *aventura epopeica; a epopeica viagem da Família Real ao Brasil, em 1808*).

ePub *sm* Redução da expressão inglesa *electronic publication*, formato de arquivo projetado para ter um conteúdo fluido, que se tornou o padrão de livros e textos digitais, princ. por apresentar uma grande vantagem em relação ao formato PDF, porque nele é possível aumentar o tamanho da fonte tipográfica e fazer pesquisas. · Pl.: *ePubs.* · Pronuncia-se *i-pâb*.

e.qua.ção *sf* **1.** Ato ou processo de igualar; equalização. **2.** Expressão algébrica que contém uma igualdade: *equação do segundo grau.* **3.** Declaração matemática de que dois valores são iguais, indicada pelo sinal = : *na equação $3x - 3 = 15$, $x = 6$.* **4.** Relação de igualdade ou paralelismo entre duas coisas; correspondência: *a equação entre gastos maiores e impostos mais altos.* **5.** *Fig.* Situação em que vários fatores devem ser levados em conta: *o fator socioeconômico entra nessa equação; foram colocados na equação os empregos que se perdem no comércio tradicional; quando você está começando o seu próprio negócio, dificuldades e frustrações fazem parte da equação.* **6.** Representação por meio de símbolos químicos mostram as mudanças que acontecem durante uma determinada reação química (p. ex.: $H_2SO_4 + 2NaCl = 2HCl + Na_2SO_4$). **7.** *Fig.* Relação condicional entre pessoas ou coisas. → **equacional** *adj* (rel. a equação); **equacionamento** *sm* (ato ou efeito de equacionar); **equacionar** *v* [**1.** pôr em equação; **2.** resolver, solucionar: *equacionar um problema doméstico; equacionar uma crise;* **3.** apreciar, avaliar, ponderar; **4.** reduzir (um problema ou questão) a pontos simples e claros, a fim de encontrar uma solução].

e.qua.dor (ô) *sm* Linha imaginária ao redor da Terra, em todos os pontos igualmente distante dos dois polos (Norte e Sul), que divide a superfície terrestre em hemisfério norte (ou setentrional ou boreal) e hemisfério sul (ou meridional ou austral); linha equinocial. → **equatorial** *adj* (rel. ou pert. a equador).

Equador *sm* País da América do Sul, de área equivalente à dos estados de São Paulo e Sergipe juntos. → **equatoriano** *adj* e *sm*.

e.qua.li.za.dor (ô) *sm* **1.** Aquele ou aquilo que equaliza ou iguala. **2.** Aparelho eletrônico que aumenta ou diminui a intensidade do sinal sonoro, nas frequências desejadas, equilibrando o som. → **equalização** *sf* [equação (1)]; **equalizar** *v* (**1**. tornar igual ou uniforme; uniformizar; **2**. equilibrar ou balançar a amplitude de um circuito eletrônico).

e.quâ.ni.me *adj* **1**. Que tem equilíbrio emocional em qualquer circunstância da vida. **2**. Em que há senso de igualdade ou que age com equidade e imparcialidade; justo, reto, equitativo (2). → **equanimidade** *sf* (**1**. qualidade da pessoa equilibrada e constante de ânimo ou atitude; **2**. faculdade de pensar e julgar com imparcialidade: *foi criticado pelos seus pares por falta de equanimidade*).

e.ques.tre (o **u** soa) *adj* Relativo a cavalos, a cavalaria ou a cavaleiros.

e.qui.ân.gu.lo (o **u** soa) *adj* Diz-se das figuras geométricas cujos ângulos são todos iguais.

e.qui.da.de (o **u** soa ou não) *sf* Virtude fundada no respeito aos princípios das leis naturais e no das leis humanas, reconhecimento do direito de cada um. · Antôn.: *iniquidade, injustiça.* · V. **equitativo**.

e.quí.deo (o **u** soa) *adj* **1**. Relativo a cavalo; do cavalo. // *smpl* **2**. Família de mamíferos a que pertence o cavalo. (Não se confunde com *equino*.)

e.qui.dis.tan.te (o **u** soa) *adj* Igualmente distante: *a circunferência tem todos os pontos equidistantes do centro*. → **equidistância** (o **u** soa) *sf* (qualidade ou estado do que é equidistante; igualdade de distância); **equidistar** (o **u** soa) *v* (estar à mesma distância: *todos os pontos de um círculo equidistam do centro*).

e.qui.lá.te.ro ou **e.qui.la.te.ral** (o **u** soa ou não) *adj* Que tem todos os lados iguais entre si.

e.qui.li.brar(-se) *v* Pôr(-se) ou manter(-se) em equilíbrio (peso, força, preço, valor, etc.): *equilibrar um livro na cabeça; equilibrar-se numa corda*. → **equilibração** *sf* [ato ou efeito de equilibrar(-se)]; **equilíbrio** *sm* [**1**. estado dos corpos em que atuam forças iguais e contrárias, de resultante nula; **2**. igualdade (entre duas forças antagônicas); **3**. *fig.* prudência, autocontrole, bom senso: *um presidente precisa ter equilíbrio*); **equilibrismo** *sm* (arte ou habilidade de equilibristas); **equilibrista** *adj* e *s2gên* (pessoa que executa equilíbrios acrobáticos).

e.qui.mo.se *sf* Pequena mancha escura ou avermelhada que aparece na pele ou em mucosas, devida a contusão à qual o povo chama *sangue pisado*. → **equimosar** *v* (produzir equimose em); **equimosar-se** (cobrir-se de equimoses); **equimótico** *adj* (rel. ou sem. a equimose).

e.qui.no (o **u** soa) *adj* **1**. Relativo, pertencente ou semelhante ao cavalo ou à égua. // *sm* **2**. Animal equino. (Não se confunde com *equídeo*.)

e.qui.nó.cio *sm* Ponto ou momento do ano em que o Sol passa pelo equador, tornando os dias iguais às noites, em toda a Terra (ocorre a 21 de março e a 23 de setembro). → **equinocial** *adj* (rel. a equinócio).

e.qui.no.cul.tu.ra (o **u** soa) *sf* Criação de cavalos de raça. → **equinocultor** (o **u** soa; ô) *sm* (criador de cavalos).

e.qui.par *v* **1**. Guarnecer ou prover (navio) de tudo o que é necessário para uma viagem. **2**. Prover (soldado, pescador, caçador, astronauta, etc.) do necessário. **3**. Prover (veículo) de (acessório). **4**. Prover (algo ou alguém) de todos os itens necessários para o seu bom funcionamento: *o governo equipou a polícia de armamentos modernos; o hotel equipou todos os apartamentos com televisores de última geração*. **equipar-se 5**. Prover-se do necessário: *o pescador equipou-se na melhor loja da cidade*. → **equipagem** *sf* (**1**. tripulação de navio ou de avião; **2**. conjunto de coisas que se levam em viagem; bagagem); **equipamento** *sm* (**1**. conjunto de todas as coisas necessárias a um trabalho ou atividade; **2**. tudo aquilo de que o militar necessita para entrar em serviço, tais como fuzas, malote, mochila, etc., com exceção do armamento e fardamento).

e.qui.pa.rar *v* **1**. Igualar, comparando: *equiparar dois carros*. **2**. Promover paridade entre: *equiparar os militares e os civis*. **equiparar-se 3**. Igualar-se, depois de feita uma comparação: *os carros nacionais não se equiparam com os japoneses*. → **equiparação** *sf* [ato ou efeito de equiparar(-se)]; **equiparável** *adj* (que se pode equiparar ou comparar; comparável).

e.qui.pe *sf* **1**. Grupo de jogadores que formam um lado em qualquer competição esportiva. **2**. Grupo de pessoas que se dedicam coordenadamente a um trabalho ou tarefa comum: *uma equipe de cientistas, de investigadores; foi um verdadeiro esforço de equipe; as equipes de resgate procuram sobreviventes entre os destroços*.

e.qui.po.len.te (o **u** soa) *adj* **1**. Equivalente. **2**. Em matemática, diz-se do segmento de reta que tem a mesma direção, o mesmo sentido e o mesmo comprimento de outro. → **equipolência** (o **u** soa) *sf* (qualidade ou condição do que é equipolente; equivalência).

e.qui.ta.ção *sf* Arte ou exercício de cavalgar, de andar a cavalo.

e.qui.ta.ti.vo (o **u** soa ou não) *adj* **1**. Em que há igualdade; igualitário: *nas democracias, há um equilíbrio equitativo de poderes*. **2**. Equânime (2*): há remuneração equitativa no magistério brasileiro?* **3**. Dividido igualmente; proporcional: *os candidatos se apresentarão em grupos equitativos*.

e.qui.va.len.te (o **u** não soa) *adj* **1**. Igual em poder, valor, qualidade, efeito, intensidade, significado, etc. // *sm* **2**. Pessoa ou coisa que é igual ou que corresponde a outra em valor, quantidade, função, significado, etc.: *a Polícia Federal é o equivalente brasileiro do FBI; cem dólares chegaram a ser equivalentes a 600 reais em 2020; há equivalente de* **saudade** *em outra língua?* → **equivalência** (o **u** não soa) *sf* (qualidade ou condição de ser equivalente; equipolência); **equivaler(-se)** *v* (ser equivalente, corresponder: *um real equivalia a um dólar em 1996; nossos usos e costumes se equivalem*).

e.quí.vo.co *adj* **1**. Que dá margem a dupla interpretação; ambíguo, dúbio: *palavra de sentido equívoco*. **2**. Que levanta suspeita ou dúvida; suspeito, duvidoso: *homem de comportamento equívoco; mulher de reputação equívoca*. **3**. Difícil de definir, classificar ou identificar; indefinível, vago: *tecido de cor equívoca*. // *sm* **4**. Ato da mente que considera verdadeiro o que é falso, e vice-versa; engano, erro: *equívoco dos sentidos*. **5**. Estado de quem se engana: *caiu no equívoco de casar; a eleição daquele homem foi um equívoco*. **6**. Afirmação ou opinião falsa: *ele não reconhece seus equívocos; sua teoria é um equívoco*. → **equivocação** *sf* [ato ou efeito de equivocar(-se)]; **equivocado** *adj* (**1**. diz-se de pessoa que errou ou enganou-se: *o presidente andava equivocado nas suas decisões*; **2**. diz-se de coisa incorreta ou errônea: *um ponto de vista inteiramente equivocado*; **3**. que produz um efeito contrário ao que se pretende; desacertado: *sua equivocada intervenção no debate acirrou ainda mais os ânimos*); **equivocar** *v* (levar a equívoco; induzir a erro: *aquela placa de sinalização mal colocada equivocou os motoristas*); **equivocar(-se)** (enganar-se, confundir-se: *equivoca-se quem usa desapercebido por despercebido*]; **equivocidade** *sf* (qualidade ou condição do que pode ser interpretado em vários sentidos: *a equivocidade de uma pergunta*); **equivoquista** *adj* e *s2gên* (que ou pessoa que comete equívocos frequentemente, princ. de linguagem).

e.quo.te.ra.pi.a (è) *sf* Método terapêutico que utiliza o cavalo, a fim de ajudar as pessoas deficientes ou com necessidades especiais a desenvolver suas potencialidades e a minimizar suas deficiências. → **equoterápico** (è) *adj* (rel. a equoterapia). (A 6.ª ed. do VOLP não registra nem uma nem outra.)

e.ra *sf* **1**. Série de anos que principia com um grande fato histórico, extraordinário, marcante, visto como base de um sistema cronológico e dá origem a uma nova ordem de coisas: *a era cristã, a era espacial, a era da informática*. **2**. Divisão primária do tempo geológico em vários períodos: *a era paleozoica*. **3**. *Fig.* Período de tempo restrito, caracterizado por circunstâncias, eventos ou personagens particulares: *a era getulista, a era vitoriana*. **4**. *Fig.* Qualquer espaço de tempo; época: *nossos avós são de outra era*.

e.rá.rio *sm* Conjunto dos recursos econômico-financeiros de um país; tesouro público; fazenda. (Cuidado para não cometer a redundância *erário "público"!*)

e.re.ção *sf* **1**. Ação de erigir, erguer ou levantar. **2**. Estado ou processo de intumescência, dureza e rigidez do pênis ou do clítoris, geralmente devido a excitação sexual. **3**.*P.ext.* Endurecimento semelhante de qualquer tecido erétil. → **erétil** *adj* (que pode sofrer ereção); **ereto** *adj* (**1**. levantado, erguido; **2**. aprumado, direito: *ande com a coluna ereta!*; **3**. duro, rígido).

e.re.mi.ta *s2gên* **1**. Pessoa religiosa que vive solitária numa ermida, dedicando-se apenas à oração e à penitência; ermitão (1). **2**.*P.ext.* Pessoa que evita a convivência social, que vive isolada. → **eremitagem** *sf* (**1**. vida de eremita; **2**. lugar afastado, ermo, que os eremitas escolhem para seu retiro); **eremitério** ou **ermitério** *sm* (lugar onde vivem eremitas); **eremítico** *adj* (**1**. rel. a eremita; **2**. *fig.* caracterizado por absoluta solidão; ermo, solitário: *estilo de vida eremítico; regiões eremíticas*); **eremitismo** *sm* (estilo de vida de eremita; isolamento do convívio social).

erg *sm* Em física, unidade de trabalho ou energia no sistema CGS correspondente ao trabalho produzido pela força de um dina que age sobre uma distância de um centímetro.

er.go.no.mi.a *sf* **1.** Ciência que trata de como adequar um ambiente ou local de trabalho às características anatômicas, fisiológicas e psicológicas do homem, a fim de ajudá-lo no conforto, eficiência e bem-estar. **2.** Estudo de como o equipamento e as peças internas de um veículo podem ser dispostos da maneira mais eficaz e confortável: *os controles dos vidros elétricos do novo modelo foram transferidos do painel da porta para o apoio de braço, a fim de melhorar a ergonomia.* → **ergonômico** *adj* (**1.** rel. a ergonomia; **2.** diz-se do equipamento adaptado às características e necessidades de quem o utiliza).

er.guer *v* **1.** Levantar (fisicamente), pondo em posição vertical, pôr ereto: *erguer os braços.* **2.** Endireitar, aprumar: *erguer a cabeça.* **3.** Construir, edificar: *erguer prédios.* **4.** Elevar, subir: *erguer a voz, o muro, o volume do rádio.* **5.** Aumentar o som de: *erga um pouco a televisão, para que eu possa ouvir melhor essa figura!* **erguer-se 6.** Levantar-se, pôr-se em pé: *erguer-se da cadeira.* **7.** Elevar-se: *duas grandes árvores se erguem à margem do lago.* **8.** Surgir, aparecer: *ergue-se neste instante o Sol.* **9.** Fazer-se ouvir; soar: *uma voz decidida se ergueu no fundo da sala.* **10.** *Fig.* Revoltar-se, rebelar-se: *erguer-se contra o excesso de impostos.* · Antôn. (1, 2, 4 e 5): *baixar*; (3): *demolir.* → **erguimento** *sm* [ato ou efeito de erguer(-se)].

e.ri.çar(-se) *v* Arrepiar(-se): *o filme eriçou pelos e cabelos de todos os assistentes; ao ouvirmos aquele grito tenebroso, eriçaram-se-nos todos os pelos e cabelos.* → **eriçamento** *sm* [ato ou efeito de eriçar(-se)].

e.ri.gir *v* **1.** Levantar ou erguer (construção, estátua, monumento, etc.) em memória de um fato histórico relevante ou de uma pessoa notável: *erigir um templo, um monumento em homenagem a um herói.* **2.** Pôr a prumo; erguer, levantar (qualquer coisa): *erigir um mastro, erigir edifícios.* **3.** Subir de cargo ou de categoria; dar novo caráter a; elevar: *erigir uma vila em cidade, uma capela em paróquia.* **4.** Formar, fundar, criar, instituir: *erigir uma torcida organizada; Roma erigiu um império.* **erigir-se 5.** Atribuir-se (direito ou qualidade não possui); constituir-se, arvorar-se: *erigiu-se em salvador da pátria e se deu mal.* · V. **ereção**.

e.ri.si.pe.la *sf* Doença febril aguda, extremamente contagiosa, caracterizada por inflamação e vermelhidão da pele e tecido subcutâneo, acompanhada de muitas dores, náuseas e calafrios. → **erisipeloso** (ô; pl.: ó) *adj* e *sm* (que ou aquele que tem erisipela).

Eritreia (éi) *sf* País do nordeste da África, de área pouco maior que a do estado de Pernambuco. → **eritreu** *adj* e *sm*, de fem. *eritreia* (éi).

er.mi.da *sf* Pequena igreja em lugar ermo. · V. **eremita**.

er.mi.tão *sm* **1.** Eremita. **2.** Zelador de uma ermida. · Fem.: *ermitã* ou *ermitoa.* · Pl.: *ermitões, ermitães* ou *ermitões*.

er.mo (ê) *adj* **1.** Desabitado, deserto e muito afastado. // *sm* **2.** Lugar que, além de desabitado e silencioso, é triste, desolador e fica muito afastado de tudo.

e.ró.ge.no *adj* Diz-se da parte do corpo sensível a estímulos sexuais: *ela conhece todas as zonas erógenas do seu corpo.*

e.ro.são *sf* **1.** Corrosão ou desgaste, princ. de rochas e solos, causado por agentes naturais (ventos, ondas, torrentes pluviais, etc.). **2.** Destruição gradual do tecido ou esmalte dentário causada por ácidos de origem intrínseca, extrínseca ou idiopática: *erosão dental.* **3.** *P.ext.* Qualquer destruição ou redução gradual: *a erosão da confiança do eleitor nos políticos; a erosão de apoio a um candidato.* → **erodir** *v* (causar erosão em), que se conjuga por *cobrir* e só nas terceiras pessoas; **erosivo** *adj* (que causa erosão).

e.ró.ti.co *adj* **1.** Que desperta ou excita a libido: *sonhos eróticos; revistas eróticas.* **2.** Relativo ao amor sexual; que envolve sentimentos sexuais: *experiências eróticas.* **3.** Que se preocupa muito com sexo: *mente erótica.* → **erotismo** *sm* (**1.** caráter erótico de qualquer coisa: *o erotismo de certas telenovelas;* **2.** busca variada da excitação sexual); **erotização** *sf* [ato ou efeito de erotizar(-se)]; **erotizar** *v* (**1.** estimular sexualmente: *erotizar a vida conjugal;* **2.** dar conteúdo, tom ou sentido erótico a: *erotizar uma cena de telenovela*); **erotizar-se** (adquirir tom ou sentido erótico: *a novela se erotizou muito no final*).

er.ra.di.car *v* **1.** Arrancar com a raiz, desarraigar: *erradicar uma jabuticabeira, para replantá-la em outro local.* **2.** *Fig.* Eliminar total e definitivamente, extirpar: *erradicar um vício.* → **erradicação** *sf* (ato ou efeito de erradicar).

er.ra.di.o *adj* **1.** Errante (1). **2.** Que está sem rumo ou sem norte; desnorteado, perdido. // *sm* **3.** Homem errante.

er.ra.do *adj* **1.** Que não está certo; enganoso, equivocado. **2.** Que segue direção diferente da desejada. **3.** Que não está com a razão. **4.** Que não é próprio ou adequado. // *sm* **5.** Indivíduo errado (3). · Antôn.: *certo, correto.* → **errada** *adj* (fem. de *errado*) e *sf* (caminho ou estrada fácil de confundir o transeunte, desviando-o do rumo certo).

er.ran.te *adj* **1.** Diz-se de pessoa ou de povo que vagueia, que anda de lugar em lugar, de terra em terra, sem destino nem propósitos; erradio (1), errático (1). **2.** *P.ext.* Que não tem residência fixa; nômade.

er.rar *v* **1.** Não fazer certo, não acertar, por desconhecimento, inaptidão ou ignorância: *errar a porta de saída; errar uma conta, um cálculo.* **2.** Não acertar em: *errar o alvo.* **3.** Não acertar, perder: *errar o tiro.* **4.** Cometer erro: *errei numa conta, num cálculo.* **5.** Ter vida errante, vagabunda. · Antôn. (1 a 3): *acertar;* (5): *fixar-se.* → **erro** (ê) *sm*, de antôn. *acerto;* **errôneo** *adj* (que contém erro; incorreto); **erronia** *sf* (erro contumaz).

er.ra.ta *sf* Relação de erros com as respectivas correções anexa a publicação que a mereça; corrigenda (1). [Se o erro é um só, usa-se *erratum* (lat.).]

er.rá.ti.co *adj* **1.** Que erra ou vagueia; errante (1). **2.** *Fig.* Que muda constantemente de lugar ou de posição; que não é fixo: *dor errática; garota de olhar errático.* **3.** Que não segue um padrão regular; irregular, que não é constante; inconstante, incerto, instável: *paciente de respiração errática; ator de desempenho errático; convivíamos com uma taxa de inflação errática; personalidade errática; pessoa de comportamento errático, um dia ela o cumprimenta, outro dia não.* **4.** Que muda de repente e inesperadamente: *os horários erráticos de uma programação de televisão.* **5.** Em geologia, diz-se da rocha que difere em composição, forma, etc. das rochas circundantes, por ter sido trazida de longe, pela ação glacial.

er.re *sm* Nome da letra *r.* · Pl.: *os erres* ou *os rr.*

e.ruc.ta.ção *sf* Arroto. · **eructar** *v* (arrotar).

e.ru.di.to *adj* e *sm* Que ou quem tem erudição ou grande cultura geral. **erudição** *sf* (**1.** qualidade, condição ou saber de erudito: *obra de grande erudição;* **2.** amplo e profundo conhecimento e cultura, normalmente adquiridos pelo estudo ou pelos livros; sabedoria: *ele era conhecido por sua inteligência e erudição*).

e.rup.ção *sf* **1.** Saída violenta e repentina de líquido, gás, lavas, etc.: *a erupção do Etna.* **2.** Aparecimento súbito de manchas, borbulhas, pústulas, etc. na pele ou nas mucosas, com vermelhidão. **3.** O despontar de um dente, com perfuração da gengiva. **4.** *Fig.* Qualquer surgimento rápido e súbito: *a erupção de uma paixão; uma erupção de risos, de alegria, de comemorações.* **5.** *Fig.* Manifestação violenta e súbita; explosão: *uma erupção de raiva, de violência.* → **eruptivo** *adj* (que causa erupção).

er.va *sf* **1.** Vegetal que brota sem cultura (no que difere de *planta*), de caule tenro, não lenhoso, que perece logo depois de frutificar ou dar semente. **2.** Hortaliça. **3.** Redução de *erva-mate.* **4.** *Gír.* Dinheiro. **5.** *Gír.* Maconha. · Col.: *ervaçal sm.* ·· **Erva daninha. 1.** Erva que cresce entre plantas, prejudicando o desenvolvimento delas. **2.** *Fig.* Tudo o que, num grupo, é nocivo ou faz mal: *A erva daninha do partido era o deputado pernambucano.*

er.va-ci.drei.ra *sf* Planta herbácea aromática, originária do Mediterrâneo, de propriedades medicinais, princ. como calmante, antiespasmódica, antinevrálgica, além de ajudar a conciliar o sono; citronela, melissa. · Pl.: *ervas-cidreiras.*

er.va-do.ce *sf* Planta herbácea aromática, também chamada *anis*, muito usada em culinária, doces e licores. · Pl.: *ervas-doces.*

er.va-ma.te *sf* Árvore de cujas folhas se faz um saboroso e saudável chá, a que se dá o nome de *mate.* · Pl.: *ervas-mates.* → **ervanário** *sm* (aquele que vende ou se dedica à colheita de erva-mate).

er.va.na.ri.a *sf* Estabelecimento ou lugar onde se vendem plantas medicinais. → **ervanário** *sm* (casa ou aquele que vende ervas).

er.vi.lha *sf* Vagem e semente comestíveis da planta do mesmo nome, cultivada desde a mais remota antiguidade.

es.ba.fo.rir-se *v* Ter a respiração ofegante, ou dificultosa e entrecortada, por efeito de pressa, susto ou cansaço; ofegar, arfar. → **esbaforido** *adj* (**1.** ofegante, cansado; **2.** apressado, afobado).

es.ba.ga.çar *v* Partir em fragmentos ou pedaços; reduzir a bagaço; esfacelar: *esbagaçar uvas com os pés.*

es.ban.jar *v* **1**. Gastar rapidamente e à toa: *esbanjar o salário no jogo*. **2**. Ter em excesso: *esbanjar saúde*. · Antôn.: *poupar, economizar*. → **esbanjamento** *sm* (ato ou efeito de esbanjar), de antôn. *economia, poupança*.

es.bar.rar *v* **1**. Topar, ir de encontro a: *bêbado, esbarrou no portão de entrada*. **2**. Tocar de leve, roçar: *nem esbarrei nela*. → **esbarrada** *sf* ou **esbarro** *sm* (ação de esbarrar); **esbarrão** *sm* (grande esbarro; choque, encontrão, topada).

es.bel.to *adj* **1**. Diz-se de pessoa ou animal de boa aparência ou bom porte; bem proporcionado: *o porco de hoje é limpo, esbelto, criado em confinamento com higiene controlada, alimentado com ração, e não com lavagem*. **2**. Elegante, esguio, airoso, gracioso, garboso: *todo atleta e toda modelo têm de ter porte esbelto*. → **esbelteza** (ê) *sf* (qualidade do que é esbelto).

es.bo.çar *v* **1**. Fazer o esboço de, delinear: *esboçar uma escultura*. **2**. Ensaiar, preparar: *esboçar uma reação*. **3**. Mostrar incompletamente, deixar entrever; entremostrar: *esboçar um sorriso*. **esboçar-se 4**. Dar os primeiros sinais ou indícios; ensaiar-se: *nova tentativa de fuga se esboçou no presídio*. → **esboço** (ô) *sm* (**1**. traços gerais de qualquer obra; **2**. *p.ext.* essa obra).

es.bo.fe.te.ar *v* Dar bofetadas em; esmurrar, esborrachar (2): *o jogador esbofeteou o árbitro e foi expulso*. · Conjuga-se por *frear*. → **esbofeteamento** *sm* (ato ou efeito de esbofetear).

es.bór.nia *sf* Comemoração ou festa animada em que se dá ênfase à bebida e ao sexo; orgia sexual; farra: *o corpo cobra no adulto a esbórnia do jovem*.

es.bor.ra.char *v* **1**. Achatar com os pés, espezinhar, esmagar: *o elefante esborrachou seu treinador*. **2**. Esmurrar, esbofetear: *nenhum jogador tem o direito de esborrachar o árbitro*. **esborrachar-se 3**. Cair, espatifando-se no solo: *o avião se esborrachou no solo*. → **esborrachamento** *sm* [ato ou efeito de esborrachar(-se)].

es.bor.ri.far *v* V. **borrifar**. → **esborrifo** *sm* (borrifo).

es.bran.qui.çar(-se) *v* Tornar(-se) meio branco, um tanto branco: *esbranquiçar os cabelos; seus cabelos se esbranquiçaram em pouco tempo*. → **esbranquiçado** *adj* (um tanto branco; meio branco); **esbranquiçamento** *sm* [ato ou efeito de esbranquiçar(-se)].

es.bra.ve.jar *v* **1**. Dizer ou proferir com raiva ou irritação; vociferar: *esbravejar desaforos contra o governo; esbravejar contra a falta de sorte*. **2**. Ficar muito bravo ou furioso; enfurecer-se: *reze, em vez de esbravejar*. · O e continua fechado, durante a conjugação. → **esbravejamento** *sm* (ato ou efeito de esbravejar); **esbravejante** *adj* (que esbraveja).

es.bre.gue *sm* Repreensão dura; ralho, pito, sabão, esporro: *dei-lhe um esbregue daqueles!*

es.bu.ga.lhar *v* Abrir muito ou arregalar (os olhos).

es.bu.lhar *v* Desapossar (alguém) do que lhe pertence por direito, mediante ameaça ou violência; despojar, espoliar: *esbulhar os índios de suas terras*. → **esbulhado** *adj* (espoliado: *vi-me esbulhado de todos os meus bens*); **esbulho** *sm* (**1**. ação ou efeito de esbulhar; **2**. usurpação da propriedade de uma pessoa).

es.bu.ra.car(-se) *v* Encher(-se) de buracos: *as chuvas esburacam as estradas; as estradas se esburacam, com as chuvas*. → **esburacado** ou **esburaquento** *adj* (cheio de buracos).

es.ca.be.che *sm* **1**. Conserva feita de azeite, vinagre, salsa, colorau e alhos próprios para peixe, a fim de conservá-lo, dar-lhe mais sabor e torná-lo mais tenro, sem alterá-lo. **2**. *Fig*. Qualquer coisa usada para encobrir um defeito; disfarce: *dizem que Hitler usava o bigode como escabeche, para encobrir uma cicatriz*.

es.ca.be.lo (ê) *sm* **1**. Banqueta ou estradinho para descanso dos pés; supedâneo. **2**. Assento raso. **3**. Banco largo e comprido, cujo assento serve de tampa à caixa formada por esse mesmo móvel.

es.ca.bi.o.se *sf* Nome científico da sarna. → **escabicida** *sm* (produto que mata ácaros, eliminando a sarna); **escabiótico** *adj* (rel. a escabiose).

es.ca.bre.a.do *adj* **1**. Zangado. **2**. Retraído, desconfiado, ressabiado. **3**. *Pop.BA* Encabulado, envergonhado. · Antôn. (3): *descabreado*.

es.ca.bro.so (ô; pl.: ó) *adj* **1**. Que tem a superfície rugosa, por causa de minúsculos pontos ou projeções; áspero: *toda lixa é escabrosa*. **2**. *Fig*. Complicado, difícil: *pergunta escabrosa*. **3**. *Fig*. Obsceno, imoral, indecente, indecoroso: *filme escabroso*.

· Antôn. (1): *liso*; (2): *simples, fácil*; (3): *decente, decoroso*. → **escabrosidade** *sf* (qualidade daquilo que é escabroso).

es.ca.char *v* **1**. Abrir à força e pelo meio; rachar: *escachar uma melancia*. **2**. Afastar ou abrir muito (as pernas); escancarar: *sentou-se e escachou as pernas*.

es.ca.da *sf* **1**. Série de degraus que servem para subir e descer. **2**. Utensílio portátil, de madeira ou de metal, com essa série de degraus. **3**. *Fig*. Pessoa que serve de meio para alguém subir na vida. · Col. (1): *escadaria*.

es.ca.fan.dro *sm* Aparelho hermeticamente fechado, próprio para o mergulhador permanecer por muito tempo no fundo da água. → **escafandrar** *v* (investigar profundamente); **escafandrismo** *sm* (ato ou efeito de escafandrar); **escafandrista** *s2gên* (pessoa que mergulha com escafandro).

es.ca.fe.der-se *v* Fugir apressado e assustado: *ao ver a polícia, o ladrãozinho escafedeu-se*.

es.ca.la *sf* **1**. Relação entre o tamanho real de alguma coisa e seu tamanho em um mapa, modelo ou diagrama; medida graduada: *a escala de um mapa*. **2**. Registro que indica a ordem de serviço para cada funcionário ou trabalhador. **3**. Série de marcas feitas num objeto, a distâncias regulares ou graduadas, usadas como padrão referencial de medida, como se vê num termômetro. **4**. Tamanho, extensão ou grau: *sofrer ciberataque em grande escala; ele está subestimando a escala do problema*. **5**. Série graduada ou esquema de classificação ou ordem; hierarquia: *uma escala de tributação, de valores*. **6**. Conjunto de números, níveis, valores, etc., usados num determinado sistema de medição ou comparação de coisas: *a escala Celsius, a escala Richter; numa escala de 1 a 10, como você avalia o desempenho do seu time?* **7**. Parada temporária e habitual de avião em aeroporto ou de navio em porto. **8**. Tempo gasto em cada uma dessas paradas. **9**. Em música, sequência de notas, cada uma mais alta do que a seguinte, que começa numa determinada nota: *a escala de sol maior; ela pratica suas escalas todos os dias*.

es.ca.la.fo.bé.ti.co *adj* **1**. Extravagante, esquisito, excêntrico: *reação escalafobética*. **2**. Desajeitado, desengonçado: *ele não arrumava namorada, porque era meio escalafobético*.

es.ca.lar *v* **1**. Subir ou trepar a lugar alto e difícil, usando meios rudimentares ou arriscados: *escalar um pico*. **3**. Designar ou selecionar (pessoas) para serviço ou partida esportiva: *escalar um jogador*. → **escalação** *sf* (ato ou efeito de escalar); **escalada** *sf* (**1**. subida a qualquer ponto difícil, íngreme e elevado; **2**. aumento ou intensificação de atividade hostil; **3**. aumento de qualquer coisa); **escalão** *sm* (**1**. plano por onde se sobe ou desce; degrau de escada; **2**. cada um dos pontos sucessivos de uma série; nível, plano, grau: *o governo desceu, um a um, todos os escalões da degradação ética com tantos escândalos de corrupção*; **3**. *fig*. nível hierárquico na administração pública ou privada: *subir de escalão; funcionários do segundo escalão do governo; há corrupção nos escalões superiores da empresa*; **4**. *fig*. segmento, faixa: *não faço parte desse escalão etário; é um time que pertence ao escalão principal do país; a empresa busca profissionais no escalão dos 20 aos 35 anos*; **5**. no âmbito militar, formação de tropas, navios, aeronaves ou veículos em filas paralelas, com a extremidade de cada fila projetando-se mais distante do que a da frente; **6**. *p.ext.* formação de indivíduos semelhante a essa: *gansos voando em escalão*). · V. **escalonar**.

es.cal.dar *v* **1**. Queimar com qualquer líquido ou vapor muito quente. **2**. Lavar com água fervente; mergulhar em água muito quente: *escaldar os talheres*. **3**. Queimar pelo contato de algo muito quente: *a laje escaldava os pés dos que tentavam fugir do incêndio, no último andar*. **4**. Ressecar: *o sol nordestino escalda a terra*. **5**. Causar sensação de calor extremo: *o sol do Nordeste escalda*. **escaldar-se 6**. Sofrer queimadura; queimar-se: *muitos animais escaldaram-se no incêndio do pantanal*. → **escalda**, **escaldadura** *sf* ou **escaldo** *sm* [ao ou efeito de escaldar(-se)].

es.ca.le.no *adj* Diz-se do triângulo que tem os três lados desiguais.

es.ca.ler *sm* Pequeno barco, a remo ou à vela, com dois remadores por bancada, para transporte de pessoas de terra a bordo e vice-versa, ou entre embarcações.

es.ca.lo.nar *v* **1**. Dar forma de escada a: *escalonar um morro*. **2**. Distribuir por grupos, categorias ou escalões. **3**. Dispor ou agrupar (tropas) em escalão, umas por detrás das outras. **4**. Dividir em partes menores, por determinado espaço de tempo: *escalonar uma dívida*. **escalonar-se 5**. Reunir-se em grupos; agrupar-se: *os bombeiros se escalonaram para *enfrentar esse incêndio.* → **escalonamento** *sm* [ato ou efeito de escalonar(-se)].

es.ca.lo.pe *sm* Fatia fina e pequena de filé, cortada no sentido transversal. (Usa-se muito no diminutivo: *escalopinho*.)

es.cal.pe.lo (ê) *sm* Bisturi usado nas necropsias e dissecações anatômicas. → **escalpar** ou **escalpelar** *v* (**1**. rasgar ou dissecar com escalpelo: *escalpelar a pele do crânio*; **2**. *fig.* examinar com profundidade; analisar detidamente: *escalpelar um processo, um dicionário*); **escalpo** *sm* (troféu de guerra dos índios americanos, produzido com a pele do crânio dos inimigos).

es.ca.ma *sf* **1**. Cada uma das pequenas lâminas ou placas que revestem o corpo de peixes e répteis. **2**. Pequena lâmina de pele ou película que por si só se destaca do corpo em certas dermatoses. → **escamação** *sf* [ato ou efeito de escamar(-se)]; **escamar** *v* (**1**. tirar as escamas a: *escamar um peixe*; **2**. *fig.* esquivar-se ou fugir de, por sentir antipatia ou nojo: *a garota escamou o rapaz*); **escamar-se** (**1**. *gír.* zangar-se, irritar-se: *a neta faz o avô de gato e sapato, e ele nunca se escama*; **2**. *fig.* esquivar-se por antipatia ou nojo: *quando o rapaz ia convidá-la para a dança, ela escamou*); **escamoso** (ô; pl.: ó) *adj* (**1**. que tem escamas: *réptil escamoso*; **2**.*pop.* diz-se daquele que é enjoado, difícil de lidar, altamente desagradável no trato).

es.cam.bau *sm Pop.* **1**. Série de outras coisas. **2**. Coisa nenhuma: *feio, eu? o escambau!; você casar com minha filha o escambau!* ·· **E o escambau**.Expressão que se usa no final dos enunciados, para substituir uma enumeração, equivalendo a *muito mais*: *Esse sujeito é mentiroso, cínico, covarde, corrupto e o escambau*. ·· **O escambau a quatro**. Muito mais coisas impressionantes: *Ela abraçou, beijou e fez o escambau a quatro na praia*.

es.cam.bo *sm* **1**. Troca direta de produtos ou mercadorias, sem o uso de moeda. **2**.*P.ext.* Troca, permuta. → **escambar** *v* (fazer o escambo de; trocar, permutar).

es.ca.mo.te.ar ou **es.ca.mo.tar** *v* **1**. Fazer desaparecer (algo) sem que ninguém dê falta ou perceba; dar sumiço a; ocultar: *escamotear uma carta do baralho*. **2**. Furtar com sutileza, surripiar: *ia a restaurantes finos só para escamotear talheres*. **3**. Acobertar (um fato): *jornalistas sérios nunca escamoteiam informações; ele escamoteia bem a sua homossexualidade*. **escamotear-se** ou **escamotar-se 4**. Escapar ou sair de fininho: *quando percebeu a chegada da polícia, escamoteou-se*. · Conjuga-se por *frear*. → **escamoteação** ou **escamotação** *sf* (ato ou efeito de escamotear); **escamoteável** *adj* (**1**. que se pode escamotear; **2**. diz-se de capota conversível dos carros esporte que, ao abrir-se, aloja-se num compartimento da traseira do veículo, geralmente numa parte do porta-malas). (A 6.ª ed. do VOLP não registra *escamotável*.)

es.can.ca.rar *v* **1**. Abrir muito (as pernas); escarranchar: *ela sentou-se na primeira fila e escancarou as pernas*. **2**. Abrir completamente, em toda a sua amplitude ou extensão: *escancarar as portas e janelas da casa*. **3**. Mostrar ou exibir claramente; expor abertamente: *a mídia escancarou os escândalos de Brasília; ele escancarou as suas intenções*. **escancarar-se 4**. Abrir-se completamente: *as janelas se escancararam com o forte vento*. · Antôn. (1 e 2): *fechar, cerrar*; (3): *ocultar*. → **escancaração** *sf* ou **escancaramento** *sm* [ato ou efeito de escancarar(-se)]; **escancarado** *adj* (**1**. completamente aberto: *as janelas da casa estavam escancaradas*; **2**. vulnerável, exposto (a algo ou algo ruim): *o sistema está escancarado a fraudes*). ·· **Às escâncaras**. À vista geral; abertamente: *Essa gente rouba às escâncaras e não sente vergonha nenhuma*.

es.cân.da.lo *sm* **1**. Qualquer ato reprovável, indecente, imoral, ilegítimo ou ilegal que cause vergonha, inquietação, perplexidade ou indignação: *escândalo de corrupção no governo não era para ser comum*. **2**. *Fig.* Confusão, tumulto, barraco: *ela armou o maior escândalo no ônibus*. **3**. *Fig.* Pessoa ou grupo de pessoas de conduta indecente ou vergonhosa: *sua irmã foi um escândalo no desfile!; aquele governo foi um escândalo!* **4**. *Fig.* Coisa indecente ou vergonhosa: *esse decote é um escândalo!; nem toda nudez é um escândalo*. → **escandalização** *sf* ou **escandalizamento** *sm* [ato ou efeito de escandalizar(-se)]; **escandalizar** *v* (**1**. causar escândalo a; revoltar, chocar; **2**. ofender, melindrar, chocar) **escandalizar-se** (ofender-se, melindrar-se, levar a mal); **escandaloso** (ô; pl.: ó) *adj* (**1**. que choca ou dá mau exemplo; chocante: *comportamento escandaloso*; **2**. indecente, obsceno: *decote escandaloso*) e *adj* e *sm* (que ou aquele que é dado a promover escândalos).

es.can.dir *v* **1**. Medir ou fazer a escansão de (versos), contar as sílabas métricas de. **2**. Destacar bem as sílabas de, pronunciando; soletrar. · Conjuga-se por *falir*. · V. **escansão**.

es.can.di.na.vo *adj* e *sm* **1**. Natural ou habitante da Escandinávia (Suécia, Dinamarca e Noruega). // *adj* **2**. Da Escandinávia.

es.can.dir *v* **1**. Medir ou analisar metricamente (versos); contar as sílabas métricas de; fazer a escansão de (versos). **2**. Destacar bem as sílabas de, pronunciando; soletrar: *escandir a palavra perspicácia, para não comer o esse*. · Conjuga-se por *falir*. V. **escansão**.

es.câ.ner *sm* **1**. Dispositivo que "lê" eletronicamente um código de barras, texto impresso ou imagens para um computador. **2**. Periférico capaz de converter uma imagem em dados digitais. **3**. Em medicina, aparelho usado para o diagnóstico clínico, caracterizado por uma técnica de exploração baseada na varredura de determinada parte do corpo humano, por meio de um feixe de raios X. · Pl.: *escâneres*. → **escaneamento** *sm* (aplicação do escâner ou trabalho feito com ele); **escanear** *v* [**1**. transferir (texto ou imagens) para o computador por meio de um escâner; **2**. obter informações minuciosas sobre (um órgão do corpo), com o auxílio de um escâner], que se conjuga por *frear*.

es.can.ga.lhar *v* **1**. Destruir, estragar, esculhambar, arrebatar: *a criança escangalhou o brinquedo*. **2**. Prejudicar: *não escangalhe a saúde, usando drogas!* **3**. Criticar severamente, esculhambar: *o deputado escangalhou o governo*. **escangalhar-se 4**. Arrebentar-se: *é um aparelho que se escangalha ao primeiro uso*. · Antôn. (1); *reparar, consertar*. → **escangalhação** *sf* ou **escangalhamento** *sm* [ato ou efeito de escangalhar(-se)].

es.ca.nho.ar *v* Barbear com apuro, passando uma segunda vez o aparelho a contrapelo: *escanhoar o rosto*. · Conjuga-se por *abençoar*. → **escanhoamento** *sm* (ato ou efeito de escanhoar)

es.ca.ni.nho *sm* **1**. Pequeno compartimento ou divisão em móvel, para guardar documentos, papéis, etc.: *esse projeto é bom, mas dorme nos escaninhos do Congresso*. **2**. *Fig.* Lugar oculto; esconderijo, recôndito: *eu imagino o que se passa nos escaninhos de sua mente*.

es.can.são *sf* Ato ou efeito de escandir, de decompor um verso em suas sílabas métricas, para determinar seu ritmo; análise da estrutura métrica do verso.

es.can.tei.o *sm* **1**. No futebol, saída da bola pela linha de fundo, tocada por um jogador que defende a parte do campo adjacente a essa linha; córner. **2**. Penalidade imposta a essa infração, cobrada por um jogador adversário do ângulo do campo onde ela foi cometida, em tiro livre; tiro de canto; córner. · **escantear** *v* (*pop.* pôr algo ou alguém de lado, sem lhe dar bola ou importância); desprezar: *o futebol de hoje escanteia o pobre, que é o verdadeiro torcedor*), que se conjuga por *frear*. ·· **Pôr a escanteio** (pop.). Deixar de lado; desprezar, escantear: *Ela me pôs a escanteio entre os convidados para o seu casamento*.

es.can.ti.lhão *sm* **1**. Medida para estabelecer as distâncias entre as plantas de uma horta, entre as árvores, etc. **2**. Régua, pau, etc. com que os pedreiros aferem a largura da parede que estão erguendo. **3**. Medida padrão. → **escantilhar** *v* [em carpintaria, cortar (uma peça) de tal modo que seus cantos não formem ângulos retos].

es.ca.par *v* **1**. Fugir de (um perigo); livrar-se: *escapar da morte*. **2**. Cair, soltar-se: *o copo escapou da minha mão*. **3**. Sobreviver: *ninguém escapou: todos morreram no acidente*. **4**. Sair: *o pneu tinha um furo, e o ar foi escapando aos poucos*. **escapar(-se) 5**. Fugir: *o passarinho (se) escapou da gaiola*. → **escapada** *sf* (**1**. fuga precipitada: *houve nova escapada de presos hoje*; **2**.*pop.* falta à obrigação, de curta duração, para ir divertir-se; escapadela: *dar uma escapada do trabalho para bater uma bolinha*; **3**. *pop.* curta viagem de lazer: *que tal uma escapada até Búzios?*; **4**. *pop.* jogada rápida, no futebol: *na primeira escapada do Messi sai o gol*; **5**.*pop.* traição conjugal; infidelidade: *de vez em quando essa mulher dá lá suas escapadinhas*); **escapadela** *sf* [escapada (2)]; **escapamento** ou **escape** *sm* [**1**. ato ou efeito de escapar(-se); está havendo escape de gás nesse botijão?; **2**. tubo de descarga por onde saem os gases queimados por motor de explosão: *seu escapamento está furado*]; **escapatória** *sf* (recurso ou artimanha para escapar a um apuro, dificuldade ou embaraço; saída, fuga: *o assalariado não tem escapatória: paga o imposto de renda na fonte*).

es.ca.pis.mo *sm* **1**. Tendência para escapar à realidade, às responsabilidades e à rotina da vida real, pela entrega a devaneios, fantasias e diversões. **2**. Comportamento

caracterizado por essa tendência. **3**. Arte, literatura, política, etc. que expressa, satisfaz ou proporciona tal tendência. → **escapista** *adj* e *s2gên* (que ou pessoa que manifesta escapismo).
es.cá.pu.la *sf* **1**. Prego cuja cabeça é dobrada em ângulo reto ou em curva, para facilitar a suspensão de objetos. **2**. Em anatomia, nome atual da omoplata. → **escapulal** ou **escapular** *adj* (rel. ou pert. a escápula: *região escapular, dores escapulais*).
es.ca.pu.lá.rio *sm* **1**. Tira de pano usada por religiosos sobre os hábitos. **2**. Bentinho(s). **3**. Atadura larga que serve para fixar outras ataduras ao corpo.
es.ca.pu.lir *v* **1**. Livrar-se ou escapar (de algo ou alguém que incomoda ou aborrece): *escapulir dos repórteres*. **2**. Fugir da prisão: *era só prendê-lo, que escapulia*. **3**. *P.ext.* Fugir: *o cão escapuliu de casa*. · Conjuga-se por *fugir*. → **escapulida** *sf* (saída ou fuga às escondidas).
es.ca.que *sm* Cada uma das casas do tabuleiro de xadrez. → **escaquear** *v* (dividir em escaques), que se conjuga por *frear*.
es.ca.ra *sf* **1**. Ferida na pele das costas, nádegas e cotovelos de doentes acamados ou de cadeirantes, por permanecerem muito tempo na mesma posição. **2**. *P.ext.* Qualquer crosta que se forma sobre uma superfície. **3**. Em botânica, cicatriz que deixam nas hastes as folhas ou ramos articulados, quando caem. → **escarótico** *adj* (que produz escara).
es.ca.ra.fun.char *v* **1**. Furar por mexer constantemente. **2**. Investigar ou remexer pacientemente: *a polícia escarafunchou o matagal, mas não encontrou os ladrões*.
es.ca.ra.mu.ça *sf* **1**. Nas guerras ou não, pequeno engajamento militar, de curta duração: *as escaramuças de fronteira entre os dois países eram comuns*. **2**.*P.ext.* Pequena disputa ou conflito leve entre partes opostas: *a conversa acabou descambando para uma escaramuça*. **3**. *Pop.* RS Gesto que demonstra uma intenção; menção: *fiz uma escaramuça para entrar sem pagar, mas desisti*. **4**. *Pop.* Trecho de rio em que há abrupto desvio das águas, devido a rochas no trajeto.
es.ca.ra.ve.lho (ê) *sm* **1**. Besouro que vive de excrementos. **2**. Ponta de marfim, antes de manufaturado.
es.car.céu *sm* **1**. Grande vaga que se forma quando o mar está revolto; vagalhão. **2**. Alarido ou alvoroço para tornar importante algo que não o é. **3**. Berreiro, gritaria: *a criança fez um escarcéu no supermercado porque a mãe não lhe comprou chocolate*. **4**. Grande ruído; estardalhaço: *os pombos fazem um escarcéu de manhã ali no parapeito da janela*.
es.car.dilho *sm* Implemento agrícola cuja extremidade oposta ao gume tem forma de dois chifres, destinado a capinar a erva daninha.
es.ca.re.ar *v* **1**. Alargar com a broca (os furos em que hão de entrar pregos ou parafusos, de modo que as cabeças fiquem no nível da peça em que se encravam). **2**. Alargar a entrada de (orifício, abertura). · Conjuga-se por *frear*.
escargot [fr.] *sm* **1**. Molusco ou lesma comestível; caramujo. **2**. Prato feito com esse molusco: *temos escargot no almoço hoje*. · Pronuncia-se *èskaRgô*. · V. **helicicultura**.
es.car.la.te *sm* **1**. Tecido de seda ou de lã, de cor vermelha bem viva. **2**. Tinta dessa cor, usada em pintura. **3**. Essa cor. // *adj* **4**. Diz-se dessa cor. **5**. Que tem essa cor: *lábios escarlate; manchas escarlate*. (Como se vê, neste caso não varia.)
es.car.la.ti.na *sf* Doença aguda contagiosa caracterizada por úlceras guturais, língua escarlate, febre alta, manchas escarlate na pele e taquicardia. → **escarlatinoso** (ô; pl.: ó) *adj* (que sofre de escarlatina).
es.car.ne.cer *v* Zombar, troçar, gozar (de): *os amigos o escarneciam, porque era rude pela mulher; os amigos sempre escarneciam dele por isso*. → **escarnecimento** *sm* (ato ou efeito de escarnecer; troça, gozação, escárnio).
es.cár.nio *sm* Zombaria, gozação. → **escarninho** *adj* (em que há escárnio).
es.ca.ro.la *sf* Variedade de chicória de folhas crespas, muito usada em saladas.
es.car.pa *sf* Encosta longa e íngreme: *o castelo fica no topo de uma escarpa*. → **escarpado** *adj* (que tem grande declive; íngreme: *ladeira escarpada*).
es.car.ran.char *v* **1**. Abrir muito (as pernas), como quem monta a cavalo; escancarar. **2**. Pôr (alguém) de pernas bem abertas. **escarranchar-se 3**. Ficar de pernas bem abertas, sentado ou deitado. → **escarranchado** *adj* (de pernas bem abertas: *encontrei-a escarranchada no sofá*).

es.car.ro *sm* Mucosidade pegajosa e amarelada, produzida pelas vias respiratórias e expelida pela boca. → **escarrar** *v* [expelir com esforço pela boca (escarro, gosma, sangue, etc.)]. · **Escarrar na mão** (fig.). Mostrar-se ingrato; cuspir no prato que comeu.
es.cas.so *adj* Que existe em pouca quantidade; raro: *durante as guerras, alimentos e combustíveis ficam escassos*. → **escassear** *v* (minguar, faltar), de antôn. *abundar*; conjuga-se por *frear*; **escassez** (ê) ou **escasseza** (ê) *sf* (qualidade ou estado de ser escasso; raridade: *na guerra há escassez de alimentos e combustíveis*), de antôn. *abundância*.
es.ca.var *v* **1**. Cavar para retirar as terras de (um terreno). **2**. Cavar em volta de: *escavar uma árvore*. **3**. Cavar, buscando algo: *escavar as ruínas de uma cidade destruída; escavou poucos centímetros de terra e já achou água*. **4**. Tornar oco: *escavar um tronco*. → **escavação** *sf* (ação ou efeito de escavar); **escavadeira** *sf* (máquina própria para cavar e remover grandes porções de terra).
es.cla.re.cer *v* **1**. Aclarar ou desvendar (o que está ou parece obscuro): *esclarecer um crime*. **2**. Explicar, elucidar: *esclarecer uma dúvida*. **esclarecer-se 3**. Informar-se: *procurei esclarecer-me com os jornalistas*. **4**. Ilustrar-se, instruir-se: *esclareceu-se na leitura de bons livros*. → **esclarecimento** *sm* [ato ou efeito de esclarecer(-se)].
es.cle.ra *sf* Membrana branca e fibrosa que envolve o globo ocular, antigamente chamada *esclerótica*. → **esclerite** *sf* (inflamação da esclera).
es.cle.ro.se *sf* Engrossamento ou endurecimento das camadas das paredes de uma artéria, arteriosclerose. → **esclerosamento** *sm* [ato ou efeito de esclerosar(-se)]; **esclerosar** *v* (provocar a esclerose de) **esclerosar-se** (adquirir esclerose).
es.cle.ró.ti.ca *sf* V. **esclera**.
es.co.ar *v* **1**. Fazer com que a água ou outro líquido em (alguma coisa) escorra, deixando vazio, seco ou mais seco; escorrer (líquido): *a cozinheira já escoou a água do macarrão; temos que escoar toda a água da piscina*. **2**. Retirar (a produção), transportando e colocando no mercado. **escoar-se 3**. Colocar em circulação: *a produção de soja se escoa pelo porto de Santos*. **4**. Passar: *o tempo se escoa*. **5**. Ser vendido: *todo o nosso estoque se escoou rapidamente*. · Conjuga-se por *abençoar*. → **escoação**, **escoadura** *sf* ou **escoamento** *sm* [**1**. ato ou efeito de escoar(-se): *o escoamento da produção é um dos grandes problemas do agronegócio*; **2**. fato de se mover em um fluxo constante; **3**. saída ou venda de bens ou produtos].
es.có.cia *sf* Tecido semelhante ao de malha, utilizado na confecção de meias.
Escócia *sf* Antigo reino que hoje faz parte do Reino Unido da Grã-Bretanha. → **escocês** *adj* e *sm*
es.coi.ce.ar *v* **1**. Dar coices (em). **2**. *Fig.* Tratar ou responder grosseiramente; agredir: *no debate, um candidato escoiceou o outro*. · Conjuga-se por *frear*. → **escoiceamento** *sm* (ato ou efeito de escoicear).
es.coi.mar *v* **1**. Livrar de pena ou castigo. **2**. *Fig.* Purificar, limpar. **escoimar-se 3**. Isentar-se, desobrigar-se, eximir-se. · Mantém fechado o ditongo *oi* durante a conjugação.
es.col *sm* O melhor de qualquer coisa; nata, elite, fina flor: *o escol político do país estava presente na festa*. · Pl.: *escóis*.
es.co.la *sf* **1**. Estabelecimento de ensino de todos os gêneros e de todos os níveis. **2**. Conjunto do corpo docente, do corpo discente e do corpo de funcionários desse estabelecimento: *a escola inteira vai te odiar, se fizeres isso*. **3**. Período ou fase da vida durante a qual se vai à escola; aprendizagem; vida escolar: *comecei a escola aos cinco anos de idade*. **4**. Período do dia dedicado à escola: *a escola começa às 7h; vejo-a depois da escola*. **5**. Tempo gasto na escola: *a escola acabou mais cedo hoje*. **6**. Lugar onde se recebe um aprendizado específico: *escola de dança; escola de teatro, escola de equitação*. **7**. Corrente literária, filosófica, artística ou científica: *a escola flamenga, a escola impressionista de pintura; a escola de economistas do Brasil*. **8**. *Fig.* Sabedoria, instrução, conhecimento: *tenho apenas mais um ano de escola*. **9**. *Fig.* Aprendizado, experiência: *a rua é a escola do crime para esses menores*. **10**. *Fig.* Estilo de vida: *ele é um amigo da velha escola*. → **escolado** *adj* (**1**. esperto, sabido, vivo, ladino; **2**. que tem experiência de vida; tarimbado); **escolar** *adj* (rel. a escola: *ambiente escolar*) e *s2gên* (estudante); **escolaridade** *sf* (**1**. tempo de frequência ou de permanência dos escolares nas suas escolas: *teve mínima escolaridade, daí por que escreve mal, fala mal e se comporta mal*; **2**. *fig.* tirocínio escolar: *é caipira, mas tem muita escolaridade*; **3**. *fig.* rendimento ou aproveitamento na escola: *alunos de fraca escolaridade*);

escolarização *sf* (ato ou efeito de escolarizar); **escolarizar** *v* (1. dotar de escola; 2. submeter ao ensino escolar). ·· **Escola de samba**. 1. Sociedade carnavalesca. 2. Sede de tal sociedade. ·· **Fazer escola**. Definir princípios que depois serão por outros seguidos.

es.co.la-mo.de.lo *sf* Estabelecimento de ensino cujos métodos, organização e diretrizes pedagógicas são consideradas exemplares e servem ou podem servir de modelo para instituições do mesmo gênero; escola padrão. · Pl.: *escolas-modelo* ou *escolas-modelos*.

es.co.lás.ti.ca *sf* 1. Doutrina ensinada nas escolas medievais entre os sécs. IX e XIII, que procurava harmonizar a razão e a fé, a filosofia e a teologia, para integrar num sistema coerente a filosofia aristotélica e o dogma cristão: *a obra-prima de São Tomás de Aquino*, Summa Theologica, *é considerada como exemplo maior da escolástica*. (Que também se usa com inicial maiúscula.) 2. *Fig.* Qualquer doutrina ou pensamento desenvolvido a partir de uma crença religiosa: *a escolástica muçulmana*. 3. *P.ext.Pej.* Doutrina ou pensamento que se pauta no tradicionalismo exagerado ou no conservadorismo. 4. *Fig.* Persistência em doutrina e métodos de ensino tradicionais. → **escolasticismo** *sm* (1. qualidade ou caráter do que é escolástico; 2. *fig.* observância rigorosa de métodos de ensino conservadores); **escolástico** *adj* (1. rel. ou pert. a escolástica; 2. característico da escolástica) e *sm* (adepto da escolástica).

es.co.lher *v* 1. Selecionar (um) entre dois ou mais, ou (alguns) entre muitos: *escolher o melhor caminho*. 2. Tirar a limpo, separar as impurezas ou os detritos de, selecionar: *escolher feijão*. → **escolha** (ô) *sf* (ato ou efeito de escolher).

es.co.li.o.se *sf* Curvatura lateral anormal da coluna vertebral, causada por doenças neuromusculares, doenças do tecido conjuntivo ou doenças genéticas. → **escoliótico** *adj* (rel. a escoliose ou que a apresenta: *paciente escoliótico*).

es.col.ta *sf* 1. Força militar destacada para acompanhar e proteger pessoas ou valores. 2. Conjunto dos navios de guerra que acompanha os mercantes para protegê-los. → **escoltar** *v* (acompanhar, defendendo ou guardando; fazer escolta de).

es.com.bros (ô) *smpl* Entulhos que formam pequenos montes, obstruindo a passagem.

es.con.de-es.con.de *sm* Brincadeira infantil em que uma das crianças procura outra(s) escondida(s); tempo-será, tantanguê. · Pl.: *esconde-escondes* ou *escondes-escondes*.

es.con.der *v* 1. Pôr em lugar onde ninguém possa ver ou achar: *esconder dinheiro*. 2. Disfarçar, despistar: *esconder a calvície*. 3. Impedir a visão de: *nuvens escondem o Sol*. 4. Tapar, encobrir: *esconder o rosto entre as mãos*. → **escondido** *adj* (posto em lugar difícil ou impossível de ver ou achar).

es.con.de.ri.jo *sm* Lugar em que alguém se mete para não ser visto por quem o persegue.

es.con.di.dinho *sm Pop.* Prato típico da culinária brasileira, feito no forno, que consiste em um preparado de carne seca ou de frango desfiados, coberto por uma camada de purê de batata ou de aipim.

es.con.ju.rar *v* 1. Conjurar imprecando, maldizendo: *esconjurar o demônio*. 2. Evitar, afastar (coisa ruim): *esconjurar o azar*. → **esconjuração** *sf* ou **esconjuro** *sm* (1. ato de esconjurar; 2. juramento com imprecações; 3. praga, maldição); **esconjurativo** ou **esconjuratório** *adj* (próprio para esconjurar).

es.co.pe.ta (ê) *sf* Espingarda leve, de repetição, de cano curto e grosso calibre.

es.co.po (ô) *sm* 1. Ponto específico que se pretende atingir; alvo, mira: *o escopo dos Aliados era uma ilha japonesa; várias cidades europeias estão sob o escopo dessa nova companhia aérea*. 2. *Fig.* Objetivo, propósito, finalidade: *o escopo da operação é desarticular a organização criminosa*. 3. *Fig.* Extensão, abrangência, alcance: *ampliamos o escopo de nossas investigações*.

es.co.ra *sf* Peça resistente, posta obliquamente de encontro ao que se quer provisoriamente amparar. → **escorar** *v* (amparar com escoras: *escorar um muro*) **escorar-se** (1. apoiar-se, amparar-se: *ele só anda se for escorando-se nas paredes*; 2. basear-se, fundamentar-se: *escorar-se no parecer de um especialista*). → **escoramento** *sm* [1. ato ou efeito de escorar(-se); 2. conjunto de escoras usadas para arrimar parede que ameaça ruir].

es.cor.bu.to *sm* Doença devida à deficiência de vitamina C na dieta. → **escorbútico** *adj* (rel. a escorbuto) e *adj* e *sm* (que ou aquele que sofre de escorbuto).

es.cor.char *v* 1. Tirar a casca ou cortiça de (árvores): *escorchar um sobreiro*. 2. Tirar a pele ou o revestimento externo de (animal, planta ou outro objeto), esfolar. 3. *Fig.* Escangalhar (qualquer coisa); usar mal; estragar: *ela escorchou a minha máquina*. 4. *Fig.* Cobrar preços abusivos de; explorar, esfolar: *comerciante que escorcha seus fregueses*. 5. *Fig.* Desarrumar, desarranjar: *o vento escorchou todo o penteado dela*. 6. *Fig.* Onerar demasiado: *o fisco brasileiro escorcha o contribuinte*. 7. *Fig.* Tratar com desconhecimento ou ignorância; estropiar, adulterar, desfigurar: *são jornalistas que escorcham a língua*. → **escorchamento** *sm* (1. ato ou efeito de escorchar; 2. esfoladura); **escorchante** *adj* (muito acima do normal; exorbitante: *a gasolina brasileira tem preço escorchante!*).

es.co.re *sm* Resultado de partida esportiva expressa em números de pontos feitos pelos jogadores de um e de outro lado; placar, contagem.

es.có.ria *sf* 1. Resíduos pedregosos separados dos metais durante a fundição ou refino do minério. 2. Resíduos minerais produzidos durante a mineração do carvão. 3. Material rochoso ejetado por um vulcão. 4. *Fig.Pej.* Pessoa ou coisa desprezível; ralé. ·· **Escória social**. Gentalha, ralé.

es.co.ri.a.ção *sf* Ferimento superficial da pele; esfoladura, arranhão.

es.cor.pi.ão *sm* 1. Invertebrado aracnídeo de aguilhão venenoso na parte terminal. **Escorpião** 2. Constelação e signo do zodíaco. → **escorpiano** *adj* e *sm* (que ou aquele que nasce sob o signo de Escorpião); **escorpiônico** *adj* (rel. a escorpião).

es.cor.ra.çar *v* 1. Expulsar ou pôr fora com desprezo, aos murros ou a pontapés: *escorraçar um bêbado inconveniente*. 2. Expulsar sem dar sequer explicações: *o partido escorraçou seus radicais*. → **escorraçamento** *sm* (ato ou efeito de escorraçar).

es.cor.ra.lho *sm* 1. Resíduo de líquido que permanece no fundo do recipiente, aderindo à sua superfície; lia, borra, fezes. 2. *Fig.* Ralé, arraia-miúda, gentalha, escória, populacho: *o escorralho da cidade estava todo na festa*.

es.cor.re.gar *v* 1. Cometer erros, falhas ou deslizes: *escorregar na escrita de uma palavra*. 2. Cair em, incorrer: *escorregar em várias contradições*. 3. Deslizar sobre superfície lisa, sendo arrastado pelo próprio peso do corpo: *cuidado para não escorregar, que o chão está liso!* → **escorregada**, **escorregadela** *sf*, **escorregamento**, **escorregão** ou **escorrego** (ê) *sm* (1. ato de escorregar; 2. erro, falha, equívoco); **escorregadiço** ou **escorregadio** *adj* (em que se escorrega facilmente); **escorregador** (ô) *sm* (brinquedo infantil que consiste numa tábua inclinada e lisa, para escorrego).

es.cor.rei.to *adj* 1. Sem defeito ou falha; impecável: *o árbitro teve uma atuação escorreita*. 2. *Fig.* Correto, apurado, esmerado, castiço: *escrever em um português escorreito*. 3. Bem-apessoado, de boa aparência; apresentável: *garota escorreita*.

es.cor.rer *v* 1. Fazer correr ou esgotar (o líquido) com que alguma coisa estava misturada; escoar (1): *escorrer a água do arroz*. 2. Gotejar, correr em fio: *a água da chuva ainda escorria da capa e da sombrinha*. → **escorredor** *sm* (utensílio de cozinha que serve para escorrer); **escorrência** *sf* (1. qualidade e movimento do que escorre; 2. aquilo que escorre; 3. *pop.* menstruação); **escorrimento** *sm* (ato ou efeito de escorrer).

es.co.tei.ris.mo ou **es.co.tis.mo** *sm* Organização mundial masculina de educação extraescolar para jovens: *o escoteirismo foi ideado em 1908 pelo general inglês Baden-Powell (1857-1941), para estimular a juventude a viver uma vida sadia em corpo são*.

es.co.tei.ro *adj* 1. Diz-se daquele que anda sempre sozinho ou desacompanhado. // *adj* e *sm* 2. Que ou aquele que viaja sem bagagem. // *sm* 3. Menino ou rapaz que pratica o escoteirismo.

es.co.ti.lha *sf* Abertura que, numa embarcação, é utilizada para trânsito de pessoas, passagem de cargas, iluminação, aeração, etc. · Dim. irregular: *escotilhão sm*.

es.co.va *sf* 1. Ação de escovar; escovação, escovagem; limpeza feita com escova: *a escova da faxineira nesse piso não está benfeita*. 2. *Fig.* Repreensão, pito, sabão: *passei-lhe uma boa escova*. 3. *Fig.* Sova, surra: *dei-lhe uma escova que ele nunca mais vai esquecer*.

es.co.var *v* Limpar, lustrar ou pentear com escova. → **escova** (ô) *sf* (utensílio guarnecido de pelos ou cerdas, para limpar roupas, dentes, limpar e lustrar sapatos e pentear cabelos); **escovação** ou **escovagem** *sf* [escova (1)]; **escovado** *adj* (diz-se de metal polido com escovas, para ganhar aparência fosca: *aço escovado*); **escovão** *sm* (escova grande, fixada na extremidade de um cabo longo, usada para encerar assoalho; 2. cada uma das três escovas grandes de uma máquina que lava carros automaticamente; **3**. essa máquina); **escoveiro** *sm* (**1**. fabricante ou vendedor de escovas; **2**.*pop*. homem mentiroso, cascateiro); **escovinha** *sf* (**1**. escova pequena; **2**. conjunto de fios de aço dispostos em forma radial e presos a um cabo, utilizado por bateristas). ·· **À escovinha**. Diz-se de cabelo cortado bem rente. ·· **Fazer escova**. Secar o cabelo com escova redonda e grande e secador elétrico potente, movido de cima para baixo, para que fique liso, brilhante e sem volume.

es.cra.char *v* **1**. Fotografar e fichar na polícia. **2**. Desmascarar (falsário ou impostor). **3**. *Fig*. Esculachar, esculhambar: *eles vieram aqui só para escrachar a nossa festa*. → **escrachado** *adj* (**1**. que tem ficha na polícia e fotografia exposta publicamente, por estar sendo procurado; **2**. *fig*. desmazelado ou relaxado no traje).

es.cra.vo *adj* e *sm* **1**. Que ou aquele que, privado de liberdade e de direitos os mais comezinhos, era propriedade de um homem, que se tornava seu senhor de baraço e cutelo. **2**.*P.ext*. Que ou aquele que se submete servilmente a outra pessoa. **3**. *Fig*. Que ou aquele que se entrega inteiramente a seus compromissos e obrigações: *sou escravo do trabalho, da família*. **4**. *Fig*. Que ou aquele que reconhece e sofre a ascendência ou o predomínio de um fato ou de uma força moral, de um vício, de uma paixão, etc.: *ser escravo das drogas*. → **escravatura** ou **escravidão** *sf* (estado ou condição de escravo), de antôn. *liberdade*; **escravagismo** ou **escravismo** *sm* (**1**. sistema dos escravistas; **2**. influência do sistema de escravatura); **escravagista** ou **escravista** *adj* (rel. a escravo) e *adj* e *s2gên* (que ou pessoa que é simpatizante da escravatura); **escravização** *sf* (ato ou efeito de escravizar: *ele lutou contra a escravização dos índios*); **escravizador** (ô) ou **escravizante** *adj* (que escraviza); **escravizar** *v* (**1**. sujeitar à escravidão; tornar escravo; **2**. *fig*. tornar totalmente dependente de; subjugar, sujeitar; **3**. *fig*. obrigar a trabalhar em excesso); **escravizar-se** (tornar-se escravo ou totalmente dependente de alguém); **escravocracia** *sf* (poder ou domínio dos escravocratas); **escravocrata** *s2gên* (**1**. pessoa que possuía escravos; **2**. pessoa que defendeu ou defende a escravatura; escravocracia) e *adj* (rel. a escravocracia; escravocrático: *economia escravocrata; o período escravocrata no Brasil*); **escravocrático** *adj* (escravocrata: *regime escravocrático*).

es.cre.te *sm* Seleção ou selecionado de futebol: *o escrete brasileiro é pentacampeão mundial*.

es.cre.ver *v* **1**. Representar por letras ou caracteres: *escreva aqui seu nome!*; *você escreve muçarela com ss?!* **2**. Preparar ou organizar gradualmente e cuidadosamente; elaborar (texto ou obra): *escrever um artigo; escrever um dicionário*. **3**. Compor e enviar (carta) a alguém: *ela escreveu que chega amanhã*. **4**. Produzir (texto ou obra) de forma literária, para publicação ou não: *ela escreve poesias*. → **escrevente** *adj* e *s2gên* (que ou pessoa que copia o que outrem escreve ou dita; escriturário(a)); **escrita** *sf* (**1**. aquilo que se escreve ou que está escrito; **2**. escrituração comercial, contabilidade; **3**. *fig*. tradição, rotina: *o Palmeiras manteve a escrita: derrotou novamente seu arquirrival*); **escrito** *adj* e *sm* (que ou o que se escreveu); **escritor** (ô) *sm* (**1**. aquele que escreve qualquer coisa: *o escritor da carta fui eu*; **2**. aquele que escreve obras com estilo ou valor literário, princ. como profissão).

es.cri.tó.rio *sm* **1**. Local de trabalho de profissionais liberais. **2**. Gabinete na residência, destinado a leitura e trabalhos escritos.

es.cri.tu.ra *sf* **1**. Documento autêntico e conforme às formalidades legais, princ. o relativo à propriedade de imóveis.

Es.cri.tu.ra ou **Es.cri.tu.ras** *sfpl* **2**. Bíblia. → **escrituração** *sf* (ato ou efeito de escriturar); **escriturar** *v* [registrar sistematicamente (transações ou contas comerciais)]; **escriturário** *sm* (escrevente).

es.cri.va.ni.nha *sf* Mesa própria para se escrever.

es.cri.vão *sm* Oficial do Estado encarregado de escrever e expedir documentos de fé pública. · Fem.: *escrivã*. · Pl.: *escrivães*.

es.cro.que *s2gên* Pessoa que se apodera de bens alheios de forma fraudulenta, geralmente com aparência legal.

es.cro.to (ô) *sm* **1**. Parte do aparelho reprodutor masculino que envolve e protege os testículos mamíferos; saco (3). // *adj* **2**. *Fig*.*Pej*. Ordinário, reles, vil: *políticos escrotos*. **3**. *Fig*.*Pej*. Malfeito, grosseiro, ordinário, vagabundo: *trabalho escroto*. **4**. *Fig*.*Pej*. De mau aspecto, feio: *que babá mais escrota vocês foram arrumar!* → **escrotal** *adj* (rel. ou pert. a escroto; *bolsa escrotal*).

es.crú.pu.lo *sm* **1**. Grande cuidado que se tem para não praticar ação desonesta ou condenável; receio de ferir moralmente alguém: *bandido tem escrúpulo?* **2**. Grande cuidado, ao se fazer qualquer coisa, para não cometer erros ou injustiças; receio de errar; zelo extremo: *é tamanho o seu escrúpulo, que pensa dez vezes antes de mandar um funcionário embora*; *é um jornalista que escreve seus artigos com o maior escrúpulo*. → **escrupulosidade** *sf* (qualidade ou caráter de quem é escrupuloso); **escrupuloso** (ô; pl.: ó) *adj* (**1**. que tem ou revela escrúpulo; consciencioso: *todo homem de bem é escrupuloso*; **2**. cuidadoso, caprichoso, meticuloso: *é escrupuloso em seu trabalho*; **3**. que é exato ou pontual em seus deveres e compromissos: *ser escrupuloso no horário*). ·· **Sem escrúpulos**. Sem se preocupar em agir com honradez e justiça; sem consciência; sem integridade de caráter. *Evite amizade ou relacionamento com pessoas sem escrúpulos!*

es.cru.tí.nio *sm* **1**. Modo de votação pelo qual se recolhem os votos em uma urna. **2**. Apuração dos votos de uma urna. → **escrutinação** *sf* (ato ou efeito de escrutinar); **escrutinar** *v* (apurar os resultados de uma votação).

es.cu.de.ri.a *sf* Sociedade que produz carros especialmente para competir em grandes prêmios, mantendo pilotos e equipe técnica altamente habilitada.

es.cu.do *sm* **1**. Arma defensiva com que se cobria o corpo dos golpes das armas brancas. **2**. Peça em que se representa brasão de nobreza. **3**. *Fig*. Amparo, proteção, defesa. **4**. Antiga unidade monetária e moeda de Portugal. · Dim. irregular (1 e 2): *escudete* (ê). → **escudar(-se)** *v* (**1**. cobrir(-se) ou defender(-se) com escudo; **2**.*p.ext*. defender(-se), proteger(-se); **escudeiro** *sm* (**1**. o primeiro e mais baixo título de nobreza em certas monarquias; **2**. criado particular, que acompanha a pessoa a quem serve; **3**. homem armado de lança e escudo que fazia guarda aos imperadores).

es.cu.de.ri.a *sf* Sociedade que produz carros princ. para competir em grandes prêmios, mantendo pilotos e equipe técnica altamente habilitada.

es.cu.la.char *v* **1**. Avacalhar, esculhambar, desmoralizar: *esculachar uma festa*. **2**. Repreender com rigor, passar um sermão, cair duro ou pito em; desmoralizar: *o pai da garota esculachou o rapaz publicamente*. → **esculachado** *adj* (**1**. avacalhado, esculhambado: *festa esculachada*; **2**. malvestido, relaxado); **esculacho** *sm* (**1**. ato ou efeito de esculachar; **2**. *pop*. pito ou sabão violento, ofensivo; repreensão em termos desmoralizantes; **3**.*pop*. descuido, relaxo ou desleixo na vestimenta: *era tão elegante e, agora, vive nesse esculacho*).

es.cu.lham.bar *v* **1**. Desmoralizar, esculachar: *esculhambar uma festa*. **2**. Estragar, arrebentar, destruir: *esculhambar um brinquedo*. **3**. *Fig*. Criticar duramente, desmoralizando; descer a lenha em: *esculhambar o governo*. → **esculhambação** *sf* (ato ou efeito de esculhambar); **esculhambado** *adj* (**1**. avacalhado, esculachado; **2**. totalmente estragado ou quebrado; destruído, escangalhado: *devolveu esculhambado o carro que lhe emprestei*).

es.cul.pir *v* Lavrar ou entalhar em matéria dura (pedra, madeira, marfim, metal, etc.): *esculpir feições humanas*. · Conjuga-se por *abolir*.

es.cul.tu.ra *sf* **1**. Arte, técnica ou prática de modelar cera ou argila úmida (plástica) ou talhar madeira, mármore ou marfim, fundir metais, cinzelar pedras (escultura propriamente dita), produzindo figuras tridimensionais (estátuas, formas abstratas, etc.). **2**. Obra de arte criada dessa forma. **3**. Conjunto de tais obras de arte. → **escultor** (ô) *sm* (artista que faz esculturas); **escultural** *adj* (**1**. rel. a escultura; **2**. de formas perfeitas: *mulher de corpo escultural*).

es.cu.ma *sf* V. **espuma**. **escumalha** *sf* ou **espumalho** *sm* (escória dos metais); **escumilha** ou **espumilha** *sf* (**1**. chumbo miúdo para matar passarinhos; **2**. tecido de lã ou seda muito fino e transparente; **3**. porção de coisas miúdas).

es.cu.na *sf* Tipo de veleiro geralmente com dois mastros, sendo o mastro de proa menor que o mastro principal e ainda com mastros inferiores armados com arpões.

es.cu.ras, às *loc adv* **1**. Sem luz ou iluminação; no escuro: *a cidade está às escuras*. **2**. *Fig*. Sem conhecimento; na ignorância. **3**. Às ocultas; nas escondidas: *agir às escuras*.

es.cu.re.cer(-se) *v* **1**. Tornar(-se) escuro: *escurecer o cabelo; seus cabelos (se) escureceram com esse produto*. **escurecer** *sm* **3**. Fenômeno de ir-se a luz ocultando. **4**. Fim da tarde; começo da noite. · Antôn. (1 e 2): *clarear.* → **escurecimento** *sm* (ato ou fato de escurecer), de antôn. *clareamento.*

es.cu.ro *adj* **1.** Sem luz ou claridade: *está muito escuro para ver o que se passa no quintal; quando acordei já estava escuro.* **2.** De tom próximo do preto: *nuvens escuras, cabelos escuros; azul-escuro.* **3.** De pele parda ou negra: *mulher escura.* **4.** Que deixa passar apenas uma parte da luz: *óculos escuros.* // *sm* **5.** Ausência total de luz; negrume: *ela não dorme no escuro, porque tem medo do escuro.* **6.** *Fig.* Falta de conhecimento, de instrução ou de informação; ignorância: *há governos que preferem deixar o povo no escuro.* · Antôn.: *claro.* → **escuridão** *sf* (ausência total de luz; negrume, trevas), de antôn. *luz, claridade.*

es.cu.sar *v* **1.** Não precisar de; dispensar: *meu apetite escusa aperitivos.* **2.** Dispensar, isentar, eximir: *queria que eu o escusasse de toda a responsabilidade pelo acontecido.* **3.** Poupar, evitar: *escusaram-lhe todo tipo de trabalho, porque estava com aids.* **4.** Não precisar, não carecer: *o homem verdadeiramente honesto escusa de artifícios para provar a sua integridade moral.* **5.** Ser desnecessário: *escusa alongar-me no assunto.* **6.** Servir de desculpa, pretexto ou justificativa; justificar: *a ignorância da lei não escusa o seu não cumprimento.* **escusar-se 7.** Dispensar-se; deixar de fazer algo, por considerar inteiramente desnecessário: *escuso-me de apontar os implicados: todos os conhecem!* **8.** Eximir-se, desobrigar-se: *ele se escusou de lutar na Guerra do Vietnã.* **9.** Recusar-se, negar-se: *escusar-se a prestar um depoimento.* → **escusa** *sf* (**1.** escusação; **2.** desculpa ou evasiva para algo que se deixou de fazer ou cumprir; pretexto: *ninguém aceitou a sua escusa por não ter comparecido à reunião*); **escusação** *sf* [ato ou efeito de escusar(-se)]; **escusado** *adj* (**1.** que se escusou; desculpado; **2.** que se deve dispensar, por ser desnecessário e inconveniente; dispensável); **escusatório** *adj* (que serve para escusar).

es.cu.so *adj* **1.** Escondido, oculto: *ninguém conhecia essa dependência escusa da casa.* **2.** *Fig.* Que desperta desconfiança ou suspeita; misterioso, ilícito: *envolver-se em negócios escusos.* **3.** *Fig.* Pouco movimentado ou frequentado: *andar por ruas escusas é sempre perigoso.*

es.cu.tar *v* **1.** Esforçar-se para ouvir: *a empregada escutou tudo atrás da porta.* **2.** Dar ouvidos ou atenção a, seguir, obedecer a: *ele não escuta conselho de ninguém.* → **escuta** *sf* (**1.** ato de escutar; **2.** trabalho feito nas emissoras de rádio e televisão que consiste na gravação dos programas noticiosos de outras emissoras, para detectar notícias interessantes ou ainda desconhecidas).

es.drú.xu.lo *adj* e *sm* **1.** Que ou palavra que tem acento prosódico na antepenúltima sílaba; proparoxítono: *árvore é uma palavra esdrúxula.* **2.** Que ou verso que termina em palavra proparoxítona. // *adj* **2.** *P.ext.* Que está fora dos padrões normais, por isso causa espanto ou riso; esquisito, exótico, extravagante, excêntrico: *o promotor foi afastado por ter comportamento esdrúxulo.*

es.fa.ce.lar(-se) *v* **1.** Fazer em pedaços; despedaçar; esmagar: *o acidente esfacelou-lhe a cabeça.* **esfacelar-se 2.** Desmantelar-se, desfazer-se, dissolver-se, sofrer colapso, colapsar: *a União Soviética se esfacelou em 1989.* → **esfacelamento** *sm* [ato ou efeito de esfacelar(-se)].

es.fai.ma.do *adj* e *sm* Que ou aquele que está muito faminto; esfomeado.

es.fal.far *v* **1.** Cansar muito, fatigar: *este trabalho esfalfa as pessoas.* **esfalfar-se 2.** Cansar-se demasiado, por excesso de trabalho, de atividades ou de doença; extenuar-se: *ele se esfalfa nesse tipo de serviço.* → **esfalfação** *sf* ou **esfalfamento** *sm* [ato ou efeito de esfalfar(-se)]; **esfalfado** *adj* (muito cansado; exausto, extenuado); **esfalfante** *adj* (que esfalfa).

es.fa.que.ar *v* Dar facadas em, ferir com facadas. · Conjuga-se por *frear.* → **esfaqueamento** *sm* (ato ou efeito de esfaquear).

es.fa.re.lar *v* **1.** Reduzir a farelo ou migalhas; esmigalhar, fragmentar: *esfarelar a casca do pão.* **2.** Reduzir a pó: *a bomba atômica esfarelou as duas cidades japonesas.* **3.** Esfacelar, esmagar: *o homenzarrão queria esfarelar-lhe os miolos!* **esfarelar-se 4.** Reduzir-se a farelo, a migalhas: *a casca do pão se esfarelou na mesa.* **5.** Soltar pequenos grãos de areia; reduzir-se a pó: *se depois de seco, o reboco começar a esfarelar-se, é porque foi misturado pouco cimento.* **6.** *Fig.* Reduzir-se a pequenos fragmentos; esfacelar-se: *seu corpo se esfarelou entre as ferragens do carro, no acidente.* → **esfarelado** *adj* (**1.** reduzido a farelo; **2.** reduzido a pó; **3.** *fig.* destruído, arruinado; esfacelado: *um império esfarelado*).

esfarelamento *sm* [ato ou efeito de esfarelar(-se)]; **esfarelento** *adj* (que se esfarela facilmente: *bolo esfarelento*).

es.far.ra.par(-se) *v* Reduzir(-se) a farrapos: *as fãs lhe esfarraparam a camisa.* → **esfarrapado** *adj* e *sm* (que ou quem é maltrapilho ou roto) e *adj* (*fig.* sem fundamento, consistência ou coerência, ilógico, incoerente: *desculpa esfarrapada*); **esfarrapamento** *sm* [ato ou efeito de esfarrapar(-se)].

es.fe.noi.de (ói) *adj* e *sm* Que ou osso composto que forma a base do crânio, atrás do olho e abaixo da parte frontal do cérebro. → **esfenoidal** *adj* (rel. a esfenoide: *seio esfenoidal*).

es.fe.ra *sf* **1.** Superfície fechada em que todos os pontos estão à mesma distância (*raio*) de um ponto interior chamado *centro.* **2.** Bola, pelota. **3.** Meio em que se exerce uma atividade ou influência, campo, setor. **4.** Competência, atribuição, responsabilidade. **5.** Globo, planeta. → **esfericidade** *sf* (qualidade daquilo que é esférico: *a esfericidade da Terra*); **esférico** *adj* (**1.** rel. a esfera; **2.** que tem forma de esfera; redondo: *a laranja é uma fruta esférica*).

es.fe.ro.grá.fi.ca *adj* e *sf* Que ou caneta que tem ponta esférica metálica, por onde sai, devidamente regulada, sua carga de tinta sintética.

es.fínc.ter *sm* Músculo circular que constringe ou aperta um orifício do corpo: *o ser humano tem 43 esfíncteres.* · Pl.: *esfíncteres.* → **esfincteriano** ou **esfinctérico** *adj* (rel. ou pert. ao esfíncter: *controle esfincteriano*).

Esfinge *sf* **1.** Nas mitologias grega e egípcia, monstro com corpo de leão alado e cabeça de mulher. **2.** Representação artística desse monstro. **es.fin.ge 3.** *Fig.* Enigma, mistério. **4.** *Fig.* Pessoa de caráter misterioso. → **esfingético** ou **esfíngico** *adj* (**1.** rel. a esfinge; **2.** *fig.* enigmático, misterioso).

es.fir.ra *sf* Salgadinho da culinária síria, feito de farinha de trigo e carne moída com cebola.

es.fo.lar *v* **1.** Tirar a pele a, despelar: *esfolar um veado.* **2.** Ferir levemente, superficialmente; arranhar: *esfolar o joelho no chão.* **3.** *Fig.* Vender muito caro, explorar: *essa loja esfola os fregueses.* **4.** *Fig.* Desgraçar com impostos, escorchar: *governo que esfola os contribuintes.* **5.** *Pop.* Espancar até a morte, linchar: *o povo queria esfolar o estuprador.* **esfolar-se 6.** Ficar arranhado ou escoriado: *esfolar-se na piscina.* → **esfoladura** *sf* ou **esfolamento** *sm* [ato ou efeito de esfolar(-se)].

es.fo.me.ar *v* Causar fome a: *o trabalho esfomeia as pessoas.* · Conjuga-se por *frear.* → **esfomeado** *adj* e *sm* (esfaimado).

es.for.ço (ô; pl.: ó) *sm* **1.** Aplicação intensa das energias físicas, intelectuais ou morais na realização de projeto(s) ou tarefa(s): *lesões por esforços repetitivos.* **2.** Emprego da força, para vencer uma resistência: *fazer muito esforço para carregar um pacote.* **3.** Dificuldade, reluctância: *ele falava com algum esforço.* // *smpl* **4.** Grande aplicação, dedicação ou empenho na execução de uma tarefa; diligência: *a ciência une esforços para conseguir a cura do câncer; os esforços do Papa pela paz.* → **esforçado** *adj* e *sm* (**1.** que ou aquele que se esforça por cumprir seus compromissos e objetivos: *trabalhador esforçado;* **2.** que ou aquele que, mesmo sem grande capacidade, não poupa esforços no cumprimento dos seus deveres: *não é aluno muito inteligente, mas é esforçado*); **esforçar(-se)** *v* (dar o máximo de si; aplicar-se, empenhar-se: *esforçar-se para fazer sempre o bem*).

es.fran.ga.lhar *v* Reduzir a frangalhos ou farrapos; rasgar: *esfrangalhar a roupa na cerca.* → **esfrangalhamento** *sm* (ato ou efeito de esfrangalhar).

es.fre.gar *v* **1.** Passar a mão com objeto próprio várias vezes na superfície de, para aquecer ou limpar: *esfregar as mãos com sabonete.* **2.** Friccionar: *esfregar as mãos de satisfação.* **3.** Coçar: *não esfregue os olhos!* **4.** Passar ou friccionar em sinal de desafio ou desagravo: *vou esfregar o dinheiro na sua cara!* **esfregar-se 5.** Roçar-se: *o gato se esfrega na perna da gente.* → **esfrega** *sf* (**1.** ação de esfregar; esfregação; **2.** *fig.* repreensão, pito, sabão: *levar uma esfrega do chefe;* **3.** surra, sova, coça: *o árbitro levou uma esfrega da torcida, à saída do estádio*); **esfregação** *sf* [**1.** esfrega (1); **2.** fricção, atrito: *a criança reclamou da esfregação da barba do avô no seu rosto;* **3.** *pop.* troca voluptuosa de carícias; amasso: *o pai da moça flagrou o casal na maior esfregação*]; **esfregão** *sm* (trapo ou pano grosso, usado para limpeza pesada).

es.fri.ar(-se) *v* Tornar(-se) frio: *esfriar o leite; depois que o leite (se) esfriou, fez a mamadeira do nenê.* · Antôn.: *esquentar.* → **esfriamento** *sm* [ato ou efeito de esfriar(-se)], de antôn. *aquecimento.*

es.fu.ma.çar v **1**. Tornar cheio de fumaça: *caminhões velhos esfumaçam as ruas da cidade*. **2**. Tornar negro com fumaça; *as chaminés esfumaçam a parede das casas vizinhas*. **3**. Defumar (alimentos). → **esfumação** *sf* ou **esfumaçamento** *sm* (ato ou efeito de esfumaçar).

es.fu.mar v **1**. Desenhar a carvão ou a creiom: *esfumar um quadro*. **2**. Sombrear ou escurecer com o esfuminho: *o desenhista está esfumando o retrato da moça que ele acabou de fazer*. **3**. Dar certo efeito nas sombras ou no lápis de olho já aplicados: *esfumar cores nas pálpebras*. **esfumar-se 4**. Desaparecer pouco a pouco: *a juventude irá ver, cada vez mais, um futuro digno de seus legítimos desejos esfumar-se em face do pesadelo desta civilização decadente*. → **esfumação** *sf* [ato ou efeito de esfumar(-se)]; **esfumado** *adj* e *sm* (que ou desenho que tem as sombras esbatidas a esfuminho).

es.fu.ma.rar v Cobrir de fumaça: *as queimadas esfumaram a pista, causando acidentes*.

es.fu.mi.nho *sm* Rolo de papel grosso, feltro, peliça, etc., aparado em ponta, para esfumar as sombras dos desenhos a carvão ou a creiom.

es.fu.zi.an.te *adj* **1**. Que esfuzia; sibilante, ruidoso, barulhento. **2**. *Fig*. Muito alegre, radiante. → **esfuziar** *v* (soprar rijo e forte; sibilar, assobiar).

es.ga.nar v **1**. Matar por sufocação ou estrangulação, estrangular, sufocar: *ele quase esgana a mulher!* **esganar-se 2**. Mostrar-se avarento: *esgana-se, sempre que lhe pedem dinheiro emprestado*. **3**. Morrer-se ou comer-se de inveja: *ao me verem com aquela bela garota, eles se esganaram*. → **esganação, esganadura** *sf* ou **esganamento** *sm* [ato ou efeito de esganar(-se)]; **esganado** *adj* e *sm* (**1**. que ou quem sofreu esganação; estrangulado; **2**. *fig*. que ou quem tem gana ou avidez por alguma coisa; **3**. *fig*. que ou aquele que é ávaro, unha de fome; **4**. *pop*. que ou aquele que come demais ou quer comer muito, sem necessidade).

es.ga.ni.çar v **1**. Tornar aguda ou estridente (a voz) como a de um cão a ganir: *falar esganiçando a voz*. **esganiçar-se 2**. Gritar com voz aguda, semelhante ao ganir do cão: *é um homem que não precisa esganiçar-se para ser atendido com presteza*. **3**. Cantar com som agudo, estridente e violento: *é um cantor que esganiça feito porco de matança*. → **esganiçamento** *sm* [ato ou efeito de esganiçar(-se)].

es.gar *sm* **1**. Aspecto ou jeito que o rosto assume em certas situações; trejeito fisionômico; visagem (**1**): *ao ver aquilo, olhou-me com esgar de aflição*. **2**. Careta de escárnio, de desdém. · Pl.: *esgares*.

es.ga.ra.tu.jar ou **ga.ra.tu.jar** v **1**. Rabiscar, escrevinhar. **2**. Fazer garatujas.

es.ga.ra.va.tar v **1**. Remexer (a terra) com as unhas: *as galinhas esgaravatam a terra*. **2**. Limpar (dentes, ouvido) com palito ou objeto pontiagudo. → **esgaravatamento** *sm* (ato ou efeito de esgaravatar).

es.gar.çar v **1**. Desfiar(-se) (tecido): *um prego esgarçou minha calça; minhas meias esgarçaram na cerca*. **2**. *Fig*. Arranhar ou esfolar (a pele). **3**. Romper a casca (falando-se de fruto). **esgarçar-se 4**. Desfazer-se, dispersar-se pelo ar: *com o sol, a neblina se esgarçou*. **5**. Fragmentar-se; despedaçar-se: *a escultura caiu do pedestal e esgarçou-se*. → **esgarçadura** *sf* ou **esgarçamento** *sm* [ato ou efeito de esgarçar(-se)].

es.gar.rar v **1**. Fazer (embarcação) mudar de rumo: *o vento esgarrou o navio*. **2**. Desviar do caminho que se quer seguir; desencaminhar, extraviar: *é um correio que esgarra muitas correspondências*. **3**. Afastar-se da companhia de outros; apartar-se, separar-se: *uma ovelha esgarrou do rebanho*. **esgarrar(-se) 4**. Desviar-se da rota, seguindo mau caminho; perder-se, transviar-se: *dos sete irmãos, só um (se) esgarrou*.

es.go.e.lar v **1**. Estrangular, esganar: *a mulher queria esgoelar o marido, por vê-lo embriagado*. **esgoelar(-se) 2**. Gritar, berrar ou chorar forte, com todas as forças: *a criança (se) esgoela no berço, e a babá dorme*. → **esgoelamento** *sm* [ato ou efeito de esgoelar(-se)].

es.go.tar v **1**. Vazar gradual e completamente (líquido) de, tirar até a última gota: *esgotar o reservatório de água, para limpeza*. **2**. Enxugar, secar: *esgotar um brejo*. **3**. Consumir ou gastar totalmente: *esgotar a paciência*. **4**. Empregar totalmente: *esgotar todos os recursos para conseguir algo*. **5**. Cansar, estafar: *a viagem os esgotou*. **6**. Tratar à exaustão (assunto): *o conferencista esgotou o assunto*. **esgotar(-se) 7**. Secar-se, exaurir-se: *a fonte (se) esgotou*. **esgotar-se 8**. Consumir-se ou gastar-se inteiramente: *a primeira edição deste dicionário se esgotou em pouco tempo*. **9**. Cansar-se,

extenuar-se: *os escoteiros se esgotaram já na primeira tarefa*. → **esgotamento** *sm* [ato ou efeito de esgotar(-se)]; **esgotante** *adj* (**1**. que esgota; **2**. *fig*. extremamente cansativo; exaustivo, extenuante: *tarefa esgotante*); **esgoto** (ô) *sm* (**1**. esgotamento; **2**. canal subterrâneo que conduz detritos e dejetos caseiros).

es.gri.ma *sf* **1**. Ação ou arte de manejar as armas brancas, quer ofensiva, quer defensivamente. **2**. Esporte de armas brancas (espada, sabre e florete). → **esgrimidura** *sf* (ato de esgrimir); **esgrimir** *v* [manejar (armas brancas)]; **esgrimista** *adj* e *s2gên* (praticante de esgrima).

es.guei.rar v **1**. Dirigir discretamente: *ela esgueirou o olhar, para desestimular o provável galanteio*. **esgueirar-se 2**. Sair ou afastar-se de um ambiente de forma discreta, princ. para se livrar de alguém ou de alguma coisa aborrecida: *o presidente esgueirou-se pelo elevador privativo, para evitar os repórteres*. · O *e* continua fechado, durante a conjugação.

es.gue.lha (ê) *sf* **1**. Qualidade ou condição do que é oblíquo; obliquidade. **2**. Pano ou tecido cortado de viés. → **esguelhar** *v* (pôr ou cortar obliquamente; enviesar: *esguelhar o olhar*) e, durante a conjugação, o *e* continua fechado. ·· **Andar de esguelha com uma pessoa**. **1**. Andar desavindo ou desentendendo-se com ela. **2**. Andar desconfiado dela. ·· **De esguelha**. De lado, de soslaio, de forma enviesada: *Ela passou por mim, olhando-me de esguelha*. ·· **Olhos de esguelha**. Olhos tortos.

es.gui.cho *sm* **1**. Esguichada: *levei um esguicho de água perfumada*. **2**. Jato de um líquido: *o esguicho alcançou gente de outra rua*. **3**. Pequeno dispositivo colocado na extremidade de mangueira, para expelir líquido. **4**. Repuxo (**3**). → **esguichada** *sf* [ato ou efeito de esguichar; esguicho (**1**)]; **esguichar** *v* [expelir ou sair com ímpeto (líquido) por um tubo ou orifício: *o gambá esguicha um líquido fétido; o sangue lhe esguichou da veia, ao primeiro golpe*].

es.gui.o *adj* **1**. Diz-se de pessoa, de corpo ou de parte do corpo graciosamente magra ou fina; esbelto:: *garota esguia, de cintura esguia e braços roliços, esguios*. **2**. Comprido e fino; delgado: *galho esguio*.

es.lai.de *sm* Cromo próprio para ser exibido em tela ou superfície clara, por meio de um projetor.

es.la.vo *adj* e *sm* **1**. Que ou aquele que faz parte do povo europeu que há cerca de 4.000 anos imigrou para o norte do mar Negro e mais tarde se dividiu em três grandes grupos: os eslavos orientais (russos, ucranianos e bielorussos), os eslavos meridionais (búlgaros, sérvios, croatas, eslovenos, bósnios e montenegrinos princ.) e os eslavos ocidentais (checos, poloneses, eslovacos e silesianos, princ.). // *adj* **2**. Relativo ou pertencente a esse povo.

Eslováquia *sf* País da Europa de área equivalente à do estado do Espírito Santo. **eslovaco** ou **eslováquio** *adj* e *sm*.

Eslovênia *sf* País da Europa, antigamente uma das seis repúblicas da Iugoslávia, de área pouco menor que a do estado de Sergipe. → **esloveno** *adj* e *sm*.

es.ma.e.cer v **1**. Perder a cor, desbotar: *com o tempo, a foto esmaeceu; com o sol, a cortina esmaeceu*. **2**. Ir desmaiando, perdendo o brilho ou claridade: *o dia esmaece*. **3**. Desfalecer, desmaiar: *fraca, a mulher esmaeceu*. **4**. Perder o vigor; enfraquecer: *idoso, sentia a saúde esmaecer a pouco e pouco*. → **esmaecimento** *sm* (ato ou efeito de esmaecer).

es.ma.gar v **1**. Pisar comprimindo, até rebentar; calcar: *esmagar jabuticabas caídas do pé*. **2**. Triturar, macerar: *essa máquina esmaga bem a soja*. **3**. *Fig*. Eliminar completamente, exterminar, aniquilar: *os alemães esmagavam quaisquer resistências, na guerra*. **4**. *Fig*. Suplantar (adversário) por larga vantagem; vencer por goleada: *o São Paulo esmagou o time piauiense: 9 a 1*. → **esmagação** *sf* ou **esmagamento** *sm* (ato ou efeito de esmagar).

es.mal.te *sm* **1**. Substância colorida ou transparente, vítrea, que se aplica, por fusão, em estado líquido, sobre metais, porcelana e unhas, como ornamento, realce ou proteção. **2**. *P.ext*. Qualquer superfície brilhante e luzidia. **3**. Substância dura, brilhante e resistente que reveste e protege a coroa dos dentes. **4**. *Fig*. Realce, enfeite, verniz: *esse refino dele é só esmalte*. → **esmaltação** ou **esmaltagem** *sf* (ação ou efeito de esmaltar); **esmaltar** *v* (cobrir ou recobrir de esmalte).

es.me.ra.do *adj* Requintado, primoroso, apurado, caprichado: *carro de esmerado acabamento*. → **esmerar(-se)** *v* [**1**. apurar(-se), aperfeiçoar(-se): *esmerar o paladar, os modos; esmerar-se no traje, no penteado*. **esmerar-se** (trabalhar com esmero ou grande capricho; aplicar-se: *esmerar-se num serviço*]; **esmero** (ê) *sm* (**1**. grande capricho ou cuidado; requinte: *note o esmero* *com que os japoneses fabricam automóveis!*; **2**. alinho, apuro: *ela se veste com esmero desde criança*), de antôn. *desleixo, negligência*.

es.me.ral.da *sf* **1**. Variedade brilhante e transparente de berilo, de cor verde, altamente valiosa como pedra preciosa. // *sm* **2**. Cor verde dessa pedra. // *adj* **3**. Diz-se dessa cor. **4**. Que tem essa cor: *olhos esmeralda*. (Neste caso, como se vê, não varia.) → **esmeraldino** *adj* (**1**. da cor da esmeralda; **2**. rel. a esmeralda) e *adj* e *sm* (palmeirense).

es.me.ril *sm* **1**. Pedra dura usada para polir metais, pedras preciosas, cristais, vidros de óptica, etc. e também para embaçar o vidro. **2**. Pedra de amolar. → **esmerilação** ou **esmerilamento** *sm* [ato ou efeito de esmerilar(-se)]; **esmerilar** ou **esmerilhar** *v* (**1**. polir com esmeril; **2**. despolir com esmeril; **3**. *fig.* apurar, aperfeiçoar) **esmerilar-se** ou **esmerilhar-se** (*fig.* apurar-se; aprimorar-se).

es.me.ro (ê) *sm* V. **esmerado**.

es.mi.ga.lhar *v* **1**. Reduzir a migalhas, despedaçar: *a locomotiva esmigalhou a bicicleta*. **2**. Esmagar, calcar: *o elefante esmigalhou o coelho com a pata*. **esmigalhar-se 3**. Despedaçar-se: *o meteorito se esmigalhou em nosso quintal*. → **esmigalhamento** *sm* [ato ou efeito de esmigalhar(-se)].

es.mi.u.çar *v* **1**. Dividir em partes muito pequenas; reduzir a pó, pulverizar: *ele quase me esmiuçou os ossos*. **2**. Investigar ou pesquisar atenta e profundamente: *esmiuçar a vida dos corruptos*. → **esmiuçamento** *sm* (ato ou efeito de esmiuçar).

es.mo (ê) *sm* Cálculo aproximado, estimativa, avaliação pelo alto, a olho, por grosso. ·· **A esmo**. **1**. Ao acaso. **2**. Sem certeza, a torto e a direito. **3**. Sem direção.

es.mo.la *sf* Aquilo que, por caridade, se dá aos necessitados ou muito pobres. → **esmolar** *v* (**1**. dar esmolas; **2**. pedir esmolas, mendigar); **esmoler** *adj* (que dá muitas esmolas) e *s2gên* (pessoa encarregada de distribuir esmolas).

es.mo.re.cer *v* **1**. Fazer perder ou perder todo o entusiasmo; desanimar; abater(-se), desestimular(-se): *a falta de torcida esmoreceu o time; nunca esmoreça à primeira dificuldade!* **2**. Diminuir de intensidade (luz, cor, som, etc.), afrouxar-se, atenuar-se. **3**. Desbotar-se, apagar-se. **4**. Estar à beira da morte; agonizar. **5**. Desejar ardentemente; ansiar: *ela esmorece por sucesso nas passarelas*. **6**. Perder os sentidos; desmaiar: *ao ser beijada por seu ídolo, ela esmoreceu instantaneamente; todos esmorecem por melhor qualidade de vida*. · Antôn. (1): *alentar, animar*. → **esmorecido** *adj* (que esmoreceu); **esmorecimento** *sm* (**1**. ato ou efeito de esmorecer; **2**. perda de entusiasmo ou de força interior; desalento, desânimo), de antôn. *ânimo, alento*.

es.mur.rar ou **es.mur.ra.çar** *v* Dar murros em: *de raiva, esmurrou a mesa*. → **esmurramento** ou **esmurraçamento** *sm* (ato ou efeito de esmurrar ou esmurraçar).

es.no.be *adj* e *s2gên* **1**. Que ou pessoa que despreza o relacionamento com gente inferior ou mais humilde, mostrando superioridade injustificada. **2**. Que ou pessoa que manifesta intensa, insincera e tola admiração pelo que está em moda. · Antôn. (1): *humilde, modesto*. → **esnobação** ou **esnobada** *sf* (ato ou efeito de esnobar); **esnobar** *v* (**1**. mostrar-se esnobe com; *ela sempre esnoba seus pretendentes*; **2**. comportar-se como esnobe; agir com esnobismo); **esnobismo** *sm* (**1**. tendência para demonstrar falsa e exagerada superioridade; **2**. admiração excessiva e tola pelo que está em moda).

e.sô.fa.go *sm* Ducto muscular de 24cm de comprimento, que se estende da faringe ao estômago. **esofagiano** ou **esofágico** *adj* (rel. ou pert. a esôfago: *refluxo esofagiano*).

e.so.te.ris.mo *sm* **1**. Doutrina secreta (p. ex.: alquimia, hermetismo e ocultismo) que alguns filósofos só comunicavam a certos discípulos, escolhidos por sua inteligência ou valor moral e que deveria ser mantida desconhecida dos leigos. **2**. *P.ext.* Ciência oculta. **3**. *P.ext.* Prática de limitar o conhecimento a um pequeno e seletivo grupo de pessoas. **4**. Qualidade de obra ou teoria hermética, enigmática, de difícil compreensão. · Antôn.: *exoterismo*. → **esotérico** *adj* (**1**. rel. ou pert. a esoterismo; **2**. conhecido, compreendido ou apreciado por um pequeno número de pessoas; restrito a um pequeno grupo; hermético: *terminologia esotérica; ele tem um gosto esotérico para roupas*; **3**. *fig.* não admitido abertamente; privado, secreto, confidencial: *plano esotérico*; **4**. *fig.* difícil de entender, intrincado, abstruso: *declaração esotérica; teoria esotérica*), de antôn. *exotérico*.

es.pa.çar *v* **1**. Deixar ou abrir espaços entre (duas ou mais coisas): *espaçar as cadeiras de uma fileira*. **2**. Aumentar o intervalo de tempo entre; tornar menos frequente: *espaçar as idas ao médico*. **3**. Aumentar em extensão; ampliar: *ele queria espaçar o seu terreno, invadindo o do vizinho*. **espaçamento** *sm* (ato ou efeito de espaçar); **espacejamento** *sm* (ato ou efeito de espacejar); **espacejar** *v* [deixar espaço entre linhas, palavras ou letras de (um título ou texto); abrir], que, durante a conjugação, mantém o *e* fechado.

es.pa.ço *sm* **1**. Distância entre dois pontos, intervalo. **2**. Vastidão ilimitada em que todos os seres existem e se movem; universo, firmamento. **3**. Parcela dessa vastidão. → **espacial** *adj* (rel. a espaço); **espaçonave** *sf* (nave espacial); **espaçoso** (ô; pl.: ó) *adj* (**1**. amplo, arejado: *quarto espaçoso*; **2**. *gir.* folgado, abusado); **espaçotemporal** *adj* (rel. a espaço e tempo: *a estrutura espaçotemporal do universo*).

es.pa.da *sf* **1**. Arma branca, de lâmina de aço, comprida e pontiaguda, de um ou dois gumes, dotada de punho e guardas ou copos. **2**. *Fig.* O poder ou força militar. **3**. Variedade de manga. // *sfpl* **4**. Naipe do baralho representado por corações pretos invertidos e com uma ponta de lança. → **espadachim** *adj* e *s2gên* (que ou pessoa que briga ou disputa usando espada); **espadada** *sf* (golpe com espada); **espada-de-são--jorge** *sf* (planta ornamental, cultivada por se supor que protege contra malefícios, de pl. *espadas-de-são-jorge*. ·· **Espada de Dâmocles** (fig.). Risco ou perigo iminente que paira sobre a vida, cargo ou profissão de alguém. ·· **Estar entre a cruz e a espada**. Estar em situação difícil, delicada. ·· **Ser espada** (gír.). Ser macho, viril.

es.pa.dar.te *sm* Peixe-espada.

es.pa.da.ú.do *adj* Largo de ombros, entroncado: *ser protegido por seguranças espadaúdos*.

es.pá.dua *sf* **1**. Região do corpo humano correspondente à antiga omoplata; ombro. **2**. No cavalo, região que corresponde ao ombro humano.

es.pa.gue.te *sm* Tipo de macarrão roliço e fino, servido com molho de tomate.

es.pai.re.cer *v* **1**. Ocupar agradavelmente o espírito: *só os netos o espairecem*. **espairecer(-se) 2**. Distrair-se, recrear-se: *fui espairecer(-me) um pouco, caminhando à beira-mar*. → **espairecimento** *sm* [ato ou efeito de espairecer(-se)].

es.pal.dar *sm* Encosto de móvel de assento (cadeira, sofá, poltrona, etc.), respaldo.

es.pa.lha.fa.to *sm* **1**. Grande barulho por coisa de pouca monta; estardalhaço (2): *deram a notícia da morte de um esquilo com espalhafato*. **2**. Ostentação exagerada ou ridícula do que se tem ou que se usa; luxo extravagante; pompa; estardalhaço (3). → **espalhafatoso** (ô; pl.: ó) *adj* (**1**. dado a espalhafato; **2**. que dá muito na vista, extravagante).

es.pa.lhar *v* **1**. Dispersar: *espalhar cinzas*. **2**. Propalar, divulgar, disseminar: *espalhar boatos*. **3**. Comunicar, infundir: *espalhar pânico*. **espalhar-se 4**. Alastrar-se, propagar-se: *o fogo se espalhou rápido*. → **espalhada** *sf* ou **espalhamento** *sm* [ato ou efeito de espalhar(-se)].

es.pal.mar *v* **1**. Alisar: *espalmar um piso*. **2**. Abrir e estender completamente: *esmolava espalmando a mão direita*. **3**. Aparar (a bola) usando a palma das mãos: *o goleiro espalmou a bola para a linha de fundo*. → **espalmamento** *sm* (ato ou efeito de espalmar).

es.pa.nar *v* **1**. Limpar do pó com o espanador; espanejar: *espanar os móveis*. **2**. Alargar, afrouxar: *espanar um parafuso*. **3**. Soltar (o que estava apertado); alargar: *uma porca já espanou*. → **espanação** *sf* (ato ou efeito de espanar); **espanadela** *sf* (limpadela do pó com o espanador); **espanado** *adj* (que se espanou); **espanador** (ô) *sm* (pano, escova ou penacho com que se tira o pó de alguma coisa); **espanejar** *v* [**1**. espanar (1); **2**. sacudir (a ave) o pó de (as asas), que, durante a conjugação, mantém o *e* fechado.

es.pan.car *v* Dar pancadas em: *espancar animais é covardia*. → **espancamento** *sm* (ato ou efeito de espancar).

Espanha *sf* País europeu, reino desde 1975, cuja área equivale à dos estados de São Paulo e do Tocantins juntos. → **espanhol** *adj* e *sm*.

es.pan.to *sm* **1**. Medo excessivo; susto, terror: *causa espanto essa violência toda nas ruas das grandes cidades*. **2**. Admiração, pasmo: *causa espanto mundial a missão dos astronautas*. **3**. Surpresa desagradável; acontecimento imprevisto e chocante: *a renúncia do presidente, em 1961, foi um espanto para o país*. **4**. Pessoa considerada um assombro, uma verdadeira maravilha: *aquele presidente era um espanto de honestidade!* → **espantadiço** *adj* (que facilmente se espanta); **espantalho** *sm* (boneco ou qualquer objeto que se coloca no campo para espantar aves e roedores das searas); **espantamento** sm (ato ou efeito de espantar, afugentar, enxotar); **espantar** v (**1**. causar espanto a; meter medo a; assustar; **2**. afugentar, enxotar; **3**. maravilhar, admirar; **4**. surpreender) **espantar-se** (**1**. admirar-se; **2**. assustar-se); **espantoso** (ó; pl.: ó) adj (**1**. medonho, pavoroso; **2**. fig. incrível, extraordinário: *as espantosas vendas natalinas*; **3**. fig. enorme, gigantesco: *fazer um espantoso sucesso*).

es.pa.ra.dra.po sm Tira adesiva que se coloca sobre a pele para recobrir e fixar curativos.

es.par.gir ou **es.par.zir** v Espalhar em gotas ou borrifos; borrifar: *espargir água benta*. · Conjugam-se por *agir*. → **espargimento** ou **esparzimento** sm (ato ou efeito de espargir ou esparzir).

es.par.ra.mar(-se) v Espalhar(-se) em várias direções, dispersar(-se): *esparramar o corpo na cama; o crime organizado esparramou-se pelo país afora*. → **esparramação** sf, **esparramamento**, **esparrame** ou **esparramo** sm [ato ou efeito de esparramar(-se)].

es.par.re.la sf **1**. Armadilha para caça, laço feito para apanhar pequenas aves. **2**. Cilada, logro, burla: *armou uma esparrela para o namorado*. ·· **Cair na esparrela**. Ser enganado: *O eleitor brasileiro vive caindo na esparrela*.

es.par.so adj **1**. Derramado, disperso, espalhado: *havia óleo esparso na pista*. **2**. Solto, avulso: *os volumes esparsos de uma coleção*. · Antôn.: *reunido*.

Esparta sf Principal cidade do Peloponeso, na antiga Grécia. → **espartano** adj e sm (natural ou habitante de Esparta) e adj (**1**. de Esparta: *leis espartanas*; **2**. fig. muito rigoroso ou severo: *chefe espartano;* **3**. fig. simples, frugal; sem conforto nem luxo: *levar vida espartana*).

es.par.ti.lho sm Colete usado antigamente pelas mulheres sob a roupa, para comprimir a cintura e dar forma elegante ao corpo.

es.pas.mo sm Contração súbita e involuntária dos músculos. → **espasmódico** adj (rel. a espasmo).

es.pa.te.la sf Espátula com que se abaixa a língua, para melhor examinar a garganta.

es.pa.ti.far(-se) v Reduzir(-se) em pedaços ou em cacos; despedaçar(-se): *ele espatifou todas as louças da casa; o avião caiu, espatifando-se no solo*. → **espatifamento** sm [ato ou efeito de espatifar(-se)].

es.pá.tu.la sf Pequena lâmina, em forma de espada, com gume, mas sem fio, empregada para abrir folhas coladas de livros, cartas, etc.

es.pa.ven.tar(-se) v **1**. Espantar(-se), assustar(-se): *o jeito do novo professor espaventou alguns alunos; alguns alunos se espaventaram com o jeito do novo professor*. **espaventar-se** **2**. Fig. Encher-se de soberba; inchar-se: *não a elogie muito, porque facilmente se espaventa!* **3**. Fig. Mostrar luxo e ostentação; exibir-se: *ele se espaventava com seu carrão mesmo dentro da favela*. → **espavento** sm (**1**. espanto, susto; **2**. fig. ostentação, pompa), de antôn. (2): *modéstia, humildade, simplicidade*; **espaventoso** (ó; pl.: ó) adj (que assusta; espantoso: *revelações espaventosas*; **2**. luxuoso, pomposo: *casamento espaventoso*; **3**. magnífico, esplendoroso: *viagem espaventosa*), de antôn. (2): *modesto, simples*: (3): *comum, espartano*.

es.pa.vo.ri.do adj Cheio de pavor, apavorado. → **espavorir(-se)** v [apavorar(-se)], que se conjuga por *falir*.

es.pe.ci.al adj **1**. Fora do comum, incomum, extraordinário. **2**. Destinado a determinado fim ou propósito. **3**. Específico, definido, particular. · Antôn.: *comum*. → **especialidade** sf (**1**. qualidade, traço, ponto ou característica especial: *ele é muito bom na especialidade nado livre*; **2**. artigo ou produto excepcional de uma região ou de um país; *as uvas chilenas são uma especialidade*; **3**. atividade específica de um profissional: *cardiologia é a sua especialidade*; **4**. prato que caracteriza um restaurante: *frutos do mar são a especialidade desse restaurante*; **5**. qualidade marcante: *a especialidade desse goleiro é pegar pênaltis*); **especialista** adj e s2gên [**1**. que ou pessoa que se dedica a determinada ocupação ou atividade profissional; **2**. que ou quem é excepcionalmente hábil ou versado(a) em uma coisa]; **especialização** sf [ato ou efeito de especializar(-se)]; **especializar** v [adaptar (alguém) a condições especiais, para a melhor execução de um trabalho ou para a melhor prática de uma ciência ou de uma arte] **especializar-se** (adotar ou seguir uma especialidade profissional).

es.pe.ci.a.ri.a sf Qualquer droga aromática e condimentar (cravo, pimenta, canela, noz-moscada, etc.), espécie, condimento.

es.pé.cie sf **1**. Grupo de seres ou indivíduos de caracteres comuns, transmissíveis por reprodução ou procriação; unidade biológica fundamental: *a espécie humana*. **2**. Natureza, classe, condição, tipo: *havia gente de toda espécie na festa*. **3**. Tipo ou variedade (quando não se consegue definir claramente): *o canguru carrega os filhotes numa espécie de bolsa*. **4**. Dinheiro vivo: *pagar em espécie*. **5**. Especiaria, condimento: *ele só come com espécie*. ·· **Causar espécie**. causar muita estranheza, surpreender desagradavelmente.

es.pe.cí.fi.co adj **1**. Relativo a uma espécie ou próprio, típico dela: *miar é específico dos felídeos*. **2**. Especial, exclusivo, próprio, peculiar: *é um analgésico específico para dores lombares; a inteligência é um atributo específico do ser humano*. **3**. Definido, especial, particular: *o vírus ataca células específicas do cérebro*. **4**. Exato, claro, preciso: *você pode ser mais específico sobre onde dói?* // sm **5**. Qualquer medicamento que exerce ação especial no tratamento de determinado mal: *preciso de um específico para enxaqueca*. → **especificação** sf, de antôn. *generalização*; **especificar** v (**1**. apontar individualmente; definir, indicar; **2**. detalhar), de antôn. *generalizar*; **especificidade** sf (**1**. qualidade ou condição de ser específico; particularidade: *a especificidade de uma enzima*; **2**. em farmacologia, influência de uma substância sobre outra, como um anticorpo e seu antígeno específico).

es.pé.ci.me sm **1**. Exemplar, indivíduo ou item representativo de um gênero, classe ou todo, para estudo científico ou exibição; amostragem, modelo: *os astronautas trouxeram espécimes de rocha lunar*. **2**. Quantidade ou amostra de sangue ou urina usada para análise e diagnóstico **3**. *Fig.Pej*. Pessoa de tipo bem específico ou característico: *esse narrador esportivo é o espécime dos malas*.

es.pec.ta.dor (ô) ou **es.pe.ta.dor** (ô) sm Aquele que assiste a um espetáculo ou que presencia ou testemunha um fato. (Não se confunde com *expectador*.)

es.pec.tro ou **es.pe.tro** sm **1**. Faixa de cores, como a que se tem em um arco-íris, produzida quando a luz passa por um prisma de vidro ou por uma gota d'água; gama de cores em que um feixe de luz pode ser separado ou decomposto: *um arco-íris mostra as cores do espectro: vermelho, laranja, amarelo, verde, azul e violeta, com uma sétima cor (índigo) às vezes especificada entre o azul e o violeta*. **2**. Classificação de algo em termos de sua posição em uma escala entre dois pontos extremos ou opostos: *esse candidato está à esquerda do espectro político*. **3**. Grande variedade: *a pesquisa revelou um amplo espectro de opiniões*. **4**. Conjunto dos microrganismos patogênicos contra os quais um antibiótico é ativo. **5**. Aparição, assombração, fantasma. **6**. *P.ext*. Qualquer objeto ou fonte de terror. **7**. *Fig*. Imagem secundária e indesejável que surge no vídeo. **8**. *Fig.Pej*. Pessoa muito magra e lívida.→ **espectral** ou **espetral** adj (rel. ou sem. a espectro).

es.pe.cu.lar v **1**. Supor ser verdadeiro (um fato), sem prova conclusiva; conjeturar, teorizar: *especulou que altas taxas de colesterol no sangue poderiam ser até benéficas*. **2**. Pesquisar ou investigar (antes de fazer algo ou tomar uma decisão): *especule preços, antes de comprar!* **3**. Envolver-se em negócios, para obter lucros cada vez maiores. → **especulação** sf (**1**. que ou efeito de especular; **2**. formação de uma teoria ou conjetura sem firmes evidências: *tem havido muita especulação da mídia sobre novas contratações de jogadores nesse clube*; **3**. investimento que envolve alto risco, mas que possibilita eventualmente altos lucros: *essa empresa faz especulação na bolsa de valores; a implantação do euro acabou com a especulação entre as várias moedas europeias*); **especulativo** adj (**1**. rel. a especulação; **2**. caracterizado pela especulação; teórico).

es.pe.le.o.lo.gi.a ou **es.pe.lun.co.lo.gi.a** sf Ciência que estuda a formação de grutas e cavernas e seu ecossistema. → **espeleológico** ou **espeluncológico** adj (rel. a espeleologia); **espeleologista, espeluncologista** adj e s2gên ou **espeleólogo** sm (especialista em espeleologia).

es.pe.lhar v **1**. Tornar liso ou polido, polir: *espelhar metais*. **2**. Prover ou cobrir de espelhos: *ele espelhou o teto do seu quarto*. **3**. Refletir como um espelho, reproduzir, retratar: *o lago espelha o edifício ao lado*. **4**. *Fig*. Refletir como um espelho; retratar nítida e fielmente; reproduzir, expressar: *a situação de um país espelha o caráter do seu povo*. **5**. Publicar (anúncio, etc.) em página dupla. **espelhar-se 6**. *Fig*. Ter como modelo ou exemplo: *ele diz que se espelha no pai*. **7**. *Fig*.

Tornar-se patente ou evidente; evidenciar-se, revelar-se: *"e o teu futuro espelha essa grandeza".* · O e continua fechado, durante a conjugação. → **espelhação** *sf* ou **espelhamento** *sm* [ato ou efeito de espelhar(-se)].

es.pe.lho (ê) *sm* **1**. Superfície vítrea capaz de refletir raios de luz e, com camada escura na face posterior, capaz de refletir imagens. **2**. *Fig*. Chapa que recobre interruptores, fechaduras, tomadas de luz, etc. **3**. *Fig*. Face externa de uma gaveta. **4**. *Fig*. Tábua que ressai, de alto a baixo, na face de uma porta. **5**. *Fig*. Parte vertical do degrau de uma escada. **6**. *Fig*. Retrato, imagem fiel; reflexo: *esse Congresso é o espelho da nação; o rosto é o espelho da alma*. **7**. *Fig*. Modelo a ser imitado; exemplo: *essa aluna é um espelho do que há de melhor em nossa escola*. **8**. *Fig*. Roteiro das matérias a ser apresentadas num telejornal.

es.pe.lo.te.a.do *adj* e *sm* Maluco, desmiolado. → **espeloteamento** ou **espeloteio** *sm* (ação ou efeito de espelotear); **espelotear** *v* (agir levianamente, sem refletir; comportar-se de modo estouvado, insensato), que se conjuga por *frear*.

es.pe.lun.ca *sf* **1**. Antro ou caverna usada como refúgio ou esconderijo de bandidos, assim como o covil de animais predadores. **2**. *P.ext*. Lugar frequentado por gente ordinária. **3**. *Fig.Pej*. Qualquer lugar, geralmente público, sujo e mal frequentado: *esse hotel é uma espelunca, assim como aquele cinema*. **4**. *Fig.Pej*. Casa de jogo clandestina.

es.pe.que *sm* **1**. Pedaço de madeira que escora alguma coisa, impedindo-a de cair. **2**. *Fig*. Apoio, arrimo, amparo: *ele é o espeque da família*.

es.pe.ra-ma.ri.do *sm Pop*. **1**. Doce feito com ovos e açúcar queimado. // *adj* **2** *Pej*. Diz-se de curso, escola, etc. cuja maior frequência é de moças solteiras. · Pl.: *espera-maridos*.

es.pe.ran.ça *sf* **1**. Sentimento de expectativa otimista, confiante, de que algo muito difícil e desejável venha a ocorrer: *o povo não perde a esperança de ter um país melhor; doente sem esperança de cura*. **2**.*P.ext*. Forte desejo; ânsia: *vim na esperança de vê-la*. **3**. *Fig*. Pessoa de futuro promissor, promessa: *esse jogador é a grande esperança do clube*. **4**. *Fig*. Pessoa ou algo que representa as boas aspirações ou expectativas de alguém, de um grupo ou de todo um povo: *a criança é a nossa esperança de um país melhor; sua esperança é a cirurgia*. · Antôn. (1): *desesperança, desespero*. → **esperançar** *v* (dar esperanças a); **esperançoso** (ô; pl.: ó) *adj* (**1**. cheio de esperança; **2**. que inspira esperança; promissor). ·· **Na esperança de**. Com a expectativa e o forte desejo de: *A polícia esperança de aprender os sequestradores*. ·· **Que esperança!** Que doce ilusão!: *Um Brasil justo, honesto, potência daqui a cem anos? Que esperança!*

es.pe.ran.to *sm* Língua artificial criada em 1887 pelo médico, linguista e idealista polonês L. L. Zamenhof (1859-1917), para ser usada por povos de todas as nações, a fim de facilitar a comunicação entre as pessoas de todo o mundo. → **esperantista** *adj* (rel. a esperanto) e *adj* e *s2gên* (praticante do esperanto).

es.pe.rar *v* **1**. Ter esperança em: *esperar dias melhores*. **2**. Aguardar seguro da chegada de: *a futura mãe espera o nenê com saúde*. **3**. *Pop*. Aguardar: *espere-me ali!* **4**. Supor, imaginar, conjeturar, presumir: *ninguém esperava isso de você*. **5**. Ter fé; crer: *espero em Deus que isso não aconteça*. **6**. Estar grávida de: *ela espera o quinto filho*. → **espera** *sf* (**1**.ato de esperar; **2**. expectativa). ·· **Esperar por sapatos de defunto** (fig.). Esperar em vão.

es.per.ma *sm* Secreção testicular dos animais machos que contém os espermatozoides; sêmen. → **espermático** *adj* (rel. a esperma); **espermatozoide** (ói) *sm* (célula germinal masculina produzida nos testículos).

es.per.ma.ce.te *sm* Substância branca, sólida e oleosa que se extrai do cérebro de vários cetáceos, princ. o cachalote, com a qual se fabricam velas, cosméticos, unguentos, etc.

es.per.ne.ar *v* **1**. Agitar as pernas violenta e convulsivamente, debater-se muito: *contrariada, a criança esperneava no colo da mãe*. **2**. *Fig*. Protestar ou reclamar com força; revoltar-se, indignar-se: *o contribuinte sempre esperneia quando aumentam os impostos*. · Conjuga-se por *frear*. → **esperneamento** ou **esperneio** *sm* (ato ou efeito de espernear).

es.per.ta.lhão *adj* e *sm Pej*. **1**. Que ou aquele que se acha muito esperto ou sagaz. **2**. Que ou aquele que sempre tenta enganar os outros, querendo levar vantagem em tudo; vivaldino. · Fem.: *espertalhona*.

es.per.to *adj* **1**. Que está acordado, desperto. **2**. Que tem bastante energia; que é bastante ativo. **3**. *Fig*. Que não se deixa enganar facilmente; vivo. **4**. *Pop*. Atento, vigilante: *fique esperto!* // *adj* e *sm* **5**. Velhaco, espertalhão: *ele faz o tipo esperto*. (Não se confunde com *experto*.) → **esperteza** (ê) *sf* (**1**. qualidade de quem é esperto, cheio de energia: *admiro a esperteza de seu filhinho*; **2**. ação ou dito de esperto; sagacidade: *as raposas são conhecidas pela sua astúcia e esperteza*; **3**.*pej*. qualquer ação desonesta para conseguir algo; malandragem, picaretagem: *todo mascate é cheio de espertezas*).

es.pes.so (ê) *adj* **1**. Que não é delgado; grosso. **2**. De unidades comprimidas e numerosas; compacto. → **espessamento** *sm* [ato ou efeito de espessar(-se)]; **espessante** *adj* (que espessa ou engrossa) e *sm* (**1**. aditivo que aumenta a viscosidade de alimentos, como molhos, geleias, gelatinas, caramelos, etc.; **2**. substância que se adiciona a um verniz ou a uma pintura, para lhe dar corpo; **3**. substância que se utiliza para dar viscosidade e espessura a uma dissolução: *a farinha é um espessante de molhos*); **espessar(-se)** *v* [tornar(-se) espesso, engrossar(-se)]; **espessidão** ou **espessura** *sf* (qualidade do que é espesso ou grosso; grossura).

es.pe.tá.cu.lo *sm* **1**. Tudo o que atrai a atenção, para bem ou para mal: *o espetáculo das cataratas do Iguaçu; o espetáculo da miséria humana*. **2**.*P.ext*. Qualquer fato público que provoca grande interesse: *o espetáculo circense*. → **espetacular** *adj* (**1**. rel. a espetáculo: *alvará espetacular*; **2**. *fig*. grandioso e excelente, sensacional; *filme espetacular*; **3**. *fig*. grandioso e pavoroso: *explosão espetacular*); **espetacularização** *sf* (ato ou efeito de espetacularizar); **espetacularizar** *v* (dar caráter de espetáculo a; tratar como espetacular: *hoje em dia, no Brasil, não basta matar; é preciso espetacularizar a morte*); **espetaculosidade** *sf* (qualidade do que é espetaculoso); **espetaculoso** (ô; pl.: ó) *adj* (**1**. que chama a atenção; que dá na vista: *maquiagem espetaculosa*; **2**. *fig*. espalhafatoso, escandaloso: *árbitro espetaculoso*) e antôn. *discreto*. ·· **Dar espetáculo** (fig.pej.). Provocar escândalo; dar piti; armar barraco.

es.pe.to (ê) *sm* **1**. Haste de metal ou de madeira, comprida e pontiaguda, em que se enfia carne, peixe, etc. para assar. **2**. *P.ext*. Qualquer ferro ou pau fino e pontiagudo. **3**. *Fig*. Coisa complicada, incômoda ou embaraçosa; caso ou problema sério: *ser presidente do Brasil é espeto?*) **espetada** *sf* (**1**. ação de espetar; **2**. golpe com espeto ou objeto perfurante; **3**. enfiada de alimentos assados no espeto: *uma espetada de coraçõezinhos de frango*); **espetar** *v* [**1**. furar com espeto ou qualquer instrumento pontiagudo; **2**. passar (algo) no espeto; enfiar no espeto]; **espetinho** *sm* (**1**. pequeno espeto; churrasquinho: *espetinho de frango*).

es.pe.vi.ta.do *adj* **1**. Diz-se do pavio ou morrão cortado com espevitadeira. **2**. Que foi avivado ou estimulado: *as chamas, espevitadas pelo vento, espalhavam-se rapidamente pela floresta*. **3**. *Fig.Pej*. Petulante, afetado, presunçoso: *festa em que só há homem espevitado, mulher sai de fininho*. **4**. Diz-se de pessoa que gesticula muito e fala alto: *os italianos costumam ser espevitados*. **5**. *Fig*. Que não tem parada; muito ativo; irrequieto: *crianças espevitadas*. **6**. *Fig*. Irritado, zangado: *ficou espevitado quando lhe pisaram o calo*. → **espevitadeira** *sf* (tesoura própria para espevitar pavios).

es.pe.zi.nhar *v* **1**. Calcar aos pés repetidamente, pisotear: *espezinhar um inseto*. **2**. *Fig*. Tratar com desprezo ou desdém; maltratar moralmente; ofender, humilhar: *é o tipo de chefe que espezinha empregado*. **3**. *Fig*. Tratar com violência ou truculência: *é uma polícia que espezinha o povo*. → **espezinhamento** *sm* (ato ou efeito de espezinhar).

es.pi.a *s2gên* **1**. Qualquer pessoa que observa secretamente, por sua própria conta ou risco. **2**. Militar que precede um exército, para observar os movimentos do inimigo. **3**. Cabo grosso usado para amarrar uma embarcação a outra, ao cais, etc. [Não se confunde (1) com *espião* (1).]

es.pi.ão *sm* **1**. Agente secreto que recebe dinheiro para obter informação sobre atividades ou negócios do inimigo e repassá-la ao governo por cujo interesse trabalha. **2**.*P.ext*. Aquele que, participando de um grupo, vai contar o que sabe ou o que viu, com intenção de prejudicar seus membros ou pôr termo a seus objetivos; delator, dedo-duro, alcaguete. · Fem.: *espiã*. · V. **espionar**.

es.pi.ar *v* **1**. Observar secretamente, às escondidas e quase sempre rapidamente (por curiosidade ou algum interesse). **2**. *Pop*. Dar uma olhadela rápida por; passar os olhos por; observar: *vou espiar o jogo de cartas deles*. **3**. *Fig*. Observar atentamente: *gostava de espiar as crianças brincando na areia da praia*. (Não se confunde com *expiar*.) → **espiada** ou **espiadela** *sf* (ato ou efeito de espiar).

es.pi.ca.çar v **1.** Ferir (a ave) com o bico, bicar: *os passarinhos espicaçam as ameixas nos pés.* **2.** *Fig.* Esburacar com instrumento agudo, furar: *espicaçar as entranhas de alguém.* **3.** *Fig.* Estimular com desafio; excitar, instigar: *essas coisas me espicaçam a curiosidade.* **4.** *Fig.* Magoar, torturar, incomodar moralmente: *o desprezo espicaça o orgulho do arrogante.*→ **espicaçamento** *sm* (ato ou efeito de espicaçar).

es.pi.char v **1.** Esticar, estender: *espichar as pernas.* **2.** *Fig.* Aumentar a duração de, prolongar: *espichar uma reunião.* **3.** *Pop.* Ficar alto, crescer: *seu filho espichou de repente.* **espichar-se 4.** Espalhar-se, refestelar-se: *espichar-se no sofá.* → **espichamento** *sm* [ato ou efeito de espichar(-se)].

es.pi.ga *sf* **1.** Parte da gramínea (milho, trigo, arroz, cevada, etc.) que contém os grãos. · Dim. irregular: *espigueta* (ê); erudito: *espícula.* → **espigão** *sm* (**1.** espiga grande; **2.** cordilheira que divide cursos de água; **3.** *fig.* edifício de muitos andares; arranha-céu, torre: *a avenida Paulista, em São Paulo, tem muitos espigões*); **espigar** v (criar espiga).

es.pi.na.frar v **1.** Repreender com rigor e de modo desmoralizante, ridicularizar: *espinafrou o filho em público.* **2.** Falar muito mal de, criticar muito, desejando desmoralizar ou ridicularizar: *o deputado espinafrou o governo.* → **espinafração** *sf* ou **espinaframento** *sm* (ato ou efeito de espinafrar); **espinafrada** *sf* (*pop.* repreensão dura, desmoralizante; descompostura), palavra que a 6.ª ed. do VOLP não registra.

es.pi.na.fre *sm* **1.** Planta hortense de folha comestível. **2.** Essa folha.

es.pi.nal *adj* V. **espinha**.

es.pin.gar.da *sf* Arma de fogo portátil, de cano longo, simples ou duplo, e coronha que se firma ao ombro para atirar; fuzil, rifle. · Col.: *espingardaria*.

es.pi.nha *sf* **1.** Redução de *espinha dorsal*, coluna vertebral do homem e de alguns animais, que consiste em 33 vértebras. **2.** Osso ou cartilagem pontiaguda que forma o esqueleto dos peixes, exceto a coluna vertebral e os ossos da cabeça. **3.** *Pop.* Acne. → **espinal** ou **espinhal** *adj* (rel. ou sem. a espinha dorsal); **espinhaço** *sm* (**1.** espinha dorsal; **2** parte do cume do corpo do cavalo na qual assenta a sela; **3.** cadeia de montanhas; cordilheira).

es.pi.nho *sm* **1.** Protuberância aguda que nasce do lenho, intimamente ligada ao caule de certas árvores, como o limoeiro. **2.** Cerda do ouriço. **3.** *Fig.* Dificuldade, embaraço: *toda profissão tem seu espinho.* → **espinhento** ou **espinhoso** (ô; pl.: ó) *adj* (**1.** que tem espinhos ou espinhas; **2.** cheio de espinhos ou armadilhas; perigoso).

es.pi.o.nar v Espreitar ou atuar como espião: *espionar concorrentes.* → **espionagem** *sf* (atividade de espião).

es.pi.que *sm* Caule lenhoso das palmeiras; estipe.

es.pi.rá.cu.lo *sm* **1.** Orifício localizado ao longo de cada lado do tórax e abdome dos insetos, pelo qual o ar entra e sai. **2.** Em alguns peixes, como o tubarão, orifício situado atrás de cada olho, que permite que a água passe pelas guelras. **3.** Orifício através do qual um animal absorve e expira água e ar, como se tem na baleia; respiradouro.

es.pi.ral *adj* **1.** Que tem forma de caracol: *escada espiral.* // *sf* **2.** Em geometria, curva que descreve uma ou várias voltas em torno de um ponto fixo ou centro, de que se afasta paulatinamente. **3.** Mola finíssima, de aço, colocada no centro do volante do relógio; cabelo. **4.** *P.ext.* Qualquer volta ou série de voltas que formam caracóis ou a eles se assemelham. → **espiralação** *sf* [ato ou efeito de espirarlar(-se)]; **espiralado** *adj* (em forma de espiral); **espiralar** v (dar forma de espiral a); **espiralar(-se)** (**1.** subir em espiral; **2.** tomar a forma de espiral). ·· **Caderno espiral** (ou **espiralado**). Caderno que traz espiral na lateral esquerda.

es.pi.ri.tei.ra *sf* Pequeno fogareiro a espírito (14).

es.pi.ri.tis.mo *sm* Doutrina religiosa baseada na crença da existência de um espírito independente do corpo e em seu retorno à Terra, em sucessivas reencarnações, até atingir a perfeição, além da comunicação entre os vivos e os mortos através de um intermediário especialmente dotado, chamado *médium*. → **espírita** ou **espiritista** *adj* (rel. ou pert. a espiritismo) e *adj* e *s2gên* [que ou pessoa que é partidária ou cultora do espiritismo].

es.pí.ri.to *sm* **1.** Parte imaterial e imortal do ser humano, sede dos pensamentos e sentimentos, por oposição a *matéria*; parte não física do ser humano que consiste em seu caráter e sentimentos: *nessa viagem, estarei com você em espírito.* **2.** Ente sobrenatural ou imaginário que o vulgo geralmente reveste de formas aéreas, como os anjos, duendes, fantasmas, etc.: *dizem que aquele casarão é habitado por espíritos.* **3.** *P.ext.* Ente malévolo que entra no corpo do ser humano e o possui: *ela está com espírito no corpo.* **4.** *Fig.* Conjunto das faculdades intelectuais: *ter presença de espírito.* **5.** *Fig.* Conjunto de ideias, crenças e objetivos mantidos por um grupo de pessoas: *onde está o verdadeiro espírito do movimento trabalhista?* **6.** *Fig.* Maneira como deve ser interpretado ou aplicado um acordo ou uma lei: *sua proposta viola o espírito do tratado.* **7.** *Fig.* Disposição, ânimo: *ter espírito de equipe; ele sempre teve espírito conciliador.* **8.** *Fig.* Dom, temperamento: *ter espírito crítico, espírito de liderança,* **9.** *Fig.* Sentido, significado, intenção, propósito: *ele não entendeu o espírito da coisa.* **10.** *Fig.* Índole, caráter, característica, tendência: *é um povo de espírito belicoso; é um filme que retrata o espírito da época.* **11.** *Fig.* Significação nua e crua; essência, íntimo: *o espírito da lei; o espírito do poema não foi percebido pelos alunos.* **12.** *Fig.* Humor, graça: *é um livro sério, mas que ainda tem espírito.* **13.** *Fig.* Gana, garra, vivacidade, vontade férrea: *hoje, sim, eles jogaram com espírito.* **14.** Álcool. → **espiritual** *adj* (rel. ou pert. a espírito); **espiritualidade** *sf* (**1.** predomínio do espírito sobre a matéria em pessoa, coisa, assunto, época ou lugar; **2.** religiosidade); **espiritualismo** *sm* (doutrina filosófica que reconhece a existência de Deus e da alma como base e ponto de partida das suas convicções doutrinárias), por oposição a *materialismo*; **espiritualista** *adj* e *s2gên* [que ou quem é partidário(a) do espiritualismo]; **espiritualização** *sf* [ato ou efeito de espiritualizar(-se)]; **espiritualizar(-se)** v [tornar(-se) espiritual; elevar(-se) a um nível espiritual; privar(-se) de materialidade ou mundanismo]; **espirituosidade** *sf* (qualidade de espirituoso); **espirituoso** (ô; pl.: ó) *adj* (caracterizado por um humor inteligente, sutil e criativo, que faz rir de forma inteligente: *comentário espirituoso, presidente espirituoso, observação espirituosa, dito espirituoso*).

Espírito Santo *loc sm* Estado da Região Sudeste do Brasil. · Abrev.: **ES.** → **espírito-santense** ou **capixaba** *adj* e *s2gên*.

es.pi.ro.que.ta (ê) ou **es.pi.ro.que.to** (ê) *sm* **1.** Bactéria em forma de longos filamentos, com muitas voltas em espiral, encontrado tanto em água doce quanto em água salgada, causadora de sífilis, bouba, etc. **2.** *Fig.* Pessoa espeloteada.

es.pir.rar v **1.** Lançar de si; expelir: *o gambá espirrou seu fluido fétido; o poço espirrou petróleo e gás.* **2.** Dar ou soltar espirro; esternutar: *não é educado espirrar em restaurantes.* **3.** *Fig.* Esguichar, jorrar: *o carro passou na poça d'água, e a água espirrou por todos os lados.* **4.** *Fig.* Sair apressadamente: *o pai da moça ficou bravo, e o rapaz teve de espirrar da festa.* → **espirrada** *sf* [espirro (2)], palavra sem registro na 6.ª ed. do VOLP; **espirro** *sm* (**1.** ato ou efeito de espirrar; **2.** expulsão súbita, involuntária e explosiva do ar pelo nariz e pela boca, causada por irritação das mucosas nasais; esternutação, espirrada).

es.pi.ru.li.na *sf* Cianobactéria aquática filamentosa microscópica, cultivada para uso como suplemento alimentar, por ser rica em vitaminas, sais minerais, proteínas e aminoácidos.

es.pla.na.da *sf* **1.** Área plana, ampla e descoberta à frente ou em volta de um edifício. **2.** Terraço ao ar livre, à porta ou junto de café, bar, etc., com mesas e cadeiras para os frequentadores. **3.** Planície.

es.plên.di.do *adj* **1.** Cheio de esplendor; brilhante de luzes e cores; reluzente: *era dia de sol esplêndido; toda aurora boreal é esplêndida.* **2.** *P.ext.* Maravilhoso, magnífico, deslumbrante, esplendoroso: *você fica esplêndida com esse esplêndido vestido; país de esplêndidas praias.* **3.** *Fig.* Grandioso, suntuoso, pomposo, esplendoroso: *jantar esplêndido; a esplêndida decoração do palácio.* **4.** *Fig.* Excelente, primoroso, esplendoroso: *um esplêndido programa de governo; que esplêndida oportunidade perdeste!* **5.** *Fig.* Admirável, impressionante, magnífico, esplendoroso: *homem de um humor esplêndido; daqui se tem uma esplêndida vista do mar.* **6.** *Fig.* Agradável, ameno, esplendoroso: *país de clima esplêndido.* **7.** *Fig.* Ilustre, célebre, notável, singular, esplendoroso: *homem de esplêndida reputação; que esplêndida vitória conseguimos hoje!.* **8.** *Fig.* Muito bom, convidativo, atraente, provocante, esplendoroso: *que tempo esplêndido para um banho de mar!* · Superl. abs. sintético: *esplendíssimo*.

es.plen.dor (ô) *sm* **1.** Brilho intenso e duradouro que emitem certos corpos, fulgor: *o esplendor do Sol.* **2.** *Fig.* Grande luxo; fausto, pompa, suntuosidade: *o esplendor da festa deslumbrou os convidados.* **3.** *Fig.* Grandeza, magnificência: *o verão alcança o seu máximo esplendor na Bahia, em janeiro; o esplendor das cataratas do Iguaçu.* **4.** *Fig.* Auge, apogeu, ápice: *morreu quando estava no esplendor* *da juventude e da carreira.* → **esplendoroso** (ô; pl.: ó) *adj* [**1**. cheio de esplendor; esplêndido (1): *dia esplendoroso o de hoje!*; **2**. *fig.* esplêndido (2 a 8)].

es.plê.ni.co *adj* Relativo ou pertencente ao baço: *dores esplênicas; câncer esplênico.*

es.po.car ou **es.pou.car** *v* **1**. Deixar escapar (som) de; soltar, emitir: *espocar gritos de dor; espocar uma gargalhada.* **2**. Fazer soltar com ímpeto; rebentar: *estufou tanto o peito, que acabou espocando os botões da camisa.* **3**. Estourar, pipocar: *espocam rojões e fogos de artifício nas noites juninas.* **4**. *Fig.* Surgir aqui e ali; aparecer pontualmente: *começam a espocar escândalos de corrupção outra vez.* **5**. *Fig.* Despontar com ímpeto e exuberância; desabrochar: *são garotas que estão espocando para a vida agora e já entraram em devassidão.* // *sm* **6**. (O) pipocar; (o) estourar: *ela não resistia ao espocar de um flash de máquina fotográfica.* · Conjuga-se apenas na terceira pessoa, tanto do singular quanto do plural; portanto, trata-se de verbo unipessoal.)

es.po.jar *v* **1**. Fazer cair no chão: *o cavalo o espojou assim que montou.* **2**. Reduzir a pó, pulverizar: *a bomba atômica pulverizou as duas cidades japonesas.* **espojar-se 3**. Deitar-se de costas no chão, rebolando-se para se coçar (como fazem os cães, burros, etc.).

es.po.le.ta (ê) *sf* **1**. Peça destinada a inflamar a carga dos projéteis ocos; estopilha. // *sm* **2**. *Fig.* Criança irrequieta e agitada: *seu filho é um espoleta!* (Em sentido figurado, o gênero, nesse e em muitos outros casos, muda, fato que não tem registro em outros dicionários.)

es.po.li.ar *v* Privar de (alguma coisa) ilegitimamente, tirando-a com fraude ou violência; despojar, esbulhar: *espoliaram-no de todos os seus bens.* → **espoliação** *sf* (ato ou efeito de espoliar); **espoliador** (ô) *adj* e *sm* (que ou aquele que espolia).

es.pó.lio *sm* **1**. Conjunto de todos os bens deixados como herança por quem morreu. **2**. Aquilo que foi espoliado de alguém. **3**. Restos deixados pelo inimigo.

es.pon.ja *sf* **1**. Animal marinho inferior, de estrutura porosa e esqueleto vigoroso e fibroso. **2**. Substância porosa e leve retirada desse animal ou produzida industrialmente, preparada para servir de utensílio de limpeza doméstica. → **esponjoso** (ô; pl.: ó) *adj* (sem. a esponja em elasticidade, absorvência ou porosidade).

es.pon.sais *smpl* **1**. Noivado: *festejar os esponsais com a amada.* **2**. Cerimônia ou solenidade antenupcial. → **esponsal** *adj* (rel. ou pert. a esposos); **esponsalício** *adj* (rel. a esponsais).

es.pon.tâ.neo *adj* **1**. Que se faz sem ninguém pedir; de livre vontade: *carinho espontâneo.* **2**. Que resulta de influências ou causas internas: *combustão espontânea.* **3**. Que cresce sem ser plantado; agreste, silvestre, selvagem: *vegetação espontânea.* · Antôn. (1): *forçado, obrigado;* (3): *plantado, cultivado.* → **espontaneidade** *sf* (qualidade do que ou de quem é espontâneo). (Cuidado para não usar "espontânio" nem "espontaniedade"!)

es.pon.tar *v* **1**. Cortar ou tirar as pontas de; aparar as extremidades de: *espontar o bigode.* **2**. Despontar, começar a surgir: *eis que esponta o Sol!* → **esponta** *sf* (ação ou efeito de espontar: *a esponta dos ramos de uma árvore; a esponta do Sol*).

es.po.ra *sf* Roseta metálica ajustada atrás do salto do calçado do cavaleiro, para incitar a cavalgadura. → **esporada** *sf* (picada com espora); **esporar** ou **esporear** *v* [picar (a cavalgadura) com espora], sendo este conjugado por *frear.*

es.po.rá.di.co *adj* **1**. Que acontece poucas vezes; raro: *fazer visitas esporádicas ao dentista.* **2**. Que ocorre apenas aqui e ali, isoladamente; isolado: *houve protestos esporádicos pelo país.* **3**. Que ocorre algumas vezes; ocasional: *sentir esporádicas dores de cabeça.* → **esporadicidade** *sf* (qualidade do que é esporádico).

es.po.rão *sm* **1**. Espora grande. **2**. Saliência córnea do tarso do galo e de outros galináceos.

es.por.rar *v Pop.* **1**. Expelir esperma; ejacular. **2**. *Fig.* Repreender áspera e grosseiramente; passar descompostura em: *o sargento esporrou o soldado.* → **esporrento** *adj* (*pop.* **1**. barulhento, ruidoso: *o Fusca tem um motor esporrento;* **2**. que costuma dar esporro ou bronca: *presidente esporrento*); **esporro** (ô) *sm* (*pop.* **1**. ejaculação de esperma; **2**. *fig.* repreensão violenta e grosseira; bronca: *dei-lhe um esporro por ter atrasado*).

es.por.te *sm* **1**. Qualquer atividade ou experiência que proporciona prazer ou recreação; passatempo. **2**. Atividade que exige certo vigor físico, regulada por algumas regras, como

futebol, basquete, vôlei, etc.; desporte, desporto. **3**. Educação física. // *adj* **4**. Diz-se de calçado ou de roupa informal, confortável: *ter várias camisas esporte.* **5**. Diz-se de carro de duas portas, geralmente baixo e de grande potência: *ter vários carros esporte.* (Como se vê, o *adj* não varia.) → **esportismo** *sm* [**1**. esportividade (4); **2**. esportivismo (2)]; **esportista** *adj* e *s2gên* (que ou pessoa que se dedica ao esporte ou às coisas com ele relacionadas); **esportividade** *sf* [**1**. aquilo que possui caráter esportivo; esportivismo (1): *é um carro que reúne esportividade e conforto;* **2**. lealdade esportiva: *é um zagueiro famoso pela esportividade;* **3**. espírito esportivo: *ele levou a derrota na esportividade;* **4**. gosto, dedicação e culto ao esporte; esportismo]; **esportivismo** *sm* [**1**. esportividade (1)]; **2**. prática de esporte; esportismo: *o esportivismo cresce no país*]; **esportivo** *adj* (**1**. rel. a esporte: *quadra esportiva; loteria esportiva;* **2**. diz-se de roupa, calçado, etc. informal e confortável; **3**. diz-se de automóvel de duas portas e de ótimo desempenho; **4**. *pop.* diz-se daquele que leva tudo na brincadeira ou na esportividade (3): *seja mais esportivo na vida!*). ·· **Perder a esportiva**. **1**. Não aceitar uma brincadeira ou zoação; irritar-se; apelar para a ignorância. **2**. Ficar desconcertado(a), sem graça.

es.po.sa (ô) *sf* **1**. Mulher (de homem ilustre), em relação ao marido: *o rei e sua esposa compareceram à recepção.* **2**. *Pop.* Qualquer mulher casada, em relação ao marido. → **esposar** *v* (**1**. unir beiços laços do matrimônio; **2**. desposar); **esposo** (ô) *sm* (homem casado, em relação à mulher).

es.prai.ar *v* **1**. Lançar (água, etc.), espalhando-a, como o da praia: *as chuvas espraiaram água e lama por todas as ruas da cidade.* **2**. Derramar, espalhar: *a criança espraiou muito leite pela mesa.* **3**. Estender, esticar (parte do corpo): *espraiar as pernas durante um voo.* **espraiar-se 4**. Espalhar-se: *as águas da represa se espraiaram por toda a região.* **5**. Propagar-se, alastrar-se: *a doença se espraiou rapidamente.* → **espraiamento** *sm* [ato ou efeito de espraiar(-se)].

es.pre.gui.çar *v* **1**. Tirar a preguiça a: *espreguiçar braços e pernas.* **espreguiçar-se 2**. Estirar os membros por sono, cansaço, moleza ou preguiça, geralmente bocejando: *não se espreguice no trabalho!* → **espreguiçadeira** *sf* (cadeira com encosto inclinável); **espreguiçamento** *sm* [ato ou efeito de espreguiçar(-se)].

es.prei.tar *v* **1**. Espiar ou observar às ocultas, com má intenção; vigiar: *o sequestrador espreitou a vítima dias e dias.* **2**. Observar, olhar atentamente: *os astrônomos espreitam o céu diariamente.* → **espreita, espreitada** *sf* ou **espreitamento** *sm* (**1**. ato de espreitar; **2**. ação de espionar; espionagem; **3**. ação de observar; vigilância). ·· **À espreita**. De atalaia, de vigia: *O diabo anda à espreita de oportunidades.*

es.pre.mer *v* **1**. Comprimir ou apertar (fruta), para extrair o suco, o líquido que contém. **espremer(-se) 2** Comprimir(-se), apertar(-se): *espremer-se no corredor do ônibus.* · O *v* continua fechado, durante a conjugação. → **espremedor** (ô) *adj* e *sm* (que ou o que esprime); **espremeção** ou **espremedura** *sf* [ato ou efeito de espremer(-se)]; **espremido** *adj* (**1**. que se espremeu: *limão espremido;* **2**. resultado do que se espremeu: *suco espremido de laranja;* **3**. apertado, comprimido: *cidade espremida entre montanhas*).

es.pu.ma ou **es.cu.ma** *sf* **1**. Conjunto de bolhas que se formam à superfície de um líquido que se agita, ferve ou fermenta. **2**. Saliva que se forma entre os dentes. → **espumadeira** ou **escumadeira** *sf* (utensílio de cozinha, metálico, formada por uma concha rasa com furos, presa a um cabo longo, usada para retirar a espuma durante a preparação de alguns pratos); **espumante** ou **escumante** *adj* (que forma espuma) e *sm* (redução de *vinho espumante,* tipo de vinho com quantidade razoável de dióxido de carbono, que faz borbulhar quando servido); **espumar** ou **escumar** *v* (**1**. tirar a espuma a; **2**. lançar em forma de espuma; **3**. fazer ou formar espuma); **espumento** ou **escumento, espumoso** (ô; pl.: ó) ou **escumoso** (ô; pl.: ó) *adj* (cheio de espuma).

es.pú.rio *adj* **1**. Diz-se de filho de pai desconhecido; ilegítimo, natural. **2**. Ilegítimo, ilegal. · Antôn. (1): *legítimo.* → **espuriedade** *sf* (qualidade de espúrio); de antôn. *legitimidade.*

es.pu.tar *v* **1**. Cuspir: *esputar sangue.* **2**. Salivar muito. → **esputação** *sf* (ato ou efeito de esputar; salivação intensa); **esputo** *sm* (cuspo, saliva).

es.qua.dra *sf* **1**. Conjunto dos navios de guerra de um país. **2**. Grupo de combate de infantaria, comandado por um cabo. **3**. Equipe de futebol, time, quadro (10).

es.qua.drão *sm* **1**. Unidade tática na cavalaria, composta geralmente de duas companhias. **2**. Qualquer grupo de tropas, navios, aviões, etc., destinado a uma missão especial. **3**. *P.ext.*

Qualquer grupo organizado: *o esquadrão da morte.* **4**. Equipe de futebol de alta categoria técnica, timaço.

es.qua.dri.a *sf* **1**. Ângulo reto. **2**. Corte ou construção feita em ângulo reto. **3**. Instrumento usado para traçar ou medir ângulos retos. **4**. Nome genérico de portas, batentes, molduras, janelas, caixilhos, venezianas, etc.

es.qua.dri.lha *sf* **1**. Esquadra de pequenos navios; flotilha. **2**. Grupo de pequenos aviões ou aeroplanos, geralmente militares: a esquadrilha da fumaça. **3**.*P.ext.* Qualquer bando de belas aves em voo: *uma esquadrilha de gansos.*

es.qua.dri.nhar *v* **1**. Pesquisar ou investigar cuidadosamente: *é preciso esquadrinhar a vida de todos os corruptos.* **2**. Estudar ou analisar (fenômenos ou segredos da natureza, etc.): *os oceanógrafos esquadrinham o mar.* → **esquadrinhadura** *sf* ou **esquadrinhamento** *sm* (ato ou efeito de esquadrinhar).

es.qua.dro *sm* Instrumento que serve para medir ângulos retos e tirar linhas perpendiculares e paralelas.

es.quá.li.do *adj* **1**. Sujo e repulsivo, por pobreza ou negligência: *morava num quartinho esquálido; tinha barba e cabelos esquálidos.* **2**. Magro e muito pálido; de aspecto cadavérico; desnutrido, macilento, depauperado: *saiu esquálido do cativeiro.* **3**. Moralmente repulsivo; sórdido, miserável: *país de esquálida classe política.* · Antôn. (1): *asseado*; (2): *saudável*; (3): *distinto, digno.*→ **esqualidez** (ê) *sf* (qualidade de esquálido).

es.quar.te.jar *v* **1**. Partir em quatro: *esquartejar o bolo.* **2**. Dividir (corpo humano) em quatro partes; retalhar: *esquartejaram Tiradentes em praça pública.* **3**. Retalhar: *esquartejar uma peça de pano.* **4**. *Fig.* Destruir ou arruinar a boa reputação de: *a mídia procura esquartejá-lo quanto pode.* · O *e* continua fechado durante a conjugação. → **esquartejamento** *sm* (ato ou efeito de esquartejar).

es.que.cer *v* **1**. Não reter na memória: *esqueci o nome dela!* **2**. Pôr de lado, tirar da cabeça, desistir de: *esqueça essa mulher, rapaz!* **3**. Largar, abandonar: *esqueceram o filho no carro.* **esquecer-se 4**. Deixar sair da memória: *não me esqueço dela.* **5**. Não atentar para, descuidar-se: *esqueci-me do horário das aulas de caratê.* · Antôn. (1): *lembrar, recordar.* → **esquecimento** *sm* [ato ou efeito de esquecer(-se)], de antôn. *lembrança, recordação.*

es.quei.te *sm* **1**. Esporte que consiste em se deslocar e executar evoluções e saltos, em pé sobre uma pequena prancha fixada sobre quatro rodas de patim. **2**. Essa prancha. → **esqueitismo** *sm* (modalidade esportiva em que o praticante realiza acrobacias sobre o esqueite); **esqueitista** *s2gên* (pessoa que anda em esqueite ou que pratica o esqueitismo).

es.que.le.to (ê) *sm* **1**. Conjunto dos ossos do corpo humano. **2**. Ossatura ou conjunto dos ossos de qualquer animal vertebrado. **3**.*P.ext.* Estrutura básica, armação: *a obra, que era para ser um elegante edifício, ficou no esqueleto.* **4**. *Fig.* Pessoa muito magra, esquelética: *sua namorada é um esqueleto!* → **esquelético** *adj* (**1**. rel. a esqueleto; **2**. muito magro; macérrimo).

es.que.ma *sm* **1**. Plano de ação sistemática e cuidadosamente organizado, para atingir um objetivo da melhor forma possível; projeto: *elaborar um inteligente esquema de marketing.* **2**. Combinação metódica de partes relacionadas; sistema: *esquema de crediário.* **3**. Gráfico que mostra sinteticamente elementos ou partes distintas de um todo sistemático ou de um objetivo. **4**. Plano secreto ou ilícito; trama: *armar um esquema para fraudar o fisco.* **5**. No esporte, estratégia de jogo. → **esquemático** *adj* (rel. ou pert. a esquema); **esquematização** *sf* (ato ou efeito de esquematizar); **esquematizar** *v* (representar de forma esquemática: *esquematizar um plano de ação*).

es.quen.tar(-se) *v* Tornar(-se) quente ou mais quente: *esquentar o leite; o leite se esquenta rápido neste fogão.* · Antôn.: *esfriar(-se).* → **esquentação** *sf* ou **esquentamento** *sm* [ato ou efeito de esquentar(-se)], de antôn. *esfriamento.*

es.quer.da (ê) *sf* **1**. Região ou lado do corpo onde fica a maior parte do coração. **2**. Mão esquerda. **3**. Sentido esquerdo: *tome a esquerda!* **4**. Grupo, facção ou partido político de posições e ideais opostos aos do governo ou da ordem vigente e favorável a mudanças sociais profundas. · Antôn.: *direita.* → **esquerdismo** *sm* (defesa de medidas e tendências socialistas ou progressistas); **esquerdista** *adj* (rel. a esquerda ou a esquerdismo) *e adj e s2gên* (que ou pessoa que faz parte de um grupo político de esquerda ou que é simpatizante de uma doutrina de esquerda); **esquerdalha** *sf* (no espectro político, facção da esquerda ordinária, canalha, que não tem sequer bom senso e que mal conhece os fundamentos de sua própria ideologia); **esquerdo** (ê) *adj* (**1**. que está do lado do corpo onde fica a maior parte do coração; sinistro; **2**. situado nesse lado: *perna esquerda*; **3**. situado à esquerda de quem vê: *portão esquerdo*; **4**. canhoto: *jogador canhoto*; **5**. *fig.* desajeitado, inseguro e feio: *era o filho esquerdo da família*; **6**. *fig.* pouco ou nada confortável; incômodo, constrangedor: *ficar numa situação esquerda, ao ser preferido por outros funcionários mais antigos*; **7**. *fig.* que denota reprovação ou censura; desfavorável, crítico: *dirigiu-me um olhar esquerdo, quando afirmei aquilo*), de antôn. (1 a 3): *direito*; (4): *destro*; **esquerdopata** *adj e s2gên* [*pop.pej.*] que ou esquerdista que apresenta estas características: a) é cego na defesa de seus ideais, beirando a psicopatia, com perda da capacidade de raciocínio lógico; b) não consegue acessar a mínima razão, recusa-se a comparar fatos que comprometem o seu idealismo psicótico e por fim perde a compostura contra o seu oponente], de antôn. *direitopata*; **esquerdopatia** *sf* (suposta doença de esquerdopata), de antôn. *direitopatia.*

es.que.te *sm* Peça ou cena curta e satírica representada em rádio, teatro ou televisão.

es.qui *sm* **1**. Cada um dos dois patins finos e compridos de madeira, metal ou plástico, curvos na frente, usados para deslizar sobre a neve ou sobre a água. **2**. Esporte praticado com esses patins. → **esquiação** *sf* (ação de esquiar ou prática do esqui); **esquiar** *v* [deslizar sobre a neve ou sobre a água com esquis; praticar o esqui (2) ou o esqui aquático]; **esquibunda** *sf* (*pop.chulo* prática esportiva ou de recreio que consiste em descer nas dunas até a água, sentado numa prancha de madeira).

es.qui.fe *sm* Caixão para o transporte de cadáveres ou defuntos; ataúde, féretro.

es.qui.lo *sm* Mamífero roedor arborícola, de corpo esguio, focinho curto, pele resistente, cauda basta e longa e olhos grandes e proeminentes, que se alimenta basicamente de sementes e castanhas, também conhecido como *caxinguelê* e *serelepe.* (Voz: *guinchar.*)

es.qui.mó *s2gên* **1**. Membro dos esquimós, povo indígena e nômade que vive da caça e habita terras árticas. **2**. Cada uma das línguas desse povo. // *adj* **3**. Relativo a esse povo ou às suas línguas.

es.qui.na *sf* **1**. Ponto ou lugar onde duas linhas, superfícies ou ruas se encontram, formando um ângulo reto. **2**. Esse ângulo. **3**. Quina. → **esquinal** *adj* (rel. a esquina); **esquinante** *adj* (situado em esquina: *terreno esquinante*); **esquinar** *v* (**1**. cortar em ângulos; facetar; **2**. colocar ou pôr de lado, obliquamente).

es.qui.ro.la *sf* **1**. Lasca de osso. **2**.*P.ext.* Pedacinho, lasca: *as esquírolas do mármore, do plástico, da madeira.*

es.qui.si.to *adj* **1**. Excêntrico, extravagante, estranho. **2**. Feio, de muito mau ou desagradável aspecto. **esquisitice** *sf* (qualidade ou característica de quem ou do que é esquisito; excentricidade).

es.quis.tos.so.mo.se ou **es.quis.tos.so.mí.a.se** *sf* Doença parasitária crônica causada pelo esquistossomo, que afeta os intestinos e o fígado. → **esquistossomo** *sm* (verme causador da esquistossomose).

es.qui.var(-se) *v* **1**. Desviar-se de, evitar; escapar a: *o motorista esquivou o pedestre e bateu no poste; o motorista se esquivou do pedestre e bateu no poste.* **2**. Tratar com desdém, com esquivança: *esquivou tanto o rapaz, que acabou sem namorado.* **esquivar-se 3**. Evitar ou fugir a pessoa ou coisa que desagrada ou ameaça: *jornalista que se esquivar-se criticar o governo; esquivar-se das dificuldades da vida.* **4**. Negar-se, recusar-se: *esquivou-se de comentar a decisão judicial.* → **esquiva, esquivança** *sf* ou **esquivamento** *sm* [ato ou efeito de esquivar(-se)]; **esquivo** *adj* (que evita a companhia de outras pessoas; arredio, retraído).

es.qui.zo.fre.ni.a *sf* Doença mental grave em que o doente perde o contato com a realidade e vive em um mundo imaginário, que criou para si próprio. → **esquizofrênico** *adj* (rel. a esquizofrenia) e *adj e sm* (que ou aquele que sofre de esquizofrenia).

es.se *sm* Nome da letra *s*. Pl.: *os esses* ou *os ss.*

es.se (ê) *pron* Indica que o ser está próximo da pessoa que ouve. · Fem.: *essa.*

es.sên.cia *sf* **1**. Elemento fundamental de uma coisa; substância: *a essência do triângulo é ter três lados e três ângulos* **2**. Extrato que conserva as propriedades básicas ou fundamentais de uma substância, de forma concentrada. **3**. Resumo, síntese: *apresentaram-me uma essência do roteiro.* → **essencial** *adj* (**1**. rel. a essência; **2**. absolutamente necessário; fundamental) e *sm* (ponto fundamental). · Antôn. (1 e 2): *acessório, supérfluo, dispensável*. → **essencialidade** *sf* (qualidade do que é essencial).

es.ta.ba.na.do ou **es.ta.va.na.do** *adj* **1**. Que age por impulso; impulsivo, precipitado. **2**. Desastrado, atrapalhado.

es.ta.be.le.cer *v* **1**. Firmar, celebrar: *estabelecer acordos*. **2**. Fixar, consolidar: *estabelecer residência*. **3**. Criar, instituir: *estabelecer um imposto*. **4**. Determinar, instituir, mandar: *a constituição estabelece que todos têm direito à educação*. **estabelecer-se 5**. Firmar-se, fixar-se: *esse costume se estabeleceu há décadas*. **6**. Fixar residência ou domicílio: *eu me estabeleci em Belém*. **7**. Abrir escritório profissional, estabelecimento comercial ou industrial, etc.: *estabeleci-me no comércio há anos*. → **estabelecimento** *sm* [**1**. ato ou efeito de estabelecer(-se); **2**. casa comercial ou industrial; **3**. instituição pública com objetivos culturais, educacionais, etc.].

es.ta.bi.li.da.de *sf* **1**. Qualidade de estável, fixo, seguro, sólido; firmeza, segurança, solidez: *escada sem estabilidade; a estabilidade precária de uma ponte*. **2**. *Fig.* Equilíbrio, autodomínio, firmeza: *estabilidade emocional*. **3**. Normalidade, padrão: *depois de medicar-se, voltou a estabilidade da pressão arterial*. **4**. Capacidade de uma aeronave de retomar sua trajetória de voo original, depois de abruptamente deslocada. **5**. Capacidade de um ecossistema de resistir a mudanças. **6**. Capacidade de um circuito elétrico de lidar com as mudanças nas condições operacionais. **7**. Resistência à decomposição química. **8**. Garantia trabalhista de funcionário público ou privado, depois de certo tempo de serviço na mesma empresa. · Antôn.: *instabilidade*. · V. **estável**.

es.ta.bi.li.zar(-se) *v* **1**. Tornar(-se) estável, seguro, firme: *a boa condição econômica do povo estabilizou o regime; os preços já se estabilizaram*. **2**. Tornar(-se) estável ou normal; normalizar-se: *medicamento que estabiliza a pressão arterial; depois de certo tempo, sua pressão arterial estabilizou-se*. **3**. Manter a estabilidade de (avião, automóvel, navio, etc.) por meio de um mecanismo qualquer. **4**. Fixar o nível de; proteger de variações ou flutuações: *estabilizar preços e salários*. · Antôn.: *desestabilizar*. → **estabilização** *sf* [ato ou efeito de estabilizar(-se)], de antôn. *desestabilização*; **estabilizador** (ô) *sm* (**1**. aquilo que confere estabilidade a alguma coisa; **2**. em química, substância que torna ou mantém uma solução, mistura, suspensão, etc. resistente a mudança química; **3**. substância adicionada a um explosivo, para evitar a sua explosão espontânea).

es.tá.bu.lo *sm* Lugar coberto em que se juntam e recolhem bois e vacas para abrigo ou alimentação; curral. → **estabular** *adj* (rel. ou pert. a estábulo) e *v* (criar ou engordar em estábulo).

es.ta.ca *sf* **1**. Pau pontiagudo que se crava no solo como suporte de cercas, tapumes, vinhas, tendas, barracas, etc. **2**. Peça de material resistente (metal, madeira, concreto, etc.) que se crava no solo, como parte da fundação de um prédio. **3**. Marco de madeira cravado no solo, para trabalhos topográficos. **4**. Ramo ou haste de uma planta que se introduz na terra, para criar raízes e formar-se, assim, uma nova árvore ou arbusto. **5**. Vara que ampara uma planta, para sustê-la ou para obrigá-la a crescer verticalmente.

es.ta.ção *sf* **1**. Parada em algum lugar; estada: *foi curta minha estação nessa estância balneária*. **2**. Ponto de parada regular de trens ou de outros meios de transporte terrestre, para a transferência de carga ou de passageiros: *quando chegamos à estação, o trem já havia partido*. **3**. Cada uma das quatro partes em que se divide o ano: primavera, verão, outono e inverno. **4**. Tempo próprio para determinada plantação. **5**. Tempo próprio para fazer alguma coisa ou da colheita de certas frutas; temporada: *estação de esqui; consuma frutas da estação*. **6**. Época do ano em que ocorrem certos fenômenos: *estação das chuvas*. **7**. Emissora de rádio ou de televisão. **8**. Posto meteorológico. **9**. Época, período: *as estações da vida são: infância, adolescência, maturidade e velhice*. **10**. Posto público de pesquisas científicas: *estação agronômica*. **11**. Estância balneária: *foi para uma estação de inverno*. **12**. Cada uma das 14 paradas de Jesus, durante a via-sacra. → **estacional** *adj* (rel. a estação).

es.ta.car *v* **1**. Firmar ou segurar com estacas: *estacar um muro*. **2**. Colocar estacas em, estaquear: *estacar um terreno, para iniciar uma construção*. **3**. Parar bruscamente: *o ônibus estacou, e muitos passageiros se machucaram*. → **estacada** *sf* (**1**. espaço fechado por estacas; **2**. conjunto ou fileira de estacas; estacaria; **3**. parada brusca: *caiu à primeira estacada do cavalo*); **estacaria** *sf* [estacada (2)].

es.ta.ci.o.nar *v* **1**. Parar (veículo) por algum tempo: *estacione o carro ali!* **2**. Não progredir, permanecer inalterado: *a inflação estacionou em 3% ao ano*. → **estacionamento** *sm* (**1**. ato de estacionar; **2**. lugar ou estabelecimento onde se estacionam veículos); **estacionado** *adj* [**1**. parado (veículo) por algum tempo: *não deixes teu carro estacionado em vaga para idoso, a não ser que sejas um*; **2**. estacionário (2)]; **estacionário** *adj* (**1**. fixo, imóvel; **2**. que não progride nem regride, que não evolui nem retrocede; estacionado (2); estável: *a inflação parece, agora, estacionária*.

es.ta.da *sf* **1**. Tempo que se passa, permanece ou demora em algum lugar: *minha estada em Londres foi curta; de quantos dias foi sua estada nesse hotel?* **2**. Quantia paga por esse tempo: *o gerente do hotel disse que a estada ali não é cara*. (Não se confunde com *estadia*, nunca se confundiu com *estadia*.)

es.ta.di.a *sf* **1**. Tempo, permanência ou demora de navio num porto para carga e descarga, de veículos em garagem, estacionamento, etc. **2**. Quantia paga por esse tempo. (Não se confunde com *estada*.)

es.tá.dio *sm* **1**. Campo de jogos esportivos, geralmente com arquibancada e cabinas de rádio e TV. **2**. Período (de doença ou não), fase, estado, etapa: *o tumor estava em estádio avançado; a doença estava em estádio terminal; o projeto se encontra ainda em estádio inicial*. [Não se confunde (2) com *estágio* (v.).] → **estadiamento** *sm* (classificação do estádio de desenvolvimento de um tumor maligno, sua extensão e gravidade); **estadiar** *v* (classificar o estádio de: *estadiar um câncer*).

es.ta.do *sm* **1**. Condição ou situação, com respeito a circunstâncias, formas, estruturas, etc. **2**. Modo de existir na sociedade. **3**. Conjunto de condições físicas, emocionais, mentais ou psicológicas em que alguém se encontra. **4**. Estádio, fase, período, etapa. **5**. Condição ou situação de um sistema físico em relação à fase, forma, composição ou estrutura. **6**. Cada uma das unidades territoriais e políticas mais ou menos autônomas que constituem uma federação sob um governo soberano: *o estado de Sergipe é um dos menores do nosso país*. **Estado** *sm* **7**. Nação ou sociedade politicamente organizada, com leis próprias. **8**. Modo específico de governo: *Estado Democrático de Direito*. **9**. Conjunto das instituições (governo, congresso, forças armadas, poder judiciário, etc.) que administram uma nação. · V. **estatal** e **estatismo**. → **estadista** *s2gên* (pessoa pública experiente, hábil e preeminente na condução dos negócios e interesses do Estado; pessoa pública de muita aptidão, visão política e atuação marcante na vida de um país); **estadual** *adj* (rel. a cada unidade da federação).

es.ta.do-mai.or *sm* **1**. Corpo de oficiais militares sem tropas, encarregado da estratégia. **2**. Corpo de oficiais diretamente subordinados a um general, encarregados de distribuir ordens e assessorá-lo em tudo o que diz respeito às funções do seu comando. · Pl.: *estados-maiores*.

Estados Unidos da América *loc smpl* País da América do Norte, o quarto maior do mundo (Rússia-Canadá-China-Estados Unidos). · Abrev.: **EUA** ou **USA** (inglesa). → **estado-unidense** (de pl. *estado-unidenses*), **estadunidense** *adj* e *s2gên* ou **americano** *adj* e *sm* (Exige determinantes e verbo no plural, obrigatoriamente, usando-se tanto o nome por extenso quanto a abreviatura: *Todos os Estados Unidos estão próximos de uma greve. Os EUA vivem dias prósperos*. Portanto, errôneo é o procedimento de alguns jornalistas, que em títulos de notícias usam: *EUA "está" em guerra*.)

es.ta.fa *sf* Cansaço extremo; fadiga, estresse, exausão. → **estafante** *adj* (que produz estafa; exaustivo); **estafar(-se)** *v* [cansar(-se) muito].

es.ta.fe.ta (ê) *s2gên* **1**. Pessoa que entrega telegramas. **2**. Pessoa que leva mensagem; mensageiro(a).

es.ta.fi.lo.co.co *sm* Bactéria que se apresenta em forma de cachos de uvas e causa purulência. **estafilococia** ou **estafilococcia** *sf* (infecção por estafilococos); **estafilocócico** *adj* (rel. a estafilococo).

es.tag.fla.ção *sf* Desenvolvimento econômico lento ou nulo, associado a alta taxa de inflação e desemprego. → **estagflacionário** *adj* (rel. a estagflação: *economia estagflacionária*).

es.tá.gio *sm* **1**. Preparação temporária profissional, escolar ou de qualquer aprendizado (natação, judô, equitação, etc.): *ela faz estágio num hospital e quer ser enfermeira*. **2**. Período ou espaço de tempo que dura tal situação: *embora curto, o estágio lhe fez bem*. **3**. Cada uma das duas ou mais sucessivas unidades de propulsão de um foguete espacial, com separação de uma suas seções e queda no mar, depois de feito o lançamento e ter-se esgotado o seu combustível. [Não se confunde (1 e 2) com *estádio*, embora a língua do dia a dia esteja consagrando e até dicionários registrem *estágio* como sinônimo de *estádio*. Em rigor, porém, coisas não passam por "estágio", já que lhes é impossível prepararem-se. De notar, ainda, que os médicos não falam em "estagiamento" de um tumor, mas sim em *estadiamento* de um tumor.] → **estagiar** *v* (fazer estágio: *estagiar numa redação de jornal*); **estagiário** *adj* e *sm* (que ou aquele que faz estágio).

es.tag.nar *v* **1**. Impedir ou fazer parar de correr (líquido): *a construção daquela pequena barragem estagnou toda a água da chuva ali.* **2**. Paralisar, parar, fazer estacionar: *aquele governo estagnou o progresso do país; não adianta querer estagnar o curso da história.* **estagnar(-se) 3**. Ficar (líquido) parado, preso, empoçado ou represado: *a água da chuva (se) estagna ali, criando mosquitos*. **4**. Não progredir, paralisar-se (atividade econômica): *as vendas de televisores (se) estagnaram no último ano.* · As formas rizotônicas têm tonicidade na segunda sílaba (*tag*): *estagno, estagnas*, etc. → **estagnação** *sf* (**1**. detenção e retenção de uma corrente ou de um líquido, de modo que forme um remanso; **2**. falta de progresso, de movimento ou de atividade; paralisação; **3**. suspensão ou interrupção do crescimento econômico); **estagnícola** *adj* (que vive em lagos, pântanos e todo tipo de água estagnada).

es.ta.lac.ti.te *sf* Concreção mineral suspensa em teto de caverna, gruta ou de outros subterrâneos, formada pela ação das águas que gotejam lentamente do teto, criando com as matérias calcárias que trazem em dissolução uma espécie de pingente de gelo. · V. **estalagmite**. → **estalactítico** *adj* (sem. a estalactite: *concreção estalactítica*).

es.ta.la.gem *sf* **1**. Pousada pouco asseada, para viajantes; hospedaria, albergue. **2**. *Pop.* Conjunto de casebres; cortiço. → **estalajadeiro** *sm* (dono de estalagem).

es.ta.lag.mi.te *sf* Concreção mineral do solo de caverna, gruta ou de outros subterrâneos, formada pelos pingos de água que gotejam lentamente do teto. · V. **estalactite**. → **estalagmítico** *adj* (sem. a estalagmite: *concreções estalagmíticas*).

es.ta.lar ou **es.tra.lar** *v* **1**. Partir, quebrar: *o terremoto estalou todos os vidros dos edifícios.* **2**. Produzir estalido em: *estalar os dedos.* **3**. Fender-se, rachar, fraturar-se: *a madeira verde do assoalho está estralando.* **4**. Dar estalo, rebentar fragorosamente: *a lenha verde estala no fogo.* (Não convém usar *estalar* por *estrelar*; v. **estrela**.) → **estalido** ou **estralido** *sm* (pequeno estalo); **estalo** ou **estralo** *sm* (ruído súbito e seco de coisa que vibra, se parte ou racha abruptamente). ·· **Ter um estalo**. **1**. Passar de repente a perceber ou compreender algo. **2**.*P.ext.* Ter uma ideia brilhante.

es.ta.lei.ro *sm* Lugar onde se constroem ou consertam barcos e navios.

es.ta.me *sm* Órgão fertilizador masculino das flores, que consiste normalmente numa antera, onde se produz o pólen, e um talo ou filamento. → **estamináceo** ou **estaminal** *adj* (rel. a estame).

es.tam.pa *sf* **1**. Imagem ou figura impressa em papel, tecido, etc. por meio de chapa gravada; gravura. **2**.*P.ext.* Qualquer ilustração ou imagem. **3**. *Fig.* Aparência física; tipo: *garota de bela estampa.* **4**. *Fig.* Espelho, reflexo: *o Congresso é a estampa da sociedade.* → **estampado** *adj* (que sofreu estampagem) e *sm* (tecido de algodão, de padronagem berrante ou vistosa); **estampagem** *sf* (**1**. ato ou efeito de estampar: *camiseta com estampagem de um músico*; **2**. moldagem de peças de matéria plástica); **3**. processo de impressão de figuras, letras, etc. sobre papel, tecido ou couro que utiliza papel perfurado, chapa gravada, ferro aquecido, etc.); **estampar** *v* [**1**. imprimir desenhos, caracteres, cores, etc. em (tecido); **2**. mostrar claramente; espelhar, ostentar: *estampar no rosto uma decepção*]; **estamparia** *sf* (**1**. fábrica ou seção de fábrica onde se fazem estampagens; **2** loja onde se vendem estampas); **estampilha** *sf* (**1**. pequena estampa; **2**. selo postal ou do tesouro público); **estampilhar** *v* (selar).

es.tam.pi.do *sm* **1**. Ruído forte e súbito de coisa que explode; estrondo, estouro. **2** Tiro, detonação: *estampidos de metralhadora*.

es.tan.car *v* **1**. Deter ou impedir que corra (sangue, lágrimas, fonte): *uma bandagem estancou o sangue.* **2**. *Fig.* Findar: *é preciso estancar a gatunagem no país; com o plano real, a inflação estancou.* **3**. Saciar, aplacar: *estancar a sede.* → **estancamento** *sm* (ato ou efeito de estancar). → **estancação** *sf*, **estancamento** ou **estanque** *sm* (ato ou efeito de estancar).

es.tân.cia *sf* **1**. *Pop.* RS Fazenda de criação de gado bovino. **2**. Estação balneária. **3**. Estrofe. · Dim. (1): *estanciola*. → **estancieiro** *sm* (*Pop.* RS fazendeiro).

es.tân.dar *sm* **1**. Tipo ou modelo uniforme de produção, produto ou construção; padrão. // *adj* **2**. Diz-se desse tipo ou modelo; padronizado, estandardizado: *apartamento estândar*. · V. **standard**. → **estandardização** *sf* (**1**. redução a um só tipo ou modelo; padronização; **2**. uniformização de modelos produzidos em série: *a estandardização foi importante para o avanço industrial*); **estandardizado** *adj* (padronizado, estândar); **estandardizar(-se)** *v* [tornar(-se) padrão, padronizar(-se)].

es.tan.dar.te *sm* **1**. Bandeira militar dos corpos de cavalaria. **2**. *P.ext.* Qualquer bandeira. **3**. Insígnia ou bandeira distintiva de corporação, sociedade, confraria, grupo carnavalesco, etc.

es.tan.de *sm* **1**. Em feiras e exposições, barraca ou espaço reservado a cada expositor. **2**. Móvel onde se expõem mercadorias, em feiras de recintos fechados. **3**. Lugar ocupado por veículos à venda, nas revendedoras autorizadas. **4**. Recinto fechado em que se pratica tiro ao alvo.

es.ta.nho *sm* Elemento químico metálico (símb.: **Sn**), de n.º atômico 50, que, combinado com o chumbo, forma a solda; e com o cobre, o bronze.

es.tan.que *adj* **1**. Totalmente fechado ou vedado; em que não entra água nem ar; hermético: *saco estanque; mochilas estanques.* **2**. Que secou; seco: *riacho estanque.* **3**. Que não flui; parado: *os lagos são corpos aquosos de água estanque.* // *sm* **4**. Estancação, estancamento.

es.tan.te *sf* Móvel ou armário com prateleiras, princ. para acomodar livros.

es.ta.pa.fúr.dio ou **es.ta.pa.fúr.di.co** *adj* **1**. Fora do comum; extravagante, estrambótico, exótico, esquisito, excêntrico: *uma ideia estapafúrdia; penteado estapafúrdico*. **2**. Que não faz sentido; disparatado; absurdo: *um projeto de lei estapafúrdio.* → **estapafurdismo** *sm* (qualidade do que é estapafúrdio; esquisitice).

es.ta.pe.ar *v* Esbofetear. · Conjuga-se por *frear*.

es.ta.que.ar *v* **1**. Fincar estacas em (solo), para sustentar ou escorar uma construção: *estaquearam o muro que ameaçava ruir.* **2**. Marcar pontos de (terreno) com estacas. · Var. (1): **estacar**. · Conjuga-se por *frear*. → **estaqueação** *sf* ou **estaqueamento** *sm* (ato ou efeito de estaquear).

es.tar *v* **1**. Ser num dado momento (indicando estado transitório ou acidental): *ela está linda; a fonte está verde; eles estiveram doentes; ele agora está embaixador em Londres.* **2**. Entender, julgar, ser de opinião: *estou que ela já não lhe quer; estou que esse governo não sabe o que faz.* **3**. Consistir: *quando eu lhe digo que a amo muito, e você me repete, a diferença está em que eu sei o que estou dizendo.* **4**. Estar disposto ou inclinado a: *ninguém aqui está para te aturar; não estou para ouvir asnices.* **5**. Custar: *a obra já está em trinta mil reais a mais do que o engenheiro previu.* **6**. Avistar-se; conversar: *estive com ela, que não quer saber de voltar com o marido.* **7**. Achar-se presente: *estou em Salvador; já estive lá.* **8**. Fazer: *está calor.* (Forma tempo composto da voz passiva, quando acompanha particípio: *estar cercado, estar pressionado*.)

es.tar.da.lha.ço *sm* **1**. Grande barulho ou ruído, estrondo: *as pedreiras provocam estardalhaços a todo o instante.* **2**. *Fig.* Exibição excessiva ou desnecessária de excitação ou atividade; espalhafato (1): *ele fez um estardalhaço quando derrubaram vinho na sua roupa; o projeto foi aprovado com estardalhaço.* **3**. *Fig.* Ostentação ruidosa; exibição ridícula; espalhafato (2): *só mesmo nos desfiles de carnaval é que se vê um estardalhaço desses.*

es.tar.re.cer *v* **1**. Impressionar mal e com certo pavor ou terror, assustar, apavorar, aterrorizar: *histórias de bicho-papão sempre estarrecem as crinças.* **2**. *Fig.* Deixar paralisado, atônito ou perplexo; espantado, chocado: *o nível de corrupção no país estarreceu a população.* → **estarrecedor** (ô) *adj* (que estarrece); **estarrecido** *adj* (**1**. assustado, apavorado; **2**. *fig.* paralisado, perplexo); **estarrecimento** *sm* (ato ou efeito de estarrecer).

es.tar.tar *v* Em informática, iniciar ou inicializar (determinada atividade ou processo). (A 6.ª ed. do VOLP não registra este anglicismo.)

es.ta.tal *adj* e *sf* **1**. Que ou empresa que pertence ao Estado, à União. // *adj* **2**. Relativo ao Estado, à União. → **estatismo** *sm* (mania ou prática generalizada de estatizações), de antôn. *privatismo*; **estatista** *adj* (rel. a estatismo) e *adj* e *s2gên* (que ou pessoa que é favorável a estatizações), de antôn. *privatista*; **estatização** *sf* (ato ou efeito de estatizar), de antôn. *privatização*; **estatizar** *v* [passar (empresa privada ou particular) para o controle do Estado, geralmente mediante compensação financeira], de antôn. *privatizar*.

es.ta.te.lar *v* **1.** Fazer ou deixar cair: *ao vê-la, estatelou os pacotes que trazia, para abraçá-la*. **estatelar-se 2.** Cair de chapa e com violência: *a escada quebrou, e o pintor se estatelou no chão*. → **estatelado** *adj* (**1.** estirado. escarrapachado: *encontrei-o estatelado no sofá*; **2.** *fig.* parado ou imóvel como estátua; atônito, perplexo); **estatelamento** *sm* [ato ou efeito de estatelar(-se)].

es.tá.ti.ca *sf* **1.** Estudo da matéria em repouso e das forças que produzem equilíbrio. **2.** Descarga elétrica na atmosfera que interfere em sinais de rádio, televisão, telecomunicações, etc. **3.** Interferência ou ruído produzido por essa descarga. → **estático** *adj* [**1.** diz-se dos corpos em repouso ou em equilíbrio (em oposição a *dinâmico*); **2.** que não progride; sem atividade; paralisado: *empresas estáticas*; **3.** *fig.* imóvel como uma estátua, estatelado), que não se confunde com *extático*.

es.ta.tis.mo *sm* Sistema que confere ao Estado o controle sobre o planejamento e a política econômica. → **estatista** *adj* (rel. a estatismo) e *adj* e *s2gên* (que ou o que é adepto do estatismo: *governo estatista*).

es.ta.tís.ti.ca *sf* **1.** Ciência que trata da coleta, classificação, organização, análise e interpretação de uma série de dados numéricos, para tirar conclusões. **2.** Esses dados, geralmente apresentados em tabelas ou gráficos. → **estatístico** *adj* (rel. ou pert. a estatística) e *sm* (técnico em estatística).

es.ta.ti.zar *v* **1.** Passar (meios de produção) para o controle do Estado, tornar estatal: *estatizar as empresas estrangeiras*. **2.** Reservar (o que é estratégico, importante) à exploração exclusiva do Estado: *estatizar as comunicações*. · Antôn.: *privatizar*. → **estatização** *sf* (ato ou efeito de estatizar), de antôn. *privatização*; **estatizante** *adj* (que estatiza), de antôn. *privatizante*.

es.tá.tua *sf* **1.** Figura inteira, esculpida ou moldada, representando um ser humano, animal ou divindade. **2.** *Fig.* Pessoa incapaz de tomar uma decisão: *um presidente não pode ser uma estátua*. **3.** *Fig.* Pessoa sem ação ou sem movimento: *o professor era uma estátua: a aula parecia durar um século!* · Dim. irregular (1): *estatueta* (ê). · Col. (1): *estatuaria*. → **estatuado** *sm* (homem em honra de qual foi erigida uma estátua); **estatual** *adj* (rel. a estátua); **estatuar** ou **estatuificar** *v* (erigir estátua em honra de); **estatuária** *sf* (arte de fazer estátuas); **estatuário** *adj* (**1.** rel. a estatuária; **2.** próprio para esculpir estátua: *pedra estatuária*; **3.** característico de uma estátua: *imobilidade estatuária*; **4.** sem. a uma estátua: *ficou ali parado, imóvel*; **5.** que ostenta, em acabamento arquitetônico, uma estátua: *coluna estatuária*) e *adj* e *sm* (que ou aquele que faz estátuas; escultor; **estatueta** (ê) *sf* (**1.** pequena estátua ou escultura representando uma figura humana ou animal: *uma estatueta de cavalo em bronze*; **2.** prêmio em forma de pequena estátua: *o ator não foi receber a estatueta*); **estatuificação** *sf* (ato ou efeito de estatuificar).

es.ta.tu.ir *v* **1.** Estabelecer ou regulamentar por estatuto, decreto, lei, etc., prescrever: *estatuíram que ninguém poderia transitar pelas ruas entre a meia-noite e as cinco horas*. **2.** *P.ext.* Estabelecer como norma ou preceito: *o clube estatuiu o uso de um boné com o nome da sua empresa patrocinadora sempre que o atleta for dar entrevista*. · Conjuga-se por *atribuir*.

es.ta.tu.ra *sf* **1.** Altura natural do ser humano ou de um animal: *homem de baixa estatura; um urso, em pé, tem considerável estatura*. **2.** *Fig.* Magnitude ou grandeza; importância, relevância: *arquiteto de estatura internacional*. **3.** *Fig.* Boa reputação de uma pessoa ou organização, com base no seu comportamento, capacidade ou providência; qualidade ou condição positiva: *ele não tem estatura para exercer cargo tão importante; a escola ganhou estatura com a contratação desse professor*. **4.** Grandeza intelectual ou moral; alto nível: *escritor de estatura; político de estatura*.

es.ta.tu.to *sm* Conjunto de normas ou prescrições gerais, estabelecido por associação, instituição, condomínio ou sociedade; regulamento, regimento interno. → **estatutário** *adj* (rel. a estatuto).

es.tá.vel *adj* **1.** Que apresenta solidez; sólido: *situação econômica estável*. **2.** Que não se desvaloriza facilmente: *moeda estável*. **3.** Que adquiriu estabilidade ou garantia no emprego: *professor estável*. **4.** Que mantém estabilidade; que não se altera; firme: *carro estável*. · Antôn.: *instável*. · V. **estabilidade**.

es.te *sm* V. **leste**. · Abrev.: E.

es.te (ê) *pron* Exprime ser próximo da pessoa que fala ou ser que foi citado por último.

es.tei.o *sm* **1.** Peça reforçada que se usa para suster alguma coisa por longo tempo. **2.** *P.ext.* Sustentáculo, protetor: *o esteio desse governo são as Forças Armadas*. // *smpl* **3.** Partes acessórias das plantas (gavinhas, estípulas, etc.). → **estear** *v* [amparar com esteio(s), firmar, escorar], que se conjuga por *frear*.

es.tei.ra *sf* **1.** Tecido de junco, palma, taquara, etc. com que se forra o chão, como se fosse tapete. **2.** *P.ext.* Rastro ou sulco espumoso deixado por embarcação atrás de si, quando navega. **3.** Tapete rolante usado para transportar objetos e pessoas: *as bagagens são retiradas na esteira, que todo aeroporto tem*. **4.** Plataforma rolante de tratores e tanques de guerra. **5.** *Fig.* Trilha, pista: *a polícia tem de encontrar a esteira dos bandidos*. ·· **Na esteira de** (fig.). Na prática ou na onda atual de: *A retomada da produção automotiva, na esteira dos incentivos fiscais dados pelo governo, parece iminente*.

es.te.lar *adj* **1.** Relativo ou semelhante a estrela(s): *poeira estelar, cintilação estelar; figura estelar*. **2.** *P.ext.* Relativo a estrela de cinema, de teatro ou de televisão; brilhante: *a festa teve presenças estelares*. **3.** *Fig.* De alta qualidade; excelente: *esse clube, hoje, tem um plantel estelar*.

es.te.li.o.na.to *sm* **1.** Fraude que consiste em alguém efetuar transações de algo que não lhe pertence ou de algo que já está vendido ou hipotecado. **2.** Dolo que consiste em tirar dinheiro de alguém ardilosamente. **3.** Apropriação indébita ou roubo esperto, sagaz, que induz pessoa de boa-fé a erro. → **estelionatário** *sm* (aquele que pratica estelionato).

es.tên.cil *sm* Papel parafinado, usado antigamente para fazer cópias em mimeógrafo; matriz para mimeógrafo.

es.ten.der *v* **1.** Alargar, ampliar: *estender os limites de um território*. **2.** Desdobrar ou desenrolar (o que estava enrolado): *estender o lençol*. **3.** Esticar, estirar: *estender as pernas*. **4.** Expor ao ar livre, ao sol, etc., para secagem: *estender a roupa*. **estender-se 5.** Ir, prolongar-se: *o império romano se estendia de Portugal aos Bálcãs*. **6.** Atingir, abranger: *o domínio da língua inglesa se estende pelo mundo todo*. **7.** Deitar-se, estirar-se: *quando começou o tiroteio, estendi-me no chão*. **8.** Durar, prolongar-se: *a reunião se estendeu até tarde*. · Antôn. (1): *limitar, restringir*. [Aqui reside uma curiosidade: o verbo se escreve com *s*, mas seu substantivo correspondente com *x* (*extensão*), por quê, ninguém explica.] → **estendal** ou **estendedouro** *sm* (lugar onde se estende roupa a secar, que pode ser um simples varal ou uma estrutura feita de fios metálicos ou de plástico, usada princ. em apartamentos).

es.te.no.gra.fi.a *sf* Taquigrafia. → **estenografar** *v* (escrever com sinais especiais e a grande velocidade; taquigrafar); **estenográfico** *adj* (rel. a estenografia; taquigráfico); **estenógrafo** *sm* (aquele que é versado em estenografia; taquígrafo); **estenograma** *sm* (texto escrito em estenografia).

es.te.pe *sf* **1.** Tipo de vegetação em que predominam capins, próprio das zonas frias e secas da Rússia. **2.** *Pop.* Pneu sobressalente que se leva no carro para uma eventualidade. → **estépico** *adj* [rel. a estepe (1): *região estépica*].

és.ter *sm* Nome genérico dos compostos que resultam da ação de um ácido sobre um álcool ou fenol.

es.ter.çar *v* Girar completamente (volante de veículo, eixo, etc.), ou à direita, ou à esquerda. → **esterçamento** *sm* (ação de esterçar); **esterçante** *adj* (que esterça); **esterço** (ê) *sm* [conjunto de componentes e ligações que permitem o controle da trajetória de um veículo naval ou terrestre). (A 6.ª ed. do VOLP não registra *esterçamento*.)

es.ter.co (ê) *sm* Excremento animal com que se aduba a terra; estrume. → **estercação** *sf* (ação ou efeito de estercar); **estercar** *v* [adubar ou tratar (a terra) com esterco).

es.té.reo *sm* **1.** Medida de volume para lenha, equivalente a 1m³ (símb.: **St**). **2.** Forma reduzida de *estereofônico*.

es.te.re.o.fo.ni.a *sf* Técnica de gravação e reprodução de sons mediante dois ou mais canais, a fim de dar um efeito especial ao som. → **estereofônico** *adj* (**1.** diz-se do sistema de reprodução de sons que usa dois ou mais canais separados; **2.** diz-se do aparelho, do disco ou da fita magnética que produz ou reproduz esse sistema; **3.** diz-se do som resultante de tal sistema).

es.te.re.o.ti.pi.a (tè) *sf* **1**. Processo ou arte que consiste em imprimir uma composição tipográfica utilizando um clichê em que se compôs a página mediante caracteres móveis. **2**. Máquina usada nessa impressão. **3**. Oficina ou lugar em que se dá tal processo ou arte. **4**. Repetição excessiva e mecânica da fala ou dos movimentos, que às vezes é sintoma de esquizofrenia, autismo ou perturbação mental. → **estereotipado** (tè) *adj* (**1**. que se estereotipou: *livro estereotipado*; **2**. que é sempre igual; que sempre se repete: *frase estereotipada; expressões estereotipadas*; **3**. que não tem originalidade; desprovido de criatividade ou personalidade: *projetos arquitetônicos estereotipados*; **4**. imóvel, fixo, parado, inalterável: *sorriso estereotipado*); **estereotipagem** (tè) *sf* [ato ou efeito de estereotipar(-se)]; **estereotipar** (tè) *v* [**1**. imprimir por estereotipia; fazer o estereótipo de; **2**. fixar e repetir (gesto, expressão ou qualquer outra manifestação externa): *o povo se encarregou de estereotipar essa expressão; estereotipar um sorriso*; **3**. caracterizar por estereótipo: *os jeans estereotiparam o povo americano, assim como o fio-dental estereotipou a mulher das praias cariocas*]; **estereotipar-se** (tornar-se fixo, parado, imutável, inalterável: *a expressão se estereotipou*); **estereotípico** (tè) *adj* (rel. a estereotipia ou a estereótipo; **estereótipo** (tè) *sm* [**1**. clichê utilizado em estereotipia; matriz; **2**. modelo estabelecido e aceito de comportamento, expressão ou outra manifestação; concepção, opinião, ideia ou imagem padronizada de forma convencional como verdadeira: *estereótipos regionais têm feito parte do Brasil desde 1800: os nordestinos são cabeças-chatas e preguiçosos; os nortistas são moles e indolentes; os sulistas são empreendedores e inteligentes, e isso está longe de exprimir a verdade*; **3**. qualquer ideia, expressão ou frase a que falta originalidade; clichê, lugar-comum: *vivendo e aprendendo é um estereótipo mundial*; **4**. *fig*. pessoa vista como a personificação de um tipo: *essa mulher é o estereótipo da imbecilidade*).

es.té.ril *adj* **1**. Incapaz de gerar ou produzir, infértil. **2**. Livre de germes ou micróbios. · Antôn. (1): *fértil*. → **esterilidade** *sf* (qualidade do que é estéril), de antôn. *fertilidade*; **esterilização** *sf* [ato ou efeito de esterilizar(-se)]; **esterilizar** *v* (destruir os microrganismos patogênicos de); **esterilizar(-se)** *v* [**1**. tornar(-se) estéril) ou incapaz de produzir prole; **2**. *fig*. tornar(-se) inútil, improdutivo; inutilizar(-se)].

es.ter.li.no *adj* Relativo à libra, moeda inglesa.

es.ter.no *sm* Osso dianteiro do peito. (Não se confunde com *externo*.) → **esternal** *adj* (**1**. rel. a esterno; **2**. que se articula com o esterno: *costela esternal*).

es.ter.nu.ta.ção *sf* Espirro. → **esternutar** *v* (espirrar); **esternutatório** *adj* e *sm* (que ou o que provoca a esternutação: *pimenta é substância esternutatória*).

es.te.roi.de (ói) *sm* Nome genérico de compostos orgânicos que compreendem certos hormônios e outras secreções corporais, de grande importância bioquímica no organismo, como os esteróis, os hormônios sexuais masculinos, os ácidos biliares, etc.

es.te.rol *sm* Nome genérico dos álcoois do grupo esteroide, como o colesterol e o ergosterol, encontrados nos tecidos gordurosos animais e vegetais.

es.ter.tor (ô) *sm* Ruído da respiração dos moribundos e das pessoas que sofrem de certas doenças respiratórias. → **estertorante** *adj* (**1**. que estertora; estertoroso: *respiração estertorante*; **2**. que agoniza; agonizante: *doente estertorante*); **estertorar** *v* (**1**. agonizar com estertor; **2**. respirar com dificuldade); **estertoroso** (ô; pl.: ó) *adj* [estertorante (1)].

es.té.ti.ca *sf* **1**. Ciência ou ramo da filosofia que trata do belo, nas artes e na natureza. **2**. Beleza das formas; harmonia. → **esteta** *s2gên* (pessoa que cultiva a estética); **esteticismo** *sm* (**1**. doutrina dos princípios estéticos; **2**. sensibilidade às artes e à beleza); **esteticista** *adj* e *s2gên* (especialista em assuntos de beleza física); **estético** *adj* (**1**. rel. a estética, como doutrina filosófica ou artística; **2**. rel. a beleza ou que tem como fim a beleza do indivíduo: *cirurgia estética*; **3**. que denota bom gosto; belo, elegante, vistoso: *decoração estética*).

es.te.tos.có.pio (tè) *sm* Instrumento médico usado para auscultar sons produzidos dentro do corpo. → **estetoscopia** (tè) *sf* (exploração médica mediante auscultação dos órgãos internos, sobretudo os da cavidade abdominal; uso do estetoscópio); **estetoscópico** (tè) *adj* (rel. a estetoscopia).

es.té.via *sf* Planta nativa do Paraguai, com poder adoçante cerca de trezentas vezes superior ao da sacarose.

es.ti.a.gem ou **es.ti.a.da** *sf* Escassez de chuva. → **estiar** *v* (parar de chover).

es.ti.bor.do *sm* Lado direito do navio, para quem olha da popa para a proa; boreste. · Antôn.: *bombordo*.

es.ti.ca *sf* **1**. Saúde debilitada; fraqueza. **2**. Magreza excessiva. **3**. Pessoa muito magra. ·· **Andar** (ou **Estar**) **na estica**. **1**. *Pop*.SE e S Andar (ou Estar) muito bem-vestido, na maior elegância. **2**. *Pop*.NE Estar na miséria. **3**. *Pop*.NE Estar moribundo.

es.ti.car *v* **1**. Estender, estirar, espichar: *esticar as pernas*. **2**. Estender (o que estava comprimido), puxando com força: *estique a corda!* **3**. Prolongar, estender: *esticar um fim de semana*. **4**. Morrer. **esticar-se 5**. Estender-se, estirar-se: *quando começou o tiroteio, estiquei-me no chão*. → **esticada** *sf* ou **esticamento** *sm* [ato ou efeito de esticar(-se)].

es.tig.ma *sm* **1**. Marca infamante feita com ferro incandescente, antigamente, nos ombros ou nos braços dos escravos e criminosos. **2**.*P.ext*. Qualquer coisa que deprecie o caráter ou a reputação de uma pessoa; mancha, nódoa: *ganhou o estigma de corrupto*. **3**. *Fig*. Pequena marca ou cicatriz de nascença. **4**. Em botânica, extremidade superior do pistilo da flor, na qual o pólen é depositado, na polinização.→ **estigmático** *adj* (rel. a estigma); **estigmatização** *sf* (ato ou efeito de estigmatizar); **estigmatizar** *v* (**1**. marcar com ferrete, por cometimento de pena infamante: *populares estigmatizaram na testa o moleque que vivia furtando*; **2**. *fig*. acusar como autor de ação infame ou imoral: *estigmatizar um colega de profissão*; **3**. caracterizar como indecente: *estigmatizar um presidente, por corrupção*; **4**. *fig*. censurar, condenar: *estigmatizar os vícios da sociedade*).

es.ti.le.te (ê) *sm* **1**. Punhal de lâmina finíssima e triangular. **2**. Em botânica, parte do pistilo que sustém o estigma e conduz o pólen ao ovário, para a fecundação. **3**. Fio usado para enriquecer um cateter flexível. → **estiletar** *v* [ferir com estilete(1)].

es.ti.lha.ço *sm* ou **es.ti.lha** *sf* Fragmento de pedra, madeira, metal ou vidro, → **estilhaçamento** *sm* [ato ou efeito de estilhaçar(-se)]; **estilhaçar(-se)** *v* [reduzir(-se) a estilhaços; fragmentar(-se), despedaçar(-se): *uma pedra estilhaçou o para-brisa do ônibus; o copo caiu e estilhaçou(-se)*].

es.ti.lin.gue *sm* Forquilha a que se prendem duas tiras de elástico, para atirar pedras, bolinhas de gude, etc.; atiradeira, bodoque, funda.

es.ti.lo *sm* **1**. Forma distinta de expressão, na fala e na escrita: *a primeira qualidade do estilo é a clareza; ter estilo é ser original, único*. **2**.*P.ext*. Modo distinto, elegante, original, correto e personalíssimo de escrever ou de atuar: *ele é um escritor de estilo; o estilo de Errol Garner é incomparável!; Ademir da Guia foi um jogador de estilo*. **3**. Maneira de exprimir os pensamentos, usando fórmulas próprias de uma categoria profissional: *o estilo jornalístico*. **4**. Charme, elegância, requinte: *seu terno tem estilo*, **5**. Maneira de fazer algo ou de se comportar, princ. aquela típica de uma pessoa ou grupo de pessoas: *empresa de gestão ao estilo japonês; o estilo formal de um tribunal*. **6**. Maneira ou técnica particular pela qual algo é feito, criado ou executado: *admiro seu estilo de andar a cavalo; o estilo clássico de dança*. **7**. Luxo, abastança e elegância (falando-se de modo de vida): *essa gente sabe viver com estilo*. **8**. Tipo, espécie, modelo: *essa cor não faz o meu estilo; esse míssil é do estilo terra-ar; a loja tem diferentes estilos de luminária*. **9**. Qualidade, forma ou tipo distinto de algo: *o estilo gótico de arquitetura; sapato estilo Luís XV*. **10**. Maneira de ser; feitio: *não é de meu estilo gritar; é do estilo dela enganar os rapazes*. **11**. *Fig*. Graça, elegância ou diplomacia: *foi um momento difícil, que ela lidou com bastante estilo*. **12**. Aparência, *design*: *novo estilo de casa, de automóvel*. **13**. Em botânica, parte do pistilo que envolve o ovário e suporta o estigma. → **estilismo** *sm* (**1**. apuro no estilo ou na linguagem; **2**. atividade ou profissão de estilista); **estilista** *s2gên* [**1**. escritor(a) que brilha sobretudo pelo estilo; **2**. pessoa cujo ofício é conceber novas formas no domínio da moda]; **estilística** *sf* (**1**. estudo do emprego das figuras de linguagem e dos efeitos que elas criam; estudo dos estilos usado na linguagem; **2**. arte de bem escrever); **estilístico** *adj* (rel. ou pert. a estilística ou a estilo); **estilização** *sf* (ato ou efeito de estilizar); **estilizar** *v* (**1**. dar estilo literário a: *estilizar um texto*; **2**. representar de acordo com as normas de um estilo, e não de acordo com a natureza; representar convencionalmente; **3**. alterar a forma, a cor, etc. de, a fim de obter melhor efeito decorativo; desenhar modificando, com propósitos decorativos).

es.ti.ma *sf* **1**. Consideração especial que se dá a alguém, por amizade ou simpatia; grande afeição, apreço. **2**. Cálculo aproximado; avaliação; estimativa. · Antôn. (1): *desprezo,* *desdém.* → **estimação** *sf* (**1**. ato ou efeito de estimar; **2**. valor estimativo); **estimado** *adj* (**1**. calculado de forma aproximada, por estimação); **2**. prezado, querido: *o estimado amigo está enganado*); **estimar** *v* (**1**. apreciar, gostar de; **2** calcular a esmo, arriscar ou chutar o preço, o valor de; **3**. ter estima, afeição ou o amor a, prezar; **4**. fazer votos, desejar); **estimativa** *sf* [estima (2)]; **estimativo** *adj* [rel. a estima ou fundado na estima ou no apreço (em oposição a *real, efetivo*)].

es.tí.mu.lo *sm* **1**.*Arcaico* Objeto pontiagudo com que se punge ou pica; aguilhão, pua. **2**. *Fig.* Aquilo que anima ou dá mais vigor; incentivo: *a aprovação dos alunos é um estímulo ao professor; o dólar baixo é um estímulo ao consumo; dólar alto é um estímulo às exportações.* **3**. Qualquer droga, agente, impulso elétrico, etc. capaz de causar uma resposta em um órgão ou organismo: *a ponta da língua é sensível a estímulos doces e salgados; essas são as áreas do cérebro que respondem a estímulos auditivos.* · Antôn. (2): *desestímulo.* → **estimulação** *sf* (ato ou efeito de estimular), de antôn. *desanimação, desestímulo;* **estimulador** (ô) *adj* e *sm* [estimulante (1)]; **estimulante** *adj* e *sm* (que ou o que estimula, excita; excitante: *bebida estimulante*) e *sm* (agente químico que atua temporariamente e acelera a atividade fisiológica ou orgânica); **estimular** *v* (**1**. picar repetidamente: *estimular o cavalo com a espora;* **2**. *fig.* dar estímulo a, ativar: *a pimenta estimula o apetite;* **3**. animar, encorajar: *os colegas o animaram a prosseguir na campanha*), de antôn. *desalentar, desanimar, desestimular.*

es.ti.o *sm* Verão. · V. **estival**.

es.ti.pe *sm* Espique.

es.ti.pên.dio *sm* Remuneração ou salário de servidor público.

es.ti.pu.lar *v* **1**. Determinar, estabelecer, fixar: *o governo estipulou novas regras para a declaração do imposto de renda.* **2**. Exigir como condição para acordo: *ele estipulou certas condições antes de aceitar casar com a moça.* **3**. Especificar como norma ou regra: *a Fifa estipula o número de jogadores que podem ser substituídos durante uma partida.* → **estipulação** *sf* (ato ou efeito de estipular).

es.ti.rar *v* **1**. Estender, puxando, esticar: *estirar a corda.* **2**. Estender horizontalmente, alongar: *estirar os braços.* **estirar-se** **3**. Estender-se ou deitar-se ao comprido: *estirar-se na cama.* → **estiramento** *sm* [**1**. ato ou efeito de estirar(-se); **2**. red. de *estiramento muscular*, aumento anormal do comprimento de um músculo; distensão].

es.tir.pe *sf* **1**. Parte da planta que se desenvolve na terra; raiz. **2**. *Fig.* Ascendência, linhagem, genealogia: *pessoa de nobre estirpe.* **3**. *Fig.* Categoria, classe, qualidade: *jamais um escritor da estirpe de Machado de Assis jamais cometeria um deslize desses.* **4**. *Fig.* Linha, tendência: *estudantes de estirpe socialista.* **5**. Em biologia, conjunto de descendentes de uma origem genética que apresentam semelhanças morfológicas ou fisiológicas e constituem uma variante genética ou um subtipo: *a estirpe indiana do coronavírus é muito mais letal.*

es.ti.va *sf* **1**. Todo o fundo interno de um navio, da popa à proa. **2**. A primeira e a mais pesada carga que se põe num navio. **3**. Conjunto dos estivadores de um porto. → **estivador** (ô) *sm* (carregador ou descarregador de navios); **estivar** *v* [**1**. distribuir e acomodar (carga) em embarcação; **2**. despachar (mercadorias) na alfândega].

es.ti.val *adj* **1**. Relativo ou pertencente a estio. **2**. Que nasce ou floresce no estio: *plantas estivais.* **3**. *Fig.* Próprio do verão.; efêmero: *amores estivais.*

es.to.ca.da *sf* **1**. Golpe com estoque ou espada de ponta. **2**. *Fig.* Surpresa desagradável; choque: *a morte de cinco pessoas por covid-19 foi uma grande estocada para a família.*

es.to.car *v* **1**. Golpear com estoque, dar estocada em; estoquear: *com uma espada, o matador tenta estocar o touro.* **2**. Formar estoque ou depósito de, armazenar: *estocar mercadorias.* · V. **estoque**. → **estocagem** *sf* [ato de estocar (2); armazenamento].

es.to.fo (ô) *sm* Tudo o que serve de forro (espuma de náilon, algodão, crina, borracha esponjosa, etc.). → **estofado** *adj* (acolchoado) e *sm* (qualquer móvel estofado); **estofamento** *sm* (**1**. ato ou efeito de estofar; **2**. parte interior de um móvel estofado; **3**. tecido que reveste essa parte); **estofar** *v* (pôr estofo ou forro em; forrar, acolchoar), que não se confunde com *estufar*.

es.toi.cis.mo (ói) *sm* **1**. Escola filosófica fundada em Atenas por Zenão de Cítio (340-264 a.C.), que estabeleceu princípios rígidos de moral, pregando a absoluta impassibilidade ante os prazeres e males físicos ou morais. **2**. *Fig.* Impassibilidade ou indiferença na dor, na adversidade, na desgraça ou mesmo nos prazeres: *enfrentar uma doença incurável com estoicismo.* → **estoico** (ói) *adj* (rel. a estoicismo) e *adj* e *sm* (**1**. que ou aquele que era membro da antiga escola filosófica do estoicismo: *Sêneca e Epicteto eram estoicos;* **2**. *fig.* que ou aquele que se revela impassível ante a desgraça, a adversidade, a dor ou mesmo nos prazeres: *foi estoica a população da cidade ante os danos causados pelo ciclone; é um pai estoico, que não expressa sua tristeza mesmo ante a morte dos filhos*).

es.to.jo (ô) *sm* Pequena caixa para guardar objetos miúdos (lápis, borracha, apontador, etc.).

es.tol *sm* Perda abrupta de altitude e sustentação de uma aeronave, em razão de estar a velocidade abaixo do limite adequado, levando-a a cair, em vez de voar; perda de sustentação. → **estolagem** *sf* (ação ou efeito de estolar); **estolar** *v* [entrar ou fazer entrar (aeronave) em estol].

es.to.la *sf* **1**. Faixa longa que o padre usa sobre a alva, na administração dos sacramentos. **2**. Espécie de xale longo ou pele de animal que as mulheres usam sobre os ombros.

es.tô.ma.go *sm* **1**. O principal órgão do aparelho digestório, que recebe o alimento do esôfago e no qual se processa a primeira parte da digestão. **2**.*P.ext.* Parte externa do corpo, correspondente à região estomacal. · V. **gástrico**. → **estomacal** *adj* (**1**. do estômago; gástrico: *tumor estomacal;* **2**. diz-se do medicamento ou substância boa para o estômago, que favorece a digestão; digestivo: *chá de ervas estomacais*).

es.to.ma.ti.te *sf* Qualquer ferida ou inflamação dentro da boca (bochechas, gengivas, língua ou dentro dos lábios): *as duas principais formas de estomatite são o herpes e a afta.* → **estomático** *adj* (diz-se do medicamento contra afecções da boca).

Estônia *sf* País da Europa, de área equivalente à do estado do Espírito Santo. **estoniano, estônico** ou **estônio** *adj* e *sm*.

es.ton.te.ar *v* **1**. Deixar tonto; atordoar, aturdir: *aquele ruído me estonteava.* **estontear(-se) 2**. *Fig.* Encantar(-se), deslumbrar(-se), maravilhar(-se): *as cataratas do Iguaçu estonteiam os turistas; estonteei-me com a beleza deste lugar.* · Conjuga-se por *frear*. → **estonteamento** *sm* [ato ou efeito de estontear(-se)].

es.to.pa (ô) *sf* **1**. Parte mais grosseira do linho, com a qual se fabricam cordas, sacos, etc. **2**. Chumaço de fios de algodão não aproveitados na tecelagem, utilizado em limpezas gerais. → **estopada** *sf* (**1**. porção de estopas; **2**. *pop.* qualquer coisa que aborrece ou chateia; maçada: *que estopada ter um pneu furado com essa chuva!*); **estopar** *v* (**1**. calafetar com estopa; **2**. *fig.* aborrecer, importunar, incomodar, chatear).

es.to.pim *sm* **1**. Pano ou barbante embebido de material de fácil combustão, para ignição de bomba ou carga explosiva. **2**. *Fig.* Fator que desencadeia princ. conflitos armados; causa iminente: *o estopim da guerra foi a invasão da Checoslováquia.*

es.to.que *sm* **1**. Arma branca, espécie de espada, estreita e pontiaguda, que só fere de ponta. **2**. Porção de mercadorias em depósito, para serem comerciadas. **3**. Lugar onde se guardam essas mercadorias. **3**.*P.ext.* Grande quantidade de qualquer coisa; porção: *tenho um estoque de CDs em casa.* · V. **estocar**.

es.tor.ce.gão ou **tor.ce.gão** *sm* **1**. Beliscão violento. **2**. Torção muscular brusca e violenta. → **estorcegar** ou **torcegar** *v* (**1**. torcer com força; **2**. contorcer, contrair; **3**. beliscar com força). **estorcegar-se** ou **torcegar-se** (**4**. contorcer-se: *teve um ataque epiléptico e se estorcegava todo*).

es.to.re *sm* Corrediça (2).

es.tó.ria *sf* **1**. Relato de pessoas e eventos imaginários, contado para entretenimento: *a professora nos contava estórias de fadas e princesas.* **2**. *Pop.* Narrativa tradicional; conto popular; lenda, "causo": *o mineiro é cheio de estórias.* **3**. *Pop.* Conversa fiada; lorota; papo-furado: *o juiz não acreditou na estória contada pelo réu.* (Aqui reside uma controvérsia: embora seja palavra antiga na língua, há uma tendência de substituí-la por *história*, princ. no caso dos quadrinhos. Há quem não engula a *estória em quadrinhos*, preferindo *história em quadrinhos*, mesmo sabendo que *história* é relato de fatos, e não de fantasias, de ficção, de conversa mole.)

es.tor.nar *v* Lançar em conta de crédito (o que se tinha lançado erroneamente em débito) ou vice-versa; fazer o estorno de: *estornar um imposto, lançamentos indevidos.* → **estorno** (ô) *sm* (**1**. retificação de erro cometido no lançamento em conta de crédito ou débito; **2**. quantia estornada).

es.tor.ni.nho *sm* Pássaro canoro, de plumagem preta e lustrosa, malhada de branco que, como o papagaio, aprende a articular frases e a cantar.

es.tor.ri.car(-se) ou **es.tur.ri.car(-se)** *v* Secar(-se) excessivamente, quase torrando; tostar(-se); esturrar: *o sol forte estorrica a relva; o arroz estorricou ao fogo.* → **estorricação** ou **esturricação** *sf*, **estorricamento** ou **esturricamento** *sm* [ato ou efeito de estorricar(-se) ou de esturricar(-se)].

es.tor.vo (ô) ou **es.tor.va.men.to** *sm* **1**. Tudo o que vem perturbar ou atrapalhar o bom andamento de alguma coisa; empecilho, obstáculo. **2**. *Fig*. Pessoa que estorva o que é inconveniente. · Dim. irregular: *estorvilho*. · Antôn.: *desestorvo* (ô). → **estorvar** *v* (**1**. atrapalhar, dificultar: *estorvar uma passagem*; **2**. perturbar, importunar: *não me estorvem quando estou meditando!*).

es.tou.rar *v* **1**. Fazer rebentar, estalar: *estourar fogos de artifício*. **2**. Pôr fim a; extinguir, acabar com: *estourar um ponto de tráfico de drogas*. **3**. Rebentar com estrondo: *a panela de pressão estourou*. **4**.*P.ext*. Produzir-se de súbito: *a guerra estourou em setembro*. **5**. *Fig*. Ralhar em altos brados: *o professor estourou conosco, por chegarmos atrasados*. · Mantém o ditongo ou fechado durante a conjugação. → **estouro** *sm* (**1**. ruído violento; estrondo, explosão; **2**. *fig*. grande sucesso: *o estouro de vendas de celulares*; **3**. *fig*. manifestação súbita: *estouro de raiva, de riso*; **4**. arrombamento: *o estouro de uma fechadura*; **5**. dispersão rápida e confusa, geralmente com pânico; **6**. prejuízo fraudulento; desfalque: *o gerente deu um estouro no banco*; **7**.*pop*. dispersão de animais, princ. bois, ou de uma multidão, tomados de súbito pânico; **8**. *fig*. pessoa muito inteligente, maravilhosa, excepcional, que só provoca prazer ou satisfação: *minha filha é um estouro em física*; **9**. *fig*. pessoa muito atraente ou sensual: *meu Deus, essa atriz é um estouro!*).

es.tou.va.do *adj* e *sm* Que ou aquele que age levianamente, não refletindo para tomar atitudes; insensato, imprudente. → **estouvamento** *sm* (qualidade de estouvado ou ato próprio de estouvado).

es.tra.bis.mo *sm* **1**. Desvio dos olhos em que os eixos ópticos não se dirigem ao mesmo ponto ou objeto, vesguice. **2**. *Fig*. Modo errôneo de analisar, julgar, pensar, etc. → **estrábico** *adj* e *sm* (que ou aquele que sofre de estrabismo; vesgo).

es.tra.ça.lhar *v* Fazer em pedaços; despedaçar; destruir: *a criança estraçalhou todas as suas bonecas*. **2**. *Fig*. Destacar-se muito; sobressair; ter excelente desempenho; matar a pau: *nosso goleiro estraçalhou hoje no jogo*. → **estraçalhada** *sf* ou **estraçalhamento** *sm* (ato ou efeito de estraçalhar).

es.tra.da *sf* **1**. Via rural não pavimentada. **2**. Rodovia. (Não se confunde com *autoestrada* ou *autopista*.) **3**. *Fig*. Meio ou expediente para atingir um objetivo: *ele achava que a estrada para a fortuna era a loteria: acabou pobre*. **4**. *Fig*. Rumo, destino: *devemos escolher a nossa própria estrada*. → **estradar** *v* (abrir estradas em: *aquele governo estradou o país*); **estradear** *v* (**1**. caminhar em estrada; **2**. *fig*. errar, vaguear), que se conjuga por *frear*; **estradeirice** *sf* (experiência de pessoa que possui muita vivência); **estradeiro** *adj* (**1**. que tem bom passo; que anda bem; **2**. que circula errante pelas estradas; **3**. *fig.pej*. velhaco, trapaceiro, vigarista). ·· **Estrada de ferro**. Ferrovia, via férrea. ·· **Estrada de rodagem**. V. **rodar**.

es.tra.do *sm* **1**. Parte da cama sobre a qual se assenta o colchão. **2**. Armação de madeira a pouca altura do chão, destinada a dar destaque a quem nela se posta, assenta ou transita, como políticos, professores, conferencistas, etc.; tablado.

es.tra.gão *sm* **1**. Planta originária da Sibéria, de folhas aromáticas, muito empregadas para dar fragrância às conservas e para temprar carnes, peixes e frangos. **2**. Cada uma dessas folhas.

es.tra.gar(-se) *v* **1**.Alterar(-se) para pior; avariar(-se), danificar(-se): *a lavanderia estragou toda a minha roupa*. **2**. Arruinar(-se), comprometer(-se): *estragar a saúde, usando drogas*; *ela se estragou toda nas drogas*. **3**. Apodrecer, deteriorar(-se): *o calor estraga o leite; fora da geladeira, o leite se estraga*. → **estrago** *sm* (**1**. dano físico ou moral: *o acidente fez um estrago no rosto do motorista; o álcool fez um estrago em sua reputação*; **2**. *fig*. grande debilitação física ou moral, resultante de doença ou desgosto: *veja o estrago que o divórcio fez nele*; **3**. *gír*. consumo exagerado: *as crianças fizeram um estrago no bolo de aniversário*; **4**.*gír*. rombo financeiro: *o casamento da filha fez um estrago em suas economias*).

es.tra.lar *v* V. **estalar**. → **estralada** *sf* (ação de estralar).

es.tram.bó.ti.co ou **es.tram.bó.li.co** *adj* Diz-se daquilo que é diferente (no mau sentido) de tudo o que é normal ou de tudo o que existe; esquisito, extravagante, excêntrico, exótico, ridículo: *penteado estrambótico, roupa estrambólica*. → **estrambotismo** ou **estrambolismo** *sm* (qualidade, natureza ou condição daquilo que é ou se apresenta de modo estrambótico ou estrambólico). (A 6.ª ed. do VOLP não registra *estrambolismo*, mas traz *estrambólico*. A forma *estrambótico* é a original, sendo *estrambólico* apenas uma corruptela, surgida por influência de *diabólico*.)

es.tran.gei.ro *adj* e *sm* **1**. Que ou aquele que é de país diferente daquele em que está. // *sm* **2**. Conjunto das nações estrangeiras. **3**. Exterior: *ele já viajou ao estrangeiro*. // *adj* **4**. *Fig*. Estranho, forasteiro: *ela era um estrangeiro em sua própria casa*. · Antôn. (1): *nativo*. → **estrangeirismo** *sm* [cada uma das palavras, expressões ou construções estranhas ao vernáculo (p. ex.: *pizza, shorts, jeans, bacon*)].

es.tran.gu.lar *v* **1**. Matar por sufocação, asfixiar, sufocar: *a força estrangula o condenado; o leão mata, estrangulando a presa*. **2**. Apertar muito, comprimir: *o nó da gravata está me estrangulando*. **3**. *Fig*. Provocar grande congestionamento: *caminhões e ônibus estão estrangulando o trânsito na avenida*. → **estrangulação** ou **estrangulamento** *sm* (ato ou efeito de estrangular).

es.tra.nho *adj* **1**. Anormal, fora do comum. **2**. Desconhecido, misterioso. **3**. Esquisito, excêntrico. **4**. Forasteiro. **5**. Surpreendente. **6**. Que vem de fora, do exterior. // *adj* e *sm* **7**. Que ou aquele que é desconhecido do meio familiar, de trabalho, etc. → **estranhar** *v* (**1**. achar estranho ou inexplicável: *estranhamos a ausência dela; estranhei meu saldo bancário de um bilhão de reais*; **2**. não se dar bem com, não se adaptar a: *estranhar uma cama nova*; **3**. mostrar-se agressivo com; hostilizar: *o cão estranhou o próprio dono; zagueiro e centroavante andam se estranhando*); **estranhar-se 4**. tratar com esquivança ou hostilidade: *a criança se estranhou com a nova babá*); **estranheza** (ê) *sf* (qualidade ou natureza do que é estranho; singularidade).

es.tra.ta.ge.ma *sm* **1**. Ardil bélico para enganar o inimigo na guerra. **2**.*P.ext*. Artifício ou esquema inteligente, habilmente arquitetado: *seu estratagema para lidar com as infidelidades do marido era simples: ignorá-las*. **3**. *Fig*. Habilidade em ardis ou trapaça: *os mascates são mestres em estratagemas*.

es.tra.té.gia *sf* **1**. Ciência e arte de organizar e planejar um plano de operações e o melhor meio de realizar alguma coisa na guerra, dirigindo operações militares em grande escala: *o comandante explicou os princípios básicos da estratégia a seus generais*. **2**. *P.ext*. Qualquer plano de ação hábil e cuidadosamente elaborado, para alcançar sucesso, geralmente a médio ou a longo prazo: *o governo precisa desenvolver uma estratégia econômica coerente; elaborar uma boa estratégia de marketing; estamos ideando novas estratégias, para aumentar nossa participação no mercado*. **3**. *Fig*. Estratagema inteligente: *xadrez é um jogo que requer estratégia*; *a estratégia do bom comerciante é sempre concordar com o cliente*. (Cuidado para não usar "estrategia"!) **estrategiar** *v* (atuar como estrategista); **estratégico** *adj* (**1**. rel. a estratégia militar: *essa ilha tinha importância estratégica na guerra*; **2**. que se concebeu, planejou e orientou para conseguir um fim: *planejamento estratégico*); **estrategista** *adj* e *s2gên* (especialista em estratégia).

es.tra.to *sm* **1**. Camada horizontal de material, princ. de várias camadas paralelas, dispostas umas acima das outras. **2**. Camada da sociedade composta de pessoas com o mesmo nível social, cultural e econômico. **3**. Em geologia, camada de rocha sedimentar que tem aproximadamente a mesma composição em toda a sua extensão. **4**. Tipo de nuvem de baixa altitude e camadas extensas, contínuas e horizontais, geralmente formadas ao pôr do Sol (abrev. internacional: **St**). **5**. *Fig*. Cada uma das camadas ou divisões de um sistema organizado. (Não se confunde com *extrato*.) → **estratificação** *sf* [ato ou efeito de estratificar(-se)]; **estratificar(-se)** [**1**. dispor(-se) em estratos ou camadas sobrepostas, pela ação dos elementos ou agentes naturais; **2**. *fig*. dispor(-se), arranjar(-se) ou desenvolver(-se) em diferentes níveis de casta, classes ou níveis sociais].

es.tra.to-cú.mu.lo *sm* Tipo de nuvem arredondada e escura, situada geralmente abaixo de 2.500m (abrev. internacional: **St-Cu**). · Pl.: *estratos-cúmulo* ou *estratos-cúmulos*.

es.tra.tos.fe.ra *sf* **1**. Camada superior da atmosfera terrestre, situada entre 13 e 70km de altura. **2**. *Fig*. Ponto ou grau de uma escala classificatória extremamente alto ou mais alto. → **estratosférico** *adj* (**1**. rel. ou pert. a estratosfera. **2**.

destinado a ser usado na estratosfera: *balão estratosférico*; **3**. *fig.* extremamente alto ou vultoso: *empresa estatal que paga salários estratosféricos*).

es.tre.ar *v* **1**. Usar pela primeira vez, inaugurar: *estrear um terno, um carro, uma casa*. **2**. Dar início a; iniciar, começar: *o teatro estreou a temporada com uma peça de Shakespeare; ele estreou a carreira de escritor com um romance*. **estrear(-se) 3**. Apresentar(-se) ao público pela primeira vez: *o elenco estreou uma nova peça de Plínio Marcos; ela (se) estreou no palco aos dez anos*. · Conjuga-se por *frear*. → **estreante** *adj e s2gên* (que ou quem faz sua estreia em alguma coisa); **estreia** (éi) *sf* [ato ou efeito de estrear(-se)].

es.tre.ba.ri.a *sf* Lugar fechado e coberto onde se recolhem cavalgaduras e seus arreios; cocheira.

es.tre.bu.char(-se) *v* **1**. Agitar(-se) com violência, convulsivamente; debater(-se): *estrebuchar braços e pernas; o homem (se) estrebuchava no leito, por causa das dores*. → **estrebuchamento** ou **es.tre.bu.cho** *sm* [ação ou efeito de estrebuchar(-se); movimento daquele que (se) estrebucha].

es.trei.a (éi) *sf* V. **estrear**.

es.trei.to *adj* **1**. De pouca largura em relação ao comprimento: *corredor estreito; ponte estreita*. **2**. *Fig.* Íntimo, chegado: *manter relações estreitas com alguém*. **3**. *Fig.* Reduzido, limitado: *a eleição foi ganha por uma margem estreita de votos; político de visão estreita; ele é incapaz de enxergar além de seu estreito mundo; ter um estreito círculo de amizades*. **4**. *Fig.* Fino, delgado: *fita estreita*. **5**. *Fig.* Sem qualidades de grandeza; mesquinho: *gesto estreito*. **6**. *Fig.* Pouco inteligente: *político estreito; tomou uma atitude estreita*. **7**. *Fig.* Preciso, exato: *ele foi burro, no sentido mais estreito da palavra*. **8**. Apertado, justo: *o pai não admitia que a filha usasse vestidos estreitos*. **9**. *Fig.* Que é intimamente ligado; inseparável; íntimo: *a educação tem estreita relação com o desenvolvimento de um país*. // *sm* **10**. Canal de pequena largura (no máximo 300m) que une dois mares ou duas partes do mesmo mar. **11**. Passagem apertada entre montes ou montanhas. · Antôn. (1): *largo*. → **estreitamento** *sm* [ato ou efeito de estreitar(-se)], de antôn. *alargamento;* **estreitar** *v* (**1**. tornar estreito ou apertado, afunilar; **2**. tornar justo, ajustar; **3**. *fig.* tornar mais íntimo; unir, ligar); **estreitar(-se)** [tornar-se estreito, afunilar-se]; **estreiteza** (ê) ou **estreitura** *sf* (qualidade ou característica do que é estreito).

es.tre.la (ê) *sf* **1**. Astro luminoso que aparece à noite como um ponto brilhante no firmamento. **2**. Destino, sorte. // *sf* **3**. Pessoa eminente entre os de sua categoria ou profissão. **4**. Artista notável de cinema, teatro ou televisão. · Col. (1): *constelação*. · V. **estelar**. → **estrelado** *adj* [**1**. cheio de estrelas; **2**. *fig.* diz-se do ovo frito, que, na frigideira, toma o aspecto de uma estrela); **estrelar** *v* [**1**. encher ou cobrir de estrelas, criando; **2**. frigir (ovos) sem mexer ou bater (numa panela que não se deve usar "estalar"); *a cozinheira me estrelou rapidamente dois ovos;* **3**. trabalhar como ator ou atriz principal em (peça, telenovela ou filme), ser o protagonista de]; **estrelar(-se)** (cobrir-se de estrelas); que, durante a conjugação, abre a vogal tônica; **estrelato** *sm* (**1**. *status* de estrela; **2**. conjunto de estrelas de um estúdio, teatro, televisão, etc.); **estrelismo** *sm* (*fig.pej*. modo de ser e de comportar de quem pretende alcançar o estrelato; vedetismo: *o estrelismo de membros de uma CPI*). ·· **Estrela de davi**. Estrela formada por dois triângulos equiláteros superpostos, um dos quais invertido, que simboliza o judaísmo. (A expressão, em português, é com *d* minúsculo.)

es.tre.la-d'al.va *sf* Vênus, quando aparece do lado do nascente, pouco antes do amanhecer (quando lhe chamam *estrela matutina*) e quando surge do lado do poente, ao entardecer (quando lhe chamam *estrela vespertina*). · Pl.: *estrelas-d'alva*.

es.tre.la-do-mar *sf* Pequeno animal marinho de corpo achatado e em forma de estrela, com cinco braços, abundante em águas brasileiras. · Pl.: *estrelas-do-mar*.

es.tre.me *adj* **1**. Que não tem mistura; puro: *vinho estreme*. **2**. *Fig.* Diz-se da língua que se não mistura com outra; castiço: *os lusitanos falam um português estreme*. · Antôn. (1): *impuro*. (Não se confunde com *extreme*.)

es.tre.me.cer *v* **1**. Causar tremor a, sacudir, abalar: *o terremoto estremeceu os prédios*. **2**. Abalar, comprometer: *a discussão estremeceu a nossa amizade*. **3**. Apavorar-se: *a humanidade estremece, quando há o perigo de uma guerra nuclear*. **4**. Sofrer pequeno abalo; abalar-se: *com a manifestação da torcida, o estádio estremece*. → **estremeção** *sf* ou **estremecimento** *sm* (ato ou efeito de estremecer).

es.tre.mu.nhar *v* **1**. Despertar subitamente (a quem está dormindo profundamente): *a menina, apavorada, saiu às ruas, estremunhando os vizinhos; um apito de trem estremunhou-me*. **estremunhar(-se) 2**. Acordar repentinamente e ainda estonteado com o sono: *com tanto choro, o pai acordou lá dentro, e veio, estremunhando(-se), ver de que se tratava*. → **estremunhado** *adj* (que ainda não despertou completamente; mal-acordado); **estremunhamento** *sm* [ato ou efeito de estremunhar(-se)].

es.tre.pe *sm* **1**. Espinho ou qualquer ponta aguçada. **2**. Pua ou estaca pontiaguda, cravada no solo. **3**. *Fig.* Situação difícil, delicada; enrascada, apuro. // *smpl* **4**. Cacos de vidro, puas de ferro, etc. que encimam muros, para evitar seu escalonamento. → **estrepada** *sf* [**1**. ferida causada por estrepe; **2** *fig.* enrascada, apuro, estrepe (3)]; **estrepar** *v* (**1**. ferir com estrepe; **2**. *fig.* causar dano a; ferrar) **estrepar-se** (sair-se mal, danar-se, ferrar-se).

es.tré.pi.to *sm* **1**. Ruído forte, estrondo. **2**. Rumor alto de vozes distintas e simultâneas; alarido, vozerio. **3**. Ruído provocado pelos cascos de cavalos em marcha, quando tocam o solo. **4**. *Fig.* Ostentação, pompa: *para que todo esse estrépito num casamento desses?* → **estrepitante** *adj* [barulhento, ruidoso, estrepitoso (1): *receber estrepitantes aplausos*]; **estrepitar** *v* (fazer estrépito; soar ou vibrar com estrépito: *o fogo faz a lenha estrepitar*) e *sm* (ruído muito forte; estrupido, estrondo: *o estrepitar de um trovão*); **estrepitoso** (ô; pl.: ó) *adj* (**1**. estrepitante; **2**. grande e espetacular; tremendo, rotundo: *todo aquele projeto redundou em estrepitoso fracasso;* **3**. sensacional, que causa grande burburinho: *o príncipe inglês e seu estrepitoso caso de amor fora do casamento*).

es.tre.po.li.a *sf* V. **estripulia**.

es.trep.to.co.co (trèp) *sm* Gênero de bactérias gram-positivas que ocorrem em cadeias e podem causar sérias infecções. → **estreptococia** (trèp) *sf* (infecção provocada por estreptococos); **estreptocócico** (trèp) *adj* (rel. a estreptococia ou a estreptococo: *erradicação de um foco estreptocócico*).

es.tres.se *sm* Conjunto de reações do organismo a agressões de ordem física, emocional, social, econômica, etc., capazes de afetar os equilíbrios físico e emocional do indivíduo. · Antôn.: *tranquilidade, paz, sossego*. → **estressado** *adj* (que está com estresse); **estressante** *adj* (que estressa: *trânsito estressante*); **estressar** *v* (causar ou provocar estresse a: *o trânsito paulistano estressa qualquer cristão*); **estressar-se** (ficar estressado).

es.tri.a *sf* **1**. Linha finíssima, que forma um sulco na superfície de um corpo. **2**. *P.ext*. Qualquer linha, risca ou sulco finíssimo de uma superfície. → **estriação** *sf* (**1**. estado de ser estriado ou de ter estrias; **2**. forma tomada pelas estrias); **estriado** *adj* (que tem estrias); **estriamento** *sm* (ato ou efeito de estriar); **estriar** *v* (marcar com estrias, riscar: *calças muito apertadas estriam a pele*).

es.tri.bar *v* **1**. Firmar (os pés) nos estribos. **estribar(-se) 2**. *Fig.* Basear(-se), fundamentar(-se): *o depoimento é insuficiente para estribar uma condenação; o juiz se estribou nos autos para proferir a sentença*. → **estribação** *sf* ou **estribamento** *sm* [ato ou efeito de estribar(-se)]; **estribeira** *sf* (estribo de carroça ou carruagem, instalado em altura adequada, para se montar); **estribo** *sm* (**1**. peça em que o cavaleiro firma o pé para montar; **2**. degrau de veículo de transporte coletivo; **3**. cada um dos quatro pequenos ossos do ouvido interno dos vertebrados superiores; **4**. *fig.* amparo, arrimo, esteio). ·· **Perder os estribos** (ou **as estribeiras**). Perder o equilíbrio emocional; desequilibrar-se emocionalmente; descontrolar-se.

es.tri.bi.lho *sm* **1**. Verso(s) repetido(s) no final de cada estrofe; refrão. **2**. *P.ext*. Palavra(s) que alguém repete frequentemente no discurso e sem necessidade; bordão. → **estribilhar** *v* [**1**. repetir como estribilho: *estribilhar versos, frases*; **2**. *fig.* cantar ou pipilar (ave), repetindo como em estribilho].

es.tric.ni.na *sf* Alcaloide venenoso, $C_{21}H_{22}N_2O_2$, extraído princ. da noz-vômica, usado princ. para matar roedores e em medicina como estimulante do sistema nervoso central. → **estricnismo** *sm* (intoxicação por estricnina).

es.tri.den.te *adj* Diz-se de som forte, agudo e penetrante; estrídulo. → **estridência** *sf* (qualidade do que é estridente); **estrídulo** (estridente).

es.tri.lar *v* **1**. Emitir estrilo ou som estridente, como o da cigarra. **2**. *Fig.* Dar bronca; passar descompostura: *o professor estrilou com o aluno, quando este pôs a mão no nariz*. **3**. *Fig.* Gritar com fúria; esbravejar, vociferar: *quando o sargento estrila, os recrutas obedecem*. **4**. *Fig.* Reclamar de forma violenta; protestar, chiar: *sem água nem luz, a população estrilou.* → **estrilo** *sm* (**1**. som estridente; **2**. *fig.* grito furioso; **3**. *fig.* bronca, descompostura; **4**. *fig.* protesto, chiadeira).

es.tri.pu.li.a ou **es.tre.po.li.a** *sf* Tropelia (2).

es.tri.to *adj* **1**. Exato, preciso, rigoroso: *agiu em estrito cumprimento da lei; trata-se de uma tradução estrita do texto apresentado*. **2**. Severo, rígido: *é feito um estrito controle sobre o alimento dado aos animais; o guia deu instruções estritas para que não saíssemos do ônibus.* **3**. Completo, absoluto, total: *ele é uma pessoa de minha estrita confiança; estudávamos em escolas de estrita disciplina, antigamente; este é um assunto do mais estrito sigilo.* **4**. Exato, preciso, literal: *em sentido estrito*, marketing *significa o mercado atuando*. **5**. Que segue de modo rigoroso determinado padrão, modelo, norma, princípio, etc.: *ela é uma vegetariana estrita; ser um freudiano estrito; carro de estrito estilo retrô.*

es.tro *sm* **1**. Entusiasmo artístico; gênio criador; inspiração: *o estro dos grandes compositores austríacos; poeta de grande estro*. **2**. Período de fertilidade das fêmeas dos animais mamíferos; cio: *nossa égua está no estro.* **3**. *P.ext.* Período de máxima receptividade sexual das mulheres. → **estral** *adj* (rel. a estro: *o ciclo estral das fêmeas*).

es.tro.bo (ô) *sm* **1**. Nas bicicletas, luz traseira, que pode piscar ou não, para sinalização e segurança do ciclista, utilizado princ. na cidade, para a visualização dos motoristas e, nas trilhas, para indicar a localização. **2**. Aparelho que projeta feixes de luz em rotação: *na danceteria, a pista de dança é iluminada por estrobo.* // *adj* **3**. Diz-se desse tipo de luz e desse aparelho. **4**. Estroboscópico (2): *lâmpada estrobo; sinalizador de efeito estrobo.*

es.tro.bos.có.pio *sm* **1**. Instrumento usado para determinar velocidades de rotação. **2**. Dispositivo eletrônico que dispara, repetidamente, centenas ou milhares de *flashes* por segundo, usado princ. para produzir fotografias em alta velocidade, em fases sucessivas. **3**. Dispositivo óptico que, ao girar, dá a impressão de movimento. → **estroboscopia** *sf* (técnica de observação óptica usada para examinar as fases de certos fenômenos mediante *flashes* regulares de frequência próxima à do movimento); estroboscópico *adj* (**1**. rel. a estroboscopia ou a estroboscópio; **2**. que acende e apaga rapidamente; estrobo: *luz estroboscópica; lâmpada estroboscópica*; **3**. rápido e intermitente: *animal de movimentos estroboscópicos*).

es.tro.fe *sf* Conjunto de dois ou mais versos, geralmente de sentido completo; estância. → **estrófico** *adj* (rel. ou pert. a estrofe).

es.tro.gê.nio *sm* Hormônio sexual que ajuda a desenvolver e manter o sistema reprodutivo e as características femininas, como seios, ciclos menstruais e pelos pubianos, caracterizando a puberdade: *os homens também têm estrogênio, mas em quantidades mínimas.*

es.tro.go.no.fe *sm* Prato da culinária russa, feito de carne bovina ou de frango, moída ou em fatias, com creme de leite e cogumelos.

es.troi.na (ói) *adj* e *s2gên* **1**. Que ou pessoa que é irresponsável ou tem más atitudes. **2**. Que ou pessoa que gasta mal e exageradamente ou que dissipa todos os bens que possui; perdulário(a). **estroinar** (òi) *v* (**1**. levar vida de estroina; **2**. cometer estroinice); **estroinice** (òi) *sf* (**1**. ação ou procedimento de estroina; **2**. leviandade de atitude ou de comportamento; **3**. exagero nos gastos; dissipação, esbanjamento, extravagância).

es.trôn.cio *sm* Elemento químico metálico (símb.: **Sr**), de n.º atômico 38, física e quimicamente semelhante ao cálcio.

es.tron.do *sm* **1**. Som muito forte e quase sempre prolongado; ruído ensurdecedor, como o que faz uma britadeira. **2**. *Fig.* Qualquer coisa que produz sensação na opinião pública; estardalhaço: *o atentado causou estrondo na cidade.* **3**. *Fig.* Ostentação, pompa, luxo: *o casamento foi um estrondo!* → **estrondar** ou **estrondear** *v* (fazer estrondo ou grande ruído), sendo este conjugado por *frear*; **estrondeante** *adj* (que estrondeia).

es.tro.piar *v* **1**. Provocar amputação ou mutilação em; mutilar, aleijar: *um projetil estropiou, na guerra.* **2**. Interpretar ou tocar mal (canção, etc.): *esse cantor estropiou a linda música de Tom Jobim.* **3**. Pronunciar ou ler mal: *eu estropio o inglês.* **4**. *Fig.* Desfigurar, deturpar, desvirtuar: *estropiar um fato histórico.* **5**. *Fig.* Cansar demais; exaurir: *a longa viagem nos estropiou.* → **estropiado** *adj* (**1**. diz-se daquele que sofreu amputação; amputado, mutilado, aleijado; **2**. *p.ext.* que se afastou por invalidez; incapacitado: *a doença cardíaca deixou-o estropiado para o futebol*; **3**. *fig.* alterado, deturpado, desfigurado,

desvirtuado: *fato histórico totalmente estropiado*; **4**. *fig.* muito cansado; exaurido, exausto: *chegou do trabalho estropiado*; **5**. *fig.* cantar ou tocar mal: ela estropia qualquer música) e *sm* (homem aleijado, incapacitado do trabalho).

es.tru.me *sm* Qualquer substância, sólida ou líquida, que aumenta a fecundidade da terra; fertilizante. → **estrumar** *v* (pôr estrume em; estercar).

es.tro.pí.cio *sm* **1**. Dano, prejuízo: *quem é que nos vai ressarcir de todo esse estropício que tivemos com essa inundação?* **2**. *Fig.* Pessoa indesejável; *persona non grata*: *esse ex-presidente é considerado por aqui um estropício.* (Não se confunde com estrupício.)

es.tro.po (ô) *sm* Estrovo (2).

es.tro.vo (ô) *sm* **1**. Fio que prende o anzol à linha de pesca. **2**. Cabo curto que prende o remo ao tolete; estropo. **3**. *Pop.*N Chicote de couro.

es.tru.me *sm* Qualquer substância, sólida ou líquida, que aumenta a fecundidade da terra; adubo, fertilizante: *"bosta de boi é mais útil que os dogmas: serve para fazer estrume"* (Mao Tse-tung). → **estrumação** *sf* (**1**. ação de estrumar; aplicação de estrume ou de qualquer outro adubo, para fertilizar o solo; **2**. porção de estrume com que se aduba a terra); **estrumar** *v* (pôr estrume em; adubar com estrume; estercar, fertilizar).

es.tru.pí.cio *sm* **1**. Excesso de ruído ou barulho. **2**. Briga entre várias pessoas; alvoroço, tumulto, confusão. **3**. Coisa ou pessoa desprezível, irritante e inútil, que só incomoda ou atrapalha; traste: *duro é imaginar que ainda há quem acredite nesse estrupício.* **4**. Pessoa grosseira, mal-educada e tagarela; jabiraca. (Não se confunde com *estropício*.)

es.tru.tu.ra *sf* **1**. Meio ou modo de organização e construção: *estudar a estrutura do átomo.* **2**. Armação básica que sustém as partes essenciais de uma coisa. **3**. Coisa construída, o complexo todo, como um edifício, uma represa, etc. **4**. Qualquer coisa constituída de partes. → **estruturação** *sf* (ato ou efeito de estruturar); **estrutural** *adj* (rel. a estrutura); **estruturar** *v* (dar forma ou disposição a; organizar: *estruturar uma empresa*); **estruturar(-se)** [*fig.* tornar(-se) emocional ou financeiramente forte e seguro: *o casamento lhe fez bem, estruturou-o; ele se estruturou com o casamento*].

es.tru.tu.ra.lis.mo *sm* **1**. Método científico de várias ciências humanas (antropologia, sociologia, psicologia, etc.) que se baseia na análise dos fatos humanos como estruturas suscetíveis de formalização. **2**. Qualquer escola, sistema ou teoria que se baseia nesse método. **3**. Teoria linguística que considera a linguagem uma estrutura ou sistema de relações e estabelece os princípios de forma e função para delimitar e classificar as unidades de uma linguagem: *o estruturalismo linguístico nasceu no início do séc. XX e ganhou importância com o suíço Ferdinand de Saussure (1857-1913), seu precursor.* **4**. Doutrina de que a estrutura é mais importante do que a função. → **estruturalista** *adj* (rel. a estruturalismo) e *adj* e *s2gên* (que ou pessoa que é partidária do estruturalismo).

es.tu.á.rio *sm* **1**. Foz de um grande rio, na qual a água doce se confunde com a salgada: *o estuário do Amazonas.* **2**. Sinuosidade do litoral, que só se cobre de água na preamar ou maré alta. **3**. *P.ext.* Lugar para onde converge grande quantidade de coisas: *um dicionário é um estuário de palavras; a Nasa é um estuário de informações sobre óvnis.*

es.tu.car *v* Revestir (teto, parede, etc.) de estuque.

es.tu.dar *v* **1**. Aplicar a inteligência para aprender (algo): *vou estudar alemão.* **2**. Frequentar escola de, para aprender: cursar, ser aluno de: *estudar engenharia.* **3**. *Fig.* Decorar, memorizar: *o ator ainda não estudou o texto.* **4**. *Fig.* Analisar detidamente, examinar cuidadosamente: *o treinador estudou o adversário; estude o contrato, antes de assiná-lo!; os cientistas estudam esse fenômeno há anos.* **5**. *Fig.* Examinar com espírito crítico: *ela diz que ainda me está estudando.* **6**. *Fig.* Ensaiar, simular: *ele estuda até os gestos que fará ante o pai da moça.* → **estudante** *s2gên* (que ou pessoa que frequenta escola de qualquer natureza); **estudanteco** *sm* (estudante de pouca ou nenhuma capacidade); **estudantil** *adj* (rel. ou pert. a estudante: *classe estudantil; vida estudantil*); **estudioso** (ô; pl.: ó) *adj* e *sm* (**1**. que ou aquele que é dedicado ao estudo; **2**. apreciador, cultor); **estudo** *sm* (**1**. ato ou efeito de estudar, ou de aplicar a mente a fim de adquirir conhecimento, pela leitura, observação, pesquisa, etc.; **2**. educação, escolaridade: *ele é rude porque não tem estudo*).

es.tú.dio *sm* **1**. Oficina de artista (escultor e pintor), de fotógrafo, etc. **2**. Lugar onde filmes são produzidos profissionalmente. **3**. Sala ou conjunto de salas especialmente projetadas para produção e transmissão de programas de rádio ou de televisão. **4.** Lugar onde uma arte é ensinada ou estudada.

es.tu.fa *sf* **1.** Forno (elétrico ou não), destinado a aquecimento, cozimento, etc. **2.** Aparelho destinado a produzir calor em maternidade ou em indústrias. **3.** Câmara ou galeria envidraçada em que se cultivam plantas delicadas (avencas, orquídeas, samambaias, etc.), que não se desenvolvem normalmente ao ar livre, por falta de calor. **4.** *Fig.* Recinto fechado e abafado: *seu quarto é uma estufa!* **5.** Aparelho de laboratório para esterilizar instrumentos, fazer cultura de bactérias, etc. · Dim. irregular: *estufim* sm. → **estufagem** *sf* [ação de estufar (1)]; **estufar** *v* (**1.** meter, secar ou aquecer em estufa; **2.** aumentar de volume, inchar).

es.tul.to *adj* Estúpido, néscio, imbecil. · Antôn.: *sensato, inteligente.* → **estultice** ou **estultícia** *sf* (qualidade do que ou de quem é estulto; estupidez, necedade, imbecilidade), de antôn. *inteligência.*

es.tu.pe.fa.to *adj* **1.** Tomado de estupor; entorpecido. **2.** *Fig.* Admirado, atônito, pasmado: *ficar estupefato com tanta corrupção.* → **estupefação** *sf* (grande assombro, pasmo).

es.tu.pen.do *adj* **1.** Extraordinariamente grande em alguma qualidade; fora do comum; excepcional, enorme: *homem de estupenda inteligência.* **2.** *Fig.* Maravilhoso, extraordinário, formidável: *filme estupendo.*

es.tú.pi.do *adj* **1.** Diz-se daquele que é lento ou incapaz de compreender bem as coisas, por natureza; obtuso. **2.** Que revela estupidez ou burrice: *advogado estúpido.* **3.** *Fig.* Excessivo, demasiado: *faz um frio estúpido no Canadá.* // *adj* e *sm* **4.** Que ou aquele que é grosseiro, mal-educado, bruto: *mulher não gosta de homem estúpido.* · Antôn. (1): *inteligente;* (2): *sagaz;* (4): *educado, cortês.* · Aum. irregular: *estupidarrão.* → **estupidez** (ê) *sf* (qualidade de estúpido).

es.tu.por (ô) *sm* **1.** Estado em que a mente e os sentidos ficam embotados. **2.** Estado de entorpecimento por efeito de choque, com expressão de espanto ou de indiferença na fisionomia. **3.** *P.ext.* Qualquer imobilidade causada por espanto ou surpresa muito grande. → **estuporado** *adj* (**1.** tomado de estupor; paralisado, perplexo; **2.** *fig.* furioso, bravo: *o pai da moça ficou estuporado com o rapaz*); **estuporar** *v* (**1.** causar estupor em; apavorar, assustar: *filmes de terror estuporam as crianças;* **2.** *fig.* enfurecer-se: *ela estuporou comigo porque a deixei a pé*).

es.tu.pro *sm* **1.** Ato criminoso que consiste em obrigar pessoa adulta ou maior de 14 anos a manter relações sexuais mediante violência ou ameaça. **2.** Delito que consiste em manter o coito com menor de 14 anos, mediante constrangimento ou valendo-se de uma situação de superioridade, sem recorrer necessariamente à violência; violação. (Cuidado para não usar "estrupo"!) → **estuprador** (ô) *adj* e *sm* (que ou aquele que comete estupro); **estuprar** *v* (cometer estupro contra; violentar).

es.tu.que *sm* **1.** Argamassa feita com pó de mármore, gesso, cal fina, areia, cola, etc. com a qual se cobrem tetos, paredes e se fazem ornamentos. **2.** Essa parede ou esse ornamento. · V. **estucar**.

es.tur.jão *sm* Peixe com cujas ovas se prepara o caviar.

es.tur.rar *v* **1.** Quase queimar; estorricar: *esturrar a pele ao sol, na praia.* **2.** *Fig.* Irritar-se, por ser contrariado em sua opinião. **3.** *Fig.* Esbanjar ou dissipar (dinheiro, bens, etc.): *esturrar dinheiro em cassinos.*

es.va.e.cer(-se) ou **es.va.ne.cer(-se)** *v* Desfazer(-se), dissipar(-se), esvair(-se): *o sol esvaece as últimas neblinas; a neblina se esvaece com a chegada do sol.* → **esvaecimento** *sm* [ato ou efeito de esvaecer(-se)].

es.va.ir(-se) *v* Esvaecer(-se): *o sol esvai os últimos resquícios de nevoeiro na serra; o nevoeiro na serra já se esvaiu, com a chegada do sol.* esvair-se **2.** Passar com rapidez (o tempo); decorrer. **3.** Perder a cor; desbotar-se: *os tons pastel se esvaem com o tempo.* · Conjuga-se por *cair.* → **esvaimento** *sm* [ato ou efeito de esvair(-se)].

es.va.zi.ar(-se) *v* Tornar(-se) vazio ou sem importância: *esvaziar um tanque; o tanque se esvaziou em segundos; querem esvaziar o Mercosul; as tropas aliadas acordos comerciais fora do bloco; sua candidatura se esvaziou completamente com as denúncias de corrupção.* · Antôn.: *encher.* → **esvaziamento** *sm* [ato ou efeito de esvaziar(-se)].

es.ver.de.ar(-se) *v* Tornar(-se) verde: *a chuva esverdeia os campos; os campos se esverdeiam com a chuva.* · Conjuga-se por *frear.* → **esverdeamento** *sm* [ato ou efeito de esverdear(-se)].

es.vo.a.çar(-se) *v* **1.** Voar voo curto e rasteiro: *os patos ali (se) esvoaçam livremente.* **2.** Flutuar ao vento: *esvoaçam(-se) as saias, apavorando as mulheres.* → **esvoaçamento** *sm* [ato ou efeito de esvoaçar(-se)]; **esvoaçante** *adj* (que esvoaça).

e.ta (ê) ou **ei.ta** (êi) *interj* Exprime surpresa ou espanto e às vezes contrariedade.

e.ta.no *sm* Gás inodoro do grupo metano, encontrado no gás natural e no de iluminação, usado como combustível e em refrigerantes.

e.ta.nol *sm* Nome que se dá ao álcool comum, extraído de vegetais (cana-de-açúcar, milho, cevada, trigo, etc.), C_2H_5OH, usado princ. como combustível de veículos automotores; álcool etílico.

e.ta.pa *sf* **1.** Cada um dos momentos ou estados delimitados de um processo ou de uma ação; fase, estádio: *os gols saíram só na segunda etapa.* **2.** Distância ou percurso que se faz em um dia ou só de uma vez; jornada: *depois de difícil etapa, chegaram.*

e.tá.rio *adj* Relativo a idade: *faixa etária; pirâmide etária.* → **etarismo** *sm* (preconceito baseado na idade das pessoas, que ocasiona diferentes formas de discriminação; idadismo), que não se confunde com *ageísmo* (discriminação apenas contra idosos); o *etarismo* é a discriminação contra pessoas de qualquer idade.

etc. *sm* Abreviatura da locução latina *et cetera* (e outras coisas, e o restante), que preferimos deva ser antecedida de vírgula, embora ela contenha a conjunção **e**. Uso, aliás, abonado não só pelo VOLP, mas também pelos mais antigos e tradicionais gramáticos da nossa língua. Sua omissão, contudo, não configura nenhuma transgressão. (Quando se encerra uma frase ou oração com **etc**, não se usa outro ponto.)

é.ter *sm* **1.** Elemento rarefeito que os antigos acreditavam preencher as regiões superiores do espaço, revestindo planetas e estrelas. **2.** *P.ext.* Essas regiões; espaço celeste; céus: *o balão desapareceu no éter.* **3.** Em química, líquido aromático, incolor, $C_4H_{10}O$, extremamente volátil e inflamável, hoje usado princ. como solvente e antigamente como anestésico, antes de uma cirurgia. → **etéreo** *adj* (**1.** rel. a éter ou da sua natureza: *solução etérea;* **2.** *fig.* tão leve e delicado, que parece perfeito demais para este mundo; não mundano; sublime: *ser etéreo; beleza etérea;* **3.** *fig.* divino, celestial: *reinos etéreos;* há nela algo ligeiramente etéreo; **4.** *fig.* quase tão leve quanto o ar; impalpável).

e.ter.no *adj* **1.** Que não teve princípio nem terá fim; atemporal: *Deus é eterno.* **2.** Que dura para sempre em comunhão permanente com Deus: *vida eterna.* **3.** *P.ext.* Que teve princípio, mas não há de ter fim; perpétuo: *chama eterna; a busca da juventude eterna.* **4.** *P.ext.* Que parece sem fim; aparentemente interminável; infindável: *cirurgia eterna; uma eterna briga entre famílias.* **5.** *P.ext.* Incessante, contínuo: *a eterna questão do aborto.* **6.** *Fig.* Imutável, permanente: *existem verdades e princípios que são eternos.* · Antôn. (1): *temporal;* (2): *passageiro;* (6): *mutável.* → **eternidade** *sf* (**1.** tempo sem começo nem fim, tempo infinito; **2.** qualidade ou estado de eterno; **3.** vida além da morte, vida eterna; **4.** *fig.* tempo muito longo; perpetuidade: *ela me fez esperar uma eternidade!*); **eternização** *sf* [ato ou efeito de eternizar(-se)]; **eternizar(-se)** *v* [**1.** tornar(-se) eterno; **2.** tornar(-se) célebre ou famoso para sempre, imortalizar(-se)].

é.ti.ca *sf* **1.** Conjunto das regras, princípios ou padrões morais que devem nortear a conduta e as relações de uma pessoa ou de membros de uma profissão: *a ética que o caracteriza não permitiu que revelasse o segredo que lhe confiei; ética médica.* **2.** *Fig.* Atitude ou comportamento decente: *é um partido político sem ética.* **3.** Parte da filosofia que estuda a moral dos atos do ser humano e os qualifica como bons ou maus, em relação a seus objetivos: *a ética é seu campo de estudo escolhido.* **4.** *Fig.* Questão relacionada com o aspecto moral: *houve um debate sobre a ética da clonagem humana.* → **eticidade** *sf* (qualidade ou caráter do que é ético); **eticista** *s2gên* (especialista em ética); **ético** *adj* (**1.** rel., pert. ou conforme a ética; **2.** que está ou age de acordo com os princípios e as regras da decência: *é preciso praticar um jornalismo ético; finalmente, encontrei um advogado ético*).

é.ti.mo *sm* Vocábulo de qualquer língua, certo ou hipotético, do qual se originou uma palavra portuguesa, etimologia (1). → **etimologia** *sf* (**1.** étimo; **2.** ramo da linguística que cuida dos métodos para descobrir os étimos das palavras de uma língua; **etimológico** *adj* (rel. a etimologia); **etimologista** *adj* e *s2gên* ou **etimólogo** *sm* (especialista em etimologia).

e.ti.o.lo.gi.a *sf* **1**. Em medicina, causa, conjunto de causas ou forma de causalidade de uma doença ou condição: *a importância do sol na etiologia do melanoma*. **2**. Causalidade de doenças e distúrbios como objeto de investigação: *essas conclusões científicas são úteis na investigação adicional de etiologia*. **3**. Investigação ou atribuição da causa ou razão de algo, muitas vezes expressa em termos de explicação histórica ou mítica. → **etiológico** *adj* (rel. a etiologia); **etiologista** *s2gên* (pessoa versada em etiologia), palavra esta, porém, sem registro na 6.ª ed. do VOLP.

Etiópia *sf* País da África de área equivalente à do estado do Pará. → **etíope** *adj* e *s2gên* ou **etiopês** *adj* e *sm*.

e.ti.que.ta (ê) *sf* **1**. Conjunto de normas de conduta educada prescritas por profissionais ou de acordo com as convenções da sociedade, para serem observadas na vida social ou oficial; boas maneiras: *a etiqueta determina que os homens não podem sentar-se enquanto houver uma só mulher em pé*. **2**. Rótulo de origem ou de identificação de objetos ou mercadorias; grife. **3**. Rótulo de preço de objetos ou mercadorias. → **etiquetadora** (ó) *sf* (máquina de etiquetar); **etiquetagem** *sf* (ação ou efeito de etiquetar); **etiquetar** *v* (colocar ou pôr etiqueta em; rotular).

et.moi.de (ói) *sm* Osso leve e esponjoso da base do crânio. → **etmoidal** (ói) ou **etmoideo** (ói) *adj* (rel. ou pert. ao etmoide).

et.ni.a *sf* Grupo humano semelhante nos caracteres linguísticos, somáticos e culturais. (Não se confunde com *raça*, embora os termos *raça* e *etnia* sejam usados para categorizar certas seções da população. Em termos básicos, *raça* descreve traços físicos, enquanto *etnia* se refere à identificação cultural. A *raça* também pode ser identificada como algo que se herda, enquanto a *etnia* é algo que se aprende.) → **étnico** *adj* (rel. ou pert. a uma ou mais etnias: *a grande diversidade étnica existente no Brasil*).

et.no.lo.gi.a (èt) *sf* **1**. Ramo da antropologia que estuda a origem, distribuição e características de vários povos. **2**. Ciência que analisa e compara culturas humanas, como sua estrutura social, língua, religião, tecnologia, etc. → **etnológico** (è) *adj* (rel. a etnologia); **etnologista** (è) *adj* e *s2gên* ou **etnólogo** (è) *sm* (especialista em etnologia).

eu *pron* do caso reto. // *sm* **1**. Personalidade de quem fala ou escreve: *ele tem outro eu*. **2**. Egoísmo: *esqueça um pouco o seu eu; doe-se mais!* **3**. Consciência de si mesmo. // *interj* **4**. Exprime espanto (vem sempre acompanhada de *hem* ou *hein*): *eu, hem!*

EUA ou **E.U.A** *smpl* Sigla de *Estados Unidos da América*. (O **E** soa aberto, e o verbo, em orações, vai sempre ao plural: *Os EUA entram em guerra*. A mídia brasileira costuma omitir o artigo nos nomes de país, o que não é nada aconselhável; ainda assim, o verbo deve ir ao plural: *EUA entram em guerra*.)

eu.ca.lip.to *sm* **1**. Árvore de grande porte, de folhas aromáticas e medicinais, muito utilizada na indústria de papel e celulose e pela qualidade da sua madeira. **2**. Essa madeira.

Eucaristia *sf* **1**. Sacramento da Igreja no qual, segundo o dogma católico, o corpo e o sangue de Cristo estão representados pelo pão e vinho. **2**. Cada um dos elementos consagrados, princ. o pão. → **eucarístico** *adj* (rel. a Eucaristia).

eu.fe.mis.mo *sm* **1**. Emprego de palavras ou expressões agradáveis, em substituição às de sentido grosseiro ou desagradável (p. ex.: *toalete* por *privada*). **2**. Cada uma dessas palavras ou expressões. · Antôn.: *disfemismo*. → **eufêmico** ou **eufemista** *adj* (rel. a eufemismo; eufemístico), de antôn. *disfemico* ou *disfemista*; **eufemista** *adj* e *s2gên* (que ou pessoa que usa eufemismos: *esse presidente não é nada eufemista*), de antôn. *disfemista*; **eufemístico** *adj* (rel. a eufemismo ou a eufemista), de antôn. *disfemístico*.

eu.fo.ni.a *sf* Som agradável ou harmonioso, princ. das palavras. → **eufônico** *adj* (**1**. rel. a eufonia; **2**. que tem eufonia; harmonioso).

eu.fo.ri.a *sf* **1**. Sensação ou estado repentino de intensa excitação e extrema felicidade, nem sempre condizente com a realidade; entusiasmo exagerado: *essa droga produz uma sensação de euforia*; *a euforia dos torcedores com a conquista do campeonato brasileiro*. → **eufórico** *adj* (caracterizado pela euforia).

eu.nu.co *sm* Homem castrado que, nos haréns orientais, era encarregado da guarda das mulheres do sultão. → **eunucoide** (ói) *adj* (sem. a eunuco ou à voz afeminada do eunuco).

eu.pep.si.a *sf* Boa digestão. · Antôn.: *dispepsia*. → **eupéptico** *adj* (rel. a eupepsia).

eu.pnei.a (éi) *sf* Facilidade de respirar. · Antôn.: *dispneia*. → **eupneico** (éi) *adj* (rel. a eupneia).

eu.ro *sm* Unidade monetária básica comum da maioria dos países da União Europeia, introduzida em 1999. Símb.:: **€**.

Europa *sf* O segundo menor continente, depois da Austrália. → **europeu** *adj* e *sm*, de fem. *europeia* (éi).

eu.ta.na.sia *sf* **1**. Prática piedosa (e ilegal) que consiste em provocar a morte a um doente incurável, a fim de lhe poupar maiores sofrimentos, geralmente a seu pedido ou com seu consentimento; morte misericordiosa. **2**. *P.ext*. Morte suave, sem dor provocada em um animal, por estar muito ferido ou com mal incurável. → **eutanásico** *adj* (rel. a eutanásia).

e.va.cu.ar *v* **1**. Fazer sair do corpo, expelir (matérias excrementícias) do organismo: *evacuar fezes com sangue*. **2**. Esvaziar, desocupar: *evacuar um prédio*. → **evacuação** *sf* (ato ou efeito de evacuar).

e.va.dir-se *v* **1**. Fugir clandestina ou furtivamente; escapar: *muitos se evadiram do presídio*. **2**. Desaparecer, sumir-se (para lugar incerto): *depois que brigou com a namorada, evadiu-se*. · V. *evasão*.

Evangelho *sm* **1**. Conjunto dos ensinamentos de Cristo e dos seus apóstolos, constante nos quatro livros do Novo Testamento. **2**. Qualquer desses livros, que conta a vida, a morte e a ressurreição de Cristo. **evangelho 3**. *P.ext*. Trecho de qualquer desses livros: *o pastor leu o evangelho*. **4**. *P.ext*. Texto que narra a vida e a doutrina de Jesus Cristo: *os evangelhos apócrifos; o evangelho de Judas*. **5**. *Fig*. Qualquer coisa (ideia, princípio, etc.) aceita como verdade incontestável; dogma: *ela traz os ensinamentos do pai como um evangelho*. **6**. *Fig*. Coisa que merece toda fé e confiança: *se eu lhe disser algo, pode tomar isso como um evangelho, porque não minto*. → **evangélico** *adj* (rel. a Evangelho) e *adj* e *sm* (que ou aquele que é protestante); **evangelista** *sm* [cada um dos quatro autores do Evangelho (João, Mateus, Marcos e Lucas)] e *adj* e *s2gên* [que ou pessoa que prega o Evangelho; evangélico(a), protestante]; **evangelização** *sf* (ato ou efeito de evangelizar; pregação ou divulgação do Evangelho); **evangelizar** *v* (**1**. pregar o Evangelho ou a doutrina cristã a; **2**. difundir ou divulgar o Evangelho em).

e.va.po.rar ou **e.va.po.ri.zar** *v* **1**. Converter (líquido ou sólido) para o estado gasoso, em forma de vapor: *o sol evaporou o orvalho*. **evaporar(-se)** ou **evaporizar(-se) 2**. Passar do estado líquido para o gasoso: *a gasolina (se) evapora com facilidade*. (Não se confunde com *vaporar*.) → **evaporação** ou **evaporização** *sf* [ação, processo ou efeito de evaporar(-se); transformação lenta de um líquido em vapor]; **evaporativo** *adj* (que promove ou facilita a evaporação).

e.va.são *sf* Ação de evadir-se, fuga.

e.va.si.va *sf* Recurso ardiloso, para escapar a uma dificuldade; subterfúgio, pretexto. → **evasivo** *adj* (**1**. que tende à evasiva: *todo bom político é evasivo*; **2**. que contém evasiva, que é propositadamente vago ou ambíguo; dúbio: *todo bom político dá respostas evasivas*).

e.ven.to *sm* **1**. Qualquer acontecimento relativamente importante, que normalmente causa sensação e é objeto de notícia: *as Olimpíadas são o evento esportivo mais importante do mundo*. **2**. *P.ext*. Qualquer coisa importante ou digna de nota; fenômeno: *terremoto é evento raro no Brasil*. **3**. *Fig*. Qualquer celebração ou atividade organizada para o público em geral ou para um grupo em particular: *este será o evento social do ano*; *esse hotel tem condições de receber grandes eventos*. **4**. Entidade fundamental da realidade física observada, representada por um ponto designado por três coordenadas de lugar e uma de tempo no *continuum* espaço-tempo, postulado pela teoria da relatividade.

e.ven.tu.al *adj* **1**. Que depende de acontecimento incerto; que pode acontecer ou não; contingencial: *em caso de eventual acidente, use o telefone da rodovia*. **2**. Que ocorre de vez em quando; ocasional, esporádico: *no deserto chove, mas são chuvas eventuais*. · Antôn. (1): *certo, infalível*; (2): *frequente*. → **eventualidade** *sf* (**1**. qualidade ou caráter de eventual; **2**. acontecimento inesperado e incerto; acaso: *devemos estar preparados para todas as eventualidades da vida*), de antôn. *certeza*.

e.vi.dên.cia *sf* **1**. Qualidade de evidente. **2**. Qualquer coisa que torna outra patente ou evidente; marca ou sinal que torna evidente: *sua palidez é evidência de problemas de saúde*. **3**. Verdade incontestável; o que ninguém pode contestar sem cair no ridículo: *que a Terra é redonda é uma evidência*. // *sfpl* **4**. Provas: *a polícia não encontrou evidências de uma ligação*

terrorista com o assassinato. · Antôn. (1): *dúvida, incerteza*. →
evidenciar(-se) *v* [tornar(-se) evidente]; **evidente** *adj* (que não deixa nenhuma margem a dúvidas); óbvio, incontestável: *Deus é o invisível evidente*), de antôn. *incerto, duvidoso.*

e.vi.tar *v* **1**. Livrar-se de ou escapar a (coisa ruim): *com a fuga, evitou a prisão em flagrante*. **2**. Esquivar-se ao encontro com (por considerar importuno ou desagradável): *o ministro evitou os repórteres, saindo pelos fundos*. **3**. Impedir, obstar a: *evitar um atentado*. **4**. Fugir a (para não incorrer em falta ou pecado): *evite os maus pensamentos!*

e.vo.car *v* **1**. Chamar para perto, trazendo à lembrança ou à presença mediante preces, invocações, exorcismos, etc.: *evocar a alma de um parente*. **2**. Trazer à lembrança, à imaginação: *em seu discurso, evocou os grandes vultos da nossa história*. → **evocação** *sf* (ato ou efeito de evocar); **evocativo** ou **evocatório** *adj* (que serve para evocar: *perfume tem um poder evocatório extraordinário*).

e.vo.lar-se *v* **1**. Elevar-se, como que voando: *as chamas do grande incêndio evolavam-se no ar*. **2**. Volatizar-se; dissipar-se; esvair-se: *evola-se grande parte da vitamina B dos alimentos, quando cozidos*. **3**. *Fig*. Evaporar-se, desfazer-se, desaparecer: *meus sentimentos por ela, tão nobres até aquele instante, evolaram-se como num passe de mágica*. **4**. *Fig*. Exalar-se ou emanar (perfume): *que suave perfume se evola desta flor!*

e.vo.lu.ção *sf* **1**. Qualquer processo gradual e contínuo de transformação e desenvolvimento: *a evolução de uma crise*. **2**. Sucessão de fases ou estádios de uma doença: *o câncer de fígado tem evolução rápida*. **3**. Teoria biológica que admite a transformação progressiva das espécies. **4**. Teoria espiritualista que admite a progressão dos espíritos, através de inúmeras reencarnações. **5**. Movimento de certos animais em carreira ou de aves em voo: *a evolução de um bando de andorinhas*. **6**. Em biologia, teoria segundo a qual grupos de organismos sofrem mudanças com o passar do tempo, princ. como resultado da seleção natural (daí por que descendentes diferem morfológica e fisiologicamente de seus ancestrais). // *sfpl* **7**. Qualquer movimento harmônico e ordenado, destinado a efetuar uma nova disposição: *as evoluções de uma escola de samba*. **8**. Movimento ordenado executado por uma tropa, veículos, navios ou aviões, numa formação precisa previamente fixada: *as fascinantes evoluções da esquadrilha da fumaça*. · Antôn.: *regressão*. → **evolucional** ou **evolutivo** *adj* (**1**. rel. a evolução; **2**. que produz uma evolução); **evolucionismo** *sm* [teoria da evolução biológica, formulada por Charles Darwin (1809-1882), cientista inglês]; **evolucionista** *adj* (rel. a evolucionismo) e *adj* e *s2gên* (que ou pessoa que é partidária do evolucionismo); **evoluir** *v* (**1**. desenvolver-se gradualmente, progredir; **2**. desenvolver-se gradualmente em diferentes formas ou espécies), de antôn. *regredir*.

e.xa.cer.bar(-se) (x = z) *v* Tornar(-se) mais intenso; agravar(-se): *as crises econômicas exacerbam a miséria; a doença se exacerbou rapidamente*. → **exacerbação** (x = z) *sf* [ato ou efeito de exacerbar(-se)].

e.xa.ge.rar (x = z) *v* **1**. Representar (algo) maior, melhor ou pior do que na realidade: *exagerar a sua condição financeira; exagerar uma dor; todo dom-juan exagera as suas conquistas amorosas*. **2**. Intensificar, acentuar: *exagerar a* (ou *na*) *maquiagem*. **3**. Praticar ou cometer exageros: *exagerou tanto, que ninguém acreditou nele; cantor que exagera na indumentária*. **4**. Aumentar anormalmente: *esses sapatos exageram o tamanho dos meus pés*. **5**. Representar desproporcionalmente: *exagerar as dificuldades de uma situação; exagerar as características dos personagens de quadrinhos*. → **exagerado** *adj* (**1**. em que há exagero; demasiado, abusivo: *o uso exagerado de agrotóxicos*; **2**. excessivo: *carro de consumo exagerado*; **3**. ampliado ou alterado, além das proporções normais: *personagens de quadrinhos são desenhados com características exageradas, para que o leitor nunca se esqueça deles*) e *adj* e *sm* (que ou aquele que tem o hábito de exagerar); **exagero** (ê; x = z) *sm* (palavra ou ato que vai além do que se considera razoável; despropósito; abuso: *pagar seis reais por um litro de péssima gasolina não é um exagero?*)

e.xa.lar (x = z) *v* **1**. Emitir ou lançar de si (odor ou fedor): *a rosa exala um aroma delicado; os lixões exalam cheiro fétido*. **exalar-se 2**. Emanar, desprender-se: *um cheiro fétido se exala de todos os lixões*. → **exalação** (x = z) *sf* [ato ou efeito de exalar(-se)].

e.xal.tar (x = z) *v* **1**. Colocar ou trazer no alto; elevar, alçar: *os fieis exaltam a cruz nas procissões; exaltaram-no à presidência do país*. **2**. Dar fama ou glória a; glorificar: *seu heroísmo*

o exaltou. **3**. Ter em alta estima ou consideração; honrar, dignificar: *os ingleses exaltam sua rainha*. **4**. Intensificar, excitar: *a discussão exaltou os ânimos e acabou em pancadaria*. **5**. Elogiar muito, engrandecer vigorosamente; enaltecer, louvar: *o orador não só fortaleceu os méritos do ministro, como também os exaltou; o orador exaltou a engenharia brasileira*. **6**. Irritar, enfurecer: *aquela pergunta do repórter exaltou o presidente, que se saiu com um palavrão*. **7**. Entusiasmar, delirar: *os gols em poucos minutos exaltaram a torcida*. **exaltar-se 8**. Reagir contra um ato que desagrada, com energia maior que a necessária; exasperar-se: *o ministro acabou se exaltando com os repórteres*. → **exaltação** (x = z) *sf* [ato ou efeito de exaltar(-se)]; **exaltado** (x = z) *adj* e *sm* (que ou aquele que se irrita facilmente; irascível, esquentado: *homem de gênio exaltado*) e *adj* (**1**. fanático, apaixonado: *torcedores exaltados*; **2**. exagerado, excessivo: *manifestações exaltadas*).

e.xa.me (x = z) *sm* **1**. Ato ou efeito de examinar. **2**. Observação ou investigação detalhada e atenta: *fazer um exame sobre uma questão econômica*. **3**. Prova de conhecimento, habilitação ou capacidade: *o exame constou de questões dissertativas*. **4**. Conjunto das investigações médicas no organismo de um paciente, para determinar a presença ou não de doença. **5**. Teste médico ou laboratorial de determinado tipo: *exame de vista; exame de sangue*. → **examinar** (x = z) *v* (**1**. analisar minuciosamente; **2**. observar atentamente, investigar; **3**. submeter a exame clínico; **4**. determinar as qualificações, aptidões ou capacidade de, por meio de questões ou exercícios: *cabe ao professor examinar seus alunos*).

e.xan.gue (x = z; o **u** não soa) *adj* Que perdeu muito sangue: *a vítima, exangue, morreu a caminho do hospital*.

e.xâ.ni.me (x = z) *adj* Desfalecido, desmaiado, aparentemente morto; semimorto: *a vítima, exangue, jazia exânime no chão*.

e.xas.pe.rar(-se) (x = z) *v* **1**. Irritar(-se), a ponto de se tornar grosseiro; enfurecer: *o atraso no atendimento o exasperou; o presidente se exasperou com os repórteres e encerrou a entrevista*. **2**. Agravar(-se); exacerbar(-se): *a falta de pronto atendimento exasperou o seu quadro clínico; a dor do parto se exaspera com a tensão*. **exasperação** (x = z) *sf* ou **exaspero** (ê; x = z) *sm* [ato ou efeito de exasperar(-se)].

e.xa.to (x = z) *adj* **1**. Que está rigorosamente de acordo com o fato ou com o original; estritamente preciso: *réplica exata; não sei dizer o número exato de telefonemas que recebi*. **2**. Diz-se da ciência que se baseia na medição e formulação de leis, e não na sua descrição e classificação; muito preciso; metódico: *física é uma ciência exata*. **3**. Pontual, rigoroso no horário: *funcionário exato*. → **exatidão** (x = z) *sf* (qualidade ou caráter de exato; precisão).

e.xau.rir (x = z) *v* **1**. Esgotar completamente (líquido): *exaurir a água de um reservatório*. **2**. Secar: *a estiagem exauriu os açudes*. **3**. Empobrecer: *parlamentares exauriram o tesouro público*. **exaurir-se 4**. Esgotar-se: *as minas de ouro no Brasil também se exaurem*. **5**. Secar-se: *os açudes se exauriram com a estiagem*. **6**. Cansar, extenuar-se: *eu me exauri suplicando-lhe perdão, em vão*. → **exaurimento** (x = z) *sm* [ato ou efeito de exaurir(-se)]; **exaustão** (x = z) *sf* [ato ou efeito de exaurir(-se); esgotamento]; **exaustivo** (x = z) *adj* (**1**. que esgota ou vai até os últimos pormenores: *escreveu exaustivo trabalho sobre essa matéria*; **2**. que extenua ou cansa muito; cansativo; extenuante: *ele é dado a exaustivos discursos*; **exausto** (x = z) *adj* (muito cansado; esgotado, extenuado); **exaustor** (x = z; ô) *sm* (aparelho que aspira o ar viciado, vapores gordurosos, etc. e renova o ar de um ambiente fechado). · · **À exaustão**. Em demasia; excessivamente: *Repetir um conselho à exaustão*.

ex.ce.ção *sf* **1**. Ato ou efeito de excetuar(-se); exclusão: *todos contribuíram com as despesas, com exceção de dois*. **2**. Desvio da regra geral: *são muitas as exceções a essa regra*. **3**. Tudo aquilo que fica à parte dos princípios gerais; raridade: *as pessoas que sabem de cor o Hino Nacional são uma exceção*. **4**. *Fig*. Pessoa que foge aos princípios normais de conduta: *ninguém sai daqui, com exceção, Luísa!* · V. **excepcional**. (Cuidado para não escrever "excessão" nem muito menos "exeção"!)

ex.ce.der *v* **1**. Ir além de, ser superior a, superar: *sua estatura excede a normal*. **2**. Levar vantagem a, superar: *carro nacional não excede o importado*. **3**. Ultrapassar: *não exceda a velocidade máxima permitida!* **exceder-se 4**. Ir além do natural, justo ou conveniente, exagerar: *você se excedeu nos elogios a ela*. **5**. Esmerar-se, caprichar, superar-se: *o ator se excedeu na interpretação da personagem*. **6**. Cometer excessos: *exceder-se na bebida*. **7**. Cansar-se muito, exaurir-se: *exceder-se nos exercícios físicos*.

ex.ce.lên.cia *sf* **1**. Qualidade de excelente, superioridade. **2**. Fórmula de tratamento usada para oficiais de patente superior à de coronel, deputados, senadores, embaixadores, professores universitários, ministros de Estado e de tribunais, secretários de Estado, executivos de modo geral, presidente da República (sempre escrita por extenso) e outras autoridades de relevo na sociedade. · Abrev.: **Ex.ª** → **excelente** *adj* (**1**. da melhor ou da mais alta qualidade; **2**. distinto, primoroso; **3**. ótimo, extremamente apropriado, convidativo; de antôn. *péssimo*. (Seu superlativo sintético é *excelentíssimo*, tratamento que se confere a pessoas importantes na sociedade, portanto de inicial maiúscula e de abrev. **Ex.**ᵐᵒ

ex.cel.so *adj* **1**. Superior a todos os demais; magnificente: *um excelso ministro*. **2**. *Fig*. Sublime, grandioso, nobre: *pessoas de excelsas virtudes*. → **excelsitude** *sf* (qualidade do que é excelso). ·· **Pretório Excelso**. Supremo Tribunal Federal (STF).

ex.cên.tri.co *adj* **1**. Em geometria, que não tem o mesmo centro (em oposição a *concêntrico*). **2**. Que não tem o eixo exatamente no centro; fora do centro: *roda excêntrica*. **3**. Afastado do centro; periférico: *os bairros excêntricos de São Paulo*. **4**. Que se desvia das normas ou padrões convencionais; extravagante, exótico, estranho, esquisito, bizarro: *ideias excêntricas*; *penteado excêntrico*. // *sm* **5**. Qualquer componente circular de um veículo que gira em torno de um eixo fora do centro: *quando o excêntrico gira, o balancim move o diafragma para cima e para baixo*. **6**. *Fig*. Homem estranho ou não convencional: *esse excêntrico vai à praia de cueca*. → **excentricidade** *sf* (qualidade ou condição de excêntrico).

ex.cep.cio.nal *adj* **1**. Relativo a exceção; que acontece raramente: *terremoto no Brasil é um acontecimento excepcional; o tempo quente foi excepcional em julho*. **2**. Fora do normal: *crime de uma crueldade excepcional*. **3**. Bem acima da média ou padrão; fora do comum; extraordinário: *carro de desempenho excepcional; assinar um contrato excepcional; piloto de habilidade excepcional*. **4**. Que se distingue pelos seus méritos ou pelo seu valor: *professor excepcional*. **5**. Excelente: *vinho excepcional; pimenta que oferece sabor excepcional*. // *adj* e *s2gên* **6**. Que ou pessoa (geralmente criança) que tem deficiência física, mental ou sensorial: *ele é pai de criança excepcional*. → **excepcionalidade** *sf* (qualidade do que é excepcional).

ex.cer.to (ê) *sm* Trecho ou segmento retirado de uma obra extensa; extrato (2). (Usa-se normalmente no plural.)

ex.ces.so *sm* **1**. O que é mais do que necessário, aceitável, razoável ou desejável: *estar com excesso de peso; retire o excesso de gordura da carne; viajar com excesso de bagagem*. **2**. Aquilo que sobra ou sobrou; resto: *guardou na geladeira o excesso de comida que fez*. // *smpl* **3**. Ato violento ou truculento; ações extremadas; abuso: *polícia que comete excessos*. **4**. Falta de comedimento; descomedimento, excesso, imoderação, intemperança: *o corpo cobra na velhice os excessos da juventude*. → **excessivo** *adj* (que excede a medida; exagerado, exorbitante, desmedido: *agir com excessivo rigor*).

ex.ce.to *prep* Salvo, tirante, fora: *todos riram, exceto eu*. · Antôn.: *inclusive*.

ex.ce.tu.ar *v* **1**. Pôr de fora, excluir: *desses políticos, só excetuo alguns como honestos*. **2**. Isentar, livrar, excluir: *excetue-me dessa responsabilidade!* · Antôn.: *incluir*.

ex.ci.pi.en.te *sm* Substância inerte, como mel, xarope ou goma arábica, usada para dar consistência a um medicamento ou uma forma adequada para administração.

ex.ci.são *sf* **1**. Ação de cortar; corte: *as numerosas excisões destruíram o valor literário do texto*. **2**. Remoção de tecido, com o uso de bisturi ou outro instrumento cortante; extração, extirpação: *a excisão de uma verruga*. → **excisar** *v* (cortar ou fazer excisão de; extrair); **excisional** *adj* (rel. a excisão: *biópsia excisional*), palavra esta, porém, que a 6.ª ed. do VOLP não registra.

ex.ci.tar *v* **1**. Ativar a ação de (nervo ou órgão do corpo): *excitar o sistema nervoso*. **2**. Encorajar, animar: *excitar os combatentes à luta*. **3**. Entusiasmar, encantar: *a ideia de fazer jornalismo o excita*. **4**. Despertar, avivar, estimular: *excitar a imaginação*. **excitar-se 5**. Agastar-se, irritar-se: *não se excite, que isso faz mal ao coração!* **6**. Sentir-se excitado sexualmente: *ao visitar o campo de nudismo, excitou-se*. → **excitação** *sf* ou **excitamento** *sm* [ato ou efeito de excitar(-se)]; **excitante** *adj* e *sm* (que ou o que excita ou estimula, princ.

o organismo; estimulante); **excitativo** ou **excitatório** *adj* (que excita; excitante).

ex.cla.ma.ção *sf* **1**. Ato de exclamar. **2**. Grito de alegria, de surpresa, de indignação, etc. → **exclamar** *v* (exprimir, pronunciar ou gritar súbita e veementemente, de alegria, surpresa, indignação ou dor: *lá vem ela, alguém exclamou; devemos todos exclamar contra a impunidade que impera no país*); **exclamativo** ou **exclamatório** *adj* (que denota exclamação). ·· **Ponto de exclamação**. Sinal de pontuação (!) que se usa após uma frase exclamativa ou uma interjeição e, às vezes, após uma frase imperativa, para indicar ordem, obrigação.

ex.clu.ir *v* **1**. Pôr fora, expulsar: *o clube o excluiu de seus quadros*. **2**. Eliminar, suprimir, riscar: *exclua meu nome dessa lista!* **3**. Privar, despojar: *a família queria excluí-lo da herança*. **excluir-se 4**. Retirar-se; abandonar: *ao não ser escolhido para candidato, o político excluiu-se do partido*. · Conjuga-se por *atribuir*. → **excludente** *adj* (que exclui: *sociedade excludente*); **exclusão** *sf* [ato, estado ou processo de excluir(-se); *usuários de drogas estão sujeitos a exclusão das Forças Armadas*].

ex.clu.si.ve *palavra denotativa de exclusão* **1**. Com exclusão de (aquilo a que se fez referência): *leiam até a pág. 20, exclusive*. **2**. Apenas, tão somente, exclusivamente: *viver exclusive para os filhos*. · Antôn. (1): *inclusive*.

ex.clu.si.vo *adj* **1**. Que exclui todos os outros; privativo, especial, restrito: *entrada exclusiva de funcionários*. **2**. Não dividido ou partilhado com outros: *a editora tem direitos de publicação exclusivos dessa obra*. **3**. Não acompanhado por outros, único: *reportagem exclusiva*. **4**. Que não é para todos, indistintamente: *curso exclusivo para deficientes visuais*. **5**. Completo, inteiro: *dedicar um dia exclusivo para tratar de um caso*. → **exclusividade** *sf* (**1**. qualidade ou caráter do que é exclusivo; **2**. compra ou aquisição por uma empresa de tempo de intervalos comerciais de rádio e televisão; **3**. matéria ou publicidade dada a um só jornal, revista ou emissora); **exclusivismo** *sm* (costume de pôr fora de cogitação tudo o que não está de acordo com os seus próprios princípios e opiniões; individualismo); **exclusivista** *adj* (rel. a exclusivismo) e *adj* e *s2gên* (**1**. que ou pessoa que se comporta com exclusividade; **2**. que ou pessoa que rejeita qualquer opinião contrária à sua; intransigente).

ex.co.gi.tar *v* **1**. Considerar ou cogitar (algo) cuidadosa e profundamente; descobrir, cogitando: *excogitar maneiras de enriquecer; excogitar meios para sair da crise*. **2**. Espreitar, espiar: *excogitar o que alguém está fazendo ou dizendo*. **3**. Pensar ou meditar muito; refletir; cogitar: *encontrar alguém sentado, excogitando*. → **excogitação** *sf* (ato ou efeito de excogitar).

ex.co.mun.gar *v* **1**. Privar do direito de ser membro da Igreja católica, por autoridade eclesiástica: *excomungar um padre rebelde*. **2**. *Fig*. Excluir como membro ou participante de um grupo: *o partido o excomungou*. → **excomungação** ou **excomunhão** *sf* (ato ou efeito de excomungar).

ex.cre.ção *sf* **1**. Eliminação de resíduos inúteis ou prejudiciais ao organismo. **2**. Esses resíduos.

ex.cre.men.to *sm* Resíduos sólidos ou semissólidos das entranhas, excretados pelos intestinos; fezes: *quem passeia com cães tem de remover seus excrementos*. **excrementício** *adj* (rel. a excremento).

ex.cres.cên.cia *sf* **1**. Projeção ou protuberância anormal em qualquer superfície: *as verrugas e acnes são excrescências epidérmicas*. **2**. *Fig*. Algo considerado muito feio, reprovável ou indesejado; borrão (5): *essas pichações de casas e prédios são uma excrescência em toda a cidade*. **3**. *Fig*. Aquilo que é descartável, porque já está ultrapassado ou *démodé*: *cada geração vê os avanços tecnológicos da geração anterior como excrescências de um mundo antigo*. **4**. *Fig.Pej*. Pessoa muito feia; aberração: *a mulherzinha era uma excrescência e queria ser modelo!* **5**. *Fig.Pej*. Pessoa descartável, pelo seu passado nebuloso ou comprometedor: *a esquerda afirma que o agora ex-juiz é uma excrescência produzida pela direita, e esta diz que a própria esquerda é uma excrescência*.

ex.cur.são *sf* **1**. Viagem curta e breve, feita entre amigos ou colegas, para divertimento ou instrução. **2**. Viagem de recreio ou de confraternização feita por grupos de pessoas amigas, dispostas a conhecer regiões novas de um país. **3**. Invasão, incursão (a algo desconhecido ou que pertence ao inimigo). **4**. Desvio do tópico principal; digressão, divagação: *na prova de redação do ENEM não se permitem excursões*. → **excursionar** *v* (fazer excursão); **excursionismo** *sm* (gosto e prática das excursões); **excursionista** *adj* (rel. a excursionismo) e *s2gên* (pessoa que toma parte em excursão).

e.xe.crar (x = z) *v* Declarar detestável ou repugnante; detestar, abominar: *execrar todos os vícios.* → **execração** (x = z) *sf* (ato ou efeito de execrar); **execrativo** ou **execratório** (x = z) *adj* (que encerra execração); **execrável** (x = z) *adj* (extremamente detestável, odiável ou repugnante; abominável).

e.xe.cu.tar (x = z) *v* **1**. Pôr em prática, realizar: *executar um plano.* **2**. Cumprir, satisfazer: *executar uma ordem.* **3**. Obrigar (devedor) a pagar mediante ação judicial: *executar um título.* **4**. Aplicar (penalidade, punição, morte) em cumprimento de lei, proceder à execução de: *executar um traidor.* **5**. Fazer, realizar, conseguir: *executar acrobacias aéreas.* **6**. Representar (qualquer trabalho artístico), tocar: *a banda executou um dobrado; o pianista executou uma peça de Chopin.* **7**. Interpretar (qualquer trabalho artístico), cantar: *o tenor executou bem sua ária.* **8**. Representar, interpretar, desempenhar: *o ator executou bem seu papel.* → **execução** (x = z) *sf* (ação ou efeito de executar); **executante** (x = z) *adj* e *s2gên* ou **executor** (x = z; ô) *adj* e *sm* (que ou aquele que executa).

e.xe.cu.ti.vo (x = z) *adj* **1**. Que executa ou faz cumprir. **2**. Que está encarregado de fazer cumprir as leis e negócios do governo, administrativo (em contraposição a *legislativo* e *judicial*). **3**. Diz-se de almoço ligeiro e balanceado em nutrientes. // *sm* **4**. Poder executivo. **5**. Todo homem que dirige ou tem um alto cargo, com poder de decisão, numa empresa ou instituição. **6**. Redução de *almoço executivo*, refeição ligeira e balanceada em nutrientes, servida em bares e restaurantes.

e.xe.ge.se (x = z) *sf* Explicação, exposição, comentário, interpretação ou análise crítica e científica de um texto (geralmente bíblico). **exegeta** (x = z) *s2gên* (pessoa que se dedica à exegese); **exegética** (x = z) *sf* (ciência, arte ou prática da exegese); **exegético** (x = z) *adj* (rel. ou pert. a exegese).

e.xem.plar (x = z) *adj* **1**. Que serve como exemplo, modelo ou padrão de imitação. **2**. Que é rigoroso e serve como advertência a outros. // *sm* **3**. Cada um dos indivíduos de uma espécie ou variedade. **4**. Cada uma das cópias de publicações (livros, revistas, jornal) da mesma tiragem; número. **5**. Modelo valioso que serve como padrão a ser imitado; protótipo.

e.xem.pli.fi.car (x = z) *v* **1**. Mostrar, explicar, ilustrar ou provar com exemplo(s): *exemplificar uma regra gramatical.* **2**. Servir como exemplo típico de, caracterizar: *são jogadas duras, que exemplificam o estilo do novo treinador do time.* → **exemplificação** (x = z) *sf* (ato ou efeito de exemplificar); **exemplificador** (x = z; ô) **exemplificante** (x = z) ou **exemplificativo** (x = z) *adj* (que exemplifica).

e.xem.plo (x = z) *sm* **1**. Espécime que representa um tipo ou grupo: *o esquilo é um exemplo de roedor;* ela, *isso e quem são exemplos de pronome.* **2**. Aquilo que deve ser imitado ou evitado: *o exemplo deve vir dos mais velhos.* **3**. Fato de que se pode tirar algum proveito ou ensinamento útil; lição: *o gesto do irmão mais velho lhe serviu de exemplo.* **4**. *Fig.* Castigo, punição, malogro: *a falência lhe foi um exemplo doloroso.* **5**. Algo característico ou próprio de uma época: *como exemplo de fruta tropical ele citou o abacaxi.* **6**. Caso semelhante ou precedente: *esse é um caso único, sem exemplo na história da cidade.* **7**. Frase que mostra como determinada palavra deve ser usada: *os exemplos de cada acepção são exclusivos deste dicionário.* **8**. *Fig.* Pessoa representativa de um grupo; modelo. **9**. *Fig.* Pessoa cujo comportamento deve ser imitado ou evitado: *os pais sempre são o exemplo, para o bem ou para o mal.* · Col.: *exemplário.* · Abrev.: **ex.** (que serve tanto para o singular quanto para o plural). ·· **Por exemplo**. Expressão usada para apresentar algo escolhido como um caso típico: *Muitos, como esse ministro, por exemplo, estão despreparados para o cargo que ocupam.* (Não há redundância na combinação *como, por exemplo*, como querem alguns: *Há frutas boas para quem tem colesterol alto, como, por exemplo, o abacate.*)

e.xé.quias (x = z) *sfpl* Cerimônias fúnebres pomposas que se celebram na igreja, em honra de defunto ilustre.

e.xe.qui.vel (x = z; o **u** soa) *adj* Que se pode executar; realizável, viável: *empréstimos exequíveis.* **exequibilidade** (x = z; o **u** soa) *sf* (qualidade do que é exequível).

e.xer.cer (x= z) *v* **1**. Pôr em ação, exercitar: *exercer a força.* **2**. Desempenhar, estar no exercício de: *exercer um mandato.* **3**. Praticar: *exercer a medicina.* **4**. Fazer sentir: *exercer influência; exercer pressão.*

e.xer.cí.cio (x= z) *sm* **1**. Ato ou efeito de exercer: *o exercício do poder se faz com votos ou com a força.* **2**. Atividade física feita por esporte: *faço exercício uma vez por ano.* **3**. Tarefa escolar; deveres: *as crianças já fizeram os exercícios de casa.* **4**. Treinamento: *fazer exercício de tiro.* **5**. Ano fiscal: *pagar imposto de renda do exercício de 2021.* **6**. Período de execução de um orçamento: *nos últimos exercícios fiscais, a Petrobras não teve tão bom resultado.* ·· **Entrar em exercício**. Passar a vigorar: *O decreto entra em exercício no exato instante da sua publicação.*

e.xer.ci.tar (x = z) *v* **1**. Praticar: *exercitar a profissão.* **2**. Cultivar: *exercitar a poesia.* **3**. Pôr em ação; acionar: *exercitar os músculos.* **4**. Adestrar, treinar: *exercitar o cão no ataque.* **5**. Desempenhar, exercer: *esse treinador gosta de exercitar o papel de disciplinador.* **exercitar-se 6**. Fazer exercícios físicos: *ele se exercita todas as manhãs.* **7**. *Fig.* Habilitar-se, preparar-se: *exercitar-se na dança.* → **exercitação** (x = z) *sf* [ato ou efeito de exercitar(-se)].

e.xér.ci.to (x = z) *sm* **1**. Conjunto das forças militares terrestres de uma nação. **2**. Grande número de pessoas ou coisas organizadas com um propósito definido.

Exército *sm* Unidade das Forças Armadas, junto com a Marinha e a Aeronáutica. (Ao serem citadas as três armas, a ordem deve ser esta: Exército, Marinha e Aeronáutica.)

e.xi.bir (x = z) *v* **1**. Expor à vista, mostrar: *exibir o corpo.* **2**. Apresentar ao público para entretenimento, instrução, etc.: *exibir um filme.* **exibir-se 3**. Apresentar-se publicamente em espetáculo. **4**. Ostentar-se, mostrar-se com ostentação: *ela gosta de se exibir, usando roupas justas.* → **exibição** (x = z) *sf* [ato ou efeito de exibir(-se)]; **exibicionismo** (x = z) *sm* (mania de exibição ou ostentação); **exibicionista** (x = z) *adj* e *s2gên* [que ou pessoa que é dada à prática do exibicionismo].

e.xi.gir (x= z) *v* **1**. Pedir com autoridade ou reclamar energicamente (o que é devido ou necessário): *exigir silêncio; o médico exigiu dele repouso absoluto; o acusado exige um advogado.* **2**. Ordenar, intimar: *exijo que você se retire!* **3**. Requerer, demandar: *a leitura do livro exigiu meses.* **4**. Determinar, requerer: *a moda exige novamente os joelhos de fora; a etiqueta exige que a pessoa abra um presente à frente de quem presenteia.* → **exigência** (x = z) *sf* (ato ou efeito de exigir); **exigente** (x = z) *adj* (**1**. que exige, que reclama; **2**. que é difícil de contentar, de satisfazer).

e.xí.guo (x = z) *adj* **1**. Muito pequeno, diminuto, acanhado: *espaço exíguo.* **2**. Minguado, escasso, insuficiente: *receber um exíguo salário; ter prazo exíguo para realizar uma tarefa.* → **exiguidade** (x = z; o **u** soa) *sf* (qualidade de exíguo).

e.xí.lio (x = z) *sm* **1**. Ato ou efeito de exilar. **2**. Expulsão ou mudança forçada de uma pessoa de seu país, por decreto de autoridade, como pena ou castigo. **3**. Período que dura essa expulsão ou ausência. **4**. Lugar para onde se retira o exilado. → **exilado** (x = z) *adj* e *sm* (que ou aquele que vive no exílio); **exilar** (x = z) *v* (expulsar do país como pena: *exilar terroristas*); **exilar-se** (deixar o país voluntariamente, por inconformismo político: *milhares de cubanos se exilaram*), que não se confunde com *expatriar(-se).*

e.xí.mio (x = z) *adj* **1**. Notável, eminente: *ele é um exímio piloto.* **2**. Especialista, perito, experto: *é um jogador exímio em dribles curtos.*

e.xi.mir (x= z) *v* **1**. Isentar, desobrigar: *eximiram o motorista de culpa no acidente.* **eximir-se 2**. Isentar-se, desobrigar-se: *eximir-se de um compromisso.*

e.xis.ten.ci.a.lis.mo (x = z) *sm* Corrente de pensamento literofilosófico iniciado pelo filósofo dinamarquês Soren Kierkegaard (1813-1855), segundo a qual o mundo não tem significado algum, sendo cada um de nós responsável por criar um propósito ou significado em nossas próprias vidas, e não Deus, governos, professores, juízes, etc. → **existencialista** (x = z) *adj* (rel. a existencialismo) e *adj* e *s2gên* (que ou pessoa que é partidária do existencialismo).

e.xis.tir (x = z) *v* **1**. Ocupar espaço (ser organizado ou não) como parte da realidade: *o Brasil existe desde 1500.* **2**. Ter vida ou animação; viver: *o homem não pode existir sem oxigênio.* **3**. Ocorrer, estar presente: *a água existe no corpo humano, nas frutas, no leite, etc.* **4**. Persistir, durar: *esses costumes ainda existem na zona rural.* **5**. Permanecer vivo no presente; viver, estar: *nossos entes queridos existirão para sempre em nossa memória.* **6**. Sobreviver: *mal posso existir com este salário.* **7**. Experimentar a vida sem nenhuma atividade ou animação; vegetar: *ele não está vivendo, está apenas existindo.* **8**. Haver, ocorrer, encontrar-se: *não existem rios no deserto.* **9**. Durar, subsistir: *a escravidão no Brasil existiu durante muitos anos.* **10**. Haver: *existe união nesse casal?* → **existência** (x = z) *sf* (**1**. fato ou estado de existir; **2**. continuação da vida, sobrevivência);

existencial (x = z; pl.: -ais) *adj* (rel. a existência); **existente** (x = z) *adj* e *sm* (que ou aquilo que existe).

ê.xi.to (x = z) *sm* **1**. Fim (bom ou mau) de um acontecimento. **2**. Resultado feliz, sucesso.

Êxodo (x = z) *sm* **1**. Saída ou partida dos judeus do Egito, sob a liderança de Moisés. **2**. O segundo livro do Antigo Testamento, que descreve essa partida. **ê.xo.do 3**.*P.ext*. Emigração de um povo ou de grande número de pessoas: *o êxodo dos cubanos para a Flórida*.

e.xo.ne.rar (x = z) *v* **1**. Dispensar os serviços ou préstimos de, despedir: *o presidente exonerou todo o ministério*. **exonerar-se 2**. Desligar-se: *exonerou-se do cargo para candidatar-se*. → **exoneração** (x = z) *sf* [ato ou efeito de exonerar(-se)].

e.xo.pla.ne.ta (è; x = z) *sm* Planeta que não pertence ao sistema solar; planeta extrassolar. (Cuidado para não dizer "èkzoplaneta"!)

e.xor.bi.tar (x = z) *v* **1**. Fazer sair da(s) órbita(s): *ele gesticulava muito, exorbitando os olhos*. **2**. Exceder (limites do que é direito, razoável ou justo): *o professor exorbitou de sua função, querendo suspender o aluno*. **3**. Ir além dos limites do bom senso: *a polícia de vez em quando exorbita*. → **exorbitância** (x = z) *sf* (**1**. saída para fora da órbita; **2**. excesso, demasia; **3**. preço muito elevado); **exorbitante** (x = z) *adj* (**1**. que sai da órbita; **2**. que vai além das medidas do justo ou do razoável: excessivo, desmedido).

e.xor.cis.mo (x = z) *sm* Expulsão, por eclesiástico, de suposto espírito do demônio de pessoa ou lugar, mediante certos rituais. → **exorcista** (x = z) *adj* e *s2gên* (que ou pessoa que exorciza); **exorcizar** (x = z) ou **exorcismar** (x = z) *v* [aplicar o exorcismo (a)].

e.xór.dio (x = z) *sm* **1**. Parte inicial ou introdutória de uma fala ou de um tratado: *ele só tratou do tema, após um longo exórdio*. **2**.*P.ext*. Princípio, começo, início: *estamos ainda no exórdio do seu mandato*. · Antôn.: *peroração*. → **exordial** (x = z) *adj* (rel. a exórdio).

e.xor.tar (x = z) *v* **1**. Animar, encorajar: *exortar os combatentes*. **2**. Incitar por palavras, conselhos ou bons argumentos: *ele exorta o povo à rebelião*. → **exortação** (x = z) *sf* (ato ou efeito de exortar); **exortativo** ou **exortatório** (x = z) *adj* (que exorta: *discurso exortativo*).

e.xos.fe.ra (x = z) *sf* **1**. Região mais remota da atmosfera do planeta. **2**. Camada mais remota da atmosfera terrestre, situada acima da termosfera, estendendo-se milhares de quilômetros, na qual as moléculas têm velocidade suficiente para escapar à gravidade terrestre. → **exosférico** (x = z) *adj* (rel. a exosfera).

e.xos.mo.se (x = z) *sf* **1**. Em biologia, osmose para o exterior de uma célula ou vaso. **2**. Em química e física, fluxo de uma substância de maior concentração para outra de menor concentração. · Antôn.: *endosmose*. → **exosmótico** (x = z) *adj* (rel. ou pert. a exosmose).

e.xo.té.ri.co (x = z) *adj* **1**. Destinado ou adequado para as pessoas em geral, e não para uma minoria selecionada: *doutrina exotérica*. **2**.*P.ext*. Que pode ser entendido por todas as pessoas, sem exceção; popular, simples: *discurso exotérico; explicações exotéricas*. · Antôn.: *esotérico*. → **exoterismo** (x = z) *sm* (qualidade do que é exotérico).

e.xó.ti.co (x = z) *adj* **1**. Originário ou característico de um país estrangeiro muito distante: *plantas e pássaros exóticos; ele mantém em sua casa vários animais de estimação exóticos*. **2**.*P.ext*. Muito diferente; incomum, excêntrico: *comida de sabores exóticos; ela é famosa por seus gostos exóticos*. **3**. *Fig*. Que é esquisito ou bizarro, mas fascina: *penteado exótico; design exótico; arquitetura exótica*. → **exotismo** (x = z) *sm* (qualidade do que é exótico).

ex.pan.dir *v* **1**. Dilatar, inflar: *expandir um balão com gás*. **2**. Ampliar, tornar maior: *expandir o território; expandir os negócios*. **expandir-se 3**. Espalhar-se, estender-se, propagar-se: *sua fama se expandiu por todo o país*. **4**. Ampliar-se, tornar-se maior: *a população da cidade se expande para o sul*. **5**. *Fig*. Desabafar, abrir-se: *ela se expandiu comigo e chorou*. **6**. *Fig*. Tornar-se alegre e comunicativo: *é nas festas que ela se expande mais*. → **expansão** *sf* [ato ou efeito de expandir(-se)]; **expansibilidade** *sf* (qualidade do que é expansível: *expansibilidade torácica*); **expansividade** *sf* (qualidade ou condição do que é expansivo: *a expansividade dos gases: é famosa a expansividade dos brasileiros*); **expansível** *adj* (passível de expansão: *tubo expansível, mangueira expansível*); **expansivo** *adj* (**1**. capaz de expandir ou dilatar: *os gases são expansivos*; **2**.*p.ext*.

que cobre uma ampla área; extenso, abrangente: *os cânions são profundos e expansivos*; **3**. *fig*. que tem facilidade de se comunicar: *povo expansivo*; **4**. *fig*. que gosta de comunicar seus sentimentos; comunicativo, aberto: *filhos expansivos*).

ex.pan.si.o.nis.mo *sm* Prática ou política de uma nação de se expandir territorial ou economicamente, em detrimento de outra. → **expansionista** *adj* (rel. a expansionismo) e *adj* e *s2gên* (que ou pessoa que é partidária do expansionismo).

ex.pa.tri.ar(-se) *v* Obrigar ou ser obrigado a deixar a terra natal: *as guerras expatriam muitas pessoas; a Família Real se expatriou no Brasil em 1808*. [Não se confunde com *exilar(-se)*.] → **expatriação** *sf* ou **expatriamento** *sm* (ato ou efeito de expatriar); **expatriado** *adj* e *sm* (que ou aquele que sofreu a pena de expatriação).

ex.pec.ta.dor ou **ex.pe.ta.dor** (ô) *sm* Aquele que está na expectativa de obter algo, em virtude de probabilidades ou supostos direitos. (Não se confunde com *espectador*.)

ex.pec.ta.ti.va ou **ex.pe.ta.ti.va** *sf* **1**. Sensação ou esperança ansiosa de que algo excitante, agradável ou emocionante vai acontecer: *a expectativa dos torcedores é enorme para esse jogo; eles vivem na expectativa do retorno da filha ao lar*. **2**. Probabilidade com base estatística: *fumar reduz a expectativa de vida em oito anos*.

ex.pec.to.rar ou **ex.pe.to.rar** *v* **1**. Expelir (mucosidades) do peito ou dos pulmões, escarrar: *expectorar muco*. **2**. *Fig*. Proferir em voz alta; vociferar: *ele não sabe discutir sem expectorar palavrões*. → **expectoração** ou **expetoração** *sf* (ato ou efeito de expectorar); **expectorante** ou **expetorante** *adj* e *sm* (que ou medicamento que ajuda na expectoração).

ex.pe.di.ção *sf* **1**. Ato ou efeito de expedir ou enviar; despacho, remessa. **2**. Cada uma das distribuições postais diárias. **3**. Departamento ou seção empresarial que se encarrega de expedir mercadorias. **4**. Viagem ou jornada empreendida por um grupo de pessoas com um propósito específico, princ. o de exploração, pesquisas científicas ou guerra: *uma expedição à Antártica; uma expedição de compras ao Paraguai*. **5**.*P.ext*. Esse grupo: *a expedição chegou bem*. **6**. Celeridade ou presteza eficiente; expediente (3): *ela me fez o favor com expedição*. → **expedicionário** *adj* (rel. a expedição) e *adj* e *sm* (que ou aquele que faz expedição científica ou militar) e *sm* [combatente da Força Expedicionária Brasileira (FEB)].

ex.pe.di.en.te *sm* **1**. Meio ou recurso utilizado para vencer obstáculo ou dificuldade: *usou de vários expedientes para evitar o avanço da manada de elefantes*. **2**. Horário de atendimento ao público de qualquer empresa ou repartição: *trabalhar em meio expediente; ele me atendeu fora do expediente*. **3**. Presteza eficiente; expediente (6). **4**. Em jornalismo, quadro que contém, além de outros informes, os nomes dos responsáveis pela edição de uma publicação. **5**. Despacho ordinário e cotidiano de assuntos e negócios públicos ou privados. ·· **Pessoa de expediente**. Pessoa de iniciativa e muito desembaraçada em lidar com algum problema. ·· **Ter expediente**. Ser expedito ou desembaraçado na solução de algo complicado. ·· **Viver de expedientes**. Não ter modo certo de vida e, por isso, usar de meios ilícitos como recurso para sobreviver.

ex.pe.dir *v* **1**. Remeter ou enviar a seu destino, despachar: *expedir correspondência*. **2**. Mandar ou enviar com propósito definido: *expedir um exército*. **3**. Dar solução a, despachar, resolver: *o juiz já expediu o processo, dando a sentença*. **4**. Promulgar, publicar: *expedir edital*. **5**. Enunciar verbalmente: *expedir ordens*. · Conjuga-se por *pedir*.

ex.pe.di.to *adj* **1**. Diz-se daquele que desempenha tarefas ou resolve problemas com facilidade, rapidez e eficiência; desembaraçado. **2**. Rápido e eficiente ou convincente: *a polícia fez uma expedita investigação desse crime; ele teve da empresa uma expedita resposta a sua reclamação*.

ex.pe.lir *v* **1**. Lançar de si com esforço; expulsar: *expelir cálculos renais*. **2**. Lançar de si; soltar: *as chaminés expelem poluição diariamente em Cubatão (SP)*. **3**. *Fig*. Proferir com agressividade; vociferar: *no discurso, ele expelia críticas contra o governo*. · Conjuga por *ferir*.

ex.pen.der *v* **1**. Expor ou explicar com profusão de detalhes: *o físico expendeu sua teoria na televisão; expendi-lhes minha tese, que foi bem recebida*. **2**. Gastar ou despender (quantia significativa): *o governo expendeu bilhões de reais nessa obra, ora inacabada; expandi uma fortuna na construção dessa casa*. → **expensão** *sf* (ato ou efeito de expender).

ex.pen.sas *sfpl*. Despesas, gastos. · **A expensas de**. **1**. Com dinheiro ou esforço (de alguém): *Viajei a expensas próprias*. **2**. À custa de (com ideia de perda, dano ou sacrifício de alguém):

Fazer farras a expensas do contribuinte. Eles almoçaram a expensas do governo. (Não convém usar *"às" expensas de*, conforme registro aqui e ali.)

ex.pe.ri.ên.cia *sf* **1**. Ato ou efeito de experimentar; experimentação, experimento: *fazer uma experiência química.* **2**. Prática ou conhecimento próprio; vivência: *ele aprendeu essa lição por uma experiência dolorosa.* **3**. Habilidade ou perícia adquirida ao longo do tempo com a prática, o exercício; tarimba, traquejo: *goleiro, para ser bom, precisa ter experiência; experiência profissional.* **4**. Teste, ensaio: *esse estágio me serviu de experiência para novos empreendimentos; fazer experiência com novos medicamentos.* → **experiente** *adj* e *s2gên* (que ou pessoa que tem experiência).

ex.pe.ri.men.tar *v* **1**. Fazer experiências científicas, princ. num laboratório: *os cientistas experimentam em cobaias.* **2**. Pôr à prova; provar, testar: *experimentar uma roupa.* **3**. Conhecer pelo sabor; provar: *experimente este doce!* **4**. Verificar na prática ou mediante experimentos: *vou experimentar essa receita culinária; experimentar a ação de uma nova droga.* **5**. Submeter a provas físicas ou morais; testar física ou moralmente: *experimente saltar de paraquedas!; fiz isso apenas para experimentá-lo.* **6**. Conhecer na prática ou pela experiência; provar: *morreu sem experimentar o amor.* **7**. Sentir, sofrer, suportar: *nunca experimentei a inveja, mas já experimentei a loucura de amar.* **8**. Obter, gozar: *nunca experimentei favores seus, por isso nada lhe devo.* **9**. Testar, comprovar: *experimentou a resistência do galho antes de saltar para ele.* **10**. Pôr em prática; executar: *se este plano não der certo, experimentaremos outro.* **11**. Tentar, procurar: *por que não experimenta entrar na casa pelo portão?; tirou o gesso da perna, experimentou andar e ainda sente dores.* **12**. Ser vítima de: *nunca experimentei tamanha traição na vida.* → **experimentação** *sf* ou **experimento** *sm* [ato ou efeito de experimentar; experiência (1)]; **experimentado** *adj* (que já passou por experiência) e *adj* e *sm* (que ou aquele que conhece profundamente um assunto ou que é experiente ou hábil numa atividade: *motorista experimentado; os experimentados pilotos da força aérea*); **experimental** *adj* (rel. a experiência: *todos os novos medicamentos são submetidos a provas experimentais*; **2**. baseado na experiência, e não na teoria; prático, empírico: *a física é uma ciência experimental*).

expert [ingl.] *adj* e *s2gên* Experto. · Pronuncia-se *ékspèr*.

ex.per.to *adj* e *sm* Que ou aquele que tem habilidade ou conhecimentos profundos e especiais que o fazem dominar determinada área do saber ou do conhecimento; especialista, perito, *expert*: *médico experto em saúde pública; advogado experto em direito trabalhista; contratei um experto em informática para resolver o problema.* (Não se confunde com *esperto.*)

ex.pi.ar *v* **1**. Pagar (crime, pecado, falta, etc.) por meio de castigo ou reparação: *os bandidos expiam seus crimes na cadeia.* **2**. *Fig.* Sofrer as consequências; pagar física ou moralmente (alguma ação errada, injusta, impensada, etc.): *o presidente do clube disse que o São Paulo, até hoje, expia a iniciativa de ter construído o Morumbi.* **expiar-se 3**. Purificar-se (de crimes, pecados ou qualquer coisa malfeita): *quando reza e pede perdão, você se expia de seus pecados.* (Não se confunde com *espiar.*) → **expiação** *sf* (**1**. penitência ou castigo que abranda a culpa; cumprimento de pena; *é uma cerimônia anual de confissão e expiação pelos pecados; ele hoje trabalha pelos pobres como expiação por ter praticado tantos males na vida*; **2**. reconciliação de Deus e da humanidade por meio da morte sacrificial de Jesus Cristo: *Jesus foi a vítima de expiação pelos nossos pecados*; **3**. reparação por dano ou lesão: *foi obrigado a fazer expiação pelo vandalismo que praticou*); **expiatório** *adj* (que serve para expiação ou castigo: *jejum expiatório*).

ex.pi.rar *v* **1**. Expelir (o ar introduzido pela inspiração): *expirar gás carbônico.* **2**. Soltar o último suspiro ou alento; morrer: *ele expirou dormindo.* **3**. Chegar a um fim; terminar: *está expirando a primavera.* · Antôn. (1): *inspirar.* → **expiração** *sf* (ato ou efeito de expirar), de antôn. *inspiração.*

ex.pla.nar *v* Explicar com desembaraço e de vários modos, tornando simples o que se tinha por complicado: *explanar uma lição.* → **explanação** *sf* (ato ou efeito de explanar); **explanatório** *adj* (próprio para explanar).

ex.ple.ti.vo *adj* Em gramática, diz-se de palavra ou expressão que serve para dar realce ou colorido à frase, sem nela exercer função sintática (p. ex.: *eu é que não vou lá novamente*).

ex.pli.car *v* **1**. Tornar simples, claro, compreensível; esclarecer: *explicar um assunto.* **2**. Expressar, exprimir: *não consigo explicar o que sinto.* **3**. Dizer ou indicar o motivo ou a razão de (algo), tentando justificá-lo: *explique essa marca de batom na sua camisa!; explique o segredo do seu sucesso!* **4**. Dar detalhes sobre: *não assine nada antes que seu advogado lhe explique o contrato!* **explicar-se 5**. Fazer-se compreender: *vou me explicar melhor.* **6**. Fornecer razões para o seu comportamento, atitude, etc.: *ele não foi à escola por três dias; pedi-lhe, então, que se explicasse.* → **explicação** *sf* [ato ou efeito de explicar(-se)]; **explicativo** *adj* (**1**. que serve para explicar: *exemplo explicativo*; **2**. diz-se da conjunção coordenativa que exprime ideia de explicação, motivo ou razão, como *porque, pois,* etc.).

ex.plí.ci.to *adj* **1**. Explicado clara e coerentemente: *na reunião, tornei explícito meu ponto de vista.* **2**. Total e claramente expresso ou declarado: *o morto deixou explícito o seu desejo, em testamento.* **3**. Feito, expresso ou mostrado de forma clara e aberta: *sexo explícito.* **4**. Que se nota prontamente; bem visível: *placas de trânsito têm de ser explícitas.* **5**. Claro, manifesto: *o incômodo se tornou explícito após a intervenção da mídia.* **6**. Inequívoco, claro, categórico: *receber ordens explícitas; o professor foi muito explícito de como devemos nos comportar.* · Antôn. (1 e 2): *implícito.* → **explicitação** *sf* (ato ou efeito de explicitar); **explicitar** *v* (tornar explícito).

ex.plo.dir *v* **1**. Provocar a explosão ou detonação de; detonar: *explodir um campo de petróleo.* **2**. Rebentar com estrondo, estourar: *a bomba explodiu a dois metros de mim.* **3**. *Fig.* Crescer ou aumentar muito: *nossas vendas explodiram este mês.* **4**. *Fig.* Manifestar-se com ruído: *os torcedores explodiram de emoção com esse gol; no meio da missa, explodiu uma gargalhada.* **5**. *Fig.* Aumentar rápida e incontrolavelmente: *o nível populacional do mundo explode.* **6**. *Fig.* Surgir de repente; irromper: *a guerra explodiu em setembro.* · Conjugava-se por *abolir,* mas a língua popular o tornou regular: *explodo, explodes; expluda, expludas,* etc. Os portugueses, no entanto, usam *expludo* por *explodo* e *expluda* por *exploda.* · V. **explosão**.

ex.plo.rar *v* **1**. Percorrer (região desconhecida ou pouco conhecida) para aprender sobre suas características, recursos, habitantes, etc.: *explorar a Antártica.* **2**. Tirar partido do proveito de; cultivar: *explorar uma fazenda.* **3**. Tirar proveito ou partido de (fato, situação): *a oposição soube explorar mais essa gafe do governo.* **4**. Abusar da boa-fé, confiança ou ignorância de, vendendo mais caro, auferindo benefícios, etc.: *explorar a freguesia.* → **exploração** *sf* (ato ou efeito de explorar); **explorador** (ô) *adj* e *sm* (que ou aquele que explora algo ou alguém, legítima ou ilegitimamente).

ex.plo.são *sf* **1**. Liberação de energia mecânica, química ou nuclear de forma brusca, violenta e geração de alta temperatura; deflagração: *a ilha foi abalada por uma série de explosões vulcânicas.* **2**. Ação de um corpo que estala ou arrebenta súbita e violentamente. **3**. *Fig.* Manifestação repentina de raiva, alegria, riso, aplauso, etc.; irrupção. **4**. *Fig.* Aumento grande e súbito; expansão em grande escala e rápida: *explosão demográfica; a explosão das favelas na cidade; houve uma explosão no consumo de drogas de alguns anos para cá.* **5**. *Fig.* Protesto violento: *se ele se reeleger, vai haver uma explosão no país.* **6**. Queima da mistura de combustível e ar, em um motor de combustão interna: *explosão no cilindro do motor.* **7**. Em fonética, súbita liberação de ar, na pronúncia de uma consoante oclusiva, com abertura brusca do canal bucal. → **explosivo** *adj* (**1**. que pode causar explosão; **2**. que, pela sua natureza, pode provocar reações violentas ou brutais) e *sm* (corpo ou mistura de corpos que pode explodir).

ex.po.en.te *sm* **1**. Pessoa que em petição ou requerimento expõe razões, pretensões, etc. **2**. Pessoa que sobressai em sua atividade; expressão. **3**. Em matemática, pequeno número ou símbolo colocado acima e à direita de outro número, símbolo ou expressão, para indicar quantas vezes este deve ser multiplicado por si mesmo (p. ex.: $a^2 = a \times a$). → **exponenciação** *sf* (elevação de um número a uma potência); **exponencial** *adj* (**1**. rel. a expoente; **2**. que tem um expoente variável, incógnito ou indeterminado; **3**. *fig.* de grande importância ou significado: *Machado de Assis é a figura exponencial das nossas letras*) e *sf* (red. de *função exponencial*).

ex.por *v* **1**. Colocar em perigo, arriscar: *expor a vida.* **2**. Narrar, contar: *expor um fato.* **3**. Explicar: *expor as razões do seu gesto.* **4**. Desenvolver: *expor uma tese.* **5**. Deixar a descoberto: *expor o umbigo.* **6**. Mostrar ou mostrar: *esse pintor nunca expôs.* **expor-se 7**. Arriscar-se, sujeitar-se: *expor-se a uma contusão.* **8**. Sair decididamente: *expor-se à chuva.* **9**. Sujeitar-se, submeter-se: *implicado no crime, na delegacia não quis se expor a um interrogatório.* · V. **exposição**.

ex.por.tar v **1**. Vender e transportar (produto ou mercadoria nacional) para país estrangeiro: *exportar soja*. **2**.*P.ext*. Enviar (ideias, atletas, valores culturais, etc.) para o estrangeiro: *o Brasil sempre exportou jogadores de futebol; o Brasil exportou a bossa nova para o mundo*. **3**. Em informática, alterar o formato de (arquivo, programa, etc.), a fim de que possa ser transferido e lido por outros programas, que não aquele em que foi originalmente criado. · Antôn. (1 e 2): *importar*. → **exportação** *sf* (**1**. ato ou efeito de exportar; **2**. remessa de produtos nacionais para o estrangeiro; **3**. conjunto dos produtos exportados).

ex.po.si.ção *sf* **1**. Ato ou efeito de expor(-se). **2**. Exibição ou mostra pública, em grande escala, de obras de arte, produtos agrícolas, industriais, fotografias, etc. **3**. Local onde se fez tal exibição. → **expositivo** *adj* (rel. a exposição); **expositor** (ô) *sm* (aquele que expõe ou que promove uma exposição).

ex.pres.são *sf* **1**. Ato ou efeito de expressar(-se) ou exprimir(-se). **2**. Manifestação do pensamento de alguma forma: *liberdade de expressão*. **3**. Realce, ênfase, expressividade, vigor: *deu expressão a seu discurso, usando muitas figuras de linguagem*. **4**. Feição, semblante: *ele chegou com uma expressão carrancuda*. **5**. Importância, vulto: *pianista de expressão*. **6**. Palavra, locução ou frase com que se enunciam pensamentos: *expressão chula*. **7**. Símbolo ou série de símbolos que exprimem uma quantidade ou fato algébrico, como *x + y*, p. ex. **8**. Personificação, encarnação: *Tom Jobim é a expressão da bossa nova*. → **expressar(-se)** *v* [exprimir(-se) claramente, usando termos precisos, que não deixam margem a dúvidas ou incertezas: *expressar uma opinião; expressei-me de forma concisa*].

ex.pres.si.vo *adj* **1**. Relativo à expressão ou exteriorização das ideias ou pensamento: *a função expressiva da linguagem; a habilidade expressiva de uma criança*. **2**. Que expressa ou representa com clareza alguma coisa; representativo, indicativo: *olhar expressivo de amor; eita é uma interjeição expressiva de contrariedade*. **3**. Cheio de significado ou sentimento; marcante: *um aceno expressivo de despedida; ela tem olhos grandes e expressivos*. **4**. Que tem um significado, sentimento ou força particular; significativo: *fez-se um silêncio expressivo na sala; o suspiro expressivo da professora mostrou que ela já tinha ouvido aquela desculpa muitas vezes antes*. **5**. Que não é desprezível; considerável; *houve um aumento expressivo na inflação este mês*. **6**. Importante, influente, relevante: *o regime russo não admite a possibilidade de nenhum líder oposicionista expressivo*. **7**. Sonoro, forte, claro: *locutor de voz expressiva*. **8**. Diz-se de palavra onomatopaica cuja origem não tem explicação. · Antôn.: *inexpressivo*. → **expressividade** *sf* (**1**. qualidade do que é expressivo: *a expressividade de uma quantia*; **2**. qualidade de transmitir efetivamente um pensamento ou sentimento, vigor e força de expressão: *chorar faz parte da nossa expressividade natural; sua voz é notável pela pureza e expressividade emocional*).

ex.pres.so *adj* **1**. Que não admite contestação; terminante, categórico: *recebeu ordens expressas de seus superiores*. **2**. Dito de forma clara: *o discurso expresso pelo ex-ministro repercutiu nacionalmente*. **3**. Retratado, manifesto: *desejo expresso em testamento*. **4**. Caracterizado pela rapidez com que chega ao destino ou com que é servido: *carta expressa*. **5**. Diz-se do café feito em dose individual, preparado em máquina elétrica com água quente sob pressão, pronto para fazer pó de café (em italiano se grafa *espresso*). // *sm* **6**. Qualquer veículo de transporte (trem, ônibus, caminhão, elevador, etc.) caracterizado pela rapidez com que chega a seu destino.

ex.pri.mir *v* **1**. Manifestar ou enunciar por meio de palavras ou gestos; revelar: *exprimir uma ideia, uma dor*. **2**. Expor claramente; enunciar, significar: *é uma palavra que exprime bem o que penso*. **3**. Revelar, manifestar: *olhar que exprime tristeza*. **4**. Representar artisticamente: *quadro que exprime a miséria brasileira*. **exprimir-se 5**. Enunciar o pensamento por meio de palavras, gestos, sinais, etc.: *exprimir-se claramente*. **6**. Expressar-se: *todos têm o direito de exprimir-se*. · V. **expressão**.

ex.pro.brar ou **ex.pro.bar** *v* Censurar (erros, faltas, culpas, vícios, etc.) ou criticar veementemente: *exprobrar a leviandade dos caluniadores*. → **exprobração** ou **exprobação** *sf* (ato ou efeito de exprobrar); **exprobratório** ou **exprobatório** *adj* (que contém ou encerra exprobração).

ex.pro.pri.ar *v* Tirar (propriedade) da posse de, legalmente, por necessidade ou utilidade pública, ou, ainda, por interesse social; desapropriar: *expropriar uma fazenda improdutiva*. (Cuidado para não usar "expropiar"!) → **expropriação** *sf* (ato ou efeito de expropriar).

ex.pug.nar *v* **1**. Conquistar e tomar pela força (em guerra): *os alemães expugnaram a Polônia em semanas*. **2**.*P.ext*. Suplantar, vencer: *meus conselhos foram importantes para ela expugnar o ódio que sentia pelos parentes*. · As formas rizotônicas têm tonicidade na segunda sílaba (*pug*). → **expugnação** *sf* (ato ou efeito de expugnar).

ex.pul.sar *v* **1**. Fazer sair à força: *a polícia expulsou os invasores do terreno*. **2**. Obrigar (alguém) a sair definitivamente de onde estava; excluir: *o árbitro expulsou o jogador briguento; o Irã expulsou dois diplomatas britânicos*. **3**. Lançar fora de si; liberar ou expelir com força: *a vaca expulsou o bezerro com a ajuda do veterinário*. → **expulsão** *sf* (ato ou efeito de expulsar).

ex.pur.gar *v* **1**. Limpar, purificar: *expurgar uma ferida*. **2**. Pôr fim a; eliminar: *é preciso expurgar a impunidade*. **3**. Remover (pessoa ou grupo indesejável) de uma organização ou local de forma arbitrária ou violenta: *o partido expurgou seus dissidentes*. **4**. *Fig*. Livrar de erros ou falhas; apurar: *expurgar um texto jornalístico; expurgue sua redação de tantos estrangeirismos!* → **expurgação** *sf* ou **expurgo** *sm* (ato ou efeito de expurgar); **expurgatório** *adj* (que expurga).

ex.su.dar *v* **1**. Segregar em forma de gotas ou de suor: *a imagem exsudava sangue*. **2**. Sair pelos poros, em forma de suor: *as moringas de barro, quando cheias, exsudam*. → **exsudação** *sf* (**1**. ato ou efeito de exsudar; **2**. líquido que atravessa os poros de certos vegetais e toma certa consistência e viscosidade na superfície em que surge).

ex.sur.gir *v* Levantar-se, erguer-se: *eis que exsurge o Sol*. · Conjuga-se por *agir*.

êx.ta.se *sm* **1**. Estado da pessoa que sente prazer, emoção ou alegria tão intensos, que não consegue pensar ou sentir outra coisa: *a conquista do título de campeão levou os torcedores ao êxtase*. **2**. Em teologia, estado da alma em que a união mística com Deus é experimentada através da contemplação e diminuição de todas as funções orgânicas; transe místico resultante de grande fervor religioso: *os êxtases de Santa Teresa são descritos em suas obras*. **3**. *Pop*. Poderosa droga recreativa ilícita, de propriedades estimulantes e alucinógenas, conhecida comercialmente como *ecstasy* e cientificamente como metilenodioximetanfetamina (MDMA). → **extasiante** *adj* (que extasia: *a flora amazônica é extasiante*); **extasiar** *v* (causar êxtase a; encantar, fascinar: *os espetáculos circenses extasiam a garotada*); **extasiar-se** (encher-se de entusiasmo, cair em êxtase, encantar-se, fascinar-se: *a garotada se extasia com os espetáculos circenses*); **extático** *adj* (**1**. que tem a natureza ou a característica do êxtase; **2**. que caiu em êxtase; **3**. *fig*. fascinado, encantado: *fiquei extático ante a beleza daquela mulher*), que não se confunde com *estático*.

ex.tem.po.râ.neo *adj* **1**. Feito ou realizado de repente e de qualquer maneira, apenas por exigência das circunstâncias; improvisado: *abrigo extemporâneo; discurso extemporâneo; casamento extemporâneo*. **2**. Que vem ou acontece em época diferente da costumeira: *eleições extemporâneas; frutas extemporâneas; inverno extemporâneo*. **3**. Feito em momento inadequado ou impróprio; inoportuno: *pedido de aumento salarial inteiramente extemporâneo*. → **extemporaneidade** *sf* (qualidade do que é extemporâneo).

ex.ten.são *sf* **1**. Ato ou efeito de estender(-se); aumento em comprimento; ampliação: *a extensão de uma ferrovia; ferramentas são extensão das mãos humanas*. **2**. Comprimento, tamanho: *qual a extensão desta rodovia?* **3**. Tempo de duração de algo: *o curso teve uma extensão de seis meses*. **4**. Alcance, significado: *um estrago dessa extensão só mesmo um furacão poderia fazer; agora é que estou entendendo a extensão de sua crítica*. **5**. Parte adicionada a uma casa ou edifício; puxadinho: *vamos construir uma extensão do nosso galpão*. **6**. Ampliação, aumento, acréscimo: *lutar pela extensão dos benefícios trabalhistas*. **7**. Aumento do prazo; prorrogação: *pediu a extensão do seu contrato de trabalho; pedi a extensão do meu visto no consulado americano*. **8**. Ampliação do sentido de uma palavra, frase, conceito, etc. **9**. Telefone extra, conectado à linha principal; ramal telefônico auxiliar: *não temos extensão em casa*. **10**. Comprimento de um cabo elétrico, que permite o uso de um aparelho a alguma distância da tomada. → **extensível** *adj* (**1**. que se pode estender ou ampliar; **2**. que se aplica a pessoas, coisas ou casos análogos); **extenso** *adj* [**1**. que é mais comprido que largo (e menos que amplo); longo, comprido; **2**. que dura muito tempo; longo; **3**. prolixo]; **extensor** (ô) *adj* (que estende ou que serve para estender) e *adj* e *sm* (que ou músculo que executa movimentos dos membros, ou de certas partes destes, no sentido oposto ao de flexão).

ex.te.nu.ar *v* **1**. Enfraquecer ou debilitar, esgotando as forças a; estafar: *esse trabalho me extenuou*. **2**. Gastar, exaurir: *extenuar a herança*. **extenuar-se 3**. Enfraquecer-se, debilitar-se: *extenuei-me tanto, que não conseguia andar*. → **extenuação** *sf* [ato ou efeito de extenuar(-se); enfraquecimento, debilidade, exaustão, prostração]; **extenuante** ou **extenuativo** *adj* (que extenua; estafante).

ex.te.ri.or (ô) *adj* **1**. Que está ou fica do lado de fora (em oposição a *interior*); externo: *as paredes externas da casa ainda não foram pintadas*. **2**. Que existe ou está fora de nós: *o mundo exterior; a realidade exterior*. **3**. Relativo aos países estrangeiros; internacional: *comércio exterior; relações exteriores*. **4**. Não essencial; extrínseco: tecer críticas exteriores ao texto. // *sm* **5**. Parte externa de algo ou de alguém, exposta à vista: *o exterior de um prédio*. **6**. Aparência ou aspecto externos: *o exterior dos modelos é sempre agradável; por trás de um exterior tímido, às vezes se esconde uma personalidade misteriosa e forte*. **7**. Qualquer país estrangeiro: *esse vírus veio do exterior*. · Antôn.: *interior*. → **exterioridade** *sf* (qualidade ou estado do que é exterior: *alguns insetos apresentam exterioridade de esqueleto*), de antôn. *interioridade*; **exteriorização** *sf* [ato ou efeito de exteriorizar(-se)], de antôn. *interiorização*; **exteriorizar(-se)** *v* [dar(-se) a conhecer; manifestar(-se), externar(-se)], de antôn. *interiorizar(-se)*.

ex.ter.mi.nar *v* **1**. Eliminar, matando; destruir completamente; aniquilar: *exterminar insetos; uma guerra nuclear exterminará a humanidade*. **2**. Livrar-se totalmente de; acabar com; extirpar: *demorou, mas ela acabou exterminando todos os seus maus hábitos; quando é que conseguiremos exterminar a corrupção*? → **exterminação** *sf* ou **extermínio** *sm* (ato ou efeito de exterminar); **exterminador** (ô) *adj* e *sm* (que ou quem extermina).

ex.ter.na *sf* **1**. Cena tomada ao ar livre, em filme, telenovela, telejornal, etc. // *sfpl* **2**. Transmissão feita fora dos estúdios de televisão, por unidades móveis. → **externar** *v* [manifestar (o que é interior); exteriorizar: *externar minhas opiniões livremente*]; **externato** *sm* [**1**. estabelecimento de ensino em que os alunos apenas recebem lições (em oposição a *internato*); **2**. conjunto desses alunos]; **externo** *adj* (**1**. que fica ou está fora, exterior: *a face externa de um prédio*. **2**. capaz de ser percebido externamente: *os sinais externos de uma doença*; **3**. que surge ou age de fora: *lidar com forças externas*; **4**. de existência independente da mente: *a realidade externa*; **5**. que envolve país estrangeiro: *dívida externa; comissário para assuntos externos*; **6**. diz-se de medicamento que se aplica por fora: *pomadas são medicamento de uso externo*; **7**. estrangeiro ou relativo a países estrangeiros: *o cenário externo não está nada favorável às exportações*; **8**. que provém do exterior: *a demanda externa por nossos alimentos aumenta*) e *adj* e *sm* (que ou aluno que não mora na escola), de antôn. *interno*.

ex.ter.ri.to.ri.a.li.da.de *sf* **1**. Liberdade de jurisdição que gozam embaixadores e diplomatas em país estrangeiro. **2**. Jurisdição de um país sobre seus cidadãos que habitam terras estrangeiras.

ex.tin.guir (o **u** não soa) *v* **1**. Apagar: *extinguir o incêndio*. **2**. Suprimir, abolir: *extinguir a escravidão*. **3**. Eliminar, acabar com: *extinguir uma espécie animal*. **4**. Acabar com; extirpar, erradicar: *extinguir a impunidade, a corrupção*. **5**. Dissolver: *extinguir uma sociedade*. **6**. Gastar, dissipar: *extinguiu a herança num mês*. **extinguir-se 7**. Apagar-se: *o incêndio se extinguiu naturalmente*. · Nenhuma de suas formas tem o *u* sonoro: *extinguia, extinguimos, extinguido*, etc. · V. **distinguir**. → **extinção** *sf* [ato ou efeito de extinguir(-se); **extintivo** *adj* (**1**. rel. a extinção; **2**. que extingue); **extinto** *adj* (**1**. que se extinguiu: *direitos extintos*; **2**. que já desapareceu de todo: *língua extinta*; **3**. diz-se de vulcão que não entra mais em atividade) e *sm* (pessoa morta; finado, defunto); **extintor** (ô) *sm* (aparelho próprio para extinguir fogo de pequenas e médias proporções).

ex.tir.par *v* **1**. Arrancar pela raiz: *extirpar as ervas daninhas do solo*. **2**. Tirar de dentro do corpo (tecido danoso); extrair: *extirpar um tumor*. **3**. Extinguir, acabar com; erradicar: *extirpar a corrupção*. → **extirpação** *sf* (ato ou efeito de extirpar).

ex.tor.quir (o **u** não soa) *v* **1**. Obter (princ. dinheiro) pela força ou com ameaça, intimidação, ardil, etc.: *extorquir bens é crime*. **2**. Cobrar com exorbitância e indevidamente; explorar:

esse comerciante extorque seus fregueses. · Conjuga-se por *abolir*. → **extorsão** *sf* (**1**. ato ou efeito de extorquir; prática delituosa de obter algo, princ. dinheiro, por meio de força ou ameaças; **2**. *fig*. cobrança de preço abusivo ou injusto; exploração: *seis reais por um litro de gasolina é uma extorsão*); **extorsionário** *adj* (**1**. rel. a extorsão; **2**. extorsivo) e *sm* (aquele que pratica o delito de extorsão); **extorsivo** *adj* [em que há extorsão; extorsionário (2)].

ex.tra- *pref* que exige hífen antes de *h* ou de *a*.

ex.tra *adj* **1**. Redução de *extraordinário*; suplementar: *edição extra; horas extras*. **2**. Redução de *extrafino*; de qualidade superior: *café extra*. // *sm* **3**. Qualquer coisa mais que o necessário ou o usual: *ganhar um extra, fazendo um bico*. **4**. Caderno especial de um jornal ou de uma revista. // *s2gên* **5**. Pessoa que trabalha, sem fazer parte do quadro efetivo de funcionários. **6**. Figurante de teatro, cinema ou televisão. (Em boa parte do Brasil se diz com **e** tônico fechado, mas o aconselhável é abri-lo.)

ex.tra.cam.po *adj* e *sm* Que ou o que ocorre fora dos gramados: *os extracampos é que preocupam os dirigentes do clube paulista; episódios extracampo, fatores extracampo*. (Como se vê, o adjetivo não varia.) · O VOLP não registra este vocábulo.

ex.tra.ção *sf* **1**. Ato ou efeito de extrair ou arrancar: *a extração de um dente*. **2**. Sorteio de loteria. **3**. Operação matemática por meio da qual se acha a raiz de uma potência conhecida. **4**. Conjunto de operações que têm por fim arrancar do seio da terra os mais diferentes minerais. · V. **extrativo** e **extrato**.

ex.tra.clas.se *adj* Relativo a qualquer atuação fora da sala de aula, mas de estreita relação com uma disciplina: *atividades extraclasse*. (Como se vê, não varia.)

ex.tra.con.ju.gal *adj* Que ocorre fora do casamento; extramatrimonial: *ele teve vários casos extraconjugais*.

ex.tra.cur.ri.cu.lar *adj* Que não pertence ao currículo regular de uma escola, mas é promovido por ela: *as atividades extracurriculares desta escola incluem xadrez, natação, tênis, coral e judô*.

ex.tra.di.ção *sf* Entrega do autor de uma infração ao Estado estrangeiro que o reclama, para que possa ser julgado ou pagar sua pena: *o Brasil tem tratado de extradição com a Itália; a extradição de um traficante de drogas para os Estados Unidos*. → **extraditando** *sm* (aquele cuja extradição foi solicitada); **extraditar** *v* [entregar (condenado, criminoso ou refugiado) às autoridades do país que o reclama].

ex.tra.es.co.lar *adj* Fora do âmbito escolar ou fora dos programas curriculares da escola; alheio à escola: *experiências extraescolares*.

ex.tra.fi.no *adj* De qualidade superior, extra: *café extrafino*.

ex.tra-hu.ma.no *adj* Sobre-humano. · Pl.: *extra-humanos*.

ex.tra.ir *v* **1**. Separar ou tirar (algo) do corpo de que faz parte intrínseca: *extrair um dente*. **2**. Colher, sugar: *a abelha extrai o néctar das flores, para produzir o mel*. **3**. Em matemática, calcular (a raiz de um número). **4**. Sortear (número de jogo). · Conjuga-se por *cair*. · V. **extração**.

ex.tra.ju.di.ci.al *adj* **1**. Que não se relaciona com a autoridade judicial: *notificação extrajudicial*. **2**. Que não tem relação com os processos de direito.

ex.tra.ma.tri.mo.ni.al *adj* Extraconjugal.

ex.tra.mu.ros *adv* Fora dos limites de uma cidade; afastado do centro urbano; no arrabalde ou periferia: *trabalhar extramuros*. · Antôn.: *intramuros*.

ex.tra.o.cu.lar *adj* **1**. Junto ao globo ocular, mas sem fazer parte dele. **2**. Diz-se de cada um dos seis pequenos músculos voluntários situados entre a órbita e o globo ocular, que controlam o seu movimento.

ex.tra.o.fi.ci.al *adj* **1**. Estranho aos negócios públicos. **2**. Que não provém de autoridade oficial; oficioso: *notícia extraoficial*.

ex.tra.or.di.ná.rio *adj* **1**. Que é além do ordinário ou habitual: *um furacão no Brasil seria um fato extraordinário*. **2**. Fora do regular ou estabelecido: *medidas extraordinárias; presidente com poderes extraordinários*. **3**. Excepcional, notável: *aluno extraordinário; colheita extraordinária*. **4**. Fabuloso, incrível: *ele nos contava casos extraordinários; filme de ações extraordinárias*. **5**. Muito grande; elevado: *a feira recebeu um número extraordinário de visitantes*. **6**. Excessivo, extremo; em grau elevado: *devoto-lhe extraordinária aversão*. **7**. Encarregado de tarefa especial: *ministro extraordinário de esportes*. **8**. Inesperado, imprevisto: *receber visitas extraordinárias*. // *sm* **9**. Acontecimento imprevisto: *houve* *alguns extraordinários durante a festa, com os quais nem de leve contávamos.* **10**. Despesa além da normal ou habitual: *não tínhamos dinheiro para pagar o extraordinário, que importava em mil reais.* **11**. Tudo o que não está incluído no habitual: *as refeições lá eram baratas, mas os nossos gastos maiores eram nos extraordinários.*

ex.tra.po.lar *v* **1**. Ultrapassar, ir além de, exceder: *os lucros deste mês extrapolaram nossas expectativas.* **2**. Exagerar, exorbitar, ir além da conta: *ao querer que ela o beijasse em público, você extrapolou.* → **extrapolação** *sf* (ato ou efeito de extrapolar); **extrapolante** *adj* (que extrapola).

ex.trar.re.gu.la.men.tar *adj* Que é estranho a um regulamento ou que está fora dele: *a admissão de funcionários, em qualquer departamento do governo, sem prestarem o devido concurso público é considerada extrarregulamentar.*

ex.trar.re.gu.lar *adj* Estranho a uma regra ou a regras.

ex.tras.se.co (ê) *adj* Extremamente seco: *o clima no deserto é extrasseco.*

ex.tras.sen.sí.vel *adj* **1**. Muito sensível; ultrassensível: *ser extrassensível a críticas; sensores de estacionamento extrassensíveis.* **2**. Que não é, de forma direta, percebido pelos sentidos.

ex.tras.sen.so.ri.al ou **ex.tras.sen.só.rio** *adj* Fora ou além dos seis sentidos humanos: *experiência extrassensorial; poderes extrassensórios.*

ex.tras.so.lar *adj* Fora ou além do sistema solar: *planeta extrassolar.*

ex.tra.ter.re.no *adj* **1**. Que está ou se produz fora da Terra. **2**. Extraterrestre.

ex.tra.ter.res.tre *adj* e *sm* Que ou o que não pertence ao planeta Terra; alienígena.

ex.tra.ter.ri.to.ri.al *adj* **1**. Que está fora dos limites territoriais ou jurisdicionais de um Estado ou país. **2**. Relativo a pessoa isenta de jurisdição legal do país em que reside. → **extraterritorialidade** *sf* (qualidade ou estado de extraterritorial).

ex.tra.ti.vo *adj* **1**. Relativo a extração: *setor extrativo mineral.* **2**. Que se realiza por extração: *mineração extrativa.* → **extrativismo** *sm* [**1**. qualidade de extrativo; **2**. extração de produtos ou de recursos naturais (madeira, p. ex.), para serem industrializados ou comercializados. **3**.*pej*. extração de recursos naturais de toda ordem, sem a mínima preocupação de preservar as espécies, mormente as em extinção, ou de evitar impacto ecológico].

ex.tra.to *sm* **1**. Produto resultante de extração: *eis aqui o extrato do meu pé; uma farpa.* **2**. Excerto: *foi publicado um extrato de sua autobiografia.* **3**. Substância concentrada, extraída de um fruto, por meio de processo químico ou industrial; essência: *extrato de limão, de laranja, de tomate.* **4**. Preparado que contém o princípio ativo ou essência concentrada de uma substância: *extrato de carne; extrato de bordo.* **5**. Registro de informações da movimentação e o saldo de conta bancária: *o banco não fornece extrato grátis.* (Não se confunde com *estrato*.)

ex.tra.u.te.ri.no *adj* Que existe, se forma ou ocorre fora do útero: *gravidez extrauterina; filmei a sua primeira hora de vida extrauterina.*

ex.tra.va.gan.te *adj* **1**. Notável por sua estranheza ou excentricidade; estranho, excêntrico, singular: *penteado extravagante.* **2**. Ostentoso, aparatoso: *o estilo de vida extravagante de uma estrela de cinema.* **3**. Que gasta muito e sem necessidade; esbanjador, perdulário: *comprador extravagante.* **4**. Diz-se do uso excessivo e desnecessário de alguma coisa: *o uso extravagante das sacolas de supermercado.* **5**. Que ultrapassa os limites da razão ou da necessidade; extremo e irracional; desmedido, exorbitante: *as extravagantes reivindicações dos trabalhadores; os extravagantes contratos de alguns jogadores de futebol.* // *s2gên* **6**. Pessoa estranha ou perdulária. → **extravagância** *sf* (qualidade do que é extravagante).

ex.tra.va.sar *v* **1**. Fazer transbordar (líquido) do recipiente que o contém: *uma gota extravasou a água do copo.* **2**. *Fig.* Manifestar ruidosamente, exteriorizar, expandir: *extravasar a alegria.* **3**. *Fig.* Revelar (informações confidenciais): *amigos que extravasam segredos seus são mesmo amigos?* **extravasar-se 4**. Transbordar; derramar-se: *ao fogo alto, o leite se extravasou em segundos.* → **extravasação, extravasão** *sf* ou **extravasamento** *sm* [ato ou efeito de extravasar(-se)]; **extravasor** (ô) *sm* [**1**. dispositivo de segurança usado em barragens para não permitir que o nível da água do reservatório atinja valores perigosos; **2**. ladrão (6 e 7)].

ex.tra.vi.ar *v* **1**. Provocar deliberadamente o sumiço de (correspondência, encomenda, mercadoria, etc.): *extraviaram várias encomendas minhas.* **extraviar-se 2**. Desaparecer, perder-se: *várias malas se extraviaram no aeroporto.* → **extravio** *sm* (perda, sumiço).

ex.tra.vir.gem *adj* Diz-se particularmente de um azeite, feito da primeira prensagem das azeitonas e com grau de acidez inferior a 0,9%. (Esta palavra não tem registro na 6.ª ed. do VOLP.)

ex.tre.ma *sf* **1**. No futebol, cada uma das zonas laterais do campo; ponta. // *s2gên* **2**. Atacante que joga pela lateral direita (extrema-direita) ou pela lateral esquerda (extrema-esquerda); ponta. // *adj* **3**. Feminino de *extremo*.

ex.tre.ma-di.rei.ta *s2gên* Ponta-direita: *Garrincha foi um excelente extrema-direita.* · Pl.: *extremas-direitas.* (Não se confunde com *extrema direita*, extremo posicionamento político, caracterizado por forte nacionalismo, ultraconservadorismo e extremismo. O fascismo e o nazismo são exemplos de ideologia de extrema direita.)

ex.tre.ma.do *adj* **1**. Muito grande (em grau ou em intensidade); fora do comum; extraordinário, excepcional, elevado; extremo (2): *na Antártica faz um frio extremado;* tem *amor extremado por cães; foi um gesto extremado de consideração; morreu em extremada pobreza.* **2**. *Fig.* Radical, drástico; extremo (3): *os hippies viviam uma liberdade sexual extremada; conservador extremado.* **3**. Que se distingue entre os demais por suas qualidades e competência; insigne, notável: *cientista extremado.*

ex.tre.ma-es.quer.da *s2gên* Ponta-esquerda: *Pepe era o extrema-esquerda santista.* · Pl.: *extremas-esquerdas.* (Não se confunde com *extrema esquerda*, extremo posicionamento político, caracterizado por forte rejeição ao sistema capitalista. O anarquismo é um exemplo de ideologia de extrema esquerda.)

ex.tre.ma-un.ção *sf* Antiga denominação do sacramento da unção dos doentes, um dos sete sacramentos da Igreja católica, administrado aos moribundos e aos fiéis de idade avançada. · Pl.: *extremas-unções.*

ex.tre.mo *adj* **1**. Que está no ponto mais remoto de alguma direção; longínquo, remoto: *vivemos no extremo sul da ilha.* **2**. Extremado (1): *na Antártica faz um frio extremo; a prioridade de um carro esportivo não é o conforto, mas o desempenho extremo; dirigi-me a ele com extremo respeito.* **3**. *Fig.* Extremado (2): *ele é um conservador extremo; o ser humano é capaz de sobreviver em condições extremas.* **4**. Final, derradeiro: *ele ainda tentou uma solução extrema; o banco estabeleceu um prazo extremo para o pagamento dessa dívida.* // *sm* **5**. Ponto mais distante ou remoto de alguma direção; fim, termo: *num extremo, trabalhadores; no outro extremo, empresários; o extremo deste terreno é a areia da praia.* **6**. O que é oposto ou contrário: *viver num só dia os extremos de calor e frio; veem-se na mesma cidade os extremos de miséria e abundância.* **7**. Condição ou estado extremo: *chegar ao extremo da miséria.* // *smpl* **8**. Atitudes ou medidas radicais: *chegou a extremos para defender o filho.* **9**. Expediente drástico ou radical: *o marido trabalha bastante, mas a mulher leva tudo a extremos.* → **extremidade** *sf* (**1**. parte extrema de um objeto; ponta: *a extremidade dos dedos;* **2**. parte final; fim: *a aeronave parou já na extremidade da pista; o arroio fica na extremidade sul do país;* **3**. borda, orla: *a extremidade de uma saia*) e *sfpl* (mãos e pés: *estar sempre com as extremidades frias*); **extremismo** *sm* (defesa de medidas e pontos de vista extremos, princ. políticos e religiosos; radicalismo, fanatismo); **extremista** *adj* (rel. a extremismo) e *adj* e *s2gên* (que ou pessoa que é partidária do extremismo); **extremoso** (ô; pl.: ó) *adj* (**1**. que chega a extremos; imoderado, descomedido: *polícia extremosa; ser amante extremoso do seu país; ele é extremoso em tudo o que faz;* **2**. capaz de praticar atos extremos por alguém: *amigo extremoso;* **3**. carinhoso, afetuoso: *ser extremoso com os filhos*). **·· Ao extremo**. Muito: *Algumas cenas do filme foram desagradáveis ao extremo.*

ex.trín.se.co *adj* **1**. Que não pertence à essência ou conteúdo básico de uma coisa; não essencial (em oposição a *intrínseco*): *há livros cuja importância vai além da obra em si, pelo significado extrínseco que possuem; para um joalheiro, o fato desse anel ter pertencido a sua tetravó é extrínseco ao seu valor.* **2**. Que vem de fora do corpo: *o eczema pode ter causas extrínsecas.* **3**. Que age ou atua de fora; externo: *os fatores extrínsecos que afetam um relacionamento.* **4**. Que é apenas convencional: *o valor extrínseco de uma moeda*. **5.** Em anatomia, diz-se do músculo que tem sua origem a alguma distância da parte que ele move.

ex.tro.ver.ti.do *adj* e *sm* Que ou quem é socialmente animado, alegre, comunicativo. · Antôn.: *introvertido*. → **extroversão** *sf* (qualidade ou estado de quem é extrovertido), de antôn. *introversão*; **extroverter-se** *v* (mostrar-se extrovertido, comunicativo), de antôn. *introverter-se*.

Exu *sm* **1.** Divindade afro-brasileira, orixá temido e cultuado, correspondente ao diabo do catolicismo. **2.** *P.ext.* Diabo.

e.xu.be.ran.te (x = z) *adj* **1.** Caracterizado pela abundância; superabundante: *crianças acostumadas a mesa exuberante*. **2.** Cheio de energia e alegria: *ter filhos exuberantes; ela viveu uma infância exuberante*. **3.** Copioso, farto: *seios exuberantes*. **4.** *Fig.* Caracterizado por um estilo artístico vigorosamente criativo: *esculturas exuberantes;* designs *exuberantes; arquitetura exuberante*. **5.** *Fig.* Deslumbrante, fascinante: *o exuberante litoral cearense*. **6.** *Fig.* Vultoso, expressivo: *ganhou a exuberante quantia de cem milhões na loteria*. **7.** *Fig.* Que cresce viçoso, forte e abundantemente; abundante: *planta de folhagem exuberante; zona de vegetação exuberante*. · Antôn. (1): *escasso*. → **exuberância** (x = z) *sf* (**1.** qualidade de exuberante; **2.** quantidade excessiva de alguma coisa; profusão: *a atriz mostra toda a sua exuberância nesse ensaio fotográfico*); **exuberar** (x = z) *v* (ter excesso ou abundância de: *país que exubera em riquezas minerais*).

e.xul.tar (x = z) *v* Alegrar-se intensamente; vibrar de alegria: *a torcida exultou com a conquista do título de campeão brasileiro*. → **exultação** (x = z) *sf* (grande alegria; júbilo, euforia); **exultante** (x = z) *adj* (muito alegre; jubiloso, eufórico).

e.xu.mar (x = z) *v* Desenterrar (cadáveres) para determinado fim (exame médico-legal, mudança de jazigo, etc.). · Antôn.: *inumar*. → **exumação** (x = z) *sf* (ato ou efeito de exumar), de antôn. *inumação*; **exumatório** *adj* (próprio para exumar ou em que se exuma), de antôn. *inumatório*.

ex vivo [lat.] *loc adj* Realizado fora do organismo (diz-se de cirurgia que retira um órgão do corpo para repará-lo e posteriormente o recoloca em seu devido lugar). (Pronuncia-se *éks vívu*.)

ex-vo.to (x = s) *sm* Quadro, imagem, inscrição, etc. que se expõe em igreja, capela ou lugar venerado, em agradecimento por uma graça recebida ou em cumprimento a uma promessa. · Pl.: *ex-votos*.

e-zine [ingl.] *sf* Revista periódica, publicada eletronicamente, geralmente por *e-mail*, que foca uma área específica (informática, literatura, música, etc.). · Pronuncia-se *i-zín*. (É contração de *e*lectronic e fan*zine*.)

F

f/F *sm* Sexta letra do alfabeto, de nome *efe*. · Pl.: os *efes* ou os *ff*.

fá *sm* **1**. Quarta nota musical da escala diatônica ascendente. **2**. Sinal que representa essa nota, na pauta.

fã *s2gên* **1**. Grande admirador(a); simpatizante, entusiasta: *ser fã de um ator*. **2**. Aficionado(a), entusiasta: *sou fã de cinema*. → **fanzoca** *s2gên* [*pop*. fã exaltado(a), apaixonado(a)].

FAB *sf* Acrônimo de *Força Aérea Brasileira*, instituição criada em 1941 como fusão dos ramos aéreos do Exército e da Marinha. → **fabiano** *adj* (da FAB: *piloto fabiano*) e *adj* e *sm* (que ou aquele que é membro da FAB).

fa.bor.dão *sm* Palavra ou expressão repetida viciosamente, na fala ou na escrita, como *né?, certo?, percebe?, correto?, tá ligado?*, etc.); bordão (2).

fá.bri.ca *sf* **1**. Estabelecimento de grandes proporções, onde se produzem, em grande escala, mercadorias de todos os tipos: *a fábrica da Ford fechou*. **2**.*P.ext*. Pessoal que trabalha nesse estabelecimento: *a fábrica entrou em greve*. · Dim. irregular (1): *fabriqueta* (ê). → **fabricação** *sf* ou **fabrico** *sm* (ação, processo ou arte de fabricar alguma coisa); **fabricante** *s2gên* [pessoa que fabrica qualquer coisa ou o proprietário(a) de fábrica]; **fabricar** *v* (**1**. produzir em grande escala e por processos mecânicos: *fabricar automóveis*; **2**. manufaturar, preparar, confeccionar: *fabricar móveis*; **3**. cunhar: *fabricar moedas*; **4**. *fig*. idear, maquinar, inventar: *fabricar sonhos*); **fabril** *adj* (de fábrica ou produzido em fábrica: *operários fabris; produtos fabris*).

fá.bu.la *sf* **1**. Conto agradável, cujos personagens são quase sempre animais falantes, que encerra uma lição moral: *é famosa a fábula* A raposa e as uvas. **2**. Acontecimento fantástico ou fictício; ficção, mentira: *o que a outros só acontece como fábula, a mim me ocorre como a mais pura realidade*. **3**.*P.ext*. História não fundada em fatos; estória, lorota: *essa autobiografia é na verdade uma fábula autoelogiosa*. **4**. *Fig*. Muito dinheiro, quantia vultosa: *ele ganha fábula e não joga nada!* · Dim. irregular (1): *fabela*. · Col. (1): *fabulário* sm. → **fabulação** *sf* (**1**. narração fabulosa); **2**. lição moral que encerra uma fábula); **fabular** *adj* (**1**. de fábula: *La Fontaine foi um grande escritor fabular*; **2**. *fig*. fantasioso, mentiroso: *relato fabular*) e *v* (**1**. dar caráter de fábula a; fabulizar; **2**. escrever ou contar fábulas; fabulizar; **3**. *fig*. inventar, fantasiar: *fabular suas conquistas amorosas*; **4**. *fig*. mentir: *fabulou tanto e nem ficou vermelho*); **fabulista** *s2gên* (pessoa que escreve fábulas); **fabulizar** *v* [fabular (1 e 2); **fabuloso** (ô; pl.: ó) *adj* [**1**. fabular (2): *relato fabuloso*; **2**. irreal, mítico: *dragões são monstros fabulosos*; **3**. *fig*. extraordinariamente grande, vultoso, enorme: *quantia fabulosa*; **4**. *fig*. incrivelmente bom; maravilhoso, fantástico: *esse clube tem um fabuloso plantel; foram fabulosas nossas férias*].

fa.ca *sf* Instrumento cortante composto de lâmina fina e pontiaguda, fixa num cabo. · Aum. irregular: *facalhão, facalhaz*, ambos *sm*.→ **facada** *sf* (**1**. golpe de faca; **2**.*p.ext*. golpe inesperado; surpresa dolorosa ou altamente desagradável: *saber que o filho era viciado em drogas foi uma facada para os pais*; **3**. *fig*. ofensa grave; agressão moral: *suas palavras foram uma facada que me atingiu a alma*; **4**.*pop*. pedido frequente de "empréstimo" de dinheiro: *malandro, ele vive de facadas nos amigos*; **5**.*pop*. valor cobrado pelo governo, de imposto: *o Leão lhe deu este ano uma boa facada*; **6**.*pop*. valor elevado ou preço excessivo de serviço, produto, etc.; ferrada (4): *de quanto vai ser a facada para consertar o meu carro?*); **faqueiro** *sm* (**1**. estojo para talheres; **2**. jogo completo de talheres).

fa.ça.nha *sf* **1**. Feito heroico notável, extraordinário, de grande valor, por exigir esforço, arrojo, coragem: *Vasco da Gama realizou várias façanhas nos idos de 1500*. **2**.*P.ext*. Qualquer fato extraordinário, que exige arrojo, coragem: *a velhinha afugentou o assaltante com o seu guarda-chuva*. (Não se confunde com *proeza*.) → **façanheiro** *adj* e *sm* (**1**. que ou aquele que faz alarde de suas façanhas; **2**. fanfarrão, gabarola); **façanhudo** *adj* (**1**. que pratica façanhas; **2**. *fig*. encrenqueiro, brigão).

fac.ção ou **fa.ção** *sf* **1**. Grupo de pessoas dissidentes e intolerantes dentro de uma organização maior (geralmente um partido); dissidência: *a facção xiita desse partido já não é maioria; várias facções dentro do movimento ambientalista juntaram forças para salvar a mata Atlântica*. **2**. Grupo de bandidos que agride a ordem pública e a lei: *o PCC é uma facção criminosa*. → **faccionário** ou **facionário** *adj* (rel. a facção) e *sm* (membro de facção); **facciosidade** ou **faciosidade** *sf* ou **facciosismo** ou **faciosismo** *sm* (qualidade de quem é faccioso; paixão partidária ou sectária); **faccioso** (ô; pl.: ó) ou **facioso** (ô; pl.: ó) *adj* (**1**. que segue apaixonadamente uma facção: *fanáticos facciosos*; **2**. que ocorre no seio de uma facção: *disputas facciosas*; **3**. *fig*. injusto, parcial, tendencioso: *um juiz não pode ser faccioso*).

fa.ce *sf* **1**. Região do corpo humano delimitada pelo couro cabeludo, as orelhas e o pescoço, composta da testa, olhos, nariz, boca, queixo e bochechas: *garota de face rosada*. **2**. *P.ext*. Cada um dos dois lados dessa região: *face esquerda*. **3**. *P.ext*. Rosto, cara: *deu a face a tapa*. **4**. *Fig*. Lado frontal de qualquer coisa: *a face de um tecido*. **5**. *Fig*. Parte ou lado mais significativo de um ser: *a face de uma moeda*. **6**. *Fig*. Cada uma das superfícies planas que limitam uma figura geométrica. · V. **facial**.

Facebook [ingl.] *sm* Site popular e gratuito de rede social, criado nos Estados Unidos em 2004, que permite aos usuários registrados criarem perfis, fazerem *upload* de fotos e vídeos, enviarem mensagens e fazerem contatos com amigos, familiares e colegas. · Pronuncia-se *fêiç-buk*.

fa.cei.ro *adj* **1**. Que gosta de estar vestido de acordo com a moda, sentindo-se vaidoso por isso; garboso: *as patricinhas são garotas faceiras*. **2**. *Fig*. Que revela satisfação, alegria; risonho: *garota de semblante faceiro*. **3**. *Pop*. RS Diz-se do cavalo que, em marcha, ergue o pescoço com altivez. → **faceirice** *sf* (qualidade ou modos de faceiro).

facelift ou **face-lift** [ingl.] *sm* **1**. Procedimento estético-cirúrgico que busca melhorar ou eliminar sinais de envelhecimento na face e na região do pescoço. **2**.*P.ext*. Conjunto de mudanças no visual de um produto, mas não muito profundas, para torná-lo mais atrativo e atual; reestilização, modernização ou maquiagem de qualquer produto: *o* facelift *desse modelo de automóvel é feito de quatro em quatro anos*. · Pl.: *facelifts, face-lifts*. · Pronuncia-se *fêiç-lift*.

fa.ce.ta (ê) *sf* **1**. Qualquer pequena área lisa e plana em uma superfície dura: *as facetas de um dado; a faceta de um osso, de um dente*. **2**. Superfície de cristal ou de pedra preciosa lapidada: *este anel de brilhantes tem cinco facetas*. **3**. *Fig*. Particularidade apresentada surpreendentemente por alguém; lado: *não conhecia essa tua faceta de atriz*. **4**. *Fig*. Aspecto ou característica particular de alguma coisa: *cada faceta deste problema requer atenção cuidadosa; as diferentes facetas da profissão de arquiteto*. **5**. Qualquer dos vários aspectos de uma personalidade: *desconheci essa sua faceta de falso*. **6**. Cada uma das lentes que compõem o olho composto de um artrópode. **7**. Em arquitetura, superfície plana estreita entre estrias de uma coluna. → **facetar** ou **facetear** *v* (**1**. talhar em facetas; lapidar: *facetar pedras e cristais*; **2**. *fig*. aperfeiçoar, aprimorar: *facetar o estilo*), sendo este conjugado por *frear*. ·· **Faceta estética**. Recobrimento dos dentes com resina ou porcelana, visando melhorar sua estética e função.

fa.cha.da *sf* **1**. Cada um dos lados do exterior de um edifício, princ. o voltado para a rua, chamada *fachada principal*. **2**. Lado exterior de uma fortificação. **3**. *Fig*. Aspecto, aparência, semblante: *pela sua fachada, seu time perdeu*. **4**.*P.ext*. Aparência, exterioridade: *o chefe tem essa cara de durão, mas é só fachada*. **5**. *Fig*. Cara, rosto: *não vou com a sua fachada*. **6**. Em artes gráficas, primeira folha impressa de um livro, aquela em que se dá o nome do autor e o título da obra; folha de rosto; frontispício. ·· **De fachada**. **1**. Fictício, fantasma: *Empresa de fachada*. **2**. Apenas na aparência; de mentirinha: *Fazer fiscalização de fachada*.

fa.cho *sm* **1**. Tocha, archote: *marcha noturna, iluminada por fachos pela paz*. **2**.*P.ext*. Pintura ou escultura que representa um facho. **3**. *Fig*. Qualquer coisa considerada como fonte de luz ou de inspiração: *o facho da ciência, da esperança de dias melhores*. **4**. *Fig*. Tudo o que serve para alimentar paixões: *essa frase só serviu para alimentar o facho da discórdia na família*. **5**. Raio (de luz): *acordei com um facho de luz no rosto; naquela escuridão, só se via o facho de luz dos faróis do automóvel*. ·· **Sossegar o facho**. Acalmar-se, aquietar-se (falando-se de alguém muito agitado ou muito entusiasmado).

fa.ci.al *adj* Relativo a face: *cirurgia facial*.

fá.ci.es *sf2núm* **1**. Expressão ou aparência da face; aspecto do rosto; fisionomia: *homem de fácies feminina*. **2**.*P.ext*. Aspecto em geral; forma: *telhado de fácies suíça*. **3**. Em medicina, aspecto geral da fisionomia do paciente, onde se espelham sinais sugestivos de determinadas doenças ou situações clínicas. **4**. Em geologia, conjunto de características litológicas e/ou paleontológicas que definem uma unidade de rocha e permitem diferençá-la das demais por sua aparência ou composição; caráter distintivo de uma rocha: *fácies fluvial; fácies marinha*. **5**. Em ecologia, aspecto ou paisagem formada pela vegetação de um agrupamento vegetal.

fá.cil adj **1**. Que se faz sem nenhum esforço ou dificuldade: *exame de questões fáceis; o distrato foi fácil; curva fácil de fazer; cidade de fácil acesso*. **2**. Que é claro, simples, por não exigir nenhum esforço mental: *teoria fácil; um autor fácil*. **3**. Muito provável: *é fácil arrepender-se depois de tudo ter dado errado*. **4**. *Fig*. De temperamento calmo, manso, dócil: *criança fácil de lidar*. **5**. Que requer pouco esforço para ser derrotado; simples de vencer: *adversário fácil; jogo fácil*. **6**. *Fig*. Espontâneo, natural: *recepcionistas têm de ter sorriso fácil*. **7**. *Fig.Pej*. Diz-se daquele que se deixa seduzir ou conquistar sem opor nenhuma resistência; leviano: *mulher fácil*. **8**. Irrefletido, precipitado: *não se faz julgamento fácil da atitude dos outros sem o risco de ser injusto*. **9**. Nada embaraçoso ou delicado: *o presidente está até que numa posição fácil*. **10**. Nada complicado ou espinhoso: *decisão fácil de tomar; pergunta de resposta fácil*. **11**. Livre de preocupações ou problemas; tranquilo, sossegado: *aposentou-se e foi levar vida fácil no Panamá*. **12**. Abundante em oferta: *há dinheiro fácil na praça*. // adv **13**. Com facilidade; à toa: *ela se irrita fácil; cristais quebram fácil*. **14**. De modo natural ou espontâneo; sem dificuldade ou esforço: *é um político que fala fácil*. · Superlativo absoluto sintético irregular ou erudito: *facílimo*. · Antôn.: *difícil*. → **facilidade** *sf* (qualidade daquilo que é fácil) e *sfpl* (prazo e boas condições de pagamento); **facilitação** *sf* (ato ou efeito de facilitar); **facilitar** *v* (**1**. tornar fácil ou mais fácil; **2**. descuidar-se, vacilar), do antôn. *dificultar*. ·· **Mulher de vida fácil**. Prostituta. ·· **Ser presa** (ou **alvo**) **fácil**. Ser facilmente enganado, por não ter malícia ou experiência de vida: *Adolescente é presa fácil para traficante de drogas*.

fa.cí.no.ra adj e *s2gên* Que ou pessoa que comete crimes com grande perversidade ou crueldade: *o facínora ainda tem seu rosto estampado em camisetas de adolescentes*.

fã-clu.be *sm* Grupo organizado de todos os fãs de um cantor, ator, jogador, etc. · Pl: *fã-clubes* (segundo o VOLP).

fac-sí.mi.le *sm* **1**. Cópia ou reprodução exata de um documento, texto, impresso, etc., por meios fotomecânicos, a partir do original: *o fac-símile de um título de eleitor*. **2**. Imagem transmitida por meio eletrônico, a longa distância; fax. **3**. Método ou processo que permite essa transmissão. · Pl.: *fac-símiles*. → **fac-similado** ou **fac-similar** adj (impresso em fac-símile); **fac-similar** *v* (imprimir em fac-símile).

fac.tí.vel adj Que pode ser feito; possível: *projetos factíveis*.

fac.toi.de (ói) *sm* **1**. Qualquer afirmação sem fundamento que, de tanto ser repetida, acaba sendo vista como verdade incontestável; pós-verdade (2): *o impeachment do presidente é um factoide*. **2**. *Pop*. Fato ou notícia forjada, com o propósito de atrair a atenção da opinião pública: *o anúncio do fim da tributação dos combustíveis foi mero factoide*. → **factoidal** (ói) adj (rel. a factoide).

factoring [ingl.] *sm* **1**. Tipo de atividade comercial pelo qual uma empresa cede a outra seus créditos, total ou parcialmente, presentes ou futuros, para serem comprados por estes. // *sf* **2**. Empresa que cobra créditos de outra. · Pl.: *factorings*. · Pronuncia-se *féktorin*. → **factor** *s2gên* (agente de factoring), que se pronuncia *féktor*.

fac.tó.tum *sm* Pessoa eficiente, competente, responsável e de absoluta confiança, encarregada de todos os negócios de alguém; braço direito: *Elisabete é meu factótum na empresa*.

fac.tu.al ou **fa.tu.al** adj **1**. Baseado em fatos; real: *provas factuais*. **2**. Relativo a fato(s): *os detalhes factuais desse crime ainda não são conhecidos*.

fa.çu.do adj De rosto ou faces gordas; bochechudo: *o Fofão era um boneco façudo*.

fa.cul.da.de *sf* **1**. Conjunto das capacidades física e mental: *a faculdade de ler, de imaginar e de raciocinar é exclusiva do ser humano; a inteligência é a faculdade que nos ensina a compreender que tudo é, na verdade, incompreensível*. **2**. Aptidão, capacidade inata: *os pássaros têm a faculdade de voar*. **3**. Inclinação natural; dom, talento: *ter a faculdade de fazer amigos*. **4**. Permissão, autorização ou prerrogativa conferida por autoridade; licença: *temos a faculdade de escolher um presidente; o professor lhe concedeu a faculdade de formular qualquer tipo de pergunta; a polícia recebeu a faculdade de entrar e revistar a casa*. **5**. Virtude, poder: *as águias têm uma faculdade visual muito apurada*. **6**. Propriedade, poder: *as vitaminas têm a faculdade de fortalecer o organismo; o ímã tem a faculdade de atrair o ferro*. **7**. Direito, poder: *quero ter, até o fim da vida, a faculdade de dispor de todos os meus bens*. **8**. Departamento de uma universidade que se dedica a um ramo específico do conhecimento: *a faculdade de engenharia*. **9**. Edifício onde funciona esse departamento: *a faculdade está fechada para limpeza*. **10**. Conjunto dos corpos docente e discente desse departamento: *a faculdade está em greve*.

fa.cul.tar *v* **1**. Facilitar, permitir: *o porteiro facultou a entrada das crianças no estádio*. **2**. Proporcionar, oferecer: *a lei me faculta o direito de defesa*. → **facultado** adj (facilitado: *teve facultada a entrada no local do crime, porque é autoridade*); **facultativo** adj (que não é obrigatório; opcional: *voto facultativo*) e *sm* (médico: *todo clube de futebol tem um ou mais facultativos*). ·· **Ponto facultativo**. Dia em que o trabalho nas repartições públicas é opcional: *Funcionários públicos não tiveram ponto facultativo na terça-feira de carnaval em 2021, por causa da pandemia*.

fa.da *sf* Ente imaginário, de poder sobrenatural, que faz parte do folclore de muitos povos, do sexo feminino, muito pequeno, delicado, que traz numa das mãos uma varinha de condão com que opera prodígios.

fa.da.do adj **1**. Destinado, predestinado (quando se fala de coisas boas ou agradáveis): *esse goleiro está fadado ao sucesso*. **2**. Que está sujeito ou condenado (quando se fala de coisas ruins ou desagradáveis): *o tumor está fadado a se alastrar*. → **fadar** *v* (**1**. predestinar; **2**. prognosticar, prever).

fa.di.ga *sf* **1**. Cansaço extremo, resultante de longos trabalhos físicos ou mentais. **2**. Diminuição ou perda da resistência de qualquer material metálico, de madeira, etc., causada por uso prolongado: *a fadiga de freios pode ocasionar acidentes graves*. · V. *fatigar*.

fa.do *sm* **1**. Destino, fortuna, sorte, sina: *cada qual com seu fado*. **2**. Canção típica de Portugal, geralmente de tema terno e dolente. **3**. Dança para essa canção.

fa.go.te *sm* **1**. Instrumento musical de sopro, semelhante à clarineta, de palheta dupla e o mais grave dos instrumentos de madeira. **2**. Fagotista. → **fagotista** adj e *s2gên* [que ou pessoa que toca fagote; fagote (2)].

fa.guei.ro adj **1**. Suave, agradável, ameno, brando: *nunca me esquecem os dias fagueiros da minha meninice*. **2**. Afável, meigo, carinhoso: *o relacionamento fagueiro entre jovens namorados me encanta*. **3**. Suave, doce, muito agradável: *garota de voz fagueira*. **4**. Que traz contentamento d'alma; gratificante: *satisfaço-me apenas com a fagueira perspectiva de vitória*. **5**. Contente, alegre, satisfeito: *ninguém entra lépido e fagueiro num centro cirúrgico*.

fa.gu.lha *sf* Faísca (1). → **fagulhação** *sf* (ato de fagulhar); **fa-gulhante** ou **fagulhento** adj (que fagulha; que solta fagulhas); **fagulhar** *v* (soltar ou emitir fagulhas; faiscar).

Fahrenheit *sm* Escala de temperatura de símbolo **F**, proposta pelo físico e engenheiro teuto-polonês Daniel Gabriel Fahrenheit em 1724: *para converter grau Celsius em Fahrenheit, multiplica-se a temperatura em graus Celsius por 1,8 e soma-se 32, ou seja: $F = C \times 1,8 + 32$*.

fai.na (ãi) *sf* **1**. Trabalho árduo da tripulação de navio. **2**. *Fig*. Qualquer trabalho prolongado e desgastante; lida: *a faina das abelhas*.

fair play [ingl.] *loc sm* **1**. Prática adotada no meio esportivo que consiste em primar pela conduta ética, respeitando o adversário, o árbitro e o público e atuando de forma limpa e sem catimba. **2**.*P.ext*. Qualquer atitude elegante ante uma situação adversa; espírito esportivo: *aceitou com fair play a não inclusão do seu nome no testamento*. · Pronuncia-se *fér-plei*.

fai.são *sm* **1**. Ave galinácea, de cauda longa e plumagem ricamente colorida, muito apreciada por sua carne saborosa. (Voz: *assobiar*.) **2**. Prato feito com a carne dessa ave: *temos faisão no almoço*. · Fem.: *faisoa* ou *faisã*. · Pl.: *faisões* ou *faisães*.

fa.ís.ca *sf* **1**. Partícula incandescente que se solta de uma brasa, de uma substância que queima ou que resulta de fricção de matéria dura; fagulha: *o atrito de pedras produz faíscas*. **2**. Clarão ou fenômeno luminoso resultante de descarga elétrica: *curtos-circuitos provocam faíscas*. **3**. Essa descarga: *o lavrador foi morto por uma faísca, quando buscava abrigo sob uma* *árvore*. → **faiscar** *v* [emitir ou lançar de si (faísca, clarões, luzes, etc.)].

fai.xa *sf* **1**. Tira de tecido, couro, etc. que se passa ao redor da cintura, para apertá-la ou adorná-la. **2**. Atadura: *cobriu a ferida com uma faixa*. **3**. Porção longa e estreita de terra: *a faixa litorânea brasileira é exuberante*. **4**. Qualquer tira ou fita larga: *a faixa presidencial; o time recebeu as faixas de campeão*. **5**. Porção longa e estreita de qualquer coisa: *a faixa presidencial*. **6**. Cada uma das músicas gravadas em disco: *LP de doze faixas*. **7**. Na via urbana, espaço destinado ao trânsito específico de cada tipo de veículo: *a faixa de ônibus*. **8**. Banda de rádio: *os serviços de radiocomunicação operam em certas faixas de frequência*. **9**. Intervalo entre dois extremos: *a faixa etária entre 14 e 18 anos*. **10**. Pedaço de pano ou de plástico, com dizeres, que se leva em comícios, desfiles ou se estende em locais públicos: *as faixas pediam o fim da impunidade no país*. // *sm* **11**. *Pop*. Pessoa amiga muito querida: *Marisa é meu faixa, nunca faria nada que me prejudicasse*. ·· **Faixa de pedestres** (ou **de segurança**). Conjunto de faixas brancas na via pública destinado à passagem de pedestres. ·· **Faixa do cidadão**. Faixa de frequência por volta dos 27 MHz, utilizada princ. por radioamadores. ·· **Faixa preta**. **1**. Título que se confere a um aluno avançado numa das artes marciais. **2**. Pessoa que adquiriu esse título, princ. no caratê e no judô, e está autorizada a usar faixa preta durante suas apresentações ou competições. ·· **Na faixa** (pop.). Grátis: *Hoje vou comer na faixa lá na casa dela*.

fa.ju.to ou **far.ju.to** *adj Gír*. **1**. De má qualidade; muito ruim; ordinário, vagabundo: *poeta fajuto*. **2**. Malfeito: *terno fajuto*. **3**. Que não é autêntico ou original; falsificado, adulterado, batizado: *vinho fajuto; passaporte farjuto*. **4**. Falso, fictício: *o banco lhe fez um empréstimo fajuto; usou de um argumento farjuto para se safar do castigo*. **5**. De muito mau gosto; brega, cafona: *gosto musical farjuto*. **6**. Pessoa que não inspira confiança: *amigo fajuto*.

fake news [ingl.] *loc sfpl* Notícias falsas divulgadas nas redes sociais por gente inescrupulosa ou pela imprensa marrom. · Pronuncia-se *fêik níus*. (No Brasil, usa-se *fake news* também para uma notícia falsa apenas: *É fake news isso de renúncia do presidente*.)

fa.la *sf* **1**. Ato ou faculdade de falar: *gritou tanto, que ficou sem fala; as crianças, geralmente, desenvolvem a fala aos dois anos de idade*. **2**. Faculdade que tem o homem de expressar seus pensamentos, emoções, experiências, etc. pela palavra; exposição oral: *a fala do presidente foi convincente*. **3**. Linguagem falada, oral: *há palavras que usamos mais na fala do que na escrita*. **4**. Maneira como uma pessoa articula as palavras; dicção, pronúncia: *os bêbados, geralmente, têm fala arrastada e incompreensível; locutor com problema de fala*. **5**. Conversa privada: *tive uma fala séria com ela*. **6**. Texto de um *script*: *o comediante esqueceu a sua fala e apelou para um caco*. **7**. Timbre ou tom de voz: *fala aveludada*. **8**. Idioma, língua: *país de fala inglesa*. **9**. Modalidade regional de uma língua; dialeto: *na fala nordestina*, **retado** *significa bravo, irritado*. **10**. Ato linguístico individual; discurso. → **falação** *sf* (**1**. discurso oco, sem nenhum proveito, constituído de palavras vazias; discursão; **2**. fala exagerada e interminável: *não consegui falar ao telefone, por causa da falação na sala*); **falante** *adj* (**1**. que fala: *o papagaio é um bicho falante*; **2**. que gosta muito de falar: *o nordestino é muito falante*), *adj* e *s2gên* (que ou pessoa que fala demais, geralmente cometendo indiscrições; tagarela) e *s2gên* [**1**. pessoa usuária de uma língua: *o espanhol tem mais falantes que o português*; **2**. pessoa que emite uma mensagem oral (em oposição a *ouvinte*)]; **falar** *v* (**1**. dirigir a palavra: *o presidente vai falar ao país*; **2**. conversar, dialogar: *é proibido falar com o motorista*; **3**. exprimir-se pela voz, articular ou pronunciar palavras: *todos queriam falar ao mesmo tempo*; **4**. orar, discursar: *o último a falar foi o prefeito*; **5**. dar a palavra definitiva: *se o doutor falou, está falado*; **6**. tratar, discorrer: *eles só falam de futebol*) e *sm* (modo de falar; linguajar: *o falar gaúcho*), de pl. *falares*; **falastrão** *adj* e *sm* (que ou pessoa que só sabe falar sobre as supostas virtudes que possui), de fem. *falastrona*; **falatório** *sm* (**1**. ruído de muita fala simultânea em voz alta; **2**. *fig*. comentário maldoso; fofoca; mexerico; disse me disse).

fa.lá.cia *sf* Qualidade do que é falaz; crença errônea ou equivocada, princ. a baseada em argumentos infundados: *a noção de que um padre nunca peca é uma falácia; é uma falácia que as mulheres são mais frágeis que os homens*. · V. **falaz**. → **falacioso** (ô; pl.: ó) *adj* [**1**. que usa de falácia; falaz: *advogado falacioso*; **2**. falaz (1 e 2)].

fa.lá.fel *sm* Bolinho frito, de sabor picante e casquinha crocante, feito à base de grão-de-bico moído, sem. ao acarajé, ao qual deu origem. (Note: a palavra é paroxítona.)

fa.lan.ge *sf* **1**. Corpo de tropas ou policiais a pé, movendo-se em formação cerrada. **2**. Grande quantidade de pessoas, muito próximas umas das outras, geralmente para fins de proteção, defesa ou ataque: *os seguranças formaram uma falange sólida em torno do presidente, para evitar o assédio dos jornalistas*. **3**. *P.ext*. Grande quantidade; multidão: *para a sua defesa, contratou uma falange de advogados; o presidente conseguiu o apoio de uma falange de parlamentares; o rei foi atendido por uma falange de garçons*. **4**. Cada um dos 14 ossos dos dedos das mãos e dos pés: *teve de amputar a falange média de um dos dedos da mão direita*. **5**. Organização ilegal e criminosa: *a falange vermelha passou a ser chamada de comando vermelho*. **6**. Na umbanda e no espiritismo, grupo das entidades que se encontra dentro de uma mesma linha ou faixa de vibração. **7**. Essa linha ou faixa. → **falangeta** (ê) *sf* (a terceira falange); **falanginha** *sf* (a segunda falange).

fa.laz *adj* **1**. Enganoso, enganador, falacioso: *seu argumento é baseado em raciocínio falaz; político de discurso falaz*. **2**. Que induz a erro; falso, falacioso: *testemunho falaz*. · Superlativo absoluto sintético irregular ou erudito: *falacíssimo*. · V. **falácia**.

fal.cão *sm* Ave de rapina de hábitos diurnos, bico forte, curvo e curto, e asas longas, pontudas, próprias para voos velozes, muito empregada em altanaria. → **falcônida** ou **falcônideo** *adj* (rel. a falcão: *hábitos falconídeos*) e *sm* (espécime dos falcônidas ou falconídeos, família de aves de rapina de hábitos diurnos, de bico curto e curvado e fortes garras, distribuídas por todo o globo, como os falcões, as águias, os carcarás, os carranchos, etc.).

fal.ca.tru.a *sf* Qualquer fraude cometida com a intenção de não ser descoberta. → **falcatruar** *v* (cometer falcatrua contra: *falcatruar o fisco*).

fal.da ou **fral.da** *sf* A parte mais baixa e prolongada de um monte, de forma acidentada.

fa.le.cer *v* Morrer (ser humano) de causas naturais: *as vítimas de assassinato e os animais não falecem, morrem*. → **falecido** *adj* e *sm* (que ou aquele que faleceu); **falecimento** *sm* (morte, óbito).

fa.lên.cia *sf* Ato ou efeito de falir. **2**. Cessação definitiva das atividades de uma empresa, decidida judicialmente, por absoluta impossibilidade de cumprir seus compromissos com os fornecedores ou com os funcionários; quebra, bancarrota. **3**. *Fig*. Ruína, decadência completa: *aos poucos, o matrimônio está conhecendo a sua falência*. → **falibilidade** *sf* (qualidade de falível); **falido** *adj* e *sm* (que ou o que faliu); **falimentar** *adj* (rel. a falência, **falir** *v* (abrir falência; quebrar), que se conjuga somente nas formas que têm *i*); **falível** *adj* (sujeito a falhas, erros ou enganos: *o ser humano é falível em tudo*), de antôn. *infalível*.

fa.lé.sia *sf* Forma de relevo litorâneo ou tipo de costa abrupto e escarpado, resultante do trabalho de erosão realizado pelo mar e por outros agentes; rocha alta e íngreme à beira-mar, resultado princ. da erosão marinha.

fa.lhar *v* **1**. Faltar, deixar de cumprir: *falhar aos compromissos*. **2**. Não ocorrer; não acudir a tempo: *a memória me falhou naquele instante*. **3**. Não acontecer como se esperava: *o plano econômico falhou*. **4**. Negar fogo, não funcionar: *o revólver falhou*. **5**. Deixar de comparecer: *quando joga o seu time, a torcida do Flamengo nunca falha*. **6**. Não funcionar a contento ou normalmente: *o motor está falhando*. → **falha** *sf* (**1**. defeito, imperfeição: *esse rapaz tem uma falha grave de caráter*; **2**. falta, erro, equívoco, senão: *cometeu várias falhas na redação do artigo*); **falho** *adj* (**1**. que tem falha: *barba falha*; **2**. desprovido, carente: *boca falha de dentes*).

fa.lo *sm* ou **fá.lus** *sm2núm* **1**. Entre os antigos, representação ou imagem do pênis em ereção como símbolo da virilidade e objeto de culto, como nas festas dionisíacas da Grécia antiga. **2**. Órgão genital masculino; pênis. → **fálico** *adj* (rel. ou sem. a falo).

fal.so *adj* e *sm* **1**. Que ou aquele que é fingido, dissimulado: *o pior dos inimigos é o amigo falso*. // *adj* **2**. Não verdadeiro; falsificado: *dinheiro falso; documento falso; nome falso*. **3**. Aparente, enganoso: *mala com fundo falso; parede falsa*. **4**. Artificial: *dente falso*. **5**. Sem fundamento, infundado: *notícia falsa*. **6**. Não verdadeiro; impostor: *o falso médico foi levado à delegacia*. **7**. Doloso, fraudulento: *juramento falso*. **8**. Errado, inexato: *é falsa a ideia de que há seres em Marte*. **9**. Feito por imitação; postiço: *cílios falsos*. // *adv* **10**. Com falsidade: *jurar* *falso.* · Antôn. (1): *sincero.* → **falsário** *sm* (1. fabricante de notas falsas, falsificador de documentos; 2. aquele que jura falso); **falseamento** *sm* (ato ou efeito de falsear); **falsear** *v* [1. tornar falso; falsificar; adulterar: *falsear uma assinatura*; 2. distorcer, deturpar: *falsear a verdade*; 3. torcer (o pé)], que se conjuga por *frear*; **falseta** (ê) *sf* (ato desleal; deslealdade); **falsete** (ê) *sm* (1. voz fina e aguda, que procura imitar o soprano feminino ou a voz infantil; 2. pessoa que canta com essa voz); **falsetear** *v* (cantar ou falar em falsete), que se conjuga por *frear*; **falsidade** *sf* (1. qualidade do que é falso; 2. aquilo que é falso; mentira; 3. fingimento, dissimulação); **falsificação** *sf* (ato ou efeito de falsificar); **falsificar** *v* [1. fraudar (fatos, documentos, alimentos, medicamentos, etc.); 2. falsear (1)]. ·· **Pisar em falso**. 1. Torcer o pé. 2. *Fig.* Enganar-se.

fal.ta *sf* 1. Ato ou efeito de faltar: *falta de assunto; falta de energia*. 2. Ausência a compromisso certo ou obrigatório: *falta ao trabalho, às aulas*. 3. Registro de cada uma dessas ausências: *as faltas estão marcadas na caderneta*. 4. Ausência a compromisso incerto ou aleatório: *sentimos a sua falta*. 5. Inexistência: *falta de sorte, de respeito, de inteligência, de amor*. 6. Carência, necessidade, privação: *falta de vitaminas, de forças, de dinheiro*. 7. Incorreção, erro: *cometeu várias faltas de ortografia na sua frase*. 8. Dívida moral, culpa leve: *perdoe-me as faltas cometidas!* 9. Desobediência ou desrespeito a certas obrigações sociais: *a impontualidade é uma falta que não costumo cometer*. 10. Morte: *com a falta dos pais, desatinou*. 11. Infração esportiva: *falta dentro da área é pênalti*. 12. Cobrança dessa infração: *a falta foi muito bem batida*. → **faltar** *v* [1. deixar de fazer o ou de cumprir, falhar: *faltar a um compromisso*; 2. não comparecer: *faltar à aula*; 3. ser preciso e indispensável para completar (um número ou total): *faltam dois reais para mil*; 4. restar: *falta ainda fazer a prova final*; 5. morrer: *se eu faltar, que será das crianças?*]; **falto** *adj* (1. desprovido: *aluno falto de inteligência*; 2. carente, necessitado: *criança falta de carinho*; 3. que perdeu: *eleitor falto de ânimo*; **faltoso** (ô; pl.: ó) *adj* (1. que comete muitas faltas; 2. que falta muito, que quase sempre está ausente).

fa.ma *sf* 1. Condição de alguém ou de algo de ser objeto de muitos comentários, elogiosos ou não; reputação, conceito (bom ou mau): *o Brasil tem fama de ser um país de mulheres lindas; essa mulher tem fama de vadia*. 2. Celebridade, glória, renome; estima ou aclamação pública: *ela busca a fama a qualquer custo; a medalha olímpica lhe trouxe fama e fortuna*. · V. **famoso**.

fa.mé.li.co *adj* 1. Que tem muita fome; faminto, esfomeado. 2. Que ocorre por causa da fome: *furto famélico; saques famélicos*.

fa.mi.ge.ra.do *adj* 1. Que criou fama por suas excelentes qualidades, realizações ou estranhezas; famoso, renomado, célebre, ilustre, eminente, notável: *esse é um assunto que interessa ao mais famigerado cientista da Nasa; o famigerado Einstein; os famigerados agroglifos*. 2. *Pej.* Mal-afamado, malconceituado, tristemente famoso: *o famigerado Lampião; o famigerado sensacionalismo de alguns programas de televisão; mataram o famigerado bandido da luz vermelha; o famigerado 11 de setembro de 2001*. (É termo que mais se usa no sentido pejorativo.)

fa.mí.lia *sf* 1. Grupo social fundamental na sociedade, constituído basicamente de um homem, uma mulher e seus descendentes, que vivem juntos na mesma casa, formando uma unidade, um lar: *preciso passar mais tempo com minha família; os moradores de rua não têm família*. 2. Conjunto de todos os descendentes de um ancestral comum; clã: *a fazenda pertence a nossa família há mais de duzentos anos; ele é brasileiro, mas sua família vem do Japão*. 3. Prole, descendência: *casaram, mas não querem constituir família; casal de família numerosa*. 4. Casal de animais adultos e seus filhotes: *temos uma família de gatos vivendo em nosso quintal*. 5. Gente de bons princípios morais: *aqui é casa de família, e não um bordel*. 6. Em biologia, grupo de indivíduos de características comuns: *a família dos felinos, das leguminosas*. 7. Grupo de pessoas unidas por certas convicções, afinidades ou preferências; coletividade, irmandade: *a família alviverde, a família cruz-maltina*. 8. Em linguística, grupo de línguas historicamente relacionadas, que derivam de um tronco comum: *a família indo-europeia*. 9. Conjunto de vocábulos de mesmo radical: *carro e carretel* são palavras *da mesma família*. 10. Em artes gráficas, conjunto de tipos cujo desenho apresenta as mesmas características básicas. 11. Unidade de um sindicato do crime (como a Máfia) operando dentro de determinada área geográfica, sob um único líder: *a família Carlo Gambino; cinco famílias dominam a Máfia americana de Nova Iorque*. 12. Em física, conjunto de isótopos que compõem uma série radiativa. 13. Em química, grupo de elementos com propriedades semelhantes, que forma uma das colunas verticais da tabela periódica.

fa.mi.li.ar *adj* 1. Relativo à família ou próprio dela; caseiro: *laços familiares; discussões familiares*. 2. Que é considerado(a) da família; íntimo(a): *vizinho familiar*. 3. Sem formalidades; informal, simples: *ambiente familiar; linguagem familiar*. 4. Que já foi visto, ouvido ou conhecido antes: *ele tem uma cara familiar*. // *s2gên* 5. Pessoa da família ou considerada da família. → **familiaridade** *sf* (qualidade do que ou de quem é familiar; intimidade); **familiarização** *sf* [ato ou efeito de familiarizar(-se)]; **familiarizar** *v* [1. acostumar, habituar; 2. introduzir (alguém) no relacionamento de alguém; 3. relacionar]; **familiarizar-se** (1. acostumar-se, habituar-se; 2. relacionar-se bem; comunicar-se amistosamente).

fa.min.to *adj* Que tem fome e deseja comer; esfaimado.

fa.mo.so (ô; pl.: ó) *adj* 1. Que adquiriu fama no seu tempo e tornou célebre; notável. 2. Que é muito conhecido de todos; muito falado ou comentado: *a famosa política do feijão com arroz da década de 1930*. 3. Extraordinário, incomum: *é uma garota famosa pela beleza, graça e inteligência*.

fa.ná.ti.co *adj* e *sm* 1. Que ou aquele que demonstra excessivo entusiasmo ou zelo por algo ou alguém, geralmente manifestado publicamente: *ser torcedor fanático do Palmeiras; os fanáticos sempre veem sua causa como justa*. 2. Apaixonado, viciado: *gente fanática por futebol; sempre tive uma fanática atenção por detalhes; as crianças de hoje são fanáticas por tecnologia*. 3. Fã ardoroso; entusiasta radical; doente: *os fanáticos do rock*. → **fanatismo** *sm* (1. excessivo zelo religioso, que geralmente leva a exageros: *o fanatismo xiita*; 2. posição partidária apaixonada; partidarismo; 3. entusiasmo excessivo e irracional por alguém ou por alguma coisa; admiração cega ou simpatia exagerada; paixão: *o fanatismo corintiano*); **fanatização** *sf* [ato ou efeito de fanatizar(-se)]; **fanatizar(-se)** *v* [tornar(-se) fanático].

fan.dan.go *sm* 1. Dança popular, alegre e sapateada, comum na Espanha e no Sul do Brasil. 2. Música que acompanha essa dança. 3. Baile popular, ruidoso, de gente rural, ao som da viola. 4. Qualquer baile em que predomina a gente do campo. → **fandangar** ou **fandanguear** *v* (dançar o fandango), que se conjuga por *frear*; **fandangueiro** *adj* e *sm* ou **fandanguista** *adj* e *s2gên* (que ou pessoa que aprecia ou dança o fandango).

fan.far.ra *sf* 1. Charanga militar. 2. Bandinha de instrumentos de metal, caixas de percussão e bumbos, que acompanha desfiles escolares, geralmente em dias cívicos, composta geralmente por estudantes.

fan.far.rão *adj* e *sm* Que ou aquele que se gaba de ser valente, o bom, o cara, sem razão; garganta, prosa. · Fem.: *fanfarrona*. → **fanfarrice**, **fanfarronada** ou **fanfarronice** *sf* (atitude, dito ou comportamento de fanfarrão; bazófia; alarde); **fanfarronear** *v* (gabar-se; bazofiar), que se conjuga por *frear*.

fa.nho ou **fa.nho.so** (ô; pl.: ó) *adj* Diz-se daquele que fala soltando o ar mais pelo nariz do que pela boca. → **fanhosear** *v* (falar fanhosamente), que se conjuga por *frear*; **fanhosidade** *sf* (qualidade ou estado de quem é fanhoso).

fan.ta.si.a *sf* 1. Imaginação criadora. 2. Joia falsa ou de pequeno valor. → **fantasiado** *adj* e *sm* (que ou aquele que usa fantasia; disfarçado, mascarado); **fantasiar** *v* [1. imaginar (coisas extravagantes ou fantasiosas); 2. vestir com fantasia]; **fantasioso** (ô; pl.: ó) *adj* (que envolve fantasia; imaginoso); **fantasista** *adj* e *s2gên* (que ou pessoa que fantasia).

fan.tas.ma *sm* 1. Imagem com forma humana, que não tem realidade física, em virtude de alucinação; assombração, aparição. 2. *P.ext.* Interferência em programas de televisão, que provoca a duplicação da imagem. 3. *Fig.* Coisa medonha ou desastrosa: *o fantasma da guerra*. // *adj* 4. Inexistente, fraudulento: *firmas fantasma; eleitores fantasma*. (Como se vê, neste caso não varia.) → **fantasmático** *adj* (rel. a fantasma).

fan.tas.ma.go.ri.a *sf* 1. Processo que consiste em produzir no escuro, sobre uma tela transparente, mediante dispositivos de projeção dissimulados, diabólicas figuras luminosas. 2. *P.ext.* Espetáculo ou apresentação tão extraordinária, que parece irreal: *a queima de fogos do réveillon, no Rio de Janeiro, é uma verdadeira fantasmagoria*. 3. Grupo confuso de imagens reais ou imaginárias, que mudam rapidamente, em uma sucessão complexa: *ele viu uma fantasmagoria de criaturas sombrias através da névoa*. 4. *P.ext.* Qualquer cena, aparência ou imagem falsa, ilusória, que muda rapidamente; estado de sonho, em que imagens reais e imaginárias se confundem;

visão fantástica e sobrenatural. **5**. *Fig.* Quimera, utopia, ilusão. → **fantasmagórico** *adj* (**1**. rel. a fantasmagoria; **2**. imaginário, ilusório).

fan.tás.ti.co *adj* **1**. Que só existe na imaginação; distante da realidade; imaginário, ilusório, irreal: *as fadas são seres fantásticos*. **2**.*P.ext*. Estranho, exótico, excêntrico, bizarro: *exposição de fantásticas obras de arte*. **3**.*P.ext*. Simulado, fictício: *toda estória é, por natureza, fantástica*. **4**. Digno de admiração; maravilhoso, extraordinário: *foi um gol fantástico!*; *está havendo um progresso fantástico na ciência e tecnologia*. **5**. Exorbitante, vultoso: *alguns jogadores de futebol ganham quantias fantásticas!* **6**. Muito elegante ou atraente: *você está fantástica nesse vestido!* **7**. Muito bom; excelente: *que comida fantástica a da Bahia!* **8**. Incrível, espantoso, impressionante: *o trem-bala viaja a velocidades fantásticas!* **9**. Adorável, encantador, admirável: *Jeni era uma pessoa fantástica!*

fan.to.che *sm* **1**. Boneco que se faz mover por meio de arames ou cordeis ; boneco de engonço; marionete. **2**.*P.ext*. Pessoa que não tem personalidade própria e só age a mando de alguém, marionete. → **fantochada** *sf* (**1**. porção de fantoches; **2**. cenas com fantoches).

fan.zi.ne *sm* Qualquer publicação independente ou alternativa, artesanal ou não, publicada de fãs para fãs, princ. de cinema, poesia, *rock*, quadrinhos, ficção científica, vegetarianismo, etc. (Forma-se do inglês *fan* + *magazine* e também se usa adjetivamente: *a cultura fanzine, o mundo fanzine*.) → **fanzineiro** *adj* e *sm* (que ou aquele que produz ou lê comumente fanzines).

FAO *sf* Acrônimo de *Food and Agriculture Organization* (Organização de Alimentação e Agricultura), agência das Nações Unidas, instituída em 1945, em Quebec, no Canadá. Com sede em Roma, a FAO trabalha para erradicar a fome e combater a pobreza. Participam dela mais de 194 países-membros.

FAPESP ou **Fapesp** *sf* Acrônimo de *Fundação de Amparo à Pesquisa do Estado de São Paulo*, entidade de fomento à pesquisa e responsável pela hospedagem de *sites* e registro nos órgãos competentes do Brasil e dos Estados Unidos.

fa.quir *sm* Homem que se exibe em público para demonstrar insensibilidade à dor e a todas as necessidades físicas. · Fem.: *faquiresa* (ê). → **faquirino** *adj* (rel. ou sem. a faquir); **faquirismo** *sm* (estado, condição ou modo de vida de faquir).

fa.rân.do.la *sf* **1**. Animada dança de roda provençal, na qual homens e mulheres se dão as mãos, formam uma corrente e seguem um líder por um curso sinuoso. **2**. Música em tempo sêxtuplo, feita para essa dança. **3**. Bando de pessoas ordinárias; súcia, malta. **4**. Bando de maltrapilhos; farandolagem. → **farandolagem** *sf* [farândola (4)].

fa.ra.ó *sm* Título dos reis do antigo Egito. (Faraó não tem feminino; Cleópatra foi, assim, apenas **rainha** do Egito, que é rigorosamente a mesma coisa. Como só existiu faraó no Egito, constitui redundância a combinação "faraó do Egito" ou "faraó egípcio".) → **faraônico** *adj* (**1**. rel. aos faraós; **2**.*p.ext*. que impressiona pelo tamanho ou pelo luxo; grandioso, imponente, monumental; luxuoso, suntuoso: *estátua faraônica; casamento faraônico*).

far.da *sf* **1**. Uniforme militar, escolar ou de corporação; fardamento. **2**. Veste de serviço. → **fardamento** *sm* [farda (1]; **fardão** *sm* (**1**. farda muito vistosa; **2**. veste simbólica dos membros da Academia Brasileira de Letras, usada nas reuniões solenes); **fardar** *v* (vestir com farda ou prover de farda); **fardeta** (ê) *sf* (farda que os soldados vestem quando fazem faxina).

far.do *sm* **1**. Pacote ou conjunto de pacotes volumosos ou pesados, destinados a transporte; carga.: *um fardo de feno*. **2**. *P.ext*. Qualquer tipo de pacote: *carregava consigo um fardo de pães*. **3**. *Fig.* Aquilo que é penoso, difícil de suportar: *a solidão é um fardo*. **4**. *Fig.* Aquilo que impõe séria responsabilidade; encargos: *ser chefe de família é um fardo; o fardo do poder, do casamento*.

far.do.la *sm Pop.*MG Sujeito folgado, espaçoso, pedante, metido, pretensioso.

fa.re.jar *v* **1**. Seguir ou identificar pelo faro: *os cães farejam a raposa*. **2**. *Fig.* Pressentir, sentir no ar: *farejei o perigo e parei*. · O e continua fechado, durante a conjugação. → **farejo** (ê) *sm* (ato de farejar).

fa.re.lo *sm* **1**. Parte grosseira que sobra da farinha de trigo, depois de peneirada. **2**.*P.ext*. Porção de resíduos grosseiros de quaisquer cereais moídos. · Col.: *farelagem* sf. → **fareláceo** *adj* (**1**. rel. ou sem. a farelo; **2**. que se esfarela); **farelento** *adj* (**1**. que produz farelos; **2**. abundante em farelos).

far.fa.lhar *v* Mover-se com leve agitação ou ruído, rumorejar: *as folhas das árvores farfalham ao vento*.

fa.rin.ge *sf* Cavidade musculomembranosa de 13cm de comprimento, que se estende da base do crânio ao esôfago e está situada à frente das vértebras cervicais. → **faríngeo**, **faringiano** ou **faríngico** *adj* (rel. ou pert. a faringe); **faringite** *sf* (inflamação da faringe).

fa.ri.nha *sf* **1**. Pó a que se reduzem os cereais ou os tubérculos moídos (milho, arroz, trigo, mandioca, etc.). **2**.*P.ext*. Qualquer pó fino e macio. **3**. *Gír.* Cocaína. → **farináceo** *adj* (**1**. rel. ou sem. a farinha: *sabor e odor farináceos*; **2**. que produz farinha: *sementes farináceas*; **3**. que contém farinha: *alimento farináceo*) e *sm* (alimento feito de algum tipo de farinha: *os farináceos do café da manhã*).

fa.ri.seu *sm* **1**. Membro de uma antiga seita judaica, notável pela estrita observância da lei mosaica. // *adj* e *sm* **2**. *Fig.* Que ou aquele que é hipócrita, fingido, dissimulado. **3**. *Fig.* Que ou aquele que aparenta falsa honestidade. · Fem.: *fariseia* (éi). → **farisaico** *adj* (**1**. rel. a fariseu; **2**. próprio de fariseu; hipócrita, fariseu: *gesto farisaico*).

far.má.cia *sf* **1**. Ciência da concepção, composição, preparo e conservação de medicamentos. **2**. Estabelecimento comercial onde se vendem e também se preparam medicamentos. → **farmacêutico** *adj* e *sm* (especialista em farmácia ou dono de farmácia); **fármaco** *sm* (substância química que é o princípio ativo dos medicamentos); **farmacolando** *adj* e *sm* (que ou aquele que se está formando em farmácia).

far.nel *sm* **1**. Pequena refeição ou lanche que se leva para uma pequena viagem, para o trabalho ou para a escola; merenda. **2**. Saco em que se coloca esse lanche.

fa.ro *sm* **1**. Olfato dos animais, princ. do cão. **2**. *Fig.* Intuição, *feeling*: *ele tem excelente faro comercial*. **3**. *Fig.* Aptidão ou habilidade instintiva; dom, talento: *atacante que tem faro aguçado de goleador; ele tem o faro de artilheiro*. **4**. *Fig.* Que tem facilidade para fazer gols: *é um centroavante que tem faro de gol*. · V. **farejar**.

fa.ro.es.te *sm* **1**. Filme baseado em histórias sobre a vida no oeste dos Estados Unidos, no séc. XIX, com muitas lutas e tiroteio, princ. entre brancos e índios; filme de bangue-bangue ou de caubói; bangue-bangue. **2**.*P.ext*. Lugar onde há muitas brigas e tiroteios: *o Rio de Janeiro virou um faroeste urbano*.

fa.ro.fa *sf* **1**. Farinha de mandioca cozida em gordura, misturada com carne-seca picada, toucinho, ovos, etc. **2**. *Fig.* Conversa fiada; papo-furado. · Col. (1): *farofada*. → **farofeiro** *adj* e *sm* (que ou aquele que mora longe da praia e, ao frequentá-la nos fins de semana, traz marmita, deixando restos de comida no local onde permanece).

fa.rol *sm* **1**. Torre construída ao longo da costa, provida de poderoso foco luminoso, para a orientação dos navegantes, à noite. **2**. Aparelhagem que produz esse foco luminoso. **3**. Sinal luminoso de trânsito; sinaleira, semáforo. **4**. Projetor de veículo automotor ou de locomotiva que emite luz potente: *no acidente, perdi os dois faróis*. **5**. Essa luz: *use farol baixo em caso de neblina!* **6**. Potente projetor de luz dos aeroportos, destinado a facilitar a aproximação e o pouso noturno das aeronaves. **7**. Essa luz. **8**. Luz usada na testa por médicos e mineiros. **9**. *Fig.* Presunção, fingimento, fita: *pessoa de muito farol e pouca luz*. **10**. *Fig.* Coisa ou pessoa que orienta ou guia intelectualmente: *acolheu a palavra de Deus como farol da sua vida*. · Dim. irregular: *farolete* (ê) ou *farolim*. → **faroleiro** *sm* [guarda ou encarregado do serviço e da vigia de um farol (1)] e *adj* e *sm* (*gír*. que ou aquele que gosta de contar vantagens e mentiras, para se promover; fanfarrão, parlapatão).

far.pa *sf* **1**. Ponta penetrante, dentada na extremidade, em ângulo agudo. **2**. Bandarilha. **3**. Pequena lasca de madeira ou fragmento de qualquer outra coisa que acidentalmente se introduz na pele: *espetou uma farpa no dedo*. **4**. *Fig.* Crítica ou comentário sarcástico; sarcasmo: *houve troca de farpas entre os debatedores*. · Dim. irregular: *farpela*. → **farpar** ou **farpear** *v* [**1**. ferir com farpa ou com arpão; **2**. cravar farpa ou bandarilha em (touro); bandarilhar; **3**.*fig*. dirigir farpa(s) contra; sarcasmo(s) contra; bandarilhar: *cada um dos debatedores procura farpear o outro*], sendo este conjugado por *frear*.

far.ra *sf* **1**. Diversão, geralmente noturna, em companhia de mulheres e bebidas; orgia: *ele vive na farra*. **2**. *Fig.* Grande diversão ou brincadeira; gozação: *fiz aquilo só por farra*. **3**. *Fig.* Coisa pouco lícita; expediente, mamata: *o projeto quer pôr fim à farra das pensões vitalícias para filhas de militares*.

→ **farrear** *v* (fazer farra: *ele farreou a vida inteira*), que se conjuga por *frear*; **farrista** *adj* e *s2gên* [que ou pessoa que é dada a farras].

far.ra.po *sm* **1**. Pedaço de pano muito usado, roto ou rasgado; trapo. **2**. Roupa velha e esfarrapada. **3**. Alcunha, inicialmente pejorativa, depois honrosa, dada aos insurretos gaúchos da guerra de 1835 a 1845; farroupilha. **4**. Pessoa maltrapilha. **5**. Pessoa moralmente desiludida: *depois de terminar o namoro, ela virou um farrapo*. → **farrapada**, **farrapagem** ou **farraparia** *sf* (grande porção de farrapos).

far.rou.pi.lha *s2gên* **1**. Pessoa maltrapilha ou desprezível. // *sm* **2**. Revolucionário gaúcho do período regencial; farrapo (3).

far.sa *sf* **1**. Pequena comédia burlesca em que se entremeiam cenas ridículas e triviais. **2**. *Fig.* Algo maquinado para enganar alguém; logro: *a eleição foi uma farsa*. → **farsante** *s2gên* (**1**. artista que representa farsas; **2**. *fig.* pessoa que não age com seriedade); **farsesco** (ê) *adj* (**1**. rel. a farsa; **2**. que contém elementos da farsa).

far.tar *v* **1**. Saciar ou matar (sede, fome): *é preciso fartar a fome dessa gente*. **2**. Saciar a sede ou a fome de: *fartei-os quando estavam com fome*. **3**. Encher, atulhar, empanturrar: *fartar o estômago*. **4**. Cansar, aborrecendo, chatear, enfastiar: *longos discursos fartam qualquer cristão*. → **fartar-se 5**. Saciar-se, encher-se, atulhar-se: *fartei-me de tanto sanduíche*. **6**. Cansar-se, com aborrecimento; enfastiar-se: *fartei-me de suas queixas*. ·· **À farta**. Com fartura ou abundância; à beça: *No Natal se come à farta*.

far.to *adj* **1**. Cheio, satisfeito: *esse banquete me deixou farto*. **2**. Cheio, abundante, atulhado: *cidade farta em lazeres*. **3**. Cheio, saturado, enjoado: *estamos fartos de ouvir e ler asnices*. **4**. Rico, abundante, copioso: *país farto em petróleo*. · Antôn. (1): *faminto*; (2 e 4): *pobre, escasso*; (3): *ávido, ansioso*. → **fartura** *sf* (**1**. estado de farto; **2**. abundância).

far.tum *sm* **1**. Cheiro intolerável de mofo. **2**. Mau cheiro ou fedor de alguns animais. **3**. *P.ext.* Qualquer fedor nauseabundo.

fas.cí.cu.lo *sm* **1**. Diminutivo erudito de *feixe*; pequeno feixe. **2**. Cada uma das partes ou folhetos de uma obra publicada por partes. **3**. Pequeno feixe de músculos, tendões ou fibras nervosas. → **fasciculação** *sf* (**1**. formação de fascículos); **fasciculado** *adj* [**1**. disposto em fascículos ou feixes: *raízes fasciculadas*; **2**. em forma de fascículo; fascicular (2); **3**. composto de fascículos]; **fascicular** *adj* [**1**. rel. a fascículo; **2**. fasciculado (2)].

fas.ci.nar *v* **1**. Exercer vivo interesse ou atração em; atrair irresistivelmente, exercer fascinação em: *o circo fascina a garotada*. **2**. Dominar pelo encantamento; deslumbrar, encantar: *o mistério fascina a fantasia humana*. **3**. Subjugar ou submeter com o olhar: *ela me fascinou com aqueles lindos olhos verdes*. → **fascinação** *sf* ou **fascínio** *sm* (**1**. atração irresistível, magnética: *os beatos têm fascinação por igreja*; **2**. deslumbramento, sedução, encanto, charme: *o poder exerce enorme fascínio nos homens*; **3**. engano dos sentidos; ilusão, sonho: *a fascinação em que ela tem vivido de casar com um príncipe ainda vai levá-la à loucura*); **fascinado** *adj* (**1**. que sente fascinação; irresistivelmente atraído: *o mundo anda fascinado com a informática*; **2**. deslumbrado, encantado; *fiquei fascinado com o esplendor do palácio*); **fascinante** *adj* (que atrai irresistivelmente: *olhar fascinante*).

fas.cis.mo *sm* **1**. Sistema político e socioeconômico totalitário implantado na Itália (1922-43) por Benito Mussolini. **2**. Qualquer regime político autoritário ou ditatorial. → **fascista** *adj* (**1**. rel. ou pert. ao fascismo; **2**. próprio do fascismo) e *adj* e *s2gên* (**1**. que ou pessoa que é simpatizante do fascismo; **2**. *p.ext.* que ou pessoa que é muito autoritária ou excessivamente violenta).

fa.se *sf* **1**. Cada uma das etapas sucessivas de uma coisa em evolução; período, estádio. **2**. Cada um dos diferentes aspectos que a Lua e alguns planetas apresentam, segundo o modo como são iluminados pelo Sol. **3**. Cada uma das tensões de uma corrente trifásica. · V. **psicossexual**.

fa.se.o.lar *adj* **1**. Relativo a feijão: *colheita faseolar*. **2**. Que tem a forma de feijão: *cálculo faseolar*.

fashion [ingl.] *sf* **1**. Estilo predominante durante determinado momento, princ. em roupa, cabelo e maquiagem; moda, voga. **2**. *P.ext.* Peça de roupa em tal estilo. **3**. Estilo característico da elite social. (Usa-se no Brasil adjetivamente: *vestido* fashion, *indústria* fashion, *penteado* fashion, etc.) · Pronuncia-se *fáchan*. → **fashionista** *s2gên* (profissional de moda).

fas.qui.a *sf* **1**. Pedaço de madeira, comprido e estreito; ripa, sarrafo. **2**. Lasca fina e alongada que se tirou ou que se separou de um tronco de madeira. **3**. Barra que o atleta tem de transpor no salto com vara. → **fasquiar** *v* (**1**. guarnecer de fasquias; ripar; **2**. construir com fasquias ou ripas; **3**. serrar em ripas).

fastback [ingl.] *sm* **1**. Tipo de carroceria de automóvel em que o teto segue uma inclinação até o porta-malas; sedã de dois volumes e meio: *o Mustang é um* fastback. **2**. *P.ext.* Esse automóvel: *os fastbacks estão na moda*. (Usa-se adjetivamente: *carroceria* fastback, *estilo* fastback, etc.) · Pl.: *fastbacks*. · Pronuncia-se *fést-bék*.

fast-food [ingl.] *sm* **1**. Refeição ligeira, realizada fora de casa, em lanchonetes que preparam e servem rapidamente um tipo padronizado de alimento (hambúrgueres, frangos fritos, etc.). **2**. Essa lanchonete. · Pl.: *fast-foods*. · Pronuncia-se *fést-fúd*.

fas.ti.di.o.so (ô; pl.: ó) *adj* **1**. Que causa fastio, tédio; tedioso, enfadonho: *tema fastidioso para todos: violência*. **2**. Diz-se daquele que é impertinente e vive reclamando de tudo e de todos; ranzinza, rabugento, ranheta. · Antôn. (1): *interessante, agradável*.

fas.tí.gio *sm* **1**. Ponto culminante; pico, cimo. **2**. Período de máxima intensidade de uma doença ou de uma febre. **3**. *P.ext.* Grau mais alto; auge, apogeu, ápice, pináculo: *morreu no fastígio da carreira*. → **fastigioso** (ô; pl.: ó) *adj* (que está no fastígio ou em posição eminente).

fas.tio *sm* **1**. Falta de apetite; inapetência: *o tifo causa fastio*. **2**. *Fig.* Desinteresse, desagrado, tédio: *a depressão leva o sujeito a sentir fastio pela vida*. **3**. *Fig.* Aversão, ojeriza, repulsa, repugnância: *sentir fastio por bajuladores*. · V. **fastidioso**.

fa.tal *adj* **1**. Que ocorre como se decretado pelo destino; impossível de ser evitado; inevitável, inexorável: *o divórcio será fatal a esse casal*. **2**. Que causa a morte; mortal, letal: *ataque cardíaco fatal*; *overdose fatal*; *uma bactéria potencialmente fatal*. **3**. Que conheceu a morte: *vítima fatal*. **4**. Que pode levar a desfecho trágico ou resultado desastroso; ruinoso, sinistro, fatídico (2): *decisão fatal*; *recebeu conselhos fatais*; *a expulsão do goleiro foi fatal para o time, que perdeu de goleada*. **5**. *Fig.* Improrrogável, inadiável: *dia 30 é o prazo fatal para o pagamento desse imposto*. → **fatalidade** *sf* [**1**. acontecimento fatal imposto pelo destino; fatalismo (2); **2**. desgraça causada por acidente ou violência]; **fatalismo** *sm* [**1**. doutrina segundo a qual tudo o que acontece se deve aos fatos ou ao destino, aceitando a inevitabilidade das coisas e negando o livre-arbítrio ou decisão pessoal; **2**. fatalidade (1)]; **fatalista** *adj* (rel. a fatalismo ou próprio do fatalismo) e *adj* e *s2gên* (que ou pessoa que acredita no fatalismo).

fa.ti.a *sf* **1**. Pedaço de qualquer alimento sólido, cortado em forma de lâmina e com certa espessura de uma porção maior: *fatia de pão, de melancia, de bolo*. **2**. *P.ext.* Porção de qualquer coisa: *a fatia de mercado da Apple aumentou; ele vai vender uma fatia da empresa; essa é apenas uma fatia da verdade*. · Aum. irregular: *fatacaz sm*. → **fatiado** *adj* (cortado em fatias: *picanha fatiada*); **fatiar** *v* (cortar em fatias: *fatiar queijo, cebola, bolo*).

fa.tí.di.co *adj* **1**. Que revela o que o destino decidiu; que prediz o futuro, geralmente anunciando infortúnios; profético: *ter sonhos fatídicos*. **2**. Que tem consequências ou implicações de longo alcance e, geralmente, desastrosas; sinistro, trágico, fatal (4): *voo fatídico*; *o fatídico dia da morte do piloto brasileiro*; *num carro a 250km/h, qualquer descuido será fatídico*.

fa.ti.gar ou **fa.di.gar** *v* **1**. Causar fadiga ou cansaço a; cansar: *essa caminhada me fatigou*. **2**. *Fig.* Aborrecer, chatear, enfadar: *esses programas políticos pela TV fatigam o eleitor*. **fatigar-se 3**. Cansar-se: *fatigar-se com tanto discurso*. · Antôn. (1): *descansar*; (2): *satisfazer, alegrar*. → **fatigado** *adj* (**1**. cansado; **2**. *fig.* aborrecido, chateado).

fa.to *sm* **1**. Algo que é reconhecido ou comprovado como verdadeiro; acontecimento, ocorrência: *quais são os fatos do dia?* **2**. Algo cuja existência é inquestionável; realidade, verdade (em oposição a ficção ou fantasia): *a exploração de Marte já é um fato*. **3**. Porção de informação: *consiga-me todos os fatos desse crime*. **4**. Evento real, distinto de suas consequências legais: *as questões de fato são decididas pelo júri; as questões de direito, pelo juiz ou tribunal*. **5**. Rebanho de cabras. · **De fato**. Realmente, na verdade. ·· **Fato consumado**. Fato irremediável ou irreversível: *A morte é um fato consumado para a humanidade*.

fa.tor (ô) *sm* **1**. Qualquer número ou símbolo participante de uma multiplicação, para formar o produto (p. ex.: 5 e 3 são *fatores* de 15, que é o *produto*): *a ordem dos fatores não altera o produto*. **2**. *Fig*. O que contribuiu para determinado resultado: *o preço do carro não foi fator na minha decisão; a pobreza é apenas um dos fatores da violência*. **3**. *Fig*. Aquilo que afeta um evento, decisão ou situação: *a discrição é um fator importante no relacionamento humano*. **4**. Determinado nível numa escala de medição: *protetor solar com fator de 8*. · V. **fatorial**. •• **Fator de produção**. Recurso ou insumo que entra na produção de riqueza, como terra, capital, trabalho, etc.: *A migração como fator de mobilidade, e os migrantes como fator de produção são de suma importância na economia*.

fa.to.ra.ção *sf* Operação de fatorar, ou seja, de decompor um polinômio em um produto de dois ou mais fatores, algumas vezes no produto de seus fatores primos. → **fatorar** *v* (efetuar a fatoração de).

fa.to.ri.al *adj* **1**. Relativo a fator ou a um fatorial. // *sm* **2**. Produto de um número inteiro positivo dado (símb.: *n!*), multiplicado por todos os números inteiros positivos menores [p. ex.: o quatro fatorial (que se escreve 4!) é igual a 24 (4 x 3 x 2 x 1 = 24; o 5! é 120].

fá.tuo *adj* **1**. Diz-se daquele que se supõe superior a tudo e a todos, mas na verdade é um estúpido, um imbecil; presunçoso, pretensioso, presumido: *candidatos fátuos é o que mais há*. **2**. Fútil, vão: *desejos fátuos*. **3**. Que só dura um instante; fugaz, transitório, efêmero: *a fama é e sempre será fátua*. → **fatuidade** *sf* (qualidade de fátuo).

fa.tu.ra *sf* **1**. Relação das mercadorias vendidas e dos respectivos preços. **2**. Coisa faturada. → **faturar** *v* [**1**. fazer a fatura de (mercadorias vendidas); **2**. ganhar muito dinheiro; lucrar: *está faturando, hem, Josias!* **3**. conseguir (coisa proveitosa ou vantajosa): *faturar um convite para uma festa*; **4**. *fig.chulo* ter relações sexuais com: *ele já faturou essa atriz*]; **faturista** *s2gên* (pessoa numa firma encarregada de fazer faturas).

fau.na *sf* Conjunto dos animais próprios de uma região, de um país ou de um período geológico em particular. → **fauniano** ou **faunístico** *adj* (rel. a fauna); **faunista** *adj* e *s2gên* (que ou pessoa que estuda e classifica faunas).

faus.to *sm* **1**. Grande luxo, pompa de quem se acha em situação próspera: *novos-ricos adoram viver no fausto*. // *adj* **2**. Próspero, ditoso: *2021 não foi um ano fausto*. → **faustoso** (ô; pl.: ó) *adj* (pomposo, luxuoso, faraônico, suntuoso: *as faustosas festas promovidas pelos xeiques*).

fa.va *sf* **1**. Planta leguminosa de propriedades medicinais. **2**. Semente ou vagem dessa planta. •• **Ir** (ou **Mandar**) **às favas**. Ir (ou Mandar) para o inferno. •• **São favas contadas**. É coisa absolutamente certa, inevitável: *A reeleição do presidente são favas contadas?*

fa.ve.la *sf* **1**. Conjunto de casebres, densamente povoados e construídos de modo precário. **2**. Aglomerado humano que habita esse conjunto de casebres; comunidade: *a favela já não vive em paz com os narcotraficantes*. → **favelado** *adj* e *sm* (habitante de favela); **favelização** *sf* [ação ou efeito de favelizar(-se)]; **favelizar(-se)** *v* [tornar(-se) favela].

fa.vo *sm* Alvéolo ou conjunto dos alvéolos de cera construído pelas abelhas, para depositarem o mel, o pólen e os ovos.

fa.vor (ô) *sm* **1**. Serviço feito a alguém por pura amizade ou afeição. **2**. Graça, mercê: *reza para alcançar o favor de Santo Antônio*. **3**. Simpatia: *apenas dois ministros estão ainda empenhados em disputar o favor do presidente*. •• **A** (ou **Em**) **favor de**. **1**. Em proveito ou benefício de: *Rezar a favor de um doente. Você terá muito em seu favor se for caridoso*. **2**. Favorável: *Sou a favor dessa campanha*. •• **Fazer** (**o**) **favor de**. Expressão de cortesia ou de pretensa cortesia: *Ela fez o favor de me acompanhar até aqui. Faz favor de não me aparecer mais aqui!* •• Por favor. Expressão de cortesia ou de pretensa cortesia (neste caso com forte ênfase na preposição): *Por favor, feche a porta! Não me procure mais, por favor!*

fa.vo.rá.vel *adj* **1**. Que apoia ou é a favor de alguma coisa: *ser favorável à pena de morte*. **2**. Propício, adequado: *há condições favoráveis para geada no Sul*. **3**. Bom, positivo: *um time lutou por um resultado favorável; o livro teve críticas favoráveis*. **4**. Vantajoso, proveitoso: *o acordo foi favorável a apenas uma das partes*. **5**. Diz-se do vento que sopra na direção da viagem. **6**. Que consente ou concorda; afirmativo: *ela nos deu resposta favorável*. **7**. Agradável: *a candidata me causou impressão favorável*. **8**. Animador, estimulativo: *recebeu um prognóstico favorável de seu médico*.

fa.vo.re.cer *v* **1**. Proteger ou beneficiar com parcialidade: *árbitros que favorecem o time da casa têm medo de apanhar;* *favorecer um amigo, omitindo a verdade, num processo*. **2**. Auxiliar, beneficiar, concorrer para: *o carcereiro favoreceu a fuga dos presos*. → **favorecimento** *sm* (ato ou efeito de favorecer).

fa.vo.ri.to *adj* e *sm* **1**. Que ou aquele a quem se favorece ou se ama com preferência; predileto: *filho e aluno favorito ninguém admite, mas existem*. **2**. Que ou o que se apresenta como provável vencedor: *o favorito nas pesquisas eleitorais nem sempre é o que vence a eleição*. → **favoritismo** *sm* (fato, condição ou estado de favorito).

fax (x = ks) *sm2núm* **1**. Aparelho que transmite cópias a distância, utilizando a linha telefônica. **2**. Essa cópia.

fa.xi.na *sf* **1**. Limpeza a que os soldados estão sujeitos, nos quartéis. **2**. Serviço de limpeza. **3**. *Fig*. Purificação moral ou ética; limpeza ou expurgação necessária: *é preciso fazer uma faxina nesse Congresso*. → **faxineiro** *sm* (encarregado da faxina).

fa.zen.da *sf* **1**. Grande propriedade rural destinada à criação de gado ou à lavoura em grande escala. **2**. Pano, tecido: *comprei 2m de fazenda para fazer uma toalha*. **3**. Órgão público que cuida da administração financeira e monetária; finanças, tesouro público: *ministro da Fazenda*. (Neste caso, como se vê, com inicial maiúscula.) → **fazendário** *adj* (**1**. rel. à administração das finanças do Estado; **2**. rel. à fazenda pública; financeiro) e *adj* e *sm* (que ou aquele que é funcionário de qualquer órgão que cuida das finanças públicas); **fazendeiro** *adj* e *sm* [que ou aquele que possui fazenda(1)].

fa.zer *v* **1**. Criar, gerar: *Deus fez tudo o que existe*. **2**. Construir, erguer: *fazer casas populares*. **3**. Construir, abrir: *fazer estradas*. **4**. Fabricar, manufaturar: *fazer brinquedos*. **5**. Editar, publicar: *fazer livros*. **6**. Fabricar, confeccionar: *fazer roupas*. **7**. Produzir intelectualmente ou por esforço criativo; escrever, compor: *fazer versos*. **8**. Executar: *fazer deveres escolares*. **9**. Realizar, promover: *fazer baile*. **10**. Realizar, desempenhar: *fiz tudo o que estava a meu alcance para a ajudá-la*. **11**. Cometer: *fiz só um erro na redação*. **12**. Praticar, obrar: *faça o bem sem olhar a quem!* **13**. Aparar, cortar: *fazer as unhas*. **14**. Pronunciar, proferir, dizer: *fazer um discurso*. **15**. Produzir, causar: *fazer bagunça*. **16**. Aprontar, arranjar ou arrumar: *a camareira ainda não fez o meu quarto*. **17**. Completar: *fazer palavras cruzadas*. **18**. Completar ou atingir (anos): *fiz trinta anos ontem*. **fazer-se 19**. Acumular bens ou haveres, realizar-se: *hoje ninguém se faz no funcionalismo público*. · Conj.: *faço, fazes, faz, fazemos, fazeis, fazem* (pres. do ind.); *fazia, fazias, fazia, fazíamos, fazíeis, faziam* (pret. imperf. do ind.); *fiz, fizeste, fez, fizemos, fizestes, fizeram* (pret. perf. do ind.); *fizera, fizeras, fizera, fizéramos, fizéreis, fizeram* (pret. mais- -que-perf. do ind.); *farei, farás, fará, faremos, fareis, farão* (fut. do pres.); *faria, farias, faria, faríamos, faríeis, fariam* (fut. do pret.); *faça, faças, faça, façamos, façais, façam* (pres. do subj.); *fizesse, fizesses, fizesse, fizéssemos, fizésseis, fizessem* (pret. imperf. do subj.); *fizer, fizeres, fizer, fizermos, fizerdes, fizerem* (fut. do subj.); *fazendo* (gerúndio); *fazer* (infinitivo pessoal); *fazer, fazeres, fazer, fazermos, fazerdes, fazerem* (infinitivo pessoal), *feito* (particípio). ··· O verbo fazer não varia quando indica tempo: **Faz** *dez anos que isso aconteceu*. **Fará** *cem anos amanhã que ele morreu*. Se vier verbo auxiliar, este não varia. **Deve** *fazer dez anos que isso aconteceu*. **Vai** *fazer cem anos amanhã que ele morreu*. → **fazimento** *sm* ou **fazedura, feitura** *sf* [ação ou efeito de fazer(-se): *o povo quer mais fazimentos que promessas*]. •• **Faz de conta**. **1**. Imaginário; da fantasia: *Ele não se incomoda com nada, vive no mundo do faz de conta*. **2**. Aguçar a imaginação, vivendo num mundo fantasioso: *Quando as crianças brincam de faz de conta, por exemplo, que são super-heróis ou princesas, aprendem muito sobre si mesmas*.

fé *sf* **1**. A primeira das virtudes teologais (*fé, esperança e caridade*), que consiste em crer em Deus e no que ensina a Igreja católica. **2**. Crenças ou conjunto de dogmas que constituem uma religião; religião: *ele deu a vida por sua fé; ela difunde a fé cristã por onde vai; os chineses são forçados a praticar sua fé em segredo*. **3**. Confiança na honestidade, valor e escrúpulo de uma pessoa: *homem de fé; perdi a fé em políticos; tenho fé em que ele fará a coisa certa*. **4**. Confiança na eficácia de alguma coisa: *tenho fé nessa droga contra o câncer; o piloto tem fé no seu carro*. **5**. Segurança fundada em pressentimentos; crença firme; convicção íntima; esperança: *tenho fé na nossa vitória*. **6**. Compromisso de fidelidade a uma promessa feita: *ela violou a fé conjugal*. **7**. Qualquer adesão firme e fervorosa do espírito a algo: *ter fé política; ter fé numa ideologia*. **8**. Testemunho autêntico dado por oficial de justiça.

→ **fezinha** (è) *sf* (*pop*. pequena aposta em jogo de azar). · V. **boa-fé** e **má-fé**. ·· **Ato de fé**. Atitude ou gesto que expressa adesão a uma religião, ideia ou ideologia. ·· **Dar fé**. Afirmar que algo é verdade. ·· **Fé pública**. Termo jurídico que consiste na presunção da verdade dada aos atos de um servidor público. ·· **Profissão de fé**. Declaração pública que alguém faz de sua crença religiosa, opiniões ou de seus princípios.

fe.al.da.de *sf* **1**. Qualidade ou estado de ser feio; aparência desagradável ou repulsiva; feiura: *a fealdade de um bicho*. **2**. *Fig*. Gravidade, magnitude, monstruosidade: *a fealdade de um crime*. **3**. *Fig*. Caráter do que é baixo ou torpe; torpeza: *a fealdade de seus sentimentos*. · Antôn. (1): *beleza*.

FEB *sf* Acrônimo de *Força Expedicionária Brasileira*, enviada pelo Brasil à Itália no decurso da Segunda Guerra Mundial.

FEBRABAN ou **Febraban** *sf* Acrônimo de *Federação Brasileira de Bancos*, entidade de classe, cujo objetivo é representar os bancos e contribuir para o aperfeiçoamento de suas atividades.

fe.bre *sf* **1**.Elevação anormal da temperatura do corpo. **2**. *Fig*. Desejo intenso de obter ou conquistar alguma coisa: *esse aparelho virou febre na cidade; a febre do ouro nos garimpos*. **3**. *Fig*. Mania, moda: *o funk é a febre do momento*. **4**. *Fig*. Grande quantidade de algo agitado: *a cidade conheceu ultimamente uma febre de passeatas, carreatas e até motociatas*. → **febrento** *adj* e *sm* (que ou aquele que é propenso a ter febre); **febrífugo** *adj* e *sm* (que ou medicamento que faz baixar a febre); **febril** (pl.: -*is*) *adj* (**1**. rel. a febre: *criança em estado febril*; **2**. que tem febre: *criança febril*). ·· **Febre amarela**. Doença infecciosa febril aguda, transmitida pela picada de mosquitos infectados por arbovírus amarílico. ·· **Virar febre** (pop.). Ser alvo de interesse geral; ser a coqueluche do momento: *Esse aplicativo virou febre entre os adolescentes*.

fe.cal *adj* **1**. Relativo a fezes: *incontinência fecal*. **2**. Formado por excremento humano: *bolo fecal*.

fe.char *v* **1**. Tapar ou cobrir a abertura ou a entrada de; cerrar: *fechar a boca*. **2**. Trancar ou impedir a passagem por meio de chave, tranca, etc.: *fechar a porta*. **3**. Unir ou juntar as partes separadas de; cerrar: *fechar os olhos*. **4**. Movimentar na direção do fechamento; encostar: *fechar a porta do elevador*. **5**. Impedir a passagem de claridade, estendendo: *fechar a cortina*. **6**. Comprimir, cerrar: *fechar a mão*. **fechar-se 7**. Cerrar-se: *seus lábios se fecharam quando fui beijá-la*. **fechar(-se) 8**. Tornar-se fechado: *a porta (se) fechou sozinha*. **9**. Encerrar o expediente: *a loja (se) fecha às 18h*. → **fechada** *adj* (**1**. fem. de *fechado*) e *sf* (ato ou efeito de fechar; fechamento; **2**. no trânsito ou em corridas de automóvel, ato de cortar bruscamente a frente de outro veículo): *levei uma fechada e quase provoco um acidente*); **fechado** *adj* (que não está aberto), de antôn. *aberto*; **fechadura** *sf* (mecanismo metálico que, através de uma lingueta acionada por chave, fecha portas, janelas, gavetas, etc.); **fechamento** *sm* [ato ou efeito de fechar(-se)], de antôn. *abrimento, abertura*; **fecho** (ê) *sm* (qualquer dispositivo destinado a fechar alguma coisa). ·· **Fecho ecler**. Zíper.

fé.cu.la *sf* **1**. Substância farinácea e muito fina, extraída de raízes e tubérculos, como a batata, utilizada como alimento. **2**. Amido. **3**. Sedimento de um líquido; lia, borra. → **fecularia** *sf* (fábrica de féculas); **feculento** *adj* (que contém fécula).

fe.cun.dar *v* **1**. Transformar (óvulo feminino em embrião) através de: *o galo fecunda as galinhas*. **2**. Tornar fecundo; dar força natural a, para produzir: *os estrumes e adubos fecundam a terra*. · Antôn.: *esterilizar*. → **fecundação** *sf* (ato ou efeito de fecundar); **fecundidade** *sf* (qualidade do que é fecundo); **fecundo** [**1**. capaz de produzir ou de reproduzir; que não é estéril ou infértil: *fêmea fecunda; terras fecundas*; **2**. *fig*. de muitos e bons resultados; proveitoso: *o dia hoje foi fecundo*; **3**. *fig*. criativo, inventivo, imaginativo: *artista de espírito fecundo*; **4**. cheio, abundante, rico (em coisas abstratas): *texto fecundo em tolices; foi um governo fecundo em obras*].

fe.da.im *sm* Guerrilheiro palestino.

fe.de.lho (ê) *sm* **1**. Criança que ainda está na fase das fraldas, que fede a cueiro; bebê. **2**. Jovem no início da adolescência, com pretensões de adulto; menino crescido; rapazola, pirralho. **3**. *Fig.Pej*. Rapaz de comportamento infantil, que mete o bedelho em tudo. → **fedelhice** *sf* (o que é próprio do fedelho).

fe.der *v* Exalar mau cheiro, cheirar mal; catingar. · Só se conjuga nas pessoas que têm *e* ou *i* depois do *d*: *fede, fedia, fedesse*, etc. → **fedentina** (*cf* aum. irreg. de *feder*; grande fedor; fedor insuportável); **fedor** (ô) *sm* (mau cheiro), de aum. irreg. *fedentina*; **fedorento** *adj* (que fede muito; malcheiroso).

fe.de.ra.ção *sf* **1**. União política entre Estados. **2**. Sociedade, associação. **3**. Reunião de certos grupos (esportivos, religiosos, etc.) com propósitos bem-definidos. (Usa-se, nesta acepção, quase sempre com inicial maiúscula.) → **federado** *adj* e *sm* (que ou aquele que pertence a uma federação); **federal** *adj* (rel. ou pert. a federação); **federalismo** *sm* (**1**. sistema de governo em que o poder é dividido entre uma autoridade central e unidades políticas constituídas; **2**. defesa desse sistema de governo); **federalista** *adj* (rel. a federalismo) e *adj* e *s2gên* (que ou pessoa que é partidária do federalismo); **federalização** *sf* [ato ou efeito de federalizar(-se)]; **federalizar** *v* (**1**. tornar federal; **2**. reunir em federação); **federar(-se)** *v* [reunir(-se) em federação]; **federativo** *adj* (rel. a federação).

feedback [ingl.] *sm* **1**. Retorno de parte da saída de um circuito, sistema ou dispositivo para a entrada, seja para se opor à entrada (*feedback* negativo), seja para auxiliar a entrada (*feedback* positivo). **2**. Retorno de parte da saída de som de um alto-falante para o microfone ou captador, com o consequente assobio agudo produzido. **3**. Esse assobio. **4**. Avaliação dada ou reação construtiva a uma atitude positiva ou negativa de um profissional: *peça sempre feedback do seu trabalho!*; *o jogador atuou mal e recebeu o feedback de seu treinador de que precisa melhorar o seu desempenho*. **5**. Obtenção de uma resposta; retorno: *as montadoras enviam um questionário a seus clientes e esperam o feedback deles*. **6**. Retroalimentação, realimentação. **7**. Em psicologia, conhecimento dos resultados de qualquer comportamento considerado como influenciador ou modificador de desempenho futuro. **8**. Sistema biológico autorregulador, como na síntese de alguns hormônios, no qual a saída ou resposta afeta a entrada, seja positiva, seja negativamente. · Pl.: *feedbacks*. · Pronuncia-se *fíd-bék*.

feeling [ingl.] *sm* **1**. Intuição; sexto sentido; percepção aguçada; premonição. **2**. Impressão; sensação estranha: *tive um feeling de que estava sendo seguido*. **3**. Sensibilidade, sentimento: *as mulheres sempre têm mais feeling que os homens*. · Pl.: *feelings*. · Pronuncia-se *fílin*.

fe.é.ri.co *adj* **1**. Relativo a fadas: *magia feérica*. **2**. Relativo ou pertencente ao mundo da fantasia; fabuloso, fantástico, mágico: *as fadas são seres feéricos*. **3**. *Fig*. Deslumbrante, maravilhoso: *decoração feérica*. **4**. *Fig*. Que ofusca pela intensidade da luz ou do brilho: show *feérico*.

fei.ção *sf* **1**. Aparência ou aspecto das pessoas ou das coisas: *tem apenas dez anos e já tem feição de moça; o tempo, hoje, não está lá com boa feição*. **2**. Fisionomia ou característica própria: *o treinador ainda não deu feição a esse time*. **3**. *Fig*. Traço marcante; característica: *é um país de feição agrícola*. **4**. *Fig*. Maneira, modo, jeito: *fazer um trabalho de feição diferente*. // *sfpl* **5**. Traços fisionômicos; semblante: *garota de feições delicadas*.

feijão *sm* **1**. Semente ou vagem do feijoeiro. **2**. Planta leguminosa que produz tal semente; feijoeiro: *plantação de feijão*. → **feijão-fradinho** *sm* (**1**. planta leguminosa de semente comestível, contida em vagens, de cor branca ou creme; **2**. essa semente, usada em saladas, na massa do acarajé, etc.), de pl. *feijões-fradinho* ou *feijões-fradinhos*; **feijão-mulatinho** *sm* (**1**. variedade de feijoeiro, também conhecida como feijão carioquinha, cuja semente tem cor amarronzada; **2**. essa semente; feijão carioquinha), de pl. *feijões-mulatinhos*; **feijão-preto** *sm* (**1**. variedade de feijoeiro com sementes pretas; **2**. essa semente), de pl. *feijões-pretos*; **feijão-soja** *sm* (soja), de pl. *feijões-soja* ou *feijões-sojas*; **feijoada** *sf* (prato culinário tipicamente brasileiro, feito de feijão-preto, carne-seca, carne de porco, toucinho, linguiça, etc., servido com arroz, couve, farinha de mandioca, laranja e molho de pimenta); **feijoeiro** *sm* [feijão (2)]. ·· **Feijão carioca** (ou **carioquinha**). Feijão-mulatinho. ·· **Feijão com arroz** (fig.). **1**. Aquilo que é simples, que se faz sem enfeite ou afetação: *Esse zagueiro joga o feijão com arroz, não enfeita nenhum lance*. **2**. Coisa comum, rotineira, que não constitui ou apresenta nenhuma novidade: *Para o Palmeiras, vencer o Corinthians é feijão com arroz. Desfile de modas em que só se viu feijão com arroz.*

fei.o *adj* **1**. Que tem aspecto desagradável à vista. **2**. Indecente, imoral. **3**. Delicado, insuportável. // *sm* **4**. Homem feio. · Superl. abs. sintético: *feíssimo*. · Antôn. (1): *bonito*. · V. **fealdade** e **feiura**. → **feioso** (ô; pl.: ó) *adj* e *sm* (que ou o que é um tanto feio).

fei.ra *sf* **1**. Redução de *feira livre*, lugar público onde se vendem frutas, legumes e outros produtos alimentares, geralmente ao ar livre e em dias prefixados. **2**. Compras que se fazem nesse lugar: *fiz feira hoje*. **3**. Evento realizado para promoção de vendas feita através da exposição de produtos em grandes recintos: *feira do couro*. **4**. Venda a preços reduzidos: *aproveitei* *a feira de livros usados.* **5.** *Pop.* Confusão de vozes; vozerio: *de repente, a missa virou uma feira.* → **feirante** *adj* e *s2gên* [que ou pessoa que vende em feira (1)].

fei.ta *sf* **1.** Ação ou efeito de fazer; obra. **2.** Momento propício; ocasião, oportunidade. ·· **Certa feita.** Certa vez; numa ocasião: *Certa feita, fui assaltado ali.* ·· **Daquela feita.** Daquela vez; naquela ocasião. ·· **Desta feita.** Desta vez; nesta ocasião.

fei.ti.ço *sm* **1.** Pretenso malefício feito a outrem, por meio de encantamentos, bruxarias, invocações, etc., por feiticeiro(a); feitiçaria. **2.** *Fig.* Atração ou encanto irresistível; fascinação: *Kennedy exercia um feitiço sobre o povo americano.* → **feitiçaria** *sf* [**1.** feitiço (1); **2.** arte ou prática sobrenatural e diabólica para prejudicar alguém; bruxaria]; **feiticeira** *sf* (**1.** mulher que sabe preparar feitiços; **2.** mulher encantadora, muito atraente; **3.***pop.* vassoura dotada de uma caixa ou de uma escova cilíndrica, que, ao rodar, recolhe partículas de sujeira; **4.** rede de pesca de três malhas); **feiticeiro** *adj* e *sm* (que ou aquele que afirma ou acredita ter poderes mágicos, que pratica feitiçaria; bruxo) e *adj* (*fig.* encantador, sedutor: *mulher feiticeira; sorriso feiticeiro; olhar feiticeiro*).

fei.ti.o *sm* **1.** Configuração, forma, formato (1): *todos os objetos têm um feitio.* **2.** *Fig.* Caráter, índole, temperamento: *não é do meu feitio mentir; homem de feitio complicado.* **3.** Execução ou resultado do trabalho de um artista (geralmente alfaiate, costureiro ou modista): *esse alfaiate tem bom feitio.* **4.** Mão de obra de alfaiate, costureiro ou modista: *o feitio desse terno é caro.*

fei.to *adj* **1.** Terminado, concluído: *prato feito.* **2.** Crescido, adulto: *seu filho já é um homem feito.* **3.** Amadurecido, maduro, experiente: *em 1970, Pelé já era um jogador feito.* **4.** Afeito, acostumado: *crianças feitas na criminalidade.* // *sm* **5.** Aquilo que se fez; obras: *ele se orgulha do seu feito.* **6.** Ato heroico ou que exige grande coragem; conquista extraordinária; façanha: *que feito humano foi a descida na Lua!* // *conj* **7.** Como: *viver feito bicho.* // *interj* **8.** Combinado. ·· **Bem feito!** Locução interjetiva que se usa para comunicar a satisfação por alguém ter se dado mal. ·· **Estar feito com.** Estar arruinado ou frito com: *Estou feito com esse carro!*

fei.tor (ô) *sm* **1.** Aquele que administra ou gere bens alheios; administrador, gestor. **2.** Aquele que tomava conta dos escravos, no tempo da escravidão; capataz. **3.** Caseiro de propriedade rural: *contratei um feitor para a minha chácara.* → **feitoria** *sf* (**1.** administração exercida por feitor; **2.** cargo de feitor).

fei.tu.ra *sf* Ato, modo ou efeito de fazer; fazimento, execução, confecção: *móvel de bela feitura; a feitura de livros, de leis.*

fei.u.ra *sf* **1.** Qualidade de feio; fealdade. **2.** Coisa ou pessoa feia: *você casou com aquela feiura?!*

fei.xe *sm* **1.** Porção de varas, lenha, capim, feno, etc. amarrada, formando um conjunto; molho. **2.** Conjunto de raios luminosos que partem de um mesmo ponto: *o feixe de luz do carro nos iluminava o caminho.* · Dim. erudito: *fascículo.*

fel *sm* **1.** Secreção do fígado, esverdeada e amarga, para auxiliar a digestão; bílis. **2.***P.ext.* Qualquer substância muito amarga. · Pl.: *féis* (Brasil); *feles* (Portugal).

fe.lá *sm* **1.** Camponês ou lavrador dos países de fala árabe, princ. o Egito. **2.***P.ext.* Lavrador muito pobre. · Fem.: *felaína.*

felds.pa.to *sm* Nome genérico dos minerais constituídos princ. de silicato natural de alumínio com potássio, sódio, cálcio e raramente bário, um dos mais importantes constituintes das rochas ígneas: *cerca de 60% da crosta terrestre é composta de feldspato.* → **feldspático** *adj* (rel. a feldspato).

fe.li.ci.da.de *sf* **1.** Estado de ânimo daquele que recebe da vida tudo o que espera ou tudo o que deseja; qualidade ou estado de feliz: *dinheiro não traz felicidade: manda buscar; querer ser milionário não é um ideal objetivo de vida; achar aquilo que se gosta de fazer – em is o segredo da felicidade.* **2.** Sentimento de satisfação e contentamento experimentado após o desfecho favorável de um fato: *quando o meu time vence, sinto muita felicidade.* **3.** Falta de acontecimentos desagradáveis numa ação; boa sorte, fortuna: *foi uma felicidade a chegada da polícia naquele instante; tive a felicidade de encontrar a pessoa certa para conviver.* **4.** Bom êxito, sucesso: *não ter felicidade na compra de um automóvel; desejo-lhe felicidade no casamento.* **5.** Precisão, exatidão: *foi com muita felicidade que o pensador alemão fez aquela afirmação.* // *sfpl* **6.** Congratulações; votos de prosperidade: *felicidades, amigo!* · Antôn. (1): *infelicidade, infortúnio, desgraça*; (2): *infelicidade, tristeza*; (3): *azar*; (4): *fracasso*; (5): *infelicidade.* → **feliz** *adj* (**1.** em que há felicidade: *momentos felizes*; **2.** que goza de felicidade: *família feliz*; **3.** marcado pelo êxito ou sucesso; bem-sucedido: *final feliz*), de superl. abs. sintético erudito *felicíssimo* e antôn. *infeliz, desgraçado*; **felizardo** *sm* (homem que em tudo tem muita sorte; sortudo).

fe.li.ci.tar *v* **1.** Dar os parabéns a, congratular-se com, cumprimentar: *felicito-o pelo seu aniversário.* **2.** Tornar feliz: *é uma classe política que não felicita o cidadão.* **felicitar-se 3.** Congratular-se: *não me felicito com essa gente.* → **felicitação** *sf* [ato ou efeito de felicitar(-se)] e *sfpl* (demonstração de alegria e satisfação dirigida a alguém por causa de um fato auspicioso; parabéns, congratulações: *receba minhas felicitações pela sua aprovação no ENEM!*).

fe.lí.deo *sm* **1.** Espécime dos felídeos, família de mamíferos carnívoros, representada pelos leões, tigres, onças, leopardos, linces, jaguares, etc. e ainda os gatos domésticos; felino. // *adj* **2.** Relativo ou pertencente a essa família; felino: *garras felídeas.*

fe.li.no *adj* **1.** Relativo a um animal felídeo; felídeo: *unhas e pelos felinos.* **2.** Semelhante ao gato ou a outros animais da mesma família: *agilidade felina.* **3.** *Fig.* Que tem alguma propriedade de felídeo ou de gato: *olhar felino; salto felino.* **4.** *Fig.* Diz-se de mulher de sensualidade agressiva. **5.** *Fig.* Fingido, traiçoeiro, dissimulado: *Cristo recebeu de Judas um beijo felino.* // *sm* **6.** Espécime dos felídeos (gato, onça-pintada, leão, etc.).

fe.lo.ni.a *sf* **1.** Rebelião do vassalo contra o senhor. **2.** Revolta de subordinado contra chefe ou patrão. **3.** Deslealdade, traição: *a felonia entre irmãos é imperdoável.*

fel.pa (ê) *sf* **1.** Pelo saliente nos tecidos: *toalhas de banho têm felpas.* **2.** Penugem de animais, folhas ou frutos. **3.** Farpa de flecha, anzol ou arame farpado. → **felpudo** *adj* (cheio de felpa).

fel.tro (ê) *sm* **1.** Tecido obtido por agregação íntima de pelos de animais ou de filamentos de lã. **2.***P.ext.* Qualquer artigo feito desse tecido, como chapéus e chinelos.

fê.mea *sf* **1.** Qualquer ser do sexo feminino. **2.** *Fig.* Peça da dobradiça em que se encaixa outra, chamada *macho.* → **fêmeo** *adj* (rel. a fêmea; feminino: *seres fêmeos*); **feminidade** *sf* (qualidade, caráter ou propriedade de fêmeo); **feminil** *adj* (rel. a mulheres ou próprio de mulheres; feminino: *gritinhos femis*); **feminilidade** *sf* (qualidade, modo de ser, pensar ou viver próprio de mulher).

fe.mi.ni.cí.dio *sm* Assassinato contra a mulher, em razão do gênero, apenas por ser mulher. **feminicida** *adj* e *s2gên* (que ou pessoa que pratica feminicídio). (A 6.ª ed. do VOLP não registra nem uma nem outra.)

fe.mi.ni.no *adj* **1.** Relativo ao sexo que produz óvulos (em oposição a *masculino*), fêmeo. **2.** Relativo a mulheres ou próprio delas; feminil: *sensibilidade feminina.* **3.** Destinado exclusivamente a mulheres: *banheiro feminino.* **4.** Que pertence ao gênero de palavras relacionadas com as fêmeas ou com as coisas classificadas como fêmeas: *substantivo feminino.* // *sm* **5.** Redução de *gênero feminino*, um dos gêneros das palavras nominais e pronominais. **6.** Palavra ou forma pertencente ao gênero feminino. · Antôn.: *masculino.* → **feminilidade** *sf* (qualidade, caráter, modo de ser, pensar ou viver próprio de mulher); **feminismo** *sm* (movimento organizado que defende a igualdade de direitos políticos, sociais e econômicos entre as mulheres e os homens); **feminista** *adj* (rel. a feminismo: *movimento feminista*) e *adj* e *s2gên* (que ou pessoa que é partidária ou simpatizante do feminismo); **feminilização** ou **feminização** *sf* [ato ou efeito de feminizar(-se): *o magistério registra alta taxa de feminização*]; **feminilizar** ou **feminizar** *v* (usar indevidamente no feminino: *os jornalistas masculinizam patinete e feminizam milhar*); **feminilizar(-se)** ou **feminizar(-se)** *v* [tornar(-se) efeminado; efeminar(-se)].

fê.mur *sm* Osso longo da coxa, o maior do corpo humano. → **femoral** *adj* (rel. ou pert. ao fêmur).

FENABAN ou **Fenaban** *sf* Acrônimo de <u>F</u>ederação <u>N</u>acional dos <u>Ban</u>cos, sindicato patronal que representa os bancos na mesa de negociação com os trabalhadores.

fen.da *sf* **1.** Abertura longa e estreita feita num todo inteiriço; rachadura: *fendas na madeira.* **2.** Ranhura ou entalhe, como se vê na cabeça dos parafusos. **3.** Qualquer tipo de abertura, grande ou pequena, que se apresenta na crosta terrestre. → **fender** *v* [**1.** separar no sentido do comprimento; rachar: *fender uma tora*; **2.** apartar, separar: *um carro fendia a multidão, trafegando na contramão*; **3.** sulcar, atravessar (um corpo fluido): *um barco veloz fende as águas do rio*]; **fender(-se)** [rachar-se, abrir-se em fendas: *com o violento terremoto, a terra (se) fendeu em vários pontos*]; **fendilhamento** ou

fendimento *sm* [ato ou efeito de fender(-se)]; **fendilhar** *v* (abrir pequenas fendas em).
fe.ne.cer *v* **1.** Morrer naturalmente: *após longa enfermidade, feneceu.* **2.** Murchar (as flores): *o forte calor fez fenecer as flores.* → **fenecimento** *sm* (ato de fenecer; fim, morte natural).
feng shui [chin.] *loc sm* Técnica chinesa milenar, que estuda a relação entre as pessoas e o meio em que vivem, a fim de criar ambientes harmoniosos e atrair influências positivas. · Pronuncia-se *féng chúi*.
Fenícia *sf* Território da antiguidade, correspondente à região costeira do Líbano, Síria e norte de Israel, habitada pelos fenícios desde o ano 3000 a.C. → **fenício** *adj* e *sm*.
fê.nix (x = s) *sf2núm* Na mitologia egípcia, ave de notável beleza, que vivia cerca de 500 anos, morria queimada e renascia das próprias cinzas. (A pronúncia absolutamente correta é *fênis*, mas o povão diz "fêniks".)
fe.no *sm* Erva ceifada e seca, usada como alimento de animais.
fe.nol *sm* Ácido corrosivo e venenoso.
fe.nô.me.no *sm* **1.** Fato ou acontecimento observado ou observável: *um eclipse é um fenômeno astronômico.* **2.** Tudo o que é fora do comum, impressionante ou surpreendente: *furacão no Brasil é realmente um fenômeno.* **3.** *Fig.* Pessoa de excepcional talento ou habilidade; prodígio: *essa atriz é um fenômeno!* → **fenomenal** *adj* (**1.** rel. a fenômeno; **2.** *fig.* enorme, grandioso, colossal, gigantesco).
fe.nó.ti.po *sm* **1.** Aparência ou constituição física de um indivíduo, determinada pela interação da formação genética e dos fatores ambientais (por oposição a *genótipo*); expressão observável de um genótipo, seja seu caráter morfológico, fisiológico, bioquímico ou mesmo molecular. **2.** Grupo de indivíduos semelhantes a outro na aparência. → **fenotípico** *adj* (**1.** rel. a fenótipo; **2.** de mesma aparência).
fe.ra *sf* **1.** Animal selvagem. **2.** *Fig.* Pessoa desumana e sanguinária. **3.** *Fig.* Pessoa muito brava. **4.** *Fig.* Pessoa de grande habilidade ou competência na sua atividade; craque. // *adj* **5.** Excepcionalmente hábil, craque. · V. **ferino**.
fé.re.tro *sm* Caixão de defunto; esquife.
fé.ria *sf* **1.** Renda diária, semanal ou mensal de casa comercial. **2.** Salário de trabalhador. // *sfpl* **3.** Interrupção do trabalho ou dos estudos para descanso: *férias coletivas; felizes férias*.
fe.ri.a.do *sm* Dia em que se suspendem todas as atividades escolares e do trabalho, para comemorar uma festa cívica ou religiosa. → **feriadão** *sf* (feriado prolongado).
fe.ri.da *sf* **1.** Todo e qualquer mal produzido na pele por golpe, queda, objeto perfurante, etc.; machucado, ferimento. **2.** *Fig.* Desgosto, mágoa. **3.** *Pop.* S Sujeito mau, ordinário. → **feridento** *adj* (cheio de feridas).
fe.ri.no *adj* Relativo ou semelhante a fera.
fe.rir *v* **1.** Fazer ferida(s) em: *ferir um inimigo.* **2.** Causar dor ou dano físico a, machucar: *ele feriu o braço propositadamente.* **3.** Sofrer dano físico em (qualquer parte do corpo), contundir, lesar: *onde feriste o braço?* · Conj.: *firo, feres, fere, ferimos, feris, ferem* (pres. do ind.), *fira, firas, fira, firamos, firais, firam* (pres. do subj.). → **ferido** *adj* e *sm* (que ou aquele que recebeu ferimento) e *adj* (*fig.* ofendido, magoado: *sentir-se ferido na honra*); **ferimento** *sm* (ferida).
fer.men.to *sm* **1.** Qualquer substância que acelera a fermentação. **2.** Massa de farinha que azedou e entra em fermentação; levedura. → **fermentação** *sf* (transformação química de substância orgânica, provocada por um fermento vivo); **fermentar** *v* (**1.** produzir fermentação em; **2.** decompor-se em fermento).
fér.mio *sm* Elemento químico radiativo (símb.: **Fm**), de n.º atômico 100, produzido artificialmente (bombardeio de plutônio com nêutrons).
Fernando de Noronha *loc sf* Arquipélago situado a 345km do litoral do Rio Grande do Norte, distrito estadual de Pernambuco desde 1988 e parque nacional marinho. · Abrev.: **FN**. → **noronhense** *adj* e *s2gên*.
fe.ro.mô.nio ou **fe.ror.mô.nio** *sm* Substância química secretada princ. por insetos e mamíferos, semelhante ao hormônio, que, emitida em dose ínfima pelo ar, influencia o comportamento de outros animais da mesma espécie, funcionando como atrativo sexual.
fe.roz *adj* **1.** Diz-se dos animais carniceiros ou predadores. **2.** *Fig.* Desumano, cruel. · Superlativo absoluto sintético irregular ou erudito: *ferocíssimo*. → **ferocidade** *sf* (qualidade ou estado de feroz).

fer.ra *sf* **1.** Ação ou efeito de ferrar ou marcar (animal) com ferro quente; marcação. **2.** Época da marcação do gado. **3.** Pá metálica usada para mexer em brasas.
fer.ra.brás *sm* Pessoa metida a valente, amiga de ameaças, mas covarde ante alguém que lhe encare ou faça frente; garganta. · Pl.: *ferrabrases*.
fer.ra.da *sf* **1.** Golpe com faca ou outro instrumento contundente. **2.** *Pop.* Dano ou prejuízo moral; estrepada: *levei uma bela de uma ferrada nesse negócio.* **3.** *Fig.* Repreensão dura; descompostura; pito: *o treinador lhe deu uma ferrada no vestiário, por ter sido expulso.* **4.** *Pop.* Facada (5): *de quanto vai ser a ferrada para consertar meu carro?*
fer.ra.du.ra *sf* Peça de ferro que se aplica no casco das cavalgaduras, fixada por meio de cravos. **ferrador** (ô) *sm* (aquele que põe ferradura em animais).
fer.ra.gem *sf* **1.** Conjunto dos ferros empregados nas edificações. **2.** Guarnição de ferro. **3.** Ação de ferrar cavalgaduras. **4.** Porção de ferro que entra na composição de qualquer ser: *o motorista foi retirado das ferragens do carro acidentado.* → **ferraria** *sf* (**1.** fábrica de ferragens; **2.** oficina de ferreiros; **3.** grande porção de ferros).
fer.ra.men.ta *sf* **1.** Objeto de ferro com o qual um operário ou um artesão trabalha. **2.** Conjunto desses objetos. **3.** Redução de *ferramenta digital*, programa, *site* ou recurso *on-line* que pode tornar as tarefas mais fáceis de serem concluídas.
fer.rão *sm* Arma ofensiva de certos insetos e peixes. → **ferretoar** ou **ferroar** *v* (picar com ferrão), que se conjugam por *abençoar*; **ferretoada**; **ferroada** *sf* (picada com ferrão).
fer.rar *v* **1.** Guarnecer ou enfeitar de ferro ou de chapas de ferro: *ferrar tamancos.* **2.** Pôr ferradura(s) em (cavalgadura). **3.** Marcar com ferrete quente (boi, cavalo, etc.). **4.** *Pop.* Prejudicar, estrepar: *ferrei o cara.* **ferrar-se 5.** *Pop.* Sair-se mal, danar-se, estrepar-se: *eu sempre me ferrava em Matemática.*
fer.ro.mo.de.lis.mo *sm* **1.** Arte ou técnica de projetar e construir trens em miniatura. **2.** Atividade de lazer que consiste em brincar com trens em miniatura. · V. **modelódromo**. → **ferromodelista** *adj* (rel. a ferromodelismo) e *adj* e *s2gên* (que ou pessoa que se dedica ao ferromodelismo); **ferromodelo** (ê) *sm* (miniatura de trens).
fer.ro *sm* **1.** Elemento químico metálico (símb.: **Fe**), de n.º atômico 26, brilhante, duro, mas maleável, magnético ou magnetizável, o mais comum e o mais utilizado de todos os metais. **2.** Qualquer pedaço desse metal. **3.** Instrumento de passar roupas. **4.** Instrumento próprio para marcar animais; ferrete. **5.** *Pop. Chulo* Pênis humano. → **ferreiro** *sm* (operário que trabalha em obras de ferro); **ferrenho** *adj* (**1.** sem. ao ferro na cor ou na dureza; **2.** *fig.* intransigente, inflexível, férreo); **ferrete** (ê) *sm* [**1.** ferro com que se marcavam escravos e criminosos e com o qual ainda hoje se marca o gado; ferro (4); **2.** *fig.* sinal de ignomínia; estigma, labéu: *viver o resto da vida com o ferrete de corrupto*]; **férreo** *adj* (**1.** feito de ferro; **2.** *fig.* inflexível, ferrenho); **ferreteamento** *sm* (ato ou efeito de ferretear); **ferretear** *v* (marcar com ferrete), que se conjuga por *frear*; **ferrificação** *sf* (formação de ferro); **ferroso** (ô; pl.: ó) *adj* [que contém ferro; ferruginoso (3)].
fer.ro-gu.sa *sm* Liga de ferro (95 a 98%) e carbono (2 a 5%) que serve de base para a produção de aço e ferro fundido. · Usa-se também apenas *gusa* (que é *sf*). · Pl.: *ferros-gusa* ou *ferros-gusas*.
fer.ro.lho (ô) *sm* Trinco de ferro, próprio para fechar portas e janelas.
fer.ro.mo.ça (ô) *sf* Funcionária ferroviária que presta nas viagens de trem de longo percurso os mesmos serviços de uma aeromoça.
fer.ro.mo.de.lis.mo *sm* **1.** Ciência, arte, técnica ou prática de projetar e construir miniaturas de trens operacionais, comandadas a distância. **2.** Manipulação dessas miniaturas. **3.** Atividade relacionada com essa arte. · V. **modelódromo**. → **ferromodelista** *adj* (rel. a ferromodelismo) e *adj* e *s2gên* (que ou pessoa que se dedica ao ferromodelismo o é a essa arte aficionado); **ferromodelo** (ê) *sm* (essa miniatura).
fer.ro-ve.lho *sm* **1.** Estabelecimento onde se comercia sucata. **2.** *P.ext.* Sucata. · Pl.: *ferros-velhos*.
fer.ro.vi.a *sf* Estrada de ferro; via férrea. → **ferroviário** *adj* (**1.** rel. a ferrovia: *rede ferroviária*; **2.** que se faz por ferrovia: *transporte ferroviário*) e *sm* (empregado de estrada de ferro).
fer.ru.gem *sf* **1.** Processo de absorção do oxigênio por parte de metais, com consequente aparecimento de óxido na superfície metálica. **2.** Óxido que se forma na superfície do

ferro exposto à umidade; oxidação. **3**. Doença de plantas, como o café e o trigo, produzida por fungos. → **ferrugento** *adj* (que tem ferrugem); **ferruginosidade** *sf* (qualidade de ferruginoso); **ferruginoso** (ô; pl.: ó) *adj* (**1**. da natureza do ferro ou da ferrugem; **2**. que tem a cor do ferro; **3**. que contém ferro; ferroso).

ferryboat [ingl.] *sm* Balsa ou barcaça destinada a curtas travessias de passageiros, veículos e mercadorias pesadas. · Pl.: *ferryboats*. · Pronuncia-se *férri-bôut*.

fér.til *adj* **1**. Que produz muito, por ser rico em nutrientes; produtivo: *a terra roxa é fértil*. **2**. Que é altamente produtivo ou criativo; inventivo: *imaginação fértil*. **3**. Abundante, copioso, farto: *noite fértil de sonhos*. **4**. Capaz de amadurecer ou maturar: *para que haja reprodução das espécies, os seres precisam ser férteis*. **5**. Diz-se de uma fêmea capaz de procriar. · Antôn. (1 e 2): *estéril, improdutivo*; (3): *escasso, pobre*. → **fertilidade** *sf* (qualidade ou característica do que é fértil), de antôn. *esterilidade*; **fertilização** *sf* (**1**. ato ou efeito de fertilizar; **2**. processo de iniciação de reprodução biológica por inseminação ou polinização; **3**. união dos gametas masculino e feminino, para formar um zigoto; **4**. enriquecimento do solo pela aplicação de adubos ou fertilizantes), de antôn. (2): *esterilização*; **fertilizante** *adj* e *sm* [que ou substância (princ. adubo) usada para fertilizar o solo ou acrescentar-lhe os nutrientes necessários para aumentar a sua produtividade]; **fertilizar** *v* [**1**. tornar (solo) fértil ou produtivo, mediante o trabalho; **2**. espalhar fertilizante em], de antôn. (1) *esterilizar*. ·· **Fertilização in vitro**. Fecundação ou inseminação artificial.

fer.ver *v* **1**. Fazer ebulir, produzir ebulição em: *ferver a água*. **2**. Entrar em ebulição; fervilhar: *o leite ferveu rápido*. · Antôn. (1): *esfriar*. → **aferventar** ou **ferventar** *v* (fazer ferver); **fervente** *adj* (**1**. que ferve; fervendo: *água fervente; verão fervente*; **2**. *fig*. que se agita como água em ebulição: *praias ferventes de todos os tipos de pessoas*); **fervura** *sf* (agitação de um líquido que ferve; ebulição).

fér.vi.do *adj* **1**. Que sofreu aquecimento; quente. **2**. Muito quente; abrasador: *tenho boas lembranças daquele férvido verão*. **3**. *Fig*. Caracterizado por grande paixão, fervor ou entusiasmo; fervoroso: *um fervido flamenguista*.

fer.vi.lhar *v* **1**. Ferver (2). **2**. *Fig*. Ter em grande quantidade; abundar, pulular: *o baile fervilhava de mulheres lindas!*; *fervilham candidatos à vaga*. **3**. *Fig*. Agitar-se muito: *as ideias lhe fervilhavam na cabeça*. → **fervilhação** *sf* ou **fervilhamento** *sm* (ato, processo ou efeito de fervilhar) ; **fervilhante** *adj* (que fervilha).

fer.vor (ô) *sm* **1**. Fervura: *o fervor da água em ebulição*. **2**. Calor intenso: *o fervor dos dias de verão*. **3**. *Fig*. Sentimento intenso; ardor, paixão, entusiasmo: *seu fervor pelo Vasco da Gama era de todos conhecido*. **4**. *Fig*. Grande interesse e dedicação; empenho: *defendeu com fervor seu ponto de vista*. → **fervoroso** (ô; pl.: ó) *adj* (**1**. caloroso, ardoroso: *receba o meu fervoroso abraço de solidariedade!*; **2**. apaixonado, inflamado, fanático, exaltado: *é um fervoroso corintiano*).

fes.ta *sf* **1**. Reunião de gente, com o propósito de comer, beber, dançar e divertir-se ou comemorar alguma coisa: *festa de aniversário*. **2**. Regozijo público por um acontecimento importante: *a festa do pentacampeonato mundial de futebol*. **3**. Regozijo entre amigos para comer, beber, dançar e divertir-se: *dar uma festa em casa*. // *sfpl* **4**. Período que compreende o Natal e o ano-novo: *boas festas!* · Aum. irregular: *festança*. · Dim. irregular: *festim sm*. → **festança** *sf* ou **festão** (ê) *sm* (festa muito animada). · V. **festim** e **festivo**. → **festeiro** *adj* (**1**. que gosta de festas; dado a festas; festivo; **2**. folião, divertido) e *sm* (aquele que patrocina festa, geralmente religiosa).

fes.tão *sm* **1**. Festança. **2**. Grinalda de flores e de folhagem, suspensa em arco, usada como decoração. **3**. Tarja bordada em recortes que imitam grinaldas, em peça de vestuário ou num tecido; festonê. (Na acepção 1, o *e* soa aberto).

fes.te.jar *v* **1**. Fazer festa em razão da presença de: *sempre festejo os amigos, quando os encontro*. **2**. Dar festa a: *festejou os convidados com champanhe*. **3**. Fazer grande festa em honra de: *no Nordeste festejam muito São João*. **4**. Celebrar: *festejar a conquista do título mundial*. **5**. Demonstrar amizade a ou familiaridade com: *esse meu cão é ótimo: festeja qualquer visita, seja amigo, seja ladrão!* · O *e* continua fechado, durante a conjugação. → **festejo** (ê) *sm* (**1**. ato ou efeito de festejar; **2**. solenidade religiosa ou civil; comemoração).

fes.tim *sm* **1**. Pequena festa, geralmente familiar, para comemorar aniversário, batizado, casamento, etc. **2**. *Pej*. Festa licenciosa; bacanal: *os estudantes promoveram um festim na madrugada, na república onde moram*. **3**. Cartucho sem projétil: *balas de festim*.

fes.ti.val *sm* **1**. Grande festa musical em que se ouve boa música: *festival de Schubert*. **2**. Programa organizado de eventos, competições, exibições culturais, etc.: *festival de música popular; festival de cinema*.

fes.ti.vo *adj* **1**. Relativo a festa: *decoração festiva; desfile festivo*. **2**. Apropriado ou propício para festa: *ocasião festiva*. **3**. *Fig*. Alegre, divertido: *atmosfera festiva*. **4**. Que gosta de festas; festeiro: *o baiano é um povo festivo*. → **festividade** *sf* (**1**. festa religiosa, festa de igreja; **2**. festa social ou cívica).

fes.to.nê *sm* Festão (3).

fe.ti.che *sm* **1**. Objeto a que se atribuem poderes mágicos ou sobrenaturais e ao qual se presta culto, por se crer representar simbolicamente um espírito ou uma divindade. **2**. *Fig*. Pessoa a quem se venera e obedece cegamente. → **fetichismo** *sm* (adoração de fetiches ou crença neles); **fetichista** *adj* (rel. a fetichismo) e *adj* e *s2gên* (que ou pessoa que cultiva o fetichismo).

fé.ti.do *adj* Que exala mau cheiro; que fede; fedorento, malcheiroso. → **fetidez** (ê) *sf* (qualidade do que é fétido; mau cheiro; fedor).

fe.to *sm* **1**. Fase do desenvolvimento intrauterino dos vertebrados, subsequente à do embrião. **2**. Nos seres humanos, ser vivo a partir do terceiro mês de concepção, até o momento do nascimento. **3**. Em botânica, samambaia. → **fetal** *adj* (rel. a feto ou próprio de feto: *ecocardiografia fetal; posição fetal*).

fettucine [it.] *sm* Prato da culinária italiana que consiste em talharim servido com molho, manteiga, queijo, etc. · Pronuncia-se *fetutchíni*.

feu.do *sm* **1**. Propriedade territorial sob o controle de um senhor feudal ou suserano. **2**. Tributo feudal. → **feudal** *adj* (rel. ou pert. ao feudalismo); **feudalismo** *sm* (ordem social, política e econômica que vigorou na Idade Média na Europa ocidental, baseada no trabalho semiescravo dos servos ou vassalos nas terras dos nobres, que em troca lhes ofereciam proteção, segurança e outros serviços; sistema feudal); **feudalista** *adj* e *s2gên* (que ou pessoa que é partidária do feudalismo); **feudatário** *adj* e *sm* (que ou aquele que paga feudo; vassalo). ·· **Sistema feudal**. Feudalismo.

fe.ve.rei.ro *sm* Segundo mês do ano.

fe.zes *sfpl* **1**. Parte grosseira dos metais apurados; escória. **2**. Borra ou sedimento de um líquido; lia, borra, escorralho. **3**. Matéria fecal evacuada; dejeções, excrementos, princ. humanos. · V. **fecal**.

FGTS *sm* Sigla de *Fundo de Garantia do Tempo de Serviço*, espécie de conta de poupança aberta pelo empregador em nome do empregado, na qual deposita mensalmente 8% do seu salário. · Pl.: *FGTSs*.

FGV *sf* Sigla de *Fundação Getúlio Vargas*, entidade fundada em 1924 com o propósito de pesquisar o campo das ciências sociais, administração e economia.

FIA ou **Fia** *sf* Acrônimo francês de *Féderation Internationale d'Automobile* = Federação Internacional do Automóvel, com sede em Paris, fundada em 1904, a fim de organizar o automobilismo internacional e estabelecer as suas normas e fórmulas.

fi.a.da *sf* **1**. Carreira horizontal de tijolos ou pedras, fileira. **2**. Porção de coisas enfiadas em linha, fio ou arame; enfiada.

fi.a.do *adj* **1**. Que se fiou; tecido. **2**. Confiado, que acredita: *seguiu viagem, fiado nas previsões meteorológicas*. **3**. Comprado ou vendido a crédito; sem paga imediata: *as compras fiadas serão pagas no final do mês*. // *sm* **4**. Qualquer fibra têxtil reduzida a fio. **5**. Compra feita para pagamento posterior. // *adv* **6**. A crédito, a prazo: *não compro fiado*. ·· **A fiado**. A crédito: *Ela compra tudo a fiado*.

fi.a.dor (ô) *sm* Aquele que tem de cumprir a obrigação de um devedor, quando este se torna inadimplente; abonador, avalista.

fi.am.bre *sm* Carne (princ. presunto) que, depois de assada ou cozida, temperada e curada, se come fria. → **fiambreira** *sf* ou **fiambreiro** *sm* (recipiente para guardar fiambre).

fi.an.ça *sf* **1**. Ato ou efeito de fiar ou abonar; abonação, aval. **2**. Quantia abonada.

fi.an.dei.ra *sf* **1**. Máquina de fiar. **2**. Mulher que fia; tecelã. → **fiandeiro** *sm* (tecelão).

fi.a.po *sm* Fio tênue e minúsculo; fiozinho.

fi.ar¹ *v* **1.** Reduzir (fibra têxtil) a fio; tecer, tramar: *fiar algodão.* **2.** *Fig.* Urdir, tramar ou maquinar (intrigas): *fiar fofocas.* · V. **fiandeira.** → **fiação** *sf* (**1.** ato ou efeito de fiar; fiadura; **2.** obra fiada; **3.** fábrica de tecidos; **4.** red. de *fiação elétrica,* conjunto de conexões de um aparelho eletrônico, com a utilização de condutores isolados); **fiadura** *sf* [fiação (1)].
fi.ar² *v* **1.** Ser o fiador de; abonar, afiançar: *fiar um título.* **2.** Esperar, acreditar, confiar: *fio que ele tenha sucesso nesse empreendimento.* **3.** Vender fiado ou a crédito: *quem fia muito pode falir.* **4.** Acreditar, confiar: *nunca fie em estranhos!* **fiar-se 7.** Confiar, acreditar: *não se fie em estranhos!*
fi.as.co *sm* Qualquer malogro ou fracasso completo.
fiberglass [ingl.] *sf* Fibra de vidro. · Pl.: *fiberglasses* · Pronuncia-se *fáibâr-glás.*
fi.bra *sf* **1.** Cada um dos filamentos que, dispostos em feixes, constituem tecidos animais, vegetais, minerais ou sintéticos: *se você olhar o papel no microscópio, verá suas fibras.* **2.** Parte da planta (celulose, p. ex.) que estimula o intestino ao peristaltismo e promove a eliminação de resíduos do intestino grosso: *a maioria dos vegetais é rica em fibras.* **3.** Matéria ou material composto de filamentos: *fibra plástica.* **4.** Axônio de um neurônio. **5.** *Fig.* Força moral; caráter: *presidente de fibra.* · Dim. irregular: *fibrila.* → **fibrilação** *sf* (**1.** formação de fibras ou fibrilas; **2.** espasmos musculares envolvendo fibras musculares individuais do coração, que agem sem coordenação; contrações irregulares muito rápidas das fibras musculares cardíacas, resultando em falta de sincronismo entre os batimentos e o pulso; **fibrino** *adj* (rel. a fibras); **fibroide** (ói) *adj* (sem. a fibras); **fibroso** (ô; pl.: ó) *adj* (cheio de fibras). ·· **Fibra óptica** (ou **ótica**). Fibra flexível e transparente, de vidro ou de plástico extremamente puro, geralmente entre 100 e 200 micrômetros de diâmetro, usada esp. para transportar sinais de luz para fins de telecomunicações.
fí.bu.la *sf* Um dos maiores e mais finos ossos do corpo, situado na parte externa da perna, ao lado da tíbia, antigamente conhecido como *perônio.*
fi.car *v* **1.** Restar, sobrar, resultar: *só lembranças ficaram desse namoro.* **2.** Ser transferido ou adiado: *a prova ficou para a próxima semana.* **3.** Custar (em valores): *a casa ficou em dois milhões de reais.* **4.** Permanecer (em certa condição ou situação): *fiquei sozinho.* **5.** Permanecer, continuar: *fiquei calado o tempo todo.* **6.** Permanecer ou conservar-se (em algum lugar): *fiquei em casa.* **7.** Situar-se, localizar-se: *o Brasil fica na América do Sul.* **8.** Hospedar-se: *ficamos num hotel à beira-mar.* **9.** Permanecer, subsistir: *os homens passam, mas suas obras ficam.* **10.** Sobrar, restar: *que vão os anéis, mas que fiquem os dedos!* **11.** *Gír.* Namoricar por brevíssimo tempo (p. ex.: uma noite apenas), sem nenhum compromisso: *ela ficou com dois rapazes na festa.* → **ficante** *adj* e *s2gên* (*gír.* que ou pessoa que fica ou namora por brevíssimo tempo).
fic.ção *sf* **1.** Ato ou resultado de fingir; fingimento: *essa dor dele é ficção.* **2.** Criação da imaginação; fantasia: *fantasmas não existem; o que você vê é ficção.* **3.** Trabalho literário em prosa, cujo enredo e personagens são pura imaginação, sem base num fato real: *escritor de ficção; as novelas e os contos de fadas são pura ficção.* **4.** *P.ext.* Algo inventado ou fingido; estória, balela: *a gravidez múltipla era ficção; ela acredita na ficção de que os índices de criminalidade estão em baixa.* · V. **fictício.** · Antôn.: *realidade.* ·· **Ficção científica.** Obra artística cujo enredo se baseia na especulação científica ou no desenvolvimento social, mercê das últimas descobertas da ciência.
fi.cha *sf* **1.** Peça que substitui o dinheiro nas bancas de jogo. **2.** Cartão ou cartolina solta, em que se fazem apontamentos, anotações de pesquisa, de leitura e de estudos em geral, para posterior seleção e classificação. **3.** Tíquete de bares, lanchonetes, etc. que comprova pagamento antecipado. **4.** Conjunto de todas as informações relativas à vida privada de uma pessoa: *sua ficha aqui não é lá muito boa.* → **fichamento** *sm* (ato ou efeito de fichar); **fichar** *v* [**1.** anotar ou registrar em fichas; catalogar; **2.** resumir em fichas; **3.** fazer a ficha (4) de: *o DOPS fichava todos os subversivos*]; **fichinha** *sf* (**1.** ficha pequena; **2.** *pop.* tarefa muito fácil de cumprir ou fazer; manha; baba: *ganhar do seu time é fichinha*). ·· **Cair a ficha** (pop.). Perceber ou entender completamente: *Só duas horas depois do fato é que me caiu a ficha.* ·· **Lei da ficha limpa.** Lei que torna inelegíveis por oito anos políticos condenados em processos criminais em segunda instância. ·· **Na ficha** (pop.). No dinheiro, em espécie: *Pagou o carro na ficha.*
fi.cha-lim.pa *adj* e *s2gên* Que ou político(a) que está livre para concorrer a cargo público, por não ter problemas com a Justiça. · Pl.: *fichas-limpas.* · Antôn.: *ficha-suja.* (A 6.ª ed. do VOLP não registra este composto.)
fi.cha-su.ja *adj* e *s2gên* Que ou político(a) que fica impedido(a) por 8 anos de concorrer a qualquer cargo público, por ter sido condenado(a) em segunda instância, ou seja, por um colegiado de juízes. · Pl.: *fichas-sujas.* · Antôn.: *ficha-limpa.* (A 6.ª ed. do VOLP não registra este composto.)
fic.tí.cio *adj* **1.** Relativo a ficção: *filme fictício.* **2.** Que não é verdadeiro ou não corresponde à realidade: *nome fictício; endereço fictício.* **3.** Criado pela imaginação; imaginário, fantasioso: *as fadas são seres fictícios.* **4.** Simulado, falso, fingido: *vigaristas organizaram um enterro fictício, para cobrar seguro de vida.* **5.** Ilusório, irreal: *ele luta com um inimigo fictício.*
fi.cus *sm2núm* Qualquer das inúmeras árvores ou arbustos do gênero *Ficus,* de cujo látex se obtém uma borracha de grande interesse industrial.
fi.dal.go *sm* **1.** Homem nobre, em razão de sua estirpe ou de título de nobreza conferido por um rei. **2.** *P.ext.* Homem que, por ter muitos bens, não precisa trabalhar. // *adj* **3.** Relativo a fidalgo. **4.** Nobre, distinto: *atitude fidalga.* · Antôn. (1): *plebeu.* → **fidalguia** *sf* (**1.** qualidade ou condição de quem é fidalgo; nobreza; **2.** classe dos fidalgos; **3.** ação ou modos de fidalgo; **4.** generosidade: *agir com fidalguia*).
fi.de.dig.no *adj* Digno de fé; merecedor de crédito; autêntico. → **fidedignidade** *sf* (qualidade ou caráter de fidedigno).
fi.de.li.da.de *sf* **1.** Qualidade de uma pessoa, animal ou coisa fiel: *nada supera a fidelidade de um cão.* **2.** Atitude do cônjuge que não tem relações amorosas ou sexuais senão com o seu par; atitude da pessoa que não trai a confiança nela depositada: *passou toda a vida conjugal guardando absoluta fidelidade à mulher; fidelidade conjugal.* **3.** Observância estrita de promessas, deveres, obrigações, costumes, etc.: *guardar fidelidade à família.* **4.** Constância no seu apego, hábitos, atitudes ou relações; afeição constante: *a fidelidade de um amigo; a fidelidade de uma clientela.* **5.** Correspondência exata com o fato ou com uma determinada qualidade, condição ou evento; precisão, exatidão: *a fidelidade do filme ao livro que lhe serviu de inspiração.* **6.** Grau em que um sistema eletrônico reproduz com precisão o som ou a imagem do seu sinal de entrada: *a fidelidade de um amplificador.* **7.** Exatidão no atendimento, execução ou realização de alguma coisa; pontualidade: *todos conhecem a sua fidelidade a horários e a compromissos.* **8.** Compromisso rigoroso com o conhecimento, a verdade ou a realidade; exatidão, precisão: *historiador cujo grande mérito é a fidelidade na busca da verdade.* **9.** Nível de preferência do consumidor a uma determinada marca comercial ou veículo. · Antôn.: *infidelidade.* → **fidelização** *sf* (ato de fidelizar um cliente ou uma clientela); **fidelizar** *v* (**1.** conquistar a fidelidade de; tornar fiel: *as empresas aéreas tentam fidelizar os passageiros, criando programas de milhagem*). ·· **Fidelidade partidária.** Permanência de um político filiado à legenda pela qual se elegeu, durante todo o seu mandato.
fi.dú.cia *sf* **1.** Confiança, segurança. **2.** Presunção, ousadia. → **fiducial** ou **fiduciário** *adj* (**1.** rel. a confiança; **2.** que merece confiança, digno de confiança); **fiduciário** *adj* (fiducial) e *sm* (homem encarregado de transmitir a outrem uma herança).
fi.ei.ra *sf* **1.** Fileira: *no teatro, sentei-me na primeira fieira de cadeiras.* **2.** Cordão com que as crianças fazem rodar o pião. **3.** Chapa metálica com orifícios, própria para reduzir metais a fio. ·· **Puxar a fieira.** Ser o primeiro (de uma lista, fila, etc.).
fi.el *adj* **1.** Diz-se daquele que cumpre seus compromissos e obrigações; dedicado: *é um homem fiel à empresa.* **2.** Marcado pela adesão inabalável a uma pessoa, grupo ou coisa; constante em seu sentimento de afeição ou preferência: *os cães são amigos fiéis; sou cliente fiel dessa companhia aérea; sou fiel ao meu time, e não vira-casaca.* **3.** Que não tem relações amorosas senão com seu cônjuge ou com seu parceiro sexual do momento: *quem ama de verdade, respeita e é sempre fiel.* **4.** Rigoroso, verdadeiro: *um relato fiel do acontecido.* **5.** Conforme ao original; exato, preciso, rigoroso: *tradução fiel; o roteiro desse filme é fiel ao romance.* **6.** Pontual: *fiel é Deus, que nunca faltou em nenhuma necessidade.* **7.** Diz-se de um instrumento ou de um dispositivo que possui bom grau de precisão ou de pureza: *balança fiel.* **8.** Constante, perseverante: *ser fiel a seus princípios.* // *sm* **9.** Ponteiro que indica o perfeito equilíbrio das balanças. // *s2gên* **10.** Pessoa adepta de uma religião ou de uma causa ou partido: *a contribuição dos fiéis é sempre bem-vinda; ela fez um discurso empolgante para*

os fiéis do partido. · V. **fidelidade**. · Superl. abs. sint. erudito: *fidelíssimo.* · Antôn.: *infiel.*

FIESP ou **Fiesp** *sf* Acrônimo de *Federação das Indústrias do Estado de São Paulo*, órgão sindical que representa os interesses dos industriais paulistas.

FIFA ou **Fifa** *sf* Acrônimo francês de *Fédération Internationale de Football Association* = Federação Internacional de Futebol Associação, entidade sem fins lucrativos que reúne as federações nacionais de futebol de todo o mundo, a fim de promover e desenvolver o futebol, com sede em Zurique, na Suíça, fundada em 21 de maio de 1904 por sete países.

fi.ga *sf* **1**. Pequeno objeto, em forma de mão fechada, com o polegar entre o indicador e o médio, usado como amuleto. **2**. Sinal semelhante que se faz com os dedos, para repelir azares, ou para que não fato indesejado não ocorra: *ele fez figa para que o Corinthians não vencesse, mas não adiantou.* → **figadal** *adj* (**1**. rel. a fígado; hepático; **2**. *fig.* profundo, intenso: *sentir ódio figadal por alguém*).

fí.ga.do *sm* **1**. Órgão glandular volumoso do corpo humano (1,8kg) que segrega a bílis e desempenha vários processos metabólicos. **2**. Órgão semelhante dos animais, geralmente usado na alimentação humana. · V. **hepático**.

fi.go *sm* Infrutescência comestível da figueira. → **figueira** *sf* (árvore que dá o figo).

fi.gu.ra *sf* **1**. Símbolo numérico; dígito: *a figura 7 não tem corte.* **2**. Aspecto de alguma coisa: *as flores têm figuras esquisitas.* **3**. Constituição física: *que figura mais graciosa de mulher!* **4**. Impressão causada por pessoa ou por coisa: *ela fez boa figura na competição.* **5**. Representação escultural ou pictórica do corpo humano ou de um animal: *em cima da geladeira, a figura de um pinguim!* **6**. Representação de imagem por meio de desenhos, gravura, fotografia, etc.; ilustração: *os santinhos que os padres distribuem sempre têm a figura de um santo ou de uma santa.* **7**. Superfície ou espaço limitado em todos os lados por linhas ou planos: *o triângulo é uma figura plana.* **8**. Pessoa distinta, respeitosa, representativa: *Tiradentes é uma famosa figura histórica.* → *Fig.* Pessoa exótica ou de personalidade curiosa: *era uma figura aquele presidente de topete.* → **figuraça** *sf* (tipo de personalidade extremamente curiosa, que causa mais riso que respeito: *esse jornalista esportivo é uma figuraça!*); **figuração** *sf* (**1**. ato de figurar ou de formar uma figura de forma particular; **2**. essa figura; **3**. aspecto dos astros, do qual se podem tirar certos prognósticos; **4**. papel de figurante; ponta; **5**. ator ou atriz que desempenhe esse papel); **figurado** *adj* (diz-se de palavra usada fora do seu significado próprio); **figurante** *s2gên* (em cinema, teatro e televisão, personagem que não fala, que tem apenas papel ilustrativo, sem nenhuma relação com o enredo), que não se confunde com *coadjuvante*; **figurão** *sm* (**1**. figura grande; **2**. homem importante ou de grande influência), de fem. (2): *figurona*; **figurar** *v* (**1**. traçar a figura, a imagem de: *a criança figurou um ET*; **2**. simbolizar: *o pão figura o corpo de Cristo*; **3**. tomar parte, participar: *quais são os atores que figuram nessa peça?*; **4**. fazer parte, incluir-se: *ele figura entre os convocados da seleção*); **figurarias** *sfpl* (mímica que se faz para divertir crianças); **figurativo** *adj* (que figura, representa ou simboliza; representativo); **figurinha** *sf* (**1**. pequena figura; **2**. pequena figura ou estampa, geralmente colorida, que representa animais, personagens famosos, jogadores de futebol, etc., para ser colecionada e pegada em álbum); **figurinista** *adj* e *s2gên* [que ou profissional que desenha figurinos (3) para um filme, peça teatral ou programa televisivo e acompanha a confecção deles]; **figurino** *sm* (**1**. figura ou estampa que mostra o traje da moda; modelo; **2**. revista que traz tais figuras; **3**. vestuário, traje: *a peça apresenta belos figurinos*; **4**. *fig.* pessoa que se traja no rigor da moda: *sua mãe é o maior figurino da cidade*).

·· **Figura de linguagem**. Recurso usado na fala e na escrita, para tornar a mensagem transmitida mais expressiva: *A metáfora e a hipérbole são duas das principais figuras de linguagem.*

Fiji, ilhas *sfpl* Estado insular da Oceania, República de Fiji, de área pouco menor que a do estado de Sergipe. · Pronuncia-se *fíji.* → **fijiano** *adj* e *sm*.

fi.la *sf* **1**. Conjunto de pessoas, animais ou coisas, umas atrás das outras, com a frente virada para o mesmo lado e dispostas por ordem de chegada ou por tamanho. // *sm* **2**. Redução de *cão de fila*, cão de origem brasileira, de grande porte, também conhecido como *fila brasileiro.* **3**. Raça desse cão. // *adj* **4**. Diz-se desse cão e dessa raça.

fi.la.ça *sf* Fio de qualquer matéria têxtil (linho, juta, cânhamo, etc.).

fi.la.men.to *sm* **1**. Fio de diâmetro minúsculo e comprimento indefinido: *o náilon e o poliéster são filamentos.* **2**. Fio tênue que nasce das raízes. **3**. Fio fino e de alta resistência que incandesce à passagem da corrente elétrica, constituindo-se no foco luminoso das lâmpadas: *filamento de tungstênio.* → **filamentar** ou **filamentoso** (ô; pl.: ó) *adj* (que tem filamentos).

fi.lan.dras *sfpl* **1**. Fios finos e compridos. **2**. Fios secretados por aranhas jovens, encontrados geralmente flutuando no ar ou presos a arbustos. → **filandroso** (ô; pl.: ó) *adj* (que contém filandras).

fi.lan.te *adj* e *s2gên* Que ou pessoa que é muito dada a pedir pequenas coisas (balas, cigarros, lanches, etc.).

fi.lan.tro.pi.a *sf* **1**. Sentimento que leva alguém ou uma organização a ajudar seu semelhante, promover seu bem-estar, melhorar-lhe a sorte, não por motivos religiosos, senão por mera generosidade e benevolência; altruísmo. **2**. Ação que revela tal sentimento. · Antôn.: *misantropia.* → **filantrópico** *adj* (rel. a filantropia; altruísta), de antôn. *misantrópico*; **filantropo** (ô) *adj* e *sm* (que ou o que é filantrópico; altruísta), de antôn. *misantropo*. (Cuidado para não dizer "filântropo"!)

fi.lão *sm* **1**. Parte da mina onde está o mineral; veio: *filão de ouro.* **2**. Pão de forma afilada. **3**. *Fig.* Aquilo que se explora com grande proveito: *o setor de ensino é um filão lucrativo.*

fi.lar *v* **1**. Agarrar à força, prender: *a polícia filou o bandido.* **2**. Segurar com os dentes: *a leoa leva os filhotes a lugar seguro, filando-os pelo pescoço.* **3**. *Pop.* Conseguir de graça; ser filante ou pedinte de: *ele só vem aqui para filar almoço.* **4**. *Gír.* Colar: *o que você está filando na minha folha de prova?* **5**. *Pop.* Observar ocultamente, espiar: *filar as cartas do parceiro.*

fi.lar.gi.ri.a *sf* Apego doentio ao dinheiro ou à riqueza; avareza. → **filargírico** *adj* (rel. a filargíria).

fi.lar.mô.ni.ca *sf* Redução de *orquestra filarmônica*, grande orquestra clássica, mantida por uma fundação, associação, etc., por oposição à *sinfônica*, mantida pelo Estado. → **filarmônico** *adj* (**1**. rel. a filarmônica; **2**. devotado à música dos grandes mestres) e *sm* (músico que toca em filarmônica).

fi.la.te.li.a *sf* Coleção e estudo dos selos postais. → **filatélico** *adj* (rel. a filatelia); **filatelista** *adj* e *s2gên* (que ou pessoa que coleciona selos postais e objetos relacionados).

fi.láu.cia *sf* **1**. Amor exagerado por si próprio; amor-próprio excessivo. **2**. Confiança extremada em si mesmo ou nas suas pretensas qualidades; presunção arrogante. → **filaucioso** (ô; pl.: ó) *adj* (que manifesta filáucia ou em que há filáucia).

fi.lé *sm* **1**. Carne de boi ou de outros animais situada entre os rins e as costelas. **2**. Bife dessa carne. **3**. Fatia da carne de peixe. **4**. *P.ext.* A melhor parte de alguma coisa.

fi.lei.ra *sf* **1**. Série de pessoas, animais ou coisas em linha reta. // *sfpl* **2**. Vida ou serviço militar: *engajar-se nas fileiras do Exército.*

fi.lé-mignon *sm* Carne bovina ou suína mais macia do animal, por não ter nenhum ponto de contato com qualquer de seus membros. · Pl.: *filés-mignons.*

fi.le.te (ê) *sm* **1**. Diminutivo irregular de *fio*; fio pequeno ou delgado; fiozinho: *um filete de água escorria entre as pedras.* **2**. Em botânica, parte alongada e fina do estame, que sustenta a antera. **3**. Traço fino que serve de vinheta ou moldura, na capa e lombada de livros; filo (4). **4**. Em anatomia, ramificação fina de um nervo. → **filetagem** *sf* (ação ou efeito de filetar); **filetar** *v* (**1**. enfeitar ou ornar com filete; **2**. fazer filetes em).

fi.lé.ti.co *adj* V. **filo**.

fi.lho *sm* **1**. Pessoa do sexo masculino em relação a seus pais. **2**. Qualquer descendente do sexo masculino: *ser filho de japoneses.* · V. **filial** e **filicídio**. → **filhote** *sm* (**1**. filho pequeno; **2**. *fig.pej.* homem protegido ou originário: *filhote da ditadura*; **3**. animal novo, que ainda mama; cria), de fem. (1 e 2): *filhota* e col. (3): *ninhada*; **filhotismo** *sm* (proteção ou favoritismo escandaloso). ·· **Filhinho de papai**. Filho de gente graúda da sociedade; filho-família (2). ·· **Filho da mãe** (ou **da puta**). *Fig. Pej.* Pessoa velhaca, ordinária, altamente desonesta e de mau caráter, que vive para causar dor ou prejuízo a outrem, constituindo-se na vergonha do ser humano; traste. ·· **Filho de santo**. Pessoa que cultua religiões africanas, como umbanda, candomblé, vodu, etc.

fi.lhó *sm* ou **fi.lhós** *sm2núm* **1**. Bolinho fofo, de farinha e ovos, frito e posteriormente passado por calda de açúcar ou polvilhado com açúcar e canela; sonho. **2**. Coscorão (2).

fi.li.a.ção, **fi.li.a.da** *sf* e **fi.li.ar** *v* V. **afiliar**.

fi.li.al *adj* **1**. Relativo a filho ou próprio de filho: *amor filial*. // *sf* **2**. Firma ou estabelecimento comercial vinculado a uma empresa matriz, de que depende e pode ter objeto diverso.

fi.li.cí.dio *sm* Assassinato do próprio filho. → **filicida** *adj* e *s2gên* (que ou pessoa que pratica filicídio).

fi.li.for.me *adj* Fino ou delgado como um fio.

fi.li.gra.na *sf* **1**. Trabalho ornamental delicado ou intrincado de ourivesaria, feito de fios de ouro ou de prata, que se assemelha a finíssima e delicada renda. **2**. Obra resultante desse trabalho. **3**. *P.ext.* Qualquer coisa feita com finura, delicadeza e habilidade. **4**. Impressão feita no ato da fabricação do papel, só vista ou percebida por transparência, usada em selos, cheques e notas do tesouro; marca d'água. **5**. *Fig.* No futebol, jogada muito enfeitada. → **filigranar** *v* (**1**. ornar com filigrana; **2**. fazer filigrana ou qualquer trabalho delicado); **filigraneiro** *adj* e *sm* ou **filigranista** *adj* e *s2gên* (que ou pessoa que faz filigranas).

fi.li.pe.ta (ê) *sf* **1**. Título de crédito sem liquidez, por ter surgido de operação fraudulenta. **2**. Pequeno prospecto destinado a divulgar peças de teatro, eventos culturais, festas, etc., que dá direito a desconto no preço do ingresso.

Filipinas *sfpl* País insular do sudeste asiático, de área total pouco inferior à do estado do Maranhão. → **filipino** *adj* e *sm*.

fi.lis.teu *adj* e *sm* **1**. Que ou aquele que habitava na Filisteia, antiga região do Sudoeste da Palestina, próximo ao mar Mediterrâneo: *os filisteus, povo não semita, entraram em conflito com os israelitas durante os séculos XII e XI a.C.* **2**. *Fig.Pej.* Que ou aquele que é vulgar, ignorante ou indiferente ou hostil aos valores culturais e artísticos: *a exposição sensibilizou até o mais filisteu dos visitantes; ele é um autêntico filisteu, quando se trata de pinturas*. // *adj* **3**. Relativo aos filisteus. **4**. *Fig.Pej.* Diz-se daquele que é grosseiramente inculto; bárbaro. · Fem.: *filisteia* (éi).

fil.me *sm* **1**. Película de celuloide, em rolo ou em placa, convenientemente preparada para receber impressões fotográficas. **2**. Rolo dessa película. **3**. Sequência de cenas cinematográficas; película, fita. **4**. Folha muito fina de plástico, usada para recobrir alimentos. → **filmadora** (ô) *sf* (máquina de filmar); **filmagem** *sf* (ato, processo ou efeito de filmar, incluindo atuação, direção e tomadas de câmera); **filmar** *v* (**1**. fazer um filme de ou baseado em, usando uma câmara própria; **2**. fazer ou rodar um filme; **3**. participar de um filme como ator ou figurante). ·· **Queimar o filme de alguém** (pop.). Revelar as suas mazelas ou as suas falhas, geralmente a pessoa importante ou considerada importante.

fi.lo *sm* **1**. Categoria taxonômica abaixo de reino e acima de classe; ramo. **2**. Grande grupo de línguas, com suposta origem comum. → **filético** *adj* (**1**. rel. a filo; **2**. rel. à linhagem evolutiva de uma espécie).

fi.ló *sm* Tecido fino e transparente, de fios que formam uma rede, usado princ. em véus e vestidos e saias para a noite; tule.

fi.lo.gi.ni.a *sf* **1**. Amor ou apreço às mulheres. **2**. Teoria da igualdade intectual do homem e da mulher. · Antôn. (1): *misoginia*. → **filogínico** *adj* (rel. a filoginia), palavra não constante na 6.ª ed. do VOLP; **filógino** *adj* e *sm* (que ou aquele que tem filoginia).

fi.lo.lo.gi.a *sf* Ciência que estuda a linguagem e investiga as leis da fala humana, a relação das diferentes línguas umas com as outras e o desenvolvimento histórico das línguas; ciência linguística. → **filológico** *adj* (rel. a filologia); **filólogo** *sm* (aquele que é versado em filologia).

fi.lo.ne.ís.mo *sm* Gosto, avidez ou atração irresistível por novidades. · Antôn.: *misoneísmo*. → **filoneísta** *adj* (rel. a filoneísmo) e *adj* e *s2gên* (que ou pessoa que tem filoneísmo), de antôn. *misoneísta*.

fi.lo.so.fi.a *sf* **1**. Ciência que compreende a lógica, a ética, a estética, a metafísica, etc. e investiga os princípios ou leis que regulam o universo e estão sujeitos a todos os conhecimentos e a toda a realidade. **2**. Sistema de doutrina filosófica: *a filosofia de Kant*. → **filosofal** ou **filosófico** *adj* (rel. a filosofia ou a filósofo); **filosofar** *v* [**1**. pensar ou expressar-se de maneira filosófica; **2**. explicar ou argumentar (uma ideia) segundo suas teorias filosóficas: *o próprio Marx não filosofou essa questão*; **3**. *p.ext.* especular ou teorizar sobre questões sérias e fundamentais, princ. quando de forma tediosa ou pomposa]; **filósofo** *adj* e *sm* (que ou aquele que é profundamente versado em filosofia). ·· **Filosofia de vida**. Modo de encarar a vida; maneira de ser.

fil.tro *sm* **1**. Material poroso através do qual passa um líquido ou gás, a fim de separar impurezas ou partículas sólidas. **2**. Dispositivo que contém esse material. **3**. Dispositivo eletrônico, elétrico, acústico ou ótico, usado para impedir a passagem de sinais, vibrações ou radiações de uma frequência. **4**. Tudo o que tem a propriedade de filtrar. → **filtração**, **filtragem** *sf* ou **filtramento** *sm* (ato ou efeito de filtrar); **filtrar** *v* [**1**. passar (líquido ou gás) através de um filtro; **2**. remover ou extrair, passando através de um filtro; coar; **3**. atuar como um filtro para; **4**. *fig.* selecionar: *é preciso filtrar todas as informações que chegam ao Planalto*].

fi.lu.me.nis.ta *adj* e *s2gên* Que ou pessoa que coleciona caixas de fósforos. → **filumenismo** *sm* (prática de colecionar caixas de fósforos). (A 6.ª ed. do VOLP não registra nem uma nem outra.)

fim *sm* **1**. Ponto em que uma coisa termina (no sentido do comprimento): *o fim de uma estrada*. **2**. Final, termo: *o fim de uma festa*. **3**. Ponto final, fecho: *pôs fim ao noivado*. **4**. Morte: *teve um triste fim*. **5**. Objetivo, meta, finalidade: *o fim justifica os meios*. · V. **findo**. · Antôn. (1 e 2): *começo, início*. ·· **A fim de**. Com a intenção, propósito ou finalidade; para: *Todos estudamos a fim de vencer na vida*. [Na língua popular se vê a locução *a fim de* usada por *disposto(a)*: *Estou a fim de ir ao cinema*. Há, porém, quem use "afim de" neste caso, o que se deve evitar.] ·· **Fim** (ou **Final**) **de semana**. **1**. Parte da semana que compreende o sábado e o domingo: *No fim de semana não se trabalha*. **2**. Descanso; lazer: *Todo trabalhador tem direito a final de semana remunerado*.

fím.bria *sf* **1**. Extremidade inferior de peça de vestuário; orla. **2**. Franja, guarnição. **3**. Em anatomia, franja de tecido perto do ovário que liga à trompa de Falópio. → **fimbrial** *adj* (rel. a fímbria); **fimbriar** *v* (**1**. colocar fímbria em; orlar; **2**. pôr franja em; franjar).

fi.mo.se *sf* Condição em que há incapacidade de retrair a pele que cobre a glande peniana. → **fimósico** *adj* (rel. a fimose).

fi.na.do *adj* e *sm* Que ou aquele que morreu por velhice. ·· **Dia de Finados** (ou apenas **Finados**). Dia em que se reza pela alma dos mortos (2 de novembro).

fi.nal *adj* **1**. Que ocorre no fim; último: *a cena final de um filme*. **2**. Que constitui o resultado último de um processo: *provas finais*. **3**. Que não pode ser reconsiderado; inalterável: *a decisão do tribunal é final*. // *sm* **4**. Última parte; fim: *a nota está no final da página; bom final de semana!* **5**. Desfecho, desenlace: *todo final de namoro é triste*, // *sf* **6**. Último e decisivo jogo entre duas equipes que disputam competição, certame, torneio, etc. → **finalidade** *sf* (objetivo, propósito); **finalíssima** *sf* (num torneio, competição, etc., a partida derradeira, que decide e da qual sai um campeão e um vice-campeão); **finalista** *adj* e *sm* (que ou clube que disputa uma partida final de qualquer competição ou torneio) e *adj* e *s2gên* (**1**. que ou estudante que frequenta o último ano de um curso; **2**. que ou atleta que disputa prova ou jogo final); **finalização** *sf* [ato ou efeito de finalizar(-se)]; **finalizar** *v* [**1**. pôr fim a, concluir, terminar, encerrar; **2**. ter (um vocábulo) por parte final ou terminação, terminar] **finalizar(-se)** *v* (chegar ao fim, terminar, findar).

fi.nan.ças *sfpl* **1**. Ciência e profissão de quem lida com o dinheiro do Estado: *é desejável que um ministro da Fazenda seja um especialista em finanças*. **2**. Administração desse dinheiro. **3**. Órgão que administra esse dinheiro. **4**. Dinheiro ou recursos financeiros de que dispõe um indivíduo, empresa, país, etc., em relação ao que recebe ou arrecada: *como estão suas finanças?* **5**. Sistema que compreende a circulação de dinheiro, a concessão de crédito, a realização de investimentos e o fornecimento de facilidades bancárias; sistema financeiro. → **financeira** *sf* (empresa de crédito e financiamento); **financeiro** *adj* (rel. a finanças); **financista** *adj* e *s2gên* (que ou pessoa que é versada em finanças).

fi.nan.ci.ar *v* **1**. Fornecer fundos, recursos, etc. necessários à execução de uma obra, atividade, serviços, etc., na forma de empréstimo, geralmente em longo prazo, por parte de agente financeiro oficial ou privado: *o Banco do Brasil financia a construção de casas populares*. **2**. Obter dinheiro ou crédito em longo prazo para a compra de bens duráveis: *financiei um carro*. **3**. Emprestar dinheiro em longo prazo a: *o MEC financia os universitários, através do crédito educativo*. **4**. Pagar os custos ou as despesas de, patrocinar, custear: *financiei os estudos dela*. → **financiamento** *sm* (**1**. ato ou efeito de financiar; **2**. quantia financiada).

fi.nar-se *v* Morrer: *ele se finou muito jovem*.

fin.ca *sf* Círculo com um ponto no centro, usado como alvo, ao iniciar-se o jogo de pião.

fin.car *v* **1.** Cravar, enterrar, meter; afincar (1): *fincar um prego na parede.* **2.** Fixar, cravar, fitar: *ela fincou os olhos em mim.* **3.** Apoiar com força, colocar firmemente: *fincar os cúbitos no braço da poltrona do avião.* **fincar-se 4.** Teimar muito; insistir, obstinar-se: *fincar-se num ponto de vista.* ·· **Fincar o pé na estrada.** Tomar o seu rumo; partir.

fin.dar *v* **1.** Terminar, concluir, finalizar: *findar um projeto.* **2.** Chegar ao fim; encerrar-se, acabar: *findou o prazo de inscrição; a discussão findou em briga.* · Antôn. (1): *começar;* (2): *iniciar-se.* → **findo** *adj* (que teve fim: *ganhou muito dinheiro no mês findo*).

fi.nes.se *sf* **1.** Habilidade e inteligência que alguém demonstra na maneira como lida com uma situação ardilosa ou embaraçosa; acuidade de espírito; sutileza, finura, sutilidade: *respondeu às perguntas do entrevistador com finesse.* **2.** Elegância de modos, de comportamento; fineza (2). **3.** Bom gosto; requinte: *os Lexus são carros para quem tem finesse.* **4.** Retenção da carta mais alta ou trunfo de alguém, na esperança de que uma carta mais baixa funcione, porque a única carta mais alta do adversário está na mão de um oponente que já jogou: *manobrou seu oponente em xeque-mate com sua costumeira finesse.*

fi.ne.za (ê) *sf* **1.** Qualidade de fino; finura, delgado: *a fineza de um fio de cabelo.* **2.** *Fig.* Qualidade de quem é gentil, educado, fino; finesse (2): *tive a fineza de ceder meu lugar a ela.* **3.** *Fig.* Grande favor; gentileza: *quer fazer a fineza de calar?*

finger [ingl.] *sm* **1.** Ponte móvel de embarque e desembarque, nos aeroportos. **2.** Programa que permite obter informações sobre qualquer pessoa que possua um endereço eletrônico na Internet. · Pl.: *fingers.* · Pronuncia-se *fíngâr.*

fin.gir *v* **1.** Mostrar ser afetado por (sentimento, dor, lesão, etc.): *o traficante finge calma à frente dos policiais; o jogador finge dor, para poder sair do campo.* **2.** Aparentar ou mostrar (o contrário do que é), dar falsa aparência ou mostra de: *ele finge que é meu amigo, e eu finjo que acredito.* **3.** Fazer de conta; simular: *na verdade, a menina fingia que estava tomada por um espírito.* → **fingido** *adj* e *sm* (que ou aquele que simula ser o que não é; falso, hipócrita) e *adj* (que aparenta ser autêntico ou verdadeiro; dissimulado; simulado: *lágrimas fingidas*); **fingimento** *sm* (ato ou efeito de fingir).

fi.ni.to *adj* e *sm* Que ou o que tem fim ou é limitado: *as reservas mundiais de petróleo são finitas.* · Antôn. (1): *infinito.*

Finlândia *sf* País do norte da Europa, de área equivalente à do estado do Maranhão. → **finlandês** *adj* e *sm.*

fi.no *adj* **1.** De pouca espessura: *papel fino; pizza de massa fina.* **2.** De pouco volume; fraco, miúdo: *chuva fina; nos móveis, uma fina camada de pó.* **3.** Muito afiado ou muito agudo: *ponta fina.* **4.** Composto de elementos muito pequenos ou miúdos: *areia fina.* **5.** Diz-se de qualquer som agudo e alto: *voz fina.* **6.** Educado, delicado, amável, refinado: *gente fina é outra coisa.* **7.** De bom gosto; requintado, apurado: *apartamento de fina decoração; finas receitas culinárias.* **8.** Sem substância, consistência ou força: *sopa fina; trama fina.* **9.** De densidade ou viscosidade relativamente baixa: *fumaça fina; óleo fino.* **10.** Leve ou transparente: *tecido fino.* // *adv* **11.** Com voz fina, aguda: *ele fala fino, mas não é efeminado.* **12.** Em fatias finas: *corte o presunto bem fino!* · Antôn.: *grosso.* → **fininho** *adj* (muito fino) e *sm* (*gír.* cigarro de maconha); **finura** *sf* (qualidade do que é fino), de antôn. *grossura.* ·· **De fininho.** De mansinho; disfarçadamente: *Quando viu a ex-namorada na festa, saiu de fininho.*

fi.nório *adj* e *sm* Que ou aquele que aprecia levar vantagem em tudo o que faz; velhaco, águia, espertalhão: *dizem no exterior que o brasileiro é o protótipo do finório.*

fin.tar *v* **1.** Mover a bola para a frente, usando a ginga do corpo ante (o adversário). **2.** Simular ou enganar (o adversário) com o jogo de corpo, no boxe e na esgrima. [Não se confunde (1) com *driblar*: no *drible*, predomina a habilidade do jogador no uso dos pés; na *finta*, prevalece a ginga de corpo do atleta, ao tentar passar pelo adversário. A *finta* pode não ser tão produtiva para a equipe quanto o *drible*, que tem o objetivo do gol; a *finta* é apenas a moldura de um lance.] → **finta** *sf* (ato de fintar; ginga que se faz com o corpo, para confundir o adversário e neutralizar sua combatividade, sem necessariamente avançar em direção ao gol adversário).

fintech [ingl.] *sf* Redução da expressão inglesa *financial technology* = tecnologia financeira, usada em referência a *startups* ou empresas que desenvolvem produtos financeiros totalmente digitais, nas quais o uso da tecnologia é o principal diferencial em relação às empresas tradicionais do setor: *as fintechs podem oferecer as mais diversas soluções, como cartões de débito e de crédito, conta digital, empréstimos, seguros, etc.* · Pl.: *fintechs.* · Pronuncia-se *finték.*

fi.o *sm* **1.** Qualquer material de diâmetro circular e pequeno em relação ao seu comprimento: *fio de cabelo.* **2.** Fibra extraída de plantas têxteis: *fio de algodão.* **3.** Linha extrema e finíssima do gume: *o fio da navalha.* **4.** Filete (3). **5.** *Fig.* Qualquer coisa frágil ou tênue: *ainda resta um fio de esperança.* · V. **filiforme.**

FIPE ou **Fipe** *sf* Acrônimo de *Fundação Instituto de Pesquisas Econômicas*, entidade privada de ensino, pesquisa e divulgação na área de economia, fundada em 1973.

firewall [ingl.] *sm* Programa que impede o acesso de usuários não autorizados ou entrada de dados sem a prévia permissão, na Internet. · Pl.: *firewalls.* · Pronuncia-se *fáire-uól.*

fir.ma *sf* **1.** Assinatura de uma pessoa: *reconhecer firma num cartório.* **2.** Nome sob o qual uma empresa realiza negócios; razão social: *a firma Carvalho & Filhos.* **3.** Estabelecimento comercial: *a firma abre às 8h.*

fir.ma.men.to *sm* **1.** Ato ou efeito de firmar ou sustentar. **2.** Fundação, alicerce. **3.** Abóbada celeste: *as estrelas brilham no firmamento.* **4.** *Fig.* Conjunto de celebridades ou pessoas importantes; constelação: *o pronunciamento do presidente enfureceu o firmamento jornalístico; ele é uma estrela em ascensão no firmamento político.* **5.** *Fig.* Campo de uma importante atividade: *Pierre Cardin se destacou no firmamento da moda internacional.*

fir.ma-pé *sm* Nas bicicletas, armação de plástico presa ao pedal, para encaixar os pés, a fim de dar maior aproveitamento na força de pedalada. · Pl.: *firma-pés.* (A 6.ª ed. do VOLP não registra este composto.)

fir.mar *v* **1.** Colocar seguramente, tornar firme, fixar: *firmar um prego.* **2.** Apoiar firmemente, fincar: *firmou a bengala no chão.* **3.** Apoiar, escorar: *um prego é pouco para firmar esse quadro.* **4.** Ficar firme ou estável (o tempo), estabilizar-se: *depois de muita chuva, o tempo firmou.* **firmar-se 5.** Apoiar-se firmemente: *firme-se bem aí, para não cair!* **6.** Tornar-se estável, estabilizar-se: *o goleiro se firmou só no segundo tempo.* → **firme** *adj* (**1.** de estrutura sólida, que resiste à pressão: *o colchão deve ser firme, mas não duro;* **2.** fixo ou sólido no lugar: *seus dentes eram firmes;* **3.** forte, vigoroso: *um firme aperto de mãos;* **4.** que mostra determinação, força, domínio, controle: *o pai tem que ser firme com os filhos;* **5.** ereto: *mulher de seios firmes;* **6.** bem fixado; seguro: *as estantes estão firmes;* **7.** inalterável, inabalável: *ser firme em suas opiniões; homem de convicções firmes;* **8.** decidido, determinado, resoluto: *avançou com passos firmes e enfrentou o adversário;* **9.** estável: *tempo firme; os preços dos combustíveis mantêm-se firmes; suspensão firme*) e *adv* (de modo firme, seguro: *aguentem firme aí!*); **firmeza** (ê) *sf* (qualidade daquele ou daquilo que é firme).

fi.ru.la *sf* **1.** Rebuscamento ou floreio da fala para enunciar algo muito simples; rodeio de palavras; circunlóquio, perífrase. **2.** Demonstração de habilidade em dominar a bola, no futebol, fazendo malabarismo com ela.

fi.sa.le *sf* **1.** Planta de origem sul-americana que dá frutos pequenos, levemente ácidos, semelhante ao tomate. **2.** Esse fruto, cujos nutrientes ajudam a fortalecer o sistema imunológico, purificar o sangue e reduzir as taxas de colesterol.

fis.co *sm* Setor do tesouro público encarregado da cobrança de impostos; secretaria da Receita Federal. → **fiscal** *adj* (rel. a fisco ou à fiscalização: *controle fiscal; posto fiscal*) e *s2gên* (pessoa encarregada de certas inspeções e controles); **fiscalização** *sf* (ato ou efeito de fiscalizar); **fiscalizar** *v* (**1.** examinar, verificar: *fiscalizar os documentos de um veículo;* **2.** vigiar, velar por: *fiscalizar os passos do filho*).

fis.gar *v* **1.** Pescar com arpão: *fisgar baleias.* **2.** Agarrar ou segurar com força e alguma violência (pessoa em fuga): *fisgaram o ladrão pelos fundilhos.* → **fisgada** *sf* (**1.** ação de fisgar, movimento rápido para segurar e prender; **2.** dor aguda, violenta e rápida como que causada pela ponta de uma fisga; pontada).

fi.si.a.tri.a *sf* **1.** Cura de doenças ou de lesões mediante o emprego de métodos naturais ou físicos (massagem, exercícios, etc.), geralmente com aparelhos mecânicos e a aplicação de calor, frio, eletricidade, radiação e água; medicina física. **2.** Terapia física. → **fisiatra** *s2gên* [médico(a) especialista em fisiatria]; **fisiátrico** *adj* (rel. a fisiatria).

fí.si.ca *sf* **1.** Ciência que estuda as leis da matéria e suas interações com a energia. **2.** Redução de *educação física*, ginástica, exercícios físicos. → **físico** *adj* [**1**. rel. a física: *leis físicas*; **2**. rel. ao corpo (em oposição a *moral, mental, espiritual*): *necessidades físicas*; **3**. da matéria ou do que existe na natureza: *mapa físico*; **4**. carnal, sexual: *sentir atração física por alguém*] e *sm* (**1**. estrutura física do corpo humano, formação ou constituição do corpo: *ele tem belo físico*; **2**. aquele que se dedica ao estudo da física: *Newton foi um físico notável*; **3**. conjunto das funções fisiológicas: *o físico influi enormemente no estado de espírito*); **físico-química** *sf* (conjunto das características físicas e químicas de um fenômeno), de pl. *físico-químicas*; **físico-químico** *adj* (rel. às propriedades físicas e químicas da matéria, ao mesmo tempo, de pl. *físico-químicos*); **fisiculturismo** *sm* (conjunto de exercícios físicos, pesados, para estimular o crescimento da massa muscular); **fisiculturista** *adj* (rel. a fisiculturismo) e *adj* e *s2gên* (que ou pessoa que pratica o fisiculturismo).

fi.si.o.lo.gi.a *sf* Ramo da biologia que estuda as funções dos órgãos nos seres vivos e os processos físico-químicos envolvidos no seu funcionamento. → **fisiológico** *adj* (rel. a fisiologia); **fisiologista** *adj* e *s2gên* (que ou pessoa que é versada em fisiologia).

fi.si.o.lo.gis.mo *sm* **1**. Atitude ou prática de políticos e servidores públicos inescrupulosos, que trabalham visando exclusivamente ao proveito pessoal, a seus próprios interesses, em vez de cumprir com a obrigação de servir apenas e tão somente ao interesse público. **2**. Prática política de obter cargo e vantagens, em troca de apoio às medidas do governo. → **fisiologista** *adj* (rel. a fisiologismo) e *adj* e *s2gên* (que ou pessoa que prima pelo fisiologismo); **fisiologístico** *adj* (rel. a fisiologismo ou a fisiologista).

fi.si.o.no.mi.a *sf* **1**. Conjunto dos traços do rosto; feições do rosto: *nem sempre a fisionomia reflete o caráter*. **2**. Expressão facial; semblante: *está com boa fisionomia hoje seu pai.* → **fisionômico** *adj* (rel. a fisionomia); **fisionomismo** *sm* (teoria dos fisionomistas); **fisionomista** *adj* e *s2gên* (que ou pessoa que tem boa memória das fisionomias); **fisionomístico** *adj* (rel. a fisionomismo ou a fisionomista).

fi.si.o.te.ra.pi.a *sf* Tratamento de doenças, danos, deformidades e debilidades, por meio de massagens, ginásticas, etc. → **fisioterapeuta** *s2gên* (pessoa versada em fisioterapia); **fisioterápico** *adj* (rel. a fisioterapia).

fis.são *sf* **1**. Ato ou efeito de fender, de dividir em duas ou mais partes. **2**. Em biologia, divisão de uma célula viva, durante a reprodução em alguns organismos muito pequenos. → **fissionável** *adj* (capaz de sofrer fissão). ·· **Fissão atômica** (ou **nuclear**). Divisão ou fragmentação do núcleo de um átomo, pelo bombardeamento com nêutrons, com liberação de grande quantidade de energia.

fis.su.ra *sf* **1**. Ruptura ou rachadura pequena na pele, em mucosa ou em osso: *fissura labial; as fissuras do mamilo*. **2**. Sulco divisor na superfície de um órgão, como os lobos do cérebro, fígado, pulmão, medula espinhal, etc. **3**. Fratura linear numa superfície óssea: *fissura no esmalte de um dente*. **4**. *Gír.* Desejo intenso e incontrolável de fazer uso de drogas; fissuração (2). **5**. *Gír.* Forte inclinação; loucura, obsessão; fissuração: *ter fissura por morenas*. → **fissuração** *sf* [**1**. estado ou condição das partes fendidas; **2**.*gír.* fissura (4); **3**.*gír.* fissura (5)]; **fissurado** *adj* (**1**. que tem fissura; **2**.*gír.* louco, gamado, obcecado: *ser fissurado em morenas*); **fissurar** *v* (provocar fissura em).

fís.tu.la *sf* Orifício ou ducto anormal, geralmente congênito, que liga dois órgãos entre si ou um órgão ao exterior e por onde circulam matérias orgânicas, produtos de secreção ou pus. → **fistular** *adj* (rel a fístula).

fi.ta *sf* **1**. Tira comprida e estreita de qualquer tecido; faixa estreita. **2**. Qualquer tira de matéria flexível. **3**. Filme cinematográfico; película. **4**. Demonstração falsa de alguma coisa; fingimento. · Col. (1): *fitaria*. → **fiteiro** *sm* (homem que fabrica fitas) e *adj* e *sm* [que ou aquele que é muito dado a fazer fita (4)].

fi.ta-cre.pe *sf* Fita de papel, com superfície adesiva num lado e textura rugosa no outro, muito utilizada para fechar caixas de papelão. · Pl.: *fitas-crepe* ou *fitas-crepes*.

fi.tar *v* Olhar fixamente para; cravar a vista em: *ela me fitou demoradamente*.

fitball [ingl.] *sm* **1**. Programa de atividade física que utiliza bolas grandes de vinil, destinado princ. a trabalhar a postura. **2**. Essa bola. · Pronuncia-se *fitból*.

fitness [ingl.] *sm* **1**. Boa condição física, resultante de exercícios e alimentação adequada. **2**. Cultivo de um físico atraente e saudável, mediante exercícios. · Pronuncia-se *fítnâs*.

fi.to *sm* **1**. Objetivo, propósito, fim, meta: *essas medidas têm o fito de reduzir a violência*. // *adj* **2**. Preso, parado, fixado, fixo: *ter os olhos fitos na televisão*.

fi.to.lo.gi.a *sf* Botânica. → **fitológico** *adj* (botânico); **fitologista** *adj* e *s2gên* [especialista em fitologia; botânico(a)].

fi.tos.sa.ni.tá.rio *adj* Diz-se de medida que objetiva a defesa da flora. → **fitossanitarismo** *sm* (controle sanitário da flora); **fitossanitarista** *adj* e *s2gên* (especialista em fitossanitarismo).

fi.to.te.ca *sf* Herbário (1 e 2). → **fitotecário** *adj* (rel. a fitoteca) e *sm* (aquele que cuida de uma fitoteca).

fi.to.tec.ni.a (tèc) *sf* Técnica de cultivar e reproduzir plantas. → **fitotécnico** *adj* (rel. ou pert. a fitotecnia) e *sm* (aquele que é versado em fitotecnia).

fi.to.te.ra.pi.a *sf* Forma de tratamento em que se usam medicamentos de origem vegetal de comprovada atuação medicamentosa, em forma de cápsulas, tinturas, chás, etc. → **fitoterapeuta** *s2gên* (especialista em fitoterapia ou praticante dessa forma de tratamento); **fitoterapêutico** *adj* (rel. a fitoterapia e a fitoterapeuta); **fitoterápico** *adj* (**1**. rel. a fitoterapia; **2**. diz-se de alimento que, além de nutrir, funciona como produto medicinal).

fi.ve.la *sf* **1**. Peça pela qual cintos, cinturões, correias, faixas, etc. são enfiados para segurá-los. **2**. Ornato para prender os cabelos. · Dim. irregular: *fiveleta* (ê).

five pockets [ingl.] *loc adj* Diz-se de um modelo típico de calça *jeans*, depois adotado em outras peças do vestuário, sempre com cinco bolsos, sendo dois frontais, dois traseiros e um embutido no bolso frontal direito. · Pronuncia-se *fáiv pákets*.

fi.xar (x = ks) *v* **1**. Tornar estável, firme, fixo, firmar: *fixar o pé da mesa*. **2**. Pregar ou deixar seguro, usando cola, durex, alfinete, etc.: *fixar um cartaz*. **3**. Olhar fixamente em; fitar: *fixei-a por longo tempo*. **4**. Estabelecer, determinar: *fixar preços*. **5**. Pôr em ordem, arranjar, arrumar: *fixar o cabelo com gel*. **fixar-se 6**. Tornar-se firme; firmar-se: *com o calço, a mesa se fixou*. **7**. Estabelecer-se, passar a residir: *fixei-me em Búzios*. → **fixação** (x = ks) *sf* [ato ou efeito de fixar(-se)]; **fixador** (ô) *adj* e *sm* (que ou o que fixa); **fixidade** (x = ks) ou **fixidez** (x = ks; ê) *sf* (qualidade do que é ou está fixo); **fixo** (x = ks) *adj* (**1**. firme, preso: *ter os olhos fixos em alguém*; **2**. estável, inalterável: *preços fixos*; **3**. determinado, certo: *prazo fixo de pagamento*).

flã *sm* Pudim à base de leite e ovos, assado em banho-maria e servido com calda de caramelo.

fla.be.la.do ou **fla.be.lar** *adj* Que tem a forma de leque: *folha flabelada*.

flá.ci.do *adj* Sem elasticidade; mole, frouxo: *músculos flácidos*. → **flacidez** (ê) *sf* (qualidade ou estado do que está flácido).

fla.co.ne.te *sm* **1**. Pequeno recipiente de plástico, em forma de garrafa, hermeticamente fechado, para conter medicamentos. **2**. Conteúdo desse recipiente. (A 6.ª ed. do VOLP não registra a palavra.)

flag [ingl.] *sm* **1**. Tipo de memória interna do computador que, a não ser em casos programados, não acessa nenhuma saída. **2**. *Bit* ou série de *bits* de dois estados estáveis, usados em *software* para indicar uma única parte da informação. · Pl.: *flags*. · Pronuncia-se *flég*.

fla.ge.lo *sm* **1**. Chicote para açoitar pessoas; açoite. **2**. *Fig.* Grande calamidade pública: *o flagelo da guerra*. **3**. *Fig.* Castigo, tormento: *a impunidade, a violência e a corrupção são os maiores flagelos da sociedade brasileira*. **4**. *Fig.* Pessoa que causa grande calamidade ou tormento: *Átila foi um flagelo para os romanos*. → **flagelação** *sf* (ato ou efeito de flagelar); **flagelar** *v* (**1**. chicotear, açoitar; **2**. castigar duramente; torturar).

fla.gran.te *adj* **1**. Ardente, caloroso. **2**. Evidente, manifesto, claro. **3**. Testemunhado no exato instante da ocorrência: *foi visto em flagrante desrespeito aos pais*. // *sm* **4**. Ato em que uma pessoa é surpreendida na prática de um delito. **5**. Comprovação desse ato. **6**. Foto instantânea de cena importante do ponto de vista jornalístico. (Não se confunde com *fragrante*.) → **flagrância** *sf* (qualidade ou estado daquilo que é flagrante); **flagrar** *v* (**1**. apanhar em flagrante; surpreender: *o pai flagrou a filha beijando o namorado*; **2**. fazer o flagrante ou o registro de: *nenhum fotógrafo flagrou o bocejo do presidente na reunião*). ·· **Em flagrante**. No ato do delito.

fla.jo.lé *sm* Pequeno instrumento musical, semelhante à flauta, de bocal cilíndrico, quatro orifícios na frente para os dedos e dois atrás para os polegares.

fla.ma *sf* **1**. Porção visível de um fogo; chama. **2**. *Fig.* Paixão amorosa intensa. · Dim. erudito: *flâmula*. → **flamância** *sf* (**1**. qualidade do que é flamante; **2**.*p.ext.* grande brilho; esplendor); **flamante** *adj* (**1**. que lança chamas; **2**.*p.ext.* de cores vivas, berrantes: *camisa flamante*); **flamável** ou **inflamável** *adj* (que pega fogo com facilidade).

flam.bar *v* **1**. Fazer a assepsia de, por meio de chamas. **2**. Encharcar (alimento) de bebida alcoólica (aguardente, conhaque, etc.) e atear fogo: *flambar um pernil*. → **flambagem** *sf* (ação ou efeito de flambar).

flam.bo.ai.ã *sm* Árvore de grande porte, de belas flores vermelhas ou alaranjadas e folhas que caem após a floração.

flame [ingl.] *sm* Mensagem ofensiva enviada por *e-mail*. · Pl.: *flames*. · Pronuncia-se *flêiM*.

fla.me.jar *v* Lançar ou despedir como chamas; faiscar: *quando vê o ex-marido, seus olhos flamejam todo tipo de maus sentimentos*. · Sempre com *e* fechado, durante a conjugação. → **flamejante** *adj* (que flameja: *carvões flamejantes*).

flamenco [esp.] *sm* **1**. Música e dança de raízes ciganas, típicas da região da Andaluzia, na Espanha. // *adj* **2**. Diz-se dessa música ou dessa dança.

fla.men.go *adj* **1**. Relativo ou pertencente a Flandres, a seu povo, a sua língua ou a sua cultura. // *sm* **2**. Natural de Flandres. **4**. Língua germânica, intimamente relacionada com o holandês, falada no Norte e no Leste da Bélgica.

fla.min.go *sm* Ave palmípede, pernalta, de plumagem rosa, longo pescoço e bico curvado para baixo, também conhecida por *maranhão* e *guará*.

flâ.mu.la *sf* **1**. Diminutivo erudito de *flama*; pequena chama. **2**. Bandeirola farpada sem haste, com distintivo de clube, escola, etc., própria para ser fixada em paredes.

flan.co *sm* **1**. Parte lateral, lado, banda. **2**. Parte lateral do corpo do homem e dos animais. **3**. Lado de um exército, de um corpo de tropas.

flan.dres *sm2núm* Redução de *folha de flandres*, com troca do gênero.

fla.ne.la *sf* Tecido macio e felpudo de lã, algodão, ou de fio sintético, usado princ. na confecção de roupas para o frio. → **flanelinha** *sf* (flanela pequena) e *sm* (*pop.* pessoa que, nas ruas, se oferece para cuidar do carro daqueles que estacionam, mediante paga: *uma menina de dez anos era o flanelinha daquela rua*).

fla.pe *sm* Mecanismo da parte posterior da asa de uma aeronave que, acionado, aumenta a superfície de sustentação em velocidades reduzidas, usado nas operações de decolagem, aproximação e aterrissagem.

flash [ingl.] *sm* **1**. Clarão instantâneo e intenso, usado em máquinas fotográficas para fotos noturnas. **2**. Lâmpada que produz esse clarão. **3**. Informação breve e condensada de um fato, dada em jornal falado ou escrito. **4**. *Fig.* Percepção súbita; lampejo: *teve um flash de lucidez*. · Pl.: *flashes*. · Pronuncia-se *flésh*.

flashback [ingl.] *sm* **1**. Inserção de um episódio ou cena do passado na estrutura cronológica de uma narrativa literária, cinematográfica, etc. **2**. Esse episódio ou cena. · Pl.: *flashbacks*. · Pronuncia-se *fléch-bék*.

flashmob [ingl.] *sm* Aglomeração instantânea de pessoas, organizada através de uma corrente de *e-mails*, sem pretensões políticas de nenhuma natureza. · Pl.: *flashmobs*. · Pronuncia-se *fléch-mób*.

flat [ingl.] *sm* Imóvel residencial, geralmente apartamento, caracterizado por incluir serviços de um hotel, como recepção, camareira, lavanderia, restaurante, manobrista, etc., *apart--hotel*. · Pronuncia-se *flét*.

fla.to *sm* ou **fla.tu.lên.cia** *sf* **1**. Acúmulo de gases nos intestinos, geralmente acompanhado de expulsão ruidosa. **2**. Esses gases; ventosidade, traque, pum, peido: *um adulto dá em média de seis a vinte flatos por dia*. → **flatoso** (ô; pl.: ó), **flatulento** ou **flatuoso** (ó; pl.: ó) *adj* (que provoca flatos: *a batata-doce é um alimento flatoso*); **flatulento** ou **flatuoso** *adj* (**1**. flatoso; **2**. que solta muitos flatos).

flau.ta ou **frau.ta** *sf* Instrumento de sopro, constituído de um tubo cilíndrico com orifícios e geralmente munido de chaves. → **flautear** ou **frautear** *v* [**1**. tocar (flauta) **2**. distrair-se, entreter-se; **3**. levar a vida na flauta; vadiar, vagabundar], que se conjuga por *frear*; **flauteio** *sm* (ação ou efeito de flautear); **flautim** *sm* (instrumento de sopro, sem. a flauta, porém, menor e mais fino); **flautinista**, **flautista** ou **frautista** *adj* e *s2gên* (que ou pessoa que toca flauta). (A 6.ª ed. do VOLP, incompreensivelmente, não registra *frauteio*, nem *frautim*, nem *frautinista*.)

fle.bi.te *sf* Inflamação de uma veia, com possibilidade de causar trombose. (Cuidado para não usar "feblite" nem "febrite"!)

fle.cha ou **fre.cha** *sf* **1**. Haste delgada e curta, com penas na extremidade oposta à ponta, as quais servem para manter a direção, lançada por meio de arco. **2**.*P.ext*. Qualquer coisa semelhante na forma. **3**. Símbolo direcional, no trânsito. → **flechada** ou **frechada** *sf* (golpe ou ferimento de flecha); **flechar** ou **frechar** *v* (ferir com flecha).

fleg.ma (ê) *sf* V. **fleuma**.

fler.te (ê) *sm* Namorico sem intenção séria; paquera. → **flertar** *v* [olhar para (alguém) com intenções de relacionamento de namoro; paquerar], sendo o *e* tônico das formas rizotônicas sempre aberto: *flerto, flertas*, etc.

fleu.ma, **fleg.ma** ou **fleug.ma** *sf* Impassibilidade própria do temperamento de uma pessoa ou de um povo: *a fleuma britânica é famosa no mundo todo*. → **fleumático**, **flegmático** ou **fleugmático** *adj* (rel. a fleuma ou que demonstra fleuma). (A 6.ª ed. do VOLP incorporou as formas *fleugma* e *fleugmático*, antes consideradas cacográficas.)

flex (x = ks) *adj* e *sm Pop.* Bicombustível: *carros flex*.

fle.xão (x = ks) *sf* **1**. Ato ou efeito de curvar-se ou dobrar-se; curvatura: *a flexão dos joelhos*. **2**. Alteração ou variação que apresentam as palavras variáveis na sua parte final, para exprimir as categorias gramaticais de gênero, número, modo, tempo e pessoa; variação desinencial vocabular. → **flexibilidade** (x = ks) *sf* (qualidade do que é flexível); **flexibilização** (x = ks) *sf* [ato ou efeito de flexibilizar(-se)]; **flexibilizar(-se)** (x = ks) *v* [tornar(-se) flexível]; **flexional** (x = ks) ou **flexivo** (x = ks) *adj* (**1**. rel. a flexão gramatical; **2**. diz-se da língua que apresenta flexões); **flexionar** (x = ks) *v* (**1**. fazer a flexão ou a variação de; **2**. dobrar, curvar: *flexionar os joelhos*) **flexionar-se** (**1**. dobrar-se, curvar-se: *a coluna vertebral não pode flexionar-se dessa forma, sob pena de traumas irreparáveis*; **2**. assumir ou tomar a forma flexionada: *a palavra padrão não se flexiona quando exerce função adjetival: escolas padrão*); **flexível** (x = ks) *adj* (**1**. que pode sofrer flexão sem quebrar: *a maioria dos plásticos é flexível*; **2**. *fig.* que pode ser facilmente mudado ou modificado, para responder a circunstâncias ou condições novas ou alteradas: *formas flexíveis de pagamento; meu horário de trabalho é flexível*; **3**. *fig.* diz-se daquele que cede a opiniões e influências; condescendente, transigente, maleável: *chefe flexível*); **flexor** (x = ks; ô) *adj* e *sm* (que ou músculo que produz a flexão dos membros).

flip [ingl.] *sm* **1**. Estante para audiovisuais. **2**. Tampa do telefone celular, destinada a proteger o teclado. · Pl.: *flips*. · Pronuncia-se *flíp*.

fli.per *sm* Membro de certos animais marinhos (focas, tartarugas, pinguins), usado como nadadeira.

fli.pe.ra.ma *sm* **1**. Máquina dotada de computador, própria para jogos eletrônicos. **2**. Loja que dispõe dessa máquina, para uso no local.

flirt [ingl.] *sm* V. **flerte**.

floater [ingl.] *sm* Manobra que o praticante de surfe faz, permanecendo por algum tempo passeando na crista da onda. · Pl.: *floaters*. · Pronuncia-se *flôutâr*.

flo.co ou **fro.co** *sm* **1**. Pedaço minúsculo de neve que cai lentamente. **2**. Qualquer partícula leve que esvoaça e cai lentamente. **3**. Pequeno pedaço de um alimento desidratado, princ. de cereais. // *smpl* **4**. Sorvete cremoso, com pedacinhos de chocolate.

flo.e.ma *sm* Líber. → **floemático** *adj* (rel. a floema).

flo.par *v Gír.* **1**. Não fazer sucesso na Internet; não viralizar; fracassar: *o vídeo flopou*. **2**. Fracassar nas vendas; não fazer sucesso nas paradas: *o último CD de Mariah Carey flopou*. → **flop** (fracasso, fiasco).

flor (ô) *sf* **1**. Órgão vegetal composto geralmente por sépalas (cálice), pétalas (corola), estames e gineceu. **2**.*P.ext*. Planta que tem esse órgão, geralmente fragrante e de cores vivas. **3**.*P.ext*. Ornamento ou desenho que representa essa parte colorida da planta. **4**. *Fig.* A melhor parte de uma coisa, a mais valiosa; nata, fina flor. **5**. *Fig.* Pessoa que evoca ao mesmo tempo beleza, fragilidade e sensualidade: *ele é uma flor de rapaz!* // *sfpl* **6**. Beleza ou tranquilidade: *na juventude, tudo são flores*. · Col. (2): *braçada, ramalhete, buquê*. · Dim. erudito (2): *flósculo*. → **floração** *sf* [**1**. ato ou efeito de florescer; **2**. tempo em que as flores desabrocham; florada (2); **3**. estado das plantas em flor]; **florada** *sf* [**1**. grande quantidade de flores; **2**. época do desabrochar das flores; floração (2)]; **floral** *adj* [**1**. rel. ou pert. a flor(es): *aroma floral*; **2**. que consiste em flores; composto de flores: *um arranjo floral*; **3**. rel. a flora: *as espécies florais da Amazônia*]; **flor-de-lis** *sf* [flor do lírio; açucena), de pl. *flores-de-lis*; **floreado** *adj* [**1**. ornado de flores: *ele chegou com uma camisa toda floreada*; **2**. coberto com flores: *esta rua fica floreada no dia de Corpus Christi*; **3**. *fig.* florido (2)]; **florear** *v* (**1**. cobrir, decorar ou ornamentar com flores; florir: *florear um altar*; **2**. *fig.* enfeitar demais; rebuscar: *florear a letra, o estilo*), que se conjuga por *frear*; **floreio** *sm* (ato ou efeito de florear); **floreira** *sf* (**1**. vaso ou jarra para flores; **2**. vendedora de flores); **floreiro** *sm* (vendedor de flores); **florescência** *sf* ou **florescimento** *sm* (ato ou efeito de florescer); **florescer** *v* [**1**. fazer brotar flores em, ou cobrir de flores: *as chuvas floresceram as jabuticabeiras*; **2**. produzir flores; florir (2): *as jabuticabeiras já floresceram*; **3**. *fig.* prosperar, desenvolver-se: *floresce a indústria brasileira*); **floricultura** *sf* (**1**. cultura ou cultivo de flores e plantas ornamentais; **2**. loja que vende plantas e flores); **floricultor** (ô) *sm* (**1**. aquele que cultiva flores; **2**. proprietário de floricultura); **florido** *adj* [**1**. que tem muitas flores: *mangueira florida*; **2**. *fig.* cheio de belezas literárias; elegante, floreado (3): *escritor de estilo florido*]; **florilégio** *sm* (**1**. coleção de flores; **2**. *fig.* compilação de trechos literários escolhidos de várias obras; antologia); **florir** *v* [**1**. florear (1); **2**. florescer (2): *as jabuticabeiras já estão florindo*; **3**. tornar viçoso ou florido: *as chuvas chegaram para florir os jardins*; **4**. desabrochar ou abrir (a flor): *as roseiras estão florindo no meu jardim*]; **florista** *adj* e *s2gên* (**1**. que ou pessoa que faz, vende ou pinta flores; **2**. fabricante de flores artificiais).

flo.ra *sf* **1**. Conjunto das plantas de uma região ou de um país. **2**. Grupo de bactérias e outros microrganismos que normalmente habitam um órgão ou parte dele. · V. em **flor**, o subverbete **floral** (3). → **florístico** *adj* (rel. a flora: *diversidade florística*); **florística** *sf* (conhecimento ou estudo da flora).

flo.res.ta *sf* **1**. Ampla ou vasta área de terra, dominada por árvores de grande porte (mais de 3m), cujas copas se tocam, e vegetação rasteira que cobre grande área. **2**. Terreno ameno, com caminhos, coberto de frondosas árvores. → **florestal** *adj* (**1**. rel. a floresta; **2**. proveniente da floresta; **3**. especializado em florestas).

flo.re.te (ê) *sm* Arma branca, espécie de espada de lâmina longa e pontiaguda, mas sem gume, própria para ser usada em esgrima.

Florianópolis *sf* Capital do estado de Santa Catarina. → **florianopolitano** *adj* e *sm*.

floss [ingl.] *sm* Fio dental higiênico, próprio para remover partículas de alimentos de próteses fixas (pontes), armações, etc.; passa-fio. · Pronuncia-se *flós*.

flo.ti.lha *sf* **1**. Pequena frota. **2**. Frota de navios pequenos (de pesca ou de guerra), de características semelhantes.

flo.zô *sm* **1**. Relutância manhosa, apenas aparente, com o objetivo de fazer charminho: *a garota usava de flozô com o namorado*. **2**. Vida boa; mamata: *você só quer flozô, trabalhar mesmo, que é bom, nada*.

flu.ir *v* **1**. Mover-se ou correr ao longo de um leito ou canal: *o rio flui para o mar*. **2**. Circular: *o sangue flui nas veias*. **3**. Mover-se de forma contínua, escoar: *o tráfego está fluindo bem*. (Não se confunde com *fruir*.) → **fluência** ou **fluidez** (ê) *sf* [**1**. qualidade ou natureza daquilo que flui, que se escoa normalmente; **2**. *fig.* espontaneidade ou facilidade (de estilo ou de linguagem)]; **fluente** *adj* (**1**. que flui ou corre com facilidade; **2**. *fig.* fácil, espontâneo, natural: *ele fala um alemão fluente*); **fluidal** ou **fluídico** *adj* [rel. ou sem. a fluido]; **fluido** *adj* (**1**. que flui ou corre como um líquido; **2**. *fig.* diz-se do discurso ou do estilo que flui de maneira natural e fácil; fluente, espontâneo: *era um orador do discurso fluido*) e *sm* [**1**. substância não sólida (líquida ou gasosa) que flui e toma a forma do recipiente em que está colocada; **2**. qualquer líquido; **3**. líquido inflamável empregado em isqueiros].

flu.mi.nen.se *adj* e *s2gên* **1**. Natural ou habitante do Estado do Rio de Janeiro. // *adj* **2**. Do Estado do Rio de Janeiro: *praias fluminenses*.

flú.or *sm* Elemento químico gasoso (símb.: **F**), de n.º atômico 9, amarelo-pálido, de odor sufocante e desagradável, altamente corrosivo e tóxico. → **fluoração** ou **fluoretação** *sf* (tratamento da água com flúor); **fluorado** ou **fluorítico** *adj* (que contém flúor: *água fluorada*); **fluorar** ou **fluoretar** *v* [tratar (água) com flúor].

flu.o.res.cên.cia *sf* **1**. Propriedade de um corpo de absorver radiação (visível ou não) e de emitir uma nova, com um comprimento de onda maior. **2**. Luminosidade que apresentam algumas substâncias, quando expostas à ação de raios luminosos. **3**. Produção dessa luminosidade. → **fluorescente** *adj* (dotado de fluorescência: *lâmpada fluorescente*); **fluorescer** *v* (emitir radiação fluorescente).

flu.tu.ar *v* **1**. Fazer tremular ao vento: *flutuar a bandeira do seu time*. **2**. Manter-se na superfície de um líquido: *as canoas flutuam*. **3**. *Fig.* Permitir (alteração do valor de uma moeda) para encontrar livremente seu valor real, em relação a outras moedas. → **flutuação** *sf* (ação ou efeito de flutuar); **flutuador** (ô) ou **flutuante** *adj* (que flutua).

flu.vi.al *adj* **1**. Relativo a rio ou feito por rio: *sinuosidades fluviais; navegação fluvial*. **2**. Próprio dos rios ou que vive nos rios: *plantas fluviais*. (Não se confunde com *pluvial*.)

flu.xo (x = ks) *sm* **1**. Subida ou ascensão da maré; preamar (em oposição a *vazante* ou *maré baixa*). **2**. *P.ext*. Grande quantidade de qualquer coisa em movimento seguido: *fluxo de veículos*. **3**. *P.ext*. Grande circulação ou derramamento: *fluxo de papel-moeda*. **4**. Mênstruo excessivo.

FM *sf* Sigla de *frequência modulada*. · Pl.: *FMs*.

FMI *sm* Sigla de *Fundo Monetário Internacional*, organização financeira internacional afiliada à ONU, criada em 1944, com a missão de assegurar o bom funcionamento do sistema financeiro global.

FNDE *sm* Sigla de *Fundo Nacional de Desenvolvimento da Educação*, autarquia federal vinculada ao Ministério da Educação. (O **E** soa aberto: é, assim como se faz em G**E**.)

fo.bi.a *sf* Medo doentio ou aversão irracional a certos seres ou situações: *as mulheres têm fobia a baratas*. → **fóbico** *adj* (rel. a fobia) e *adj* e *sm* (que ou aquele que sofre de fobia).

fo.ca *sf* **1**. Mamífero marinho, carnívoro, encontrado princ. nas regiões frias. **2**. *P.ext*. Pele desse animal. **3**. *Fig.* Jornalista incipiente, novato(a): *Juçara é apenas um foca esforçado*.

fo.ci.nho *sm* Conjunto formado pela boca, ventas e queixo, nos animais. → **focinhada** *sf* (pancada com o focinho; trombada); **focinhar** *v* (atacar com o focinho); **focinheira** *sf* (**1**. focinho, tromba; **2**. focinho de porco; **3**. correia que atravessa a cabeça dos cavalos por cima das ventas; **4**. açaimo; **5**. *pop.* semblante carrancudo; cara amarrada: *chefe que vive de focinheira*).

fo.co *sm* **1**. Ponto em que os raios de luz, calor, etc. ou as ondas de som se juntam, ou de onde se espalham ou parecem espalhar-se; especificamente, ponto onde os raios de luz refletidos por um espelho ou refratados por uma lente se encontram (chamado *foco real*) ou ponto onde eles se encontrariam, se fossem prolongados para trás através da lente ou espelho (chamado *foco virtual*). **2**. Comprimento focal. **3**. Ajuste da distância focal, para ter uma imagem nítida. **4**. Estado de uma imagem óptica quando é distinta ou claramente definida ou estado de um instrumento que produz essa imagem: *a imagem está em foco; o rosto dela está um pouco fora de foco; o telescópio está fora de foco*. **5**. Centro primário ou principal de uma infecção ou doença generalizada; ponto central de uma infecção: *foco dentário*. **6**. *P.ext*. Tópico principal com que se preocupa: *a educação é o foco do debate; esta geração fez do meio ambiente um grande foco de atenção*. **7**. Ponto abaixo da superfície da Terra em que tem origem um terremoto ou uma explosão nuclear subterrânea. **8**. *Fig.* Atenção especial que se dá a alguma coisa; prioridade, concentração: *o time não pode perder o foco, que é a vitória*. **9**. *Fig.* Pessoa que representa o centro de interesse ou de atenção: *o foco da mídia sempre foi o presidente*. → **focagem** ou **focalização** *sf* (ação ou efeito de focar); **focal** *adj* (**1**. rel. ao foco das lentes e espelhos; **2**. rel. ao foco principal de uma infecção ou doença); **focalizar** *v* [**1**. ajustar a distância focal de (lentes, olhos, etc.), a fim de produzir imagem clara, nítida; focar; **2**. dirigir um foco de luz a, centralizar com um foco de luz]; **focar** *v* [**1**. focalizar (1); **2**. focalizar (3)].

fo.fo (ô) *adj* **1**. Que cede facilmente à pressão; macio: *travesseiro fofo*. **2**. *Fig.* Bonito e gracioso: *que filhinha mais fofa vocês têm!* → **fofice** ou **fofura** *sf* (qualidade de fofo).

fo.fo.ca *sf* Boato maledicente e fútil; mexerico; diz que diz. → **fofocada** ou **fofocagem** *sf* (**1**. ato ou efeito de fofocar; **2**. grande quantidade de fofocas; mexericada); **fofocar** *v* [**1**. criticar (a vida de outrem); mexericar; **2**. falar mal da vida de outrem, irresponsavelmente: *a gentalha gosta muito de fofocar*]; **fofoqueiro** *adj* (caracterizado pela fofoca: *comentário fofoqueiro*) e *adj* e *sm* (que ou aquele que gosta de fazer fofocas: *mídia fofoqueira*).

fo.gão *sm* Pequena construção ou aparelho doméstico onde se cozinham alimentos, com lenha, gás ou eletricidade. → **fogareiro** *sm* (pequeno fogão portátil).

fo.go (ô; pl.: ó) *sm* **1**. Produto resultante da combustão de matéria inflamável (carvão, madeira, plástico, papel, gás, etc.), acompanhado de desprendimento de luz, calor e chama; fenômeno da combustão que se manifesta em luz, chama e calor: *os animais têm medo de fogo*. **2**. Fogo descontrolado e de grandes proporções, que se propaga rapidamente, destruindo tudo o que atinge; incêndio: *o fogo destruiu quase toda a floresta*. **3**. Descarga de artilharia ou arma de fogo: *ele nem sabia de onde vinha o fogo; a polícia abriu fogo contra os manifestantes*. **4**. *Fig*. Grande ardor ou excitação sexual: *mulher com fogo, quem é que aguenta?* **5**. Aquilo que é necessário para alumiar um cigarro (fósforo ou isqueiro): *empresta o fogo?* **6**. Pequeno fogo controlado, usado para cozinhar: *cozer arroz em fogo brando*. **7**. *Pop*. Bebedeira, pileque: *tomou um fogo daqueles!* **8**. *Fig*. Ardor, entusiasmo, fervor: *no fogo da batalha, provou seu valor; eles são jovens, têm o coração cheio de fogo*. **9**. *Fig*. Crítica ou ataque verbal intenso: *seu discurso na tribuna provocou fogo pesado de seus adversários políticos*. // *smpl* **10**. Estampido de fogos de artifício; pipocar ou espocar de foguetes: *os campeões foram recebidos com fogos*. **11**. Produtos pirotécnicos: *loja de fogos*. // *interj* **12**. Voz de comando para disparar arma: *preparar! fogo!* · Aum. irregular (1): *fogaréu*. · Dim. irregular (1): *fogacho*. → **fogacho** *sm* (dim. irregular de *fogo*; pequena labareda; chama); **fogaréu** *sm* (aum. irreg. de *fogo*; fogo grande e com muitas labaredas); **fogueira** *sf* (pilha de lenha ou de outro material combustível em que se pôs fogo: *por causa do frio, o caçador acendeu uma fogueira*).

fo.go-a.pa.gou ou **fo.go-pa.gou** *sm2núm* Pequena pomba, comuníssima no Brasil, também conhecida por *pomba-cascavel*.

fo.go-fá.tuo *sm* Exalação espontânea de gases emanados de túmulos e de pântanos; boitatá. · Pl.: *fogos-fátuos*.

fo.go.so (ô; pl.: ó) *adj* **1**. Em que há fogo ou muito calor; ardente: *saiu rapidamente daquele meio fogoso; aproveitar os dias fogosos do Nordeste em suas belas praias*. **2**. *Fig*. Diz-se daquele que é movido pelo ímpeto ou pelo entusiasmo; cheio de energia e vitalidade; vivo, irrequieto, fogueteiro: *as crianças são, por natureza, criaturas fogosas*. **3**. *Fig*. Que tem fogo ou grande ardor sexual; voluptuoso: *mulher fogosa é fogo!* **4**. *Fig*. Que não se deixa domar ou domesticar; indomado: *potro fogoso*. → **fogosidade** *sf* (qualidade do que é fogoso).

fo.gue.te (ê) *sm* **1**. Produto pirotécnico também chamado de rojão. **2**. Cápsula ou veículo aeroespacial posto em órbita por dispositivos que contêm combustíveis especiais. → **foguetada** *sf* ou **foguetório** *sm* (estampido de muitos fogos de artifício que estouram ao mesmo tempo); **fogueteiro** *sm* [fabricante de foguetes (1) e de outras peças de fogos de artifício] e *adj* [fogoso (2): *crianças fogueteiras*].

foi.ce *sf* Instrumento de lâmina longa e curva, com cabo, para ceifar ou roçar. → **foiçada** *sf* (golpe de foice).

fo.jo (ô; pl.: ó) *sm* **1**. Cova funda, cuja abertura se tapa ou disfarça com ramos, para nela caírem animais ferozes, que se deseja apanhar vivos. **2**. Redemoinho ou sorvedouro de águas. **3**. Lugar muito fundo num rio.

fo.la.cho *s2gên* Pessoa frágil, apática, enfermiça.

fo.las.tri.a *sf* Alegria exagerada, combinada com baderna ou algazarra.

folc.dan.ça *sf* **1**. Dança tradicional, que tem origem entre as pessoas comuns do povo de uma nação ou região. **2**. Estudo da coreografia folclórica.

fol.clo.re *sm* **1**. Conjunto das crenças, mitos, contos, canções, provérbios, costumes e tradições populares transmitidas oralmente, diretamente de pessoa para pessoa, que persistem nas camadas de uma sociedade evoluída; cultura popular; populário: *o saci-pererê aparece em boa parte do folclore brasileiro*. **2**. Ciência que estuda todo esse conjunto de crenças, etc.: *ser especialista em folclore*. **3**. *Pop*. Crença popular fantasiosa, infundada, inverídica; crendice: *agosto como mês do azar é folclore*. **4**. Conjunto de mitos e crenças populares relacionados a um determinado lugar, atividade ou grupo de pessoas: *a boemia faz parte do folclore de Ipanema*. **5**. *Pop*. Noção sem fundamento amplamente divulgada: *o folclore sobre os riscos à saúde que podem provocar os celulares*. → **folclórico** *adj* (1. rel. a folclore; folclorístico; *2. Fig*. fantasioso, inverídico: *narrativa folclórica*; **3**.*pop*. pitoresco, mas desprovido de seriedade: *toda cidadezinha tem sua figura folclórica*); **folclorismo** *sm* (**1**. estudo do folclore; **2**. relato ou fato fantasioso); **folclorista** *adj* e *s2gên* (que ou pessoa que é versada ou interessada em folclore); **folclorístico** *adj* (rel. a folclorismo ou a folclorista); **folclorização** *sf* (ato ou efeito de folclorizar); **folclorizar** *v* (dar cunho folclórico a).

folc.mú.si.ca *sf* **1**. Música geralmente de caráter simples e autor anônimo, que se difunde, geralmente com considerável variação, pela tradição oral entre as pessoas comuns do povo de uma nação ou região. **2**. Música de compositores conhecidos que se tornou parte da tradição folclórica de um país ou região. **3**. Estudo da música folclórica.

fôl.der *sm* Impresso promocional, não periódico, constituído de informações resumidas referente a uma oferta (produto ou serviço), geralmente no formato de uma única folha, com duas ou mais dobras. · Pl.: *fôlderes*.

fo.le *sm* Objeto, utensílio ou instrumento que se contrai e expande para produzir vento. · Dim. erudito: *folículo*.

fô.le.go *sm* **1**. Ar que entra e sai dos pulmões; respiração: *correu até ficar sem fôlego*. **2**. Capacidade de suster o ar nos pulmões: *ela não mergulha porque tem pouco fôlego*. **3**. Ar, oxigênio: *voltou à superfície para tomar fôlego*. **4**. *Fig*. Ânimo, alento, coragem para continuar algo que requer muito esforço ou dedicação: *não lhe faltou fôlego para continuar o dicionário*. **5**. *Fig*. Descanso, tempo, folga: *parou o projeto, porque está precisando de um fôlego*. **6**. *Fig*. Grande importância ou valor: *é uma obra de fôlego*.

fol.ga *sf* **1**. Interrupção temporária de qualquer atividade; descanso temporário; folgança (1): *os alunos têm folga de quinze minutos a cada duas aulas*. **2**. Tempo livre: *preciso arrumar uma folga para poder viajar*. **3**. *Fig*. Sossego, paz, tranquilidade: *essa mulher não me dá folga!* **4**. *Pop*. Atitude de folgado; abuso de confiança; atrevimento, descaramento: *você não acha que é muita folga sua falar dessa forma comigo?; repare na folga daquele sujeitinho com a namorada!* **5**. *Pop*. Boa vida: *que folga, hem, deputado?!* **6**. *Fig*. Prosperidade financeira; abastança, abundância: *gente rica sempre vive com folga*. **7**. Espaço a mais: *essa calça merece uma folga na cintura*. **8**. Afastamento entre partes de um mecanismo que deveriam estar ajustadas uma à outra: *os eletrodos das velas de ignição tinham muita folga*. ·· **Com folga**. Sem preocupações; com tranquilidade ou alguma comodidade; tranquilamente: *A Bovespa lidera com folga o ranking dos bons investimentos. O Palmeiras liderava com folga o campeonato*.

fol.ga.do *adj* **1**. Livre de obrigações, trabalho ou deveres; desocupado: *amanhã estarei folgado*. **2**. Que não é justo ou apertado; largo: *calça folgada*. **3**. Que não está devidamente ajustado; frouxo: *parafuso folgado*. **4**. Sossegado, tranquilo: *que vida folgada a do campo!* // *adj* e *sm* **5**. Que ou aquele que é inimigo do trabalho, bem como do cumprimento de seus deveres e obrigações. **6**. *Pop*. Que ou pessoa que é muito atrevida, que toma confianças e não respeita a privacidade ou particularidade alheia; abusado. **7**. *Pop*. Que ou indivíduo que não respeita o direito dos outros; espaçoso.

fol.gan.ça *sf* **1**. Folga (1): *domingo é dia de folgança*. **2**. Brincadeira animada e ruidosa; folia: *as crianças, no recreio, promovem muita folgança*.

fol.gar *v* **1**. Dar folga ou descanso a: *o professor folgou os alunos por alguns minutos*. **2**. Desapertar, afrouxar: *folgar um parafuso*. **3**. *Fig*. Ter prazer, sentir satisfação, alegrar-se: *folgo de saber que você está bem*.

fol.ga.zão *adj* e *sm* Que ou pessoa que gosta de brincar; brincalhão, galhofeiro. · Pl.: *folgazões*.

fol.gue.do (ê) *sm* **1**. Folgança continuada e excessiva. **2**. Passatempo, brincadeira, recreio, divertimento.

fo.lha (ô) *sf* **1**. Órgão chato e geralmente verde, que nasce nos galhos e ramos das plantas. **2**. Papel que se imprime de cada vez, dando certo número de páginas. **3**. Periódico, jornal. **4**. Parte móvel de portas e janelas. **5**. Lâmina de metal e a parte cortante de certos instrumentos. **6**. Redução de *folha de pagamento*, documento de uma empresa de emissão obrigatória, para efeito de fiscalização trabalhista e previdenciária. · Dim. irreg. (1): *folíolo*; erudito: *folículo*. · V. **folífago** e **folífero**. → **folhação, folheação** ou **foliação** *sf* (época em que aparecem as folhas nos vegetais); **folhada** *sf* (camada de folhas caídas, em floresta ou mata, ainda não decompostas); **folhado** *adj* (**1**. cheio de folhas; **2**. que tem forma de folha); **folhudo** *adj* (cheio de folhas; folhoso); **foliáceo, foliado** ou **foliar** *adj* (sem. a folha no aspecto). ··
Folha corrida. Conjunto de certidões passadas por autoridades policiais sobre os registros criminais de uma pessoa. ·· **Folha**

de flandres. Lâmina de ferro estanhado, usada na fabricação de embalagens de líquidos (latas de óleo, de conservas, etc.).

fo.lha.gem *sf* **1**. Conjunto das folhas de uma planta: *no inverno, as árvores ficam sem a folhagem*. **2**. Agregado ou volume de folhas: *a folhagem entupiu a calha do telhado*. **3**. Conjunto de plantas ornamentais de folhas verdes ou coloridas. **4**. Decoração arquitetônica desse conjunto: *o batente da porta era decorado com folhagens lindamente esculpidas*.

fo.lhe.a.do *adj* **1**. Que tem folhas. **2**. Revestido de lâmina de madeira ou de camada de metal de qualidade superior. // *sm* **3**. Lâmina de madeira ou de metal com a qual se fazem revestimentos. **4**. Bolo disposto em camadas.

fo.lhe.ar *v* **1**. Prover de folhas: *qual é a estação que folheia as árvores?* **2**. Revestir ou guarnecer de folha ou chapa com material de qualidade superior: *folhear um armário com compensado*. **3**. Virar as folhas de (livro, revista, etc.): *o jornaleiro não gosta que folheiem as revistas*. · Conjuga-se por *frear*. → **folheio** *sm* (ação de folhear: *um folheio me bastou para desistir da leitura do livro*).

fo.lhe.tim *sm* **1**. Seção literária em jornal. **2**. Fragmento de romance que se publica diariamente num jornal.

fo.lhe.to (ê) *sm* **1**. Publicação de poucas folhas; opúsculo. **2**. Panfleto.

fo.lhi.nha *sf* **1**. Folha pequena. **2**. Calendário impresso em uma única folha ou em pequenas folhas destacáveis.

fo.lho (ô; pl.: ó) *sm* **1**. Babado franzido ou pregueado que se coloca em lençóis, toalhas de altar, etc. **2**. Excrescência no casco dos animais. **3**. Folhoso (1).

fo.lho.so (ô; pl.: ó) *sm* **1**. Terceira divisão do estômago dos ruminantes; omaso, folho (3). // *adj* **2**. Cheio de folhas; folhudo.

fo.li.a *sf* Brincadeira ruidosa; farra. → **folião** *sm* (homem que gosta de folia, princ. carnavalesca), de fem. *foliona*.

fo.lí.cu.lo *sm* **1**. Diminutivo erudito de *fole*; pequeno fole. **2**. Diminutivo erudito de *folha*; pequena folha; folíolo. **3**. Pequena formação anatômica em forma de saco, delimitando uma cavidade secretora ou excretora, ou envolvendo um órgão: *folículo piloso; folículo sebáceo; folículo ovariano*. **4**. Em botânica, fruto com pericarpo seco e deiscente que se abre, quando maduro, por uma única fenda, para liberar suas sementes. → **folicular** *adj* (rel. a folículo); **foliculite** *sf* (inflamação de um folículo, princ. do folículo piloso).

fo.li.fa.go *adj* Diz-se do inseto que come folhas: *as saúvas são insetos folífagos*. → **folifagia** *sf* (hábito de comer folhas).

fo.lí.fe.ro *adj* Diz-se de vegetal que possui folhas: *a alface é um vegetal folífero*.

fo.me (ô) *sf* **1**. Grande desejo de comer ou ter alimento no estômago (por necessidade); necessidade de comida. **2**. Falta ou carência total de alimentos, que causa sofrimento e morte: *famílias inteiras morrem de fome no sertão nordestino*. **3**. *Fig*. Desejo intenso; avidez: *estar com fome de bola*. → **fominha** (fò) *sf* (dim. de *fome*; fome moderada) e *adj* e *s2gên* (pop. **1**. que ou pessoa que quer açambarcar para si todo o lucro ou vantagem de um negócio; **2**. que ou pessoa que é avarenta; **3**. que ou jogador que prefere concluir sozinho todas as jogadas a fazer o passe ao companheiro, que, muitas vezes, está em melhor posição de finalizar).

folkway [ingl.] *sm* Modo tradicional de viver, pensar ou agir, num determinado grupo social. · Pronuncia-se *fólk-uêi*.

follow-up [ingl.] *sm* Acompanhamento do desempenho de um produto ou serviço, após a venda; pós-venda. · Pl.: *follow-ups*. · Pronuncia-se *fólou-áp*.

fo.men.tar *v* **1**. Promover ou estimular o progresso, o desenvolvimento de: *fomentar a agricultura*. **2**. *Fig*. Incitar ou estimular (discórdias, descontentamentos, agitações, etc.): *fomentar uma grande rebelião popular*. → **fomentação** *sf* ou **fomento** *sm* **1**. ato ou efeito de fomentar; **2**. *fig*. estímulo, incentivo (princ. do governo): *o fomento às exportações*].

fom-fom *sm* Onomatopeia do som da buzina de veículo automotor. · Pl.: *fom-fons*. → **fonfonada** *sf* (buzinada); **fonfonar** *v* (buzinar).

fo.na.ção *sf* Produção ou emissão de sons da fala: *algumas pessoas apresentam dificuldade de fonação*. → **fonador** (ô) *adj* (que produz a voz: *aparelho fonador*).

fo.ne *sm* **1**. Forma reduzida de *telefone* ou de *fone de ouvido*. **2**. Parte do telefone que se leva ao ouvido: *o fone está fora do gancho*. ·· **Fone de ouvido**. **1**. Pequeno fone que se insere no ouvido, geralmente para evitar que outras pessoas ouçam o que se conversa por um telefone. **2**. Dispositivo eletrônico formado por um par de acolchoados alto-falantes que se usa ao ouvido para ouvir rádio, música gravada, etc.

fo.ne.ma *sm* A menor unidade do sistema fonológico de uma língua, com valor distintivo. **fonemática** ou **fonêmica** *sf* [fonologia (1)]; **fonêmico** *adj* (rel. a fonema ou a fonêmica); **fonética** *sf* (**1**. ramo da linguística que estuda os sons da linguagem falada, sua produção, combinação, descrição, classificação e transcrição por símbolos gráficos; **2**. sistema fonético de determinada língua; conjunto dos sons de um idioma);

foneticista *adj* e *s2gên* (especialista em fonética); **fonético** *adj* (**1**. rel. a fonema ou a fonética; **2**. que representa cada som da fala por um símbolo particular, sempre usado para esse som: *alfabeto fonético*).

fô.ni.co *adj* Relativo a voz ou som da fala; vocal: *a alfabetização é feita pelo método fônico*. ·· **Método fônico** (ou **fonético**). Método de alfabetização que prioriza o ensino dos sons das letras do alfabeto, começando com as mais simples (vogais) e caminhando até as mais complexas (consoantes), para depois utilizá-las na formação das sílabas e das palavras.

fo.no.au.di.o.lo.gi.a *sf* **1**. Estudo da fonação e da audição, suas anomalias e tratamento. **2**. Terapia destinada a ajudar as pessoas a superar problemas de fala e de linguagem. → **fonoaudiológico** *adj* (rel. a fonoaudiologia); **fonoaudiólogo** *sm* (especialista em fonoaudiologia).

fo.no.gra.ma *sm* **1**. Registro de som numa obra: *o que escutamos no CD, rádio e TV são todos fonogramas*. **2**. *Pop*. Telegrama passado por telefone; telegrama fonado. **3**. Em linguística, símbolo usado para representar um fonema, sílaba, morfema ou palavra, sem referência ao significado.

fo.no.lo.gi.a *sf* **1**. Parte da linguística que estuda o sistema de som dentro de uma língua ou entre línguas diferentes; fonemática, fonêmica. **2**. Esse sistema: *a fonologia do português*. → **fonológico** *adj* (rel. a fonologia); **fonologista** *s2gên* ou **fonólogo** *sm* (especialista em fonologia).

fon.ta.ne.la *sf* Porção não ossificada no crânio do feto ou do recém-nascido; moleira.

fo.no.te.ca *sf* Lugar onde se guardam documentos fônicos, como discos e fitas gravados. · V. **fitoteca**. → **fonotecário** *adj* (rel. a fonoteca) e *sm* (aquele que cuida de uma fonoteca).

fon.ta.ne.la *sf* Porção não ossificada no crânio do feto ou do recém-nascido; moleira (1).

fon.te *sf* **1**. Lugar de onde brota água viva; nascente, mina: *a seca foi tão drástica, que a fonte secou*. **2**. Bica por onde corre água potável: *ir buscar água na fonte*. **3**. Chafariz ornamental existente princ. em praças e jardins públicos: *o prefeito construiu duas fontes no jardim da cidade*. **4**. *Fig*. Origem, procedência: *joia de fonte suspeita*. **5**. *Fig*. Lugar de origem ou de disseminação: *o peixe é uma excelente fonte de ômega-3; a leitura é uma fonte inesgotável de prazer*. **6**. No processo de comunicação, sistema de onde provém a mensagem. **7**. Texto original de uma obra: *colher exemplos na fonte, e não em traduções*. **8**. Parte lateral da cabeça, entre os olhos e as orelhas; têmpora. **9**. Em artes gráficas, conjunto completo de todos os caracteres tipográficos de algum tipo de letra, ou de uma mesma família, com todos os tamanhos. **10**. Em informática, conjunto completo de caracteres de um mesmo tipo. **11**. Qualquer substância que emite radiação. **12**. Em física, sistema através do qual ondas elétricas, sonoras, luminosas, etc. são produzidas: *fonte de energia, de luz*. **13**. *Fig*. Pessoa que fornece informações sigilosas ou privilegiadas a um repórter ou jornalista, graças a uma relação baseada na simpatia pessoal e na confiança. · Dim. (1 e 2): *fontainha* (irreg.) e *fontícula* (erudito). → **fontal** ou **fontanal** *adj* (rel. a fonte ou próprio de fonte).

footing [ingl.] *sm* **1**. Passeio a pé, para aliviar as tensões do dia a dia. **2**. Exercício que consiste em correr em ritmo moderado. **3**. Local, geralmente em praças e jardins das cidades interioranas, no qual as pessoas passeiam para flertarem e arrumarem namorado(a). · Pl.: *footings*. · Pronuncia-se *fútin*.

fo.ra *adv* **1**. Na parte exterior ou externa de um lugar qualquer: *aguarde lá fora!* **2**. Na parte ou face externa de alguma coisa: *dentro de casa, eu queria branco; fora, azul*. **3**. Em algum lugar diverso ou distinto do lar ou da sede: *solteiro come fora*. **4**. No estrangeiro; no exterior: *passei fora dois anos*. // *sm* **5**. Erro grosseiro ou palmar; gafe, rata: *cometi um fora daqueles!* **6**. Rompimento de namoro ou de noivado: *por nada, ela deu o fora no coitado do rapaz*. // *prep* **7**. Exceto, afora, menos: *todos choraram, fora eu*. // *interj* **8**. Indica reprovação ou expulsão: *fora!*

· Antôn. (1 e 2): *dentro*. ·· **Fora da lei**. Que ou pessoa que vive à margem da lei; marginal. ·· **Fora de estrada**. Que ou veículo motorizado que serve para transitar em todo tipo de terreno. (A 6.ª ed. do VOLP não registra *todo--terreno*.) ·· **Fora de série**. Coisa, figura ou personalidade de excepcionais qualidades: *Pelé era um fora de série. Carro fora de série. Garotas fora de série.*

fo.ra.gi.do *adj* e *sm* Que ou aquele que se esconde para não enfrentar a polícia ou a justiça. → **foragir-se** *v* (fugir da polícia, da justiça ou da prisão).

fo.ras.tei.ro *adj* e *sm* **1**. Que ou aquele que é de fora da terra em que se encontra e geralmente está apenas de passagem; estranho, **2**. *P.ext.* Que ou aquele que não pertence a determinado grupo ou organização; estranho. → **forasteirismo** *sm* (qualidade ou condição de forasteiro).

for.ca (ô) *sf* **1**. Armação, geralmente de madeira, com uma corda de nó corredio suspenso, para enforcamento de condenados; cadafalso, patíbulo: *subiu à forca altaneiro*. **2**. Execução por estrangulamento: *traficante merece a forca*. **3**. Corda com que alguém se enforca.

for.ça (ô) *sf* **1**. Toda causa capaz de produzir deformações ou de modificar o estado de repouso ou de movimento de um corpo; energia: *é preciso força para ser estivador*. **2**. Qualidade ou estado de ser fisicamente ou mentalmente forte: *o pugilismo vai aumentar ainda mais a sua força; pedi a ele que tenha força nessa hora*. **3**. Solidez, resistência: *veja a força deste material!* **4**. *Fig.* Empenho, esforço: *fazer força para conseguir um bom emprego*. **5**. *Fig.* Firmeza, suporte, solidez, estabilidade: *ela é o meu amor e a minha força*. **6**. *Fig.* Firmeza de preço; estabilidade: *a força do dólar*. **7**. Potência, velocidade: *a força do vento destelhou casas*. **8**. Uso da força física como agressão; violência: *renunciar ao uso da força*. **9**. Vigor, energia: *segurei-a com força*. **10**. Energia elétrica: *estamos sem força no escritório*. **11**. Conta de luz: *não paguei ainda a força deste mês*. **12**. *Fig.* Poder, autoridade, influência, prestígio: *ele ainda tem força no governo*. // *sfpl* **13**. Coragem, ânimo: *não tive forças para encará-la*. → **forçudo** *adj* (muito forte; robusto, musculoso).

for.ca.do *sm* Implemento agrícola dotado de geralmente quatro dentes, próprio para movimentar ferragens e fenos a granel; garfo.

for.çar *v* **1**. Fazer o possível para que (algo) se concretize; obrigar, compelir: *a campanha era para forçar o fechamento do Congresso*. **2**. Tentar entrar à viva força, geralmente quebrando; arrombar: *forçar uma janela*. **3**. Pretender que (algo) ocorra mais rapidamente ou de forma diferente; desvirtuar, distorcer, deturpar: *não force a situação!; forçar o sentido da frase*. **4**. Obter à força; arrancar: *forçar uma confissão*. **5**. Abrir à força: *as ambulâncias forçam a passagem entre os carros*. **6**. Mover, abrir ou passar contra resistência: *precisei forçar os pés, para calçar esse tênis*. **7**. Produzir com esforço ou contra a vontade: *forçar um sorriso, apesar da dor*. **8**. Submeter a grande esforço; exigir demais de: *forçou tanto o motor, que este fundiu*. **9**. Fazer o possível para que (algo) ocorra; armar, tramar: *forçar um casamento de conveniência*. **10**. Obrigar: *forçar alguém a comer*.

for.ça-ta.re.fa *sf* **1**. Grupo temporário de unidades ou forças militares, especialmente treinadas, sob um comando único, destinado a realizar uma determinada missão ou tarefa, como um ataque a um avião sequestrado por terroristas, com reféns. **2**. Grupo ou comissão de peritos ou indivíduos especializados, formado para examinar ou resolver um determinado trabalho: *uma força-tarefa presidencial para lutar contra o tráfico de drogas*. · Pl.: *forças-tarefa* ou *forças-tarefas*.

fór.ceps *sm2núm* **1**. Instrumento cirúrgico em forma de tenaz, destinado à extração de fetos, nos partos difíceis; tenaz (8). **2**. Boticão.

for.ço.so (ô; pl.: ó) *adj* Absolutamente necessário; indispensável, imprescindível: *é forçoso eliminar a impunidade, a corrupção e a violência no país*.

for.ja *sf* **1**. Oficina de ferreiro. **2**. Conjunto de fornalha, fole e bigorna. → **forjadura** *sf* ou **forjamento** *sm* (ato ou efeito de forjar); **forjar** *v* (**1**. aquecer e trabalhar na forja: *forjar uma ferradura*; **2**. fabricar, fazer: *as abelhas forjam cuidadosamente o mel na colmeia*; **3**. *fig.* imaginar, tramar, maquinar: *ele forjava sequestros, ainda que dentro da cadeia*; **4**. *fig.* falsificar, inventar, simular: *forjar documentos*).

for.ma¹ *sf* **1**. Aspecto exterior de um corpo: *caixa de forma quadrada*. **2**. Aparência, feitio, aspecto: *o príncipe adquiriu a forma de um sapo*. **3**. Maneira, modo: *fazer o serviço de forma diferente*. **4**. Tipo, espécie, qualidade: *o vinil é uma das muitas formas de plástico*. **5**. Bom estado, aparência ou condição física: *manter a forma; estar em forma*. **6**. Modo particular de ser; constituição: *eles queriam mudar a forma de governo no Brasil*. **7**. Forma linguística: *vou é forma do verbo ir*. **8**. Alinhamento de tropas. // *sfpl* **9**. Contornos do corpo; corpo: *mulher de belas formas*. · V. **informe** (2). → **formativo** *adj* (**1**. rel. a formação: *o período formativo de uma língua*; **2**. que dá forma a alguma coisa; **3**. que contribui para a formação ou educação). ·· **Formas variantes**. Formas linguísticas duplas ou múltiplas, equivalentes e coexistentes numa língua, como *neblina* e *nebrina*, *flecha* e *frecha*).

for.ma² (ô) *sf* **1**. Peça de madeira que imita o pé humano, empregada no fabrico de calçados: *colocar o sapato na forma, para modelá-lo melhor*. **2**. Modelo para a confecção de chapéus. **3**. Molde em que se fazem metais, plásticos, vidros, etc. **4**. Vasilha em que se assam bolos e pudins. → **formeiro** *sm* ou **formista** *s2gên* (fabricante de formas). (Esta é mais uma das palavras que deveriam ter mantido o acento circunflexo, justamente para diferençar de *forma*; em uma expressão como *forma de sapato*, como saber se se trata de *ó* ou de *ô*?)

for.ma.ção *sf* **1**. Ato ou efeito de formar ou de tomar forma: *a formação da Terra*. **2**. Qualquer coisa já formada: *veja que formação bonita dessas nuvens!* **3**. Disposição de um corpo de tropas, aviões, etc.: *estão em formação para a inspeção do comandante*. **4**. Conjunto de ensinamentos e conhecimentos que forma um caráter, uma educação ou uma mentalidade: *pessoa de boa formação*.

for.ma.do *adj* e *sm* **1**. Que ou quem concluiu o curso médio ou superior. // *adj* **2**. Feito, composto, constituído. **3**. Que já adquiriu um corpo com formas da idade adulta. **4**. Alinhado.

for.mal *adj* **1**. Relativo à forma ou estrutura; aparente: *o aspecto formal de uma obra literária*. **2**. De acordo com a etiqueta: *jantar formal*. **3**. Feito oficialmente: *um pedido formal de casamento*. **4**. Convencional; não espontâneo: *trata-se de um convite meramente formal*. **5**. Caracterizado por um nível de linguagem de acordo com a norma padrão (em oposição a *coloquial* ou *informal*).

for.ma.li.da.de *sf* **1**. Maneira geralmente aceita de proceder; regra imposta pela praxe; uso tradicional: *o empréstimo só foi concedido depois de preenchidas as formalidades*. **2**. Condição legal indispensável para que um ato seja considerado legítimo; preceito, formalismo (1): *observar as formalidades legais*. **3**. Estrita observância das regras e convenções sociais; cerimônia, etiqueta, formalismo (2): *deixemo-nos de formalidades e vamos ao lado prático da coisa!*

for.ma.lis.mo *sm* **1**. Formalidade (2): *uma gargalhada dessas destrói qualquer formalismo*. **2**. Excessivo respeito pelas convenções sociais; formalidade (3). **3**. Rigorosa observância das formas tradicionais em música, poesia e arte. **4**. Sistema filosófico que nega a existência da matéria, admitindo só a forma. → **formalista** *adj* (**1**. rel. a formalismo; **2**. que respeita as convenções sociais) e *adj* e *s2gên* [**1**. que ou pessoa que é adepta do formalismo (4); **2**. que ou pessoa que se preocupa muito com formalidades].

for.ma.li.zar *v* **1**. Dar forma definida a; proceder à formalização de: *formalizar uma ideia, um projeto*. **2**. Realizar segundo as formalidades ou fórmulas de praxe; tornar formal ou oficial: *formalizar uma proposta de casamento*. → **formalização** *sf* (ato ou efeito de formalizar).

for.man.do *sm* Aquele que está prestes a concluir um curso superior ou um curso do nível médio.

for.mão *sm* Instrumento de carpinteiro, de gume largo e com cabo, para talhar madeira.

for.mar *v* **1**. Dar forma a (o que se vai criar), dar configuração a, modelar: *formar figuras de barro*. **2**. Ter a forma de, dar ideia de, assemelhar-se ou parecer-se a: *as nuvens formavam castelos no horizonte*. **3**. Constituir, fazer, compor, organizar: *formar fila*. **4**. Construir, elaborar: *formar frases*. **5**. Pôr em ordem, em linha (a tropa): *formar soldados*. **6**. Desenvolver pela educação e instrução, educar: *formar a mente da criança*. **7**. Conferir ou conceder diploma, a diplomar: *as faculdades formam milhares de bacharéis por ano*. **formar-se 8**. Começar a existir, originar-se, tomar forma: *essas linhas vulcânicas formaram-se recentemente*. **9**. Desenvolver-se, progredir: *o bolor se forma facilmente em lugares úmidos*. **10**. Concluir o curso numa escola superior, graduar-se, diplomar-se: *formei-me em direito*. **11**. Ser produzido: *uma bolha se formou no meu pé*.

for.ma.tar *v* **1.** Organizar (livro, página, etc.) em um determinado formato. **2.** Planejar ou organizar qualquer coisa de forma específica: *formataram a conferência para que cada participante falasse no máximo quinze minutos.* **3.** Alterar (documento) para que caiba em um tipo diferente de página. **4.** Em informática, preparar (disco virgem) para armazenar dados em determinado formato. → **formatação** *sf* (1. ato ou efeito de formatar; **2.** forma, tamanho, encadernação, tipo de letra, papel e composição ou arranjo geral de um livro, revista, etc.).

for.ma.to *sm* **1.** Feitio, forma: *talheres de todos os formatos.* **2.** Aspecto, aparência e tamanho de uma publicação (livro, revista, jornal, etc.). **3.** Em informática, cada uma das formas de apresentar um conteúdo: *o formato PDF, o formato ePug.*

for.ma.tu.ra *sf* **1.** Ato ou efeito de (se) formar; formação. **2.** Conclusão de curso médio ou superior. **3.** Cerimônia que marca tal conclusão. **4.** Alinhamento e ordenação de tropas.

fór.mi.ca *sf* Material sintético laminado, tipo de plástico resistente e liso, usado para revestimento de móveis, repartições, etc.; laminado. · É marca registrada (*Formica*), portanto nome próprio que se tornou comum, a exemplo de *gilete* e *dralon*.

for.mi.dá.vel *adj* **1.** Que inspira medo, pavor ou apreensão, por ser impressionantemente grande, poderoso, tenso ou capaz; medonho, pavoroso, assustador: *os riscos de uma guerra nuclear aumentaram de forma absolutamente formidável; o formidável poder de destruição de uma bomba nuclear.* **2.***P.ext.* Muito bom, excelente, extraordinário: *piada formidável; cantor formidável; jogo formidável.* **3.** *Fig.* Admirável, notável: *que inteligência formidável a de Einstein!* **4.** *Fig.* Descomunal, gigantesco, impressionante: *Hulk tem força formidável; fizeram oposição formidável à minha proposta.* **5.** *Fig.* Difícil de solucionar ou resolver: *estou aqui à volta com um problema formidável: casar ou comprar uma bike?* **6.** *Fig.* Duro de derrotar ou de vencer: *ter pela frente um adversário formidável.*

for.mi.ga *sf* **1.** Inseto minúsculo e social, caracterizado por viver em grupos altamente organizados, como as abelhas. **2.** *Fig.* Pessoa que gosta muito de doces: *meu filho é uma formiga para sobremesas.* → **formicação** *sf* ou **formigamento** *sm* (prurido comparável ao que as formigas causam, quando passam sobre a pele; comichão, dormência); **formicida** *sm* (preparado químico para matar formigas e saúvas); **formicular** *adj* [rel. a formiga(s): *ninho formicular*]; **formigar** *v* (1. sentir formigamento: *meu braço formiga quando fico numa só posição;* **2.** *fig.* existir em grande quantidade; abundar: *formigam bandidos em favelas*); **formigueiro** *sm* (ninho de formigas).

for.mol *sm* Solução aquosa e incolor, usada como antisséptico e na conservação de tecidos orgânicos.

for.mo.so (ô; pl.: ó) *adj* **1.** Que é belo, atraente e produz, por suas formas, um efeito agradável à vista: *as nossas formosas jogadoras de vôlei.* **2.** *Fig.* Maravilhoso, grandioso, elevado, esplêndido: *num formoso exemplo de generosidade, doou um milhão de reais.* · Antôn.: *feio, desagradável;* (2): *mesquinho.* → **formosura** *sf* (**1.** qualidade de formoso; **2.** mulher linda e formosa; belezura), de antôn. *feiura*.

fór.mu.la *sf* **1.** Método fixado ou convencional para fazer alguma coisa, quando usado, aplicado ou repetido sem reflexão: *abracadabra é uma fórmula mágica.* **2.** Prescrição para preparo de medicamento: *a fórmula de um remédio.* **3.** Série de símbolos algébricos, que expressam um princípio matemático. **4.** Conjunto de letras, algarismos e outros sinais, que representa as moléculas de um corpo composto. **5.** Categoria de carros de corrida, cujo motor deve preencher certos requisitos técnicos. **6.** Modo de proceder; procedimento; receita: *qual foi a fórmula usada pelo técnico para vencer esse jogo?* · Col. (2): *formulário*.

for.mu.lar *v* **1.** Reduzir a fórmula: *formular uma composição química.* **2.** Expressar ou expor de forma precisa, clara, manifestar: *formular uma opinião.* **3.** Apresentar ou elaborar clara e exatamente: *formular as questões da prova.* → **formulação** *sf* (ato ou efeito de formular).

for.mu.lá.rio *sm* **1.** Porção ou coleção de fórmulas (2). **2.** Impresso padrão para ser preenchido apenas com os dados pessoais, de finalidade burocrática.

for.ne.cer *v* **1.** Prover de: *fornecer material para festas de aniversário.* **2.** Produzir, gerar: *é a classe média que fornece riquezas.* **3.** Facilitar, proporcionar: *o Estado deve fornecer os meios à educação das crianças.* **4.** Dar, distribuir: *a empresa fornece ingressos aos interessados na peça teatral.* → **fornecedor** (ô) *adj* e *sm* (que ou o que fornece alguma coisa a alguém, grupo, empresa, etc.); **fornecimento** *sm* (ato ou efeito de fornecer).

for.ni.car *v Chulo* Realizar o ato sexual. → **fornicação** *sf* (*chulo* ação ou efeito de fornicar); **fornicador** (ô) *adj* e *sm* (*chulo* que ou aquele que fornica).

for.no (ô; pl.: ó) *sm* **1.** Lugar próprio para cozer pão, assar carnes, cozer louça, telhas, cal, etc. **2.** Parte do fogão na qual se fazem assados. · Aum.: *fornalha sf.* → **fornada** *sf* [tudo o que vai ao forno de uma só vez (pães, biscoitos, telhas, etc.)]; **fornalha** *sf* (**1.** forno grande; **2.** parte do forno, da máquina ou do fogão onde se queima o combustível); **forneiro** *sm* [1. aquele que põe massas (pão, empadas, etc.) no forno e delas se encarrega, até ficarem prontas para consumo; **2.** profissão ou ofício daquele que opera um forno; **3.***pop.* RS joão-de-barro].

fo.ro¹ ou **fó.rum** *sm* **1.** Na Roma antiga, praça pública onde as causas judiciais eram julgadas e os discursos proferidos ao povo. **2.***P.ext.* Reunião para tratar de um problema ou assunto de interesse público; conferência, congresso: *promover um foro sobre a economia nacional.* **3.** Local onde se dá tal reunião; tribuna: *o Congresso é o foro próprio para debates de assuntos de interesse nacional.* **4.** Lugar ou prédio onde se realizam audiências judiciais e se procede aos julgamentos; juízo, tribunal: *o fórum* (*foro*) *está fechado.* **5.***P.ext.* Grupo de discussão na Internet. **6.** Área de um *site* na qual os usuários podem postar comentários e discutir qualquer assunto de seu interesse. (Note que a pronúncia aqui é com **o** aberto.) → **forense** (ô) *adj* (rel. a foro judicial ou a tribunais: *férias forenses*).

fo.ro² (ô; pl.: ó) *sm* **1.** Poder, autoridade, jurisdição, alçada: *o foro militar; o foro eclesiástico; o foro desse tribunal é restrito a processos criminais; qual é o foro para julgar desembargadores?* **2.** Área de jurisdição ou raio de ação de um magistrado; jurisdição pertencente a uma comarca: *o foro comum é o do domicílio do réu; o foro da comarca de Florianópolis.* **3.***P.ext.* Esfera ou campo de atuação; atribuição, competência, alçada: *o serviço não era de meu foro.* **4.** Pagamento anual que se faz, no Nordeste, pelo arrendamento de um lote a trabalhadores rurais (os foreiros). **5.** Quantia correspondente a esse pagamento. // *smpl* **6.** Direitos, privilégios: *luto por reivindicar meus foros de cidadão.* ·· **Foro de São Paulo.** Organização política criada em 1990, que reúne partidos de esquerda da América Latina e do Caribe, para discutir alternativas à política neoliberal. ·· **Foro íntimo.** Faculdade de julgar os próprios atos; consciência. ·· **Foro privilegiado** (ou **Foro especial por prerrogativa de função**). Dispositivo previsto na Constituição Federal que determina que ocupantes de determinados cargos públicos sejam julgados por instâncias específicas do Poder Judiciário.

for.qui.lha *sf* **1.** Pequeno forcado de três pontas. **2.** Parte bifurcada do estilingue, na ponta da qual se fixam os elásticos.

for.ra *sf* Desforra, vingança. ·· **Ir à forra.** Vingar-se, desforrar-se, revidar, retalhar.

for.ra.gem *sf* Qualquer alimento destinado especificamente para o gado (feno, palha, capim, restos de comida, etc.). → **forrageal** *sm* (lugar onde medra abundantemente a forragem); **forrageiro** *adj* (**1.** rel. a forragem; **2.** que serve como forragem); **forraginoso** (ô; pl.: ó) *adj* (**1.** próprio para forragem; **2.** que produz forragem).

for.ro (ô) *sm* **1.** Tudo o que serve para encher ou reforçar interiormente alguma coisa, como móveis, roupas, calçados, chapéus, almofadas, colchões, etc. **2.** Tecido com que se recobre o assento ou o espaldar de cadeiras, sofás, etc. **3.** Espaço entre o telhado e o teto. → **forração** *sf* ou **forramento** *sm* (ato ou efeito de revestir com forro); **forrar** *v* [**1.** pôr forro ou cobertura em: *forrar um livro;* **2.** pôr revestimento interno em: *forrar assentos;* **3.** reforçar (roupa) com entretela: *forrar paletós;* **4.** cobrir, estender-se por cima de: *jornais forravam o chão*].

for.ró *sm* **1.** Baile popular do Nordeste; forrobodó, arrasta-pé. **2.** Música desse baile, que tem o ritmo marcado pela sanfona, zabumba e triângulo. **3.** Local onde se dança essa música ou onde se promove esse baile. **4.** *Fig.* Desordem, confusão, rolo, rebu, salseiro, forrobodó. → **forrobodó** *sm* [forró (1 e 4)].

for.ta.le.cer(-se) *v* Tornar(-se) forte ou mais forte: *fortalecer os músculos; as crianças se fortalecem, tomando leite diariamente.* · Antôn.: *enfraquecer.* → **fortalecimento** *sm* [ato ou efeito de fortalecer(-se)], de antôn. *enfraquecimento*.

Fortaleza sf Capital e a principal cidade do estado do Ceará. → **fortalezense** adj e s2gên.

for.te adj e s2gên **1.** Que ou aquele que é ou está com boa força física: *os fortes carregavam o que era mais pesado; passou um tempo adoentado, mas agora está forte; o medicamento o deixou forte.* **2.** Que ou aquele que tem coragem ou autoridade: *presidente forte.* // adj **3.** Intenso: *luz forte.* **4.** Altamente concentrado; substancioso: *café forte.* **5.** Capaz de resistir à tentação ou persuasão: *seja forte, não volte com ela!* **6.** Fig. Caloroso, intenso: *receba meu forte abraço!* **7.** Fig. Agressivo, violento: *imagens fortes de um assassinato.* **8.** Competente, entendido; craque, fera: *estudante forte em química.* **9.** Convincente; suficiente: *argumento forte; acusação forte.* **10.** Que traz o acento prosódico; tônico: *sílaba forte.* **11.** De muito valor: *em 1995 o real era forte.* // sm **12.** Característica predominante: *o forte desse time é a defesa.* **13.** Qualquer obra ou construção fortificada, destinado à defesa de um posto importante; fortificação: *o forte de Copacabana.* · Aum. irregular (13): *fortaleza* (ê). · Antôn.: *fraco.* → **fortaleza** (ê) sf (**1.** virtude ou qualidade de quem é forte; resistência; **2.** praça fortificada), de antôn. (1): *fraqueza.*

for.ti.fi.car(-se) v **1.** Tornar(-se) forte; fortalecer(-se): *fortificar os músculos.* **2.** Prover(-se) com mecanismos de defesa: *fortificar uma cidade.* → **fortificação** sf [ato ou efeito de fortificar(-se)]; **fortificante** adj e sm (que ou o que fortifica o organismo)

for.tui.to (túi) adj Diz-se do acontecimento inteiramente inesperado, casual, imprevisto: *a penicilina foi uma descoberta fortuita.* · Antôn.: *previsto, esperado.*

for.tu.na sf **1.** Sorte (boa ou má): *ela teve a boa fortuna de ser promovida.* **2.** Boa sorte; ventura (em questões materiais): *ela teve a fortuna de nascer em berço de ouro.* **3.** Riqueza, bens: *seu pai lhe deixou uma fortuna incalculável!* **4.** Fig. Vultosa quantia: *ele ganhou uma fortuna como mascate!*

fó.rum sm V. **foro**¹.

forward [ingl.] sm **1.** Em informática, reenvio de uma mensagem recebida pela Internet: *fiz um forward para o endereço de um amigo.* **2.** Ato de clicar esse reenvio de mensagem: *pense duas vezes antes de dar um forward de uma oferta de spam para um amigo!* · Pl.: *forwards.* · Pronuncia-se *for-ôrd.*

fos.co (ô) adj Sem lustro ou brilho; opaco, embaçado. → **foscagem** sf (ato de foscar); **foscar** v (tornar fosco).

fos.fa.to sm **1.** Sal do ácido fosfórico. **2.** Fertilizante que contém esse sal. → **fosfatação** ou **fosfatagem** sf (ação ou efeito de fosfatar); **fosfatado** adj (que contém fosfato); **fosfatar** v (fertilizar com fosfato).

fos.fo.res.cen.te adj **1.** Que desprende luz no escuro, sem calor nem combustão, por ter absorvido radiação emitida de outra fonte: *certas algas marinhas são fosforescentes.* **2.** Diz-se das águas do mar quando apresentam luminosidade, pela presença de algas. (Não se confunde com *fluorescente.*) → **fosforescência** sf (propriedade de certos corpos de emitir radiações luminosas, depois de terem sido expostos à ação da luz, princ. ultravioleta), que não se confunde com *fluorescência.*

fós.fo.ro sm **1.** Elemento químico não metálico (símb.: **P**), de n.º atômico 15, componente essencial de tecidos vegetais e animais. **2.** Fig. Palito dotado de uma cabeça composta por corpos inflamáveis por atrito com superfície áspera. → **fosfórico** adj (**1.** rel. a fósforo ou que o contém; **2.** que brilha como o fósforo).

fos.qui.nha sf Careta em atitude de provocação: *ela fez fosquinha para a professora, por isso ficou de castigo.*

fos.sa sf **1.** Buraco cavado na terra, para receber o esgoto de uma casa ou para enterrar cadáveres. **2.** *Gír.* Estado de grande tristeza e abatimento moral. **3.** Depressão da crosta terrestre, larga e profunda, em regiões emersas (terrestres) ou submersas (marinhas). // sfpl **4.** Cavidades que, no organismo animal, apresentam a abertura mais larga que o fundo: *fossas nasais.* ·· **Fossa séptica** (ou **sanitária**). Cavidade ou câmara subterrânea, feita de cimento ou de alvenaria, destinada a receber águas servidas e esgotos de uma casa. → **fossar** v (**1.** abrir fossas ou fossos em; cavar; **2.** fig. remexer, vasculhar, fuçar: *fossou em todas as gavetas, procurando o documento;* **3.** fig. bisbilhotar: *vive para fossar na vida alheia*).

fós.sil sm **1.** Qualquer vestígio de um organismo vivo (folha, esqueleto, etc.) de um período geológico passado, preservado em formações rochosas da crosta terrestre. // adj **2.** Relativo ou pertencente a períodos geológicos anteriores: *animal fóssil; espécie fóssil.* **3.** Fig.Pej. Ultrapassado, retrógrado, antiquado, arcaico: *avô fóssil; ideias fósseis; gíria fóssil.* → **fossilização** sf [ato ou efeito de fossilizar(-se); petrificação]; **fossilizado** adj [**1.** que se fossilizou ou petrificou; **2.** fig. que se tornou obsoleto ou ultrapassado: *ideologia fossilizada*]; **fossilizar(-se)** v [tornar(-se) fóssil, petrificar(-se)].

fos.so (ó; pl.: ó) sm **1.** Cavidade em torno de fortificações, trincheiras, edifícios públicos, etc. **2.** Vala para condução de águas pluviais, ao longo das rodovias. **3.** Cova.

fo.to sf Abreviação de *fotografia.*

fo.to.blo.gue (fò) sm Versão específica dos blogues para fotografias.

fo.to.com.po.si.ção (fò) sf **1.** Processo de composição de textos para impressão, realizado em máquinas eletrônicas diretamente sobre partes fotossensíveis. **2.** Esse texto. → **fotocompor** (fò) v [preparar (matéria escrita ou texto) para impressão, pelo processo de fotocomposição]; **fotocompositor** (fò; ô) sm (profissional especializado em fotocomposição); **fotocompositora** (fò; ô) sf (máquina de fotocomposição).

fo.to.có.pia sf **1.** Processo que consiste em reproduzir a imagem de um documento por um sistema óptico. **2.** Cópia obtida por tal processo. → **fotocopiadora** (fò; ô) sf (máquina que reproduz fotograficamente matéria escrita, impressa ou gráfica); **fotocopiar** (fò) v (reproduzir por fotocópia); **fotocopista** (fò) s2gên (pessoa que prepara fotocópias) e sm (aparelho utilizado em fotocópia).

fo.to.gê.ni.co adj Que aparece bem em fotografia. → **fotogenia** sf (qualidade de fotogênico).

fo.to.gra.fi.a sf **1.** Processo de fixar numa superfície sensível, por meio da luz, a imagem dos objetos. **2.** Essa imagem, foto. → **fotografar** v (reproduzir, por fotografia, a imagem de); **fotográfico** adj (**1.** rel. a fotografia ou feito por meio de fotografia: *estúdio fotográfico; ensaio fotográfico;* **2.** que se presta à fotografia: *modelo fotográfico;* **3.** que tem a fidelidade ou a precisão da fotografia: *memória fotográfica*); **fotógrafo** sm (praticante da fotografia, como amador ou como profissional).

fo.to.gra.me.tri.a (fò) sf **1.** Método de levantamento ou mapeamento topográfico feito por meio da fotografia. **2.** Método de medir distâncias e dimensões reais dos objetos por meio de fotografia. → **fotogramétrico** (fò) adj (rel. a fotogrametria); **fotogrametrista** (fò) s2gên (especialista em fotogrametria).

fo.to.gra.vu.ra (fò) sf **1.** Processo ou técnica de reprodução de material gráfico por transferência fotográfica da imagem para um clichê. **2.** Esse clichê. **3.** Reprodução feita por esse processo. → **fotogravador** (fò; ô) sm (profissional especializado em fotogravura); **fotogravar** (fò) v (gravar mediante a técnica da fotogravura).

fo.to.jor.na.lis.mo (fò) sm **1.** Técnica jornalística que consiste em usar a imagem fotográfica como meio de informação, acompanhada apenas por legendas ou pequenas notas de esclarecimento. **2.** Trabalho do repórter em que se utiliza essa técnica; fotorreportagem. **fotojornalista** (fò) s2gên [repórter fotográfico(a); fotorrepórter].

fo.to.le.gen.da sf Foto que em jornais, revistas, etc. ilustra um texto extenso ou interpretativo. · Pl.: *fotos-legenda* ou *fotos-legendas.* (A 6.ª ed. do VOLP não registra este composto.)

fo.to.li.to sm Filme negativo ou positivo, para a reprodução em chapa de zinco de fotos ou ilustração.

fo.to.log sm Forma de blogue em que o foco está nas fotos, e não nos textos do autor. · Pl.: *fotologs.* · Pronuncia-se *fóto-lógh.*

fo.to.mon.ta.gem (fò) sf **1.** Técnica de produzir imagens ou figuras pela reunião de peças fotográficas, em combinação com outros tipos de material gráfico, dando efeito de uma unidade, com fins artísticos ou publicitários. **2.** Imagem obtida por essa técnica.

fó.ton sm Partícula elementar que possui energia e movimento, mas não tem massa nem carga elétrica: *os fótons são conhecidos como o quantum da radiação eletromagnética.* → **fotônico** adj (rel. a fótons).

fo.to.no.ve.la (fò) sf ou **fo.tor.ro.man.ce** (fò) sm Gênero de literatura popular que consiste em um conto, geralmente amoroso, apresentado em sequência de fotos, em revista, com balões em que se leem os diálogos.

fo.tor.re.por.ta.gem (fò) sf Fotojornalismo (2).

fo.tos.sen.sor (fò; ô) *sm* **1**. Aparelho que detecta a presença de luz. **2**. Aparelho dotado de câmara fotográfica que funciona acoplado ao semáforo ou sinaleira, quando esta indica sinal vermelho.

fo.tos.sín.te.se (fò) *sf* Processo pelo qual as plantas verdes e algumas bactérias geram carboidratos a partir do bióxido de carbono, de água e de sais inorgânicos, usando a luz solar como fonte de energia. → **fotossintético** (fò) *adj* (**1**. rel. a fotossíntese; **2**. capaz de realizar a fotossíntese).

fo.to.te.ca (fò) *sf* **1**. Coleção de fotografias arquivadas. **2**. Lugar onde se conserva essa coleção. → **fototecário** (fò) *adj* (rel. a fototeca) e *sm* (aquele que faz fototeca).

fo.to.tro.pis.mo (fò) *sm* ou **fo.to.tro.pi.a** (fò) *sf* Movimento de crescimento de uma planta em direção à luz. → **fototrópico** (fò) *adj* (**1**. rel. a fototropismo; **2**. diz-se do organismo vivo que cresce em direção à luz).

fo.to.vol.tai.co (fò) *adj* Diz-se do dispositivo capaz de transformar energia luminosa em eletricidade.

foyer [fr.] *sm* **1**. Num teatro, saguão em que os espectadores se reúnem nos intervalos das apresentações, geralmente para fumar ou bater papo. **2**. *Lobby* ou saguão de um hotel ou apartamento: *hotel de amplo e muito bem decorado* foyer. **3**. Corredor de entrada de casa ou apartamento; vestíbulo: *deixe suas botas enlameadas no* foyer *antes de entrar em casa!* · Pronuncia-se *fuà-iê*.

foz *sf* Desembocadura de um rio. · Pl.: *fozes*.

fra.ção *sf* **1**. Parte de um todo regularmente dividido: *comprei uma fração de bilhete de loteria*. **2**. Quantidade menor que a unidade ou número inteiro: ¼ *é uma fração de 1*. → **fracionamento** *sm* [ato ou efeito de fracionar(-se); fragmentação]; **fracionar(-se)** *v* [dividir(-se) em frações]; **fracionário** *adj* (**1**. em que há fração ou frações; **2**. diz-se do numeral que indica uma ou mais partes iguais em que foi dividia a unidade).

fra.cas.so *sm* **1**. Resultado desastroso de qualquer empreendimento ou iniciativa; insucesso, malogro. **2**. *Fig*. Pessoa que é a expressão do insucesso ou malogro: *sua irmã é um fracasso!* → **fracassar** *v* (**1**. ser malsucedido, sair-se mal; **2**. não dar o resultado esperado, não dar certo).

fra.co *adj* e *sm* **1**. Que ou aquele que é ou está deficiente em força física: *a covid-19 o deixou fraco*. **2**. Que ou o que é frouxo, desprovido de coragem ou autoridade: *elegeu-se com o voto dos fracos; um presidente fraco é um perigo!* // *adj* **3**. Pouco intenso: *vento fraco; luz fraca*. **4**. Pouco substancioso, diluído: *café fraco*. **5**. Incapaz de resistir à tentação ou persuasão: *a carne é fraca*. **6**. Já que não tem a mesma acuidade: *vista fraca, audição fraca*. **7**. Falto de habilidade; inabilitado: *sempre foi fraco em futebol*. **8**. Sem qualidade artística; desinteressante: *filme fraco*. **9**. Que está com baixa carga elétrica: *bateria fraca*. **10**. Insuficiente; não convincente: *argumento fraco; acusação fraca*. **11**. Sem acento prosódico; de pouca intensidade; átono: *sílaba fraca*. **12**. Instável: *dólar fraco*. // *sm* **13**. *Fig*. Queda, inclinação: *ter um fraco por morenas*. **14**. *Fig*. Ponto fraco; calcanhar de aquiles: *seu fraco é química*. · Antôn.: *forte*. · V. **fraqueza**.

fra.de *sm* Membro de ordem religiosa da Igreja católica (franciscana, agostiniana, dominicana ou carmelita) que segue certas regras e vive em convento. → **fradesco** (è) *adj* (rel. a frade ou próprio dele; **2**. rel. a convento).

fra.ga *sf* **1**. Encosta cheia de pedregulhos, que tornam difícil a subida. **2**. Pedra grande; pedregulho. **3**. Rocha escarpada; penhasco, rochedo.

fra.ga.ta *sf* Navio de guerra, maior que o destróier e menor que o cruzador.

frá.gil *adj* **1**. Fácil de quebrar, danificar ou destruir; quebradiço: *cristais são vidros frágeis; galhos frágeis; motor frágil*. **2**. De constituição delicada; indefeso, vulnerável: *todo bebê é frágil*. **3**. Franzino, debilitado, débil, sem vigor: *crianças frágeis*. **4**. De saúde comprometida, física ou mentalmente; fraco: *ficou frágil após a cirurgia*. **5**. Tênue, leve: *há uma frágil esperança de paz entre árabes e israelenses*. **6**. Sem solidez, firmeza ou estabilidade: *todo barraco é construção frágil*. **7**. Que não tem substância; inconsistente, fraco: *argumento frágil; acusação frágil*. **8**. Sujeito a erros, falhas ou senões: *o ser humano é frágil*. **9**. Sujeito a eventualidades; que pode ser facilmente afetado; precário: *as amizades humanas são frágeis; um frágil acordo de paz*. · Superl. abs. sint. erudito: *fragílimo*. · Antôn.: *sólido*. → **fragilidade** *sf* (qualidade ou característica própria do que é frágil); **fragilização** *sf* [ato ou efeito de fragilizar(-se)]; **fragilizar(-se)** *v* (tornar(-se) frágil ou mais frágil]. ·· **O sexo frágil**. As mulheres: *O sexo frágil não é tão frágil como se costuma pensar*.

frag.men.to *sm* **1**. Pequeno pedaço de coisa quebrada, rasgada ou dilacerada; lasca. **2**. Pequena parte ou porção de um todo; seção, segmento: *ouvi apenas um fragmento da conversa*. // *smpl* **3**. Resquícios de uma obra literária antiga, de uma obra artística desaparecida na sua maior parte, ou de qualquer preciosidade: *restam apenas fragmentos da obra desse filósofo*. → **fragmentação** *sf* [ato ou efeito de fragmentar(-se); fracionamento; divisão]; **fragmentar(-se)** *v* [fracionar(-se); dividir(-se)]; **fragmentário** *adj* (**1**. rel. a fragmento; **2**. incompleto; sem unidade).

fra.gor (ô) *sm* Ruído súbito, seco e violento de coisa que quebra por impacto; estrondo, baque: *o fragor dos vagalhões que se quebram nos rochedos*. · Pl.: *fragores* (ô). → **fragoroso** (ô; pl.: ó) *adj* (**1**. que produz fragor; ruidoso, estrondoso: *toda cachoeira é fragorosa*; **2**. esmagador, arrasador: *sofrer fragorosa derrota*.

fra.grân.cia *sf* **1**. Qualidade de fragrante; cheiro bom, suave e efêmero que emana das flores. **2**. *P.ext*. Qualquer cheiro suave, agradável e efêmero: *não me esquece a fragrância daquelas mãos*. (Cuidado para não usar "fragância"!) → **fragrante** *adj* (de cheiro bom, agradável; aromático).

frá.gua *sf* **1**. Fornalha de ferreiro. **2**. *Fig*. Calor intenso.

fra.jo.la *adj* e *s2gên* Que ou pessoa que se veste com exagerado apuro: *foi ali que eu conheci a garota mais frajola da Bahia*.

fral.da *sf* **1**. Parte da camisa que vai da cintura para baixo. **2**. Parte mais baixa ou base de encosta de uma elevação de terreno ou de montanha, serra, etc.; sopé, falda. **3**. Peça de tecido macio e absorvente, usada na higiene de crianças recém-nascidas; cueiro. **4**. Redução de *fralda geriátrica*, fralda (3) usada em adultos que sofrem de incontinência. **5**. Sopé (de serra, monte, etc.); falda. · Dim. irregular: *fraldica*. → **fraldar** *v* (pôr fraldas em); **fraldário** *sm* (recinto apropriado, em local de grande frequência de pessoas, como *shoppings*, praias, etc., no qual se troca fralda em bebês); **fraldeiro** ou **fraldiqueiro** *adj* (rel. a fralda: *tecido fraldeiro*); **fraldoso** (ô; pl.: ó) *adj* [**1**. que tem fralda ou barra rasteira; **2**. *fig*. diz-se do estilo prolixo (em oposição a *lacônico*).

fral.di.quei.ro ou **fral.dis.quei.ro** *adj* **1**. Fraldeiro. **2**. Diz-se de homem efeminado ou maricas. // *adj* e *sm* **3**. Que ou cão que gosta do colo do dono.

fram.bo.e.sa (ê) *sf* Fruto comestível, vermelho e doce da framboeseira. → **framboeseira** *sf* ou **framboeseiro** *sm* (arbusto que dá a framboesa).

frame [ingl.] *sm* **1**. Conjunto de linhas que formam os quadros da imagem na tela de TV. **2**. Cada um dos quadros ou divisões da tela na web. **3**. Quadro da bicicleta, componente que recebe a maioria das peças, tais como garfo, selim, pedivela, etc. · Pl.: *frames*. · Pronuncia-se *frêiM*.

França *sf* País da Europa, de área equivalente ao dobro da do estado do Tocantins. **francês** *adj* e *sm*; **francesismo** ou **galicismo** *sm* (palavra, expressão ou construção própria da língua francesa: *buquê é um francesismo*).

fran.ças *sfpl* Conjunto de ramificações menores das copas das árvores.

franchise ou **franchising** [ingl.] *sf* V. **franquia** (4).

frân.cio *sm* Elemento químico radiativo extremamente instável (símb.: **Fr**), de n.º atômico 87.

fran.cis.ca.no *sm* **1**. Membro da ordem religiosa fundada por São Francisco de Assis (1182-1226) em 1209, atualmente dividida em três ramos independentes. // *adj* **2**. Relativo a São Francisco de Assis ou à ordem por ele fundada. **3**. *Fig*. Muito pobre, simplicíssimo: *ele leva uma vida franciscana e só pensa em trabalhar*. ·· **Pobreza franciscana**. Pobreza absoluta, miserável.

fran.co *adj* **1**. Que diz claramente o que pensa, por impulso natural: *ele sempre foi muito franco*. **2**. Que goza de franquia; livre, desimpedido: *entrada franca*. **3**. Aberto e honesto; direto, decidido: *gostei do modo franco com que ela se dirigiu a mim*. **4**. Relativo ou pertencente aos francos, povo germânico que, no séc. III, se estabeleceu no lado oriental do rio Reno. // *smpl* **5**. Esse povo. · V. **franqueza**. ·· **Zona franca**. Região de um país submetida a regime administrativo excepcional, à qual se concedem benefícios fiscais ou franquia aduaneira, por razões especiais.

fran.co-a.ti.ra.dor *adj* e *sm* **1**. Que ou aquele que é membro de escola de tiro. **2**. Que ou combatente que atua sozinho e atira com extrema precisão, de uma posição privilegiada e a longa distância; atirador de elite; *sniper*. **3**. *P.ext*. Que ou aquele que age por conta própria, sem respeito a norma ou a disciplina do grupo ou da organização a que pertence. **4**. *Fig*. Que ou aquele que, ciente de sua inferioridade, participa de alguma coisa sem maiores compromissos: *esse time participa do campeonato como franco-atirador, o que vier é lucro*. · Pl.: *franco-atiradores*.

fran.ga.lho *sm* **1**. Trapo, farrapo: *estou com a roupa em frangalhos*. **2**. *Fig*. Pessoa arruinada em seu meio: *ele nunca mais consegue se eleger, virou um frangalho político*. **3**. *Fig*. Pessoa arrasada emocionalmente; caco: *depois que o namorado a deixou, ela virou um frangalho*.

fran.go *sm* **1**. Filhote de galinha já crescido, mas não ainda galo. **2**. *Gír*. No futebol, bola fácil de defender, que o goleiro deixa passar. · Aum. e dim. irregulares (1): *frangote* (dim.) e *frangalhote* (aum.), que mais se usam em sentido figurado, em referência ao rapagão ou ao rapazola ansioso de ser visto como adulto. ·· **Soltar a franga** (gír.). Assumir de vez a condição de homossexual; sair do armário.

fran.ja *sf* **1**. Parte do cabelo caída sobre a testa e aparada. **2**. Galão com fios ou tiras pendentes, de vários tamanhos e cores, usado para enfeitar ou guarnecer uma peça de roupa: *as franjas de uma colcha*. · Na acepção 1, é mais usada no diminutivo: *franjinha*. → **franjar** *v* [guarnecer com franjas (2)].

fran.que.ar *v* **1**. Dispensar do pagamento de impostos: *o governo franqueou a importação de trigo*. **2**. Pagar o porte de (qualquer remessa postal) ou registrar esse pagamento, mediante máquina ou selo; timbrar: *franquear jornais, cartas, revistas*. **3**. Conceder franquia ou licença a: *essa rede de lanchonetes franqueou muitas lojas no Brasil*. **4**. Dispor de um lado a outro, vencendo alguma dificuldade de obstáculo; transpor, atravessar: *a técnica de franquear barreiras, numa competição esportiva*. **5**. Pôr à disposição; tornar livre ou desimpedido; liberar: *ele sempre franqueou sua piscina aos vizinhos*. · Conjuga-se por *frear*. → **franqueado** *adj* e *sm* (que ou o que se franqueou); **franqueador** (ô) *adj* e *sm* (que ou comerciante que franquia seus negócios); **franqueamento** *sm* (ato ou efeito de franquear).

fran.que.za (ê) *sf* Qualidade de quem é franco; qualidade de quem é aberto, honesto e direto na expressão de seus sentimentos e pontos de vista.

fran.qui.a *sf* **1**. Ato ou efeito de franquear. **2**. Livre entrada e saída de mercadorias no país ou em determinado local, sem pagamento de impostos nem controle alfandegário. **3**. Isenção de pagamento de selo postal. **4**. Sistema de parceria comercial em que uma empresa (franqueadora) transfere sua marca, seu sistema de funcionamento e sua experiência comercial a um empreendedor (franqueado); *franchise*. **5**. Num contrato de seguro, parte com que o segurado tem de arcar, para cobrir as despesas decorrentes de eventuais acidentes.

fran.zi.no *adj* Diz-se daquele que é fisicamente frágil, delicado. · Antôn.: *corpulento*.

fran.zir *v* **1**. Dobrar (papel, tecido ou peça do vestuário), fazendo vincos ou pequenas pregas paralelas, a fim de reduzir-lhe a largura; fazer pregas em; preguear: *franzir uma saia*. **2**. Vincar momentaneamente a pele de (alguma parte da cara), em sinal de preocupação, mau humor, enfado ou estranheza; contrair: *quando não consegue o que quer, ele franze a testa*. **franzir(-se) 2**. Dobrar(-se) em pregas momentaneamente. **3**. Contrair(-se) de modo a formar rugas; enrugar(se). → **franzimento** *sm* [ato ou efeito de franzir(-se)].

fra.pê *sm* Leite batido com sorvete feito com leite (coco, chocolate, morango, creme, etc.); *milk shake*.

frappuccino [it.] *sm* Bebida à base de café ou creme, batida com leite, acrescida de diversas essências e caldas. · Pronuncia-se *fràputchínu*.

fra.que *sm* Casaco masculino com abas que se afastam do peito para baixo, usado mormente em ocasiões cerimoniosas.

fra.que.jar *v* **1**. Perder a força física, a resistência; debilitar-se: *minhas pernas fraquejam a qualquer longa caminhada*. **2**. Perder a força moral, a autoridade; esmorecer-se: *um presidente não pode fraquejar nunca*. **3**. *Fig*. Perder o alento, o ânimo; desanimar. · O *e* continua fechado durante a conjugação. → **fraquejamento** *sm* (ato ou efeito de fraquejar).

fra.que.za (ê) *sf* **1**. Qualidade ou estado de quem é fraco física ou moralmente; falta de resistência física ou de firmeza moral: *a fraqueza de sua voz me surpreendeu; o incidente expôs a fraqueza do ministro; o presidente recuou, num momento de fraqueza*. **2**. *Fig*. Ponto fraco ou vulnerável de uma pessoa; desejo irresistível e intenso por alguma coisa, geralmente danosa: *sua fraqueza são as drogas*. **3**. *Fig*. Objeto desse desejo: *drogas são a sua fraqueza*. **4**. *Fig*. Pessoa ou coisa irresistível: *essa mulher foi a minha única fraqueza na vida*. // *sfpl* **5**. Pontos fracos: *conheço todas as fraquezas dessa mulher*.

fras.co *sm* **1**. Qualquer recipiente de gargalo estreito (garrafa, pote, etc.). **2**. Conteúdo desse recipiente. · Col. (1): *frascaria*.

fra.se *sf* **1**. Em linguística, qualquer palavra ou série de palavras, com entoação própria, com ou sem verbo, usada para formar uma unidade significativa e efetivar a comunicação. **2**. Em música, pequeno grupo de notas que forma uma unidade de uma melodia. → **frasal** *adj* (rel. ou pert. a frase); **fraseado** *adj* (disposto em frases) e *sm* (modo de dizer ou de escrever; palavreado); **frasear** *v* (elaborar frases), que se conjuga por *frear*; **fraseologia** *sf* (**1**. modo de construção ou conjunto de frases peculiar a uma determinada língua, grupo, escritor ou época: *a fraseologia do inglês; a fraseologia de Guimarães Rosa; a fraseologia jurídica, a fraseologia náutica; com o advento da internet, estaria surgindo uma nova fraseologia?*; **2**. frase fixa, fossilizada, de sentido figurado; frase feita (p. ex.: *dar murro em ponta de faca*); **3**. compilação ou estudo dessas frases; **4**. em música, estudo da composição métrica de uma composição; **fraseológico** *adj* (rel. a fraseologia). ·· **Frase feita**. Fraseologia (2).

fras.quei.ra *sf* **1**. Lugar onde se guardam frascos. **2**. Pequena maleta feminina para transporte de miudezas, princ. durante viagens.

fra.ter.ni.da.de *sf* **1**. Parentesco entre irmãos; irmandade: *ela não se dá bem com o irmão e a fraternidade*. **2**. Convivência ou relação fraternal: *o clima era de fraternidade e cooperação; o esporte promove a fraternidade entre os povos*. **3**. Afeto, carinho ou solidariedade entre irmãos: *se a fraternidade é frágil, ela desaparece no momento da partilha da herança*. **4**. Harmonia entre todos os homens; amor ao próximo: *ainda existe um espírito de fraternidade humana?* **5**. Grupo de pessoas que compartilham a mesma profissão ou os mesmos lazeres ou interesses: *sou membro da fraternidade de pesca; há distribuição de armas roubadas entre a fraternidade criminosa*. → **fraternal** *adj* (próprio de irmão; afetuoso, carinhoso: *receba meu fraternal abraço!*); **fraternização** *sf* (ato ou efeito de fraternizar); **fraternizar** *v* (**1**. unir com amizade íntima, como entre irmãos: *o tempo haverá de fraternizar judeus e árabes*; **2**. confraternizar: *a tropa fraternizava com o povo*); **fraterno** *adj* [rel. ou pert. a irmão(s): *inimizades fraternas costumam ser eternas*].

fra.tri.cí.dio *sm* **1**. Assassinato de irmão ou irmã. **2**. *P.ext*. Guerra entre pessoas de uma mesma nação, do mesmo sangue ou da mesma etnia. **3**. Guerra civil. · V. **sororicídio**. → **fratricida** *adj* (**1**. rel. a fratricídio; **2**. que leva à morte pessoas da mesma nação, do mesmo sangue ou da mesma etnia: *guerra fratricida*; **3**. rel. a guerras civis) e *adj* e *s2gên* (que ou pessoa que comete fratricídio).

fra.tu.rar *v* Partir ou quebrar bruscamente (um osso): *fraturei a bacia*. → **fratura** *sf* (**1**. fraturamento; **2**. ruptura de um osso, cartilagem ou dente); **fratura** *sf* ou **fraturamento** *sm* (ato ou efeito de fraturar; quebra brusca; rompimento, ruptura: *fratura na crosta terrestre*).

frau.de *sf* **1**. Ação praticada com má-fé, para auferir vantagem; contrafação: *há fraude nas eleições?* **2**. Alguma coisa que não é exatamente aquilo que pretende ser: *aquele plano econômico foi uma gigantesca fraude*. → **fraudar** *v* (cometer fraude contra; **2**. enganar, lograr); **fraudatório** *adj* [em que há fraude; fraudulento (1)]; **fraudulento** *adj* (**1**. fraudatório: *ação fraudulenta*; **2**. propenso à fraude: *governo fraudulento*).

fre.ar ou **fre.nar** *v* **1**. Acionar os freios de; brecar. **2**. *P.ext*. Conter, reprimir, refrear: *frear o ímpeto dos torcedores*. → **freada, freagem, frenação** ou **frenagem** *sf*, **freamento** ou **frenamento** *sm* (ação de frear). · Conj.: *freio, freias, freia, freamos, freais, freiam* (pres. do ind.); *freei, freaste, freou, freamos, freastes, frearam* (pret. perf. do ind.); *freava, freavas, freava, freávamos, freáveis, freavam* (pret. imperf. do ind.); *freara, freras, freara, freáramos, freáreis, freáram* (pret. mais--que-perf.); *frearei, frearás, freará, frearemos, freareis, frearão* (fut. do pres.); *frearia, frearias, frearia, freariamos, frearieis, freariam* (fut. do pret.); *freie, freies, freie, freemos, freeis, freiem* (pres. do subj.); *freasse, freasses, freasse, freássemos, freásseis, freassem* (pret. imperf. do subj.); *frear, freares, frear, frearmos, freardes, frearem* (fut. do subj.); *freando* (gerúndio); *frear, freares, frear, frearmos, freardes, frearem* (infinitivo pessoal); *frear* (infinitivo impessoal); *freado* (particípio).

fre.á.ti.co *adj* Relativo a fontes de água subterrâneas: *lençol freático*.

freelance ou **freelancer** [ingl.] *s2gên* **1**. Profissional (escritor, jornalista, vendedor, desenhista, fotógrafo, etc.) que vende ou presta serviços sem vínculo empregatício fixo ou regular. // *sm* **2**. Esse serviço. // *adj* **3**. Diz-se desse serviço. · Pl.: *freelances, freelancers*. · Pronuncia-se *frilênç, friléncâr*.

free shop ou **duty-free shop** [ingl.] *loc sm* Loja situada em aduanas de aeroportos ou de portos marítimos, na qual é permitida a venda de produtos importados sem a aplicação de impostos, sob a condição de que tais produtos sejam vendidos apenas para viajante que está de saída do país. · Pl.: *free shops*. · Pronuncia-se *fri chóp*.

freezer [ingl.] *sm* Aparelho eletrodoméstico que mantém temperaturas baixíssimas (–18° a –20°C), usado para congelar ou conservar alimentos. · Pl.: *freezers*. · Pronuncia-se *frízâr*.

fre.guês *sm* **1**. Aquele que compra habitualmente de certa pessoa, loja, empresa, etc. **2**. Aquele que frequenta bares, boates, restaurantes, etc. // *adj e sm* **3**. *Pop*. Que ou equipe que habitualmente é derrotado por outro: *o Corinthians virou freguês do Palmeiras?* → **freguesia** *sf* (conjunto dos fregueses de um vendedor ou de um estabelecimento comercial).

frei Forma apocopada de *freire*, usada antes do nome de um frade ou irmão: *frei Antão, frei Papinha*. (Não se usa isoladamente.) · Heterônimo fem.: *sóror*. · Abrev.: *fr*. (com o ponto).

frei.o *sm* **1**. Dispositivo de máquinas e veículos que, acionado, faz cessar-lhes o movimento; breque. **2**. Peça de metal, presa às rédeas, colocada na boca da cavalgadura, para guiá-la ou fazê-la parar. · Dim. erudito: *frênulo*.

frei.ra *sf* Religiosa de convento, pertencente a uma ordem ou congregação, que vive sob voto de pobreza, castidade e obediência; madre, irmã. · Col.: *freiraria*. → **freiral** ou **freirático** *adj* (rel. a freira ou próprio de freira: *hábitos freirais*).

fre.mir *v* **1**. Produzir ruído surdo e áspero: *à passagem do trem, os vagões fremem*. **2**. Tremer, vibrar ou agitar-se levemente: *ao menor vento, as folhas fremem*. · Conjuga-se por *abolir*. → **fremente** *adj* (que freme; vibrante: *lábios frementes*).

frê.mi.to *sm* **1**. Vibração trêmula do peito, possível de ser auscultada ou palpada durante exame. **2**. Vibração de alegria, de raiva, de medo, de dor, de prazer, etc.

fre.nar *v* V. **frear**.

frenchie [fr.] *sm* Buldogue francês. · Pronuncia-se *frânchi*.

fre.ne.si ou **fre.ne.sim** *sm* **1**. Estado de perturbação mental violenta, que leva aos piores excessos; loucura temporária; delírio, furor: *a polícia teve dificuldade para conter o frenesi da multidão enfurecida*. **2**. Entusiasmo delirante ou muito vivo; arrebatamento: *o país foi dominado por um frenesi de nacionalismo; a peça foi aplaudida com frenesi; ser dominado por um frenesi de trabalho*. **3**. Agitação mental ou emocional violenta; pânico: *flagrei-a chorando, num frenesi de ansiedade*. **4**. Atividade ou movimentação intensa; grande agitação: *o Natal e seu frenesi de compras; vivíamos num eterno frenesi, fazendo tudo ao mesmo tempo; o mundo tem sentido um frenesi tecnológico nos últimos anos*. **5**. Excitação; agitação interior; *frisson*: *as corridas de Fórmula 1 sempre nos trazem um certo frenesi*. **6**. *Pop*. Grande excitação sexual que percorre todo o corpo: *o orgasmo traz um frenesi incontrolável*. → **frenético** *adj* (cheio de frenesi: *aplausos frenéticos*).

fren.te *sf* **1**. Parte ou lado dianteiro de qualquer ser, geralmente o mais importante: *a frente do carro, a frente do prédio*. **2**. Área, localização ou posição imediatamente anterior ou adiante: *o ônibus passa na frente de casa*. **3**. Presença: *na frente do delegado, negou tudo*. **4**. Limite entre duas massas de ar de diferentes temperaturas ou densidades: *está prevista a chegada de uma frente fria hoje a São Paulo*. **5**. Grupo ou movimento que une vários indivíduos ou organizações diversas, para alcançar um objetivo comum; aliança, coalizão: *frente parlamentarista*. **6**. Lugar onde se desenvolvem as operações de combate; linha de fogo; fronte. · Antôn. (1 e 2): *traseira*. → **frentista** *s2gên* (**1**. cada uma das pessoas que formam uma frente de trabalho; **2**. atendente dos postos de combustível).

fré.on *sm* Fluido utilizado na refrigeração industrial e comercial (geladeiras, *freezers*, ares-condicionados, etc.) e nos aerossóis, um dos responsáveis pela destruição da camada de ozônio da alta atmosfera.

fre.quên.cia (o **u** soa) *sf* **1**. Qualidade do que é frequente. **2**. Fato de acontecer repetidamente; ocorrência amiúde; regularidade: *a frequência de assaltos nas ruas; aqui chove com frequência*. **3**. Número habitual de pessoas, alunos, em auditório ou classe;

afluência de pessoas: *tem sido boa a frequência aos estádios*. **4**. Em física, número de vezes que uma onda sonora ou de rádio vibra em um determinado período de tempo, geralmente medido em hertz: *o ser humano não pode ouvir ondas de alta frequência*. **5**. Em ecologia, número de indivíduos de uma espécie dentro de determinada área. · Antôn. (2): *raridade*. → **frequentar** (o **u** soa) *v* (**1**. visitar amiúde, ir sempre a, ser habitual em: *frequentar um restaurante*; **2**. privar com, experimentar a intimidade de: *frequentar o meio artístico*; **3**. cursar: *frequentar a 5.ª série*); **frequente** (o **u** soa) *adj* (**1**. que ocorre ou aparece amiúde ou em intervalos curtos e regulares; **2**. constante ou habitual), de antôn. (1): *raro*.

fre.sa *sf* Máquina própria para cortar, desbastar ou tornear metais com diversos gumes e movimento rotativo. → **fresadeira** ou **fresadora** (ô) *sf* (máquina-ferramenta utilizada para usinar metais ou madeiras por meio da fresa, que forma cavacos em forma de vírgula); **fresagem** *sf* (ação de fresar); **fresar** *v* [usinar (uma peça) por meio de fresa].

fres.ca (ê) *sf* **1**. Vento brando e agradável que costuma soprar nas tardes dos dias quentes: *saí para apanhar a fresca*. **2**. Sensação refrescante; frescor: *depois de um banho, a fresca*. // *adj* **3**. Feminino de *fresco*.

fres.co (ê) *adj* **1**. De temperatura moderada; suave, agradável: *vento fresco*. **2**. Recentemente colhido ou produzido: *frutas frescas; queijo fresco*. **3**. Que ainda não foi esquecido: *as memórias da guerra ainda estão frescas*. **4**. Que acabou de acontecer ou de ser produzido; de última hora; recente: *notícias frescas; pão fresco*. **5**. De boa circulação de ar; ventilado, arejado: *sala fresca*. **6**. Que transmite sensação de frescor: *hálito fresco*. **7**. Que ainda não se putrefez: *peixe fresco*. **8**. Úmido: *tinta fresca*. **9**. Cheio de vontades; pernóstico: *deixe-se de ser fresco, rapaz, e aceite este prato de comida!* // *adj e sm* **10**. Que ou aquele que é efeminado. **11**. *Fig*. Que ou aquele que é muito melindroso, que se ofende facilmente. **12**. *Fig*. Que ou aquele que faz algum escândalo por nada, princ. ao ver sangue, barata, rato, etc. · Antôn. (1): *quente, seco*. → **frescura** *sf* (**1**. frescor: *a frescura da água do mar convida ao banho*; **2**. *pop*. melindre excessivo; **3**. *pop.pej*. atitude escandalosa por nada: *veja a frescura dele, ao ver a barata*; **4**. *pop.pej*. dengues de efeminado.

fres.co.bol *sm* Tênis de praia, sem o uso da rede. · Pl.: *frescobóis*. → **frescobolista** (bò) *adj e s2gên* (que ou pessoa que pratica o frescobol).

fres.cor (ô) *sm* ou **fres.cu.ra** *sf* **1**. Qualidade do que é fresco ou moderadamente frio: *caminhar durante o frescor da manhã; o frescor mentolado de um creme dental*. **2**. *Fig*. Sem nenhum indício de deterioração: *a carne deve chegar com todo o frescor à mesa; é um restaurante famoso pelo frescor de ingredientes que usa em seus pratos*. **3**. *Fig*. Viço vegetativo; beleza: *o frescor de um botão de rosa*. **4**. *Fig*. Vigor, vivacidade, força: *ele tem o entusiasmo e o frescor da juventude*. **5**. *Fig*. Qualidade do que é agradavelmente novo ou diferente; fatos novos: *ele traz frescor à história da nossa família*.

fre.se *sf* **1**. Espécie de broca em forma de cone truncado, destinada a alargar um orifício. **2**. Ferramenta de feitios diversos, empregada na fresa. **3**. Lima redonda de relojoeiro.

fres.ta *sf* Abertura estreita existente entre partes que quase se tocam ou se unem, mas sem pleno contato; frincha: *o vento entra pela fresta das portas e janelas*.

fre.te *sm* **1**. Transporte de carga em veículo ou em embarcação: *ter muitos fretes para fazer*. **2**. Aquilo que se transporta dessa forma: *o frete teve de ser lançado ao mar*. **3**. Quantia cobrada por esse transporte: *quanto é o frete, moço?* → **fretador** (ô) *sm* (aquele que aluga um meio de transporte); **fretagem** *sf* ou **fretamento** *sm* (**1**. ato ou efeito de fretar; **2**. comissão que ganha o fretador); **fretamento** *sm* [**1**. fretagem; **2**. *chartering* (1)]; **fretar** *v* [alugar (meio de transporte), geralmente para um único e determinado propósito: *fretei um ônibus para levar os alunos à excursão*].

fre.vo (ê) *sm* **1**. Dança carnavalesca do Recife (PE), executada individualmente, quase sempre com uma sombrinha estilizada e aberta numa das mãos do dançarino ou da dançarina. **2**. Música próxima dessa dança.

fri.a *sf Pop*. Situação muito difícil, delicada; dificuldade, apuro: *entraste em fria?*

fri.a.gem *sf* Frialdade causada por vento ou por umidade: *tomou friagem e ficou resfriado*.

fri.al.da.de *sf* Qualidade de frio (no sentido próprio, literal): *a frialdade da água; a frialdade do tempo; a frialdade do mármore*. (Não se confunde com *frieza*.)

fri.á.vel *adj* **1**. Que facilmente se quebra ou se esmigalha: *biscoito friável*. **2**. Diz-se do mineral ou da rocha que facilmente se desfaz.

fri.cas.sê ou **fri.cas.sé** *sm* **1**. Prato preparado com carne ou peixe cortado em pequenos pedaços, cozido a fogo brando, com vários tipos de tempero, ao qual, depois de pronto, acrescentam-se salsa picada e gemas de ovos bem batidas, para engrossar e dar a cor desejada ao molho. **2**. *P.ext.* Qualquer prato culinário preparado de modo semelhante. **3**. *Fig.* Mistura de coisas diversas; miscelânea.

fri.ca.ti.vo *adj* **1**. Em que há fricção; que produz fricção. **2**. Diz-se da consoante que se forma com a corrente de ar produzindo um ruído parecido ao de uma fricção (p. ex.: f, v, z).

fric.ção *sf* Ato ou efeito de produzir repetidos atritos, de esfregar; esfregação. · Pl.: *fricções*. → **friccional** *adj* (**1**. rel. a fricção; **2**. rel. ao atrito da fricção ou produzido por esse atrito); **friccionar** *v* (fazer fricção em; esfregar: *friccione bem o couro cabeludo!*) **friccionar-se** (atritar-se: *era tão gordo, que as coxas se friccionavam*).

fri.co.te *sm* Atitudes, gestos, ares de quem quer chamar a atenção e atrair simpatia; dengue, manha. → **fricoteiro** *adj* e *sm* (que ou aquele que é dado a fazer fricotes).

fri.ei.ra *sf* **1**. Inflamação da pele causada por excessiva exposição ao frio. **2**. Micose entre os dedos dos pés; pé de atleta. → **frieirento** *adj* (que tem frieiras).

fri.e.za (ê) *sf* **1**. Qualidade ou estado do que é frio (em sentido figurado); ausência de envolvimento emocional; acolhimento frio; indiferença, distanciamento: *a frieza de uma recepção; ela me tratou com frieza*. **2**. Falta de animação, de colorido ou de expressividade: *a frieza da festa; a frieza de uma pintura*. **3**. Falta de sensibilidade; insensibilidade: *a frieza de sentimentos; a frieza dos números*. **4**. Autocontrole, calma, fleuma: *impressionante a frieza do jogador, ao marcar o gol*. **5**. *Fig.* Insensibilidade, desumanidade, crueldade: *ele mata com impressionante frieza!* · Antôn. (1): *calor, ardor*. [Não se confunde (1) com *frialdade*.]

fri.gi.dei.ra *sf* **1**. Panela rasa, própria para fritar alimentos. **2**. Conteúdo de alimento dentro dessa panela: *comeu uma frigideira inteira de omelete*.

frí.gi.do *adj* **1**. Muito frio; friíssimo: *os polos se localizam em zona frígida*. **2**. *Fig.* Insensível à emoção: *os tiranos costumam ser frígidos*. **3**. *Fig.* Incapaz de sentir desejos sexuais, frio (diz-se particularmente da mulher). · Superl. abs. sint. erudito: *frigidíssimo*. → **frigidez** (ê) *sf* [**1**. qualidade do que é frígido(1): *a frigidez do vento e águas polares*; **2**. *fig.* falta de desejo ou prazer sexual; frieza].

fri.gir *v* Fritar: *frigir ovos*. · Conj.: *frijo, freges, frege, frigimos, frigis, fregem* (pres. do ind.), *frija, frijas, frija, frijamos, frijais, frijam* (pres. do subj.).

fri.go.bar *sm* Pequena geladeira provida de bebidas e de algumas guloseimas, em quartos de hotel princ., para consumo dos hóspedes e pagamento das despesas à saída.

fri.go.rí.fi.co *adj* **1**. Que produz e conserva o frio: *câmara frigorífica*. // *sm* **2**. Conjunto de grandes câmaras refrigeradas, onde se conservam alimentos em baixas temperaturas. → **frigorificação** *sf* (**1**. ato ou efeito de frigorificar; conservação pelo frio intenso; **2**. produção de frio intenso, através de equipamento próprio); **frigorificar** *v* [colocar (alimento) no frigorífico; congelar].

frin.cha *sf* Abertura estreita, fenda, fresta: *um vento gelado entrava pela frincha da porta*.

fri.o *adj* **1**. De temperatura desconfortavelmente baixa para os seres humanos: *dia e noite frios; está frio hoje*. **2**. Desprovido ou privado de calor: *mão fria; café frio*. **3**. *Fig.* Sem entusiasmo ou calor de sentimento; pouco amigável; não cordial, nada caloroso: *recepção fria; cumprimento frio; aplausos frios*. **4**. Gélido e inerte; sem vida; morto: *o corpo já estava frio quando a polícia chegou*. **5**. *Fig.* Falto de libido; frígido: *mulher fria*. **6**. *Fig.* Sem compaixão; desumano, cruel: *assassino frio*. **7**. *Fig.* Falso, sem valor legal: *cheque frio*. **8**. Sem sentimentos; insensível, gélido: *homem de coração frio*. **9**. *Pop.* BA Sem pimenta: *quero acarajé frio*. **10**. Não preparado ou não devidamente aquecido: *o jogador entrou frio no campo*. **11**. *Fig.* Que não é recente; velho: *repórter de notícias frias*. // *sm* **12**. Estação do inverno: *o frio começa em junho*. **13**. Temperatura baixa: *há frio nos polos*. **14**. Sensação produzida por essa temperatura: *estou com frio*. **15**. *Fig.* Sensação advinda de forte emoção; arrepio: *sentir um frio na espinha*. // *smpl* **16**. Conjunto de alimentos conservados ou defumados, que se servem frios, princ. mortadela, salame e presunto. · Superl. abs. sintético: *friíssimo* ou *frigidíssimo*. · Antôn. (1 a 5): *quente*. · V. **frialdade**. → **friento** ou **friorento** *adj* (muito sensível ao frio).

fri.sa *sf* **1**. Cada um dos camarotes de um teatro situados quase no nível da plateia. **2**. Tecido de lã, grosseiro e encrespado. **3**. Friso (1). → **frisagem** *sf* (ato ou efeito de frisar, de encrespar; encrespamento); **frisar** *v* [**1**. encrespar (cabelo); **2**. pôr frisos em; **3**. *fig.* enfatizar, ressaltar, destacar, salientar: *eu frisava que a crise ia piorar*].

fri.so *sm* **1**. Na arquitetura clássica, parte plana decorada de um entalhamento, entre a arquitrave e a cornija; frisa (3). **2**. Barra ou faixa pintada ou esculpida, ao longo de uma parede, geralmente abaixo dos tetos. **3**. Filete estampado em capa ou lombada de livros. **4**. Marca de dobra em peça do vestuário; vinco: *o friso das calças*. **5**. Faixa de tecido estreita e longa que se coloca sobre as costuras laterais externas ou nas beiradas de peças de vestuário: *chapéu vermelho, com friso branco*. **6**. Tira de metal ou de borracha, para divisão ou ornamentação: *passar silicone nos frisos de borracha do carro, para conservá-los*.

frisson [fr.] *sm* Momento de intensa excitação interior; arrepio, frenesi: *o final da estória causa um* frisson *de terror*. · Pl.: *frissons*. · Pronuncia-se *fRissô*.

fri.tar *v* **1**. Cozinhar num corpo gorduroso muito quente e abundante; frigir: *fritar ovos*. **2**. *Fig.* Preparar a demissão ou exoneração de, com certa sutileza: *o Palácio do Planalto já começou a fritar alguns ministros*. → **frita** *sf* [qualquer alimento frito; fritura(1)] e *sfpl* (red. de *batatas fritas*); **fritada** *sf* (porção de alimentos fritos de uma só vez); **frito** *adj* (**1**. fritado; **2**. *pop.* perdido, sem esperança de se livrar de um apuro ou infortúnio: *se ela me vir aqui, estou frito!*); **fritura** *sf* (**1**. frita: *fritura não faz bem ao estômago*; **2**. *fig.* preparo sutil de uma demissão ou exoneração; desprestígio calculado: *já está havendo fritura do ministro*).

frí.vo.lo *adj* **1**. Que não tem propósito ou valor sério: *é preciso impedir as ações judiciais frívolas, que só sobrecarregam o Poder Judiciário; os trabalhadores andam a fazer frívolas reivindicações*. **2**. Diz-se daquele que não leva nada a sério; leviano, inconsequente: *ela é frívola, só quer farra; quem não tem amigos frívolos?* **3**. Sem importância; desimportante, trivial: *nos feriados, costumo fazer coisas frívolas; é um Congresso que só trata de projetos frívolos; homem de opiniões frívolas*. **4**. Diz-se daquele que dá muita importância a coisas inúteis, superficiais ou fúteis; superficial, fútil. · Antôn. (1): *sério, grave*; (2); *profundo, penetrante*. → **frivoleza** (ê) ou **frivolidade** *sf* (**1**. qualidade do que é frívolo; **2**. ato ou dito superficial ou pouco sério; futilidade, leviandade).

fron.de *sf* **1**. Folhagem, ramagem. **2**. Copa das árvores. → **frondosidade** *sf* (qualidade, característica ou natureza daquilo que é ou está frondoso) ; **frondoso** (ô; pl.: ó) *adj* (copado).

fro.nha *sf* Revestimento de travesseiro, almofada, etc.

fron.tão *sm* Na arquitetura clássica, ornamento sobre portas, janelas ou fachadas de edifício, composto por três partes: a cimalha (a base) e as duas empenas, que fecham os dois lados do triângulo.

fron.te *sf* **1**. Parte anterior do crânio; testa. **2**. *P.ext.* Rosto, cara. **3**. *P.ext.* Cabeça. **4**. Parte da frente de qualquer coisa; dianteira. **5**. Fachada principal de um edifício. // *sm* **6**. Frente (6). → **frontal** *adj* (**1**. rel. a frente ou à fronte; **2**. declarado e aberto; muito franco: *fazer oposição frontal ao governo*) e *sm* (red. de *osso frontal*, osso da testa).

fron.tei.ra *sf* **1**. Limite internacional de um país. // *sfpl* **2**. *Fig.* Qualquer limite: *o pensamento não tem fronteiras*. → **fronteiriço** *adj* (que vive ou fica na fronteira); **fronteiro** *adj* (defronte: *morar em apartamento fronteiro ao mar*).

fron.tis.pí.cio *sm* **1**. Face do edifício, aquela em que está a porta principal, fachada dianteira ou principal do edifício. **2**. Página inicial de um livro, aquela em que se acham impressos o título da obra, o nome do autor e da editora; rosto.

frost-free [ingl.] *sf* **1**. Tecnologia que impede a formação de camadas de gelo nas paredes internas do congelador ou do freezer. // *adj* **2**. Diz-se da geladeira ou refrigerador que traz essa tecnologia. · Pronuncia-se *fróst-fri*.

fro.ta *sf* **1**. Conjunto dos navios mercantes ou de guerra de um país. **2**. Porção de navios mercantes, comboiados por navios de guerra. **3**. Conjunto de veículos pertencentes a uma mesma pessoa, a um mesmo grupo ou a uma mesma empresa.

frou.xo *adj* **1**. Folgado, pouco apertado: *nó frouxo*. **2**. Que não é enérgico ou severo: *ser frouxo com os filhos*. **3**. Tênue,

fraco: *luz frouxa.* // *adj* e *sm* **4.** Que ou aquele que é covarde, medroso. **5.** Que ou aquele que é impotente sexualmente. · Antôn. (5): *viril.* → **frouxeza** (ê), **frouxidão** ou **frouxidão** *sf* (qualidade ou característica de ser frouxo).

frozen food [ingl.] *loc sm* Alimento congelado no *freezer* até o momento de ser preparado e servido. · Pl.: *frozen foods.* · Pronuncia-se *frôzan fúúd.*

fru-fru *sm* Ligeiro ruído produzido pelo roçar de folhas, tecidos (princ. seda) e de asas em voo; ruge-ruge (1). · Pl.: *fru-frus.*

fru.gal *adj* **1.** Que se alimenta de frutos; frugívoro: *pássaros frugais.* **2.** Relativo a, usufruir: *colheita frugal.* **3.** Moderado na comida; sóbrio (1): *hóspedes frugais.* **4.** Modesto, simples: *meu café da manhã é bem frugal.* **5.** Econômico no consumo, nas despesas: *viver vida frugal.* → **frugalidade** *sf* (qualidade de frugal; moderação, temperança).

fru.gí.vo.ro *adj* e *sm* Que ou o que se alimenta exclusivamente de frutos; carpófago: *morcegos frugívoros.* → **frugivoria** *sf* (hábito de comer frutos).

fru.ir *v* Sentir prazer com (coisa desejada ou benéfica); gozar, desfrutar, usufruir: *fruir uma bela praia.* (Não se confunde com *fluir.*) → **fruição** *sf* (ato, processo ou efeito de fruir); **fruitivo** *adj* (digno de fruir; que traz deleite ou prazer; agradável, prazeroso: *férias fruitivas*).

frus.trar(-se) *v* Desiludir(-se), decepcionar(-se): *o time frustrou a torcida; a torcida se frustrou com a derrota do time.* (Cuidado para não usar "frustar"!) → **frustração** *sf* [ato ou efeito de frustrar(-se)]; **frustrado** *adj* e *sm* (que ou aquele que não se realizou em algum campo de atividade); **frustrador** (ô) ou **frustrante** *adj* (que frustra), sempre com *r* na segunda sílaba.

fru.ta *sf* **1.** Designação geral dos frutos e infrutescências comestíveis, princ. adocicados: *a banana e o abacaxi são frutas.* **2.** *Pop.* Jabuticaba: *como está lindo esse pé de fruta!* // *sm* **3.** *Gír.Pej.* Homossexual masculino; *gay: nunca pude imaginar que ele era um fruta.* (Nesta acepção, usa-se mais no diminutivo, quando o *gay* é jovem: *frutinha.*) → **frutaria** *sf* (**1.** estabelecimento comercial em que se vendem frutas frescas; **2.** grande quantidade de frutas); **fruteira** *sf* (**1.** árvore de frutos comestíveis; **2.** vendedora de frutas; **3.** vaso ou cestinho em que se põem frutas, à mesa); **fruteiro** *adj* (que gosta de frutas) e *sm* (**1.** vendedor de frutas frescas; **2.** lugar onde se guardam frutas); **fruticultura** *sf* (cultura de árvores frutíferas); **frutífero** *adj* (**1.** que dá frutos; **2.** *fig.* proveitoso, produtivo, fecundo, frutuoso: *entrevista frutífera*); **frutificação** *sf* (ato ou efeito de frutificar); **frutificar** *v* [**1.** dar frutos: *o cajueiro só frutifica uma vez a cada dois anos*; **2.** *fig.* produzir resultado proveitoso ou lucrativo: *nenhuma parceria frutifica sem honestidade e franqueza de ambos os lados; esse projeto nunca frutificou, por causa da corrupção*].

fru.ta-do-con.de *sf* Fruto comestível da ateira ou pinheira; ata, pinha. · Pl.: *frutas-do-conde.*

fru.ta-pão *sf* **1.** Árvore de flores pequenas e sem pétalas, comum nas regiões tropicais. **2.** Fruto dessa árvore, comestível e pesado (até 2kg), de polpa amarela, aromática e doce. · Pl.: *frutas-pão* ou *frutas-pães.*

fru.to *sm* **1.** Estrutura botânica que se desenvolve a partir da fecundação do ovário de uma flor. **2.** Parte comestível de uma planta, geralmente consistente de semente(s) e polpa, existente de formas as mais variadas: *a banana, a manga, o pepino e a abóbora são frutos.* (A banana e a manga são *frutos* e também *frutas*; já o pepino e a abóbora são apenas *frutos.*) **3.** *Fig.* Lucro, proveito: *o investimento deu fruto.* **4.** *Fig.* Filho, cria: *"bendito é o fruto do vosso ventre".* **5.** *Fig.* Resultado, efeito, consequência: *este dicionário é fruto de muito trabalho.* // *sm* **6.** Criatura nascida ou por nascer, criação natural: *esse filho é o meu fruto.* // *smpl* **7.** Produtos alimentares da terra: *a soja e o trigo são frutos do campo.* → **frutuosidade** *sf* (caráter de frutuoso); **frutuoso** (ô; pl.: ó) *adj* (**1.** que dá muitos frutos: *jabuticabeira frutuosa*; **2.** *fig.* proveitoso, fecundo, frutífero: *trabalho frutuoso*). -- **Frutos do mar.** Nome genérico dado aos crustáceos, mariscos, lulas, ostras e outros animais comestíveis, colhidos no mar.

fru.to.se *sf* Açúcar muito doce, encontrado princ. no mel e nas frutas.

fti.rí.a.se *sf* Infestação por piolhos, devida à falta de higiene; pediculose. → **ftiríásico** *adj* (rel. à ftiríase ou que a apresenta).

fu.á *sm Pop.* **1.** Discussão acalorada; briga. **2.** Comentário maldoso; fofoca, mexerico, intriga. **3.** Pó tenuíssimo que se desprende da pele arranhada.

fu.bá *sm* Farinha fina de milho ou de arroz.

fu.be.ca ou **fu.be.ca.da** *sf* **1.** Surra, sova. **2.** Derrota, fracasso, insucesso. **3.** Repreensão, descompostura, pito, sabão. **4.** Pancada, cacetada, traulitada.

fu.bi.ca *sm* **1.** Pessoa sem nenhuma importância ou valor; joão--ninguém, pé de chinelo: *ela está namorando um fubica.* **2.** Pedra n.º 1 no jogo de víspora. // *sf* **3.** Automóvel muito velho ou muito estragado; calhambeque: *ela não entra em fubica.*

fu.ça *sf* **1.** Focinho. **2.** Cara, rosto. → **fuçar** *v* [**1.** revolver (a terra, etc.) com o focinho; **2.** *fig.* vasculhar ou revirar (algo), à procura de alguma coisa: *fuçou todas as gavetas para achar o documento*; **3.** bisbilhotar, sondar: *fuçar a vida alheia*].

fu.e.gui.no *adj* e *sm* **1.** Que ou aquele que nasce ou habita na Terra do Fogo, arquipélago do extremo sul da América do Sul. // *adj* **2.** Da Terra do Fogo.

fu.ei.ro *sm* **1.** Estaca que segura uma carga, no carro de bois. **2.** Qualquer pano grosseiro. **3.** Parte da barriga do cavalo entre o umbigo e os testículos.

fu.ga *sf* **1.** Ato ou efeito de fugir; fugida: *fuga de presos.* **2.** Retirada em massa; debandada: *a fuga de investidores estrangeiros.* **3.** Saída ou retirada às pressas, para escapar a um perigo, perseguição, ameaça, etc.; fugida: *a fuga de Maria com o Menino Jesus para o Egito.* **4.** Retirada de tropas em desordem e com precipitação.

fu.gaz *adj* **1.** Que foge apressadamente: *a lebre é um animalzinho fugaz.* **2.** *Fig.* Que dura muito pouco; efêmero, fugidio, fugitivo: *a fama, assim como a vida, é fugaz.* · Antôn. (2): *duradouro.* · Superl. abs. sint. erudito: *fugacíssimo.* → **fugacidade** *sf* (qualidade ou estado de ser fugaz).

fu.gir *v* Desaparecer de um lugar, deixando-o rápida e subitamente: *fugir da cadeia.* · Conj.: *fujo, foges, foge, fugimos, fugis, fogem* (pres. do ind.); *fuja, fujas, fuja, fujamos, fujais, fujam* (pres. do subj.). → **fuga** *sf* (ato ou efeito de fugir); **fugida** *sf* [**1.** fuga (1 e 3); **2.** ato de ir e voltar rapidamente a um lugar; saidinha: *ele só deu uma fugida até o banheiro e não deve demorar*]; **fugidio** *adj* (**1.** acostumado a fugir ou propenso a fugas; fujão; **2.** *fig.* que dura muito pouco; efêmero, fugaz, fugitivo: *a juventude é fugidia*; **3.** *fig.* arisco, arredio, esquivo: *ela se mostra fugidia quando a convido para jantar*); **fugitivo** *adj* e *sm* (que ou o que fugiu da prisão ou que está se escondendo da polícia) e *adj* (*fig.* efêmero, fugaz: *ele alimenta a ideia fugitiva de que ela ainda o ama*); **fujão** *adj* e *sm* (que ou aquele que é dado a fugir), de fem. *fujona.*

fu.i.nha *sf* **1.** Pequeno mamífero, muito feroz, que se alimenta de pequenos animais, ovos de aves, etc. // *s2gên* **2.** *Fig.* Pessoa avara, sovina.

fu.la.no *sm* **1.** Palavra usada para se referir a alguém cujo nome não se quer dizer ou não se pode dizer: *quando pretendemos falar de alguém sem lhe citar o nome, usamos* **fulano**; *quando são duas, fulano e sicrano; quando são três, fulano, sicrano e beltrano.* **2.** *P.ext.* Pessoa desconhecida; sujeito, cara: *quem é aquele fulano com quem você estava conversando?* · Fem.: *fulana.* (Usada no diminutivo tem forte carga pejorativa.)

fu.lei.ro *adj* e *sm Pop.Pej.* **1.** Que ou o que não tem valor nenhum ou é extremamente reles ou vulgar: *festinha fuleira; relógio fuleiro; mulher fuleira.* **2.** Que ou aquele que não tem palavra, não é sério ou digno de confiança: *amigo fuleiro, que prometeu carona e furou.* **3.** *Fig.* Que é de baixa qualidade ou é brega, cafona: *você consegue dormir nessa cama fuleira?* → **fuleiragem** *sf* (comportamento, atitude ou modo próprio de quem é fuleiro).

fu.le.re.no *sm* Molécula de carbono puro, composta de pelo menos 60 átomos de carbono.

fúl.gi.do *adj* Que brilha muito; esplendoroso: *raios fúlgidos.*

ful.gor (ô) *sm* Brilho intenso; clarão, esplendor: *o fulgor de um relâmpago.*

ful.gu.ra.ção *sf* **1.** Relâmpago sem trovão. **2.** Clarão ou brilho instantâneo, como o do *flash* de uma máquina fotográfica. → **fulgurante** *adj* (que emite lampejos ou *flashes* de luz); **fulgurar** *v* (**1.** relampejar; **2.** *fig.* brilhar muito: *o assoalho fulgurava*; **3.** *fig.* destacar-se, sobressair: *minha filha fulgurava entre todas as candidatas*).

fu.li.gem *sf* Pó negro que a fumaça deposita nas cozinhas, nos canos das chaminés, etc. → **fuliginosidade** *sf* (qualidade do que é fuliginoso); **fuliginoso** (ô; pl.: ó) *adj* (que tem fuligem).

full-service [ingl.] *adj* Que faz todo o serviço; que executa serviço completo: *posto de combustível* full-service. · Pronuncia-se *ful-sérvis.*

full-size [ingl.] *adj* **1**. De tamanho padrão ou normal: *cama full-size*. **2**. Que tem o tamanho certo para se encaixar perfeitamente naquilo a que se destina: *lençol full-size*. · Pronuncia-se *ful-sáizi*.

full-time [ingl.] *adj* **1**. Que dura ou exige o tempo todo; de tempo integral: *dedicação full-time à família*. // *adv* **2**. Em tempo integral: *trabalhar full-time*. → **full-timer** *s2gên* (pessoa que trabalha em tempo integral). · Pronuncia-se *ful-táiM* e *ful-táimâr*, respectivamente.

ful.mi.nar *v* **1**. Lançar (raios ou coriscos): *quando as nuvens fulminam raios, a tempestade é iminente*. **2**. Ferir com um raio; aniquilar: *Zeus fulminou-o e transformou-o num carvalho*. **3**. *Fig*. Matar instantaneamente: *um infarto o fulminou aos trinta anos*. → **fulminação** *sf* (ato ou efeito de fulminar); **fulminante** *adj* **1**. que fulmina; **2**. *fig*. que mata instantaneamente: *infarto fulminante*; **3**. *fig*. muito rápido; relâmpago: *foram três gols fulminantes*).

fu.lo *adj* e *sm* **1**. Que ou o que tem cor parda. // *adj* **2**. Redução de *fulo da vida*: muito irritado; enfurecido, furioso.

ful.vo *adj* **1**. Da cor do ouro; dourado. // *sm* **2**. Essa cor. → **fúlvido** *adj* (fulvo e luzente).

fu.ma.ça *sf* Gás escuro, denso, espesso, tóxico, em grande quantidade, produzido por fogo ou qualquer coisa que esteja queimando. · Col.: *fumaceira*, *fumarada*. → **fumaçar** *v* [lançar fumaça; fumegar (2)]; **fumacento** ou **fumarento** *adj* (que solta fumaça; **fumacê** *sm* (pequeno caminhão adaptado para pulverizar venenos sobre os focos de mosquitos transmissores de doenças); **fumegante** *adj* (que fumega: *saborear um arroz quentinho, fumegante*); **fumegar** *v* (**1**. lançar de si fumaça; fumaçar; **2**. exalar vapores: *o arroz, feito naquele instante, fumegava na travessa*).

fu.ma.ro.la *sf* **1**. Emanação vulcânica secundária que consiste no desprendimento ou exalação de fumaças e vapores claros, indicativo de erupção iminente. **2**. Grande quantidade de fumaça; fumeiro (3). **3**. Cada um dos muitos buracos ou orifícios existentes num vulcão ou perto dele, pelos quais escapam vapores.

fu.mê *adj* e *sm* Que ou o que é esfumaçado, próximo do marrom-escuro: *vidro fumê*.

fu.me.ga *s2gên* Pessoa baixinha e insignificante; catatau.

fu.mi.gar *v* Desinfetar, defumando: *fumigar um banheiro*. → **fumigação** *sf* (ato ou efeito de fumigar); **fumigador** (ô) *adj* e *sm* (que ou o que fumiga: *produto fumigador*) e *sm* (equipamento constituído de tampa, fole, fornalha, grelha e bico de pato, próprio para fumigar; fumigatório: *todo apicultor tem fumigador*); **fumigante** *adj* (que fumiga ou serve para fumigar) e *sm* (substância química usada em seu estado gasoso, para fumigar, ou seja, atuar como pesticida ou desinfetante); **fumigatório** *adj* (**1**. que fumiga: *inseticida fumigatório*; **2**. rel. a fumigação: *tratamento fumigatório*) e *sm* (fumigador).

fu.mo *sm* **1**. Fumaça: *o fumo branco da chaminé da basílica ainda não saiu*. **2**. Tabaco: *plantação de fumo*. **3**. Vício do fumo, tabagismo: *o fumo mata*. **4**. Faixa preta que se prende à lapela, à manga ou ao chapéu, em sinal de luto. **5**. *Gír*. Maconha. → **fumageiro** *adj* (rel. a fumo; fumeiro: *indústria fumageira*); **fumante** *adj* e *s2gên* (que ou pessoa que fuma); **fumar** *v* [aspirar e expirar o fumo ou tabaco (de cigarro, charuto ou cachimbo)]; **fumeiro** *sm* (**1**. cano por onde sobe a fumaça, numa chaminé; **2**. *p.ext*. chaminé; **3**. grande quantidade de fumaça; fumarola (2); **4**. *pop.pej*. maconheiro) e *adj* (fumageiro: *indústria fumeira*); **fumicultor** (ô) *sm* (aquele que cultiva o fumo ou tabaco); **fumicultura** *sf* (cultura do fumo ou tabaco). ·· **Fumante passivo**. Aquele que, mesmo não sendo tabagista, aspira a fumaça de cigarro, charuto ou cachimbo, etc., usado pelo viciado, princ. em ambiente fechado, estando sujeito a contrair doenças graves (câncer no pulmão, p. ex.), por não possuir anticorpos, já desenvolvidos no fumante.

FUNAI ou **Funai** *sf* Acrônimo de *Fundação Nacional do Índio*, instituição que tem por finalidade a defesa das terras e patrimônios indígenas, a preservação da sua cultura e a melhoria de suas condições de vida.

fu.nâm.bu.lo *sm* Aquele que, no circo ou em qualquer espetáculo público, anda na corda ou no arame, equilibrando-se; acrobata. → **funambulesco** (ê) *adj* (**1**. rel. a funâmbulo; **2**. *fig*. extravagante, exótico, excêntrico: *roupa funambulesca*); **funambulismo** *sm* (ofício ou exercícios de funâmbulo).

fun.ção *sf* **1**. Tipo de ação ou atividade própria de qualquer coisa, pessoa ou instituição, princ. cujas ou atividades naturais; papel: *a função do relógio é marcar as horas*. **2**. Posição profissional ou oficial; ocupação: *seu trabalho combina as funções de repórter e editor-chefe*. **3**. Propósito pelo qual um grupo, pessoa ou coisa existe: *a função do policial é proteger e assistir a população; a função do coração é bombear sangue pelo corpo*. **4**. Fim ou propósito definido; finalidade: *governo de função social*. **5**. Conjunto de atribuições e responsabilidades de alguém: *desempenhou bem suas funções*. **6**. Papel gramatical que uma forma linguística exerce na oração: *o pronome **lhe** tem quase sempre a função de objeto indireto*. **7**. Em química, conjunto de propriedades comuns a uma família de compostos e vinculadas à presença nesses compostos de grupos de átomos característicos, denominados *grupos funcionais*. **8**. Em matemática, relação ou expressão que envolve uma ou mais variáveis: *a função (bx + c)*. **9**. Fórmula que expressa uma relação entre os ângulos de um triângulo e seus lados, como *seno* e *cosseno*. **10**. Ordem para realizar uma tarefa específica com um computador: *ative a função pesquisar*. → **funcional** *adj* (**1**. rel. a uma função; **2**. rel. a funções matemáticas: *símbolo funcional*; **3**. destinado a uma função prática ou a um uso específico: *móveis funcionais*; **4**. que atende plenamente às necessidades do momento, por sua praticidade: *dicionário funcional*; **5**. capaz de funcionar a contento; operante: *freios funcionais*); **funcionalidade** *sf* (**1**. caráter do que é funcional, prático; **2**. capacidade para a execução de determinada tarefa) e *sfpl* (conjunto de possibilidades oferecidas por um sistema informático). ·· **Em função de**. **1**. Em conformidade com; de acordo com; conforme: *Ele vive em função do seu nível salarial*. **2**. Em consequência de: *O trânsito ficou caótico, em função das fortes chuvas*. (Evite usar por "por causa de", como nesta frase: *Morreu em função da covid-19*.) **3**. Para: *Eles vivem em função dos netos*. ·· **Função exponencial**. Função que relaciona a variável dependente a uma variável independente, sendo sua principal característica o aparecimento da variável no expoente: *A função exponencial possui aplicações no cotidiano, na matemática financeira, na química, na biologia, etc*.

fun.cho *sm* Planta aromática e medicinal, mais conhecida como *erva-doce*.

fun.ci.o.nar *v* **1**. Pôr em funcionamento ou em ação, em atividade: *funcionar o computador*. **2**. Exercer ou desempenhar funções; servir: *a câmara municipal funciona numa das salas da sede da prefeitura*. **3**. Realizar movimentos regularmente; trabalhar: *a máquina de lavar agora está funcionando bem*. **4**. Estar à disposição para uso, encontrar-se em operação ou atividade: *o parque funciona das 18 às 22h*. **5**. Dar ou trazer bom resultado; ser operante, eficaz: *seu modo de pedir as coisas não funciona: tem de ser mais humilde*. → **funcionamento** *sm* (ato ou efeito de funcionar).

fun.ci.o.ná.rio *sm* **1**. Aquele que exerce determinada função num estabelecimento comercial, em troca de um salário; trabalhador de firma, empresa, etc. **2**. Redução de *funcionário público*, aquele que trabalhe em qualquer órgão ou repartição da administração pública; servidor: *o Congresso abriga milhares de funcionários*. → **funcionalismo** *sm* (classe dos funcionários públicos).

fun.da *sf* Estilingue, atiradeira, bodoque.

fun.da.men.to *sm* **1**. Tudo aquilo em que se assenta alguma coisa (construção, nádegas, etc.). **2**. Motivo, razão. **3**. Apoio, sustentação. **4**. Princípio básico. // *smpl* **5**. Os primeiros rudimentos de qualquer arte ou ofício; noções básicas. → **fundamental** *adj* (básico, essencial, elementar) e *sm* (aquilo que é essencial ou necessário); **fundamentalismo** *sm* (comportamento ou ponto de vista caracterizado por rígida fidelidade aos princípios básicos ou fundamentos de determinado movimento religioso, político, etc.); **fundamentalista** *adj* (rel. a fundamentalismo) e *adj* e *s2gên* (que ou pessoa que é adepta do fundamentalismo); **fundamentar** *v* (**1**. assentar em bases sólidas; estabelecer: *fundamentem suas propostas: o leilão está aberto!*; **2**. documentar, justificar: *o advogado fundamentou muito bem a sua defesa*) **fundamentar-se** (basear-se, apoiar-se, estribar-se: *fundamentei-me na opinião de especialistas*).

fun.dar *v* **1**. Assentar os alicerces ou a fundação (de obra ou construção): *os pedreiros já fundaram a minha casa*. **2**. Construir desde o princípio, dar origem a (núcleo habitacional): *Anchieta fundou São Paulo*. **3**. Criar, instituir, estabelecer: *fundar uma editora*. **4**. Estabelecer as bases de um movimento artístico, literário, etc.: *você sabe quem fundou o Modernismo no Brasil?* **5**. Erguer-se, levantar-se: *o edifício funda sobre pilotis*. **fundar-se 6**. Basear-se, fundamentar-se: *minha teoria se funda em princípios científicos*. → **fundação** *sf* (**1**. ato ou efeito de fundar, de erigir; **2**. piso ou base em que alguma estrutura se assenta; alicerce; **3**. instituição beneficente, cultural ou científica financiada por doações, heranças, contribuições, etc., para ajuda em pesquisas, educação, artes, etc.); **fundador** (ô) *adj* e *sm* (que ou aquele que dá origem ou estabelece as bases de alguma coisa; iniciador).

fun.di.á.rio *adj* Relativo a terrenos ou a terras; agrário: *há uma grande concentração fundiária no Brasil.*

fun.di.lho *sm* Parte das calças e das cuecas correspondente ao assento ou traseiro: *levou um pontapé nos fundilhos.* (É mais usada no plural.)

fun.dir *v* **1**. Fazer passar do estado sólido para o líquido ou para o pastoso, sob a ação do calor; derreter: *fundir ouro.* **2**. Lançar em molde (metal fundido): *fundir uma estátua de bronze.* **3**. Vazar, moldar (metais): *fundir moedas.* **4**. Incorporar, unir em um só: *o governo fundiu as duas estatais.* **fundir-se 5**. Derreter-se: *o gelo já se fundiu.* **6**. Confundir-se: *seus interesses e os meus se fundem, nesse caso.* **7**. Incorporar-se; unir-se em um só: *as estatais se fundiram, para maior racionalização de gastos.* · Conjuga-se por *abolir.* → **fundição** *sf* (**1**. ato ou efeito de fundir, fusão; **2**. operação ou processo utilizado para fundir metais; **3**. oficina ou fábrica de fundir).

fun.do *adj* **1**. Que está distante da superfície; profundo. **2**. Cavado, metido para dentro. **3**. Que tem alguma profundidade. **4**. Que vem do íntimo. // *sm* **5**. Parte inferior e básica dos objetos, oposta à boca ou abertura. **6**. Parte que está mais abaixo da superfície. **7**. Provisão em dinheiro disponível; fundo(s). // *smpl* **8**. Dinheiro para a manutenção de instituições. **9**. Capital e outros valores constitutivos do ativo de uma sociedade. **10**. Acepção 7. **11**. Parte de trás de casa, terreno, etc. // *adv* **12**. Com profundidade: *ir fundo numa questão.* → **fundão** *sm* (**1**. mar fundo; pego; **2**. lugar muito fundo em rios, lagos, lagoas, etc.; **3**. lugar ermo e distante; cafundó); **fundear** *v* [**1**. tocar no fundo: *o navio fundeou num recife de corais, ao entrar no porto*; **2**. ir ao fundo: *em dez minutos, o grande navio fundeou*; **3**. ancorar (embarcação): *o barco fundeou em Salvador*], que se conjuga por *frear*; **fundura** *sf* (distância vertical desde a superfície até o fundo; profundidade).

fun.do.pli.ca.tu.ra *sf* Técnica cirúrgica usada para reforçar o esfíncter e aliviar a inflamação causada pela doença do refluxo gastroesofágico.

fú.ne.bre *adj* Relativo a enterro ou a morte: *cerimônias fúnebres.*

fu.ne.ral *sm* Cerimônia fúnebre com que se faz um enterro. (Usa-se mais no plural.)

fu.ne.rá.rio *adj* Diz-se de tudo o que se relaciona com os restos mortais humanos: *urna funerária; empresa funerária.*

fu.nes.to *adj* Que traz infelicidade, destruição, desgraças, calamidades, perdição ou morte; sinistro, maléfico: *o governo empreendeu uma funesta política econômica no país; o câncer é uma doença funesta.* · Antôn.: *propício, favorável.*

fun.gar *v* Fazer ruído com o nariz, ao respirar. → **fungação** ou **fungada** *sf* (ato ou efeito de fungar); **fungadeira** *sf* (fungação frequente).

fun.gí.vel *adj* Que se gasta ou se consome com o primeiro uso: *bens fungíveis.*

fun.go *sm* Vegetal parasita, desprovido de folha, flores e clorofila, que compreende espécies comestíveis e venenosas (cogumelos, trufas, bolores, etc.). → **fungicida** *adj* e *sm* (que ou o que mata fungos); **fúngico** *adj* [rel. a fungo(s)].

fu.nil *sm* Utensílio cônico que tem um pequeno furo no ápice do tubo, destinado a trasvasar líquidos. → **funilaria** *sf* (**1**. trabalho de consertar latarias de automóvel; **2** oficina onde se realiza esse trabalho; **funileiro** *sm* (aquele que faz trabalhos ou reparos na lataria de veículos automóveis). ·· **Funilaria artesanal**. Martelinho de ouro.

funk [ingl.] *sm* **1**. Tipo de música popular que combina elementos de *jazz*, *blues* e *soul*, caracterizado por ritmo sincopado e grave, pesado e repetitivo, e letras que retratam a realidade adversa das minorias. // *adj* **2** Relativo a esse tipo de música ou que a apresenta: *bailes* funk, *clubes* funk. (Como se vê, não varia.) · Pl.: *funks.* · Pronuncia-se *fânk.* → **funkeiro** ou **funqueiro** *adj* e *sm* (que ou aquele que canta, toca, dança ou aprecia *funk*), vocábulos sem registro no 6.ª ed. do VOLP.

fu.ra.cão *sm* Ciclone tropical violento, que pode ter ventos que sopram até a 300km/h.

fu.rão *sm* **1**. Furo grande. **2**. Mamífero carnívoro, muito empregado na caça de coelhos. **3**. Mamífero carnívoro, semelhante a uma doninha grande. **4**. Inseto transmissor da doença de Chagas; barbeiro. // *adj* e *sm* **5**. *Pop.* Que ou aquele que não cumpre compromissos assumidos ou promessas feitas. **6**. *Fig.* Que ou repórter que é extremamente sagaz, dado a dar furos ou notícias em primeira mão. · Fem. (2 e 3): *furoa* (ó); (5 e 6): *furona.*

fu.ra-o.lho *s2gên Gír.* Talarico(a). · Pl.: *fura-olhos.*

fu.rar *v* **1**. Abrir ou fazer furo em: *furar o lóbulo da orelha.* **2**. Esburacar: *furar as ruas da cidade.* **3**. Penetrar em: *a faca lhe furou a barriga.* **4**. Frustrar, atrapalhar: *isso furou os meus planos.* **5**. Introduzir-se por: *furar a fila.* **6**. Não aderir a, não participar de: *furar a greve.* **7**. Não dar certo; malograr-se, gorar: *meus planos furaram.* **8**. Faltar a um compromisso ou a uma promessa: *ela marca encontro e sempre fura.* **9**. Ser avariado por um ou mais furos: *o pneu do carro furou.* → **furada** *sf* [**1**. ato ou efeito de furar(-se): *a furada do zagueiro deixou o centroavante na cara do gol*; **2**. *pop.* roubada); **furadeira** *sf* (máquina-ferramenta que fura madeira, metais, etc., utilizando uma broca); **fura-fila** *s2gên* (pessoa que passa à frente dos demais, que já estão numa fila, sem permissão delas), de pl. *fura-filas;* **furo** *sm* (**1**. qualquer abertura feita com violência, com o uso da força: *a bala abriu um furo na cabeça do animal;* **2**. *fig.* notícia importante, dada em primeira mão: *era a Tupi que dava os maiores furos de reportagem;* **3**. compromisso assumido e não cumprido; bolo, mancada: *ela só me dá furo).*

fur.bes.co (ê) *adj* Diz-se do indivíduo que não tem nenhuma vergonha dos atos indignos que comete; velhaco, patife, canalha, ordinário.

fur.dun.ço ou **fur.dún.cio** *sm Pop.*N e NE **1**. Festa popular caracterizada pela confusão ou pela bagunça. **2**. Essa confusão; rebu, rolo: *armar furdunço.* **3**.*P.ext.* Qualquer tipo de confusão ou bagunça; rebu: *estava o maior furdunço nos aeroportos brasileiros, por causa da falta de controladores de voo.* → **furdunçar** *v* (**1**. divertir-se fazendo muita bagunça ou algazarra; **2**. promover confusão ou algazarra: *essa torcida, quando sai às ruas, é para furdunçar);* **furdunceiro** *adj* e *sm* (que ou aquele que é dado a promover furdunços).

fur.gão *sm* Caminhonete completamente fechada, para transporte de mercadorias leves.

fú.ria *sf* **1**. Raiva violenta ou desenfreada; ira, cólera: *havia pura fúria em seu rosto.* **2**.*P.ext.* Violência extrema e descontrolada; ferocidade: *a fúria de um furacão.* **3**. *Fig.* Pessoa de temperamento violento: *ele ficou uma fúria quando soube disso.* → *sfpl* **4**. Qualquer das divindades vingadoras da mitologia grega que atormenta criminosos e inflige pragas: *as Fúrias eram Alecto, Megera e Tisífone.* (Como se vê, nesse caso com inicial maiúscula.) · Antôn.: *calma, serenidade, tranquilidade.* → **furibundo** *adj* [furioso (1)]; **furiosidade** *sf* (qualidade ou estado de furioso); **furioso** (ô; pl.: ó) *adj* (**1**. possuído de fúria; raivoso, furibundo; **2**.*p.ext.* forte, intenso, violento: *mar furioso;* **3**. *fig.* extraordinário, insólito, anormal: *carros velozes e furiosos).*

fur.na *sf* **1**. Cova profunda e escura que mete medo e causa horror: *a furna de um vulcão.* **2**. Caverna, gruta: *a fera recolheu-se em sua furna.*

fu.ror (ô) *sm* **1**. Explosão extremamente violenta de raiva, sem provocação: *o ministro era sempre a vítima do furor do presidente.* **2**. Estado de intensa excitação ou êxtase; frenesi: *ter um acesso de furor.* **3**. *Fig.* Tumulto ou alvoroço de grande quantidade de pessoas: *a notícia da renúncia causou furor no país.* **4**. *Pop.* Mania passageira: *os shows de rock nas praias cariocas foram um furor que atraiu turistas de todas as partes do mundo.* **5**. *Fig.* Violência, impetuosidade, força: *a paixão se apossou de mim com furor nunca dantes experimentado.* ·· **Fazer furor**. Alcançar grande sucesso: *A banda fez furor logo de cara.*

fur.re.ca *adj* **1**. De pouco ou nenhum valor; ordinário, vagabundo, mixo, mixuruca: *prêmio furreca; salário furreca.* **2**. Gasto pelo uso; já velho: *ele só dormia com um pijaminha furreca.*

fur.ri.el *sm* **1**. Ave mais conhecida como *canário-do-mato.* **2**. Antigo posto militar entre cabo e sargento, correspondente ao atual terceiro-sargento. **3**. Militar que ocupava tal posto.

fur.ta-cor *sm* **1**. Cor cujo tom muda conforme a luz que recebe. // *adj* **2**. Que é dessa cor; cambiante: *os raios solares davam à água do mar tons furta-cor.* (Como se vê, não varia.) · Pl. (**1**): *furta-cores.*

fur.tar *v* Apoderar-se de (coisa alheia) contra a vontade do dono, sem ameaça nem violência, ou na ausência dele; subtrair furtivamente: *ele furta talheres de restaurantes.* → **furtivo** *adj* (**1**. feito ou praticado às ocultas; sub-reptício: *todo tráfico de* *drogas é furtivo; gozar de prazeres furtivos;* **2** oculto, escondido, clandestino: *ela e seu furtivo dente de ouro;* **3**. feito de forma discreta, disfarçada, para evitar ser notado: *trocamos sorrisos e olhares furtivos;* **4**. diz-se da aeronave projetada e construída para não ser detectada por radares); **furto** *sm* (**1**. ato ou efeito de furtar; **2**. aquilo que se furtou).

fu.rún.cu.lo *sm* Tumor cutâneo, pequeno, duro e purulento, com inflamação e dor, em torno de uma glândula sebácea ou de um pelo; cabeça de prego. → **furuncular** *adj* (rel. a furúnculo).

fu.run.gar *v* Remexer, vasculhar, revirar: *os ladrões entraram e já foram furungando (em) todas as coisas, em busca de joias e dinheiro.*

fu.são *sf* **1**. Ato ou efeito de fundir(-se). **2**. Passagem direta de um corpo do estado sólido para o estado líquido: *o calor provoca a fusão do gelo.* **3**. Redução de *fusão nuclear*, ação nuclear em que os núcleos combinam, para formar outros mais compactos, com a liberação simultânea de energia.

fuseau [fr.] *sm* Calça justa, geralmente de malha, destinada à prática esportiva, que tem as pernas presas por alças que passam por baixo dos pés. · Pl.: *fuseaus*. · Pronuncia-se *fizô*.

fu.se.la.gem *sf* Corpo principal de um avião, no qual se acomodam passageiros ou cargas.

fu.sí.vel *adj* **1**. Que pode ser fundido: *metal fusível*. // *sm* **2**. Dispositivo dotado de um fio que se funde, garantindo às instalações e aparelhos elétricos contra os excessos da corrente, elemento que protege um circuito elétrico.

fu.so *sm* **1**. Peça de pau roliça que vai afinando gradualmente para uma das extremidades, a ponto de acabar quase em bico, destinada a fiar e enrolar o fio até formar a maçaroca. **2**. Redução de *fuso horário*, cada uma das 24 divisões ou regiões longitudinais do globo que coincidem aproximadamente com os meridianos, em horas sucessivas, do observatório de Greenwich, Inglaterra, nas quais se mantém um tempo padrão.

fus.tão *sm* Tecido grosseiro de algodão e linho, de origem indiana, com relevo no lado direito.

fus.te ou **fos.te** (ô) *sm* **1**. Pau de madeira fino e comprido; haste, vara. **2**. Em arquitetura, parte da coluna entre a base e o capitel. **3**. Em botânica, parte do tronco das árvores, entre o solo e o primeiro galho grosso. **4**. Em música, corpo principal do tambor e do bombo. **4**. Pauzinho com uma extremidade betumada, com o qual os ourives pegam as peças miúdas que vão burilar.

fus.ti.gar *v* **1**. Bater com vara: *para que fustigar o bichinho que está quieto?!* **2**. Picar com qualquer objeto pontudo repetidamente, até o fustigado perder a paciência e sair da calma; cutucar várias vezes: *não fustigue o leão com vara curta!* → **fustigação** *sf* (ação ou efeito de fustigar).

fu.te.bol *sm* Jogo de bola com os pés, disputado por duas equipes de 11 jogadores cada uma, que têm o objetivo de fazer a bola entrar no gol adversário, defendido por um atleta, chamado goleiro, o único que pode jogar com as mãos. · Pl.: *futebóis*. → **futebolista** *s2gên* (atleta que pratica futebol); **futebolístico** *adj* (rel. ou pert. a futebol). ·· **Futebol de botão**. Jogo simulado de futebol, praticado com botões apropriados, que representam os jogadores, movidos com o auxílio de uma palheta. V. **botonista**.

fu.te.vô.lei *sm* Modalidade de esporte praticada com os pés e a cabeça, em quadra de areia de praia, com rede de vôlei. → **futevolista** *adj* (rel. a futevôlei) e *adj* e *s2gên* (que ou pessoa que pratica o futevôlei).

fú.til *adj* **1**. Sem importância; desimportante, banal, trivial, irrelevante: *homicídio praticado por motivo fútil*. **2**. Sem resultado efetivo; malsucedido, inútil, vão: *tentativa fútil de impedir que os fãs subam para o palco*. **3**. Que se ocupa com ninharias ou valoriza o que é considerado superficial ou material; leviano, frívolo: *jovens de hoje, não sejam tão fúteis!* · Antôn. (1): *importante, útil*; (2): *bem-sucedido*. → **futilidade** *sf* (**1**. qualidade do que é fútil; inutilidade: *moda, para os socialistas, é uma futilidade*; **2**. ação, gesto ou evento fútil); **futilizar** *v* (tornar fútil: *ela futiliza qualquer assunto sério*; **2**. proferir palavras vazias, ocas, sem nenhum sentido: *ela não namora, ela futiliza*; **3**. tratar de futilidades: *fazer reunião para futilizarmos?!*).

fu.ton *sm* Acolchoado usado como sofá, em substituição ao colchão, como revestimento de bancos e cadeiras e como pufe em ambientes internos e externos. (A 6.ª ed. do VOLP não traz esta palavra.)

fu.tri.ca *sf* Intriga, mexerico, fuxico, fofoca. → **futricar** *v* (fazer futrica; fuxicar, fofocar).

fut.sal *sm* Modalidade de futebol praticada por cinco atletas de cada lado em quadra coberta, de 36m x 24m, com regras tomadas ao futebol e ao futebol de salão. · V. **salonismo**. (A forma *futessal*, rejeitada pelo VOLP, é mais consentânea com os princípios da língua. Vocabulário que registra *futevôlei* tem de, por coerência, registrar *futessal*.)

fu.tu.ro *adj* **1**. Que está longe de acontecer, porém, que se espera, porque há motivo para assim o presumir: *as futuras gerações*. // *sm* **2**. Tempo que está por vir: *veremos isso no futuro*. **3**. Destino, sorte futura: *qual será o futuro do Brasil?* **4**. Condição potencial de uma pessoa ou coisa: *ele teria um grande futuro na política, se não fosse safado*. **5**. Tempo verbal que indica algo que há de ser ou se há de fazer. · Antôn.: *passado*. → **futurismo** *sm* (**1**. movimento artístico e literário, de índole revolucionária, surgido na Itália em 1909 com o poeta Marinetti (1876-1944), que se opunha ao tradicionalismo e repudiava o passado; **2**. *p.ext*. qualquer movimento, obra, projeto ou conquista muito avançada para o seu tempo: *o futurismo de um projeto arquitetônico, como o de Brasília*); **futurista** *adj* (rel. a futurismo) e *adj* e *s2gên* (que ou pessoa que é adepta do futurismo); **futurístico** *adj* (rel. a futurismo ou a futurista); **futurologia** *sf* (especulação sobre o futuro das ciências, tecnologia e sociedade, tendo como base as condições e os dados do momento); **futurólogo** *adj* e *sm* (que ou aquele que se dedica à futurologia).

fu.xi.co *sm* Futrica. → **fuxicar** *v* (futricar).

fu.zar.ca *sf* **1**. Folia, farra: *a juventude de hoje gosta mesmo é da fuzarca*. **2**. Bagunça, desordem, confusão: *as crianças deixaram o quarto uma fuzarca!*

fu.zil *sm* **1**. Arma de fogo portátil, de repetição, cano longo e carregador fácil de retirar e recolocar; espingarda, rifle. **2**. Clarão que precede o trovão, relâmpago. (Cuidado para não usar, nesta acepção, "fuzilo"!) → **fuzilação** *sf* (ato de fuzilar ou relampejar); **fuzilamento** *sm* (ação ou efeito de fuzilar ou matar com fuzil); **fuzilada** *sf* (**1**. série de tiros de espingarda; **2**. pancada com fuzil; **3**. relâmpagos longínquos); **fuzilar** *v* (**1**. matar ou executar com fuzil ou com qualquer outra arma de fogo; **2**. relampejar); **fuzilaria** *sf* (**1**. tiros simultâneos de qualquer arma de fogo; **2**. tiroteio entre inimigos); **fuzileiro** *sm* (soldado armado de fuzil); **fuzil-metralhadora** *sm* (arma de fogo de guerra, automática, que dá tiros um a um ou por rajadas e tem velocidade de disparo muito superior à do fuzil), de pl. *fuzis-metralhadoras*.

fu.zu.ê *sm* **1**. Festa licenciosa e ruidosa; orgia, bacanal. **2**. Barulho, desordem, sururu, arruaça.

G

g/G *sm* Sétima letra do alfabeto. · Pl.: os *gês* ou os *gg*.
Gabão *sm* País africano de área equivalente à do estado do Tocantins. → **gabonense** *adj* e *s2gên* ou **gabonês** *adj* e *sm*.
ga.bar *v* **1.** Elogiar perante todo o mundo: *a mãe vive gabando os filhos*. **gabar-se 2.** Vangloriar-se, tentando impressionar: *ela se gaba de ter o segundo grau!* → **gabação** *sf* [ato ou efeito de gabar(-se)].
ga.bar.di.na ou **ga.bar.di.ne** *sf* Tecido resistente de lã, algodão, poliéster ou outra fibra, próprio para a confecção de ternos e calças.
ga.ba.ri.to *sm* **1.** Medida padrão a que se devem submeter certas coisas em construção; molde, padrão. **2.** Instrumento com que se verificam algumas dessas medidas. **3.** *Pop.* Tabela onde se ordenam as respostas corretas de uma prova ou exame. **4.** Nível, classe, categoria: *gente sem gabarito*.
ga.ba.ro.la *adj* e *s2gên* V. **gabola**.
ga.bi.ne.te (ê) *sm* **1.** Escritório caseiro. **2.** Sala exclusiva de trabalhos profissionais: *gabinete dentário*. **3.** Sala reservada para altos funcionários ou pessoas que estão momentaneamente exercendo altas funções: *gabinete ministerial*. **4.** Laboratório: *gabinete de biologia*. **5.** Conjunto dos ministros de um Estado; ministério: *o presidente ainda não completou seu gabinete*. **6.** Conselho de ministros, no sistema parlamentarista: *o gabinete propôs uma reforma constitucional*. **7.** Caixa em que se acondicionam os principais componentes de um microcomputador. **8.** Recinto ou dependência da casa, com vaso sanitário, onde se dejeta; instalação sanitária; privada.
ga.bi.ro.ba *sf* V. **guabiroba**.
ga.bi.ru ou **gua.bi.ru** *sm* **1.** Rato grande; ratazana. **2.** *Pop.* Pessoa malandra, velhaca, safada: *essa velha é um gabiru, tome cuidado!* **3.** *Pop.* Pessoa que vive do jogo. **4.** *Pop.* Pessoa gatuna, larápia. **5.** *Pop.*RJ Pessoa desajeitada, desengonçada.
ga.bo.la ou **ga.ba.ro.la** *adj* e *s2gên* Que ou pessoa que se gaba dos próprios méritos, nem sempre verdadeiros; faroleiro(a); fanfarrão(ona). · Var.: **gabolas** e **gabarolas** *adj* e *s2gên2núm*. → **gabolice** *sf* (ato ou dito de gabola; fanfarronice).
ga.da.nho *sm* **1.** Garra de ave de rapina. **2.***P.ext.* Unha humana: *a mulher lhe deitou os gadanhos no rosto*. **3.** Gadanha (2). **4.** Ancinho com grandes dentes de ferro, para trabalhos agrícolas. → **gadanha** *sf* [**1.** concha para tirar sopa; **2.** foice de cabo comprido, para cortar feno; alfanje, gadanho (3)]; **gadanhar** *v* (**1.** cortar com a gadanha; **2.** arranhar com as unhas).
ga.do *sm* Conjunto de reses em geral (boi, vaca, carneiro, ovelha, cabra, etc.). ·· **Gado grosso**. Equinos e bovinos. ·· **Gado miúdo**. Suínos, caprinos e ovinos.
ga.fa.nho.to (ô) *sm* Inseto saltador, que forma bandos altamente destruidores de plantas, dotado de longas pernas traseiras, próprias para facilitar o salto. (Voz: *chichiar, estrilar, ziziar*.) · Col.: *nuvem*.
ga.fe *sf* **1.** Falta social involuntária, mas constrangedora, embaraçosa, imperdoável, geralmente notada por muita gente; rata, fora. **2.** Erro, deslize, rata (na fala ou na escrita).
ga.fei.ra *sf* **1.** Sarna leprosa de certos animais, princ. cães e o gado; morrinha. **2.** Doença que ataca as cabras e lhes faz cair a pele, causando-lhes a morte. **3.** Doença que ataca os olhos dos bois, causando inchaço das pálpebras.
ga.fi.ei.ra *sf* **1.** Baile popular no qual predomina o samba. **2.** Salão onde se realiza esse baile.
ga.gá *adj* e *s2gên* Que ou pessoa que já está caduca.
ga.go *adj* e *sm* Que ou aquele que fala com dificuldade, repetindo sílabas e sentindo dificuldade em articular a sílaba seguinte. → **gagueira** ou **gaguez** (ê) *sf* (embaraço fônico dos gagos); **gaguejamento** ou **gaguejo** (ê) *sm* (ato ou efeito de gaguejar); **gaguejar** *v* (**1.** falar com titubeio ou hesitação: *começou a gaguejar é porque está mentindo*; **2.** pronunciar com esforço e dificuldade as palavras, repetindo várias vezes as sílabas ou parando muito tempo antes de algumas), que mantém o e fechado durante a conjugação.

gai.a.to *adj* e *sm* **1.** Que ou aquele que é dado a pregar peças nos outros e a fazer outros tipos de gozações ou brincadeiras. **2.** Que ou aquele que é vivo, espertalhão, malandro. → **gaiatada** *sf* (**1.** porção de gaiatos; **2.** gaiatice); **gaiatada** ou **gaiatice** *sf* (ato, atitude, dito ou comportamento típico de gaiato); **gaiatar** *v* (proceder como gaiato; fazer travessuras). ·· **Entrar de gaiato** (pop.). **1.** Fazer alguma coisa por falsa esperteza e se dar mal, por não avaliar bem as consequências; dar uma de mané: *Entrou de gaiato, comprando um carro, mesmo sabendo ser roubado*. **2.** Fazer alguma coisa na louca, sem planejar. **3.** Entrar de bobo ou otário em algo; ser enganado.
gai.fo.na ou **gai.fo.ni.ce** *sf* Careta, trejeito, esgar. → **gaifonar** *v* (fazer gaifonas ou caretas); **gaifoneiro** *adj* e *sm* (que ou aquele que faz gaifonas).
gai.o.la *sf* **1.** Armação portátil, feita de pequenas ripas e arame, para prender ou transportar aves. **2.** Vagão para transporte de animais. **3.** *Gír.* Prisão, cadeia. // *sm* **4.** Pequeno navio do Amazonas.
gai.ta *sf* **1.** Pequeno instrumento musical de sopro, retangular, cujo som é produzido por palhetas livres que vibram, quando se assopra ou respira; harmônica. **2.** *Gír.* Dinheiro.
gai.vo.ta *sf* Ave aquática de grandes asas e plumagem cinza e branca, comum nas praias e em águas continentais, em que se alimenta de peixes. (Voz: *cantar, chiar, crocitar, grasnar, guinchar, piar, pipilar*.)
ga.jei.ro *sm* **1.** Marinheiro que vigia o mastro e, da gávea, observa as embarcações, o mar e o horizonte. // *adj* **2.** Ágil para subir ou trepar: *moleques gajeiros*.
ga.jo *sm* **1.** Homem de modos rudes, grosseiros. **2.** Indivíduo qualquer, cujo nome se desconhece ou não se quer dizer; fulano, cara, sujeito: *o que aquele gajo quer?* · Fem.: *gaja*.
ga.la *sf* **1.** Pompa, ostentação: *festa de gala*. **2.** Traje de luxo, próprio para atos solenes. **3.** Mancha da fecundação do ovo. **4.** *Pop*.*Chulo* Sêmen.
ga.lã *sm* **1.** Ator de boa aparência que, em peça ou novela, representa o protagonista nas intrigas de amor. **2.***P.ext.* Homem muito bonito e atraente. · Antôn. (1): *vilão, bandido*. → **galanice** *sf* (qualidade ou comportamento de galã).
ga.lác.ti.co *adj* V. **galáxia**.
ga.lai.co *adj* e *sm* Galego.
ga.la.lau *sm Pop.* Garoto ou adulto de estatura muito elevada: *era um galalau e queria jogar com as crianças!*
ga.lan.te *adj* e *s2gên* **1.** Que ou pessoa que se veste bem, com bom gosto. **2.** Que ou pessoa que é excepcionalmente atenciosa e cortês, princ. com as mulheres. → **galantear** *v* (**1.** fazer a corte a (damas); cortejar, flertar com: *não se galanteia mulher casada!*; **2.** enfeitar, decorar, ornar: *galantearam o galpão todo, para a festa*), que se conjuga por *frear*; **galanteador** (ô) *adj* e *sm* (que ou aquele que galanteia); **galanteio** *sm* (ato ou efeito de galantear); **galanteria** *sf* (arte de galantear) e *sfpl* (palavras amáveis ou lisonjeiras dirigidas a uma mulher).
ga.lão *sm* **1.** Tira ou fita com fios dourados ou prateados, usada como enfeite de roupas, cortinas, etc. **2.** Tira que no boné, na ombreira ou na manga da farda serve para distinguir postos militares. **3.** Medida de capacidade equivalente aproximadamente a 3,8L.
ga.la.po *sm* Almofada da sela do cavalo.
ga.lar *v* Fecundar (fêmea do galo): *o galo galou a galinha*. → **galação** ou **galadura** *sf* (ato ou efeito de galar; fecundação).
ga.lar.dão *sm* **1.** Retribuição devida ao mérito, a relevantes serviços prestados. **2.** *Fig.* Honra, glória. → **galardoar** *v* (**1.** dar galardão a; **2.** remunerar, premiar), que se conjuga por *abençoar*.
ga.lá.xia (x = ks) *sf* Cada um dos agrupamentos de bilhões de estrelas, junto com gás e poeira, mantidos juntos pela atração gravitacional. → **galáctico** *adj* (rel. ou pert. à galáxia).
ga.le.go ou **ga.lai.co** *adj* **1.** Da Galiza ou Galícia (Espanha). // *adj* e *sm* **2.** Natural ou habitante da Galiza ou Galícia. // *sm* **3.** Dialeto da Galiza ou Galícia. → **galego-português** ou **galaico-português** *adj* (**1.** rel. ou pert. a Galiza e Portugal, ou ao complexo linguístico formado pela antiga fala portuguesa do Norte e pelo galego, o qual veio a se transformar no português moderno) e *sm* (esse complexo linguístico).
ga.le.ra *sf* **1.** Antiga embarcação de guerra. **2.** Carro que transporta bombeiros, geralmente vermelho. **3.** *Pop.* Torcida num estádio de futebol. **4.** *Pop.* Grupo de amigos; pessoal, turma: *a galera aqui quer ir ao cinema, e não ao teatro*. **5.** *Pop.*AM Gangue de adolescentes que delimitaram territórios nos

bairros pobres de Manaus, impondo medo nas comunidades, cobrando pedágio dos moradores e andando armada. → **galeroso** (ô; pl.: ó) *adj* e *sm* (*pop*.AM que ou aquele que pertence a uma galera (5)].

ga.le.ri.a *sf* **1**. Estabelecimento que expõe e vende objetos de arte. **2**. Coleção desses objetos. **3**. Túnel ou passagem subterrânea, com fins militares, ou para exploração de minas. **4**. Escavação ou túnel na terra, feito por inseto ou animal. **5**. Tribuna para o público em certos edifícios (igreja, parlamento, teatro, cinema, etc.). **6**. Público que ocupa essa tribuna (mais usada no plural): *as galerias vaiaram a decisão do Congresso*. **7**. Redução de *galeria comercial*, corredor comprido e amplo, onde se encontram lojas de todos os tipos: *a loja de discos fica na galeria próxima do hotel*. **8**. Conjunto de dutos subterrâneos para escoamento das águas pluviais.

galês *adj* e *sm* Que ou aquele que nasceu ou habita no País de Gales.

ga.le.to (ê) *sm Pop*. **1**. Frango novo (de até 25 dias), pesando de 500 a 700g depois de limpo, preparado assado no espeto diretamente sobre o fogo. **2**. Restaurante, lanchonete ou churrascaria especializada no preparo e venda desse frango; galeteria. → **galeteria** *sf* [galeto (2)], palavra que não consta na 6.ª ed. do VOLP e nem em nenhum dicionário brasileiro.

ga.le.zi.a ou **ga.la.zi.a** *sf* Malandragem, pilantragem, velhacaria, trapaça.

gal.gar *v* **1**. Transpor, alargando as pernas: *galgar uma escada*. **2**. Transpor, saltando por cima, ultrapassando: *galgar um muro*. **3**. Subir ou trepar (a grandes alturas): *galgar picos e mais picos*. **4**. Conquistar com esforço ou mérito próprio: *apesar de origem humilde, galgou as mais altas posições na sociedade, graças a seu talento*.

ga.lha.da *sf* **1**. Cornos de mamíferos ruminantes. **2**. Conjunto dos galhos de uma árvore; galharada, galharia.

ga.lhar.de.te (ê) *sm* **1**. Flâmula no alto dos mastros, para adorno ou sinal. **2**. Bandeira ou flâmula decorativa de ruas ou edifícios em ocasiões festivas, solenes, etc.

ga.lhar.do *adj* **1**. De boa aparência e movimentos elegantes; garboso, distinto: *causou-me curiosidade a presença daquela galharda figura*. **2**. *Fig*. Que tem grandeza de coração; diz-se daquele que é generoso princ. com um adversário ou inimigo; magnânimo: *os grandes líderes são galhardos na vitória*. **3**. Corajoso, bravo. → **galhardaria** ou **galhardia** *sf* (qualidade de quem é galhardo; garbo, elegância; **2**. generosidade para com um adversário ou inimigo; magnanimidade; **3**. coragem, bravura: *os bombeiros enfrentam incêndios com galhardia*).

ga.lhe.ta (ê) *sf* **1**. Pequeno frasco em que se servem o azeite e o vinagre, nos serviços de mesa. **2**. Pequeno vaso que contém água ou vinho, para o serviço de missa. **3**. Frasco de vidro utilizado em laboratório químico. → **galheteiro** *sm* (utensílio de mesa para as galhetas, mais os vasos do sal e da pimenta).

ga.lho *sm* **1**. Cada uma das divisões mais fortes de um caule. **2**. Chifre na cabeça de ruminantes. **3**. *Pop*. Ocupação secundária; bico, biscate. **4**. *Fig*. Dificuldade, obstáculo, problema: *qual é o galho aqui?* **5**. *Pop*. Confusão, rolo, rebu: *aquilo deu o maior galho*. · Col. (1): *galhada, galharada, galharia*. → **galhudo** *adj* (cheio de galhos ou de chifres grandes).

ga.lho.fa *sf* Brincadeira, gozação. → **galhofada** ou **galhofaria** *sf* (grande galhofa); **galhofar** *v* (fazer galhofa ou gozação; gozar, caçoar: *galhofar dos amigos*); **galhofeiro** *adj* e *sm* (gozador, brincalhão).

ga.li.cis.mo *sm* Francesismo. → **galicista** *adj* e *s2gên* (que ou pessoa que simpatiza com os galicismos); **galicismo** ou **galicizar** *v* (usar galicismos).

Galileia (éi) *sf* Região histórica do norte da antiga Palestina, cenário dos ensinamentos de Jesus, a qual hoje faz parte do norte de Israel; nela se situa Nazaré. → **galileu** *adj* e *sm*, de fem. *galileia* (éi).

ga.li.ná.ceo *sm* **1**. Espécime dos galináceos, família de aves que inclui o galo, o peru, a perdiz, etc. // *adj* **2**. Relativo ou pertencente a essa família.

ga.li.nha *sf* **1**. Fêmea do galo doméstico ou silvestre. **2**. Prato feito com a carne dessa ave. **3**. *Pop.Pej*. Mulher que se entrega facilmente; mulher fácil, biscatinha.// *sm* **4**. *Pop.Pej*. Homem exageradamente paquerador ou metido a conquistador; mulherengo, bilontra. → **galinhagem** *sf* [*pop.pej*. prática, modos ou comportamento de galinha (3 e 4)]; **galinhar** *v* (*gír.pej*. comportar-se como galinha (3 e 4)]; **galinheiro** *sm* (**1**. lugar onde vivem as galinhas; **2**. vendedor de galinhas); galinhola *sf* (galinha d'angola); **galinicultor** (ô) *adj* e *sm* (que ou aquele que cria galináceos com propósitos comerciais); **galinicultura** *sf* (criação de galináceos). ·· **Galinha à** (ou **de**) **cabidela**. Cabidela. ·· **Galinha d'angola**. **1**. Ave nativa da África, barulhenta, extremamente agitada, cuja voz parece ser "tô fraco", também conhecida como *galinhola* e *capote* (7). **2**. Iguaria feita com a carne dessa ave.

ga.li.nha-mor.ta *sf* **1**. Negócio de ocasião; coisa muito barata; pechincha. // *s2gên* **2**. *Fig*. Pessoa fraca, frouxa, indiferente a tudo o que ocorre a seu redor. **3**. Cabeça de bagre. · Pl.: *galinhas-mortas*.

gá.lio *sm* Elemento químico metálico raro (símb.: **Ga**), de n.º atômico 31, branco, duro e maleável, semelhante ao alumínio.

ga.lo *sm* **1**. Macho da galinha doméstica, de crista carnuda, asas curtas e largas e esporões. (Voz: *cocoritar, cocoricó, cocorocó*.) **2**. *Pop*. Inchação na testa ou na cabeça, resultante de pancada ou contusão: *a batida lhe rendeu um galo na testa*. **3**. *Pop*. Torcedor(a) do Clube Atlético Mineiro: *ela é galo desde criança*. · Aum. irregular (1 e 2): *galaço*; dim. irregular (1 e 2): *galispo*.

ga.lo.cha *sf* Calçado impermeável, que se usa por cima dos sapatos ou das botas, para protegê-los da infiltração de água ou de umidade.

ga.lo.pe *sm* A mais rápida das andaduras naturais de equídeos. → **galopada** *sf* (corrida a galope); **galopante** *adj* (**1**. que galopa; **2**. *fig*. veloz, rápido: *inflação galopante*); **galopar** *v* (**1**. percorrer a galope: *galopar sua fazenda*; **2**. andar a galope).

gal.pão *sm* Salão coberto, amplo e aberto lateralmente, destinado a trabalhos ou a depósito. → **galponeiro** *adj* (**1**. rel. a galpão; **2**. que mora em galpão; **3**. passado ou vivido em galpão).

gal.va.ni.zar *v* **1**. Eletrizar por meio de pilha galvânica ou voltaica. **2**. Revestir (ferro ou aço) com uma fina camada protetora de zinco, para torná-lo mais resistente à corrosão: *galvanizei a grade de minha casa, para evitar ferrugem*. **3**. Submeter (músculo, p. ex.) à ação de uma corrente elétrica, com a finalidade de estimulá-lo fisiologicamente. **4**. *Fig*. Estimular ou excitar como que por um choque elétrico; empolgar, eletrizar, fascinar, arrebatar: *o espetáculo galvanizou o público*. **5**. *Fig*. Despertar para a consciência ou ação; estimular: *a pandemia galvanizou as pessoas do mundo todo à proteção*. → **galvanização** *sf* (ato, operação ou efeito de galvanizar).

ga.ma *sm* **1**. A terceira letra do alfabeto grego. // *sf* **2**. Sucessão de sons de uma oitava musical; escala. **3**. Série, sucessão: *uma gama de fatores, de causas, de razões*. **4**. Feminino de *gamo*. ·· **Raios gama**. Raios eletromagnéticos emitidos pelos corpos radiativos.

ga.mão *sm* **1**. Jogo de azar e cálculo, entre dois parceiros, com peças e dados dispostos num tabuleiro. **2**. Esse tabuleiro.

ga.mar *v Gír*. Ficar encantado, apaixonado, vidrado ou fissurado por alguém ou alguém): *gamei pela música assim que a ouvi; gamei nessa garota*. → **gamação** *sf* (*gír*. amor ou paixão violenta); **gamado** *adj* (**1**. diz-se da cruz que tem os braços iguais, dobrados em ângulo reto; **2**. *gír*. encantado, vidrado, fissurado).

gam.bá *sm* **1**. Mamífero marsupial de hábitos noturnos, que emite um líquido nauseabundo por suas glândulas anais, quando molestado. (Voz: *regougar*.) **2**. *Fig.Pej*. Pessoa que bebe muito; beberrão ou beberrona; alcoólatra: *sua mulher é o maior gambá do bairro*. **3**. *Fig.Pej*. Pessoa que cheira muito mal; indivíduo que fede: *já namoraste Hermengarda, aquele gambá?!* // *adj* e *s2gên* **4**. *Pop.Pej*. Torcedor(a) do Sport Club Corinthians Paulista; corintiano(a): *em São Paulo, a rivalidade maior é entre gambás e porcos*. ·· **Bêbado como um gambá**. Extremamente alcoolizado ou embriagado.

Gâmbia *sf* Pequeno país africano (República da Gâmbia), cuja área equivale a meio estado de Sergipe. → **gambiano** *adj* e *sm*.

gam.bi.ar.ra *sf* **1**. Lâmpada instalada na extremidade dum comprido cabo elétrico, para poder ser utilizada numa área relativamente grande; extensão de luz. **2**. No teatro, conjunto de refletores colocados acima da ribalta ou no teto da plateia a pequena distância do palco. **3**. *Pop*. Extensão elétrica improvisada e fraudulenta; gato. **4**. *P.ext*. Qualquer ajuste ou improviso, feito de qualquer jeito, para resolver um problema momentaneamente ou por um certo período de tempo. → **gambiarrear** *sm* [aquele que faz gambiarra (3 e 4)].

gam.bi.to *sm* **1**. Lance no jogo de xadrez no qual se sacrifica uma peça menor (geralmente um peão), para ganhar uma posição favorável. **2**. Manobra, truque ou ardil para vencer o rival ou adversário; artimanha. **3**. *Pop.Pej*. Perna fina; cambito (2).

game [ingl.] *sm* **1**. Redução de *videogame*, atividade que proporciona entretenimento, passatempo, geralmente em máquina eletrônica; jogo eletrônico. **2**. Série de pontos disputados numa partida. **3**. Número total de pontos para vencer uma partida: cem pontos é o game *no* bridge. · Pl.: *games*. · Pronuncia-se *ghêiM*.

ga.me.la *sf* **1**. Vasilha de madeira, utilizada princ. para dar comida a porcos, galinhas e outros animais domésticos. **2**. Pequena corça.

ga.me.ta (ê) *sm* Célula reprodutora madura, masculina (espermatozoide) ou feminina (óvulo), que se une a outra célula, para formar um novo organismo, o ovo ou zigoto. → **gamético** *adj* (rel. a gameta).

ga.mo *sm* Mamífero ruminante semelhante a um veadinho, de malhas brancas, cauda comprida e galharia achatada. · Fem.: *gama*.

ga.na *sf* **1**. Vontade intensa de fazer algo; garra: *ter gana de vencer*. **2**. Grande apetite ou vontade de praticar males; ódio: *tenho gana a esse cara*. **3**. Vontade inesperada; ímpeto, impulso, rompante: *teve gana de esmurrar todo o mundo ali*.

Gana *sf* País africano (República de Gana), de área equivalente à do estado de Rondônia. → **ganense** *adj* e *s2gên*.

ga.na.cha *sf* Maxila inferior do cavalo.

ga.nân.cia *sf* Desejo intenso, egoísta e desenfreado por alcançar nem sempre aquilo que merece ou é lícito (dinheiro, lucros excessivos, bens, etc.), que não se confunde com *ambição*: um comerciante *ambicioso* distingue-se do *ganancioso*; o *ambicioso* busca atingir seu objetivo de modo justo, não explorando quem quer que seja; já o comerciante *ganancioso* deseja mais do que lhe é justo ou de direito, não tendo nenhum escrúpulo em explorar pessoas ou situações. → **ganancioso** (ô; pl.: ó) *adj* e *sm* (que ou aquele que tem ganância), que não se confunde com *ambicioso*.

gan.cho *sm* **1**. Peça metálica, recurvada e resistente, usada para suspender ou pendurar pesos. **2**.*P.ext*. Qualquer peça semelhante. **3**. Suporte de telefone. **4**. *Gír*. Aventura amorosa; caso: *todo o mundo sabia do gancho da moça com o rapaz*. **5**.*Gír*. Amante, amásio(a). · Aum. irregular (1 e 2): *ganchorra* (ô) *sf*. → **enganchar** ou **ganchar** *v* (agarrar ou prender com gancho); **ganchear** *v* (fazer biscates ou pequenos serviços ocasionais, de baixa remuneração, que se conjuga por *frear*; **gancheira** *sf* (nas bicicletas, ponto em que é fixada a roda ao quadro ou garfo); **gancheiro** (*pop*.AM canoeiro que movimenta a embarcação mediante um gancho que vai prendendo a árvores e pedras das margens do rio).

gan.dai.a *sf* Vida desregrada ou de farrista; farra: *ela gosta mesmo é de uma gandaia*. → **gandaiar** *v* (farrear, cair na gandaia); **gandaieiro** *adj* e *sm* (que ou aquele que é chegado a uma gandaia); **gandaiice** *sf* (ato, dito ou modos de gandaieiro). ·· *Cair na gandaia*. Entregar-se aos prazeres da vida; farrear, gandaiar.

gan.do.la *sf* Camisa, jaqueta ou blusão militar.

gan.du.la *s2gên* Pessoa que busca a bola saída do campo ou da quadra de jogo, durante uma partida.

ga.nei.ra *sf* O maior ou o principal ramo de uma árvore.

gân.glio *sm* Cada uma das estruturas arredondadas, de tamanhos variados, que fazem parte dos sistemas linfático e nervoso; nódulo. → **ganglionar** *adj* (rel. ou pert. a gânglio).

gan.gor.ra (ô) *sf* **1**. Recriação em que duas crianças cavalgam alternadamente para cima e para baixo, sentadas em extremidades opostas de uma prancha equilibrada no meio. **2**. Essa prancha. **3**. *Fig*. Liderança que, numa competição, muda alternadamente de equipes: *a gangorra do campeonato brasileiro de futebol*. **4**. *Fig*. Algo que muda continuamente de um estado para outro e vice-versa: *o casamento é uma gangorra emocional*.

gan.gre.na *sf* Morte de um tecido do corpo; necrose. → **gangrenamento** *sm* [ato ou efeito de gangrenar(-se)]; **gangrenar** *v* (provocar gangrena em; necrosar: *uma bactéria desconhecida gangrenou-lhe os pés*); **gangrenar-se** (tornar-se afetado de gangrena; necrosar: *a ferida gangrenou-se*); **gangrenoso** (ô; pl.: ó) *adj* (que tem gangrena).

gângs.ter *s2gên* **1**. Membro de um grupo organizado de criminosos violentos, geralmente numa grande cidade: *Al Capone é um dos mais notórios gângsteres da história*; *todo mafioso é gângster*. **2**. *Fig*. Indivíduo inescrupuloso, disposto a tudo para atingir seus objetivos; mafioso(a). · Pl.: *gângsteres*. → **gangsterismo** *sm* (ação de gângster).

gan.gue *sf* Grupo de delinquentes ou jovens de má índole que se associam para promover desordem, vandalismo, arruaças e fazer ameaças a membros de bandos rivais, bando organizado de arruaceiros e delinquentes. → **gangueiro** *adj* e *sm* (que ou aquele que faz parte de gangue).

ga.nhar *v* **1**. Granjear, conquistar: *ganhar dinheiro*. **2**. Receber, obter: *ganhou uma fortuna no cassino*. **3**. Conseguir, obter ou granjear por mérito, esforço ou trabalho: *ganhar apoio no Congresso*. **4**. Receber gratuitamente, geralmente de presente: *ganhou uma bicicleta no Natal*. **5**. Alcançar, atingir: *o avião ganhou altura e caiu*. **6**. Sair vitorioso em, vencer: *ganhar um jogo*. **7**. Receber, perceber: *ganhar bom salário*. **8**. Conseguir em competição: *ganhou o troféu*. **9**. *Fig*. Lucrar: *que ganhas em seres turrão?* · Antôn.: *perder*. [Usa-se indiferentemente como particípio *ganho* ou *ganhado*, desde que o verbo principal seja *ter* ou *haver*: *Ele tem ganhado* (ou *ganho*) *muitos prêmios*. Se for *ser* ou *estar*, só se usa *ganho*: *O prêmio foi ganho e está ganho*.] → **ganha-pão** *sm* (trabalho ou instrumento de que se tiram os meios de subsistência: *meu ganha-pão é este carrinho de pipocas*, de pl. *ganha-pães*; **ganho** *adj* e *sm* (que ou aquilo que se ganhou: *estar com o dia ganho*; *o ganho do dia não chegou a cem reais*).

ga.ni.do *sm* Gemido ou grito lamentoso dos cães. → **ganir** *v* (dar ganidos; gemer ou gritar lamentosamente), que se conjuga por *abolir*.

gan.so *sm* Ave palmípede aquática, maior que o pato, de pescoço longo, pernas curtas e bico curto e largo. (Voz: *grasnar, gritar*.) · Fem.: *gansa*. · V. **anserino**.

gan.zá *sm* Instrumento musical de percussão, espécie de chocalho metálico, muito utilizado nas baterias das escolas de samba cariocas; reco-reco.

gap [ingl.] *sm* **1**. Espaço vazio entre coisas ou pontos; abertura, lacuna, brecha: *dentes frontais com gap*. **2**. Hiato, lapso: *tive um gap de memória*. · Pl.: *gaps*. · Pronuncia-se *ghép*.

ga.ra.bu.lha *sf* **1**. Confusão, rebuliço: *acaba o jogo, começa a garabulha*. **2**. Letra ruim, difícil de ler ou muito malfeita; garrancho, garatuja, garabulho (2). // *sm* **3**. Homem dado a intrigas e mexericos; mexeriqueiro: *este bairro é cheio de garabulhas*. → **garabulhar** *v* (rabiscar, garatujar); **garabulhento** *adj* (áspero, rugoso: *mãos garabulhentas*); **garabulho** *sm* [**1**. aspereza, rugosidade; **2**. garabulha (2)].

ga.ra.gem *sf* Abrigo ou oficina de veículos automotores. (Cuidado para não usar "garage"!) → **garagista** *s2gên* (pessoa que é proprietária ou encarregada de garagem).

ga.ra.nhão *sm* **1**. Cavalo de raça especialmente destinado à reprodução. **2**.*P.ext*. Homem mulherengo, que costuma manter frequentes relações sexuais e com parceiras diferentes.

ga.ran.tir *v* **1**. Responsabilizar-se por: *garantir uma dívida de um amigo*. **2**. Afirmar como certo, assegurar: *garanto que ela não vem*. **3**. Tornar certo ou seguro, assegurar: *a constituição garante os direitos dos cidadãos*. **4**. Tornar real, efetivar, assegurar: *ele já garantiu sua vaga na universidade*. **5**. Assumir responsabilidade pela qualidade ou pelo funcionamento de: *o fabricante garante os seus produtos*. **6**. Prometer, dar certeza de: *garanto que amanhã lhe pago*. **7**. Estar absolutamente certo ou convicto de: *garanto que você gostará deste dicionário*. → **garantia** *sf* (**1**. ato ou efeito de garantir; **2**. palavra ou documento com que uma pessoa ou empresa se obriga a alguma coisa; **3**. período de tempo em que uma empresa se obriga a consertar ou trocar algum produto com defeito de fábrica).

ga.ra.pa *sf* **1**. Caldo de cana moída. **2**. Refresco feito com melaço, água e algumas gotas de limão. **3**. Qualquer líquido que se fermenta, depois de destilado.

ga.ra.tu.ja *sf* Letra malfeita ou difícil de ler; garrancho, garabulha. · V. **esgaratujar**.

gar.bo *sm* **1**. Elegância ou distinção no traje; boa aparência: *admiro-lhe o garbo e o bom gosto*. **2**. Modo educado, respeitoso e cortês de uma pessoa na arte de tratar os outros com os outros; gentileza, diplomacia: *ele trata as mulheres com garbo, por isso é querido por elas*. **3**. Graça nas ações ou nos movimentos, princ. na forma de andar; desenvoltura: *o garbo de um cavalo árabe*. → **garbosidade** *sf* (qualidade ou modos de garboso); **garboso** (ô; pl.: ó) *adj* (que tem garbo).

gar.ça *sf* Ave pernalta aquática, de penas brancas e pescoço longo, em forma de S, bico longo e pontudo, que vive aos bandos em rios, lagoas, pântanos, etc., alimentando-se de peixes. (Voz: *gazear, grasnar, gazinar*.) · Dim. irregular: *garçota*.

gar.çom ou **gar.ção** *sm* Empregado que serve alimentos e bebidas à mesa em bares, restaurantes, hotéis, etc. · Fem.: *garçonete*.

ga.re *sf* Plataforma de embarque e desembarque de passageiros, nas estações de estrada de ferro ou de metrô.

gar.fo *sm* **1.** Utensílio de mesa, de três ou quatro dentes, usado para levar alimentos à boca. **2.** Instrumento da lavoura, formado por um cabo de madeira em cuja extremidade há duas ou três pontas de ferro; forcado. → **garfada** *sf* (**1.** porção de comida que se leva à boca, de uma só vez; **2.** golpe com o garfo; **3.** roubo, princ. no futebol); **garfagem** *sf* (método de enxertia que consiste em reproduzir uma muda a partir de um ramo destacado, chamado *garfo*); **garfar** *v* (**1.** espetar com garfo: *garfar o churrasco*; **2.** enxertar de garfo: *garfar uma laranjeira*; **3.** roubar, princ. em futebol: *o árbitro garfou meu time*).

gar.ga.lha.da *sf* Risada ruidosa e prolongada. → **gargalhar** *v* (soltar gargalhadas); **gargalheiro** *sm* (porção de gargalhadas ao mesmo tempo).

gar.ga.lo *sm* Pescoço de garrafa, litro, pote, moringa, ou de outra vasilha, com entrada estreita.

gar.gan.ta *sf* **1.** Parte frontal do pescoço de pessoa ou animal: *a gravata estava frouxa na garganta*. **2.** Parte interna do pescoço, correspondente à faringe, laringe, traqueia e esôfago; goela: *garganta irritada*. **3.** *P.ext.* Qualquer abertura estreita: *a garganta de uma chaminé*. **4.** *Fig.* Voz forte, potente de pessoa ou de pássaro canoro: *cantor de poderosa garganta*. **5.** *Fig.* Bravata, conversa-fiada, lorota, estória: *disse que era autoridade, mas aquilo tudo não passava de garganta dele*. // *adj* e *sm* **6.** *Fig.* Que ou pessoa que conta muita vantagem; bravateiro(a), prosa: *todo pescador é, por natureza, um garganta*. · Aum. irregular (1): *gargantaço*. · V. **gutural**. → **gargantear** *v* (**1.** cantar ou pronunciar com voz requebrada; **2.** contar vantagens), que se conjuga por *frear*; **garganteio** *sm* (ato de gargantear); **gargantilha** *sf* (colar que se usa justo ao pescoço).

gar.ga.re.jo (ê) *sm* **1.** Agitação de líquido na garganta, geralmente com fins de cura. **2.** Líquido que aí se agita. → **gargarejar** *v* (agitar qualquer líquido na boca), que se conserva o *e* fechado durante a conjugação.

ga.ri *s2gén* Empregado(a) da limpeza pública.

ga.rim.po *sm* Lugar onde se procuram metais e pedras preciosas. → **garimpagem** *sf* (prática do garimpo); **garimpar** *v* (**1.** procurar (metal ou pedra preciosa), explorando garimpo; **2.** *fig.* procurar como que em garimpo: *garimpar raridades numa livraria*; **3.** exercer o ofício de garimpeiro); **garimpeiro** *sm* (aquele que procura metais e pedras preciosas).

gar.ni.sé *adj* e *sm* Que ou galináceo (galo ou galinha) que não cresce muito, geralmente de cor branca.

ga.ro.a (ô) *sf* Chuva fina e constante; chuvisco. → **garoar** *v* (cair garoa); **garoento** *adj* (em que há garoa: *cidade garoenta*).

ga.ro.to (ô) *sm* Menino dos 8 aos 12 anos. · Col.: *garotada* sf. → **garota** (ô) *sf* (**1.** fem. de *garoto*; menina; **2.** *fig.* namorada: *minha garota é sueca*); **garotão** *sm* (rapaz, geralmente bem-apessoado, que ainda não tem os encargos e as responsabilidades de um adulto); **garotice** *sf* (vida ou ato de garoto); **garoto-propaganda** *sm* (rapaz que faz publicidade pelos meios visuais de comunicação), de pl. *garotos-propaganda* ou *garotos-propagandas*.

ga.rou.pa *sf* **1.** Peixe marinho de carne muito saborosa. **2.** Essa carne.

gar.ra *sf* **1.** Unha aguçada e recurvada de feras e aves de rapina. **2.** *P.ext.* Unhas. **3.** *Fig.* Muito espírito de luta ou grande vontade de vencer: *é um time de garra*.

gar.ra.fa *sf* **1.** Recipiente de vidro, cilíndrico, de gargalo estreito, destinado a conter líquidos. **2.** Conteúdo desse recipiente; garrafada. · Col. (1): *garrafaria*. → **garrafada** *sf* [**1.** conteúdo de uma garrafa, garrafa (2); **2.** golpe ou pancada com uma garrafa]; **garrafal** *adj* (**1.** sem. a uma garrafa; **2.** *fig.* graúdo, grande: *letras garrafais*); **garrafão** *sm* (**1.** garrafa grande, geralmente revestida de palha ou vime trançado, para que não se quebre; **2.** no basquete, área da quadra, junto à tabela na qual cada atacante pode ficar no máximo três segundos de cada vez); **garrafinha** *sf* [**1.** garrafa pequena; **2.** *pop.* caraminhola (3)].

gar.ran.cho *sm* **1.** Ramo tortuoso de árvore. **2.** Galho fino de árvore ou arbusto. **3.** Letra ruim, ininteligível; garatuja. → **garranchento** ou **garranchoso** (ô; pl.: ó) *adj* (cheio de garranchos).

gar.ri.do *adj* **1.** Elegante, gracioso: *mulher de andar garrido*. **2.** *Fig.* Vivo, forte, berrante: *cores garridas*. **3.** *Fig.* Vistoso, chamativo: *fantasias garridas*. **4.** Diz-se daquele que se veste com excessivo apuro ou requinte; janota. → **garridice** *sf* ou **garridismo** *sm* (excessivo requinte no vestir).

gar.rin.cha *sf* Corruíra, cambaxirra.

gar.ro.te *sm* **1.** Pequeno pedaço de pau usado antigamente para apertar a corda nos estrangulamentos de condenados. **2.** Faixa usada para interromper o fluxo de sangue através de uma veia ou artéria, usada para evitar hemorragias; torniquete. **3.** Tira de plástico com que se comprime membro do corpo, para facilitar injeções na veia. **4.** Bezerro de dois a quatro anos de idade. → **garrotar** *v* (aplicar garrote em).

gar.ru.cha *sf* Arma de fogo antiga, carregada pela boca.

gár.ru.lo *adj* e *sm* Que ou aquele que fala demais e geralmente sobre coisas sem nenhuma importância; tagarela. → **garrular** *v* (falar demais; tagarelar); **garrulice** *sf* (hábito de quem fala demais; tagarelice, palrice).

ga.ru.pa *sf* **1.** Anca do cavalo. **2.** *P.ext.* Parte traseira de bicicleta, motocicleta, etc. // *sm* **3.** *Fig.* Pessoa que viaja nessa parte: *o garupa era uma criança*.

gás *sm* **1.** Um dos três estados básicos da matéria, distinto dos estados sólido e líquido. **2.** Substância nesse estado. **3.** Qualquer substância gasosa propositadamente espalhada na atmosfera para causar asfixias, intoxicações ou irritações, como nas guerras. **4.** *Fig.* Resistência física; fôlego, preparo físico: *acabou o gás da moçada*. // *smpl* **5.** Vapores gástricos ou intestinais (arroto ou flatulência). → **gaseificação** ou **gasificação** *sf* (operação de gaseificar); **gaseificar** ou **gasificar** *v* (transformar em gás); **gaseificar-se** ou **gasificar-se** (vaporizar); **gasoduto** *sm* (tubulação usada para condução de gás ou derivados de petróleo a grande distância); **gasogênio** *sm* (aparelho próprio para produzir gás); **gasógeno** *adj* (que produz gás); **gasometria** *sf* (análise química feita para medir o volume dos produtos gasosos); **gasométrico** *adj* (rel. a gasometria); **gasômetro** *sm* (medidor, fábrica ou reservatório de gás); **gasosa** *sf* (água artificialmente gaseificada); **gasoso** (ô; pl.: ó) *adj* (**1.** que existe no estado de um gás; **2.** que contém gás, cheio de gás). ·· **Gás do efeito estufa**. Gás que absorve e emite radiação infravermelha na faixa de comprimento de onda emitida pela Terra, causando o efeito estufa: *O vapor d'água, o dióxido de carbono, o óxido nitroso, o metano e o ozônio são os gases do efeito estufa, sem os quais a temperatura média da superfície da Terra seria de cerca de dezoito graus Celsius negativos*. ·· **Gás mostarda**. Gás asfixiante, corrosivo à pele e à mucosa, que, inalado, provoca sangramento e bolhas no sistema respiratório, muito utilizado durante a I Guerra Mundial e assim chamado por causa de seu odor semelhante ao da mostarda.

gaslighting [ingl.] *sm* Forma de abuso e violência sutil contra a mulher, que consiste em manipulá-la psicologicamente, com o objetivo de ter sobre ela absoluto controle, a ponto de anulá-la, gerar insegurança, dúvidas e medos e até de fazê-la duvidar de sua sanidade mental. · Pl.: *gaslightings*. · Pronuncia-se *gués-laidin*.

ga.so.li.na *sf* Líquido volátil e inflamável, obtido do petróleo, utilizado princ. como combustível em motores de combustão interna.

gassho [jap. = duas mãos juntas] *sm* Gesto ritual que consiste em pôr as mãos, com as palmas unidas junto ao centro do peito, que no budismo expressa uma atitude de humildade, respeito e gratidão e significa *Meu Deus interior saúda o teu Deus interior*. · Pronuncia-se *gachô*.

gas.tar *v* **1.** Deteriorar ou desgastar pelo atrito: *gastar os sapatos*. **2.** Despender, consumir: *gastar energia*. **gastar(-se)** **3.** Sofrer desgaste, desgastar-se, estragar-se: *pneus bons não (se) gastam facilmente*. [Usa-se indiferentemente como particípio *gasto* ou *gastado*, desde que o verbo principal seja *ter* ou *haver*: *Ela tem gastado* (ou *gasto*) *muito dinheiro*. Se for *ser* ou *estar*, só se usa *gasto*: *O dinheiro foi gasto e está gasto*.] → **gastador** (ô) *adj* e *sm* (que ou aquele que tem o hábito de gastar dinheiro demais); **gasto** *sm* [**1.** ato ou efeito de gastar(-se); **2.** despesa, dispêndio; **3.** consumo] e *adj* (**1.** que se gastou ou dependeu; **2.** estragado, deteriorado).

gas.tren.te.ri.te ou **gas.tro.en.te.ri.te** *sf* Inflamação simultânea do estômago e dos intestinos, acompanhada de inúmeros desarranjos gastrintestinais.

gas.tren.te.ro.lo.gi.a ou **gas.tro.en.te.ro.lo.gi.a** *sf* Ramo da medicina que estuda as doenças que afetam o sistema gastrintestinal. **gastrenterológico** ou **gastroenterológico** *adj* (rel. a gastrenterologia); **gastrenterologista** ou **gastroenterologista** *adj* e *s2gên* (especialista em gastrenterologia).

gás.tri.co *adj* **1**. Relativo ou pertencente ao estômago; estomacal: *região gástrica; mucosa gástrica*. **2**. Produzido pelo estômago: *suco gástrico*.

gas.trin.tes.ti.nal ou **gas.tro.in.tes.ti.nal** *adj* Relativo ao estômago e aos intestinos.

gas.tri.te *sf* Inflamação da mucosa estomacal.

gas.tro.e.so.fá.gi.co ou **gas.tre.so.fa.gi.a.no** *adj* Relativo ao estômago e ao esôfago: *refluxo gastroesofágico*. → **gastroesofagite** ou **gastresofagite** *sm* (inflamação da mucosa do estômago e do esôfago).

gas.tro.lo.gi.a *sf* Arte ou ciência de cuidar do estômago, tanto clínica quanto gastronomicamente. → **gastrológico** *adj* (rel. a gastrologia); **gastrólogo** *sm* (especialista em gastrologia).

gas.tro.no.mi.a *sf* Arte de preparar pratos finos ou de bem se alimentar. → **gastronômico** *adj* (rel. a gastronomia); **gastrônomo** *sm* (aquele que é entendido em gastronomia ou que aprecia pratos finos).

gas.tu.ra *sf* **1**. Sensação de mal-estar (comichão ou arrepio), causada por sons ou ruídos irritantes, ou por contato com material desagradável ao tato: *esse arranhão do giz no quadro-negro lhe deu gastura*. **2**. Sensação de dor e queimação no estômago; mal-estar gástrico; azia: *não come abacaxi, para evitar a gastura*. [Não se confunde (2) com *agastura*, sensação de mal-estar provocada por falta de alimento.] **3**. *Fig*. Sentimento de irritação ou impaciência; aflição: *por que a presença de seu ex-marido lhe causa tanta gastura*. **4**. *Fig*. Desejo de mulher grávida; antojo.

ga.ta-pa.ri.da *sf* Brincadeira infantil que consiste em todos se sentarem num banco e, em seguida, começarem a comprimir-se uns aos outros, imitando miado de gato ou tentando expulsar aquele que estiver na ponta do banco. · Pl.: *gatas-paridas*.

gate [ingl.] *sm* Nos aeroportos, portão de embarque e desembarque de passageiros. · Pronuncia-se *ghêit*.

ga.ti.cí.dio *sm* Morte violenta de gato(s). → **gaticida** *adj* e *s2gên* (que ou pessoa que comete gaticídio) e *sm* (veneno para matar gatos).

ga.ti.lho *sm* Peça que, pressionada, dispara arma de fogo.

ga.ti.ma.nho *sm* **1**. Gesto ou sinal feito com as mãos. **2**. Gesticulação afetada, cômica ou ridícula; trejeito, momice. **3**. Desenho muito malfeito; rabisco: *a criança veio mostrar seus gatimanhos para a mãe*. (É mais usada no plural.)

ga.to *sm* **1**. Pequeno mamífero carnívoro doméstico, ao qual muitos chamam carinhosamente *bichano*, exímio caçador de ratos. (Voz: *miar, rosnar, ronronar*.) **2**. *Gír*. Homem bonito. **3**. *Pop*. Ligação elétrica clandestina; gambiarra: *a favela estava iluminada só por gatos*. **4**. *Gír*. Atleta profissional cuja documentação foi adulterada, geralmente com diminuição de um ou dois anos na data de nascimento, para possibilitar a participação em competições com limite de idade: *o futebol brasileiro está cheio de gatos*. · Aum. irregular (1): *gatarrão, gatázio*. ·· **Gata borralheira**. **1**. *Fig*. Cinderela (2). **2**. *Fig*. Mulher que só vive ocupada com os serviços domésticos, sem nunca sair de casa.

ga.to-pin.ga.do *sm* **1**. Cada um dos raros assistentes ou participantes que compareceram a espetáculos, conferências, aulas, reuniões, etc. **2**. Sujeito sem nenhuma importância; joão-ninguém, pé de chinelo: *a oposição não passa de meia dúzia de gatos pingados*. · Pl.: *gatos-pingados*.

ga.to-sa.pa.to *sm* Ninharia, insignificância. · Pl.: *gatos-sapato* ou *gatos-sapatos*. ·· **Fazer alguém de gato-sapato** (ou **Fazer gato-sapato de alguém**). Fazê-lo de joguete; tratá-lo com muita falta de consideração.

ga.tu.no *adj* e *sm* Que ou aquele que, à maneira de gato, sabe furtar com habilidade. → **gatunagem** ou **gatunice** *sf* (ato próprio de gatuno); **gatunagem** *sf* (**1**. gatunice; **2**. bando de gatunos; **3**. vida de gatuno; hábito do furto; gatunismo); **gatunar** *v* (**1**. praticar gatunagem; furtar; **2**. levar vida de gatuno); **gatunismo** *sm* [gatunagem (3)].

ga.tu.ra.mo *sm* Pássaro muito apreciado por seu canto e sua plumagem colorida, também conhecido por *tem-tem* e *guarantã*. (Voz: *cantar, gorjear*.)

gauche [fr.] *adj* e *s2gên* Que ou pessoa que é acanhada, tímida, retraída. · Pronuncia-se *gôch*.

ga.ú.cho *adj* e *sm* **1**. Natural ou habitante do Rio Grande do Sul; rio-grandense-do-sul, sul-rio-grandense. // *sm* **2**. Habitante da zona rural (pampas) da Argentina e do Uruguai, que geralmente cria gado. · Aum. irregular: *gauchaço*. · Dim. irregular: *gauchito*.

gáu.dio *sm* Satisfação, alegria, regozijo. · Antôn.: *tristeza, infortúnio*. → **gaudiar(-se)** *v* [encher(-se) de gáudio, alegrar(-se)].

gaufre [fr.] *sm* Pequeno biscoito, de massa finíssima, recheado com creme de vários sabores. · Pronuncia-se *gofRe*.

gau.lês *adj* e *sm* Natural ou habitante da Gália, nome que se dava antigamente às regiões compreendidas entre o Reno, os Alpes, o Mediterrâneo, os Pireneus e o Atlântico.

gá.vea *sf* **1**. Plataforma a certa altura de um mastro. **2**. Vela imediatamente superior à grande.

ga.ve.la *sf* Feixe ou molho de espigas.

ga.ve.ta (ê) *sf* **1**. Caixa de madeira ou de metal, corrediça, sem tampa, embutida em móveis, para guardar roupas ou objetos. **2**. Carneira (5). **3**. *Gír*. No futebol, ângulo: *a bola foi na gaveta, o goleiro nem viu*. · Col. (1): *gaveteiro sm*. → **gaveteiro** *sm* (**1**. coletivo de *gaveta*; porção de gavetas; **2**. parte do guarda-roupa onde se embutem as gavetas) e *adj* e *sm* (*gír*. que ou aquele que se deixa subornar, princ. em competições esportivas). ·· **Contrato de gaveta**. Contrato de promessa de compra e venda de imóvel que, depois de assinado entre as partes, tem seu destino a gaveta da casa do comprador e do vendedor.

ga.vi.al *sm* Grande crocodilo da Índia e do Paquistão, de focinho longo e estreito. · Pl.: *gaviais*.

ga.vi.ão *sm* **1**. Nome comum a grande número de aves de rapina, de hábitos diurnos, que incluem os falcões, carcarás, etc. (Voz: *chiar, crocitar, grasnar, guinchar*.) (É nome epiceno: *gavião macho, gavião fêmea*.) **2**. *Fig*. Homem conquistador; dom-*juan*: *Ivã era o gavião da turma*. ·· **Gaviões da Fiel**. A maior torcida organizada do Sport Club Corinthians Paulista. (Seu membro masculino se diz *gavião*; seu membro feminino se diz *gaviã*: *Mário é um gavião; Maria uma gaviã*.)

ga.vi.nha *sf* Apêndice delgado em forma de fio de plantas trepadeiras, que geralmente cresce em forma de espiral, por meio do qual elas se agarram a outras plantas ou a estruturas próximas; cirro (2).

ga.xe.ta (ê) *sf* Anel de vedação, geralmente de borracha, que veda usando a própria pressão exercida contra a parede do local onde é aplicado, como nas portas dos refrigeradores.

gay [ingl.] *adj* e *s2gên* **1**. Que ou pessoa que se relaciona afetiva e/ou sexualmente com outra do mesmo sexo; homossexual. // *adj* **2**. Relativo ou pertencente a homossexual: *relacionamento gay; passeata gay*. **3**. Próprio de homossexual: *andar gay; trejeitos gays*. **4**. Fequentado por homossexuais: *bar gay*. **5**. Destinado ao público homossexual: *academia gay*. · Pl.: *gays*. · Pronuncia-se *ghei*.

ga.ze *sf* Tecido esterilizado, leve e poroso, utilizado em cirurgias e em curativos.

ga.ze.ar *v* **1**. Emitir sua voz (andorinha e pássaros em geral); cantar, chilrear. **2**. *Gír*. Faltar a (escola, estudo, trabalho); cabular, gazetear: *ele vive gazeando aula*. // *sm* **3**. Ato de gazear; canto, chilreio: *o triste gazear do filhote evocava a presença da mãe*. · Conjuga-se por *frear*. → **gazeio** *sm* [ato de gazear (2)].

ga.ze.la *sf* **1**. Pequeno e gracioso antílope da África e da Ásia. // *sf* **2**. *Fig*. Mulher nova e esguia.

ga.ze.ta (ê) *sf* **1**. Periódico em formato de tabloide, especializado em certo tipo de assunto, como literatura, política, arte, esportes, etc. **2**. Ato de gazetear; falta à aula ou ao trabalho, por vadiação ou diversão. → **gazetear** *v* (faltar à aula ou ao trabalho, para vadiar ou se divertir; gazear), que se conjuga por *frear*; **gazeteiro** *adj* e *sm* (que ou pessoa que gazeteia) e *sm* (vendedor de jornais; jornaleiro).

ga.zu.a *sf* Dispositivo que abre fechadura sem necessidade de chave, formado por um fio forte dobrado numa das extremidades.

gê *sm* Nome da letra *g*. · Pl.: os *gês* ou os *gg*.

ge.a.da *sf* Orvalho congelado que forma fina camada branca sobre plantas, veículos, telhados e solo. · V. **geoso**. → **gear** *v* (cair geada, formar-se geada), que se conjuga por *frear*.

ge.ba (ê) *sf* **1**. Corcunda, corcova. **2**. *Fig*. Mãe velha. → **gebo** (ê) *adj* [que tem geba (1); geboso] e *adj* e *sm* (que ou aquele que sempre anda malvestido ou que se veste com roupa fora da moda: *tão jovens e tão gebos!*); **gebice** *sf* (ação ou modos de gebo); **geboso** (ô; pl.: ó) *adj* [gebo (1)].

gêi.ser *sm* Jato de água fervente, que emerge do solo, nas regiões vulcânicas. · Pl.: *gêiseres*.

gel *sm* **1**. Substância gelatinosa obtida a partir de soluções coloidais. **2**. Substância espessa, límpida e gelatinosa, usada em produtos cosméticos e medicinais: *usar gel nos cabelos*. · Pl.: *géis* (no Brasil), *geles* (em Portugal). → **gelificação** *sf* [ato ou efeito de gelificar(-se)]; **gelificar(-se)** *v* [transformar(-se) em gel].

ge.la.dei.ra *sf* **1**. Aparelho eletrodoméstico que serve para conservar os alimentos por meio da temperatura baixa; refrigerador. **2**. *Fig.* Lugar muito frio: *meu quarto é uma geladeira*. **3**. *Gír.* Pena que um árbitro recebe por uma má atuação. **4**. *Fig.* Tempo que dura essa pena: *o árbitro pegou longa geladeira*. **5**. *Fig.* Pessoa frígida: *essa mulher é uma geladeira!*

ge.la.do *adj* **1**. Diz-se de líquido com temperatura baixa, pela perda de calor: *cerveja gelada*. **2**. Coberto de gelo: *lago gelado*. **3**. Extremamente frio: *suas mãos estão geladas!* **4**. *Fig.* Sem calor humano ou sem emoção; insensível: *um povo gelado; recepção gelada*. **5**. *Fig.* Paralisado, petrificado: *ficou gelada com a triste notícia*. **6**. Muito frígido: *mulher gelada!* // *sm* **7**. Sorvete. **8**. Qualquer bebida gelada: *tomar gelado com este frio?!* **9**. *Pop.*NE Suco de fruta, misturado com água e açúcar; refresco. → **gelar(-se)** *v* [transformar(-se) em gelo, congelar(-se): *o frio intenso gelou a água das torneiras; com o frio intenso, até a água das torneiras gelou-se*].

ge.la.ti.na *sf* **1**. Substância incolor, transparente, viscosa e proteica, formada pela fervura de pele especialmente preparada, ossos e tecidos fibrosos de animais. **2**. Geleia feita com essa substância, servida como sobremesa. **gelatinoso** (ô; pl.: ó) *adj* (sem. a gelatina ou que a contém).

ge.la.to *sm* Iguaria congelada e cremosa, feita artesanalmente, com pouco açúcar e gordura do leite, sem conservantes nem gordura vegetal hidrogenada, comum nos sorvetes industrializados, que, ainda, têm quantidade maior de água. → **gelateria** *sf* (estabelecimento onde se fabricam e vendem gelatos).

ge.lei.a (éi) *sf* **1**. Preparado de suco de frutas com açúcar, de consistência gelatinosa, devido à presença de gelatina: *geleia de romã*. **2**. Preparado semelhante, com outros ingredientes: *geleia de mocotó*.

ge.lei.ra *sf* **1**. Grande quantidade de gelo que desce devagar do alto das montanhas. **2**. Grande porção, acumulada de gelo. **3**. Aparelho que serve para a fabricação de gelo. **4**. Pequeno balde para gelo.

gel.ha *sf* **1**. Grão de cereal não desenvolvido, cuja película ficou enrugada. **2**. *P.ext.* Dobra na pele do rosto; ruga (1). **3**. *P.ext.* Prega casual em qualquer roupa; dobra: *a roupa sai da lavadora sem gelhas*. · V. **engelhar**.

gé.li.do *adj* Muito frio; friíssimo, gelado: *as gélidas águas do oceano Ártico; tive uma gélida recepção*. → **gelidez** (ê) *sf* (qualidade ou estado de gélido).

ge.lo (ê) *sm* **1**. Água congelada. **2**. *Fig.* Frio excessivo: *aqui na Patagônia está um gelo*. **3**. Cor branca acinzentada, própria do gelo. // *adj* **4**. Diz-se dessa cor. **5**. Que tem essa cor: carros gelo. (Neste caso, como se vê, não varia.) **6**. *Fig.* Pessoa extremamente insensível ou fria: *essa mulher é um gelo*. · V. **gelado** e **glacial**.

ge.lo-bai.a.no *sm* Bloco de concreto utilizado para impedir ou orientar o trânsito de veículos automotores. · Pl.: *gelos-baianos*.

ge.lo-se.co *sm* Dióxido de carbono no estado sólido, utilizado em refrigeração, à temperatura de -78,5°C. · Pl.: *gelos-secos*.

ge.lo.si.a *sf* Veneziana ou treliça que permite ver sem ser visto.

ge.ma *sf* **1**. Parte central amarelada do ovo. **2**. Nome genérico de pedras preciosas e pedras finas transparentes. **3**. *Fig.* Aquilo que é mais puro e genuíno. → **gemada** *sf* (gema de ovos batida com açúcar, à qual geralmente se acrescenta leite).

ge.me.lar *adj* Relativo a gêmeos: *gestação gemelar*. → **gemelidade** *sf* (qualidade de gemelar: *não há no histórico de minha família nenhum caso de gemelidade*); **gemelípara** *adj* e *sf* (que ou mulher que deu à luz gêmeos).

gê.meo *adj* e *sm* **1**. Que ou aquele que nasceu do mesmo parto. // *adj* **2**. Semelhante, afim: *almas gêmeas*. · V. **gemelar** e **geminado**. **Gêmeos** *smpl* **3**. Constelação e signo do zodíaco. → **gemeidade** *sf* (**1**. qualidade dos fetos ou de crianças gêmeas; **2**. igualdade, paridade: *a gemeidade de interesses, de objetivos*); **geminiano** *adj* e *sm* (que ou aquele que nasceu sob o signo de Gêmeos).

ge.mer *v* Chorar baixinho, por efeito de dor ou infortúnio. (O *e* permanece fechado durante a conjugação.) → **gemido** *sm* (som triste e lastimoso de quem sofre).

ge.mi.na.do *adj* Diz-se de qualquer coisa igual e unida; duplicado: *casas geminadas*. → **geminação** *sf* (ato ou efeito de geminar); **geminar** *v* (**1**. duplicar: *geminar consoantes*; **2**. unir dois a dois: *geminar casas, sobrados*).

gen.ci.a.na *sf* **1**. Planta de propriedades medicinais, de flores azuis, mas às vezes amarelas, brancas ou vermelhas. **2**. Essa flor. **3**. Raiz de uma espécie europeia dessa planta, usada como fortificante.

ge.ne *sm* Unidade física básica da hereditariedade, que determina as características peculiares ou hereditárias de um indivíduo animal ou vegetal. (Cuidado para não usar "gen"!) → **genético** ou **gênico** *adj* (rel. a gene: *código genético*).

ge.ne.a.lo.gi.a *sf* **1**. Ciência ou estudo da investigação genealógica de uma pessoa ou de uma família. **2**. Conjunto sistemático dos ascendentes de uma pessoa; árvore genealógica: *estou fazendo a genealogia da minha família*. → **genealógico** *adj* (rel. a genealogia); **genealogista** *adj* e *s2gên* (especialista em genealogia).

ge.ne.ral *sm* **1**. Posto mais alto na hierarquia militar do Exército, imediatamente acima de coronel. **2**. Oficial que detém esse posto. · Fem.: *generala*. · Abrev.: gen. (com o ponto). → **generalado** ou **generalato** *sm* (**1**. posto de general; **2**. conjunto de todos os generais de um país); **generalício** *adj* (rel. a general). ·· **General de brigada**. **1**. Patente ou posto militar do Exército acima de coronel e abaixo de general de divisão. **2**. Oficial que detém essa patente. ·· **General de divisão**. **1**. Patente ou posto militar do Exército acima de general de brigada e abaixo de general de Exército. **2**. Oficial que detém essa patente. ·· **General de Exército**. **1**. Patente ou posto militar do Exército acima de general de divisão e abaixo de marechal. **2**. Oficial que detém essa patente.

ge.ne.ra.li.da.de *sf* **1**. Qualidade ou estado de geral: *toda lei tem como característica intrínseca a generalidade*. **2**. A maioria, a maior parte, o grosso: *a generalidade do povo brasileiro é conservadora*. // *sfpl* **3**. Princípios gerais ou elementares; rudimentos: *de física quântica não conheço sequer generalidades*. **4**. Coisas de natureza geral, indefinida e vaga: *conversamos sobre generalidades*.

ge.ne.ra.lís.si.mo *sm* **1**. Chefe supremo de todas as forças armadas de um país. **2**. Título do soberano de uma nação, em relação ao Exército.

ge.ne.ra.lis.ta *s2gên* Qualquer profissional (médico, dentista, etc.) de conhecimentos gerais, e não especializados (em oposição a *especialista*).

ge.ne.ra.li.zar *v* **1**. Formar (opinião ou conclusão geral) tomando apenas alguns casos ou fatos ocorridos: *você não pode generalizar esse conceito: nem todos os deputados são corruptos e picaretas*. **2**. Dar um caráter geral a: *generalizar uma fórmula química*. **3**. Levar ao conhecimento geral; difundir, divulgar, propagar, universalizar: *generalizar uma técnica*. **4**. Fazer propagar ou alastrar; disseminar: *a negligência do uso da caminhinha generalizou muito a aids*. **generalizar-se** **5**. Fazer-se conhecido da maioria; vulgarizar-se: *o uso do computador está se generalizando rapidamente*. **6**. Propagar-se, alastrar-se, disseminar-se: *o câncer se generalizou pelo corpo todo*. · Antôn.: *particularizar*. → **generalização** *sf* [ato ou efeito de generalizar(-se)], de antôn. *particularização*.

ge.ne.ra.ti.vo ou **ge.ra.ti.vo** *adj* **1**. Relativo à geração ou à produção de filhos. **2**. Capaz de gerar, de produzir ou de criar.

ge.né.ri.co *adj* **1**. Relativo ou pertencente ao gênero. **2**. Geral: *fazer uma análise genérica da situação*. **3**. Vago, geral ou impreciso: *falar de modo muito genérico sobre uma questão*. // *adj* e *sm* **4**. Que ou medicamento que tem o nome da substância ativa. · Antôn. (2): *específico*; (3): *preciso, claro*.

gê.ne.ro *sm* **1**. Grupo de espécies que apresentam características comuns distintivas. **2**. Tipo, espécie, qualidade: *existe aqui todo gênero de doces*. **3**. Estilo que distingue as obras de um autor ou dos autores de uma época. **4**. Tipo de obra literária, classificada de acordo com o assunto, o estilo e a forma: *gênero poético*. **5**. Categoria que caracteriza os nomes, indicando o sexo real ou virtual pela terminação ou pela significação: *são dois os gêneros em português: o masculino e o feminino*. **6**. Qualquer dos dois sexos, princ. quando considerado com referência a diferenças sociais e culturais, em vez das biológicas. (A palavra é usada ainda de modo mais amplo, para denotar uma gama de identidades que não correspondem às ideias tradicionalmente estabelecidas de homem e mulher. V.

326

sexo.) // smpl **7.** Bens de consumo, geralmente comestíveis. ·· **Expressão de gênero.** Modo como o indivíduo manifesta sua identidade em público, a forma como se veste, sua aparência (seu penteado ou corte de cabelo, p. ex.) e comportamento, independentemente do sexo biológico. ·· **Identidade de gênero.** Forma como a pessoa se entende como um indivíduo social. ··· Entre os estudiosos de *gênero* e *sexualidade*, existe uma clara delimitação entre *sexo* e *gênero*, com *sexo* como termo preferido para formas biológicas e *gênero* limitado a seus significados que envolvem traços comportamentais, culturais e psicológicos.

gê.ne.ro-flui.do *adj* e *sm* **1.** Que ou indivíduo que não se identifica com uma única identidade de gênero, fluindo entre vários. **2.** Que ou indivíduo que oscila entre os dois gêneros, variando ao longo do tempo, dependendo do dia, do tempo, do humor, etc.: *pessoas gênero-fluido, jovens gênero-fluido.* (Como se vê, não varia.) (**1.** A 6.ª ed. do VOLP não registra este composto. **2.** Os indivíduos *gênero-fluido* ou *fluides de gênero* são ora homens, ora mulheres. A opção depende do momento ou até da atividade que estão desenvolvendo; eles podem acordar sentindo-se mulher e ao longo do dia virarem o mais indisfarçável homem. À *fluidez de gênero* se contrapõe a *rigidez de gênero*, em que homem é homem e mulher é mulher, ou então, como ainda ocorre em algumas sociedades, quando tal rigidez serve como autêntica ferramenta política para hierarquizar o sexo masculino acima do feminino.)

ge.ne.ro.so (ô; pl.: ó) *adj* **1.** Que dá ou oferece mais do que o normal ou necessário: *ele é sempre generoso na ração aos animais.* **2.** De caráter e sentimentos nobres; que mostra bondade e magnanimidade; bondoso, magnânimo, benevolente: *o governo foi generoso com os refugiados; os vencedores foram generosos com os vencidos.* **3.** Que gosta de dar ou doar, princ. tempo e dinheiro, de mão-aberta: *fazendeiro generoso.* **4.** Caracterizado pela generosidade, abundância ou proporções amplas: *gesto generoso; calendário generoso nos feriadões; varanda generosa.* **5.** Maior que o comum ou necessário; farto: *homem de nariz generoso; ganhei um generoso aumento de salário; ela compareceu com um decote generoso.* **6.** Diz-se daquele que perdoa com facilidade; indulgente. **7.** Diz-se de solo fértil, fecundo. **8.** Diz-se do vinho de elevada graduação alcoólica e de qualidade superior; forte e cheio de sabor. · Antôn. (1): *mesquinho*; (2): *vingativo*; (3): *sovina*; (4 e 5): *parco*; (6): *implacável*; (7): *estéril, árido.* → **generosidade** *sf* (qualidade de generoso), de antôn. *mesquinhez.*

gê.ne.se ou **gê.ne.sis** *sf* **1.** Origem e surgimento dos seres; ponto de partida: *pesquisa sobre a gênese do câncer de próstata; um pequeno equipamento está na gênese dos novos modelos de televisores; a gênese da vida na Terra.* **2.** *P.ext.* Série de causas e elementos que concorreram para produzir ou formar alguma coisa; processo pelo qual algo chegou ao estado em que se encontra: *a gênese de um romance.* → **genesíaco, genésico** ou **genético** *adj* (rel. a gênese).

Gênese ou **Gênesis** *sm* O primeiro livro do Antigo Testamento, que contém a história da criação do universo, de Adão e Eva, do dilúvio e dos primeiros patriarcas.

ge.né.ti.ca *sf* **1.** Ramo da biologia que estuda os princípios e os mecanismos da hereditariedade, princ. os meios pelos quais são passadas as características de pais para filhos e as causas das semelhanças e dessemelhanças entre seres relacionados. **2.** Característica ou constituição genética de um ser, grupo ou tipo: *um dos efeitos da genética familiar encontra-se na obesidade.* → **geneticista** *adj* e *s2gên* (especialista em genética); **genético** *adj* (rel. a genética).

gen.gi.bir.ra ou **jin.ji.bir.ra** *sf* Bebida fermentada, semelhante à cerveja, preparada com gengibre, frutas, ácido tartárico, fermento de pão e água.

gen.gi.bre *sm* **1.** Planta de caule subterrâneo, em forma de tubérculos suculentos, de largo emprego na culinária, indústria e medicina. **2.** Esse tubérculo, muito usado como tempero. · V. **jinjibirra.**

gen.gi.va *sf* Parte da boca, coberta de mucosa, em que estão implantados os dentes. → **gengival** *adj* (de gengiva: *inflamação gengival*).

gê.nio *sm* **1.** Inteligência e inspiração criadora raras reunidas num só indivíduo, que faz dele ímpar entre os de sua categoria ou classe: *pianista de grande gênio para improvisação.* **2.** Temperamento, índole: *homem de gênio difícil.* **3.** Espírito do bem ou do mal que se acredita governe os destinos de pessoas e lugares: *Aladim e o famoso gênio da lâmpada maravilhosa.* **4.** *Fig.* Pessoa com excepcional capacidade criativa, física ou mental; prodígio, crânio: *Mozart era um gênio!* · Antôn. (4):

nulidade, topeira, estúpido(a). → **genial** *adj* (**1.** rel. a gênio ou temperamento de alguém: *reação genial*; **2.** próprio de gênio; criativo, original: *engenhoca genial*; **3.** *p.ext.* extraordinário, que revela grande talento; fora do comum: *jogada genial*); **genialidade** *sf* (qualidade de genial); **genioso** (ô; pl.: ó) *adj* (de gênio difícil, que facilmente se irrita e nada perdoa; temperamental).

ge.ni.tal *adj* **1.** Relativo à geração ou que serve para a geração: *órgãos genitais.* **2.** Relativo à genitália: *herpes genital; a mutilação genital feminina.* // *smpl* **3.** Genitália. → **genitália** *sf* (conjunto dos órgãos reprodutores do homem ou da mulher, princ. os órgãos sexuais externos).

ge.ni.tor (ô) *sm* Aquele que gera; pai. (Não se confunde com *progenitor*.)

ge.no.cí.dio *sm* Extermínio completo, deliberado, sistemático e planejado de um grupo nacional, político, cultural, religioso ou étnico. → **genocida** *adj* e *s2gên* (que ou pessoa que comete genocídio).

ge.no.ma *sm* **1.** Conjunto completo de informações genéticas em um organismo: *nos organismos vivos, o genoma é armazenado em longas moléculas de DNA chamadas cromossomos.* **2.** Mapeamento completo do DNA de uma espécie. → **genômica** *sf* (conjunto de disciplinas relativas ao estudo do genoma e às suas aplicações); **genômico** *adj* (rel. a genoma).

ge.nó.ti.po *sm* Conjunto dos genes ou fatores hereditários constitucionais de um indivíduo ou de uma espécie animal ou vegetal (por oposição a *fenótipo*), responsável por uma característica específica ou pela constituição genética de um indivíduo. → **genotípico** *adj* (rel. a genótipo).

gen.ro *sm* Aquele que se casou com a filha de uma pessoa (sogro ou sogra). · V. **nora.**

gen.te *sf* **1.** Número indeterminado de pessoas; multidão de pessoas: *o terremoto matou muita gente; essa gente sem noção não sabe votar; ih, eu vi gente demais morrendo afogada nessa praia; pouca gente veio ao estádio.* **2.** Pessoa de certa característica ou que exerce a mesma atividade: *isso é coisa de gente do governo.* **3.** Pessoa digna, de respeito: *fale como gente!* **4.** Ser civilizado ou ser humano: *isso não é comportamento de gente.* **5.** Pessoas da mesma família, de mesma origem ou da mesma cidade, país, etc.: *estou com saudade da minha gente; esse alemão é gente nossa; minha gente, não me deixem só!* **6.** Empregados, funcionários: *olhe aquela gente trabalhando para ele!* **7.** Pessoa(s) protegida(s): *Não mexa com o Tôni, que ele é gente minha!* **8.** Pessoas consideradas desqualificadas ou altamente indesejáveis; raça: *não quero conversa com essa gente!* **9.** Povo de uma determinada nação, comunidade ou grupo étnico: *A gente nativa da Amazônia.* // *sfpl* **10.** Os habitantes, as pessoas, o povo: *a cidade de São Paulo e suas gentes não aprovam vandalismo nas manifestações de rua; conheci outras terras, outras culturas, outras gentes; as gentes do interior são mais simples.* (Neste caso também se usa no singular, com correção). **11.** Povos, nações: *tratou-se na ONU do direito das gentes.* // *interj* **12.** Expressa grande alegria: *Gentes, acabei de ganhar na loteria!* → **gentalha** ou **gentinha** *sf* (pessoa ordinária, inferior, atrasada, grosseira, de atitudes, gostos e comportamento desprezíveis).

·· **A gente** (que exige o verbo sempre na 3.ª pessoa do singular). **1.** Eu, minha pessoa: *A gente vive aqui, sozinho, há dez anos.* **2.** Nós, minha família: *A gente aqui em casa dorme cedo.* **3.** Nós, a turma, o pessoal: *Professor, a gente quer mudar o dia da prova.* **4.** A turma, o pessoal: *A gente da televisão ganha bem.* **5.** O ser humano em geral, o homem, a humanidade: *A gente vive a um ritmo cada vez mais frenético, na vida moderna.* **6.** O povo: *O lavrador planta, para a gente da cidade comer.* (Cuidado para não usar "agente"!) ·· **Gente bem. 1.** Pessoa da classe alta. **2.** Pessoa correta, séria, honesta: *Eles assaltam o país e ainda querem passar-se por gente bem!* ·· **Gente boa** (ou **Gente fina**). Pessoa de boa índole, em quem se pode confiar. ·· **Virar gente.** Agir como adulto; amadurecer: *Rapaz, não acha que está na hora de virar gente?*

gen.til *adj* **1.** Diz-se daquele que tem boas maneiras; fino, bem-educado: *ela só namora rapaz gentil, que lhe abre as portas do carro.* **2.** Amável, prestativo, solícito, atencioso: *o diretor foi gentil conosco.* **3.** Agradável; prazeroso: *palavras gentis; lembranças gentis.* · Antôn. (1): *mal-educado, rude, grosseiro*; (2): *desatencioso, indiferente.* · Superl. abs. sintético: *gentílimo.* → **gentileza** (ê) *sf* (**1.** qualidade de gentil; **2.** ação ou palavra amável, delicada; cortesia, elegância).

gen.tí.li.co *adj* e *sm* Que ou nome que se refere a raças e povos (p. ex.: *latino, germânico, vândalo, semita*). (Não se confunde com *pátrio*.)

gen.ti.o *adj* e *sm* **1**. Que ou aquele que não professa a religião cristã; pagão. **2**. Que ou aquele que não é civilizado; selvagem, indígena. **3**. Que ou o que não é judeu: *o cristianismo se espalhou das culturas judaicas para as gentias*.

gentleman [ingl.] *sm* Cavalheiro. · Pl.: *gentlemen*. · Pronuncia-se *djéntolman, djéntolmen*.

gen.tri.fi.ca.ção *sf* Processo pelo qual a área pobre de uma cidade é mudada pelo influxo da classe média alta, que reforma e reconstrói casas e negócios, resultando em um aumento no valor dos aluguéis e das propriedades, com a consequente e inevitável expulsão dos residentes anteriores, geralmente mais pobres.

ge.nu.fle.xão (x = ks) *sf* Ação de ajoelhar levemente. → **genuflexo** (x = ks) *adj* (de joelhos levemente dobrados: *reverencio genuflexo o Papa*); **genuflexório** (x = ks) *sm* (estrado de madeira com apoio para os braços, no qual se reza ajoelhado).

ge.nu.í.no *adj* **1**. Sem nenhuma mistura ou adulteração; puro, legítimo: *uísque feito com o genuíno malte escocês*. **2**. Autêntico, verdadeiro: *apesar de ter nascido na Itália, ele se considerava um genuíno brasileiro*. **3**. Que não é imitação ou artificial; legítimo: *isto é couro genuíno*. **4**. Que mostra sinceridade; sincero: *ele teve o genuíno desejo de compartilhar suas descobertas*. · Antôn. (1): *falsificado, adulterado*; (2 e 4): *falso*; (3): *artificial*. → **genuinidade** *sf* (qualidade de genuíno).

ge.o.cen.tris.mo (gè) *sm* Sistema de Ptolomeu, que considerava a Terra como o centro do universo (por oposição a *heliocentrismo*) → **geocêntrico** (gè) *adj* (**1**. rel. ao centro da Terra; **2**. que tem a Terra como centro), por oposição a *heliocêntrico*.

ge.o.ci.ên.cia (gè) *sf* Qualquer ciência que estuda a Terra, como a geofísica, a geologia, a mineralogia, etc.

ge.o.di.ver.si.da.de (gè) *sf* Variedade de elementos geológicos e físicos da natureza, como minerais, rochas, solos, fósseis e formas de relevo, além de processos geológicos e geomorfológicos ativos.

ge.o.fí.si.ca (gè) *sf* Estudo, através da física, da estrutura da Terra e seu meio ambiente, incluindo a meteorologia, a oceanografia e a sismologia. → **geofísico** (gè) *adj* (rel. a geofísica) e *sm* (aquele que é versado em geofísica).

ge.ó.gli.fo *sm* Figura ou grande desenho feito na superfície da terra por elementos duráveis da paisagem, como pedras ou terras, só possível de ser visto amplamente de um plano bastante elevado: *são famosos os geóglifos de Nazca, no Peru*. (Embora a prosódia *geoglifo* seja corrente no Brasil, a 6.ª ed. do VOLP não a registra. Existe, aqui, portanto, coerência, já que não temos a prosódia *petroglifo*, mas apenas *petróglifo*.)

ge.o.gra.fi.a *sf* Ciência descritiva que estuda a superfície da Terra, sua divisão em continentes e países, seu clima, plantas, animais, recursos naturais, habitantes, divisões políticas, etc. → **geográfico** *adj* (rel. a geografia); **geógrafo** *sm* (aquele que é versado em geografia). ·· **Geografia física**. Ramo da geografia que estuda os aspectos físicos da superfície terrestre. ·· **Geografia humana**. Ramo da geografia que estuda as relações dos seres humanos com o meio ambiente. ·· **Geografia política**. Geopolítica.

ge.o.lo.gi.a *sf* **1**. Ciência que estuda a estrutura física da Terra, sua história e os processos que atuam sobre ela, especialmente registrados nas rochas. **2**. Conjunto de características geológicas de uma determinada área ou do corpo celeste: *a geologia do Nordeste; a geologia da Lua*. → **geológico** *adj* (rel. a geologia); **geologista** *s2gên* ou **geólogo** *sm* (especialista em geologia).

ge.o.me.tri.a *sf* **1**. Parte da matemática que estuda os pontos, linhas, superfícies e sólidos, examinando suas propriedades, medidas e relações mútuas no espaço. **2**. Sistema geométrico específico: *a geometria euclidiana*. **3**.*P.ext*. Forma e arranjo de elementos que sugere figuras geométricas; configuração: *a geometria das teias de aranha*. → **geômetra** *s2gên* (especialista em geometria); **geométrico** *adj* (rel. a geometria).

ge.o.mor.fo.lo.gi.a *sf* Estudo das características do relevo da Terra ou de outro corpo celeste (como a Lua e Marte) e sua relação com suas estruturas geológicas, incluindo a observação de paisagens, a fim de descobrir como os elementos da superfície, como ar, água e gelo, podem moldar a paisagem. → **geomorfológico** (gè) *adj* (rel. a geomorfologia).

ge.o.par.que (gè) *sm* Área geográfica com limites bem definidos que possui um notável patrimônio geológico, associado a sua conservação e desenvolvimento sustentável, com envolvimento da população local; parque geológico.

ge.o.pa.tri.mô.nio (gè) *sm* Área geográfica de características geológicas com valor científico, educacional, cultural ou estético significativo.

ge.o.po.lí.ti.ca (gè) *sf* **1**. Estudo da influência da geografia física na política, no poder nacional ou na política externa de um país. **2**. Política nacional baseada na inter-relação de política e geografia. · O mesmo que **geografia política**. → **geopolítico** (gè) *adj* (rel. a geopolítica).

ge.o.so (ô; pl.: ó) *adj* Em que há geadas: *ano geoso; região geosa*.

ge.os.sí.tio (gè) *sm* Lugar que possui significado geológico ou geomorfológico específico; sítio geológico.

ge.o.tu.ris.mo (gè) *sm* Ramo do turismo que tem como principal atrativo o patrimônio geológico de uma região.

ge.ra.ção *sf* **1**. Ato ou efeito de gerar; produção: *a geração de energia*. **2**. Grau na sucessão da descendência natural: *pai, filho e neto são três gerações*. **3**. Período de tempo (cerca de 30 anos) entre o surgimento de uma geração e outra: *já temos quase três gerações de paz no mundo*. **4**. Conjunto das pessoas nascidas na mesma época ou que vivem no mesmo período de tempo: *a geração do após-guerra*. **5**. Grupo de indivíduos contemporâneos de características e atitudes culturais ou sociais comuns: *a geração da informática*. **6**. Período de inovação e desenvolvimento tecnológico sequencial: *uma nova geração de mísseis e de computadores*. → **geracional** (**1**. rel. a geração: *as diferenças geracionais no uso da televisão*; **2**. rel. a diferentes gerações de uma instituição ou de uma família em particular ou não: *o conflito geracional dentro da comunidade judaica*). · A 6.ª ed. do VOLP não registra este adjetivo.

ge.ra.dor (ô) *adj* e *sm* **1**. Que ou o que gera ou causa alguma coisa; criador: *quem foi o gerador de toda a confusão?* // *sm* **2**. Redução de *gerador elétrico*, máquina que converte energia mecânica, química ou outra forma de energia em energia elétrica; dínamo. · Fem.: **geradora** (ô) ou **geratriz**.

ge.ral *adj* **1**. Que se aplica a todos; comum: *as condições gerais de saúde da população são péssimas*. **2**. Da totalidade; do conjunto todo: *anestesia geral*. **3**. Que não é específico ou detalhado; não específico: *tive uma ideia geral do projeto*. // *sm* **4**. O todo, a íntegra: *no geral, é isso*. // *sf* **5**. Lugar mais barato em estádios, circos, cinemas, teatros, etc., no qual existe pouco ou nenhum conforto. · Superl. abs. sint. erudito: *generalíssimo*. · Antôn. (1 e 3): *particular*; (2): *local*.

ge.râ.nio *sm* **1**. Planta ornamental, de folhas arredondadas e flores em cachinhos, de cor vermelha, branca, rosa ou maravilha, muito cultivada em jardins. **2**. Essa flor.

ge.rar *v* **1**. Dar origem a, reproduzir-se em, procriar: *Maria gerou Jesus*. **2**. Dar origem a; fazer aparecer; criar, produzir: *o dínamo gera corrente elétrica*. **3**. *Fig*. Ser a fonte ou a causa de; causar, provocar: *a notícia gerou enorme confusão na redação do jornal*. **4**. Produzir por processos químicos ou naturais: *gerar calor, energia*.

ge.ra.triz *adj* **1**. Feminino de *gerador*; geradora. // *adj* e *sf* **2**. Que ou aquela que gera. // *sf* **3**. Curva que forma uma superfície, quando se move.

ge.rên.cia *sf* **1**. Ato ou efeito de gerir, de administrar; administração. **2**.*P.ext*. Lugar onde o gerente exerce suas funções. → **gerencial** *adj* (rel. a gerência); **gerenciamento** *sm* (ato ou efeito de gerenciar ou administrar uma organização ou uma empresa); **gerenciar** *v* (administrar, gerir); **gerente** *adj* e *s2gên* (que ou pessoa que se encarrega da administração de uma empresa ou de um dos seus departamentos).

ger.ge.lim *sm* **1**. Planta oleaginosa asiática, cujas sementes, alimentícias, produzem um óleo; sésamo. **2**. Essa semente. **3**. Doce feito dessa semente ou desse óleo.

ge.ri.a.tri.a *sf* Ramo da medicina que estuda as doenças das pessoas idosas; gerontologia. → **geriatra** *s2gên* (especialista em geriatria; gerontologista); **geriátrico** *adj* (rel. a geriatria).

ge.rin.gon.ça ou **ge.ri.gon.ça** *sf* **1**. Coisa malfeita, mal-acabada: *carro nacional é ou não é uma geringonça?* **2**. Qualquer invenção complicada, sem muita utilidade: *quem foi o gênio que trouxe à luz tamanha gerigonça?*

ge.rir *v* Tornar produtivo pelo trabalho e desenvolvimento; gerenciar, administrar: *gerir um hotel*. · Conjuga-se por *ferir*.

ger.mâ.ni.co *adj* **1**. Relativo à Alemanha ou a seu povo, língua e cultura. // *sm* **2**. Conjunto das línguas dos povos germânicos (dinamarqueses, holandeses, noruegueses, suecos, austríacos, etc.). → **germanismo** *sm* (**1**. palavra, expressão ou construção própria da língua alemã; **2**. entusiasmo por tudo o que seja alemão; germanofilia; **3**. imitação dos hábitos e costumes alemães).

ger.mâ.nio *sm* Elemento químico metálico, duro, branco-acinzentado, raro (símb.: **Ge**), de n.º atômico 32, usado em transístores, óculos, etc., mas princ. como semicondutor.

ger.ma.no.fi.li.a *sf* Germanismo (2). · Antôn.: *germanófobo*. → **germanófilo** *adj* e *sm* (que ou aquele que tem germanofilia).

ger.me ou **gér.men** *sm* **1**. Microrganismo patogênico; micróbio. **2**. Forma mais rudimentar ou primitiva de um organismo, como semente, ovo, etc.; embrião. **3**. *Fig*. Tudo o que pode ser a base inicial ou origem de um desenvolvimento; semente: *o germe da liberdade humana está na Revolução Francesa*. → **germicida** *adj* e *sm* (que ou droga que elimina germes); **germinal** *adj* (rel. a germe).

ger.mi.nar *v* **1**. Dar causa ou origem a, causar, originar, gerar: *o sol e a água germinam a semente*. **2**. Começar a brotar ou a se desenvolver a gema de grãos, sementes, tubérculos, etc.: *as sementes do rabanete plantadas já germinaram*. → **germinação** *sf* (**1**. ato de germinar; processo pelo qual um organismo nasce e se desenvolve, a partir de uma semente ou esporo, após um período de latência; **2**. *fig*.processo de algo surgindo e se desenvolvendo: *a germinação de novas ideias numa empresa*); **germinante** ou **germinativo** *adj* (que germina).

ge.ron.tis.mo *sm* Envelhecimento precoce em criança ou adulto.

ge.ron.to.lo.gi.a *sf* Geriatria. → **gerontológico** *adj* (rel. a gerontologia); **gerontologista** *adj* e *s2gên* ou **gerontólogo** *sm* (especialista em gerontologia; geriatra).

ge.rún.dio *sm* Forma nominal do verbo, que sempre termina em *-ndo* (*amando, vendendo, partindo*). → **gerundial** *adj* (rel. a gerúndio); **gerundismo** *sm* (vício de linguagem que consiste no modismo de abusar do emprego do gerúndio, como *"estaremos entregando"* sua encomenda ainda hoje por **entregaremos** *sua encomenda ainda hoje*).

ges.so (ê) *sm* **1**. Substância branca, sulfato de cálcio hidratado, empregada em moldagens, construções, agricultura, medicina, etc. **2**. Qualquer objeto feito dessa substância. → **engessagem** ou **gessagem** *sf* (ato ou efeito de engessar ou gessar); **engessar** ou **gessar** *v* [**1**. revestir de gesso, para pintar ou dourar; **2**. colocar gesso sobre (qualquer membro ossificado do corpo), para atar fratura].

ges.ta *sf* **1**. Aventura notável; façanha. **2**. Poema épico que celebra as aventuras perigosas de herói(s).

ges.ta.ção *sf* **1**. Período de desenvolvimento do embrião e do feto no útero, desde a concepção até o nascimento; gravidez. **2**.*P.ext*. Concepção ou amadurecimento de um plano, projeto ou ideia; elaboração: *novas fábricas de automóvel estão em gestação no Brasil*. → **gestante** *adj* (rel. a gravidez ou para uso de mulheres grávidas: *loja especializada em moda gestante*) e *adj* e *sf* (que ou aquela que está grávida); **gestatório** *adj* (**1**. rel. a gestação: *ciclo gestatório*; **2**. diz-se do que se leva apoiado nos ombros: *os andores são gestatórios; a cadeira gestatória do Papa*).

ges.tão *sf* **1**. Ato ou efeito de gerir; gerência, administração. **2**. Período durante o qual a diretoria de uma empresa ou instituição exerce os atos administrativos. **3**. organização, utilização e aproveitamento de determinados dispositivos ou recursos de um computador. // *sfpl*. Negociações, entendimentos: *fazer gestões junto a um banco, para levantar um empréstimo*.

ges.to *sm* **1**. Movimento de braços, mãos e cabeça, etc. usado para ajudar na expressão de ideias, pensamentos, sentimentos, ou para dar ênfase à fala. **2**. *Fig*. Demonstração, ato, expressão: *sua fala foi um gesto de amizade*. → **gesticulação** *sf* (ato ou efeito de gesticular); **gesticular** *v* [**1**. formular ou exprimir com gesto(s); **2**. fazer gestos, princ. quando se fala, por ênfase]; **gestual** *adj* (**1**. rel. a gesto: *querem dar expressão gestual aos robôs*; **2**. que se faz com gestos; mímico: *comunicação gestual*) e *sm* [gestualidade (2): *o gestual dos efeminados*]; **gestualidade** *sf* (**1**. qualidade de gestual; **2**. conjunto dos gestos de uma pessoa, como meio de expressão; gestual: *a gestualidade de um árbitro espalhafatoso*).

ges.tor (ô) *adj* e *sm* **1**. Que ou aquele que gere ou gerencia: *comitê gestor; gestor hoteleiro*. // *sm* **2**. Aquele que é membro de uma empresa e participa de sua administração. → **gestoria** *sf* (**1**. função de gestor; **2**. lugar onde o gestor exerce sua função).

ghosting [ingl.] *sm* Término de uma relação amorosa de forma repentina e inesperada, sem dar explicações. • Pronuncia-se *góstin*.

gi.an.dui.a ou **gi.an.du.ja** *sf* Doce italiano que consiste na mistura de chocolate com creme de avelã, de sabor e textura incomparáveis.

gi.ba *sf* **1**. Qualquer proeminência ou protuberância arredondada, em homem ou em animal; bossa, corcova, corcunda. **2**. Vela triangular localizada na proa do navio. **3**. Pau onde é presa essa vela. → **giboso** (ô; pl.: ó) *adj* (que tem giba).

gi.bão[1] *sm* **1**. Casaco curto, semelhante ao colete, que se usa por cima da camisa. **2**. Casaco de couro dos vaqueiros nordestinos, usado para proteger o corpo dos espinhos da caatinga.

gibão[2] *sm* Nome comum aos pequenos mamíferos primatas, arborícolas e vegetarianos, de membros anteriores longos e sem rabo, que caminham ereto e vivem em grupo nas florestas tropicais e subtropicais da África, China, Indonésia e Índia: *o genoma do gibão é 96% semelhante ao do homem*.

gi.bi *sm* Revista infantojuvenil em quadrinhos. ·· **Não estar no gibi** (pop.). Ser incrível ou inacreditável: *O que o Brasil tem de gente corrupta não está no gibi*.

GIF ou **gif** [ingl.] *sm* Acrônimo da expressão inglesa *graphics interchange format*, imagem, ícone, ilustração, etc., caracterizados pelo número reduzido de cores e apresentados nas páginas da Web. · Pl.: *GIFs* ou *gifs*. · Pronuncia-se *ghif*.

gigabit [ingl.] *sm* Unidade de informação igual a um bilhão (10^9) de *bits* ou a mil *megabits*. · Símb.: **Gb**.

gigabyte [ingl.] *sm* Unidade de informação igual a um bilhão (10^9) de *bytes* ou a mil *megabytes*. · Símb.: **GB**. · Pronuncia-se *gigabáite*. (Usa-se geralmente a abreviação *giga*, que não varia: *Meu HD tem 80 giga de memória*.)

gi.gan.te *sm* **1**. Ser de enorme tamanho e geralmente muito forte ou resistente. **2**. *P.ext*. Homem de excepcional poder, significado ou importância: *ele foi um gigante do automobilismo mundial*. **3**. Na mitologia grega, cada um dos seres divinos, mas mortais, de estatura descomunal. // *adj* **4**. Enorme, colossal, gigantesco: *ondas gigantes*. · Fem. (1 e 2): *giganta*. · Antôn. (1): *anão*. → **gigantesco** (ê) *adj* [gigante (4)]; **gigantismo** *sm* (qualquer tipo de crescimento ou desenvolvimento gigantesco: *o gigantismo do Estado brasileiro*).

gi.go.lô *sm* Homem sustentado por amante ou prostituta. → **gigolotagem** *sf* (ato, comportamento ou vida de gigolô).

gi.le.te *sf* **1**. Lâmina de barbear. **2**. *Pop*. Mau motorista; barbeiro(a). **3**. *Fig.Pej*. Pederasta ativo e passivo ao mesmo tempo. · É marca registrada (*Gillette*), portanto nome próprio que se tornou comum, a exemplo de *dralon* e *fórmica*.

gim *sm* **1**. Bebida alcoólica aromática, incolor, muito forte, destilada de grãos, princ. o centeio. **2**. Dose dessa bebida: *ela bebeu dois gins e caiu*.

gi.ná.sio *sm* **1**. Lugar em que se praticam quaisquer tipos de exercícios físicos, estádio poliesportivo. **2**. Antigamente, nome que se dava ao estabelecimento de ensino secundário. **3**. Curso escolar que antigamente correspondia a 6.ª, 7.ª, 8.ª e 9.ª séries atuais. → **ginasial** *adj* (rel. ou pert. a ginásio); **ginasiano** *adj* e *sm* [que ou aquele que cursava o ginásio (3)].

gi.nás.ti.ca *sf* **1**. Conjunto de exercícios físicos feitos em aparelhos, para fortalecer os músculos e melhorar a agilidade. **2**. Arte ou prática desses exercícios. → **ginasta** *s2gên* (atleta que pratica ginástica competitiva); **ginástico** *adj* (rel. a ginástica).

gin.ca.na *sf* Festa esportiva que consiste numa competição entre equipes, que devem realizar determinadas tarefas, sempre muito difíceis, com a maior rapidez possível, num determinado tempo.

gi.ne.ceu *sm* Conjunto dos órgãos femininos da flor.

gi.ne.co.lo.gi.a *sf* Ramo da medicina que estuda a fisiologia e patologia dos órgãos sexuais femininos. → **ginecológico** *adj* (rel. a ginecologia); **ginecologista** *adj* e *s2gên* (especialista em ginecologia).

gi.ne.te (ê) *sm* **1**. Cavalo de raça, adestrado e preparado para competir. **2**. Cavaleiro que cavalga esse cavalo em competições. **3**.*P.ext*. Qualquer bom cavaleiro. · Fem. (2 e 3): *gineta* (ê).

gin.gar *v* Requebrar-se para um e outro lado, quando anda, maliciosamente ou não. → **ginga, gingada** ou **gingagem** *sf* (requebro do corpo de um lado para outro, simultâneo ao andar, com malícia ou não).

gin.ja *sf* **1**. Fruto comestível da ginjeira (variedade de cerejeira), de sabor agradável. **2**. Bebida feita desse fruto.

ginseng [chin., pelo ingl.] *sm* **1**. Planta de raiz aromática, de uso medicinal entre os chineses e tida como estimulante e

afrodisíaca. **2**. Essa raiz. **3**. Chá ou extrato feito dessa raiz. · Pl.: *ginsengs*. · Pronuncia-se *djínsen*.

gi.ra.fa *sf* Mamífero ruminante africano, de pescoço maior que as pernas, o mais alto animal terrestre (5m), que vive nas savanas africanas. (Vox: pipiar, relinchar.)

gi.rân.do.la *sf* **1**. Roda com encaixes em que se coloca grande quantidade de fogos de artifício, que se vão estourando enquanto ela gira. **2**. Conjunto desses fogos de artifício. **3**. Jato de água giratório.

girar *v* **1**. Dar voltas em, virar: *girar o ponteiro do relógio*. **2**. Mover-se circularmente: *a Terra gira no espaço*. **3**. Andar sem rumo certo, perambular, vaguear: *vamos girar pela cidade?* **4**. Ter como objeto, versar: *a conversa com ela girou em torno dos seus estudos*. **5**. Ficar caduco, endoidecer: *coitado, com trinta anos e já está girando!* → **giratório** *adj* (**1**. que gira; de movimento circular: *cadeira giratória*; **2**. circulatório: *movimento giratório*); **giro** *sm* (**1**. volta, rotação, circuito: *concluir um giro em torno do Sol*; **2**. quantia envolvida num negócio: *capital de giro*; **3**. movimento comercial: *o giro de um estoque*; **4**. sensação experimentada, ao tomar droga) e *adj* (*gír. pej.* meio doido ou pirado: *esse cara é giro?*).

gi.ras.sol *sm* **1**. Planta ornamental cujas flores amarelas, comestíveis, se voltam para o Sol e cujas sementes produzem um óleo de excelente valor nutritivo. **2**. Flor dessa planta.

gí.ria *sf* **1**. Linguagem que, surgida num determinado grupo social, acaba estendendo-se, por sua expressividade, à linguagem familiar de todas as camadas sociais. 2. Vocabulário dessa linguagem, criado arbitrariamente ou transformado semanticamente pelo povo. **3**. Palavra ou expressão desse vocabulário: *dica e galera são gírias*.

gi.ri.no *sm* Forma larvar dos batráquios (rãs e sapos).

gi.ron.da *sf* Javalina já adulta ou muito velha.

giz *sm* **1**. Substância calcária, com quantidades variáveis de sílica, quartzo, feldspato e outras impurezas minerais, facilmente pulverizada, extraída geralmente de conchas marinhas fósseis. **2**. Pedaço de tal substância, usado princ. para escrever em quadro-negro. · Pl. (2): *gizes*.

gla.be.la *sf* Área lisa entre as sobrancelhas, logo acima do nariz; intercílio. → **glabelar** *adj* (rel. a glabela).

gla.cê *adj* **1**. De superfície lustrosa, vidrada, esmaltada. **2**. Coberto com açúcar cristalizado, açucarado: *maçã glacê*. // *sm* **3**. Cobertura para bolos, tortas e outros doces, à base de açúcar e clara de ovos.

gla.ci.al *adj* **1**. Relativo a gelo ou a glaciar: *os polos estão em zonas glaciais*. **2**. Resultante da ação do gelo ou dos glaciares: *formação glacial*. **3**. Caracterizado ou dominado pela existência de glaciares: *período glacial*. **4**. Coberto de gelo: *lago glacial*. **5**. Muito frio; gelado. → **glaciação** *sf* (ação ou efeito de cobrir com gelo: *a glaciação dos lagos no inverno austral*); **glaciar** *sm* (geleira).

gla.di.a.dor (ô) *sm* Homem que, na antiga Roma, era treinado para entreter o público, combatendo outra pessoa, armado de espada ou enfrentando animais selvagens na arena. → **gládio** *sm* (**1**. espada de dois gumes; **2**. punhal).

glamour [ingl.] *sm* **1**. Magnetismo ou encanto pessoal. **2**. Charme, encanto, fascínio (princ. no domínio do cinema e da moda): *querem resgatar o glamour de antigamente dos concursos de beleza*. · Pronuncia-se *glémur*, mas se diz muito *glamúr*, por influência do francês. (A 6.ª ed. do VOLP não registra *glamur* nem *glamor*, embora traga *glamorizar*, mas não *glamorização*...) → **glamorização** *sf* (ato ou efeito de glamorizar); **glamorizar** *v* (tornar glamoroso ou charmoso); **glamoroso** (ô; pl.: ó) ou **glamouroso** (ô; pl.: ó) *adj* (caracterizado pelo *glamour*; atraente, charmoso: *pessoa glamorosa*); **gramour-trash** [ingl.] *sm* (aparência de uma pessoa que tem no desleixo de se vestir o seu maior charme), que se pronuncia *glémur-tréch* ou *glamúr-tréch*.

glan.de *sf* **1**. Fruto do carvalho. **2**. Extremidade anterior e volumosa do pênis ou do clitóris. · Dim. erudito: *glândula*.

glân.du.la *sf* **1**. Diminutivo erudito de *glande*. **2**. Órgão que elabora substâncias indispensáveis ao funcionamento do organismo e elimina as inúteis. → **glandular** *adj* (**1**. rel. a glândula; **2**. que tem forma de glândula).

glau.co.ma *sm* Doença grave do olho, que pode levar à cegueira, caracterizada pela elevada pressão do fluido intraocular e opacidade cada vez maior do humor vítreo. → **glaucomatoso** (ô; pl.: ó) *adj* e *sm* (que ou aquele que tem glaucoma).

gle.ba *sf* **1**. Terreno bom para o plantio; solo cultivável. **2**. *P.ext*. Qualquer área de terra não urbanizada. **3**. Terreno em que existe minério explorável.

gli.ce.mi.a ou **gli.co.se.mi.a** *sf* Presença de açúcar ou glicose no sangue. → **glicêmico** ou **glicosêmico** *adj* (rel. a glicemia ou glicosemia).

gli.ce.ri.na *sf* ou **gli.ce.rol** *sm* Substância adocicada, $C_3H_8O_3$, subproduto da fabricação do sabão, usada como solvente, anticongelante, plastificante e adoçante.

gli.cí.dio *sm* Composto orgânico formado fundamentalmente por átomos de oxigênio, carbono e hidrogênio, conhecido impropriamente por açúcar ou sacarose. → **glicídico** *adj* (rel. a glicídio ou próprio do glicídio).

gli.co.se *sf* Açúcar simples, $C_6H_{12}O_6$, encontrado em certos alimentos, princ. no mel e nas frutas; dextrose.

glifo *sm* **1**. Sinal arbitrário (escrito ou impresso) que adquiriu um significado convencional. **2**. Qualquer pequeno símbolo gráfico, geralmente estilizado: *quantos glifos estão incluídos em cada fonte?* **3**. Qualquer símbolo, inscrição ou desenho gravado ou esculpido: *não há nenhum glifo nas paredes da pirâmide de Quéops*. → **glífico** *adj* (rel. a glifo).

glíp.ti.ca *sf* Arte de gravar ou esculpir em pedras preciosas. → **glíptico** *adj* (**1**. rel. a glíptica; **2**. rel. a gravação, incisão e entalhes em metais, geralmente de diminutas dimensões).

glitter [ingl.] *sm* **1**. Brilho de cor e forma variadas, usado como enfeite ou destaque em bordas de tabelas, bordas simples, imagens, etc. **2**. Produto semelhante a um minúsculo grão de areia brilhante, encontrado em bases, *blushes*, algumas sombras, etc. · Pl.: *glitters*. · Pronuncia-se *glítâr*.

glo.bo (ô) *sm* **1**. Corpo redondo ou esférico: *globo ocular (hoje chamado mais propriamente **bulbo do olho**)*. **2**. Nosso planeta, a Terra: *está havendo aquecimento do globo*. **3**. Esfera que contém o mapa do mundo. **4**. Luminária de rua ou de interior de casa, com a forma de uma esfera. · Dim. erudito: *glóbulo*. → **global** *adj* (**1**. total, completo: *visão global*; **2**. do mundo todo; internacional: *a ONU é uma organização global*); **3**. do globo terrestre ou relativo a ele: *aquecimento global*); **globalização** *sf* [**1**. ato ou efeito de globalizar(-se); mundializar(-se); **2**. organização de empresas e economias, em escala mundial, com o objetivo de avançar universalmente a economia de mercado, quebrando barreiras institucionais, culturais e econômicas; mundialização]; **globalizante** *adj* (que globaliza ou tende a globalizar); **globalizar** *v* (totalizar, integralizar) **globalizar-se** (sofrer processo de globalização); **globoide** (ói) *adj* (que tem a forma de globo; esferoide); **globosidade** *sf* (qualidade de globoso); **globoso** (ô; pl.: ó) ou **globular** *adj* (em forma de globo; esférico); **glóbulo** *sm* (**1**. globo pequeno; **2**. qualquer corpúsculo arredondado encontrado em tecidos e líquidos do organismo animal: *glóbulos vermelhos e glóbulos brancos*; **3**. comprimento minúsculo de medicamento, como os da homeopatia). ·· **Glóbulos brancos**. Leucócitos. ·· **Glóbulos vermelhos**. Hemácias.

gló.ria *sf* **1**. Alta fama, ou enorme prestígio junto a um vasto público, de quem prestou eminentes serviços à pátria ou à humanidade. **2**. Felicidade perfeita: *que Deus o tenha em glória!* **3**. Homenagem, preito: *glória a Deus nas alturas!* **4**. O mais alto grau de prazer ou satisfação; regozijo: *a glória dos palmeirenses é ganhar do Corinthians*. **5**. *Fig*. Pessoa que é causa de orgulho, por algum feito: *Caxias é uma glória nacional*. · Dim. irregular: *gloríola* (glória vã). · Antôn. (3): *desonra*, *ignomínia*; (4): *frustração, decepção*. → **glorificação** *sf* [ato de glorificar(-se)]; **glorificar** *v* (**1**. louvar e adorar: *essa música é usada para glorificar a Deus*; **2**. levar (alguém) à glória eterna; beatificar: *querem glorificar esse Papa*; **3**. enaltecer, exaltar: *glorificar um herói nacional*; **4**. *fig*. descrever ou apresentar como admirável injustificadamente; fazer parecer bom quando não é: *um vídeo de futebol que glorifica a violência*); **glorificar(-se)** *v* [tornar(-se) glorioso; cobrir(-se) de glória]; **glorificar-se** *v* (dar-se excessiva importância a si mesmo, a seus dotes, a suas qualidades; jactar-se; gabar-se); *ele se glorifica do dinheiro que tem*]; **glorioso** (ô; pl.: ó) *adj* (**1**. cheio de glória; famoso: *o glorioso alviverde paulistano*; **2**. promissor, auspicioso: *um glorioso futuro se abriu para ela, ao conhecer aquele empresário*; **3**. digno de orgulho; honroso: *foi uma vitória gloriosa*).

glo.sa *sf* **1**. Nota explicativa de palavra ou texto; comentário, interpretação. **2**. Censura, crítica. **3**. Composição poética em que cada estrofe termina por um dos versos de um mote escolhido. **4**. Rejeição ou cancelamento em orçamento, verbas, contas, etc., por considerá-los indignos de crédito. (Não se confunde com *grosa*.) → **glosar** *v* (fazer a glosa de).

gloss [ingl.] *sm* Redução de *batom* gloss, tipo de batom que hidrata e protege os lábios. · Pl.: *glosses*. · Pronuncia-se *glós*.

glos.sá.rio *sm* Lista ou relação de palavras e expressões que se inclui como apêndice de obras técnicas, científicas ou literárias, com definições e, às vezes, comentários: *é um livro de assunto esotérico, mas contém glossário*. → **glossarista** *s2gên* [autor(a) de glossário(s)].

glo.te *sf* Abertura triangular na parte superior da laringe, entre as cordas vocais, essencial na produção da fala. → **glótico** *adj* (rel. a glote: *abertura glótica*); **glotite** *sf* (inflamação da glote ou das cordas vocais).

glo.te.rar ou **glo.to.rar** *v* Soltar a voz (a cegonha).

GLP *sm* Sigla de *gás liquefeito de petróleo*. · Pl.: *GLPs*.

glu-glu *sm* Onomatopeia que indica a voz do peru e o som de um líquido saindo pelo gargalo. · Pl.: *glu-glus*. · V. **grugulejar**.

glu.tão *adj* e *sm* Que ou aquele que come muito e depressa. · Fem.: *glutona*. → **glutonaria** *sf* (qualidade do vício de glutão).

glú.ten ou **glu.te** *sm* Parte proteica e muito nutritiva da farinha dos cereais (aveia, centeio, cevada, trigo, etc.).

glú.teo *adj* **1**. Relativo a nádega: *região glútea*. // *sm* **2**. Cada um dos três grandes músculos de cada nádega.

GNL *sm* Sigla de *gás natural liquefeito*.

gno.mo *sm* Ser imaginário, pequeno e feio, de forma e comportamento humanos, com estatura de anão e poderes mágicos, que, segundo a crença cabalística, habita os bosques e as regiões mais íntimas da Terra, guardando todas as minas e riquezas terrestres. → **gnômico** *adj* (rel. ou pert. a gnomo).

gnu *sm* Antílope de grande porte da África, de chifres longos e curvados, carne tenra e suculenta, caça preferida das hienas e leões.

Goa (ô) *sf* Pequeno estado situado na costa sudoeste da Índia, antiga colônia portuguesa. → **goano** *adj* e *sm*.

go.dê *sm* **1**. Corte do tecido em viés, em forma de leque, apropriado para a confecção de saias. **2**. Tigelinha em que os pintores diluem as tintas.

go.de.rar ou **gau.de.ri.ar** *v Pop.*NE Ficar olhando tristemente para (alguém que come), à espera de receber algum alimento.

go.do (ô) *sm* Membro do antigo povo germânico que invadiu o império romano nos primeiros séculos da era cristã (do séc. III ao V). · V. **gótico**.

go.e.la *sf Pop.* Garganta, gorgomilo, gorja.

go.gó *sm Pop.* Parte saliente na frente do pescoço do homem; pomo de adão.

goi.a.ba *sf* Fruto da goiabeira. → **goiabada** *sf* (doce de goiaba); **goiabeira** *sf* (árvore que dá a goiaba).

Goiânia *sf* Capital do estado de Goiás. → **goianiense** *adj* e *s2gên*.

Goiás *sm* Estado da Região Centro-Oeste do Brasil. · Abrev.: **GO**. → **goiano** *adj* e *sm*.

G-8 ou **G8** *sm* Letra e algarismo que identificam o grupo dos sete países mais ricos e industrializados do mundo (G7), mais a Rússia, membro por razões políticas.

goi.va *sf* Instrumento de carpinteiro, gravador, escultor, encadernador, etc., espécie de formão em semicírculo, com o chanfro do corte na parte interior.

gol (ô) *sm* **1**. Retângulo formado por dois postes fincados verticalmente no solo, ligados na parte superior por uma trave ou travessão e alvo a que tende a bola, no campo de jogo; meta, baliza, arco. **2**. Ponto que se obtém quando a bola entra na rede adversária, sem que o goleiro consiga impedir; tento. → **goleada** *sf* (vitória por diferença igual ou superior a três gols); **goleador** (ô) *adj* e *sm* (que ou jogador que costuma fazer muitos gols; artilheiro); **golear** *v* (vencer por goleada), que se conjuga por *frear*; **goleiro** *sm* (jogador que atua no gol), de fem. *goleira*.

go.la *sf* Parte do vestuário que circunda o pescoço.

go.le *sm* Porção de líquido que se bebe de uma só vez.

gol.fa.da *sf* Porção de líquido que sai de uma vez de uma abertura. → **golfar** *v* [expelir (líquidos) em golfadas, às porções; *golfar sangue pela boca*].

gol.fe *sm* Jogo esportivo de origem escocesa que consiste em tocar com um taco uma bola pequena e maciça (41,1mm ou 42,6mm), fazendo-a entrar numa série de buracos cavados num campo gramado e extenso. → **golfista** *s2gên* [jogador(a) de golfe].

gol.fi.nho *sm* Cetáceo marinho também conhecido como *delfim* e *boto marinho*.

gol.fo (ô) *sm* Reentrância ampla na costa, maior e mais fechada que uma baía, com profundidades suficientes para atracação de navios de grande calado.

gol.pe *sm* **1**. Pancada com instrumento cortante ou contundente: *golpe de navalha*. **2**. Contusão, lesão: *sofrer um golpe sério na cabeça*. **3**. Lance, jogada: *golpe de mestre*. **4**. Gesto ou acontecimento súbito e inesperado: *um golpe de mãos; golpe de sorte*. **5**. Abalo, comoção moral: *sofrer duro golpe com a morte de alguém*. **6**. Desfalque: *dar um golpe na praça*. **7**. Nas lutas esportivas, qualquer manobra ofensiva que atinge ou visa a atingir o adversário: *receber um violento golpe no fígado*. → **golpear** *v* (dar golpes em), que se conjuga por *frear*.
·· **Golpe do baú**. Manobra pouco honesta feita geralmente por uma pessoa pobre e jovem, que procura casar com pessoa rica ou de mais idade, apenas por interesse, por dinheiro

go.ma *sf* **1**. Matéria pegajosa e transparente que escorre do tronco de algumas plantas. **2**. Massa feita com farinha de trigo e água, para ligar uma coisa a outra; cola. **3**. Preparado químico, usado para endurecer ligeiramente a roupa a ser passada a ferro. **4**. Farinha feita de grãos, preparada com a água da mandioca espremida; tapioca. **5**. Adesivo do verso dos selos. → **goma-arábica** *sf* (**1**. resina produzida por várias árvores, usada na preparação de pílulas, emulsões, etc.; **2**. cola feita dessa resina), de pl. *gomas-arábicas*); **goma-laca** *sf* (resina colhida em certas plantas, usada em polimentos, fabricação de lacre, massa de vidraceiro, etc.), de pl. *gomas-lacas*.

go.mo *sm* **1**. Cada uma das divisões de algumas frutas, recobertas por uma película. **2**. Cada uma das partes de um vegetal separadas por nós.

Gomorra (ô) *sf* **1**. Antiga cidade da Palestina, perto de Sodoma, possivelmente coberta pelas águas do mar Morto. De acordo com o Antigo Testamento, foi destruída pelo fogo, por causa da depravação de seus habitantes. **gomorra** (ô) *sf* **2**. *Fig.* Lugar depravado: *o ambiente de televisão, àquela época, era tido como uma gomorra*. → **gomorreu** *adj* e *sm* (natural ou habitante de Gomorra) e *adj* (de Gomorra: *clima gomorreu*), de fem. *gomorreia* (éi).

gô.na.da *sf* Glândula sexual que elabora as células reprodutoras e secreta hormônios (o ovário é a gônada feminina; o testículo é a gônada masculina). → **gonadal** ou **gonádico** *adj* (rel. a gônada).

gôn.do.la *sf* **1**. Barco comprido, de extremidades altas e curvas, com uma pequena cabina no meio, movido por um só remo da popa, usado nos canais de Veneza. **2**. Vagão ferroviário de lados basculantes e descoberto, para transporte de cargas a granel. **3**. Prateleira superposta em lojas e supermercados, para a apresentação de produtos. → **gondoleiro** *sm* (condutor de gôndola).

gon.go *sm* Instrumento musical de percussão, formado por uma placa metálica em que se bate com um pequeno bastão.

gon.go.ris.mo *sm* Estilo literário florido, empolado, cheio de figuras de linguagem. → **gongórico** *adj* (**1**. rel. ao gongorismo; **2**. *fig.* muito enfeitado; rebuscado, empolado: *texto gongórico*); **gongorista** *adj* e *s2gên* (que ou pessoa que é partidária ou imitadora do gongorismo).

go.ni.lha *sf* Aro de ferro que se punha ao pescoço dos escravos fujões.

go.no.co.co *sm* Bactéria que causa a gonorreia. → **gonocócico** *adj* (rel. a gonococo).

go.nor.rei.a (éi) *sf* Doença sexualmente transmissível, causada por gonococos. → **gonorreico** (éi) *adj* (rel. a gonorreia).

gon.zo *sm* Dobradiça de porta ou de janela.

gopher [ingl.] *sm* Sistema de busca de documentos ou informações na Internet por meio de *menus* e diretórios. · Pl.: *gophers*. · Pronuncia-se *gôufâr*.

go.rar *v* **1**. Malograr, frustrar: *esse acidente gorou os meus planos*. **2**. Impedir a incubação de (ovo): *o garoto remexe o ninho das galinhas, gora os ovos e judia das aves*. **3**. Não chegar a gerar no período da incubação: *os ovos goraram*. **gorar(-se) 4**. Falhar, quando tinha todas as condições de alcançar sucesso; frustrar-se, malograr-se: *com esse acidente, todos os nossos planos (se) goraram*.

gor.do (ô) *adj* e *sm* **1**. Que ou aquele que tem gordura demais no corpo. // *adj* **2**. Que tem muita gordura ou matéria sebácea: *carne gorda*. **3**. Oleoso, gorduroso: *queijo gordo*. **4**. *Fig.* Vultoso, substancial: *receber um gordo salário; ter uma gorda conta bancária*. **5**. *Pop.* Que está dentro do período carnavalesco:

sexta-feira gorda. · Antôn.: *magro.* → **gordofobia** *sf* (*pop.* preconceito ou repulsa contra pessoas obesas, que compreende geralmente chacotas e tentativas de ridicularização); **gordofóbico** *adj* (rel. a gordofobia) e *adj* e *sm* (que ou aquele que tem gordofobia); **gorducho** *adj* e *sm* (que ou aquele que é pequeno e um tanto gordo); **gordura** *sf* (**1**. substância composta de glicerina e ácido graxo, existente nos corpos do homem e dos animais; **2**. todo corpo gorduroso utilizado como lubrificante ou como proteção; **3**. matéria gordurosa animal ou vegetal utilizada na cozinha para diversos tipos de cozimento; **4**. obesidade, corpulência; **5**. *fig.* o que está em excesso; superfluidade: *o time ainda tem uma gordura para queimar antes de perder a liderança*); **gorduroso** (ô; pl.: ó) *adj* (que contém muita gordura).

gor.go.mi.lo *sm* Goela, garganta, gorja: *gravata que aperta demais o gorgomilo.* (Usa-se mormente no plural.)

gor.gon.zo.la *sm* **1**. Tipo de queijo italiano de sabor e odor fortes. // *adj* **2**. Diz-se desse tipo de queijo.

gor.go.rão *sm* **1**. Tecido encorpado, de algodão, viscose, seda e outros fios mistos, de trama fechada, com estrias em relevo, muito usado em calças, cortinas, estofados, etc. // *adj* **2**. Diz-se desse tecido.

go.ri.la ou **go.ri.lha** *sm* **1**. Macaco de grande porte, da África, muito semelhante ao homem. **2**. *Pop.Pej.* Militar reacionário. [Trata-se (1) de substantivo epiceno: *o gorila macho, o gorila fêmea*; portanto, não convém usar *"a" gorila* nem *"a gorila fêmea"* nem muito menos *"a mamãe" gorila*, como já se ouviu.]

gor.ja *sf* **1**. Garganta, goela. **2**. Abreviação de *gorjeta*: *o garçom recebeu boa gorja do xeique.*

gor.je.ar *v* (Soltar (passarinho) sons agradáveis. · Conjuga-se por *frear.* → **gorjeio** *sm* (ato de gorjear; canto agradável dos pássaros canoros).

gor.je.ta (ê) *sf* Dinheiro que se dá espontaneamente àquele que prestou bom atendimento ou bons serviços; gratificação, gorja.

go.ro.ro.ba *sf* **1**. *Pop.* Refeição (almoço ou jantar); comida, boia, rango: *na pensão, a gororoba era servida às 18h em ponto.* **2**. *Pop.* Comida malfeita, muito misturada e de má qualidade; grude: *se quiseres pegar uma boa de uma gororoba, passa lá em casa!* **3**. *Pop.*BA Cachaça. **4**. *Pop.*PA Pessoa frouxa, medrosa.

gor.ro (ô) *sm* Boné sem pala, feito de tecido macio e quente.

gos.ma *sf* **1**. Doença que ataca a língua das aves. **2**. Mucosidade expelida pela boca do homem e de alguns animais, semelhante a uma baba espessa e viscosa. **3**. *P.ext.* Qualquer substância semelhante, produzida por organismo animal ou vegetal; baba: *a gosma da lesma; a gosma do quiabo.* → **gosmento** *adj* (que tem gosma).

gospel [ingl.] *sm* **1**. Canto popular, de inspiração religiosa, otimista, com acompanhamento musical, da comunidade afro-americana dos Estados Unidos do início do séc. XX. **2**. Redução de *música gospel*, música folclórica de letra religiosa e mensagem evangélica. · Pronuncia-se *góspel.*

gossei [jap.] *adj* e *s2gên* Que ou descendente da quinta geração de japoneses que emigraram para a América, aqui nascido(a).

gos.to (ô) *sm* **1**. Sentido pelo qual se percebe e reconhece o sabor dos alimentos, com o uso da língua; paladar. **2**. Sensação despertada na língua por uma comida ou uma bebida; sabor. **3**. Caráter, natureza, tom, sabor. **4**. Bom gosto. **5**. Prazer, deleite, satisfação. **6**. Queda, inclinação, vocação. **7**. Preferência na escolha de qualquer coisa. → **gostar** *v* (**1**. apreciar o sabor: *gosto de abacaxi*; **2**. sentir prazer, apreciar: *gosto de estar com ela*; **3**. ter afeição ou amizade: *gosto dela*; **4**. aprovar, achar bom: *gosto dessa ideia*; **5**. achar bom ou agradável: *não gosto de aglomerações*; **6**. ter certa preferência, apreciar: *gosto de piano*; **7**. dar-se bem, adaptar-se: *as mangueiras não gostam de água*), de antôn. *detestar*; **gostoso** (ô; pl.: ó) *adj* (**1**. agradável ao paladar, saboroso; **2**. agradável ao espírito, prazeroso; **3**. caracterizado por enorme satisfação ou alegria); **gostosura** *sf* (**1**. qualidade do que é gostoso ou saboroso; delícia: *a gostosura dessa sobremesa está no chantili*; **2**. prazer intenso; deleite: *é uma gostosura frequentar esta praia*; **3**. iguaria saborosa; guloseima: *festa de aniversário cheia de gostosuras*; **4**. *fig.* mulher bonita e sedutora; formosura: *sua filha está ficando uma gostosura!*

go.ta (ô) *sf* **1**. Pingo de qualquer líquido. **2**. Camarinha de orvalho ou de suor. **3**. Doença caracterizada por inflamação dolorosa das juntas, princ. no dedão do pé; artrite. → **goteira** *sf* (falha, abertura ou buraco no telhado através do qual cai água no interior da casa, quando chove); **gotejador** (ô) *adj* e *sm* (que ou o que goteja) e *sm* (peça usada em sistemas de irrigação, que transforma o fluxo da água em gotas); **gotejamento** *sm* (ato ou efeito de gotejar); **gotejante** *adj* (que goteja; gotejador); **gotejar** *v* (**1**. deixar cair gota a gota: *o pincel está gotejando tinta*; **2**. deixar cair gotas; pingar: *telhado de igreja sempre goteja*; **3**. cair chuvisco; chuviscar: *não levei guarda-chuva porque só gotejava, quando saí de casa*) e *sm* (ato de gotejar: *o único som ouvido era o gotejar da torneira estragada*), que mantém o *e* tônico fechado durante a conjugação; **gotoso** (ô; pl.: ó) *adj* e *sm* (que ou aquele que sofre de gota).

gourmet [fr.] *sm* Pessoa de paladar exigente, que aprecia boa comida e vinhos finos e é bom em julgar sua qualidade: *agora em nossa cidade os gourmets podem tratar seus paladares com a verdadeira comida mexicana.* **2**. *P.ext.* Conhecedor profundo de qualquer coisa: *ele é gourmet de cinema.* // *adj* **3**. Relativo a algo caro e de alta qualidade; *restaurantes gourmet, supermercados gourmet*. **4**. Diz-se de alimentos e refeição sofisticada, que requer ingredientes exóticos, preparo elaborado e altamente especializado, apresentados de forma artística: *iguarias gourmet, refeição gourmet*. **5**. Equipado com eletrodomésticos de nível profissional, para a preparação desses alimentos ou dessa refeição: *cozinha gourmet.* **6**. Diz-se do responsável por essa preparação: *chef gourmet.* **7**. Diz-se de loja que vende produtos de alta qualidade, exclusivos e muito difíceis de encontrar. **8**. Diz-se do espaço ou estrutura numa residência, moderna e *clean*, voltada à gastronomia, mescla de cozinha, sala de estar e de jantar, próprio para receber convidados especiais. · Pronuncia-se *gurmê*. (Como se vê, o adjetivo não varia.

go.ver.nan.ta *sf* **1**. Mulher encarregada de dirigir casa de outrem ou de educar crianças em casa de família. **2**. Mulher que, nos serviços de hotelaria, chefia as camareiras.

go.ver.nar *v* **1**. Gerenciar a economia e exercer o controle dos serviços públicos de (nação, Estado ou município), exercer o governo de: *governar o Brasil.* **2**. Dirigir ou controlar os serviços internos de: *governar uma casa.* **3**. Guiar, pilotar, conduzir: *não conseguiu governar o carro, que capotou.* → **governador** (ô) *adj* e *sm* (que ou aquele que é a autoridade máxima de um estado ou província); **governamental** *adj* (**1**. rel. ou pert. ao governo, ao poder executivo; **2**. que parte ou provém do governo: *medidas governamentais*; **3**. que apoia o governo; governista, situacionista); **governante** *adj* e *s2gên* (que ou pessoa que governa); **governismo** *sm* (**1**. exercício autoritário do poder; governo autoritário; **2**. situação política dominante; situacionismo); **governista** *adj* (rel. ao governismo) e *adj* e *s2gên* (que ou pessoa que é partidária do governo ou da situação; situacionista); **governo** (ê) *sm* (**1**. ato ou efeito de governar: *o governo de um país, de um caminhão*; **2**. instituição política formada por um presidente e um grupo de ministros que governa um Estado **3**. tempo durante o qual uma autoridade governa), de dim. pej. *governicho* (irregular) e *governículo* (erudito).

go.zar *v* **1**. Aproveitar (coisa agradável, útil, vantajosa), desfrutar: *gozar a vida.* **2**. Ter, possuir: *gozar boa saúde.* **3**. Fazer gozação de, zombar, caçoar de: *gozar corintianos.* → **gozação** *sf* (zombaria, troça, caçoada); **gozado** *adj* (engraçado); **gozador** (ô) *adj* e *sm* (que ou aquele que goza ou desfruta; **2**. que ou aquele que goza ou zomba, caçoa, troça); **gozo** (ô) *sm* (ato de gozar); **gozoso** (ô; pl.: ó) *adj* (caracterizado pelo gozo ou prazer: *vida gozosa*).

GPS *sm* **1**. Sigla inglesa de *global positioning system*, sistema de posicionamento global que, através de um conjunto de satélites, fornece a um celular a sua posição em relação às coordenadas terrestres. **2**. Aparelho receptor dessa informação. · Pronuncia-se *dji pi és* (à inglesa) ou *gê pê esse* (à portuguesa).

grã *adj* Forma reduzida de *grande*: *grã-cruz, Grã-Bretanha.*

Grã-Bretanha *sf* **1**. Ilha da costa ocidental da Europa que compreende a Inglaterra, a Escócia e o País de Gales. **2**. Unidade política formada pela Inglaterra, Escócia e País de Gales. **bretão** *adj* e *sm*, de fem. *bretã.*

gra.ça *sf* **1**. Dom gratuito, proveniente de ente ou pessoa poderosa, por afeto, consideração ou piedade: *alcancei a graça pedida.* **2**. Bondade divina, benefícios que Deus concede aos homens: *foi convertido pela graça de Deus.* **3**. Dito espirituoso, só para provocar riso: *cruzei-me com ela e disse-lhe uma graça.* **4**. Charme, elegância: *ela desfilou com graça e simpatia.* **5**. Nome de batismo: *qual é sua graça?* // *sfpl* **6**. Simpatia: *caiu nas graças do chefe.* **7**. Agradecimento: *dê graças aos céus por não ter morrido nesse acidente!* **8**. Benefícios espirituais concedidos pela Igreja. **9**. Confianças, intimidades, liberdades: *não gosto de graças comigo.* → **gracejar** *v* (dizer gracinhas ou gracejos; zombar, troçar, gozar: *eu não lhe dei liberdades para gracejar comigo; ele graceja, e eu é que apanho*), sempre com **e** fechado, durante a conjugação; **gracejo** (ê) *sm* (dito zombeteiro inconveniente ou ofensivo; gracinha); **gracinha** *sf* (**1**. gracejo; **2**. graça de mau gosto, que, ao invés de riso, causa mal-estar: *sujeito cheio de gracinhas não agrada a ninguém*); **graciosidade** *sf* (qualidade de pessoa graciosa); **gracioso** (ô; pl.: ó) *adj* (**1**. polido e agradável, princ. com pessoas de classe social mais baixa; **2**. que tem graça, charme, elegância). ·· **Dar (o) ar de sua graça**. Aparecer (depois de algum tempo ausente). ·· **De graça**. **1**. Grátis: Entrei de graça no estádio. **2**. À toa, sem motivo: *Apanhou de graça*. ·· **Graças a**. **1**. Por causa de: *Graças a você, não morri*. **2** Em virtude de: *Graças a suas explicações, entendi tudo*. ·· **Graças a Deus**. Felizmente. ·· **Sem graça**. **1**. Que não é engraçado: *Palhaço sem graça*. **2**. Sem encanto: *Garota sem graça*. **3**. Sem gosto; insípido: *Comida sem graça*. **4**. Cansativo: *Professor sem graça*. **4**. Constrangido, encabulado, desenxabido: *O rapaz ficou sem graça quando lhe chamaram pelo apelido*. **5**. Inibido, embaraçado; de certa forma impedido: *Emprestei um livro a ela e agora estou sem graça de pedi-lo de volta*. **6**. Pessoa desagradável, inconveniente, cacete: *As sem graças estão chegando*. (Nas acepções de 4 a 6 seria saudável fosse usada expressão hifenizada: *sem-graça*.) ·· **Uma graça**. **1**. Um amor, um encanto: *Seu bebê é uma graça!* **2**. Pessoa muito engraçada (também ironicamente): *Esse comentarista esportivo é uma graça!*

grã-cruz *sf* **1**. Grau mais elevado das ordens de cavalaria. **2**. Cruz que é a insígnia desse grau. · Pl.: *grã-cruzes*.

gra.da.ção *sf* **1**. Aumento ou diminuição gradual; transição: *uma gradação de sentimentos, do amor ao ódio*. **2**. Fase intermediária: *há muitas gradações entre o bom e o ruim*. **3**. Delicadeza na transição das cores; matiz, nuança: *a gradação do castanho ao bege*. → **gradativo** ou **gradual** *adj* (progressivo).

gra.de *sf* **1**. Armação composta de barras paralelas ou cruzadas, com intervalos entre elas, destinada a separar, vedar ou proteger um lugar: *grade de prisão, de jardim, de janela*. **2**. Instrumento com que se rasga a terra depois de lavrada. **3**. Amurada composta de barras paralelas: *uma ponte sem grades é um perigo*. **4**. Esquema ou quadro de organização ou de programação periódica; tabela: *grade curricular; grade de programação de televisão*. // *sfpl* **5**. Cadeia, xadrez, prisão: *levar todos os corruptos para as grades*. · Dim. irregular (1) *gradil sm*. → **gradeado** *adj* [**1**. que tem grade(s); **2**. que forma grade] e *sm* (conjunto de grades); **gradeamento** *sm* (ação ou efeito de gradear); **gradear** *v* (pôr grades em, cercar com grades), que se conjuga por *frear*; **gradil** *sm* (**1**. grade pequena; **2**. grade baixa que cerca um jardim, um recinto, uma área qualquer).

gra.do *sm* **1**. Vontade (usado apenas nas locuções abaixo). // *adj* **2**. Grande, graúdo: *escreva em letras gradas, porque ela não enxerga direito!* **3**. De alta posição social; graúdo, importante: *todas as pessoas gradas da cidade estavam na festa: o juiz, o delegado, o padre e o prefeito*. ·· **De bom grado**. De boa vontade; com prazer; prazerosamente: *Aceitei de bom grado o convite*. ·· **De mau grado**. De má vontade; contra a vontade; a contragosto: *Cumprimentei-a de mau grado*. · V. **malgrado**.

gra.du.ar *v* **1**. Dispor em graus, dividir em graus: *graduar um termômetro*. **2**. Regular: *graduar o volume do som de acordo com o ambiente*. **3**. Diplomar: *a universidade o graduou ano passado*. **graduar-se** (diplomar-se em grau superior): *ele se graduou em direito*). → **graduação** *sf* [**1**. ato ou efeito de graduar(-se); **2**. divisão de círculo, escala, etc., em graus, minutos e segundos; **3**. cada um desses graus marcados; **4**. posição social, categoria; **5**. hierarquia, posto militar; **6**. conclusão de curso superior ou universitário; bacharelato; colação de grau universitário]; **graduado** *adj* (dividido em graus) e *adj* e *sm* (**1**. que ou aquele que tem posição ou posto elevado; **2**. que ou aquele que é diplomado em curso superior); **gradual** *adj* (que avança ou progride por graus contínuos, sucessivos; gradativo, progressivo); **graduando** *sm* (aquele que está prestes a se graduar).

gra.far *v* **1**. Representar mediante grafia ou escrita; dar forma escrita a: *o homem grafou a linguagem e evoluiu*. **2**. Pôr na forma escrita; escrever: *não sabes grafar nem o próprio nome?* → **grafia** *sf* (**1**. representação escrita de uma palavra; **2**. cada uma das maneiras de representar graficamente uma palavra; escrita: *a grafia dos nomes próprios é objeto de polêmica entre os linguistas*).

gra.fe.no *sm* Nanomaterial que consiste em folhas de átomos de carbono com a espessura de um átomo, com os átomos dispostos em uma estrutura de rede em padrão hexagonal, isolado pela primeira vez em 2004; forma exótica de carbono: *com um único átomo de carbono de espessura, o grafeno é duzentas vezes mais forte que o aço, além de ser flexível e quase transparente*.

grá.fi.co *adj* **1**. Relativo a grafia ou a artes gráficas. **2**. Apresentado em esquema, diagrama, etc. // *sm* **3**. Representação gráfica de um fenômeno qualquer; diagrama, esquema. **4**. Aquele que trabalha em artes e indústrias gráficas. · Fem. (4): *gráfica*. → **gráfica** *sf* [**1**. fem. de *gráfico* (4); **2**. oficina especializada em artes gráficas].

grã-fi.no *adj* e *sm* **1**. Que ou aquele que é ou procura parecer rico, tem hábitos caros e requintados, mas pouca ou nenhuma cultura; bacana. // *adj* **2**. Relativo a grã-fino, próprio de grã-fino ou frequentado por grã-fino. (Na língua falada se usa muito *granfa* e *granfo*.) · Pl.: *grã-finos*. (Cuidado para não escrever "gran-fino" ou "granfino"!) → **grã-finagem** *sf* ou **grã-finismo** *sm* (gente grã-fina; soçaite: *Bariloche era a delícia da grã-finagem brasileira da década de 1980*); **grã-finismo** *sm* (**1**. grã-finagem; **2**. qualidade, condição ou hábito de grã-fino: *ela vai ao jóquei não porque gosta de cavalos, mas por grã-finismo*), de pl. *grã-finagens* e *grã-finismos*.

gra.fi.te ou **gra.fi.to** *sm* Inscrição ou desenho feito em paredes, muros, monumentos, etc., geralmente para ser visto pelo público, podendo ser vandálico (neste caso sinônimo de *pichação*) ou não. **grafite** ou **gra.fi.ta** *sf* **1**. Uma das formas do carbono, de lustro metálico, usado em lápis, eletrodos, lubrificantes, reatores nucleares e em pinturas e camadas nos mais diferentes objetos. **2**. Cor cinza forte desse carbono, cinza-chumbo. // *adj* **3**. Diz-se desta cor. **4**. Que tem essa cor, dessa cor. → **grafitar** *v* (executar grafites (1) em]; **grafiteiro** *sm* (aquele que inscreve ou produz grafite).

gra.fo.lo.gi.a *sf* Estudo da escrita para análise da personalidade ou do caráter de uma pessoa. → **grafológico** *adj* (rel. a grafologia); **grafologista** *adj* e *s2gên* ou **grafólogo** *sm* (especialista em grafologia).

gra.fo.te.ca *sf* **1**. Coleção de gravuras. **2**. Local ou setor onde se guardam tais coleções. **grafotecário** *adj* (rel. a grafoteca) e *sm* (aquele que é versado em grafoteca ou que administra uma grafoteca).

gra.lha *sf* **1**. Nome comum a diversas aves negras e lustrosas, semelhantes aos corvos, porém, menores, que têm o hábito de enterrar pinhões, cooperando, assim, para a perpetuação dos pinheiros. (Voz: *crocitar, gralhar, grasnar*.) **2** Erro tipográfico ou de composição que consiste em deslocar ou trocar letra(s); pastel (p. ex.: "citade" por *cidade*). **3**. *Fig.Pej*. Mulher que fala demais; tagarela. → **gralhar** *v* [**1**. grasnar (a gralha e algumas outras aves); **2**. *fig.pej*. falar demais; tagarelar].

gra.ma *sf* **1**. Vegetação rasteira usada como ornamento em jardins. relva. // *sm* **2**. Milésima parte de um quilo. → **gramado** *adj* (que recebeu grama) e *sm* (**1**. terreno coberto de grama; relvado; **2**. campo de futebol); **gramagem** ou **gramatura** *sf* (massa da unidade de superfície do papel ou do cartão, expressa em g/m^2; **gramar** *v* (**1**. cobrir de grama; **2**. *fig.pej*. aturar, aguentar, suportar: *casou e agora vai ter que gramar uma sogra*).

gra.má.ti.ca *sf* **1**. Ramo da linguística que estuda cada um dos seus elementos da fala (fonologia), das formas e estruturas das palavras (morfologia) e de sua disposição nas frases (sintaxe), além da semântica: *as universidades há muito reclamam que os alunos de hoje precisam de aulas de gramática e ortografia quando chegam*. **2**. Sistema de estrutura e arranjo de palavras numa dada língua, num dado tempo: *a gramática do tupi*. **3**. Sistema de regras que define a estrutura gramatical de uma língua: *a má gramática dos jornalistas choca; o vocabulário e a gramática desse aluno são excelentes*. **4**. Obra em que essas regras são expostas de forma racional e didática: *ele escreveu uma gramática de alto nível*. **5**. Exemplar dessa obra; livro de gramática (1): *estudar em boa gramática*. **6**. *Fig*. Princípios elementares de uma ciência ou arte: *a gramática do desenho; seus romances têm uma gramática própria*. → **gramatical** *adj* (rel. ou pert. a gramática); **gramático** *adj* e *sm* (especialista em gramática).

gra.mí.nea *sf* Espécime das gramíneas, grupo de plantas cujo caule é separado por nós, distribuídas abundantemente pelo globo, como o trigo, o arroz, o capim, etc. → **gramíneo** *adj* (rel. a esse grupo de plantas).

gram.pe.ar *v* **1**. Prender ou segurar com grampos: *grampear documentos*. **2**. *Pop*. Prender em cadeia; encarcerar: *já grampearam todos os corruptos?* **3**. *Pop*. Realizar escuta telefônica clandestina em (determinada linha ou ramal telefônico), geralmente para gravar as conversações: *grampearam meu*

telefone. · Conjuga-se por *frear.* → **grampeadeira** ou **grampeadora** (ô) *sf* (máquina que grampeia folhetos, revistas, etc.);
grampeador (ô) *sm* (aparelho manual, usado para grampear);
grampo *sm* [**1**. haste metálica ou de plástico, usada para reunir e prender folhas de papel; **2**. clipe (1); **3**. prego sem cabeça, curvado em forma de U, para prender arames, firmar fios, etc.; **4**. red. de *grampo de cabelo*, pequena peça metálica de duas hastes que as mulheres utilizam para prender os cabelos; ramona; **5**. *gír.* escuta telefônica clandestina; **6**. *gír.* dispositivo que permite fazer tal escuta; **7**. haste que, em algumas máquinas, segura a peça que está sendo trabalhada].

gra.na *sf Pop.* Dinheiro.

gra.na.da *sf* **1**. Pequena bomba cheia de pólvora e fragmentos metálicos, que explode violentamente, quando atirada com a mão ou com fuzil. **2**. Pedra preciosa de cor arroxeada.

Granada *sm* Minúsculo país insular das Antilhas, a menor nação das Américas, de área (344km²) equivalente a 15% de toda a área do estado de Sergipe. → **granadino** *adj* e *sm.*

gra.na.di.lha *sf* Cultivar de maracujá (planta e fruta), originária do México, de polpa gelatinosa e sementes pretas.

gran.de *adj* **1**. De tamanho, extensão ou volume acima do normal: *homem grande; nariz grande; terreno grande; porta-malas grande.* **2**. Crescido, desenvolvido: *eles já têm filhos grandes, portanto, podem sair, viajar.* **3**. Maiúsculo: *escreva em letras grandes!* **4**. Numeroso, expressivo: *país de grande exército; foi uma grande passeata.* **5**. Excessivo, desmedido: *funcionário de grandes privilégios dentro da empresa; sempre fui um grande gastador.* **6**. Muito eficaz ou muito eficiente: *ele fez um grande governo.* **7**. Caloroso, entusiástico: *ela me cumprimentou com um grande abraço.* **8**. Considerável, significativo: *todos aqui tiveram um grande aumento de salário.* **9**. De longa duração; longo: *a lesão o deixou grande tempo fora dos gramados.* **10**. De grande força ou intensidade: *uma grande tempestade à vista.* **11**. Alto, forte: *ter grande resistência a novidades.* **12**. De qualidade superior; excelente: *Einstein foi um grande homem, além de grande cientista; eis aqui um grande vinho.* **13**. Fora do comum; extraordinário: *é um jogador que atravessa grande fase na carreira.* **14**. Muito forte; intenso, profundo: *viver um grande amor; essa mulher foi minha grande paixão.* **15**. Sério, grave, difícil, complexo: *estar com um grande problema.* **16**. Mais importante; principal, essencial: *o grande desafio do Brasil é acabar com a corrupção e a impunidade.* **17**. Importante, relevante, excepcional: *tenho grandes novidades para vocês; grande decisão a sua.* **18**. Caudaloso: *o Amazonas é um grande rio.* **19**. Sincero, franco: *sempre tive grandes amizades.* **20**. Dispendioso, oneroso, alto: *não assuma grandes prestações, para não ter dor de cabeça lá pela frente!* **21**. De grande prestígio, poder ou influência; prestigioso, influente, poderoso: *os grandes empresários, os grandes montadoras; eles são grandes lá no país deles, aqui não.* **22**. Generoso, magnânimo: *o brasileiro é um grande povo.* **23**. Magnífico, brilhante, soberbo: *os Lexus são grandes carros!* **24**. Elevado, alto: *ir a grande velocidade.* **25**. Marcante, memorável: *ele passa por um grande momento na sua vida profissional.* **26**. *Pop.Pej.* Diz-se de um defeito de personalidade em grau elevado: *ele é um grande mentiroso, um grande canalha.* **27**. Extremamente popular: *Elvis Presley é grande até hoje; grande Elvis!* **28**. Extremamente poderoso: *o Santos F.C. é grande até hoje; grande Santos!* // *adv* **29**. De modo superior: *pense grande!* // *smpl* **30**. Grupo influente, poderoso: *ele tem o apoio dos grandes do país.* **31**. Os que têm tamanho avantajado: *quanto a carro, ela prefere os grandes aos pequenos.* // *interj* **32**. Indica alta satisfação: *o Palmeiras venceu? Grande!* (Como se vê, da acepção 4 à 28 usa-se apenas antes do substantivo.) · Comparativo de superioridade: *maior.* · Superl. abs. sintético: *grandíssimo, grandessíssimo* ou *máximo.* · Aum.: *grandalhão,* de fem. *grandalhona.* · Antôn. (na maioria das acepções): *pequeno.* → **grandeza** (ê) *sf* (**1**. qualidade ou estado do que é grande: *a grandeza dos oceanos;* **2**. nobreza: *o presidente mostrou grandeza de coração),* de antôn.: *pequenez;* **grandiosidade** *sf* (qualidade de grandioso; magnificência: *a grandiosidade de um clube como o Flamengo);* **grandioso** (ô) *adj* (que se impõe por sua grandeza, majestade, pompa, imponência, conquistas, ou por sua importância, nobreza, eloquência).

gran.di.lo.quên.cia (o **u** soa) *sf* Discurso ou estilo exagerado, pomposo, bombástico, extremamente eloquente: *a grandiloquência de Euclides da Cunha, em* Os Sertões. → **grandiloquente** (o **u** soa) ou **grandíloquo** (cho) *adj* (que se expressa com grandiloquência; extremamente eloquente); **grandiloquente** (o **u** soa) *adj* (**1**. grandíloquo; **2**. caracterizado pela grandiloquência: *discurso grandiloquente).*

gra.nel *sm* Depósito de cereais; celeiro. ·· **A granel**. Solto e em grande quantidade.

gra.ni.to *sm* Rocha granular dura, de natureza vulcânica, composta princ. de quartzo, feldspato e mica, usada em construções e monumentos. → **granítico** *adj* (**1**. da natureza do granito; **2**. duro como o granito).

gra.ní.vo.ro *adj* Que se alimenta de grãos ou de sementes: *a maioria dos passarinhos são granívoros.*

gra.ni.zo *sm* **1**. Precipitação de pedras de gelo de tamanhos e formatos irregulares (até 6mm de diâmetro); chuva de pedras. **2**. Gelo que se precipita: *chuva de granizo.*

gran.ja *sf* Construção rústica e devidamente equipada para a criação de aves e animais de pequeno porte, para postura e abate. · Col.: *granjaria.* → **granjeiro** *adj* (rel. a granja) e *sm* (dono de granja).

gran.je.ar *v* **1**. Conseguir, conquistar: *granjear amigos; granjear a confiança do patrão.* **2**. Cultivar, lavrar: *granjear a terra.* **3**. Acarretar, proporcionar, trazer: *a política só lhe granjeou inimigos.* · Conjuga-se por *frear.* → **granjeio** *sm* (ato ou efeito de granjear).

gra.no.la *sf* Mistura de aveia e outros ingredientes (açúcar mascavo, uva-passa, coco ralado e nozes), servida princ. no café da manhã ou como aperitivo.

grão *sm* **1**. Semente de planta comestível ou de cereais (trigo, arroz, milho, cevada, centeio, aveia, etc.). **2**. Qualquer pequeno corpo esférico ou arredondado; glóbulo. // *adj* **3**. Forma reduzida de *grande.* · Pl.: *grãos.* · Dim. erudito (1): *grânulo.* → **granular** *v* (**1**. reduzir a grãos ou a grânulos: *granular o café;* **2**. dar forma de grão ou de grânulo a: *granular a cocaína)* e *adj* (composto de grãos ou de grânulos), de pl. *granulares);* **granulação** *sf* (ato ou efeito de granular); **granulagem** *sf* (ato ou operação de granular); **granulado** *adj* (em forma de grãos ou de grânulos); **grânulo** *sm* [**1**. dim. erudito de *grão;* pequeno grão; **2**. cada uma das pequenas saliências que se notam numa superfície áspera (como a de uma lixa, p. ex.)].

grão-du.ca.do ou **grã-du.ca.do** *sm* Território cujo soberano é um grão-duque. · Pl.: *grão-ducados, grã-ducados.*

grão-du.que ou **grã-du.que** *sm* Título nobiliário situado entre o duque e o rei. · Fem.: *grã-duquesa.* · Pl.: *grão-duques, grã-duques.*

grão-mestre *sm* **1**. Chefe supremo de uma grande loja maçônica. **2**. Chefe supremo de ordem religiosa ou de ordem de cavalaria. · Pl.: *grão-mestres.*

grão-ra.bi.no *sm* **1**. Chefe supremo de uma sinagoga ou de um consistório israelita. 2. Principal rabino de uma comunidade judaica. · Pl.: *grão-rabinos.*

grão-ti.nho.so (ô; pl.: ó) *sm* Diabo. · Pl.: *grão-tinhosos.*

grapefruit [ingl.] *sm* Toranja. · Pronuncia-se *grêipfrut.*

gras.nar *v* Soltar a voz (princ. abutre, águia, arara, avestruz, cegonha, cisne, condor, corvo, falcão, gaivota, garça, gavião, gralha, marreco, pato e pelicano). → **grasnada** *sf* ou **grasnido** *sm* (voz dessas aves).

gras.sar *v* **1**. Alastrar-se ou propagar-se por contágio, pouco a pouco: *a doença grassou no mundo inteiro, virando pandemia.* **2**. Espalhar-se, difundir-se: *más notícias grassam rapidamente.*

gras.sen.to *adj* Que tem a consistência da graxa.

gra.ti.fi.car *v* **1**. Premiar (geralmente com dinheiro) por favor ou benefício recebido; dar gorjeta a: *gratificar garçons.* **2**. Dar alguma satisfação interior a: *seu sucesso muito me gratifica.* → **gratificação** *sf* (**1**. ato ou efeito de gratificar; **2**. gorjeta); **gratificante** *adj* (que gratifica; que traz satisfação interior: *experiência gratificante).*

gra.ti.na.do *sm* **1**. Crosta que se forma em alimento levado ao forno, por causa da presença de queijo ralado, farinha de rosca, etc., em sua superfície. **2**. Esse alimento. // *adj* **3**. Diz-se dessa crosta ou desse alimento. → **gratinar** *v* [deixar (alimento) com gratinado].

grá.tis *adv* **1**. De graça, gratuitamente: *entrei grátis no estádio.* // *adj* **2**. Que não custa nem cobra nada em troca; gratuito: *curso grátis; entrada grátis.*

gra.to *adj* Que guarda no mais íntimo de seu ser o prazer sentido com um benefício ou favor recebido; que agradece de coração. → **gratidão** *sf* (qualidade de quem é grato; reconhecimento ou agradecimento sincero por um benefício recebido).

gra.tui.to (túi) *adj* **1**. Grátis: *entrada gratuita.* **2**. *Fig.* Sem fundamento, motivo ou base; infundado: *críticas gratuitas;*

ofensas gratuitas. → **gratuidade** ou **gratuitidade** *sf* (qualidade do que é gratuito: *a gratuidade de um curso; a gratuidade da violência*).

grau *sm* **1**. Nível, posição ou classificação numa entidade organizada hierarquicamente: *o posto de general é o último grau da carreira no Exército*. **2**. Nível, índice: *esse trabalho exige um alto grau de habilidade; o grau de aproveitamento desta classe é baixo*. **3**. Cada uma das sucessivas fases de um processo ou de uma série. **4**. Proximidade de parentesco: *primo em segundo grau*. **5**. Título obtido em escola superior: *colar grau de doutor*. **6**. Unidade de medida de temperatura: *30 graus Celsius*. **7**. Unidade de intensidade relativa de um fenômeno natural: *terremoto de sete graus na escala Ritcher*. **8**. Em gramática, qualquer das formas de um adjetivo usadas para indicar a quantidade relativa ou intensidade: *o grau comparativo, o grau superlativo*. **9**. Gravidade de uma queimadura ou de um crime: *queimadura de terceiro grau*. **10**. Unidade de medida para medir temperatura, ângulos e latitude e longitude: *a água ferve a cem graus Celsius; ângulo de 15 graus*. **11**. Em música, posição relativa de uma nota dentro de uma determinada escala: *B é o segundo grau na escala de A; D é o segundo grau de uma escala de dó maior*. **12**. Em direito, gravidade de um crime: *assassinato em primeiro grau*.

grau-dez *adj* Ótimo, excelente, perfeito: *homem de educação grau-dez*. · Não varia no plural.

gra.ú.do *adj* **1**. Crescido, desenvolvido: *milho graúdo*. **2**. *Fig*. De alta posição social; importante, poderoso: *gente graúda*. **3**. Que exprime quantia elevada: *dinheiro graúdo*. // *smpl* **4**. Gente rica, poderosa: *os graúdos não sentem a inflação*. · Antôn. (1 a 3): *miúdo*.

gra.ú.na *sf* Ave da família do chopim, também conhecida por *chico-preto*, notável pela plumagem negra e seu canto forte e melodioso, grande causadora de estragos em arrozais, à época da colheita. (Voz: *cantar, trinar, tritrilar, tritrinar*.)

gra.var *v* **1**. Registrar (sons, dados ou imagens) em disco, fita magnética, etc., por meio de processos magnéticos, eletrônicos ou mecânicos: *o cantor gravou um novo disco*. **2**. Esculpir em pedra, madeira, metal, mármore, etc.: *gravar nomes em pedras*. **3**. *Fig*. Guardar na memória; memorizar: *gravei o número do celular dela*. → **gravação** *sf* (ato ou efeito de gravar); **gravador** (ô) *adj* e *sm* (que ou o que grava) e *sm* (**1**. aparelho eletrônico que grava e reproduz sons ou imagens por processos eletromagnéticos; **2**. aquele que faz gravação em metal, pedra ou madeira); **gravadora** (ô) *sf* (**1**. fem. de *gravador*; **2**. empresa dotada de estúdios e instalações industriais, para a gravação de músicas em discos, fita magnética, etc.).

gra.va.ta *sf* **1**. Faixa de tecido colorida ou enfeitada, usada em volta do colarinho. **2**. *Pop*. Golpe sufocante aplicado ao pescoço, em briga ou em luta livre.

gra.va.ta-bor.bo.le.ta *sf* Gravata curta, usada em posição horizontal, pegada ao colarinho. · Pl.: *gravatas-borboleta* ou *gravatas-borboletas*.

gra.ve *adj* **1**. Que exige sérios cuidados; delicado, crítico, sério: *doença grave*. **2**. Muito sério; fundado: *sempre tive graves suspeitas sobre aquele ex-presidente*. **3**. Sisudo, sério: *olhou-me com ar grave*. **4**. Grosso, baixo: *voz grave*. **5**. Diz-se do acento (`) que indica a ocorrência de crase. **6**. Em poética, diz-se do verso que termina por palavra paroxítona. **7**. Em física, diz-se do som produzido por ondas de pequena frequência: *notas graves*. · Antôn. (4): *fino, agudo*.

gra.ve.to (ê) *sm* Pedaço de lenha miúda; galho seco. → **gravetar** ou **garavetar** *v* (fazer ou apanhar gravetos).

gra.vi.da.de *sf* **1**. Força natural que atrai todos os corpos para o centro da Terra. **2**. Qualidade de grave: *a gravidade de uma doença*.

grá.vi.do *adj* **1**. Que tem um ser em desenvolvido dentro de si: *útero grávido*. **2**. Que traz no útero embrião ou feto; prenhe: *ele pescou um cavalo-marinho grávido*. → **gravidez** (ê) *sf* (condição de estar grávido ou período de tempo durante o qual o indivíduo está grávido; gestação), de pl. *gravidezes* (ê). (O fato de o cavalo-marinho engravidar, obriga ao uso do masculino na definição.)

gra.vi.o.la *sf* **1**. Fruto comestível, de polpa branca, doce, ácida, com muitas sementes escuras. **2**. Árvore que dá esse fruto; graviloeira. → **gravioleira** *sf* [graviola (2)].

gra.vi.tar *v* **1**. Tender para um ponto de força: *nossas ações e preces devem gravitar para Deus*. **2**. Andar à volta de um ponto fixo (astro), atraído por ele: *a Terra gravita o Sol*. (Cuidado para não cometer redundância, ao usar gravitar "em torno de" ou "ao redor de" ou "em volta de"!) → **gravitação** *sf* (propriedade pela qual todos os corpos se atraem mutuamente).

gra.vu.ra *sf* **1**. Ato, processo ou arte de quem grava. **2**. Arte ou técnica de fixar e reproduzir imagens, símbolos, etc. por meios químicos sobre madeira (xilogravura), pedra (litogravura) ou sobre qualquer outro material duro: *ele estudou gravura em aula de artes*. **3**. Estampa, imagem ou figura obtida por qualquer desses processos: *gravura colorida de laranjas e limões*. **4**. Placa de metal, madeira ou pedra usada como matriz para impressão de imagens. · V. **grafoteca**.

gra.xa *sf* **1**. Pasta devidamente preparada para lubrificação de máquinas e maquinismos. **2**. Pasta para engraxar ou polir artigos de couro. · V. **grassento**.

gra.xo *adj* Gorduroso, oleoso: *o ácido graxo ômega-3*.

Grécia *sf* País da Europa, de área pouco menor que a do estado do Ceará. → **grego** *adj* e *sm*.

gre.co-la.ti.no (gré ou grê) *adj* Relativo ou pertencente simultaneamente à Grécia e a Roma, ou ao grego e ao latim, ou aos gregos e aos latinos: *civilização greco-latina*. · Pl.: *greco-latinos*.

gre.co-ro.ma.no (gré ou grê) *adj* Relativo aos gregos e aos romanos: *mitologia greco-romana*. · Pl.: *greco-romanos*.

green card [ingl.] *loc sm* **1**. Visto permanente que um estrangeiro recebe nos Estados Unidos pelo Departamento de Imigração, autorizando-o a trabalhar e morar legalmente no país. **2**. Documento que contém esse visto. · Pl.: *green cards*. · Pronuncia-se *grin kárd*.

Greenpeace *sm* Organização internacional ecológica e pacifista não governamental de ativistas ambientalistas que protestam contra os testes atômicos, a matança das baleias, a poluição dos oceanos e o desmatamento indiscriminado; organização defensora da natureza e da vida no planeta. · Pronuncia-se *grin-piz*.

gre.gá.rio *adj* **1**. Que vive em bandos: *as zebras são animais gregários*. **2**. Que gosta de viver em comunidade; social: *o homem é um ser essencialmente gregário, mas fundamentalmente predador*. → **gregarismo** *sm* (instinto gregário).

gre.go.ri.a.no *adj* **1**. Relativo aos papas Gregório I e Gregório XIII. **2**. Diz-se do rito e do canto atribuídos a Gregório I, para a celebração dos ofícios e administração dos sacramentos. **3**. Diz-se do calendário adotado pela maioria dos países, introduzido pelo papa Gregório XIII, no séc. XVI.

grei *sf* **1**. Rebanho de gado miúdo, princ. o lanígero. **2**. *Fig*. Conjunto dos fiéis de uma paróquia ou diocese; congregação. **3**. *Fig*. Conjunto de pessoas que têm a mesma ocupação ou atividade: *a grei médica; a grei estudantil*. **4**. *Fig*. Sociedade, partido.

gre.lha *sf* **1**. Pequena grade de ferro sobre a qual se assam alimentos, princ. carnes; *grill*. **2**. Grade que evita a penetração de sujeira e detritos em máquinas hidráulicas. **3**. Grade das bocas das galerias pluviais. → **grelhar** *v* (assar na grelha).

gre.lo (ê) *sm* **1**. Gomo ou gema que se desenvolve na semente, bulbos ou tubérculos, quando começam a nascer. **2**. Rebento que se desenvolve no bulbo ou no tubérculo de certas plantas e aparece fora da terra: *o grelo da batata*. **3**. Haste de algumas plantas, antes de desabrocharem completamente as folhas. **4**. *Pop.Chulo* Clitóris. → **grelar** *v* (criar grelos; germinar; brotar: *a planta já grelou*).

grêmio *sm* **1**. Sociedade, agremiação ou associação sem fins lucrativos, geralmente com objetivos culturais ou esportivos; clube. **2**. Local onde funciona tal sociedade.

gre.ná *sm* **1**. Cor vermelho-escura da granada: *o grená está na moda*. **2**. Roupa grená: *ela só veste grená*. // *adj* **3**. Diz-se dessa cor: *camisas de cor grená*. **4**. Que tem essa cor: *camisas grená*. (Como se vê, neste caso não varia.)

gre.nha *sf* **1**. Cabelo todo revolto, despenteado. **2**. *Fig*. Mata emaranhada.

gre.ta (ê) *sf* Abertura estreita e longitudinal numa superfície qualquer; racha, fenda, fresta: *o calor excessivo provoca gretas no solo; uma greta na pele*.

gre.ve *sf* **1**. Paralisação coletiva, momentânea e combinada do trabalho, decidida por assalariados, visando ao atendimento de reivindicações profissionais. **2**. Recusa de estudantes a comparecer à escola, por algum motivo relevante; parede. → **grevista** *adj* (rel. a greve) e *s2gên* (que ou pessoa que participa de greve). ·· **Greve branca**. Paralisação de atividades de assalariados dentro do próprio local de trabalho.

grid [ingl.] *sm* **1**. Ponto de partida de carros de corrida, com a ordem de largada para a competição num circuito. **2**. Disposição dos carros durante a largada. · Pronuncia-se *grid*.

gri.far *v* **1**. Compor em grifo, para destacar: *grifar uma palavra*. **2**. Sublinhar (palavra, expressão, frase), para ser impresso ou composto em grifo: *o autor grifou várias palavras nos seus originais*. **3**. Destacar com traço: *o professor grifou com vermelho todos os erros de ortografia da redação*. → **grifado** *adj* (**1**. sublinhado; **2**. dito com ênfase, para ser ouvido por todos: *reclamou com palavras grifadas*; **3**. composto em grifo ou itálico, para destacar: *frase grifada*); **grifo** *sm* (letra inclinada para a direita, em composições gráfica; itálico).

gri.fe *sf* Marca de linha de produtos de luxo, geralmente com a chancela do fabricante, criador ou estilista; etiqueta: *ela só usa roupa de grife; loja que só vende produtos de grife*.

gri.lar *v* **1**. Apossar-se ilicitamente de (terra alheia), mediante documento falso. **2**. *Gír*. Deixar (alguém) preocupado: *essa notícia me grilou*. → **grilagem** *sf* [**1**. ação de grilar (1); **2**. organização do sistema de grileiros]; **grileiro** *sm* (aquele que se apossa de terra alheia ilicitamente, geralmente mediante escritura falsa), que não se confunde com *possero* (2).

gri.lhão *sm* **1**. Conjunto de anéis metálicos, ligados entre si; cadeia, corrente. // *smpl* **2**. Elo invisível que aprisiona; laços: *sujeitar-se aos grilhões do casamento*.

gri.lhe.ta (ê) *sf* **1**. Argola de ferro ligada a uma bola metálica, com a qual se prendia o pé dos condenados a trabalhos forçados. // **2**. *P.ext*. Esse condenado.

grill [ingl.] *sm* **1**. Grelha (1). **2**. *P.ext*. Restaurante cuja especialidade são carnes grelhadas. · Pl.: *grills*. · Pronuncia-se *gríu*.

gri.lei.ro *sm* V. **grilar**.

gri.lo *sm* **1**. Inseto saltador, de órgão estridente (o macho). // *sm* **2**. *Pop*. Ruído de veículo, por efeito de peça mal-ajustada. **3**. *Gír*. Preocupação, contratempo, aborrecimento, transtorno: *como estás hoje? sem grilos?* **4**. *Gír*. Problema, dificuldade: *qual é o grilo aí?*

gri.nal.da *sf* **1**. Coroa de flores, folhas, ramos, pedrarias, etc., usada na cabeça ou como decoração. **2**. Ornato arquitetônico de folhas ou de flores, acima de torre, estátua, etc.

grin.go *sm* Qualquer estrangeiro (em relação ao país em que se encontra).

gri.pe *sf* Doença que se manifesta com febre, tosse, coriza, dores musculares, fraqueza e catarro, provocada pelo vírus *influenza*. → **gripal** *adj* (rel. a gripe); **gripar** *v* (provocar gripe em: *o vento fez me gripou*) **gripar-se** (contrair gripe).

gris *adj* **1**. Cinzento-azulado: *vestidos gris*. **2**. Diz-se dessa cor: *meias de cor gris*. **3**. Que tem essa cor: *meias gris*. // *sm2núm* **4**. Essa cor: *o gris é uma cor triste*.

gri.sa.lho *adj* **1**. Diz-se do cabelo escuro entremeado de fios brancos. **2**. Que tem esse tipo de cabelo: *homem grisalho*. **3**. Que apresenta esse tipo de mescla: *barba grisalha*.

gri.tar *v* **1**. Dizer ou exprimir aos gritos: *gritar o nome do seu time do coração*. **2**. Reclamar ou pedir em voz alta: *o pai do menino assassinado gritava justiça, enquanto outros gritavam vingança*. **3**. Recomendar ou pedir aos gritos: *gritei-lhe que saísse dali*. **4**. Chamar aos gritos: *gritar por todos os santos*. **5**. Repreender em voz alta, grosseiramente: *não grite comigo!* **6**. Protestar, reclamar, queixar-se: *gritar contra as queimadas da Amazônia*. **7**. Soltar gritos: *não grite, senão você apanha!* **8**. Falar muito alto: *não grite, que não sou surdo!* → **grita** *sf* [**1**. grito (1); **2**. clamor]; **gritante** *adj* (**1**. caracterizado por grito; **2**. *fig*. diz-se de cor muito viva, alegre, brilhante, que chama a atenção; espalhafatoso; **3**. *fig*. muito evidente; patente, óbvio: *erro gritante*); **gritaria** *sf* (**1**. ruído de gritos ou de muitas vozes confusas; **2**. *fig*. reclamação intensa: *a cada aumento do preço da gasolina se ouve uma gritaria, que logo some*); **grito** *sm* (**1**. som forte, elevado e estridente, emitido por uma pessoa, para ser ouvido ao longe; berro; **2**. voz emitida por alguns animais).

Groenlândia *sf* A maior ilha do mundo, possessão dinamarquesa na América do Norte, situada a nordeste do Canadá, de área correspondente à dos estados do Amazonas e de Minas Gerais juntos. → **groenlandês** *adj* e *sm*, de pl. *groenlandeses* (ê).

gro.gue *adj* Meio tonto ou atordoado (por efeito de pancada ou bebida).

groom [ingl.] *sm* Encarregado do trato de cavalos. · Pronuncia-se *grum*.

grooving [ingl.] *sm* Conjunto de ranhuras feitas na pista de pouso de um aeroporto, para facilitar o escoamento de água da chuva e possibilitar um pouso mais seguro das aeronaves. · Pl.: *groovings*. · Pronuncia-se *grúvin*.

gro.sa *sf* Conjunto de doze dúzias. (Não se confunde com *glosa*.)

gro.se.lha *sf* **1**. Fruto da groselheira. **2**. Xarope desse fruto. → **groselheira** *sf* (arbusto que dá a groselha).

gros.so (ô; pl.: ó) *adj* **1**. Que tem grossura, volume ou espessura: *livro grosso*. **2**. Consistente, espesso (líquidos): *caldo grosso*. **3**. Áspero, escabroso: *pele grossa*. **4**. De tom grave; baixo: *voz grossa*. **5**. *Fig*. Grosseiro, rude, mal-educado: *homem grosso*. **6**. *Fig*. Vultoso, expressivo: *há dinheiro grosso envolvido nisso*. **7**. *Fig*. Muito grande; enorme: *isso é mentira grossa*. // *sm* **8**. A maior parte; a maioria: *o grosso da população o apoia*. **9**. O mais pesado ou importante: *eu é que fazia o grosso do serviço*. // *adv* **10**. Em tom grave; baixo: *meninas que falam grosso*. **11**. De modo grave e autoritário: *os donos de supermercados estão falando grosso com os fornecedores, para não aumentarem os preços*. · Antôn. (1 a 5): *fino*. → **grosseiro** *adj* (**1**. de má qualidade; ordinário, vagabundo: *tecido grosseiro*; **2**. malfeito, rude, tosco: *sapatos grosseiros*; **3**. que é bruto, grosso: *homem grosseiro com todo o mundo*; **4**. caracterizado pela rudeza, pela rusticidade: *modos grosseiros*; **5**. imoral, indecente: *gesto grosseiro*) e *sm* (homem grosso, descortês, mal-educado); **grosseria** *sf* (**1**. falta de polidez, de cortesia, de educação; **2**. ato ou expressão indelicada, grosseira), de antôn. *delicadeza*; **grossura** *sf* (qualidade de grosso), de antôn. *finura* ou *fineza*.

grosso modo [lat.] *loc adv* Aproximadamente; de modo impreciso. (Cuidado para não usar "*a*" *grosso modo*!)

gro.ta *sf* **1**. Abertura profunda em montanha ou ribanceira, produzida por enchentes, pela qual quase sempre corre água. **2**. Vale profundo. · Aum.: *grotão* sm. → **grotão** *sm* (**1**. aum. reg. de *grota*; grande grota; **2**. abertura que as águas de uma enchente fazem na ribanceira de um rio) e *smpl* (**1**. região longínqua do interior de um país; **2**. grupo populacional dessa região: *ele dirige seu discurso aos grotões do país*).

gro.tes.co (ê) *adj* e *sm* Que ou o que é tão excêntrico, extravagante ou caricaturesco, que beira o ridículo, merecendo, por isso, o riso do escárnio e o desprezo da indiferença; caricato.

grou *sm* Ave pernalta migratória, de bico longo e fino. · Fem.: *grua*. · V. **grulhada** (1).

gru.a *sf* **1**. Fêmea do *grou*. **2**. Espécie de gangorra gigante em que, nas filmagens, se instala uma câmara, permitindo ao cinegrafista movimentar-se vertical e horizontalmente, graças ao auxílio de um contrapeso.

gru.dar *v* **1**. Colar, pegar: *grudar decalques*. **2**. *Fig*. Dar certo, funcionar, colar, pegar: *sua desculpa não gruda*. **grudar(-se) 3**. Pegar-se como cola, unir-se intimamente: *chiclete gruda(-se) aos dentes*. **grudar-se 4**. Agarrar-se fortemente (como que para pedir ajuda ou proteção): *ela grudou-se com Santo Antônio, para ver se achava casamento*. **grudadura** *sf* [**1**. ato ou efeito de (se) grudar (1 a 3); **2**. ponto em que uma coisa se grudou a outra]; [**1**. preparado viscoso e aderente, usado como cola para madeira; **2**. massa colante usada por sapateiros; **3**. cola feita de farinha de trigo; **4**. *pop*. apego exagerado a alguém; namoro ou amizade muito forte; **5**. *gír.pej*. comida ordinária ou malfeita; gororoba (2)].

gru.gru.lhar *v* **1**. Estar em ebulição, ferver: *a água da panela grugrulha ao fogo*. **2**. Grugulejar.

gru.gu.le.jar ou **gru.gru.le.jar** *v* **1**. Soltar a voz (o peru). **2**. Imitar a voz do peru. **3**. Grugrulhar (2). · Em ambos, o *e* continua fechado durante a conjugação.

gru.lha.da *sf* **1**. Vozearia ou gritaria de grous. **2**. *Fig*. Vozearia, balbúrdia, gritaria: *onde há italianos há grulhadas*. → **grulhar** *v* (**1**. voz do grou; **2**. *fig*. falar demais; tagarelar); **grulhento** *adj* (**1**. que grulha ou fala demais; **2**. diz-se daquele que sempre quer ter razão contra os outros).

gru.me.te (ê) *sm* Aprendiz de marinheiro. · Col.: *grumetagem sf* (conjunto dos grumetes de um navio).

gru.mi.xa.ma ou **gu.ru.mi.xa.ma** *sf* Fruto da grumixameira, baga roxo-escura, vermelha ou amarela, de polpa levemente ácida, comestível ao natural ou em compotas e doces. → **grumixameira** ou **gurumixameira** *sf* (árvore que dá a grumixama).

gru.nhi.do *sm* **1**. Voz do porco ou do javali; cuincho. **2**. *P.ext*. Qualquer som semelhante: *do quarto ao lado, no hotel, se ouviam grunhidos estranhos*. → **grunhir** *v* (soltar grunhidos; cuinchar), que se conjuga por *abolir*.

gru.po *sm* **1**. Conjunto de indivíduos de uma classe: *grupo de alunos, de trabalhadores, de pilotos*. **2**. Conjunto de indivíduos de uma classe, reunidos para um fim comum: *um grupo de trabalho*. **3**. *Pop*. Número de 1 a 25, correspondente a cada animal do jogo do bicho. **4**. *Pop*. Mentira, lorota: *isso é grupo dela*. → **grupal** *adj* (rel. a grupo ou próprio de grupo: *sexo grupal*); **grupamento** *sm* (**1**. ato ou efeito de grupar; disposição em grupos; **2**. organização militar de formação variável que reúne elementos de comando e de combate); **grupar** *v* (dispor em grupos); **grupelho** (ê) *sm* (*pej.* **1**. grupo pequeno e inexpressivo, porém, pronto para conspirar; panelinha, igrejinha; **2**. facção política sem importância).

gru.ta *sf* Caverna mais ou menos profunda, entre penhascos. → **grutesco** (ê) *adj* (rel. a gruta). · V. **espeleologia**.

G-7 ou **G7** *sm* V. **G-8**.

gua.bi.ro.ba ou **ga.bi.ro.ba** *sf* **1**. Planta de boa madeira e casca e folhas medicinais. **2**. Essa madeira. **3**. Fruto dessa planta, de excelente sabor, comestível ao natural ou utilizado em doces e geleias.

gua.che *sm* **1**. Técnica de pintar com uma substância pastosa, obtida por meio da mistura de ingredientes corantes e opacos, diluídos em água, ou misturados com goma ou mel, usada como tinta. **2**. Essa substância. **3**. Obra feita com o uso dessa técnica.

guai.a.mum ou **guai.a.mu** *sm* Caranguejo azul, cuja pinça maior pode atingir até 30cm, que vive na lama à beira-mar, ou escondido em tocas que ele mesmo cava, em profundidades de até quatro metros. · Pl.: *guaiamuns, guaiamus*.

gua.pé *sm* V. **aguapé**.

gua.po *adj* **1**. Valente, corajoso: *guapos soldados*. **2**. Belo e garboso: *guapas garotas*.

gua.rá *sm* **1**. Ave que vive em bandos na costa setentrional da América do Sul e se alimenta de pequenos insetos. (Voz: *gazear, grasnar*.) **2**. Mamífero carnívoro dos cerrados sul-americanos, semelhante ao lobo, por isso também chamado *lobo-guará*. (Voz: *uivar, ulular*.)

gua.ra.ná *sm* **1**. Planta da floresta amazônica, cuja semente é rica em substâncias excitantes. **2**. Bebida que se faz com o pó da massa fabricada com tais sementes.

gua.ra.ni *s2gên* **1**. Membro dos guaranis, tribo indígena que habitava o Sul do Brasil, o Paraguai, a Bolívia e o Norte da Argentina. // *sm* **2**. Língua da família tupi-guarani, ainda falada no Paraguai. **3**. Unidade monetária e moeda do Paraguai. // *s2gên* **4**. Relativo ou pertencente a esse povo, ou a essa língua, ou a essa moeda.

gua.râ.nia *sf* Ritmo e música em compasso ternário, de origem paraguaia, mas muito popular em toda a América do Sul.

gua.ran.tã *sf* **1**. Árvore brasileira que chega a 12m de altura, de excelente madeira. **2**. Essa madeira. **3**. Pássaro de plumagem vermelha, também conhecido por *tem-tem* e *gaturamo*. (Voz: *cantar, gorjear*.)

guar.da *sf* **1**. Ato ou efeito de guardar: *com quem ficou a guarda do dinheiro?* **2**. Amparo, proteção: *a criança ficou sob a guarda dos avós*. **3**. Serviço de vigilância: *a guarda do Vaticano*. **4**. Resguardo da mão, nas armas brancas. **5**. Parapeito, peitoril: *debruçar-se sobre a guarda da ponte*. **6**. Cetras // *s2gên* **7**. Vigia, sentinela.

guar.da-ba.ga.gem *sm* Local de hotel, aeroporto, estação ferroviária, etc., no qual se guardam bagagens segundo certas condições de prazo e preço; guarda-volumes. · Pl.: *guarda--bagagens*. (A 6.ª ed. do VOLP não registra este composto.)

guar.da-can.ce.la *s2gên* Pessoa encarregada de vigiar as passagens de nível das ferrovias. · Pl.: *guarda-cancelas*.

guar.da-chu.va *sm* Armação de varetas móveis, coberta de pano, que serve para resguardar as pessoas da chuva ou do sol. · Pl.: *guarda-chuvas*.

guar.da-ci.vil *s2gên* Policial da guarda civil, antiga corporação policial não vinculada às forças militares. · Pl.: *guardas-civis*.

guar.da-co.mi.da *sm* ou **guarda-comidas** *sm2núm* Armário geralmente provido de uma fina tela de arame na frente, próprio para guardar alimentos. · Pl. (1): *guarda-comidas*.

guar.da-cos.tas *sm* **1**. Navio veloz e de grande mobilidade, próprio para percorrer a costa marítima e evitar o contrabando. // *s2gên2núm* **2**. Pessoa, geralmente forte e troncuda, contratada para acompanhar alguém que precisa de proteção contra agressões ou atentados; segurança.

guar.da-flo.res.tal *s2gên* Vigia oficial das reservas florestais, encarregado de impedir ou de tentar impedir derrubadas e desmatamentos ilegais, incêndios, contrabando de animais e aves, etc. · Pl.: *guardas-florestais*.

guar.da-joi.as *sm2núm* Pequeno cofre onde se guardam joias; porta-joias.

guar.da-lou.ça *sm* Armário ou prateleira onde se guardam louças. · Pl.: *guarda-louças*.

guar.da-ma.ri.nha *sm* **1**. Posto da Marinha imediatamente inferior ao de segundo-tenente e superior ao de aspirante. // *s2gên* **2**. Oficial(a) que detém esse posto. · Pl.: *guardas--marinha* ou *guardas-marinhas*. (A 6.ª ed. do VOLP registra ainda *guarda-marinhas*, embora o elemento *guarda* aí seja substantivo.)

guar.da-me.ta *s2gên* Goleiro(a). · Pl.: *guarda-metas*.

guar.da-mor *s2gên* **1**. Chefe de polícia aduaneira, nos portos. **2**. Representante do fisco a bordo dos navios. · Pl.: *guardas--mores*. → **guardamoria** *sf* (repartição anexa às alfândegas, encarregada da polícia fiscal nos portos e a bordo dos navios).

guar.da-mó.veis *sm2núm* Estabelecimento onde, mediante pagamento, se guardam móveis.

guar.da-mu.ni.ci.pal *s2gên* Policial da guarda municipal. · Pl.: *guardas-municipais*.

guar.da.na.po *sm* Pequena toalha, de pano ou de papel, com a qual, à mesa, se limpam os lábios e os dedos e se protege a roupa enquanto se come.

guar.da-no.tur.no *s2gên* Pessoa que faz rondas e vigias à noite, em ruas, quarteirões, fábricas, etc. · Pl.: *guardas-noturnos*.

guar.da-pó *sm* **1**. Avental que se usa sobre a roupa, para resguardá-la de pó ou poeira, princ. no trabalho ou em viagem; bata, jaleco. **2**. Pano que cobre um móvel. **3**. Forro de madeira assente sobre os caibros da armação de um telhado. **4**. Nas bicicletas, espécie de sanfona de borracha na suspensão que protege as hastes do garfo de eventuais resíduos, como poeira, lama e água. · Pl.: *guarda-pós*.

guar.da-por.tão *s2gên* Porteiro(a). · Pl.: *guarda-portões*.

guar.dar *v* **1**. Proteger de mal: *guardar as fronteiras*. **2**. Zelar ou velar por: *guardar rebanho*. **3**. Pôr em lugar onde fique protegido; acondicionar: *guardar o dinheiro no bolso*. **4**. Manter ou conservar em seu poder: *ainda guardo uma foto dela*. **5**. Proteger: *Deus o guarde!* **6**. Cumprir, observar, respeitar: *guardar dieta*. **7**. Não trabalhar em (dias prescritos pela Igreja); respeitar: *guardar domingos, dias santos e festas de guarda*. **8**. Gravar na memória; memorizar: *guardei o endereço dela*. **9**. Manter, conservar: *guardar distância*. **10**. Ajuntar, economizar, poupar: *guardar dinheiro para comprar um carro*. **11**. Reservar: *neste cinema é proibido guardar lugares*. **guardar-se 12**. Livrar-se, safar-se, fugir: *mulheres de bigode, guarde-se delas!*

guar.da-re.de *s2gên* Goleiro(a). · Pl.: *guarda-redes*.

guar.da-rou.pa *sm* **1**. Armário onde se guarda a roupa. **2**. Conjunto das roupas de uso de uma pessoa, de um grupo teatral, de uma instituição, etc. · Pl.: *guarda-roupas*.

guar.da-se.xo *sm* Qualquer peça de roupa sumária destinada a cobrir a genitália; tapa-sexo. · Pl.: *guarda-sexos*.

guar.da-sol *sm* Proteção contra o sol, formada de armação semelhante a um guarda-chuva e uma haste que se fixa no solo. · Pl.: *guarda-sóis*.

guar.da-va.las *s2gên2núm* Goleiro(a).

guar.da-vi.das *s2gên2núm* Salva-vidas.

guar.da-vo.lu.mes *sm2núm* Local onde, com alguma segurança, se guardam volumes por tempo determinado; guarda-bagagem.

guar.di.ão *sm* **1**. Aquele que guarda, zela ou protege: *guardião do dinheiro público*. **2**. Superior de convento franciscano. **3**. Goleiro. · Fem.: *guardiã*. · Pl.: *guardiões* ou *guardiães*.

guardrail [ingl.] *sm* Barreira de proteção usada nas autoestradas e pistas de competição; defesa (3). · Pl.: *guardrails*. · Pronuncia-se *gard-rêiu* (o *r* soa fraco, pronunciado com a língua no céu da boca).

gua.ri.ba.da *sf* **1**. Limpeza geral, princ. em automóvel que vai ser vendido, para obtenção de melhor preço; trato: *dei uma guaribada no meu Fusca e arranjei uns cobres a mais por ele*. **2**. Qualquer melhoramento no aspecto ou na ordem de alguém ou de algo, princ. se de forma apressada e superficial; ajeitada: *dei uma guaribada no meu quarto, para recebê-la*. → **guaribar** *v* (dar guaribada em: *guaribou o calhambeque para vendê-lo por preço melhor*).

gua.ri.da *sf* **1**. Covil de feras. **2**. Abrigo improvisado: *buscar guarida embaixo de uma árvore até passar a chuva*.

gua.ri.ta *sf* Pequena torre ou casinha, geralmente elevada, para abrigar vigias ou sentinelas.

guar.ne.cer *v* **1.** Suprir ou prover do necessário; munir, aparelhar: *guarnecer as tropas*. **2.** Fortalecer, fortificar: *guarnecer as fronteiras*. **3.** Enfeitar nas bordas, adornar: *guarnecer toalhas*. **4.** Suprir, abastecer: *guarnecer de mantimentos a despensa*. → **guarnecimento** *sm* [**1.** ação ou efeito de guarnecer; **2.** aquilo que guarnece; guarnição (1)]; **guarnição** *sf* [**1.** guarnecimento (2); **2.** aquilo que se acrescenta para guarnecer, ornar, enfeitar, embelezar; **3.** aquilo que preenche ou acompanha o elemento principal de um prato ou de uma bebida; **4.** conjunto de tropas estacionadas num posto militar; **5.** conjunto de partes que resguardam ou cobrem alguma coisa; jogo].

guas.ca *sf Pop*.RS **1.** Tira de couro cru, de inúmeras serventias. // *s2gên* **2.** Habitante da zona rural; caipira. // *adj* e *s2gên* **3.** *P.ext*. Que ou pessoa que nasce no Rio Grande do Sul; gaúcho.

Guatemala *sf* País da América Central, de área pouco maior que a do estado de Pernambuco. → **guatemalense** *adj* e *s2gên* ou **guatemalteco** *adj* e *sm*.

gua.xi.nim *sm* Pequeno mamífero carnívoro, também conhecido como *mão-pelada*.

gu.de *sm* **1.** Jogo infantil com bolinhas de vidro. **2.** *P.ext*. Cada uma dessas bolinhas.

gue.de.lha, ga.de.lha (ê) *sf*, **gue.de.lho** ou **ga.de.lho** (ê) *sm* **1.** Cabelo longo e em desalinho. **2.** Madeixa de qualquer tipo de fio, princ. de cabelo e de barba.

guei.xa *sf* Jovem profissional japonesa, encarregada de entreter homens (geralmente executivos) com cantos, bailados, massagens e outros tipos de gentilezas.

guel.ra *sf* Aparelho respiratório de animais aquáticos; brânquia.

gue.par.do *sm* Chita (2).

gué.ri-gué.ri *sm Pop*. Intriga, fofoca, mexerico, diz que diz. · Pl.: *guéri-guéris*.

guer.ra *sf* **1.** Luta armada entre dois ou mais povos, conflito bélico. **2.** Luta armada entre dois ou mais partidos (*guerra civil*) de uma nação; conflito. **3.** Arte militar: *oficial especializado em guerra de guerrilhas*. **4.** *Fig.* Oposição cerrada: *declarar guerra aos corruptos*. **5.** *Fig.* Campanha acirrada, luta: *empreender uma guerra contra a dengue*. · Antôn. (1): *paz*. → **guerrear** *v* (**1.** combater, lutar contra; **2.** travar guerra ou luta com), que se conjuga por *frear*; **guerreiro** *adj* e *sm* (que ou aquele que está sempre disposto a ir à guerra); **guerrilha** *sf* (pequeno corpo de paramilitares voluntários, movidos princ. por um ideal político, que age usando basicamente o elemento surpresa e emboscadas contra as forças inimigas, sem obedecer às convenções militares); **guerrilheiro** *sm* (aquele que participa de guerrilha).

gue.to (ê) *sm* **1.** Bairro em que, em certas cidades da Europa, os judeus eram confinados e obrigados a morar. **2.** Bairro de uma cidade no qual vivem grupos minoritários marginalizados ou segregados pela sociedade.

gui.a *sf* **1.** Ato ou efeito de guiar; dirigir. **2.** Documento que acompanha mercadorias, para poderem transitar livremente. **3.** Formulário oficial para pagamentos, etc. **4.** Meio-fio: *raspar a roda do carro na guia*. **5.** Correia que tem uma das extremidades presa ao freio do cavalo e a outra à mão do cavaleiro. **6.** Correia ou corda a que se prende cão, durante passeios pela rua. // *sm* **7.** Manual prático de instruções de orientação, roteiro, etc.: *guia de compras; guia turístico*. **8.** Formulário oficial para solicitar ou pagar alguma coisa: *guia de importação*. **9.** Alguma coisa que fornece a uma pessoa ou grupo informações de orientação: *usou as estrelas como um guia para encontrar o caminho de volta*. **10.** Pessoa que segue as pessoas, mostrando o caminho para chegar ao lugar desejado: *com guias, chamados coiotes, brasileiros tentam chegar aos Estados Unidos clandestinamente*. **11.** Pessoa que explica e expõe pontos de interesse de uma cidade: *Joana é um excelente guia*. **12.** Profissional que guia turistas; cicerone: *nosso guia era uma linda mulher*. **13.** Pessoa que serve de modelo a outras: *essa mulher é o meu guia espiritual*. (Nas acepções de 10 a 13, costuma-se registrar alhures como *s2gên*.) → **guiar** *v* [**1.** servir de guia a, orientar: *ela guia os meus passos*; **2.** proteger: *Deus me guia*; **3.** dirigir (animais ou veículos); **4.** conduzir, encaminhar: *guiar os turistas para o centro de compras*]; **guiar-se** (orientar-se, nortear-se: *guiar-se pelas estrelas*).

Guiana (Gù) *sf* País da América do Sul, ex-Guiana Inglesa, de área pouco menor que a do estado do Paraná. (O ideal seria grafarmos *Gùiana*, com o acento grave, que hoje, porém, só existe para indicar a crase. Essa omissão do VOLP provocou recentemente numa repórter uma reação coerente e compreensível: ela pronunciou "Ghiana", ou seja, leu rigorosamente conforme estava escrito. Quem é responsável pelo pecado?) → **guianense** (gùi) *adj* e *s2gên* ou **guianês** (gùi) *adj* e *sm*.

gui.ão *sm* **1.** Pendão ou estandarte que vai à frente de procissões. **2.** Estandarte que antigamente se levava à frente das tropas. **3.** Soldado que conduzia esse estandarte. · Pl.: *guiões* ou *guiães*.

gui.chê *sm* Portinhola aberta em parede, porta ou grade, destinada ao atendimento do público; postigo (2).

gui.dão ou **gui.dom** *sm* Barra de direção dos veículos de duas rodas. · Pl.: *guidões* e *guidons*. ·· **Bater guidão**. Tirar racha com outra bicicleta.

guilher.me *sm* Instrumento de carpinteiro, próprio para fazer os filetes das portas, junturas das tábuas, frisos de caixilhos, etc.

gui.lho.ti.na *sf* **1.** Instrumento de decapitação no qual o golpe é desferido por uma lâmina triangular precipitada de certa altura. **2.** Tipo de vidraça de janela, com movimento semelhante ao desse instrumento. **3.** Aparelho próprio para cortar papel em tipografias, oficinas de encadernação, etc. → **guilhotinar** *v* (decapitar na guilhotina).

guim.ba *sf* Ponta de qualquer coisa, depois de fumada (cigarro, charuto, baseado, etc.); bagana, xepa, chica, bituca.

gui.na.da *sf* Desvio brusco, repentino e radical em qualquer situação, atitude, direção, etc.

guin.cho *sm* **1.** Grito agudo (humano ou animal). **2.** Som produzido pela roda dos carros, quando apresenta algum defeito; chio. **3.** Pequeno guindaste adaptado a um veículo, para puxar outros por alguma razão. **4.** Esse veículo; carro--guincho. → **guinchamento** *sm* (ação de guinchar), palavra que não tem registro na 6.ª ed. do VOLP; **guinchar** *v* [**1.** dar guinchos (1); **2.** arrastar ou puxar com o guincho; **3.** içar com o guincho].

guin.dar *v* **1.** Içar, levantar, erguer: *guindou o veículo, mas não conseguiu guinchá-lo*. **2.** Elevar a posição de destaque, alçar: *guindaram-no ao cargo de chefe da seção*. → **guindagem** *sf* (levantamento, içagem).

guin.das.te *sm* Aparelho usado para levantar ou mover grandes pesos.

Guiné *sf* País da África, de área equivalente à do estado de São Paulo. **guineano** (nè) ou **guinéu** *adj* e *sm*, cujos femininos são, respectivamente, *guineana* e *guineia* (éi).

Guiné-Bissau *sf* País da África, de área pouco maior que a do estado de Alagoas. **guineense** (nè) *adj* e *s2gên*.

Guiné Equatorial *loc sf* País da África, de área pouco menor que a do estado de Alagoas. → **guinéu-equatoriano** *adj* e *sm*.

gui.sa de, à *loc prep* À maneira de, como.

gui.sa.do *sm* **1.** Qualquer alimento preparado com uma mistura de vários temperos, passados na gordura fervente; comida refogada. **2.** Prato feito com picadinho de carne, batatas, legumes em grandes pedaços, cozidos e com molho abundante; refogado, ensopado: *eles nos serviram um guisado de joelho de porco*. **3.** Picadinho de carne fresca ou de charque. // *adj* **4.** Diz-se de qualquer desses alimentos. → **guisar** *v* [preparar (alimento) com refogado; refogar].

gui.ta *sf* **1.** Barbante. **2.** Quantia ou dinheiro que traz uma pessoa: *ela me pagou sem guita*. **3.** Gorjeta. // *s2gên* **4.** *Pop.* RS Soldado de polícia; meganha.

gui.tar.ra *sf* **1.** Instrumento musical de cordas dedilháveis, composto de uma caixa de ressonância de forma variada e um braço longo com estrias de metal. **2.** Guitarrista. → **guitarrista** *s2gên* [pessoa que toca guitarra: guitarrista (2)].

gui.zo *sm* **1.** Esfera oca de metal, com uma bolinha dentro, para produzir ruído quando agitada. **2.** Órgão sonoro e segmentado da cauda da cascavel.

gu.la *sf* **1.** Grande apego a boas iguarias; gulodice (1). **2.** Hábito de comer demasiado, glutonaria. · Antôn. (2): *sobriedade, moderação, temperança*. → **guloso** (ô; pl.: ó) *adj* e *sm* (**1.** que ou aquele que gosta de gulodices ou guloseimas; **2.** que ou aquele que come muito; comilão).

gu.lo.di.ce *sf* **1.** Gula (1). **2.** Qualquer doce ou iguaria muito apetitosa, mas pouco nutritiva; guloseima. → **guloseima** *sf* [gulodice (2)].

gu.me *sm* Parte do instrumento cortante destinada ao corte.

gu.ri *sm Pop*.RS Menino, garoto. · Fem.: *guria*.
gur.ma *sf* Doença infecciosa de equinos, causada por uma bactéria.
gu.ru *s2gên* Líder reconhecido(a) de um campo de atividade.
gu.ru.pés *sm2núm* Mastro da extremidade da proa, nos veleiros.
gu.ru.pi *s2gên* Pessoa que, durante um leilão, oferece grandes lanços fictícios, em conluio com o leiloeiro.

gu.sa *sf* Redução de *ferro-gusa*.
gus.ta.ção *sf* **1**. Ação ou faculdade de provar; percepção de alguma coisa, usando o sentido do paladar. **2**. Sentido do paladar. → **gustativo** *adj* (rel. a gustação).
gu.tu.ral *adj* **1**. Da garganta: *região gutural*. // *adj* e *sf* **2**. Que ou som ou fonema que é produzido ou articulado na garganta, de qualidade áspera; velar: *consoante gutural; o engenheiro alemão falava com forte sotaque nas guturais*.

H

h/H *sm* Oitava letra do alfabeto, de nome *agá*.

hã *interj* Indica surpresa, moleza, dúvida, suspeita ou interrogação: *hã! o mundo está se acabando?!*

habeas corpus [lat.] *loc sm* Direito individual ou garantia constitucional que protege o cidadão contra prisão ilegal ou arbitrária. · Pronuncia-se *ábeas kórpus*.

há.bil *adj* **1**. Que tem profundo conhecimento do que faz; perito: *marceneiro hábil.* **2**. *Fig*. Manhoso, astucioso: *um hábil advogado.* **3**. Adequado, conveniente: *entregar toda a documentação em tempo hábil.* · Antôn. (1): *inábil, desajeitado*; (2): *ingênuo*; (3): *impróprio, inconveniente, inadequado*. → **habilidade** *sf* (qualidade de quem é hábil; aptidão); **habilidoso** (ô; pl.: ó) *adj* e *sm* (**1**. que ou aquele que tem ou revela habilidade; **2**. que ou aquele que conserta todo tipo de objetos), de antôn. *inabilidoso* (ô).

ha.bi.li.tar *v* **1**. Tornar hábil para exercer uma atividade, função, profissão, etc.; preparar adequadamente: *habilitar candidatos a concurso.* **habilitar-se 2**. Tornar-se apto ou capaz: *habilitar-se para dirigir veículos.* **3**. Prontificar-se, colocar-se à disposição de: *quem se habilita a ser o capitão da equipe?* → **habilitação** *sf* [**1**. ato ou efeito de habilitar(-se); **2**. conjunto de conhecimentos necessários para alguma coisa; aptidão, capacidade, competência; **3**. documento ou título que habilita ou torna capaz para alguma coisa].

ha.bi.tar *v* **1**. Morar ou viver (em): *habito este bairro há anos.* **2**. Povoar, ocupar, viver em: *só aborígenes habitavam o Brasil em 1500.* **3**. Ter habitat em: *o guará habita estas regiões.* → **habitação** *sf* (lugar onde se mora; casa, morada); **habitacional** *adj* (rel. a habitação); **habitáculo** *sm* (**1**. habitação pequena e modesta; **2**. lugar num veículo no qual se acomoda motorista e passageiros); **habitante** *adj* e *s2gên* (que ou pessoa que habita um lugar como residência permanente) e *adj* e *sm* (que ou ser vivo que habita um lugar como *habitat* permanente).

habitat [lat.] *sm* Área ou tipo de meio ambiente em que um organismo ou comunidade ecológica vive normalmente; meio natural de um organismo, lugar em que um ser organizado nasce, vive e cresce naturalmente. · Pl.: *habitats*. · Pronuncia-se *ábitat*. (A 6.ª ed. do VOLP ainda não aportuguesou este latinismo; forma desejável: *hábita*.)

ha.bi.te-se *sm2núm* **1**. Autorização dada pela prefeitura para ocupação, uso e habitação de imóvel urbano, novo ou reformado, emitida após vistoria de fiscais de obras, que comparam a construção com o projeto aprovado, e de serviços públicos, como corpo de bombeiros, companhias de luz, gás, água e esgotos. **2**. Documento que atesta essa autorização. · O mesmo que **alvará de uso**.

há.bi.to *sm* **1**. Impulso que nos leva a repetir frequentemente um mesmo ato, por nos termos afeito a ele, ou por sentirmos prazer na sua repetição; costume. **2**. Modo particular e frequente de agir ou de se comportar; prática costumeira, costume. **3**. Traje próprio de religiosos. **4**. Condição ou estado de religioso. → **habitual** *adj* (costumeiro, usual: *não abria mão do seu lugar habitual à mesa*) e *adj* e *s2gên* (que ou pessoa que frequenta regularmente um lugar); **habituar** *v* (acostumar física ou mentalmente a determinada situação: *habitue seus filhos à leitura!*); **habituar-se** (acostumar-se: *habitue-se à leitura!*); **habitué** [fr.] *s2gên* [habitual: *ele é um habitué do nosso clube*), de fem. *habituée*. · Pronuncia-se *abituê*.

hacker [ingl.] *s2gên* **1**. Profissional versado em informática que apresenta soluções para problemas técnicos relacionados com a Internet. **2**. Pessoa com grandes conhecimentos de informática, usados por ela para invadir computadores alheios, geralmente para a obtenção de informações secretas, inocular vírus ou para furto de dinheiro; pirata de computador ou da Internet; *cracker: seja prudente no uso de seu código, não permitindo que nenhum* hacker *dele tome conhecimento!* · Pl.: *hackers*. · Pronuncia-se *rákâr*.

háf.nio *sm* Elemento químico metálico (símb.: **Hf**), usado nos reatores atômicos, na fabricação de filamentos de tungstênio, etc.

ha.gi.o.gra.fi.a *sf* História ou biografia dos santos. → **hagiográfico** *adj* (rel. a hagiografia); **hagiógrafo** *sm* (autor de hagiografia).

há-há *sm* **1**. Onomatopeia de gargalhada ou de sorriso sarcástico. // *interj* **2**. Indica prazer, alegria ou instante de satisfação: *há-há! então ela voltou, hem?!*

Haiti *sm* País do Caribe, o mais pobre da região, de área pouco menor que a do estado de Alagoas. → **haitiano** *adj* e *sm*.

ha.li.êu.ti.ca *sf* Arte da pesca. → **haliêutico** *adj* (rel. a haliêutica).

há.li.to *sm* **1**. Ar expirado, bafo. **2**. Cheiro da boca, quando se fala ou expira. **halitose** *sf* (mau hálito).

hall [ingl.] *sm* Grande área central, da distribuição da circulação, na entrada de um edifício; saguão. · Pl.: *halls*. · Pronuncia-se *ról*.

halloween [ingl.] *sm* Festa dos países anglo-saxônicos, esp. dos Estados Unidos, realizada todo dia 31 de outubro, na qual as pessoas se fantasiam de bruxas, vampiros e monstros de todos os tipos e gostos, conhecida no Brasil como *dia das bruxas*. · Pronuncia-se *ràlouín*.

ha.lo *sm* **1**. Círculo luminoso que se observa às vezes em torno do Sol ou da Lua, resultante da refração ou reflexão da luz por cristais de gelo na atmosfera. **2**. Círculo de luz ao redor da cabeça de imagens de figuras sagradas, como anjos e santos, usado como símbolo de virtude e inocência; nimbo, auréola. **3**. Círculo rosado em volta do mamilo; aréola. **4**. *Fig*. Aura de glória ou prestígio associada a uma pessoa ou coisa: *ele perdeu seu halo de honestidade*.

ha.ló.fi.ta *sf* ou **ha.ló.fi.to** *sm* Planta que cresce ou se desenvolve em meio salino.

ha.lo.gê.nio ou **ha.ló.ge.no** *sm* **1**. Cada um dos cinco elementos eletronegativos, quimicamente relacionados (flúor, cloro, bromo, iodo e astatínio), que formam sais binários pela união direta com metais: *lâmpada de halogênio.* **2**. Lâmpada halogena: *o interior da boate estava inundado de néon e halogênio.* → **halógeno** *adj* (de halogênio: *farol halógeno*). ·· **Farol halógeno**. Sistema de farol que usa lâmpada e refletores internos que permitem um facho com maior luminosidade e maior difusão de luz, sem prejudicar muito a visão do motorista que vem em sentido contrário. ·· **Lâmpada halogena**. Lâmpada em que os filamentos internos ficam envoltos em um dos gases halogenos (flúor, cloro, bromo, iodo e astatínio); halogênio, halógeno: *Lâmpadas halógenas podem ser jogadas no lixo doméstico*.

ha.lo.plan.ta *s2gên* Pessoa trapaceira, impostora, vigarista.

hal.te.re *sm* Instrumento de ginástica composto de duas esferas de ferro ligadas por uma haste do mesmo metal, destinado a levantamento de pesos. (Cuidado para não usar "o halteres"!) → **halterofilia** *sf* ou **halterofilismo** *sm* (levantamento de pesos praticado com halteres); **halterofilista** *s2gên* (pessoa que pratica exercícios físicos com halteres).

hal.te.ro.co.pis.mo *sm* **1**. Levantamento do maior número de canecas de cerveja simultaneamente, fato comum na Oktoberfest. **2**. Levantamento de copos cheios de cerveja. **3**. Hábito de beber demais, de encher a cara. → **halterocopista** *adj* (rel. a halterocopismo) e *adj* e *s2gên* (praticante do halterocopismo). (A 6.ª ed. do VOLP não registra nem uma nem outra.)

há.lux (x = ks) *sm2núm* **1**. Nos animais, primeiro dedo do pé posterior, alongado e estendido para trás. **2**. Nos seres humanos, dedão do pé. **3**. Dedo semelhante nos pássaros, répteis e anfíbios (nos pássaros é geralmente voltado para trás).

ha.ma.da *sm* Deserto de pedra.

ham.búr.guer *sm* **1**. Massa arredondada e chata de carne moída, temperada com cebola, salsa, mostarda, etc. e servida frita, geralmente na chapa. **2**. Sanduíche feito com essa massa, em pão redondo. · Pl.: *hambúrgueres*. → **hamburgueria** *sf* (lanchonete onde se fazem e vendem hambúrgueres).

hamster [ingl.] *sm* Nome comum a várias espécies de mamíferos roedores do Velho Mundo, semelhantes ao rato, de cauda curta e grandes bolsas faciais, geralmente mantidos como animais de estimação ou usados em pesquisas de laboratório. · Pronuncia-se *rémstár*.

handball [ingl.] *sm* V. **handebol**.

han.de.bol *sm* Jogo em que duas equipes de onze jogadores cada uma tentam marcar o maior número de gols com as mãos (o goleiro é o único jogador que pode usar os pés para tocar na bola). · Pl.: *handebóis.* → **handebolista** *adj* e *s2gên* (praticante de handebol).

handheld ou **hand-held** [ingl.] *sm* Computador pessoal, compacto e portátil, que cabe na palma da mão (daí seu nome) e oferece, entre outros recursos, processador de textos, acesso à Internet e correio eletrônico. · Pl.: *handhelds.* · Pronuncia-se *rénd-réld.*

handicap [ingl.] *sm* **1**. Em corridas e outras competições, vantagem artificial dada a um competidor inferior ou desvantagem imposta a um competidor superior, a fim de igualar as chances de vitória dos concorrentes: *nas Olimpíadas de Berlim, em 1936, Jesse Owens competiu em um cavalo, em uma corrida de cem jardas, e venceu, graças a um* handicap *de quarenta jardas.* **2**. *Fig.* Qualquer desvantagem que torna o sucesso mais difícil: *a seleção brasileira de futebol ganhou quatro campeonatos mundiais com o* handicap *de campo e torcida.* · Pl.: *handicaps.* · Pronuncia-se *réndikap.* (Os jornalistas esportivos brasileiros, até recentemente, usavam esta palavra justamente no sentido oposto: *vantagem.* Deixaram de fazê-lo, para agora usar "elenco" por *plantel*, outra troca sem noção.)

han.gar *sm* Abrigo fechado ou galpão para aeronaves.

hangfive [ingl.] *sm* No surfe, manobra que consiste em o surfista enfiar os dedos de um pé no bico da prancha. · Pronuncia-se *rénfaiv.*

hangten [ingl.] *sm* No surfe, manobra que consiste em o surfista enfiar todos os dedos dos pés no bico da prancha. · Pronuncia-se *réntèn.*

han.se.ní.a.se *sf* Lepra. · Pronuncia-se *ranseníazi.* → **hanseniano** *adj* e *sm* (que ou aquele que tem hanseníase), que se diz *ranseniânu.*

ha.o.ri *sm* Casaco curto japonês.

hapki-do [cor.] *sm* Luta coreana de técnicas mistas, como arremessos do judô, socos e chutes do caratê e chaves do aiquidô. · Pronuncia-se *àpkidô.*

happening [ingl.] *sm* **1**. Espetáculo caracterizado pela total improvisação e espontaneidade dos atores, com a participação do público durante a representação. **2**. Evento coletivo semelhante a esse tipo de espetáculo. · Pronuncia-se *répnin.*

happy end [ingl.] *loc sm* **1**. Final feliz em filme, telenovela, romance, etc., depois de uma expectativa nervosa de fim trágico. **2**. Final feliz de qualquer sequência de episódios desagradáveis, na vida real. · Pl.: *happy ends.* · Pronuncia-se *répi énd.*

happy hour [ingl.] *loc sf* Período de tempo de relaxamento, dispensado por trabalhadores após o expediente, antes de irem para casa, geralmente às sextas-feiras, durante o qual se bebe, petisca e conversa a uma mesa de bar, sempre muito bem frequentado, a preços geralmente reduzidos. · Pl.: *happy hours.* · Pronuncia-se *répi áuâr.*

ha.ra.qui.ri *sm* Forma de suicídio cerimonioso, praticada pelos antigos japoneses.

ha.ras *sm2núm* Fazenda de criação e aperfeiçoamento de selecionados cavalos de raça.

hard disk [ingl.] *loc sm* Unidade de armazenamento de dados, geralmente fixa no computador, com grande capacidade; disco rígido; *winchester.* · Pronuncia-se *rárd disk.*

hard rock [ingl.] *loc sm* Rock pesado; *rock* pauleira. · Pronuncia-se *rárd rók.*

hard style [ingl.] *loc sm* Estilo agressivo usado em peças do vestuário, geralmente em cores escuras, adornadas com materiais pesados e metálicos, muito apreciado por *punks* e metaleiros. · Pronuncia-se *rárd stáiL.*

hardware [ingl.] *sm* Qualquer unidade física (componentes, circuitos integrados, discos e mecanismos) que compõe um computador ou seus periféricos, usada em associação com o processamento de dados (em oposição a *software*). · Pl.: *hardwares.* · Pronuncia-se *rárdu-ér.*

ha.rém *sm* **1**. Parte do palácio muçulmano reservado à habitação das mulheres (odaliscas) de um sultão ou muçulmano rico, de entrada proibida. **2**. Essas mulheres.

har.mo.ni.a *sf* **1**. Combinação de diferentes notas musicais tocadas simultaneamente, a fim de produzir acordes e progressões de acordes com efeito agradável; arte de formar e encadear acordes: *a geração moderna de compositores descartou as ideias tradicionais de melodia e harmonia.* **2**. Conjunto das qualidades que tornam alguma coisa agradável ao sentido da audição: *a harmonia de uma frase, de um discurso.* **3**. *Fig.* Acordo ou conformidade de sentimentos, ações, ideias, interesses, etc.; consonância, conformidade: *existe perfeita harmonia entre os militares e o povo; o turismo deve se desenvolver em harmonia com o meio ambiente.* **4**. *Fig.* Paz e amizade: *a harmonia doméstica; a harmonia social.* **5**. *Fig.* Maneira pela qual as partes de um todo são combinadas em um arranjo agradável; qualidade de formar um todo agradável e consistente: *a ordem e a harmonia do universo; é uma cidade onde o antigo e o novo se misturam em harmonia.* → **harmônico** *adj* [**1**. rel. a harmonia; **2**. agradável à audição; **3**. harmonioso (1): *as linhas harmônicas de um carro*]; **harmonioso** (ô; pl.: ó) *adj* [**1**. caracterizado pela harmonia; que tem componentes agradavelmente ou apropriadamente combinados; harmônico (3); **2**. que apresenta harmonia de sentimentos ou de ações; **3**. caracterizado por harmonia sonora; melodioso]; **harmonização** *sf* [ato ou efeito de harmonizar(-se)]; **harmonizar** *v* (**1**. tornar harmônico; conciliar: *harmonizar corintianos e palmeirenses não é fácil*; **2**. dividir em partes harmônicas: *harmonizar uma melodia*]; **harmonizar(-se)** [entrar em harmonia, estar de acordo: *seu ideal harmoniza com o meu; nossos ideais (se) harmonizam*].

har.pa *sf* **1**. Instrumento musical triangular, dotado de 46 cordas de tamanhos desiguais, que se tocam dedilhando. **2**. Harpista. → **harpista** *adj* e *s2gên* (que ou pessoa que toca harpa.)

hashi [jap.] *smpl* Par de varetas que os orientais usam para levar a comida à boca. · Pronuncia-se *rachí.*

hashtag [ingl.] *sf* Antífen. · Pronuncia-se *restég.*

has.ta *sf* Leilão. ·· **Hasta pública**. Leilão de bens de um devedor, feito por ordem judicial.

has.te *sf* **1**. Qualquer pedaço de pau ou de ferro em que se encrava algum instrumento ou utensílio. **2**. Pau da bandeira; mastro. **3**. Tipo de caule frágil, comum nas plantas pequenas (salsa, alface, agrião, etc.). **4**. Traço alongado de certas letras: *levantar muito a haste da letra t.* · Dim. irregular: *hastilha.* → **hasteamento** *sm* (ato ou efeito de hastear); **hastear** *v* [**1**. içar até o topo de uma haste (2): *hastear uma bandeira*; **2**. erguer bem alto: *o capitão do time hasteou com orgulho a taça de campeão*], que se conjuga por *frear.*

hatchback ou **hatch** [ingl.] *sm* Tipo de automóvel cujo bagageiro possui uma porta, e não uma tampa, também conhecido como *carro dois volumes*, pois compreende apenas a cabine de passageiros e o compartimento do motor, diferentemente dos sedãs, carros de três volumes, já que trazem também porta-malas. · Pl.: *hatchbacks.* · Pronuncia-se *rétch-bék* (o *r* soa brando, pronunciado com a língua no céu da boca.)

hau.rir *v* **1**. Tirar ou extrair de lugar profundo: *haurir grandes diamantes numa região.* **2**. Esgotar, consumir: *haurir os recursos naturais de um país.* · É verbo regular.

Havaí *sm* Arquipélago do Pacífico que constitui o 50.º estado americano, de área correspondente à do estado de Alagoas. → **havaiano** *adj* e *sm.*

ha.va.na *sm* **1**. Charuto de Havana. **2**. Cor castanho-clara, própria desse charuto. // *adj* **3**. Diz-se dessa cor. **4**. Que tem essa cor: *meias havana; sapatos havana.* (Como se vê, neste caso não varia.)

Havana *sf* Capital de Cuba. → **havanês** *adj* e *sm.*

ha.ver *v* **1**. Existir (só se usa no singular, é impessoal): *há homens que apanham e nunca aprendem.* **2**. Acontecer, ocorrer (também só se usa no singular): *já houve vários acidentes nessa esquina.* **3**. Realizar-se (também, só no singular): *houve inúmeras reuniões na empresa hoje.* **4**. Ter decorrido, passar-se, fazer (só no singular): *havia poucos dias que tínhamos chegado; há dois dias que não durmo.* **5**. Ter: *as pessoas haviam chegado cedo.* **haver-se 6**. Comportar-se, conduzir-se: *meu time se houve bem nesse jogo.* **7**. Ajustar contas, entender-se (em confronto): *se você sonegar imposto, terá de haver-se com o leão.* **8**. Defrontar-se, lutar: *os aliados se houveram com os alemães na Europa e na África, durante a guerra.* // *sm* **9**. Crédito (em escrituração). // *smpl* **10**. Bens, propriedades. · Pl. (10): *haveres.* · Conj.: *hei, hás, há, havemos* (ou *hemos*), *haveis* (ou *heis*), *hão* (pres. do ind.); *houve, houveste, houve, houvemos, houvestes, houveram* (pret. perf.); *havia, havias, havia, havíamos, havíeis, haviam* (pret. imperf.); *houvera, houveras, houvera, houvéramos, houvéreis, houveram* (pret. mais-que-perf.); *haverei, haverás, haverá, haveremos, havereis, haverão* (fut. do pres.); *haveria, haverias, haveria, haveríamos, haveríeis, haveriam* (fut. do pret.); *haja, hajas, haja, hajamos, hajais, hajam* (pres. do subj.); *houvesse, houvesses, houvesse, houvéssemos,* *houvésseis, houvessem* (pret. imperf.); *houver, houveres, houver, houvermos, houverdes, houverem* (fut.); *havendo* (gerúndio); *havido* (particípio); *haver* (infinitivo), *haver, haveres, haver, havermos, haverdes, haverem* (infinitivo pessoal). (Este verbo, quando usado por *existir* ou por *acontecer*, não varia: *Houve reclamações. Houve reuniões. Havia vítimas no local. Haverá manifestações.* Usado com verbo auxiliar, este não varia também: *Vai haver reclamações. Ia haver reuniões. Podia haver vítimas no local. Deverá haver manifestações.* A forma *há* é usada para tempo passado e equivale a *faz*: *A gente se conheceu há dez anos. Eles saíram há uma hora.* Usando-se *há*, não se usa "atrás", já que a combinação de ambos constitui redundância. Ou se usa *há*, ou se usa *atrás*: *A gente se conheceu há dez anos. Eles saíram uma hora* atrás. · V. **a.**)

ha.xi.xe *sm* **1.** Resina extraída das flores e folhas do cânhamo da Índia, para fumar ou mascar. **2.** Preparado narcótico à base dessa resina, que produz sonolência, acompanhada de visões fantasiosas.

HD *sm* Sigla inglesa de *hard disk*, disco rígido, também conhecido como *winchester*, é o aparelho responsável por armazenar informações permanentemente no computador. · Pl.: *HDs*. · Pronuncia-se *êitch di* (à inglesa) ou *agá dê* (à portuguesa).

HDL *sf* Sigla inglesa de *high-density lipoprotein*, lipoproteína de alta densidade, popularmente conhecida como *bom colesterol*. · Pl.: *HDLs*. · Pronuncia-se *êith di éL* (à inglesa) ou *agá dê ele* (à portuguesa). · V. **LDL**.

headphone [ingl.] *sm* Aparelho que se coloca na orelha, para audição individual de música; fone de ouvido. · Pronuncia-se *rédfouN* (o *r* soa como um *h* aspirado).

headset [ingl.] *sm* Fone de ouvido com microfone. · Pl.: *headsets*. · Pronuncia-se *réd-sét*.

heavy metal [ingl.] *loc sf* **1.** Tipo de *rock* de batida pesada, muito alta, bastante amplificada, geralmente de letras agressivas e gritadas. // *loc sm* **2.** Conjunto musical versado nesse tipo de *rock*. · Pronuncia-se *révi métL*.

heb.do.ma.dá.rio *adj* **1.** Semanal: *revista hebdomadária*. // *sm* **2.** Semanário.

he.bi.a.tri.a *sf* Ramo da medicina que trata espec. dos adolescentes (entre 10 e 20 anos); medicina do adolescente. → **hebiatra** *s2gên* (especialista em hebiatria); **hebiátrico** *adj* (rel. a hebiatria).

he.brai.co *adj* **1.** Relativo às coisas e ao idioma dos hebreus. (Não se confunde com *hebreu*.) // *sm* **2.** Antiga língua dos israelitas, na qual a maior parte do Antigo Testamento foi escrita. **3.** Forma moderna dessa língua, que é o idioma oficial de Israel.

he.breu *adj* **1.** Relativo às pessoas judias; judeu. (Não se confunde com *hebraico*.) // *sm* **2.** Membro de um grupo dos povos semitas descendentes de Abraão, Jacó e Isaque; israelita. · Fem.: *hebreia* (éi).

he.ca.tom.be *sf* **1.** Na Grécia e Roma antigas, imolação de cem bois, em honra dos deuses. **2.** *Fig.* Qualquer grande massacre de vidas humanas; matança: *toda guerra provoca hecatombe de inocentes*.

hec.ta.re *sm* Unidade de medida agrária equivalente a cem ares ou dez mil metros quadrados. · Símb.: **ha**.

hedge [ingl.] *sm* Em economia, ferramenta de proteção ou defesa contra grandes oscilações de preços e perdas financeiras; proteção cambial. • Pronuncia-se *rédj*.

he.di.on.do *adj* **1.** De aparência repulsiva; medonho, repulsivo, horrendo: *um lobisomem é uma figura hedionda*. **2.** Que choca, ofende ou revolta o senso moral por sua extrema perversidade; revoltante, chocante, abominável: *crime hediondo*. → **hediondez** (ê) *sf* (qualidade do que é hediondo).

he.do.nis.mo *sm* **1.** Sistema filosófico de moral segundo o qual a finalidade da vida está meramente no prazer. **2.** Busca do prazer, princ. dos sentidos, como meio de vida. → **hedônico** *adj* (rel. a hedonismo); **hedonista** *adj* e *s2gên* (que ou pessoa que é partidária do hedonismo).

he.ge.mo.ni.a *sf* **1.** Superioridade, liderança ou domínio político de um Estado ou povo sobre outro: *o Japão lutou pela hegemonia na Ásia; a Alemanha foi unida sob a hegemonia prussiana, depois de 1871*. **2.** *P.ext.* Influência social, cultural, ideológica ou econômica exercida por um grupo dominante: *a hegemonia do Grupo Globo estaria no fim?* **3.** *Fig.* Superioridade incontestável; supremacia, predomínio: *a hegemonia masculina, hoje, é uma balela*. → **hegemônico** *adj* (rel. a hegemonia).

hé.gi.ra *sf* **1.** Fuga do profeta Maomé de Meca para Medina, em junho de 622. **2.** Era muçulmana iniciada com esse evento.

hein *interj* V. **hem**.

he.lan.ca *sf* Tecido de poliéster, muito usado na confecção de calças e *tops* feminino e infantil.

he.lê.ni.co *adj* **1.** De Hélade (antigo nome da Grécia): *filosofia helênica*. // *sm* **2.** Idioma grego antigo. → **helenismo** *sm* (palavra, expressão ou construção próprias do grego, existentes noutro idioma); **helenista** *adj* e *s2gên* (que ou pessoa que é versada na língua e na antiguidade gregas); **heleno** *adj* (rel. à Grécia antiga ou moderna; grego) e *adj* e *sm* (natural ou habitante da Grécia antiga ou da moderna; grego).

hé.li.ce *sf* **1.** Peça que consiste num eixo cercado de pás ou hastes, propulsora de aviões, navios, lanchas, balões dirigíveis, etc. **2.** *P.ext.* Qualquer forma ou formação espiralada. · Dim. erudito: *helícula*. → **helicoidal** *adj* (sem. a hélice, espiralado).

he.li.ci.cul.tu.ra *sf* Cultivo de *escargots*, por razões comerciais. → **helicicultor** (ô) *sm* (aquele que se dedica à helicicultura).

hé.li.con *sm* Instrumento musical de sopro, semelhante à tuba, usado em bandas militares.

he.li.cóp.te.ro *sm* Aeronave que se eleva verticalmente e se sustenta por meio de hélices horizontais, unidas em torno de um eixo vertical. · Col.: *esquadrilha*. · V. **helitáxi, helitransporte** e **helivisão**.

hé.lio *sm* Elemento químico gasoso (símb.: **He**), incolor, inodoro, insípido e inerte, de n.º atômico 2, um dos gases mais nobres, encontrado em pequenas quantidades na atmosfera.

he.li.o.cen.tris.mo (hè) *sm* Teoria astronômica coperniana de que o Sol é o centro do universo (por oposição a *geocentrismo*), e os demais planetas do sistema solar orbitam o Sol. → **heliocêntrico** *adj* (**1.** rel. ao centro do Sol; **2.** rel. ou pert. ao sistema que tem o Sol como centro, por oposição a *geocêntrico*).

he.li.o.pa.ti.a (hè) *sf* **1.** Lesão causada por exposição à luz solar. **2.** Qualquer patologia provocada pela luz solar. → **heliopático** (hè) *adj* (rel. a. heliopatia).

he.li.o.tro.pis.mo (hè) *sm* Particularidade que têm certas plantas de virarem para o Sol suas folhas, flores ou hastes. → **heliotrópico** (hè) *adj* (diz-se dos vegetais cujas flores, folhas ou hastes se voltam para o Sol, quando este se acha acima da linha do horizonte).

he.li.pon.to *sm* Espaço na cobertura de edifício, destinado a pouso e decolagem de helicópteros. (Não se confunde com *heliporto*.)

he.li.por.to (ô; pl.: ó) *sm* Aeroporto destinado apenas a pouso e decolagem de helicópteros. (Não se confunde com *heliponto*, já que o *heliporto* conta com hangares e instalações que facilitam as operações dos helicópteros, além do auxílio prestado no embarque e desembarque de pessoas e cargas. O *heliponto* é apenas um espaço reservado para o pouso e decolagem, nada mais.)

he.lis.ki *sm* Esporte radical que consiste em subir uma montanha a bordo de um helicóptero e depois descer de mais de 2.000m em trilhas praticamente inexploradas. (Esta palavra não consta na 6.ª ed. do VOLP.)

he.li.tá.xi (x = ks) *sm* Serviço de táxi executado por helicóptero. → **helitaxista** (x = ks) *s2gên* (pessoa que dirige helitáxi). (Nenhuma dessas palavras consta na 6.ª ed. do VOLP.)

he.li.trans.por.te *adj* Transporte feito por helicóptero. → **helitransportado** *adj* (diz-se de pessoa, pessoal ou material transportado por helicóptero).

he.li.vi.são *sf* Qualquer transmissão de imagem feita de um helicóptero em voo. (Esta palavra não tem registro na 6.ª ed. do VOLP.)

hel.min.to.lo.gi.a *sf* Estudo dos vermes. → **helmintológico** *adj* (rel. a helmintologia); **helmintologista** *adj* e *s2gên* ou **helmintólogo** *sm* (especialista em helmintologia).

help desk [ingl.] *loc s2gên* Profissional que dá assistência em informática aos usuários domésticos e às empresas. · Pl.: *help desks*. · Pronuncia-se *rélp désk*.

hem ou **hein** *interj* Serve para: **1.** Indicar espanto ou surpresa: *namorando no escurinho, hem!* **2.** Atender a um chamado: *hem! seu Ivã?* **3.** Indicar advertência: *não faça mais isso, hem!* **4.** Pedir a repetição de frase que não se ouviu bem: *hem, quantas pessoas morreram?* **5.** Reforçar uma interrogação, como que exigindo a resposta: *Aonde você vai, hem?* **6.** Indicar revolta ou indignação: *hem! o que você está dizendo?!*

he.má.cia *sf* Glóbulo vermelho do sangue; eritrócito: *as hemácias transportam o oxigênio dos pulmões a todas as células do organismo.* (Cuidado para não usar "hemácea"!)
he.ma.to.fa.gi.a *sf* Alimentação com o sangue de outro animal. → **hematófago** *adj* e *sm* (que ou o que tem hematofagia: *o carrapato é um inseto hematófago*).
he.ma.to.fo.bi.a ou **he.mo.fo.bi.a** *sf* Medo exagerado e irracional de ver sangue. → **hematofóbico** ou **hemofóbico** *adj* (rel. a hematofobia ou hemofobia); **hematofobo** ou **hemófobo** *adj* e *sm* (que ou aquele que tem hematofobia ou hemofobia).
he.ma.to.lo.gi.a *sf* Ciência que estuda o sangue e os tecidos que o formam. → **hematológico** *adj* (rel. a hematologia); **hematologista** *adj* e *s2gên* (especialista em hematologia).
he.ma.to.ma *sm* Tumor sanguíneo causado por rompimento de um ou mais vasos sanguíneos.
he.me.ro.te.ca *sf* Seção, nas bibliotecas, na qual se arquivam jornais e revistas. → **hemerotecário** *adj* (rel. a hemeroteca) e *sm* (aquele que cuida de uma hemeroteca).
he.mi.ple.gi.a *sf* Paralisia que afeta somente um lado do corpo. → **hemiplégico** *adj* (rel. a hemiplegia) e *adj* e *sm* (que ou aquele que sofre de hemiplegia).
he.mis.fé.rio *sm* **1**. Cada uma das metades da Terra, imaginariamente dividida pelo círculo do equador: *no hemisfério norte, dezembro é mês de muito frio.* **2**. Metade de um corpo redondo qualquer. **3**. Cada uma das metades laterais do cérebro: *teve lesão no hemisfério esquerdo; na maioria das pessoas, o hemisfério esquerdo é maior que o direito.* → **hemisférico** *adj* (**1**. rel. a hemisfério; **2**. que tem a forma da metade de uma esfera).
he.mo.fi.li.a *sf* Doença congênita e hereditária, caracterizada por hemorragias espontâneas e traumáticas, devidas à coagulação deficiente do sangue. → **hemofílico** *adj* (rel. a hemofilia) e *adj* e *sm* (que ou aquele que sofre de hemofilia).
he.mo.glo.bi.na *sf* Pigmento que dá a cor vermelha às hemácias e transporta oxigênio a todos os tecidos. → **hemoglobínico** *adj* (rel. a hemoglobina).
he.mor.ra.gi.a *sf* Derramamento abundante de sangue para fora de seus vasos. → **hemorrágico** *adj* (rel. a hemorragia).
he.mor.roi.das (ói) ou **he.mor.roi.des** (ói) *sfpl* Varizes das veias do ânus, acompanhadas ou não de derramamento de sangue. → **hemorroidal** (òi) ou **hemorroidário** *adj* e *sm* (rel. a hemorroidas). (Só se usa no plural, mas a 6.ª ed. do VOLP registra *hemorroida, hemorroide.*)
he.na *sf* **1**. Planta de flores aromáticas, alvas ou avermelhadas, originária da Índia e da Arábia. **2**. *Fig.* Tintura preparada com o pó das folhas secas dessa planta, usada para tingir cabelo e fazer tatuagens provisórias.
hen.de.ca.cam.pe.ão *adj* e *sm* Que ou aquele que ficou campeão onze vezes, consecutivas ou não. → **hendecacampeonato** *sm* (campeonato conquistado por onze vezes).
hen.de.cas.sí.la.bo *adj* e *sm* Que ou verso ou palavra que tem onze sílabas. → **hendecassilábico** *adj* (rel. a hendecassílabo).
he.pa (ê) *interj* V. **epa**.
he.pá.ti.co *adj* Relativo a fígado: *funções hepáticas*. → **hepatite** *sf* (inflamação do fígado).
hep.ta.cam.pe.ão *adj* e *sm* Que ou aquele que ficou sete vezes campeão, consecutivas ou não. → **heptacampeonato** *sm* (campeonato conquistado por sete vezes, consecutivas ou não).
hep.tas.sí.la.bo *adj* e *sm* Que ou verso ou palavra que tem sete sílabas. → **heptassilábico** *adj* (rel. a heptassílabo).
he.ra *sf* Planta trepadeira que não dá flores, muito utilizada na forração ou revestimento de muros ou paredes.
he.rál.di.ca *sf* Conjunto de conhecimentos relacionados com os escudos nobiliários ou brasões. → **heráldico** *adj* (rel. a heráldica ou a brasões) e *sm* (aquele que é versado em heráldica); **heraldista** *adj* e *s2gên* (especialista em heráldica).
he.ran.ça *sf* **1**. Conjunto de bens que a pessoa que morreu deixa para outras pessoas, geralmente da família. **2**. Aquilo que se transmite pelos genes: *é míope por herança materna*.
her.bá.ceo *adj* Relativo ou semelhante a erva: *plantas herbáceas*.
her.ba.ná.rio ou **er.va.ná.rio** *sm* Aquele ou loja que vende ervas medicinais.
her.bá.rio ou **er.vá.rio** *sm* **1**. Coleção de plantas dessecadas destinadas a pesquisa científica; fitoteca. **2**. Local que abriga essa coleção; fitoteca. · V. **cortonomia**.
her.bi.ci.da ou **er.vi.ci.da** *adj* e *sm* Que ou produto químico que elimina ervas daninhas.

her.bí.vo.ro *adj* e *sm* Que ou animal que se alimenta de ervas ou de vegetais.
her.bo.lá.rio *adj* e *sm* **1**. Que ou aquele que coleciona plantas. **2**. Que ou aquele que, pela prática, conhece todas as propriedades das plantas medicinais; herborista.
her.bo.ris.ta *s2gên* **1**. Pessoa que, sem ser farmacêutica, conhece todas as propriedades das plantas medicinais; herbolário(a). **2**. Pessoa que vende plantas medicinais.
her.bo.ri.zar *v* Colher e selecionar (plantas) para herbário, estudo ou aplicações medicinais. → **herborização** *sf* (ato ou efeito de herborizar).
her.cú.leo *adj* **1**. Relativo a Hércules, herói da mitologia grega. **2**. *P.ext.* Que tem ou revela força extraordinária: *a força hercúlea do Super-Homem*. **3**. *Fig.* Muito grande, enorme: *fiz um esforço hercúleo para convencê-la*. **4**. *Fig.* Que requer esforço incomum ou extraordinário: *tarefa hercúlea é acabar no Brasil com a violência e a impunidade*.
her.dar *v* **1**. Receber ou adquirir por herança ou por hereditariedade: *herdar bens; herdar uma miopia paterna*. **2**. Deixar por herança, legar: *herdou aos filhos apenas uma boa biblioteca e, principalmente, o caráter*.
her.dei.ro *sm* **1**. Aquele que herda ou tem direito a herdar. **2**. Aquele que herda por parentesco ou consanguinidade certas particularidades físicas ou morais.
he.re.di.tá.rio *adj* Que se transmite por herança. → **hereditariedade** *sf* (**1**. qualidade de hereditário; **2**. direito de receber herança; **3**. transmissão de particularidades físicas ou morais).
he.re.do.al.co.ó.la.tra (rè) *adj* e *s2gên* Que ou pessoa que é alcoólatra por razões hereditárias.
he.re.ge *adj* e *s2gên* V. **heresia**.
he.re.si.a *sf* **1**. Doutrina oposta aos dogmas da Igreja. **2**. Ação ou palavra ofensiva à religião. **3**. Disparate, tolice. → **herege** *adj* e *s2gên* ou **herético** *adj* e *sm* (que ou pessoa que professa doutrina contrária àquela admitida pela Igreja); **herético** *adj* (rel. a heresia).
her.ma *sf* Escultura de busto, na qual o peito, as costas e os ombros são cortados em planos verticais.
her.ma.fro.di.ta ou **her.ma.fro.di.to** *adj* e *sm* Que ou indivíduo (animal ou vegetal) que reúne em si os caracteres dos dois sexos; andrógino. → **hermafrodisia** *sf* (estado patológico de anomalia anatômica, caracterizado pela presença de órgãos genitais internos e externos ambíguos); **hermafrodisíaco** *adj* (rel. a hermafrodisia ou que a apresenta); **hermafrodismo** ou **hermafroditismo** *sm* (**1**. qualidade do que é hermafrodita; **2**. presença normal e funcional de ambos os sexos num mesmo indivíduo, animal ou vegetal, que tem a peculiaridade de poder produzir gametas masculinos e femininos; androginia).
her.mé.ti.co *adj* **1**. Que é rigorosamente vedado, princ. contra o escape ou a entrada de ar e água. **2**. *Fig.* Dificílimo de compreender, confuso: *teoria hermética*.
hér.nia *sf* Saída de um órgão ou de uma parte de órgão de sua cavidade natural, através de um orifício natural ou acidental. → **hernial**, **herniário** ou **hérnico** *adj* (rel. a hérnia).
he.rói *sm* **1**. Homem que se distingue por suas qualidades ou ações excepcionais, princ. por sua coragem ante o perigo ou na guerra. **2**. Protagonista de obra literária, peça teatral, filme, telenovela, etc. **3**. Aquele que exerce papel principal ou preponderante num evento, contribuindo decisivamente para o sucesso de si próprio, do seu grupo, equipe, coletividade, etc.: *ele foi o herói da vitória do Flamengo*. · Fem.: *heroína*. → **heroicidade** (òi) *sf* ou **heroísmo** *sm* (coragem excepcional, grandeza de alma fora do comum); **heroico** (ói) *adj* (**1**. rel. a herói ou digno, próprio de herói: *soldados heroicos; morte heroica*; **2**. diz-se do estilo ou gênero literário em que se narram e celebram altos feitos e façanhas de heróis: *poema heroico*; **3**. diz-se do verso decassílabo com tal acento na 6.ª e na 10.ª sílaba; **herói-cômico** *adj* (diz-se do gênero poético que participa ao mesmo tempo do heroico e do cômico: *poema herói-cômico*), de pl. *herói-cômicos*; **heroína** *sf* (**1**. fem. de *herói*; **2**. mulher de valor, beleza ou talento extraordinário; **3**. mulher que é personagem principal de um filme, novela, peça teatral, etc.; **4**. droga entorpecente, derivada da morfina).
her.pes *sm2núm* Doença viral séria da pele, extremamente contagiosa, caracterizada pela erupção de bolhinhas dolorosas. → **herpético** *adj* (da natureza do herpes) e *adj* e *sm* (que ou aquele que sofre de herpes); **herpetologia** *sf* (estudo dos herpes); **herpetologista** *adj* e *s2gên* ou **herpetólogo** *sm* (especialista em herpetologia).

hertz *sm* Unidade de medida de frequência elétrica, igual a um ciclo por segundo. · Símb.: **Hz**. · Pronuncia-se *rérts*. → **hertziano** *adj* (**1**. rel. a hertz ou que utiliza ondas hertzianas; **2**. diz-se da onda eletromagnética produzida pela oscilação de eletricidade num condutor), que se pronuncia *rértziano*.

he.si.tar *v* **1**. Ter dúvidas; vacilar, titubear: *não hesitei em aceitar o convite*; *assim que o telefone tocou, ela pôs a mão nele, hesitou um pouco, mas resolveu atender*. → **hesitação** *sf* (**1**. ato, estado ou efeito de quem hesita; **2**. dúvida, indecisão); **hesitante** *adj* (que hesita; indeciso).

he.te.ro.cis.nor.ma.ti.vo (hè) *adj* **1**. Relativo à heterocisnormatividade. // *adj* e *sm* **2**. Que ou pessoa que considera existirem apenas dois tipos de orientações sexuais normais, a heterossexualidade e a homossexualidade. → **heterocisnormatividade** (hè) *sf* (qualidade de quem é heterocisnormativo). · O termo *heterocisnormativo*, que não consta no 6.ª ed. do VOLP, foi criado em 2011 por ativistas dinamarqueses bissexuais, transgêneros e intersexuais.

he.te.ro.do.xo (x = ks) *adj* **1**. Contrário aos sentimentos, ideias, sistemas, etc. em vigência. **2**. Que tem ou defende opiniões não ortodoxas. · Antôn.: *ortodoxo*. → **heterodoxia** (x = ks) *sf* (qualidade ou característica do que é heterodoxo), de antôn. *ortodoxia*.

he.te.ro.fo.ni.a *sf* Caráter dos vocábulos que, escritos de forma idêntica, têm pronúncia diferente. · Antôn.: *homofonia*. → **heterofônico** ou **heterófono** *adj* e *sm* [que ou vocábulo ou que tem grafia idêntica à de outro, mas de vogal tônica de timbre diferente (p. ex.: *forma* e *forma* (ô)], de antôn. *homofônico*.

he.te.ro.gê.neo *adj* **1**. Formado de substâncias desiguais ou de natureza diferente, que não é homogêneo. **2**. Completamente diferente. · Antôn. (1): *homogêneo*; (2): *idêntico*. → **heterogeneidade** *sf* (qualidade do que é heterogêneo), de antôn. *homogeneidade*; **heterogeneização** *sf* (ato, efeito ou processo de heterogeneizar), de antôn. *homogeneização*; **heterogeneizado** *adj* (que se tornou desigual), de antôn. *homogeneizado*; **heterogeneizar(-se)** *v* [tornar(-se) heterogêneo ou desigual], de antôn. *homogeneizar*.

he.te.rô.ni.mo *sm* **1**. Nome fictício que um escritor adota para si, para exteriorizar as suas qualidades literárias de maneira diversa: *são famosos os heterônimos de Fernando Pessoa*. // *adj* e *sm* **2**. Que ou palavra que se relaciona com outra por heteronímia. → **heteronímia** *sf* (**1**. adoção por parte de um escritor de um ou mais nomes fictícios, cada um com suas qualidades e atributos próprios; **2**. conjunto de todos os heterônimos de um escritor: *a heteronímia de Fernando Pessoa*; **3**. relação entre palavras que expressam categorias gramaticais opostas mediante radicais diferentes, e não por flexão, como é o caso de *boi* e *vaca*).

he.te.ro.nor.ma.ti.vo (hè) *adj* **1**. Relativo a heteronormatividade. // *adj* e *sm* **2**. Que ou indivíduo que tem uma visão de mundo que promove a heterossexualidade como a orientação sexual normal ou preferida: *o heteronormativo considera o azul homem e o rosa mulher*. → **heteronormatividade** (hè) *sf* (qualidade de quem é heteronormativo).

he.te.ros.se.xu.al (hè; x = ks) *adj* e *s2gên* Que ou pessoa que sente atração sexual apenas por indivíduos do sexo oposto (em oposição a *homossexual*). → **heterossexualidade** (hè; x = ks) *sf* (qualidade ou condição de heterossexual; sexualidade de heterossexual), de antôn. *homossexualidade*.

heu.re.ca *interj* Achei: *heureca! eis a mulher da minha vida!*

he.xa.cam.pe.ão (x = ks ou kz) *adj* e *sm* Que ou o que ficou seis vezes campeão, consecutivas ou não. → **hexacampeonato** (x = ks ou kz) *sm* (campeonato conquistado por seis vezes, consecutivas ou não).

he.xa.e.dro (x = ks ou kz) *sm* Poliedro de seis faces: *o cubo é um hexaedro*. → **hexaédrico** (x = ks ou kz) *adj* (rel. ao hexaedro ou que tem a forma dessa figura).

he.xá.go.no (x = ks ou kz) *sm* Figura geométrica de seis ângulos e seis lados. → **hexagonal** (x = ks ou kz) *adj* (que tem seis ângulos e *sm* (torneio esportivo de que participam seis equipes).

he.xas.sí.la.bo (x = ks ou kz) *adj* e *sm* Que ou vocábulo ou verso que tem seis sílabas. → **hexassilábico** *adj* (rel. a hexassílabo), palavra que não consta na 6.ª ed. do VOLP, que, porém, registra *pentassilábico* e *heptassilábico*, o que equivale a dizer que, para o referido vocabulário, coerência é algo desprezível.

hi.a.to *sm* **1**. Espaço vazio entre duas coisas concretas ou abstratas; lacuna. **2**. Encontro de duas vogais numa palavra, cada uma em uma sílaba (p. ex.: *hi-a-to*).

hi.ber.na.ção *sf* Mecanismo de proteção por meio do qual certos animais reduzem suas atividades e aparentemente entram em dormência, no inverno. → **hibernal** *adj* (invernal); **hibernar** *v* (passar o inverno em hibernação).

hi.bis.co *sm* **1**. Nome comum a várias árvores ou arbustos de grandes e belas flores, de cores variadas. **2**. Essa flor.

hí.bri.do *adj* **1**. Que provém de dois indivíduos pertencentes a espécies diferentes, geralmente bastante vizinhas. **2**. Monstruoso. **3**. Diz-se de palavra ou vocábulo formado por elementos de línguas diferentes (p. ex.: *televisão = tele-*, grego + *visão*, latim). // *sm* **4**. Qualquer coisa híbrida (animal, vegetal, vocábulo, etc.). → **hibridez** (ê) *sf* [qualidade ou estado do que é híbrido; hibridismo (1)]; **hibridismo** *sm* (**1**. hibridez; **2**. formação de palavras com elementos ou radicais tomados de línguas diferentes. **3**. essa palavra).

hi.dra.má.ti.co *adj* **1**. Diz-se do automóvel de comando automático, acionado por sistema hidráulico. // *sm* **2**. Esse automóvel.

hi.dran.te *sm* Tomada de água equipada com válvula ou torneira à qual se ligam mangueiras para a extinção de incêndios, instalada geralmente na rua, perto do meio-fio.

hi.dra.tar(-se) *v* **1**. Tratar(-se) por água: *hidratar uma região contaminada do corpo*; *para se hidratar, ela chupava seu cabelo, molhado pela chuva*. **2**. Tratar(-se) (a pele, cabelos, etc.) com substância que lhe devolva a umidade natural ou evite-lhe o ressecamento: *ela hidrata seu cabelo com um bom produto*; *a pele se hidrata bem com este produto*. → **hidratação** *sf* (ato ou efeito de hidratar); **hidratante** *adj* e *sm* (que ou produto que hidrata).

hi.dráu.li.ca *sf* Ramo da mecânica dos fluidos que estuda os líquidos, notadamente a água. → **hidráulico** *adj* (**1**. rel. a hidráulica: *instalações hidráulicas*; **2**. operado ou movido por água ou outros líquidos em movimento, geralmente sob pressão: *freio hidráulico*; **3**. diz-se do cimento que endurece sob a água, como o cimento Portland).

hi.dra.vi.ão ou **hi.dro.a.vi.ão** *sm* Aeroplano provido de flutuadores para pousar na água; avião anfíbio.

hi.dre.lé.tri.ca ou **hi.dro.e.lé.tri.ca** *sf* **1**. Empresa produtora de energia elétrica. **2**. Usina hidrelétrica.

hí.dri.co *adj* **1**. Relativo ou pertencente a água: *recursos hídricos*. **2**. Constituído de água: *dieta hídrica*.

hi.dro.car.bo.ne.to (ê) *sm* Composto orgânico, líquido ou gasoso, formado somente de átomos de carbono e hidrogênio, que compõe a base de todos os derivados de petróleo: *o benzeno e o metano são hidrocarbonetos*.

hi.dro.ce.fa.li.a *sf* Acúmulo anormal de líquido cefalorraquidiano nos ventrículos do cérebro, chamado popularmente *cabeça de água*.

hi.dró.fi.lo ou **hi.dro.fí.li.co** *adj* **1**. Que absorve facilmente a água: *algodão hidrófilo*. **2**. Que tem forte afinidade com a água: *proteínas hidrofílicas*. **3**. Que mostra tendência de se misturar, se dissolver ou ser umedecido pela água: *aminoácidos hidrofílicos*.

hi.dro.fo.bi.a *sf* **1**. Doença infecciosa aguda causada por vírus que afeta o sistema nervoso e caracterizada pelo horror à água ou a qualquer líquido; raiva. **2**. Aversão mórbida à água ou a qualquer líquido. → **hidrofóbico** *adj* (rel. a hidrofobia); **hidrófobo** *adj* e *sm* (que ou aquele que tem hidrofobia).

hi.dro.gê.nio *sm* Elemento químico gasoso (símb.: **H**), de n.º atômico 1, inflamável, incolor, inodoro e insípido, o mais leve e o mais simples de todos os gases, que faz parte da composição da água. → **hidrogenar** *v* (tratar com hidrogênio); **hidrogenar(-se)** [combinar(-se) com hidrogênio].

hi.dro.gi.nás.ti.ca *sf* Tipo de ginástica que se pratica dentro da água, geralmente em piscina.

hi.dro.gra.fi.a *sf* **1**. Parte da geografia física que estuda as águas existentes na superfície terrestre. **2**. Conjunto das águas correntes ou estáveis de um país. → **hidrográfico** *adj* (rel. a hidrografia); **hidrógrafo** *sm* (aquele que é versado em hidrografia).

hi.dro.lo.gi.a *sf* Ciência que estuda as propriedades, distribuição e circulação da água na superfície da Terra, abaixo dela e na atmosfera. → **hidrológico** *adj* (rel. a hidrologia ou a água como elemento da crosta terrestre); **hidrologista** *adj* e *s2gên* ou **hidrólogo** *sm* (especialista em hidrologia).

hi.dro.mas.sa.gem *sf* Massagem feita por jatos de água. → **hidromassagista** *adj* e *s2gên* (especialista em hidromassagem).

hi.drô.me.tro *sm* Aparelho que mede a quantidade ou o volume de água consumido em lares, empresas, etc.

hi.dro.mi.ne.ral *adj* Relativo às águas minerais: *estância hidromineral*.

hi.dro.pi.si.a *sf* Acumulação anormal de humor seroso em qualquer parte do corpo. → **hidrópico** *adj* (rel. a hidropisia) e *adj* e *sm* (que ou aquele que tem hidropisia). ·· **Hidropisia abdominal**. Barriga d'água; ascite.

hi.dro.po.ni.a *sf* Técnica de cultivo feito não no solo, mas em casa de vegetação, para proteger as plantas de intempéries, que consiste em substituir o solo por um apoio e uma solução nutritiva contendo todos os nutrientes necessários. → **hidropônico** *adj* (rel. a hidroponia); **hidroponista** *adj* e *s2gên* (praticante da hidroponia).

hidrospeed [ingl.] *sm* Modalidade esportiva que consiste em descer corredeiras ou um rio de águas revoltas e torrenciais sobre uma prancha, equipado com roupa isotérmica, colete, caneleira, capacete, pé de pato, etc., com o praticante seguindo dentro do rio, deixando apenas a cabeça e os braços para fora. · Pronuncia-se *ídro-spid*.

hi.dro.te.ra.pi.a ou **hi.dro.te.ra.pêu.ti.ca** *sf* Aplicação científica da água no tratamento de doenças. → **hidroterápico** ou **hidroterapêutico** *adj* (rel. a hidroterapia).

hi.dro.vi.a *sf* Via de transporte ou comunicação por mar, rios, lagos, canais, etc. → **hidroviário** *adj* (rel. a hidrovia ou que se faz por hidrovia).

hi.dró.xi.do (x = ks) *sm* Combinação da água com um óxido metálico.

hi.e.na *sf* **1**. Mamífero carnívoro de hábitos noturnos, da África e do sul da Ásia, parecido com o cão. (Voz: *cantar, chorar, gargalhar, gemer, regougar, rir, uivar*.) **2**. *Fig*. Pessoa cruel e traiçoeira, dada a maltratar os mais fracos.

hi.e.rar.qui.a *sf* **1**. Ordem, graduação ou categoria existente numa corporação qualquer (sociedade, forças armadas, clero, etc.). **2**. Cada uma dessas corporações: *a hierarquia da Igreja está reunida*. → **hierarca** *s2gên* (personalidade que ocupa um lugar importante no seio de uma hierarquia) e *sm* (título dado a certas altas autoridades das Igrejas cristãs do Oriente); **hierárquico** *adj* (rel. a hierarquia ou fundado na hierarquia); **hierarquismo** *sm* (culto à hierarquia); **hierarquista** *adj* e *s2gên* (que ou pessoa que é partidária do hierarquismo); **hierarquização** *sf* (ação ou efeito de hierarquizar); **hierarquizar** *v* (organizar ou regular segundo uma hierarquia, uma ordem hierárquica).

hi.e.ró.gli.fo ou **hi.e.ro.gli.fo** *sm* **1**. Pintura ou símbolo usado em escrita hieroglífica, dos antigos egípcios. **2**. *Fig*. Qualquer coisa que sugira um hieróglifo, ou seja, difícil de ler, explicar e interpretar. → **hieroglífico** *adj* (rel. a hieróglifo).

hi.e.ro.so.li.mi.ta *adj* e *s2gên* ou **hi.e.ro.so.li.mi.ta.no** *adj* e *sm* Que ou pessoa que nasce em Jerusalém.

hí.fen *sm* Pequeno traço (-) que indica partição de sílabas de um vocábulo (ca-sa) e se coloca princ. entre os elementos de um vocábulo composto ou derivado (vaga-lume, super-homem) e para unir um verbo a pronomes oblíquos enclíticos ou mesoclíticos (amar-te, amar-te-ei). → **hifenação** ou **hifenização** *sf* (ato ou efeito de hifenizar); **hifenizar** *v* (usar o hífen em: *não se hifeniza* audiovisual).

hi-fi [ingl.] *sm* Equipamento que reproduz som de alta-fidelidade. · Pronuncia-se *rai-fai*.

high-tech ou **hi-tech** [ingl.] *sf* **1**. Alta tecnologia; tecnologia avançada, de última geração; tecnologia de ponta. **2**. Estilo de decoração interior caracterizado por material, equipamento ou desenho industrial. // *adj* **3**. Diz-se de equipamento de alta tecnologia. **4**. Diz-se de mercado voltado para a alta tecnologia. **5**. Diz-se de ambiente em que predomina a tecnologia de ponta. · Pronuncia-se *rai-ték*.

hi.gi.e.ne *sf* **1**. Parte da medicina que trata dos cuidados com a saúde e da prevenção de doenças. **2**. Fato de respeitar esses princípios. **3**. Conjunto de preocupações que contribuem para que o corpo ou parte dele possa manter-se limpo. **4**. Conjunto de condições sanitárias de um lugar. → **higiênico** *adj* (**1**. rel. a higiene: *condições higiênicas*; **2**. bom para a saúde; saudável: *clima higiênico*; **3**. limpo, asseado: *ambiente higiênico*; **4**. que se usa para a limpeza do corpo, princ. de suas partes íntimas: *papel higiênico*); **higienista** *adj* e *s2gên* (especialista em higiene; sanitarista); **higienização** *sf* (ato ou efeito de higienizar); **higienizar** *v* (tornar higiênico).

hijab [ár.] *sm* Vestido islâmico com que as mulheres muçulmanas devotas cobrem todo o corpo, com exceção do rosto e das mãos. · V. *jalabib*.

hiking [ingl.] *sm* **1**. Caminhada mais leve que o *trekking*. **2**. Modalidade de esporte em que o atleta geralmente caminha em trilhas. · Pl.: *hikings*. · Pronuncia-se *ráikin*.

hi.la.ri.da.de *sf* **1**. Vontade de rir: *o andar dele provoca hilaridade geral*. **2**. Explosão de risos; gargalhada: *àquela piada, houve hilaridade geral na plateia*. → **hilariante** *adj* (que provoca riso).

hí.men *sm* Membrana que fecha parcialmente o orifício da vagina. → **himenal** *adj* (do hímen).

hin.du *adj* **1**. Da Índia: *costumes hindus; povo hindu; poetisa hindu*. **2**. Relativo ao hinduísmo. // *adj* e *s2gên* **3**. Natural ou habitante da Índia; indiano(a). **4**. Que ou pessoa que professa ou estuda o hinduísmo; hinduísta. → **hinduísmo** *sm* (religião predominante na Índia); **hinduísta** *adj* e *s2gên* [hindu (3)].

hi.no *sm* **1**. Composição musical emblemática de um Estado, acontecimento ou associação: *cantar o hino da Independência*. **2**. Na liturgia cristã, cântico de louvor a Deus ou a uma divindade, que faz parte do ofício religioso. **3**. Composição musical acompanhada de versos, em louvor de algum herói, símbolo, nação, feito, etc. **4**. *Fig*. Qualquer manifestação oral ou escrita em que se exalta ou louva uma pessoa ou coisa; canto: *seu discurso foi um hino de amor à natureza e à paz*. → **hinário** *sm* (coleção do livro de hinos religiosos); **hínico** *adj* (rel. a hino ou que tem o caráter de hino: *tom hínico*); **hinista** *adj* e *s2gên* ou **hinólogo** *adj* e *sm* (que ou pessoa que compõe ou estuda hinos); **hinódia** *sf* (**1**. canto de hinos ou de cânticos sacros; **2**. composição de hinos: *ele se especializou na hinódia evangélica*; **3**. conjunto de hinos de uma época ou de uma igreja em particular: *a hinódia do séc. XIX*); **hinologia** *sf* (estudo dos hinos, sua história, classificação, etc.); **hinológico** *adj* (rel. a hinologia).

hip [ingl.] *interj* Usada para dar início a uma manifestação de alegria ou de entusiasmo (geralmente repetida): *hip, hip, hurra!* · Pronuncia-se *ríp*.

hí.per *sm* Abreviação de *hipermercado*. · Pl.: *híperes*.

hi.per.ba.ris.mo *sm* Exposição a pressão maior do que a da atmosfera, geralmente experimentada por mineiros e mergulhadores de águas profundas. → **hiperbárico** *adj* (rel. a hiperbarismo).

hi.pér.ba.to ou **hi.pér.ba.ton** *sm* Alteração da ordem direta dos termos da oração, ou das orações do período, também chamada *conversão* (p. ex.: *Morreu Sara*, em vez de *Sara morreu*).

hi.per.bi.bas.mo *sm* Figura que consiste na deslocação do acento tônico de um vocábulo, antes (sístole) ou depois (diástole) da sílaba tônica (p. ex.: "pégada" por *pegada*; "protótipo" por *protótipo*).

hi.pér.bo.le *sf* **1**. Figura de linguagem que consiste em exagerar uma realidade (p. ex.: *sua comida é divina; morri de estudar*). **2**. Em matemática, curva em que cada um dos pontos mantém igual distância de dois pontos fixos chamados *focos*. · Antôn. (1): *lítotes*. → **hiperbólico** *adj* (rel. a hipérbole ou que a apresenta); **hiperbolismo** *sm* (emprego abusivo de hipérboles); **hiperbolização** *sf* (ato ou efeito de hiperbolizar; exageração); **hiperbolizante** *adj* (que hiperboliza); **hiperbolizar** *v* (usar hipérbole em: *hiperbolizar uma narrativa*).

hi.per.do.cu.men.to *sm* Em informática, documento que permite a remissão para outras localizações (arquivo, página da rede, etc.).

hi.pe.rin.fla.ção *sf* Inflação excessiva ou fora de controle do governo. → **hiperinflacionar(-se)** *v* [tornar(-se) hiperinflacionário]; **hiperinflacionário** *adj* (rel. a hiperinflação).

hi.per.mer.ca.do *sm* Gigantesco estabelecimento comercial que é uma combinação de loja de departamentos com supermercado. → **hipermercadista** *adj* (rel. ou pert. a hipermercado) e *adj* e *s2gên* (que ou pessoa que é proprietária de hipermercado).

hi.per.me.tro.pi.a *sf* Defeito da visão, caracterizada pela formação do foco além ou atrás da retina. → **hipermetrope** *adj* e *s2gên* (que ou pessoa que tem hipermetropia).

hi.per.mí.dia *sf* Em informática, formato de banco de dados semelhante ao hipertexto, no qual texto, sons ou imagens de vídeo relacionadas a um *display* podem ser acessados diretamente do *display*; *hyperlink*. · V. **hipertexto**.

hi.pe.ro.ní.mia *sf* Relação semântica de inclusão existente entre uma palavra de significado genérico e outra de significado específico: *fruta está numa relação de hiperonímia com maçã*. · Antôn.: *hiponímia*. → **hiperonímico** *adj* (rel. a hiperonímia e a hiperônimo); **hiperônimo** *sm* (palavra cujo significado está em relação de hiperonímia com outra: fruta *é um hiperônimo de maçã).*

hi.per.ten.são *sf* Pressão alta. → **hipertensivo** *adj* (rel. a hipertensão arterial); **hipertenso** *adj* e *sm* (que ou aquele que sofre de hipertensão arterial), de antôn. *hipotenso;* **hipertensor** (ô) *adj* e *sm* (que ou medicamento que provoca hipertensão).

hi.per.tex.to (ê) *sm* Em informática, formato de banco de dados no qual as informações relacionadas com aquelas em um *display* podem ser acessadas diretamente do *display.* · V. **hipermídia.**

hi.per.ti.mi.a *sf* Emotividade ou excitação extrema. → **hipertímico** *adj* (rel. a hipertimia) e *adj* e *sm* (que ou aquele que está sob hipertimia).

hi.per.tro.fi.a *sf* Aumento anormal ou excessivo do volume de um órgão. → **hipertrofiado** ou **hipertrófico** *adj* (afetado de hipertrofia); **hipertrofiar(-se)** [desenvolver(-se) excessivamente ou anormalmente]; **hipertrófico** *adj* (**1.** hipertrofiado: *úvula hipertrófica;* **2.** rel. a hipertrofia).

hip-hop [ingl.] *sm* **1.** Cultura popular de rua das grandes metrópoles, surgida com os afro-americanos, nos Estados Unidos, no final da década de 1960, composta por três elementos: o *rap* (na música), o grafite (nas artes plásticas) e o *break* (na dança). // *adj* **2.** Diz-se dessa cultura. **3.** Relativo ou pertencente a essa cultura. **4.** Característico dessa cultura. · Pronuncia-se *rip-róp.* · Não varia no plural.

hi.pis.mo *sm* **1.** Corrida de cavalos; turfe. **2.** Conjunto de esportes praticados a cavalo: equitação, polo, saltos de obstáculos, etc. → **hípico** *adj* (rel. a hipismo ou a cavalos); **hipista** *adj* e *s2gên* (praticante de hipismo).

hip.no.lo.gi.a *sf* Estudo científico do sono. → **hipnológico** *adj* (rel. a hipnologia); **hipnólogo** *sm* (aquele que é versado em hipnologia).

hip.no.se *sf* ou **hip.no.tis.mo** *sm* Estado semelhante ao do sono profundo, no qual a pessoa age conforme o comando do hipnotizador. → **hipnótico** *adj* (rel. a sono ou a hipnose); **hipnotista** *adj* e *s2gên* (praticante do hipnotismo); **hipnotização** *sf* (ato ou processo de hipnotizar); **hipnotizador** (ô) *sm* (aquele que hipnotiza; hipnotista); **hipnotizar** *v* (pôr em estado de hipnose).

hi.po.a.ler.gê.ni.co *adj* **1.** Diz-se do cosmético; tecido, penugem, etc. que tem pouca possibilidade de causar reação alérgica. **2.** Diz-se da raça canina cujos indivíduos perdem pouco ou nenhum pelo.

hi.po.cam.po *sm* Cavalo-marinho.

hi.po.con.dri.a *sf* **1.** Excessiva preocupação com a saúde, que leva o seu portador a procurar tomar remédios desnecessariamente. **2.** *Fig.* Tristeza profunda e habitual; melancolia. → **hipocondríaco** *adj* (rel. a hipocondria) e *adj* e *sm* (que ou aquele que sofre de hipocondria).

hi.po.co.rís.ti.co *sm* **1.** Nome curto e carinhoso, retirado do próprio nome de batismo, geralmente usado duplicado ou no diminutivo (p. ex.: *Lili, Ciça, Lulu, Chico, Zezé,* mamãe, *titio*), apelido. // *adj* **2.** Diz-se desse nome.

hi.po.cri.si.a *sf* **1.** Falta de sinceridade; falsidade; fingimento: *a hipocrisia é própria dos seres menores.* **2.** Ação ou palavra hipócrita; farsa: *chega de hipocrisias: diga-me a verdade!* → **hipócrita** *adj* (rel. à hipocrisia); falso, fingido: *sorriso hipócrita*) e *adj* e *s2gên* [que ou pessoa que revela hipocrisia; fingido(a), falso(a)].

hi.po.der.me *sf* Parte profunda da pele, sob a derme, rica em tecido adiposo. → **hipodérmico** *adj* (**1.** rel. a hipoderme; subcutâneo; **2.** que se aplica sob a pele: *injeção hipodérmica).*

hi.po.dro.mo *sm* Pista ou estádio para corrida de cavalos.

hi.pó.fi.se *sf* Glândula endócrina, situada na parte inferior do encéfalo, também conhecida por *glândula pituitária,* que controla todas as outras glândulas endócrinas do corpo. → **hipofisário** *adj* (rel. a hipófise).

hi.po.gás.trio *sm* Parte inferior do abdome, situada entre a região umbilical e o púbis. → **hipogástrico** *adj* (rel. ou pert. a hipogastrio).

hi.po.ni.mi.a *sf* Relação semântica de inclusão existente entre uma palavra de significado mais específico e outra de significado mais genérico: cavalo *se encontra em relação de hiponímia com animal.* · Antôn.: *hiperonímia.* → **hiponímico** *adj* (rel. a hiponímia ou a hipônimo); **hipônimo** *sm* (palavra cujo significado está em relação de hiponímia com outra: cavalo *é um hipônimo de animal).*

hi.po.pó.ta.mo *sm* Mamífero paquiderme anfíbio, herbívoro, de patas curtas e boca e cabeça enormes, que habita as margens dos rios e lagos africanos. → **hipopotâmico** *adj* (rel. a hipopótamo).

hi.po.tá.la.mo *sm* Região do cérebro que controla a temperatura do corpo, as funções sexuais, o sono, o apetite, o metabolismo da água e uma parte do sistema hormonal. → **hipotalâmico** *adj* (rel. a hipotálamo).

hi.po.ta.xe (x = ks) *sf* Subordinação. → **hipotático** *adj* (rel. a hipotaxe ou que a apresenta; subordinado). · V. **parataxe.**

hi.po.te.ca *sf* **1.** Garantia feita com bens imóveis, com os quais o devedor pode efetuar o pagamento no caso de não ter condições de pagar a dívida com dinheiro. **2.** Dívida que dá origem a essa garantia. → **hipotecar** *v* [sujeitar (bens) a hipoteca]; **hipotecário** *adj* (rel. a hipoteca ou resultante dela: *dívida hipotecária).*

hi.po.tê.nar ou **hi.po.te.nar** *sm* **1.** Proeminência ou saliência do lado interno da palma da mão, abaixo da base do dedo mínimo, também conhecida como *eminência hipotênar.* // *adj* **2.** Relativo ou pertencente a essa proeminência.

hi.po.ten.são *sf* Pressão sanguínea abaixo da normal, em oposição a *hipertensão.* → **hipotenso** *adj* e *sm* (que ou aquele que tem hipotensão), de antôn. *hipertenso.*

hi.po.te.nu.sa *sf* Num triângulo retângulo, lado oposto ao ângulo reto.

hi.po.ter.mi.a *sf* Queda da temperatura do corpo a níveis inferiores a 35°C. → **hipotérmico** *adj* (rel. a hipotermia).

hi.pó.te.se *sf* **1.** Caso, circunstância: *na hipótese de chover, não viajarei.* **2.** Teoria que ainda não foi demonstrada; conjetura: *levantam-se várias hipóteses sobre os buracos negros.* **3.** *P.ext.* Qualquer teoria ou tese; conjetura: *vamos supor, por hipótese, que erradiquemos de vez a corrupção.* **4.** Suposição que se faz acerca de coisa possível ou não e da qual se tiram várias conclusões: *a hipótese de sabotagem não está descartada.* **5.** Conclusão tirada dessa suposição: *sua hipótese é totalmente equivocada.* → **hipotético** *adj* (**1.** rel. a hipótese; **2.** fundado ou baseado numa hipótese: *raciocínio hipotético;* **3.** que existe por hipótese; suposto; **4.** incerto, duvidoso). ·· **Em hipótese alguma** (ou **nenhuma**). De jeito nenhum. ·· **Na melhor das hipóteses.** Supondo a melhor alternativa.

hippie [ingl.] *s2gên* **1.** Jovem rebelde de um grupo que despreza os costumes sociais e adota a paz e o amor como lema de vida e quase sempre o uso de drogas. // *adj* **2.** Relativo a esse(a) jovem. · Pl.: *hippies.* · Pronuncia-se *rípi.*

hir.su.to *adj* **1.** Coberto de pelos longos, grossos, duros e emaranhados: *animal hirsuto.* **2.** *P.ext.* Cabeludo, peludo: *ter peito hirsuto e sobrancelhas hirsutas.* **3.** *Fig.* Ríspido, áspero, intratável: *chefe de temperamento hirsuto.* → **hirsutez** (ê) *sf* (qualidade, estado ou condição de hirsuto); **hirsutismo** *sm* (desenvolvimento excessivo e anormal de pelos em pontos irregulares do corpo, princ. nas mulheres).

hir.to *adj* **1.** Arrepiado, eriçado. **2.** *Fig.* Imóvel, paralisado, estático: *fiquei em pé e, hirto de terror, fixei os olhos nela.* → **hirteza** (ê) *sf* (qualidade ou estado do que é hirto).

his.pâ.ni.co *adj* **1.** Relativo à Espanha, sua língua, seu povo, etc. // *adj* e *sm* **2.** Que ou aquele que descende de espanhóis ou de latinos e vive em país de língua e origem diferentes. → **hispano-americano** *adj* (rel. ou pert. aos países latinos de língua espanhola) e *adj* e *sm* (que ou aquele que é cidadão americano de descendência espanhola), de pl. *hispano-americanos.*

his.so.pe *sm* Pequeno instrumento de metal ou de madeira, próprio para aspergir água benta; aspersório.

his.te.ri.a *sf* **1.** Psiconeurose caracterizada pela falta de controle dos próprios atos e emoções; descontrole emocional. **2.** *P.ext.* Qualquer estado emocional frenético, princ. de riso ou choro. **3.** *Fig.Pej.* Excitação ou emoção exagerada, incontrolável, que leva ao delírio, princ. quando há um grupo de pessoas: *a histeria das fãs de um jogador de futebol.* → **histérico** *adj* (rel. a histeria) e *adj* e *sm* (que ou aquele que tem ou mostra histeria); **histerismo** *sm* (estado de quem está histérico).

his.to.lo.gi.a *sf* Estudo ao microscópio dos tecidos animal e vegetal dos seres vivos. → **histológico** *adj* (rel. a histologia); **histologista** *adj* e *s2gên* (especialista em histologia).

his.tó.ri.a *sf* **1.** Ciência que estuda os fatos importantes ocorridos na vida dos povos e da humanidade: *há três tipos de presidentes da República: os que escrevem a história, os que mancham a história e os que passam pela história.* **2.** Narrativa sistemática dos fatos passados em relação particular a um povo, a um país, etc.: *a história do Brasil é repleta de fatos curiosos.* **3.** Conjunto de autores e obras que narram esses fatos: *a história dirá se o presidente está certo.* **4**. Qualquer desenvolvimento dos fatos passados, relacionado a uma determinada área ou campo: *ele é autoridade na história da arte.* **5**. Disciplina escolar que trata dos fatos passados de um povo, país, etc.: *sempre fui bom aluno em História.* (Neste caso, como se vê, usa-se com inicial maiúscula.) **6**. Conto popular ou de ficção; lenda, causo: *ficaram a noite toda contando histórias de lobisomens e vampiros.* (Nesta acepção, usa-se com mais propriedade *estória*.) **7**. Lero-lero, lorota, conversa mole, papo-furado: *não me venha com história, eu quero saber a verdade!* (Também aqui a melhor forma é *estória*.) **8**. Confusão alheia; rolo: *não me meta nessa história!* (Aqui, também, cabe melhor a forma *estória*.) **9**. Complicação, confusão: *eu não quero história com a polícia.* (Aqui, ainda, melhor é usar *estória*.) · Dim. irregular (2): *historieta* (ê) ou *historíola*, que mais se usam para narrativa de fato insignificante ou de pouca importância. → **historiador** (ô) *sm* (aquele que é versado ou especialista em história; **historiar** *v* (**1**. fazer a história de; **2**. contar, narrar); **histórico** *adj* (**1**. rel. a história como ciência; **2**. rel. ou pert. a história; que existiu no passado; **3**. que serve como fonte da história; **4**. digno de figurar na história, por sua importância; e *sm* (exposição cronológica de fatos); **historiografia** *sf* (estudo da história e como está escrita); **historiográfico** *adj* (rel. a historiografia).

his.tó.ri.co-so.ci.al *adj* Sócio-histórico. · Pl.: *histórico-sociais*.

his.tri.ão *sm* **1**. Na antiguidade romana, comediante ou jogral. **2**. *P.ext.* Ator cômico pouco competente; comediante sem graça. **3**. *Fig.* Homem sórdido, vil, abjeto: *todo corrupto é um histrião.* · Fem.: *histriã*. → **histriania, histrionice** *sf* ou **histrionismo** *sm* (ato, dito ou modos próprios de histrião); **histriônico** *adj* (rel. a histrião ou próprio de histrião).

hit [ingl.] *sm* **1**. Costume do momento; moda: *o hit na cidade é frequentar essa boate.* **2**. Peça de roupa ou acessório do momento. · Pl.: *hits.* · Pronuncia-se *rit*.

hit parade [ingl.] *loc sm* Lista das músicas populares do momento, classificadas de acordo com a preferência do público; parada de sucessos. · Pronuncia-se *rit parêidi*.

HIV *sm* **1**. Sigla inglesa de *human immunodeficiency virus*, vírus causador da SIDA ou AIDS. // *adj* **2**. Relativo a esse vírus: *infecção HIV.* · Pl.: *HIVs*.

hoax [ingl.] *sm* Qualquer boato ou notícia de natureza fantasiosa enviada por correio eletrônico. · Pl.: *hoaxes*. · Pronuncia-se *rôuks*.

hobby [ingl.] *sm* Atividade que se pratica nas horas de folga por mero prazer, como lazer; passatempo. · Pl.: *hobbies*. · Pronuncia-se *róbi* (esse r soa brando, como o de *caro*).

ho.di.er.no *adj* Dos dias de hoje; atual, moderno: *os gregos hodiernos em muito diferem dos gregos antigos.*

ho.dô.me.tro *sm* Instrumento ligado à roda de um veículo, para medir a distância por ele percorrida. → **hodométrico** *adj* (rel. a hodômetro ou a hodometria); **hodometria** *sf* (técnica usada para medir distâncias percorridas).

ho.je (ô) *adv* **1**. Neste dia: *começamos hoje as aulas.* **2**. Atualmente: *a ordem, hoje, é ficar em casa, para livrar-se dos assaltos.* // *sm* **3**. Dia, época ou tempo presente: *hoje é feriado; o mundo de hoje está virado.*

Holanda *sf* ou **Países Baixos** *loc smpl* Monarquia constitucional europeia, cujo nome oficial é Reino dos Países Baixos, de área pouco menor que a do estado do Espírito Santo. → **holandês** *adj* e *sm*.

ho.le.ri.te *sm* Contracheque.

ho.lis.mo *sm* **1**. Teoria filosófica segundo a qual todos os elementos do universo estão em estreito relacionamento entre si, em razão de uma força energética que os une e é responsável por sua ininterrupta interação, sem que necessariamente se somem. **2**. Maneira de ver o mundo, o homem e a vida em si como entidades únicas, completas e intimamente associadas: *segundo o holismo, o todo existe em cada parte, ou seja, se há vida, a vida é de todos os seres; se há consciência, a consciência é de todos os seres; se há matéria, a matéria é de todos os seres.* → **holista** *adj* (rel. a holismo; holístico) e *adj* e *s2gên* (que ou pessoa que é adepta do holismo: *o holista vê o mundo como um todo integrado, como um organismo*); **holístico** *adj* (**1**. rel. a holismo; holista: *escola holística; visão holística*; **2**. que se identifica com os princípios do holismo: *psicologia holística*; **3**. que usa terapias diferentes das usadas pela medicina ortodoxa, como a homeopatia, p. ex.; **4**. diz-se daquele que, ao estudar alguma coisa, considera a sua totalidade, tirando daí as conclusões necessárias para os detalhes).

hól.mio *sm* Elemento químico metálico (símb.: **Ho**), de n.º atômico 67, obtido princ. da monazita.

ho.lo.caus.to *sm* **1**. Ritual de sacrifício, entre os antigos hebreus, no qual as vítimas eram queimadas: *Abraão consentiu em oferecer seu próprio filho em holocausto.* **2** *P.ext.* Sacrifício, imolação. **3**. *Fig.* Massacre de grande número de pessoas, princ. pelo fogo: *o holocausto cambojano, promovido pelo comunista Pol Pot; haverá um holocausto nuclear?* **Holocausto 4**. Massacre de judeus, ciganos e homossexuais durante a II Guerra Mundial. → **holocáustico** *adj* (rel. a holocausto).

ho.lo.fo.te *sm* Projetor elétrico de luz intensa, para iluminar objetos ou áreas a grande distância.

hom.bri.da.de *sf* **1**. Aspecto varonil: *era homem, sim, mas não tinha lá muita hombridade.* **2**. Condição de homem, de macho, de viril: *seu marido era um homem rude, que procurava expressar sua hombridade por meio da bebida.* **3**. *Fig.* Retidão ou nobreza de caráter; honradez, probidade: *homem sem hombridade não vale nada.* **4**. *Fig.* Grandeza de ânimo; altivez louvável; coragem: *Joana d'Arc lutou com hombridade na Guerra dos Cem Anos.*

home banking [ingl.] *loc sm* Serviço prestado por casas bancárias, pelo qual os clientes operam suas contas sem saírem de suas casas, seja usando a Internet, seja usando o telefone. · Pronuncia-se *rôuM béngkin*.

ho.mem (ô) *sm* **1**. Ser humano adulto macho. **2**. Descendente masculino, varão: *teve cinco filhos, todos homens.* **3**. Ser humano; pessoa: *todo homem é mortal.* **4**. *Fig.* Raça humana; humanidade: *quando surgiu o homem na Terra?* **5**. Funcionário(a) ou agente de qualquer sexo: *a Light enviou alguns homens para verificar o que estava acontecendo; nosso homem em Washington era uma diplomata de carreira.* **6**. Soldado sob as ordens de um comandante: *ele ordenou que seus homens atirassem.* **7**. Parceiro sexual masculino; companheiro, amante: *ouvi dizer que ela tem um novo homem; existe um homem em sua vida?* **8**. Indivíduo que reúne todos os requisitos para cumprir o que se pretende ou deseja; cara: *esse é o nosso homem!* // *interj* **9**. Indica intensidade de sentimento; cara: *homem, que mulher!* · Aum. irregular (1): *homenzarrão.* (A forma *homão* é eminentemente popular, assim como *arvão*, como aumentativo de *árvore*.) · Dim. popular: *hominho*; erudito: *homúnculo.* → **homarada** *sf* (*pop.* grupo de homens: *só havia ela de mulher no meio daquela homarada*), palavra que não tem registro no 6.ª ed. do VOLP.

ho.mem-bom.ba *sm* Terrorista, geralmente muçulmano(a), que se suicida com explosivos em seu corpo, destruindo edificações e matando pessoas próximas. · Pl.: *homens-bomba* ou *homens-bombas*.

ho.mem-fei.to *sm* Homem já amadurecido e inteiramente responsável. · Antôn.: *mulher-feita.* · Pl.: *homens-feitos*.

ho.mem-gol *sm* Atacante responsável pela marcação da maior parte dos gols de uma equipe; artilheiro, goleador. · Pl.: *homens-gol*.

ho.mem-hora *sm* Unidade de trabalho humano correspondente ao trabalho realizado por uma pessoa no espaço de uma hora. · Pl.: *homens-horas*.

ho.mem-pás.sa.ro *sm* Aquele que pratica asa-delta. · Pl.: *homens-pássaro* e *homens-pássaros*.

ho.mem-rã *sm* Mergulhador especialmente treinado para desempenhar certas tarefas debaixo da água. · Pl.: *homens-rã* ou *homens-rãs*.

ho.mem-ro.bô *sm* Homem sem cultura nem vontade própria, que faz tudo o que outrem (geralmente seu superior) manda ou deseja, ou que diz sempre as mesmas frases, ao atender alguém. · Pl.: *homens-robô* ou *homens-robôs*.

ho.mem-san.du.í.che *sm* Aquele que ganha a vida levando pelas ruas dois cartazes de anúncio, um pendente das costas, o outro do peito. · Pl.: *homens-sanduíche* ou *homens-sanduíches*.

ho.mem-ta.tu *sm* Retirante da seca e desempregado que cava manualmente grandes túneis para a extração e venda de areia das margens dos rios. · Pl.: *homens-tatu* ou *homens-tatus*.

ho.me.na.gem *sf* **1**. Ato público pelo qual um vassalo reconhece o respeito e a lealdade a seu senhor. **2**. Demonstração pública de alta consideração, respeito ou honra; preito, tributo: *curvou-se em homenagem ao rei; o show foi em homenagem ao maestro.* → **homenagear** *v* (prestar homenagem a), que se conjuga por *frear*.

home office [ingl.] *loc sm* Escritório doméstico, geralmente utilizado por microempresários. · Pl.: *home offices.* · Pronuncia-se *rôuM ófis*.

ho.me.o.pa.ti.a *sf* Sistema terapêutico que consiste em tratar doenças com medicamentos capazes de produzir sintomas semelhantes àqueles que se vão combater, aplicados em doses extremamente pequenas. · Antôn.: *alopatia*. → **homeopata** *adj* e *s2gên* [que ou médico(a) que pratica a homeopatia], de antôn. *alopata*; **homeopático** *adj* (**1**. rel. a homeopatia; **2**. diz-se de qualquer quantidade muito pequena), de antôn. *alopático*.

home page [ingl.] *loc sf* Página principal ou inicial de um *site*. · Pl.: *home pages*. · Pronuncia-se *rôuM pêidj* (o *r* soa brando, pronunciado com a língua no céu da boca.)

ho.mé.ri.co *adj* **1**. Relativo ou pertencente a Homero, poeta épico grego, autor de duas das maiores obras da literatura ocidental, *Ilíada* e *Odisseia*. **2**. *P.ext*. De proporções ou dimensões épicas; heroico: *realizar façanhas homéricas*. **3**. *Fig*. Grandioso, enorme: *era capaz de contar mentiras homéricas sem corar; com um esforço homérico, consegui o diploma*.

home theater [ingl.] *loc sm* Equipamento próprio para reproduzir filmes em casa, imitando os efeitos de som e imagem de uma sala de cinema. · Pronuncia-se *rôuM tíatâr*.

homework [ingl.] *loc sm* Trabalho para ser feito em casa; tarefa caseira. · Pl.: *homeworks*. · Pronuncia-se *rôuM-uârk*.

ho.mi.cí.dio *sm* Morte de uma pessoa praticada voluntária ou involuntariamente por outra pessoa: *detetives investigam esse homicídio*. → **homicida** *adj* e *s2gên* (que ou pessoa que comete homicídio).

ho.mi.li.a ou **ho.mí.lia** *sf* Discurso de um tópico do Evangelho, proferido informalmente e em estilo familiar, geralmente pelo Papa, destinado a esclarecer um ponto doutrinário.

ho.mi.ní.deo *sm* **1**. Espécime dos hominídeos, grupo que compreende todos os macacos modernos e extintos, ou seja, humanos modernos, chimpanzés, gorilas e orangotangos, além de todos os seus ancestrais imediatos. // *adj* **2**. Relativo a esse grupo.

ho.mi.ní.nio *sm* Espécie dos hominínios, grupo que compreende os humanos modernos, espécies humanas extintas e todos os nossos ancestrais imediatos. (A 6.ª ed. do VOLP não registra a palavra.)

ho.mi.zi.ar *v* **1**. Dar proteção ou guarida a (pessoa perseguida pela justiça): *não homizie traficantes!* **homiziar-se 2**. Fugir à ação da justiça; foragir-se: *ele se homiziou no exterior*. → **homízio** *sm* [**1**. ato ou efeito de homiziar(-se); **2**. esconderijo de fugitivo da justiça; refúgio].

ho.mo.a.fe.ti.vo *adj* Relativo a relações entre pessoas do mesmo sexo, que se sentem atraídas uma pela outra: *união homoafetiva, casal homoafetivo*. **homoafetividade** *sf* (qualidade ou condição de quem é homoafetivo; afeição entre pessoas do mesmo sexo).

ho.mo.e.ro.tis.mo *sm* Qualquer manifestação cultural (cinema, literatura, etc.) explícita, e não pornográfica, que expressa o amor sensual entre pessoas do mesmo sexo: *o homoerotismo é uma forma de expressão cultural não necessariamente relacionada com o homossexualismo, já que implica o desejo sexual associado a algo romântico*. → **homoerótico** *adj* e *sm* (rel. ou pert. a homoerotismo: *filme homoerótico; arte homoerótica*.

ho.mó.fi.lo *sm* **1**. Homem homossexual; *gay*. **2**. Aquele que gosta de homossexuais ou tem muita afinidade com eles. // *adj* **3**. Que defende intransigentemente os *gays* e seu bem-estar. · Antôn.: (2): *homófobo*. → **homofilia** *sf* (propriedade ou qualidade de homófilo).

ho.mo.fo.bi.a *sf* Aversão a homossexuais ou ao homossexualismo. · Antôn.: *homofilia*. → **homofóbico** *adj* (rel. a homofobia); **homofóbico** ou **homófobo** *adj* e *sm* (que ou aquele que tem aversão a homossexuais) e *adj* (que censura severamente ou agride os homossexuais), de antôn. *homófilo*.

ho.mó.fo.no *adj* e *sm* Que ou vocábulo que tem a mesma pronúncia de outro ou de sentido diferente (p. ex.: cesta/sexta; cela/sela). · Antôn.: *heterófono*. → **homofonia** *sf* (qualidade de homófono); **homofônico** *adj* (rel. a homofonia), de antôn. *heterofônico*.

ho.mo.gê.neo *adj* **1**. Composto de elementos ou membros semelhantes ou idênticos; uniforme: *a Rússia é etnicamente homogênea; não somos uma sociedade homogênea; um bairro culturalmente homogêneo*. **2**. *P.ext*. Igual, idêntico: *casas geminadas são habitações homogêneas e duplas*. **3**. Em matemática, diz-se de um polinômio que contém termos do mesmo grau, em relação a todas as variáveis, como em $x^2 + 2xy + y^2$. **4**. Em química, que denota um processo envolvendo substâncias na mesma fase (líquida, sólida ou gasosa): *catálise homogênea*. · Antôn.: *heterogêneo*. → **homogeneidade** *sf* (qualidade, característica e atributo de homogêneo), de antôn. *heterogeneidade*; **homogeneização** *sf* (ato, efeito ou processo de homogeneizar), de antôn. *heterogeneização*; **homogeneizado** *adj* (**1**. submetido a homogeneização; tornado uniforme; **2**. diz-se do leite que foi submetido a um tratamento que permite a distribuição uniforme da gordura existente, evitando a formação de nata), de antôn. *heterogeneizado*; **homogeneizar(-se)** *v* [tornar(-se) homogêneo ou igual], de antôn. *heterogeneizar*.

ho.mó.gra.fo *adj* e *sm* Que ou vocábulo que tem a mesma grafia de outro, mas uso ou sentido diferente (p. ex.: *o almoço* e eu *almoço*). · Antôn.: *heterógrafo*. → **homografia** *sf* (qualidade e caráter do que é homógrafo); **homográfico** *adj* (rel. a homografia).

ho.mo.lo.gar *v* **1**. Aprovar (ato processual realizado), para confirmar oficialmente ou para que tenha força obrigatória: *o juiz homologou a sentença*. **2**. Autorizar a vigência de (qualquer ato de interesse público): *o prefeito homologou as tarifas de ônibus*. **3**. Ratificar, confirmar: *o tribunal homologou a sentença inicial*. → **homologação** *sf* (ação, processo ou efeito de homologar).

ho.mô.ni.mo *adj* e *sm* **1**. Que ou aquele que tem o mesmo nome: *marido e mulher eram homônimos: Iris*. **2**. Que ou vocábulo que é igual ao outro na pronúncia, mas tem origem, sentido ou grafia diferentes (p. ex.: *são* = sadio / *são* = verbo, *acento* = sinal gráfico / *assento* = banco). → **homonímia** *sf* (caráter do que é homônimo); **homonímico** *adj* (rel. a homonímia ou que a apresenta).

ho.mo.pa.ren.ta.li.da.de *sf* Estado ou condição de um pai ou de uma mãe homossexual, ou de um casal homossexual, com filhos; parentalidade formada por casais do mesmo sexo. → **homoparental** *adj* (diz-se da adoção de crianças por casais do mesmo sexo).

ho.mos.se.xu.al (x= ks) *adj* e *s2gên* Que ou pessoa que tem atração sexual e afetiva por outra do mesmo sexo. · Antôn.: *heterossexual*. → **homossexualidade** (x = ks) *sf* [qualidade ou característica de ser sexualmente atraído(a) apenas por pessoas do mesmo sexo; inversão sexual], de antôn. *heterossexualidade*; **homossexualismo** (x = ks) *sm* (prática homossexual), de antôn. *heterossexualismo*. (Não se confunde, portanto, *homossexualidade* com *homossexualismo*: uma pessoa pode ser contra o homossexualismo, mas não contra a homossexualidade.)

Honduras *sm* País da América Central, de área pouco maior que a do estado de Pernambuco. **hondurenho** *adj* e *sm*.

ho.nes.ti.da.de *sf* **1**. Qualidade ou atitude de quem prima pelos princípios da honra, da decência, da ética e da justiça; atitude daquele que não engana ninguém nem comete fraudes ou se apropria do que é dos outros; integridade moral; decência, honradez: *admiro sua honestidade nos negócios; podia cometer essa fraude e ficar rico, mas sua honestidade o impediu de fazê-lo*. **2**. Atitude de quem respeita e cumpre as normas do comportamento social e moral reinantes numa comunidade; decoro, decência: *esses infelizes sequestradores de meia hora, quando presos, não têm a honestidade de confessar seus crimes, viram anjos na delegacia*. **3**. Atitude de quem evita em público qualquer manifestação que possa relacionar-se com sexo; pudor: *e lá prostituta tem algum compromisso com a honestidade?* **4**. Consciência, seriedade, sinceridade: *os pais devem usar de toda a honestidade com os filhos, princ. quando o assunto é sexo*. → **honesto** *adj* (**1**. caracterizado pela decência ou pela integridade moral; decente, íntegro: *uma mulher honesta; um comerciante honesto; conduta honesta*; **2**. adequado, conveniente, decente: *é uma empresa que paga salários honestos;* **3**. confiável: *Walita: produtos honestos*; **4**. sincero: *vou ser honesto com você: não o suporto!*) e *sm* [aquele que é honesto (1): *os honestos estão todos em Brasília*].

honeypot [ingl.] *sm* Armadilha destinada a atrair intrusos que tentam invadir um sistema de informática. · Pl.: *honeypots*. · Pronuncia-se *râni-pót*.

ho.no.rá.rio ou **ho.no.rí.fi.co** *adj* **1**. Que conserva o título e as prerrogativas de um cargo, mesmo depois de ter deixado de exercê-lo: *o presidente honorário de um partido político*. **2**. Que conserva somente a honra de uma função ou condição: *ser sócio honorário de um clube*. **honorários** *smpl* Remuneração de profissional liberal (advogado, médico, arquiteto, engenheiro, contador, etc.).

hon.ra *sf* **1**. Honestidade, decência ou integridade moral nas ações de uma pessoa; integridade moral; boa reputação; honradez, probidade: *ele sempre foi homem de honra; a honra da família está em jogo*. **2**. Sentimento de orgulho e prazer; grande privilégio: *é uma honra ser seu amigo*. **3**. Brio, amor-próprio: *viu o desafio como uma questão de honra*. **4**. Castidade, pureza, virgindade: *defendeu a honra da irmã*. **5**. Grande distinção ou privilégio: *você me daria a honra de jantar comigo, Marisa?; concede-me a honra de acompanhá-la até sua casa?* **6**. Homenagem: *bebemos em honra do amigo*. **7**. Importância ou destaque: *convidado de honra; lugar de honra*. **8**. *Fig.* Pessoa cujo valor traz respeito, glória ou crédito: *esse advogado é uma honra para a sua classe; Caxias é uma honra para o Brasil*. // *sfpl* **9**. Cortesias sociais oferecidas por um anfitrião: *meu filho fará as honras da casa*. **10**. Observância de todo o rito cerimonial adequado; distinção, honraria: *o soldado foi enterrado com todas as honras militares*. **11**. Privilégio de ir primeiro ou à frente: *vou deixar você ter as honras, Ivã, vá em frente!* → **honradez** (ê) *sf* (qualidade ou caráter de honrado); **honrado** *adj* (**1**. que procede de acordo com os princípios da honra; honesto, idôneo; **2**. tratado com honra e respeito; dignificado, enobrecido; **3**. que tem por base a honra ou integridade de caráter do seu autor; **4**. sem mácula; puro, virgem); **honrar** *v* (**1**. enobrecer, dignificar: *é preciso que cada um desses parlamentares honrem o mandato*; **2**. satisfazer, lisonjear: *seu convite me honra*); **3**. tratar com respeito, respeitar: *honrar pai e mãe!*; **4**. obedecer à risca, respeitar: *honrar um compromisso*); **honrar-se** (**5**. enobrecer-se, dignificar-se: *eu me honro de ser seu amigo*); **honraria** *sf* (**1**. honras, distinção; **2**. dignidade de um cargo; título honorífico; **3**. manifestação honrosa); **honroso** (ô; pl.: ó) *adj* (que traz muita honra; dignificante). ·· **Palavra de honra**. **1**. Compromisso ou promessa de não falhar sem se desonrar: *Ela exigiu minha palavra de honra de que nunca a trairia*. **2**. Promessa solene: *Dou-lhe minha palavra de honra de que nunca permitirei esse casamento*. ·· **Ponto de honra**. Algo que alguém considera ser essencial para a sua reputação ou dignidade: *É ponto de honra que eles se retratem*.

hooligan [ingl.] *s2gên* Na Inglaterra, jovem delinquente e cruel, que usa a violência como meio de expressão, geralmente sob o manto de uma representação esportiva; torcedor(a) que promove violência e arruaça antes, durante ou depois de partidas esportivas, princ. no futebol. · Pl.: *hooligans*. · Pronuncia-se *rúligã*.

hó.quei *sm* Modalidade esportiva praticada num campo gramado, por duas equipes de 11 jogadores cada uma, que tentam marcar gols, impulsionando a bola com um bastão de madeira. → **hoquista** *adj* (rel. a hóquei: *temporada hoquista*) e *adj* e *s2gên* (que ou pessoa que joga ou pratica hóquei).

ho.ra *sf* **1**. A vigésima quarta parte do dia, equivalente a sessenta minutos. **2**. Qualquer tempo específico do dia, um ponto do tempo: *cheguei na hora certa*. **3**. Algarismo ou sinal que, nos mostradores ou quadrantes, serve para indicar as horas: *que hora é aquela do relógio da matriz?* **4**. Período para determinada atividade: *hora do lanche*. **5**. Pequeno espaço de tempo; momento: *a terra treme; nessa hora é cada um por si*. **6**. Oportunidade, ensejo, ocasião, momento oportuno: *não é hora de pedir aumento de salário*. **7**. Tempo significativo por qualquer razão: *a hora dela chegou*. **8**. Instante determinado ou fixado: *o ônibus nunca sai na hora*. **9**. Distância no tempo: *estamos a uma hora do início de um novo ano*. // *sfpl* **10**. Curto espaço de tempo: *a polícia garante que a prisão do assassino é uma questão de horas*. · Abrev.: **h** (e não "hs" nem "hrs".) → **horário** *adj* (**1**. rel. ou pert. a hora; **2**. que se faz no espaço de uma hora) e *sm* (**3**. indicação das horas em que se faz ou executa um determinado serviço; **4**. tempo previsto para o início de alguma coisa; **5**. tabela das horas em que se iniciam aulas; **6**. ficha ou cartão especialmente impresso para o preenchimento das horas de aulas e as respectivas disciplinas); **horista** (hò) *adj* e *s2gên* (que ou pessoa que trabalha e recebe por hora). (As horas se representam assim, em nossa língua: *10h* (e não "10:00", que é a representação inglesa.) ·· **Por hora**. A cada sessenta minutos: *Os advogados americanos ganham por hora de trabalho*.

hor.da *sf* **1**. Tribo ou grupo nômade e selvagem. **2**. Tribo mongol nômade: *os hunos eram hordas*. **3**. *Fig.* Bando de gente ordinária ou de quaisquer seres que provoquem mal, vandalismos, desgraças, etc.

ho.ri.zon.te *sm* **1**. Linha que forma o limite aparente entre o céu e terra: *navegar em direção ao horizonte*. **2**. Espaço ou extensão que a vista abrange: *víamos tempestade no horizonte*. **3**. *Fig.* Perspectiva de futuro promissor, probabilidade de progresso: *não ver horizonte na empresa em que trabalha*. // *smpl* **4**. *Fig.* Faixa de objetivos, de experiência ou de conhecimentos: *ele queria entrar numa faculdade para ampliar seus horizontes; viajar amplia os horizontes*. **5**. *Fig.* Algo que pode ser alcançado: *abrir novos horizontes no campo da pesquisa do câncer*. → **horizontal** *adj* (**1**. paralelo ao plano do horizonte; **2**. medido num plano do horizonte: *distância horizontal*; **3**. feito ou situado num nível plano; **4**. plano e liso; nivelado, igualado) e *sf* (**1**. linha paralela ao horizonte; **2**. posição de quem está deitado: *viver na horizontal*), de antôn. *vertical*; **horizontalidade** *sf* ou **horizontalismo** *sm* (qualidade ou estado do que é horizontal), de antôn. *verticalidade*.

hor.mô.nio *sm* Substância química produzida no corpo que controla e regula a atividade de certas células ou órgãos, secretada pelas glândulas endócrinas (tireoide, hipófise, testículos, ovários, etc.): *os hormônios são essenciais para todas as atividades da vida, incluindo os processos de digestão, metabolismo, crescimento, reprodução e controle do humor*. → **hormonal** *adj* (**1**. rel. a hormônios: *tratamento hormonal*; **2**. produzido ou utilizado por hormônios: *mudanças hormonais; terapia hormonal*).

ho.rós.co.po *sm* **1**. Previsão do futuro de uma pessoa, com base na posição das estrelas e planetas no momento do nascimento dessa pessoa, feita geralmente em mapa: *ela dá palestras sobre astrologia e faz horóscopos*. **2**. Breve prognóstico para pessoas nascidas sob um determinado signo, princ. aquela publicada em jornais: *meu horóscopo de hoje diz que ganharei na loteria*.

hor.ren.do *adj* **1**. Que provoca pavor, pânico; assustador, pavoroso, assombroso, horroroso, horripilante: *um incêndio horrendo; apenas a possibilidade de uma guerra nuclear já se afigura como horrenda*. **2**. Tão ruim ou feio, que chega a ser chocante; repulsivo; horrível, horroroso, horripilante (4): *"a ingratidão é o mais horrendo de todos os pecados"; criatura horrenda é o lobisomem*. **3**. Extremamente cruel; abominável, execrável, hediondo: *homem de intenções horrendas*. **4**. Extremamente ruim ou desagradável; repugnante: *o lixão exala um cheiro horrendo*.

hor.ri.pi.lan.te *adj* **1**. Que causa arrepios e calafrios: *frio horripilante; ouvimos um grito horripilante ao longe*. **2**. Horrendo (1): *a possibilidade de um horripilante novo tsunâmi apavora o Japão*. **3**. *Pop.* De péssima qualidade; muito ruim; péssimo, horroroso, horrível: *naquela época meu time tinha um plantel horripilante; comida horripilante*. **4**. *Pop.* Horrendo (2), repelente: *a visão horripilante de um rato correndo pela cozinha do restaurante*.

hor.rí.vel *adj* **1**. Horrendo (2), chocante: *homem de ideias horríveis*. **2**. Horrendo (4), muito ruim: *remédio de gosto horrível*. **3**. Diz-se de qualquer coisa que passa dos limites da tolerância: *o piloto do avião cometeu um erro horrível!* · Superl. abs. sint. erudito: *horribilíssimo*.

hor.ror (ô) *sm* **1**. Sensação (física e moral) opressiva, penosa e intensa, misto de repugnância e medo, causada por algo terrivelmente chocante; pavor: *o horror da guerra*. **2**. *P.ext.* Qualquer coisa que cause tal sensação: *toda guerra é um horror*. **3**. *Fig.* Forte aversão ou repulsa: *ele tem horror a música sertaneja*. **4**. Algo muito desagradável, que irrita: *esse teu vizinho é um horror*. // *smpl* **5**. Tudo o que contraria e ofende a natureza humana, por ser inaceitável: *os horrores da fome*. **6**. *Pop.* Tudo o que há de ruim e desagradável: *ela disse horrores de você*. **7**. Muita coisa; quantia vultosa: *ela ganha horrores vendendo pipoca na rua*. → **horrorizado** *adj* (cheio de horror); **horrorizar** *v* (provocar horror a: *a possibilidade de um devastador terremoto horroriza a cidade*); **horrorizar-se** (arrepiar-se de horror: *as mulheres horrorizam-se, ao verem barata*); **horroroso** (ô; pl.: ó) *adj* [**1**. muito feio; horrendo (2), horrível; **2**. horripilante (3): *que plantel horroroso tem seu time!*; **3**. horrendo (1)].

hor.ta *sf* Terreno onde se cultivam legumes e hortaliças. → **hortaliça** *sf* [todo e qualquer vegetal comestível, princ. folhas e flores, que normalmente se cultiva em horta, como alface, almeirão, acelga, repolho, espinafre, agrião (folhas); brócolis, couve-flor, alcachofra (flores), etc.; verdura]; **hortaliceiro** *sm* (vendedor de hortaliças); **hortelão** (pl.: -*ãos* e -*ões*) *sm* (aquele que cultiva uma horta ou dela cuida), de fem. *horteloa*; **hortense** *adj* (**1**. criado em horta; **2**. próprio de horta); **hortícola** *adj* (rel. ou pert. a horta); **horticultor** (ô) *sm* (aquele que se dedica à horticultura; **horticultura** *sf* (**1**. arte ou ciência de cultivar frutas, hortaliças, flores e plantas ornamentais; **2**. cultivo ou cultura de jardins; jardinagem); **hortomercado** *sm* (mercado de produtos hortenses; local onde só se vendem produtos de horta, geralmente frescos).

hor.te.lã *sf* **1**. Erva aromática, de folhas aromáticas, usadas como condimento e em medicina; menta. **2**. Essa folha; menta.

hor.tên.sia *sf* **1**. Planta ornamental, de flores azuis, brancas ou rosadas. **2**. Essa flor.

hor.ti.frú.ti (hòr) *sm* **1**. Redução de *hortifrutigranjeiro*. **2**. Estabelecimento que vende hortaliças, legumes e frutas. // *adj* e *sf* **3**. Que ou mulher que adota, artisticamente, o nome de frutas: *o fenômeno das mulheres hortifrúti invadiu a televisão brasileira; é um tal de mulher melancia, mulher melão, mulher morango, que não acaba mais.* (Como se vê, não varia.)

hor.ti.fru.ti.gran.jei.ro (hòr) *adj* **1**. Diz-se de produtos de horta (verduras e legumes), de pomar (frutas em geral) e de granja (ovos). // *sm* **2**. Cada um desses produtos; hortifrúti (1).

hor.to (ô) *sm* **1**. Pequeno terreno destinado ao cultivo de plantas ornamentais; jardim. **2**. Pequena horta. **3**. Redução de *horto florestal*, terreno de propriedade governamental, com viveiros de plantas, para venda ou distribuição gratuita de mudas e para estudos de silvicultura. **4**. *Fig.* Lugar de sofrimento (por alusão ao padecimento de Cristo no horto das Oliveiras): *sofrer o horto do cativeiro*.

ho.sa.na *sm* **1**. Canto eclesiástico do Domingo de Ramos. **2**. Ramo bento que se distribui aos fiéis nesse domingo. **3**. Expressão de adoração, louvor ou alegria: *os truques e efeitos especiais desse filme evocaram hosanas apaixonadas da crítica: esse aumento do salário mínimo não foi recebido com hosana pelos aposentados.* // *interj* **4**. Usada para glorificar ou louvar a Deus, equivalente de *salve!*: *hosana, bendito aquele que vem em nome do Senhor!*

hós.pe.de *s2gên* Pessoa que se aloja temporariamente na casa de outra pessoa, em hotel, pousada, pensão, etc. →

hospedagem *sf* [**1**. hospitalidade (2); **2**. hospedaria; **3**. em informática, tipo de serviço na Internet que permite que indivíduos e organizações tornem seus *sites* acessíveis através da rede mundial de computadores); **hospedar** *v* [**1**. receber em casa como hóspede; dar hospedagem a; **2**. em informática, armazenar (*site* ou outros dados) em um servidor ou outro computador, para que possa ser acessado pela Internet: *nossa universidade hospeda cerca de 600* sites); **hospedar-se** (instalar-se como hóspede]; **hospedaria** *sf* [estabelecimento onde se recebem hóspedes, mediante remuneração; albergue; hospedagem (2)]; **hospedeiro** *adj* (que hospeda) e *sm* (**1**. aquele que dá hospedagem; **2**. dono de hospedaria; **3**. animal ou planta dos quais um parasito ou parasita obtém nutrição).

hos.pí.cio *sm* Hospital onde se internam loucos ou alienados; manicômio.

hos.pi.tal *sm* Instituição pública ou particular que proporciona cuidados e tratamentos médicos, cirúrgicos ou psiquiátricos a pessoas doentes ou feridas. · Pl.: *hospitais*. → **hospitalar** *adj* (**1**. rel. ou pert. a hospital; **2**. próprio de hospital); **hospitaleiro** *adj* (**1**. que sugere boas-vindas: *garotas de semblantes hospitaleiros nos aguardam no Taiti*; **2**. que é amigável e acolhedor com estranhos ou convidados: *o brasileiro é um povo hospitaleiro*; **3**. diz-se de clima ou ambiente agradável e propício para viver ou existir; acolhedor, receptivo: *é uma planta que cresce até nos climas menos hospitaleiros; o deserto do Saara não é um dos lugares mais hospitaleiros do planeta*); **hospitalidade** *sf* (**1**. qualidade de hospitaleiro; **2**. recepção amigável e generosa de convidados, visitantes ou estrangeiros; hospedagem); **hospitalização** *sf* [ato ou efeito de hospitalizar(-se)]; **hospitalizar(-se)** *v* [internar(-se) em hospital].

host [ingl.] *sm* **1**. Aquele que recebe e entretém convidados numa reunião social ou oficial, em casa ou em qualquer outro local. **2**. Animal ou planta em que um organismo parasito vive; hospedeiro. **3**. Computador ligado permanentemente à rede, que, entre outras coisas, armazena arquivos e permite o acesso de usuários. · Fem. (1): *hostess*. · Pl.: *hosts*. · Pronuncia-se *rôust*.

hos.te *sf* **1**. Exército beligerante. **2**. *Fig.* Conjunto de partidários de uma pessoa, clube ou causa: *a venda desse jogador não caiu bem nas hostes esmeraldinas*.

hostel [ingl.] *sm* Estabelecimento hoteleiro que oferece quartos privados ou coletivos a preços inferiores aos de um hotel. · Pronuncia-se *rástol*.

hós.tia *sf* Rodelinha branca, feita de massa de farinha de trigo sem fermento que o sacerdote católico consagra na missa. → **hostiário** *sm* (recipiente de hóstias não consagradas).

hos.til *adj* **1**. Que sempre age como inimigo ou agressor; agressivo: *o leão é um animal hostil*. **2**. *P.ext*. Que se mostra contrário e agressivo ao mesmo tempo: *um Congresso hostil ao governo não é bom para o país*. **3**. *Fig.* Desfavorável à saúde ou ao bem-estar; adverso, insalubre, inóspito: *clima hostil*. →

hostilidade *sf* (**1**. ato ou efeito de hostilizar; hostilização; **2**. qualidade do que é hostil: *a hostilidade do clima desértico*) e *sfpl* (atos de guerra: *a ONU pediu a imediata cessação das hostilidades no Oriente Médio*); **hostilização** *sf* [hostilidade (1)]; **hostilizar** *v* (**1**. tratar com hostilidade ou agressividade; provocar: *a torcida hostilizou o time, após mais um vexame*; **2**. *p.ext*. ser contrário a; opor-se a, desaprovar: *hostilizar o governo*).

hot dog [ingl.] *loc sm* Cachorro-quente. · Pl.: *hot dogs*. · Pronuncia-se *rót-dóg*.

ho.tel *sm* Estabelecimento comercial que aluga quartos ou apartamentos mobiliados a turistas e viajantes por um preço diário. → **hotelaria** *sf* (**1**. ramo de atividade econômica que consiste em explorar unidades hoteleiras: *a hotelaria é um bom negócio*; **2**. conjunto de técnicas especializadas na direção e gestão de estabelecimentos destinados a fornecer alojamento e alimentação e a prestar serviços afins ou complementares a viajantes ou turistas; **3**. conjunto de todos os hotéis de uma cidade, região ou país: *a hotelaria brasileira reclama um número maior de turistas*; **4**. arte ou técnica de administrar hotéis: *curso de hotelaria*); **hoteleiro** *adj* (rel. a hotel) e *sm* (proprietário ou administrador de hotel); **hotel-residência** *sm* (edifício residencial com quarto de hotel, no qual a garagem é transformada em estacionamento, a zeladoria em escritório administrativo e o salão de festas em salão de convenções, etc.), de pl. *hotéis-residência* ou *hotéis-residências*. (Esta palavra não consta na 6.ª ed. do VOLP.)

house music [ingl.] *loc sf* Estilo de música caracterizado por trechos de ritmos ou melodias de outras composições, que são misturados a efeitos especiais e sons variados, gravado em longas faixas e criado especialmente para ser tocado e dançado em discotecas e clubes noturnos. · Pronuncia-se *ráus miúzik*.

HTML [ingl.] *sf* Sigla inglesa de *hypertext markup language*, linguagem de marcação de hipertexto, conjunto de símbolos de marcação ou códigos inseridos em um arquivo, para exibição na Internet, que garante a formatação ideal dos *sites*. · Pronuncia-se à inglesa (*eitch ti eM éL*) ou à portuguesa (*agá tê eme ele*).

hu.lha *sf* Carvão fóssil; carvão de pedra. → **hulheira** *sf* (mina de hulha); **hulheiro** *adj* (rel. a hulha); **hulhífero** *adj* (que tem ou produz hulha).

hum *interj* Indica: **1**. Dúvida, desconfiança, impaciência, etc. **2**. Sensação de asco ou mau cheiro.

hu.ma.ni.da.de *sf* **1**. Bondade que leva a evitar os sofrimentos do próximo, aliviando-os quanto possível; benevolência: *tratar criminosos com humanidade*. **2**. Gênero humano; conjunto de todos os homens: *a humanidade não evolui um milímetro no aspecto moral, desde Sócrates*. **3**. Natureza humana: *há provas da humanidade de Cristo*. // *sfpl* **4**. Área do saber que abrange os conhecimentos de literatura, línguas, história, direito, filosofia, sociologia e artes, em oposição a ciências: *a formação médica não prescinde do conhecimento de humanidades*. → **humanitário** *adj* (**1**. rel. a humanidade: *o crescimento humanitário vai de vento em popa*; **2**. que tem bons sentimentos para com o próximo ou para com outro ser vivo; humano: *é um frigorífico que adota o abate humanitário das reses*; **3**. que visa ao bem-estar do próximo; filantrópico: *atos humanitários; entidade humanitária*) e *sm* (aquele que se dedica a promover o bem-estar da humanidade, princ. mediante a eliminação da dor, do sofrimento, da pobreza e da miséria; filantropo, altruísta).

hu.ma.nis.mo *sm* **1**. Qualquer sistema, modo de pensamento ou ação em que os interesses e valores humanos estão acima de quaisquer outros, princ. aquele que respeita a importância da crença em Deus. **2**. Dedicação ao estudo de humanidades. **Humanismo** *sm* **3**. Movimento intelectual do Renascimento que visava ressuscitar o culto da cultura clássica. → **humanista** *adj* (rel. a humanismo) e *adj* e *s2gên* (**1**. que ou pessoa que é partidária do humanismo; **2**. que ou pessoa que é versada no conhecimento de línguas e literaturas antigas); **humanístico** *adj* (rel. a humanismo ou a humanista).

hu.ma.no *adj* **1**. Relativo a homem ou próprio do homem: *o corpo humano; os sentimentos humanos; é humano sentir saudade da adolescência*. **2**. Humanitário (2): *o carcereiro não era humano com os presos*. **3**. Sujeito a erros; imperfeito: *claro que cometo tolices, sou apenas humano*. // *smpl* **4**. A humanidade: *os humanos ainda não aprenderam a ter juízo*. **5**. Pessoas; homens e mulheres: *é uma doença que afeta humanos e animais*. → **humanoide** (ói) *sm* (criatura ou ser

não humano, mas com forma e características humanas; androide). → **humanização** *sf* [ato ou efeito de humanizar(-se)];
humanizar(-se) *v* [tornar(-se) mais digno e decente: *humanizar as condições de trabalho; de nada adiantará ao homem conquistar planetas e todos os sistemas, se não for capaz de humanizar-se, para conviver melhor com os seus semelhantes*].

hu.mi.fi.car(-se) *v* **1.** Converter-se em humo: *as folhas caídas humificam o solo.* **2.** Enriquecer(-se) (a terra) com húmus. → **humificação** *sf* [ato ou efeito de humificar(-se)].

hu.mil.de *adj* **1.** Que tem ou aparenta ter humildade. **2.** Simples, modesto, pobre. **3.** Respeitoso, submisso. // *s2gên* **4.** Pessoa que revela humildade. · Superl. abs. sint. erudito: *humílimo*. · Antôn.: *orgulhoso, soberbo, arrogante*. → **humildade** *sf* (**1.** qualidade de humilde; virtude com que uma pessoa age sem orgulho, sem presunção de seus méritos e reconhecimento de seus defeitos e erros; despojamento, modéstia, simplicidade: *a sobrevivência ao acidente lhe ensinou a humildade*; **2.** demonstração de fraqueza ou de inferioridade em relação a alguém ou a algo: *os tiranos jamais sentem humildade*; **3.** manifestação de respeito ante os superiores; obediência: *cumpriu a ordem com humildade*; **4.** ausência de luxo ou sofisticação; simplicidade, sobriedade: *a humildade de seu traje foi por todos notada*; **5.** modéstia, pobreza, penúria: *viveu na humildade até a adolescência*, de antôn. (1 a 3): *soberba, altivez, orgulho, arrogância;* (4): *ostentação, extravagância, excentricidade* (5): *riqueza, abundância*.

hu.mi.lhar *v* **1.** Fazer (alguém) sentir-se envergonhado, ferido na sua dignidade e respeito próprio, princ. ante muita gente: *o diretor humilhou o professor na frente dos alunos*. **2.** Tratar com desprezo, desdém ou soberba; desdenhar, desprezar: *ele humilha os pobres*. **3.** Submeter a derrota vexatória; arrasar: *meu time humilhou o seu: 8 a 0!* **4.** Reduzir a pessoa a uma condição degradante ou aviltante: *o trabalho escravo humilha*. **humilhar-se 5.** Abaixar-se demasiado da dignidade e do respeito próprio; tornar-se humilde; rebaixar-se, aviltar-se: *ela nunca se humilhou perante ninguém*. → **humilhação** *sf* (**1.** ato ou situação que humilha; constrangimento e vergonha que sente uma pessoa quando alguém, geralmente superior, fá-lo parecer estúpido ou tolo; rebaixamento moral; afronta: *ela nunca esqueceu a humilhação de ser repreendida na frente de seus alunos*; **2.** vergonha, ultraje, vexame: *a humilhação de sofrer uma derrota achapante para o maior rival*); **humilhante** *adj* (que humilha; vergonhoso).

hu.mo ou **hú.mus** *sm* Matéria orgânica escura e rica, formada pela decomposição de substâncias animais e vegetais, misturadas com a terra comum, essencial para a fertilidade do solo; terra vegetal: *as florestas têm solo rico em humo; quando o solo perde húmus, perde boa parte de sua produtividade*. · V. **humificar**. → **humoso** (ô; pl.: ó) *adj* (cheio de humo).

hu.mor (ô) *sm* **1.** Qualquer substância fluida ou semifluida (gelatinosa) do organismo, como a bile, a linfa, o sangue, etc. **2.** Qualquer produto mórbido acidentalmente formado no corpo, como o pus. **3.** Veia cômica; boa disposição do espírito; graça: *ele relata os fatos sempre com humor*. **4.** Ironia fina, espirituosa, sutil, que pode ser jocosa ou macabra; humorismo (1): *fazer humor é para poucos; Chico Anysio é e sempre será um grande mestre do humor*. **5.** Estado de espírito; disposição de ânimo; temperamento: *como está o humor do chefe hoje?; xi! o chefe hoje está de mau humor*. → **humoral** *adj* [rel. a humor (1): *sistema imunológico humoral*]; **humorismo** *sm* [**1.** manifestação do lado divertido das coisas; ironia fina, espirituosa, sutil; humor (4): *fazer humorismo é para poucos*; **2.** senso de humor: *o humorismo do chefe é baixo*]; **humorista** *s2gên* (pessoa versada em fazer humor ou praticar o humorismo); **humorístico** *adj* [**1.** rel. a humor (3 e 4), a humorismo ou a humorista: *O Gordo e o Magro eram uma dupla humorística formidável*; **2.** em que há humor; caracterizado pelo humor: *programa humorístico*] e *sm* (red. de *programa humorístico*: *a televisão brasileira já não produz humorísticos como antigamente*). ·· **Bom humor. 1.** Bom estado de espírito: *Ele está sempre de bom humor*. **2.** Boa disposição de ânimo: *Fiz tudo com o melhor bom humor possível*. ·· **Humor aquoso**. Líquido claro e transparente das câmaras anterior e posterior do olho. ·· **Humor cristalino**. Substância fluídica do cristalino do olho. ·· **Humor negro**. Tipo de humor em que se faz piada de coisas sérias e até mesmo dramáticas. ·· **Humor vítreo**. Substância semifluida (gelatinosa) e transparente, que ocupa o espaço entre o cristalino e a retina. ·· **Mau humor. 1.** Mau estado de espírito: *Ela está sempre de mau humor*. **2.** Má disposição de ânimo: *Fiz tudo com o pior mau humor possível*.

Hungria *sf* País da Europa, de área pouco menor que a do estado de Santa Catarina. → **húngaro** *adj* e *sm* ou **magiar** *adj* e *s2gên*.

hu.nos *smpl* Povo nômade, bárbaro, selvagem e feroz da Ásia central que invadiu e assolou a Europa em meados do séc. V, sob o comando de Átila, conhecido como *o Flagelo dos deuses*.

hur.ra *interj* **1.** Viva! (usada nos brindes e precedida de *hip*, nas saudações dos marinheiros a seus comandantes, a pessoas notáveis, etc.). // *smpl* **2.** Grito de alegria, aprovação, saudação, etc., vivas.

hype [ingl.] *sm* Peça ou acessório que não pode faltar no guarda-roupa, por estar na última moda e ser simplesmente o máximo. · Pl.: *hypes*. · Pronuncia-se *ráip*.

hyperlink [ingl.] *sm* Hipermídia. · Pl.: *hyperlinks*. · Pronuncia-se *áipâr-lingk*.

i/I *sm* Nona letra do alfabeto. · Pl.: os *is* ou os *ii*. (O **i** tem **pingo**, e não bolinha, como alguns costumam usar, na escrita.)

ia.iá *sf* Fórmula de tratamento dada pelos negros escravos às moças e meninas de família branca; nanã.

i.a.lo.ri.xá *sf* Mãe de santo. · Correspondente masculino: *babalorixá*.

i.a.no.mâ.mi *s2gên* **1**. Membro dos ianomâmis, povo indígena que habita princ. o estado de Roraima. // *adj* **2**. Relativo ou pertencente a essa tribo.

i.an.que *adj* **1**. Dos Estados Unidos da América: *frota ianque, exército ianque*. // *adj* e *s2gên* **2**. Natural ou habitante dos Estados Unidos da América; americano; estadunidense. **3**. Que ou soldado do norte desse país que lutou na Guerra de Secessão. **4**. Natural ou habitante da Nova Inglaterra, região que compreende seis estados, no nordeste dos Estados Unidos da América: Connecticut, Maine, Massachusetts, New Hampshire, Rhode Island e Vermont, sendo Boston sua cidade mais populosa e seu maior centro econômico e cultural.

Iara *sf* Entidade fantástica da mitologia indígena brasileira, representada por uma sereia que habita rios e lagos, também conhecida como *Mãe d'água*.

i.a.te *sm* **1**. Veleiro usado para corridas e viagens de recreio. **2**. Embarcação luxuosa e de grande porte, movida a motor, usada para recreio ou cruzeiro privado. → **iatismo** *sm* (prática de navegação de recreio, em todas as suas formas); **iatista** *adj* e *s2gên* (praticante de iatismo).

IBAMA ou **Ibama** *sm* Acrônimo de *Instituto Brasileiro do Meio Ambiente e dos Recursos Naturais Renováveis*, autarquia federal vinculada ao Ministério do Meio Ambiente, criada em 22 de fevereiro de 1989, destinada a controlar e fiscalizar o uso dos recursos naturais (água, solo, fauna, flora, etc.) e a conceder licenças ambientais para empreendimentos de sua competência.

i.bé.ri.co *adj* **1**. Relativo à Península Ibérica, formada pela Espanha e por Portugal; ibero. // *sm* **2**. Ibero (**2**).

i.be.ro *adj* **1**. Ibérico. // *sm* **2**. Membro dos iberos, antigo povo que habitava a Península Ibérica; ibérico. **3**. Língua falada por esse povo. (Cuidado para não usar "íbero"!)

IBGE *sm* Sigla de *Instituto Brasileiro de Geografia e Estatística*, órgão da administração federal brasileira criado em 1934, que tem por hoje o principal provedor de informações geográficas e estatísticas do Brasil. Pronuncia-se *i bê gê é*.

ibidem [lat.] *adv* **1**. Aí mesmo; no mesmo lugar. **2**. Na mesma obra, capítulo ou página. · Abrev.: **ib**. (Usa-se em notas de rodapé e em bibliografias, para indicar referência a livro, capítulo, artigo ou página já citada anteriormente.)

IBOPE ou **Ibope** *sm* **1**. Acrônimo de *Instituto Brasileiro de Opinião Pública e Estatística*. **ibope** *Pop.* **2**. Índice de audiência: *novela de bom ibope*. **3**. Prestígio: *ele tinha o maior ibope com as garotas; o time recuperou seu ibope, ao vencer a Copa Libertadores*.

i.çá *sf* Fêmea da saúva; tanajura.

i.çar *v* Fazer subir (uma coisa), com o auxílio de uma corda ou de outro instrumento; alçar: *içar a bandeira*.

i.cás.ti.co *adj* **1**. Sem artifícios ou adornos; simples: *uma coluna icástica; escritor de estilo icástico; político de discurso icástico*. **2**. Icônico (**2**). · Antôn. (**1**): *pomposo, rebuscado, aparatoso*.

iceberg [ingl.] *sm* Grande bloco de gelo que vaga no mar. · Pl.: *icebergs*. · Pronuncia-se *áicebárgh*. (Estamos aguardando desde já o aportuguesamento desta palavra por parte do VOLP, assim como o de *bacon*.)

ICMS Sigla de *imposto sobre circulação de mercadorias e serviços* ou, mais propriamente, *imposto sobre operações relativas à circulação de mercadorias e sobre prestação de serviços de transporte interestadual e intermunicipal e de comunicação*, cobrado do consumidor e grande fonte de receita dos estados, que têm, cada um, sua própria alíquota.

i.co.ne *sm* **1**. Qualquer imagem religiosa feita sobre madeira ou em mosaicos, princ. aquela venerada nas igrejas ortodoxas da Rússia e da Grécia. **2**. Símbolo ou desenho que apresenta uma relação de semelhança com o que se deseja comunicar, como o desenho de uma foice e um martelo, que indica comunismo. **3**. Coisa emblemática de uma época ou de um grupo; símbolo, marca: *a barba crescida em alguns rostos brasileiros é uma espécie de ícone revolucionário, uma forma de aproximá-los da imagem de Fidel Castro*. **4**. Em informática, pequeno símbolo gráfico que representa no monitor um programa, um aplicativo, um comando ou uma janela de tela, geralmente ativado com um clique do *mouse*. **5**. *Fig*. Pessoa emblemática do seu tempo, de um grupo, caracterizada por atitudes e maneiras de agir próprias; pessoa que é objeto de grande admiração e devoção; ídolo(a): *Elvis Presley é um ícone do rock*. → **icônico** *adj* [**1**. rel. a ícone; **2**. que representa ou reproduz com exatidão e fidelidade uma ideia ou objeto; icástico (**2**)].

i.co.no.clas.ta *adj* e *s2gên* **1**. Que ou pessoa que destrói imagens religiosas sagradas: *o pastor iconoclasta, que chutou a imagem de Nossa Senhora Aparecida, teve de sair do país*. **2**. *Fig*. Que ou pessoa que não respeita a tradição e procura destruir tudo o que está ligado ao passado: *os talibãs são um grupo eminentemente iconoclasta*. → **iconoclasmo** *sm* (crença, prática ou doutrina de um iconoclasta); **iconoclastia** *sf* (ação, dito ou procedimento de iconoclasta).

i.co.no.gra.fi.a *sf* **1**. Arte ou técnica de representar ou ilustrar por meio de imagens. **2**. Estudo e descrição dos significados convencionais das imagens de qualquer gênero (gravuras, fotos, pinturas, etc.): *a iconografia da São Paulo antiga*. **3**. Uso de imagens e símbolos para retratar pessoa, assunto, movimento, ideal ou ideologia, como a foice e o martelo, que indicam comunismo. **4**. Conjunto de ilustrações de uma publicação: *gostei da iconografia desse dicionário enciclopédico*. **5**. Seção de biblioteca destinada à organização e arquivo de fotos, gravuras, desenhos, caricaturas, etc. → **iconográfico** *adj* (rel. a iconografia: *é rico o acervo iconográfico da Biblioteca Nacional*); **iconógrafo** *sm* (aquele que é versado em iconografia); **iconologia** *sf* (**1**. ramo da história da arte que estuda as imagens visuais e seu simbolismo e interpretação, espec. em termos sociais ou políticos: *"enquanto a iconografia é uma disciplina descritiva e classificatória, a iconologia é um método interpretativo, que visa contextualizar as obras de arte culturalmente e explorar seus possíveis significados"*; **2**. representação simbólica ou simbolismo de ícones: *a iconologia de uma obra de arte*); **iconológico** *adj* (rel. a iconologia).

i.co.sa.e.dro *sm* Poliedro de vinte faces. → **icosaédrico** *adj* (rel. a icosaedro).

i.co.sá.go.no *sm* Polígono de vinte ângulos e, por consequência, vinte lados. → **icosagonal** *adj* (rel. a icoságono).

ic.te.rí.ci.a *sf* Doença que deixa toda amarelada ou esverdeada a pele do seu portador, devido à presença de bílis no sangue; tiriça (pop.). → **ictérico** *adj* (rel. a icterícia) e *adj* e *sm* (que ou aquele que tem icterícia).

ic.ti.o.lo.gi.a *sf* Ramo da zoologia que estuda os peixes: *essa cientista documentou novas espécies de peixes, contribuindo enormemente para a ictiologia*. → **ictiológico** *adj* (rel. a ictiologia); **ictiologista** *adj* e *s2gên* ou **ictiólogo** *sm* (especialista em ictiologia).

id *sm* Em psicanálise, parte mais profunda da mente inconsciente, na qual os impulsos instintivos inatos e os processos primários se manifestam, sendo as demais *ego* e *superego*.

i.da *sf* **1**. Ação ou movimento de ir de um lugar a outro: *as idas e vindas de enfermeiros num hospital*. **2**. Viagem de ida: *minha ida a Lisboa de navio foi tranquila; já a volta..*. **3**. Bilhete de viagem com direito apenas a ida: *comprando ida e volta, há desconto*.

i.da.de *sf* **1**. Número de anos de um indivíduo: *tinha, então, quinze anos de idade*. **2**. Tempo decorrido, considerado a partir do nascimento ou origem de um ser ou determinado fato: *morrer com 82 anos de idade; a idade do universo é de cerca de quinze bilhões de anos*. **3**. Época própria da vida para realizar certos atos: *já não estou na idade de fazer extravagâncias*. **4**. Certo período ou fase da vida; época, tempo: *a idade adulta; a idade madura; eu não estava na idade de pensar em casamento*. **5**. Duração (do tempo de vida): *a idade média do tempo de vida do brasileiro aumentou*. **6**. Período de divisão da vida do homem: *seu filho já está na idade escolar*. **7**. Espaço ou período de tempo em que ocorrem fatos notáveis: *estamos vivendo a idade da informática*. **8**. Velhice: *a idade chega só para os felizes, porque os infelizes morrem antes*. **9**. Período da história da Terra mais curto que a *época*: *a idade do gelo*. **10**. Período geológico; era: *a idade* *carbonífera.* · V. **etário**. → **idadismo** *sm* (discriminação sofrida por pessoas idosas; etarismo). ·· **De idade**. Diz-se de pessoa de idade avançada; idoso: *É um senhor de idade, respeite-o!* ·· **Idade do gelo**. Período de temperaturas globais extremamente baixas e grande expansão glacial, capaz de durar centenas de milhões de anos: *Houve até agora pelo menos cinco idades do gelo na história da Terra*. ·· **Terceira idade**. Faixa de idade de pessoas acima dos 65 anos; velhice.

i.de.al *adj* **1**. Que só existe na ideia, no pensamento; visionário, imaginário, fantasioso, fictício (em oposição a *real, material*): *ela vive de suas viagens ideais pelo mundo*. **2**. Que possui a suprema perfeição; perfeito, exemplar, modelar: *esse é o presidente ideal para o país; existe a mulher ideal?* **3**. Favorável, propício: *tempo ideal para velejar*. **4**. Altamente satisfatório: *é ideal que vençamos*. // *sm* **5**. Princípio, ideia ou padrão que se julga muito bom e vale a pena tentar para conseguir: *o partido se afastou de seus ideais socialistas*. **6**. Aspiração mais elevada ou sublime; sonho: *o artista e o estadista visam sempre ao ideal; realizei meu ideal; para alguns, o ideal de felicidade é ir à praia, para outros, de viajar pelo espaço*. **7**. Modelo, padrão: *seu peso está acima do ideal; cada um tem seu ideal de beleza*. **8**. Princípio digno e honorável: *o ideal dos jovens*. **9**. Objetivo ou meta de caráter nobre: *seu ideal é um diploma*. **10**. Satisfação perfeita, porém, com pouca possibilidade de acontecer: *o ideal é que viajássemos juntos*. **11**. Solução mais adequada: *o ideal é que não houvesse guerras*. → **idealismo** *sm* [**1**. tendência filosófica que leva ou subordina toda existência ao pensamento, às ideias (em oposição a *materialismo*); **2**. atitude ou caráter de uma pessoa que aspira a um ideal elevado, sobretudo utópico]; **idealista** *adj* (rel. a idealismo) e *adj* e *s2gên* (que ou pessoa que é partidária do idealismo); **idealização** *sf* (ato ou efeito de idealizar); **idealizar** *v* [**1**. planejar ou projetar (sempre no bom sentido): *um grande paisagista idealizou os nossos jardins públicos*; **2**. idear (coisa sublime); sublimar: *os poetas idealizam a mulher*; **3**. imaginar, fantasiar: *idealizar viagens interplanetárias*]. · V. **idear**.

i.de.ar *v* Projetar ou planejar (em todos os sentidos): *idear uma cidade, uma viagem, um sequestro; quem ideou a cruz suástica como símbolo do nazismo?* · Conjuga-se por *frear*. · V. **idealizar** (1). → **ideação** *sf* (**1**. ato ou efeito de idear; **2**. formação e encadeamento de ideias; concepção); **ideacional** *adj* (rel. a ideação).

i.dei.a (éi) *sf* **1**. Qualquer concepção existente na mente como produto da atividade mental. **2**. Noção ou impressão vaga: *não tenho a mínima ideia do que ela pretende*. **3**. Noção ou conhecimento: *não tenho a mínima ideia acerca de física quântica*. **4**. Lembrança, recordação: *não tenho ideia do que aconteceu naquela noite*. **5**. Opinião, convicção, modo de pensar, ponto de vista: *tentou impor suas ideias*. **6**. Juízo, tino, cabeça: *você não é bom da ideia, rapaz?; deu-me na ideia casar*. // *sfpl* **7**. Filosofia de vida ou de trabalho: *cada presidente que chega vem com novas ideias*. → **ideário** *sm* [**1**. conjunto de ideias que formam a base de uma teoria (econômica, política, social, etc.); ideologia (2): *o ideário da Revolução de Outubro, na Rússia, faliu*; **2**. programa de ação de um partido político, candidato, etc.]; **ideativo** *adj* (rel. a ideia: *mundo ideativo*).

idem [lat.] *pron* A mesma coisa anterior.

i.dên.ti.co *adj* Rigorosamente igual em todos os detalhes: *os gêmeos, geralmente, são idênticos; as irmãs se vestiam de forma idêntica*.

i.den.ti.da.de *sf* **1**. Grande semelhança ou afinidade: *o Brasil e Portugal possuem uma identidade cultural*. **2**. Personalidade ou caráter distintivo de um indivíduo; reconhecimento de uma pessoa; individualidade: *a identidade do homem foi mantida em segredo*. **3**. Paridade absoluta: *temos identidade de interesses*. **4**. Nome diferente e novos documentos oficiais: *o informante recebeu uma nova identidade*. **5**. Redução de carteira de identidade, documento oficial que atesta a individualidade de um cidadão: *o policial pediu-lhe a identidade*.

i.den.ti.fi.car *v* **1**. Tornar idêntico a: *identificar duas teorias*. **2**. Estabelecer a identidade de: *identificar um cadáver*. **identificar-se 3**. Adquirir a índole ou a natureza de: *o ator se identificou com sua personagem*. **4**. Adaptar-se, ajustar-se: *identifiquei-me logo com meus novos companheiros*. → **identificação** *sf* [ato ou efeito de identificar(-se)].

i.de.o.gra.ma *sm* Qualquer figura, sinal ou conjunto de sinais gráficos que representam direta e convencionalmente uma ideia, em vez de letras, sons ou palavras (p. ex.: o sinal de trânsito que indica estacionamento proibido).

i.de.o.lo.gi.a *sf* **1**. Conjunto de ideias ou crenças que refletem as necessidades e aspirações sociais de um indivíduo, grupo, classe ou cultura particular. **2**. Ideário (1): *a ideologia marxista*. → **ideológico** *adj* (rel. a ideologia); **ideólogo** *sm* (aquele que formula ou defende uma determinada ideologia, geralmente de caráter político-partidário).

IDH *sm* Sigla de *índice de desenvolvimento humano*, índice criado pelo Programa das Nações Unidas para o Desenvolvimento (PNUD), que se tornou referência mundial para medir comparativamente vários fatores, princ. riqueza, alfabetização, educação, esperança média de vida, natalidade, mortalidade, etc. É uma forma de avaliar o bem-estar de uma determinada população. Os valores do IDH variam de 0 a 1.

i.dí.lio *sm* **1**. Composição em prosa ou verso que descreve uma cena simples, pacífica e encantadora da vida pastoril ou rural. **2**. *P.ext*. Experiência alegre e tranquila, relacionada com o campo: *todos os anos milhares de pessoas fogem das grandes cidades em busca do idílio rural*. **3**. *Fig*. Produto da fantasia; utopia; sonho, devaneio: *levou para o casamento o idílio de uma vida nababesca*. **4**. *Fig*. Amor poético, terno e puro; relação delicada, suave, amorosa: *os ecologistas mantêm um idílio com a natureza*. **5**. *Fig*. Caso romântico breve ou inconsequente, mas ingênuo e terno: *o idílio de Romeu e Julieta*. → **idílico** *adj* (rel. a idílio ou próprio de idílio); **idilista** *adj* e *s2gên* (**1**. que ou pessoa que compõe idílios; **2**. *fig*. utopista).

i.di.o.le.to *sm* Modo particular como cada falante usa sua língua, que contribui para identificar sua posição social, seu grau de escolaridade, sua idade aproximada, região geográfica, etc. *o dilmês é um idioleto em extinção; um exemplo de idioleto no domínio popular é a expressão "chique no úrtimo", que apareceu recentemente entre os cantores sertanejos*. → **idioletal** ou **idiolético** *adj* (rel. a idioleto).

i.di.o.ma *sm* **1**. Língua própria de uma nação ou de um povo; vernáculo: *nosso idioma é falado por cerca de 300 milhões de pessoas, em cinco continentes*. **2**. Conjunto de regras que caracterizam essa língua: *sua luta é em defesa do idioma*. → **idiomático** *adj* (**1**. rel. a idioma: *admiro o "zelo" idiomático dos jornalistas brasileiros*; **2**. próprio de uma determinada língua: *saudade seria mesmo uma palavra idiomática?*).

i.di.o.pa.ti.a *sf* Doença de causa desconhecida ou que surge espontaneamente. → **idiopático** *adj* (rel. a idiopatia).

i.di.os.sin.cra.si.a *sf* **1**. Modo próprio de sentir, ver a vida ou reagir às coisas de cada pessoa, grupo ou povo: *o nordestino é, por natureza, um poeta, e sua poesia e música são a expressão de uma idiossincrasia original*. **2**. Susceptibilidade ou resposta anormal, geralmente nociva, a uma droga, alimento ou outra substância, por efeito da constituição própria de cada organismo. **3**. Maneira de agir específica de uma pessoa ou de um grupo: *uma de suas mais famosas idiossincrasias era viajar à janela do avião; os ciganos são cientes de sua idiossincrasia*. **4**. Comportamento ou pensamento considerado incomum, excêntrico, extravagante; esquisitice, excentricidade: *Salvador Dali se destacava também por suas idiossincrasias*. → **idiossincrático** *adj* (**1**. rel. a idiossincrasia; **2**. diz-se daquele que possui ou revela características distintivas de seus pares: *um ministro do STF idiossincrático*).

i.di.o.ta *adj* e *s2gên* **1**. Que ou pessoa que não demonstra nenhuma inteligência; pateta, estúpido(a). // *adj* **2**. Próprio de idiota; estúpido: *opinião idiota; atitude idiota*. → **idiotia** *sf* (estupidez extrema); **idiotice** *sf* (ato, atitude, dito ou comportamento estúpido); **idiotização** *sf* [ato ou efeito de idiotizar(-se): *a quem interessa a idiotização do povo?*]; **idiotizar(-se)** *v* [tornar(-se) idiota].

i.di.o.tis.mo *sm* **1**. Fato gramatical peculiar a uma língua, nem sempre subordinado às regras gramaticais (p. ex.: o infinitivo variável é um *idiotismo* do português e do galego). **2**. Palavra, expressão ou construção de origem eminentemente popular (p. ex.: *destrinchar* e *maracutaia* são *idiotismos* brasileiros).

í.do.lo *sm* **1**. Qualquer figura, imagem, estátua, etc. usada como objeto de culto ou adoração. **2**. *P.ext*. Pessoa extremamente admirada ou amada por seus fãs, considerada um modelo a seguir: *um ídolo do cinema: Al Pacino*. · Fem. (2): *ídola*. → **idólatra** *adj* e *s2gên* (que ou pessoa que adora ídolos) e *adj* (rel. a idolatria); **idolatrar** *v* (**1**. prestar ou tributar idolatria a; adorar; **2**. *fig*. amar cegamente; adorar: *idolatrar um ator, um cantor*); **idolatria** *sf* (**1**. adoração de ídolos; **2**. *fig*. amor ou paixão extrema); **idolátrico** *adj* (rel. a idolatria ou que tem a natureza da idolatria).

i.dô.neo *adj* **1**. Diz-se de pessoa ou coisa que reúne todas as condições necessárias para um serviço ou função; que exerce bem o papel a que se destina; apto, competente: *ele é um cirurgião idôneo; quero uma mesa idônea para o meu computador*. **2**. Conveniente, adequado, apropriado: *dei-lhe a resposta idônea à pergunta*. **3**. Diz-se do que é digno de credibilidade; íntegro, correto, honesto: *testemunha idônea; todo concurso público tem de ser idôneo; o Ibope é um instituto de pesquisa idôneo*. · Antôn.: *inidôneo*. → **idoneidade** *sf* (**1**. qualidade do que é idôneo; **2**. qualidade de pessoa ou coisa que reúne ou cumpre as condições necessárias para certa função, cargo ou serviço; capacidade, competência, aptidão: *não vejo idoneidade nesses deputados para redigir a nova Constituição*; **3**. honestidade de conduta ou de ações; retidão, lisura, probidade: *a defesa questionou a idoneidade da investigação policial*), de antôn. (1 e 2): *inidoneidade, incompetência, inaptidão* e (3): *desonestidade, improbidade*. (Cuidado para não usar "idônio" nem "idoniedade"!)

i.dos *smpl* Tempo passado ou decorrido: *ele se formou nos idos de 1970*.

i.do.so (ô; pl.: ó) *adj* e *sm* Que ou aquele que tem muitos anos de vida.

Iemanjá *sf* Orixá feminino das águas salgadas, também conhecido por *Janaína*.

Iêmen *sm* País da Península Arábica, de área pouco menor que a do estado da Bahia. → **iemenita** *adj* e *s2gên*.

i.e.ne *sm* Moeda do Japão.

i.ga.pó *sm* Trecho da floresta amazônica inundado por enchente.

i.ga.ra.pé *sm* Braço de rio ou canal muito estreito, que entra pela floresta, apenas navegável por canoas ou pequenas embarcações.

i.glu *sm* Casa que os esquimós constroem com blocos de neve.

ig.na.ro *adj* **1**. Diz-se daquele que não tem instrução, nem cultura, nem escolaridade nenhuma; extremamente ignorante; bronco: *esses vândalos estão entre as pessoas mais ignaras da sociedade*. // *sm* **2**. Indivíduo estúpido, idiota: *você não entendeu nada porque não passa de um perfeito ignaro*. **3**. Idiotice, estupidez: *espetáculo que beira o ignaro*.

ig.ná.via *sf* **1**. Apatia, preguiça, indolência: *por pura ignávia, não consultei um dicionário*. **2**. Fraqueza de ânimo; falta de coragem; covardia: *só não fui falar com ela por ignávia*. → **ignavo** *adj* (**1**. preguiçoso, indolente; **2**. covarde, fraco de ânimo), de antôn. (1): *dinâmico* e (2): *valente, corajoso*.

íg.neo *adj* **1**. De fogo, da cor do fogo ou da natureza do fogo. **2**. Diz-se da rocha formada pela solidificação do magma; vulcânico. **3**. *Fig*. Cheio de entusiasmo: *rapaz de personalidade ígnea*.

ig.ni.ção *sf* **1**. Início de fogo em substância inflamável: *dez minutos após a ignição, as chamas ainda estavam crescendo*. **2**. Processo desse início: *a ignição do gás metano matou vários operários*. **3**. Estado de corpos em combustão, caracterizado pela liberação da luz; ignescência. **4**. Elevação de uma substância a seu ponto de combustão, por corrente elétrica, fricção ou choque mecânico. **5**. Redução de *sistema de ignição*, sistema elétrico (velas, bobinas, etc.) acionado geralmente por uma bateria, que provoca a faísca ou centelha, para a queima da mistura de combustível nos cilindros dos motores de combustão interna: *os carros modernos têm ignição por botão*. **6**. Dispositivo que aciona esse sistema: *deixei a chave na ignição*. → **ignescência** *sf* [**1**. qualidade do que é ignescente; **2**. ignição (3)]; **ignescente** *adj* (**1**. que emite faíscas de fogo, como certas pedras quando golpeadas com aço; cintilante; **2**. que explode em chamas).

ig.nó.bil *adj* **1**. Diz-se do indivíduo que não tem nenhum respeito pela decência e bons costumes; abjeto, torpe: *a gentalha é, por natureza, ignóbil*. **2**. Diz-se daquilo que causa repulsa ou ofende o sentido estético; repulsivo: *uma tela ignóbil*. **3**. Diz-se da pessoa que não tem nobreza de caráter nem de sentimentos; indigno(a): *já tivemos vários presidentes ignóbeis*. **4**. Baixo, vil, desprezível, rasteiro: *sentimentos ignóbeis, como raiva, ódio, rancor, só dominam as almas pequenas*. · Antôn.: *nobre, digno, elevado*. → **ignobilidade** *sf* (qualidade de ignóbil), de antôn. *nobreza, dignidade*.

ig.no.mí.nia *sf* **1**. Profunda humilhação e desgraça pessoal, geralmente sofrida de forma pública; desonra e vergonha; infâmia, opróbrio: *aquele presidente passou pela ignomínia de ter de renunciar por peculato*. **2**. Qualquer ação, palavra, dito, conduta ou papel vergonhoso, infame, desonroso: *não é ignomínia renunciar a um cargo; ignomínia é, sim, não honrá-lo*. → **ignominioso** (ô; pl.: ó) *adj* (desonroso, vergonhoso).

ig.no.rar *v* **1**. Não saber; desconhecer: *ignorar o significado de uma palavra*. **2**. Não ter ou não possuir: *ignoro a inveja e o ciúme*. **3**. Recusar-se a tomar conhecimento de; não dar atenção a; desdenhar, desprezar: *ignorei a presença dela na festa; por que você está me ignorando?; o presidente ignorou a pergunta do jornalista*. **4**. *Fig*. Não levar em conta; deixar de considerar (algo significativo): *as transmissões diretas por satélite ignoram fronteiras nacionais*. → **ignorado** *adj* (**1**. não sabido, desconhecido: *homem de endereço ignorado*; **2**. desprezado); **ignorante** *adj* e *s2gên* (que ou pessoa que não recebeu instrução nenhuma; que ou pessoa que não tem ciência nem mesmo do que se passa à sua volta), de antôn. *esclarecido, culto, instruído*; **ignorância** *sf* (condição de ignorante; falta total de conhecimentos ou de instrução), de antôn. *cultura, instrução*; **ignoto** (ô ou ó) *adj* (que é desconhecido, obscuro ou ignorado: *não posso enveredar por tema tão ignoto, sob pena de me machucar*).

IGP *sm* Sigla de *índice geral de preços*, calculado pela Fundação Getúlio Vargas (FGV). · Pl.: *IGPs*.

IGP-M *sm* Sigla de *índice geral de preços do mercado*, índice de inflação calculado mensalmente pela Fundação Getúlio Vargas (FGV). · Pl.: *IGP-Ms*.

i.gre.ja (ê) *sf* **1**. Templo para o culto cristão. **2**. *P.ext*. Qualquer atividade religiosa realizada nesse templo: *você vai à igreja todos os domingos?* **Igreja** (ê) *sf* **2**. Autoridade eclesiástica; classe clerical; clerezia: *a Igreja se reúne hoje com o governo*. **3**. Comunidade cristã: *a Igreja não admite o aborto*. → **igrejinha** *sf* [**1**. igreja pequena; **2**. *pop*. grupelho (1); panelinha: *é o típico jogador que forma igrejinha nos times em que atua*]. ·· **Igreja matriz**. Igreja de uma localidade na qual o sacerdote celebra a principal missa dominical; matriz (4).

i.gual *adj* **1**. Que não apresenta diferença nenhuma com outro; idêntico: *casas iguais; casos iguais*. **2**. De mesma qualidade, quantidade, tamanho, grau, valor, quantia, etc.: *nunca pude comprar outro carro igual àquele; pus quantidades iguais de leite e café; recebemos salários iguais*. **3**. Equivalente, idêntico: *quatro é igual a dois mais dois; mais dinheiro é igual a melhor educação; oferecer oportunidades iguais de emprego*. **4**. Que não varia; que é sempre o mesmo; inalterável: *aqui os dias são sempre iguais; o chefe é igual com todos*. **5**. De mesmos direitos, deveres, obrigações e oportunidades: *todos são iguais perante a lei*. **6**. Sem reentrâncias ou saliências; plano, liso, regular: *o piso está igual*. **7**. Constante, estável: *aqui a temperatura é sempre igual*. // *sm* **8**. Sinal aritmético (=) de igualdade. **9**. Pessoa de mesma importância, valor, qualidade, etc.: *ele não respeita o seu igual; a chefe aqui nos trata como iguais; como goleiro, não teremos outro igual*. // *adv* **10**. De forma idêntica; da mesma forma: *dia após dia, eles fazem tudo igual; pensamos igual*. // *conj* **11**. Como, feito: *foi tratado igual escravo*. → **igualação** *sf* ou **igualamento** *sm* [ato ou efeito de igualar(-se)]; **igualar(-se)** *v* [tornar(-se) igual, equiparar(-se), nivelar(-se)]; **igualdade** *sf* (qualidade ou estado de igual, princ. em *status, direitos e oportunidade*); **igualitário** *adj* (rel. a igualitarismo) e *adj* e *sm* (que ou aquele que é partidário do igualitarismo); **igualitarismo** *sm* (sistema que prega a igualdade de condições para todos os membros da sociedade).

i.gua.lha *sf* Identidade de posição social ou de condição moral: *não ando com gente de sua igualha; os políticos são todos da mesma igualha*.

i.gua.na ou **i.gua.no** *sm* Lagarto encontrado do México até o Brasil, de cauda maior que o corpo, crista que segue pelo dorso e cauda semelhante a espinhos, e carne comestível; sinimbu. (Apesar de esta palavra ser masculina, conforme registro na 6.ª ed. do VOLP, dois dicionários brasileiros divergem desse registro: um deles classifica-a apenas como *sf*; o outro classifica-a como *sf* e *sm*. Pois é..)

i.gua.ria *sf* Qualquer comida boa e apetitosa: *o vatapá é uma iguaria baiana*.

ih *interj* Indica admiração, surpresa, medo, espanto, ironia.

i.í.di.che ou **í.di.che** *sm* **1**. Língua germânica falada por um grupo de israelitas. // *adj* **2**. Relativo ou pertencente a essa língua.

ikebana [jap.] *sm* Arte japonesa do arranjo floral.

i.la.ção *sf* Aquilo que se deduz de fatos ou observações; dedução, inferência, conclusão lógica.

i.le.al *adj* V. **íleo**.

i.le.gal *adj* Proibido por lei, ilícito: *drogas ilegais*. → **ilegalidade** *sf* (**1**. caráter do que é ilegal; **2**. ato ilegal: *cometi uma ilegalidade*; **3**. estado daquele cujos atos o colocam fora da lei: *viver na ilegalidade*).

i.le.gí.ti.mo *adj* **1**. Diz-se do filho nascido de pais não ligados um ao outro pelos vínculos legais do casamento; natural, bastardo. **2**. Que não está autorizado por lei; ilegal: *união ilegítima; governo ilegítimo*. **3**. Que não tem fundamento; injustificado: *reivindicação ilegítima; ela acha que minhas preocupações são ilegítimas*. → **ilegitimidade** *sf* (qualidade do que é ilegítimo).

i.le.gí.vel *adj* Que não está suficientemente claro para ler. → **ilegibilidade** *sf* (qualidade, estado ou condição de ilegível).

i.le.so (ê ou é) *adj* Que saiu salvo de um perigo, mas não intacto. · V. **incólume**.

i.le.tra.do *adj* e *sm* **1**. Que ou aquele que, mesmo alfabetizado, é pobre em cultura literária. **2**. Que ou aquele que não domina nem a leitura nem a escrita; analfabeto ou semianalfabeto: *num meio de iletrados, os livros nunca terão vez*.

i.lha *sf* **1**. Qualquer porção de terra emersa, menor que um continente, cercada de água, em oceano, mar, lago ou rio. **2**. *Fig*. Qualquer coisa rara, única e completamente isolada e diferenciada: *as cidadezinhas do interior já deixaram de ser uma ilha de paz e tranquilidade, em vista da violência galopante*. **3**. *Fig*. Qualquer zona claramente diferenciada do espaço que a rodeia: *as favelas do Morumbi, em São Paulo, são uma ilha de pobreza nesse bairro chique*. **4**. Redução de *ilha de pedestre*, elevação do obstáculo no meio das avenidas, para separar as mãos de direção ou servir de proteção aos pedestres, durante a travessia. **5**. *Fig*. Pessoa isolada de tudo e de todos: *nenhum homem é uma ilha*. · Col. (1): *arquipélago*. · Dim. (1): *ilhéu* ou *ilhota*. → **ilhado** *adj* (**1**. transformado em ilha: *com a subida do nível do mar, uma porção do continente ali ficou ilhada*; **2**. *fig*. isolado ou afastado de tudo e de todos: *o presidente parece, hoje, um homem ilhado em Brasília*); **ilhar(-se)** *v* [tornar(-se) incomunicável, como uma ilha; isolar(-se)]; **ilhéu** *adj* (**1**. rel. ou pert. a ilha; insular) e *sm* [**1**. dim. irreg. de *ilha*; ilhota (geralmente no meio do mar); **2**. aquele que nasce ou habita numa ilha; insular, insulano], de fem. *ilhoa* (ô).

i.lhar.ga *sf* **1**. Cada uma das depressões laterais por baixo do lombo do cavalo. **2**. Lado do corpo humano desde os quadris até os ombros. **3**. Lado de qualquer corpo; flanco: *as ilhargas da serra*.

i.lhéu *adj* e *sm* V. **ilha**.

i.lhó ou **i.lhós** *sm* **1**. Qualquer furo aberto em pano, couro, cartão, etc. para se enfiar fita ou cordão: *sapato de ilhó muito pequeno*. **2**. Aro de metal, plástico, etc., para ornar esse furo. · Pl. (de *ilhós*): *ilhoses*. (A 6.ª ed. do VOLP classifica *ilhós* como s2gên2núm. Se assim é, como se justifica registrar o plural *ilhoses*?)

i.lí.a.co *adj* **1**. Da parte lateral da bacia: *região ilíaca*. // *sm* **2**. Cada um dos dois ossos irregulares que ocupam as partes laterais e anteriores da bacia; osso crural.

i.li.ba.do *adj* **1**. Sem mancha; puro, impoluto, incorrupto: *homem de moral ilibada*. **2**. Diz-se daquele que recuperou a reputação, após suspeitas infundadas; isentado de culpa ou suspeita; *o deputado, agora ilibado, recuperou seus direitos políticos*. → **ilibação** *sf* (ação ou efeito de ilibar, de purificar); **ilibar** *v* (tornar puro; purificar, depurar).

i.lí.ci.to *adj* **1**. Não legalmente permitido; ilegal: *envolver-se em atividades ilícitas*. **2**. Contrário à moral ou aos bons costumes; impróprio: *a nudez é ilícita nas praias brasileiras*. → **ilicitude** *sf* (qualidade do que é ilícito).

i.li.dir *v* Destruir, refutando: *o advogado ilidiu a argumentação do contendor*. (Não se confunde com *elidir* (eliminar, suprimir).

i.li.mi.ta.do *adj* **1**. Sem limites de qualquer natureza; infindo, infinito: *os avós parecem ter paciência ilimitada com seus netos; os ditadores têm poderes ilimitados*. **2**. Absoluto, irrestrito: *ter confiança ilimitada em alguém; ter acesso ilimitado aos melhores conteúdos da internet; o plano permite ligações ilimitadas a todo o país*. **3**. Impossível de ser medido, calculado ou avaliado: *ele já pode concorrer a um número ilimitado de eleições; as reservas de petróleo da Venezuela são ilimitadas*. **4**. Diz-se daquele cujo fim não pode ser determinado ou fixado: *greve de prazo ilimitado*.

i.ló.gi.co *adj* Sem lógica; sem sentido; incoerente: *a paixão leva quase sempre a decisões ilógicas; sua alegação é ilógica, portanto insustentável*. → **ilogicidade** *sf* ou **ilogismo** *sm* (qualidade, natureza ou condição daquilo que é ilógico; falta de lógica).

i.lu.dir *v* **1**. Enganar com promessas falsas; causar ilusão a; tapear, tungar: *há políticos que iludem o eleitor*. **2**. Frustrar, burlar: *o sequestrador conseguiu iludir a vigilância dos sequestradores e fugiu*. **iludir-se 3**. Cair em ilusão ou em erro; enganar-se: *não se iluda a respeito dessa gente: a maioria é picareta!* · V. **ilusão**.

i.lu.mi.nar *v* **1**. Encher de luminosidade; derramar luz sobre: *os holofotes iluminam o estádio*. **2**. Abrilhantar, dar maior realce a: *a presença da Miss Brasil iluminou a festa*. **3**. *Fig*. Esclarecer pelo ensino; ilustrar: *os professores iluminam a mente das nossas crianças*. **4**. *Fig*. Inspirar, orientar: *meu Deus, iluminai-me!* **iluminar-se 5**. Encher-se de luz ou luminosidade: *o estádio já se iluminou para o jogo*. → **iluminação** *sf* [ato ou efeito de iluminar(-se)].

i.lu.são *sf* **1**. Tudo aquilo de maravilhoso ou fantástico que uma pessoa erroneamente supõe existir: *a ilusão do verdadeiro amor; a ilusão de um mundo justo e sem maldade; a ilusão da felicidade*. **2**. Estado de ânimo da pessoa que espera ou deseja que aconteça alguma coisa, que nunca se concretiza; esperança, sonho alimentando a ilusão de ver este país grande não só em território; não ter a ilusão de ficar rico; não temos ilusões sobre a possibilidade de vitória nesse jogo*. **3**. Coisa que se percebe como real, sendo imaginária; alucinação, visão: *pareceu-me que abriram a porta, mas foi só uma ilusão*. **4**. Esperança vã ou sem fundamento real: *ela é dessas que ainda têm a ilusão de casar com um príncipe encantado*. **5**. Sonho, quimera, fantasia: *você vive de ilusão?* **6**. Coisa boa, porém, efêmera; sonho encantador: *a vida é uma ilusão*. **7**. Promessa de prazer, felicidade, riqueza, etc. que se revela decepcionante ou dolorosa: *no começo do namoro, ele usou a ilusão para conquistá-la*. · Pl.: *ilusões*. → **ilusivo** *adj* [que é falso ou enganoso; ilusório (1)]; **ilusório** *adj* (**1**. que causa ilusão; enganoso, falaz, falso, ilusivo: *essa goleada do seu time foi ilusória; a presença de um ou outro policial na rua transmite uma sensação ilusória de segurança*; **2**. que é produto da imaginação; fantasioso, imaginário, irreal, fictício: *felicidade eterna é ilusório*).

i.lu.si.o.nis.mo *sm* Arte e técnica de produzir efeitos aparentemente extraordinários, mediante jogos de mãos, artifícios e truques; mágica, prestidigitação. → **ilusionista** *adj* (rel. a ilusionismo) e *adj* e *s2gên* [praticante do ilusionismo; prestidigitador(a)].

i.lus.trar *v* **1**. Tornar ilustre ou glorioso; enobrecer: *esse atleta ilustrou o nosso país nas Olimpíadas*. **2**. Informar e formar ao mesmo tempo; instruir, esclarecer: *a boa leitura ilustra as crianças*. **3**. Prover (publicação) de desenhos, figuras, etc., com objetivo pedagógico; ilustrar um livro. **ilustrar-se 4**. Fazer-se glorioso ou ilustre: *Machado de Assis se ilustrou na literatura*. → **ilustração** *sf* [**1**. ato ou efeito de ilustrar(-se); **2**. conjunto pessoal de conhecimentos gerais; saber; **3**. imagem, figura ou qualquer outra matéria visual usada para esclarecer ou decorar um texto, legenda, livro, jornal, folheto, etc.]; **ilustrado** *adj* (**1**. esclarecido, informado, culto; **2**. diz-se de obra que tem muitos desenhos, figuras, etc., geralmente coloridos); **ilustrador** (ô) *adj* e *sm* (que ou aquele que ilustra; que ou aquele que desenha ilustrações); **ilustrativo** *adj* (que serve para ilustrar ou esclarecer).

i.lus.tre *adj* **1**. Que se distingue por seu brilhantismo, por seus méritos pessoais; insigne: *o ilustre cientista tinha razão*. **2**. Que adquiriu celebridade ou fama; célebre, renomado, famoso: *van Gogh é um pintor ilustre*. **3**. Da nobreza; nobre, fidalgo: *ela descende de família ilustre*. **4**. Respeitado, admirado e bem-vindo; eminente: *contamos com a ilustre presença do presidente*. **5**. Famoso ou célebre por sua excelência; brilhante: *fez ilustre carreira militar; os feitos ilustres de Caxias; homem de passado ilustre*. **6**. Simples, comum, mero: *você é um ilustre desconhecido*.

í.mã *sm* Mineral negro, óxido de ferro e de titânio, duro e pesado, que tem a propriedade de atrair naturalmente o ferro e quaisquer outros metais.

i.ma.cu.la.do *adj* **1**. Sem nenhuma sujeira ou mancha; perfeitamente limpo: *ela exige dormir em lençóis imaculados*. **2**. *Fig*. Sem mancha moral; sem pecado; puro: *o coração imaculado de Maria*. **3**. *Fig*. Irrepreensível, irretocável, perfeito: *as crianças tiveram um comportamento imaculado na festa; meu time fez uma campanha imaculada na Copa Libertadores*.

i.ma.gem *sf* **1**. Figura representativa de pessoa ou de objeto, feita por meio de desenho, pintura, escultura, etc. **2**. Estampa que representa geralmente um assunto religioso; efígie: *a* *imagem de Cristo.* **3.** Qualquer figura refletida num espelho, na água ou numa lente: *ela estudou sua imagem ao espelho; as imagens de televisão; esse escâner oferece melhor qualidade de imagem.* **4.** *Fig.* Representação mental; lembrança: *não consigo tirar da mente a terrível imagem daquele acidente; jardim evoca a imagem de flores.* **5.** Semelhança exata: *Deus criou o homem à sua imagem.* **6.** Representação, símbolo: *aquela cena de um homem remexendo o lixo é a mais pura imagem da miséria humana.* **7.** *Fig.* Impressão geral que uma pessoa, empresa ou produto tem ou transmite junto a outrem ou ao público: *eu tinha uma imagem negativa de você; a imagem do presidente melhorou muito depois dessas medidas; é preciso melhorar a imagem da polícia.* **8.** *Fig.* Pessoa muito parecida com outra; dublê, cópia, retrato, clone: *ele é a imagem do pai.* **9.** *Fig.* Personificação de alguma coisa específica; encarnação, retrato: *ele é a imagem do desânimo.* → **imagético** *adj* (**1.** rel. a imagem; **2.** baseado em imagens; **3.** representado por imagens; **4.** *fig.* que revela imaginação: *texto imagético*); **imaginação** *sf* (**1.** faculdade de formar imagens mentais ou conceitos que não são realmente conhecidos dos sentidos; **2.** cada uma dessas imagens ou cada um desses conceitos; **3.** capacidade de inventar, criar ou conceber; talento e capacidade criativa; **4.** capacidade de enfrentar e resolver dificuldades); **imaginar** *v* (**1.** representar mentalmente; **2.** pensar, supor, julgar; **3.** fazer ideia de, calcular); **imaginário** *adj* [que existe apenas na imaginação; irreal, fantasioso, falso, imaginativo (2)]; **imaginativo** *adj* (**1.** que tem imaginação fértil; **2.** imaginário).

i.ma.nen.te *adj* **1.** Que faz parte da essência, da natureza de um ser, sendo dele algo inseparável; inerente, intrínseco, essencial: *o senso de propriedade é tão imanente ao ser humano quanto a sexualidade.* **2.** Em teologia, que está presente (por oposição a *transcendente*): *Deus está imanente em toda a sua Criação.* **3.** Que é particular, privativo ou exclusivo de um ser ou de uma coisa: *"o tempo da crônica, pela velocidade que lhe é imanente, necessita de um espaço mutante".* **4.** Relativo ao que não desaparece, ao que é permanente, perpétuo ou eterno: *as nuvens são imanentes ao nosso planeta.* **5.** Diz-se daquilo que traz em si um princípio próprio, e não requer a intervenção de um princípio externo. **6.** Diz-se da descrição ou análise que não utiliza fatores transcendentes ao ser ou fenômeno abordado. → **imanência** *sf* (qualidade ou estado de imanente). ·· **Justiça imanente.** Justiça que decorre naturalmente dos atos praticados, sem a intervenção de um agente externo: *Há uma justiça imanente no curso das coisas, por isso não há necessidade de sanção ou punição social, divina, legal, etc.*

i.man.tar ou **i.ma.nar** ou **i.man.ti.zar** *v* Comunicar a propriedade de ímã a (metal); magnetizar: *imantar uma agulha.* → **imantação, imanação** ou **imantização** *sf* (magnetização). (A 6.ª ed. do VOLP, em mais um rasgo de incoerência, registra *imantação* e *imanação*, mas não *imantização*.)

i.mar.ces.cí.vel *adj* **1.** Que não perde o viço ou o frescor; que não murcha; imperecível, incorruptível: *infelizmente, não existem frutas e flores imarcescíveis.* **2.** *Fig.* Que não se extingue jamais; inextinguível, indestrutível: *as glórias de Caxias são imarcescíveis.* → **imarcescibilidade** *sf* (qualidade do que é imarcescível).

i.ma.te.ri.al *adj* e *sm* **1.** Que ou o que não tem matéria; que ou o que é impalpável, incorpóreo: *os fantasmas são imateriais.* // *adj* **2.** Sem importância; desimportante, irrelevante: *a conversa da juventude de hoje pode até ser animada, mas é sempre imaterial.* → **imaterialidade** *sf* (qualidade, condição ou natureza de imaterial); **imaterialismo** *sm* (teoria filosófica dos que negam a existência da matéria, que só tem realidade como percepção mental); **imaterialista** *adj* (rel. a imaterialismo) e *adj* e *s2gên* (que ou pessoa que é partidária do imaterialismo); **imaterialístico** *adj* (rel. a imaterialismo ou a imaterialista).

i.ma.tu.ro *adj* **1.** Que ainda não atingiu a necessária maturidade; que não está completamente desenvolvido: *manga imatura; pescar lagostas imaturas é ilegal.* **2.** *Fig.* Diz-se daquilo que não é próprio de um adulto plenamente desenvolvido do ponto de vista emocional ou psicológico; pueril: *atitude imatura; reação imatura.* // *adj* e *sm* **3.** Que ou aquele que, apesar de ter chegado à idade adulta, ainda não atingiu o seu completo desenvolvimento psicológico, intelectual, emocional e/ou afetivo, demonstrando por consequência sinais de infantilidade; que ou aquele que tem atitudes próprias de criança: *ela casou com um imaturo e agora quer o divórcio.* · Antôn.: *maturo.* → **imaturidade** *sf* (**1.** falta de maturidade psicológica e/ou intelectual: *sua imaturidade o obriga a ser volúvel;* **2.** qualidade do que não atingiu o pleno desenvolvimento;

incompletude de formação: *os bebês prematuros apresentam imaturidade em seu sistema digestório*).

im.ba.tí.vel *adj* Impossível de ser vencido; invencível.

im.be.cil *adj* e *s2gên* **1.** Que ou pessoa que tem a mente deficiente e inteligência igual à de uma criança de cinco anos de idade, o que a torna extremamente irritante e desprezível; cretino(a). // *adj* **2.** Próprio desse tipo de pessoa; cretino: *comentário imbecil; novela imbecil.* · Antôn.: *inteligente.* → **imbecilidade** *sf* (**1.** qualidade ou condição de imbecil; **2.** ato, dito ou atitude de imbecil); **imbecilização** *sf* [ato ou efeito de imbecilizar(-se)]; **imbecilizar(-se)** *v* (tornar(-se) imbecil].

im.be.le *adj* **1.** Que não é belicoso; pacífico: *o imbele povo brasileiro.* **2.** *Fig.* Covarde, fraco, frouxo, medroso. **3.** *Fig.* Que não faz efeito; ineficaz: *medicamento imbele.* · Antôn. (1): *guerreiro, belicoso*; (2): *corajoso, destemido, bravo*; (3): *eficaz, ativo.*

im.ber.be *adj* e *s2gên* **1.** Que ou pessoa que ainda não tem barba: *rapagão ainda imberbe: ela diz que não namora imberbes.* **2.** Que ou pessoa que é muito jovem: *eleitores imberbes; os imberbes não podem beber.*

im.bri.car *v* **1.** Dispor (objetos) de modo que se sobreponham parcialmente, à maneira das telhas de um telhado ou das escamas na pele dos peixes. **imbricar(-se) 2.** Estabelecer(-se) em estreita ligação ou conexão: *há hoje um crescente imbricar de interesses de empresas portuguesas com brasileiras; os interesses de ambas as empresas se imbricaram.* → **imbricação** *sf* [ato ou efeito de imbricar(-se)].

im.bró.glio (glio = lho) *sm* **1.** Situação complicada, confusa e de grande complexidade. **2.** Trapalhada, confusão.

im.bu.ia *sf* **1.** Árvore de madeira de lei, muito usada na indústria de móveis e na fabricação de instrumentos musicais. **2.** Essa madeira.

im.bu.ir *v* **1.** Embeber, impregnar: *imbuir um pano em álcool.* **2.** *Fig.* Arraigar (ideia, sentimento, etc.) em (uma pessoa); inculcar, infundir, incutir, ensinar: *os pais o imbuíram da obrigação de ser honesto desde criança; imbuí-lhe desde cedo a noção de dignidade, qualidade imprescindível num homem de bem.* **imbuir-se 3.** Convencer-se: *ela, por fim, acabou imbuindo-se do grande amor que lhe devoto.* · Conjuga-se por *atribuir.* → **imbuição** *sf* [ato ou efeito de imbuir(-se)].

i.me.di.a.ção *sf* **1.** Fato de ser ou estar próximo; proximidade. // *sfpl* **2.** Partes imediatamente ao redor de uma cidade; vizinhanças; cercanias, arredores, proximidades: *morar nas imediações da capital.*

i.me.di.a.to *adj* **1.** Que segue ou precede a outro, sem ter nada de permeio, numa série; seguinte: *número imediato a outro.* **2.** Que não tem nada de permeio; contíguo, próximo: *dormi no quarto imediato ao da atriz.* **3.** Que acontece sem intervalo; instantâneo, rápido: *alívio imediato.* **4.** Próximo no tempo: *sucessor imediato.* // *sm* **5.** Aquele que depende só de um superior ou chefe, a quem substitui eventualmente. ·· **De imediato.** Imediatamente: *Chamamos a polícia de imediato.* → **imediatamente** *adv* (sem a mínima demora; no mesmo instante; de imediato: *volte imediatamente!*); **imediatismo** *sm* (**1.** maneira direta de proceder, sem rodeios nem mediações; **2.** prática de dar importância ao presente, sem pensar no futuro); **imediatista** *adj* (rel. a imediatismo) e *adj* e *s2gên* (que ou pessoa que é partidária do imediatismo).

i.me.mo.rá.vel, i.me.mo.ri.al ou **i.me.mo.ri.á.vel** *adj* Tão antigo, que não se pode precisar sua antiguidade ou sua origem; que remonta à mais alta antiguidade; antiquíssimo: *isso de olho por olho, dente por dente é de tempos imemoráveis.*

i.men.so *adj* **1.** Que não pode ser medido, em vista da sua extensão; imensurável (1): *o universo é imenso.* **2.** *P.ext.* Extremamente grande; enorme, imensurável (2): *uma casa imensa; artista de imenso talento; ela herdou uma fortuna imensa.* **3.** *Fig.* Muito numeroso: *ter uma imensa prole.* · Antôn.: *pequeno, insignificante.* → **imensidade** *sf* [**1.** tamanho, escala ou extensão extremamente grande de alguma coisa; imensidão (1): *a imensidade do universo;* **2.** grande quantidade: *pagamos uma imensidade de impostos*]; **imensidão** *sf* [**1.** grande extensão ou vastidão; imensidade (1): *ele percebeu a imensidão do risco que estava correndo;* **2.** *p.ext.* qualidade de uma coisa que não tem limites certos: *a imensidão do pensamento;* **3.** *fig.* algo imenso; vastidão; enormidade: *esta imensidão de país*].

i.men.su.rá.vel *adj* **1.** Imenso (1): *o universo é imensurável.* **2.** Imenso (2): *ela herdou uma fortuna imensurável.*

i.me.re.ci.do *adj* Não merecido; injusto: *recebeu imerecida crítica.*

356

i.mer.gir *v* **1**. Meter debaixo d'água ou de qualquer outro líquido; mergulhar, afundar: *imergir o corpo na água do batismo*. **imergir-se 2**. Mergulhar, afundar: *os homens-rãs imergiram-se no mar bravio, em busca das vítimas do acidente aéreo*. · Conjuga-se por *submergir*. · Antôn.: *emergir*. → **imersão** *sf* [**1**. ato ou efeito de imergir(-se): *proceder à imersão do mel cristalizado em banho-maria*; **2**. batismo realizado mediante a total submersão de uma pessoa na água: *nas igrejas evangélicas, o batismo requer a imersão do convertido na água*; **3**. *fig*. estado de quem está absorto ou concentrado], de antôn. *emersão*; **imerso** *adj* (**1**. afundado, mergulhado, submerso: *ficar muito tempo com as mãos imersas na água*; **2**. *fig*. concentrado, absorto: *estar imerso em seus próprios pensamentos*), de antôn. *emerso*.

i.me.xí.vel *adj* Intocável (4).

i.mi.grar *v* Vir fixar-se num país estranho ao seu: *muitos italianos imigraram para o Brasil no final do século XIX*. · Antôn.: *emigrar*. → **imigração** *sf* (**1**. ato ou efeito de imigrar; **2**. entrada de pessoa ou de grupo de pessoas estrangeiras em um país, para nele fixar residência); **imigrado** *adj* e *sm* ou **imigrante** *adj* e *s2gên* (que ou pessoa que se estabeleceu num país que não é o seu de origem), de col. *leva*, *colônia*; **imigratório** *adj* (rel. a imigração ou a imigrantes: *movimentos imigratórios; documentação imigratória*).

i.mi.nen.te *adj* Que está prestes a acontecer: *um grande terremoto é iminente na Califórnia*. (Não se confunde com *eminente*.) → **iminência** *sf* (qualidade do que é iminente: *a iminência desse terremoto apavora muita gente*), que não se confunde com *eminência*.

i.mis.cu.ir-se *v* Intervir indevida e indiscretamente no que é de competência de outro; intrometer-se, enxerir-se: *não se misture na minha vida!* → **imisção** ou **imiscuição** *sf* (ato ou efeito de imiscuir-se; intromissão ou intrometimento nos assuntos ou problemas alheios).

i.mi.tar *v* **1**. Fazer à semelhança de; arremedar: *imitar um famoso apresentador*. **2**. Tomar como modelo: *filhos que imitam o pai*. **3**. Tentar reproduzir o estilo de (artista, escritor, etc.): *imitar um poeta*. **4**. Reproduzir, repetir: *o papagaio imita a voz humana*. **5**. Assemelhar-se: *latão que imita ouro*. **6**. Falsificar: *imitar uma assinatura*. → **imitação** *sf* (**1**. ato ou efeito de imitar; **2**. coisa imitada); **imitante**, **imitativo** ou **imitatório** *adj* (que imita; semelhante, parecido: *a mania imitatória dos brasileiros aos americanos*).

IML *sm* Sigla de *Instituto Médico-Legal*, local onde se fazem necropsias.

i.mo.bi.li.á.ria *sf* Empresa incorporadora de imóveis. → **imobiliário** *adj* (**1**. rel. ou pert. a imóveis: *mercado imobiliário*; **2**. constituído de imóveis: *ter um bom patrimônio imobiliário*; **3**. que negocia imóveis: *firma imobiliária*).

i.mo.bi.li.zar *v* **1**. Tornar imóvel: *o impacto do acidente imobilizou a vítima*. **2**. Privar dos meios de exercer a ação: *o policial imobilizou o ladrão*. **3**. Parar, fazer parar: *a falta de energia pode imobilizar o país*. **4**. Reter: *imobilizar recursos para uma campanha presidencial*. **5**. Converter (capital de giro) em capital fixo: *a empresa imobilizou grande parte do seu passivo e ficou sem capital de giro*. **imobilizar-se 6**. Estacionar, não progredir: *as exportações brasileiras se imobilizaram*. → **imobilização** *sf* [ato ou efeito de imobilizar(-se)].

i.mo.des.to *adj* **1**. Falto de modéstia ou de discrição. **2**. Falto de pudor; despudorado, indecente, impudico: *amamentar no seio, em público, nunca foi um gesto imodesto*. → **imodéstia** *sf* (**1**. falta de modéstia; simplicidade; **2**.*p.ext*. presunção; **3**.*p.ext*. falta de pudor ou de decoro).

i.mó.di.co *adj* **1**. Que não é módico; exagerado, exorbitante: *preços imódicos*. **2**. Muito caro: *produtos imódicos não se vendem fácil*.

i.mo.lar *v* **1**. Sacrificar, como sinal de reconhecimento ou obediência, matando sobre o altar e consagrando à divindade; oferecer em sacrifício a uma divindade, matando: *imolar carneiros aos deuses*. **2**.*P.ext*. Sacrificar (algo valioso), abdicar de, renunciar a: *eles imolaram bens preciosos, para que os deuses mandassem chuva*. **3**.*P.ext*. Matar: *a guerra imola inocentes; tentaram imolar uma cristã, colocando um pneu em volta de seu corpo*. **4**. *Fig*. Prejudicar, arruinar: *quando o caso é dinheiro, ele é capaz de imolar a própria família*. **imolar-se 5**. Matar-se, ateando fogo, por um ideal ou um protesto: *um estudante se imolou em praça pública*. → **imolação** *sf* (ato ou efeito de imolar: *a imolação acontece quando alguém sacrifica algo, inclusive a própria vida, por um ideal ou em razão de um protesto*).

i.mo.ral *adj* **1**. Que está em conflito com os princípios morais geralmente ou tradicionalmente defendidos; obsceno, indecente, licencioso, chocante: *telenovela imoral; gestos imorais*. // *adj* e *s2gên* **2**. Que ou pessoa que é libertina, devassa, depravada. (Não se confunde com *amoral*.) → **imoralidade** *sf* (**1**. qualidade, característica ou natureza do que é imoral; **2**. gesto, comportamento, dito ou ação imoral).

i.mor.re.dou.ro *adj* **1**. Que não morre jamais; eterno: *ele jurou apoio imorredouro ao chefe*. **2**. Que dura muito tempo; duradouro: *o mundo nunca viveu um período de paz tão imorredouro*. **3**. Que fica para sempre na lembrança; inesquecível: *cenas daquela guerra são imorredouras*.

i.mor.tal *adj* **1**. Que não está sujeito à morte: *a alma é imortal*. **2**. *Fig*. Inesquecível, célebre, famoso: *escritor imortal; o imortal poema camoniano*. // *s2gên* **3**. Ser imortal: *um imortal, como o Super-Homem, não existe na Terra*. **4**. Pessoa, princ. um autor, escritor, etc. de fama duradoura: *os imortais da Academia Brasileira de Letras*. → **imortalidade** *sf* (qualidade ou condição de imortal); **imortalização** *sf* [ato ou efeito de imortalizar(-se)]; **imortalizar(-se)** *v* [tornar(-se) imortal ou eterno, eternizar(-se)].

i.mó.vel *adj* **1**. Que não se move, podendo fazê-lo; estático: *ficar imóvel ante a beleza estonteante de uma garota*. **2**. Diz-se de qualquer propriedade urbana ou rural: *vender os bens imóveis*. // *sm* **3**. Qualquer propriedade urbana ou rural (casa, apartamento, terreno, sítio, fazenda, etc.): *aplicar todo o dinheiro em imóveis*. · V. **imobiliária** e **imobiliário**. → **imobilidade** *sf* (**1**. estado do que é ou se tornou imóvel: *o acidente causou-lhe imobilidade das pernas*; **2**. falta total de movimento: *repare na imobilidade das folhas das árvores!*).

im.pa.ci.ên.cia *sf* **1**. Falta de paciência. **2**. Incapacidade de aguardar ou de esperar. → **impacientar(-se)** *v* [tornar(-se) impaciente, enervar(-se)]; **impaciente** *adj* e *s2gên* (que ou pessoa que não tem paciência) e *adj* (apressado, precipitado).

im.pac.to *sm* **1**. Tiro ou disparo que acertou no alvo. **2**. Choque de um corpo em movimento contra outro em repouso. **3**. Queda brusca de um peso sob alguma coisa; pancada. **4**. *Fig*. Choque emocional; abalo, comoção: *essa morte causou impacto no mundo esportivo*.

im.pa.gá.vel *adj* **1**. Que não se pode ou não se deve pagar: *dívida impagável*. **2**. Que não há dinheiro que compre: *esse meu carro é impagável*. **3**. *Fig*. Muito engraçado; cômico: *humorista impagável, de piadas impagáveis*.

im.pa.la *sm* Antílope africano, de pelagem predominantemente castanha ou avermelhada e chifre em forma de lira.

im.pal.pá.vel *adj* **1**. Imperceptível ao toque; intangível, insubstancial: *o vento é impalpável*. **2**. Tão fino ou tênue, que praticamente não se sente: *o pó é impalpável*. **3**. *Fig*. Que não é prontamente percebido pela mente, por ser muito sutil: *qualquer mínima diferença de qualidade de som é impalpável para todos, exceto para os audiófilos mais exigentes*. → **impalpabilidade** *sf* (qualidade ou condição de impalpável).

im.pa.lu.dis.mo *sm* Malária.

im.par *adj* **1**. Diz-se de um número que não é divisível por dois; que não é par. **2**. *Fig*. Sem igual; único, extraordinário: *um impeachment deveria ser fato ímpar na política, mas no Brasil é algo corriqueiro*. → **imparidade** *sf* (caráter do que é ímpar).

im.par.ci.al *adj* **1**. Que não favorece nem a um nem a outro; não tendencioso: *todo árbitro deve ser imparcial*. **2**. Que coloca a justiça acima de quaisquer interesses; justo: *o júri deve sempre dar um veredicto imparcial*. → **imparcialidade** *sf* (qualidade ou caráter de imparcial).

im.pa.ris.sí.la.bo *adj* Diz-se de palavra ou de verso que tem número diferente de sílabas que outro, por oposição a *parissílabo*: *casa* e *casamento* são palavras imparissílabas. → **imparissilábico** *adj* (rel. a imparissílabo ou que apresenta essa característica); **imparissilabismo** *sm* (qualidade de imparissilábico).

im.pas.se *sm* Situação embaraçosa ou difícil surgida no curso de um processo; dificuldade: *surgiu um impasse nas negociações*.

im.pas.sí.vel *adj* Incapaz de se perturbar, qualquer que seja a situação; que tem sangue frio; imperturbável, sereno, fleumático: *o príncipe permaneceu impassível ante o atentado*. → **impassibilidade** *sf* (qualidade ou estado de impassível). (Cuidado para não usar "impassividade"!)

im.pá.vi.do *adj* Que não demonstra pavor ou temor ante um perigo; bravo, destemido. · Antôn.: *medroso*. → **impavidez** (ê) *sf* (qualidade de impávido; audácia ante o perigo), de antôn. *medo*.

impeachment [ingl.] *sm* Processo político-criminal que se instaura contra altas autoridades e pode resultar na aplicação da pena de destituição do cargo, se for comprovado o cometimento de delito contra os interesses da Nação; impedimento (4). · Pl.: *impeachments*. · Pronuncia-se *impíchmen*.

im.pe.cá.vel *adj* **1**. Isento de pecado ou de mácula; que não tem pecado: *os santos são impecáveis*. **2**. *Fig.* Feito com toda a correção; perfeito, irrepreensível, irretocável: *redação impecável*. → **impecabilidade** *sf* (qualidade ou estado de impecável).

im.pe.dân.cia *sf* Resistência de um circuito elétrico ao fluxo da corrente alternada. · Símb.: **Z**.

im.pe.dir *v* **1**. Estorvar, embaraçar: *impedir o trabalho de alguém*. **2**. Não permitir, obstruir: *uma rocha impede o trânsito de veículos ali*. **3**. Proibir: *o segurança impediu que entrássemos*. **4**. Opor-se a, não consentir: *os pais impediam o namoro*. · Conjuga-se por *pedir*. → **impedido** *adj* (**1**. impossibilitado, por causa de algum obstáculo; **2**. vedado ao trânsito; **3**. interrompido; **4**. diz-se do jogador que se encontra em situação irregular de jogo, na linha de ataque; que está em impedimento); **impedimento** *sm* (**1**. ato ou efeito de impedir; **2**. estorvo, embaraço; **3**. estado de pessoa que se encontra, por qualquer motivo, impossibilitada de exercer as suas funções; **4**. *impeachment*; **5**. posição do jogador, num campo de futebol, irregularmente avançado, na linha de ataque; banheira).

im.pe.lir *v* **1**. Empurrar com força; impulsionar: *turbinas impelem aeronaves*. **2**. Estimular, incitar, instigar: *a necessidade impele o homem a descobertas*. **3**. *Fig.* Obrigar, forçar, constranger: *as passeatas impeliram os parlamentares a aprovar o impeachment do presidente*. · Conjuga-se por *ferir*.

im.pe.ne *adj* Sem pena: *o condor é uma ave de cabeça impene*. (Não se confunde com *implume*.)

im.pe.ne.trá.vel *adj* **1**. Impossível de passar ou penetrar; inacessível: *mata impenetrável*. **2**. Que não pode ser tomado ou conquistado: *fortaleza impenetrável*. **3**. *Fig.* Impossível ou muito difícil de entender; insondável, inescrutável: *teoria impenetrável para pessoas normais*. **4**. *Fig.* Não suscetível a ideias, influências, argumentos ou sentimentos: *ele é de uma ignorância impenetrável; mulher de coração impenetrável*. → **impenetrabilidade** *sf* (qualidade ou estado do que é impenetrável).

im.pe.ni.ten.te *adj* **1**. Que é contumaz no pecado ou no crime, sem dar mostras de arrependimento ou remorso: *morreu impenitente; é um criminoso impenitente: disse que faria tudo de novo, se tivesse oportunidade*. **2**. *Fig.* Diz-se daquele que não corrige seu comportamento ou seus maus hábitos; persistente no erro; relapso, incorrigível: *é um fumante impenitente*. → **impenitência** *sf* (qualidade, condição ou estado de impenitente; falta de penitência ou de arrependimento).

im.pen.sa.do *adj* Que não leva em conta as possíveis consequências; irrefletido, precipitado: *críticas impensadas geralmente trazem aborrecimentos*. → **impensável** *adj* (**1**. tão chocante, que não se pode nem mesmo imaginar ser possível; inimaginável, inconcebível: *o casamento gay era algo impensável apenas uma geração atrás*; **2**. impossível: *um mundo sem música é impensável*).

im.pe.ra.dor (ô) *sm* **1**. Soberano de um império: *o imperador do Brasil era D. Pedro I àquela época*. **2**. *Fig.* Aquele que rege com autoridade maior; chefe supremo: *o imperador do tráfico foi preso*. · Fem.: *imperatriz* (soberana e esposa).

im.pe.rar *v* **1**. Exercer grande domínio ou influência; prevalecer, predominar: *a razão deve imperar sobre o coração*. **2**. Exercer autoridade suprema; reinar como senhor absoluto: *Lampião imperou em vasta região do Nordeste*. **3**. Governar como imperador; reinar: *D. Pedro II imperou por longos anos*. **4**. *Fig.* Prevalecer, predominar: *no Brasil impera o catolicismo*.

im.pe.ra.ti.vo *adj* **1**. Que manda com autoridade; que ordena: *todo mandado é um imperativo*. **2**. Autoritário: *tom de voz imperativo*. **3**. *Fig.* Inevitável, absolutamente necessário: *é um dever imperativo ajudá-lo; é imperativo que eu viaje*. **4**. *Fig.* De vital importância; fundamental, essencial: *ter uma boa noite de sono é imperativo para a saúde; era imperativa uma atitude drástica*. // *sm* **5**. Algo extremamente importante, que não deve deixar de ser feito; aquilo que é fundamental ou essencial: *um imperativo político importante é limitar o número de parlamentares*. **6**. Ordem, mando: *os imperativos da moda*. **7**. Aquilo que é vital ou essencial: *os imperativos sociais*. **8**. Redução de *modo imperativo*, modo do verbo que exprime essencialmente ordem.

im.pe.ra.triz *sf* **1**. Esposa do imperador. **2**. Soberana de um império. · Pl.: *imperatrizes*.

im.per.cep.tí.vel *adj* **1**. Impossível de ser ouvido ou visto; inaudível ou invisível: *o ultrassom é imperceptível ao ouvido humano; os ácaros são imperceptíveis a olho nu*. **2**. *Fig.* Muito pequeno; insignificante: *o pontinho na lataria do carro era imperceptível*. **3**. *Fig.* Difícil de perceber; muito leve ou sutil: *havia defeitinhos imperceptíveis na louça; texto de ironia imperceptível*. → **imperceptibilidade** *sf* (qualidade de ser imperceptível).

im.per.dí.vel *adj* Que não se pode perder: *filme imperdível*.

im.per.do.á.vel *adj* Que não se pode perdoar: *ofensa imperdoável*.

im.pe.re.cí.vel *adj* **1**. Que não se estraga ou deteriora: *na Terra nada é imperecível*. **2**. Que dura para sempre; eterno, imperecedouro: *minhas lembranças dos momentos que vivemos juntos serão imperecíveis: Elvis é um cantor de fama imperecível*. → **imperecedouro** *adj* [imperecível (2)]; **imperecibilidade** *sf* (qualidade do que é imperecível).

im.per.fei.to *adj* **1**. Que não é perfeito ou completo; incompleto: *ter conhecimento imperfeito de uma língua*. **2**. Que apresenta defeitos, falhas ou lacunas; defeituoso: *trabalho imperfeito*. // *adj* e *sm* **3**. Que ou tempo verbal que exprime fundamentalmente processo inacabado ou durativo no passado, em relação a outro. → **imperfectibilidade** *sf* (qualidade do que é imperfectível); **imperfectível** *adj* (que não se pode aperfeiçoar); **imperfeição** *sf* (**1**. qualidade ou estado de ser imperfeito: *notei várias imperfeições na pintura do carro*; **2**. *fig.* falha ou defeito leve, sutil: *eu a amava com todas as suas imperfeições*).

im.pe.rí.cia *sf* Falta de perícia ou de habilidade; inabilidade: *o acidente ocorreu por imperícia do motorista do ônibus*.

im.pé.rio *sm* **1**. Regime autoritário do tipo monárquico ou cesarista, em que o poder é exercido por um imperador ou por uma imperatriz: *o império romano*. **2**. Esse grupo de Estados sujeito a tal regime, com ou sem imperador: *o império otomano*. **3**. Grande grupo de países sob a mesma autoridade: *o vasto império colonial de Portugal desmoronou*. **4**. Período durante o qual existe um determinado império: *o império soviético durou cerca de setenta anos*. **5**. *Fig.* Grande e poderosa organização empresarial controlada por uma pessoa ou por um grupo: *em apenas dez anos, aquela lojinha virou um império*. **6**. *Fig.* Poder supremo; autoridade absoluta; domínio: *viver sob o império da lei*. **7**. *Fig.* Influência, ascendência, prestígio: *o império da moda*. **8**. *Fig.* Domínio efetivo; controle absoluto; supremacia: *os ingleses tinham o império dos mares*. → **imperial** *adj* (rel. ou pert. a império ou a imperador); **imperialismo** *sm* (**1**. política de uma nação rica e poderosa, que visa a dominar política, militar e economicamente nações estrangeiras mais pobres; **2**. governo imperial); **imperialista** *adj* (rel. a imperialismo) e *adj* e *s2gên* [que ou pessoa que é partidária do imperialismo]; **imperiosidade** *sf* (qualidade de imperioso); **imperioso** (ô; pl.: ó) *adj* (**1**. que tem poder predomínio; **2**. urgente, premente).

im.per.me.á.vel *adj* **1**. Que não se deixa atravessar por nenhum líquido; à prova d'água: *o asfalto torna o solo impermeável; o plástico é um material impermeável*. **2**. *Fig.* Avesso, refratário: *governo impermeável a reformas; os fanáticos são impermeáveis à razão*. **3**. *Fig.* Que não se deixa afetar, influenciar ou atingir; insensível, impérvio (3): *ser impermeável a críticas*. → **impermeabilidade** *sf* (qualidade ou estado de impermeável); **impermeabilização** *sf* (ato ou efeito de impermeabilizar); **impermeabilizar** *v* (tornar impermeável ou à prova d'água).

im.pers.cru.tá.vel *adj* Impenetrável, insondável, misterioso: *os desígnios de Deus são imperscrutáveis*. → **imperscrutabilidade** *sf* (qualidade, estado ou condição de imperscrutável).

im.per.so.na.li.da.de *sf* **1**. Falta de personalidade. **2**. Qualidade do que é impessoal, do que carece de originalidade; impessoalidade.

im.per.ti.nen.te *adj* **1**. Que é fora de propósito; descabido, inoportuno, inconveniente: *quem faz pergunta impertinente recebe resposta impertinente*. **2**. Que causa desconforto, indisposição ou incômodo: *durante a viagem, comecei a sentir uma dorzinha impertinente*. // *adj* e *s2gên* **3**. Que ou pessoa que revela impertinência ou falta de respeito; insolente, atrevido(a), petulante: *criança impertinente*. **4**. Que ou pessoa que está sempre de mau humor e implica com todos e se queixa de tudo; ranzinza, ranheta, rabugento(a): *avô impertinente*. → **impertinência** *sf* (qualidade ou caráter de impertinente).

im.per.tur.bá.vel *adj* Que não se perturba por nada; que sempre mantém a calma e o controle, mesmo em situações perturbadoras ou perigosas; calmo e controlado, mesmo sob pressão; tranquilo, sereno, impassível: *a guerra comendo solta, e ele ali, imperturbável*. → **imperturbabilidade** *sf* (qualidade de imperturbável).

im.pér.vio *adj* **1**. Que não dá passagem ou trânsito; intransitável. **2**.*P.ext.* Em que não se pode penetrar; impenetrável, inatingível, inacessível: *cavernas impérvias*. **3**. *Fig.* Que não se deixa afetar, influenciar ou atingir; insensível, impermeável (3): *ser impérvio a críticas*.

im.pes.so.al *adj* **1**. Que não existe como pessoa; sem características humanas: *os anjos são seres impessoais; algumas religiões favorecem a ideia de um Deus impessoal*. **2**. Que não se destina ou se refere a uma pessoa em particular; generalizado: *suas críticas são sempre impessoais; as leis sempre são impessoais*. **3**. Livre de interesses ou opiniões pessoais; objetivo, isento: *um historiador tem de ser rigorosamente impessoal*. **4**. Que não é personalizado; que não reflete a personalidade do indivíduo: *decoração impessoal*. **5**. Que não mostra nenhum sentimento, nenhuma emoção, nenhuma simpatia; frio: *seu discurso foi breve e impessoal; seu jeito sempre foi assim: frio, impessoal*. **6**. Que é nada amigável; que nos faz sentir sem importância, porque envolve grande quantidade de pessoas: *os hospitais são ambientes impessoais*. **7**. Diz-se do verbo que só tem as formas da 3.ª pessoa do singular e representa uma oração sem sujeito, como *nevar* e *haver* (= existir). **6**. Diz-se do infinitivo que não tem sujeito, que não se refere a nenhuma pessoa gramatical (daí o seu nome). → **impessoalidade** *sf* ou **impessoalismo** *sm* (qualidade de impessoal); **impessoalizar(-se)** *v* [tornar(-se) impessoal].

im.pe.ti.gem *sf* ou **im.pe.ti.go** *sm* Infecção bacteriana superficial da pele, altamente contagiosa, caracterizada pela formação de pústulas geralmente em volta da boca e do nariz; salsugem (5).

ím.pe.to *sm* **1**. Força e energia com a qual um corpo se move: *o navio desgovernado, no seu ímpeto, avariou várias embarcações menores*. **2**. Reação ao movimento repentino e impulsivo: *num ímpeto, sacou do revólver e atirou*. **3**. *Fig.* Força intensa e devastadora; violência: *o ímpeto do tsunâmi arrasou tudo o que encontrou pela frente*. **4**. *Fig.* Ataque súbito; acesso, rompante: *num ímpeto de ódio, deixou escapar um palavrão*. **5**. *Fig.* Grande contentamento; entusiasmo: *é preciso quebrar o ímpeto desse time, impondo-lhe uma derrota acachapante*. **6**. *Fig.* Vontade súbita e incontrolável; impulso: *sentir o ímpeto de voar; como diminuir o ímpeto dos investidores nas criptomoedas?* **7**. *Fig.* Incentivo, estímulo: *o novo ministro deu ímpeto às reformas estruturais*. → **impetuosidade** *sf* (ato, dito, atitude ou comportamento impetuoso);

impetuoso (ô; pl.: ó) *adj* (**1**. que se move com ímpeto ou grande força; agitado, violento: *ondas impetuosas*; **2**.*fig.* que age sob o impulso do momento; insensato, imprudente: *todo adolescente é impetuoso*; **3**. *fig.* impossível de controlar, conter ou reprimir; incontrolável, irrefreável: *homem de temperamento impetuoso; toda paixão é impetuosa e irracional*).

im.pe.trar *v* **1**. Pedir com insistência e humildade; suplicar, implorar: *impetrar um favor ao chefe; o condenado impetrou perdão ao presidente americano*. **2**. Requerer ou solicitar (providência judicial); interpor (recurso): *impetraram mandado de segurança no STF contra essa medida do governo*. → **impetração** *sf* (ato ou efeito de impetrar); **impetrante** *adj* e *s2gên* (que ou pessoa que impetra).

im.pi.e.da.de *sf* Qualidade de ímpio, sem fé ou contrário aos preceitos religiosos. **2**. Desprezo pela religião ou por tudo o que é considerado sagrado. **3**. Falta de piedade, de compaixão, de sensibilidade à dor alheia; desumanidade. → **impiedoso** (ô; pl.: ó) *adj* (caracterizado pela impiedade; desumanidade, insensibilidade, crueldade).

im.pin.gem ou **im.pi.gem** *sf* Dermatose comum em crianças e idosos, causada por fungos que provocam a formação de lesões avermelhadas na pele, que descama e coça.

im.pin.gir *v* **1**. Dar com força, aplicar: *impingi-lhe um bofetão*. **2**. Obrigar a aceitar; empurrar: *a maioria das concessionárias de veículos impinge serviços e badulaques aos clientes*.

im.pi.o *adj* e *sm* Que ou aquele que não tem piedade, amigo da barbárie e da tortura; desumano, cruel: *todo tirano é impio*. (Não se confunde com *ímpio*.)

ím.pio *adj* e *sm* Que ou aquele que não tem fé e despreza qualquer tipo de religião; incrédulo, herege. (Não se confunde com *impio*.)

im.pla.cá.vel *adj* **1**. Que não se pode aplacar, mitigar ou abrandar: *ele tem um ódio implacável a seus adversários políticos*. **2**. Que não cede em seu rigor ou em sua severidade; rigoroso, severo: *inimigo implacável; a privatização da Petrobras ganhou a oposição implacável da oposição*. **3**. Que não perdoa nem transige; inclemente, intransigente, inflexível: *inimigo implacável; crítico implacável*. **4**. Que não se pode evitar; inevitável, fatal: *a morte é implacável*. **5**. Que não desiste nem deixa de lutar pelo que acredita; incansável, ferrenho: *ser implacável na luta pelo fim da impunidade no país*. **6**. Diz-se daquilo de cuja evolução ou efeitos não se pode escapar: *inverno implacável; verão implacável*. · Antôn. (2): indulgente; (3): clemente, flexível, transigente; (4): evitável. → **implacabilidade** *sf* (qualidade do que é implacável).

im.plan.tar *v* **1**. Fixar, arraigar: *a árvore implantou firmemente suas raízes*. **2**. Fazer implante de: *implantar um dente*. **3**. Introduzir, estabelecer: *implantar um regime de força no país*. **4**. Montar, criar: *implantar novas fábricas de automóvel*. → **implantação** *sf* [**1**. ação ou efeito de implantar(-se); implante (1); **2**. intervenção cirúrgica que consiste em inserir um implante no organismo]; **implante** *sm* [**1**. implantação (1); **2**. elemento (aparelho, prótese, órgão, tecido, etc.) que se introduz no organismo mediante implantação (2), a fim de substituir um órgão, de suprir uma função ou de tratar uma doença].

im.plau.sí.vel *adj* **1**. Que não é digno de aplauso ou aprovação: *atos de corrupção são implausíveis*. **2**. Difícil de acreditar; inacreditável, incrível: *ele alegou um álibi implausível*. → **implausibilidade** *sf* (qualidade ou condição do que é implausível).

im.ple.men.to *sm* **1**. Aquilo que é indispensável para fazer ou executar alguma coisa: *a polícia é um implemento da justiça*. **2**. Quaisquer apetrechos usados no trabalho: *implementos agrícolas*. → **implementação** *sf* (ato ou efeito de implementar); **implementar** *v* [**1**. executar ou pôr em prática (plano, projeto, programa, etc.): *implementar um vasto programa de reformas sociais;* **2**. prover de implementos: *implementar o setor agrícola*].

im.pli.car *v* **1**. Tornar confuso; confundir ou embaraçar o entendimento de: *a mudança no trânsito implicou os motoristas*. **2**. Dar a entender, pressupor: *seu sorriso implica cumplicidade*. **3**. Produzir como consequência; acarretar: *toda ação implica uma reação*. **4**. Tornar indispensável ou necessário, requerer, exigir: *democracia implica responsabilidade e certa disciplina*. **5**. Envolver, comprometer: *colegas procuram implicá-lo no crime*. **6**. Originar, causar, produzir: *a tecnologia implica maior conforto para a humanidade*. **7**. Fazer supor, pressupor: *o fato de ele ser mais forte não implica em que eu deva me render antecipadamente*. **8**. Antipatizar, ter implicância ou birra: *ele implica com todo o mundo!* **implicar-se 9**. Envolver-se: *não se implique em confusões!* → **implicação** *sf* [ato ou efeito de implicar(-se), implicância (1)]; **implicância** *sf* (**1**. implicação; **2**. birra, antipatia: *o professor tinha implicância comigo*); **implicante** *adj* e *s2gên* (que ou pessoa que implica ou tem implicância).

im.plí.ci.to *adj* Que não está claro, mas fica subentendido; expresso de modo indireto: *esse comentário é uma crítica implícita à política das privatizações do governo*. · Antôn.: explícito, expresso.

im.plo.dir *v* Demolir (prédios) causando o desmoronamento para dentro ou para o centro. · Conjuga-se por *explodir*, seu antônimo. → **implosão** *sf* (violento desmoronamento para dentro ou para o centro, geralmente de prédios, com o uso de explosivos).

im.plo.rar *v* Pedir com lágrimas, suplicar humildemente: *implorar perdão*. → **imploração** *sf* (súplica).

im.plu.me *adj* Que ainda não tem penas. (Não se confunde com *impene*.)

im.po.lu.to *adj* **1**. Não poluído; puro: *respirar ar impoluto, no campo*. **2**. *Fig.* Virtuoso, imaculado: *homem de caráter impoluto*. · Antôn. (1): poluído; (2): corrupto.

im.pon.de.rá.vel *adj* **1**. Que não se pode pesar ou ponderar: *uma sombra é imponderável; uma pluma é quase imponderável*. **2**. Que não se pode explicar, por ser extraordinário; inestimável: *o carinho que sinto por ela é imponderável*. **3**. Muito sutil; impalpável: *usar de argumentos imponderáveis*. **4**. Que não se pode medir ou avaliar; incalculável: *a imponderável vastidão do espaço sideral; as consequências imponderáveis de uma guerra nuclear*. // *sm* **5**. Circunstância, fato ou elemento imprevisível ou difícil de prever, que pode alterar o curso de um acontecimento; fator difícil ou impossível de estimar ou avaliar: *há imponderáveis na carreira militar; especular sobre os imponderáveis do futuro.* → **imponderabilidade** *sf* (qualidade, estado ou condição do que é imponderável); **imponderação** *sf* (falta de ponderação); **imponderado** *adj* (que se atira sem atentar nos prós e nos contras de uma coisa; irrefletido, impensado).

im.po.nen.te *adj* **1**. Que se impõe; que impõe a sua importância ou autoridade; que inspira respeito: *teve pela frente um alviverde imponente.* **2**. Arrogante, pedante, altivo, soberbo: *político de ar imponente.* **3**. *Fig.* Que causa admiração pela grandiosidade ou magnificência; majestoso, grandioso: *de perto, o palácio é ainda mais imponente.* **4**. *Fig.* Intenso, profundo, solene: *fez-se, então, no ambiente, um silêncio imponente.* → **imponência** *sf* (qualidade de imponente), de antôn. *modéstia, humildade*.

im.po.pu.lar *adj* **1**. Que não é popular; que não tem o apoio ou o carinho do povo: *governo impopular.* **2**. Que não agrada ao povo ou não atende a seus interesses: *medidas impopulares.* → **impopularidade** *sf* (qualidade ou característica do que é impopular); **impopularização** *sf* [ato ou efeito de impopularizar(-se)]; **impopularizar(-se)** *v* [tornar(-se) impopular].

im.por *v* **1**. Estabelecer obrigatoriamente: *impor silêncio.* **2**. Inspirar, infundir, incutir: *impor respeito.* **3**. Fazer prevalecer por meio de autoridade: *impor um acordo de paz.* **4**. Infligir, aplicar: *o juiz lhe impôs severa pena.* **5**. Obrigar a aceitar: *ela impôs algumas condições ao rapaz, para reatar o namoro.* **impor-se 6**. Fazer-se aceitar, fazer-se respeitar: *é um professor que sabe impor-se ante os alunos.* · Conjuga-se pelo v. pôr. · V. **imposição**.

im.por.tan.te *adj* **1**. De grande significado ou consequência; significativo. **2**. De considerável distinção. **3**. Interessante, necessário. **4**. Considerável por suas proporções ou pela quantia envolvida. // *sm* **5**. Ponto essencial ou fundamental. → **importância** *sf* (**1**. qualidade ou estado de importante: *museu de grande importância*; **2**. prestígio, relevância, valor: *ter consciência de sua própria importância*; **3**. quantia, soma total; importe: *a importância das despesas foi grande*; **4**. consideração, respeito, atenção: *trataram-no com a importância que ele não merece*; **5**. *fig.pej.* presunção, arrogância: *fez tal declaração do alto da sua importância ridícula*; **6**. *pop.* quantia gasta ou a gastar; custo: *o engenheiro fixou uma importância para reforma da minha casa*).

im.por.tar *v* **1**. Fazer vir (mercadorias) de país estrangeiro: *importar carros.* **2**. Acarretar, redundar: *tanto a seca quanto as enchentes importam grandes prejuízos para o país.* **3**. Atingir o preço ou o valor de: *essa camisa importa R$200,00; as despesas importam em vultosa quantia.* **4**. Convir, interessar: *vamos ao que importa!* **5**. Fazer caso: *não me importo de aguardar.* **importar-se 6**. Fazer caso, dar importância: *não me importo de aguardar.* · Antôn. (1): *exportar.* → **importação** *sf* (**1**. ação de importar, de comprar mercadorias de um país estrangeiro; **2**. mercadoria ou conjunto de mercadorias importadas), de antôn. *exportação*; **importador** (ô) *adj* e *sm* (que ou o que importa mercadorias ou produtos), de antôn. *exportador*; **importadora** (ô) *sf* (firma que importa mercadorias), de antôn. *exportadora*; **importe** *sm* (**1**. preço ou custo de compra: *não sei qual é o importe dessas mercadorias*; **2**. soma; montante, importância: *o importe das despesas foi grande*).

im.por.tu.nar *v* **1**. Aborrecer com pedidos insistentes: *ela me importuna todos os dias com telefonemas anônimos.* **2**. Molestar de qualquer forma: *era hotel cujos funcionários importunavam os hóspedes.* → **importunação** *sf* (ato ou efeito de importunar); **importuno** *adj* e *sm* (que ou pessoa que importuna).

im.po.si.ção *sf* **1**. Ato ou efeito de impor(-se), de obrigar a aceitar; ordem, determinação: *a imposição de toque de recolher.* **2**. Exigência pesada ou injusta. **3**. Obrigação, determinação, ordem. **4**. Ato de forçar alguém a aceitar algo: *ele fez o favor, mas considerou o pedido uma imposição.* **5**. Ato de impor as mãos sobre a cabeça de alguém, para ministrar um sacramento ou para conferir uma graça ou um poder. · Pl.: *imposições.* → **impositivo** *adj* (**1**. que impõe ou se impõe; **2**. necessário, indispensável; **3**. arrogante, pedante, insolente); **impositor** (ô) *adj* e *sm* (que ou o que impõe).

im.pos.sí.vel *adj* **1**. Que não pode ser; que não pode ser feito ou não pode acontecer: *missão impossível; é impossível prever o futuro?* **2**. Muito difícil: *é impossível que ele seja reeleito.* **3**. Insuportável, intolerável: *a inflação já estava impossível.* **4**. Incrível, extraordinário: *para reatar o namoro, ele fez coisas impossíveis!* **5**. *Pop.* Intolerável, difícil de lidar: *essas crianças são impossíveis!* // *sm* **6**. Coisa impossível: *farei o impossível para conquistá-la.* → **impossibilidade** *sf* (qualidade do que é impossível); **impossibilitar** *v* (tornar impossível); **impossibilitar-se** (tornar-se incapaz; incapacitar-se: *como bebeu muito, impossibilitou-se para o trabalho*).

im.pos.tar ou **em.pos.tar** *v* Emitir corretamente (a voz). → **impostação** ou **empostação** *sf* (ato ou efeito de impostar).

im.pos.ter.gá.vel *adj* Inadiável, improrrogável. → **impostergabilidade** *sf* (qualidade ou condição de impostergável).

im.pos.to (ô; pl.: ó) *adj* **1**. Que se impôs; compulsório, forçado: *trabalho imposto.* // *sm* **2**. Contribuição compulsória que qualquer governo cobra dos cidadãos, para fazer frente às despesas públicas.

im.pos.tor (ô) *adj* e *sm* Que ou aquele que assume identidade ou título falso, a fim de enganar; charlatão, embusteiro. → **impostura** *sf* (qualidade ou ação de impostor).

im.po.ten.te *adj* e *sm* **1**. Que ou aquele que é impotente sexualmente. // *adj* **2**. Que está impossibilitado física ou moralmente. **3**. Que não tem força física, energia ou vigor; fraco(a). → **impotência** *sf* (estado ou condição de quem é impotente).

im.pra.ti.cá.vel *adj* **1**. Que não se pode ou não se deve praticar: *a um homem de bem matar é um ato impraticável.* **2**. Que não se pode pôr em prática; irrealizável, inexequível: *trem-bala no Brasil? Impraticável.* **3**. Que não permite o trânsito; intransitável: *as estradas do Norte do Brasil, quando chove, ficam impraticáveis.* → **impraticabilidade** *sf* (qualidade ou condição de impraticável).

im.pre.car *v* **1**. Pedir a um poder superior que envie (males ou bens) sobre algo ou alguém. **2**. Rogar pragas; praguejar: *não adianta imprecar contra todos os santos: a vida é assim mesmo.* → **imprecação** *sf* (praga ou maldição proferida contra alguém).

im.pre.ci.são *sf* Falta de precisão ou de rigor; inexatidão: *essa pesquisa traz uma série de imprecisões.* → **impreciso** *adj* (falto de precisão; vago, inexato: *tenho lembranças imprecisas sobre o que aconteceu*).

im.preg.nar *v* **1**. Penetrar profundamente em: *o cheiro de cigarro impregna a roupa.* **2**. Fazer penetrar todas as partes de (com alguma substância): *impregnar a madeira com verniz; impregnar a casa de fumaça de incenso.* **3**. Embeber, encharcar: *impregnar um algodão de éter.* **4**. Encher, cumular: *impregnar a alma de boas intenções.* **impregnar-se 5**. Introduzir-se, penetrar-se: *fumaça de cigarro se impregna na roupa.* **6**. Encher-se: *minha roupa se impregnou de cheiro de cigarro.* · As formas rizotônicas têm tonicidade na segunda sílaba (*preg*); portanto, não se usa "impreguino, impreguina", etc. → **impregnação** *sf* [ato ou efeito de impregnar(-se)].

im.pren.sa *sf* **1**. Máquina com que se imprime papel, estampas, etc. **2**. Arte de imprimir. **3**. Conjunto dos meios de comunicação de massa; mídia. **4**. Conjunto de jornalistas, repórteres, etc.: *o presidente não quis receber a imprensa.*

im.pren.sar *v* **1**. Imprimir, estampar: *imprensar jornais.* **2**. *P.ext.* Apertar muito, comprimir: *ela me imprensou num canto.* **3**. *Fig.* Exercer pressão psicológica ou coação física sobre; pressionar muito. → **imprensadura** ou **imprensagem** *sf* (ação ou efeito de imprensar).

im.pres.cin.dí.vel *adj* Muito necessário; vital, indispensável: *a honestidade de caráter é imprescindível a um ocupante da presidência.* → **imprescindibilidade** *sf* (qualidade, estado ou condição de imprescindível).

im.pres.crí.ti.vel *adj* **1**. Que não prescreve ou não pode prescrever; que não perde o efeito: *liberdade é um direito imprescritível em nossa Constituição.* **2**. Que não pode ser prescrito ou receitado: *essa é uma dieta imprescritível por um médico sério.* → **imprescritibilidade** *sf* (qualidade do que é imprescritível).

im.pres.são *sf* **1**. Ato ou efeito de imprimir(-se). **2**. Efeito que um corpo provoca em outro. **3**. Influência de algo exterior sobre os órgãos dos sentidos; sensação: *essa música me dá a impressão de estar na adolescência.* **4**. Sinal, marca, vestígio: *ele quer ter a impressão dos pés na calçada da fama.* **5**. Opinião vaga, sem fundamento; palpite: *isso é apenas impressão sua.* **6**. Sensação vaga; noção: *ficamos com a impressão de que não existe justiça no Brasil.* **7**. Produção de livros, jornais, revistas, etc. em grandes quantidades, por um processo mecânico que envolve a transferência de textos, imagens ou desenhos para o papel: *a editora pediu a impressão de mais cem mil exemplares do dicionário.* **8**. Material impresso: *quanto custou* toda essa impressão? → **impresso** adj e sm [que ou aquilo que se imprimiu (obra, papel, folheto, panfleto, etc.)] e sm (qualquer formulário impresso, usado como modelo, para ser preenchido); **impressor** (ô) adj e sm (que ou aquele que dirige o trabalho do prelo ou máquina de imprimir); **impressora** (ô) sf (máquina de imprimir).

im.pres.si.o.nar v **1**. Produzir impressão material em: *a tinta desta caneta impressiona apenas por alguns segundos o papel*. **2**. Causar impressão moral a; comover, chocar: *a morte dele impressionou o mundo*. **3**. Produzir impressão material; causar vívida impressão: *o luxo da casa impressiona*. **impressionar-se 4**. Ficar chocado, comover-se: *o povo se impressionou demais com essa morte*. **5**. Abalar-se, perturbar-se: *não me impressiono com cara feia*. → **impressionante** adj (**1**. que impressiona; extraordinário, admirável, notável: *que vista impressionante!*; **2**. comovente: *foi um acidente impressionante!*).

im.pres.si.o.nis.mo sm Estilo de pintura surgido na França no final do séc. XIX, que se caracterizou por reproduzir a impressão que produz a natureza ou qualquer objeto no artista, desprezada a realidade objetiva. → **impressionista** adj (rel. ou pert. ao impressionismo) e adj e s2gên [que ou artista que é partidário(a) do impressionismo].

im.pres.tá.vel adj e s2gên Que ou pessoa que não tem nenhuma serventia; inútil. → **imprestabilidade** sf (qualidade ou estado de imprestável).

im.pre.te.rí.vel adj **1**. Que não se pode preterir ou deixar de fazer; necessário, obrigatório: *obra impretenível*. **2**. Impossível de adiar; improrrogável, inadiável: *nossa dívida é impreterível*. → **impreteribilidade** sf (qualidade ou condição de impreterível).

im.pre.vi.den.te adj e s2gên Que ou pessoa que não é previdente ou prudente; negligente. → **imprevidência** sf (falta de previdência; negligência).

im.pre.vi.sí.vel adj Que não se pode prever; impossível de prever: *o clima imprevisível da cidade de São Paulo; esse presidente é imprevisível*. → **imprevisibilidade** sf (qualidade ou estado do que é imprevisível); **imprevisto** adj e sm (que ou aquilo que não está previsto ou não se pode prever: *o seguro é uma cautela contra circunstâncias imprevistas; tive um imprevisto, por isso cheguei atrasado*).

im.pri.mir v **1**. Fixar (marca, sinal, etc.) sobre alguma coisa, por meio de pressão: *imprimir o título do livro na capa*. **2**. Estampar com tinta no papel ou em outro material: *imprimir boletos*. **3**. *Fig*. Causar, produzir: *seus cabelos grisalhos imprimem-lhe uma seriedade que ele nunca teve*. **4**. *Fig*. Inspirar, infundir, incutir: *cabelos brancos imprimem respeito*. **5**. *Fig*. Desferir, aplicar, desfechar: *imprimi-lhe dois golpes fatais*. **6**. *Fig*. Conferir, dar, comunicar: *imprimiu agressividade ao discurso*. **7**. *Fig*. Transmitir, comunicar: *imprimir maior velocidade ao veículo*.

ím.pro.bo adj Que não tem probidade; desonesto. → **improbidade** sf (falta de probidade; desonestidade).

im.pro.ce.den.te adj Que não é procedente; que não se justifica; infundado. → **improcedência** sf (qualidade ou condição de improcedente).

im.pro.du.ti.vo adj **1**. Que não produz (por qualquer motivo); árido, estéril: *terras improdutivas devem ser reflorestadas*. **2**. Que nada rende; inútil: *atividade improdutiva*. **3**. Improfícuo, vão: *reuniões improdutivas*. · Antôn. (1): *fecundo, fértil*; (2): *útil, rentável*. → **improdutividade** sf (qualidade de improdutivo).

im.pro.fe.rí.vel adj Que não se pode ou não se deve proferir; indizível: *palavras impropríveis num meio educado*.

im.pro.fí.cuo adj Que não traz nenhum proveito; vão, improdutivo: *discussão improfícua*. → **improficuidade** sf (qualidade ou estado de improfícuo).

im.pro.pé.rio sm **1**. Insulto, ofensa, vitupério: *os manifestantes gritavam impropérios contra o governo*. **2**. Censura ultrajante: *o artigo é um impropério contra as autoridades*.

im.pró.prio adj **1**. Que não é próprio ou bom; irrecomendável: *ar impróprio para a saúde; essas frutas estão impróprias para consumo*. **2**. Inoportuno, inconveniente: *ela sempre chega em hora imprópria; é considerado impróprio usar minissaia em ocasiões formais*. **3**. Inconveniente, impertinente: *o uso impróprio de uma palavra numa frase*. **4**. Que não está de acordo com o decoro, a moral, a decência, etc.; indecoroso, indecente: *gesto impróprio; linguajar impróprio*. (Cuidado para não usar "impróprio"!) **impropriedade** sf (qualidade ou característica do que é impróprio).

im.pror.ro.gá.vel adj Que não se pode ou não se deve prorrogar; inadiável, impostergável. → **improrrogabilidade** sf (qualidade de improrrogável).

im.pro.vá.vel adj **1**. Difícil ou impossível de provar: *sua participação no crime é improvável*. **2**. Que não apresenta probabilidade de ocorrer: *furacão no Brasil é improvável*. → **improbabilidade** sf (qualidade ou condição de improvável).

im.pro.vi.den.te adj **1**. Que não tomou as devidas providências para as necessidades futuras, gastando recursos ou energia irrefletidamente. **2**. Imprudente, incauto. → **improvidência** sf (qualidade de improvidente).

im.pro.vi.so sm **1**. Produto intelectual que resulta da inspiração do momento. **2**. Qualquer coisa feita de repente, sem preparação. → **improvisação** sf (ato ou efeito de improvisar); **improvisar** v (**1**. inventar ou criar de repente: *improvisar uns versos*; **2**. fazer ou preparar de improviso, com material disponível: *improvisar um jantar*; **3**. arranjar às pressas: *improvisou um cineminha na casa, com alguns vídeos*).

im.pru.den.te adj e s2gên Que ou o que não leva em conta as consequências ou efeitos de suas ações: *o banco foi imprudente nesse empréstimo; investidor imprudente*. → **imprudência** sf (**1**. caráter de uma ação imprudente; **2**. ação imprudente ou impensada).

im.pú.be.re adj e s2gên Que ou pessoa que ainda não chegou à puberdade. → **impuberdade** sf (idade de impúbere).

im.pu.den.te adj e s2gên Que não tem pudor; despudorado, sem-vergonha. → **impudência** sf (qualidade de quem é impudente).

im.pu.di.co adj Que fere o pudor; indecente: *traje impudico*. → **impudicícia** sf (**1**. comportamento impudico; **2**. ação ou palavra impudica).

im.pu.dor (ô) sm Falta de pudor; descaramento, despudor.

im.pug.nar v **1**. Contestar a validade ou a legitimidade de, apresentando razões; contestar: *impugnar uma multa de trânsito*. **2**. Colocar-se contra; opor-se a: *o povo impugna essa excessiva carga tributária*. **3**. Colocar em dúvida; duvidar de: *a defesa impugnou o caráter do réu*. **4**. Não aceitar; rejeitar: *o Tribunal Eleitoral impugnou a sua candidatura*. · Durante a conjugação, as formas rizotônicas têm tonicidade na sílaba *pug*; portanto, não se usa "impuguino", "impugina", etc. → **impugnação** sf (ato ou efeito de impugnar).

im.pul.são sf **1**. Ação ou efeito de impelir; impulso (1): *nas aeronaves, o reverso inverte a impulsão dada pela turbina*. **2**. Desejo súbito e anormal que leva a agir de determinada maneira; ímpeto, impulso (3): *tive a impulsão de beijá-la em plena rua*. **3**. Tendência para agir sem reflexão. **4**. Força impulsiva: *jogador de grande impulsão, sobe muito bem nas jogadas pelo alto*. → **impulsionar** v (**1**. dar impulso a; impelir, empurrar: *impulsionar um veículo para o abismo*; **2**. *fig*. estimular, incitar: *traficantes impulsionam a juventude para as drogas*); **impulsividade** sf (**1**. tendência para agir segundo os impulsos, irrefletidamente; **2**. atitude irrefletida, impetuosa ou carente de prudência, ao falar ou fazer; irresponsabilidade: *sua impulsividade lhe valeu sérias dores de cabeça*); **impulsivo** adj e sm (que ou aquele que age mais pelo impulso que pela razão: *consumidor impulsivo*), de antôn. *ponderado, frio, calculista* e adj (**1**. resultante de impulso: *comentário impulsivo*; **2**. rel. a impulsão: *força impulsiva*); **impulso** sm [**1**. impulsão (1); **2**. *fig*. estímulo, incentivo, apoio: *com o impulso dos pais, formou-se em medicina*; **3**. *fig*. estímulo repentino que leva uma pessoa a agir sem pensar; ímpeto, impulsão (2): *comprou o carro no impulso*; **4**. variação rápida de uma grandeza elétrica; pulso].

im.pu.ne adj Que ficou sem punição: *crimes impunes*. → **impunidade** sf (falta de devida punição ou penalidade: *a impunidade é a grande mácula da sociedade brasileira*); **impunibilidade** sf (qualidade ou condição de impunível); **impunível** adj (impossível de ser punido: *ao fugir do país, ele se tornou impunível*).

im.pu.ro adj **1**. Que não é puro; que contém elementos estranhos: *metal impuro; o ar impuro das metrópoles*. **2**. Adulterado, modificado, falsificado: *uísque impuro*. **3**. Diz-se da linguagem ou fala que não é vernácula ou castiça, ou seja, cheia de erros, estrangeirismos, etc. **4**. *Pej*. Que provém da mistura de etnias ou de raças; miscigenado: *linhagem impura; sangue impuro*. // adj e sm **5**. *Fig*. Que ou aquele que é moralmente sujo, imundo ou indecente, princ. em questões sexuais: *telenovela impura*. → **impureza** (ê) sf (qualidade ou condição de impuro: *as impurezas são removidas do sangue pelos rins*). ·· **Espírito impuro**. Demônio.

im.pu.tar v **1.** Atribuir (coisa má) a outro, geralmente de forma falsa; apresentar como culpado por, quase sempre injustamente: *imputam ao namorado a autoria do crime*. **2.** Apresentar como responsável por; creditar, atribuir: *imputaram a inépcia do cirurgião à sua inexperiência*. → **imputação** sf (ato de imputar; acusação, infundada ou não); **imputabilidade** sf (qualidade ou condição de ser imputável); **imputável** adj (que pode ser acusado ou imputado), de antôn. *inimputável*.

im.pu.tres.cí.vel adj **1.** Que não apodrece; que não é sujeito a putrefação: *frutos imputrescíveis*. **2.** Fig. Que não se corrompe; incorruptível: *todo presidente deveria ser um caráter imputrescível*. → **imputrescibilidade** sf (qualidade ou condição de imputrescível).

i.mun.do adj **1.** Muito sujo: *os jogadores saíram imundos do campo*. **2.** Cheio de sujeira ou porcaria: *ruas imundas*. **3.** Fig. Imoral, indecente, obsceno: *telenovela imunda; gesto imundo*. **4.** Fig. Moralmente baixo; torpe, ignóbil: *a política torna a todos imundos*. · Antôn. (1 e 2): *limpo*, (3): *decente*; (4): *digno*. → **imundícia, imundice** ou **imundície** sf (sujeira), de antôn. *limpeza*.

i.mu.ne adj **1.** Relativo a imunidade ou que tem imunidade: *resposta imune; os guaximins são imunes a venenos de cobra*. **2.** Fig. Não sujeito; livre: *ele é imune a críticas; nenhum país ficou imune à crise*. **3.** Protegido natural ou artificialmente de doenças, devido ao desenvolvimento de anticorpos: *ficar imune ao vírus*. → **imunidade** sf (**1.** qualidade ou condição de imune; **2.** proteção natural ou adquirida a infecções; **3.** isenção especial de obrigações civis, penalidades, responsabilidades, tributos, etc., em virtude do cargo que ocupa); **imunitário** adj (rel. a imunidade); **imunização** sf (ato, efeito ou processo de imunizar); **imunizado** adj (que adquiriu imunidade); **imunizador** (ô) adj e sm ou **imunizante** adj e s2gên (que ou o que imuniza); **imunizar** v [tornar imune ou refratário a (veneno, moléstia, etc.); **imunologia** sf (conjunto de conhecimentos e práticas relativos à imunidade às doenças); **imunológico** adj (rel. a imunologia); **imunologista** adj e s2gên (especialista em imunologia); **imunoterapia** sf (tratamento que consiste em aumentar a imunidade do organismo); **imunoterápico** adj (rel. a imunoterapia).

i.mu.tá.vel adj Que não está sujeito a mudança(s); inalterável. → **imutabilidade** sf (qualidade ou condição de imutável).

in [ingl.] adv **1.** Rigorosamente dentro da moda; por dentro: *andar in; vestir-se in*. // adj **2.** De bom gosto; fino, elegante: *vestido in, festa in*. **3.** Que se deve manter próximo, por ser favorável ou benéfico: *gente in*. · Antôn.: *out*.

i.na.ba.lá.vel adj **1.** Que não sofre abalos; firme, fixo: *rocha de 25 mil toneladas é inabalável*. **2.** Fig. Profundamente arraigado; enraizado: *vício inabalável*. **3.** Fig. Que não se deixa levar por argumentos; rijo, sólido, inquebrantável: *opinião inabalável*. **4.** Fig. Que é fortemente sentido e incapaz de ser mudado ou enfraquecido; inquebrantável: *ter fé inabalável em Deus*. **5.** Fig. Incapaz de ser contestado ou questionado: *apresentou um álibi inabalável*.

i.ná.bil adj **1.** Que não é hábil; que não consegue fazer nada com habilidade, destreza ou desenvoltura; inapto: *motorista inábil é um perigo!* **2.** Falto de sutileza, diplomacia ou senso de conveniência: *você foi muito inábil, ao dizer isso a ela*. **3.** Em direito, que não tem capacidade legal. → **inabilidade** sf (qualidade ou condição de inábil).

i.na.bi.li.tar v **1.** Tornar inábil, incapaz; incapacitar: *o acidente o inabilitou para sempre*. **2.** Reprovar em concurso ou exame: *a prova de redação inabilitou a metade dos candidatos*. **inabilitar-se 3.** Tornar-se inábil, impossibilitar-se física, intelectual, jurídica ou moralmente: *inabilitar-se para dirigir veículos*. → **inabilitação** sf (falta de habilitação).

i.na.bi.tu.al adj Inusitado (2).

i.na.ção sf **1.** Falta de ação; inércia: *os vândalos destruíram tudo, e ninguém entendia a inação da polícia*. **2.** P.ext. Indecisão, hesitação, vacilação: *por inação do zagueiro, aconteceu o gol*.

i.na.cei.tá.vel adj Que não se pode ou não se deve aceitar; não aceito, aprovado ou autorizado; inadmissível: *níveis inaceitáveis de poluição*. → **inaceitabilidade** sf (qualidade ou característica do que é inaceitável).

i.na.ces.sí.vel adj **1.** Que não é acessível; que não oferece condições de chegar, atingir ou entrar: *esse pico é inacessível; praia inacessível a veículos motorizados*. **2.** Impossível de ser obtido; proibitivo: *produtos importados são inacessíveis aos pobres*. **3.** Que não admite abordagem; intratável, insociável:

esse cão é inacessível. **4.** Intransitável: *a maré alta trouxe tanta areia, que a avenida ficou inacessível*. **5.** Diz-se de linguagem, teoria ou obra artística difícil de entender; incompreensível, esotérico: *a ópera é inacessível ao homem comum; escritor de prosa inacessível ao comum dos leitores*. → **inacessibilidade** sf (qualidade ou condição de inacessível).

i.na.de.qua.do adj Não adequado; inapropriado, indevido: *conduta inadequada; o uso inadequado do solo causa erosão*. → **inadequação** sf (qualidade de inadequado).

i.na.di.á.vel adj Que não pode ser adiado ou prorrogado; improrrogável, impostergável. → **inadiabilidade** sf (qualidade do que é inadiável).

i.na.dim.plen.te adj e s2gên Que ou pessoa que não cumpre rigorosamente seus compromissos financeiros ou suas obrigações contratuais. → **inadimplência** sf (falta de cumprimento de compromisso financeiro ou de obrigação contratual).

i.nad.mis.sí.vel adj **1.** Que não é admissível, por ferir alguma norma, lei, princípio, costume, etc.; inaceitável: *é inadmissível ir à missa de microssaia*. **2.** Que não se pode encarar como válido ou verdadeiro; inválido: *sua confissão foi considerada inadmissível como prova, porque foi feita sob tortura*. **3.** Que não deve ser permitido ou tolerado; intolerável: *é uma ingerência inadmissível nos assuntos do governo*. → **inadmissibilidade** sf (qualidade de inadmissível).

i.nad.ver.tên.cia sf Descuido resultante de distração involuntária: *acidente cometido por inadvertência ao volante*. → **inadvertido** adj (feito sem o cuidado necessário ou desejado).

i.na.fi.an.çá.vel adj Diz-se daquilo pelo qual não se pode pagar fiança: *crime inafiançável*. → **inafiançabilidade** sf (qualidade ou condição do que é inafiançável).

i.na.lar v Puxar para dentro dos pulmões, aspirar: *inalar fumaça de cigarro faz um mal danado!* → **inalação** sf (ato ou efeito de inalar); **inalador** (ô) sm (aparelho usado para facilitar a inalação de medicamentos); **inalante** adj e sm (que ou substância que é própria para ser inalada, usada em medicina).

i.na.li.e.ná.vel adj **1.** Incapaz de ser alienado ou transferido; intransferível: *carro inalienável*. **2.** Que não pode ser retirado do possuidor: *um direito inalienável; a liberdade de expressão é o mais inalienável de todos os direitos humanos*. → **inalienabilidade** sf (qualidade ou condição de inalienável); **inalienação** sf (estado ou condição do que não se alienou); **inalienar** v (tornar inalienável).

i.nal.te.rá.vel adj **1.** Que não pode ser alterado; constante, imutável: *as leis da natureza são inalteráveis*. **2.** Fig. Que não se deixa perturbar por nada; impassível, imperturbável: *ouviu tanta ofensa, e seu semblante permaneceu inalterável*. → **inalterabilidade** sf (qualidade ou condição do que é inalterável).

i.nam.bu sm V. **inhambu**.

i.na.mis.to.so (ô; pl.: ó) adj Que não é próprio de amigo; grosseiro, hostil, agressivo: *as relações entre as duas Coreias continuam inamistosas*.

i.na.mo.ví.vel adj **1.** Que não pode ser transferido de um lugar para outro: *uma rocha de 25 mil tonelada é inamovível*. **2.** Que não se pode remover ou demitir arbitrariamente: *alguns funcionários públicos são inamovíveis*. **3.** Que não pode deslocar; permanente, fixo. **4.** Fig. Que não cede; que se mantém inabalável; inflexível, ferrenho: *meus pontos de vista são inamovíveis*. · Antôn.: *amovível*. → **inamovibilidade** sf (qualidade do que é inamovível).

i.na.na sf **1.** Situação difícil, delicada, aflitiva; dificuldade, apuro: *gastei muito e agora estou naquela inana*. **2.** Briga, pancadaria: *o jogo terminou em inana*. **3.** Encrenca, confusão: *não se meta em inana!* **4.** Aborrecimento, chateação, amolação: *criança mal-educada só causa inana*.

i.na.ni.ção sf Debilidade extrema do organismo, por falta de alimentação: *morrer de inanição*.

i.na.ni.ma.do ou **i.nâ.ni.me** adj **1.** Que por natureza não é dotado de vida, como as rochas, minerais e objetos em geral. **2.** Sem sinal de vida; inerte: *o acidente deixou corpos inanimados no asfalto*. **3.** Que perdeu os sentidos; desmaiado, desfalecido: *com o choque de cabeças, ambos os jogadores caíram inânimes no gramado*. **4.** Sem animação ou vivacidade: *depois da confusão, a festa continuou, mas inanimada*.

i.na.pe.lá.vel adj Em direito, diz-se de uma causa cuja decisão não passível de recurso a um tribunal superior para revisão; não sujeito a recurso ou apelação; irrecorrível. → **inapelabilidade** sf (qualidade ou caráter de inapelável).

i.na.pe.tên.cia *sf* **1**. Falta de apetite; anorexia. **2**.*P.ext*. Falta de desejo, de libido. · Antôn. (1): *apetência, apetite*; (2): *frigidez*.

i.na.pli.cá.vel *adj* Não aplicável; inapropriado: *o tribunal concluiu que o artigo 38 era inaplicável ao caso em questão*. → **inaplicabilidade** *sf* (qualidade de inaplicável).

i.na.pre.ci.á.vel *adj* Que não possibilita apreciação ou avaliação, quer por ser muito pequeno ou insignificante, quer por ser valioso demais: *houve uma alteração inapreciável de temperatura; foram roubadas joias de valor inapreciável*. → **inapreciabilidade** *sf* (qualidade ou condição do que é inapreciável).

i.na.pro.vei.tá.vel *adj* De que não se tira nenhum proveito: *os imprevistos tornaram inaproveitáveis nossas férias*. → **inaproveitabilidade** *sf* (qualidade de inaproveitável).

i.nap.to *adj* Que não tem aptidão; incompetente, incapaz: *declararam-no inapto para exercer o cargo*. → **inaptidão** *sf* (falta de aptidão; incapacidade, incompetência).

i.nar.rá.vel *adj* Que não pode ser narrado ou contado; incontável: *uma piada inarrável a crianças*. (Não se confunde com *inenarrável*.) → **inarrabilidade** *sf* (qualidade do que é inarrável).

i.nar.ti.cu.la.do *adj* Pronunciado sem as articulações definidas da fala inteligível; incompreensível, indistinto: *os ETs proferem sons inarticulados*. → **inarticulável** *adj* (que não se pode articular ou pronunciar).

i.na.ta.cá.vel *adj* Que não se pode ou não se deve atacar; irrepreensível: *homem de caráter inatacável*. → **inatacabilidade** *sf* (qualidade ou condição de inatacável).

i.na.ti.vo *adj* **1**. Que não está em atividade. **2**. Que não está em funcionamento; fora de uso. **3**. Que está sem trabalho, que está impossibilitado de realizar exercícios. **4**. Paralisado: *estar com um braço inativo*. // *sm* **5**. Homem paralítico. **6**. Aquele que já não produz ou que está aposentado. → **inatividade** *sf* (qualidade, condição ou caráter de inativo).

i.na.to *adj* Que nasceu naturalmente com a pessoa; congênito. → **inatismo** *sm* (**1**. doutrina filosófica que sustenta que a mente nasce já com ideias e conhecimentos: *o inatismo ensina que o homem já nasce com ideias*; **2**. crença nas ideias inatas).

i.nau.di.to *adj* **1**. Sem precedentes: *um furacão causador de estragos inauditos*. **2**. *Fig*. Fora do comum; extraordinário, incrível: *homem de prestígio inaudito no governo*. → **inauditismo** *sm* (qualidade do que é inaudito).

i.nau.dí.vel *adj* Que não se pode ouvir. → **inaudibilidade** *sf* (condição ou caráter de inaudível).

i.nau.gu.rar *v* **1**. Apresentar pela primeira vez ao público e com alguma solenidade: *inaugurar um hospital*. **2**. Começar, iniciar: *inaugurar um novo estilo de vida*. **3**. Usar pela primeira vez; estrear: *inaugurou o carro com a namorada*. · Antôn. (2): *encerrar, findar*. → **inauguração** *sf* (ato ou efeito de inaugurar), de antôn. *encerramento*; **inaugural** *adj* (**1**. rel. a inauguração: *discurso inaugural*; **2**. inicial: *aula inaugural*).

inbox [ingl.] *sf* Caixa de entrada nos programas de correios eletrônicos, na qual ficam armazenadas as mensagens recebidas. · Pl.: *inboxes*. · Pronuncia-se *in-bóks*.

in.ca *adj* **1**. Dos incas; incaico, incásico: *arte inca*. // *s2gên* **2**. Membro do grupo de tribos indígenas quíchuas que dominaram o Peru até a conquista espanhola e atingiram uma civilização altamente desenvolvida. → **incaico** ou **incásico** *adj* [inca (1)].

in.ca.bí.vel *adj* Sem cabimento; descabido: *um habeas corpus incabível ao caso*.

in.cal.cu.lá.vel *adj* **1**. Não passível de cálculo: *o número de estrelas é incalculável*. **2**. *Fig*. Muito grande; enorme, gigantesco: *o terremoto causou danos incalculáveis*. **3**. *Fig*. Muito importante para ser estimado: *a coleção é de valor incalculável aos historiadores*. → **incalculabilidade** *sf* (qualidade do que é incalculável).

in.can.des.cen.te *adj* **1**. Diz-se de um corpo que emite muita luz quando aquecido a alta temperatura: *gás incandescente; lâmpada incandescente*. **2**. *Fig*. De brilho intenso: *horizonte incandescente*. → **incandescência** *sf* (estado ou condição de incandescente); **incandescer** *v* [tornar(-se) incandescente; pôr(-se) em brasa].

in.can.sá.vel *adj* **1**. Que não se cansa. **2**. Obstinado, firme, pertinaz: *político incansável na defesa da democracia; essa conquista se deve ao trabalho incansável dos nossos amigos*. → **incansabilidade** *sf* (qualidade, estado ou condição de incansável).

in.ca.paz *adj* e *s2gên* Que ou pessoa que é incompetente ou não é capaz de realizar a contento qualquer tarefa. · Superl. abs. sint. erudito: *incapacíssimo*. → **incapacidade** *sf* (falta de capacidade física, mental ou moral; incompetência); **incapacitação** *sf* [ato ou efeito de incapacitar(-se)]; **incapacitar(-se)** *v* [tornar(-se) incapaz; inabilitar(-se), desqualificar(-se)].

in.cau.to *adj* e *sm* **1**. Que ou aquele que é descuidado ou desatento; que não tem consciência de possíveis perigos ou problemas: *acidentes ocorrem normalmente com motoristas incautos*. **2**. Que ou aquele que não tem malícia e é enganado com facilidade; ingênuo: *ele é useiro e vezeiro em enganar incautos*. · Antôn. (1): *precavido, atento*; (2): *esperto, arguto*.

INCC *sm* Sigla de *í*ndice *n*acional de *c*ustos da *c*onstrução, calculado pela Fundação Getúlio Vargas (FGV), mede a cesta de produtos e serviços atualizados pelo setor de construção civil.

in.cên.dio *sm* Fogo violento e descontrolado que se propaga extensamente e destrói prédios, matas, navios, etc. → **incendiar** *v* (atear fogo em); **incendiar-se** (ser tomado por incêndio); **incendiário** *adj* (**1**. destinado a produzir incêndio; **2**. próprio para inflamar os ânimos) e *sm* (autor voluntário de incêndio).

in.cen.so *sm* **1**. Resina aromática que produz um odor agradável quando queimada. **2**. Perfume ou fumaça dessa resina, usada geralmente em cerimônias religiosas. → **incensar** *v* (perfumar com incenso).

in.cen.su.rá.vel *adj* Que não merece ser censurado; irrepreachável: *a conduta do ministro é incensurável*.

in.cen.ti.vo *sm* **1**. Estímulo, motivação: *não há incentivo para que se economize água potável*. **2**.*P.ext*. Gratificação, gorjeta: *os mensageiros de hotel estão sempre à espera de um incentivo*. **3**. Estímulo governamental a certos setores da economia, feito mediante política adequada. → **incentivar** *v* (dar incentivo a; estimular).

in.cer.to *adj* e *sm* **1**. Que ou aquilo que é duvidoso: *o futuro é incerto; é incerto se ela virá; ele trocou o certo pelo incerto*. // *adj* **2**. Inseguro, não confiante: *eu estava incerto em como proceder naquele caso*. **3**. Não identificado; não sabido: *fogo de origem incerta; o foragido está em lugar incerto*. **4**. Indeterminado; impreciso: *a hora da nossa partida é incerta*. **5**. Não confiável: *aliado incerto; o voto dele é incerto*. **6**. Imprevisível, instável: *chefe de temperamento incerto; o tempo está incerto*. **6**. Vacilante, indeciso, hesitante: *a criança ainda caminha com passos incertos*. → **incerteza** (ê) *sf* (**1**. qualidade de incerto; **2**. aquilo que é incerto).

in.ces.san.te *adj* **1**. Que não cessa; contínuo, ininterrupto: *ruído incessante; os vírus passam por incessantes mutações*. **2**. *Fig*. Que se faz presente a todo momento; assíduo, constante, incansável: *os autistas merecem cuidados incessantes dos pais*.

in.ces.to *sm* Relação sexual ilícita entre parentes consanguíneos. → **incestar** *v* (cometer incesto com: *o rapaz incestou a prima*); **incestuoso** (ô; pl.: ó) *adj* e *sm* (que ou aquele que cometeu incesto) e *adj* (**1**. rel. a incesto: *união incestuosa*; **2**. nascido de incesto: *criança incestuosa*).

in.char *v* **1**. Aumentar o volume de; dilatar: *o fermento incha o bolo*. **2**. Fazer aumentar (parte do corpo), por razões patológicas ou de agressão; inflamar: *a longa caminhada inchou meus pés*. **3**. *Fig*. Tornar vaidoso, orgulhoso ou soberbo; envaidecer: *o dinheiro incha os medíocres*. **4**. Dilatar-se: *a madeira incha na água*. **5**. Inflamar-se: *de tanto caminhar, meus pés incharam*. **6**. *Fig*. Envaidecer-se: *a qualquer elogio, ela incha*. → **inchação** *sf* ou **inchamento** *sm* [ato ou efeito de inchar(-se)], **inchaço** *sm* (**1**. tumor, intumescência; **2**. *fig*. arrogância, presunção).

in.ci.den.te *adj* **1**. Que incide ou repercute: *as mudanças incidentes no desenvolvimento econômico; os cuidados incidentes com a paternidade*. **2**. Diz-se de luz ou de outra radiação que atinge algo: *um feixe de íons incidente numa superfície*. // *sm* **3**. Acontecimento imprevisto que, embora não resulte em nenhum dano, morte, etc., pode provocar algum transtorno; ocorrência relativamente insignificante que perturba o andamento normal de um evento: *alguns incidentes impediram que o jogo se iniciasse na hora marcada; a votação ocorreu sem incidentes*. **4**. Pequena perturbação pública; tumulto: *duas pessoas foram baleadas ontem, em dois incidentes distintos*. **5**. Ocorrência insignificante, mas de consequências às vezes graves, na política internacional, se negligenciada: *qualquer incidente de fronteira entre as duas Coreias pode virar guerra*. (Não se confunde com *acidente*.) → **incidência** *sf* (**1**. qualidade de incidente; **2**. ação de incidir ou recair; **3**. nome de novos casos de uma doença numa população, durante determinado tempo); **incidental** *adj* (que ocorre por acaso ou de modo casual); **incidir** *v* (1. recair: *o imposto incidirá no salário*; **2.** incorrer: *incidi num erro grave*).

in.ci.ne.rar *v* **1.** Queimar até reduzir a cinzas: *incinerar maconha*. **2.** Cremar (cadáver). → **incineração** *sf* (1. ação de incinerar, de reduzir a cinzas; **2.** cremação); **incinerador** (ô) *sm* (aparelho próprio para incinerar ou queimar dejetos, drogas, etc.).

in.ci.pi.en.te *adj* **1.** Que está no princípio: *as pesquisas estão ainda incipientes*. **2.** Principiante, novato: *ela confiou em um cirurgião incipiente*. (Não se confunde com *insipiente*.) → **incipiência** *sf* (estado, característica ou natureza do que está no início, do que é incipiente: a incipiência de umas pesquisas).

in.ci.são *sf* **1.** Corte ou golpe alongado com instrumento cortante. **2.** Corte cirúrgico. **3.** Golpe dado na casca das árvores, para as enxertar ou para lhes extrair goma ou resina. → **incisar** *v* (fazer incisão em); **incisividade** *sf* (qualidade ou característica de incisivo); **incisivo** *adj* (**1.** que faz corte, que é próprio para cortar; **2.** claro e decisivo; categórico; **3.** diz-se de cada um dos quatro dentes destinados a cortar, situados entre os caninos) e *sm* (cada um desses dentes).

in.ci.so *sm* Subdivisão de artigos de leis, regulamentos, estatutos, etc.

in.ci.tar *v* **1.** Desafiar, provocar: *os torcedores incitavam a polícia*. **2.** Açular: *incitar cães*. **3.** Provocar, causar, suscitar, dar origem a: *a impunidade poderá incitar uma revolta popular*. → **incitação** *sf* ou **incitamento** *sm* (ato ou efeito de incitar: *a incitação à baderna é própria dos militantes desse partido*); **incitante** ou **incitativo** *adj* (que incita: *ouviam-se palavras de ordem incitativas da baderna*).

in.ci.vil *adj* Falta de cortesia ou de urbanidade; descortês, grosseiro, indelicado. · Antôn.: *cortês, polido, urbano*. → **incivilidade** *sf* (falta de civilidade ou de urbanidade; descortesia, grosseria, indelicadeza); **incivilizado** *adj* (**1.** não civilizado; bárbaro: *os hunos eram um povo incivilizado*; **2.** não esclarecido; rude, grosseiro: *não cai bem a um presidente mostrar-se incivilizado*).

in.clas.si.fi.cá.vel *adj* **1.** Que não se pode classificar: *obra literária inclassificável*. **2.** A que falta organização ou unidade; desorganizado, amorfo: *pertencer a um segmento inclassificável da sociedade*. **3.** Digno de censura ou reprovação; inqualificável: *rapaz de comportamento inclassificável*.

in.cle.men.te *adj* **1.** Que não demonstra clemência; cruel, desumano, impiedoso: *há vencedores que são inclementes*. **2.** *Fig.* Intransigente, intolerante, austero: *o regime militar teve censores inclementes*. **3.** *Fig.* Duro, agressivo: *crítica inclemente*. **4.** Diz-se de qualquer fenômeno atmosférico rigoroso ou severo: *os viajantes devem estar preparados para um tempo inclemente; o sol inclemente dos desertos*. → **inclemência** *sf* (qualidade ou caráter de inclemente).

in.cli.nar(-se) *v* **1.** Desviar(-se) da linha reta, vertical ou horizontal: *inclinar uma poltrona; com o forte vento, os galhos da mangueira se inclinaram*. **2.** Curvar(-se, dobrar(-se): *inclinar a cabeça; inclinou-se para falar com a criança*. **inclinar(-se) 3.** Descair, ter declive: *o telhado (se) inclina mais deste lado que daquele*. **inclinar-se 4.** Dobrar o corpo ou a cabeça, em sinal de respeito ou submissão: *os fiéis se inclinam ante a augusta figura do Papa*. **5.** Ter propensão ou tendência; predispor-se, pender, tender: *nunca se incline para o vício!* → **inclinação** *sf* [**1.** ato ou efeito de inclinar(-se); **2.** superfície inclinada; **3.** movimento de parte do corpo em sinal de reverência; mesura; **4.** tendência natural, queda].

ín.cli.to *adj* Que se destaca por seus feitos extraordinários pela pátria ou pela humanidade; ilustre: *o ínclito duque de Caxias; o ínclito Marconi*. · Antôn.: *obscuro, inexpressivo*.

in.clu.ir *v* **1.** Conter como parte de um todo; compreender, abranger: *a diária do hotel inclui café da manhã*. **2.** Pôr dentro de carta, bilhete, etc.; inserir: *ao fazer-lhe a consulta, tive o cuidado de incluir o selo para a resposta*. **3.** Arrolar, relacionar: *a lista de convidados foi feita, mas não me incluíram*. **4.** Acrescentar: *incluímos Pisa na excursão à Itália*. **5.** Envolver, implicar: *tentaram me incluir nesse atentado*. **6.** Conter em si; encerrar: *o manifesto incluía a revolta do povo*. **incluir-se 7.** Figurar entre outros: *ele se inclui entre os maiores atletas do mundo*. · Antôn.: *excluir*. → **inclusão** *sf* [ato ou efeito de incluir(-se)], de dentro. **exclusão**; **incluso** *adj* (**1.** incluído, contido, inserido: *os documentos inclusos na carta ficaram molhados por causa da chuva; inclusas no pacote vão as notas fiscais*; **2.** compreendido, abrangido: *é um deputado sempre incluso nos escândalos de corrupção; trata-se de matéria inclusa na pauta*). ·· **Inclusão digital**. Estado daquele que teve acesso à informática e está apto a entrar em atividade nesse ramo do conhecimento. ·· **Inclusão social**. Estado daquele que tem garantido o acesso aos direitos e benefícios da cidadania.

in.clu.si.ve *palavra denotativa de inclusão* Com inclusão do que se menciona; também: *leiam da página 10 à página 15, inclusive; todos mentem, inclusive o presidente*. · Antôn.: *exclusive*. (Não convém usar *inclusive* por *até*, como nestas frases: *O gol foi legítimo, "inclusive" porque os jogadores adversários nem reclamaram. Hoje "inclusive" choveu muito. Nada posso declarar, "inclusive" porque nada vi*. Note que pode até ser retirada da frase sem prejuízo de seu sentido.)

in.co.er.cí.vel *adj* Impossível de controlar ou reprimir; incontrolável, irreprimível: *os sonhos são incoercíveis; o incoercível desejo de beber; choro incoercível*. → **incoercibilidade** *sf* (qualidade do que é incoercível).

in.co.e.ren.te *adj* **1.** Que não é coerente: *essa publicidade é incoerente com as leis de mercado*. **2.** Falto de unidade, de clareza, de organização: *texto incoerente*. **3.** Sem lógica ou coerência; ilógico, contraditório: *raciocínio incoerente*. // *s2gên* **4.** Pessoa cujo raciocínio e atitude não têm lógica ou nexo. → **incoerência** *sf* (**1.** falta de coerência; **2.** palavra, ideia ou ação incoerente; contradição).

in.cóg.ni.ta *sf* **1.** Quantidade desconhecida, cujo valor se procura descobrir para solucionar um problema: *achar a incógnita de uma equação*. **2.** Aquilo que é desconhecido e se procura saber: *o sexo desse animal é uma incógnita*. → **incógnito** *adj* e *sm* (que ou aquilo que é ignorado, secreto, enigmático: *levar vida incógnita*) e *adv* (sob identidade suposta; secretamente: *viajar incógnito pelo mundo*).

in.cog.nos.cí.vel *adj* e *sm* **1.** Que ou o que é impossível conhecer, reconhecer ou distinguir: *investigar mundos incognoscíveis; o futuro é incognoscível; o homem tem horror ao incognoscível*. // *adj* **2.** Inacessível à inteligência humana: *Deus é incognoscível*. · Antôn.: *cognoscível*. → **incognoscibilidade** *sf* (qualidade ou condição de incognoscível).

in.co.lor (ô) *adj* **1.** Sem cor: *a água é um líquido incolor; esmalte incolor*. **2.** *Fig.* Sem brilho ou expressividade; desinteressante, maçante, enfadonho, chato: *escritor de obras incolores*. **3.** *Fig.* Sem atrativo; insípido: *manter um relacionamento incolor com uma garota*. **4.** *Fig.* Difícil de definir; indefinido, dúbio, vago: *sorriso incolor*. **5.** *Fig.* Que não tem opinião própria ou nenhuma linha política: *imprensa incolor*.

in.có.lu.me *adj* Que saiu intacto, são e salvo, de um perigo, sem sequer um arranhão. (Não se confunde com *ileso*.) → **incolumidade** *sf* (qualidade, estado ou condição de quem está incólume ou intacto, depois de passar por um perigo: *um bedel tem como finalidade a incolumidade física dos alunos*).

in.com.bus.tí.vel *adj* **1.** Que não pode queimar-se: *o amianto é uma substância incombustível*. **2.** Que é à prova de fogo: *plástico incombustível*. → **incombustibilidade** *sf* (propriedade que têm alguns materiais e substâncias de ser resistentes ao fogo).

in.co.men.su.rá.vel *adj* Imensurável (1 e 2): *o universo é incomensurável; seus filmes exerceram influência incomensurável em toda uma geração de cineastas*. → **incomensurabilidade** *sf* (qualidade, característica ou condição do que é incomensurável).

in.cô.mo.do *adj* **1.** Que incomoda: *fumaça incômoda; ruído incômodo*. **2.** Que dá trabalho: *crianças incômodas*. **3.** Que não oferece comodidade ou conforto, por ter pouco espaço: *carro incômodo*. **4.** Importuno, inconveniente: *visita incômoda*. **5.** Que provoca embaraços ou mal-estares; delicado: *ela me deixou numa situação incômoda, ali, junto do seu pai*. // *sm* **6.** Transtorno passageiro, mas frequente: *a menstruação é um incômodo feminino*. → **incomodar** *v* (**1.** causar incômodo a; aborrecer, chatear; **2.** não causar prazer a; não agradar a); **incomodar-se** (**1.** sentir-se incomodado ou molestado; aborrecer-se; **2.** preocupar-se; **3.** fazer caso; ligar importância); **incomodidade** *sf* (falta de comodidade).

in.com.pa.rá.vel *adj* **1.** Que não se pode comparar: *é incomparável a qualidade de acabamento de um carro nacional e de um carro importado*. **2.** Que está acima de qualquer comparação; extraordinário, admirável, excelente: *a poesia de Fernando Pessoa é incomparável*. **incomparabilidade** *sf* (qualidade do que é incomparável).

in.com.pa.tí.vel *adj* **1.** Incapaz de conviver harmoniosamente; inconciliável: *casal de gênios incompatíveis*. **2.** Que não pode ser acumulado pelo mesmo indivíduo. **3.** Diz-se de qualquer coisa inconciliável: *todo medicamento é incompatível com o álcool*. → **incompatibilidade** *sf* (qualidade ou estado do que é incompatível); **incompatibilizar(-se)** *v* [tornar(-se) incompatível; indispor(-se)].

in.com.pe.ten.te *adj* e *s2gên* **1**. Que ou pessoa que não tem ou demonstra não ter as habilidades, qualificações ou aptidões necessárias para fazer algo com sucesso; inapto: *pululam incompetentes na internet.* // *adj* **2**. Que não é legalmente qualificado: *o juiz se declarou incompetente para julgar o caso.* **3**. Que não é idôneo; inidôneo. → **incompetência** *sf* (falta de competência).

in.com.ple.to *adj* **1**. Que ainda não se completou ou inteirou; inacabado: *o construtor entregou a obra incompleta; estes dados estão incompletos.* **2**. A que falta uma ou mais partes; inacabado, inconcluso: *uma coleção incompleta.* **3**. Imperfeito, mutilado: *bebês nasciam incompletos.* **4**. *Fig.* Parcial: *minha felicidade seria incompleta sem você.*

in.com.pre.en.são *sf* Falta de compreensão ou de entendimento. → **incompreendido** *adj* e *sm* (que ou pessoa que é vítima de incompreensão); **incompreensível** *adj* e *sm* (que ou aquilo que é impossível ou muito difícil de compreender ou de entender); **incompreensivo** *adj* (incapaz de compreender ou de entender).

in.co.mum *adj* **1**. Que não é comum ou ordinário; singular, raro: *é incomum ter câncer de próstata aos trinta anos.* **2**. Fora do comum; extraordinário, notável, excepcional: *mulher de beleza incomum; soldado de coragem incomum.*

in.co.mu.ni.cá.vel *adj* **1**. Diz-se de pessoa com quem é impossível falar, qualquer que seja o motivo; privado de comunicação: *ele está preso e incomunicável.* **2**. Proibido de ser comunicado ou transmitido: *a existência de óvnis é incomunicável ao público.* **3**. Proibido de ser transferido; intransferível: *todos os seus bens são incomunicáveis.* **4**. Que não gosta de se comunicar com os outros; insociável: *vizinho incomunicável.* **5**. Que não se comunica ou não se liga com outra coisa: *o oceano Pacífico era incomunicável com o golfo do México; toda ilha é naturalmente incomunicável por terra.* **6**. Em direito, diz-se dos bens que são propriedade apenas de um dos cônjuges e não entram na comunhão de patrimônios. → **incomunicabilidade** *sf* (qualidade, condição ou estado de incomunicável; **incomunicação** *sf* (falta de comunicação); **incomunicante** *adj* (que não comunica ou não estabelece comunicação).

in.con.ce.bí.vel *adj* e *sm* **1**. Que ou o que é inimaginável: *deserto na Sibéria é inconcebível; é inconcebível viver sem água.* // *adj* **2**. *Fig.* Fora de propósito; inaceitável, intolerável: *o governo vive dizendo que um aumento de impostos é inconcebível; um novo contrato da caderneta de poupança seria inconcebível.* **3**. *Fig.* Inacreditável: *o incêndio no Pantanal provocou uma quantidade inconcebível de danos ambientais.*

in.con.clu.den.te *adj* **1**. Que não é concludente ou categórico; que não permite chegar a uma conclusão definitiva: *provas inconcludentes.* **2**. Que nada prova: *argumentos inconcludentes.* → **inconcluso** *adj* (que não foi concluído; inacabado: *obras inconclusas estão espalhadas por todo o país*).

in.con.di.cio.nal *adj* **1**. Que não depende de nenhuma condição: *dou-lhe apoio incondicional.* **2**. Sem limites; absoluto, ilimitado: *sou seu admirador incondicional.* → **incondicionalidade** *sf* (qualidade, estado ou característica de incondicional); **incondicionalismo** *sm* (submissão absoluta a outrem).

in.con.fes.sá.vel *adj* **1**. Que não se pode ou não se deve confessar, por receio de ser censurado ou criticado: *qual é o candidato inconfessável dos empresários desta vez?* **2**. Que não se deve declarar ou revelar: *"na vida, todos temos um segredo inconfessável, um arrependimento irreversível, um sonho inalcançável e um amor inesquecível".* → **inconfessabilidade** *sf* (qualidade ou caráter de inconfessável).

in.con.fi.dên.cia *sf* **1**. Falta de fidelidade ou de lealdade para com alguém, princ. para com o chefe de Estado ou o Estado. **2**. Revelação de segredo: *ninguém lhe perdoará por essa inconfidência.* → **inconfidente** *adj* e *s2gên* (que ou pessoa que está envolvida em inconfidência) e *adj* (que divulga os segredos que lhe foram confiados).

in.con.for.ma.do *adj* e *sm* Que ou pessoa que não se conforma, se resigna ou se consola com algo adverso. → **inconformação** *sf* (falta de conformação ou resignação); **inconformidade** *sf* (**1**. falta de conformidade; discordância, discrepância: *o árbitro atuou em visível inconformidade com as regras do jogo; há uma inconformidade entre o telhado e a casa*; **2**. falta de acordo ou de entendimento; divergência); **3**. excesso de rebeldia); **inconformismo** *sm* (**1**. atitude ou conduta de quem não se conforma, de quem não aceita situações incômodas ou desfavoráveis: *o presidente está ciente do inconformismo do povo com tanto aumento dos combustíveis*; **2**. atitude ou conduta de quem não acata passivamente o modo de agir e de pensar da maioria ou do socialmente estabelecido: *o inconformismo fez surgir os* hippies); **inconformista** *adj* (rel. a inconformismo: *atitude inconformista*) e *adj* e *s2gên* (que ou pessoa que revela inconformismo).

in.con.fun.dí.vel *adj* **1**. Que não se pode confundir com outro; muito diferente: *eminente e iminente são palavras de significados inconfundíveis.* **2**. De características únicas, que facilitam a sua identificação; único: *sua voz é inconfundível.* → **inconfundibilidade** *sf* (qualidade do que é inconfundível).

in.con.gru.en.te *adj* **1**. Não congruente ou consistente com outra coisa; incompatível, inconciliável: *o projeto do trem-bala é incongruente com a nossa realidade econômica.* **2**. Que tem partes, elementos, etc. inconsistentes ou desarmoniosos; discordante: *seu patrimônio é incongruente com os seus rendimentos.* **3**. Sem lógica ou fundamento; infundado, inconsistente: *contou-nos uma história totalmente incongruente; considero sua crítica inteiramente incongruente.* → **incongruência** *sf* (**1**. falta de congruência; incongruidade; **2**. ação, ato ou palavra incongruente; discrepância); **incongruidade** *sf* [incongruência (1)].

in.con.sci.en.te *adj* **1**. Que não é ciente de sua própria existência; que não é consciente de si mesmo: *os vegetais são seres inconscientes.* **2**. Que está temporariamente privado da consciência: *o paciente continuou inconsciente depois da cirurgia.* **3**. Que não se dá conscientemente, intencionalmente ou deliberadamente; não percebido no nível da consciência: *impulso inconsciente; a inveja inconsciente se manifesta muitas vezes num tipo de arrogância.* **4**. Não ciente; sem ciência: *ele parece totalmente inconsciente do seu fracasso.* // *sm* **5**. Na teoria psicanalítica, divisão da mente que contém elementos de constituição psíquica, como memórias ou desejos reprimidos, que não estão sujeitos à percepção ou controle consciente, mas que frequentemente afetam pensamentos e comportamento conscientes: *ao examinar o conteúdo do inconsciente, Freud questionou algumas crenças arraigadas.* → **inconsciência** *sf* (qualidade ou estado de inconsciente).

in.con.se.quen.te (o **u** soa) *adj* e *s2gên* **1**. Que ou pessoa que é incoerente ou contraditório. **2**. Que ou pessoa que não avalia as consequências de suas atitudes; irresponsável, leviano. // *adj* **3**. Sem importância, consequência ou significado; que pode ser ignorado; irrelevante: *a maior parte do que ele disse na palestra foi inconsequente.* **4**. Contraditório, incoerente: *a atuação inconsequente da oposição no Congresso.* → **inconsequência** (o **u** soa) *sf* (**1**. falta de consequência; inconsistência; **2**. atitude de inconsequente; irresponsabilidade, leviandade; **3**. ação ou palavra incoerente ou irrefletida, própria de um inconsequente).

in.con.sis.ten.te *adj* **1**. Que não tem consistência ou firmeza: *um creme muito líquido, inconsistente.* **2**. *Fig.* Que não tem lógica ou coerência; incoerente, contraditório, ilógico: *ideias inconsistentes.* **3**. Que não tem fundamento; infundado: *toda fofoca é, por natureza, inconsistente.* → **inconsistência** *sf* (qualidade de inconsistente).

in.con.so.lá.vel *adj* Impossível ou muito difícil de consolar; tristíssimo: *a viúva está inconsolável.* → **inconsolabilidade** *sf* (qualidade ou estado de quem está inconsolável).

in.cons.tan.te *adj* e *s2gên* **1**. Que ou pessoa que muda facilmente de opinião, de sentimento, de conduta e de forma imprevisível; volúvel: *todo adolescente é inconstante.* // *adj* **2**. Instável, variável: *o clima em São Paulo é muito inconstante.* → **inconstância** *sf* (qualidade ou característica de inconstante; falta de constância).

in.cons.ti.tu.cio.nal *adj* Contrário ao disposto na Constituição do Estado. → **inconstitucionalidade** *sf* (qualidade ou caráter de inconstitucional).

in.con.sú.til *adj* Que não tem costura: *túnica inconsútil.* · Antôn.: *consútil.*

in.con.tá.vel *adj* Impossível de contar; inumerável: *há incontáveis grãos de areia no deserto.*

in.con.tes.tá.vel *adj* Que não se pode contestar, questionar ou negar; indiscutível, inquestionável, irrefutável: *é incontestável que a Terra é redonda.* (Não se confunde com *inconteste.*) → **incontestabilidade** *sf* (qualidade do que é incontestável; irrefutabilidade).

in.con.tes.te *adj* **1**. Sem testemunha: *crime inconteste.* **2**. Contraditório, discordante, discorde, divergente, discrepante: *os* *depoimentos das testemunhas são incontestes.* (Não se confunde com *incontestável.*)

in.con.ti.nên.cia *sf* **1**. Falta de continência, de moderação; imoderação, excesso, abuso: *a incontinência no beber.* **2**. Incapacidade de reter urina, sêmen ou fezes. → **incontinente** *adj* e *s2gên* (que ou o que não tem continência) e *adv* (sem demora; imediatamente, incontinênti: *dei-lhe apoio incontinente; levantei-me incontinente e saí*); **incontinênti** *adv* (incontinente, imediatamente).

in.con.tro.lá.vel *adj* Que não se pode controlar: *mulher de ciúme incontrolável.* · Pl.: *incontroláveis.*

in.con.tro.ver.so *adj* Que não admite controvérsia; incontestável, indiscutível: *é incontroverso que a Terra é redonda.*

in.con.ve.ni.en.te *adj* **1**. Que não convém, porque não traz proveito ou não oferece vantagem nenhuma: *discussão inconveniente.* **2**. Inapropriado, inadequado: *não vá à missa vestida de forma inconveniente!* **3**. Impróprio, porque não respeita o decoro, a decência ou a moral; imoral, indecente: *filme inconveniente para menores.* **4**. Descortês: *ela foi inconveniente com as visitas, não as acompanhando até a porta.* **5**. Indiscreto: *era um rapaz inconveniente com as garotas, por isso nenhuma gostava dele.* // *sm* **6**. Aspecto desfavorável; desvantagem, revés (9): *toda cidade tem suas vantagens e seus inconvenientes.* **7**. Incômodo, transtorno: *os inconvenientes de transitar numa estrada de terra.* // *adj* e *s2gên* **8**. Que ou pessoa que fala ou se comporta de modo inadequado: *o sogro não gostava dele porque era um sujeito inconveniente, que mal sabia comportar-se à mesa.* → **inconveniência** *sf* (qualidade, estado ou caráter de inconveniente).

InCOR *sm* Acrônimo de *Instituto do Coração* do Hospital das Clínicas de São Paulo. · Pronuncia-se *incór.*

in.cor.po.rar *v* **1**. Juntar num só corpo ou unir num só todo; reunir: *incorporar empresas.* **2**. Dar forma física, material ou corpórea a; tomar forma física, material ou corpórea; materializar: *incorporar um espírito.* **3**. Realizar (dono de um imóvel) contrato para a construção de (prédio) em condomínio, com a venda imediata das unidades a serem construídas. **4**. Admitir ou receber em grupo, sociedade, etc.: *a cada dia esse clube incorpora dez sócios.* **5**. Introduzir, incluir: *incorporar um vocábulo estranho ao léxico.* **6**. Juntar num só corpo; reunir: *incorporar mais um imóvel a seu patrimônio.* **incorporar-se 7**. Reunir-se, juntar-se: *muita gente se incorporou à passeata.* **8**. Materializar-se: *os espíritos realmente se incorporaram.* **9**. Ingressar: *incorporei-me a esse clube.* → **incorporação** *sf* [ato ou efeito de incorporar(-se)]; **incorporador** (ô) *adj* e *sm* (que ou aquele que incorpora) e *sm* (fundador de uma sociedade anônima); **incorporadora** (ô) *sf* (empresa que incorpora).

in.cor.pó.reo *adj* **1**. Não composto de matéria; que não tem existência material; imaterial: *os espíritos são seres incorpóreos.* **2**.*P.ext.* Imperceptível por qualquer sentido; impalpável. → **incorporeidade** *sf* (qualidade, estado ou condição do que é incorpóreo).

in.cor.rer *v* **1**. Incidir, cometer, cair: *incorrer em erros.* **2**. Estar sujeito, arriscar-se: *incorrer nas penas da lei.*

in.cor.re.to *adj* **1**. Que não é correto; errôneo, errado: *palavra incorreta; endereço incorreto.* **2**. Equivocado, enganoso: *pensamento incorreto; montagem incorreta de um equipamento.* **3**. Que não está de acordo com os fatos; inexato, errado: *teoria incorreta.* **4**. Deselegante, indelicado: *não nos convidando, vocês foram incorretos conosco.* **5**. Desonesto, tratante, vigarista: *comerciante incorreto.* **6**. Inconveniente, inadequado, inapropriado: *conduta incorreta; o uso incorreto de antibióticos causa danos à saúde.* → **incorreção** *sf* (**1**. qualidade de incorreto ou desonesto; **2**. falta de correção; erro).

in.cor.ri.gí.vel *adj* **1**. Incapaz de se corrigir ou de ser corrigido; irrecuperável: *ele é um bandido incorrigível.* **2**. Intransigente, incurável: *sou um otimista incorrigível.* // *adj* e *s2gên* **3**. Que ou pessoa que persiste ou reincide no erro: *políticos incorrigíveis; os incorrigíveis continuam fumando.* → **incorrigibilidade** *sf* (qualidade ou caráter de incorrigível).

in.cor.ro.sí.vel *adj* Que não sofre a ação de substâncias corrosivas: *metal incorrosível.* → **incorrosibilidade** *sf* (qualidade do que é incorrosível).

in.cor.rup.tí.vel ou **in.cor.ru.tí.vel** *adj* **1**. Que não está sujeito a corrupção, destruição ou degeneração: *o alumínio é um material incorruptível.* **2**. *Fig.* Que é incapaz de ser moralmente corrompido; honesto, íntegro: *há políticos incorrutíveis.* → **incorruptibilidade** ou **incorrutividade** *sf* (qualidade ou caráter de incorruptível); **incorrupto** ou **incorruto** *adj* (que não está corrupto ou destruído: *cadáveres incorruptos*) e *adj* e *sm* (que ou aquele que não se deixa corromper moralmente: *juiz incorrupto*).

INCRA ou **Incra** *sm* Acrônimo de *Instituto Nacional de Colonização e Reforma Agrária,* órgão do governo federal, criado em 1970, para fundamentalmente promover a reforma agrária.

in.cré.du.lo *adj* e *sm* **1**. Que ou aquele que não crê facilmente; céptico: *o povo anda incrédulo de tudo.* // *adj* **2**. Próprio de quem já não crê tão facilmente: *ele ouviu tudo com ar incrédulo.* → **incredulidade** *sf* (qualidade de incrédulo).

in.cre.men.tar *v* **1**. Dar incremento a; desenvolver: *incrementar o comércio.* **2**. *Fig.* Aumentar, melhorar: *o comércio incrementa suas vendas no Natal.* **3**. *Pop.* Pôr fogo em; animar, esquentar: *incrementar uma festa.* **4**. *Pop.* Deixar bem moderno, avançado ou ousado: *incrementar o penteado.* → **incrementação** *sf* (ato ou efeito de incrementar); **incremento** *sm* (aumento, crescimento, desenvolvimento).

in.cri.mi.nar *v* **1**. Acusar de crime ou de envolvimento num crime ou falta grave: *o filho incriminou o próprio pai.* **2**. Comprometer gravemente; denunciar: *suas contradições o incriminaram.* → **incriminação** *sf* (ato ou efeito de incriminar); **incriminador** (ô) ou **incriminatório** *adj* (que incrimina; acusatório).

in.crí.vel *adj* e *sm* **1**. Que ou o que é impossível ou muito difícil de acreditar; inacreditável: *é incrível que haja gente que tem certeza de que a Terra é plana; o incrível é que há muita gente assim.* // *adj* **2**. Extremamente surpreendente; espantoso, fantástico: *ela teve o incrível poder de me fazer apaixonado; que história incrível!* **3**. *Fig.* Fora do comum; muito grande, enorme: *homem de fortuna incrível!; ele tem um apetite incrível!* **4**. *Fig.* Excêntrico, extravagante: *a cantora era famosa por seus incríveis pedidos nas suítes do hotel onde se hospeda.* **5**. *Fig.* Muito bom; excelente: *Al Pacino teve um desempenho incrível nesse filme; que carro incrível!* **6**. *Fig.* De interessantes atributos; maravilhoso, surpreendente: *conheci uma garota incrível!* · Superlativo absoluto sintético irregular ou erudito: *incredibilíssimo.* · Antôn. (1): *crível.* → **incredibilidade** *sf* (qualidade de incrédulo).

in.cru.en.to *adj* **1**. Em que não se derramou sangue; que não custou sangue: *revolução de desfecho incruento.* **2**. Que não é sanguinário ou cruel. **3**. Diz-se de sacrifício feito à divindade com frutos naturais ou com o pão e o vinho, como se faz na missa, em vez de vítimas.

in.crus.tar *v* **1**. Decorar esmeradamente com joias: *incrustar um medalhão.* **2**. Cobrir, revestir (um corpo) de uma camada mais ou menos espessa de qualquer substância: *incrustar de ouro um dente.* **3**. Embutir: *incrustar um brilhante numa joia.* **incrustar-se 4**. Prender-se ou agarrar-se fortemente: *a hera se incrustou na parede.* **5**. *Fig.* Fixar-se, arraigar-se: *os preconceitos só se incrustam nos espíritos fracos.* → **incrustação** *sf* [**1**. ato ou efeito de incrustar(-se); **2**. coisa incrustada numa superfície: *uma incrustação de ouro*].

in.cu.bar *v* **1**. Chocar (ovos). **2**. Manter (ovos, organismos ou tecido vivo) em ótimas condições ambientais, para crescimento ou desenvolvimento. **3**. Manter (produtos químicos ou bioquímicos) sob determinadas condições, a fim de promover uma determinada reação. → **incubação** *sf* (ato ou efeito de incubar); **incubadeira** *sf* [incubadora (1); **incubadora** (ô) *sf* (**1**. aparelho usado para incubação artificial; chocadeira, incubadeira; **2**. equipamento usado para manter bebês prematuros ou débeis num ambiente de temperatura, umidade e concentração de oxigênio controladas].

in.cul.car *v* **1**. Aconselhar: *professor bom é o que inculca leituras proveitosas a seus alunos.* **2**. Fazer penetrar ou fixar na mente, incutir: *inculquemos só virtudes às crianças de hoje e teremos muitos homens de bem amanhã!* **3**. Fazer aceitar; impingir, incutir: *ela me inculcou essa ideia.* → **inculcação** *sf* (ato ou efeito de inculcar).

in.cul.par *v* **1**. Atribuir culpa a; acusar. **2**. Atribuir a responsabilidade por falta ou crime a; incriminar: *inculpam-me desse delito.* → **inculpação** *sf* (ato ou efeito de inculpar).

in.cul.to *adj* **1**. Não cultivado: *solo inculto.* **2**. *Fig.* Sem cultura intelectual ou moral; sem instrução: *povo inculto.* → **incultura** *sf* (falta de cultura intelectual ou moral).

in.cum.bir *v* **1**. Competir, caber: *incumbe à babá cuidar das crianças.* **incumbir(-se) 2**. Encarregar(-se): *incumbi-o do trabalho; incumbi-me de tudo.* → **incumbência** *sf* (**1**. ato ou efeito de incumbir; **2**. tarefa, missão, encargo).

in.cu.rá.vel *adj* **1**. Que não tem cura. **2**. *Fig.* Incorrigível: *ele é um mentiroso incurável.* → **incurabilidade** *sf* (qualidade ou condição de incurável).

in.cú.ria *sf* **1**. Falta de cuidado ou de aplicação; desleixo, desmazelo, negligência, relaxo: *ele se veste com incúria; cometer erros por incúria.* **2**. Falta de iniciativa: *ser criticado por incúria.*

in.cur.são *sf* **1**. Invasão rápida e hostil em território estranho: *uma incursão militar.* **2**. Entrada ou penetração numa região, país, etc.: *fazer uma incursão à Amazônia.* **3**. *Fig.* Investida, ensaio: *fazer algumas incursões ao domínio da poesia.*

in.cur.so *adj* Que incorreu em culpa, penalidade, etc.: *estar incurso no artigo 157 do código penal.*

in.cu.tir *v* Inspirar, infundir, suscitar: *seu olhar incutia medo.*

in.da.gar *v* **1**. Procurar saber; pesquisar: *indaguei do réu a razão do crime.* **2**. Querer saber; perguntar: *o aluno indagou ao professor o significado das palavras do texto.* → **indagação** *sf* (ato ou efeito de indagar); **indagativo** ou **indagatório** *adj* (**1**. que indaga ou que serve para indagar: *homem de espírito indagativo;* **2**. próprio de quem indaga: *olhar indagatório;* **3**. investigativo: *praticar um jornalismo crítico e indagatório*).

in.de.cen.te *adj* e *s2gên* Que ou pessoa que ofende os valores morais públicos: *novela indecente; gente indecente.* → **indecência** *sf* (**1**. qualidade de indecente; **2**. atitude ou palavra indecente).

in.de.ci.frá.vel *adj* **1**. Impossível de ser decifrado; incompreensível: *mensagem indecifrável.* **2**. Difícil de ler ou de interpretar; ilegível: *letra indecifrável.*

in.de.ci.so *adj* e *sm* Que ou aquele que tem dificuldade em se decidir. **indecisão** *sf* (qualidade, estado ou caráter de indeciso).

in.de.cli.ná.vel *adj* **1**. Que não se declina; que não tem flexão de casos; invariável: *em latim, os advérbios são indeclináveis.* **2**. *Fig.* A que não se pode fugir; que não pode ser recusado; irrecusável: *cumpri o dever indeclinável de defender meu país.* **3**. *Fig.* Que não se pode evitar; inevitável: *a morte é indeclinável.* → **indeclinabilidade** *sf* (qualidade ou condição de indeclinável).

in.de.co.ro.so (ô; pl.: ó) *adj* **1**. Contrário ao decoro ou à decência; indecente, impudico: *traje indecoroso.* **2**. Que ofende a honra, a dignidade; aviltante, desonroso: *crítica indecorosa.* → **indecoro** (ô) *sm* (**1**. falta de decoro; indecência; **2**. atitude indecorosa).

in.de.fec.tí.vel *adj* **1**. Que resiste à deterioração; durável: *o plástico é um material indefectível.* **2**. *Fig.* Sem defeito; perfeito: *aparelho indefectível.* **3**. Que não apresenta defeito ou deformação: *tênis indefectível.* → **indefectibilidade** *sf* (qualidade ou condição de indefectível).

in.de.fen.sá.vel *adj* Sem defesa, impossível de defender: *réu indefensável.* → **indefensabilidade** *sf* (qualidade ou caráter de indefensável).

in.de.fe.rir *v* Não deferir; não atender a: *indeferir um pedido.* → **indeferimento** *sm* (ato ou efeito de indeferir). → **indeferimento** *sm* (ato ou efeito de indeferir).

in.de.fe.so (ê) *adj* Que está sem defesa; desprotegido: *as indefesas baleias contra criminosos arpões.* (Não se confunde com *indefesso.*)

in.de.fes.so *adj* Que não se cansa; incansável: *os indefessos professores.* (Não se confunde com *indefeso.*)

in.de.fi.ni.ção *sf* **1**. Falta de definição ou de determinação: *ainda há indefinição do árbitro da partida decisiva.* **2**. Dificuldade em decidir; indecisão, hesitação: *a indefinição do eleitor na hora do voto.* → **indefinido** *adj* (**1**. que não teve definição ou explicação: *aquele dicionário tem várias entradas indefinidas;* **2**. que não é definido, preciso, exato; indistinto: *cor indefinida; pessoa de sexo indefinido;* **3**. que exprime uma ideia vaga ou geral: *pronome indefinido;* **4**. sem solução; indeciso: *continua indefinido o futuro desse jogador; a eleição está indefinida;* **5**. sem limites fixos: *sentimentos indefinidos de tristeza*) e *sm* (aquilo que é indefinido).

in.de.lé.vel *adj* **1**. Impossível de eliminar ou remover: *uma tinta azul indelével marca os eleitores que já votaram.* **2**. *Fig.* Que o tempo não apaga; inesquecível: *tenho lembrança indelével daquele encontro; guerras deixam marcas indeléveis na memória dos povos.* → **indelebilidade** *sf* (qualidade do que é indelével).

in.de.li.ca.do *adj* Grosseiro, descortês: *de homem indelicado as mulheres não gostam; e dos delicados, também.* → **indelicadeza** (ê) *sf* (**1**. falta de delicadeza; **2**. ação ou dito indelicado).

in.de.mo.dá.vel *adj* Que não sai de moda; que sempre está em voga: *os tailleurs são peças indemodáveis.*

in.de.ni.zar *v* Compensar (alguém) financeiramente por dano ou perda causada: *o seguro de automóveis indeniza o titular contra qualquer sinistro.* → **indenização** *sf* (**1**. ato ou efeito de indenizar; **2**. quantia indenizada).

in.de.pen.den.te *adj* **1**. Que não depende de nada e de ninguém: *filho independente.* **2**. Que não precisa trabalhar para viver: *homem independente.* **3**. Livre da autoridade ou do domínio de outro; soberano: *país independente.* **4**. Não ligado ou relacionado com outro ou com um grupo: *comerciantes independentes; candidato independente.* **5**. Isolado ou desligado de um todo: *entrada independente.* (Não se usa por *independentemente*, que é advérbio, e não adjetivo: *Independentemente do consentimento da vítima, o estupro se consuma, se ela tiver menos de 14 anos.*) → **independência** *sf* (qualidade ou caráter de independente).

in.des.cri.tí.vel *adj* **1**. Impossível de descrever, por causar viva impressão: *garota de beleza indescritível.* **2**. Tão intenso e extraordinário, que excede a qualquer descrição: *experimentar um prazer indescritível, ao saltar de paraquedas.* → **indescritibilidade** *sf* (qualidade ou caráter do que é indescritível).

in.de.se.já.vel *adj* **1**. Não desejável: *visita indesejável; os efeitos colaterais indesejáveis da droga.* // *adj* e *s2gên* **2**. Que ou pessoa que é estrangeira e é expulsa do país onde reside ou está de passagem, por motivos políticos, criminais, etc.

in.des.lin.dá.vel *adj* Impossível de deslindar; indestrinçável.

in.des.trin.çá.vel *adj* Impossível ou muito difícil de destrinçar; indeslindável, inextricável (1).

in.des.tru.tí.vel *adj* **1**. Que não é destrutível: *o plástico é praticamente indestrutível.* **2**. *Fig.* Firme, inabalável: *ter fé indestrutível em Deus.* → **indestrutibilidade** *sf* (qualidade ou caráter do que é indestrutível).

in.de.ter.mi.na.do *adj* **1**. Que não é fixo em extensão, tamanho, número, etc.: *distância indeterminada.* **2**. Vago, indistinto, impreciso: *cor indeterminada.* **3**. Desconhecido, ignorado: *pessoa de idade indeterminada.* **4**. Em gramática, diz-se do sujeito cuja identidade é desconhecida realmente, ou escondida propositadamente (p. ex.: *roubaram minha caneta, falaram mal de você, vive-se de brisa?*). → **indeterminação** *sf* (**1**. falta de determinação; **2**. qualidade, estado ou característica de indeterminado: *situação indeterminada*); **indeterminar(-se)** *v* [tornar(-se) indeterminado].

in.de.vas.sá.vel *adj* Impossível de devassar, invadir ou observar o que se passa dentro ou no interior de alguma coisa ou lugar: *a cabina eleitoral é indevassável.*

in.de.vi.do *adj* **1**. Impróprio, inadequado; inconveniente: *o uso indevido de antibióticos; todos notaram seu comportamento indevido à mesa.* **2**. Injusto, imerecido: *receber castigo indevido.* **3**. Que não procede; improcedente, injustificado: *reclamação indevida; cobrança indevida.* **4**. Injustificado ou impróprio, por ser excessivo ou desproporcional: *a polícia fez uso indevido da força para dispersar os manifestantes.*

ín.dex (x = ks) ou **ín.di.ce** *sm* **1**. Índice de livro. **2**. Dedo indicador: *não admitia que lhe apontassem o índex à cara.* // *adj* **3**. Diz-se do dedo indicador.

in.de.xa.ção (x = ks) *sf* **1**. Ato ou efeito de indexar, de elaborar índices ou de dispor qualquer matéria em ordem alfabética: *a indexação dos livros de uma biblioteca.* **2**. Reajuste automático de uma variável econômica (salários, impostos, benefícios, etc.) à variação do custo de vida, de acordo com o índice de inflação. → **indexador** (x = ks; ô) *sm* [índice (6)]; **indexar** (x = ks) *v* [**1**. ordenar (palavras, frases, etc.) em forma de índice; **2**. pôr índice em; **3**. reajustar (valores) segundo índices predeterminados].

in.dez ou **en.dez** (ê) *adj* **1**. Diz-se do ovo que se deixa no ninho para servir de chamariz às galinhas e indicar onde se quer que elas façam a postura. // *sm* **2**. Esse ovo. · Pl.: *indezes, endezes.*

Índia *sf* País do sul da Ásia, de área equivalente à dos estados do Amazonas, Pará, Maranhão e Piauí juntos. → **indiano** *adj* e *sm* ou **hindu** *adj* e *s2gên.*

in.di.a.nis.mo *sm* Literatura produzida no Brasil, inspirada em temas da vida dos indígenas, no período romântico: *José de Alencar é uma das grandes figuras do indianismo.*

→ **indianista** *adj* (rel. ao indianismo) e *adj* e *s2gên* (que ou pessoa que cultiva o indianismo).

in.di.car *v* **1**. Revelar, demonstrar: *sangue azul indica nobreza*. **2**. Mostrar com o dedo, com um gesto, um sinal, etc.; apontar: *a criança indicou a professora, na rua*. **3**. Designar, nomear: *indicar um amigo para um cargo*. **4**. Recomendar com precisão; determinar: *indicar um caminho a seguir*. **5**. Recomendar, sugerir: *indiquei-lhe uma boa sauna para curar a ressaca; indicaram-me bom hotel*. **6**. Levar a crer: *tudo indica que venceremos*. **7**. Revelar, atestar: *sua palidez indicava anemia; os exames indicam que estou bem de saúde*. **8**. Designar, escolher: *já indicaram os árbitros para esse jogo?* **9**. Registrar, sinalizar: *o medidor indica uma temperatura abaixo de zero; o mapa indica onde o tesouro está enterrado*. → **indicação** *sf* (**1**. ato ou efeito de indicar; **2**. algo indicado como aconselhável ou necessário; **3**. leitura dada por um medidor: *as marcações vermelhas na parte superior do medidor fornecem uma indicação fácil de que os níveis de água estão muito altos*; **indicador** (ô) *adj* (que indica, indicativo, indicatório: *seta indicadora*), *adj* e *sm* (que ou o segundo dedo da mão que se situa entre o polegar e o médio) e *sm* (**1**. equipamento que fornece dados sobre peso, medida e pressão: *indicador de temperatura digital*; **2**. cada um dos vários valores estatísticos que juntos propiciam uma indicação mais ou menos segura da condição ou direção da economia: *indicador econômico*); **indicatório** *adj* [indicador (1)]; **indicativo** *adj* e *sm* (**1**. que ou o que indica; indicador: *febre é indicativo de infecção; essa visita foi um indicativo da melhoria de relações entre os dois países*; **2**. diz-se do modo verbal que exprime um fato real, positivo, verdadeiro) e *sm* (esse modo).

ín.di.ce *sm* **1**. Num livro, lista geralmente em ordem alfabética de nomes, capítulos, seções, assuntos, lugares, etc, com os números das páginas em que eles podem ser encontrados. **2**. Tabela, lista, relação, catálogo: *índice de preços dos supermercados*. **3**. Sinal, indicativo: *bom desempenho é um índice de capacidade*. **4**. Dedo indicador; índex. **5**. Na imprensa escrita, sinal para chamar a atenção do leitor para uma seção, parágrafo, detalhe, etc. específico, também chamado *punho* ou *mãozinha*. **6**. Indicador de medida de algum fato ou fenômeno; indexador: *índice pluviométrico; índice de inflação*. **7**. O que denota alguma qualidade, quantidade ou preço: *o jogo apresentou bom índice técnico; água com baixo índice salino*. **8**. Em matemática, algarismo que, na abertura do radical, indica o grau da raiz. •• **Índice onomástico**. O que traz nomes de pessoas. •• **Índice remissivo**. O que traz todos os assuntos tratados na obra.

in.di.ci.ar *v* **1**. Dar indícios de: *os sintomas indiciam pneumonia*. **2**. Denunciar, acusar: *ela indiciou o próprio pai*. → **indiciação** *sf* ou **indiciamento** *sm* (ato ou efeito de indiciar); **indiciado** *adj* e *sm* (que ou aquele que está sob suspeita de ter cometido algum crime); **indiciador** (ô) *adj* e *sm* ou **indiciante** *adj* e *s2gên* (que ou pessoa que indicia ou acusa); **indiciativo** *adj* (**1**. que dá indícios; **2**. que indicia); **indício** *sm* (**1**. indicação provável; sinal: *há indício de fraude nessa eleição*; **2**. marca deixada por algo; vestígio: *essas pegadas são um indício de que há animal selvagem por aqui*; **3**. em direito, princípio de prova; prova circunstancial); **indiciário** *adj* (rel. a indício).

in.di.fe.ren.te *adj* **1**. Que não manifesta preferência nem por isto nem por aquilo; desinteressado, neutro: *pra mim é indiferente frio ou calor*. **2**. De nenhuma consequência ou importância: *é indiferente irmos por aqui ou por ali*. **3**. Que não tem preocupação ou interesse particular por alguma coisa; alheio, apático, insensível, desinteresse: *ser indiferente à pobreza; povo indiferente a eleições*. **4**. Nem bom nem mau; mediano: *é preciso distinguir entre o trabalho bom, mau e indiferente*. // *s2gên* **5**. Pessoa que não demonstra nenhum interesse, sentimento, preocupação por alguém ou por alguma coisa: *aos amigos, tudo; aos inimigos, nada; aos indiferentes, a lei*. → **indiferença** *sf* (**1**. qualidade, estado ou fato de ser indiferente; **2**. falta de interesse; desinteresse; **3**. insensibilidade, desinteresse); **indiferenciado** *adj* (**1**. que não se diferencia ou que não possui caracteres diferenciados; indiscriminado; **2**. diz-se da célula ou tecido que conserva os caracteres embrionários e não manifesta diferenciação; **3**. diz-se do trabalhador que não aprendeu uma determinada ocupação ou profissão).

in.dí.ge.na *adj* e *s2gên* **1**. Que ou pessoa que foi gerada na terra em que vive; nativo(a), aborígine: *os povos indígenas do Brasil; os tupinambás são indígenas brasileiros*. // *adj* **2**. Relativo à população autóctone de um país: *a liderança indígena; a cultura indígena; o negócio indígena mais lucrativo é o cultivo do cacau*. · Antôn.: *alienígena*. → **indigenato** *sm* (**1**. qualidade, condição ou estado de indígena; indigenismo (1); **2**. conjunto dos indígenas de um país: *o indigenato brasileiro está quase todo pacificado*); **indigenismo** *sm* [**1**. indigenato (1); **2**. estudo dos indígenas brasileiros]; **indigenista** *adj* (rel. ao indigenismo) e *adj* e *s2gên* (que ou pessoa que é especialista no estudo dos indígenas brasileiros).

in.di.gen.te *adj* e *s2gên* Que ou pessoa que sofre de extrema pobreza; miserável: *foi enterrado como indigente*. · Antôn.: *rico*. → **indigência** *sf* (pobreza total; miséria), de antôn. *riqueza*.

in.di.ges.tão *sf* Perturbação das funções digestivas; dispepsia. → **indigesto** *adj* (**1**. difícil de ser digerido; **2**. *fig*. desagradável, ruim: *notícia indigesta*).

in.dig.na.ção *sf* Sentimento de revolta provocado por uma ofensa, um insulto, uma ação injusta; desaprovação veemente; revolta: *a absolvição do criminoso causou indignação geral*. → **indignado** *adj* (revoltado); **indignar** *v* (causar indignação a, revoltar); **indignar-se** (irritar-se por motivo digno ou justo; revoltar-se).

in.dig.no *adj* **1**. Que não é digno ou merecedor (tanto do mal quanto do bem): *crianças são indignas de qualquer maldade; você é indigno da minha amizade*. // *adj* e *sm* **2**. Que ou aquele que é vil, torpe, sórdido e merece todo o desprezo: *essa é uma atitude indigna de um cavalheiro*. → **indignidade** *sf* (**1**. qualidade de indigno; falta de dignidade; **2**. ação indigna, vil, desprezível).

ín.di.go *sm* **1**. Corante azul, muito resistente à luz e à lavagem, extraído de plantas ou fabricado sinteticamente; anil. **2**. Azul violeta profundo: *o índigo dos jeans*. // *adj* **3**. Diz-se dessa cor. **4**. Que tem essa cor: *calças índigo; blusões índigo*. (Como se vê, não varia.)

ín.dio *adj* e *sm* Que ou aquele que é nativo da América, por terem suposto os descobridores espanhóis que haviam chegado às Índias pelo Ocidente. •• **Programa de índio** (pop. pej.). Qualquer ato ou atividade desagradável, que traz todo tipo de desconforto, mal-estar ou mesmo decepção; furada, roubada.

in.di.re.to *adj* **1**. Que não é direto; que se desvia do seu curso ou linha reta; tortuoso: *os atalhos são caminhos indiretos*. **2**. Que se faz com intermediação de outrem: *pedido indireto*. **3**. Que atinge seu objetivo pelos meios menos curtos ou óbvios: *ataque indireto*. **4**. Que não traz resultado imediato: *as consequências indiretas de uma guerra*. **5**. Que não resulta direta ou imediatamente de uma causa, mas se segue consequentemente: *sucessão indireta*. **6**. Secundário, acessório: *benefícios indiretos*. **7**. Em gramática, diz-se do complemento que, antecedido de preposição, completa o sentido de um verbo: *objeto indireto*. **8**. Diz-se do verbo transitivo cujo complemento é preposicionado: *objeto direto preposicionado*. **9**. Diz-se de eleição em que o candidato é indiretamente eleito por um colégio eleitoral. → **indireta** *sf* (comentário irônico ou sutil que se dirige a alguém disfarçadamente, com objetivo malicioso ou ofensivo).

in.dis.ci.pli.na *sf* Atitude de quem não se submete à disciplina; falta de disciplina; desobediência, insubordinação. → **indisciplinado** *adj* e *sm* (que ou aquele que se insurge contra toda e qualquer disciplina; insubordinado: *tropa indisciplinada é um perigo*) e *adj* (caracterizado pela indisciplina: *time indisciplinado*).

in.dis.cre.to *adj* e *sm* **1**. Que ou aquele que não tem discrição; que ou aquele que revela tudo o que ouve, vê e sabe. **2**. Bisbilhoteiro, abelhudo: *olhar indiscreto*. // *adj* **3**. Próprio de pessoa indiscreta, inconveniente. → **indiscrição** *sf* (**1**. qualidade de indiscreto; falta de discrição ou de reserva: *pagou com a vida por sua indiscrição*; **2**. ato ou dito indiscreto: *cometi alguma indiscrição, ao dizer a verdade?*; **3**. bisbilhotice: *as indiscrições juvenis da internet*). (Cuidado para não usar "indiscreção"!)

in.dis.cri.mi.na.ção *sf* Falta de discriminação; indistinção. → **indiscriminado** *adj* (que não está discriminado; misturado).

in.dis.cu.tí.vel *adj* **1**. Que não se pode discutir; inquestionável. **2**. Que não carece de ser discutido por ser evidente, incontestável, indubitável: *os teoremas são indiscutíveis*. → **indiscutibilidade** *sf* (qualidade do que é indiscutível).

in.dis.far.çá.vel *adj* Que não se pode disfarçar ou dissimular.

in.dis.pen.sá.vel *adj* **1**. Que não se pode dispensar; absolutamente necessário ou essencial: *as indispensáveis cerimônias de posse*. **2**. Habitual, costumeiro: *tirar a indispensável sesta*. // *sm* **3**. Aquilo que é absolutamente necessário ou essencial: *nas minhas refeições, como apenas o indispensável*. → **indispensabilidade** *sf* (qualidade do que é indispensável).

in.dis.po.ní.vel *adj* **1**. Que não é ou não está disponível: *estou indisponível para favores*. **2**. De que não se pode dispor: *bens indisponíveis*. → **indisponibilidade** *sf* (qualidade do que é indisponível).

in.dis.por *v* **1**. Alterar ou desfazer a adequada disposição de: *indispor os livros de uma biblioteca*. **2**. Causar indisposição física em: *a melancia me indispôs o estômago*. **3**. Adoentar ligeiramente, produzir mal-estar em, causar perturbação orgânica em: *o leite o indispôs*. **4**. Produzir discórdia em ou entre; desavir: *ele gosta de indispor os colegas*. **5**. Inimizar, malquistar: *indispor o árbitro contra a torcida*. **6**. Desagradar a; irritar: *essa declaração do candidato indispôs a militância do partido*. **indispor-se 7**. Irritar-se: *ele se indispôs com os netos, por causa do volume alto do televisor*. **8**. Ter uma ligeira discussão; aborrecer-se, chatear-se: *indispôs-se com a mulher*. **9**. Tornar-se malquisto: *em pouco tempo, ele se indispôs com todos os vizinhos*. · Conjuga-se pelo v. *pôr*. → **indisposição** *sf* (**1**. falta de disposição; **2**. pequeno incômodo ou mal-estar orgânico; **3**. irritação, zanga); **indisposto** (ô; pl.: ó) *adj* (**1**. que sofre de alguma indisposição ou mal-estar orgânico; **2**. zangado, irritado: *ela vive indisposta com os vizinhos*; **3**. que não é naturalmente inclinado para alguma coisa: *sempre fui uma pessoa indisposta para o casamento*).

in.dis.so.lú.vel *adj* **1**. Que não se pode dissolver, desintegrar ou decompor: *composto indissolúvel*. **2**. *Fig*. Que não pode ser anulado, desfeito ou quebrado; permanente: *para a Igreja, o casamento é indissolúvel; nossa amizade é indissolúvel*. → **indissolubilidade** *sf* (qualidade do que é indissolúvel).

in.di.ví.duo *sm* **1**. Qualquer ser organizado, em relação à espécie a que pertence. // *sm* **2**. Ser humano, considerado como unidade isolada, posto à coletividade, ao grupo. **3**. Ente pessoal, considerado em oposição à sociedade ou ao Estado: *os interesses do indivíduo não devem prevalecer sobre os da coletividade*. **4**. Qualquer pessoa, desconhecida ou não, que não se quer nomear, por gracejo ou desprezo; sujeito, tipo: *mas que indivíduo mais chato!* → **individual** *adj* (**1**. rel. a indivíduo; **2**. pert. a uma só pessoa ou coisa; **3**. concentrado numa só pessoa; **4**. caracterizado por qualidades únicas; **5**. separado, particular; **6**. feito, realizado ou executado por um só indivíduo) e *sm* [treino que consiste em exercícios ginásticos isolados, sem o emprego de bola (em oposição a *coletivo*)]; **individualidade** *sf* (**1**. conjunto de qualidades e características que distinguem uma pessoa ou coisa de outra(s); aquilo que constitui o indivíduo; caráter individual: *a individualidade das crianças vai se acentuando à medida que crescem*); **2**. pessoa de grande expressão numa atividade qualquer; figura de expressão); **individualismo** *sm* (comportamento da pessoa que só defende os seus interesses, sem se preocupar com as necessidades alheias; egoísmo), de antôn. *solidariedade*; **individualista** *adj* (rel. ao individualismo) e *adj* e *s2gên* (que ou pessoa que é egoísta), de antôn. *solidário(a)*; **individualização** *sf* [ato ou efeito de individualizar(-se)]; **individualizar(-se)** *v* [tornar(-se) individual ou diferente dos outros; particularizar(-se); distinguir(-se), individuar(-se): *a bossa-nova*; *a estatura individualiza um aluno de outro*; *na década de 1960, o Brasil se individualizava por sua música*], de antôn. *generalizar(-se)*; **individuar** *v* (expor minuciosamente; pormenorizar, discriminar, especificar: *individuar os critérios que serão adotados*); **individuar(-se)** *v* [individualizar(-se): *a natureza individuou todas as criaturas; um aluno se individua do outro pela estatura*).

in.di.vi.sí.vel *adj* **1**. Que não pode ser dividido ou separado em partes, indecomponível: *até então o átomo era indivisível*. **2**. Que não pode ser dividido sem deixar resto: *o número 15 é indivisível por 2*. → **indivisibilidade** *sf* (qualidade do que é indivisível).

in.di.zí.vel *adj* **1**. Que não se pode dizer ou expressar em palavras: *sinto por ela uma ternura indizível*. **2**. *Fig*. Extraordinário, incomum, indescritível: *visitamos praias indizíveis no Nordeste*.

in.dó.cil *adj* **1**. Que não é dócil (princ. criança); difícil de ensinar, que resiste à autoridade ou disciplina; desobediente, rebelde: *os índios eram indóceis à escravidão*. **2**. *P.ext*. Diz-se de animal difícil de amansar ou de domesticar; indomável, indomesticável: *jacarés são indóceis*. · Superl. abs. sintético: *indocílimo*. → **indocilidade** *sf* (qualidade de indócil); **indocilizar(-se)** *v* [tornar(-se) indócil].

in.do-eu.ro.peu *sm* **1**. Uma das mais importantes famílias linguísticas, falada em quase toda a Europa e em grande parte da Ásia. **2**. Língua pré-histórica afim dessa família. **3**. Homem de qualquer dos povos que falam a língua indo-europeia. // *adj* **4**. Do indo-europeu (língua ou povo). **5**. Da Índia e da Europa: *acordo indo-europeu*. · Fem.: *indo-europeia* (éi). · Pl.: *indo-europeus*.

ín.do.le *sf* **1**. Modo de ser e de se comportar próprio e natural de uma pessoa; temperamento, gênio, caráter: *os bandidos têm má índole*. **2**. *Fig*. Natureza e qualidade de uma coisa; feitio; tipo: *questão de índole delicada*. **3**. *Fig*. Vocação, tendência, pendor, cunho: *governo de índole autoritária*.

in.do.len.te *adj* **1**. Que por natureza não é afeito a trabalho; que evita atividade ou esforço; preguiçoso: *o índio era tido pelo europeu por indolente*. **2**. Em medicina, que causa pouca ou nenhuma dor; insensível à dor. // *adj* e *s2gên* **3**. Que ou pessoa que é mole, frouxa, pouco ativa ou inerte. · Antôn. (**3**): *vivo, ativo, esperto*. → **indolência** *sf* (qualidade ou estado de indolente).

in.do.lor (ô) *adj* Que não provoca dor; sem dor: *injeção indolor*.

in.do.ma.do *adj* **1**. Ainda não domado ou domesticado; bravo, selvagem, indômito: *potro indomado*. **2**. *Fig*. Sem controle ou freio; incontido, irrefreado: *homem de ódio indomado*. → **indomável** *adj* (impossível de ser domado ou domesticado); **indômito** *adj* (**1**. indomado; **2**. impossível de ser superado ou vencido: *homem de espírito indômito*; **3**. *fig*. altivo, arrogante, presunçoso, pretensioso).

Indonésia *sf* País do sudeste asiático, de área equivalente à dos estados do Pará, Maranhão, Piauí e Ceará juntos. → **indonésio** *adj* e *sm*.

indoor [ingl.] *adj* e *sm* Que ou evento esportivo que se realiza em local fechado e coberto. · Pl.: *indoors*. · Pronuncia-se *ĭndòr*.

in.du.bi.tá.vel *adj* Evidente, certo, incontestável, inquestionável: *é indubitável que a natureza sofre com a ação predatória do homem*.

in.du.ção *sf* **1**. Ato, processo ou efeito de induzir; induzimento. **2**. Incitação dirigida a alguém para que faça uma determinada coisa, especialmente para que cometa um delito, um erro ou um ato censurável; instigação: *os traficantes e sua indução ao vício aos adolescentes*. **3**. Raciocínio pelo qual o espírito conclui do particular ao geral (em oposição à *dedução*). **4**. Conclusão extraída desse raciocínio. **5**. Processo de estimular o trabalho de parto mediante medicamentos indutores, que dilatam o colo do útero e aumentam as suas contrações.

in.dul.gen.te *adj* **1**. Que perdoa, desculpa ou releva facilmente: *pais indulgentes, filhos rebeldes; pais severos, avós indulgentes*. **2**. Que critica ou julga com espírito de tolerância: *juiz indulgente*. **3**. Tolerante, benevolente: *quanto mais velho, mais indulgente; o criminoso recebeu uma sentença indulgente*. → **indulgência** *sf* (qualidade de indulgente).

in.dul.to *sm* **1**. Perdão total ou parcial de uma pena, por parte de autoridade competente. **2**. Decreto pelo qual se concede esse perdão. → **indultado** *adj* e *sm* (que ou quem foi beneficiado com indulto); **indultar** *v* (dar indulto a); **indultário** *adj* (diz-se daquele que goza de indulto).

in.du.men.tá.ria *sf* **1**. Arte e história do vestuário. **2**. Vestuário típico de uma região, povo, etc.: *a indumentária gaúcha*. **3**. Traje ou vestuário de uma pessoa; vestimenta: *a indumentária dos reis antigos*. **4**. Qualquer tipo de roupa; traje: *usava uma indumentária própria para equitação*. → **indumentário** *adj* (rel. à indumentária).

in.dús.tria *sf* **1**. Conjunto de atividades econômicas que produzem bens materiais (em oposição à agricultura e ao comércio). **2**. Cada uma dessas atividades econômicas: *a indústria automotiva*. **3**. *P.ext*. Qualquer ramo geral de negócios, lícitos ou não: *a indústria do turismo; a indústria da prostituição*. → **industrial** *adj* (**1**. rel. ou pert. a indústria; **2**. produzido por uma indústria; **3**. que tem muitas indústrias; **4**. apropriado para uso na indústria) e *s2gên* [proprietário(a) de uma indústria]. → **industrialização** *sf* [ato ou efeito de industrializar(-se)]; **industrializar(-se)** *v* (**1**. tornar(-se) industrial ou organizado em indústrias; **2**. tornar(-se) desenvolvido com base na indústria]; **industriário** *sm* (empregado de indústria; operário).

in.dus.tri.ar *v* **1**. Trabalhar com arte; aproveitar artisticamente: *industriar a terra*. **2**. Instruir ou orientar (alguém) antecipadamente, geralmente com fins ilegais, desonestos ou reprováveis, a se comportar ante determinada situação: *o advogado industriava as testemunhas, para que não caíssem em contradição no depoimento*. **3**. Ensinar mediante treino ou exercícios; preparar: *industriar os filhos na boa educação*. → **industrioso** (ô; pl.: ó) *adj* (**1**. que trabalha com grande afinco e dedicação; diligente, trabalhador; **2**. que é muito ativo ou dinâmico: *as abelhas são industriosas na busca do néctar*; **3**. feito com arte;

artístico: *obra industriosa*; **4**. de gênio inventivo; imaginoso: *o brasileiro é, por natureza, um povo industrioso*).

in.du.tân.cia *sf* **1**. Propriedade de um circuito elétrico pela qual neste é induzida uma força eletromotriz pela variação da intensidade da corrente, no próprio circuito (autoindutância) ou num circuito vizinho (indutância mútua). **2**. Circuito ou dispositivo que possui indutância. → **indutivo** *adj* (**1**. rel. a indução magnética ou elétrica; **2**. que procede por indução).

in.du.zir *v* **1**. Instigar, incitar ou levar a praticar atos censuráveis ou ilegais: *induzir alguém ao crime*. **2**. Convencer, mover, arrastar ou persuadir, geralmente com fins leviano: *induziu a menor à prática sexual*. **3**. Estimular, motivar: *usaram uma droga no café dos funcionários, para induzi-los ao trabalho*. **4**. Aconselhar: *induzi-o a não casar*. **5**. Arrastar; levar a cair ou fazer incorrer (em erro, falta, tentação, etc.): *o diabo sempre nos induz à tentação*. **6**. Concluir, inferir: *induzi disso tudo que fui enganado*. **7**. Causar, inspirar, incutir: *induzir medo na população*. **8**. Provocar, produzir, levar: *pílulas que induzem ao sono*.

i.ne.bri.ar *v* **1**. Embriagar, embebedar: *a mulher inebriou o marido, para dominá-lo*. **2**. Extasiar, deliciar: *a beleza das praias brasileiras inebria os turistas*. **inebriar-se 3**. *Fig*. Extasiar-se, deliciar-se: *inebriar-se com a beleza das praias brasileiras*. →**inebriação** *sf* ou **inebriamento** *sm* [ato ou efeito de inebriar(-se)] ; **inebriante** *adj* (que inebria ou embriaga; embriagador: *perfume de fragrância inebriante*; **2**. *fig*. encantador; extasiante: *vista inebriante*).

i.né.di.to *adj* e *sm* **1**. Que ou o que ainda não foi editado, apresentado ou publicado: *filme inédito; o álbum reúne inéditos do cantor*. // *adj* **2**. Que nunca se viu ou ocorreu; sem precedentes; incomum: *um furacão é fenômeno inédito no Brasil*. → **ineditismo** *sm* (qualidade do que é inédito).

i.ne.fá.vel *adj* **1**. Tão emocionante, intenso ou prazeroso, que é impossível descrever ou expressar por palavras; indescritível; indizível; inenarrável: *garota de inefável beleza; sentir uma inefável alegria*. **2**. Muito sagrado para ser pronunciado ou comentado: *o inefável nome de Deus*. **3**. *Fig*. Delicioso, adorável: *uma inefável brisa; experimentar o inefável prazer de ver novamente nossos oceanos populosos de baleias*. → **inefabilidade** *sf* (qualidade de inefável).

i.ne.fe.ti.vo *adj* **1**. Que não produz o efeito desejado; ineficaz: *antibióticos são inefetivos para gripes*. **2**. Ineficiente, incapaz, incompetente: *professor inefetivo*. → **inefetividade** *sf* (qualidade de inefetivo).

i.ne.fi.caz *adj* **1**. Diz-se de medicamento, tratamento, etc. que não produz o efeito desejado; inefetivo (1). **2**. *P.ext*. Diz-se de qualquer coisa que não produz o efeito desejado; inútil: *método de ensino ineficaz*. · Superl. abs. sintético: *ineficacíssimo*. → **ineficácia** *sf* (qualidade do que é ineficaz; falta de eficácia).

i.ne.fi.ci.en.te *adj* **1**. Diz-se da pessoa ou do grupo de pessoas que não consegue produzir o efeito desejado com o mínimo de esforço, custo, tempo ou desgaste; não eficiente: *um governo ineficiente*. **2**. *Fig*. Incompetente, incapaz: *polícia ineficiente*. → **ineficiência** *sf* (qualidade de quem é ineficiente; falta de eficiência).

i.ne.gá.vel *adj* Que não se pode negar; incontestável: *um talento inegável*. → **inegabilidade** *sf* (qualidade de inegável).

i.ne.go.ci.á.vel *adj* Que não pode ser negociado; não negociável. → **inegociabilidade** *sf* (qualidade de inegociável).

i.ne.lás.ti.co *adj* Sem elasticidade; rígido, inflexível: *o comportamento inelástico de um material*. → **inelasticidade** *sf* (qualidade de inelástico).

i.ne.le.gan.te *adj* e *s2gên* **1**. Que ou pessoa que não é elegante; deselegante: *homem inelegante*. **2**. Próprio de quem não tem elegância ou fineza; indelicado, deselegante, descortês: *atitude inelegante*. → **inelegância** *sf* (falta de elegância; deselegância).

i.ne.le.gí.vel *adj* Que não pode ser eleito para cargo público, por algum impedimento legal. → **inelegibilidade** *sf* (qualidade ou condição de inelegível).

i.nem.pres.tá.vel *adj* Que não é passível de empréstimo.

i.ne.nar.rá.vel *adj* Que não se pode narrar ou descrever, por sua grandeza, beleza ou importância; indescritível, inefável: *ator de inenarrável talento*. (Não se confunde com *inarrável*.)

i.nép.cia *sf* **1**. Falta de inteligência; imbecilidade, estupidez. **2**. *Fig*. Qualquer coisa inepta, absurda ou ridícula: *as redações do ENEM trazem inépcias de todos os quilates*. → **inepto** *adj* e *sm* (estúpido, obtuso, imbecil, burro), de antôn. *inteligente*.

i.ne.qua.ção *sf* **1**. Relação entre duas quantidades desiguais. **2**. Expressão algébrica que mostra tal relação, ou seja, que uma quantidade é maior ou menor que outra.

i.ne.quí.vo.co *adj* Impossível de ser mal interpretado ou de deixar dúvida; claro, evidente, manifesto: *essas nuvens escuras são sinal inequívoco de tempestade*.

i.nér.cia *sf* **1**. Falta de atividade, de iniciativa; apatia, indolência, preguiça. **2**. Tendência de um corpo de permanecer em seu estado de repouso ou de movimento, até que sobre ele atue uma força externa. → **inercial** *adj* (rel. a inércia).

i.ne.ren.te *adj* **1**. Que existe em alguém ou em alguma coisa como constituinte inato, natural, inseparável, próprio, intrínseco: *o senso artístico é inerente ao ser humano*. **2**. Ligado de forma íntima e necessária a alguém ou a algo; específico: *responsabilidade inerente a uma função*. → **inerência** *sf* (qualidade de inerente; união íntima: *minha vida e, por inerência, a de todo o mundo, não tem sentido*).

i.ner.me *adj* **1**. Sem armas; desarmado: *o governo quer o povo inerme*. **2**. Sem meios de defesa; indefeso, desprotegido: *a população sente-se inerme da autoridade pública*. (Não se confunde com *inerte*.)

i.ner.ran.te *adj* **1**. Que não é errante; fixo: *as estrelas são astros inerrantes, ao contrário dos cometas e planetas*. **2**. Incapaz de errar; infalível: *computadores são inerrantes*. **3**. Que não contém erros: *cálculos inerrantes*. → **inerrância** *sf* (qualidade de inerrante).

i.ner.te *adj* **1**. Sem força para se mover; estático, paralisado: *tinha os olhos inertes; constatou-se que havia uma parte inerte do cérebro*. **2**. *Fig*. Sem vigor ou energia; frouxo, apático: *uma personalidade inerte; estimular uma economia inerte*. **3**. *Fig*. Sem reação; prostrado: *o povo não pode permanecer inerte a tanta impunidade*. **4**. *Fig*. Pouco ativo, moroso, indolente: *empregada inerte nos fazeres domésticos*. **5**. Quimicamente inativo: *o nitrogênio, o neônio e o argônio são gases inertes*. (Não se confunde com *inerme*.) → **inertizar** *v* (tornar inerte: *inertizar resíduos industriais*).

i.ner.va.ção *sf* **1**. Disposição dos nervos no corpo animal ou em qualquer de suas partes. **2**. Conjunto das nervuras da folha. → **inervar** *v* [**1**. suprir (parte do corpo) de nervos; **2**. estimular (órgão, músculo, etc.) a movimento ou ação; **3**. prover de nervuras]; **inérveo** *adj* (que não tem nervura: *folha inérvea*).

i.nes.cru.pu.lo.so (ô; pl.: ó) *adj* **1**. Sem escrúpulos ou princípios morais; mentiroso e trapaceiro para conseguir o que deseja; sem consciência; desonesto: *os ingênuos e inocentes são as vítimas preferidas dos inescrupulosos; todo vigarista é inescrupuloso*. **2**. Caracterizado pela falta de escrúpulos: *atitude inescrupulosa*. → **inescrupulosidade** *sf* (qualidade de inescrupuloso: *sua notória inescrupulosidade correu mundo*).

i.nes.cru.tá.vel *adj* Impossível de entender ou de interpretar; misterioso, enigmático: *sorriso inescrutável*. → **inescrutabilidade** *sf* (qualidade de inescrutável).

i.nes.cu.sá.vel *adj* **1**. Que não se pode escusar ou dispensar; indispensável, imprescindível: *esse projeto é inescusável para o sucesso de nossa empresa*. **2**. Para o que não há desculpa; indesculpável: *cometeste uma grosseria inescusável; cuspir no adversário é uma atitude inescusável em qualquer modalidade esportiva*. **3**. Em que não cabe retratação; irretratável: *no crime de injúria, a retratação é inescusável, diferentemente dos crimes de calúnia e difamação*. **4**. Diz-se do ato jurídico que não se pode anular, mudar ou revogar; irrevogável. → **inescusabilidade** *sf* (qualidade de inescusável).

i.nes.go.tá.vel *adj* **1**. Difícil de esgotar; inexaurível: *inesgotável, na política, só a falta de vergonha; há um mito de que a natureza é inesgotável*. **2**. *Fig*. Copioso, imenso, abundante: *o Brasil tem inesgotáveis recursos hídricos*. **3**. *Fig*. Sem limite; ilimitado: *homem de paciência inesgotável; mães têm suprimento inesgotável de amor*. **inesgotabilidade** *sf* (qualidade de que é inesgotável).

i.nes.pe.cí.fi.co *adj* Não específico; vago, impreciso: *recebeu instruções inespecíficas; sentir um mal-estar inespecífico*. → **inespecificidade** *sf* (qualidade de inespecífico).

i.nes.pe.ra.do *adj* e *sm* Que ou o que não é esperado: *receber uma visita inesperada; o inesperado sempre nos surpreende*.

i.nes.que.cí.vel *adj* Impossível de esquecer; inolvidável, memorável: *o primeiro beijo é inesquecível*.

i.nes.ti.má.vel *adj* **1**. Muito grande, intenso ou valoroso para ser estimado ou calculado; incalculável: *joias de valor inestimável*. **2**. Que se tem em grande estima, apreço ou consideração: *não me esquecem os mais inestimáveis amigos* *de infância.* **3**. De grande importância; precioso, valioso: *recebeu colaboração inestimável para aquele trabalho.*

i.ne.vi.tá.vel *adj* **1**. Impossível de evitar; fatal, certo: *as inevitáveis mudanças de estação; as mutações no vírus são inevitáveis.* // *sm* **2**. Aquilo que não se pode evitar: *cabe-nos retardar quanto possível o inevitável; a família está apenas esperando o inevitável acontecer.* → **inevitabilidade** *sf* (qualidade do que é inevitável).

i.ne.xa.to (x = z) *adj* **1**. Sem exatidão científica: *economia é uma ciência inexata.* **2**. Que contém erros; errado, incorreto: *sua conta está inexata; tradução inexata.* **3**. *Fig.* Diferente, infiel: *trata-se de uma cópia inexata do documento.* → **inexatidão** (x = z) *sf* (qualidade do que é inexato).

i.ne.xau.rí.vel (x = z) *adj* **1**. Que não se exaure; inesgotável, infindável: *o homem pensa que a água potável no mundo é inexaurível.* **2**. Que existe em grande quantidade; copioso, abundante: *as inexauríveis reservas de petróleo árabes.* → **inexauribilidade** *sf* (qualidade de inexaurível).

i.ne.xe.quí.vel (x = z; o **u** soa) *adj* Impossível de fazer, realizar ou praticar; inviável, impraticável: *proposta inexequível.* → **inexequibilidade** (x = z; o **u** soa) *sf* (qualidade do que é inexequível).

i.ne.xis.tên.cia (x = z) *sf* Não existência; falta, carência: *há inexistência de provas do crime.* → **inexistente** (x = z) *adj* (que não existe); **inexistir** (x = z) *v* (não existir).

i.ne.xo.rá.vel (x = z) *adj* **1**. Que não cede a rogos, súplicas, implorações, lágrimas, etc.: *chefe inexorável.* **2**. De que não se pode escapar ou fugir; inevitável, infalível: *a morte é inexorável.* (Cuidado para não dizer "ineksorável"!) → **inexorabilidade** (x = z) *sf* (qualidade do que é inexorável).

i.nex.pe.ri.en.te *adj* e *s2gên* **1**. Que ou pessoa que não tem experiência nem inteiro conhecimento do que faz: *cirurgião inexperiente.* **2**. Que ou pessoa que age de inocente ou ingênua: *a garota, inexperiente, caiu na lábia do tarado.* → **inexperiência** *sf* (qualidade de inexperiente; falta de experiência).

i.nex.pli.cá.vel *adj* **1**. Difícil ou impossível de explicar: *fenômeno inexplicável.* **2**. De caráter ou comportamento singular; incompreensível, estranho, misterioso: *pessoa inexplicável.* // *sm* **3**. O que não se explica: *não queira explicar o inexplicável!* → **inexplicabilidade** *sf* (qualidade do que é inexplicável).

i.nex.plo.ra.do *adj* Que ainda não foi explorado; ainda desconhecido; virgem: *praias inexploradas; esse é um ramo de negócio ainda inexplorado no país.* **inexplorável** *adj* (que não pode ser explorado: *jazidas inexploráveis*).

i.nex.pres.si.vo *adj* **1**. Que não tem expressão ou vivacidade: *uma fisionomia inexpressiva.* **2**. Que não tem expressão ou brilho; pouco importante: *um país inexpressivo.* **3**. Muito pequeno, irrisório, insignificante: *uma quantia inexpressiva.* → **inexpressividade** *sf* (qualidade de inexpressivo).

i.nex.pri.mí.vel *adj* **1**. Impossível de exprimir; indizível: *sentir uma angústia inexprimível.* **2**. *Fig.* Delicioso, encantador, maravilhoso, inefável: *experimentar o inexprimível prazer de ver baleias novamente em nossos mares e oceanos.*

i.nex.pug.ná.vel *adj* Impossível de ser conquistado pela força das armas; inconquistável: *uma fortaleza inexpugnável.* → **inexpugnabilidade** *sf* (qualidade do que é inexpugnável).

i.nex.tri.cá.vel ou **i.nex.trin.cá.vel** *adj* **1**. Que não se pode desenredar ou desemaranhar; indestrinçável: *um inextricável emaranhado de fios.* **2**. *Fig.* Muito complicado; intrincado, confuso: *um problema inextricável.* → **inextricabilidade** ou **inextrincabilidade** *sf* (qualidade do que é inextricável).

in.fa.lí.vel *adj* **1**. Que não falha; indefectível: *um motor infalível; um relógio infalível.* **2**. Incapaz de errar; difícil de se enganar: *médicos não são infalíveis; homem de memória infalível.* **3**. Difícil de evitar; inevitável, inexorável: *a queda do asteroide é infalível.* **4**. Garantido, seguro, eficaz: *meu método de vendas é infalível.* **4**. Que nunca falta; constante, habitual, assíduo: *ela era infalível em festas minhas.* → **infalibilidade** *sf* (qualidade de infalível).

in.fa.me *adj* e *s2gên* **1**. Que ou pessoa que é conhecida por sua má fama: *comerciante infame.* **2**. Que ou pessoa que inspira desprezo, por ser vil, baixo, ordinário; torpe, detestável: *atitude infame.* // *adj* **3**. Que pratica infâmias: *políticos infames.* **4**. Que causa repugnância por ferir valores éticos e morais; de mau gosto; grosseiro: *filme infame; piada infame; gesto infame.* · Superl. abs. sintético: *infamíssimo.* → **infamação** *sf* (ato ou efeito de infamar); **infamador** (ô) *adj* e *sm* (que ou aquele que infama); **infamante** ou **infamatório** *adj* (que infama); **infamar** *v* (tornar infame; cobrir publicamente de vergonha ou de infâmias; desonrar: *os vícios o infamaram*); **infamar(-se)** [desacreditar(-se): *um candidato se esforçava para infamar o outro; o rapaz se infamou na cidade e teve de se mudar*]; **infâmia** *sf* (**1**. reputação pública extremamente má, resultante de ato vergonhoso ou criminoso: **2**. ação vergonhosa, vil, baixa; ignomínia. **3**. dito ou declaração contra a fama, o crédito ou a reputação de alguém; acusação ultrajante: *proferir infâmias contra alguém*).

in.fân.cia *sf* O primeiro período da vida humana até os sete anos mais ou menos, ou – segundo alguns – até a puberdade. · Antôn.: *velhice.* → **infanticida** *adj* e *s2gên* (que ou pessoa que comete infanticídio); **infanticídio** *sm* (**1**. assassinato de criança, princ. recém-nascida; **2**. morte da criança provocada pela própria mãe, durante o puerpério); **infantil** *adj* (**1**. rel. ou pert. a criança: *época infantil*; **2**. próprio de crianças ou feito para elas: *curiosidade infantil; escola infantil*; **3**. *fig.* próprio de criança; pueril: *adulto de atitudes infantis*); **infantilidade** *sf* (**1**. criancice graciosa e ingênua; **2**. criancice de menino ou de homem já feito; puerilidade); **infantojuvenil** *adj* (**1**. rel. à infância e à juventude; **2**. próprio da infância e da juventude).

in.fan.te *adj* **1**. Infantil: *corporação infante de guardas de trânsito.* // *sm* **2**. Filho dos reis de Portugal ou da Espanha, não herdeiro da coroa, ou, então, irmão do príncipe herdeiro. **3**. Menino, criança. // *s2gên* **4**. Soldado(a) de infantaria. · Fem. (2): *infanta.* → **infantaria** *sf* [tropa do exército treinada e equipada para combates em terra (em oposição a *cavalaria*)].

in.far.to, in.far.te, en.far.te ou **en.far.to** *sm* Suspensão do fluxo sanguíneo em alguma região do corpo, causada pelo fechamento de uma artéria. (A primeira forma é preferível às demais.) → **infartado** ou **enfartado** *adj* e *sm* (que ou aquele que sofreu infarto).

in.fa.ti.gá.vel *adj* **1**. Que não se cansa; incansável: *ele é um defensor infatigável dos direitos humanos.* **2**. *Fig.* Extremamente persistente: *ele é infatigável na busca da verdade.* → **infatigabilidade** *sf* (qualidade de infatigável).

in.fau.na *sf* Conjunto dos animais aquáticos que se entocam no fundo do mar e ali vivem. → **infaunal** *adj* (rel. a infauna).

in.faus.to *adj* **1**. Infeliz, desventurado, desditoso. **2**. *P.ext.* Que traz azar; de mau agouro; agourento: *o 13 é de fato um número infausto?* · Antôn.: *feliz, venturoso.*

in.fec.ci.o.nar ou **in.fe.ci.o.nar** *v* **1**. Contaminar com microrganismo patogênico ou germe que causa doença: *a ferrugem infeccionou o ferimento.* **2**. Contaminar ou contagiar com qualquer substância prejudicial: *infeccionaram o ar com gases tóxicos.* **3**. Corromper ou contaminar moralmente: *a inveja infecciona o caráter.* **4**. Ficar infeccionado: *a ferida infeccionou.* **infeccionar-se** ou **infecionar-se 5**. Receber infecção por contágio; contaminar-se: *eu me infeccionei no hospital.* → **infecção** ou **infeção** *sf* [**1**. ato ou efeito de infeccionar(-se); **2**. invasão de um corpo ou tecido por microrganismos patogênicos (bactérias, fungos, protozoários, vírus, etc.); **3**. doença causada por essa invasão]; **infeccionado** ou **infecionado** *adj* (que sofreu infecção; contaminado, infectado); **infeccioso** ou **infecioso** (ô; pl.: ó) *adj* (**1**. rel. a infecção; **2**. que produz infeção); **infecto** ou **infeto** *adj* (**1**. que tem infecção; infectado, infeccionado, contaminado; **2**. que exala emanações pútridas, malcheirosas, fétidas: *bueiros infetos*); **infectocontagioso** ou **infetocontagioso** (ô; pl.: ó) *adj* (que produz infecção e se propaga por contágio).

in.fe.cun.do *adj* **1**. Que não é fecundo; que nada produz; estéril, árido: *terras infecundas.* **2**. *Fig.* Inútil, vão: *o Papa faz infecundos esforços pela paz.* → **infecundar** *v* (tornar infecundo); **infecundidade** *sf* (qualidade de infecundo).

in.fe.liz *adj* e *s2gên* **1**. Que ou pessoa que não se sente feliz: *nunca a vi tão infeliz.* // *adj* **2**. Adverso, desditoso, infausto: *foi uma viagem infeliz; que infeliz coincidência!* **3**. Desastrado, lamentável, insatisfatório, ruim: *uma escolha infeliz; ter desempenho infeliz numa competição.* **4**. Descontente: *ela está infeliz com a minha ausência.* **5**. Fracassado, azarado, desastrado, malsucedido: *ser infeliz no amor e no jogo.* // *s2gên* **6**. Pessoa desgraçada, de nenhum valor, merecedora de desprezo: *o que essa infeliz ainda quer de mim?* · Superl. absoluto sintético: *infelicíssimo.* → **infelicidade** *sf* (**1**. qualidade, estado ou condição de infeliz; falta de felicidade; desdita, infortúnio; **2**. falta de sorte; adversidade, azar); **infelicitar** *v* (causar a infelicidade de; tornar infeliz); **infelicitar-se** (tornar-se infeliz).

in.fen.so *adj* **1**. Contrário, hostil, oponente: *mostrar-se infenso às mudanças sociais.* **2**. Não sujeito a; não afetado por; imune, livre: *ele é um treinador infenso às pressões da torcida; órgão estatal infenso a ingerências políticas.*

in.fe.rên.cia *sf* **1**. Ato ou efeito de inferir. **2**. Conclusão a que se chega a partir de dados e raciocínio; dedução; conclusão lógica; ilação: *os pesquisadores fizeram inferências a partir desses dados*. **3**. Processo de inferir ou concluir algo: *a consciência e, por inferência, a nossa mente, está em tudo o que observamos e compreendemos*. → **inferir** *v* (concluir pelo raciocínio, a partir de dados e fatos: *inferi que a crise é maior que do se imagina*), que se conjuga-se por *ferir*.

in.fe.ri.or (ô) *adj* **1**. Situado abaixo de outra(s) coisa(s). **2**. De quantidade, qualidade, importância, valor, mérito, categoria, etc. bem abaixo do normal: *éramos inferiores em número, mas vencemos*. **3**. Diz-se da pessoa, etnia ou grupo social que se menospreza por ser considerado de menor valor, categoria ou piores qualidades: *os nazistas acreditavam em raças inferiores*. **4**. De nenhum valor moral; reles, mesquinho: *gente inferior*. **5**. Dependente econômica, social ou politicamente: *classe inferior*. **6**. De organização mais simples ou rudimentar: *animal inferior; planta inferior*. // *adj* e *s2gên* **7**. Que ou pessoa que está às ordens de outra; subalterno(a), subordinado(a): *ela trata bem seus inferiores*. · Antôn.: *superior*. → **inferioridade** *sf* (qualidade ou condição de inferior), de antôn. *superioridade*; **inferiorização** *sf* [ato ou efeito de inferiorizar(-se); rebaixamento]; **inferiorizar(-se)** *v* [rebaixar(-se)]; **ínfero** *adj* (**1**. situado abaixo de; inferior; **2**. diz-se do ovário que se desenvolve sob o cálice da flor), de antôn. *súpero*; **inferoanterior** (ô) *adj* (situado abaixo e na parte anterior); **inferoposterior** (ô) *adj* (situado abaixo e na parte posterior).

in.fer.no *sm* **1**. Segundo o cristianismo, habitação dos demônios e lugar destinado ao suplício eterno das almas pecadoras. **2**. *Fig.* Coisa extremamente desagradável, que só causa desgostos: *casamento é um inferno!* **3**. *Fig.* Ambiente em que reina a discórdia e a confusão: *esse clube é um inferno!* **4**. *Fig.* Tormento, martírio: *minha vida era um inferno ali*. → **infernal** *adj* (**1**. do inferno: *fogo infernal*; **2**. próprio do inferno; abrasador: *calor infernal*; **3**. *fig.* que denota grande perversidade; diabólico: *ideia infernal*; **4**. *fig.* insuportável, intolerável: *dor infernal*); **infernar** ou **infernizar** *v* (**1**. meter no inferno: *esse pecado vai infernizar sua alma*; **2**. *fig.* pôr em desespero ou aflição; afligir, atormentar: *esse rapaz está infernando a vida dos pais*).

in.fes.tar *v* **1**. Assolar, devastar, percorrer hostilmente: *naquela época, os piratas infestavam os mares*. **2**. Fazer grandes estragos em; causar muito dano a: *o granizo infestou a lavoura de algodão*. **3**. Existir (algo ruim) em grande número em; abundar em: *baratas infestam a casa*. → **infestação** *sf* (ato ou efeito de infestar).

in.fi.bu.la.ção ou **fi.bu.la.ção** *sf* **1**. Ato ou efeito de infibular, de fechar com fivela, colchete, cadeado ou algo semelhante. **2**. Sutura do prepúcio nos homens, para evitar o ato sexual ou extração dos genitais femininos externos (clitóris e pequenos e grandes lábios), com posterior sutura, para evitar o ato sexual ou retirar à mulher todo desejo de sexo. → **infibular** ou **fibular** *v* (**1**. praticar a infibulação em; **2**. fechar com fivela, colchete, cadeado, etc.).

in.fi.el *adj* e *s2gên* **1**. Que ou pessoa que não é fiel: *mulher infiel ao marido*. **2**. Que ou pessoa que não tem fé cristã, como os muçulmanos. // *adj* **3**. Impreciso, inexato: *cópia infiel de um documento*. **4**. Não verdadeiro; falso: *historiador infiel aos fatos*. **5**. Que falta ao cumprimento de compromisso assumido: *o padre foi infiel a seus votos*. · Superlativo absoluto sintético irregular ou erudito: *infidelíssimo*. → **infidelidade** *sf* (qualidade de infiel; qualquer falta de fidelidade ou violação de pacto).

in.fil.trar *v* **1**. Penetrar através de, pouco a pouco, com efeito danoso: *a água infiltrou as frágeis paredes do barraco, que desabou*. **2**. Penetrar (alguém, tropas, etc.) em território inimigo, com intenção hostil: *um grupo de terroristas infiltrou os Estados Unidos*. **3**. Entrar (numa organização, sociedade secreta, etc.) e ganhar posição nela gradualmente, com propósitos de espionagem: *infiltrar a KGB àquela época era impossível*. **4**. Fazer penetrar como que por um filtro, instilar: *infiltrar aromáticos na madeira*. **5**. Introduzir, com propósitos de espionagem ou de promoção de confusão: *a polícia infiltrou um de seus membros entre os traficantes*. **infiltrar-se 6**. Penetrar através de: *a água da chuva se infiltrou nas paredes da casa*. **7**. Insinuar-se ou introduzir-se paulatinamente: *os traficantes se infiltraram em todos os segmentos da sociedade*. → **infiltração** *sf* [ato ou efeito de infiltrar(-se)].

ín.fi.mo *adj* **1**. Que é o mais baixo de todos: *o ódio é o mais ínfimo dos sentimentos negativos*. **2**. Muito pequeno; insignificante, diminuto: *colaborou com quantia ínfima*. // *sm* **3**. O que ocupa o lugar mais baixo de todos: *o ínfimo dos assalariados é constituído pelos garis*.

in.fin.dá.vel *adj* Que não tem fim ou parece não ter fim; que não finda; interminável: *uma reunião infindável; uma queixa infindável*. → **infindo** *adj* (**1**. que não tem fim; ilimitado: *os avós têm paciência infinda com seus netos*; **2**. imenso, enorme: *país de infindas reservas de petróleo*; **3**. eterno: *minha gratidão a vocês será infinda; saudade infinda*).

in.fi.ni.té.si.mo *adj* e *sm* **1**. Que ou o que é infinitamente pequeno, a ponto de não poder ser pesado nem medido. **2**. Que ou variável que tem zero como limite. → **infinitésima** *sf* (parte infinitamente pequena de uma coisa); **infinitesimal** *adj* (**1**. infinitamente pequena; **2**. capaz de ter valores próximos de zero como limite).

in.fi.ni.ti.vo *adj* **1**. Diz-se da forma nominal do verbo que se caracteriza pela anexação da desinência *-r* ao tema verbal (ex.: *ama + r = amar, vende + r = vender, parti + r = partir*). // *sm* **2**. Essa forma nominal.

in.fi.ni.to *adj* **1**. Que não é finito; ilimitado em espaço, extensão e tamanho; imensuravelmente grande; impossível de medir ou calcular: *o espaço infinito*. **2**. Que não teve princípio nem terá fim; eterno: *Deus é infinito*. **3**. *Fig.* Muito grande; enorme: *a professora tem uma paciência infinita com essas crianças*. **4**. *Fig.* Inumerável; que não tem conta; incontável: *receber infinitas cartas dos fãs*. // *sm* **5**. O que não tem limites; o absoluto: *compreender o infinito é impossível*. **6**. Ponto num espaço infinitamente distante do ponto ou espaço considerado. **7**. Quantidade infinita. → **infinidade** *sf* (**1**. qualidade do que é infinito: *a infinidade do firmamento*; **2**. *fig.* grande quantidade; abundância: *há uma infinidade de candidatos*).

in.fla.ção *sf* **1**. Emissão exagerada de papel-moeda, com a consequente desvalorização da moeda, alta geral dos preços e perda do poder de compra da população. **2**. Alta geral de preços, com a consequente redução do poder aquisitivo ou de compra da população. · Antôn.: *deflação*. (Não se confunde com *infração*.) → **inflacionar** *v* [**1**. promover a inflação em (uma economia); **2**. provocar ou promover a desvalorização de (moeda), em virtude de emissão excessiva; **3**. tornar a efetiva mão de obra maior que a procura em: *inflacionar o mercado de trabalho*]; **inflacionário** *adj* (**1**. rel. a inflação: *medida inflacionária*; **2**. que causa inflação: *imposto inflacionário*; **3**. caracterizado pela inflação: *economia inflacionária*), de antôn. *deflacionário*.

in.fla.mar *v* **1**. Pôr em chama; fazer pegar fogo; acender: *inflamar a lenha*. **2**. Desenvolver a chama de: *ao invés de apagarem o fogo, eles o inflamaram*. **3**. Excitar, estimular: *inflamar as multidões*. **4**. Causar inflamação ou inchação a: *o forte murro que levou inflamou-lhe o rosto*. **5**. *Fig.* Entusiasmar, animar: *a presença da atriz na festa inflamou os presentes*. **inflamar-se 6**. Desenvolver chamas em si: *o álcool se inflama com facilidade*. **7**. Ficar inflamado ou inchado: *o rosto dele se inflamou, com o soco que levou*. **8**. Entusiasmar-se, animar-se: *o público se inflamou, ao saber da presença da atriz na festa*. → **inflamação** *sf* [ato ou efeito de inflamar(-se)].

in.fla.má.vel *adj* e *sm* **1**. Que ou substância que se inflama com a maior facilidade: *a gasolina é inflamável*. // *adj* **2**. *Fig.* Que facilmente se apaixona ou se irrita: *coração inflamável*. → **inflamabilidade** *sf* (qualidade do que é inflamável).

in.flar *v* **1**. Encher de ar ou de gás: *inflar um balão*. **2**. Enfunar: *o vento infla as velas*. → **inflado** *adj* [**1**. cheio de (qualquer gás): *bexiga inflada de ar*; **2**. cheio de (qualquer mau sentimento): *gente inflada de orgulho*].

in.fle.xão (x = ks) *sf* **1**. Curvamento, dobra, flexão: *inflexão da coluna vertebral*. **2**. Maneira como o som da voz muda durante a fala, princ. quando se destaca ênfase a uma sílaba ou a uma palavra; modulação no tom de voz; entonação: *ele falou devagar e sem inflexão*. **3**. Em gramática, mudança na forma de uma palavra, para expressar uma função gramatical; flexão. **4**. Em matemática, mudança de uma curva ou arco de convexo para côncavo em um determinado ponto e vice-versa; ponto de inflexão.

in.fle.xí.vel (x = ks) *adj* **1**. Impossível de dobrar ou curvar; duro, rígido: *barra inflexível*. **2**. *Fig.* Incapaz de se curvar; firme de opinião; obstinado: *ele é teimoso, dogmático e inflexível*. **3**. Imutável, inalterável, fixo: *a inflexível lei da gravidade*. **4**. *Fig.* Rigoroso, duro: *professor inflexível na disciplina*. → **inflexibilidade** (x = ks) *sf* (qualidade de inflexível).

in.fli.gir *v* Aplicar ou impor (coisa desagradável ou dolorosa): *infligir castigo a um filho*. (Não se confunde com *infringir*.) → **inflição** *sf* (ato ou efeito de infligir).

in.flo.res.cên.cia *sf* **1**. Brotamento e desabrochar das flores; processo de floração. **2**. Modo como as flores se agrupam numa haste ou caule. **3**. Conjunto dessas flores.

in.flu.ên.cia *sf* **1**. Ato ou efeito de influir. **2**. Poder de produzir efeitos por meios indiretos. **3**. Capacidade de afetar o caráter, o comportamento, a crença, a opinião ou as ações de alguém. **4**. Poder de produzir efeitos por causa do prestígio social que desfruta ou da posição econômico-financeira que sustenta; prestígio. **5**. Coisa que exerce esse poder. → **influenciador** (ô) *adj* e *sm* (que ou o que influencia); **influenciar** *v* (**1**. produzir um efeito ou uma ação em, por meios imperceptíveis; exercer ou ter influência sobre; influir em: *a Lua influencia as marés*. **influenciar-se** (**2**. sofrer ou receber influência: *apesar de seu desenvolvimento tecnológico e científico, o homem ainda é comparado ao ser da caverna, por influenciar-se pela violência*); **influente** *adj* e *s2gên* (que ou pessoa que tem autoridade ou prestígio); **influir** *v* (**1**. causar inspiração a, inspirar: *essa garota me influi muito*; **2**. exercer influência, atuar, influenciar: *a Lua influi nas marés*; **3**. concorrer, contribuir: *o calor da torcida influi para um melhor rendimento da equipe*), que se conjuga por *atribuir*.

influenza [it.] ou **in.flu.en.ça** *sf* **1**. Doença epidêmica muito frequente, que ataca o trato respiratório, conhecida popularmente por gripe. **2**. Vírus que provoca a gripe.

in.flu.xo (x = ks) *sm* **1**. Influência (de uma coisa) física ou moral: *o influxo dos astros na vida das pessoas*. **2**. Afluência (de coisa): *o influxo de sangue nas veias*. **3**. Enchente de maré; maré cheia; preamar.

in.fo.al.fa.be.ti.za.ção *sf* Aprendizado para o acesso à informação digital ou para o domínio das novas tecnologias da informação: *a escola pública brasileira procede paulatinamente à infoalfabetização; é imprescindível promover o acesso universal à infoalfabetização*. → **infoalfabetizado** *adj* e *sm* (que ou aquele que recebeu infoalfabetização). (Nem uma nem outra constam na 6.ª edição do VOLP.)

in.fo.box (x = ks) *sf* **1**. Pequeno *box* que contém informação isolada referente a determinado produto ou serviço. **2**. *Box* de informação das chamadas de televisão, que contém horários e pequenos textos. · Pl.: *infoboxes*. (A palavra não consta da 6.ª ed. do VOLP.)

in.fo.de.mi.a *sf* Excesso de informações sobre determinado tema, às vezes corretas, muitas vezes não, que se propagam velozmente, produzidas por fontes nada confiáveis. → **infodêmico** *adj* (rel. a infodemia).

in.fo.ex.clu.são *sf* **1**. Impossibilidade de acesso aos novos meios de informática; exclusão digital: *a infoexclusão se reduz com parcerias entre empresa, governo e comunidade*. **2**. Desconhecimento das novas tecnologias da informação; analfabetismo digital. **infoexcluído** *adj* e *sm* (que ou o que desconhece e/ou não tem acesso às tecnologias da informação). (A 6.ª ed. do VOLP não registra nem uma nem outra.)

in.fo.gra.fi.a *sf* **1**. Aplicação da informática na representação gráfica e no tratamento de imagens. **2**. Técnica jornalística que utiliza recursos gráficos ou visuais (desenhos, fotografias, gráficos, etc.), para tornar mais sucinta, didática e atraente a apresentação de dados e informações. → **infográfico** *adj* (rel. a infografia) e *sm* (combinação desses recursos gráficos ou visuais feita por computador, na apresentação de dados e informações (geralmente acompanhada por mais brevidade e melhor ilustração de uma notícia ou informação); **infografista** *s2gên* (especialista em infografia ou em criação de infográficos).

in-fó.lio ou **in.fó.lio** *sm2núm* **1**. Em artes gráficas, folha de impressão dobrada uma vez, resultando em duas folhas que formam quatro páginas. **2**. Formato dessa folha. **3**. Livro que tem esse formato. (A 6.ª ed. do VOLP só registra esta palavra como substantivo.)

in.fo.ma.ni.a *sf* Ansiedade ou necessidade compulsiva de consumir informações de todos os tipos por meio do celular ou do computador e dificuldade de se desconectar da internet, com o consequente descaso por atividades importantes, como o cumprimento de tarefas e obrigações. → **infomaníaco** *adj* (rel. a infomania) e *adj* e *sm* (que ou aquele que tem infomania). (A 6.ª ed. do VOLP não traz nem uma nem outra.)

in.fo.mer.ci.al *sm* Publicidade que usa a informação como meio comercial; propaganda em forma de informação; comercial informativo. (A 6.ª ed. do VOLP não traz esta palavra.)

in.fo.nau.ta *s2gên* Pessoa que navega regularmente na internet; usuário(a) da internet; cibernauta. (A 6.ª ed. do VOLP não traz esta palavra.)

in.for.mal *adj* **1**. Que não é formal ou cerimonioso; que não observa regras ou formalidades; sem cerimônias: *reunião informal; seu jeito informal deixa todo o mundo à vontade*. **2**. Usado em conversas comuns ou familiares; não formal ou literário; coloquial: *língua informal*. **3**. Diz-se de qualquer atividade que se faz sem contrato ou carteira de trabalho assinada. → **informalidade** *sf* (qualidade ou caráter de informal; falta de formalidade).

in.for.mar *v* **1**. Dar notícias ou informações a, comunicar: *a mídia informa o público diariamente*. **2**. Instruir, passar conhecimentos a: *a escola não deve apenas informar os alunos, mas também formá-los*. **informar-se 3**. Tomar conhecimento, inteirar-se, certificar-se: *informe-se do preço do ingresso!* → **informação** *sf* [**1**. ato ou efeito de informar(-se); **2**. transmissão de notícias ou de dados; comunicado; **3**. essa notícia ou esse conhecimento; **4**. conjunto de dados sobre alguém ou alguma coisa; **5**. conhecimento antecipado]; **informante** *adj* e *s2gên* (que ou pessoa que informa: *informante da polícia*); **informativo** *adj* (que informa) e *sm* (publicação periódica que traz informações; boletim). · V. **informe** (1).

in.for.má.ti.ca *sf* **1**. Ciência do tratamento automático e racional da informação, que pesquisa e desenvolve programas com o uso de computadores e o apoio da área de processamento de dados. **2**. Conjunto das aplicações dessa ciência. → **informático** *adj* (rel. a informática). → **informático** *adj* (rel. à informática: *programa informático*); **informatizar** *v* (**1**. tratar pelos processos da informática: *informatizar um estudo de mercado*; **2**. dotar de meios informáticos: *informatizar uma empresa*); **informatizar-se** (**3**. adotar meios informáticos: *quem não se informatiza fica para trás*).

in.for.me *sm* **1**. Qualquer informação ou notícia. // *adj* **2**. Sem forma definida.

in.for.tú.nio *sm* Série ou cadeia de fatos desagradáveis ou desgraçados provocados não pelo homem, pelo seu procedimento ou por sua falta de prudência, mas por sua absoluta falta de sorte; mal, desgraça, infelicidade, revés. → **infortunar** *v* (causar infortúnio a; infelicitar: *sua precária saúde o infortunava*).

in.fo.tex.to (ê) *sm* Pequeno texto de informações (como fichas técnicas, endereços e instruções) geralmente isolado por um *box* do texto do artigo.

in.fo.vi.a *sf* Via ou meio de comunicação entre computadores, usado para troca de informações.

in.fra-as.si.na.do *adj* e *sm* Que ou aquele que assina abaixo. · Pl.: *infra-assinados*.

in.fra.ção *sf* **1**. Ato ou efeito de infringir; violação, transgressão: *infração à lei, às normas gramaticais*. **2**. Falta cometida contra as regras de um jogo qualquer: *houve cem infrações durante o jogo*. **3**. Chute dado com punição por essa falta: *jogador que bate bem infrações*. (Não se confunde com *inflação*.) → **infrator** (ô) *adj* e *sm* (que ou aquele que comete infrações).

in.fra.ci.ta.do *adj* Citado abaixo ou mais adiante.

INFRAERO ou **Infraero** *sf* Acrônimo de *Empresa Brasileira de Infraestrutura Aeroportuária*, empresa estatal, criada em 1973, vinculada ao Ministério da Defesa, responsável pela administração dos principais aeroportos do país.

in.fra.es.cri.to *adj* Escrito abaixo: *a palavra infraescrita me é desconhecida*.

in.fra.es.tru.tu.ra *sf* **1**. Parte inferior de uma construção; fundação. **2**. Aquilo que é básico e essencial para o funcionamento normal de um conjunto de coisas. **3**. Conjunto de elementos estruturais da economia de um país que facilitam a produção de bens e serviços (p. ex.: estradas, vias férreas, portos, aeroportos, telecomunicações, etc.). **4**. Conjunto de fenômenos econômicos que constituem a base material da existência de qualquer sociedade (p. ex.: religião, direito, filosofia, etc.). · Antôn.: *superestrutura*.

in.fra.men.ci.o.na.do *adj* Mencionado abaixo ou mais adiante.

in.fra.o.cu.lar *adj* Situado abaixo dos olhos, como a antena de certos insetos.

in.frar.re.nal *adj* **1**. Situado abaixo do rim ou dos rins: *aorta infrarrenal*. **2**. Que ocorre abaixo do rim ou dos rins.

in.fras.som *sm* Vibração sonora inaudível aos seres humanos, de frequência inferior a trinta ciclos por segundo.

in.fra.ver.me.lho (ê) *adj* **1**. Diz-se da radiação que fica aquém do vermelho, não perceptível na decomposição da luz solar pelo prisma. // *sm* **2**. Essa radiação.

in.frin.gir *v* **1.** Descumprir ou violar os termos de (lei, acordo, contrato, regra, regimento, etc.); transgredir: *infringir uma patente, uma regra de trânsito.* **2.** Abusar de; usurpar: *o documentário explorou sua imagem e infringiu seus direitos autorais.* (Não se confunde com *infligir*.) · V. **infração** (1).
in.fru.tes.cên.cia *sf* Forma de frutificação constituída por um grupo de frutos, cujos ovários se desenvolvem unidos entre si: *o abacaxi é uma infrutescência.* → **infrutescente** *adj* (em que há infrutescência: *o abacaxi é uma fruta infrutescente*).
in.fru.tí.fe.ro *adj* **1.** Que não dá frutos: *mangueira infrutífera.* **2.** *Fig.* Que não dá resultado; inútil, sem sucesso: *buscas infrutíferas no mar de vítimas de acidente aéreo.*
in.fun.da.do *adj* **1.** Sem base, fundação ou alicerce: *obra ainda infundada.* **2.** *Fig.* Sem fundamento; improcedente: *desconfiança infundada.*
in.fun.dir *v* **1.** Pôr de infusão (vegetais): *infundir erva-doce.* **2.** Derramar, verter: *usou uma taça para infundir o vinho.* **3.** *Fig.* Inspirar, incutir: *ele é uma figura que infunde respeito.* **4.** *Fig.* Fazer penetrar mediante sopro ou energia; insuflar: *segundo a tradição, Deus infundiu alma a Adão e Eva com um sopro.* **infundir-se 5.** Introduzir-se, penetrar: *a umidade infundiu-se em todas as paredes da casa.*
in.fu.são *sf* **1.** Ato ou efeito de infundir(-se). **2.** Preparação que consiste em deixar ferver qualquer substância (folhas, ervas, etc.) em água, a fim de lhe extrair os princípios ativos ou propriedades medicinais; decocção (1).
in.gê.nuo *adj* e *sm* **1.** Que ou aquele que age ou fala com uma inocência franca, sem maldade nem dissimulação de seus pensamentos ou sentimentos; simples, puro: *o homem do campo é, geralmente, ingênuo.* **2.** Que ou aquele que não tem malícia alguma e é fácil de ser enganado; simplório. // *adj* **3.** Sem maldade ou sem malícia; inocente: *olhar ingênuo.* → **ingenuidade** *sf* (qualidade ou caráter de ingênuo).
in.ge.rir *v* **1.** Introduzir no estômago (geralmente alimento ou medicamento), através da boca; engolir: *ingerir muita água; a criança ingeriu um alfinete!* **ingerir-se 2.** *Fig.* Intrometer-se, interferir: *ingerir-se nos assuntos alheios.* · Conjuga-se por *ferir.* → **ingerência** *sf* (ato de ingerir-se; intervenção, intromissão, intrusão: *não admito ingerência em assuntos da minha vida*); **ingestão** *sf* (ação de ingerir; deglutição: *a ingestão de alimentos*).
Inglaterra *sf* O maior e o mais populoso país da ilha do Reino Unido, no qual se fala a língua inglesa. Constitui, com a Escócia e o País de Gales, a ilha da Grã-Bretanha. Sua área corresponde à dos estados de Pernambuco e Alagoas juntos. → **inglês** *adj* e *sm*.
in.glês *adj* **1.** Da Inglaterra, de seu povo, sua cultura, língua, etc.: *tradições inglesas.* // *adj* e *sm* **2.** Natural ou habitante da Inglaterra. // *sm* **3.** Língua indo-europeia do grupo germânico, falada princ. na Grã-Bretanha, Estados Unidos e Austrália.
in.gló.rio *adj* **1.** Sem nenhuma glória ou fama; vergonhoso, desonroso: *ter um passado inglório; viver vida inglória.* **2.** *P.ext.* Que não tem o devido reconhecimento; ignorado: *seu esforço foi inglório.*
in.glú.vio *sm* Papo das aves. → **ingluvial** *adj* (rel. a inglúvio).
in.go.ver.ná.vel *adj* Impossível de governar bem. → **ingovernabilidade** *sf* (qualidade de ingovernável).
in.gra.to *adj* e *sm* **1.** Que ou aquele que não mostra nenhuma gratidão ou reconhecimento pelos favores e benefícios recebidos. // *adj* **2.** *Fig.* Desagradável, árduo, penoso, escabroso: *missão ingrata; lavar latrinas é um trabalho ingrato.* **3.** *Fig.* Que não compensa o trabalho que se lhe dedica; improdutivo, estéril: *terra ingrata.* → **ingratidão** *sf* (falta de gratidão ou reconhecimento).
in.gre.di.en.te *sm* **1.** Qualquer substância que entra em preparações culinárias, medicamentos, bebidas, etc.: *esse bolo leva apenas cinco ingredientes.* **2.** *P.ext.* Componente, constituinte: *a ética é um ingrediente indispensável no homem de bem.*
ín.gre.me *adj* De forte inclinação; difícil de subir ou vencer: *morro íngreme.* → **ingremidade** ou **ingremidez** (ê) *sf* (qualidade de íngreme).
in.gre.si.a ou **in.gle.si.a** *sf Pop.* **1.** Linguagem arrevesada, confusa. **2.** Confusão de vozes; vozearia, barulho, balbúrdia. **3.** Coisa complicada: *política é uma ingresia danada!* **4.** Implicância: *o avô está de ingresia com o neto.*
in.gres.so *sm* **1.** Ato de entrar; entrada: *o ingresso de dólares no Brasil.* **2.** Admissão: *o ingresso do Chile no Mercosul.* **3.** Bilhete de entrada para um espetáculo: *sem ingresso, não entra.* **4.** Acesso, passagem: *corredor que dá ingresso à praia.* → **ingressar** *v* (entrar).

ín.gua *sf* **1.** Inchaço dolorido do gânglio linfático inguinal, causado por alguma infecção. **2.** *P.ext.* Inchaço dos gânglios da região das axilas, do pescoço, etc. // *sm* **3.** *Fig.* Pessoa que não faz nada certo; nó-cego: *sua irmã é um íngua!*
in.gui.nal *adj* **1.** Da virilha: *sentir uma fisgada na região inguinal.* **2.** Situado na virilha: *hérnia inguinal.*
in.gur.gi.tar *v* **1.** Engolir com avidez; devorar: *os cães, famintos, ingurgitavam os pedaços de carne.* **2.** Entupir, abarrotar: *ingurgitar a bolsa.* **3.** *Fig.* Ler muito rapidamente: *ingurgitar as notícias do dia.* **4.** Obstruir, entupir: *a gordura ingurgitou-lhe os vasos sanguíneos.* **5.** Inchar, intumescer: *seu rosto logo ingurgitou.* **ingurgitar-se 6.** Comer demais; empanturrar-se: *as crianças se ingurgitaram e foram dormir.* **7.** Atolar-se (em algo ruim), degradar-se: *ingurgitou-se desde cedo nas drogas.* → **ingurgitação** ou **ingurgitamento** *sm* [ato ou efeito de ingurgitar(-se)].
i.nha.ca *sf Pop.* **1.** Mau cheiro muito forte, princ. da transpiração humana ou animal; bodum, catinga, morrinha. **2.** Falta total de sorte no jogo; urucubaca, azar. (A 6.ª ed. do VOLP registra a palavra também como sm.)
i.nham.bu, i.nam.bu, nam.bu ou **nham.bu** *sm* Nome comum a várias espécies de aves do tipo perdiz, desprovidas de cauda. (Voz: *piar*.) (A 6.ª ed. do VOLP registra *inambu* como s2gên.)
i.ni.bir *v* **1.** Embaraçar, estorvar: *os altos preços inibem o consumo.* **2.** Deixar acanhado, retraído, sem graça: *a presença do chefe o inibe.* **3.** Impossibilitar, dificultar: *os antibióticos inibem o desenvolvimento de bactérias.* **inibir-se 4.** Sentir-se acanhado ou retraído: *ele se inibe ante estranhos.* → **inibição** *sf* [ato ou efeito de inibir(-se): *a presença de estranhos lhe causa inibição*]; **inibido** *adj* e *sm* (que ou aquele que encontra dificuldade para comportar-se naturalmente e dar vazão a seus sentimentos e emoções; acanhado); **inibidor** (ô) *adj* e *sm* [que ou o que inibe (3): *os inibidores de apetite*].
i.ni.ci.al *adj* **1.** Relativo ou pertencente a início; que ocorre no início: *palavras iniciais.* **2.** Primitivo, primeiro, original: *a edição inicial do dicionário está esgotada.* // *adj* e *sf* **3.** Que ou petição que o advogado endereça ao magistrado competente, dando início a uma ação. // *sf* **4.** Redução de *letra inicial*, a primeira letra de uma palavra. **5.** Letra maiúscula; letra grande. // *sfpl* **6.** A primeira letra de cada palavra do nome completo de uma pessoa, considerado como uma unidade: *quais são as suas iniciais?*
i.ni.ci.ar *v* **1.** Dar início ou começo a; começar: *iniciar um trabalho.* **2.** Em informática, executar o procedimento de partida de (o computador); inicializar: *iniciar o micro.* **3.** Instruir em alguma arte, ciência, etc.: *iniciar o filho na música.* **4.** Introduzir (alguém) nas primeiras noções de ciência, arte, práticas secretas, etc.: *os veteranos faziam de tudo para iniciar os calouros na bruxaria.* **iniciar(-se) 5.** Ter início; começar: *as aulas (se) iniciarão em fevereiro.* **iniciar-se 6.** Introduzir-se, ser admitido: *iniciei-me nesse clube desde criança.* **7.** Dar os primeiros passos; começar: *ele se iniciou na vida pública aos 22 anos.* · Antôn. (1): *concluir, encerrar, terminar.* → **iniciação** *sf* [ato ou efeito de iniciar(-se)], de antôn. *conclusão*; **inicialização** *sf* (ato ou efeito de inicializar); **inicializar** *v* [em informática, dar início ou funcionamento a (o sistema operacional de um computador); iniciar, estartar: *dar boot a: inicializar o micro*]; **iniciativa** *sf* (**1.** ação ou passo introdutório num processo qualquer; **2.** presteza e capacidade de iniciar as coisas); **início** *sm* [**1.** ato ou efeito de iniciar(-se); **2.** ponto no tempo ou no espaço em que algo tem sua origem; começo: *o vencedor assume no início do ano; só há asfalto no início da avenida; estou no início do livro*], de antôn. *final, fim.*
i.ni.den.ti.fi.cá.vel *adj* Impossível de identificar: *o incêndio deixou inidentificáveis os corpos das vítimas.*
i.ni.dô.neo *adj* Que não é idôneo; que não goza de boa fama; que não inspira confiança. · Antôn.: *idôneo.* → **inidoneidade** *sf* (qualidade ou caráter de inidôneo).
i.ni.gua.lá.vel *adj* **1.** Impossível de igualar; insuperável: *atleta de marcas inigualáveis.* **2.** Impossível de comparar, por ser único; incomparável: *mulher de beleza inigualável.*
i.ni.ma.gi.ná.vel *adj* Muito difícil de imaginar; inacreditável, incrível: *o despertar desse vulcão causará um desastre de proporções inimagináveis.*
i.ni.mi.go *adj* e *sm* **1.** Que ou aquele que odeia a outro, procurando sempre lhe fazer mal, destruí-lo se possível. **2.** *P.ext.* Que ou aquele que detesta alguma coisa: *um inimigo das artes.* // *sm* **3.** Qualquer coisa nociva, danosa ou prejudicial:

as drogas são o maior inimigo da juventude e da saúde. **4**. Aquele contra o qual se está em guerra ou em conflito: *lutou bravamente contra o inimigo.* · Superl. abs. sintético: *inimicíssimo.* · Antôn.: *amigo*. → **inimizade** *sf* (falta de amizade ou de amor; hostilidade), de antôn. *amizade, afeição*; **inimizar(-se)** *v* [tornar(-se) inimigo: *a herança inimizou toda a família; inimizei-me com toda aquela canalhada*].

i.ni.mi.tá.vel *adj* Impossível de imitar: *para os chineses, hoje, não existe produto inimitável.* → **inimitabilidade** *sf* (qualidade de inimitável).

i.nim.pu.tá.vel *adj* Que não se pode imputar ou tornar responsável; irresponsável: *os menores são inimputáveis.* → **inimputabilidade** *sf* (qualidade de inimputável).

i.nin.te.li.gí.vel *adj* Que não se pode entender; obscuro, incompreensível. → **ininteligibilidade** *sf* (qualidade do que é ininteligível).

i.nin.ter.rup.to *adj* Constante, contínuo, incessante: *ruído ininterrupto*. → **ininterrupção** *sf* (continuação, constância).

i.ni.qui.da.de (o **u** soa) *sf* **1**. Qualidade de iníquo. **2**. Falta de equidade; injustiça, parcialidade: *um árbitro caracterizado pela iniquidade*. **3**. Ação má, perversa. → **iníquo** *adj* (**1**. contrário à equidade; injusto; **2**. *fig*. mau, perverso).

in.je.tar *v* **1**. Introduzir (droga, medicamento, etc.) numa parte do corpo: *injetar vitamina pela veia*. **2**. Forçar (líquido ou gás) a entrar em alguma coisa: *injetar combustível nos cilindros do motor*. **3**. *Fig*. Investir como reforço: *injetar milhões de reais num clube, para a compra de jogadores.* → **injeção** *sf* (**1**. ato ou efeito de injetar ou introduzir; **2**. líquido a ser injetado; **3**. *fig*. aquilo que estimula ou anima; estimulante: *dei-lhe uma injeção de ânimo*; **4**. sistema de alimentação de motores, no qual o combustível é injetado no coletor de admissão ou diretamente nas câmaras de combustão, em vez de ser sugado pela passagem do ar em alta velocidade pelo difusor do carburador); **injetor** (ô) *adj* e *sm* (que ou o que injeta: *bico injetor*) e *sm* (peça de um motor de combustão interna destinada a injetar combustível dentro do cilindro; bico).

in.jun.ção *sf* **1**. Ordem expressa e formal estabelecendo que uma coisa precisa ser feita ou não: *a injunções não se desobedece*. **2**. *P.ext*. Qualquer imposição ou exigência: *sucumbir à injunção da carne*. **3**. *Fig*. Pressão circunstancial: *as fortes injunções econômicas podem levar a uma revolução.*

in.jú.ria *sf* **1**. Ato ou efeito de injuriar. **2**. Ataque que ofende a honra e a dignidade de uma pessoa; afronta, insulto, invectiva. **3**. Em medicina, dano, prejuízo, estrago: *injúria renal aguda; injúria miocárdica*. **4**. Em medicina, traumatismo causado por um fator externo. · Antôn. (2): *louvor, elogio.* → **injuriado** *adj* e *sm* (que ou aquele que sofreu injúria); **injuriar** *v* (**1**. ofender com injúria ou insulto; insultar; **2**. causar dano ou prejuízo a; danificar, prejudicar); **injuriar-se** (zangar-se, irritar-se); **injurioso** (ô; pl.: ó) *adj* (**1**. em que há injúria, ofensivo: *palavras injuriosas*; **2**. danoso, nocivo, prejudicial: *qualquer droga é injuriosa à saúde*). ·· **Injúria racial**. Ofensa dirigida a alguém por causa de sua raça, etnia, cor, religião, idade ou deficiência.

in.jus.ti.ça *sf* **1**. Falta de justiça: *uma sociedade fundada na injustiça*. **2**. Ação injusta: *cometer injustiças com alguém; fui vítima de uma injustiça.* → **injustiçado** *adj* e *sm* (que ou aquele que sofreu algum tipo de injustiça).

in.jus.ti.fi.cá.vel *adj* Que não se pode justificar; indefensável, insustentável: *uma decisão injustificável; o esnobismo é injustificável*. **injustificabilidade** *sf* (qualidade de injustificável).

in.jus.to *adj* e *sm* **1**. Que ou aquele que não age com justiça. // *adj* **2**. Que não é justo: *tratamento injusto*. **3**. Sem nenhum fundamento legal: *condenação injusta*. **4**. Imerecido, indevido: *prêmio injusto; crítica injusta*.

in loco [lat.] *loc adv* No próprio lugar; *in situ* (1): *verificar* in loco *um fato*. · Pronuncia-se *in lóko*.

INMETRO ou **Inmetro** *sm* Acrônimo de *Instituto Nacional de Metrologia, Normalização e Qualidade Industrial*, autarquia federal, vinculada ao Ministério da Economia, criada em 1973 para informar à sociedade os detalhes relativos aos diversos produtos disponíveis no mercado.

in natura [lat.] *loc adj* Que não foi processado ou manipulado industrialmente: *palmito* in natura.

inning [ingl.] *sm* Cada um dos nove tempos de uma partida de beisebol ou de críquete. · Pl.: *innings*. · Pronuncia-se *ínin*.

i.nob.ser.vân.cia *sf* **1**. Falta de observância ou de cumprimento: *a inobservância das regras de segurança que visam controlar a epidemia*. **2**. Não cumprimento do que é legal: *a inobservância às regras de trânsito acarreta multa.*

i.no.cen.te *adj* e *s2gên* **1**. Que ou quem não tem culpa. **2**. Que ou quem não tem malícia, ingênuo(a). // *adj* **3**. Isento de malícia ou de maldade, ingênuo. · Antôn. (1): *culpado;* (2): *vivo, esperto, ladino;* (3): *maldoso, malicioso.* → **inocência** *sf* (**1**. estado, qualidade ou virtude de ser inocente; **2**. ausência ou falta de culpa: *ele provou a sua inocência*; **3**. falta de conhecimento ou de entendimento; ignorância: *a inocência das crianças nos assuntos sobre sexo*; **4**. *fig*. pessoa inocente: *qualquer bandido, quando preso, vira uma inocência*); **inocentar** *v* (**1**. declarar inocente; absolver); **inocentar-se** (**2**. ser considerado inocente: *inocentou-se de todas as acusações*).

i.no.cu.lar *v* **1**. Introduzir no organismo: *os filhotes de serpente já nascem agressivos, podendo inocular veneno*. **2**. *Fig*. Transmitir, disseminar: *o forró inocula ânimo*. **inocular-se 3**. Introduzir-se no organismo (microrganismo): *o vírus da gripe aviária poderá ainda se inocular no ser humano.* → **inoculação** *sf* [ato ou efeito de inocular(-se); vacinação].

i.nó.cuo *adj* **1**. Que não causa dano; inofensivo: *existem cogumelos venenosos e cogumelos inócuos; nem sempre as fofocas são inócuas*. **2**. Inútil, vão: *reclamação inócua.* · Antôn. (1): *danoso, nocivo;* (2): *eficaz.* → **inocuidade** *sf* (qualidade do que é inócuo).

i.no.do.ro *adj* Sem cheiro ou odor: *a água é um líquido inodoro; inseticida inodoro.*

i.no.fen.si.vo *adj* **1**. Que não ofende nem escandaliza: *comentário inofensivo*. **2**. Que não faz mal nenhum; inócuo: *mosquitos inofensivos.* · Antôn. (1): *ofensivo, perigoso;* (2): *danoso, nocivo*.

i.no.fi.ci.al *adj* Não oficial; oficioso: *essa informação é de fonte inoficial.* → **inoficiosidade** *sf* (qualidade de inoficioso); **inoficioso** (ô; pl.: ó) *adj* (**1**. indiferente à obrigação ou ao dever; **2**. que se faz contra as leis: *casamento inoficioso*; **3**. diz-se do testamento que omite ou deserda sem motivo um herdeiro natural).

i.no.mi.ná.vel *adj* **1**. Ainda não designado por um nome: *um fóssil inominável; um planeta recém-descoberto e por ora inominável*. **2**. *Fig*. Inqualificável, por sua vileza ou crueldade; nefando: *crime inominável.*

i.no.pe.ran.te *adj* **1**. Que não opera; que não funciona ou faz efeito; ineficaz: *esse sistema de combate a incêndios é inoperante*. **2**. Que não tem efeito legal. **3**. Sem efeito ou força; inútil: *um decreto inoperante*. **4**. Que já não está em vigor; cancelado: *a lei anterior agora está inoperante.* → **inoperância** *sf* (qualidade de inoperante).

i.no.pi.na.do *adj* **1**. Que sobrevém de forma inesperada; repentino, súbito, imprevisto: *um inopinado acidente; o repórter fez ao presidente uma inopinada pergunta*. **2**. Surpreendente, assombroso: *sua aprovação soou como inopinada entre seus amigos.* · Antôn.: *previsto, esperado.* → **inopinadamente** *adv* (de modo inopinado ou imprevisto; inesperadamente: *ela entrou na minha sala inopinadamente*).

i.no.por.tu.no *adj* Que não é oportuno, que ocorre no momento errado ou desfavorável: *reivindicação salarial inoportuna.* → **inoportunidade** *sf* (qualidade de inoportuno).

i.nor.gâ.ni.co *adj* **1**. Composto de matéria que não seja animal ou vegetal; mineral: *a pedra é uma matéria inorgânica*. **2**. Diz-se do lixo sem origem biológica, produzido industrialmente, como papel, plástico, alumínio, vidro, etc. **3**. Diz-se do composto químico que não contém carbono: *o sal é um produto químico inorgânico.*

i.nós.pi.to *adj* **1**. Diz-se de lugar em que uma pessoa que não acolhe bem estrangeiros; hostil a estrangeiros; inospitaleiro: *país inóspito; o baiano nunca foi inóspito*. **2**. Caracterizado pela hostilidade a estrangeiros ou estranhos: *tivemos uma recepção inóspita na Espanha*. **3**. Que não oferece condições de viver; inadequado à vida humana; inabitável: *o espaço é um ambiente inóspito; clima inóspito.* · Antôn. (1): *hospitaleiro;* (2): *acolhedor, amigável.* → **inospitaleiro** *adj* [inóspito (1)]; **inospitalidade** *sf* (falta de hospitalidade; hostilidade a estrangeiros ou a estranhos).

i.no.var *v* **1**. Provocar mudanças substanciais em, com introdução de novas ideias, métodos, etc.; fazer (algo) de forma completamente nova: *inovar os métodos de ensino*. **2**. Renovar, restaurar: *inovar um velho casarão.* → **inovação** *sf* (**1**. ato ou efeito de inovar; **2**. novidade).

i.nox (x = ks) *sm2núm* Tipo de aço em que não ocorre oxidação. → **inoxidável** (x = ks) *adj* (que não se oxida ou pega ferrugem).

INPC *sm* Sigla de *índice nacional de preços ao consumidor*, média ponderada de índices elaborados pela Fundação do IBGE para dez regiões metropolitanas brasileiras (São Paulo, Rio de Janeiro, Porto Alegre, Curitiba, Belo Horizonte, Salvador, Recife, Belém, Fortaleza e Brasília).

INPE *sm* Acrônimo de *Instituto Nacional de Pesquisas Espaciais*, instituição com sede em São José dos Campos (SP), de caráter civil, que responde pelo desenvolvimento das atividades espaciais do Brasil.

INPI *sm* Sigla de *Instituto Nacional da Propriedade Industrial*, autarquia do governo federal criada em 1970, com a finalidade de executar as normas que regulam a propriedade industrial.

input [ingl.] *sm* **1**. Programa ou dados de um computador. **2**. Qualquer item exigido (material, equipamento, fundos, etc.) para uma produção; insumo. **3**. Ponto de vista; opinião: *discussão com input de todos*. · Pl.: *inputs*. · Pronuncia-se *ínput*.

in.qua.li.fi.cá.vel *adj* **1**. Que não se pode qualificar ou classificar; inclassificável: *tipo de planta inqualificável; cor inqualificável*. **2**. *Fig*. Que, por ser altamente vil ou sórdido, nem merece qualificação; inominável: *crime inqualificável; sujeito inqualificável*.

in.que.bran.tá.vel *adj* **1**. Que não se pode quebrantar; sólido, firme: *unidos por inquebrantável amizade; família de fé inquebrantável*. **2**. *Fig*. Incansável, infatigável: *era inquebrantável na sua luta de vencer na vida*. → **inquebrantabilidade** *sf* (qualidade ou condição de inquebrantável).

in.qué.ri.to *sm* **1**. Ato ou efeito de inquirir; interrogatório em busca da verdade; inquirição, inquirimento, inquisição. **2**. Investigação oficial, com sindicância legal e formal para apurar um fato.

in.ques.ti.o.ná.vel *adj* Que não se pode questionar ou pôr em dúvida; incontestável: *álibi inquestionável*.

in.qui.e.ta.ção ou **in.qui.e.tu.de** *sf* Perturbação ou estado penoso causado pelo temor ou apreensão de um perigo; tormento, pesar: *a ausência do ditador nas comemorações despertou inquietação no seu país sobre seu estado de saúde*. · Antôn.: *tranquilidade*. → **inquietante** *adj* (que causa inquietação), de antôn. *tranquilizante*; **inquietar** *v* (privar da calma, do sossego ou da paz); **inquietar-se** (preocupar-se); **inquieto** *adj* (caracterizado por desassossego, agitação ou perturbação; desinquieto) e *adj* e *sm* (que ou aquele que se mostra aflito, ansioso, apreensivo).

in.qui.li.no *sm* Aquele que mora em imóvel alugado. → **inquilinato** *sm* (**1**. estado de quem mora em imóvel alugado; **2**. conjunto dos inquilinos; **3**. tempo que dura um contrato de aluguel).

in.qui.rir *v* **1**. Procurar informações sobre; pesquisar, investigar: *o pai da garota inquiriu os precedentes do rapaz*. **2**. Fazer perguntas a; interrogar (para saber a verdade): *o juiz inquiriu a testemunha*. → **inquirição** *sf* (ato de inquirir); **inquérito** (1) *sm* ou **inquirimento** *sm*; **inquiridor** (ô) *adj* e *sm* (que ou aquele que inquire).

Inquisição *sf* Tribunal eclesiástico da Idade Média, conhecido também pelo nome de *Santo Ofício*, criado no séc. XII, para combater e punir as heresias, a bruxaria e todas as manifestações contrárias ao catolicismo e à fé cristã.

in.qui.si.ção [**1**. inquérito (1); **2**.*p.ext*. qualquer poder que age de modo autoritário e arbitrário]; → **inquisitivo** *adj* (rel. a inquisição); **inquisitorial** ou **inquisitório** *adj* (**1**. rel. a inquisição; **2**.*p.ext*. muito severo, extremamente rigoroso; terrível).

INRI *sm* Acrônimo latino de *Iesus Nazarenus Rex Iudaeorum* = Jesus Nazareno Rei dos Judeus: título que Pilatos mandou inscrever por cima da cruz de Cristo, contendo a causa da sua condenação à morte.

in.sa.ci.á.vel *adj* **1**. Que não se pode saciar ou fartar: *consumismo insaciável; curiosidade insaciável; ter fome insaciável de poder*. **2**. Que nunca está satisfeito, princ. em sexo; impossível de satisfazer: *casou com uma mulher insaciável*. → **insaciabilidade** *sf* (qualidade de insaciável); **insaciado** *adj* (que não se saciou ou fartou).

in.sa.li.var *v* Impregnar de saliva (alimentos), como ocorre na ruminação. → **insalivação** *sf* (ato ou efeito de insalivar).

in.sa.lu.bre *adj* Não salubre, não saudável, que faz mal à saúde: *trabalho insalubre; clima insalubre*. · Superl. abs. sint. erudito: *insalubérrimo*. → **insalubridade** *sf* (qualidade de insalubre).

in.sa.ná.vel *adj* **1**. Impossível de sanar; que não tem cura; incurável: *doença insanável*. **2**. *Fig*. Que não tem remédio ou solução; irremediável, irreparável: *o incêndio provocou danos insanáveis no meio ambiente*. **3**. *Fig*. Intransigente, intolerante, inflexível: *ele é um romântico insanável; eu, um otimista insanável*. → **insanabilidade** *sf* (qualidade de insanável).

in.sa.no *adj* e *sm* **1**. Que ou aquele que é doido; demente. // *adj* **2**. Estúpido, tolo. → **insânia** *sf* (**1**. falta de saúde mental; doidice, demência; **2**. desatino, estupidez); **insanidade** *sf* (qualidade de insano).

in.sa.tis.fa.ção *sf* Descontentamento, desagrado: *há insatisfação com o governo*. → **insatisfatório** *adj* (que não satisfaz; insuficiente); **insatisfeito** *adj* e *sm* (que ou aquele que não está satisfeito ou contente).

ins.cre.ver *v* **1**. Escrever ou gravar (algo) numa superfície, para que se torne duradouro; insculpir: *inscrevi meu nome na pedra à beira da estrada*. **2**. Fazer a inscrição de; registrar em listagem oficial: *inscrever o filho para o concurso*. **3**. *Fig*. Eternizar, perpetuar: *inscreveu seu nome na história do país*. **inscrever-se 4**. Arrolar-se, registrar-se: *inscrevi-me nesse concurso*. **5**. *Fig*. Incluir-se, arrolar-se, figurar: *inscrevo-me entre os fãs dessa atriz*. → **inscrição** *sf* [**1**. ato ou efeito de inscrever(-se); **2**. palavras escritas ou gravadas em madeira, pedra, metal, etc. para perpetuar a memória de alguém ou de algum fato; **3**. inclusão em lista]; **inscrito** *adj* e *sm* (que ou aquele que está incluído em lista, por alguma razão ou com alguma finalidade).

ins.cul.pir *v* Gravar ou entalhar em superfície dura; inscrever (1): *insculpir um epitáfio*. · Conjuga-se por *abolir*. → **inscultor** (ô) *sm* (aquele que insculpe); **inscultura** *sf* (arte ou obra de inscultor).

in.se.gu.ro *adj* **1**. Que não é seguro; que não oferece nenhuma segurança; perigoso: *transporte inseguro*. **2**. Sem estabilidade; instável: *o nenê ainda está inseguro para andar*. **3**. Sem confiança em si mesmo; tímido: *sempre se sente inseguro ante estranhos*. **4**. Vacilante, indeciso, pouco firme: *era um presidente inseguro*. → **insegurança** *sf* (falta de segurança).

in.se.mi.na.ção *sf* **1**. Ato ou efeito de inseminar. **2**. Fecundação do óvulo. **3**. Redução de *inseminação artificial*, introdução do sêmen no trato genital da fêmea. → **inseminar** *v* (proceder à inseminação em).

in.sen.sa.to *adj* e *sm* Que ou aquele que não pensa para fazer as coisas; que ou aquele que não tem bom senso. → **insensatez** (ê) *sf* (qualidade de insensato).

in.sen.sí.vel *adj* **1**. Privado de sensibilidade física: *olhos insensíveis à cor verde*. **2**. Inanimado: *pedras são insensíveis*. **3**. *Fig*. Privado de sensibilidade moral; indiferente, impassível: *homem insensível à dor alheia*. **4**. Muito duro; frio, implacável: *tiranos costumam ser insensíveis*. **5**. *Fig*. Muito pequeno; insignificante; imperceptível: *inflação insensível*. **6**. *Fig*. Que não ignora; que não está desatento; indiferente: *não estamos insensíveis às suas preocupações*. // *s2gên* **7**. Pessoa insensível. → **insensibilidade** *sf* (qualidade ou estado de insensível); **insensibilização** *sf* [ato ou efeito de insensibilizar(-se)]; **insensibilizar(-se)** [tornar(-se) insensível física ou moralmente].

in.se.pa.rá.vel *adj* **1**. Que não pode ser separado: *corrupção e política parecem inseparáveis*. **2**. Diz-se de pessoas que gostam de estar constantemente juntas; muito íntimo: *amigos inseparáveis*. → **inseparabilidade** *sf* (qualidade de inseparável).

in.se.pul.to *adj* Que ainda não foi sepultado: *cadáveres insepultos*.

in.se.rir *v* **1**. Colocar dentro; introduzir: *inserir o cartão magnético na máquina*. **2**. Introduzir, incluir: *inserir uma frase num discurso*. **3**. Publicar, divulgar: *inserir um anúncio no jornal*. **inserir-se 4**. Introduzir-se e permanecer; fixar-se: *esses hábitos inseriram-se na nossa família*. · Conjuga-se por *ferir*. → **inserção** *sf* (ato ou efeito de inserir); **inserto** *adj* (que se inseriu ou introduziu; introduzido), que não se confunde com *incerto*.

in.se.to *sm* Pequeno animal sem ossos. · V. **entomologia**. → **inseticida** *adj* e *sm* (que ou droga que elimina insetos); **insetívoro** *adj* e *sm* (que ou animal ou planta que se alimenta de insetos; carnívoro).

insider [ingl.] *s2gên* **1**. Pessoa que tem acesso fácil a determinada empresa e recebe informações privilegiadas antes que se tornem conhecidas do público ou do mercado: *todo diretor, todo contador é um* insider *na empresa pela qual trabalha*. **2**. Pessoa aceita como membro de um grupo ou organização, princ. por ter conhecimento secreto ou influência especial: *seu vasto conhecimento o tornou um* insider *no mundo da* *música.* **3**. Pessoa que ocupa posição elevada numa empresa ou que possui mais de 10% das ações dessa empresa: *ele é ouvido porque é um* insider *da empresa.* **4**. Pessoa pertencente a um círculo limitado de indivíduos que compartilham conhecimento privado: *os* insiders *já sabiam que o presidente iria vetar o projeto de lei.* · Antôn.: *outsider.* · Pl.: *insiders.* · Pronuncia-se *insáidâr.* (A 6.ª ed. do VOLP não traz esta palavra, embora traga *outsider.*)

in.sí.dia *sf* **1**. Espera às ocultas de alguém, com o propósito de atacá-lo; emboscada, cilada, tocaia. **2**. *Fig.* Deslealdade, perfídia. **3**. *Fig.* Intenção dolosa; má-fé. **4**. *Fig.* Artimanha, estratagema. → **insidiar** *v* (**1**. armar insídias ou ciladas a: *insidiar o inimigo*; **2**. procurar seduzir; tentar corromper: *insidiar menores*); **insidioso** (ô; pl.: ó) *adj* (**1**. furtivamente traiçoeiro: *inimigo insidioso; aliança insidiosa*; **2**. em que há cilada; que visa a embaraçar ou constranger; capcioso: *pergunta insidiosa*; **3**. que avança gradual, sutil e às vezes assintomaticamente, com efeitos danosos: *câncer e pressão alta são doenças insidiosas*).

insight [ingl.] *sm* **1**. Capacidade de compreender intuitivamente o caráter verdadeiro de seu próprio comportamento ou atitudes, de uma situação, condição, etc. **2**. Compreensão de si mesmo; autoconhecimento. · Pl.: *insights.* · Pronuncia-se *insáit.*

in.sig.ne *adj* Notável por suas obras, realizações e conquistas; ilustre, eminente, brilhante, célebre: *aos poucos foi desaparecendo uma geração insigne de humoristas.* · Antôn.: *obscuro, desconhecido.*

in.síg.nia *sf* **1**. Sinal distintivo de dignidade, patente militar, nobreza ou condecoração: *a insígnia da realeza; uniforme verde-oliva, com a insígnia de coronel na gola.* **2**. Qualquer desenho, símbolo, emblema ou divisa; marca distintiva: *a estrela vermelha era a insígnia nacional da União Soviética.* **3**. *Fig.* Sinal ou símbolo de alguma coisa: *aquelas lágrimas eram a insígnia de sua tristeza.*

in.sig.ni.fi.can.te *adj* e *s2gên* **1**. Que ou pessoa que não tem poder nem influência em coisa nenhuma; que ou pessoa que não tem importância nenhuma na ordem geral das coisas: *olhar para o firmamento sempre me faz sentir insignificante.* // *adj* **2**. Muito pequeno, irrisório: *o estado do Amazonas tem uma população insignificante em relação à sua área.* → **insignificância** *sf* (qualidade de insignificante).

in.sin.ce.ro *adj* Não sincero; falso, hipócrita: *amigo insincero; político gosta de fazer promessas insinceras.* → **insinceridade** *sf* (falta de sinceridade).

in.si.nu.ar *v* **1**. Sugerir ou dar a entender matreiramente, de modo indireto, geralmente com maldade ou malícia: *insinuar que alguém é gay.* **insinuar-se 2**. Introduzir-se suavemente, penetrar sutilmente, por cursos tortuosos ou passagens estreitas: *a água se insinua entre as fissuras das rochas.* **3**. Penetrar pouco a pouco na intimidade de alguém, para captar-lhe a simpatia ou a benevolência; fazer-se aceitar com habilidade: *ele se insinuou junto à família real e se deu bem.* → **insinuação** *sf* [**1**. ato ou efeito de insinuar(-se); **2**. acusação indireta ou disfarçada; crítica velada, indireta]; **insinuante** *adj* (**1**. que se insinua: *fluido insinuante entre as brechas*; **2**. cativante, simpático: *mas que garota mais insinuante!*).

in.sí.pi.do *adj* **1**. Que não tem sal suficiente; insosso: *comida insípida.* **2**. Sem sabor suficiente para ser apreciado; não saboroso, insosso: *fruto insípido.* **3**. *Fig.* Diz-se da pessoa enfadonha, chata, desagradável: *ele se tornou um velho insípido.* **4**. *Fig.* Desinteressante, sem vigor ou atrativos: *namoro insípido; artista que só produz trabalhos insípidos.* → **insipidez** (ê) *sf* (qualidade de insípido).

in.sis.tir *v* **1**. Asseverar ou sustentar com firmeza: *ela insistiu em que não havia nada de anormal ali.* **2**. Persistir numa exigência: *o jornalista insistiu na pergunta.* **3**. Manter uma posição, teimar: *insistir na defesa dos direitos das minorias.* → **insistência** *sf* (**1**. persistência numa exigência; **2**. manutenção de uma posição; teima); **insistente** *adj* (**1**. que insiste; **2**. que persiste, repetitivo e persistente; **3**. importuno, cacete, chato; **4**. teimoso).

in.so.ci.á.vel *adj* Que não é sociável; avesso à convivência ou à vida em sociedade. → **insociabilidade** *sf* (qualidade de insociável; falta de sociabilidade); **insocial** *adj* (estranho à vida da sociedade: *comportamento insocial*).

in.so.fis.má.vel *adj* **1**. Que não pode ser caracterizado por sofisma; incontestável, indiscutível, irrefutável: *a demissão por justa causa exige prova robusta e insofismável.* **2**. Tão evidente, que dispensa discussão; indiscutivelmente verdadeiro: *é insofismável que a Terra gira em torno do Sol.* → **insofismabilidade** *sf* (qualidade de insofismável).

in.so.la.ção *sf* **1**. Radiação solar recebida numa determinada área. **2**. Quantidade dessa radiação por metro quadrado. **3**. Qualquer exposição aos raios de sol. **4**. Mal-estar causado por longa exposição aos raios solares: *a criança foi internada por insolação.*

in.so.len.te *adj* e *s2gên* **1**. Que ou pessoa que trata os outros com superioridade, desprezo e arrogância; arrogante: *chefe insolente.* **2**. Que ou sujeito que ofende, contesta ou desafia a pessoa com quem deveria ser respeitosa; atrevido(a), malcriado(a), desaforado(a): *aluno insolente; os pais, hoje, toleram a insolência dos filhos adolescentes.* **3**. Que ou pessoa que revela falta de respeito, pudor ou decoro; inconveniente: *você foi insolente, ao abordar a moça.* // *adj* **3**. Que revela insolência; petulante, atrevido: *sorriso insolente.* **4**. Despudorado, desavergonhado, imoral: *gesto insolente.* → **insolência** *sf* (**1**. qualidade ou caráter de quem é insolente; **2**. falta de respeito; arrogância ou atrevimento excessivo).

in.so.li.dá.rio *adj* Que não é solidário. → **insolidariedade** *sf* (falta de solidariedade).

in.só.li.to *adj* **1**. Que não é frequente, habitual ou comum; incomum, raro: *acidente insólito.* **2**. Contrário ao uso, às regras ou à tradição: *comportamento insólito.*

in.so.lú.vel *adj* **1**. Que não pode ser dissolvido; indissolúvel: *a resina do pinheiro é insolúvel na água.* **2**. *Fig.* Muito difícil ou impossível de resolver; que não tem solução: *problema insolúvel.* **3**. Que não pode ser desfeito; indissolúvel: *o casamento era insolúvel.* → **insolubilidade** *sf* (qualidade do que é insolúvel).

in.sol.ven.te *adj* e *s2gên* Que ou pessoa que não tem com que pagar o que deve; inadimplente. → **insolvência** *sf* (qualidade ou estado de quem é insolvente).

in.son.dá.vel *adj* **1**. Impossível de sondar ou achar o fundo; imensurável: *o espaço sideral é insondável.* **2**. *Fig.* Impossível ou muito difícil de compreender; inexplicável, impenetrável: *os desígnios insondáveis de Deus; por alguma insondável razão, no prédio não havia escadas.* → **insondabilidade** *sf* (qualidade ou estado de insondável).

in.sô.nia *sf* Incapacidade crônica de dormir ou de dormir suficientemente durante a noite; vigília. · Antôn.: *sono.* → **insone** *adj* (caracterizado por insônia).

in.so.no.ri.zar *v* Tornar à prova de som; isolar de quaisquer ruídos: *insonorizar todo um ambiente.* → **insonoridade** *sf* (falta de sonoridade); **insonorização** *sf* (acondicionamento de um ambiente para isolá-lo dos ruídos externos ou de maquinismos, a fim de que funcionem com o menor ruído possível: *a insonorização de sua casa lhes permite viver sem sobressaltos*); **insonoro** *adj* (**1**. que não produz som ou ruído: *ventilador insonoro; os óvnis são insonoros*; **2**. de pouca sonoridade: *carro de buzina insonora*; **3**. que não soa bem; desarmonioso: *notas insonoras*).

in.sos.so (ô) ou **in.sul.so** *adj* **1**. Diz-se de qualquer alimento que não tem sabor; insípido (1): *arroz insosso.* **2**. *Fig.* Desinteressante; sem graça: *garota insossa.*

ins.pe.ci.o.nar *v* **1**. Fiscalizar ou vistoriar, a fim de verificar se tudo está correto ou legal: *sanitaristas inspecionam os restaurantes da cidade.* **2**. Tomar conta de; vigiar: *quem ficou inspecionando a classe, na ausência do professor?* **3**. Passar em revista ou examinar oficialmente: *o comandante inspecionou as tropas.* **4**. *Fig.* Verificar ou examinar cuidadosamente: *um mecânico inspecionou o carro antes de eu comprá-lo; engenheiros inspecionam a obra.* → **inspeção** *sf* (**1**. ação de inspecionar; **2**. vistoria; fiscalização oficial; **3**. revista oficial; exame minucioso); **inspetor** (ô) *sm* (aquele que faz inspeção); **inspetoria** *sf* (**1**. cargo ou função de inspetor; **2**. repartição encarregada de inspecionar).

ins.pi.rar *v* **1**. Introduzir (um gás) nos pulmões; inalar: *inspirar o ar puro do campo.* **2**. Estimular com sua beleza, amor, encanto, inteligência, talento, etc. a fazer algo belo ou criativo; motivar: *ele inspirou gerações e gerações de cientistas.* **3**. Fazer sentir; infundir, incutir: *só a sua presença já inspira respeito; essa gente não me inspira confiança.* **4**. Iluminar o espírito de: *que Deus o inspire cada vez mais!* **5**. Fazer penetrar no ânimo; sugerir: *o amor inspira coisas maravilhosas.* **6**. Introduzir o ar nos pulmões: *inspire bem fundo!* **7**. Dar origem a; propiciar: *o filme fez sucesso suficiente para inspirar uma sequência.* **inspirar-se 8**. Receber inspiração: *inspirei-me em Beatriz para compor este poema.* **9**. Influenciar-se, guiar-se: *ele se inspira em que jogador para jogar futebol?* → **inspiração** *sf* (**1**. ação de fazer penetrar o ar nos pulmões; **2**. influência divina ou sobrenatural pela qual o homem recebe a revelação do que deve dizer ou fazer); **inspirador** (ô) *adj* e *sm* (que ou o que inspira); **inspirativo** *adj* (que inspira ou tem a propriedade de inspirar); **inspiratório** *adj* (rel. à inspiração do ar aos pulmões: *esforço inspiratório*).

INSS *sm* Sigla de *Instituto Nacional do Seguro Social*, autarquia federal vinculada ao Ministério da Economia, criada em 1990, resultante da fusão do INPS e do IAPAS. Regula e provê aposentadorias e pensões, assistências médica, odontológica e farmacêutica, etc. a seus segurados e dependentes.

ins.ta.bi.li.da.de *sf* **1**. Falta de estabilidade ou de firmeza física: *a instabilidade de um veículo*. **2**. Falta de estabilidade ou de firmeza moral; insegurança: *os adolescentes costumam passar por períodos de instabilidade emocional*. **3**. Mudança contínua; inconstância, volubilidade: *a instabilidade do clima*. **4**. Incerteza ou apreensão causada pela possibilidade de uma mudança repentina na situação atual; falta de tranquilidade e segurança: *a instabilidade política; a instabilidade econômica*. **5**. Falta de garantia ou de segurança no emprego: *sua situação na empresa é de instabilidade*. · Antôn. (1 e 5): *estabilidade*; (2): *segurança*; (3): *constância*; (4): *segurança, tranquilidade*. → **instabilização** *sf* (ação ou processo que instabiliza: *fenômeno causado pela instabilização e saturação do solo*; **instabilizar(-se)** *v* [tornar(-se) instável ou inseguro: *essa estratégia instabilizou o time adversário; o tempo deverá instabilizar-se amanhã*]; **instável** *adj* (**1**. que não tem estabilidade; que pode tombar ou virar: *carro instável nas curvas*; **2**. *fig*. que não é constante; que pode mudar a qualquer momento: *tempo instável*; **3**. que não oferece estabilidade; que não é garantido: *empresa de trabalho instável*).

Instagram *sm* Aplicativo gratuito de compartilhamento de fotos *on-line*. (O *Instagram* é uma plataforma de rede social que permite que os usuários editem e carreguem fotos e vídeos curtos, mediante um aplicativo móvel.)

ins.ta.lar *v* **1**. Estabelecer, dispor para funcionar: *instalar uma loja*. **2**. Alojar, hospedar: *instalar turistas*. **3**. Dar posse, empossar: *instalaram-no na presidência da empresa*. **instalar-se 4**. Hospedar-se, alojar-se: *instalou-se em casa com toda a família*. **5**. Acomodar-se: *instalei-me na cadeira da vovó e de lá não mais saí*. → **instalação** *sf* [**1**. ato ou efeito de instalar(-se); **2**. conjunto de aparelhos, peças ou acessórios que compõem determinada utilidade: *instalação hidráulica*].

ins.tân.cia *sf* **1**. Qualidade do que é instante ou iminente; iminência. **2**. Apelo urgente e repetido: *o Papa fez instâncias pela paz*. **3**. Pedido insistente; solicitação persistente. **4**. Ocasião: *naquela instância nada se resolveu*. **5**. Ordem ou grau da hierarquia judiciária. **6**. Território onde a autoridade judicial exerce seu poder; juízo, foro, jurisdição. → **instar** *v* (**1**. pedir ou solicitar insistentemente: *instou com os colegas que o deixassem em paz; o povo insta com o presidente que renuncie*; **2**. ser necessário ou urgente; urgir: *insta que levantemos um empréstimo*; **3**. ser iminente; estar prestes a ocorrer: *um golpe de Estado insta no horizonte*). **·· Em última instância**. Como recurso final; em última análise; no final das contas: *O poder judiciário é o mais importante dos três poderes do Estado, porque é ele que, em última instância, garante o cumprimento das regras do jogo democrático*.

ins.tan.te *sm* **1**. O menor espaço de tempo que é possível considerar: *o instante de um relâmpago*. **2**. Ocasião, hora, tempo: *naquele instante de amargura, estava ela a meu lado*. **3**. Tempo relativamente muito curto, qualquer que seja a sua duração absoluta: *o dia, quando eu estava perto dela, passava num instante*. [Não se confunde (1) com *momento*.] → **instantaneidade** *sf* (qualidade do que é instantâneo); **instantâneo** *adj* (que se realiza ou acontece num instante; rápido, súbito) e *sm* (imagem ou foto obtida em tempo de exposição de fração de segundo).

ins.tau.rar *v* **1**. Introduzir ou implantar (algo que não existia): *ele prometeu instaurar um regime sem corrupção no país*. **2**. Fundar, inaugurar: *instaurar um clube poliesportivo na cidade*. **3**. Pôr em juízo; abrir: *instaurar um inquérito, uma CPI*. → **instauração** *sf* (ato ou efeito de instaurar).

ins.ti.gar *v* **1**. Açular (animais): *as crianças passam instigando os cães das casas*. **2**. Provocar (alguém) a uma ação; exortar: *instigar os trabalhadores à greve*. **3**. Provocar (coisa); despertar, acirrar: *instigar nas crianças uma consciência ecológica*. **instigação** *sf* (ato ou efeito de instigar); **instigador** (ô) *adj* e *sm* ou **instigante** *adj* e *s2gên* (que ou pessoa que instiga).

ins.ti.lar *v* **1**. Pôr ou introduzir gota a gota numa cavidade ou passagem do corpo: *instilar colírio*. **2**. *Fig*. Introduzir ou inculcar (ideias, sentimentos, etc.) gradualmente: *as injustiças só instilam o ódio no coração das pessoas*. **instilar-se 3**. Infiltrar-se: *instilou-se em mim um sentimento misto de amor e ódio àquela mulher*. → **instilação** *sf* [ato ou efeito de instilar(-se)].

ins.tin.to *sm* **1**. Tendência ou impulso natural, inato e irracional, numa dada espécie biológica, a um mesmo tipo de comportamento: *a sucção é um instinto dos mamíferos*. **2**. Impulso natural e inconsciente: *instinto de conservação*. **3**. Impulso irracional e espontâneo, o primeiro movimento que precede a reflexão. → **instintivo** *adj* (**1**. rel. ao instinto; **2**. feito ou causado por instinto; impulsivo: *reação instintiva*).

ins.ti.tu.i.ção *sf* **1**. Ato ou efeito de instituir; fundação, criação: *a instituição de academias de ginástica por todo o país*. **2**. Estabelecimento ou instituto dedicado às atividades sociais, educativas, religiosas, filantrópicas, literárias, etc. **3**. *Fig*. Aquilo que foi instituído como um costume, uma prática ou um valor social: *o carnaval e a caipirinha são instituições nacionais*. // *sfpl* **4**. Regime político em vigor num país: *conspirar contra as instituições*. **5**. Conjunto de leis fundamentais que regem uma sociedade política organizada e civilizada: *podemos confiar nas nossas instituições?* → **institucional** *adj* [rel. às instituições (5)]; **instituir** *v* (**1**. fundar, criar, estabelecer: *instituir um império empresarial*; **2**. nomear, constituir: *instituiu advogado para me defender*; **3**. marcar, assinalar: *instituíram um prazo para o pagamento*), que se conjuga por *atribuir*. → **instituto** *sm* (**1**. regime particular de uma instituição ou de uma entidade, segundo a vontade do seu fundador: *esse instituto será reformulado pelo Papa*; **2**. estabelecimento fundado para determinado fim ou seu edifício: *o Instituto Nacional do Seguro Social*; **3**. sociedade ou organização de caráter científico, educacional, social, etc. ou seu edifício: *instituto de pesquisa, instituto de educação, instituto de beleza*).

ins.tru.ir *v* **1**. Preparar (alguém) por um método sistemático, a fim de deixar pronto para agir, para servir à sociedade: *o professor deve instruir seus alunos, e não corrompê-los*. **2**. Informar, cientificar: *o ministro já instruiu o presidente por telefone*. **instruir-se 3**. Receber instrução, adquirir conhecimentos: *eu me instruí nessa escola*. · Conjuga-se por *atribuir*. → **instrução** *sf* [**1**. ato ou efeito de instruir(-se); **2**. conjunto de conhecimentos transmitidos ou adquiridos; cultura: *homem de pouca instrução*; **3**. informações detalhadas sobre como algo deve ser feito, operado ou montado: *a polícia age por instruções; manual de instruções da máquina de lavar*; **4**. sabedoria, erudição; **5**. código que diz a um computador para realizar determinada operação; **6**. em direito, fase em que o juiz, após ouvir as partes, observará as provas apresentadas no processo, para formar sua convicção] e *sfpl* (ordem emanada de alguém com autoridade ou suposta autoridade, à qual se deve obedecer à risca: *tinha instruções para não admitir estranhos*); **instrucional** *adj* (rel. ou pert. a instrução); **instrutivo** *adj* (que serve para instruir); **instrutor** (ô) *adj* e *sm* (que ou aquele que ministra instrução de caráter prático).

ins.tru.men.to *sm* **1**. Material usado para trabalhos delicados ou de precisão: *instrumento cirúrgico*. **2**. Aparelho que produz sons musicais: *o violino é um instrumento fantástico*. **3**. Qualquer objeto que serve para auxiliar no levar a cabo uma ação física qualquer: *instrumento de suplício; instrumento de carpinteiro*. **4**. Documento legal e formal. **5**. Aparelho eletrônico ou mecânico usado em navegação, para efetuar medições. **7**. Cada um dos dispositivos do painel de um automóvel, ao alcance fácil da visão do motorista, destinados a fornecer as informações necessárias para uma condução segura do veículo, controlando velocidade, distância percorrida, quantidade de combustível no tanque, temperatura do motor e sua pressão de lubrificação, etc. **8**. *Fig*. Pessoa ou ente que serve de intermediário para qualquer coisa: *as bruxas são instrumentos do diabo*. → **instrumentação** *sf* (ato ou efeito de instrumentar); **instrumentador** (ô) *sm* (profissional que provê o cirurgião e auxiliares, durante as cirurgias, limpando e esterilizando os instrumentos, preparando a sala de cirurgia, etc.); **instrumental** *adj* (rel. a instrumento musical: *música instrumental*) e *sm* (**1**. conjunto de instrumentos usados para trabalhos delicados ou de precisão; instrumentário: *instrumental cirúrgico*; **2**. peça musical executada por instrumentos: *assisti a esse instrumental*); **instrumentar** *v* [**1**. equipar com instrumentos: *instrumentar uma sala cirúrgica*; **2**. passar a (o cirurgião e seus auxiliares) os instrumentos necessários, numa operação; **3**. determinar quais instrumentos serão usados em um arranjo musical: *o compositor instrumentou bem suas peças*; **4**. em direito, proceder à lavratura de: *instrumentar um contrato*; **5**. formar os autos de um processo]; **instrumentário** *sm* [instrumental (1)]; **instrumentista** *s2gên* (pessoa que toca algum instrumento musical).

in.sua *sf* Ilhota formada por um rio.

in.sub.mis.so *adj* **1**. Que não é submisso; desobediente, rebelde. // *sm* **2**. Aquele que foi convocado para o serviço militar e não se apresentou para prestá-lo. → **insubmissão** *sf* (qualidade de insubmisso; insubmissão, desobediência, rebeldia, indisciplina).

in.su.bor.di.na.ção *sf* Atitude daquele que se recusa a obedecer, daquele que desafia a autoridade e não executa as ordens recebidas; indisciplina, insubmissão: *foi demitido por insubordinação*. → **insubordinado** *adj* e *sm* (desafiador de autoridade; indisciplinado, rebelde); **insubordinar(-se)** *v* [indisciplinar(-se), rebelar(-se): *o sargento insubordinou a tropa; alguns soldados se insubordinaram*].

in.su.bor.ná.vel *adj* Muito difícil ou impossível de subornar; incorruptível, íntegro, honesto.

in.subs.ti.tu.í.vel *adj* Impossível de substituir; inigualável.

in.su.ces.so *sm* Mau resultado, fracasso, malogro.

in.su.fi.ci.en.te *adj* Que não é o bastante para as necessidades, usos e determinados propósitos: *a verba é insuficiente para a construção da obra*. → **insuficiência** *sf* (qualidade de insuficiente).

in.su.flar *v* **1**. Encher, soprando: *insuflar uma bexiga*. **2**. *Fig*. Excitar, estimular: *insuflar a torcida*. → **insuflação** *sf* (ato ou efeito de insuflar); **insuflador** (ô) (que ou o que insufla).

in.su.lar *adj* **1**. Relativo a ilha(s) ou formado por ilha(s): *país insular*. // *adj* e *s2gên* **2**. Que ou pessoa que vive numa ilha. **insular(-se)** *v* [ilhar(-se), isolar(-se): *a ignorância insula as pessoas*]. → **insulação** *sf* ou **insulamento** *sm* (isolamento); **insularidade** *sf* (**1**. caráter de ser ilha; **2**. isolamento pelo fato de ser ilha).

in.sul.fil.me *sm* Película adesiva escura, usada nos vidros dos carros, para reduzir a claridade no interior do veículo e assegurar maior privacidade. [Trata-se de marca registrada (*Insulfilm*) que acabou virando nome comum, como o que já ocorreu com *gilete* e *fórmica*, além de outras.] (A 6.ª ed. do VOLP ainda não registra *insulfilme*.)

in.su.li.na *sf* Hormônio segregado pelas células do pâncreas, importante para o aproveitamento dos açúcares pelo organismo. → **insulínico** *adj* (rel. a insulina ou provocado por ela: *choque insulínico*).

in.sul.to *sm* **1**. Ofensa feita acintosamente; afronta, injúria: *ele lançou insultos contra todos os eleitores*. **2**. *Fig*. Algo tão sem valor ou desprezível, que chega a ser ofensivo: *sua proposta é um insulto*; *rock pauleira é um insulto aos meus ouvidos*. **3**. *Pop*. Desfeita, desconsideração: *dizer que ele é honesto é um insulto à minha inteligência!* → **insultante** ou **insultuoso** (ô; pl.: ó) *adj* (que encerra insulto); **insultar** *v* (ofender com palavras ou atos injuriosos; injuriar).

in.su.mo *sm* Qualquer item exigido para a produção de mercadorias e serviços, como energia, matéria-prima, equipamentos, horas de trabalho, mão de obra, recursos, etc.); *input*.

in.su.pe.rá.vel *adj* **1**. Impossível de superar ou ultrapassar: *as marcas desse corredor são insuperáveis*. **2**. Invencível: *não há time insuperável*. → **insuperabilidade** *sf* (qualidade de insuperável).

in.su.por.tá.vel *adj* **1**. Muito difícil de suportar; intolerável: *calor insuportável*. **2**. Difícil de aturar ou suportar; extremamente irritante ou desagradável: *ela tem um gênio insuportável!*

in.sur.gir(-se) *v* Revoltar(-se) ou insubordinar(-se), por causa considerada justa: *o excesso de impostos insurgirá o contribuinte; o contribuinte deve insurgir-se contra o excesso de impostos*. → **insurgência** *sf* (qualidade ou condição de insurgente); **insurgente** *adj* e *s2gên* (que ou pessoa que se insurge; rebelde).

in.sur.rei.ção *sf* Revolta ou levante em armas contra algo superior considerado injusto ou ilegítimo. → **insurreto** *adj* e *sm* (que ou aquele que participa ou participou de insurreição).

in.sus.pei.to *adj* **1**. Que não está sob suspeita. **2**. Imparcial, justo, honesto, reto: *árbitro insuspeito*. **3**. Que não se imaginava existir: *ele morreu de um tumor cerebral insuspeito*. **4**. Que não se imaginava possível: *o ator demonstra um talento insuspeito para a comédia*. → **insuspeição** *sf* (qualidade de insuspeito).

in.sus.ten.tá.vel *adj* **1**. Impossível de sustentar ou manter: *com o aumento no preço dos insumos, a empresa se tornou insustentável*. **2**. Muito difícil de ser aceito, por não ter nexo, lógica ou fundamento; que não resiste a crítica: *sua tese é insustentável*.

in.tac.to ou **in.ta.to** *adj* **1**. Não tocado ou mexido: *a comida está intacta*. **2**. Sem nenhum dano; inteiro, íntegro: *o terremoto destruiu a igreja, mas sua torre ficou intacta*. **3**. Que está conforme foi recebido ou entregue: *todo mês, ele entrega intacto seu salário à mulher*. **4**. Incólume: *sair intacto de um acidente*. **5**. Inalterado; vago: *sua fé continua intacta*. **6**. *Fig*. Sem mancha; impoluto: *deixou a vida pública com a reputação intacta*. **7**. *Fig*. Que teve o hímen íntegro; virginal: *ficou um mês com os sequestradores, mas retornou intacta ao seio da família*.

in.tan.gí.vel *adj* **1**. Incapaz de ser tocado; impalpável: *o ar e a energia elétrica são intangíveis*. **2**. *Fig*. Inatacável: *o presidente deixou o cargo dizendo-se intangível*. **3**. Inalterável: *o plano econômico era intangível*. **4**. Não facilmente definido, formulado ou entendido; vago: *as ideias kantianas são intangíveis*. → **intangibilidade** *sf* (qualidade do que é intangível).

in.ta.nha ou **un.ta.nha** *sf* Batráquio verde-escuro, com listras castanhas, voraz, não venenoso, que apresenta uma saliência pontuda de cada lado dos olhos e incha os pulmões, para assustar, também conhecido como *sapo-boi*.

in.te.grar *v* **1**. Completar, inteirar: *o objeto direto integra a significação de um verbo transitivo direto*. **2**. Unir, ligar: *integrar dois sistemas de comunicação*. **3**. Fazer parte integrante de: *integrar um movimento*. **integrar-se 4**. Fazer parte de um time, equipe, incorporar-se: *o jogador se integrou no clube há dois anos*. **5**. Adaptar-se: *o jogador logo se integrou no ambiente do clube*. → **íntegra** *sf* (**1**. texto integral ou transcrição completa de um documento, decreto, tratado, lei, etc., numa publicação; **2**. totalidade, integridade: *a íntegra de uma entrevista*); **integração** *sf* [ato ou efeito de integrar(-se)]; **integracionismo** *sm* (**1**. ato ou processo de unir coisas diferentes; **2**. prática de unir pessoas de diferentes etnias ou raças, na tentativa de lhes dar direitos iguais de integração racial e integração social: *a escola que une brancos, negros, amarelos e índios nos fornece um exemplo de integracionismo*); **integracionista** *adj* (rel. a integracionismo) e *adj* e *s2gên* (que ou pessoa que é partidária do integracionismo); **integral** *adj* (**1**. total, completo; **2**. que não sofreu beneficiamento; **3**. preparado com cereal integral); **integralidade** *sf* (estado do que é completo, inteiro; totalidade, integridade, íntegra: *analisar uma obra na sua integralidade*); **integralismo** *sm* (**1**. aplicação integral de uma doutrina ou sistema; **2**. movimento político brasileiro de extrema-direita, denominado Ação Integralista Brasileira, de inspiração fascista, fundado em 1932 e extinto em 1937); **integralista** *adj* (rel. a integralismo) e *adj* e *s2gên* (que ou pessoa que é simpática ao integralismo); **integralização** *sf* [ato ou efeito de integralizar(-se)]; **integralizar(-se)** *v* [tornar(-se) inteiro, completo, integral: *integralizar uma quantia*]; **integrante** *adj* (**1**. que integra ou completa; integrativo: *essa peça é integrante do móvel*; **2**. diz-se de qualquer termo que inteira ou completa a significação de outro, constituindo com ele um todo semântico; **3**. diz-se da conjunção subordinativa que introduz uma oração substantiva, como *que*, com valor afirmativo, e *se*, com valor dubitativo: *sei que ela chegou*; *não sei se ela chegou*); **integrativo** *adj* [integrante (1)]; **integridade** *sf* (**1**. qualidade, condição ou estado do que é íntegro, inteiro ou completo; inteireza física: *a integridade do território nacional está ameaçada*; **2**. condição perfeita de uma coisa; inteireza: *os seguranças do presidente protegem a sua integridade física*; **3**. inteireza moral; honestidade absoluta: *confio nesse candidato, porque ele já deu mostras de sua integridade*); **íntegro** *adj* (**1**. completo, inteiro, perfeito: *o bebê nasceu íntegro*; **2**. de probidade ou honestidade absoluta; incorruptível: *um presidente tem de ser, antes de tudo, íntegro*), de superlativo absoluto sintético irregular ou erudito *integérrimo*. ·· **Integração racial**. Prática política que consiste em juntar minorias étnicas ou raciais numa comunidade. ·· **Integração social**. Processo pelo qual os recém-chegados ou minorias são incorporados à estrutura social da sociedade anfitriã. ·· **Na íntegra**. Sem cortes: *Publicaram a entrevista na íntegra*.

in.te.gu.men.to *sm* Cobertura natural (pele, casca, concha, etc.) dos animais ou membrana que envolve um órgão. → **integumental** *adj* (rel. a integumento).

in.tei.rar *v* **1**. Tornar inteiro, preencher, completar: *inteirar uma quantia*. **2**. Completar, terminar: *inteirar os estudos*. **3**. Tornar ciente, informar, certificar: *inteirei-o do ocorrido*.

inteirar-se 4. Informar-se bem, certificar-se: *ainda não me inteirei do assunto*. · O ditongo *ei* continua fechado e claramente pronunciado durante a conjugação. → **inteiração** *sf* [ato ou efeito de inteirar(-se)]; **inteireza** (ê) *sf* (qualidade de inteiro; integridade); **inteiriçado** *adj* (rígido, hirto, teso: *o frio curitibano deixa qualquer cristão inteiriçado*); **inteiriçar(-se)** *v* [tornar(-se) inteiriço, rígido ou hirto]; **inteiriço** *adj* [feito de uma só peça; inteiro (3)]; **inteiro** *adj* (**1**. completo, todo: *um dia inteiro*; **2**. que conserva todas as suas partes; integral: *uma pera inteira*; **3**. inteiriço: *uma peça inteira*; **4**. sem maiores danos; ileso: *o teatro permaneceu inteiro, apesar dos bombardeios aéreos*; **5**. ilimitado: *empregado de inteira confiança*) e *adj* e *sm* (que ou número que não tem frações, mas só unidades: *18 é um número inteiro*).

in.te.lec.to *sm* Capacidade de raciocinar, compreender e lidar com ideias e informações; faculdade de conhecer e compreender as coisas: *"nada está no intelecto que não tenha passado antes pelos sentidos"* (Aristóteles). → **intelecção** *sf* (**1**. ato ou processo do intelecto; pensamento; **2**. exercício do intelecto; apreensão pela mente; raciocínio, entendimento, compreensão: *a intelecção de textos*); **intelectivo** *adj* (relacionado, causado ou gerado pelo intelecto; racional); **intelectual** *adj* (**1**. rel. a intelecto: *a atividade intelectual*; **2**. que é mais racional que emocional: *tomei uma decisão intelectual*) e *s2gên* (**1**. pessoa intelectualmente superior; **2**. pessoa cuja atividade principal está relacionada com o uso preponderante do intelecto); **intelectualidade** *sf* (**1**. qualidade ou caráter do que é intelectual; capacidade de aprender e compreender, lidar com problemas: *não é preciso ter a intelectualidade de um cientista para entender isso*; **2**. classe dos intelectuais); **intelectualismo** *sm* (**1**. doutrina filosófica que defende a supremacia dos fenômenos intelectuais sobre a afetividade e a vontade; **2**. caráter de uma obra em que predomina o elemento intelectual; **3**. preponderância dos intelectuais; **4**. exercício do intelecto; **5**. dedicação às coisas intelectuais); **intelectualista** *adj* (rel. a intelectualismo) e *adj* e *s2gên* (que ou pessoa que é partidária do intelectualismo); **intelectualização** *sf* [ato ou efeito de intelectualizar(-se)]; **intelectualizar(-se)** *v* [tornar(-se) intelectual].

in.te.li.gên.cia *sf* **1**. Capacidade de pensar, aprender, resolver problemas e ajustar-se a situações novas, sem usar a experiência. **2**. Manifestação dessa capacidade; talento em ação. **3**. Conhecimento profundo; compreensão inteira: *para inteligência dos problemas brasileiros, é preciso muita reflexão; livro de difícil inteligência*. **4**. Habilidade, destreza: *desempenhar o trabalho com inteligência*. **5**. Organização encarregada de obter e recolher informações secretas do inimigo; serviço de informações ou de inteligência. **6**. Pessoal dessa organização. **7**. Pessoa que tem inteligência (1): *as inteligências do país apoiaram só um candidato*. · Antôn. (1): *estupidez, burrice*; (4): *inaptidão, inabilidade*. → **inteligente** *adj* e *s2gên* (que ou pessoa que tem um alto grau de inteligência ou de capacidade mental: *os cientistas são homens inteligentes, assim como os filósofos*) e *adj* (**1**. que possui inteligência ou capacidade mental: *há seres inteligentes em outros planetas?*; **2**. que denota inteligência: *resposta inteligente*); **inteligibilidade** *sf* (qualidade do que é inteligível); **inteligível** *adj* [**1**. que se pode compreender; claro; **2**. que pertence ao domínio do intelecto (em oposição a *sensível*)]. ·· **Inteligência artificial**. **1**. Capacidade de uma máquina de executar todas as atividades inerentes à inteligência humana, como visão, poder de decisão, análise e solução de problemas. **2**. Ramo da ciência da computação que se ocupa do desenvolvimento de projetos e máquinas que têm essa capacidade.

INTELSAT ou **Intelsat** *sm* Acrônimo de *International Telecommunications Satellite Organization*, empresa americana fundada em 1964, que fornece serviços de telecomunicações via satélite.

in.te.me.ra.to *adj* Não corrompido; íntegro, puro, sem mácula: *os anjos e recém-nascidos são seres intemeratos*. · Antôn.: *corrupto*. (Não se confunde com *intimorato*.)

in.tem.pe.ran.ça *sf* Destempero (1). · Antôn.: *sobriedade, moderação*. → **intemperante** *adj* e *s2gên* (que ou pessoa que revela intemperança), de antôn. *sóbrio, moderado*.

in.tem.pé.rie *sf* **1**. Qualquer fenômeno atmosférico extremo, como tempestade, temporal, furacão, ciclone, etc.; inclemência do tempo: *pequeno produtor é o mais vulnerável a intempéries*. **2**. *Fig*. Acontecimento infeliz ou desfavorável; infortúnio: *enfrentou muitas intempéries na vida*. → **intempérico** *adj* (rel. a intempérie).

in.tem.pes.ti.vo *adj* **1**. Que ocorre em momento não propício; inoportuno: *passeata intempestiva*. **2**. Sem aviso prévio; inesperado: *o restaurante sofreu uma fiscalização intempestiva*. **3**. Repentino, súbito, inopinado: *morte intempestiva*. **4**. Em direito, feito fora do prazo legal: *recurso intempestivo*. · Antôn.: *tempestivo*. (Como se vê, não significa temperamental, explosivo, descontrolado, como a mídia costuma usar: *Ciro tem um temperamento intempestivo*. Não tem.) → **intempestividade** *sf* (qualidade do que é intempestivo).

in.ten.ção *sf* **1**. Determinação de fazer uma coisa específica ou de agir de modo particular; propósito, intento: *ele anunciou sua intenção de candidatar-se*. **2**. Desejo ardente; intuito, objetivo, finalidade: *fez tudo aquilo com intenção de agradar a namorada*. **3**. Fim que determina um ato, considerado independentemente de sua efetiva realização: *não foi minha intenção magoá-la*. **4**. Indivíduo ou objeto para o qual uma oração, missa ou ato piedoso é oferecido. // *sfpl* **5**. Propósito ou plano reservado: *quais são suas intenções com minha filha, rapaz?* → **intencional** *adj* (**1**. rel. a intenção; **2**. feito deliberadamente; propositado); **intencionar** ou **tencionar** *v* (ter a intenção de; pretender).

in.ten.dên.cia *sf* **1**. Ofício ou função de um intendente. **2**. Corpo de intendentes. **3**. Direção ou administração de negócios, princ. públicos. **4**. Edifício onde trabalha o intendente. **5**. Corpo de tropas destinado a reabastecer as unidades militares com alimentos, equipamento, etc. → **intendente** *s2gên* [**1**. pessoa que intende ou superintende; **2**. oficial(a) que comanda uma intendência (5)]; **intender** *v* (**1**. superintender; **2**. ter em mente; planejar: *intendo viajar amanhã*).

in.ten.so *adj* **1**. Muito forte; excessivo, violento: *calor intenso*. **2**. *Fig*. Profundo, veemente: *emoções intensas*. **3**. Caracterizado por muita ação, emoção, esforço, etc.: *amor intenso*. → **intensidade** *sf* (grau muito elevado: *a intensidade do frio*); **intensificação** *sf* [ato ou efeito de intensificar(-se); forte aumento]; **intensificar(-se)** *v* [tornar(-se) mais intenso, mais forte, mais ativo); **intensivo** *adj* (**1**. caracterizado pela intensidade; muito forte: *treino intensivo*; **2**. feito com aplicação e em tempo relativamente curto: *curso intensivo*; **3**. que dá ênfase, força, intensidade à ideia expressa por uma palavra, expressão, etc.: *prefixo intensivo*), de antôn. (2) *extensivo*.

in.ten.to *sm* Intenção (1). → **intentar** *v* (ter em mente; pensar, tencionar).

in.ten.to.na *sf* **1**. Ataque de surpresa e quase sempre covarde. **2**. Tentativa de motim mal articulada. **3**. Intento maluco, próprio de doido.

in.te.ra.gir *v* **1**. Intervir (o usuário), controlando o curso das atividades num *software*, vídeo, etc. **2**. Exercer uma ação de forma recíproca: *dois genes podem interagir, para aumentar o risco ao câncer de pulmão nos fumantes; alguns telefones celulares já possibilitam interagir com a televisão*. **3**. Ter diálogo ou certo contato com alguém; relacionar-se, comunicar-se: *não deixe de interagir conosco, contando o que achou do programa; no ventre materno, o bebê interage com a mãe; o aluno é capaz de interagir de maneira fluente e espontânea*. **4**. Compartilhar de certa atividade ou trabalho com outra pessoa: *na Internet, a empresa tem de interagir com o consumidor*. → **interação** *sf* (**1**. ato ou efeito de interagir; **2**. influência ou ação recíproca entre duas ou mais coisas, dois ou mais elementos, corpos, fatores, etc.: *a interação do novo com o antigo, deve haver absoluta interação entre homem e natureza*; **3**. comunicação ou relacionamento entre pessoas; contato: *a interação entre o bebê e a mãe*); **interagente** *adj* (**1**. que interage; **2**. em que há interação); **interatividade** *sf* (**1**. capacidade de o telespectador agir na programação de televisão, princ. em jogos, vendas e operações financeiras; **2**. capacidade de um equipamento responder às ordens do usuário); **interativo** *adj* (**1**. rel. a interação: *televisão interativa*; **2**. em que há interação: *esporte interativo*; **3**. diz-se dos fenômenos que atuam uns sobre os outros; **4**. diz-se do sistema de comunicação que permite interagir com o público, no qual a resposta é direta e imediata; **5**. diz-se de um computador ou programa que permite ao usuário da máquina intervir e controlar o curso das suas atividades; **6**. diz-se de programa de televisão em que o telespectador usa o aparelho para participar do que está vendo na tela; **7**. rel. ao divertimento televisivo em que o sinal ativa um aparato eletrônico na casa do telespectador, ou este usa o aparato para mudar imagens na tela).

in.ter.ban.cá.rio *adj* **1**. Relativo a dois ou mais bancos: *fusão interbancária*. **2**. Que se realiza ou acontece entre bancos: *empréstimos interbancários*.

in.ter.ca.den.te *adj* **1**. Não contínuo; descontinuado; intermitente: *ruídos intercadentes*. **2**. Diz-se do pulso ou da pulsação arterial irregular no ritmo: *pulso intercadente*. → **intercadência** *sf* (alteração na cadência ou continuidade).

in.ter.ca.lar(-se) *v* **1**. Pôr(-se) de permeio, interpor(-se), inserir(-se): *intercalar risos entre soluços; alguns fios brancos de cabelo já se intercalam entre os castanhos*. **2**. Meter (folhas impressas e dobradas) dentro de outras. → **intercalação** *sf* [ato ou efeito de intercalar(-se)].

in.ter.câm.bio *sm* **1**. Troca, permuta. **2**. Relações comerciais, esportivas ou intelectuais entre nações. → **intercambiamento** *sm* (ato ou efeito de intercambiar); **intercambiar** *v* (permutar, trocar).

in.ter.ce.der *v* Intervir a favor de (uma das partes): *em discussão entre marido e mulher, não convém interceder por nenhum deles*. → **intercessão** *sf* (ato ou efeito de interceder), que não se confunde com *interseção*; **intercessor** (ô) *adj* e *sm* [que ou aquele que intercede por outrem; que ou aquele que defende os interesses de outros; intermediário (6)].

in.ter.cep.tar *v* **1**. Interromper o curso de: *a barragem interceptará o rio neste ponto*. **2**. Servir de obstáculo a: *as nuvens interceptam os raios de sol*. **3**. Interromper ou obstruir (via de comunicação): *um guindaste interceptava a rua*. **4**. Abordar (força inimiga) para ataque ou identificação: *interceptar um navio em alto-mar*. **5**. Interromper: *interceptar uma ligação telefônica*. → **intercepção** ou **interceptação** *sf* (ato ou efeito de interceptar); **interceptor** ou **interceptador** (ô) *adj* e *sm* ou **intercipiente** *adj* e *s2gên* (**1**. que ou o que intercepta; **2**. que ou avião ou míssil que intercepta os do inimigo); **interceptivo** *adj* (rel. a interceptação).

in.ter.cí.lio *sm* Glabela, mesófrio.

in.ter.clu.be *adj* Que se realiza entre clubes: *campeonato mundial interclube*.

in.ter.co.mu.ni.ca.ção *sf* Comunicação recíproca entre duas pessoas ou duas máquinas. → **intercomunicar-se** *v* (comunicar-se mutuamente: *as quadrilhas se intercomunicam por rádio*).

in.ter.co.ne.xão *sf* **1**. Conexão entre vários canais de televisão ou linhas telefônicas permitindo transmissões simultâneas, em conjunto. **2**. Intercomunicação entre diversos computadores e seus periféricos. **3**. Ligação entre várias redes de produção e distribuição de energia elétrica. → **interconectar(-se)** *v* [estabelecer conexão entre; interligar(-se)].

in.ter.con.ti.nen.tal *adj* **1**. Situado entre dois continentes: *mar intercontinental*. **2**. Que envolve dois ou mais continentes: *linha aérea intercontinental*. **3**. Capaz de atingir outro continente: *míssil balístico intercontinental*.

intercooler [ingl.] *sm* Equipamento que refrigera o ar que vai queimar dentro do motor, para aumentar seu desempenho. · Pl.: *intercoolers*. · Pronuncia-se *interkúlâr*.

in.ter.cur.so *sm* **1**. Negócios ou comunicações entre indivíduos, grupos, países, etc.: *há suficiente intercurso cultural entre o Brasil e o Japão?* **2**. Intercâmbio de pensamentos, sentimentos, etc. **3**. Relação ou ato sexual; coito, cópula.

in.ter.de.pen.dên.cia *sf* Dependência mútua: *a interdependência entre a natureza e o homem*. → **interdependente** *adj* (que interdepende).

in.ter.dis.ci.pli.nar *adj* Que estabelece relação entre duas ou mais disciplinas acadêmicas ou que é comum a duas ou mais disciplinas acadêmicas, geralmente relacionadas: *atividades interdisciplinares*. → **interdisciplinaridade** *sf* (qualidade daquilo que é interdisciplinar).

in.ter.di.tar *v* Declarar (algo) interdito; impedir de utilizar ou de realizar; proibir: *interditar praias*. → **interdição** *sf* (**1**. proibição; **2**. suspensão de uso, funções ou funcionamento); **interditado** ou **interdito** *adj* (impedido de ser utilizado ou de ser realizado; proibido).

in.te.res.co.lar *adj* Que existe ou se realiza entre escolas: *campeonato interescolar*. · Pl.: *interescolares*.

in.te.res.se (ê) *sm* **1**. Aquilo que convém ou que é importante, útil, vantajoso; utilidade, proveito: *este assunto não é de interesse para crianças*. **2**. Aquilo que desperta a atenção ou inspira simpatia: *cresce o interesse pelas eleições*. **3**. Importância, relevância: *assunto de pouco interesse*. **4**. Vantagem, benefício ou proveito pessoal: *casar por interesse*. **5**. Inclinação ou disposição para fazer uma coisa; empenho: *não tenho interesse em prejudicá-lo*. // *smpl* **6**. Conjunto de todos os direitos, bens ou necessidades de uma pessoa, grupo ou país: *isso não fere os meus interesses; o Brasil tem tem amigos, tem interesses*. → **interessante** *adj* (**1**. que desperta interesse; que prende a atenção: *filme interessante, debate interessante*; **2**. importante, relevante: *não é interessante ao país tal negociação*; **3**. que tem atrativos; atraente: *ela não é bonita, mas é interessante*; **4**. estranho, curioso, intrigante: *interessantes esses animaizinhos, eles se dão bem tanto na água quanto na terra;* **5**. vantajoso, benéfico: *o negócio é interessante para mim*; **6**. diz-se do estado da mulher grávida) e *sm* (**7**. o que é curioso ou estranho: *o interessante disso tudo é que, apesar de tudo, eles são amigos*); **interessar** *v* (**1**. despertar o interesse, a atenção ou a curiosidade de: *o fato me interessou*; **2**. dizer respeito a; afetar: *isso interessa a indústria*; **3**. ser interessante, útil, proveitoso, importante: *a hidrelétrica interessa ao Brasil e ao Paraguai*); **interessar-se** (**4**. empenhar-se, esforçar-se: *interessar-se pelos estudos*; **5**. demonstrar interesse: *eu me interessei muito por ela*); **interesseiro** *adj* e *sm* (que ou aquele que só visa ao seu próprio interesse ou conveniência) e *adj* (feito por interesse).

in.ter.fa.ce *sf* **1**. Em informática, dispositivo ou programa que permite a um usuário comunicar-se com um computador: *uma interface gráfica do usuário*. **2**. Dispositivo ou programa usado para conectar dois itens de *hardware* ou de *software*, a fim de que possam ser operados em conjunto ou se interagirem: *uma interface de programa de aplicativo*. **3**. Ponto em que dois sistemas, assuntos, organizações, etc. se encontram e interagem: *a interface entre o homem e a máquina*. (A pronúncia em inglês é *ínterfeis*, mas a palavra já foi aportuguesada.) → **interfacial** *adj* (rel. ou pert. a interface).

in.ter.fe.rir *v* **1**. Ter interferência em; intervir: *o governo interferiu nas negociações*. **2**. Influir negativamente: *a conversa interfere no rendimento do trabalho*. **3**. Intrometer-se, imiscuir-se: *não interfira nos meus negócios!* · Conjuga-se por *ferir*. → **interferência** *sf* (ato ou efeito de interferir).

in.ter.fe.ro.me.tri.a *sf* Método de medição que usa o fenômeno de interferência de ondas eletromagnéticas, geralmente de luz, rádio ou som. → **interferométrico** *adj* (rel. a interferometria); **interferômetro** *sm* (aparelho que utiliza a interferência de ondas eletromagnéticas para efetuar medidas precisas de ângulos, distâncias e comprimento de onda).

in.ter.fi.xo (x = ks) *sm* Em gramática, elemento que se intercala entre o radical e o sufixo para facilitar a pronúncia (p. ex.: *gasômetro, paulada*). (Não se confunde com *infixo*.)

in.ter.fo.li.á.ceo ou **in.ter.fo.li.ar** *adj* Que está entre duas folhas.

in.ter.fo.ne *sm* Aparelho dotado de microfone e pequeno alto-falante, para comunicação entre compartimentos comerciais ou residenciais. → **interfonada** *sf* ou **interfonema** *sm* (chamada ou comunicação por interfone), palavras que não têm registro na 5.ª ed. do VOLP; **interfonar** *v* (comunicar pelo interfone); **interfônico** *adj* (rel. a interfone).

in.ter.ga.lác.ti.co *adj* Que está ou se faz entre galáxias.

in.ter.gê.ne.ro *adj* e *sm* Que ou indivíduo que não é claramente feminino nem masculino; *queer*: *pessoas intergênero; atletas intergênero*. (Como se vê, não varia.) → **intergeneridade** *sf* (qualidade ou característica de quem é intergênero).

in.ter.go.ver.na.men.tal *adj* Que envolve dois ou mais governos ou divisões de um governo.

in.ter-hu.ma.no *adj* Que se realiza ou acontece entre seres humanos: *contágio inter-humano*. · Pl.: *inter-humanos*.

in.te.rim *sm* Intervalo no espaço de tempo entre um fato, processo ou período e outro; meio-tempo. ·· **Nesse ínterim**. Enquanto isso; nesse meio-tempo.

in.te.rin.dus.tri.al *adj* Que se dá entre duas ou mais indústrias.

in.te.ri.no *adj* **1**. Provisório, temporário: *regime interino*. **2**. De curta duração: *viagem interina*. · Antôn. (1): *permanente*; (2): *duradouro*. // *adj* e *sm* **3**. Que ou aquele que ocupa cargo ou posição temporária, na falta ou impedimento do titular: *presidente interino*. → **interinidade** *sf* (qualidade, condição ou situação de interino).

in.te.rin.su.lar *adj* **1**. Relativo ou pertencente a duas ou mais ilhas: *ferrovias interinsulares*. **2**. Que ocorre entre várias ilhas, ou de ilha para ilha: *comunicação interinsular*.

in.te.ri.or (ô) *adj* **1**. Que está na parte de dentro de algo ou alguém: *beleza interior*. **2**. Íntimo, próprio, particular: *ela não tem alma, não tem paz interior*. // *sm* **3**. Parte de dentro; aquilo que está dentro: *foto do interior do carro*. **4**. Parte central de um país ou Estado: *morar no interior*. · Antôn. (1 a 3): *exterior*; (4): *litoral, costa*. → **interiorano** *adj* [rel. ao interior (4)] e *adj* e *sm* [que ou aquele que é do interior (4)]; **interioridade** *sf* (qualidade ou estado do que é interior), de antôn. *exterioridade*; **interiorização** *sf* [ato ou efeito de interiorizar(-se)]; **interiorizar** *v* (**1**. transferir ou mudar para o interior: *o Brasil interiorizou a capital em 1960*; **2**. guardar para si ou dentro de si: não exteriorizar ou manifestar: *interiorizar uma raiva*); **interiorizar(-se)** [**3**. expandir(-se) para o interior: *a campanha se interiorizou tarde demais, e o candidato não se elegeu*].

in.ter.jei.ção *sf* Palavra invariável que exprime emoção, sentimento repentino, ordem, apelo, etc., como *oh!*, *oba!*, *psiu!* → **interjecional** ou **interjeccional** *adj* (rel. a interjeição); **interjectivo** ou **interjetivo** *adj* (**1**. expresso por interjeição; **2**. da natureza da interjeição).

in.ter.la.bi.al *adj* Situado entre os lábios.

in.ter.li.gar(-se) *v* Ligar(-se) entre si (duas ou mais coisas); interconectar(-se): *interligar duas rodovias; as rodovias ali se interligam*. → **interligação** *sf* [ato ou efeito de interligar(-se)].

in.ter.lo.cu.ção *sf* Fala entre duas ou mais pessoas; conversação, diálogo, troca de ideias. → **interlocutor** (ô) *sm* (cada um dos participantes de uma conversação).

in.ter.lú.dio *sm* Entreato (2). (Não se confunde com *interlúnio*.)

in.ter.lú.nio *sm* Tempo durante o qual a Lua não é visível. (Não se confunde com *interlúdio*.) → **interlunar** *adj* (rel. a interlúnio).

in.ter.me.di.ar *v* **1**. Servir de mediador em: *o Papa intermedeia as negociações de paz entre árabes e israelenses*. **2**. Situar-se ou colocar-se entre: *intermediar dois briguentos com o corpo*. **3**. Intercalar: *o orador intermedeia elogios com ofensas ao governo*. **4**. Existir de permeio: *intermedeia entre noivo e noiva uma grande distância sociocultural*. **5**. Ocorrer entre: *muitos fatos intermediaram as duas guerras mundiais*. **6**. Intervir, interceder: *um padre se dispôs a intermediar pelos sequestradores ante as autoridades*. · Derivado de *mediar*, por este se conjuga. (Portanto, não existe a forma "intermedia", muito encontrada na mídia.) → **intermediação** *sf* (ato ou efeito de intermediar); **intermediário** *adj* (**1**. que fica no meio ou entre dois corpos; intermédio: *posição intermediária*; **2**. que está entre os pontos extremos de uma escala ou gradação; intermédio: *cor intermediária entre o azul e o verde*; **3**. que está entre dois termos; médio: *fez um curso de inglês de nível intermediário*; **4**. que ocorre entre dois períodos de tempo: *acontecimento intermediário entre a minha ida e a minha volta*) e *sm* (**5**. aquele que usa da influência ou poder que tem para conseguir favor, emprego, etc. para alguém; medianeiro; pistolão; **6**. aquele que, com algum interesse, interpõe-se entre partes dissidentes ou antagônicas, buscando acordo ou harmonia entre elas: *servir de intermediário entre o marido e a mulher, para evitar a separação*; **7**. aquele que agencia negócios; corretor; **8**. aquele que, no circuito comercial, compra por atacado do produtor para revender bem mais caro ao consumidor; atravessador) e *adj* e *sm* (**6**. intercessor, medianeiro); **intermédio** *adj* [intermediário (1 e 2)]. ·· **Por intermédio de**. Através de, graças a, com a ajuda de: *Conseguiu o emprego por intermédio de um amigo*.

in.ter.mi.ná.vel *adj* **1**. Que não acaba nunca; que nunca tem um fim: *obra interminável*. **2**. *Fig.* Que dura muito tempo; que parece não ter fim pelo cansaço ou monotonia que proporciona: *foi uma espera interminável no aeroporto; viagem interminável; sermão interminável*. **3**. *Fig.* Que parece não acabar ou não ter limite; infindável: *apresentou-nos uma lista interminável de traidores*.

in.ter.mi.nis.te.ri.al *adj* Que se dá ou se realiza entre ministros ou entre ministérios: *reuniões interministeriais*.

in.ter.mi.ten.te *adj* **1**. Que não é contínuo; que cessa e recomeça por intervalos; que vem e vai; descontínuo: *febre intermitente*. **2**. Que ora está cheio, ora está vazio de água: *açude intermitente*. **3**. Diz-se do sinal luminoso de um automóvel que se acende e apaga em intervalos constantes e serve para indicar parada. → **intermitência** *sf* (qualidade de intermitente).

in.ter.mo.dal *adj* **1**. Diz-se do transporte de carga ou do sistema de transporte de carga que utiliza todos os meios de transporte conhecidos (aquático, aéreo, ferroviário e rodoviário) ou alguns deles para chegar a seu destino: *o presidente afirmou que vai construir no país um sistema intermodal de transporte, que possa combinar a ferrovia, a hidrovia e a rodovia*. **2**. Diz-se do sistema de transporte que compreende diversos meios, permitindo ao usuário optar por aquele que desejar, para efetuar vários percursos com um único bilhete. → **intermodalidade** *sf* (**1**. qualidade do que é intermodal; **2**. sistema de transportes públicos que permite ao usuário ter acesso, com um único bilhete, a uma rede integrada de linhas, optando pelas ligações mais convenientes).

in.ter.mu.ni.ci.pal *adj* Que envolve dois ou mais municípios; interurbano: *ônibus intermunicipal*.

in.ter.na.ci.o.nal *adj* **1**. Que se faz ou existe entre nações: *comércio internacional; ponte internacional*. **2**. Que tem membros de várias nações: *reunião de cúpula internacional*. → **internacionalidade** *sf* (qualidade do que é internacional); **internacionalismo** *sm* (**1**. qualidade ou condição de ser internacional em caráter, princípios, interesses ou atitudes; **2**. política ou prática de cooperação entre nações; **3**. doutrina que preconiza a aliança das classes operárias, sem distinção de pátria); **internacionalista** *adj* (rel. a internacionalismo) e *adj* e *s2gên* (que ou pessoa que é adepta do internacionalismo); **internacionalização** *sf* [ato ou efeito de internacionalizar(-se); submissão de um território a um regime de administração internacional: *essa medida vai internacionalizar o conflito; a ONU internacionalizou essa cidade*]; **internacionalizar(-se)** *v* [tornar(-se) internacional; tornar(-se) comum a duas ou mais nações].

in.ter.nar *v* **1**. Fazer residir por algum tempo em colégio (em que estuda), asilo ou hospital: *internou o filho num colégio de padres*. **internar-se 2**. Meter-se pelo interior, introduzir-se, entranhar-se: *internar-se na mata*. → **internação** *sf* ou **internamento** *sm* (ato ou efeito de internar); **internado** *adj* e *sm* (que ou aquele que é posto, com alguma permanência, em colégio ou hospital; interno); **internato** *sm* (instituição de ensino ou de caridade onde os alunos ou socorridos têm residência), de antôn. *externato*; **interno** *adj* (**1**. que está profundamente oculto e encerrado em algo ou alguém: *tumor interno*; **2**. que se dá dentro de algo ou alguém: *hemorragia interna*; **3**. doméstico: *política interna*; **4**. que está em regime de internato: *aluno interno*) e *sm* (**5**. aluno interno; **6**. estudante de medicina que auxilia o corpo médico de um hsopital), de antôn. *externo*.

Internet ou **internet** *sf* Rede de comunicação mundial que liga computadores através de linhas telefônicas. → **internauta** *s2gên* (que ou pessoa que navega pela Internet ou usa bastante essa rede); **interneteiro** *adj* e *sm* (que ou aquele que usa a Internet com maus propósitos, como os *hackers*, p. ex.); **internetês** *sm* (modo de escrever próprio de internautas que usam reduções radicais, como *blz* para *beleza*, *cbç* para *cabeça*, ou recursos inconsequentes, como *naum* para *não*, etc.). (A 6.ª ed. do VOLP não traz esta palavra.)

in.ter.nó.dio *sm* Espaço entre os nós de uma planta; entrenó.

in.te.ro.ce.â.ni.co *adj* **1**. Situado entre oceanos: *continente interoceânico*. **2**. Que liga oceanos: *o canal do Panamá é interoceânico*.

in.ter.par.la.men.tar *adj* **1**. Formado por membros de dois ou mais parlamentos: *comissão interparlamentar*. **2**. Realizado no intervalo das sessões parlamentares: *alianças interparlamentares*.

in.ter.par.ti.dá.rio *adj* Realizado entre partidos políticos: *acordo interpartidário*.

in.ter.pe.lar *v* **1**. Pedir (a uma pessoa) explicação de sua atitude, ação ou política: *o Congresso interpelou o ministro*. **2**. Dirigir a palavra a (alguém) para perguntar alguma coisa: *interpelei o turista para saber de onde vinha*. → **interpelação** *sf* (ato ou efeito de interpelar); **interpelador** (ô) *adj* e *sm* de **interpelante** *adj* e *s2gên* (que ou pessoa que interpela).

in.ter.pla.ne.tá.rio *adj* Que está ou ocorre entre dois planetas: *viagens interplanetárias*.

INTERPOL ou **Interpol** *sf* Organização Internacional de Polícia Criminal, criada em 1923, para garantir a máxima cooperação entre autoridades policiais dos países-membros, excluindo-se completamente assuntos políticos, militares, religiosos e raciais.

in.ter.po.lar *v* **1**. Meter uma coisa no meio de outra; intercalar, alternar. **2**. Interromper, descontinuar. **3**. Alterar ou corromper (texto) mediante inserção de matéria subjetiva, fraudulenta ou sem autorização: *o revisor interpolou boa parte dos originais*. // *adj* **4**. Situado entre dois polos. → **interpolação** *sf* [**1**. ato ou efeito de interpolar; **2**. inserção de algo diferente no meio de um texto, peça musical, etc. ou a coisa inserida; **3**. observação ou comentário atravessado numa conversa: *ninguém achava graça nas suas interpolações cômicas*; **4**. descontinuação, interrupção: *a interpolação de um fornecimento*; **5**. determinação de um ou mais valores de uma função matemática, entre dois valores conhecidos dessa função).

in.ter.por *v* **1**. Exercer (influência ou autoridade), a fim de controlar ou resolver uma questão: *se o presidente não interpuser sua autoridade, essa briga entre ministros ainda se arrastará por longo tempo*. **2**. Opor, contrapor: *interpor veto a um projeto*. **3**. Impetrar recurso a (tribunal), opondo-se a uma decisão: *o Ministério Público interpôs recurso extraordinário perante o STF contra a decisão do Tribunal de Justiça, que reformou integralmente a sentença do primeiro grau*. **in.ter.por(-se) 4**. Colocar(-se) entre, meter(-se) no meio; inserir(-se): *interpor um corpo opaco entre a luz e o olho; interpus-me entre os briguentos*. **5**. Intervir como mediador: *na Idade Média era comum o Papa interpor-se nos litígios internacionais*. **6**. Situar-se, mediar: *dois séculos de ódio interpõem-se entre essas duas famílias*. · Conjuga-se pelo v. *pôr*. → **interposição** *sf* [ato ou efeito de interpor(-se)].

in.ter.por.to (ô; pl.: ó) *sm* Porto que fica entre o de procedência e o de destino de uma embarcação: *o navio passará por três interportos antes de chegar a Salvador*.

in.ter.pre.tar *v* **1**. Expor ou explicar o sentido de: *interpretar as declarações de um embaixador*. **2**. Desempenhar (papel, p. ex.) de acordo com o seu talento ou a sua sensibilidade, representando: *o ator interpretou magnificamente Casanova*. **3**. Entender de modo particular: *não soube interpretar o gesto da namorada*. **4**. Traduzir oralmente: *eu é que interpretava a fala do ministro russo, durante a reunião*. → **interpretação** *sf* (ato ou efeito de interpretar); **interpretante** *adj* e *s2gên* (que ou pessoa que interpreta); **interpretativo** *adj* (rel. a interpretação ou que serve para interpretar); **intérprete** *s2gên* (**1**. pessoa que traduz oralmente de uma língua para outra, geralmente como intermediário; **2**. pessoa que interpreta um papel, uma canção ou uma obra de arte: *Elis Regina era grande intérprete das músicas de Tom Jobim*).

in.ter.ra.ci.al *adj* Que envolve membros de raças diferentes: *cruzamento inter-racial*. · Pl.: *inter-raciais*.

in.ter.re.la.ção *sf* **1**. Ato ou efeito de inter-relacionar(-se). **2**. Relação recíproca: *não há inter-relação entre o terremoto andino e os tremores de terra no Brasil*. · Pl.: *inter-relações*. → **inter-relacionamento** *sm* [ato ou efeito de inter-relacionar(-se)]; **inter-relacionar(-se)** *v* (estabelecer inter-relações entre ou ter inter-relação); **inter-relativo** *adj* (em que há inter-relação).

in.ter.reg.no *sm* **1**. Tempo durante o qual o governo normal é suspenso, princ. entre reinados e regimes sucessivos: *sempre que morre o Papa, há um interregno, antes que um novo seja eleito*. **2**. *P.ext*. Período em que as funções normais de governo ou controle são suspensas. **3**. *Fig*. Intervalo ou pausa em dois acontecimentos: *o interregno entre as duas guerras foi de apenas 21 anos*.

in.ter.ro.gar *v* **1**. Perguntar a: *os repórteres interrogaram os turistas que deixaram o país, para conhecer-lhes as impressões*. **2**. Examinar mediante perguntas, geralmente formais: *o professor interroga a classe todos os dias*. **3**. Proceder a interrogatório de; inquirir: *o juiz interrogou o réu*. → **interrogação** *sf* [**1**. ato ou efeito de interrogar; **2**. redução de *ponto de interrogação*, sinal de pontuação (?) escrito no fim de frase ou oração, para indicar interrogação direta]; **interrogativo** *adj* (que exprime interrogação: *frase interrogativa*); **interrogatório** *sm* [**1**. conjunto de perguntas formais formuladas pela autoridade a uma pessoa (réu ou testemunha) e das respostas dadas; **2**. auto em que se consignam tais perguntas e respostas].

in.ter.rom.per *v* **1**. Parar ou suspender temporariamente: *interromper um trabalho*. **2**. Cortar a palavra a: *um sujeito interrompia o entrevistado a todo o instante*. → **interrupção** *sf* (ato ou efeito de interromper; suspensão, cessação); **interruptor** (ô) *adj* e *sm* (que ou aquilo que interrompe) e *sm* (aparelho que interrompe ou restabelece a passagem de corrente elétrica num circuito condutor).

in.ter.se.ção ou **in.ter.sec.ção** *sf* **1**. Corte, princ. quando feito no meio de um objeto. **2**. Ponto onde duas ou mais vias, estradas ou ruas se encontram; cruzamento. **3**. Ponto comum entre duas linhas ou superfícies.

in.ter.se.xu.al (x = ks) *adj* **1**. Que existe ou ocorre entre os sexos. **2**. Feito ou usado por ambos os sexos. **3**. Relativo a características sexuais intermediárias entre um sexo e outro. // *adj* e *s2gên* **4**. Que ou pessoa que possui características sexuais masculinas e femininas. → **intersexualidade** (x = ks) *sf* (estado ou condição de intersexual).

in.ter.si.de.ral *adj* **1**. Situado entre os astros: *espaço intersideral*. **2**. Que existe entre os astros: *gás intersideral*.

in.ter.sin.di.cal *adj* Que se realiza ou acontece entre sindicatos: *reunião intersidical*.

in.ters.te.lar ou **in.te.res.te.lar** *adj* Situado ou ocorrido entre estrelas: *poeira interstelar*.

in.ters.tí.cio *sm* **1**. Espaço vazio, estreito e muito reduzido entre duas coisas ou partes juntas: *os interstícios das madeiras de um tapume*. **2**. Intervalo ou espaço que separa partes do corpo, tecidos ou células. → **intersticial** *adj* (rel. a interstício).

in.ter.tri.gem *sf* ou **in.ter.tri.go** *sm* Erupção cutânea produzida pela fricção de partes adjacentes; assadura (3). → **intertriginoso** (ô; pl.: ó) *adj* (**1**. que tem intertrigem; **2**. rel. a intertrigem).

in.ter.tro.pi.cal *adj* Entre os dois trópicos (de Câncer e de Capricórnio).

in.te.ru.ni.ver.si.tá.rio *adj* Que se realiza ou acontece entre universidades: *competições interuniversitárias*.

in.te.rur.ba.no *adj* **1**. Que se dá entre cidades: *cooperação interurbana*. **2**. Que liga áreas urbanas, intermunicipal: *ônibus interurbano; chamada interurbana* // *sm* **3**. Chamada telefônica entre cidades.

in.ter.va.lo *sm* **1**. Espaço de tempo entre dois acontecimentos, atos ou épocas: *esses fatos aconteceram a dois meses de intervalo*. **2**. Espaço mais ou menos extenso entre dois corpos; distância entre dois pontos: *entre uma laranjeira e outra deve haver um intervalo de dois metros*. → **intervalar** *v* (**1**. dispor por intervalos: *intervalar laranjeiras num pomar*; **2**. alternar: *intervalar gentilezas com grosserias*; **3**. entremear: *intervalar um discurso de tosses e tiques*).

in.ter.vir *v* **1**. Intrometer-se: *ele sempre intervém na conversa dos pais*. **2**. Interpor a sua autoridade ou o seu poder de controle: *o governo não deve intervir no mercado*. · Conjuga-se pelo v. *vir*. → **intervenção** *sf* (**1**. ato ou efeito de intervir; interferência; **2**. operação cirúrgica; **3**. ação direta do governo federal em um Estado-membro, em período anormal, à qual se chama normalmente *intervenção federal*); **intervencionismo** *sm* (doutrina, política ou prática econômica que se caracteriza pela intervenção de um Estado nos assuntos ou negócios de outro, interferindo na sua soberania); **intervencionista** *adj* (rel. a intervencionismo) e *adj* e *s2gên* (que ou pessoa que é adepta do intervencionismo); **interveniente** *adj* e *s2gên* (que ou o que intervém num processo, duscurso, ordem, ação, etc.); **interventivo** *adj* (rel. a intervenção); **interventor** (ô) *sm* (aquele que assume o governo de um Estado da Federação como representante do governo federal).

in.ter.vi.zi.nho *adj* Que se dá ou se passa entre vizinhos: *discussões intervizinhas*.

in.ter.vo.cá.li.co *adj* Situado entre vogais: *consoante intervocálica*.

in.tes.ti.no *adj* **1**. Interno, doméstico: *lutas intestinas*. // *sm* **2**. Víscera que se estende do estômago ao reto, dividida em duas partes: *o intestino delgado e o intestino grosso*.

in.ti.fa.da *sf* Insurreição popular palestina, desencadeada em 1987 nos territórios ocupados por Israel, princ. na faixa de Gaza e na Cisjordânia (regiões teoricamente pertencentes aos palestinos), contra os abusos promovidos pelos israelenses. (A 6.ª ed. do VOLP não registra a palavra.)

in.ti.mar *v* **1**. Fazer intimação ou notificação judicial a; notificar com autoridade: *o juiz já o intimou*. **2**. Desafiar, provocar: *intimou o vizinho para uma briga*. **3**. Ofender, insultar, afrontar: *o coronel não perdoava a quem o intimava*. **4**. Ordenar com autoridade: *o delegado o intimou a entregar a arma*. **5**. *Fig*. Falar com arrogância ou autoritarismo: *você tem de fazer o que eu mando, intimou o marido*. → **intimação** *sf* (**1**. ato ou efeito de intimar ou ser intimado; **2**. documento oficial que exige a presença de alguém perante uma autoridade: *assinar uma intimação*).

in.ti.mi.dar(-se) *v* **1**. Tornar(-se) tímido ou acanhado: *a presença de estranhos o intimida; ante a presença de estranhos, ele se intimida*. **2**. Apavorar(-se): *intimidou a garota para conseguir dela o que desejava; ante o leão, com razão, intimidou-se*. → **intimidação** *sf* [ato ou efeito de intimidar(-se)].

ín.ti.mo *adj* **1**. Que tem estreitas relações de amizade: *amigo íntimo*. **2**. Caracterizado por amizade cordial: *vizinhança íntima*. **3**. Estritamente pessoal; privado: *ter convicção íntima da existência de alienígenas entre nós*. **4**. Que sugere privacidade ou intimidade: *festa íntima*. // *sm* **5**. A parte mais profunda de um ser: *o íntimo de uma pessoa*. **6**. Amigo íntimo: *os íntimos não nos decepcionam*. → **intimidade** *sf* (**1**. caráter de íntimo: *perdi a intimidade com o mar*; **2**. vida íntima, vida familiar, privacidade: *não gosto que me invadam a privacidade*; **3**. parte mais profunda de um ser qualquer: *a intimidade de um tronco*; **4**. relações estreitas; amizade íntima: *ter intimidade com membros do governo*); **intimismo** *sm* (atitude daquele que se expressa ou se inspira em sentimentos íntimos: *sou um amante da simplicidade e do intimismo*); **intimista** *adj* (rel. a intimismo).

in.ti.mo.ra.to *adj* Que não sente nenhum temor; que nada teme: *os bombeiros são soldados intimoratos.* · Antôn.: *medroso, frouxo.* (Não confunda com *intemerato.*)

in.ti.tu.lar *v* **1**. Dar título a: *intitular um livro.* **intitular-se 2**. Denominar-se; ter por título: *a música se intitula "Eu não sou cachorro, não".* → **intitulação** *sf* ou **intitulamento** *sm* [ato ou efeito de intitular(-se)].

in.to.cá.vel *adj* **1**. Que não pode ter contato: *fios desencapados, melhor que sejam intocáveis.* **2**. Em que não se pode tocar: *seu carro era intocável.* **3**. Impossível de ser apalpado; intangível, impalpável: *o vento é intocável.* **4**. Impossível de alterar; inalterável, intangível, imexível: *o plano econômico de Collor era intocável.* // *s2gên* **5**. Pessoa que não pode ser objeto de nenhuma crítica ou sanção; monstro sagrado. → **intocabilidade** *sf* (qualidade ou característica de intocável).

in.to.le.ran.te *adj* e *s2gên* **1**. Que ou pessoa que demonstra atitude hostil ou agressiva com os que não compartilham de suas opiniões, crenças ou comportamento; intransigente, tacanho(a). // *adj* **2**. Caracterizado pela intolerância: *seita intolerante.* **3**. Que tem extrema sensibilidade ou alergia a certas drogas, alimentos, etc.: *paciente intolerante a sulfa.* → **intolerância** *sf* (qualidade de intolerante); **intolerável** *adj* (**1**. insuportável, insustentável: *dor intolerável*; **2**. impossível de aceitar: *ofensa intolerável*; **3**. altamente desagradável, chato, cacete: *vizinho intolerável*).

in.to.xi.car (x = ks) *v* **1**. Dar tóxico a: *intoxicar menores.* **2**. Misturar tóxico em: *intoxicar bebidas.* **3**. Impregnar de substâncias tóxicas: *intoxicar as lavouras de tomate e pimentão.* **4**. Causar ou produzir intoxicação: *qualquer alimento estragado intoxica.* → **intoxicação** (x = ks) *sf* (conjunto de problemas devidos à introdução de uma substância tóxica no organismo).

in.tra.cra.ni.a.no *adj* Situado no interior da caixa craniana: *traumatismo intracraniano.*

in.tra.mu.ros *adj 2gên2núm* **1**. Existente dentro dos limites de uma instituição (geralmente escolar): *atividades esportivas intramuros.* // *adv* **2**. Dentro dos limites de uma cidade: *legislar intramuros.* · Antôn.: *extramuros.*

in.tra.mus.cu.lar *adj* **1**. Situado no interior de um músculo. // *adj* e *sf* **2**. Que ou injeção que se faz num músculo.

in.tra.na.sal *adj* Situado dentro do nariz: *acne intranasal.*

in.tran.qui.lo (o **u** soa) *adj* Que não está tranquilo; sem tranquilidade; inquieto. → **intranquilidade** (o **u** soa) *sf* (falta de tranquilidade); **intranquilizar(-se)** (o **u** soa) *v* [tornar(-se) intranquilo].

in.tran.si.gen.te *adj* e *s2gên* **1**. Que ou pessoa que não transige, que se recusa a mudar de opinião ou a concordar sobre algo: *pai intransigente com os filhos.* **2**. Que ou pessoa que é austera, severa, rigorosa em seus princípios e valores: *pais intransigentes na educação dos filhos.* // *adj* **3**. Caracterizado pela intransigência: *atitude intransigente.* → **intransigência** *sf* (qualidade de quem é intransigente).

in.tran.si.ti.vo *adj* Diz-se do verbo que exprime um processo que não vai além do sujeito, não exigindo, assim, complemento que lhe complete o sentido (em oposição ao *transitivo*). → **intransitividade** *sf* (propriedade ou caráter de um verbo intransitivo).

in.tra.o.cu.lar *adj* Situado ou que ocorre no interior do olho: *lente intraocular que corrige a visão com miopia.*

in.tras.so.ci.al *adj* Que ocorre no interior de uma sociedade: *conflitos intrassociais.*

in.tra.tá.vel *adj* **1**. Impossível de tratar: *esse é um assunto intratável numa reunião séria.* **2**. Avesso à convivência ou ao trato social; insociável: *vizinhos intratáveis.* · Pl.: *intratáveis.* → **intratabilidade** *sf* (qualidade de intratável).

in.tra.u.te.ri.no *adj* **1**. Relativo ao interior do útero: *visualização intrauterina.* **2**. Situado, localizado ou que ocorre no interior do útero: *dispositivo intrauterino.*

in.tra.ve.no.so (ô; pl.: ó) *adj* **1**. Relativo ao interior de uma veia. // *adj* e *sf* **2**. Que ou injeção que se faz na veia.

in.tré.pi.do *adj* e *sm* Que ou aquele que se mostra absolutamente destemido ante qualquer perigo ou dificuldade; bravo: *os intrépidos bandeirantes.* · Antôn.: *medroso, tímido, frouxo, covarde.* → **intrepidez** ou **intrepideza** (ê) *sf* (qualidade de quem é intrépido) e antôn. *timidez, covardia.*

in.tri.ga *sf* **1**. Conversa secreta e maldosa, cuja finalidade é indispor pessoas umas contra as outras; fofoca; mexerico. **2**. Encadeamento de fatos e ações que formam a trama de uma obra de ficção; trama, enredo. → **intrigado** *adj* (**1**. caracterizado pela intriga; **2**. preocupado, encafifado: *estou intrigado com esse comportamento dela*); **intrigante** *adj* e *s2gên* (que ou pessoa que intriga); **intrigar** *v* (**1**. excitar a curiosidade de: *essas coincidências intrigam a gente*; **2**. envolver em intrigas ou fofocas: *ela é mestra em intrigar os colegas*); **intrigar-se** (**3**. indispor-se mediante intrigas: intrigou-se com todos na escola; **4**. ficar preocupado; preocupar-se: *intriguei-me com aquela reação dela*).

in.trin.ca.do ou **in.tri.ca.do** *adj* **1**. Emaranhado, embaraçado: *cabelos intrincados; fiação intricada.* **2**. *Fig.* Difícil de entender ou de resolver; confuso, complexo, complicado: *processo intrincado; linguajar intricado.* · Antôn. (2): *claro, simples.* **intrincar(-se)** ou **intricar(-se)** *v* [**1**. emaranhar(-se); **2**. confundir(-se); **3**. complicar(-se)].

in.trín.se.co *adj* Que é inerente à natureza de uma pessoa ou coisa: *o valor intrínseco de uma moeda.*

in.tro.du.zir *v* **1**. Fazer entrar, levar ou trazer para dentro: *introduzir um estranho numa festa.* **2**. Fazer entrar ou penetrar, meter, inserir: *introduzir a chave na fechadura.* **3**. Pôr em uso: *introduzir modismos.* **4**. Fazer entrar ilegalmente ou clandestinamente num país: *introduzir muamba.* **5**. Iniciar, começar, encabeçar: *o pronome oblíquo pode introduzir um período.* **6**. Ser o iniciador ou o fundador: *foi Tom Jobim quem introduziu a bossa nova nos Estados Unidos.* **introduzir-se 7**. Entrar ou penetrar num lugar: *vários ladrões se introduziram na casa.* **8**. Intrometer-se: *chegou e já foi se introduzindo na conversa.* · V. **intrusão.** → **introdução** *sf* [**1**. ato ou efeito de introduzir(-se); **2**. capítulo que antecede o assunto principal de uma obra, fazendo parte dela e no qual geralmente se faz um histórico do assunto ou se prepara o espírito do leitor para o que há de vir]; **introdutivo** ou **introdutório** *adj* (que serve para introduzir um assunto, questão, etc.: *fala introdutória*); **introdutor** (ô) *adj* e *sm* (que ou aquele que introduz: *o introdutor de uma moda*).

in.troi.to (ói) *sm* **1**. Palavreado inicial e muito ligeiro com que se entra num assunto. **2**. Início, princípio, começo: *seu depoimento teve introito, meio e fim.* **3**. Oração que dá início à missa católica.

in.tro.me.ter-se *v* **1**. Envolver-se, enxerir-se, introduzir-se, imiscuir-se: *não se intrometa em assunto alheio!* **2**. Mexer, bulir: *não se intrometa com quem está trabalhando!* **intrometer 3**. Inserir: *intrometer papéis com anotações no meio de um livro.* → **intrometido** *adj* e *sm* (que ou aquele que, por ser grosseiro, abelhudo e revelar total falta de educação, se mete no que não lhe diz respeito); **intrometimento** *sm* ou **intromissão** *sf* [ato ou efeito de intrometer(-se)].

in.tros.pec.ção ou **in.tros.pe.ção** *sf* Exame de seu próprio estado mental ou emocional; autoanálise (1). → **introspectivo** ou **introspetivo** *adj* (**1**. rel. a introspecção; **2**. em que há introspecção).

in.tro.ver.são *sf* Ato ou efeito de introverter-se; dificuldade de relacionamento com outras pessoas. · Antôn.: *extroversão.* → **introverter-se** *v* (concentrar-se em si próprio), de antôn. *extroverter-se*; **introvertido** *adj* e *sm* (que ou aquele que tem dificuldade de relacionar-se com os outros), de antôn. *extrovertido.*

in.tru.jão *adj* e *sm* **1**. Que ou aquele que procura a companhia de outras pessoas só para desfrutá-las e explorá-las; trapaceiro, intruja. // *sm* **2**. Receptador de objetos furtados ou roubados. · Fem.: *intrujona.* → **intruja** *adj* e *s2gên* (que ou pessoa que é intrujona); **intrujar** *v* (lograr, tapear, tungar: *os vigaristas intrujam os tolos*); **intrujice** *sf* (logro, tapeação, enganação).

in.tru.são *sf* Ato ou efeito de se introduzir, sem direito nem permissão, ou, por violência, num grupo, sociedade, conversa, etc. → **intruso** *adj* e *sm* (**1**. que ou aquele que se apresenta em algum lugar ou evento sem ser convidado ou desejado; penetra; **2**. que ou aquele que se apossou ilegalmente de cargo ou bens alheios; usurpador).

in.tu.ba.ção ou **en.tu.ba.ção**, **in.tu.ba.gem** ou **en.tu.ba.gem** *sf* **1**. Ação ou efeito de intubar ou entubar. **2**. Inserção de um tubo em um canal natural, geralmente na traqueia, através da laringe, com o objetivo de assegurar a passagem do ar para as vias respiratórias, ou no estômago, através do esôfago, para assegurar a nutrição. → **intubar** ou **entubar** *v* (introduzir um tubo em). (A 5.ª ed. do VOLP só trazia formas com *e* inicial; a 6.ª traz também as com *i* inicial.)

in.tu.i.ção *sf* **1**. Percepção súbita que se tem de algo, sem o uso do raciocínio. **2**. *Fig.* Pressentimento, impressão: *estou com a intuição de que vai chover.* → **intuir** *v* (**1**. concluir por intuição:

intuir a reação de alguém; as mulheres intuem melhor que os homens; **2**. *fig.* pressentir: *intuir um acidente*), que se conjuga por *atribuir*; **intuitivo** *adj* (**1**. rel. a intuição, que resulta de intuição ou que envolve intuição; **2**. que tem intuição: *pessoa intuitiva*).

in.tui.to (túi) *sm* Objetivo, propósito, fim, intenção: *viajar com o intuito de descansar*.

in.tu.mes.cer(-se) ou **tu.mes.cer(-se)** *v* Tornar(-se) túmido ou inchado, inchar(-se): *intumescer o peito; seus olhos (se) tumesceram depois da batida*. → **intumescência** ou **tumescência** *sf*, **intumescimento** ou **tumescimento** *sm* (tumor, inchaço); **intumescente** ou **tumescente**, **intumescido** ou **tumescido** *adj* (inchado).

i.nú.bil *adj* Que não é núbil; que não está em idade de poder casar: *garota inúbil e já é mãe!* → **inubilidade** *sf* (qualidade ou estado de quem é inúbil).

i.nu.ma.no *adj* Desumano, cruel: *ser inumano com os vencidos*. → **inumanidade** *sf* (desumanidade, crueldade).

i.nu.mar *v* Enterrar (cadáver); sepultar: *nos jazigos só é permitido inumar cadáveres encerrados em caixões de chumbo*. · Antôn.: *exumar*. → **inumação** *sf* (sepultamento, enterramento), de antôn. *exumação*; **inumatório** *adj* (próprio para inumar ou em que se inuma), de antôn. *exumatório*.

i.nu.me.rá.vel ou **i.nú.me.ro** *adj* **1**. Que é extremamente numeroso para poder ser contado; incontável: *são inúmeras as estrelas do firmamento*. **2**. *P.ext.* Abundante, considerável, relevante, apreciável, significativo: *conta com inumerável número de seguidores*.

i.nun.dar(-se) *v* **1**. Cobrir(-se) de água, alagar(-se): *o rio Itajaí voltou a inundar Blumenau; a rua se inundou em segundos*. **2**. *Fig.* Alastrar(-se), espalhar(-se): *o fedor inundou a cidade*. **inundar 3**. Transbordar: *o rio Itajaí inundou várias vezes neste ano*. **4**. *Fig.* Encher: *inundou a camisa de suor*. **5**. *Fig.* Invadir tumultuosamente: *os cubanos inundaram a Flórida*. → **inundação** *sf* (enchente enorme que cobre casas e alaga extensas porções de terra).

i.nur.ba.no *adj* Não urbano; descortês, grosseiro, indelicado: *comportamento inurbano*. → **inurbanidade** *sf* (falta de urbanidade ou de cortesia; descortesia, indelicadeza).

i.nu.si.ta.do *adj* **1**. Que quase não se usa; desusado: *gíria inusitada no Rio de Janeiro*. **2**. Que causa surpresa ou estranheza, por ser incomum, inusual, inabitual: *ele fez um gol inusitado*. → **inusual** *adj* (inusitado).

i.nú.til *adj* e *s2gên* **1**. Que ou pessoa que não é útil ou não tem préstimo, utilidade ou proveito: *livro inútil; ele é um inútil social*. // *adj* **2**. Ineficaz, inoperante: *é inútil prescrever-lhe medicamentos, se você não os compra*. → **inutilidade** *sf* (falta de utilidade); **inutilizar(-se)** *v* [tornar(-se) inútil, imprestável].

in.va.dir *v* **1**. Entrar hostilmente em território; conquistar: *os bárbaros invadiram a Península Ibérica; os americanos invadiram o Iraque*. **2**. Espalhar-se ou alastrar-se por: *as águas dos rios invadiram os campos*. **3**. Ocupar com o fim de destruir: *uma nuvem de gafanhotos invadiu a lavoura de milho*. **4**. *Fig.* Afluir em grande número: *turistas invadiram Porto Seguro (BA)*. **5**. *Fig.* Penetrar, agredindo moralmente ou violando um direito: *invadir a privacidade das pessoas*. · V. **invasão**.

in.vá.li.do *adj* e *sm* **1**. Que ou aquele que perdeu o vigor e já não é, por alguma razão, válido para o trabalho. // *adj* **2**. Que não vale ou não tem valor; nulo: *passaporte inválido*. → **invalidação** *sf* [ato ou efeito de invalidar(-se)]; **invalidar(-se)** *v* [**1**. tornar(-se) inválido ou nulo, anular(-se); inutilizar(-se): *invalidar a garantia de um produto*; **2**. inabilitar(-se); *o zagueiro, nesse lance do treino, invalidou-se para o jogo decisivo*]; **invalidade** *sf* (falta de validade; nulidade); **invalidez** (ê; pl.: *-ezes*) *sf* (estado de uma pessoa inválida).

in.va.riá.vel *adj* **1**. Que não varia ou muda; imutável, constante: *viver numa rotina invariável*. **2**. Que se flexiona; inflexionável: *conjunção é palavra invariável*. → **invariabilidade** *sf* (qualidade do que é invariável).

in.va.são *sf* **1**. Ato ou efeito de invadir; ocupação à força (de um espaço qualquer): *a invasão do Iraque pelos americanos foi no início do século*. **2**. Infração ou violação do direito de outrem: *é inadmissível a invasão de privacidade*. **3**. Ataque de uma doença ou de algo pernicioso: *a invasão de um câncer*. → **invasivo** *adj* (**1**. rel. a invasão; **2**. que tende a se espalhar de forma rápida ou agressiva; agressivo: *tumor invasivo*; **3**. diz-se de procedimento médico que ocorre com incisão relativamente grande ou introdução de instrumentos no corpo: *as cirurgias invasivas demandam maior tempo de recuperação;* diz-se de um organismo não nativo que cresce e se dispersa facilmente, geralmente em detrimento das espécies e ecossistemas nativos: *ervas daninhas são sempre invasivas*).

in.vec.ti.va ou **in.ve.ti.va** *sf* Ataque verbal insultuoso ou altamente crítico; injúria: *lançou pragas e invectivas contra o motorista que lhe deu uma fechada*. **1**. Censura violenta. **2**. Insulto. → **invectivar** ou **invetivar** *v* (atacar com invectivas).

in.ve.ja *sf* **1**. Sentimento inferior de quem gostaria de possuir o que outra pessoa possui: *a inveja é uma confissão intrínseca de inferioridade*. **2**. *Fig.* Misto de impotência e desgosto, provocado pela prosperidade, felicidade, bem-estar ou alegria de outrem: *tenho inveja dos que vivem em paz*. (Não se confunde com *ciúme*: a *inveja* consiste em desejar o que é dos outros; o *ciúme* consiste em desejar patologicamente manter o que já é seu, por absoluta insegurança e medo de perdê-lo.) → **invejar** *v* [**1**. ter inveja de: *invejar um rival*; **2**. desejar ardentemente (o que a outrem pertence ou lhe é inerente, mas sem despeito nem baixeza): *invejo a sorte desse rapaz*; **3**. ter ou sentir inveja: *quem inveja é infeliz, porque se reconhece inferior*]; **invejável** *adj* (**1**. digno de inveja: *mulher de invejável beleza*; **2**. *fig.* considerável, apreciável, significativo: *ele teve votação invejável no interior*); **invejoso** (ô; pl.: ó) *adj* e *sm* (que ou aquele que tem ou revela inveja) e *adj* (caracterizado por inveja: *acusação invejosa*).

in.ven.ção *sf* **1**. Ato ou efeito de inventar. **2**. Produto da faculdade criadora do homem: *o rádio é invenção de Marconi*. **3**. *Fig.* Fabricação mental; mentira, invencionice: *os jornalistas esportivos brasileiros são mestres em invenções*. → **invencionice** *sf* [invenção (3)].

in.ven.cí.vel *adj* Impossível de vencer; imbatível. → **invencibilidade** *sf* (qualidade de invencível).

in.ven.dá.vel *adj* Que não se pode vender; impossível de ser negociado: *se o inventário ainda está em curso, todos os imóveis da família continuam invendáveis*. (Como se vê, não se confunde com *invendível*.)

in.ven.dí.vel *adj* Que não se consegue vender; impossível de conseguir comprador: *comprei um Gordini naquela época e só depois, na hora da venda, é que percebi que o carro era invendível, ninguém queria*. (Como se vê, não se confunde com *invendável*.)

in.ven.tar *v* **1**. Conceber e produzir (algo útil que não existia); ser a primeira pessoa a criar: *Graham Bell inventou o telefone*. **2**. Criar com imaginação fértil demais; fabricar (algo fictício ou falso): *inventar uma desculpa para se safar de uma punição; inventou lá outra estória maluca*. **3**. Espalhar falsamente; propagar (coisa falsa ou ruim): *andam inventando coisas sobre você*. **4**. *Pop.* Resolver de repente ou para surpresa geral; ter a singular e péssima ideia; cismar: *ela agora inventou de ser ator!; ela inventou de torcer pelo Fluminense junto à torcida do Flamengo!* **6**. Criar falsidades: *você só inventa, nunca diz uma verdade*. · V. **invenção**. → **inventiva** *sf* (toda faculdade criadora do homem ou de uma raça, em toda esfera de esforço ou atividade); **inventividade** *sf* (**1**. qualidade de inventivo; **2**. imaginação criativa; criatividade, engenhosidade); **inventivo** *adj* (**1**. rel. ou pert. a invenção: *uma das maneiras mais inventivas de usar as sobras de arroz é fazer risoto para o dia seguinte*; **2**. que tem muita capacidade de inventar ou de pensar originalmente; criativo, engenhoso: *gênio inventivo; ela é uma das pintoras mais inventivas que existem*; **3**. caracterizado por essa capacidade: *poder inventivo; os métodos de comunicação durante a guerra eram diversos e inventivos*); **invento** *sm* (aquilo que se inventou nas artes e nas ciências); **inventor** (ô) *adj* e *sm* (que ou aquele que, usando seu talento criativo, inventa alguma coisa, geralmente de grande utilidade para o homem).

in.ven.tá.rio *sm* **1**. Relação descritiva e detalhada dos bens deixados por alguém que morreu. **2**. Documento em que se acham escritos e descritos tais bens. **3**. *P.ext.* Lista detalhada de mercadorias, utensílios, bens, etc. de um estoque. **4**. Conjunto de todos os itens listados. → **inventariar** *v* (**1**. fazer o inventário de; arrolar: *inventariar uma herança*; **2**. descrever minuciosamente: *inventariar um acidente*; **3**. registrar, relacionar, arrolar: *inventariar um enxoval*).

in.ver.da.de *sf* Mentira, falsidade. (Esta palavra é, na verdade, um eufemismo; foi criada para amenizar a carga semântica desagradável contida em *mentira*.)

in.ve.rí.di.co *adj* Que não é verídico ou verdadeiro; inexato, falso.

in.ver.no *sm* **1**. A estação mais fria do ano, que se segue ao outono e precede a primavera, compreendendo, no hemisfério sul, entre 21 de junho e 21 de setembro, e, no hemisfério norte, de 21 de dezembro a 20 de março: *eles passam os invernos no Nordeste.* **2** Tempo chuvoso e frio: *estamos vivendo um inverno em pleno verão!* **3**. No Norte e Nordeste do Brasil, estação das chuvas: *o nordestino reza para a chegada do inverno.* **4**. *Fig.* Anos: *isso aconteceu muitos invernos atrás.* **5**. *Fig.* Última quadra da vida; velhice: *estar já no inverno da vida.* **6**. *Fig.* Anos de vida (para pessoas idosas): *quantos invernos tens, vovó?* → **invernada** *sf* (**1**. inverno rigoroso; invernia; **2**. duração desse tempo; **3**. período de chuvas prolongadas durante a estação que, no Norte e no Nordeste do Brasil, chamam de *inverno*; **4**. pastagem onde o gado descansa e engorda); **invernal** *adj* (rel. ou pert. a inverno; hibernal); **invernar** *v* [**1**. recolher (o gado) a uma invernada; **2**. passar o inverno: *invernaremos na Austria*; **3**. fazer inverno: *este ano invernará com baixíssimas temperaturas*]; **invernia** *sf* [invernada (1)].

in.ve.ros.sí.mil *adj* e *sm* Que ou aquilo que não é verossímil ou que não parece verdadeiro; incrível: *a chegada do homem à Lua ainda parece um fato inverossímil a muita gente.* · Superl. abs. sintético: *inverossimílimo*. → **inverossimilhança** *sf* (qualidade de inverossímil; falta de verossimilhança).

in.ver.são *sf* **1**. Ato ou efeito de inverter(-se). **2**. Disposição em sentido inverso de dois ou mais elementos; alteração, mudança, troca: *é comum hoje haver a inversão de valores: o mundo está muito mudado!* **3**. Mudança em sentido contrário; reversão: *o árbitro ordenou que se fizesse a inversão do campo de jogo entre as equipes.* **4**. Estado do que está trocado ou em sentido oposto: *houve inversão da mão de direção nesta rua.* → **inverso** *adj* (que está voltado de cima para baixo ou de trás para diante; invertido; posto às avessas: *ordem inversa dos termos da oração*) e *adj* e *sm* (contrário, oposto: *seguirei um caminho inverso ao seu; isso é o inverso do que o povo deseja*); **inverter** *v* (**1**. colocar em ordem inversa; pôr às avessas: *inverter a posição dos talheres na mesa*; **2**. alterar a posição, ordem ou condição de: *inverter os algarismos de um número*) **inverter-se** (**3**. tornar-se o oposto do que era: *agora, a situação se inverteu*).

in.ver.te.bra.do *adj* e *sm* Que ou animal que não tem vértebras (p. ex.: insetos, moluscos, etc.).

in.vés *sm* Lado contrário ao dianteiro; avesso: *o invés da cara é a coroa.* ·· **Ao invés**. Ao contrário: *Ela está acostumada a fazer tudo ao invés.* ·· **Ao invés de**. Ao contrário de: *Ela chora, ao invés de rir.* (Usa-se, de preferência, quando a ideia é de oposição, como visto no exemplo, mas pode ser substituída por *em vez de*; o contrário é que não convém. Cuidado para não usar "ao envez de"!)

in.ves.ti.gar *v* **1**. Realizar uma apuração sistemática e formal, a fim de descobrir (algo) e estabelecer a verdade; pesquisar sistematicamente; fazer diligências para descobrir: *investigar um crime.* **2**. Realizar pesquisas ou estudos sobre (algo no campo científico, artístico ou acadêmico), a fim de descobrir fatos ou informações: *o mundo científico investiga se o uso contínuo de aparelhos celulares é maléfico à saúde.* → **investigação** *sf* (ato ou efeito de investigar); **investigador** (ô) *adj* e *sm* (que ou aquele que investiga) e *sm* (agente da polícia); **investigante** *adj* e *s2gên* (que ou pessoa que investiga qualquer coisa, profissionalmente ou não); **investigativo** *adj* (**1**. rel. a investigação: *métodos investigativos*; **2**. especializado na cobertura de fatos obscuros: *jornalismo investigativo*).

in.ves.tir *v* **1**. Empossar formalmente: *investiram-me no cargo de delegado.* **2**. Comprometer (dinheiro) visando obter lucro ou aplicar (recursos financeiros), para vantagens futuras: *investiu todas as economias em ações; o governo investe milhões em educação.* **3**. Fazer uso de (algo) em seu benefício: *invista o tempo em leitura!* **4**. Lançar-se hostilmente; atirar-se com ímpeto; atacar: *a onça investiu contra nós.* **5**. Nomear, empossar: *investiram-no na presidência da empresa; investiram-no rei.* **6**. Empregar (recursos, tempo, etc.): *o governo precisa investir na criação de empregos.* **7**. Conferir responsabilidade legal: *a Constituição investe o presidente de certos poderes.* **8**. Cobrir, dotar: *a primavera investe as árvores de flores.* **9**. Envolver, dominar, invadir: *forte neblina investe a rodovia.* **investir-se 10**. Entrar na posse de alguma coisa: *o país investiu-se no domínio desse território.* **11**. Tomar para si: *ele se investe de direitos que não tem.* → **investida** *sf* (ação de investir ou atacar); **investidor** (ô) *adj* e *sm* (que ou aquele que investe); **investidura** (**1**. ação de investir, de dar posse; **2**. posse: *a investidura no cargo de presidente*; **3**. cerimônia que acompanha o ato de posse); **investimento** *sm* (**1**. ato ou efeito de investir; **2**. toda aplicação de dinheiro com expectativa de lucro ou de vantagens futuras; **3**. quantia ou capital investido).

in.ve.te.ra.do *adj* **1**. Que está profundamente arraigado ou entranhado; crônico: *manias inveteradas.* **2**. De longo tempo; velho, antigo: *ele é um mentiroso inveterado.*

in.vi.á.vel *adj* **1**. Que não é viável ou possível; impossível: *empréstimo inviável.* **2**. Que não tem jeito ou arrumação; que não tem futuro: *o Brasil é um país inviável?* → **inviabilidade** *sf* (qualidade do que é inviável); **inviabilização** *sf* [ato ou efeito de inviabilizar(-se)]; **inviabilizar** *v* (impedir a ocorrência de; impossibilitar; tornar inviável: *o orçamento deste ano inviabilizará o funcionamento normal das universidades federais*); **inviabilizar-se** (tornar-se inviável: *dessa forma, a democracia se inviabiliza no país*).

in.vic.to *adj* Que ainda não foi vencido; que nunca perdeu ou não conhece derrota: *meu time está invicto no campeonato.*

in.vi.o.lá.vel *adj* **1**. Que não se pode ou não se deve violar: *direito inviolável.* **2**. Que goza de inteira imunidade: *a pessoa do presidente é inviolável no exercício do mandato, a menos que haja impeachment.* **inviolabilidade** *sf* (qualidade de inviolável); **inviolado** *adj* (que não foi violado ou ultrajado; que se conserva em toda a sua integridade e pureza; intacto: *santuário inviolado*).

in.vi.sí.vel *adj* **1**. Que não pode ser percebido pelo sentido da visão: *avião invisível.* **2**. Que, por sua natureza, seu tamanho, sua distância, escapa à vista: *uma estrela invisível a olho nu.* → **invisibilidade** *sf* (qualidade do que é invisível); **invisibilizar(-se)** *v* [tornar(-se) invisível].

in vitro [lat.] *loc adj* Realizado fora do corpo, no tubo de ensaio, com as mesmas condições naturais. (Pronuncia-se *in vítru*.)

in.vo.car *v* **1**. Chamar por (poder superior) para assistir, proteger ou inspirar: *invocar um santo.* **2**. Alegar a seu favor; citar: *o menor infrator costuma invocar a sua idade para escapar às punições.* **3**. Chamar para ajuda ou proteção: *invocou a ajuda de um motorista que passava.* **4**. *Pop.* Implicar: *impressionante! ela invocou comigo!* **invocação** *sf* (**1**. ato ou efeito de invocar; **2**. ato de invocar a Deus, a um santo, etc., para abençoar, socorrer, inspirar ou proteger: *sua invocação a Deus foi atendida*; **3**. alegação: *a invocação da ignorância da lei não é aceita em nenhum tribunal*; **4**. implicância: *por que tanta invocação com as crianças, vovô?*).

in.vo.lu.ção *sf* **1**. Ato ou estado de involuir; movimento regressivo: *a involução do estado de uma doença.* **2**. Complicação, complexidade: *a involução metafísica.* · Antôn.: *evolução.* → **involucional** ou **involutivo** *adj* (rel. a involução ou que sofre involução); **involuir** *v* (entrar em involução ou movimento regressivo), que se conjuga por *atribuir* e tem como antôn. *evoluir.*

in.vó.lu.cro *sm* Tudo o que serve para envolver (envelope, capa, revestimento, etc.); envoltório.

in.vo.lun.tá.rio *adj* **1**. Que escapa ao controle da vontade; não intencional: *erro involuntário.* **2**. Que não é conscientemente controlado; automático: *a digestão é um processo involuntário.* **3**. Que se acha numa situação sem querer ou desejar: *ser testemunha involuntária de um crime.* → **involuntariedade** *sf* (qualidade de involuntário).

in.vul.gar *adj* **1**. Que não é vulgar ou conhecido do vulgo: *os invulgares bastidores do poder.* **2**. Raro, incomum, único: *fato invulgar no Brasil será um terremoto de grandes proporções.*

in.vul.ne.rá.vel *adj* **1**. Impossível de ser ferido ou prejudicado: *o adolescente é dado a pensar que é invulnerável a tudo, princ. a doenças venéreas.* **2**. Imune a qualquer tipo de ataque; inexpugnável: *esse sistema tornará o país invulnerável a ataques nucleares.* → **invulnerabilidade** *sf* (qualidade ou condição de invulnerável).

in.zo.nei.ro *adj* Fofoqueiro, mexeriqueiro, fuxiqueiro. → **inzonar** *v* (fuxicar, fofocar); **inzonice** *sf* (fofoquice).

i.o.do (ô) *sm* Elemento químico não metálico (símb.: **I**), cujos compostos são usados em medicina e em fotografia. → **iodado** *adj* (que contém iodo: *sal iodado*); **iodar** *v* (cobrir ou adicionar de iodo: *iodar o sal*).

i.o.ga *sf* **1**. Doutrina filosófica e religiosa hindu baseada nas práticas ascéticas, no êxtase e na contemplação, para atingir a perfeição espiritual. **2**. Conjunto das técnicas baseadas no domínio do movimento, do ritmo e da respiração, que conduzem ao relaxamento e à concentração espiritual. → **iogue** ou **iogui** *s2gên* [**1**. asceta hindu adepto(a) dessa filosofia; **2**. *p.ext.* pessoa que pratica os exercícios físicos e mentais da ioga ou que é adepta dessa filosofia] e *adj* (da ioga; ióguico: *exercícios iogues*); **ióguico** *adj* (**1**. da ioga; iogue: *filosofiaióguica*; **2**. próprio de ioga ou de iogue).

i.o.gur.te *sm* **1.** Leite fermentado, preparado com o auxílio de fermentos lácteos: *tomei dois iogurtes*. **2.** Recipiente que contém esse leite: *comprei dois iogurtes*. (Cuidado para não usar "iorgute"!)

io.iô *sm* **1.** Brinquedo que consiste em um carretel que gira movimentado por um cordel. **2.** Tratamento que os escravos davam aos senhores. · Var. (2): **nhô** e **nhonhô**. · Fem. (2): *iaiá*.

i.o.le *sf* Canoa estreita, leve e ligeira, movida a remo e usada nos esportes náuticos. (A 6.ª ed. do VOLP registra erroneamente esta palavra como sm.)

í.on *sm* **1.** Átomo ou pequeno grupo de átomos eletricamente carregado, formado pela perda ou ganho de um ou mais elétrons: *a perda de elétrons resulta em um íon carregado positivamente (cátion), enquanto o ganho de elétrons resulta em um íon carregado negativamente (ânion)*. **2.** Cada uma das partículas eletricamente carregadas formadas em um gás, por descarga elétrica ou semelhante. → **iônico** *adj* (rel. a íon); **ionização** *sf* (**1.** processo de formação de íons em uma substância: *quando os gases sofrem uma ionização total, chamam-se* **plasma**; **2.** processo de conservação de alimentos que consiste em submetê-los a radiações, cujos efeitos destroem os microrganismos patogênicos); **ionizante** *adj* (que ioniza ou produz íons); **ionizar** *v* [separar (uma molécula) em íons ou transformar (um átomo ou uma molécula) em íon: *uma faísca elétrica ioniza o ar*]; **ionizar-se** (separar-se em íons ou transformar-se em íon: *a molécula se ionizou, ao entrar em contato com a água*).

i.o.nos.fe.ra *sf* **1.** Região da atmosfera terrestre, situada entre 60km e 1.000km de altitude, que contém uma alta concentração de íons e elétrons livres, capaz de refletir ondas de rádio. **2.** Região semelhante, acima da superfície de outro planeta, como Vênus. → **ionosférico** *adj* (rel. a ionosfera: *o desaparecimento das comunicações de rádio foi causado pela atividade ionosférica*).

i.o.ru.ba, i.o.ru.bá *s2gên* ou **io.ru.ba.no** *sm* **1.** Membro de um numeroso povo negro da costa ocidental da África, chamado *nagô* pelos franceses, de grande importância na formação étnica e cultural do Brasil. // *sm* **2.** Língua desse povo; nagô. // *adj* **3.** Desse povo ou dessa língua. (A 6.ª ed. do VOLP não traz *iorubá*.)

IP *sm* Sigla inglesa de *Internet Protocol* (protocolo da Internet), principal protocolo de comunicação da rede mundial de computadores, responsável por endereçar e encaminhar os pacotes que trafegam pela Internet. · Pronuncia-se *ai pi* (à inglesa) ou *i pê* (à portuguesa). ·· **Endereço IP.** Endereço exclusivo que identifica um dispositivo na Internet ou em uma rede local.

IPA *sm* Acrônimo de *índice de preços no atacado*, usado no comércio atacadista. · Pl.: *IPAs*.

iPad [ingl.] *sm Tablet* que pelo seu tamanho (tela de 9,7 polegadas) e peso (cerca de 700 gramas), situa-se entre um *smartphone* e um computador portátil. · Pronuncia-se *ai-péd*.

IPC *sm* Sigla de *índice de preços ao consumidor*, valor que expressa as variações do preço dos bens e serviços, durante um período, em relação aos anteriores. · Pl.: *IPCs*.

i.pê *sm* **1.** Árvore ornamental brasileira, de madeira muito resistente. **2.** Essa madeira.

IPEA ou **Ipea** *sm* Acrônimo de *Instituto de Pesquisa Econômica Aplicada*, fundação pública federal criada no governo militar, hoje vinculada ao Ministério da Economia, que produz pesquisas, projeções e estudos macroeconômicos, setoriais e temáticos, com o objetivo de subsidiar o governo na produção, análise e difusão de informações voltadas para o planejamento e a formulação de políticas.

IPEN ou **Ipen** *sm* Acrônimo de *Instituto de Pesquisas Energéticas e Nucleares*, antigo Instituto de Energia Atômica (IEA), fundado em 1956, fundamentalmente com o fim de investigar, pesquisar e desenvolver a energia nuclear, com aplicações pacíficas.

iPhone [ingl.] *sm Smartphone* da Apple que combina computador, iPod, câmera digital e telefone celular em um único aparelho com interface *touchscreen*. · Pronuncia-se *ái-fôuN*.

IPI *sm* Sigla de *imposto sobre produtos industrializados*, tributo criado pelo governo brasileiro em 1966, em substituição ao imposto de consumo e recolhido na fonte de produção das mercadorias, sendo incorporado ao preço destas. · Pl.: *IPIs*.

IPM *sm* Sigla de *inquérito policial militar*, apuração sumária de fato (e de sua autoria) que poderá configurar crime militar. · Pl.: *IPMs*.

iPod [ingl.] *sm* Dispositivo eletrônico portátil, para reproduzir e armazenar arquivos de áudio e vídeo digital. · Pronuncia-se *àipád*.

ip.si.lon *sm* Nome da 25.ª letra do nosso alfabeto (**y**). · Pl.: *ípsilons*. (Possui todas estas variantes: *ipsilão, ípsilo, ipsílon, ipsilone, hipsilão, hípsilo e hípsilon*.)

ipsis litteris [lat.] *loc adv* Pelas mesmas letras; textualmente (quando se trata de algo por escrito): *na carta, ele repetiu* ipsis litteris *o que ouvira*. · Pronuncia-se *ípsis líteris*. · V. **ipsis verbis**.

ipsis verbis [lat.] *loc adv* Pelas mesmas palavras; textualmente (quando se trata de algo falado): *ao telefone, ele repetiu* ipsis verbis *o que ouvira*. · Pronuncia-se *ípsis vérbis*. · V. **ipsis litteris**.

IPTU *sm* Sigla de *imposto predial e territorial urbano*, tributo municipal cobrado anualmente de quem tem imóvel urbano. · Pl.: *IPTUs*.

i.pu *sm* **1.** Terreno úmido, adjacente às montanhas e pelo qual corre a água que deriva dessas mesmas montanhas. **2.** Arame fino que reforça a linha junto ao anzol. **3.** Espécie de abelha que nidifica no chão.

i.pu.ei.ra *sf* **1.** Pântano formado pelas águas que transbordam dos rios em lugares baixos. **2.** Qualquer pântano. **3.** Lagoa pequena.

Ipupiara *sm* Entidade fantástica do folclore brasileiro, surgida entre os índios, nos sécs. XVI e XVII, representada por um peixe em forma humana (homem ou mulher) que habita as fontes e o mar. Ferocíssimo, abraça as pessoas que entram na água, apertando-as até a morte.

IPVA *sm* Sigla de *imposto sobre a propriedade de veículos automotores*, tributo estadual cobrado anualmente de quem tem veículo automotor. · Pl.: *IPVAs*.

i.que.ba.na *sf* **1.** Arte japonesa de arranjos florais, baseada em regras e simbolismos preestabelecidos. **2.** Cada um desses arranjos.

ir *v* **1.** Abordar, tratar de: *vamos ao que interessa!* **2.** Frequentar: *já não vou a bailes*. **3.** Assistir, comparecer: *vou a todos os jogos do meu time*. **4.** Começar, iniciar: *ao trabalho, pessoal, vamos!* **5.** Recorrer; valer-se: *vou à justiça, para resolver essa pendência*. **6.** Passar de um lugar a outro; locomover-se: *vamos a pé ou de carro?* **7.** Ser transportado, levado ou carregado: *muita gente ia no ônibus*. **8.** Ser remetido ou enviado; seguir: *a nota fiscal vai anexa*. **9.** Suceder, acontecer: *o que foi?* **10.** Dirigir-se, encaminhar-se: *está indo muita gente ao estádio neste instante*. **11.** Mudar-se, transferir residência: *peguei a minha trouxa e fui para o Amapá*. **12.** Estender-se, levar, conduzir: *esta estrada vai até Camboriú*. **13.** Achar-se (de saúde): estar, passar: *como vai?; eu vou bem*. **14.** Correr, continuar: *como vão as coisas?; os negócios vão mal*. **15.** Morrer: *muitos inimigos meus já foram*. **16.** Partir, afastar-se: *vá, antes que eu grite!* **17.** Ausentar-se: *ela já foi*. **18.** Começar ou iniciar (qualquer ato): *lá vai!*· **ir-se 19.** Morrer: *muitos inimigos meus já se foram; você é o próximo!* **20.** Ausentar-se, partir, afastar-se: *ela já se foi; bem, já me vou*. · Conj.: *vou, vais, vai, vamos, ides, vão* (pres. do ind.); *fui, foste, foi, fomos, fostes, foram* (pret. perf.); *ia, ias, ia, íamos, íeis, iam* (pret. imperf.); *fora, foras, fora, fôramos, fôreis, foram* (pret. mais-que-perf.); *irei, irás, irá, iremos, ireis, irão* (fut. do pres.); *iria, irias, iria, iríamos, iríeis, iriam* (fut. do pret.); *vá, vás, vá, vamos, vades, vão* (pres. do subj.); *fosse, fosses, fosse, fôssemos, fôsseis, fossem* (pret. imperf.); *for, fores, for, formos, fordes, forem* (fut.); *ir, ires, ir, irmos, irdes, irem* (infinitivo pessoal); *ir* (infinitivo impessoal); *indo* (gerúndio); *ido* (particípio). · Antôn. (1): *voltar*.

i.ra *sf* Furor momentâneo e incontrolável contra quem nos ofende ou injuria, caracterizado por rosto avermelhado, voz excitada e gestos desconexos; forte indignação; fúria, cólera: *ela escondeu o cigarro que fumava, com medo de provocar a ira de seu pai; o presidente guardou sua ira para o ministro da Economia*. **2.** Castigo divino: *a ira de Deus recaiu sobre Sodoma e Gomorra*. **3.** *Fig.* Caráter destruidor: *poucos sobreviveram à ira daquele furacão*. → **irado** *adj* (**1.** tomado de ira; danado da vida; furioso; **2.** *gír.* muito bom; excelente, legal, maneiro, sinistro, fora de série: *o show dessa banda sempre é irado*; **3.** *gír.* supermoderno, atualíssimo, superinovador: *a decoração dessa boate é irada*); **irar(-se)** *v* [tornar(-se) irado; enfurecer(-se)].

Irã *sm* País do sudoeste da Ásia, antigamente chamado Pérsia, de área equivalente à dos estados do Pará, Maranhão e Piauí juntos, chamado oficialmente República Islâmica do Irã. → **iraniano** *adj* e *sm*.

i.ra.pu.ã ou **a.ra.pu.ã** *sf* Abelha negra brilhante, agressiva, que produz mel de sabor desagradável e constrói ninho dependurado em árvores.

Iraque *sm* País do sudoeste da Ásia, de área equivalente à dos estados de São Paulo e Paraná juntos. → **iraquiano** *adj* e *sm*.

i.ras.cí.vel ou **i.ra.cun.do** *adj* Diz-se daquele que tem temperamento quente e se irrita e explode facilmente: *chefe irascível; ele casou com uma mulher iracunda*. **2**. Irritadiço, temperamental: *o ator é conhecido por seu caráter irascível; personalidade irascível*. → **irascibilidade** *sf* (qualidade de quem é irascível).

í.ris *sf* Membrana circular, retrátil e pigmentada da parte anterior do olho, provida no centro de um orifício, a pupila, responsável pela cor dos olhos das diferentes pessoas. → **iridiano, irídico** ou **irítico** *adj* (rel. ou pert. à íris); **iridologia** *sf* (exame da íris, para diagnosticar problemas de saúde); **iridológico** *adj* (rel. a iridologia); **iridologista** *adj* e *s2gên* ou **iridólogo** *sm* (especialista em iridologia). (A 6.ª ed. do VOLP só traz *iridologia*, ignorando *iridológico, iridologista* e *iridólogo*.)

Irlanda *sf* **1**. Uma das ilhas britânicas, onde se situam a Irlanda ou Eire, país independente, e a Irlanda do Norte, pertencente à Grã-Bretanha. **2**. País independente da Europa, com capital em Dublin. → **irlandês** *adj* e *sm*.

Irlanda do Norte *loc sf* Membro do Reino Unido, de área equivalente a meio estado de Alagoas. → **irlandês** *adj* e *sm*.

ir.ma.nar(-se) *v* Unir(-se) por laços fraternos; igualar(-se) fraternalmente: *irmanar pobres e ricos; ser pobres com os pobres, irmanar-se com eles, faz parte integrante do carisma franciscano*. → **irmanação** *sf* [ato ou efeito de irmanar(-se)].

ir.man.da.de *sf* **1**. Grupo de irmãos; fraternidade. **2**. Associação pia, de leigos, que tem por objeto o culto do Santíssimo, da Virgem ou de um santo.

ir.mão *sm* **1**. Filho do mesmo pai e da mesma mãe, ou só do mesmo pai (irmão consanguíneo), ou só da mesma mãe (irmão uterino), em relação a outro(s) filho(s). **2**.*P.ext*. Amigo íntimo e dedicado; companheiro inseparável. **3**. *Fig*. Partidário das mesmas doutrinas; correligionário. **4**. Membro de irmandade ou de confraria. **5**. Membro de congregação religiosa que não recebeu ordens sacras. //*adj* e *sm* **6**. Igual, idêntico: *ela é minha alma irmã*. // *adj* **7**. Da mesma origem: *povos irmãos, clubes irmãos*. · Fem.: *irmã*. · Pl.: *irmãos*.

i.ro.ni.a *sf* **1**. Qualquer palavra, expressão, ar, gesto, atitude, etc. que exprime exatamente o contrário do que parece exprimir, geralmente com sutil intenção humorística ou sarcástica (p. ex.: *ela é fina como um hipopótamo e delicada como um elefante*). **2**. Combinação de circunstâncias ou resultados opostos ao que se esperava ou considerava apropriado: *é uma ironia o fato de o prédio do Corpo de Bombeiros ser destruído pelo fogo*. → **irônico** *adj* (**1**. que encerra ou revela ironia: *sorriso irônico;* **2**. que usa ironia: *autor irônico*); **ironizar** *v* (**1**. afirmar com ironia; **2**. tratar com ironia: *ironizar um candidato a presidente;* **3**. fazer ironia).

ir.ra.cio.nal *adj* **1**. Que não é dotado de razão; desprovido da faculdade de raciocinar ou entender: *as bestas são animais irracionais*. **2**. Que não está de acordo com a razão; contrário à razão; absurdo: *medidas irracionais*. **3**. Diz-se de qualquer número real que não pode ser expresso como inteiro ou como quociente de dois inteiros: *o pi é um número irracional*. // *sm* **4**. Animal irracional (1); bruto. → **irracionalidade** *sf* (qualidade de irracional).

ir.ra.di.ar *v* **1**. Emitir (energia, princ. luz e calor) na forma de raios ou ondas: *o Sol irradia luz e calor; as estrelas irradiam fracamente, porque estamos muito distantes delas*. **2**. Propagar, espalhar, difundir: *as bombas atômicas irradiam radiatividade; a dor irradiava por todo o meu braço; ele procurava irradiar a luz e o amor do Senhor para o povo*. **3**. Transmitir, comunicar: *seus olhos irradiam tristeza*. **4**. Transmitir pelo rádio: *irradiar um jogo de futebol*. **5**. Partir, originar-se, proceder: *sua voz não mudou, mas eu senti a raiva que irradiava dela*. **6**. *Fig*. Partir de um ponto central para diversas direções: *da praça irradiam várias ruas*. **irradiar-se 7**. Propagar-se, difundir-se: *a violência de torcidas organizadas se irradiou para todo o país*. **8**. Ramificar-se: *várias rodovias irradiam-se da nossa cidade*. → **irradiação** *sf* [ato ou efeito de irradiar(-se)]; **irradiador** (ô) *adj* [irradiante (1); radiador]; **irradiante** *adj* (**1**. que irradia; **2**. *fig*. radiante, eufórico).

ir.re.al *adj* e *sm* **1**. Que ou que não é real ou parece não ser real: *os índices inflacionários do governo são irreais; o dólar está num valor irreal?; o irreal é o dólar estar a dez reais*. **2**. Que ou que é produto da imaginação, da fantasia, da ficção: *a Branca de Neve é uma personagem irreal; cinema é o domínio do irreal*. // *adj* **3**. Tão estranho, que parece imaginário, fantasioso: *a modelo parecia irreal, como uma boneca*. → **irrealidade** *sf* (**1**. qualidade de ser irreal, imaginário, fantasioso: *a irrealidade dos sonhos;* **2**. algo que é irreal, imaginário, fantasioso: *ela parecia estar vivendo em um mundo de irrealidades, gastando o que não podia*); **irrealismo** *sm* (falta de senso do real; falta de verossimilhança: *discussões dominadas pelo irrealismo*); **irrealista** *adj* (a que falta realismo: *cena irrealista*) e *adj* e *s2gên* (que ou pessoa que tem uma noção equivocada da realidade).

ir.re.ba.tí.vel *adj* Que não pode ser rebatido, por ser muito claro ou evidente; evidente, irrefutável: *seus argumentos são irrebatíveis, portanto impossíveis de objeção*.

ir.re.con.ci.li.á.vel *adj* Impossível de reconciliar; conflitante: *seu status e seu salário são irreconciliáveis; essa tua filosofia de vida é irreconciliável com a vida moderna*.

ir.re.co.nhe.cí.vel *adj* **1**. Impossível de reconhecer ou de identificar: *ele está irreconhecível sem o bigode; uma das vítimas do acidente estava irreconhecível*. **2**. *Fig*. Diferente do que era antes; muito mudado: *ela voltou das férias irreconhecível, ninguém a suporta*.

ir.re.cor.rí.vel *adj* **1**. Impossível de recorrer: *essa ajuda financeira de que você precisa é tão grande, que é irrecorrível a bancos, a família, a amigos*. **2**. Diz-se de decisão judicial que não admite recurso ou apelação; inapelável: *é uma condenação irrecorrível*. **irrecorribilidade** *sf* (qualidade do que é irrecorrível).

ir.re.cu.pe.rá.vel *adj* **1**. Impossível de recuperar ou reaver; irremediavelmente perdido: *arquivos irrecuperáveis; dinheiro irrecuperável*. **2**. Muito difícil de remediar ou emendar: *doente irrecuperável; bandido irrecuperável*. → **irrecuperabilidade** *sf* (qualidade, estado ou condição de ser irrecuperável).

ir.re.cu.sá.vel *adj* **1**. Impossível de recusar ou resistir; irresistível: *convite irrecusável; proposta irrecusável*. **2**. Incontestável, inegável, irrefutável: *apresentei provas irrecusáveis*. → **irrecusabilidade** *sf* (qualidade ou condição de irrecusável).

ir.re.du.tí.vel *adj* **1**. Que não se pode reduzir, diminuir ou simplificar: *nossos preços são irredutíveis*. **2**. *Fig*. Que não cede em sua opinião ou posição; firme, inflexível: *o jogador está irredutível nas suas pretensões salariais*. **3**. Diz-se da fração ordinária ou decimal, cujos termos são primos entre si. → **irredutibilidade** *sf* (qualidade ou condição de irredutível).

ir.re.e.le.gí.vel *adj* e *s2gên* Que ou pessoa que não pode ser reeleita: *no Brasil os presidentes eram irreelegíveis*. → **irreelegibilidade** *sf* (qualidade, estado ou condição de irreelegível).

ir.re.fle.xão (x = ks) *sf* Falta de reflexão ou de ponderação; precipitação: *pagou bem caro por sua irreflexão*. → **irrefletido** *adj* (falto de reflexão ou de ponderação; precipitado: *gesto irrefletido*).

ir.re.fra.gá.vel *adj* Incontestável, irrefutável, inegável: *é uma prova irrefragável de corrupção*. → **irrefragabilidade** *sf* (qualidade ou condição de irrefragável).

ir.re.fre.á.vel *adj* Impossível de refrear, reprimir ou conter; irreprimível, indomável: *desejos irrefreáveis de vingança; ela é mulher de gargalhadas irrefreáveis*.

ir.re.fu.tá.vel *adj* Impossível de refutar ou contestar; incontestável: *apresentar provas irrefutáveis*. → **irrefutabilidade** *sf* (qualidade ou condição de irrefutável; incontestabilidade).

ir.re.ge.ne.rá.vel *adj* Impossível de regenerar; incorrigível: *bandidos irregeneráveis*. → **irregenerabilidade** *sf* (qualidade de irregenerável); **irregenerado** *adj* (que não se regenerou: *o irregenerado rapaz teve de voltar para a cadeia*).

ir.re.gu.lar *adj* **1**. Que não é regular, simétrico, uniforme: *pedras de tamanho irregular*. **2**. Contrário às regras, práticas, costumes, princípios ou métodos estabelecidos: *contrato de aluguel irregular*. **3**. Inconstante, instável, que varia muito: *batimento cardíaco irregular*. **4**. Que não pertence às forças armadas regulares: *tropas irregulares*. **5**. Que não está em conformidade com o padrão normal de flexão: *verbo irregular*. → **irregularidade** *sf* (qualidade ou estado de irregular).

ir.re.le.van.te *adj* Que não é relevante; de pouca ou nenhuma importância; insignificante: *questão irrelevante; quantia irrelevante*. → **irrelevância** *sf* (falta de relevância ou de importância).

ir.re.me.di.á.vel *adj* **1**. Impossível de remediar, curar ou reparar; irreparável: *danos morais irremediáveis; crises conjugais irremediáveis*. **2**. Que vai acontecer forçosamente; fatal, inevitável: *a morte é irremediável.* → **irremediabilidade** *sf* (qualidade do que é irremediável).

ir.re.mo.ví.vel *adj* Impossível de remover, afastar, tirar ou evitar: *obstáculo irremovível.* → **irremovibilidade** *sf* (qualidade do que é irremovível).

ir.re.mu.ne.rá.vel *adj* Impossível de remunerar ou pagar; impagável: *o jogador se valorizou tanto, que se tornou irremunerável.* → **irremunerabilidade** *sf* (qualidade de irremunerável).

ir.re.pa.rá.vel *adj* **1**. Impossível de reparar ou restaurar; irrecuperável: *uma tela irrecuperável.* **2**. Impossível de remediar; irremediável: *crises conjugais irreparáveis.* → **irreparabilidade** *sf* (qualidade do que é irreparável).

ir.re.pre.en.sí.vel *adj* Que não merece nenhuma censura; perfeito, impecável, inatacável: *político de vida privada irrepreensível.* → **irrepreensibilidade** *sf* (qualidade do que é irrepreensível).

ir.re.pri.mí.vel *adj* Impossível de reprimir, controlar ou conter; irrefreável, incontrolável: *risos irreprimíveis; ela vive um alto--astral irreprimível; essas crianças são de uma curiosidade irreprimível.* → **irreprimibilidade** *sf* (qualidade ou condição de irreprimível); **irreprimido** *adj* (incontido: *paixão irreprimida*).

ir.re.pro.chá.vel *adj* Que não merece reproche ou censura; incensurável, irrepreensível, impecável, perfeito: *comportamento irreprochável.* → **irreprochabilidade** *sf* (qualidade do que é irreprochável).

ir.re.qui.e.to *adj* **1**. Que não para nunca; que não tem sossego ou descanso; muito inquieto: *criança irrequieta.* **2**. Que revela inquietação; muito agitado: *homem de espírito irrequieto; olhar irrequieto.* · Antôn.: *quieto, tranquilo, sossegado.* → **irrequietação** ou **irrequietude** *sf* (qualidade ou estado de irrequieto).

ir.res.ga.tá.vel *adj* Impossível de resgatar; irrecuperável: *o tempo perdido é irresgatável.* → **irresgatabilidade** *sf* (qualidade do que é irresgatável).

ir.re.sis.tí.vel *adj* **1**. Impossível de resistir ou controlar, porque é muito forte; incontrolável: *desejos irresistíveis; sentiu uma necessidade irresistível de confessar tudo.* **2**. *Fig.* Impossível de resistir, por força do encanto; muito atraente; fascinante, sedutor: *mulher irresistível.* **3**. Irrecusável: *proposta irresistível.* **4**. *Fig.* Tentador demais, para resistir: *um doce irresistível.* → **irresistibilidade** *sf* (qualidade de ser irresistível).

ir.re.so.lu.to *adj* **1**. Indeciso, inseguro, hesitante: *mostrar-se irresoluto em questões políticas.* **2**. Sem solução: *o ministro deixou o problema irresoluto por mais quatro meses.* → **irresolução** *sf* (qualidade de irresoluto; hesitação). (A 6. ed. do VOLP registra este nome erroneamente também como substantivo.)

ir.re.so.lú.vel *adj* Sem solução; insolúvel: *problema irresolúvel.* → **irresolvido** *adj* (ainda não resolvido: *problemas psicológicos irresolvidos*).

ir.res.pi.rá.vel *adj* **1**. Impróprio para respiração: *o ar de Cubatão era irrespirável.* **2**. Em que se respira mal; abafado: *as minas de carvão são ambiente irrespirável.* → **irrespirabilidade** *sf* (qualidade de irrespirável).

ir.res.pon.dí.vel *adj* Que não merece resposta: *pergunta irrespondível.*

ir.res.pon.sá.vel *adj* e *s2gên* **1**. Que ou pessoa que não responde por seus atos: *as crianças são seres irresponsáveis.* **2**. Que ou pessoa que não tem noção de sua responsabilidade; que ou pessoa que não tem noção de seus deveres e obrigações: *pais irresponsáveis.* → **irresponsabilidade** *sf* (**1**. qualidade de quem é irresponsável; **2**. falta de responsabilidade); **irresponsabilizar(-se)** *v* [tornar(-se) irresponsável].

ir.res.tri.to *adj* Sem limites ou restrições; ilimitado: *o governo permitiu aos jornalistas acesso irrestrito aos documentos daquela época.*

ir.re.to.cá.vel *adj* Que não necessita de retoque, por estar completo ou perfeito; perfeito: *obra irretocável; sua decisão é irretocável.*

ir.re.tor.qui.vel *adj* Impossível de retorquir, retrucar ou responder: *sua argumentação é absolutamente irretorquível.*

ir.re.ve.ren.te *adj* e *s2gên* **1**. Que ou pessoa que não mostra reverência ou respeito: *aluno irreverente com todos os professores.* // *adj* **2**. Que revela desrespeito; desrespeitoso: *atitude irreverente.* → **irreverência** *sf* (**1**. qualidade de irreverente; **2**. falta de reverência ou respeito; desrespeito, insolência; **3**. ação ou palavra irreverente).

ir.re.ver.sí.vel *adj* Não reversível; impossível de voltar ao estado ou condição anterior: *fumar causa danos irreversíveis aos pulmões.* → **irreversibilidade** *sf* (qualidade do que é irreversível).

ir.re.vo.gá.vel *adj* Que não se pode revogar ou tornar nulo, final e inalterável. → **irrevogabilidade** *sf* (qualidade do que é irrevogável).

ir.ri.gar *v* **1**. Lançar água em fios a (grande extensão de terra) por meio de canais: *irrigar uma lavoura.* **2**. Fazer afluir o sangue a: *irrigar os vasos capilares.* → **irrigação** *sf* (ato de irrigar).

ir.ri.são *sf* Riso ou gozação desdenhosa; chacota, deboche, escárnio. → **irrisório** *adj* (**1**. em que há irrisão: *brincadeira irrisória*; **2**. muito pequeno ou baixo; insignificante, irrelevante: *quantia irrisória*).

ir.ri.tar *v* **1**. Fazer perder a calma ou a paciência: *qualquer ruído o irrita.* **2**. Provocar irritação (2) a: *fumaça irrita os olhos.* **irritar-se 3**. Ficar irritado: *ele se irrita muito no trânsito.* → **irritação** *sf* (**1**. estado de quem se acha irritado; **2**. inflamação ou dor que afeta um tecido ou um órgão); **irritadiço** *adj* (que facilmente se irrita; irascível); **irritado** *adj* (que perdeu a calma ou a paciência); **irritante** *adj* (que irrita: *criança irritante*) e *sm* (substância que provoca irritação física).

ir.rom.per *v* **1**. Entrar com violência e com ímpeto; precipitar-se: *os ladrões irromperam porta adentro.* **2**. Aparecer ou surgir de repente: *a epidemia irrompeu na cidade em plena temporada de férias.* → **irrompimento** *sm* ou **irrupção** *sf* (ato ou efeito de irromper).

ISBN *sm* Sigla inglesa de *international standard book number* (código numérico internacional para a identificação de livros), número pelo qual se identifica um livro no mundo todo; número internacional do livro. · Pl.: *ISBNs*. · Pronuncia-se *ái és bi éN* (à inglesa) ou *i esse bê ene* (à portuguesa).

is.ca *sf* **1**. Qualquer coisa que se põe num anzol para atrair o peixe e fisgá-lo. **2**. *Fig.* Engodo, atrativo, chamariz: *o dono do bar usava a filha, que era linda, como isca para angariar freguesia.* **3**. Tira pequena de carne temperada e frita: *isca de peixe.*

i.sen.ção *sf* **1**. Ato ou efeito de eximir(-se) ou isentar(-se): *a isenção de uma obrigação.* **2**. Desinteresse, neutralidade: *fazer tudo com isenção de ânimo.* **3**. Ato gracioso motivado pela fraqueza ou incapacidade do indivíduo beneficiado: *há isenção desse tributo aos idosos e aposentados.* → **isentar(-se)** *v* [tornar(-se) isento ou livre; eximir(-se), desobrigar(-se), livrar(-se): *isentar os idosos do pagamento de um imposto; isentar-se de uma obrigação*], de antôn. *obrigar*; **isento** *adj* (**1**. que não está sujeito a uma obrigação ou responsabilidade; dispensado, desobrigado: *estar isento do serviço militar*; **2**. imparcial, neutro: *escalar um árbitro isento para apitar a final do campeonato*; **3**. livre: *produtos isentos de impostos*).

is.la.mis.mo ou **is.lã** *sm* Religião muçulmana, baseada nos ensinamentos de Maomé e contidos no Alcorão; religião maometana. → **islâmico** ou **islamítico** *adj* (rel. ou pert. ao islamismo); **islamita** *adj* e *s2gên* (que ou pessoa que segue o islamismo).

Islândia *sf* País insular do extremo norte do oceano Atlântico, nos limites do Círculo Polar Ártico, de área equivalente à do estado de Pernambuco. → **islandês** *adj* e *sm.*

ISO *sf* Acrônimo inglês de *International Organization for Standardization* (Organização Internacional de Normalização), entidade independente, não governamental, fundada em 1946, que desenvolve padrões para garantir a qualidade, segurança e eficiência de produtos, serviços e sistemas: *a certificação ISO indica que um sistema de gestão, processo de fabricação, serviço ou procedimento de documentação possui todos os requisitos para padronização e garantia de qualidade; as certificações ISO existem em muitas áreas da indústria, desde gerenciamento de energia e responsabilidade social até dispositivos médicos e gerenciamento de energia.* · Pronuncia-se *izo.*

i.so.fla.vo.na *sf* Substância existente na soja, que atua na prevenção de doenças crônico-degenerativas, como o câncer de mama, de colo de útero e de próstata e reduz os níveis de colesterol no sangue.

i.só.go.no ou **iso.gô.ni.co** *adj* Diz-se de figura geométrica que tem ângulos iguais.

i.so.lar *v* **1**. Separar socialmente; colocar sozinho, geralmente por razões punitivas: *isolar um preso.* **2**. Tornar isolado ou sem contato direto com outra coisa: *a inundação isolou a cidade.*

3. Evitar a passagem de calor, umidade, eletricidade ou som, geralmente usando material não condutor: *isolar um fio*. **4.** Manter (pessoa ou animal com doença contagiosa) distante do contato com seres sadios, para evitar contágio: *isolar um leproso*. **5.** Impedir momentaneamente o acesso de pessoas comuns a (determinada área ou local, por motivos graves): *a polícia isolou o local do crime*. **6.** Neutralizar ou tentar neutralizar o azar ou o mau-olhado, batendo três vezes com os nós dos dedos da mão direita, em madeira: *gato preto? xi! isola!* **isolar-se 7.** Afastar-se do convívio social; separar-se socialmente: *isolar-se numa ilha*. → **isolação** *sf* [estado de pessoa isolada; isolamento (1)]; **isolamento** *sm* [**1.** isolação; **2.** ação, ato ou efeito de isolar(-se)]; **isolante** *adj* e *sm* (que ou o que isola: *fita isolante*.

i.so.me.tri.a *sf* **1.** Transformação geométrica que, aplicada a uma figura geométrica, mantém as distâncias entre pontos. **2.** Método de exercícios físicos em que os músculos trabalham, mas sem movimento (p. ex.: o surfista em cima de sua prancha); exercício isométrico: *os exercícios isométricos colocam tensão em músculos específicos, sem mover as articulações circundantes, melhorando a resistência física e a postura, além de fortalecer e estabilizar os músculos*. → **isométrico** *adj* (rel. a isometria).

i.so.no.mi.a *sf* **1.** Princípio geral do direito, segundo o qual deve haver igualdade de direitos, leis ou privilégios entre pessoas que se encontrem na mesma situação: *esse procedimento comprometeu a isonomia dos candidatos*. **2.** Estado ou condição daqueles que são regidos pelas mesmas leis. → **isonômico** *adj* (rel. a isonomia). ·· **Isonomia salarial**. Princípio trabalhista segundo o qual não pode haver distinção de salário entre funcionários que exercem funções ou atividades semelhantes dentro de uma mesma empresa ou instituição.

i.so.por (ô) *sm* **1.** Espuma de poliestireno, utilizada como isolante térmico ou acústico. **2.** Qualquer objeto feito desse material.

i.sós.ce.le ou **i.sós.ce.les** *adj* Diz-se do triângulo que tem dois lados iguais ou do trapézio que tem iguais os dois lados não paralelos.

i.só.to.po *sm* Cada um dos elementos que têm aproximadamente as mesmas propriedades, mas diferem em seus pesos atômicos e carga elétrica. → **isotópico** *adj* (rel. a isótopo).

is.quei.ro *sm* Pequeno acendedor portátil, que os fumantes usam para acender cigarros.

is.que.mi.a *sf* Suprimento deficiente de sangue a uma parte do corpo (como o coração ou o cérebro) devido à obstrução do fluxo de sangue arterial. → **isquêmico** *adj* (rel. a isquemia ou que a provoca: *acidente vascular cerebral isquêmico*).

ís.quio *sm* Parte inferior do osso ilíaco dos adultos; anca, quadril. → **isquiático** *adj* (rel. ou pert. ao ísquio). ·· **Dor isquiática**. Nevralgia que ocorre ao longo do nervo isquiático. ·· **Nervo isquiático**. O maior nervo do corpo, que se estende do plexo sacral aos músculos da coxa, perna e pé, com inúmeras ramificações, conhecido na antiga nomenclatura anatômica por *nervo ciático*.

Israel *sm* País do sudoeste da Ásia, de área equivalente à do estado de Sergipe. → **israelense** *adj* e *s2gên* (natural ou habitante de Israel), *adj* (de Israel: *exército israelense*); **israelita** *adj* e *s2gên* (que ou pessoa que professa a religião judaica; judeu ou judia; hebreu ou hebreia).

ISS *sm* Sigla de *i̱mposto ṣobre ṣerviços*, tributo municipal, que varia entre 2% e 5%, dependendo de cada município. · Pl.: *ISSs*.

is.sei ou **i.sei** *adj* e *s2gên* Que ou nipônico(a) que emigrou para a América, princ. antes da II Guerra Mundial e se tornou pessoa inelegível até 1952.

is.so *pron* Essa(s) coisa(s), esse(s) objeto(s). Usa-se princ. para coisa distante do falante: *O que é isso que está na sua mão?* ·· **Por isso**. Por essa razão; por esse motivo: *Está chovendo. Por isso é que não há ninguém na praia*. (Cuidado para não escrever "porisso"!)

ist.mo *sm* Faixa estreita de terra com mar de cada lado, ligando duas áreas maiores de terra: *istmo do Panamá*. → **ístmico** *adj* (rel. ou sem. a istmo).

is.to *pron* Esta(s) coisa(s), este(s) objeto(s). Usa-se princ. para coisa próxima do falante: *Isto que está na minha mão é uma caneta*. ·· **Por isto**. Por esta razão; por este motivo: *Está chovendo. Por isto é que não há ninguém na praia*. (Cuidado para não escrever "poristo"!)

Itália *sf* País do sul da Europa, de área equivalente à dos estados do Paraná e de Santa Catarina. → **italiano** *adj* e *sm*.

i.tá.li.co *adj* e *sm* **1.** Que ou letra gráfica que é inclinada para a direita, como que imitando a letra manuscrita, usada para dar realce, separar diferentes tipos de informação, etc.; grifo: *os exemplos deste dicionário são todos em itálico*. // *adj* **2.** Relativo à Itália antiga, seus povos, costumes ou suas línguas indo-europeias. // *sm* **3.** Membro desses povos.

i.ta.qua.ti.a.ra *sf* Inscrição rupestre.

i.tem *sm* **1.** Cada um dos artigos de uma lista, coleção, série, etc. **2.** Cláusula de um documento. **3.** Ícone que representa um programa: *vá até o item Ferramentas e encontre o que deseja*. · Pl.: *itens*. → **itemização** *sf* (ato ou efeito de itemizar; listagem item por item); **itemizar** *v* (especificar por itens; listar).

i.te.ra.ção *sf* **1.** Repetição, reiteração. **2.** Processo de repetir, num computador, uma série de instruções um certo número de vezes, até se chegar a um determinado resultado. **iterar** *v* (dizer ou realizar outra vez; repetir, reiterar: *iterar uma advertência*); **iterativo** *adj* (repetitivo).

i.tér.bio *sm* Elemento químico metálico de n.º atômico 70 (simb.: **Yb**), do grupo das terras-raras, de pouco uso comercial: *todos os compostos do itérbio são altamente tóxicos*.

i.ti.ne.ran.te *adj* e *s2gên* **1.** Que ou pessoa que está sempre viajando ou perambulando de um lugar para outro: *vendedor itinerante*. // *adj* **2.** Caracterizado pelo movimento de ida e vinda ou de chegada e partida: *terminal de ônibus itinerante*.

i.ti.ne.rá.rio *adj* **1.** Relativo a caminho(s). // *sm* **2.** Caminho a ser percorrido: *o taxista mudou o itinerário a seu bel-prazer, para alongar a viagem*. **3.** Plano de viagem que inclui o percurso e os locais que se irá visitar: *seu itinerário incluía uma visita ao Canadá*. **4.** Guia do viajante: *viajo sempre com um itinerário*. **5.** Diário ou descrição de viagem.

ITR *sm* Sigla de *i̱mposto sobre a propriedade t̲erritorial ṟural*.

i.u.çá *sm* **1.** Irritação cutânea que provoca prurido. **2.** Prurido, comichão, coceira.

IVA *sm* Acrônimo de *i̱mposto sobre o v̱alor a̱gregado*, que, no Brasil poderá ser implantado, para substituir e unificar todos os impostos cobrados em um único imposto.

IVC *sm* Sigla de *I̱nstituto V̱erificador de C̱irculação*, órgão independente, criado em 1965, para verificação real das tiragens dos periódicos brasileiros, que a ele têm de estar filiados.

i.xe *interj* Indica princ. admiração, surpresa, desprezo ou ironia: *que clarão é aquele? Ixe! é um incêndio!*

J

j/J *sm* Décima letra do alfabeto, de nome *jota*. · Pl.: os *jotas* ou os *jj*.

já *adv* **1**. Imediatamente, sem mais demora; agora mesmo; incontinênti: *vá já pra casa, menino!* **2**. Agora, neste momento: *os torcedores já começam a chegar ao estádio.* **3**. Logo, daqui a pouco, num instante: *eu volto já.* **4**. Mais: *já não se faz carro como antigamente.* **5**. Antes: *eu já vi esse filme; já sofri muito.* **6**. Antes do tempo esperado: *só comi um doce e já estou farto; já é meio-dia?!* **7**. Em tempos idos; noutros tempos; no passado: *esta cidade já foi calma.* **8**. Atualmente, hoje em dia: *o futebol alemão já não assusta.* **9**. Até: *se eles não quiserem brigar, já é um progresso; eu não ia com a cara dela, mas já estou aceitando-a melhor.* **10**. Então: *depois de três dias, as frutas, já maduras, foram consumidas.* **11**. Desde logo; automaticamente: *se chover, já ficam desculpados pela ausência.* **12**. De antemão; antecipadamente: *eu já lhe adiantei o salário.* **13**. A esta altura: *brigam tanto, que ela já está pensando em divórcio.* // *conj* **14**. Mas: *os pais estavam bem, já os filhos.* **15**. Ora...ora, quer...quer: *ela já chora, já ri.* (Usa-se com valor intensivo antes de palavra ou frase, para expressar impaciência: *Já chega com esse tal de funk!*) · **Já, já**. Já (3): *Já, já eu te atendo.* · **Já que**. Visto que; como: *Já que você não quer, não terá.*

ja.bá *sm* **1**. Charque. **2**. *Gír.* Propina que se oferece ou dá a radialista para veiculação de determinada música; jabaculê.

ja.ba.cu.lê *sm* **1**. Jabá (2). **2**. Dinheiro usado para "comprar" ou corromper jogador adversário; suborno. **3**. Gorjeta, gratificação.

ja.bi.ra.ca *sf Pop.Pej.* **1**. Mulher feia e má: *chamei-lhe jabiraca e ela nem se ofendeu!* **2**. S Mulher grosseira, muito mal-educada, sem escrúpulos, dada a promover escândalos pelas ruas; estrupício. **3**. NE Tudo o que é velho ou antigo, mas que continua sendo usado: *você viajou dois dias e duas noites naquela jabiraca?; vestia uma jabiraca em seda.*

ja.bu.ru *sm* **1**. Ave pernalta de grande porte que vive nos grandes rios, lagoas e pantanais, encontrada desde o México até a América do Sul, conhecida também por *jabiru, tuiuiú* e *tapucaja.* (Voz: *gritar.*) // *s2gên* **2**. *Fig.* Pessoa feiosa, tristonha, desajeitada, retraída e um tanto esquisitona. // *sm* **3**. Roleta portátil, com figuras de animais do jogo do bicho, em vez de números.

ja.bu.ti *sm* Espécie de tartaruga que tem como fêmea a *jabota*.

ja.bu.ti.ca.ba *sf* Fruto pequeno, redondo, negro e brilhante, da jabuticabeira. → **jabuticabeira** *sf* (árvore nativa do Brasil que dá a jabuticaba).

ja.ca *sf* Fruto grande, pesado e cheiroso, que nasce diretamente do tronco da jaqueira, de casca cheia de picos e favos comestíveis. → **jaqueira** *sf* (árvore de grande porte que dá a jaca).

ja.cá *sm* Cesto grande, cilíndrico e grosseiro, feito de taquara ou de cipó, usado geralmente no transporte de comestíveis no dorso dos animais.

ja.ça *sf* **1**. Qualquer mancha, ponto ou falha em pedra preciosa. **2**. *Fig.* Defeito, mácula, mancha: *político de reputação sem jaça.*

ja.ca.ran.dá *sm* **1**. Árvore de madeira de lei, de cor escura, usada em móveis de luxo, piano, etc.; caviúna. **2**. Essa madeira.

ja.ca.ré *sm* **1**. Réptil crocodiliano brasileiro comum na bacia do Paraguai. **2**. *Pop.* Divertimento aquático que consiste em se deixar levar até a praia, deslizando na crista da onda. **3**. *Pop.* Grupo 15 no jogo do bicho, ao qual correspondem as dezenas 57, 58, 59 e 60.

jac.tân.cia *sf* Altivez ridícula, manifestada na ênfase com que uma pessoa fala de si mesma, vangloriando-se; arrogância sem fundamento. → **jactancioso** (ô; pl.: ó) *adj* (que tem ou revela jactância); **jactar-se** *v* (gabar-se, vangloriar-se).

ja.cu *sm* **1**. Ave galinácea muito comum nas matas primitivas brasileiras e apreciadíssima como caça. // *adj* e *s2gên* **2**. *Fig.Pej.* Que ou pessoa que é extremamente cafona ou brega; caipira.

jacuzzi [it.] *sf* Banheira de hidromassagem para mais de duas pessoas. · Pronuncia-se *djakúzi*. (Trata-se de marca registrada de uma empresa ítalo-americana, portanto nome próprio que se tornou comum, a exemplo de *gilete* e *fórmica*.)

ja.de *sm* Rocha, geralmente negra ou verde, muito dura, usada como pedra preciosa.

ja.ez (ê) *sm* **1**. Conjunto das peças com que se arreia um cavalo para cavalgar com mais conforto; arreio: *o cavalo estava aparelhado com novos jaezes.* **2**. *Fig.* Laia, feitio, índole: *não falo com gente do seu jaez.* **3**. *Fig.* Tipo, espécie: *víamos naquele presidente, a cada dia, pronunciamentos de jaezes ditatoriais; há muito tempo não tínhamos um chefe de Estado desse jaez.* · Pl.: *jaezes.*

ja.guar *sm* O maior e mais feroz felídeo do continente americano, semelhante ao leopardo, conhecido no Brasil como onça-pintada. (Voz: *bramar, bramir, miar, urrar.*)

ja.gua.ti.ri.ca *sf* Mamífero felídeo carnívoro, do porte de um cão médio, semelhante à onça-pintada no tom da pelagem, também conhecido como *maracajá* no Norte do Brasil. (Voz: *miar, rugir.*)

ja.gun.ço *sm* **1**. Guarda-costas de fazendeiro, político ou coronel, na Bahia; capanga. **2**. Membro do grupo de fanáticos de Antônio Conselheiro (1828-1897), na campanha de Canudos (BA, 1896-1897).

jalabib [ár.] *sf* Vestido islâmico longo, folgado e sem recortes, geralmente de cor escura ou sóbria. · V. **hijab**.

ja.le.co *sm* Casaco curto, de tecido leve, geralmente branco, usado por médicos, dentistas, etc., para a proteção da roupa durante o trabalho.

Jamaica *sf* País insular do Caribe, de área correspondente a meio estado de Sergipe. → **jamaicano, jamaiquino** *adj* e *sm* ou **jamaicense** *adj* e *s2gên.*

ja.mais *adv* **1**. Em tempo algum, em nenhum momento no passado ou no futuro; nunca: *foi uma tragédia que jamais a história conheceu; jamais saberemos a verdade.* **2**. Sob nenhum pretexto; de jeito nenhum: *jamais me faça passar por um desgosto desses!; jamais contarei a alguém esse nosso segredo; as guerras jamais resolvem nada.*

ja.man.ta *sf* **1**. Arraia de grande porte. **2**. *Pop.* Caminhão de grande porte, próprio para transporte de cargas pesadas; carreta. **3**. *Pop.Pej.* Pessoa grandalhona, gorda e desajeitada.

jam.bo *sm* **1**. Fruto do jambeiro, de um rubro característico e apreciado princ. pelo delicado e agradável aroma que exala. **2**. Cor desse fruto. // *adj* **3**. Diz-se dessa cor. **4**. Que tem essa cor: *morenas jambo.* (Como se vê, não varia.) → **jambeiro** ou **jamboeiro** *sm* (árvore nativa da Índia que dá o jambo).

jam.bu *sm* Erva amazônica que provoca uma dormência na boca, muito usada no preparo do tacacá.

ja.me.gão *sm* Assinatura ou rubrica num documento; firma: *ponha o seu jamegão logo aí nesse cheque!* (Cuidado para não usar "chamegão"!)

ja.nei.ro *sm* **1**. Primeiro mês do ano civil. // *smpl* **2**. Anos de vida (dizendo-se de idosos): *ele, com os seus noventa janeiros, ainda pratica esportes.*

ja.ne.la *sf* **1**. Abertura na parede ou no teto de uma construção, ou nas laterais de um veículo, para entrada de luz e/ou de ar, para apreciação do que se passa do lado de fora, etc. **2**. Caixilho de metal ou de madeira que fecha essa abertura. **3**. Abertura nos veículos, com vidro, pela qual os passageiros podem ver o exterior. **4**. Abertura fechada com vidro, nas laterais das aeronaves: *ele só viaja à janela dos aviões.* **5**. Num texto, espaço em branco onde falta uma ou mais palavras; lacuna. **6**. Em rádio e televisão, intervalo reservado para anúncios comerciais. **7**. Em informática, moldura retangular que aparece no monitor do computador, de tamanhos variados, que contém informação específica. **8**. *Pop.* Espaço de tempo sem aula no horário do professor ou do aluno: *às segundas-feiras, como o professor tinha uma janela nas aulas da tarde, passava o tempo lendo na biblioteca.* **9**. *Gír.* Experiência: *esse professor tem muitos anos de janela.* · Dim. irregular: *janeleta* (ê). → **janeleiro** *adj* (**1**. que gosta viajar à janela de qualquer veículo de transporte; **2**. que sempre está à janela: *solteironas costumam ser janeleiras*).

jan.ga.da *sf* **1**. Embarcação chata, feita de paus roliços, dotada de mastro e vela triangular, típica do litoral nordestino. **2**. Plataforma para flutuar na água, feita em forma de grade, para transporte de carga; caranguejola (4). → **jangadeiro** *sm* (aquele que dirige ou é dono de uma jangada).

ja.no.ta *adj* e *s2gên* Casquilho(a). → **janotice** *sf* (qualidade ou hábitos de janota); **janotismo** *sm* (excesssivo apuro no trajar, com ostentação).

jan.tar *sm* **1**. A segunda e a última das principais refeições do dia, servida à tarde ou no começo da noite. **2**. Comida servida nessa refeição. // *v* **3**. Comer (por ocasião do jantar): *jantamos só massa.* (Evite usar "janta" por *jantar*.)

ja.pa *s2gên* Abreviação de *japonês* ou de *japonesa*: *na minha classe havia uma japa linda!*

Japão *sm* País asiático formado por um arquipélago de 300 ilhas, cuja área total equivale à dos estados do Mato Grosso do Sul e de Sergipe juntos. → **japonês** ou *nipônico adj* e *sm*.

ja.po.na *sf* Jaquetão de pano grosso, pesado, próprio para inverno.

ja.que.ta (ê) *sf* Casaco curto, para homem, que chega só até à cintura. → **jaquetão** *sm* (jaqueta larga, feita de pano grosso, que desce até um pouco abaixo da cintura).

ja.ra.ra.ca *sf* **1**. Cobra muito venenosa, de 1,50m de comprimento, muito comum no Brasil. **2**. *Fig.Pej*. Pessoa de mau gênio ou de má índole: *esse teu vizinho é uma jararaca!*

ja.ra.ra.cu.çu *sf Pop*. Serpente venenosíssima, muito agressiva, comum no Brasil, que vive próximo de rios, lagoas e pântanos e atinge até 2,20m de comprimento.

jar.da *sf* Medida inglesa de comprimento, equivalente a 914mm. · Abrev.: **yd** (sem ponto).

jar.dim *sm* **1**. Terreno em que se cultivam princ. plantas ornamentais e flores. **2**. *Fig*. País fértil e muito bem cultivado: *a Nova Zelândia é um jardim.* → **jardinagem** *sf* (**1**. cultura de jardins; **2**. arte de cultivar jardins); **ajardinar** ou **jardinar** *v* [transformar em jardim (um terreno qualquer)]; **jardineiro** *sm* (aquele cuja profissão é cuidar de jardins). ·· **Jardim de infância**. Escola para crianças de 3 a 6 anos. ·· **Jardim de inverno**. Área interna de uma residência, pela qual penetra a luz solar, para o cultivo de plantas e flores.

jar.di.nei.ra *sf* **1**. Feminino de *jardineiro*. **2**. Mesa redonda, usada geralmente no meio da sala, para abrigar flores e outros objetos de adorno. **3**. Ônibus antigo, aberto lateralmente. **4**. Peça do vestuário com alças que se cruzam atrás e com peitilho quadrado.

jar.gão *sm* **1**. Linguagem incorreta ou corrompida, empregada por quem tem conhecimento imperfeito ou insuficiente de uma língua. **2**. Vocabulário próprio de uma profissão, disciplina, etc.; gíria profissional.

jar.ra *sf* Vaso para flores ou para água, usado geralmente sobre mesas. (Não se confunde com *jarro*.)

jar.re.te (ê) *sm* **1**. Parte da perna situada atrás da articulação do joelho, oposta à rótula. **2**. Nervo ou tendão da perna dos quadrúpedes; curvilhão, curvejão.

jar.ro *sm* Vaso alto e bojudo, provido de bico e asa, próprio para conter água de lavagem. (Não se confunde com *jarra*.)

jas.mim *sm* **1**. Planta ornamental de flores brancas ou amarelas, que exalam suave perfume; jasmineiro. **2**. Essa flor. **3**. Perfume que se extrai dessa flor. → **jasmineiro** *sm* [jasmim (1)].

jas.pe *sm* Rocha dura e opaca, geralmente vermelha, amarela ou marrom, usada como joia.

ja.to ou **jac.to** *sm* **1**. Saída impetuosa de água, gás, chama, luz, etc. de uma pequena abertura. **2**. Sistema que produz força motriz suplementar, durante a decolagem de um avião provido de motores de pistão. **3**. Redução de *avião a jato*, aeronave sem hélices, que se locomove por impulso produzido por gases sob pressão. ·· **A jato**. Com a máxima rapidez: *Fiz o serviço a jato, só para contentá-la.* ·· **Lava a jato**. Lava-rápido.

ja.ú *sm* Peixe de couro, um dos maiores de água doce (chega a 2m e a pesar 120kg), comum nas bacias do Amazonas e do Paraná.

jau.la *sf* Prisão para feras, às vezes usada para bandidos de alta periculosidade.

ja.va.li *sm* Porco selvagem, corpulento, perigoso quando atacado, de pelo escuro e grandes presas, também chamado *porco-do-mato*. (Voz: cuinchar, grunhir, roncar, rosnar.) · Fem.: *javalina* (quando adulta ou muito velha chamam-lhe *gironda*.)

ja.zer *v* **1**. Estar deitado ou prostrado (no chão, na cama, etc.), imóvel ou quase imóvel: *jazo agora nesta cama sem poder andar*. **2**. Estar morto ou como morto: *o pobre cão atropelado jazia no asfalto*. **3**. Estar sepultado ou inumado: *aqui jazem meus avós*. **4**. *Fig.* Só ter existência: *meus maiores sonhos jazem no passado*. **5**. Situar-se, localizar-se, ficar: *atrás daquele rochedo jaz uma vila de pescadores*. **6**. *Fig*. Manter-se, conservar-se: *os pais jazem esperançosos no futuro dos filhos*. **7**. *Fig*. Fundar-se, apoiar-se: *a esperança da família jaz no filho caçula*. (Perde a desinência *-e* da 3.ª pessoa do singular do pres. do ind.; no mais é regular.) · V. **jazida**. → **jacente** ou **jazente** *adj* (que jaz; que está situado).

ja.zi.da *sf* **1**. Ato ou efeito de jazer, de se deitar. **2**. Local em que alguém jaz ou está deitado. **3**. Posição de quem jaz; decúbito. **4**. *Fig*. Tranquilidade, serenidade, quietude. **5**. Depósito natural de minerais ou de fósseis, encontrado no solo ou no subsolo, de grande valor econômico. [Não se confunde (5) com *mina* (3).]

ja.zi.go *sm* **1**. Monumento funerário onde são sepultados féretros, ataúdes, ossos ou cinzas dos membros de uma família ou de parentes. **2**. *P.ext*. Túmulo, sepultura. **3**. *Fig*. Abrigo, refúgio: *sentia-se seguro no jazigo do lar*.

jazz [ingl.] *sm* Estilo de música popular americana, surgido com os músicos afro-americanos de New Orleans (EUA), depois da I Guerra Mundial, de ritmo forte e sincopado, geralmente improvisado. · Pl.: *jazzes*. · Pronuncia-se *djéz* (à inglesa) ou *jaz* (à portuguesa). → **jazzista** *s2gên* [especialista em *jazz* ou grande admirador(a) do *jazz*]; **jazzístico** *adj* (rel. a *jazz*)

jê ou **jé** *s2gên* **1**. Indivíduo dos jês, grupo indígena a que pertence a maioria das tribos tapuias. // *adj* **2**. Relativo ou pertencente a esse grupo.

jeans [ingl.] *sm2núm* **1**. Antigo nome inglês do fustão em sarja, também conhecido como *brim*. **2**. Redução de *blue jeans*, tecido de algodão durável, de trama grossa, trançado de forma especial, geralmente tingido de índigo, usado originalmente na confecção de roupas de trabalho (macacões e uniformes). **3**. Roupa (calças, *shorts*, blusas, etc.) feita com esse tecido, de vários padrões e estilos, em diversas cores. **4**. Estilo de confecção com rebites e costura reforçada aparentes; *blue jeans*. · Pronuncia-se *djíns*.

je.ca *adj* e *s2gên* **1**. Que ou pessoa que é caipira; jacu: *sua irmã é uma jeca daquelas!* **2**. Redução de *jeca-tatu*. → **jeca-tatu** *s2gên* [caboclo ou caipira tipicamente brasileiro; jeca (2)], de pl. *jecas-tatus*.

je.gue *sm* Burro ou asno de pequeno porte, muito comum no Nordeste; jumento, jerico.

jei.to *sm* **1**. Método, estilo ou maneira de fazer algo: *existem dois jeitos de fazer esse bolo; falando desse jeito, você me assusta; deixe-me fazer do meu jeito isso!* **2**. Aspecto, feitio, forma: *ela tem jeito de hippie*. **3**. Modo de ser; feitio, temperamento: *conquistava todo o mundo com o seu jeito; não dê bola para o jeito dele!* **4**. Queda, aptidão, vocação, pendor, dom, habilidade inata: *essa menina tem jeito para a dança; nunca tive jeito para pintura*. **5**. Solução, remédio, saída, único meio: *o jeito é estudar; não tem jeito mesmo, ela não me quer*. **6**. Habilidade, tato: *com jeito, acabou conseguindo o que queria; ela tem jeito com crianças*. **7**. *Pop*. Arranjo, arrumação: *vou dar um jeito no cabelo*. → **jeitão** *sm* (**1**. aum. reg. de *jeito*; **2**. modo como um ser se apresenta aos olhos de uma pessoa; aparência geral; aspecto: *pelo jeitão, ele é gringo*; **3**. modo próprio ou característico de andar, agir, comportar-se, etc.: *com esse jeitão de sonso, ele acaba conquistando todas as mulheres*); **jeitinho** *sm* (**1**. dim. reg. de *jeito*; **2**. meiguice: *apaixonei-me pelo jeitinho dela*; **3**. modo fino, educado ou delicado de agir ou de se comportar: *com esse seu jeitinho de falar, você deixa qualquer homem maluco*; **4**. *pop.pej*. jeito extremamente delicado, exageradamente afetado: *esse rapaz tem um jeitinho! hum!*; **5**. certo jeito: *essa dependência da casa está com um jeitinho de varanda*; **6**. *pop*. red. de *jeitinho brasileiro*, manha ou maneira hábil de conseguir algo benéfico, porém difícil em condições normais; macete: *o jeitinho é a antessala da corrupção*); **jeitoso** (ó; pl.: ó) *adj* (que tem muito jeito ou modo; habilidoso). ·· **A jeito**. A calhar, a propósito: *Este prêmio da loteria veio bem a jeito, porque já estávamos passando fome*. ·· **Daquele jeito** (pop.pej.). Muito mal: *Ela disse que arrumou a cozinha. Mas foi daquele jeito!* ·· **Dar um jeitinho**. Facilitar (algo visto como difícil ou embaraçoso); fazer um favor (nem sempre legal ou lícito); quebrar o galho: *O porteiro deu um jeitinho de me introduzir no estádio sem pagar*. ·· **Dar um jeito em alguém**. Pô-lo na linha; disciplina-lo: *Esse menino está muito saidinho, vou dar um jeito nele*. ·· **Levar jeito para**. Ter dom para: *Essa menina leva jeito para a dança*. ·· **Pelo jeito**. Ao que tudo indica; pela aparência: *Pelo jeito, eles estão namorando*. ·· **Tomar jeito**. Emendar-se, corrigir-se nas atitudes: *Vê se toma jeito, rapaz, senão vais dar cabeçadas na vida!*

je.jum *sm* **1**. Privação total de alimentos e bebidas em certos dias, por motivos higiênicos, terapêuticos ou religiosos. **2**. Período de jejum: *um jejum de quatro dias*. **3**. *P.ext*. Estado de quem não come desde o dia anterior: *crianças vão à escola em jejum*. **4**. *Fig*. Privação, abstenção: *estou fazendo jejum de viagens*. **5**. *Fig*. Fase ou período negativo: *o time encerrou hoje um jejum de seis jogos sem vitória*. **6**. *Fig*. Desconhecimento ou ignorância de determinado assunto: *seu jejum de geografia é notório*. · Antôn.: *desjejum*. → **jejuar** *v* (**1**. fazer jejum, abster-se de alimentos; **2**. comer muito pouco ou abster-se de certos alimentos, princ. por disciplina religiosa: *jejuar na Sexta--Feira Santa*); **jejuno** *adj* (que está em jejum) e *sm* (a segunda das três partes do intestino delgado, situada entre o duodeno e o íleo, de cerca de 2,4m e assim chamada por se encontrar sempre vazia nos cadáveres). ·· **Quebrar o jejum**. **1**. Comer, pondo fim ao jejum. **2**. *Fig*. Em futebol, vencer depois de alguns jogos sem triunfo: *O time quebrou o jejum de vitórias, ao vencer por 1 a 0*.

je.ni.pa.po *sm* **1**. Fruto comestível do jenipapeiro, do tamanho e forma de uma laranja, branco esverdeado por fora e vermelho-escuro por dentro, de sabor agradável e com o qual se fazem licores, vinhos, xaropes, doces, etc. **2**. Jenipapeiro. → **jenipapeiro** *sm* [árvore de grande porte que dá o jenipapo; jenipapo (2)].

Je.o.vá *sm* Deus, no Antigo Testamento.

je.qui.ti.bá *sm* **1**. Árvore brasileira de grande porte que fornece madeira rosada e nobre, muito empregada em marcenaria e construções. **2**. Essa madeira.

je.ri.co *sm* Jegue. · Fem.: *jerica*.

je.ri.mum ou **je.ri.mu** *sm Pop*.N e NE Abóbora. → **jerimunzeiro** ou **jerimuzeiro** *sm* (aboboreira).

jér.sei *sm* Tecido de malha fina e elástica, usado na confecção de roupas.

Jerusalém *sf* Capital de Israel, de imensa importância, não só religiosa, mas também histórica. → **hierosolimita** *adj* e *s2gên* ou **hierosolimitano** *adj* e *sm*.

je.su.í.ta *sm* Membro da ordem religiosa Companhia de Jesus, fundada em 1534 por um grupo de estudantes da Universidade de Paris, liderados por López de Loyola, depois Santo Inácio de Loiola, em reação ao movimento protestante. → **jesuítico** *adj* (rel. ou pert. aos jesuítas).

je.tom *sm* Remuneração de parlamentar, por comparecimento a sessão do Congresso.

jet ski [ingl.] *loc sm* Moto aquática. · Pl.: *jet skis*. · Pronuncia-se *djét ski*.

ji.a *sf* Rã.

ji.boi.a (ói) *sf* Cobra brasileira de hábitos arborícolas, não venenosa, que chega a atingir pouco mais de 4m de comprimento e mata suas presas por asfixia, depois de se enrolar nelas.

jihad [ár.] *sf* **1**. Luta armada pela fé contra os infiéis e inimigos do islã; guerra santa muçulmana. **2**. Dever religioso de cada muçulmano de defender o islã mediante luta armada. **3**. Luta interna de um indivíduo contra seus instintos básicos. · Pronuncia-se *jirrád*. → **jihadismo** *sm* (ideologia caracterizada pela crença de que só a luta violenta é capaz de defender a comunidade muçulmana, como a atuação de grupos armados, como a Al-Qaeda e suas ramificações); **jihadista** *adj* e *s2gên* (que ou pessoa que é adepta e/ou militante do jihadismo).

ji.ló *sm* **1**. Fruto comestível (enquanto verde) do jiloeiro, de sabor amargo. **2**. Jiloeiro. → **jiloeiro** *sm* [planta que dá o jiló; jiló (2)].

jingle [ingl.] *sm* Mensagem publicitária gravada com música, de curta duração, veiculada em rádio e televisão; anúncio musicado. · Pronuncia-se *djíngol*.

jin.ji.bir.ra ou **gen.gi.bir.ra** *sf* Bebida fermentada, feita com gengibre, frutas, açúcar, etc. (A grafia *jinjibirra* não faz nenhum sentido, já que a palavra tem origem no inglês *ginger beer*. Mas o VOLP insiste em registrá-la.)

ji.pe *sm* Pequeno veículo, de construção robusta, com tração nas quatro rodas, aberto ou não, usado princ. nos serviços rurais e militares. → **jipeiro** *sm* (condutor ou apreciador de jipes), palavra que não consta na 6.ª ed. do VOLP.

ji.rau *sm* **1**. Armação de madeira sobre a qual se constroem casas para evitar umidade ou inundações. **2**. Grade de varas sobre forquilhas fixadas no chão, usada dentro de casa para guardar trastes. **3**. Cama de ervas.

jiu-jít.su ou **ju.jít.su** *sm* Arte marcial japonesa. (Até sua 5.ª ed., o VOLP registrava "jujútsu", arte marcial que nunca existiu.)

jo.a.lhe.ri.a ou **jo.a.lha.ri.a** *sf* **1**. Arte do joalheiro. **2**. Loja onde se vendem joias. **3**. Comércio de joias. **4**. Conjunto de artigos vendidos pelo joalheiro. → **joalheiro** *adj* (rel. a joia ou a joalheria) e *sm* (aquele que cria, fabrica ou vende joias).

jo.a.ne.te (ê) *sm* **1**. Deformação que provoca a protuberância da articulação do pé, geralmente no primeiro dedo (dedão ou hálux) e mais raramente no quinto dedo, o mindinho. **2**. Vela imediatamente superior à gávea.

jo.a.ni.nha *sf* **1**. Inseto que vive sob plantas, útil à lavoura, por alimentar-se de pulgões e cochonilhas. **2**. *Pop*. Alfinete de segurança.

jo.ão *sm Pop*. Em futebol, jogador, geralmente da defesa, que recebe dribles desconcertantes com muita facilidade de um adversário.

jo.ão-de-bar.ro *sm* Pássaro que constrói o ninho com barro, esterco e palha, também conhecido no Rio Grande do Sul por *forneiro*. · Pl.: *joões-de-barro*.

jo.ão-nin.guém *sm* Pessoa insignificante, sem nenhuma importância; mequetrefe, pé de chinelo, joça: *essa mulher é um joão-ninguém e você quer casar com ela?!* · Pl.: *joões-ninguém*.

João Pessoa *loc sf* Capital do estado da Paraíba. → **pessoense** *adj* e *s2gên*.

jo.ça *sf* **1**. Coisa ou pessoa desprezível, de nenhuma importância; porcaria: *essa joça de BBB*. **2**. Qualquer coisa que não se consegue ou não se quer nomear ou definir; bagulho, treco, trem: *para que serve essa joça?*

jo.co.so (ô; pl.: ó) *adj* Que provoca riso; brincalhão, espirituoso. → **jocosidade** *sf* (**1**. qualidade de jocoso; **2**. gracejo, brincadeira, gozação, joguete: *não me venha com jocosidade, que hoje não estou para isso!*).

jo.e.lho (ê) *sm* **1**. Parte anterior da perna, coberta pela rótula, na articulação do fêmur com a tíbia. **2**. Parte da veste correspondente. **3**. Peça de instalação hidráulica que serve para mudar a direção do tubo, direcionando a água para os ambientes desejados; cotovelo. → **joelhada** *sf* (pancada com o joelho); **joelheira** *sf* (qualquer peça que protege o joelho).

jo.go (ô; pl.: ó) *sm* **1**. Atividade recreativa; passatempo, entretenimento, diversão, folguedo: *jogo de palavras cruzadas; jogos de computador*. **2**. Competição física ou mental regida por regras que determinam o ganhador e o perdedor; partida: *jogo de futebol, de xadrez, de damas, de tênis*. **3**. Conjunto das peças ou das cartas recebidas para jogar: *não deixe ninguém ver seu jogo!* **4**. Passatempo ou disputa sujeito a certas regras, em que se arrisca dinheiro. **5**. Aposta em loteria: *já fiz meu jogo*. **6**. Estilo de jogar uma competição: *time especialista em jogo aéreo*. **7**. Risco de jogar; jogatina: *ele se entregou e agora vive no jogo*. **8**. Coleção: *jogo de botões*. **9**. *Fig.Pej*. Trapaça, maracutaia: *não entro nesse jogo*. **10**. Qualquer atividade considerada como uma competição, envolvendo rivalidade, estratégia, negócio, resistência ou luta: *o jogo da conquista amorosa; o jogo do mercado de ações; os Estados Unidos estão praticando um jogo político arriscado; o jogo da vida*. **11**. Balanço: *o jogo do barco me deu ânsias*. **12**. *Fig*. Disputa acirrada: *a vida é um jogo: você perde uns e ganha outros; estamos num jogo de gato e rato*. // *smpl* **13**. Evento que consiste em várias competições esportivas: *os jogos olímpicos se realizam de quatro em quatro anos*. **14**. Conjunto de equipamentos para uma diversão competitiva: *ele vende brinquedos e jogos*. → **jogador** (ô) *adj* e *sm* (**1**. que ou aquele que pratica um jogo, um esporte; **2**. que ou aquele que tem a paixão ou o vício dos jogos de azar); **jogar** *v* (**1**. atirar, arremessar: *jogar papéis no lixo*; **2**. tomar parte num jogo: *jogar xadrez*; **3**. arriscar ao jogo: *arriscar jogou tudo o que tinha*; **4**. apostar: *jogar na loteria*; **5**. fazer ou disputar um jogo, competir: *meu time jogará contra o seu amanhã*; **jogar-se** **6**. atirar-se, arremessar-se: *jogou-se da ponte*); **jogatina** *sf* [*pop*. hábito ou vício do jogo, princ. o de azar; jogo (6): *ele vive na jogatina*]; **joguete** (ê) *sm* (**1**. gracejo, brincadeira, gozação, jocosidade; **2**. pessoa que vive sendo vítima de gozação; **3**. pessoa subserviente; boneco, títere). ·· **Jogo da velha**. **1**. Brincadeira em que duas pessoas traçam num papel duas linhas horizontais e duas verticais, em cruz, formando nove casas. **2**. Sinal gráfico (#) que indica a necessidade de espaçamento em revisão (antífen), também usado em informática (cerquilha). ·· **Jogo de palitinho**. Porrinha. ·· **Jogo do bicho**. Tipo de loteria brasileira, clandestina, baseada na divisão de dezenas entre 25 grupos, cada um simbolizado por um animal; bicho (3).

jogging [ingl.] *sm* **1**. Exercício físico que consiste em caminhada ou corrida a pequena velocidade, durante certo tempo, para manter a forma física. **2**. Conjunto de duas peças de roupa (calção e blusa, calças e blusão, etc.), usado nesse exercício. · Pl.: *joggings*. · Pronuncia-se *djóghin*.

jo.gral *sm* **1**. Artista que, na Idade Média, declamava poemas seus e de outros, acompanhado de um instrumento musical, geralmente violão. **2**. Homem que, na Idade Média, ganhava a vida entretendo a corte, demonstrando suas habilidades em números de acrobacia, mágicas, etc. **3**. Aquele que declama poemas, geralmente com um grupo. **4**. Artista popular itinerante; saltimbanco. **5**. *Pop*. Grupo que declama textos literários em coro, alternando entre o canto e a fala. **6**. Esse texto. · Fem. (1 a 4): *jogralesa* (ê). → **jogralesco** (ê) *adj* (**1**. rel. a jogral; **2**. próprio de jogral).

joi.a (ói) *sf* **1**. Pedra preciosa talhada e polida, usada geralmente como adorno: *os ladrões reviraram tudo na casa, procurando joias*. **2**.*P.ext*. Coisa de grande valor, artístico, literário, financeiro, estimativo, etc.: *este livro é uma joia da nossa literatura; este meu carro é uma joia; essa catarata é a grande joia brasileira*. **3**. Quantia paga para admissão num quadro associativo: *a joia desse clube é altíssima!* **4**. *Fig*. Pessoa de grande valor ou estima: *esse jogador é uma joia do clube; esse filho é minha joia*. // *adj* **5**. *Pop*. Muito bom ou muito bonito; ótimo: *o dia hoje está joia*. · V. **joalheria**. ·· **Tudo joia** (pop.). Tudo bem.

joint venture [ingl.] *loc sf* Associação temporária de duas ou mais empresas, com divisão de gastos, riscos e lucros num ramo de negócio, sem que nenhuma delas perca sua personalidade jurídica; consórcio: *a Hitachi e a Mitsubishi formaram joint venture para a produção de microprocessadores*. · Pl.: *joint ventures*. · Pronuncia-se *djóint vêntchár*.

joi.o (ôi) *sm* **1**. Planta anual gramínea, de princípios tóxicos, que nasce entre o trigo e prejudica-lhe o desenvolvimento. **2**. Semente dessa planta. **3**. *Fig*. Tudo o que é de má qualidade, misturado a coisas boas: *separar o joi do trigo, no Congresso, é tarefa árdua*.

jo.jo.ba *sf* **1**. Arbusto de sementes comestíveis, de que se obtém um óleo de alto poder nutritivo. **2**. Semente desse arbusto. **3**. Óleo extraído de tais sementes.

jon.go *sm* Caxambu (2).

jó.quei *sm* **1**. Montador profissional de cavalos de corrida. // *sm* **2**. Redução de *jóquei-clube* (de pl. *jóqueis-clubes*), clube onde se realizam corridas de cavalos; hipódromo. · Fem. (1): *joqueta* (ê).

Jordânia *sf* Reino do Oriente Médio, de área pouco menor que a do estado de Santa Catarina. → **jordaniano** *adj* e *sm*.

jor.na.da *sf* **1**. Viagem por terra de um lugar a outro feita num dia: *temos de descansar, depois desta longa jornada*. **2**. Duração de qualquer coisa num dia: *jornada de trabalho*. **3**. Dia de trabalho. **4**. Dia marcado por algum acontecimento especial: *jornada de manifestações*. **5**. Ação militar; campanha.

jor.nal *sm* **1**. Publicação impressa que geralmente circula todos os dias e traz notícias, editoriais, reportagens, fotos, artigos sobre as mais variadas matérias, anúncios, etc.; periódico, folha, gazeta. **2**. Cada uma das folhas de papel que formam tal publicação: *embrulhar presente com jornal não fica bem*. **3**. Noticiário de rádio, televisão e cinema. · Dim. irregular pej.: *jornaleco*. → **jornaleiro** *sm* (entregador ou vendedor de jornais) e *adj* (diário, cotidiano: *o trabalho jornaleiro*); **jornalismo** *sm* (**1**. conjunto de atividades relacionadas com a busca, seleção, redação e difusão de notícias que se transmitem pelos meios de comunicação; periodismo; **2**. profissão e atividade de jornalista; **3**. conjunto dos jornalistas; **4**. estudo ou carreira de jornalista; **5**. transmissão de notícia diretamente do local do fato ou do estúdio: *essa emissora faz um jornalismo instantâneo*); **jornalista** *s2gên* (pessoa que tem por profissão o exercício do jornalismo); **jornalístico** *adj* (rel. a jornal, a jornalista ou a jornalismo).

jor.ro (ô) *sm* **1**. Saída impetuosa e contínua de líquido por uma abertura estreita; esguicho, jorramento. **2**. Jato grosso. → **jorramento** *sm* (jorro (1)]; **jorrar** *v* (**1**. fazer sair com ímpeto; lançar impetuosamente; **2**. sair impetuosamente e de modo contínuo).

jo.ta *sm* Nome da letra *j*. · Pl.: os jotas ou os *jj*.

joule [ingl.] *sm* Unidade de trabalho ou energia igual ao trabalho realizado por uma força de 1 newton agindo na distância de 1m. · Símb.: **J**. · Pronuncia-se *djúú*.

jo.vem *adj* e *s2gên* **1**. Que ou pessoa que está na juventude (dos 14 aos 21 anos). // *sm* **2**. Conjunto de todos os jovens; juventude. // *adj* **3**. Feito por quem está vivendo essa fase da vida.

· Antôn. (1): *velho*. · Superl. abs. sint. erudito: *juveníssimo*. (Não se confunde com *jovial*.)

jo.vi.al *adj* **1**. De temperamento alegre, expansivo; brincalhão, espirituoso: *meu avô era um velho jovial*. **2**. Que denota alegria, amizade e bom humor: *sorriso jovial*. **3**. Marcado pela brincadeira e animação: *bate-papo jovial; momento jovial; noite jovial*. · Antôn.: *tristonho*. (Não se confunde com *jovem*.) → **jovialidade** *sf* (qualidade de jovial; estado de ânimo de quem está normalmente alegre).

joystick [ingl.] *sm* **1**. Alavanca de controle de aeronave, tanque de guerra, etc. **2**. Aparelho provido de botões que, acoplado ao computador, permite mais movimentos que o teclado, usado em *videogames*. · Pl.: *joysticks*. · Pronuncia-se *djói-stík*.

ju.ba *sf* **1**. Crina de leão. **2**.*P.ext*. Cabeleira abundante.

ju.bar.te *sf* Mamífero cetáceo existente em todos os mares do mundo.

ju.bi.lar *v* **1**. Encher de júbilo, alegrar muito: *a conquista do pentacampeonato jubilou o povo*. **2**. Conceder jubilação a (professor ou educador): *jubilaram o professor, a bem do serviço público*. **3**. Fazer perder o direito à matrícula, eliminar: *a universidade jubilou muitos alunos neste ano*. **jubilar-se 4**. Obter ou conseguir jubilação (professor ou educador): *ele se jubilou ainda jovem*. → **jubilação** *sf* [ato ou efeito de jubilar(-se)]; **júbilo** *sm* (alegria excessiva manifestada por gritos), de antôn. *melancolia*; **jubiloso** (ô; pl.: ó) *adj* (cheio de júbilo).

ju.bi.leu *sm* **1**. Aniversário de algum fato, instituição, função, estabelecimento comercial, industrial, etc. que se celebra especialmente: *de prata* (25 anos), *de ouro* (50 anos), *de diamante* (60 anos) ou *de brilhante* (75 anos). **2**. Celebração desse fato.

ju.ça.ra *sf* **1**. Palmeira nativa do Brasil, Argentina e Paraguai, que fornece palmito de excelente qualidade. **2**. Palmeira nativa da região amazônica, que fornece o açaí; açaizeiro. **3**. *Pop*. Cachaça.

ju.cun.do *adj* **1**. Que é feliz ou animado; alegre, divertido, jovial, de alto-astral: *gente jucunda a brasileira*. **2**. Amável, cortês, encantador: *teve jucunda recepção na cidade*. **3**. Aprazível, agradável, ameno: *o jucundo clima campestre*. → **jucundidade** *sf* (qualidade de jucundo).

ju.das *sm2núm* **1**. Boneco de trapos, que simboliza Judas, o traidor de Cristo, feito geralmente para ser destruído por pancadas, no sábado de Aleluia. **2**. *Fig*. Amigo falso; traidor.

ju.deu *adj* e *sm* **1**. Que ou aquele que professa o judaísmo; hebreu, israelita. // *adj* **2**. Relativo às pessoas hebreias: *povo judeu*. · Fem.: *judia*. → **judaísmo** *sm* (conjunto do pensamento e das instituições religiosas do povo de Israel, dos judeus, baseado nos ensinamentos do Antigo Testamento e no Talmude); **judaico** *adj* (rel. às coisas dos judeus: *tradição judaica*); **judaizar(-se)** *v* [converter(-se) ao judaísmo].

ju.di.ar *v* **1**. Maltratar física ou moralmente: *só os covardes judiam dos animais*. **2**. *Fig*. Fazer troça; gozar, zombar, zoar: *os palmeirenses judiam com os corintianos, quando o Palmeiras vence o seu time*. → **judiação** ou **judiaria** *sf* (desumano; desumanidade: *é uma judiação matar baleias*).

ju.di.ci.al *adj* **1**. Relativo a justiça, juiz, foro ou tribunal; forense. **2**. Que se faz perante o juiz ou por seu intermédio. **3**. Sancionado por um tribunal ou uma corte. · V. **jurídico** (em **jurar**). → **judicialização** *sf* [**1**. ato ou efeito de judicializar(-se): *a eleição era para ter ocorrido no mês passado, mas sofreu judicialização*; **2**. apelo ao poder judiciário a fim de que se manifeste em casos e situações cotidianas de grande relevância nacional: *a judicialização é consequência do aumento do acesso ao judiciário, com a assistência jurídica gratuita, e a criação dos Juizados Especiais*]; **judicializar** *v* (**1**. dar caráter judicial a; **2**. assumir caráter judicial; **3**. recorrer à via judicial para resolver uma questão, princ. política, que poderia ser solucionada por outros meios).

ju.di.ci.á.rio *sm* **1**. Redução de *poder judiciário*, um dos três poderes do Estado, ao qual compete aplicar e fazer executar a lei. **2**. Corpo de juízes de um Estado, país, etc.

ju.dô *sm* Modalidade esportiva de defesa e combate, sem o uso de armas, baseada no jiu-jítsu, caracterizada por luta praticada por dois atletas que usam o próprio corpo como ponto de apoio, visando a derrubar o adversário e imobilizá-lo. → **judoca** *s2gên* (praticante do judô).

ju.go *sm* **1**. Canga que une junta de bois. **2**.*P.ext*. Junta de bois. **3**. *Fig*. Agente opressivo; opressão: *viver sob o jugo de ditadores*.

ju.gu.lar *adj* **1**. Relativo ou pertencente à garganta ou ao pescoço. // *sf* **2**. Cada uma das quatro veias jugulares, as mais grossas do pescoço.

ju.iz *sm* **1**. Aquele que, membro do poder judiciário, tem autoridade legal para julgar pelo que se alega e prova, segundo a lei; magistrado. **2**. *P.ext.* Aquele que é escolhido ou nomeado para decidir alguma questão. · Fem.: *juíza.* → **juizado** *sm* (**1**. dignidade ou função de juiz; **2**. local onde se exerce a função de juiz).

ju.í.zo *sm* **1**. Faculdade que permite distinguir o bem do mal. **2**. Julgamento (1). **3**. Foro ou tribunal em que se julgam questões judiciais e se administra justiça. **4**. Tino, siso: *homem sem juízo.* **5**. *Pop.* Mente, cabeça: *ela não me sai do juízo.*

ju.ju.ba *sf* **1**. Árvore semelhante a um pequeno juazeiro. **2**. Fruto comestível dessa árvore. **3**. Confeito ou bala feita desse fruto.

jukebox [ingl.] *sm* **1**. Aparelho dotado de ledor de CDs, acionado mediante inserção de fichas, equipado com botões, para a seleção das gravações, até há pouco tempo muito usado em bares e estabelecimentos similares. **2**. Em informática, programa que armazena e executa arquivos de música e vídeo. · Pl.: *jukeboxes*. Pronuncia-se *djiúk-bóks*.

jul.gar *v* **1**. Decidir ou deliberar como juiz: *julgar um processo*. **2**. Pronunciar sentença sobre (réu); sentenciar: *julgar um réu.* **3**. *Fig.* Imaginar, presumir, supor: *julgamos que ela sabia o que estava fazendo; julguei que casamento era boa coisa!* **4**. Apreciar, avaliar, formar opinião ou juízo crítico sobre: *julgaram-no pelo seu sotaque; não julgue ninguém pelas aparências!* **julgamento** *sm* (**1**. ato ou efeito de julgar; juízo; **2**. decisão judicial; sentença; **3**. *fig.* avaliação, apreciação, exame: *isso a meu juízo não está certo*).

ju.lho *sm* Sétimo mês do ano civil.

ju.men.to *sm* **1**. Jegue, asno. **2**. *Fig.* Homem que trabalha com dano próprio e em proveito alheio. · Fem.: *jumenta.* → **jumental** ou **jumentil** *adj* (rel. a jumento); **jumentice** *sf* (asneira, burrada).

jumper [ingl.] *sm* **1**. Macacão tipo jardineira. **2**. Blusa ou colete sem abotoamento feito em tricô. **3**. Tipo de vestido usado sobre uma blusa ou suéter. · Pl.: *jumpers*. Pronuncia-se *djâmpâr*.

jun.ção *sf* **1**. Ato ou efeito de jungir, juntar, unir. **2**. Ponto ou lugar em que duas coisas se juntam; confluência, junta (2): *a junção da tampa e da caixa*. · Antôn.: *separação*.

jun.co *sm* **1**. Planta aromática brasileira, própria de terrenos úmidos. **2**. Tira das folhas trançadas dessa planta, com a qual se fazem cestos, arcas, bengalas, assentos e encostos de cadeiras. → **juncal** *sm* ou **junqueira** *sf* (lugar onde vegetam juncos).

ju.nho *sm* Sexto mês do ano civil. → **junino** *adj* (rel. ou pert. a junho ou a festas desse mês).

jú.ni.or *adj* **1**. Que é o mais jovem (usado para distinguir um filho de pai com o mesmo nome). **2**. Relativo àquele que ainda está na adolescência. **3**. Que está mais abaixo na classificação, graduação ou em autoridade: *secretária júnior*. // *sm* **4**. Atleta adolescente. · Abrev. (1): *jr.* ou *j.ᵒʳ* · Pl.: *juniores* (ô). · Antôn.: *sênior*.

jun.ta *sf* **1**. Ponto do corpo no qual dois ou mais ossos se juntam; articulação. **2**. Junção (2): *a junta da tampa e da caixa*. **3**. Parelha de animais de tração: *junta de bois, de búfalos*. **4**. Reunião de pessoas convocadas para algum fim: *junta eleitoral*. **5**. Conferência ou conselho de dois ou mais médicos, para deliberar sobre o estado de saúde de um paciente e os procedimentos a ser feitos. **6**. Pequeno grupo que governa um país, geralmente logo após um golpe de Estado ou uma revolução: *junta militar*. **7**. Área estreita entre azulejos, tijolos, pedras, etc., preenchida por argamassa. **8**. Em geologia, ponto de contato entre duas camadas de rocha. ·· **Junta universal**. Cardã.

jun.to *adj* **1**. Lado a lado: *fomos juntos ao shopping*. **2**. Reunido um com outro: *estão juntos há mais de trinta anos*. **3**. Unido: *juntos, vamos longe.* // *adv* **4**. Juntamente: *misture junto todos esses ingredientes*. **5**. Ao mesmo tempo; simultaneamente: *Ambos falaram junto. Esses eventos vão acontecer junto.* **6**. Coletivamente: *no futebol, os atletas atuam junto.* · Antôn. (1 e 2): *separado*; (3): *desunido.* → **juntar(-se)** *v* [ajuntar (-se)]. ·· **Junto a**. Pegado a: *Fiquei junto ao palco. A farmácia fica junto ao supermercado.* ·· **Junto com**. Acompanhado de: *Mandei a mercadoria junto com a nota fiscal.* ·· **Junto de**. Perto de, próximo de: *Crianças na praia devem ficar junto dos pais.*

Júpiter *sm* O maior planeta do sistema solar. · Pl.: *Júpiteres.*

ju.rar *v* **1**. Declarar solenemente sob juramento: *jurar defender a constituição.* **2**. Invocar (autoridade ou ser superior): *jurar o nome de Deus em vão.* **3**. Afirmar categoricamente; prometer com convicção: *jurou que vingaria a morte dos pais.* **jurar-se 4**. Fazer ameaça recíproca de punição ou vingança: *eles saíram jurando-se um ao outro.* → **jura** *sf* (**1**. ato ou efeito de jurar, como fórmula comum, usada pelo povo para atestar a verdade; **2**. praga, imprecação); **jurado** *adj* (**1**. que prestou juramento); **2**. prometido, ameaçado: *estar jurado de morte*) e *sm* (membro do júri, aquele que compõe um tribunal para julgamento; juiz de fato); **juramentar** *v* (fazer prestar juramento), **juramentar-se** (obrigar-se por juramento); **juramento** *sm* (ato ou efeito de jurar); **júri** *sm* (**1**. corpo de pessoas (geralmente doze), legalmente constituídas, que juraram dar um veredicto sobre algum assunto a eles submetido; corpo de jurados: *o júri decidiu pela culpa do réu*; **2**.*p.ext.* comissão encarregada de avaliar, julgar e premiar em exposições, desfiles, concursos, etc.]; **juridicidade** *sf* (qualidade de jurídico); **jurídico** *adj* (**1**. lícito, legal; **2**. rel. aos processos judiciais e à administração da lei, que não se confunde com *judicial*: o processo *jurídico* relaciona-se com a administração da lei; o processo *judicial* é a série de etapas pelas quais uma disputa legal passa no sistema judicial, lida com questões processuais e determina as funções do juiz e do júri em um tribunal.

ju.rás.si.co *adj* **1**. Diz-se do segundo período da era mesozoica, compreendendo entre 190 e 140 milhões de anos atrás, caracterizado pela existência abundante de dinossauros, pelo advento dos primeiros mamíferos e aves e pelo surgimento dos continentes. **2**. *Fig.* Muito antigo; ultrapassado, retrógrado: *político de ideias jurássicas.* **Jurássico** *sm* **3**. Esse período: *o nível do mar caiu no Jurássico.*

ju.ris.con.sul.to *sm* Jurista consagrado e consumado, cuja profissão é emitir parecer sobre altas questões jurídicas. (Não se confunde com *jurista*.)

ju.ris.di.ção *sf* **1**. Poder ou autoridade legal de aplicar a lei e administrar justiça: *a polícia brasileira não tem jurisdição sobre contas bancárias estrangeiras; essas ilhas estão sob a jurisdição dos Estados Unidos.* **2**. Sistema de tribunais de justiça: *em algumas jurisdições americanas existe a pena de morte para crimes de homicídio.* **3**. Território dentro do qual a autoridade pode ser exercida. **4**. *Fig.* Campo de atuação; área de conhecimento; alçada, competência: *física quântica está fora da minha jurisdição.* → **jurisdicional** (rel. ou pert. a jurisdição).

ju.ris.pru.dên.cia *sf* **1**. Ciência, teoria ou filosofia do direito: *ao estudar direito, você está estudando jurisprudência.* **2**. Sistema legal ou tipo específico de leis; departamento do direito: *a jurisprudência islâmica; a jurisprudência trabalhista.* **3**. Conjunto de decisões dos tribunais superiores, que serve de base para outras decisões. → **jurisprudencial** *adj* (rel. a jurisprudência ou que resulta de jurisprudência).

ju.ris.ta *s2gên* **1**. Profissional especialista na ciência do direito (advogado, juiz, etc.). **2**. Autor(a) de obra jurídica. (Não se confunde com *jurisconsulto*.)

ju.ri.ti ou **ju.ru.ti** *sf* Pequena pomba de cor parda, comum no interior e nas roças brasileiras. (Voz: *arrular, arrulhar, gemer, soluçar*.)

ju.ro *sm* **1**. Rendimento de dinheiro emprestado, expresso geralmente em termos percentuais; dinheiro pago pelo uso do dinheiro: *os bancos não reduzem por nada suas taxas de juro.* **2**. *Fig.* Excesso ou aumento acima do que é devido ou esperado: *devolveu a ofensa com juros; retribuiu a gentileza com juros.* ·· **Juro de mora**. Valor acrescido ao juro normal, como multa por atraso de pagamento. ·· **Pagar com juros** (fig.). Pagar caro: *Ela vai pagar com juros o que me fez.* ·· **Taxa básica de juros**. Remuneração que o tesouro nacional paga a seus credores, que funciona como taxa de referência para todos os contratos de crédito dessa economia: *No Brasil, a taxa básica de juros é a Selic.* ·· **Taxa de juros**. Quantia que um tomador de empréstimo paga ao credor para usar seu capital num determinado período de tempo, expressa geralmente em valor anual; compensação financeira pelo tempo que o dinheiro ficou emprestado.

ju.ru.be.ba *sf* **1**. Arbusto de valor medicinal. **2**. Fruto desse arbusto.

ju.ru.po.ca *sf* Peixe de água doce da família do surubim.

ju.ru.ru *adj* **1**. Triste por doença (diz-se das aves): *o canto jururu das rolas.* **2**.*P.ext.* Triste-da pessoa que anda triste, cabisbaixa, abatida, de baixo-astral.

jus *sm* Direito que decorre da lei natural ou escrita. ·· **Fazer jus a alguma coisa**. Merecê-la: *O ator fez jus ao Óscar.*

jus.ta.flu.vi.al *adj* Próximo de rio ou nas margens dele; marginal: *avenidas justafluviais*.

jus.ta.por(-se) *v* Pôr(-se) junto, lado a lado, geralmente para comparar ou contrastar: *justapor dois produtos; ao estacionar, cada um dos carros deve justapor-se ao que já estiver estacionado*. → **justaposição** *sf* [**1**. ato ou efeito de justapor(-se); **2**. em gramática, processo de formação de palavras em que cada elemento conserva a sua integridade gráfica e também prosódica, como *couve-flor*]; **justaposto** (ô; pl.: ó) *adj* (posto junto, ao lado).

jus.ti.ça *sf* **1**. Princípio moral que exige conduta justa, respeitando o direito e a equidade. **2**. Conformidade com esse princípio, manifestado em ato ou comportamento; qualidade de ser justo ou imparcial: *questionou a justiça de sua causa; o vencedor foi desclassificado por trapacear, portanto foi feita justiça*. **3**. Reconhecimento do mérito de alguém ou de algo: *a história lhe fará justiça; essa foto não faz justiça à sua boa aparência*. **4**. Conjunto de órgãos que formam o poder judiciário: *os veículos foram apreendidos e ficarão à disposição da justiça; o advogado faz parte da máquina da justiça*. **5**. Conjunto de todas as pessoas encarregadas de aplicar as leis; autoridade judicial: *fugitivo da justiça; ele foi acusado de obstrução de justiça*. **6**. Cada uma das jurisdições encarregadas de administrar a justiça: *a justiça civil*. **7**. Manutenção ou administração do que é justo: *uma sociedade baseada na equidade e justiça social*. **8**. Estabelecimento ou administração de direitos de acordo com as regras de direito ou equidade: *o sistema de justiça*. → **justiçar** *v* (punir com a morte); **justiceiro** *adj* e *sm* (que ou aquele que se encarrega de executar pessoas, à margem da lei).

jus.ti.fi.car(-se) *v* **1**. Provar estar certo ou razoável; apresentar um motivo fundamental: *ele tentou justificar seu comportamento; o ministro nomeado justifica plenamente a confiança do mercado*. **2**. Provar em juízo: *justificar uma acusação*. **3**. Ser um bom motivo para: *a situação era grave o suficiente para justificar uma investigação mais aprofundada*. **4**. Inocentar(-se) de culpa imputada: *nem tente justificar sua grosseria; eu não preciso me justificar a ninguém*. **5**. Ter cabimento: *um erro desses não se justifica*. **6**. Tornar(-se) legítimo; legitimar(-se): *o fim justifica os meios*? **7**. Em artes gráficas, espaçar (linhas de texto) para que saiam uniformes na margem. → **justificação** *sf* [ato ou efeito de justificar(-se)]; **justificativa** *sf* (**1**. explicação convincente; **2**. razão, motivo); **justificativo** ou **justificatório** *adj* (que serve para justificar).

jus.to *adj* **1**. Conforme à lei e ao direito: *decisão justa*. **2**. Que possui um sentimento normal de justiça; imparcial, íntegro, isento, probo: *árbitro justo*. **3**. Merecido: *a pena foi justa*. **4**. Que é exato, conforme à realidade; adequado: *o mecânico me cobrou um preço justo pelo serviço*. **5**. Rigoroso, preciso: *escritor de termos justos*. **6**. Legítimo, fundado: *reivindicação justa*. **7**. Que não tem folga; apertado: *calça justa; os trabalhadores têm um tempo justo para o almoço*. **8**. Apropriado, adequado, conveniente: *recebeu tratamento justo*. **9**. Oportuno, certo: *soube agir na hora justa*. // *sm* **10**. Homem virtuoso, inocente, sem pecado, que se encontra em estado de graça perante Deus: *os justos pagam pelos pecadores*. **11**. Homem ou o que é conforme à lei e ao direito: *sempre dormi o sono dos justos*. // *adv* **12**. Na devida quantidade: *abasteci-me justo do que necessitava e parti*. **13**. Na medida certa; exatamente: *ela é justo a pessoa com quem sempre sonhei*. **14**. Pop. Logo, justamente: *justo agora, que vou sair, começa a chover!* → **justeza** (ê) *sf* (qualidade do que é justo: *a justeza de uma pena*).

ju.ta *sf* **1**. Planta de fibras têxteis. **2**. Fibra extraída do caule dessa planta: *esteira de juta*. **3**. Tecido feito com essa fibra: *cortina de juta*.

ju.ve.nil *adj* **1**. Relativo à juventude ou próprio dela: *idade juvenil; ator de papéis juvenis; entusiasmo juvenil*. **2**. Dirigido ou destinado à juventude: *literatura juvenil; centro de detenção juvenil; jogos juvenis*. **3**. Praticado pela juventude; relacionado com a juventude: *criminalidade juvenil*. **4**. Formado por jovens: *teatro para um público juvenil*. **5**. Que afeta jovens: *acnes juvenis*. **6**. Que afeta jovens, ao invés de adultos: *artrite juvenil; diabetes juvenil*. **7**. Semelhante à de um jovem, apesar da idade: *atriz de aparência juvenil*. **8**. Composto por jovens entre 16 e 17 anos: *time juvenil*. **9**. *Fig.* Típico de uma criança; bobo, imaturo, pueril: *adulto com conversa juvenil*. // *sm* **10**. Equipe ou categoria esportiva constituída por jovens dessa idade: *o juvenil do Santos F.C*. **11**. Pessoa que ainda não tem idade suficiente para ser considerada um adulto: *ela era uma juvenil quando os pais morreram*. · Antôn. (1): *senil*. → **juventude** *sf* (**1**. época da vida que vai dos 14 aos 21 anos (adolescência) ou aquela até a qual o homem mantém a força, o vigor e as paixões (mocidade); **2**. gente jovem: *a juventude gosta de agito*), de antôn. *velhice, senilidade*.

K

k/K *sm* Décima primeira letra do alfabeto (de nome *cá*), muito usada em abreviaturas e símbolos consagrados internacionalmente (p. ex.: *kg* = quilograma, *km* = quilômetro, *K* = potássio), em algumas palavras estrangeiras introduzidas no português (p. ex.: *kart*) e em vocábulos derivados de nomes próprios que se escrevem com essa letra (p. ex.: *kantismo, kardecismo*). · Pl.: os *cás* ou os *kk*.

kaf.ta *sf* V. **cafta**.

kakuro [jap.] *sm* Quebra-cabeça semelhante ao *sudoku*, porém bem mais difícil, que consiste numa área plena de células cheias e vazias, como em palavras cruzadas, na qual números de 1 a 9 devem ser organizados, para acertar as combinações numéricas.

karaoké [jap.] *sm* V. **caraoquê**.

kanekalon [jap.] *sm* Material sintético feito no Japão, que imita fios de cabelo, usado para a confecção de tranças. · Pl.: *kanekalons*. [Trata-se de marca registrada japonesa (*Kanekalon*), portanto, nome próprio que se tornou comum, fenômeno ocorrido também com Pirex, Gillette, Formica, Band-aid, etc.]

kar.de.cis.mo *sm* Doutrina religiosa espírita, criada por Allan Kardec (1804-1869), pensador francês, sistematizador e teórico do espiritismo. → **kardecista** *adj* (rel. a Allan Kardec ou ao kardecismo) e *adj* e *s2gên* [que ou pessoa que é adepta do kardecismo].

kart [ingl.] *sm* Pequeno carro de corrida, movido a motor de dois tempos e baixa cilindrada, sem caixa de mudanças, suspensão nem carroceria, dotado de embreagem automática, próprio para competições infantojuvenis. · Pl.: *karts*. → **kartismo** *sm* (corrida de *karts*); **kartista** *s2gên* (praticante do kartismo); **kartódromo** *sm* (pista onde correm os *karts*). (As formas com registro na 6.ª ed. do VOLP são com **c** inicial, mas sem uso na língua cotidiana.)

keds [ingl.] *sm2núm* Tênis com sola fina de borracha, sem salto nem cano, usado princ. por mulheres.

ketchup ou **catchup** [ingl.] *sm* Molho espesso feito de tomate e cebola, com sal e açúcar. · Pl.: *ketchups, catchups*. · Pronuncia-se *kétchâp*.

kevlar [ingl.] *sm* Tipo de plástico sete vezes mais resistente que o aço e mais leve que a fibra de vidro, utilizado na fabricação de roupas especiais, coletes à prova de bala, capacetes para motoristas, barcos de alto desempenho, etc. · Pl.: *kevlars*. · Pronuncia-se *kévlar*.

kibutz [hebr.] *sm* Fazenda coletiva em Israel, na qual se pratica o regime de copropriedade e cooperação mútua voluntária. · Pl.: *kibutzim*. → **kibutznik** *s2gên* (membro de um *kibutz*). · Pronunciam-se *kibútç, kibútcim, kibutsnik*, respectivamente.

kickboxing [ingl.] *sm* Arte marcial e esporte de ataque e defesa, praticado no ringue, que combina muitos elementos do caratê e do boxe; boxe tailandês. · Pronuncia-se *kik-bóksin*. → **kickboxer** *s2gên* (praticante de *kickboxing*).

kilt [ingl.] **1**. Saia até os joelhos, de tecido de lã xadrez, pregueada e com trespasse lateral, que faz parte do traje típico masculino escocês. **2**. Saia feminina semelhante, de lã ou não, e de comprimento variável. · Pl.: *kilts*.

king-size [ingl.] *adj* e *sf* Que ou cama que mede geralmente 1,58m de largura por 1,93m de comprimento. · Pl.: *king-sizes*. · Pronuncia-se *king-sáiZ*.

kipá *sm* V. **quipá**.

Kiribati *sm* País insular da Oceania, formado por 33 ilhotas de coral. · Pronuncia-se *kiribáti*. → **kiribatiano** *adj* e *sm*.

kit [ingl.] *sm* **1**. Equipamento necessário para um determinado propósito: *um* kit *de primeiros socorros; um* kit *de aparelhos de barbear*. **2**. Caixa ou estojo em que está esse equipamento. **3**. Série de peças com as quais, junto com um manual de instruções, alguma coisa pode ser montada: *um* kit *de maquete; um* kit *de aeroplano*. **4**. Pequeno conjunto de ferramentas ou de peças sobressalentes que geralmente se transportam a bordo de aviões que fazem voo para escalas em que não existem condições para manutenção ou reparação de pequenas avarias. **5**. Conjunto de roupas e outros apetrechos pessoais usados por soldados e viajantes. · Pl.: *kits*. · Pronuncia-se *kít*. •• **Kit multimídia**. Conjunto formado por placa de som, placa de vídeo, caixas acústicas e um dispositivo de leitura de CD: *hoje em dia, quase todos os computadores têm* kit *multimídia*.

kitchenette [ingl.] *sf* V. **quitinete**.

kite [ingl.] *sm* Pipa feita com o mesmo tecido de um paraquedas, com formato de asa em arco, para facilitar o voo, usada em *kitesurf*. · Pl.: *kites*. · Pronuncia-se *káit*.

kitesurf [ingl.] *sm* Modalidade de esporte radical aquático que consiste em deslizar na água em uma prancha puxada pelo *kite*, que atua como asa impulsionada pelo vento. · Pronuncia-se *káit-sârf*. → **kitesurfer** ou **kitsurfista** *s2gên* (praticante de *kitesurf*).

kitsch [al. = lixo] *sm* **1**. Arte ou obra de arte de grande apelo popular, caracterizada por um extremo mau gosto, que leva a imitar coisas já há muito passadas de moda; pseudoarte. **2**. Mentalidade em que esse tipo de arte é concebido ou apreciado: *um grupo que procura mostrar o* kitsch *do cinema brasileiro*. **3**. Cultura ou civilização em estado de vileza ou de vulgaridade: *o Haiti conseguiu chegar ao* kitsch *em pleno raiar do séc. XXI*. // *adj* **4**. Relativo a esse tipo de arte ou característico dela; vulgar, brega, cafona: *um filme* kitsch; *suvenir* kitsch; *Mao Tsé-tung se tornou um ícone* kitsch *da cultura* pop *atual da China*. **5**. Que está totalmente ultrapassado ou fora de moda; brega; *démodé*, cafona: *calça* kitsch. · Pl.: *kitsches*. · Pronuncia-se *kich*.

kiwi [ingl.] *sm* V. **quiuí**.

know-how [ingl.] *sm* **1**. Conjunto de conhecimentos técnicos, culturais e administrativos indispensáveis na execução de determinado trabalho. **2**. Conhecimento ou experiência prática de como fazer uma coisa corretamente. · Pl.: *know-hows*. · Pronuncia-se *nôu-ráu*.

K-POP ou **k-pop** *sm* Abreviatura do inglês *korean-pop*, gênero e estilo musical surgido na Coreia do Sul em 1992 e que designa a música popular coreana da atualidade. · Pronuncia-se *ká-póp* (à portuguesa).

kung fu [chin.] *loc sm* Arte marcial chinesa, semelhante ao caratê, usada por monges chineses de 4.000 anos atrás, para defenderem-se de invasores de terra. · Pronuncia-se *kúng fu*.

Kuwait *sm* Pequeno país desértico da Península Arábica, situado entre o Iraque e a Arábia Saudita, de área quase equivalente à do estado de Sergipe. · Pronuncia-se *kuêit*. → **kuwaitiano** *adj* e *sm*.

L

l/L *sm* Décima segunda letra do alfabeto, de nome *ele*. · Pl.: os *ll* ou os *eles*.

lá¹ *sm* 1. Sexta nota da escala musical. 2. Sinal que representa essa nota na pauta.

lá *adv* 1. Naquele lugar: *a vida lá é boa; sente-se lá!* 2. Àquele lugar: *volte lá!* 3. Daquele lugar; de um (dado) lugar: *eu vim de lá também*. 4. Adiante, além: *depois desta praia há outra lá, menos movimentada*. 5. Esse (dado) tempo (geralmente antecedido de *até*): *até lá já terei terminado o trabalho*. 6. Esse (dado) lugar (geralmente antecedido de *até*): *queremos ir a Natal, mas daqui até lá é muito longe*. 7. A distância: *foi aquele homem lá que fez isso*. 8. Usa-se como reforço de advérbios de lugar: *o que está havendo lá fora?; ela mora lá longe*. 9. Usa-se para dar ideia intensiva a advérbios de lugar: *vá lá acima; estava lá embaixo; gritou lá de cima; chamou-me lá de dentro*, etc. // palavra denotativa de realce 10. (Pode ser retirada da frase sem prejuízo do seu significado): *sei lá o que aconteceu; não sou lá muito bom em matemática; lá vem você com suas bravatas!* (Às vezes, exprime advertência: *veja lá o que vais fazer, hem!* // palavra denotativa de negação 11. Não: *eu lá quero saber de sua vida!* · Antôn. (1 e 2): *aqui*. ·· **De lá para (ou pra) cá**. 1. De um lado a outro; de cá pra lá: *O pai ficava no corredor da mternidade de lá pra cá, de cá pra lá, nervoso, por causa do parto da mulher*. 2. Daquele tempo para esta parte: *Fiz a cirurgia; de lá pra cá não sinto mais nenhuma dor*.

lã *sf* 1. Pelo fino e suave que reveste o corpo de certos animais, como os carneiros e as ovelhas. 2. Fio ou tecido feito desse pelo. 3. *P.ext.* Qualquer coisa semelhante a esse pelo, na textura. → **lanoso** (ô; pl.: ó) *adj* (1. rel. ou sem. a lã; 2. cheio de lã). · V. **lanífero** e **lanifício**.

la.ba.re.da (ê) *sf* Grande chama que se eleva em línguas de fogo.

lá.ba.ro *sm* Bandeira, estandarte.

la.béu *sm* Mancha infamante na honra ou reputação de alguém; desonra, mácula, estigma, ferrete (2), laivos (5).

lá.bia *sf* Fala agradável, persuasiva e maliciosa, com a qual alguém engana uma pessoa. → **labioso** (ô; pl.: ó) *adj* (que tem lábia).

lá.bio *sm* 1. Cada uma das duas partes carnudas, macias e rosadas que formam o contorno da boca, no homem e em muitos animais. 2. Cada um dos bordos da vulva. 3. *P.ext.* Qualquer formação semelhante. · Dim. irregular: *labelo*. → **labial** *adj* (1. rel. ou pert. aos lábios: *lesão labial; bordas labiais;* 2. diz-se da consoante produzida com a participação dos lábios fechados, como o *p*).

la.bi.rin.to *sm* 1. Corredor que tem tantos caminhos cruzados, que se torna difícil encontrar a saída. 2. *P.ext.* Qualquer meio ou lugar de passagens intrincadas. 3. Conjunto das cavidades entre o tímpano e o canal auditivo interno, essencial para manter o equilíbrio físico do corpo. → **labiríntico** *adj* (1. rel. a labirinto; 2. *fig.* tortuoso e intrincado: *ruas labirínticas*; 3. *fig.* muito confuso ou complicado: *teoria labiríntica*); **labirintite** *sf* [inflamação do labirinto (2)].

la.bor (ô) *sm* Trabalho, princ. quando árduo e prolongado; labuta, lida. → **laboração** *sf* (ato ou efeito de laborar); **laborar** *v* [1. trabalhar intensa, incansável e duramente; labutar; 2. lavrar (a terra)]; **laboriosidade** *sf* (qualidade de laborioso); **laborioso** (ô; pl.: ó) *adj* (que trabalha muito e com dedicação; 2. *fig.* árduo, custoso, difícil, penoso: *missão laboriosa*), de antôn. (1) *preguiçoso* e (2) *fácil*.

la.bo.ra.tó.rio *sm* 1. Local devidamente aparelhado para a realização de pesquisas científicas, análises biológicas, experiências industriais, trabalhos fotográficos e cinematográficos, etc., ou no qual se produzem especialidades farmacêuticas. 2. Local próprio para executar trabalhos fotográficos ou cinematográficos. → **laboratorial** *adj* (rel. a laboratório: *exames laboratoriais*); **laboratorista** *adj* e *s2gên* (que ou pessoa que trabalha em laboratório).

la.bor.te.ra.pi.a *sf* Uso terapêutico do trabalho para a cura de doenças nervosas e mentais; terapia ocupacional. → **laborterápico** *adj* (rel. a laborterapia).

la.bu.ta *sf* Labor. → **labutação** *sf* (ato ou efeito de labutar; labuta, lida); **labutar** *v* (laborar: *quem labuta não tem tempo para ganhar dinheiro*).

la.ca *sf* 1. Secreção resinosa depositada em árvores asiáticas pela fêmea de um inseto, usada princ. na produção de verniz e lacre. 2. Verniz usado princ. na pintura de móveis e automóveis. 3. Resina extraída da semente de certas leguminosas, conhecida também como *goma-laca*. · V. **laquear**.

la.cai.o *sm* 1. Criado que acompanha o patrão. 2. *P.ext. Pej.* Empregado bajulador e subserviente; sabujo. 3. *Fig.Pej.* Homem sem dignidade, que se humilha para obter algum benefício ou vantagem.

la.ce.rar *v* 1. Rasgar em segmentos irregulares: *lacerar o períneo*. 2. *Fig.* Causar dor emocional profunda a; afligir profundamente: *suas palavras me laceraram a alma*. **lacerar-se** 3. Rasgar-se: *o períneo se lacerou durante o parto*. → **laceração** *sf* [ato ou efeito de lacerar(-se)]; **lacerante** *adj* (1. que lacera; 2. *fig.* que tortura; torturante, dilacerante, aflitivo).

la.ço *sm* 1. Nó que se desata facilmente; laçada: *o laço da gravata*. 2. *Pop.* Corda longa e forte, de couro cru trançado, que tem um nó corredio numa ponta, usada princ. para laçar e submeter cavalos e bois em movimento. 3. *Fig.* Ligação, vínculo: *ele não mantém nenhum laço com a família; laços de amizade*. 4. *Fig.* Aliança, pacto, compromisso: *laços políticos*. · Dim. (1 e 2): *lacete* (ê). · Aum. (1 e 2): *laçarão*. (Não se confunde com *lasso*.) → **laçação** *sm* (pop.RS golpe aplicado com o laço); **laçada** *sf* [laço (1)]; **laçar** *v* [1. fazer um laço em; enlaçar: *laçar os cabelos*; 2. adornar com laço; enlaçar: *laçar um carro, que se dará de presente*; 3. atar ou prender dando um laço; enlaçar: *laçar um feixe de cenouras*; 4. submeter ou capturar (princ. cavalo ou boi) por meio de laço].

la.cô.ni.co *adj* 1. Diz-se daquele que é breve ou conciso, ao falar ou escrever; breve, sucinto: *o treinador foi lacônico na entrevista*. 2. Breve ou sucinto, a ponto de ser rude, desinteressado ou misterioso: *as lacônicas respostas do presidente sugeriam tédio*. · Antôn.: *extenso, prolixo*. → **laconismo** *sm* (brevidade ou concisão, na fala ou na escrita; exposição de ideias em poucas palavras); **laconizar** *v* (expor em poucas palavras; sintetizar: *laconize seu discurso, para não entediar!*).

la.crai.a *sf* 1. Pequeno animal peçonhento, de corpo longo e achatado, composto de muitos segmentos, cada um com um par de pernas; centopeia, lacrau (2). 2. *Pop.* Escorpião, lacrau (1). 3. *Fig.Pej.* Pessoa desprezível, que costuma falar mal dos outros; traste: *seu irmão, aquela lacraia, ainda não me pagou*. 4. *Gír.* Pessoa muito magra.

la.crau *sm* 1. Escorpião. 2. Lacraia.

la.cre *sm* Mistura de substâncias resinosas e matéria corante, para fechar garrafas, urnas, cartas, etc. ou para garantir a inviolabilidade de fechaduras, aberturas, etc. → **lacração** *sf* (ato ou efeito de lacrar); **lacrador** (ô) *adj* e *sm* (1. que ou aquele que lacra; 2. *gír.* que ou aquele que está fazendo enorme sucesso, que está arrasando: *ela está lacradora hoje*); **lacrar** *v* [1. selar, fechar ou isolar com lacre: *lacrou portas e janelas para evitar o vento frio*; 2. *gír.* elogiar ou parabenizar (alguém) pelo sucesso que alcançou; 3. *gír.* fazer ou obter enorme sucesso; arrasar: *hoje vamos lacrar na pista de dança; meu time lacrou o seu*), que se usa muito em sentido irônico: *nossa, você lacrou hoje, hem!* (quando na verdade se trata de um fiasco).

la.cri.mal *adj* V. **lágrima**.

lac.tan.te *adj* 1. Que produz leite. // *adj* e *sf* 2. Que ou mulher que amamenta. (Não se confunde com *lactente*.) → **lactação** *sf* (1. amamentação, lactação; 2. produção e secreção de leite pelas glândulas mamárias, após o parto; 3. período durante o qual o leite é produzido e secretado); **lactância** *sf* (1. amamentação, lactação; 2. período completo de lactação, que se estende desde o momento do parto até o desmame); **lactar** *v* (amamentar: *a cachorra lacta seus filhotes em paz*).

lac.tá.rio *adj* 1. Relativo a leite ou a amamentação: *procedimento lactário*. 2. Diz-se do que segrega suco leitoso. // *sm* 3. Instituição que presta assistência a lactentes. 4. Unidade de hospital de rigorosa assepsia e controle de temperatura, destinada ao preparo, higienização e distribuição de leite e outros tipos de alimentos. 5. Em creches, local destinado exclusivamente ao preparo das mamadeiras.

lac.ten.te *adj* e *s2gên* Que ou bebê ou filhote que ainda mama. (Não se confunde com *lactante*.)

lác.teo *adj* 1. Que contém leite: *farinha láctea*. 2. Produtor de leite: *o setor lácteo está em crise*. 3. Que consiste apenas em leite: *regime lácteo*. 4. Relativo ou semelhante ao leite: *suco lácteo*. ·· **Febre láctea**. Doença metabólica que ocorre na primeira semana pós-parto das vacas, resultante do desequilíbrio orgânico de cálcio e fósforo.

lac.to.ba.ci.lo *sm* Gênero de bactérias gram-positivas, não móveis, responsáveis pelo soro lácteo.

lac.to.se *sf* Açúcar do leite: *ser intolerante à lactose.*

la.cu.na *sf* **1.** Pequeno espaço vazio; vão: *o que a incomodava era a lacuna entre os incisivos.* **2.** Parte ausente, princ. em livro ou texto antigo: *pergaminho com várias lacunas.* **3.** *Fig.* Falha, lapso, omissão: *há muitas lacunas na obra desse historiador.* **4.** Diferença entre duas quantidades ou valores: *há uma lacuna entre o preço de custo e o preço de venda.* **4.** *Fig.* Distância social, econômica, hierárquica, cultural, etc. entre duas ou mais pessoas: *não nos entendemos porque há muita lacuna entre nós.* · Dim. erudito: *lacúnula.* → **lacunar** *adj* (que apresenta lacuna).

la.cus.tre ou **la.cus.tral** *adj* **1.** Relativo ou pertencente a um lago: *onde ora piso já foi uma área lacustre e pantanosa.* **2.** Que vive nos lagos: *fauna lacustre.* **3.** Situado à margem de um lago: *restaurante lacustre.*

la.cu.tei.o *sm Pop.*NE Grande tumulto, confusão ou bagunça; rebu.

la.dai.nha *sf* **1.** Oração litúrgica que consiste numa série de curtas invocações e súplicas a Deus, à Virgem ou aos santos, feitas por um líder, com respostas dadas pela congregação. **2.** *P.ext.* Exposição longa e monótona; discurso cacete, enfadonho: *o ditador cubano era dado a ladainhas.* **3.** *Fig.* Grande quantidade (de coisa chata, desagradável): *o presidente recebe uma ladainha de pedidos.*

la.dai.ro ou **la.dá.rio** *sm* **1.** Procissão de penitência, como pagamento de promessa. // *smpl* **2.** Preces públicas, para livrar-se de alguma calamidade.

la.de.ar *v* **1.** Acompanhar ou seguir ao lado de: *os batedores da polícia militar ladeiam a comitiva presidencial.* **2.** Estar situado ao lado de: *duas colunas ladeiam a entrada da casa.* **3.** Correr paralelamente: *o rio ladeia a estrada.* · Conjuga-se por *frear.* → **ladeamento** *sm* (ato ou efeito de ladear).

la.dei.ra *sf* **1.** Caminho, terreno, rua ou trecho de rua mais ou menos íngreme; rampa: *subir ladeiras cansa.* **2.** Encosta ou vertente de montanha.

la.di.no *adj* e *sm* Que ou aquele que é vivo, astuto, espertalhão. → **ladineza** (ê) ou **ladinice** *sf* (qualidade de ladino; esperteza).

la.do *sm* **1.** Parte ou região lateral de qualquer coisa, em relação a uma linha divisória; banda: *um campo de futebol, assim como o corpo humano, tem dois lados: o esquerdo e o direito.* **2.** Espaço próximo de algo ou alguém: *ela ficou do meu lado.* **3.** Direção, rumo: *não sei de que lado ela me mora; não consegui dormir, virei de um lado a outro na cama a noite inteira.* **4.** Facção, bando, partido: *passou para o lado inimigo.* **5.** Aspecto, ângulo: *levaram em conta só um lado da questão; o lado engraçado da coisa é outro.* **6.** Posição, ponto de vista, opinião: *ela sempre fica do meu lado, em qualquer discussão; eu já ouvi o seu lado da história.* **7.** Linha de parentesco; conjunto de parentes: *o meu lado paterno.* **8.** Cada uma das particularidades da personalidade de alguém: *gosto desse seu lado emotivo; ele tem um lado gentil e um lado grosseiro, dependendo da pessoa com quem trata.* **9.** Parte, região: *o lado oculto da Lua; ela ficou do outro lado do rio; o lado brasileiro da Amazônia.* // *smpl* **10.** Área determinada: *ela mora lá pelos lados da Penha.* **11.** Corpo de partidários ou de competidores: *não houve vitória de nenhum dos lados.* · V. **lateral.** ·· **Ao lado.** Lateral: *Use a entrada ao lado!* ·· **Ao lado de. 1.** Contíguo a: *Atendi os jornalistas ao lado da piscina.* **2.** Junto com: *Estamos ao lado do melhor candidato.* ·· **Por outro lado.** No entanto; em contrapartida: *Gosto de viajar de avião, por outro lado, sei que arrisco a vida cada vez que subo para um deles.*

la.drão *adj* e *sm* **1.** Que ou aquele que se apodera indevidamente do alheio, sem violência. // *adj* **2.** Desonesto, corrupto: *árbitro ladrão.* **3.** *Fig.* Produto de roubo: *esbanjar dinheiro ladrão é fácil.* **4.** Diz-se de boi que fura cerca para invadir plantação alheia. // *sm* **5.** *Fig.* Aquele que priva alguém de algo: *um ladrão de esperanças.* **6.** Tubo de descarga em banheiras, caixas d'água, pias, etc., para escoamento automático do excesso de líquido; extravasor. **7.** Qualquer vaso ou recipiente que serve para recolher líquidos excedentes; extravasor: *o ladrão do congelador já tinha muita água provinda do gelo que se derretia.* · Fem. (1): **ladra** ou (pop.) **ladrona.** · Aum. irregular: *ladravaz* ou *ladravão.* → **ladroagem** ou **ladroeira** *sf* (**1.** exagero no preço de alguma coisa; **2.** extorsão); **ladrônico** *adj* (próprio de ladrão).

la.drar *v* **1.** Dar latidos, latir: *cão que ladra não morde.* **2.** *Fig.* Proferir com violência: *o deputado ladrou ofensas contra o governo.* → **ladrido** *sm* (latido).

la.dri.lho *sm* Peça de cerâmica ou de barro cozido, usada no revestimento de parede ou de pisos. → **ladrilhador** (ô) *adj* e *sm* (que ou aquele que assenta ladrilhos); **ladrilhagem** *sf* (operação ou efeito de ladrilhar); **ladrilhar** *v* (assentar ladrilhos em); **ladrilheiro** *sm* (fabricante ou assentador de ladrilhos).

lady [ingl.] *sf* **1.** Título que na Inglaterra se dá às senhoras nobres (esposas de barão, marquês, conde, visconde, irmã de duque, marquês, etc.). **2.** *P.ext.* Qualquer senhora fina, de modos refinados. (Quando acompanha o nome, grafa-se com inicial maiúscula: *Lady Diana.* · Pl.: *ladies.* · Pronuncia-se *lêidi.*

la.ga.lhé, le.ga.lhé ou **le.gue.lhé** (o **u** não soa) *s2gên* Pessoa maltrapilha; joão-ninguém: *e então você vai perder noites de sono por causa daquela lagalhé?*

la.ga.mar *sm* **1.** Cova em mar ou em rio. **2.** Lagoa de água salgada. **3.** Lugar onde se pode fundear com toda a segurança e em qualquer tempo.

la.gar *sm* **1.** Lugar devidamente equipado para se reduzirem a líquido certos frutos (uvas, azeitonas, etc.). **2.** Tanque onde se espremem tais frutos.

la.gar.ta *sf* **1.** Larva das borboletas e mariposas. **2.** Esteira contínua de aço dos tanques de guerra e tratores pesados, substituta das rodas, para aumentar o poder de tração; caterpílar.

la.gar.ti.xa *sf* Pequeno réptil de hábitos noturnos que anda por paredes e muros e se alimenta de insetos, princ. baratas.

la.gar.to *sm* **1.** Réptil de corpo alongado, pele escamosa, quatro patas curtas e cauda longa e afilada. (Voz: *farfalhar.*) **2.** Carne bovina, situada entre o coxão mole e o coxão duro, própria para assados.

la.go *sm* **1.** Grande massa de água, geralmente doce, cercada de terra, que ocupa naturalmente uma depressão de terreno. **2.** *P.ext.* Grande porção de qualquer líquido: *havia um lago de óleo na pista; derramou um lago de lágrimas.* · V. **lacustre.** → **lagoeiro** *sm* (**1.** porção de água pluvial que fica durante algum tempo depositada em depressões de terreno; charco de água pluvial; **2.** qualquer lugar alagado).

la.go.a (ô) *sf* **1.** Pequeno lago, natural ou artificial, geralmente pouco profundo, próximo de um lago maior, de um rio ou do mar. **2.** Porção de água cercada por um atol ou recife de coral.

la.go.mor.fo *sm* **1.** Espécime dos lagomorfos (coelhos, lebres, etc.), mamíferos herbívoros que possuem incisivos de crescimento contínuo (dois pares superiores e um par inferior), sem caninos, de cauda curta e grossa e patas traseiras poderosas. // *adj* **2.** Relativo ou pertencente aos lagomorfos.

la.gos.ta (ô) *sf* **1.** Crustáceo marinho comestível, que tem cinco pares de pernas e dois pares de antenas cilíndricas e compridas. **2.** Carne desse crustáceo, usada na alimentação humana e muito apreciada. → **lagostim** *sm* (lagosta pequena).

lá.gri.ma *sf* **1.** Gota do líquido excretado pelas glândulas lacrimais. // *sfpl* **2.** Choro: *suas lágrimas já não me comovem.* → **lacrimal** *adj* (**1.** rel. a lágrima; **2.** que conduz ou produz lágrimas); **lacrimejamento, lagrimejamento** ou **lacrimejo, lagrimejo** (ê) *sm* (**1.** ato ou efeito de lacrimejar; **2.** secreção abundante de lágrimas); **lacrimejante** ou **lagrimejante** *adj* (que lacrimeja); **lacrimejar** ou **lagrimejar** *v* (**1.** chorar, prantear: *lacrimejar a morte de alguém;* **2.** secretar lágrimas, quase derrubando-as: *quando ouvi aquilo, meus olhos lacrimejaram;* **3.** derramar lágrimas, por qualquer motivo: *quando descasco cebola, meus olhos ardem e começam a lacrimejar*) e *sm* (ato de lacrimejar; lacrimejo, lacrimejamento: *os mecanismos de defesa utilizados pelo organismo são o pestanejar e o lacrimejar*), que têm a vogal tônica fechada, durante a conjugação: *lacrimejo, lacrimejas; lagrimejo, lagrimejas,* etc.; **lacrimogêneo** *adj* (que provoca lágrima ou faz chorar: *gás lacrimogêneo*); **lacrimoso** ou **lagrimoso** (ô; pl.: ó) *adj* (cheio de lágrimas). (A 6.ª ed. do VOLP não traz *lagrimogêneo,* noutro rasgo de incoerência).

la.gu.na *sf* **1.** Lago salgado, pouco profundo, perto do litoral. **2.** Lagoa salgada no interior de um recife de coral. **3.** *Pop.*AM Baixada que sofre inundação, à beira de um rio.

laia *sf* **1.** Tipo de personalidade desprezível; índole, caráter, jaez: *não sou da sua laia.* **2.** Tipo, espécie, categoria: *dizia que era abandonado e outras inverdades da mesma laia.* ·· **À laia**

de. A título de, a pretexto de, na qualidade de: *Permitam-me uma crítica, à laia de desabafo*.

lai.co *adj* e *sm* **1**. Que ou aquele que não pertence ao clero ou à classe eclesiástica; leigo. // *adj* **2**. *P.ext*. Que não sofre influência da Igreja em nenhum assunto: *o Brasil é um país laico*. **3**. Relativo ao mundo profano, sem nenhuma ligação com qualquer religião: *recebeu educação laica*. · Antôn.: *eclesiástico*. · V. **leigo**. → **laical** *adj* (**1**. próprio de leigo; **2**. que não se refere à classe eclesiástica); **laicidade** *sf* (**1**. qualidade de laico; **2**. concepção e organização da sociedade fundadas na separação entre a Igreja e o Estado).

lai.vo *sm* **1**. Mancha ou nódoa deixada numa superfície por uma substância ou pelos dedos. **2**. Faixa estreita e alongada que, em madeira ou rocha, se distingue pela diferença de cor ou pela natureza da matéria; veio. // *smpl* **3**. Resquícios, vestígios: *não há nenhuns laivos de maldade nessa atitude dela*. **4**. Noções, rudimentos: *conheço apenas laivos de física quântica*. **5**. Mancha infamante na reputação de alguém; estigma, labéu, ferrete (2): *a corrupção são laivos eternos na vida política de alguém*.

la.je ou **lájea** *sf* **1**. Pedra plana, de pouca espessura, própria para cobrir pavimentos, sepulturas, etc. **2**. *P.ext*. Qualquer pedra achatada e larga, de grandes dimensões. **3**. Cobertura e piso de concreto armado. · Dim. irregular: *lajota*. → **lajeado** ou **lajedo** (ê) *sm* (pavimento coberto de lajes); **lajeamento** *sm* [ato ou efeito de lajear(-se)]; **lajear(-se)** *v* [cobrir(-se) de lajes], que se conjuga por *frear*; **lajota** *sf* (dim. irregular de *laje*; pequena laje, muito usada em calçamentos).

la.ma¹ *sf* **1**. Matéria pegajosa, de consistência pastosa, resultante da mistura de terra e água, que ocorre no solo após uma chuva ou no fundo de rios, lagos, lagoas, etc.; lodo: *o carro ficou preso na lama*. **2**. *Fig*. Acusação abusiva e maliciosa, geralmente relacionada com corrupção; difamação: *tentaram lançar lama em um homem impoluto; a oposição atira lama em todo o mundo, tentando beneficiar-se*. → **lamaçal** *sm* (lugar onde há muita lama; atoleiro); **lamacento** *adj* (**1**. cheio de lama: *terreno lamacento*; **2**. sem. a lama ou da sua natureza); **lameirão** *sm* (extenso trecho de terra coberto de lama); **lameiro** *sm* (terra onde há alguma lama). ·· **Viver na lama**. Viver de modo miserável.

la.ma² *sm* Monge budista do Tibete e da Mongólia.

lam.ba.da *sf* **1**. Pancada dada com objeto flexível (chicote, relho, etc.); lambrada. **2**. Sova, surra: *pais estão proibidos de dar lambadas em seus filhos, por mais traquinas que sejam*. **3**. *Fig*. Repreensão severa; descompostura, pito, sabão: *levou uma lambada do chefe por ter cometido esse erro*. **4**. *Pop*. Gole de bebida alcoólica. **5**. *Pop*. Música de origem caribenha, de ritmo agitado e dança bastante sensual, surgida na década de 1980. **6**. Essa dança.

lam.ban.ça *sf* **1**. Qualquer coisa que se pode lamber ou comer. **2**. *Pop*. Trabalho malfeito, matado ou sujo; serviço porco: *marceneiro que só faz lambança*. **3**. *Pop*. Besteira grande; cagada: *o centroavante aproveitou a lambança da zaga e fez o gol*. **4**. *Pop*. Sujeira: *ele faz a maior lambança quando come*. **5**. *Pop*. Trapaça no jogo. **6**. *Fig*. Tumulto, confusão: *o jogo terminou em lambança*. **7**. *Pop*. Conversa mole; lero-lero, estória: *não me venha com outra lambança!*

lam.bão *adj* e *sm* **1**. Que ou aquele que come muito; guloso. **2**. Que ou aquele que se lambuza, ao comer. **3**. Que ou aquele que executa mal seu trabalho; matão. **4**. Que ou aquele que não faz nada sem se sujar. · Fem.: *lambona*.

lam.ba.ri *sm* Pequeno peixe fluvial, também conhecido como *piaba*.

lamb.da *sm* Décima primeira letra do alfabeto grego, correspondente ao nosso **L**.

lam.be-lam.be *s2gên* Fotógrafo(a) ambulante e de rua. · Pl.: *lambe-lambes*.

lam.ber *v* **1**. Passar a língua sobre: *o cão lambeu o dono; lamber sorvete*. **2**. Comer com voracidade; devorar: *as crianças lamberam o prato*. **3**. *Pop*. Tentar agradar de forma exagerada; bajular: *ela vive lambendo o patrão*. **4**. *Fig*. Ser condescendente demais: *ela lambe demais os filhos*. **5**. *Fig*. Destruir rapidamente; consumir: *o fogo lambeu a casa em minutos*. → **lambeção** ou **lambição** *sf* (bajulação); **lambida** ou **lambidela** *sf* (ato ou efeito de lamber); **lambido** *adj* (**1**. que recebeu lambida; **2**. *pop*. diz-se de cabelo excessivamente liso; **3**. diz-se de obra de arte exageradamente retocada; **4**. *pop*. embriagado, mamado).

lam.bis.car *v* Provar ou beliscar (comida): *você não tem apetite, porque vive lambiscando na cozinha*. → **lambiscada** *sf* (ato ou efeito de lambiscar uma vez); **lambisco** *sm* (pequena porção de comida).

lam.bis.goi.a (ói) *sf* **1**. Mulher antipática, afetada, arrogante, presunçosa. **2**. Mulher atrevida, sem educação nem compostura. **3**. Pessoa feia, sem graça e geralmente magra. **4**. Pessoa intrometida, enxerida e mexeriqueira.

lam.bo.ra.da *sf Pop*. Lambada (1).

lam.bre.ta (ê) *sf* **1**. Motoneta em que o condutor dirige como se estivesse sentado numa cadeira, com os pés juntos e à frente do corpo, *scooter*. **2**. *Pop*. Molusco de carne muito apreciada. **3**. Essa carne. → **lambretista** *adj* e *s2gên* (que ou pessoa que dirige lambreta).

lam.bri ou **lam.bril** *sm* Revestimento de madeira, estuque, mármore, etc., aplicado em paredes ou tetos. → **lambrisamento** *sm* (ato ou efeito de lambrisar); **lambrisar** *v* (revestir com lambris).

lam.bu.jem ou **lam.bu.ja** *sf* **1**. Pequena vantagem concedida em jogo, aposta, etc. **2**. Aquilo que se dá (dinheiro, prazo, etc.) além do combinado.

lam.bu.zar ou **en.lam.bu.zar** *v* Emporcalhar ou sujar (princ. de algo pegajoso ou de alimento gorduroso): *lambuzar as mãos de graxa*. → **lambuzada** *sf* (ação, ato ou efeito de lambuzar); **lambuzeira** *sf* (sujeira, imundície, porcaria).

la.men.tar *v* **1**. Sentir ou expressar profunda dor ou pesar por: *lamentar uma morte*. **2**. *P.ext*. Afligir-se profundamente por: *lamentar uma derrota*. **lamentar-se 3**. Queixar-se com prantos, gritos e outras mostras de dor: *ela se lamenta de ter casado tão jovem*. → **lamentação** *sf* [ato ou efeito de lamentar(-se)]; **lamentável** *adj* (**1**. digno de lamento ou muita tristeza; infeliz, funesto: *acidente aéreo lamentável*; **2**. *fig*. inaceitável, inadmissível: *é lamentável que numa democracia não se tenha liberdade de expressão*; **3**. *pop*. de má qualidade; ruim, ordinário, vagabundo: *carro de lamentável acabamento*); **lamento** *sm* (**1**. pranto prolongado, acompanhado de gemidos e gritos; **2**. sentimento e expressão de profunda dor, pesar, mágoa, desgosto).

lamer [ingl.] *s2gên* **1**. No jargão dos *hackers*, pessoa que, mesmo sem ter conhecimentos avançados de informática, tenta se fazer passar por *hacker* no meio entendido. **2**. Pessoa que finge ser o que não é. **3**. Pessoa que se comporta de maneira estúpida ou mal-educada num grupo de discussão ou bate-papo, na rede mundial. **4**. Pessoa que copia o código-fonte do criador, sem a permissão deste, modifica-o e alardeia que é o autor do trabalho, burlando os direitos autorais do criador. · Pl.: *lamers*. · Pronuncia-se *lêimâr*.

lâ.mi.na *sf* **1**. Chapa fina, geralmente de metal. **2**. Parte de aço de certos instrumentos com gume. **3**. Pequena placa de vidro, usada em laboratórios, para exames microscópicos. → **laminação** *sf* (**1**. ação de laminar um metal, laminagem; **2**. estabelecimento onde se laminam metais); **laminado** *adj* (**1**. sem. a lâmina; **2**. composto de lâminas; **3**. diz-se de chapa metálica obtida por laminação) e *sm* (**1**. essa chapa; **2**. folha de madeira compensada); **laminador** (ô) *adj* e *sm* (que ou o que lamina) e *sm* (máquina laminadora de metais ou de papéis); **laminagem** *sf* [laminação (1)]; **laminar** *v* (reduzir a lâminas; chapear); **laminoso** (ô; pl.: ó) *adj* (que tem lâminas).

lâm.pa.da *sf* Globo ou tubo de vidro com um fio de metal ou gás que se acende, para iluminar. → **lampadário** *sm* (lustre com várias lâmpadas; candelabro).

lam.pa.ri.na *sf* **1**. Pequeno recipiente (copo, xícara, tigela, etc.) com líquido iluminante (óleo, querosene, álcool, etc.), no qual se flutua um disco de cortiça com um pavio encerado e fixo que, aceso, alumia. **2**. Esse disco.

lam.pei.ro *adj* **1**. Irrequieto, assanhado: *crianças lampeiras*. **2**. Que revela agilidade e desembaraço; ágil e decidido: *ela entrou no carro novo e partiu toda lampeira*. **2**. Apressado, açodado: *o centro de São Paulo e sua gente lampeira*. **3**. Diz-se daquele que fala alto e gesticula muito: *os italianos são pessoas lampeiras por natureza*. **4**. Diz-se de fruto que dá fora do tempo próprio; temporão, lampo. → **lampo** *adj* [lampeiro (4)].

lam.pe.jo (ê) *sm* **1**. Clarão muito ligeiro; fulgor instantâneo. **2**. *Fig*. Instante de algo brilhante ou digno de aplauso: *num lampejo de bondade, doou algum para o orfanato*. → **lampejante** *adj* (que lampeja); **lampejar** *v* (brilhar como o relâmpago), cujas formas têm sempre o *e* tônico fechado.

lam.pi.ão *sm* Lanterna, portátil ou não, que gera luz mediante o uso de algum combustível (gás ou querosene).

la.mú.ria *sf* Queixa frequente ou sem fim; queixume. → **lamuriador** (ô) *adj* e *sm* (que ou aquele que lamuria); **lamuriante, lamuriento** ou **lamurioso** (ô; pl.: ó) *adj* (cheio de lamúrias: *viúva lamuriosa*); **lamuriar(-se)** *v* [queixar-se ou lamentar-se (de): *os lavradores lamuriam a forte geada; eles (se) lamuriam da forte geada*].

lan.ça *sf* Arma ofensiva ou de arremesso, formada de uma longa haste de madeira com ponta perfurante de metal. → **lançada** *sf* ou **lançaço** *sm* (golpe dado com lança); **lancear** *v* (golpear ou ferir com lança), que se conjuga por *frear*; **lanceiro** *sm* (**1**. fabricante de lanças; **2**. soldado de cavalaria, armado de lança); **lanceolado** ou **lanceolar** *adj* (sem. a ponta de lança).

lan.ça-cha.mas *sm2núm* Arma portátil que serve para lançar chamas contra o inimigo.

lan.ça-per.fu.me *sm* Bisnaga de vidro ou de metal na qual há líquido perfumado sob pressão, usada antigamente no carnaval. · Pl.: *lança-perfumes*.

lan.çar *v* **1**. Atirar com força, arremessar: *lançar dardos*. **2**. Arrojar: *lançar o corpo para a frente*. **3**. Escriturar nos livros competentes: *lançar despesas e receitas*. **4**. Apresentar, levantar: *lançar uma candidatura*. **5**. Exibir, apresentar: *lançar uma telenovela*. **6**. Pôr à venda, depois de editado: *lançar um livro*. **7**. Atirar ou chutar a bola com alguma precisão: *Gérson lançava Jairzinho: gol!* **lançar-se 8**. Atirar-se: *lancei-me nos braços dela*. **9**. Arriscar-se: *lançar-se a empresas de vulto*. **10**. Desaguar, desembocar: *o rio Tietê se lança no rio Paraná*. **11**. Começar; pôr-se: *lançar-se a chorar*. → **lançamento** *sm* [**1**. ato ou efeito de lançar(-se); lance (1); lanço (1); **2**. ato de dar a conhecimento público pela primeira vez; **3**. coisa (mercadoria) dada a conhecimento público; **4**. passe de longa distância a um atacante que avança para o gol adversário; **5**. escrituração em livro comercial; **6**. parte de uma escada compreendida entre dois patamares sucessivos; lanço (3)]; **lance** *sm* [**1**. lançamento (1); **2**. risco, perigo; **3**. caso ou situação difícil; tempos de crise; **4**. passagem de qualquer ato notável; **5**. jogada esportiva; **6**. sequência, renque; **7**. lanço (2)]; **lanço** *sm* [**1**. lançamento (1); **2**. oferta de quantia em leilão; lance (7); **3**. lance (6)].

lan.cha *sf* **1**. Pequena embarcação motorizada, com cobertura permanente, para a proteção dos passageiros. **2**. Pequena embarcação que os navios conduzem e é empregada no seu serviço. **3**. *Pop*. Calçado muito grande e deformado pelo uso. **4**. *Pop*. Pé grande e espalmado.

lan.cha-tor.pe.dei.ra *sf* Torpedeiro. · Pl.: *lanchas-torpedeiras*.

lan.che *sm* **1**. Refeição ligeira entre o almoço e o jantar; merenda. **2**. Qualquer pequena quantidade de alimento que alguém leva consigo ou que se toma rapidamente, merenda. → **lanchar** *v* (**1**. comer como lanche; **2**. comer lanche); **lancheira** *sf* (maleta usada para levar lanche); **lanchonete** *sf* (casa onde se servem lanches, geralmente no balcão).

lan.ci.nan.te *adj* **1**. Diz-se particularmente da dor aguda, como se fosse uma fisgada ou punhalada interna. **2**. *Fig*. Que causa muita aflição ou tormento; aflitivo, cruciante, pungente: *sofrimento lancinante; remorsos lancinantes*. → **lancinar** *v* (**1**. fazer sofrer por dores fortes e repetidas; **2**. *fig*. atormentar persistentemente; obcecar: *a ideia da morte o lancina*).

langue [fr.] *sf* Sistema linguístico que compreende vocabulário, gramática e pronúncia, partilhado por membros de uma comunidade (em oposição a *parole*). · Pronuncia-se *lânghe*.

lân.gui.do *adj* **1**. Que está definhando ou em absoluta fraqueza física; fraco, abatido: *ficou deprimido e lânguido por semanas, depois da cirurgia*. **2**. Lento, preguiçoso, vagaroso: *prosseguiram em ritmo lânguido; respiração lânguida; nadar em lânguidas braçadas*. **3**. Que não mostra nenhuma animação ou interesse; desanimado, apático, desinteressante: *mantínhamos por horas conversas lânguidas, sem cansar*. **4**. Propício à indolência ou inatividade; muito tranquilo; agradável, relaxante: *era um dia quente e lânguido de verão*. **5**. *Fig*. Voluptuoso, sensual: *garota de andar lânguido*. **6**. *Fig*. Suave, doce: *sentí uma lânguida brisa*. → **languidez** (ê) *sf* ou **langor** (ô) *sm* (fraqueza física; falta de atividade, de energia ou de dinamismo); **languescer** *v* (enfraquecer, definhar).

lan house [ingl.] *loc sf* Loja de informática, onde se alugam computadores por hora, para acessar a Internet e entreter-se com jogos eletrônicos. · Pl.: *lan houses*. · Pronuncia-se *lã ráus*.

la.ní.fe.ro ou **la.ní.ge.ro** *adj* **1**. Que tem lã. **2**. Que produz ou cria lã.

la.ni.fí.cio *sm* **1**. Manufatura de lã, fábrica de artigos de lã. **2**. Peça de lã já fabricada.

la.no.li.na *sf* Substância gordurosa extraída da lã do carneiro, usada em sabonetes, pomadas e cosméticos.

lan.te.jou.la ou **len.te.jou.la** *sf* **1**. Plaquinha cintilante que se costura com outras no vestuário, com fins decorativos. **2**. *P.ext*. Qualquer pequeno objeto ou partícula brilhante. → **lantejoular** ou **lentejoular** *v* [**1**. guarnecer (vestuário) de lantejoulas ou lentejoulas; **2**. cintilar como lantejoula].

lan.ter.na *sf* **1**. Lâmpada elétrica portátil, alimentada por pilha. **2**. Dispositivo luminoso de veículos automóveis, bicicletas, motos, etc. // *sm* **3**. *Pop*. Lanterninha (2). → **lanterninha** *sf* (lanterna pequena) e *sm* [**1**. agremiação, equipe, clube, etc. que fica em último lugar em qualquer competição ou disputa; lanterna (3); **2**. *pop*. pessoa que nas casas de espetáculos (cinema, teatro, etc.) acompanha os assistentes a seus lugares, portando uma pequena lanterna; vaga-lume].

la.nu.gem *sf* Qualquer pelo fino semelhante à lã. → **lanugento** ou **lanuginoso** (ô; pl.: ó) *adj* (que tem lanugem ou que é sem. a lanugem).

Laos *sm* País do sudeste asiático, de área pouco menor que a do estado de São Paulo. → **laosiano** ou **laociano** *adj* e *sm*.

la.pa *sf* **1**. Cavidade em rochedo; gruta. **2**. Grande pedra ou laje que forma um abrigo para pessoas e animais. → **lapedo** (ê) *sm* (lugar cheio de lapas).

La Paz *loc sf* Capital e a maior cidade da Bolívia. → **pacenho** *adj* ou **pacense** *adj* e *s2gên*.

la.pe.la *sf* Parte anterior e superior de um casaco, voltada para fora.

la.pi.dar *adj* **1**. Relativo a lápide ou que nela está gravado: *monumento lapidar; inscrição lapidar*. **2**. *Fig*. Claro e conciso; curto e grosso: *sobre a contratação de jogadores, o presidente do clube foi lapidar: não temos dinheiro*. **3**. Excelente, primoroso, perfeito: *apresentação lapidar de um artista*. // *v* **4**. Apedrejar ou matar a pedradas: *no Irã lapidam adúlteras*. **5**. Polir, burilar (pedra preciosa). **lapidar(-se) 6**. *Fig*. Aperfeiçoar(-se); polir(-se); refinar(-se): *lapidar um texto; o professor lapida o conhecimento do aluno*. → **lapidação** *sf* [ato ou efeito de lapidar(-se): *a lapidação de um diamante; a lapidação de um texto; a lapidação de uma adúltera*]; **lapidaria** *sf* (**1**. arte de lapidar; **2**. oficina de lapidário); **lapidária** *sf* (ciência das inscrições lapidares); **lapidário** *adj* (rel. a inscrições em lápides) e *sm* (artista que lapida pedras preciosas); **lápide** *sf* (**1**. pedra com inscrição comemorativa; **2**. lousa que cobre túmulo).

lá.pis *sm2núm* **1**. Instrumento cilíndrico e fino de madeira, que contém no centro um estilete de grafita ou creiom, usado para escrever ou desenhar. **2**. *P.ext*. Qualquer instrumento semelhante, para desenhar, riscar ou escrever. · Aum.: *lapisão*. → **lapisada** *sf* (traço feito a lápis); **lapisar** *v* (escrever ou desenhar a lápis); **lapiseira** *sf* (**1**. estojo onde se guardam lápis; **2**. espécie de caneta com ponta de grafita).

lap.so *sm* **1**. Espaço ou intervalo de tempo. **2**. Erro ou deslize geralmente involuntário e de tipo corriqueiro. **3**. Falha. **4**. Quebra no prosseguimento de alguma coisa; pausa.

laptop [ingl.] *sm* Microcomputador portátil tão pequeno, que pode ser usado no colo do digitador. · Pl.: *laptops*. · Pronuncia-se *lép-tóp*.

la.quê *sm* Produto com que se vaporizam os cabelos para fixação do penteado.

la.que.ar *v* **1**. Cobrir (móveis) com laca. **2**. Pintar (móveis) com tinta de esmalte. **3**. Ligar (artéria ferida ou cortada), para evitar hemorragia. **4**. Fazer a ligadura de: *laquear as tubas*. · Conjuga-se por *frear*. → **laqueação** *sf* ou **laqueadura** *sf* (cirurgia que consiste no fechamento dos canais das tubas, para evitar a fecundação; ligadura de tubas).

lar *sm* **1**. Local onde se vive permanentemente, como membro de uma família; habitação da família: *deixou o lar ainda adolescente*. **2**. *Fig*. Núcleo familiar; família: *ele vem de um lar amoroso; temos um lar feliz; filhos de um lar desfeito*. **3**. *Fig*. Habitat: *essa ilha é o lar de muitas espécies em extinção*. **4**. O próprio país; pátria: *depois de lutarem na Itália, os pracinhas voltaram ao lar vitoriosos*. **5**. Instituição destinada a pessoas que necessitam de cuidados especiais: *lar de idosos*.

la.ran.ja *sf* **1**. Fruto da laranjeira. // *sm* **2**. Cor amarelo-avermelhada, característica desse fruto. // *adj* **3**. Diz-se dessa cor. **4**. Que tem essa cor: *carros laranja*. **5**. *Pop*. Inexistente, fantasma: *contas laranja*. // *adj* e *sm* **6**. *Fig*. Que ou pessoa que é ingênua e serve como meio de ações praticadas por gente esperta: *traficantes laranja*. (Como se vê, nas acepções 4, 5 e 6 não varia.) → **laranjada** *sf* (refresco de laranja); **laranjal**

sm (pomar de laranjas); **laranjeira** *sf* (árvore cujo fruto é a laranja).

la.rá.pio *sm* Ladrão, gatuno. → **larapiar** *v* (furtar, surrupiar).

lar.do *sm* **1**. Toucinho em tiras; *bacon*. **2**. *Pop*. Carne cortada em tiras. **3**. *Fig*. Pitada: *falou com um lardo de ironia*.

la.rei.ra *sf* Vão aberto na parede, ao nível do chão, que se comunica com a parte inferior de uma chaminé, no qual se acende fogo, para constituir-se em fonte de calor, a fim de aquecer ambientes internos, em dias de frio intenso. ·· **Lareira ecológica**. Biolareira.

lar.gar *v* **1**. Soltar (o que estava preso ou seguro): *ela chegou e já foi largando os pacotes de compra*. **2**. Abandonar, deixar: *largar a namorada*. **3**. Perder de vista, desviar-se, afastar-se: *meus olhos não largavam aquela linda mulher*. **4**. Dizer, proferir: *larguei uma piada de mau gosto*. **5**. Desferir, dar: *larguei-lhe um tapa*. **6**. Deixar, parar, largar mão: *largue de ser bobo!* **larga** *sf* (**1**. ato ou efeito de largar; **2**. liberdade, folga); **largada** *sf* (arrancada inicial de qualquer corrida competitiva; saída). ·· **À larga**. **1**. À vontade. **2**. Sem maiores preocupações, à sombra e com água fresca.

lar.go *adj* **1**. Grande em extensão de lado a lado: *rio largo*. **2**. Que tem uma certa largura; de largura maior que a normal: *ombros largos*. **3**. Folgado: *calça larga*. **4**. *Fig*. Notável, excelente: *homem de larga cultura*. **5**. Amplo, vasto, enorme: *ter larga experiência num assunto*. **6**. *Pop*. De muita sorte: *um goleiro largo*. // *sm* **7**. Pequena praça, formada muitas vezes pelo alargamento de uma rua em certo trecho. · Antôn. (1 e 2): *estreito*; (3): *justo*. → **largueza** (ê) ou **largura** *sf* (qualidade de largo).

la.rin.ge *sm* ou *sf* Órgão essencial na produção da voz, situado adiante da faringe. → **laríngeo** ou **laringiano** *adj* (rel. ou pert. a laringe); **laringite** *sf* (inflamação da laringe).

lar.va *sf* Primeira fase de vida de um inseto, logo depois que sai do ovo. → **larval, larvar** ou **larvário** *adj* (rel. a larva).

la.sa.nha *sf* Prato da cozinha italiana que consiste em tiras largas de massa em camadas superpostas, entremeadas com um recheio, geralmente de carne moída, queijo, molho e presunto.

las.ca *sf* **1**. Estilhaço ou fragmento de qualquer coisa dura (pedra, metal, madeira, etc.). **2**. Pequeno pedaço ou porção; fatia. → **lascar** *v* [**1**. partir em lascas; rachar; **2**. tirar lasca(s) de: lascar uma tábua; **3**. dar, desferir: *cavalo que lasca muitos coices*]; **lascar-se** *v* (sair-se mal; danar-se, ferrar-se, estrepar-se: *acho que me lasquei na prova*).

las.ci.vo *adj* **1**. Diz-se daquele que gosta demais dos prazeres do sexo; libidinoso. **2**. Que expressa forte desejo sexual; que estimula a libido; lúbrico, sensual: *olhar lascivo*. → **lascívia** *sf* (qualidade ou caráter de lascivo).

laser [ingl.] *sm* **1**. Dispositivo que gera um feixe de luz extremamente intenso, altamente concentrado e com um comprimento de onda precisamente definido, usado em comunicações, medicina, processos industriais, engenharia, etc. **2**. Esse feixe de luz: *os lasers foram descobertos em 1960*. // *adj* **3**. Diz-se desse feixe de luz: *raios laser*. (Como se vê, neste caso não varia.) · Pl.: *lasers*. · Pronuncia-se *lêizâr*. (Trata-se de acrônimo: *light amplification by stimulated emission of radiation* = amplificação de luz por emissão estimulada de radiação.)

las.so *adj* **1**. Gasto pelo uso: *chinelos lassos*. **2**. Meio solto; frouxo, folgado, suxo: *nós lassos*. **3**. Cansado, alquebrado: *cabos lassos*. **4**. *Fig*. Cansado, alquebrado: *cabos lassos operários*. (Não se confunde com *laço*.) → **lassear** *v* (tornar(-se) lasso), que se conjuga por *frear*; **lassidão** *sf* (estado de lasso).

las.tex (x = ks) *sm* V. **elastex**.

lás.ti.ma *sf* **1**. Sentimento de dor e tristeza profundas; compaixão, dó, pena. **2**. Pessoa ou grupo de pessoas que só causa decepções e frustrações: *essa nossa classe política é uma lástima!* → **lastimar** *v* (**1**. sentir ou expressar profunda compaixão ou muita tristeza por; deplorar: *lastimo a sorte desse rapaz*; **2**. causar profunda compaixão ou muita tristeza em: *essa miséria toda me lastima*); **lastimar-se** *v* (queixar-se muito: *ele se lastima por não ter podido salvar o rapaz do afogamento*); **lastimável** ou **lastimoso** (ô; pl.: ó) *adj* (digno de lástima; deplorável: *é lastimável a situação dos moradores de rua*).

las.tro *sm* **1**. Qualquer material pesado carregado por navio ou veículo, para dar-lhe estabilidade. **2**. *P.ext*. Qualquer contrapeso. **3**. *Fig*. Base, fundamento. **4**. Reserva em ouro mantida pelo Banco Central para garantir o valor da moeda do país. → **lastração** *sf* ou **lastreamento** *sm* (ato ou efeito de lastrar ou lastrear); **lastrar** ou **lastrear** *v* (**1**. pôr lastro em; **2**. aumentar o peso de, tornando mais estável, mais firme), que se conjuga por *frear*.

la.ta *sf* **1**. Chapa fina, feita de ferro e estanho. **2**. Pequena caixa feita com essa chapa. **3**. Conteúdo dessa caixa. · Col. (2): *lataria*. ·· **Na lata** (pop.). Na hora; imediatamente; na bucha: *Respondi à pergunta na lata*. → **latão** *sm* [**1**. aum. reg, de *lata*; lata grande; **2**. liga de cobre e zinco; **3**. qualquer artigo feito dessa liga (tacho, bacia, etc.)]; **lataria** *sf* (**1**. grande quantidade de latas; **2**. gêneros alimentícios encerrados em lata; enlatado; **3**. parte do automóvel feita com chapas metálicas; carroceria).

lá.te.go *sm* Chicote comprido, que estala, ao bater. → **lategada** *sf* (pancada com látego).

la.te.jar *v* Pulsar, palpitar: *o ferimento dói e lateja*. · O e continua fechado durante a conjugação, que só ocorre nas terceiras pessoas. → **latejante** *adj* (que lateja); **latejo** (ê) *sm* (pulsação, palpitação).

la.ten.te *adj* **1**. Que existe potencialmente dentro de uma pessoa ou coisa; potencial: *garota de talento latente para a dança*. **2**. Não manifesto; oculto: *tumor latente*. **3**. *Fig*. Subentendido: *isso está latente na lei*. **4**. *Fig*. Disfarçado, dissimulado: *um criminoso latente*. → **latência** *sf* (**1**. qualidade ou estado do que está latente: *os botões de flores foram da latência à floração completa em questão de dias*; **2**. em informática, tempo que leva para os dados serem transferidos entre a fonte original e o destino, medido em milissegundos).

la.te.ral *adj* **1**. Relativo, pertencente ou situado ao lado: *ruas laterais*. **2**. *Fig*. Sem importância; secundário, acessório, marginal: *questões laterais se discutem depois*. // *sf* **3**. Redução de *linha lateral*, linha que demarca os lados de um campo de futebol ou de uma quadra esportiva. // *sm* **4**. No futebol, infração que ocorre quando a bola transpõe essa linha. **5**. Arremesso com as mãos, para repor a bola em jogo, após tal infração. // *s2gên* **6**. Jogador(a) do sistema de defesa que atua do lado direito ou do lado esquerdo do campo, mais na defesa que no ataque, ao contrário do ala. → **lateralidade** *sf* (condição de ser ou estar de lado).

lá.tex (x = ks) *sm2núm* **1**. Líquido branco, leitoso, que escorre do tronco de algumas plantas, com o qual se faz a borracha. **2**. Produto sintético semelhante a esse líquido, usado em pinturas, adesivos e em vários produtos de borracha sintética. **3**. Pintura feita com esse produto.

la.ti.cí.nio *sm* **1**. Alimento derivado do leite. **2**. Tudo o que se refere à indústria do leite.

la.ti.do *sm* Grito de cachorro; ladrido.

la.ti.fún.dio *sm* Fazenda de milhares de hectares, não explorada convenientemente. → **latifundiário** *adj* (rel. a latifúndio) e *sm* (dono de latifúndio).

la.tim *sm* Língua indo-europeia falada pelo povo que habitava a antiga Roma. → **latinismo** *sm* (palavra, expressão ou construção própria do latim); **latinista** *adj* e *s2gên* (especialista em latim).

la.ti.no *adj* e *sm* **1**. Natural ou habitante do Lácio, região em que fica a cidade de Roma. // *adj* **2**. Composto em latim: *versos latinos*. **3**. Relativo à antiga Roma, seu povo ou sua cultura. **4**. Relativo às línguas que se desenvolveram do latim, como o português, o italiano, o francês, o espanhol, o romeno etc., ou aos povos que falam essas línguas. **5**. Relativo aos povos, países ou culturas da América Latina; latino-americano. // *sm* **6**. Membro ou indivíduo de qualquer povo latino. → **latino-americano** *adj* [latino (5)] e *sm* (aquele que é natural de qualquer país da América Latina), de pl. *latino-americanos*.

la.tir *v* Soltar a voz (o cão); ladrar.

la.ti.tu.de *sf* **1**. Distância angular, medida em graus, norte ou sul do equador: *a ilha está localizada a 40 graus de latitude norte*. **2**. *Fig*. Liberdade de ação ou de escolha: *o presidente tem ampla latitude para definir seu ministério; é um sistema que permite latitude aos eleitores*. · Antôn.: *longitude*. → **latitudinal** *adj* (rel. a latitude).

la.to *adj* **1**. Largo, amplo, vasto: *ter lato conhecimento de latim*. **2**. Que deve ser compreendido em sentido mais abrangente. · Antôn.: *restrito*.

la.tri.na *sf* **1**. Privada precária e de uso comum, como a de acampamentos. **2**. *P.ext*. Vaso sanitário. → **latrinário** *adj* (rel. a latrina).

la.tro.cí.nio *sm* Roubo seguido de morte da vítima. → **latrocida** *adj* e *s2gên* (rel. ou pessoa que comete latrocínio); **latrocinar** *v* (cometer latrocínio contra).

lau.da *sf* **1**. Cada lado de uma folha de papel. **2**. Folha de papel encadernada, impressa ou em branco; página. **3**. Cada uma das folhas de um original a ser publicado, escritas de um só lado, que pode ter de 1.250 a 2.100 caracteres, incluindo os espaços e sinais de pontuação. **4**. Em cinema, rádio e televisão, cada uma das páginas de um *script* ou roteiro.

lau.dê.mio *sm* Pagamento que o proprietário de um imóvel à venda deve fazer ao proprietário com direito real (p. ex., na venda de imóveis situados na orla marítima, que originariamente pertencem à União).

lau.do *sm* **1**. Parecer de perito (juiz, médico, etc.), exposto em peça escrita e muito bem fundamentado. **2**. Documento que contém esse parecer.

lau.rel *sm* **1**. Coroa de louros com que se premiavam os poetas; láurea. **2**. Prêmio, galardão. **3**. Homenagem, preito. → **láurea** *sf* [laurel (1)]; **laureado** *adj* e *sm* (que ou aquele que obteve um prêmio num concurso; premiado) e *adj* (aplaudido, festejado).

lau.to *adj* **1**. Abundante, farto, generoso: *ofereceram-nos um lauto jantar.* **2**. Deslumbrante, esplêndido, magnífico: *público merecedor de um lauto espetáculo.* · Antôn. (1): *modesto*; (2): *comum, simples.*

la.va *sf* Rocha em fusão que chega à superfície terrestre saída geralmente de um vulcão. → **lávico** *adj* (rel. a lava ou que a contém: *velocidade lávica; solo lávico*).

la.van.da *sf* Água-de-colônia perfumada com alfazema.

la.va-pés *sm2núm* Cerimônia em que o sacerdote lava na Quinta-Feira Santa os pés de doze pessoas, para recordar o mesmo gesto de Cristo, na última ceia com os apóstolos.

la.var *v* **1**. Limpar, usando água ou outro líquido, geralmente com sabão, detergente, alvejante, etc.: *lavar as mãos*. **2**. Dar banho em, fazer a higiene corporal de; banhar: *lavar as crianças*. → **lavabo** *sm* [pequeno banheiro social, com lavatório e vaso sanitário; lavatório(3)]; **lavada** *sf* [**1**. lavagem (1); **2**. *pop.* goleada, chocolate]; **lavadeira** *sf* (mulher que lava roupa por profissão); **lavadora** (ô) *sf* (máquina elétrica e automática, para lavar roupa, louça, etc.); **lavagem** *sf* [**1**. ato ou efeito de lavar; lavada (1); **2**. quantia gasta numa lavada; **3**. pagamento da lavada; **4**. *pop.* restos de comida que se dão aos porcos]; **lavanderia** *sf* (estabelecimento ou parte de casa, hotel, convento, etc. onde se lava e passa roupa); **lava-rápido** *sm* (instalação com equipamentos adequados para a lavagem de veículos; lava a jato; de pl. *lava-rápidos*; **lavatório** *sm* (**1**. pia onde se lavam princ. as mãos e o rosto; **2**. bancada de banheiro com todos os seus acessórios; **3**. lavabo).

la.vor (ô) *sm* **1**. Trabalho manual, artesanal, feito geralmente com desenhos, entalhes, etc. **2**. Produto desse trabalho. → **lavorar** *v* (fazer lavores em).

la.vrar *v* **1**. Cultivar ou beneficiar (terra) preparando para plantar. **2**. Preparar: *lavrar madeira*. **3**. Fazer ornatos ou lavores em: *lavrar colchas*. **4**. Lapidar: *lavrar diamantes*. **5**. Gravar, inscrever: *lavrar um epitáfio*. **6**. Registrar por escrito: *lavrar atas*. **7**. Cunhar: *lavrar moedas*. → **lavoura** *sf* (**1**. preparo da terra para o plantio; lavra; **2**. terra lavrada e cultivada; lavra; **3**. plantação: *lavoura de milho*); **lavra** *sf* [**1**. ato ou efeito de lavrar; lavragem, lavramento; **2**. lavoura (1 e 2); **3**. terreno de que se extrai ouro ou diamante; **4**. trabalho de extração de tais minérios]; **lavradio** *adj* (próprio para ser lavrado); **lavrado** *adj* (**1**. que se lavrou; cultivado; **2**. escrito em atas, livros de registro, etc.) e *sm* (**1**. terra lavrada; **2**. campo muito extenso e aberto, sem árvores nem arbustos; **3**. área ou região onde se lavrou ouro ou diamante); **lavrador** (ô) *adj* e *sm* (agricultor); **lavragem** *sf* ou **lavramento** *sm* [lavra (1)]; **lavratura** *sf* (ação de lavrar escrituras, atas, etc.).

la.xan.te ou **la.xa.ti.vo** *adj* e *sm* Que ou medicamento que apressa o esvaziamento do intestino, combatendo a prisão de ventre: *essa planta tem um poderoso efeito laxante.*

layout [ingl.] *sm* V. **leiaute**.

layover [ingl.] *s2gên* Passageiro(a) de linha aérea que recebe hospedagem, quando ocorre algum problema em solo, que impeça a aeronave de partir. · Pl.: *layovers*. · Pronuncia-se *lei-ôuvâr*.

la.za.ren.to *adj* e *sm* **1**. Que ou aquele que tem muitas chagas; chaguento. **2**. Hanseniano, leproso, morfético. **3**. *Pop.Pej.* Que ou aquele que é repulsivo, deplorável, execrável; morfético: *treinador lazarento*. → **lázaro** *sm* [o que tem muitas chagas; lazarento (1)].

la.zei.ra *sf* **1**. Revés da fortuna; grande infelicidade; desgraça, desdita, azar. **2**. Carência alimentar; fome. **3**. Hanseníase, lepra.

la.zer (ê) *sm* **1**. Tempo livre que a pessoa tem para fazer tudo o que deseja, sem nenhuma preocupação; folga, ócio.

2. Atividade que se faz por gosto e como descanso físico e espiritual; passatempo, entretenimento.

LCD *sf* Sigla inglesa de *liquid crystal display* = tela de cristal líquido, monitor de tela plana feito de uma série de células contendo cristais líquidos que se alinham para bloquear ou transmitir luz, em resposta a uma corrente elétrica: *qual a diferença entre uma LCD e um OLED?* (Usa-se tela de LCD, ou adjetivamente: *tela LCD, TV LCD, tecnologia LCD*, etc.) · Pl.: *LCDs*. · Pronuncia-se *éL ci di* (à inglesa) ou *ele cê dê* (à portuguesa).

LDL *sm* Sigla inglesa de *low-density lipoprotein* = lipoproteína de baixa densidade, popularmente conhecida como *mau colesterol.* · Pl.: *LDLs*. · Pronuncia-se *éL di éL* (à inglesa) ou *ele dê ele* (à portuguesa). · V. **HDL**.

le.al *adj* **1**. Diz-se daquele que observa com rigor os princípios e normas que norteiam a honra e a probidade em relação a outrem, sendo incapaz de praticar um ato que prejudique ou traia amigos, companheiros ou superiores, correspondendo plenamente à confiança nele depositada: *ser leal aos colegas; os ministros têm de ser leais ao presidente*. **2**. Firme ou inabalável em alguma coisa: *ser leal à sua fé, a seus ideais*. · Antôn. (1): *desleal, traiçoeiro*; (2): *inconstante, inseguro*. → **lealdade** *sf* (qualidade de ser leal: *fazer juramento de lealdade a seu líder*).

le.ão *sm* **1**. Mamífero felídeo de grande juba, considerado o rei dos animais, por seu tamanho; força e imponência. (Voz: *rugir, urrar*.) **2**. *Fig.* Homem de grande força e coragem. **3**. *Pop.* Pessoa muito brava: *quando soube disso, ele virou um leão!* **Leão 4**. Constelação e signo do zodíaco. **5**. *Pop.* Serviço de arrecadação do imposto de renda; imposto de renda: *anda na linha, senão o Leão te pega!* · Fem.: *leoa*. · Dim. erudito: *leônculo*. · V. **leonino**. · **Leão de chácara** (pop.). Porteiro ou segurança de casas de diversões noturnas. · **Leão do mar**. Lobo do mar (v. em **lobo**.)

le.ão-ma.ri.nho *sm* Lobo-marinho, urso-do-mar. · Pl.: *leões-marinhos*.

leasing [ingl.] *sm* **1**. Contrato de aluguel de bens móveis, com opção de compra ao seu final e com desconto do que já foi pago. **2**. Prazo ou duração desse contrato. **3**. Bem ou bens usados mediante os termos desse contrato. · Pl.: *leasings*. · Pronuncia-se *lízin*.

le.bre *sf* **1**. Mamífero herbívoro semelhante ao coelho, mas de tamanho maior, muito tímido e veloz, de lábio superior bastante fendido. (Voz: *chiar, guinchar*.) **2**. Iguaria feita com a carne desse animal. · Macho filhote: *lebracho*; macho adulto: *lebrão*, de pl. *lebrões*.

le.ci.o.nar *v* **1**. Dar lições de; ensinar: *leciono línguas*. **2**. Exercer o magistério; trabalhar como professor profissional; ensinar: *quem leciona luta para sobreviver; quem dá chutes a uma bola vive faustosamente*.

le.gal *adj* **1**. Relativo à lei, ou conforme a lei, ou fundado na lei: *dispositivo legal; ato legal; imigrante legal; governo legal*. **2**. Relacionado com a lei: *ele tem muitos problemas legais*. **3**. Conforme às regras estabelecidas: *o gol foi legal; a pesca aqui é legal*. **4**. *Pop*. Muito bom; excelente. → **legalidade** *sf* (qualidade do estado do que é legal, do que é determinado por lei); **legalismo** *sm* [observância rigorosa à lei, à Constituição, ou a um determinado código (religioso, moral, etc.)]; **legalista** *adj* (rel. a lei) e *adj* e *s2gên* (que ou pessoa que, em épocas revolucionárias, apoia o governo legalmente constituído ou combate por ele); **legalização** *sf* (ato ou efeito de legalizar); **legalizar** *v* (tornar legal; autorizar ou sancionar por lei).

le.gar *v* **1**. Enviar (alguém) na qualidade de legado: *o governo legou um representante para a assembleia*. **2**. Deixar como legado; transmitir: *legou bons exemplos aos filhos*. → **legação** *sf* (**1**. ação de legar; **2**. representação diplomática de categoria imediatamente inferior a embaixada; **3**. sede dessa representação; **4**. pessoal dessa representação); **legado** *sm* [**1**. representante oficial do Papa; núncio apostólico; **2**. enviado governamental para tratar de negócios relativos a uma legação (2); **3**. qualquer bem ou valor deixado a alguém por meio de testamento; **4**. o que uma geração transmite a outra; herança].

le.gen.da *sf* **1**. Inscrição de moeda, medalha, etc. **2**. Inscrição em mapa, projeto, etc. que explica o significado dos símbolos usados. **3**. Pequeno texto explicativo de uma foto ou gravura, geralmente abaixo ou ao lado dela. **4**. Letreiro que reproduz em vernáculo a fala dos personagens nos filmes. **5**. Lenda (1). **6**. Relato da vida de santos. → **legendário** *adj* [**1**. rel. a legenda; **2**.

que se transformou em lenda; que ficou na história; lendário; **3**. coleção de legendas (6)].

legging [ingl.] *sm* Meia-calça grossa, espécie de *fuseau*, utilizada em atividades esportivas ou casuais. · Pl.: *leggings*. · Pronuncia-se *léghin*.

le.gi.ão *sf* **1**. A maior unidade do antigo exército romano. **2**. Grande unidade militar, especialmente treinada para combate; pequeno exército; corpo de tropas. **3**. *Fig.* Multidão de pessoas. **4**. *Fig.* Grande quantidade de anjos ou de demônios. → **legionário** *adj* (rel. ou pert. a legião) e *sm* (membro de uma legião).

le.gi.fe.rar *v* **1**. Estabelecer ou criar leis; legislar: *legiferar sobre medicina legal*. **2**. Estabelecer ou promulgar regras: *quem se mete a legiferar sobre assunto que mal conhece só pode sair-se mal*. → **legiferação** *sf* (ação ou efeito de legiferar); **legífero** *adj* e *sm* (que ou aquele que elabora leis; legislador).

le.gis.lar *v* **1**. Decretar, determinar, estabelecer, formular (regras, leis, princípios, etc.): *o estatuto do clube legisla que é proibido o uso de biquínis sumários nas suas dependências*. **2**. Fixar, estabelecer ou decretar leis, normas ou princípios: *legislar sobre o que não entende*. **3**. Decretar ou formular leis: *o Congresso é que legisla, o judiciário apenas julga*. → **legislação** *sf* (**1**. ato de legislar; **2**. conjunto das leis de um país ou de uma determinada área de atuação: *a legislação trabalhista*); **legislador** (ô) *adj* e *sm* (que ou aquele que legisla, que tem o poder de estabelecer leis; legífero) e *sm* (membro de órgão legislativo); **legislativo** *adj* (**1**. rel. a lei ou que tem poder de legislar: *poder legislativo*; **2**. que tem força de lei: *medida legislativa*) e *sm* (poder legislativo); **legislatura** *sf* (tempo durante o qual os legisladores exercem seu mandato); **legista** *adj* e *s2gên* (**1**. especialista em leis; **2**. que ou profissional da área de medicina legal que realiza necropsias, para investigar a causa da morte das pessoas; médico-legista ou médica-legista).

le.gí.ti.mo *adj* **1**. De acordo com a lei ou com a praxe; legal: *herdeiro legítimo; governo legítimo; gol legítimo; rei legítimo*. **2**. Nascido do matrimônio ou de pais legalmente constituídos. **3**. Autêntico, verdadeiro, genuíno, puro: *uísque legítimo*. **4**. Justo, justificado: *reclamação legítima; vitória legítima; o medo de uma guerra nuclear é legítimo*. **5**. Que tem lógica; que procede: *teoria legítima*. **6**. Que é o mais indicado ou o mais capaz de conseguir algo: *ele é um candidato legítimo à medalha de ouro nas Olimpíadas*. **7**. Válido, razoável, sensato: *sua preocupação é legítima*. · Antôn. (1 e 2): *ilegítimo*; (3): *falsificado, adulterado*; (4): *injusto, injustificado*; (5): *ilógico, improcedente*. → **legitimação** *sf* [ato ou efeito de legitimar(-se)]; **legitimar(-se)** *v* [tornar(-se) ou declarar(-se) legítimo]; **legitimidade** *sf* (qualidade ou condição de legítimo).

le.gí.vel *adj* **1**. Fácil de ler: *letra grande, legível*. **2**. Que merece ser lido: *a Bíblia é legível pelo cristão; o livro é longo, mas legível*. **3**. Facilmente perceptível: *a dor da perda do ser amado era legível em seu rosto*. · Antôn.: *ilegível*. → **legibilidade** *sf* (qualidade ou estado de legível).

lé.gua *sf* Medida de distância, equivalente no Brasil a 6.600m. ·· **A léguas**. A grande distância: *Em inteligência, ela está a léguas do marido*.

le.gue.lhé ou **le.ga.lhé** *s2gên* Pessoa sem nenhuma importância ou expressão social; pé de chinelo, joão-ninguém, mequetrefe.

le.gu.lei.o *sm* **1**. Advogado sem diploma, apegado à letra da lei. **2**. Mau advogado; rábula.

le.gu.me *sm* **1**.Vagem (de leguminosas: feijão, soja, ervilha, lentilha, alfafa, acácia, etc.). **2**. Hortaliça cujas partes comestíveis são frutos (chuchu, quiabo, tomate, maxixe, pepino, pimentão, jiló), caules (aipo, aspargo), sementes (ervilha, lentilha, milho verde) ou tubérculos e raízes (beterraba, cenoura, nabo, rabanete, aipim, batata, cará, inhame), comidos crus ou cozidos. → **leguminário** *adj* (rel. a legume); **leguminosa** *sf* [espécime das leguminosas, família de plantas cujos frutos são vagens (feijão, ervilha, lentilha, etc.)]; **leguminoso** (ô; pl.: ó) *adj* (que frutifica em vagem); **legumista** *adj* e *s2gên* (**1**. especialista em plantas leguminosas; **2**. que ou pessoa que semeia e cultiva legumes).

lei *sf* **1**. Sistema de regras de conduta e de direitos dos cidadãos, emanado do poder legislativo: *os tribunais existem para defender, interpretar e aplicar a lei*. **2**. Controle exigido pela existência desse sistema: *a medida draconiana foi necessária para manter a lei e a ordem pública*. **3**. Agente legal; polícia: *quando viu que a situação começou a piorar, ele convocou a lei*. **4**. Processo natural em que um determinado evento ou coisa sempre leva a um determinado resultado, quando existem as mesmas condições: *as leis da natureza; leis de Newton; a lei da gravidade*. **5**. *Fig.* Ordem, determinação, imposição: *a palavra dele é lei*. ·· **Lei de Murphy**. Princípio de que se é possível dar errado, vai dar errado: *Meu ônibus sempre se atrasa, mas hoje, quando me atrasei, ele chegou na hora certa – essa é a lei de Murphy*. (Pronuncia-se *mârfi*.)

lei.au.te *sm* **1**. Esboço ou rascunho de um trabalho gráfico de material publicitário ou editorial que se apresenta em detalhes, para ser submetido a apreciação do cliente; boneco. **2**. Em informática, plano que deverá ser utilizado para desenvolver um conteúdo na Internet, como blogues, *sites*, etc. **3**. *Fig.* Disposição ou arranjo físico dos elementos num ambiente: *gostei do novo leiaute da loja; o leiaute deste apartamento é bom, mas a cozinha é muito pequena*.

lei.go *adj* e *sm* **1**. Que ou aquele que não pertence ao clero. // *adj* **2**. Relativo aos leigos. **3**. Que ignora ou desconhece completamente certo assunto; laico: *o livro foi escrito em linguagem simples, voltada para o público leigo; sou leigo em física quântica*. **4**. *Fig.* Diz-se de pessoa que em rigor não pertence a determinada profissão, porque nela não foi formado, mas a exerce circunstancialmente: *professor leigo; juiz leigo*. → **leiguice** *sf* (ato ou dito de leigo).

lei.lão *sm* **1**. Venda pública de bens ou de objetos a um interessado que maior lanço oferece; hasta pública. **2**. Venda pública, geralmente em festas, de quaisquer mercadorias, através de leiloeiro. → **leiloamento** *sm* (ato ou efeito de leiloar); **leiloar** *v* (vender ou apregoar em leilão), que se conjuga por *abençoar*; **leiloeiro** *sm* (condutor, promotor ou organizador de leilão).

leish.mâ.nia *sf* Protozoário parasita transmitido ao homem e aos animais pela picada da fêmea do inseto hospedeiro desse protozoário. → **leishmaniose** *sf* (infecção da pele, das fossas nasais e da faringe, causada pela picada desse inseto). · Pronuncia-se *lichmânia* e *lichmaniózi*, respectivamente.

lei.tão *sm* **1**. Filhote de porco; bácoro. (Voz: *bacorejar, cuinchar, grunhir*.) **2**. Prato preparado com a carne desse animal. → **leitoa** (ô) *sf* (**1**. fem. de *leitão*; **2**. prato preparado com a carne desse animal); **leitoada** *sf* (refeição que tem por única ou principal iguaria leitões assados).

lei.te *sm* **1**. Líquido branco segregado princ. pelas glândulas mamárias da fêmea dos mamíferos, que serve para alimentação de seus filhotes. **2**. Esse mesmo líquido, usado na alimentação humana. **3**. Qualquer líquido semelhante. · V. **lactário**, **lácteo**, **lactobacilo**, **lactose** e **laticínio**. → **lactase** ou **lactase** *sf* (enzima intestinal, essencial para a digestão do leite; sua deficiência provoca sintomas gastrintestinais de intensidades variáveis); **lactescente** *adj* (**1**. que apresenta um suco leitoso; **2**. branco como o leite); **láctico** *adj* (rel. a leite; lácteo: *produtos lácticos*); **leiteira** *sf* (recipiente em que se serve o leite à mesa ou no qual se ferve o leite); **leiteiro** *adj* (**1**. rel. a leite e seus derivados; **2**. que produz, contém ou transporta leite) e *sm* (vendedor ou entregador de leite); **leiteria** *sf* (**1**. estabelecimento que vende leite e produtos lácteos; **2**. depósito de leite); **leitoso** (ô; pl.: ó) *adj* (que tem a cor ou a consistência do leite; lácteo). ·· **Leite longa vida**. Leite pasteurizado que vem em caixa de papelão e se conserva por muito mais tempo (até seis meses) que o leite comum, vendido em sacos plásticos (quatro dias).

lei.to *sm* **1**. Cama. **2**. Fundo de rio, lago, etc. **3**. Superfície aplainada de caminho, rua, estrada, etc.: *o carro saiu do leito carroçável*.

lei.tor (ô) *adj* e *sm* Que ou aquele que lê ou que tem o hábito de ler: *leitor de jornal*. // *sm* **2**. Funcionário de uma editora que lê originais enviados por um autor e dá seu parecer a respeito da qualidade do seu conteúdo e da viabilidade comercial de sua publicação. **3**. Funcionário que lê e registra dados de medidores: *é preciso facilitar a entrada do leitor da companhia de energia elétrica*. **3**. Dispositivo eletrônico, capaz de ler, decodificar e reproduzir som, imagem ou dados armazenados num suporte: *leitor de CDs*. **4**. Em informática, dispositivo ou *software* usado para ler ou obter dados armazenados em fitas, cartões e outras mídias.

lei.tu.ra *sf* **1**. Ato ou efeito de ler: *a leitura de uma revista, de uma partitura musical*. **2**. Aquilo que se lê: *gostar de leituras leves*. **3**. Hábito de ler: *a leitura estimula a imaginação*. **4**. Conhecimento obtido de livros ou da literatura: *pessoa de pouca leitura*. **5**. Dados mostrados por um medidor: *a leitura do relógio de luz é feita a cada mês*. **6**. *Fig.* Modo de ver; interpretação: *fiz uma leitura do jogo diferente da sua*. · V. **releitura**.

le.lé *adj* e *s2gên Pop.* Que ou pessoa que é doida, maluca; biruta: *um rapaz do tipo lelé não pode casar com minha filha.* (Muitos usam *lelé da cuca.*)

le.ma *sm* **1**. Em lógica, proposição preliminar que facilita a comprovação de uma tese. **2**. *Fig.* Frase breve escolhida para expressar os objetivos, ideais ou crenças de um político, grupo, família, nação, etc.; slogan: *elegeu-se sob o lema "O Brasil acima de tudo, Deus acima de todos"*. **3**. *Fig.* Norma de procedimento; princípio de comportamento: *ser honesto deveria ser o lema de todo político.* → **lemático** *adj* (rel. a lema).

lem.brar *v* **1**. Fazer voltar à memória: *você lembra o telefone dela?* **2**. Não se esquecer de: *lembre que somos pó!* **3**. Ter muita semelhança com: *ele lembra o pai em tudo.* **4**. Advertir, observar: *lembrei-lhes que amanhã é o meu aniversário.* **lembrar-se 5**. Ter lembrança, recordar-se: *lembro-me de tudo; lembra-se de mim?* · Antôn.: *esquecer.* → **lembrança** *sf* [**1**. ato ou poder de lembrar(-se); recordação: *tenho vaga lembrança dela*; **2**. objeto que faz lembrar algo agradável, prazeroso, ou característico de um lugar, que se vende a turistas como recordação de suas viagens; presente, suvenir: *quando foi ao Maracanã, guardou o canhoto do ingresso como lembrança*; **3**. qualquer recurso que sirva para auxiliar a memória; lembrete] e *sfpl* (cumprimentos, saudações, recordações: *mandei lembranças a meu tio, que mora no interior*); **lembrete** (ê) *sm* [**1**. lembrança (3); **2**. *pop.* censura leve; admoestação, repreensão].

le.me *sm* Peça larga e chata da parte traseira de barco, navio, avião ou dirigível, destinada a dar-lhes direção.

len.ço *sm* Pequeno pedaço de tecido, geralmente de forma quadrangular, usado para a higiene nasal, asseio do rosto ou com propósitos decorativos. · Aum. irregular: *lençalho*.

len.çol *sm* **1**. Grande peça retangular de algodão ou de outro tecido, usada como artigo de cama, por cima do colchão e sob o cobertor. **2**. Depósito natural de água, petróleo, etc. existente no subsolo. **3**. Lance no futebol em que um jogador passa a bola sobre o corpo do adversário em pé, dominando a bola novamente por trás ou do lado dele; chapéu.

len.da *sf* **1**. História que tem mais de maravilhoso que de verdadeiro, criada pela imaginação popular e passada de pais a filhos, ao longo do tempo; legenda (5). **2**. Coleção dessas histórias; lendário. **3**. *Pop.* Conversa mole; lero-lero, estória. → **lendário** *adj* [**1**. rel. a lenda; **2**. próprio de lenda; **3**. que tem o caráter de lenda; **4**. legendário (2)] e *sm* [lenda (2)].

len.ga-len.ga *sf* Qualquer discurso, conversa ou exposição oral longa, monótona e fastidiosa. · Pl.: *lenga-lengas*. (A 6.ª ed. do VOLP não registra o plural desta palavra.) → **lengalengar** *v* (fazer lenga-lenga), que não tem registro na 6.ª ed. do VOLP, mas consta em bons dicionários.

le.nha *sf* **1**. Madeira cortada em pedaços, para ser queimada no fogo; madeira em pedaços, utilizada como combustível: *quem tem lareira precisa de lenha.* **2**. *Pop.* Surra, sova, tunda: *menino desobediente, antigamente, entrava na lenha.* **3**. *Fig.* Qualquer coisa muito difícil, que exige grande esforço: *ganhar desse time é lenha!* **4**. *Pop.* Crítica contundente; pau: *jornalista que não conhece ortografia merece lenha.* → **lenhar** *v* (cortar lenha); **lenharia** *sf* (**1**. estabelecimento que vende lenha; **2**. grande quantidade de lenha acumulada). ·· **Meter** (ou **Baixar**) **a lenha em alguém**. Criticá-lo veementemente; falar mal dele; dar-lhe pau. ·· **Ter ainda muita lenha pra queimar**. Ter muita energia a gastar ou muito tempo a desfrutar ainda na vida; viver por longos anos.

le.nho *sm* **1**. Tronco de árvore, limpo de galhos e ramos. **2**. Parte dura do caule, pela qual passa a seiva; xilema. **3**. *Fig.* Qualquer embarcação de pequeno ou médio porte. → **lenhoso** (ô; pl.: ó) *adj* (duro como o lenho). ·· **Santo lenho**. Cruz em que Cristo foi crucificado.

le.ni.men.to *sm* Qualquer coisa que suaviza dores físicas ou morais; lenitivo, alívio. (Não se confunde com *linimento*.)

le.ni.ti.vo *adj* e *sm* **1**. Que ou droga que suaviza dores. // *sm* **2**. Alívio: *uma boa piada é um lenitivo para qualquer tristeza*.

le.no.cí.nio *sm* Crime contra os costumes que consiste em estimular, explorar, favorecer ou facilitar a prostituição.

len.te *sf* **1**. Peça curva de vidro ou de outra substância transparente, usada geralmente na correção de defeitos da visão. **2**. Qualquer peça análoga, como a que influi nas ondas sonoras, radiação eletromagnética, etc. **3**. Combinação de duas ou mais dessas peças, às vezes com outros dispositivos óticos (como prismas), usada em fotografia. // *s2gên* **4**. Antigamente, professor(a) do ensino médio ou do ensino superior. (O termo foi usado até 1911, quando se deu a reforma do ensino.) · Dim. erudito (1 a 3): **lenticular**. → **lenticular** *adj* (rel. a lente).

len.te.jou.la ou **lan.te.jou.la** *sf* Pequena palheta, geralmente metálica, circular e com um orifício central (por onde se enfia a linha), usada para bordar tecidos.

len.ti.gem *sf* ou **len.ti.go** *sm* Pequena mancha acastanhada que aparece na pele das pessoas, geralmente causada por longas exposições ao sol; sarda. → **lentiginoso** (ô; pl.: ó) *adj* (cheio de lentigens: *rosto lentiginoso*).

len.ti.lha *sf* **1**. Planta leguminosa, cujas vagens contêm sementes comestíveis. **2**. Essa semente, rica em proteína.

len.to *adj* **1**. Moroso, vagaroso: *trânsito lento; os trens brasileiros são lentos.* **2**. Que exige algum tempo; demorado, prolongado: *passar por um tratamento lento; morte lenta; digestão lenta.* **3**. Pausado, fraco, espaçado: *caminhar a passos lentos; pulso lento.* **4**. Pouco intenso; fraco, brando, baixo: *fogo lento.* **5**. Mentalmente pouco ágil; lerdo: *aluno lento; raciocínio lento.* **6**. Não agudo: *doença lenta.* // *adj* e *sm* **7**. Que ou peça musical que se executa em movimento vagaroso. // *adv* **8**. Em música, com andamento vagaroso. · Antôn. (1): *rápido, ligeiro.* → **lentidão** *sf* (qualidade de lento), de antôn. *rapidez*.

le.o.ni.no *adj* **1**. Relativo, pertencente ou semelhante a leão. **2**. Próprio de leão ou que lembra o leão. **3**. *Fig.* Relativo a qualquer dos papas chamados Leão. // *adj* e *sm* **4**. Que ou aquele que nasceu sob o signo de Leão.

le.o.par.do *sm* Mamífero felídeo carnívoro, de grande porte (1,5m), feroz, muito ágil e veloz, de cor amarelada com manchas negras, irregularmente circulares, encontrado na África e na Ásia. (Voz: *bramar, framir, rugir*.)

lé.pi.do *adj* **1**. De movimentos rápidos; ágil, ligeiro: *os gatos são animais lépidos*. **2**. Espirituoso, alegre, jovial: *era um avô muito lépido, que divertia a todos.* · Antôn. (1): *lerdo, vagaroso;* (2): *triste, carrancudo.* → **lepidez** (ê) *sf* (qualidade de lépido).

le.po.ri.no *adj* **1**. Relativo a lebre ou próprio dela. **2**. *Fig.* Diz-se do lábio fendido, como o da lebre.

le.pra ou **le.pro.se** *sf* Denominação antiga da hanseníase, doença infectocontagiosa, causada pelo bacilo de Hansen, que afeta a pele ou os nervos. → **leprosário** *sm* (hospital ou colônia de leprosos); **leproso** (ô; pl.: ó) *adj* (rel. a lepra) e *adj* e *sm* (que ou aquele que tem lepra; hanseniano; lazarento).

lep.tos.pi.ro.se *sf* Doença infecciosa aguda, transmitida por contato com a urina princ. de ratos. → **leptospirótico** *adj* (rel. a leptospirose ou que é acometido por ela).

le.que *sm* **1**. Abano manual provido de varetas, usado para se refrescar. **2**. *Fig.* Conjunto ou variedade de coisas abstratas: *crianças e adultos têm um leque de opções de divertimento na Disneyworld.* · V. **flabelado**.

ler *v* **1**. Ser capaz de entender o significado de (palavras escritas ou impressas, símbolos, sinais, etc.): *ler hieróglifos.* **2**. Tomar conhecimento do conteúdo de (um texto) pela leitura: *ler jornal, revista.* **3**. Enunciar em voz alta (um texto escrito), para levar a conhecimento de outrem: *ler um manifesto durante uma passeata.* **4**. Perceber, sentir, reconhecer, notar: *leio só falsidade nos seus olhos.* **5**. Interpretar mentalmente para encontrar implicações: *ler os lábios de alguém.* **6**. Prever ou tentar prever; pressagiar: *ler o futuro pelas linhas das mãos.* **7**. Obter conhecimento pela leitura: *as crianças já estão lendo muito bem.* · V. **leitor** e **leitura**. → **lida** *sf* (leitura ligeira: *dei uma lida no jornal*); **lido** *adj* (**1**. que se leu; **2**. que leu muito; culto, instruído; **3**. versado, entendido).

LER *sf* Acrônimo de lesão por esforço repetitivo, mal do mundo moderno, caracterizado por lesões nos tecidos, em razão de trauma numa determinada área de tecido mole (princ. tendões e bainhas sinoviais). Afeta princ. pessoas que trabalham em digitação, pintura, composição tipográfica e com ferramentas manuais ou vibráteis. · Pronuncia-se *lér*.

ler.do *adj* Sem agilidade física ou mental; lento. · Antôn.: *ágil.* → **lerdeza** (ê) ou **lerdice** *sf* (qualidade ou característica de lerdo; lesmice), de antôn. *agilidade*.

le.ro-le.ro *sm* Conversa mole para boi dormir; papo-furado, nhem-nhem-nhem, estória: *não me venha com lero-lero!* · Pl.: *lero-leros*.

le.sa-gra.má.ti.ca *sf* Desrespeito às normas gramaticais. · Pl.: *lesas-gramáticas*.

le.são *sf* **1**. Ato ou efeito de lesar. **2**. Contusão, pancada. → **lesado, lesionado** ou **leso** *adj* (que sofreu lesão; contundido); **lesar** *v* [**1**. causar lesão; contundir, lesionar; **2**. prejudicar os interesses de; **3**. causar prejuízo a, prejudicar]; **lesional** *adj* (rel.

L

405

a lesão); **lesionar** *v* [lesar (1)]; **lesivo** *adj* (que causa prejuízo; prejudicial: *o desmatamento é uma atividade lesiva ao meio ambiente*).

le.sa-pá.tria *sf* Desrespeito aos símbolos e valores maiores da pátria. · Pl.: *lesas-pátrias*.

lés.bi.ca ou **lés.bia** *sf* Mulher que sente atração sexual ou afetiva por outras mulheres; mulher homossexual. → **lesbianismo** *sm* (prática ou relacionamento sexual entre mulheres; homossexualismo feminino); **lesbiano**, **lésbico** ou **lésbio** *adj* (diz-se desse tipo de homossexualismo).

les.ma (ê) *sf* **1.** Molusco pegajoso que vive nos lugares úmidos, de locomoção lenta e de rastro viscoso. // *sm* **2**. *Fig.Pej.* Pessoa lerda, lenta, indolente, vagarosa. → **lesmice** *sf* (lentidão, moleza, lerdice).

Lesoto (ô) *sm* País do sul da África, de área equivalente à do estado de Alagoas. → **lesotense** *adj* e *s2gên* ou **lesoto** (ô) *adj* e *sm*.

les.te ou **es.te** *sm* Ponto cardeal onde nasce o Sol; oriente, nascente. · Abrev.: **L** (sem ponto). · Antôn.: *oeste*.

le.tal *adj* **1.** Que causa ou pode causar a morte. **2**. Relativo a morte; mortal, fatal. → **letalidade** *sf* (**1.** qualidade do que é letal: *a letalidade do cianeto*; **2**. quantidade de mortes; mortalidade: *a letalidade infantil no Nordeste continua alta*).

le.tão *adj* e *sm* V. **Letônia**.

le.tar.gi.a *sf* **1.** Sono patológico, profundo e duradouro, em que a pessoa parece ter morrido. **2**. *Fig.* Apatia profunda; falta de entusiasmo; desinteresse: *já se nota uma letargia no eleitor brasileiro*. **3**. *Fig.* Preguiça, indolência: *nem o ciclone bomba sacudiu os parlamentares de sua letargia*. → **letárgico** *adj* (**1**. rel. a letargia; **2**. *fig.* desinteressado, apático).

le.ti.vo *adj* Relativo a atividade escolar ou ao período de aprendizado nas escolas: *em fevereiro, os alunos retornam à vida letiva*; *dias letivos*; *ano letivo*.

Letônia *sf* País do nordeste da Europa, ex-república soviética (1940-1991), de área equivalente à dos estados do Rio de Janeiro e de Sergipe juntos. → **letão** *adj* e *sm*, de fem. *letã*; **lético** *adj* (rel. aos letões ou a sua língua) e *sm* (idioma letão).

le.tra (ê) *sf* **1.** Cada um dos símbolos gráficos utilizados na escrita das palavras; grafema. **2**. Texto composto em verso, para ser cantado. **3**. *Pop.* No futebol, lance caracterizado pelo toque sutil na bola, com um pé passando por detrás do outro. // *sfpl* **4**. Literatura. **5**. Curso superior onde se estudam línguas e suas literaturas, bem como matérias afins. · V. **literal** (1). → **letrado** *adj* (marcado com letras) e *adj* e *sm* (que ou aquele que tem uma sólida cultura, princ. literária); **letramento** *sm* (**1**. capacidade de um indivíduo de elaborar um texto coeso, coerente, lógico e entender aquilo que lê; condição ou qualidade de ser letrado; **2**. posse de educação e instrução; condição cultural, cultura); **letrar** *v* [**1**. conferir letramento a; colocar (um indivíduo) no mundo letrado; **2**. colocar letra em (música)]; **letrar-se** (**3**. adquirir letramento, tornar-se letrado); **letreiro** *sm* [**1**. anúncio em tabuletas, painéis, etc. feito em letras grandes, para chamar a atenção; **2**. inscrição, legenda; **3**. *lettering* (2)]; **letrista** *s2gên* (**1**. desenhista de letras; **2**. pessoa que compõe letras de música); **lettering** [ingl.] *sm* (**1**. arte ou técnica que consiste em criar e desenhar letras, palavras e mensagens, em vez de digitá-las ou escrevê-las; **2**. texto projetado em tela; letreiro: *o filme começa com o lettering "baseado em fatos reais"*), de pl. *letterrings* e pronúncia *léterin*.

léu *sm Pop.* Ausência de qualquer tipo de preocupação ou de vontade de trabalhar; ócio. · **Ao léu**. **1**. À toa, à vontade: *Viver ao léu*. **2**. À mostra; nu: *Ela vai à praia e deixa os seios ao léu*.

leu.ce.mi.a *sf* Doença maligna, silenciosa e progressiva, na qual a medula óssea e outros órgãos formadores de sangue produzem um número elevado de leucócitos imaturos ou anormais, que suprimem a produção de células sanguíneas normais, causando anemia e outros sintomas; câncer do sangue, da medula óssea ou do sistema linfático. → **leucêmico** *adj* (rel. a leucemia) e *adj* e *sm* (que ou aquele que tem leucemia).

leu.có.ci.to *sm* Glóbulo branco do sangue, responsável pela defesa do organismo. → **leucocítico** ou **leucocitário** *adj* (rel. ou pert. a leucócito).

le.va *sf* Grupo ou ajuntamento de pessoas ou coisas; multidão: *uma leva de convidados, de imigrantes*; *uma leva de cartas, de caixas*.

le.va.di.ço *adj* Que se levanta e abaixa facilmente; móvel: *ponte levadiça*. (Cuidado para não usar "elevadiça"!)

le.va.do *adj* Travesso, irrequieto: *menino levado*. · **Levado da breca**. Muito levado, impossível de aturar.

le.van.tar ou **a.le.van.tar** *v* **1**. Erguer de um plano inferior: *levantar uma criança nos braços*. **2**. Apanhar ou erguer do chão (o que está caído): *levantar um lenço*. **3**. Pôr em posição ereta; erguer: *levantar a cabeça*. **4**. Tornar mais alto: *levantar um muro*. **5**. Dirigir (os olhos, o olhar, a vista) para o alto: *quando levantei os olhos, vi aquela princesa na minha frente!* **6**. Construir, edificar: *levantar uma casa, um prédio*. **7**. Hastear, içar: *levantar velas*. **8**. Fazer sair da cama; acordar: *a babá levanta as crianças às 7h*. **9**. Fazer subir ao ar, espalhando: *o carro passou levantando muita poeira*. **10**. Aumentar ou elevar o volume de; erguer: *levantar a voz, o rádio*. **11**. Provocar, causar: *esse teu comportamento levanta muita dúvida*. **12**. Conseguir ou obter (dinheiro): *levantar uns trocados vendendo pipoca na rua*. **13**. *Fig.* Fazer efervescer: *uma vitória dessas levanta o moral do time*. **14**. Abolir, revogar, suspender: *levantar uma censura, um cerco*. **15**. Aventar, propor: *levantar uma dúvida*. **16**. Conquistar, alcançar: *levantar um campeonato*. **17**. Arrecadar: *levantar fundos para uma campanha*. **18**. Retirar, sacar: *levantar todo o depósito da caderneta de poupança*. **19**. No vôlei, alçar (a bola) para que outro jogador corte. **20**. Coligir ou coletar (dados, informações, etc.): *onde é que esse repórter levantou tantos dados a meu respeito?* **levantar-se 25**. Pôr-se de pé: *levante-se daí!* **26**. Sair da cama: *eu me levanto cedo*. · Antôn.: *baixar*. → **levantamento** *sm* [**1**. ato ou efeito de levantar(-se): *o levantamento de voz numa igreja é repreensível*; **2**. pesquisa ou estatística de algo: *fazer um levantamento do número de desempregados*; **2**. pesquisa: *fazer um levantamento de preços dos mantimentos*; **4**. ato de levantar ou suspender um cerco imposto a uma praça ou a uma cidade]; **levante** *sm* [**1**. ato de levantar(-se); **2**. lugar onde o Sol nasce ou se levanta; nascente, oriente, leste; **3**. agitação contra a autoridade constituída; rebelião).

le.var *v* **1**. Conduzir ou transportar (de um lugar para outro): *levar areia para a obra*. **2**. Conduzir ou guiar (de um lugar para outro): *levar as crianças à escola*. **3**. Apanhar: *levar um tapa*. **4**. Gastar, tomar ou consumir (tempo): *o trabalho levou anos*. **5**. Arrastar para longe: *a enxurrada levou toda a sujeira*. **6**. Ser portador de: *levar recados*. **7**. Ter capacidade, comportar: *este ônibus leva só 30 passageiros sentados*. **8**. Arrastar, impelir, induzir: *o que o levou a cometer o crime?* **9**. Ir ter, ir dar: *essa estrada leva a Salvador*. **10**. Apanhar sova ou levar surra: *o rapaz fez, e o irmão é que levou*. · Antôn. (1 e 2): *trazer*. · **Leva e traz. 1**. Indivíduo fuxiqueiro, mexeriqueiro, que aprecia causar inimizades entre pessoas ou deixando-as em maus lençóis. **2**. Fuxico; mexerico; fofoca: *São inúmeros os malefícios do leve e traz numa empresa*.

le.ve *adj* **1**. De pouco peso: *a pluma é leve*. **2**. Não pesado, em relação ao tamanho; fácil de carregar: *mala leve*. **3**. Muito pequeno; insignificante: *sofrer leves ferimentos num acidente*. **4**. Que não é difícil de fazer ou que não exige muita responsabilidade: *serviço leve*. **5**. De fácil digestão: *comida leve*. **6**. Sem gravidade ou importância: *contusão leve*; *falta leve*. · Antôn.: *pesado*. → **leveza** (ê) *sf* (qualidade do que é leve).

le.ve.do *sm* **1**. Fungo que produz fermentação ou cria um movimento de agitação e decomposição num corpo orgânico, ou, ainda, faz crescer massas farináceas; agente de fermentações; levedura (1): *levedo de cerveja*; *o levedo do pão*. **2**. Fermento, levedura (2). (Na acepção 1, a melhor prosódia é *lêvedo*, que não tem a preferência no Brasil.) → **levedado** *adj* (lêvedo); **levedar(-se)** *v* [tornar(-se) lêvedo]; **lêvedo** *adj* (que sofreu fermentação; fermentado, levedado: *leite lêvedo*) e *sm* [levedo (1)]; **levedura** *sf* [**1**. levedo (1); **2**. levedo (2)]. · **Levedo** (ou **Levedura**) **de cerveja**. Substância que contém proteínas ricas em aminoácidos, de alto valor biológico, a mais rica fonte de cromo que se conhece e ótima fonte de vitaminas do complexo B.

le.vi.a.no *adj* e *sm* **1**. Que ou aquele que age irresponsavelmente, sem pensar nas consequências daquilo que faz; que ou quem não tem seriedade. **2**. Que ou aquele que tem arroubos de infância; que ou aquele que é pueril. // *adj* **3**. Caracterizado pela irresponsabilidade ou pela falta de seriedade; irresponsável. → **leviandade** *sf* (**1**. qualidade de quem é ou foi leviano; falta de seriedade ou de responsabilidade; **2**. ato, dito ou comportamento leviano; insensatez).

le.vi.tar *v* **1**. Causar a ascensão ao ar e consequente flutuação de (pessoa ou coisa), em aparente desafio à lei da gravidade: *o mágico levitou a moça*. **levitar(-se) 2**. Ascender-se desse modo: *o corpo da moça (se) levitou*. → **levitação** *sf* (fenômeno segundo o qual certos seres se erguem do chão e se mantêm no ar sem nenhum apoio natural).

le.xe.ma (x = ks) *sm* Unidade fundamental do léxico de uma língua, também chamada *radical* e *semantema*. → **lexemático** (x = ks) *adj* (rel. a lexema).

lé.xi.co (x = ks) *sm* **1**. Conjunto das palavras de uma língua; vocabulário. **2**. Dicionário. // *adj* **3**. Relativo ou pertencente aos vocábulos de um idioma; lexical. → **lexical** (x = ks) *adj* (léxico); **lexicógrafo** (x = ks) *sm* (dicionarista).

LGBTQIA+ *sf* Sigla de *l*ésbica, *g*ay, *b*issexual, *t*ransexual, *t*ravesti e *t*ransgênero, *q*ueer, *i*ntersexual, *a*ssexual e outros (**+**).

lha.ma ou **la.ma** *s2gên* Mamífero ruminante da América do Sul, da família dos camelos.

lha.no *adj* **1**. Franco, verdadeiro: *amigos lhanos*. **2**. Simples, singelo, humilde, despretensioso, desafetado: *homem de lhano trato*. → **lhaneza** (ê) ou **lhanura** *sf* (qualidade de quem é lhano).

lhe *pron* equivalente de *a ele, a ela, a você, a si*.

lhe.gue.lhé (o **u** não soa) *s2gên* V. **lagalhé**.

lhu.fas *pron* Nada, coisa nenhuma: *ela disse que não entende lhufas de mecânica*.

li.a *sf* Escorralho, borra, fezes.

li.a.ça *sf* Qualquer material (palha, isopor, papel de jornal, etc.) que se interpõe entre produtos frágeis (vidros, cristais, porcelanas, etc.), para que não se quebrem no transporte.

li.am.ba *sf* Folhas secas de cânhamo; maconha.

li.a.me *sm* Elo, vínculo.

li.ba.ção *sf* **1**. Derramamento de vinho ou de outro líquido, em honra de uma divindade. **2**.*P.ext*. Esse líquido. **3**. *Fig*. Dose ou drinque de bebida alcoólica. **4**. Ato de beber esse drinque. → **libacionário** *adj* (rel. a libação).

Líbano *sm* Pequeno país do sudeste asiático, no mar Mediterrâneo, de área equivalente a meio Sergipe. → **libanês** *adj* e *sm*.

li.be.lo *sm* **1**. Em direito, exposição escrita e por artigos do que o autor intenta provar contra o réu. **2**. Texto escrito satírico ou difamatório, em que se imputa a alguém alguma ação ridícula ou indigna; panfleto. → **libelista** *s2gên* (pessoa que faz ou escreve libelos).

li.bé.lu.la *sf* Inseto de asas membranosas transparentes, que vive nas proximidades de águas, onde caçam pequenos insetos e põem suas larvas.

líber *sm* Tecido vivo das plantas vasculares, responsável pelo transporte e distribuição dos nutrientes orgânicos solúveis produzidos durante a fotossíntese para partes da planta, quando necessário; floema. → **liberiano** ou **liberino** *adj* (rel. ou pert. ao líber).

li.be.ral *adj* e *s2gên* **1**. Que ou pessoa que tem pontos de vista e mente abertos e é partidário da liberdade. // *adj* **2**. Relativo ao liberalismo ou característico de tal sistema. **3**. Que é amigo de dar; generoso. → **liberalidade** *sf* (**1**. qualidade ou estado de ser liberal, de estar aberto a novas ideias e livre de preconceitos; **2**. tendência para a generosidade); **liberalismo** *sm* (doutrina econômica, política e social que defende a liberdade em todos os campos); **liberalista** *adj* (rel. ao liberalismo) e *adj* e *s2gên* [que ou pessoa que é partidária do liberalismo]; **liberalização** *sf* [ato ou efeito de liberalizar(-se)]; **liberalizante** *adj* (que liberaliza ou tende a liberalizar: *medidas liberalizantes*); **liberalizar(-se)** *v* [tornar(-se) liberal ou mais liberal].

li.be.rar *v* **1**. Desprender, soltar, libertar: *minério que libera radiatividade*. **2**. Desobrigar, isentar: *liberar mercadorias na alfândega*. **3**. Declarar livre de ônus, multa ou apreensão: *o guarda liberou meus documentos*. **4**. Tornar disponível: *o gerente liberou o empréstimo*. **liberar-se 5**. Ver-se livre; livrar-se: *liberar-se de complexos, das drogas*. → **liberação** *sf* [ato ou efeito de liberar(se)].

li.ber.da.de *sf* **1**. Poder ou direito de agir, crer, locomover-se, falar ou pensar da forma que melhor convier, sem nenhum tipo de impedimento ou restrição; qualidade ou estado de ser livre. **2**. Independência, autonomia política: *lutou pela liberdade do seu país*. **3**. Libertação: *a polícia agiu, e todos os reféns ganharam sua liberdade*. **4**. Licença, permissão: *na escola, os alunos têm liberdade de entrar e sair da sala quando quiserem*. **5**.*P.ext*. Uso irrestrito de alguma coisa: *nosso cão fica feliz com a liberdade da casa quando estamos fora*. **6**. *Fig*. Iniciativa: *tomei a liberdade de dizer isso a ela*. // *sfpl* **7**. Intimidades sensuais: *ela não admite liberdades no namoro*. **8**. Familiaridade imprópria ou não autorizada; confiança, petulância, desrespeito: *não tolero certas liberdades; quem lhe deu essas liberdades de falar assim comigo?* · Antôn.

(1): *escravidão*. → **libertário** *adj* e *sm* (que ou aquele que é defensor intransigente da liberdade, princ. de pensamento e de comportamento: *educador libertário; os libertários permitem o casamento entre pessoas do mesmo sexo*) e *adj* (**1**. diz-se do que se funda em doutrinas preconizadoras da liberdade absoluta: *movimento libertário*; **2**. partidário do anarquismo; anarquista).

Libéria *sf* A mais antiga república negra da África, situada na costa ocidental, de área pouco maior que a do estado de Santa Catarina. → **liberiano** *adj* e *sm*.

li.be.ro *sm* Em futebol, zagueiro que joga à frente ou atrás da linha de defesa, sem obrigação de marcar nenhum adversário, apenas aproveitando sobras de bola ou cobrindo falhas de seus companheiros.

li.ber.tar *v* **1**. Dar liberdade a; liberar: *libertar passarinhos das gaiolas*. **2**. Desprender, soltar, liberar: *minério que liberta radiatividade*. **libertar-se 3**. Tornar-se independente ou soberano: *o Brasil se libertou de Portugal em 1822*. **4**. Ver-se livre; liberar-se: *libertar-se das drogas*. → **libertação** *sf* [ato ou efeito de libertar(-se)]; **libertador** (ô) *adj* e *sm* (que ou aquele que liberta); **liberto** *adj* e *sm* (que ou escravo que se libertou da escravidão) e *adj* [**1**. posto em liberdade; solto; **2**. livre, salvo (de qualquer dependência)].

li.ber.ti.no *adj* e *sm* **1**. Que ou aquele que vive uma vida moralmente irresponsável e sexualmente imoral; depravado, devasso. // *adj* **2**. Em que há libertinagem → **libertinagem** *sf* (modo de viver do libertino; depravação).

Líbia *sf* País do norte da África, de área equivalente à dos estados do Pará, Maranhão e Piauí juntos. → **líbio** *adj* e *sm*.

li.bi.di.no.so (ô; pl.: ó) *adj* e *sm* **1**. Que ou aquele que tem fortes e frequentes desejos sexuais, facilmente demonstrados em seu comportamento: *o libidinoso se torna um escravo abjeto do vício sexual*. // *adj* **2**. Caracterizado pelo excessivo desejo sexual ou pela libido; sensual: *imaginação libidinosa*. → **libidinosidade** *sf* (qualidade ou caráter de quem é libidinoso).

libido *sf* (apetite sexual: *usou a droga para aumentar a libido*).

libra *sf* **1**.Unidade monetária e moeda de vários países, princ. da Grã-Bretanha. **Libra 2**. Constelação e signo do zodíaco; Balança. → **libriano** *adj* e *sm* (que ou aquele que nasceu sob o signo de Libra).

li.bré *sf* **1**. Uniforme com botões e galões, usado por criados de casas nobres. **2**.*P.ext*. Qualquer vestuário padronizado; farda, uniforme. **3**. Traje masculino composto de calça e paletó; terno. **4**. *Fig*. Aparência exterior de uma pessoa; fachada: *pela libré, é um safado*.

li.bre.to (ê) *sm* Parte literária ou texto de uma ópera. → **libretista** *adj* e *s2gên* (que ou pessoa que compõe libreto).

li.ça *sf* **1**. Lugar reservado antigamente para lutas, torneios, corridas, etc. **2**.*P.ext*. Luta, briga, combate. **3**. *Fig*. Lugar onde se debatem questões importantes, como um parlamento. **4**. Peça de tear, semelhante a um pente fechado, feito de arame ou de cordão, para levantar os fios.

li.can.tro.pi.a *sf* **1**. Loucura em que o alienado acredita ser um lobo. **2**. Suposta transformação de uma criatura humana em lobo. → **licantropo** (ô) *sm* (**1**. alienado que sofre de licantropia; **2**. lobisomem).

lição *sf* **1**. Matéria ou ensinamento dado em uma sessão por um professor a um aluno, a uma classe ou a um auditório. **2**. Matéria destinada a estudo de quem quer aprender ou está aprendendo, com ou sem o auxílio de professor. **3**. Trabalho escolar que o professor passa para os alunos; tarefa escolar, deveres. **4**. Castigo, repreensão, punição: *o pai lhe deu uma lição, quando chegaram a casa*. **5**. Experiência; aprendizado: *que isso lhe sirva de lição!* **6**. Exemplo instrutivo; aviso moral: *a freira nos deixou uma lição de humildade*.

li.cen.ça *sf* **1**. Permissão formal de autoridade constituída para fazer determinada coisa: *teve licença de andar armado; licença de piloto*. **2**. Documento que atesta e garante essa permissão: *apresentou a licença aos policiais*. **3**.*P.ext*. Permissão ou autorização, oficial ou dada por quem de direito: *a exploração madeireira é permitida sob licença do Ibama; o aluno pediu licença para sair da sala*. **4**. Liberdade de um poeta, escritor ou artista de se desviar das regras da gramática, da métrica, etc.: *licença poética; licença artística*. **5**. Liberdade excessiva e indisciplinada, que constitui um abuso do direito de liberdade. **6**. Dispensa temporária do serviço, por algum motivo legal ou justo: *o fato se deu quando eu estava de licença*. → **licenciado** *adj* e *sm* (**1**. que ou aquele que tem licença para fazer alguma coisa); **2**. que ou aquele que recebeu o grau de licenciatura); **licenciamento** *sm* [**1**. ato ou efeito de licenciar(-se); licenciatura (1); **2.** obtenção, do departamento de trânsito, da placa numérica identificadora de veículo autorizado a trafegar]; **licenciando** *sm* (aquele que está prestes a licenciar-se); **licenciar** *v* (**1.** dar licença a; autorizar a dispensa de: *licenciar os empregados no Natal*; **2.** garantir a licença ou autorização para transitar a: *licenciar um veículo*); **licenciar-se** (**3.** tomar licença de autoridade competente para fazer alguma coisa: *licenciar-se para caçar, para desmatar*; **4.** concluir um curso superior: *licenciar-se em letras*); **licenciatura** *sf* [**1.** licenciamento (1); **2.** grau acadêmico obtido com a conclusão de um curso universitário que garante a seu titular um diploma de graduação); **3.** grau universitário que habilita o seu titular a ser professor em escolas de educação infantil, no ensino fundamental e no ensino médio: *o governo criou cursos de licenciatura curta*]. ·· **Licença parental.** Direito que consiste em os pais de recém-nascido ausentarem-se do trabalho, com remuneração garantida, para que possam realizar tarefas necessárias ao bem-estar da criança: *Aos poucos, os países estão substituindo a licença-maternidade pela licença parental compartilhada, onde os pais decidem quem ficará com o filho e durante quanto tempo com cada um.*

li.cen.ça-ma.ter.ni.da.de *sf* Licença que a mulher trabalhadora obtém por motivo de nascimento de filho, adoção, aborto não criminoso, fetos natimortos ou guarda judicial para fins de adoção. (Não se confunde com *salário-maternidade*.) · Pl.: *licenças-maternidade* ou *licenças-maternidades*.

li.cen.ça-pa.ter.ni.da.de *sf* Licença de até vinte dias concedida por lei a um pai, para que assista a mãe de seu filho recém-nascido. · Pl.: *licenças-paternidade* ou *licenças-paternidades*.

li.cen.ça-prê.mio *sf* Licença especial a que o funcionário público tem direito a cada cinco anos de trabalho sem faltas. · Pl.: *licenças-prêmio* ou *licenças-prêmios*.

li.cen.ci.o.so (ô; pl.: ó) *adj* e *sm* **1.** Que ou aquele que não tem disciplina moral ou ignora as restrições legais, princ. em matéria sexual. **2.** Que ou aquele que não observa ou despreza os padrões normais de comportamento, abusando da liberdade em seus usos e costumes, palavras e escritos. **3.** Que ou aquele que é contrário ao pudor, à decência; libertino, devasso, depravado. // *adj* **4.** Em que há indecência; indecente: *gesto licencioso*. → **licenciosidade** *sf* (qualidade de quem é licencioso; devassidão, libertinagem).

li.ceu *sm* **1.** Estabelecimento onde se ministra o ensino médio ou profissionalizante: *liceu de artes e ofícios*. **2.** Curso feito nesse estabelecimento: *você tem liceu?*

li.chi.a *sf* **1.** Árvore originária do sul da China, que dá frutos de sabor muito apreciado, além de madeira de boa qualidade; lichieira. **2.** Esse fruto, de polpa branca e suculenta, rico em fibras e vitamina C. **3.** Essa madeira. → **lichieira** *sf* [lichia (1)].

li.ci.tar *v* **1.** Dar ou cobrir lanço em leilão sobre: *o œique licitou duas telas de van Gogh*. **2.** Pôr em leilão: *os herdeiros licitaram todos os bens do falecido*. **3.** Submeter a concorrência pública, para se encontrar a melhor proposta de venda: *licitar a compra de material de escritório*. → **licitação** *sf* (**1.** ato ou efeito de licitar; **2.** parte do leilão em que se fazem as ofertas de preços, precedendo à arrematação, feita pelo preço mais elevado; **3.** concorrência para a escolha mais vantajosa de fornecedores de produtos ou serviços); **licitador** (ô) *adj* e *sm* ou **licitante** *adj* e *s2gên* (participante de licitação); **licitatório** *adj* (rel. a licitação).

lí.cito *adj* ou *sm* Que ou o que a lei não veda ou proíbe; que ou o que é permitido por lei: *as drogarias vendem drogas lícitas*; *é lícito bitributar um produto?* · Antôn.: *ilícito*. → **liceidade** ou **licitude** *sf* (qualidade de que é lícito), de antôn. *ilicitude*.

li.ço *adj* Cada um dos fios que levantam ou baixam os fios da urdidura, ao passar da lançadeira.

li.cor (ô) *sm* **1.** Bebida alcoólica forte, doce e altamente aromatizada. **2.** Conteúdo de um cálice dessa bebida. → **licoroso** (ô; pl.: ó) *adj* (que tem as propriedades do licor).

li.dar *v* **1.** Tratar, cuidar: *não lido com cobrança, só com pagamento*. **2.** Ter relacionamento muito próximo: *lidar com cães*. **3.** Relacionar-se convenientemente: *babá tem que saber lidar com crianças*. **4.** Mexer (para consertar ou reparar): *o mecânico lidou o dia inteiro no carro e não encontrou o defeito*. **5.** Lutar, labutar: *lido dia e noite para ganhar o pão*. **6.** Esforçar-se, empenhar-se: *lidei para que ela ficasse, mas em vão*. **7.** Pop. Trabalhar, ocupar-se: *você lida com quê?; eu lido com mecânica de automóveis*. → **lida** ou **lide** *sf* (**1.** ato ou efeito de lidar; **2.** trabalho duro; esforço muito grande; labuta).

li.de *sf* **1.** Lida. **2.** Litígio; questão forense. **3.** Questão entre duas ou mais pessoas com o fim de provarem certa verdade. **4.** Parte introdutória e sintetizada de uma matéria jornalística.

lí.der *s2gên* **1.** Pessoa de prestígio ou de autoridade que lidera, comanda, guia ou influencia poderosamente um grupo, em qualquer atividade; chefe. **2.** Grupo, equipe, empresa, etc. que ocupa a primeira posição numa competição ou concorrência. **3.** Produto, programa, emissora, etc. que lidera em vendas ou em audiência. → **liderado** *adj* e *sm* (que ou aquele que obedece às ordens de um líder); **liderança** *sf* (**1.** posição ou função de líder; **2.** capacidade de liderar; espírito de chefia ou de comando; **3.** grupo de líderes: *a liderança do PDT*; **4.** orientação, direção, administração: *os negócios prosperaram sob a liderança do novo gerente*); **liderar** *v* [**1.** dirigir como líder ou chefe; chefiar; **2.** estar na liderança de (competição ou concorrência)].

lí.di.mo *adj* **1.** Legítimo, autêntico, genuíno: *o lídimo uísque escocês; o lídimo herdeiro do rei*. **2.** Puro, vernáculo, autêntico: *uma lídima expressão portuguesa*.

Liechtenstein *sm* Pequeno principado europeu de apenas 160km^2 de área, situado entre as montanhas da Suíça e da Áustria. · Pronuncia-se *líchenstáin*. → **liechtensteiniano** *adj* e *sm* ou **liechtensteiniense** *adj* e *s2gên*.

lifting [ingl.] *sm* Procedimento ou tratamento estético que permite minimizar efeitos decorrentes do envelhecimento: *o lifting é muito utilizado em cirurgias faciais*. · Pl.: *liftings*. · Pronuncia-se *líftin*.

li.ga *sf* **1.** Qualquer aliança informal e pouco duradoura de grupos, partidos, países, etc. **2.** Agremiação, sociedade. (Nestas acepções iniciais, costuma aparecer com inicial maiúscula.) **3.** Tira elástica para prender meias femininas. **4.** Resultado da solidificação de metais fundidos juntos. **5.** Substância que liga ou adere.

li.gar *v* **1.** Atar, prender: *ligar dois fios*. **2.** Fazer aderir, pegar: *o band-aid ajuda a ligar os lábios da ferida*. **3.** Pôr para funcionar (aparelho elétrico ou eletrônico): *ligar o televisor*. **4.** Combinar, misturar: *ligar metais*. **5.** Pôr em funcionamento o motor de (veículo): *ligar o carro*. **6.** Não dar importância, não fazer caso: *o povo nem liga para o que esse presidente diz*. **7.** Telefonar: *ligue para mim!* **ligar-se 8.** Relacionar-se, dizer respeito: *minha viagem se liga a negócios*. → **ligação** *sf* [**1.** ato ou efeito de ligar(-se); ligamento (1); **2.** junção ou união entre duas ou mais coisas; **3.** relação, vinculação; **4.** relações amistosas; amizade; **5.** compromisso suspeito ou escuso; **6.** chamada telefônica; telefonema]; **ligado** *adj* (**1.** pegado, unido, colado: *as folhas do livro estavam ligadas*; **2.** unido por laços morais ou afetivos: *somos muito ligados um ao outro*; **3.** que tem ligação ou relações amistosas: *sou muito ligado com o governador*; **4.** relacionado, associado: *uma coisa não está ligada à outra*; **5.** posto em funcionamento: *deixei o carro com o motor ligado*; **6.** diz-se de circuito elétrico estabelecido: *o rádio está ligado*; **7.** versado, conhecedor profundo: *pessoa ligada à informática*; **8.** sintonizado: *o rádio fica o dia inteiro ligado nessa estação*; **9.** *gír.* que está sob o efeito de drogas; ligadão: *ele já chegou aqui ligado*; **10.** muito interessado; concentrado: *as crianças estão ligadas na TV*; **11.** apaixonado, gamado, fissurado: *ele sempre foi ligado em Carolina*; **12.** muito atento ao que se passa ao redor; antenado: *ando sempre ligado pelas ruas, já que a violência anda solta*); **ligadão** *adj* [ligado (9)]; **ligamento** *sm* [**1.** ligação (1); **2.** faixa de tecido conjuntivo fibroso, branca, que liga um osso com outro numa junta ou mantém um órgão na sua posição (é mais mole que a cartilagem e mais dura que a membrana)].

li.gei.ro *adj* **1.** Veloz, rápido: *o guepardo é um animal ligeiro*. **2.** Rápido de raciocínio ou de reação; esperto, vivo: *o menino é ligeiro*. **3.** Leve, suave: *música ligeira*. **4.** Superficial; leve: *fiz-lhe um ligeiro cumprimento*. **5.** Efêmero, fugaz: *a vida é ligeira*. **6.** Que tem armamento leve e pode locomover-se com rapidez. // *adv* **7.** Rapidamente, depressa: *os policiais agiram ligeiro e prenderam o criminoso*. · Antôn. (1): *vagaroso, lento*; (2); *lerdo*; (6): *pesado*. → **ligeireza** (ê) *sf* (qualidade de ligeiro).

light [ingl.] *adj* **1.** Diz-se de alimento ou de bebida que contém baixos teores de álcool, de açúcar, de gordura ou de sódio; leve. **2.** Diz-se de algo que prescinde dos aspectos mais complexos de uma determinada questão, abordando-a de modo suave, uma pouco profundo; leve: *o treinador preferiu fazer um comentário light sobre o desempenho de seu time*. · Pl.: *lights*. · Pronuncia-se *láit*.

lig.neo *adj* **1.** Semelhante a madeira: *piso lígneo*. **2.** Feito de madeira: *móveis lígneos*. **3.** Que tem a consistência da madeira: *matéria lígnea*.

li.lás sm **1**. Arbusto cujas flores têm perfume suave e cor que varia entre as diversas gradações do violeta. **2**. Flor desse arbusto. **3**. Perfume dessa flor. **4**. Cor violeta. // adj **5**. Diz-se dessa cor. **6**. Que tem essa cor. · Pl.: *lilases*.

li.li.pu.ti.a.no adj e sm **1**. Que ou aquele que tem estatura bem abaixo da normal; pigmeu. // adj **2**.*P.ext*. Muito pequeno: *dicionário de tiragem liliputiana*. **3**. *Fig*. Falto de grandeza; mesquinho: *homem de sentimentos liliputianos*. [Não se confunde (1) com *anão*, cujos caracteres somáticos são bem específicos.]

li.ma sf **1**. Fruto da limeira. **2**. Ferramenta de aço, usada para desbastar, polir e raspar corpos duros. · Aum. irregular (2): *limatão* sm. → **limada** sf (refresco de lima); **limadura** ou **limagem** sf (ato ou efeito de limar); **limalha** sf (pó que se desprende de um metal, quando limado); **limar** v (polir com lima); **limeira** sf [árvore que dá a lima (1)].

Lima sf Capital e a maior cidade do Peru. → **limenho** adj e sm.

li.mão sm **1**. Fruto do limoeiro. **2**. Cor amarelo-limão. // adj **3**. Diz-se dessa cor. **4**. Que tem essa cor: *carros limão*. (Como se vê, neste caso não varia.) · Aum. irregular: *limonaço*. · V. **cítreo** e **cítrico**. → **limoal** sm (pomar de limoeiros); **limoeiro** sm (árvore que dá o limão); **limonada** sf (refresco de limão, água e açúcar).

lim.bo sm **1**. Borda, rebordo. **2**. Extremidade circunferencial do disco aparente de um astro. **3**. Extremidade expandida e laminar do órgão de uma planta, como uma pétala, uma sépala ou mesmo uma folha. **4**. Entre os católicos, lugar que se acreditava existir, intermediário entre o céu e o inferno, aonde iriam as almas das crianças que morriam antes de ser batizadas e antes de ter o uso da razão. **5**. *Fig*. Lugar ou condição de abandono ou esquecimento; geladeira: *como errou demais no jogo, a CBF vai deixar o árbitro no limbo por alguns meses*.

li.mi.ar sm **1**. Pedra ou peça de madeira que forma a parte inferior de uma porta, cruzada na entrada de uma casa ou cômodo; soleira: *ele foi pego no limiar do quarto da namorada*. **2**. *Fig*. Começo, início: *estamos no limiar de uma nova era*. **3**. *Fig*. Passagem para o interior de alguma coisa; entrada: *os homens não podiam passar do limiar da cozinha*. **4**. Limite: *o índice ficou acima do limiar de 50*.

li.mi.nar adj e sm **1**. Que o que antecede algum fato, assunto, processo ou empreendimento principal. // sf **2**. Decisão temporária tomada por um juiz, para impedir que algum direito seja prejudicado, ou para que não sejam tomadas medidas ou decisões que possam produzir consequências irreversíveis:.

li.mi.tar v **1**. Fixar os limites de, delimitar: *limitar os terrenos de uma gleba*. **2**. Restringir, reduzir: *limitar as despesas*. **3**. Fixar, estipular, estabelecer: *o hospital limitou os dias e os horários de visitas aos doentes*. **limitar(-se) 4**. Confinar, ter como limite: *o Brasil (se) limita com o Uruguai a sul*. **limitar-se 5**. Consistir unicamente: *meu café da manhã se limita a uma fruta*. **6**. Não ultrapassar (certos e determinados limites): *seus bens se limitam a um velho Fusca e a um barraco*. **7**. Restringir-se: *sua aspiração não se limita apenas à presidência*. **8**. Contentar-se, dar-se por satisfeito: *limitei-me a ouvi-la*. → **limitação** sf [ato ou efeito de limitar(-se)]; **limitado** adj (**1**. restrito ou circunscrito a certos limites; reduzido: *homem de capacidade limitada; minha área de atuação é bastante limitada*; **2**. fixo, estipulado: *edição limitada de uma revista*; **3**. que não atingiu altas metas: *alcançar um sucesso limitado*; **4**. de talento, poder ou capacidade mediana: *um presidente limitado*); **limitante** ou **limitativo** adj (que limita ou serve de limite a alguma coisa; limite); **limite** sm (**1**. linha demarcatória entre terrenos ou territórios contíguos ou próximos: *os limites dos estados da União*; **2**. fim, termo: *o universo não tem limite, mas a paciência tem*; **3**. ponto não ultrapassável: *varia o limite de velocidade nas rodovias brasileiras*; **4**. fronteira, raia: *chegou ao limite de suas forças*; **5**. restrição: *o homem moderno não admite limites à sua liberdade*) e adj (que limita; limitante, limitativo: *uma linha limite*); **limítrofe** adj (**1**. que faz limite com; confinante: *Brasil e Paraguai são países limítrofes*; **2**. da fronteira; fronteiriço: *as populações limítrofes*; **3**. adjacente, próximo: *a área limítrofe ao rio é vigiada por tropas de fronteira*; **4**. *fig*. muito próximo; vizinho, contíguo: *a indignação é limítrofe da raiva*).

li.mo sm **1**. Musgo. **2**. Lodo, lama, vasa. **3**. *Fig*. Sujeira esverdeada que gruda nos dentes. **4**. *Fig*. Tudo o que é repugnante ou imundo moralmente; vileza, baixeza, sordidez.

lim.par ou **a.lim.par** v **1**. Tornar limpo, tirar ou remover a sujeira ou as impurezas de: *limpar os sapatos*. **2**. Enxugar: *limpar o suor*. **3**. Tirar a (uma árvore) os ramos secos e inúteis; podar: *limpar os coqueiros*. **4**. Varrer: *limpar o quintal*. **5**. Esvaziar: *as crianças limparam o prato*. **6**. *Fig*. Roubar ou furtar: *os ladrões limparam o cofre do banco*. **7**. Remover: *limpar as manchas de batom do colarinho*. **Limpar-se 8**. Livrar-se de sujeira ou de quaisquer outras impurezas: *caiu e saiu se limpando*. **9**. Assoar-se: *limpar-se no vestido não é nada higiênico*. · Antôn. (1): *sujar*. → **limpa** ou **alimpa**, **alimpação** ou **limpação**, **limpeza** (ê) sf, **alimpamento** ou **limpamento** sm (ato ou efeito de limpar).

lím.pi.do adj **1**. Claro e transparente, como os cristais ou a água de uma nascente; cristalino: *as águas do rio Tietê eram límpidas no começo do séc. XX*. **2**.*P.ext*. Puro, limpo, nítido: *um som límpido; as notas límpidas de uma flauta*. **3**. Sem nuvens; claro; sereno, tranquilo: *o céu está límpido*. **4**. *Fig*. Facilmente inteligível; claro; nítido: *um raciocínio límpido*. **5**. *Fig*. Inocente, sem maldade: *o sorriso límpido de criança*. · Antôn. (1): *turvo*. → **limpidez** (ê) sf (qualidade do que é límpido).

lim.po adj **1**. Que não está sujo; sem sujeira: *carro limpo*. **2**. Que não tem ervas daninhas nem entulhos: *terreno limpo*. **3**. Livre de poluição ou matéria estranha: *ar limpo*. **4**. Benfeito: *serviço limpo*. **5**. Límpido (2). **6**. Límpido (3). **7**. *Pop*. Sem nenhum vintém; duro, liso: *meu filho me deixou limpo*. **8**. *Fig*. Sem ficha na polícia. · Antôn. (1 a 4): *sujo*. → **limpeza** (ê) sf (qualidade ou estado de limpo).

li.mu.si.ne ou **li.mu.si.na** sf Automóvel grande, de interior espaçoso e luxuoso. (A 6.ª ed. do VOLP, incompreensivelmente, não registra *limusina*, que é a forma corrente em Portugal.)

lin.ce sm **1**. Mamífero felídeo selvagem do hemisfério norte. **2**. *Fig*. Pessoa que vê extraordinariamente bem: *minha namorada é um lince: vê até onde não deveria ver!*

lin.char v Justiçar ou executar sumariamente, quase sempre fazendo uso de paus, cacetes, marretas, picaretas, machados, foices, etc. → **linchagem** sf ou **linchamento** sm (ação ou efeito de linchar).

lin.do adj **1**. Que é mais que bonito; que enche os olhos; esteticamente perfeito; formoso: *garota linda*. **2**. Muito bom; ótimo, excelente: *lindo trabalho; foi lindo*. **3**. Belo, perfeito: *lindo gol*. **4**. Ensolarado: *dia lindo*. **5**. Agradável, prazeroso: *lindos momentos os que passamos juntos!* · Antôn.: *feio, horrível*. → **lindeza** (ê) sf (qualidade ou estado de lindo), de antôn. *feiura*.

li.ne.ar adj Relativo, semelhante ou pertencente a linha. → **linearidade** sf (qualidade do que é linear).

lí.neo adj V. **linho**.

lin.fa sf Líquido rico em proteínas e em linfócitos que circula pelo organismo em vasos especiais (linfáticos). → **linfático** adj (rel. a linfa, ao sistema linfático ou a vasos linfáticos).

lin.fó.ci.to sm Tipo de leucócitos não granulares, importante na produção de anticorpos. → **linfocítico** adj (rel. a linfócito); **linfocitose** sf (excesso de linfócitos na corrente sanguínea, resultante de infecção ou inflamação).

lingerie [fr.] sf **1**. Conjunto das peças íntimas femininas, ou cada uma delas. **2**. Tecido de náilon ou de seda usado na confecção dessas peças. · Pronuncia-se *langerrí*.

lin.go.te sm **1**. Barra de metal fundido, geralmente de forma trapezoidal: *lingote de ouro*. **2**. Em tipografia, peça metálica em forma de lâmina com a qual se espaça e alarga a composição.

lín.gua sf **1**. Órgão musculomembranoso e móvel da boca. **2**. Língua de um animal, usado como iguaria. **3**. Código verbal de que se serve o homem para se comunicar; idioma. · Aum. irregular (1): *linguerão* sm. · Dim. irregular (1): *linguinha* (v.). → **língua-fonte** sf (**1**. língua da qual provém um empréstimo; **2**. língua a partir da qual se faz uma tradução; língua de origem), de pl. *línguas-fonte* ou *línguas-fontes*; **lingual** adj (rel. ou pert. a língua); **linguarudo** adj e sm (que ou aquele que revela ou conta, por indiscrição ou por malícia, tudo o que viu ou ouviu); **lingueta** (ê; o **u** soa) sf (**1**. dim. irregular de *língua*; língua pequena; **2**.*p.ext*. peça móvel de ferro das fechaduras, movida pela chave; **3**.*p.ext*. peça movediça, plana e delgada, que faz parte de alguns instrumentos musicais de sopro e de certos maquinismos; **4**. *fig*. orelha do sapato; **5**. fiel da balança). · **Língua de gato**. Barrinha longa e chata de chocolate. · **Língua de sogra**. Brinquedo de papel formado por um tubo enrolado, que tem uma das extremidades fechada e a outra contendo um apito que, ao ser soprado, desenrola o tubo instantaneamente, assustando a pessoa próxima. ·· **Língua padrão**. Variedade formal de um idioma, baseada nas normas da gramática, de uso desejável na mídia e imprescindível nas escolas, nos exames e concursos, no meio jurídico, nas teses de mestrado e doutorado, nas entrevistas, etc.

lin.gua.gem *sf* **1**. Faculdade que possui o homem de poder expressar seus pensamentos por um sistema de signos, sinais, símbolos, sons, gestos ou regras, com significados convencionais. **2**. Comunicação do pensamento, sentimento, etc., através de um meio não verbal. **3**. Vocabulário especial de uso particular, grupal, profissional, científico, etc. **4**. Sistema de símbolos e regras usados para a comunicação com ou entre computadores.

lin.gua.jar *sm* Fala ou modo de falar especial, peculiar; jargão: *o linguajar da juventude; o linguajar dos traficantes.*

lin.gui.ça (o **u** soa) *sf* **1**. Carne moída e temperada, geralmente de porco, preparada e enfiada em tripa delgada. **2**. *Gír*. Em jornalismo, matéria sem interesse; tripa (3).

lin.guís.ti.ca (o **u** soa) *sf* Estudo científico da linguagem e sua estrutura, incluindo o estudo da morfologia, sintaxe, fonética, fonologia e semântica; ciência da linguagem: *as áreas da linguística são a sociolinguística, a neurolinguística, a psicolinguística, a dialetologia, a linguística computacional, a linguística histórico-comparativa e a linguística aplicada.* → **linguista** (o **u** soa) *adj* e *s2gên* (especialista em linguística);
linguístico (o **u** soa) *adj* (**1**. rel. a linguística; **2**. da natureza ou índole de uma língua: *fato linguístico*).

lin.guo.den.tal *adj* Diz-se da consoante formada pelo encontro da língua contra os incisivos superiores (p. ex.: / t /).

li.nha *sf* **1**. Qualquer fio destinado aos trabalhos de costura. **2**. Barbante, cordel. **3**. Marca fina feita com um lápis, caneta, etc. **4**. Companhia ou sistema de transportes, ou um de seus itinerários. **5**. Cabo usado para pesca. **6**. Fio que liga postos ou estações com sistema telegráfico ou telefônico, ou com o próprio sistema. **7**. Sistema de ataque de uma equipe, composto geralmente de cinco jogadores. → **linhada** *sf* (linha de pesca). ·· **Linha d'água**. Marca visível por transparência, em certos papéis. ·· **Linha d'água** (ou **de flutuação**). Faixa que separa a parte submersa da parte acima da água de uma embarcação sem carga. ·· **Linha dura**. **1**. Prática política ou militar que consiste no combate duro e sem trégua à subversão e à corrupção, com absoluta e rigorosa manutenção da ordem interna. **2**. Corpo de pessoas, civis ou militares, que executam essa prática.

li.nha.ça *sf* Semente do linho, de alto valor nutritivo e largo emprego na culinária, da qual se extrai o óleo de linhaça, usado em tintas a óleo, na indústria cosmética e nas farmácias de manipulação.

li.nha-du.ra *adj* **1**. Relativo à linha dura ou próprio dela: *governo linha-dura*. // *adj* e *s2gên* **2**. Que ou pessoa que é partidária da linha dura. · Pl.: *linhas-duras*.

li.nha.gem *sf* **1**. Conjunto de descendentes de um ancestral comum; grupo de parentes; genealogia, estirpe. **2**. *Fig*. Condição ou classe social: *casar com pessoa da mesma linhagem.*

li.nhi.ta *sf* ou **li.nhi.to** *sm* Carvão macio, marrom, combustível, que apresenta ainda visível a textura lígnea original, com mais carbono que a turfa e menos carbono do que o carvão betuminoso.

li.nho *sm* **1**. Planta têxtil de origem asiática, um dos vegetais mais importantes e úteis da flora mundial, princ. para a indústria de tecidos. **2**. Tecido feito das fibras dessa planta. → **líneo** *adj* (**1**. rel. a linho; **2**. feito de linho); **linhol** *sm* (fio grosso com que os sapateiros costuram os calçados); **linifício** *sm* (**1**. manufatura de linho; **2**. artefato de linho).

li.ni.men.to *sm* Medicamento untuoso empregado em fricções. (Não se confunde com *lenimento*.)

link [ingl.] *sm* Elemento de hipermídia formado por um trecho de texto em destaque ou por um elemento gráfico que, ao ser acionado (geralmente mediante um clique de *mouse*), provoca a exibição de novo hiperdocumento.

li.nó.leo *sm* **1**. Tecido de juta, durável e lavável. **2**. Lona ou tapete feito desse tecido.

li.no.ti.po *sf* Máquina de compor e fundir caracteres tipográficos por linhas inteiras. **linotipar** *v* (compor em linotipo); **linotipia** *sf* (arte de compor em linotipo); **linotípico** *adj* (rel. a linotipo ou a linotipia); **linotipista** *adj* e *s2gên* (que ou pessoa que trabalha com a linotipo).

li.o *sm* **1**. Atilho. **2**. Qualquer feixe ou pacote atado: *um lio de rabanetes, de cenouras.*

li.po.as.pi.ra.ção *sf* Processo cirúrgico que consiste em aspirar o excesso de gordura subcutânea.

li.que.fa.zer(-se) *v* Reduzir(-se) ao estado líquido; tornar(-se) líquido; liquidificar(-se): *liquefazer gases; gás que se liquefaz.* → **liquefação** *sf* [ato ou efeito de liquefazer(-se); liquidificação]; **liquefeito** *adj* (que se liquefez, que se tornou líquido). · Em todas essas palavras, o **u** soa ou não, indiferentemente.

lí.quen (o **u** não soa) *sm* Planta composta de um fungo em união com uma alga, que forma uma crosta semelhante a um tapete em rochas, paredes e troncos de árvores.

lí.qui.do *sm* **1**. Estado da matéria apresentado pelos corpos que não são nem gasosos nem sólidos, de volume invariável e sem forma definida. **2**. Corpo que se encontra nesse estado. **3**. Bebida ou alimento líquido. // *adj* **4**. Que flui ou tende a fluir. **5**. Que está livre de descontos ou de despesas. → **liquidação** *sf* [ato ou efeito de liquidar(-se)]; **liquidar** *v* (**1**. promover a liquidação ou venda rápida de, geralmente a preços convidativos: *liquidar o estoque*; **2**. pagar, resgatar: *liquidar uma dívida*); **liquidez** (ê) *sf* (**1**. qualidade ou estado de líquido; fluidez; **2**. valor líquido facilmente apurável); **liquidificação** *sf* (liquefação); **liquidificador** (ô) *sm* (eletrodoméstico que tritura ou mói alimentos, misturando-os); **liquidificar(-se)** *v* [liquefazer(-se)]. ·· Em todas essas palavras, o **u** soa ou não, indiferentemente. ·· **Direito líquido e certo**. Aquele que não precisa ser apurado, por ser incontestável. ·· **Líquido e certo**. Absolutamente certo; irreversível: *Sua eleição é líquida e certa.*

li.ra *sf* **1**. Instrumento musical de cordas, semelhante a uma harpa, mas menor, usado pelos antigos gregos. **2**. Lirista. → **lirista** *adj* e *s2gên* [pessoa que toca lira; lira (2)].

lí.ri.co *adj* **1**. Relativo a lira. **2**. Pertencente à poesia. **3**. Que pertence à escola lírica ou ao gênero lírico. **4**. Relativo à categoria de poesia que expressa os sentimentos e pensamentos mais delicados do poeta, geralmente de forma melodiosa. **5**. Diz-se do cantor de óperas. // *sm* **6**. Poeta lírico. → **lirismo** *sm* (**1**. qualidade de lírico; **2**. expressão poética ou artística exaltada dos sentimentos pessoais, das paixões; **3**. conjunto da poesia lírica); **lirista** *adj* e *s2gên* [**1**. cultor(a) do gênero lírico; **2**. *fig.pej.* que ou pessoa que é dada a fazer poesia sem mérito].

lí.rio *sm* **1**. Planta ornamental de flores brancas, grandes e aromáticas; açucena. **2**. Essa flor, tida como o símbolo da inocência e da pureza; açucena; lis.

lis *sm* Redução de *flor-de-lis*; flor do lírio; açucena. · Pl.: *lises.*

li.sér.gi.co *adj* Diz-se de um ácido que se usa como poderosa droga alucinógena, mais conhecido pelas iniciais *LSD* (v.).

li.so *adj* **1**. Que tem uma superfície plana, sem asperezas nem escabrosidades: *rochas lisas; asfalto liso*. **2**. Suave ao tato; macio: *tecido liso*. **3**. Sem rugas ou vincos: *pele lisa*. **4**. Sem estampas ou desenhos: *camiseta lisa*. **5**. Sem pregas nem nenhum tipo de enfeite ou ornato: *toalha lisa; lençol liso*. **6**. Que não é crespo nem ondulado: *cabelo liso*. **7**. Em anatomia, diz-se do músculo de movimento involuntário cujas fibras não apresentam estriações, encontrado nas paredes dos órgãos ocos, como estômago, útero, veias, vasos, etc. **8**. *Pop*. Sem dinheiro; duro: *o divórcio me deixou liso*. **9**. *Pop.Pej*. Ágil nas ações: *cuidado, que esse rapaz é liso!* **10**. Diz-se do pneu utilizado em pista seca, nas competições. **11**. Diz-se do pneu com a banda de rodagem totalmente gasta; careca: *pneu liso é um perigo em pista molhada*. // *adv* **12**. Com honestidade ou lisura; honestamente: *Jogamos liso com todo o mundo*. · V. **lisura**.

li.son.ja *sf* **1**. Elogio exagerado, interesseiro e falso, feito para promover os próprios interesses; bajulação: *existem alunos que tentam ganhar favores de seus professores com lisonja*. **2**. *Fig*. Carinho, afago, agrado: *ela vive de lisonjas com seus gatinhos*. → **lisonjar** ou **lisonjear** *v* (**1**. fazer lisonjas a; **2**. fazer sentir-se orgulhoso ou honrado; envaidecer: *sua amizade só me lisonjeia*); **lisonjear-se** (envaidecer-se: *lisonjeio-me com a sua amizade*), que se conjuga por *frear*; **lisonjeiro** *adj* (favorável) agradável, elogioso: *fala lisonjeira; o que sei dela é muito pouco lisonjeiro*) e *adj* e *sm* (que ou aquele que lisonjeia ou dirige elogios interesseiros a alguém; bajulador).

lis.sa *sf* Cordel vertical, no tear.

lis.ta *sf* **1**. Série de nomes ou de outros itens escritos ou impressos consecutivamente, em ordem alfabética ou convencional; rol, relação, listagem, *listing* (1): *saiu a lista de aprovados; ela me passou a lista de compras*. **2**. Risca ou faixa; listra: *as listas das zebras; as listas do meu pijama*. → **listagem** *sf* [lista (1), *listing* (1)]; **listar** *v* (**1**. entremear ou ornar de listas ou listras; listrar: *listar um tecido*; **2**. elaborar uma lista de: *listar os aprovados num concurso*; **3**. enumerar, relacionar: *listei as razões da minha atitude*); **listra** *sf* [lista (2)].

listing [ingl.] *sm* **1**. Lista, listagem: *um listing de convidados*. **2**. Em informática, cópia impressa de um programa ou série de dados. // *smpl* **3**. Anúncios informativos de jornal, tais como programação de cinema, de teatro, etc. · Pl.: *listings*. · Pronuncia-se *lístin*.

li.su.ra *sf* **1**. Qualidade do que é liso, do que se apresenta com uma superfície plana: *a lisura de uma pista de patinação*. **2**. *Fig*. Honestidade ou honradez nos atos da vida; integridade de caráter: *sempre agi com a maior lisura*. **3**. *Fig*. Correção, honestidade: *pôr em dúvida a lisura do sistema eleitoral brasileiro*. **4**. *Pop*. Falta absoluta de dinheiro; dureza.

li.tei.ra *sf* Cadeira portátil, coberta e fechada, para a condução de pessoas, sustentada por meio de dois varais compridos, carregada por dois homens ou por dois animais. → **liteireiro** *sm* (aquele que carrega uma liteira).

li.te.ral *adj* **1**. Relativo a letra ou expresso por meio de letras: *SOS é um sinal literal de socorro; a expressão matemática literal $ax^2 + b$*. **2**. Relativo ao significado primário ou básico de uma palavra: *o significado literal de* televisão *é visão a distância; o sentido literal de* ponderar *é pesar*. **3**. Feito ao pé da letra; preciso, exato: *uma interpretação literal da Constituição*. **4**. Que reproduz rigorosamente todas as palavras, sem tirar nem pôr: *fiz uma transcrição literal da declaração do presidente; tradução literal*.

li.te.ra.tu.ra *sf* **1**. Conjunto dos trabalhos ou produções literárias em prosa e verso de um país ou de uma época, valiosas pela sua beleza e forma (em oposição a obras técnicas e de jornalismo); letras: *a literatura brasileira tem um expoente: Machado de Assis*. **2**. *Fig*. Conjunto dos homens de letras de um país ou de uma época: *toda a literatura brasileira estava presente à posse do presidente*. **3**. Escrito criativo ou imaginativo, de reconhecido valor artístico: *literatura de cordel*. **4**. Arte ou profissão das letras: *Jorge Amado vivia da literatura*. **5**. Conjunto de obras escritas e produzidas por peritos ou pesquisadores em determinada área de conhecimento: *a literatura médica*. **6**. Qualquer tipo de material impresso (circulares, panfletos, etc.): *trouxe consigo toda a literatura das agências de turismo*. → **literário** *adj* (**1**. rel. a literatura; **2**. que tem na literatura o seu ofício ou profissão; **3**. que tem algum valor nas letras); **literato** *sm* (**1**. autor de obra literária; **2**. aquele que é versado em literatura ou em assuntos literários).

li.tí.gio *sm* **1**. Controvérsia judicial que se arma quando o demandado não anui ao que o demandante requer: *a herança foi motivo de litígio entre os irmãos*. **2**. *P.ext*. Qualquer disputa, questão ou pendência: *todos queriam o pirulito: estabeleceu-se o litígio*. → **litigante** *adj* (rel. a litígio) e *adj* e *s2gên* (que ou pessoa que litiga); **litigar** *v* (**1**. questionar em juízo: *litigar duas causas públicas*; **2**. ter litígio: *ela litiga contra o ex-marido; o casal queria separar-se, mas não litigar*; **3**. lutar, combater: *litigar contra os invasores de terra*); **litigioso** (ó; pl.: ó) *adj* (**1**. rel. a litígio ou caracterizado por litígio: *divórcio litigioso*; **2**. que está pendente em juízo: *processo litigioso*; **3**. dado a litígio ou disputas: *pessoa litigiosa*).

lí.tio *sm* Elemento químico metálico (símb.: **Li**), raro, de n.º atômico 3, o mais leve de todos os metais, alcalino, utilizado em várias ligas, para aumentar a resistência à corrosão. → **lítico** *adj* (rel. a lítio).

li.tis.pen.dên.cia *sf* **1**. Tempo que dura um processo em justiça; decurso do processo. **2**. Situação de um processo que está tramitando em juízo. **3**. Existência simultânea de dois processos em tribunal diferente, relativos às mesmas partes e ao mesmo objeto. → **litispendente** *adj* (rel. a litispendência).

li.to.gra.fi.a *sf* **1**. Arte, processo ou técnica de produzir sobre o papel, por impressão, o que se escreveu ou desenhou sobre uma pedra calcária ou sobre chapa de zinco ou alumínio. **2**. Estampa ou imagem obtida por esse processo; litogravura. → **litografar** ou **litogravar** *v* (reproduzir ou imprimir pelo processo da litografia); **litográfico** *adj* (rel. a litografia); **litógrafo** *sm* (artista que faz litografia); **litogravura** *sf* [litografia (2)].

li.to.lo.gi.a *sf* **1**. Estudo e descrição das características físicas gerais das rochas, incluindo cor, composição e textura; petrologia. **2**. Estudo dos cálculos que se formam no interior do organismo humano. **litológico** *adj* (rel. a litologia); **litologista** *adj* e *s2gên* (rel. ou especialista em litologia).

li.to.ral *adj* **1**. Da costa ou beira-mar; litorâneo: *propriedades litorais*. // *sm* **2**. Região banhada pelo mar ou situada ao longo da costa; costa: *o litoral brasileiro é encantador*. → **litorâneo** *adj* [litoral (1)].

li.tos.fe.ra *sf* Camada sólida da Terra; crosta terrestre (em oposição a *atmosfera* e a *hidrosfera*). → **litosférico** *adj* (rel. a litosfera).

lí.to.tes ou **li.tó.tis** *sf2núm* Figura de linguagem pela qual se afirma por meio da negação do contrário (p. ex.: *o povo não está* nada *contente* = *o povo está* descontente). · Antôn.: *hipérbole*. (A 6.ª ed. do VOLP manteve a incoerência das edições anteriores: registra *lítotes* como *sf* e *litótis* como *sm*, ou seja, nessa edição, revista e aumentada, continua tudo como dantes no quartel de Abrantes.)

li.tro *sm* **1**. Unidade métrica de capacidade equivalente a 1dm³. **2**. Conteúdo de um litro. **3**. Garrafa de um litro. · Símb. (1): **L**.

Lituânia *sf* País do nordeste da Europa, ex-república soviética (1940-1991), cuja área equivale à dos estados do Rio de Janeiro e de Sergipe juntos. → **lituano** *adj* e *sm*.

li.tur.gi.a *sf* **1**. Ordem e forma com que se realizam as cerimônias de culto numa religião; ritual: *a liturgia católica é bem distinta da anglicana*. **2**. Parte desse culto: *a missa em latim era uma liturgia que datava de mais de um milênio*. **3**. *Fig*. Ritual das cerimônias ou atos solenes profanos: *a liturgia da presidência*. → **litúrgico** *adj* (**1**. rel. a liturgia: *canto litúrgico*; **2**. diz-se da língua adotada no culto de uma religião; **3**. diz-se de cada um dos livros que contêm as orações e outras fórmulas empregadas durante o serviço religioso).

live [ingl.] *sf* Transmissão ao vivo de áudio e vídeo na Internet, feita pelas redes sociais: *a pandemia propiciou que artistas de todo o mundo e de segmentos os mais diversificados se apresentassem digitalmente, por meio de lives*. · Pronuncia-se *láiv*.

lí.vi.do *adj* **1**. De cor semelhante à do chumbo, própria de cadáveres. **2**. *P.ext*. Muito pálido: *encontrei-o lívido e trêmulo*. **3**. De cor azulada, por efeito de contusão ou frio extremo: *saiu da luta com muitas manchas lívidas no rosto; o frio deixa as unhas lívidas*. → **lividez** (ê) *sf* (qualidade de lívido).

living [ingl.] *sm* Lugar da casa para uso geral da família; sala de estar. · Pl.: *livings*. · Pronuncia-se *lívin*.

li.vrar *v* **1**. Dar liberdade a; tornar livre; libertar: *livrar presos*. **2**. Pôr a salvo ou de um mal: *Deus me livre!* **3**. Salvar (de algo difícil): *os médicos me livraram da morte*. **livrar-se** **4**. Tornar-se livre; libertar-se: *não consigo livrar-me desse amor*. **5**. Evitar, fugir, safar-se: *livrar-se de um compromisso*. → **livramento** *sm* [ato ou efeito de livrar(-se)].

li.vre *adj* **1**. Que não está sob o controle ou jugo de quem quer que seja: *eleições livres; o homem nasce para ser livre; você é livre para fazer o que quiser*. **2**. Que não é controlado por governo estrangeiro ou despótico e tem direitos privados, que são respeitados: *este é um país livre*. **3**. Que não é obrigatório: *o filme é livre*. **4**. Isento, desobrigado: *as igrejas no Brasil são livres de impostos*. **5**. Sem obrigações ou compromisso; desimpedido: *separou-se da mulher e voltou a ser livre; é um jogador livre para negociar com outro clube*. **6**. Aberto, franqueado, grátis: *espetáculo de entrada livre*. **7**. Solto: *pássaros têm que ser livres*. **8**. Sem ocupação; disponível: *não tenho tempo livre*. **9**. Sem limites: *o pensamento é livre*. **10**. Que recuperou a liberdade: *ele está livre novamente*. **11**. Não ocupado: *estava com uma das mãos livre; havia só um assento livre no ônibus*. **12**. Realizado sem aparelho: *queda livre*. **13**. Não literal ou exato: *tradução livre*. **14**. Sem restrição alguma: *luta livre*. **15**. Não sujeito a restrições convencionais: *versos livres*. **16**. Sem obstrução ou impedimento; desimpedido: *passagem livre*. **17**. Em linguística, que designa uma forma mínima ou morfema, que pode ocorrer sozinho, como palavra independente (p. ex.: em *meninos*, *menino* é uma forma livre, mas *-s* não).

li.vre-ar.bí.trio *sm* **1**. Doutrina filosófica segundo a qual as ações humanas expressam uma escolha eminentemente pessoal, sem serem determinadas por quaisquer forças divinas. **2**. *P.ext*. Faculdade que tem cada indivíduo de escolher o que faz; decisão voluntária ou espontânea: *oferta de livre-arbítrio é bem-vinda nas igrejas*. · Pl.: *livres-arbítrios*.

li.vre-do.cen.te *s2gên* Professor(a) universitário(a) concursado(a) que substitui o catedrático, ou tem autorização legal para manter um curso paralelo ao de catedrático. · Pl.: *livres-docentes*. → **livre-docência** *sf* (atividade ou categoria de livre-docente), de pl. *livres-docências*.

li.vro *sm* **1**. Série de folhas de papel, pergaminho, etc. em branco, escritas ou impressas, encadernadas, envoltas geralmente numa capa protetora e raramente por uma sobrecapa, em formato eletrônico ou não, com o número mínimo de 72 páginas. **2**. Volume impresso, considerado do ponto de vista de seu conteúdo: *livro de culinária.* **3.** Indústria de impressão, publicação e seus trabalhadores: *Câmara Brasileira do Livro.* **4.** Em contabilidade, redução de *livro-caixa.* **5.** *Fig.* Fonte de conhecimento, ensino, instrução ou compreensão: *o livro da vida; minha vida é um livro aberto.* · Aum. irregular (1): *livrório.* · Dim. irregular (1): *livrete* (ê) ou *livreco.* → **livraria** *sf* (loja onde se vendem livros); **livreiro** *adj* (rel. a produção de livros; livresco: *a produção livreira do Brasil é pequena*) e *sm* (dono de livraria; comerciante de livros); **livresco** (ê) *adj* (**1.** livreiro; **2.** diz-se de conhecimento adquirido só em livro: *sua cultura é sobretudo livresca*); **livro-caixa** *sm* [em contabilidade, livro em que se registram as transações financeiras ou a condição financeira de uma empresa), de pl. *livros-caixa* ou *livros-caixas.* ·· **Livro do Mestre.** Trabalho complementar do livro do aluno, destinado a auxiliar o professor na sua utilização. ·· **Livro eletrônico** (ou **digital**). *E-book.*

li.xa *sf* Papel resistente, coberto com uma camada de areia, para polir ou raspar matéria dura. → **lixadeira** *sf* (máquina própria para lixar); **lixar** *v* (polir ou desgastar com lixa).

li.xo *sm* **1.** Tudo o que não presta ou já não tem nenhuma serventia e se joga fora; refugo, entulho: *lixo hospitalar.* **2.** Tudo o que é varrido de uma casa, rua, jardim, etc. **3.** *Fig.* Qualquer coisa imprestável, malfeita ou de má qualidade; droga, porcaria: *seu carro é um lixo!, esse programa de televisão sempre foi um lixo!* **4.** Recipiente onde se recolhem coisas imprestáveis; lixeira: *jogue o lixo no lixo!* **5.** Matéria-prima para reciclagem, no mundo moderno. **6.** *Fig.* Sujeira, imundície: *seu quarto está um lixo!* **7.** *Fig.* Porção de pessoas desprezíveis; gentalha, ralé, escória: *sua vizinhança é um lixo!* **8.** *Fig.* Pessoa desprezível, que pertence à ralé, à escória; gentinha: *sua irmã é um lixo!* → **lixão** *sm* (lugar onde se despejam todos os lixos de uma grande cidade, no qual geralmente se veem miseráveis à cata de algo útil, seja para uso, seja para alimentar-se); **lixeira** *sf* [lixo (4)]; **lixeiro** *sm* (gari (2)].

-lo *pron* equivalente de *o*, usado depois de forma verbal terminada em *r, s* ou *z*, que se suprimem (p. ex.: *amar + o = amá-lo, cantas + o = cantá-lo, faz + o = fá-lo*), após os pronomes *nos* e *vos* (p. ex.: *nos + o = no-lo, vos + o = vo-lo*) e ainda após a palavra *eis* (p. ex.: *eis + o = ei-lo*).

load [ingl.] *sm* **1.** Leitura de um arquivo ou programa de computador. **2.** Transferência de informações de um armazenamento auxiliar para a memória interna do computador; registro. · Pl.: *loads.* · Pronuncia-se *lôud.* → **loader** *sm* (tipo de programa que carrega outro programa na memória para ser executado), que se pronuncia *lôudâr* e faz *loaders* no plural.

lob [ingl.] *sm* Lance do tênis que consiste em encobrir o adversário, quando este está próximo da rede. · Pl.: *lobs.* · Pronuncia-se *lób.*

lobby [ingl.] *sm* **1.** Saguão, antecâmara, *hall.* **2.** Prática de tentar influenciar o voto de parlamentares, exercida por pessoas ou grupos poderosos ou persuasivos, por interesses próprios ou de terceiros. **3.** Grupo de pressão que atua junto a congressistas, no saguão do Congresso, em nome de certos interesses. · Pl.: *lobbies.* · Pronuncia-se *lóbi.* → **lobismo** *sm* (prática do *lobby*); **lobista** *s2gên* (pessoa que pratica o *lobby*).

lo.bi.so.mem (ô) *sm* Ser humano que, segundo o folclore e a superstição, se transforma em lobo, nas noites de lua cheia das sextas-feiras.

lo.bo *sm* **1.** Projeção arredondada de uma formação ou estrutura. **2.** Parte de qualquer órgão demarcada por sulcos, fissuras ou tecido conjuntivo. · Dim. erudito: *lóbulo.*

lo.bo (ô) *sm* Mamífero carnívoro selvagem, semelhante ao cão, porém maior e de orelhas sempre em pé, de voz característica, encontrado somente nas florestas e tundras do hemisfério norte. (Voz: *uivar.*) · Fem.: *loba* (ó). · Aum. irregular: *lobaz.* · Dim. irregular: *lobacho* ou *lobato.* · V. **lupino.** ·· **Lobo do mar.** Marinheiro velho e experiente; leão do mar.

lo.bo-ma.ri.nho *sm* Mamífero carnívoro do oceano Pacífico, provido de orelhas (ao contrário das focas), de abundantes pelos no pescoço, à semelhança de uma pequena juba; leão-marinho; urso-do-mar. · Pl.: *lobos-marinhos.*

lô.bre.go ou **lú.gu.bre** *adj* **1.** Escuro, sombrio: *ambiente lôbrego.* **2.** *Fig.* Triste, fúnebre: *tom de voz lôbrego.* · Antôn. (2): *alegre, festivo.* → **lobreguidão** ou **lugubridade** *sf* (qualidade ou estado de lôbrego ou de lúgubre).

lo.cal *adj* **1.** De determinada localidade ou próprio dela: *"não confio em produto local; sempre que viajo, levo meu uísque e minha mulher"* (Fernando Sabino); *o terremoto se deu às 2h, hora local.* **2.** Que afeta uma parte específica do corpo: *anestesia local.* // *sm* **3.** Porção particular de espaço, mais específico que o lugar; localidade ou ponto determinado: *ele estacionou o carro num lugar da rua, não sei dizer em que local.* **4.** Parte específica ou ponto determinado de algo: *em que local você sente dor?* **5.** Palco onde se dão ou se deram os fatos: *o local do acidente; o local do crime.* **6.** Localidade própria para qualquer coisa: *local de votação; local de reunião.* **7.** Espaço de características próprias: *um local espaçoso, onde caiba todo o mundo.* // *sf* **8.** Em jornalismo, notícia sobre determinada localidade, publicada por periódico da região. **9.** Em rádio e televisão, qualquer transmissão restrita à emissora da localidade. (Como se vê, a noção de *local* (3) difere da de *lugar*: num estádio de futebol, o gramado é o *lugar*; as faltas são cometidas em um de seus *locais*. O árbitro marca o *local* da falta, e não propriamente o "lugar" dela.) → **localidade** *sf* (**1.** lugar ou área geográfica ampla, mas limitada e específica: *eles se mudaram para outra localidade;* **2.** povoado, povoação, lugarejo: *isto aqui não é uma cidade nem mesmo uma vila, é uma localidade*); **localização** *sf* [ato ou efeito de localizar(-se)]; **localizar** *v* (**1.** determinar a localização ou posição em que algo existe: *já localizaram o avião que caiu na floresta;* **2.** descobrir o paradeiro de: *não consegui localizar o representante da empresa, na cidade;* **3.** encontrar, apontar: *localize o Piauí no mapa!*); **localizar-se** (estar situado; situar-se; ficar: *a farmácia localiza-se naquela rua; dor que se localiza no quadril*).

lo.ção *sf* **1.** Preparado líquido aplicado externamente, para proteger a pele ou para tratar doenças dermatológicas. **2.** Nome genérico de vários preparados líquidos destinados à higiene do corpo. **3.** Líquido perfumado para o rosto recém--barbeado ou para os cabelos. **4.** Lavagem do corpo ou de parte dele com o uso de esponja embebida em líquido próprio. **5.** Esse líquido.

lo.car *v* Alugar (bens ou serviços) por curto espaço de tempo: *locar filmes.* → **locação** *sf* (**1.** ato ou efeito de locar; **2.** quantia paga pelo locatário); **locador** (ô) *sm* (aquele que loca alguma coisa a outrem, chamado *locatário*); **locadora** (ô) *sf* (loja ou agência comercial que aluga carros, televisores, fitas de vídeo, etc.); **locatário** *sm* [aquele que recebeu algo (móvel ou imóvel) em locação], de antôn. *locador*; **locativo** *adj* (rel. a locação).

lockdown [ingl.] *sm* Distanciamento social severo e obrigatório, que ocorre geralmente durante uma situação de emergência. · Pl.: *lockdowns.* · Pronuncia-se *lók-dáun.*

lockout [ingl.] *sm* Fechamento de uma fábrica ou empresa pelo empregador durante um período de greve dos empregados, para forçá-los a aceitar determinadas condições. · Pl.: *lockouts.* · Pronuncia-se *locáut.*

lo.co.mo.ti.va *sf* **1.** Máquina que, nas ferrovias, reboca os vagões. **2.** *Fig.* Força de tração ou de impulsão econômica: *São Paulo é a locomotiva do país.* **3.** *Pop.* PE Passo do frevo, em que o dançarino, agachado e com os braços para a frente, encolhe e estira alternadamente cada uma das pernas, em pequenos saltos.

lo.co.mo.ver-se *v* Mover-se de um lugar a outro; deslocar-se: *depois do acidente, não conseguia mais locomover-se.* → **locomoção** *sf* (ato ou efeito de locomover-se); **locomotividade** *sf* (capacidade de locomoção, inerente a certos animais); **locomotivo** *adj* (rel. a locomoção).

lo.cu.ção *sf* **1.** Palavra, expressão ou frase usada por uma pessoa ou grupo em particular: *a locução um tanto afetada do poeta; ele é nordestino, mas de locução gaúcha.* **2.** Estilo particular de fala; modo peculiar de dizer; dicção: *apresentador de boa locução.* **3.** Texto dito por um locutor: *que locução longa!* **4.** Ato de falar ao microfone. **5.** Em gramática, conjunto de duas ou mais palavras que equivalem, em função, a uma só (p. ex.: *amor* **de mãe** *= amor materno;* *trabalhar* **com calma** *= trabalhar calmamente*).

lo.cu.ple.tar *v* **1.** Enriquecer desonestamente: *o povo, com o voto, acaba locupletando picaretas.* **2.** Encher completamente; abarrotar: *locupletar a geladeira.* **locupletar-se** Enriquecer-se desonestamente: *locupletar-se na vida pública.* **4.** Fartar-se, saciar-se: *locupletou-se no banquete e acabou passando mal.* → **locupletação** *sf* ou **locupletamento** *sm* [ato ou efeito de locupletar(-se)].

lo.cu.tor (ô) *sm* Profissional de rádio, televisão, etc., geralmente de boa locução, encarregado de ler textos, anunciar programas, etc.

lo.do (ô) *sm* **1.** Depósito terroso, misturado de restos de matéria orgânica, no fundo de águas. **2.** *Fig.* Baixeza, vileza: *o lodo é a parte mais íntima e intrínseca da política.* · V. **lutulento.** → **lodaçal** *sm* (água barrenta com muita lama no fundo; charco); **lodacento** ou **lodoso** (ô; pl.: ó) *adj* (que tem muito lodo).

loft [ingl.] *sm* Apartamento sem compartimentos ou divisões, com ar industrial, que valoriza a iluminação natural, ornado por um pé-direito elevado. · Pl.: *lofts*. · Pronuncia-se *lóft*.

log [ingl.] *sm* Em informática, registro de operações de arquivo no sistema computacional: *um arquivo de log pode ser usado para auditoria*. · Pl.: *logs*. · Pronuncia-se *lógh*.

lo.ga.rit.mo *sm* Expoente que indica a potência à qual um número base é elevado, para produzir um determinado número: *o logaritmo de 100 na base 10 é 2*. → **logarítmico** *adj* (rel. a logaritmo ou baseado em logaritmos: *cálculo logarítmico*).

ló.gi.ca *sf* **1**. Ciência que estuda os princípios do raciocínio correto: *professor de lógica*. **2**. Ramo ou variedade de lógica: *a lógica aristotélica; a lógica booliana*. **3**. Princípios formais de um ramo do conhecimento: *a lógica da gramática*. **4**. Forma particular de raciocínio ou de argumentação: *sua lógica difere da lógica de todos nós; não fomos capazes de seguir sua lógica*. **5**. *Fig.* Propriedade, coerência: *seu argumento carece de lógica; não há lógica nisso que você diz*. **6**. Força convincente: *a lógica da guerra*. → **logicidade** *sf* (**1**. qualidade do que é lógico: *a logicidade da doutrina tomista*; **2**. atributo ou característica daquilo que apresenta lógica: *não há nenhuma dúvida sobre a logicidade de seu argumento*); **lógico** *adj* (**1**. rel. a lógica; **2**. de acordo com a lógica; coerente: *raciocínio lógico*; **3**. de acordo com o que parece razoável ou natural; **4**. evidente, claro, patente: *é lógico que foi ela*).

login ou **logon** [ingl.] *sm* **1**. Processo de identificação do usuário no computador, com inserção do seu nome e a senha. **2**. Esse nome e senha. · Antôn.: *logoff*. · Pl.: *logins, logons*. · Pronuncia-se *lóghin, lôgon*.

lo.gís.ti.ca *sf* **1**. Ramo da ciência militar que trata da obtenção, distribuição, manutenção e reposição de material e pessoal, em campanha. **2**. Planejamento e execução dos meios necessários para a guerra ou para um grande trabalho. **3**. *Fig.* Ramo da gestão que consiste em planejar a armazenagem, a circulação (terra, ar e mar) e distribuir produtos no local adequado no tempo mais curto possível. → **logístico** *adj* (rel. a logística).

lo.go *adv* **1**. Já: *compre logo esse automóvel e pare de me encher!; vou logo dizendo que hoje não estou de bom humor*. **2**. Num futuro próximo; brevemente: *logo essa criança será um homem*. **3**. Justamente: *logo você me criticando?!* // *conj* **4**. Portanto: *você não está habilitado, logo não pode dirigir*.

lo.go (ô) *sm* Redução de *logotipo*.

logoff [ingl.] *sm* Em informática, operação que interrompe a conexão com uma rede. · Antôn.: *login*. · Pl.: *logoffs*. · Pronuncia-se *lògòf*.

lo.go.gri.fo *sm* **1**. Quebra-cabeça de palavras, baseado na recomposição das letras de uma palavra chave a ser identificada. **2**. *Fig.* Linguagem obscura, enigmática. → **logográfico** *adj* (**1**. rel. a logogrifo; **2**. *fig.* enigmático, obscuro).

lo.go.mar.ca *sf* Palavra usada por *logotipo*, porém, inexistente no vocabulário dos profissionais do mercado publicitário.

lo.go.ti.po *sm* Representação gráfica do nome fantasia de uma empresa, na qual só são utilizados o desenho ou símbolo e a tipografia (letras), que determinam a sua identidade visual e têm como objetivo facilitar o seu reconhecimento; logo: *os jogadores ostentam na camiseta o logotipo do patrocinador do clube*. → **logotipia** *sf* (sistema de representação baseado nos logotipos); **logotípico** *adj* (rel. a logotipo ou a logotipia).

lo.gra.dou.ro *sm* Redução de *logradouro público*, lugar (rua, largo, praça, jardim, parque, ponte, etc.) de uso público.

lo.grar *v* **1**. Gozar, desfrutar: *lograr a herança recebida*. **2**. Conseguir, obter, alcançar: *logrou o primeiro lugar no concurso*. **3**. Enganar com astúcia; burlar: *logrou os pais da moça e com ela casou*. → **logro** (ô) *sm* (erro causado por astúcia de outrem; fraude, trapaça, tramoia, cambalacho, maracutaia).

loi.ro *adj* e *sm* V. **louro**.

lo.ja *sf* **1**. Pavimento térreo de qualquer prédio, geralmente destinado a atividades comerciais, industriais, etc. **2**. Estabelecimento comercial de varejo que vende as mais diversas mercadorias: *loja de sapatos, loja de roupas*. **3**. Casa de associação maçônica. · Dim. irregular pejorativo (2): *lojeca*. → **lojista** *adj* (rel. a loja (2): *o movimento lojista aumenta no Natal*) e *s2gên* [que ou pessoa que tem loja (2)]. ·· **Loja âncora**. Loja importante e tradicional no mercado, de grande porte e com presença em *shopping center*, para o qual serve de base comercial, por atrair consumidores; loja que é o carro chefe de um centro comercial. (Usa-se também apenas *âncora*.) ·· **Loja de conveniência**. Pequeno estabelecimento comercial, que funciona as 24h do dia, localizada geralmente em postos de combustíveis, que vende bebidas, biscoitos, guloseimas e sobretudo produtos de primeira necessidade.

lo.ló *sm Gír.* Redução de *cheirinho da loló*, entorpecente preparado clandestinamente, baseado em éter e clorofórmio, usado como inalante; lança-perfume de pobre: *o loló possui diversos efeitos colaterais graves*. (A 6.ª ed. do VOLP não registra a palavra neste significado.)

lom.ba.da *sf* **1**. Elevação em colina, monte, etc.; lomba (1). **2**. Pequena elevação do leito carroçável de uma rodovia, para forçar o motorista a reduzir a velocidade; quebra-molas. **3**. Dorso ou lombo do boi em todo o seu comprimento. **4**. Parte da encadernação de um livro onde se unem as capas e se leem o título e o nome do autor; dorso do livro. → **lomba** *sf* [**1**. lombada (1); **2**. pequeno monte de areia ou de terra; **3**. *pop.*RS lombada (1); **5**. *pop. Pop.* preguiça, indolência, lazeira]. ·· **Lombada eletrônica**. Dispositivo eletrônico instalado na via pública ou nas estradas, destinado a flagrar fotograficamente os motoristas que excedem a velocidade máxima permitida para trânsito no local.

lom.bo *sm* **1**. Parte posterior do abdome; costas, dorso. **2**. Nos animais quadrúpedes, parte superior do corpo, pegada à espinha dorsal e às costelas. **3**. Peça de carne muito tenra dessa parte, nos animais de abate: *lombo de porco*. **4**. Margem interior da página de um livro, localizada entre a lombada e a mancha. **5**. Superfície exterior ou convexa da telha. **6**. Qualquer superfície arredondada: *bateu na árvore com o lombo do facão*. → **lombar** ou **lombeiro** *adj* (rel. a lombo ou costas: *dor lombar*). → **lombar** *adj* (rel. à parte do dorso situada entre o tórax e a bacia).

lom.bri.ga *sf* Verme parasito dos intestinos; bicha. → **lombrical** ou **lumbrical** *adj* (rel. ou sem. a lombriga); **lombricida, lumbricida** *adj* e *sm* ou **lombrigueiro** *sm* (vermífugo).

lo.na *sf* **1**. Tecido grosso, resistente e impermeável de que se fazem velas para embarcações, coberturas de barraca, toldos, encerados, sacos, etc. **2**. Tecido que, depois de preparado com látex, é utilizado na fabricação de pneus, freios, etc. **3**. Tenda de circo itinerante. **4**. *Pop.* No jogo de palitinho, nada dentro do punho cerrado. ·· **Na** (**última**) **lona** (fig.). **1**. Em frangalhos; em petição de miséria. **2**. Diz-se de pneu que já não tem condições de rodar.

Londres *sf* Capital e a maior cidade do Reino Unido. → **londrino** *adj* e *sm*.

lon.ga-me.tra.gem *sm* Filme cinematográfico de duração superior a 30 minutos. · Pl.: *longas-metragens*.

lon.ga.na *sf* **1**. Planta de origem chinesa que dá frutos redondos com casca fina, mas dura, de uma única semente preta. **2**. Esse fruto, de sabor suave e adocicado e alto valor nutritivo, rico em vitamina C e ferro.

lon.ge *adv* **1**. Em lugar distante ou distante de determinado lugar: *trabalhar longe; foi expulso por chutar a bola longe*. **2**. Além de certo limite: *levar longe demais um namoro*. // *adj* **3**. Que se encontra a uma grande distância, no tempo ou no espaço; distante; longínquo: *estudar numa escola longe*. **4**. Diz-se de parente afastado; distante: *é meu primo longe*. **5**. Indiferente ao que se passa à sua volta; ausente, desligado: *eu estava longe, por isso não prestei atenção*. · Antôn. (1): *perto*; (3 e 4): *próximo*. → **lonjura** *sf* (grande distância: *a lonjura de Plutão*), de antôn. *proximidade*. ·· **Ao longe**. A grande distância: *Ouço ao longe um trovão*. ·· **De longe**. **1**. A grande distância: *Vi de longe o que aconteceu*. **2**. Com grande vantagem ou superioridade em relação aos demais; com folga; disparado: *O Brasil é, de longe, o maior país da América do Sul*. → **Enxergar** (ou **Ver**) **longe**. **1**. Ter ótima visão. **2**. *Fig.* Antever o rumo das coisas, seus problemas ou suas dificuldades: *As mães veem longe*.

lon.ge.vo *adj* **1**. De idade muito avançada: *os idosos, hoje, estão cada vez mais longevos*. **2**. *Fig.* Que dura ou vive muito tempo; duradouro: *espécies longevas; os japoneses são um povo longevo*. → **longevidade** *sf* (**1**. qualidade de longevo; vida longa: *a longevidade dos anciãos chineses*; **2**. *fig.* durabilidade, resistência: *era famosa a longevidade dos carros alemães*).

lon.gín.quo (o **u** soa) *adj* **1**. Que se encontra distante da vista ou do ouvido; muito afastado ou distante no espaço: *planetas longínquos; ruídos longínquos*. **2**. Que ocorreu há muito tempo; remoto: *vista pelos jovens, a guerra mundial é um fato longínquo*. **3**. Que há de vir daqui a muitos anos: *num futuro não muito longínquo poderemos ver um Brasil poderoso*.

lon.gi.tu.de sf Distância angular, medida em graus, existente de um ponto qualquer até o meridiano de Greenwich, paralelo ao eixo da Terra, cujo valor é de zero grau: *o navio estava a 55º de longitude sul.* · Antôn.: *latitude.* → **longitudinal** *adj* (**1**.rel. a longitude; **2**.rel. a comprimento).

lon.go *adj* **1**. Que é extenso no sentido do comprimento; comprido: *longa fila; cabelos longos.* **2**. Que dura ou durou muito tempo; demorado, duradouro: *longa espera; viagem longa; mandato longo.* **3**. Que existe há muito tempo: *uma longa amizade; uma longa carreira.* **4**. Que contém muitos itens: *uma longa lista de compras.* **5**. *Fig.* Que viaja a longa distância: *jogo em que houve muita bola longa.* **6**. *Fig.* Difícil, duro: *vou dormir cedo hoje, porque amanhã terei um longo dia; temos ainda um longo caminho pela frente.* // *sm* **7**. Comprimento: *o carro tem 4m de longo.* **8**. Redução de *vestido longo*, de comprimento que vai pouco além do tornozelo: *ela chegou de longo.* · Antôn. (1 a 5): *curto.* ·· **Ao longo de. 1**. No decorrer de: *Teremos chuva ao longo da tarde.* **2**. Em paralelo a; paralelamente: *A bola rolou ao longo da linha lateral, sem sair do campo de jogo.*

long-play [ingl.] *sm* Disco de vinil, que gira a 33$^{1/3}$ rotações por minuto, também chamado popularmente *bolachão*; elepê. · Abrev.: *LP* (sem ponto). · Pronuncia-se *long plêi*.

lon.gue.te *adj* e *sm Pop.* Que ou vestido cujo comprimento fica entre o tornozelo e o joelho, também conhecido por *midi*: *vestido longuete; uma noiva pode usar vestido curto, longuete ou longo.* (A 6.ª ed. do VOLP não registra a palavra.)

lon.tra *sf* Mamífero aquático ou subaquático, excelente nadador, carnívoro, que se alimenta preferencialmente de peixe. (Voz: *assobiar, chiar, guinchar*.)

look [ingl.] *sm* Aparência ou estilo, princ. em relação a penteado, maquiagem, acessórios e vestuário; visual. · Pronuncia-se *luk*.

lookbook [ingl.] *sm* Catálogo com fotos de todas as produções ou criações (roupas, acessórios, etc.) de uma coleção de grife ou marca famosa: *a Dolce & Gabbana está divulgando seu lookbook para a próxima estação.* · Pl.: *lookbooks.* · Pronuncia-se *luk-buk*.

loop [ingl.] *sm* **1**. Dispositivo intrauterino, em forma de anel. **2**. Em informática, *looping*. · Pl.: *loops.* · Pronuncia-se *lup*.

looping [ingl.] *sm* **1**. Em informática, repetição de certo processo várias vezes; *loop*. **2**. Giro vertical de 360º dado por uma aeronave. · Pl.: *loopings.* · Pronuncia-se *lúpin*.

looser [ingl.] *sm* No jargão dos *hackers* (1), pessoa que se preocupa apenas em aprender noções básicas de informática, para utilizar um computador. · Pl.: *loosers.* · Pronuncia-se *lúzár*.

lo.quaz *adj* **1**. Que fala demais; que não economiza palavras; falante, tagarela: *as mulheres são loquazes.* **2**. *P.ext.* Que fala com facilidade; fluente no falar; eloquente: *Rui Barbosa se destacava ainda como um orador muito loquaz.* **3**. *Fig.* Que provoca grande rumor ou barulho: *as loquazes mesas-redondas do esporte; essa loquaz declaração vai provocar reação no Congresso.* · Superl. abs. sintético: *loquacíssimo.* → **loquacidade** *sf* (**1**. qualidade de loquaz; **2**. hábito de falar demais; tagarelice).

lor.de *sm* **1**. Título de nobreza inglês que significa *senhor*. **2**. Homem que detém esse título. **3**. *Fig.* Homem que mostra muita ostentação e aparenta ser rico e importante.

lo.ro.ta *sf* Conversa mole; conversa fiada; mentira, estória.

lor.pa (ô) *adj* e *s2gên* Que ou pessoa que é imbecil, palerma, boçal. · V. **alorpado.** → **lorpice** *sf* (qualidade, atitude ou dito de lorpa).

lor.to *sm Pop.Chulo* Nádegas, bumbum, bunda: *as mulatas costumam ter lorto avantajado.*

lo.san.go *sm* Quadrilátero com os quatro lados iguais. → **losângico** ou **losangular** *adj* (rel. a losango ou que tem forma de losango).

lo.ta.ção *sf* **1**. Ato ou efeito de lotar. **2**. Capacidade de veículos coletivos, elevadores, salas de espetáculo, estádios, etc. **3**. Número de servidores em determinado órgão de uma repartição. **4**. Fixação de funcionário em determinado órgão de uma repartição. // *sm* **5**. Redução de *autolotação.* → **lotar** *v* [**1**. calcular a lotação de; estimar: *os jornalistas lotaram mal a capacidade desse estádio*; **2**. encher totalmente; abarrotar: *os torcedores lotaram o estádio*; **3**. *pop.* alocar (funcionário) em certo local, posto, função, repartição ou setor: *os tribunais lotam seus magistrados nos locais em que haja demanda por juízes; o governo lotou muitos funcionários nessa secretaria*; **4**. misturar (vinhos) de diferentes safras, para melhorar a qualidade de um deles; **5**. lotear].

lo.te *sm* **1**. Parte de um todo que se reparte; parcela. **2**. Cada uma das partes de um todo a ser vendida ou entregue a quem de direito; quinhão. **3**. *Pop.* Pequena área em que se divide um terreno urbano ou rural, destinada à construção de casas ou à pequena agricultura: *comprei um lote nesse bairro para construir minha casa.* **4**. Objeto ou grupo de objetos leiloados de uma só vez. **5**. Grupo de objetos de características comuns. **6**. Conjunto de ações ou títulos de qualquer natureza, arrematado em leilão ou em pregão normal das bolsas de valores: *um lote de cem ações.* **7**. Grupo de mercadorias com uma ou mais qualidades que se distinguem de outras; padrão, qualidade. **8**. Conjunto de unidades de um mesmo item fabricado em série e sob as mesmas condições: *esse lote de margaridas veio com problemas.* **9**. *Pop.* Certo número de cabeças de gado. **10**. Em informática, conjunto de dados ou arquivos processados como uma só unidade. → **lotar** ou **lotear** *v* [dividir (um terreno) em lotes], que se conjuga por *frear*; **loteamento** *sm* (**1**. divisão de uma propriedade de terra em lotes, para venda; **2**. conjunto de habitações construídas em terreno loteado).

lo.te.ri.a *sf* **1**. Qualquer jogo de azar oferecido ao público para despertar a esperança de ganhar pela sorte. **2**.*P.ext.* Qualquer coisa ou negócio que depende da sorte ou do acaso: *casamento é loteria, você só perde..* → **lotérico** *adj* (rel. a loteria: *bilhete lotérico; casa lotérica*) e *adj* e *sm* (que ou aquele que é dono de casa lotérica).

lo.to *sm* ou **ló.tus** *sm2núm* **1**. Nome comum a várias plantas aquáticas, cultivadas como ornamentais, devido às suas grandes folhas e de suas flores, de pétalas brancas, amarelas ou vermelhas; nenúfar. **2**. Essa flor; nenúfar.

lo.to *sf* Modalidade de loteria em que, das cem dezenas propostas num volante, são sorteadas apenas três delas (trinca), quatro (quadra) e cinco (quina), o prêmio maior.

lo.to (ô) *sm* Jogo de azar em que se empregam cartões ou cartelas numeradas de 1 a 90, ganhando o participante que primeiro preencher os números de uma linha; víspora, bingo.

lou.ça ou **loi.ça** *sf* **1**. Qualquer artefato de barro cozido ou de porcelana, de uso doméstico, geralmente para serviço de mesa. **2**. Conjunto de todos esses artefatos. **3**. Qualquer produto cerâmico. **4**. Cada um dos componentes de barro cozido de um banheiro, como vaso sanitário, bidê, pia, etc., que se distinguem dos metais (torneiras, registros, misturadores, etc.). → **louçaria** ou **loiçaria** *sf* (**1**. estabelecimento onde se vendem louças ou loiças; **2**. grande quantidade de louças ou loiças).

lou.co *adj* e *sm* **1**. Que ou aquele que perdeu a razão e, por isso, comete desatinos; que ou aquele que não está em seu juízo perfeito; doido, alienado: *os loucos são internados.* // *adj* **2**.*P.ext.* Que fica como uma pessoa que houvesse perdido a razão; muito irritado; furioso: *gritava como louco; fiquei louco de raiva.* **3**. *Fig.* Insensato, imprudente: *ninguém é louco hoje de sair com joias; você é louco de passar por sinal vermelho.* **4**. Perdido de amor, paixão, prazer, etc.: *ele era louco pela vizinha.* → **loucura** ou **louquice** *sf* (**1**. estado ou condição de quem é louco; **2**. ato próprio de louco; aventura desmedida ou descabida; insensatez, imprudência; **3**. paixão ou gosto excessivo por uma coisa). ·· **Louco de pedra** (ou **Louco varrido**). Completamente louco. ·· **Louco manso**. Aquele que é desequilibrado mental, mas não é agressivo. ·· **Na louca** (pop.). Sem pensar ou planejar: *Ele faz tudo na louca, por isso sempre se dá mal.*

loudness [ingl.] *sm* Dispositivo de aparelho de som destinado a acentuar os sons graves e agudos. · Pronuncia-se *láudnes*.

lounge [ingl.] *sm* **1**. Sala de espera; antessala. **2**. Lugar confortável, onde a pessoa pode sentar-se e aguardar a realização de algum evento. // *adj* **3**. Diz-se da poltrona ou sofá desse lugar. **4**. Diz-se de bar ou ambiente onde as pessoas podem se encontrar, interagir de maneira relaxada e desfrutar de algumas bebidas e tira-gostos. **5**. Diz-se da música nesse ambiente, que se ouve em volume baixo, para relaxar e permitir conversação: *a música lounge nada mais é que a música ambiente.* **6**. Diz-se do espaço usado para festas e eventos, com telões de vídeo e sistema de iluminação diferenciado, para proporcionar uma sensação de bem-estar, no qual as pessoas tomam aperitivos, *drinks*, interagem e ouvem música ambiente. · Pronuncia-se *láundj*.

lou.ro *adj* e *sm* **1**. Loiro. // *sm* **2**. Folha do loureiro, extremamente odorífera, usada como condimento: *na Grécia antiga, os guerreiros vencedores recebiam uma coroa de louros.* **3**.

Loureiro. **4**. Papagaio: *o louro me deu o pé*. // *smpl* **5**. Louvores ou glórias alcançadas por feitos de grande valor: *lutou e conquistou os louros da vitória*. → **loureiro** *sm* [arvoreta nativa do Mediterrâneo, de folhas odoríferas e propriedades medicinais, muito usadas como condimento; louro (3)].

lou.ro ou **loi.ro** *adj* e *sm* **1**. Que ou aquele que tem pele e cabelos entre o dourado e o castanho-claro e, geralmente, olhos também dessa tonalidade. // *adj* **2**. De cor palha ou levemente dourada.

lou.sa *sf* **1**. Ardósia (1). **2**. Lápide, geralmente com inscrição, que cobre uma sepultura; pedra tumular. **3**. Pequena lâmina retangular de ardósia, portátil, emoldurada em madeira, usada princ. nas escolas, para escrita com giz ou com pincel; ardósia (2). → **lousaira** *sf* (pedreira de onde se extraem lousas; ardosieira]; **louseiro** *sm* (aquele que extrai lousa, que trabalha em lousa ou que vende lousas).

lou.va-a-deus *sm2núm* Inseto verde, de cabeça alta e grandes olhos, carnívoro, predador, cuja postura, quando pousado, lembra a posição de uma pessoa ajoelhada, rezando.

lou.var *v* **1**. Enaltecer (alguém) sem dar as razões: *o ministro louva o presidente sempre que pode*. **2**. Aplaudir, aprovar: *a imprensa e o mundo louvaram o acordo de paz*. **3**. Exaltar, glorificar: *louvar a Deus nas alturas*. → **laudatário** *adj* (que louva: *nota laudatária*); **laudatício** ou **laudativo** *adj* (próprio para louvar); **louvação** *sf*, **louvamento** ou **louvor** (ô) *sm* (ato ou efeito de louvar); **louvável** *adj* (que merece louvor ou elogio), de superl. abs. sintético: *louvabilíssimo*; **louvor** *sm* (**1**. louvação, louvamento; **2**. glorificação, exaltação: *monumento em louvor ao soldado desconhecido*; "*antes a crítica de um gênio do que o louvor de um idiota*" (Marco Aurélio); **3**. grande mérito: *foi aprovado com louvor*; **4**. demonstração de gratidão; agradecimento: *publicou uma nota em louvor aos bombeiros que o salvaram*).

low cost [ingl.] *loc adj* **1**. De baixo custo: *passagens aéreas low cost*; *habitação low cost*. **2**. Que se obtém a baixo custo: *o BNDES oferece a empresários dinheiro abundante e low cost*. · Pronuncia-se *lou kóst*. · Como se vê, não varia.

lowrider [ingl.] *sf* Bicicleta sem marcha nem freio, de guidão alto, garfo longo e roda dianteira bastante à frente, no estilo das motocicletas Harley-Davidson. · Pl.: *lowriders*. · Pronuncia-se *lou-ráidár* (o *r* inicial soa fraco, como o de *caro*).

LP *sm* Abreviatura de *long-play*. · Pl.: *LPs*.

LSD *sm* Sigla alemã de *Lysergsäurediethylamid* = dietilamida do ácido lisérgico, substância sintética, de efeitos alucinógenos.

Lua *sf* **1**. Satélite natural da Terra, já visitado pelo homem (20/7/1969): *a Lua tem 4,5 bilhões de anos*. **lu.a 2**. Luar: *noite sem lua*. **3**. Satélite natural de qualquer planeta: *Júpiter tem 79 luas*. · V. **lunação** e **lunar**. → **luar** *sm* (luz ou clarão refletido da superfície da Lua; lua: *noite sem luar*); **luarento** *adj* (em que há luar: *noite luarenta*). ·· **Estar de lua**. Estar de mau humor. ·· **Lua de mel**. **1**. Período que compreende os primeiros dias de vida conjugal. **2**. *Fig*. Período que compreende os primeiros momentos de uma nova situação, caracterizado por euforia e entusiasmo: *Continuo vivendo minha lua de mel com o meu Fusquinha 1962*. ·· **Na lua**. Distraído, desatento: *Aluno que vive na lua não aprende*. ·· **Ser de lua** (fig.). Ser imprevisível na sua temperamento instável: *Ela é de lua, ora quer, ora não quer*.

lú.bri.co *adj* **1**. Muito liso; escorregadio ou úmido: *piso lúbrico; chão lúbrico*. **2**. *Fig*. Lascivo (2): *ignorei seu olhar lúbrico*. **3**. Diz-se do ventre de fácil dejeção; solto. → **lubricidade** *sf* (qualidade do que é lúbrico).

lu.bri.fi.can.te *adj* e *sm* Que ou substância que se aplica a partes de um mecanismo, para evitar fricção ou desgaste. → **lubrificação** *sf* [ato ou efeito de lubrificar(-se)]; **lubrificar** *v* (pôr óleo ou graxa em, para evitar o atrito: *lubrificar o motor; lubrificar fechaduras*); **lubrificar(-se)** (tornar(-se) lúbrico (1)].

lú.ci.do *adj* **1**. Que está na posse de suas faculdades mentais; consciente: *sofreu acidente grave, mas foi lúcido ao hospital*. **2**. *Fig*. Claro, evidente, translúcido: *verdade lúcida*. **3**. *Fig*. Fácil de entender; claro: *recebemos instruções lúcidas*. **4**. *Fig*. Racional; mentalmente claro: *ele é um pensador lúcido*. **5**. *Fig*. São; mentalmente claro: *ele viveu momentos lúcidos em sua loucura*. → **lucidez** (ê) *sf* (qualidade, estado ou condição de lúcido). ·· **Sonho lúcido**. Sonho em que a pessoa tem consciência de estar sonhando e pode controlar os eventos; sonho consciente.

Lúcifer *sm* Segundo a Bíblia, chefe dos anjos rebeldes, expulso do Paraíso por liderar a revolta dos anjos, antes da sua queda; satã, satanás. · Pl.: *Lúciferes*. (*Lúcifer* se grafa com inicial maiúscula, mas não necessariamente seus sinônimos.) → **luciferino** *adj* (rel. a Lúcifer ou próprio dele; satânico, diabólico: *planos luciferinos*).

lu.cro *sm* **1**. Ganho financeiro de pessoa ou empresa resultante da diferença entre o valor ganho e o valor gasto em qualquer coisa: *vendi o carro com lucro; a Toyota fechou o ano com altos lucros*. **2**. Vantagem financeira conseguida com especulações: *especulou na Bolsa de Valores e teve bom lucro*. **3**. *P.ext*. Ganho, proveito, vantagem: *não vejo lucro nenhum em discutir com vocês*. · Antôn.: *prejuízo*. → **lucrar** *v* (**1**. obter vantagem ou benefício financeiro; ter lucro: *não lucrei com essa venda*; **2**. *fig*. ser beneficiado: *só tenho a lucrar com seus conselhos*), de antôn. *perder*; **lucrativo** *adj* (que dá lucro; vantajoso).

lu.cu.brar *v* V. **elucubrar**.

lu.dí.brio *sm* **1**. Zombaria, deboche ou chacota, mais por desprezo que por brincadeira: *o assaltante apanhou da moça, que era faixa preta em caratê, e ainda teve de aguentar o ludíbrio dos policiais*. **2**. Logro, burla: *alterar a placa do veículo caracteriza ludíbrio*. → **ludibriante** ou **ludibrioso** (ó; pl.: ó) *adj* (em que há ludíbrio; que envolve ludíbrio: *as promessas cada vez mais ludibriantes dos candidatos vão cansando o eleitor*); **ludibriar** *v* [**1**. tratar com ludíbrio: *os policiais ludibriavam o desastrado assaltante*; **2**. fazer que (alguém) acredite em algo que não é verdade, para obter alguma vantagem pessoal; enganar com palavras astuciosas ou capciosas; iludir: *pastor que ludibria os fiéis*; **3**. enganar de modo ardiloso; lograr, burlar: *para tentar ludibriar a fiscalização, alterou a placa do veículo*).

lú.di.co *adj* **1**. Relativo a jogos, brinquedos e divertimentos; recreativo: *as atividades lúdicas nas escolas*. **2**. Que serve para divertir ou dar prazer; divertido: *cena lúdica; fazer uma viagem lúdica*. → **ludicidade** *sf* ou **ludismo** *sm* (qualidade de lúdico: *a ludicidade é uma forma de desenvolver na criança a criatividade e o conhecimento através de jogos, música e dança*). (A 6.ª ed. do VOLP não registra *ludicidade*.)

lu.fa.da *sf* Sopro forte e repentino de ar; rajada: *senti uma lufada de ar fresco*.

lu.fa-lu.fa *sf* Movimentação apressada e desordenada; correria, atropelo, alvoroço: *quando a polícia chegou, foi aquela lufa-lufa*. · Pl.: *lufa-lufas*.

lu.gar *sm* **1**. Qualquer ponto ou porção particular de espaço, de noção mais abrangente que *local*: *meu bairro é perigoso, mas o local onde moro é tranquilo; estamos indo para um lugar chamado Icó*. **2**. Espaço em geral: *há lugar para mais um aí?* **3**. Porção de espaço ocupada por uma pessoa ou coisa: *cedeu seu lugar ao idoso*. **4**. Espaço ou assento reservado para pessoas: *mesa de quatro lugares*. **5**. Colocação, situação ou posição numa ordem, série, classificação ou competição: *ele conseguiu o primeiro lugar entre os aprovados; ficou em último lugar na corrida*. **6**. Qualquer localidade ou região: *ali é um bom lugar para viver; viajou por todos os lugares do país*. **7**. *Fig*. Posição em uma escala social: *eu a fiz ficar no seu lugar*. **8**. *Fig*. Uma etapa em uma sequência: *em primeiro lugar, isso não é de sua conta*. **9**. *Fig*. Hospedagem temporária, acomodação, alojamento: *preciso de um lugar para ficar*. **10**. No mesmo local, sem ir para frente ou para trás: *não se mova, fique no lugar!* **11**. Vaga: *ele quer um lugar na equipe*. · Dim. (1): *lugarejo* (ê). ·· **No lugar de**. Em vez de: *Ela, no lugar de me beijar, me deu um tapa!* → **lugarejo** (ê) *sm* (**1**. pequeno lugar; **2**. povoado, povoação).

lu.gar-co.mum *sm* **1**. Frase ou expressão banal, sem originalidade; chavão, clichê (p. ex.: *abrir com chave de ouro; futebol é uma caixinha de surpresa*). **2**. O que é comum, ordinária, trivial: *vencer o seu time é lugar-comum*. · Pl.: *lugares-comuns*.

lu.gar-te.nen.te *s2gên* **1**. Pessoa que tem qualidades para substituir a outrem numa posição, num cargo, numa tarefa, etc. **2**. *P.ext*. Pessoa que é o braço direito do chefe e o substitui em sua ausência. · Pl.: *lugares-tenentes*. → **lugar-tenência** *sf* (qualidade ou cargo de lugar-tenente), de pl. *lugares-tenência*. (Os plurais *lugar-tenentes* e *lugar-tenências* constam nos melhores dicionários portugueses; a 6.ª ed. do VOLP, todavia, não os agasalhou.)

lú.gu.bre *adj* V. **lôbrego**.

lu.la *sf* **1**. Molusco de carne muito apreciada. **2**. Iguaria feita com essa carne.

lum.ba.go *sm* ou **lum.ba.gem** *sf* Dor muito forte e súbita na região lombar, causada por distensão muscular, artrite reumatoide, etc. → **lumbágico** *adj* (rel. a lumbago).

lu.me *sm* **1**. Qualquer material combustível (carvão, lenha, etc.), princ. o que serve para cozinhar ou aquecer; fogo: *acenda* *o lume!* **2.** Chama de qualquer matéria em combustão: *palha faz muito lume*. **3.** Claridade intensa; clarão, brilho, fulgor: *o lume do Sol*. **4.** Parte em ignescência de cigarro, charuto, cachimbo. **5.** *Fig*. Guia, doutrina: *seguir o lume do bom senso*. **6.** *Fig*. Agudeza de espírito; esperteza natural; perspicácia, sagacidade. ·· **Dar** (ou **Tirar**) **a lume**. Publicar. ·· **Vir a lume**. Sair publicado.

lu.mi.nar *adj* **1.** Diz-se do corpo que dá ou espalha luz natural; que ilumina. // *s2gên* **2.** Pessoa de grande saber, que ilustra a humanidade, eminente numa determinada área de atuação: *o garoto, aos 14 anos, já era um luminar da informática*. **3.** Pessoa que serve de inspiração a outras.

lu.mi.ná.ria *sf* Qualquer objeto ou utensílio que ilumina (lanterna, lampião, lamparina, lâmpada, lustre, etc.).

lu.mi.nol *sm* Composto químico orgânico ($C_8H_7N_3O_2$), que apresenta quimioluminescência, quando ativado com um agente oxidante, permitindo descobrir se em determinado local há traços de sangue humano, mesmo em locais com azulejos, pisos cerâmicos ou de madeira que tenham sido lavados, pois reage com o ferro encontrado na hemoglobina: *a eficácia do luminol é tão grande, que é possível a detecção de sangue, mesmo que já se tenham passado seis anos da ocorrência de um crime*.

lu.mi.no.so (ô; pl.: ó) *adj* **1.** Que emite luz própria e a difunde ou espalha: *astro luminoso*. **2.** Cheio de luz; iluminado, brilhante: acendi *os faróis e vi os olhos luminosos de um animal; o mostrador luminoso do relógio; manhã luminosa*. **3.** Que irradia ou reflete a luz: *cristais luminosos; a maquiagem dá à pele um brilho luminoso*. **4.** *Fig*. Brilhante, genial: *ideia luminosa; desempenho luminoso*. **5.** *Fig*. Esclarecedor; facilmente inteligível; claro, lúcido: *uma explicação luminosa; prestou um depoimento luminoso*. // *sm* **6.** Redução de *anúncio luminoso* (v. **anúncio**). → **luminosidade** *sf* (qualidade de luminoso).

lu.na.ção *sf* Espaço de tempo transcorrido entre duas luas novas consecutivas, correspondente a 29 dias, 12h e 44min; mês lunar.

lu.nar *adj* **1.** Da ou na Lua: *eclipse lunar; crateras lunares; o primeiro pouso lunar do homem foi em 1969*. **2.** Projetado para uso ou pousa na Lua: *veículo lunar; módulo lunar*. **3.** Medido pela revolução da Lua: *ano lunar*. // *sm* **4.** Pequena mancha ou sinal, em forma de meia-lua na pele de pessoas ou no peito animal.

lu.ná.ti.co *adj* **1.** Influenciado pela Lua. **2.** *Fig*. Tolo, sem nexo: *ideia lunática; decisão lunática*. **3.** Fora de controle; descontrolado, sem freio: *ele implora por sanidade num mundo lunático*. // *adj* e *sm* **4.** *Fig*. Que ou aquele que é mentalmente perturbado; maluco: *presidente lunático*. **5.** *Fig*. Que ou aquele que vive no mundo da lua, sem prestar atenção a nada. **6.** *Fig*. Sonhador: *é lunático aquele que acredita no amor?*

lu.ne.ta (ê) *sf* Instrumento óptico que consiste em um sistema de lentes que aumenta o alcance da visão.

lu.pa *sf* Lente de aumento.

lu.pa.nar *sm* Casa de prostituição que também serve de morada às prostitutas.

lu.pi.no *adj* De lobo ou semelhante a lobo: *uivos lupinos*.

lú.pus *sm2núm* Redução da expressão *lúpus eritematoso sistêmico* (LES), doença inflamatória de origem autoimune que causa inchaço e dor em qualquer parte do corpo e pode afetar múltiplos órgãos e tecidos (pele, articulações, rins, coração, pulmões, cérebro, etc.), com maior incidência em mulheres jovens.

lurker [ingl.] *s2gên* Pessoa que participa de grupos de discussão, bate-papos ou teleconferências, apenas como observador ou ouvinte, sem neles intervir diretamente. · Pl.: *lurkers*. · Pronuncia-se *lárkâr*. → **lurk** *sm* (modalidade de participação em grupos de discussão em que a pessoa apenas observa ou ouve), que se pronuncia *lárk*.

lus.co-fus.co *sm* **1.** Momento de transição entre o dia e a noite; crepúsculo. **2.** Hora do crepúsculo matutino; alvorecer. · Pl.: *lusco-fuscos*.

lu.si.ta.no *adj* **1.** Relativo ou pertencente a Portugal ou aos portugueses; luso. // *sm* **2.** Aquele que nasceu ou habita em Portugal; português, luso. → **lusitanismo** *sm* (**1.** costume próprio dos lusitanos; **2.** palavra, expressão ou construção de uso exclusivo dos portugueses, como *facto, equipa por fato, equipe*); **lusitanização** *sf* [ato ou efeito de lusitanizar(-se)]; **lusitanizar(-se)** *v* [tornar(-se) lusitano; aportuguesar-se];

luso *adj* e *sm* (lusitano); **luso-brasileiro** *adj* (**1.** rel. a Portugal e ao Brasil; **2.** de origem portuguesa e brasileira), pl. *luso-brasileiros*; **lusófone** *adj* e *s2gên* ou **lusófono** *adj* e *sm* (que ou pessoa que fala o idioma português: *o brasileiro é lusófono*) e *adj* (diz-se de coletividade cuja língua oficial ou dominante é o português); **lusofonia** *sf* (**1.** adoção da língua portuguesa como língua de cultura por aqueles que não a têm como vernácula; **2.** conjunto de todos os países, nações ou comunidades de língua portuguesa, como o Brasil, Portugal, Angola, Cabo Verde, Guiné-Bissau, Macau, Moçambique, São Tomé e Príncipe e Timor-Leste).

lus.tra-mó.veis *sm2núm* Preparado próprio para conservar e dar brilho a móveis.

lus.tre *sm* **1.** Brilho fraco, de luz refletida, como o das superfícies polidas, engraxadas ou enceradas; lustro. **2.** *Fig*. Brilho causado por beleza, mérito ou fama. **3.** Luminária. → **lustrar** *v* (dar lustre ou brilho a: *lustrar móveis*); **lustro** *sm* [**1.** lustre (1); **2.** período de cinco anos; quinquênio].

lu.ta *sf* **1.** Combate corpo a corpo, sem armas, entre duas pessoas: *luta de boxe*. **2.** Guerra. **3.** Trabalho incessante e com afinco; lida, labuta: *estamos aí, na luta*. **4.** Esforço por alcançar um objetivo ou meta: *a luta pelo poder; a luta por melhores salários*. **5.** Antagonismo entre forças conflitantes; desacordo, conflito. → **lutador** (ô) *adj* e *sm* (que ou aquele que luta ou muito se esforça para obter alguma coisa; batalhador) e *sm* (atleta masculino que pratica algum tipo de luta); **lutar** *v* [**1.** travar (luta violenta) com troca de golpes físicos ou o uso de armas: *ele lutou na guerra*; **2.** participar de: *você lutou a II Guerra Mundial?*; **3.** *fig*. confrontar, enfrentar: *ele lutou contra as forças do mal; os bombeiros lutaram contra mais um incêndio no Pantanal*; **4.** praticar ou exercitar (qualquer arte marcial): *lutar caratê*; **5.** *fig*. reivindicar pelo trabalho, mediante grande esforço: *lutar por seus direitos*; **6.** brigar num ringue: *ele vai lutar pelo título dos pesados*; **7.** *fig*. esforçar-se por conseguir algo: *lutei para dormir esta noite; lutar para aprovar um projeto de lei no Congresso*; **8.** *fig*. tentar resistir ou superar: *lutar contra um câncer*]. ·· **Luta de braço**. Braço de ferro (2 e 3).

lu.te.ra.nis.mo *sm* Doutrina e seita religiosa protestante, baseadas nos ensinamentos de Martinho Lutero (1483-1546), teólogo alemão e líder da Reforma protestante; protestantismo. → **luterano** *adj* e *sm* (que ou aquele que professa o luteranismo).

lu.to *sm* **1.** Manifestação formal e convencional de tristeza ou pesar pela morte de alguém. **2.** Sinal convencional visível desse pesar, como o fumo, p. ex. **3.** Período de tempo em que uma morte é lamentada. · Antôn. (1): *alegria, regozijo*. → **lutuoso** (ô; pl.: ó) *adj* (**1.** coberto de luto; **2.** *fig*. que evoca a morte; fúnebre, sinistro), de antôn. *alegre, festivo*.

lu.tu.len.to *adj* **1.** Cheio de lodo; lodoso: *fundos de rios, lagos e lagoas são naturalmente lutulentos*. **2.** *Fig*. Agressivo, ofensivo: *dirigiu-me palavras lutulentas*. → **lutulência** *sf* (qualidade ou estado de lutulento).

lu.va *sf* **1.** Peça com que se calça a mão, por razões as mais diversas. **2.** Peça de couro que reveste a mão dos lutadores de boxe, dos jogadores de beisebol, etc. // *sfpl* **3.** Quantia dada como recompensa, gratificação, prêmio, incentivo, etc.: *o jogador foi contratado sem o pagamento de luvas*.

lu.xa.ção *sf* Deslocamento de órgãos ou de formações articulares do corpo; deslocação de uma junta ou articulação. → **luxar** *v* (deslocar, desconjuntar: *luxar um ombro*).

Luxemburgo *sm* Monarquia constitucional da Europa Ocidental, limitada pela Alemanha, Bélgica e França, de área minúscula (equivale a meio Distrito Federal). → **luxemburguês** *adj* e *sm*.

lu.xo *sm* **1.** Estado de grande conforto, abundância e vida extravagante; tudo o que excessivo e ao mesmo tempo supérfluo em conforto material: *nasceu no luxo, morreu na miséria; depois de experimentar o luxo, não se contenta com outra coisa*. **2.** Aquilo que é caro e prazeroso de possuir, sem ser necessário: *o xeique disse que tem pequenos luxos, como Ferraris, Maseratis, Aston Martins, Lexus, etc*. **3.** Algo prazeroso e incomum, que não pode ser frequente: *dois feriadões seguidos são um luxo; viajar em classe executiva é um luxo*. // *smpl* **4.** *Fig*. Exigência descabida; denguice, frescura: *é um cantor cheio de luxos quando se hospeda num hotel; não vou aturar os luxos dessa gente*. · Antôn. (1 e 2): *modéstia*. → **luxento** *adj* (cheio de luxo; exigente); **luxuoso** (ô; pl.: ó) *adj* (que ostenta luxo ou caracterizado pelo luxo), de antôn. *modesto, simples*. ·· **Dar-se ao luxo**. Cometer a extravagância: *Ela se deu ao luxo de comprar dois Maseratis, três Lexus e cinco Ferraris!*

lu.xú.ria *sf* **1.** Desejo desenfreado de prazeres sexuais; sexualidade extremada, um dos sete pecados capitais, segundo a doutrina cristã, porque indica preferência aos prazeres da carne, com o consequente comportamento sexual exagerado e, muitas vezes, promíscuo. **2**. Forte sentimento de desejo sexual por alguém; concupiscência: *minha luxúria por ela acabou morrendo; esses gringos vêm ao Brasil só para satisfazerem sua luxúria.* **3**. Viço ou exuberância das plantas. · Antôn. (2): *castidade*. → **luxurioso** (ô; pl.: ó) *adj* (diz-se daquele que vive uma vida de luxúria; lascivo; concupiscente).

luz *sf* **1**. Radiação eletromagnética à qual a visão reage. **2**. Presença, quantidade ou efeito dessa radiação. **3**. Qualquer coisa que torna as coisas visíveis ou proporciona iluminação. **4**. Radiação ultravioleta ou infravermelha. **5**. Fonte de luz, princ. luz elétrica. **6**. Fig. Esclarecimento, ilustração. → **luzerna** *sf* (**1**. luz muito forte; clarão; **2**. em arquitetura, abertura que se faz em telhado para clarear o interior).

lu.zi.di.o *adj* Brilhante, lustroso.

lu.zir *v* Emitir ou irradiar luz; brilhar: *as estrelas luzem*. (É verbo unipessoal, ou seja, só se usa nas terceiras pessoas, do singular e do plural.) → **luzimento** *sm* (**1**. ato ou efeito de luzir; **2**. brilho; **3**. *fig.* luxo, pompa, esplendor, fausto).

lycra [*ingl.*] *sf* Tecido sintético e elástico, utilizado na confecção de roupas. • Pronuncia-se *laikra*.

M

m/M *sm* Décima terceira letra do alfabeto, de nome *eme*. · Pl.: os *mm* ou os *emes*.

ma.ca *sf* **1**. Cama de lona para descanso dos marinheiros, a bordo. **2**. Cama leve, portátil e dobrável, levada por dois homens, um à frente, o outro atrás, para transporte de doentes, feridos, etc.; padiola. **3**. Leito de hospital, dotado de rodas, para o transporte de pacientes.

ma.ça *sf* Pau pesado, com uma extremidade mais grossa que a outra, usado como arma, ao qual os índios chamam *tacape*; clava. → **maçada** *sf* **1**. pancada com maça; paulada, cacetada; **2**. *fig*. coisa aborrecida ou enfadonha; aborrecimento, chateação; **3**. *pop*. mau negócio; **maçador** (ô) *adj* e *sm* (que ou aquele que maça); **maçante** *adj* (que aborrece, importuna ou entedia: *aula maçante; crianças maçantes*); **maçar** *v* (aborrecer ou importunar, tocando sempre no mesmo assunto: *filho que maça o pai; mulher que maça o marido*); **maçudo** *adj* (**1**. sem. a maça; **2**. *fig*. monótono, chato, maçante: *filme maçudo*).

ma.çã *sf* Fruto comestível da macieira, árvore nativa da Europa e da Ásia, de folhas ovais e flores brancas, cultivada como ornamental e pelo seu fruto. · Dim. irregular: *maçanilha*. ·· **Maçã de adão**. Pomo de adão; gogó. ·· **Maçã do rosto**. Cada uma das duas saliências da face, logo abaixo dos olhos.

ma.ca.bro *adj* **1**. Que versa sobre a morte, princ. a morte cruel: *filme macabro*. **2**. *P.ext*. Aterrorizante, horripilante, medonho, chocante: *cenas macabras; a polícia fez uma descoberta macabra*. **3**. *Fig*. Fúnebre, lúgubre, tétrico: *decoração macabra; ele tem um senso de humor macabro*. **4**. *Fig*. Triste, sombrio, sinistro: *noites macabras*. → **macabrear** *v* (tornar macabro: *escritor que macabreia todas as suas obras*), que se conjuga por *frear*; **macabrismo** *sm* (**1**. qualidade de macabro; **2**. diversão medonha). ·· **Dança macabra**. Aquela que representa a morte com imagens e alegorias.

ma.ca.co *sm* **1**. Mamífero primata, estreitamente relacionado com o homem; símio. (Voz: *assobiar, chiar, gritar, guinchar*.) **2**. Aquele que em tudo procura imitar outrem e de modo grotesco, ridículo. **3**. Aparelho mecânico destinado a levantar grandes pesos a pequena altura. → **macaca** *sf* (**1**. fêmea do macaco; **2**. *pop*. má sorte; azar); **macacada** *sf* (bando de macacos); **macacal** *adj* (rel. a macaco ou que lembra um macaco: *todos riam com seus gestos macacais*); **macacão** *sm* (**1**. macaco grande; **2**. roupa de uma só peça, feita de tecido resistente, usada princ. como vestimenta de mecânicos e metalúrgicos; **3**. peça do vestuário, à semelhança dessa vestimenta, usada por jovens); **macaqueação** ou **macaquice** *sf* (imitação malfeita, ridícula ou grotesca); **macaquear** *v* (**1**. imitar os gestos de macaco; arremedar; **2**. *fig*. imitar mal ou grotescamente), que se conjuga por *frear*. ·· **Macaca de auditório**. Fã exaltada, frequentadora de programas de auditório, que se manifesta de forma exagerada ou histérica quando vê seus ídolos.

ma.ca.da.me *sm* **1**. Empedramento no calçamento de ruas e estradas, feito com uma camada compacta e comprimida de brita, geralmente recoberta de asfalto. **2**. Essa camada. **3**. Essa estrada ou essa rua. → **macadamização** *sf* (ação ou efeito de macadamizar); **macadamizar** *v* (pavimentar com macadame).

ma.cam.bú.zio *adj* e *sm* Que ou aquele que foi tomado por profunda tristeza; sorumbático.

ma.ca.ne.ta (ê) *sf* Peça por onde se puxa para abrir portas, gavetas, etc.; puxador, pegador.

Macapá *sf* Capital e a maior cidade do Amapá. → **macapaense** *adj* e *s2gên*.

ma.ca.pão *sm* Doce de origem árabe, preparado com uma pasta feita de amêndoas moídas, claras de ovos e açúcar, que pode ser moldada em qualquer formato; marzipã. · Pl.: *maçapães*.

ma.ça.ri.co *sm* **1**. Aparelho que lança uma chama bem alta, para soldar ou derreter metais. **2**. Ave aquática de bico longo e fino, exímia pescadora, mas também insetívora.

ma.ça.ro.ca *sf* **1**. Porção de fio que se tira do fuso. **2**. *P.ext*. Espiga de milho. **3**. *P.ext*. Porção de fios de cabelos emaranhados. **4**. *P.ext*. Qualquer coisa emaranhada e embaraçada. **5**. Extremidade cabeluda do rabo dos bovinos. **6**. Molho, feixe.

7. Bolo, maço: *uma maçaroca de dinheiro*. **8**. *Fig*. Mexerico, fofoca, intriga.

ma.car.rão *sm* Massa alimentícia feita de farinha de trigo e ovos, de formatos diversos. → **macarronada** *sf* (prato feito de macarrão cozido com molho e queijo ralado); **macarrônico** *adj* (**1**. que contém uma mistura de palavras vernáculas e latinas; **2**. caracterizado por uma mistura de duas ou mais línguas; **3**. diz-se de idioma malfalado ou mal escrito: *meu alemão é macarrônico*).

ma.ca.xei.ra *sf Pop*. NE Mandioca, aipim.

Macedônia *sf* País montanhoso dos Bálcãs, sem saída para o mar, independente desde 1991, surgido da desintegração da Iugoslávia; sua área é pouco menor que a do estado de Alagoas. → **macedônico** ou **macedônio** *adj* e *sm*.

ma.cei.ó *sm* Caponga (1).

Maceió *sf* Capital e principal cidade do estado de Alagoas. → **maceioense** (ô) *adj* e *s2gên*.

ma.ce.rar *v* **1**. Amolecer (algum corpo sólido), por ação de um líquido ou por efeito de pancadas: *macerar couros*. **2**. Pôr (geralmente alimento) de molho em água, vinagre ou álcool durante um certo tempo, para adquirir aroma e sabor: *macerar pedaços de pera em aguardente*. **3**. Friccionar ou esmagar (um corpo), para extrair o suco: *o cientista macerou pétalas da flor e impregnou seu extrato em tiras de papel de filtro, deixando-as secar*. **4**. Mortificar (o corpo) por penitência; torturar: *os muçulmanos maceram o corpo com golpes de chicote ou de corrente*. **5**. Causar sofrimento moral; angustiar, afligir, atormentar: *o ódio te macerou, porque o agasalhaste no amor-próprio ferido*. **6**. Permanecer por certo tempo em água, vinagre ou álcool: *para fazer vinagrete, deixe a cebola macerar, em água e sal, por meia hora*. **macerar-se 7**. Torturar-se, mortificar-se: *os muçulmanos se maceram com correntes*. → **maceração** *sf* ou **maceramento** *sm* [ato ou efeito de macerar(-se)].

ma.cér.ri.mo *adj* Muito magro; esquelético. (Trata-se do verdadeiro e único superlativo absoluto sintético erudito de *magro*; o povo, no entanto, usa magérrimo, que é uma corruptela, surgida por influência do *g* de *magro*.)

ma.ce.te (ê) *sm* **1**. Pequeno martelo de madeira, usado por escultores, carpinteiros e marceneiros. **2**. *Pop*. Recurso engenhoso emergencial, para conseguir alguma coisa difícil; truque, artifício, manha, jeitinho: *existem três macetes para guardar na memória essa fórmula matemática*. **3**. Resultado da utilização desse recurso: *o macete deu certo*.

ma.cha.do *sm* **1**. Instrumento próprio para fender e rachar madeira, constituído de uma cunha de ferro cortante, fixa em um cabo de pau. **2**. Instrumento com que o carrasco decepa a cabeça do condenado. → **machada** *sf* (golpe de machado); **machadinha** *sf* (machado pequeno e largo que se maneja com uma só mão, com fins e utilidades diversos).

ma.cho *sm* **1**. Qualquer animal do sexo masculino. **2**. Filho de burro com égua ou de cavalo com burra; mulo. **3**. Peça da dobradiça que se encaixa em outra, chamada *fêmea*. // *adj* **4**. Valente, forte, firme, inabalável: *seja macho, garoto, não chore por qualquer dorzinha!* · Antôn.: *fêmea*. → **machão** *sm* (homem que exibe e alardeia ridiculamente a sua masculinidade); **macheza** (ê) *sf* [machismo (1)]; **machismo** *sm* **1**. exagerado senso de masculinidade, caracterizado pela ênfase à força física, virilidade, domínio sobre as mulheres e agressividade; macheza; **2**. atitude ou comportamento do homem que não aceita nenhum tipo de concorrência com o sexo feminino); **machista** *adj* (rel. ao machismo ou próprio do machismo: *atitude machista*) e *adj* e *s2gên* (que ou aquele que é adepto do machismo).

ma.chu.car *v* **1**. Esmagar (um corpo) com o peso ou a dureza de outro: *machucar o milho com pesada maça*. **2**. Ferir, contundir, lesionar: *machuquei o dedo*. **machucar-se 3**. Receber contusão: *machuquei-me nos espinhos do limoeiro*. **4**. Sair-se mal, danar-se, estrepar-se: *fui ajudar o rapaz e acabei me machucando*. → **machucado**, **machucão** *sm* ou **machucadura** *sf* (lesão física; contusão).

ma.chu.cho *sm* Chuchu (1 e 2).

ma.ci.ço *adj* **1**. Que não é oco; compacto: *móvel maciço*. **2**. Que não contém matérias estranhas; puro: *ouro maciço*. **3**. *P.ext*. Fechado, cerrado: *enfrentar uma maciça coluna de tanques de guerra*. **4**. *Fig*. Grande, em relação ao normal: *o apoio maciço da população a um candidato*. // *sm* **5**. Arvoredo compacto. **6**. Cadeia densa e poderosa de montanhas, em torno de um ponto culminante. · Antôn. (1): *oco*. · V. **massivo**. → **macicez** (ê) *sf* (qualidade do que é maciço).

ma.ci.len.to *adj* Muito magro, pálido, de olhos encovados e aspecto cadavérico; esquálido (2). → **macilência** *sf* (magreza extrema).

ma.ci.o *adj* **1**. Que não é duro ou firme; tatilmente agradável: *travesseiro macio; pele macia; toalha macia*. **2**. *Fig.* Suave, delicado: *cuidado com o homem de voz macia!* // *adv* **3**. De modo suave, delicado: *homens que falam macio, guarde-se deles, costumam ser traiçoeiros!* · Antôn.: *duro*. · Superl. abs. sintético: *maciíssimo*. → **maciez** (ê) ou **macieza** (ê) *sf* (qualidade ou estado de macio).

ma.ci.o.ta *sf* **1**. Folga, descanso: *hoje ele não foi trabalhar, está curtindo uma maciota*. **2**. *Pop.* Maciez, suavidade. **3**. *Gír.* Esperteza, lábia, manha. · **Na maciota** (pop.). **1**. Sem nenhum esforço ou dificuldade; fácil: *Ele ganha dinheiro na maciota*. **2**. Calmamente, devagar: *É um motorista que só dirige na maciota*. **3**. Com jeito, manha ou lábia: *Ganhou a garota na maciota*.

ma.ço *sm* Porção de coisas do mesmo gênero atadas juntas ou contidas no mesmo invólucro; feixe, pacote.

ma.ço.na.ri.a *sf* Sociedade secreta internacional, cujo objetivo é a solidariedade e a promoção do amor fraternal. → **maçom** *sm* (membro da maçonaria); **maçônico** *adj* (rel. ou pert. à maçonaria).

ma.co.nha *sf* **1**. Planta herbácea, cujas folhas e frutos se usam como narcótico. **2**. Essas folhas, quando secas, usadas no preparo de cigarros ou baseados. → **maconheiro** *sm* (aquele que é viciado em maconha; fumeiro, puxador).

má-cri.a.ção ou **mal.cri.a.ção** *sf* Falta de educação ou de cortesia; grosseria. · Pl.: *más-criações*. · V. **malcriado**.

ma.cró.bio *adj* e *sm* Que ou aquele que tem idade avançada; idoso.

ma.cro.bi.ó.ti.ca *sf* Dieta com base em cereais integrais, legumes, frutas e carne branca, com o objetivo de promover o bem-estar e prolongar a vida. → **macrobiótico** *adj* (rel. a macrobiótica).

ma.cro.cos.mo *sm* O mundo todo; o universo (em oposição ao *microcosmo*, o homem). → **macrocósmico** *adj* (**1**. rel. a macrocosmo; **2**.*p.ext.* global, abrangente: *fazer uma abordagem macrocósmica de um assunto*).

ma.cro.e.co.no.mi.a *sf* Estudo do funcionamento e dos aspectos globais de uma economia nacional, como renda, poupança, produção, investimentos, balanço de pagamentos, etc. e do inter-relacionamento dos diversos setores da economia. · Antôn.: *microeconomia*. → **macroeconômico** *adj* (rel. a macroeconomia); **macroeconomista** *adj* e *s2gên* (especialista em macroeconomia).

ma.cro.fau.na *sf* Conjunto dos animais observáveis a olho nu, numa determinada área. · Antôn.: *microfauna*. → **macrofauniano** *adj* (rel. ou pert. a macrofauna, palavra que não tem registro na 6.ª ed. do VOLP.

ma.cro.flo.ra *sf* Conjunto dos vegetais observáveis a olho nu, numa determinada área. · Antôn.: *microflora*. → **macroflorístico** *adj* (rel. ou pert. à macroflora). (A 6.ª ed. do VOLP não traz nem uma nem outra.)

ma.cro.me.tró.po.le *sf* União territorial e ajuntamento habitacional de duas ou mais cidades, formando uma só mancha urbana. → **macrometropolitano** *adj* (rel. a macrometrópole). (A 6.ª ed. do VOLP não registra nem uma nem outra.)

ma.cror.re.gi.ão *sf* Grande região, formada por extensas áreas territoriais, caracterizadas geralmente por certo tipo de traços comuns. · Antôn.: *microrregião*. → **macrorregional** *adj* (de uma macrorregião), de antôn. *microrregional*. (A 6.ª ed. do VOLP não registra nem uma nem outra.)

ma.cros.có.pi.co *adj* **1**. Grande o suficiente para ser percebido ou examinado a olho nu. **2**. De observações ou exames feitos a olho nu. · Antôn.: *microscópico*.

ma.cu.co *sm* Ave de cauda pequena que habita exclusivamente as matas virgens brasileiras.

ma.çu.do *adj* V. **maça**.

má.cu.la *sf* **1**. Marca de sujeira; mancha, nódoa: *terno sem mácula*. **2**.*P.ext.* Mancha na reputação; labéu. **3**. Mancha na pele. **4**. *Fig.* Defeito, falha, senão: *escrito sem mácula*. **5**. Mancha escura na superfície do Sol ou de qualquer astro luminoso. **6**. Redução de *mácula lútea*. → **macular** *v* (**1**. manchar, sujar: *o batom maculou o seu colarinho*; **2**. *fig.* manchar a reputação de; enxovalhar: *um título protestado macula o nome da pessoa*); **macular-se** (desonrar-se, infamar-se). · **Mácula lútea**. Área pigmentada oval próxima ao centro da retina do olho, responsável pela visão central; mácula (6).

ma.cu.le.lê *sm* Dança folclórica baiana, de origem afro-indígena, guerreira, de ritmo muito vivo, marcado com tambores, na qual os dançarinos, comandados por um mestre, chamado *macota*, se movimentam em forma de roda, usando bastões de madeira de cerca de 60cm de comprimento, que, batidos uns nos outros, em ritmo forte e compassado, marcam o pulso musical.

ma.cum.ba *sf* **1**. Culto afro-brasileiro, com forte influência do cristianismo. **2**. Cerimônia desse culto, realizada em terreiro, sob a direção de um pai de santo ou de uma mãe de santo, acompanhada de danças ao som de atabaques e outros instrumentos de percussão. → **macumbeiro** *adj* e *sm* (que ou aquele que é dado à prática da macumba).

Madagascar *sf* República do oceano Índico (ex-República Malgaxe) que compreende a grande ilha de Madagascar e várias ilhotas vizinhas, cuja área total equivale à do estado de Minas Gerais. (Em Portugal, rejeita-se até com certa veemência a prosódia *Madagáscar*, corrente no Brasil; os lusos preferem *Madagáscar*.) → **madagascarense** ou **malgaxe** *adj* e *s2gên*

ma.da.me ou **ma.da.ma** *sf* **1**. Senhora, dama. **2**. Dona de casa; patroa.

made in [ingl.] Expressão que significa *feito, produzido ou fabricado em*. · Pronuncia-se *mêid-in*.

ma.dei.ra *sf* **1**. Substância dura, compacta e fibrosa que compõe a maior parte do tronco e dos ramos de uma árvore ou arbusto. **2**. Essa substância, quando utilizada para construção ou móveis. → **madeirame** ou **madeiramento** *sm* (**1**. porção de madeiras; **2**. madeira que constitui a armação de uma casa; **3**. armação ou estrutura de madeira: *o madeiramento de um palanque*); **madeireira** *sf* (empresa ou estabelecimento comercial que explora o comércio ou a indústria de madeira); **madeireiro** *adj* (rel. a comércio ou à indústria da madeira) e *sm* (**1**. negociante de madeira; **2**. cortador de madeira nas matas; **3**. aquele que trabalha em madeira).

madeiro *sm* (**1**. tronco de árvore, grosso e tosco, capaz de sustentar vigas de sobrados e tetos; **2**. cruz em que Cristo foi crucificado).

ma.dei.xa *sf* **1**. Porção de fios de algodão, lã, linho ou seda que, passada na dobadoura, reduz-se a novelos. **2**. Porção de cabelos, enrolados ou trançados; trança.

ma.dras.ta *sf* **1**. Mulher, em relação aos filhos do casamento anterior do marido. **2**. *Fig. Pej.* Mãe pouco carinhosa. // *adj* **3**. *Fig.* Diz-se daquilo que traz aborrecimento e tristeza; ingrata: *sorte madrasta*. · V. **padrasto**.

ma.dre *sf* **1**. Freira diretora de convento; irmã superiora. **2**. Qualquer religiosa professa; freira, irmã. **3**. Diretora de asilo, hospital, etc.

ma.dre.pé.ro.la *sf* Substância dura que forma a camada interna das conchas de certos moluscos, usada em joias e na fabricação de rosários, botões, etc.; nácar.

ma.dres.sil.va *sf* Planta ornamental de muitas folhas, flores cheirosas e raiz tuberosa.

Madri ou **Madrid** *sf* Capital e a maior cidade da Espanha. → **madrileno** ou **madrilenho** *adj* e *sm*.

ma.dri.gal *sm* **1**. Composição poético-musical, amorosa e galanteadora, para duas ou mais vozes. **2**.*P.ext.* Galanteio de homem para mulher. → **madrigalesco** (ê) *adj* (**1**. de madrigal ou que tem caráter de madrigal); **madrigalista** *adj* e *s2gên* (que ou pessoa que faz madrigais); **madrigalizar** *v* (compor madrigais).

ma.dri.nha *sf* **1**. Mulher que serve de testemunha de batismo, crisma ou casamento. **2**. *P.ext.* Aquela que nomeia, batiza ou inaugura alguma coisa: *a madrinha de uma loja, de um navio, de uma formatura*. **3**. *Fig.* Protetora, patrocinadora: *essa rainha foi madrinha das artes e ciências*. · Masc. (1 e 2): *padrinho*, (3): *patrono*.

ma.dru.ga.da *sf* **1**. A primeira luz do dia; aurora. **2**. Período de tempo compreendido entre as zero hora e o amanhecer. → **madrugar** *v* (levantar-se bem cedo, pela madrugada).

ma.du.ro *adj* **1**. Que está no ponto para ser consumido, por ter-se desenvolvido completamente (em oposição a *verde*); *fruta colhida madura é sempre mais doce*. **2**. *Fig.* Completamente formado ou desenvolvido; fisicamente maduro; pronto, maturo: *homem maduro para casar*. **3**. *Fig.* Que se comporta com bom senso; maturo: *apesar de adolescente, já é maduro*. **4**. Que já não é jovem, mas ainda não chegou à velhice; de meia-idade:

mulheres maduras ele não queria, só lhe apeteciam garotas. **5.** Diz-se daquilo a que se chegou depois de muito refletir; ponderado, prudente, bem pensado: *decisão madura.* **6.** Que está no ponto de produzir o resultado esperado: *nosso projeto já está maduro.* **7.** Diz-se de abscesso que está a ponto de supurar. **8.** Diz-se de vinho produzido com uvas bem maduras. · Antôn. (1 e 2): *verde.* → **madurar** *v* (**1.** tornar maduro; amadurecer: *eles maduram caquis em estufa*; **2.** ficar maduro: *a manga madurou da noite para o dia*); **madureza** (ê) *sf* (qualidade ou estado de maduro).

mãe *sf* **1.** Mulher ou fêmea que deu à luz bebê ou filhote. **2.** *Fig.* Mulher muito dedicada: *Teresa é uma mãe para todos aqui.* **3.** *Fig.* Fonte, origem, causa: *a necessidade é a mãe de todos os inventos.* · V. **matricídio** e **pai.** ·· **Mãe de santo.** Sacerdotisa de macumba ou candomblé.

ma.es.tro *sm* **1.** Regente de grande orquestra, com diploma de nível superior numa especialidade musical; chefe de orquestra. **2.** Compositor de obras musicais de grande vulto. · Fem.: *maestrina.* → **maestria** *sf* (mestria).

má-fé *sf* Intenção de praticar o mal, de prejudicar alguém; propósito maldoso, doloso ou desonesto; trapaça, fraude: *não há má-fé na crítica do presidente.* · Pl.: *más-fés.* · Antôn.: *boa-fé.*

Máfia *sf* **1.** Sociedade secreta terrorista, fundada na Sicília, Itália, no início do séc. XIX. **2.** Organização criminosa internacional, bastante ativa, princ. na Itália e nos Estados Unidos, desde o final do séc. XIX. ·· **má.fia 3.** Qualquer grupo fechado que age exclusivamente tendo em vista seus interesses, quase sempre escusos; panelinha ou igrejinha poderosa e influente. **mafioso** (ô; pl.: ó) *adj* (**1.** da Máfia ou de uma máfia; **2.** rel. a máfia ou próprio de máfia; **3.** diz-se do sujeito que é um misto de esperto, vigarista, inescrupuloso e criminoso; **4.** que faz parte de máfia) e *sm* (membro da Máfia).

má-for.ma.ção ou **mal.for.ma.ção** *sf* Qualquer deformidade congênita: *má-formação dentária; a talidomida, usada na gestação, causou malformação fetal.* · Pl.: *más-formações.*

ma.ga.re.fe *s2gên* Pessoa que abate e esfola reses no matadouro.

ma.ga.zi.ne *sm* **1.** Revista ilustrada. **2.** Loja onde se vendem artigos da moda. **3.** Depósito de matrizes de linotipo.

ma.gen.ta *sm* **1.** Substância corante de cor vermelho-escura. **2.** Essa cor. // *adj* **3.** Diz-se dessa cor. **4.** Que tem essa cor: *folhas magenta.* (Como se vê, neste caso não varia.)

ma.gi.a *sf* **1.** Suposta arte de realizar coisas inexplicáveis pelas leis da natureza, usando gestos ou palavras especiais. **2.** *Fig.* Encanto, fascínio: *a magia do seu olhar me conquistou.* ·· **Magia negra.** A que supostamente produz efeitos extraordinários com a ajuda do demônio e cujo objetivo é prejudicar alguém.

ma.gi.ar *adj* e *s2gên* V. **Hungria.**

má.gi.ca *sf* Ilusionismo, prestidigitação. → **mágico** *adj* (**1.** rel. a magia ou produzido por um mágico: *arte mágica; truque mágico*; **2.** *fig.* extraordinário, encantador, fantástico: *assistir a um desempenho mágico de um balé*) e *sm* (**1.** aquele que pratica a magia; mago; **2.** aquele que causa ilusões como entretenimento, princ. mediante destreza das mãos; ilusionista, prestidigitador).

ma.gis.té.rio *sm* **1.** Cargo de professor. **2.** Exercício desse cargo. **3.** Conjunto de todos os professores; classe docente. → **magisterial** *adj* (do magistério: *missão magisterial*).

ma.gis.tra.do *sm* Qualquer alto funcionário público, delegado por um poder superior, para exercer autoridade, administrativa ou judiciária. → **magistratura** *sf* (**1.** cargo ou dignidade de magistrado; **2.** corpo ou classe de magistrados; **3.** tempo que dura o cargo de magistrado).

ma.gis.tral *adj* V. mestre.

mag.ma *sm* **1.** Massa fluida existente no interior da Terra, que deu origem às rochas atuais pelo seu resfriamento e solidificação. **2.** Resíduo de frutos depois de extraído seu suco. → **magmático** *adj* (rel. a magma).

mag.nâ.ni.mo *adj* **1.** Que tem grandeza de alma e de sentimentos; generoso. **2.** Fácil de esquecer um insulto ou uma ofensa, que não é dado a rancores ou vinganças. · Antôn. (1): *mesquinho*; (2): *vingativo.* → **magnanimidade** *sf* (**1.** qualidade de magnânimo; generosidade, grandeza de coração; **2.** ação própria de pessoa magnânima), de antôn. *mesquinhez.*

mag.na.ta *s2gên* **1.** Pessoa ilustre ou de grande influência numa determinada área de negócio. **2.** Grande capitalista, pessoa de grande poder econômico-financeiro ou político.

mag.né.sio *sm* Elemento químico metálico (Símb.: **Mg**), branco, o oitavo elemento mais abundante da crosta terrestre, usado em ligas leves, bombas incendiárias, etc. → **magnésia** *sf* (óxido de magnésio, usado princ. como antiácido, laxante e antídoto).

mag.né.ti.co *adj* **1.** Relativo ou pertencente a ímã ou a magnetismo. **2.** Que tem as propriedades de um ímã. **3.** Capaz de ser magnetizado ou atraído por um ímã. **4.** Operado por meio de magnetismo. → **magnetismo** *sm* (**1.** propriedade, condição ou qualidade de magnético; **2.** estudo dos ímãs e seus efeitos; **3.** força exercida por um campo magnético; **4.** *fig.* poder de atrair ou encantar; fascínio); **magnetização** *sf* (ato ou efeito de magnetizar); **magnetizar** *v* [**1.** comunicar propriedades magnéticas a (um corpo); tornar magnético; imantar: *magnetizar uma agulha*; **2.** *fig.* atrair fortemente; encantar, fascinar: *os espetáculos circenses magnetizam a criançada*; **3.** *fig.* exercer grande domínio ou influência sobre; dominar completamente; fascinar: *Hitler era um orador que magnetizava as massas*]; **magneto** *sm* (gerador elétrico onde o campo indutor é produzido por um ímã permanente).

mag.ne.ti.ta *sf* Mineral magnético negro, Fe_3O_4, fonte de ferro, fortemente atraído por ímãs, encontrado em rochas ígneas e metamórficas.

mag.ni.cí.dio *sm* Assassinato de figura política importante. → **magnicida** *adj* e *s2gên* (que ou pessoa que pratica magnicídio).

mag.ni.fi.cen.te *adj* **1.** Pomposo, suntuoso, magnífico, esplendoroso. **2.** Dotado de grandeza; generoso, liberal. · Superl. abs. sintético: *magnificentíssimo.* · Antôn. (1): *humilde, modesto*; (2): *mesquinho.* → **magnificência** *sf* (qualidade de magnificente), de antôn. *modéstia.*

mag.ní.fi.co *adj* **1.** De aspecto ou aparência esplêndida, brilhante. **2.** Sensacional, maravilhoso, extraordinário. · Superl. abs. sintético: *magnificentíssimo.* · Antôn.: *ordinário.* → **magnificar** *v* (glorificar, exaltar).

mag.ni.tu.de *sf* **1.** Grandeza em tamanho ou extensão. **2.** Grandeza de posição econômica, social, política, etc. **3.** Grandeza em significação, importância ou influência. **4.** Grau de brilho de uma estrela ou de outro astro qualquer, visto a olho nu da Terra. · Antôn.: *insignificância.*

mag.no *adj* Grande e importante. · Antôn.: *insignificante.* (Usa-se como epíteto: Carlos *Magno*, Alexandre *Magno*.)

mag.nó.lia *sf* **1.** Árvore de grande porte, de folhas grossas e brilhantes e flores muito aromáticas. **2.** Essa flor.

ma.go *sm* **1.** Aquele que pratica a magia; mágico. // *adj* **2.** Mágico, encantador, fascinante. · Fem. (1): *maga.*

má.goa *sf* **1.** Desgosto que, embora leve, deixa vestígios duradouros, que transparecem no semblante, nas palavras, num gesto e até num olhar; ressentimento, rancor. // *sfpl* **2.** Queixa, lamentação, lamúria: *perdeu e agora chora as mágoas.* → **magoante** ou **magoativo** *adj* (que magoa); **magoar** *v* (**1.** causar sofrimento a; afligir: *magoar um amigo*; **2.** melindrar, ofender: *a verdade muitas vezes magoa*); **magoar-se** (ofender-se, melindrar-se: *ela se magoou com as minhas palavras*), que se conjuga por *abençoar.*

ma.go.te *sm* **1.** Grupo de pessoas ou coisas. **2.** Grande quantidade; lote.

ma.gro *adj* e *sm* **1.** Que ou aquele que tem pouco ou nenhum tecido adiposo. // *adj* **2.** De pouca ou nenhuma gordura: *carne magra.* · Superl. abs. sintético erudito (1): *macérrimo* (despreze a forma *magérrimo*). · Antôn. (1 e 2): *gordo.* → **magrela** *sf* (pop. bicicleta); **magreza** (ê) *sf* (qualidade ou estado de magro).

mai.a *s2gên* **1.** Membro dos maias, antigo povo indígena da América Central e Sul do México, de brilhante civilização entre os anos 300 e 900. // *adj* **2.** Relativo ou pertencente a esse povo. // *sm* **3.** Língua falada por esse povo, até hoje usada no México.

mailbox [ingl.] *sm* Caixa postal (em informática). · Pronuncia-se *mêil-bóks.*

mailing list [ingl.] *loc sf* **1.** Lista de assinantes que se correspondem por meio eletrônico, de tal forma que, quando um dos assinantes escreve uma carta para um determinado endereço eletrônico, todos os demais a recebem; lista de distribuição. **2.** Cadastro de clientes em potencial, em *marketing.* · Pl.: *mailing lists.* · Pronuncia-se *mêilin líst.*

mail server [ingl.] *loc sm* Programa que responde automaticamente a mensagens de correio eletrônico para o destinatário, enviando informações, arquivos, etc. · Pl.: *mail servers.* · Pronuncia-se *mêil sárvar.*

main board [ingl.] *loc sf* Placa-mãe. · Pl.: *main boards*. · Pronuncia-se *mein bórd*.

mai.o *sm* Quinto mês do ano civil.

mai.ô *sm* **1**. Roupa de banho feminina, geralmente de malha, que molda perfeitamente o corpo, usada por banhistas, nadadoras, dançarinas, etc. **2**. Calção curto masculino, para banho, geralmente de malha e bem ajustado ao corpo; sunga.

mai.o.ne.se *sf* Molho frio preparado com azeite, vinagre ou suco de limão, gema de ovo e tempero (geralmente pimenta, mostarda e sal).

mai.or *adj* **1**. Que excede outro em tamanho, extensão, número, intensidade, duração, etc. **2**. Comparativo de superioridade de *grande*. (Precedido pelo artigo definido, forma o superlativo relativo do adjetivo *grande*: *a maior liquidação de todos os tempos*.) // *adj* e *s2gên* **3**. Que ou pessoa que atingiu a idade legal da responsabilidade. · Antôn.: *menor*. → **maioral** *sm* (mandachuva); **maioria** *sf* (**1**. pluralidade de votos numa assembleia; **2**. pluralidade de votos favoráveis; **3**. partido, conjunto de partidos que constitui o grosso do Congresso e apoia o governo; **4**. maior número, pluralidade, grupo maior), de antôn. *minoria*; **maioridade** *sf* (idade legal em que se entra no pleno gozo de todos os direitos civis; emancipação), de antôn. *menoridade*. (Há impropriedade na frase *Para "maiores" informações, ligue 0800.*. Ora, *maior* é adjetivo comparativo; sendo assim, não cabe em frase desse tipo. Em seu lugar cabe, corretamente, *mais*, que é a palavra que indica quantidade, oposta de *menos*. O antônimo de *maiores* é *menores*, que nessa frase não tem cabimento.)

mais *adv* **1**. Em maior grau, extensão ou quantidade: *estudar mais; viajar mais*. **2**. Além de; acima de: *há mais de seis pessoas aguardando*. **3**. Outra vez; novamente: *ela não veio mais aqui*. **4**. Antes, com preferência: *mais um cego físico que um cego d'alma*. **5**. Já (em frases negativas): *não há mais pessoas educadas como antigamente* (= já não há pessoas..) (Usado para introduzir os graus comparativo e superlativo: *ela foi mais simpática que a irmã; o ator mais aplaudido de todos os tempos*. Em frases negativas, exprime fim ou limite de ação: *não falo mais nada; não quero ver mais nada*.) // *sm* **6**. A maior parte: *ele passa dormindo o mais do dia*. **7**. A maior quantia: *saquei apenas cem reais; o mais deixei na conta--corrente*. **8**. O todo: *quem pode o mais pode o menos*. **9**. O resto: *quanto ao mais, está tudo bem; havendo amor e saúde, o mais é o de menos*. // *conj* **10**. E: *ela mais o irmão viajaram*. (Em matemática, substitui o sinal de adição: *dois mais dois são quatro*.) // *prep* **11**. Junto com; com: *ela chegou mais o filho*. // *pron* **12**. Outros, restantes: *abracei o vencedor; aos mais mandei saudações*. **13**. Em maior quantidade, intensidade ou número: *o Brasil tem mais mulheres que homens; a torcida quer jogador com mais garra*. · Antôn. (1 e 2): *menos*. (Cuidado para não usar "mais" por *mas*, que é conjunção! Se, na oração, no lugar de *mas* couber *porém* ou *no entanto*, use *mas*, e não "mais"!) ·· **A mais**. Além (do que se espera ou do que é necessário; de mais: *Recebi troco a mais*. ·· **Até mais**. Fórmula de despedida, redução de *até mais ver você(s)*, equivalente de *até logo*. ·· **De mais**. **1**. Irregular, anormal: *Não vejo nada de mais em beijá-la na rua*. **2**. A mais: *Recebi troco de mais*. ·· **De mais a mais**. Além de tudo; ainda por cima: *De mais a mais, o maldito vírus ainda é seletivo!* ·· **Mais ou menos**. **1**. Nem bem nem mal: *– Como estás, Nino? – Mais ou menos*. **2**. Cerca de; aproximadamente: *Ganhou mil reais mais ou menos*. **3**. Não inteiramente: *Ela ficou mais ou menos desconfiada*. ·· **Sem mais nem menos**. **1**. Sem causa justa; inexplicavelmente: *Saiu batendo nas pessoas, sem mais nem menos*. **2**. De repente; inesperadamente: *Apareceu sem mais nem menos*.

mai.se.na *sf* **1**. Farinha fina de amido de milho. **2**. Guloseima feita com essa farinha e ovos. (Cuidado para não usar "maizena", grafia que identifica uma conhecida marca comercial estampada numa caixinha amarela.)

mais-que-per.fei.to *adj* e *sm* Que ou tempo verbal que indica um fato anterior a outro também passado (p. ex.: *quando chegamos, ela já saíra*). · Pl.: *mais-que-perfeitos*.

mais-va.li.a *sf* Conceito desenvolvido pelo filósofo alemão Karl Marx (1818-1883), que consiste no valor não pago ao trabalhador, apropriado pelo capitalista, ou seja, é a desigualdade entre o valor do trabalho e o salário pago (por oposição a *menos-valia*): *se num dia de trabalho de 9h, o trabalhador precisa trabalhar apenas 4h por dia para satisfazer as necessidades básicas suas e as de sua família, isso significa que o capitalista se apropria da mais-valia gerada em cinco horas*. · Pl.: *mais-valias*.

mai.ús.cu.lo *adj* **1**. Diz-se da letra maior que as minúsculas, usada princ. nos nomes próprios e no início dos períodos; capitular, versal. **2**. *Fig.* De grande importância ou significado; extraordinário: *perdemos um piloto maiúsculo*. · Antôn.: *minúsculo*. → **maiúsculo** *sf* (red. de *letra maiúscula*), de antôn. *minúscula*. ·· **Letra maiúscula**. Letra escrita ou impressa em tamanho maior e forma diferente de correspondente minúscula (p. ex.: A, B, C e T, que se distinguem de *a, b, c* e *t*); maiúscula.

ma.jes.ta.de *sf* **1**. Grandeza e dignidade de rei. **2**. Forma de tratamento usada para rei ou imperador. → **majestático** ou **majestoso** (ô; pl.: ó) *adj* (**1**. rel. ou pert. a majestade; **2**. *fig.* de aspecto suntuoso).

ma.jor *sm* **1**. Patente ou posto do Exército imediatamente superior a capitão e imediatamente inferior a tenente-coronel. // *s2gên* **2**. Militar que detém essa patente.

ma.jo.rar *v* Aumentar, elevar: *majorar impostos*. → **majoração** *sf* (aumento); **majoritário** *adj* (**1**. rel. ou pert. à maioria: *partido majoritário; essa é a opinião majoritária aqui*; **2**. em que prevalece o voto da maioria: *sistema eleitoral majoritário*; **3**. que detém o maior número de ações de um negócio: *acionista majoritário*) e *adj* e *sm* (que ou aquele que pertence à maioria de um grupo: *o voto dos majoritários será o meu voto*), de antôn. *minoritário*.

mal *sm* **1**. Tudo aquilo que é nocivo e contrário ao bem, à virtude, à moral: *não faça mal a ninguém!* **2**. Atitude ou comportamento mau, pernicioso: *não se deve pagar o bem com o mal*. **3**. O que traz danos, o que é nocivo, o que é prejudicial: *todo o mundo sabe o mal que faz o cigarro*. **4**. Aquilo que causa dor, prejuízo ou intenso sofrimento físico ou moral; desgraça, infortúnio: *aquele tsunami foi um grande mal para os japoneses; não passar no vestibular causou-lhe um mal danado!* **5**. Doença: *o mal de Parkinson*. **6**. Lado mau ou ruim de alguém ou de alguma coisa; inconveniente, desvantagem: *o mal dele é o eterno pessimismo*. **7**. Mágoa, ressentimento, pesar: *ela sofre de mal do amor*. **8**. Palavras indesejáveis ou injustas: *o mal que dizem dela é o mesmo mal que lhe dirão amanhã*. **9**. Personificação da maldade; satanás, diabo: *o mal está sempre disposto a lhe ajudar, desde que a compensação seja a sua alma*. // *adv* **10**. De modo imperfeito ou insatisfatório; nada bem: *você dirige mal*. **11**. De modo desconfortável ou desfavorável: *dormi mal; gastei mal a mesada*. **12**. Em má situação: *a defesa está mal posicionada em campo*. **13**. De modo injusto: *julgar mal os outros*. **14**. De modo grosseiro ou rude: *respondeu mal ao pai*. **15**. De forma desumana: *trata mal os funcionários*. **16**. Quase não: *cansado, mal disse boa noite a ela*. **17**. Em péssimo estado de saúde; em fase terminal: *ele pegou a covid-19 e está mal*. **18**. De modo ruim ou negativo; negativamente: *pensar mal de alguém*. **19**. De modo algum; não: *mal sabe ele o que o espera*. **20**. Levemente: *bife malpassado*. // *conj* **21**. Assim que, logo que, apenas: *mal chegou, já saiu*. · Antôn. (10 a 20): *bem*. (Como se vê, *mal*, advérbio, não se confunde com *mau*, adjetivo; *mal* é antônimo de *bem*, enquanto *mau* é oposto de *bom*; em dúvida, basta apelar para o antônimo.) ·· **Foi mal** (gír.). **1**. Não deu muito certo; não acabou bem: *Quis dar um beijo gostoso, mas acabou ferindo a namorada. Foi mal*. **2**. Sinto muito; desculpa: *Puxa, pisei no seu pé. Foi mal*. ·· **Mal e mal**. **1**. De modo sofrível; muito pouco: *Conhece mal e mal o alfabeto e quer ser presidente da República. Mal e mal fala o português*. **2**. Nem sequer: *Mal e mal chegou e já quer ir à janela do ônibus*. ·· **Por mal dos meus pecados**. Para infelicidade minha: *Por mal dos meus pecados, minha filha foi casar justamente com o filho do meu maior inimigo*.

ma.la *sf* **1**. Espécie de caixa de madeira, de couro, de lona ou de qualquer outro material resistente, com alça, destinada ao transporte de roupas ou objetos, em viagens. **2**. Redução de *mala postal*, mala destinada ao transporte de correspondência. **3**. Correspondência postal. // *sm* **4**. Pessoa grande e muito forte. **5**. Redução de *mala sem alça*, sujeito chato, desagradável, inconveniente, pentelho, cri-cri: *o mala da turma era Isabel*. · Dim. (1): *maleta* (ê). · V. **malote**. → **maleiro** *sm* (**1**. fabricante ou vendedor de malas; **2**. parte do armário onde se guardam malas); **maleta** (ê) *sf* (**1**. mala pequena; **2**. mala de mão) e *sm* (*pej.* toureiro reles). ·· **Mala sem alça** (fig.). Mala (5).

ma.la.bar *adj* **1**. Diz-se de certos jogos de destreza, agilidade e habilidade que consistem no malabarista lançar objetos (hastes, bolas, pratos, etc.) ao ar e recolhê-los com rapidez ou sustentá-los em equilíbrio: *há uma onda de jogos malabares nos cruzamentos da cidade, nos semáforos, etc*. // *smpl* **2**. Esses objetos.

ma.la.ba.ris.mo *sm* **1**. Agilidade, habilidade ou destreza, princ. com as mãos. **2**. Exercícios físicos variados, em corda ou fio suspenso e outras situações difíceis, que exigem muita agilidade, habilidade e destreza, realizados como espetáculo: *lugar de ver malabarismos é em circo*. **3**. *Fig*. Grande habilidade para lidar com situações delicadas: *só com o seu conhecido malabarismo se aguentou no cargo por tanto tempo*. **4**. Grande habilidade para driblar certas dificuldades: *os professores brasileiros fazem malabarismos, para poderem chegar ao fim do mês, com o salário que ganham*. → **malabarista** *adj* e *s2gên* (que ou pessoa que faz malabarismos).

mal-a.ca.ba.do *adj* Malfeito: *nossos carros são muito mal-acabados*. · Pl.: *mal-acabados*. · Antôn.: *bem-acabado*.

mal-a.gra.de.ci.do *adj* e *sm* Ingrato. · Pl.: *mal-agradecidos*. · Antôn.: *reconhecido, grato*.

ma.la.gue.ta (ê) *sf* Variedade de pimenta muito ardida.

ma.lan.dro *sm* Aquele em quem não se pode confiar, por ser vadio, tratante, gatuno, patife ou sabichão. → **malandragem** *sf* [**1**. malandrice; **2**. grupo de malandros]; **malandragem** ou **malandrice** *sf* (**1**. ato, dito, atitude ou comportamento próprio de malandro; **2**. vida de malandro).

ma.lar *sm* **1**. Osso em cada lado da face, formador da parte proeminente, chamada *maçã do rosto*. // *adj* **2**. Diz-se desse osso.

ma.lá.ria *sf* Doença infecciosa aguda, às vezes crônica, também conhecida como *febre terçã, impaludismo* ou *paludismo* e *maleita*. → **malárico** *adj* (rel. a malária); **malarioso** (ô; pl.: ó) *adj* e *sm* (que ou aquele que está com malária).

Malásia *sf* País do sudeste asiático de área equivalente à do estado do Maranhão. → **malaio, malasiano** ou **malásio** *adj* e *sm*

mal-as.som.bra.do *adj* Diz-se do lugar supostamente visitado com frequência por fantasmas ou almas do outro mundo. · Pl.: *mal-assombrados*.

Malaui ou **Malavi** *sm* País africano de área pouco maior que a dos estados da Paraíba e do Rio Grande do Norte juntos. → **malaui, malauiense, malauísta, maluíta** *adj* e *s2gên*, **ma-lauiano** ou **malaviano** *adj* e *sm*.

mal-a.ven.tu.ra.do *adj* Infeliz. · Pl.: *mal-aventurados*. · Antôn.: *bem-aventurado, venturoso, feliz*.

mal.ba.ra.tar *v* **1**. Gastar ou empregar mal (dinheiro), por fazer pouco-caso dele: *malbaratou tudo o que ganhou*. **2**. Vender (mercadoria) por menos do custo; vender com perda: *depois do Natal, muitos comerciantes malbaratam seus estoques, para renová-los*. → **malbarato** *sm* (**1**. venda a preço vil, que dá prejuízo; **2**. mau emprego ou má utilização).

mal.ca.sa.do *adj* **1**. Que não vive bem com o seu consorte. **2**. Que casou com pessoa de condição inferior à sua.

mal.chei.ro.so (ô; pl.: ó) *adj* Que fede; fétido, fedorento.

mal.com.por.ta.do *adj* Que se porta mal; de conduta reprovável.

mal.con.cei.tu.a.do *adj* Que goza mau conceito ou prestígio; malfalado: *político malconceituado*.

mal.con.for.ma.do *adj* De má conformação ou aparência; malproporcionado. · Antôn.: *bem-conformado*.

mal.con.ser.va.do *adj* **1**. Que não teve adequada conservação. **2**. Que envelheceu precocemente.

mal.cri.a.do *adj* e *sm* Que ou aquele que é mal-educado ou grosseiro. · Antôn.: *cortês, gentil, educado*. · V. **má-criação**. → **malcriadez** (ê) *sf* (qualidade de malcriado), de pl. *malcriadezes* (ê).

mal.cui.da.do *adj* Que não mereceu a atenção, o carinho ou o zelo conveniente.

mal.da.de *sf* **1**. Qualquer ação má e injusta; malvadez. **2**. Malícia. · Antôn. (1): *bondade*.

mal.dar *v* Desconfiar, suspeitar: *estão maldando de nós*.

mal.di.ção *sf* **1**. Ato ou efeito de amaldiçoar ou maldizer. **2**. Praga. **3**. Desgraça. · Antôn. (1): *bênção*. → **maldito** *adj* e *sm* (que ou aquele que foi vítima de maldição), de antôn. *bendito*.

Maldivas *sfpl* País insular do sul da Ásia, formado por 1.200 ilhas no oceano Índico, sendo apenas 300 habitadas, de 302km² de área total, ou seja, menos da metade da área de Florianópolis. → **maldívio** ou **maldivo** *adj* e *sm*.

mal.di.zer *v* **1**. Amaldiçoar, praguejar contra: *ele tem saúde e vive maldizendo a vida*. **2**. Lastimar-se, queixar-se: *não maldiga da vida, rapaz!* **3**. Dizer ou falar mal (de alguém): *esses meus vizinhos maldizem de todo o mundo*. · Antôn.: *bendizer*. → **maldizente** ou **maledicente** *adj* e *s2gên* (que ou pessoa que fala mal dos outros; difamador(a)], de antôn. *bendizente*.

mal.do.so (ô; pl.: ó) *adj* **1**. Que tem má índole; mau. **2**. Que toma sempre à má parte as palavras e as ações dos outros. · Antôn. (1): *bondoso*; (2): *ingênuo*.

ma.le.á.vel *adj* **1**. Que se pode malear ou malhar sem se quebrar ou rachar; que pode ser martelado ou prensado sem sofrer avarias; dúctil: *o ouro é o mais maleável de todos os metais*. **2**. Dobrável, flexível, dúctil: *a maioria dos plásticos é maleável*. **3**. *Fig*. Moldável, plasmável, flexível, dúctil: *a mente maleável das crianças; estou me esforçando para me tornar mais maleável*. **4**. *Fig*. Influenciável, persuadível, dúctil: *presidente maleável*. → **maleabilidade** *sf* (qualidade de maleável); **malear** *v* [**1**. reduzir (qualquer metal) a lâmina, usando o martelo; **2**. bater com martelo; martelar: *ele é louco, vive maleando a cabeça*; **3**. *fig*. tornar dócil ou brando; abrandar: *malear o temperamento*], que se conjuga por *frear*.

ma.le.di.cen.te *adj* e *s2gên* V. **maldizente**. · Superl. abs. sintético: *maledicentíssimo*. → **maledicência** *sf* (**1**. qualidade de maledicente; **2**. dito ou ação de maledicente).

mal-e.du.ca.do *adj* e *sm* Que ou aquele que é grosseiro, malcriado. · Pl.: *mal-educados*. · Antôn.: *bem-educado, gentil, cortês*.

ma.le.fí.cio *sm* **1**. Prejuízo causado a outrem; mal, dano: *os malefícios do fumo*. **2**. Feitiço para causar mal a alguém; bruxaria. · Antôn.: *benefício*.

ma.lé.fi.co *adj* **1**. Capaz de causar dano ou mal; maligno: *um vírus sempre é mais maléfico que outro; o convívio com marginais é sempre maléfico*. **2**. *Fig*. De influência maligna; funesto, sinistro: *Saturno seria mesmo um planeta maléfico?* · Superl. abs. sintético: *maleficentíssimo*. · Antôn. (1): *benigno*; (2): *benéfico*.

ma.lei.ta *sf* Malária.

mal-en.ca.ra.do *adj* e *sm* Que ou aquele que tem cara de poucos amigos. · Pl.: *mal-encarados*.

mal-en.ten.di.do *adj* **1**. Que não teve interpretação ou entendimento adequado. // *sm* **2**. Equívoco, engano. **3**. Desentendimento leve. · Pl.: *mal-entendidos*.

ma.lé.o.lo *sm* Cada uma das saliências ósseas da parte inferior da tíbia e da fíbula, que formam o tornozelo. → **maleolar** *adj* (rel. a maléolo: *fraturas maleares*). ·· **Maléolo interno, médio** ou **tibial**. Protuberância normal da parte inferior da tíbia. ·· **Maléolo externo, lateral** ou **fibular**. Parte da fíbula, anteriormente chamada *perônio*; região distal da fíbula.

mal-es.cri.to *adj* Que apresenta grafia(s) e/ou sintaxe(s) errada(s): *nossos jornalistas primam por um português mal-escrito*.

mal-es.tar *sm* **1**. Desconforto físico ou moral; doença de pouca gravidade; indisposição. **2**. *Fig*. Constrangimento, desassossego: *sua presença provocou mal-estar entre os presentes*. · Pl.: *mal-estares*. · Antôn.: *bem-estar*.

ma.le.vo.len.te *adj* De má índole; mau, malévolo: *todo marginal é malevolente*. **2**. Caracterizado pela maldade: *mente malevolente*. → **malevolência** *sf* (qualidade de malevolente), de antôn. *benevolência*; **malévolo** *adj* (malevolente), de superl. abs. sintético *malevolentíssimo*; e antônimo *benévolo*.

mal.fa.da.do *adj* e *sm* Que ou aquele que já nasceu marcado pela má sorte; desgraçado, infeliz. · Antôn.: *feliz, ditoso*. → **malfadar** *v* (desejar má sorte a).

mal.fa.la.do *adj* De má fama; mal-afamado, malconceituado.

mal.fei.to *adj* **1**. Feito com erro; imperfeito: *nariz malfeito; trabalho malfeito*. **2**. Malformulado: *pergunta malfeita*. // *sm* **3**. Maldade feita mediante algum suposto poder especial; ação má, maldosa ou ruim, visando a prejudicar alguém; feitiço, mandinga: *você fez malfeito para sua ex-namorada?* · Antôn.: *benfeito*.

mal.fei.tor (ô) *sm* Aquele que comete crimes habitualmente; criminoso; bandido. · Antôn.: *benfeitor*. → **malfeitoria** *sf* (ato de malfeitor; malefício), de antôn. *benfeitoria*.

mal.fe.ri.do *adj* Ferido gravemente ou mortalmente, muito ferido. → **malferir** *v* (ferir gravemente ou mortalmente), que se conjuga por *ferir*.

mal.for.ma.ção *sf* V. **má-formação**. → **malformado** *adj* (**1**. que apresenta malformação; **2**. *fig*. mau nos sentimentos ou instintos), de antôn. *bem-formado*.

mal.for.mu.la.do *adj* Que não foi formulado a contento; malfeito: *pergunta malformulada*.

mal.ga.xe *adj* e *s2gên* V. **Madagascar**.

mal.gra.do *prep* Não obstante, apesar de: *malgrado a tempestade, chegamos bem*. (Usa-se nas expressões *malgrado meu, malgrado seu*, etc., que equivalem a *contra a minha vontade, contra a sua vontade*, etc.) (Não se confunde com *mau grado*, que entra na expressão *de mau grado* = de má vontade.)

ma.lha *sf* **1**. Cada um dos nós ou voltas que o fio de matéria têxtil forma, quando tecido. **2**. *P.ext*. Qualquer agasalho ou artigo de malharia. → **malharia** *sf* (**1**. fábrica ou loja de roupas de malha; **2**. artigos de malha).

ma.lhar *v* **1**. Bater com martelo, malho ou instrumento semelhante em: *malhar o ferro*. **2**. Debulhar (cereais) na eira: *malhar o trigo*. **3**. *Pop*. Espancar: *malhar os menores de rua*. **4**. *Pop*. Criticar duramente: *malhar a classe política*. **5**. *Pop*. Praticar exercícios físicos regularmente: *você malha?* → **malhação** *sf* [**1**. ação ou efeito de malhar(1); **2**. *pop*. zombaria, troça, gozação; **3**. *pop*. crítica violenta; pichação; **4**. *pop*. prática intensa de exercícios físicos, visando a um corpo atlético]; **malhada** *sf* (pancada com malho); **malhado** *adj* (batido ou calcado com malho); **malho** *sm* (martelo grande, de ferro ou de madeira, com o qual se bate na bigorna o ferro em brasa).

mal-hu.mo.ra.do *adj* Que está de mau humor, amuado ou emburrado. · Antôn.: *bem-humorado*. · Pl.: *mal-humorados*.

Mali *sm* País da África, de área equivalente à do estado do Pará. · Pronuncia-se *máli*. → **malinês** *adj* e *sm*.

ma.lí.cia *sf* **1**. Propensão ou inclinação para a prática de pequenas maldades irônicas, princ. por vias indiretas; malignidade, má índole: *ela sempre age com malícia com os namorados, porque adora vê-los sofrer*. **2**. Perspicácia, sutileza ou vivacidade para prever as coisas: *se tivesse mais malícia, eu teria percebido suas verdadeiras intenções*. **3**. Qualidade daquele que age dissimuladamente, ocultando as verdadeiras intenções; habilidade para enganar; astúcia, manha ou esperteza, com o propósito de causar dano: *há muita malícia nas palavras desse candidato; cuidado que esse contrato está cheio de malícias!* **4**. Tendência ou inclinação a interpretar as coisas com segunda intenção; interpretação maldosa, distorcida ou desvirtuada, geralmente tendente para o lado sensual: *em tudo ele põe malícia; não veja malícia na minha piada!* **5**. Atitude daquele que pratica o mal ou causa dano e se compraz disso: *o assassino ainda sorria com malícia, na delegacia, quando a repórter lhe fazia perguntas sobre o estupro*. **6**. Atitude graciosa acompanhada de um certo ar malicioso; brejeirice: *cuidado com as mulheres que têm malícia no olhar!* **7**. Conhecimento que os meninos têm de coisas impróprias à sua idade, que os adultos tratam de disfarçar ou dissimular; picardia: *cuidado com o que diz, porque essas crianças têm muita malícia!* · Antôn. (**1**): *ingenuidade, boa-fé*. → **maliciar** *v* (**1**. interpretar maliciosamente ou em mau sentido: *maliciar uma piada*; **2**. suspeitar, maldar, desconfiar: *maliciei que aquilo poderia ser uma armação contra mim*; **3**. fazer mau juízo de; julgar mal: *ela é maldosa: malicia (de) tudo!*]; **maliciosidade** *sf* (qualidade ou caráter de malicioso); **malicioso** (ô; pl.: ó) *adj* e *sm* (que ou aquele que tem ou revela malícia: *garota maliciosa*) e *adj* (cheio de malícia; picante: *piada maliciosa*).

ma.lig.no *adj* **1**. Que só traz consigo o mal, a infelicidade ou a desgraça; funesto, sinistro: *espírito maligno; furacão maligno*. **2**. Altamente nocivo ou pernicioso; prejudicial, danoso: *ela exerce uma influência maligna sobre o marido*. **3**. Que ameaça a vida; mortal, letal: *tumor maligno*. **4**. Que prima pela maldade ou malícia; maldoso: *a língua maligna dos fofoqueiros*. **Maligno 5**. Diabo: *o jogo é invenção do Maligno*. · Antôn.: *benigno*. → **malignidade** *sf* (qualidade de maligno), de antôn. *benignidade*.

má-lín.gua *sf* **1**. Hábito ou vício de falar mal de todo o mundo; maledicência, soalheiro. // *adj* e *s2gên* **2**. Que ou pessoa que é maldizente, que vive falando mal dos outros. · Pl.: *más-línguas*.

mal-in.ten.ci.o.na.do *adj* **1**. De mau caráter e propenso a praticar o mal. **2**. Caracterizado por intenções escusas. · Pl.: *mal-intencionados*.

mal.me.quer *sm* Planta herbácea ornamental também conhecida como *bem-me-quer*.

ma.lo.ca *sf* **1**. Grande habitação indígena, coberta de palmas secas, que abriga várias famílias. **2**. Aldeia indígena. **3**. Habitação miserável, de favela, feita de madeira. **4**. Esconderijo de marginais ou de dinheiro e/ou objetos roubados. → **malocado** *adj* [**1**. diz-se daquele que vive em maloca; **2**. escondido (de autoridade): *a polícia encontrou o traficante malocado na casa da sogra*]; **maloqueiro** *sm* (morador de maloca).

ma.lo.gro (ô) *sm* Fracasso, insucesso, revés. → **malograr** *v* (fazer fracassar; frustrar: *a chuva malogrou todos os meus planos*); **malograr-se** (não ir avante; não ter sucesso; fracassar, gorar: *com a chuva, todos os meus planos se malograram*).

ma.lo.te *sm* **1**. Mala pequena; maleta. **2**. Serviço particular de entrega rápida de encomendas ou correspondência. **3**. Embalagem ou sacola lacrável em que se colocam essas encomendas ou correspondências.

mal.pas.sa.do *adj* Que sofreu pouca ação do fogo; quase cru: *picanha malpassada*. · Antôn.: *bem-passado*.

mal.pro.por.ci.o.na.do *adj* Que não tem boa proporção ou conformação; malconformado. · Antôn.: *bem-proporcionado*.

mal.que.rer *v* **1**. Detestar, desejar mal a: *malquerer um vizinho*. // *sm* **2**. Malquerença, inimizade. · Antôn.: *bem-querer*. → **malquerença** *sf* (inimizade), de antôn. *benquerença*; **malquerente** *adj* (inimigo), de antôn. *benquerente*; **malquerido** ou **malquisto** *adj* (que não é querido; detestado: *ser malquisto na cidade*), de antôn. *benquisto*.

mal.são *adj* **1**. Insalubre: *clima malsão*. **2**. Convalescente. **3**. Prejudicial, nocivo. · Fem.: *malsã*. · Pl.: *malsãos*. · Antôn. (**2**): *são, saudável*; (**3**): *sadio*.

mal.si.nar *v* **1**. Delatar, denunciar: *malsinar traficantes; malsinar fraudes nas eleições*. **2**. Condenar, censurar: *malsinar as reformas do governo*. **3**. Dar mau destino ou mau fim a: *malsinar uma herança*. **4**. Desvirtuar, distorcer: *malsinar uma declaração*. **5**. Desejar mal a: *malsinar o novo governo*. → **malsinação** *sf* (ato ou efeito de malsinar).

mal.su.ce.di.do *adj* Fracassado: *plano malsucedido*. · Antôn.: *bem-sucedido*.

mal.ta *sf* Qualquer bando de gente ordinária, cafajeste; corja, cambada, matula.

Malta *sf* País formado por três ilhas e duas ilhotas no mar Mediterrâneo, entre a Sicília e a África. → **maltês** *adj* e *sm*.

mal.te *sm* **1**. Cereal, geralmente cevada, usado na fabricação e destilação da cerveja. **2**. Bebida alcoólica ou licor fermentado desse cereal.

mal.tra.pi.lho ou **mal.tra.pi.do** *adj* e *sm* Que ou aquele que anda malvestido, geralmente esfarrapado e sujo.

mal.tra.tar *v* **1**. Tratar com dureza, grosseria ou violência; bater em; espancar: *cuidado com o homem que maltrata os animais!* **2**. Estragar, causar dano a; danificar: *o vento e o sol maltratam a pele*. **3**. Usar com desleixo ou relaxo: *nossos jornalistas maltratam demais o idioma*.

ma.lu.co *adj* e *sm* Que ou aquele que é doido ou que pratica ações como se fosse doido. → **maluqueira** ou **maluquice** *sf* (ato ou dito próprio de maluco).

mal.va.do *adj* e *sm* Que ou aquele que comete grande maldade e a descoberto, sem nenhum pejo. → **malvadez** ou **malvadeza** (ê) *sf* (qualidade, ato ou comportamento de malvado).

mal.ver.sa.ção *sf* **1**. Desvio ou mau emprego do dinheiro público; dilapidação do patrimônio público. **2**. *P.ext*. Qualquer má administração ou má gerência. → **malversar** *v* (administrar mal; dilapidar).

mal.ves.ti.do *adj* Maltrajado. · Antôn.: *bem-vestido*.

mal-vin.do *adj* Recebido com repulsa ou aversão: *ao invés de se sentir bem-vindo, ele se sentiu mal-vindo*. // *interj* **2**. Exprime aversão à chegada de alguém ou de algum fato considerado malévolo. · Pl.: *mal-vindos*. · Antôn.: *bem-vindo*. (A 6.ª ed. do VOLP não registra *mal-vindo*, porém, o termo é aceito pelos lusitanos e sobretudo pela coerência, que não é absolutamente o forte desse vocabulário.)

mal.vis.to *adj* Malconceituado, desacreditado.

malware [ingl.] *sm* Qualquer programa nocivo de computador, como vírus e cavalo de troia. · Pl.: *malwares*. · Pronuncia-se *máluér*.

ma.ma *sf* **1**. Órgão glandular dos mamíferos, atrofiado nos machos e nas fêmeas capaz de secretar leite; glândula mamária; teta. **2**. Cada uma das mamas da mulher; peito, seio. → **mamário** *adj* (rel. a mama ou a mamas); **mamografia** ou **mastografia** *sf* (exame de imagem das mamas, obtida por meio de radiografia, usado para identificar precocemente câncer mamário); **mamográfico** ou **mastográfico** *adj* (rel. a mamografia ou mastografia).

ma.ma.do *adj Pop.* **1**. Embriagado, bêbado. **2**. Que foi tungado ou enganado. **3**. Decepcionado em suas expectativas; desapontado, desiludido.

ma.mãe *sf* Palavra carinhosa que substitui a palavra *mãe* na boca dos filhos.

ma.mãe-sa.co.de *sf2núm* Espécie de espanador feito de material colorido, usado por foliões nos blocos de carnaval e atualmente por torcedores nos estádios de futebol, para dar mais colorido à festa.

ma.mão *adj* **1**. Que ainda mama ou que mama muito. // *sm* **2**. Fruto do mamoeiro. · Aum. irregular: *mamonaço*. → **mamoeiro** *sm* (planta que dá o mamão).

ma.mar *v* **1**. Sugar (líquido) na boca, mediante movimentos da língua e dos lábios, criando sucção; chupar. **2**. Sugar (leite da mama ou da mamadeira): *o bebê mamou todo o leite da mãe hoje*. **3**. *Pop.Chulo* Praticar sexo oral em; chupar. → **mamada** *sf* [mamadura (2)]; **mamadeira** *sf* (garrafinha com chupeta, para amamentar artificialmente crianças ou filhotes; **mamadura** *sf* (**1**. ato de mamar; **2**. tempo que dura a amamentação; mamada). ·· **Mamar nas tetas do governo** (fig.). Aproveitar-se financeiramente do poder público (dizendo-se de político ou de servidor corrupto).

ma.ma.ta *sf Pop.* **1**. Negócio ou empreendimento, em geral público, que proporciona lucros ilícitos a políticos e seus apadrinhados. **2**. Roubalheira, ladroeira, comilança. **3**. Farra (3).

mam.bem.be *adj* **1**. De baixa qualidade; ordinário, reles: *joguinho mambembe esse o de hoje*. // *sm* **2**. Grupo teatral volante, formado por atores amadores, que dão espetáculos de baixa categoria. **3**. *Pop.* Lugar afastado, ermo, desabitado e nada agradável: *ele foi morar num mambembe*.

mam.bo *sm* Música e dança originárias de Cuba, em voga na década de 1940.

ma.me.lu.co *sm* Mestiço de índio com branco.

ma.mí.fe.ro *sm* **1**. Espécime dos mamíferos, classe de vertebrados de sangue quente, que compreende os seres humanos e apresentam corpo revestido de pelos, e as fêmeas, glândulas mamárias. // *adj* **2**. Diz-se do animal que tem mamas ou tetas. **3**. Relativo ou pertencente a essa classe.

ma.mi.lo *sm* Bico do peito; maminha. → **mamilar** *adj* (rel. ou sem. a mamilo).

ma.mi.nha *sf* **1**. Mamilo. **2**. Mama rudimentar do homem. **3**. Parte mais macia da alcatra.

ma.mo.ei.ro *sm* V. **mamão**.

ma.mo.na *sf* **1**. Arbusto cultivado princ. pela grande utilidade de suas sementes, que fornecem o óleo de rícino, empregado em medicina como purgativo e na indústria como óleo lubrificante; mamoneira, carrapateira. **2**. Essa semente. → **mamoneira** *sf* [mamona (1)].

ma.mu.te *sm* Mamífero extinto, de grande porte, do hemisfério norte, semelhante ao elefante, de pele cheia de pelos e colmilhos bem curvos.

ma.ná *sm* **1**. Alimento milagroso, em forma de chuva, que, segundo o Antigo Testamento, Deus mandou aos israelitas para os alimentar no deserto. **2**. *P.ext*. Qualquer coisa excelente ou deliciosa que acontece geralmente de surpresa e vem muito a propósito.

ma.na.da *sf* Rebanho de gado grosso (elefantes, bois, cavalos, búfalos, etc.).

ma.nan.ci.al *sm* **1**. Lugar de onde mana água incessantemente; fonte perene de água; nascente: *proteger os mananciais de água é dever de todos*. **2**. *Fig*. Fonte abundante e inesgotável: *ele é um mancancial de projetos fracassados*. // *adj* **3**. Que jorra incessantemente: *torrente mancancial*.

ma.ná.pu.la ou **ma.no.pla** *sf* **1**. Mão grande e grosseira. **2**. Luva grande e rústica de operários, própria para manuseio de maquinismos perigosos.

ma.nar *v* **1**. Verter abundante e perenemente: *este poço mana petróleo de boa qualidade*. **2**. Verter, deitar de si constantemente (líquido); destilar: *as feridas manam sangue*. **3**. Brotar perene e abundantemente: *água que mana das rochas*.

Manaus *sf* Capital e a principal cidade do Amazonas. → **manauara** ou **manauense** *adj e s2gên*.

man.ca.da *sf Pop.* **1**. Ação ou fala bisonha; rata, gafe. **2**. Compromisso assumido e não cumprido; bolo, furada.

man.cal *sm* Chumaceira (1), bucha (5).

man.car *v* **1**. Coxear, manquitolar. **2**. *Pop*. Faltar a compromisso assumido: *ela mancou mais uma vez comigo*. **mancar-se 3**. *Gír*. Perceber que está sendo inconveniente ou dando mancada: *você não se manca, cara?*

man.ce.bo (ê) *adj e sm* **1**. Que ou aquele que é moço, jovem. // *sm* **2**. Amásio, amante. **3**. *Pop*. Cabide de roupa constituído de uma haste e diversos braços. → **mancebia** *sf* (concubinato).

man.cha *sf* **1**. Sinal de sujeira. **2**. Sinal ou marca colorida ou escura em roupa, objeto, chão, etc., nódoa, mácula. → **manchão** *sm* (**1**. grande mancha; **2**. mancha no terreno onde se encontra o diamante de aluvião; **3**. remendo improvisado em pneu furado, para proteger a câmara de ar); **manchar** *v* (**1**. sujar com mancha: *manchar a roupa*; **2**. *fig*. comprometer moralmente; denegrir, infamar: *manchar o nome na praça*), de antôn. *limpar;* **mancha-roxa** *sf* (mancha na pele, provocada por hemorragia subcutânea), de pl. *manchas-roxas*.

manche [fr.] *sm* **1**. Dispositivo de controle de uma aeronave, que opera os estabilizadores (movimento longitudinal) e o elerão (movimento lateral). **2**. *P.ext*. Qualquer dispositivo de controle semelhante. · Pronuncia-se *mânch*.

man.chei.a ou **mão-chei.a** *sf* Tudo o que uma mão pode abranger; punhado. · Pl. (2): *mãos-cheias*. ·· **A mancheias**. Com abundância; em grande quantidade; à farta, à larga.

man.che.te *sf* Título em letras grandes ou garrafais, geralmente na primeira e última páginas dos periódicos.

Manchúria *sf* Região do nordeste da China, de muita importância industrial e agrícola. → **manchu** *adj e sm*.

man.co *adj e sm* **1**. Que ou aquele que manca ou coxeia; coxo. // *adj* **2**. Diz-se de móvel que fica penso por falta de apoio: *mesa manca; cadeira manca*. **3**. *Fig*. Impreciso, imperfeito: *o árbitro fez um relatório manco, para não prejudicar muito o jogador expulso*.

man.co.mu.nar *v* **1**. Combinar ou ajustar (coisa má ou ilícita): *mancomunar um assalto*. **mancomunar-se 2**. *P.ext*. Combinar-se ou pôr-se de acordo com alguém ou um grupo, para realizar algo mau ou ilícito; conluiar-se: *os donos de postos de combustíveis se mancomunaram para manter um único preço da gasolina em toda a cidade*. → **mancomunação** ou **mancomunagem** *sf* [ato ou efeito de mancomunar(-se)]; **mancomunado** *adj* (combinado em trama, fraude, etc.; conluiado: *os presos estavam mancomunados com o carcereiro, no plano de fuga*).

man.da.chu.va *s2gên* Pessoa influente, importante ou poderosa; maioral.

man.da.do *adj* **1**. Enviado, remetido. **2**. Que teve um mandante. // *sm* **3**. Ordem de um patrão, chefe, etc. **4**. Ordem imperativa e por escrito de autoridade judicial ou administrativa; mando (2): *mandado de busca e apreensão*. ·· **Mandado de segurança**. Garantia constitucional que protege o cidadão contra abuso de poder ou ilegalidade. (Cuidado para não usar "mandato" neste caso!)

man.dar *v* **1**. Ordenar: *mandei que calassem a boca*. **2**. Expedir, enviar, remeter: *mandar cartas*. **3**. Irradiar, enviar, emitir: *estrela que manda sinais de rádio*. **4**. Ordenar que vá: *mandei-o comprar pão*. **mandar-se 5**. Ir-se embora: *ela se mandou cedo*. **6**. Fugir: *os ladrões já se mandaram e nem sombra da polícia*. → **mandamento** *sm* (**1**. ato ou efeito de mandar; **2**. cada um dos preceitos de Lei de Deus ou da Igreja); **mandante** *adj e s2gên* (que ou pessoa que manda ou ordena); **mandão** *adj e sm* (que ou aquele que manda com arrogância e autoritarismo), de fem. *mandona*; **mando** *sm* (**1**. ato ou efeito de mandar; **2**. direito de dar ordens como superior; poder de mandar; mandado).

man.da.to *sm* **1**. Autorização para a execução de um programa político, dada pelo povo a seus representantes. **2**. Procuração ou delegação de poderes de uma pessoa para outra, etc.; incumbência, procuração. → **mandatário** *sm* (**1**. aquele que recebe mandato ou procuração para agir em nome de outro; **2**. representante, procurador, delegado).

man.di *sm Pop.* **1**. Pequeno peixe fluvial. **2**. Caipira, jeca.

man.dí.bu.la *sf* **1**. Osso do queixo, no qual se fixam os dentes inferiores, antigamente chamado *maxilar inferior*. **2**. Cada uma das duas peças móveis e muito duras que ladeiam a boca de certos insetos, destinadas a cortar alimentos, segurar coisas, etc. **3**. Cada uma das duas partes do bico dos pássaros. → **mandibular** *adj* (rel. ou pert. à mandíbula).

man.din.ga *sf* Bruxaria, feitiçaria, mandraca. → **mandingaria** *sf* (prática da mandinga).

man.di.o.ca *sf* **1**. Arbusto de tubérculos carnudos, alongados e comestíveis, usados na fabricação de farinha e polvilho; macaxeira, aipim. **2**. Cada um desses tubérculos; macaxeira, aipim. → **mandioquinha** *sf* (**1**. arbusto de grandes raízes amarelas e comestíveis, usadas na alimentação humana e como forragem; **2**. essa raiz).

man.do.ro.vá *sm* Lagarta de grande porte e desprovida de cerdas urticantes.

man.dra.ca *sf Pop*. **1**. Mandinga. **2**. Beberagem empregada em mandinga.

man.dril *sm* **1**. Dispositivo acessório de máquina ou ferramenta, provido de garras reguláveis, para segurar a peça com que se vai trabalhar. **2**. Ferramenta própria para retificar e calibrar furos. → **mandrilagem** *sf* (operação de mandrilar); **mandrilar** *v* (alisar com mandril).

ma.né *adj* e *sm Pop*. **1**. Que ou aquele que é pouco inteligente, fácil de enganar; otário, bobão, bocó: *esse cara é muito mané*. // *sm* **2**. Sujeito que entra de gaiato com a maior facilidade: *é um mané mesmo: comprou o carro, mesmo sabendo que era roubado*. **3**. Sujeito ingênuo, que costuma cometer pequenos e seguidos vacilos, sem nunca se emendar; vacilão: *pegou outra vez no fio elétrico desencapado, mané?* **4**. Sujeito fraco, frouxo, covarde: *queria porque queria saltar de paraquedas e, quando estava para saltar, apareceu o mané: desistiu*. ·· **Dar uma de mané**. Entrar de gaiato (1): *Você deu uma de mané comprando um carro que sabia ser roubado*.

ma.nei.ra *sf* **1**. Modo como se faz alguma coisa; jeito particular de ser, atuar ou agir; forma: *este trabalho se pode fazer de várias maneiras*. **2**. Forma ou expressão em que se manifestam certas coisas; modo: *ela me olha de maneira estranha*. **3**. Posição ocupada por certos objetos; arranjo, disposição: *quero os móveis da sala da maneira como estavam na outra casa*. **4**. Ocasião, oportunidade: *não encontrei maneira de cumprimentar o presidente*. **5**. Meio, artifício: *arrumar uma maneira de entrar sem pagar*. ·· **Boas maneiras**. **1**. Bons modos: *Com boas maneiras você consegue tudo de mim, com más, nada*. **2**. Etiqueta (1): *Você não conhece boas maneiras à mesa?*

ma.nei.rar *v Gír*. **1**. Contornar um problema difícil com tato ou habilidade; dar um jeitinho em, quebrar o galho (temporariamente): *o fiscal maneirou o caso quanto pôde*. **2**. Tornar-se menos intenso; melhorar, abrandar: *maneire aí sua raiva!; a dor já maneirou*. **3**. Agir com moderação, com calma: *apesar de provocada, a polícia maneirou*. (Apesar do ditongo fechado, na língua popular se diz "manéro, manéra", etc.)

ma.nei.ro *adj Pop*. **1**. Fácil de manejar ou usar; portátil, jeitoso. **2**. Fácil de fazer; leve: *servicinho maneiro*. **3**. Que está acostumado a vir comer na mão: *gavião maneiro*. **4**. *Gír*. Palavra-ônibus que qualifica pessoas ou coisas sempre com atributos positivos: muito legal, muito bonito, bacana, excelente: *seu carro ficou maneiro, com essas rodas de vinte polegadas*. → **maneiroso** (ô; pl.: ó) *adj* (educado, gentil, polido, amável).

ma.ne.jar *v* **1**. Mover, executar ou governar com a(s) mão(s): *manejar bem armas*. **2**. Ter conhecimento de; exercitar: *manejar bem o idioma*. **3**. Dirigir, manobrar, controlar, manipular: *político que maneja bem as massas*. **4**. Administrar, dirigir: *manejar uma empresa*. · O e continua fechado durante a conjugação. → **manejo** (ê) *sm* (ato ou efeito de manejar; manuseio).

ma.ne.quim *sm* **1**. Modelo anatômico do corpo humano, usado por costureiros, em exposições nas lojas, etc. **2**. Medida para roupas feitas. // *s2gên* **3**. Pessoa que exibe roupas ou calçados da moda; modelo.

ma.ne.ta (ê) *adj* e *s2gên* Que ou pessoa que não tem um dos membros superiores ou parte deles.

man.ga *sf* **1**. Parte do vestuário na qual se enfia o braço. **2**. Tubo ou borracha para condução de água; mangueira (1). **3**. Fruto comestível da mangueira. → **mangal** ou **mangueiral** *sm* [plantação de mangueiras (2)]; **mangueira** [**1**. tubo de borracha, couro, lona ou plástico, para condução de água ou ar; borracha, manga (2); **2**. árvore de grande porte, que dá a manga; **3**. grande curral de gado; mangueirão]; **mangueirão** *sm* [mangueira (3)].

man.gá *sm* Desenhos japoneses em quadrinhos. (Não se confunde com *anime*, já que este é desenho televisionado, enquanto *mangá* é desenho em quadrinhos.)

man.ga.ba *sf* Fruto comestível da mangabeira. → **mangabeira** *sf* (árvore de porte médio que dá a mangaba).

man.gal *sm* **1**. Mangueiral. **2**. Mangue (1).

man.ga-lar.ga *sm* **1**. Raça de cavalos apurada em Minas Gerais, de boa resistência e marcha trotada. **2**. Esse cavalo. // *adj* **3**. Diz-se dessa raça ou desse cavalo. · Pl.: *mangas-largas*.

man.ga.nês *sm* Elemento químico metálico (símb.: **Mn**), geralmente duro e quebradiço, usado na fabricação de ligas de ferro, alumínio e cobre.

man.go *sm Gír*. **1**.*Chulo* Pênis. **2**. Real, pau, pila: *só tenho dez mangos para o almoço*.

man.gos.tão ou **man.gos.tim** *sm* **1**. Planta originária do sudeste da Ásia que dá o fruto considerado mais saboroso do mundo. **2**. Esse fruto, de polpa branca, sabor doce e picante, rico em vitaminas e sais minerais. (A 6.ª ed. do VOLP não registra *mangustim*.)

man.gue *sm* **1**. Terreno baixo, junto à costa marítima, sujeito a inundações da maré, importante porque forma a base da cadeia alimentar de peixes, crustáceos, moluscos, algas, etc.; mangal, manguezal. **2**. Vegetação desse terreno, constituída de raízes aéreas, típicas das regiões tropicais e subtropicais. **3**. *Pop.RJ* Zona de prostituição. → **manguezal** *sm* [mangue (1)]. Terreno pantanoso, às margens de lagoas e estuários.

man.gus.to *sm* Mamífero carnívoro, de focinho alongado, orelhas curtas e pelagem abundante, da Índia e da África.

ma.nha *sf* **1**. Habilidade, esperteza, jeito. **2**. Choro e queixas de criança sem motivo, só para conseguir o que está querendo; denguice, birra. **3**. Fingimento de mal-estar ou de doença. **4**. *Pop*. Fichinha, baba: *ganhar de você nas damas é manha*.

ma.nhã *sf* A primeira parte do dia; período de tempo entre o nascer do Sol e o meio-dia. · V. **matinal** e **matutino**.

ma.nho.so (ô; pl.: ó) *adj* **1**. Que tem manha(s); esperto, astuto. **2**. Diz-se de criança chorona e pirracenta. → **manhosidade** *sf* (qualidade de manhoso).

ma.ni.a *sf* **1**. Hábito estranho ou repetitivo; costume esquisito: *ele tem mania de coçar o nariz, quando fala*. **2**. Preocupação exagerada ou infundada: *ter mania de perseguição*. **3**. Mau costume; vício, vezo: *crianças têm mania de fazer perguntas; ter mania de roer unhas*. **4**. Gosto excessivo ou incontrolável por alguma coisa; paixão, loucura: *tem mania de futebol*. **5**. Objeto ou alvo desse gosto: *o futebol era sua mania*. → **maníaco** *adj* (rel. a mania) e *adj* (**1**. que ou aquele que é insano; **2**. que ou aquele que tem excessivo entusiasmo ou desejo por alguma coisa; apaixonado, louco, entusiasta: *ser maníaco por carros*; **3**. que ou aquele que age de forma inteiramente irresponsável: *promover rachas nas ruas é coisa de maníaco*).

ma.ni.cu.re *s2gên* Profissional, geralmente mulher, que cuida das mãos e das unhas das mãos.

ma.ni.e.tar ou **ma.ni.a.tar** *v* **1**. Atar ou prender pelas mãos: *manietei os ladrões*. **2**. *Fig*. Tolher os movimentos de; prender: *é um Congresso que manieta o governo*.

ma.ni.fes.tar *v* **1**. Tornar público; dar a conhecer; declarar, revelar: *manifestar sua opinião*. **2**. Dar sinais de; exprimir: *manifestou grande conhecimento do assunto*. **manifestar-se 3**. Revelar-se, fazer-se conhecer: *certas vocações se manifestam logo na infância*. **4**. Externar sua opinião; pronunciar-se: *manifestar-se contra o aborto*. **5**. No espiritismo, dar-se (um espírito) a conhecer através de sinais físicos. → **manifestação** *sf* [**1**. ato ou efeito de manifestar(-se); **2**. indicativo ou revelação da existência ou da presença de alguma coisa; **3**. uma das formas em que se revela um ser (pessoa, divindade, ideia); **4**. forma materializada de um espírito; **5**. demonstração pública e coletiva de opiniões, sentimentos, etc., geralmente de natureza política]; **manifestante** *adj* e *s2gên* (que ou pessoa que toma parte numa manifestação).

ma.ni.fes.to *adj* **1**. Claro, patente, evidente. // *sm* **2**. Declaração ou explicação pública das razões de certos atos.

ma.ni.lha *sf* **1**. Tubo de barro vidrado, usado em canalizações de água e esgoto. **2**. Argola para enfeitar os pulsos ou a parte fina da perna.

ma.ni.nho *adj* **1**. Estéril, infecundo: *gata maninha*. **2**. Que se desenvolve sem cultivo; silvestre: *coqueiro maninho*. **3**. Inculto: *solo maninho*. **4**. Diz-se do que se encontra em qualquer logradouro público e não tem dono específico: *colher frutos maduros das mangueiras maninhas*. // *sm* **5**. Diminutivo de *mano*; irmão pequeno. // *smpl* **6**. Bens de falecido sem herdeiro.

ma.ni.pu.lar *v* **1**. Controlar ou operar com as mãos: *os japoneses manipulam habilmente os pauzinhos, para comer*. **2**. Influenciar ou dirigir inescrupulosamente (pessoas), obter delas o que se deseja; manobrar (3): *manipular a opinião pública a seu favor*. **3**. Tratar (notícia), tornando tendencioso: *jornalista que manipula as notícias não merece crédito*. **4**. Transformar por operações suspeitas: *esse governo gosta de manipular dados*. → **manipulação** *sf* (ato ou efeito de manipular).

ma.ni.que.ís.mo *sm* **1**. Doutrina do profeta persa Mani (séc. III) e seus seguidores, segundo a qual o universo foi criado e é regido por dois princípios opostos: o bem (ou Deus) e o mal (ou o diabo). **2**. Concepção ou doutrina fundada nos dois princípios opostos, do bem e do mal. → **maniqueísta** *adj* (rel. a maniqueísmo) e *adj* e *s2gên* (que ou pessoa que é partidária do maniqueísmo).

ma.ni.ve.la *sf* Alavanca usada para fazer girar a peça à qual se liga.

man.jar *v* **1**. Espionar, observar: *manjar um jogo de cartas*. **2**. *Gír.* Perceber logo; sacar: *manjei logo o que ela queria*. **3**. *Gír.* Conhecer: *você manja esse cara?* **4**. *Gír.* Entender de: *você manja matemática?* // *sm* **5**. Iguaria apetitosa, geralmente feita de leite, ovos e açúcar. → **manjado** *adj* (que é por demais conhecido: *tipo manjado*).

man.je.dou.ra *sf* Tabuleiro fixo, de madeira ou de pedra, no qual se serve comida aos animais, na estrebaria.

man.je.ri.cão *sm* **1**. Designação genérica de várias plantas hortenses, cujas folhas são muito aromáticas e utilizadas como condimento ou em medicina; alfavaca. **2**. Essa folha; alfavaca.

man.je.ro.na *sf* **1**. Planta hortense de folhas aromáticas, usadas em medicina, na indústria de perfumes, como condimento e, desde os mais remotos tempos, na feitiçaria. **2**. Essa folha.

ma.no *sm* **1**. *Pop.* Tratamento familiar entre irmãos. **2**. *Gír.* Amigo íntimo; *brother*. **3**. *Pop.* Tratamento de cunhado(a) para cunhado. // *adj* **4**. *Gír.* Muito unido; íntimo, inseparável: *saíamos sempre juntos, éramos muito manos*. // *sf* **5**. Mão. (Usado, princ. em São Paulo, para se dirigir a outra pessoa, com certa intimidade, equivalendo a *cara*, sendo invariável em gênero: *Aonde pensas que vai, mano? Paguei um mico, mano, que nem te conto!*) •• **Mano a mano**. **1**. Duelo ou confronto entre dois indivíduos. **2**. Confronto pessoal direto, em corrida: *No mano a mano, o zagueiro levou desvantagem*. **3**. Em competição direta: *Enfrentei-o mano a mano*.

ma.no.brar *v* **1**. Mudar a posição tática de (tropas ou navios de guerra), mediante manobras. **2**. Dirigir mediante uma série de movimentos ou mudanças no curso; realizar manobra(s) com: *manobrar o carro, para estacionar*. **3**. Manipular (2): *manobrar a opinião pública*. **4**. Realizar exercícios, geralmente de instrução militar: *o exército manobra regularmente*. → **manobra** *sf* (**1**. ato ou efeito de manobrar; **2**. movimento ou exercício militar ou naval, tático e estratégico; **3**. artifício; trama astuciosa) e *sfpl* (exercícios táticos em grande escala de tropas, navios de guerra, etc. sob condições simuladas de guerra); **manobrista** *s2gên* (pessoa cuja profissão é manobrar veículos em garagens, estacionamentos, etc.).

ma.no.pla *sf* V. **manápula**.

man.qui.to.lar *v* Mancar, coxear: *por que estás manquitolando?*

man.são *sf* Residência grande, imponente e luxuosa.

man.sar.da *sf* **1**. Tipo de telhado com duas superfícies de inclinação diferente, uma quase vertical, a outra quase horizontal, para permitir maior aproveitamento de espaço no seu desvão. **2**. *P.ext.* Esse desvão, transformado em cômodo da casa; água-furtada, sótão, desvão (2). **3**. *P.ext.* Morada miserável.

man.so *adj* **1**. Amansado, domesticado. **2**. De índole inclinada à submissão; brando de gênio. **3**. Sossegado, tranquilo. **4**. Suave, leve. → **mansidão** ou **mansuetude** *sf* (**1**. qualidade ou estado de manso: *a mansuetude de um cão*; **2**. índole pacífica; brandura de gênio: *a mansidão do marido contrastava com a ferocidade da mulher*; **3**. doçura, suavidade: *acautele-se com os que têm mansidão de fala!*; **4**. serenidade, tranquilidade, calma: *manhã com mansidão do mar*), de antôn. *braveza*.

man.ta *sf* **1**. Cobertor de cama, de lã, com franja nas pontas. **2**. Lenço grande que os homens enrolam ao pescoço como agasalho, princ. no Sul do Brasil. **3**. Pano de lã que se põe no dorso da cavalgadura, por baixo da sela.

man.tei.ga *sf* **1**. Substância gordurosa e alimentícia, retirada da nata do leite. **2**. Substância gordurosa de certos vegetais. → **manteigaria** *sf* (estabelecimento onde se fabrica e/ou se vende manteiga); **manteigosidade** *sf* (qualidade de manteigoso); **manteigoso** (ó; pl.: ó) ou **manteiguento** *adj* (**1**. que tem muita manteiga: *pão manteigoso; bolo manteiguento*; **2**. que tem sabor de manteiga; **3**. *fig.* gorduroso, oleoso, seboso: *tocou-me com suas mãos manteiguentas*); **manteigueira** *sf* (recipiente em que se conserva ou se serve a manteiga).

man.ter *v* **1**. Continuar; fazer durar: *manter o estado de ânimo*. **2**. Sustentar, conservar: *manter os olhos bem abertos*. **3**. Conservar em bom estado: *mantenho dois carros*. **4**. Abastecer, sustentar, prover do necessário: *manter uma família*. **5**. Conservar em existência; sustentar: *comer o suficiente para manter a vida*. **6**. Afirmar categoricamente: *manteve sua inocência*. **manter-se 7**. Permanecer, conservar-se: *o dólar se mantém estável*. **8**. Resistir com êxito: *sem ajuda da aviação, não há como nos mantermos nesta posição*. · Conjuga-se por *ter*. · V. **manutenção**. → **mantenedor** (ô) *adj* e *sm* (que ou aquele que mantém ou sustenta: *o mantenedor da Santa Casa*); **manteúdo** *adj* (mantido, sustentado: *mulher teúda e manteúda pelo amante*); **mantimento** *sm* [ato de manter(-se)]; manutenção, conservação: *frutas e verduras são fundamentais para o mantimento da saúde*] e *smpl* (alimento, comida, víveres).

man.to *sm* **1**. Vestimenta larga, comprida e sem mangas com que as mulheres abrigam a cabeça e o corpo até a cintura. **2**. *Fig.* Disfarce, véu: *o assassino até chorou no velório, sob o manto do cinismo*. **3**. Hábito de algumas religiosas. → **mantilha** *sf* (manto de seda ou de outro tecido fino com que as mulheres cobrem a cabeça e os ombros), que não se confunde com *matilha*; **mantô** *sm* (vestimenta semelhante ao manto, usada sobre outra peça do vestuário; sobretudo).

ma.nu.al *adj* **1**. Relativo ou pertencente à mão. **2**. Feito à mão. **3**. Acionado com as mãos. // *sm* **4**. Pequeno livro que contém em resumo o indispensável. **5**. Livreto de instruções.

ma.nu.fa.tu.ra *sf* **1**. Ato ou efeito de manufaturar; manufaturação. **2**. Fábrica ou indústria em que se emprega trabalho físico humano e força mecânica, para processar e transformar matérias-primas. **3**. Qualquer produto, artigo ou trabalho manufaturado ou feito à mão. → **manufaturação** *sf* [manufatura (1)]; **manufaturado** *adj* e *sm* (que ou produto que é feito à mão ou em manufatura); **manufaturar** *v* (produzir em manufatura ou fazer à mão).

ma.nus.cri.to *adj* e *sm* **1**. Que ou aquilo que se escreve à mão. // *sm* **2**. Original de uma obra literária.

ma.nu.se.ar *v* **1**. Controlar, pegar ou mexer com as mãos; manejar: *manusear arma de fogo*. **2**. Virar com as mãos as folhas de; folhear: *manusear uma revista*. · Conjuga-se por *frear*. → **manuseio** *sm* (ato ou efeito de manusear).

ma.nu.ten.ção *sf* **1**. Ato ou efeito de manter(-se); conservação. **2**. Conservação de alguma coisa em boas condições de uso. **3**. Permanência de uma situação: *a manutenção da paz*.

mão *sf* **1**. Parte final do braço, abaixo do pulso. **2**. Extremidade dos membros anteriores ou dianteiros dos quadrúpedes. **3**. Controle, cuidado, vigilância. **4**. Influência, autoridade. **5**. Ajuda, auxílio, demão. **6**. Promessa de casamento; demão. **7**. Camada de tinta ou de cal que se estende sobre alguma superfície; demão. **8**. Direção do trânsito nas ruas e rodovias; lado inferior de quem trafega ou caminha. · Pl.: *mãos*. · Aum. pej. (1 e 2): *manzorra, manápula, manopla*. ·· **Em mão**. Pessoalmente: *Entreguei a encomenda em mão*. (Evite usar "em mãos"!) · **Mão de obra**. **1**. Trabalho manual. **2**. Custo desse trabalho. **3**. Conjunto das pessoas que realizam esse trabalho. **4**. Dificuldade; coisa difícil de conseguir. ·· **Mão de vaca**. Pessoa sovina; unha de fome.

mão-a.ber.ta *s2gên Pop.* **1**. Pessoa que gasta dinheiro de forma extravagante e irresponsável; pessoa que esbanja ou desperdiça dinheiro; perdulário(a); mãos-rotas. **2**. Pessoa muito generosa, que não tem nenhum apego a dinheiro e costuma ajudar financeiramente ou fazer doações. · Pl.: *mãos-abertas*. · Antôn.: *mão de vaca*.

ma.o.me.ta.no *adj* **1**. Relativo à religião fundada por Maomé (570-632), líder religioso árabe, fundador do islamismo. // *adj* e *sm* **2**. Que ou aquele que segue essa religião; muçulmano.

mão-pe.la.da *sm Pop.* Guaxinim. · Pl.: *mãos-peladas*.

mãos-ro.tas *adj* e *s2gên* e *2núm* Que ou pessoa que é perdulária; mão-aberta: *ele teve um pai mãos-rotas, por isso ficou na miséria*. · Antôn.: *mão de vaca*.

ma.pa *sm* **1**. Representação gráfica reduzida, no plano, da superfície terrestre ou de parte dela, ou, ainda, do céu, mostrando a posição dos astros, etc. **2**. *P.ext.* Representação especial de certos dados: *mapa geológico; mapa rodoviário*. **3**. Quadro sinótico; gráfico: *mapa eleitoral*. → **mapa-múndi** *sm* (mapa que representa o globo terrestre, dividido em dois hemisférios), de pl. *mapas-múndi*; **mapeamento** *sm* (ato ou efeito de mapear); **mapear** *v* [**1**. fazer um mapa de: *mapear o Brasil*; **2**. fazer o levantamento de (uma área ou região), para elaborar um mapa: *mapear os vulcões de um país*], que se conjuga por *frear*; **mapoteca** *sf* (**1**. coleção de mapas; **2**. lugar em que se guarda essa coleção). ·· **Mapa astral** (ou **astrológico**). Horóscopo (1). ·· **Mapa da mina** (*pop.*). Caminho ou expediente que permite alcançar algo difícil ou penoso; segredo: *O mapa da mina é o lado esquerdo desse time, pelo* *qual se pode penetrar com menos dificuldade.* •• **Sumir do mapa** (pop.). Sair de circulação; desaparecer.

ma.pin.gua.ri *sm* Criatura lendária da selva amazônica.

ma.que.te *sf* Representação tridimensional reduzida de obra de escultura, de arquitetura ou de engenharia; modelo reduzido.

ma.qui.ar ou **ma.qui.lar** *v* **1**. Pintar o rosto de, para caracterização de personagem: *maquiaram-na, para fazer o papel de velha*. **2**. *P.ext.* Embelezar ou realçar (o rosto), usando cosméticos. **3**. *Fig.* Disfarçar, mascarar, adulterar, manipular, fraudar: *maquiar uma pesquisa eleitoral.* **maquiar-se** ou **maquilar-se 4**. Embelezar-se, usando cosméticos; pintar-se. → **maquiador** ou **maquilador** (ô) *sm* (profissional de maquiagem); **maquiagem** ou **maquilagem** *sf* (**1**. ato de maquiar ou maquilar; **2**. conjunto dos produtos utilizados para maquiar; **3**. *fig.* disfarce, adulteração, manipulação: *a maquiagem de uma pesquisa eleitoral*).

ma.qui.a.ve.lis.mo *sm* **1**. Teoria política de Maquiavel, exposta em sua obra *O Príncipe*, segundo a qual quaisquer meios, por mais inescrupulosos ou indecentes que sejam, podem ser usados para alcançar o poder político, ou seja, os fins justificam os meios. **2**. *P.ext.* Comportamento de quem, por meio da esperteza e má-fé, busca alcançar seus objetivos prescindindo da honestidade e da ética. → **maquiavélico** *adj* [rel. a Maquiavel (1469-1527), teórico político e autor florentino, uma das figuras mais preeminentes do Renascimento, ou ao maquiavelismo: *segundo a doutrina maquiavélica, os fins justificam os meios*] e *adj* e *sm* (*p.ext.* que ou aquele que se caracteriza pela esperteza, má-fé e total falta de escrúpulo ou ética, para alcançar seus objetivos); **maquiavelista** *adj* e *s2gên* [que ou pessoa que é adepta do maquiavelismo].

má.qui.na *sf* **1**. Aparelho formado de partes inter-relacionadas, cada qual com sua função definida, usado para desempenhar algum tipo de trabalho. **2**. Aparelho mecânico, elétrico ou eletrônico. **3**. Grupo organizado de pessoas que conduzem ou controlam as atividades de um partido político. **4**. Automóvel, aeroplano ou outro veículo mecânico. **5**. Organismo grande e muito complexo. **6**. Instrumento, utensílio. **7**. Qualquer sistema intrincado, mas harmonioso. **8**. *Fig.* Pessoa que age de modo mecânico ou inconsciente. → **maquinação** *sf* (ato ou efeito de maquinar; manobra, conspiração, trama); **maquinal** *adj* [**1**. rel. a máquina (1); mecânico; **2**. automático, inconsciente: *gesto maquinal*); **maquinar** *v* (planejar secretamente; tramar, armar: *o que você está maquinando, agora?*); **maquinaria** *sf* ou **maquinário** *sm* (conjunto de máquinas, geralmente pesadas, que operam numa indústria, oficina, etc.); **maquinismo** *sm* (conjunto das peças de uma máquina); **maquinista** *s2gên* (pessoa que inventa, constrói ou dirige máquinas, princ. locomotivas).

mar *sm* **1**. Vasta extensão de água salgada que cobre grande parte da superfície terrestre: *ele nunca viu o mar; o mar está cheio de plásticos; transporte por terra e mar.* **2**. Cada uma das grandes porções definidas dessa vasta extensão de água: *mar Negro.* **3**. Grande massa de água situada no interior de um continente; mar fechado: *mar da Galileia; mar Morto.* **4**. Estado da superfície do oceano em relação às ondas: *mar calmo.* **5**. *Fig.* Grande porção ou quantidade: *veio um mar de gente; ter um mar de dívidas.* **6**. Cada uma das grandes planícies secas na superfície da Lua. → **mareação** ou **mareagem** *sf* (ato ou efeito de marear); **marear** *v* (**1**. provocar enjoo em: *o balanço do mar mareia os passageiros*; **2**. enjoar a bordo: *muita gente mareou durante a viagem*), que se conjuga por *frear*; **marejada** *sf* (leve agitação das ondas do mar; marulho); **marejar(-se)** *v* (encher-se de lágrimas: *ao lembrar-se do pai morto, seus olhos (se) marejaram*], cujo **e** continua fechado durante a conjugação; **maremoto** *sm* (abalo sísmico que tem origem no solo submarino, provocando violenta agitação das águas do mar); **maresia** *sf* (**1**. cheiro desagradável e característico do mar, nas vazantes; **2**. ar marinho carregado de sal); **marinho** *adj* (**1**. rel. ou pert. ao mar: *animais marinhos*; **2**. formado pelo mar ou procedente dele: *correntes marinhas*) e *adj* e *sm* (red. de *azul-marinho*: *camisas marinho, blusas marinho*), que, como se vê, não varia; **marítimo** *adj* (**1**. próximo do mar; litorâneo: *terminal marítimo*; **2**. que se faz por mar ou no mar: *viagem marítima; pesca marítima*; **3**. construído no mar ou adjacente a ele: *porto marítimo*; **4**. que se aplica ao mar: *direito marítimo*; **5**. que se situa no ultramar; ultramarino: *territórios marítimos*).

•• **Mar de rosas**. Tempo feliz, de grande prosperidade. (A expressão original é *maré de rosas*.)

ma.ra.cá *sm* ou **ma.ra.ca** *sf* **1**. Chocalho de índio, usado nas guerras e nas festas. **2** *P.ext.* Chocalho com que brincam as crianças.

ma.ra.ca.tu *sm* **1**. Dança carnavalesca, de origem africana, hoje limitada a Pernambuco. **2**. Música inspirada nessa dança.

ma.ra.cu.já *sm* **1**. Fruto do maracujazeiro. **2**. Maracujazeiro. → **maracujazeiro** *sm* [planta trepadeira que dá o maracujá; maracujá (2)].

ma.ra.cu.tai.a *sf Pop.* Tramoia princ. nas áreas política e administrativa; cambalacho, falcatrua, fraude.

ma.ra.já *sm* **1**. Antigamente, príncipe soberano da Índia. **2**. Título desse príncipe, superior a rajá. **3**. *P.ext.* Homem muito rico. **4**. *Pop.* Funcionário público de salário muito acima do normal. • Fem.: marani.

ma.ra.jo.a.ra *adj* **1**. Relativo ou pertencente à ilha de Marajó, no Pará. **2**. Diz-se de cerâmica dessa ilha, produto de uma cultura indígena pré-colombiana. // *adj* e *s2gên* **3**. Que ou pessoa que nasce na ilha de Marajó.

Maranhão *sm* Estado da Região Nordeste do Brasil. • Abrev.: MA. → **maranhense** *adj* e *s2gên*.

ma.ras.mo *sm* **1**. Extrema debilidade e magreza, em criança, devida à má nutrição. **2**. Estado de profundo desânimo, indiferença e tristeza. **3**. Paralisação, inatividade, estagnação.

ma.ras.qui.no ou **mar.ras.qui.no** *sm* Licor branco e doce, destilado do suco fermentado da marasca. → **marasca** *sf* (variedade de cereja amarga, originária da Dalmácia, da qual se fabrica o marasquino).

ma.ra.to.na *sf* **1**. Corrida pedestre de 32.195m, realizada em ruas ou estradas, geralmente em Olimpíadas. **2**. *P.ext.* Qualquer corrida a pé de longo percurso. **3**. *P.ext.* Qualquer atividade ou competição muito intensa e cansativa, que exige grande resistência e preparo.

ma.ra.vi.lha *sf* **1**. Ação ou qualquer coisa extraordinária que causa surpresa boa ou viva admiração: *os celulares de hoje são uma maravilha tecnológica.* **2**. *P.ext.* Qualquer coisa ou pessoa impressionante pela beleza; primor: *minha cidade é uma maravilha!* **3**. *Fig.* Causa de espanto ou admiração; milagre: *é uma maravilha você não ter morrido nesse acidente.* **4**. Cor vermelho-roxa berrante. // *adj* **5**. Diz-se dessa cor. **6**. Que tem essa cor: *tecidos maravilha.* (Como se vê, neste caso não varia.) → **maravilhar** *v* (provocar maravilha ou viva admiração em) **maravilhar-se** (encantar-se, fascinar-se); **maravilhoso** (ô; pl.: ó) *adj* (**1**. que causa viva admiração, encanto ou fascínio; soberbo; **2**. fora do comum; extraordinário, sensacional; **3**. da mais alta qualidade; de primeira categoria; primoroso, magnífico; **4**. admirável, excelente; **5**. encantador; cheio de charme; charmoso; **6**. extremamente agradável ou simpático).

mar.ca-pas.so *sm* Aparelho elétrico que se implanta no corpo humano para estimular e regular as contrações dos músculos cardíacos, quando elas já não se realizam espontaneamente. • Pl.: marca-passos.

mar.car *v* **1**. Distinguir com marca ou sinal; assinalar: *marcar a página de um livro.* **2**. Determinar, fixar: *marcar a hora do encontro.* **3**. Contar, cronometrar: *marcar os minutos de uma corrida.* **4**. Acompanhar atentamente ou vigiar os movimentos de, para evitar que atue livremente: *o zagueiro marcou bem o contraveante.* **5**. Fazer (gol). **6**. Indicar, apontar: *o relógio marca duas horas.* **7**. Combinar, ajustar: *marcar um compromisso com alguém.* **8**. *Gír.* Descuidar-se, vacilar, dar bobeira: *nos estádios, se você marcar, apanha.* → **marca** *sf* (**1**. ato ou efeito de marcar; marcação; **2**. qualquer coisa que aparece distintamente numa superfície, como um ponto, nódoa, verrão, mancha, mossa, etc.; **3**. elemento identificador de um produto, mercadoria, firma ou instituição, o qual pode ser representado por palavras, etiqueta, logotipo, etc.; **4**. essa representação); **marcação** *sf* (ato ou efeito de marcar); **marcador** (ô) *adj* e *sm* (que ou o que marca); **marcante** *adj* (**1**. característico, distintivo; **2**. que se destaca ou sobressai; notável, admirável). •• **Marca d'água**. **1**. Filigrana (letras, figuras). **2**. Papel com linha d'água.

mar.ce.na.ri.a *sf* **1**. Atividade artesanal ou industrial do marceneiro. **2**. Obra ou oficina de marceneiro. → **marceneiro** *sm* (artesão especializado em fazer artigos finos de madeira, como cadeiras, mesas, armários embutidos, etc.).

mar.char *v* **1**. Arcar (com despesas): *o fazendeiro marchou com todas as despesas da festa.* **2**. Caminhar rapidamente: *seu processo já marcha para uma solução.* **3**. Progredir: *marchar nas conversações de paz.* **4**. Caminhar a passos regulares, cadenciados, rítmicos, com outros: *nos quartéis, as tropas marcham ao alvorecer.* → **marcha** *sf* [**1**. ato ou efeito de marchar; **2**. passo regular, medido (do homem ou dos animais); **3**. distância coberta num certo período de tempo por esse passo; **4**. modo de andar; andadura; **5**.

relação de transmissão de um câmbio; **6**. peça musical de ritmo apropriado para marchar; **7**. música popular carnavalesca (usada princ. no diminutivo)]; **marchador** (ô) *adj* e *sm* (que ou cavalo que tem andadura larga e compassada); **marchinha** *sf* (marcha geralmente carnavalesca).

mar.che.ta (ê) *sf* ou **mar.che.te** (ê) *sm* Cada uma das peças embutidas na madeira. → **marchetar** *v* [embutir ou incrustar marchete em (móvel)]; **marchetaria** *sf* (**1**. arte de embutir, incrustar ou aplicar peças de madeira, metal, marfim, etc., uma a uma, em obra de marcenaria, formando desenhos, com propósitos decorativos; **2**. essa obra); **marcheteiro** *sm* (oficial de marchetaria).

mar.ci.al *adj* **1**. Que é muito dado ou disposto à guerra. **2**. Próprio para a guerra. **3**. Relativo à luta que não faz uso de armas. → **marcialidade** *sf* (qualidade de marcial); **marcialização** *sf* (ato ou efeito de marcializar); **marcializar** *v* (tornar marcial, guerreiro).

mar.ci.a.no *adj* e *sm* V. **Marte**.

mar.co *sm* **1**. Qualquer sinal para demarcar limites ou fronteiras em terras, rodovias, etc.; baliza, limite. **2**. Pequena construção que assinala o local de um acontecimento. **3**. Aquilo que assinala um acontecimento. **4**. Fronteira. **5**. Nome da antiga unidade monetária e moeda da Alemanha.

mar.ço *sm* Terceiro mês do ano civil.

ma.ré *sf* **1**. Fluxo e refluxo do mar, influenciado pela atração da Lua e do Sol, que ocorre de 12 em 12 horas. **2**. *P.ext*. Corrente de água causada por esse fluxo e refluxo. **3**. *Fig*. Marcha dos acontecimentos do dia a dia: *quando percebeu que a maré ia virar, caiu fora*. **4**. *Fig*. Conjuntura, situação: *estar vivendo uma maré de sorte*. **5**. *Fig*. Multidão: *diminuiu a maré dos descontentes*. ·· **Maré de rosas**. Tempo feliz, de grande prosperidade: *O Brasil, em 1973, vivia uma maré de rosas*. (O povo usa *mar de rosas*.) ·· **Remar contra a maré**. Esforçar-se em vão.

ma.re.chal *sm* **1**. Antiga patente do Exército, imediatamente superior à de general, mantida em algumas forças armadas. **2**. Chefe supremo de um exército, em tempo de guerra. **3**. Patente superior à de general de exército, concedida a oficial de méritos excepcionais, quando passa para a reserva. **4**. Aquele que detém essa patente. · Fem.: **marechala**. → **marechalado** ou **marechalato** *sm* (cargo ou dignidade de marechal).

ma.ré-chei.a *sf* Altura máxima do nível das águas do mar, durante o fenômeno da maré; mar alto; preamar. · Pl.: *marés-cheias*. · Antôn.: *baixa-mar*.

mar.fim *sm* **1**. Substância óssea branca e dura, a principal parte formadora das presas dos elefantes e de outros animais, muito usada princ. na indústria. **2**. Objeto feito de tal substância. **3**. Cor própria do marfim (branco-amarelado). // *adj* **4**. Diz-se dessa cor. **5**. Que tem essa cor: *tintas marfim*. (Como se vê, neste caso não varia.) → **marfinaria** *sf* (arte de esculpir objetos em marfim); **marfineiro** *sm* (aquele cujo ofício é a marfinaria); **marfíneo** *adj* (sem. ao marfim ou feito de marfim).

mar.fi.nen.se *adj* e *s2gên* V. **Costa do Marfim**.

mar.ga.ri.da *sf* **1**. Planta ornamental de flores amarelas e redondas, dispostas em capítulos ou cachos, de muitas pétalas. **2**. Essa flor, chamada popularmente ora *bem-me-quer*, ora *malmequer*, porque suas pétalas propiciam uma brincadeira de adivinhação. // *s2gên* **3**. *Pop*. Gari.

mar.ga.ri.na *sf* Manteiga artificial, preparada de óleos vegetais ou animais, com produtos lácteos, conservantes, corante, manteiga e sal, geralmente enriquecida com vitamina A.

mar.gem *sf* **1**. Espaço em branco em volta de folha impressa ou escrita. **2**. Terreno que ladeia um rio, estrada, etc. **3**. Diferença entre o custo e o preço de venda. **4**. Quantidade ou limite acima do mínimo essencial. // *s2gên* **3**. *Pop*. → **margear** *v* [**1**. ir ou seguir pela margem ou ao longo de; ladear: *navegar margeando o rio*; **2**. estar à margem ou ao longo de: *palmeiras margeiam a estrada*; **3**. deixar margem em (folha ou página), que se conjuga por *frear*; **marginal** *adj* (**1**. rel. ou pert. a margem; **2**. que está à margem) e *adj* e *s2gên* (pessoa que vive à margem da sociedade da lei; bandido(a)]; **marginalidade** *sf* (**1**. qualidade, estado ou condição de quem é marginal: *as periferias são usinas de marginalidade*; **2**. classe dos marginais: *essa lei favorece a marginalidade*); **marginalização** *sf* [ato ou efeito de marginalizar(-se)]; **marginalizar(-se)** *v* (tornar(-se) marginal).

ma.ri.a *sf* **1**. Nome que se aplica a qualquer mulher, geralmente de pouca cultura ou àquela dedicada aos afazeres domésticos: *aonde vai aquela maria?* **2**. Biscoito redondo e fino, feito de farinha, ovos e açúcar. **3**. Redução de *marijuana*; maconha.

·· **Maria meu bem** (pop.). Cachaça. ·· **Maria vai com as outras** (pop.). Pessoa de personalidade fraca, que facilmente se deixa levar pela opinião dos outros: *Seu irmão é um maria vai com as outras. Vocês todos são maria vai com as outras*. (Como se vê, é invariável.)

ma.ri.a-bre.tei.ra *sf* Mulher que vive seguindo peões de boiadeiro bem-sucedidos e para eles se insinuando: *Barretos (SP), durante a Festa do Peão, fica cheia de marias-breteiras*. · Pl.: *marias-breteiras* ou *marias-breteira*. (A 6.ª ed. do VOLP não registra a palavra.)

ma.ri.a-chi.qui.nha *sf* Tipo de penteado em que os cabelos são divididos ao meio, do alto até a nuca, formando madeixas laterais, amarradas junto à cabeça. · Pl.: *marias-chiquinhas*.

ma.ri.a-chu.tei.ra *sf* Garota que prefere ter relacionamento amoroso com jogador de futebol. · Pl.: *marias-chuteiras* ou *marias-chuteira*. (A 6.ª ed. do VOLP não registra a palavra.)

ma.ri.a-fu.ma.ça *sf* Trem antigo, com dois ou três vagões e locomotiva a vapor. · Pl.: *marias-fumaças* ou *marias-fumaça*.

ma.ri.a-ga.so.li.na *sf* Garota interesseira, que só aceita relacionamento amoroso com quem tem motocicleta ou carro de luxo. · Pl.: *marias-gasolinas* ou *marias-gasolina*. (A 6.ª ed. do VOLP não registra a palavra.)

ma.ri.a-mi.jo.na *sf* **1**. Menina ou mulher que usa roupa deselegante, princ. vestido ou saia, muito folgada e mais longa que o normal. // *adj* **2**. Diz-se desse tipo de roupa. · Pl.: *marias-mijonas*.

ma.ri.a-mo.le *sf* Doce mole, de consistência esponjosa, feito de claras de ovo batidas, gelatina e leite, polvilhado com coco ralado. · Pl.: *marias-moles*.

ma.ri.a.no *adj* Relativo ou pertencente ao culto da Virgem Maria: *hora mariana; mês mariano*.

ma.ri.a-se.ca *sf* Bicho-pau, taquarinha. · Pl.: *marias-secas*.

ma.ri.cas *sm2núm* ou **ma.ri.cão** *sm* **1**. Homem efeminado ou muito medroso. **2**. Homem que gosta de fazer trabalhos próprios de mulheres ou de intrometer-se em assuntos reservados a mulheres. → **maricagem** *sf* (ação ou modos de maricas); **maricona** *sf* (homem efeminado já idoso); **mariquice** *sf* (qualidade ou atos de maricas).

ma.ri.cul.tu.ra *sf* Cultivo, criação e produção em cativeiro de frutos do mar (mariscos, camarões, lulas, ostas, polvos, etc.). → **maricultor** (ô) *adj* e *sm* (que ou aquele que se dedica à maricultura).

ma.ri.do *sm* Homem ligado a uma mulher pelo vínculo do matrimônio; cônjuge do sexo masculino. · V. **marital** e **mariticídio**.

ma.ri.ju.a.na *sf* Maconha.

ma.rim.ba *sf* Instrumento musical composto de pequenas lâminas de madeira ou de metal, dispostas umas ao lado das outras, percutidas com uma ou duas baquetas.

ma.rim.bon.do ou **ma.ri.bon.do** *sm* Vespa de cor avermelhada, de dolorosa ferroada.

ma.ri.na *sf* Ancoradouro para iates e barcos de passeio.

ma.ri.nha *sf* **1**. Conjunto de todos os navios pertencentes a uma nação, princ. os de guerra, com todos os seus oficiais e marinheiros, equipamentos, etc. (Neste caso, de preferência com inicial maiúscula.) **2**. Serviço feito a bordo dos navios pelos marujos. **3**. Praia, beira-mar, litoral. → **marinhagem** *sf* (**1**. arte de navegar por mar; **2**. pessoal de bordo para manobra do navio; **3**. conjunto dos marinheiros); **marinharesco** (ê), **marinheiresco** (ê) ou **marinhesco** (ê) *adj* (rel. a marinheiro ou próprio de marinheiro).

ma.ri.nhei.ro *adj* **1**. Relativo a marinhagem: *roupa marinheira; vida marinheira*. **2**. Diz-se da embarcação de boa navegabilidade. // *sm* **3**. Posto da hierarquia da Marinha entre grumete e cabo. **4**. Militar que detém esse posto. **5**. Membro da tripulação de um navio; marujo. **5**. Homem cuja profissão é a navegação ou a viagem marítima. **6**. Aquele que, sem ser profissional, conhece a arte de governar um barco ou navio. **7**. *Pop*. Grão de arroz com casca que aparece entre outros grãos. · Fem.: *marinheira*.

ma.ri.o.la *adj* e *s2gên* **1**. Que ou pessoa que tem mau caráter; canalha, pulha, patife. // *sm* **2**. Homem de recados. // *sf* **3**. *Pop*. Tijolinho de bananada, ou de qualquer outro doce de fruta, geralmente envolto em papel celofane.

ma.ri.o.ne.te *sf* **1**. Boneco que funciona em representações teatrais, geralmente para crianças, atado por meio de cordéis ou pondo-se as mãos por debaixo; fantoche. **2**. Pessoa sem personalidade nem caráter, que não tem opinião própria e é facilmente manobrada por outros; títere, fantoche.

ma.ri.po.sa (ô) *sf* Inseto de hábitos crepusculares ou noturnos, semelhante às borboletas, mas de asas sem brilho.

ma.ri.qui.nhas *sm2núm* Menino afeminado. · V. **maricas**.

ma.ris.co *sm* Qualquer molusco ou crustáceo comestível, como a lagosta, o camarão, o caranguejo, a ostra, etc. → **mariscada** *sf* (prato em que entram vários tipos de mariscos); **mariscar** *v* [apanhar, colher (crustáceos e moluscos)].

ma.ris.ta *s2gên* **1**. Membro da Congregação dos Maristas, consagrada ao ensino, fundada em 1817 por Marcellino Champagnat (1789-1840), padre francês. // *adj* **2**. Relativo ou pertencente a essa congregação.

ma.ri.ta.ca *sf* Pequena ave, muito barulhenta, semelhante na cor ao periquito, mas um pouco maior.

ma.ri.tal *adj* **1**. Relativo, pertencente ou inerente a marido: *autoridade marital*. **2**. Relativo ou pertencente ao matrimônio; conjugal: *conflitos maritais*.

ma.ri.ti.cí.dio *sm* Assassinato do marido, praticado pela mulher ou esposa. · V. **uxoricídio**. → **matricida** *adj* e *s2gên* (que ou pessoa que comete mariticídio).

marketing [ingl.] *sm* **1**. Série de medidas prévias (estudo de mercado, publicidade, promoção de vendas, etc.) tomadas por uma empresa, para garantir o sucesso de um lançamento no mercado; mercadologia. **2**. Série de medidas que visam a fortalecer ou a melhorar a imagem pública de pessoa, empresa, produto, etc. · V. **marqueteiro**. · Pl.: *marketings*. · Pronuncia-se *márketin*.

mar.man.jo *sm* Rapaz crescido e corpulento, já homem feito; rapagão.

mar.me.la.da *sf* **1**. Doce de marmelo. **2**. *Gír*. Combinação entre as partes, para forjar um resultado, em qualquer tipo de esporte; armação: *em luta-livre sempre houve marmelada*. **3**. *Pop*. Qualquer negócio feito inescrupulosamente. → **marmeleiro** *sm* (árvore de pequeno porte, nativa da Ásia, que dá o marmelo); **marmelo** *sm* (fruto comestível do marmeleiro, muito utilizado para fazer doces).

mar.mi.ta *sf* **1**. Conjunto de vasilhas para transporte de comida. **2**. Alimento contido nessas vasilhas. **3**. *P.ext*. Qualquer recipiente, geralmente térmico, para transporte de comida. → **marmiteiro** *sm* (**1**. entregador de marmitas com comida, em domicílios; **2**. operário ou trabalhador que leva marmita de casa para comer no trabalho); **marmitex** (ks) *sf* (marmita com comida quente; quentinha; prato feito; pê-efe).

már.mo.re *sm* **1**. Pedra calcária duríssima, suscetível de receber muito polimento, empregada em construções, esculturas, etc. **2**. *P.ext*. Qualquer pedra que pode receber um bom polimento, utilizada em escultura e marmoraria. → **marmoraria** *sf* (oficina de marmorista); **marmóreo** *adj* (**1**. rel. ou sem. a mármore); **2**. feito de mármore); **marmorista** *adj* e *s2gên* [**1**. que ou profissional que trabalha com mármore; **2**. que ou artista que faz esculturas de mármore].

mar.mo.ta *sf* **1**. Esquilo de grande porte, que vive em colônias, no hemisfério norte, hibernando em tocas profundas até nove meses por ano. **2**. *Gír*. Comportamento estranho ou esquisito: *não estou gostando dessa sua marmota*. **3**. *Gír*. Brincadeira, gozação, troça: *ele faz marmota até com a própria sombra*. **4**. Aparição de algo inexplicável: *ao ver a marmota, ficou com medo*. **5**. *Gír*. Ato desonesto ou covarde, praticado às ocultas. **6**. *Pop*. Nádegas; traseiro, bunda: *levou um pontapé na marmota*. **7**. *Pop*.CE Besteira, bobagem: *deixe de marmota e ligue para ela, pedindo perdão!* **8**. *Pop*. Pessoa desajeitada e malvestida.

ma.ro.la *sf* **1**. Agitação normal das águas do mar. **2**. Pequena onda causada pela passagem de uma embarcação.

ma.ro.ma *sf* **1**. Corda grossa de cânhamos ou outras fibras vegetais ou sintéticas. **2**. Corda sobre a qual se equilibram os funâmbulos; corda bamba; maromba (2). **3**. Cada uma das voltas ou piruetas feitas pelo acrobata nessa corda. **4**. Maromba (1).

ma.rom.ba *sf* **1**. Vara ou contrapeso usado pelos funâmbulos, para manterem o equilíbrio na maroma; maroma (4). **2**. Maroma (2). **3**. Atitude dúbia de quem não quer definir-se, aguardando a evolução dos acontecimentos, para tomar partido; atitude própria de quem aprecia ficar em cima do muro. **4**. Malandragem, esperteza, safadeza. **5**. Posição ou situação difícil de sustentar. **6**. Musculação praticada com pesos; malhação. → **marombar** ou **marombear** *v* [**1**. requebrar, gingar: *marombar os quadris*; **2**. entravar (um negócio), em razão de propósitos inconfessáveis; **3**. equilibrar-se na maromba (2); **4**. adiar uma definição ou uma decisão; ficar em cima do muro; **5**. fazer maromba (6); malhar], sendo este conjugado por *frear*; **marombeiro** *adj* e *sm* (**1**. que ou aquele que adula por interesse; bajulador; **2**. que ou aquele que mente ou embroma; mentiroso, embromador; **3**. *gír*. que ou aquele que faz musculação para aumentar bastante a massa muscular, seguindo dietas, treinando intensamente e descansando adequadamente).

ma.ro.to (ô) *adj* e *sm* **1**. Que ou aquele que é malandro, vigarista. // *adj* **2**. Irônico, debochado: *sorriso maroto; olhar maroto*. **3**. Inconveniente: *dei-lhe um tapinha maroto*. → **marotagem, maroteira** *sf* ou **marotismo** *sm* (qualidade, ato ou dito próprio de maroto); **marotagem** *sf* (**1**. maroteira; **2**. bando de marotos); **marotear** *v* (viver ou proceder como maroto), que se conjuga por *frear*.

mar.quês *sm* Título de nobreza imediatamente abaixo de duque e imediatamente acima de conde. · Fem.: *marquesa* (ê).

mar.que.tei.ro *sm* Profissional de *marketing* que trabalha em grandes campanhas publicitárias, geralmente políticas, "vendendo" a imagem do candidato por quem foi contratado, sem interferir nas suas propostas ou ideias.

mar.qui.se ou **mar.qui.sa** *sf* Grande laje de cimento armado, sem colunas de sustentação, em forma de aba, usada em grandes estádios, anfiteatros, etc., para proteger os espectadores do sol e da chuva, ou como elemento decorativo nos edifícios.

mar.ra *sf* **1**. Rego fundo aberto ao longo de uma estrada, geralmente de terra. **2**. Marrão (2). **3**. Parte do instrumento cortante oposta ao gume. **4**. *Gír*. Pose, arrogância, prepotência: *mulher cheia de marra*. **5**. *Gír*. Birra, rixa: *o jogador não precisava reagir assim contra a torcida, a não ser por marra mesmo*. → **marrento** *adj* (**1**.*gír*. possudo, arrogante, prepotente; **2**. *gír*. birrento, rixento). ·· **Na marra**. À força; a qualquer preço.

mar.rão *sm* **1**. Pequeno porco desmamado. **2**. Grande martelo de ferro, utilizado para quebrar pedras, derrubar paredes, etc., marra (2). · Fem. (1): *marrã*.

mar.ras.qui.no *sm* V. **marasquino**.

mar.re.co *sm* Ave palmípede parecida com o pato, mas de tamanho menor. · Fem.: *marreca*.

mar.re.ta (ê) *sf* **1**. Martelo de ferro de cabo comprido, para britar pedras. // *adj* **2**. Malfeito, matado: *serviço marreta*. → **marretada** *sf* (**1**. pancada ou golpe com marreta; **2**. bordoada forte); **marretar** *v* (**1**. bater com marreta em; **2**. executar mal; matar); **marreteiro** *sm* (**1**. operário que trabalha com a marreta; **2**. vendedor ambulante; mascate; **3**. sacoleiro).

Marrocos *sm* País africano de área equivalente à dos estados de São Paulo e do Paraná juntos. (Não aceita artigo: *viver em Marrocos, ir a Marrocos*, etc.) → **marroquino** *adj* e *sm*

mar.rom *adj* e *sm* Castanho.

mar.rom-gla.cê *sm* Castanha coberta com calda de baunilha. · Pl.: *marrons-glacês*.

mar.ru.á *sm* **1**. Novilho ainda não domesticado. **2**. Touro.

marshmallow [ingl.] *sm* Confeito muito doce, feito de xarope de milho, gelatina, açúcar e amido, coberto com açúcar. · Pl.: *marshmallows*. · Pronuncia-se *márch-mélou*.

mar.su.pi.al *sm* Espécime dos marsupiais (cangurus, gambás, cuícas e coalas), mamíferos cujas fêmeas têm na região abdominal uma bolsa membranosa, onde acolhem os filhotes até seu completo desenvolvimento.

mar.ta *sf* **1**. Mamífero carnívoro semelhante à doninha, de pele muito macia e apreciada. **2**. Essa pele.

mar.te.lo *sm* **1**. Instrumento de ferro, com cabo, usado para bater, quebrar e cravar pregos. **2**. Peça do piano para percutir cordas. **3**. O maior dos três ossículos auditivos. → **martelada** *sf* (pancada com martelo); **martelagem** ou **martelamento** *sm* (ato ou efeito de martelar); **martelar** *v* [**1**. bater com martelo em: *martelar um prego*; **2**. *fig*. afligir, penalizar: *esse governo martela o cidadão com impostos escorchantes*; **3**. *fig*. repetir constantemente, para fazer aprender ou fixar na memória; repisar, recapitular: *o professor martela essas regras todos os dias*; **4**. *fig*. insistir, teimar: *martelar num ponto de vista*; **5**. emitir sua voz (a araponga)]. ·· **Martelinho de ouro**. Técnica artesanal usada para desamassar pequenos pontos na lataria de veículos, sem danificar nem alterar a pintura original; funilaria artesanal.

mar.tim-pes.ca.dor *sm* Ave pescadora, comum nos rios e lagos brasileiros, de cor predominantemente azul ou verde. · Pl.: *martins-pescadores*.

már.tir *s2gên* **1**. Pessoa que prefere morrer sob tortura ou muito sofrimento a renunciar à sua fé religiosa. **2**.*P.ext*. Pessoa que sofre torturas, tormentos, aflições ou mesmo a morte, em nome

de seus ideais, princípios ou causas: *um mártir pela causa da liberdade*. **3**. *Fig*. Vítima de doença grave: *mártir do câncer*. →
martírio *sm* (**1**. suplício ou sofrimento de mártir; **2**. grande dor ou sofrimento; tortura, suplício); **martirização** *sf* [ato ou efeito de martirizar(-se)]; **martirizador** (ô) ou **martirizante** *adj* (que martiriza); **martirizar** *v* (**1**. fazer sofrer martírio: *martirizaram muitos cristãos nos primeiros séculos*; **2**. fazer sofrer muito; atormentar, afligir, torturar: *a doença muito o martirizou*); **martirizar-se** (atormentar-se, torturar-se: *martirizar-se antes da hora é bobagem*).
ma.ru.jo *sm* Marinheiro (5).
ma.ru.lho *sm* **1**. Ruído produzido pelas ondas do mar, ao quebrarem na praia. **2**. Agitação, confusão, desordem. **marulhar** *v* [**1**. agitar-se (o mar), formando ondas; **2**. imitar o ruído ou barulho das ondas].
mar.xis.mo (x = ks) *sm* Doutrina filosófica, social, política e econômica de Karl Marx e Friedrich Engels, especificamente um sistema de pensamento sobre o conceito de luta de classes tem papel primordial na análise da sociedade ocidental em geral e o entendimento de que a opressão da burguesia levaria à sociedade socialista e, posteriormente, ao comunismo. → **marxismo-leninismo** *sm* (conjunto das ideias de Marx com as de Lênin, que envolvem a luta de classes e a revolução armada do proletariado), de pl. *marxismo-leninismos*; **marxista** (x = ks) *adj* (rel. a marxismo) e *adj* e *s2gên* [que ou pessoa que é adepta ou simpatizante do marxismo].
mar.zi.pã *sm* Maçapão.
mas *conj* Indica ressalva de pensamentos (oposição, objeção, retificação ou restrição), equivalente de *contudo, entretanto*: *sou bom, mas não sou bobo*; *estudamos, mas não passamos*; *ela não me suporta, mas não vive sem mim*; *tinha dinheiro, mas não quis gastar*. (Cuidado para não usar "mais" nem pronunciar "más"!)
mas.car *v* Mastigar demoradamente, sem engolir.
más.ca.ra *v* **1**. Cobertura para todo o rosto, ou para parte dele, usada geralmente como proteção ou disfarce. **2**. Qualquer coisa que disfarça, esconde ou protege. // *sm* **3**. Pessoa mascarada; mascarado. → **mascarado** *adj* e *sm* (**1**. que ou aquele que está disfarçado com máscara: *folião mascarado*; **2**. *fig*. que ou aquele que é convencido de tudo o que faz, procurando aparecer sempre que pode e o mais possível: *jogador mascarado tem carreira curta*) e *adj* (*fig*. disfarçado: *treinador sentimental, mascarado de durão*); **mascarar(-se)** *v* (**1**. cobrir(-se) ou fantasiar(-se) com máscara: *mascarou os filhos para o carnaval*; **2**. apresentar-se sob falsa aparência; disfarçar-se: *mascarou-se num funcionário dos Correios para entrar no prédio*].
mascarpone [it.] *sm* Queijo branco, muito macio e cremoso, cuja textura se assemelha a um pudim pegajoso, fabricado na Lombardia, com leite de vacas alimentadas com uma ração especial de ervas e flores. (Usa-se adjetivamente: *queijo mascarpone*.)
mas.ca.te *s2gên* Vendedor(a) ambulante de quinquilharias. → **mascatagem** *sf* (profissão de mascate); **mascateação** ou **mascateagem** *sf* (ato de mascatear); **mascatear** *v* [**1**. vender (quinquilharias) pelas ruas; **2**. exercer a mascatagem], que se conjuga por *frear*.
mas.ca.va.do ou **mas.ca.vo** *adj* Diz-se do açúcar não refinado.
mas.co.te *sf* **1**. Animal ou coisa cuja presença se acredita trazer boa sorte: *a mascote da S.E. Palmeiras era um periquito*; *hoje é um porco...* **2**. Qualquer animal ou coisa de estimação. **3**. Pessoa que se acredita dar muita sorte.
mas.cu.li.no *adj* **1**. Relativo ao sexo que produz espermatozoides (em oposição a *feminino*); macho. **2**. Relativo a homens ou próprio deles; másculo. **3**. Destinado exclusivamente a homens: *banheiro masculino*. **4**. Que pertence ao gênero de palavras relacionadas com os machos ou com seres classificados como machos. // *sm* **5**. Redução de *gênero masculino*, um dos gêneros das palavras nominais e pronominais, forma com que o nome ou o pronome indica o sexo masculino, real ou gramatical, do ser que exprime. **6**. Palavra ou forma pertencente ao gênero masculino. → **masculinidade** *sf* (qualidades ou atributos tidos como característicos dos homens); **masculinização** *sf* [ato ou efeito de masculinizar(-se)]; **masculinizar** *v* (**1**. dar forma, ações ou aparência masculina a: *dizem que o remo masculiniza o corpo da mulher*; **2**. atribuir indevidamente gênero masculino a: *os jornalistas feminizam milhão e masculinizam patente*); **masculinizar-se** (adquirir traços, aparências e hábitos masculinos: *você acha que ela se masculiniza fumando charuto?*); **másculo** *adj* [próprio

do homem ou do macho, em relação à sua força, energia, virilidade, aspereza, etc.; masculino (2)], de antôn. *efeminado*.
mas.mor.ra (ô) *sf* Prisão subterrânea, úmida, fria, escura e medonha.
ma.so.quis.mo *sm* Prazer ou gratificação que consiste em receber maus tratos físicos, mentais e emocionais (em oposição a *sadismo*). → **masoquista** *adj* (rel. a masoquismo) e *adj* e *s2gên* [que ou pessoa que é dada à prática do masoquismo ou que gosta de sofrer].
mas.sa *sf* **1**. Pasta formada de farinha misturada em água. **2**. Qualquer matéria pastosa. **3**. Unidade coerente de matéria, sem forma nem tamanho definidos. **4**. Macarrão, espaguete, lasanha, talharim, etc. **5**. Quantidade de matéria que um corpo contém (chamada *peso* em linguagem não técnica). **6**. Povão, multidão. → **massificação** *sf* (ato ou efeito de massificar); **massificar** *v* [**1**. padronizar os valores de, numa sociedade de consumo: *a televisão massifica as pessoas*; **2**. tornar acessível à massa ou ao grosso da população (o que antes só era acessível à elite): *o governo quer massificar o ensino universitário*]; **massudo** *adj* (**1**. tatilmente sem. a massa; **2**. compacto, cheio, encorpado; **3**. pesado, corpulento; **4**. volumoso, grosso: *dicionário massudo*), que não se confunde com *maçudo*.
mas.sa.crar *v* **1**. Matar em massa e indiscriminadamente (pessoas indefesas), de modo brutal ou extremamente violento: *os soldados massacraram uma aldeia inteira naquela região*. **2**. *Fig*. Pôr em situação embaraçosa ou humilhante; torturar: *o professor me massacrou com perguntas difíceis*. **3**. *Pop*. Derrotar com grande diferença de pontos; dar um chocolate ou uma lavada em: *meu time massacrou o seu, ontem: 12 a 0*. → **massacre** *sm* (**1**. destruição e matança geral; **2**. *pop*. grande derrota).
mas.sa.gem *sf* Fricção ou compressão metódica do corpo ou de partes dele, para estimular a circulação ou ajudar a relaxar os músculos. → **massagear** *v* (fazer massagens em), que se conjuga por *frear*; **massagista** *adj* e *s2gên* (que ou pessoa que tem como ofício ou profissão fazer massagens).
mas.si.vo *adj* Maciço. [Trata-se de um anglicismo perfeitamente dispensável. A vernácula *maciço* abrange todos os significados que se queira dar a *massivo* (do inglês *massive*): *houve uma afluência maciça de pessoas ao estádio*; *comparecimento maciço de eleitores*, *o governo tem o apoio maciço da população*, etc.]
más.ter *sm* **1**. Gravação original de sons e/ou imagens que será usada como base para a reprodução de cópias. // *adj* **2**. Diz-se de qualquer original ou matriz de que se fazem cópias: *fita máster*; *arquivo máster*. → **masterização** *sf* (**1**. produção de máster; **2**. prensagem de discos fonográficos); **masterizar** *v* [reunir (o que foi gravado) num original ou matriz, a partir da qual se fazem cópias].
mas.ti.gar *v* **1**. Triturar e insalivar (alimento) na boca, como a primeira fase da digestão: *mastigue bem e lentamente os alimentos!* **2**. Apertar com os dentes; morder: *o cavalo mastiga o freio*. → **mastigação** *sf* (ato ou efeito de mastigar); **mastigatório** *adj* (rel. a mastigação).
mas.to.don.te *sm* **1**. Grande mamífero fóssil, intermediário entre os mamutes e os elefantes atuais. **2**. *P.ext*. Animal ou coisa enorme. **3**. *P.ext*. Pessoa enorme, corpulenta, de movimentos lerdos. → **mastodôntico** *adj* (**1**. rel. a mastodonte; **2**. *p.ext*. enorme, gigantesco, colossal: *monumento mastodôntico*).
mas.tro *sm* **1**. Peça longa que nas embarcações sustenta as velas, recebe as vergas, etc. **2**. Haste onde se iça a bandeira. **3**. Poste alto para utilização de ginastas. **4**. Haste principal de um circo, à qual sustenta a lona. **5**. Eixo das escadas em forma de caracol. · Col.: *mastreação*. → **mastaréu** *sm* (**1**. dim. de *mastro*; pequeno mastro; **2**. cada uma das pequenas hastes de madeira com que se rematam no topo os mastros principais dos navios veleiros); **mastreação** *sf* (**1**. ato ou efeito de mastrear; **2**. conjunto de mastros e seus equipamentos); **mastrear** *v* (pôr mastros em), que se conjuga por *frear*.
mas.tur.bar(-se) *v* Procurar ou provocar o orgasmo em (outrem ou em si próprio), pela excitação das partes genitais com a mão ou com um objeto qualquer. → **masturbação** *sf* [ato ou efeito de masturbar(-se)]; **masturbatório** *adj* (rel. a masturbação ou que se presta à masturbação: *objeto masturbatório*).
ma.ta *sf* **1**. Porção de terreno povoado de árvores da mesma espécie. **2**. Vasto terreno coberto de árvores silvestres, com feras e caça grossa.
ma.ta-bor.rão *sm* Papel poroso para absorver tinta ou qualquer outro líquido; papel-chupão. · Pl.: *mata-borrões*.

ma.ta-bur.ro *sm* Pequeno fosso aberto nas estradas secundárias, recoberto com traves espaçadas, para impedir a passagem de animais, mas permitir o trânsito de veículos. · Pl.: *mata-burros*.

ma.ta.gal *sm* **1**. Terreno coberto de ervas bravas e daninhas. **2**. Mata densa e contínua.

ma.ta-le.ão *sm* Técnica de estrangulamento que consiste em constringir com o braço e pelas costas o pescoço do oponente. · Pl.: *mata-leões*.

ma.ta-ma.ta *sm* **1**. Brincadeira infantil que consiste em cada jogador de bola de gude procurar atingir com a sua bola a do oponente, para ter direito de ficar com ela. **2**. Jogo ou série de dois jogos, em que o perdedor sai da competição. · Pl.: *mata-matas*.

ma.tar *v* **1**. Tirar (propositadamente ou não) a vida de: *um pistoleiro o matou; um motorista o matou*. **2**. Causar a morte a: *uma congestão o matou*. **3**. Abater: *matar reses*. **4**. Saciar: *matar a sede*. **5**. Fazer malfeito: *matar um serviço*. **6**. Faltar a, cabular: *matar aulas*. **7**. Amortecer (a bola), usando os pés, as coxas ou o peito. **8**. Resolver, dar solução a: *matei a charada!* **matar-se 9**. Dar cabo da própria vida; suicidar-se: *Hitler se matou*. → **matado** *adj* (*pop.* feito sem capricho; malfeito, meia-boca); **matador** (ô) *adj* e *sm* (**1**. que ou aquele que assassina profissionalmente, a mando de alguém; pistoleiro de aluguel; **2**. *pop.* que ou jogador que quase não perde oportunidades de marcar gol; artilheiro, goleador); **matadouro** *sm* (qualquer lugar onde se abatem reses para consumo público); **matança** *sf* ou **morticínio** (ato de matar grande número de indivíduos incapazes de se defender); **matão** *sm* (mato grande ou cerrado) e *adj* e *sm* (que ou aquele que trabalha mal), de fem. *matona*. ·· **Matar a pau** (pop.). Ter excelente desempenho; atuar muito bem; sobressair; estraçalhar: *Nosso goleiro matou a pau no jogo de hoje*.

ma.ta.réu *sm* ou **ma.ta.ri.a** *sf* Grande extensão de terreno coberto de mato.

match [ingl.] *sm* Competição esportiva entre duas pessoas ou entre duas equipes; partida. · Pl.: *matches*. · Pronuncia-se *métch*.

match point [ingl.] *loc sm* Ponto final necessário para vencer, numa partida de tênis. · Pl.: *match points*. · Pronuncia-se *métch pôint*.

ma.te *sm* **1**. Redução de *erva-mate*. **2**. Folhas secas e pisadas de erva-mate. **3**. Redução de *chá-mate*, bebida feita com a infusão dessas folhas.

ma.te.má.ti.ca *sf* **1**. Ciência que, mediante o raciocínio dedutivo, estuda as relações entre as quantidades e as grandezas, e as operações entre estas. **Matemática 2**. Disciplina que trata de tal ciência. → **matematicidade** *sf* (exatidão rigorosa, matemática); **matemático** *adj* (**1**. rel. ou pert. a matemática; **2**. que exclui qualquer possibilidade de incerteza ou de inexatidão: *precisão matemática*; **3**. absoluto, certo: *a morte é matemática*; **4**. que é possível, de acordo com a matemática, mas pouco provável: *o time tem apenas chances matemáticas de se classificar para a próxima fase da competição*) e *sm* (aquele que é versado em matemática).

ma.té.ria *sf* **1**. Qualquer coisa que ocupa espaço e pode ser percebida por um ou mais sentidos; corpo físico; o universo como um todo. **2**. Aquilo que tem massa e existe num dos três estados: sólido, líquido ou gasoso. **3**. Substância particular de que é feita uma coisa e conhecida por suas propriedades. **4**. Texto jornalístico que forma uma unidade temática, conteúdo de uma notícia ou reportagem. **5**. Assunto de estudos, de discussão ou de uma obra. **6**. Disciplina escolar.

ma.te.ri.al *adj* **1**. Formado de matéria; físico (em oposição a *espiritual, intelectual*, etc.). **2**. Relativo a objetos e não a pessoas. **3**. Relativo às necessidades do corpo, da carne, da vida humana. // *sm* **4**. Aquilo que se relaciona exclusivamente com a matéria (em oposição a *espiritual, intelectual*, etc.). **5**. Conjunto de ferramentas, utensílios, artigos, instrumentos, etc. necessários para qualquer atividade. **6**. Substância(s) de que uma coisa é ou pode ser feita. **7**. Pessoa de corpo escultural. → **materialidade** *sf* (qualidade ou estado do que é material), de antôn. *espiritualidade*.

ma.te.ri.a.lis.mo *sm* **1**. Teoria filosófica segundo a qual Deus não existe e tudo é matéria (em oposição a *espiritualismo*). **2**. Maneira de viver ou estado de espírito voltado para a busca da satisfação e dos prazeres materiais. → **materialista** *adj* (rel. ao materialismo) e *adj* e *s2gên* (que ou pessoa que é adepta do materialismo).

ma.te.ri.a.li.zar(-se) *v* **1**. Tornar(-se) real; realizar(-se), concretizar(-se): *comprando minha casa própria, materializei um velho sonho; meu velho sonho acabou materializando-se*. **2**. Tornar(-se) fisicamente perceptível (espírito): *materializar um espírito; o espírito se materializou*. → **materialização** *sf* [ato ou efeito de materializar(-se)].

ma.té.ria-pri.ma *sf* **1**. Qualquer material ou produto natural processado para fazer outro, de utilização econômica. **2**. Aquilo de que alguma coisa é feita. **3**. Material não processado de qualquer espécie; fundamento. · Pl.: *matérias-primas*.

ma.ter.nal *adj* **1**. Próprio de mãe; como se fosse de mãe: *babá de dedicação maternal*. **2**. Relativo a crianças até seis anos: *escola maternal*.

ma.ter.ni.da.de *sf* **1**. Qualidade ou estado de mãe. **2**. Departamento ou setor de um hospital que proporciona todos os cuidados a mulheres durante a gravidez e o parto, bem como aos recém-nascidos.

ma.ter.no *adj* **1**. De mãe ou próprio da mãe a quem se faz referência: *cuidados maternos; leite materno*. **2**. Em que há parentesco referente à mãe: *meu avô materno*.

ma.ti.lha *sf* **1**. Bando de cães de caça. **2**. *Fig.* Cambada, corja, malta, súcia.

ma.ti.nal *adj* **1**. Relativo a manhã: *horário matinal*. **2**. Que se faz nas primeiras horas da manhã: *caminhada matinal*. **3**. Diz-se de quem acorda bem cedo: *trabalhadores matinais*. // *sf* **4**. *Pop.*NE Matinê. · V. **matutino**.

ma.ti.nê *sf* Qualquer festa, reunião dançante, diversão ou espetáculo (de cinema, circo, etc.) realizado à tarde; vesperal.

ma.tiz *sm* **1**. Propriedade da luz pela qual a cor de um objeto é classificada como vermelha, azul, verde ou amarela, em relação ao espectro. **2**. Gradação ou variedade de uma cor; nuança, cambiante. **3**. *Fig.* Linha política ou filosófica; tendência, viés: *deputado de matiz socialista; homens de todos os matizes políticos vieram*. (Cuidado para não trocar o gênero desta palavra, como faz a maioria dos jornalistas!) → **matização** *sf* ou **matizamento** *sm* [ato ou efeito de matizar(-se)]; **matizar** *v* [graduar (cores): *é um pintor que sabe matizar as cores*]; **matizar-se** (apresentar ou exibir cores variadas: *os jardins se matizam na primavera*).

ma.to *sm* **1**. Todo tipo de erva daninha. **2**. Terreno inculto, onde existem muitas plantas e árvores nativas. **3**. Zona rural; roça. · V. **mataréu**.

Mato Grosso *loc sm* Estado da Região Centro-Oeste do Brasil. · Abrev.: **MT**. (Não se usa artigo antes deste nome: *Moro em Mato Grosso*. *Vou a Mato Grosso*. *Viajei por Mato Grosso inteiro*. · V. **Mato Grosso do Sul**. → **mato-grossense** *adj* e *s2gên*, de pl. *mato-grossenses*.

Mato Grosso do Sul *loc sm* Estado da Região Centro-Oeste do Brasil. · Abrev.: **MS**. (Ao contrário de *Mato Grosso*, exige sempre artigo: *Moro no Mato Grosso do Sul*. *Vou ao Mato Grosso do Sul*. *Viajei pelo Mato Grosso do Sul inteiro*.) → **mato-grossense-do-sul** ou **sul-mato-grossense** *adj* e *s2gên*, de pl., respectivamente, *mato-grossenses-do-sul* e *sul-mato-grossenses*.

ma.tra.ca *sf* **1**. Instrumento de percussão formado por tabuinhas movediças que, agitadas, produzem grande ruído. **2**. *P.ext.* Metralhadora. **3**. *Fig.* Pessoa que fala sem parar; tagarela. → **matraquear** *v* (**1**. tocar matraca; **2**. tagarelar), que se conjuga por *frear*.

ma.trei.ro *adj* **1**. Muito experiente; astuto, manhoso, esperto. **2**. Malicioso e sagaz: *sorriso matreiro*. **3**. *Pop.*S Diz-se de animal arisco, arredio, esquivo. **matreirice** *sf* (**1**. qualidade de matreiro; esperteza; **2**. ato, atitude, dito ou comportamento de matreiro).

ma.tri.ar.ca *sf* **1**. Mulher que governa família, clã ou tribo. **2**. Mulher que domina um grupo ou atividade. → **matriarcado** *sm* (**1**. organização social em que a mulher é o cabeça da família; **2**. sociedade em que as mulheres detêm e exercem a autoridade); **matriarcal** *adj* (rel. a matriarca ou a matriarcado).

ma.tri.ci.al *adj* Diz-se de impressora de alta velocidade, usada em serviços de informática, capaz de imprimir caracteres como configurações de pontos.

ma.tri.cí.dio *sm* Assassinato da própria mãe. → **matricida** *adj* e *s2gên* (que ou pessoa que pratica matricídio).

ma.trí.cu.la *sf* **1**. Ato ou efeito de matricular(-se). **2**. Taxa paga por quem se matricula. → **matriculando** *sm* (aquele que está prestes a matricular-se); **matricular** *v* (admitir e registrar num grupo de pessoas, para determinado fim comum); **matricular-se** (ser admitido e registrado nesse grupo).

ma.tri.mô.nio *sm* **1**. Um dos sete sacramentos da Igreja. **2**. Ato solene pelo qual um homem e uma mulher estabelecem entre si uma união conjugal legítima; casamento. → **matrimonial** *adj* (rel. a matrimônio); **matrimoniar** *v* (casar).

ma.triz *sf* **1**. Órgão das fêmeas dos mamíferos, no qual o feto se desenvolve; útero. **2**. Animal de excepcional qualidade, usado para reprodução. **3**. Entidade principal e controladora de uma empresa (chamada *filial* ou *sucursal*), na qual se centralizam todas as decisões operacionais. **4**. Redução de *igreja matriz*. **5**. Peça metálica ou gravação sonora de que saem duplicatas de discos, fitas, etc.

ma.tro.na *sf* **1**. Mulher respeitável pela idade, estado, conduta; mãe de família virtuosa, cumpridora de seus deveres, de posição socioeconômica definida. **2**. Mulher madura e corpulenta. **3**. Supervisora, monitora ou gerente dos afazeres domésticos de uma instituição pública (escola, hospital, presídio, etc.). → **matronal** *adj* (rel. a matrona ou próprio de matrona).

ma.tu.la *sf* Malta. → **matulagem** *sf* (vida ou ato típico de matula).

ma.tu.rar(-se) *v* Tornar(-se) maduro; amadurecer: *maturar caquis em estufa; os caquis (se) maturam em horas, na estufa*. → **maturação** *sf* [ato ou efeito de maturar(-se); amadurecimento]; **maturidade** *sf* (**1**. estado ou qualidade de maduro; **2**. desenvolvimento pleno ou completo; **3**. *fig.* prudência, juízo, siso); **maturo** *adj* (maduro), de antôn. *imaturo*.

ma.tus.que.la *adj* e *s2gên Gír.* Que ou pessoa que não regula bem da cabeça.

ma.tu.tar *v* **1**. Planejar, bolar: *matutar um plano diabólico*. **2**. Meditar, pensar ou refletir insistentemente; ruminar: *matutou vários dias na questão, sem achar solução*. → **matutação** *sf* (ato de matutar; reflexão); **matutagem** ou **matutice** *sf* (ato, dito, atitude ou comportamento de matuto).

ma.tu.ti.no *adj* **1**. Próprio da manhã, do que só pode acontecer de manhãzinha, ao alvorecer: *luz matutina*. // *sm* **2**. Jornal que circula de manhã.

ma.tu.to *adj* e *sm* Que ou aquele que é grosseiro, inculto, da roça (em oposição ao da cidade); caipira, jeca, roceiro, capiau, caboclo.

mau *adj* **1**. Que causa dano; danoso, nocivo, prejudicial: *mau conselho; maus negócios; exercer má influência sobre alguém*. **2**. De baixa qualidade; reprovável, ordinário: *mau filme; má gestão; mau atendimento*. **3**. Que tem defeito ou apresenta problemas; inútil, inválido: *meu carro está mau; mau cheque*. **4**. De qualidade inferior; de pouco ou nenhum proveito: *mau eletrodoméstico; má dieta*. **5**. Que prenuncia desgraça; funesto; nefasto, maligno: *mau pressentimento*. **6**. Reles, vil, desprezível: *maus costumes, mau caráter, má índole*. **7**. Contrário à virtude moral; moralmente condenável: *maus desejos; mau comportamento*. **8**. Sem talento, arte ou competência; imperfeito: *mau jogador, mau pintor, mau mecânico; sou mau no xadrez*. **9**. Sem aptidão, perícia ou habilidade: *mau piloto*. **10**. Irrequieto, indócil, rebelde: *mau filho, mau aluno*. **11**. Rude, grosseiro; descortês: *gente de mau aspecto, mau humor e maus modos; desculpe a má palavra, mas você está chata hoje*. **12**. Insuficiente, insatisfatório: *mau resultado, má colheita, má iluminação*. **13**. Inoportuno, inconveniente: *mau palpite, má sugestão*. **14**. Que não tem bons instintos; dado a praticar maldades; malvado, desalmado; perverso: *homem mau*. **15**. Que não agrada aos sentidos; desagradável: *mau cheiro; mau sabor; mau panorama*. **16**. Ruim, desabonador: *pessoa de maus antecedentes; ter má fama, mau conceito; fazer mau juízo dos outros*. **17**. Abatido, debilitado, depauperado: *meu avô está mau*. **18**. Doloroso, espinhoso, penoso, árduo: *escolheu mau caminho para seguir na vida*. **19**. Mal-agradecido, ingrato: *maus amigos*. **20**. De baixo padrão; malfeito, ordinário: *mau acabamento*. **21**. Improdutivo, pobre, ruim: *tivemos um mau ano*. **22**. Desfavorável, indesejável, desagradável: *é mau para mim ficar tanto tempo sozinho; mau tempo; mau clima; ela me causou má impressão; tenho más notícias*. **23**. Impróprio, inapropriado, incorreto: *usar uma palavra no mau sentido, fazer má interpretação de um texto; combinamos má hora e mau lugar para nos encontrarmos*. **24**. Insensato, inadequado: *falar em dinheiro nessa reunião é má ideia*. **24**. Sério, grave: *passar por maus bocados, por maus momentos*. **25**. Problemático; complicado: *é mau para mim guardar nomes e números de telefone; sou tão mau para negócios!* **26**. Precário, sofrível: *a casa está em más condições*. // *sm* **27**. O que é negativo ou intolerável: *o mau do Brasil é a impunidade, a corrupção desenfreada; o mau foi o povo ter acreditado nele*. **28**. Gente de instintos perversos: *os maus não têm amigos*. **29**. O lado negativo: *ela só vê o mau das coisas*. // *interj* **30**. Indica reprovação ou descontentamento. · Fem.: *má*. · Antôn.: *bom*. · Superl. abs. sintético: *malíssimo* (regular) ou *péssimo* (irregular). · Comparativo de superioridade: *pior*. (Não se confunde com *mal*, antônimo de *bem*.) ·· **Mau jeito**. **1**. Postura ruim: *Dormi de mau jeito*. **2**. Torcicolo: *Amanheci com mau jeito*. **3**. Modo errado: *Caiu de mau jeito e quebrou o nariz*. **4**. Como pedido de desculpa: *Desculpe o mau jeito, mas tive de entrar sem pedir licença*. (Cuidado para não usar "mal" por mau!) ·· **Mau senso**. **1**. Incapacidade de discernir entre o que convém e o que não convém, entre o certo e o errado, entre o verdadeiro e o falso, entre o bem e o mal, etc.: falta de bom senso. **2**. Aplicação inadequada do espírito no julgamento de cada caso particular da vida; falta de bom senso.

mau-ca.rá.ter *adj* e *s2gên* Que ou pessoa que é de má índole, sem ética nem escrúpulos; canalha, calhorda, pulha. · Pl.: *maus-caracteres*. → **mau-caratismo** *sm* (qualidade de mau-caráter), de pl. *mau-caratismos*.

mau-o.lha.do *sm* **1**. Poder maléfico atribuído ao olhar de certas pessoas. **2**. Efeito desse poder. · Pl.: *maus-olhados*.

mau.ri.ci.nho *sm Gír.* **1**. Garoto ou adolescente de classe social elevada, que gosta de curtir a vida. **2**. Garoto que só se veste com roupas de grife e frequenta pontos da moda. **3**. Adolescente que usa o carrão do pai para paquerar ou desfilar para as garotas. · V. *patricinha*.

Maurício *sm* País no oceano Índico, formado por algumas ilhas e ilhotas, de área total que não chega à metade da do Distrito Federal. → **mauriciano** *adj* e *sm*.

Mauritânia *sf* República islâmica da costa noroeste da África, de área equivalente à dos estados do MS, PE e AL juntos. → **mauritano** *adj* e *sm*.

máu.ser *sf* **1**. Fuzil automático de fabricação alemã. **2**. Pequena pistola automática.

mau.so.léu *sm* Sepultura magnífica, suntuosa, em forma de edifício monumental.

maus-tra.tos *smpl* Em direito, crime cometido por aquele que põe em risco a vida ou a saúde de pessoa que está sob sua autoridade, guarda ou vigilância: *os maus-tratos ou crueldade contra os animais já são punidos com detenção*. (Não se confunde com a expressão *maus tratos* (sem hífen), que significa *tormentos, torturas*: *Homem que maltrata os animais, ou seja, que inflige maus tratos a esses seres indefesos, deve ser punido*. Na verdade, o que a língua deveria agasalhar para esta acepção seria a palavra *maltrato* (derivada regressiva de *maltratar*), existente em espanhol e, inexplicavelmente, ausente em português.)

ma.vi.o.so (ó; pl.: ó) *adj* **1**. Agradável aos ouvidos; melodioso: *o canto mavioso dos pássaros, de manhãzinha*. **2**. *Fig.* Delicado, brando, suave: *maviosa luz baixou do céu*. **3**. *Fig.* Que sensibiliza; comovente: *político de maviosos discursos*. → **maviosidade** *sf* (qualidade de mavioso).

mawashi [jap.] *sm* Faixa de pano que os lutadores de sumô amarram na cintura. · Pronuncia-se *mauáchi*.

ma.xam.be.ta (ê) *sf Pop.SP* Narrativa falsa; conversa fiada; balela, lorota, cascata, estória: *políticos cheios de maxambeta é o que não falta no país*.

ma.xam.bom.ba *sf Pop.* **1**. Vagão ferroviário com mais de um pavimento. **2**. Veículo muito velho ou em mau estado de conservação; lata-velha; calhambeque. **3**. MG Ferro de passar roupa. **4**. Tronco humano.

má.xi (x = ss ou ks) *sf* **1**. Redução de *maxissaia* e de *maxidesvalorização*. // *sm* **2**. Redução de *maxivestido* e de *maxicasaco*. // *adj* **3**. Diz-se de qualquer traje feminino longo e folgado: *casaco máxi*; *blusões máxis*.

ma.xi.la (x = ks) *sf* **1**. Cada um dos dois ossos que formam as arcadas dentárias superiores dos vertebrados. **2**. Estrutura formada pela reunião desses dois ossos, anteriormente conhecida como *maxilar superior*. → **maxilar** (x = ks) *adj* (rel. ou pert. à maxila) e *sm* (osso da face no qual estão implantados os dentes superiores); **maxilobucodental** (x = ks) *adj* (rel. ou pert. simultaneamente à maxila, boca e dentes: *cirurgia maxilobucodental*).

má.xi.ma (x = ss) *sf* **1**. Mensagem breve e sábia de um autor. **2**. Redução de *temperatura máxima*, temperatura mais alta da atmosfera, obtida em determinado período de tempo.

ma.xi.mi.zar (x = ss) *v* **1**. Aumentar ao máximo ou tornar tão grande quanto possível: *maximizar as chances de sucesso no vestibular*. **2**. Atribuir a mais alta importância a: *maximizar o cargo que ocupa*. **3**. Encontrar o maior valor de (uma função matemática). · Antôn.: *minimizar*. → **maximização** (x = ss) *sf* (ato ou efeito de maximizar). (Segundo a 6.ª ed. do VOLP, o *x* também pode ter valor de *ks*, com o que não concordamos.)

má.xi.mo (x = ss) *sm* **1**. A maior quantidade, o maior número ou grau possível. **2**. Limite mais alto permitido por lei ou outra autoridade. // *adj* **3**. De maior quantidade ou grau possível. **4**. Sumo, supremo. · Antôn.: *mínimo*. (Segundo a 6.ª ed. do VOLP, o *x* também pode ter valor de *ks*, com o que não concordamos.)

ma.xi.xe *sm* **1**. Dança e música popular de movimentos rápidos. **2**. Fruto do maxixeiro, muito apreciado no Brasil como acompanhamento de carne-seca picadinha, quiabo e angu de fubá, constituindo um dos quitutes mais gostosos da cozinha popular brasileira. → **maxixeiro** *sm* (planta trepadeira que dá o maxixe).

ma.ze.la *sf* **1**. Desprazer, infortúnio: *conviver com a mazela do egoísmo*. **2**. *Pop*. Doença, enfermidade. **3**. *P.ext*. Tudo o que aflige ou aborrece (doenças, desgostos, adversidades, etc.): *a corrupção é mazela epidêmica no país*. **4**. *Fig*. Falta de dinheiro; privação, pobreza, penúria. **5**. *Fig*. Mácula na honra, no prestígio ou na reputação; desonra, labéu: *advogado que conhece todas as mazelas do poder judiciário*. **6**. Ferida, chaga. → **mazelar** *v* (**1**. macular a honra, o prestígio ou a reputação de; desonrar, estigmatizar: *o escândalo mazelou todo o governo*; **2**. encher de mazelas; ferir, machucar; **3**. *fig*. aborrecer, chatear: *essa notícia mazelou todo o mundo*); **mazelento** *adj* (cheio de mazelas).

ma.zur.ca *sf* **1**. Dança popular polonesa semelhante à polca, frequentemente adotada como forma de balé. **2**. Música para essa dança.

MC *sm* Sigla inglesa de *master of ceremonies* = mestre de cerimônias, usada junto ao nome de cantores de *funk*, indica o responsável por manter a festa animada. · Pronuncia-se *êmi ci*.

me *pron* Forma oblíqua da 1.ª pessoa do singular, variação enclítica do pronome *eu*, que exerce a função de objeto direto ou de objeto indireto e equivale a *a mim*. (Cuidado para não substituir **me** por "mim", como nesta frase: *Ela não "mim" ajuda*. O pronome **mim** sempre vem antecedido de preposição: *a mim, de mim, em mim, para mim, por mim, entre mim*, etc. V. **mim**.)

me.a.ção *sf* **1**. Divisão em duas partes iguais de qualquer coisa: *a meação de uma melancia, de uma propriedade*. **2**. Parceria agrícola em que o produto da exploração é dividido igualmente entre o proprietário da terra e o camponês meeiro.

me.a.da *sf* **1**. Porção de fios de lã, linho, seda, etc., que formam um novelo: *bordar uma toalha com meadas de cores variadas*. **2**. *Pop*. Meandro (3). **3**. *Fig*. Meandro (3). → **meadeira** *sf* (máquina de fazer meadas). ·· **Fio da meada**. Linha de um assunto ou de um raciocínio: *Perdi o fio da meada e nem sei mais do que estava falando*.

me.an.dro *sm* **1**. Caminho ou curso sinuoso; circuito serpeante. **2**. *Fig*. Complexidade; emaranhado: *os meandros do pensamento*. **3**. *Fig*. Enredo, trama, intriga, meada (3): *envolveu-se num meandro de intrigas*. (2). → **meandrar** *v* (formar meandros; serpear); **meândrico** *adj* (**1**. sinuoso; **2**. *fig*. difícil de entender; enigmático, ambíguo).

MEC *sm* Acrônimo de <u>M</u>inistério da <u>E</u>du<u>c</u>ação, criado em 14 de novembro de 1930.

me.câ.ni.ca *sf* **1**. Ramo da física que estuda o movimento dos corpos materiais e os fenômenos da ação das forças sobre os corpos (sólidos, líquidos ou gasosos). **2**. Ciência que consiste no projeto, construção, operação e manutenção de máquinas. **3**. Parte mecânica ou funcional de uma máquina: *ele olha a mecânica de um carro antes de sair do estacionamento*. **4**. *Fig*. Aspecto funcional e técnico de uma atividade; funcionamento, mecanismo: *a mecânica da escrita; a mecânica do futebol é aprendida com a prática*. → **mecânico** *adj* (**1**. rel. a mecânica: *estudo dos efeitos das forças mecânicas nos ossos*; **2**. que produz movimento: *energia mecânica*; **3**. rel. às relações quantitativas de força e matéria: *a pressão mecânica do vento em um edifício de 50 andares*; **4**. causado por um processo puramente físico, geralmente atrito ou abrasão: *a erosão mecânica de uma rocha*; **5**. *fig*. feito sem pensar, geralmente por ser ato ou reação frequente; maquinal, automático: *quando chega, cumprimenta todo o mundo de forma mecânica; cambiar o corpo é um movimento mecânico; ela sempre me dá respostas mecânicas*; **6**. relacionado a motores ou máquinas: *problema mecânico; falha mecânica*; **7**. feito ou fabricado com uma máquina: *relógio mecânico*; **8**. acionado ou executado por máquina ou mecanismo: *câmbio mecânico*; **9**. diz-se de aparelho ortopédico destinado a substituir membro natural:

perna mecânica e *sm* (**10**. aquele que é versado em mecânica ou em arte mecânica; **11**. operário especializado em consertos de máquinas, maquinismos, motores, etc.); **mecanismo** *sm* (**1**. conjunto de elementos mecânicos que realizam uma determinada função numa máquina ou instrumento mecânico; maquinismo: *o mecanismo de um relógio*; **2**.*p.ext*. atividade funcional; mecânica, funcionamento: *o mecanismo do coração*; **3**. *fig*. modo de operar comparável ao de uma engrenagem ou máquina; **4**. disposição das partes constitutivas de uma máquina; construção mecânica); **mecanização** *sf* [ato ou efeito de mecanizar(-se)]; **mecanizado** *adj* (em que houve mecanização: *agricultura mecanizada*); **mecanizar** *v* (**1**. equipar com máquinas, para substituir o trabalho manual ou rudimentar: *mecanizar a agricultura*; **2**. equipar com tanques e outros veículos blindados: *mecanizar uma unidade militar*. **mecanizar-se 3**. tornar-se equipado com máquinas próprias: *em certos países africanos, a agricultura está longe de se mecanizar*; **4**. tornar-se mecânico ou automático; automatizar-se: *quando o trabalho se mecaniza, perde-se o prazer de fazê-lo*).

me.cê *pron* Você. (Trata-se de um arcaísmo.)

me.ce.nas *s2núm* Pessoa que protege as artes, as letras, as ciências e os seus representantes. → **mecenato** *sm* (proteção às letras e às artes).

me.cha *sf* **1**. Pedaço de corda, desfiado e embebido em alguma matéria inflamável, para dar fogo a explosivos; rastilho, estopim. **2**. Torcida, pavio, morrão. **3**. Cacho, tufo, madeixa. → **mechar** *v* (**1**. pôr mecha em; **2**. defumar com mecha; **3**. ligar mediante mecha; **4**. comunicar fogo a; **5**. fazer mecha ou pequenas madeixas de cor mais clara que a do cabelo em), cuja vogal tônica, nas formas rizotônicas, possui som aberto, apesar da terminação *-echar*.

me.da.lha *sf* **1**. Pequena chapa metálica, geralmente redonda e estampada a figura de uma personagem, de um religioso, etc. no anverso e uma inscrição qualquer no reverso. **2**. Prêmio de honra ao mérito, condecoração. **3**. Prêmio conquistado em competições esportivas, concursos, etc., representado por uma pequena chapa metálica. → **medalhão** *sm* [**1**. medalha grande; **2**. recipiente onde se guardam objetos de estimação; **3**. baixo-relevo, circular ou oval, usado como elemento decorativo nas fachadas de edifícios suntuosos, nos pedestais de colunas, de monumentos, etc.; **4**. qualquer peça de carne, ou de peixe, patê, presunto, etc., alta e redonda, em forma de medalhão (1); **5**.*fig*. pessoa importante ou com cargo importante; figurão]; **medalhário** ou **medalheiro** *sm* (**1**. coleção importante de medalhas; **2**. lugar onde se guardam essas medalhas); **medalhista** *adj* e *s2gên* (que ou pessoa versada em medalhística); **medalhística** *sf* (estudo das medalhas e moedas).

mé.dia *sf* **1**. Quociente da divisão de várias parcelas ou quantidades, pelo número delas. **2**. Quantidade constante entre outras que variam para mais ou para menos. **3**. Nota mínima exigida para aprovação nos exames. **4**. Xícara grande cheia de café com leite. → **medial** *adj* (que fica no meio; central, médio).

me.di.a.no *adj* **1**. Nem grande nem pequeno; médio: *homem de estatura mediana*. **2**. Nem muito bom nem muito mau; médio, medíocre: *carro de conforto mediano, conduzido por um piloto mediano*. **3**. *Fig*. Moderado, discreto, pouco entusiasta. **4**. *Fig*. Regular, sofrível: *espetáculo mediano*. **5**. *Fig*. Nem muito rico, nem muito pobre; de classe média: *empresário mediano*. **6**. Diz-se do nervo que se estende das axilas às mãos e permite a flexão dos dedos. **7**. Que divide longitudinalmente o corpo humano em lado direito e lado esquerdo: *plano mediano*. → **medianeiro** *sm* (mediador); **mediania** ou **medianidade** *sf* (qualidade, condição ou caráter de mediano).

me.di.an.te *prep* **1**. Por meio de, por intermédio de, com: *mediante pedido do presidente, tomou a medida*. **2**. A troco de; contra: *foi solto mediante fiança*. **3**. Com a ajuda de: *mediante o boticão, extraiu o dente*.

me.di.ar *v* **1**. Dividir ao meio: *mediar uma melancia*. **2**. Interferir em, para conciliar: *mediar uma discussão*. **3**. Interpor-se entre, visando à conciliação: *mediar os briguentos*. **4**. Servir de mediador ou árbitro em: *o árbitro medeia bem o jogo*. **5**. Situar-se (entre duas coisas); distar: *quão pouca distância não medeia entre a probidade e a safadeza, em política?* **6**. Servir de mediador: *entre os árabes e judeus medeia o presidente americano*. · Conjuga-se por *ansiar*. → **mediador** (ô) ou **medianeiro** *adj* e *sm* [intermediário (6); intercessor].

me.di.a.to *adj* **1**. Que atua por meio de intermediário: *jurisdição mediata*. **2**. Indireto, remoto: *as consequências mediatas de* *uma guerra*. **3**. Diz-se da causa que produz efeito de outra causa. **4**. Diz-se do contágio que ocorre quando o agente infeccioso permanece um tempo maior no meio ambiente. · Antôn.: *imediato*.

me.di.ci.na *sf* Ciência do diagnóstico, tratamento ou prevenção de doenças e outras perturbações do corpo ou da mente. → **medicação** *sf* (emprego terapêutico de um medicamento); **medicamento** *sm* (produto farmacêutico usado para aliviar dores ou curar doentes), que não se confunde com *fármaco;* **medicar** *v* (prescrever medicamento a: *o médico a medicou em segundos*); **medicinal** *adj* (rel. a medicina); **médico** *sm* (aquele que se formou em medicina e exerce a prática médica); **médico-legal** *adj* (rel. a medicina legal), de pl. *médico-legais;* **médico-legista** *adj* e *sm* (que ou médico que se dedica à medicina legal), de fem. *médica-legista* e pl. *médico-legistas* (do adj) e *médicos-legistas* (do substantivo). (Usa-se também apenas *legista*.); **médico-residente** *sm* (médico que geralmente trabalha em tempo integral, num hospital, em regime equivalente ao de um curso de pós-graduação, escolhido a especialidade que se deseja adotar), de fem. *médica-residente* e pl. *médicos-residentes*. (Usa-se também apenas *residente*, como nome comum de dois: *o/a residente*.); **médico-veterinário** *sm* (aquele que se dedica à medicina veterinária), de fem. *médica-veterinária* e pl. *médicos-veterinários;* segundo a 6.ª ed. do VOLP, também *médico-veterinários*. (Usa-se também apenas *veterinário*.) · **Medicina legal**. Aplicação dos conhecimentos médicos às questões judiciais.

me.di.da *sf* **1**. Tamanho, capacidade, extensão, volume ou quantidade de alguma coisa, princ. determinada por comparação com algum padrão ou unidade. **2**. Padrão de medida, unidade definida de capacidade ou extensão, fixada por lei ou costumes. **3**. Qualquer padrão de avaliação, comparação, julgamento, etc.; critério. **4**. Ação de medir; medição. **5**. Resultado dessa medição. **6**. Lei ou providências legais. · **À medida que**. À proporção que; enquanto: *Males aparecem, à medida que a idade avança. À medida que o tempo passa, ficamos mais exigentes*. (Não se usa corretamente "à medida em que".) · **Na medida em que**. (Trata-se de um modismo que acabou vingando no português cotidiano do Brasil. Emprega-se como equivalente de: **1**. **se, caso**: *Só é possível usar a inteligência na medida em que ela exista. A convivência com ela só será possível na medida em que ela me respeite.;* **2**. **visto que, uma vez que, porque**, indicando causa: *Do ponto de vista político, essa medida é desastrada, na medida em que exprime um conflito entre o governo e o Congresso. O fornecimento de água será interrompido na medida em que não se paguem as contas atrasadas*. (Neste caso, a preposição **em** é de rigor, portanto não se aceita "na medida que".)

me.di.e.val *adj* Da Idade Média, característico dela ou relativo a ela.

mé.dio *adj* **1**. Mediano (1 e 2): *o goleiro teve nota média no jogo*. **2**. Situado entre dois extremos ou que exprime o meio-termo: *classe média; a médio prazo*. **3**. Comum, simples; desimportante: *o cidadão médio só é lembrado em época de eleição*. **4**. Que se calcula tirando a média: *temperatura média do dia*. **5**. Diz-se do registro de sons ou da voz nem grave nem agudo. **6**. Diz-se da época histórica que vai desde o fim do império romano até a tomada de Constantinopla: *Idade Média*. (Neste caso, com inicial maiúscula.) // *sm* **7**. Redução de *dedo médio*, o maior dos dedos da mão. → **médio-volante** *sm* (cabeça de área), de pl. *médios-volantes*.

me.dí.o.cre *adj* **1**. De qualidade média, mas que poderia ser melhor; que é apenas mediano ou não muito bom; insatisfatório: *texto medíocre; ambiente medíocre*. **2**. Que é abaixo da média; insuficiente: *seu histórico escolar era medíocre*. // *adj* e *s2gên* **3**. Que ou pessoa que tem baixo ou moderado desempenho, valor, talento, qualidade ou capacidade: *político medíocre; os medíocres não conhecem o significado da palavra talento*. → **mediocridade** *sf* (qualidade ou condição de ser medíocre).

me.dir *v* **1**. Determinar ou verificar a extensão, medida ou grandeza de: *medir um terreno*. **2**. Regular com moderação; comedir: *meça as suas palavras!* **3**. Avaliar, considerar: *mede-se um estadista pelos seus atos, e não pelas suas palavras*. **4**. Pesar as consequências de: *quando fica nervosa, ela não mede o que diz*. **5**. Olhar para, fitando muito: *ela me mediu de alto a baixo, mas não sei se gostou*. **6**. Ter a extensão, o comprimento ou a altura de: *meço 1,80m*. **medir-se 7**. Confrontar-se, defrontar-se: *que se meça entre eles quem quer se medir com o meu ainda, por isso tenha calma!* · Conj.: *meço, medes, mede, medimos, medis, medem* (pres. do ind.), *meça, meças, meça, meçamos, meçais, meçam* (pres. do subj.). → **medição** *sf* [ato ou efeito de medir(-se)]; **medidor** (ô) *adj* e *sm* (que ou o que mede) e *sm* (**1**. aparelho que mede consumo de água, energia elétrica, gás, etc.; registro; **2**. instrumento que toma medidas).

me.di.tar *v* **1**. Pensar ou ponderar sobre; levar em consideração, no íntimo; estudar: *meditei muito as palavras do profeta; meditar alguns trechos bíblicos*. **2**. Refletir profundamente durante muito tempo acerca de; pensar com reflexão, cuidado e atenção sobre: *recebi a proposta e pedi alguns dias para meditá-la*. **3**. Preparar (algo) pacientemente; projetar, intentar: *ele está meditando uma maneira cruel de vingar-se*. **4**. Refletir profundamente e durante muito tempo: *medite nas palavras do profeta!; quem medita não casa*. **5**. Entregar-se à contemplação; dedicar-se a meditações: *os monges budistas meditam muito*. → **meditabundo** ou **meditativo** *adj* (**1**. que está mergulhado em meditação ou reflexão profunda; que reflete silenciosamente e por longo tempo; cogitabundo; **2**. caracterizado por meditação ou profunda reflexão); **meditação** *sf* (**1**. ação de refletir, de pensar profundamente em um assunto, na realização de alguma coisa, etc.; **2**. atitude que consiste em se absorver em uma reflexão profunda; **3**. oração mental ou introspecção espiritual).

me.di.ter.râ.neo *adj* **1**. Situado entre terras; interior. **2**. Diz-se do país que está próximo do mar Mediterrâneo.

mé.di.um *s2gên* Pessoa através da qual os espíritos dos mortos são supostamente capazes de manter contato com os vivos. → **mediúnico** *adj* (rel. a mediunidade); **mediunidade** *sf* (faculdade que possuem os médiuns de servir de intérprete aos espíritos).

me.do (ê) *sm* Sentimento angustiante ou de grande inquietação despertado por ameaça, dor ou perigo iminente, real ou imaginário. · Antôn.: *coragem*. → **medonho** *adj* (**1**. que provoca ou mete medo; assustador; **2**. muito feio; horrível, horroroso; **3**. muito mau; péssimo, horroroso); **medroso** (ô; pl.: ó) *adj* (**1**. que sente medo com muita facilidade: *criança medrosa não dorme direito*; **2**. receoso, temeroso: *baixou os olhos, medroso de encarar o pai da moça*), de antôn. (1) *corajoso* e (2): *valente, decidido*.

me.drar *v* **1**. Desenvolver, fazer crescer: *os fertilizantes medram as plantações*. **2**. Desenvolver-se, crescer: *sem fertilizante, as plantas não medram*. **3**. Progredir, crescer, prosperar: *as exportações medravam a olhos vistos*. **4**. Ter sucesso: *a delinquência só medra quando as condições lhe são favoráveis*. **5**. Ficar com medo (tendo alguma reação negativa, geralmente orgânica); amarelar: *justamente na decisão da Copa do Mundo, o tal fenômeno medrou*. · Antôn. (1 e 2): *definhar*; (3): *regredir*; (4): *fracassar*. → **medrança** *sf* (crescimento, princ. de vegetais).

me.du.la *sf* **1**. Redução de *medula óssea*, tecido macio, mole e gorduroso que enche o interior dos ossos longos, na qual as células sanguíneas são produzidas; tutano. **2**. Redução de *medula espinhal*, parte do sistema nervoso central alojada no canal raquidiano. **3**. Substância macia contida no centro do caule e da raiz de uma planta. **4**. *Fig*. Âmago, alma, íntimo: *estar com frio até a medula; vascaíno até a medula*. **5**. *Fig*. Parte mais importante, vital, essencial, básica de algo; alma, essência, substância: *ninguém tratou da medula do problema*. → **medular** *adj* (rel. a medula).

me.du.sa *sf* **1**. Água-viva. // *sf* **2**. *Pop.Pej*. Mulher feia e rabugenta; bruaca.

me.ei.ro *adj* e *sm* **1**. Que ou aquele que planta em terreno de outra pessoa, com quem divide o resultado da colheita. **2**. Que ou aquele que tem metade em qualquer propriedade, sociedade ou interesse.

meeting [ingl.] **1**. Reunião pública em que se faz propaganda política ou social; comício. **2**. Reunião esportiva; prova. · Pl.: *meetings*. · Pronuncia-se *mítin*.

me.ga- *pref* Exprime a ideia de *grande* e só exige hífen antes de *a* ou de *h*: *mega-apartamento, mega-assentamento; mega--hostilidade, mega-homenagem*, etc. Portanto, se a palavra a que se liga iniciar-se por *r* ou por *s*, teremos que dobrar tais letras: *megarreforma, megarregião; megassalário, megassena* (que a Caixa Econômica Federal divulga erroneamente: "mega-sena").

me.ga-a.cor.do *sm* Acordo de grandes proporções e muita importância: *a China fez um mega-acordo comercial com 14 países do Pacífico*. · Pl.: *mega-acordos*.

me.ga-as.sal.to *sm* Assalto cinematográfico, de grandes proporções, praticado por grande número de elementos portando armas de grosso calibre. • Pl.: *mega-assaltos*.

megabit [ingl.] *sm* **1**. Unidade de capacidade de armazenamento igual a 1.048.576 (220) *bits*. **2**. Um milhão de *bits*. · Símb.: **Mb**. · Pl.: *megabits*. · Pronuncia-se *mègabít*.

megabyte [ingl.] *sm* **1**. Unidade de capacidade de armazenamento igual a 1.048.576 (220) *bytes*. **2**. Um milhão de *bytes*. · Símb.: **MB**. · Pl.: *megabytes*. · Pronuncia-se *mègabáite*.

me.ga.ci.clo (mè) *sm Megahertz*. · · Símb.: **Mc**.

me.ga.em.pre.sa (mè; ê) *sf* Grande complexo comercial e/ou industrial, ou empresa de porte gigantesco, geralmente resultante de fusões. → **megaempresarial** (mè) *adj* (rel. a megaempresa); **megaempresário** (mè) *sm* (proprietário de megaempresa).

me.ga.es.tru.tu.ra (mè) *sf* Edifício exageradamente grande e alto. → **megaestrutural** (mè) *adj* (rel. a megaestrutura).

me.ga.e.ven.to (mè) *sm* Evento de grandes proporções e muita repercussão junto à opinião pública.

megaflop [ingl.] *sm* Em informática, medida da velocidade computacional equivalente a um milhão de operações por segundo, em determinado ponto. · Abrev.: **MFLOP**. · Pl.: *megaflops*. · Pronuncia-se *mègaflóp*.

me.ga.fo.ne (mè) *sm* Instrumento próprio para direcionar e amplificar a voz de seu portador, usado princ. pela polícia, por líderes sindicais, etc. → **megafônico** (mè) *adj* (rel. a megafone).

megahertz [ingl.] *sm2núm* Unidade de medida de frequência igual a 10⁶ *hertz* ou um milhão de *hertz*, também chamado *megaciclo*. · Símb.: **MHz**. · Pronuncia-se *méga-rértz*.

me.ga.in.ves.ti.dor (mè; ô) *sm* Investidor de vultosas quantias, princ. no mercado de capitais. → **megainvestimento** (mè) *sm* (investimento vultoso).

me.gá.li.to *sm* **1**. Pedra muito grande usada em culturas pré-históricas como monumento ou em alguma construção, junto com outras pedras. **2**. *P.ext*. Bloco de pedra muito grande. → **megalítico** *adj* (rel. a megálito: *sítio megalítico*).

me.ga.lo.ma.ni.a (mè) *sf* **1**. Transtorno mental delirante, caracterizado por sentimento de poder, riqueza e grandeza pessoal; supervalorização mórbida de si mesmo. **2**. *P.ext*. Predileção por tudo o que é grandioso, de preferência majestoso; mania de grandeza. **3**. *Fig*. Ambição ou orgulho desmedidos. → **megalomaníaco** (mè) *adj* (rel. a megalomania) e *adj* e *sm* (que ou aquele que tem megalomania; megalômano); **megalômano** (mè) *adj* e *sm* (megalomaníaco).

me.ga.ló.po.le (mè) *sf* **1**. Região formada de várias metrópoles que podem ser consideradas um complexo urbano único. **2**. Grande metrópole. → **megalopolístico** (mè) *adj* (rel. ou pert. a megalópole); **megalopolitano** (mè) *adj* e *sm* (que ou aquele que vive em megalópole).

me.ga.nha *s2gên Gír*. Membro da polícia civil. (Não se confunde com *milico*.)

megashow [ingl.] *sm* Espetáculo grandioso, monumental, com público superior a 50.000 pessoas. · Pl.: *megashows*. · Pronuncia-se *mègachou*.

me.gas.se.na (mè) *sf* **1**. Modalidade de loteria oficial brasileira, idealizada para premiar vultosamente o(s) acertador(es) das seis dezenas sorteadas, entre sessenta delas propostas num volante. **2**. Essas seis dezenas sorteadas: *fiz a megassena!* (A direção da Caixa Econômica Federal foi infeliz, mais uma vez, ao adotar e divulgar uma ortografia não consentânea com os princípios da nossa língua: "mega-sena".)

me.gas.su.ces.so (mè) *sm* Sucesso extraordinariamente grande; sucesso de arromba.

me.gas.sur.pre.sa (mè; ê) *sf* Surpresa extraordinariamente grande.

me.ga.ton (mè) *sm* Unidade de medida de potência explosiva de uma bomba ou de um projetil nuclear, equivalente à energia produzida pela explosão de um milhão de toneladas de trinitrotolueno (TNT). · Abrev.: **MT**.

me.ge.ra *sf* **1**. Mulher extremamente má, de gênio violento. **2**. *P.ext*. Mãe desnaturada.

mei.a *sf* **1**. Peça de tecido para cobrir o pé e parte da perna. **2**. Tecido de malha usado para fazer essa peça, entre outras: *camisa de meia*. **3**. Redução de *meia-entrada*. **4**. Redução de *meia-direita* ou de *meia-esquerda*. // *num* **5**. *Pop*. Seis (usado na fala, para evitar confusão com *três*): *meu telefone é 2 meia 5-555 meia*.

mei.a-á.gua *sf* **1**. Telhado de um só plano ou inclinação. **2**. Casa com esse telhado. · Pl.: *meias-águas*.

mei.a-ar.ma.dor *sm* Jogador de futebol que, atuando no meio do campo, tem a função de municiar o ataque. · Fem.: *meia-armadora*. · Pl.: *meias-armadores*.

mei.a-bo.ca *adj Pop*. **1**. De má qualidade; ordinário, vagabundo: *ele torce por um timinho meia-boca*. **2**. Malfeito, matado: *sapateiro de serviço meia-boca!* · Pl.: *meias-bocas*.

mei.a-cal.ça *sf* Meia feminina que vai até a cintura. · Pl.: *meias-calças*.

mei.a-can.cha *sf* **1**. Meio de campo. // *s2gên* **2**. Jogador(a) que atua nessa zona do campo, meio-campista; meio-campo. · Pl.: *meias-canchas*.

mei.a-di.rei.ta *sf* **1**. Posição do(a) atacante que atua na faixa direita do campo, partindo com a bola dominada, em direção ao gol adversário. // *s2gên* **2**. Esse(a) atacante. · Pl.: *meias-direitas*.

mei.a-en.tra.da *sf* Bilhete de sala de espetáculos vendido pela metade do preço, princ. para estudantes, menores e idosos; meia (3). · Pl.: *meias-entradas*.

mei.a-es.quer.da *sf* **1**. Posição do(a) atacante que atua na faixa esquerda do campo, geralmente armando as jogadas para a conclusão dos companheiros atacantes. // *s2gên* **2**. Esse(a) atacante. · Pl.: *meias-esquerdas*.

mei.a-es.ta.ção *sf* Época do ano em que os dias são amenos, nem muito quentes, nem muito frios. · Pl.: *meias-estações*.

mei.a-i.da.de *sf* Tempo ou período da vida humana situado entre a juventude e o início da senilidade, geralmente reconhecido entre os quarenta e os sessenta anos. · Pl.: *meias-idades*.

mei.a-lu.a *sf* **1**. Fase da Lua em que ela se apresenta como um semicírculo luminoso; crescente ou minguante. **2**. Semicírculo. **3**. Qualquer coisa em forma de semicírculo. **4**. Num campo de futebol oficial, local na entrada da grande área delimitado com um semicírculo, que serve para determinar a distância mínima de 9.15m que os jogadores devem manter da bola, nas cobranças de pênalti. · Pl.: *meias-luas*.

mei.a-luz *sf* Penumbra. · Pl.: *meias-luzes*.

mei.a-noi.te *sf* Hora em que o Sol está no seu ponto mais baixo, dividindo a noite em duas partes iguais, as 24 horas ou a zero hora. · Pl.: *meias-noites*.

mei.a-pa.ta.ca *sf* Quantia ínfima; ninharia. · Pl.: *meias-patacas*. ·· **De meia-pataca**. Sem valor nenhum, ordinário, vagabundo.

mei.a-so.la *sf* Remendo em sola de calçado, feito para substituir a parte desgastada pelo uso. · Pl.: *meias-solas*.

mei.a-ti.ge.la, de *loc adj* Ordinário, vagabundo, reles.

mei.a-vol.ta *sf* Giro de corpo de 180º. · Pl.: *meias-voltas*.

mei.go *adj* **1**. Que é delicado e carinhoso com outras pessoas; terno, afetuoso, brando: *ele sempre foi um filho meigo*. **2**. Caracterizado pela delicadeza e suavidade; doce, suave: *voz meiga; dirigi-lhe palavras meigas; homem de semblante meigo; recebi dela uma mensagem meiga*. · Antôn. (1): *frio, rude*; (2): *grosseiro, malcriado*. → **meiguice** *sf* (qualidade de meigo; sentimento ou gesto que denota afeição; ternura: *beijei-lhe a testa com a meiguice de sempre*) e *sfpl* (**1**. gestos cheios de delicadeza e ternura: *ao vê-la, tive um ataque de meiguice*. **2**. palavras ternas e delicadas: *eu só lhe disse meiguices, não merecia o bofetão na cara*).

mei.o *num* **1**. A metade de *um*: *meio limão; meia hora*. // *adj* **2**. Intermediário em tamanho, quantidade, extensão, qualidade, tipo, tempo ou grau; médio: *mulher de meia estatura*. // *sm* **3**. Ponto médio; parte equidistante de dois extremos: *a bola está no meio do campo*. **4**. Lugar onde se vive ou trabalha habitualmente; meio ambiente: *trabalhar num meio insalubre*. **5**. Expediente adotado para alcançar um fim: *os meios não justificam o fim*. **6**. Via ou modo por onde se chega a um fim ou destino: *o metrô é um bom meio de transporte*. **7**. Possibilidade, condição, jeito: *não houve meio de convencê-la*. **8**. Ausência de excessos ou radicalismos; equilíbrio, moderação: *a verdade está no meio*. // *smpl* **9**. Condições financeiras; posses: *não tenho meios para construir uma casa dessas*. **10**. Recursos físicos e mentais; capacidade, esforço: *aprender informática por meios próprios*. // *adv* **11**. Um tanto; não inteiramente; quase: *ela está meio nervosa; mulheres meio nuas*. (Embora neste caso muitos usem "meia", convém seguir o que preceitua a gramática: sempre *meio*.) ·· **Meia dúzia**. Seis unidades: *comprei meia dúzia de bananas*. ·· **Meia dúzia de**. Alguns: *Por causa de meia dúzia de badernerios, todos fomos punidos*. ·· **Meio a meio**. Mistura de duas coisas em proporções iguais.

meio-bus.to *sm* Efígie ou retrato que mostra apenas o pescoço e a cabeça de uma pessoa. · Pl.: *meios-bustos*.

mei.o-cam.po *sm* **1**. Posição do(a) jogador(a) de futebol que atua no meio de campo, fazendo a ligação entre a defesa e o ataque; meio-campista; meia-cancha. // *sm* **2**. Esse jogador ou essa jogadora; meio-campista, meia-cancha. · Pl.: *meios-campos*. → **meio-campista** *s2gên* [jogador(a) que atua no meio de campo; meio-campo (2), meia-cancha (2)], de pl. *meio-campistas*.

mei.o-cor.po *sm* Parte de uma figura humana que vai desde o alto da cabeça até a cintura; busto. · Pl.: *meios-corpos*.

mei.o-di.a *sm* Hora em que o Sol se acha a pino; as 12 horas. · Pl.: *meios-dias*.

mei.o-fi.o *sm* Arremate de pedra ou de concreto das calçadas; guia. · Pl.: *meios-fios*.

mei.o-ir.mão *sm* Irmão apenas por parte de um dos pais. · Fem.: *meia-irmã*. · Pl.: *meios-irmãos*.

mei.o-mé.dio *sm* Lutador de boxe da categoria do mesmo nome, de 66,67kg de peso máximo. · Pl.: *meio-médios*.

Meio-Norte *sm* Uma das quatro sub-regiões naturais do Nordeste Brasileiro, que inclui o Maranhão e o oeste do Piauí, correspondente à faixa de transição entre o sertão semiárido do Nordeste e a região amazônica, na qual predomina a mata de cocais, carnaúbas e babaçus, com maior índice pluviométrico no Maranhão. Nela as atividades econômicas de maior destaque são o extrativismo vegetal, a pecuária e o cultivo do arroz e do algodão.

mei.o-pe.sa.do *sm* Lutador de boxe da categoria do mesmo nome, de 79,379kg de peso máximo. · Pl.: *meio-pesados*.

mei.o.se *sf* Tipo de divisão celular que produz quatro células-filhas, cada uma das quais tendo a metade do número de cromossomos da célula original. · V. **mitose**. → **meiótico** *adj* (rel. a meiose).

mei.o-tem.po *sm* **1**. Espaço de tempo decorrido entre um acontecimento e outro, intervalo, ínterim. **2**. Cada um dos dois períodos de igual duração que constituem certos jogos, como o futebol, p. ex. **3**. Tempo de descanso que separa os dois períodos. · Pl.: *meios-tempos*.

mei.o-ter.mo *sm* **1**. Posição intermediária entre dois extremos: *com ela não há meio-termo, é oito ou oitenta*. **2**. *P.ext*. Moderação, equilíbrio, comedimento: *os eleitores não demonstram meio-termo na opinião sobre esse candidato, que é amado ou odiado*. // *smpl* **3**. Expressões ou palavras ambíguas, que nada significam; rodeios, evasivas: *é um político que responde a todas as perguntas com meios-termos*. · Pl.: *meios-termos*.

mei.o-tom *sm* **1**. Menor intervalo entre duas notas musicais da escala diatônica; semitom. **2**. Tonalidade intermediária de uma cor; nuance, matiz. **3**. Som ou voz baixa e suave, quase inaudível; murmúrio, sussurro. · Pl.: *meios-tons*.

mel *sm* **1**. Substância grossa, viscosa e extremamente doce, produzida pelas abelhas do néctar coletado de flores. **2**.*P.ext*. Qualquer coisa doce ou deliciosa: *este abacaxi está um mel!* **3**.*P.ext*. Qualquer suco de frutas em forma de melado: *mel de caju*. · Pl.: *méis* ou *meles*. · V. **melar**. → **melado** *adj* (**1**. adoçado com mel: *vitamina melada*; **2**. muito doce; meloso: *café melado*; **3**. sujo de qualquer substância doce; lambuzado: *fiquei melado de leite condensado*; **4**. *fig.pej*. Sentimental ou romântico demais; piegas, meloso: *mulher gosta de homem melado?* e *sm* (calda depositada pela cana-de-açúcar na caldeira, da qual se faz rapadura); **melosidade** *sf* (qualidade ou estado de meloso); **meloso** (ô; pl.: ó) *adj* (**1**. sem. ao mel; **2**. muito doce; melado: *café meloso*; **3**. terno, doce, suave: *voz melosa*; **4**. *fig.pej*. piegas, melado: *escrevia cartas melosas para as namoradas, que acabavam dispensando-o*).

me.la.ço *sm* **1**. Calda grossa, viscosa e escura, formada pelo resíduo da refinação do açúcar. **2**. Qualquer substância muito doce: *este suco está um melaço*. **3**. *Fig*. Meiguice extrema: *era grosseiro com parentes, mas um melaço com os filhos*. → **melaceiro** *sm* (fabricante ou vendedor de melaço).

me.lan.ci.a *sf* **1**. Planta herbácea e rasteira, de fruto grande e pesado, liso e brilhante, de forma oblonga ou arredondada, casca verde e grossa e muitas sementinhas pretas; melancieira. **2**. Esse fruto. → **melancieira** *sf* [melancia (1)].

me.lan.co.li.a ou **me.ren.co.ri.a** *sf* Estado caracterizado por grande tristeza, com causa aparente; depressão mental ou espiritual. → **melancólico** ou **merencório** *adj* (que tem ou revela melancolia; extremamente abatido: *torcedor melancólico; chegou com ar melancólico*).

Melanésia *sf* Uma das três principais divisões etnográficas das ilhas do Pacífico (as outras duas são a Polinésia e a Micronésia). → **melanésio** *adj* e *sm*.

me.la.ni.na *sf* Pigmento escuro que existe naturalmente no cabelo, pele, íris, etc.

me.lão *sm* **1**. Fruto do meloeiro, de polpa suculenta e saborosa. **2**. Meloeiro. · Pl.: *melões*. → **meloeiro** *sm* [planta rasteira que dá o melão; melão (2)].

me.lar *v* **1**. Adoçar ou cobrir com mel: *melar o leite, uma fruta; a criança melou o pão antes de comer*. **2**. Adoçar exageradamente: *ela não adoçou o café, ela melou o café*. **3**. Dar cor de mel a: *melar um confeito*. **4**. Fazer gorar; fracassar; não dar certo; estragar, frustrar: *você veio aqui só para melar meu negócio?!; a oposição quer melar esse governo; o negócio entre o jogador e o Corinthians melou*. **5**. Provocar a interrupção de (jogo ou competição): *como estava com apenas sete jogadores em campo, por causa das várias expulsões, o time queria melar o jogo, fazendo mais um atleta cair em campo*. **6**. Dificultar: *o Vasco pode melar a ida do jogador para o Flamengo*. **7**. *Fig*. Sujar ou lambuzar com substância melosa: *quando chupa sorvete, ela mela toda a mão; ela não é capaz de beijar sem melar o rosto da gente; ao socorrer a vítima, melei a mão de sangue*. **melar-se 8**. Sujar-se ou lambuzar-se com substância melosa: *quando chupa sorvete, ela se mela toda*.

me.las.ma *sm* Mancha amarronzada na pele, princ. do rosto. → **melasmático** *adj* (rel. a melasma: *pele facial melasmática*).

me.lê *sm Pop*. Confusão, tumulto, bafafá: *à saída do estádio é sempre aquele melê*.

me.le.ca *sf Pop*. **1**. Secreção nasal ressequida; carrapeta (2). **2**. *Fig*. Coisa imprestável, sem importância ou sem valor; droga, joça, porcaria.

me.le.na *sf* **1**. Cabelos longos e soltos. **2**.*P.ext*. Cabelos desgrenhados ou volumosos. **3**. Pelos da crina do cavalo pendentes sobre a testa. **4**. Porção de cabelos; mecha, madeixa. **5**. Em medicina, fezes muito escuras e malcheirosas, que contêm sangue.

me.lhor *adj* (comp. ou superl. de *bom*) **1**. Que supera outro(s) em qualidade: *casa melhor; o novo carro saiu com motor melhor*. **2**. Mais adequado ou conveniente que outro(s): *estádio com melhor gramado*. **3**. Mais bem-preparado: *estou melhor em português que em matemática*. **4**. Mais vantajoso ou favorável: *encontrei solução melhor; qual a hora melhor para agir?* **5**. Mais forte, física ou mentalmente: *o paciente está melhor*. **6**. Mais prazeroso ou agradável: *o melhor pedaço da estória está por vir*. **7**. Mais gostoso ou apetitoso: *o melhor pedaço do bolo ela comeu*. **8**. Mais perfeito ou completo: *o resultado foi melhor que o esperado*. **9**. Preferível: *é melhor assim*. // *adv* (comp. de *bem*) **10**. Mais perfeitamente: *ela dança melhor que eu*. **11**. Mais respeitosamente: *ele precisa tratar melhor seus empregados*. **12**. De modo mais adequado ou apropriado: *dormi melhor hoje*. **13**. De modo mais forte, física ou mentalmente: *sinto-me melhor agora*. **14**. Mais completamente: *você sabe como fazer isso melhor que eu*. **15**. Mais adequado ou conveniente: *já é tarde, acho melhor irmos embora*. // *sm* **16**. Alguém ou alguma coisa preferível: *qual é a melhor das duas candidatas?* **17**. Superior em qualidade: *o melhor dos candidatos é mulher*. **18**. Aquilo que é sensato ou prudente: *o melhor é sairmos logo daqui*. **19**. Essência: *esse treinador tira o melhor de cada jogador*. // *interj* **20**. Exprime regozijo ou satisfação, equivalendo a *ainda bem, tanto melhor*. · Antôn.: *pior*. · Pl. (do *adj* e do *subst*): *melhores*. → **melhormente** *adv* (**1**. de modo melhor: *explicarei melhormente o assunto*; **2**. com mais facilidade: *é uma criança que aceita melhormente a companhia da avó que da mãe*). ·· **Ir desta para a melhor**. Falecer. ·· **Levar a melhor sobre**. Suplantar, vencer: *O Flamengo levou a melhor sobre o Bangu*. ·· **Ou melhor**. Isto é: *Vou convidá-la, ou melhor, convocá-la a comparecer*. ·· **Tanto melhor**. É desejável ou preferível: *Se você puder vir de avião, tanto melhor*.

me.lho.rar *v* Tornar(-se) melhor: *melhorar seu desempenho; hoje melhorei bastante do resfriado*. · Antôn.: *piorar*. → **melhora** *sf* [ato ou efeito de melhorar (em relação à saúde)], de antôn. *piora*; **melhorada** *sf* (ajeitada, guaribada); **melhoramento** *sm* (benfeitoria ou beneficiamento em prédio, rua, cidade, etc.); **melhoria** *sf* (mudança para estado ou condição melhor; situação mais favorável ou mais próspera). · V. **meliorativo**.

me.li.an.te *s2gên* Pessoa de má conduta, sem nenhum crédito; pilantra, malandro(a).

me.lin.drar *v* **1**. Ferir, machucar ou afetar a sensibilidade de; susceptibilizar: *qualquer crítica o melindra*. **2**. Machucar ou ferir moralmente; ofender: *um cônjuge não pode melindrar o outro*. **melindrar-se 3**. Sentir-se ferido, machucado ou afetado em sua sensibilidade: *ela se melindra à toa*. → **melindre** *sm* [**1**. sensibilidade exagerada, que leva a pessoa a se ofender ou a se magoar facilmente; susceptibilidade; **2**. modos ou maneiras afetadas; afetação (natural ou artificial)]; **melindroso** (ô; pl.: ó) *adj* (**1**. que se ofende com a maior facilidade; extremamente sensível; **2**. muito fraco; frágil, débil: *memória e saúde melindrosas*; **3**. delicado, complicado: *questão melindrosa essa*; **4**. afetado (natural ou artificialmente), amaneirado: *rapaz de jeitinho melindroso*; **5**. que envolve risco ou perigo; arriscado, perigoso: *cirurgia melindrosa*); **6**. que causa algum constrangimento: *ela acabou se transformando numa visita melindrosa, ao discordar de tudo e de todos*).

me.li.o.ra.ti.vo *adj* Que exprime ou envolve melhora. · Antôn.: *pejorativo*.

me.lis.sa *sf* Erva-cidreira, citronela.

me.lo.di.a *sf* **1**. Sucessão agradável de sons musicais, em oposição a *harmonia*: *atente para a melodia e o ritmo dessa música!* **2**. *P.ext*. Sequência harmoniosa de palavras, frases, etc., própria para encantar a audição; qualidade musical: *a melodia dos versos de Bilac*. → **melódico** *adj* (rel. a melodia); **melodioso** (ô; pl.: ó) *adj* (**1**. que tem melodia; **2**. agradável ao ouvido).

me.lo.dra.ma *sm* **1**. Peça teatral com lances exagerados, demasiadamente romântica e sentimental. **2**. *Fig*. Peça teatral de má qualidade. **melodramático** *adj* (**1**. rel. a melodrama: *gênero melodramático*; **2**. *fig*. que lembra o melodrama, por sua ênfase, seu exagero: *tom melodramático*).

mel.ro *sm* Pássaro canoro, de plumagem negra e bico amarelo. · Fem.: *mélroa*.

mem.bra.na *sf* **1**. Camada fina, suave e flexível de tecido, que reveste uma cavidade, cobre um órgão ou estrutura, ou separa uma parte de outra. **2**.*P.ext*. Qualquer película ou tecido fino.

mem.bro *sm* **1**. Apêndice do tronco de muitos animais, destinado à locomoção, preensão, etc. **2**. Parte constituinte de um todo composto. **3**. Pênis. **4**. Cada uma das pessoas que compõem um grupo ou organização.

meme [ingl.] *sm* Imagem, vídeo ou *gif* divertido ou interessante que viraliza e passa a ser copiado ou imitado na rede mundial: *os memes são muito utilizados como paródias de algum acontecimento importante*. · Pronuncia-se *míM*, mas no Brasil se ouve muito *mêmi*.

me.men.to *sm* **1**. Cada uma das duas orações do cânon da missa, uma para a vida, a outra para a morte, iniciadas pela palavra *memento* (= lembra-te). **2**.*P.ext*. Qualquer coisa que serve para lembrar, alertar ou advertir.

me.mo.ran.do *sm* **1**. Mensagem informal, princ. aquela enviada entre repartições públicas, países, etc. **2**. Livro de lembretes; memorial (1). **3**. Ligeira comunicação por escrito entre autoridades de categoria equivalente. // *adj* **4**. Digno de ser lembrado; memorável.

me.mó.ria *sf* **1**. Faculdade de adquirir, reter e experimentar de novo estados de consciência passados. **2**. Aptidão para se lembrar. **3**. Sede das lembranças. **4**. Unidade do computador que armazena dados para uso posterior. // *sfpl* **5**. Escrito que relata fatos ou eventos reais; memorial (5). **6**. Livro autobiográfico. → **memorar** *v* (**1**. lembrar, recordar: *memorar a infância*; **2**. comemorar, celebrar, festejar: *memorar o aniversário*); **memorável** *adj* (comemorativo); **memorável** *adj* (**1**. digno de ser lembrado; memorando; **2**. *fig*. famoso, célebre, notável); **memorialista** ou **memorista** *adj* e *s2gên* (que ou pessoa que escreve memórias); **memorialística** *sf* (gênero literário das memórias); **memorização** *sf* (ato ou efeito de memorizar; **memorizar** *v* [**1**. recordar, lembrar: *memorizar os dias felizes da infância*; **2**. reter ou fixar na memória; decorar: *memorizar uma fórmula matemática*; **3**. colocar (dados) na memória do computador].

me.mo.ri.al *sm* **1**. Memorando (2). **2**. Petição em que se faz referência a um pedido anterior. **3**. Petição escrita. **4**. Monumento erguido para preservar a memória de uma pessoa, de um evento, etc. **5**. Memórias (5). // *adj* **6**. Que preserva a memória de uma pessoa ou de um evento.

men.ção *sf* **1**. Ato ou efeito de mencionar; breve referência ou citação; alusão: *na sua fala, fez menção a mim*. **2**. Gesto que indica uma disposição, intenção ou propósito: *o policial fez menção de atirar, e o assaltante se rendeu*. **3**. Registro, comentário, nota: *uma descoberta digna de menção*. → **mencionar** *v* (**1**. fazer menção de ou referência a; citar: *mencionaram meu nome na reunião*; **2**. dar a conhecer; relatar: *mencionei a todos meu desconforto por estar ali*). ·· **Menção honrosa**. Distinção conferida, em exame, concurso ou exposição, a obra ou pessoa de mérito excepcional, mas não merecedora do prêmio principal.

men.di.go *sm* Aquele que vive de pedir esmolas; pedinte. (Cuidado para não usar "mendingo"!) → **mendicância**, **mendicidade** ou **mendigação** *sf* (ato de mendigar); **mendicante** *adj* e *s2gên* (que ou aquele que mendiga); **mendigar** *v* (pedir esmola; esmolar).

me.ne.ar *v* **1**. Mover de um lado para o outro; balançar, agitar: *não se conformando com tudo aquilo, o pai meneava a cabeça; os torcedores meneiam bandeiras de seus clubes do coração, nos estádios*. **2**. Manejar, manobrar: *menear armas*. **3**. Dirigir ou comandar com o auxílio das mãos; manejar: *menear o leme, o timão*. **4**. Rebolar, requebrar: *menear os quadris*. **5**. Gerenciar, dirigir, administrar, gerir: *ele meneia a loja a seu modo*. **menear-se 6**. Mover-se de um lado para o outro; oscilar, mexer-se: *luzinhas que se meneiam ao longe*. **7**. Rebolar-se, requebrar-se: *ela se meneia toda quando vê homens*. **8**. Apressar-se: *se não te meneias, chegaremos atrasados*. // *sm* **9**. Ato de menear; meneio: *ela respondia a todas as perguntas com um menear de cabeça*. · Conjuga-se por *frear*. → **meneamento** ou **meneio** *sm* [**1**. ato ou efeito de menear(-se); **2**. movimento do corpo ou de alguma parte dele].

me.nes.trel *sm* **1**. Poeta e músico medieval que atuava nos castelos; trovador. **2**.*P.ext*. Cantor ambulante. **3**.*P.ext*. Qualquer cantor ou músico. **4**. *Fig*. Poeta.

me.ni.na *sf* **1**. Feminino de *menino*. **2**. Criança do sexo feminino desde o nascimento até a puberdade. **3**. Garota solteira e, geralmente, educada; mocinha, garota, guria: *é uma escola de muita menina bonita*. **4**. *Pop*. Namorada, pequena, mina: *vou sair com minha menina hoje*. **5**. *Pop*. Tratamento carinhoso que se dá à pessoa do sexo feminino, mesmo que adulta: *onde se meteu essa menina, meu Deus?!* **6**. Filha: *essa é a minha menina!* **7**. *Pop*. Rapaz efeminado: *a menina acordou nervosa?* // *interj* **8**. Expressa intensidade de sentimento: *menina, você não sabe o que aconteceu!* → **menina-moça** *sf* [menina crescida, que entrou na puberdade (dos 13 aos 16 anos); meninota], de pl. *meninas-moças;* **meninota** *sf* (*pop*. menina--moça) ·· **Menina dos olhos**. Pessoa predileta ou a mais querida.

me.nin.ge *sf* Cada uma das três membranas que envolvem o encéfalo e a medula espinal. → **meningite** *sf* (inflamação das meninges).

me.ni.no *sm* **1**. Criança do sexo masculino desde o nascimento até a puberdade; garoto, guri. **2**. *Pop*. Tratamento carinhoso que se dá à pessoa do sexo masculino, mesmo que adulta: *onde se meteu esse menino, meu Deus?!* **3**. Filho: *esse é o meu menino!* // *interj* **4**. Expressa intensidade de sentimento: *menino, você não sabe o que aconteceu!* → **meninice** *sf* (**1**. infância; **2**. ações ou palavras próprias de criança; criancice).

me.nir *sm* Monólito vertical de origem pré-histórica.

me.nis.co *sm* Fibrocartilagem em forma de meia-lua, encontrada em certas juntas, princ. a dos joelhos.

me.no.pau.sa *sf* Cessação permanente da atividade menstrual, ocorrida geralmente entre 45 e 58 anos. (Cuidado para não usar "menorpausa"!) → **menopáusico** *adj* (rel. a menopausa).

me.nor *adj* (comp. irreg. de *pequeno*) **1**. Mais pequeno: *a Lua é menor que a Terra*. **2**. *Fig*. Inferior em qualidade: *poetas menores*. **3**. Inferior em graduação; subalterno, subordinado: *funcionários menores*. **4**. Mínimo: *não tive o menor interesse pelo assunto*. // *adj* e *s2gên* **5**. Que ou pessoa que ainda não chegou à maioridade: *eleitores menores; o menor carente*. · Antôn.: *maior*. → **menoridade** *sf* (**1**. estado de uma pessoa que ainda não atingiu a maioridade; **2**. período da vida de alguém durante o qual não é legalmente responsável por seus atos e não goza do exercício de certos direitos do adulto), de antôn. *maioridade*.

me.nos *pron* **1**. Inferior em número, quantidade, posição, condição, etc.: *mais amor e menos confiança!* // *adv* **2**. Em número ou intensidade menor: *comer menos*. // *prep* **3**. Exceto, fora, salvo: *todos foram, menos eu*. // *sm* **4**. O menor preço: *qual é o menos do carro?* · Antôn.: *mais*. (Em nenhuma circunstância se usa "menas", palavra inexistente na língua.)

me.nos.pre.zo (ê) ou **me.nos.pre.ço** (ê) *sm* Desrespeito ou desdém por algo ou alguém que merece consideração; pouco--caso: *olhou-me com desprezo; o povo vai acabar agindo com desprezo por eleições*. · Antôn.: *admiração*. → **menosprezar** ou **menospreçar** *v* (demonstrar menosprezo ou menosprezo a; fazer pouco-caso de).

me.nos-va.li.a *sf* Diferença negativa entre o preço de venda de um ativo e seu preço de compra (por oposição a *mais-valia*). · Pl.: *menos-valias*.

men.sa.gem *sf* **1**. Qualquer comunicação, oral ou escrita, geralmente breve, entre pessoas, grupos, etc. ou seu teor:

se eu não estiver em casa, quando você ligar, deixe sua mensagem! **2.** Comunicação eletrônica semelhante; *e-mail: excluí todas as minhas mensagens de correio eletrônico.* **3.** Comunicação eletrônica gerada automaticamente por um programa de computador e exibida em uma tela: *apareceu uma mensagem de erro.* **4.** Comunicação oficial, formal, escrita ou oral: *o presidente enviou uma mensagem de solidariedade aos parentes dos mortos no acidente.* **5.** Comunicação importante ou ideia subjacente contida em obra artística ou literária: *poucos entenderam a mensagem do filme.* **6.** Anúncio comercial de televisão ou rádio: *retornaremos após nossas mensagens.* **7.** Aviso subliminar; dica, insinuação: *não atendo mais às suas ligações; será que ela não está entendendo a mensagem?* · Pl.: *mensagens.* → **mensageiro** *adj* e *sm* (**1.** que ou aquele que leva e traz recados, encomendas, mensagens, bagagens em hotel, etc.; **2.** que ou aquele que anuncia; anunciador, arauto; **3.** que ou aquele que é mandado em missão para cumprir rigorosamente as ordens recebidas do superior).

men.sal *adj* **1.** Relativo a mês: *lucro mensal.* **2.** Que acontece, realiza-se, faz-se, publica-se ou efetua-se uma vez por mês: *abono mensal; reunião mensal; revista mensal.* **3.** Que dura um mês: *contrato mensal de aluguel.* → **mensalão** *sm* (*pop.* mesada paga a parlamentares, por membros governistas, em troca de votos a favor do governo); **mensaleiro** *adj* e *sm* (*pop.* que ou corrupto que recebe mensalão); **mensalidade** *sf* (qualquer quantia paga uma vez por mês); **mensalista** *adj* e *s2gên* (que ou pessoa que recebe salário por mês).

mens.tru.a.ção *sf* **1.** Fluxo periódico de sangue do útero, que ocorre mais ou menos em intervalos regulares durante a vida de uma mulher e das fêmeas de outros primatas; mênstruo. **2.** Tempo que dura esse fluxo; período menstrual. → **menstrual** *adj* (rel. a menstruo); **menstruar** *v* (**1.** ter mensalmente o fluxo menstrual; **2.** ter o primeiro mênstruo); **mênstruo** *sm* (menstruação).

men.su.rar *v* **1.** Determinar ou verificar a(s) medida(s) ou dimensões de; medir: *mensurar um terreno.* **2.** Avaliar, medir, estimar, calcular: *mensurar o desempenho de um atleta; não há como mensurar quão valiosos são para nossa empresa esses clientes.* → **mensurabilidade** *sf* (qualidade do que é mensurável); **mensuração** *sf* (ato de mensurar ou medir; medição); **mensurável** *adj* (que se pode medir ou avaliar).

men.ta *sf* Hortelã.

men.te *sf* **1.** Faculdade de pensar, raciocinar, aplicada ao conhecimento; inteligência: *Einstein tinha mente de gênio.* **2.** *Fig.* Desejo, intenção, propósito: *tenho em mente viajar nas férias.* **3.** *Fig.* Atenção, espírito: *tenho que manter minha mente voltada para o trabalho o tempo todo.* **4.** Mentalidade (2). **5.** Imaginação fantasiosa; fantasia: *na minha mente, aquela mulher tinha de ser minha de qualquer maneira.* **6.** *Fig.* Pessoa de grande capacidade mental: *Einstein era uma mente privilegiada.* → **mental** *adj* (da mente); **mentalidade** *sf* [**1.** qualidade de mental; **2.** forma de pensar; mente (4): *tem 30 anos e ainda possui uma mente infantil*]; **mentalização** *sf* [ato ou efeito de mentalizar(-se)]; **mentalizar** *v* (**1.** conceber, imaginar; **2.** fantasiar); **mentalizar-se** (conscientizar-se).

men.te.cap.to *adj* e *sm* Que ou aquele que é idiota ou age como tal.

men.ti.ra *sf* Afirmação falsa deliberadamente apresentada como verdadeira; inverdade, falsidade, cascata, potoca. → **mentir** *v* [**1.** afirmar ser verdadeiro (o que sabe ser falso): *ele mentiu que é pobre*; **2.** esconder, ocultar: *as mulheres costumam mentir a idade*], que se conjuga por *ferir*; **mentirinha** *sf* (*pop.* mentira sem importância, que não causa dano); **mentiroso** (ô; pl.: ó) *adj* e *sm* (que ou quem mente; potoqueiro, cascateiro). ·· **De mentirinha. 1.** Apenas aparente; fictício: *Fizeram uma fiscalização de mentirinha na galeria. A polícia colocou umas algemas de mentirinha no deputado.* **2.** Inoperante, ineficiente: *Presidente de mentirinha.*

men.tol *sm* Álcool incolor, $C_{10}H_{20}O$, extraído do óleo da hortelã ou sintetizado, usado em perfumes, licores, cigarros, cremes dentais, confeitos, balas, etc. · Pl.: *mentóis.* → **mentolado** *adj* (que contém mentol).

men.tor (ô) *sm* **1.** Pessoa que orienta, aconselha ou encaminha outra para o bem; guia ou conselheiro seguro. **2.** Autor intelectual; idealizador.

menu [fr.] *sm* **1.** Cardápio. **2.** Em informática e telecomunicações, conjunto de opções possíveis expostas na tela do computador, telefone celular, televisor, etc., que permite ao usuário executar os mais diversos comandos à sua escolha. · Pl.: *menus.* · Pronuncia-se *menú.*

me.que.tre.fe *adj* e *s2gên* Que ou pessoa que não tem importância nenhuma; pé de chinelo; zé-ninguém.

mer.ca.do *sm* **1.** Estabelecimento onde se vendem gêneros alimentícios e outros. **2.** Centro comercial. **3.** Grupo particular de compradores em potencial. **4.** Transação de produtos ou valores; comércio. **5.** Demanda ou procura por determinado bem ou serviço. → **mercadologia** *sf* (*marketing*); **mercadológico** *adj* (rel. a mercadologia); **mercadoria** *sf* [tudo o que é passível de compra e venda; mercancia(2)].

mer.ca.dor (ô) *sm* Negociante, comerciante, mercante.

mer.can.ci.a *sf* **1.** Ato ou efeito de mercanciar; comércio, negócio: *havia uma intensa mercancia de escravos àquela época.* **2.** Mercadoria. (Cuidado para não usar "mercância"!) → **mercanciar** *v* (negociar, comerciar).

mer.can.te *s2gên* **1.** Pessoa que compra para revender; negociante, comerciante, mercador(a). // *adj* **2.** Relativo ao comércio; comercial, mercantil.

mer.can.til *adj* **1.** Relativo aos mercadores ou às mercadorias. **2.** Dedicado ao comércio. **3.** Relativo ao comércio; comercial, mercante. **4.** Animado pelo atrativo do ganho, do lucro. // *sm* **5.** *Pop.*CE Qualquer mercado de secos e molhados. → **mercantilidade** *sf* (qualidade do que é mercantil); **mercantilização** *sf* (ato ou efeito de mercantilizar); **mercantilizar** *v* [**1.** tornar (uma coisa) artigo comercial; comercializar; **2.** fazer que prevaleça o espírito mercantil ou o interesse monetário em detrimento de; converter em objeto de comércio; negociar, mercadejar: *mercantilizar o ensino, o voto, o corpo*].

mer.can.ti.lis.mo *sm* **1.** Teoria e sistema de economia política que predominou na Europa do séc. XVI ao séc. XVIII. **2.** Prática, método ou espírito mercantil, que consiste em subordinar tudo ao ganho, ao lucro. → **mercantilista** *adj* (**1.** rel. a mercantilismo; **2.** que valoriza a criação de riqueza; **3.** que põe os interesses econômicos acima de tudo) e *adj* e *s2gên* [que ou pessoa que é adepta do mercantilismo].

mer.cê *sf* **1.** Prêmio dado em atenção a bons serviços. **2.** Graça, favor: *recebi mercês divinas.* ·· **À mercê de. 1.** Ao sabor de; ao capricho de: *Ficar à mercê da correnteza.* **2.** Na dependência total de: *Estamos agora à mercê de nossos inimigos.* ·· Mercê de. Por causa de, em virtude de: Mercê dos juros, o empréstimo ficou impagável. ·· **Vossa Mercê.** Tratamento usado antigamente, inferior a Senhoria, contraído ao longo do tempo em *vossemecê, vosmecê* e *você*, usado para pessoas íntimas. (Atualmente está reduzido a *cê*, depois de passar por *ocê.*).

mer.ce.a.ri.a *sf* Armazém de secos e molhados; mercantil (5). → **merceeiro** *sm* (dono de mercearia).

mer.ce.ná.rio *adj* e *sm* **1.** Que ou aquele que se alista em qualquer exército por dinheiro. **2.** Que ou aquele que só trabalha ou executa qualquer tipo de serviço por gorda remuneração; interesseiro. → **mercenarismo** *sm* (espírito mercenário).

mer.ce.ri.zar *v* Submeter (fios de algodão) a um processo que os torna brilhantes e sedosos. **mercerização** *sf* (operação de mercerizar, que consiste em tratar os fios ou tecidos de algodão para contrair as fibras e dar-lhes brilho, resistência, além de torná-los mais fáceis de absorver as cores).

merchandising [ingl.] *sm* **1.** Prática publicitária indireta que consiste em introduzir, aparentemente ao acaso e com naturalidade, falas e cenografias pagas num filme, telenovela, programa de rádio ou de televisão, com efeitos melhores que os de um comercial regular. **2.** Planejamento promocional de um produto, antes de seu lançamento no mercado, para oferecer um produto certo no lugar certo, no tempo certo, em quantidades certas e a preço certo. **3.** Promoção que se faz nos próprios pontos de venda, mediante cartazes, mostruário, etc. · Pl.: *merchandisings.* · Pronuncia-se *merchandáizim.* → **merchandete** *sf* (*pop.* moça que anuncia produtos à venda nos canais especializados, na televisão).

MERCOSUL ou **Mercosul** *sm* Acrônimo de <u>Mer</u>cado <u>Co</u>mum do <u>Cone Sul</u>, acordo de comércio assinado em 1991 entre o Brasil, a Argentina, o Paraguai, o Uruguai (fundadores), o Chile e a Bolívia (1996). [A pronúncia normal seria com o **e** fechado (de *mercado*), mas a língua cotidiana consagrou a pronúncia com timbre aberto da vogal da primeira sílaba.]

mer.cú.rio *sm* Elemento químico metálico líquido (símb.: **Hg**), altamente venenoso, usado em termômetros, barômetros, lâmpadas de vapor, baterias e na preparação de pesticidas químicos. → **mercurial** *adj* (que contém mercúrio) e *sm* (medicamento que contém mercúrio).

mer.cu.ro.cro.mo *sm* Solução antisséptica tópica, de eficácia duvidosa e contraindicada pela medicina moderna. (O povo usa "mercuriocromo".)

mer.da *sf Pop.Chulo* **1**. Fezes, excremento (geralmente humano). **2**.*P.ext*. Porcaria, sujeira: *esta merda de carro que não pega de manhã*. **3**.*P.ext*. Qualquer coisa insignificante: *esta merda de salário que recebo*. **4**. *Fig*. Bobagem, besteira, asneira: *venha ver a merda que fiz!* // *sm* **5**. *Fig*. Pessoa sem nenhum valor ou importância; pé de chinelo; mequetrefe: *a mulher com quem você casou é um merda*. // *interj* **6**. Exprime contrariedade: *merda, meu time perdeu de novo!* → **merdança** *sf* (**1**.*pop.chulo* porção de merda: *a casa abandonada era uma merdança só*; **2**. *fig*. grande bobagem ou besteira: *venha ver a merdança que fiz!*).

me.re.cer *v* **1**. Ser merecedor ou digno de: *ele não merece o que ganha*. **2**. Ter direito a: *o Brasil não merece uma classe política melhor?* **3**. Estar em condições de obter: *é uma informação que não merece crédito*. **4**. Fazer jus a: *você mereceu o prêmio*. → **merecedor** (ô) *adj* (que merece, digno); **merecimento** *sm* (qualidade que torna alguém digno de prêmio ou de castigo).

me.ren.da *sf* **1**. Refeição ligeira entre o almoço e o jantar; lanche. **2**. Lanche que os estudantes levam para comer na escola. **3**. Alimento servido às crianças nas escolas, creches, etc. → **merendar** *v* (**1**. comer à hora da merenda; **2**. comer a merenda); **merendeira** *sf* (**1**. sacolinha onde se leva a merenda; **2**. mulher que serve ou prepara a merenda).

me.ren.gue *sm* **1**. Doce composto de dois grandes suspiros unidos entre si por uma camada de creme chantili. **2**. Dança dominicana e haitiana, de origem folclórica. **3**. Música para essa dança.

me.re.triz *sf* Mulher que pratica atos sexuais por dinheiro; mulher da vida; prostituta, rapariga (no Nordeste). → **meretrício** *adj* (rel. a meretriz) e *sm* (profissão de meretriz; prostituição).

mer.gu.lhar(-se) *v* Meter(-se) debaixo d'água ou de qualquer outro líquido; imergir. **mergulhador** (ô) *sm* (**1**. aquele que mergulha, que é hábil em mergulhar; **2**. aquele que pratica mergulho submarino; **3**. encarregado de trabalhar debaixo d'água); **mergulhão** *sm* (nome comum a diversas espécies de aves aquáticas, capazes de mergulhar para apanhar peixes e permanecer submersas por algum tempo); **mergulho** *sm* [ato de mergulhar(-se)].

me.ri.di.a.no *sm* **1**. Grande círculo imaginário da superfície terrestre que passa pelos polos. **2**. Cada uma das metades desse grande círculo de polo a polo. // *adj* **3**. Relativo a meridiano; meridional. **4**. Relativo ao meio-dia: *calor meridiano*. → **meridional** *adj* (**1**. rel. a meridiano; **2**. que está para o lado do Sul, em relação a um ponto dado) e *s2gên* (habitante das regiões do Sul). · Antôn. (2): *setentrional*. ·· **Meridiano de Greenwich**. Linha imaginária usada para indicar 0° de longitude que passa por Greenwich, bairro de Londres, e termina nos polos norte e sul.

me.ri.tís.si.mo *adj* **1**. Muito digno; digníssimo. // *sm* **2**. Juiz de direito; magistrado. (Cuidado para não usar "meretíssimo" nem muito menos "meretríssimo"!)

mé.ri.to *sm* **1**. Merecimento pessoal por bons serviços prestados, ou por grandes virtudes demonstradas: *cabe a você todo o mérito deste nosso empreendimento arrojado e bem-sucedido*. **2**. Conjunto de qualidades intelectuais e morais dignas de estima: *gente de mérito*. **3**. Qualidade louvável de alguém ou de alguma coisa; virtude: *ela tem o mérito de ser sempre pontual*. · Antôn. (1 e 2): *demérito*. → **meritório** *adj* (que merece prêmio; digno de louvor, louvável). ·· **Julgamento do mérito**. Ocorre quando o juiz analisa e julga a essência do processo, ou seja, quando ele realmente decide o objeto do processo tem fundamento ou não.

me.ro *adj* **1**. Puro, absoluto: *é uma mera fantasia essa tua*. **2**. Eventual, fortuito: *encontrei-a por mero acaso*. **3**. Sem importância; comum, simples, ordinário: *treinador reles, mero entregador de camisas*. (Usa-se apenas antes do substantivo.)

mer.re.ca *sf Gír*. **1**. Quantia ou quantidade insignificante; mixaria: *ganha uma merreca por mês*. **2**. Onda pequena, entre os surfistas.

mer.ti.o.la.te ou **mer.ti.o.la.to** *sm* Medicamento anti-infeccioso tópico. (Cuidado para não usar "metiolato"!)

mês *sm* **1**. Unidade de tempo correspondente, aproximadamente, a um ciclo das fases lunares, com cerca de 30 dias ou 4 semanas. **2**. Cada uma das 12 divisões de um ano, determinadas por um calendário, esp. o gregoriano. **3**. Período entre as mesmas datas em meses sucessivos; espaço de trinta dias. **4**. Quantia paga por um mês de trabalho ou de aluguel. →

mesada *sf* (quantia dada mensalmente pelos pais aos filhos). (Embora dê ideia de *mês*, pode haver, por catacrese, *mesada semanal*, *mesada quinzenal*, *mesada bimensal*, *mesada trimestral*, etc.)

me.sa (ê) *sf* **1**. Móvel sobre o qual se come, escreve, joga, etc. **2**.*P.ext*. Alimento servido nesse móvel: *casa de mesa farta*. **3**. Grupo de pessoas sentadas a esse móvel: *a mesa era só de criançada*. **4**. *Fig*. Conjunto de presidente e secretários de uma assembleia ou associação. **5**. Quantia que, em alguns jogos de azar, se coloca na mesa para ser levantada pelo ganhador; bolo. ·· **Mesa de cabeceira**. Criado-mudo.

me.sa-re.don.da *sf* Reunião de pessoas que debatem e deliberam sobre um assunto em que são abalizadas ou versadas, coordenadas por um moderador, que orienta e disciplina a reunião. · Pl.: *mesas-redondas*.

me.sá.rio *sm* **1**. Aquele que faz parte da mesa de uma assembleia ou associação. **2**. Aquele que faz parte de mesa eleitoral. · Fem.: *mesária*.

me.sa-te.nis.ta *s2gên* Jogador(a) de tênis de mesa. · Pl.: *mesa-tenistas*. → **mesa-tenístico** *adj* (rel. a tênis de mesa), de pl. *mesa-tenísticos*.

mes.cla *sf* **1**. Mistura desordenada de elementos distintos, feita geralmente por acaso. **2**. Tecido feito com fios de diversas cores ou de diversas fibras. // *adj* **3**. Diz-se desse tecido ou de peça de vestuário feita desse tecido. → **mesclado** *adj* (**1**. misturado: *prazer mesclado com dor*; **2**. em que há mistura de duas cores: *gato de pelagem mesclada*) e *sm* (zirrê, cracanha); **mesclar(-se)** *v* (**1**. misturar(-se): *mesclar tintas e cores*; *é um programa que mescla entretenimento com jornalismo*; *o HIV e a tuberculose se mesclaram de forma perigosa*; *torcedores das duas equipes se mesclaram na saída do estádio e em paz*; **2**. misturar-se para não ser detectado: *fugindo da polícia, mesclou-se entre os pedestres*; *mesclou-se no grupo e entrou*; **3**. intercalar: *mesclou sua fala de inúmeros estrangeirismos*; **4**. [misturar (o sangue) mediante casamento de pessoas de etnias diferentes; miscigenar(-se)].

me.si.al *adj* Relativo ao ou situado no plano mediano do corpo: *o coração é mesial aos pulmões*.

mes.mi.ce *sf* **1**. Falta ou ausência de variedade, de fatos novos; rotina. **2**. Marasmo, monotonia, inatividade, pasmaceira.

mes.mo *pron* **1**. Que não é outro: "*a mesma praça, o mesmo banco, as mesmas flores, o mesmo jardim*". **2**. Parecido, semelhante: *tem a mesma timidez da mãe*. **3**. Este, esse, aquele, citado, mencionado: *no mesmo instante a dor passou*; *tomei um sorvete do mesmo sabor que o dela*. **4**. Próprio: *seu pai mesmo diz isso de você*; *sua mãe mesma diz isso*; *ela fala consigo mesma*. // *sm* **5**. A mesma coisa: *a mãe chorou, e os filhos fizeram o mesmo*. [Há um hábito, mau hábito, de se usar "o mesmo" (e variantes) como pronome pessoal: *Antes de entrar no elevador, verifique se "o mesmo" encontra-se parado no andar*. Caberia *ele* em seu lugar. No meio policial, ao fazer um boletim de ocorrência, será inevitável: é um tal de "*o mesmo*" declara que, "os mesmos" afirmam que, etc.]. // *adv* **6**. Exatamente, justamente, logo: *você foi beijá-la mesmo na frente do pai?!* **7**. Até, ainda: *qualquer pessoa, mesmo a mais ignorante, entende isso*. **7'**. palavra denotativa de afirmação **8**. De fato, realmente: *o planeta está mesmo doente*.

me.só.cli.se *sf* Interposição de pronome átono entre um verbo; tmese (p. ex.: *cantá-la-ei*, *ouvir-te-emos*). → **mesoclítico** *adj* (que está em mesóclise).

me.só.frio *sm* Glabela, intercílio.

mé.son *sm* Partícula nuclear de massa intermediária entre o elétron e o próton.

Mesopotâmia *sf* Antiga região entre os rios Tigre e Eufrates, no sudoeste asiático, berço de muitas civilizações. → **mesopotâmico** *adj*.

me.so.zoi.co (ói) *adj* **1**. Diz-se da terceira era do tempo geológico, anterior ao cenozoico e posterior ao paleozoico (entre 245 milhões e 65 milhões de anos), que compreende os períodos triássico, jurássico e cretáceo, caracterizada pela formação dos oceanos Atlântico e Índico, por um notável desenvolvimento da fauna e da flora e pelo aparecimento e extinção dos dinoassauros. **2**. Relativo ou pertencente a essa era geológica. // *sm* **3**. Era mesozoica.

mes.qui.nho *adj* e *sm* **1**. Que ou aquele que, fingindo falta de recursos, gasta ou dá apenas o absolutamente indispensável; que ou aquele que é pouco generoso. // *adj* **2**. Ignóbil, sórdido: *política mesquinha*. **3**. Pobre, escasso: *governo mesquinho de recursos*. **4**. Falto de grandeza; insignificante: *escritor* *mesquinho*; **5**. Muito ruim; péssimo, ordinário: *país de educação mesquinha*. · Antôn. (1): *P.ext.*; (2): *digno*; (3): *rico*, *pródigo*; (4): *célebre*; (5): *ótimo*. → **mesquinharia** ou **mesquinhez** (pl.: *-ezes*), **mesquinheza** (ê) *sf* (**1**. qualidade do que é mesquinho; **2**. ato de pessoa mesquinha; **3**. excessiva estreiteza de espírito), de antôn. *generosidade*.

mes.qui.ta *sf* Templo muçulmano.

mes.sa.li.na *sf* Mulher lasciva e dissoluta; prostituta.

Messias *sm* **1**. No judaísmo, o prometido e esperado salvador e rei dos judeus. **2**. No cristianismo, Jesus também visto como o salvador e por isso chamado *o Cristo*. **mes.si.as 3**. *Fig.* Qualquer pessoa ansiosamente esperada para salvar um povo, país, etc. do ponto de vista social. → **messiânico** *adj* (rel. a Messias, a messias ou a messianismo); **messianismo** *sm* (crença na vinda do Messias).

mes.ti.ço *adj* e *sm* Que ou aquele que provém de indivíduos pertencentes a etnias ou a raças diferentes. → **mestiçagem** *sf* ou **mestiçamento** *sm* [cruzamento de indivíduos de etnias (pessoas) ou de raças (irracionais) diferentes; miscigenagem]; **mestiçar(-se)** ou **mesticizar(-se)** *v* [tornar(-se) mestiço; miscigenar(-se)].

mes.tre *sm* **1**. Todo aquele que é versado em uma arte, ciência, etc. **2**. Oficial senhor de seu ofício, chefe de outros. **3**. Homem luminar; guia. **4**. Maçom que recebeu o terceiro grau e dirige os aprendizes e companheiros. **5**. Aquele que cursou e tem mestrado. **6**. Aquele que leva vantagem sobre outro(s) em qualquer coisa. // *adj* **7**. Principal, fundamental, básico. · Fem.: *mestra*. → **magistral** *adj* (**1**. rel. ou pert. a mestre: *o salário magistral no Brasil é ridículo*; **2**.*p.ext.* digno de um mestre; perfeito: *tese magistral; concerto magistral*; **3**. *fig.pej.* pedante, pretensioso: *indivíduo que fala em tom magistral, que só convence mesmo os tolos*); **mestrado** *sm* (**1**. grau universitário, entre bacharel e doutor; **2**. o respectivo curso); **mestral** *adj* (rel. a mestrado); **mestrando** *sm* (aquele que está prestes a obter o grau de mestrado); **mestria** ou **maestria** *sf* (**1**. qualidade de mestre; sabedoria; **2**. autoridade de mestre, de grande conhecedor, de perito; perícia, habilidade, destreza: *a mestria de um ilusionista, de um piloto de Fórmula 1*). (Em rigor, de *mestre* só sai **mestria**, e não *maestria*, que tem mais a ver com *maestro*; não obstante, o povo, mestre em confusões, confundiu uma com outra e passaram a usar ambas como equivalentes.) · **Mestre de obras**. Chefe dos pedreiros e serventes numa obra.

mes.tre-cu.ca ou **mes.tre-cu.co** *sm Pop.* Cozinheiro profissional, de hotel ou restaurante; cuca. · Pl.: *mestres-cucas, mestres-cucos*.

mes.tre-sa.la *sm* **1**. Encarregado do cerimonial nas recepções dos palácios reais. **2**. *Pop.* Figurante, em desfile carnavalesco, que faz par com a porta-bandeira. · Pl.: *mestres-salas*.

me.su.ra *sf* Leve inclinação de cabeça, em sinal de respeito. → **mesurar** *v* (fazer mesuras a, cumprimentar); **mesureiro** *adj* (que gosta de fazer mesuras); **mesurice** *sf* (mesura afetada, exagerada).

me.ta *sf* **1**. Marco ou baliza, real ou imaginária, que assinala o local onde uma corrida chega ao fim: *o corredor africano chegou à meta muito antes dos outros concorrentes*. **2**. Em futebol, arco, baliza, cidadela, gol. **3**. Termo, limite, fim: *esse governo já atingiu sua meta; toda vida tem sua meta, a que muitos chamam morte*. **3**. *Fig.* Qualquer propósito a ser atingido; objetivo, fim: *a vida sem meta não tem nenhum sentido; a meta do casal é ter apenas dois filhos*.

me.ta.bo.lis.mo *sm* **1**. Complexo de processos físico-químicos que ocorrem em organismos e células vivas, necessários para a manutenção das funções vitais: *exercícios físicos aceleram o metabolismo*. **2**. Funcionamento de uma substância específica num corpo vivo: *o metabolismo dos carboidratos*. → **metabólico** *adj* (rel. a metabolismo); **metabolizar** *v* (efetuar o metabolismo de).

me.ta.car.po *sm* Parte da mão que fica entre o carpo e os dedos. → **metacarpal**, **metacarpiano** ou **metacárpico** *adj* (**1**. rel. ou pert. a metacarpo; **2**. diz-se de cada um dos ossos do metacarpo).

me.ta.de *sf* **1**. Cada uma das duas partes iguais em que se divide um todo. **2**. Meio. **3**. Em matemática, quociente da divisão de um número por 2. **4**. *Fig.* Redução de *cara-metade*; ser amado.

me.ta.fí.si.ca *sf* **1**. Ramo da filosofia que estuda os fundamentos da existência ou realidade, como a existência e a natureza de Deus, a imortalidade da alma, o significado do diabo, o problema do livre-arbítrio e do destino, a relação entre a mente e o corpo, etc. **2**. Sistema metafísico particular: *a metafísica de Aristóteles*. **3**.*P.ext.* Filosofia especulativa em geral. **4**. *Pop.* Qualquer raciocínio abstrato muito difícil ou sutil. **5**. Concepção geral que uma pessoa tem do mundo e da vida: *crie sua própria metafísica!* → **metafísico** *adj* (**1**. rel. ou pert. à metafísica: *as provas metafísicas da existência de Deus*; **2**. que tem caráter muito abstrato e nada prático; que se perde em especulações: *tese metafísica; discurso metafísico*) e *adj* e *sm* (que ou aquele que é versado em metafísica).

me.tá.fo.ra *sf* **1**. Figura de linguagem que consiste no emprego de palavra, expressão ou frase fora do seu sentido normal, por efeito da semelhança ou da analogia. Ex.: *Ele está nadando em dinheiro. Dê asas a sua imaginação! A Amazônia é o pulmão do mundo*. **2**. Referência vaga ou indireta; insinuação, alusão: *o poeta compôs a letra dessa música usando metáforas, para evitar o corte da censura*. → **metafórico** *adj* (**1**. rel. a metáfora ou que a contém; **2**. que denota uma ideia distinta da que significa reta e literalmente; figurado: *usei a palavra no seu sentido metafórico*). ·· **Falar por metáforas**. Usar imagens paralelas ou analógicas, para expressar o pensamento: *Aquele presidente gostava de falar por metáforas, usando para isso quase sempre o futebol*.

me.tal *sm* **1**. Elemento químico caracterizado por um brilho particular, dito *brilho metálico*, por uma tendência à deformação, a formar cátions e a conduzir calor e eletricidade. **2**. Material constituído de um desses elementos químicos ou de suas ligas. // *smpl* **3**. Conjunto formado pelos instrumentos metálicos de sopro de uma orquestra. **4**. Conjunto de registros, torneiras, etc. de um banheiro. → **metálico** *adj* (rel. ou sem. a metal no brilho, na cor, no sabor, no aspecto ou na dureza).

me.ta.lei.ro *sm Gír.* **1**. Músico adepto do *rock heavy metal* ou *rock pauleira*. **2**. Admirador desse tipo de música.

me.ta.loi.de (ói) *sm* **1**. Elemento químico não metálico, como o arsênico, silício, iodo, bromo e antimônio, que tem as mesmas propriedades químicas do metal, mas não tem comportamento metálico. **2**. Elemento não metálico, como o carbono, que pode formar liga com metais. // *adj* **3**. Relativo a um metaloide. **4**. Que tem as características de um metaloide. **5**. Que tem a aparência ou o aspecto de um metal.

me.ta.lur.gi.a *sf* **1**. Ciência e tecnologia da extração de metais do seio da terra e de sua purificação, preparando-os para uso. **2**. Estudo dos metais e de suas propriedades. → **metalúrgica** *sf* (oficina de metalurgia); **metalúrgico** *adj* (rel. a metalurgia) e *adj* e *sm* (metalurgista); **metalurgista** *adj* e *s2gên* [que ou pessoa que trabalha em metalurgia; metalúrgico(a)].

me.ta.mor.fo.se *sf* **1**. Mudança radical de forma que sofrem insetos e certos animais, como a da larva para o estado adulto. **2**.*P.ext.* Qualquer transformação radical, como que por mágica ou feitiçaria. → **metamórfico** *adj* (**1**. rel. a metamorfose ou caracterizado por metamorfose: *a lagarta é um animal metamórfico*; **2**. diz-se da rocha formada por metamorfismo: *a ardósia é uma rocha metamórfica*); **metamorfismo** *sm* (alteração da composição ou estrutura original de uma rocha por calor intenso, pressão ou outros agentes naturais); **metamorfosear** *v* (**1**. mudar a forma ou a natureza de; transformar: *a bruxa metamorfoseou o príncipe*; **2**. *fig.* mudar o gênio, o caráter ou o comportamento de: *o sucesso lhe subiu à cabeça, metamorfoseando-o completamente*); **metamorfosear-se** (mudar completamente; transformar-se, sofrer metamorfose: *sua vida se metamorfoseou depois do casamento*), que se conjuga por *frear*.

me.tan.fe.ta.mi.na *sf* Droga sintética, com efeitos mais rápidos e duradouros que a anfetamina, da qual deriva, usada ilegalmente como estimulante do sistema nervoso central e como medicamento prescrito para obesidade e para a manutenção da pressão arterial. → **metanfetamínico** *adj* (rel. a metanfetamina).

me.ta.no *sm* Gás inflamável, CH_4, incolor e inodoro, o maior componente do gás natural, usado como combustível e como matéria-prima em síntese química.

me.ta.nol *sm* Álcool obtido a partir da destilação da madeira, CH_3OH, altamente tóxico, também conhecido como *álcool de madeira* e *álcool metílico*, usado como solvente, anticongelante e combustível. · Pl.: *metanóis*.

me.ta.plas.mo *sm* Mudança na forma de uma palavra pela adição, supressão, permuta ou transposição de sons ou das letras que os representam (p. ex.: *blatta* > *bratta* > *barata*). → **metaplástico** *adj* (rel. a metaplasmo).

me.ta.tar.so *sm* Parte do pé humano ou da pata traseira em quadrúpedes, entre o tarso e as falanges, que em humanos compreende cinco ossos alongados que formam a frente do peito do pé e a planta do pé. → **metatarsal** ou **metatarsiano** *adj* (diz-se de cada um dos cinco ossos do metatarso); **metatarsal** ou **metatársico** *adj* (rel. ou pert. ao metatarso).

me.ta.tex.to (ê) *sm* Texto literário que fundamenta uma crítica ou serve para produzir um novo texto.

me.ta.ver.so (mè) *sm* Combinação de vários elementos de tecnologia, incluindo realidade virtual, realidade aumentada e vídeo, na qual os usuários "vivem" dentro de um universo digital.: *o metaverso descreve uma visão de um mundo virtual tridimensional conectado, onde os mundos real e digital são integrados, usando tecnologias como realidade virtual e realidade aumentada, no qual os usuários se encontrarão e se comunicarão como avatares digitais, explorarão novas áreas e criarão conteúdo; a ideia é que o metaverso se torne um espaço virtual colaborativo, no qual se possa brincar, trabalhar, aprender e socializar*.

me.te.di.ço *adj* Diz-se do sujeito que se mete na vida e no assunto dos outros; abelhudo, intrometido, enxerido.

me.tem.psi.co.se *sf* Na morte, passagem da alma para outro corpo, humano ou animal; transmigração de almas; reencarnação. → **metempsicótico** *adj* (rel. a metempsicose ou próprio de metempsicose).

me.te.o.ro *sm* **1**. Todo fenômeno atmosférico (chuva, neve, raio, arco-íris, ciclone, etc.), com exceção das nuvens. **2**. Fenômeno luminoso que resulta da queda na atmosfera terrestre de uma rocha proveniente do espaço; estrela cadente. **3**. *Fig*. Qualquer pessoa ou coisa que brilha ou se torna famosa de forma muito rápida e desaparece de forma ainda mais rápida. [Não se confunde (2) com *meteorito*.] → **meteórico** *adj* [**1**. rel. a meteoro(s); **2**. formado ou produzido por meteoros; **3**. *fig*. sem. a um meteoro em velocidade, brilho ou brevidade: *a passagem meteórica de um político por um ministério*]; **meteorito** *sm* (todo corpo celeste que penetra na atmosfera terrestre e atinge a superfície do planeta, formando às vezes enormes crateras; aerólito), não se confunde com *meteoro*; **meteorológica** *sf* (ciência que estuda os fenômenos atmosféricos, princ. as condições do tempo); **meteorológico** *adj* (rel. a meteorologia); **meteorologista** *adj* e *s2gên* (especialista em meteorologia). (Cuidado para não usar "metereologia"!)

me.ter *v* **1**. Introduzir, fazer entrar: *meter as mãos no bolso*. **2**. Causar, inspirar, infundir: *candidato que mete medo*. **3**. Incluir, implicar, envolver: *meteram-me na encrenca*. **4**. Guardar, depositar: *meter as economias num cofre*. **5**. Internar, pôr: *meteram-no num internato*. **6**. Prender: *meteram-no na cadeia*. **meter-se 7**. Enfiar-se, embrenhar-se: *meter-se pela mata*. **8**. Esconder-se, enfurnar-se: *meter-se no quarto*. **9**. Intrometer-se, ingerir-se: *não se meta em assunto meu!* **10**. Provocar, desafiar: *você, então, vai meter-se com gente maior que você?* **11**. Aventurar-se, pôr-se a fazer o que não entende: *quando ele se mete a mecânico, aí é que o carro não pega mesmo!* · V. **metido**.

me.ti.cu.lo.so (ô; pl.: ó) *adj* Cuidadoso em cada detalhe; minucioso: *pesquisa meticulosa; ela sempre foi meticulosa com sua aparência*. → **meticulosidade** *sf* (qualidade de quem é meticuloso).

me.ti.do *adj* e *sm* **1**. Que ou aquele que é metediço. **2**. Que ou aquele que é arrogante, pernóstico, intragável. **3**. Que ou aquele que está convencido de ser importante, sem sê-lo. **4**. Que ou aquele que se mete numa atividade, profissão, etc. que não conhece; curioso. // *adj* **5**. Envolvido, comprometido: *ele está metido nesse crime*. **6**. Enfurnado, escondido: *encontrei-a metida numa caverna*.

me.ti.la *sf* ou **me.ti.lo** *sm* Radical CH$_3$, derivado do metano, pela remoção de um átomo de hidrogênio. ·· **Álcool metílico**. Metanol.

me.to.dis.ta *s2gên* **1**. Membro de uma igreja evangélica protestante fundada na primeira metade do séc. XVIII, na Inglaterra, voltada para o bem-estar social e a moral pública. // *adj* **2**. Que professa o metodismo. **3**. Relativo ou pertencente ao metodismo. → **metodismo** *sm* (crença, método de culto e sistema de organização dos metodistas).

mé.to.do *sm* **1**. Conjunto logicamente ordenado de princípios, regras, etapas, que constituem um meio para alcançar um resultado: *método científico*. **2**. Critério ou sistema que torna eficiente e ordenada uma determinada atividade: *elaborou um bom método de trabalho*. **3**. Qualquer conjunto de procedimento técnico ou científico: *método terapêutico*. **4**. *Fig*. Modo de proceder com circunspecção e cuidado; critério, ordem: *o delegado age com método para descobrir o autor do crime*. **5**. *Fig*. Modo particular ou pessoal de fazer alguma coisa; metodologia (4): *ele tem um método infalível de vender as coisas; ela criou um método engraçado para fazer o seu cão parar de latir*. **6**. Conjunto de regras e princípios adequados para facilitar a aprendizagem progressiva de um assunto: *método de ensino; método didático-pedagógico*. **7**. Conjunto de princípios reguladores para a educação musical: *método de piano*. → **metódico** *adj* (**1**. diz-se de pessoa organizada ou sistemática em pensamento e comportamento, que faz tudo em ordem, de modo cuidadoso, com muito método e critério; sistemático: *ele é metódico em seu dia a dia*; **2**. feito de forma muito ordenada e cuidadosa: *trabalho metódico; este dicionário é resultado de anos de pesquisa meticulosa*; **metodologia** *sf* [**1**. ramo da pedagogia que se ocupa da análise da matéria a ser ensinada e dos métodos de ensiná-la; **2**. conjunto de métodos e técnicas de um determinado campo de atividade; **3**. *p.ext*. conjunto de regras e procedimentos adotados para a realização de pesquisas; **4**. *pop*. método (5): *ele tem sua própria metodologia de vendas*]; **metodológico** *adj* (rel. a metodologia); **metodologista** *adj* e *s2gên* (especialista em metodologia); **metodólogo** *sm* (metodologista).

me.to.ní.mia *sf* Tropo que consiste na substituição de um nome por outro, em virtude de haver entre eles algum relacionamento (p. ex.: *ler Machado de Assis = ler uma obra de Machado de Assis*). → **metonímico** *adj* (rel. a metonímia).

me.tra.gem *sf* **1**. Medição em metros: *fazer a metragem de um terreno*. **2**. Comprimento em metros (de peça de tecido, imóvel, filme, etc.): *curta-metragem; longa-metragem*. **3**. Tempo de duração de um filme.

me.tra.lha *sf* **1**. Fragmentos em que se divide um projetil, ao explodir. **2**. Rajada de metralhadora; metralhada: *saiu ileso à metralha*. **3**. *Fig*. Grande quantidade de alguma coisa: *recebeu como herança apenas uma metralha de dívidas*. **4**. Fragmentos de tijolo com que se enchem os espaços de uma parede. **5**. *Fig*. Fragmentos de uma demolição de prédios; entulho. → **metralhada** *sf* [metralha (2)]; **metralhadora** (ô) *sf* (arma de fogo automática que dispara muitos tiros rápida e repetidamente); **metralhar** *v* (atirar com tiros de metralhadora).

me.tro *sm* **1**. Unidade internacional de medida de comprimento (símb.: **m**). **2**. Qualquer objeto ou instrumento de medir, com o comprimento de um metro. **3**. Medida da quantidade de sílabas de um verso. **4**. Ritmo do verso. → **métrica** *sf* (arte de medir versos ou de compô-los nas medidas certas); **metricista** *adj* e *s2gên* (especialista em métrica, princ. a greco-latina); **métrico** *adj* (**1**. rel. a metro ou a metrificação; **2**. diz-se do sistema de pesos e medidas que tem por base o metro); **metrificação** *sf* (versificação); **metrificar** *v* [compor (versos) de acordo com as normas da métrica ou da versificação].

me.trô *sm* **1**. Via férrea urbana, geralmente subterrânea e operada por eletricidade, destinada ao transporte rápido de grande número de pessoas; metropolitano. **2**. Trem que trafega nessa via férrea; metropolitano. **3**. Passagem ou túnel subterrâneo que dá acesso a essa via férrea; metropolitano. → **metroviário** *adj* e *sm* (que ou aquele que trabalha no metrô) e *adj* (**1**. rel. ou pert. a metrô; **2**. feito por metrô).

me.tró.po.le *sf* **1**. A principal cidade, geralmente a capital, de um país, estado ou região. **2**. Qualquer cidade grande e bastante movimentada. **3**. Qualquer nação em relação às suas colônias. → **metropolitano** *adj* (rel. ou pert. a metrópole) e *sm* (metrô).

me.tros.se.xu.al (mè; x = ks) *adj* e *sm* **1**. Que ou homem maduro (entre 35 e 50 anos), heterossexual, que vive numa metrópole e gosta de andar na moda, de bom poder aquisitivo e bem-sucedido na profissão, extremamente preocupado com a aparência física, vestindo apenas roupas de grife. // *adj* **2**. Relativo a metrossexualidade. · V. **retrossexual**. → **metrossexualidade** (mè; x = ks) *sf* (qualidade ou condição de quem é metrossexual). (Ambas as palavras não têm registro na 6.ª ed. do VOLP; *metrossexual* surgiu na década de 1990, com a junção entre as duas sílabas iniciais de *metropolitano* e *sexual*, por analogia com a formação de *homossexual*.)

meu *pron* Representa um possuidor da 1.ª pessoa do singular, aquele que fala, para indicar relação de posse ou de ordem afetiva ou social. · Fem.: *minha*. ·· **Os meus**. **1**. A minha família. **2**. Os meus seguidores ou partidários.

me.xer *v* **1**. Agitar o conteúdo de: *mexer as panelas*. **2**. Dar movimento a; mover: *não consigo mexer as pernas*. **3**. Misturar, revolvendo: *mexer o angu*. **4**. Tocar, bulir: *não mexa em minhas coisas!* **5**. Negociar, trabalhar: *você mexe com quê?* **6**. Tocar, abordar: *não mexa mais nesse assunto, que não vale a pena!* **7**. Provocar, aperrear: *por favor, não mexa comigo* *hoje, que não estou bom!* **8**. Dirigir gracejos, importunando: *o rapaz foi mexer justamente com a mulher do coronel!* **9**. Rebolar-se, requebrar-se: *ela mexe muito, princ. quando passa perto de homens.* **mexer(-se) 10**. Agitar-se: *não venta, por isso nenhuma folha (se) mexe.* **mexer-se 11**. Deslocar-se: *aquela pedra nem se mexerá do lugar, se não usarmos um trator.* **12**. Sair do seu lugar, deslocar-se: *não se mexa, senão eu atiro!* **13**. Fazer alguma coisa, agir: *mexa-se, vamos!* → **mexida** *sf* (ação de mexer).

me.xe.ri.ca *sf* Nome que no RJ, em SP e MG se dá à tangerina, que é bergamota no RS e laranja-cravo no ES e em PE. → **mexeriqueira** *sf* (árvore que dá a mexerica).

me.xe.ri.co *sm* Fofoca, intriga. → **mexericar** *v* (fofocar); **mexeriqueiro** *adj* e *sm* (que ou aquele que mexerica; fofoqueiro).

México *sm* País do sul da América do Norte, de área equivalente à dos estados do Pará, Maranhão, Piauí e Ceará juntos. → **mexicano** *adj* e *sm*.

me.xi.lhão *sm* Molusco bivalve comestível que vive preso às rochas das praias.

me.xin.fló.rio *sm Pop*.RS **1**. Coisa insignificante; ninharia, bagatela, nica. **2**. Coisa confusa ou atrapalhada; imbróglio. **3**. Fofoca, mexerico, intriga.

me.za.ni.no *sm* Espécie de andar intermediário e parcial entre dois andares principais de um edifício, geralmente entre o térreo e o primeiro andar.

me.zi.nha (mè) *sf* Qualquer remédio caseiro. → **mezinhar** (mè) *v* (aplicar mezinha a); **mezinheiro** (mè) *sm* (**1**. aquele que faz ou aplica mezinhas; curandeiro; **2**. aquele que vive usando mezinhas); **mezinhice** (mè) *sf* [**1**. mezinha (1); **2**. qualquer remédio de curandeiro].

mi *sm* Terceira nota da escala musical, entre o ré e o fá.

mi.a.do *sm* Voz do gato; mio. → **miar** *v* [soltar miado(s)]; **miau** *sm* (**1**. onomatopeia da voz do gato; **2**. gato, na linguagem infantil).

Mianmar *sm* País do sudeste asiático, ex-Birmânia, cuja área equivale à dos estados da Bahia e de Pernambuco juntos. → **mianmarense** *adj* e *s2gên* (mas ainda se usa *birmanês* em seu lugar).

mi.as.ma *sm* **1**. Emanação malcheirosa, exalada de animal ou de matéria orgânica em decomposição. **2**. *Fig.* Influência da atmosfera nociva: *elegeu-se deputado e foi submeter-se aos miasmas de Brasília.* **3**. *Fig.* Aflição que provoca dificuldade de respiração; asfixia, sufocação. → **miasmático** *adj* (que produz miasmas ou que é causado por miasmas: *pântano miasmático; doença miasmática*).

mi.ca *sf* Mineral brilhante e muito variável na cor.

mi.ca.gem *sf* **1**. Careta própria de mico. **2**. Gestos ou trejeitos ridículos. → **micageiro** *adj* (diz-se de quem tem o hábito de fazer micagens).

mi.çan.ga *sf* **1**. Contas de vidro ou de louça miúdas, coloridas e perfuradas. **2**. *P.ext.* Qualquer objeto decorativo feito com essas contas: *ele vende miçanga na praia.* // *sfpl* **3**. *Fig.* Miudezas, bugigangas.

mi.ca.re.ta (ê) *sf* Carnaval fora de época.

mic.ção *sf* Ação de urinar.

mi.chê *sm* Quantia exigida por prostituta.

mi.co *sm* **1**. Qualquer macaco de pequeno porte, de topete na cabeça, que tem como *habitat* o Brasil; sagui. // *sm* **2**. Homem muito feio, de aparência grotesca. **3**. Coisa indesejável; mico-preto. **4**. *Fig.* Situação embaraçosa ou vexatória. **5**. Mico-preto (1 e 2). → **mico-preto** *sm* [**1**. jogo infantil, cuja carta sem par tem o desenho de um mico preto; **2**. essa carta); **3**. qualquer coisa de que, por alguma razão, alguém quer livrar-se; mico (3)], de pl. *micos-pretos*.

mi.co.se *sf* Doença de pele causada por um fungo. → **micótico** *adj* (rel. a micose ou da sua natureza).

mi.cra *sf* Plural de *mícron*.

mi.cro *sm* Redução de *microempresa*, de *microcomputador*, de *microprocessador* ou de *micro-ondas*. · Pl.: *micros* (as *micros e pequenas empresas*). → **micreiro** *adj* (rel. a microcomputador ou a seu usuário: *vendas micreiras; conhecimentos micreiros*) e *adj* e *sm* (que ou aquele que é usuário fanático de computadores: *adolescentes micreiros; os micreiros nem querem mais sair de casa*).

mi.cró.bio *sm* Microrganismo. → **microbiano** *adj* (rel. a micróbio); **microbiologia** *sf* (estudo científico dos micróbios); **microbiológico** *adj* (rel. a microbiologia); **microbiologista** *adj*

e *s2gên* ou **microbiólogo** *sm* (especialista em microbiologia); **microbiota** *sf* (conjunto de microrganismos de um ecossistema: *a microbiota intestinal humana é composta de trilhões de bactérias, vírus e fungos*); **microbiótico** *adj* (rel. a microbiota).

mi.cro.blo.gue *sm Site* de mídia social no qual o usuário faz postagens curtas e frequentes sobre atividades pessoais, que podem incluir *links*, áudio, imagens e até mesmo vídeo.

microchip [ingl.] *sm* Pastilha feita de material semicondutor, geralmente silício, que contém um complexo circuito eletrônico; microprocessador. · Pl.: *microchips*. · Pronuncia-se *máikrochip*.

mi.cro.ci.rur.gi.a *sf* Cirurgia realizada com o auxílio de microscópio, caracterizada por instrumentação especializada, suturas finas e técnicas meticulosas, usada para reparar ou restaurar tecidos. → **microcirúrgico** *adj* (rel. a microcirurgia).

mi.cro.com.pu.ta.dor (ô) *sm* Pequeno computador (como um *laptop* ou um *notebook*) de capacidade de processamento e armazenamento relativamente limitada, de um só circuito integrado, chamado *microprocessador*.

mi.cro.có.pia *sf* Cópia fotográfica bastante reduzida; reprodução microfotográfica.

mi.cro.cos.mo *sm* **1**. Mundo em miniatura (em oposição a *macrocosmo*). **2**. O homem, visto como a síntese do universo. → **microcósmico** *adj* (rel. a microcosmo).

mi.cro.cré.di.to *sm* Linha de crédito desenvolvida para atender às necessidades dos pequenos empreendedores, que se diferencia das demais linhas, por oferecerem condições mais atrativas no que se refere à taxa de juros e não exigirem garantias reais.

mi.cro.di.ci.o.ná.rio *sm* Dicionário de tamanho diminuto, menor que o minidicionário, com reduzido número de verbetes e definições extremamente simplificadas.

mi.cro.e.co.no.mi.a *sf* Estudo das características, comportamento e funcionamento dos componentes individuais da economia (firmas, trabalhadores, produtores e consumidores) e do inter-relacionamento entre eles. · Antôn.: *macroeconomia*. → **microeconômico** *adj* (rel. a microeconomia).

mi.cro.e.le.trô.ni.ca ou **mi.cre.le.trô.ni.ca** *sf* **1**. Ramo da eletrônica que estuda os componentes miniaturizados. **2**. Técnica para desenhar e fabricar circuitos eletrônicos de dimensões diminutas, aplicando, em especial, elementos semicondutores.

mi.cro.em.pre.sa (ê) *sf* Empresa muito pequena, de reduzidíssimo quadro de funcionários e baixo rendimento financeiro. → **microempresarial** *adj* (rel. ou pert. a microempresa); **microempresário** *sm* (dono de microempresa).

mi.cro.es.ta.do *sm* País independente, de área e população minúsculas; miniestado: *Andorra é um microestado*.

mi.cro.fau.na *sf* Vida animal de tamanho microscópico (artrópodes, moluscos, protozoários, etc.), em determinada área.

mi.cro.fi.bra *sf* Fibra têxtil extremamente fina, usada na confecção de roupas leves.

mi.cro.fi.cha *sf* Forma de microfilme que permite um grande número de dados bibliotecários e registros médicos para serem armazenados em um pequeno espaço. → **microfichário** *sm* (lugar onde se armazenam as microfichas).

mi.cro.fil.me *sm* Filme em que se reproduzem, em tamanho reduzido, imagens, documentos, etc. para arquivo ou coleção. → **microfilmagem** *sf* (ato, efeito ou processo de microfilmar); **microfilmar** *v* [reproduzir (documentos, livros, etc.) em microfilme]; **microfilmoteca** *sf* (coleção organizada e catalogada de microfilmes, palavra que não consta no 6.ª ed. do VOLP).

mi.cro.flo.ra *sf* Vida vegetal só visível com a ajuda de microscópio, constituída por algas, vírus, bactérias e fungos, em determinada área.

mi.cro.fo.ne *sm* Aparelho que transforma ondas sonoras em correntes elétricas, geralmente para captar, emitir ou amplificar sons. → **microfonia** *sf* (defeito na recepção da onda sonora, caracterizado por um zunido crescente e insuportável);

microfônico *adj* (**1**. que apresenta microfonia; **2**. rel. ou pert. a microfone).

mi.cro.fós.sil *sm* Fóssil microscópico, como o de um grão de pólen ou de um organismo unicelular.

mi.cro.fo.to.gra.fi.a *sf* **1**. Técnica que permite tirar fotos reduzidas. **2**. Essa foto; microfoto. → **microfoto** *sf* [microfotografia (2)]; **microfotográfico** *adj* (rel. a microfotografia).

mi.cro-habitat *sm Habitat* extraordinariamente pequeno, como uma placa de grama ou um espaço entre rochas; microambiente. · Pl.: *micro*-habitats.

mi.cro.in.dús.tria *sf* Microempresa industrial. → **microindustrial** *adj* e *s2gên* (que ou pessoa que possui microindústria).

mi.crô.me.tro *sm* **1**. Unidade de medida de comprimento equivalente à milionésima parte do metro; mícron. **2**. Instrumento usado com microscópio ou com telescópio, para medir distâncias minúsculas. **3**. Calibrador para fazer medições precisas, provido de um fuso movido por um parafuso de rosca fina. → **mícron** [micrômetro (1)], de pl. *micra*, porém, pouco usado; a preferência é pelo plural *mícrons*.

Micronésia *sf* Uma das três principais divisões etnográficas das ilhas do Pacífico (as outras duas são a Melanésia e a Polinésia). → **micronésio** *adj* e *sm*.

mi.cro.nu.tri.en.te *sm* Nutriente essencial ao metabolismo e desenvolvimento normal de um organismo vivo, exigido apenas em pequenas quantidades, como as vitaminas, p. ex.

mi.cro-on.da *sf* **1**. Radiação eletromagnética da mesma natureza da luz, dos raios X, do infravermelho, do ultravioleta, das ondas e dos raios gama, diferenciando-se deles pela frequência ou comprimento de onda (entre 1mm e 30cm). // *sm* **2**. Redução de *forno de micro-ondas*, forno que cozinha ou assa os alimentos rapidamente, fazendo com que as micro--ondas penetrem nos alimentos, produzindo calor interno. · Pl.: *micro-ondas*.

mi.cro-ô.ni.bus *sm2núm* Veículo de transporte intermediário entre o ônibus e o lotação, destinado a deslocamentos rápidos.

mi.cro-or.ga.nis.mo ou **mi.cror.ga.nis.mo** *sm* Organismo de tamanho microscópico, ou submicroscópico (bactéria, protozoário, fungo, vírus, alga, etc.); micróbio.

mi.cro.pro.ces.sa.dor (ô) *sm* Microchip.

mi.cror.re.gi.ão *sf* Subdivisão de uma região natural. · Antôn.: *macrorregião*. → **microrregional** *adj* (rel. ou pert. a microrregião), e de antôn. *macrorregional*.

mi.cror.ro.bô *sm* Robô em miniatura, usado nas operações delicadas de montagem de máquinas e maquinismos.

mi.cros.có.pio *sm* **1**. Instrumento óptico que usa uma lente ou uma combinação de lentes para amplificar imagens de objetos, princ. aqueles que precisam ser estudados, e não podem ser percebidos a olho nu. **2**. Instrumento que usa processos eletrônicos ou outros processos para amplificar objetos. → **microscopia** *sf* (**1**. estudo ou uso de microscópios; **2**. investigação ou exame com emprego de microscópio); **microscópico** *adj* (**1**. rel. a microscópio ou feito por meio de microscópio; **2**.*p.ext.* muito pequeno; minutíssimo, minúsculo: *escrita microscópica*; **3**. *fig.* feito com extrema atenção ou detalhe), de antôn. *macroscópico*; **microscopista** *adj* e *s2gên* (especialista em microscopia).

mi.cros.sai.a *sf* Saia extremamente pequena.

mi.cros.sa.té.li.te *sm* Satélite em miniatura, usado em programa de educação espacial em escolas e universidades de todo o mundo.

mi.cro.u.si.na *sf* Usina de pequenas dimensões, de produção limitada: *microusina de açúcar; microusina eólica*.

mic.tó.rio *adj* **1**. Que estimula ou provoca a micção; diurético. // *sm* **2**. Lugar próprio para urinar; mijadouro. (Cuidado para não usar "mitório"!)

mi.cu.im *sm* Carrapato pequeno, cujas larvas penetram na pele dos homens e de outros animais, irritando-a.

mí.di *adj* e *sm Pop.* Longuete: *as gêmeas vieram à festa, ambas com mídi*. (A 6.ª ed. do VOLP não registra a palavra.)

mí.dia *sf* **1**. Conjunto de todos os meios de comunicação de massa (rádio, televisão, jornais, revistas, cinema, painéis, etc.) que têm o poder de influenciar a opinião pública. **2**. Cada um desses meios de comunicação; veículo de mídia. **3**. Grupo de jornalistas e outros que constituem a indústria e a profissão das comunicações. **4**. Setor de uma agência de propaganda que se ocupa da veiculação de anúncios. **5**. *Fig.* Pessoa que, numa agência de propaganda, tem a função de relacionar-se com os meios de comunicação. → **midiático** *adj* (rel. a mídia ou divulgado por ela); **midiatização** *sf* (ação ou efeito de midiatizar); **midiatizar** *v* (divulgar pela mídia: *midiatizar um novo produto*).

mid-range ou **midrange** [ingl.] *sm* Alto-falante para frequências médias. · Pl.: *mid-ranges, midranges*. · Pronuncia-se *mid-réndj*.

mi.ga.lha *sf* **1**. Pequeno fragmento de qualquer alimento farináceo. **2**. Ninharia, bagatela, insignificância. // *sfpl* **3**. Restos, sobras.

mignon [fr.] *adj* Pequeno e delicado. ·· **Filé-*mignon*. 1**. Músculo longo do pescoço do boi. **2**. Bife que se faz desse músculo.

mi.gra.ção *sf* **1**. Deslocamento de grande massa de indivíduos de um país para outro, ou de uma região de um país para outra, a fim de aí se estabelecer, por causas econômicas, políticas ou sociais: *a migração nordestina para São Paulo diminuiu sensivelmente nos últimos anos*. **2**. Movimento sazonal de aves, peixes ou outros animais de uma região para outra. **3**. *Fig.* Mudança de uma coisa para outra afim: *a migração de sistemas operacionais*. **4**. *Fig.* Mudança de clientes para um novo serviço ou para uma nova empresa que fornece esse serviço: *houve uma migração de 10 mil assinantes para a Claro este ano*. **5**. *Fig.* Qualquer mudança, cujo objetivo seja algum benefício: *a migração de empresas para o Paraguai, onde os impostos são menores*. → **migrado** *adj* (que migrou); **migrador** (ô) *adj* e *sm* (que ou animal que migra); **migrante** *adj* e *s2gên* (que ou pessoa que migra); **migrar** *v* [**1**. mudar de região num mesmo país ou de um país para outro (grande massa de indivíduos); fazer migração: *os nordestinos migravam diariamente; as andorinhas migram no inverno*; **2**. *fig.* em informática, transferir (dados ou informações); **3**. *fig.* mudar de (um sistema ou programa) para (outro afim): *migrei de software, do Windows para o Linux*; **4**. *fig.* mudar de (uma empresa ou serviço) para (outro): *migrei da Sky para a Claro*]; **migratório** *adj* (**1**. rel. a migração: *época migratória*; **2**. que migra; migrador: *aves migratórias*).

mi.gué *s2gên Pop.* **1**.BA Pessoa esperta que se faz de otária ou desentendida para conseguir seus objetivos. // *sm* **2**. Fingimento: *vencendo o jogo, o goleiro, num migué, caí, simulando contusão; o atacante rola no chão de dor, mas está de migué, porque não houve falta nele*. **3**. Conversa mole para convencer alguém a fazer o que deseja: *ele ficou quase uma hora de migué em cima da garota, mas não entrou na dele*. ·· **Dar uma de migué.** Fazer-se de desentendido: *Quando o pai da moça exigiu que ele marcasse a data do casamento, deu uma de migué*.

mi.gue.li.to *sm Gír.* Espécie de cruz formada por pregos entrelaçados, lançada na pista por bandidos, para perfurar pneus de carros da polícia em sua perseguição.

mi.jo *sm Pop.* Urina. → **mijação** ou **mijada** *sf* (*pop.* ato ou efeito de mijar); **mijadouro** *sm* (*pop.* mictório); **mijar** *v* (*pop.* urinar); **mijar-se** (*fig.* demonstrar medo: *mijou-se todo, ao ver o pai da moça*). ·· **Mijar fora do penico** (pop.). Agir mal; sair da linha. ·· **Mijar para trás** (pop.). Faltar com a palavra; não cumprir promessa ou compromisso.

mil *num* **1**. Dez vezes cem; um milhar (1000, M): *a Cidade Maravilhosa, de encantos mil* (ou seja: *de mil encantos*). **2**. Milésimo (que é seu ordinal e fracionário): página mil. **3**. *Fig.* Inúmeros, muitos: *há mil maneiras de dizer obrigado*. // *sm* **4**. Algarismo (1.000) ou letra (M) que representa o número mil: *você fez um mil malfeito*. · Pl. (4): *mis*: *O espertinho acrescentou um 0 aos dois mis, nos dois cheques, transformando o seu valor, de mil para dez mil reais*. → milenar ou milenário *adj* (que tem mil ou mais anos: *árvores milenares*); **milenário** *adj* (milenar) e *sm* (dez séculos ou mil anos; milênio); **milenarista** *sm* (milenário).

mi.la.gre *sm* **1**. Fato ou fenômeno maravilhoso, que se revela inexplicável pelas leis da natureza, por isso considerado sobrenatural ou obra de uma intervenção divina; efeito sem causa. **2**.*P.ext.* Qualquer coisa extraordinariamente admirável ou inusitada: *o Brasil sem corruptos seria um milagre*. → **milagreiro** *adj* e *sm* (**1**. que ou aquele que realiza ou se supõe realizar milagres; **2**. que ou aquele que facilmente acredita em milagres); **milagroso** ou **miraculoso** (ô; pl.: *ó*) *adj* (**1**. que tem ou parece ter o poder de operar milagres; **2**. *fig.* tão extraordinário, que parece ter a interferência de um poder sobrenatural).

mi.la.ne.sa (ê) *adj* e *sf* Que ou mulher que nasce em Milão, na Itália. ·· **À milanesa.** Diz-se de qualquer alimento (bife, berinjela, etc.) coberto por uma camada de ovo e farinha de rosca e depois frito.

mi.lê.nio *sm* V. **mil**.

mi.lé.si.mo *num* **1**. Que ocupa o último lugar ou a última posição, numa série de mil: *o milésimo gol de Pelé foi de pênalti*. **2**. Que corresponde a uma fração de um todo dividido em mil partes iguais: *cada espermatozoide mede cerca de cinquenta milésimos de milímetro*. // *sm* **3**. O que, numa série, ocupa o lugar correspondente ao número 1.000. **4**. Uma das

M

mil partes iguais em que se dividiu um todo; a milésima parte. // *adj* **5**. Que se repete muito: *pela milésima vez, eu lhe peço: esqueça-me!*

mi.lha *sf* **1**. Antiga unidade de medida de distância brasileira igual a 2.200m. **2**. Unidade de medida de distância anglo--americana, equivalente a 1.609m. · V. **miliário**. ·· **Milha aérea** (ou **náutica**) **internacional**. Unidade de medida de distância usada em aviação e em navegação, correspondente a 1.852m. ·· **Milha marítima**. Unidade de distância marítima, equivalente a 1.852m.

milhão *sm* **1**. Mil vezes mil; mil milhares: *um milhão de pessoas vive nesta cidade*. (Note o verbo no singular.) **2**. Algarismo ou número que representa essa quantidade (1.000.000). **3**. *Fig*. Número muito grande e indeterminado; milhares: *já lhe disse isso um milhão de vezes*.

mi.lhar *sm* **1**. Conjunto de mil unidades de mesma natureza; milheiro: *distribuiu-se o milhar de canetas recebido*. **2**. *Pop*. Qualquer número de quatro algarismos em diversas modalidades de loteria. // *smpl* **3**. *Fig*. Número muito grande e indeterminado; milhão: *já lhe disse isso milhares de vezes; os milhares de latinhas de cerveja deixados na praia; esses milhares de cartas que recebo vêm de todas as partes do mundo*. (A mídia brasileira usa *milhar* como nome feminino, gênero que ela nunca teve.)

mi.lhar.dá.rio ou **mi.li.ar.dá.rio** *adj* e *sm* Que ou aquele que é muitíssimo rico; ricaço.

mi.lhei.ro *sm* Milhar (para produtos da terra vendidos e contados por unidade): *um milheiro de espigas de milho*.

mi.lho *sm* **1**. Planta gramínea que frutifica em espigas de grãos muito nutritivos, ricos em amido. **2**. Esse grão. → **milharal** ou **milheiral** *sm* (plantação de milhos); **milho-pipoca** *sm* (pipoca), de pl. *milhos-pipoca* ou *milhos-pipocas*; **miliáceo** *adj* (rel. ou sem. a milho).

mi.lí.cia *sf* **1**. Corpo de cidadãos aptos, sujeitos por lei a convocação para o serviço militar: *o governo convocou a milícia para auxiliar a lidar com os distúrbios*. **2**. Qualquer corporação de estatuto militar ou que obedece à disciplina militar, motivada por uma ideologia política ou religiosa: *a milícia socialista; a milícia cristã*. **3**. Força militar oriunda da população civil, a fim de complementar um exército regular em uma emergência. **4**. Organização paramilitar de caráter privado que se envolve em atividades ilegais, rebeldes ou terroristas: *crescem as milícias nas favelas cariocas*. // *sfpl* **5**. Tropas auxiliares de segunda linha: *as milícias palestinas*. → **miliciano** *adj* (rel. a milícia), *adj* e *sm* (que ou oficial, sargento ou cabo que não faz parte do quadro das unidades ativas, mas está obrigado ao serviço, quando convocado) e *sm* (soldado de milícia).

mi.li.co *sm* Soldado da polícia militar. · Fem.: *milica*. · V. **meganha**. → **milicada** *sf* (porção de milicos).

mi.li.gra.ma *sm* A milésima parte do grama. · Símb.: **mg**.

mi.li.li.tro *sm* A milésima parte do litro. · Símb.: **mL**.

mi.lí.me.tro *sm* A milésima parte do metro. · Símb.: **mm**.

mi.li.mi.cro ou **mi.li.mí.cron** *sm* Unidade de comprimento (símb.: **mµ**) igual a um milésimo de mícron ou a um bilionésimo de metro; nanômetro.

mi.li.o.ná.rio *adj* e *sm* Que ou aquele que tem bens ou valores de pelo menos um milhão de reais (ou de dólares, libras, etc.).

mi.li.o.né.si.mo *num* **1**. Que ocupa o último lugar ou a última posição, numa série de um milhão. **2**. Que corresponde a uma fração de um todo dividido em um milhão de partes iguais. // *sm* **3**. O que, numa série, ocupa o lugar correspondente ao número 1.000.000. **4**. *Fig*. Pequeníssima quantidade; ínfima parte: *o prêmio da loteria não será suficiente para atender a um milionésimo de meus desejos*. // *adj* **6**. *Fig*. Que se repete muitíssimo: *pela milionésima vez, eu lhe peço: esqueça-me!*

mi.li.tan.te *adj* **1**. Que milita, luta ou combate; combativo: *deputado de caráter militante*. **2**. Que atua ou participa ativamente; atuante: *flamenguista militante*. // *s2gên* **3**. Membro ativo da vida de uma organização política, social ou sindical. **4**. Pessoa de caráter combativo, agressivo, que luta por uma causa: *os militantes do PT*. → **militância** *sf* (**1**. qualidade de militante: *é longa a sua militância no futebol*; **2**. defesa ativa de uma causa, de um partido, etc.; atividade militante; **3**. atitude daqueles que trabalham ativamente por uma causa, partido, organização, etc.; **4**. conjunto de indivíduos que trabalham nessa defesa ou que tomam tal atitude: *a eleição desse candidato se deve à militância do partido*).

mi.li.tar *adj* **1**. Relativo à carreira das armas. **2**. Relativo à guerra. **3**. Baseado na força e nos costumes castrenses. **4**. Pertencente ao exército (em contraposição a *civil*). // *s2gên* **5**. Pessoa que segue a carreira das armas. // *v* **6**. Lutar, combater: *militar contra índios ferozes*. **7**. Seguir a carreira das armas; servir no Exército: *militar numa tropa de elite*. **8**. Estar filiado a um partido: *militar no MDB*. **9**. Seguir qualquer carreira ou profissão: *militei na imprensa muitos anos*. → **militança** *sf* (**1**. profissão militar; **2**. conjunto de todos os militares: *a militança não está satisfeita com o soldo*); **militarismo** *sm* (**1**. predomínio político dos militares; **2**. tendência ou queda para a guerra); **militarista** *adj* (rel. a militarismo) e *adj* e *s2gên* [que ou pessoa que é adepta do militarismo]; **militarização** *sf* [ato ou efeito de militarizar(-se)]; **militarizar** *v* (tornar militar ou dar feição militar a); **militarizar-se** (preparar-se ou armar-se militarmente).

milk-shake [ingl.] *sm* Leite batido com sorvete lácteo (creme, chocolate, coco, morango, etc.) como um de seus ingredientes; frapê. · Pl.: *milk-shakes*. · Pronuncia-se *milk chêik*.

mi.lon.ga *sf* **1**. Espécie de música argentina cantada ao som do violão. **2**. Feitiço (na macumba e no candomblé); mironga. // *sfpl* **3**. Mexericos. **4**. Manhas, dengues, charminhos. **5**. Desculpas esfarrapadas ou descabidas. → **milongueiro** *adj* e *sm* (**1**. que ou aquele que tem muita lábia; **2**. que ou indivíduo que é manhoso, dengoso); **mironga** *sf* [milonga (2)].

mil-réis *sm* Antiga unidade monetária e moeda do Brasil, substituída em 1942 pelo cruzeiro.

mim *pron*, flexão do pronome *eu* quando precedido de preposição. · Precedido da preposição *com*, toma a forma *comigo*. (Cuidado para não usar "mim" antes de verbo: *Isso é para "mim" fazer?* Antes de verbo se usa *eu*. Cuidado ainda maior deve ter para não usar "mim" por *me*: *Ela veio "mim" ver*.)

mi.mar ou **a.mi.mar** *v* **1**. Tratar com excessivo carinho ou cuidado; agradar demais, satisfazendo todos os caprichos e vontades; mimosear: *não convém mimar filhos*. **2**. Acariciar, passar as mãos carinhosamente em: *as crianças gostam de mimar filhotes de cães*. → **mimado** ou **amimado** *adj* (tratado com excessivo mimo ou carinho).

mi.me.ó.gra.fo *sm* Aparelho impressor, usado antigamente para tirar cópias de páginas datilografadas, escritas ou desenhadas sobre uma matriz de papel especial, o estêncil, que possibilita até duas mil cópias. → **mimeografagem** *sf* (ação ou efeito de mimeografar); **mimeografar** *v* (tirar cópias mimeografadas de); **mimeografia** *sf* (emprego do mimeógrafo); **mimeográfico** *adj* (rel. a mimeografia).

mi.me.tis.mo *sm* Capacidade que têm certos animais e plantas para tomarem a aparência do meio em que se encontram, para disfarce e proteção contra predadores. → **mimético** *adj* (rel. a mimetismo); **mimetização** *sf* [ato ou efeito de mimetizar(-se)]; **mimetizar** *v* [tomar a aparência ou o aspecto de (outro organismo ou outro ambiente)]; **mimetizar-se** (modificar-se por mimetismo, camuflar-se).

mí.mi.ca *sf* **1**. Arte de se comunicar por gestos. **2**. Peça teatral em que o ator ou atores representam mediante gestos e expressões corporais; pantomima. → **mímico** *adj* (rel. à mímica) e *adj* e *sm* (que ou quem exprime suas ideias por mímica).

mi-mi-mi *sm* *Gír*. **1**. Reclamação infundada, exagerada e repetida; choradeira ranzinza, sem fundamento; chororô: *deixe de mi-mi-mi e mude de time, se não está contente com o seu!* **2**. Nhem-nhem-nhem (2). · Pl.: *mi-mi-mis*. (A 6.ª ed. do VOLP não traz *mi-mi-mi*.)

mi.mo *sm* **1**. Presente de pouco valor, mas demonstrativo de carinho, afeto, prova de amor, de amizade, de gratidão ou de enorme saudade. **2**. Delicadeza, gentileza. **3**. Carinho, afago, meiguice. **4**. *Fig*. Coisa encantadora pela beleza e harmonia das formas; perfeição: *esse carro é um mimo!* → **mimosear** *v* (tratar com excessivo mimo ou carinho; mimar), que se conjuga por *frear*; **mimoso** (ô; pl.: ó) *adj* (**1**. delicado, sensível, melindroso; **2**. macio, mole; **3**. acostumado a mimos; muito mimado; **4**. gracioso, encantador; **5**. excelente, fino).

mi.na *sf* **1**. Escavação profunda no solo (túneis e poços), provocada pelo homem, da qual se extraem minérios ou minerais. **2**. Lugar onde se dá essa escavação, com todos os equipamentos. **3**. Jazida em exploração, em lavra. **4**. Nascente de água; fonte. **5**. *Fig*. Fonte valiosa e abundante: *esse negócio é uma mina de ganhar dinheiro*. **6**. Cova onde se mete pólvora para fazer explodir uma rocha ou uma construção, numa implosão. **7**. Engenho bélico camuflado, que detona mecanicamente, usado em terra e no mar. **8**. *Gír*.

Garota, menina: *quem é aquela mina?* **9**. *Gír.* Mulher amada; namorada: *não mexa com a minha mina!* → **mineração** *sf* (**1**. exploração de minas; **2**. depuração dos metais delas extraídos); **minerar** *v* [**1**. explorar (mina); **2**. extrair de uma mina; **3**. trabalhar na exploração de minas].

mi.nar *v* **1**. Extrair (minério ou minerais) da terra: *minar a terra*. **2**. Cavar mina em (o solo da terra), para extrair minério ou minerais. **3**. Colocar engenhos explosivos em ou sob: *minar uma pedreira*. **4**. Atacar, prejudicar, danificar ou destruir às ocultas, paulatinamente ou por meios desleais, ilícitos ou clandestinos; corroer: *minar a resistência inimiga*. **5**. Porejar: *moringa nova mina muita água*. **6**. Espalhar-se, propagar-se: *o incêndio mina rapidamente por todo o quarteirão*. **7**. Brotar, manar, nascer: *neste lugar mina água com facilidade*.

mi.na.re.te (ê) *sm* Torre alta e estreita junto a uma mesquita, com três ou quatro andares e sacadas, de onde se anuncia aos muçulmanos a hora da oração; almenara.

Minas Gerais *loc sm* Estado da Região Sudeste do Brasil. · Abrev.: **MG**. → **mineirice** ou **mineiridade** *sf* (**1**. qualidade, condição ou atitude de mineiro; **2**. mineirismo); **mineirismo** *sm* [amor intenso a MG; mineiridade (2)]; **mineiro** *adj* e *sm* (v.).

min.di.nho ou **min.gui.nho** *sm* **1**. Dedo mínimo. // *adj* **2**. Diz-se desse dedo.

mi.nei.ro *adj* **1**. Relativo ou pertencente a mina (1 a 3). **2**. Em que há minas. **3**. Que lança ou desativa minas. **4**. Relativo ou pertencente a Minas Gerais. // *sm* **5**. Trabalhador ou dono de mina. // *adj* e *sm* **6**. Natural ou habitante de Minas Gerais.

mi.ne.ral *adj* **1**. Relativo ou pertencente aos minerais. **2**. Impregnado de minerais. // *sm* **3**. Corpo inorgânico que existe normalmente na natureza, sólido ou líquido (somente a água e o mercúrio), estruturalmente homogêneo, de composição química e estrutura bem definidas. **4**. Qualquer das mais variadas substâncias naturais, como ouro e prata (elementos), carvão e petróleo (compostos orgânicos), pedra, areia, sal, carvão (substâncias extraídas do solo, da terra ou da água), usadas em atividades econômicas. **5**. Qualquer minério. → **mineralidade** *sf* (qualidade ou estado de mineral: *a mineralidade das águas de Campos do Jordão é excelente!*); **mineralogia** *sf* (ciência que estuda os minerais); **mineralógico** *adj* (rel. a mineralogia); **mineralogista** *adj* e *s2gên* (especialista em mineralogia).

mi.né.rio *sm* **1**. Substância mineral em estado bruto, com quantidade suficiente de metal para tornar economicamente viável sua extração industrial das minas. **2**. Substância natural de que um material não metálico (o enxofre, p. ex.) pode ser extraído, mineral ou produto natural que serve de fonte a alguma substância não metálica. → **minerário** *adj* (rel. a minério).

min.gau *sm* **1**. Papa de farinha (de trigo, milho, mandioca, etc.), muito usada na alimentação infantil. **2**. *P.ext.* Qualquer iguaria de consistência pastosa.

min.guar *v* **1**. Diminuir progressivamente; tornar(-se) menor: *a ausência de inflação faz com que os lucros dos banqueiros mínguem; depois do casamento, o amor ou míngua, ou estaciona*. **2**. Fazer pouco caso de; apequenar, apoucar, minorar: *minguar o valor ou o mérito de alguém*. **3**. Faltar, escassear: *míngua-lhes talento para esse trabalho; mínguam bons jornalistas no país*. **4**. Diminuir a parte iluminada e visível da Lua; passar (a lua) de cheia a nova: *a lua minguará sábado*. · Conjuga-se por *apaziguar*. → **míngua** *sf* (**1**. penúria, privação; **2**. carência, insuficiência, falta; **3**. perda, diminuição, quebra), de antôn. *fartura, abundância*; **minguado** *adj* (**1**. apoucado, diminuto; **2**. que mal chega para o fim a que se destina; **3**. franzino, raquítico; **4**. escasso, parco); **minguante** *adj* (**1**. que míngua; decrescente; **2**. que está em decadência) e *sm* (red. de *quarto minguante*, fase da Lua que se segue à lua cheia e em que a parte convexa iluminada está voltada para o Oriente). ·· **À míngua**. Em extrema penúria ou privação: *Os professores brasileiros estão à míngua faz tempo*.

mi.nha *pron* Forma feminina de *meu* (v.).

mi.nho.ca *sf* Verme longo e delgado que vive debaixo das pedras e de lugares úmidos, essencial para a fertilização da terra, útil como isca para pesca e parte substancial da alimentação de aves, anfíbios e peixes. → **minhocário** *sm* (lugar onde se criam minhocas); **minhocultor** (ô) *sm* (criador de minhocas com propósitos econômicos); **minhocultura** *sf* (criação de minhocas para fins agrícolas).

mi.ni- *pref* Dá ideia de *pequeno, mínimo, reduzido* e só exige hífen antes de *h* e de *i*: *mini-hotel, mini-irrigação*.

mí.ni *sm* **1**. Redução de *minivestido*, de *minicomputador* e de *minidicionário*. // *sf* **2**. Redução de *minissaia* e de *minidesvalorização*. // *adj* **3**. Diz-se de qualquer peça de vestuário de comprimento a um palmo acima do joelho: *vestido míni; saia míni*.

mi.ni.a.tu.ra *sf* **1**. Cópia ou modelo que reproduz ou representa alguma coisa em tamanho bastante reduzido. **2**. *P.ext.* Qualquer coisa representada em tamanho bem reduzido em relação a outras de sua classe. // *adj* **3**. De pequeno tamanho. → **miniatural** *adj* (**1**. rel. a miniatura; **2**. *p.ext.* muito pequeno; diminuto); **miniaturar** *v* (**1**. pintar em dimensões diminutas ou em miniatura: *miniaturar um retrato*; **2**. descrever minuciosamente: *miniaturar um fato, uma cena*); **miniaturista** *adj* e *s2gên* (que ou pessoa que faz miniaturas); **miniaturização** *sf* (arte e técnica de fazer peças e mecanismos de tamanho reduzido); **miniaturizar** *v* [fabricar (aparelho, mecanismo, etc.) em dimensões muito pequenas].

mi.ni.bas.que.te *sm* Modalidade de basquete, jogado com uma bola menor e o cesto colocado a menor altura.

mi.ni.blu.sa *sf* Pequena blusa, que não chega a cobrir todo o tronco, usada pelas mulheres, geralmente jovens.

mi.ni.câ.me.ra ou **mi.ni.câ.ma.ra** *sf* Câmera miniatura de televisão, usada princ. em reportagens especiais.

mi.ni.cas.se.te *sm* Gravador portátil e transistorizado que utiliza fitas cassete.

mi.ni.com.pu.ta.dor (ô) *sm* Computador pequeno, com maior velocidade e memória que um microcomputador. (Também se usa apenas *míni*.)

mi.ni.des.va.lo.ri.zar *v* **1**. Proceder à minidesvalorização de (moeda). **minidesvalorizar-se 2**. Sofrer minidesvalorização: *o real se minidesvalorizou em relação ao dólar*. · Antôn.: *maxidesvalorizar*. → **minidesvalorização** *sf* (pequena ou mínima desvalorização da moeda), de antôn. *maxidesvalorização*.

mi.ni.di.ci.o.ná.rio *sm* Dicionário de formato pequeno, com número reduzido de verbetes e definições simplificadas. (Usa-se também apenas *míni*.)

mi.ni.es.ta.do *sm* Microestado: *Andorra é um miniestado*.

mi.ni.fún.dio *sm* Pequena propriedade rural, de baixa ou alta produtividade, conforme a técnica empregada no cultivo da terra. · Antôn.: *latifúndio*. → **minifundiário** *adj* (rel. a minifúndio) e *sm* (proprietário de minifúndio), de antôn. *latifundiário*.

mi.ni-ho.tel *sm* Hotel muito pequeno, de poucos quartos ou apartamentos. · Pl.: *mini-hotéis*.

mí.ni.ma *sf* **1**. Nota musical que vale a metade da semibreve. **2**. Redução de *temperatura mínima*, temperatura mais baixa da atmosfera, obtida em determinado período de tempo.

mi.ni.mi.zar *v* **1**. Reduzir o volume ou a importância de: *a população minimizou neste mês as compras em supermercados; o governo minimiza o problema da falta de energia*. **2**. Reduzir ao mínimo ou a proporções mínimas; tornar tão pequeno quanto possível: *minimizar uma janela ou documento no computador; uma alimentação equilibrada minimiza o estresse*. **3**. *Fig*. Fazer pouco caso de; não dar o devido valor a; subestimar: *minimizar as próprias virtudes; minimizar o poderio inimigo*. **4**. Buscar o valor mínimo de (uma função matemática). · Antôn.: *maximizar*. → **minimização** *sf* (ato ou efeito de minimizar), de antôn. *maximização*.

mí.ni.mo *sm* **1**. A menor quantidade; o menor número ou grau possível. **2**. Redução de *dedo mínimo*, o menor dedo da mão; mindinho. **3**. Em matemática, o menor número numa série finita de números. // *adj* **4**. Superl. abs. sintético de *pequeno*; o mais pequeno; o menor. **5**. De menor quantidade ou grau possível. **6**. Que é o mais pequeno ou o menor possível: *salário mínimo*. · Antôn.: *máximo*.

mi.nir.re.for.ma *sf* Reforma de pequenas proporções: *minirreforma tributária*.

mi.nis.sai.a *sf* Saia muito curta, entre 20 e 30cm acima dos joelhos.

mi.nis.sé.rie *sf* Seriado de televisão, de tema real ou fictício, de poucos capítulos.

mi.nis.ses.são *sf* Sessão curta: *participei da minissessão do Congresso*. · Pl.: *minissessões*.

mi.nis.sub.ma.ri.no *sm* Submarino de dimensões reduzidas.

mi.nis.té.rio *sm* **1**. Ato de ministrar ou servir; ministração. **2**. Aquele que serve como um meio; intermediário. **3**. Profissão, função e serviços de um ministro religioso. **4**. Clero cristão. **5**. Período de serviço de um ministro. **6**. Edifício em que funciona um departamento sob chefia de um ministro de Estado. **7**. Deveres, funções ou relações de um ministro de Estado. **Ministério** *sm* **8**. Cada um dos departamentos em que se divide o poder executivo. **9**. *Fig*. Conjunto de todos os ministros de Estado; gabinete. → **ministerial** *adj* (**1**. rel. a ministério ou a ministro: *reunião ministerial; gabinete ministerial*; **2**. que procede ou emana de ministro: *decisão ministerial*; **3**. que apoia um ministro ou o governo: *a bancada ministerial do Congresso*).

mi.nis.trar *v* **1**. Passar (alguma coisa) para o domínio de; fornecer, prestar: *ministrar recursos, informações, declarações*. **2**. Dar ou administrar mediante pedido ou necessidade (física, mental, intelectual, espiritual): *ministrar exercícios, medicamentos, aulas, a hóstia sagrada*. **3**. Efetuar (em religião): *ministrar um culto; ministrou o batismo*. **4**. Apresentar-se como palestrante ou conferencista; dar: *o ex-presidente ministra palestras pelo Brasil*. **5**. Desferir, infligir: *ela ministrou um bofetão no namorado em plena rua*.

mi.nis.tro *sm* **1**. Membro do clero, princ. de igreja protestante: *padres e pastores são ministros da fé*. **2**. *Fig*. Agente, intermediário: *os anjos são ministros da vontade divina*. **3**. Chefe de Ministério de Estado. **4**. Representante diplomático classificado abaixo de um embaixador. **5**. Juiz de qualquer tribunal superior.

minitop [ingl.] *sm* **1**. Bustiê ou corpinho curto e muito decotado. **2**. Parte superior de peça do vestuário, reduzida ao mínimo. · Pl.: *minitops*. · Pronuncia-se *minitóp*.

minivan [ingl.] *sf* Pequeno veículo de passageiros, com janelas envidraçadas na traseira e nas laterais, com duas ou mais carreiras de bancos removíveis, para acomodar carga opcionalmente. · Pl.: *minivans*. · Pronuncia-se *minivã*.

mi.ni.ves.ti.do *sm* Vestido bem curto, geralmente um palmo acima dos joelhos; míni.

minke [ingl.] *sf* Redução de *baleia-minke*. · Pl.: *minkes*. · Pronuncia-se *mínk*.

mi.no.rar *v* **1**. Tornar menor; diminuir, reduzir: *minorar uma pena*. **2**. Aliviar, suavizar: *minorar um sofrimento*. → **minoração** *sf* (ato ou efeito de minorar); **minorativo** *adj* (**1**. que minora; **2**. diz-se de purgante suave) e *sm* (esse purgante).

mi.no.ri.a *sf* **1**. Parte ou número menor, parte menor que a metade de um todo. **2**. Grupo ou partido que controla um menor número de votos. **3**. Grupo social, religioso, político, étnico, nacional, etc., visto como distinto do grosso da população. **4**. Inferioridade numérica. · Antôn.: *maioria*. → **minoritário** *adj* (**1**. rel. a minoria: *bancada minoritária no Congresso*; **2**. diz-se do partido ou facção que tem o menor número de adeptos no grupo), de antôn. *majoritário*.

mi.nu.a.no *sm* Vento muito frio e seco que sopra geralmente por três dias no Rio Grande do Sul no inverno; pampeiro.

mi.nú.cia ou **mi.nu.dên.cia** *sf* **1**. Coisa insignificante, de pouca ou nenhuma importância; ninharia. **2**. Pormenor, detalhe. → **minuciar** ou **minudenciar** *v* (pormenorizar, detalhar); **minucioso** ou **minudencioso** (ô; pl.: ó) *adj* (**1**. que se prende a minúcias; detalhista: *pintor minucioso*; **2**. feito pormenorizadamente: *explicação minudenciosa*; **3**. feito com todo o cuidado e atenção; meticuloso: *investigação minuciosa*).

mi.nu.en.do *sm* Número de que se subtrai outro (p. ex.: em 8 – 3 = 5, o *minuendo* é 8).

mi.nu.e.to (ê) *sm* **1**. Dança francesa muito popular nos séculos XVII e XVIII. **2**. Música feita para essa dança. **3**. Trecho musical em compasso ternário e andamento vagaroso.

mi.nús.cu.la *sf* Redução de *letra minúscula*, letra escrita ou impressa em tamanho menor e de forma diferente da sua correspondente maiúscula (p. ex.: *a, b, c e t*, que se distinguem de *A, B,C e T*). · Antôn.: *maiúscula*.

mi.nús.cu.lo *adj* **1**. Diz-se da letra pequena. **2**. Muito pequeno; insignificante: *seus problemas são minúsculos em relação aos meus*. **3**. *Fig*. De significado pouco expressivo: *vitória minúscula*. · Antôn.: *maiúsculo*.

mi.nu.ta *sf* Primeira redação de qualquer ato ou escrito oficial, que poderá sofrer ainda emendas, alterações, inclusões, etc., para se tornar definitiva. → **minutar** *v* (ditar ou fazer a minuta de).

mi.nu.te.ri.a *sf* Dispositivo elétrico que interrompe automaticamente a corrente após determinado tempo, muito usado em casas, edifícios, indústrias, etc., para reduzir o consumo de energia elétrica.

mi.nu.to *sm* **1**. A sexagésima parte de uma hora (símb.: **m** ou **min**, que se usa sem ponto nem *s* no plural: 1h1m, 1h2min). **2**. *Fig*. Espaço de tempo muito diminuto; momento. **3**. A sexagésima parte de um grau angular (símb.: **'**). → **minutagem** *sf* (**1**. contagem em minutos da duração de uma peça musical ou das cenas de um filme ou vídeo; **2**. *p.ext*. tempo em minutos que um jogador atua oficialmente: *esse atleta precisa aumentar sua minutagem em campo*).

mi.o *sm* Voz do gato; miado. → **miar** *v* (soltar ou dar mios).

mi.o.cár.dio *sm* Camada média e mais espessa da parede do coração, composta pelo músculo cardíaco. → **miocárdico** *adj* (rel. a miocárdio).

mi.o.ce.no *adj* **1**. Diz-se da terceira e penúltima época do período terciário do tempo geológico, que perdurou entre 25 e 12 milhões de anos atrás, caracterizada pelo surgimento das gramíneas, florestas e do cavalo. Os mastodontes, as doninhas, os camelos e os gatos, entre outros mamíferos, também surgiram nesta época. // *sm* **2**. Essa época.

mi.o.lo (ô; pl.: ó) *sm* **1**. Parte mole e interior do pão e de certos frutos de casca dura e espessa (nozes, cocos, etc.). **2**. *P.ext*. Medula, tutano. **3**. *Fig*. Juízo, tino, siso. **4**. Parte interna de livro, revista ou jornal. // *smpl* **5**. Massa encefálica; cérebro.

mi.o.pi.a *sf* **1**. Anomalia visual que não permite distinguir com nitidez os objetos afastados; vista curta. **2**. *Fig*. Falta de perspicácia; estreiteza de visão. → **míope** *adj* e *s2gên* (que ou pessoa que tem miopia); **miópico** *adj* (**1**. rel. a miopia; **2**. associado a miopia: *astigmatismo miópico*).

mi.o.só.tis *s m2núm* Planta ornamental de flores brancas, azuis ou rosa, muito pequenas e delicadas.

mi.ra *sf* **1**. Ato ou efeito de mirar. **2**. Objetivo, propósito, fim, meta, intuito. **3**. Pequena saliência no cano das armas de fogo pela qual se dirige a pontaria. **4**. Pontaria. **5**. Alvo mirado. → **mirada** *sf* (**1**. ato de mirar; **2**. olhada).

mi.ra.bo.lan.te *adj* **1**. Ridiculamente vistoso; espalhafatoso: *Elvis costumava usar roupas mirabolantes*. **2**. Muito grande; vultoso, considerável, fantástico, colossal: *ganhou a mirabolante quantia de cem milhões de reais na loteria*. **3**. Pomposo, suntuoso, ostensivo, espetacular: *projetos arquitetônicos mirabolantes*. **4**. Admirável, magnífico, maravilhoso, surpreendente: *todo candidato faz promessas mirabolantes, todos têm planos mirabolantes, tudo cascata*. → **mirabolância** *sf* (**1**. qualidade de mirabolante; **2**. coisa ou fato mirabolante; **3**. extravagância, excentricidade).

mi.ra.cu.lo.so (ô; pl.: ó) *adj* V. **milagre**.

mi.ra.gem *sf* **1**. Ilusão de óptica que se observa princ. no mar e no deserto, na qual a imagem de um navio ou de um oásis parece próxima, flutuando, invertida, etc., causada por variações espaciais do índice de refração do ar: *no deserto, a miragem assume muitas formas*. **2**. *Fig*. Esperança ou desejo inatingível; ilusão, sonho: *o amor romântico é uma miragem*. → **miraginal** *adj* (**1**. rel. a miragem; **2**. em que há miragem).

mi.ra.mar *sm* Mirante voltado para o mar.

mi.ran.te ou **mi.ra.dou.ro** *sm* Janela, sacada, terraço ou pequena torre em ponto elevado, de onde se descortina apreciável panorama; belveder.

mi.rar *v* **1**. Cravar a vista em; encarar, fitar: *mirei-a de alto a baixo*. **2**. Tomar como alvo; apontar para: *mirar a cabeça do árbitro*. **3**. Observar atentamente; atentar para: *mirar um formoso corpo de mulher, na praia*. **4**. Ter em vista; visar a; aspirar, pretender: *mirar um diploma*. **5**. Ter como alvo de tiro; dirigir a pontaria; apontar: *mirou no coelho e acertou no veado*. **6**. Estar voltado; dar: *minha casa mira para o nascente*. **mirar-se 7**. Olhar-se atentamente: *ela se mira no espelho há horas*. **8**. Encarar-se, fitar-se: *os boxeadores se miraram na hora da pesagem, com caras de poucos amigos*. **9**. Estribar-se, basear-se, fundamentar-se: *mirar-se na obra de um mestre*. **10**. Tirar ensinamento ou lição de; espelhar-se: *ele se mira no pai*.

mi.rí.a.de *sf* Grande número; quantidade imensa; infinidade: *há miríade de abelhas num enxame*.

-mi.rim *suf* Exprime a ideia de pequeno, diminuto (*capim-mirim, tamanduá-mirim*) e só exige hífen quando se liga a palavra terminada em vogal acentuada graficamente ou em tônica nasal, como visto nos exemplos. · Antôn.: *-açu* ou *-guaçu*.

mi.rim *adj* Pequeno: *guarda mirim; telefone mirim*.

mir.rar *v* **1**. Preparar (algo) com essência de mirra: *mirrar o vinho*. **2**. Embalsamar com mirra: *mirrar um cadáver*. **3**. *P.ext*. Murchar, secar, ressecar (vegetal): *o sol quente mirra as plantas; as plantas mirram com o sol quente*. **4**. *Fig*. Privar pouco a pouco das forças; emagrecer ao extremo; definhar: *a quimioterapia o mirrou*. **5**. *Fig*. Reduzir, diminuir: *as* *constantes críticas recebidas pelo jogador mirraram seu desempenho.* → **mirra** *sf* (resina aromática extraída da planta do mesmo nome, usada como incenso, em perfumes e produtos farmacêuticos); **mirrado** (murcho, seco).

mi.san.dri.a *sf* Aversão, ódio ou repulsa ao sexo masculino. · Antôn.: *misoginia.* → **misândrico** *adj* (rel. a misandria) e *adj* e *sm* (que ou aquele que tem misandria).

mi.san.tro.pi.a *sf* Aversão ou ódio à convivência social. · Antôn.: *filantropia, altruísmo.* → **misantrópico** *adj* (rel. a misantropia ou próprio de misantropo); **misantropo** (ô) *adj* e *sm* (**1**. que ou aquele que odeia a humanidade; **2**. que ou aquele que se isola por ter aversão à sociedade), de antôn. *filantropo, altruísta.*

mis.ce.lâ.nea *sf* Conjunto de coisas diversas; mixórdia, salada, confusão, mistura.

mis.ci.ge.nar(-se) *v* Mestiçar(-se). → **miscigenação** *sf* (casamento ou relações sexuais entre pessoas de etnias diferentes; mestiçagem).

mi.se.rá.vel *adj* e *s2gên* **1**. Que ou pessoa que é digna de compaixão, dó ou piedade, por sua extrema desgraça ou falta de recursos. **2**. *Fig*. Que ou pessoa que é desprezível, vil, torpe. **3**. *Fig*. Que ou pessoa que é avara. // *adj* **4**. Deplorável, lamentável. · Superl. abs. sintético: *miserabilíssimo.* → **miserando** *adj* (digno de dó; miserável); **miserê** *sm* (*pop*. **1**. pobreza extrema; penúria, miséria: *ela está cansada de viver nesse miserê*; **2**. quantia irrisória: *ele recebe um miserê por mês*; **3**. avareza: *deixe de miserê e colabore!*); **miséria** *sf* (**1**. pobreza extrema ou absoluta; miserê; **2**. avareza; **3**. ninharia, insignificância), de antôn. (1): *riqueza, abundância, prosperidade;* (2): *generosidade;* (3): *fortuna.*

mi.se.ri.cór.dia *sf* **1**. Piedade que leva a perdoar a um culpado ou a conceder graça a um vencido ou a um sofredor. // *interj* **2**. Grito de quem pede piedade, compaixão, súplica ou socorro. → **misericordioso** (ô; pl.: ó) *adj* e *sm* (que ou aquele que é cheio de misericórdia) e *adj* (que revela misericórdia), de antôn. *duro, frio, insensível, cruel.*

mí.se.ro *adj* **1**. Muito pobre; paupérrimo, miserável, infeliz, desgraçado: *os míseros povos africanos.* **2**. *Fig*. Muito pequeno; insignificante, escasso, miserável: *ganhar um míscero salário.* **3**. *Fig*. Desimportante, insignificante, simples: *um mísero ladrão de galinhas, eles prendem mesmo.* **4**. Único: *não tinha no bolso um mísero centavo.* (Como se vê, usa-se apenas antes do substantivo.) · Superl. abs. sintético erudito: *misérrimo.*

mi.so.fo.ni.a *sf* Sensibilidade extrema a som, mesmo ao som de ínfimo volume. → **misofônico** *adj* (rel. a misofonia); **misófono** *adj* e *sm* (que ou aquele que sofre de misofonia). (A 6.ª ed. do VOLP não traz nenhuma dessas palavras.)

mi.so.ga.mi.a *sf* Aversão ou pavor a casamento. → **misogâmico** *adj* (rel. a misogamia); **misógamo** *adj* e *sm* (que ou aquele que tem misogamia), que a 6.ª ed. do VOLP só registra como sm.

mi.so.gi.ni.a *sf* **1**. Aversão, desprezo ou ódio a mulheres. **2**. Repulsa patológica pelas relações sexuais com mulheres. · Antôn.: *filoginia* e *misandria.* → **misogínico** *adj* (rel. a misoginia); **misógino** *adj* e *sm* (que ou aquele que tem misoginia).

mi.so.lo.gi.a *sf* **1**. Aversão ou ódio ao raciocínio, ao debate e à argumentação lógica. **2**. Horror às ciências. → **misológico** *adj* (rel. a misologia); **misólogo** *sm* (aquele que tem misologia).

mi.so.pe.di.a *sf* Aversão a crianças e aos próprios filhos. → **misopédico** *adj* (rel. a misopedia) e *adj* e *sm* (que ou aquele que tem misopedia), classificação sem registro na 6.ª ed. do VOLP.

Miss [ingl.] *sf* **1**. Tratamento que se confere às mulheres solteiras, nos países anglo-saxões: Miss *Jacqueline.* **2**. Título usado com o nome de alguma coisa, por uma garota ou mulher escolhida para determinada representação: Miss *Bahia;* Miss *Universo.* **3**. Título usado com um nome que representa algum atributo ou identidade particular de uma mulher: Miss *Simpatia.* **4**. Título usado com o nome de alguma coisa por uma garota ou mulher escolhida para determinada representação: Miss *Festa da Uva.* **miss 5**. Garota que participa de concurso de beleza: *as misses já estão prontas para o desfile.* **6**. *P.ext*. Qualquer garota bonita, vistosa e elegante: *minha namorada é uma miss!*

mis.sa *sf* Ato solene ou celebração fundamental do culto católico que tem como apogeu a comemoração, na forma do pão e do vinho da Última Ceia, do sacrifício de Cristo na cruz. → **missal** *sm* (livro grande, que contém as orações, leituras e ritos autorizados pela Igreja católica romana para a celebração da missa).

mis.são *sf* **1**. Poder conferido a alguém ou a um grupo para fazer alguma coisa, princ. na área militar; encargo específico: *integrar uma missão de paz no Oriente Médio; sua missão é a de isolar o inimigo.* **2**. Grupo enviado a um país estrangeiro, para conduzir negociações diplomáticas, políticas ou comerciais, estabelecer relações, fornecer assistências técnica e científica, etc. **3**. *P.ext*. Trabalho feito por esse grupo. **4**. Corpo diplomático permanente no exterior. **5**. Grupo religioso enviado a terras estrangeiras para difusão da fé ou para promover assistência educacional, médica, etc. **6**. *P.ext*. Local onde esse grupo reside ou trabalha. **7**. Qualquer tarefa ou trabalho que alguém acredite ser seu dever fazer: *a missão do médico é curar.* **8**. Operação ou tarefa militar. **9**. Operação militar, naval ou aeroespacial: *realizar uma missão de bombardeio; uma missão espacial.* **10**. Grupo de astronautas que participa dessa operação. **11**. Operação de voo de uma aeronave ou de uma nave espacial: *missão a Marte.* **12**. *Fig*. Vocação: *sua missão era ser professor.* **13**. *Fig*. Finalidade, propósito: *venho com a missão de receber o que me deves.* → **missionário** *adj* (**1**. rel. a missão religiosa: *obra missionária;* **2**. *fig*. entusiasmado, empolgado: *ele tinha uma espécie de zelo missionário em levar cultura ao povo*) e *sm* (**1**. cristão enviado a um país estrangeiro para evangelização ou obras humanitárias; membro de missão religiosa; **2**. *p.ext*. aquele que se empenha em propagar uma ideia ou defender uma causa, para angariar adeptos: *temos que louvar os missionários do meio ambiente; os missionários do socialismo*).

mís.sil *adj* e *sm* Que ou o que pode ser arremessado ou atirado a médio ou a longo alcance.

mis.si.va *sf* Qualquer carta ou bilhete que se envia a alguém. → **missivista** *s2gên* [pessoa que escreve ou que leva missiva(s)].

mis.sô *sm* Prato da culinária japonesa, que consiste em uma pasta fermentada de soja e arroz, ou cevada, ou trigo, rica em proteínas e altamente nutritiva.

mis.ter *sm* **1**. Trabalho ou ocupação profissional; profissão, ofício: *esse ator é um gênio no seu mister.* **2**. Propósito, fim, intuito: *veio com o mister de me cumprimentar.* **3**. Incumbência, encargo: *recebi o mister de representar o presidente.* · Pl.: *misteres.* ·· **Fazer-se** (ou **Ser**) **mister** ou **Haver mister de** (ou **Haver de mister**). Ser absolutamente necessário e urgente; ser forçoso e obrigatório: *Faz-se mister o combate à pobreza. Há de mister descobrir prender os corruptos.*

mister [ingl.] *sm* Tratamento respeitoso e formal, usado nos países anglo-saxões, que antecede o nome completo ou o sobrenome de homem e significa *senhor.* · Abrev.: **Mr.** (Entre nós, usa-se em referência ao homem que vence um concurso de beleza ou a uma pessoa altamente qualificada no seu ofício, tido como mestre: *os jogadores tratam esse treinador de* mister.) · Pronuncia-se <u>mistár</u>. (A 6.ª ed. do VOLP ainda não traz o aportuguesamento *míster.*)

mis.té.rio *sm* **1**. Tudo o que é inexplicável, desconhecido ou mantido oculto; enigma: *o mistério do tipo sanguíneo negativo; o mistério dos óvnis caídos no Novo México em 1947.* **2**. Qualquer caso, coisa, fato ou pessoa que permanece tão obscuro ou enigmático, que desperta curiosidade ou especulação: *a face oculta da Lua é um mistério; o mistério da garotinha sumida em Portugal permanece.* **3**. *Fig*. Silêncio, sigilo: *o treinador mantém mistério sobre o seu futuro.* **4**. Verdade religiosa impenetrável pela razão humana e imposta como artigo de fé: *o mistério da Trindade.* **5**. Qualquer dos vinte eventos, como a Natividade, a Crucificação e a Assunção, que serve como meditação durante a recitação do rosário. **6**. Rito sacramental, como a Eucaristia, ou cada um dos elementos consagrados na Eucaristia. (Não se confunde com *segredo.*) → **misterioso** (ô; pl.: ó) *adj* (que envolve mistério; enigmático, inexplicável: *a garotinha desapareceu em circunstâncias misteriosas; doença misteriosa*).

mís.ti.ca *sf* **1**. Estudo das coisas divinas e espirituais. **2**. Devoção ou vida religiosa; religiosidade. **3**. *Fig*. Verdade associada a uma causa, pessoa, ideia ou instituição que desperta fascínio ou adesão incondicional em alguém: *a mística revolucionária.* **4**. *Fig*. Ar de *glamour,* charme ou mistério que envolve algo ou alguém: *a mística da física quântica; a mística ligada à vida de uma atriz de cinema.* → **misticidade** *sf* (qualidade do que é místico); **misticismo** *sm* (doutrina ou crença dos místicos, segundo a qual é possível alcançar uma comunhão com Deus através da meditação, contemplação, intuição, orações, êxtase e amor); **místico** *adj* e *sm* (que ou aquele que professa o misticismo, ou seja, que é dado a mistérios religiosos ou práticas e ritos esotéricos), *adj* (**1**. de caráter ou significado obscuro ou oculto; **2**. relacionado com o espírito, e não com a matéria, que cuida da vida espiritual) e *sm* (aquele que evita as coisas mundanas, para se dedicar à vida contemplativa e espiritual).

mis.ti.fi.car *v* **1**. Aproveitar-se da credulidade de (alguém), para fazê-lo crer em mentira ou ilusão; enganar, lograr, ludibriar, tungar: *políticos são mestres em mistificar o eleitor durante a campanha*. **2**. Tornar obscuro, misterioso ou difícil de entender; complicar: *o cientista procurava mistificar sua teoria, ao invés de simplificá-la; há professores de matemática que se comprazem em mistificar a matéria, para que os alunos o considerem um sábio*. (Não se confunde com *mitificar*.) → **mistificação** *sf* (ato ou efeito de mistificar), que não se confunde com *mitificação*.

mis.to *adj* **1**. Composto de vários elementos: *dieta mista; salada mista;* pizza *mista*. **2**. Em que há pessoas de ambos os sexos ou de vários matizes partidários ou ideológicos: *escola mista; comissão mista do Congresso*. **3**. Diz-se de empresa que é em parte estatal, em parte privada: *a Petrobras é uma empresa mista*. **4**. Diz-se do tecido feito de uma ou mais fibras: *seda mista*. **5**. Em matemática, diz-se do número composto de inteiro e fracionário. // *sm* **6**. Porção de coisas distintas misturadas; mistura: *um misto de amor e ódio*. // *adj* e *sm* **7**. Que na equipe de futebol que é composta de titulares e reservas: *um time misto do Flamengo venceu o Madureira*. (Cuidado para não usar "mixto"!)

mis.to-fri.o *sm* Sanduíche frio, feito com pão francês, recheado de presunto e queijo. · Pl.: *mistos-frios*. (A 6.ª ed. do VOLP não registra *misto-frio*, mas registra *misto-quente*, num rasgo invejável de coerência...)

mis.to-quen.te *sm* Sanduíche quente, feito na chapa, com recheio de presunto e queijo. · Pl.: *mistos-quentes*.

mis.tu.rar *v* **1**. Juntar (seres diversos): *misturar doces e salgados*. **2**. Confundir, embaralhar: *misturar as datas, as estações*. **3**. Adicionar (ingrediente ou elemento) a outro: *misturar álcool à gasolina*. **4**. Juntar (seres diversos): *misturar garotas com rapazes numa sala de aula*. **misturar-se 5**. Juntar-se, unir-se: *misturar-se aos manifestantes*. → **mistura** *sf* [ato ou efeito de misturar(-se)].

mi.ti.gar(-se) *v* **1**. Tornar(-se) brando ou menos intenso; abrandar(-se), acalmar(-se), aliviar(-se): *mitigar a raiva; nossa raiva só se mitigou muito tempo depois*. **2**. Atenuar(-se), diminuir: *mitigar a fome; minha fome se mitigou um pouco*. · Antôn.: *aumentar, intensificar*. → **mitigação** *sf* [ato ou efeito de mitigar(-se)].

mi.to *sm* **1**. Narrativa lendária, de autor desconhecido, usada para explicar algum fenômeno da natureza, a origem do homem ou costumes, instituições, ritos religiosos, etc. de um povo, envolvendo sempre os feitos e façanhas de deuses, semideuses ou heróis; lenda. **2** *P.ext.* Qualquer fato imaginário; ficção, utopia: *a conquista da Lua era um mito*. **3**. *Fig.* Qualquer coisa ou fato que a maioria da população consagra como algo excepcional ou verdadeiro e toma como exemplo ou modelo: *os carros Mercedes-Benz são um mito no mundo inteiro*. **4**. Crença injustificada: *o mito da superioridade da raça ariana*. **5**. *Fig.* Pessoa que exerceu grande influência na vida social, política, etc., tendo sido concebida popularmente com algum exagero: *estão querendo provar hoje que Kennedy foi apenas um mito*. → **mítico** *adj* (**1**. rel. ou pert. a mito; **2**. da natureza do mito; fabuloso, imaginário, fictício); **mitificar** *v* (ato ou efeito de mitificar), que não se confunde com *mistificação*; **mitificar** *v* [transformar (pessoa ou coisa) em mito; valorizar demais; enaltecer exageradamente; superestimar: *mitificam hoje qualquer atriz bonitinha, mesmo sem talento; mitificaram os Mercedes-Benz no mundo todo*], que não se confunde com *mistificar*; **mitologia** *sf* (estudo dos mitos, de seus significados e da relação entre eles e os países ou povos); **mitológico** *adj* (rel. a mitologia); **mitologista** *adj* e *s2gên* (especialista em mitologia); **mitólogo** *sm* (mitologista), ambos sem registro na 6.ª ed. do VOLP; **mitomania** *sf* (mania de mentir ou de contar estórias); **mitomaníaco** ou **mitômano** *adj* e *sm* (que ou aquele que sofre de mitomania; mentiroso compulsivo).

mi.to.côn.dria *sf* Parte do citoplasma cuja principal função é a geração de energia. **mitocondrial** *adj* (rel. ou pert. a mitocôndria).

mi.to.se *sf* Tipo de divisão celular em que uma única célula produz duas células-filhas geneticamente idênticas, diferindo apenas no tamanho. → **mitótico** *adj* (rel. a mitose).

mi.tra *sf* **1**. Barrete alto e cônico, ricamente decorado, usado pelo Papa, por bispos, arcebispos e cardeais durante certas cerimônias. **2** *P.ext.* Poder espiritual do Papa ou dos bispos. **3**. *Fig.* Cargo, jurisdição ou dignidade de bispo ou arcebispo. **4**. Carapuça que se colocava na cabeça dos condenados pela Inquisição. // *adj* e *s2gên* **5**. Que ou pessoa que é sovina: *deixe-se de ser mitra e dê um pedaço do seu sanduíche ao mendigo!* → **mitrado** *adj* (que tem mitra ou o direito de usá-la); **mitral** *adj* (**1**. sem. a mitra; **2**. diz-se da válvula cardíaca em forma de mitra, situada entre o átrio esquerdo e o ventrículo esquerdo).

mi.ú.do *adj* **1**. Muito pequeno; diminuto: *tumor miúdo*. **2**. Frequente, amiudado: *visitas miúdas aborrecem*. **3**. *Fig.* Desimportante, insignificante: *discutem por coisa miúda*. **4**. Diz-se de gado de pequeno porte (ovinos, suínos e caprinos). // *adj* e *sm* **5**. Que ou nota de dinheiro que tem pouco valor; trocado: *só me restou nota miúda; paguei-lhe com alguns miúdos que ainda tinha no bolso*. // *smpl* **6**. Vísceras animais (fígado, rins e coração) usadas para consumo humano; miudezas (3). · Superlativo absoluto sintético irregular ou erudito: *minutíssimo*. → **miuçalhas** *sfpl* (conjunto de coisas miúdas e de pouco valor; miudagem); **miudagem** *sf* (**1**. miuçalhas; **2**. saldo de mercadorias que entraram em liquidação); **miudeza** (ê) *sf* (**1**. qualidade de miúdo: *a miudeza de um grão de areia*; **2**. maneira detalhada ou minuciosa de fazer ou considerar uma coisa; cuidado ou rigor na execução de algo: *todo perfeccionista trabalha com miudeza*; **3**. fato ou coisa de pouco valor ou importância: *não se preocupe com essa miudeza!; quem tinha pouco dinheiro só podia comprar miudeza*) e *sfpl* (**1**. detalhes, minúcias, pormenores: *não se atenha às miudezas do fato!*; **2**. objetos de pouco valor; bugigangas, quinquilharias: *só comprei miudezas*; **3**. miúdos). ·· **Trocar em miúdos**. Explicar melhor.

mix [ingl.] *sm* **1**. Mistura ou combinação de coisas, sons, ideias, planos, situações, títulos, etc.: *chegar com um mix de novidades; o mix de produtos de uma empresa; o ideal é ter um mix de ações na carteira; nos shopping centers existe um mix de lojas*. **2**. Redução de *mixagem*. · Pl.: *mixes*. · Pronuncia-se *mîks*. → **mixagem** (x= ks; pl.: -*ens*) *sf* (**1**. ato ou efeito de mixar; **2**. em música, processo pelo qual se sobrepõem dois ou mais sinais sonoros ou canais em uma só faixa sonora e se grava o resultado; **3**. gravação resultante desse processo; **4**. em cinema e televisão, combinação de dois ou mais sinais de imagem, provenientes de fontes distintas, para obter efeito de fusão, superposição, etc.); **mixar** (x = ks) *v* [fazer a mixagem de (sinais de áudio ou de vídeo)]; **mixer** [ingl.] *sm* (**1**. misturador de dois ou mais canais de áudio; **2**. pequena mesa de som), que se pronuncia *mîksâr*.

mi.xa, mi.xe ou **mi.xo** *adj* Mixuruca: *festa mixa; salário mixa*.

mi.xar *v* Gorar, frustrar; malograr-se, frustrar-se: *a falta de luz mixou o baile; a festa mixou, com a falta de luz*.

mi.xa.ri.a *sf* Ninharia, insignificância, merreca, mixuruquice: *ganha uma mixaria por mês*. · Antôn.: *exorbitância*.

mi.xór.dia *sf* **1**. Mistura de coisas; miscelânea, salada. **2**. Confusão, embrulhada. **3**. *Pop.* Comida malfeita ou de aspecto repugnante.

mi.xu.ru.ca *adj* **1**. Insignificante, mixa: *salário mixuruca; recebeu uma pena mixuruca*. **2**. Vagabundo, ordinário, reles, furreca, mixo: *é um hotel que oferece um café da manhã mixuruca*. **3**. *Fig.* Sem animação ou vibração; morno, pífio, mixo: *foi um jogo mixuruca;* show *mixuruca*. → **mixuruquice** *sf* (mixaria, insignificância).

MMS *sm* Sigla inglesa de Multimedia Message System (Sistema de Mensagens Multimídia), evolução do *SMS*, sistema de mensagens que possibilita não só escrever mais de 160 caracteres, como também incluir imagem e som.

mne.mô.ni.ca *sf* Arte ou sistema de desenvolver, ajudar ou aperfeiçoar a memória. → **mnemônico** *adj* (**1**. rel. a mnemônica ou a memória; **2**. que ajuda a memória: *fórmula mnemônica*; **3**. fácil de gravar na memória: *999 é um número mnemônico*).

mó *sf* **1**. Pedra redonda e grande, chata e duríssima, usada para triturar cereais nos moinhos até virarem farinha. **2**. Pedra para amolar facas e outros instrumentos ou utensílios cortantes.

mó.bil *adj* **1**. Móvel. // *sm* **2**. Causa original ou primordial de qualquer ação; motivo fundamental; móvel.

mó.bile *sm* Escultura móvel, composta de elementos suspensos, em perfeito equilíbrio, que se movem harmoniosamente a qualquer movimentação do ar.

mo.bí.lia *sf* Conjunto dos móveis que se usam para adornar um ambiente ou o interior de uma casa, escritório, consultório, etc., mobiliário. → **mobiliar, mobilar** ou **mobiliar** *v* (guarnecer de mobília: *compramos a casa, agora falta mobilá-la*).

mo.bi.li.á.ria *sf* Loja ou fábrica de móveis; movelaria. → **mobiliário** *adj* (rel. a bens móveis ou que trata deles: *herança mobiliária*) e *sm* (conjunto de móveis; mobília).

mo.bi.li.da.de *sf* **1**. Capacidade de se mover daqui para ali, de lá para cá, ou de ser movido facilmente: *a mobilidade urbana por meio de metrôs facilitou a vida de muita gente; a mobilidade de um telefone celular é uma das suas grandes vantagens; por causa da sua artrite, sua mobilidade estava comprometida; como os móveis fixos carecem de mobilidade, eles ficam no imóvel vendido.* **2**. Possibilidade de se deslocar rapidamente: *é um exército que conta com tropas de elite de grande mobilidade.*

mo.bi.li.zar *v* **1**. Pôr em movimento, circulação ou uso; movimentar: *mobilizar um carro de bois.* **2**. Motivar (pessoas) para realizar uma tarefa, campanha, etc.: *mobilizar os servidores da saúde para combater a covid-19.* **3**. Pôr (tropa) em pé de guerra: *mobilizar tropas.* **4**. Alocar (recursos): *mobilizar verba para a Educação.* **5**. Coordenar para um propósito: *mobilizar os professores para aumento salarial.* **6**. Motivar, para determinado fim: *mobilizou todos os recursos econômicos do país.* **mobilizar-se 7**. Motivar-se, para determinado fim: *as donas de casa se mobilizaram contra a alta dos preços dos alimentos.* → **mobilização** *sf* [ato ou efeito de mobilizar(-se)].

Moçambique *sm* País da África, de área equivalente à dos estados da Bahia, Alagoas, Pernambuco e Rio Grande do Norte juntos. → **moçambicano** *adj* e *sm*.

mo.cam.bo *sm Pop.* **1**. Refúgio de escravo foragido, geralmente em lugar de difícil acesso; quilombo. **2**. NE Choupana típica do litoral pernambucano, construída com ramagens e outras espécies de material. **3**. NE Abrigo tosco de vigilante de lavoura. **4**. NE Conjunto de habitações miseráveis; favela. **5**. NE Moita grande ou mata cerrada usada pelo gado, para se esconder. → **mocambeiro** *sm* (**1**. escravo que fugia e ia viver em mocambo; **2**. criminoso que se refugiava em mocambo) e *adj* e *sm* (que ou gado que se esconde no mato).

mo.ção *sf* **1**. Ato ou efeito de mover(-se); movimento: *ela assentiu a meu pedido, com uma moção de cabeça; balance o berço com moções suaves!* **2**. Proposta ou sugestão formal apresentada numa assembleia deliberativa por um de seus membros, para ser discutida e votada: *uma moção de apoio e solidariedade às vítimas da covid-19.* **3**. *P.ext.* Qualquer proposta que se apresente. **4**. *Fig.* Grande abalo moral; choque, comoção.

mo.cas.sim *sm* **1**. Calçado de couro macio, sem sola rígida, usado pelos índios americanos. **2**. *P.ext.* Qualquer sapato esporte mais ou menos semelhante.

mo.chi.la *sf* Pequeno saco de lona ou de couro, com duas alças, usado às costas, para carregar roupa, material escolar, etc.

mo.cho (ô) *adj* **1**. Diz-se dos animais que, devendo ter chifres, não os têm, ou porque nasceram sem eles, ou porque lhos cortaram. **2**. Diz-se de qualquer animal mutilado. // *sm* **3**. Banquinho sem encosto nem braços; tamborete (1): *todo pianista se senta num mocho.*

mo.ço (ô) *adj* **1**. De pouca idade; novo, jovem. // *sm* **2**. Homem maduro, de menos de 40 anos. · Fem.: *moça* (ô). · Antôn.: *velho*. · Aum. irregular: *mocetão*, de fem. *mocetona.* → **moça** (ô) *sf* (**1**. fem. de *moço*; menina-moça; **2**. *fig.* mulher virgem; donzela), de dim. *moçoila*; **moçada** *sf* (turma de moços e/ou de moças); **mocidade** *sf* (**1**. período da vida em que o homem apresenta ainda o vigor da juventude; **2**. a gente moça; os moços), de antôn. *velhice*; **mocinho** *sm* (**1**. moço pequeno; **2**. herói de filmes de aventura ou de faroeste, ao qual se contrapõe o vilão).

mo.có *sm* **1**. Variedade de algodão nordestino, de fibras longas e sedosas. **2**. Saco de tiracolo, para pequenas provisões, papéis, etc. **3**. *Gír.* Esconderijo de marginais. **4**. *Pop.* Local de difícil acesso. **5**. Animal roedor semelhante ao preá, mas um pouco maior, que tem seu *habitat* nas regiões pedregosas e secas do Nordeste. → **mocozear** *v* (esconder em lugar de difícil acesso), que se conjuga por *frear*.

mo.co.ron.go *adj* e *sm* Que ou aquele que é matuto, caipira.

mo.co.tó *sm* **1**. Pata de bovino, livre do casco, usada como alimento; chambaril (2). **2**. Doce preparado com essa pata.

mo.crei.a (éi) *sf Pop.* Mulher velha, feia, deselegante, desagradável, ignorante e mal-humorada.

mo.da *sf* **1**. Tudo aquilo que se usa como prova de identidade, forma de ser ou de se expressar: *a tatuagem virou moda de gente rica, quando antes era coisa de marginais.* **2**. Estilo, usos ou costumes que prevalecem por certo período de tempo e variam segundo o gosto, capricho ou vontade das pessoas:

voga: *a moda da minissaia vai e volta, vai e volta; a moda é ditada por Paris.* **3**. Arte do vestuário que está em último estilo: *a moda está dividida em duas partes fundamentais: a alta-costura e o* prêt-à-porter. **4**. Qualquer coisa, como uma peça de vestuário, um penteado, um calçado, uma atitude, etc., adotada como último estilo, sem ainda se ter generalizado: *este vestido é a última moda; o cabelo dela, agora, é a moda.* **5**. Estilo característico da elite social: *homem da moda.* **6**. Maneira, modo ou meio como cada um faz as coisas: *trabalha à sua moda.* **7**. Jeito, modo, vontade: *vive à sua moda.* **8**. Tipo, espécie, categoria: *pessoas de todas as modas estavam no Jóquei para assistir ao Grande Prêmio Brasil.* **9**. *Pop.* Cantiga, modinha. **10**. *Pop.* Negócio, coisa: *que moda é essa agora de ir chegando, entrando, abrindo a geladeira e ir mexendo em tudo?* // *sfpl* **11**. Artigos para o vestuário feminino: *desfile de modas.*

mo.dal *adj* **1**. Relativo a um modo ou característico dele. **2**. Em gramática, relativo ao modo de um verbo ou que o expressa. // *sf* **3**. Conjugação modal. **4**. Oração modal (só reconhecida como reduzida). → **modalidade** *sf* (**1**. fato, estado ou qualidade de modal; **2**. tendência a moldar-se a um padrão geral ou a pertencer a um grupo ou categoria particular; **3**. forma, espécie, tipo).

mo.de.lar *adj* **1**. Que serve de modelo ou exemplo; exemplar, perfeito: *as crianças tiveram um comportamento modelar na festa.* // *v* **2**. Fazer o modelo ou o molde de: *modelar um vestido; modelar uma estátua em gesso.* **3**. Assinalar bem ou fazer sobressair os contornos de; moldar: *a blusa lhe modela o busto.* **4**. Tomar como modelo: *modelou seu ideal pelo dos pais.* **5**. Dar forma ou feições a: *modelar o barro.* **6**. *Pop.* Desfilar como modelo ou posar como modelo fotográfico: *o sonho dela era modelar em Paris.* **7**. Em pintura, desenho e fotografia, dar uma aparência tridimensional a, mediante o uso contrastante de luz e sombra. → **modelação** *sf* ou **modelagem** *sf* (ato ou efeito de modelar); **modelagem** *sf* (**1**. modelação; **2**. processo usado para obter moldes de roupas, essencial para que as peças tenham um bom caimento no corpo; moldagem).

mo.de.lis.mo *sm* **1**. Atividade ou arte de construir pequenos aviões, automóveis, barcos ou outros protótipos em miniatura. **2**. Arte ou técnica de reproduzir imagem em material de maior durabilidade. **3**. Arte de criar ou desenhar modelos para serem executados por costureiros, sapateiros, etc., ou pela indústria; arte do *designer* de moda. → **modelista** *adj* e *s2gên* (**1**. que ou pessoa que faz desenhos de moda para serem executados por profissionais; **2**. que ou pessoa que fabrica protótipos em miniatura); **modelístico** *adj* (rel. ou pert. a aeromodelismo: *criações modelísticas*).

mo.de.lo (ê) *sm* **1**. Exemplo ou padrão de imitação ou comparação. **2**. Representação, geralmente em miniatura, para mostrar a estrutura ou servir de cópia a qualquer coisa. **3**. Imagem, em barro ou em cera, para ser reproduzida em material de maior durabilidade. **4**. Forma ou estilo típico de alguma coisa que pode ser produzida em série. **5**. Peça de vestuário criada por um importante estilista. **6**. Coisa que serve como objeto a um artista ou fotógrafo. **7**. Exemplo, paradigma. **8**. Pessoa que serve como modelo a um artista ou a um fotógrafo, para que este execute seu trabalho; manequim. **9**. Pessoa que posa ou desfila com roupas da moda. **10**. Pessoa considerada como padrão de excelência a ser imitado. → **modelito** *sm* (**1**. modelo da moda de vestido, calça, blusa, etc.; **2**. modo de vestir: *qual é o modelito aconselhável para uma festa dessas?*; **3**. maneira nova de se comportar: *o modelito de descer do carro para cumprimentar o povo à saída da Granja do Torto surgiu com Lula*), palavra que não tem registro na 6.ª ed. do VOLP.

mo.de.ló.dro.mo *sm Pop.* Área destinada ao nautimodelismo, ao aeromodelismo, ao automodelismo e ao ferromodelismo. (A 6.ª ed. do VOLP não traz a palavra.)

modem [ingl.] *sm* Dispositivo eletrônico que converte os sinais digitais dos microcomputadores para analógicos, permitindo a transmissão de dados do computador por meio de linhas telefônicas. · Pl.: *modems*. · Pronuncia-se *môudem*.

mo.de.rar *v* **1**. Tornar menor ou menos intenso; atenuar, reduzir, diminuir: *moderar o apetite.* **moderar-se 2**. Ser comedido, não se exceder, conter-se: *moderar-se na bebida.* → **moderação** *sf* [ato ou efeito de moderar(-se)]; **moderado** *adj* (**1**. que não é excessivo ou extremo; **2**. que não é rigoroso) e *sm* (que ou pessoa que não exagera nos seus pontos de vista ou opiniões, princ. em política e religião); **moderador** (ô) *adj* e *sm* (que ou o que modera).

mo.der.nis.mo *sm* **1**. Qualidade, pensamento ou prática moderna. **2**. Peculiaridade de uso ou estilo, como de palavra, frase, etc., que é uma característica dos tempos modernos: *o modernismo blogue*. **Modernismo 3**. Conjunto de movimentos artístico-literários do final do séc. XIX e metade do séc. XX caracterizado pelo rompimento com os valores e técnicas tradicionais e valorização da importância da experiência individual. → **modernista** *adj* (rel. ou pert. ao modernismo) e *adj* e *s2gên* (que ou pessoa que é adepta do modernismo).

mo.der.no *adj* **1**. Do presente; dos tempos recentes (em oposição a outros tempos): *qual o papel da religião no mundo moderno?; o ritmo maluco da vida moderna; medicina moderna*. **2**. De um período que se estende de um passado remoto relevante até o presente: *história moderna*. **3**. Relativo às conquistas, ideias ou equipamentos mais recentes: *métodos modernos de comunicação; exército moderno*. **4**. *Fig.* De concepção arrojada; inovador: *carro moderno; arquitetura moderna*. **5**. De um período mais recente de desenvolvimento: *o grego moderno*. **6**. Relativo ao modernismo; modernista: *arte moderna*. // *sm* **7**. Aquilo que é moderno: *o moderno agora é ter um SUV*. · Antôn.: *antigo*. → **modernidade** *sf* (**1**. qualidade, estado ou condição de ser moderno: *estamos vivendo um surto de modernidade tecnológica*; **2**. era ou mundo moderno, princ. quanto às ideias e atitudes associadas ao mundo moderno: *tive de ir ao encontro da modernidade, sob pena de sucumbir*; **3**. alguma coisa moderna: *o PIX não deixa de ser uma modernidade*); **modernização** *sf* [ato ou efeito de modernizar(-se)]; **modernizar** *v* (dar uma forma moderna a, adaptado às técnicas atuais); **modernizar-se** (ajustar-se aos tempos e usos modernos); **modernoso** (ô; pl.: ó) *adj* e *sm* (que ou o que é supostamente moderno: *decoração modernosa*).

mo.dés.tia *sf* Ausência completa de toda e qualquer vaidade, pretensão ou ostentação; simplicidade, moderação, sobriedade. · Antôn.: *vaidade*. → **modesto** *adj* (**1**. moderado ou despretensioso na avaliação de suas qualidades; que não procura mostrar-se importante; **2**. simples, singelo: *vive numa casa modesta*), de antôn. (1): *vaidoso* e (2): *suntuoso, faustoso*.

mó.di.co *adj* **1**. Pouco valioso, insignificante: *ter módicos bens*. **2**. Não exagerado, modesto, moderado: *loja de preços módicos*. **3**. Escasso, parco, pobre: *governo módico de recursos*. · Superl. abs. sintético: *modicíssimo*. → **modicidade** *sf* (qualidade de módico).

mo.di.fi.car *v* **1**. Alterar parcialmente: *modificar um texto*. **2**. Moderar, conter, refrear: *modifique seu gênio, antes que seja tarde!* **3**. Alterar (ampliando ou restringindo o sentido das palavras); ser adjunto de: *o adjetivo modifica o substantivo*. **modificar-se 4**. Alterar-se no modo de ser: *no governo, seu comportamento se modificou inteiramente*. → **modificação** *sf* [ato ou efeito de modificar(-se)].

mo.di.nha *sf* **1**. Canção popular, sentimental, muito em voga nos séculos XVIII e XIX. **2**. *P.ext.* Qualquer cantiga ligeira e despretensiosa.

mo.dis.mo *sm* **1**. Idiotismo de linguagem: *Guimarães Rosa enriqueceu a nossa língua de modismos*. **2**. Aquilo que está em moda e tem, por isso, caráter passageiro: *os SUVs são um modismo ou vieram para ficar?* → **modista** *adj* e *s2gên* (**1**. que ou profissional que desenha e confecciona roupa feminina, princ. vestidos, ou que dirige um ateliê de costura para mulheres; **2**. que ou pessoa que canta modas ou cantigas).

mo.do *sm* **1**. Maneira ou jeito particular. **2**. Método, estilo, sistema. **3**. Meio, possibilidade. **4**. Via ou meio por onde se chega a um fim. **5**. Categoria verbal que indica a maneira como o fato se realiza, ou seja, a atitude do falante em **face** do processo (certeza ou incerteza, informação, desejo, mando, etc.). // *smpl* **6**. Compostura, educação: *crianças sem modos*.

mo.dor.ra (ô) *sf* **1**. Sonolência manifestada em certos doentes. **2**. *P.ext.* Preguiça, moleza. **3**. *Fig.* Apatia, indiferença. → **modorrento** *adj* (**1**. que causa modorra; sonolento: *jogo modorrento*); **2**. que não é esperto; apático: *funcionários modorrentos*).

mo.du.lar *v* **1**. Ajustar ou adaptar a certa proporção; regular. **2**. Modificar ou variar o diapasão, a intensidade ou o tom de (voz de alguém ou instrumento musical). **3**. Em eletrônica, variar a frequência, amplitude, fase ou outra característica de (ondas eletromagnéticas). // *adj* **4**. Relativo ao módulo. → **modulação** ou **modulagem** *sf* (ato ou efeito de modular).

mó.du.lo *sm* **1**. Qualquer quantidade tomada como unidade de medida. **2**. Unidade funcional padronizada, feita para ser usada conjuntamente com outros elementos da mesma natureza. **3**. Parte de um veículo espacial que constitui uma unidade ao mesmo tempo estrutural e funcional. **4**. Medida padronizada de anúncio comercial, para inserção na imprensa. **5**. Componente padronizado, geralmente intercambiável, de um sistema ou de uma construção.

mo.e.da *sf* **1**. Peça, geralmente metálica e com cunha, representativa do valor dos objetos que se trocam por ela. **2**. Nota ou cédula de curso legal; dinheiro. · V. **monetário**. → **moedagem** *sf* (**1**. cunhagem ou fabricação de moedas; **2**. quantia paga por essa cunhagem ou fabricação).

mo.e.la *sf* **1**. Última parte do estômago das aves que tem a função de triturar os alimentos ingeridos. **2**. Iguaria feita com essa parte.

mo.er *v* **1**. Reduzir a pó; triturar: *moer café*. **2**. Esmagar para extrair suco: *moer cana*. **3**. *Fig.* Cansar muito; extenuar, fatigar: *essa viagem ao Japão me moeu*. **4**. *Fig.* Repassar muitas vezes no espírito (uma ideia, um pensamento, etc.). → **moenda** *sf* (**1**. ação de moer ou triturar; **2**. peça que mói ou tritura; **3**. moinho); **moído** *adj* (**1**. que se moeu; reduzido a pó ou a partículas; **2**. *fig.* muito cansado; exausto); **moinho** *sm* (**1**. engenho ou maquinaria para moer grãos de cereais; moenda; atafona; **2**. edifício onde se acha tal engenho ou maquinaria; **3**. qualquer máquina com que se tritura alguma coisa), de dim. *molinilho*; **molar** *adj* (próprio para moer).

mo.fa *sf* Zombaria ou gozação acompanhada de gestos e trejeitos faciais. → **mofador** (ô) *adj* e *sm* (que ou aquele que mofa; gozador).

mo.far *v* **1**. Encher de mofo, embolorar: *calor e umidade mofaram o tapete*. **2**. Fazer mofa ou gozação de; gozar: *palmeirense vive mofando corintiano*. **3**. Criar mofo: *dentro do banheiro, o tapete mofou*.

mo.fi.no *adj* **1**. Triste ou desgostoso; sorumbático. **2**. Doentio, enfermiço. // *adj* e *sm* **3**. Que ou aquele que é infeliz, desgraçado. **4**. Que ou aquele que é velhaco, patife, pulha, canalha, calhorda. **5**. Que ou aquele que é mesquinho, pão-duro. **6**. Que ou aquele que é covarde, poltrão. // *sm* **7**. Diabo. → **mofineza** (ê) *sf* (qualidade de mofino).

mo.fo (ô) *sm* Fungo que se desenvolve sobre objetos úmidos, conhecido popularmente por *bolor*. → **mofado** *adj* (que criou mofo); **mofento** *adj* (que tem mofo; bolorento).

mog.no *sm* **1**. Árvore de casca amarga e madeira de lei, vermelho-escura, muito apreciada em marcenaria e carpintaria de luxo; acaju. **2**. Essa madeira.

moi.ta *sf* Vegetação densa ou cerrada de arbustos ramosos. → **moital, moitão** ou **moitedo** (ê) *sm* (lugar onde há moitas). ·· **Ficar na moita**. **1**. Ficar na expectativa (do desfecho de algum acontecimento), para depois agir. **2**. Guardar silêncio. **3**. Esconder-se. ·· **Na moita**. Às ocultas; escondido, reservadamente: *Se tiver de fazer alguma coisa errada, faça-a na moita!*

mo.ji.ca *sf* **1**. Prato típico da cozinha paraense, feito com peixes e crustáceos cozidos, até se desfazerem em papa, engrossando-se o caldo com farinha de mandioca. **2**. Esse caldo ou mingau engrossado. **3**. Prato típico da cozinha cuiabana, mistura de pintado com mandioca, temperado com cheiro-verde, alho, cebola e tomate. → **mojicar** *v* [**1**. engrossar (caldo ou mingau) com mojica; **2**. fazer mojica].

mo.la *sf* **1**. Peça metálica elástica que, sob pressão, dá impulso ou oferece resistência a outra peça. **2**. Cada um dos feixes de lâminas metálicas de um veículo. **3**. *Fig.* Tudo o que concorre para impulsionar alguma coisa: *os livros são a mola do saber*. → **molar** *adj* (rel. a mola).

mo.lam.bo *sm* **1**. Trapo, farrapo. **2**. *P.ext.* Qualquer roupa velha, esfarrapada e suja: *o mendigo tomou banho e trocou seus molambos por uma roupa limpa e nova*. **3**. *Fig.* Pessoa frouxa, sem firmeza de caráter nem poder de iniciativa: *a diretora do colégio era uma molamba*. → **molambento** ou **molambudo** *adj* (**1**. que está em farrapos e muito sujo: *camisa molambenta*; **2**. *fig.* extremamente desleixado ou relaxado no traje: *você namora essa garota molambuda?!*) e *adj* e *sm* (que ou aquele que está em farrapos ou miseravelmente vestido; maltrapilho).

mo.lar *adj* **1**. Diz-se de cada um dos grandes dentes situados depois dos caninos, destinados a moer ou triturar os alimentos. // *sm* **2**. Esse dente. · V. **moer** e **mola**.

mol.dar *v* **1**. Formar os moldes de; adaptar ao molde: *moldar uma figura*. **2**. Fundir vazando o metal derretido no molde: *moldar uma estátua*. **3**. *Fig.* Adaptar, adequar, conformar: *molde seu gênio ao dela!* **moldar-se 4**. Adaptar-se, adequar-se: *moldo-me a qualquer ambiente*. **5**. Orientar-se, modelar-se: *moldar-se pelos hábitos do pai*. → **moldagem** *sf* [**1**. operação de moldar; **2**. modelagem (2); **3**. gênero de escultura; **4**. molde (7)].

Moldávia sf País da Europa, ex-república soviética, de área pouco maior que a do estado de Alagoas. → **moldávio** adj e sm.

mol.de sm **1**. Recipiente oco em que se derrama uma substância líquida, para que esfrie e endureça na forma do recipiente; matriz para fundição de metal: *essas peças são feitas num molde e depois pintadas*. **2**.*P.ext*. Qualquer coisa que serve como modelo para reproduções. **3**. *Fig*. Modelo, exemplo: *ele tem como molde a honestidade do pai*. **4**. *Fig*. Caráter, índole, natureza: *homens do molde do meu pai são raros*. **5**. *Fig*. Estilo, padrão: *o pai diz que seu filho joga futebol nos moldes de Pelé*. **6**. Em artes gráficas, caixa de matriz em que se fundem os tipos; forma. **7**. Em geologia, impressão fóssil deixada por um organismo na rocha; moldagem (4). ·· **De molde a**. **1**. De modo a; com o fim ou cuidado de: *Dirige o veículo de molde a não arriscar a vida*. **2**. A fim de, para: *O plano foi concebido de molde a não prejudicar ninguém*. *A providência que tomamos são de molde a garantir a tranquilidade no local*.

mol.du.ra sf **1**. Peça que guarnece quadros, estampas, etc., caixilho. **2**. Ornato arquitetônico saliente. → **molduragem** sf (**1**. ato ou efeito de moldurar; **2**. conjunto de molduras de uma peça arquitetônica); **moldurar** v (emoldurar); **moldureiro** sm (aquele que trabalha com molduras ou que as fabrica).

mo.le adj **1**. Que cede à compressão sem desfazer-se, por ter substância no seu interior; que não é duro ou firme: *pão mole; colchão mole*. **2**. *Fig*. Fraco, frouxo, molenga, complacente, sem firmeza ou energia: *pai mole com os filhos*. **3**. *Fig*. Lerdo, vagaroso, preguiçoso: *funcionários moles*. **4**. *Fig*. Sensível, fácil de emocionar ou de comover: *ter coração mole*. **5**. *Gír*. Fácil: *a prova foi mole*. // *sf* **6**. Volume ou massa enorme. **7**. Construção gigantesca e maciça. **8**. Multidão numerosa e compacta: *grande multidão humana acampanhou o enterro*. // *adv* **9**.*Pop*. Com grande facilidade: *vencemos mole*. · Antôn. (1): *duro*, (2): *enérgico*, (3): *esperto, diligente*; (4): *frio, indiferente, insensível*; (5): *difícil*. · V. **moleza**. ·· **Dar mole**. **1**. Agir ou proceder sem cuidado ou atenção: *O motorista deu mole e caiu numa ribanceira*. **2**. Deixar passar uma boa oportunidade: *Deu mole, perdeu a vaga*. **3**. Não ter firmeza ou autoridade: *Chega de dar mole para essa gente, agora é tirania!* **4**. Cortejar, flertar, paquerar: *A mina me deu mole, eu tinha que chegar*.

mo.lé.cu.la sf **1**. Unidade mais simples de uma substância química, geralmente um grupo de dois ou mais átomos mantidos juntos por ligações químicas: *uma molécula de água*. **2**. *Fig*. Um mínimo; partícula: *elegem políticos sem molécula de honestidade*. → **molecular** adj (rel. a molécula ou que consiste em moléculas).

mo.lei.ra sf **1**. Espaço ainda não ossificado situado entre os ossos cranianos de um feto ou de um recém-nascido; fontanela. **2**.*P.ext*. Parte mais alta da cabeça; cocuruto. **3**. Mulher do moleiro. **4**. Mulher que trabalha em moinho. **5**. Dona de moinho.

mo.lei.ro sm **1**. Dono de moinho. **2**. Aquele que mói cereais para restituir convertidos em farinha a seus donos.

mo.le.jo (ê) sm *Pop*. **1**. Jogo de molas de um automóvel, colchão, etc. ou seu funcionamento: *carro de molejo macio*. **2**. Requebro, gingado, rebolado: *a idade vem, e o molejo vai*.

mo.len.ga adj **1**. Indolente, preguiçoso, moloide: *empregados molengas*. **2**. Fraco, frouxo, medroso, covarde: *jogadores de ânimo molenga*. **3**. Pouco enérgico; sem pulso, mole: *professor molenga*. // *s2gên* **4**. Pessoa molenga.

mo.le.que sm **1**.*Pej*. Menino de pouca idade, sem educação, que vive solto na rua, praticando travessuras. **2**. *Fig.Pej*. Homem irresponsável, sem palavra, que não é sério. **3**. *Fig*. Homem brincalhão, alegre, engraçado: *quando bebe, ele vira moleque*. · Fem.: *moleca*. · Dim.: *molecote*. → **molecada** sf (bando de moleques); **molecagem** sf (**1**. ação de moleque; traquinagem; **2**. *fig.pej*. ato ou atitude irresponsável).

mo.les.tar v **1**. Incomodar, chatear: *programa político pela televisão molesta qualquer cristão*. **2**. Assediar sexualmente: *é um chefe que molesta as funcionárias*. → **molestamento** sm (ação ou efeito de molestar); **molesto** adj (**1**. que incomoda ou aborrece: *calor molesto; mosquitos molestos*; **2**. mau, perverso, maligno: *ter planos molestos*; **3**. nocivo à saúde; nefasto: *toda droga é, de certa forma, molesta*; **4**. árduo, penoso, trabalhoso: *reservaram a mim a mais molesta das missões*).

mo.lés.tia sf **1**. Doença, enfermidade, mal: *está havendo novas variantes dessa moléstia*. **2**. Abatimento moral.

mo.le.tom sm **1**. Tecido de fina lã ou de algodão semelhante a essa lã. **2**. Agasalho feito desse tecido ou de tecido semelhante.

mo.le.za (ê) sf **1**. Qualidade de mole: *a moleza de um colchão*. **2**. *Fig*. Falta de ânimo; desânimo: *a moleza de um jogador de futebol*. **3**. Falta de atividade; preguiça: *a moleza de alguns funcionários*. **4**. *Gír*. Coisa fácil de fazer ou de entender: *física quântica, para ele, é moleza*. · Antôn. (1): *firmeza, rigidez, dureza*; (2): *ânimo, entusiasmo*; (3): *dinamismo, esperteza*; (4): *dureza*.

mo.lhar v **1**. Cobrir ou embeber com líquido: *a chuva molhou bem a terra*. **2**. Umedecer levemente, apenas para tirar a secura: *molhar o cabelo*. **3**. *Fig*. Urinar em; sujar com urina: *de tanto medo, ele molhou as calças*. **molhar-se 4**. Receber líquido sobre si: *choveu durante o jogo, mas não nos molhamos*. · Antôn. (1 e 2): *enxugar, secar*. → **molha, molhadela, molhadura** sf ou **molhamento** sm [ato ou efeito de molhar(-se)].

mo.lho sm Pequeno feixe: *um molho de chaves, um molho de cenouras*. (Evite dizer "môlho" neste caso!)

mo.lho (ô) sm Preparado culinário líquido ou semilíquido, usado para acompanhar alimento e dar-lhe maior sabor. ·· **De molho**. **1**. Mergulhado em água por algum tempo. **2**. *Pop*. Doente e acamado. ·· **Molho alho e óleo**. Molho feito de alho, gema de ovo, suco de limão e óleo de oliva usado princ. para tempero de peixes, massas e vegetais.

mo.li.ne.te (ê) sm Tipo de manivela usada em vara de pescar que permite arremessar a linha a muitos metros de distância.

mo.loi.de (ói) adj e *s2gên* Que ou pessoa que é molenga (1).

mo.lus.co sm Animal sem vértebras nem articulações, de corpo mole (algumas formas são envolvidas por uma concha calcária), representado por lesmas, caracóis, mariscos, mexilhões, ostras, polvos e lulas.

mo.men.to sm **1**. Espaço muito breve de tempo, porém, mais longo que o instante. **2**. Ponto específico do tempo em que algo acontece. **3**. Ocasião precisa em que se sucedem certas circunstâncias. **4**. Oportunidade, ocasião. **5**. Circunstância, conjuntura. → **momentâneo** adj (**1**. que dura apenas um momento; muito breve; rápido: *ausência momentânea*; **2**. que não é permanente; de momento: *o líder momentâneo do campeonato é o Flamengo*), de antôn. (1) *duradouro* e (2): *permanente*; **momentoso** (ô; pl.: ó) adj (de grande importância, significado ou consequência; relevante: *o momentoso debate sobre o casamento homossexual*). ·· **Momento angular**. Grandeza física que mede a quantidade de movimento dos corpos em rotação: *O momento angular depende da velocidade linear e da distância do corpo até o eixo de rotação, ou seja, o raio*.

mo.mi.ce (ê) sf **1**. Careta, trejeito, esgar, visagem. **2**. *Fig*. Hipocrisia, falsidade.

Momo (ô) sm Rei do carnaval. → **momesco** (ê) adj (**1**. rel. ou sem. a Momo; **2**. próprio de Momo; **3**.*p.ext*. carnavalesco).

mo.na sf **1**. Fêmea do mono. **2**. Boneca de trapos. **3**. Bebedeira, embriaguez. **4**. *Fig*. Mau humor: *o que explica essa mona do presidente?* **5**.*Pop*.RJ Mulher ou homem afeminado.

mo.na.cal adj Relativo ou pertencente a monge ou a monja; monástico.

Mônaco sm Principado europeu, encrave na costa francesa do Mediterrâneo, de área minúscula (1,95km²). → **monegasco** adj e sm.

mo.nar.ca *s2gên* **1**. Governante que reina em um Estado ou território, geralmente por direito hereditário, como rei, imperador, rainha, sultão, etc. **2**. *Fig*. Pessoa ou coisa dominadora: *o dinheiro é um monarca canalha*. **3**. *Pop*.RS Gaúcho que cavalga bem e com elegância. → **monarquia** sf [**1**. forma de governo em que o poder é exercido por um(a) monarca; **2**. Estado em que o soberano é monarca); **monárquico** adj (rel. a monarca ou a monarquia); **monarquista** adj e *s2gên* (que ou pessoa que é adepta da monarquia).

mo.nás.ti.co adj **1**. Monacal: *votos monásticos*. **2**. Semelhante às características da vida de um mosteiro, no tocante à austeridade, dedicação, etc.: *o internato se regia por um regulamento monástico*. // *sm* **3**. Aquilo que se refere a mosteiros ou à vida monacal. → **monastério** sm (mosteiro); **monasticismo** sm (vida ou sistema monástico, princ. o praticado num monastério).

mo.na.zi.ta sf Mineral amarelado ou avermelhado, encontrado abundantemente no litoral brasileiro, em mistura com as areias (chamadas *monazíticas*). → **monazítico** adj (rel. a monazita ou que a contém).

mon.ção sf **1**. Época ou vento favorável à navegação. **2**. Cada uma das expedições que desciam e subiam rios das capitanias de SP e MT, nos séculos XVIII e XIX, para manter as comunicações entre os seus territórios.

mon.co sm Humor mucoso e espesso do nariz; ranho.

mo.ne.tá.rio *adj* **1.** Relativo à moeda de um país. **2.** Relativo a dinheiro; pecuniário.

mon.ge *sm* Religioso que vive num mosteiro. · Fem.: *monja*. · V. **monacal**.

Mongólia *sf* País asiático situado entre a Rússia e a China, de área equivalente à do estado do Amazonas. → **mongol** ou **mongólico** *adj* (rel. ou pert. a Mongólia); **mongol** *s2gên* (natural ou habitante da Mongólia) e *sm* (idioma falado pelos mongóis); **mongolismo** *sm* (**1.** religião dos mongóis; **2.** síndrome de Down); **mongoloide** (ói) *adj* (próprio da raça mongol), *adj* e *s2gên* (que ou aquele que sofre da síndrome de Down).

mo.ni.tor (ô) *sm* **1.** Aquele que adverte, aconselha ou faz lembrar princ. assuntos relacionados com a conduta. **2.** Aluno, geralmente mais adiantado, que assiste um professor nas tarefas rotineiras. **3.** Líder de um grupo de estudos ou de debates. **4.** Aparelho eletrônico usado para registrar, regular ou controlar um processo ou sistema. **5.** Receptor usado para checar a qualidade do vídeo e do áudio durante uma transmissão eletrônica. **6.** Aparelho que aceita sinais de vídeo de um computador e mostra a informação numa tela. → **monitoração** ou **monitorização** *sf* ou **monitoramento** *sm* (ato ou efeito de monitorar ou de monitorizar); **monitorar** ou **monitorizar** *v* [**1.** acompanhar e checar a qualidade ou conteúdo de (um sinal eletrônico) por meio de um receptor; **2.** acompanhar e checar por meio de um receptor eletrônico: *monitorar uma conversa telefônica de um suspeito de crime*; **3.** controlar por monitoração ou acompanhamento sistemático e permanente: *monitorar a população de guarás de uma reserva florestal*; **4.** testar ou medir a intensidade de radiação de: *monitorar o ar*]; **monitoria** *sf* (cargo ou funções de monitor).

mo.no *sm* **1.** Macaco, bugio ou qualquer outro símio. **2.** *Fig.Pej.* Pessoa muito feia e deselegante. · Fem. (1): *mono*.

mo.no.blo.co *adj* e *sm* Que ou aquilo que é feito, fabricado ou armado numa única peça.

mo.no.co.ti.le.dô.nea *sf* Espécime das monocotiledôneas, classe vegetal caracterizada por ter no embrião um só cotilédone, ausência de raiz primária e caule sem estrutura secundária (p. ex.: capim, orquídea, lilás, arroz, milho, bananeira e palmeira). → **monocotiledône** ou **monocotiledôneo** *adj* (**1.** que tem só um cotilédone no embrião; **2.** rel. ou pert. a monocotiledôneas).

mo.nó.cu.lo *sm* Lente corretora para um só olho, presa por pressão de arcada superciliar. → **monocular** *adj* (rel. a monóculo).

mo.no.cul.tu.ra *sf* Uso da terra para a cultura ou cultivo de um só produto agrícola. · Antôn.: *policultura*. → **monocultor** (ô) *adj* (rel. a monocultura) e *sm* (aquele que pratica a monocultura), de antôn. *policultor*.

mo.no.ga.mi.a *sf* **1.** Prática ou estado de ser casado com uma só pessoa de cada vez. **2.** *P.ext.* Prática ou estado de ter relação sexual com apenas um parceiro: *os jovens andam dizendo que a monogamia está fora de moda*. **3.** Hábito entre os animais de ter apenas um parceiro no período de reprodução. · Antôn.: *poligamia*. → **monogâmico** *adj* (rel. a monogamia: *relação monogâmica*), de antôn. *poligâmico*; **monógamo** *adj* e *sm* (que ou aquele que tem só um cônjuge ou parceiro), de antôn. *polígamo*.

mo.no.glo.ta *adj* e *s2gên* Que ou pessoa que conhece ou fala somente uma língua; monolíngue, unilíngue. → **monoglótico** *adj* (rel. a monoglota); **monoglotismo** *sm* (qualidade de quem é monoglota).

mo.no.gra.fi.a *sf* Tratado, dissertação ou estudo aprofundado sobre um único assunto, tema ou matéria: *monografia sobre as múmias do Egito*. → **monografar** *v* (fazer a monografia de); **monográfico** *adj* (rel. a monografia); **monografista** *adj* e *s2gên* (que ou pessoa que escreve monografia); **monógrafo** *adj* (que trata de um só objeto ou tema) e *sm* (autor de monografia; monografista).

mo.no.gra.ma *sm* Desenho formado por uma ou mais letras das iniciais de um nome, usado como marca distintiva em papéis personalizados, roupas, etc. → **monogramático** *adj* (rel. a monograma).

mo.no.lín.gue (o **u** soa) *adj* **1.** Escrito ou falado numa só língua; unilíngue. **2.** Que fala fluentemente apenas uma língua; monoglota; unilíngue. → **monolinguismo** (o **u** soa) *sm* (unilinguismo); **monolinguista** (o **u** soa) *adj* e *s2gên* (unilinguista).

mo.nó.li.to *sm* **1.** Grande bloco de pedra, geralmente usado em arquitetura e escultura. **2.** Estátua, coluna ou monumento feito de um grande bloco de pedra. → **monolítico** *adj* (rel. ou sem. a um monólito).

mo.nó.lo.go *sm* **1.** Fala de uma só pessoa a si mesma, fala consigo mesmo. **2.** Peça teatral em que o ator fala ao público ou de si para si. → **monologar** *v* [**1.** recitar monólogo(s); **2.** falar consigo próprio].

mo.no.mo.tor (ô) *adj* e *sm* Que ou veículo que é movido por um só motor.

mo.no.pa.ren.ta.li.da.de *sf* Entidade familiar composta por qualquer dos pais e sua prole. → **monoparental** *adj* [diz-se da família em que existe apenas o pai ou a mãe para a educação do(s) filho(s)].

mo.no.pó.lio *sm* **1.** Privilégio exclusivo para a venda de qualquer produto. **2.** Grupo ou empresa que tem esse privilégio. → **monopólico** *adj* (rel. a monopólio); **monopolista** *adj* e *s2gên* ou **monopolizador** (ô) *adj* e *sm* (que ou que exerce ou detém um monopólio); **monopolização** *sf* (ato ou efeito de monopolizar); **monopolizar** *v* (ter ou exercer o monopólio de: *monopolizar o mercado de cebolas*).

mo.no.quí.ni *sm* Maiô feminino composto apenas da peça inferior, ligada a suspensórios que cobrem os bicos dos seios.

mo.nos.se.mi.a *sf* Propriedade de uma palavra de ter apenas um único significado (p. ex.: *aeroporto, charuto*). · Antôn.: *polissemia*. → **monossêmico** *adj* (**1.** rel. a monossemia; **2.** diz-se da palavra que tem apenas um significado).

mo.nos.sí.la.bo *sm* **1.** Vocábulo ou verso de uma só sílaba. / *adj* **2.** Diz-se desse vocábulo ou desse verso; monossilábico. · Antôn.: *polissílabo*. → **monossilábico** *adj* [monossílabo (2)], de antôn. *polissilábico*.

mo.no.te.ís.mo *sm* Sistema dos que admitem a existência de um único Deus. · Antôn.: *politeísmo*. → **monoteísta** *adj* (rel. a monoteísmo; monoteístico) e *adj* e *s2gên* (que ou pessoa que admite a existência de um só Deus), de antôn. *politeísta*; **monoteístico** *adj* (rel. a monoteísmo ou a monoteísta), de antôn. *politeístico*.

mo.nó.to.no *adj* **1.** Que não tem variação; que é sempre do mesmo tom. **2.** *P.ext.* Que é sempre igual, uniforme; rotineiro, enfadonho, chato. → **monotonia** *sf* (qualidade, estado ou condição de que é monótono).

mo.no.tri.lho *sm* **1.** Ferrovia de um só trilho de rolamento. **2.** Locomotiva, vagão ou trem que trafega nessa ferrovia. // *adj* **3.** De um só trilho.

mo.no.volt *adj* Diz-se do aparelho eletrônico ou eletrodoméstico que funciona apenas em uma voltagem (p. ex.: ou em 110V ou em 220V).

mo.no.vo.lu.me *sm* Tipo de veículo em que a carroceria apresenta o habitáculo largamente envidraçado e visualmente integrado no porta-malas e no motor.

mo.nó.xi.do (x = ks) *sm* Óxido que tem somente um átomo de oxigênio por molécula.

mon.se.nhor (ô) *sm* **1.** Título honorífico conferido pelo Papa a seus camareiros, prelados e, no caso da Itália, a alguns sacerdotes. **2.** Aquele que detém esse título. → **monsenhorado** *sm* (dignidade de monsenhor); **monsenhorial** *adj* (rel. a monsenhor).

mons.tren.go *sm* V. **mostrengo**.

mons.tro *sm* **1.** Criatura imaginária ou lendária, grande, muito feia e assustadora, *como a esfinge*. **2.** Feto ou recém-nascido malformado, com excesso ou deficiência de membros, grotescamente anormal e de vida impraticável. **3.** *Fig.* Pessoa que inspira horror ou aversão. **4.** *Fig.* Pessoa extremamente cruel: *só um monstro mata crianças*. **5.** *Fig.* Redução de *monstro sagrado*, pessoa de grande talento na sua profissão ou área de atividade: *essa atriz é um monstro!* (Como se vê, não varia em gênero.) **6.** *Fig.* Força ameaçadora: *o monstro da inflação retornará?* // *adj* **7.** Enorme, gigantesco, muito grande: *passeatas monstro; mandiocas monstro*. (Como se vê, neste caso não varia. Há exemplo aqui e ali de variação, que deve entrar na conta da vacilação.) → **monstruosidade** *sf* (qualidade de monstruoso); **monstruoso** (ô; pl.: ó) *adj* (**1.** da qualidade ou da natureza de monstro; **2.** extraordinariamente grande; gigantesco, enorme, colossal; **3.** muito feio; horroroso **4.** perverso, cruel).

mon.ta *sf* **1.** Importância, significado: *descoberta de pouca monta*. **2.** Soma ou valor total de uma conta; montante: *qual foi a monta dos gastos?* **3.** Lanço maior em leilão. → **montante** *adj* (**1.** que monta: *os gastos montantes não chegam a mil reais*; **2.** que sobe: *maré montante*) e *sm* [**1.** monta (2); **2.** lado da nascente em relação ao rio, em oposição a *jusante*; **3.** enchente da maré]. ·· **A montante**. No sentido da nascente de um rio.

mon.ta.nha *sf* **1.** Grande elevação natural da superfície terrestre, superior a 300m. **2.** *Fig.* Grande pilha ou monte: *uma mon-*

tanha de livros. → **montanha-russa** *sf* (divertimento de parque de diversões constituído de uma série de pequenos vagões que deslizam sobre contínuos e súbitos aclives e declives, a grande velocidade), de pl. *montanhas-russas*; **montanhês** *adj* e *sm* (que ou o que vive ou habita nas montanhas); **montanhesco** (ê) *adj* (rel. a montanha); **montanhismo** *sm* (alpinismo); **montanhista** *adj* e *s2gên* (praticante do montanhismo); **montanhístico** *adj* (rel. a montanhismo ou a montanhista); **montanhoso** (ô; pl.: ó) *adj* (em que há muitas montanhas).

mon.tar *v* **1**. Colocar-se sobre (cavalgadura), para cavalgar: *montar um belo cavalo.* **2**. Instalar, abrir, aprontar para funcionar: *montar uma loja.* **3**. Reunir todas as partes de um todo, para pô-lo a funcionar; armar: *montar um brinquedo.* **4**. Trepar sobre, abrindo as pernas: *montar num cabo de vassoura, para brincar de faroeste.* **5**. Atingir (certa soma): *as despesas montam mil reais.* **6**. Subir, entrar: *ela não monta em carro de estranhos.* **montar-se 7**. Colocar-se sobre a cavalgadura: *o cavaleiro montou-se e saiu a galope.* **8**. Trepar sobre alguém ou alguma coisa, com as pernas abertas: *montar-se num cabo de vassoura.* → **montadora** (ô) *sf* (empresa industrial que adquire as peças, para usá-las na linha de montagem do produto final); **montagem** *sf* [ato ou efeito de montar(-se)]; **montaria** *sf* (cavalo que se pode montar; cavalgadura). ·· **Linha de montagem**. Instalação organizada para a fabricação ou montagem em série de um produto.

mon.te *sm* **1**. Elevação do relevo, grande ou pequena, em relação ao nível do solo que o cerca. **2**. Grande pilha, montanha. **3**. Grande quantidade. // *smpl* **4**. Cordilheira. · Aum. irregular: *montanha*. · Dim. erudito: *montículo*. · V. **montês** e **montesino**. → **montão** *sm* (**1**. grande monte de coisas mais ou menos desordenadas, ocorrido por acaso; **2**. grande quantidade). ·· **Aos montes** (ou **De montão**). Em grande quantidade; em abundância: *Ter problemas de montão.*

Montenegro *sm* País europeu, situado nos Bálcãs, de área equivalente a pouco mais da metade do estado de Sergipe. → **montenegrense** *adj* e *s2gên* ou **montenegrino** *adj* e *sm*

mon.te.pi.o *sm* **1**. Associação em que cada membro contribui mensalmente, para adquirir certos direitos (ser subsidiado em caso de doença, prisão ou invalidez, legar pensão em caso de morte, etc.). **2**. Edifício onde funciona essa associação. **3**. Pensão garantida por ele.

mon.tês *adj* Que vive ou habita nos montes; montanhês. · Fem.: *montesa* (ê), mas pode-se considerar invariável em gênero.

mon.te.si.no ou **mon.te.si.nho** *adj* Que nasce e cresce nos montes; próprio dos montes.

Montevidéu *sf* Capital e a maior cidade do Uruguai. → **montevideano** (dè) *adj* e *sm* ou **montevideuense** (dèu) *adj* e *s2gên*.

mon.tu.ro *sm* **1**. Grande quantidade de imundícies amontoadas (esterco, lixo, etc.). **2**. Lugar onde se amontoam tais imundícies. → **montureiro** *sm* (aquele que vive pelos monturos, rebuscando objetos dos quais possa tirar algum proveito; trapeiro).

mo.nu.men.to *sm* **1**. Qualquer estrutura (estátua, pilar, placa comemorativa, escultura, obelisco, edifício, etc.) erguida para manter viva a memória de uma pessoa ilustre ou de um evento significativo: *o monumento a Borba Gato em São Paulo foi incendiado por vândalos.* **2**. Sepulcro suntuoso; mausoléu. **3**. Qualquer coisa admirada por seu notável significado histórico. **4**. Empreendimento notável e duradouro. **5**. *Fig*. Exemplo notável e incomum: *seu discurso foi um monumento de tédio.* **6**. *Fig*. Pessoa considerada figura heroica ou de proporções heroicas. → **monumental** *adj* (**1**. de monumento; **2**. de significado histórico importante; de valor inestimável); **3**. magnífico, esplêndido, maravilhoso; **4**. grandioso, colossal).

mo.que.ca *sf* Prato da culinária baiana feito de peixe ou de frutos do mar, com leite de coco, dendê e bastante tempero.

mor *adj* Forma reduzida de *maior*.

mo.ra *sf* **1**. Tempo decorrido além do previsto; demora, delonga. **2**. Atraso no pagamento de uma dívida. **3**.*P.ext*. Multa por esse atraso; juro de mora. ·· **Juro de mora**. Mora (3). ·· **Purgar a mora**. Quitar a dívida, deixando de ser inadimplente.

mo.ral *adj* **1**. Relativo aos bons costumes, às normas de conduta; ético: *valores morais; atitudes morais.* **2**. Baseado em um senso de certo ou errado, de acordo com a consciência: *ter obrigação moral de comparecer ao velório.* **3**. De efeitos apenas psicológicos (e não físicos ou materiais): *apoio moral; vitória moral; é nosso dever moral ajudar.* // *sf* **4**. Conjunto de regras de comportamento consideradas corretas pela sociedade: *a moral pública não aceitava a princípio o casamento*

homossexual. **5**. Lição, ensinamento ou conclusão que se tira de uma narrativa ou conto: *a moral da fábula é que você deve se contentar com o que tem.* // *sm* **6**. Estado de espírito de pessoa ou grupo, movido por confiança, entusiasmo, disposição, etc.: ânimo, confiança: *essa vitória levanta o moral do time.* **7**. Autoridade moral; ascendência: *o pai não tem nenhum moral sobre os filhos, já que também é viciado.* → **moralidade** *sf* (**1**. qualidade do que é moral; **2**. atitude ou conduta moral; princípio; **3**. lição ou conclusão moral); **moralismo** *sm* (hábito de demonstrar excessiva intransigência quanto aos princípios morais; ênfase, geralmente indevida, na moralidade); **moralista** *adj* (rel. a moralismo) e *adj* e *s2gên* (que ou pessoa que prega as normas morais); **moralização** *sf* [ato ou efeito de moralizar(-se)]; **moralizador** (ô) *adj* (moralizante) e *sm* (aquele que contribui para os bons costumes); **moralizante** *adj* (**1**. que moraliza; que infunde ideias ou comportamentos sãos; moralizador; **2**. que dá bons exemplos; moralizador; **3**. que encerra ou preconiza doutrinas sãs; moralizador); **moralizar(-se)** *v* [tornar(-se) moral, decente, ético). ·· **Assédio moral**. Conduta de patrão, chefe ou de colega de trabalho que consiste em atingir a moral, a dignidade e a autoestima de alguém, expondo-o a contínuas situações humilhantes e constrangedoras.

mo.ran.ga *sf* Certa variedade de abóbora.

mo.ran.go *sm* Pseudofruto comestível do morangueiro. → **morangueiro** *sm* (planta herbácea que dá o morango).

mo.rar *v* Residir, habitar: *moro na Rua da Paz.* → **morada** *sf* [casa em que normalmente habitamos; residência, habitação, moradia (2)]; **moradia** *sf* (**1**. tempo durante o qual se morou ou se mora num lugar; **2**. morada); **morador** (ô) *adj* e *sm* (residente: *ser morador na Rua da Paz, e não na Avenida da Dor*). (Como se vê, tanto *morar* quanto *morador* regem a prep. *em*, e não "a".)

mo.ra.tó.ria *sf* **1**. Autorização legal a devedor para adiar o pagamento da dívida. **2**. Período em que vigora tal autorização. **3**. Adiamento do vencimento de uma dívida, com suspensão total dos pagamentos, decretado pelo governo de um país, por motivos imperiosos (guerra, revolução, grave crise de economia, etc.). → **moratório** *adj* (que envolve demora).

mór.bi.do *adj* **1**. Relativo ou pertencente a doença; doentio, patológico: *anatomia mórbida é a dos órgãos doentes; obesidade mórbida.* **2**. Que dá origem a doença: *hábitos mórbidos.* **3**. Resultante do estado doentio da mente ou de um desequilíbrio mental: *ideias mórbidas; ter medo mórbido de altura.* **4**. *Fig*. Triste, sombrio: *os detalhes mórbidos de uma história; ele tem um senso de humor mórbido.* **5**. *Fig*. Doentio e anormal; nocivamente incomum: *ter curiosidade mórbida por grandes crimes; ter interesse mórbido por desastres.* → **morbidade**, **morbidez** ou **morbideza** (ê) *sf* (qualidade ou estado de mórbido); **morbidez** *sf* (**1**. morbidade, morbideza; **2**. estado ou condição de doente; doença, enfermidade; **3**. abatimento físico e/ou psíquico; prostração; **4**. numa pintura ou escultura, caráter suave e delicado na textura das carnações).

mor.ce.go (ê) *sm* Mamífero voador noturno, cujos membros anteriores são transformados em asas.

mor.da.ça *sf* **1**. Faixa, tira ou algo semelhante com que violentamente se tapa a boca de alguém, para impedir-lhe a fala ou o grito. **2**. Repressão ou qualquer proibição da liberdade de pensamento ou de opinião. · V. **amordaçar**.

mor.daz *adj* **1**. Que morde: *animal mordaz.* **2**. Que corrói; corrosivo. **3**. *Fig*. Que critica duramente, ferindo susceptibilidades; cáustico: *teceu comentários mordazes sobre a família real.* **4**. *Fig*. Que fere a alma pelo sarcasmo; sarcástico: *escreveu uma sátira mordaz sobre a corrupção no governo.* **5**. De sabor picante: *tempero mordaz.* · Superl. abs. sintético: *mordacíssimo.* → **mordacidade** *sf* (qualidade de mordaz).

mor.der *v* **1**. Cortar, ferir ou rasgar com os dentes: *mordi a maçã.* **2**. Apertar ou comprimir com os dentes: *morder os lábios.* **3**. Dar dentadas em: *que bicho te mordeu?* **4**. Aceitar (a isca): *o peixe mordeu a isca.* **morder-se 5**. Corroer-se, atormentar-se: *ela se morde de ciúme do namorado.* → **mordedura** ou **mordida** (1) *sf* (ação ou efeito de morder; dentada); **mordida** *sf* (**1**. mordedura; **2**. marca de uma dentada; **3**. *pop*. pedido de dinheiro; facada: *antes de sair para a balada, deu uma mordida no pai*); **mordicar** ou **mordiscar** *v* (morder de leve e repetidamente).

mor.do.mo *sm* **1**. Chefe dos criados de uma casa que tem como função cuidar da compra de alimentos, arranjar a mesa, manter limpas as baixelas e supervisionar o comportamento de outros criados. **2**. Administrador dos bens de uma casa ou de um estabelecimento qualquer. → **mordomia** sf (**1**. função ou ofício de mordomo; **2**. pop. regalia que torna extremamente confortável a vida de alguém: *acabaram com a mordomia dele na cadeia*; **3**. pop. excesso de vantagens e privilégios que se concede a alguém, geralmente funcionário ou subalterno).

mo.rei.a (éi) sf Peixe marinho agressivo, de dentes agudos e peçonha, de corpo serpentiforme, semelhante à enguia.

mo.re.no adj e sm **1**. Que ou aquele que tem cor um pouco escura. **2**. Que ou aquele que é mulato ou negro (em uso eufemístico). // adj **3**. Diz-se dessa cor.

mor.fei.a (éi) sf Pop. Lepra. → **morfético** adj e sm [**1**. que ou aquele que tem morfeia; hanseniano, leproso; **2**. pej. Lazarento (3)].

mor.fe.ma sm Elemento linguístico que, isolado, não possui nenhum valor, servindo apenas para relacionar semantemas na oração, definir a categoria gramatical (gênero, número e pessoa), etc. → **morfêmico** adj (rel. a morfema).

mor.fi.na sf Principal alcaloide do ópio, usado como poderoso analgésico. → **morfínico** adj (rel. a morfina).

mor.fo.lo.gi.a sf **1**. Ramo da biologia que estuda a formação e a estrutura dos organismos (animais e plantas), sem considerar as suas funções. **2**. Forma e estrutura de um organismo ou de uma de suas partes. **3**. Ramo da linguística que estuda a forma e a estrutura das palavras de uma língua (com a sintaxe e a fonética, forma as três divisões básicas da gramática). → **morfológico** adj (rel. a morfologia; **morfologista** adj e s2gên (que ou pessoa versada em morfologia); **morfólogo** sm (morfologista).

mo.ri.bun.do adj e sm **1**. Que ou o que está prestes a morrer ou a acabar: *doente moribundo*. // adj **2**. Fig. Que está em visível declínio; decadente: *já no começo do século era moribundo o mercado de mimeógrafos*. **3**. Fig. Que está na iminência de se tornar obsoleto: *moda moribunda; gíria moribunda*.

mo.ri.ge.rar v **1**. Ensinar bons costumes a; educar com bons exemplos: *morigerar os jovens, o povo*. **morigerar-se 2**. Adquirir bons costumes; moderar-se ou, comedir-se no costumes: *longe das más companhias, morigerou-se*. → **morigeração** sf [ato ou efeito de morigerar(-se); aquisição de bons costumes ou boa educação]; **morigerado** adj (**1**. de bons costumes ou boa educação: *leva vida morigerada desde criança*; **2**. que tem ou leva vida exemplar: *homem trabalhador e morigerado*).

mo.rin.ga sf Pequena vasilha de barro, bojuda e de gargalo estreito, geralmente com asa, destinada a manter fresca a água para beber.

mor.ma.ço sm Tempo quente, abafado e úmido. → **mormaceira** sf (mormaço intenso); **mormacento** adj (rel. a mormaço ou cheio de mormaço).

mor.men.te (ò) adv Principalmente, especialmente, particularmente: *todos estão felizes, mormente as crianças*.

mór.mon adj e s2gên **1**. Que ou pessoa que professa o mormonismo. // adj **2**. Relativo ou pertencente aos mórmons. → **mormônico** adj (rel. aos mórmons ou ao mormonismo); **mormonismo** sm (seita religiosa fundada em 1830 nos Estados Unidos).

mor.no (ô; pl.: ó) adj **1**. Pouco quente; tépido: *leite morno; água morna*. **2**. Fig. Sem animação; meio desanimado: *balada morna*. **3**. Fig. Maçante, tedioso, monótono: *não era um casal de namoro morno*. **4**. Fig. Pouco intenso; débil: *luz morna*. **5**. Fig. Manso, tranquilo: *as tardes mornas de Trancoso, na Bahia*. **6**. Fig. Lento, moroso: *o mercado está morno, aguardando a definição da nova taxa de juros*. · Fem.: *morna* (ó).

mo.ro.so (ô; pl.: ó) adj **1**. Lento, vagaroso: *no Brasil, os trens são morosos*. **2**. De lenta duração; demorado: *cirurgia morosa*. · Antôn.: *rápido*. → **morosidade** sf (qualidade de moroso; lentidão), de antôn. *rapidez*.

mor.rão sm **1**. Extremidade carbonizada de mecha ou torcida, nas velas, candeeiros, lamparinas etc. **2**. Grão que apodrece na espiga antes de amadurecer.

mor.rer v **1**. Perder a vida, de modo violento ou não; passar da vida física; expirar: *morrer de infarto; morreu em circunstâncias suspeitas*. **2**. Fig. Deixar de existir; chegar ao fim; acabar: *morreram todas as minhas esperanças; meu amor por você nunca morrerá; o grego antigo morreu; minha jabuticabeira morreu antes de dar fruto; o garimpo morreu em Serra Pelada*. **3**. Fig. Parar de funcionar: *o carro morreu bem em cima do viaduto*. **4**. Fig. Sentir ou experimentar fome, frio, calor, sede, dor, vergonha, inveja, raiva, remorso, ódio, tédio, amor, saudade, vontade, etc. em grau muito intenso; ser dominado ou atormentado por; sofrer ou padecer muito de: *morrer de frio; morria de vontade de andar de avião*. **5**. Gír. Contribuir; colaborar: *nessa campanha, morri com mil reais*. **6**. Fig. Deixar de ser visto; desaparecer, sumir: *aos poucos, o Sol foi morrendo*. **7**. Fig. Desaguar: *o Amazonas morre no mar*. **8**. Fig. Cair no esquecimento; desaparecer da memória; afrouxar gradualmente: *as lembranças que tenho dela nunca morrerão; com o tempo, o ódio vai morrendo*. **9**. Fig. Parar de queimar ou de brilhar: *o fogo da lareira acabou morrendo; a luz da vela morreu*. **10**. Fig. Tornar-se indiferente ou totalmente desinteressado: *morri para as coisas mundanas*. **11**. Fig. Fracassar por falta de apoio ou de entusiasmo: *meu projeto morreu antes de ser debatido; meu sonho morreu*. // sm **12**. Morte: *o morrer, para mim, é o começo de uma nova vida*. · Antôn. (1): *nascer*. ·· **Morrer como um cão**. Morrer abandonado dos seus. ·· **Morrer como um passarinho**. Morrer sem dor nem sofrimento; morrer sereno. ·· **Morrer de morte macaca**. Sofrer morte infame. ·· **Morrer por uma pessoa ou por alguma coisa**. Gostar muito dela. ·· **Morreu aqui**. Frase que se usa para pedir segredo: *Eu lhe contei tudo isso, mas morreu aqui, hem!*

mor.ri.nha adj e s2gên **1**. Que ou pessoa que é avarenta, mão de vaca. // sf **2**. Sarna que ataca cães e o gado; gafeira. **3**. Pop. Mau cheiro insuportável exalado por pessoa ou animal; catinga, inhaca, bodum. **4**. Chuva miúda; chuvisco. **5**. Sentimento de profunda tristeza; melancolia. **6** Falta de vontade ou de disposição para agir; preguiça, prostração. // s2gên **7**. Pessoa vacilante, incapaz de tomar decisões rápidas e eficazes. **8**. Pessoa aborrecida, chata, cacete; mala. // adj **9**. Pop. Lerdo, lento: *motorista morrinha*. **10**. Pop. Maçante, cacete, chato: *assunto morrinha; conversa morrinha*.

mor.ro (ô) sm **1**. Monte pouco elevado e de suave declive, com altura de 100m a 200m, que não chega a ser montanha; colina, outeiro. **2**. Pop. RJ Favela, comunidade: *ela veio do morro para fazer sucesso no asfalto*. **3**. P.ext. Conjunto das pessoas que moram nessa comunidade: *o morro não tem vez, mas o que ele fez já foi demais*.

mor.sa sf Grande mamífero anfíbio dos mares polares, caracterizado por ser dotado de dois caninos superiores bem desenvolvidos.

mor.ta.de.la sf Produto alimentício gorduroso, espécie de salame grande, feito à base de carnes bovina e suína, com cubos de gordura de porco, temperado com alho e pimenta, cozido e defumado, servido em fatias, comumente em sanduíches. (Cuidado para não usar "mortandela"!).

mor.tal adj **1**. Relativo ou sujeito à morte: *agonia mortal; somos todos mortais*. **2**. Que causa ou causou morte; letal: *o arsênico é uma substância mortal; ferimento mortal; levou um soco mortal*. **3**. Fig. Figadal, visceral: *ser inimigo mortal de corruptos*. **4**. Fig. Muito intenso: *dor mortal; saudade mortal*. **5**. Diz-se do pecado que priva o indivíduo da graça divina: *pecado mortal*. **6**. Pop. Longo e aflitivo: *passei horas mortais naquele avião*. // s2gên **7**. Pessoa comum: *o preço dos ingressos é alto para o mortal dos homens*. **8**. Ser humano: *era um mortal mesquinho*. // smpl **9**. Humanidade: *os mortais correm perigo*. ·· **Restos mortais**. Cadáver. → **mortalidade** sf (**1**. qualidade ou condição de mortal; **2**. morte em grande número; grande perda de vidas humanas; **3**. proporção de mortes da população de uma região, nação, etc.).

mor.ta.lha sf **1**. Veste ou lençol em que se envolve o cadáver, para ser enterrado. **2**. Qualquer peça de tecido que recobre o caixão de defunto durante as cerimônias fúnebres. **3**. Tira de papel em que se enrola o fumo picado, para formar o cigarro. **4**. Veste com dizeres e adornos, usada por foliões (em carnaval ou em micareta), que lhes dá direito a participar de determinado bloco; abadá.

mor.te sf **1**. Cessação irreversível de todas as funções vitais; fim completo da vida ou da existência de uma pessoa ou de um organismo: *a causa da morte não foi determinada*. **2**. P.ext. Tipo particular de morte; maneira de morrer: *Mussolini teve morte inglória*. **3**. P.ext. Fim permanente ou desaparecimento de qualquer coisa; extinção: *a morte de nossas florestas; a morte de uma esperança; a morte dos dinossauros*. **4**. Ocorrência de morte: *vivi lá até a morte dela*. **5**. Fig. Grande sofrimento: *perder o filho foi a morte para ele*. **6**. Fig. Destruição, ruína: *as drogas são a morte da saúde; a morte do império soviético*. **7**. Fig. Pena capital: *ser condenado à morte*. **Morte 8**. Personificação da morte, representada por um esqueleto em uma túnica preta, segurando uma foice. · Antôn. (1): *nascimento, vida*. → **mortandade** sf (grande número de mortes por peste, poluição, envenenamento, guerra, acidente, terremoto, etc.); **mortiço** adj (**1**. que está à beira da morte; moribundo; **2**. p.ext. que está quase se extinguindo: *luz mortiça*; **3**. fig. debilitado, fraco: *criança de saúde mortiça*; **4**. fig. sem brilho ou vivacidade: *olhos mortiços*); **mortífero** adj (que causa a morte; mortal, letal: *o mosquito é o animal mais mortífero do planeta*); **morto** (ô; pl.: ó) adj [que perdeu a vida; que morreu (pessoa, animal ou planta)], de antôn. *vivo*; **mortualha** *sf* (**1**. grande porção de cadáveres; **2**. enterro, funeral); **mortuário** *adj* (rel. a morte ou a morto: *leito mortuário; após a exumação, os ossos foram colocados num saco mortuário; câmara mortuária*). ·· **De morte**. **1**. Letalmente, mortalmente: *Foi ferido de morte*. **2**. *Fig*. Difícil de aturar ou de lidar; ser muito levado: *Essas crianças são de morte!* **3**. *Fig*. Muito engraçado: *Esse artista é de morte!* ·· **Morte cerebral**. Cessação permanente da atividade no sistema nervoso central. ·· **Morte macaca**. Morte inglória. ·· **Morte misericordiosa**. Eutanásia. ·· **Ver a Morte de perto**. Escapar por pouco de ter morrido.

mor.tei.ro *sm* **1**. Peça de artilharia, curta e de grande calibre, usada para disparar projéteis. **2**. Dispositivo pirotécnico de ferro, provido de penitência: *os monges mortificam o corpo na crença de que assim purificam a alma*. **3**. Fazer desaparecer; apagar, dissipar: *mortificar as paixões, que atormentam e enfraquecem a alma*. **4**. Causar desgosto ou dissabor a; afligir, atormentar: *filhos cujos desregramentos mortificam os pais*. **5**. Causar enorme cansaço a; cansar demais, extenuar, afadigar: *o trabalho em minas de carvão mortificava o trabalhador*. **mortificar-se 6**. Castigar (o próprio corpo) com penitência: *os muçulmanos se mortificam com correias*. **7**. Afligir-se, atormentar-se: *pare de se mortificar, cada vez que consulta a balança!* **8**. Desaparecer, apagar-se, dissipar-se: *nunca se sabe quando o fogo da paixão se mortifica*. **9**. Cansar-se muito; extenuar-se, afadigar-se: *ele se mortifica nesse trabalho*. → **mortificação** *sf* [ato ou efeito de mortificar(-se)]; **mortificador** (ô) *adj* e *sm* (que ou o que mortifica); **mortificante** ou **mortificativo** *adj* (que mortifica; mortificador).

mor.ti.ci.nio *sm* V. **matar**.

mor.ti.fi.car *v* **1**. Acabar com a vitalidade ou o vigor de: *a falta de exercícios mortifica os músculos cardíacos*. **2**. Castigar (o corpo) com penitência: *os monges mortificam o corpo na crença de que assim purificam a alma*. **3**. Fazer desaparecer; apagar, dissipar: *mortificar as paixões, que atormentam e enfraquecem a alma*. **4**. Causar desgosto ou dissabor a; afligir, atormentar: *filhos cujos desregramentos mortificam os pais*. **5**. Causar enorme cansaço a; cansar demais, extenuar, afadigar: *o trabalho em minas de carvão mortificava o trabalhador*. **mortificar-se 6**. Castigar (o próprio corpo) com penitência: *os muçulmanos se mortificam com correias*. **7**. Afligir-se, atormentar-se: *pare de se mortificar, cada vez que consulta a balança!* **8**. Desaparecer, apagar-se, dissipar-se: *nunca se sabe quando o fogo da paixão se mortifica*. **9**. Cansar-se muito; extenuar-se, afadigar-se: *ele se mortifica nesse trabalho*. → **mortificação** *sf* [ato ou efeito de mortificar(-se)]; **mortificador** (ô) *adj* e *sm* (que ou o que mortifica); **mortificante** ou **mortificativo** *adj* (que mortifica; mortificador).

mo.ru.bi.xa.ba *sm* Chefe de tribo indígena; cacique.

mo.sai.co *sm* **1**. Figura ou decoração em tetos e paredes com pequenas peças coloridas de pedra, vidro, mármore, cerâmica, etc., colocadas juntas umas das outras, imitando pintura. **2**. Arte ou técnica de fazer tal figura ou decoração. // *adj* **3**. Relativo a Moisés ou a suas leis ei ensinamentos. → **mosaicista** *adj* e *s2gên* (que ou pessoa que trabalha em obras de mosaico).

mos.ca (ô) *sf* Qualquer inseto de duas asas, cujo tipo mais conhecido é a *mosca-doméstica*. · V. **mosquito**. → **mosca--doméstica** *sf* [inseto alado, transmissor de doenças, como a febre tifoide, de coloração acinzentada e quatro listras paralelas no tórax; mosca (1)], de pl. *moscas-domésticas*; **moscaria** *sf* ou **moqueda** (ê) *sm* (**1**. grande quantidade de moscas; **2**. lugar onde há muitas moscas).

mos.ca.tel *adj* **1**. Diz-se de variedade de uva apreciadíssima, por ser muito doce. **2**. Diz-se do vinho feito dessa uva. // *sm* **3**. Esse vinho.

mos.que.tão¹ *sm* Fuzil de cano curto, maior que o mosquete, usado pela cavalaria e artilharia.

mos.que.tão² *sm* **1**. Elo metálico que prende o relógio de algibeira à respectiva corrente. **2**. Nos esportes radicais, equipamento de segurança formado por um elo metálico provido de mola de pressão, que se fecha automaticamente, fundamental para manter a pessoa em segurança.

mos.que.te (ê) *sm* Arma de fogo antiga, semelhante à espingarda, mas muito mais pesada, que, por isso, só se podia disparar apoiando-a sobre uma forquilha. **mosqueteiro** *sm* (soldado munido de mosquete).

mos.qui.to *sm* Inseto alado (pernilongo, muriçoca, dengue, etc.), cuja fêmea pica pessoas e animais, sugando-lhes o sangue e provocando desde leves comichões até doenças graves (febre amarela, malária, dengue hemorrágica, etc.). · V. **culicida**. → **mosquiteiro** *sm* (cortinado que protege um leito de moscas e mosquitos).

mos.sa *sf* **1**. Marca no corpo de pancada ou pressão forte. **2**. Cavidade no fio de uma lâmina ou em qualquer superfície. **3**. *Fig*. Abalo moral, em consequência de experiência negativa: *a derrota não causou mossa na equipe*. **4**. *Pop*. Pequeno amassado ou ponto de pressão na lataria de um automóvel: *as mossas aparecem geralmente nas portas dos veículos e são facilmente removidas pelos chamados martelinhos de ouro*. **5**. *Pop*.RS Sinal ou marca feita na orelha de uma rês, para reconhecimento.

mos.tar.da *sf* **1**. Semente da mostardeira. **2**. Molho condimentado, feito com a farinha de tal semente. → **mostardeira** *sf* (nome comum a várias plantas cultivadas em razão de suas sementes).

mos.tei.ro *sm* Casa religiosa onde vivem monges ou monjas, sob a autoridade de abade ou abadessa; monastério.

mos.to (ô) *sm* **1**. Sumo de uvas, antes de completada a fermentação. **2**. Sumo de qualquer fruta que contenha açúcar no ato da fermentação.

mos.trar ou **a.mos.trar** *v* **1**. Expor à vista; exibir; dar a conhecer: *mostrar o corpo*. **2**. Apontar, indicar: *mostrar os erros do governo*. **3**. Evidenciar, provar, demonstrar: *esse fato mostra que há muita injustiça na vida*. **4**. Simular, aparentar: *ela só mostra amor pelo marido*. **5**. Aparentar, revelar: *ela não mostra os anos que tem*. **mostrar-se** ou **amostrar-se 6**. Apresentar-se com certo aspecto ou condição; revelar-se, manifestar-se: *mostrou-se tranquilo durante o julgamento*. **7**. Aparecer publicamente: *ele nunca se mostrou durante o tempo que esteve no governo*. · Antôn.: *ocultar*. → **mostra** *sf* [**1**. ato ou efeito de mostrar(-se); exibição; **2**. ligeira manifestação ou sinal; **3**. exibição, feira]; **mostruário** *sm* [**1**. vitrina, mostrador; **2**. qualquer objeto em que se expõem mercadorias à venda (joias, bijuterias, chaveiros, etc.)].

mos.tren.go ou **mons.tren.go** *sm* **1**. Ser monstruoso; monstro: *o mostrengo que vive no lago Ness*. **2**. *P.ext*. Qualquer ente fantástico; monstro. **3**. *Fig*. Pessoa muito feia ou malfeita de corpo e disforme; pequeno monstro. **4**. *Fig*. Qualquer coisa anormal, absurda, inaceitável ou inútil: *esse projeto é um mostrengo que certamente não passará no Senado*. [*Mostrengo*, um espanholismo (*mostrenco*), é forma preferível a *monstrengo*, que, na verdade, é corruptela, já que o povo viu relação com *monstro* e, por puro "descuido", foi usada por alguns autores.]

mo.te *sm* **1**. Estrofe cujo sentido serve de tema a um poema. **2**. Frase que serve de tema a uma obra literária. **3**. *P.ext*. Frase curta de cunho satírico que, porém, traz um objetivo: *inventaram o mote* Lulinha, paz e amor, *para ganhar a eleição*. **4**. *Fig*. Tema de alguma coisa: *o mote da nossa conversa era o divórcio*. **5**. Frase breve que resume um ideal; lema: *o mote* Água, se desperdiçar, vai faltar *parece ter dado bons resultados*.

mo.tel *sm* **1**. Hotel de beira de estrada, para motoristas em trânsito. **2**. Hotel para encontro de casais, geralmente com tempo determinado. → **motelaria** *sf* (**1**. ramo de atividade econômica que consiste em explorar unidades moteleiras; **2**. conjunto de todos os motéis de uma cidade, região ou país: *a motelaria brasileira vai bem, obrigado*; **3**. arte ou técnica de administrar motéis: *curso de motelaria*); **moteleiro** *adj* (rel. a motel: *o ramo moteleiro*) e *sm* (dono ou administrador de motel).

mo.ti *sm* Bolinho de arroz, especialmente preparado pelos japoneses, para comemorar a passagem de ano e dar sorte no ano que se inicia.

mó.til *adj* Em biologia, diz-se do que se move ou que tem a capacidade de se mover espontaneamente: *germes móteis; células móteis; esporos móteis*. → **motilidade** *sf* (faculdade que têm os seres vivos de mover-se ante determinados estímulos).

mo.tim *sm* **1**. Rebelião ou levante de militares, de pouca duração, contra seus superiores, por motivos os mais variados. **2**.*P.ext*. Grande revolta popular ou tumulto.

mo.ti.var *v* **1**. Dar motivo(s) a; causar, produzir, ocasionar: *o excesso de ruído motivou reclamações*. **2**. Explicar ou expor os motivos de; fundamentar, justificar: *ele motivou sua atitude claramente*. **3**. Proporcionar incentivo a; impelir, estimular: *novos modelos de veículos sempre motivam o consumidor*. **4**. Provocar ou despertar o interesse ou o entusiasmo de; estimular: *esse professor sabe motivar os alunos; os pais precisam desde cedo motivar os filhos para a leitura*. **5**. Mover, levar, induzir: *o que o motivou a demitir-se?* → **motivação** *sf* (ato ou efeito de motivar); **motivo** *sm* (**1**. tudo o que provoca uma pessoa a agir de certo modo, a fazer determinada coisa, etc.; razão, causa; **2**. objetivo ou propósito das ações de uma pessoa; finalidade; **3**. elemento, ideia ou característica principal, em artes, literatura e música).

mo.to *sf* Abreviação de *motocicleta*. → **motociata** *sf* (*pop*. passeata de motos).

mo.to.bói ou **mo.to.boy** *sm* Rapaz que trabalha com motocicleta. · Fem.: *motogirl* (a 6.ª ed. do VOLP traz *motoboy*, mas não *motogirl*).

mo.to.ci.cle.ta *sf* Veículo motorizado de duas rodas, acionado por um motor à explosão de mais de 125 cilindradas; moto, motoca. → **motoca** *sf* (abreviação de *motocicleta*); **motociclismo** *sm* (conjunto de atividades esportivas disputadas em motocicleta; **motociclista** *adj* e *s2gên* [que ou pessoa que usa a motocicleta como lazer ou para competir], que não se confunde com *motoqueiro*; **motociclístico** *adj* (rel. a motociclismo ou a motociclista); **motoqueiro** *adj* e *sm* (que ou pessoa que anda de motocicleta ou que usa motocicleta para trabalhar), que não se confunde com *motociclista*.

mo.to-con.tí.nuo *sm* Suposto princípio científico segundo o qual seria possível encontrar um mecanismo que permitisse que as máquinas funcionassem ininterrupta e indefinidamente, sem gastar nenhuma energia; moto-perpétuo. · Pl.: *motos-contínuos*.

motocross [ingl.] *sm* Corrida de moto em circuito de terra bruta, bastante acidentado e cheio de curvas fechadas. · Pronuncia-se *móto-krós*.

mo.to.du.na (mò) *sf* Veículo motorizado, destinado espec. para se deslocar sobre dunas ou montes de areia. (A 6.ª ed. do VOLP não traz a palavra.)

mo.to.fai.xa (mò) *sf* Faixa na via pública para o trânsito exclusivo de motocicletas. (A 6.ª ed. do VOLP não traz a palavra.)

mo.to.girl *sf* Mulher que faz entregas de motocicleta; motoqueira. · Pl.: *motogirls*. · Pronuncia-se *móto-gârl*. (A 6.ª ed. do VOLP traz até *motoboy*, mas não *motogirl*.)

mo.to.go.di.le *sf* Canoa provida de um pequeno motor na popa.

mo.to.me.ca.ni.zar (mò) *v* Motorizar (2): *motomecanizar os carteiros*. → **motomecanização** (mò) *sf* (ato ou efeito de motomecanizar); **motomecanizado** (mò) *adj* [motorizado (2)].

mo.to.náu.ti.ca *sf* Modalidade de esporte praticada com pequenas embarcações motorizadas. → **motonáutico** *adj* (rel. a motonáutica).

mo.to.ne.ta (ê) *sf* Veículo de duas rodas, semelhante à motocicleta, mas com rodas menores e assento no lugar do selim.

mo.to.ni.ve.la.do.ra (mò); ô) *sf* Máquina constituída de um trator de esteira, provido de uma grande pá articulada na dianteira, utilizada para a nivelação do solo.

mo.to-per.pé.tuo *sm* Moto-contínuo. · Pl.: *motos-perpétuos*.

mo.tor (ô) *adj* 1. Que causa, produz ou transmite movimento. 2. Relativo a nervos que transmitem impulsos do sistema nervoso central aos músculos. 3. Relativo a movimentos musculares. // *sm* 4. Qualquer máquina ou maquinismo que produz ou comunica movimento. 5. Aparelho que converte qualquer forma de energia em energia mecânica. 6. *Fig.* Pessoa que instiga ou incita a fazer qualquer coisa. · Fem. (1): *motora* (ô) ou *motriz*. → **motorista** *s2gên* (pessoa que dirige qualquer veículo automotivo); **motorização** *sf* (1. ação de motorizar: *no século XX houve uma motorização em massa*; 2. conjunto de características e opções do motor de um automóvel); **motorizado** *adj* (1. em que se instalou um motor; movido a motor: *cadeira de rodas motorizada*; 2. provido de veículos a motor; motomecanizado: *exército motorizado; carteiros motorizados; agricultura motorizada*; 3. *pop.* que tem veículo a motor; que não está a pé; possuidor de carro: *hoje estou motorizado, posso lhe dar uma carona*); **motorizar** *v* (1. instalar um motor em; equipar com um motor: *motorizar uma cadeira de rodas*; 2. prover de veículos a motor; motomecanizar: *motorizar um exército*).

mo.tor.nei.ro *sm* Condutor de bonde elétrico ou de trem de metrô.

mo.tor.ro.ma.ri.a (mò) *sf* Romaria de motociclistas. → **motorromeiro** (mò) *sm* (aquele que participa de motorromaria). (A 6.ª ed. do VOLP não traz a palavra.)

mo.tos.se.ra (mò) *sf* Serra elétrica, utilizada geralmente para cortar árvores de grande porte.

mo.to.tá.xi (mò; x = ks) *sf* Motocicleta que funciona como táxi; moto de aluguel. → **mototaxista** (mò; x = ks) *s2gên* (pessoa que trabalha com mototáxi).

mo.triz *adj* 1. Feminino de *motor* (1); que imprime movimento. // *sf* 2. Força que imprime movimento. → **motricidade** *sf* (1. propriedade da força motriz; 2. conjunto das faculdades e características psicofísicas associadas à capacidade de movimento, nos seres humanos).

mou.co *adj* Que pouco ou nada ouve; surdo ou quase surdo: *crianças moucas e mudas*. → **mouquice** ou **mouquidão** *sf* (qualidade ou condição de mouco).

mountain bike (*MTB*) [ingl.] *loc sf* Bicicleta de rodas largas, estrutura leve, mas resistente, freios especiais e câmbio de até 21 velocidades, própria para percursos cheios de irregularidades e obstáculos; bicicleta de montanha. · Pronuncia-se *máutn báik*. → **mountain biking** *loc sm* (modalidade de ciclismo em que se usa a bicicleta de montanha); **mountain biker** *loc s2gên* (ciclista de *mountain bike*), que se pronunciam, respectivamente, *máuntn báikin* e *máuntn báikâr*.

mou.rão *sm* 1. Cada uma das estacas grossas em que se firma a cerca de arame farpado. 2. *P.ext.* Qualquer estaca em que se sustenta ou amarra algo.

mou.ro *sm* 1. Membro dos mouros, povo nômade do Norte da África (Mauritânia, princ.), descendentes de árabes. // *adj* 2. Mourisco (1). → **mourisco** *adj* (1. rel. aos mouros ou a sua cultura; mouro; 2. rel. ao estilo da arquitetura espanhola do séc. VI ao séc. XVI, caracterizado por arcos em ferradura e decorações pomposas, bastante floreadas).

mouse [ingl.] *sm* Periférico que substitui o teclado, para movimentar o cursor na tela. · Pronuncia-se *máuz*.

mo.ve.di.ço *adj* 1. Que se move muito ou com facilidade: *dunas são movediças por natureza*. 2. Pouco firme ou estável: *areia movediça*. 3. *Fig.* Que muda de opinião com facilidade; volúvel. 4. Móvel (1).

mó.vel *adj* 1. Que se pode mover; movediço. // *sm* 2. Causa, motivo. 3. Peça de mobília. // *smpl* 4. Quaisquer objetos materiais não imóveis aos quais se chama também *bens móveis* ou *bens mobiliários*. · V. **móbil, móbile** e **mobiliária**. → **movelaria** *sf* (lugar onde se fabricam e vendem móveis); **moveleiro** *adj* (rel. a móvel) e *sm* (fabricante ou vendedor de móveis).

mo.ver *v* 1. Pôr em movimento; mexer: *mover os braços*. 2. Trocar de lugar ou de posição, deslocar, remover: *mover uma grande pedra*. 3. Fazer (alguém) mudar de ideia ou de opinião; persuadir: *fale com ela, veja se pode movê-la!* 4. Propor formalmente; intentar: *mover demandas*. 5. Requebrar, rebolar: *mover os quadris*. **mover-se** 6. Mexer-se, movimentar-se: *não se mova: é um assalto!* 7. Seguir seu curso normal; girar: *a Terra se move em torno do Sol*. 8. Pôr-se em movimento; agitar-se, bulir-se: *nenhuma folha se movia na árvore*.

mo.vi.men.to *sm* 1. Mudança de lugar ou de posição de um corpo; deslocação, remoção. 2. Oscilação, atividade. 3. Modo particular de mover-se. 4. Tendência em alguma esfera de atividade particular. 5. Agitação, animação. 6. Circulação ou agitação produzida por grande número de pessoas ou de veículos. → **movimentação** *sf* [ato ou efeito de movimentar(-se) ou de ser movimentado); **movimentar(-se)** *v* [pôr(-se) em movimento; mover(-se)].

mo.za.re.la *sf* V. muçarela.

mu.am.ba *sf* 1. Contrabando. 2. Compra e venda de objetos furtados, ilegais ou suspeitos. 3. Qualquer negócio escuso; fraude, velhacaria, roubo: *há muamba nas máquinas eleitorais?* 4. *Pop.*NE Trouxa de roupa de gente humilde; bagagem de pobre. → **muambeiro** *sm* (contrabandista).

mu.ar *sm* 1. Qualquer animal pertencente à raça do mulo. // *adj* 2. Diz-se desse animal: *gado muar*.

mu.ca.ma *sf* Escrava de estimação que fazia os serviços domésticos.

mu.ça.re.la ou **mo.za.re.la** *sf* Tipo de queijo macio, ligeiramente amarelo, de sabor suave, com textura de borracha, consumido geralmente quente e elástico, na cobertura de *pizzas* e lasanhas. (Cuidado, muito cuidado para não usar "mussarela"!)

mu.ci.la.gem *sf* 1. Substância viscosa segregada por certas plantas. 2. Substância pegajosa, usada como adesivo. → **mucilaginoso** (ô; pl.: ó) *adj* (que contém mucilagem ou que tem o aspecto da mucilagem).

mu.co *sm* Fluido viscoso, segregado por membranas e glândulas mucosas, constituído de mucina, leucócitos, sais inorgânicos, água e células epiteliais; ranho, monco, mucosidade. → **muciforme** ou **mucoide** (ói) *adj* (sem. a muco); **mucopurulento** *adj* (1. que contém muco e pus; 2. composto de muco e pus); **mucosidade** *sf* (muco); **mucoso** (ô; pl.: ó) *adj* (1. que segrega muco; 2. da natureza do muco ou sem. a ele).

mu.co.sa *sf* Qualquer dos quatro principais tipos de finas membranas de tecido que cobrem ou revestem várias partes do corpo, segregam muco, absorvem água, sais e outras substâncias.

mu.cu.fa *adj* e *s2gên* ou **mu.cu.fo** *adj* e *sm* **1**. Que ou pessoa que é covarde, frouxa. **2**. Que ou pessoa que não vale nada, que é ordinária. **3**. Que ou pessoa que é imprestável ou insignificante; pé de chinelo; mequetrefe.

mu.çul.ma.no *adj* e *sm* Que ou aquele que é adepto da religião de Maomé; maometano, islamita. (Cuidado para não usar "mulçumano"!)

mu.çum ou **mu.çu** *sm* Peixe de água doce, sem escamas, que vive na lama, também conhecido como *piramboia* e *peixe-cobra*.

mu.çu.ra.na *sf* Ofídio não venenoso que se alimenta de serpentes.

mu.cu.ri *sm* **1**. Árvore cuja madeira é muito apreciada em construções civis. **2**. Essa madeira.

mu.dar *v* **1**. Modificar completamente, trocar, substituir: *o Brasil mudou a moeda em julho de 1994*. **2**. Transferir (de um lugar para outro): *o Brasil mudou sua capital em 21 de abril de 1960*. **3**. Pôr em outro lugar: *mudar os móveis na sala*. **4**. Desviar: *mudar o rumo da conversa*. **5**. Trocar, passar: *mudar a marcha do carro*. **6**. Trocar, substituir: *mudar de roupa*. **7**. Dar e receber reciprocamente, trocar: *mudamos de lugar no avião*. **8**. Tornar-se muito diferente: *ela mudou muito de uns tempos para cá*. **9**. Ir morar noutro lugar, transferir residência: *mudaremos amanhã*. **10**. Ir de uma fase a outra: *a lua muda hoje*. **mudar-se 11**. Transferir residência: *mudei-me para cá ano passado*. · V. **mutação**. → **muda** *sf* (**1**. ato ou efeito de mudar; mudança); **2**. renovação das penas, do pelo, da pele, etc. em certos animais, em determinadas épocas); **3**. essa época); **4**. planta retirada do viveiro para ser plantada, definitivamente); **mudança** *sf* (**1**. ato ou efeito de mudar(-se); muda); **2**. conjunto dos móveis que se mudam); **mudável** ou **mutável** *adj* (passível de mudar); **mutabilidade** *sf* (**1**. tendência ou sujeito a mudança ou alteração: *a mutabilidade de um vírus nada mais é que a proteção de sua integridade genética; as lagartas, em sua trajetória para se tornarem borboletas, exibem grande mutabilidade*; **2**. inconstância; instabilidade: *a mutabilidade do tempo, da moda, dos padrões de beleza*).

mu.do *adj* e *sm* Que ou aquele que, por defeito orgânico, ou pavor, espanto, surpresa, etc., é incapaz de articular palavras. // *adj* **2**. Diz-se de filme, imagem, etc. sem som. **3**. Que não produz som algum. **4**. *Fig*. Que se abstém de falar; calado voluntariamente: *entrou mudo e saiu calado*. · V. **mutismo**. → **mudez** (ê) *sf* (**1**. estado de quem não fala por incapacidade orgânica); **2**. falta completa de rumor; silêncio: *no espaço sideral é uma mudez só*).

mu.fa *sf* **1**. Cabeça, como sede da inteligência. **2**. Mufla (3). **3**. Gases, pum, traque. ·· **Queimar a mufa**. Esforçar-se mentalmente; quebrar a cabeça.

muffin [ingl.] *sm* Tradicional bolinho inglês, dos mais variados sabores, para ser servido princ. em chás. · Pl.: *muffins*. · Pronuncia-se *máfin*.

mu.fla *sf* **1**. Ornato escultural no formato da cabeça de um animal, comum em fontes. **2**. Cadinho de argila refratária, no qual se levam ao fogo certos corpos, usado para protegê-los da ação direta das chamas. **3**. Caixa onde ficam os interruptores gerais; caixa ou quadro de força. (O povo, nesta acepção, usa *mufa*.)

mu.gi.do *sm* Voz dos bovinos. → **mugir** *v* [soltar a voz (qualquer animal bovino); dar mugidos].

mui.to *pron* **1**. Em grande número, quantidade ou quantia: *muitos torcedores; muita grana*. **2**. Em grande intensidade: *desejo-lhe muita paz*. // *pl* **3**. Muitas pessoas: *muitos serão eleitos, poucos serão chamados*. // *adv* **4**. Com profundidade; excessivamente: *ele sabe muito*. **5**. Em grande quantidade; abundantemente: *choveu muito*. **6**. Com grande intensidade e força: *isso me excita muito a curiosidade*. **7**. Em alto grau; extremamente, bastante: muito bom; muito longe. **8**. Excepcionalmente bem: *esse goleiro joga muito*. **9**. Muito tempo: *isso aconteceu há muito*. // *sm* **10**. Grande porção, quantidade, quantia ou valor: *o pouco para uns é o muito para outros*. · Antôn.: *pouco*. → **mui** *adv* (forma reduzida de *muito*, que se usa mormente antes de advérbios terminados em *-mente* (p. ex.: *mui atenciosamente, mui respeitosamente*).

mu.la *sf* **1**. Fêmea do mulo. **2**. *Fig*. Pessoa que transporta clandestinamente, de um país para outro, cocaína junto ao corpo ou mesmo dentro dele (geralmente no estômago), para burlar a vigilância das autoridades portuárias e aeroportuárias. ·· **Mula sem cabeça**. Entidade fantástica do folclore brasileiro, amante de padre que, metamorfoseada em uma besta decapitada, assusta as pessoas princ. em noites de lua cheia. ·· **Picar a mula** (pop.). Ir embora apressadamente; chispar.

mu.la.to *adj* e *sm* Que ou aquele que descende de pai branco e mãe negra ou vice-versa. · Aum. irregular: *mulataço*. → **mulataria** *sf* (porção ou aglomeração de mulatos); **mulatice** *sf* ou **mulatismo** *sm* (**1**. ascendência mestiça; **2**. maneira de ser dos mulatos).

mu.le.ta (ê) *sf* **1**. Bordão ou bastão que na extremidade superior tem um encosto côncavo em que os coxos ou aleijados apoiam as axilas para se moverem. **2**. *Fig*. Tudo o que moralmente serve de apoio, amparo ou arrimo.

mu.lher *sf* **1**. Pessoa do sexo feminino (em oposição a *homem*). **2**. Pessoa do sexo feminino, quando casada (em oposição a *marido*). **3**. Pessoa do sexo feminino depois da puberdade (em oposição a *menina*). · Aum.: *mulherão*, *sm* ou *mulheraça*, *mulherona* sf. · Col.: *mulherada* sf, *mulherame* ou *mulherio* sm. → **mulherengo** *adj* e *sm* (que ou homem que vive atrás de mulher; bilontra, galinha).

mu.lo *sm* Animal híbrido, resultante do cruzamento de jumento com égua. · Fem.: *mula*. · V. **bardoto**.

mul.ta *sf* **1**. Ato ou efeito de multar. **2**. Quantia fixada ou cobrada como penalidade por alguma transgressão ou infração cometida; pena pecuniária. → **multar** *v* (aplicar multa a).

multi- *pref* Dá ideia de *número indeterminado*, de *muitos* e só exige hífen antes de palavras iniciadas por **h** ou por **i**.

mul.ti.co.lor (ô), **mul.ti.co.lo.ri.do** ou **mul.ti.cor** (ô) *adj* De muitas cores.

mul.ti.dão *sf* Grande número de pessoas, animais ou coisas, princ. quando reunidas: *recebi uma multidão de cartas*.

mul.ti.di.re.ci.o.nal *adj* **1**. Que se estende por várias direções. **2**. Que opera ou funciona em mais de uma direção.

mul.ti.for.me *adj* Que possui muitas formas; polimorfo.

mul.ti-in.fec.ção *sf* Infecção causada por dois ou mais agentes patogênicos. · Pl.: *multi-infecções*.

mul.ti-in.se.ti.ci.da *sm* Inseticida potente, que elimina vários tipos de insetos. · Pl.: *multi-inseticidas*.

mul.ti.lín.gue (o **u** soa) *adj* Diz-se da pessoa que fala várias línguas; plurilíngue, poliglota.

mul.ti.mí.dia *sf* **1**. Uso simultâneo de várias mídias, como cinema, *slide*, vídeo, música, etc., com fins educativos ou recreativos. **2**. Uso maciço da mídia (rádio, televisão, jornais, revistas, etc.), com propósitos publicitários.

mul.ti.mi.li.o.ná.rio *adj* e *sm* Que ou aquele que é muito rico.

mul.ti.na.ci.o.nal *adj* **1**. Que tem operações, negócios, subsidiárias ou investimentos em mais de dois países. **2**. Relativo ou pertencente a dois ou mais países. **3**. Realizado entre dois ou mais países. // *sf* **4**. Redução de *empresa multinacional*, empresa que, apesar de possuir sede oficial em determinado país de origem, estende suas atividades para além das fronteiras.

mul.ti.par.ti.dá.rio *adj* **1**. Relativo a vários partidos. **2**. Que admite a coexistência de vários partidos políticos. → **multipartidarismo** *sm* (pluripartidarismo).

mul.ti.pli.car *v* **1**. Aumentar em número quantidade ou quantia: *o governo conseguiu multiplicar a safra*. **2**. Repetir (um número) tantas vezes quantas forem as unidades de (outro), fazer ou efetuar a multiplicação: *multiplicar três por quatro*. **multiplicar(-se) 3**. Crescer em número, aumentar: *a safra (se) multiplicou este ano*. **4**. Produzir seres da mesma espécie, proliferar: *as bactérias (se) multiplicam rapidamente*. · Antôn. (2): *dividir*. **multiplicação** *sf* [**1**. ato ou efeito de multiplicar(-se); **2**. propagação de plantas e animais; procriação; **3**. operação que consiste em encontrar um número (*produto*) pela repetição de outro (*multiplicando*) um certo número de vezes (*multiplicador*) e indicada pelo símbolo × ou · (p. ex.: em 3 × 4 = 12, o produto é 12, o multiplicando é 4 e o multiplicador é 3); **multiplicador** (ô) *sm* [**1**. aquilo que multiplica; **2**. número pelo qual outro é multiplicado (p. ex.: em 3 × 4, o *multiplicador* é 3)]; **multiplicando** *sm* [número multiplicado por outro (p. ex.: em 3 × 4 = 12, o multiplicando é 4), chamado *multiplicador*; **multiplicativo** *adj* (que multiplica ou que é próprio para multiplicar), de antôn. *redutivo*.

mul.tí.pli.ce *adj* **1**. De muitos elementos ou partes; complexo. **2**. Relativo a sistema de comunicação (telefonia, televisão, etc.) em que duas ou mais mensagens podem ser enviadas e recebidas ao mesmo tempo pela mesma linha ou canal. → **multiplicidade** *sf* (**1**. qualidade de múltiplice; **2**. quantidade ou número considerável; *estar à volta com uma multiplicidade de problemas*).

múl.ti.plo adj 1. Que compreende muitos indivíduos, elementos ou partes: *eleições múltiplas*. // sm 2. Número que contém outro certo número exato de vezes (p. ex.: 10 é múltiplo de 5 e de 2). · Antôn.: (2): *divisor*. ·· **De múltipla escolha**. Que oferece várias respostas, para a escolha de apenas uma, que se presume correta: *Teste de múltipla escolha*. ·· **Múltiplo comum**. Múltiplo de todos os números de um conjunto dado: *As quantidades 6, 12 e 24 são múltiplos comuns de 2 e 3*.

multipoint [ingl.] sm 1. Sistema de injeção eletrônica de combustível no qual existe um bico injetor para cada cilindro do motor, resultando numa alimentação mais homogênea; multiponto (2). // adj 2. Diz-se desse sistema; multiponto (2). · Pl.: *multipoints*. · Pronuncia-se *mòltipóint*.

mul.ti.pon.to adj 1. Diz-se da conexão com várias linhas, ligando vários terminais a um único computador. // adj e sm 2. *Multiponto*.

mul.tir.ra.ci.al adj Relativo ou pertencente a várias raças ou etnias.

mul.tis.se.cu.lar adj De muitos séculos.

mul.tis.ser.vi.ço sm Setor ou departamento de firma, empresa, supermercado, etc. em que se prestam variados serviços.

mul.ti.ta.re.fa sf 1. Execução de dois ou mais trabalhos ou programas ao mesmo tempo por um único sistema de computador. 2. Capacidade de um sistema de realizar tal execução. // adj 3. Diz-se de um sistema capaz de realizar várias tarefas: *operações multitarefa*. (Como se vê, o adjetivo não varia.)

mul.ti.tu.di.ná.rio adj 1. Muito numeroso; que existe em grande número: *a população multitudinária de Tóquio*. 2. Que compreende muitas partes ou elementos: *panfleto multitudinário*. 3. Relativo a multidão ou próprio dela: *pânico multitudinário*.

mul.ti.u.so adj e sm Que ou produto, ferramenta, etc. que é eficaz ou útil para várias coisas ou funções: *detergentes multiuso, travas multiuso*. (Como se vê, não varia.)

mul.ti.u.su.á.rio adj Diz-se do sistema de computador que permite a operação simultânea de dois ou mais usuários por vez.

mul.ti.vi.ta.mi.na sf Preparado químico que contém muitas vitaminas; multivitamínico. → **multivitamínico** adj (rel. a multivitamina) e sm (multivitamina).

mú.mia sf 1. Cadáver embalsamado pelos antigos egípcios e outros povos da antiguidade, como os incas e os astecas. 2. P.ext. Qualquer corpo morto embalsamado. 3. *Fig.Pej*. Pessoa sem nenhuma autoridade moral ou energia. → **mumificação** sf [ato ou efeito de mumificar(-se)]; **mumificar(-se)** v [transformar(-se) em múmia].

mu.mu.nha sf *Gír*. 1. Negócio ilícito; artifício ilegal; mutreta. 2. Gesto ridículo; careta, momice: *o vício de fumar maconha é cheio de mumunhas*.

mun.da.no adj 1. Relativo ao mundo material (em oposição a *espiritual*). 2. Dado aos prazeres e gozos materiais. → **mundana** sf [prostituta, meretriz, rapariga (no Nordeste)]; **mundanidade** sf ou **mundanismo** sm (qualidade do que é mundano). ·· **Vida mundana**. Vida cheia de divertimentos, gozos e prazeres materiais.

mun.do sm 1. Conjunto dos seres criados; todo o universo; tudo o que existe. 2. A Terra, com todos os seus países e pessoas. 3. Parte do universo habitada pelos homens; orbe terrestre. 4. Conjunto das pessoas que pertencem a certa classe ou campo de atividade: *o mundo futebolístico; o mundo jornalístico*. 5. Reino, domínio: *o mundo animal*. 6. Humanidade; os homens em geral, todas as pessoas. → **mundanalidade, mundaneidade ou mundanidade** sf (1. caráter do que é mundano; 2. tudo o que se refere ao mundo, ao que não é espiritual; materialidade; 3. vida desregrada); **mundanismo** sm (vida mundana); **mundanizar** v [tornar(-se) mundano (princ. o ser e religioso)]; **mundão** sm (1. grande extensão de terras; mundaréu 2. grande quantidade; montão, mundaréu; 3. lugar muito afastado; cafundó); **mundaréu** sm [mundão (1 e 2)]; **mundial** adj (rel. ao mundo inteiro) e sm (campeonato que envolve equipes do mundo inteiro); **mundialização** sf (globalização); **mundializar(-se)** v [globalizar(-se)]. ·· **Todo o mundo**. 1. Todas as pessoas: *Todo o mundo brigou no estádio*. 2. O mundo inteiro: *Todo o mundo chorou a morte do piloto brasileiro*. (Não convém usar essa expressão sem o artigo, a ver-se pela expressão equivalente de outras línguas latinas).

mu.nhe.ca sf 1. Ponto de junção da mão com o antebraço; pulso. 2. *Pop*. Mão de vaca: *deixe de ser munheca, rapaz, e colabore com a nossa campanha!; amigos munheca*. (Como se vê, não varia.) · Aum. irregular (1): *munhecaço* sm. → **munhequeira** sf (faixa de malha elástica, usada por certos esportistas, para apertar ou proteger o pulso).

mu.ni.ção sf 1. Qualquer projetil, como bala ou míssil, que pode ser disparado de uma arma: *as tropas ficaram sem munição*. 2. *Fig*. Fato que justifica outro, em reação: *essa truculência da polícia fornece munição para mais passeatas de protesto*. 3. *Fig*. Material que se usa para ataque ou defesa de uma posição: *o promotor forneceu munição para o advogado de defesa*. 4. *Fig*. Informação ou dado que se usa contra alguém em discussão ou debate: *a baixa da inflação dá ao governo munição nova*. → **municiamento** ou **municionamento** sm (ato ou efeito de municiar); **municiar(-se)** ou **municionar(-se)** v [prover(-se) de munições: *municiar a tropa; municiei-me de todas as informações para ir ao debate*].

mu.ni.cí.pio sm 1. Unidade político-administrativa autônoma do Estado, governada por um prefeito e uma câmara de vereadores. 2. Território correspondente a essa unidade. → **municipal** adj (rel. ou pert. ao município ou à municipalidade); **municipalidade** sf (1. câmara municipal; 2. prefeitura; 3. edifício onde funciona a câmara municipal); **munícipe** s2gên (pessoa que habita um município e goza de todos os seus direitos).

mu.nir(-se) v Prover(-se) de qualquer coisa necessária ou conveniente; armar-se: *munir o organismo de vitaminas e sais minerais; munir-se de facões para entrar na mata*.

mu.que sm *Pop*. 1. Força muscular; força física bruta: *os estivadores têm que ter muque*. 2. Conjunto formado pelo bíceps e pelo tríceps, quando salientes ou muito desenvolvidos: *ele ameaçava a torcida adversária mostrando o muque*. ·· **A muque**. Mediante força física; à força; na marra: *Levamos o ladrãozinho a muque para a delegacia*.

mu.qui.fo sm 1. Hotel ou pousada suja, malcuidada ao extremo. // adj e sm 2. Que ou qualquer coisa que é suja ou muito malcuidada: *banheiros públicos são todos grandes muquifos; comer em restaurante muquifo é aguardar pela diarreia*.

mu.qui.ra.na adj e s2gên Que ou pessoa que é agarrada ao dinheiro; que ou pessoa que é avara ou pão-duro.

mu.ral adj 1. Relativo a muro ou a parede. 2. Feito em muro ou parede. 3. Exposto em muro ou parede. // sm 4. Redução de *pintura mural*, pintura realizada diretamente numa parede ou nela aplicada. 5. Quadro de papel, cartolina, etc., destinado a uso temporário, afixado a paredes, para receber comunicados, lembretes, avisos, notícias, fotos, etc.

mur.cho adj 1. Sem viço ou frescura: *flor murcha*. 2. Que perdeu ou está perdendo a consistência ou a firmeza: *balão murcho; pneu murcho*. 3. *Fig*. Sem ânimo ou entusiasmo: *virou um candidato murcho, depois de saber dos números das pesquisas*. · Antôn. (1): *viçoso*; (2): *cheio, consistente, firme*; (3): *entusiasmado, eufórico*. → **murchação** sf [ato ou efeito de murchar(-se)]; **murchar** v [1. privar da frescura, do viço (as plantas): *o calor murcha as flores*; 2. fazer perder ânimo, entusiasmo, etc.): *o baixo índice nas pesquisas murchou o ânimo do candidato*]; **murchar(-se)** (3. perder o viço, a cor e a frescura; ficar murcho: *todas as flores (se) murcharam com o calor*]; **murchez** (ê) sf (qualidade do que perdeu a frescura, o verdor, o viço); **murchidão** sf (estado de murcho).

mu.ri.ço.ca sf Mosquito também conhecido por *carapanã* na Amazônia e por *pernilongo* no S e SE do Brasil.

mu.ri.no adj 1. Relativo a ratos e camundongos. 2. Causado por ratos ou camundongos.

mur.mú.rio sm 1. Som baixo, contínuo e indistinto, como o produzido pelas abelhas num enxame, pela viração que agita as folhagens, pela água que cai sobre pedras ou pelas pequenas ondas que quebram na praia. 2. Fala em voz baixa; sussurro. 3. *Fig.Pej*. Comentário maldoso, malicioso; maledicência. → **murmurante** adj (que murmura); **murmurar** v (1. dizer em voz baixa; sussurrar; 2. produzir murmúrio; murmurejar); **murmurinho** sm (qualquer ruído ou som confuso, produzido por gente que fala ao mesmo tempo; burburinho).

mu.ro sm Construção de tijolo, pedra, etc., para defesa, resguardo ou separação. · Aum. irregular: *muralha* sf. → **muralha** sf (1. muro de grande altura e espessura, que guarnece fortaleza ou castelo; 2.*p.ext*. qualquer muro ou proteção semelhante; 3. muro enorme; paredão); **murar** v [1. cercar ou fechar com muro(s): *murar um terreno*; 2. defender contra assaltos ou arrombamentos: *murar uma casa*]; **mureta** (ê) sf (muro baixo, construído mormente para antepara ou proteção).

mur.ro sm Pancada que se dá com a mão fechada, soco.

Musa sf 1. Na mitologia grega, cada uma das nove ninfas ou divindades menores, filhas de Zeus, geralmente representadas como jovens, belas e virginais, cada uma protetora de uma arte ou ciência diferente. **mu.sa 2.** *P.ext.* Mulher amada, fonte de inspiração dos românticos. **3.** *Fig.* Criatividade poética; talento. → **musal** *adj* (rel. a Musas ou a musa).

mús.cu.lo *sm* Tipo de tecido composto de células e fibras elásticas e contráteis que serve para operar os movimentos voluntários e involuntários dos corpos animais. → **musculação** *sf* (**1.** exercício muscular; **2.** conjunto dos movimentos musculares); **muscular** *adj* (**1.** rel. aos músculos ou próprio dos músculos; **2.** formado ou constituído por músculos); **musculatura** *sf* (**1.** conjunto dos músculos do corpo humano; **2.** robustez e vigor musculares; **3.** modo de representar os músculos em artes plásticas); **musculoso** (ô; pl.: ó) *adj* (**1.** que tem músculos fortes e bem desenvolvidos; **2.** forte, robusto, vigoroso).

mu.seu *sm* Qualquer estabelecimento ou instituição devotada à aquisição, conservação, estudo, exibição e interpretação educacional de objetos que têm valor artístico, científico ou histórico. → **museologia** *sf* (arte de organizar um museu); **museológico** *adj* (rel. a museologia); **museologista** *adj* e *s2gên* ou **museólogo** *sm* (especialista em museologia); **museu-casa** *sm* (v. **casa-museu**).

mus.go *sm* Colônia de algas que forma uma espécie de limo nas terras úmidas, em rochas, em lugares sombreados, nos telhados, no tronco das árvores, nos muros velhos, etc., formando às vezes imenso tapete verde; limo (1). → **musgoso** (ô; pl.: ó) ou **musguento** *adj* (**1.** que tem ou produz musgo; **2.** sem. a musgo; **3.** coberto ou cheio de musgo).

mú.si.ca *sf* **1.** Arte de combinar tonalidades e sons agradáveis ao ouvido e emocionalmente expressivos: *ter aulas de música: ele dedicou sua vida à música.* **2.** Arranjo desses tons e sons: *casais dançavam ao som de belas músicas.* **3.** Sistema escrito ou impresso de símbolos que representam notas musicais; notação em partitura: *é um pianista que não lê música.* **4.** Tipo particular de música: *música barroca; há música para todos os gostos.* **5.** Qualidade musical: *a música do verso.* **6.** Acompanhamento musical: *uma peça com música.* **7.** Conjunto das obras musicais de um compositor: *a música de Gershwin.* **8.** Prazer na música: *não há nenhuma música em sua alma.* **9.** *Fig.* Qualquer som ou combinação de sons agradável ou gratificante de ouvir: *a música das ondas é que me acalentava; a voz dela era música para meus ouvidos.* · V. **muzak.** → **musical** *adj* (**1.** rel. ou pert. à música; **2.** que produz música; **3.** ligado à música; **4.** da natureza da música, semelhante à música; melodioso, harmonioso; **5.** em que predominam músicas ou canções) e *sm* **6.** (red. de *comédia musical* ou de *filme musical*); **musicalidade** *sf* (qualidade do que é musical); **musicalização** *sf* (ato de musicalizar); **musicalizar** ou **musicar** *v* (converter em música); **musicista** *adj* e *s2gên* (amante da música); **músico** *adj* e *sm* (que ou aquele que compõe, interpreta ou executa peças musicais). ·· **Música ambiente.** Gênero de música instrumental, que se ouve em volume baixo e se concentra na textura sonora, em vez da composição ou ritmo, usada para criar uma certa atmosfera ou estado de espírito. ·· **Música de câmara.** Música clássica tocada por um pequeno grupo de músicos. ·· **Música de fundo.** Música que você ouve, mas não escuta: *Restaurante com música de fundo.*

mus.se *sf* Doce de consistência cremosa, feito de um ingrediente básico (geralmente chocolate), a que se acrescentam claras batidas e gelatina, para lhe dar a consistência característica e porosa. (Cuidado para não usar "o" musse"!)

mus.se.li.na ou **mus.se.li.ne** *sf* Tecido de algodão, leve e transparente, usado em lençóis e roupas femininas. (A 6.ª ed. do VOLP, incompreensivelmente, não registra *musseline*, forma corrente em Portugal.)

mus.si.tar *v* Falar entre dentes; mover os lábios sem articular palavras; sussurrar, cochichar, murmurar: *mussitar um segredo ao pé do ouvido de alguém.* → **mussitação** *sf* (**1.** ato ou efeito de mussitar; **2.** alteração na pronúncia, que consiste em pouca intensidade e débil articulação; **3.** murmúrio delirante; movimento dos lábios sem som, próprio de certos doentes, geralmente terminais).

mu.ta.ção *sf* **1.** Ação ou processo de mudar; transformação: *o que se nota na televisão hoje é a mutação da culinária em uma espécie de show business.* **2.** Mudança estrutural repentina em um gene, capaz de alterar as características hereditárias de um organismo: *é sabido que a radiação pode causar mutação; a cauda curta do gato é resultado de uma mutação; é por mutação que todas as raças de animais domésticos surgiram.* **3.** Mudança de voz no homem, na puberdade. → **mutacional** *adj* (rel. a mutação); **mutacionismo** *sm* (teoria de que a mutação é fator fundamental na evolução); **mutacionista** *adj* (rel. ou pert. a mutacionismo) e *adj* e *s2gên* (que ou pessoa que é adepta do mutacionismo); **mutante** *sm* (novo tipo de organismo, resultante de mutação); **mutatório** *adj* (que muda ou que serve para mudar); **mutável** ou **mudável** *adj* (que pode sofrer mudança).

mu.ti.lar *v* **1.** Cortar (algum membro do corpo): *mutilar um dedo.* **2.** Desfigurar, causando grandes danos ou perdas: *mutilar uma estátua.* **3.** Desfigurar, retirando ou alterando partes essenciais: *a censura mutilou todo o texto.* **mutilar-se 4.** Tornar-se imperfeito pela perda de algum membro ou de alguma parte do corpo: *ele se mutilou na serra elétrica.* → **mutilação** *sf* (ato ou efeito de mutilar).

mu.ti.rão *sm* Auxílio mútuo e gratuito que se prestam trabalhadores de qualquer natureza, sempre em favor de um ou de alguns deles, num trabalho ou tarefa cujo objetivo é sua conclusão o mais rapidamente possível. → **mutirante** *s2gên* (pessoa que trabalha em regime de mutirão), palavra que a 6.ª ed. do VOLP não traz.

mu.tis.mo *sm* Estado de quem não fala, não porque não quer, mas porque não lhe permitem, ou por qualquer outro motivo (um grande susto, p. ex.).

mu.tre.ta (ê) *sf* Qualquer ação de má-fé, fraudulenta, que visa a prejudicar alguém ou um grupo; trapaça, cambalacho, tramoia, maracutaia, mumunha: *o jornalista sabia de todas as mutretas que rolavam em Brasília.* → **mutretagem** *sf* (ato ou procedimento de quem faz mutretas); **mutretar** *v* (fazer mutreta com), palavras que não têm registro na 6.ª ed. do VOLP; **mutreteiro** *adj* e *sm* (que ou aquele que faz mutretas; trapaceiro).

mu.tu.á.rio ou **mu.tu.a.tá.rio** *sm* Aquele que, mediante um contrato mútuo, recebe dinheiro emprestado para aquisição de um bem.

mu.tu.ca *sf* **1.** Mosca grande hematófaga, cuja fêmea tem picada dolorosa e transmite doenças graves. **2.** *Fig.* Pequeno pacote de maconha. → **mutucal** *sm* (lugar onde há infestação de mutucas). (Na acepção 1, também se usa *butuca*.)

mú.tuo *adj* **1.** Que tem a mesma relação um com o outro. **2.** Dirigido e recebido na mesma proporção; recíproco: *respeito mútuo.* **3.** Possuído em comum. // *sm* **4.** Permuta, troca. **5.** Redução de *contrato de mútuo*, relação de empréstimo entre dois particulares (pessoas físicas ou pessoas jurídicas). → **mutuação** ou **mutualidade** *sf* (reciprocidade, troca); **mutuante** *adj* e *s2gên* (que ou pessoa que mutua) e *s2gên* (cedente, no contrato de mútuo); **mutuar** *v* (trocar entre si); **mutuário** *sm* (recebedor, no contrato de mútuo).

mu.vu.ca *sf* *Gír.* **1.** Aglomeração festiva e ruidosa, em locais públicos, princ. de jovens, em comemoração a algum fato auspicioso; agito (3). **2.** Agito (1). **3.** Grande confusão; perturbação, rolo, rebu, agito (2): *o sujeito queria mesmo é arrumar muvuca.* **4.** Bagunça, desordem, desarrumação: *o quarto dela é uma grande muvuca.*

mu.xi.ba *sf* *Pop.* **1.** Pele magra, murcha e flácida; pelanca. **2.** *Pej.* Mulher velha e feia; bucho; bruaca. **3.** Carne magra e cheia de nervos que se atira a cães. // *adj* e *sf* **4.** Mão de vaca: *cunhado muxiba.* // *sfpl* **4.** *Fig.Pej.* Seios flácidos e caídos.

mu.xi.cão *sm* *Pop.*N Empurrão ou repelão, com puxões e beliscões: *levei uns muxicões na fila.*

mu.xo.xo (ô) *sm* Estalido com a língua e os lábios, geralmente acompanhado da interjeição *ah!*, em clara demonstração de aborrecimento, enfado, desprezo ou desdém.

muzak [ingl.] *sm* Música ambiente de salas de espera, escritórios, restaurantes, etc., transmitida por rádio, telefone ou satélite, por assinatura. · Pl.: *muzaks.* · Pronuncia-se *miú-zak.*

N

n/N *sm* Décima quarta letra do alfabeto, de nome *ene*. · Pl.: os *nn* ou os *enes*.

na 1. Contração da prep. *em* com o artigo definido *a*. **2** Forma eufônica que assume o pron. oblíquo -*la* quando precedido de ditongo nasal (põe-*na*).

na.ba.bo *sm* Homem muito rico, que vive no luxo e faz alarde de sua riqueza; milionário que ostenta sua riqueza. → **nababesco** (ê) *adj* (**1.** rel. a nababo; **2.** próprio de nababo; **3.** *p.ext.* extremamente luxuoso ou suntuoso: *levar vida nababesca*).

na.bo *sm* **1.** Planta hortense, cuja raiz, às vezes redonda, outras vezes alongada, de cor branca, usa-se como alimento. **2.** Essa raiz.

na.ção *sf* **1.** Povo de origem, tradição e idioma comuns, que habita um território e constitui um Estado, com seu próprio governo e compartilha instituições comuns (constituição, governo, sistema judiciário): *foi uma vitória que emocionou a nação; o presidente falará hoje à nação*. **2.** Esse território; país: *a grandeza de nossa nação; o Amazonas é o maior estado da nação*. **3.** Comunidade de pessoas que não constituem um Estado, mas estão ligadas por descendência, língua, história, etc.: *a nação curda*. **4.** Tribo: *a nação ianomâmi*. **5.** *Pop.* Grupo de negros africanos trazidos ao Brasil como escravos: *a nação angolana*. **6.** *Pop.* Comunidade ou grupo de indivíduos de preferência ou simpatia comum: *a nação rubro-negra*. → **nacional** *adj* (**1.** da nação: *interesse nacional; economia nacional; território nacional; feriado nacional;* **2.** produzido, fabricado, realizado ou disputado no país: *carro nacional; campanha nacional; campeonato nacional;* **3.** que representa uma nação: *o selecionado nacional;* **4.** símbolo representativo de um país: *bandeira nacional;* **5.** mantido pelo governo de uma nação: *Instituto Nacional de Pesquisas Espaciais;* **6.** patriótico: *é preciso despertar o sentimento nacional*) e *sm* (indivíduo natural de um país); **nacionalidade** *sf* (**1.** caráter ou qualidade nacional: *a nacionalidade brasileira está em sua música, em seu folclore, em sua tradição;* **2.** direito legal de pertencer a um determinado país; naturalidade: *turista de nacionalidade japonesa;* **3.** grupo de pessoas de mesma etnia, religião, tradições, etc.: *num cruzeiro, sempre há pessoas de todas as nacionalidades;* **4.** representação de um país; bandeira: *navio de nacionalidade alemã*); **nacionalismo** *sm* (**1.** política segundo a qual se devem nacionalizar todas as atividades de um país; **2.** preferência por tudo o que é próprio da nação a que se pertence); **nacionalista** *adj* (rel. a nacionalismo; patriótico) e *adj* e *s2gên* [que ou pessoa que é partidária do nacionalismo]; **nacionalização** *sf* [ato ou efeito de nacionalizar(-se)]; **nacionalizar** *v* (**1.** converter de privado para público; estatizar: *nacionalizar as fábricas de automóvel;* **2.** naturalizar: *nacionalizar um estrangeiro*); **nacionalizar-se** (**3.** tornar-se nacional; naturalizar-se: *nenhuma empresa estrangeira se nacionaliza espontaneamente*); **nacional-socialismo** *sm* (nazismo), de pl. *nacional-socialismos;* **nacional-socialista** *adj* (rel. ao nacional-socialismo) e *adj* e *s2gên* (que ou pessoa que é adepta do nacional-socialismo], de pl. *nacional-socialistas*.

ná.car *sm* Substância brilhante, branca ou rósea, com reflexos irisados, que reveste o interior da concha de certos moluscos; madrepérola. → **nacarado** ou **nacarino** *adj* (da cor ou do aspecto do nácar).

na.co *sm* Pedaço grande arrancado de qualquer alimento (pão, bolo, carne, etc.).

na.da *pron* **1.** Nenhuma coisa: *nada se faz em Brasília; ele quer viver bem, sem fazer nada; não queres tomar nada?* (Aparece comumente como reforço de outra negativa: *Eu não disse nada. Essa mulher não significa nada para mim. Isso também não muda nada.*) // *adv* **2.** De jeito nenhum; positivamente não: *você pensa que ela reconheceu o erro? Nada!* **3.** Nem um pouco; de jeito nenhum: *ela não é nada boba; não estou nada contente com você; ele não se parece em nada com o irmão*. // *sm* **4.** Ausência de qualquer existência; vazio: *após a morte, o nada*. **5.** Zero: *ele começou do nada e hoje é milionário*. **6.** Coisa sem valor: *ele transformou o nada em arte*. **7.** *Fig.* Pessoa sem importância; zé-ninguém, mequetrefe: *quer deixar de ser um nada na vida? Estude!* · Antôn. (1): *tudo*. ·· **Antes de mais (nada)**. Antes de tudo, primeiro de tudo; em primeiro lugar; a princípio: *Antes de mais, quero dizer que te amo*. (No Brasil, diferentemente de Portugal, prefere-se encerrar essa expressão com *nada*.) ·· **De nada**. **1.** Pequeno, insignificante: *Tive uma dorzinha de nada*. **2.** Não há de quê. (*De nada* é resposta que os espanhóis dão a um *obrigado*, equivalente do português *por nada*.) ·· **Do nada**. Sem razão plausível; sem mais nem menos: *O VOLP, na sua quarta edição, do nada mudou de co-herdeiro e co-réu para coerdeiro e corréu!* ·· **Nada a ver**. Sem ligação ou nexo algum; nenhum sentido: *O que tem a ver os osos com os ânus? Nada a ver. Essa roupa não tem nada a ver com você*. (Cuidado para não usar "nada haver", que não tem nada a ver!) ·· **Nada de**. De forma nenhuma: *Nada de desprezar o adversário, hem!* ·· **Nada de nada**. Absolutamente coisa nenhuma: *Do que ele diz não se aproveita nada de nada*. ·· **(Não) deu em nada**. Não ter ou alcançar nenhum bom resultado; falhar, fracassar: *Aquele rapaz tão estudioso na escola, não deu em nada na vida*. ·· **Não ser de nada** (pop.). Não cumprir as promessas ameaçadoras que faz; não aguentar um tranco; ser só prosa ou conversa mole: *Tu não és de nada, rapaz, fica quieto aí no teu canto!* ·· **Por nada**. **1.** De jeito nenhum: *Por nada casarei com essa mulher*. **2.** Por pouco, por um triz: *Por nada eu bato o carro hoje*. **3.** Não há de quê. ·· **Quando nada**. No mínimo, na pior das hipóteses: *Deverei receber de salário, no novo emprego, quando nada, uns dez mil reais*. ·· **Quase nada**. Ninharia, bagatela: *O carro me custou quase nada*. ·· **Um nada**. Apenas um pouco, uma pitadinha: *Coloquei um nada de pimenta no prato, e meu estômago já sentiu*. ·· **Vir do nada**. Ser de origem humilde.

na.da-cons.ta *sm2núm* Documento expedido por quem de direito, no qual se declara não haver registro que desabone o requerente.

na.da.dei.ra *sf* Órgão locomotor dos peixes; barbatana.

na.dar *v* **1.** Percorrer, nadando: *nadei um bom trecho*. **2.** Mover-se na água (animais), por movimentos dos membros (homem), com o auxílio de nadadeiras (peixes), pela expulsão da água (polvo), ou pelas ondulações (serpentes aquáticas): *ele nada bem*. · V. **natação**. → **nado** *sm* (**1.** ato ou maneira de nadar; **2.** espaço que se pode percorrer nadando).

ná.de.ga *sf* **1.** Cada uma das partes posteriores e carnudas acima de ambas as coxas, formadas pelos músculos glúteos e estruturas adjacentes. // *sfpl* **2.** Base do tronco humano e de certos irracionais; bunda.

na.dir *sm* **1.** Ponto da esfera celeste diretamente abaixo do observador (em oposição a *zênite*). **2.** *Fig.* Ponto mais baixo; fundo do poço. **nadiral** *adj* (rel. a nadir).

naf.ta *sf* Substância destilada do petróleo, intermediária entre a gasolina e o querosene.

naf.ta.li.na *sf* Composto cristalino, branco, $C_{10}H_8$, derivado do petróleo, usado como solvente e na fabricação de tintas, repelentes de insetos e explosivos.

na.gô *adj* e *s2gên* Ioruba. ·· **Molho nagô**. Molho picante, preparado com pimenta-malagueta seca, cebola, sal, sumo de limão, jiló cozido, quiabo, azeite de dendê e camarões miúdos e defumados, cozidos em panela de barro.

nai.fa *sf* Faca feita artesanalmente por presidiários, para ser usada em rebeliões ou em fugas; cossoco.

nái.lon *sm* **1.** Fibra têxtil sintética de grande leveza, semelhante à seda e à lã, muito utilizada na fabricação de meias, escovas, redes de pesca, etc., por sua resistência e elasticidade. **2.** Tecido feito dessa fibra.

nai.pe *sm* **1.** Símbolo característico dos quatro diversos grupos de cartas do baralho. **2.** Cada uma das quatro séries distintas em que é dividido um baralho: ouros, paus, copas e espadas. **3.** *Fig.* Condição social; classe, categoria, igualha: *não ando com gente que não seja de meu naipe*. **4.** Cada um dos grupos de instrumentos ou de vozes da mesma natureza em que se costuma dividir uma orquestra ou um conjunto vocal: *o naipe de cordas é formado por violino, viola, violoncelo e contrabaixo; um naipe de tenores*.

nai.re *sm* Adestrador de elefantes. · Fem.: *naira*.

na.ja *sf* Serpente afro-asiática que, quando enfurecida, ergue a cabeça e dilata o pescoço.

nam.bu *sm* V. **inhambu**.

na.mo.ra.do *sm* **1.** No relacionamento amoroso entre heterossexuais, companhia masculina preferida de mulher, por razões amorosas. **2.** No relacionamento amoroso entre homossexuais, aquele ou aquela que exerce o papel masculino. **3**. Peixe da costa brasileira, de carne muito apreciada. **4**. Essa carne.

na.mo.rar *v* **1**. Ser namorado de: *Hortênsia namora Ivã.* **2**. *Fig.* Desejar muito; aspirar a; cobiçar: *há muito tempo estou namorando um carro desses.* **3**. Andar de namoro com alguém: *ela nunca namorou: a mãe não deixa.* → **namoricar** ou **namoriscar** *v* (namorar por pouco tempo; flertar); **namorico** ou **namorisco** *sm* (namoro passageiro; flerte); **namoro** (ô) *sm* (relacionamento afetivo ou amoroso ou apaixonado entre pessoas, em princípio, com finalidades matrimoniais).

na.nã *sf* Iaiá.

na.nar *v* **1**. Fazer (criança) dormir; ninar, acalentar: *a babá acabou de nanar o bebê*. **2**. Dormir (criança): *o nenê está nanando.*

na.ni.co *adj* e *sm* **1**. Que ou o que é de estatura pequena, com figura de anão. **2**. *Fig.* Que ou candidato presidencial que não tem nenhuma chance de ser eleito, por não conseguir mais de 1% dos votos. **3**. *Fig.* Que ou partido político que não chega a receber 1% dos votos, numa eleição.

na.nis.mo *sm* **1**. Pequenez anormal da estatura, relativamente à média dos indivíduos da mesma idade; estado de anão. **2**. Anomalia que não permite que alguns animais ou vegetais atinjam o tamanho normal. · Antôn. (1): *gigantismo.*

na.no.ci.ên.cia *sf* Estudo de estruturas, fenômenos e materiais em escala nanométrica: *a nanociência pode resolver os problemas de degradação ambiental.* → **nanocientista** *adj* e *s2gên* (especialista em nanociência), palavra sem registro na 6.ª ed. do VOLP.

na.no.es.ca.la *sf* Escala medida em nanômetros; escala da nanotecnologia.

na.no.gra.ma *sm* Unidade de medida de peso igual a um bilionésimo de um grama (símb.: **ng**).

na.no.ma.te.ri.al *sm* Material que possui grau estrutural na ordem de 10^{-9} m ou 1 nanômetro.

na.nô.me.tro *sm* Unidade de medida de comprimento (símb.: **nm**), correspondente a um milionésimo de milímetro; milimícron. → **nanometria** *sf* (medição em escala nanométrica); **nanométrico** *adj* (rel. a nanometria).

na.no.mo.lé.cu.la *sf* Molécula de tamanho inferior a 100 nanômetros. → **nanomolecular** *adj* (rel. a nanomolécula: *anti-inflamatório nanomolecular*). (A 6.ª ed. do VOLP não traz as palavras.)

na.no.par.tí.cu.la *sf* Partícula microscópica de matéria, que tem de 1 a 100 nanômetros de diâmetro: *a maioria das nanopartículas é composta de apenas algumas centenas de átomos.*

na.nos.se.gun.do *sm* **1**. Unidade de medida de tempo igual a um bilionésimo de segundo (símb.: **ns**). **2**. *Fig.* Tempo extremamente curto; instante: *depois desse escândalo, o valor das ações dessa empresa caiu em um nanossegundo.*

na.no.tec.no.lo.gi.a (tèc) *sf* Ciência que estuda a manipulação da matéria numa escala atômica e molecular, princ. para construir dispositivos microscópicos (entre 1 e 100 nanômetros), como robôs: *com a nanotecnologia, entre muitas outras coisas, será possível otimizar os efeitos de remédios, levando-os diretamente aonde são de fato necessários dentro do corpo, o que diminui a toxicidade das drogas, os efeitos colaterais e as dosagens.* → **nanotecnológico** (tèc) *adj* (rel. a nanotecnologia); **nanotecnólogo** (tèc) *sm* (cientista ou engenheiro que constrói máquinas e trabalha com materiais orgânicos e inorgânicos menores que 100 nanômetros), palavra sem registro na 6.ª ed. do VOLP.

na.no.tu.bo *sm* Estrutura tubular com 1 nanômetro de diâmetro. ·· **Nanotubo de carbono**. Nanotubo que possui excelente condutividade elétrica e uma resistência mecânica 100 vezes maior que a do aço e, ao mesmo tempo, flexibilidade e elasticidade, o que lhe permite uma infinidade de aplicações importantes em ciência e tecnologia.

nan.quim *sm* **1**. Tinta preta, usada para desenhos e pinturas. **2**. Tecido de algodão amarelo que vinha de Nanquim (China). // *adj* **3**. De cor amarelada, semelhante à deste tecido.

não *adv* **1**. Indica negação ou recusa a alguma coisa (em oposição a *sim*). // *sm* **2**. Recusa, repulsa: *não entendi esse não dela ao nosso plano*. · Pl. (2): *nãos.* · Antôn.: *sim.* (Usado como prefixo, equivalente de *in-*, não se liga por hífen à palavra seguinte: *não agressão, não alinhado, não alinhamento, não engajado, não engajamento, não essencial, não execução, não existência, não fumante, não governamental, não ingerência, não intervenção, não intervencionismo, não intervencionista,* *não metal, não pagamento, não participante, não proliferação, não valia, não viciado, não violência, não vocálico, etc.*) ·· **Não binariedade**. **1**. Qualidade ou estado de quem é não binário. **2**. Identidade não binária. ·· **Não binário**. **1**. Indivíduo cuja identidade de gênero não é nem homem nem mulher, está entre os dois sexos, ou é uma combinação de ambos, como uma reação ao sistema binário de sexo: *pessoas não binárias*. **2**. Diz-se desse indivíduo ou desse tipo de sexualidade: *sexualidade não binária*. ·· **Não sei quê**. **1**. Jeito, ar, aparência: *Essa menina tem um não sei quê do pai.* **2**. Algo um tanto vago ou incerto: *Um não sei quê sugere a existência de extraterrestres.* ·· **Não sei que diga**. **1**. Diabo. **2**. *Pop*.NE Criança travessa. (Trata-se de expressão usada também quando se evita citar um nome, comum ou próprio, pouco decente.) ·· **Pois não**. Indica resposta positiva e educada a um pedido, equivalendo a *sim*: *Pode me ajudar aqui? Pois não.*

não-me-to.ques *sm2núm Pop.* Sensitiva, dormideira.

na.pa *sf* **1**. Pelica fina e macia, feita de pele de carneiro e usada em luvas, bolsas, etc. **2**. Material sintético semelhante à napa.

napalm [ingl.] *sm* Gasolina em gel, usada em bombas incendiárias para destruir plantas sob as quais o inimigo possa se esconder. · Pl.: *napalms.* · Pronuncia-se *nêipalm.*

na.po.li.ta.no *adj* e *sm* **1**. Natural ou habitante de Nápoles, cidade do sul da Itália. // *adj* **2**. De Nápoles: *ruas napolitanas.* // *sm* **3**. Dialeto italiano falado em Nápoles.

na.que.le (ê) *contr* da preposição *em* com o pronome demonstrativo *aquele.*

na.qui.lo *contr* da preposição *em* com o pronome demonstrativo *aquilo.*

nar.ci.sis.mo *sm* Transtorno de personalidade que consiste em sentir excessiva admiração por sua aparência física. → **narcisista** *adj* (rel. a narcisismo) e *adj* e *s2gên* (que ou pessoa que tem narcisismo); **narciso** *sm* (*fig.* homem muito vaidoso ou enamorado de si próprio).

nar.co.con.tra.ban.do *sm* Comércio ilegal de substâncias narcóticas. → **narcocontrabandista** *adj* (rel. a narcocontrabando) e *adj* e *s2gên* (que ou pessoa que faz narcocontrabando ou nele está envolvido). (Nem uma nem outra constam da 6.ª ed. do VOLP.)

nar.co.guer.ri.lha *sf* Guerrilha praticada por narcotraficantes, como ocorre na Colômbia; guerrilha do narcotráfico. → **narcoguerrilheiro** *adj* (rel. a narcoguerrilha) e *sm* (membro de narcoguerrilha). (Nem uma nem outra constam da 6.ª ed. do VOLP.)

nar.co.lep.si.a *sf* Distúrbio neurológico de longa duração caracterizado pela diminuição da capacidade de regular os ciclos de sono e vigília. → **narcoléptico** *adj* (**1**. rel. a narcolepsia; **2**. sofre de narcolepsia).

nar.co.ter.ro.ris.mo *sm* Tática terrorista empregada por traficantes de drogas contra agentes do governo inimigo ou contra competidores esportivos, representantes desse governo. → **narcoterrorista** *adj* (rel. a narcoterrorismo) e *adj* e *s2gên* (que ou pessoa que está envolvida com o narcoterrorismo). (Nem uma nem outra constam da 6.ª ed. do VOLP.)

nar.có.ti.co *adj* e *sm* Que ou droga que entorpece os sentidos, induzindo ao sono (ópio, morfina, heroína, etc.). → **narcose** [narcotismo (2)]; **narcotismo** *sm* (**1**. conjunto de efeitos produzidos pelos narcóticos: *seus sintomas são de narcotismo*; **2**. estado de inconsciência ou de sono, produzido pelo uso de narcóticos; narcose; **3**. vício que leva a usar drogas ou narcóticos); **narcotização** *sf* (ação ou efeito de narcotizar); **narcotizar** *v* (colocar sob efeito ou influência de um narcótico: *os ladrões narcotizaram o vigia e roubaram tudo*).

nar.co.trá.fi.co *sm* Tráfico de narcóticos ou entorpecentes. → **narcotraficante** *adj* e *s2gên* (traficante de drogas).

na.ri.na *sf* Cada uma das duas aberturas externas da cavidade nasal dos vertebrados; fossa nasal.

na.riz *sm* **1**. Órgão saliente do rosto do homem que contém as narinas, usado princ. no olfato e na respiração. **2**. Focinho dos animais. · Aum. (1): *narigão.*

nar.ra.ção *sf* **1**. Ato ou efeito de narrar; exposição oral ou escrita de um fato. **2**. Matéria narrada; aquilo que se narrou. **3**. Um dos três tipos de discurso (ao lado da *descrição* e da *dissertação*), em que se procura discorrer sobre fatos reais ou imaginários. → **narrador** (ô) *adj* e *sm* (que ou aquele que narra ou conta alguma coisa) e *sm* (locutor de notícias ou de documentários); **narrar** *v* [contar em detalhes (fato real ou imaginário), falando ou escrevendo]; **narrativa** *sf* (**1**. maneira ou modo de narrar: *não gostei da sua narrativa*; **2**.

narração feita com arte; habilidade para narrar: *esse locutor esportivo tem uma excelente narrativa*; **3**. gênero literário formado pelo romance, a novela e o conto; **4**. conjunto das obras literárias desse gênero num país, de um autor ou de um período de tempo determinado; novelística: *a narrativa brasileira contemporânea; a cultura da escuta na narrativa de Garrett*; **5**. em informática, comentário ou observação explicativa, para ajudar o usuário a operar um programa); **narrativo** *adj* (**1**. caracterizado pela narração: *poesia narrativa*; **2**. rel. a narração: *competência narrativa*; **3**. que representa histórias ou fatos reais: *pintura narrativa*).

NASA ou **Nasa** *sf* Acrônimo inglês de *N*ational *A*eronautics and *S*pace *A*dministration = Administração Nacional de Aeronáutica e Espaço, agência do governo americano responsável pela exploração não militar do espaço e pesquisas relacionadas, fundada em 1958 pelo presidente Eisenhower.

na.sal *adj* **1**. Relativo, pertencente ou destinado ao nariz: *cavidades nasais; septo nasal; descongestionante nasal*. **2**. Nasalado: *voz nasal*. **3**. Diz-se do fonema pronunciado com o palato mole abaixado, permitindo que o ar escape parte pela boca, parte pelo nariz (p. ex.: / m /). → **nasalação** ou **nasalização** *sf* (mudança fonética que consiste na passagem de um fonema oral a nasal); **nasalado** ou **nasalizado** *adj* [formado ou modificado pelo nariz; fanhoso, nasal (2)]; **nasalar(-se)** ou **nasalizar(-se)** *v* [tornar(-se) nasal].

nas.cer *v* **1**. Vir ao mundo, à luz: *o homem nasce e morre com choros*. **2**. Romper, apontar: *já nasceram os primeiros dentinhos no bebê*. **3**. *P.ext*. Ter origem ou princípio: *onde nasceu o PT?* **4**. *Fig*. Começar a surgir aparentemente do horizonte: *o dia vem nascendo*. // *sm* **5**. Nascimento. **6**. Aparecimento, surgimento. · Antôn. (1): *morrer*. · V. **natal, natalidade, natimorto, Natividade** e **nato**. → **nascença** *sf* (começo da vida independente para um ser vivo, depois da saída do útero; nascimento); **nascente** *adj* (**1**. que acabou de nascer; **2**. que está no começo; incipiente; **3**. diz-se do Sol quando está surgindo no horizonte) e *sm* (lado onde nasce o Sol; leste; oriente) e *sf* (ponto inicial de um curso de água; cabeceiras); **nascimento** *sm* (ato de nascer; vinda ao mundo); **nascituro** *adj* e *sm* (que ou indivíduo que está para nascer). ·· **De nascença**. De modo congênito; não adquirido; de nascimento: *Ser surdo de nascença*.

na.so.en.te.ral *adj* Diz-se da sonda que, introduzida pelo nariz, tem como principal objetivo a alimentação.

na.so.gás.tri.co *adj* Diz-se da sonda que, introduzida pelo nariz, tem como principal objetivo a lavagem do estômago, podendo ainda ser utilizada para alimentação: *ele teve que ser alimentado por uma sonda nasogástrica*.

na.so.la.bi.al *adj* Da região do nariz e dos lábios: *eliminou as dobras nasolabiais com ácido hialurônico*.

nas.sa *sf* Cesto de boca afunilada, próprio para a pesca, feito de vime.

na.ta *sf* **1**. Parte gordurosa do leite que vem à superfície em forma de película, quando o leite fica frio e em repouso e da qual se faz a manteiga; creme. **2**. *Fig*. Elite, fina flor: *a nata da cidade compareceu à festa*.

na.ta.ção *sf* Arte ou esporte de nadar. → **natatório** *adj* (**1**. rel. a natação; **2**. que serve para nadar ou para auxiliar a natação).

na.tal *adj* **1**. Relativo a nascimento; natalício. **2**. Diz-se do lugar onde se deu o nascimento: *terra natal*. // *sm* **3**. Dia do nascimento; natalício. **Natal** *sf* **4**. Festa cristã anual, observada no dia 25 de dezembro nas Igrejas ocidentais, para comemorar a data de nascimento de Jesus Cristo; Natividade (4). → **natalício** *adj* [natal (1)] e *sm* [natal (3)]; **natalino** *adj* (rel. a Natal: *festas natalinas*).

Natal *sf* Capital do estado do Rio Grande do Norte. → **natalense** ou **papa-jerimum** *adj* e *s2gên*.

na.ta.li.da.de *sf* Redução de *taxa de natalidade*, proporção entre o número de nascimentos e o tamanho da população.

na.ti.mor.to (ô; pl.: ó) *adj* e *sm* Que ou feto que nasceu morto.

na.ti.vi.da.de *sf* **1**. Horóscopo do momento do nascimento de alguém, para supostamente prever o futuro. **Natividade 2**. Nascimento dos santos, de Cristo ou da Virgem. **3**. Representação (uma pintura, p. ex.) do nascimento de Jesus. **4**. Natal.

na.ti.vo *adj* **1**. Que se origina, desenvolve ou é produzido em certo lugar ou região; indígena. **2**. Característico dos habitantes originais de um lugar; próprio do lugar de nascimento. // *adj* e *sm* **3**. Que ou aquele que é natural de uma terra ou lugar (em oposição a *estrangeiro, invasor, explorador, colono*, etc.); aborígine. **4**. Que ou aquele que é nascido sob certo signo do zodíaco. → **nativismo** *sm* (exagerado amor à pátria, com excessiva aversão ou mesmo ódio aos estrangeiros; nacionalismo exacerbado); **nativista** *adj* (rel. a nativismo) e *adj* e *s2gên* (praticante ou defensor do nativismo).

na.to *adj* **1**. Que acabou de nascer; nascido: *crianças natas no Brasil*. **2**. Que é de nascença; congênito, natural: *surdez nata*. **3**. *Fig.Pej*. Incorrigível, irrecuperável: *mentiroso nato*.

na.tu.ral *adj* **1**. Produzido pela natureza: *desastres naturais*. **2**. Relativo a natureza: *ambiente natural*. **3**. Conforme ao curso normal da natureza: *morte natural*. **4**. Que tem um caráter inato, particular, conferido pela natureza; inato: *a liberdade é um dom natural ao ser humano*. **5**. Semelhante à realidade da natureza; não alterado: *produtos naturais*. **6**. Lógico, claro, evidente: *é natural que eu não ia fazer uma pergunta dessas ao presidente!* **7**. Relativo a sangue: *os pais naturais da criança*. **8**. Nascido de pais não casados; ilegítimo, bastardo: *filho natural*. **9**. Originário, oriundo: *ele é natural de Santos*. **10**. Que estuda a natureza: *ciências naturais*. **11**. Automático, direto: *ser herdeiro natural do trono*. **12**. Próprio, intrínseco: *é tão natural dele essa atitude, que nem se apercebe de que está sendo grosseiro*. // *sm* **13**. Aquele que tem certa origem; oriundo: *os naturais de Santos*. **14**. Tendência normal: *o natural do homem é ser livre*. **15**. Temperamento normal; gênio: *estar bravo é o natural dele*. · Antôn. (1 a 4): artificial.

na.tu.ra.li.da.de *sf* **1**. Modo de apresentar-se naturalmente, sem artifícios: *essa naturalidade com que ele ensina facilita o aprendizado*. **2**. Simplicidade, singeleza, espontaneidade: *encarei com a maior naturalidade a reação dela*. **3**. Lugar de origem ou de nascimento (município, Estado, país, etc.): *homem de naturalidade alemã*. · Antôn. (1): *artificialidade, afetação*.

na.tu.ra.lis.mo *sm* **1**. Realismo na arte e literatura, com representação das coisas como elas são na natureza, sem exclusão dos seus aspectos considerados feios ou repugnantes; representação exata da natureza, da realidade: *o maranhense Aluísio de Azevedo é um grande representante brasileiro do naturalismo*. **2**. Crença filosófica de que tudo surge de propriedades e causas naturais, com exclusão de qualquer intervenção divina ou sobrenatural. **3**. Estado do que é natural. → **naturalista** *adj* (**1**. rel. a naturalismo; **2**. rel. ao que é natural, ao que a própria natureza produz: *culinária naturalista*) e *adj* e *s2gên* [**1**. praticante do naturalismo; **2**. especialista em ciências naturais, princ. botânica e zoologia].

na.tu.ra.li.zar *v* **1**. Garantir direitos de cidadão a (alguém nascido no estrangeiro): *naturalizaram o alemão, meu vizinho*. **naturalizar-se 2**. Adquirir (um estrangeiro) direitos de cidadão do país em que reside: *ele se naturalizou brasileiro*. → **naturalização** *sf* [ato ou efeito de naturalizar(-se)].

na.tu.re.ba *adj* e *s2gên* Que ou pessoa que só se alimenta de produtos naturais, essencialmente frutas, vegetais, grãos e cereais integrais: *os naturebas passam longe das churrascarias*.

na.tu.re.za (ê) *sf* **1**. Conjunto de todos os fenômenos do mundo físico (plantas, animais, rochas, etc.) e todas as características, forças e processos que acontecem ou existem, independentemente das pessoas, como o clima, o mar, as montanhas, a paisagem e produtos da terra: *ter amor pela natureza*. **2**. Força física considerada causadora e reguladora dos fenômenos do mundo: *é impossível mudar as leis da natureza*. **3**. Força responsável para a física da vida: *a natureza deu a essas criaturas minúsculas a capacidade de se reproduzirem rapidamente, quando o alimento é abundante*. **4**. Qualidade inerente a algo, vista como característica própria: *o automobilismo é, por natureza, um esporte perigoso*. **5**. Caráter de uma pessoa ou animal: *não é da natureza dela ouvir conselhos*. **6**. *Fig*. Tipo, espécie, categoria: *usou palavrão de toda natureza para se desabafar*.

na.tu.re.za-mor.ta *sf* **1**. Representação artística de animais mortos ou de coisas ou seres inanimados, de uso doméstico (frutas, flores, etc.). **2**. Tela de tal representação. · Pl.: *naturezas-mortas*.

na.tu.ris.mo *sm* Prática dos que defendem um tipo de vida mais próximo da natureza, ao ar livre e sem nenhum tipo de roupa; nudismo. → **naturista** *adj* (rel. a naturismo; nudista) e *adj* e *s2gên* (que ou pessoa que é adepta do naturismo; nudista).

nau *sf* **1**. Navio português de transporte, usado desde inícios do séc. XIV e de grande importância nos descobrimentos. **2**. Qualquer navio.

nau.fra.gar *v* **1**. Causar naufrágio a; afundar: *um iceberg naufragou o Titanic*. **2**. Ir a pique; afundar, soçobrar (embarcação): *muitos navios já naufragaram no triângulo das Bermudas*. **3**. Sofrer naufrágio (navegantes): *toda a tripulação naufragou*. **4**. *Fig*. Fracassar, malograr-se, gorar: *nossos planos* *naufragaram*. → **naufrágio** *sm* (**1**. ato ou efeito de naufragar; **2**. destruição ou perda de uma embarcação em rio ou em alto mar, por acidente, tempestade ou ataque inimigo, com abandono da tripulação); **náufrago** *adj* e *sm* (que ou aquele que naufragou ou que sofreu naufrágio).

nau.pa.ti.a *sf* Enjoo causado pelo balanço da embarcação no mar; náusea (2).

Nauru *sf* Minúsculo país insular da Oceania, o terceiro menor país do mundo (Vaticano-Mônaco-Nauru). → **nauruano** *adj* e *sm*.

náu.sea *sf* **1**. Mal-estar gástrico, seguido geralmente de vômito. **2**. Naupatia. **3**. *Fig.* Forte aversão; nojo, asco, aversão, repugnância, repulsa: *de amor a ela passei a ter náusea*. → **nauseabundo** ou **nauseante** *adj* (que causa grande náusea; nojento); **nausear** *v* (causar náuseas ou aversão a: *o balanço do navio nauseou-o; essa mulher me nauseia*); **nausear(-se)** [sentir náuseas: *ela (se) nauseou várias vezes durante a viagem*), que se conjuga por *frear*.

náu.ti.ca *sf* Arte e ciência da navegação num corpo aquoso. → **nauta** *s2gên* (pessoa que vive no mar; navegador, navegante); **náutico** *adj* (**1**. rel. a navegação; **2**. diz-se dos esportes praticados na água).

nau.ti.mo.de.lis.mo ou **na.vi.o.mo.de.lis.mo** *sm* **1**. Arte ou técnica de projetar e construir miniaturas de navios. **2**. Atividade de lazer que consiste em conduzir nautimodelos. · V. **modelódromo**. → **nautimodelista** ou **naviomodelista** *adj* (rel. a nautimodelismo ou naviomodelismo) e *adj* e *s2gên* (que ou pessoa que se dedica ao nautimodelismo); **nautimodelo** (ê) ou **naviomodelo** (ê) *sm* (miniatura de navio).

na.val *adj* **1**. Relativo a marinha de guerra, seus navios, pessoal, etc. **2**. Relativo a projeto e construção de navios.

na.va.lha *sf* **1**. Instrumento composto de uma lâmina, geralmente afiadíssima, que se introduz no seu próprio cabo. // *sm* **2**. *Gír.* Motorista que dirige muito mal; roda dura; barbeiro(a). → **navalhada** *sf* (golpe de navalha); **navalhar** *v* (golpear com navalha).

na.ve *sf* **1**. Parte interior de uma igreja, desde a entrada até o altar-mor; corpo da igreja. **2**. *P.ext*. Qualquer construção suscetível de flutuar na água, no ar ou no espaço. ·· **Nave espacial**. Espaçonave. ·· **Nave mãe**. Veículo gigantesco que carrega, lidera e serve outros menores, sejam navios, seja aeronaves, sejam naves espaciais. (Em Portugal, grafa-se com hífen: *nave-mãe*, composto, porém, que não tem registro na 6.ª ed. do VOLP.)

na.ve.gar *v* **1**. Planejar, registrar e controlar o curso e a posição de (uma nave ou embarcação): *sempre quis navegar um barco destes*. **2**. Deslocar-se por; percorrer ou atravessar (água, ar ou espaço cósmico): *o pesqueiro navegou a Antártica; seu jatinho navegou todo o Brasil; o comandante da aeronave nos pediu que apertássemos o cinto, porque iríamos navegar uma zona de turbulência*. **3**. Viajar em uma embarcação, percorrendo ou deslocando-se por: *navegamos o mar Mediterrâneo*. **4**. Ir uma embarcação pela água: *não podemos navegar agora, por causa dos fortes ventos*. **5**. Passar de uma informação a outra num hipertexto ou hipermídia, de um *site* a outro na Internet, etc.; procurar informação na Internet. → **navegabilidade** *sf* (qualidade ou condição de navegável); **navegação** *sf* (**1**. ato de navegar uma embarcação, **2**. viagem ou transporte sobre ou dentro das águas do mar, sobre a superfície dos rios e dos lagos, ou na atmosfera; **3**. arte ou ciência de dirigir um barco; náutica: *estudou navegação no exterior*; **4**. arte ou ciência de dirigir uma aeronave; aeronáutica; **5**. movimentação no espaço marítimo ou aéreo, em percursos estabelecidos, com objetivos comerciais; **6**. ato ou efeito de navegar ou percorrer a Internet através de um navegador adequado (*browser*), buscando informações ou comunicação com pessoas a distância, por meio do computador); **navegador** (ô) *adj* e *sm* (que ou aquele que se dedica à navegação; navegante) e *sm* (programa de computador que habilita seus usuários a interagir com documentos virtuais da Internet, também conhecidos como páginas HTML, hospedadas num servidor; *browser*). Os principais *navegadores* são: Google Chrome, Opera, Puffin, Maxthon, Internet Explorer, Mozilla Firefox e Safari.); **navegante** *adj* e *s2gên* [navegador (1) ou navegadora]; **navegável** *adj* (que pode ser navegado ou dirigido: *rio navegável; balão navegável*).

na.vi.o *sm* Embarcação de grande porte, dotada dos meios adequados a uma navegação segura. · Aum.: *naviarra*. → **navio-escola** *sm* (navio da marinha de guerra destinado a navegação em alto-mar), de pl. *navios-escola*; **navio-tanque** *sm* (navio próprio para o transporte de líquidos), de pl. *navios--tanque* ou *navios-tanques*. (Aqui reside mais uma incoerência do VOLP, que registra dois plurais para *navio-tanque*, mas apenas um para *navio-escola*.)

navy [ingl.] *sm* Típico uniforme marinho e branco dos marinheiros, que serve de inspiração para roupas de crianças e adultos. · Pl.: *navies*. · Pronuncia-se *nêivi*.

Nazaré *sf* Cidade histórica no norte de Israel, na baixa Galileia, onde Jesus viveu a juventude, antes de começar o seu ministério. → **nazareno** *adj* e *sm*

ná.zi *s2gên* Abreviação de *nazista*. → **nazifascista** *adj* e *s2gên* (simpatizante do nazismo e do fascismo); **nazismo** *sm* (ideologia e prática dos nazistas, princ. a política de nacionalismo racista, expansão nacionalista e controle estatal da economia, que vigorou na Alemanha de 1933 a 1945, sob a liderança de Adolf Hitler (1889-1945?); nacional-socialismo); **nazista** *adj* (rel. a nazismo: *propaganda nazista*) e *adj* e *s2gên* (simpatizante do nazismo).

N.B. Abreviatura da locução latina *nota bene* (= note bem), usada para chamar a atenção do leitor para uma particularidade importante, geralmente no final de um escrito.

ne.bli.na ou **ne.bri.na** *sf* Névoa densa, rasteira, carregada de umidade; nevoeiro, cerração. (Embora se tome *nevoeiro* por *neblina*, nesta não se consegue ver além de um quilômetro, o que não se dá com aquele, termo que, aliás, os meteorologistas preferem a *neblina*).

ne.bu.li.za.ção *sf* Aplicação de aerossol; vaporização, pulverização. **nebulizar** *v* (vaporizar, pulverizar).

ne.bu.lo.sa *sf* Corpo celeste formado por uma nuvem de gás e poeira interestelar, visível como sinal luminoso ou área escura.

ne.bu.lo.so (ô; pl.: ó) *adj* **1**. Cheio de nuvens: *céu nebuloso*. **2**. *Fig*. Obscuro, confuso: *teoria nebulosa*. → **nebulosidade** *sf* (qualidade ou estado de nebuloso).

ne.ce.da.de *sf* Ato ou dito que revela extrema ignorância ou estupidez; atitude de néscio; disparate. · V. **néscio**. · Antôn.: *sabedoria*.

nécessaire [fr.] *sm* Estojo destinado a guardar utensílios necessários à toalete. · Pronuncia-se *necesséR*.

ne.ces.sá.rio *adj* **1**. Absolutamente essencial; indispensável: *a água é necessária à vida*. **2**. Que resulta de uma necessidade; inevitável, forçoso: *é necessário que acabemos com a impunidade*. **3**. Útil, proveitoso: *certas experiências amargas são muito necessárias aos jovens*. **4**. Exigido, requerido: *trouxe o dinheiro estritamente necessário para a passagem*. // *sm* **5**. Aquilo que é indispensável: *ganha só o necessário para sobreviver*. · Antôn. (1 a 3): *supérfluo, dispensável*.

ne.ces.si.da.de *sf* **1**. Qualidade de necessário. **2**. Alguma coisa absolutamente indispensável: *as necessidades mínimas do ser humano são alimentação, roupa, habitação e segurança*. **3**. Alguma coisa criada pelas leis físicas invariáveis; fatalidade: *a vida humana seria uma necessidade?* **4**. Falta do necessário, requerendo auxílio: *vive em necessidade*. // *sfpl* **5**. Privações, carências: *desempregado há vários meses, ele está passando necessidades*. ·· **Fazer (as) suas necessidades**. Defecar. ·· **Fazer uma necessidade**. Urinar ou defecar.

ne.ces.si.tar *v* **1**. Precisar; sentir necessidade de: *todos necessitamos (de) casa; o Brasil necessita (de) investimentos*. **2**. Exigir, requerer: *toda terra, ainda que fértil, necessita adubos; crianças necessitam cuidados; rodovia movimentada necessita atenção dobrada*. → **necessitado** *adj* e *sm* (**1**. que ou aquele que vive em carência ou pobreza; pobre; **2**. que ou aquele que precisa de alguma coisa: *estar necessitado de um carro; atendo a todos os necessitados*).

ne.cro.lo.gi.a *sf* **1**. Livro em que se registram mortos recentes; necrológio. **2**. Seção de jornal, revista, etc. especializada na publicação de óbitos, geralmente com um breve relato biográfico; obituário. **3**. Nota elogiosa sobre pessoa morta recentemente, publicada em um periódico; necrológio. → **necrológico** *adj* (rel. a necrologia); **necrológio** *sm* [necrologia (1 e 3)]; **necrologista** *adj* e *s2gên* (que ou pessoa que faz necrologia) ou **necrólogo** *sm* (necrologista).

ne.␣cró.po.le *sf* Cemitério grande e bem cuidado, princ. o de antigas cidades.

ne.cro.po.lí.ti.ca (nè) *sf* Atributo de soberania do Estado que consiste em escolher, no conjunto da população, os que podem viver e os que devem morrer: *a necropolítica se manifesta no Brasil princ. nas favelas cariocas, onde, sob o pretexto de combater o tráfico de drogas, o Estado promove ações* *policiais que culminam na morte de negros e pobres.* → **necropolítico** (nè) *adj* (rel. a necropolítica).

ne.crop.si.a *sf* Exame cadavérico para determinar as causas da morte ou detectar quaisquer condições patológicas; autópsia. → **necrópsico** ou **necroscópico** *adj* (rel. a necropsia); **necropsiar** *v* (realizar necropsia em); **necropsista** *adj* e *s2gên* (que ou pessoa que faz necropsia).

ne.cro.se *sf* Morte patológica de uma célula, tecido ou órgão que ainda faz parte de um organismo vivo. → **necrosar** *v* (1. produzir necrose em: *o câncer necrosou os tecidos*; 2. sofrer necrose: *os tecidos necrosaram rapidamente*); **necrótico** *adj* (rel. a necrose).

ne.cro.té.rio *sm* Lugar em hospital ou em instituto médico-legal no qual ficam expostos os cadáveres para identificação ou necropsia.

néc.tar *sm* 1. Na mitologia greco-romana, bebida dos deuses do Olimpo, a qual os imortalizava. 2. *P.ext.* Qualquer bebida deliciosa e revigorante. 3. Líquido açucarado segregado pelas flores de várias plantas e colhido pelas abelhas, para fazer o mel. → **nectáreo** *adj* (rel. ou sem. a néctar); **nectário** *sm* (parte vegetal que segrega néctar).

nec.ta.ri.na *sf* 1. Arvoreta que dá um fruto comestível, carnoso, semelhante ao pêssego, porém, de casca lisa e brilhante, sem pelos e de caroço livre. 2. Esse fruto.

néc.ton ou **nec.to** *sm* Agregado de organismos aquáticos microscópicos que flutuam ativamente na superfície da água, independentemente das correntes (em oposição a *plâncton*, que flutua passivamente). → **nectônico** (nèc) *adj* (rel. a nécton).

ne.er.lan.dês *adj* e *sm* Holandês.

ne.fan.do *adj* 1. Abominável, execrável, odioso: *a nefanda corrupção mata inocentes; a nefanda impunidade aumenta a violência*. 2. Violento, perverso, infame: *crime nefando*. 3. Diz-se daquilo que é indigno até mesmo de ser mencionado, por ser sacrílego, torpe, contra a religião: *seu nefando amor ao demônio.*

ne.fas.to *adj* 1. Que traz azar ou atrai desgraça; de mau agouro; agourento: *seria mesmo nefasto o número 13?* 2. Que evoca a morte; funesto, lutuoso: *símbolo nefasto*. 3. Que causa dano ou prejuízo; danoso: *o fumo é nefasto para os pulmões*. 4. Diz-se de qualquer atividade moralmente ruim: *as atividades nefastas do crime organizado.*

ne.fe.li.ba.ta ou **ne.fe.li.ba.ta** *adj* e *s2gên* 1. Que ou pessoa que vive com a cabeça nas nuvens, muito afastada da realidade, muito distraída. 2. *Fig.Pej.* Que ou escritor excêntrico que preserva excessivamente a forma, não levando em conta as técnicas literárias mais comuns. 3. *Fig.* Que ou pessoa que é extremamente idealista, altamente sonhadora ou utópica. → **nefelibatice** *sf* (ato, dito ou opinião de nefelibata).

ne.fri.te *sf* Inflamação dos rins. → **nefrítico** *adj* (1. rel. a nefrite ou aos rins; 2. eficaz contra doença renal) e *adj* e *sm* (que ou aquele que sofre de nefrite); **nefrologia** *sf* (ramo da medicina que estuda a estrutura e a função dos rins e se ocupa do tratamento das doenças renais); **nefrológico** *adj* (rel. a nefrologia); **nefrologista** *adj* e *s2gên* ou **nefrólogo** *sm* (especialista em nefrologia).

ne.ga.ça *sf* 1. O que desperta muito o interesse de uma pessoa ou de um animal; chamariz, isca, atrativo: *é permitida a utilização de negaça na caça aos patos*. 2. Negação afetada, cerimoniosa, fingida; recusa charmosa: *as mulheres são mestras em negaças*. 3. Movimento sinuoso do corpo; ginga: *tirou o zagueiro da jogada com uma negaça e fez o gol.* 4. Na capoeira, bamboleio do corpo de um lado para o outro, com ameaça de movimento, usado para confundir o oponente. → **negacear** *v* [1. fazer negaças a; ameaçar, provocar, procurar seduzir; 2. enganar, iludir, tungar: *esse comerciante negaceia os fregueses*; 3. observar ocultamente e de forma suspeita; espreitar; 4. atacar sorrateiramente; 5. na capoeira, bambolear e esquivar (o corpo), para confundir o oponente; 6. não divulgar ou não propagar; esconder, ocultar: *a mídia vem negaceando informações sobre o escândalo*; 7. recusar, não aceitar; repelir: *o tucunaré negaceou várias vezes antes de abocanhar a isca*; 8. não conceder; negar: *o governador lhe negaceou apoio para as eleições*; 9. desistir, reconsiderar: *o governo se comprometeu a liberar R$9 bilhões, em seguida negaceou em seu propósito e se dispôs a autorizar apenas R$6 bilhões*], se que se conjuga por *frear*; **negaceio** *sm* (1. ato ou efeito de negacear; 2. momento de apetência da cobra perante a presa, caracterizado por uma aproximação calculada e definitória).

ne.gar *v* 1. Contestar; não admitir: *ninguém nega esse mérito dela*. 2. Não reconhecer como verdadeiro; desmentir: *negou que estivesse grávida*. 3. Esconder, ocultar: *ela sempre negou a idade*. 4. Não conceder; recusar: *negar uma esmola*. **negar-se** 5. Recusar-se: *ele se nega a cumprir seus deveres*. → **negação** *sf* (1. ação de negar: *a negação do direito ao aborto*; 2. rejeição, abandono: *a adesão às drogas é uma negação à vida*; 3. falta de vocação ou de aptidão; inaptidão: *a sua negação para a matemática era evidente*; 4. ausência de algo considerado real, positivo ou afirmativo: *a escuridão é a negação da luz*; 5. recusa, negativa: *a negação do cumprimento de um mandado judicial*; **negacionismo** *sm* (1. atitude de quem afirma que um fato ou um conceito não é verdadeiro ou não existe; 2. rejeição da validade de conceitos aceitos e confirmados por consenso científico ou comprovados na prática), que não se confunde com *negativismo*; **negacionista** *adj* (rel. a negacionismo: *visão negacionista*) e *adj* e *s2gên* (que ou pessoa que se identifica com o negacionismo); **negativa** *sf* [1. palavra, frase ou gesto com que se nega; 2. negação, recusa; 3. recusa, repulsa; 4. qualquer palavra que exprime negação (p. ex.: *não, nem, nada, ninguém, nenhum*)], de antôn. *afirmativa*; **negativação** *sf* (presença de nome sujo nas instituições financeiras); **negativado** *adj* (sujo, por inadimplência): *ter o nome negativado na Serasa*); **negativar(-se)** *v* (tornar(-se) negativo ou sujo nome nas instituições financeiras]; **negatividade** *sf* (1. qualidade do que é negativo, não construtivo; 2. estado de um corpo eletrizado negativamente), de antôn. *positividade*; **negativismo** *sm* (comportamento, geralmente infantil, que consiste em sempre negar), que não se confunde com *negacionismo*; **negativista** *adj* (rel. a negativismo) e *adj* e *s2gên* (que ou pessoa que se mostra negativismo); **negativo** *adj* [1. que expressa ou contém uma negação, recusa ou desmentido (em oposição a *afirmativo*); 2. que indica oposição ou resistência; desfavorável; 3. que não tem características positivas; 4. hostil, agressivo; 5. nulo; sem efeito; 6. contraproducente; 7. que não indica a presença de microrganismos, doença ou qualquer condição patológica; 8. em matemática, rel. a quantidade menor que zero ou a ser subtraída, expressa por um algarismo antecedido do sinal - .) e *sm* (chapa ou película fotográfica cuja imagem representa, em preto e branco, o inverso da luminosidade do objeto ou, colorido, as cores complementares às do objeto), de antôn. *positivo*.

ne.gli.gên.cia *sf* 1. Falta de cuidado ou de atenção no cumprimento de tarefas ou obrigações; descuido, desatenção, descaso, incúria: *alguns desses acidentes acontecem por negligência*. 2. Falta de interesse ou de iniciativa; desinteresse, apatia, indolência: *sua negligência pode custar o seu emprego*. 3. Desleixo, desmazelo: *vestir-se com negligência*. · Antôn (1): *aplicação, cuidado*; (2): *disposição, esperteza*; (3): *apuro*. → **negligenciar** *v* (tratar com negligência; desleixar: *negligenciar a saúde*); **negligente** *adj* e *s2gên* (1. que ou pessoa que é descuidada, desatenta; 2. que ou pessoa que é deslexada, relaxada; 3. que ou pessoa que se caracteriza pelo desinteresse, apatia, indolência: *uma lanchonete de serviço negligente; os negligentes sempre perdem o lugar para os espertos*).

ne.go (ê) *sm Pop.* 1. Homem, amigo, cara: *quer dinheiro, nego? Trabalhe!* 2. *Pej.* Pessoa indeterminada; sujeito, cara: *tem nego que é folgado demais; nego pensa que pode viver é fácil.* (Usa-se comumente no diminutivo, nesta acepção: *neguinho.*) (Quando aplicada a criança ou a pessoa por quem se tem afeição e ainda usada em vocativo, denota carinho, equivalendo mais ou menos a *meu amigo* ou a *meu bem*: *Como é seu nome, nego? Como vai, nego, tudo bem? Obedeça à mamãe, nego, vá estudar!*)

ne.gó.cio *sm* 1. Transação comercial; comércio. 2. Relações ou interesses comerciais. 3. Questão, fato, assunto. 4. Questão pendente, pendência. 5. Qualquer coisa cujo nome não se sabe ou de que não se lembra; trem, troço, treco. → **negociação** *sf* (1. ação de negociar, de discutir os interesses comuns entre duas partes, tendo em vista um acordo; 2. negócio; compra e venda; 3. conjunto de discussões entre representantes de pessoas, de sócios ou de agentes qualificados de Estados, visando a concluir acordos, tratados, pactos, etc.); **negociante** *s2gên* (comerciante); **negociar** *v* (1. ajustar, acordar: *negociar um empréstimo*; 2. celebrar, conduzir, pactuar: *negociar a paz*; 3. comerciar: *negociar carros usados*; 4. manter relações para concluir acordos, tratados ou convênios: *o Brasil está negociando com seus credores*); **negociata** *sf* (negócio suspeito, em que geralmente há trapaça, cambalacho ou mutreta); **negocista** *adj* e *s2gên* (que ou pessoa que faz negociatas).

ne.gro (ê) *adj* e *sm* 1. Que ou aquele que pertence ao grupo genético caracterizado por ter pele com pigmentação escura;

preto. // *adj* **2**. De cor bem escura, como o carvão; preto: *pantera negra*. **3**. Relativo à etnia negra: *dia da Consciência Negra*. **4**. Típico da etnia negra: *arte negra*. **5**. *Fig.* Muito ruim; sinistro, desagradável: *quem não estuda pode ter um futuro negro*. **6**. *Fig.* Muito bronzeado pelo sol; muito moreno: *ficou uma semana na praia e voltou negra!* // *sm* **7**. Roupa preta; preto: *ela só veste negro por baixo*. **8**. Luto, preto: *veste negro, porque morreu o marido*. · Superl. abs. sintético erudito: *nigérrimo*. · Antôn.: *branco*. → **negra** (ê) *sf* (**1**. mulher negra; **2**. *pop.* partida que, num jogo, desempata as anteriores); **negreiro** *adj* (**1**. de negros: *um bairro negreiro; um clube exclusivamente negreiro*; **2**. dizia-se do navio que fazia tráfico de escravos) e *sm* (traficante de negros escravos); **negrito** *sm* (letra de traçado mais forte ou mais grosso que as de tipo comum ou normal, usada na cor preta, para destacar palavra, expressão, frase ou mesmo parte de uma palavra, na composição de um texto); **negritude** *sf* (**1**. qualidade, estado ou condição de raça negra; **2**. ideologia da raça negra nas Américas, caracterizada pela conscientização da própria subjetividade negra, seus valores, conquistas, cultura e importância); **negrume** *sm* ou **negridão** *sf* (ausência total de luz; escuridão).

negroni [it.] *sm* Coquetel clássico, composto de gim, vermute vermelho e campari, enfeitado com casca de laranja, usado princ. como aperitivo. • Pronuncia-se *negrôni*.

ne.le (ê) *contr.* da preposição *em* com o pronome pessoal *ele*.

ne.lo.re *sm* **1**. Raça de gado zebu originária da região de Nelore (Índia), muito apreciada pela sua produção de carne. // *adj* **2**. Diz-se dessa raça.

nem *conj* **1**. E não; e também não: *ele não estuda nem trabalha*. (Como já traz *e*, não se aconselha usar, neste caso, precedida da conjunção *e*.) **2**. E sem: *estou sem lenço nem documento*. // *adv* **3**. Sequer, pelo menos: *ela nem me olhou; não ter nem um minuto de sossego*. **4**. Não (imprimindo caráter enfático): *você nem imagina quanto a amo!* **5**. Não (imprimindo um ar de indiferença): *nem quero mais ouvir o nome dela!* **6**. Usa-se para atenuar uma negação: *talvez o pai dela nem saiba*.

ne.nê ou **ne.ném** *sm* Criança recém-nascida ou de poucos meses: *seu nenê se chama Luísa?* [A exemplo de *bebê*, o VOLP mudou recentemente a classificação morfológica de **nenê** (antes era *sm*, agora passou a ser *s2gên*, o que lhe permite (não a mim) usar **o** *nenê* para o menino e **a** *nenê* para a mulher. Mas **neném** é forma variante de **nenê**. E o VOLP como a classifica? Apenas como *sm*. Então, segundo esse registro infeliz, podemos usar **o/a** *nenê*, mas apenas **o** *neném* (tanto para o menino quanto para a menina. Durma-se com esse nosso VOLP, que ainda traz a agravante de ter força de lei!]

ne.nhum *pron* **1**. Indica a inexistência de alguém ou algo, falta ou ausência total de pessoa ou coisa: *nenhum aluno passou; filme de nenhum interesse; nenhum sinal de vida na cidade; quer saber do meu interesse nela? Nenhum*. **2**. Um único: *não consegui dormir nenhum segundo*. **3**. Nem sequer um (dentre muitos): *não conheço nenhuma dessas pessoas*. **4**. Qualquer (em relação a outro ou outrem): *nenhum de vocês quer trabalhar?; bebia mais do que nenhuma outra pessoa; chegamos aqui antes de nenhum outro*. · Pl.: *nenhuns* [que só se usa antes do substantivo, nunca depois, a exemplo do fem. *nenhumas* (p. ex.: *não tenho nenhuns afazeres; não recebi nenhuns parabéns; não há nenhumas condições de sobrevivência naquela região; ela não sente nenhumas cócegas*)]. ·· **A** (ou **Sem**) **nenhum**. Sem quantia alguma; sem um centavo: *Ela me deixou a nenhum*. ·· **De jeito** (ou **modo**) **nenhum**. Em hipótese alguma; por nada; nunca jamais (enfaticamente): *De jeito nenhum você casará com minha filha*. ·· **De maneira** (ou **forma**) **nenhuma**. Em hipótese alguma; por nada; nunca jamais (enfaticamente): *De maneira nenhuma quero-o como meu sogro*.

ne.nhu.res *adv* Em nenhum lugar: *não encontrei gasolina nenhures*. · Antôn.: *algures*.

ne.nú.far *sm* Lótus.

ne.o- *pref* grego que significa *novo* e exige hífen antes de *h* ou de *o*.

ne.ó.fi.to *sm* **1**. Aquele que está prestes a receber o batismo ou que acabou de recebê-lo. **2**. Novato, principiante.

ne.o.la.ti.no ou **no.vi.la.ti.no** *adj* Relativo ou pertencente às línguas modernas derivadas do latim.

ne.o.li.be.ra.lis.mo *sm* Sistema político, econômico e social que visa basicamente a estabelecer um Estado "enxuto", voltado para as suas obrigações primitivas ou mais elementares, quais sejam educação, saúde, habitação e saneamento básico, deixando todos os meios de produção nas mãos da iniciativa privada. → **neoliberal** *adj* (rel. ao neoliberalismo) e *adj* e *s2gên* [que ou pessoa que é partidária do neoliberalismo].

ne.o.lo.gis.mo *sm* **1**. Palavra ou expressão nova na língua. **2**. Emprego ou uso de palavras com novo sentido. · Antôn.: *arcaísmo*. → **neologia** *sf* (criação ou uso de palavras novas ou com novo significado); **neológico** *adj* (rel. a neologia); **neologismar** ou **neologizar** *v* (**1**. criar neologismos; **2**. empregar neologismos); **neologista** *adj* e *s2gên* ou **neólogo** *adj* e *sm* (que ou pessoa que aprecia o emprego de neologismos).

né.on, ne.on ou **ne.ô.nio** *sm* **1**. Gás raro, usado em iluminação e tubos de televisão. · Símb.: **Ne**. **2**. Anúncio luminoso em que se emprega esse gás.

ne.o.na.tal *adj* Relativo a recém-nascido.

ne.o.na.zis.mo *sm* Movimento de extrema-direita surgido na Europa (princ. Alemanha e França), na década de 1980, de inspiração no nacional-socialismo. → **neonazista** *adj* (rel. a neonazismo) e *adj* e *s2gên* (simpatizante do nazismo).

ne.o.pen.te.cos.ta.lis.mo (nè; còs) *sm* Tipo de pentecostalismo no qual o reino, que antes era só de Cristo, agora é também de cada pastor, que emite sua opinião a bel-prazer. → **neopentecostalista** (nè; còs) *adj* (rel. a neopentecostalismo) e *adj* e *s2gên* (praticante do neopentecostalismo).

Nepal *sm* Reino do sul da Ásia, de área equivalente à do estado do Ceará. **nepalês** *adj* e *sm*.

ne.po.tis.mo *sm* Favoritismo ou apadrinhamento, em geral voltado para parentes ou amigos íntimos. → **nepotista** *adj* (rel. a nepotismo) e *adj* e *s2gên* (que ou pessoa que usa de nepotismo).

nerd [ingl.] *s2gên* Pessoa viciada em computadores e *videogames*. · Pl.: *nerds*. Pronuncia-se *nârd*. → **nerdy** *adj* (rel. a *nerd*).

ner.va.ção *sf* V. **nervura**.

ner.vo (ê) *sm* **1**. Fibra ou feixe de fibras nervosas que liga o cérebro e a coluna vertebral a várias partes do corpo: *o nervo óptico*. **2**. Tecido fibroso e esbranquiçado na extremidade dos músculos: *essa carne tem muito nervo*. **3**. Tecido sensível da polpa dentária. // *sfpl* **4**. *Fig.* Capacidade de ficar calmo em uma situação difícil ou desagradável; controle emocional: *esse carro resolveu testar meus nervos hoje: morre a toda hora*. **5**. *Fig.* Crise de nervos; ataque: *isso me dá nervos só de pensar*. **6**. *Fig.* Preocupação, ansiedade: *ele sofre de nervos quando fala em público; ela estava uma pilha de nervos*. → **nervino** *adj* (rel. a nervos ou que atua sobre os nervos); **nervosismo** *sm* [**1**. irritabilidade; **2**. perturbação do sistema nervoso; nervoso (7)]; **nervoso** (ô; pl.: ó) *adj* (**1**. rel. ou pert. a nervos ou a sistema nervoso; **2**. dotado de nervos; **3**. que afeta os nervos ou o sistema nervoso; **4**. *fig.* tenso, apreensivo), *adj* e *sm* (**1**. que ou aquele que é afetado dos nervos; exaltado, excitado; **2**. que ou aquele que sofre dos nervos) e *sm* [nervosismo (2)].

ner.vu.ra *sf* **1**. Fibra saliente da superfície das folhas de algumas plantas e das pétalas de certas flores. **2**. Saliências ou filetes transversais na lombada dos livros encadernados ou em obras arquitetônicas. → **nervação** *sf* (**1**. conjunto e disposição das nervuras de uma folha; **2**. conjunto das nervuras da asa de um inseto; **3**. disposição das veias semelhante à ramificação das nervuras das plantas); **nervado** *adj* (diz-se das folhas que têm nervuras).

nés.cio *adj* e *sm* **1**. Que ou aquele que nada sabe, ou que não é muito inteligente; ignorante, boçal: *quem nunca teve um vizinho néscio?; os néscios são seres infelizes por natureza, justamente porque são boçais*. // *adj* **2**. Diz-se de qualquer ato ou atitude insensata, estúpida ou fora de propósito; boçal: *pergunta néscia tem resposta também néscia*. · Antôn.: *sábio*. · V. **necedade**.

nes.ga *sf* **1**. Pedaço de pano estreito que se acrescenta, cosendo, entre dois outros, para alargar ou dar mais folga a uma saia. **2**. Terreno pequeno ladeado por outros de tamanho maior. **3**. Pequena porção de qualquer espaço: *apenas uma nesga do céu começava a clarear*. **4**. Coisa muito pequena; pedaço: *o moleque pediu uma nesga do meu sanduíche*. **5**. Fenda, brecha: *eu a via por uma nesga da porta*.

nês.pe.ra *sf* Fruto da nespereira, ameixa de cor amarela que dá em cachos. → **nespereira** *sf* (planta que dá a nêspera).

nes.se (ê) *contr.* da preposição *em* com o pronome demonstrativo *esse*.

nes.te (ê) *contr.* da preposição *em* com o pronome demonstrativo *este*.

netbook [ingl.] *sm* Computador portátil de peso reduzido, dimensão pequena ou média e baixo custo. · Pl.: *netbooks*. · Pronuncia-se *nètbuk*.

ne.ti.que.ta (ê) *sf* Etiqueta na Internet, ou seja, conjunto de normas que disciplinam o comportamento dos usuários da Internet, ensinando, entre outras coisas, como se comportar em grupos de discussão e como escrever mensagens de forma a preservar a eficiência da rede e ampliar o potencial de comunicação. (Faz parte da *netiqueta* evitar enviar mensagens em caixa-alta, já que essa prática significa gritar na conversa, e não se comunicar civilizadamente.) · É neologismo resultante do inglês *netiquette*, formado das palavras *net* + *etiquette*.

netizen [ingl.] *s2gên* Pessoa que participa ativamente de grupos de discussão ou de conferências *online*. · Pl.: *netizens*. · Pronuncia-se *nédizen*.

ne.to *sm* Filho do filho ou da filha de alguém (avô ou avó).

netroot [ingl.] *sm* Comunidade de pessoas politicamente ativas através da Internet. · Pl.: *netroots*. · Pronuncia-se *nét-rut* (esse *r* soa brando, como de *caro*).

ne.tú.nio *sm* Elemento químico metálico radiativo (símb.: **Np**), de n.º atômico 93, quimicamente afim do urânio, obtido em reatores nucleares como um subproduto do plutônio.

network [ingl.] *sf* **1**. Cadeia de emissoras que recebem e transmitem imagens e programação de uma central produtora; rede de televisão; sistema em rede. **2**. Sistema de computadores utilizado por linhas telefônicas ou outros meios, a fim de permitir troca de informações; rede de comunicação. · Usa-se também apenas *net*. · Pronuncia-se *nét-uârk*. → **networking** *sf* (troca informal de informações e serviços entre indivíduos ou grupos ligados por um interesse comum; processo de utilização de uma *network*), de pl. *networkings* e pronúncia *nét-uârkin*.

neu.ras.te.ni.a *sf* **1**. Estado de exaustão do sistema nervoso, caracterizado geralmente por irritabilidade, ansiedade, depressão, cefaleia, insônia e perturbações sexuais. **2**.*P.ext*. Mau humor acompanhado de irritabilidade; neura. → **neura** *sf* [pop. neurastenia (2)]; **neurastênico** *adj* (rel. a neurastenia), *adj* e *sm* (que ou aquele que sofre de neurastenia) e *sm* (sujeito mal-humorado e irascível).

neu.ro.ci.rur.gi.a *sf* Cirurgia em qualquer parte do sistema nervoso (cérebro, coluna vertebral ou nervos periféricos). → **neurocirurgião** *sm* (médico especialista em neurocirurgia); **neurocirúrgico** *adj* (rel. a neurocirurgia).

neu.ro.lin.guis.ta (o **u** soa) *sf* Ramo da linguística ou da neuropsicologia que estuda a relação entre a linguagem e a estrutura e funcionamento do cérebro, princ. no que diz respeito à correspondência entre distúrbios da linguagem e do sistema nervoso. **neurolinguista** (o **u** soa) *adj* e *s2gên* (especialista em neurolinguística); **neurolinguístico** (o **u** soa) *adj* (rel. a neurolinguista ou a neurolinguística).

neu.ro.lo.gi.a *sf* Ramo da medicina que estuda o sistema nervoso e suas doenças. → **neurológico** *adj* (rel. a neurologia); **neurologista** *adj* e *s2gên* ou **neurólogo** *sm* (especialista em neurologia).

neu.rô.nio *sm* Célula nervosa básica do sistema nervoso. → **neuronial** ou **neurônico** *adj* (rel. a neurônio).

neu.ro.psi.co.lo.gi.a *sf* Ramo da psicologia que estuda por um lado a relação entre comportamento, emoção e cognição e por outro a função cerebral. → **neuropsicológico** *adj* (rel. a neuropsicologia); **neuropsicologista** *adj* e *s2gên* ou **neuropsicólogo** *sm* (especialista em neuropsicologia), termos, todos três, que não têm registro na 6.ª ed. do VOLP, que, no entanto, em outro rasgo de incoerência, traz *psicológico*, *psicologista* e *psicólogo*.)

neu.ro.se *sf* Perturbação mental ou emocional, sem nenhuma lesão orgânica, caracterizada por sintomas como insegurança, ansiedade, depressão e fobias. → **neurótico** *adj* (rel. a neurose) e *adj* e *sm* (que ou aquele que sofre de neurose).

neu.ros.sen.so.ri.al ou **neu.ros.sen.só.rio** *adj* Relativo a atividade sensorial ou a funções do sistema nervoso: *células neurossensórias*.

neu.tra.li.zar(-se) *v* **1**. Tornar(-se) neutro (nação, território, etc.): *o que o povo queria, durante a guerra, era neutralizar o Brasil*. **2**. Tornar(-se) nulo, anular, bloquear: *o comportamento da mãe neutraliza a capacidade de iniciativa da filha*. **3**.Tornar(-se) ineficaz ou inefetivo; anular(-se): *neutralizar um ataque aéreo, usando baterias antiaéreas; o veneno só se neutraliza com a administração de um antídoto*. → **neutralização** *sf* [**1**. ato ou efeito de neutralizar(-se); **2**. em linguística, anulação de uma oposição fonológica distintiva, em determinada posição, daí resultando o arquifonema; perda dos traços fonológicos distintivos que diferenciam um par de fonemas (p. ex.: *anos* e *ânus*, que soam igualmente: *ânus*; **3**. em química, processo de destruição das propriedades ou efeitos peculiares de uma substância (p. ex.: a neutralização de um ácido com uma base ou vice-versa)].

neu.tri.no *sm* Partícula subatômica difícil de detectar, eletricamente neutra, quase sem interação com a matéria.

neu.tro *adj* **1**. Que não toma partido nem por um nem por outro lado num conflito, discussão, desacordo, competição, etc. **2**. Diz-se de um país que não participa das hostilidades entre outros países. **3**. Diz-se de uma cor que não é nem pura nem viva. **4**. Que não pertence a uma parte nem a outra. **5**. Em gramática, que não é feminino nem masculino. → **neutralidade** *sf* (**1**. qualidade ou estado do que é neutro; **2**. estado do que não toma partido em disputa, guerra, discussão, etc.). ·· **Linguagem neutra de gênero**. Linguagem que objetiva evitar o suposto preconceito em relação a determinado sexo ou gênero social, princ. em relação àqueles que não se enquadram perfeitamente numa das categorias binárias (masculina ou feminina).

nêu.tron *sm* Partícula subatômica, de massa levemente maior que a de um próton, mas sem carga elétrica.

ne.ve *sf* **1**. Fenômeno atmosférico que consiste na queda de minúsculos flocos brancos de gelo formados pelo resfriamento do vapor de água da atmosfera. **2**.*P.ext*. Esses flocos: *fazer bolas e bonecos com a neve*. **3**.*P.ext*. Camada desses flocos, depositada no solo: *brincar na neve*. → **nevada** *sf* (**1**. queda de neve; **2**. quantidade de neve que cai de uma só vez); **nevado** *adj* (**1**. coberto de neve; **2**. *fig*. branco como a neve; alvo); **nevar** *v* (cair neve); **nevasca** *sf* (tempestade de neve); **neviscar** *v* (cair nevar ligeiramente, em pequena quantidade).

né.voa *sf* **1**. Mistura de ar com poluição (névoa seca) ou nuvem de gotículas de água flutuando e limitando a visibilidade horizontal (névoa úmida). **2**.*P.ext*. Spray de qualquer líquido, como o produzido por um recipiente de aerossol. **3**.*P.ext*. Qualquer coisa que obscureça a compreensão, a memória, etc. **4**. Mancha esbranquiçada na córnea, que escurece ou embaça a visão. → **nevoento** *adj* (**1**. cheio de névoa; **2**. *fig*. confuso, complicado, intrincado: *teoria nevoenta*).

ne.vo.ei.ro *sm* Neblina.

ne.vral.gi.a ou **neu.ral.gi.a** *sf* Dor intensa e aguda, ao longo de um nervo. → **nevrálgico** *adj* (rel. ou sem. a nevralgia).

newbie [ingl.] *s2gên* **1**. Iniciante no uso da informática ou usuário(a) recém-chegado(a) à rede, princ. quando comete erros básicos, como enviar mensagem pessoal a um *newsgroup*. **2**. Indivíduo que perturba a conversa entre os usuários numa sala de conversação. · Pl.: *newbies*. · Pronuncia-se *níubi*.

newsgroup [ingl.] *sm* **1**. Divisão dos grupos de discussão, na Internet, segundo sua área de interesse. **2**. Tipo de quadro de anúncios para troca de notícias onde se colocam artigos, informações e cartas dos participantes. · Pl.: *newsgroups*. · Pronuncia-se *níus-grup*.

newsletter [ingl.] *sf* Peça gráfica, na forma de uma carta ou pequeno jornal, em estilo editorial, utilizada como veículo de comunicação publicitária e de relações públicas. · Pl.: *newsletters*. · Pronuncia-se *níus-létâr*.

ne.xo (x = ks) *sm* **1**. Ligação entre duas ou mais coisas; elo, conexão, vínculo, laço: *o nexo entre Igreja e Estado já não existe*. **2**.*P.ext*. Ligação ou vínculo casual: *o agronegócio e o poder político; o nexo entre pobreza e crime*. **3**. *Fig*. Ligação lógica; coerência, lógica: *seu argumento não tem nexo*.

NGB *sf* Sigla de *Nomenclatura Gramatical Brasileira*, portaria do Ministério da Educação e Cultura de 28/01/1959, com o objetivo de uniformizar e simplificar a nomenclatura gramatical utilizada nas escolas brasileiras. (Seus organizadores incorreram numa série de equívocos, entre os quais classificar artigos, preposições e conjunções como *palavras*, quando são apenas vocábulos.)

nhá ou **nha.nhá** *sf* Respectivamente, redução e duplicação popular de *sinhá* (senhora); iaiá. · V. **nhô**.

nham.bu *sm* Inhambu; nambu.

nhem-nhem-nhem ou **nhe-nhe-nhem** *sm* **1**. Conversa aborrecida, sem conteúdo e interminável; fala sem fim. **2**. Conversa mole; lenga-lenga, blá-blá-blá; mi-mi-mi: *deixe de nhe-nhe-nhem e vá estudar!* · Pl.: *nhem-nhem-nhens*, *nhe-nhe-nhens*. (A 6.ª ed. do VOLP registra *nhe-nhe-nhem* erroneamente, já que as monossilábicas terminadas em **-e** são acentuadas (*dê*, *crê*, etc.); sendo assim, a correção estaria em *nhê-nhê-nhem*, assim como temos *tró-ló-ló*, que antes, no mesmo VOLP, constava "tro-lo-ló". Se não há "tro-lo-ló" também não deveria haver nhe-nhe-nhem. Mas o VOLP tem força de lei. Então, convido-o a irmos todos juntos e abraçados. Para o abismo...)

nhô ou **nho.nhô** *sm* Respectivamente, redução e duplicação popular de *sinhô* (senhor); ioiô. · V. **nhá**.

nho.que *sm* **1**. Massa feita de farinha de trigo ou sêmola, batata e ovos, cortada em pequenos pedaços, cozida em água fervente e servida com molho de carne e tomate. **2**. Prato feito com essa massa.

ni.ca *sf* **1**. Quantia insignificante; ninharia, bagatela: *trago comigo apenas uma nica de cinco reais*. **2**. Coisa pouco importante, fútil ou supérflua; futilidade: *há quem considere o futebol uma nica humana*. **3**. Atitude rabugenta ou ranzinza; impertinência excessiva e pueril: *um avô cheio de nicas*.

Nicarágua *sf* A maior república da América Central, de área equivalente à dos estados de Pernambuco e Alagoas. → **nicaraguense** (o **u** soa) *adj* e *s2gên* ou **nicaraguano** *adj* e *sm*.

ni.cho *sm* **1**. Abertura em parede, tronco, rochedo, etc., geralmente em forma de arco, para abrigar imagem, estátua, vaso ou outro objeto decorativo. **2**. Divisão ou repartimento de estante, armário, etc. **3**. Posição confortável ou adequada, na vida ou no emprego: *como sócio da empresa ele agora encontrou seu nicho*. **4**. Em *marketing*, segmento especializado do mercado para um determinado tipo de produto ou serviço, que atrai pequena parte especializada da população, mas que geralmente oferece novas e boas oportunidades de negócio. **5**. Função ou posição de uma espécie ou população ecológica em particular. **6**. Área particular dentro de um *habitat* ocupado por um organismo.

nickname [ingl.] *sm* Apelido, pseudônimo ou nome alternativo, geralmente adotado em canais de bate-papo (*chat*). · Pl.: *nicknames*. · Pronuncia-se *nik-nêimi*.

ni.co.ti.na *sf* Alcaloide tóxico, $C_{10}H_{14}N_2$, principal princípio ativo do tabaco, usado como inseticida na agricultura e como parasiticida na medicina veterinária. → **nicótico** ou **nicotínico** *adj* (rel. a fumo: *os malefícios nicóticos*).

nic.ta.ção ou **nic.ti.ta.ção** *sf* Ato ou tique de piscar ou pestanejar involuntariamente.

ni.dí.co.la *adj* Diz-se do filhote que permanece algum tempo no ninho depois de nascer, como os filhotes de águia e de papagaio. · V. **nidífugo**.

ni.di.fi.car *v* Fazer ninho (ave). → **nidificação** *sf* (processo de construção de um ninho: *não perturbe pássaros em nidificação!*).

ni.dí.fu.go *adj* Diz-se do filhote que sai correndo do ovo assim que nasce, como os filhotes de tartaruga e de jacaré. · V. **nidícola**.

Níger *sm* País da África, de área pouco maior que a do estado do Pará. → **nigerino** *adj* e *sm*.

Nigéria *sf* País da África, o mais populoso do continente, de área equivalente à dos estados de Mato Grosso e Sergipe juntos. → **nigeriano** *adj* e *sm*.

nightclub [ingl.] *sm* Casa noturna em que se come, bebe, dança e assiste a espetáculos, geralmente com mulheres seminuas; boate. · Pl.: *nightclubs*. · Pronuncia-se *náit-klâb*.

ni.i.lis.mo *sm* **1**. Ceticismo extremo que sustenta nada no mundo ter existência real. **2**. Rejeição de todos os valores, princípios e crenças tradicionais, na crença de que a vida é inútil, não tem sentido algum: *o niilismo está intimamente associado a Friedrich Nietzsche*. → **niilista** *adj* (rel. a niilismo) e *adj* e *s2gên* (que ou pessoa que é adepta do niilismo).

nikkei [jap.] *adj* e *s2gên* **1**. Que ou descendente de japoneses que nasceu fora do Japão: *empresas nikkei; comunidades nikkei*. (Como se vê, não varia como adjetivo.) **2**. Pessoa japonesa que vive regularmente no exterior. **3**. Descendente de japoneses que voltou ao Japão, onde passou a constituir identidade distinta do japonês nato.

Nilo *sm* Rio histórico da África e um dos maiores do mundo em extensão (6.695km). Nasce no lago Vitória, na África oriental. → **nilíaco**, **nílico** ou **nilótico** *adj* (rel. ao rio Nilo); **nilícola** ou **nilota** *adj* e *s2gên* (que ou pessoa que vive às margens do rio Nilo).

nim.bo *sm* **1**. Grande nuvem carregada e escura, de baixa altitude, que facilmente se precipita em chuva ou em neve. **2**. Auréola, halo. → **nimboso** (ô; pl.: ó) *adj* (cheio de nimbos; que anuncia chuva: *tempo nimboso; céu nimboso*).

ní.mio *adj* Excessivo, extravagante, exagerado, desmedido, abundante: *usar de nímias gentilezas, só para agradar ao futuro sogro*. → **nimiedade** *sf* (qualidade de nímio).

ni.nar *v* **1**. Fazer (criança) adormecer, mediante práticas e cantos carinhosos; acalentar, nanar, embalar: *muitas vezes eu a ninei nos braços*. **2**. Pegar no sono; dormir (criança): *o bebê já ninou*.

nin.fa *sf* **1**. Na mitologia grega, cada uma das deusas menores, virgens que habitavam os rios, os bosques e os montes. **2**. *Fig*. Garota bela e formosa. **3**. Estado incompleto do desenvolvimento de um inseto, no qual as asas e a genitália ainda não estão perfeitamente desenvolvidas; formação intermediária entre a larva e o inseto adulto. → **ninfeu** *adj* [rel. ou pert. a ninfas (1), de fem. *ninfeia* (éi)].

nin.fe.ta (ê) *sf* Menina entre os 13 e 15 anos. (Usa-se mais no diminutivo: *ninfetinha*.)

nin.fo.ma.ni.a *sf* Desejo anormal e incontrolável de uma mulher para relações sexuais frequentes, princ. com o maior número de homens possível. → **ninfômana** ou **ninfomaníaca** *sf* (mulher que tem ninfomania); **ninfomaníaco** *adj* (rel. a ninfomania).

nin.gres-nin.gres *s2g2núm* **1**. Pessoa tímida ou acanhada no convívio social. **2**. Pessoa insignificante; mequetrefe, pé de chinelo.

nin.guém *pron* **1**. Nenhuma pessoa: *ninguém o procurou*. // *sm* **2**. Pessoa insignificante; zé-ninguém, mequetrefe; ningres-ningres: *ele se sente um ninguém; o chefe o trata como um ninguém*.

ni.nha.ri.a *sf* Coisa de pouco valor ou sem importância; insignificância, bagatela.

ni.nho *sm* **1**. Construção feita de raminhos, grama, lama, etc. pelas aves, para postura dos ovos e criação dos filhotes. **2**. Estrutura construída para servir de morada princ. de insetos: *um ninho de vespas; um ninho de formigas; um ninho de ratos*. **3**. *Fig*. Refúgio e esconderijo aconchegante; abrigo (toma-se à boa ou à má parte). **4**. *Fig.Pej*. Lugar onde se reúnem pessoas indesejáveis; antro, covil: *aquele boteco é um ninho de traficantes*. **5**. *Fig*. Lar: *um dia as crianças crescem e saem do ninho*. → **ninhada** *sf* (**1**. conjunto de filhotes de ave ainda no ninho; **2**. conjunto de filhotes nascidos de uma só vez); **ninhal** *sm* (**1**. lugar onde existem muitos ninhos; **2**. revoada de pássaros); **ninhego** (é) *adj* (que foi retirado do ninho: *papagaios ninhegos eram comercializados naquela feira do Nordeste*) e *sm* (filhote de ave ainda restrito ao ninho: *a principal causa da morte dos ninhegos foi a inanição, já que a mãe havia sido morta*); **ninheira** *sf* (**1**. caixa feita geralmente de madeira, para os animais colocarem seus ovos e tratarem de seus filhotes; **2**. buraco escavado por roedores, para abrigo e ninho).

nin.ja *sm* **1**. Guerrilheiro mercenário japonês do séc. XIV, altamente treinado em artes marciais e pago para realizar operações clandestinas, tais como espionagens, sabotagens e assassinatos. // *s2gên* **2**. Pessoa que luta ninjútsu. **3**. Pessoa que usa disfarces semelhantes aos usados por ninjas. **4**. *Fig*. Pessoa especialista ou altamente qualificada em uma atividade ou campo de conhecimento: *os ninjas da informática, do marketing*. **5**. Redução de *touca ninja*. → **ninjútsu** *sm* (arte marcial milenar japonesa, praticada pelos ninjas, na qual se usam movimentos furtivos e inesperados), palavra que não tem registro na 6.ª ed. do VOLP. · **Touca ninja**. Capuz que protege a cabeça e o pescoço, deixando visíveis apenas os olhos; balaclava.

ni.ó.bio *sm* Elemento químico metálico preciosíssimo (símb.: **Nb**), de n.º atômico 41, usado na produção de aços especiais, nas superligas, na fabricação de joias, em eletrônica e no setor nuclear: *o Brasil é o país com a maior reserva mundial de nióbio*.

ni.ple *sm* **1**. Conexão de instalação hidráulica destinada a ligar duas peças fêmeas ou um cotovelo a um tê. **2**. *P.ext*. Peça semelhante, usada para regular a descarga de um líquido em uma torneira de passagem ou registro. **3**. Bocal rosqueado (como o de uma mangueira).

ni.pô.ni.co *adj* Relativo ao Japão. // *adj* e *sm* **2**. Japonês.

ní.quel *sm* **1**. Elemento químico metálico (símb.: **Ni**), de n.º atômico 28, duro, utilizado em ligas de aço inoxidável, fabricação de moedas, baterias e chapas, em virtude da sua resistência à oxidação. **2**. *P.ext*. Qualquer moeda divisionária, feita ou não desse metal. → **niquelagem** *sf* (processo de cobrir os objetos de ferro ou de aço com uma camada de níquel, para protegê-los da oxidação ou para aumentar-lhes a resistência); **niquelar** *v* (cobrir ou recobrir com camada de níquel).

ni.quen.to adj Pop. **1**. Que dá excessiva importância a nicas ou que se preocupa com questiúnculas. **2**. Que implica com tudo e com todos; implicante; impertinente, ranheta. **3**. Difícil de contentar; exigente. **4**. Que se ofende com facilidade; melindroso. → **niquice** sf (**1**. qualidade de quem é niquento; **2**. ninharia, bagatela; **3**. impertinência, implicância, ranhetice; **4**. melindre, susceptibilidade).

nir.va.na sm **1**. No hinduísmo e no budismo, estado espiritual mais elevado que pode ser alcançado, no qual não há sofrimento, ignorância, desejos e paixões, mas muita paz, harmonia e felicidade: *só os puros conseguem entrar no reino do nirvana*. **2**.*P.ext*. Qualquer lugar, estado ou condição de muita paz e harmonia: *um mundo sem violência e impunidade seria o nirvana*. → **nirvanesco** (ê) ou **nirvânico** adj (rel. a nirvana).

nis.sei s2gên Descendente de imigrantes japoneses nascido(a) em outro país. (O *issei* é o imigrante japonês; o *nissei*, o descendente do *issei*, e o *sansei* é o descendente do *nissei*.)

nis.so contr da preposição *em* com o pronome demonstrativo *isso*.

nis.to contr da preposição *em* com o pronome demonstrativo *isto*.

Niterói sf Cidade fluminense, ex-capital do estado do Rio de Janeiro. → **niteroiense** (ôi) adj e s2gên.

ní.ti.do adj **1**. Que possui luminosidade; brilhante: *qual a estrela mais nítida no céu?* **2**. Que se ouve ou vê em detalhe; límpido, claro: *a foto saiu nítida; o som era nítido*. **3**. Fácil de entender; compreensível, inteligível: *carta com letra nítida*. **4**. Claro, evidente, patente, manifesto: *é nítido o aumento de turistas na cidade*. → **nitidez** (ê) sf (qualidade ou estado de nítido).

ni.tra.to sm **1**. Sal ou éster do ácido nítrico. **2**. Fertilizante formado de nitrato de sódio ou de nitrato de potássio.

ni.tro.gê.nio sm Elemento químico gasoso (símb.: **N**), de n.º atômico 7, incolor, inodoro, insípido, que constitui cerca de 4/5 do volume da atmosfera. → **nitrogenado** adj (em que há nitrogênio).

ni.tro.gli.ce.ri.na sf Líquido oleoso, $C_3H_5N_3O_9$, venenoso e altamente explosivo, utilizado na fabricação da dinamite e na medicina como vasodilatador, no tratamento da angina de peito. ·· **Nitroglicerina pura** (fig.). Notícia ou acontecimento surpreendente, escandaloso, que provoca muito comentário ou falação.

ní.vel sm **1**. Instrumento usado para determinar a horizontalidade de uma linha ou de um plano: *nível de pedreiro*. **2**. Grau de elevação relativa de uma linha ou de um plano horizontal: *o nível do mar continua subindo no mundo todo*. **3**. Posição em uma escala real ou imaginária de quantidade, extensão ou qualidade; grau: *atingimos um alto nível de emprego; o nível de confiança do consumidor baixou*. **4**. Condição social ou econômica; igualha: *não somos do seu nível*. **5**. Categoria, classe, padrão, qualidade: *hotel de alto nível*. **6**. Gabarito, competência, qualificação, capacidade: *esse sujeito não tem nível para ser presidente da República*. **7**. Situação em que algo se encontra: *o nível dos preços dos combustíveis está nas alturas*. **8**. Estádio ou fase do ensino escolar brasileiro: *aluno do nível fundamental*. **9**. Posição numa hierarquia ou numa estrutura: *coronel é patente de nível superior ao de tenente*. **10**. Em linguística, variação no uso da língua conforme as intenções do falante ou a situação de comunicação; registro: *nível culto; nível informal*. → **nivelação** sf ou **nivelamento** sm [ato ou efeito de nivelar(-se)]; **niveladora** (ô) sf (máquina de terraplenagem munida de lâmina e utilizada para limpar terrenos, construir estradas, etc.); **nivelar** v [**1**. igualar, equiparar: *a morte nivela todos os homens*; **2**. aplainar (superfície, terreno)]; **nivelar-se** (igualar-se, equiparar-se: *meu carro se nivela com o seu?!*) ·· **Ao nível de**. A mesma altura de: *Seu filho não está ao nível da minha filha. Guarujá está ao nível do mar*. ·· **Em nível**. Em âmbito, no plano: *A pesquisa foi feita em nível nacional*. ·· **Em nível de**. **1**. Na esfera de importância de; no plano de: *Isso será decidido em nível de diretoria*. **2**. Na mesma altura, grau ou condição: *Seus conhecimentos, infelizmente, não estão em nível do nosso curso*. (Não convém usar *a nível de* por *em relação a*, como neste exemplo: *A nível de funcionários, estamos satisfeitos*.) ·· **Nível do mar**. Altura a que está a superfície do mar, tomada como altura geográfica zero.

ní.veo adj De neve ou da cor da neve.

no 1. Contração da preposição *em* com o artigo definido *o*. **2**. Forma eufônica que assume o pronome oblíquo *-lo* quando precedido de ditongo nasal (p. ex.: põe + o = põe-*no*).

nó sm **1**. Laço apertado que se dá passando uma pela outra as extremidades de uma linha, corda, cadarço, etc. **2**. Parte mais dura e rija da madeira, do mármore, etc. **3**. Unidade de velocidade equivalente a uma milha marítima (1.852m) por hora. **4**. *Fig.* Ponto essencial e crítico: *o nó da questão*. **5**. Nodo (6). · Dim. erudito (1 e 2): *nódulo*. · V. **nodal, nodoso** e **nódulo**. ·· **Nó nas tripas**. Obstrução do intestino pela torção de uma alça; íleo.

no.bre adj e s2gên **1**. Que ou pessoa que é de antiga e tradicional linhagem e de alto *status* social ou político; fidalgo(a), aristocrático(a): *rapaz de família nobre, mas sem posses*. // adj **2**. Famoso, digno, ilustre, emérito: *o nobre cientista, o nobre colega*. **3**. Imponente, suntuoso, majestoso: *um nobre estádio*. **4**. De padrão aristocrático; fino, elegante: *rosto de traços nobres*. **5**. Que em nos mostra altas qualidades, como coragem, generosidade ou honra: *gesto nobre; missão nobre; causa nobre*. **6**. Digno de consideração: *os nobres pracinhas brasileiros; ideais nobres*. **7**. Diz-se de metal (ouro, prata, etc.) altamente resistente à oxidação ou corrosão; precioso. **8**. De rara qualidade e grande valor; de lei: *madeira nobre*. **9**. Diz-se do horário do dia no qual a audiência de televisão é maior: *o horário nobre vai das 18 às 22h*. **10**. Em química, diz-se do elemento inerte ou pouco reativo: *gás nobre*. · Superl. abs. sint. erudito: *nobilíssimo*. · Antôn. (1): *plebeu* ou *plebeia*; (2): *desconhecido*; (3): *modesto*; (4): *vulgar*. → **nobiliário** adj (rel. a nobres ou a nobreza) e sm [nobiliarquia (1)]; **nobiliarquia** sf (**1**. tratado da nobreza, suas armas, brasões, etc.; nobiliário; **2**. conjunto dos nobres; nobreza); **nobilitação** sf [ato ou efeito de nobilitar(-se) ou tornar(-se)nobre]; **nobilitar** v (conceder privilégios de nobreza a; tornar nobre); **nobilitar-se** (adquirir privilégios de nobreza; tornar-se nobre); **nobreza** (ê) sf (**1**. qualidade de nobre; **2**. grupo social que desfrutava certos privilégios transmitidos por herança; **3**. condição de nobre: *nenhum Congresso pode conceder títulos de nobreza*; **4**. *fig*. primor, excelência: *a nobreza de opiniões, de estilo*; **5**. *fig*. generosidade: *a nobreza de sentimentos*). ·· **Salão nobre**. Local em que se celebra algum ato solene, com presença de pessoas importantes.

nobreak [ingl.] sm Aparelho com bateria, destinado a fornecer energia por certo tempo a uma máquina, em caso de emergência. · Pl.: *nobreaks*. · Pronuncia-se *nôu-brêik*.

nobuck [ingl.] sm **1**. Couro macio, cuja superfície exterior polida o faz parecer-se com a pele de antílope: *sapato de nobuck*. // adj **2**. Diz-se desse tipo de couro. · Pl.: *nobucks*. · Pronuncia-se *nobúk*.

no.ção sf **1**. Ideia clara; convicção, consciência: *crianças não têm noção do perigo*. **2**. Informação, conhecimento: *não tenho noção do preço desse automóvel*. **3**. Modo de conceber alguma coisa; conceito, concepção, ideia: *minha noção de paz é diferente da tua*. // sfpl **4**. Conhecimento vago, elementar ou impreciso: *conheço apenas noções de física quântica*. → **nocional** adj [**1**. rel. a noção; **2**. diz-se do verbo que expressa um processo (em oposição a verbo não nocional ou de ligação, que indica estado)].

no.cau.te sm **1**. No boxe, soco que elimina um dos lutadores, levando-o à lona e tornando-o incapaz de continuar a disputa no tempo de dez segundos. **2**. *Fig.* Estado de alguém que perdeu os sentidos por golpe, pancada, etc.: *os jogadores bateram cabeça no ar, e um deles foi a nocaute*. // adj **3**. Inconsciente, desacordado: *a batida na cabeça o deixou nocaute*. **4**. *Fig.* Posto fora de combate: *a derrota de hoje deixou a equipe nocaute para a liderança*. · Abrev.: **KO**. → **nocautear** v (levar a nocaute), que se conjuga por *frear*.

nó-ce.go sm Pop.Pej. **1**. Pessoa que não atina no que faz; pessoa desligada da realidade: *sua irmã é um nó-cego mesmo; vem à praia de vestido longo!* **2**. Pessoa muito enrolada para fazer as coisas. · Pl.: *nós-cegos*. (Não se confunde com *nó cego*, nó difícil de desfazer.)

no.ci.vo ou **no.cen.te** adj **1**. Perigoso ou danoso à saúde, ao bem-estar físico: *o fumo é nocivo à saúde*. **2**. Moralmente prejudicial, danoso ou pernicioso: *certos filmes e telenovelas são nocentes à formação do caráter*. → **nocividade** sf (qualidade de nocivo).

noc.tâm.bu.lo ou **no.tâm.bu.lo** adj e sm **1**. Que ou pessoa que gosta da vida noturna ou de perambular pela noite, por hábito; noctívago: *os boêmios são noctâmbulos; a violência fez diminuir os notâmbulos*. **2**. Que ou pessoa que, durante o sono, realiza movimentos coordenados e automáticos, dos quais não se recorda quando desperta; sonâmbulo. → **noctambulação** ou **notambulação** *sf* (ação de noctambular); **noctambular** ou **notambular** *v* (perambular pela noite; ter vida ou hábitos noturnos); **noctambulismo** ou **notambulismo** *sm* (1. qualidade ou estado de noctâmbulo; hábito de perambular pela noite ou de fazer durante a noite aquilo que no geral se faz durante o dia; 2. sonambulismo).

noc.tí.va.go ou **no.tí.va.go** *adj* e *sm* Noctâmbulo (1).

no.dal *adj* 1. Relativo ou semelhante a nó, nodo ou gânglio. 2. Em que há nós: *as regiões nodais de uma planta*. 3. Situado próximo de um nó, nodo ou gânglio. 4. *Fig.* Central, fundamental, essencial: *o ponto nodal de uma teoria*. · Pl.: *nodais*.

no.do *sm* 1. Tumor duro causado pelo depósito de ácido úrico nos ossos, tendões ou ligamentos, dificultando seu movimento. 2. Parte saliente de certos ossos. 3. Estrutura anatômica arredondada; gânglio. 4. Ponto de interconexão numa rede de computadores. 5. Ponto de interseção da eclíptica com a órbita de um planeta. 6. Em física, ponto em que o deslocamento é nulo numa onda estacionária; nó (5).

nó.doa *sf* 1. Sinal ou mancha numa superfície deixada por alguma substância: *toalha com nódoa de café*. 2. *Fig.* Mancha na reputação; mácula, desonra, estigma, labéu: *ele é um ser cheio de nódoas e quer ser candidato a presidente da República*.

no.do.so (ô; pl.: ó) *adj* 1. Relativo a nó: *formação nodosa*. 2. Cheio de nós, saliências ou protuberâncias: *dedos nodosos*. → **nodosidade** *sf* (1. qualidade ou estado de nodoso; 2. quantidade ou disposição de nós na madeira; 3. estrutura arredondada e dura; nó: *cajado cheio de nodosidades*).

nó.du.lo *sm* 1. Pequeno nó ou caroço. 2. Pequeno caroço redondo nas raízes de plantas leguminosas, princ. o que contém bactérias fixadoras de nitrogênio. 3. Pequeno caroço no corpo; gânglio. → **nodular** *adj* (1. rel. a nódulo; 2. cheio de nódulos; noduloso); **noduloso** (ô; pl.: ó) *adj* [nodular (2)].

no.guei.ra *sf* 1. Árvore asiática, alta, elegante, que dá nozes e boa madeira. 2. Essa madeira, muito usada na indústria moveleira.

noi.a (ói) *Gír. s2gên* 1. Pessoa viciada em drogas, princ. craque, que anda sem rumo e suja, com delírios e paranoia. // *sf* 2. Abreviação popular de *paranoia*. → **noinha** (nò) *sf* (estado de euforia gerado pelo uso do craque; tuim).

noi.te *sf* 1. Período de escuridão compreendido entre o ocaso e o alvorecer. 2. Noitada (1). 3. Período compreendido entre a tarde e a hora de dormir. · Antôn.: *dia*. → **noitada** *sf* [1. espaço de uma noite; noite (2); 2. folia noturna; balada]; **noturno** *adj* (rel. a noite ou que ocorre e aparece de noite: *trabalho noturno; animal de hábitos noturnos*), de antôn. *diurno*; e *sm* (1. trem que corre de noite; 2. composição instrumental de caráter romântico, sonhador, esp. para piano). ·· **Adicional noturno**. Compensação financeira para o trabalhador que exerce suas funções no período da noite.

noi.vo (ôi) *sm* 1. Aquele que está para casar ou que tem compromisso de casamento com pessoa de outro sexo (geralmente). // *smpl* 2. Casal que ajustou casamento, que o está realizando, ou que o realizou há pouco tempo. → **noivado** *sm* (1. período em que um casal permanece noivo; 2. compromisso ou promessa mútua de casamento; 3. dia do noivado; 4. festa do noivado); **noivar** *v* (ficar noivo), que mantém fechado o ditongo durante a conjugação.

no.jo (ô) *sm* 1. Sensação de repugnância ou asco físico: *ter nojo de cigarro*. 2. Nojeira (1): *os banheiros públicos são um nojo!* 3. *Fig.* Pessoa que provoca forte aversão ou repulsa: *há políticos que são um nojo!* → **nojeira** *sf* (1. coisa imunda, nojenta, repugnante; 2. serviço porco; sujeira, porcaria); **nojento** *adj* e *sm* (1. que ou sujeito que causa nojo ou repugnância; asqueroso; 2. diz-se daquele que fica com nojo com grande facilidade).

nô.ma.de *adj* e *s2gên* 1. Que ou pessoa que, sendo membro de uma tribo, nação, etc., não tem residência fixa, movendo-se constantemente à procura de água, alimento, pastoreio, etc. 2. *P.ext.* Que ou pessoa que, por qualquer motivo, troca frequentemente de residência ou de cidade. → **nomadismo** *sm* (modo de vida dos nômades).

no.me *sm* 1. Palavra ou expressão pela qual todos os seres, reais ou imaginários, são conhecidos: *o nome dela é Beatriz; qual o nome do seu cão?*; *os psicólogos têm um nome para esse tipo de comportamento*. 2. Pessoa famosa, respeitada ou representativa: *ele hoje é o maior nome da ciência; os maiores nomes da música brasileira estarão presentes*. 3. Boa reputação; fama: *ele fez seu nome no rádio*. 4. Apelido de família; sobrenome: *ela não adotou o nome do marido, ao casar*. 5. Linhagem, estirpe, família: *tenho um nome a zelar*. 6. Aparência apenas; fachada: *ele é presidente só no nome*. 7. Insulto, ofensa, palavrão: *ouvi dela tudo quanto foi nome, sem me alterar*. 8. Núcleo do grupo nominal que designa entidades concretas e entidades abstratas; substantivo. 9. Designação genérica para as categorias de substantivo, adjetivo e pronome. 10. *Fig.* Personalidade; figura: *esse é o nome que precisamos na presidência*. · V. **nominal**. ·· **De nome**. 1. De boa reputação: *Escola de nome*. 2. De grife: *Ela só usa roupa de nome*. ·· **Em nome de**. 1. Por autoridade de: *Agir em nome da lei*. 2. Da parte de; a pedido de: *Venho em nome do ministro*. 3. Pelo motivo de; sob o pretexto de: *Abrir estradas em nome do progresso*. ·· **Nome feio**. Palavrão.

no.me.a.da *sf* Fama, prestígio, reputação: *adquiriu nomeada muito cedo na carreira*. ·· **De nomeada**. Famoso, célebre: *Autores de nomeada*.

no.me.ar *v* 1. Designar pelo nome: *é preciso nomear todos os corruptos, para que o povo os conheça*. 2. Chamar pelo nome: *ela já chegou me nomeando, e eu nunca a tinha visto mais gorda*. 3. Designar, indicar: *nomear uma comissão para averiguar um caso*. 4. Designar ou escolher para cargo ou função pública: *os deputados nomearam todos os parentes que puderam*. · Conjuga-se por *frear*. → **nomeação** *sf* (1. ato de nomear; designação, nomenclatura: *orquestra sinfônica e orquestra filarmônica: embora haja diferença na nomeação, ambas têm a mesma importância*; 2. ato de dar nome a alguém ou a algo: *fez-se reunião na família para a nomeação do bebê*; 3. designação ou indicação de pessoa para cargo, função ou dignidade).

no.men.cla.tu.ra *sf* 1. Conjunto dos termos especiais usados em uma arte ou ciência; terminologia: *a nomenclatura gramatical, a nomenclatura zoológica*. 2. Nomeação (1): *a mudança de nomenclatura das ruas da cidade depende dos vereadores*. 3. Conjunto das entradas definidas ou a definir de um dicionário, enciclopédia ou glossário. 4. Na extinta União Soviética, grupo de militantes do partido comunista que tinham inúmeros privilégios, em razão dos cargos políticos que ocupavam. 5. *P.ext.* Grupo de privilegiados em qualquer lugar. → **nomenclatural** *adj* [rel. a nomenclatura (2)].

no.me.ren.to *adj Pop.* Diz-se daquele que vive usando palavras de baixo calão; desbocado. (A 6.ª ed. do VOLP não registra a palavra.)

no.mi.nal *adj* 1. Relativo a nome(s): *sufixo nominal*. 2. Que se faz pelo nome: *chamada nominal*. 3. Diz-se do valor declarado de um título de crédito ou de uma ação. 3. Só de nome ou de fachada; que não é de fato; apenas aparente: *ele é apenas o líder nominal do partido; a Nicarágua vive uma democracia nominal*. → **nominalidade** *sf* (qualidade ou condição de nominal); **nominativo** *adj* [1. diz-se de função, cargo, etc. preenchido por nomeação (em oposição a *eleito*); 2. diz-se de cheque, título de crédito ou certificado de ações que traz o nome do beneficiado ou proprietário (neste caso convém evitar a palavra "nominal") e *adj* e *sm* (diz-se de ou caso de declinação do latim e de outras línguas que indica o sujeito ou o predicativo).

no.mo.fo.bi.a *sf* Medo de ficar sem o telefone celular. → **nomofóbico** *adj* (rel. a nomofobia) e *adj* e *sm* (que ou aquele que tem nomofobia).

no.na.da *sf* Insignificância, ninharia, bagatela: *ganha uma nonada por mês*. ·· **De nonada**. Insignificante: *Figura de nonada da política brasileira*.

no.na.ge.ná.rio *adj* e *sm* Que ou aquele que tem entre noventa e noventa e nove anos.

no.na.gé.si.mo *num* 1. Ordinal e fracionário correspondentes a noventa. // *sm* 2. Cada uma de noventa partes iguais. 3. O que ocupa o último lugar numa série de noventa.

no.na.to *adj* e *sm* 1. Que ou criança que saiu do ventre materno pela operação cesariana. 2. Que ou animal que se tirou do ventre da mãe depois da morte dela.

no.nin.gen.té.si.mo ou **non.gen.té.si.mo** *num* 1. Ordinal e fracionário correspondentes a novecentos. // *sm* 2. Cada uma de novecentas partes iguais. 3. O que ocupa o último lugar numa série de novecentos.

no.no (ô) *num* 1. Ordinal e fracionário correspondentes a nove. // *sm* 2. Cada uma de nove partes iguais. 3. O que ocupa o último lugar numa série de nove. 4. Na linguagem familiar: vovô.

nonstop [ingl.] *adj* Feito sem escala, sem interrupção ou sem parada: *voo* nonstop; *viagem* nonstop; *espetáculo* nonstop. · Pl.: *nonstops*. · Pronuncia-se *non-stóp*.

nô.nu.plo *num* **1.** Multiplicativo de nove. // *sm* **2.** Quantidade nove vezes maior que outra.

no.o.tró.pi.co *sm* **1.** Droga que aumenta as capacidades intelectuais, sem causar efeitos colaterais; estimulante cognitivo; droga da inteligência. // *adj* **2.** Diz-se da substância usada para melhorar o desempenho cognitivo (capacidade de concentração, memória, etc.). (A 6.ª ed. do VOLP não registra a palavra.)

no.ra *sf* **1.** Aquela que casou com o filho de uma pessoa (sogro ou sogra). **2.** Engenho de tirar água de poços e cisternas, constituído por uma roda que faz movimentar uma corda; sarilho (5). · V. **genro**. ·· **Andar à nora**. Andar desorientado, sem saber o que fazer.

nor.des.te *sm* **1.** Ponto situado entre o norte e o leste. **2.** Área ou região situada nesse ponto: *a casa tinha a frente voltada para o nordeste*. **3.** Vento que sopra desse ponto. // *adj* **4.** Desse ponto ou que vem dele: *rumo nordeste; vento nordeste*. **5.** Situado a 45° do N e do E: *região nordeste*. **Nordeste 6.** Região geográfica administrativa brasileira que compreende os estados do Maranhão, Piauí, Ceará, Rio Grande do Norte, Paraíba, Pernambuco, Sergipe, Alagoas e Bahia. · Abrev. (6): **NE**. → **nordestino** *adj* (rel. ou pert. ao Nordeste: *seca nordestina; praias nordestinas*) e *adj* e *sm* (natural ou habitante do Nordeste).

nór.di.co *adj* **1.** Relativo à Escandinávia (Suécia, Noruega, Finlândia, Islândia e Dinamarca), a seu povo, língua ou cultura. // *adj* e *sm* **2.** Que ou aquele que tem o tipo físico escandinavo (alto, pele clara, cabelos louros, olhos azuis, etc.).

nor.ma *sf* **1.** Aquilo que se estabelece como regra ou lei: *as normas de trânsito*. **2.** Hábito, costume, regra: *tenho como norma almoçar cedo*. → **normal** *adj* (**1.** conforme à norma, ao padrão ou tipo comum; natural: *ele teve uma infância normal; pressão sanguínea normal; a homologação seguirá os trâmites normais*; **2.** natural, corriqueiro, comum: *é normal chover à tarde em Belém*; **3.** sem doença mental, desvio, anomalia, má-formação, etc.; sadio, saudável: *crianças normais*; **4.** diz-se de pele ou cabelo que não é nem oleoso nem seco) e *s2gên* (pessoa normal); **normalidade** *sf* (qualidade, condição ou estado do que é normal); **normalização** *sf* [ato ou efeito de normalizar(-se)]. **normalizar(-se)** *v* [tornar(-se) normal]; **normativo** *adj* (**1.** rel. a norma; **2.** que serve de norma ou padrão: *instruções normativas*; **3.** que estabelece normas ou padrões de comportamento: *a ética é uma ciência normativa*; **4.** diz-se da gramática que formula ou prescreve normas da língua tendo como base a gramática). ·· **Norma culta**. Variedade linguística utilizada por falantes de grandes centros urbanos e altamente letrados da sociedade, a que exige observância rigorosa das normas gramaticais. ·· **Norma gramatical**. A que se relaciona com a gramática normativa. ·· **Norma padrão**. Construção linguística entendida por todos os falantes de uma língua, mais utilizada na escrita que na fala, de uso nos documentos oficiais, trabalhos acadêmicos, artigos científicos, salas de aula, tribunais, comunicações internacionais, conferências, sermões, concursos, currículos, entrevistas e supostamente na mídia, constituindo-se num conjunto de normas da gramática e avaliando, assim, a língua a cumprir sua principal função, que é a da socialização. O objetivo da *norma padrão* é padronizar o uso da língua, sendo considerada transgressão toda construção que não atenda a seus princípios.

Normandia *sf* Região histórica da França, por onde teve início a vitória dos Aliados, na Segunda Guerra Mundial. → **normando** *adj* e *sm*.

no.ro.es.te *sm* **1.** Ponto entre o norte e o oeste. **2.** Área ou região situada nesse ponto: *a casa tinha a frente voltada para o noroeste*. **3.** Vento que sopra desse ponto. // *adj* **4.** Desse ponto ou que vem dele: *rumo noroeste; vento noroeste*. **5.** Situado a 45° do N e do O: *região noroeste*. · Abrev.: **NO** (sem ponto).

nor.te *sm* **1.** Ponto cardeal à esquerda do observador voltado para o leste ou nascente. **2.** Vento que sopra desse ponto. **3.** Parte norte da Terra. **4.** Parte norte de uma região ou de um país. **5.** Região geográfica e administrativa do Brasil que se estende do Acre ao Tocantins. // *adj* **6.** Relativo ao norte ou dele procedente. **7.** Situado a norte. · Abrev.: **N** (sem ponto). · Antôn.: *sul*. → **nortista** *adj* (do norte brasileiro) e *adj* e *s2gên* (natural ou habitante do norte brasileiro), de antôn. *sulista*.

nor.te-a.me.ri.ca.no *adj* e *sm* Que ou aquele que é natural ou habitante da América do Norte (Canadá, Estados Unidos e México). · Pl.: *norte-americanos*. (Aos estadunidenses prefere-se denominar apenas *americanos*, como eles próprios se chamam.)

nor.te.ar *v* **1.** Dirigir ou encaminhar para o norte: *norteie a visão!* **2.** Orientar, guiar, encaminhar: *um nobre ideal norteia a minha vida: norteio meu relacionamento pela honestidade*. **nortear-se 3.** Guiar-se, orientar-se: *os Reis Magos se nortearam por uma estrela, na verdade um planeta*. · Conjuga-se por *frear*. → **norteação** *sf*, **norteamento** ou **norteio** *sm* [ato ou efeito de nortear(-se)].

nor.te-co.re.a.no *adj* e *sm* Natural ou habitante da Coreia do Norte (v.). · Pl.: *norte-coreanos*.

Noruega *sf* País europeu de área equivalente à do estado do Maranhão. → **norueguês** *adj* e *sm*.

nos 1. Contração da preposição *em* com o artigo definido ou com o pronome oblíquo ou pronome demonstrativo *os*. **2.** Forma oblíqua da 1.ª pessoa do plural, na função de objeto direto ou de objeto indireto.

nós *pron* Indicativo da 1.ª pessoa do plural. · Precedido da preposição *com*, toma a forma *conosco*.

nose [ingl.] *sm* Manobra em bicicleta que consiste em andar na roda dianteira. · Pl.: *noses*. · Pronuncia-se *nôuz*.

no-show [ingl.] *s2gên* **1.** Pessoa que faz determinada reserva (em restaurante, hotel, voo, etc.), mas não comparece nem cancela a reserva. **2.** Pessoa que compra ingresso para um espetáculo, jogo, etc., mas não assiste a ele. · Pl.: *no-shows*. · Pronuncia-se *nôu-xôu*.

no.so.cô.mio *sm* Hospital. → **nosocomial** ou **nosocômico** *adj* (rel. a nosocômio).

nos.sa-a.mi.za.de *s2gên* Tratamento dispensado a pessoa íntima ou mesmo a um estranho, quando se deseja estabelecer relação de simpatia ou de amizade. · Pl.: *nossas-amizades*.

nos.so *pron* **1.** Que é de nós; que nos pertence: *nosso terreno; nossa casa*. **2.** Próprio ou natural da terra em que nascemos: *nosso petróleo*. **3.** Do povo, da nação ou do grupo a que pertencemos: *nosso país; nossa bandeira; nossa língua*. **4.** Que nos serve habitualmente: *nosso avião está atrasado*. **5.** Que nos cabe intrinsecamente: *nossos direitos*. **6.** Lugar em que trabalhamos ou nos divertimos: *nossa escola; nosso clube*. **7.** Que nos é caro: *como vai a nossa amiga?* // *sm* **8.** Aquilo que nos pertence: *o nosso, eles não levam*.

nos.tal.gi.a *sf* **1.** Saudade pungente de coisas, pessoas ou situações do passado. **2.** Saudade de casa ou da pátria, princ. entre exilados. → **nostálgico** *adj* (que provoca nostalgia ou é inspirado pela nostalgia) e *adj* e *sm* (que ou aquele que tem nostalgia, saudade do passado ou do país natal).

no.ta *sf* **1.** Registro breve de alguma coisa, escrita para auxiliar a memória; lembrete. **2.** Breve comentário sobre palavra, frase ou passagem de um livro. **3.** Apontamentos escritos. **4.** Observação, reparo. **5.** Avaliação de mérito ou aptidão em exames, provas, concursos, etc., expressa em cifra ou letra. **6.** Comunicação oficial ou diplomática, curta e formal. **7.** Conta de despesa feita em restaurante, bar, hotel, etc. **8.** Cédula de papel-moeda; dinheiro em papel. **9.** Qualquer dos vários tipos de instrumentos que cobrem débitos. **10.** Pequena notícia oral ou escrita. **11.** Sinal; marca de destaque. **12.** Sinal representativo de um som e da sua duração. **13.** Redução de *nota fiscal*, documento oficial que deve acompanhar obrigatoriamente mercadorias compradas ou vendidas. · Dim. erudito: *nótula*.

nota bene [lat. = note bem]. Expressão usada para chamar a atenção do leitor para algo particularmente importante, geralmente no final de um escrito. · Abrev.: **N.B.** ou **NB** (sem ponto).

no.tar *v* **1.** Pôr nota, marca ou sinal em: *notar um enxoval*. **2.** Atentar em; reparar, observar: *noto que você está preocupada*.

no.tá.rio *sm* Escrivão público; tabelião. · Fem.: *notária*. → **notariado** *sm* (cargo ou ofício de notário); **notarial** *adj* (rel. a notário ou próprio de notário).

no.tá.vel *adj* **1.** Digno de ser notado, de atenção ou reparo: *o vestido era notável pela transparência*. **2.** Apreciável, sensível; *há uma notável diferença entre o veículo nacional e o importado*. **3.** Extraordinário, excelente: *seus notáveis poemas*. **4.** Ilustre, eminente: *Mozart já era músico notável aos seis anos de idade*. · Superl. abs. sint. erudito: *notabilíssimo*. · Antôn. (1): *imperceptível*; (2): *irrisório, insignificante*; (3): *sofrível*; (4): *obscuro, desconhecido*. → **notabilidade** *sf* (qualidade de notável); **notabilizar(-se)** *v* [tornar(-se) notável ou famoso; celebrizar(-se)].

470

notchback [ingl.] *sm* Tipo de automóvel em que o porta-malas é saliente ou semissaliente em relação ao resto da carroceria. (Não se confunde com *fastback* nem com *hatchback*.) · Pl.: *notchbacks*. · Pronuncia-se *nótch-bék*.

notebook [ingl.] *sm* Microcomputador compacto, leve e portátil, tão potente quanto os de mesa. · Pl.: *notebooks*. · Pronuncia-se *nóut-buk*.

no.tí.cia *sf* **1**. Relato da mídia de fato recente importante e de interesse público; matéria interessante levada a público: *ele toma conhecimento das notícias só pelo rádio*. **2**. Informação nova; novidade: *tenho más notícias para vocês*. **3**. Informação; conhecimento: *nunca mais tive notícia dela*. **4**. Conhecimento, recordação, lembrança: *que eu tenha notícia, aquele foi o melhor ano da vida dela*. · V. **núncio**. → **noticiar** *v* (dar notícia de; anunciar, divulgar); **noticiário** *sm* (**1**. programa de rádio ou de televisão com notícias recentes; informativo, noticioso; **2**. conjunto ou resenha de notícias); **noticiarismo** *sm* (**1**. classe dos noticiaristas; **2**. profissão de noticiarista); **noticiarista** *adj* e *s2gên* (que ou jornalista que dá ou redige notícias para os periódicos ou para os noticiosos de rádio e televisão); **noticioso** (ô; pl.: ó) *adj* (que traz muitas notícias) e *sm* [noticiário (1)].

no.ti.fi.car *v* **1**. Comunicar formalmente por escrito: *notifiquei o banco sobre a minha disposição de encerrar a conta*. **2**. Informar, comunicar: *lamento muito ter que notificar-lhes uma tragédia como essa*. **3**. Anunciar solenemente: *o presidente acaba de notificar todo o seu ministério*. **4**. Comunicar uma resolução da autoridade a uma pessoa, segundo normas ou formalidades prescritas; proceder à notificação: *o oficial de justiça notificou o acusado*. → **notificação** *sf* (**1**. ato ou efeito de notificar: *se quiser encerrar a conta, você deve enviar uma notificação por escrito ao banco*; **2**. comunicação formal a alguém, por escrito, a fim de que compareça a juízo, porém, sem a força da intimação; **3**. documento que contém essa comunicação: *você assinou a notificação?*).

no.tó.rio *adj* **1**. Diz-se de tudo aquilo que é geralmente sabido ou conhecido como certo e indubitável: *o notório mau humor do presidente*. **2**. Muito conhecido ou sabido (por algo mau, intolerável, imoral, ilegal, etc.): *São Paulo é notória por sua poluição; entrou no elevador com sua notória arrogância*. → **notoriedade** *sf* (qualidade do que é notório).

no.tur.no *adj* V. **noite**.

nou.tro *contr* da preposição *em* com o pronome indefinido *outro*: *nunca estive noutro país*.

no.va *sf* **1**. Notícia de fato recente; novidade. **2**. Redução de *estrela nova*, estrela que se torna de repente bastante luminosa, para em seguida ir enfraquecendo paulatinamente, até voltar ao seu brilho primitivo.

Nova Iorque *loc sf* A maior cidade dos Estados Unidos, situada na costa leste. → **nova-iorquino** *adj* e *sm* (Não convém usar "Nova York", assim como não convém escrever "nova-yorkino".)

no.va.to *adj* e *sm* Que ou aquele que é principiante ou inexperiente em alguma atividade; noviço.

Nova Zelândia *loc sf* País da Oceania, de área pouco menor que a do estado do Tocantins. → **neozelandês** *adj* e *sm*, de fem. *neozelandesa* (ê) e pl. *neozelandeses* (ê).

no.ve *num* **1**. Oito mais um (9, IX): *nove dos onze membros do STF*. **2**. Nono: *página nove*. // *sm* **3**. Algarismo representativo do número nove. **4**. Algo numerado nove ou alguém representativo desse número: *esse time precisa de um bom nove*. **5**. Nota nove, em provas, concursos ou exames. · Ordinal e fracionário: *nono*.

no.ve.cen.tos *num* **1**. Nove centenas (900, CM). **2**. Noningentésimo. // *sm* **3**. Algarismo representativo do número novecentos. · Ordinal e fracionário: *noningentésimo* ou *nongentésimo*.

no.vel *adj* **1**. De poucos anos de existência; novo: *o novel edifício já está pichado por vândalos*. **2**. Principiante, novato: *um novel advogado*. **3**. Inexperiente, inábil, bisonho: *um novel cirurgião*. **4**. De um novo tipo ou modelo; diferente de tudo o que já se viu: *a fábrica apresentou ao público o seu novel carro*. (Usa-se, como se vê, apenas antes do substantivo.)

no.ve.la *sf* **1**. Narrativa de ficção em prosa, relativamente longa (entre conto e romance), com trama ou enredo mais ou menos complexo (menor que o romance), sobre seres humanos, seus sentimentos, pensamentos, ações, etc. e com unidade de assunto. **2**. Gênero literário representado por tal tipo de narrativa; novelística. **3**. Estória teatralizada, apresentada em capítulos seriados no rádio (radionovela) ou na televisão (telenovela). → **noveleiro** *adj* e *sm* [que ou aquele que aprecia novelas (3)]; **novelesco** (ê) *adj* [próprio de novela; novelístico (2): *o caso Battisti foi o imbróglio jurídico mais novelesco da nossa história*]; **novelista** *adj* e *s2gên* [que ou pessoa que escreve novelas; autor(a) de novelas]; **novelística** *sf* [novela (2)]; **novelístico** *adj* (**1**. rel. a novelística; **2**. novelesco).

no.ve.lo (ê) *sm* Maço de fios enrolados sobre si mesmos. → **enovelamento** *sm* [ato ou efeito de enovelar(-se)]; **enovelar(-se)** *v* [**1**. dobar: *enovelar uma linha; a linha enovelou-se*; **2**. *fig.* tornar(-se) confuso; enredar(-se): *vocês só conseguiram enovelar a questão; o caso foi enovelando-se de tal forma, que ninguém mais entendia coisa nenhuma*].

no.vem.bro *sm* Décimo primeiro mês do ano civil.

no.ve.na *sf* **1**. Série de nove dias seguidos. **2**. Espaço de tempo de nove dias. **3**. Série ou conjunto de nove coisas. **4**. Conjunto de todas as rezas feitas durante nove dias. → **novenal** *adj* (**1**. rel. a novena; **2**. de nove dias: *trabalho novenal*); **novenário** *sm* (livro de novenas).

no.ven.ta *num* Nove dezenas (90, XC). **2**. Nonagésimo: *página noventa*. // *sm* **3**. Algarismo representativo do número noventa. · Ordinal e fracionário: *nonagésimo*.

no.vi.ço *sm* **1**. Aquele que tomou recentemente o hábito religioso e passa por um período de aprendizagem e provação em um convento ou seminário, antes de fazer os votos definitivos. // *adj* e *sm* **2**. Novato, principiante. → **noviciado** *sm* (**1**. período de aprendizagem e privação a que são obrigados os que ingressam numa ordem religiosa; **2**. essa aprendizagem; **3**. prédio onde ficam os noviços; **4**. aprendizagem, os primeiros exercícios de uma profissão; **5**. período que dura tal aprendizagem); **noviciar** *v* (**1**. fazer os primeiros exercícios ou dar os primeiros passos; iniciar-se, estrear-se: *noviciou na literatura com um belo romance*; **2**. praticar o noviciado: *faz pouco tempo que ingressou no convento, portanto ainda novicia*); **noviciário** *adj* (rel. a noviço).

no.vi.da.de *sf* **1**. Qualidade daquilo que é novo ou desconhecido até então; primeira informação; notícia: *o goleiro corintiano é a principal novidade na lista dos convocados; qual é a grande novidade do mundo automotivo?* **2**. Coisa nova: *ela gosta de novidades*. **3**. Produto ou mercadoria recentemente lançada: *esse modelo é a novidade da montadora para este ano*. **4**. *Pop.* Contratempo, imprevisto: *chegamos bem de viagem, sem nenhuma novidade*. **5**. *Pop. Pej.* Comentário indiscreto ou maldoso; mexerico, fofoca, intriga: *mal cheguei, já correram para me contar as novidades*. → **novidadeiro** *adj* e *sm* (que ou aquele que gosta de contar novidades e também de fazer intrigas, mexericos, fofocas). ·· **Cheio de novidades** (pop.). Cheio de manias, de cerimônias, de frescuras; cheio de nove-horas.

no.vi.lho *sm* Touro ou boi novo; bezerro. · Fem.: *novilha*.

no.vi.lú.nio *sm* **1**. Lua nova. **2**. Tempo de lua nova. → **novilunar** *adj* (rel. a novilúnio: *noite novilunar*).

no.vo (ô; pl.: ó) *adj* **1**. De recente existência: *estrada nova*. **2**. De pouca idade; jovem: *gente nova*. **3**. Que nunca havia acontecido antes: *fatos novos*. **4**. Que soa com absoluta novidade: *isso é novo para mim*. **5**. *Fig.* Inexperiente, imaturo, novato: *ele é novo em informática*. **6**. Acabado de sair de fábrica: *carro novo*. **7**. Que passa a existir a partir de agora: *ano novo; novas tecnologias*. **8**. Que marca o início de um processo, ciclo, etc.: *novo regime; nova vida*. **9**. Que inova o que já está ultrapassado ou conhecido; renovador: *novo método de pesquisa*. **10**. Recente: *novo amor; novos hábitos*. **11**. Tão conservado, que parece não ter sido usado: *seu carro está novo!* **12**. De pouco tempo; recém-chegado: *sou novo aqui*. **13**. Desconhecido, estranho: *para um bebê, tudo ainda é muito novo*. **14**. Original, inédito: *nova gíria*. **15**. Já existente, mas visto, experimentado ou adquirido recentemente, ou agora pela primeira vez: *a cirurgia lhe deu um novo nariz*. **16**. Diverso de um anterior recente; outro: *achei novo amor; a equipe tem novo treinador*. **17**. Revigorado: *depois da cirurgia, me sinto um novo homem*. **18**. Que revive outro(s) da mesma espécie: *os novos baianos*. // *sm* **19**. Aquilo que é novidade: *o novo às vezes assusta*. · Antôn. (na maioria das acepções): *velho*. ·· **De novo**. Outra vez; novamente: *Você aqui de novo?!*

no.vo-ri.co *sm* Homem de origem humilde que enriqueceu há pouco e rapidamente, preocupando-se agora apenas em ostentar suas posses, mas sem demonstrar nenhuma instrução, educação, cultura, boas maneiras etc. · Fem.: *nova-rica*. · Pl.: *novos-ricos*.

noz *sf* **1**. Fruto seco da nogueira. **2**. Qualquer fruto seco, com uma só semente, como a castanha-do-pará, o caju, etc.

noz-mos.ca.da sf **1.** Árvore também conhecida como moscadeira, cujo fruto é usado como tempero em alimentos e como remédio. **2.** Esse fruto. · Pl.: *nozes-moscadas*.

noz-vô.mi.ca sf **1.** Árvore asiática que dá um fruto de cujas sementes se extrai a estricnina. **2.** Esse fruto. **3.** Essa semente. · Pl.: *nozes-vômicas*.

nu adj **1.** Sem roupa nenhuma; completamente despido; pelado: *ele só nada nu*. **2.** Exposto, descoberto (cabeça, pés, braços, seios, etc.). **3.** Sem folhas ou vegetação: *galhos nus; encosta nua*. **4.** *Fig.* Desprotegido, vulnerável: *eu me sinto nu sem meus óculos; o presidente está nu*. **5.** *Fig.* Destituído, despojado: *era agora um exército vencido, um exército nu de armas*. // sm **6.** Condição de estar pelado; nudez: *num campo de nudismo não se esconde o nu, porque é um nu sem malícia*. · Fem.: *nua*. ·· **A nu**. A descoberto: *O segredo só veio a nu depois da morte dele*. ·· **A olho nu**. Sem auxílio de qualquer instrumento óptico: *Apreciar o Sol a olho nu é perigoso*. ·· **Nu artístico**. Figura humana nua como tema de uma obra de arte (retrato, pintura ou escultura). ·· **Pôr a nu**. Desvendar, mostrar, revelar por inteiro: *O novo governo assumiu e pôs a nu a situação econômica do país*. ·· **Verdade nua e crua**. Verdade sem disfarces nem rodeios.

nu.an.ça ou **nu.an.ce** sf **1.** Variação leve ou delicada em tom, som, cor, sentimento, expressão, aparência, expressão, etc.; matiz: *as nuances do pensamento; os atores estudam as nuances de expressão facial para mostrar toda a gama de emoções*. **2.** *P.ext.* Diferença sutil entre coisas semelhantes, postas em contraste; matiz, cambiante: *as nuances de fragrância dos perfumes franceses; as nuances do humor brasileiro*.

nu.a-pro.pri.e.da.de sf Propriedade não plena, por não ter o dono o usufruto do bem. · Pl.: *nuas-propriedades*. → **nu-proprietário** adj e sm (que ou aquele que detém a propriedade de um bem, mas não o seu usufruto: *casal nu-proprietário*), de fem. *nu-proprietária* e pl. *nus-proprietários* (do substantivo) e *nu-proprietários* (do adjetivo).

nu.ben.te adj e s2gên Que ou pessoa que está prestes a casar. → **núbil** adj (que está em idade de casar); **nubilidade** sf (qualidade ou estado de núbil).

nu.bla.do adj **1.** Cheio de nuvens escuras. **2.** *Fig.* Triste, sombrio, carrancudo, preocupado: *homem de expressão nublada*. → **nublar(-se)** v [**1.** tornar(-se) (o céu) cheio de nuvens escuras; **2.** *fig.* tornar(-se) triste, sombrio, carrancudo: *seu olhar se nublou instantaneamente, ao ouvir aquela notícia*].

nu.ca sf Parte posterior do pescoço. → **nucal** adj (da ou na nuca).

nu.cí.vo.ro adj Que se alimenta de nozes: *os esquilos são animais nucívoros*.

nu.clei.co (éi ou êi) adj Diz-se do ácido orgânico que existe em todas as células vivas, intervém na síntese das proteínas e na transmissão genética: *o DNA é um ácido nucleico*.

nú.cleo sm **1.** Parte central, essencial, em torno da qual outras partes se agrupam; centro. **2.** Parte central de um átomo, carregado positivamente, composta de prótons e nêutrons, que contém quase toda a massa do átomo. **3.** Parte central de um cometa. **4.** Parte de uma célula que controla seu crescimento: *o DNA é armazenado no núcleo de uma célula*. **5.** *Fig.* Grupo de pessoas ou coisas que formam a parte mais importante de algo: *o núcleo duro do governo*. **6.** *Fig.* Parte básica ou central de qualquer coisa: *o núcleo do sujeito; o núcleo do predicado; o núcleo de uma locução*. **7.** Parte mais sonora de uma sílaba, a vogal. **8.** Grupo de células nervosas no cérebro ou na coluna vertebral. **9.** Massa central, geralmente esférica ou oval do protoplasma, presente na maioria das células vegetais e animais, contendo a maior parte do material hereditário e necessário para funções como crescimento, reprodução, etc. · Dim. irregular: *nucléolo*. → **nuclear** adj (**1.** rel. a qualquer tipo de núcleo; **2.** que usa ou possui bombas atômicas ou de hidrogênio; **3.** *fig.* central, básico); **nuclearização** sf [ato ou efeito de nuclearizar(-se)]; **nuclearizar** v [**1.** substituir (fonte tradicional de energia) pela energia nuclear; **2.** dotar de armas nucleares: *o governo norte-coreano nuclearizou o país*); **nuclearizar-se** (tornar-se nuclearizado: *o país se nuclearizou em poucos anos*).

nu.clí.deo sm Núcleo atômico caracterizado por seu número de prótons e por seu número de nêutrons.

nu.dez (ê) sf **1.** Estado ou fato de alguém estar nu: *foto de nudez frontal; ela fez ensaio de nudez para uma revista masculina*. **2.** Figura nua, princ. numa obra de arte. **3.** *P.ext.* Ausência de floreios; simplicidade: *a nudez de um estilo*. → **nudismo** sm (prática esportiva que consiste em conviver em grupos, em áreas reservadas, completamente despido, por razões de saúde, na tentativa de voltar ao estado primitivo; naturismo); **nudista** adj (rel. a nudismo; naturista) e adj e s2gên (que ou pessoa que é adepta do nudismo; naturista)

nu.ga sf Insignificância, ninharia, bagatela, nica: *preocupar-se com nugas*. (Usa-se mormente no plural.)

nugget [ingl.] sm Pequeno pedaço de carne empanada, princ. de frango, servido com molho picante. · Pl.: *nuggets*. · Pronuncia-se *nâghit*.

nuke [ingl.] sm Programa que visa a derrubar a conexão com a Internet ou a travar o computador de alguém. · Pl.: *nukes*. · Pronuncia-se *nuk*.

nu.lo adj **1.** Sem efeito, validade ou valor; inválido: *o casamento foi declarado nulo pelo Papa; contrato nulo*. **2.** Que equivale a zero ou sem nenhum elemento ou membro: *equação de resultado nulo; conjunto nulo*. **3.** Igual ou associado ao valor zero: inexistente: *o resultado da CPI foi nulo*. **4.** Incapaz, incompetente: *ser nulo em matemática*. → **nulidade** sf (**1.** qualidade ou condição do que é nulo; **2.** falta de força ou de validade legal) e sf (pessoa sem nenhum valor, talento, competência, aptidão ou habilidade); **nulificação** sf (ato ou efeito de nulificar); **nulificante** ou **nulificativo** adj (que nulifica ou tem o poder de nulificar); **nulificar** v (tornar nulo; anular).

num contr da preposição *em* com o artigo indefinido *um*.

nu.me.rá.rio adj **1.** Relativo a dinheiro. // sm **2.** Dinheiro vivo.

nu.mé.ri.co adj **1.** Relativo a número ou a uma série de números. **2.** Que indica um número.

nú.me.ro sm **1.** Símbolo representativo de uma unidade ou de muitas unidades. **2.** Coleção de coisas ou pessoas que podem ser contadas. **3.** Categoria gramatical que indica as noções de singular ou plural expressas, em português, por desinência. **4.** Exemplar de jornal ou revista. **5.** Cena ou quadro de uma peça; parte de um espetáculo ou *show*. · Abrev.: **n.º** (sem o tracinho e com o ponto). → **numeração** sf (ato ou efeito de numerar); **numerador** (ô) sm [**1.** em matemática, expressão escrita acima do traço horizontal de uma fração comum, ou à sua esquerda, para indicar o número de partes de um todo (contrário do denominador): *o numerador na fração 2/6 é 2*; **2.** expressão a ser dividida por outra; dividendo; **3.** aquilo que numera livros, papéis, etc.], de antôn. (**1.**): *denominador*; **numeral** adj [que encerra ou denota número(s)] e sm (**1.** símbolo ou figura que representa um número; **2.** classe de palavras que indica um número ou dá ideia de número); **numerar** v (**1.** pôr números em: *numerar as camisas dos jogadores, as casas de uma rua*; **2.** proceder à contagem de; contar: *o fazendeiro numerava os bois, à medida que os animais entravam no curral*), que não se confunde com *enumerar*; **numérico** adj (**1.** rel. a número ou a uma série de números: *ordem numérica*; **2.** que indica um número: *símbolo numérico*); **numerologia** sf (estudo do significado oculto dos números e da sua suposta influência na vida humana); **numerológico** adj (rel. a numerologia; **numerologista** s2gên ou **numerólogo** sm (especialista em numerologia); numerosidade sf (grande quantidade); **numeroso** (ô; pl.: ó) adj (que consiste em grande número de unidades ou de indivíduos: *biblioteca numerosa; família numerosa*).

nu.mis.má.ti.ca sf Estudo ou coleção de moedas e medalhas (sua origem, história, uso, etc.). → **numismata** s2gên (especialista em numismática); **numismático** adj (rel. a numismática).

nun.ca adv **1.** Em tempo algum; em ocasião nenhuma: *eu nunca havia acampado*. **2.** Em nenhuma circunstância; sob nenhuma condição; de jeito nenhum: *isso nunca vai acontecer; um divórcio nunca é fácil para as crianças*.

nún.cio sm **1.** Portador de notícias; mensageiro. **2.** Representante diplomático permanente da Santa Sé junto a um governo, com *status* de embaixador. → **nunciativo** adj (que contém notícia); **nunciatura** sf (**1.** dignidade, cargo ou residência de núncio; **2.** período de exercício desse cargo).

núp.cias sfpl Casamento e festividades que o acompanham: *os noivos estavam se preparando para as núpcias havia dois anos; morreu na noite de núpcias*. → **nupcial** adj (rel. a núpcias).

nu.pér.ri.mo adj Superlativo absoluto sintético erudito de *recente*; recentíssimo: *nosso relacionamento é nupérrimo*. · Antôn.: *antiquíssimo*.

nu.tra.cêu.ti.co adj e sm **1.** Que ou alimento natural que traz benefícios extras à saúde, além do valor nutricional básico, como cereais, suplementos dietéticos, antioxidantes, produtos lácteos fortificados, vitaminas, etc. // adj **2.** Que fabrica esse alimento: *empresa nutracêutica*. (A palavra se formou da

combinação de *nutrição* com *farmacêutico* e não consta na 6.ª ed. do VOLP).
nu.trir(-se) *v* Prover(-se) de alimentos vigorosos: *para nutrir o organismo, use apenas alimentos saudáveis; o organismo só se nutre com alimentos saudáveis.* → **nutrição** *sf* (**1**. ato ou efeito de nutrir; **2**. qualquer substância que satisfaz a necessidade do organismo e ajuda no crescimento e desenvolvimento do corpo; **3**. estudo dos alimentos em relação aos processos fisiológicos que dependem de sua absorção pelo organismo; **4**. conjunto de todos os processos que envolvem a tomada e utilização de substâncias alimentares, pelas quais se cresce, restabelece e são mantidas as atividades orgânicas na sua totalidade (compreende a ingestão, digestão, absorção e assimilação ou metabolismo)]; **nutricional** *adj* (rel. a nutrição); **nutricionismo** *sm* (estudo científico dos problemas relacionados com a nutrição); **nutricionista** *adj* (rel. a nutricionismo) e *adj* e *s2gên* (especialista em nutrição); **nutricosmético** *sm* (suplemento alimentar formulado com nutrientes que também têm funções cosméticas, também conhecido como *cosmético nutricional* e *pílula da beleza*: *o mercado europeu de nutricosméticos movimenta três bilhões de euros por ano*); **nutrido** *adj* (que está com o organismo suficientemente provido de bons alimentos); **nutriente** *sm* (alimento ou qualquer substância que fornece ao organismo os elementos necessários ao metabolismo, ajudando o corpo a ser saudável); **nutritivo** *adj* (que tem a propriedade de nutrir; que ajuda o corpo a ser saudável).

nu.vem *sf* **1**. Massa visível de finíssimos vapores de água condensados ou de partículas de gelo suspensa na atmosfera: *o céu hoje está sem nuvens.* **2**. Massa compacta de poeira, fumaça ou gases suspensa na atmosfera: *um carro passou em alta velocidade e levantou uma nuvem de poeira.* **3**. *Fig.* Grande quantidade de quaisquer coisas muito juntas e em movimento, no ar ou no solo: *nuvem de gafanhotos, de poeira, de balas.* **4**. Em informática, rede de computadores na qual se armazenam arquivos e programas, em vez do disco rígido do computador: *essas fotos são mantidas na nuvem.* **5**. *Fig.* Algo que causa muita tristeza, medo ou preocupação: *quando soube que estava com a doença, passou a viver sob uma nuvem de melancolia; paira uma nuvem de suspeita sobre você.*

O

o/O *sm* Décima quinta letra do alfabeto, de nome ó. · Pl.: os *oo* ou os *ós*.

o artigo definido (*o livro*), pronome demonstrativo (*o que eu vi ninguém viu*) e forma oblíqua da 3.ª pessoa do singular (*eu o vi ontem*). · Fem.: *a*.

ó *sm* **1**. Nome da letra *o*. // *interj* **2**. Usada para chamar alguém: *ó de casa!* (Não se confunde com *oh!*) · Pl. (1): os *ós* ou os *oo*.

OAB *sf* Sigla de *Ordem dos Advogados do Brasil*. · Pronuncia-se *ó á bê*.

o.á.sis *sm2núm* Área num deserto onde há água suficiente para o desenvolvimento de plantas. → **oasiano** ou **oásico** *adj* (rel. a oásis).

o.ba (ô) *interj* Indica surpresa, entusiasmo.

ob.ce.car *v* **1**. Induzir a erro ou a persistir nele; tornar obstinado: *as paixões obcecam o homem, embotando-lhe a mente*. **2**. Ofuscar o entendimento de: *aquele discurso obcecou a multidão, que só o aplaudia*. **3**. Ocupar o pensamento de, continuamente; causar ideia fixa a; produzir obsessão em: *a ideia de ser presidente o obcecava desde a juventude*. **4**. Privar do discernimento; perturbar, ofuscar: *neste momento, em que grande parte da humanidade está tomada pelo temor de uma nova guerra mundial, a possibilidade do fim dos tempos começa, mais uma vez, a obcecar a mente dos homens*. **5**. Causar certo fascínio inexplicável a; fascinar sem aparentemente uma explicação lógica, racional ou plausível: *as linhas curvas me obcecam!; como me obceca o verde!* **obcecar-se 6**. Tornar-se contumaz no erro: *obcecar-se na corrupção*. **7**. Permitir que uma ideia fixa se apodere do espírito e impeça que se considere uma coisa com clareza, discernimento ou exatidão: *se você suspeita que seu filho sente inveja de seus irmãos, convém encontrar logo uma solução, antes de que tal sentimento se converta em um mau costume, mais não deve obcecar-se com isso: a inveja é um sentimento natural*. **8**. Agarrar-se com firmeza a uma ideia fixa; obstinar-se: *muitos se obcecam em ajuntar bens e dinheiro, sem pensar em viver*. **9**. Tornar-se privado do discernimento; perturbar-se, ofuscar-se: *a catástrofe é o acontecimento pelo qual a mente humana se obceca quando já não vê saídas, quando se rende ao medo, em vez de usar o bom senso*. → **obcecação** *sf* [ato ou efeito de obcecar(-se)]; **obcecado** *adj* (**1**. diz-se daquele que tem a razão obscurecida, geralmente por uma ideia fixa; privado da razão: *o homem, quando fica obcecado, perde o senso do ridículo*; **2**. que tem desejo intenso e irresistível; irresistivelmente atraído; alucinado: *ela é obcecada por arte*; **3**. caracterizado por esse desejo: *ela nutre obcecada paixão por música*).

o.be.de.cer *v* **1**. Fazer ou cumprir o que é ordenado por (pessoa, lei, norma, comando, instrução, instinto, etc.): *obedecer aos pais, à justiça, à sinalização de trânsito, aos impulsos, a ordens superiores; as cavalgaduras obedecem às rédeas*. **2**. Estar sujeito (a uma posição, força, influência, etc.): *todos os corpos obedecem à lei da gravidade*. → **obediência** *sf* (**1**. ato ou efeito de obedecer: *a falta de obediência aos pais lhe custou um castigo*; **2**. disposição para cumprir aquilo que manda um superior; qualidade ou condição de obediente: *os militares primam pela obediência*; **3**. cumprimento fiel ou rigoroso de alguma coisa; observância: *a obediência às regras estabelecidas*); **obediente** *adj* (que obedece; que aceita ou acata respeitosamente uma ordem superior: *filho obediente; ser obediente ao professor*).

o.be.lis.co *sm* **1**. Monumento de ápice piramidal, feito geralmente de uma só pedra sobre um pedestal. **2**. Qualquer objeto semelhante.

o.be.so (ê) *adj* Extremamente gordo em relação à altura, físico e idade, geralmente com barriga proeminente e flácida. · Antôn.: *magro, esguio*. → **obesidade** *sf* (qualidade ou estado de obeso), de antôn. *magreza*.

obi [jap.] *sf* Faixa larga e longa de seda, presa atrás por um laço fixo, usada pelas mulheres japonesas como parte de seu traje tradicional e também como acessório de moda no Ocidente, em roupas femininas. · Pronuncia-se *óubi*.

ó.bi.ce *sm* Empecilho, obstáculo, dificuldade, impedimento. tranca (2).

ó.bi.to *sm* Morte de uma pessoa. · Antôn.: *nascimento*. → **obituário** *adj* (rel. a óbito) e *sm* (**1**. relação de óbitos; necrologia, necrológio; **2**. livro paroquial em que se registram os óbitos e enterros; **3**. seção necrológica de um jornal; necrologia, necrológio; **4**. nota da morte de alguém, geralmente com breve biografia); **obituarista** *s2gên* (pessoa que faz o registro dos óbitos). ·· **Ir a óbito**. Morrer: *O atropelado foi conduzido ao hospital, mas acabou indo a óbito*. (Cuidado para não usar "*vir*" a óbito!)

ob.je.ção *sf* **1**. Ato ou efeito de objetar: *o cliente fez objeção àquele imóvel, e o corretor se apressou em apresentar-lhe outro*. **2**. Argumento ou observação que se faz contra uma opinião, projeto ou afirmação, para negar sua necessidade ou apontar falhas em seu conteúdo; contestação: *não tenho objeção a fazer acerca dessa sua afirmação*. **3**. Obstáculo, inconveniente, empecilho, estorvo: *a idade, superior a 40 anos, era a grande objeção para ele conseguir um emprego*. **4**. Oposição: *o Brasil enfrenta objeção argentina sobre ampliação do Conselho de Segurança da ONU*. → **ob.je.tar** *v* [**1**. contrapor (argumento), impugnando uma afirmação; oferecer uma razão ou um argumento contrário a alguma coisa; alegar, contradizendo: *ante a insistência da mãe, o filho (lhe) objetou que tinha de sair para cumprir uma promessa*; **2**. opor-se a; colocar objeções a; fazer oposição a: *o juiz não tem o direito de objetar o (ao) cumprimento da lei*; **3**. apresentar em oposição ou como objeção; contrapor: *se ele quer dizer que sou uma pessoa insignificante, não tenho nada a objetar, nunca afirmei o contrário*]. ·· **Objeção de consciência**. Recusa a participar de ações militares por razões éticas ou de consciência (filosóficas, humanitárias, ideológicas, religiosas, etc.).

ob.je.to *sm* **1**. Tudo o que é visível ou tangível. **2**. Pessoa ou coisa a que o pensamento ou a ação é dirigida. **3**. Motivo, causa. **4**. Aquilo sobre o qual incide um desejo, um sentimento, etc.; razão. **5**. Tudo o que constitui a matéria de ciências ou artes. **6**. Nome que recebe a ação verbal ou que é afetado por ela nessa ação; complemento de verbo transitivo, sem preposição (objeto direto), ou com preposição clara ou subentendida (objeto indireto). → **objetiva** *sf* [lente de câmara, microscópio, etc. voltada para o objeto a ser fotografado, estudado, etc. (por oposição a *ocular*, lente junto à qual se coloca o olho)]; **objetivação** *sf* (ato ou efeito de objetivar); **objetivar** *v* (ter como objetivo; pretender; visar a); **objetividade** *sf* (**1**. qualidade ou estado de ser objetivo, de não levar em conta suas próprios opiniões ou preferências: *ele tenta manter a objetividade em seu julgamento*; **2**. qualidade do que é conforme à realidade, do que é descrito com exatidão: *a objetividade de um relato*), de antôn. *subjetividade*; **objetivo** *adj* [**1**. rel. a objeto; que provém das sensações (em oposição a *subjetivo*); **2**. que se restringe aos fatos, sem ser influenciado por emoções, valores ou juízos pessoais; **3**. direto, prático] e *sm* (fim a que se pretende chegar; alvo, meta).

o.bla.ção *sf* Ato de oferecer algo a Deus, ou a um ser considerado superior, com certas cerimônias estabelecidas pela Igreja ou por seitas. → **oblata** *sf* (tudo o que se oferece a Deus ou aos santos na igreja, em sinal de respeito e veneração); **oblativo** *adj* (em que há oblata).

o.blí.quo *adj* **1**. Que não é nem perpendicular nem paralelo a uma superfície; inclinado à perpendicular; diagonal. **2**. Em gramática, que designa qualquer caso substantivo, exceto o nominativo e o vocativo. → **obliquidade** (o **u** soa) *sf* (**1**. qualidade, estado ou condição de ser oblíquo; **2**. desvio da perpendicular; **3**. em astronomia, ângulo entre o plano do equador da Terra e o plano da órbita da Terra em torno do Sol, igual a aproximadamente 23° 27').

o.bli.te.rar *v* **1**. Fazer desaparecer paulatinamente; apagar: *a ação do vento e da chuva obliterou a inscrição tumular*. **2**. Eliminar, suprimir: *obliterar algumas cláusulas do contrato; querem obliterar as tradições indígenas*. **3**. Fazer esquecer; deixar cair no esquecimento: *a imprensa já não publica nada sobre o fato, tentando obliterá-lo*. **4**. Carimbar (selo, bilhete de loteria, passaporte ou qualquer documento), para impedir sua reutilização: *o Correio oblitera os selos em todas as correspondências postadas*. **5**. Fechar ou tapar a cavidade ou o duto de; obstruir: *um coágulo obliterou a veia*. **obliterar-se 6**. Desaparecer paulatinamente; apagar-se, extinguir-se, cair no esquecimento: *são tradições que se obliteram a cada geração que surge*. **7**. Fechar-se pouco a pouco (duto ou cavidade), pela aderência das paredes, ou por qualquer outra causa. → **obliteração** *sf* [ato ou efeito de obliterar(-se)]; **obliterador** (ô), **obliterante** ou **obliterativo** *adj* (que oblitera).

o.blon.go adj **1**. Mais comprido que largo; alongado: *folha oblonga*. **2**. Oval, elíptico: *rosto oblongo*. (Note pela divisão silábica que a pronúncia não é "ob-longo"!)

ob.nó.xio (x = ks) adj **1**. Que aceita calado os insultos e desaforos dos outros. **2**. Que se submete a castigo sem reclamar. **3**. Que não tem vontade própria; dependente. **4**. Funesto, nefasto, nefando: *fumar é um vício obnóxio*.

o.bo.é sm Instrumento musical de sopro, de palheta dupla, feito de madeira, de timbre semelhante ao da clarineta, mas levemente nasal. → **oboísta** adj e s2gên (que ou pessoa que toca oboé).

ó.bo.lo sm Pequena esmola ou donativo; esmola de pouco valor.

o.brar v **1**. Fazer, realizar, operar ou produzir (coisa não material): *quem obra o bem, recebe o bem; quem obra o mal, recebe o mal*. **2**. Causar, maquinar, urdir: *obrar a cizânia no ambiente de trabalho*. **3**. Produzir, compor: *poeta que obra sonetos com facilidade*. **4**. Fazer trabalho de alvenaria; construir: *os pedreiros obraram essa casa em seis meses*. **5**. Exercer influência; influenciar, atuar: *são leituras que obram no espírito da juventude; Deus não obra nos resultados esportivos*. **6**. Trabalhar, agir: *poucos obram pelo povo; obrar contra os interesses do país*. **7**. Realizar ações de determinada maneira; comportar-se, proceder, agir: *obrar com maldade; obro sempre segundo minha consciência*. **8**. Exercitar o trabalho; trabalhar: *obrar incansavelmente*. **9**. Produzir efeito; ser eficaz (um medicamento): *o laxante obrou prontamente*. **10**. Expelir (pessoa) os excrementos do organismo; defecar, evacuar: *a criança não obra há três dias*. **obrar-se 11**. Sujar-se (pessoa) com os próprios excrementos; borrar-se, cagar-se: *quando viu a polícia, obrou-se*. // sm **12**. Ato de obrar: *o obrar linguístico é da essência da natureza humana*. → **obra** sf (**1**. tudo aquilo que o homem faz na esfera da literatura, da ciência, da arte, da moral, da religião; **2**. trabalho de construção ou reparação de um edifício; **3**. ação, feito), de dim. erudito (1): *opúsculo*; **obra-prima** sf (**1**. a melhor ou a mais importante produção artística, literária ou científica de um autor, de uma época, etc.; **2**. qualquer coisa superlativa em seu gênero: *o desempenho de Errol Garner em Misty é uma obra-prima!*), de pl. *obras-primas*; **obreiro** sm (**1**. operário, trabalhador; **2**. *fig*. aquele que, por suas palavras ou obras, contribui para o desenvolvimento de uma grande ideia) e adj (diz-se das abelhas operárias).

o.bri.gar v **1**. Tornar agradecido: *sua hospitalidade e muitos favores muito me obrigam*. **2**. Expor a risco ou obrigação; sujeitar: *o divórcio obriga os bens do casal*. **3**. Impor obrigação a: *o clube obrigou-o a cumprir o contrato*. **4**. Constranger ou compelir por meio físico, legal, social ou moral; forçar, coagir: *ninguém o obrigou a voltar ao trabalho*. **5**. Exigir, reclamar: *obrigaram-no a jogar o cigarro*. **6**. Dar como garantia ou fiança; empenhar, penhorar: *obrigou todos os seus bens, para efetuar o negócio*. **7**. Prender (alguém) por afeição ou reconhecimento; cativar: *suas gentilezas muito nos obrigam*. **8**. Tornar obrigatório, necessário ou forçoso: *a forte chuva de granizo obrigava os motoristas a estacionar no acostamento*. **obrigar-se 9**. Assumir compromissos; comprometer-se: *o governo se obrigou a reduzir a carga de impostos*. **10**. Responsabilizar-se: *os tios se obrigaram pelas crianças*. **11**. Assumir dívidas; endividar-se: *obriguei-me bastante, para construir a casa*. · Antôn. (5 e 8): *facultar*. → **obrigação** sf (**1**. imposição ou exigência legal, com as competentes sanções; **2**. ação imposta pela sociedade, lei ou consciência; compromisso; **3**. favor ou benefício prestado); **obrigado** adj (**1**. imposto por lei ou costume; **2**. forçado, coagido; **3**. agradecido); **obrigatoriedade** sf (qualidade de obrigatório); **obrigatório** adj (**1**. que envolve obrigação; compulsório; **2**. forçoso, imperioso, necessário), de antôn. (1): *facultativo*.

obs.ce.no adj Que atenta contra o pudor; indecente. → **obscenidade** sf (**1**. qualidade de obsceno; **2**. palavra ou ato obsceno).

obs.cu.ran.tis.mo sm **1**. Prática ou política de tornar deliberadamente algo vago ou difícil de entender, para evitar que as pessoas descubram a verdade. **2**. Oposição à difusão do conhecimento, da cultura, do progresso da ciência e da razão entre o público. **3**. Estado completo de ignorância. → **obscurantista** adj (rel. a obscurantismo) e adj e s2gên (que ou pessoa que defende o obscurantismo).

obs.cu.re.cer v **1**. Escurecer ou reduzir a claridade regular de; privar da claridade normal: *a nuvem de poeira obscureceu o dia*. **2**. Turvar, embaciar, nublar: *a nuvem de pó obscureceu o ambiente; o fanatismo religioso obscurece a luz*. **3**. Tornar menos grave; encobrir, fazer esquecer, suplantar, eclipsar: *o sucesso do espetáculo obscureceu todas as suas falhas*. **4**. Tornar menos inteligível ou mais confuso; complicar: *o diretor reconheceu que obscureceu muitos pontos da trama*. **5**. Perturbar, confundir, baralhar: *a cocaína obscurece os sentidos*. **6**. Tirar o brilho de; deslustrar, empanar: *sua arrogância obscurece o seu talento*. **7**. Tornar menos efetivo; reduzir, diminuir: *o sucesso, a fama, a fortuna e a vaidade lhe obscureceram o bom senso*. **obscurecer(-se) 8**. Perder o brilho; turvar-se: *o tempo (se) obscureceu de repente*. **9**. Tornar-se confuso, complicado ou menos inteligível: *o crime (se) obscurece dia a dia*. **10**. Deslustrar-se, macular-se, manchar-se: *sua honradez não (se) obscureceu com esse incidente*. · Antôn. (1 e 2): *clarear*. → **obscurecimento** sm (ausência ou escassez de luz; escuridão).

obs.cu.ro adj **1**. Sem claridade; escuro: *ambiente obscuro*. **2**. *Fig*. Falta de clareza ou nitidez; vago, ambíguo: *político de posições obscuras*. **3**. Sem fama nem celebridade; desconhecido: *o melhor romance do ano foi escrito por um autor obscuro*. **4**. Ignorado, não sabido, incerto: *criatura de origem obscura*. **5**. Distante, retirado: *morar num bairro obscuro*. **6**. Sem nenhuma nitidez; indistinto: *o sinal era tão obscuro, que me foi impossível decifrá-lo*. · Antôn. (1 e 2): *claro*; (3): *célebre, famoso, ilustre*; (4): *conhecido*; (5): *próximo*; (6): *nítido, claro*. → **obscuridade** sf (**1**. qualidade ou estado de obscuro; **2**. ausência de fama ou de celebridade: *quem gosta de aparecer teme a obscuridade*).

ob.sé.quio (s = z) sm Favor com que se procura agradar: *ela fez o obséquio de me acompanhar até a porta*. → **obsequiar** (s = z) v (**1**. prestar serviços a; tratar com agrado: *está sempre disposto a obsequiar os amigos*; **2**. presentear: *tinha o hábito de, ao chegar de viagem, obsequiar os filhos*); **obsequioso** (s = z; ô; pl.: ó) adj (**1**. que presta obséquios ou favores com satisfação; **2**. *fig*. que procura agradar cometendo excessos ou exageros).

ob.ser.var v **1**. Olhar atentamente; atentar para, notar, reparar em: *observe a reação da moça!; parei e fiquei ali, só observando*. **2**. Obedecer a, cumprir, respeitar, acatar: *o paciente observou rigorosamente as ordens médicas*. **3**. Seguir em segredo os movimentos ou as ações de; espiar: *vários agentes, no aeroporto, observavam suspeitos de tráfico*. **4**. Olhar atentamente a (os astros ou fenômenos atmosféricos), para fins de estudo; analisar: *cientistas observaram o eclipse lunar*. **5**. Fazer observações científicas sobre; examinar para estudo; analisar: *Darwin passou boa parte da vida na América do Sul observando o comportamento animal*. **6**. Tomar exemplo em; imitar: *observe seus amigos, mire-se neles!* **7**. Dar-se conta de; notar, constatar, verificar, reparar, ver, perceber: *observe por essa reação dela que a rixa entre eles é antiga!* **8**. Olhar com atenção e dissimulação; olhar às ocultas; espiar, espreitar: *os indiscretos ficavam observando as meninas pelo buraco da fechadura*. **9**. Ponderar, replicar, objetar: *ao ouvir dele que poderia até suicidar-se, observei que isso seria uma atitude covarde*. **10**. Censurar de leve; admoestar: *como não gostei do seu comportamento, observei-a amigavelmente*. **observar-se 11**. Vigiar as próprias ações; policiar-se: *vou me observar mais*. **12**. Vigiar-se reciprocamente: *as ex-amigas ficaram observando-se, como se nunca tivessem se visto antes*. → **observação** sf [**1**. ato ou o efeito de observar(-se); **2**. leve advertência elucidativa; **3**. exame detido; análise, estudo minucioso; **4**. nota, apontamento; **5**. cumprimento, observância; **observância** sf (observação ou cumprimento fiel de uma coisa; obediência); **observatório** sm (edifício ou instituição devidamente equipada, destinada a observações astronômicas, meteorológicas ou a quaisquer outros fenômenos naturais).

ob.ses.são sf **1**. Condição de estar obcecado por alguém ou por alguma coisa: *fascinado pela atriz, querer saber tudo sobre ela se tornou uma obsessão; perder peso virou nela uma obsessão*. **2**. Qualquer ideia fixa ou preocupação contínua; algo ou alguém em quem se pensa o tempo todo: *ter obsessão com a morte; ter obsessão por limpeza; elas têm obsessão por fama e dinheiro*. → **obsessivo** adj (**1**. rel. a obsessão; **2**. característico de obsessão: *gestos obsessivos*; **3**. que causa obsessão: *objetivos de vida extremamente obsessivos*; **4**. excessivo em grau ou natureza: *alimenta uma obsessiva vontade de vencer*); **obsesso** adj (que está dominado por uma obsessão; atormentado: *homem obsesso por uma ideia*) e sm (aquele que supõe estar atormentado pela influência do demônio); **obsessor** (ô) adj e sm (que ou o que causa obsessão).

ob.so.le.to (ê ou é) adj **1**. Que caiu em desuso; que já não se usa; arcaico, desusado: *é uma brasa, mora é uma gíria* *obsoleta; as lâmpadas incandescentes se tornaram obsoletas, quando surgiram as LED*. **2**. Ultrapassado, fora de moda, antiquado: *tecnologia obsoleta; métodos de cultivo obsoletos*. · Antôn.: *moderno*.

obs.tá.cu.lo *sm* Tudo o que, à frente, torna impraticável o prosseguimento de uma ação. **obstaculização** *sf* (ato ou efeito de obstaculizar; criação de obstáculo); **obstaculizador** (ô) ou **obstaculizante** *adj* (que cria obstáculos; impeditivo); **obstaculizar** *v* (criar ou interpor obstáculos a; dificultar, impedir, obstar (1): *medida tendente a obstaculizar o acesso ao território brasileiro de guerrilheiros colombianos*).

obs.tan.te, não *loc prep* Apesar de.

obs.tar *v* **1**. Criar embaraço, empecilho ou impedimento a; servir de obstáculo a; impedir, obstaculizar: *o fato de ela ser rica e ele ser pobre não obsta (a) que eles se casem; o muro que construímos obstava a (à) passagem das correntes de ar*. **2**. Opor-se, resistir, dificultar: *é preciso obstar a esse aumento indiscriminado de impostos; obstaram-lhe o acesso à empresa*. → **obstante** ou **obstativo** *adj* (que obsta, dificulta ou impede). ·· **Nada** (ou **Não**) **obstante**. **1**. Apesar de: *Nada obstante a chuva, viajamos*. **2**. Entretanto, todavia, apesar disso: *Não somos ricos, não obstante fazemos doações frequentemente*.

obs.te.trí.cia *sf* Ramo da medicina que trata da gravidez e do parto. → **obstetra** *adj* e *s2gên* (especialista em obstetrícia); **obstétrico** *adj* (rel. a obstetrícia); **obstetriz** (pl.: *-zes*) *sf* (mulher que faz partos sem ter diploma superior; parteira).

obs.ti.nar *v* **1**. Tornar obstinado ou relutante, resistente: *o prazer carnal obstina o pecador*. **obstinar-se 2**. Manter-se firme em um propósito, ideia, opinião ou resolução (toma-se à má parte); teimar ou insistir (em algo mau, errado ou duvidoso): *obstinar-se no ódio, no erro, no desejo de vingança*. → **obstinação** *sf* (qualidade de pessoa obstinada; perseverança, insistência); **obstinado** *adj* (**1**. que não cede; inflexível, irredutível; **2**. teimoso, cabeçudo; **3**. difícil de controlar ou dominar; **4**. difícil de aliviar ou curar).

obs.tru.ir *v* **1**. Impedir, bloquear ou dificultar (uma passagem) com obstáculo(s): *obstruir uma rua, um corredor, uma escada*. **2**. Tornar difícil, complicado ou impossível; dificultar, complicar ou impossibilitar: *ruas alagadas obstruíram o trânsito na região*. **3**. Criar obstáculo ou empecilho a (concretização de alguma coisa); impedir, atrapalhar, estorvar: *obstruir uma votação*. **4**. Bloquear (visão): *torcedores se levantavam à minha frente, obstruindo-me a visão do campo e do jogo*. **5**. Bloquear (uma estrutura), impedindo o funcionamento normal: *obstruir a aorta, o intestino*. **obstruir-se 6**. Encher-se de coisas que entopem; fechar, entupir: *o esgoto se obstruiu naquele ponto*. · Conjuga-se por *atribuir*. → **obstrução** *sf* [ato ou efeito de obstruir(-se)], que rege *de*, e não "a": *obstrução de justiça*; **obstrutivo** *adj* (que obstrui ou serve para obstruir); **obstrutor** (ô) *adj* e *sm* (que ou o que obstrui).

ob.ter *v* **1**. Receber ou alcançar (coisa desejada, pedida ou merecida): *obtive um sim dela; obter uma graça, um emprego*. **2**. Retirar (um produto industrial) de uma matéria-prima; conseguir, chegar a, produzir: *você sabe como obtemos a gasolina?* **3**. Adquirir através de esforço ou de comportamento; conseguir, granjear, conquistar: *obter sucesso; obter um diploma; obter a simpatia do chefe; obteve a nota máxima no vestibular*. **4**. Ter a posse de; conseguir, retirar: *como é que obtenho livros nesta biblioteca, para leitura em casa?* · Conjuga-se por *ter*. → **obtenção** *sf* (ato ou efeito de obter, particularmente à custa de esforço, trabalho, sacrifício, etc.: *a obtenção de um diploma*).

ob.tu.rar *v* Tapar ou fechar (cavidade do corpo): *obturar dentes*. → **obturação** *sf* (ato ou efeito de obturar).

ob.tu.so *adj* **1**. Lento para perceber ou entender as coisas; imbecil, pascácio, estúpido: *esse rapaz é muito obtuso para dar opinião*. **2**. Que não é claro ou preciso no pensamento ou na expressão: *um jornalista obtuso*. **3**. Diz-se do ângulo maior que 90° e menor que 180°. **4**. Arredondado, rombudo: *folha obtusa; nariz obtuso*. **5**. Que se sente ou percebe quase imperceptivelmente, como dor ou som. → **obtusângulo** *adj* (diz-se do triângulo que tem um ângulo obtuso); **obtusidade** *sf* (qualidade de obtuso).

o.bus *sm* **1**. Pequena peça de artilharia com a qual se atiravam bombas, granadas, fogos de artifício, etc. **2**. Qualquer bomba ou granada. · Pl.: *obuses*.

ób.vio *adj* **1**. Fácil de perceber ou entender; claro, evidente: *há diferenças óbvias entre um menino e uma menina; sei que não gostas dela, mas precisas deixar isso tão óbvio?* **2**. Natural, compreensível: *sua reação à demissão foi óbvia*. **3**. Inquestionável, indiscutível, lógico: *é óbvio que o homem foi à Lua*. (A 6.ª ed. do VOLP não registra a palavra como substantivo.) → **obviedade** *sf* (**1**. qualidade de óbvio; **2**. aquilo que é óbvio: *ele vive falando em obviedades*).

o.ca *sf* Cabana de índios. · Col.: *taba*. → **ocara** *sf* (centro da taba).

o.ca.ri.na *sf* Instrumento musical de sopro, oval e feito geralmente de barro cozido, de som semelhante ao da flauta. → **ocarinista** *adj* e *s2gên* (que ou pessoa que toca ocarina).

o.ca.si.ão *sf* **1**. Circunstância súbita favorável que deve ser aproveitada o mais depressa possível, a fim de que se não escape: *sim, a ocasião faz o ladrão, mas só quando seu espírito é de ladrão*. **2**. Circunstância, situação: *essas roupas são para qualquer ocasião*. **3**. Época, situação não duradoura; conjuntura: *naquela ocasião, eu era presidente da Câmara*. **4**. Tempo disponível: *ainda não encontrei ocasião para visitá-la*. **5**. Motivo, causa, razão: *não havia ocasião para tanta revolta*. → **ocasional** *adj* (**1**. que ocorre ou aparece de tempos em tempos; eventual: *faço-lhe visitas ocasionais; cometas são astros ocasionais*; **2**. que se deve ao acaso; casual: *encontro ocasional*); ocasionalidade *sf* (qualidade do que é ocasional); **ocasionalmente** *adv* (de vez em quando, às vezes); **ocasionar** *v* (ser motivo ou causa de; motivar, causar, provocar: *óleo na pista ocasionou acidente*); **ocasionar-se** (originar-se: *de um crime menor se ocasionou outro, muito pior*).

o.ca.so *sm* Desaparecimento do Sol ou de qualquer astro no horizonte.

oc.ci.pí.cio ou **o.ci.pí.cio** *sm* Parte inferoposterior da cabeça, formada pelo osso occipital. → **occipital** ou **ocipital** *adj* (rel. ou pert. ao occipício ou osso occipital) e *sm* (redução de *osso occipital*, osso situado na parte inferoposterior do crânio).

o.cê *pron Pop*. Você. (Já há quem use apenas "cê": *Cê vai ou cê fica?*)

o.ce.a.no *sm* **1**. Massa de água salgada que envolve os continentes e cobre 71% da superfície terrestre. **2**. Qualquer das principais divisões do oceano: *oceano Pacífico*. [Não se confunde (1) com *mar*; a grande diferença entre os dois está na extensão e na profundidade; o *oceano* envolve continentes, enquanto o *mar* envolve regiões dos continentes.] → **oceânico** *adj* (rel. ou pert. ao oceano); **oceanografia** *sf* (estudo físico, químico e biológico das águas marinhas); **oceanográfico** *adj* (rel. a oceanografia); **oceanografista** *adj* e *s2gên* ou **oceanógrafo** *sm* (especialista em oceanografia).

o.ci.den.te *sm* Terras ou regiões ocidentais; poente. · Antôn.: *oriente*. **Ocidente** *sm* (conjunto de todos os países da Europa ocidental e do hemisfrério ocidental), de antôn. *Oriente*. → **ocidental** *adj* (rel. a países, povos ou culturas do Ocidente) e *s2gên* (natural ou habitante de um país do Ocidente), de antôn. *oriental*.

ó.cio *sm* **1**. Inação ou falta de atividade daquele que já trabalhou ou estudou e está descansando; lazer, divertimento: *em época de ENEM, pouco ócio*. **2**. Tempo que dura essa inação: *ter um ócio de apenas 15min, entre três aulas e mais outras três*. **3**. Folga do trabalho; descanso, repouso: *todo trabalhador tem direito ao ócio semanal*. **4**. Estado momentâneo ou habitual de quem não faz nada, seja por aversão ao trabalho, seja por falta de vontade de trabalhar; desocupação, ociosidade (3): *o ócio é a mãe de todos os vícios*. → **ociosidade** *sf* [**1**. qualidade, estado ou condição de pessoa ou coisa ociosa; **2**. falta de produtividade; improdutividade: *a ociosidade dos latifúndios*; **3**. ócio (4)]; **ocioso** (ô; pl.: ó) *adj* e *sm* (que ou aquele que não tem ocupação; desocupado: *a fábrica está com funcionários ociosos*) e *adj* (em que há ócio; caracterizado pelo ócio: *levar vida ociosa*).

o.clu.são *sf* **1**. Ação de bloquear ou obstruir. **2**. Alinhamento dos dentes de ambas as mandíbulas, quando fechadas. **3**. Em linguística, fechamento do ducto bucal, bloqueando a passagem da corrente de ar. → **oclusivo** *adj* (**1**. que produz oclusão; **2**. diz-se do fonema cuja produção intervém o fechamento momentâneo da cavidade bucal), de antôn. *constritivo, contínuo*.

o.co (ô) *adj* Que não é compacto ou maciço; que não tem solidez. · Antôn.: *maciço*.

o.cor.rer *v* **1**. Acontecer, suceder: *que foi que lhe ocorreu?; ocorrem queimadas criminosas na Amazônia*. **2**. Vir à memória, à mente; lembrar: *ocorreu-me, então, que era dia do aniversário dela; essa ideia nunca me ocorreu*. **3**. Aparecer, sobrevir: *ocorreu-lhe a doença fatal no auge de sua carreira*. **4**. Prover, providenciar; acudir: *não tenho o dinheiro para ocorrer a tantas despesas*. **5**. Atender rapidamente; acudir: *os bombeiros ocorreram rapidamente ao chamado*. **6**. Existir, estar presente:

o preconceito social ocorre em todas as sociedades modernas. **7**. Desenvolver-se, crescer, medrar: *no Nordeste não ocorrem jabuticabeiras.* → **ocorrência** *sf* (**1**. fato de ocorrer ou acontecer; acontecimento: *ninguém presenciou a ocorrência; fizeram boletim de ocorrência;* **2** presença, existência: *havia ocorrência de óleo na pista;* acontecimento; **3**. ocasião, circunstância, conjuntura: *aproveitem esta ocorrência feliz e divirtam-se!*).

o.cre *sm* **1**. Argila que contém óxido de ferro, geralmente amarela ou vermelha amarronzada, usada para destemperar as tintas, preservar as madeiras dos efeitos da chuva, na fabricação de lápis vermelho, etc. **2**. Cor cuja tonalidade varia do amarelo-laranja ao amarelo bem escuro. // *adj* **3**. Diz-se dessa cor. **4**. Que tem essa cor: *camisas ocre; papéis ocre.* (Como se vê, nesta acepção não varia.)

oc.ta.e.dro *sm* Poliedro de oito faces. → **octaédrico** (òc) *adj* (rel. a octaedro).

oc.ta.na *sf* **1**. Hidrocarboneto encontrado no petróleo e usado como combustível e solvente. **2**. Redução de *número de octanas*, classificação numérica da gasolina, que indica suas características de combustão. → **octanagem** *sf* (índice de octanas: *a octanagem deve estar entre 90 e 100 octanas*).

oc.te.to (ê) *sm* **1**. Composição musical para oito vozes ou instrumentos. **2**. Conjunto de oito cantores ou de oito instrumentistas. **3**. Unidade de informação digital em computação e telecomunicações que consiste em oito *bits*.

oc.tin.gen.té.si.mo *num* **2**. Ordinal e fracionário correspondentes a oitocentos. // *sm* **2**. Cada uma de oitocentas partes iguais. **3**. O que ocupa o último lugar numa série de oitocentos.

oc.to.cam.pe.ão *adj* e *sm* Que ou aquele que ficou campeão oito vezes consecutivas e, por extensão, por oito vezes alternadas, num mesmo tipo de competição. → **octocampeonato** *sm* (campeonato conquistado por oito vezes, consecutivas ou não).

oc.to.ge.ná.rio *adj* e *sm* Que ou idoso que tem entre 80 e 89 anos de idade; oitentão.

oc.to.gé.si.mo *num* **1**. Ordinal e fracionário correspondentes a oitenta. // *sm* **2**. Cada uma de oitenta partes iguais. **3**. O que ocupa o último lugar numa série de oitenta. (Cuidado para não usar "octagésimo"!)

oc.to.go.nal *adj* **1**. Que tem oito lados e oito ângulos: *telhado octogonal.* **2**. Que tem a base em forma de octógono. // *adj* e *sm* **3**. Que ou torneio esportivo que tem a participação de oito equipes. → **octógono** (òc) *sm* (em geometria, polígono de oito lados e oito ângulos).

óc.tu.plo *num* **1**. Multiplicativo de oito; oito vezes maior que outro. // *sm* **2**. Quantidade oito vezes maior que outra. // *adj* **3**. Que tem oito partes, membros ou exemplares. → **octuplicar** (òc) *v* [tornar(-se) oito vezes maior: *aquele governo octuplicou a dívida interna brasileira*].

ó.cu.lo *sm* **1**. Qualquer instrumento óptico (microscópio, telescópio, binóculo, etc.) provido de lente de aumento, destinado a auxiliar a visão. // *smpl* **2**. Par de lentes encaixadas numa armação, usadas para correção de defeitos da visão: *meus óculos estão sujos; comprei uns óculos de sol.* (Cuidado para não usar no singular, nesta acepção: "meu" óculos, "o" óculos!) → **ocular** *adj* (**1**. rel. ou pert. ao olho; **2**. que presenciou o fato; visual: *testemunha ocular*), **oculista** *adj* e *s2gên* (oftalmologista) e *s2gên* (pessoa que fabrica ou que vende óculos).

o.cul.to *adj* **1**. Fora da vista; encoberto, escondido: *o lado oculto da Lua; câmera oculta.* **2**. *P.ext.* Que a maioria das pessoas desconhece: *impostos ocultos; por trás daquela diversão existia um perigo oculto: a falta de manutenção das máquinas.* **3**. Desconhecido, por não haver sido explorado ou por não haver se manifestado; inexplorado: *o fundo do mar, em sua maioria, ainda continua oculto.* **4**. Relativo ao estudo dos fenômenos sobrenaturais. **5**. Misterioso, sobrenatural: *forças ocultas o obrigaram a renunciar.* → **ocultação** *sf* [ato ou efeito de ocultar(-se)]; **ocultar** *v* [**1**. não deixar ver, matreiramente; evitar que alguém veja ou saiba da existência dos outros; encobrir dissimuladamente: *ele sorria, tentando ocultar os dentes de ouro;* **2**. não revelar ou não demonstrar; disfarçar, dissimular: *ocultar os sentimentos;* **3**. não dizer ou não revelar (algo) por alguma causa, geralmente séria; silenciar sobre: *ocultar os problemas ao marido; ocultar as más notícias à família;* **4**. deixar de mencionar (bens e outras coisas), para evitar o pagamento de impostos; sonegar: *ocultar alguns rendimentos ao fisco;* **5**. causar ou produzir a ocultação de (outro astro); encobrir: *a Lua ocultou Júpiter*]; **ocultar-se** (**1**. não se deixar ver, matreiramente: *o amante se ocultou no guarda-roupa, quando o marido dela chegou;* **2**. não se manifestar: *é uma dor que só se oculta por alguns minutos*);

ocultismo *sm* [**1**. estudo ou prática do sobrenatural, das ciências ocultas ou das partes místicas (levitação, telepatia, magia, astrologia, cartomancia, quiromancia, alquimia, etc.); **2**. crença na força e na existência de seres sobrenaturais]; **ocultista** *adj* (rel. a ocultismo) e *adj* e *s2gên* [que ou pessoa que é adepta do ocultismo ou que o pratica]. ·· **Às ocultas**. Em segredo, às escondidas. ·· **Ciências ocultas**. Aquelas cujo conhecimento e prática são envoltos em mistério, como a alquimia, a magia, a cabala, etc.

o.cu.par *v* **1**. Tomar posse e o controle de (um lugar), mediante invasão; invadir: *o MST ocupou várias fazendas no Pontal do Paranapanema.* **2**. Preencher (tempo) com alguma atividade: *ocupar o tempo fazendo palavras cruzadas.* **3**. Encher, tomar ou preencher (espaço): *esses móveis ocupam muito espaço.* **4**. Desempenhar, exercer: *ocupar alto cargo numa multinacional.* **5**. Dar trabalho ou ocupação a: *é preciso ocupar os filhos o dia todo.* **6**. Ter direito, escolha, mérito, etc.: *Machado de Assis ocupa lugar preeminente em nossa literatura.* **ocupar-se** **7**. Dedicar-se, preocupar-se: *ocupar-se com coisas fúteis.* → **ocupação** *sf* [**1**. ato ou efeito de ocupar(-se); **2**. afazeres, negócios; **3**. modo de vida; trabalho, profissão, ofício; **4**. lazer; **5**. invasão, tomada e controle de uma área por forças militares, geralmente em território estrangeiro]; **ocupacional** *adj* (rel. a ocupação); **ocupado** *adj* (**1**. que está absorvido em alguma ocupação ou tarefa; **2**. que tem muito que fazer; que tem inúmeras ocupações; **3**. em que há muito que fazer; tomado; **4**. que não está livre; preenchido; **5**. invadido, tomado e controlado por forças estrangeiras).

o.da.lis.ca *sf* **1**. Escrava do harém, a serviço das mulheres do sultão. **2**. Concubina do sultão.

o.de *sf* Poema lírico de alguma extensão, dirigido a alguém ou a alguma coisa.

ó.dio *sm* **1**. Sentimento de antipatia, hostilidade ou aversão, intenso, profundo e duradouro, motivado por ofensa ou até por futilidade, que leva a desejar ou a fazer o mal a quem o provocou; odiosidade: *depois que perdeu o namorado para a melhor amiga, ela diz ter ódio ao mundo; a menina cresceu com ódio à babá; seu ódio às moças da sociedade era notório.* **2**. Sentimento de viva reprovação ou intolerância a alguma coisa (que não é normal): *ter ódio à violência, à corrupção.* **3**. Forte repugnância ou repulsa por alguma coisa: *ela sente ódio a jiló; ele tem ódio à música sertaneja; ela sente ódio de acordar cedo.* → **odiar** *v* (**1**. sentir ódio a: *odiar o inimigo;* **2**. sentir viva reprovação ou intolerância a; não admitir como coisa normal; detestar: *odiar a violência; odiar a falsidade.* **3**. sentir forte repugnância, asco ou repulsa a; ter horror a: *odiar jiló; odiar música sertaneja; odiar acordar cedo*), que se conjuga por *ansiar;* **odiento** *adj* [**1**. que guarda ódio; rancoroso: *homem de gênio odiento;* **2**. que revela ódio, caracterizado pelo ódio; odioso (3): *olhar odiento; gestos odientos*]; **odiosidade** *sf* [**1**. qualidade de odioso; **2** ódio (1)]; **odioso** (ô; pl.: ó) *adj* [**1**. digno ou merecedor de ódio; detestável, execrável, ominoso: *caráter odioso;* **2**. que inspira profunda aversão, antipatia ou desprezo: *cantor odioso;* **3**. odiento (2): *olhar odioso;* **4**. condenável, reprovável: *toda demagogia é odiosa;* **5**. que causa doença ou desgosto: *mas que tempo odioso é este, que só chove!;* **6**. contrário a todos os preceitos legais; inaceitável, inadmissível: *o sequestro é uma prática odiosa!*] e *sm* (aquilo que provoca ódio: *o odioso é que ela ainda riu de mim!*).

o.dis.sei.a (éi) *sf* **1**. Viagem cheia de aventuras extraordinárias. **2**. Qualquer narração de aventuras extraordinárias.

o.don.to.lo.gi.a *sf* Ramo da medicina que se ocupa do estudo e do tratamento dos dentes. → **odontológico** *adj* (rel. a odontologia); **odontologista** *adj* e *s2gên* ou **odontólogo** *sm* (especialista em odontologia).

o.don.to.pe.di.a.tri.a *sf* Ramo da odontologia que cuida da saúde bucal de crianças; pedodontia. → **odontopediátrico** *adj* (rel. a odontopediatria; pedodôntico); **odontopediatra** *s2gên* (especialista em odontopediatria; pedodontista).

o.dor (ô) *sm* **1**. Propriedade de uma coisa que afeta, estimula ou é percebida pelo sentido do olfato: *uma bela flor, mas com um odor desagradável.* **2**. Cheiro agradável ou desagradável; sensação percebida pelo sentido do olfato: *o odor do incenso; o odor do cigarro; o odor de mofo.* **odorante, odorífero** ou **odorífico** *adj* (que estimula o sentido do olfato).

o.dre (ô) *sm* Saco de couro ou de pele de lanígeros, usado para transporte de líquidos. → **odreiro** *sm* (fabricante ou vendedor de odres).

OEA *sf* Sigla de *O*rganização dos *E*stados *A*mericanos, associação de 35 países das Américas, ligada à ONU, fundada em Bogotá, Colômbia, em 1948, para promover a solidariedade entre os países-membros, defender a soberania de cada um deles e prestar assistência técnica e econômica a projetos de desenvolvimento. · Pronuncia-se *ó é á*.

o.es.te *sm* **1.** Ponto do horizonte onde o Sol se põe; poente. **2.** Vento que sopra desse ponto. **3.** Ponto cardeal situado no poente. **4.** Parte oeste de qualquer coisa. // *adj* **5.** Relativo ao oeste ou dele procedente. **6.** Situado a oeste. · Abrev. (1): **O**. · Antôn.: *leste* ou *este*.

o.fe.gan.te *adj* **1.** Que está com respiração curta e rápida; que respira com dificuldade; arquejante. **2.** Que revela dificuldade de respiração: *voz ofegante*. **3.** Muito cansado; exausto. → **ofegar** *v* (respirar com dificuldade).

o.fen.der *v* **1.** Causar dano físico a; ferir, machucar: *a navalhada o ofendeu no rosto*. **2.** Causar dano ou prejuízo a; prejudicar: *o frio ofende a pele e as mucosas*. **3.** Causar desconforto ou impressão desagradável a (os sentidos): *a cor berrante dessa camisa ofende a vista*. **4.** Causar mal moral (desprazer, raiva, ressentimento, mágoa, afronta) a; magoar, injuriar: *o goleiro ofendeu o árbitro e foi expulso*. **5.** Causar desrespeito, transgressões ou violações a; violar, desrespeitar, transgredir: *há muitas formas de ofender a democracia*. **ofender-se 6.** Sentir-se magoado, desgostoso ou melindrado; magoar-se, melindrar-se: *ela se ofendeu com a minha indireta*. **7.** Escandalizar-se, chocar-se: *ninguém mais se ofende com a violência do dia a dia*. → **ofensa** *sf* (**1.** ato ou efeito de ofender; **2.** qualquer coisa que ultraja ou afronta a sensibilidade ou o código moral); **ofensiva** *sf* (**1.** ataque, assalto ou agressão armada; **2.** ataque, linha atacante), de antôn. *defensiva*; **ofensivo** *adj* [**1.** desagradável aos sentidos; **2.** que causa mal moral (raiva, ressentimento, mágoa, etc.); **3.** prejudicial, danoso; **4.** rel. a ataque; **5.** destinado a atacar), de antôn. (2, 4 e 5): *defensivo;* **ofensor** (ô) *adj* e *sm* (que ou aquele que ofende; agressor).

o.fe.re.cer *v* **1.** Apresentar para aceitação ou rejeição: *ninguém oferece dinheiro à toa; crianças oferecem bugigangas nas ruas*. **2.** Proporcionar: *casa que oferece todo o conforto*. **3.** Dar de presente: *quer agradar? ofereça flores!* **4.** Propor para consideração ou apreciação: *ofereci bom dinheiro pela casa*. **5.** Apresentar, arrolar: *o advogado ofereceu novas provas do crime*. **6.** Opor: *tropas que não ofereceram nenhuma resistência*. **7.** Apresentar à venda: *loja que oferece grande variedade de artigos para presentes*. **8.** Dar, expor: *levou um tapão e agiu cristãmente: ofereceu a outra face*. **9.** Dar: *a dona do cão desaparecido oferece uma boa recompensa a quem achá-lo*. **10.** Mostrar, exibir, expor: *o circo ofereceu bom espetáculo*. **11.** Dar (almoço, festa, jantar, etc.) em honra de uma ou mais pessoas: *a família da noiva ofereceu um banquete na véspera do casamento*. **12.** Pôr à disposição; apresentar, dar: *ofereci cadeiras a todos, para que se acomodassem*. **13.** Destinar (alguma coisa) especialmente a (alguém); dedicar: *ofereci o poema a ela*. **14.** Entregar, dedicar, consagrar: *ofereceu sua vida à Pátria*. **15.** Imolar, consagrar: *oferecer animais aos deuses*. **16.** Pôr a serviço de: *oferecer seus préstimos a alguém*. **17.** Dedicar (a Deus) tanto a obra boa que se faz quanto o mal que se padece: *ofereça a Deus os seus males, as suas dores!* **18.** Dedicar ou dizer com intenção religiosa: *oferecer uma prece ao santo de devoção*. **oferecer-se 19.** Apresentar-se, deparar-se: *ofereceu-se-me uma boa oportunidade para ganhar dinheiro*. **20.** Ser propício, prestar-se: *aquele cantinho escuro se lhes oferecia para abraços e beijos mais ardentes*. **21.** Ocorrer, vir à lembrança: *nenhuma ideia melhor se me oferece para o momento*. **22.** Apresentar-se espontaneamente: *ofereci-me para carregar a mala dela*. **23.** Apresentar-se ou dispor-se como parceiro sexual; entregar-se: *mal o conheceu, já a ele se ofereceu*. **24.** Desejar, pretender: *que se lhe oferece para o momento, minha senhora?* **25.** Apresentar-se em exibição: *vou ver o que se me oferecem para hoje os cinemas da cidade*. **26.** Propor-se ou prestar-se a fazer alguma coisa: *era engenheiro, mas na crise do emprego, ofereceu-se para faxineiro*. (Nesta acepção, sempre pede predicativo.) → **oferecido** *adj* (diz-se daquele que, com algum fim oculto, se apresenta onde não é convidado; intruso, intrometido); **oferecimento** *sm* [ato ou efeito de oferecer(-se); oferta (1)]; **oferenda** *sf* (aquilo que se oferece a qualquer ente, entidade ou instituição); **oferendar** *v* (fazer oferenda de); **oferta** *sf* [**1.** ato ou efeito de oferecer(-se); oferecimento; **2.** dádiva oferecida a Deus, à Virgem ou aos santos e aos ministros da Igreja; **3.** soma dos produtos ou dos serviços oferecidos à venda; **4.** preço baixo ou reduzido de mercadoria, por tempo limitado; **5.** essa mercadoria]; **ofertar** *v* (dar como oferta; oferecer); **ofertório** *sm* (**1.** composição musical cantada ou tocada durante o Ofertório; **2.** parte de um serviço religioso durante a qual ofertas em dinheiro são coletadas; **3.** *p.ext.* aquilo que foi ofertado; oferta); **Ofertório** *sm* (oferta do pão e do vinho, na Eucaristia).

office boy [ingl.] *loc sm* Menino ou rapaz que faz os serviços menores, geralmente externos, de um escritório ou de uma empresa, banco, etc.; contínuo. · Fem.: *office girl*. · Pronuncia-se *ófice bói*.

off-road [ingl.] *adj* e *sm* Fora de estrada. · Pronuncia-se *óf-rôud* (o *r* soa brando, como o de *caro*).

offset [ingl.] *sm* V. **ofsete**.

o.fi.ci.al *adj* **1.** Que parte de uma autoridade do governo ou de uma administração pública. **2.** Do governo ou relativo a ele. **3.** Formal, cerimonioso, solene. **4.** Relativo ao funcionalismo público; burocrático. **5.** Que traz publicados decretos, leis, etc. // *s2gên* **6.** Pessoa que vive de seu ofício. **7.** Pessoa profissional que está abaixo do mestre e acima do aprendiz. **8.** Militar com graduação superior à de aspirante. **9.** Funcionário administrativo de categoria imediatamente acima do escriturário. · Fem. (8 e 9): *oficiala*. → **oficialato** *sm* (cargo, dignidade ou patente de oficial militar); **oficialidade** *sf* (**1.** conjunto dos oficiais militares; **2.** classe dos oficiais militares); **oficialização** *sf* (ato ou efeito de oficializar); **oficializar** *v* (**1.** tornar oficial ou público, de acordo com as normas do Estado; **2.** *fig.* efetivar, concretizar: *oficializar um namoro junto aos pais da moça;* **3.** *fig.* consagrar pelo uso: *o povo cria, e o linguista oficializa as expressões, como* cuspido e escarrado); **oficial-maior** *sm* (aquele que pratica atos de competência do tabelião), de pl. *oficiais-maiores*.

o.fi.ci.ar *v* **1.** Celebrar (o sacerdote) os ofícios religiosos ou ajudar na celebração: *você sabe quem oficiou a primeira missa no Brasil?* **2.** Fazer saber (uma coisa) de forma oficial e por escrito; comunicar por ofício: *o Ministério Público Federal oficiou ao partido, solicitando esclarecimentos sobre o "dízimo" descontado do pagamento de seus filiados*. **3.** Dirigir ou fazer um ofício a uma autoridade: *a subprocuradora oficiou ao ministro da Justiça pela demora para a homologação solicitada*. → **oficiante** *adj* e *s2gên* (que ou pessoa que celebra um ofício religioso; celebrante); **ofício** *sm* (**1.** ocupação, trabalho específico; **2.** incumbência, responsabilidade, encargo; **3.** cartório, tabelionato; **4.** carta formal, escrita em papel timbrado, de entidade pública ou privada); **oficiosidade** *sf* (qualidade do que é oficioso); **oficioso** (ô; pl.: ó) *adj* (que emana de fonte autorizada, mas sem ter autenticidade garantida; extraoficial).

o.fi.ci.na *sf* **1.** Qualquer lugar onde se exerce um ofício ou se executa um trabalho laboral: *oficina mecânica*. **2.** Lugar onde ficam todas as máquinas de uma fábrica. **3.** Seminário, grupo de discussão ou semelhante, que enfatiza a troca de ideias e a demonstração e aplicação de técnicas, habilidades, etc.: *oficina de teatro; uma oficina de música*. **4.** *Fig.* Qualquer lugar onde se operam grandes transformações. → **oficinal** *adj* (**1.** rel. a oficina; **2.** que entra nos preparados de farmácia ou de medicina: *planta oficinal;* **3.** diz-se de medicamento já feito ou preparado, que se vende em farmácias e drogarias).

o.fi.dio *adj* **1.** Relativo ou pertencente a *Ophidia*, subordem de répteis que compreende as cobras e serpentes. // *sm* **2.** Réptil dessa subordem; cobra ou serpente. → **ofidiário** *sm* (lugar onde se criam serpentes, para extração de peçonha e posterior fabricação de antídotos); **ofídico** *adj* (**1.** rel. ou sem. a cobra; **2.** proveniente de cobra peçonhenta: *veneno ofídico*).

of.se.te *sm* **1.** Processo de impressão em que se usa uma chapa metálica gravada, para transferir imagem ou caracteres para o papel a ser impresso. **2.** Essa impressão. // *adj* **3.** Diz-se da máquina ou do papel utilizado nesse processo de impressão.

of.tal.mi.a *sf* Inflamação grave da conjuntiva ou do globo ocular. → **oftálmico** *adj* (**1.** rel. a oftalmia ou aos olhos; **2.** próprio para curar inflamações oculares: *solução oftálmica*) e *adj* e *sm* (que ou aquele que apresenta oftalmia); **oftalmologia** *sf* (parte da medicina que estuda o olho e suas doenças); **oftalmológico** *adj* (rel. a oftalmologia); **oftalmologista** *adj* e *s2gên* (especialista em oftalmologia; oculista).

o.fus.car *v* **1.** Tornar tão confuso ou opaco a ponto de comprometer a visão, a percepção ou o entendimento: *a luz alta dos veículos ofusca a vista dos motoristas que vêm em sentido contrário*. **2.** Suplantar, por ter maior brilho ou importância: *as obras deste governo ofuscaram as do anterior*. **ofuscar-se 3.** Perder o brilho ou o prestígio; obscurecer-se: *as pequenas estrelas ofuscam-se com o esplendor das maiores*. → **ofuscação** *sf* ou **ofuscamento** *sm* [ato ou efeito de ofuscar(-se)].

o.gã *sm* Num terreiro de umbanda, candomblé ou de religião afim, pessoa que auxilia o babalorixá ou a mãe de santo da casa, sem entrar em transe. **2**. Nesse mesmo terreno, pessoa responsável por tocar instrumentos de percussão, como atabaque ou agogô. **3**. Título ou cargo dessas pessoas.

o.gi.va *sf* **1**. Arco formado por duas seções semicirculares, que se encontram na extremidade superior, formando ângulo agudo, e característico do estilo gótico. **2**. Parte anterior de um veículo espacial ou de um projetil teleguiado (míssil), na qual está a carga principal. → **ogival** *adj* (rel. ou sem. a ogiva).

OGM *sm* Sigla de *organismo geneticamente modificado*, organismo que recebeu genes de outra espécie por meio da engenharia genética, técnica da moderna biotecnologia. · Pronuncia-se *ó gê eme*.

o.gro *sm* **1**. Criatura fantástica, meio homem, meio monstro, gigantesca e muito voraz, que, nos contos de fadas, come crianças, e os pais usam para botar medo às crianças; bicho--papão; cuca. **2**. *Fig*. Aquele que faz tudo errado; homem abestalhado. · Fem.: ogra. (Note que o **o** é aberto: *ógro*.)

O.gum *sm* Orixá masculino, filho de Iemanjá, protetor de artesãos e ferreiros.

oh *interj* Indica admiração, alegria, espanto, etc.: *oh, que belo carro!* [Não se confunde com *ó*; a vírgula pode aparecer posposta à interjeição ou no final da frase, como se viu no exemplo dado.]

ohm *sm* Unidade de medida de resistência elétrica. · Pl.: *ohms*. · Pronuncia-se *ôuM*.

oi *interj* Exprime saudação ou chamamento.

oi.tão *sm* **1**. Empena (1). **2**. Espaço lateral de um edifício.

oi.ta.va *sf* **1**. Qualquer série ou grupo de oito seres. **2**. Estrofe de oito versos, princ. do soneto. **3**. Intervalo de oito graus diatônicos entre duas notas musicais, uma das quais tem o dobro de vibrações por segundo da outra. **4**. Conjunto de oito notas musicais sucessivas: *a extensão da voz humana é de duas oitavas*. ·· **Oitava de final**. Num torneio esportivo, rodada em que dezesseis equipes disputam a classificação para as quartas de final.

oi.ta.va.do *adj* De oito faces ou quinas. → **oitavar** *v* (dar forma oitavada a).

oi.ta.va-ri.ma *sf* Estrofe de oito versos decassílabos, em que o primeiro rima com o terceiro e o quinto; o segundo, com o quarto e o sexto; e o sétimo, com o oitavo: *Os Lusíadas foram compostos em oitava-rima*. · Pl.: *oitavas-rimas*.

oi.ta.vo *num* **1**. Ordinal e fracionário correspondentes a oito. // *sm* **2** Cada uma de oito partes iguais. **3**. O que ocupa o último lugar numa série de oito.

oi.ten.ta *num* **1**. Oito dezenas (80, LXXX). **2**. Octogésimo: *página oitenta*. // *sm* **3**. Algarismo representativo do número oitenta. · Ordinal e fracionário: *octogésimo* (e não "octagésimo"). → **oitentão** *adj* e *sm* (*pop*. octogenário), de fem. *oitentona*.

oi.ti.va *sf* **1**. Ato ou efeito de ouvir o que alguém tem a dizer acerca de alguma coisa; audição. **2**. Conhecimento: *o fato chegou à oitiva do pai da moça*. **3**. Audiência no tribunal. ·· **De oitiva**. Por ouvir dizer; de orelhada: *Fiquei sabendo de tudo isso de oitiva*.

oi.to *num* **1**. Sete mais um; oito unidades (8, VIII): *oito dos onze membros do STF*. **2**. Oitavo: *página oito*. // *sm* **3**. Algarismo representativo do número oito. **4**. Algo numerado oito ou alguém representativo desse número: *esse time precisa de um bom oito*. **5**. Nota oito, em provas, concursos ou exames. · Ordinal e fracionário: *oitavo*.

oi.to.cen.tos *num* Oitenta vezes dez; oito centenas (800, DCCC). **2**. Octingentésimo: *página oitocentos*. // *sm* **3**. Algarismo representativo desse numeral: *você fez um oitocentos malfeito*. · Ordinal e fracionário: *octingentésimo*.

o.je.ri.za *sf* **1**. Repulsa, aversão: *ter ojeriza a gatos*. **2**. Asco, nojo, repugnância: *ter ojeriza a cigarro*.

OK *adj* **1**. Correto: *frase OK*. **2**. Perfeito: *as mercadorias chegaram OK*. // *adv* **3**. Bem, perfeitamente: *chegamos OK de viagem*. **4**. Corretamente: *agimos OK com todos*. // *sm* **5**. Aprovação: *pegar o OK do chefe*. · Pl.: *OKs*. · Pronuncia-se *oukêi* (à inglesa) ou *ó ká* (à portuguesa).

o.la (ô) *sf* Coreografia promovida por torcedores nos estádios de futebol, na qual todos se levantam, em determinado instante, sucessivamente, com os braços no ar, em cada segmento das gerais, dando a impressão de dinamismo, de movimento ondulante.

o.lá *interj* Serve princ. para chamar e saudar.

o.la.ri.a *sf* Indústria de tijolos, telhas, manilhas, cerâmicas ou quaisquer outras louças de barro. · V. **oleiro**.

o.lé *interj* **1**. Indica euforia de grande quantidade de pessoas. // *sm* **2**. No futebol, série de passes entre companheiros, para desmoralizar ou cansar o adversário.

OLED *sm* Acrônimo inglês de *organic light-emitting diode* = diodo orgânico emissor de luz, LED em que a camada de emissão eletroluminescente é um filme orgânico que emite luz em resposta a uma corrente elétrica: *o OLED apresenta melhor qualidade de imagem que a LCD e é ideal para jogos*. (Usa-se também *tela de OLED* e adjetivamente: *tela OLED, TV OLED, tecnologia OLED*, etc.) · Pronuncia-se *oléd*. · V. **QLED**.

o.le.i.cul.tu.ra *sf* ou **o.li.vi.cul.tu.ra** *sf* Cultura de oliveiras. → **oleicultor** (ô) *sm* (aquele que cultiva oliveiras; olivicultor); **olival**, **olivedo** (ê) ou **oliveiral** *sm* (plantação de oliveiras); **olíveo** *adj* (rel. ou pert. a oliveira).

o.lei.ro *sm* Operário de olaria.

ó.leo *sm* Líquido gorduroso de origem vegetal (algodão, amendoim, azeitona, coco, mamona, etc.), animal (bacalhau, baleia, etc.) ou mineral (petróleo). → **oleado** *adj* (que tem óleo ou verniz) e *sm* (pano grosso, preparado com uma camada de substância impermeável; encerado); **oleaginoso** (ô; pl.: ó) *adj* (que contém ou fornece óleo); **oleoduto** (ô) *sm* (sistema de tubulações e estações de bombeamento, usado para transportar petróleo e derivados a longa distância); **oleosidade** *sf* (qualidade ou estado de oleoso); **oleoso** (ô; pl.: ó) *adj* (cheio de óleo; gorduroso). ·· **Óleo de peixe**. Ômega 3.

o.le.ri.cul.tu.ra *sf* Cultivo e exploração de hortaliças, incluindo bulbos, tubérculos, etc. **olericultor** (ô) *adj* e *sm* (que ou aquele que se dedica à olericultura).

ol.fa.to *sm* Sentido que permite a percepção de odores. → **olfativo** *adj* (rel. a olfato).

o.lhar *v* **1**. Fixar os olhos em; contemplar: *olhei-a nos olhos*. **2**. Tomar conta de; cuidar de: *a babá olha bem as crianças*. **3**. Verificar, conferir: *olhar as horas*. **4**. Atentar para; considerar: *olhe o que você vai fazer, hem!* **5**. Dirigir ou voltar os olhos: *olhe para mim; não estou elegante?* **6**. Cortejar, paquerar: *ela olhou para mim, e eu olhei para ela: começamos a namorar*. // *sm* **7**. Ação de olhar: *um olhar nada significa, mas dois olhares já significam alguma coisa*. → **olhada** ou **olhadela** *sf* (espiada).

o.lhei.ro *sm* **1**. Empregado encarregado de vigiar os que lhe estão subordinados. **2**. Informador, observador. **3**. Abertura no centro do formigueiro.

o.lho (ô; pl.: ó) *sm* **1**. Órgão da visão: *monstro de um só olho na testa*. **2**. Comportamento vigilante; vigilância; cuidado: *nada escapa ao olho do desse revisor*. **3**. Pequeno buraco ou furo; orifício: *os olhos de um queijo suíço*. **4**. Área do centro do furacão, caracterizada por ventos calmos e quase nenhuma agitação. **5**. Aro de ferramenta onde se introduz e fixa o cabo. **6**. Desenho da letra tipográfica: *a fonte Excelsior tem um olho maior que as outras*. // *interj* **7**. Exprime alerta, equivalente a *olho vivo!* · V. **oftalmia**. → **olheiras** *sfpl* (manchas escuras embaixo dos olhos, por efeito de pouco sono, cansaço físico ou mental, doença, etc.); **olheirento** *adj* (que tem olheiras); **olhento** *adj* (que tem muitos olhos, poros ou buracos); **olhete** (ê) *sm* (**1**. dim. irregular de *olho*; olho pequeno; **2**. pequena cavidade ou abertura sem. a um olho); **olhômetro** *sm* (os olhos, considerados como instrumentos de cálculo ou avaliação: *avalio os carros usados que compro só pelo olhômetro*); **olhudo** *adj* (de olhos grandes). ·· **Olho d'água**. Nascente que rebenta do solo. ·· **Olho de gato**. Pequena placa luminosa destinada, nas rodovias, a refletir a luz durante a noite, utilizada como sinalização de trânsito. ·· **Olho de sogra**. Docinho feito de ameixa e recheado com doce de coco e ovo. ·· **Olho gordo** (ou **grande**). Desejo intenso de ter o que pertence a outrem; inveja dos bens ou da vida que outrem desfruta; cobiça do que é alheio. ·· **Olho mágico**. Pequeno cilindro com uma lente, embutido nas portas de entrada das casas e apartamentos, para se ver do lado de dentro, sem ser notado, quem está do lado de fora. ·· **Olho vivo** (fig.). **1**. Percepção ou sensibilidade aguda; perspicácia: *É uma pessoa que tem olho-vivo para novos talentos*. **2**. Atenção redobrada!; Cuidado!; Olho!: *Olho vivo nesses menores de rua!*

o.li.gar.qui.a *sf* **1**. Governo de um pequeno grupo de privilegiados, princ. de uma mesma família, ligados por interesses econômicos, ideal político, etc. **2**. Estado governado por esse grupo. → **oligarca** *adj* e *s2gên* (que ou pessoa que faz parte de uma oligarquia ou que é partidária dela); **oligárquico** *adj* (rel. a oligarquia).

o.li.go.ce.no *adj* **1**. Diz-se da época do período terciário ocorrida de 34 a 24 milhões de anos atrás aproximadamente, caracterizada pelo desenvolvimento de mamíferos de grande porte (cavalos e camelos, princ.). // *sm* **2**. Essa época.

o.li.go.e.le.men.to *sm* Elemento químico necessário em quantidades mínimas à vida dos animais e vegetais (p. ex.: as vitaminas e ferro, manganês, zinco, iodo, cálcio, magnésio, etc.); micronutriente.

o.li.go.fre.ni.a *sf* Deficiência de desenvolvimento mental; retardo mental. → **oligofrênico** *adj* (rel. a oligofrenia) e *adj* e *sm* (que ou pessoa que sofre de oligofrenia).

o.li.go.pó.lio *sm* Controle de determinado mercado (mercadorias, serviços, etc.) por pequeno número de grandes empresas ou fornecedores, que assim são capazes de fixar os preços conforme a sua conveniência e arbítrio, evitando a livre concorrência. → **oligopólico** ou **oligopolista** *adj* (rel. a oligopólio) e *adj* e *s2gên* (que ou pessoa que defende ou pratica o oligopólio).

Olimpíada *sf* Antigos jogos olímpicos, realizados na Grécia, disputados antes de Cristo, em honra de Zeus. **Olimpíadas** *sfpl* (Jogos Olímpicos modernos realizados de quatro em quatro anos, em diferentes cidades do mundo, instituídos a partir de 1896.) → **olímpico** *adj* (rel. ou pert. à Olimpíada ou às Olimpíadas). ·· **Gol olímpico**. Gol feito de um escanteio. (O nome se deve ao fato de esse tipo de gol ter sido feito justamente em um jogo olímpico.)

o.li.va *sf* **1**. Fruto da oliveira, também conhecido por *azeitona*, de que se extrai o azeite. **2**. Oliveira. // *sm* **3**. Cor verde-amarelada, de baixo ou médio brilho e de baixa a moderada saturação. // *adj* **4**. Diz-se dessa cor. **5**. Que tem essa cor: *ternos oliva; camisas oliva.* (Como se vê, não varia nesta acepção). · V. **oleicultura**. → **oliveira** *sf* [arvoreta que dá a azeitona; oliva (2)]. ·· **Azeite de oliva** (ou **de oliveira**). Óleo extraído da azeitona, usado como emoliente, para temperar saladas, cozinhar e como ingrediente de sabão.

ol.mo (ô) *sm* **1**. Árvore europeia de grande porte (30m), que fornece boa madeira, própria para construções. **2**. Essa madeira.

o.lor (ô) *sm* Cheiro especial de uma flor: *o olor das rosas, dos jasmins.*

ol.vi.do *sm* Esquecimento. → **olvidar(-se)** *v* [esquecer(-se)].

Omã *sm* Sultanato da Península Arábica, de área equivalente à dos estados do Acre e do Ceará juntos. → **omani** *adj* e *s2gên* ou **omaniano** *adj* e *sm*.

o.ma.so *sm* Folhoso (1).

om.bre.ar *v* **1**. Levar ou pôr no ombro: *ombrear recém-nascidos é um perigo!* **2**. *Fig.* Equiparar-se, igualar-se: *nenhum jogador de futebol ombreou com Pelé.* · Conjuga-se por *frear.* (Note a regência: *ombrear* **com**! E o verbo não é pronominal: "ombrear-se".)

om.bro *sm* Parte superior do braço, na qual o úmero se articula com a escápula. → **ombreira** *sf* (**1**. parte do vestuário na região do ombro; **2**. cada uma das peças verticais das portas e janelas, encimadas por uma trave).

ombudsman [sueco] *sm* **1**. Pessoa encarregada pelo Estado de defender os direitos dos cidadãos, recebendo e investigando queixas e denúncias de abuso de poder ou de mau serviço prestado por funcionários ou instituições públicas. **2**. *P.ext.* Em empresas públicas ou privadas, pessoa encarregada do estabelecimento de um canal de comunicação entre consumidores, empregados e diretores. **3**. Numa redação de jornal, pessoa que, de forma independente, critica o material publicado e responde às queixas dos leitores. **4**. Cargo exercido por essas pessoas. · Pronuncia-se *âmbdsmen* (em inglês), mas no Brasil se ouve muito como se escreve. (O feminino, *ombudskvinna*, não é usado, sendo *ombudsman* aplicado tanto para o homem quanto para a mulher.)

OMC *sf* Sigla de Organização Mundial do Comércio, entidade criada a 1.º de janeiro de 1995, único organismo internacional que se ocupa das normas que regem o comércio entre os países, sendo seu principal objetivo assegurar que os fluxos comerciais ocorram com a máxima facilidade, previsibilidade e liberalidade possível. Tem 164 países-membros (2022), e o Brasil é um dos seus países fundadores. · Pronuncia-se *ó eme cê*.

ô.me.ga *sm* **1**. Nome da vigésima quarta e última letra do alfabeto grego (Ω, ω). **2**. *Fig.* Final ou último de uma série; fim. · Antôn.: *alfa*. ·· **Ômega 3**. Conjunto de ácidos graxos poli-insaturados, também conhecido como *óleo de peixe*, tipo de gordura saudável, necessária para que o organismo realize diversas funções, encontrado em peixes (princ. sardinha, atum e salmão), em castanhas, nozes, azeite de oliva e em sementes (princ. chia e linhaça): *A carne desse peixe é cheia de óleos ômega 3*. ·· **Ômega 6**. Outro ácido graxo essencial, encontrado em óleos de sementes, como o de girassol. ·· **Ômega 9**. Ácido graxo não essencial, já que o próprio corpo o produz, encontrado princ. no azeite de oliva.

o.me.le.te *sf* Fritada de ovos bem batidos, com manteiga, tempero e alguns tipos de recheio. → **omeleteira** *sf* (frigideira própria para fazer omeletes).

ô.mi.cron ou **ô.mi.cro** *sm* Nome da 15.ª letra do alfabeto grego, correspondente ao nosso O, o.

o.mi.tir *v* **1**. Deixar de fazer ou de mencionar, voluntariamente ou não: *omitir informações ao fisco.* **2**. Não incluir: *omitir palavras num discurso.* **omitir-se 3**. Não atuar; não se manifestar: *peque por agir, mas nunca por se omitir!* → **omissão** *sf* [**1**. ato ou fato de omitir(-se); esquecimento voluntário ou não; **2**. aquilo que se omitiu]; **omissivo** *adj* (rel. a omissão); **omisso** *adj* (**1**. que deixou de fazer ou de mencionar alguma coisa, voluntariamente ou não; **2**. em que há lacunas, senões ou omissões; **3**. que não atua; que não se manifesta, quando deve fazê-lo; negligente).

o.mo.pla.ta *sf* Osso largo, chato e triangular, que forma a parte posterior dos ombros, atualmente conhecido como *escápula*.

OMS *sf* Sigla de Organização Mundial da Saúde, agência especializada em saúde, com sede em Genebra, na Suíça, subordinada à ONU, criada em 7 de abril de 1948, para elevar os padrões de saúde na Terra. · Pronuncia-se *ó eme esse*.

o.na.nis.mo *sm* Masturbação masculina. → **onanista** *adj* e *s2gên* (que ou pessoa que pratica o onanismo); **onanizar-se** *v* [masturbar-se (o homem)].

on.ça *sf* Nome genérico de várias espécies de felinos de grande porte. → **onça-parda** *sf* (puma, suçuarana), de pl. *onças-pardas*; **onça-pintada** *sf* (felino de porte avantajado, de pelo amarelo-ruivo e manchas grandes; jaguar, de pl. *onças-pintadas*. (Voz de ambas: *bramar, bramir, esturrar, miar, rugir e urrar*.)

on.co.lo.gi.a *sf* Ramo da medicina que estuda os tumores, princ. os malignos. → **oncológico** *adj* (rel. a oncologia); **oncologista** *adj* e *s2gên* (especialista em oncologia).

on.da *sf* **1**. Massa de água que se move e se eleva, princ. na superfície do mar, quebrando-se na praia. **2**. *P.ext.* Qualquer coisa que se assemelha a isso: *a pista está cheia de ondas.* **3**. *Fig.* Grande afluência ou afluxo: *o ator foi atacado por uma onda de fãs.* **4**. *Fig.* Grande ocorrência; série de mesmos acontecimentos: *está havendo uma onda de crimes e de protestos na cidade.* **5**. *Fig.* Agitação, excitação: *está havendo uma onda subversiva no país.* **6**. *Pop.* Boato falso; conversa mole: *isso é onda, ele não vai renunciar.* **7**. *Pop.* Uso atual; moda: *a onda agora é ter tatuagem no corpo todo.* **8**. *Pop.* Confusão, problema: *segura aí essa onda!* **9**. *Gír.* Curtição, barato, chinfra (1): *ele acha uma onda levantar a parte da frente da bicicleta.* **10**. *Pop.* Fingimento, falsidade, engodo: *a cultura dele é pura onda.* **11**. *Fig.* Sentimento forte e repentino, que fica mais forte à medida que se espalha: *uma onda de terror tomou conta da população.* **12**. *Fig.* Movimento crescente de um grupo: *está havendo uma onda de mulheres na política.* **13**. Em física, padrão em que alguns tipos de energia, como som, luz e calor, são espalhados ou transportados: *ondas de rádio*. · Dim. erudito (1): *ondula*. → **ondeado** *adj* (que tem ondas; que apresenta ondulação; ondulado) e *sm* (aquilo que apresenta a forma de ondas); **ondeamento** ou **ondeio** *sm* (ato ou efeito de ondear); **ondear** ou **ondular** *v* (**1**. tornar ondeado ou sinuoso: *ondear os cabelos*; **2**. fazer tremular, causando ondas: *o vento ondeia as bandeiras nos mastros*; **3**. mover-se para lá e para cá, fazendo ondas; tremular: *as bandeiras ondeiam nos mastros, ao forte vento*), que se conjuga (1) por *frear*; **ondulação** *sf* (**1**. movimento de pequenas ondas ou qualquer coisa semelhante a isso; **2**. sequência de saliências e depressões); **ondulante** ou **ondulatório** *adj* (que ondula).

on.de *adv* **1**. Em que lugar: *onde é o banheiro?* **2**. Que lugar, ponto ou origem: *de onde vens?* **3**. No lugar em que: *deixe isso onde está!* // *conj* **4**. Em que lugar: *eu sei onde você está.* // *pron* **5**. Lugar em que: *aí é onde ele mora.* (Como citado, *onde* substitui-se por *o lugar em que, no lugar em que*, portanto indica lugar físico: *Esta é a terra onde nasci. Há restaurantes onde se come bem por aqui*. A língua popular, todavia, tem usado a palavra a esmo, valendo por *que, em que, quando, cujo, no qual*. Daí por que no dia a dia se encontram com alguma facilidade frases como estas: *No futebol, "onde" existe muita maracutaia, o governo não interfere. Passei por* *momentos "onde" não desejo nem para o meu pior inimigo. Os filmes "onde" tem violência eu não vejo.* Se a palavra anterior não indicar lugar físico, não convém usar *onde.*)

o.ne.rar(-se) *v* Sobrecarregar(-se): *o governo onera demais o povo com impostos; onerar um jegue com carga brutal; a Alemanha se onerou demais em trinta anos, ao perder duas guerras mundiais.* → **onerosidade** *sf* (qualidade do que é oneroso); **oneroso** (ô; pl.: ó) *adj* (que sobrecarrega; pesado: *impostos onerosos*).

ONG *sf* Sigla de <u>O</u>rganização <u>N</u>ão <u>G</u>overnamental, organização sem fins lucrativos que atua princ. na área da ecologia, conservação e preservação do meio ambiente e da natureza, com a finalidade de pressionar a sociedade em prol de causas consideradas justas. · Pl.: *ONGs*. · Pronuncia-se *ó ene gê*. → **ongueiro** *adj* e *sm* (participante de ONG), palavra sem registro na 6.ª ed. do VOLP.

ô.ni.bus *sm2núm* Veículo fechado, para transporte de trinta ou mais pessoas numa cidade ou entre cidades. → **ônibus--biblioteca** *sm* (bibliobus), de pl. *ônibus-bibliotecas.* (A 6.ª ed. do VOLP não registra esta palavra.)

o.ni.co.fa.gi.a *sf* Vício de roer unhas. → **onicofágico** *adj* (rel. a onicofagia); **onicófago** *adj* e *sm* (que ou aquele que tem o vício da onicofagia).

o.ni.po.ten.te *adj* Que tem poder e autoridade ilimitada; todo--poderoso: *o universo foi criado por uma divindade onipotente.* **Onipotente** *sm* **2**. Deus. → **onipotência** *sf* (qualidade de onipotente: *é um país que tem a ilusão da onipotência*).

o.ni.pre.sen.te *adj* **1**. Que está presente simultaneamente em todos os lugares; ubíquo: *Deus é um ser onipresente.* **2**. *Fig.* Que está presente ou tem um efeito em todos os lugares ao mesmo tempo: *a polícia política cubana parece ser onipresente; o problema da violência e da impunidade está onipresente no país há décadas.* → **onipresença** *sf* (propriedade daquele que é onipresente; ubiquidade).

o.ní.ri.co *adj* **1**. Relativo a sonhos ou próprio deles: *ele tem premonições oníricas; entrego-me ao mundo onírico sempre às 23h.* **2**. *Fig.* Que sugere sonhos: *viagem onírica.*

o.nis.ci.en.te *adj* **1**. Que tem conhecimento ilimitado: *Deus é onisciente.* **2**. *Fig.* Que tem conhecimento muito grande ou aparentemente ilimitado: *a história é contada por um narrador onisciente.* → **onisciência** *sf* (qualidade de onisciente).

o.ní.vo.ro *adj* e *sm* Que ou aquele (pessoa ou animal) que come de tudo, princ. alimentos vegetais e animais.

ô.nix (x = ks) *sm2núm* Variedade de ágata, com camadas de cores alternadas, usada como pedra semipreciosa. [Quando passa ao nome próprio (Ônix), identificando uma pessoa, não há mudança do acento, de paroxítona para oxítona, ou seja, não existe "Onix".]

on-line ou **online** [ingl.] *adj* **1**. Em informática, diz-se do que está no sistema; que está ligado pelo computador através do *modem*; que está conectado à Internet ou a outra rede de computadores (por oposição a *off-line*): *computador* on-line; *estou online desde as 8h.* **2**. Que está disponível na Internet ou em qualquer outra rede: *a versão online do jornal.* **3**. Feito através da Internet: *compras* on-line. (Como se vê, não varia.) **4**. Diretamente conectado a um computador: *impressora* online. // *adv* **5**. Através da Internet; pela rede: *comprar* online; *declarar o imposto de renda* on-line. · Pronuncia-se *on-láiN.*

o.no.ma.to.pei.a (éi) *sf* **1**. Formação ou uso de palavras que imitam os sons ligados aos objetos e ações a que elas se referem (p. ex.: *coaxar, bum!, tique-taque*). **2**. Palavra assim formada. → **onomatopaico** ou **onomatopeico** (éi) *adj* (rel. a onomatopeia).

on.tem *adv* **1**. Na véspera de hoje: *eu a vi ontem.* **2**. *Fig.* Recentemente: *não nasci ontem.* // *sm* **3**. Dia imediatamente anterior a hoje: *você jogou o feijão de ontem?* **4**. *Fig.* Pouco tempo atrás: *ninguém está interessado nas músicas de ontem.* ·· **Antes de ontem.** Anteontem.

ONU *sf* Acrônimo de <u>O</u>rganização *das* <u>N</u>ações <u>U</u>nidas, criada em 1945, para substituir a fracassada Liga das Nações, constituída pela maioria dos países do mundo, para a manutenção da paz, da segurança, do desenvolvimento econômico e da boa convivência entre as nações. Em 2022, a ONU tinha 193 Estados-membros.

ô.nus *sm2núm* **1**. Aquilo que pesa ou sobrecarrega; sobrecarga: *o presidente afirma que dará um jeito na Previdência, sem ônus aos pobres.* **2**. Obrigação de difícil cumprimento, pelo trabalho ou custo que acarreta; responsabilidade custosa;

encargo: *o diabetes representa um ônus significativo para os pacientes e suas famílias; é um pesado ônus fazer alguém feliz todos os dias.* **3**. Tributo ou imposto pesado a ser pago: *o elevado ônus tributário brasileiro.* **4**. Despesa, gasto: *o contrato de aluguel deve ser feito sem ônus para o inquilino.* ·· **Ônus da prova**. Encargo de produzir prova de uma afirmação ou de um fato: O ônus da prova cabe a quem acusa.

on.ze *num* **1**. Dez mais um (11, XI). **2**. Undécimo; décimo primeiro: *página onze.* // *sm* **3**. Algarismo representativo do número onze. · Ordinal: *undécimo* ou *décimo primeiro.*

o.pa ou **o.ba** (ô) *interj* Indica admiração, espanto e saudação.

o.pa.co *adj* **1**. Que não deixa passar a luz; que não é transparente: *vidro opaco.* **2**. *P.ext.* Obscuro, sombrio: *pessoa de passado opaco.* **3**. *Fig.* Difícil de entender; confuso, ininteligível: *teoria opaca.* **4**. *Fig.Pej.* Lento na compreensão; pouco inteligente; obtuso: *pessoa de mente opaca.* · Superl. abs. sintético: *opacíssimo.* · Antôn. (1): *transparente.* → **opacidade** *sf* (qualidade ou estado de opaco), de antôn. *transparência.*

o.pa.la *sf* **1**. Pedra preciosa, geralmente azulada ou leitosa, com leves estrias de outras cores. **2**. Musselina fina.

op.ção *sf* **1**. Escolha: *já fiz minha opção profissional.* **2**. Poder, direito ou liberdade de escolher; livre escolha: *não há opção sem liberdade.* **3**. Direito de exclusividade de compra ou de venda de alguma coisa, num determinado prazo e a certo preço: *damos opção de compra a quem chegar primeiro.* **4**. Documento que atesta esse direito: *estar de posse da opção de compra.* **5**. Coisa escolhida: *essa carreira foi opção sua?* **6**. Alternativa: *ele encontrou no esporte a opção ao imobilismo de antes.* → **opcional** *adj* (que permite escolha; facultativo, optativo) e *sm* (aquilo por que se optou ou por que se foi levado a optar); **optar** *v* (escolher livremente; decidir: *optei por Medicina, e não por Engenharia*); **optativo** *adj* (opcional). ·· **Oração optativa**. A que exprime desejo e exige o verbo sempre no subjuntivo (p. ex.: *que Deus o abençoe!; vivam os noivos!*).

open market [ingl.] *loc sm* Mercado livremente competitivo, que opera sem restrições; mercado aberto. · Pl.: *open markets.* · Pronuncia-se *ôupen márket.*

OPEP ou **Opep** *sf* Acrônimo de <u>O</u>rganização *dos* <u>P</u>aíses <u>E</u>xportadores *de* <u>P</u>etróleo, associação fundada em 1960 pelo Irã, Iraque, Kuwait, Líbia, Arábia Saudita e Venezuela, com sede em Viena, para defender seus interesses quanto ao comércio do petróleo.

ó.pe.ra *sf* **1**. Peça dramática ou lírica, originária da Itália, na qual o texto é inteira ou parcialmente cantado, com acompanhamento instrumental ou orquestral e espetáculo cênico. **2**. Gênero formado por esse tipo de peça: *meu bisavô gostava muito de ópera.* **3**. Teatro em que se representa esse tipo de peça: *a ópera está fechada.* → **ópera-bufa** *sf* (ópera cômica, de música mais ligeira ou exageradamente jocosa), de pl. *óperas-bufas*; **operático** (ó) ou **operístico** (ó) *adj* (rel. a ópera); **opereta** (ê) *sf* (ópera ligeira, geralmente sátira, de final sempre feliz); **operista** (ó) *adj* e *s2gên* (que ou pessoa que compõe óperas).

o.pe.rar *v* **1**. Produzir (qualquer efeito); obrar, executar, realizar: *numa roda masculina, a presença feminina opera milagres!* **2**. Realizar uma cirurgia em: *operar um doente.* **3**. Submeter (órgão) a uma cirurgia: *ele só foi operar o apêndice tarde demais.* **4**. Realizar ou executar ações, a fim de obter um resultado: *operar na bolsa de valores.* **5**. Entrar em atividade: *a usina nuclear começou a operar em 1980.* → **operação** *sf* (**1**. ato ou efeito de operar; **2**. conjunto de meios combinados para se alcançar um objetivo; **3**. qualquer transação comercial; **4**. intervenção cirúrgica em alguma parte do corpo, para a eliminação ou tratamento de algum dano; cirurgia; **5**. cálculo de uma soma, de uma diferença, de um produto ou de um quociente). **operacional** *adj* (**1**. rel. a operação ou a uma série de operações; **2**. que envolve operações militares); **operador** (ô) *adj* e *sm* (**1**. que ou o que opera um aparelho, uma máquina ou um mecanismo; **2**. que ou aquele que opera ou faz cirurgias; cirurgião) e *sm* (aquele que dirige ou controla um negócio); **operadora** (ô) *adj* e *sf* (fem. de *operador*) e *sf* (empresa cuja atividade é um tipo específico de serviço); **operatório** *adj* (rel. a uma operação ou cirurgia).

o.pe.rá.rio *adj* **1**. Relativo aos trabalhadores manuais. // *sm* **2**. Aquele que vive do trabalho manual, contratado por um empregador. → **operariado** *sm* (classe operária).

o.pe.ro.so (ô; pl.: ó) *adj* **1**. Ativo, produtivo, trabalhador: *funcionário operoso.* **2**. Que dá resultado; eficaz: *medicamento operoso.* **3**. Que dá muito trabalho; trabalhoso, árduo, difícil:

481

serviço operoso. · Antôn. (1): *negligente, preguiçoso*; (2): *ineficaz*; (3): *fácil*.

o.pi.ni.ão *sf* **1**. Modo pessoal de pensar, de ver ou de julgar as coisas, não necessariamente baseado em fatos ou conhecimento; avaliação, parecer: *qual a sua opinião sobre esse governo?; não se tem opinião sobre assunto que se desconhece*. **2**. Estimativa do valor de alguém ou de algo; juízo de valor; conceito: *qual a sua opinião sobre mim?* **3**. Ponto de vista: *homem de opiniões fortes; sou de opinião que devemos resistir*. **4**. *Fig.Pej.* Falta de modéstia; presunção, pretensão: *desça de sua opinião e nos ouça!* **5**. *Fig.* Convicção férrea ou arraigada; teimosia: *ele é homem de opinião, não adianta querer convencê-lo do contrário.* // *sfpl* **6**. Conjunto de ideias sobre determinado assunto. → **opinar** *v* (**1**. ser de opinião; julgar; pensar: *opinei com muita convicção que a impunidade só incentiva o crime*; **2**. emitir opinião; expor o ponto de vista: *já opinei sobre tudo*); **opinativo** *adj* (**1**.baseado em opinião particular; **2**.discutível, duvidoso); **opiniático** ou **opinioso** (ô; pl.: ó) *adj* (diz-se daquele que é aferrado a sua opinião). ·· **Opinião pública**. Pensamento ou ponto de vista da maioria das pessoas sobre uma questão: *É um telejornal que molda a opinião pública*. ·· **Pesquisa de opinião**. Pesquisa feita por institutos especializados, que coletam a opinião de uma amostra de pessoas, para, a partir desses dados, avaliar a opinião pública.

ó.pio *sm* **1**.Substância leitosa, extraída dos frutos ainda verdes da papoula, usada para entorpecer os sentidos e afrouxar a consciência. **2**. *Fig*. Tudo o que se usa para adormecer a consciência das pessoas, para que elas não pensem nem façam julgamentos: *"a religião é o ópio do povo"*. → **opioide** (ói) *adj* e *sm* (que ou analgésico que é sem. ao ópio em propriedades viciantes ou em efeitos fisiológicos: *medicamentos opioides; os opioides são medicamentos analgésicos contra dores intensas, que causam dependência*).

o.por *v* **1**.Apresentar em oposição, como resistência, objeção ou obstrução: *o porteiro opôs muita dificuldade à entrada do desconhecido no prédio; opor resistência ao inimigo*. **2**.Separar, apartar: *opor os briguentos*. **3**.Estabelecer comparação entre; comparar, confrontar: *opor duas notas de cinquenta reais, uma verdadeira, a outra falsa*. **4**. Pôr frente a frente; pôr defronte: *opor duas colunas*. **opor-se 5**. Apresentar-se contra, resistindo, objetando ou obstruindo: *o porteiro se opôs à entrada do desconhecido no prédio*. **6**. Manifestar desgosto ou contrariedade por uma coisa; ser contrário: *opor-se a novos impostos*. **7**. Resistir, não aderir: *opor-se às pressões*. **8**. Negar-se, recusar-se: *opor-se a colaborar*. · Conjuga-se pelo v. *pôr*. · Antôn. (1): *aceitar, concordar*. → **oponente** *adj* e *s2gên* (que ou pessoa que se opõe a outra ou é adversária de outra em disputa, questão, controvérsia, debate, etc.); **oposição** *sf* [**1**. ato ou efeito de opor(-se); **2**. facção política contrária ao governo ou situação], de antôn. (2): *situação*); **oposicionismo** *sm* (hábito ou prática de se opor a tudo e a todos); **oposicionista** *adj* (rel. a oposicionismo) e *adj* e *s2gên* (que ou o que faz oposição a uma ideia, opinião, decisão, governo, etc.); **opositivo** *adj* (oposto); **opositor** (ô) *adj* e *sm* (adversário, oponente, concorrente); **oposto** (ô; pl.: ó) *adj* (**1**. contrário, inverso; **2**. contraditório, conflitante, incoerente; **3**. situado do lado contrário e em frente de alguma coisa) e *sm* (coisa ou pessoa contrária: *ela é o oposto da irmã*).

o.por.tu.no *adj* **1**. Que acontece no momento certo ou propício; que vem a propósito: *o uso oportuno do humor, num ambiente tenso; não é oportuno ao Brasil tratar dessa questão na ONU*. **2**. Favorável, proveitoso: *para mim, é mais oportuno estudar à noite*. **3**. Adequado, apropriado, conveniente: *você bem que poderia ter chegado em hora mais oportuna*. · Antôn.: *inoportuno*. → **oportunidade** *sf* (**1**. qualidade do que é oportuno; **2**. circunstância favorável, adequada ou vantajosa: *deixei passar a melhor oportunidade para pedi-la em casamento*; **2**. época, ocasião: *naquela oportunidade, eu ainda era solteiro*; **3**. Chance, possibilidade: *o rapaz pediu à namorada uma nova oportunidade*; **oportunismo** *sm* (aproveitamento inescrupuloso de situações ou oportunidades, em benefício próprio); **oportunista** *adj* (rel. a oportunismo) e *adj* e *s2gên* (que ou pessoa que tira proveito das oportunidades em benefício próprio de forma inescrupulosa); **oportunização** *sf* (ato ou efeito de oportunizar: *estimular o prazer pela leitura através da oportunização do contato com livros e textos variados*); **oportunizar** *v* (oferecer oportunidade ou chance: *oportunizar ao professor e aos alunos conhecimentos de informática*), substantivo e verbo esses sem registro na 6.ª ed. do VOLP.

o.pri.mir *v* **1**. Apertar, comprimir: *oprimia a cabeça, para ver se a dor passava*. **2**. Exercer o poder arbitrária e cruelmente sobre; tiranizar: *o rei oprimia o povo*. **3**. Ter pesada influência sobre; afligir, incomodar: *a miséria oprime o estômago, mas a ignorância oprime a alma*. **4**. *Fig.* Sujeitar (a ônus pesado); onerar: *essa aluvião de impostos oprime o povo*. · Antôn. (1 e 3): *aliviar*. → **opressão** *sf* (**1**.ato ou efeito de oprimir; **2**.exercício injusto, arbitrário, prepotente e cruel de autoridade ou poder; tirania); **opressivo** *adj* (que oprime); **opressor** (ô) *adj* e *sm* (que ou aquele que oprime; tirano); **oprimido** *adj* e *sm* (que ou aquele que sofre opressão econômica, política ou social).

o.pró.brio *sm* **1**. Grande desonra que resulta de conduta extremamente vergonhosa e afeta a imagem pública; vexame, ignomínia: *a impunidade faz a nação inteira padecer opróbrios*. **2**. Causa dessa grande desonra: *o opróbrio desse estado de coisas é a ignorância, ou a convivência*. **3**. Afronta ou ofensa muito grave. **4**. Abjeção extrema; baixeza, torpeza, indignidade. (Cuidado para não usar "opróbio"!)

op.si.ga.mi.a *sf* Casamento em idade avançada. → **opsigâmico** *adj* (rel. a opsigamia); **opsígamo** *adj* e *sm* (que ou aquele que casa tarde).

op.tar *v* V. **opção**.

óp.ti.ca ou **ó.ti.ca** *sf* **1**. Parte da física que estuda a luz e suas relações com a visão. **2**. Loja onde se fabricam ou vendem instrumentos ópticos (óculos, binóculos, microscópios, telescópios, etc.). **3**. Perspectiva dos objetos vistos: *ilusão de óptica*. **4**. Modo de ver, sentir ou julgar; ponto de vista; ângulo de visão: *a óptica dos militares é diferente da ótica dos civis*. → **óptico** ou **ótico** *adj* [**1**. rel. à óptica (1) ou fundado nas leis da ótica: *estudos ópticos*; **2**. rel. ou pert. aos órgãos visuais: *nervo óptico*; **3**. destinado a auxiliar a visão: *instrumento óptico*] e *sm* [**1**. aquele que é versado em óptica (1); **2**. fabricante ou vendedor de instrumentos ópticos, particularmente de lentes corretivas da visão].

op.to.me.tri.a *sf* Prática de examinar os olhos, testar a acuidade visual e prescrever óculos e lentes corretivas. → **optométrico** *adj* (rel. a optometria); **optometrista** *adj* e *s2gên* (especialista em optometria).

o.pu.lên.cia *sf* **1**. Grande riqueza, geralmente acompanhada de ostentação, poder e influência; luxo excessivo; abastança, fartura: *nesse bairro se vê a opulência de poucos e a miséria de muitos*. **2**. *Fig*. Desenvolvimento extraordinário de formas; exuberância: *a opulência dos seios de uma garota*. · Antôn. (1): *miséria*; (2): *escassez*. → **opulento** *adj* (**1**. que possui ou exibe grande riqueza; nababo: *vida opulenta*; **2**. abundante, farto, copioso: *a opulenta flora amazônica*; **3**. diz-se de qualquer forma corporal muito desenvolvida ou cheia: *seios opulentos*), de antôn. (1): *miserável*; (2): *pobre*; (3): *mirrado*.

o.pús.cu.lo *sm* **1**.Diminutivo erudito de *obra*; pequena obra. **2**. Volume não encadernado de menos de cem páginas: *a escola publicou um opúsculo sobre as realizações do ano letivo*. **3**. Livreto sobre arte, literatura ou ciências.

o.ra *adv* **1**. Atualmente, agora: *ela, que ora é minha mulher, era apenas uma criança*. // *interj* **2**. Exprime dúvida, desprezo, impaciência, etc.: *ora, vem agora você com essa comversa mole!* ·· **Por ora**. Por enquanto: *Por ora é só o que temos*. (Cuidado para não usar "hora"!)

o.ra.ção *sf* **1**. Prece a Deus, à Virgem ou a um santo; reza. **2**. Fala formal, em ocasião cerimoniosa; discurso solene: *uma oração fúnebre*. **3**. Em gramática, todo e qualquer enunciado que contém verbo ou expressão verbal. → **oracional** *adj* [rel. a oração (3)].

o.rá.cu.lo *sm* **1**. Entre os antigos gregos e romanos, pessoa (sacerdote ou sacerdotisa) por meio de quem se acreditava que um deus falava: *as profecias do oráculo de Delfos*. **2**. Santuário onde as pessoas iam fazer pergunta a um sacerdote ou sacerdotisa. **3**. Resposta dada por um oráculo à consulta feita. **4**. *Fig.* Pessoa de opiniões ou conselhos sábios: *ele se tornou um oráculo da cultura pop*.

o.ra.dor (ô) *sm* **1**. Aquele que tem o dom da palavra e discursa em público. **2**. Aquele que fala por si e por colega(s): *fui o orador da minha turma, na formatura*. **3**. Aquele que, num dado momento, está com a palavra. · V. **oratório**.

o.ra.go *sm* **1**. Santo ao qual se dedica uma capela ou igreja: *o orago dessa igreja é Santo Anselmo*. **2**. Essa capela ou igreja.

o.ral *adj* **1**. Relativo ou pertencente à boca; bucal: *vacina oral; saúde oral*. **2**. Em gramática, articulado somente na boca, com a passagem nasal bloqueada: *fonema oral*. **3**. Falado, e não escrito; verbal: *exame oral; acordo oral*. **4**. Feito com a boca:

sexo oral. **5**. Propagado pela boca: *contágio oral.* **6**. Tomado ou administrado pela boca: *medicação oral.* **7**. Transmitido de boca em boca; verbal: *tradições orais.* **8**. Usado na boca: *termômetro oral.*

o.ran.go.tan.go *sm* Grande macaco das ilhas de Bornéu e Sumatra, de longos braços, inteligência superior à do cão e sem rabo.

o.rar *v* **1**. Suplicar em oração; rezar: *orei a Deus que me protegesse; orar pela alma de um ente querido.* **2**. Fazer (oração); rezar: *orou muitas ave-marias.* **3**. Manter-se em comunhão com Deus; rezar: *oremos!*

o.ra.tó.ria *sf* Arte de falar bem em público, de saber convencer pela palavra. → **oratório** *adj* (rel. a oratória ou a orador) e *sm* (**1**. nicho doméstico, com imagem religiosa; **2**. capela doméstica).

o.ra-ve.ja *sm2núm* Usado na expressão popular *ficar no ora-veja* que significa: **1**. Ser esquecido; ser deixado de lado. **2**. Não conseguir ou não obter o que era tido como certo ou favas contadas.

or.be *sm* **1**. Corpo esférico; esfera, globo. **2**. Qualquer corpo celeste esférico. **3**.*P.ext.* Planeta Terra. **4**. *Fig.* Setor, campo, esfera: *essa questão está restrita ao orbe da física.* → **orbicular** *adj* (**1**. em forma de orbe; redondo, circular; **2**. diz-se do músculo que contorna um orifício, como a boca ou a fenda palpebral, permitindo sua abertura ou fechamento; **3**. diz-se da folha que apresenta ápice, base e lados quase iguais, em forma de disco).

ór.bi.ta *sf* **1**. Cavidade óssea do crânio que contém e protege o bulbo do olho ou globo ocular: *a órbita envolve e protege o olho e seus apêndices.* **2**. Trajetória circular e periódica descrita por um astro, ou por um satélite artificial, em relação a outro: *a órbita da Terra em torno do Sol.* **3**. *Fig.* Área de atividade; esfera de influência: *essa questão está dentro da órbita do presidente; esse assunto está fora da minha órbita.* → **orbital** *adj* (rel. à órbita de um satélite ou de um planeta); **orbitar** *v* (**1**. pôr em órbita*;* **2**. girar em torno de), que, assim como *gravitar*, rejeita complementos como "em volta de", "ao redor de" ou "em torno de".)

or.ca *sf* Mamífero cetáceo carnívoro e agressivo, conhecido como baleia-assassina.

or.çar *v* **1**. Fazer o orçamento de; calcular: *orçou as despesas mensais em cinco mil reais.* **2**. Chegar, atingir: *minhas despesas mensais orçam em mil reais.* → **orçamental** ou **orçamentário** *adj* (rel. a orçamento); **orçamentista** *adj* e *s2gên* (que ou pessoa que é versada em fazer orçamentos); **orçamento** *sm* (**1**. ato ou efeito de orçar; cálculo, avaliação; **2**. estimativa, geralmente item por item, de receita e despesas prováveis na administração de uma casa, empresa, ou do próprio Estado; **3**. previsão da receita e das despesas relativa a determinado ano ou exercício financeiro).

or.dem *sf* **1**. Disposição lógica, coerente ou compreensiva de elementos integrantes de um conjunto; sequência ou sucessão normal: *ordem alfabética.* **2**. Posição que alguma coisa ou algum elemento ocupa num conjunto: *a ordem dos fatores não altera o produto.* **3**. Arranjo metódico, racional ou harmonioso: *pôr ordem na casa.* **4**. Sistema estabelecido de organização política e social: *toda revolução exagera nos males da ordem anterior.* **5**. Autoridade legal ou constituída: *as forças armadas existem para manter a lei e a ordem.* **6**. Sequência cronológica de coisas ou de pessoas: *o atendimento será por ordem de chegada.* **7**. Vontade determinante de autoridade; prescrição: *obedecer à ordem do chefe.* **8**. Mando, mandado, determinação imperativa: *ordem de serviço.* **9**. Cada uma das várias classes de um padre ou ministro cristão: *a ordem dos agostinianos.* **10**. Órgão que congrega certas classes de profissionais liberais, para defender seus direitos e assegurar a disciplina da profissão: *a ordem dos advogados, dos médicos.* **11**. Classe de honra instituída por um governo ou por um soberano, para compensar alguém por mérito ou serviço prestado ao país, com autorização para portar a insígnia recebida: *foi condecorado com a ordem nacional do Cruzeiro do Sul.* **12**. Essa insígnia: *foi condecorado, mas nunca portou a ordem recebida.* **13**. Qualidade, categoria, natureza: *a corrupção no Brasil é de tal ordem, que já não causa perplexidade a ninguém.* **14**. Cada um dos vários estilos de arquitetura, determinados pelo tipo de coluna empregado: *a ordem coríntia; a ordem dórica.* **15**. Estilo de construção: *catedral da ordem barroca.* **16**. Em biologia, categoria taxonômica usada na classificação dos seres vivos, imediatamente maior que a família e menor que a classe. // *sfpl* **17**. Classe ou posição de um padre ou ministro ordenado: *ele tomou ordens sagradas.*

18. Sacramento, cerimônia ou rito da ordenação que confere o poder de exercer as funções eclesiásticas. → **ordeiro** *adj* (que é amigo da ordem e da paz; pacífico: *o ordeiro povo brasileiro*); **ordenado** *adj* (**1**. arrumado, bem-disposto; **2** que tem ordem; **3**. que recebeu o sacramento da ordem) e *sm* (salário); **ordenança** *sf* (praça que está sob as ordens de um superior hierárquico). ·· **Da ordem de**. De cerca de: *O roubo é da ordem de cinco milhões de reais.*

or.de.nar *v* **1**. Colocar ou dispor em ordem; organizar: *ordenar os livros na estante.* **2**. Determinar imperativamente (autoridade): *o capitão ordenou que o sargento se retirasse.* **ordenar(-se) 3**. Conferir ou receber ordens sagradas: *ordenar um diácono; ordenou-se presbítero.* **ordenar-se 4**. Organizar-se: *um empresário tem de saber ordenar-se.* → **ordenação** *sf* ou **ordenamento** *sm* [ato ou efeito de ordenar(-se)].

or.de.nhar *v* Espremer a teta de (um animal leiteiro), para extrair leite; mungir: *ordenhar vacas.* → **ordenha** ou **ordenhação** *sf* (ação de ordenhar); **ordenhadeira** *sf* (máquina própria para ordenhar).

or.di.nal *adj* **1**. Que denota ordem, posição ou classificação, numa série numerada. // *sm* **2**. Redução de *número* ou *numeral ordinal*, o que indica a posição dos seres numa série ou ordem (p. ex.: *primeiro, segundo, terceiro,* etc.).

or.di.nan.do *adj* e *sm* Que ou aquele que está prestes a receber as ordens sacras.

or.di.ná.rio *adj* **1**. Habitual, costumeiro, comum. **2**. De qualidade inferior. **3**. Grosseiro, mal-educado. **4**. Sórdido, calhorda, mau-caráter.

o.ré.ga.no *sm* **1**. Erva da família da menta, de folhas aromáticas, usada como condimento. **2**. Esse condimento.

o.re.lha (ê) *sf* **1**. Nome que a nova terminologia anatômica confere ao ouvido. **2**. Parte mais externa e cartilaginosa do órgão auditivo; pavilhão auricular. **3**. Qualquer objeto semelhante a esse pavilhão. // *sfpl* **4**. *Fig.* Parte fendida do martelo, destinada a arrancar pregos. **5**. *Fig.* Parte da capa do livro dobrada para dentro. → **orelhada** *sf* (puxão de orelhas; orelhão); **orelhão** *sm* (**1**. aum. reg. de *orelha*; orelha grande; **2**. orelhada; **3**. cabina de telefone público, cuja forma se assemelha ao pavilhão auditivo); **orelhudo** *adj* (**1**. de orelhas grandes; **2**. *fig.* cabeçudo, turrão). ·· **De orelhada**. **1**. Por ouvir dizer; de oitiva. **2**. Sem nenhum conhecimento teórico; de ouvido.

ór.fão *adj* e *sm* Que ou aquele que perdeu o pai ou a mãe, ou ambos. · Pl.: *órfãos.* → **orfanato** *sm* (asilo de órfãos); **orfandade** *sf* (**1**. situação ou estado de quem é órfão; **2**. porção de órfãos).

or.fe.ão ou **or.fe.om** *sm* **1**. Grupo de pessoas dedicadas ao canto coral. **2**. Escola de canto. → **orfeônico** *adj* (rel. a orfeão).

or.ga.ni.zar *v* **1**. Dispor num todo estruturado, ordenado e funcional: *organizar um jardim.* **2**. Dispor para funcionar no padrão desejado: *organizar uma biblioteca.* **3**. Dispor de forma coerente, sistemática; sistematizar: *organizar os pensamentos, antes de falar.* **4**. Planejar, estruturar: *organizar uma festa.* **organizar-se 5**. Formar-se ou constituir-se, com propósitos comuns: *a nova sociedade se organiza não mais em torno de chefes ou caciques.* → **organização** *sf* [**1**. ação ou processo de organizar(-se); **2**. estado ou modo de achar-se organizado; **3**. aquilo que está organizado ou arranjado metodicamente; **4**. entidade de função social, política, etc.; órgão; **5**. grupo de pessoas organizadas para determinado fim; associação, instituição); **organizacional** *adj* (rel. a organização); **organograma** *sm* (representação gráfica da estrutura de uma organização ou de um serviço).

ór.gão *sm* **1**. Em biologia e botânica, parte ou conjunto de partes diferenciadas de um organismo, de função específica: *o fígado é um órgão importante do nosso corpo; as folhas são órgãos vegetais.* **2**. Instrumento musical de sopro, tocado em teclado, constituído de uma série de tubos, acionados por ar comprimido, que produz som por vibração. **3**. Instrumento musical semelhante, que tem os sons produzidos eletronicamente. **4**. Repartição pública destinada à execução de determinadas funções: *a polícia federal é um órgão do Ministério da Justiça.* **5**. Publicação que veicula a opinião de um determinado grupo ou partido: *Granma é o órgão do PC cubano.* → **orgânico** *adj* (**1**. rel. a órgão; **2**. rel. a organismos vivos; **3**. produzido com fertilizantes de matéria animal ou vegetal; **4**. livre de aditivos químicos, como antibióticos ou hormônios: *beterraba orgânica*; *ovos orgânicos*); **organismo** *sm* [**1**. forma individual de vida (planta, animal, bactéria, fungo, etc.); **2**. conjunto de órgãos que constituem o corpo humano]; **organista** *adj* e *s2gên* (que ou pessoa que toca órgão).

or.gas.mo *sm* Liberação rápida e prazerosa de tensões neuromusculares no auge da excitação sexual, geralmente acompanhada de ejaculação de sêmen no homem e de contrações vaginais na mulher; clímax do ato sexual. → **orgásmico** ou **orgástico** *adj* (rel. a orgasmo).

or.gi.a *sf* **1**. Rito cerimonial secreto realizado em homenagem a divindade grega ou romana, geralmente caracterizado por canto, embriaguez e dança: *as orgias romanas em homenagem a Baco.* **2**. *P.ext.* Bacanal. **3**. *Fig.* Qualquer excesso ou exagero: *ela é dada a orgia de compras quando vai a shopping; a orgia de gastos públicos.* → **orgíaco** *adj* (rel. ou sem. a orgia).

or.gu.lho *sm* **1**. Conceito exageradamente alto que uma pessoa tem de sua própria importância, mérito ou superioridade. **2**. Sentimento nobre de brio, de dignidade pessoal; grande satisfação, regozijo. **3**. *Fig.* Pessoa que causa satisfação ou desvanecimento: *ela é o orgulho da família.* → **orgulhar** *v* (causar orgulho a); **orgulhar-se** (sentir orgulho). → **orgulhoso** (ô; pl.: ó) *adj* e *sm* (**1**. Que ou aquele que sente exagerada satisfação ou prazer por alguma coisa feita por si próprio, considerada altamente honrosa, ou por algo ou alguém intimamente relacionado consigo próprio; **2**. que ou aquele que demonstra excessiva autoestima; arrogante).

o.ri.en.tar *v* **1**. Indicar o rumo ou a direção exata a; nortear, guiar: *a sinalização orienta os motoristas.* **2**. Encaminhar, dando assistência e educação a: *os professores orientam os alunos.* **3**. Alinhar ou posicionar em direção ao ponto de referência: *orientar a luneta para a Lua.* **orientar-se 4**. Reconhecer a posição dos pontos cardeais: *o comandante se orientou e nos disse onde estava o norte.* **5**. Aconselhar-se na solução de um problema; tomar orientação: *o filho se orientou com o pai, para saber o que vai fazer.* → **orientação** *sf* [ato ou efeito de orientar(-se)].

o.ri.en.te *sm* **1**. Terras ou regiões orientais; nascente, leste. · Antôn.: *ocidente*. **Oriente** *sm* **2**. Parte do mundo situada além do Leste europeu. · Antôn.: *Ocidente.* → **oriental** *adj* (rel. ou pert. aos países do Oriente, a seus povos, sua cultura, etc.) e *adj* e *s2gên* (que ou pessoa que é ou foi do Oriente), de antôn. *ocidental*.

o.ri.fí.cio *sm* Buraco ou abertura circular muito pequena, geralmente em cavidade ou passagem do corpo.

o.ri.gem *sf* **1**. Ponto inicial ou de partida; começo: *o bigue--bangue é a origem do universo.* **2**. Procedência, proveniência: *ele é de origem nordestina.* **3**. Ascendência, linhagem: *ele é de origem japonesa.* **4**. *Fig.* Fonte, procedência: *ele não soube dizer à polícia qual a origem de todo aquele dinheiro.* **5**. Causa, razão: *a origem de sua dor de cabeça é o comportamento da filha.* **6**. Etimologia: *a origem da palavra bidê é francesa.* → **original** *adj* (**1**. que nunca existiu antes; novo, inédito; **2**. feito pela primeira vez; **3**. próprio ou peculiar de alguém; **4**. que não imita outro nem de outro copia) e *sm* [**1**. tudo o que é fonte (texto, desenho, modelo, etc.) de que é feita uma cópia, reprodução, tradução, etc.; matriz; **2**. obra de arte autêntica]; **originalidade** *sf* (qualidade ou condição de original); **originar** *v* (dar origem ou início a; iniciar, causar: *esse fato é que originou a guerra*); **originar-se** (ter origem, derivar-se: *garagem é palavra que se origina do francês*); **originário** ou **oriundo** *adj* (**1**. natural, procedente; **2**. descendente).

o.ri.xá *sm* Divindade africana dos cultos afro-brasileiros (candomblé, macumba, etc.); guia, caboclo.

o.ri.zi.cul.tu.ra ou **ri.zi.cul.tu.ra** *sf* Cultura do arroz. → **orizícola** *adj* (rel. à cultura do arroz); **orizicultor** ou **rizicultor** (ô) *sm* (aquele que se dedica à orizicultura).

or.la *sf* **1**. Faixa de terra à beira-mar. **2**. Beira, margem. **3**. Borda, barra. → **orladura** *sf* (ação ou efeito de orlar); **orlar** *v* (**1**. guarnecer de orla: *orlar uma almofada*; **2**. fazer bainha em; embainhar: *orlar um vestido*; **3**. estar situado à orla, margem ou beira de; margear: *palmeiras orlam a estrada litorânea*).

or.na.men.tar *v* **1**. Guarnecer de ornamentos ou ornatos; enfeitar: *ornamentar um altar com flores.* **2**. Ser um ornamento ou decoração para; ornar: *pulseiras douradas ornamentavam-lhe os pulsos.* → **ornamentação** *sf* (ato ou efeito de ornamentar; decoração); **ornamental** *adj* (rel. a ornamento); **ornamentista** *adj* e *s2gên* (que ou pessoa que ornamenta ou faz ornamentações); **ornamento** ou **ornato** *sm* (qualquer coisa que ornamenta, enfeita, decora ou enra), **ornar** *v* (**1**. ornamentar; **2**. combinar, harmonizar-se: *preto não orna com azul; preto e azul são cores que não ornam*).

or.ne.jar *v* Soltar a voz (o burro); zurrar. · Mantém o *e* fechado durante a conjugação. → **ornejo** (ê) *sm* (zurro).

or.ni.to.lo.gi.a *sf* Ramo da zoologia que estuda as aves. → **ornitológico** *adj* (rel. à ornitologia); **ornitologista** *s2gên* ou **ornitólogo** *sm* (especialista em ornitologia).

or.ni.tóp.te.ro *sm* Máquina voadora que se movimenta e sustenta no ar mediante movimentos semelhantes aos das aves.

or.ni.tor.rin.co *sm* Mamífero da Austrália, adaptado à vida aquática, considerado uma forma de transição entre os répteis e os mamíferos.

or.ques.tra *sf* Conjunto de músicos (mais de oito) que tocam instrumentos variados, constituídos para executar uma peça musical ou para acompanhar um cantor, geralmente regidos por um maestro. → **orquestração** *sf* (ato ou efeito de orquestrar); **orquestral** *adj* (rel. a orquestra); **orquestrar** *v* [compor ou arranjar as diferentes partes de (uma peça musical), para execução de uma orquestra].

or.quí.dea *sf* **1**. Planta ornamental que cresce sem parasitismo sobre o ramo das árvores e produz flores muito valorizadas, por sua beleza, forma e colorido. **2**. Essa flor. → **orquidário** *sm* (viveiro de orquídeas).

ór.te.se *sf* Qualquer objeto, aparelho ou dispositivo ortopédico de uso externo e provisório, usado para prevenir ou corrigir deformidades das partes móveis do corpo ou da coluna vertebral: *as joelheiras, munhequeiras, aparelhos ortodônticos e palmilhas ortopédicas são órteses.* → **ortesista** *adj* e *s2gên* (que ou profissional que confecciona órteses); **ortótico** *adj* (rel. a órtese: *clínica ortótica*; **2**. que usa órtese: *criança ortótica*) e *sm* (ortesista).

or.to.don.ti.a *sf* Ramo da odontologia que trata da prevenção e correção da defeituosa posição dos dentes, congênita ou acidental. → **ortodôntico** *adj* (rel. a ortodontia); **ortodontista** *adj* e *s2gên* (especialista em ortodontia).

or.to.do.xo (x = ks) *adj* **1**. Conforme à doutrina estabelecida ou declarada verdadeira; tradicional, convencional. **2**. Conforme ao dogma, à doutrina de uma religião. **3**. Relativo ou pertencente à Igreja católica apostólica ortodoxa, de tradição grega e separada de Roma e do Papa desde o séc. XI (1054). // *sm* **4**. Aquele que segue a doutrina estabelecida ou declarada verdadeira. **5**. Aquele que segue a Igreja ortodoxa. · Antôn. (1, 2 e 4): *heterodoxo.* → **ortodoxia** (x = ks) *sf* (**1**. qualidade de ortodoxo; **2**. *fig.* intransigência a toda e qualquer novidade), de antôn. *heterodoxia*.

or.to.e.pi.a ou **or.to.é.pia** *sf* Parte da gramática que estuda as regras da pronúncia correta das palavras. · Antôn.: *cacoepia* ou *cacoépia*. → **ortoépico** *adj* (rel. a ortoepia), de antôn. *cacoépico*.

or.to.fo.ni.a *sf* Parte da gramática que estuda a pronúncia correta das palavras, expressões e frases, segundo a norma padrão: *a ortofonia divide-se em ortoepia e prosódia.* → **ortofônico** *adj* (rel. a ortofonia); **ortofonista** *adj* e *s2gên* (especialista em ortofonia).

or.to.gra.fi.a *sf* **1**. Parte da gramática que trata da maneira correta de escrever as palavras. **2**. Arte ou estudo da correta grafia das palavras, de acordo com as normas em vigor. **3**. Método de representar os sons de uma língua por letras e sinais diacríticos. · Antôn. (2): *cacografia.* → **ortografar** *v* (escrever de acordo com as normas ortográficas em vigor); **ortográfico** *adj* (rel. a ortografia); **ortógrafo** *sm* (aquele que é versado em ortografia).

or.to.mo.le.cu.lar (òr) *adj* Relativo à teoria segundo a qual as doenças ou anormalidades mentais resultam de várias deficiências ou desequilíbrios químicos e podem ser curadas pela reposição das substâncias faltantes (geralmente vitaminas e sais minerais) ou pela eliminação de seus excessos, para voltar aos níveis normais no organismo.

or.to.pe.di.a *sf* Ramo da medicina que trata da prevenção e correção de deformidades do corpo. → **ortopédico** *adj* (rel. a ortopedia); **ortopedista** *adj* e *s2gên* (especialista em ortopedia) e *s2gên* (fabricante de aparelhos ortopédicos).

or.tóp.ti.ca ou **or.tó.ti.ca** *sf* Ramo da oftalmologia que se ocupa da avaliação, medida dos desvios oculares e reeducação dos olhos em casos de problemas de visão binocular, como estrabismo. → **ortóptico** ou **ortótico** *adj* (rel. a ortóptica) e *sm* (o que corrige determinados desvios oculares).

or.to.ta.na.sia *sf* Morte natural, princ. a sem nenhum sofrimento. · Antôn.: *distanásia.* → **ortotanásico** *adj* (rel. a ortotanásia), palavra que o VOLP não registra; traz, porém, *distanásico*, *adj* correspondente a *distanásia*.

or.tó.ti.ca sf **1**. Ciência que se ocupa do estudo e confecção dos aparelhos mecânicos usados com fins ortopédicos. **2**. Uso de aparelhos ortopédicos: *a ortótica da coluna não previne a progressão da deformidade*. → **ortótico** *adj* (**1**. rel. a ortótica: *palmilhas de correção ortótica*) e *sm* (fabricante de aparelhos ortopédicos).

or.va.lho *sm* Vapor de água que se deposita em gotículas durante a noite, sobre a superfície fria dos corpos expostos ao ar livre; sereno, relento. → **orvalhar(-se)** *v* [**1**. cobrir(-se) de orvalho; molhar: *a madrugada orvalhou o campo; as flores e folhas se orvalharam de madrugada*; **2**. cair orvalho: *orvalhava e fazia frio*).

os.ci.lar *v* **1**. Mover ora para um, ora para outro lado, de forma rítmica e ininterrupta; agitar: *o cão oscila o rabo, ao ver o dono*. **2**. Ficar em dúvida; vacilar, hesitar: *político que oscila entre a direita e a esquerda não merece crédito*. **3**. Fazer vaivém (entre duas coisas): *a atenção das crianças oscilava entre a televisão e os doces da festa*. → **oscilação** sf (ato ou efeito de oscilar).

os.ci.tar *v* Bocejar. (É termo próprio da linguagem médica.) → **oscitação** *sf* (ato ou efeito de oscitar; bocejo).

ós.cu.lo *sm* Beijo dado como prova de amizade, de respeito ou de veneração; beijo cerimonioso ou formal. → **osculação** *sf* (ato ou efeito de oscular; beijo); **oscular** *v* (dar ósculo em; beijar); **osculatório** *adj* (rel. a ósculo).

os.mo.se sf **1**. Passagem de solvente (geralmente água) através de uma membrana semipermeável que separa soluções de diferentes concentrações. **2**.*P.ext*. Processo gradual, geralmente inconsciente, de assimilação ou absorção. → **osmótico** *adj* (rel. a osmose).

ós.ni *sm* Objeto ou fenômeno que se observa saindo das profundezas marinhas, de natureza misteriosa. (É acrônimo de *objeto submerso não identificado*. A 6.ª ed. do VOLP não traz a palavra, embora já traga *óvni*.) · V. **óvni**.

os.so (ô; pl.: ó) *sm* **1**. Cada uma das peças constituídas de tecido rígido, princ. colágeno e fosfato de cálcio, que formam o esqueleto dos vertebrados. **2**. Coisa difícil, dificuldade, abacaxi. → **ossada** *sf* (**1**. conjunto de ossos, princ. de um cadáver; **2**. esqueleto ou restos de esqueleto); **ossaria** *sf* ou **ossário** *sm* (monte de ossos); **ossário** *sm* (**1**. ossaria; **2**. ossuário); **ossatura** *sf* (**1**. constituição óssea; **2**. esqueleto ou arcabouço do corpo animal); **osseína** ou **osteína** *sf* (substância proteica que forma o tecido celular do osso; componente colágeno do osso); **ósseo** *adj* [**1**. rel. a osso: *fragilidade óssea*; **2**. que tem ou parece ter a natureza ou a consistência de osso; ossuoso (2); **3**. formado por peças de ossos: *colar ósseo*; **4**. *fig*. duro como osso; endurecido: *tumor ósseo*]; **ossificação** *sf* [ato ou efeito de ossificar(-se); formação de ossos]; **ossificar(-se)** *v* [transformar(-se) em osso]; **ossoso** (ô; pl.: ó) **ossudo** ou **ossuoso** (ô; pl.: ó) *adj* (**1**. que tem muitos ossos ou ossos muito grandes); **ossuário** *sm* [**1**. depósito de ossos humanos; ossário (2); **2**. sepultura comum de muitos cadáveres; ossário (2))]; **ossuoso** (ô; pl.: ó) *adj* (**1**. ossoso, ossuoso; **2**. ósseo (2)].

os.ten.si.vo *adj* Bem visível, para chamar a atenção; feito para ser visto por todos.

os.ten.tar(-se) *v* **1**. Exibir(-se) aparatosamente, por vaidade, para chamar a atenção; mostrar(-se) com alarde; alardear: *ostentar riqueza; os novos-ricos gostam de ostentar-se*. **2**. Exibir(-se) orgulhosamente, para mostrar brio, coragem, etc.: *ostentar cicatrizes de guerra; os heróis têm o direito de ostentarem-se*. **3**. Apresentar ou mostrar com orgulho; exibir magnificamente: *o clube ostenta inúmeros troféus*. → **ostentação** *sf* [ato ou efeito de ostentar(-se); **ostensivo** *adj* (bem visível, para chamar a atenção), de antôn. *discreto*, *velado*; **ostentoso** (ô; pl.: ó) *adj* (**1**. feito com ostentação, aparatoso; **2**. magnífico, suntuoso, pomposo).

os.te.o.in.te.gra.ção *sf* Processo ou técnica que utiliza o titânio para a fixação de próteses dentárias, faciais e reconstrução de partes do corpo, o qual, aplicado à odontologia, viabilizou e consagrou os implantes dentários. (A forma *osseointegração*, muito usada, deve ser desprezada. Nenhuma das duas consta na 6.ª ed. do VOLP.)

os.te.o.po.ro.se (ôs) *sf* Qualquer processo doentio que resulta na redução da massa óssea por unidade de volume. → **osteoporótico** (ôs) *adj* (rel. a osteoporose).

os.to.mi.a *sf* Cirurgia usada para criar uma abertura (estoma) de uma área dentro do corpo para fora, em relação a doenças dos sistemas digestivo e urinário. → **ostômico** *adj* (rel. a ostomia: *procedimento ostômico*).

os.tra (ô) *sf* Molusco marinho de concha bivalve, onde algumas espécies (não comestíveis) produzem pérolas. → **ostráceo** *adj* (sem. a ostra); **ostreicultor** (ô) ou **ostricultor** (ô) *sm* (criador de ostras); **ostreicultura** ou **ostricultura** *sf* (criação de ostras).

os.tra.cis.mo *sm* **1**. Método de banimento temporário por voto popular sem julgamento ou acusação especial praticado na Grécia antiga. **2**. *P.ext*. Afastamento de uma pessoa do seu país por tempo determinado; exílio. **3**. *Fig*. Exclusão de uma sociedade ou grupo; repulsa: *algumas doenças provocam o ostracismo do seu portador; esse país sofre o ostracismo internacional*.

os.tro.go.do (ô) *adj* **1**. Relativo aos ostrogodos ou godos do Leste, antigo povo germânico. // *smpl* **2**. Esse povo.

otaku [jap.] *s2gên* **1**. Pessoa fanática por um determinado assunto ou passatempo (p. ex.: *videogames*). **2**. Fã de *animes* e *mangás*. · Pronuncia-se *otáku*.

OTAN ou **Otan** *sf* Acrônimo de <u>O</u>rganização do <u>T</u>ratado do <u>A</u>tlântico <u>N</u>orte, organização de defesa das nações ocidentais. Hoje abriga vários países do Leste europeu, ex-comunistas. Em inglês: *NATO* (<u>N</u>orth <u>A</u>tlantic <u>T</u>reaty <u>O</u>rganization).

o.tá.rio *sm* **1**. Aquele que é simplório, tolo, fácil de enganar, princ. no conto do vigário. **2**. Aquele que, mesmo consciente do logro, faz questão de nele cair: *quem paga ágio na compra de um carro é otário*.

ó.ti.ca *sf* V. **óptica**.

ó.ti.co *adj* Relativo ou pertencente ao ouvido (hoje chamado *orelha*, na nova nomenclatura médica). · V. **óptica**.

o.ti.mis.mo *sm* Tendência de só ver o lado bom ou favorável das coisas. → **otimista** *adj* (rel. a otimismo) e *adj* e *s2gên* (que ou pessoa que revela otimismo), de antôn. *pessimista*.

ó.ti.mo *adj* Superlativo absoluto sintético irregular de *bom*; muito bom; boníssimo. · Antôn.: *péssimo*.

o.ti.te *sf* Inflamação do ouvido. → **otítico** *adj* (rel. a otite).

o.to.ma.no *adj* **1**. Relativo à Turquia; turco. **2**. Relativo ao império otomano ou a seu povo, língua, cultura, etc. // *sm* **3**. Natural da Turquia; turco.

o.tor.ri.no.la.rin.go.lo.gi.a *sf* Ramo da medicina que estuda o ouvido, nariz e laringe e suas funções e doenças. → **otorrinolaringológico** *adj* (rel. a otorrinolaringologia); **otorrinolaringologista** *adj* e *s2gên* (especialista em otorrinolaringologia).

ou *conj* Dá ideia de alternância, ligando pensamentos que se excluem.

ou.re.la *sf* **1**. Borda ou arremate de tecido. **2**.*P.ext*. Qualquer linha em que uma superfície termina; margem, beira: *a ourela do lago*.

ou.ri.çar *v* **1**. Eriçar ou arrepiar (pelos ou cabelos) à semelhança do ouriço: *aquele ruído ouriçou os cães*. **2**. *Fig*. Agitar, excitar: *a presença das misses no hotel ouriçou os rapazes*. **ouriçar-se** **3**. Arrepiar-se, eriçar-se: *até os homens se ouriçaram de medo*. **4**. *Fig*. Excitar-se; agitar-se: *os rapazes se ouriçaram com a presença das misses no hotel*. → **ouriço** *sm* (mamífero roedor arborícola, cujo corpo é coberto de espinhos protetores); **ouriço-do-mar** *sm* (mamífero roedor, cujo corpo é coberto de espinhos protetores, por muitos chamado impropriamente *porco-espinho*), de pl. *ouriços-do-mar*.

ou.ri.ves *s2núm* Pessoa versada na arte de fabricar e trabalhar metais preciosos, princ. ouro e prata, para a elaboração de peças de uso pessoal. → **ourivesaria** *sf* (**1**. arte de ourives; **2**. oficina ou loja de ourives).

ou.ro *sm* **1**. Elemento químico metálico (símb.: **Au**), de n.º atômico 79, amarelo, precioso, altamente dúctil e maleável, mas resistente à corrosão, existente em veios de depósitos de aluvião, de muitas utilidades. **2**. Medalha de ouro conferida ao vencedor de uma competição: *o brasileiro ficou com o ouro nessa disputa*. **3**. *Pop*. Dinheiro: *ganhou muito ouro como mascate*. **4**. *Fig*. Qualquer coisa ou pessoa de muito valor: *essa menina é o ouro da família*. **5**. Cor amarela e muito brilhante. // *adj* **6**. Diz-se dessa cor. **7**. Que tem essa cor: *vestidos ouro*. (Como se vê, neste caso não varia.) // *smpl* **8**. Naipe do baralho com a figura de losango vermelho. → **ouropel** *sm* (liga de cobre, latão e zinco, semelhante ao ouro; ouro falso), de pl. *ouropéis*. ·· **De ouro** (fr.). **1**. De grande valor ou estima: *Seu filho é um menino de ouro!* **2**. Muito bom; nobre, generoso: *Ter coração de ouro*. **3**. Excelente, extraordinário: *Esse cantor tem uma voz de ouro*. ·· **Entregar o ouro ao bandido**. Falhar bisonhamente, a ponto de facilitar a vitória do adversário: *O goleiro entregou o ouro ao bandido naquele jogo*. (Usa-se muito apenas *entregar o ouro*.) ·· **Ouro negro**. Petróleo. ·· **Valer**

ouro. 1. Ter grande valor: *Carro antigo vale ouro*. 2. Ser muito bom; ter muitas qualidades: *Esse meu filho vale ouro*.

ou.sa.do *adj* 1. De muita coragem; corajoso, destemido: *alpinista ousado*. 2. Que revela arrojo ou coragem: *plano ousado*. 3. Imprudente, estouvado: *sempre foi ousado no trânsito*. 4. *Fig.Pej.* Desrespeitoso, abusado, atrevido: *ele brincava, mas sem ser ousado*. 5. *Fig.* Vistoso: *os trajes eram em cores alegres, ousadas*. 6. *Fig.* Pretensioso, presunçoso: *se me permitem ser ousado, gostaria de fazer algumas sugestões!* → **ousadia** *sf* (qualidade ou característica de ousado).

ou.sar *v* 1. Atrever-se a; ter a ousadia de: *o repórter ousou perguntar isso ao presidente*. 2. Tentar (coisa arrojada, difícil), desprezando riscos e confiando na sorte ou no acaso: *ele ousou a presidência e conseguiu-a*.

out [ingl.] *adv* 1. Fora de moda; por fora: *andar out; vestir-se out*. // *adj* 2. De mau gosto; brega, cafona: *vestido out; festa out*. 3. Que se deve manter longe, a distância: *gente out*. · Pronuncia-se *áut*. · Antôn.: *in*.

outbox [ingl.] *sf* Em informática, pasta de computador, para mensagens de *e-mail* de saída que ainda não foram enviadas; caixa de saída. · Pl.: *outboxes*. · Pronuncia-se *áut-bóks*.

outdoor [ingl.] *sm* Cartaz enorme de propaganda. · Pl.: *outdoors*. · Pronuncia-se *áut-dór*.

ou.tei.ro *sm* Pequeno monte, menos elevado que o morro. → **outeiral** *adj* (rel. a outeiro).

outing [ingl.] *sm* Ato de revelar publicamente a preferência ou orientação sexual de uma pessoa, geralmente pelo sexo oposto; ato de delatar que uma pessoa é *gay*: *fazer o outing de um político, para desmoralizá-lo*. · Pl.: *outings*. · Pronuncia-se *áutin*.

outlet [ingl.] *sm* 1. Centro comercial em que se vendem mercadorias a se prestam serviços em pequenos estandes. 2. Loja que vende mercadorias de um determinado fabricante ou atacadista. 3. Loja que vende essencialmente ponta de estoque, por isso tem bom preço; loja que vende a preço de fábrica. · Pl.: *outlets*. · Pronuncia-se *áut-lét*.

ou.to.no *sm* Estação do ano entre o verão e o inverno. → **outonal** *adj* (rel. ou pert. a outono: *festas outonais*).

ou.tor.gar *v* 1. Aprovar; concordar com: *outorgar pedidos a torto e a direito*. 2. Conferir, dar: *outorgar poderes*. 3. Tornar possível, permitir: *agiu com dureza, mas até o ponto que lhe outorga a lei*. → **outorga** (ato ou efeito de outorgar); **outorgador** (ô) *adj* e *sm* ou **outorgante** *adj* e *s2gên* (que ou pessoa que outorga).

output [ingl.] *sm* 1. Corrente, voltagem ou potência produzida por um dispositivo elétrico ou eletrônico; sinal de saída; saída. 2. Informação produzida por um computador de um determinado *input*; resultado de um processamento. · Pl.: *outputs*. · Pronuncia-se *áut-put*.

ou.trem *pron* Outra(s) pessoa(s): *ela só pensa no bem a fazer a outrem*.

ou.tro *pron* 1. Diferente ou distinto (do que já foi mencionado): *a garota era bonita, mas preferi outra*. 2. Bem diferente: *eu me sinto outro perto dela*. 3. Mais um; novo: *o governo prepara outro imposto*. 4. Qualquer pessoa: *você fez o que pôde na obra, mas não se preocupe: outro a fará melhor*. 5. Extra, adicional: *não tenho outra camisa nem outro sapato*. 6. Seguinte, imediato, posterior: *de um ano para o outro a vida muda muito*. 7. Oposto, contrário: *você julga sem ouvir o outro lado, a outra parte?!* 8. Dois, o que sobrou ou restou: *passe-me o outro pé das meias!* 9. Diferente pessoa ou coisa: *era um mendigo atrás do outro*. // *pl* 10. O resto, os demais: *onde estão os outros?* 11. As pessoas: *ela gosta de provocar os outros*.

ou.tro.ra *adv* Antigamente (estabelecendo contraste entre o passado e o presente): *outrora viajávamos em bimotores; hoje viajamos em jatos supersônicos*. (Antigamente se usa em termos absolutos: *Antigamente não se conhecia a navegação aérea*. Estabelecendo a relatividade, melhor será o emprego de *outrora*: *Outrora se amarrava cachorro com linguiça*. Antigamente se amarrava cachorro com linguiça; hoje não se tem mesmo mais linguiça...)

ou.tros.sim *palavra denotativa de inclusão* Também, igualmente: *toda criança tem, outrossim, direito a merenda*. ·· **Questão de outrossim** (fig.). Razão circunstancial: *Só não lhe dei na cara por uma questão de outrossim*.

outsider [ingl.] *s2gên* 1. Atleta, equipe ou animal que compete com pouca chance de vitória. 2. Pessoa que foi excluída de uma comunidade, partido, clube, etc. 3. Pessoa que não tem acesso às informações privilegiadas do mercado. 4. Pessoa que não está envolvida em um determinado grupo ou organização: *os outsiders têm uma ideia glamorizada da vida dos astros de Hollywood*. · Antôn.: *insider*. · Pl.: *outsiders*. · Pronuncia-se *áut-sáidâr*.

ou.tu.bro *sm* Décimo mês do ano. → **outubrino** *adj* (que se realiza em outubro: *comemorações outubrinas*).

outwear [ingl.] *sm* 1. Qualquer peça de roupa, como vestidos, *tailleurs*, suéteres, usada sobre outra roupa. 2. Peça de roupa pesada e rústica, como jaqueta, casaco, sobretudo, própria para a prática de esportes ao ar livre. 3. Roupa de baixo feita para aparecer, para ficar à mostra. // *adj* 4. Diz-se dessa roupa ou dessa moda de se vestir: *agora o sutiã passou a ser outwear, não é mais mera peça íntima*. · Pl.: *outwears*. · Pronuncia-se *áut-uéâr*.

ou.vi.do *sm* 1. Parte interna do aparelho auditivo, órgão de audição e de equilíbrio dos vertebrados. [De acordo com a terminologia anatômica universal, de 1994, o termo preciso para esta acepção é *orelha* (1.).] 2. Sentido da audição. 3. Memória auditiva. · V. **auditivo**, **ótico** e **otite**. → **ouvidor** (ô) *sm* (1. nos tempos coloniais, juiz de funções análogas às do atual juiz de direito, nomeado pelo rei de Portugal; 2. aquele que ouve as reclamações da comunidade e procura ajudar; *ombudsman*); **ouvinte** *s2gên* [1. pessoa que ouve atentamente qualquer coisa; 2. estudante que apenas assiste às aulas, sem estar matriculado(a)] e *sm* [decodificador da mensagem, numa comunicação oral (por oposição a *falante*)]; **ouvir** *v* (1. perceber pelo sentido da audição: *ouvir música*; 2. tomar o depoimento de: *o juiz ouviu as testemunhas*; 3. consultar: *o ministro quis ouvir os assessores, antes de tomar uma decisão*; 4. levar em conta; respeitar: *eu já lhe dei mil conselhos, mas ele não me ouve!*; 5. Levar descompostura ou pito: *ela falou, gritou, xingou, mas não saiu sem ouvir*), que se conjuga: *ouço, ouves, ouve, ouvimos, ouvis, ouvem* (pres. do ind.); *ouça, ouças, ouça, ouçamos, ouçais, ouçam* (pres. do subj. · V. **audição**. ·· **De ouvido**. Independentemente de conhecimentos teóricos; de orelhada: *Tocar piano de ouvido*.

o.va *sf* Ovário dos peixes. ·· **Uma ova!** Coisíssima nenhuma!, uma chulipa! → **ovar** *v* (criar ova).

o.va.ção *sf* Aclamação pública; aplausos em homenagem a alguém. · Antôn.: *vaia, apupo*. → **ovacionar** *v* (aplaudir solenemente, de antôn. *vaiar, apupar*.

o.val *adj* 1. Que tem a forma de um ovo; semelhante a ovo; ovoide: *cúpula oval*. 2. Diz-se de toda curva plana, fechada, convexa e alongada, semelhante a uma elipse. // *sf* 3. Essa curva.

o.vá.rio *sm* 1. Cada uma das duas glândulas sexuais femininas dos mamíferos, produtoras da célula reprodutiva, o óvulo, e dois conhecidos hormônios: o estrógeno e a progesterona. 2. Parte inferior e mais larga do gineceu, que contém os óvulos e, após a fecundação, transforma-se geralmente no fruto. → **ovariano** *adj* (rel. ou pert. a ovário).

o.ve.lha (ê) *sf* 1. Fêmea do carneiro. 2. Cristão, em relação a seu chefe espiritual (pastor). → **ovelhum** *adj* (rel. ou pert. a ovelha); **oviário** *sm* (curral ou rebanho de ovelhas); **ovino** *adj* (rel. ou pert. a ovelhas, carneiros e cordeiros) e *sm* (animal ovelhum: *foram expostos muitos ovinos*); **ovinocultor** (ô) *sm* (aquele que cria ovelhas; **ovinocultura** *sf* (criação de ovelhas).

overbooking [ingl.] *sm* Venda de passagens aéreas em número superior à capacidade do avião, impossibilitando, assim, o embarque de alguns passageiros. · Pl.: *overbookings*. · Pronuncia-se *over-búkin*.

overdose [ingl.] *sf* Consumo excessivo de droga alucinógena, geralmente fatal; superdose. · Pronuncia-se *óver-dòs*, mas no Brasil se ouve *overdóse*.

overdrive [ingl.] *adj* 1. Diz-se da posição do câmbio de um veículo, destinado a fazer com que a última marcha fique mais longa, reduzindo a rotação do motor em velocidades mais altas, resultando em economia de combustível e maior silêncio e conforto para os passageiros. 2. Diz-se desse tipo de marcha. · Pronuncia-se *over-dráiv*.

overfare [ingl.] *sm* Desconto oferecido pelas companhias aéreas em algumas épocas do ano, para incentivar as vendas, princ. na baixa estação. · Pl.: *overfares*. · Pronuncia-se *over-fér*.

overflow [ingl.] *sm* Esgotamento da memória de um computador, por excesso de unidade de dados nele armazenada. · Pl.: *overflows*. · Pronuncia-se *óver-flou*.

o.ver.lo.que *sm* 1. Peça de máquina de costura, própria para chulear. 2. Chuleado feito com essa peça. → **overloquista** *s2gên* (pessoa que trabalha com overloque).

overshirt [ingl.] *sm* Camisa grande, usada sobre outra. · Pl.: *overshirts*. · Pronuncia-se *over-chârt*.

oversize [ingl.] *sm* Peça de roupa extremamente grande, larga e solta, às vezes usada por jovens no estilo de rua (ou *streetwear*). · Pl.: *oversizes*. · Pronuncia-se *over-sáiz*.

o.vi.á.rio *sm* e **o.vi.no** *adj* e *sm* V. **ovelha**.

o.ví.pa.ro *adj* e *sm* Que ou animal que se reproduz por meio de ovos (em oposição a *vivíparo*). → **oviparidade** *sf* [tipo de reprodução animal em que o embrião se desenvolve no ovo, fora do corpo materno (em oposição a *viviparidade*)].

óv.ni *sm* Redução de *objeto voador não identificado*, objeto ou fenômeno que se observa na atmosfera, de natureza desconhecida, misteriosa ou não reconhecida pelas testemunhas; *UFO*. · V. **ósni**. → **ovniologia** *sf* (estudo dos óvnis; ufologia); **ovniológico** *adj* (rel. a ovniologia); **ovniologista** *s2gên* ou **ovniólogo** *sm* [pessoa versada em ovniologia; ufologista; ufólogo(a)], palavras estas sem registro na 6.ª ed. do VOLP.

o.vo (ô; pl.: ó) *sm* **1**. Gameta feminino de répteis, insetos e aves, princ. o da galinha, usado como alimento humano. **2**. Célula reprodutora da fêmea dos mamíferos, capaz de se desenvolver num novo organismo da mesma espécie, depois de fecundada por um espermatozoide (nos animais inferiores, o ovo se desenvolve sem a fecundação, fenômeno conhecido como *partenogênese*). // *smpl* **3**. *Pop.Chulo* Testículos: *dei-lhe um pontapé nos ovos*. · Dim. erudito: *óvulo*. → **ovoide** (ói) *adj* (oval). ·· **Babar ovo por alguém** (gír.). Puxar o saco dele; bajulá-lo, na esperança de conseguir dele algum benefício: *Ele é mau aluno, mas mestre em babar ovo pelo professor*. ·· **Ovo estrelado**. Ovo frito, sem ser mexido ou virado, que, na frigideira, toma o aspecto de uma estrela. ·· **Pisar em ovos**. **1**. Com todo o cuidado; de mansinho; pé ante pé: *Entrou em casa pisando em ovos, para não acordar a mulher*. **2**. Agir com muita cautela e habilidade, por se tratar de questão delicada: *Nos regimes totalitários, as pessoas têm de viver pisando em ovos, porque falar mal do governo dá cadeia*. **3**. Ter suficiente tato, para saber contornar uma situação, sem causar mágoa: *Eu sinto como se estivesse pisando em ovos quando falo com ela, porque é extremamente sensível*.

ó.vu.lo *sm* **1**. Diminutivo erudito de *ovo*; ovo pequeno. **2**. Gameta feminino dos animais, destinado a ser fecundado. **3**. Corpúsculo que dá origem à semente, na formação do fruto. → **ovulação** *sf* (expulsão de um óvulo do ovário); **ovular** *adj* (**1**. rel. ou pert. a óvulo; **2**. sem. a um ovo de galinha).

o.xa.lá *interj* Exprime desejo, equivalendo a *tomara que*.

ó.xi (x = ks) *sm* Droga variante do craque, de efeito tão devastador no cérebro quanto este.

ó.xi.do (x = ks) *sm* Composto binário de um elemento ou um radical com oxigênio. → **oxidação** (ò; x = ks) *sf*; **oxidante** (ò; x = ks) *adj* e *sm* (que ou substância que oxida outra substância); **oxidar** (ò; x = ks) *v* (transformar em óxido); **oxidar-se** (criar ferrugem; enferrujar-se).

o.xi.gê.nio (ò; x = ks) *sm* Elemento químico não metálico (símb.: **O**), de n.º atômico 8, o mais abundante e importante no planeta, incolor, insípido e inodoro, presente livre na atmosfera, componente das substâncias animais, vegetais e minerais e essencial para a respiração dos humanos, animais e vegetais. → **oxigenação** (ò; x = ks) *sf* (ato ou efeito de oxigenar); **oxigenar** (ò; x = ks) *v* (**1**. ampliar a capacidade de oxigenação de: *oxigenar os pulmões*; **2**. descolorir ou tingir pela ação da água oxigenada: *oxigenar pelos e cabelos*).

o.xí.to.no (ò; x = ks) *adj* e *sm* Que ou vocábulo ou verso que apresenta tonicidade na última sílaba. · V. **paroxítono** e **proparoxítono**.

Oxóssi *sm* Orixá masculino, protetor dos caçadores.

Oxum *sm* Orixá feminino dos cultos afro-brasileiros.

o.zô.nio, **o.zo.ne** *sm* ou **o.zo.na** *sf* Gás ligeiramente azulado (O_3), de odor forte e grande poder oxidante, que forma uma camada muito elevada da atmosfera, protegendo a Terra dos raios ultravioleta do Sol. → **ozônico** *adj* (rel. a ozônio).

P

p/P *sm* Décima sexta letra do alfabeto, de nome *pê*. · Pl.: os *pp* ou os *pês*.

pá *sf* Utensílio formado de uma lâmina larga e chata, presa a um cabo, próprio para recolher terra, lixo, etc. ou para cavar o solo.

pa.ca *sf* **1**. Grande mamífero roedor noturno, fêmea do pacuçu. // *adv* **2**. *Gír*. Demais, pra burro, pacas. → **pacas** *adv* (paca).

pa.ca.rá *sf* Cesta redonda, multicolorida, feita com palha de palmeira.

pa.ca.to *adj* e *sm* **1**. Que ou aquele que tem índole pacífica; pacífico. // *adj* **2**. Tranquilo, calmo, sossegado: *as pacatas cidadezinhas do interior*. → **pacatez** (ê) *sf* ou **pacatismo** *sm* (qualidade, condição ou estado de pacato).

pa.cau *s2gên* **1**. Pessoa a quem falta um dedo. // *sm* **2**. *Gír.* Cigarro de maconha. **3**. *Gír.* Porção de maconha; parango.

pace car [ingl.] *loc sm* Automóvel de alto desempenho que, numa corrida, lidera os competidores na volta de apresentação pelo circuito, sem participar da competição; carro-madrinha. · Pl.: *pace cars*. · Pronuncia-se *pêis kar*.

pacemaker [ingl.] *s2gên* Pessoa encarregada de marcar a velocidade numa corrida automobilística. · Pl.: *pacemakers*. · Pronuncia-se *pêis mêikâr*.

pa.ce.nho *adj* e *sm* ou **pa.cen.se** *adj* e *s2gên* V. **La Paz**.

pa.cho.la *adj* e *s2gên* **1**. Que ou pessoa que prima pela vaidade, comportando-se como pedante; que ou pessoa que é cheia de si, presunçosa, pedante. **2**. Que ou pessoa que se veste com excessivo apuro, geralmente de gosto duvidoso. // *s2gên* **3**. Pessoa muito simples; bonachona, para a qual tudo está sempre muito bem. **4**. Pessoa preguiçosa, vadia: *os pacholas só querem sombra e água fresca*. // *sm* **6**. Homem vaidoso, malandro e mulherengo. → **pacholar** *v* (viver como pachola); **pacholice** *sf* ou **pacholismo** *sm* (qualidade, ato, dito ou procedimento de pachola).

pa.chor.ra (ô) *sf* **1**. Grande paciência: *tive a pachorra de analisar página por página desse dicionário*. **2**. Modo de ser ou de se comportar com muita lentidão ou mostrando excessiva tranquilidade, calma ou despreocupação; falta de pressa; fleuma: *ela faz o almoço com a pachorra de sempre*. → **pachorrento** *adj* (caracterizado pela pachorra).

pa.ci.ên.cia *sf* **1**. Capacidade de tolerar atrasos, problemas, sofrimento ou falhas alheias sem ficar aborrecido, revoltado ou com raiva; qualidade de quem é paciente (1) ou tolerante; tolerância: *não tenho paciência quando vejo um motorista lerdo; você pode encontrar preços melhores na feira, se tiver paciência de percorrê-la toda*. **2**. Virtude de suportar os males, as dificuldades ou as contrariedades, sem lamentar-se nem perturbar-se; resignação: *tenho muita paciência com meus filhos*. **3**. Perseverança, persistência: *no jogo da conquista, é preciso ter paciência*. **4**. Jogo de cartas (para um só jogador) em que as cartas devem ter um determinado arranjo ou disposição. // *interj* **5**. Indica a virtude da conformação. → **paciencioso** (ô; pi.: ó) *adj* [paciente (1)]; **paciente** *adj* (**1**. que sabe esperar; paciencioso, tolerante; **2**. que sabe controlar-se e suportar pessoas, coisas e fatos incômodos ou desagradáveis; calmo, tranquilo) e *s2gên* (pessoa que está sob cuidados médicos, geralmente em hospital). ·· **Sujeito paciente** (gram.). Aquele sobre o qual recai a ação verbal (p. ex.: **o papel** foi rasgado por mim).

pa.cí.fi.co *adj* Amigo da paz e da tranquilidade; pacato. → **pacificação** *sf* (ato ou efeito de pacificar); **pacificar** *v* [**1**. restituir à paz (região, país): *é preciso pacificar o Oriente Médio*; **2**. tirar (tribo indígena) do estado selvagem ou agressivo: *os irmãos Villas-Boas pacificaram muitas tribos*]; **pacificidade** *sf* (qualidade ou estado de pacífico); **pacifismo** *sm* (doutrina seguida por aqueles que promovem a paz, pugnam pelo desarmamento das nações e se opõem à guerra) de antôn. *belicismo*; **pacifista** *adj* (rel. a pacifismo) e *adj* e *s2gên* (que ou pessoa que é partidária do pacifismo), de antôn. *bélico*.

pa.ci.ni.a.no *adj* Diz-se do corpo microscópico encontrado nas camadas mais profundas da pele, tendões e em muitas outras partes do corpo (pâncreas, pênis, clitóris, mamilo), que funciona como receptor sensorial de pressão e vibração. (A 6.ª ed. do VOLP não registra a palavra.)

package image [ingl.] *loc sf* Conjunto de produtos gráficos (como vinhetas e chamadas) que compõem o visual da emissora ou de um programa. · Pronuncia-se *pákedj ímedj*.

pack-shot ou **packshot** [ingl.] *sm* Imagem de um produto em primeiro plano, que aparece geralmente na última cena de um comercial. · Pl.: *pack-shots*. · Pronuncia-se *pák-chót*.

pa.co *sm* Pacote de jornais ou outros papéis, que simulam notas de dinheiro, usado por vigaristas no conto do vigário.

pa.ço *sm* Palácio de soberanos, governadores, prefeitos, bispos e arcebispos. (Não se confunde com *passo*.)

pa.ço.ca *sf Pop.* **1**. Doce em forma de tablete, feito de amendoim torrado e moído, misturado com farinha de mandioca, açúcar e uma pitada de sal. **2**. NE Carne-seca torrada e pilada com farinha e cebola.

pa.co.te *sm* **1**. Pequeno maço ou pequeno embrulho. **2**. Objeto acondicionado e fechado, destinado a transporte. **3**. Roteiro turístico completo planejado por agência ou operadora, a qual inclui passagem de ida e volta, traslados, passeios, refeições, etc. **4**. *Pop.* Série de medidas importantes, geralmente desagradáveis, tomadas de uma só vez pelo governo federal, impostas à população.

pa.có.vio *adj* e *sm* Que ou aquele que é ingênuo, simplório e tolo ao mesmo tempo.

pac.to *sm* **1**. Acordo formal que estabelecem entre si duas ou mais partes, geralmente grupos e nações; tratado. **2**. *P.ext.* Qualquer acordo ou trato. → **pactário** *adj* e *sm* ou **pactuante** *adj* e *s2gên* (que ou pessoa que pactua); **pactício** ou **pactual** *adj* (rel. a pacto); **pactuar** *v* (**1**. combinar, ajustar: *pactuar alianças políticas*; **2**. firmar pacto: *ele pactuou com o diabo para ser presidente*; **3**. compactuar, transigir: *não pactuo com cafajestes*); **pactuário** *adj* e *sm* (que ou aquele que tem ou fez pacto com alguém).

pa.cu *sm* **1**. Peixe de água doce, de corpo comprido, arredondado ou ovalado e carne saborosa. **2**. Prato culinário feito com essa carne.

pa.cu.çu *sm* Macho da paca.

pa.da.ri.a *sf* Lugar onde se faz e vende pão; panificadora. · V. **padoca**. → **padeiro** *sm* (aquele que faz e vende pão; panificador).

paddock [ingl.] *sm* **1**. Num hipódromo, área em que os cavalos são preparados antes da corrida ou na qual são passeados os animais que vão correr. **2**. Numa pista de automobilismo, área em que os carros são preparados antes da competição. · Pl.: *paddocks*. · Pronuncia-se *pádâk*, mas no Brasil se ouve muito *padók*.

pa.de.cer *v* **1**. Sofrer (males físicos ou morais): *padecer fome; padecer ofensas; padecer pesadelos*. **2**. Permitir, admitir, caber: *se a teoria foi confirmada na prática, não padece contestação*. → **padecente** *adj* e *s2gên* (que ou pessoa que padece); **padecimento** *sm* (ato ou efeito de padecer; sofrimento).

pa.di.o.la *sf* **1**. Cama portátil para o transporte de doentes ou de feridos; maca. **2**. Peça retangular, de madeira ou de couro, presa a dois varais, empregada no transporte de material de construção. → **padioleiro** *sm* (condutor de padiola).

pa.do.ca ou **pa.do.ca.ri.a** *sf* Padaria que serve bebida e refeições ligeiras.

pa.drão *sm* **1**. Maneira repetida ou regular pela qual algo é feito ou acontece; incidência frequente: *esses assaltos seguem o mesmo padrão*. **2**. Forma que se usa como guia ou modelo para fazer algo: *um padrão de vestido*. **3**. Modelo merecedor de imitação: *a Constituição americana serviu de padrão a muitas outras*. **4**. *Design* ou forma artística, musical, literária ou mecânica: *o padrão geométrico de um tapete; o padrão de ritmo e rima dos sonetos*. **5**. Amostra confiável de traços, atos, tendências ou outras características observáveis numa pessoa, grupo ou instituição: *time com bom padrão de jogo; um padrão de comportamento; os padrões de gastos*. **6**. Aquilo que serve como medida. **7**. Nível, classe, categoria: *hotel de padrão cinco estrelas*. **8**. Base do valor em um sistema monetário: *o padrão ouro*. **9**. Nível de excelência ou qualidade: *alto padrão de vida*. · V. **língua padrão** (em **língua**). → **padronização** *sf* (ato ou efeito de padronizar); **padronizar** *v* (**1**. fixar um padrão ou modelo a: *padronizar o vestuário dos funcionários*; **2**. servir de padrão ou modelo a: *a Constituição americana padronizou muitas outras pelo mundo afora*).

pa.dras.to *sm* Aquele que assume o papel de pai em relação aos filhos que sua mulher teve em casamento(s) anterior(es). · V. **madrasta**. → **padrastal** *adj* (rel. a padrasto ou próprio de padrasto: *atitude padrastal*).

pa.dre *sm* Aquele que recebeu o sacramento da ordem, na Igreja católica e nas igrejas orientais; sacerdote. ·· **O Santo Padre**. O Papa.

pa.dre-nos.so *sm* V. **pai-nosso**.

pa.dri.nho *sm* **1**. Aquele que serve de testemunha de batismo, crisma, casamento ou colação de grau. **2**. *Fig.* Protetor, defensor, patrono. · V. **madrinha**.

pa.dro.ei.ro *adj* e *sm* Que ou santo que é protetor de uma igreja, cidade, país, etc.; defensor, protetor.

paella [esp.] *sf* Prato da culinária espanhola, feito de variadas combinações de arroz, legumes, carne, frango e frutos do mar, condimentados com açafrão, cozidos em grande panela. · Pronuncia-se *paêia*.

pa.e.tê *sm* Lentejoula usada na ornamentação ou decoração de vestidos ou de fantasias.

pa.gão *adj* e *sm* **1**. Que ou pessoa que não é cristã, muçulmana ou judia. **2**. Que ou aquele que não tem religião, preferindo deleitar-se nos bens materiais e prazeres sensuais. // *adj* **3**. Relativo ou pertencente aos pagãos: *deus pagão; ritual pagão; crenças pagãs*. · Fem.: *pagã*. · Pl.: *pagãos*. → **paganismo** *sm* (**1**. religião que presta culto a vários deuses, distinta das demais do mundo, princ. religião não cristã ou pré-cristã; **2**. movimento religioso da atualidade, que incorpora crenças ou práticas fora das principais religiões, caracterizado princ. pelo culto à natureza).

pa.gar *v* **1**. Dar dinheiro em troca de mercadorias ou serviços: *paguei aos funcionários hoje*. **2**. Liquidar (débito ou obrigação): *paguei a conta*. [Seus particípios *pagado* e *pago* se usam com *ter* e *haver*: *tenho pagado* (ou *pago*) *minhas contas em dia*; com *ser* e *estar*, no entanto, só se usa *pago*: *fui pago ontem; está pago?*] → **paga** *sf* ou **pagamento** *sm* (ato ou efeito de pagar); **pagadoria** *sf* (repartição ou lugar onde se fazem pagamentos); **pagamento** *sm* (**1**. paga; **2**. prestação); **pagante** *adj* e *s2gên* (que ou pessoa que paga); **pago** *adj* (**1**. quitado; **2**. que recebeu pagamento; **3**. *part irreg* de *pagar*, usado com os quatro verbos: *ter, haver, ser* e *estar*).

pager [ingl.] *sm* Pequeno aparelho eletrônico portátil, receptor de mensagens escritas, transmitidas por uma central de rádio. · Pl.: *pagers*. · Pronuncia-se *pêidjâr*.

page view [ingl.] *loc sm* Solicitação de uma página da Internet feita por um usuário mediante um clique num *link* ou através do endereçamento direto no *browser*. Um novo *page view* ocorre sempre que o internauta visualiza uma nova página. · Pl.: *page views*. · Pronuncia-se *pêidj viu*.

pá.gi.na *sf* Cada um dos lados de uma folha de caderno, livro, carta, jornal ou manuscrito. · Abrev.: **p**. (pl.: **pp**.) ou **pág**. (pl.: **págs**.) → **paginação** *sf* (ato ou efeito de paginar); **paginador** (ô) *sm* (aquele que faz a paginação de uma obra impressa); **paginar** *v* [organizar e numerar as páginas de (jornal, revista, livro, manuscrito, etc.)].

paging [ingl.] *sm* Transferência de páginas de dados entre a memória principal de um computador e uma memória auxiliar. · Pl.: *pagings*. · Pronuncia-se *pêidjin*.

pa.go.de *sm* Ritmo popular, espécie de samba, originário dos morros cariocas. → **pagodeiro** *sm* (cantor, compositor ou apreciador de pagode).

pai *sm* **1**. Aquele que gerou um filho ou o cria; genitor. **2**. Benfeitor, protetor, patrono. **3**. Fundador, criador. ·· **Pai de santo**. Aquele que, nos cultos afro-brasileiros (umbanda, candomblé, etc.), recebe e transmite aos crentes as instruções dos orixás; babalorixá. ·· **Pai de todos**. Dedo médio da mão, assim chamado por ser o maior deles. ·· **Pai dos burros**. Dicionário.

pai.na (ãi) *sf* Fibra levíssima e sedosa, mas não têxtil, branca ou amarela, que envolve as sementes de algumas plantas, usada princ. no enchimento de travesseiros, almofadas e colchões. → **paineira** (ãi) *sf* (árvore cujos frutos fornecem a paina).

pa.in.ço *sm* **1**. Planta gramínea que produz grãos que servem de alimento aos pássaros. **2**. Esse grão.

pai.nel *sm* **1**. Quadro ou tela geralmente de grande tamanho. **2**. Grande cartaz de propaganda, colocado em ponto estratégico da via pública, por onde circula ou passa grande quantidade de pessoas ou de veículos; *outdoor*. **3**. Quadro com instrumentos de comando em automóvel, avião, etc., localizado à frente do motorista, piloto, etc. **4**. Quadro onde se penduram chaves, ferramentas, etc.

pai-nos.so *sm* Oração que Cristo ensinou aos seus discípulos, dita pelos cristãos quando pedem proteção a Deus. · Pl.: *pai-nossos* e *pais-nossos*. (Antigamente se usava *padre-nosso*.)

pai.o *sm* **1**. Carne de porco acondicionada em tripa do intestino grosso do animal. // *adj* e *sm* **2**. *Gír.* Que ou pessoa que é atoleimada e excessivamente crédula, a quem todos conseguem enganar ou tungar; zé-mané.

pai.ol *sm* **1**. Depósito de pólvora e de outros apetrechos de uso militar. **2**. Na zona rural, depósito dos produtos colhidos; depósito da colheita agrícola.

pai.rar *v* **1**. Estar iminente; ameaçar: *novos impostos pairam sobre o povo*. **2**. Mostrar-se indeciso ou inseguro; vacilar, hesitar: *pairar entre duas opiniões*. **3**. Esvoaçar, sustentar-se no ar: *os urubus pairam sobre o animal morto*. **4**. Mover-se com lentidão, parecendo estar estacionado ou parado: *a poluição paira sobre a cidade*. **5**. Sustentar-se (ave) no ar, de asas abertas e aparentemente sem agitá-las; adejar: *a águia pode pairar horas a grande altura, assim como o condor*. **6**. Elevar-se, sobrepor-se: *sua honestidade paira acima de qualquer suspeita*. **7**. Tomar conta ou dominar (um ambiente): *um clima de desconfiança pairava na reunião*. **8**. Restar, subsistir: *não paira a menor dúvida de que ele será reeleito*.

pa.ís *sm* **1**. Território de uma nação ou Estado, limitado por fronteiras, no qual mora um povo com governo próprio: *este é o meu país*. **2**. Esse Estado: *nenhum país tem amigos, tem interesses*. **3**. Esse povo; população: *o país inteiro votou nele*. → **país-membro** *sm* (país que pertence a um grupo ou organização, geralmente de nível mundial: *os países-membros do Banco Mundial*, de pl. *países-membros*.

pai.sa.gem *sf* **1**. Toda a vista que se descortina do lugar onde uma pessoa está situada; panorama; vista: *apreciei a paisagem do alto da montanha*. **2**. Pintura ou gravura dessa vista: *seu hobby era pintar paisagens*. → **paisagismo** *sm* (**1**. arte de representar paisagem pela pintura, pelo desenho ou pela gravura; **2**. arte ou profissão de dispor ou modificar as características de uma paisagem, área urbana, etc., por razões práticas ou estéticas); **paisagista** *adj* e *s2gên* (que ou pessoa que é versada em paisagismo) e *s2gên* [profissional que se ocupa da decoração de terras (jardins, parques, etc.), plantando árvores e arbustos de forma harmoniosa ou estética: *o Brasil tem paisagistas famosos no mundo inteiro*]; **paisagística** *sf* (arte do paisagismo); **paisagístico** *adj* (rel. a paisagem).

pai.sa.no *adj* e *sm* Que ou aquele que não é militar; civil. ·· **À paisana**. Em traje civil (diz-se de militares).

País de Gales *loc sm* Principado do Reino Unido. → **galês** *adj* e *sm*.

Países Baixos *loc smpl* V. **Holanda**.

pai.xão *sf* **1**. Afeição obsessiva, intensa, violenta e irracional, levada ao último grau, que se assenhoreia do controle emocional de uma pessoa; excitação emocional intensa, irracional e irresistível: *paixão é um sentimento forte, mas não durável*. **2**. Movimento emocional muito vivo que se apodera de uma pessoa, fazendo-a tomar partido violentamente a favor ou contra algo ou alguém; parcialidade, fanatismo: *um juiz deve sempre julgar sem paixão*. **3**. Interesse vivo ou gosto exagerado; entusiasmo: *o povo brasileiro tem paixão por futebol*. **4**. Algo que desperta entusiasmo: *jardinagem é a minha nova paixão*. // *sfpl* **5**. Sentimentos muito poderosos: *mexa com a mulher dele, e suas paixões serão imediatamente despertadas*. **6**. Forte sentimento de empolgação: *essa polêmica despertou paixões no Congresso*. **Paixão 7**. Sofrimento de Jesus durante a crucificação ou no período que se seguiu à Última Ceia. **8**. Representação artística de tal sofrimento. → **paixoneta** (ê) *sf* (paixão amorosa passageira); **paixonite** *sf* (*pop*. intensa paixão amorosa, a ponto de ser tomada como doença: *estar sofrendo de paixonite aguda*). · V. **passional**.

pa.jé *sm* Chefe espiritual entre os indígenas, misto de curandeiro e feiticeiro. → **pajelança** *sf* (**1**. ritual realizado pelo pajé da aldeia em certas ocasiões, com o objetivo de cura, magia, previsão do futuro e proteção contra maus espíritos; **2**. reza para afastar mau-olhado; benzedura).

pa.jem *sm* **1**. Menino que faz parte de um cortejo de casamento. // *adj* **2**. Pessoa contratada para cuidar de criança(s); ama-seca, babá. → **pajear** *v* [**1**. servir de pajem (a); apajear (**1**); **2**. cuidar ou tomar conta de (criança) ou, ironicamente, de (adulto)], que se conjuga por *frear*.

pa.la *sf* **1**. Aba frontal dos bonés, destinada à proteção dos olhos. **2**. Aba que cobre os bolsos de paletós. **3**. Recorte costurado na parte superior de vestidos, blusas, saias, etc.

pa.lá.cio *sm* **1**. Residência de rei, chefe de Estado ou de governo, de alto dignitário eclesiástico, etc., geralmente esplendorosa, suntuosa. **2**. *P.ext*. Qualquer casa grande, suntuosa e esplendorosa; palacete; mansão. · Dim. irregular: *palacete* (ê). → **palacete** (ê) *sm* [**1**. dim. irreg. de *palácio*; palácio pequeno; **2**. palácio (2)]; **palaciano** *adj* (rel. a palácio).

pa.la.dar *sm* **1**. Céu da boca; palato. **2**. Sentido do gosto; gustação. · V. **palatável**.

pa.la.di.no *sm* **1**. Líder militar de confiança de um príncipe medieval. **2**. *Fig*. Apoiador ou defensor obstinado de uma causa nobre: *esse deputado é um paladino da moralidade pública*.

pa.la.fi.ta *sf* **1**. Estacaria sobre a qual se constrói casa em região lacustre, pantanosa ou periodicamente inundável. **2**. Essa casa. → **palafítico** *adj* (rel. a palafita).

pa.la.frém *sm* **1**. Cavalo manso e adestrado que, na Idade Média, os reis e nobres montavam, ao entrarem nas cidades. **2**. *P.ext*. Cavalo manso e elegante, destinado especialmente a senhoras. → **palafraneiro** *sm* (**1**. aquele que tratava do palafrém ou aquele que o conduzia à mão até o cavaleiro ou a amazona; **2**. *p.ext*. cuidador de cavalos).

pá.la.mo *sm* Membrana existente entre os dedos de algumas aves, répteis e mamíferos.

pa.lan.que *sm* Armação de madeira, elevada do chão, geralmente ao ar livre, na qual se fazem apresentações, comícios políticos, etc. → **palanqueiro** *sm* (construtor de palanques).

pa.la.tá.vel *adj* **1**. Agradável ao paladar: *usar condimento, para tornar palatável uma comida*. **2**. *Fig*. Aceitável, tolerável: *o governo não soube como tornar palatável ao povo mais esse imposto*. → **palatabilidade** *sf* (qualidade do que é palatável).

pa.la.to *sm* Céu da boca; abóbada palatina; paladar (1). → **palatal** ou **palatino** *adj* (rel. ou pert. ao palato: *mucosa palatal*); **palatino** *sm* (red. de *osso palatino*, cada um dos dois pequenos ossos que formam o palato duro). ·· **Abóbada palatina**. Céu da boca; palato. ·· **Palato duro**. Parte anterior óssea do palato, que forma o céu da boca. ·· **Palato mole**. Prega na parte de trás do palato duro, que separa parcialmente a boca da faringe.

pa.la.vra *sf* **1**. Em linguística, som ou combinação de sons que têm significado e formam uma unidade linguística independente. **2**. Representação escrita ou impressa desse som ou combinação de sons. **3**. Uso concreto que um indivíduo faz da língua; fala, discurso: *a palavra é apanágio do ser humano*. **4**. Vocábulo: *a palavra* **xícara** *tem três sílabas*. **5**. Termo: *essa palavra é sujeito, e não complemento*. **6**. Fato de falar: *o silêncio foi mais eloquente que a palavra*. **7**. Modo de se expressar de uma pessoa; capacidade pessoal de se exprimir oralmente; expressão: *todo político tem palavra fácil*. **8**. Palavra ou conjunto de palavras; frase: *ele não pronunciou sequer uma palavra durante toda a viagem*. **9**. Comentário, observação: *pode o senhor dizer uma palavra sobre isso?* **10**. Compromisso moral que faz uma pessoa cumprir uma coisa; obrigação assumida ou contraída; afirmação de honra: *homem sem palavra não vale nada*. **11**. Direito de intervir num grupo, reunião ou assembleia; permissão ou licença para se expressar: *pedir a palavra*. **12**. Doutrina, ensinamentos: *conhecemos a palavra de Deus, lendo a Bíblia*. **13**. Mensagem: *fui dar uma palavra de conforto à viúva*. **14**. Em informática, série de *bits* que constituem a menor unidade de memória recorrível. // *sfpl* **15**. Dito ou discurso de uma pessoa: *ela citou textualmente suas palavras*. **16**. Ditos vãos sem conteúdo: *as ameaças dela são só palavras*. **17**. Expressões ofensivas que uma pessoa dirige a outra; ofensas: *no dia que eu a encontrar, vou-lhe dizer umas palavras*. // *interj* **18**. Indica convicção: *palavra! foi isso mesmo que aconteceu*. → **palavração** *sf* [método de alfabetização construtivista que consiste em ensinar a ler palavra por palavra (o aluno aprende palavras e depois as separa em sílabas para com estas formar novas palavras]; **palavra-guia** *sf* (cada um dos cabeços que encimam as páginas das obras de referência, indicando a primeira e a última entradas da página), de pl. *palavras-guia* ou *palavras--guias*; **palavrão** *sm* [**1**. palavra muito grande, difícil de pronunciar (p. ex.: *competitividade, desincompatibilidade*); **2**. palavra grosseira, indecente, que ofende os bons costumes; nome-feio]; **palavra-ônibus** *sf* [palavra que tem inúmeros significados, com as mais distintas ideias, como *bacana, coisa, legal, negócio, trem* (para os mineiros), *troço*, etc.], de pl. *palavras-ônibus*; **palavra-valise** *sf* [neologismo resultante da combinação da(s) primeira(s) sílaba(s) de uma palavra com a(s) última(s) de outra (p. ex.: *motel*, resultante de *motorista* + *hotel*; *treminhão*, de *trem* + *caminhão*), de pl. *palavras-valise* ou *palavras-valises*; **palavreado** ou **palavrório** *sm* (série de palavras fúteis, sem muito nexo; lábia); **palavroso** (ô; pl.: ó) *adj* (**1**. que contém muitas palavras e poucas ideias: *discurso palavroso*; **2**. que usa de excessivas palavras para o que pretende exprimir: *orador palavroso*).

pal.co *sm* **1**. Parte mais elevada de um lugar, destinada a representações, geralmente teatrais; tablado ou estrado onde se representa. **2**. Arte teatral; teatro: *dedicou-se a vida inteira ao palco*. **3**. *Fig*. Lugar onde acontece um fato importante ou de interesse público; cenário: *o palco da final da Copa Libertadores será o Maracanã*.

pa.lei.o *sm Pop.* **1**. Namoro: *o pai queria ir dormir, mas antes tinha de acabar com aquele paleio da filha lá fora*. **2**. Conversação; conversa amistosa; bate-papo: *o delegado não quer paleio com os presos*. **3**. Implicância, aperreio: *por que tanto paleio com a vida dos outros, mulher?!* **4**. Conversa mole e demorada; chateação: *o prefeito é muito dado a paleios, e a gente é obrigado a ouvir...*

pa.len.dren.gue *sm* Peças do vestuário; roupa.

pa.le.o.lí.ti.co *adj* **1**. Diz-se do mais antigo período da história humana, também conhecido como da pedra lascada, de cerca de 750 mil anos atrás, até o começo da idade mesolítica, de 15 mil anos atrás. // *sm* **2**. Esse período.

pa.le.on.to.lo.gi.a *sf* Ramo da geologia que estuda as formas pré-históricas de vida, representadas por fósseis vegetais e animais e outros organismos. → **paleontológico** *adj* (rel. a paleontologia); **paleontologista** *adj* e *s2gên* ou **paleontólogo** *sm* (especialista em paleontologia).

pa.ler.ma *adj* e *s2gên* Que ou pessoa que é idiota, imbecil. → **palermar** *v* (agir como palerma); **palermice** *sf* (qualidade, ato, atitude, dito ou comportamento de palerma).

pa.les.tra *sf* **1**. Conversação ligeira, sobre assunto de pouca importância; bate-papo. **2**. Exposição cultural sobre determinado assunto, geralmente a público seleto (especialistas, estudantes, etc.). **3**. Exposição ou discurso sobre qualquer assunto. → **palestrador** (ô) *sm* ou **palestrante** *s2gên* (pessoa que faz palestras); **palestrar** *v* (**1**. manter palestra ou conversa: *é proibido palestrar com o motorista*; **2**. fazer uma palestra: *escolha o tema sobre o qual você deseja palestrar!*).

pa.le.ta (ê) *sf* **1**. Chapa, geralmente oval, com uma abertura para enfiar o polegar da mão esquerda, na qual os pintores dispõem e combinam as tintas. **2**. Espádua de animais. · Var. (1): **palheta** (ê).

pa.le.tó *sm* Peça do vestuário masculino, casaco curto e com bolsos, que se veste sobre a camisa ou o colete e compõe, com as calças, o terno. (Cuidado para não usar "paletô"!)

pa.lha *sf* **1**. Haste de gramínea (princ. cereal), cortada e despojada do grão. **2**. Matéria que forma o conjunto dessas hastes. **3**. Porção dessas hastes. → **palharesco** (ê) *adj* (rel. a palha); **paleáceo** ou **palheáceo** *adj* (**1**. rel. ou sem. a palha; **2**. feito de palha); **palhegal** *sm* (lugar onde há muita palha); **palheireiro** *sm* (**1**. vendedor de palha; **2**. aquele que faz assentos de palhas para cadeiras, bancos, etc.: empalhador); **palheiro** *sm* (depósito de palha ou lugar onde se guarda palha); **palhinha** *sf* (**1**. palha pequena; **2**. tira fina e flexível de junco, com a qual se trançam e forram encostos e assentos de cadeiras) e *sm* (**1**. chapéu de palha; **2**. cigarro feito com fumo de rolo envolto em palha de milho).

pa.lha.ço *sm* **1**. Artista circense que pinta a cara de maneira espalhafatosa, apresenta-se com roupas vivamente coloridas e extravagantes e tem a função de divertir o público. **2**. Aquele que diverte os outros com o que faz ou diz: *esse meu amigo é um palhaço: não há como ficar sério a seu lado*. **3**. Aquele que, por só dizer tolices, não é levado a sério em lugar nenhum; estúpido; boçal: *esse rapaz é palhaço mesmo!* · Fem.: **palhaça**. → **palhaçada** *sf* (**1**. atitude, dito, fato ou conduta cômica ou ridícula, própria de palhaço; **2**. porção de palhaços); **palhaçal** *adj* (rel. a palhaço ou próprio de palhaço; cômico ou ridículo).

pa.lhe.ta (ê) *sf* **1**. Paleta (1). **2**. Lâmina de ventilador ou de veneziana. **3**. Pequena lâmina com que se ferem as cordas de certos instrumentos, como o cavaquinho, o bandolim, etc. **4**. Pequena chapa ou lâmina colocada na embocadura de certos instrumentos de sopro, como a clarineta, o oboé, etc., para dar as diversas vibrações do som.

pa.lho.ça *sf* Casebre de paredes de barro ou de tijolo, coberto de palha.

pa.li.a.ti.vo *adj* e *sm* **1**. Que ou aquilo que mitiga, alivia ou combate a violência de dor, doença ou outro mal, sem curar. **2**. *Fig*. Que ou recurso que é empregado para atenuar ou adiar uma crise ou outro mal.

pa.li.ça.da *sf* Fileira de estacas fincadas na terra que formam uma barreira ou fortificação defensiva contra invasões.

pá.li.do *adj* **1**. Que tem a pele ou a cor da pele descorada, sem cor, princ. a do rosto, geralmente devido a problemas de saúde: *um semblante pálido*. **2**. Sem intensidade de brilho: *um cinza pálido*. **3**. *Fig*. Fraco, tênue: *um pálido raio de sol de inverno*. **4**. *Fig*. Fraco, inexpressivo: *as pálidas manifestações contra o governo; ter um pálido desempenho numa competição*. · Antôn. (1): *corado*. → **palidez** (ê) *sf* (qualidade ou estado de pálido).

pa.lín.dro.mo *adj* e *sm* Que ou palavra, frase, verso ou qualquer outra sequência de unidades (como uma cadeia de DNA) que tem a propriedade de poder ser lida tanto da direita para a esquerda como da esquerda para a direita (p. ex.: *ama, Ana, Renner, radar, Civic; socorram-me, subi no ônibus em Marrocos*). → **palindrômico** *adj* (rel. a palíndromo); **palindromista** *adj* e *s2gên* (que ou pessoa que inventa palíndromos).

pá.lio *sm* **1**. Pequena estola de lã branca, com cruzes negras, insígnia papal portada às vezes por certos dignitários da Igreja. **2**. Cobertura usada em procissões, suspensa sobre o sacerdote que leva a custódia ou a imagem venerada.

pa.li.to *sm* **1**. Pauzinho fino e pontiagudo, usado para remoção de fragmentos de alimento de entre os dentes, após as refeições. **2**. *P.ext*. Qualquer coisa semelhante. // *sm* **3**. Pessoa muito magra, macérrima. → **palitar** *v* [limpar (os dentes) com palito]; **paliteiro** *sm* (**1**. vendedor ou fabricante de palitos; **2**. estojo ou recipiente de palitos). ·· **Dois palitos** (gír.). *Rápido*: *Para ir até lá é dois palitos*. (Note que o verbo não concorda com o numeral!) ·· **Em dois palitos** (gír.). *Imediatamente*: *Vou lá e volto em dois palitos*.

pal.ma *sf* **1**. Folha da palmeira. **2**. Palmeira. **3**. Face interna da mão, compreendida entre os dedos e o pulso. // *sfpl* **4**. Ação de aplaudir ou de chamar, usando as palmas da mão, batendo-as uma contra a outra. → **palmada** *sf* (pancada com a palma da mão); **palmatoada** *sf* (pancada de palmatória; bolo); **palmatória** *sf* [pequeno objeto circular de madeira, com cinco furos em cruz e um cabo, usado antigamente nas escolas para castigar crianças, batendo-lhes na palma (3)].

pal.mar *adj* **1**. Relativo ou pertencente à palma. **2**. Do comprimento de um palmo. **3**. *Fig*. Muito evidente ou visível; grande: *cometer um erro palmar*.

Palmas *sf* Capital do estado do Tocantins. → **palmense** *adj* e *s2gên*.

pal.mei.ra *sf* Nome comum às árvores da família das palmáceas (tamareiras, carnaubeiras, buritis, coqueiros, etc.); palma (2). → **palmeiral** *sm* (bosque de palmeiras).

pal.mei.ren.se *adj* e *s2gên* Torcedor(a) da Sociedade Esportiva Palmeiras; esmeraldino(a); porco(a). (Cuidado para não usar "palmeirista"!)

pal.mi.lha *sf* **1**. Revestimento interno do sapato, do feitio da sola, no qual se assenta o pé. **2**. Placa semelhante, usada com finalidade ortopédica ou estética. → **palmilhar** *v* [**1**. pôr palmilha(s) em: *palmilhar sapatos*; **2**. percorrer a pé: *temos ainda muito chão a palmilhar; palmilhar uma longa avenida*; **3**. calcar com os pés, andando: *a areia da praia estava tão quente, que era impossível palmilhá-la;* **4**. seguir, buscar, procurar: *muitos de seus discípulos se sentiram inclinados a imitar o mestre, a palmilhar o mesmo caminho de santidade*; **5**. andar a pé: *preferiu palmilhar a aceitar a carona*].

pal.mí.pe.de *adj* e *s2gên* **1**. Que ou ave que tem os dedos dos pés unidos por membranas, como os patos, os cisnes, os gansos, etc. // *smpl* **2**. Essas aves.

pal.mi.to *sm* Miolo comestível da parte terminal do caule de algumas espécies de palmeiras. → **palmital** *sm* (conjunto de palmeiras que produzem palmito comestível).

pal.mo *sm* **1**. Unidade de medida de comprimento que vai da ponta do polegar à do dedo mínimo, com a mão bem aberta (0,22m): *cova de cinco palmos de altura*. **2**. *P.ext*. Porção de qualquer coisa que tem a medida de um palmo: *a estrada não tem um palmo de asfalto*.

palmtop [ingl.] *sm* Microcomputador portátil, suficientemente leve (até 500g) e pequeno para caber na palma da mão. · V. **laptop**. · Pl.: *palmtops*. · Pronuncia-se *palmtóp*.

pa.lon.ço *adj* e *sm* Que ou aquele que é pouco inteligente; parvo, estúpido.

pal.par *v* V. **apalpar**.

pál.pe.bra *sf* Cada um dos dois véus membranosos e móveis que cobrem e protegem a superfície anterior do globo ocular. → **palpebrado** *adj* (que tem pálpebras); **palpebral** *adj* (rel. ou pert. à pálpebra).

pal.pi.tar *v* **1**. Supor, pressentir: *palpitei tudo o que podia ocorrer*. **2**. Dar palpite(s); intrometer-se: *não palpite em assunto meu!* **3**. Bater ou pulsar mais rápido e mais forte (o coração): *o pavor fazia seu coração palpitar cada vez mais forte*. → **palpitação** *sf* (**1**. ato de palpitar ou dar palpite; **2**. batimento cardíaco rápido, forte e irregular, devido a agitação, esforço ou doença); **palpitante** *adj* (**1**. que palpita: *sentir o coração palpitante*; **2**. *fig*. do momento; recente, fresco: *notícias palpitantes*; **3**. *fig*. que desperta grande interesse: *filme palpitante*); **palpite** *sm* (**1**. opinião baseada não em raciocínio, mas em sentimentos ou pressentimentos; **2**. opinião de intrometido ou de quem não entende do assunto); **palpiteiro** *adj* e *sm* [que ou aquele que gosta de dar palpite (2): *sogra palpiteira*]; **palpitoso** (ô; pl.: ó) *adj* (**1**. interessante: *assunto palpitoso*; **2**. *pop*.S desejoso: *comida palpitosa*; **3**. *pop*.NE que excita sexualmente; que desperta a libido: *garota palpitosa*).

pal.rar *v* **1**. Dizer: *não sou dado a palrar tolices*. **2**. Falar demais; tagarelar, garrular: *há vizinhos que palram sem desconfiar que incomodam*. **3**. Manter conversação; conversar: *ficamos ali bom tempo a palrar*. **4**. Articular (recém-nascido) os primeiros sons da fala. **5**. Emitir (ave) sons semelhantes à voz humana: *os papagaios palram*. → **palra** ou **palração** *sf* (ato de palrar; conversação: *caminhávamos na praia, numa palração bem animada*); **palrador** (ô) ou **palreiro** *adj* e *sm* (que ou aquele que palra ou fala demais; tagarela; gárrulo); **palraria** ou **palrice** *sf* (hábito de palrar; garrulice, tagarelice).

pa.lu.de *sm* Pântano. → **paludoso** (ô; pl.: ó) *adj* **1**. em que há paludes; pantanoso: *terreno paludoso*; **2**. que tem origem em palude: *doença paludosa*).

pa.lu.dis.mo ou **im.pa.lu.dis.mo** *sm* Malária; febre palustre.

pa.lus.tre *adj* Relativo a pântanos ou que neles vive ou cresce. ·· **Febre palustre**. Malária; paludismo.

pa.mo.nha *sf* **1**. Bolo de milho verde, ralado, com leite, coco e temperos, cozido dentro da água, em palhas de milho ou em folhas de bananeira. // *adj* e *sm* **2**. Que ou pessoa que é molenga e sem energia; bola murcha (1). → **pamonharia** *sf* (lugar onde se fazem e vendem pamonhas); **pamonheiro** *sm* (aquele que faz e/ou vende pamonhas).

pam.pa *adj* **1**. Diz-se de animal de cara branca. **2**. Diz-se do cavalo de orelhas de cores diferentes ou qualquer parte do corpo diferente, sendo o pelo predominante. // *sm* **3**. Vasta campina (1.610km²) de vegetação rasteira, própria do Rio Grande do Sul, do Uruguai e da Argentina. → **pampeiro** ou **pampiano** *adj* e *sm* (natural ou habitante da região dos pampas). ·· **Às pampas**. Muito, demais, à beça: *Choveu às pampas*.

pa.na.ca *adj* e *s2gên* Que ou pessoa que é abestalhada.

pa.na.cei.a (éi) *sf* **1**. Remédio para todos os males ou doenças, pretendido pelos alquimistas. **2**. *P.ext*. Solução de todos os problemas ou dificuldades, princ. morais e sociais: *a derrubada da inflação não pode ser vista como a panaceia para todos os problemas brasileiros*.

pa.na.chê *adj* **1**. De cores variadas: *tulipa panachê*. **2**. Composto de elementos diferentes: *frutos panachês*. **3**. *Fig*. Eclético: *gosto panachê; estilo panachê*. // *sm* **4**. Mistura de diversos legumes, picados e refogados.

pa.na.má *sm* **1**. Chapéu masculino, feito de palha muito fina e delicada. **2**. Tecido em tela de algodão, macio, encorpado e lustroso, usado em toalhas de mesa, roupas de verão, etc.

Panamá *sm* País da América Central, de área correspondente a meio estado do Acre. → **panamenho** *adj* e *sm* ou **panamense** *adj* e *s2gên*.

pan-a.me.ri.ca.no *adj* Relativo a todos os países das Américas. · Pl.: *pan-americanos*.

pa.na.pa.ná *sm* **1**. Bando de borboletas que migram em certas épocas, formando verdadeiras nuvens. **2**. Qualquer bando de borboletas.

pa.na.rí.cio ou **pa.na.riz** *sm* Infecção do tecido ao redor da unha, princ. das mãos; unheiro, paroníquia.

pan.ca *sf* **1**. Pau grosso que serve de alavanca para levantar grandes pesos. **2**. *Pop*. Postura artificial; pose, ostentação.

pan.ça *sf* **1**. O primeiro e o maior estômago dos ruminantes. **2**. Barriga grande e flácida. → **pançudo** *adj* (barrigudo).

pan.ca.da *sf* **1**. Qualquer tipo de batida, baque ou choque. **2**. Som do relógio, ao dar as horas. **3**. Chuva forte e passageira; toró. **4**. Soco, murro. // *adj* e *sm* **5**. Que ou pessoa que não regula muito bem do juízo. → **pancadaria** *sf* (porção de pancadas dadas por pessoas que se agridem fisicamente).

pancake [ingl.] *sm* Base de maquiagem utilizada para amenizar as rugas e disfarçar as olheiras. · Pl.: *pancakes*. · Pronuncia-se *pénkeik*.

pan.cis.mo *sm* Comportamento ou modo de pensar e de viver regido pelo materialismo ou por vantagens imediatas, sem o componente do ideal. → **pancista** *adj* e *s2gên* (que ou pessoa que é adepta do pancismo).

pân.creas *sm* Glândula situada na parte esquerda do abdome, entre o baço e o duodeno, secretora de um líquido com importantes funções digestivas (suco pancreático, secreção externa) e da insulina (secreção interna). → **pancreático** *adj* (**1**. do pâncreas: *tumor pancreático*; **2**. diz-se do líquido secretado pelo pâncreas: *suco pancreático*).

pan.da *sm* Espécie rara de urso, de pelo preto e branco, com círculo escuro em torno do olho, das montanhas da China e do Tibete, também chamado *urso-panda*.

pan.da.re.cos *smpl* Pedaços, cacos, frangalhos, destroços. ·· **Em pandarecos**. **1**. Em frangalhos. **2**. Exausto. **3**. Moralmente abatido; arrasado.

pân.de.ga *sf* **1**. Festa de comes e bebes ruidosa e alegre. **2**. Orgia, farra. → **pandegar** *v* (andar em pândegas; farrear, viver na farra); **pândego** *adj* e *sm* (**1**. que ou aquele que é dado a pândegas; **2**. que ou aquele que é muito espirituoso, engraçado, divertido).

pan.dei.ro *sm* Pequeno instrumento de percussão, formado por um aro revestido de pele ou de outro material, geralmente rodeado de guizos e lâminas metálicas. → **pandeireiro** *sm* (fabricante ou tocador de pandeiro); **pandeirista** *s2gên* (pessoa que toca pandeiro).

pan.de.mi.a *sf* Epidemia generalizada num país ou no mundo todo. → **pandêmico** *adj* (rel. ou sem. a pandemia).

pan.de.mô.nio *sm* **1**. Reunião ou conluio de pessoas determinadas a praticar o mal ou a armar confusões. **2**. Tumulto generalizado; confusão, balbúrdia: *o jogo acabou em pandemônio*. → **pandemoníaco** *adj* (rel. a pandemônio: *quando chove forte em São Paulo, a cidade vira um caos pandemoníaco*); **pandemônico** *adj* (**1**. rel. a pandemônio; **2**. em que ocorre pandemônio: *lugar pandemônico*; **3**. que lembra um pandemônio: *governo pandemônico*).

pan.di.lha *sf* **1**. Conluio entre pessoas para enganar alguém. // *adj* e *s2gên* **2**. Que ou pessoa que participa desse conluio. // *s2gên* **3**. Canalha, pulha, biltre.

pan.do *adj* **1**. Que aumentou de volume; cheio, inchado: *estômago pando*. **2**. Aberto e encurvado: *asas pandas*. **3**. Arqueado em decorrência do vento; côncavo: *velas pandas*. **4**. Arredondado, bojudo: *bochechas pandas*. **5**. Que se move lentamente; vagaroso: *o bicho-preguiça é um animal pando*.

pan.dor.ga *sf* Papagaio de papel; pipa. → **pandorgueiro** *sm* (aquele que faz e/ou solta pandorgas).

pan.du.lho *sm* V. **bandulho**.

pa.ne *sf* **1**. Parada acidental e repentina de um motor ou de um mecanismo, por algum defeito. **2**. *Pop*. Esquecimento repentino; vazio, branco: *deu pane na hora do exame oral*.

pa.ne.la *sf* **1**. Vasilha doméstica em que se cozem os alimentos. **2**. Conteúdo dessa vasilha. **3**. *Gír*. Grupo fechado de pessoas amigas que se protegem e favorecem mutuamente; panelinha, igrejinha. **4**. *Pop*. Cárie dentária avançada, geralmente em molar ou em pré-molar. **5**. *Pop*. Grande buraco na rua ou na estrada; valeta. → **panelaço** *sm* (**1**. panela grande; **2**. manifestação popular de protesto, de caráter político, econômico ou social, que consiste em fazer muito ruído nas ruas, percutindo utensílios de cozinha, geralmente panelas e caçarolas); **panelada** *sf* (**1**. panela cheia; **2**. grande quantidade de panelas; **3**. pancada com panela; **4**. *pop*.NE cozido feito com vísceras de boi, mocotó e toucinho); **paneleiro** *sm* (**1**. fabricante e/ou vendedor de panelas; **2**. móvel onde se guardam panelas); **panelinha** *sf* [**1**. panela pequena; **2**. panela (3)].

pa.ne.to.ne *sm* Bolo tipicamente italiano, feito com farinha de trigo, ovos, leite, manteiga, açúcar, frutas cristalizadas e passas, para ser servido princ. no Natal.

pan.fle.to (ê) *sm* **1**. Folheto de crítica política, em linguagem veemente, geralmente distribuído manualmente. **2**. Peça impressa, de algumas folhas apenas, geralmente grampeadas e protegidas por uma capa de papel, para divulgar produtos, serviços, eventos e informações. → **panfletagem** *sf* (ato ou efeito de panfletar); **panfletar** *v* (distribuir ou fazer panfletos); **panfletário** *adj* (**1**. rel. a panfleto ou próprio de panfleto; **2**. diz-se daquele que ataca alguém de forma irônica ou sarcástica, na fala ou na escrita; **3**. que é radical na defesa de uma causa, ideia, etc.); **panfletário** *adj* e *sm* ou **panfletista** *adj* e *s2gên* (que ou pessoa que faz panfletos).

pan.ga.ré *sm* Cavalo reles, ordinário, de pouca ou nenhuma utilidade.

pan.go *sm* *Gír*. Maconha.

pâ.ni.co *sm* Terror repentino, às vezes infundado, que toma conta de muitas pessoas ao mesmo tempo e provoca reação histérica. · Antôn.: *calma, tranquilidade*.

pa.ni.fi.car *v* Transformar (a farinha) em pão: *na zona rural, as mulheres panificam a farinha em suas próprias casas*. → **panificação** *sf* (fabricação de pão); **panificador** (ô) *sm* (padeiro); **panificadora** (ô) *sf* (padaria).

pa.nei.ro *sm* **1**. Cesto de vime, com alças, utilizado para guardar ou transportar pão. **2**. Cortineiro (2). **3**. Banco na popa das pequenas embarcações, destinado aos passageiros. **4**. Pedaço de folha de flandres em que os pedreiros põem a argamassa que estão usando.

pa.no *sm* **1**. Qualquer tecido de lã, linho, seda, algodão, etc.; fazenda. **2**. Cada uma das porções de tecido cosidas umas às outras, para formar um todo. **3**. Qualquer pedaço de tecido usado para fins domésticos. **4**. Mancha na pele. ·· **Passar pano** (gír.). Defender alguém que cometeu ou comete erros, geralmente por algum interesse escuso: *Elisa vive passando pano para o namorado, mesmo sendo ele grosseiro com ela*.

pa.nô *sm* Painel decorativo, com ou sem moldura, usado em paredes, como guarnição ou complemento de cortina.

pa.no.ra.ma *sm* **1**. Vasta paisagem que se pode contemplar em todas as direções. **2**. Visão ampla, global; quadro. → **panorâmico** *adj* (rel. a panorama ou que permite avistar vasta paisagem). (Em razão de seu significado, há redundância em "panorama geral" e impropriedade em "panorama parcial".)

pan.que.ca *sf* Disco de massa fina e flexível de farinha de trigo, ovos e leite, frito e servido com recheio doce ou salgado.

pansexual (x = ks) *adj* e *s2gên* Que ou pessoa que sente atração sexual ou romântica por qualquer sexo ou identidade de gênero. → **pansexualidade** (x = ks) *sf* (qualidade ou característica de quem é pansexual).

pant [ingl.] *sf* Calça. · Pl.: *pants*. · Pronuncia-se *pént*. ·· **Pant ¾**. Calça tipo pescador, que vai até o meio da canela, muito usada por ciclistas, para evitar contato do tecido com a coroa ou a corrente.

pantacourt [fr.] *sf* Saia-calça de boca larga, usada na altura dos joelhos, como um bermudão. · Pl.: *pantacourts*. · Pronuncia-se *pantakur*.

pan.ta.fa.çu.do *adj* **1**. Bochechudo: *nenê pantafaçudo*. **2**. *Fig*. Muito estranho ou esquisito; ridiculamente exótico; grotesco, bizarro, caricato. **3**. *Fig*. Enorme, gigantesco, monstruoso.

pan.tal.ha *sf* **1**. Abajur. **2**. Anteparo que se coloca diante da lareira, para diminuir a propagação do calor ou da luz.

pan.ta.lo.na *sf* **1**. Calça comprida feminina, bem folgada do joelho para baixo, baseada nos modelos africanos, feita de tecido bem leve, como o de canga de praia, bastante florido, muito usada na época dos *hippies* e na região litorânea. // *sfpl* **2**. Calças compridas, de bocas largas e amplas, que caem sobre os pés: *ela preferiu usar pantalonas em vez de saia, porque quis sentir-se mais à vontade*. **3**. Meia-calça de acrobatas, bailarinos, etc.

pân.ta.no *sm* Baixada inundada, junto às margens de rios; palude, paul. · V. **palustre**. → **pantanal** *sm* (grande pântano ou série de pântanos); **pantaneiro** *adj* (**1**. rel. a pântano ou a Pantanal Mato-Grossense: *ambiente pantaneiro; vida pantaneira*), *adj* e *sm* (natural, típico ou habitante do pântano ou do Pantanal Mato-Grossense: *onça pantaneira*) e *sm* (criador de gado; pecuarista, fazendeiro); **pantanoso** (ô; pl.: ó) *adj* (que tem pântanos; paludoso, alagadiço).

pan.te.ão *sm* **1**. Templo dedicado a todos os deuses mitológicos. **2**. Conjunto de todos os deuses de uma determinada mitologia. **3**. Monumento arquitetônico construído em homenagem a todos os heróis e mortos ilustres de uma nação. → **panteônico** *adj* (rel. a panteão).

pan.te.ra *sf* **1**. Leopardo. **2**. *Fig*. Mulher bela, formosa e sensual; tigresa. **3**. *Fig*. Pessoa agressiva: *cuidado, que o pai da moça é uma pantera!*

pan.tó.gra.fo *sm* **1**. Instrumento usado para cópias mecânicas de mapas, desenhos, diagramas, etc. em qualquer escala desejada. **2**. Dispositivo que transfere corrente de um fio elétrico aéreo a um veículo, como ocorre aos trólebus, bondes, locomotivas, etc. → **pantografia** *sf* (aplicação do pantógrafo); **pantográfico** *adj* (rel. a pantografia); **pantografista** *adj* e *s2gên* (que ou pessoa que utiliza em cópias o pantógrafo).

pan.to.mi.ma ou **pan.to.mi.na** *sf* **1**. Arte de se expressar por meio de gestos e expressões faciais. **2**. Representação teatral em que os atores não fazem uso da palavra, mas apenas de movimentos corporais, gestos e expressões faciais. → **pantomimar** ou **pantominar** *v* (fazer pantomimas); **pantomimeo** ou **pantomineiro** *sm* (aquele que faz pantomimas); **pantomimice** ou **pantominice** *sf* (ato ou dito de pantomimeiro); **pantomímico** ou **pantomínico** *adj* (rel. a pantomima). (Em mais um rasgo de incoerência, a 6.ª ed. do VOLP não registra *pantomínico*.)

pan.tu.fa *sf* ou **pan.tu.fo** *sm* Chinelo acolchoado e macio, estritamente para uso doméstico, como agasalho.

pan.tur.ri.lha *sf* Barriga da perna.

pão *sm* **1**. Alimento comum, feito à base de farinha, água, sal e fermento. **2**. Massa desse alimento, antes de ser cozida. **3**. Alimento feito de massa densa, que lembra o pão: *pão de queijo; pão de batata*. **4**. *Fig*. Sustento diário: *ganhar o pão de cada dia*. **5**. Hóstia consagrada. // *sm* **6**. *Gír*. Pessoa muito bonita. · Pl.: *pães*. · Dim. plural: *pãezinhos*. ·· **Pão de ló**. Bolo leve, fofo e sem gordura, feito com ovos, farinha de trigo, água e açúcar.

pão-du.ro *adj* e *sm Pop*. Que ou pessoa que não gosta de gastar dinheiro; avarento(a): *pão-duro; sua irmã é o maior pão-duro da turma*. · Pl.: *pães-duros*. → **pão-durismo** *sm* (*pop*. avareza). (Cuidado para não usar "pão-dura"!)

pa.pa¹ *sf* **1**. Na linguagem infantil e na familiar, qualquer alimento. **2**. Farinha cozida em água ou leite, de consistência pastosa; mingau. **3**. Qualquer substância que de sólida passou a pastosa. **4**. Redução de *papa de milho verde*, canjica. ·· **Não ter papas na língua**. Falar sem rodeios, doa a quem doer. ·· **Sem papas na língua**. Com a maior franqueza e sem peso na consciência (em relação ao que se afirma ou se vai afirmar): *Sem papas na língua, ela delatou vários parlamentares corruptos*.

pa.pa² *sm* **1**. Bispo de Roma, chefe supremo da Igreja católica e soberano do Estado do Vaticano; santo padre; sumo pontífice. **2**. *Fig*. Profissional ou teórico extremamente competente, ilustre e de grande credibilidade: *naquela época, o papa da língua portuguesa era Napoleão Mendes de Almeida*. [A palavra *papa* (1) se usa com inicial minúscula quando se faz referência geral: *A Igreja teve muitos papas italianos. Os papas da antiguidade exerciam grande influência política*. Quando usada antes de nome ou em referência àquele que ainda exerce o papado e ainda não teve eleito seu substituto, usa-se de preferência com inicial maiúscula: *O Papa Leão XIII. O Papa abençoou ontem os fiéis. O mundo católico está de luto: o Papa morreu*.] → **papado** *sm* (**1**. dignidade de papa; **2**. tempo de pontificado); **papal** *adj* (rel. a papa); **papalino** *adj* (papal: *bênção papalina*) e *sm* (soldado da guarda papal); **papamóvel** *sm* (veículo automotor à prova de balas, no qual o Papa se locomove nas vias públicas); **papismo** *sm* (vaticanismo); **papista** *adj* e *s2gên* (vaticanista (1)].

pa.pa.da *sf* Grande acúmulo de matéria adiposa na base do rosto e do pescoço; barbela.

pa.pa-fi.las *sm2núm* Qualquer ônibus de porte extraordinariamente grande, que pode acomodar sentadas mais de setenta pessoas.

pa.pa.gai.o *sm* **1**. Ave trepadora, capaz de imitar a voz humana; louro. **2**. Aquele que meramente repete as palavras de alguém ou imita as ações de outro. **3**. *Pop*. Pipa, pandorga. **4**. *Pop*. Qualquer título de dívida, geralmente letra de câmbio e nota promissória. **5**. Homem que fala muito. // *interj* **6**. Puxa; que coisa. · Fem. (1): *papagaia*. (Usa-se também como nome epiceno: *papagaio macho, papagaio fêmea*.) → **papagaiada** *sf* (*pop*. **1**. ostentação exagerada e ridícula, sem nenhuma utilidade ou proveito; **2**. atitude tomada só para causar impressão; fita); **papaguear** *v* (falar sem parar; tagarelar); que se conjuga por *frear*.

pa.pai *sm* Tratamento carinhoso que os filhos dão ao pai.

pa.pai.a *sf* **1**. Variedade de mamão da Amazônia, pequeno e muito doce. **2**. Mamoeiro que dá esse fruto.

pa.pa-lé.guas *s2gên2núm* **1**. Pessoa que anda depressa e muito. // *sm2núm* **2**. *P.ext*. Tipo de ônibus intermunicipal ou interestadual de grande rapidez: *os ônibus da Cometa eram vistos como papa-léguas*.

pa.pal.vo *adj* e *sm* Que ou aquele que é simplório e por demais ingênuo, deixando-se enganar facilmente; pacóvio, parvo. → **papalvice** *sf* (**1**. qualidade, ato, dito ou procedimento próprio de papalvo; **2**. porção de papalvos).

pa.pan.ça *sf* **1**. Qualquer coisa comestível. **2**. Comida farta. **3**. Meio de que se serve para conseguir alguma coisa boa, agradável ou altamente vantajosa: *infelizmente, o mundo do futebol, hoje, está minado, é tudo uma papança para uns e outros se locupletarem*.

pa.pan.gu *sm Pop*.NE **1**. Máscara colorida de jornal, usada durante o carnaval em certas cidades nordestinas, princ. Caruaru (PE). **2**. *Fig*. Pessoa apalermada, tola, pateta, lesada.

pa.pão *sm* Monstro imaginário com que se mete medo às crianças; bicho-papão; cuca.

pa.par *v* **1**. Comer (na linguagem infantil). **2**. *Pop*. Ganhar: *papei um dinheirão nesse negócio*.

paparazzo [it.] *sm* Fotógrafo que vive atrás de celebridades, perseguindo-as agressivamente, para, num momento de distração delas, fazer fotos não autorizadas, quase sempre indiscretas, e vendê-las a revistas e jornais. · Pl.: *paparazzi* (que se diz *pàparátsi*). · Pronuncia-se *paparátso*.

pa.pa.ri.cos *smpl* Mimos ou cuidados exagerados para com alguém. → **paparicar** *v* (agradar exageradamente; mimar).

pa.pe.a.ta *sf Pop*.MG Demonstração ridícula de falso pesar, comum em velórios. → **papeateiro** *adj* e *sm* (que ou aquele que é dado a papeatas).

pa.pel *sm* **1**. Material fino e flexível, em forma de folhas, obtido de fibras vegetais reduzidas a pasta, princ. madeira e bagaços de cana, usado na escrita, imprensa, desenhos, embalagens, etc.: *o papel é uma invenção dos chineses*. **2**. Folha simples desse material: *o que são esses papéis em cima da mesa?* **3**. Documento escrito ou impresso; carta ou credencial de qualquer tipo (usada mais no pl.): *o guarda pediu-me os papéis do veículo*. **4**. Parte que cabe a cada ator ou atriz num espetáculo: *ele desempenhou um papel muito difícil*. **5**. Personagem representada pelo ator ou pela atriz: *o principal papel da novela foi interpretado por Camila; fazer o papel de Zumbi*. **6**. Modo de se conduzir em certo ato ou negócio; conduta, desempenho, atuação: *mas compadre, isso é papel que se faça?!* **7**. Função, atribuição: *o papel do professor é fundamental para o progresso do país*. **8**. Dinheiro em cédulas: *pagou metade em PIX, metade em papel*. **9**. Qualquer documento que representa dinheiro e é facilmente negociável (ações, notas promissórias, letras de câmbio, etc.): *o melhor papel, hoje, é da Petrobras*. → **papel-alumínio** *sm* [papel finíssimo, de alumínio, usado em embalagens especiais (cigarros, remédios, queijos, doces finos, etc.)], de pl. *papéis-alumínio* ou *papéis-alumínios*; **papelão** *sm* (**1**. papel grosso e forte, usado em embalagens, fabricação de caixas, etc; **2**. conduta ridícula ou vergonhosa; comportamento grotesco, fiasco); **papelaria** *sf* (lugar onde se vende material escolar e de escritório); **papel-carbono** *sm* [papel fino, revestido de camada de carbono, usado entre folhas de papel em branco, para fazer cópias do que se bate ou escreve na primeira folha; carbono (2)], de pl. *papéis-carbono* ou *papéis-carbonos*; **papel-cuchê** *sm* (papel recoberto de uma fina camada de substâncias minerais, que lhe dão uma aparência compacta e lisa, próprio para impressão em cores; cuchê), de pl. *papéis-cuchês*; **papeleiro** *adj* (rel. a papel ou a fabricação de papel) e *sm* (**1**. aquele que trabalha no fabrico de papel; **2**. proprietário de papelaria); **papeleta** (ê) *sf* (pedaço retangular de papel, cartolina, etc., no qual se escreve um apontamento; ficha); **papel-moeda** *sm* [papel emitido com controle do governo, que serve como dinheiro; cédula, nota (em oposição a *moeda*)], de pl. *papéis-moeda* ou *papéis-moedas*; **papelote** *sm* (embrulhinho, geralmente de droga alucinógena).

paper [ingl.] *sm* Pequeno artigo científico, essencialmente técnico (envolve fórmulas, gráficos, citações e pés de página, anexos, adendos e referências) elaborado sobre determinado tema ou resultados de um projeto de pesquisa para comunicações em congressos e reuniões científicas. · Pl.: *papers*. · Pronuncia-se *pêipár*.

pa.pe.te *sf* Sandália de lona, náilon ou couro, com variados tipos de salto e três tiras horizontais: a primeira fica próxima dos dedos; a segunda, na metade do peito do pé; e a terceira, atrás do calcanhar.

pa.pi.la *sf* **1**. Pequena saliência ou elevação numa parte ou órgão do corpo. **2**. Bico da mama. → **papilar** *adj* (**1**. rel. ou sem. a papila; **2**. que tem papila).

pa.pi.ro *sm* **1**. Planta própria das margens do rio Nilo, na África. **2**. Papel feito do caule dessa planta, reduzido a tiras, usado na antiguidade como material de escrita. **3**. Documento escrito nesse papel.

pa.pi.ron.ga *sf* Manobra ardilosa para enganar ou trapacear; logro, burla, engodo: *homem experiente, foi cair nessa papironga?*

pa.po *sm* **1**. Bolsa do sistema digestório das aves, na qual se juntam os alimentos antes de passarem à moela. **2**. Inchaço causado pela hipertrofia da tireoide; papeira, bócio. **3**. Conversação, conversa: *não gosto do papo desse cara*. **4**. Conversa mole, lorota, estória, papo-furado. **5**. Conversação à toa, sem importância; conversa informal; paleio. **6**. *Pop*. Pessoa que tem boa conversa. → **papear** *v* (bater papo; conversar: *papear com os amigos*), que se conjuga por *frear*; **papeira** *sf* [papo (2)]; **papo-firme** *adj* e *s2gên* (que ou pessoa que cumpre o que promete) e *sm* (conversa séria, responsável), de pl. *papos-firmes* e antôn. *papo-furado*; **papo-furado** *adj* e *s2gên* [*gír*. **1**. que ou pessoa que não cumpre o que promete; **2**. que ou pessoa que fala muito, mas só diz abobrinhas ou coisas sem nenhuma importância] e *sm* [*gír*. conversa fiada; lorota, papo (4)], de pl. *papos-furados* e antôn. *papo-firme*; **papudo** *adj* (que tem papo grande) e *adj* e *sm* (**1**. que ou aquele que conta muita vantagem; bravateiro, garganta; **2**. que ou aquele que tem boa conversa, que tem bom papo). ·· **Bater papo**. Jogar conversa fora; conversar fiado. ·· **Estar no papo**. Estar garantido, assegurado, certo. ·· **Levar um papo**. Conversar, a fim de convencer o outro. ·· **Papo cabeça** (gír.). Conversa profunda, de alto nível. ·· **Papo de anjo**. Doce feito de gemas de ovo bem batidas, assadas em pequenas formas e, depois, mergulhadas em calda quente. ·· **Papo dez** (gír.). **1**. Conversa altamente interessante. **2**. Pessoa interessante, de boa conversa.

pa.pou.la *sf* **1**. Planta de que se extrai o ópio. **2**. Flor ou fruto dessa planta.

Papua-Nova Guiné *loc sf* País insular do sudoeste do Pacífico, ao norte da Austrália, de área equivalente à dos estados de São Paulo e do Paraná juntos. → **papua** *adj* e *s2gên* ou **papuásio** *adj* e *sm*.

pa.que.rar *v* Buscar aproximação ou contato com (geralmente pessoa do sexo oposto), com fins de namoro ou de aventura amorosa; flertar, cortejar: *ele paquera todas as garotas da escola*. → **paquera** ou **paqueração** *sf* (ato de paquerar); **paquera** *s2gên* (pessoa a quem se paquera: *Beatriz era minha paquera*); **paquerador** (ô) *adj* e *sm* (que ou aquele que gosta de paquerar).

pa.qui.der.me *sm* **1**. Qualquer dos mamíferos de grande porte e de pele dura e grossa, como o elefante, o rinoceronte e o hipopótamo. // *adj* **2**. Diz-se qualquer desses mamíferos. → **paquidermia** *sf* (elefantíase); **paquidérmico** *adj* (rel. ou pert. a paquidermes).

Paquistão *sm* País do nordeste do subcontinente indiano, de área correspondente a meio estado do Amazonas. → **paquistanense** *adj* e *s2gên* ou **paquistanês** *adj* e *sm*.

par *adj* **1**. Diz-se de todo número divisível por dois (em oposição a *ímpar*). **2**. Que forma um conjunto com outro: *esta meia é par daquela*. // *sm* **3**. Conjunto de duas coisas criadas ou produzidas para uso em conjunto: *um par de meias; um par de sapatos*. **4**. Conjunto de duas pessoas de sexo diferente ou que têm um relacionamento romântico; casal. **5**. Na dança, o cavalheiro e a dama. **6**. No baralho, duas cartas da mesma figura ou do mesmo número: *um par de ases*. **7**. Pessoa de mesma profissão ou atividade: *o senador foi aplaudido pelos seus pares*. · V. **paridade**. ·· **A par**. Informado: *Mantenha-me a par da situação*. ·· **Par ou ímpar**. Brincadeira entre duas pessoas, surgida ainda na Roma antiga, por volta de 200 a.C., na qual se esconde a mão, para em seguida mostrá-la com certo número de dedos esticados, depois de cada parceiro ter escolhido ou um número par, ou um número ímpar.

pa.ra *prep* Indica várias relações, entre as quais a de *consequência* (você é bastante inteligente para não cair nessa), *direção* (irei para o Sul), *fim* ou *finalidade* (nasci para trabalhar), *iminência* (estou para sair de férias), *lugar* (vou para Santos), *relatividade* (ele é alto para a sua idade), *tempo* (para o ano visitarei Curitiba).

Pará *sm* Estado da Região Norte do Brasil. → **paraense** *adj* e *s2gên*.

pa.ra.béns *smpl* Felicitações ou congratulações por um proveito ou sucesso alcançado. · Antôn.: *pêsames*. → **parabenizar** *v* (dar os parabéns a; felicitar, cumprimentar).

pa.rá.bo.la *sf* **1**. Narrativa alegórica curta e simples, que encerra uma verdade moral ou lição religiosa. **2**. Curva plana, cujos pontos são todos equidistantes de um ponto fixo, chamado *foco*, e de uma reta fixa, denominada *diretriz*. **3**. Curva descrita por um projétil. → **parabolicidade** *sf* ou **parabolismo** *sm* (caráter de parabólico); **parabólico** *adj* (em forma de parábola); **parabolista** *s2gên* [autor(a) de parábolas].

pa.ra-bri.sa *sm* Vidro especial colocado na parte dianteira de um veículo, destinado a proteger os passageiros e o motorista do vento, do pó, da chuva e dos insetos. (Cuidado para não usar "para-brisas" no singular: "o para-brisas"!)

pa.ra-cho.que *sm* **1**. Dispositivo reforçado, usado à frente e atrás dos veículos, destinado a amortecer os choques. **2**. Qualquer dispositivo semelhante na função. (Cuidado para não usar "para-choques" no singular: "o para-choques"!)

pa.ra.da *sf* **1**. Ato ou efeito de parar: *dê uma parada para pensar!* **2**. Imobilização de um veículo, com a finalidade de efetuar embarque ou desembarque de passageiros, no tempo estritamente necessário para tal fim. **3**. Cessação de atividade: *a greve causou a parada das caldeiras*. **4**. Pausa, interrupção: *houve inexplicável parada no fornecimento de energia*. **5**. Lugar onde se param ou se detém; estação, paragem (2): *as paradas de ônibus*. **6**. Desfile de tropas em dias festivos: *parada militar*. **7**. Dinheiro que se aposta no jogo; aposta: *quanto é a parada?* **8**. Redução de *parada dura*, situação difícil ou bastante complicada, que envolve riscos: *ele topa qualquer parada por dinheiro*. **9**. Formatura militar para revista. **10**. *Fig*. Pessoa difícil de lidar: *esse menino é uma parada!* **11**. *Fig*. Pessoa excepcionalmente atraente: *essa mulher é uma parada!*

pa.ra.dei.ro *sm* **1**. Lugar em que alguém ou algo está ou no qual foi parar e ficou. **2**. Paralisação do movimento comercial, durante certo período; crise comercial. **3**. Fim, termo.

pa.ra.di.dá.ti.co *adj* Diz-se de qualquer material, princ. livro, que, sem ser obrigatório na sala de aula, auxilia o professor na tarefa de formar e informar o educando.

pa.ra.dig.ma *sm* **1**. Exemplo que serve de modelo, padrão ou protótipo. **2**. Modelo de conjugação. → **paradigmal** ou **paradigmático** *adj* (**1**. rel. a paradigma; **2**. que serve de paradigma ou exemplo; exemplar: *construção paradigmática do estilo gótico*).

pa.ra.di.sí.a.co *adj* **1**. Relativo ou semelhante a paraíso. **2**.*P.ext*. Muito agradável; excelente: *levar vida parasidíaca; as praias paradisíacas das ilhas Seychelles*.

pa.ra.do *adj* **1**. Sem movimento aparente; imóvel: *havia dois carros parados na rua*. **2**. Desempregado; sem trabalho: *ele no momento está parado*. **3**. Interrompido, suspenso: *a sessão ficou parada por duas horas*. **4**. Perplexo, abestalhado: *quando ouvi aquilo, fiquei parado!* **5**. *Gír*. Apaixonado, gamado, fissurado, amarrado: *ele é parado nessa garota*.

pa.ra.do.xo (x = ks) *sm* **1**. Afirmação ou opinião que à primeira vista parece contraditória, mas na realidade expressa uma verdade possível. **2**. Opinião contrária à opinião comum. → **paradoxal** (x = ks) *adj* (caracterizado por paradoxo).

pa.ra.es.ta.tal ou **pa.res.ta.tal** *adj* e *sf* Que ou entidade (empresa, instituição, etc.) que está sujeita a intervenção do Estado, ainda que autárquica: *a Petrobras é uma empresa paraestatal; a CET é uma paraestatal*.

pa.ra.fer.ná.lia *sf* **1**. Equipamento variado, necessário à execução de determinadas tarefas: *a parafernália dos repórteres de televisão*. **2**. Série de objetos de uso pessoal; pertences pessoais. **3**. Porção de coisas velhas e já sem utilidade; tralha.

pa.ra.fi.na *sf* Substância branca, inodora e insípida, extraída do petróleo e usada na fabricação de velas, lacres, ceras, papéis impermeáveis, etc.

pa.rá.fra.se *sf* **1**. Explicação, desenvolvimento ou interpretação de um texto, para torná-lo mais claro ou compreensível, sem mudar as ideias originais: *gosto da maneira de explicar desse professor, porque ele faz paráfrase dos assuntos mais importantes*. **2**. Versão mais ou menos livre de um texto; expressão do teor de um texto em palavras diferentes das que nele foram empregadas: *fazer uma paráfrase do soneto de Augusto dos Anjos*. → **parafrasear** *v* (**1**. explicar ou comentar mediante paráfrase: *parafrasear o pai-nosso*; **2**. ampliar, desenvolver, falando ou escrevendo: *parafrasear um artigo de jornal*), que se conjuga por *frear*; **parafrástico** *adj* (**1**. que tem o caráter de uma paráfrase: *enunciado parafrástico*; **2**. que contém paráfrase: *texto parafrástico*).

pa.ra.fu.so *sm* **1**. Prego com fenda na cabeça e de corpo sulcado em espiral. **2**. Rosca, tarraxa. **3**. *Fig.* Acrobacia aérea em que o avião descreve uma espiral muito fechada em torno do eixo vertical de descida. → **parafusar** *v* (apertar ou fixar por meio de parafuso ou rosca).

pa.ra.gem *sf* **1**. Ação de parar; parada. **2**. Lugar onde se para; parada. // *sfpl* **3**. Certa região ou localidade.

paragliding [ingl.] *sm* Modalidade de esporte que mistura o paraquedas com a asa-delta; parapente (2). · Pronuncia-se *páraglaidin*. → **paraglider** *sm* [parapente (1 e 2)], que se pronuncia *páraglaidâr*.

pa.ra.go.ge *sf* Acréscimo de letra(s) no final de uma palavra; epítese (p. ex.: *cânone* por *canón*; *tóteme* por *tótem*). → **paragógico** *adj* (**1**. rel. a paragoge; **2**. diz-se do som ou da letra que se acrescenta no final de uma palavra: *vogal paragógica*).

pa.rá.gra.fo *sm* **1**. Unidade do discurso constituída por um ou mais períodos, que desenvolve uma ideia de sentido completo e independente, começando invariavelmente com recuo na linha ou numa nova linha. **2**. Espaço em branco, geralmente correspondente a seis ou sete caracteres, num trecho escrito, à esquerda de cada uma dessas unidades. **3**. Subdivisão de artigo, na qual se exemplifica ou modifica a disposição principal. **4**. Sinal gráfico (§) que indica tal subdivisão. → **paragrafar** *v* (dividir em parágrafos).

Paraguai *sm* País da América do Sul de área equivalente à dos estados do Mato Grosso do Sul e do Rio Grande do Norte juntos. → **paraguaio** *adj* e *sm*.

Paraíba *sf* Estado da região Nordeste do Brasil. → **paraibano** *adj* e *sm*.

Paraíso *sm* **1**. Jardim de delícias, segundo a Bíblia, no qual Deus pôs Adão e Eva, logo depois de criados; Jardim do Éden; Éden. **2**. Em muitas religiões, morada dos justos e dos anjos; Céu. **paraíso** *sm* **3**. Lugar delicioso. **4**. Lugar muito propício para determinada atividade.

pa.ra-la.ma *sm* Peça metálica recurvada da carroçaria dos veículos, que envolve externamente as rodas, destinada a reter a lama ou salpicos da lama. (Cuidado para não usar "paralamas" no singular: "o para-lamas"!)

pa.ra.le.la *sf* **1**. Linha ou superfície equidistante de outra, em toda a sua extensão. // *sfpl* **2**. Aparelho para exercícios de ginástica, formado por duas barras horizontais paralelas implantadas a curta e igual distância.

pa.ra.le.le.pí.pe.do *sm* **1**. Sólido regular de seis lados opostos, cada um dos quais é um paralelogramo. **2**. Pedra dessa forma, usada em calçamento de ruas.

pa.ra.le.lo *adj* **1**. Diz-se de duas ou mais linhas ou superfícies que conservam igual distância umas das outras em toda a sua extensão. **2**. Diz-se de duas ou mais coisas que marcham a par ou progridem na mesma proporção. **3**. Semelhante, análogo. **4**. Que existe ou se exerce ao mesmo tempo que outra coisa, mas não em situação legal ou oficial e sim de forma ilícita ou clandestina. // *sm* **5**. Comparação, confronto. **6**. Cada um dos círculos imaginários paralelos ao equador, que servem para medir a latitude.

pa.ra.le.lo.gra.mo *sm* Quadrilátero plano, cujos lados opostos são iguais e paralelos. (Cuidado para não usar "paralelograma"!) → **paralelogrâmico** (lè) *adj* (que tem forma de paralelogramo).

pa.ra.li.sar *v* **1**. Causar paralisia em: *o ataque paralisou-lhe os membros*. **2**. Tornar inoperante ou impotente; neutralizar: *a crise paralisou a atividade econômica*. **3**. Parar, interromper: *paralisar o trânsito*. **paralisar(-se) 4**. Ser atacado de paralisia: *meus braços (se) paralisaram de repente*. **5**. Não progredir, estacionar: *a minha disposição (se) paralisou ali*. · Antôn.: *movimentar, ativar*. → **paralisação** *sf* (ato ou efeito de paralisar); **paralisante** *adj* (que paralisa ou impede uma ação: *gás paralisante*).

pa.ra.li.si.a *sf* **1**. Perda parcial ou completa, temporária ou permanente, da capacidade de controlar os músculos. **2**. Falta de ação ou atividade; crise: *a paralisia do comércio*. · Antôn. (2): *movimento, atividade*. ·· **Paralisia infantil**. Poliomielite. → **paralítico** *adj* e *sm* (que ou aquele que sofre de paralisia).

pa.ra.mé.di.co *adj* **1**. Relacionado com a ciência ou a prática da medicina. // *sm* **2**. Aquele que trabalha em atividades relacionadas com a saúde, sem ser médico, como os fonoaudiólogos, os fisioterapeutas, etc.

pa.ra.men.to *sm* **1**. Enfeite, adorno, ornato, atavio. **2**. Face polida de uma peça de pedra ou de madeira, destinada a construção: *uma pedra de um só paramento*. **3**. Cada um dos lados de um muro ou parede. // *smpl* **4**. Vestes com que o sacerdote celebra alguma cerimônia religiosa; ornamentos. **5**. Panos de adorno do altar e vasos sagrados, bem como tapeçarias e cortinas das igrejas. → **paramentação** *sf* [ato ou efeito de paramentar(-se)]; **paramentar(-se)** *v* [vestir(-se) com paramentos]; **paramentar** *v* (adornar, enfeitar: *paramentar uma noiva*); **paramenteiro** *sm* (alfaiate de paramentos eclesiásticos).

pa.râ.me.tro *sm* **1**. Em matemática, constante em uma equação. **2**. *P.ext.* Qualquer constante, com valores variáveis, usada como referência para determinar outras variáveis. **3**. Em estatística, característica numérica de uma população, distinta daquela de uma amostra. **4**. No processamento de dados, variável cujo valor, endereço ou nome não são especificados até a execução do programa. **5**. *Fig.* Padrão: *os parâmetros da moda*. **6**. *Fig.* Qualquer fator limitante; limite: *nós temos a liberdade de agir dentro dos parâmetros estabelecidos pela Constituição*. → **paramétrico** *adj* (**1**. rel. a parâmetro: *amplificador paramétrico*; **2**. que contém um ou mais parâmetros: *coordenadas paramétricas*); **parametrização** *sf* (ato ou efeito de parametrizar); **parametrizar** *v* (representar ou expressar, atendo-se a determinados parâmetros: *parametrizar os resultados de uma pesquisa*).

pa.ra.mi.li.tar *adj* **1**. Diz-se de qualquer formação treinada e armada que não faz parte das forças militares regulares de um país. // *s2gên* **2**. Pessoa que faz parte dessa formação.

pa.ra.ná *sm* **1**. Canal que comunica dois rios. **2**. Braço de rio caudaloso, separado deste por uma ou mais ilhas. **Paraná 3**. Estado da Região Sul do Brasil. → **paranaense** *adj* e *s2gên*.

pa.ra.na.sal *adj* Situado perto ou ao longo das fossas nasais.

pa.ran.go *sm* ou **pa.ran.ga** *sf Gír.* Porção de maconha; pacau.

pa.ran.go.lé *sm Pop.RJ* **1**. Conversa sem pé nem cabeça, desinteressante, que não leva a nada: *o parangolé da juventude moderna*. **2**. Conversa fiada; nhem-nhem-nhem: *é um poeta que não se pavoneia com os parangolés da própria erudição*. **3**. Atitude desonesta, com o propósito de enganar alguém; malandragem, esperteza: *todo mascate é cheio de parangolés*.

pa.ra.nin.fo *sm* **1**. Padrinho de formatura. **2**. Patrono, protetor, defensor. · Fem.: *paraninfa*. → **paraninfar** *v* (servir como paraninfo em); **paranínfico** *adj* (rel. a paraninfo).

pa.ra.noi.a (ói) *sf* Psicose caracterizada por ideias fixas de perseguição, reivindicação, grandeza, conceito exagerado de si mesmo, etc., geralmente acompanhadas de alucinações. → **paranoico** (ói) *adj* (rel. a paranoia) e *adj* e *sm* (que ou aquele que sofre de paranoia; paranoide); **paranoide** (ói) *adj* (que apresenta certa semelhança com a paranoia) e *adj* e *s2gên* (que ou pessoa que sofre de paranoia).

pa.ra.nor.mal *adj* e *s2gên* **1**. Que ou pessoa que supostamente possui poderes inexplicáveis cientificamente. // *adj* **2**. Que não tem explicação científica: *poderes paranormais*. → **paranormalidade** *sf* [**1**. qualidade ou condição de paranormal; **2**. capacidade de um indivíduo de interagir com o meio ambiente através de meios que não os sentidos (a premonição, p. ex.) e membros do corpo (o movimento de objetos a distância, p. ex.).

Paraolimpíadas *sfpl* Competição internacional que se segue a cada uma das Olimpíadas, apenas para atletas que possuem alguma deficiência física ou mental; Jogos Paraolímpicos: *o Brasil começou a participar das Paraolimpíadas em 1972, na Alemanha*. (Note: é nome só usado no plural, como *Olimpíadas*, e a generalizada forma "Paralimpíadas" não tem cabimento sob a ótica linguística.) → **paraolímpico** *adj* (rel. a Paraolimpíadas: *atleta paraolímpico*) e *sm* (deficiente físico ou mental que participa de Paraolimpíadas). ·· **Jogos Paraolímpicos**. Paraolimpíadas.

pa.ra.pei.to *sm* **1**. Resguardo mais ou menos da altura do peito, destinado a apoio ou segurança; peitoril. **2**. Peça de madeira que numa janela serve para apoiar o peito e os braços de quem se chega a ela.

pa.ra.pen.te *sm* **1**. Aparelho esportivo que é um misto de asa-delta e paraquedas, utilizado em competições, para saltar de um lugar alto e descer planando; *paraglider*. **2**. Esporte praticado com esse aparelho; *paraglider*. → **parapentista** *adj* e *s2gên* (praticante de parapente).

pa.ra.ple.gi.a *sf* Paralisia da parte inferior do corpo e de ambas as pernas. → **paraplégico** *adj* (rel. a paraplegia) e *adj* e *sm* (que ou aquele que tem paraplegia).

pa.ra.psi.co.lo.gi.a *sf* Ramo da psicologia que estuda a percepção extra-sensorial, a telepatia, a clarividência e fenômenos associados. → **parapsicológico** *adj* (rel. a parapsicologia); **parapsicólogo** *sm* (aquele que é versado em parapsicologia).

pa.ra.que.das *sm2núm* Aparelho semelhante a um guarda-chuva, feito de seda natural ou de náilon, usado para retardar o movimento de queda de um corpo solto no espaço. → **paraquedismo** *sm* (modalidade de esporte que consiste no salto com paraquedas); **paraquedista** *s2gên* [**1**. pessoa ou soldado(a) especializado(a) em saltos em paraquedas; **2**. *gír.* pessoa oportunista, que está sempre à espera de um descuido de outrem, para colher vantagens; **3**. *gír.* pessoa que se candidata a alguma coisa, sem estar preparada para ela].

pa.rar *v* **1**. Impedir o movimento ou o prosseguimento normal de: *pare o carro!* **2**. Conter, suster: *parar o movimento grevista.* **3**. Cessar: *parou de chover.* **4**. Cessar um processo ou atividade: *o trem parou.* **5**. Estacionar: *às 8h parou um carro à porta de casa.* **6**. Ficar imóvel: *pare, que vou tirar uma foto sua!* **7**. Ter parada, deter-se: *essa menina não para em casa!* **8**. Ter como resultado; resultar, redundar: *vamos ver em que vai parar mais essa denúncia de corrupção.*

pa.ra-rai.os *sm2núm* Haste metálica posta na parte superior de um edifício, para desviar os raios ou descargas elétricas da atmosfera para dentro da terra. (Cuidado para não usar "para-raio" no singular: "o para-raio"!)

pa.ra.si.ta *adj* e *sf* **1**. Que ou vegetal que se nutre da seiva de outro: *a orquídea é uma parasita.* // *adj* e *s2gên* **2**. Que ou pessoa que vive à custa de outrem; sanguessuga, chupa-sangue (1): *marido parasita; ele é um parasita da mulher; a mulher é uma parasita do amante.* → **parasítico** *adj* (rel. a parasita ou causado por parasita). (Em rigor, a palavra *parasita* deveria ser aplicada apenas aos vegetais, reservando-se *parasito* para referir-se a homens e insetos. A língua cotidiana, porém, consagrou o uso de *parasita* para pessoa.)

pa.ra.si.to *adj* e *sm* Que ou animal que se nutre do sangue de outro (chamado *hospedeiro*), sem contribuir para a sobrevivência deste: *sem higiene não é possível livrar-se dos parasitos, isto é, carrapatos, piolhos, pulgas, etc.* → **parasitário** *adj* (rel. a parasito); **parasitarismo** ou **parasitismo** *sm* (**1**. estado, caráter ou condição de parasita ou de parasito; **2**. comportamento ou hábitos de parasito); **parasiticida** *adj* e *sf* (que ou substância que elimina parasitos); **parasitologia** *sf* (estudo de parasitos e do parasitismo); **parasitológico** *adj* (rel. à parasitologia); **parasitologista** *s2gên* (especialista em parasitologia); **parasitose** *sf* (doença resultante de parasitismo).

pa.ras.sín.te.se *sf* ou **pa.ras.sin.te.tis.mo** *sm* Processo de formação de palavras por junção simultânea de prefixo e sufixo ao semantema, de tal forma, que o vocábulo não existe só com o prefixo, nem só com o sufixo (p. ex.: *enriquecer, ajoelhar, desalmado*). → **parassintético** *adj* (diz-se da palavra que se forma por parassíntese).

pa.ra.ta.xe (x = ks) *sf* Construção sintática em que as orações se ligam por justaposição, e não por conetivos. (Pode ser tanto uma relação de coordenação quanto de subordinação.) · V. **hipotaxe**. → **paratáctico** ou **paratático** *adj* (rel. a parataxe).

par.boi.li.za.do *adj* Diz-se de arroz que resulta da imersão do arroz ainda em casca em água potável aquecida acima de 58ºC, para preservar-lhe as propriedades nutritivas, em seguida submetido a processo de gelatinização parcial ou total do amido e, finalmente, secagem e refino. → **parboilização** *sf* (processo pelo qual se consegue esse tipo de arroz); **parboilizar** *v* [submeter (arroz) à parboilização].

par.cei.ro *adj* e *sm* Que ou aquele que está de parceria em qualquer atividade, competição, jogo ou entretenimento; companheiro.

par.ce.la *sf* **1**. Pequena parte de um todo; fração. **2**. Cada uma das partes em que se dividiu um pagamento. → **parcelado** *adj* (dividido em parcelas); **parcelamento** *sm* (divisão em parcelas); **parcelar** *v* (dividir em parcelas).

par.ce.ri.a *sf* **1**. Estado ou condição de quem é sócio ou parceiro; participação, sociedade. **2**. Relação entre indivíduos ou grupos, caracterizada por cooperação e responsabilidade mútuas, para a realização de um objetivo comum. **3**. Dupla de compositores de música popular.

par.ci.al *adj* **1**. Relativo a uma só parte; incompleto. **2**. Que favorece apenas uma das partes em litígio ou em disputa; tendencioso, faccioso. · Antôn. (1): *total, completo;* (2): *imparcial.* → **parcialidade** *sf* ou **parcialismo** *sm* (**1**. qualidade de parcial; **2**. paixão partidária; partidarismo).

par.ci.mô.nia *sf* **1**. Qualidade de parco. **2**. Extrema ou exagerada economia. → **parcimonioso** (ô; pl.: ó) *adj* (caracterizado pela parcimônia).

par.co *adj* Escasso, limitado, reduzido. · Superl. abs. sintético: *parcíssimo.*

par.dal *sm* Pequeno pássaro de cor parda, originário da Europa, muito comum no Brasil, onde é tido como verdadeira praga, porque se alimenta de cereais e sementes do campo. (Voz: *chiar, chilrear, pipilar.*) · Fem.: *pardaloca* e *pardoca*.

par.di.ei.ro *sm* Qualquer casa ou edifício velho, em ruínas.

par.do *adj* **1**. Diz-se de qualquer coisa, pessoa ou animal quase escuro, entre o branco e o preto. // *sm* **2**. Homem pardo. → **pardacento** ou **pardento** *adj* (um tanto pardo).

pa.re.cer *v* **1**. Ser aparentemente: *ela parecia mais jovem.* **2**. Estar aparentemente: *ele parece nervoso.* **3**. Ter a aparência de: *aquela estrela parece um planeta.* **4**. Ter aparência; dar a impressão: *parecia que o mundo ia acabar.* **parecer-se 5**. Ser parecido, ter parecença, assemelhar-se: *ela se parece muito com a mãe.* // *sm* **6**. Julgamento baseado num determinado conhecimento e dado por especialista; opinião técnica de perito ou profissional abalizado. → **parecença** *sf* (semelhança: *ela tem grande parecença com a mãe*); **parecido** *adj* (**1**. que possui as mesmas ou quase as mesmas características; semelhante, similar: *meus problemas são parecidos com os seus;* **2**. que possui os mesmos traços ou quase os mesmos traços: *filho parecido com o pai*).

pa.re.de (ê) *sf* **1**. Obra vertical, geralmente de alvenaria ou de madeira, que se constrói princ. para fechar edificações e separar ambientes internos. **2**. Tudo o que isola, fecha ou divide um espaço. **3**. Conjunto de coisas ou pessoas muito unidas: *os manifestantes não deixavam ninguém passar, formando uma parede humana.* **4**. Superfície lateral de uma cavidade natural: *a parede de uma caverna.* **5**. Parte que circunscreve uma cavidade do corpo ou um órgão oco. **6**. Greve (2). **7**. No futebol, proteção que o jogador faz com o corpo junto ao goleiro, à chegada da bola, para impedir que o adversário dela se aposse. · V. **parietal**. → **paredão** *sm* (**1**. grande parede; muralha; **2**. *pop.*MS e MT ribanceira de rio, talhada a pique; **3**. *pop.*RS encosta abrupta de serra; **4**. *pop.* PB cordão de recifes submersos).

pa.re.dro *sm* Dirigente de clube esportivo.

pa.rei.do.li.a *sf* Fenômeno psicológico, comum nos seres humanos, que envolve um estímulo vago e aleatório, geralmente uma imagem ou som, sendo percebido como algo distinto e com significado (p. ex.: ver imagens que parecem ter significado em nuvens, montanhas, florestas, superfícies de planetas, etc.; também ocorre com sons, sendo comum em músicas tocadas ao contrário, como se dissessem algo). → **pareidólico** *adj* (rel. a pareidolia). (A 6.ª ed. do VOLP não registra nem uma nem outra.)

pa.re.lha (ê) *sf* **1**. Dupla de cavalos ou muares que puxam carroça, arado, etc. **2**. Grupo de dois, da mesma espécie; par. **3**. Pessoa ou coisa que é igual a outra. → **parelho** (ê) *adj* (**1**. sem. ou igual aos de sua espécie; **2** igual, uniforme).

pa.ren.te *adj* e *s2gên* Que ou pessoa que é da mesma família (em relação a outra pessoa). → **parental** *adj* (**1**. rel. a parente: *amizade parental;* **2**. rel. a pai e mãe: *cuidados parentais*); **parentalidade** *sf* (**1**. qualidade de parental; **2**. estado ou condição de pai ou de mãe; **3**. conjunto de fatores biológicos, psicológicos e jurídicos que tornam um indivíduo pai ou mãe de outro indivíduo; **4**. conjunto de valores e tarefas envolvido na criação de uma criança); **parentesco** (ê) *sm* (relação íntima ou familiar).

pa.ren.te.ral ou **pa.ren.té.ri.co** *adj* **1**. Fora do trato gastrintestinal: *via parenteral.* **2**. Diz-se da administração de medicamento ou nutrientes sem passar pelo sistema digestivo, ou seja, por injeção subcutânea ou intravenosa: *alimentação parentérica.*

pa.rên.te.se *sm* ou **pa.rên.te.sis** *sm2núm* **1**. Palavra ou frase adicional interposta num texto e gramaticalmente completa, marcada por vírgulas ou por parênteses. **2**. Cada um dos sinais usados para isso ou para agrupar expressões matemáticas, isto é, (ou). → **parentético** *adj* (rel. a parêntese ou parêntesis).

pá.reo *sm* **1**. Cada uma das corridas disputadas numa competição turfística. **2**. Prêmio dessas corridas. **3**. *Fig.* Qualquer disputa por algo muito importante ou valioso; competição: *seu time ainda está no páreo para conquistar o campeonato; o ex-governador está fora do páreo para a presidência da*

República. **4**. *Pop*. Competidor capaz de enfrentar e vencer outro: *uma onça não é páreo para um leão*. (Não tem feminino; assim, não cabe "párea" no exemplo dado, como se ouviu recentemente num documentário da televisão.)

pa.res.te.si.a *sf* Distúrbio nervoso caracterizado por sensação anormal e desagradável de queimação, coceira, ardência ou formigamento, sentida geralmente nas mãos, braços, pernas ou pés. → **parestésico** ou **parestético** *adj* (rel. a parestesia).

pá.ria *s2gên* **1**. A classe mais humilde, entre os hindus. **2**. *P.ext*. Pessoa excluída ou marginalizada socialmente.

pa.ri.da.de *sf* **1**. Qualidade de par. **2**. Equivalência, correspondência, semelhança. **3**. Equivalência ou igualdade no sistema cambial.

pa.ri.e.tal *adj* **1**. Relativo a parede. **2**. Próprio para ser dependurado em parede. **3**. Que cresce nas paredes. // *sm* **4**. Cada um dos ossos chatos e triangulares que formam os lados do crânio.

pa.rir *v* **1**. Dar à luz em parto: *ela pariu gêmeos; antigamente, as mulheres pariam em casa*. **2**. *Fig*. Gerar, causar, criar: *a eleição pariu um monstro político*. · V. **partejar** e **parturiente**. · Conj.: *pairo, pares, pare, parimos, paris, parem* (pres. do ind.); *paira, pairas, paira, pairamos, pairais, pairam* (pres. do subj.). → **parição** *sf* (parto); **parideira** *adj* (diz-se da fêmea que está em idade de parir).

Paris *sf* Capital e a maior cidade da França. → **parisiense** *adj* e *s2gên*

pa.ri.tá.rio *adj* **1**. Diz-se do organismo constituído por igual número de patrões e empregados, para resolver os conflitos de trabalho de uns e outros. **2**. Diz-se da assembleia ou comissão em que as partes que a formam têm igual número de representantes e iguais direitos.

parking [ingl.] *sm* Local ou área destinada a estacionamento de veículos. · Pl.: *parkings*. · Pronuncia-se *párkin*.

Parkinson, mal (ou **doença**) **de**. Doença neurológica progressiva e crônica, de causa desconhecida, que ocorre geralmente após os 50 anos, caracterizada por fraqueza e tremores musculares, rigidez da face e outros músculos e peculiaridade de gestos e postura. Foi descrito pela primeira vez pelo médico inglês James Parkinson (1755-1824). → **parkinsoniano** *adj* (rel. ao mal de Parkinson) e *adj* e *sm* (que ou aquele que sofre do mal de Parkinson); **parkinsonismo** *sm* (mal ou doença de Parkinson).

parkour [fr.] *sm* Modalidade de esporte radical que consiste em percorrer um trecho predeterminado, geralmente em área urbana, saltando de prédios, pulando muros de seis metros de altura ou escalando paredes, usando apenas os pés e as mãos. · Pronuncia-se *paRkúR*. (O praticante do *parkour* se diz *traceur* (tRacéR), de fem. *traceuse* (tRaçóz).

par.la.men.to *sm* **1**. Órgão do Estado, detentor do poder legislativo. **2**. Conjunto das câmaras legislativas. **3**. Congresso nacional. · → **parlamentar** *v* (**1**. tratar com delegação inimiga: *quem parlamentará com os vencidos?*; **2**. entrar em negociações, para se chegar a um acordo; discutir: *o governo quer parlamentar com a oposição*) e *adj* e *s2gên* (que ou aquele que é membro do parlamento); **parlamentarismo** *sm* (regime político em que os ministros de Estado são responsáveis, perante um parlamento, pelo governo); **parlamentarista** *adj* (rel. a parlamentarismo) e *adj* e *s2gên* (que ou pessoa que é partidária do parlamentarismo).

par.la.pa.tão *adj* e *sm* Que ou aquele que gosta de enganar os outros, contando vantagens e mentiras, geralmente para se gabar ou se promover; gabarola, faroleiro. · Fem.: *parlapatona*. → **parlapatice** *sf* (ato, atitude, dito ou comportamento de parlapatão).

par.me.são *adj* e *sm* **1**. Que ou o que é de Parma (Itália). // *adj* **2**. Diz-se do queijo originário dessa região. · Pl.: *parmesões*. ·· **A parmegiana** ou **parmigiana** (col. *parmigiana*). Diz-se de carne ou vegetal empanado. (*Parmigiano* é *adj* pátrio referente a Parma.)

par.na.si.a.no *adj* e *sm* Que ou aquele que seguia a escola literária caracterizada pela reação ao lirismo romântico, buscando temas objetivos, em substituição aos subjetivos, e por extrema perfeição da forma métrica. → **parnasianismo** *sm* (corrente, escola ou doutrina dos parnasianos).

pá.ro.co *sm* Sacerdote a quem foi confiada uma paróquia; vigário.

pa.ró.dia *sf* **1**. Imitação humorística ou satírica de um autor ou de uma obra séria, procurando ridicularizá-los. **2**. Caricatura, imitação grotesca. → **parodiador** (ô) *sm* ou **parodista** *s2gên* (pessoa que escreve paródias); **parodiar** *v* [**1**. imitar (obra artística) fazendo paródia: *parodiar Os miseráveis*; **2**. imitar os gestos, a maneira de falar ou as atitudes de (uma pessoa), de forma burlesca, irônica ou satírica; arremedar: *ele gosta de parodiar o presidente*].

pa.rô.ni.mo *adj* e *sm* Que ou vocábulo que se assemelha na forma a outro (p. ex.: *eminente/iminente*), mas de significado distinto. → **paronímia** *sf* (qualidade ou caráter de parônimo); **paronímico** *adj* (rel. a parônimo ou a paronímia).

pa.ro.ni.qui.a *sf* Panarício; unheiro.

pa.ró.quia *sf* A menor das circunscrições eclesiásticas, formada por uma comunidade de fiéis estavelmente constituída em igreja particular, de responsabilidade de um sacerdote, o pároco, sujeito ao bispo diocesano. → **paroquial** *adj* (**1**. rel. ou pert. à paróquia ou ao pároco; **2**. de visão, cultura ou mente muito limitada ou estreita; provinciano); **paroquiano** *adj* e *sm* (que ou aquele que é membro de paróquia).

pa.ró.ti.da ou **pa.ró.ti.de** *sf* Cada uma das duas glândulas salivares situadas adiante e abaixo de cada ouvido. → **parótico** *adj* (situado próximo da orelha); **parotídeo** ou **parotidiano** *adj* (rel. a parótida); **parotidite** *sf* (inflamação da parótida).

pa.ro.xí.to.no (x = ks) *adj* e *sm* Que ou vocábulo que apresenta tonicidade na penúltima sílaba (p. ex.: x<u>é</u>rox, ru<u>bri</u>ca). · V. **oxítono** e **proparoxítono**.

par.que *sm* **1**. Área de terra de uso público, geralmente com árvores e lagos, dentro ou nas imediações de uma cidade, mantida para recreação e ornamentação. **2**. Grande jardim público. **3**. Região natural delimitada por um governo para preservar sua flora, fauna, etc.

par.que.ar *v* Delimitar área para estacionamento de veículos. · Conjuga-se por *frear*. → **parqueamento** *sm* (ação de parquear; estacionamento).

par.que.te *sm* Piso cujos tacos de madeira, de cores diversas, formam desenhos.

par.quí.me.tro *sm* Máquina que, fixada na parte superior de um pequeno poste, nos locais públicos de estacionamento, opera com moedas e mede o tempo de permanência de veículos estacionados em frente.

par.rei.ra *sf* Videira que tem os ramos espalhados numa armação horizontal alta, sustentada por pilares; pé de uva.

par.ri.cí.dio *sm* Assassinato de quem mata qualquer de seus ascendentes (pai, mãe, avô, avó, etc.). (Não se confunde com *patricídio*.) → **parricida** *adj* e *s2gên* (que ou pessoa que cometeu parricídio).

par.te *sf* **1**. Qualquer porção, divisão, peça ou segmento de um todo: *a melancia foi dividida em quatro partes*. **2**. Ponto, aspecto: *nessa parte você tem razão*. **3**. Lugar: *não o encontro em nenhuma parte*. **4**. Lado: *de minha parte, estou tranquilo*. **5**. Momento: *daquele dia até esta parte, não houve mais problemas*. **6**. Função, papel: *minha parte, eu cumpri*. **7**. *Fig*. Pessoa que litiga com outrem nos tribunais, seja como autor, seja como réu: *sou parte contra o Estado*. **8**. *Fig*. Pessoa com quem outra está em disputa: *a solução foi boa para ambas as partes*. **9**. *Fig*. Cada uma das pessoas que celebram entre si um contrato; contratante. **10**. *Fig*. Pessoa ou elemento integrante: *ele é parte de minha família*. · Dim.: *parcela* (irreg.); *partícula* (erudito).

par.tei.ra *sf* Mulher, médica ou não, que assiste parturientes. → **parteiro** *adj* e *sm* (que ou médico que se especializou em obstetrícia).

par.te.jar *v* **1**. Servir de parteira ou de parteiro a: *essa enfermeira partejou todas as mulheres da cidade*. **2**. Dar à luz; parir: *quantas mulheres já partejaram hoje nesta maternidade?* · O *e* continua fechado durante a conjugação. → **partejo** (ê) ou **partejamento** *sm* (ato de partejar).

par.ti.ção *sf* **1**. Ato ou efeito de partir ou dividir alguma coisa em partes; divisão. **2**. Alguma coisa que divide ou separa, como uma parede, um biombo, etc. **3**. Parte ou seção em que se divide alguma coisa. **4**. Divisão de um país em nações separadas e autônomas, soberanas: *a partição da Iugoslávia em 1991*.

par.ti.ci.par *v* **1**. Fazer saber; comunicar: *participei a todos que não iria ao desfile*. **2**. Tomar parte: *não participo de conluios*. **3**. Ter sua parte ou cota: *a Ford tem planos concretos para participar do gigantesco mercado chinês*. **4**. Compartilhar: *não participo da sua tristeza*. → **participação** *sf* (ato ou efeito de participar); **participante** ou **partícipe** *adj* e *s2gên* (que ou pessoa que participa: *ser partícipe de uma campanha beneficente*); **participativo** *adj* (que participa ativamente em algo).

par.ti.cí.pio *sm* Forma nominal do verbo que tem a função de verbo (*tenho feito*), de advérbio (**feito** *isso, voltaremos*), de substantivo (*os feitos de um soldado*) e de adjetivo (*ele já é homem feito*). → **participial** *adj* (rel. a particípio).

par.tí.cu.la *sf* **1.** Diminutivo erudito de *parte*; parcela, pequena parte. **2**. Minúscula parte de matéria. **3**. Qualquer pequena palavra invariável, como pronome, preposição e conjunção. **·· Partícula apassivadora**. Pronome *se* que indica a voz passiva sintética (p. ex.: *vendem-se casas*).

par.ti.cu.lar *adj* **1**. Relativo a algo específico (em oposição a *geral*); individual: *ele tem um modo particular de ver as coisas*. **2**. Específico, característico; peculiar: *aluno com um tipo particular de comportamento; o suspeito tem um sinal particular na testa*. **3**. Privado: *escola particular; praia particular*. **4**. Detalhado, minucioso: *fez um relato bem particular do ocorrido*. **5**. Extraordinário, incomum, raro: *acidente de particular gravidade*. **6**. Importante, relevante, significativo: *esse programa de computador será de particular utilidade aos professores*. **7**. Especialmente grande: *duas questões merecem particular atenção; o presidente quer foco particular no combate à inflação*. **8**. Íntimo, reservado: *tenho um assunto particular para tratar contigo*. **9**. Que não serve outra pessoa; exclusivo, pessoal: *motorista particular; secretária particular; aula particular*. // *sm* **10**. Aquilo que se refere às partes de um todo, por oposição a esse todo: *ir do particular ao geral*. **11**. *Pop*. Conversa reservada: *tive um particular com ela*. **12**. Quesito, assunto, questão: *nesse particular tenho outra opinião*. **13**. *Pej*. Qualquer indivíduo estranho; sujeito, cara, gajo: *o que esse particular quer contigo?* **14**. Vida doméstica: *ele é amável no particular, mas agressivo no trabalho; ele não sai de casa, vive no particular*. // *smpl* **15**. Pormenores, detalhes: *confessou tudo, com todos os particulares*. → **particularidade** *sf* (qualidade ou estado de ser particular, distinto do geral).

par.ti.cu.la.ri.zar *v* **1**. Fazer um relato minucioso ou detalhado de; detalhar: *o empresário particularizou a situação financeira da indústria*. **2**. Mencionar individualmente; especificar: *o pai não particularizou nenhum dos filhos, mas deixou perceber a qual deles se referia*. **3**. Caracterizar, individualizar: *são as orquídeas que particularizam a flora da região amazônica*. · Antôn.: *generalizar*. → **particularização** *sf* (ato ou efeito de particularizar), de antôn. *generalização*.

par.ti.da *sf* **1**. Ato ou efeito de partir; saída. **2**. Quantidade maior ou menor de mercadorias para vender ou para comprar. **3**. Jogo esportivo; prélio. **4**. Fase de movimentação de um motor de combustão.

par.ti.do *adj* **1**. Fragmentado ou dividido em pedaços: *tijolos partidos*. **2**. Que apresenta rachaduras: *solo partido; para-brisa partido*. **3**. *Fig*. Magoado, decepcionado: *ter o coração partido*. // *sm* **4**. União de pessoas que partilham das mesmas ideias, opiniões e doutrinas políticas, com o objetivo de chegar ao poder: *partido político*. **5**. Posição favorável: *tomei partido por ela*. **6**. Vantagem, lucro, proveito: *ninguém tirou partido dessa situação*. **7**. *Fig*. Pessoa de boa condição financeira ou social: *esse rapaz é bom partido para você, Susana?* → **partidário** *adj* e *sm* (**1**. que ou aquele que se filiou a uma causa política, religiosa, etc. com intenção de se tornar um adepto dela; **2**. defensor) e *adj* (rel. a partido político); **partidarismo** *sm* (paixão partidária); **partidarista** *adj* e *s2gên* (que ou pessoa que segue, geralmente com paixão, um determinado partido).

par.ti.lha *sf* **1**. Ação de repartir; repartição: *a partilha de um prêmio*. **2**. Divisão de bens, de herança, de lucros, etc.: *os herdeiros ainda não fizeram partilhas*. **3**. Quinhão, parte: *a partilha que lhe coube naquele roubo foi apenas a fama*. → **partilhar** *v* (**1**. dividir em partes: *partilhar um prêmio*; **2**. compartilhar, compartir: *partilhei suas dores e alegrias; partilhar o pão com quem tem fome*; **3**. tomar parte, participar: *partilhar daquela reunião*).

par.tir *v* **1**. Dividir ou quebrar em partes; fragmentar: *partir o bolo*. **2**. Separar, dividir, repartir: *partir o cabelo*. **3**. *Fig*. Afligir profundamente: *isso me parte o coração*. **4**. Ir-se ou retirar-se espontaneamente: *quem parte leva saudade*. **5**. Seguir viagem; sair com destino certo: *o chefe apitou: o trem já podia partir*. **6**. Ter origem; originar-se, provir: *o tiro partiu daquela janela*. **partir-se 7**. Quebrar-se, romper-se: *a louça se partiu dentro do caixote*. · V. **partição**. ·· **A partir de**. Desde: *Preços a partir de R$1,99.* (Cuidado para não usar acento no **a**!) ·· **Partir pra cima de alguém** (fig.). Ir decididamente sobre ele, com intenção de agredi-lo; investir contra ele.

par.ti.tu.ra *sf* Peça musical escrita ou impressa que contém todas as partes vocais e instrumentais de uma composição.

par.to *sm* Conjunto de fenômenos físicos que provocam a expulsão da criança, da placenta e das membranas fetais, ao final da gravidez; parição.

par.tu.ri.en.te *adj* e *sf* Que ou aquela que está prestes a parir ou que acabou de dar à luz.

par.vo *adj* e *sm* Que ou aquele que é crescido ou adulto, mas tem espírito infantil. · Fem.: *párvoa*. → **parvalhice** ou **parvoíce** *sf* (qualidade, estado, ato, atitude ou comportamento de parvo).

Páscoa *sf* **1**. Festa católica que comemora a ressurreição de Cristo. **2**. Comemoração israelita da saída dos judeus do Egito, guiados por Deus e por Moisés, segundo a crença judaica. → **pascal** ou **pascoal** *adj* (rel. a Páscoa); **pascoela** *sf* (domingo imediato ao da Páscoa).

pas.ma.cei.ra *sf* **1**. Admiração tola, quase sempre ridícula. **2**. Falta de animação; marasmo, apatia: *a pasmaceira das cidadezinhas do interior*.

pas.mar *v* **1**. Causar pasmo a: *a violência nas grandes cidades brasileiras pasma os turistas*. **pasmar(-se) 2**. Ficar pasmado, espantado ou assombrado: *pasmei do que ouvi; os turistas (se) pasmam com tanta violência*. → **pasmado** *adj* (extremamente admirado, espantado ou assombrado; estupefato); **pasmo** *sm* (espanto ou assombro extremo; estupefação).

pas.pa.lhão *adj* e *sm* Que ou aquele que é inútil e estúpido. · Fem.: *paspalhona*. → **paspalho** *sm* (pessoa paspalhona).

pas.quim *sm* **1**. Sátira que ridiculariza uma pessoa ou um grupo, afixada em lugar público. **2**. Jornal de péssima qualidade gráfica e de baixo nível jornalístico; jornaleco. **3**. Jornal ou folheto difamador. → **pasquinada** *sf* (**1**. linguagem de pasquim; **2**. crítica difamatória: *é um jornalista que se caracteriza pela pasquinada*); **pasquinagem** *sf* (**1**. ação ou efeito de pasquinar; **2**. hábito de pasquineiro; **3**. difamação por pasquim); **pasquinar** *v* (satirizar por meio de pasquins); **pasquineiro** *adj* e *sm* (**1**. que ou aquele que escreve pasquins; **2**. difamador).

pas.sa *sf* **1**. Fruta desidratada, princ. a uva. **2**. *Fig.Pej*. Pessoa franzina e cheia de rugas e pelancas.

pas.sa.dei.ra *sf* **1**. Tapete estreito e comprido, geralmente posto em corredores. **2**. Mulher que passa roupa por profissão.

pas.sa.di.ço *sm* **1**. Corredor de comunicação; passagem. **2**. Calçada, passeio. // *adj* **3**. Passageiro, efêmero.

pas.sa.di.o *sm* Alimentação do dia a dia; comida diária.

pas.sa.do *adj* **1**. Que já se foi; que passou. **2**. Tornado liso, com o uso de ferro quente. **3**. *Fig*. Extremamente emocionado. **4**. *Pop*. Macérrimo, esquelético. **5**. Que começa a ficar podre. **6**. Relativo a tempo verbal que exprime um processo que não é presente nem futuro. **7**. *Gír*. Muito surpreso; perplexo, chocado: *a apresentadora do programa disse: nossa, foi isso mesmo? estou passada!* // *sm* **8**. Tempo que se foi ou que passou. **9**. Vida passada de uma pessoa, geralmente de conduta questionável: *conheço o seu passado*. **10**. Em gramática, tempo passado; pretérito. **11**. Forma verbal no pretérito. · Antôn. (1, 6, 8 a 11): *futuro*.

pas.sa.dor (ô) *adj* e *sm* **1**. Que ou aquele que passa ou faz passar. // *sm* **2**. Alça por que passa correia, cinta, etc. **3**. Coador. **4**. Pregador metálico ou de plástico para cabelo.

pas.sa.gei.ro *adj* **1**. Que dura pouco, mas vai e volta: *chuva passageira*. // *sm* **2**. Aquele que viaja em qualquer veículo de transporte.

pas.sa.gem *sf* **1**. Ato ou efeito de passar. **2**. Local por onde se passa. **3**. Ligação, comunicação. **4**. Bilhete que autoriza uma viagem ao passageiro. **5**. Trecho ou seção de livro, texto, obra musical, cinematográfica, etc.; passo.

pas.sa.men.to *sm* Morte.

pas.sa-mo.le.que *sm* *Pop*. Estratégia ou manobra ardilosa para levar alguém a erro ou a engano; logro, embuste. · Pl.: *passa-moleques*.

pas.sa.por.te *sm* **1**. Documento oficial com nome, fotografia, etc. que certifica a identidade e a cidadania de alguém e lhe permite viajar ao exterior, onde passa a ser o seu documento essencial. **2**. Licença oficial concedida por um país estrangeiro que autoriza alguém a transportar mercadorias ou a viajar pelo país. **3**. Meio para se alcançar alguma coisa privilegiada ou muito desejada.

pas.sar *v* **1**. Atravessar, transpor: *passar uma ponte*. **2**. Deixar para trás; ultrapassar: *passar um caminhão em lombada*. **3**. Furar de lado a lado; trespassar: *a bala passou-lhe o coração*. **4**. Expedir, enviar: *passar um e-mail*. **5**. Coar, filtrar: *passar um café*. **6**. Experimentar, suportar: *passar fome*. **7**. Alisar com ferro quente: *passar roupa*. **8**. Marcar (trabalho, tarefa): *a professora passou muitos exercícios*. **9**. Fritar, grelhar: *passar um bife*. **10**. Transpor obstáculo (concreto ou abstrato): *passei a porteira; passar o ano, na escola*. **11**. Projetar: *passar slides*. **12**. Usar, colocar: *passar batom*. **13**. Estar em determinado lugar durante certo período; participar de; viver: *passar as férias na Bahia*. **14**. Transitar: *por favor, deixe-me passar!* **15**. Cruzar: *a estrada passa por Campinas*. **16**. Achar-se ou estar (diz-se das condições de saúde): *como tem passado?* **17**. Ser tolerável: *ela não é linda, mas passa*. **18**. Correr, deslizar: *o rio passa por minha cidade*. **19**. Deixar de existir; acabar: *tudo passa*. **20**. Ser aprovado em exame: *eu passei, mas ela não*. **21**. Ser projetado sobre uma tela: *está passando um filme bom*. **22**. Ser relevado um erro: *desta vez passa*. **23**. Ter um fim; acabar: *a dor de cabeça passou*. **passar(-se) 24**. Suceder, acontecer: *o que (se) passa aqui?* **25**. Decorrer (o tempo): *muitos anos (se) passaram desde aquele fato*. **passar-se 26**. Mudar de partido ou de lado; bandear-se: *passar-se para o inimigo*. **27**. Ter a sua ação em; desenrolar-se: *a comédia se passa no interior mineiro*. · V. **passador, passagem** e **passe**. → **passada** *sf* (**1**. movimento com os pés para andar; passo; **2**. ato de passar); **passante** *adj* (que passa ou excede) e *s2gên* (pessoa que vai passando; transeunte); **passável** *adj* (**1**. nem bom nem mau; razoável, médio; **2**. que pode ser atravessado: *canal passável*). ·· **Passar o pano para** (gír.). Omitir algo negativo sobre; fazer vista grossa sobre; acobertar: *Ela falou tão mal de mim, e você está passando o pano para ela?!*

pas.sa.re.la *sf* **1**. Ponte para pedestres construída sobre estradas ou avenidas largas, de grande fluxo de veículos, para maior segurança daqueles. **2**. Caminho por onde desfilam modelos e candidatos(as) a concurso de beleza.

pás.sa.ro *sm* Ave voadora de pequeno ou de médio porte, que tem bico, sangue quente, corpo coberto de penas, pés de três dedos à frente e um para trás, que lhe permitem agarrar-se aos galhos das árvores. (As de pequeno porte, chamadas *passarinhos*, são geralmente canoras.) · Dim. regular: *passarinho*. · Aum. irregular: *passarolo* (ô).

pas.sa.tem.po *sm* Ocupação ligeira e agradável, só para passar o tempo; entretenimento; *hobby*.

pas.se *sm* **1**. Ato de passar, com as mãos, fluidos magnéticos para uma pessoa que se pretende curar ou livrar de coisas malévolas. **2**. Bilhete, passagem. **3**. Ação de passar a bola a um companheiro.

pas.se.ar *v* **1**. Levar a passeio: *vou passear o cão*. **2**. Sair a pé ou viajar, geralmente de carro, ônibus, trem, etc. para distrair-se ou divertir-se: *vou passear na praça*. · Conjuga-se por *frear*.

pas.se.a.ta *sf* **1**. Pequeno passeio; giro, volta. **2**. Marcha coletiva organizada como manifestação pública de regozijo, de protesto ou de reivindicações.

pas.sei.o *sm* **1**. Ato ou efeito de passear. **2**. Lugar onde se passeia. **3**. Calçada, passadiço. **4**. *Pop*. Conquista muito fácil de uma vitória: *meu time deu um passeio hoje*.

pas.si.o.nal *adj* Relativo à paixão ou causado por ela. → **passionalidade** *sf* (qualidade de passional); **passionalismo** *sm* (estado do que é passional).

pas.sis.ta *adj* e *s2gên* Que ou pessoa que dança frevo ou em escola de samba executando passos com graça, desenvoltura e agilidade.

pas.sí.vel *adj* Sujeito a: *crime passível de pena máxima; todo ser humano é passível de erros*. → **passibilidade** *sf* (qualidade ou condição de passível).

pas.si.vo *adj* **1**. Que sofre uma ação ou processo, sem reagir: *povo passivo ante as injustiças sociais*. **2**. Indiferente, insensível: *a rotina torna o homem passivo*. // *sm* **3**. Conjunto de obrigações a pagar; massa de débitos de uma empresa. · Antôn.: *ativo*. → **passiva** *sf* (red. de *voz passiva*, forma que os verbos tomam quando exprimem ação sofrida ou recebida); **passivar** ou **apassivar** *v* [dar significação ou forma passiva a (um verbo)]; **passividade** *sf* (**1**. qualidade do que é passivo; passivismo: *a passividade do Congresso ante a impunidade é crônica*; **2**. qualidade da voz passiva, de antôn (1) *impassividade*; **passivismo** *sm* (atitude ou comportamento de quem é passivo; passividade, de antôn. *ativismo*.

pas.so *sm* **1**. Ato ou movimento de colocar uma perna na frente da outra, caminhando ou correndo; passada: *dei um passo para trás; andar a passos largos*. **2**. *P.ext*. Espaço compreendido em cada passada: *o acidente aconteceu a poucos passos de mim*. **3**. Variedade mais lenta de animal de montaria: *o cavalo ia a passo*. **4**. Cada uma das diversas formas de marcha de uma tropa: *passo acelerado*. **4**. Cada uma das diferentes posições do pé na dança: *o passo do frevo*. **5**. Fase, etapa, estádio: *ela conhece cada passo da minha carreira; cumprimos mais um passo da nossa construção*. **6**. Circunstância, situação, conjuntura: *ante aquele passo, cabia-nos apenas fugir*. **7**. Decisão, resolução: *foi um passo importante esse que dei na minha vida*. **8**. Distância de um pé a outro, quando se anda regularmente: *a barreira deve ser formada a nove passos da falta cometida*. **9**. Passagem, trecho: *não conheço esse passo da Bíblia*. **10**. Marcha deixada pela sola do calçado ou do pé; pegada: *era nítido o passo da criatura na lama*. (Não se confunde com *paço*.)

password [ingl.] *sf* Senha (4). · Pl.: *passwords*. · Pronuncia-se *pés-uârd*.

pas.ta *sf* **1**. Qualquer substância semissólida, feita de ingredientes sólidos e líquidos. **2**. Maleta chata de couro, plástico, papel, etc., para acondicionar papéis, documentos, etc. **3**. Papel grosso, dobrado de forma que possa acondicionar documentos, material escolar, etc., geralmente fechado nas extremidades por elásticos. **4**. Cargo de ministro de Estado; ministério. **5**. Massa culinária de consistência pastosa. **5**. Em informática, diretório ou lista de arquivos que tem um ícone representativo específico. → **pastosidade** *sf* (qualidade ou estado do que é pastoso); **pastoso** (ô; pl.: ó) *adj* (**1**. sem. a pasta na consistência; que não é nem líquido nem sólido; semissólido; **2**. *fig*. diz-se da voz arrastada e pouco clara).

pas.tar *v* **1**. Comer (vegetação, dizendo-se de gado): *o rebanho pasta capim novo*. **2**. Dar pasto a; pastorear: *ele foi pastar o rebanho*. → **pastagem** *sf* [pasto (1 e 2)]; **pasto** *sm* (**1**. ato de pastar: *apreciar o pasto do gado no campo*; **2**. erva que serve de alimento ao gado; pastagem: *plantar pasto*; **3**. terreno onde há essa erva: *recolher o gado do pasto*; **4**. *fig*. alimentação, comida: *casa de pasto*; **5**. *fig*. tema de uma conversa: *esse não é bom pasto para discussão*; **6**. *fig*. prazer, satisfação: *essa paisagem dá pasto aos olhos*; **7**. *pop*. campo de futebol cheio de irregularidades e buracos.

pas.tel *sm* **1**. Massa de farinha de trigo estendida e recheada de salgados ou doces, geralmente frita. (Cuidado para não usar "um pastéis"!) **2**. Em artes gráficas, caracteres que ficam misturados e em confusão. **3**. Lápis ou bastão composto de matéria colorida, usado desde o séc. XV para colorir e pintar. **4**. Técnica de pintura em que se utiliza esse lápis ou bastão que resulta numa obra de tons suaves, meio desbotados, de pouca luminosidade: *o pintor está usando pastel nas suas telas*. **5**. Quadro pintado com esse material e técnica: *o melhor quadro desse pintor é um pastel*. **6**. Cor suave, meio apagada, semelhante à do pastel: *o pastel do vestido dela agradou aos estilistas*. // *adj* **7**. Diz-se dessa cor. **8**. Que tem essa cor: *vestidos pastel; tons pastel*. (Como se vê, neste caso não varia.) → **pastelaria** *sf* (arte ou estabelecimento de pasteleiro); **pasteleiro** *sm* (aquele que faz ou vende pasteis); **pastelinho** (tè) *sm* (pequeno pastel feito com massa de biscoito, bem seca e crocante, coberto ou recheado com chocolate, doce de leite ou outra guloseima); **pastelista** *s2gên* (pessoa que desenha ou pinta a pastel).

pas.teu.ri.zar *v* Expor certos materiais (leite, princ.) a alta temperatura e esfriá-los rapidamente, para destruir certos microrganismos patogênicos. → **pasteurização** *sf* (ato ou processo de pasteurizar).

pas.ti.che ou **pas.ti.cho** *sm* **1**. Obra literária ou artística em que se imita o estilo de um escritor ou artista, com intenção de enganar ou com objetivo satírico. **2**. *P.ext*. Qualquer obra de arte ou peça musical composta de partes de outras ou de vários autores.

pas.ti.fí.cio *sm Pop*.SP Fábrica de massas alimentícias.

pas.ti.lha *sf* **1**. Pequeno tablete que contém medicamento ou essência de sabor agradável, para ser dissolvido lentamente na boca. **2**. Pequeno ladrilho usado no revestimento de paredes.

pas.tor (ô) *sm* **1**. Aquele que guia o rebanho para pastar e cuida dele. **2**. *Fig*. Mentor espiritual; guia. **3**. Ministro protestante. → **pastoral** *adj* (rel. ou pert. a pastor (1 e 2): *deveres pastorais*) e *sf* (**1**. carta circular de bispo ou do Papa aos padres ou aos fiéis, com ensinamentos e instruções morais e religiosas; **2**. atividade, atuação religiosa e evangélica numa diocese); **pastorar** *v* [**1**. levar (o gado) ao campo e vigiá-lo enquanto pasta; servir de pastor a; pastar, pastorear (1): *pastorar ovelhas*; **2**. *fig*. ficar à espreita de; espreitar, observar às escondidas; vigiar; **3**. aguardar (alguém)]; **pastoreação** *sf* (ato ou efeito de pastorear); **pastoreador** (ô) *sm* (**1**. aquele que pastoreia o gado; **2**. lugar em que se pastoreia ou quando já saiu para o pastoreador); **pastorear** *v* [**1**. pastorar (1); **2**. dirigir e proteger (os fiéis) o sacerdote; servir de pastor (2) a;

3.*p.ext.* dirigir, administrar: *pastorear uma empresa;* **4**. vigiar, zelar, cuidar de; olhar: *babá existe justamente para pastorear crianças;* **5**. exercer o ofício de pastor (1)], que se conjuga por *frear;* **pastoreio** *sm* (**1**. ato ou efeito de pastorear; **2**. vida ou profissão de pastor; **3**. atividade ou indústria pastoril: *conheço todas as técnicas do pastoreio;* **4**. terreno em que há pasto e no qual se pastoreia o gado; pastoreiro, pastagem; **5**. gado que pastoreia; **6**. porção de pastores); **pastoreiro** *sm* [pastoreio (4)]; **pastoril** *adj* (**1**. rel. a pastor, a pastoreio ou a vida no campo: *povo pastoril; ambiente pastoril;* **2**. que expressa ou retrata a vida de pastores ou camponeses: *poesia pastoril; sinfonia pastoril;* **3**. *fig.* simples, rústico: *levar vida pastoril*).

pa.ta *sf* **1**. Fêmea do pato. **2**. Pé ou mão de animal. **3**. *Fig.* Pé grande de pessoa. → **patada** *sf* (**1**. pancada com a pata; coice; **2**. pancada com a sola do pé; **3**. *pop.* grosseria; **4**. *pop.* ingratidão; **5**. *pop.* asneira, tolice, patacoada: *em exame oral se ouve muita patada*).

pa.ta.ca *sf* **1**. Antiga moeda brasileira de prata, no valor de 320 réis. **2**. *Fig.* Qualquer quantia em dinheiro. · V. **meia-pataca**.

pa.ta.co.a.da *sf* **1**. Tolice, disparate, despautério; patada (4). **2**. Lorota, conversa fiada.

Patagônia *sf* Região no sul da América do Sul que compreende a Terra do Fogo. → **patagão** ou **patagônico** *adj* e *sm*.

pa.ta.mar *sm* **1**. Espaço largo entre dois lanços de escada ou a parte superior da escada. **2**. *Fig.* O grau mais alto; ápice, apogeu, auge.

pa.ta.ti.va *sf* **1**. Passarinho de plumagem cinzenta e de canto muito melodioso. (Voz: *cantar, soluçar.*) // *sf* **2**. Cantor(a) de voz muito agradável. **3**.*P.ext.* Orador(a) de grande talento.

pa.ta.vi.na *pron* Nada, bulhufas: *não entendi patavina.*

pa.ta.xó *s2gên* **1**. Membro dos pataxós, povo indígena que habita a Bahia. // *adj* **2**. Relativo a esse povo.

pat.chu.li *sm* **1**. Arbusto de origem asiática de cujas folhas se extrai um óleo aromático usado na fabricação de perfume. **2**. Esse perfume.

pa.tê *sm* Pasta salgada de qualquer alimento, que se come fria e no pão ou em bolacha salgada, como entrada ou aperitivo.

pa.te.ar *v* **1**. Bater com os pés ou as patas no chão. **2**. Reprovar (qualquer espetáculo ou apresentação), batendo com os pés no chão: *a plateia pateou a sua peça.* **3**. Fracassar, ser malsucedido: *ao tentar a vida na cidade grande, pateou.* Conjuga-se por *frear.* → **pateada** *sf* [**1**. ação de patear; **2**. manifestação de reprovação ou desagrado da plateia em relação a um espetáculo ou apresentação, batendo com os pés no chão do teatro ou do cinema (em oposição a *aclamação*)].

pa.te.la *sf* Pequeno osso móvel, curto e discoide, situado no joelho, na parte dianteira da articulação do fêmur com a tíbia, antigamente chamado *rótula*. → **patelar** *adj* (rel. ou pert. a patela).

pá.te.na *sf* Prato, geralmente de ouro ou de prata, usado para receber a hóstia durante a celebração da Eucaristia. (Cuidado para não usar "patena"!)

pa.ten.te *adj* **1**. Muito claro, evidente, óbvio: *é patente a sua desonestidade.* **2**. Diz-se do que pode ser compartilhado por muitos ou por todos; aberto, franqueado, liberado: *D. João VI tornou patentes nossos portos a todas as nações amigas; nosso computador era patente a todos os vizinhos.* // *sf* **3**. Redução de *carta patente*, garantia dada por um governo àquele que criou ou inventou alguma coisa, conferindo-lhe o direito de usá-la ou vendê-la por um certo período de tempo. **4**. Documento que atesta esse garantia. **5**. Posto militar. → **patenteação** *sf* ou **patenteamento** *sm* (ato ou efeito de patentear); **patentear** *v* [**1**. tornar patente, claro, evidente, evidenciar: *nesse gesto ele patenteou seu caráter;* **2**. proteger (invento ou projeto) com uma patente; obter uma patente para; **3**. franquear, liberar: *patenteamos nosso computador a todos os vizinhos*], que se conjuga por *frear.*

pa.ter.no *adj* **1**. Do pai. **2**. Pertencente ao pai da pessoa de quem se trata. **3**. Por parte de pai. → **paternal** *adj* (**1**. próprio de pai: *tenho uma preocupação paternal com essas crianças;* **2**. que age como pai: *ter amigos paternais;* **3**. *fig.* que mostra muita compreensão ou benevolência; benevolente); **paternalidade** *sf* (qualidade de paternal); **paternalismo** *sm* (política ou prática de controlar uma pessoa, um grupo, um povo, etc. de modo paternal, provendo suas necessidades, sem dar-lhes direitos ou responsabilidades); **paternalista** *adj* (rel. a paternalismo) e *adj* e *s2gên* (que ou pessoa que é dada ao paternalismo); **paternidade** *sf* (**1**. qualidade ou condição de pai; **2**. ascendência do lado paterno; **3**. autoria intelectual: *o homem assumiu a paternidade do crime*).

pa.te.ta *adj* e *s2gên* Que ou pessoa que é abobada ou desorientada como um pato, ou seja, estúpida, tonta, tola. · Antôn.: *sagaz, perspicaz.* → **patetice** *sf* (ato, atitude, dito ou comportamento de pateta; tolice), de antôn. *sagacidade, perspicácia;* **patetola** *adj* e *s2gên* (que ou pessoa que é muito pateta; bobalhão ou bobalhona).

pa.té.ti.co *adj* **1**. Que provoca forte emoção e ao mesmo tempo desperta um sentimento de tristeza, dor, piedade, etc.; tocante, comovente: *cena patética.* **2**. Que é tão absurdo, que merece riso zombeteiro ou desprezo ou escárnio; risível: *o zagueiro considerou patética a derrota do seu time para um time de várzea.* **3**. Totalmente descabido ou inadequado: *desculpas patéticas.* **4**. Muito ruim; péssimo, desprezível: *o serviço patético de um restaurante; refeição patética; o time hoje teve um desempenho patético; os bancos pagam juros patéticos na captação e emprestam a juros estratosféricos.* → **pateticismo** (tè) *sm* (qualidade de patético).

pa.tí.bu.lo *sm* Tablado onde se coloca forca ou guilhotina, para executar condenados à morte; cadafalso. → **patibular** *adj* (**1**. rel. a patíbulo; **2**. que tem o semblante sem. a um monstro; merecedor de patíbulo).

pa.ti.fe *adj* e *s2gên* Que ou pessoa que é capaz de praticar as maiores vilanias; canalha, calhorda, pulha, mau-caráter. → **patifaria** *sf* (ato ou comportamento de patife).

pa.tim *sm* Calçado munido na sola de lâminas metálicas (para deslizar no gelo) ou de rodinhas (para rolar sobre pavimento liso). → **patinação** ou **patinagem** *sf* (ato ou exercício de patinar); **patinar** *v* (**1**. andar de patins; **2**. *pop.* patinhar (2)]. · V. **patinhar**.

pa.ti.ne.te *sf* Brinquedo que consiste numa tábua sobre duas rodas, na qual se põe um dos pés e com o outro se dá o impulso. (Note: é palavra *feminina*, sempre foi palavra feminina, que alguns dicionários, inclusive o VOLP, registram também como masculina.)

pa.ti.nhar *v* **1**. Bater com os pés na água, com o fim de mover-se nela: *os cisnes patinham tranquilos no lago.* **2**. Girar (roda de um veículo e, p.ext. o próprio veículo) sem deslocar-se, por falta de aderência ao solo: *o carro patinhou muito na lama.* → **patinhagem** *sf* [ação de patinhar (2)]. (Na acepção 2, a língua popular consagrou *patinar*.)

pá.tio *sm* **1**. Espaço geralmente pavimentado, ao ar livre e ao lado de uma residência, destinado a refeições, recreação, estacionamento de veículos, etc. **2**. Recinto descoberto no interior de um edifício.

pâtisserie [fr.] *sf* **1**. Padaria especializada em bolos, tortas e doces finos; confeitaria. **2**. Delicatéssen de alto nível, que oferece a seus clientes alimentos refinados e incomuns. **3**. Massa feita de farinha, gordura e água, misturadas e trabalhadas, geralmente agregadas de temperos doces e salgados, conforme o propósito desejado. **4**. Bolo ou torta assada em forno. · Pronuncia-se *pâtisrri.*

pa.to *sm* **1**. Ave palmípede de pernas curtas, membranas entre os dedos dos pés, próprias para facilitar a locomoção na água. (Voz: *grasnar, grasnir, grassitar.*) **2**. *Fig.* Homem estúpido, simplório, que facilmente se deixa enganar; otário, pateta. → **patinho** *sm* (**1**. pato pequeno; **2**. carne da perna traseira do boi, em sua parte interna).

pa.to.á *sm* **1**. Variante linguística essencialmente oral, usada por pequena população, geralmente rural. **2**. Fala específica de uma região; dialeto. **3**. Linguajar específico de um grupo social ou profissional; jargão. (Não se confunde com *patuá.*)

pa.to.ge.ni.a *sf* Estudo da origem e do desenvolvimento das doenças. → **patogênico** *adj* (**1**. rel. a patogenia; **2**. que causa doenças); **patogenista** *adj* e *s2gên* (especialista em patogenia); **patógeno** *sm* (agente patogênico).

pa.to.lo.gi.a *sf* **1**. Ciência das causas e efeitos das doenças; ramo da medicina que trata do exame laboratorial de amostras de tecido corporal para fins diagnósticos ou forenses. **2**. Comportamento típico de uma doença: *a patologia do mal de Parkinson.* **3**. Doença ou condição médica: *o envelhecimento é o maior fator de risco para patologias que levam à morte.* **4**. Anormalidade mental, social ou linguística: *a violência doméstica se tornou amplamente reconhecida como uma das patologias sociais mais perturbadoras do país.* → **patológico** *adj* (rel. a patologia); **patologista** *adj* e *s2gên* (especialista em patologia).

pa.to.ta *sf Pop.* **1**. Grupo de amigos que sempre andam juntos; turma. **2**. Trapaça no jogo; batota. **3**. *P.ext.* Qualquer forma de trapaça ou logro; batota. → **patotada** *sf* [**1**. grande patota ou trapaça; **2**. porção de patotas (1)]; **patoteiro** *adj* e *sm* (batoteiro).

pa.tra.nha *sf* **1**. Grande mentira: *a gravidez era uma patranha*. **2**. Narrativa mentirosa para enganar gente crédula ou ingênua: *inventou uma patranha para safar-se do castigo*. → **patranhada** *sf* (porção de patranhas); **patranhar** *v* (dizer patranhas; mentir); **patranheiro** *adj* e *sm* (mentiroso, potoqueiro, cascateiro).

pa.trão *sm* **1**. Dono de uma empresa, em relação aos seus empregados. **2**. Dono de uma casa, em relação aos criados ou empregados. **3**. Tratamento respeitoso conferido a alguém por pessoa humilde, às vezes substituída por *doutor*. · Fem.: *patroa* (ô). · V. **patroa**, **patronal** e **patronato**.

pá.tria *sf* **1**. País em que cada pessoa nasce e ao qual pertence como cidadão; terra: *defender a pátria*. (Nesta acepção, costuma aparecer com inicial maiúscula.) **2**. Parte ou região do país em que alguém nasceu; terra natal: *ele deixou o Sudeste, porque sua pátria é o Nordeste*. **3**. País em relação ao qual se desenvolveu forte ligação afetiva e no qual se vive bem, onde há paz e tranquilidade. **4**. *Fig.* Lugar considerado como o melhor: *minha pátria é o meu lar*. **5**. *Fig.* Berço: *Ipanema é a pátria da bossa nova; a Grécia é a pátria da civilização*. → **pátrio** *adj* [**1**. rel. a pátria; **2**. rel. a pai; paterno; **3**. diz-se do adjetivo que dá ideia de lugar (p. ex.: *brasileiro, paulista, baiano, francês*]; **patriota** *adj* e *s2gên* (que ou pessoa que ama, serve e defende a pátria e os interesses dela); **patriotada** *sf* (**1**. porção de patriotas; **2**. *pop.pej.* demonstração exagerada ou ostentatória de patriotismo; jactância patriótica: *dia de jogo da seleção brasileira de futebol é dia de patriotada pela televisão*; **3**. *pop.* rebelião frustrada); **patrioteiro** *adj* e *sm* (que ou aquele que alardeia patriotismo; que ou aquele que se caracteriza pelas patriotadas: *o único mal do filme é um ou outro tom patrioteiro em algumas cenas*); **patrioteirice** *sf* (falso patriotismo); **patriótico** *adj* (**1**. de patriota: *gesto patriótico*; **2**. inspirado pelo patriotismo: *canção patriótica*); **patriotismo** *sm* (**1**. qualidade de patriota: *o patriotismo dos atletas brasileiros, nas competições internacionais, é de louvar*; **2**. grande amor e devoção à pátria: *os militares têm, mais do que os civis, um elevado senso de patriotismo*).

pa.tri.ar.ca *sm* **1**. Homem idoso e respeitável, chefe de uma família, clã ou tribo: *a atuação de Joseph Kennedy, o patriarca do clã, foi decisiva na eleição do filho, em 1960*. **2**. Qualquer das figuras bíblicas consideradas pais da raça humana ou do povo hebreu, princ. Abraão, Isaque e Jacó, ou cada um dos 12 filhos de Jacó. **3**. Chefe da Igreja grega. **4**. *Fig.* Fundador ou iniciador de uma empresa, organização, religião ou tradição: *o patriarca desse jornal já faleceu*. **5**. *Fig.* Membro mais antigo ou representante de um grupo, decano: *o patriarca do STF se aposentará ano vindouro*. · V. **matriarca**. → **patriarcado** *sm* (**1**. dignidade, função, governo ou autoridade de patriarca; **2**. tempo que dura tal governo ou autoridade; **3**. território sob a jurisdição de um patriarca; **4**. sistema social, político e jurídico fundado na filiação patrilinear, no qual o homem ou o chefe de família exerce autoridade suprema ou preponderante; **5**. período de tempo que dura essa forma de organização social); **patriarcal** *adj* (**1**. rel. a patriarca: *a maioria das sociedades é patriarcal*; **2**. rel. a patriarcado; conforme aos princípios do patriarcado: *sociedade patriarcal*; **3**. próprio dos patriarcas bíblicos).

pa.tri.cí.dio *sm* Assassinato do próprio pai. · V. **parricida**. → **patricida** *adj* e *s2gên* (que ou pessoa que comete patricídio).

pa.tri.ci.nha *sf Gír.* Garota ou adolescente de classe social elevada, que gosta de se vestir só com roupa de grife e curtir a vida. · V. **mauricinho**.

pa.trí.cio *adj* e *sm* **1**. Que ou aquele que, na antiga Roma, pertencia à nobreza, à classe dominante, à elite dirigente; fidalgo. **2**. *Fig.* Que ou aquele que é natural da mesma pátria ou da mesma localidade; conterrâneo. → **patriciado** *sm*; **patriciato** *sm* [**1**. dignidade ou condição de patrício (1); **2**. classe social composta de patrícios (1); **3**.*p.ext.* nobreza, aristocracia; **4**. *fig.* grupo que detém o poder; elite].

pa.tri.mô.nio *sm* **1**. Conjunto dos bens herdados dos pais. **2**. Conjunto dos bens de uma família. **3**. Conjunto dos bens de uma pessoa, empresa ou instituição. **4**. Legado cultural ou moral transmitido de um geração a outra. **5**. Complexo de bens, materiais ou não, de alguém. → **patrimonial** *adj* (rel. ou pert. a patrimônio).

pa.tro.a (ô) *sf* **1**. Mulher do patrão. **2**. Mulher que tem autoridade em relação a seu(s) empregado(s). **3**. Tratamento que alguns maridos dão a sua própria mulher.

pa.tro.cí.nio *sm* **1**. Proteção ou favorecimento do superior para o inferior, do forte para o fraco, como a de uma autoridade, de um pai, de um patrono, etc. **2**. Custeio de uma promoção, de um *show*, de uma instituição, de uma competição esportiva, de um programa de rádio, televisão, etc.; apoio financeiro. → **patrocinador** (ô) *adj* e *sm* (que ou o que faz patrocínio); **patrocinar** *v* (dar patrocínio a).

pa.tro.nal *adj* Relativo a patrão; de patrão: *ordens patronais*. **2**. Formado por patrões: *a classe patronal*.

pa.tro.na.to ou **pa.tro.na.do** *sm* **1**. Autoridade de patrão. **2**. Classe dos patrões. **3**. Estabelecimento com fins beneficentes, onde se abrigam e educam menores.

pa.tro.no *sm* **1**. Padroeiro, protetor. **2**. Advogado em relação a seu(s) cliente(s). **3**. Escritor, artista ou cientista falecidos, sob cuja égide estão as cadeiras de uma academia e instituições semelhantes. **4**. Aquele que é figura tutelar de um clube, instituição, corporação, etc. · Fem.: *patrona*.

pa.tru.lha *sf* **1**. Pequeno destacamento militar, geralmente ambulante, destinado a impor sua força de repressão, para manter a ordem e a segurança; tropa de choque. **2**. Ronda, patrulhamento: *a polícia faz a patrulha por nosso bairro a cada cem anos*. **3**. *Fig.* Pequeno grupo de militantes partidários radicais. → **patrulhamento** *sm* [**1**. ato ou efeito de patrulhar; patrulha (2); **2**. função exercida pela Polícia Rodoviária Federal com o objetivo de garantir obediência às normas de trânsito, para assegurar a livre circulação e evitar acidentes); **patrulhar** *v* (**1**. vigiar com patrulha; **2**. fazer ronda em patrulha); **patrulheiro** *sm* (aquele que patrulha).

pa.tu.á *sm* **1**. Saco que os sertanejos levam a tiracolo. **2**. Amuleto. (Não se confunde com *patoá*.)

pa.tus.ca.da *sf* Reunião festiva em que há muita diversão, gozações, brincadeiras, folia de todos os tipos; pândega, regabofe. → **patuscar** *v* (viver em patuscadas; farrear); **patusco** *adj* e *sm* (que ou aquele que gosta de patuscada).

pau *sm* **1**. Pedaço de madeira de qualquer tipo. **2**. Castigo corporal; surra, lenha. **3**. *Pop.* Pênis. **4**. *Pop.* Unidade do sistema monetário; real, mango, pila: *gastei vinte paus na festa*. **5**. *Gír.* Reprovação em exame escolar: *ele nunca levou pau na escola*. // *smpl* **6**. Naipe preto das cartas de jogar, em que cada ponto tem a figura de uma folha de trevo. → **paulada** *sf* (pancada com pau). ·· **Pau a pau**. Em igualdade de condições; taco a taco: *O Palmeiras e o Flamengo estão disputando a liderança do campeonato pau a pau*. ·· **Pau à pique**. Parede ou cerca de estacas dispostas verticalmente; taipa, estuque. ·· **Pau d'água**. Pessoa que vive bebendo; pinguço(a). ·· **Pau de arara**. **1**. Instrumento de tortura em que a vítima, presa a um pedaço de madeira, é pendurada de cabeça para baixo. **2**. Caminhão de carga que transporta retirantes nordestinos desempregados para São Paulo e o Rio de Janeiro, princ. à busca de emprego. **3**. Esse(a) retirante; paraíba. ·· **Pau de sebo**. Mastro comprido e untado de sebo, comum em festas de arraial, com prêmios no topo para quem conseguir alcançá-los. ·· **Pau para toda obra**. Pessoa que aceita qualquer tipo de serviço; topa-tudo.

pau-bra.sil *sm* **1**. Árvore brasileira de madeira vermelha, pesada, dura, da qual se extrai um corante utilizado em tinturaria. **2**. Essa madeira. · Pl.: *paus-brasil* ou *paus-brasis*.

pau-de-san.to *sm* Canjarana. · Pl.: *paus-de-santo*.

pa.ul *sm* Pântano.

pau.la.ti.no *adj* **1**. Feito pouco a pouco: *o paulatino esgotamento das fontes de energia fóssil*. · Antôn.: *rápido*. **2**. Que ocorre vagarosamente; vagaroso: *no regime militar, houve um retorno paulatino à democracia*.

pau.lei.ra *sf Gír.* **1**. Grande pressa; corre-corre: *amanhã é dia de trabalho, é dia de pauleira*. **2**. *Rock* muito pesado: *ele fazia exercícios físicos ouvindo pauleiras*. // *adj* **3**. Caracterizado pelo som extremamente pesado: *rock pauleira; banda pauleira*.

pau.lis.ta *adj* **1**. Relativo ou pertencente ao Estado de São Paulo; bandeirante. // *adj* e *sm* **2**. Natural ou habitante desse Estado. → **paulistinha** *s2gên* (*Pop.* de *paulista*), *sm* (denominação pejorativa dada ao campeonato paulista de futebol, que a mídia e seus organizadores chamam *paulistão*) e *sf* [tostão (3)].

pau.lis.ta.no *adj* **1**. Relativo ou pertencente à cidade de São Paulo. // *adj* e *sm* **2**. Natural ou habitante dessa cidade.

pau-man.da.do *sm* Pessoa extremamente servil, que age a mando de alguém, geralmente para a prática do mal: *esse* *assassinato foi cometido por um pau-mandado.* · Pl.: *paus--mandados*.

pau.pe.ris.mo *sm* Pobreza extrema; penúria. → **pauperização** *sf* (empobrecimento). **pauperizar(-se)** *v* [tornar(-se) pobre; empobrecer: *pauperizaram a classe média; a classe média se pauperizou nos últimos anos*].

pau-ro.da.do *sm Gír.Pej*. Alcunha que se aplicava antigamente àquele que, chegado a Cuiabá, logo procurava fixar residência na cidade, com desagrado de sua população, que o chamava ainda de forasteiro. · Pl.: *paus-rodados*.

pau.sa *sf* Parada ou interrupção temporária de qualquer ação, atividade ou trabalho, geralmente consagrada ao repouso. → **pausado** *adj* (lento, vagaroso); **pausar** *v* (tornar pausado ou lento).

pau.ta *sf* 1. Conjunto de linhas horizontais paralelas de um papel, sobre as quais se escreve. 2. Conjunto de cinco linhas horizontais paralelas sobre as quais se escrevem notas musicais; pentagrama. 3. Relação de assuntos de uma reunião. 4. Agenda dos principais assuntos para a cobertura jornalística diária. → **pautadeira** ou **pautadora** (ô) *sf* (máquina própria para pautar papéis); **pautado** *adj* (1. riscado com traços paralelos: *folha pautada*; 2. moderado, metódico: *levar vida pautada*); **pautar** *v* [1. riscar (papel), fazendo pauta: *pautar uma folha de papel*; 2. pôr para ser discutido; colocar em discussão; pôr em pauta; relacionar: *pautar os assuntos de uma reunião*; 3. estabelecer como norma; modelar, ajustar: *pautar suas ações pelas de figuras ilustres*].

pa.vão *sm* Grande ave galinácea, notável pela magnífica plumagem de sua cauda. (Voz: *gritar, pipilar, pupilar*). · Fem.: *pavoa* (ô). · V. **pavonada** e **pavonear**.

pa.vê *sm* Doce disposto em camadas de delícias, feito à base de bolachas, gemas e manteiga.

pá.vi.do *adj* 1. Tomado pelo pavor. 2. Medroso. · Antôn.: *impávido*.

pa.vi.lhão *sm* 1. Bandeira de um Estado ou de uma Nação, arvorada em tendas de campanha, navios, estabelecimentos públicos, etc. 2. Construção, isolada ou não do corpo principal de um edifício. 3. Construção, em feira ou exposição, na qual se expõem os produtos de um país, de empresas, etc.

pa.vi.men.to *sm* 1. Revestimento do solo com material diverso (asfalto, paralelepípedos, lajotas, ladrilhos, etc.). 2. Cada um dos pisos de um edifício; andar. → **pavimentação** *sf* (ato ou efeito de pavimentar); **pavimentar** *v* (fazer pavimento em).

pa.vio *sm* Mecha de vela, candeia, lamparina ou lampião; torcida. · **De fio a pavio**. Do começo ao fim; de cabo a rabo. · **Ter pavio curto**. Perder o controle emocional num abrir e fechar de olhos; ser explosivo.

pa.vo.na.da *sf* 1. Ato de o pavão abrir o leque, formado pelas penas da cauda. 2. Roda que forma a cauda do pavão aberta. 3. *Fig*. Ostentação de alguma coisa; jactância, presunção: *o que importa num debate inteligente é o conteúdo do que se discute, e não a pavonada do debatedor*. → **pavonesco** (ê) *adj* (vaidoso, presunçoso: *um pavonesco âncora de telejornal*).

pa.vo.ne.ar *v* 1. Exibir com vaidade ou ostentação; ostentar: *pavonear pela cidade os seus carrões importados*. 2. Enfeitar vistosa e exageradamente: *mãe que pavoneia as filhas*. 3. Caminhar com ares soberbos ou de modo extravagante, para chamar a atenção: *toda perua pavoneia em seu carro*. **pavonear-se** 4. Vangloriar-se, envaidecer-se: *ela se pavoneia de ter sangue nobre*. · Conjuga-se por *frear*. → **pavoneamento** ou **pavoneio** *sm* [1. ato ou efeito de pavonear(-se); 2. *fig*. exibicionismo, ostentação; 3. *fig*. vaidade exagerada; bazófia].

pa.vor (ô) *sm* Grande medo, que obriga a fugir: *a erupção do vulcão enche de pavor a população nas proximidades*. → **pavoroso** (ô; pl.: ó) *adj* (1. que causa pavor; medonho: *cena pavorosa*; 2. muito violento: *uma erupção pavorosa de vulcão*; 3. muito ruim; péssimo: *música pavorosa*).

pa.xá *sm* 1. Título dado pelos turcos aos governadores de províncias. 2. Aquele que tem muitas amantes; sultão. // *sm* 3. *Fig*. Pessoa que trabalha pouco e leva vida faustosa; marajá.

pay-per-view [ingl.] *sm* 1. Sistema de transmissão de sinais de televisão por satélite, no qual os usuários podem receber centenas de canais de vídeo e de música, pagando por programa escolhido, e não por mês. 2. Compra de um programa ou programação específicos de televisão, feita por tal sistema. · Pl.: *pay-per-views*. · Pronuncia-se *pêi-per-viu*.

paz *sf* 1. Estado ou período em que não há guerra ou outras hostilidades entre nações: *vivemos tempos de paz*; "*se quiseres a paz, prepara-te para a guerra*". 2. Fim de um estado de guerra: *finalmente, a paz*. 3. Estado de harmonia ou concórdia entre pessoas ou grupos; relações harmoniosas: *os irmãos estão em paz uns com os outros*. 4. Livre de perturbações ou preocupações; tranquilidade: *eu quero mais é paz*. · Antôn.: *guerra*.

PC *sm* Abreviatura inglesa de *personal computer* = computador pessoal, microcomputador de baixo custo, próprio para atividades caseiras ou pequenos negócios. · Pl.: *PCs*. · Pronuncia-se *pi ci* (à inglesa) ou *pê cê* (à portuguesa).

PDF *sm* Sigla da expressão inglesa *portable document format*, formato de arquivo simples, fácil de ser criado, usado para exibir e compartilhar documentos com segurança: *o PDF é um padrão aberto, mantido pela International Organization of Standardization (ISO)*. · Pl.: *PDFs*. · Pronuncia-se *pi di éf* (à inglesa) ou *pê dê efe* (à portuguesa). · V. **ePub**.

pé *sm* 1. Extremidade da perna, abaixo da articulação do joelho, no homem e em alguns animais, a qual serve de apoio e meio de locomoção. 2. *Fig*. Parte inferior terminal de objetos, a qual lhes serve de apoio. 3. *Fig*. Parte da cama oposta à cabeceira. 4. Exemplar individual de uma planta. 5. Estado ou situação de um negócio qualquer: *em que pé está a negociação?* 6. Medida linear inglesa igual ou equivalente a 30,48cm. ·· **Pé d'água**. Chuva forte, mas passageira; toró, aguaceiro. ·· **Pé de atleta**. Micose contagiosa que dá entre os dedos dos pés ou debaixo deles; frieira. ·· **Pé de boi**. 1. Pessoa altamente conservadora, aferrada aos costumes antigos, que não aprecia inovações, à qual muitos chamam reacionária. 2. Pessoa muito apegada ao trabalho, ao dever, aos compromissos. 3. Trabalhador, geralmente braçal, que encara todo tipo de trabalho sem reclamar. ·· **Pé de cabra**. Alavanca de ferro duríssimo, cuja ponta é curvada e fendida em duas partes, à semelhança de um pé de cabra, usada para arrombar portas. ·· **Pé de cana**. Pessoa que vive embriagada; pau-d'água; pinguço; ébrio. ·· **Pé de chinelo**. 1. Pessoa da ralé; mequetrefe; pé-rapado. 2. Que ou marginal que é de baixa periculosidade. ·· **Pé de chumbo**. Pessoa que, ao volante de um veículo, prima pelo excesso de velocidade. ·· **Pé de galinha**. Conjunto de rugas que se formam no canto externo do olho. ·· **Pé de mesa**. Pênis avantajado ou indivíduo que o tem. ·· **Pé de moleque**. 1. Bolo de mandioca, tradicional em todo o Nordeste, desde o séc. XVII. 2. Doce duro, feito com açúcar preto ou rapadura e pedaços de amendoim torrado. ·· **Pé de ouvido**. Tapão de mão aberta num dos lados da cabeça, na altura da orelha. ·· **Pé de pato**. Calçado de borracha, chato, longo e flexível, próprio para nadar e mergulhar com mais rapidez; nadadeira. ·· **Pé de valsa**. Pessoa que dança bem; bailarino(a). ·· **Pé de vento**. Vento muito forte, súbito e passageiro.

pê *sm* Nome da letra *p*. · Pl.: os *pês* ou *pp*.

pe.a.nha *sf* Peça de madeira ou de pedra sobre a qual assenta busto ou estátua.

pe.ão *sm* 1. Homem que anda a pé (em oposição a *cavaleiro*). 2. Domador de cavalos. 3. Condutor de tropa. 4. Trabalhador braçal, geralmente da construção civil. 5. Homem da plebe; plebeu. 6. Peça do jogo de xadrez. · Fem. (2 e 4): *peoa, peona*. (Não se confunde com *pião*.) ·· **Peão de boiadeiro**. Encarregado, nas fazendas, da execução de vários serviços ligados ao pastoreio, como amansar cavalos e burros.

pe.ba *adj Pop*.NE De péssima qualidade; ordinário, vagabundo: *ela só usa perfume peba*.

pe.bo.lim *sm* Jogo inspirado no futebol, que se pratica numa pequena caixa de madeira (que é o campo) e com bonecos também de madeira (que são os jogadores), cujos movimentos só podem ser pendulares e laterais; futebol totó.

pe.ça *sf* 1. Porção ou quantidade de qualquer material que constitui uma entidade separada. 2. Parte ou componente de um todo. 3. Porção de fazenda tecida de uma vez. 4. Qualquer composição musical ou artística. 5. Engano, logro. 6. *Fig*. Pessoa estranha ou excêntrica: *seu filho é uma peça!* 7. *Pop. Pej*. Pessoa a quem se tem pouca ou nenhuma consideração: *o que está fazendo essa peça aqui em casa?*

pe.ca.do *sm* 1. Transgressão ou violação consciente e voluntária da lei de Deus. 2. Qualquer erro ou ação má; maldade, crueldade. → **pecadilho** *sm* (pecado leve, sem gravidade); **pecaminosidade** *sf* (qualidade ou característica do que é pecaminoso); **pecaminoso** (ô; pl.: ó) *adj* (1. rel. a pecado; 2. da natureza do pecado; 3. cheio de pecados); **pecar** *v* (1. quebrar ou infringir uma lei religiosa; cometer pecado: *ele pecou contra o sétimo mandamento*; 2. *fig*. cair, incidir, incorrer: *pecar sempre nos mesmos erros*; 3. *fig*. ser passível de censura: *ele peca pela teimosia*).

pe.cha *sf* Defeito grave, que compromete aquele que o possui; tacha. (Cuidado para não dizer "pêcha"!)

pe.chin.cha *sf* **1.** Condição extremamente vantajosa em dinheiro numa negociação qualquer: *compraram a refinadora em Pasadena por uma pechincha; venderam a estatal por uma pechincha.* **2.** Qualquer coisa muito barata; bom negócio; achado; galinha-morta: *carro nacional é uma pechincha?* → **pechinchar** *v* (procurar adquirir coisas com desconto ou redução de preço); **pechincheiro** *adj* e *sm* (que ou aquele que pechincha ou que procura pechinchas).

pe.cí.o.lo *sm* Parte da folha que liga o limbo à bainha ou ao caule; pé da folha. → **peciolado** ou **peciolar** *adj* (rel. a pecíolo ou provido de pecíolo).

pe.co.nha *sf Pop.* N Laço de corda feito para prender os pés na subida das árvores sem galhos.

pe.ço.nha *sf* **1.** Secreção tóxica de serpentes, aranhas, escorpiões, etc. que, uma vez inoculada em presas ou agressores mediante mordidas ou ferroadas, altera o metabolismo da vítima ou destrói as funções vitais. **2.** *Fig.* Pendor para praticar o mal; perversidade, maldade. [Não se confunde (1) com *veneno.*] → **peçonhento** *adj* (**1.** que tem peçonha; **2.** *fig.* perverso, maldoso).

pe.cu.á.ria *sf* Atividade econômica que consiste na criação, domesticação, tratamento e reprodução de gado. → **pecuário** *adj* (rel. a pecuária e a gados em geral); **pecuarista** *s2gên* [pessoa que se dedica à pecuária; criador(a) de gado].

pe.cu.la.to *sm* Roubo ou desvio de fundos públicos feito por pessoa a quem eles estavam confiados, para uso e proveito próprios. → **peculatário** *sm* (aquele que comete ou pratica peculato).

pe.cu.li.ar *adj* **1.** Relativo a pecúlio. **2.** Exclusivo, característico, típico, próprio. · Pl.: *peculiares.* → **peculiaridade** *sf* (qualidade ou condição do que é peculiar; característica particular ou especial; particularidade).

pe.cú.lio *sm* **1.** Quantia que alguém consegue acumular pelo trabalho ou economia. **2.** Qualquer reserva de dinheiro; economias, poupança, pé-de-meia.

pe.cú.nia *sf* Dinheiro. → **pecuniário** *adj* (**1.** rel. a pecúnia: *dar um incentivo pecuniário aos funcionários;* **2.** feito ou representado em dinheiro: *pagamentos pecuniários; colaborações pecuniárias*).

pe.da.ço *sm* **1.** Parte separada de um todo, geralmente sólido: *pedaço de bolo, de sabão.* **2.** Trecho: *leia aquele pedaço do livro!* **3.** Curto espaço de tempo: *falei apenas um pedaço com ela.* **4.** *Gír.* Mulher bonita e muito formosa; tigresa: *essa atriz é um pedaço!* **5.** Local (geralmente em que a pessoa se encontra): *esse restaurante faz a melhor pizza do pedaço.*

pe.dá.gio *sm* **1.** Taxa paga para se transitar em estrada pública: *o pedágio é um assalto.* **2.** Posto fiscal encarregado de cobrar essa taxa: *o pedágio foi assaltado.*

pe.da.go.gi.a *sf* **1.** Ciência que tem por objetivo a educação e o ensino de crianças e adolescentes. **2.** Disciplina que tem por objeto essa ciência: *cursar pedagogia.* **3.** Capacidade para ensinar e educar; qualidade de bom pedagogo; senso pedagógico: *falta pedagogia a esse professor.* **4.** Método de ensino, técnica de ensinar: *escola de pedagogia revolucionária.* **5.** Conjunto das ideias de um educador prático ou de um teórico em educação: *a pedagogia de Paulo Freire.* → **pedagógico** *adj* (rel. a pedagogia); **pedagogista** *adj* e *s2gên* ou **pedagogo** (ô) *sm* [especialista em pedagogia; educador(a)]. ·· **Pedagogia de alternância.** Metodologia educacional que se caracteriza por alternar a formação do aluno entre momentos no ambiente escolar e momentos no ambiente familiar ou comunitário, com o objetivo de colocar em prática uma nova teoria sobre a educação.

pe.dal *sm* Peça acionada com o pé, para impulsionar vários mecanismos. → **pedalada** *sf* (**1.** cada impulso dado ao pedal; **2.** no futebol, cada gingada de corpo que o atleta dá perante o adversário, sem tocar na bola, tentando ultrapassá-lo); **pedalagem** *sf* (ação ou efeito de pedalar); **pedalar** *v* (acionar ou mover o pedal de; no futebol, avançar sobre o adversário, dando pedalada: *veio em velocidade, pedalou e fez o gol*); **pedal-clipe** *sm* (pedal sofisticado, com sistema de encaixe em sapatilhas, que permite maior estabilidade e aproveitamento da pedalada, isto é, quando uma perna está empurrando o pedal, a que está voltando também faz força e ajuda no deslocamento); de pl. *pedais-clipe* ou *pedais--clipes,* sem registro no 6.ª ed. do VOLP; **pedaleira** *sf* (conjunto dos pedais de alguns instrumentos musicais); **pedaleiro** *sm* (conjunto dos pedais das bicicletas e velocípedes, inclusive todo o maquinismo relacionado); **pedalinho** *sm* (pequeno barco movido a pedais, geralmente em forma de cisne, usado princ. como lazer, em lagos e lagoas).

pe.dan.te *adj* e *s2gên* **1.** Que ou pessoa que exibe e supervaloriza seus próprios méritos ou conhecimentos, quase sempre duvidosos. // *adj* **2.** Pernóstico, arrogante. → **pedantesco** (ê) *adj* (caracterizado pelo pedantismo); **pedantismo** *sm* (ato, dito ou comportamento de pedante).

pé-de-mei.a *sm* Quantia que alguém conseguiu economizar durante a vida de trabalho; economias; poupança, pecúlio. · Pl.: *pés-de-meia.*

pe.de.ras.ta *sm* Homem homossexual que prefere parceiros jovens (entre 12 e 18 anos). → **pederastia** *sf* (**1.** sodomia entre um homem e um adolescente; **2.** homossexualismo masculino); **pederástico** *adj* [rel. a pederastia ou a pederasta(s)].

pe.der.nei.ra *sf* **1.** Pedra duríssima que, ao ser ferida com fragmento de aço, produz faíscas. **2.** *P.ext.* Tudo o que é muito duro e rijo.

pe.des.tal *sm* Construção sólida, de pedra, sobre a qual assenta coluna, estátua monumental, etc.

pe.des.tre *adj* e *s2gên* **1.** Que ou pessoa que, nas cidades, anda a pé (em oposição ao que anda em veículo). // *adj* **2.** Que se representa em pé (em oposição a *equestre*). → **pedestrianismo** *sm* (esporte de grandes marchas a pé); **pedestrianista** *adj* e *s2gên* (que ou pessoa que pratica o pedestrianismo).

pe.di.a.tri.a *sf* Ciência médica relacionada com o cuidado das crianças e com o tratamento e a prevenção de suas doenças. → **pediatra** *s2gên* (especialista em pediatria); **pediátrico** *adj* (rel. a pediatria).

pe.di.cu.re *s2gên* ou **pe.di.cu.ro** *sm* Pessoa que faz os pés de alguém (corta e lixa as unhas, tira a cutícula, lixa os pés e, às vezes, desencrava unhas, extrai calos e pinta as unhas).

pe.di.da *sf* **1.** *Pop.* Indicação excelente ou sugestão oportuna: *a melhor pedida deste restaurante é o filé à parmigiana.* **2.** Carta que o jogador pede em certos jogos.

pe.di.do *adj* **1.** Solicitado, desejado. **2.** Que se pediu comercialmente. // *sm* **3.** Ato de pedir. **4.** Solicitação formal de compra. **5.** Grande procura de certa mercadoria (em oposição a *oferta*).

pedigree [ingl.] *sm* **1.** Linha de ancestrais; linhagem. **2.** Registro ou documento genealógico de animais de raça pura, princ. cães, gatos e cavalos. · Pronuncia-se *pedigrí.*

pe.dir *v* **1.** Solicitar humilde e insistentemente; implorar, suplicar: *o sequestrado pedia que o libertassem; o condenado à morte pediu clemência, dirigindo-se ao governador do Texas.* **2.** Solicitar: *pedir tempo, prazo, licença.* **3.** Reclamar, em razão de um direito líquido e certo ou de um suposto direito legítimo; exigir: *os familiares da vítima pedem justiça; toda a população brasileira anda a pedir segurança, sem ser atendida.* **4.** Querer, desejar: *o paciente pediu leite.* **6.** Necessitar de; requerer, exigir: *meu estômago está pedindo comida.* **7.** Solicitar dinheiro, donativo, esmola, etc.: *nunca peça a quem não pode dar!* **8.** Fazer pedidos a santos; orar: *eu pedi, mas não fui atendido.* **9.** Mendigar: *ele pede na praça.* · V. **petição.** · Conj.: *peço, pedes,* etc. (pres. do ind.); *peça, peças,* etc. (pres. do subj.). → **pedinchão** *adj* e *sm* (pidão); **pedinte** *adj* e *s2gên* (que ou pessoa que pede ou mendiga); **peditório** *sm* (**1.** pedido que se faz a grande número de pessoas, a fim de que colaborem para campanhas beneficentes, caritativas, etc.; **2.** pedido repetido e impertinente: *esse peditório nas ruas é que irrita as pessoas*).

pé-di.rei.to *sm* Altura interna livre de um andar de edifício, medida do piso ao teto. · Pl.: *pés-direitos.*

pe.di.ve.la *sf* Barra metálica rígida e resistente que liga o pedal ao eixo de movimento da bicicleta.

pe.do.don.ti.a *sf* Odontopediatria. → **pedodôntico** *adj* (odontopediátrico); **pedodontista** *adj* e *s2gên* (especialista em pedodontia; odontopediatra).

pe.do.fi.li.a *sf* **1.** Perversão sexual de pessoa adulta, caracterizada pela escolha de crianças ou adolescentes de ambos os sexos, para realizar suas fantasias, desejos ou práticas sexuais. **2.** Essa prática. → **pedofílico** *adj* (rel. a pedofilia); **pedófilo** *adj* e *sm* (que ou aquele que pratica a pedofilia ou tende a praticá-la).

pe.dô.me.tro *sm* Instrumento que mede a distância caminhada ou percorrida, registrando o número de passos. → **pedometria** *sf* (emprego do pedômetro); **pedométrico** *adj* (rel. a pedometria ou a pedômetro).

pe.dra *sf* **1**. Matéria mineral dura e sólida, elemento essencial da crosta terrestre, encontrada em estado natural aglomerada em blocos ou em massas de tamanho variado (em geologia chamada *rocha*). **2**. Pedaço de tal matéria. **3**. Joia, pedra preciosa. **4**. Concreção mineral no corpo; cálculo. **5**. Pedaço de qualquer substância sólida e dura. **6**. Peça de certos jogos. **7**. Pedaços de gelo provenientes das nuvens. **8**. Craque (droga). · Aum. irregular (2): *pedregulho*. · Dim. irregular (2): *pedrisco*. · V. **pétreo** e **petrificar**. → **pedrada** *sf* (**1**. arremesso de pedra; **2**. pancada com pedra que se arremessou; **3**. *fig.* ofensa, insulto); **pedraria** *sf* (porção de pedras preciosas); **pedregal** *sm* (lugar onde há muitas pedras); **pedregoso** (ô; pl.: ó), **pedreguento** ou **pedrento** *adj* (cheio de pedras); **pedregulho** *sm* (**1**. pedra grande; **2**. grande porção de pedras miúdas, destinada a preparar concreto ou a fortalecer o lastro de uma estrada); **pedreira** *sf* (**1**. lugar de onde se extraem pedras; **2**. rocha de onde se extraem pedras).

pe.dra-po.mes *sf* Pedra leve, dura e porosa, de origem vulcânica, usada para polir objetos e limpar e amaciar a pele. · Pl.: *pedras-pomes*.

pe.dra-sa.bão *sf* Mineral macio, variedade de esteatita, empregado em escultura e na confecção de certos objetos. · Pl.: *pedras-sabão* ou *pedras-sabões*.

pe.dra-u.me *sf* Sulfato hidratado de alumínio e potássio ou de alumínio e amônia, fortemente adstringente, usado em solução medicinal, em tingimento e curtimento. · Pl.: *pedras-umes*.

pe.drei.ro *sm* Aquele que trabalha em construções de alvenaria (com cal, brita, areia, cimento e tijolos).

pe.drês *adj* **1**. De penas salpicadas de preto e branco; carijó. **2**. Salpicado de preto e branco. **3**. Feito de pedras brancas e pretas.

pe.dún.cu.lo *sm* **1**. Haste de sustentação de uma inflorescência. **2**. Suporte de qualquer órgão dos animais invertebrados. → **pedunculado** *adj* (que tem pedúnculo); **peduncular** *adj* (rel. a pedúnculo).

pê-e.fe *sm* Prato comercial; prato-feito. · Pl.: *pê-efes*.

peeling [ingl.] *sm* Esfoliação química da pele, por razões estéticas, feita por médicos especialistas. · Pl.: *peelings*. · Pronuncia-se *pílin*.

pê-eme *s2gên* **1**. Policial militar. // *sf* **2**. Polícia Militar. **3**. Prédio onde funciona essa corporação. · Pl.: *pê-emes*.

peer-to-peer [ingl.] *sm* **1**. Modelo de comunicação no qual os meios utilizados se comunicam diretamente uns com os outros, podendo cada parte dar início a uma sessão. **2**. Rede transitória que garante a um grupo de usuários da Internet, com o mesmo programa, acessar arquivos instalados no disco rígido de outros. · Pl.: *peer-to-peers*. · Pronuncia-se *pir-tu-pir*.

pé-fri.o *sm* **1**. Pessoa que, além de não ter sorte, traz azar a quem a acompanha. // *sm* **2**. Falta de sorte; azar. · Pl.: *pés-frios*. · Antôn.: *pé-quente*.

pe.ga *sf* **1**. Ato ou efeito de pegar, prender ou aprisionar. **2**. Recrutamento forçado. // *sm* **3**. Discussão acalorada. **4**. Briga, pega-pega. **5**. Corrida de automóvel em via pública, colocando em risco a segurança de pessoas; racha. ·· **Pega pra capar**. **1**. Tumulto generalizado, quase sempre com agressões físicas: *No final do jogo, foi um pega pra capar*. **2**. O que realmente importa (num momento ou situação difícil); o mais importante: *Ele é muito calmo, mas na hora do pega pra capar, vira um leão*.

pe.ga.da *sf* **1**. Sinal deixado no chão pelos pés; pisada. **2**. No futebol, defesa segura que o goleiro faz com as mãos. **3**. No futebol, marcação individual, homem a homem.

pe.ga.di.nha *sf* **1**. Quadro humorístico da televisão que consiste em filmar com uma câmera escondida as reações inusitadas, quase sempre risíveis, de alguém ante uma brincadeira preparada e encenada por um ou mais atores. **2**. Essa brincadeira: *ser vítima de pegadinha*.

pe.ga.do *adj* **1**. Grudado, preso: *páginas pegadas*. **2**. Muito unido, intimamente ligado; junto: *casa pegada a outra*. **3**. Dado, aferrado: *ser pegado a vaidades*. **4**. Firme, inabalável: *ser pegado a suas convicções*. **5**. Íntimo, chegado, ligado: *ser muito pegado a alguém*. **6**. Que aderiu ao fundo da panela, adquirindo cheiro a esturro: *o arroz ficou pegado*. · É também particípio de *pegar*: *Eu tinha pegado resfriado. Ela havia pegado sua mala e saído*. (Admite-se o emprego de *pego* apenas na voz passiva: *O ladrão foi pego em flagrante*.)

pe.ga.jo.so (ô; pl.: ó) *adj* **1**. Grudento, viscoso; que adere facilmente. **2**. *Fig.* Chato, importuno, maçante: *sujeitinho mais pegajoso esse teu amigo*.

pe.ga-la.drão *sm* **1**. Alfinete de gravata, broche, etc., com dispositivo de segurança. **2**. Dispositivo elétrico ou mecânico para dar alarme. · Pl.: *pega-ladrões*.

pe.ga-pe.ga *sf* **1**. Correria em via pública, geralmente com intervenção policial, para pegar ladrões, desordeiros, etc. **2**. Brincadeira infantil em que um dos participantes corre atrás de outros, para pegá-los: *a pega-pega é famosa entre as crianças de todas as idades*. **3**. Briga, pega (4). **4**. Carrapicho. · Pl.: *pega-pegas* ou *pegas-pegas*.

pe.gar *v* **1**. Fazer aderir; colar: *ele pega selos com cuspe*. **2**. Passar nas mãos: *pegou o boné e saiu*. **3**. Tomar com a mão; segurar, agarrar: *pegar o filho no colo*. **4**. Adquirir (doença) por contágio ou contacto: *pegar gripe*. **5**. Contrair, adquirir: *pegar mania*. **6**. Tomar (condução); subir para: *pegar o ônibus*. **7**. Pescar, apanhar, fisgar: *peguei um jaú*. **8**. Caçar: *peguei uma codorna*. **9**. Buscar, apanhar: *vá pegar as crianças na escola!* **10**. Perceber por sutileza: *só agora peguei o que você está dizendo*. **11**. Chegar a tempo de; alcançar: *cheguei atrasado e quase não pego a primeira aula*. **12**. Ser do tempo de; alcançar o tempo de: *eu ainda peguei os bondes, em São Paulo*. **13**. Gozar as delícias de: *pegar uma praia*. **14**. Grudar-se, colar-se, aderir: *chiclete pega ao dente*. **15**. Começar (uma atividade): *pego no trabalho às 7h*. **16**. Criar raízes (planta): *o abacateiro que eu plantei não pegou*. **17**. Cair no gosto geral; difundir-se, generalizar-se: *se a moda pega...* **18**. Dar bom resultado; surtir efeito; funcionar: *a vacina pegou*. **19**. Ser contagioso: *caxumba pega*. **20**. Começar a funcionar: *meu carro não pega de manhã*. **21**. Captar sinais elétricos ou eletrônicos: *a Globo não pega por aqui*. **22**. Ter aceitação geral; colar: *o apelido pegou*. **pegar-se 23**. Procurar auxílio ou proteção de santo, autoridade ou pessoa de prestígio: *peguei-me com São Cristóvão e fiz boa viagem*. **24**. Grudar-se, colar, aderir: *o chiclete pegou-se à lataria do carro*. **25**. Engalfinhar-se, brigar: *peguei-me com ele em plena rua*. · V. **pegado**. [Seu particípio *pegado* se usa com *ter* e *haver*: *tenho pegado muito resfriado ultimamente*; com *ser* e *estar*, usa-se *pegado* ou *pego* (ê), com uso mais frequente deste último na língua cotidiana: *fui pego ontem; quando falei com ele, já estava pego pela polícia*.] ·· **Pegar geral** (gír.). Passar o rodo.

pe.ga-ra.paz *sm* No penteado feminino ou no masculino, cacho de cabelo caído sobre a testa, para um dos lados. · Pl.: *pega-rapazes*.

pe.gu.rei.ro *sm* **1**. Guardador de gado subordinado ao pastor. **2**. Cão de caça.

pei.a *sf* **1**. Correia ou corda que segura os animais pelos pés, impedindo-os de andar. **2**. Obstáculo, estorvo. **3**. Surra, sova, tunda.

pei.do *sm* Gases que saem do intestino, geralmente fazendo ruído ou não; flato, pum. · V. **bufa**. → **peidança** ou **peidorrada** *sf* (grande quantidade de peidos); **peidar** *v* (soltar gases pelo ânus); **peidorreiro** *adj* e *sm* (que ou aquele que vive peidando).

peignoir [fr.] *sm* V. **penhoar**.

pei.ta *sf* Qualquer dinheiro ou promessa feita a alguém para se deixar subornar; suborno. → **peitar** *v* (subornar com peitas).

pei.to *sm* **1**. Parte do tronco entre o pescoço e o estômago. **2**. Parte anterior e externa da caixa torácica. **3**. Cada uma das glândulas mamárias da mulher; mama; seio. **4**. Parte superior do pé (em oposição a *planta* ou *sola*). **5**. Coragem. → **peitada** *sf* (**1**. empurrão ou pancada com o peito; **2**. pancada levada no peito); **peitama**, **peitança** ou **peitaria** *sf* (seios muito volumosos); **peitar** *v* (**1**. enfrentar com o peito: *o jogador peitou o árbitro e foi expulso*; **2**. *fig.* enfrentar sem medo; desafiar: *não posso peitar o meu chefe, senão acabo demitido*); **peiteiro** *adj* e *sm* (que ou aquele que peita ou desafia); **peitilho** *sm* (peça do vestuário ajustada sobre o peito); **peitoral** *adj* (rel. a peito); **peitoril** *sm* (parapeito); **peitudo** *adj* (**1**. de peito grande; **2**. *fig.* que se aventura em negócios arriscados e de alto vulto; corajoso).

pei.xe *sm* **1**. Animal vertebrado aquático, que respira por guelras e tem comumente nadadeiras e escamas. **2**. Carne desse animal, usada como alimento humano. // *adj* e *s2gên* **3**. *Pop.* Que ou pessoa que é simpatizante, sócia ou torcedora do Santos Futebol Clube; santista, sardinha (pej.). **Peixes** *smpl* **4**. Constelação e signo do zodíaco. · Dim. (1): *peixote* (irreg.); *piscículo* (erudito). · V. **ictiologia** e **písceo**. → **peixada** *sf* (prato preparado com peixe cozido ou guisado); **peixaria** *sf* (lugar onde se vende peixe); **peixe-boi** *sm* (grande mamífero, aquático, atualmente quase extinto), de fem. *peixe-mulher* e pl. *peixes-boi* ou *peixes-bois*; **peixeira** *sf* (**1**. vendedora de peixe; **2**. facão curto e cortante); **peixe-elétrico** *sm* (peixe marinho que emite descargas elétricas, também conhecido como *poraquê*), de pl. *peixes-elétricos*; **peixe-espada** *sm* (espadarte), de pl. *peixes-espada* ou *peixes-espadas*; **peixe-serra** *sm* (peixe marinho e bastante agressivo), de pl. *peixes-serra* ou *peixes-serras*; **peixe-voador** *sm* (peixe marinho dotado de nadadeiras peitorais bem desenvolvidas, que lhe permitem dar pequenos voos), de pl. *peixes-voadores*.

pe.jo (ê) *sm* **1**. Pudor, vergonha: *não teve pejo em despir-se na rua*. **2**. Timidez, acanhamento: *com o tempo, ela foi perdendo o pejo e até acabou ficando assanhadinha*.

pe.jo.ra.ti.vo *adj* Diz-se da palavra ou expressão empregada em sentido depreciativo, usada para humilhar, ofender ou denegrir a imagem de alguém (p. ex.: *bunda-mole*). · Antôn.: meliorativo.

pe.la (é) *sf* **1**. Bola empregada no jogo da péla. **2**. Redução de *jogo da pela*, jogo de bola em que se emprega a raqueta no lugar das mãos. **3**. Ação de pelar.

pe.la.da *sf* **1**. Jogo de futebol entre amadores, geralmente sem árbitro, praticado por garotos, moleques, operários, etc., em campo improvisado, muitas vezes sem balizas. **2**. Qualquer partida de futebol sem importância ou muito mal jogada, pobre de técnica.

pe.la.do *adj* **1**. Sem roupa; despido. **2**. Sem nenhum dinheiro; duro, liso. **3**. Que não tem pelo ou cabelo; liso. **4**. Esfolado; que ficou sem a pele.

pe.la.gem *sf* ou **pe.la.me** *sm* V. **pelo**.

pe.lan.ca *sf* **1**. Pele flácida, magra, enrugada e caída. **2**. Carne bovina de má qualidade, com ossos e enervações.

pe.lar *v* **1**. Tirar a camada superficial (pele, pelo, couro, carne, etc.) de: *pelei a laranja*. **2**. Despir, deixar pelado ou despido: *pelar as crianças*. **3**. Tirar os haveres a (alguém), deixando pelado (2); roubar tudo de: *os ladrões pelaram o casal*. **4**. Estar muito quente, podendo tirar a pele: *a água está pelando!* **pelar-se 5**. Encher-se, cobrir-se: *ela se pela de medo do marido!* **6**. Gostar muito: *as carolas se pelam por padres e igrejas*.

pe.le *sf* **1**. Tegumento que reveste exteriormente todo o corpo dos homens e dos animais. **2**. O próprio corpo. **3**. Casca de certos frutos e legumes. **4**. Pele de animais usada como peça de vestuário. **5**. Couro separado do corpo dos animais. · V. **cutâneo**, **cutícola**, **cutícula**, **cútis** e **peleteria**.

pe.le.go (ê) *sm* **1**. Pele de carneiro ou de ovelha com a lã natural. **2**. Essa pele, já preparada ou curtida, usada na montaria. **3**. *Pop.Pej*. Pessoa servil ou acomodada e totalmente dominada por outra; capacho. // *s2gên* **4**. *Pop.Pej*. Agente disfarçado(a) do governo que atua politicamente nos sindicatos operários. → **peleguismo** *sm* [ato ou comportamento de pelego (3 e 4)].

pe.le.ja (ê) *sf* **1**. Ação de pelejar. **2**. Luta encarniçada, com armas ou não. **3**. Partida de futebol. → **pelejar** *v* (lutar por; batalhar em favor de: *pelejar uma campanha contra a violência; pelejei muito para conseguir este emprego*), que mantém fechado o *e* tônico durante a conjugação.

pe.le.te.ri.a *sf* Loja onde se confeccionam ou vendem peles de animais.

pe.le-ver.me.lha *s2gên* **1**. Índio(a) da América do Norte de modo geral, assim chamado(a) por pintar o corpo com tinta vermelha. // *adj* **2**. Relativo ou pertencente a esse índio. · Pl.: *peles-vermelhas*.

pe.li.ca *sf* Couro fino e muito macio, preparado de pele de carneiro ou de cabrito, usado na fabricação de bolsas, luvas e calçados finos. → **peliqueiro** *sm* (aquele que prepara ou vende pelicas).

pe.li.ça *sf* Colcha ou peça de vestuário forrada ou guarnecida de peles finas e macias.

pe.li.ca.no *sm* Ave das regiões quentes, que apresenta bico longo e uma bolsa extensível e membranosa na região do pescoço, onde armazena os peixes capturados.

pe.lí.cu.la *sf* **1**. Diminutivo erudito de *pele*; pele fina; membrana. **2**. Camada fina, semelhante a uma membrana. **3**. Fita cinematográfica; filme.

pe.lin.tra *adj* e *s2gên* **1**. Que ou pessoa que é pobre e maltrajada, mas quer passar por rica. **2**. Que ou pessoa que é malandra, safada ou descarada e não se envergonha de seus atos. → **pelintragem** *sf* (**1**. ação própria de pelintra; **2**. bando de pelintras); **pelintrão** *sm* (grande pelintra), de fem. *pelintrona*; **pelintrar** *v* [reduzir à condição de pelintra (1)].

pe.lo (ê) *contr* da antiga preposição *per* com a palavra *o*. · Fem.: *pela*.

pe.lo (ê) *sm* **1**. Cada um dos fios da pele do homem e de certos mamíferos. **2**. Conjunto dos pelos do corpo. **3**. Penugem que recobre certas plantas e frutos. → **pelagem** *sf* ou **pelame** *sm* (pelo dos animais); **peludo** *adj* (que tem muitos pelos ou que é coberto de pelos); **pelugem** *sf* (**1**. primeiros pelos que aparecem no rosto; **2**. conjunto de pelos).

pe.lo.ta *sf* **1**. Qualquer bola pequena. **2**. Bola de futebol.

pe.lo.tão *sm* **1**. Aumentativo regular de *pelota*; pelota grande. **2**. Unidade militar que consiste em duas ou mais divisões, geralmente comandada por um tenente. **3**. Pequena unidade de força policial. **4**. *Fig*. Grupo de pessoas que fazem alguma coisa em comum: *foi assediado por um pelotão de repórteres*.

pe.lou.ri.nho *sm* Coluna de pedra ou de madeira levantada em praça pública, geralmente em frente à prefeitura, junto da qual se castigavam os criminosos e outros maus elementos ou eram expostos ao escárnio público.

pe.lú.cia *sf* Tecido de seda, raiom, algodão, etc. de felpa grossa e profunda de um lado.

pe.lu.gem *sf* **1**. Primeiros pelos que aparecem no rosto. **2**. Conjunto de pelos. → **peluginoso** (ô; pl.: ó) *adj* (que tem pelugem ou pelos).

pel.ve ou **pél.vis** *sf* Parte inferior da bacia. → **pelviano** ou **pélvico** *adj* (rel. ou pert. a pelve).

pe.na¹ *sf* **1**. Punição imposta por uma autoridade legítima àquele que cometeu um crime; sanção. **2**. Dor moral sentida por ver pessoa ou animal sofrer; tristeza ou aflição profunda pelo sofrimento de um ser vivo: *ela não tem pena de ninguém*. ·· **A duras penas**. Com esforço sobre-humano; com muita dificuldade. ·· **Não valer a pena**. Não ser compensador ou gratificante; ser desvantajosa a relação custo-benefício. ·· **Pena capital** (ou **de morte**). Privação da vida, como sanção penal praticada pelo Estado. ·· **Pena de talião**. Punição antiga, que consistia em aplicar castigo ou mal idêntico ao que o autor infringiu à vítima: olho por olho, dente por dente. ·· **Sob pena de**. Com o risco de. ·· **Valer a pena**. merecer todo o trabalho ou sacrifício que custa. (Cuidado para não usar acento no *a*: "*valer à pena*", "*vale à pena*".) → **apenado** *adj* e *sm* (que ou aquele que foi condenado a uma pena); **penal** *adj* (**1**. rel. a penas judiciais ou a leis punitivas: *o sistema penal; as sanções penais*; **2**. que prescreve penas: *leis penais; código penal*; **3**. passível de punição: *ofensa penal*; **4**. usado como lugar de confinamento e punição: *colônia penal*); **penalidade** *sf* (**1**. pena, sanção, castigo; **2**. conjunto de punições impostas por lei; **3**. punição, desvantagem ou perda de vantagem imposta a uma equipe ou competidor, por infração às regras do jogo); **penalista** *adj* e *s2gên* (especialista em direito penal; criminalista); **penalização** *sf* [ato ou efeito de penalizar(-se)]; **penalizar** *v* (causar desgosto, dor ou aflição a; atormentar: *a ansiedade que o aflige também me penaliza*); **penalizar-se** (sentir desgosto, dor ou aflição; compadecer-se: *penalizei-me de ver tantas lágrimas*); **pênalti** *sm* [penalidade máxima (1 e 2)]; **penar** *v* (**1**. causar dor ou pena a; fazer padecer ou sofrer; afligir: *penar aos pais*; **2**. expiar: *penar os pecados*; **3**. padecer dor ou desgosto; sofrer: *o homem nasceu para penar?*) e *sm* (sofrimento físico ou moral; padecimento). ·· **Penalidade máxima** (futebol). **1**. Falta máxima imposta pelo árbitro, por infração às regras do jogo, cometida dentro da grande área, a qual consiste em tiro livre direto a onze metros da baliza; pênalti. **2**. Esse tiro; pênalti.

pe.na² *sf* **1**. Cada uma das peças ou formações córneas que cobrem o corpo das aves, servindo-lhes para voar, orientar o voo, proteger o corpo e manter sua temperatura constante; pluma. **2**. Peça dessas aves que, convenientemente cortada, servia antigamente para escrever. **3**. Peça de metal, adaptada a uma caneta, para escrever ou desenhar. **4**. *Fig*. Modo de escrever; estilo: *gosto da pena desse escritor*. **5**. Redução de *peso pena*, uma das categorias de peso do boxe: *ele foi campeão dos penas*. **6**. *Fig*. Pessoa que escreve livros: *ele é uma importante pena da nossa literatura*. → **penacho** *sm* (**1**. conjunto de penas que adornam chapéu, capacete, etc.; **2**. topete de algumas aves; crista); **penado** *adj* (que tem penas).

pen.ca *sf* **1**. Cada um dos grupos de um cacho de bananas. **2**. Grupo de coisas, flores e frutas, presas a uma única base. **3**. Grande quantidade (de pessoas).

pen.dão *sm* **1**. Bandeira. **2**. Divisa, símbolo, emblema.

pen.den.te *adj* **1**. Que está suspenso; pendurado: *fios pendentes; lustre pendente*. **2**. Descaído, caído: *encontrei-o inconsciente, com a cabeça pendente na mesa*. **3**. Que ainda não foi resolvido, decidido ou realizado: *seu empréstimo está pendente; não há matérias pendentes na pauta do Senado*. **3**. Dependente: *a compra do imóvel está pendente da liberação do financiamento*. **4**. Inclinado, propenso: *estamos pendentes a não votar em ninguém*. **5**. Diz-se do fruto que ainda está no pé. // *sm* **5**. Brinco que pende da orelha; pingente. → **pendência** *sf* (**1**. questão, demanda, litígio, pendenga; **2**. tempo em que uma causa, questão ou o assunto está pendente); pendenga *sf* [pendência (1)]; **pender** *v* (**1**. inclinar: *pender a cabeça*; **2**. ter inclinação, propensão ou queda: *ele sempre pendeu para a pintura*; **3**. estar disposto ou inclinado; tender: *ela pende a dizer não ao pedido de namoro*; **4**. estar pendurado ou suspenso: *as mangas pendiam maduras de vários galhos*; **5**. estar ou ficar inclinado ou penso: *com a ventania, todas as árvores do jardim penderam*; **6**. inclinar-se: *ela pendeu para trás e quase caiu de costas*); **pendor** (ô) *sm* (inclinação, queda: *ter pendor à música*).

pen drive [ingl.] *loc sm* Dispositivo de transporte de dados notável por sua capacidade de armazenamento (armazena mais dados que um DVD) e praticidade de utilização, sendo mais compacto, rápido e resistente que qualquer outro dispositivo de armazenamento portátil, devido à ausência de peças móveis. · Pl.: *pen drives*. · Pronuncia-se *pen dráiv*.

pên.du.lo *sm* **1**. Corpo suspenso de um ponto fixo, que se move de um lado para o outro pela ação da gravidade, usado para regular vários dispositivos, princ. relógios de parede. **2**. Qualquer coisa que oscila de um extremo a outro. → **pendular** *adj* (**1**. rel. a pêndulo; **2**. que oscila como um pêndulo; oscilante).

pen.du.rar ou **de.pen.du.rar** *v* **1**. Prender ou colocar em lugar alto, para que não toque no chão: *pendurar a gaiola*. **2**. Deixar (valor) para ser pago depois: *pendurar uma conta*. **pendurar-se** ou **dependurar-se 3**. Estar suspenso ou pendente: *vários ramos penduram-se do galho*. **4**. Ficar preso ou ligado a algum lugar elevado: *pendurei-me no galho maior, para não cair*. → **pendura** ou **dependura** *sf* (**1**. ação ou efeito de pendurar ou dependurar; **2**. aquilo que se pendura ou dependura; **3**. falta total de dinheiro; miséria: *estou numa pendura daquelas!*) e **pendura** *sm* (pop. **1**. compra feita a fiado; fiado: *o feirante não aceita nenhum pendura*; **2**. entre universitários, calote que se dá em bares, restaurantes, etc., para comemorar geralmente o dia do seu curso de estudo: *o dia do pendura é 11 de agosto*); **pendurado** ou **dependurado** *adj* (**1**. preso só pela parte de cima; pendido, suspenso; **2**. inclinado, penso, pendido; **3**. apoiado em alguma parte de veículo de transporte, geralmente em desconforto; **4**. fiado: *deixei a despesa pendurada lá no armazém*; **5**. cheio de dívidas; endividado); **penduricalho** *sm* [qualquer ornato pendente (brincos, argolas, pingentes, etc.)]. -- **Na pendura**. Totalmente sem dinheiro; duro, liso: *Estudante vive na pendura*.

pe.ne.do (ê) *sm* Grande pedra ou rocha; rochedo. → **penedia** *sf* (local onde há muitos penedos).

pe.nei.ra *sf* **1**. Objeto com fundo de fios entrelaçados, usado para separar as substâncias mais grossas das mais finas. **2**. *Fig*. Seleção, crivo: *os garotos passaram por uma peneira no clube, e poucos foram aproveitados*. → **peneiração, peneirada, peneiragem** *sf* ou **peneiramento** *sm* (ação ou efeito de peneirar); **peneirar** *v* (**1**. fazer passar pela peneira: *peneirar o fubá*; **2**. Agitar na peneira, para separar a casca: *peneirar o arroz*), que mantém fechado o e tônico durante toda a conjugação.

pe.ne.trar *v* **1**. Perfurar, passar através de, atravessar: *a faca penetrou-lhe o coração*. **2**. Ver através de: *olhos que penetram a escuridão*. **3**. Tomar conhecimento de; descobrir: *penetrar os mistérios do universo*. **4**. Entrar no íntimo: *deixe Deus penetrar-lhe o coração!* **5**. Ser admitido; ingressar: *penetrar numa sociedade secreta*. **6**. Entrar, introduzir-se: *nenhum raio de sol penetrava ali*. **7**. Introduzir o pênis durante o ato sexual em. → **penetra** *s2gên* (pop. **1**. pessoa que entra numa festa, baile, cinema, etc. sem convite ou sem ingresso; bicão ou bicona; **2**. pessoa enxerida, abelhuda, intrometida); **penetração** *sf* (ato ou efeito de penetrar); **penetrante** *adj* (**1**. que penetra ou fura; **2**. *fig*. perspicaz, sagaz).

pe.nha *sf* Rochedo isolado.

pe.nhas.co *sm* Rochedo escarpado, pontiagudo. → **penhascal** *sm* (lugar cheio de penhascos).

pe.nho.ar *sm* Veste íntima feminina, usada sobre a camisola.

pe.nhor (ô) *sm* **1**. Garantia representada por bens móveis dada pelo devedor ao credor, no caso de não poder pagar a dívida. **2**. Cada um dos bens móveis oferecidos como garantia. → **penhora** *sf* (ato judicial pelo qual os bens de um devedor ficam sob a guarda da justiça, para garantir o pagamento de dívida); **penhorado** *adj* (que se tomou em penhor); **penhorar** *v* (efetuar a penhora de).

pe.ni.ci.li.na *sf* Antibiótico extraído de certos fungos ou produzido sinteticamente.

pe.ni.co *sm* Urinol. (Cuidado para não usar "pinico"!)

pe.nín.su.la *sf* Área de terra cercada de água, exceto por um lado, que a liga ao continente. → **peninsular** *adj* (rel. ou pert. a península) e *s2gên* (natural ou habitante de uma península, princ. da Península Ibérica).

pê.nis *sm2núm* Órgão genital masculino; falo. → **peniano** *adj* (do pênis: *veias penianas*).

pe.ni.tên.cia *sf* **1**. Arrependimento dos pecados cometidos, acompanhado do desejo de expiá-los; confissão. **2**. Pena imposta pelo confessor ao confessado ou penitente. **3**. Castigo imposto a uma criança ou a um aluno. **4**. *Fig*. Grande sofrimento; aflição. → **penitenciado** *adj* e *sm* (que ou aquele que sofreu penitência); **penitenciar** *v* (impor penitência a); **penitenciar-se** (arrepender-se); **penitente** *adj* e *s2gên* (que ou pessoa que se arrepende, geralmente fazendo confissão dos seus pecados).

pe.ni.ten.ci.á.ria *sf* Prisão pública em que se recolhem criminosos para cumprir suas penas. → **penitenciário** *adj* (rel. a penitenciária) e *sm* (detento de penitenciária).

pe.no.so (ô; pl.: ó) *adj* **1**. Que causa dor, sofrimento ou tormento: *decisão penosa*. **2**. Difícil, árduo: *serviço penoso*. **3**. Que incomoda; incômodo: *companhia penosa*.

pen.são *sf* **1**. Pequeno hotel, simples e de caráter familiar, que recebe hóspedes ou fornece refeições. **2**. Quantia recebida mensalmente como pagamento de seu direito. **3**. Renda vitalícia. **4**. Fornecimento regular de refeições em domicílio. → **pensionato** *sm* (**1**. internato; **2**. casa que recebe pensionistas); **pensioneiro** *adj* (que paga pensão); **pensionista** *adj* e *s2gên* (**1**. que ou pessoa que recebe qualquer tipo de pensão; **2**. que ou pessoa que mora em pensão).

pen.sar *v* **1**. Ter por opinião: *ele diz o que pensa*. **2**. Ter a convicção de; crer: *penso que ela tem razão*. **3**. Ter a intenção de; planejar: *pensamos partir amanhã*. **4**. Tentar lembrar: *pense onde você pôs o dinheiro!* **5**. Tratar convenientemente de (ferimento). **6**. Dirigir seu pensamento a; aplicar sua atenção a; ter em mente: *pense em outra coisa!* **7**. Lembrar-se: *pense em mim!* **8**. Levar em conta; considerar: *pense nas consequências de seu gesto!* **9**. Formar no espírito: *o homem é um animal que pensa*. **10**. Ter uma certa opinião: *penso como você*. **11**. Raciocinar, atinar: *você não pensa antes de fazer as coisas?* **12**. Chamar alguma coisa à mente, conservando-a algum tempo nela; meditar: *ela fica horas a pensar*. → **pensador** (ô) *adj* e *sm* (que ou aquele que pensa) e *sm* (aquele que reflete, estuda e faz observações profundas sobre certos assuntos; **pensamento** *sm* (**1**. ato ou processo de pensar; reflexão; **2**. capacidade ou faculdade de pensar, raciocinar ou imaginar; **3**. produto da atividade mental; aquilo que se pensa; ideia; **4**. reflexão de alguém sobre um assunto; **5**. frase mais ou menos breve que encerra um sábio conselho; máxima); **pensante** *adj* (que pensa: *ser pensante*); **pensativo** *adj* (absorto ou concentrado em pensamentos).

pên.sil *adj* **1**. Pendente; suspenso. **2**. Diz-se da ponte suspensa por cabos ancorados em suas extremidades.

pen.so *adj* **1**. Pendido, inclinado. // *sm* **2**. Curativo (3).

pen.ta.cam.pe.ão *adj* e *sm* Que ou o que ficou campeão cinco vezes, consecutivas ou não, num mesmo tipo de competição. → **pentacampeonato** *sm* (campeonato conquistado por um pentacampeão).

pen.tá.go.no *sm* Polígono de cinco lados e cinco ângulos interiores.

pen.ta.gra.ma *sm* **1**. Pauta musical. **2**. Figura estrelada de cinco pontas, usada no ocultismo.

pen.tas.sí.la.bo *adj* e *sm* Que ou vocábulo ou verso que tem cinco sílabas. **pentassilábico** *adj* (pentassílabo).

Pentateuco *sm* Conjunto dos cinco primeiros livros do Antigo Testamento, atribuídos a Moisés.

pen.ta.tlo *sm* **1**. Competição atlética em que os competidores participam dos cinco exercícios atléticos principais dos antigos gregos: salto, corrida, luta, arremesso de disco e lançamento de dardo, na qual o vencedor é aquele que consegue o maior número de pontos. **2**. Conjunto desses cinco exercícios. → **pentatleta** *s2gên* (atleta que participa do pentatlo).

pen.te *sm* **1**. Utensílio dentado, próprio para arranjar, compor ou desembaraçar os cabelos. **2**. Utensílio menor e análogo, usado apenas para prender os cabelos. **3**. Instrumento da indústria têxtil com o qual os cardadores cardam a lã. **4**. Redução de *pente de balas*, peça em que se encaixam as balas das armas de fogo automáticas.

→ **penteadeira** *sf* (móvel de quarto, provido de gavetas e espelho grande, junto ao qual as mulheres se penteiam e se maquiam; toucador); **penteado** *adj* (de cabelos compostos ou arranjados) e *sm* (**1**. arranjo ou disposição do cabelo; **2**. arte de pentear os cabelos); **pentear** *v* [arranjar ou compor (os cabelos) com um pente], que se conjuga por *frear*; **pente-fino** *sm* (**1**. pente de dentes bem finos e cerrados, próprios para tirar piolhos ou caspa, também conhecido como *pente dos bichos*; **2**. *fig*. Análise minuciosa; investigação detalhada; exame rigoroso; peneira, crivo, triagem: *o carcereiro fez um pente-fino nas celas em busca de celulares; o governo federal realizará um pente-fino entre os beneficiários do INSS*, de pl. *pentes-finos*. **3**. *Pop*. Pessoa que tenta tirar proveito de tudo. **4**. *Pop*. Pessoa que busca encontrar defeitos em tudo. ·· **Pente dos bichos**. Pente-fino (1).

Pentecostes *sm* **1**. Festa judaica celebrada 50 dias após a Páscoa. **2**. Festa cristã celebrada no sétimo domingo depois da Páscoa. → **pentecostal** *adj* (**1**. rel. ou pert. a Pentecostes ou ao pentecostalismo; **2**. que ocorre em Pentecostes) e *adj* e *s2gên* (pentecostalista); **pentecostalismo** *sm* (movimento religioso cristão cujos membros expressam seus sentimentos religiosos abertamente, baseados doutrinariamente no Novo Testamento); **pentecostalista** *adj* e *s2gên* (que ou pessoa que segue o pentecostalismo; pentecostal).

pen.te.lho (ê) *sm* **1**. Cada um dos pelos que cobrem a região pubiana. **2**. Conjunto desses pelos. **3**. *Pop.Chulo* Pessoa cacete, chata, inconveniente; cri-cri, mala. → **pentelhação** *sf* (*pop. chulo* ato ou efeito de pentelhar); **pentelhar** *v* (*pop.chulo* aborrecer, chatear); **pentelhudo** *adj* (que tem muito pentelho).

pe.nu.gem *sf* **1**. Conjunto dos primeiros pelos de barba que nasce nos adolescentes, princ. abaixo do nariz; buço. **2**. Conjunto dos pelinhos macios que nascem pelo corpo todo, princ. feminino. **3**. Pelos finos e muito curtos, de aparência esponjosa, da casca de alguns frutos, como o pêssego e o quiuí. → **penugento** *adj* (cheio de penugem).

pe.núl.ti.mo *adj* Que vem imediatamente antes do último.

pe.num.bra *sf* Luz fraca que produz um ambiente meio escuro; meia-luz. → **penumbrento** ou **penumbroso** (ô; pl.: ó) *adj* (em que há penumbra).

pe.nú.ria *sf* **1**. Estado de extrema pobreza; indigência: *ele foi criado na penúria*. **2**. *Fig*. Insuficiência, escassez: *receber uma penúria de notícias; há por aqui uma penúria de boas ideias*.

pe.pi.no *sm* **1**.Fruto do pepineiro, comestível cru, alongado e cilíndrico, próprio para salada. **2**. Pepineiro. **3**. *Pop*. Problema, abacaxi: *estou com muitos pepinos para resolver*. → **pepineiro** *sm* [planta que dá o pepino; pepino (2)]. (O pepino ganhou o significado de *problema*, porque é difícil de digerir.)

pe.pi.ta *sf* Pedaço de metal, princ. ouro, em estado bruto, encontrado na terra.

pép.ti.co *adj* **1**. Relativo a digestão. **2**. Provocado pela ação das secreções digestivas ou a ela associado. **3**. Que auxilia ou facilita a digestão.

pe.que.no *adj* **1**. De tamanho, extensão ou volume inferior ao normal: *mãos e pés pequenos; quarto pequeno; pequena quantia*. **2**. De pouca idade; novo: *naquela época, eu era pequeno; ter dois filhos pequenos*. **3**. De baixa estatura: *sou pequeno em relação a ele*. **4**. *Fig*. Vil, mesquinho, tacanho: *pessoa de atitudes pequenas*. **5**. Modesto em recursos, escalas, importância, número, etc.; humilde: *naquela época, o McDonalds era pequeno; pequeno agricultor*. **6**. Limitado, restrito: *sobreviver com pequenos recursos*. **7**. *Fig*. Insignificante; desimportante: *esses são pequenos pontos do problema, que nem merecem atenção*. **8**. Insuficiente: *fizemos pequeno progresso nesses anos todos*. **9**. Pouco poderoso; pouco influente: *time pequeno*. // *sm* **10**. Ser humano na infância; menino. **11**. *Fig*. Aquele que é modesto, humilde: *o governo tira o que pode dos grandes e também dos pequenos*. // *smpl* **12**. Os humildes, os pequeninos. // *adv* **13**. De modo inferior: *não pense pequeno!* · Comp. de super.: *menor* ou *mais pequeno*. · Superl. abs. sintético: *pequeníssimo* (reg.) ou *mínimo* (irreg.). · Antôn.: *grande*. → **pequenez** ou **pequeneza** (ê) *sf* (qualidade de pequeno); **pequenininho** *adj* e *sm* (que ou aquele que é muito pequeno e, geralmente, frágil, delicado); **pequenino** *adj* (muito pequeno) e *sm* (criança do sexo masculino; menino); **pequeninos** *smpl* (os humildes, os que não têm nenhum poder socioeconômico e cultural; os pequenos); **pequeno-burguês** *adj* (rel. ou pert. à pequena burguesia) e *sm* (aquele que pertence à pequena burguesia, ou seja, à classe média abastada e fútil), de pl. *pequeno-burgueses*; **pequerrucho** *adj* (muito pequeno; pequenino) e *sm* (menino).

pé-quen.te *sm Pop*. Pessoa que tem sorte em tudo ou dá sorte aos companheiros. · Pl.: *pés-quentes*. · Antôn.: *pé-frio*.

pe.qui.nês *adj* e *sm* **1**. Que ou aquele que nasceu ou habita em Pequim. // *sm* **2**. Raça de cães pequenos, de olhos salientes e longas franjas, originária da China. // *sm* **3**. Cão dessa raça. // *adj* **4**. Diz-se desse cão ou dessa raça.

per *prep* (antiga) equivalente da atual *por*. ·· **De per si**. Cada um por sua vez; isoladamente: *Vejamos de per si tais questões!* [A preposição antiga ainda subsiste na contração *pelo* (e suas variações)].

pe.ra (ê) *sf* Fruto da pereira, de polpa branca, macia e saborosa. · V. **piriforme**. → **pereira** *sf* (árvore nativa da Europa e da Ásia que dá a pera).

pe.ral.ta *adj* e *s2gên* Que ou pessoa que é travessa, levada. → **peraltice** *sf* ou **peraltismo** *sm* (**1**. qualidade de peralta; **2**. vida ou atitude de peralta: *uma câmera de segurança flagrou a sua peraltice*); **peraltismo** *sm* (**1**. peraltice; **2**. conjunto dos peraltas).

pe.ram.bei.ra ou **pi.ram.bei.ra** *sf* Precipício, abismo.

pe.ram.bu.lar *v* Andar a pé sem destino; vaguear: *muitas crianças perambulam pelas ruas, nas grandes cidades*. → **perambulação** ou **perambulagem** *sf* (ato ou efeito de perambular).

pe.ran.te *prep* Diante de, ante, face a face com, na presença de: *viu-se perante Deus; o réu postou-se perante o juiz; ela me envergonhou perante todos*. (Não se usa *perante "a"*, ou seja, duas preposições.)

pé-ra.pa.do *sm Pop.Pej*. Pessoa de baixa condição socioeconômica; pé de chinelo, mequetrefe. · Pl.: *pés-rapados*.

per.cal.ço *sm* **1**. Transtorno, contratempo, dificuldade. **2**. Incômodo inerente a um ofício, profissão, estado, etc.; cavacos. · Usa-se mormente no plural.

per.ca.li.na ou **per.ca.li.ne** *sf* Tecido leve e forte de algodão, geralmente brilhante, usado princ. em encadernações de livros.

per capita [lat.] *loc adj* Por unidade da população; por pessoa. · Pronuncia-se *per kápita*.

per.ce.ber *v* **1**. Conhecer ou identificar por meio dos sentidos, princ. da visão ou da audição: *os surdos não percebem os sons*. **2**. Conceber ou entender; dar-se conta de: *as crianças, geralmente, não percebem as dificuldades por que passam os pais*. **3**. Notar, reparar em, observar: *percebeu a gafe que cometeu e calou-se*. **4**. Receber (salário, rendimentos, honorários, etc.): *percebo um salário mínimo por mês*. → **percebimento** *sm* (ato de perceber). → **percepção** *sf* (**1**. ato de perceber; **2**. ato pelo qual o espírito tem uma visão dos objetos exteriores e de suas próprias sensações; **3**. efeito ou faculdade de perceber por meio dos sentidos ou da mente; reconhecimento ou identificação de alguma coisa); **perceptibilidade** *sf* (qualidade de perceptível); **perceptível** *adj* (que pode ser percebido pelos sentidos ou pela mente); **perceptividade** *sf* (qualidade de perceptivo); **perceptivo** *adj* (**1**. rel. a percepção; **2**. que tem a capacidade ou faculdade de perceber, entender ou intuir; **3**. caracterizado pela agudeza de espírito; sutil, perspicaz).

per.cen.ta.gem ou **por.cen.ta.gem** *sf* **1**. Parte proporcional calculada sobre uma quantidade de 100 unidades; percentual. **2**. Taxa de juros, de comissão, etc. sobre um capital de 100 unidades; percentual. · Símb.: **%**. → **percentual** ou **porcentual** *adj* (rel. a percentagem ou porcentagem) e *sm* (percentagem).

per.ce.ve.jo (ê) *sm* **1**. Inseto parasito, de boca sugadora e cheiro repugnante, que vive em lugares sujos. // *sm* **2**. Pequeno prego de cabeça chata, usado para fixar papéis, tecidos, etc.; tacha.

per.cor.rer *v* **1**. Andar ou viajar por: *percorrer o mundo*. **2**. Passar por: *um frio me percorreu a espinha*. **3**. Espalhar-se por: *percorrer as vitrinas das lojas*. **4**. Passar rapidamente a vista por: *percorrer as notícias dos jornais, antes de sair de casa*. → **percurso** *sm* (**1**. ato ou efeito de percorrer; **2**. curso, rota, trajetória, circuito).

per.cus.são *sf* **1**. Ato ou efeito de percutir. **2**. Choque de dois corpos, para produzir vibração sonora. **3**. Essa vibração. **4**. Ação de detonar uma cápsula de arma de fogo. **5**. Seção ou parte de uma banda, orquestra ou conjunto composta de instrumentos de percussão. **6**. Conjunto desses instrumentos. → **percuciência** *sf* (qualidade de percuciente); **percuciente** *adj* (**1**. que produz percussão, choque resultante do contato brusco de um corpo com outro: *mulher de voz percuciente ao ouvido*; **2**. *fig*. que é suficientemente agudo para penetrar; penetrante; profundo: *comentário percuciente*; **3**. *fig*. perspicaz, agudo, sutil: *o auditor do FMI fez uma análise percuciente da nossa economia*); **percussionista** *adj* e *s2gên* (que ou pessoa que toca instrumento de percussão); **percutir** *v* (**1**. bater ou dar pancadas, produzindo sons: *percutir os tamborins*; **2**. ecoar, ressoar, repercutir: *aquele ruído percutia tão fortemente na minha cabeça, que parecia que eu ia ficar maluco!*).

per.dão *sm* **1**. Remissão de pena, castigo, culpa, dívida moral, ofensa, etc. **2**. Abandono, esquecimento, desprezo.

per.der *v* **1**. Ser privado de (algo que possuía); ficar sem a posse de: *perder um carro, num acidente*. **2**. Deixar de gozar de; ficar privado de: *perder a saúde*. **3**. Deixar de sentir: *perder o apetite*. **4**. Não aproveitar, desperdiçar: *perder o tempo*. **5**. Tornar-se incapaz de encontrar, depois de ser privado da posse de: *perdi todos os meus documentos*. **6**. Chegar atrasado para tomar (uma condução): *perdi o avião*. **7**. Sofrer o prejuízo de: *perdi uma fortuna nesse negócio*. **8**. Cessar de ter ou de manter: *perdi a confiança nela*. **9**. Não chegar a dar à luz: *a mulher perdeu a criança no quinto mês de gestação*. **10**. Deixar de ter: *perder peso*. **11**. Deixar de ver ou de ouvir: *perder um filme*. **12**. Ficar privado de (por acidente ou morte): *perder o pai*. **13**. Ser vencido em; ter insucesso em: *perder um jogo*. **14**. Ficar vencido; sofrer derrota: *os corintianos perderam outra vez ontem*. **perder-se 15**. Desaparecer, extraviar-se: *é comum que encomendas se percam no correio*. **16**. Atrapalhar-se, confundir-se: *perder-se no trânsito*. **17**. Prostituir-se: *ela se perdeu em São Paulo*. → **perda** (ê) *sf* (**1**. ato ou efeito de perder: *o carro acidentado deu perda total*; **2**. privação de algo que se possuía; **3**. privação da presença de alguém; morte; **4**. privação da presença de alguém apenas pela distância, sem morte; **5**. extravio, desaparecimento; **6**. diminuição, de antôn. (1 e 4): *ganho*; **perdedor** (ô) *adj* (que ou quem perde ou é vencido); **perdição** *sf* [**1**. ato ou efeito de perder(-se); **2**. desgraça, desastre; **3**. condenação ao fogo do inferno ou à pena eterna; **4**. desonra, licenciosidade; **5**. tentação]; **perdida** *sf* (prostituta, meretriz); **perdido** *adj* [**1**. que se perdeu; que desapareceu; **2**. que não se aproveitou ou usou; **3**. que se corrompeu moralmente; **4**. extraviado; **5**. irrecuperável (materialmente); **6**. extremamente apaixonado; louco de amor; **7**. não ganho ou vencido; **8**. malogrado, frustrado; **9**. confuso, atrapalhado; **10**. não conquistado] e *sm* (o que se perdeu ou está desaparecido).

per.di.gão *sm* Macho de perdiz. (Voz: *cacarejar, pipiar*.)

per.diz *sf* Fêmea do perdigão, ave galinácea de porte médio que vive nos campos e voa com facilidade. → **perdigoto** (ô) *sm* (**1**. filhote de perdiz; **2**. salpico de saliva que alguém deixa escapar, quando fala); **perdigueiro** *adj* e *sm* (que ou cão que caça perdizes).

per.do.ar *v* **1**. Deixar (ofensa, falta, dívida, etc.) passar sem punição ou cobrança; relevar: *perdoar erros de funcionários; perdoar pecados; perdoar uma dívida; o pai perdoou ao filho*. **2**. Aceitar sem despeito; conformar-se com: *ele não perdoa o sucesso do irmão*. **3**. Ter tolerância por; tolerar, desculpar, escusar: *perdoe a minha franqueza, mas você está sendo inconveniente!* **4**. Eliminar do íntimo todo o rancor ou o ódio, por ter sofrido um dano; já não desejar o mal de um ofensor; renunciar à vingança de uma ofensa: *pode um pai perdoar o sequestro e morte de seu filho a bandidos?* · Conjuga-se por *abençoar*. → **perdoável** *adj* (que merece ser perdoado).

per.du.lá.rio *adj* e *sm* Que ou aquele que gasta muito e de modo extravagante. → **perdularismo** *sm* (qualidade de perdulário).

per.du.rar *v* **1**. Durar muito tempo: *se a crise perdurar, o governo cai*. **2**. Continuar a existir; subsistir: *o seu ódio perdurou através dos anos*. **3**. Continuar a existir ou a ser lembrado: *Beatriz - este nome perdura na minha lembrança*. → **perdurabilidade** *sf* (**1**. qualidade do que é perdurável; **2**. possibilidade de uma coisa durar indefinidamente); **perduração** *sf* (ato ou efeito de perdurar: *a perduração de uma amizade não é garantia de lealdade*); **perdurável** *adj* (que pode durar muito; duradouro).

pe.re.ba ou **be.re.ba** *sf* Qualquer ferida cutânea, de pouca ou muita gravidade. → **perebento** ou **berebento** *adj* (que tem perebas).

pe.re.cer *v* **1**. Morrer (prematura ou violentamente). **2**. Ter fim; extinguir-se: *seu direito perece quando começa o do outro*. → **perecedor** (ô) ou **perecedouro** *adj* (que há de perecer ou ter fim; que há de morrer); **perecibilidade** *sf* (qualidade do que é perecível); **perecimento** *sm* (ato de perecer); **perecível** *adj* [**1**. que pode perecer ou ter fim; **2**. diz-se de mercadoria (frutos, legumes, etc.) que exige consumo imediato, em razão de sua rápida deterioração].

pe.re.gri.no *adj* e *sm* **1**. Que ou quem viaja com fim devoto; romeiro. **2**. Que ou quem viaja por terras estranhas ou distantes; estranho, estrangeiro. → **peregrinação** *sf* (**1**. viagem ou visita a um local sagrado, por ser sítio privilegiado de comunicação com Deus ou com um S Seus santos; romaria; **2**. viagem a terras estranhas ou distantes, princ. de um país a outro; **3**. viagem ou visita penosa a vários lugares, imposta por obrigação, compromisso ou trabalho); **peregrinar** *v* (**1**. percorrer, viajando: *peregrinar cidades santas*; **2**. ir em romaria ou peregrinação: *peregrinar a Aparecida*; **3**. viajar por terras distantes, de lugar em lugar, princ. a pé: *peregrinar pelo mundo*).

pe.re.ne *adj* **1**. Que continua ou não cessa durante o ano todo; contínuo, ininterrupto. **2**. Que dura por longo tempo ou indefinidamente; duradouro, permanente. **3**. Diz-se dos rios permanentes, onde existem os periódicos, que se secam durante a estiagem. → **perenidade** *sf* (qualidade de perene).

pe.re.re.ca *sf* **1**. Pequeno batráquio arborícola e muito saltador, semelhante à rã. **2**. *Pop.Chulo* Vulva. // *adj* e *sf* **3**. Que ou criança irrequieta, que não para quieta um só instante. → **pererecar** *v* (*pop*. **1**. mover-se de um lado para o outro, desnorteado; andar às tontas: *ela não enxergava nada sem óculos, de modo que ficou a pererecar no meio da sala como cega*; **2**. fazer muito esforço; esforçar-se, batalhar, lidar: *eu pererequei para montar naquele cavalo novamente; pererequei para achar um bom lugar no estádio*; **3**. no futebol, passar por; estar sob contrato com: *esse jogador já pererecou por vários clubes e não deu certo em nenhum*; **4**. no futebol, ficar rondando (determinada faixa do campo): *a bola pererecou na área, e ninguém conseguiu chutar a gol*.)

per.fa.zer *v* **1**. Fazer até o fim; fazer totalmente; acabar de fazer: *o pintor só perfez o trabalho à noite*. **2**. Realizar, fazer: *perfazer um percurso*. **3**. Atingir ou alcançar a quantidade, a percentagem, o valor ou a quantia de: *vai de vento em popa o Flamengo, que hoje perfez sua sétima vitória consecutiva no campeonato brasileiro; o faturamento total no ano perfez quinhentos mil reais, na loja*. · Conjuga-se por *fazer*. → **perfazimento** *sm* (ação ou efeito de perfazer).

per.fei.to *adj* **1**. Completo em todos os aspectos; sem defeito ou omissão. **2**. Tão bom, que é impossível melhorar. **3**. Autêntico, grandessíssimo. **4**. Total, completo. **5**. Impecável, sem falha. **6**. Completamente adequado para uma situação ou propósito; ideal. **7**. Que reproduz fielmente o original; exato. // *adj* e *sm* **8**. Que ou tempo verbal que exprime processo encerrado. → **perfeccionismo** *sm* (busca obsessiva da perfeição); **perfeccionista** *adj* (rel. a perfeccionismo) e *adj* e *s2gên* (que ou pessoa que tem a mania do perfeccionismo); **perfectível** *adj* (que pode aperfeiçoar-se ou tornar-se perfeito); **perfeição** *sf* (**1**. qualidade ou estado de perfeito, do que não é susceptível de melhora; ausência de defeitos; **2**. o mais alto grau de excelência numa arte; **3**. requinte, apuro, primor; **4**. *fig*. pessoa considerada perfeita).

pér.fi.do *adj* **1**. Diz-se daquele que viola ou quebra a fidelidade conjugal e com descaramento ou simulação; infiel, traidor: *marido pérfido*. **2**. Que viola ou quebra a confiança, a fé jurada ou o voto; indigno de confiança: *amigo pérfido*. **3**. Caracterizado pela quebra de confiança; traiçoeiro: *atitude pérfida*. → **perfídia** *sf* (**1**. qualidade de pessoa pérfida ou de sua conduta; traição a um compromisso moral ou à confiança; **2**. ação ou dito pérfido: *ela só comete perfídias*).

per.fil *sm* **1**. Vista lateral do rosto ou desenho de tal vista: *a foto mostra a garota de perfil; desenhar perfis*. **2**. Representação esquemática de qualquer coisa vista de lado: *o perfil de uma colina distante*. **3**. Pequeno relato ou descrição da vida, caráter, trabalho, etc. de alguém: *o jornal publicou o perfil dos candidatos*. **4**. Informação ou conjunto de informações sobre a vida, trabalho, lazer, interesses, etc. de uma pessoa em um site de rede social: *ela postou seu status de relacionamento no seu perfil do Facebook; ele mente em seu perfil*. **5**. Quantidade de atenção do público: *eles pretendem aumentar o perfil da* *empresa no Brasil*. **6**. Conjunto de dados que retratam as características significativas de alguém ou alguma coisa: *um perfil de gastos do consumidor; estou ciente do perfil de lucro dessa empresa*. **7**. Série de características ou qualidades que identificam um tipo ou categoria de pessoa: *a polícia já tem o perfil do criminoso*. **8**. Breve e vívido esboço biográfico de uma pessoa. **9**. Aparência, configuração ou linhas de alguma coisa: *carro de perfil futurista*. → **perfilar** *v* (**1**. desenhar o perfil de: *perfilar um rosto*; **2**. aprumar, alinhar, endireitar: *perfilar o corpo*); **perfilar-se** (endireitar-se: *o soldado perfilou-se ante o sargento*).

per.fi.lhar *v* **1**. Receber como filho; adotar: *perfilhar um menor abandonado*. **2**. Abraçar, defender, adotar: *perfilhar uma causa*. → **perfilhação** *sf* ou **perfilhamento** *sm* (**1**. ato ou efeito de perfilhar; **2**. reconhecimento voluntário e legal da paternidade; **3**. aceitação legal de alguém como filho; adoção; **4**. *fig*. ato de adotar ou seguir uma ideia, teoria, opinião, etc.)

performance [ingl.] *sf* **1**. Desempenho artístico; atuação, interpretação: *a atriz teve uma excelente* performance *nesse filme*. **2**. Desempenho de um competidor; atuação: *a* performance *do goleiro no jogo de hoje foi decisiva; a* performance *de um piloto, numa corrida*. **3**. Desempenho ou atividade de qualquer pessoa: *a* performance *do prefeito foi aprovada pela população; acertar nove de dez questões é uma* performance *excelente num exame*. · Pl.: *performances*. · Pronuncia-se *perfórmans*. [Na língua cotidiana já se usa o verbo *performar* (desempenhar: *performar bem uma tarefa*) ou atuar, interpretar: *performar um papel de destaque numa peça*].

per.fu.me *sm* **1**. Odor agradável. **2**. Substância (natural ou artificial) que emite ou desprende um cheiro fragrante, agradável. → **perfumar** *v* (**1**. espalhar perfume em ou sobre; aromatizar: *perfumar o ambiente, o rosto*; **2**. encher de perfume: *muitas flores perfumavam o ambiente*); **perfumista** *adj* e *s2gên* (que ou pessoa que fabrica ou vende perfumes).

per.func.tó.rio ou **per.fun.tó.rio** *adj* **1**. Feito de maneira descuidada ou superficial; não aprofundado; ligeiro: *fez-se um exame perfunctório do caso e deram-no por encerrado*. **2**. Feito por mera formalidade; desinteressado: *ela me dirigiu um sorriso perfunctório; aperto de mão perfuntório*.

per.fu.rar *v* **1**. Furar através de; penetrar de fora a fora: *perfurar a madeira*. **2**. Fazer furos na terra, em busca de (algo precioso): *perfurar poços de petróleo*. → **perfuração** *sf* (ação ou efeito de perfurar); **perfuradora** (ô) ou **perfuratriz** *sf* (máquina com broca, para fazer perfurações); **perfurante** ou **perfurativo** *adj* (que perfura).

per.ga.mi.nho *sm* **1**. Pele de carneiro, de ovelha ou de cabrito curtida e preparada como material em que antigamente se escrevia ou de que se fazem encadernações. **2**. Manuscrito ou documento nesse material. **3**. Papel feito à imitação desse material, transparente e mais resistente à água do que o papel comum. **4**. Diploma universitário. → **pergamináceo** ou **pergamináceo** *adj* (feito de pergaminho ou que tem alguma das suas propriedades); **pergaminharia** *sf* (indústria ou comércio de pergaminho).

per.gun.ta *sf* **1**. Interrogação ou indagação feita para se obter informação: *os turistas chegavam aonde queriam, fazendo pergunta aos guardas*. **2**. Interrogação ou indagação feita por autoridade, para se obter esclarecimento; inquirição: *o juiz fez muitas perguntas às testemunhas sobre o crime*. **3**. Interrogação ou indagação para testar os conhecimentos de alguém; questão: *a prova constou de cem perguntas*. → **perguntar** *v* [**1**. fazer perguntas a; interrogar, inquirir: *perguntar testemunhas*; **2**. querer saber: *perguntar a causa da manifestação*; **3**. solicitar (informações ou esclarecimentos: *perguntei-lhe as horas; perguntei a um rapaz a razão da manifestação*; **4**. fazer pergunta: *só pergunto a quem me possa dar resposta razoável*; **5**. solicitar informação, querer saber: *perguntar por um amigo; perguntar sobre a qualidade de vida numa cidade*; **6**. fazer pergunta(s): *todo aluno deve perguntar; quem não pergunta fica sem saber*], de antôn. (**1**): *responder*. ·· **Pergunta de algibeira**. Pergunta adrede preparada, com o propósito de confundir o interrogado.

pe.ri.an.to *sm* Invólucro exterior de uma flor, formado pelo cálice ou pela corola, ou por ambos.

pe.ri.cár.dio *sm* Saco que envolve o coração e de onde partem as grandes veias.

pe.ri.car.po *sm* Parede de um fruto bem desenvolvido ou maduro, que geralmente consiste em três camadas distintas,

de dentro para fora: o *endocarpo*, o *mesocarpo* e o *epicarpo*. → **pericarpial** ou **pericárpico** *adj* (rel. a pericarpo).

pe.rí.cia *sf* **1**. Qualidade de quem é perito; destreza; habilidade. **2**. Exame feito por peritos ou especialistas, para descobrir a causa de algo; vistoria técnica. **3**. Conjunto desses peritos ou especialistas. → **pericial** *adj* (rel. a perícia ou resultante de perícia: *laudo pericial*).

pe.ri.cli.tar *v* **1**. Correr perigo; perigar: *a paz mundial periclita*. **2**. Correr o risco de não se efetivar, de fracassar; perigar: *em nenhum momento sua reeleição periclitou*. → **periclitância** *sf* (estado de periclitante); **periclitante** *adj* (que periclita ou corre perigo; arriscado, pouco seguro: *estar em situação periclitante*).

pe.ri.cu.lo.si.da.de *sf* Qualidade ou estado de perigoso; estado ou qualidade do que oferece perigo.

pe.ri.fe.ri.a *sf* **1**. Limite ou perímetro de qualquer área ou superfície. **2**. Superfície externa de um corpo. **3**. Subúrbio de uma cidade ou área urbana. → **periférico** *adj* (**1**. rel. a periferia; **2**. situado na periferia; distante do centro urbano: *bairros periféricos*; **3**. *fig*. que não é o mais importante; desimportante, secundário, menor: *futebol é um esporte periférico em Cuba*) e *sm* [em informática, qualquer dispositivo auxiliar ligado ao computador (teclado, impressora, tela de vídeo, *modem*, etc.), que permite a entrada e a saída de informações].

pe.rí.fra.se *sf* Uso exagerado de palavras, em prejuízo da clareza e da naturalidade do pensamento; rodeio de palavras; circunlóquio; firula (**1**). → **perifrasear** *v* (**1**. expor mediante perífrase; **2**. usar de perífrases), que se conjuga por *frear*.

pe.ri.ga.lho *sm* Pele do queixo ou do pescoço descaída por magreza ou velhice; pelanca.

pe.ri.geu *sm* Ponto na órbita da Lua ou de um satélite, quando está mais próximo da Terra: *você sabe quando a Lua estará no perigeu?* · Antôn.: *apogeu*.

pe.ri.go *sm* **1**. Situação em que se teme mal iminente, muito próximo, imediato, na qual a vida corre perigo ou sério risco. **2**. Causa de uma conjuntura ou situação grave. **3**. Gravidade, má consequência. · V. **periculosidade**. → **perigar** *v* (periclitar); **perigoso** (ô; pl.: ó) *adj* (**1**. caracterizado pelo perigo; **2**. que pode causar mal ou dano).

pe.ri.gue.te *sf Gír.* **1**. Mulher jovem que costuma frequentar baladas e chamar a atenção, por usar roupas extremamente curtas e justas e ter comportamento sexual ou afetivo bastante liberal, vista como vulgar no modo de falar, de andar e de se comportar. **2**. Mulher que se veste de forma pretensamente elegante e age de modo espalhafatoso; perua. → **perigótica** *sf* [periguete (1) com estilo de vida gótico]. (A 6.ª ed. do VOLP não registra nenhuma dessas palavras).

pe.rí.me.tro *sm* **1**. Linha contínua que forma o limite de uma figura geométrica fechada: *o perímetro de um retângulo*. **2**. Comprimento dessa linha. **3**. Linha ou faixa que delimita uma área ou região: *o perímetro de um aeroporto; o perímetro urbano*. **4**. Instrumento óptico usado para medir os limites do campo de visão de uma pessoa. → **perimetral** ou **perimétrico** *adj* (rel. a perímetro); **perimetria** *sf* (medida do perímetro).

pe.rí.neo *sm* Região externa entre a vulva e o ânus, nas mulheres, ou entre o escroto e o ânus, nos homens. → **perineal** *adj* (rel. ou pert. ao períneo).

pe.rí.o.do *sm* **1**. Espaço de tempo que medeia entre dois fatos ou entre duas datas marcantes; época, ciclo: *no período 1919-1938 o mundo viveu em paz; o período entre o Natal e o réveillon costuma ser agitado no mundo inteiro*. **2**. Porção de tempo de duração indefinível: *ela passou um período afastada do marido*. **3**. Porção de tempo especificada de alguma forma: *o período eleitoral; o período de chuva no Nordeste; o período romano; isso é do meu período de infância; dois dias é um período muito curto*. **4**. Cada uma das três partes em que se divide o dia: *período da manhã*. **5**. Tempo durante o qual alguma coisa se completa: *a casa foi construída no período colonial*. **6**. Momento na vida de uma pessoa em que mostra forte paixão por algo ou alguém; fase: *tive lá meu período de gosto por viagens*. **7**. Fase de uma doença: *o período agudo; o período de incubação*. **8**. Ocorrência de menstruação: *ela perdeu um período e está preocupada*. **9**. Conjunto dos algarismos que se repetem indefinidamente em uma dízima periódica. **10**. Em gramática, frase expressa por uma ou várias orações, sempre terminada por pausa forte, marcada na escrita por ponto final, ponto de interrogação, ponto de exclamação, reticências e, às vezes, dois-pontos. **11**. Divisão da escala de tempo geológico, hierarquicamente inferior à era e superior à época: *o período jurássico é o segundo* *da era mesozoica.* **12**. Tempo que um planeta demora para descrever a sua órbita. **13**. Em medicina, tempo durante o qual ocorrem certos fenômenos, no processo de evolução e uma doença: *período de incubação.* **14**. Em física, tempo (medido em segundos) que determinado corpo necessita para repetir um movimento. **15**. Qualquer das linhas na tabela periódica dos elementos químicos: *cada período começa com um metal alcalino e termina com um gás raro.* **16**. Fragmento de uma frase musical: *o período binário.* **17**. Tempo necessário para que um corpo radiativo perca metade de sua atividade por decomposição. → **periodical** *adj* (rel. a periódicos ou a periodistas); **periodicidade** *sf* ou **periodismo** *sm* (**1**. qualidade ou estado de periódico; repetição de alguma coisa a intervalos regulares; **2**. intervalo de tempo previsto entre duas edições sucessivas de um periódico); **periódico** *adj* [**1**. rel. a período; **2**. que ocorre, se repete ou se faz a intervalos regulares; **3**. que sai a intervalos regulares; **4**. que reaparece de tempos em tempos; intermitente; **5**. diz-se do rio que se seca após a época das chuvas (em oposição a *perene*); **6**. diz-se da fração decimal em que os mesmos algarismos se reproduzem indefinidamente e na mesma ordem, seja a partir da vírgula, seja a partir de certa ordem] e *sm* [publicação (jornal, revista, almanaque, etc.) que sai a intervalos regulares (diária, semanal, mensal, trimestral, semestral, anual, etc.)]; **periodista** *adj* e *s2gên* (que ou pessoa que escreve em periódicos).

pe.ri.o.don.ti.a *sf* Ramo da odontologia que estuda e trata os tecidos que envolvem um dente. → **periodontal** *adj* (localizado em volta de um dente); **periodontista** *adj* e *s2gên* (especialista em periodontia); **periodontite** *sf* (inflamação do periodonto); **periodonto** *sm* (estrutura que sustenta os dentes).

pe.ri.pa.té.ti.co *adj* **1**. Relativo à filosofia ou aos métodos de ensino de Aristóteles, que ensinava caminhando de um ponto a outro do Liceu, na antiga Grécia. **2**. Relativo aos seguidores de Aristóteles; aristotélico. **3**.*P.ext.* Que executa o seu trabalho andando de um ponto a outro: *um apresentador de televisão peripatético.* // *sm* **4**. Seguidor ou adepto do aristotelismo. → **peripatetismo** *sm* (escola ou doutrina de Aristóteles).

pe.ri.pé.cia *sf* **1**. Mudança súbita nos fatos ou reversão de expectativas, princ. numa obra literária, cinematográfica, etc. **2**.*P.ext.* Fato estranho, imprevisto ou inesperado; aventura: *viver peripécias no dia a dia.*

pé.ri.plo *sm* **1**. Navegação ou longa viagem à volta de um país ou de um continente. **2**. Diário de navegação que relata uma dessas navegações ou viagens.

pe.ri.qui.to *sm* Ave trepadora de penas verdes, semelhante ao papagaio, mas de menor porte. (Voz: *chalrar, chalrear, palrar.*)

pe.ris.có.pio *sm* Instrumento óptico tubular, usado princ. em submarinos, para se ver acima da superfície da água. → **periscópico** *adj* (**1**. rel. a periscópio; **2**. que permite ver amplamente, em todas as direções: *a sacada periscópica de um apartamento*).

pe.ris.tal.se *sf* ou **pe.ris.tal.tis.mo** *sm* Série de contrações musculares coordenadas, rítmicas, progressivas e involuntárias dos órgãos ocos do corpo, princ. do aparelho digestório. → **peristáltico** *adj* (rel. a peristalse).

pe.ri.to *adj* e *sm* **1**. Que ou aquele que tem grandes conhecimentos ou muita experiência em determinada coisa ou em algum campo de conhecimento; especialista, experto: *advogado perito em causas criminais; consultei um perito em filatelia para saber se o selo era autêntico.* **2**. Em direito, que ou aquele que é designado por uma autoridade para fazer exame ou vistoria de pessoas ou coisas e emitir parecer a respeito do que apurou, mediante um laudo assinado. // *adj* **3**. Que tem perícia, destreza ou habilidade; hábil: *todo mágico é perito no movimento das mãos.* // *sm* **4**. Aquele que fez curso técnico e graduou-se para exercer uma atividade: *ele agora é um perito agrônomo.* → **peritagem** *sf* (trabalho, estudo, exame ou informe que faz um perito sobre determinada matéria: *ainda se desconhece o resultado da peritagem*); **peritar** *v* [julgar ou avaliar (uma coisa) na qualidade de perito].

pe.ri.tô.nio ou **pe.ri.to.neu** *sm* Membrana serosa que reveste a cavidade abdominal e é refletida sobre as vísceras que contém. → **peritoneal** *adj* (rel. ao peritônio); **peritonite** *sf* (inflamação do peritônio).

per.ju.rar *v* **1**. Renunciar solenemente a (crença, opinião, doutrina, etc.); abjurar (1): *ele perjurou o cristianismo.* **2**. Renunciar ou renegar solenemente a; repudiar; abjurar (2): *o subversivo perjurou o seu passado e foi perdoado pelas autoridades.* **3**. Jurar falso: *perjurar ao juramento feito perante o juiz.* **4**. Quebrar o juramento ou jurar falso; não cumprir o juramento feito: *a testemunha perjurou.* // *sm* **5**. Ato de perjurar; perjúrio: *no mundo de hoje só prevalecem o perjurar, o mentir, o matar, o desmatar.* → **perjúrio** *sm* (**1**. ato ou efeito de perjurar; **2**. testemunho falso ou incompleto, dado deliberadamente, sob juramento: *crime de perjúrio*; **3**. quebra de qualquer juramento ou promessa formal); **perjuro** *adj* e *sm* (que ou aquele que comete perjúrio).

per.ma.ne.cer *v* **1**. Persistir, insistir: *permanecer no erro é burrice.* **2**. Continuar a estar numa certa condição: *permaneço calmo.* **3**. Manter-se numa competição ou disputa: *ele tentou permanecer (como) líder da prova automobilística.* **4**. Continuar a ser de certo modo: *o céu permanece claro.* **5**. Continuar a estar num lugar: *permaneci em casa.* **6**. Continuar como hóspede de: *ela permanece naquele hotel até amanhã.* **7**. Parar, deter-se, demorar-se: *ela permaneceu ali todo o tempo.* **8**. Ficar durante: *ela permaneceu a semana toda com meus pais.* **9**. Aguardar brevemente; dar um tempo: *vou permanecer no saguão do hotel até que chegue o táxi.* **10**. Continuar existindo; perdurar, conservar-se: *o acordo permaneceu por longos anos.* → **permanência** *sf* (**1**. ato de permanecer; demora, estada; **2**. estado ou qualidade de permanente; constância); **permanente** *adj* (**1**. que continua a existir sem mudanças essenciais; durável, estável, duradouro; **2**. constante, contínuo; **3**. que não foi mudado ou alterado; **4**. destinado a durar muito tempo) e *sf* (**1**. documento que permite a entrada gratuita em salas de espetáculo; **2**. tratamento dado aos cabelos, para torná-los ondulados de modo mais ou menos duradouro).

per.me.ar *v* **1**. Passar ou atravessar todas as partes de: *os raios de sol permeiam o quarto.* **2**. Penetrar através dos poros, interstícios, etc. de: *a água permeará o papel.* **3**. Estar de permeio; interpor-se: *entre a sua e a minha formatura permearam seis anos.* · Conjuga-se por *frear.* → **permeabilidade** *sf* (qualidade ou propriedade de permeável); **permeabilização** *sf* [ato ou efeito de permeabilizar(-se)]; **permeabilizar(-se)** *v* [tornar(-se) permeável]; **permeação** *sf* (ato ou efeito de permear); **permeável** *adj* (**1**. diz-se dos corpos através dos quais pode passar o ar, a luz, o som, líquidos, gases, etc.; penetrável: *essa janela é permeável a ruídos; a pele da rã é permeável à água*; **2**. *fig.* suscetível a influências alheias; flexível: *ele sempre foi permeável a opiniões alheias*). ·· **De permeio**. **1**. No meio: *entre os alemães havia de permeio um muro, conhecido mundialmente como Muro da Vergonha, derrubado finalmente em 1989.* **2**. À mistura; dentro: *No buquê de rosas vermelhas havia duas ou três brancas de permeio.*

per.mi.tir *v* **1**. Admitir, autorizar, consentir em: *permitir o aborto é uma insanidade; não lhe permito que saia de casa hoje.* **2**. Tornar possível; possibilitar: *a neblina não permite dirigir com segurança; minhas economias me permitirem comprar a casa.* **3**. Tornar possível; admitir, tolerar: *o caso não permite demora.* **4**. Autorizar a fazer uso de: *nenhum médico sensato permite o tabaco.* **permitir-se 5**. Tomar a liberdade de: *nunca me permiti contar esse tipo de piada em casa.* → **permissão** *sf* (**1**. ação ou resultado de permitir; **2**. consentimento, princ. o consentimento formal; autorização, licença), de antôn. *proibição.* → **permissionário** *adj* e *sm* (que ou aquele que recebe permissão); **permissível** *adj* (admissível); **permissividade** *sf* (qualidade de permissivo); **permissivo** *adj* (que dá permissão ou que envolve permissão; tolerante).

per.mu.tar *v* **1**. Dar (uma coisa) em troca de outra; trocar: *permutar alianças.* **2**. Mudar ou trocar reciprocamente: *permutem os seus lugares!* **3**. Submeter à permutação. **4**. Cruzar, trocar: *permutaram olhares na festa.* **5**. Dar uma coisa a uma pessoa e receber dela outra igual ou diferente; trocar: *permutei uma casa por um apartamento.* **6**. Trocar (dois funcionários) seus destinos: *procuro professor efetivo que queira permutar para a região de Campinas.* → **permuta** ou **permutação** *sf* [**1**. ato ou efeito de permutar; troca: *permuta de informações*; **2**. alteração de um dado conjunto de objetos num grupo; **3**. substituição de uma letra por outra, ou de um fonema por outro: *um anagrama se obtém mediante uma permutação de letras*; **4**. em matemática, rearranjo da ordem de sucessão dos elementos dados (p. ex.: *abc* em *acb* ou em *bac*); **5**. cada um desses rearranjos].

per.na *sf* **1**. Cada um dos membros das pessoas e de certos animais que servem de apoio e de locomoção para o corpo, particularmente a parte compreendida entre o joelho e o tornozelo. **2**.*P.ext.* Qualquer coisa semelhante: *a perna de pau.* **3**. Haste de qualquer letra: *a perna do T.* · Dim. irreg. (1): *perneta* (ê). · Aum. irreg. (1): *pernaça* *sf* ou *pername* sm. → **pernada** *sf* (**1**. passada larga; **2**. caminhada longa, cansativa ou inútil; **3**. pancada com a perna; pontapé ou coice; **4**. cada movimento das pernas, em natação); **pernalta** *sf* (ave de pernas longas, como a ema); **perneta** (ê) *sf* (dim. irreg. de *perna*; perna pequena) e *s2gên* (perna de pau (1)]; **pernoca** *sf* (perna, princ. de mulher: *para querer usar minissaia, tem que ter pernocas benfeitas*). ·· **Perna de pau**. **1**. Pessoa que tem perna artificial; perneta. **2**. *Pop.Pej*. Futebolista medíocre, sem nenhuma condição técnica; cabeça de bagre; bonde.

Pernambuco *sm* Estado da Região Nordeste do Brasil. → **pernambucano** *adj* e *sm*.

per.ni.ci.o.so (ô; pl.: ó) *adj* **1**. Que pode causar a morte ou grande mal; letal. **2**. Que produz males muito graves ou irremediáveis; destrutivo, maldoso. **3**. Prejudicial, nocivo. · Antôn.: *benéfico*. → **perniciosidade** *sf* (qualidade do que é pernicioso).

per.nil *sm* **1**. Quarto traseiro do porco e de outros animais; cambito. **2**. Essa parte, servida como alimento.

per.ni.lon.go *sm* Inseto hematófago, cuja picada causa irritação dolorosa na pele; mosquito, carapanã (AM), muriçoca (NE).

per.noi.tar *v* Passar a noite dormindo (na casa de outrem, ou em lugar por onde se está de passagem). → **pernoitamento** ou **pernoite** *sm* (ato ou efeito de pernoitar).

per.nós.ti.co *adj* e *sm* Que ou aquele que é arrogante, pedante, presunçoso, esnobe, exibicionista e, por consequência, intragável. → **pernosticidade** *sf* ou **pernosticismo** *sm* (qualidade ou modos de pernóstico).

pe.ro.ba ou **pe.ro.va** *sf* **1**. Nome comum a diversas árvores de grande porte, que fornecem madeira de boa qualidade. **2**. Essa madeira.

pé.ro.la *sf* **1**. Concreção calcária lisa, globular e lustrosa, de cor característica, formada dentro das conchas de certos moluscos, usada como joia. **2**. Gotícula de líquido límpida; lágrima: *as pérolas do orvalho*. **3**. *Pop*. Gafe ou erro grosseiro, ridículo, princ. em provas escolares, que dá margem à chacota. **4**. *Fig*. Pessoa preciosa em caráter, comportamento, etc.; pessoa notável, de excelentes qualidades e nenhum defeito: *tenho um vizinho que é uma pérola!* → **perolino** *adj* (rel. ou pert. a pérola); **perolização** *sf* (ato ou efeito de perolizar); **perolizar** *v* (dar a cor ou o aspecto de pérola a).

pe.rô.nio *sm* Osso da perna, situado ao lado da tíbia, atualmente conhecido cientificamente por *fíbula*. (A 6ª ed. do VOLP registra ainda *perôneo*, forma tida como cacográfica.) → **peroneal** *adj* (rel. ou pert. ao perônio).

pe.ro.ra.ção *sf* **1**. Parte final de um discurso; epílogo. **2**. Pequeno discurso sentimental. → **perorar** *v* (encerrar um discurso). · Antôn. (1): *exórdio*.

per.pen.di.cu.lar *adj* **1**. Diz-se da linha ou superfície que incide sobre outra, formando ângulo reto. **2**. Exatamente a prumo; vertical. // *sf* **3**. Linha perpendicular a outra ou a um plano: *desenhe uma perpendicular do vértice do triângulo até sua base!* **4**. Posição ou direção perpendicular: *a parede estava inclinada em um ângulo de dez graus em relação à perpendicular*. → **perpendicularidade** *sf* (qualidade ou estado de perpendicular).

per.pe.trar *v* Praticar (ato condenável): *perpetrar crimes contra a natureza, contra os animais*. → **perpetração** *sf* (ato ou efeito de perpetrar).

per.pe.tu.ar *v* **1**. Preservar da extinção ou do esquecimento; tornar perpétuo: *perpetuar rancores*. **2**. Prolongar a existência de: *perpetuar a espécie*. **3**. Imortalizar: *Carlos Gomes perpetuou o seu nome, ao compor O guarani*. **4**. Conservar ou manter indefinidamente: *perpetuar uma secretária no cargo*. **5**. Legar para sempre: *Camões perpetuou seu poema à posteridade*. **perpetuar-se 6**. Durar sempre; ter existência indefinida: *eles queriam perpetuar-se no poder*. **7**. Transmitir-se de geração em geração: *os costumes se perpetuam de pais para filhos*. → **perpetuação** *sf* ou **perpetuamento** *sm* [ato ou efeito de perpetuar(-se)]; **perpetuidade** *sf* (**1**. qualidade do que é perpétuo; **2**. duração perpétua: *a perpetuidade de uma empresa é impossível*; **3**. *fig*. longo tempo; eternidade: *ela me fez esperar uma perpetuidade!*); **perpétuo** *adj* (que nunca muda ou nunca acaba; que é válido ou que continua para sempre; eterno: *as cavernas têm escuridão perpétua; direitos perpétuos*).

per.ple.xo (x = ks) *adj* Espantado, assombrado, pasmado, estupefato. → **perplexidão** (x = ks), **perplexidade** (x = ks) ou **perplexidez** (x = ks; ê) *sf* (qualidade ou estado de perplexo).

per.qui.rir *v* Buscar ou investigar (uma coisa) com grande interesse e cuidado: pesquisar minuciosamente; investigar escrupulosamente; esquadrinhar; perscrutar: *o perito ainda não perquiriu a documentação; a polícia perquiriu a vida pregressa do rapaz*. → **perquirição** ou **perquisição** *sf* (ato ou efeito de perquirir); **perquiridor** (ô) *adj* e *sm* ou **perquirente** *adj* e *s2gên* (que ou pessoa que perquire: *olhar perquiridor; os astrônomos são grandes perquiridores do espaço sideral*); **perquisitivo** *adj* (rel. a perquirição ou em que há perquirição).

per.ren.gue *adj* e *s2gên* **1**. Que ou pessoa que é fraca, frouxa, medrosa, covarde, física e moralmente. **2**. Que ou pessoa que sofre de manqueira crônica; manco(a); capenga. // *sm* **3**. Situação muito difícil ou aflitiva; apuro: *passamos um perrengue daqueles no avião, durante a meia hora de turbulência*. **4**. Discussão acalorada; bate-boca: *de repente, armou-se um perrengue nas cadeiras sociais do estádio*.

per.ro (ê) *sm* **1**. Cão, cachorro. **2**. *Fig*. Homem sórdido, calhorda, canalha, pulha. // *adj* **3**. Difícil de abrir e fechar; encrencado: *fechadura perra*. **4**. Que não cede facilmente ou que dificilmente cede; obstinado, pertinaz: *temos um presidente perro?*

per.sa *adj* **1**. Relativo ou pertencente à antiga Pérsia (atual Irã), ou a seu povo, língua, cultura, etc. // *s2gên* **2**. Natural ou habitante da Pérsia. // *sm* **3**. Língua falada no Irã.

pers.cru.tar *v* Investigar minuciosamente: *perscrutar os mistérios do universo*. → **perscrutação** *sf* (investigação minuciosa).

per.se.guir *v* **1**. Seguir de perto: *a polícia persegue os bandidos*. **2**. Incomodar, importunar, aborrecer, chatear: *esse pensamento me persegue dia e noite*. **3**. Punir, apenar: *por que a justiça não persegue os grandes?* **4**. Oprimir cruelmente, por questões de raça, religião, política, etc.: *Hitler perseguiu os judeus*. **5**. Incomodar, importunar, aborrecer, chatear: *esse pensamento me persegue dia e noite*. **6**. Incomodar ou aborrecer constantemente, assediando: *as fãs perseguem-no para pedir autógrafo*. **7**. Procurar adquirir: *perseguia este carro há anos*. · Conjuga-se por *ferir*. → **persecutório** *adj* (em que há perseguição); **perseguição** *sf* (**1**. ato ou efeito de perseguir); **2**. busca tenaz; **3**. tratamento violento, cruel ou arbitrário dado a alguém ou a um grupo, resultando em vexame, sofrimento ou martírio); **perseguidor** (ô) *adj* e *sm* (que ou aquele que persegue).

per.se.ve.rar *v* **1**. Conservar-se firme ou constante; persistir: *perseverar no erro é burrice*. **2**. Perdurar: *se a dor perseverar, tome um analgésico!* **3**. Ter firmeza no que deseja ou pretende: *persevere até o fim, que você conseguirá!* → **perseverança** *sf* (**1**. qualidade de perseverante; **2**. atitude daquele que mantém a firmeza de ânimo na consecução de alguma coisa; constância, firmeza, pertinácia: *sua perseverança foi fundamental para conseguir tudo o que desejava*; **3**. duração permanente ou muito prolongada de uma coisa; persistência: *a perseverança de uma febre*); **perseverante** *adj* (que persevera; firme, constante).

per.si.a.na *sf* Cortina feita de lâminas finas e móveis, colocadas à janela, para deixar passar o ar, sem entrar a luz do sol.

per.sig.nar-se *v* Fazer quatro cruzes, três pequenas com o dedo polegar, na testa, na boca e no peito e, depois, uma cruz grande como quando se benze. (As formas rizotônicas têm tonicidade na segunda sílaba: *persigno-me*, etc.) → **persignação** *sf* (ação de quem se persigna).

per.sis.tir *v* **1**. Não desistir, mostrando firmeza, energia, perseverar: *persistir num erro*. **2**. Perdurar: *as hostilidades persistem na região*. → **persistência** *sf* (**1**. ato de persistir; **2**. qualidade de persistente; **3**. perseverança, firmeza); **persistente** *adj* (**1**. que persiste: *chuva persistente*; **2**. perseverante, obstinado: *todo empreendedor tem de ser persistente*; **3**. que dura; duradouro: *febre persistente*).

per.so.na.gem *s2gên* **1**. Pessoa ilustre, de prestígio ou grande importância histórica ou social; celebridade, personalidade: *compareceram ao evento muitas personagens do mundo artístico*. **2**. Figura fictícia (pessoa ou animal) criada por um escritor, a qual intervém na ação de uma obra literária ou em um filme; cada um dos participantes de uma obra de ficção: *num faroeste, os personagens principais são sempre um mocinho e um vilão*. **3**. Cada um dos papéis representados por essa figura fictícia: *Lima Duarte fez o personagem de vilão nessa novela; Ísis ficou satisfeita com a sua personagem*.

per.so.na.li.da.de *sf* **1**. Conjunto de qualidades de comportamento de uma pessoa que se distinguem das demais e constituem sua individualidade; caracteres peculiares de uma pessoa; identidade pessoal; individualidade: *rapaz de personalidade marcante; uma assinatura caracterizada por uma personalidade forte*. **2**. Qualidade daquilo que se faz sem imitar outrem; originalidade, peculiaridade, singularidade: *o novo diretor deu personalidade à empresa*. **3**. *Fig*.

Pessoa importante ou de destaque social, histórico, cultural ou profissional; personagem (1): *este é o ponto de encontro das personalidades da cidade; venceu a eleição mais a personalidade que a capacidade.* → **personalismo** *sm* (comportamento daquele que subordina tudo à sua personalidade); **personalista** *adj* (1. rel. a personalismo; 2. pessoal, subjetivo); **personalização** *sf* (ato ou efeito de personalizar); **personalizar** *v* (dar caráter ou toque pessoal a: *personalizar papéis de carta*); **personificação** *sf* (1. ato ou efeito de personificar; 2. prosopopeia; 3. pessoa que representa qualquer coisa abstrata; tipo perfeito, encarnação); **personificar** *v* [1. representar ou simbolizar (objeto ou abstração por figura humana): *na mitologia grega, Hércules personifica a força*; 2. atribuir qualidades e sentimentos humanos a (seres irracionais e inanimados); personalizar: *personificar os animais e as árvores, numa obra literária*; 3. representar (qualidade ou abstração); simbolizar: *sua personagem personifica o mal*].
personal trainer [ingl.] *loc s2gên* Profissional de condicionamento físico que elabora exercícios físicos específicos para um atleta ou um indivíduo e o instrui e acompanha o seu treinamento com absoluta exclusividade, na academia, lar ou trabalho; treinador(a) particular para exercícios físicos ou musculação. · Pl.: *personal trainers.* · Pronuncia-se *pêrsonal trêinâr.*
persona non grata [lat.] *loc s2gên* Pessoa que não é bem-vinda a um ambiente qualquer: *o diplomata é considerado uma persona non grata em nosso país; você é persona non grata em nossa casa.* · Pl.: *personae non gratae.* · Antôn.: *persona grata.*
pers.pec.ti.va *sf* 1. Arte de desenhar objetos sólidos em uma superfície bidimensional para dar a impressão correta de sua altura, largura, profundidade e posição em relação uns aos outros, quando vistos de determinado ponto: *um desenho em perspectiva.* 2. Imagem desenhada em perspectiva, princ. aquela que pareça aumentar ou estender o espaço real, ou dar o efeito de distância: *as figuras em primeiro plano estão totalmente fora de perspectiva; no séc. XV, os artistas italianos redescobriram as regras da perspectiva.* 3. Atitude ou modo particular de ver ou considerar alguma coisa; ponto de vista: *o romance é escrito da perspectiva de uma criança; ele escreve de uma perspectiva marxista; ele traz uma nova perspectiva para essa questão.* 4. Em geometria, relação de duas figuras no mesmo plano, de modo que pares de pontos correspondentes se encontram em linhas concorrentes e as linhas correspondentes se encontram em pontos colineares. 5. Maneira sensata de julgar e comparar as situações, para que não se imagine que algo é mais sério do que realmente é; verdadeira compreensão da importância relativa das coisas; senso de proporção: *os números devem ser colocados em perspectiva.* 6. Vista de uma grande área; visão geral; panorama: *as fotos mostram duas perspectivas da baía de Guanabara; do Pão de Açúcar temos uma boa perspectiva da beleza da cidade.* 7. Expectativa, esperança, probabilidade: *ele vive a perspectiva de dias melhores.*
pers.pi.caz *adj* Que tem grande entendimento intuitivo; que compreende muito rapidamente o que está acontecendo; que tem perspicácia; sagaz: *toda mulher é, por natureza, perspicaz na análise da alma do homem.* · Superl. abs. sintético: *perspicacíssimo.* · Antôn.: *bronco.* → **perspicácia** *sf* (qualidade de perspicaz; agudeza de espírito, de percepção; sagacidade).
per.su.a.dir *v* 1. Levar (alguém) a aceitar coisa diversa daquela que inicialmente desejava; convencer: *persuadiu o pai a procurar um médico.* **persuadir-se** 2. Aceitar plenamente, por força da razão; convencer-se: *ela se persuadiu de que deveria casar urgentemente.* · Antôn.: *dissuadir.* → **persuadimento** *sm* ou **persuasão** *sf* [1. ato ou efeito de persuadir(-se); 2. ato de incutir ou plantar uma ideia na mente de alguém, com o fim de induzi-lo a tomar determinada atitude: *os líderes têm grande poder de persuasão*; 3. certeza fortemente estabelecida; convicção], de antôn. *dissuasão*; **persuasível, persuasivo** ou **persuasório** *adj* (que persuade ou tem o poder de convencer: *o uso de imagens é de grande poder persuasivo; bombas atômicas são poderosas armas persuasórias*).
per.ten.cer *v* 1. Ser propriedade: *a casa pertence a meus pais.* 2. Fazer parte; ser componente; integrar: *esta peça pertence àquela máquina.* 3. Caber, assistir, ser devido ou merecido: *pertenceu-lhe por mérito o prêmio.* 4. Dizer respeito a; ser relativo a: *esse fato pertence à Guerra do Paraguai.* 5. Ser próprio ou característico de: *essa atitude pertence mais a uma criança que a um adulto; o raciocínio pertence só ao ser humano.* 6. Ser da responsabilidade ou obrigação de: *essa missão a mim me pertence.* → **pertencente** *adj* (1. que pertence a alguém ou a alguma coisa: *esses documentos são pertencentes a mim; aeronave pertencente à FAB*; 2. pertinente, concernente, relativo a: *assunto pertencente à física quântica*; 3. que faz parte integrante de alguma coisa: *peça pertencente a um motor*); **pertences** *smpl* (tudo o que pertence a alguém ou a alguma coisa como propriedade ou como complemento; bagagem, trouxa).

per.ti.naz *adj* 1. Que é muito tenaz, com o componente da teimosia, proveniente de opinião ou capricho. 2. Extremamente persistente ou perseverante. · Superl. abs. sintético: *pertinacíssimo.* · Antôn.: *inconstante, volúvel.* → **pertinácia** *sf* (1. ato ou qualidade de pertinaz; 2. teimosia, obstinação; 3. persistência, tenacidade), de antôn. *inconstância, volubilidade.*
per.ti.nen.te *adj* 1. Relativo, concernente, atinente: *questão pertinente à política.* 2. Que tem lógica ou íntima ligação com o assunto em pauta; que vem a propósito; oportuno, apropriado, conveniente: *não acho pertinente discutir esse assunto nesta reunião.* 3. Válido, importante, relevante: *sua pergunta é pertinente.* → **pertinência** *sf* (qualidade de pertinente).
per.to *adv* 1. A pouca distância; de perto: *vi o presidente bem perto.* 2. Pouco afastado no tempo: *as férias estão perto.* // *adj* 2. Que fica nas proximidades; próximo: *procurei uma farmácia perto; comemos num restaurante aqui perto.* · Antôn.: *longe.* (Na linguagem popular, admite-se ainda o diminutivo: *pertinho.*) ·· **Perto de.** 1. Próximo de (no espaço e no tempo): *Moro perto da praia. Estamos perto do fim do ano.* 2. Cerca de, aproximadamente: *Aguardei-a perto de uma hora.* 3. A ponto de: *Estávamos perto de desistir.* 4. Em comparação com: *Perto de você, não sou ninguém.* ·· **De perto.** 1. A pouca distância; perto (1): *Eu estava sendo seguido de perto.* 2. Em profundidade; realmente: *Casando é que se conhece a pessoa de perto.*
per.tur.bar *v* 1. Causar perturbação ou algum tipo de transtorno, aborrecimento, chateação a; incomodar: *essa menina perturba todo o mundo.* 2. Desnortear, desorientar, confundir: *a mudança no trânsito da região perturbou os motoristas.* 3. Causar abalo no espírito de; inquietar, desassossegar: *as vaias não o perturbaram.* 4. Pôr fim a; acabar com: *não perturbe o meu sossego!* **perturbar-se** 5. Perder a serenidade de espírito, a tranquilidade interior ou a compostura; abalar-se: *ele se perturbou, quando recebeu essa notícia.* 6. Sentir vergonha; envergonhar-se: *ela ainda se perturba um pouco, quando se despe na presença das filhas.* 7. Atrapalhar-se, confundir-se: *ele ainda se perturba um pouco no trânsito paulistano.* → **perturbação** *sf* [ato ou efeito de perturbar(-se)]; **perturbado** *adj* (que sofreu perturbação); **perturbador** (ô) *adj* e *sm* (que ou aquele que perturba).
per.tús.sis *sf2núm* Doença altamente contagiosa e perigosa para crianças, que causa tosse violenta contínua e dolorosa, por isso também conhecida como *tosse convulsa* ou *coqueluche.*
pe.ru *sm* 1. Ave galinácea doméstica de grande porte e de carne muito apreciada. 2. Prato preparado com essa carne. 3. *Pop. Chulo* Pênis. // *sm* 4. *Pop.* Pessoa que assiste a um jogo sem nele participar, porém, dando muitos palpites; sapo. → **perua** *sf* (1. fêmea do peru; 2. *pop.* caminhonete de tamanho médio, fechada, que pode transportar tanto carga quanto passageiros; 3. *pop.pej.* mulher de vida fácil; prostituta; 4. *pop.pej.* mulher de modos e vestes extravagantes, exageradas, porém, sempre convicta de que está muito elegante ou distinta); **peruação** *sf* (*pop.* ato de peruar; sapeação); **peruada** *sf* (*pop.* 1. palpite em jogos de cartas; sapeada; 2. brincadeira de mau gosto; 3. desfile de calouros, na festa de encerramento do trote, nas faculdades); **peruar** *v* [assistir a (jogo de cartas), dando palpites]; **perueiro** *sm* (motorista de lotação).
Peru *sm* O terceiro maior país da América do Sul, cuja área equivale à do estado do Pará. → **peruano** *adj* e *sm.*
pe.ru.ca *sf* Cabeleira postiça, princ. a usada por homens nos séculos XVII e XVIII. → **peruqueiro** *sm* (homem especializado na confecção de perucas).
per.ver.so *adj* e *sm* 1. Que ou aquele que tem índole má e sente prazer em causar dor ou praticar o mal. // *adj* 2. Caracterizado por essa índole; malvado: *ideias perversas.* → **perversão** *sf* [ato ou efeito de perverter(-se)]; **perversidade** *sf* (1. qualidade de perverso; maldade); 2. ação perversa; maldade, crueldade); **perverter** *v* (1. estragar (o que é bom ou puro); corromper: *as más companhias o perverteram*; 2. desvirtuar: *ele perverte tudo o que ouve*); **perverter-se** (1. tornar-se perverso: *ele se perverteu andando em más companhias*; 2. corromper-se, depravar-se: *a sociedade moderna se perverte à medida que*

evolui tecnologicamente); **pervertido** *adj* e *sm* (que ou aquele que se perverteu; depravado).

pe.sa.de.lo (ê) *sm* **1**. Sonho assustador ou profundamente angustiante que costuma acordar quem dorme: *dormir com estômago cheio causa pesadelos.* **2**. *P.ext.* Qualquer experiência ou expectativa terrível: *o pesadelo de um tsunâmi na costa brasileira.* // *sm* **3**. *Fig.Pej.* Pessoa, coisa ou situação que só incomoda ou aborrece e com a qual é difícil lidar: *levar crianças a restaurante pode ser um pesadelo; os anos na prisão foram um pesadelo.*

pe.sa.do *adj* **1**. Que tem grande peso: *equipamento pesado; mala pesada.* **2**. *Fig.* Difícil, duro, árduo, penoso: *ele é amigo de serviço pesado.* **3**. Profundo, intenso: *ter sono pesado.* **4**. Difícil de digerir; indigesto: *pepino sem casca é alimento pesado.* **5**. *Fig.* Grosso, forte, robusto: *para enfrentar esse frio, só mesmo um casaco pesado.* **6**. *Fig.* De assimilação difícil: *teoria pesada.* **7**. *Pop.* Azarento, sem sorte, infeliz: *sou pesado mesmo, veja o que um passarinho me fez!* **8**. *Fig.* Grosseiro, rude: *homem de feição pesada.* **9**. *Fig.* Denso, carregado: *nuvens pesadas povoam o céu.* **10**. Que dificulta o desempenho, a atividade ou a atuação. **11**. Lerdo, lento: *jogador pesado.* **12**. Tenso, opressivo: *o ambiente está pesado por lá.* **13**. *Fig.* Carregado, forte: *ela só usa maquiagem pesada.* **14**. *Fig.* Exagerado, afetado: *decoração pesada.* **15**. *Fig.* Perigoso ou desagradável: *quando a polícia chegou aí que a coisa ficou pesada.* **16**. *Fig.* Vultoso: *pesados impostos; receber multa pesada.* **17**. De alto poder destrutivo; poderoso: *armamento pesado.* **18**. *Fig.* Congestionado, trancado: *o trânsito hoje está pesado.* // *adv* **19**. Intensamente: *treinar pesado.* // *sm* **20**. Trabalho duro: *pegar no pesado ninguém quer.* · Antôn.: *leve.*

pê.sa.mes *smpl* Manifestação de pesar, geralmente por morte de alguém; condolências.

pe.sar *v* **1**. Avaliar o peso de: *pesar o ouro.* **2**. Avaliar as consequências de; medir: *pese o que você vai dizer!* **3**. Recair: *pesa sobre mim tal responsabilidade.* **4**. Influir, influenciar: *sua opinião pesou na minha decisão.* **5**. Causar desgosto ou pesar: *pesa-me vê-lo tão triste.* **6**. Ter certo peso: *quantos quilos você pesa?* **7**. Ser pesado: *minha mala não pesa.* **8**. Produzir mal-estar: *esse tipo de comida pesar.* **pesar-se 9**. Verificar o próprio peso: *pesei-me depois da corrida, para ver quantos quilos perdi.* // *sm* **10**. Desgosto, tristeza: *manifestar pesar pelo passamento de alguém.* → **pesaroso** (ô; pl.: ó) *adj* (**1**. marcado por pesar; que expressa pesar; **2**. que causa pesar). ·· **Apesar dos pesares.** Apesar de tudo: *Apesar dos pesares, eles se amam.* ·· **Em que pese a**. Apesar de; a despeito de; sem embargo de; não obstante: *Em que pese à tempestade, chegamos bem.* (Como locução prepositiva que é, jamais deve ter o elemento pese variável, como se vê aqui e ali.) ·· **Pesar as palavras**. Falar com gravidade.

pes.ca *sf* **1**. Ato, ocupação, arte ou esporte de pescar; pescaria: *presenciei a pesca de bacalhau, na Noruega.* **2**. Aquilo que se pescou: *conseguimos pouca pesca hoje.* **3**. Lugar em que se pesca: *a pesca melhor é em alto-mar.* **4**. Indústria pesqueira: *o governo vai subsidiar a pesca brasileira.* · V. **haliêutica** e **piscatório**. → **pescador** (ô) *adj* e *sm* (que ou o que pesca); **pescaria** *sf* [pesca (1)]; **pescar** *v* [**1**. apanhar ou fisgar (peixe): *pesquei um jaú*; **2**. apanhar como se apanha peixe: *pescar pérolas*; **3**. *pop.* ver de relance: *pesquei o que estava escrito no bilhete* **4**. *pop.* entender: *não pesco nada de japonês*; **5**. *gír.* colar, filar (em provas ou exames): *aluno meu não pesca*]; **pesqueiro** *adj* (**1**. rel. a pesca: *a indústria pesqueira*; **2**. próprio para pesca: *objetos pesqueiros*). ·· **Pescar em águas turvas** (fig.). Tirar proveito de situação confusa ou agitada.

pes.can.ço *sm* **1**. Ato de espreitar: *o pescanço de um policial à paisana numa boca de fumo.* **2**. Espreitadela no jogo de um parceiro, num carteado.

pes.co.ço (ô) *sm* **1**. Parte do corpo, no homem e em certos animais, que liga a cabeça ao tronco. **2**. Parte de veste que cobre o pescoço. **3**. Qualquer parte delgada semelhante. · V. **cerviz**. → **pescoção** *sm* (**1**. pescoço grande; **2**. tapona ou pancada com a mão aberta no pescoço; **3**. *p.ext.* qualquer tapa violento; sopapo, tabefe, safanão).

pe.so (ê) *sm* **1**. Força vertical que a gravidade exerce sobre um corpo: *ele mantém todo o peso do corpo na perna esquerda.* **2**. Pedaço de metal utilizado na balança, para avaliar ou determinar quanto pesado é um objeto ou a quantidade de uma substância. **3**. Massa relativa de um corpo ou quantidade de matéria contida nele, dando origem a uma força descendente: *ela quer perder peso; o peso de um caminhão.* **4**. Qualquer coisa pesada: *não posso com peso, por causa da minha coluna; levantar pesos.* **5**. *Fig.* Tudo o que incomoda, cansa ou molesta: *peso na consciência.* **6**. *Fig.* Perturbação ou indisposição em alguma parte do corpo. **7**. *Fig.* Prestígio, importância, relevância, influência: *sua opinião aqui tem peso.* **8**. *Fig.* Mérito, valor: *este dicionário é uma obra de peso; ela não dá peso a meus conselhos.* **9**. *Fig.* Carga, pressão: *tirei um grande peso de cima de mim, ao desfazer-me desse imóvel; ela agora carrega todo o peso de cuidar da família.* **10**. Unidade monetária e moeda de vários países (Argentina, Bolívia, Chile, Colômbia, Cuba, Filipinas, Guiné-Bissau, República Dominicana e Uruguai). **11**. Cada uma das categorias em que os boxeadores são divididos, de acordo com o seu peso corporal. **12**. *Pop.* Azar, falta de sorte: *perder os documentos é muito peso num dia só.*

pes.pe.gar *v* **1**. Assentar ou dar (murro, tapa, soco, etc.) com violência. **2**. Contar ou dizer (mentira), como se fosse verdade: *ela me pespegou uma mentira daquelas!*

pes.pon.to ou **pos.pon.to** *sm* **1**. Ponto da costura em que a agulha passa duas vezes pelo mesmo buraco ou um pouco atrás do lugar em que saiu o ponto anterior; ponto largo bem visível; ponteado (2). **2**. Costura externa, feita à máquina, que serve para prender ou para enfeitar. → **pespontar** *v* (dar pesponto em ou coser a pesponto).

pes.qui.sa *sf* **1**. Ato ou efeito de pesquisar: *fazer uma pesquisa de mercado.* **2**. Estudo sistemático e investigação científica minuciosa acerca de um assunto ou campo de conhecimento, para descobrir ou estabelecer fatos, corrigir teorias, princípios, etc.: *pesquisa científica.* → **pesquisador** (ô) *adj* e *sm* (que ou aquele que pesquisa); **pesquisar** *v* (fazer pesquisa de).

pês.se.go *sm* Fruto comestível do pessegueiro, de polpa carnuda e doce, rico em vitaminas A e C. → **pessegada** *sf* (doce de pêssego em pasta); **pessegueiro** *sm* (árvore de pequeno porte, nativa da China, que dá o pêssego).

pes.si.mis.mo *sm* **1**. Tendência a ver somente o que é desvantajoso e a encarar a vida e os fatos pelo lado negativo, sempre aguardando o pior. **2**. Crença de que o mundo encerra mais coisas más que boas. · Antôn.: *otimismo.* → **pessimista** *adj* (**1**. rel. a pessimismo e a seus adeptos; derrotista; **2**. caracterizado por pessimismo: *ideias pessimistas*) e *adj* e *s2gên* (derrotista), de antôn. *otimista.*

pés.si.mo *adj* Superlativo absoluto sintético erudito de *mau*; muito mau; malíssimo. · Antôn.: *ótimo.*

pes.so.a (ô) *sf* **1**. Cada um dos seres humanos vivos. **2**. Cada uma das três classes de pronomes pessoais ou de formas verbais que se referem à identidade do falante, a saber: a primeira pessoa (quem fala), a segunda pessoa (a com quem se fala) e a terceira pessoa (de que ou de quem se fala).

pes.so.al *adj* **1**. Relativo à própria pessoa; particular, próprio. **2**. Relativo às pessoas do discurso. // *sm* **3**. Conjunto de pessoas encarregadas de certo serviço: *departamento de pessoal de uma empresa.* **4**. Conjunto dos amigos, colegas ou parentes. · Superl. abs. sint. erudito: *personalíssimo.*

pes.ta.na *sf* **1**. Cada um dos pelos da pálpebra, destinados a proteger o olho; cílio. **2**. Sono ligeiro, soneca, cochilo. → **pestanejar** *v* (piscar), que mantém fechada a vogal tônica durante a conjugação.

pes.te *sf* **1**. Qualquer mal epidêmico ou epizoótico, contagioso e sem caráter definido, que produz grande mortandade; pestilência. // *s2gên* **2**. Pessoa maldosa, de má índole. → **pestear(-se)** *v* [infectar(-se) de peste, empestar(-se)], que se conjuga por *frear*; **pestilência** *sf* [**1**. qualidade ou estado de pestilento; **2**. peste (1); **3**. doença contagiosa; **4**. influência má, perniciosa; **5**. mau cheiro; fedor]; **pestilencial** ou **pestilento** *adj* (**1**. rel. a peste: *febre pestilenta*; **2**. que provoca peste; **3**. contaminado por peste; **4**. que exala um odor infecto ou que produz exalações nocivas à saúde; fétido).

pes.ti.ci.da *adj* e *sm* Que ou produto químico altamente tóxico, usado no combate a pragas (insetos) da lavoura; defensivo agrícola; agrotóxico.

pe.ta (ê) *sf* Mentira para fazer gracejo, troça, gozação.

pé.ta.la *sf* Cada um dos elementos que compõem a corola de uma flor. → **petalino** *adj* (sem. a uma pétala).

pe.tar.do *sm* **1**. Engenho explosivo portátil, usado antigamente para explodir portões e pontes. **2**. *Pop.* Chute violento ou muito forte; tirambaço, cacetada. → **petardar** ou **petardear** *v* [**1**. colocar petardo em (algo que se quer derrubar, perfurar ou explodir: *petardaram a parede da empresa, para saqueá-la*; **2**. dar murros ou socos em; esmurrar, socar: *petardearam a cara do árbitro*; **3**. detonar ou explodir como petardo: *quando* *o time entra em campo, fogos petardeiam*), que se conjuga por *frear*; **petardeiro** *sm* (aquele que faz ou coloca petardos).

pe.te.ca *sf* **1**. Pequena bola achatada e leve, com penas espetadas em penacho, que se joga com a palma das mãos. **2**. Jogo em que se usa essa pequena bola achatada. // *sf* **3**. *Fig. Pej*. Pessoa sem personalidade, que se manipula facilmente; joguete. → **petecada** *sf* [**1**. arremesso de peteca; **2**. pancada ou golpe dado com peteca; **3**. *pop*. no futebol, controle ou domínio da bola na ponta dos pés, fazendo-a quicar várias vezes, sem deixá-la cair no chão; ato de petecar (2)]; **petecar** ou **empetecar** *v* [**1**. enfeitar ou vestir com excessivo apuro: *empetecou a filha para receber as visitas*; **2**. *pop*. dar petecadas (3) em: *quer ser jogador de futebol e nem petecar uma bola sabe!*]; **petequear** *v* (jogar peteca), que se conjuga por *frear*.

pe.te.le.co *sm Pop*. Pequena pancada que se dá com a ponta do dedo médio ou do indicador, apoiado no polegar e solto com força na orelha de alguém; piparote na orelha.

pe.ti.ção *sf* **1**. Ato ou efeito de pedir. **2**. Pedido solene e por escrito, dirigido a autoridade superior ou a autoridade pública. **3**. Instrumento em que se faz esse pedido. •• **Em petição de miséria**. Em estado lastimável; em frangalhos. → **peticionar** *v* (fazer petição; requerer).

pe.tis.co *sm* **1**. Comida saborosa e delicadamente preparada. **2**. Iguaria servida como aperitivo. → **petiscar** *v* (**1**. comer pouco; provar, beliscar: *as crianças apenas petiscaram a comida*; **2**. alcançar ou conquistar alguma coisa: *quem não arrisca não petisca*).

pe.tiz *adj* **1**. Pequeno. // *sm* **2**. Menino, garoto, guri. · Fem.: *petiza*. · Col.: *petizada sf*.

pe.tra.lha *adj* e *s2gên* **1**. Que ou esquerdista que é militante do Partido dos Trabalhadores (PT). // *adj* **2**. Relativo ou pertencente a petralha: *manifestação petralha*; *instituto petralha*. → **petralhado** *sf* (grupo de petralhas).

pé.treo *adj* **1**. De pedra: *degraus pétreos*; *caminhos pétreos*. **2**. *Fig*. Duro, insensível: *homem de coração pétreo*. **3**. *Fig*. Intocável, imutável: *cláusula pétrea da Constituição*. **4**. *Fig*. Próprio de pedra; sepulcral: *mantive silêncio pétreo sobre a questão*. **5**. *Fig*. Que não mostra simpatia ou benquerença: *quando entrei, ela me dirigiu um olhar pétreo*.

pe.tri.fi.car(-se) *v* **1**. Transformar(-se) em pedra ou em substância pétrea: *o tempo petrifica as folhas e os ossos; a lava vulcânica se petrifica, ao esfriar*. **2**. *Fig*. Tornar(-se) frio, insensível, desumano: *o ódio petrifica corações*. **3**. *Fig*. Tornar(-se) paralisado de medo ou de susto: *a má notícia a petrificou*; *petrificou-se, ao receber a má notícia*. → **petrificação** *sf* [**1**. ato ou efeito de petrificar(-se); **2**. *fig*. estado em que a pessoa sofre perturbação dos sentidos ou paralisação, de medo ou de susto].

Petrobras *sf* Acrônimo de Petróleo Brasileiro S.A., empresa brasileira que explora e produz petróleo.

pe.tró.gli.fo *sm* Escultura ou inscrição feita em rocha, geralmente por povo pré-histórico: *os povos nativos consideravam espaços sagrados os locais de petróglifos*.

pe.tró.leo *sm* Óleo mineral de cor negra, originário de resíduos orgânicos pré-históricos, oriundo de camadas profundas do solo e de certos estratos de rochas, que depois de refinado produz combustíveis (gasolina, querosene, óleo diesel, etc.). → **petroleiro** *adj* (**1**. de petróleo; petrolífero: *setor petroleiro*; **2**. que produz petróleo; petrolífero: *país petroleiro*) e *adj* e *sm* (**1**. que ou pessoa que trabalha na indústria petroleira; **2**. que ou navio que transporta petróleo); **petrolífero** *adj* (**1**. de petróleo; **2**. que contém ou que produz petróleo: *rocha petrolífera; indústria petrolífera*).

pe.tro.lo.gi.a *sf* Litologia (1). → **petrológico** *adj* (rel. a petrologia); **petrologista** *adj* e *s2gên* ou **petrólogo** *sm* (especialista em petrologia).

pe.tro.quí.mi.ca *sf* **1**. Química do petróleo e seus derivados. **2**. Ramo da geoquímica que estuda a composição química das rochas. → **petroquímico** *adj* (**1**. rel. a petroquímica; **2**. diz-se da indústria que usa o petróleo ou o gás natural como matéria- -prima, para obter produtos químicos) e *adj* e *sm* (especialista em petroquímica).

pet shop [ingl.] *loc sf* Estabelecimento comercial especializado em vender filhotes de animais e seus alimentos e acessórios, além de oferecer serviços de embelezamento e higiene (banho, tosa, cauterização, hidratação, castração, vermifugação, aplicação de carrapaticida fitoterápico, etc.) e, eventualmente, consultas veterinárias; loja de animais. · Pl.: *pet shops*. · Pronuncia-se *pét xóp*.

pe.tu.lan.te *adj* e *s2gên* **1**. Que ou pessoa que é atrevida, insolente, irreverente, desaforada, descarada. **2**. Que ou pessoa que é presumida, que se tem na mais alta conta. → **petulância** *sf* (ato, dito ou comportamento de petulante; atrevimento, insolência: *ela teve a petulância de querer ensinar o pai-nosso ao vigário!*).

pe.xo.te ou **pi.xo.te** *s2gên* **1**. Pessoa que, por ser inexperiente ou imatura, comete grandes erros em qualquer atividade; inexperiente. **2**. Garoto(a); moleque ou moleca; guri(a). → **pexotada** ou **pixotada** *sf* (**1**. ato de pexote; **2**. falta cometida por inexperiência ou ignorância). (À 6.ª ed. do VOLP incluiu as formas *pixotada* e *pixote*, cacográficas desde os mais remotos tempos.)

pez (ê) *sm* **1**. Secreção resinosa do pinheiro e de muitas outras árvores da mesma família. **2**. Piche.

pe.zu.nho *sm* **1**. Chispe. **2**. *Pop.Pej*. Pé grande e malfeito.

phishing [ingl.] *sm* Crime cibernético que consiste em fraudar ou enganar pessoas com o propósito de manipulá-las e obter informações confidenciais, como senhas e número de cartões de crédito. • Pronuncia-se *fíchin*.

pi *sm* **1**. Décima sexta letra do alfabeto grego. **2**. Número irracional ou transcendental (3,14159265358979), representado pelo símbolo ¶, que expressa a relação constante existente entre o comprimento (perímetro) de uma circunferência e o seu diâmetro. **3**. Esse símbolo.

pi.a *sf* **1**. Bacia ou vaso geralmente de louça e fixo a uma parede, usado em banheiros, lavabos e cozinhas, para lavar mãos, pratos, talheres, legumes, frutas, etc. **2**. Lavabo, lavatório.

pi.á *sm* **1**. Índio jovem. **2**. *P.ext*. Qualquer menino; garoto, guri. **3**. Menino mestiço de índio com branco. **4**. *Pop.RS/SC* Nas estâncias, peão menor de idade que não é branco.

pi.a.ça.ba ou **pi.a.ça.va** *sf* **1**. Nome vulgar de duas palmeiras que fornecem boa fibra para o fabrico de vassouras. **2**. Essa fibra. **3**. Essa vassoura. → **piaçabal** ou **piaçaval** *sm* (plantação de piaçabas).

pi.a.da *sf* **1**. Voz característica de certas aves e do morcego; piado, pio: *a piada da coruja amedronta*. **2**. Narrativa curta e engraçada, geralmente picante; anedota: *ele conhece várias piadas do papagaio*. **3**. Dito ou referência engraçada: *ele faz piada até de tragédia*. **4**. Que tem má qualidade; que é ridículo: *essa telenovela é uma piada*. **5**. *Pop*. Conversa fiada, lorota, estória. **6**. Brincadeira de mau gosto: *eleger aquele palhaço foi uma grande piada*. → **piadista** *adj* e *s2gên* (que ou pessoa que conta ou cria piadas).

pi.a-má.ter *sf* Membrana delicada, fibrosa e altamente vascularizada que forma a parte mais interna das três meninges que cobrem o cérebro e a medula espinhal. · Pl.: *pias-máteres*.

pi.a.no *sm* Instrumento musical de cordas, cuja percussão se faz por meio de um teclado. → **pianista** *adj* e *s2gên* (**1**. que ou pessoa que toca piano e **2**. *pop*. que ou parlamentar que vota por um colega ausente, acionando a tecla do painel de votação por ele); **pianística** *sf* (arte e técnica de tocar piano ou de compor peças para esse instrumento); **pianístico** *adj* (rel. a pianista ou a pianística).

pi.ão *sm* Brinquedo infantil que consiste num pedaço de madeira de forma cônica, provido de ponta de ferro, que se faz girar com um cordel.

pi.ar *v* Soltar pios ou piados. · V. **pio**. → **piado** *sm* (**1**. pio das aves, do morcego ou de apitos; **2**. som produzido pelos asmáticos em crise).

Piauí *sm* Estado da Região Nordeste do Brasil. → **piauiense** *adj* e *s2gên*.

PIB *sm* Acrônimo de Produto Interno Bruto, somatório dos bens e serviços produzidos em uma economia, em determinado período, geralmente um ano.

pi.ca ou **pi.ça** *sf Pop.Chulo* Pênis (de adulto).

pi.ca.dei.ro *sm* Parte central do circo, na qual se exibem os artistas; arena.

pi.ca.nha *sf* **1**. Parte posterior da região lombar do boi. **2**. Carne dessa região, muito apreciada como churrasco.

pi.cão *sm* **1**. Erva daninha que desprende uma semente semelhante a uma agulha negra; carrapicho. **2**. Ferramenta pontiaguda usada para lavrar pedra. **3**. Picareta. **4**. Vara comprida com ferrão na ponta; ferrão de picada. **5**. Instrumento de apoio usado por alpinistas. **6**. *Pop.Chulo* Pênis grande. **7**. *Pop*. Homem que transa com muitas mulheres; comedor.

pi.ca-pau sm Ave trepadora, de bico forte, que perfura paus, tocos, etc., para daí extrair inseto ou larva de que se alimenta. · Pl.: *pica-paus*.

pi.ca.pe sf Veículo de transporte misto, de carroceria aberta, para passageiros e carga comercial leve (não superior a 3.500kg).

pi.car v **1**. Ferir ou furar com algo pontiagudo ou contundente: *picar o dedo com um alfinete*. **2**. Ferir com o ferrão (insetos) ou com os dentes (ofídio): *a muriçoca me picou*. **3**. Ferir com o bico; bicar: *o papagaio picou-lhe o dedo*. **4**. Cortar em pedacinhos: *picar cebola*. **picar-se 5**. Ferir-se com algo pontiagudo; espetar-se: *piquei-me no limoeiro*. **6**. *Pop*. Ir-se embora mais ou menos apressadamente; picar a mula: *quando viu o pai da moça chegando, ele se picou*. → **picada** sf [**1**. ato ou efeito de picar; **2**. ferida feita com objeto pontiagudo (agulha, alfinete, etc.); **3**. ferroada de inseto ou mordedura de cobra; **4**. bicada; **5**. trilha na mata, aberta a facão ou a machado; **picadinho** sm (preparado culinário composto de carne moída ou picada, com batata, etc.); **picado** adj (**1**. que foi picado; **2**. cortado em pedacinhos; **picante** adj (**1**. que pica; **2**. que irrita ou excita o paladar; **3**. que envolve malícia; malicioso). ·· **Picar a mula**. Picar (6).

pi.car.di.a sf **1**. Grande desconsideração, que afronta a reputação de alguém; afronta, desfeita. **2**. Ação perversa; malvadez, velhacaria. **3**. *Pop*. Garbo ou elegância nas ações e nos gestos.

pi.ca.res.co (ê) adj Cheio de lances ridículos e grotescos.

pi.ca.re.ta (ê) sf **1**. Ferramenta usada para cavar, arrancar pedras, etc.; picão (3). // adj e sm **2**. *Pop.Pej*. Que ou pessoa que faz o possível e o impossível para obter vantagem para si, sempre de modo vil, sórdido; vigarista. → **picaretagem** sf (*pop.pej*. expediente sórdido de que alguém se serve para obter vantagens; vigarice); **picaretar** v (praticar picaretagens).

pi.çar.ra sf **1**. Terra misturada com areia e pedras; cascalho. **2**. Rodovia de chão batido; estrada de terra.

pi.cas pron *Pop.Chulo* Coisa nenhuma; bulhufas, nada: *ele não manja picas de matemática*.

pi.char v **1**. Cobrir com piche, para impermeabilizar: *pichar uma laje*. **2**. Escrever dizeres políticos ou protestos em muros ou paredes de: *picharam a cidade toda*. **3**. *Pop*. Falar muito mal de; meter o pau em; espinafrar: *os críticos picharam o filme*. → **pichação** sf ou **pichamento** sm (ato ou efeito de pichar); **piche** sm (substância negra, resinosa e pegajosa, produto da destilação do alcatrão de hulha ou da terebintina; pez.)

pi.cles smpl Legumes conservados em vinagre, usados como petisco ou como condimento.

pi.co sm **1**. Topo agudo ou ponto mais elevado de uma montanha ou cordilheira; cume. **2**. Clímax ou nível mais alto de um processo; auge: *o pico da doença ocorreu ontem*. **3**. Grande afluxo de veículos; pique: *horário de pico*. **4**. *Gír*. Dose de droga injetada com seringa. ·· **E picos**. E pouco(s): *Ela chegou às dez horas e picos. Ele deve de ter sessenta anos e picos*.

pi.co.gra.ma sm Unidade de medida de peso (símb.: **pg**) igual a 1 milionésimo de 1 micrograma ou a 1 trilionésimo de grama (10^{-12}g).

pi.co.lé sm Sorvete solidificado, preso a um palito.

pi.cô.me.tro sm Unidade de medida de comprimento (símb.: **pm**) equivalente a 1 trilionésimo de metro (10^{-12}m). → **picometria** sf (uso do picômetro); **picométrico** adj (rel. a picometria: *distâncias grandes, medidas com exatidão picométrica*).

pi.co.te sm **1**. Recorte dentado de selos postais, blocos de papel, etc. **2**. Perfuração feita em qualquer papel ou cartolina. → **picotadeira** ou **picotadora** (ô) sf (máquina própria para picotagem); **picotagem** sf (ato ou efeito de picotar); **picotar** v (fazer picotes em).

pic.tó.ri.co adj Relativo a pintura.

pi.cu.á sm **1**. Cesto, balaio. **2**. Saco de levar roupa ou comida em viagem por cavalgadura. // smpl **3**. Trastes, trens: *pegue os seus picuás e suma-se!* **4**. *Pop.SP* Paciência, saco: *não me encha os picuás!*

pi.cu.i.nha sf **1**. Desaforo que se faz por implicância ou pirraça, para provocar ou irritar alguém; provocação. **2**. Atitude hostil em relação a alguém; cisma, implicância: *o velho tem picuinha com crianças*. **3**. Dito picante. **4**. O primeiro pio das aves.

pi.dão ou **pi.do.nho** adj e sm Que ou aquele que vive pedindo coisas. · Fem.: *pidonha*.

pidgin [ingl.] sm Língua que se desenvolveu a partir de uma mistura de duas ou mais línguas, utilizada como forma de comunicação por pessoas que não falam a língua umas das outras, não sendo considerada língua materna de nenhum falante: *os pidgins tornam-se crioulos quando usados pelas pessoas como língua materna*. · Pl.: *pidgins*. · Pronuncia-se *pídjn*.

pi.e.da.de sf **1**. Amor e respeito pelas coisas religiosas; devoção, religiosidade. **2**. Compaixão pelos sofrimentos alheios; misericórdia, dó, pena. → **piedoso** (ô; pl.: ó) adj (que tem ou revela piedade).

pied-de-coq [fr. = pé de galo] sm **1**. Tecido semelhante ao *pied-de-poule*, porém, com efeitos geométricos maiores. // adj **2**. Diz-se desse tecido ou desse tipo de padronagem. · Pl.: *pied-de-coqs*. · Pronuncia-se *piê-di-kók*.

pied-de-poule [fr. = pé de galinha] sm **1**. Tecido em quadriculado geométrico, geralmente em preto e branco, imitando os dedos dos pés de galinha. // adj **2**. Diz-se desse tecido ou desse tipo de padronagem. // *s2gên* **3**. Pessoa aferrada a alguma coisa ou a alguma ideia. **4**. Pessoa apegada ao dever, ao trabalho ou a aula, à qual não falta por nada; caxias. **5**. Pessoa inimiga de mudanças ou inovações; reacionário(a). · Pl.: *pied-de-poules*. · Pronuncia-se *piê-di-puL*.

pi.e.gas adj e *s2gên* e *2núm* Que ou pessoa que é excessiva e ridiculamente sentimental. → **pieguice** sf ou **pieguismo** sm (ato, dito ou qualidade de piegas).

pí.er sm Construção perpendicular ao cais, para atracação de embarcações de um ou de ambos os lados.

piercing [ingl.] sm **1**. Perfuração da pele ou da mucosa do nariz, da língua, etc., para colocação de adornos de metal: *você faz piercing*? **2**. Esse adorno. · Pl.: *piercings*. · Pronuncia-se *pírcin*.

pi.er.rô sm **1**. Fantasia carnavalesca feita de calças e casaco bem largos, enfeitados com pompons e gola franzida. **2**. Homem assim fantasiado. · Fem. (2): *pierrete*.

pi.far v *Pop*. **1**. Deixar de funcionar; quebrar, estragar-se, enguiçar, encrencar: *o carro pifou no viaduto*. **2**. Não dar certo; falhar, fracassar: *todos os meus lindos planos pifaram*.

pi.fe-pa.fe sm Jogo de cartas com dois baralhos de 52 cartas e de cinco a nove participantes. · Pl.: *pife-pafes*.

pí.fio adj **1**. De baixa qualidade; ordinário, desprezível: *um jogo de futebol pífio*. **2**. Insignificante, irrisório: *esse é um negócio de lucros pífios*.

pi.gar.ro sm Irritação na garganta, provocada por secreção, que causa tosse característica, própria de fumante. → **pigarrar** ou **pigarrear** v (**1**. tossir com pigarro; **2**. limpar a garganta, com pigarro), que se conjuga por *frear*; **pigarrento** adj (que pigarreia demais).

pi.gér.ri.mo adj Superlativo absoluto sintético erudito de *preguiçoso*; muito preguiçoso.

pig.men.to sm **1**. Substância, como a melanina e a clorofila, que produz a cor característica dos tecidos animais e vegetais. **2**. Matéria corante, insolúvel na água, usada na fabricação de tintas. → **pigmentação** sf (**1**. formação ou acúmulo de pigmentos nos tecidos vivos, princ. na pele; **2**. coloração por um pigmento); **pigmentar** adj (rel. a pigmento) e v (**1**. dar a cor da pele a; **2**. colorir com tinta de pigmento).

pig.meu sm **1**. Indivíduo de um pequeno povo da África equatorial ou do sudeste da Ásia de estatura muito baixa (até 1,50m), que, porém, não se confunde com *anão*. // adj **2**. Relativo ou pertencente a esse povo: *as tribos pigmeias da Papua-Nova Guiné*. // adj e sm **3**. Que ou homem que é muito menor que o normal. **4**. *Fig*. Que ou aquele que é insignificante ou inexpressivo: *ele é um pigmeu político em altas pretensões*. · Fem.: *pigmeia* (éi).

pi.ja.ma sm Vestuário caseiro, amplo e leve, composto de casaco e calças, usado para dormir ou para ficar à vontade, na intimidade do lar.

pi.lan.tra adj e *s2gên* Que ou pessoa que é mau-caráter, malandra, geralmente bem-apessoada, para passar como gente bem; vigarista. → **pilantragem** sf (**1**. ato, atitude ou qualidade de pilantra; **2**. porção de pilantras).

pi.lão sm Recipiente feito de tronco de árvore, resistente, no qual se socam e esmagam grãos de cereais.

pi.lar v **1**. Amassar no pilão. // sm **2**. Coluna vertical de alvenaria que sustenta isoladamente uma construção, sem as proporções nem os ornamentos das colunas.

pi.las.tra sf Pilar quadrangular, do mesmo tamanho da coluna e encostado à parede por um dos lados.

pi.le.que sm Pop. Grande bebedeira.

pi.lha sf **1**. Porção de objetos colocados uns sobre os outros em linha vertical. **2**. Aparelho que transforma em corrente elétrica a energia desenvolvida numa reação química.

pi.lhar v **1**. Apanhar ou pegar em flagrante: *o árbitro pilhou o atacante em impedimento*. **2**. Roubar com violência; saquear: *delinquentes pilharam supermercados ontem enquanto durou o apagão*. → **pilhagem** sf (ação ou efeito de pilhar).

pi.lhé.ria sf Qualquer brincadeira ou piada inventada para divertir a turma e até o próprio autor. → **pilheriador** (ô) adj e sm (que ou aquele que é dado a pilhérias); **pilheriar** v (dizer pilhérias; agir ou falar de forma brincalhona ou jocosa; gozar).

pi.lo.ro sm Orifício inferior do estômago pelo qual passam os alimentos para o duodeno, após a digestão gástrica. → **pilórico** adj (rel. a piloro).

pi.lo.so (ô; pl.: ó) adj Cabeludo, peludo. → **pilosidade** sf (qualidade de piloso).

pi.lo.ti sm Cada uma das colunas que sustentam um edifício moderno, deixando livre e aberto o pavimento térreo, para circulação.

pi.lo.to (ô) sm **1**. Aquele que dirige barco, avião ou carro de corrida. **2**. Bico de gás que nos aquecedores se acende antes dos outros. // adj **3**. Que serve de ponto de partida para processos mais sofisticados; básico, modelar, experimental: *projeto piloto; planos piloto; usinas piloto*. (Como se vê, não varia nesta acepção.) · Fem. (1): *pilota* (ô). → **pilotagem** sf (**1**. arte de pilotar; **2**. profissão ou serviço de piloto; **3**. classe ou porção de pilotos); **pilotar** v [dirigir ou guiar (veículo, embarcação, etc.)].

pí.lu.la sf **1**. Medicamento globular destinado a ser engolido inteiro. **2**. Redução de *pílula anticoncepcional*, droga que evita a concepção de filhos; contraceptivo. → **pilular** adj (**1**. que tem forma de pílula; **2**. que pode ser dividido em pílulas).

pi.men.ta sf **1**. Planta cujo fruto tem gosto picante, usado como tempero; pimenteira. **2**. Esse fruto. → **pimenta-cumari** sf (cumari), de pl. *pimentas-cumari* ou *pimentas-cumaris*; **pimenta-do-reino** sf (**1**. planta de fruto redondo e escuro, usado seco como condimento; **2**. esse fruto), de pl. *pimentas-do-reino*; **pimenta-malagueta** (ê) sf (**1**. planta de fruto ardente e aromático, empregado em culinária, também chamada apenas *malagueta*; **2**. esse fruto), de pl. *pimentas-malaguetas*; **pimenteira** sf (planta que dá a pimenta).

pi.men.tão sm **1**. Planta herbácea, de fruto verde, amarelo ou vermelho, de sabor picante ou doce, usado como condimento e em saladas. **2**. Esse fruto.

pim.pão adj e sm **1**. Que ou aquele que é vaidoso, presunçoso. **2**. Que ou aquele que se esmera excessivamente no vestir; janota. **3**. Que ou aquele que se orgulha de uma coragem e valentia que não tem; bravateiro, fanfarrão. · Fem.: *pimpona*. → **pimponice** sf (ato, dito ou modos de pimpão).

pim.po.lho (ô) sm Criança robusta e saudável.

pi.na.co.te.ca sf **1**. Coleção de quadros. **2**. Museu de pinturas, telas ou quadros, geralmente de grandes pintores.

pi.ná.cu.lo sm **1**. Parte mais alta e saliente de um edifício, monte ou torre; píncaro. **2**. P.ext. Grau mais alto; auge, apogeu, píncaro, ápice, fastígio: *morreu no pináculo da carreira*.

pin.ça sf **1**. Pequeno objeto com duas hastes móveis, usado para apertar e puxar, extraindo alguma coisa; pequena tenaz. **2**. Órgão apreensor de certos insetos (caranguejo, siri, etc.). → **pinçamento** sm (ação ou efeito de pinçar); **pinçar** v [**1**. prender com pinça; **2**. tirar com pinça ou pelos de: *pinçar as sobrancelhas*; **3**. fig. colher ou selecionar (com certa minúcia): *pinçar dados*].

pín.ca.ro sm Pináculo.

pin.cel sm Objeto com cabo e conjunto de pelos na extremidade, usado princ. em pintura e para espalhar creme de barbear no rosto. → **pincelada** sf (**1**. traço ou toque feito com pincel; pincelagem; **2**. desenho feito com algumas pinceladas; **3**. expressão breve e acertada com que se resume uma ideia ou uma qualidade característica; toque); **pincelagem** sf [**1**. pincelada (1); **2**. pincelamento); **pincelamento** sm [ação ou efeito de pincelar; pincelagem (2)]; **pincelar** v [**1**. aplicar o pincel em; dar pinceladas em: *pincelar o filtro da secadora, para retirar-lhe a sujeira*; **2**. pintar com pincel: *pincelar porta, parede, muro*; **3**. friccionar (a garganta) com medicamento líquido]; **pinceleiro** sm (**1**. fabricante ou vendedor de pincéis; **2**. vaso onde se lavam e às vezes se deixam pincéis).

pin.char v **1**. Empurrar ou derrubar, fazendo saltar: *o cavalo pinchou-o da sela*. **2**. Atirar, lançar, jogar: *ela pinchou o copo de champanhe na parede*. **3**. Descer ou subir pulando; pular: *a criançada aplaudia quando o Zorro pinchava à sela do seu cavalo branco*. **pinchar-se 4**. Atirar-se, jogar-se, pular, saltar: *quando o Zorro se pinchava para o lombo do seu cavalo branco, a criançada aplaudia*. → **pincho** sm (salto que se dá de um lugar a outro; pulo).

pin.da ou **pin.da.í.ba** sf Pop. Falta de dinheiro; dureza.

pi.nel adj e s2gên Que ou pessoa que é meio doido, louco ou maluco. → **pinelar** v (ficar pinel). ·· **Ficar pinel**. Endoidar, pinelar.

pin.ga sf Cachaça. → **pinguço** adj e sm (cachaceiro).

pin.gen.te sm **1**. Objeto que pende ou fica pendurado: *lustre com pingentes*. **2**. Brinco de orelha. **3**. Enfeite que se traz pendente em correia de relógio, pulseira, etc.; berloque, penduricalho. // s2gên **4**. Pop. Pessoa que viaja pendurada no estribo de veículo de transporte.

pin.go sm **1**. Gota de líquido que cai. **2**. Mancha em forma de pingo. **3**. Quantidade mínima de alguma coisa; porção ínfima. **4**. Sinal ortográfico posto sobre as letras *i* e *j* (minúsculas); ponto. → **pingadeira** sf (**1**. porção ou sucessão de pingos; **2**. tudo o que pinga); **pingado** adj (cheio de pingos) e sm (copo de leite em que se pingou um pouco de café ou vice-versa); **pinga-pinga** adj e sm (pop. que ou qualquer veículo de transporte que para em qualquer lugar para apanhar e deixar passageiros), de pl. *pinga-pingas* ou *pingas-pingas*; **pingar** v (**1**. fazer cair aos pingos: *pingar colírio nos olhos*; **2**. deixar cair aos pingos: *o telhado pingava água barrenta*; **3**. correr ou cair aos pingos: *o suor pingava em bicas de seu rosto*; **4**. começar a chover: *já está pingando: apressemo-nos!*).

pin.gue.la sf **1**. Qualquer coisa (pau, tronco, pedra, etc.) que serve de ponte improvisada para atravessar um riacho. **2**. Gancho com que se armam ratoeiras ou arapucas. **3**. Peça de armadilha para pegar aves; pinguelo. → **pinguelo** sm [pinguela (3)].

pin.gue-pon.gue sm Jogo esportivo, variedade de tênis, em que os competidores usam raquetes de madeira e uma bolinha de celuloide, sobre uma mesa dividida ao meio por uma pequena rede de malhas. · Pl.: *pingue-pongues*. (Não se confunde com *tênis de mesa*, esporte olímpico de regras oficiais, unificadas no mundo inteiro, que usa bolinha específica, mais leve daquela usada no *pingue-pongue*, que é mais uma atividade recreativa, cujas regras podem ser combinadas no momento.)

pin.guim (u soa) sm Ave palmípede marinha, de asas curtas, adaptadas à natação, branca na frente e negra atrás, que vive em grandes bandos nas regiões frias do hemisfério sul.

pi.nha sf **1**. Fruto do pinheiro-do-paraná e de outras coníferas. **2**. Nome que se dá na Bahia e em Pernambuco à fruta-do-conde (RJ e SP) ou à ata (N e NE).

pi.nhão sm **1**. Semente do pinheiro, de casca marrom e polpa branca, comestível quando assada ou cozida. **2**. A menor engrenagem de duas que trabalham em conjunto.

pi.nhei.ro sm **1**. Nome genérico das árvores coníferas, que fornecem madeira resinosa, de boa qualidade. **2**. Essa madeira, clara e leve, mais conhecida como *pinho*, muito utilizada em carpintaria. **3**. Redução de *pinheiro-do-paraná*. → **pinhal** ou **pinheiral** sm (plantação de pinheiros); **pinheiro-do-paraná** sm [araucária; pinheiro (3)]; **pinho** sm [**1**. pinheiro (2); **2**. violão].

pi.ni.car v **1**. Ferir com o bico; bicar, picar: *os sanhaços pinicaram todos os mamões maduros do pé*. **2**. Dar beliscão ou picão; beliscar: *a professora pinicou-lhe o braço*. **3**. Produzir comichão ou ardor em; picar: *a urtiga pinica a pele da gente*. → **pinicada** sf ou **pinicão** sm (beliscão).

pi.no sm **1**. Peça metálica que firma as duas asas da dobradiça e lhes serve de eixo. **2**. Haste metálica que articula ou firma duas ou mais peças adjacentes. **3**. Haste de válvula em motor à explosão; tucho. **4**. Prego de pinho usado pelos sapateiros. **5**. Ponto mais alto do Sol; zênite. **6**. Em odontologia, haste metálica usada para fixar pivôs, etc. **7**. Cada uma das garrafinhas de madeira do jogo de boliche. **8**. Fig. Apogeu, auge, clímax: *estamos no pino do verão*. **9**. Posição vertical do corpo, apoiado sobre as mãos e com a cabeça para baixo. **10**. Gír. Pequena porção de cocaína, em formato roliço, embrulhada em plástico transparente. ·· **A pino**. A prumo: *O sol do meio-dia é tão quente, por causa do Sol a pino*.

pi.noi.a (ói) *sf* Coisa reles, ordinária, vagabunda, sem valor. •• **Uma pinoia!** Coisa nenhuma, uma ova: *Sou seu primo uma pinoia!*

pi.no.te *sm* **1**. Salto súbito, violento e repetido, dado pelas cavalgaduras. **2**. Salto, pirueta. **3**. *Gír.* Fuga. → **pinotear** *v* (dar pinotes), que se conjuga por *frear*. •• **Dar o pinote**. Fugir.

pin.ta *sf* **1**. Pequena mancha, natural ou artificial, na pele; sinal. **2**. *Pop.* Aspecto, jeito ou aparência (pessoal ou não): *ele tem pinta de cafajeste; pela pinta, vai chover*. **3**. Fêmea do *pinto*. **4**. *Pop.* Redução de *pinta-brava*.

pin.ta-bra.va *adj* e *s2gên* Que ou pessoa que tem maus modos ou que é libertina, depravada; pinta. · Pl.: *pintas-bravas*.

pin.ta.do *adj* **1**. Que foi coberto de tinta. **2**. Representado, patenteado. // *sm* **3**. Peixe de couro de grande porte, também conhecido como *jurupoca* e *surubi* (ou *surubim*).

pin.tar *v* **1**. Representar mediante linhas ou cores: *pintei uma praia hoje*. **2**. Recobrir de tinta ou de cores; colorir: *pintei o mapa do Brasil todo*. **3**. Aplicar cosmético em; maquiar: *já pintaram o palhaço para o espetáculo?* **4**. Exercer a profissão de pintor: *quem pinta no Brasil fica rico?* **5**. *Pop.* Estar prestes a acontecer; ser iminente: *está pintando goleada neste jogo*. **6**. *Pop.* Começar a aparecer; despontar: *está pintando um novo craque no Flamengo*. **7**. *Gír.* Aparecer, comparecer: *ela pinta aqui quase todos os dias*. → **pintor** (ô) *sm* (**1**. aquele que exerce a arte da pintura; **2**. aquele que pinta ou dá cor a alguma coisa: *pintor de muros e paredes*); **pintura** *sf* (**1**. arte, ato ou efeito de pintar; **2**. arte ou obra de uma pessoa que pinta; **3**. maquiagem: *ela não traz pintura nos olhos, apenas na boca*; **4**. tingimento, tintura: *ele usa uma pintura no cabelo*; **5**. *fig.* descrição minuciosa, escrita ou falada, de um fato: *a testemunha fez uma pintura do que ocorreu no apartamento*); **pinturilar** *v* (pintar a esmo, sem arte: *as crianças não pintam, elas pinturilam*). •• **Uma pintura! 1**. Mulher linda e formosa, quase perfeita fisicamente. **2**. Algo que agrada muito à vista: *A arena do Palmeiras é uma pintura!*

pin.tas.sil.go *sm* Passarinho ativo e canoro, de plumagem mesclada de vermelho, amarelo, branco e preto, muito apreciado como ave da gaiola. (Voz: *cantar, dobrar, modular, trilar*.)

pin.to *sm* **1**. Filhote macho de galinha. **2**. *Pop.Chulo* Pênis. · Fem. (1): *pinta*.

pin.to.so (ô; pl.: ó) *adj* Diz-se de homem elegante e de muito boa aparência; boa-pinta.

pinup [ingl.] *sf* **1**. Imagem de garota atraente, *sexy*, despida ou semidespida, geralmente em pose erótica, estampada em pôsteres, cartazes, calendários, etc. **2**. Esse cartaz, pôster, calendário, etc., que geralmente se pendura em parede. **3**. Essa garota. · Pl.: *pinups*. · Pronuncia-se *pínap*.

pi.o *sm* **1**. Piado. **2**. Assobio que imita o pio das aves, usado por caçadores para as atrair. // *adj* **3**. Piedoso, devoto. · Superl. abs. sintético (3): *pientíssimo*.

pi.o.lho (ô) *sm* Aracnídeo parasito de animais (galinhas, princ.), ou encontrado no cabelo de pessoas que não primam pela higiene. · V. **antipediculoso**. → **piolhento** *adj* e *sm* (que ou aquele que tem piolhos).

pi.o.nei.ro *adj* e *sm* Que ou aquele que primeiro faz ou realiza qualquer coisa; iniciador, fundador, criador.

pi.or *adj* **1**. Comparativo de superioridade de *mau*; mais mau, mais ruim. // *adv* **2**. Comparativo de *mal*; mais mal; piormente. // *sm* **3**. Aquilo que é mais mau (em relação a outro fato). · Antôn.: *melhor*. → **piora, piorada** *sf* ou **pioramento** *sm* (ato ou efeito de piorar); **piorar** *v* [tornar(-se) pior].

pi.or.ra (ô) *sf* Pitorra.

pi.or.rei.a (éi) *sf* **1**. Inflamação purulenta das gengivas e dos alvéolos dentários que pode ocasionar a perda do dente. **2**. Corrimento de pus. → **piorreico** (éi) *adj* (rel. a piorreia).

pi.pa *sf* **1**. Vasilha grande e bojuda, destinada a conter líquido. **2**. Papagaio de papel. **3**. *Fig.Pej.* Pessoa baixa e gorda; pitorra.

pi.pa.ro.te *sm* Pequena pancada desferida súbita e dolorosamente, dada com a ponta do dedo indicador dobrado e apoiado contra a face interna do polegar. → **piparotear** *v* (dar piparotes), que se conjuga por *frear*.

pi.pe.ta (ê) *sf* Tubo de vidro graduado, usado em laboratórios químicos.

pi.pi *sm* **1**. Órgão sexual masculino ou feminino, na linguagem infantil. **2**. Urina. **3**. Galinha. •• **Fazer pipi**. Urinar.

pi.pi.ar ou **pi.pi.lar** *v* **1**. Piar (ave). // *sm* **2**. Pio das aves. → **pipio** ou **pipilo** *sm* (ato ou efeito de pipilar).

pi.po.ca *sf* **1**. Tipo de milho miúdo, cujo grão se arrebenta ao fogo. **2**. Esse grão arrebentado. **3**. *Fig.* Pequeno tumor ou caroço na pele. → **pipocação** *sf*, **pipocamento** ou **pipoco** (ô) *sm* [ato ou efeito de pipocar(1)]; **pipocante** *adj* (que pipoca: *o pipocante motor de dois tempos dos DKWs*); **pipocar** ou **pipoquear** *v* (**1**. arrebentar, estourar; **2**. surgir ou aparecer de repente; **3**. no futebol, ficar com medo de entrar em jogada dividida); **pipoqueira** *sf* (**1**. qualquer recipiente em que se estouram grãos de pipoca; **2**. máquina ou aparelho para estourar pipoca); **pipoqueiro** *sm* (**1**. vendedor de pipocas; **2**. *gír.* jogador que evita lances de bola dividida, no futebol).

pi.que *sm* **1**. Jogo infantil em que uma criança procura outras, escondidas, que não devem chegar antes ao lugar determinado (o pique). **2**. Corrida em alta velocidade. **3**. *Pop.* Grande disposição; ânimo, entusiasmo: *seu marido está num pique, hem!* •• **Ir a pique**. Afundar-se, naufragar (embarcação).

pi.que.ni.que *sm* Passeio que se faz ao ar livre (campo, praia, etc.) com comida e bebida incluídas.

pi.que.te (ê) *sm* **1**. Pequena porção de tropa que forma guarda avançada e se mantém pronta para uma escalada militar. **2**. Grupo de grevistas ou de sindicalistas que impedem a entrada de companheiros nas empresas, para trabalharem, quando da decretação de estado de greve pelo sindicato.

pi.ra *sf* **1**. Fogueira onde os antigos gregos e romanos queimavam os cadáveres. **2**. Qualquer fogueira. **3**. Vaso onde arde um fogo simbólico. •• **Dar o pira** (pop.). Ir embora ou fugir.

pi.ra.ce.ma *sf* **1**. Migração anual dos peixes rio acima, em grandes cardumes, na época da reprodução ou desova. **2**. Essa época. **3**. Grande quantidade de peixes na água; cardume.

pi.ram.bei.ra *sf* V. **perambeira**.

pi.râ.mi.de *sf* **1**. Monumento maciço do antigo Egito, de base retangular e quatro faces triangulares, que culminam num único ápice, construído sobre uma tumba de faraó ou em volta dela. **2**. *P.ext.* Qualquer construção ou estrutura semelhante. **piramidal** *adj* (**1**. rel. ou pert. a pirâmide; **2**. em forma de pirâmide).

pi.ra.nha *sf* **1**. Peixe de água doce, miúdo, de dentes anavalhados e temível por sua voracidade. **2**. *Gír.Pej.* Mulher fácil; galinha.

pi.rão *sm* Papa grossa, feita de caldo de carne com farinha de mandioca.

pi.rar *v* *Pop.* **1**. Tornar doido ou um tanto doido; endoidar, endoidecer: *essa entrevista pirou a minha cabeça; pirei com o som dessa banda; li a entrevista do cantor e acho que o cara pirou*. **2**. Retirar-se discretamente; sair de fininho: *quando ele viu o pai da moça furioso, na primeira porta de saída, pirou*. **3**. Empreender fuga; fugir, evadir-se: *os detentos cavaram um túnel e, durante a madrugada, piraram*. **piração** *sf* (*pop.* alegria extravagante ou insana; loucura, doideira); **pirado** *adj* (meio doido; adoidado). •• **Pirar numa de**. Dar na telha de; achar de; inventar de: *Ela pirou numa de fazer nudismo*.

pi.ra.ru.cu *sm* Grande peixe do Amazonas, o maior dos peixes de água doce.

pi.ra.ta *s2gên* **1**. Pessoa aventureira, que cruzava os mares só para roubar e pilhar navios. **2**. Pessoa que usa ou reproduz o trabalho alheio, sem autorização. **3**. Pessoa que transmite ilegalmente sinais de rádio ou de televisão. // *adj* **4**. Relativo ou pertencente a pirata, a pirataria ou próprio de pirata: *navios pirata, ações pirata*. **5**. Diz-se do produto copiado sem autorização do fabricante, autor, compositor, etc., para venda clandestina ou uso pessoal; falsificado, fraudulento: *a edição pirata de um livro; DVDs pirata*. **6**. Clandestino; não autorizado: *rádios pirata*. (Como se vê, nesses três casos não varia.) → **piratagem** ou **pirataria** *sf* (comportamento violento e ilegal de alguém ou de um bando, em navio ou em avião tripulados); **piratear** *v* (**1**. copiar sem autorização: *piratear um programa de computador*; **2**. praticar a pirataria), que se conjuga por *frear*.

pi.res *s2núm* **1**. Pratinho que se coloca embaixo da xícara. **2**. Pratinho para colher esmolas e outras contribuições.

pi.rex (x = ks) *s2núm* Artigo de vidro transparente, altamente resistente ao calor, resultado da fusão da sílica com o ácido bórico.

pi.ri.for.me *adj* Semelhante à pera na forma.

pi.ri.lam.po *sm* Vaga-lume.

pi.ri.pa.que *sm* Chilique.

pi.ro.ca *sf* *Pop.Chulo* Pênis (infantil ou de adulto).

pi.ro.bo (ô) *sm* *Pop.Pej.*NE Homem afeminado; maricas, *gay*.

pi.ro.ga sf Pop. Embarcação feita de tronco de árvore escavado; canoa.

pi.ro.gra.vu.ra sf **1**. Arte e técnica de desenhar ou gravar com ponta incandescente. **2**. Trabalho artístico produzido com essa técnica.

pi.ro.tec.ni.a sf **1**. Espetáculo de fogos de artifício. **2**. Arte de fabricar fogos de artifício. → **pirotécnico** adj (rel. a pirotecnia) e sm (fabricante de fogos de artifício).

pir.ra.ça sf Coisa que se faz de propósito, por acinte, para provocar ou contrariar alguém; afronta, desfeita, acinte. → **pirraçar** ou **pirracear** v (fazer pirraça a); **pirraceiro** ou **pirracento** adj e sm (que ou aquele que gosta de fazer pirraças).

pir.ra.lho sm Menino que ainda fede a cueiros; fedelho. · Fem.: pirralha. → **pirralhada** sf (porção de pirralhos; garotada).

pír.ri.co adj **1**. Relativo a Pirro (318 a.C.-272 a.C.), rei do Epiro e da Macedônia, um dos principais opositores de Roma. **2**. Fig. Diz-se de um triunfo que acarreta mais danos, perdas, dor e sacrifícios ao vencedor que ao vencido. **3**. Fig. Diz-se do que é pouco vantajoso em face do esforço despendido. ·· **Vitória de Pirro** (fig.). **1**. Vitória que inflige tantas baixas e um efeito devastador sobre o vencedor, que equivale à derrota. **2**. Vitória ou sucesso conseguido à custa de grandes perdas ou custos.

pi.ru.e.ta (ê) sf Volta inteira que uma pessoa faz sobre si, equilibrando-se na ponta de um só pé, sem sair do lugar.

pi.ru.li.to sm Doce solidificado preso a um palito, por onde se pega, para que possa ser chupado.

pi.sar v **1**. Pôr o(s) pé(s) sobre: *o Papa pisou solo brasileiro três vezes*. **2**. Passar ou andar por cima de: *não pise na grama!* **3**. Calcar ou esmagar com os pés: *pisar uvas, para fazer vinho*. **4**. Pôr com força o(s) pé(s) sobre o(s) pé(s) de: *ai, você me pisou!* **5**. Entrar em: *nunca mais pisei aquela casa*. **6**. Fig. Tratar com desprezo; menosprezar, espezinhar: *Susana gosta de pisar os namorados que lhe dão o fora*. **7**. Fig. Humilhar: *ninguém vai pisar minha família, não!* · V. **pisotear**. → **pisa** sf (**1**. ato ou efeito de pisar; pisada; **2**. surra, sova; **3**. maceração das uvas com os pés); **pisada** sf (**1**. pisa (1); **2**. pegada]; **pisadura** sf [**1**. vestígio ou sinal de pisada(s); **2**. contusão que deixa marca escura; equimose].

pis.ca-pis.ca sm **1**. Sinal luminoso de advertência, nos automóveis. **2**. Qualquer mecanismo que apaga e acende uma ou mais luzes sucessivamente. · Pl.: *pisca-piscas* ou *piscas-piscas*.

pis.car v **1**. Fechar e abrir (um olho ou os olhos) rapidamente: *só estou conseguindo piscar um olho*. **2**. Expressar-se ou dar sinal com uma piscada: *a Miss Bahia piscou a mim*. **3**. Fechar e abrir as pálpebras de ambos os olhos; pestanejar: *por que você pisca tanto?* **4**. Fechar e abrir as pálpebras de um olho deliberadamente, com a intenção de dar algum sinal ou sugestão: *quando ele piscasse, era para começar a soltar os fogos*. **5**. Tremeluzir, cintilar: *as luzes da árvore de Natal piscam ao longe*. // sm **6**. Ato de piscar: *num piscar de olhos, pode se perder a vida nas estradas esburacadas do Brasil*. → **piscada** ou **piscadela** sf (**1**. ato de piscar; **2**. sinal que se faz, piscando um dos olhos). (A 6.ª ed. do VOLP não registra *piscada*.)

pis.ca.tó.rio adj **1**. Relativo a pesca ou a pescadores. **2**. Dedicado à pesca ou dependente dela: *povoações piscatórias*.

pís.ceo adj Relativo ou pertencente a peixe: *escamas písceas*.

pis.ci.a.no adj e sm Que ou aquele que nasce sob o signo de Peixes.

pis.ci.cul.tu.ra sf Criação de peixes em condições controladas, com propósito comercial. → **piscicultor** (ô) sm (aquele que se dedica à piscicultura).

pis.ci.na sf Grande tanque com água tratada, usado para banho ou para a prática da natação e outros esportes aquáticos. → **piscinal** adj (que vive em piscina: *microrganismos piscinais*); **piscinão** sm (**1**. pop.SP bacia especialmente construída para conter a água das chuvas e evitar enchentes nas regiões mais críticas da cidade; **2**. pop.RJ praia artificial: *ele frequenta o piscinão de Ramos*); **piscineiro** sm (cuidador de piscinas).

pis.co.so (ô; pl.: ó) adj Em que há abundância de peixes. → **piscosidade** sf (qualidade do que é piscoso: *rio piscoso*).

pi.so sm **1**. Modo de pisar ou de andar. **2**. Terreno em que se anda ou pisa; chão. **3**. Pavimento, andar, soalho. **4**. Revestimento de chão. **5**. Redução de *piso salarial*, salário mais baixo que se pode pagar a uma categoria de trabalhadores.

pi.so.te.ar v **1**. Pisar repetidamente: *gritaram FOGO!, o pânico se instalou, e os que fugiam apavorados pisotearam muitas pessoas na boate*. **2**. Fig. Humilhar, oprimir: *quem ama não pisoteia o ser amado*. · Conjuga-se por *frear*. → **pisoteio** sm (ação de pisotear).

pis.ta sf **1**. Rastro deixado pelos irracionais no lugar por onde passaram. **2**. Encalço, busca. **3**. Parte do hipódromo onde correm os cavalos. **4**. Parte do aeroporto onde os aviões pousam ou decolam. **5**. Faixa numa estrada onde trafegam os veículos. **6**. Lugar de uma área esportiva ou de lazer onde se praticam esportes. **7**. Parte de um salão reservada a dançarinos. **8**. Indicação, dica, informação.

pis.ta.che sm **1**. Árvore cujo fruto, de semente comestível, tem sabor delicado e fornece essência usada em sorveteria. **2**. Esse fruto. **3**. Sabor de tal semente.

pis.tão sm **1**. Peça de motor de combustão. **2**. Pistom.

pis.ti.lo sm Órgão sexual feminino de uma flor que, quando completo, consiste em ovário, estilete e estigma.

pis.to.la sf **1**. Pequena arma de fogo, curta e leve, que pode ser manejada com uma só mão. **2**. Aparelho de ar comprimido, usado para pintar. → **pistolão** sm (**1**. pistola grande; **2**. recomendação de pessoa influente e importante em favor de alguém junto a outrem); **3**. essa pessoa influente; cunha, cartucho); **pistoleiro** sm (**1**. matador profissional ou de aluguel; **2**. bandido); **pistoleira** sf (**1**. matadora de aluguel; **2**. gír.pej. mulher sacana, geralmente prostituta, que trama todo tipo de tramoia para conseguir dinheiro).

pis.tom ou **pis.tão** sm **1**. Disco ou cilindro que se move dentro de um tubo exercendo ou recebendo pressão; êmbolo. **2**. Instrumento musical de sopro, com três válvulas. → **pistonista** s2gên (pessoa que toca pistom).

pi.ta.co sm Opinião dada por alguém que, intrometendo-se na conversa alheia, desconhece o assunto tratado, mas faz questão de palpitar, geralmente com disparates: *ele não é mau sujeito, mas vive dando pitaco na conversa dos outros*.

pi.tai.a sf **1**. Planta que dá um fruto de polpa gelatinosa, de sabor suave e adocicado, de interior branco ou rosa, protetor da mucosa gástrica. **2**. Esse fruto, rico em vitaminas A e C, de leve poder laxante.

pi.tan.ga sf **1**. Fruto da pitangueira, muito usado em geleias e doces. **2**. Pitangueira. → **pitangueira** sf [arbusto nativo do Brasil que dá a pitanga; pitanga (2)].

pitboy [ingl.] sm Rapaz desordeiro, briguento, violento e marrento, de classe média ou alta. · Pl.: *pitboys*. · Pronuncia-se *pitbói*.

pi.téu sm **1**. Comida muito apetitosa; iguaria. **2**. Ensopado ou guisado feito com carne picada, juntamente com um molho engrossado por farinha de mandioca. **3**. Garota bonita: *barzinho cheio de pitéus*.

pi.ti sm Pop. Ataque nervoso ou histérico; chilique, faniquito. ·· **Dar (um) piti**. Promover o maior escândalo, por nada ou quase nada; armar o maior barraco; rodar a baiana: *Ao ver o namorado com outra, ela deu piti na festa*.

pi.ti.bi.ri.ba(s), neca(s) de (pop.). De jeito nenhum; não mesmo; nem a pau: *você pensa que vai sair hoje? Neca de pitibiriba!*

pi.to sm **1**. Pop. Cachimbo. **2**. Pop.S Cigarro. **3**. Pop.Chulo Pênis. **4**. Pop. Descompostura, repreensão, sabão: *ele sempre leva pito do chefe, por ser negligente*. → **pitada** sf (**1**. ação de pitar; **2**. porção ínfima de uma coisa; pingo); **pitar** v (fumar); **piteira** sf (pequeno tubo cilíndrico em que se introduz o cigarro, para fumar).

pi.to.co (ô) adj **1**. De rabo curto ou cortado: *gato pitoco*. **2**. Que não tem uma das falanges dos dedos. (Não tem feminino. Usa-se, portanto: *gata pitoco, candidata pitoco*.)

pi.tom.ba sf **1**. Fruto da pitombeira, pequeno e arredondado, amarelado, de polpa esbranquiçada, ácida, coberta por uma película resistente, de gosto bastante agradável; pitombo. **2**. Pop. Tapa, sopapo, bolacha. **3**. Pop. No futebol, chute violento; petardo, tirambaço. → **pitombeira** sf (árvore nativa do Brasil que dá a pitomba); **pitombo** sm [pitomba (1)].

píton sm **1**. Na mitologia grega, serpente monstruosa, morta por Apolo. **2**. Ofídio não venenoso, comum na Europa e Ásia. (Cuidado para não usar "pitom"!) **3**. Na antiguidade, homem que fazia predições; adivinho, mago, bruxo. · Fem. (3): *pitonisa* ou *pitonissa*. → **pitônico** adj (rel. a píton ou a pitonisa).

pi.to.res.co, pin.to.res.co ou **pin.tu.res.co** (ê) adj **1**. Relativo a pintura. **2**. Digno de ser pintado; belo, magnífico. **3**. Visualmente atraente, pelo charme de seu aspecto: *as pitorescas praias* *nordestinas.* **4**. Bem expressivo; vívido: *descrição pitoresca.* **5**. Divertido, recreativo: *fizemos uma pitoresca viagem pelo Havaí.* **6**. Típico, característico: *a mulher havaiana tem um ar pitoresco da mulher asiática.* **7**. *Fig.* Agradável, ameno: *gozar as pitorescas tardes de Honolulu.* // *sm* **8**. Aquilo que é pitoresco e encanta. **9**. O singular, o inusitado.

pi.tor.ra (ô) *sf* **1**. Pião pequeno; piorra. // *s2gên* **2**. *Fig.* Pessoa baixa e gorda; pipa.

pi.tu *sm* Grande camarão de água doce.

pi.tu.í.ta *sf* **1**. Muco pegajoso e grudento segregado pelo nariz. **2**. Líquido branco e viscoso proveniente de vômito. → **pituitária** *sf* (**1**. membrana mucosa que recobre a cavidade nasal; **2**. glândula situada na base do cérebro; hipófise).

pi.um ou **pi.nhum** *sm* Borrachudo.

pi.ve.te *s2gên* Criança de rua que costuma participar de pequenos roubos e andar com ladrões ou desqualificados; trombadinha.

pi.vô *sm* **1**. Coroa artificial ligada à raiz de um dente por um pino metálico. **2**. *Fig.* Causa principal; motivo: *o pivô da crise foi esse manifesto.* **3**. Atleta que arma as jogadas para a conclusão dos companheiros, no futebol de salão e no basquete. **4**. *Fig.* Pessoa em torno da qual gira um fato ou uma série de fatos; personagem central de um acontecimento: *uma atriz foi o pivô da separação desse casal.*

PIX (x = ks) *sm* Novo meio de pagamento criado pelo Banco Central do Brasil que permite fazer transferências e pagamentos em até dez segundos em qualquer dia e horário. (Não se trata de sigla; é apenas uma marca criada pelo BC.)

pi.xa.im *adj* **1**. Muito crespo. // *sm* **2**. Cabelo extremamente crespo, como o dos afrodescendentes; carapinha.

pixel [ingl.] *sm* **1**. Menor unidade de representação de uma imagem em um monitor. **2**. Unidade de dimensão de imagem numa página web. **3**. Grau de resolução de uma imagem digitalizada. · Pl.: *pixels.* · Pronuncia-se *píksol.* (Dicionários portugueses já registram o aportuguesamento *píxel*, de pl. *píxeis.*)

pi.xo.te *s2gên* V. **pexote**.

pi.xu.lé *sm Gír.* **1**. Dinheiro ganho facilmente, com o uso de pilantragem. **2**. Dinheiro de agrado; gratificação, gorjeta. (Não se confunde com *bereré.*)

pizza [it.] *sf* Prato da culinária italiana feito com massa de pão achatada e as mais variadas coberturas, assado em forno. · Pronuncia-se *pítça.* → **pizzaiolo** *sm* (aquele que é versado no preparo de *pizzas*), que se pronuncia *pitçaiôlo*; **pizzaria** *sf* (restaurante onde se fazem e servem *pizzas*), que se diz *pitçaria.*

plá *sm Pop.* **1**. Aviso, alô: *quando ela chegar, me dê um plá!* **2**. Informação boa; indicação quente; dica: *o professor nos deu um plá para a prova de amanhã.* **3**. Conversa breve, ligeira; papo: *vou ter um plá com ela.* ·· **Bater um plá.** Conversar: *Vou bater um plá com o mestre.*

pla.ca *sf* **1**. Folha de metal mais ou menos espessa; chapa, lâmina. **2**. Chapa de metal que nos veículos indica a numeração do seu licenciamento. **3**. Redução de *placa dentária* ou *placa bacteriana*, acúmulo de bactérias que se formam nas coroas dentárias. · V. **plaqueta**. → **placa-mãe** *sf* (placa que contém os componentes essenciais de um computador, como o processador e a memória principal), de pl. *placas-mãe* ou *placas-mães.*

pla.car *sm* **1**. Quadro, geralmente bem visível, onde se exibem os resultados de uma competição esportiva, de uma eleição, etc. **2**. Resultado de uma competição esportiva; marcador, escore.

pla.cen.ta *sf* Órgão esponjoso, oval ou discoide, altamente vascularizado, que liga o feto ao útero e mediante o qual o embrião respira, se alimenta e evacua dióxido de carbono e outros resíduos. → **placentário** *adj* (rel. ou pert. a placenta).

plá.ci.do *adj* **1**. De pouco movimento ou intensidade; sereno, calmo, tranquilo: *as águas plácidas de um lago; viver plácidos dias no interior.* **2**. Diz-se da pessoa ou animal que não se excita facilmente: *ele era uma criança plácida, que dificilmente chorava; eis aí um potro plácido, que se deixa montar.* **3**. Que denota brandura, mansidão, tranquilidade: *homem de semblante plácido.* **4**. Que tem ou revela paz; pacífico: *homem de natureza plácida.* · Antôn. (1): *agitado, conturbado*; (2): *excitado*; (3) *agressivo*; (4): *belicoso.* → **placidez** (ê) *sf* (qualidade ou estado de plácido).

pla.ga *sf* Região, terra, país: *viajar, para conhecer plagas distantes.* (É mais usada no plural.)

plá.gio *sm* **1**. Cópia ou imitação de uma obra literária, musical, etc., que é de outro. **2**. Apropriação indébita de ideias ou opiniões de outro. → **plagiador** (ô) ou **plagiário** *adj* e *sm* (que ou aquele que plagia); **plagiar** *v* [**1**. copiar obras ou ideias de (outrem), apresentando-as como suas originalmente; **2**. fazer uso de ideias, trechos, etc. de (obra de outrem) sem mencionar a fonte].

plai.na (ãi) *sf* **1**. Instrumento com que se desbastam e alisam madeiras. **2**. Implemento agrícola que se liga a um trator, utilizado na movimentação de terra para aterro, abertura de estradas, etc.

pla.na.dor (ô) *sm* Aeroplano sem motor que se sustenta no ar graças às correntes atmosféricas.

pla.nal.to *sm* Planície ou extensão de terreno de relevo suave, situada no alto de um monte ou de uma serra; chapada, platô. → **planáltico** *adj* (**1**. rel. a planalto; **2**. que contém planaltos).

pla.nar *v* **1**. Voar (aeronave) sem ação do motor, valendo-se apenas do seu peso e das forças aerodinâmicas; voar em planador. **2**. Sustentar-se no ar (ave), com as asas estendidas, aparentemente imóveis. **3**. Flutuar no ar; pairar. **4**. Sustentar-se parcialmente fora da água, quando se movimenta em alta velocidade (hidravião ou barco).

plan.cha *sf* V. **prancha**.

plânc.ton ou **planc.to** *sm* Porção de organismos microscópicos (algas, protozoários, etc.) que flutuam ou se movem passivamente em grande número em água doce ou salgada, à superfície ou próximo dela, servindo de alimento a peixes e a outros organismos maiores. → **planctônico** *adj* (rel. ou pert. a plâncton).

pla.ne.jar *v* **1**. Elaborar o plano ou roteiro de; planificar, programar: *planejar uma viagem.* **2**. Ter a intenção de; desejar (sempre antes de infinitivo): *planejo viajar amanhã.* **3**. Fazer a planta de (edificação, etc.); projetar: *que arquiteto planejou esse edifício?* · O *e* continua fechado durante a conjugação. **planejamento** *sm* (ato ou efeito de planejar).

pla.ne.ta (ê) *sm* **1**. Astro sem luz própria, de diâmetro mínimo de 800km e massa suficiente para que sua própria gravidade o torne esférico, e que se move em uma órbita elíptica em torno de uma estrela. **2**. A Terra: *a vida corre perigo no planeta.* · Dim. erudito: *planetículo.* → **planeta-anão** *sm* (corpo celeste de forma esférica que orbita o Sol, mas não é grande o suficiente para limpar gravitacionalmente sua região orbital da maioria ou de todos os outros corpos celestes: *Plutão e Ceres são planetas-anão*), de pl. *planetas-anão* ou *planetas--anões*; **planetário** *adj* (**1**. rel. ou pert. a planeta; **2**. rel. à Terra inteira) e *sm*. **2**. aparelho que representa o sistema solar; **2**. aparelho óptico que projeta imagens de astros e outros fenômenos celestes na superfície interna de uma cúpula hemisférica simulando o céu; **3**. sala onde se projetam essas imagens); **planetoide** (ói) *sm* (cada um dos milhares de pequenos corpos celestes rochosos que giram em torno do Sol, princ. entre as órbitas de Marte e Júpiter; asteroide).

plan.ger *v* **1**. Anunciar tristemente: *os sinos plangem a morte do presidente.* **2**. Chorar, prantear: *plangem as viúvas no velório.* **3**. *Fig.* Soar tristemente; chorar: *plangem os sinos da matriz.* → **plangência** *sf* (qualidade de plangente); **plangente** *adj* (**1**. que chora ou pranteia; **2**. caracterizado pela tristeza; triste), de antôn. *alegre, ruidoso.*

pla.ní.cie *sf* Grande extensão de terreno, de topografia baixa e plana, e pouco diferenciada, onde os processos de acumulação superam os de destruição.

pla.ni.fi.car *v* **1**. Estabelecer um plano ou roteiro para; programar, planejar: *planificar uma viagem.* **2**. Submeter (ação, campanha, etc.) a plano ou planificação. → **planificação** *sf* (ato ou efeito de planificar).

pla.ni.lha *sf* Formulário impresso, geralmente padronizado, em que se registram dados levantados sobre alguma coisa.

pla.nis.fé.rio *sm* **1**. Mapa em que os dois hemisférios do globo terrestre são representados em superfícies planas. **2**. Representação de uma esfera ou de parte dela numa superfície plana. → **planisférico** *adj* (rel. a planisfério).

pla.no *adj* **1**. Diz-se da superfície que não tem desigualdades nem diferenças de nível. // *sm* **2**. Qualquer superfície plana. **3**. Linha de conduta precisa, traçada por etapas, a fim de se atingir um determinado fim. **4**. Intenção, objetivo, meta.

plan.ta *sf* **1**. Nome comum aos vegetais (árvores, arbustos, ervas, gramíneas, samambaias e musgos); organismo vivo que processa seu próprio alimento de substâncias inorgânicas, não tem a capacidade de locomover-se nem órgãos especiais de sensação e digestão e vive geralmente da fotossíntese. **2**. Parte do pé que assenta no chão; sola (por oposição a *peito*). **3**. Representação gráfica de edifício, cidade, etc. em projeção horizontal. **4**. Local onde ocorre um processo industrial ou de manufatura: *a BMW tem planta no Brasil*.

plan.tão *sm* **1**. Serviço para o qual é designado diariamente um militar. **2**. *P.ext.* Esse militar. **3**. Serviço noturno ou em horas fora do expediente normal, em fábricas, delegacias, hospitais, redações de jornal, etc. **4**. Período de tempo desse serviço: *seu plantão foi de oito horas*. **5**. Plantonista: *quem será o plantão hoje?* → **plantonista** *adj* e *s2gên* (que ou pessoa que está de plantão). ·· **Fazer plantão** (ou **Ficar de plantão**) **em um lugar** (fig.). Permanecer nele o tempo que for necessário, à espera de alguém, com algum objetivo: *As fãs fizeram plantão em frente do hotel para conseguir um autógrafo do ator*.

plan.tar¹ *adj* Relativo a planta do pé: *dores plantares*.

plan.tar² *v* **1**. Pôr no solo para desenvolver: *plantar árvores*. **2**. Semear, cultivar: *plantar soja*. **3**. Preparar a terra para o plantio: *plante, que o governo garante!* **4**. *Fig.* Publicar notícia falsa, com algum objetivo escuso: *esse jornalista é mestre em plantar* fake news. **5**. *Fig.* Colocar (algo comprometedor) em determinado lugar, para incriminar alguém inocente: *a polícia plantou pinos de cocaína no carro do rapaz*. **plantar-se 6**. Fixar-se num lugar ou deixar-se nele ficar por longo tempo; conservar-se, postar-se: *as fãs se plantam em frente do hotel onde se hospeda o cantor*. → **plantação** *sf* ou **plantio** *sm* (ato ou efeito de plantar).

plan.tel *sm* **1**. Grupo de animais de boa raça que o criador conserva para reprodução. **2**. *P.ext.* Conjunto de quaisquer profissionais altamente qualificados (atletas, técnicos, auditores, peritos, etc.). (Os jornalistas brasileiros, ao contrário dos portugueses, deixaram de usar *plantel* em referência a jogadores de futebol, passando a empregar "elenco", termo não apropriado para esse caso.)

pla.que.ta (ê) *sf* **1**. Pequena placa metálica que se sobrepõe às placas de veículos como comprovante de pagamento da licença anual. **2**. *P.ext.* Qualquer pequena placa metálica. **3**. Minúsculo pedaço de célula em forma de disco, encontrado no sangue e no baço, que ajuda na formação de coágulos, a fim de diminuir ou estancar sangramento.

plas.ma *sm* **1**. Redução de *plasma sanguíneo*, parte líquida amarelada do sangue ou linfa, na qual os glóbulos vermelhos, glóbulos brancos e plaquetas estão suspensos, responsável por transportar os componentes do sangue por todo o corpo. **2**. Conjunto de partículas carregadas com o mesmo número de íons positivos e elétrons, que possui algumas propriedades de um gás, diferindo, porém, deste por serem bons condutores de eletricidade e por serem afetadas por um campo magnético, às vezes consideradas um quarto estado da matéria, presentes em elevada concentração nas estrelas e nos reatores de fusão. **3**. Tela de televisão de alta definição que consiste em células discretas de plasma imprensadas entre duas camadas de vidro e eletrodos, de modo que cada célula possa emitir luz, ao receber uma corrente elétrica. **4**. Em física nuclear, matéria altamente ionizada mantida a elevadíssima temperatura, na qual podem ocorrer reações nucleares. **5**. Nome obsoleto para protoplasma e citoplasma. → **plasmático** ou **plásmico** *adj* (rel. a plasma).

plas.mar *v* **1**. Modelar (imagens) em barro, gesso, etc. **2**. Dar forma a; formar, modelar: *é na adolescência que se plasma o caráter, a personalidade*.

plás.ti.ca *sf* **1**. Arte de plasmar (1). **2**. Conformação geral do corpo humano; porte. **3**. Redução de *cirurgia plástica*, operação que consiste em reconstruir ou remodelar uma parte do corpo. → **plástico** *adj* (**1**. rel. a plástica; **2**. que pode ser modelado; maleável; **3**. feito de plástico) e *sm* (qualquer material plástico); **plastificação** *sf* (ato ou efeito de plastificar); **plastificadora** (ô) *sf* (**1**. máquina própria para plastificar; **2**. estabelecimento comercial que faz plastificações); **plastificar** *v* [cobrir (papel, cartão, capa de livro, etc.) com película de plástico aderente e transparente, para melhor conservação: *plastificar a carteira de identidade*]; **plastimodelismo** *sm* (**1**. técnica e arte de projetar e construir modelos reduzidos de automóveis, aviões, etc., com matéria plástica; **2**. passatempo que envolve tal técnica e arte); **plastimodelista** *adj* (rel. a plastimodelismo) e *adj* e *sm* (que ou aquele que é versado nessa técnica e arte).

pla.ta.for.ma *sf* **1**. Parte plana, nas estações ferroviárias ou do metrô, destinada ao embarque e desembarque de passageiros. **2**. Construção apropriada para lançamento de foguetes. **3**. Programa de governo de um candidato a cargo eletivo. **4**. Parte inferior de uma carroceria de automóvel. **5**. Solado extremamente grosso de certos tipos de calçados femininos, acompanhado de saltos altíssimos (até 30cm). **6**. Calçado com tal solado. **7**. Em informática, tecnologia básica de *hardware* e *software* de um sistema computacional que define como um computador é operado e determina quais outros tipos de *software* podem ser usados.

Platão (427-347 a.C.). Filósofo grego, nascido em Atenas, considerado um dos maiores de todos os tempos, discípulo de Sócrates e mestre de Aristóteles. → **platônico** *adj* (**1**. rel. a Platão ou a sua filosofia; **2**. *fig.* diz-se do amor puramente espiritual ou intelectual, sem o componente sexual: *o relacionamento deles é puramente platônico*) e *sm* (**1**. seguidor das ideias de Platão; **2**. *fig.* homem platônico); **platonismo** *sm* (filosofia ou doutrina de Platão); **platonista** *adj* (rel. a platonismo) e *adj* e *s2gên* (que ou pessoa que é adepta do platonismo).

pla.tei.a (éi) *sf* **1**. Conjunto de pessoas que assistem a um espetáculo. **2**. Espaço em sala de espetáculo destinado a essas pessoas.

pla.ti.na *sf* Elemento químico metálico nobre (símb. **Pt**), de n.º atômico 78, semelhante à prata, porém mais duro que ela, resistente à maior parte dos produtos químicos, usado princ. em joias. **2**. Peça chata, no microscópio, na qual se assenta o que vai ser examinado. → **platinado** *adj* [que contém platina (1)] e *sm* (**1**. cor cinza-prateada, da platina; **2**. componente da parte elétrica do motor à explosão, que interrompe a passagem de corrente em um circuito).

pla.ti.no *adj* e *sm* **1**. Natural ou habitante da região do Rio da Prata. // *adj* **2**. Relativo ou pertencente a essa região.

pla.tô *sm* Planalto.

pla.tô.ni.co *adj* **1**. Relativo a Platão, filósofo grego, ou à sua filosofia. **2**. Ideal (em oposição a *material*); puramente espiritual; caracterizado pela ausência de envolvimento sexual. // *sm* **3**. Seguidor das ideias de Platão. **4**. Homem platônico. → **platonismo** *sm* (**1**. filosofia ou doutrina de Platão e de seus seguidores; **2**. qualidade ou condição de platônico).

plau.sí.vel *adj* **1**. Digno de aplauso ou aprovação: *desempenho plausível*. **2**. Válido, razoável, aceitável: *com o aumento da inflação, é plausível ter taxas de juro maiores*. → **plausibilidade** *sf* (qualidade do que é plausível).

play [ingl.] *sm* Interruptor ou tecla que aciona mecanismos eletrônicos. · Pl.: *plays*. · Pronuncia-se *plêi*.

playback [ingl.] *sm* Reprodução de um som gravado, geralmente de um gravador, logo após a gravação ter sido feita. · Pl.: *playbacks*. · Pronuncia-se *plêi-bék*.

playboy [ingl.] *sm* Homem rico, que gasta seu tempo e dinheiro em produtos caros e em uma vida de intensos prazeres. · Pl.: *playboys*. · Pronuncia-se *pleibói*.

playground [ingl.] *sm* Área ao ar livre usada para recreação, princ. de crianças. · Pl.: *playgrounds*. · Pronuncia-se *pleigráund*.

play-off [ingl.] *sm* **1**. Jogo, rodada ou ponto extra que se tem de disputar, para decidir um empate. **2**. Série de jogos, disputados para determinar um campeão. · Pl.: *play-offs*. · Pronuncia-se *plei-óf*.

playsson [neol.] *sm* Adolescente pobre, geralmente morador de subúrbio, que se esforça por parecer rico, preferindo passar fome, se necessário for, para comprar um tênis ou roupa de marca, a fim de impressionar as garotas e transar com elas, seu objetivo final. · Pl.: *playssons*. · Pronuncia-se *pléiçon*. (Trata-se de invenção de um playboy carioca fã de um personagem de programa da televisão chamado Creysson.)

ple.be *sf* A classe menos favorecida da sociedade; arraia-miúda, ralé, escória. → **plebeidade** *sf* (**1**. qualidade ou condição de plebeu; plebeísmo; **2**. atitude, dito ou modos típicos de plebeu); **plebeísmo** *sm* [**1**. plebeidade (1); **2**. qualidade ou condição de plebeu; **3**. modo, frase ou palavra peculiar à plebe]; **plebeização** *sf* [ato ou efeito de plebeizar(-se)]; **plebeizar(-se)** *v* [tornar(-se) plebeu]; **plebeu** *adj* e *sm* (que ou aquele que não descende de nobres: *o príncipe de Mônaco desposou uma plebeia*), de fem. *plebeia* (éi).

ple.bis.ci.to *sm* Voto do povo, por sim ou por não, sobre uma proposta de alto interesse público que se lhe apresenta.

plêi.a.de *sf* Grupo de pessoas ilustres, eminentes ou brilhantes.

plei.te.ar *v* **1**. Demandar em juízo: *pleitear uma indenização*. **2**. Defender ou sustentar em discussão: *pleitear uma tese interessante*. **3**. Empenhar-se ou esforçar-se para conseguir; pretender: *pleitear um emprego*. **4**. Concorrer a; disputar, candidatar-se a: *mil candidatos pleiteiam a mesma vaga na empresa.* · Conjuga-se por *frear.* → **pleiteador** (ô) *adj* e *sm* ou **pleiteante** *adj* e *s2gên* (que ou pessoa que pleiteia).

plei.to *sm* **1.** Questão judicial; demanda, litígio. **2.** Eleição para cargos públicos. (Não se confunde com *preito.*)

ple.ni.lú.nio *sm* Lua cheia.

ple.ni.po.ten.ci.á.rio *adj* **1.** Investido de plenos poderes. // *sm* **2.** Diplomata plenamente autorizado a representar seu governo.

ple.no *adj* **1.** Completo, amplo, absoluto, ilimitado: *satisfação plena ou seu direito de volta.* **2.** Cheio, repleto: *desejo-lhe uma vida plena de sucesso.* **3.** Diz-se da assembleia ou tribunal que reúne em sessão todos os seus membros. // *sm* **4.** Plenário (1). → **plenário** *sm* (**1.** sessão em que participam todos os membros de uma assembleia ou de um tribunal, para debate e deliberação; pleno; **2.** local onde se dá tal sessão) e *adj* (integrado por todos os membros qualificados: *uma sessão plenária do Congresso*); **plenitude** *sf* (qualidade ou estado de pleno, amplo, completo: *gozar plenitude de saúde*).

ple.o.nas.mo *sm* Repetição de palavras de sentido idêntico, com intenção expressiva, para realçar uma ideia (é o *pleonasmo literário*; ex.: *ver com os próprios olhos*), ou por vício ou ignorância da significação das palavras (é o *pleonasmo vicioso*; ex.: *subir pra cima, descer pra baixo, entrar dentro de casa*). → **pleonástico** *adj* (rel. a pleonasmo ou que o contém).

ple.to.ra *sf* **1.** Excesso de sangue no organismo, que provoca dilatação dos vasos sanguíneos e causa tez rosada. **2.** *P.ext.* Qualquer grande ou excessiva quantidade de alguma coisa; abundância, profusão: *viver no dia a dia uma pletora de compromissos; seu depoimento contém uma pletora de detalhes importantes.* **3.** Excesso de seiva, que impede a planta de dar flores e frutos. **4.** *Fig.* Abundância de vitalidade, de energia; exuberância. **5.** *Fig.* Mal-estar causado por excesso de trabalho ou de atividade: *morre-se tanto de pletora quanto de inércia.* → **pletórico** *adj* (**1.** rel. a pletora ou que tem pletora; **2.** *fig.* abundante, exuberante).

plis.sê *sm* Série de dobras regulares feitas à máquina em tecido ou em papel, difíceis ou impossíveis de desfazer, em razão da forma como são feitas; plissado. → **plissado** *adj* (pregueado) e *sm* (plissê); **plissagem** *sf* (ato ou efeito de plissar); **plissar** *v* (fazer plissê em; preguear).

plo.ta.do.ra (ô) *sf* Periférico de computador que traça automaticamente gráficos, desenhos, figuras, tabelas, diagramas, etc., em uma ou várias cores; *plotter.* → **plotagem** *sf* (**1.** ato ou efeito de plotar; **2.** produção de imagem mediante desenho de linhas); **plotar** *v* [**1.** desenhar (imagem) usando plotadora; **2.** representar graficamente num mapa: *plotar o curso de um navio; plotar a rota de uma aeronave*; **3.** localizar (pontos ou outras figuras) num gráfico, por meio de coordenadas; **4.** traçar (uma curva) ligando pontos num gráfico]; **plotter** [ingl.] *sf* (plotadora), de pl. *plotters* e pronúncia *plótâr.*

plug-in [ingl.] *sm* Componente de *software* que, acoplado ao navegador, permite ao usuário visualizar e ouvir arquivos de vídeo e som. · Pl.: *plug-ins.* · Pronuncia-se *plóghen.*

plu.gue *sm* Peça dotada de pinos metálicos que, inseridos na tomada, estabelecem um contato elétrico. → **plugar** *v* [ligar (aparelho eletrodoméstico, luz, etc.) a uma tomada].

plu.ma *sf* Pena de ave, princ. a do avestruz, usada como adorno de chapéus, roupa, etc. → **plumagem** *sf* (**1.** conjunto das penas de uma ave; **2.** conjunto de penas usadas como adorno). ·· **Ser uma pluma.** Ser muito leve e macio ou fofo.

plúm.beo *adj* De chumbo ou da cor do chumbo.

plu.ral *adj* **1.** Relativo à categoria gramatical de número, usada para indicar que o vocábulo tem mais de um referente. // *sm* **2.** Número plural. **3.** Vocábulo ou outra forma nesse número. → **pluralidade** *sf* (multiplicidade); **pluralismo** *sm* (**1.** sistema pelo qual se aceita a pluralidade política, religiosa, econômica, etc.; **2.** atitude de tolerância para com diferentes modos de pensar ou de agir: *o pluralismo do presidente muito o honra*); **pluralista** *adj* (rel. a pluralismo ou que se caracteriza pelo pluralismo: *sociedade pluralista*) e *adj* e *s2gên* (que ou pessoa que é adepta do pluralismo, que reconhece a livre expressão das ideias e a multiplicidade de opiniões); **pluralização** *sf* (ato ou efeito de pluralizar); **pluralizar** *v* (pôr ou usar no plural]; **pluripartidário** *adj* (rel. a mais de um partido; multipartidário); **pluripartidarismo** *sm* (regime político que admite a existência de vários partidos); **pluripartidarista** *adj* (rel. a pluripartidarismo) e *adj* e *s2gên* (que ou pessoa que é adepta do pluripartidarismo].

plu.ri.lín.gue (o **u** soa) *adj* Diz-se da pessoa que fala várias línguas; multilíngue, poliglota.

plu.to.cra.ci.a *sf* Governo, influência ou controle dos ricos ou do poder econômico. → **plutocrata** *s2gên* (pessoa influente pela sua riqueza ou poderio econômico); **plutocrático** *adj* (rel. ou pert. à plutocracia).

plú.ton *sm* Planeta cuja órbita só se completa depois de duzentos anos terrestres.

plu.tô.nio *sm* Elemento químico metálico radiativo (símb.: **Pu**), artificial, de n.º atômico 94, presente em minérios de urânio e produzido sinteticamente, usado como combustível de reatores e em bombas nucleares.

plu.vi.al *adj* Relativo a chuva: *precipitações pluviais.* → **pluviométrico** *adj* (rel. a pluviometria: *índice pluviométrico*); **pluviometria** *sf* (estudo e medição da quantidade e distribuição das chuvas); **pluviômetro** *sm* (aparelho que mede a quantidade de chuva caída num lugar durante certo tempo).

PNB *sm* Sigla de *Produto Nacional Bruto*, expressão em valor monetário de todos os bens e serviços produzidos com recursos de um país, empregados dentro ou fora do território nacional. · V. **PNL**.

PND *sm* Sigla inglesa de *personal navigation device* = dispositivo de navegação pessoal, aparelho que auxilia o usuário na busca ou localização de endereços, rotas e melhores caminhos, como os navegadores portáteis instalados nos automóveis, que permitem aos motoristas orientarem-se no trânsito. · Pronuncia-se *pi éN di* (à inglesa) ou *pê ene dê* (à portuguesa).

pneu *sm* **1.** Abreviação de *pneumático.* **2.** Excesso de gordura localizada na cintura.

pneu.má.ti.co *sm* Aro de borracha sintética que reveste a roda de veículos e único ponto de contato entre o carro e o solo; pneu.

pneu.mo.ni.a *sf* Inflamação dos pulmões. → **pneumônico** *adj* (rel. à pneumonia) e *adj* e *sm* (que ou quem tem pneumonia).

PNL *sm* Sigla de *Produto Nacional Líquido*, que representa a totalidade da produção de bens e serviços gerados num país no espaço de um ano (é o PNB, menos o valor de depreciação sofrido pelos bens de capital: máquinas, equipamentos, instalações, etc. utilizados no processo produtivo).

PNLD *sm* Sigla de *Programa Nacional do Livro Didático*, iniciativa do Ministério da Educação que, por intermédio do Fundo Nacional de Desenvolvimento da Educação (FNDE), busca suprir as escolas públicas do ensino fundamental com livros didáticos gratuitos, para as disciplinas de língua portuguesa, matemática, ciências, história, geografia, livros literários e dicionários.

PNLEM *sm* Acrônimo de *Plano Nacional do Livro do Ensino Médio*, programa criado pelo Ministério da Educação para distribuir livros didáticos de Português e de Matemática aos estudantes do ensino médio das escolas públicas. (Costuma-se ler *penelém*.)

pó *sm* **1.** Substância sólida pulverizada em grãos muito tênues, leves e homogêneos: *limpei o pó dos móveis.* (Não se confunde com *poeira.*) **2.** Estado de um corpo reduzido a partículas tenuíssimas, com alguma finalidade: *pó de café.* **3.** Porção de resíduos materiais resultante de um corpo humano morto: *"tu és pó e em pó hás de tornar-te".* **4.** *Fig.* Coisa sem valor: *na época da inflação galopante, o dinheiro virava pó de um mês para o outro.* **5.** *Gír.* Cocaína ou heroína. · V. **poento**. ·· **Pó de arroz. 1.** Pó extremamente fino, que se aplica na pele do rosto, com finalidade cosmética, muito utilizado pelas mulheres de antigamente para deixar a pele do rosto mais clara, praticamente branca, da mesma cor do arroz. **2.** *Pop. Pej.* Homem muito arrumadinho, preocupado com a aparência de aspecto tradicional. **3.** *Pop.* Que ou aquele que torce pelo Fluminense carioca. **4.** Do Fluminense carioca: *Torcida pó de arroz.*

po.bre *adj* e *s2gên* **1.** Que ou pessoa que vive com poucas posses ou que passa necessidades. // *adj* **2.** Deficiente em alguma coisa: *ser pobre de visão.* **3.** *Fig.* Muito simples, modesto: *minha casa é pobre, mas limpa.* **4.** *Fig.* Coitado, digno de pena: *pobre do cãozinho, foi atropelado.* · Antôn.: rico. · Aum. (1): *pobretão*, de fem. *pobretona.* · Superl. abs. sint. erudito: *paupérrimo.* → **pobre-diabo** *sm* (zé-ninguém, zé-prequeté); **pobreza** (ê) *sf* (**1.** estado ou condição de pobre; penúria; **2.** classe pobre; **3.** improdutividade, infertilidade: *a pobreza de um solo*).

po.ça (ô) *sf* Cova pouco funda, cheia de água.

po.ção *sf* **1.** Bebida que tem ou se acredita ter poderes mágicos ou medicinais. **2.** Dose de líquido com propriedades venenosas.

po.che.te *sf* Pequena bolsa que se usa à cintura.
po.cil.ga *sf* **1**. Curral de porcos; chiqueiro. **2**. *P.ext.* Casa ou lugar imundo.
pocketbook [ingl.] *sm* Livro de bolso. · Pl.: *pocketbooks*. · Pronuncia-se *pókt-búk*. (Grafa-se também *pocket book*.)
po.ço (ô; pl.: ó) *sm* **1**. Cova funda aberta na terra para obter água, petróleo, gás, etc. **2**. Ponto de rio, lago, etc. de maior profundidade. **3**. Ponto mais fundo de rio ou lago. **4**. *Fig.* Fonte abundante: *aquele professor era um poço de sabedoria; essa mulher é um poço de arrogância*. **5**. Qualquer espaço fechado que se estende verticalmente através dos andares de um edifício: *o poço do elevador*. **6**. Altura do navio desde a aresta superior até o convés. → **poceiro** *sm* (aquele que perfura poço). ·· **Poço artesiano**. Poço cavado com sonda no qual a água sobe à superfície sob pressão natural, sem necessidade de bomba.
po.dar *v* **1**. Cortar os ramos supérfluos de (plantas), para estimular seu crescimento: *podar as roseiras*. **2**. *Fig.* Criar obstáculo a; tolher: *ela me podava todas as boas iniciativas*. **3**. *Pop.* Ultrapassar (um veículo) em estrada: *o ônibus podou o caminhão em lombada*. → **poda** *sf* (**1**. ação ou efeito de podar; podadura; **2**. conjunto de galhos podados; **3**. época de podar); **podada** *sf* (pop. ultrapassagem de veículo em estrada); **podadura** *sf* [poda (1)].
podcast [ingl.] *sm* Programa de rádio que pode ser acessado pela internet a qualquer hora, por meio do celular ou do computador. · Pl.: *podcasts*. · Pronuncia-se *pód-kést*. → **podcaster** *s2gên* (participante de *podcast*), de pl. *podcasters* e pronúncia *pód-késtâr*; **podcasting** *sm* (processo de fazer *podcasts*), de pl. *podcastings* e pronúncia *pód-késtin*.
po.der *v* **1**. Ter a faculdade de: *posso andar novamente*. **2**. Ter possibilidade de, ou autorização para: *vocês não podem sair daqui*. **3**. Expor-se a; arriscar-se: *posso escorregar nesse piso*. **4**. Ter capacidade ou força para sustentar; aguentar, suportar: *não posso com esta mala*. **5**. Ter ascendência, influência ou poder: *ninguém pode com esse moleque!* **6**. Ter domínio, autoridade ou pulso: *o professor não podia com os alunos: foi demitido*. // *sm* **7**. Direito de deliberar, agir e mandar; autoridade, competência: *o Congresso tem o poder de aprovar e ab-rogar leis*. **8**. Autorização implícita: *os pais têm poder legal sobre os filhos menores*. **9**. Influência, força, domínio: *a música exerce grande poder sobre mim*. **10**. Governo de um Estado: *conquistar o poder*. **11**. Esse poder, considerado segundo suas formas e manifestações. **12**. Capacidade, aptidão, faculdade: *ela tem o poder de me encantar*. **13**. Vigor, potência, energia: *bomba de poder destrutivo muito grande*. · Conj.: **posso, podes, pode, podemos, podeis, podem** (pres. do ind.); **pude, pudeste, pôde, pudemos, pudestes, puderam** (pret. perf.); **pudera, puderas, pudera, pudéramos, pudéreis, puderam** (pret. mais-que-perf.); **possa, possas, possa, possamos, possais, possam** (pres. do subj.); **pudesse, pudesses, pudesse, pudéssemos, pudésseis, pudessem** (pret. imperf.); **puder, puderes, puder, pudermos, puderdes, puderem** (fut.). Nos demais tempos e modos, é regular. Não tem imperativo. → **poderio** *sm* (grande poder; autoridade suprema de alguém sobre uma comunidade ou uma nação); **poderoso** (ô; pl.: ó) *adj* (**1**. de muito poder ou influência; **2**. eficaz; de enorme efeito; **3**. de grande força física; forte) e *smpl* (classe dominante numa sociedade; os maiorais).
pó.dio *sm* **1**. Plataforma elevada, como aquela em que fica um maestro ou um orador. **2**. Plataforma onde os três primeiros colocados de uma competição recebem os prêmios ou são apresentados ao público e à imprensa.
po.do.dác.ti.lo ou **po.do.dá.ti.lo** *sm* Artelho (2).
po.dre (ô) *adj* **1**. Que está em processo de decomposição; estragado, deteriorado. **2**. Que exala mau cheiro; infecto, fétido. **3**. *Pop.* Muito cansado; exausto: *estou podre, vou dormir*. **4**. *Fig.* Ignóbil: *o lado podre da política*. // *sm* **5**. Parte estragada de algo: *tirei o podre da manga e aproveitei o resto*. **6**. *Fig.* Lado mais fraco ou vulnerável de alguém. // *smpl* **7**. *Fig.* Manchas éticas ou morais; mazelas: *cuidado comigo, que eu conheço todos os seus podres, hem!* **podridão** *sf* (estado de podre ou de corpo em decomposição).
po.e.dei.ra *adj* Diz-se da galinha que põe ovos ou que os põe em grande quantidade. → **poedouro** *sm* (lugar onde as galinhas põem ovos).
po.ei.ra *sf* Partícula de terra levantada pelo vento, ou por algum veículo que passa; geralmente em rua ou estrada de terra. (Não se confunde com *pó*.) → **poeirento** *adj* (**1**. cheio de poeira; **2**. *fig.* muito antigo ou antiquado; ultrapassado, retrógrado: *político de ideias poeirentas*).

po.e.ma *sm* **1**. Composição poética de certa extensão, com enredo e ação, escrita em linguagem elevada e vigorosa; epopeia. **2**. *P.ext.* Qualquer obra em verso. · Dim.: *poemeto* (ê). → **poemático** *adj* (rel. a poema); **poematização** *sf* (ato ou efeito de poematizar); **poematizar** *v* (dar forma de poema a).
po.en.te *adj* **1**. Diz-se do Sol quando está no ocaso. // *sm* **2**. Lado do horizonte no qual um astro (princ. o Sol) desaparece ou se põe; ocidente; ocaso.
po.en.to *adj* Cheio ou recoberto de pó: *móveis poentos; roupa poenta*.
po.e.si.a *sf* **1**. Arte de expressar a beleza ou os mais nobres sentimentos por meio da palavra, geralmente em versos, seguindo as normas da versificação (ritmo, cadência, métrica, etc.): *a literatura começou com a poesia e um dia terminará com ela*. (Não se confunde com *poema*; a poesia está sempre presente num poema, mas pode estar também numa paisagem, num objeto, numa mulher, etc.; o *poema*, este só tem como matéria-prima a palavra, usada em seu mais alto vigor.) **2**. Composição poética de pequena extensão. **3**. Prosa com qualidades poéticas. **4**. Modo de compor versos particular a um autor, a um povo, a uma época ou a uma escola literária; poética: *a poesia de Bilac; a poesia brasileira; a poesia romântica*. **5**. *Fig.* Espírito ou sentimento poético: *o pianista tocou o prelúdio com poesia*. **6**. *Fig.* Tudo o que emociona, sensibiliza pela beleza e desperta nobres sentimentos: *essa mulher é pura poesia*. → **poeta** *sm* (**1**. aquele que expressa sentimentos, emoções ou sensações em versos; aquele que compõe versos; **2**. *fig.* idealista, sonhador), de fem. **poetisa** e aum. pej. *poetaço* ou *poetastro*; **poetar** *v* (**1**. compor obras poéticas; **2**. *fig.* cantar ou expressar em versos: *ele tinha o hábito de poetar as cartas que dirigia à amada*); **poética** *sf* [**1**. poesia (4); **2**. arte de fazer versos: *a poética e a retórica fazem uso da estrutura narrativa*]; **poético** *adj* (**1**. rel. a poesia: *obra poética*; **2**. *fig.* que expressa as qualidades da poesia, por ser extremamente belo ou sublime: *mulher de uma beleza poética*; **3**. que revela ou sugere poesia, ainda que escrito em prosa: *sua descrição sobre o pôr do Sol no porto da Barra foi um texto particularmente poético*. **4**. *fig.* que traz poesia; inspirador: *ambiente poético*). ·· **Poeta de água doce**. **1**. Poeta jovem. **2**. Poeta ordinário. (Apesar de a 6.ª ed. do VOLP ter mudado a classificação morfológica de poeta (de *sm* para *s2gên*), não é de todo conveniente usar *poeta* em referência a mulher.)
pois *conj* **1**. Portanto: *estou, pois, às suas ordens*. **2**. Porque (explicando): *vá, pois sua presença lá é importante!* **3**. Porque; visto que (indicando causa): *não irei à praia, pois está chovendo*. // *palavra denotativa de realce* **4**. Então: *você a ama de verdade? Pois ligue para ela!* (Muitas vezes aparece junto de *então*: *pois então*.) ·· **Pois não**. Fórmula de cortesia que equivale a *sim, naturalmente*. ·· **Pois sim**. Expressão com que se nega alguma coisa, revelando, ainda, assombro pela ousadia ou petulância: – *Empresta-me mil reais, Ivã?* – *Pois sim!* (= Não, de jeito nenhum!).
po.la.co *adj* e *sm Pej.* Polonês. · V. **Polônia**.
po.lai.na (ãi) *sf* Cada uma das peças do vestuário que se usam por cima do calçado, para proteção da base das pernas e do peito do pé.
po.lar *adj* **1**. Relativo ou pertencente a um dos polos da Terra: *gelo polar; calota polar*. **2**. Próximo dos polos norte e sul: *regiões polares*. **3**. Que passa ao longo dos polos norte e sul de um planeta: *um satélite em órbita polar*. **4**. Relativo aos polos de um ímã, de uma célula elétrica, etc. **5**. *Fig.* Diametralmente oposto: *ouvi opiniões polares sobre esse assunto; esse casal tem personalidades polares*. **6**. Em física e química, que apresenta polaridade: *solvente polar; a água tem moléculas polares*. → **polarização** *sf* (**1**. divisão profunda, num grupo, em duas facções opostas, contrastantes ou conflitantes: *já não faz sentido a polarização esquerda-direita*; **2**. estado ou processo em que raios de luz ou radiação semelhante se mostra com propriedades diferentes, em direções diferentes; **3**. magnetização; **4**. produção ou aquisição de polaridade; **polarizar** *v* (**1**. produzir polarização em; comunicar polaridade a; **2**. *fig.* atrair, prender: *as eleições polarizam a atenção do povo*; **3**. *fig.* separar, por ter características opostas, contrastantes ou conflitantes: *a globalização polarizou o mundo em países pobres e países ricos*; **polarizar-se** (**1**. adquirir polaridade; **2**. prender-se, concentrar-se: *a vida das religiosas se polariza na tarefa de servir a Deus*; **3**. separar-se ou dividir-se em dois grupos de posições, pensamentos ou ideais opostos: *o eleitorado se polarizou entre os candidatos governistas e os oposicionistas*.

po.la.roi.de (ói) *sf* Redução de *câmera polaroide*, câmera fotográfica que permite obter fotos instantaneamente.

pol.ca *sf* **1**. Dança polonesa em compasso binário, de passos curtos e rápidos, surgida na Boêmia, no início do séc. XIX. **2**. Música para essa dança.

po.le.ga.da *sf* Unidade de medida de comprimento inglesa equivalente a 2,54cm.

po.le.gar *adj* **1**. Diz-se do dedo mais curto e grosso da mão. // *sm* **2**. Esse dedo.

po.lei.ro *sm* **1**. Vara em que as aves pousam e dormem, nos galinheiros ou nas gaiolas. **2**. *Pop.* Localidade mais alta nos cinemas, teatros ou circos; geral, galeria. (Cuidado para não usar "puleiro"!)

po.lê.mi.ca *sf* **1**. Debate oral, público e acalorado. **2**. Questão, controvérsia, discussão. → **polêmico** *adj* (**1**. rel. a polêmica; **2**. que provoca polêmica; controverso); **polemista** *adj* e *s2gên* (que ou pessoa que faz ou sustenta polêmica); **polemístico** *adj* (rel. a polêmica ou a polemista); **polemizar** *v* (fazer ou travar polêmica).

pó.len *sm* Conjunto de células sexuais masculinas amarelas e porosas dos estames de uma flor. · V. **polinizar**.

po.len.ta *sf* Prato culinário italiano feito de fubá de milho, água e sal, cozido ao fogo.

pole position [ingl.] *loc sf* O primeiro lugar na ordem de largada de uma corrida de automóveis, atribuído ao veículo que tenha realizado o melhor tempo nos treinos. · Pronuncia-se *pôL pozíchan*.

po.li.a *sf* Roda fixa num eixo rotatório e acionada por uma correia, cabo, corrente, etc., que transmite movimento.

po.li.an.dri.a *sf* Casamento de uma mulher com dois ou mais homens ao mesmo tempo. → **poliândrico** ou **poliandro** *adj* (rel. a poliandria: *união poliandra*).

po.li.car.po *adj* Que tem ou produz muitos frutos.

po.li.chi.ne.lo *sm* **1**. Boneco de madeira que se move com fios; títere, marionete. **2**. *P.ext.* Homem grotesco, sem dignidade nem caráter; palhaço. **3**. Exercício de saltos, em que o praticante salta no mesmo lugar, alternando os movimentos dos braços e das pernas. ·· **Segredo de polichinelo**. Aquele que todo o mundo sabe, mas do qual os ingênuos fazem o maior mistério.

po.lí.cia *sf* **1**. Conjunto de medidas que tem por fim garantir a ordem pública, prevenir e detectar crimes e fazer respeitar as leis. **2**. Organização ou força pública encarregada de zelar pela segurança dos cidadãos. **3**. Conjunto dos agentes dessa organização; corporação policial. // *s2gên* **4**. Policial: *toda mulher honesta pode ser uma boa polícia.* // *sm* **5**. Redução de *cão policial*, aquele treinado para auxiliar a polícia, geralmente da raça pastor-alemão. → **policial** *adj* (rel. ou pert. a polícia: *batida policial*; **2**. que serve a fins policiais: *cão policial*; **3**. que versa sobre crimes: *romance policial*) e *s2gên* (membro de uma corporação policial; polícia); **policialesco** (ê) *adj* (**1**. típico de polícia: *truculência policialesca*; **2**. rel. a ficção policial: *romance policial*); **policiamento** *sm* [ato ou efeito de policiar(-se)]; **policiar** *v* (**1**. controlar ou manter a ordem, com o auxílio da polícia: *policiar o trânsito*; **2**. vigiar ou proteger com o auxílio policial: *policiar bancos*; **3**.*p.ext.* cuidar bem de; zelar: *meu cão policia melhor minha casa que meu vigia*); **policiar-se** (conter-se, controlar-se, dominar-se: *ela se policiou para não meter a mão na cara dele*).

po.li.clí.ni.ca *sf* Hospital ou clínica que trata de doentes em qualquer condição médica ou cirúrgica; hospital geral. → **policlínico** *adj* (rel. ou pert. a policlínica).

po.li.cro.mi.a *sf* **1**. Arte de pintar combinando cores, princ. quando aplicada à cerâmica, escultura e arquitetura. **2**. Processo de impressão com mais de três cores. **3**. Estampa obtida por esse processo. → **policromático, policrômico** ou **policromo** *adj* (de muitas cores; multicolorido).

po.li.cul.tu.ra *sf* Cultura agrícola variada. · Antôn.: *monocultura*. → **policultor** (ô) *sm* (aquele que se dedica à policultura) e *adj* (rel. a policultura).

po.li.e.dro *sm* Sólido limitado por polígonos ou superfícies planas. → **poliédrico** *adj* (rel. a poliedro ou em forma de poliedro).

po.li.es.por.ti.vo (pò) *adj* **1**. Diz-se de centro, complexo ou local em que se podem praticar várias modalidades de esporte: *ginásio poliesportivo*. // *sm* **2**. Complexo esportivo situado em área ampla, composto de quadras, campos de futebol, vestiários, sanitários e toda infraestrutura adequada à prática esportiva.

po.li.és.ter *sm* **1**. Resina sintética usada na fabricação de plásticos, fibras têxteis, etc. **2**. Tecido feito dessas fibras: *esses lençóis são um misto de algodão e poliéster*.

po.li.ga.mi.a *sf* **1**. Forma de casamento em que uma pessoa tem vários cônjuges ao mesmo tempo, comum na África: *a Igreja católica rejeitou a poligamia em 1890*. **2**. Estado ou condição de polígamo. **3**. Condição de ter flores masculinas, femininas e hermafroditas na mesma planta. **4**. Condição de ter esses diferentes tipos de flores em plantas separadas da mesma espécie. **5**. Prática de animais machos de ter mais de um parceiro durante uma temporada de reprodução. · Antôn.: *monogamia*. · V. **poliandria** e **poligínia**. → **poligâmico** ou **polígamo** *adj* (**1**. rel. a poligamia ou que a apresenta: *prática polígama*; **2**. diz-se de animal macho que acasala com mais de uma parceira; **3**. diz-se da planta que apresenta flores masculinas, femininas e hermafroditas ao mesmo tempo), de antôn. *monogâmico*; **polígamo** *adj* e *sm* (**1**. que ou aquele que tem mais de um cônjuge ao mesmo tempo; **2**. que ou animal que se acasala com muitas fêmeas), de antôn. *monógamo*.

po.li.gi.ni.a *sf* Casamento de um homem com duas ou mais mulheres ao mesmo tempo. → **poligínico** *adj* (rel. a poliginia).

po.li.glo.ta *adj* e *s2gên* **1**. Que ou pessoa que fala várias línguas. // *adj* **2**. Em que se usa multiplicidade de línguas: *São Paulo é uma cidade poliglota*. **3**. Que usa uma multiplicidade de línguas: *a população poliglota de São Paulo*. → **poliglótico** *adj* (**1**. rel. a poliglota; **2**. escrito em várias línguas); **poliglotismo** *sm* (**1**. utilização da fala em várias línguas; **2**. facilidade ou capacidade de falar várias línguas).

po.lí.go.no *sm* Figura geométrica plana com pelo menos três lados e ângulos retos e, normalmente, cinco ou mais. → **poligonal** *adj* (**1**. rel. a polígono; **2**. que tem forma de polígono ou que tem por base um polígono). ·· **Polígono das secas**. Área do Nordeste brasileiro composta de diferentes zonas geográficas, com distintos índices de aridez, sujeita a repetidas crises de prolongamento dos estiagens. Estende-se por uma área de $1.108.434,82 km^2$, correspondente a 1.348 municípios dos estados do Piauí, Ceará, Rio Grande do Norte, Paraíba, Pernambuco, Alagoas, Sergipe, Bahia e norte de Minas Gerais.

po.lí.gra.fo *sm* **1**. Aquele que escreve sobre diversos assuntos. **2**. Aparelho que registra simultaneamente alterações nos processos fisiológicos (batimentos cardíacos, pressão sanguínea, respiração, etc.), usado geralmente como detector de mentiras. → **poligrafar** *v* (escrever com o polígrafo); **poligrafia** *sf* (**1**. qualidade de quem é polígrafo; **2**. conjunto de diversos conhecimentos; **3**. coleção de obras científicas, literárias, etc.); **poligráfico** *adj* (rel. a poligrafia).

po.li-in.fec.ção *sf* Infecção causada por vários microrganismos. · Pl.: *poli-infecções*.

Polinésia *sf* Uma das três principais divisões etnográficas das ilhas do Pacífico (as outras duas são a Melanésia e a Micronésia). → **polinésio** *adj* e *sm*.

po.li.ni.zar *v* Transferir pólen da antera para o estigma de (uma flor). → **polinização** *sf* [**1**. ato ou efeito de polinizar; **2**. transporte de células reprodutivas masculinas (grãos de pólen) localizadas nas anteras de uma flor para o estigma ou receptor feminino de outra flor, ou para o seu próprio estigma: *boa parte da produção agrícola depende de polinização por animais*]; **polinizado** *adj* (que sofreu polinização); **polinizador** (ô) *adj* e *sm* [que ou agente (inseto, vento, pássaro, etc.) que poliniza.

po.li.nô.mio *sm* **1**. Expressão algébrica que consiste em um ou mais termos somados, cada qual formado por um multiplicador constante e uma ou mais variáveis elevadas a potências integrais (p. ex.: $x^2 - 5x + 6$ e $2p^3q + y$ são polinômios). → **polinômico** *adj* (rel. a polinômio).

po.li-in.sa.tu.ra.do *adj* Diz-se da substância cuja estrutura molecular tem várias ligações duplas ou triplas: *gordura poli-insaturada*. · Pl.: *poli-insaturados*.

po.li.mor.fo *adj* Que tem ou assume várias formas; polimórfico; multiforme. → **polimórfico** *adj* (que tem polimorfismo); **polimorfismo** *sm* (estado ou qualidade de polimorfo; capacidade de assumir diferentes formas).

pó.lio *sf* Abreviação de *poliomielite*. → **poliomielite** *sf* (inflamação da substância cinzenta da medula espinhal; paralisia infantil; pólio).

pó.li.po *sm* Pequeno tumor benigno, encontrado comumente em mucosas, como no nariz, no útero e no reto, ao qual o povo chama *carne esponjosa*.

po.lir *v* **1**. Dar brilho a; lustrar: *polir móveis*. **2**. Aperfeiçoar, aprimorar, melhorar: *polir o estilo*. **polir-se 3**. Ficar lustroso ou brilhante: *essa pedra se poliu com o vento*. **4**. Educar-se, civilizar-se, urbanizar-se: *ninguém se pule no vício*. **5**. Aperfeiçoar-se, aprimorar-se: *com o passar dos anos, o estilo desse escritor se poliu bastante*. · Conj.: *pulo, pules, pule, polimos, polis, pulem* (pres. do ind.); *pula, pulas, pula, pulamos, pulais, pulam* (pres. do subj.). → **polidez** (ê) *sf* (**1**. qualidade do que é polido; **2**. comportamento atencioso e respeitoso com os outros; educação, cortesia, gentileza, urbanidade: *ele sempre me tratou com polidez*), de antôn. *grosseria*; **polido** *adj* (**1**. que recebeu polimento: *carro polido*; **2**. *fig*. educado, cortês, gentil: *ele foi polido com os convidados; comentário polido*), de antôn. (1): *áspero*; (2): *grosseiro*; **polidor** (ô) *adj* e *sm* (que ou o que pule); **polimento** *sm* ou **polidura** *sf* (ato ou efeito de polir).

po.lis.se.mi.a *sf* Propriedade de uma palavra de ter mais de um significado, de acordo com o contexto em que se insere (p. ex.: *gente fina, telha fina*). · Antôn.: *monossemia*. → **polissêmico** *adj* (**1**. relativo a polissemia; **2**. diz-se da palavra que tem mais de um significado).

po.lis.sí.la.bo *adj* e *sm* Que ou vocábulo que tem mais de três sílabas. · Antôn.: *monossílabo*. → **polissilábico** *adj* (**1**. rel. a polissílabo; **2**. diz-se do vocábulo de mais de três sílabas; polissílabo), de antôn. *monossilábico*.

po.lis.sín.de.to *sm* Figura de sintaxe que consiste em repetir a conjunção *e*. → **polissindético** *adj* (em que há polissíndeto).

po.li.téc.ni.co *adj* **1**. Que abrange várias artes, ciências e ofícios. **2**. Diz-se do ensino relativo à formação de profissionais especializados em áreas essencialmente técnicas, educacionais e de gestão. **3**. Diz-se de estabelecimento em que se ensinam diversas ciências, princ. engenharia: *escola politécnica*. → **politécnica** *sf* (redução de *escola politécnica*, escola de engenharia que mantém cursos em todas as especialidades engenhariais).

po.li.te.ís.mo *sm* Culto ou crença em muitos deuses. · Antôn.: *monoteísmo*. → **politeísta** *adj* (rel. a politeísmo) e *adj* e *s2gên* (que ou pessoa que professa o politeísmo), de antôn. *monoteísta*; **politeístico** *adj* (politeísta), de antôn. *monoteístico*.

po.lí.ti.ca *sf* **1**. Arte ou ciência de governar uma nação, ou seja, de administrá-la e controlá-la em seus negócios internos e externos. **2**. Arte de um Estado de dirigir as relações com outros Estados. **3**. Modo ou critério de gerir negócios de interesse público ou do governo: *a política externa; a política monetária; a política cambial*. **4**. Profissão de conduzir assuntos políticos: *ele fez carreira na política*. **5**. Vida política: *ele cursou Direito com intenção de entrar na política*. **6**. Manobra política que envolve poder, influência ou conflito: *há muita política nessas ONGs*. **7**. Atitude e posição política: *sua política nessa questão é bem diferente da minha*. **8**. *Fig*. Habilidade para tratar de qualquer assunto, de modo a se obter o que se deseja; estratégia: *ele faz política em qualquer circunstância*. **9**. *Fig*. Modo cortês e urbano de agir; cortesia, urbanidade. **10**. *Fig*. Boa capacidade para relacionar-se com outras pessoas; diplomacia. **11**. *Fig.Pej*. Astúcia, sagacidade ou maquiavelismo usado com algum objetivo escuso: *usou de uma política pouco nobre para conseguir a reeleição*. → **politicagem** ou **politicalha** *sf* (*pej*. política de baixo nível, em que a ética é apenas um detalhe sem importância); **político** *adj* (**1**. rel. a política ou próprio dela; **2**. *fig*. polido, cortês; **3**. *fig*. astuto, sagaz; **4**. *fig*. hábil no trato com as pessoas; diplomático) e *sm* (**1**. homem versado em política; **2**. homem astuto, esperto), de fem. *política*, de dim. pej. *politiquete* (ê) e aum.pej. *politicastro*; **politiqueiro** *adj* e *sm* (*pej*. que ou aquele que é dado à politicagem); **politização** *sf* [ato ou efeito de politizar(-se)]; **politizado** *adj* (**1**. diz-se daquele que tem consciência de seus direitos e deveres de cidadão e da importância da ação política; **2**. que possui bons conhecimentos sobre política e sabe exercer seu papel no processo político do país); **politizar** *v* (dar ou atribuir caráter político a: *quiseram politizar a pandemia*); **politizar(-se)** *v* [tornar(-se) politizado: *é preciso politizar a população: ele se politizou no meio acadêmico*].

po.li.va.len.te *adj* **1**. Diz-se da vacina eficaz contra muitas cepas da mesma espécie de microrganismo. **2**. *Fig*. Que é capaz de fazer muitas coisas de forma competente; versátil: *secretária polivalente; jogador polivalente*. **3**. *Fig*. Que tem facetas diferentes: *o caráter polivalente de seu pensamento*. **4**. Em química, diz-se do elemento que possui mais de uma valência.

po.lo^1 *sm* **1**. Redução de *polo terrestre*, cada um dos dois pontos em que o eixo imaginário da Terra intercepta a superfície terrestre, realizando seu movimento de rotação. **2**. Cada uma das regiões glaciais vizinhas desses pontos: *visitei o Polo Norte*. **3**. Qualquer dos dois extremos do eixo de rotação de uma esfera ou corpo redondo. **4**. *Fig*. Ponto, lugar ou coisa em que converge a atenção ou o interesse; centro, núcleo: *o polo do debate será a economia; neste bairro é que fica o polo comercial da cidade*. **5**. *Fig*. Centro de difusão, de irradiação ou de produção de algo importante ou valioso: *na antiguidade, Alexandria se tornou importante polo cultural; polo petroquímico; polo industrial*. **6**. Cada um dos extremos do circuito de uma pilha ou de algumas máquinas elétricas: *pilhas e baterias de carros têm dois polos: um positivo e o outro negativo*. **7**. *Fig*. Conceito ou aspecto que está em completa oposição a outro: *é preciso analisar os dois polos da questão; ousadia e timidez são polos de personalidades distintas*. **8**. Qualquer dos dois pontos de um corpo, nos quais se acumula em maior quantidade a energia de um agente físico: *nos ímãs, os polos se atraem*. · V. **polar**.

po.lo^2 *sm* **1**. Modalidade de esporte, espécie de hóquei, que se pratica a cavalo num campo gramado, entre duas equipes que golpeiam uma bola de madeira com um taco comprido, para fazê-la passar pelos postes da meta adversária. **2**. Tipo de camisa esporte, de gola e manga curta ou comprida. ·· **Polo aquático**. Modalidade esportiva semelhante ao handebol, disputada em piscina por duas equipes de sete jogadores cada uma. → **polista** *s2gên* (atleta que joga polo), palavra que não consta no 8.ª ed. do VOLP.

Polônia *sf* País da Europa, de área pouco menor que a do estado do Maranhão. → **polonês** *adj* e *sm* · V. **polaco**.

pol.pa *sf* **1**. Parte mole, úmida, suculenta, comestível e geralmente adocicada dos frutos e algumas raízes. **2**. Redução de *polpa dentária*, tecido sensível e macio que preenche a cavidade central de um dente. **3**. Massa mole de fruta da qual foi extraída por pressão a maior parte da água: *polpa de ciriguela*. **4**. *P.ext*. Massa macia, úmida e sem forma: *amasse as bananas, até formar uma polpa!* **5**. Material preparado por meios químicos ou mecânicos, a partir de pequenos pedaços de papel velho, fibras vegetais, madeira, etc., para uso na fabricação de papel e produtos de celulose. → **polposo** (ô; pl.: ó) *adj* (que tem muita polpa; carnudo, polpudo); **polpudo** *adj* (**1**. polposo: *o abacate é um fruto polpudo*; **2**. *fig*. enorme, vultoso: *prêmio polpudo*; **3**. *fig*. que rende muito; que dá bom lucro: *negócio polpudo*).

polpettone [it.] *sm* Porpeta.

poltergeist [al.] *sm* Espírito ou fantasma barulhento, geralmente travesso, que move móveis e joga objetos dentro de uma casa. · Pl.: *poltergeists*. · Pronuncia-se *poltergáist*.

pol.trão *adj* e *sm* Que ou aquele que, ante qualquer perigo, foge ou se rende; covarde desprezível: *o comandante era tão poltrão, que se rendeu sem desfechar um único tiro*. · Fem.: *poltrona*. → **poltronaria** ou **poltronice** *sf* (qualidade, atitude ou procedimento de poltrão).

pol.tro.na *sf* **1**. Cadeira larga, estofada e de braços. **2**. Cadeira de sala de espetáculo. **3**. Feminino de *poltrão*.

po.lu.ção *sf* Ejaculação involuntária de sêmen durante o sono, geralmente com conteúdo onírico associado. → **polucional** *adj* (rel. a poluição).

po.lu.ir *v* **1**. Sujar ou contaminar (um meio ambiente), tornando nocivo à saúde: *estão poluindo o ar, a água, os rios e os mares*. **2**. Tornar imprestável, sem proveito: *poluíram todo o lençol freático*. poluir(-se) **3**. *Fig*. Sujar(-se), manchar(-se), macular(-se), conspurcar(-se): *poluir o prestígio de alguém; bastou entrar na política para poluir-se completamente*. · Conjuga-se por *atribuir*. → **poluição** *sf* (**1**. introdução de um agente indesejável em um meio previamente não contaminado, princ. solo, água e ar; descarga de substâncias nocivas à saúde e ao meio ambiente; **2**. *fig*. efeito que esse agente produz no ecossistema ou no meio ambiente); **poluidor** (ô) ou **poluente** *adj* e *sm* (que ou o que polui); **poluto** *adj* (manchado, maculado, sujo: *político de passado poluto*), de antôn. *impoluto*.

pol.vi.lho *sm* **1**. Farinha muito fina, de mandioca. **2**. *P.ext*. Qualquer substância em pó que se põe na comida, ou para melhorar o apetite, ou com fins medicinais. → **polvilhação** *sf* ou **polvilhamento** *sm* (ato ou efeito de polvilhar); **polvilhar** *v* (salpicar de qualquer substância em pó ou polvilho).

pol.vo (ô) *sm* Molusco marinho de corpo macio e oval, sem concha e com oito longos tentáculos em volta da boca, dotado de mimetismo e capaz de amputar partes do corpo espontaneamente, para escapar de algum predador.

pól.vo.ra *sf* Mistura inflamável e explosiva de nitrato de potássio, enxofre e carvão, usada em armas de fogo, bombas e foguetes.

pol.vo.ro.sa *sf* Grande agitação; tumulto. ·· **Em polvorosa**. **1**. Em grande atividade ou agitação: *A erupção do vulcão deixou a população em polvorosa*. **2**. Em total desordem; em rebuliço; muito bagunçado: *Os assaltantes deixaram a casa em polvorosa*.

po.ma.da *sf* Produto pastoso que se aplica na pele, como remédio ou como cosmético.

po.mar *sm* **1**. Terreno destinado ao cultivo de árvores frutíferas. **2**. Conjunto dessas árvores. → **pomicultor** (ô) *sm* (aquele que se dedica à pomicultura); **pomicultura** *sf* (cultivo de árvores frutíferas).

pom.bo *sm* Ave semelhante aos galináceos nos caracteres e aos pássaros nos hábitos; macho da pomba. (Voz: arrular, arrulhar, gemer, rulhar). · Col. (quando em voo): *revoada*. · V. **columbário, columbicultor** e **columbino**. → **pomba** *sf* (fêmea do pombo) e *interj* (exprime espanto ou contrariedade); **pombal** *sm* (local onde se criam ou se recolhem pombos); **pombo-correio** *sm* (variedade de pombo que se adestra e utiliza para levar mensagens, presas na pata), de pl. *pombos-correio* ou *pombos-correios*.

po.me.lo *sm* Toranja.

po.mo *sm* **1**. Qualquer fruto carnoso de forma esférica ou mais ou menos esférica, como a maçã, pera, marmelo, etc. **2**. *Pop*. Seio de mulher; mama. ·· **Pomo da discórdia**. Pessoa, animal, coisa ou fato que dá motivo para atrito ou desavença: *Um cachorro foi o pomo da discórdia entre genro e sogra*. ·· **Pomo de adão**. Saliência da cartilagem tireóidea, no pescoço; maçã de adão; gogó.

pom.pa *sf* **1**. Ostentação para causar sensação, em atos solenes; cerimonial suntuoso. **2**. Grande luxo e requinte. · Antôn.: *simplicidade, modéstia*. → **pompear** *v* (exigir ou ostentar com pompa: *pompear joias*; **2**. ostentar luxo: *os novos-ricos gostam de pompear aonde vão*), que se conjuga por *frear*; **pomposidade** *sf* (qualidade de pomposo); **pomposo** (ô; pl.: ó) *adj* (caracterizado pela pompa: *casamento pomposo*).

pom.pom *sm* **1**. Tufo ou bola decorativa, feita de plumas, fios de lã ou de qualquer outro material, usada princ. em gorros de bebês, sapatos e cortinas. **2**. Objeto redondo e macio com que se empoa o rosto com pó de arroz.

pô.mu.lo *sm* Maçã do rosto.

pon.cã *sf* Variedade de tangerina, de origem japonesa, muito saborosa, de casca grossa e frouxa.

pon.che *sm* **1**. Bebida alcoólica, tipo coquetel, feita com vinho, água mineral ou soda limonada, e frutas picadas. **2**. *Pop*.NE Refresco de frutas. **3**. *Pop*.SP Poncho.

pon.cho *sm* Capa em formato quadrado, geralmente de lã, com uma abertura no centro, por onde se enfia a cabeça, muito usada pelos gaúchos durante o inverno; ponche (SP).

poncif [fr.] *sm* Expressão ou obra (literária, artística, etc.) banal, corriqueira, comum, copiada de um modelo e desprovida de qualquer originalidade: *produziu um poncif e ainda queria aplausos!* · Pl.: *poncifs*. · Pronuncia-se *poncif*.

pon.de.rar *v* **1**. Examinar ou apreciar maduramente, com todo o cuidado possível; medir, pesar: *ponderar as vantagens e as desvantagens de morar numa cidade pequena*. **2**. Alegar ou expor, apresentando razões fortes, de peso: *ao ouvir do presidente que iria renunciar, o ministro ponderou que a renúncia é um ato humilhante*. **3**. Ter ou levar em consideração, considerar: *pondere as consequências, sempre que agir!* → **ponderação** *sf* (ato ou efeito de ponderar); **ponderado** *adj* (**1**. caracterizado pela prudência, bom senso, equilíbrio; prudente, sensato, equilibrado; **2**. diz-se do que deve ser examinado com muito cuidado e reflexão; apreciado).

pô.nei *sm* Cavalo de pelos longos e pouca altura, mas de grande força e agilidade, muito usado no jogo de polo.

pon.ta *sf* **1**. Extremidade de qualquer coisa, seja aguda, seja em ângulo. **2**. Pequeno pedaço de alguma coisa. **3**. Pequena porção. **4**. Papel de pouca ou nenhuma importância em teatro, cinema e televisão; figuração. **5**. Ator ou atriz que faz esse papel; figuração. **6**. No futebol, extrema (1). // *s2gên* **7**. Redução de *ponta-direita* ou de *ponta-esquerda*. ·· **Ponta de lança**. No futebol, atacante que atua no meio da defesa adversária com a precípua finalidade de finalizar as jogadas.

pon.ta-ca.be.ça *sf* Cabeça no chão e pés para cima. ·· **De ponta-cabeça**. **1**. De cabeça para baixo e pés para o ar: *O moleque foi pendurado numa árvore de ponta-cabeça*. **2**. De cima para baixo: *O cartaz está de ponta-cabeça*. · Pl.: *pontas-cabeça* ou *pontas-cabeças*.

pon.ta.da *sf* Dor aguda, rápida e violenta; fisgada.

pon.ta-di.rei.ta *s2gên* Atacante que ocupa a faixa lateral direita do campo, em direção ao gol adversário; extrema-direita. · Pl.: *pontas-direitas*.

pon.ta-es.quer.da *s2gên* Atacante que ocupa a faixa lateral esquerda do campo, em direção ao gol adversário; extrema-esquerda. · Pl.: *pontas-esquerdas*.

pon.tal *sm* Ponta de terra que avança um pouco no mar ou no rio, acima do nível da água.

pon.ta.pé *sm* **1**. Pancada com a ponta do pé. **2**. *Fig*. Ato de ingratidão.

pon.ta.ri.a *sf* **1**. Ação de colocar (geralmente arma de fogo) na direção do alvo. **2**. Habilidade de acertar o alvo; mira.

pon.te *sf* **1**. Construção sobre um curso de água que permite a passagem de uma margem a outra. **2**. Prótese dentária, geralmente fixa. **3**. *Fig*. Pessoa que serve como elemento de ligação ou contato entre pessoas. · Dim. irreg. (1): *pontilhão* *sm*. · V. **pontilhão**.

pon.te.ar¹ *v* **1**. Assinalar com pontos; pontilhar. **2**. Alinhavar (1). **3**. Marcar (desenho, mapa, etc.) com pontos. **3**. Dedilhar ou tocar (instrumento de corda); pontear. · Conjuga-se por *frear*. → **ponteado** *adj* (marcado ou coberto com pequenos pontos; pontilhado) e *sm* (**1**. desenho feito com pequenos pontos; **2**. pesponto; **3**. ponteio (2)); **ponteio** *sm* (**1**. ato ou efeito de pontear; **2**. composição musical livre, baseada no ponteio dos instrumentos de corda; ponteado (3)].

pon.te.ar² *v* **1**. No turfe, disputar (corrida), mantendo-se na dianteira. **2**. *P.ext*. No futebol, liderar: *O Flamengo ponteia o campeonato brasileiro*. · Conjuga-se por *frear*.

pon.tei.ra *sf* **1**. Peça metálica que reveste a ponta de bengalas, guarda-chuvas, cabos de bilhar, bainhas de espadas, tubo de escapamento, etc. **2**. Extremidade postiça da piteira, pela qual entra o cigarro ou o charuto.

pon.tei.ro *sm* **1**. Agulha que, nos mostradores de relógio, indica as horas ou frações da hora. **2**. Agulha semelhante, no mostrador de instrumentos de automóveis, aviões, etc. **3**. Ponta, no futebol.

pon.ti.a.gu.do ou **pon.tu.do** *adj* Que termina em ponta aguçada. · Antôn.: *rombudo*.

pon.tí.fi.ce *sm* **1**. Grande dignitário eclesiástico, com autoridade e jurisdição (bispo ou arcebispo). **2**. Chefe da Igreja católica; papa (a que também se chama *sumo pontífice*). → **pontificado** *sm* (**1**. exercício, dignidade ou cargo de um pontífice; **2**. tempo que dura esse exercício); **pontifical** ou **pontifício** *adj* (rel. a pontífice).

pon.ti.lha.do *adj* **1**. Marcado ou coberto com pequenos pontos. // *sm* **2**. Porção de pequenos pontos bem juntos uns dos outros.

pon.ti.lhão *sm* Ponte pequena ou estreita, de vão pequeno, como aquela por onde passam trens.

pon.to *sm* **1**. Furo feito com agulha em tecido. **2**. Pedaço de linha entre dois furos, ao coser. **3**. Cada uma das laçadas feitas em tricô, crochê, etc. **4**. Tipo de ponto em bordado. **5**. Pequena mancha arredondada; pinta. **6**. Sinal gráfico que marca fim de período e assinala pausa de máxima duração. **7**. Sinal ortográfico que se usa sobre o *i* e o *j*; pingo. **8**. Porção precisa do espaço; local determinado. **9**. Figura geométrica sem dimensões. **10**. Cada um dos tentos feitos em um jogo; tento. **11**. Lugar de parada de veículos de transporte de passageiros. **12**. Local onde comumente estacionam táxis, vans e outros veículos de aluguel, à espera de passageiros. **13**. Livro, cartão, etc. em que se registram a entrada e a saída de funcionários. **14**. Questão, assunto, matéria, item; nesse ponto você tem razão. **15**. Dúvida, pendência. **16**. Matéria de disciplina escolar. **17**. Nível. **18**. Local onde se vendem certas coisas: ponto de drogas. **19**. Em cirurgia, porção de fio firmada por um nó para promover a união dos tecidos. **20**. Grau de consistência que se dá à calda de açúcar. **21**. *Fig*. Pessoa que, nos teatros, lê em voz baixa para os atores em cena não se enganarem ou não se esquecerem do texto. ·· **Ponto cego**. **1**. Ponto de entrada do nervo óptico na retina, insensível à luz. **2**. Área de um veículo automotivo, na qual um objeto não figura no campo visual do condutor: *o espelho retrovisor angular elimina pontos* *cegos em ambos os lados do carro.* ·· **Ponto de exclamação**. Sinal de pontuação que marca uma pausa e uma entoação não uniformes, estando seu emprego mais afeto à estilística que à gramática. ·· **Ponto de interrogação**. Sinal de pontuação que marca uma pausa com melodia característica, ou seja, entoação ascendente (elevação da voz). ·· **Ponto de venda**. Local em que o consumidor pode adquirir seus produtos ou serviços de rotina com facilidade. ·· **Ponto e vírgula**. Sinal de pontuação (;) que marca pausa maior que a da vírgula e menor que a do ponto. ·· **Ponto final**. **1**. Sinal de pontuação que encerra um enunciado ou escrito completo. **2**.*P.ext*. Fim, ponto: *Pôs um ponto final no casamento*.

pon.to.com *adj* **1**. Da ou pela Internet: *as empresas pontocom; cliente pontocom; assistência médica pontocom.* // *sf* **2**. Redução de *empresa pontocom*, empresa virtual que vende produtos ou serviços pela Internet: *as pontocom tiveram prejuízo este ano.* (Como se vê, não varia.)

pon.tu.al *adj* e *sm* **1**. Que ou pessoa que cumpre rigorosamente os horários ou compromissos marcados. // *adj* **2**. Relativo a ponto geométrico. **3**. Restrito ou limitado a um ponto; localizado: *ele cometeu erros apenas pontuais nesse texto*. **4**. Em linguística, diz-se do aspecto verbal que caracteriza um processo instantâneo, súbito, como *cair, espirrar, explodir*. → **pontualidade** *sf* (**1**. fato ou qualidade de ser pontual: *sou um defensor intransigente da pontualidade; é admirável a pontualidade dos trens japoneses*). ·· **Pontualidade britânica**. Cumprimento ou observância rigorosa de horário.

pon.tu.ar *v* **1**. Usar devidamente os sinais de pontuação em: *você pontuou bem seu texto*. **2**. No esporte, marcar pontos: *o Flamengo não pontuou na tabela de classificação na última rodada do campeonato brasileiro*. **3**. *Fig*. Caracterizar, marcar: *muito tumulto pontuou as inscrições*. → **pontuação** *sf* (**1**. ato ou efeito de pontuar; **2**. uso dos sinais gráficos convencionais, que indicam as pausas e os tons que a leitura deve ter; **3**. conjunto de todos esses sinais).

pool [ingl.] *sm* Grupo de empresas ou de pessoas que se juntam com interesses comuns, quase sempre financeiros: *o pool hoteleiro; o pool do petróleo*. · Pl.: *pools*. · Pronuncia-se *pul*.

pop [ingl.] *adj* **1**. Diz-se de qualquer gênero artístico bastante popular ou popularizado: *cultura* pop. **2**. Relativo a música popular: *mundo* pop. **3**. Especializado em música popular: *cantor* pop. **4**. Que faz lembrar a arte *pop*: *filme* pop; *estilo* pop. **5**. Relativo a *pop art*: *artista* pop. // *sf* **6**. Música popular. // *sm* **7**. Cultura popular, de origem anglo-americana. **8**. Redução de *pop art*: *gente que não gosta do* pop. **9**. Redução de *pop music*. · Pl.: *pops*. · Pronuncia-se *póp*. ·· **Pop art** (ou **Arte pop**). Forma de arte moderna, surgida na Grã-Bretanha em 1955, que utiliza objetos ou cenas do cotidiano não próprios da arte; pop (8). ·· **Pop music** (ou **Música pop**). Tipo de música popular, de origem anglo-americana, surgido na década de 1960, derivado do *rock*, com influência da música folclórica, do *jazz* e do *punk*, caracterizado pela eletrificação dos instrumentos, uma forte base rítmica e arranjos vocais instrumentais que conferem grande relevância à melodia.

po.pa (ô) *sf* Extremidade posterior de uma embarcação. · Antôn.: *proa*.

po.pan.ça *sf Gír*. Nádegas, traseiro, popô, bumbum, bunda: *mulher de popança avantajada*. (Não se confunde com *poupança*.) → **popô** *sm* (*pop*. popança); **popozão** *sm* (*gír*. bunda grande); **popozuda** *adj* e *sf* (*gír*. que ou mulher que tem popança grande e benfeita; bunduda).

po.pe.li.ne ou **po.pe.li.na** *sf* Tecido de seda, raiom, lã ou algodão, usado em peças de vestuário e em tapeçaria.

popstar [ingl.] *s2gên* Artista (cantor, cantora, atriz, etc.) muito popular. · Pl.: *popstars*. · Pronuncia-se *póp-star*.

po.pu.la.ção *sf* **1**. Conjunto de todas as pessoas que habitam uma determinada área. **2**. Número total dessas pessoas. **3**. Número total de habitantes da mesma raça, classe, grupo, etc., numa determinada área. **4**. Conjunto de todos os indivíduos da mesma espécie numa determinada área. → **populaça** *sf* ou **populacho** *sm* (*pej.* **1**. classe menos favorecida da sociedade; plebe; **2**. multidão de pessoas dessa classe; arraia-miúda); **populacional** *adj* (**1**. rel. a população: *o envelhecimento populacional do Brasil*; **2**. demográfico: *censo populacional*); **populoso** (ô; pl.: ó) *adj* (de população numerosa).

po.pu.lar *adj* **1**. Apreciado ou aprovado por larga parcela da população. **2**. Frequentado por grande número de pessoas. **3**. Acessível ao orçamento de grande parte da população. **4**. Que vem do grosso da população. **5**. Que se origina entre o povo. // *sm* **6**. Homem comum, do povo. → **popularesco** (ê) *adj* (de

caráter popular, porém, de mau gosto, vulgar, ordinário: *é um canal que só tem programas popularescos*); **popularidade** *sf* (**1**. qualidade ou caráter de ser popular, de ser admirado pelo povo ou de a ele ser simpático: *como anda a popularidade do presidente?*; **2**. estima ou simpatia pública: *para ganhar popularidade, não é preciso falar bonito nem ser elegante, basta ser honesto, sincero e fazer pelo menos alguma coisa pelo povo*); **populário** *sm* (pop. folclore: *a riqueza do populário nordestino*); **popularização** *sf* [ato ou efeito de popularizar(-se)]; **popularizar** *v* (tornar popular ou conhecido do povo: *essa declaração popularizou o candidato*; **popularizar-se** (adquirir ou ganhar popularidade; ficar conhecido do povo: *o jogador se popularizou em todo o Brasil*).

po.pu.lis.mo *sm* **1**. Política baseada na demagogia, em que se aliciam as classes sociais menos favorecidas da população, para conquista de apoio ou votos. **2**. Política supostamente voltada para o povo. → **populista** *adj* (rel. a populismo) e *adj* e *s2gên* [que ou político(a) que faz discurso veemente na defesa dos interesses do povo, mas apenas com o objetivo de conseguir votos ou apoio].

pop-up [ingl.] *sm* Janela que se abre na tela do computador, anunciando propaganda não solicitada. (Usa-se adjetivamente: *anúncios* pop-up.) · Pl.: *pop-ups*. · Pronuncia-se *pòpap*.

pô.quer *sm* Jogo de cartas em que um jogador aposta que o valor de sua mão é maior do que as mãos dos outros, em que cada jogador subsequente deve igualar ou aumentar a aposta ou desistir e em que o jogador com a mão mais alta no final da aposta ganha o pote.

por (ô) *prep* que indica inúmeras relações, entre as quais a de *causa* (*casar por dinheiro*), *lugar* (*passar por Santos*) e *tempo* (*viver por muitos anos*). (Aparece na forma primitiva *per* na expressão *de per si* e antes de artigo ou de pronome: *pelo, pela*, etc.)

pôr *v* **1**. Colocar (num determinado lugar): *pôr a cerveja na geladeira*. **2**. Pendurar, dependurar: *pôr a camisa no cabide*. **3**. Calçar: *pôr as luvas*. **4**. Arranjar, dispor: *pôr a mesa*. **5**. Vestir: *pôr uma camisa nova*. **6**. Abrir, montar: *pôr uma loja na cidade*. **7**. Encostar, pousar: *pôs a cabeça no travesseiro e dormiu*. **8**. Guardar, depositar: *pôs muito dinheiro no banco*. **pôr-se 9**. Postar-se, ficar: *pôr-se de pé*. **10**. Começar, principiar: *pôr-se a chorar*. **11**. Desaparecer no horizonte: *o Sol já se pôs*. · Conj.: *ponho, pões, põe, pomos, pondes, põem* (pres. do ind.); *pus, puseste, pôs, pusemos, pusestes, puseram* (pret. perf.); *punha, punhas, punha, púnhamos, púnheis, punham* (pret. imperf.); *pusera, puseras, pusera, puséramos, puséreis, puseram* (pret. mais-que-perf.); *porei, porás, porá, poremos, poreis, porão* (fut. do pres.); *poria, porias, poria, poríamos, poríeis, poriam* (fut. do pret.); *punha, punhas, punha, púnhamos, púnheis, punham* (pres. do subj.); *pusesse, pusesses, pusesse, puséssemos, pusésseis, pusessem* (pret. imperf.); *puser, puseres, puser, pusermos, puserdes, puserem* (fut.); *pondo* (gerúndio); *pôr* (infinitivo impessoal); *pôr, pores, pôr, pormos, pordes, porem* (infinitivo pessoal); *posto* (particípio). ·· **Pôr do Sol**. Momento em que o Sol se põe no horizonte; crepúsculo; ocaso; poente. (Note: **Sol** com inicial maiúscula, já que se trata do astro. O VOLP, no entanto, registra *pôr do sol*; o que aconteceu, então? É que antes do Acordo Ortográfico ser implementado, escrevíamos *pôr-do-sol*, em que o *s* minúsculo está correto, pois em compostos não se grafam maiúsculas; os luminares da Academia retiraram os hifens e olvidaram que, consequentemente, o *s* deveria ser maiúsculo.)

po.rão *sm* **1**. Parte inferior interna do navio. **2**. Parte da casa entre o chão e o andar térreo, destinada geralmente a depósito de trastes.

por.ção *sf* **1**. Parte limitada de um todo; pedaço: *uma porção da floresta já está destruída; os campos de petróleo estão localizados na porção norte da bacia de Santos*. **2**. Quantidade limitada de algo; dose: *já tomei minha porção do remédio*. **3**. Parte que cabe a *alguém*; quinhão: *recebeu sua porção da herança*. **4**. Quantidade de alimento em um restaurante ou lanchonete: *pedi uma porção de batatas fritas*. **5**. *Pop*. Grande quantidade: *ele tem uma porção de dívidas*.

por.ce.la.na *sf* **1**. Tipo de cerâmica fina, feita de argila pura, de cor branca, transparente e brilhante (caulim) e feldspato aquecidos a altas temperaturas: *vaso de porcelana*. **2**. *Fig*. Objeto feito de tal tipo de cerâmica: *ele viu uma porção de porcelanas chinesas*. **3**. Substância vítrea e brilhante, usada para dar mais realce às unhas. → **porcelânico** *adj* (rel. a porcelana); **porcelanista** *adj* e *s2gên* (**1**. que ou pessoa que fabrica e/ou vende porcelana; **2**. que ou profissional que faz ou aplica unhas de porcelana: *manicure porcelanista*). •• **Unha de porcelana**. Unha esculpida artesanalmente, que se encaixa perfeitamente no dedo e tem aspecto bem natural e estético.

por.cen.ta.gem *sf* V. **percentagem**.

por.co (ô; pl.: ó) *sm* **1**. Animal mamífero quadrúpede, de pernas curtas, originário do javali e de criação doméstica. **2**. Carne desse animal, servida como alimento. // *adj* e *sm* **3**. *Fig. Pej*. Que ou aquele que é muito sujo. **4**. *Pop*. Torcedor(a) da Sociedade Esportiva Palmeiras; palmeirense; esmeraldino(a). // *adj* **5**. Muito malfeito; matado: *serviço porco*. → **porca** *sf* (**1**. fêmea ou fem. de *porco*; **2**. peça com furo dotado de rosca, no qual se introduz um parafuso); **porcalhão** *adj* e *sm* [que ou aquele que só faz porcaria(s)], de fem. *porcalhona*; **porcaria** *sf* (**1**. porção de porcos; **2**. coisa imunda; imundície; **3**. coisa muito ordinária, malfeita ou sem valor); **porcino** *adj* (rel. a porco; suíno).

por.co-do-ma.to *sm* Caititu. · Pl.: *porcos-do-mato*.

por.co-es.pi.nho *sm* Mamífero roedor que tem o corpo coberto de espinhos. · Pl.: *porcos-espinhos*.

po.rém *conj* **1**. Mas, contudo: *votem, porém saibam votar*. // *sm* **2**. Obstáculo, empecilho: *a viagem transcorreu sem nenhum porém*. **3**. Aspecto negativo; inconveniente, senão: *em tudo ela põe um porém*. · Pl. (2 e 3): *poréns*.

por.me.nor *sm* Minúcia, detalhe. → **pormenorização** *sf* (ato ou efeito de pormenorizar ou detalhar; detalhamento), de antôn. *generalização*; **pormenorizar** *v* (detalhar), de antôn. *generalizar*.

por.nô *adj Pop*. **1**. Redução de *pornográfico*: *filme pornô, atores pornô*. (Como se vê, não varia.) // *sm* **2**. Qualquer produção pornográfica (filme, peça, etc.): *elas vivem do pornô*. → **pornochanchada** *sf* (gênero de filme brasileiro erótico, sem sexo explícito, semelhante à chanchada, comum na década de 1970); **pornografar** *v* (descrever de modo pornográfico); **pornografia** *sf* (figura, fotografia, filme, escritos ou qualquer outro material cujo objetivo é provocar o erotismo obsceno ou apenas causar excitação sexual, sem ter nenhum valor artístico); **pornográfico** *adj* (**1**. rel. a pornografia; **2**. em que há pornografia) e *adj* e *sm* (que ou aquele que é dado à pornografia); **pornógrafo** *sm* (**1**. aquele que se dedica à pornografia; **2**. autor especializado em pornografia); **pornoturismo** *sm* (turismo com propósito eminentemente sexual); **pornoturista** *s2gên* (turista que viaja só com objetivos sexuais), ambas sem contar na 6.ª ed. do VOLP.

po.ro *sm* **1**. Abertura microscópica em uma superfície externa, princ. na pele ou no tegumento de um organismo, através da qual podem passar gases, fluidos ou partículas microscópicas: *o suor passa pelos poros e esfria o corpo*. **2**. Pequeno interstício que admite absorção ou passagem de líquido. → **porosidade** *sf* (qualidade ou caráter de poroso); **poroso** (ô; pl.: ó) *adj* (**1**. cheio de poros; **2**. que deixa passar gás ou líquido através de seus poros; permeável ao ar, à água, etc.).

po.ro.ro.ca *sf* Onda muito alta, violenta e ruidosa da foz de rios volumosos, como o Amazonas, provocada pelo choque entre ondas marinhas e águas fluviais.

por.pe.ta (ê) ou **pol.pe.ta** (ê) *sf* Bola de carne moída, temperada e frita, servida com macarrão; *polpettone*. (A 6.ª ed. do VOLP não registra nem uma nem outra.)

por.quan.to *conj* Porque, visto que: *saí de férias, porquanto preciso descansar*.

por.que *conj* Por causa de que, visto que, porquanto.

por.quê *sm* Causa, motivo, razão: *ela não disse o porquê de estar terminando o namoro*.

por.quei.ra *sf* **1**. Curral de porcos; chiqueiro. **2**. *Fig*. Coisa sem valor; porcaria. // *s2gên* **3**. *Fig*. Pessoa insignificante, inútil, imprestável; mequetrefe, pé de chinelo.

por.qui.nho-da-ín.dia *sm* Cobaia. · Pl.: *porquinhos-da-índia*.

por.ra (ô) *sf* **1**. Sêmen, esperma. **2**. Coisa ruim ou desagradável. // *interj* **3**. Indica contrariedade ou desagrado. → **porrada** *sf* (*pop*. **1**. murro: *levou uma só porrada e já desmaiou*; **2**. grande quantidade: *estou com uma porrada de dúvidas*).

por.ra-lou.ca *adj* e *s2gên Pop.Chulo* Que ou pessoa que só comete tolices, porque não tem a mínima noção de responsabilidade. · Pl.: *porras-loucas*. → **porra-louquice** *sf* ou **porra-louquismo** *sm* (ato próprio de porra-louca), de pl. respectivamente *porras-louquices, porras-louquismos*.

por.re *sm* **1**. *Pop*. Bebedeira. **2**. *Gír*. Aborrecimento, chateação: *esse filme é um porre*. •• **Tomar um porre**. Embriagar-se.

por.re.ta (ê) *adj Pop*.BA Palavra-ônibus que pode significar muito bonito, muito bom, muito simpático, muito prestativo, muito legal, etc.

por.re.te (ê) *sm* Cacete com saliência arredondada numa das extremidades.

por.ri.nha *sf* Jogo em que dois ou mais participantes escondem na mão até três palitos de fósforo, vencendo aquele que adivinhar o total deles na mão de todos os participantes; jogo de palitinhos.

por.ta *sf* **1**. Abertura feita em parede ou muro, para entrada ou saída. **2**. Peça que fecha essa abertura. **3**. Peça semelhante que serve para fechar móveis. · Dim. irregular: *portinhola*.

por.ta-a.vi.ões *sm2núm* Navio de guerra equipado para propiciar pouso e decolagem aos aviões de caça. (Cuidado para não usar "porta-avião"!)

por.ta-ban.dei.ra *sm* **1**. Oficial que conduz a bandeira do regimento. // *s2gên* **2**. Pessoa que leva a bandeira em qualquer desfile ou solenidade; porta-estandarte. · Pl.: *porta-bandeiras*.

por.ta.da *sf* Portal (1 e 2).

por.ta.dor (ô) *adj* e *sm* **1**. Que ou aquele que conduz, leva ou carrega alguma coisa. // *sm* **2**. Aquele que possui título não nominativo e o apresenta para pagamento.

por.ta-es.co.vas *sm2núm* Objeto onde se dispõem escovas, princ. as de dente. (Cuidado para não usar "porta-escova"!)

por.ta-es.tan.dar.te *s2gên* Porta-bandeira (2). · Pl.: *porta-estandartes*.

por.ta-guar.da.na.pos *sm2núm* Peça onde se põem guardanapos à mesa. (Cuidado para não usar "porta-guardanapo"!)

por.ta-joi.as *sm2núm* Estojo ou caixa onde se guardam joias. (Cuidado para não usar "porta-joia"!)

por.tal *sm* **1**. Porta principal, monumental e imponente de um edifício; portada, pórtico. **2**. Fachada principal de um edifício; portada. **3**. *P.ext*. Qualquer porta de grandes dimensões. **4**. Passagem para outra dimensão: *na Terra há vários portais, que o homem ainda desconhece*. **5**. Ponto por onde um agente patogênico penetra no organismo. **6**. *Site* na Internet que fornece *links* para outros *sites*.

por.ta-lu.vas *sm2núm* Pequeno compartimento no painel dos automóveis, geralmente à direita do motorista, para guardar pequenos objetos, documentos, etc. (Cuidado para não usar "porta-luva"!)

por.ta-ma.las *sm2núm* Parte do veículo em que se acondiciona a bagagem. (Cuidado para não usar "porta-mala"!)

por.ta-mo.e.das *sm2núm* Pequena bolsa onde se guardam moedas; porta-níqueis. (Cuidado para não usar "porta-moeda"!)

por.ta-ní.queis *sm2núm* Porta-moedas. (Cuidado para não usar "porta-níquel"!)

por.tan.to *conj* Logo, por conseguinte, por isso.

por.tão *sm* **1**. Porta grande. **2**. Porta, geralmente de grandes dimensões, que dá acesso a garagem, jardim, quintal, etc. **3**. Porta rústica, de qualquer tamanho.

por.tão-gai.o.la *sm* Portão de ferro e de segurança da entrada de alguns edifícios, constituído de duas portas de entrada, sendo a primeira aberta apenas para entregadores, carteiros, etc. · Pl.: *portões-gaiola* ou *portões-gaiolas*. (A 6.ª ed. do VOLP não traz a palavra.)

por.tar *v* **1**. Levar ou carregar consigo: *portar armas é crime*. **portar-se** *v* Comportar-se, conduzir-se, proceder: *porta-se como um doido esse rapaz*. · V. **porte**.

por.ta-re.tra.tos *sm2núm* Caixilho onde se colocam fotos. (Cuidado para não usar "porta-retrato"!)

por.ta-re.vis.tas *sm2núm* Pequeno móvel onde se colocam jornais e revistas, geralmente na sala de estar ou na sala de espera de consultórios, empresas, etc. (Cuidado para não usar "porta-revista"!)

por.ta.ri.a *sf* **1**. Vestíbulo de edifícios públicos, colégios, hospitais, etc. onde se recebem pessoas, são fornecidas informações, etc. **2**. Documento oficial de ato administrativo, assinado por um ministro em nome do governo, que contém instruções, resoluções, nomeações, demissões, etc.

por.tá.til *adj* **1**. Fácil de transportar de um lugar para outro. **2**. De pequeno volume e peso. **3**. Que se pode armar e desarmar (coisa útil).

por.ta-to.a.lhas *sm2núm* Peça em que, nos banheiros e lavatórios, se penduram as toalhas. (Cuidado para não usar "porta-toalha"!)

por.ta-tre.cos *sm2núm* Peça da lateral interna inferior da porta dos automóveis modernos, destinada a conter pequenos objetos, flanelas, etc. (Cuidado para não usar "porta-treco"!)

por.ta-voz *sm* **1**. Instrumento em forma de trombeta que reforça a voz na transmissão a distância. // *s2gên* **2**. Pessoa que fala, oficialmente ou não, em nome de outrem. · Pl.: *porta-vozes*.

por.te *sm* **1**. Ação de portar. **2**. Transporte, carga. **3**. Aquilo que se tem de pagar por um transporte terrestre. **4**. Tamanho, estatura, volume. **5**. Importância. **6**. Aspecto físico de uma pessoa. ·· **Porte pago**. Serviço postal especial, que prescinde de selagem, porque o pagamento deve ser feito no momento do embarque.

por.tei.ra *sf* **1**. Feminino de *porteiro*. **2**. Portão que, nas propriedades rurais, atravessa a entrada de um lado a outro, impedindo a passagem livre de animais.

por.tei.ro *sm* Homem encarregado da guarda da porta principal ou da portaria de casa, edifício, etc., além de pequenos serviços, como o recebimento de correspondência.

por.te.nho *adj* e *sm* Que ou aquele que nasce em Buenos Aires, capital da Argentina; buenairense.

por.ten.to *sm* **1**. Coisa rara, extraordinária; prodígio, colosso: *meu time é um portento!* // *sm* **2**. *Fig.* Pessoa de talento incomum; maravilha, assombro. → **portentoso** (ô; pl.: ó) *adj* (**1**. maravilhoso, encantador: *um filme portentoso*; **2**. excepcional, extraordinário: *carro de portentosa potência*; **3**. significativo, expressivo: *sofrer uma portentosa derrota*; **4**. pomposo, ostensivo: *promover uma portentosa festa*).

port.fó.lio ou **por.ta-fó.lio** *sm* **1**. Cartão duplo, em forma de pasta sanfonada, usado para guardar papéis, documentos, desenhos, mapas, folhetos, etc. **2**. Pasta de mão, geralmente retangular e de couro, utilizada para guardar ou transportar papéis, documentos, etc., de uso profissional. **3**. Conjunto desses papéis, documentos, etc. **4**. Dossiê de projetos e trabalhos, para apresentação profissional. **5**. Conjunto de trabalhos de um artista ou de fotos de um modelo, usado para divulgação em agências de publicidade; *book*. **6**. Conjunto de marcas, produtos e serviços de uma empresa. **7**. Conjunto das contas de uma agência, produtora, fornecedor ou profissional. **8**. Conjunto dos títulos de uma editora e de programas de uma emissora de rádio e TV. **9**. Conjunto de ações ou títulos possuídos por um investidor; carteira diversificada de ações ou títulos. · Pl.: *porta-fólios*.

pór.ti.co *sm* **1**. Entrada grandiosa e coberta de um edifício, geralmente com colunas monumentais; portal; portada. **2**. Galeria com arcadas ou colunas que se estende ao longo de uma fachada, de uma parede ou de um pátio. **3**. Trave horizontal, sustentada por duas verticais, na qual ficam suspensos aparelhos de ginástica, numa academia.

por.to (ô; pl.: ó) *sm* Lugar onde embarcações podem carregar e descarregar e no qual muitas vezes desembarcam e carregam passageiros. → **portuário** *adj* (rel. a porto) e *sm* (empregado em serviços de porto).

Porto Alegre *loc sf* Capital e a maior cidade do estado do Rio Grande do Sul. → **porto-alegrense** *adj* e *s2gên*, de pl. *porto-alegrenses*.

Porto Rico *loc sm* Ilha do Caribe e estado livre associado aos Estados Unidos desde 25/7/1952. → **porto-riquenho** *adj* e *sm*, de pl. *porto-riquenhos*.

Porto Velho *loc sf* Capital e a principal cidade do estado de Rondônia. → **porto- velhense** *adj* e *s2gên*, de pl. *porto--velhenses*.

Portugal *sm* País da Europa, situado na Península Ibérica, entre a Espanha e o oceano Atlântico, de área pouco inferior à do estado de Santa Catarina. → **português** *adj* e *sm* (natural ou habitante de Portugal), *adj* (de Portugal: *rodovias portuguesas*) e *sm* (idioma oficial do Brasil, Portugal, Angola, Cabo Verde, Guiné-Bissau, Moçambique, São Tomé e Príncipe e de Timor-Leste, falado também em Macau e Goa).

por.tu.nhol *sm Pop.* Fala ou escrito em que se misturam palavras e terminações do português e do espanhol.

por.ven.tu.ra *adv* **1**. Talvez, possivelmente, quiçá: *se porventura ela te pedir em casamento, você aceitará?* **2**. Por acaso, acaso: *se porventura chover, não viaje!*; *o senhor é porventura o pai da moça?* (Não se confunde com *por ventura*, expressão que equivale a *por sorte*: *Por ventura, chegamos antes da tempestade*.)

por.vir *sm* Tempo que há de vir; futuro. → **porvindouro** *adj* (que há de vir; futuro) e *smpl* (as gerações futuras).

pós-bo.ca *sf* Parte posterior da boca; fundo da boca. · Pl.: *pós--bocas*. · Antôn.: *anteboca*.

pós-da.ta *sf* Data de um documento posterior à da sua redação. · Antôn.: *antedata*. · Pl.: *pós-datas*. → **pós-datado** *adj* (que se pós-datou), de antôn. *antedatado* e pl. *pós-datados*; **pós-datar** *v* (pôr pós-data em), de antôn. *antedatar*, *pré-datar*.

po.se (ô) *sf* **1**. Postura estudada, artificial, usada para se deixar fotografar, pintar ou esculpir. **2**. Aparência ou maneira afetada; pretensão, empáfia. → **posar** *v* (**1**. fazer pose; servir de modelo: *posar para uma foto*; **2**. *fig.* fazer-se de; bancar: *e ela ainda posa de inocente!*); **posudo** *adj* (cheio de pose; cheio de si; arrogante).

pós-di.lu.vi.a.no *adj* Posterior ao dilúvio descrito na Bíblia. · Antôn.: *antediluviano*. · Pl.: *pós-diluvianos*.

pós-e.lei.to.ral *adj* Posterior às eleições: *fraude pós-eleitoral*. · Antôn.: *pré-eleitoral*. · Pl.: *pós-eleitorais*.

pós-es.cri.to *adj* **1**. Escrito posteriormente ou ao final. // *sm* **2**. Nota ou parágrafo que se adiciona a uma carta, depois de tê-la concluído ou assinado. **3**. Qualquer acréscimo feito num livro, depois de sua conclusão, por ter havido omissão ou ocorrência de fato novo. · Pl.: *pós-escritos*. · Abrev.: **P.S.** ou **PS** (do latim *post scriptum*).

pos.fá.cio *sm* Declaração final do autor de um livro ou de outrem. · Antôn.: *prefácio*. → **posfaciar** *v* (pôr posfácio em), de antôn. *prefaciar*.

pós-gra.du.a.ção *sf* Grau de ensino superior dirigido àqueles que já se graduaram, destinado à formação de profissionais altamente especializados. · Pl.: *pós-graduações*. → **pós--graduado** *adj* e *sm* (que ou aquele que concluiu o curso de pós-graduação), de pl. *pós-graduados*; **pós-graduando** *sm* (aquele que está prestes a concluir a pós-graduação), de pl. *pós-graduandos*; **pós-graduar** *v* (concluir a pós-graduação).

pós-guer.ra *sm* V. **após-guerra**.

po.si.ção *sf* **1**. Lugar onde está posta pessoa ou coisa; situação; localização. **2**. Lugar certo ou apropriado. **3**. Área ocupada por forças militares, com propósitos estratégicos. **4**. Disposição, arranjo. **5**. Postura, pose. **6**. Ponto de vista ou atitude em determinada questão. **7**. Área do campo ou da quadra pela qual um jogador é responsável. **8**. Circunstância ou situação socioeconômica em que uma pessoa se encontra. → **posicionamento** *sm* [ato ou efeito de posicionar(-se)]; **posicionar** *v* (**1**. pôr em posição; dispor: *posicionar a artilharia*; **2**. fazer tomar certa posição dentro do campo de jogo: *o treinador posicionou bem sua equipe*); **posicionar-se** (**1**. tomar posição; postar-se: *o time palmeirense se posicionou à direita das cabinas de rádio do estádio*; **2**. tomar certa posição dentro do campo de jogo: *a equipe se posicionou bem dentro da quadra*; **3**. manifestar-se, revelar-se, pronunciar-se: *posicionar-se contra o aborto e a favor da vida*).

po.si.ti.vo *adj* **1**. Que existe de modo certo e averiguado; comprovado por experiência; verdadeiro. **2**. Que é bom em qualquer aspecto; favorável. **3**. De existência indubitável; certo, verdadeiro. **4**. Construtivo: *crítica positiva*. **5**. Diz-se do número ou quantidade maior que zero. **6**. Em matemática, relativo ao sinal +. **7**. Diz-se da cópia fotográfica em que os claros e escuros não aparecem invertidos. **8**. Em medicina, indicativo da presença de doença, condição ou organismo: *teste positivo de gravidez*. **9**. Em física, relativo a um dos polos da corrente elétrica. // *sm* **10**. Aquilo que é certo, com que se pode contar. **11**. Qualidade ou característica positiva. **12**. Quantidade ou símbolo positivo. **13**. Imagem fotográfica em que os claros e escuros aparecem como estão na natureza. · Antôn.: *negativo*. **positivação** *sf* [ato ou efeito de positivar(-se)]; **positivar(-se)** *v* [tornar(-se) positivo, indiscutível ou evidente]; **positividade** *sf* (**1**. qualidade ou estado de ser positivo; **2**. prática ou tendência a ter uma atitude positiva ou otimista; **3**. presença, em vez de ausência, de uma determinada substância: *a amostra da biópsia constatou positividade para câncer*; *é alta a taxa de positividade do teste de diagnóstico da covid-19*), de antôn. *negatividade*; **positivismo** *sm* (**1**. estado ou qualidade de ser positivo; certeza, segurança; **2**. teoria filosófica relacionada com os fatos e fenômenos positivos, excluindo a especulação sobre causas ou origens últimas); **positivista** *adj* (rel. a positivismo) e *adj* e *s2gên* (que ou pessoa que é adepta do positivismo).

pós-na.tal *adj* **1**. Que acontece depois do nascimento. // *sm* **2**. Período depois do nascimento. · Antôn.: *pré-natal*.

po.so.lo.gi.a *sf* **1**. Ramo da farmacologia que se ocupa do estudo da dosagem adequada dos medicamentos a cada caso. **2**.

Indicação dessa dosagem, em bulas. → **posológico** *adj* (rel. a posologia).

pós-o.pe.ra.tó.rio *adj* **1**. Posterior a uma intervenção cirúrgica. // *sm* **2**. Período pós-operatório. · Pl.: *pós-operatórios*.

pós-par.to *sm* Período após o parto; puerpério. · Pl.: *pós-partos*. · Antôn.: *pré-parto*.

pos.pas.to *sm* Sobremesa.

pos.pon.to *sm* V. **pesponto**.

pos.por *v* **1**. Pôr depois: *nunca posponha vírgula ao sujeito!* **2**. Deixar (uma coisa) para fazer mais tarde; transferir para o futuro; adiar, diferir, procrastinar: *pospusemos nossa viagem para amanhã*. **3**. Dispensar, não fazer caso de, desprezar: *posponho as suas opiniões*. **4**. Colocar ou pôr (uma coisa) em segundo plano, na ordem de importância; ter em menos conta; preterir: *ele pospõe as diversões ao estudo*. **5**. Apreciar (pessoa ou coisa) menos que outra, geralmente mais vulgar, de menor valor ou de menor mérito: *ele pospunha o carrão importado ao Fusquinha!* **pospor-se 6**. Colocar-se (pessoa ou coisa) depois de outra: *eu me pospus a ela na fila, porque sou mais alto*. · Antôn.: *prepor*, *antepor*. · Conjuga-se pelo verbo *pôr*. → **posposição** *sf* [ato ou efeito de pospor(-se)], de antôn. *preposição*, *anteposição*; **posposto** (ô; pl.: ó) *adj* (posto depois: *pronome oblíquo posposto ao verbo*), de antôn. *preposto*, *anteposto*.

pos.san.te *adj* **1**. Forte, vigoroso: *locutor de voz possante; zagueiro possante*. **2**. Diz-se de veículo, máquina ou mecanismo de grande potência ou excelente desempenho: *trator possante; computador possante*. // *sm* **3**. *Pop*. Carro de grande potência: *arrebentou o possante num poste*. · Antôn.: *fraco*.

pos.se *sf* **1**. Ato de ter em seu poder uma coisa de que se faz uso e gozo: *tomar posse do imóvel*. **2**. Condição de ter ou possuir algo: *ela é idosa, mas tem inteira posse de suas faculdades mentais; estar de posse dos documentos*. **3**. Investidura em algum cargo importante: *aquela eleição levou à posse de um candidato inexpressivo*. **4**. Ato ou solenidade oficial que marca essa investidura: *estive na posse do presidente*. **5**. No futebol e no basquete, princ., controle temporário da bola por um determinado jogador ou equipe: *time que tem maior posse de bola nem sempre vence o jogo*. // *sfpl* **6**. Bens, recursos, haveres: *família de muitas posses*. **7**. Dinheiro: *não o ajudei porque estava sem posses naquele momento*. → **possessório** *adj* (rel. ou inerente à posse). · V. **possessivo** e **possuir**.

pos.sei.ro *adj* e *sm* **1**. Que ou aquele que está na posse legal de um imóvel. **2**. *Pop*. Que ou aquele que está ilegitimamente de posse de uma terra, como se dono dela fosse. [Não se confunde (2) com *grileiro*.]

pos.ses.são *sf* **1**. Ato ou efeito de ter, possuir ou controlar algo: *o imóvel era possessão da minha família*. **2**. Território possuído e controlado por um Estado ou país; colônia: *o Brasil era possessão portuguesa*. **3**. Estado de ser controlado por um demônio ou espírito maligno: *aquele comportamento do menino era devido à possessão pelo demônio*.

pos.ses.si.vo *adj* **1**. Relativo a posse. **2**. Que não compartilha o que possui; que não permite nem ao menos que toque no ser possuído; egoísta: *ele é possessivo com seu carro; pessoas possessivas não permitem nem que outros brinquem com seu cão*. **3**. Que exige total atenção e amor de alguém, associados ao forte desejo de controlá-lo ou dominá-lo: *mãe possessiva; se casares com esse rapaz, ele ficará ainda mais possessivo*. **4**. Em gramática, diz-se do pronome que indica posse ou propriedade: *meu é pronome possessivo*. // *sm* **5**. Esse pronome.

pos.ses.so *adj* e *sm* **1**. Que ou aquele que está possuído do demônio ou controlado por um forte poder sobrenatural. **2**. Que ou aquele que está irado, furioso, colérico.

pos.si.bi.li.da.de *sf* **1**. Fato ou condição de ser possível: *ele admitiu a possibilidade de estar errado; não foi sequer aventada a possibilidade de sabotagem no acidente que vitimou o piloto brasileiro*. **2**. Aquilo que é possível: *chuva hoje é uma possibilidade*. // *sfpl* **3**. Potencialidade para resultados favoráveis ou interessantes: *sua ideia tem grandes possibilidades de sucesso*. **4**. Posses, bens, haveres, recursos: *não tenho possibilidades para comprar um carro desses*. **5**. Chances: *o Flamengo tem grandes possibilidades de vencer o jogo de hoje*. (Não se confunde com *probabilidade*.) → **possibilitar** *v* (**1**. tornar possível; **2**. apresentar como possível);

possível *adj* (**1**. que pode ser, existir, acontecer, ser feito ou escolhido; **2**. que pode ser real ou verdadeiro) e *sm* (aquilo que é praticável, realizável: *é preciso saber distinguir o possível do desejável*), de superl. abs. sintético *possibilíssimo* e antôn. *impossível*, não se confundindo com *provável*.

pos.su.ir *v* **1**. Ter como posse ou como propriedade; ser proprietário de: *possuir um carro, uma casa*. **2**. Ter conhecimento de: *a secretária possui todas essas informações*. **3**. Exercer, desempenhar: *possuir um bom emprego*. **4**. Ter como parte constituinte; conter em si, encerrar: *país que possui muitas reservas de petróleo*. **5**. Ter como faculdade, qualidade ou atributo: *possuir talento, inteligência*. **6**. Gozar, desfrutar: *possuir saúde, paz de espírito*. **7**. Exercer poderoso controle ou influência sobre; dominar: *uma fúria o possuiu de repente; o demônio o possuiu*. **8**. Ocupar ou dominar a mente de: *a ideia de ficar rico o possuiu*. **9**. Ter relação sexual ou cópula carnal com (mulher): *ele a possuiu no próprio carro*. **possuir- -se 10**. Armar-se, deixar-se dominar: *possuí-me de coragem e enfrentei-o*. → **possuidor** (ô) *adj* e *sm* (que ou aquele que possui); **possuinte** *adj* (que possui; possuidor).

post [ingl.] *sm* Mensagem individual para um grupo ou uma nova entrada num blogue e/ou em um fotolog. · Pl.: *posts*. · Pronuncia-se *pôust*.

pos.ta *sf* **1**. Porção em que se divide o peixe ou a carne; pedaço maciço de peixe ou de carne bovina. **2**. Correio. → **postal** *adj* [rel. a posta (2)] e *sm* (red. de *cartão-postal*); **postalista** *adj* e *s2gên* (que ou pessoa que trabalha nos Correios).

pos.tar *v* **1**. Colocar em algum posto: *postaram dois policiais à porta da casa*. **2**. Pôr (correspondência, impresso, etc.) na posta (3): *postei a carta há um mês*. **postar-se 3**. Colocar-se, permanecer por muito tempo: *postei-me ao lado dela*. **4**. Posicionar-se: *o time do Flamengo se postou à direita das cabinas de rádio*.

pos.ta-res.tan.te *sf* **1**. Indicação no sobrescrito de uma carta para que ela fique no correio até que o destinatário venha retirá-la. **2**. Seção da correio (2) onde fica retido esse tipo de correspondência com aquela que não tem certo ou completo o endereço, até ser reclamada. · Pl.: *postas-restantes*.

pos.te *sm* Pau ou coluna de concreto ou de ferro fincada verticalmente no chão, destinada a sustentar fios, lâmpadas, aparelhos elétricos, etc.

pôs.ter *sm* **1**. Cartaz usado para decoração de ambientes. **2**. Ampliação de foto, com fins decorativos.

pos.ter.gar *v* **1**. Não dar a mínima importância a; não fazer caso de; desprezar: *postergar a lei, as convenções sociais*. **2**. Deixar para trás ou em atraso (companheiros): *nossa velocidade era tamanha, que postergamos o pessoal por quilômetros*. **3**. Transferir (no tempo); deixar para depois; adiar: *postergar uma decisão; postergar o pagamento de uma dívida*. **4**. Tratar com negligência ou desinteresse; negligenciar, descuidar: *enfermeiros que postergam os doentes*. **5**. Deixar em segundo plano: *ele postergou seus compromissos menos importantes*. → **postergação** *sf* ou **postergamento** *sm* (ato ou efeito de postergar; adiamento).

pos.te.ri.da.de *sf* **1**. O que está por vir; futuro, porvir: *o pagamento daquela dívida ficou para a posteridade*. **2**. Conjunto de todos os descendentes de uma pessoa, família, nação, etc.; descendência: *a fortuna que acumulou durante décadas foi dissipada por sua posteridade; morreu sem posteridade*. **3**. Todas as gerações futuras de pessoas; pósteros, porvindouros: *a posteridade nos julgará; deixou importante legado para a posteridade*. **4**. Boa reputação após a morte; preservação na memória das gerações futuras; glorificação futura; imortalidade: *sua preocupação era com a morte, mas a posteridade; os nomes dos heróis têm registro na posteridade*.

pos.te.ri.or (ô) *adj* **1**. Situado depois, no tempo ou no espaço: *como será o dia posterior ao apocalipse?; patas posteriores*. **2**. Que acontece ou vem depois; seguinte, subsequente: *fato posterior ao acidente; o concerto será gravado, para posterior transmissão pela televisão*. **3**. Diz-se do fonema articulado além do palato mole. // *sm* **4**. Nádegas, bumbum, traseiro: *esforçou-se para não dar uma olhadela no volumoso posterior da garota*. · Antôn. (1 e 3): *anterior*. → **posterioridade** *sf* (caráter de ser posterior), de antôn. *anterioridade*.

pós.te.ro *adj* **1**. Que ainda está por vir; que ainda não aconteceu; futuro, vindouro: *o que ainda é póstero não está ao nosso alcance*. // *smpl* **2**. Gerações vindouras; posteridade (3): *o que será dos pósteros?* (O elemento *postero-*, que transmite a ideia de *parte traseira* ou *posição posterior*, não exige hífen: *posteroinferior, posterossuperior, posteroexterior, posteropalatal*, etc.)

pos.ti.ço *adj* **1**. Não natural; artificial: *unhas postiças; bigode postiço*. **2**. *Fig*. Sem naturalidade; fingido, falso, hipócrita: *sorriso postiço*.

pos.ti.go *sm* **1**. Pequena abertura em porta ou janela, que permite olhar quem bate, sem abri-las ou para observar o que ocorre do lado de fora. **2**. Guichê.

pos.to (ô; pl.: ó) *adj* **1**. Que se pôs. // *sm* **2**. Posição ou cargo que alguém ocupa numa hierarquia, instituição, empresa, etc. **3**. Lugar onde se acha uma pessoa. **4**. Graduação militar. **5**. Lugar onde se vende combustível. **6**. Repartição pública, subordinada a outra. **7**. Qualquer graduação hierárquica. ·· **Posto que**. Apesar de que; embora.

pos.tô.ni.co ou **pós-tô.ni.co** *adj* Diz-se de fonema ou de sílaba que vem após o elemento tônico da palavra. · Antôn.: *pretônico* ou *pré-tônico*.

pos.tu.la.do *sm* **1**. Ideia sugerida ou aceita como princípio básico, usada como ponto de partida para a argumentação ou não; hipótese, axioma: *o postulado de Ptolomeu de que a Terra estava no centro do universo foi refutado mais tarde*. **2**. Princípio matemático que não sendo tão evidente, admite-se como verdadeiro sem discussão, por ser primitivo ou intuitivo (p. ex.: *por um ponto podem passar infinitas retas*). **3**. Princípio básico; elemento fundamental; pré-requisito.

pos.tu.lar *v* **1**. Pedir com insistência; suplicar, implorar, rogar: *o filho chegou ao pai e humildemente postulou o perdão*. **2**. Insistir diante, apresentando provas ou fortes razões: *depois de muito trabalhar na campanha, postula agora o cargo de ministro*. → **postulação** *sf* (ato ou efeito de postular); **postulante** *adj* e *s2gên* (que ou pessoa que postula).

pós.tu.mo *adj* **1**. Posterior à morte de alguém. **2**. Diz-se da obra publicada depois da morte do autor.

pos.tu.ra *sf* **1**. Posição do corpo como um todo. **2**. Determinada posição do corpo. **3**. Atitude, pose. **4**. Ato ou efeito de pôr ovos. **5**. Ponto de vista ou atitude. → **postural** *adj* (rel. a postura).

pós-ven.da *sm* **1**. Período de tempo durante o qual o vendedor ou fabricante garante ao comprador assistência, manutenção e reparação do produto adquirido. **2**. Serviço de manutenção e de reparação de um produto, depois de sua venda. // *adj* **3**. Diz-se desse período e desse serviço. · Pl.: *pós-vendas*. (Como se vê, é de gênero masculino, assim como *pós-guerra*, e não feminino, como registra a 6.ª ed. do VOLP.)

pós-ver.bal *adj* **1**. Que vem depois do verbo. **2**. Que deriva de verbo; deverbal. · Pl.: *pós-verbais*.

pós-ver.da.de *sf* **1**. Conjunto de circunstâncias que consiste em atribuir grande importância a notícias falsas em detrimento de fatos apurados e confirmados: *as fofocas e fake news alimentam a pós-verdade*. **2**. Informação equivocadamente aceita como fato verdadeiro em razão da forma como é apresentada e repetida; factoide. // *adj* **3**. Que atribui importância maior a *fake news* do que aos fatos apurados e confirmados: *geração pós-verdade*. **4**. Relativo a uma situação em que as pessoas são mais propensas a aceitar um argumento com base em suas emoções e crenças do que um baseado em fatos: *estamos vivendo um momento pós-verdade; governo pós-verdade*. · Pl. (1 e 2): *pós-verdades*. (O *adj* é invariável, segundo a 6.ª ed. do VOLP.)

pós-vo.cá.li.co *adj* Que se segue imediatamente a uma vogal. · Antôn.: *pré-vocálico*. · Pl.: *pós-vocálicos*.

po.tás.sio *sm* Elemento químico metálico (símb.: **K**), de n.º atômico 19, mole, branco-prateado, que se oxida rapidamente quando exposto ao ar, presente em abundância na natureza: *na natureza, o potássio é um metal e em nosso organismo é um mineral importante e imprescindível, que regula os batimentos cardíacos e garante o funcionamento adequado dos músculos e nervos*.

po.tá.vel *adj* Bom ou próprio para beber. → **potabilidade** *sf* (qualidade de potável).

po.te *sm* **1**. Recipiente de variadas formas e materiais usado geralmente para conter água em ambiente doméstico; talha (2). **2**. No pôquer, valor acumulado de fichas no centro da mesa, disputado pelos jogadores ativos na mão.

po.tên.cia *sf* **1**. Qualidade ou condição de potente; força. **2**. Capacidade de gerar ou consumir energia. **3**. Num motor à combustão, medida usada para especificar o tempo em que um trabalho é executado (em oposição a *torque*, que é a capacidade do motor de gerar potência); rapidez com a qual o pistão gira o virabrequim: *dados da potência são feitos no Brasil em cavalo-vapor (cv), alguns países, no entanto, preferem a nomenclatura quilowatts (kW) ou horse power (HP)*. **4**. Vigor ou capacidade sexual. **5**. País soberano, que ocupa posição de relevo na política internacional e exerce influência sobre outros. · V. *torque*. → **potenciação** *sf* [elevação de um número ou expressão a uma certa potência (em oposição a *radiciação*)]; **potencial** *adj* (**1**. rel. a potência: *as nações potenciais do mundo são apenas oito*; **2**. que pode vir a ser; que tem todas as probabilidades de vir a ser; possível, virtual: *são quase duzentos milhões de potenciais consumidores desse produto*; **3**. que pode ter existência a qualquer momento; latente: *perigo potencial*; **4**. diz-se da expressão, frase ou construção verbal que indica possibilidade, mediante o uso do verbo auxiliar *poder* (p. ex.: *pode gear hoje*) e *sm* (**1**. capacidade produtiva; potencialidade: *o potencial das nossas hidrelétricas não é ilimitado*; **2**. conjunto de qualidades inatas de uma pessoa; capacidade, potencialidade: *o professor tinha consciência do potencial de seus alunos*; **3**. quantidade de eletricidade que um corpo carrega); **potencialidade** *sf* [**1**. qualidade de potencial; **2**. potencial (1 e 2)]; **potencializar** *v* [**1**. tornar mais potente; potenciar (2); **2**. aumentar a eficácia ou o efeito de (uma droga)]; **potenciar** *v* [**1**. elevar (uma quantidade) a certa potência; **2**. tornar mais potente; potencializar]; **potente** *adj* (**1**. que, além de poderoso, mostra-se ativo, eficaz; **2**. forte, violento; **3**. diz-se do homem capaz do ato sexual).

po.ti.guar *adj* e *s2gên* Rio-grandense-do-norte.

po.to.ca *sf* Mentira, cascata. → **potoqueiro** *adj* e *sm* (mentiroso, cascateiro).

po.tran.ca *sf* **1**. Potra de menos de três anos. **2**. Égua nova ou ainda xucra. **3**. *Gír.* Garota de coxas grossas e benfeitas, de andar característico, lembrando o andar de uma potranca: *cavala*. → **potrancada** *sf* (porção de potrancas ou de potrancos); **potranco** *sm* (potro de menos de três anos); **potro** (ô) *sm* (cavalo novo, até quatro anos), de fem. *potra* (ô).

pou.ca-ver.go.nha *sf* **1**. Falta de vergonha. **2**. Ato vergonhoso, imoral, obsceno, indecente. · Pl.: *poucas-vergonhas*.

pou.co *pron* **1**. Pequena quantidade: *pouca roupa*. // *adj* **2**. Breve, exíguo, escasso: *resta pouco tempo*. **3**. Desimportante, pequeno: *tenho alguns poucos problemas para resolver*. // *adv* **4**. De modo insuficiente: *dormir pouco; ser pouco conhecido; ele parou pouco aqui*. **5**. Em certa medida: *ela lembra um pouco a mãe*. **6**. Em algum grau ou medida; um tanto; algo, meio: *achei o filme um pouco chato; estávamos um pouco com medo dali*. **7**. Nem um pouco: *pouco se importava com os filhos*. **8**. Praticamente nada: *a adolescência dura pouco; pouco mudou por aqui*. **9**. Raramente: *ela pouco vinha aqui*. // *sm* **10**. Pequena quantidade; coisa insignificante; ninharia: *deu o pouco que tinha; tenho um pouco de dinheiro no banco; eles brigam por pouco*. // *smpl* **11**. Poucas pessoas: *bom senso é para poucos*. · Antôn.: *muito*. → **pouquinho** *pron* (muito pouco: *trajava pouquochinha roupa*) e *sm* (pequena quantidade; bocadinho: *preciso de um pouquochinho de sua atenção*). ·· **Aos poucos**. Pouco a pouco. ·· **A pouco e pouco**. Pouco a pouco. ·· **Daí** (ou **Dali**) **a pouco**. Pouco tempo depois: *Saiu e daí a pouco voltou*. ·· **Daqui a pouco**. Logo, logo; em breve: *Daqui a pouco ela chega*. ·· **E poucos**. E um bocadinho mais: *Cheguei à meia-noite e poucos. Ela deve ter uns trinta e poucos*. ·· **Fazer pouco de**. Menosprezar, não valorizar: *Fez pouco do presente que recebeu*. ·· **Por (um) pouco**. Por um triz; quase: *Por pouco a laje não cai na minha cabeça. Não acertei o alvo por um pouco*. ·· **Pouco a** (ou **e**) **pouco**. Com vagar; gradualmente, paulatinamente: *a pouco e pouco; aos poucos: Pouco e pouco fui conquistando a confiança dela*.

pou.co-ca.so *sm* Falta de atenção ou de consideração; descaso, desdém, desprezo. · Pl.: *poucos-casos*.

pou.par *v* **1**. Economizar prudentemente; gastar com moderação: *poupe o seu dinheiro!* **2**. Não desperdiçar; gastar com reservas: *poupe água potável!* **3**. Perder, desperdiçar: *não poupe ocasião de praticar o bem!* **4**. Não punir; perdoar, ser tolerante com: *poupar bandidos é, de certa forma, punir os homens de bem*. **5**. Ter consideração por; respeitar: *o tempo não poupa ninguém*. **6**. Não tirar a vida a; não matar: *o bandido poupou a vítima*. **7**. Não levar ao sacrifício: *um bom comandante poupa os seus subordinados*. **8**. Conservar com cuidado: *poupe a saúde, não consumindo drogas!* **9**. Fazer bom uso de; gozar: *poupe as suas férias, viajando e divertindo-se muito!* **10**. Evitar: *poupar dores de cabeça, não intervindo no que não lhe diz respeito!* **poupar-se 11**. Esquivar-se, eximir-se, furtar-se: *nunca me poupei a nenhum sacrifício, para ajudá-la*. **12**. Livrar-se, não se envolver: *se quiser poupar-se de problemas com a polícia, não ande com más companhias!* · Antôn. (1): *desperdiçar, esbanjar*. → **poupador** (ô) *adj* e *sm* (que ou aquele que poupa, princ. o que poupa em caderneta de poupança); **poupança** *sf* (**1**. ato pelo qual se deixa de gastar dinheiro ou de consumir bens, para resguardo do futuro; economia prudente; **2**. red.

de *caderneta de poupança: vou abrir uma poupança*), que não se confunde com *popança*.

pou.sar *v* **1.** Colocar, pôr, assentar: *pousar o pijama embaixo do travesseiro*. **2.** Colocar, firmando ou apoiando: *pousar os cúbitos na mesa*. **3.** Fixar, fitar, cravar: *pousar os olhos no vazio, refletindo*. **4.** Descansar, repousar: *pousar a cabeça no travesseiro*. **5.** Aterrar, aterrissar: *nosso avião já pousou*. **6.** Amerissar (hidravião ou nave espacial). **7.** Descer na superfície de (outro planeta, satélite, etc.): *a nave pousou em Marte conforme o previsto*. **8.** Assentar, sentar: *uma mosca pousou no nariz dele*. **9.** Deixar de voar (pássaros e insetos): *os pombos já pousaram, e as andorinhas também*. **10.** Estar colocado; descansar, repousar: *as armas apreendidas pousam na mesa do delegado*. **11.** Fixar residência; fixar-se, estabelecer-se: *os ciganos não pousam em lugar nenhum*. **12.** Parar para descanso: *quando faço viagens longas de carro, não costumo pousar em lugar nenhum*. **13.** Empoleirar-se: *uma coruja pousou no muro de casa*. **14.** Passar a noite para dormir; pernoitar: *já pousei nesse hotel*. **15.** Baixar, depositando-se; assentar: *o açúcar pousou no fundo do copo*. → **pousada** *sf* (**1.** ato ou efeito de pousar; **2.** hospedagem, pernoite; **3.** espécie de hotel popular, geralmente em cidades turísticas ou à beira de rodovias); **pouso** *sm* (**1.** ato ou efeito de pousar; **2.** lugar onde se pousa ou se pernoita).

po.vo (ô; pl.: ó) *sm* **1.** Conjunto de pessoas que vivem sob a mesma lei e sob o mesmo governo ou que habitam uma mesma região, cidade, etc. **2.** Plebe: *sou um homem do povo*. **3.** Multidão de gente. // *smpl* **4.** As nações: *abrir os portos aos povos do mundo*. · Dim. irreg.: *poviléu*. · Aum. irreg.: *povaréu*. → **povão** ou **povinho** *sm* (zé-povinho, massa popular); **povaréu** *sm* (**1.** aum. irreg. de *povo*; **2.** grande multidão; **3.** ralé, gentalha); **povoação** *sf* (**1.** ato ou efeito de povoar; povoamento; **2.** povoado, aldeia, lugarejo; **3.** conjunto dos habitantes de um lugar); **povoado** *adj* (**1.** cheio, repleto; **2.** habitado) e *sm* (pequena aglomeração urbana; povoação, lugarejo); **povoamento** *sm* [povoação (1)]; **povoar** *v* (**1.** tornar habitado; prover de habitantes: *povoar a Amazônia*; **2.** reunir-se em bando; aglomerar-se: *as andorinhas povoam as árvores nesta época do ano*; **3.** encher: *povoaram a lagoa de peixes*), que se conjuga por *abençoar*.

power surf [ingl.] *loc sm* Modalidade de surfe praticada em alto-mar, em vagalhões ou grandes ondas, sendo seus praticantes levados por helicópteros às áreas escolhidas. · Pronuncia-se *páuâr sârf*.

pra *contr* da preposição *para* ou de *para a*: *eu vou pra Maracangalha, eu vou; olhe pra frente!*

pra.ça *sf* **1.** Logradouro público espaçoso, cercado de prédios, geralmente ajardinado e dotado de chafarizes, fontes luminosas, hermas, etc., no qual desembocam várias ruas. **2.** Conjunto dos estabelecimentos comerciais e instituições financeiras de uma cidade. **3.** Comércio local. **4.** Sistema bancário local ou das redondezas. **5.** Povoação fortificada. **6.** Qualquer lugar amplo e delimitado. // *s2gên* **7.** Jovem recém--admitido(a) ao serviço militar; recruta. **8.** Policial, soldado(a). → **praça-forte** *sf* (fortaleza), de pl. *praças-fortes*; **pracinha** *sm* [soldado da Força Expedicionária Brasileira (FEB), na II Guerra Mundial] e *sf* (dim. reg. de *praça*; pequena praça); **pracista** *s2gên* [vendedor(a) de uma empresa numa determinada praça].

pra.do *sm* **1.** Campo de erva não cultivado, utilizado geralmente para pastagem. **2.** Pista para corrida de cavalos; hipódromo. → **pradaria** *sf* (**1.** região de prados; **2.** grande ou extensa planície, coberta de gramíneas, próprias para pastagem).

pra.ga *sf* **1.** Doença epidêmica, que causa altos índices de mortalidade; peste. **2.** Doença epidêmica infecciosa, causada por bactéria. **3.** Qualquer desgraça, calamidade ou mal generalizado. **4.** Tudo aquilo que causa problema, aborrecimento ou irritação. **5.** Palavras com que se deseja mal a alguém. **6.** Qualquer coisa nociva ou importuna, geralmente em grande quantidade. → **praguejamento** *sm* (ato ou efeito de praguejar); **praguejar** *v* (**1.** amaldiçoar, maldizer, lançar pragas contra; **2.** assolar, infestar), que mantém o *e* fechado durante a conjugação.

prag.ma.tis.mo *sm* **1.** Teoria desenvolvida pelos filósofos americanos Charles Sanders Pierce (1839-1914) e William James (1842-1910) segundo a qual o significado, o valor e a verdade de todos os conceitos são determinados por suas consequências práticas. **2.** *P.ext.* Abordagem de problemas e situações baseada em soluções práticas. **3.** Atitude de quem se adapta a todas as situações, mesmo as mais adversas. → **pragmática** *sf* (**1.** conjunto de normas ou determinações que devem ser seguidas nas cerimônias palacianas ou religiosas; **2.** *p.ex.* conjunto de normas de conduta adotadas em ocasiões formais; protocolo social ou diplomático; etiqueta; **3.** em direito, regra ou conjunto de regras relacionadas com as práticas social e jurídica, em oposição a palavras e fórmulas; praxe; **4.** ramo da linguística que se preocupa com o significado no contexto, ou o significado das frases em termos das intenções dos falantes, ao usá-lo: *a pragmática estuda pressuposições, insinuações, implicações, convenções de discurso, etc.*; **5.** ramo da semiótica que trata da relação entre signos ou expressões linguísticas e seus usuários; **6.** conjunto de considerações práticas sobre alguma coisa); **pragmático** *adj* (rel. a pragmatismo) e *adj* e *sm* (que ou aquele que é dotado de forte senso prático, objetivo).

prai.a *sf* **1.** Área coberta e descoberta periodicamene pelas águas litorâneas, acrescida da faixa subsequente de material detrítico (areia, cascalho, seixos e pedregulhos), até o limite da vegetação natural ou, em sua ausência, onde comece um outro ecossistema: *o mar, nesta região, está invadindo a praia*. **2.** Extensão de terra plana, geralmente arenosa, próximo de águas fluviais ou lacustres: *a praia do lago Paranoá, em Brasília, está lotada*. **3.** Região banhada pelo mar; litoral, costa, beira-mar, orla: *cidade de praia; a avenida da praia tem menos movimento de veículos*. **4.** Banho de mar: *as crianças gostam muito de praia*. **5.** *Gír.* Lugar, ambiente ou assunto em que se sente bem, à vontade: *a escola não é exatamente sua praia; matemática não é minha praia*. → **praiano** *adj* (**1.** rel. a praia ou próprio de praia; **2.** situado na praia ou à beira-mar; litorâneo) e *adj* e *sm* (**1.** habitante de praia ou do litoral; **2.** habitante de Santos; santista).

pran.cha ou **plan.cha** *sf* **1.** Tábua grande, larga e grossa. **2.** Tábua sobre a qual se desembarca de navio. **3.** Espécie de tábua, comprida e estreita, especialmente preparada para a prática do surfe e para nadar. → **pranchar** ou **planchar** *v*; **pranchear** ou **planchear** *v* (manter-se estendido de costas na água, só fazendo movimentos suaves); **prancheta** (ê) ou **plancheta** (ê) *sf* (pequena prancha, princ. aquela que é formada por uma espécie de tábua ou mesa inclinada, própria para desenhar, pintar, etc.).

pran.to *sm* Choro queixoso intenso e soluçante; lamentação chorosa. · Antôn.: *riso*. → **prantear** *v* (**1.** lastimar: *prantear a perda de um ente querido*; **2.** derramar lágrimas, chorar), que se conjuga por *frear*.

pra.se.o.dí.mio *sm* Elemento químico metálico (símb.: **Pr**), de n.º atômico 59, macio, prateado, maleável, usado para colorir vidro e cerâmicas e também em ligas metálicas.

pra.ta *sf* **1.** Elemento químico metálico (símb.: **Ag**), de n.º atômico 47, nobre, brilhante, usado na fabricação de moedas, joias, talheres, etc. **2.** Moeda feita desse metal. **3.** *Gír.* Dinheiro: *família cheia de prata*. **4.** Conjunto dos utensílios de prata; prataria. → **prataria** *sf* [baixela de prata; prata (4)]; **prateação** *sf* (ato ou efeito de pratear); **prateado** *adj* (coberto ou revestido de uma camada de prata; folheado de prata) e *sm* (**1.** cor ou tonalidade da prata; **2.** objeto folheado de prata); **pratear** *v* (**1.** revestir ou cobrir de uma camada de prata; folhear de prata: *pratear latão*; **2.** dar a cor, o aspecto e o brilho da prata a: *o luar prateia as águas do lago*), que se conjuga por *frear*.

pra.te.lei.ra *sf* Conjunto de tábuas suspensas na parede ou armário feito com essas tábuas, no qual se colocam objetos, mantimentos, livros, etc.

pra.ti.car *v* **1.** Levar a efeito (ações boas ou más): *praticar assaltos*. **2.** Exercer (profissão ou atividade profissional): *praticar a medicina*. **3.** Realizar (uma atividade qualquer), para adquirir habilidade nela; exercitar frequentemente: *praticar vôlei*. **4.** Realizar, executar, fazer: *o cirurgião praticou várias operações naquele dia*. **5.** Realizar, concretizar: *praticar um velho sonho*. **6.** Pôr em prática: *é assim que você pratica os seus ideais socialistas?!* **7.** Dizer, proferir: *o padre praticou hoje um dos seus melhores sermões*. **8.** Estar familiarizado com (escritor ou poeta); ler: *pratico Fernando Pessoa desde adolescente*. **9.** Ser adepto de (uma religião); seguir, professar: *praticar o catolicismo*. **10.** Privar; ter relações de amizade; conviver: *ele só pratica com gente de fino trato*. **11.** Pregar, ensinar: *praticar o cristianismo aos muçulmanos*. **12.** Procurar adquirir prática ou experiência: *ele pratica com o pai, na oficina*. → **prática** *sf* (**1.** ato ou efeito de praticar; **2.** aplicação das regras ou princípios (em oposição a *teoria*); **3.** execução do que se idealizou; **4.** cumprimento (de deveres, virtudes, leis, etc.); **5.** uso, costume, praxe, maneira de proceder; **6.** exercício maquinal de alguma arte, ofício ou trabalho); **praticante** *adj* e *s2gên* (**1.** que ou pessoa que se está exercitando num ofício ou profissão; **2.** que ou pessoa que observa as práticas de sua religião); **prático** *adj* (**1**. rel. a prática; **2**. que prima pela objetividade; **3**. que está ao alcance de todos; fácil, simples; **4**. de muita utilidade; funcional) e *adj* e *sm* (que ou aquele que exerce uma profissão apenas pela experiência, sem ser diplomado).

pra.to *sm* **1**. Peça circular, chata, rasa ou pouco profunda, em que se serve e come o alimento. **2**. Conteúdo dessa peça. **3**. Cada uma das iguarias de uma refeição. **4**. Concha de balança. **5**. Qualquer objeto em forma de prato. // *smpl* **6**. Instrumento musical de percussão usado em bandas e orquestras sinfônicas, constituído por duas peças circulares, com rebordo achatado, feitas de liga de vários metais. // *adj* **7**. Que tem forma chata; plano. → **prataria** *sf* (grande quantidade de pratos); **prato-feito** *sm* (refeição barata e simples, composta apenas por arroz, feijão, uma carne e pequena salada, com preço determinado, montada segundo o dono do restaurante ou da lanchonete; prato comercial, pê-efe); de pl. *pratos-feitos* (sem registro na 6.ª ed. do VOLP). ·· **Prato comercial**. Prato-feito.

pra.xe *sf* **1**. Tudo o que se pratica por costume adquirido em um determinado âmbito; prática estabelecida ou habitual; tradição: *é praxe que o homenageado discurse, nessas ocasiões*. **2**. Prática rotineira; rotina: *depois de fazer as inspeções e averiguações de praxe, o fiscal lavrou a multa; apendicite não é uma operação de praxe num hospital?* **3**. Hábito, costume: *ela está chegando atrasada, como de praxe*. **4**. Norma, regra: *houve quebra de praxe na sucessão do comando do Tribunal de Justiça*. **5**. Redução de *praxe acadêmica*: *a praxe está suspensa nessa universidade*. (Apesar de o *x* ter originalmente o valor de *ks*, o que nos levaria a pronunciiar *práksi*, a língua popular já consagrou a pronúncia *práchi*.) ·· **Praxe acadêmica**. Conjunto de tradições geradas entre estudantes universitários que se transmitem de geração em geração; praxe (5): *O trote é uma prática típica da praxe acadêmica, como rito de iniciação à vida universitária*. ·· **Ser de praxe**. **1**. Ser costumeiro: *É de praxe que o preço da gasolina suba de acordo com a alta do dólar*. **2**. Ser regra ou norma: *É de praxe que o artigo sempre apareça antes de um substantivo*.

pra.zer (ê) *sm* **1**. Sensação agradável, de satisfação plena ou algo ou alguém que proporciona isso: *é um prazer vê-la; o futebol é um dos maiores prazeres do brasileiro; os netos são o prazer dele*. **2**. Boa vontade; agrado: *recebi-os com prazer*. **3**. Gratificação dos sentidos; satisfação sexual: *não sentir prazer com mulheres bêbadas*. **4**. Gozo sexual. · Antôn. (1): *desprazer, tristeza*. → **prazenteiro** ou **prazeroso** (ô; pl.: ó) *adj* (em que há prazer). (Cuidado para não usar "prazeiroso"!)

pra.zo *sm* Tempo fixo e determinado para alguma coisa: *os alunos têm um prazo de duas horas para fazer a prova*. ·· **A curto prazo**. Dentro de muito pouco tempo, geralmente inferior a um ano; brevemente. ·· **A longo prazo**. Dentro de um tempo relativamente distante, geralmente superior a cinco anos. ·· **A médio prazo**. Dentro de um tempo mais ou menos distante, geralmente entre dois e quatro anos. ·· **A prazo**. A ser pago mês a mês; a crédito, em prestações: *Ao invés de comprar à vista, comprei a prazo*.

pre.á *sm* Pequeno mamífero roedor de hábitos noturnos, semelhante à cobaia ou porquinho-da-índia, sem cauda, que atinge de 25cm a 30cm de comprimento, pesa de 800g a 1,5kg, quando adulto, vive nas bordas das matas e em capinzais, nas proximidades de riachos e córregos, alimentando-se de vegetais. (Voz: *chiar*.) ·· **Mentir que só cachorro de preá**. Mentir descaradamente.

pre.a.mar *sf* Maré alta, maré cheia. · Antôn.: *baixa-mar*.

pre.âm.bu.lo *sm* **1**. Declaração preliminar ou preparatória; introdução: *o que afirmei até aqui foi apenas a título de preâmbulo*. **2**. Em direito, parte introdutória de lei, constituição, estatuto ou decreto, declarando seu propósito. **3**. Fato ou circunstância introdutória, indicando o que vem a seguir; preliminar: *a trégua entre os beligerantes é um preâmbulo para a paz*. **4**. Prefácio. // *smpl* **5**. *Fig*. Palavreado vago, que não vai diretamente ao fato; blá-blá-blá: *você é falso, disse ela sem preâmbulos; chega de preâmbulos, rapaz, vamos, diga o que deseja!* → **preambular** *adj* (**1**. rel. a preâmbulo; **2**. que serve de preâmbulo; introdutório: *palavras preambulares*) e *v* (**1**. fazer o preâmbulo de; prefaciar; **2**. constituir o preâmbulo de: *um belo texto preambula o livro*).

pré-an.te.pe.núl.ti.mo *adj* Imediatamente anterior ao antepenúltimo: *o português não tem nomes com tonicidade na pré-antepenúltima sílaba, daí por que o plural de Lúcifer é Lucíferes, e não "Lúciferes"*. · Pl.: *pré-antepenúltimos*.

pre.bi.ó.ti.co *sm* **1**. Ingrediente alimentar de origem vegetal não digerível que promove o crescimento de microrganismos benéficos no intestino, encontrado princ. no mel, na aveia, banana, maçã, cenoura, cebola, alcachofra e cereais integrais. // *adj* **2**. Relativo a esse ingrediente alimentar: *o mel tem um papel prebiótico importante*. **3**. Que existe ou ocorre antes do surgimento da vida: *molécula prebiótica*. (Não se confunde com *probiótico*.) · V. **simbiótico** (em **simbiose**).

pre.cá.rio *adj* **1**. Escasso, minguado: *família de precários recursos*. **2**. Sem estabilidade ou segurança; incerto, inconsistente: *levava uma vida precária, vendendo livros de porta em porta*. **3**. Frágil: *casa de segurança precária; pessoa de saúde precária; ponte precária*. **4**. De segurança duvidosa: *abrigo precário*. **5**. Insuficiente, insatisfatório: *atendimento médico precário*. **6**. Deficiente, insatisfatório: *fala um inglês precário; serviço público precário*. **7**. Que não se sustenta; insustentável: *a paz é precária no Oriente Médio*. **8**. Não definitivo; provisório: *exerceu um mandato precário na Câmara*. **9**. Diz-se do que, emprestado ou concedido, deve ser devolvido. · Superl. abs. sintético: *precariíssimo* (com dois *ii*). → **precariedade** *sf* (qualidade, estado ou condição de precário). ·· **Alvará a título precário**. Licença provisória, passível de ser cassada ou revogada a qualquer tempo. ·· **Conceder a título precário**. Conceder com direito a recuperação, sem ter que indenizar.

pré-car.na.val *sm* Baile ou diversão que precede o carnaval; grito carnavalesco. · Pl.: *pré-carnavais*. → **pré-carnavalesco** (ê) *adj* (que antecede imediatamente o período de carnaval: *folia pré-carnavalesca*), de pl. *pré-carnavalescos*.

pre.ca.tar *v* **1**. Prevenir. **precatar-se 2**. Acautelar-se, precaver-se, prevenir-se.

pre.ca.tó.rio *adj* **1**. Em que se pede algo: *bilhete precatório de socorro*. // *sm* **2**. Qualquer documento precatório. **3**. Redução de *título precatório*. ·· **Carta precatória**. Carta pela qual um juiz pede a um colega de outra comarca o cumprimento de determinado ato judicial. ·· **Título precatório**. Título que o governo lança no mercado, a fim de levantar recursos para o cumprimento de dívidas públicas, que estavam em litígio e impostas pela justiça; precatório (3).

pre.cau.ção *sf* **1**. Qualidade de quem é precavido; prudência: *fez isso por medida de precaução*. **2**. Medida tomada com antecedência para evitar que algo perigoso, desagradável ou inconveniente aconteça; prevenção; cuidado antecipado: *tomou a devida precaução para que o carro não fosse furtado*. · Antôn. (2): *descuido*.

pre.ca.ver(-se) *v* Prevenir(-se): *precaver acidentes é dever de todos; precavi-o contra o assalto; convém precaver-se contra os males do fumo*. · Conj.: não sendo composto de *ver* nem muito menos de *vir*, só se usa nas formas arrizotônicas: *precavemos, precaveis* (pres. do ind.); *precavi, precaveste, precaveu*, etc. (pret. perf.); *precavia, precavias*, etc. (pret. imperf.); *precavera, precaveras*, etc. (pret. mais-que-perf.); *precaverei, precaverás*, etc. (fut. do pres.); *precaveria, precaverias*, etc. (fut. do pret.). O imperativo afirmativo só tem a forma *precavei*; o negativo não existe. O particípio é *precavido*; o gerúndio, *precavendo*. As formas inexistentes deste verbo são substituídas pelas correspondentes dos sinônimos *precatar, acautelar* ou *prevenir*. → **precavido** *adj* e *sm* (que ou aquele que é prevenido, que está sempre alerta ou em guarda).

pre.ce *sf* Oração humilde, confiante e perseverante, com a qual se suplica o socorro divino, da Virgem ou de um santo, numa grande necessidade, como na falta de chuvas, durante uma guerra, uma epidemia, etc.

pre.ce.der *v* **1**. Ir à frente ou adiante de: *uma enorme carreta precedia o nosso ônibus*. **2**. Chegar antes de: *nosso avião precedeu o seu, que decolou duas horas antes*. **3**. Viver em época anterior a; preexistir a: *Confúcio precedeu Cristo*. **4**. Vir, existir, ocorrer ou aparecer antes de: *o artigo precede o substantivo*. **5**. Ter precedência ou prioridade sobre: *as crianças, idosos e gestantes precedem os demais passageiros, nos embarques*. → **precedência** *sf* (qualidade ou condição de precedente; antecedência); **precedente** *adj* (que vem anteriormente e imediatamente, com ideia de influência ou causa) e *sm* (concessão feita anteriormente que pode acarretar ocorrência semelhante mais tarde, justificada por tal concessão).

pre.cei.to *sm* **1**. Aquilo que se recomenda praticar; norma, regra: *nesta casa os preceitos de higiene são rigorosos*. **2**. Aquilo que se ensina; lição: *não necessito de seus preceitos*. **3**. Determinação, ordem, prescrição: *impôs aos subordinados* *o preceito de bater à porta antes de entrar.* **4.** Doutrina, sistema: *os preceitos budistas.* **5.** Mandamento: *os preceitos do Decálogo.* **6.** Regra geral de conduta moral; máxima: *baseamos no preceito de que todos nascem iguais.* → **preceituar** *v* (estabelecer ou determinar como norma ou preceito: *preceitua a higiene lavar as mãos antes das refeições*); **preceituário** *sm* (conjunto de preceitos ou normas).

pre.cep.tor (ô) *sm* Homem encarregado de ensinar, instruir e educar pessoa de menor idade.

pre.ci.fi.car *v* **1.** Colocar etiquetas de preços em (mercadorias), com o uso de máquina própria: *na época da inflação galopante, os funcionários dos supermercados viviam precificando todos os itens.* **2.** Atribuir preço a (aquilo que por natureza não tem ou aquilo que, por alguma circunstância, já não tem): *não há como precificar a dignidade.* → **precificação** *sf* (ação ou resultado de precificar).

pre.ci.o.sis.mo *sm* **1.** Extrema afetação, refinamento ou meticulosidade, princ. na linguagem e no estilo, em prejuízo da clareza e da naturalidade. **2.** Exemplo de extremo refinamento. → **preciosidade** *sf* (qualidade de precioso ou aquilo que é precioso); **preciosista** *adj* (rel. a preciosismo ou próprio dele: *o traço preciosista de um desenhista*) e *adj* e *s2gên* (que ou pessoa que se caracteriza pelo preciosismo: *em questão de horário sou detalhista e preciosista*); **precioso** (ô; pl.: ó) *adj* (**1.** de grande valor, por ser raro, caro ou importante; valioso: *o ouro é um metal precioso*; **2.** *fig.* muito estimado ou valioso: *amigo precioso; o tempo é precioso*; **3.** extremamente belo; fino: *vesti naquele dia minha roupa mais preciosa.* **4.** Muito importante; valiosíssimo: *os romanos nos legaram preciosa cultura*; **5.** extremamente afetado ou retrógrado, princ. na linguagem e no comportamento: *estilo precioso*; **6.** aguçado, pronto, preciso: *ter memória preciosa*).

pre.ci.pí.cio *sm* **1.** Rochedo ou penhasco muito íngreme e alto; despenhadeiro, abismo. **2.** *Fig.* Situação precária, que pode levar a consequências desagradáveis: *tanto imposto pode levar as pequenas empresas ao precipício financeiro; o governo está próximo de um precipício político.*

pre.ci.pi.tar *v* **1.** Acelerar ou apressar, fazendo acontecer antecipadamente: *a manifestação popular precipitou a crise.* **2.** Lançar de grande altura: *a ponte ruiu, precipitando veículos ao rio.* **3.** Lançar subitamente em certo estado ou condição desfavorável ou perigosa); arrastar, levar, atirar: *precipitar o país na guerra.* **4.** Condensar-se (vapor de água) e cair na superfície terrestre como garoa, granizo, chuva, neve, etc. **precipitar-se 5.** Lançar-se ou atirar-se de cima para baixo; arrojar-se: *precipitar-se do 20.º andar de um prédio.* **6.** Agir ou proceder com muita precipitação: *não se precipite: temos muito tempo.* → **precipitação** *sf* [ato ou efeito de precipitar(-se)]; **precipitado** *adj* e *sm* (que ou aquele que procede de forma impensada, imprudente, leviana; imprudente).

pre.cí.puo *adj* **1.** Mais importante; essencial, fundamental, primordial: *a função precípua do professor é ensinar, preparar para a vida.* **2.** Em direito, diz-se dos bens que o herdeiro não é obrigado a apresentar aos demais beneficiários. // *sm* **3.** Benefícios atribuídos pela lei a um dos coerdeiros.

pre.ci.so *adj* **1.** Necessário, indispensável: *é preciso que chova.* **2.** Exato, correto, definido: *a vítima deu à polícia uma descrição precisa do suspeito.* **3.** Claro, exato: *relatarei o fato de forma tão precisa quanto possível.* **4.** Lacônico, resumido: *estilo preciso.* **5.** Exato em desempenho, execução ou quantidade); sem variação: *medida precisa.* **6.** Oportuno, adequado: *chamá-lo-ei no momento preciso.* **7.** Correto ou exato (em som, significado, etc.): *orador de vocabulário preciso.* · Antôn.: *vago, indefinido.* → **precisão** *sf* (**1.** carência, necessidade: *a Educação tem precisão de verba*; **2.** urgência; **3.** qualidade, condição ou fato de ser exato; exatidão, rigor: *fazer cálculos com precisão; o plano foi executado com precisão cirúrgica*; **4.** perfeição, exatidão: *os trens japoneses funcionam com precisão*; **5.** pontualidade: *o sino da escola toca com precisão*; **7.** necessidade de ajuda ou de auxílio); **precisar** *v* (**1.** determinar ou indicar de modo exato, preciso: *precisar datas e distâncias*; **2.** ter precisão, necessidade, direito, obrigação, etc. de; necessitar: *preciso de ajuda*; **3.** *pop.* ser preciso ou necessário: *precisava chover tanto assim?!*). ·· **De precisão.** Diz-se de qualquer dispositivo de medição de alto grau de exatidão: *balança de precisão.* ·· **Fazer precisão** (pop.NE). Urinar ou defecar.

pre.cla.ro *adj* Diz-se daquele que goza de fama e alto reconhecimento público, por suas notáveis realizações; ilustre: *o preclaro Tom Jobim difundiu a nossa cultura musical mundo afora.* → **preclaridade** *sf* (qualidade de preclaro).

pre.ço (ê) *sm* **1.** Quantia dada ou definida como contraprestação pela venda de algo: *o carro foi vendido por alto preço.* **2.** *Fig.* Custo pelo qual algo é obtido: *o preço do sucesso é não ter mais sossego nem privacidade; "o preço da liberdade é a eterna vigilância".* **3.** *Fig.* Quantia suficiente para suborno: *cada homem tem seu preço.* **4.** *Fig.* Recompensa pela apreensão ou morte de alguém: *o bandido já tem um preço por sua cabeça.* **5.** *Fig.* Castigo, punição: *entre os mafiosos, paga-se o preço da deslealdade.* · V. **precificar.** (O preço pode ser *alto* ou *baixo*, mas nunca "caro" ou "barato".)

pre.co.ce *adj* **1.** Que amadureceu física ou mentalmente antes do tempo; de desenvolvimento intelectual muito rápido: *criança precoce.* **2.** Que chega antecipadamente; prematuro: *velhice precoce; gravidez precoce.* **3.** Que amadureceu antes do tempo próprio; temporão: *manga precoce.* · Antôn. (1): *retardado*; (2): *tardio.* → **precocidade** *sf* (qualidade ou condição de precoce).

pré-co.lom.bi.a.no *adj* Anterior à chegada de Cristóvão Colombo ou ao descobrimento da América. · Pl.: *pré-colombianos.*

pre.con.ce.ber *v* Conceber, supor ou imaginar com antecipação: *preconceber uma crise.* → **preconcebimento** *sm* (ato de preconceber).

pre.con.cei.to *sm* Juízo negativo, antecipado e quase sempre precipitado e equivocado que se forma contra pessoas ou coisas. → **preconceituoso** (ô; pl.: ó) *adj* e *sm* (que ou aquele que tem preconceito) e *adj* (rel. a preconceito ou caracterizado por ele).

pre.co.ni.zar *v* Recomendar, propor, sugerir: *o ministro preconiza nova política econômica para o país.* **2.** Fazer a apologia ou a propaganda de: *professores inescrupulosos andam preconizando ideologias espúrias a seus alunos.* **3.** Anunciar antecipadamente: *nuvens que preconizam chuva.* → **preconização** *sf* (ato ou efeito de preconizar).

pre.cur.sor (ô) *adj* **1.** Que vem antes e anuncia. // *sm* **2.** Aquele que precede outros na mesma arte, ciência, atividade, etc., constituindo-se no grande responsável pela difusão de novos caminhos, rumos, ideias, princípios, estéticas, etc.

pre.da.dor (ô) *adj* e *sm* **1.** Que ou aquele que mata com violência para de se alimentar. **2.** Que ou aquele que destrói por mero prazer ou por motivos econômicos. → **predação** *sf* (**1.** ação ou prática de predador; **2.** comportamento predatório); **predatismo** *sm* (estado daquele que vive como predador ou por predação); **predatório** *adj* (**1.** rel. ou pert. a predador; **2.** rel. a roubo, saque ou pilhagem).

pré-da.ta.do *adj* **1.** Diz-se de cheque que, mediante trato ou acordo verbal entre emitente e credor, só deve ser descontado na data acordada (geralmente vários dias ou meses após sua emissão). // *sm* **2.** Esse cheque. · Pl.: *pré-datados.* → **pré-datar** *v* (pôr data futura em).

pre.de.ces.sor (ô) *sm* Aquele que foi antes do antecessor e todos os outros para trás.

pre.des.ti.nar *v* Determinar por antecipação; fadar: *aquela declaração infeliz predestinou o candidato ao ostracismo.* **2.** Predeterminar a um destino eterno por propósito divino. → **predestinação** *sf* (ato ou efeito de predestinar); **predestinado** *adj* (destinado, fadado) e *adj* e *sm* (que ou aquele que é eleito de Deus).

pre.de.ter.mi.nar *v* Determinar, decidir ou estabelecer antecipadamente; preestabelecer: *o coronel predeterminou que a filha se casaria com o filho do compadre.* → **predeterminação** *sf* (ato ou efeito de predeterminar).

pré.di.ca *sf* **1.** Pregação ou discurso de conteúdo religioso; sermão. **2.** *P.ext.* Qualquer discurso. → **predicação** *sf* (ação ou efeito de predicar); **predicar** *v* [fazer prédica; pregar(10)].

pre.di.ca.do *sm* **1.** Qualidade peculiar ou inerente a um ser; atributo: *a fidelidade é um predicado canino.* **2.** Qualidade especial de uma pessoa; virtude. **3.** Em gramática, nas orações com sujeito, parte da oração que se refere ao verbo e fornece informação sobre o sujeito (p. ex.: em *ela tem filhos*, o predicado é *tem filhos*). → **predicação** *sf* (em gramática, nexo ou relação sintática existente entre o sujeito e o predicado ou entre o verbo e o complemento).

pre.di.ção *sf* **1.** Ato ou efeito de predizer; profecia. **2.** Coisa predita; profecia, vaticínio. → **predito** *adj* (dito ou citado anteriormente).

pre.di.ca.ti.vo *adj* **1.** Relativo a prédica ou que serve para predicar. // *adj* e *sm* **2.** Em gramática, que ou termo nominal que se liga logicamente ao sujeito ou ao objeto, indicando-lhe qualidade, estado ou condição (p. ex.: *ela é linda*).

pré-di.ge.ri.do *adj* Diz-se do alimento que foi submetido a uma digestão química prévia: *a bílis entra em contato com os alimentos pré-digeridos no duodeno; o iogurte é um alimento pré-digerido, por causa do seu ácido láctico.* · Pl.: pré-*digeridos*.

pre.di.le.ção *sf* Preferência acentuada ou bem caracterizada por alguém ou alguma coisa: *ele é idoso, mas tem predileção por mulheres jovens; confessei-lhes minha predileção por carros japoneses.* → **predileto** *adj* e *sm* (que ou o que é preferido com excessos ou em grau máximo).

pré.dio *sm* Qualquer construção de alvenaria, rural ou urbana, pequena ou grande, destinada a servir de moradia ou como um espaço coberto e seguro para o exercício de uma atividade qualquer. → **predial** *adj* (rel. ou pert. a prédio: *imposto predial*).

pre.dis.por *v* 1. Dispor antecipadamente; preparar: *a má higiene predispõe a muitas doenças.* **predispor-se 2**. Preparar-se: *eu me predispus a ouvi-la com atenção.* **3**. Mostrar-se disposto; dispor-se, decidir-se: *predispus-me a estudar dez horas por dia.* · Conjuga-se pelo v. *pôr.* → **predisposição** *sf* [ato ou efeito de predispor(-se); disposição, tendência ou atitude natural a alguma coisa]; **predisposto** (ô; pl.: ó) *adj* e *sm* (que ou aquele que apresenta predisposição a um mal físico ou mental) e *adj* (inclinado ou disposto à predisposição).

pre.di.zer *v* Dizer antecipadamente; profetizar: *Nostradamus predisse há mais de 500 anos fatos que estão ocorrendo hoje.* · V. **predição.** → **predito** *adj* (dito ou citado anteriormente); **preditor** (ô) *adj* e *sm* (que ou o que prevê fatos que acontecerão ou que serão consequências de algo: *os preditores da moda; as pesquisas de opinião pública não são um preditor confiável dos resultados eleitorais*).

pre.do.mi.nar *v* 1. Prevalecer, preponderar: *o bem predomina sobre o mal.* **2**. Sobressair, destacar-se, distinguir-se: *os olhos predominam na beleza daquele rosto.* **3**. Conseguir vantagem numérica: *o Palmeiras predominou sobre o Corinthians outra vez.* **4**. Preponderar, ser a grande maioria: *as pessoas que falam o francês predominam no Quebec, Canadá.* **5**. Prevalecer ou exercer grande domínio sobre outrem: *o Palmeiras predominou grande parte do tempo, mas não venceu o jogo.* → **predominância** *sf* (caráter predominante; preponderância); **predominante** *adj* (que predomina, preponderante); **predomínio** *sm* (superioridade absoluta sobre os outros; supremacia).

pré-e.lei.to.ral *adj* Que antecede a eleição. · Pl.: *pré-eleitorais*.

pre.e.mi.nen.te *adj* Diz-se de todo profissional que se destaca na sua atividade; superior a todos os outros; excelente: *tive um dos professores mais preeminentes do país.* → **preeminência** *sf* (qualidade de preeminente). (A mídia brasileira costuma usar *proeminente* e *proeminência* nesta acepção.)

pre.en.cher *v* 1. Encher completamente (espaço ou vão): *preencher buracos com massa.* **2**. Ocupar (espaço de tempo): *os palhaços preencheram os intervalos de cada ato circense.* **3**. Completar: *preencher um formulário, um cheque.* **4**. Prover, ocupar: *preencher vagas na empresa.* **5**. Satisfazer plenamente: *preencher os requisitos legais para ocupar um cargo.* **6**. Passar, entreter: *preencher o dia com as crianças.* **7**. Desempenhar ou exercer (cargo, função, etc.). → **preenchimento** *sm* (ato ou efeito de preencher).

pré-en.co.lhi.do *adj* Que já passou pelo processo de encolhimento: *tecido pré-encolhido.* · Pl.: *pré-encolhidos*.

pre.ên.sil *adj* Adaptado ou próprio para segurar, agarrar, prender. → **preensão** *sf* (ato de agarrar, prender, pegar).

pré-es.co.la *sf* 1. Educação anterior ao ciclo básico, ministrada a criança de três a seis anos de idade. **2**. Escola que ministra essa educação. · Pl.: *pré-escolas*. → **pré-escolar** *adj* (1. rel. ou pert. a pré-escola; **2**. anterior à idade ou ao período escolar; *sm* (essa idade ou esse período); **pré-escolaridade** *sf* (1. qualidade do que é pré-escolar; **2**. período da pré-escolaridade), de pl. *pré-escolaridades*.

pre.es.ta.be.le.cer *v* Estabelecer previamente; predeterminar: *o diretor preestabeleceu o papel de cada ator.* → **preestabelecimento** *sm* (ato ou efeito de preestabelecer).

pré-es.treia *sf* Representação de peça teatral ou apresentação de filme para convidados especiais, antes da programação ordinária ou estreia para o público; *avant-première.* · Pl.: *pré-estreias*.

pre.e.xis.tir (x = z) *v* Existir primeiro ou anteriormente; ser anterior; preceder: *grandes filósofos preexistiram a Cristo;* *é preciso que preexistam as condições necessárias para a implantação de uma ampla reforma do ensino público.* → **preexistência** (x = z) *sf* (qualidade do que é preexistente); **preexistente** (x = z) *adj* (que existe ou que existiu em um momento anterior).

pré-fa.bri.ca.do *adj* 1. Diz-se de qualquer elemento produzido ou moldado industrialmente, de dimensões padronizadas: *casa pré-fabricada.* **2**. *Fig.Pej.* Artificial: *sorriso pré-fabricado.* // *sm* 3. Produto montado ou construído a partir de peças prontas: *o mercado de pré-fabricados evoluiu muito nos últimos anos.* → **pré-fabricação** *sf* (1. ato de pré-fabricar; **2**. fabricação em série de peças de uma unidade maior, para posterior montagem ou construção), de pl. *pré-fabricações*, palavra sem registro na 6.ª ed. do VOLP. · Pl.: *pré-fabricados*.

pre.fá.cio *sm* Pequeno texto introdutório de uma obra, destinado a explicá-la ou a recomendá-la aos leitores; preâmbulo (4). · Antôn.: *epílogo.* → **prefaciador** (ô) *sm* (aquele que prefacia); **prefacial** *adj* (1. rel. a prefácio: *o texto prefacial de uma obra*; **2**. que serve de introdução; introdutório, inicial: *nota prefacial a um relatório*); **prefaciar** *v* [1. escrever o prefácio de: *prefaciar um livro*; **2**. *fig.* introduzir, preceder, iniciar: *ele prefaciou seus comentários com um sorriso*].

pre.fei.to *sm* 1. Chefe do poder executivo de um município. **2**. Cardeal que ocupa alto cargo no Vaticano. **3**. Superior de convento. → **prefeitura** *sf* (1. cargo de prefeito; **2**. prédio da administração municipal).

pre.fe.rir *v* Antepor (pessoa ou coisa) a outra, manifestando-se a favor dela por algum motivo; gostar mais de; achar melhor; escolher: *prefiro maçã a pera.* → **preferência** *sf* (1. ato ou efeito de preferir: *a preferência do eleitorado por um candidato*; **2**. pessoa ou coisa preferida: *Carlos Lacerda foi a preferência do eleitorado carioca*; *sua preferência é cobertura de chocolate*); **3**. gosto ou inclinação mais acentuada; predileção: *tenho preferência por morenas*; **4**. prioridade, primazia: *as gestantes têm preferência na fila para embarque*); **preferencial** *adj* (que goza de preferência: *cliente preferencial*) e *sf* (via pública em que os veículos têm preferência de trânsito); **preferido** *adj* (favorito, predileto: *o doce preferido das crianças é o brigadeiro*); **preferível** *adj* (que se prefere, por ser melhor, mais conveniente, mais aconselhável ou mais desejável; que convém melhor: *é preferível inimigo declarado a amigo falso*). (Todos esses termos não admitem modificadores, tais como *mais, muito mais, milhões de vezes, antes,* etc. nem aceitam a regência *do que*, facilmente encontrada na língua popular, por influência da construção *É melhor isto do que aquilo*.)

pré-fi.xa.do (x= ks) *adj* Fixado com antecipação: *juros pré-fixados.* · Pl.: *pré-fixados.* → **pré-fixação** (x = ks) *sf* (ato ou efeito de pré-fixar), que não se confunde com *prefixação*; **pré-fixar** (x = ks) *v* (fixar com antecipação: *pré-fixar os juros*). (Não se confunde com *prefixar* (de prefixo). (Esta grafia não consta da 6.ª ed. do VOLP; porém, *pré-juízo* e *pré-ocupar* passaram a ter registro nessa edição, depois de constarem no **Grande dicionário Sacconi**; talvez na próxima, os luminares da ABL concluam também ser necessário incluir as três acima.)

pre.fi.xo (x = ks) *sm* 1. Afixo que se junta antes do radical de uma palavra, produzindo uma derivada prefixal. **2**. Trecho musical tocado antes de um programa de rádio ou de televisão. → **prefixação** (x = ks) *sf* (1. ato ou efeito de prefixar; **2**. formação de palavras que consiste na adjunção de um prefixo a um radical), que não se confunde com *pré-fixação*; **prefixal** (x = ks) *adj* (rel. a prefixo); **prefixar** (x = ks) *v* (usar prefixo em; prover de prefixo), que não se confunde com *pré-fixar*.

pre.ga *sf* 1. Dobra feita propositadamente em tecido ou fazenda. **2**. Cada uma das saliências anais. · V. **preguear**.

pre.gão *sm* 1. Ato ou efeito de apregoar, anunciar em voz alta e publicamente uma coisa, geralmente nas bolsas de valores, os preços e condições de compra ou venda de ações. **2**. Aumentativo de *prego*; prego grande. → **pregoeiro** *sm* (leiloeiro).

pre.gar *v* 1. Fixar ou prender com pregos: *pregar um quadro na parede.* **2**. Segurar ou unir (com costura ou outro meio): *pregar botões.* **3**. Ligar, unir, juntar: *pregar um pé de mesa quebrado.* **4**. Preguear, fazer pregas em: *pregar uma saia.* **5**. Dizer (sermão). **6**. Fixar, cravar, fitar: *preguei os olhos nela.* **7**. Aplicar ou dar com violência: *preguei-lhe um tapa.* **8**. Infundir, incutir: *pregar ideias marxistas.* **9**. Causar, produzir: *pregar susto às crianças.* **10**. Ensinar princípios religiosos; predicar: *os jesuítas pregavam aos índios.* **15**. Lutar, combater: *pregar contra um modismo.* **11**. Cansar-se muito, extenuar-se, ficar exausto: *com dez minutos de jogo, o centroavante pregou.*

12 Empacar, encrencar, emperrar: *o carro pregou em cima do viaduto*. → **pregação** *sf* (**1**. ato de pregar; pregagem; pregamento; **2**. sermão, princ. de ministro protestante); **pregagem** *sf* ou **pregamento** *sm* [pregação (1)]; **pregado** *adj* (**1**. fixado com prego; **2**. fixo, cravado; **3**. preso, arraigado; **4**. fixo, colado; **5**. muito cansado).

pre.go *sm* **1**. Pequena haste metálica, pontiaguda, de cabeça, usada para fixar ou segurar duas ou mais coisas. **2**. Cansaço, fadiga. → **pregaria** *sf* (**1**. porção de pregos; **2**. fábrica de pregos).

pré-gra.var *v* Gravar antecipadamente, para apresentação ou uso posterior: *este recurso permite fazer chamadas sem pré-gravar os nomes e números*. → **pré-gravação** *sf* (ato ou efeito de pré-gravar), de pl. *pré-gravações*; **pré-gravado** *adj* (que teve gravação antecipada), de pl. *pré-gravados*.

pre.gres.so *adj* **1**. Ocorrido anteriormente; anterior, precedente, passado: *vida pregressa*. **2**. Relativo ao histórico médico da família do paciente: *câncer pregresso*.

pre.gue.ar *v* Fazer pregas em; pregar (4). · Conjuga-se por *frear*.

pre.gui.ça *sf* **1**. Aversão a qualquer atividade ou esforço; relutância a qualquer tipo de trabalho ou atividade produtiva; indolência: *enquanto ele não superar sua preguiça, não terá mais mesada*. **2**. Mamífero desdentado, arborícola, de movimentos extremamente lentos, provido de pés, com garras longas e curvas; bicho-preguiça. → **preguiçosa** *adj* e *sf* (fem. de *preguiçoso*) e *sf* (red. de *cadeira preguiçosa*, cadeira de repouso, com assento almofadado e encosto reclinável, também almofadado, além de extensão para as pernas; espreguiçadeira); **preguiçoso** (ô; pl.: ó) *adj* e *sm* (que ou aquele que sente preguiça todo o tempo; indolente) e *adj* (que funciona mal: *estômago preguiçoso*).

pré-his.tó.ria *sf* Período da história da humanidade que vai desde o aparecimento do homem até a invenção da escrita, aproximadamente em 3500 a.C. · Pl.: *pré-histórias*. → **pré--histórico** *adj* (rel. ou pert. à pré-história), de pl. *pré-históricos*.

prei.to *sm* Homenagem, tributo. (Não se confunde com *pleito*.) → **preitear** *v* (render preito a), que se conjuga por *frear*.

pre.ju.di.car *v* **1**. Causar prejuízo a; afetar: *as fortes chuvas prejudicaram as plantações de milho; os agrotóxicos prejudicam a saúde*. **2**. Perturbar, atrapalhar, transtornar: *o ruído prejudica a concentração*. **3**. Diminuir o valor de; desvalorizar, depreciar: *tais detalhes não chegam a prejudicar a beleza da garota*. **4**. Tornar sem efeito; anular, invalidar: *a insuficiência de provas prejudicou o processo, que foi arquivado*. **prejudicar-se 5**. Sofrer prejuízo físico, moral ou financeiro: *comendo tanto doce, você se prejudica; você se prejudicou, ao falar demais; os agricultores se prejudicaram com a queda do dólar*. → **prejudicial** *adj* (que causa prejuízo, dano ou grande desvantagem; nocivo, danoso, lesivo); **prejuízo** *sm* (**1**. dano, mal; **2**. perda financeira resultante de despesas maiores que a receita), que não se confunde com *pré-juízo*.

pré-ju.í.zo *sm* **1**. Opinião antecipada ou juízo falso, geralmente adverso e sem conhecimento de causa; julgamento prévio ou sem exame prévio dos fatos; prejulgamento: *não devemos fazer pré-juízo contra ninguém*. **2**. Preconceito: *povo de muitos pré-juízos*. · Pl.: *pré-juízos*. (Não se confunde com *prejuízo*.)

pre.jul.gar *v* **1**. Julgar ou decidir antes do tempo. **2**. Emitir juízo sobre, sem exame prévio. → **prejulgamento** *sm* [pré-juízo (1)].

pre.la.do *sm* **1**. Eclesiástico que tem um cargo com poder de jurisdição publicamente reconhecido no direito canônico (bispos, cardeais, etc.). **2**. Alto funcionário eclesiástico da administração pontifícia. **3**. Título honorífico com que o papa agracia certos sacerdotes pelo seu trabalho meritório. · V. **prelazia**.

pré-lan.ça.men.to *sm* Lançamento antecipado e especial de qualquer produto, destinado apenas a reduzido número de pessoas, geralmente da mesma área de atuação ou atividade. · Pl.: *pré-lançamentos*. → **pré-lançar** *v* (fazer o pré-lançamento de), palavra que não consta na 6.ª ed. do VOLP.

pré-la.var *v* **1**. Lavar antes de um processo qualquer: *pré-lavar um tecido*. **2**. Enxaguar rapidamente (utensílio), antes que outro (um lava-louças, p. ex.) esteja pronto para trabalhar. → **pré-lavado** *adj* (que foi lavado antes de alguma coisa), de pl. *pré-lavados*; **pré-lavagem** *sf* (ato ou efeito de pré-lavar), de pl. *pré-lavagens*. (Nenhuma dessas palavras tem registro na 6.ª ed. do VOLP.)

pre.la.zi.a *sf* Dignidade, cargo ou jurisdição de prelado.

pre.le.ção *sf* Palestra de cunho didático ou informativo.

pré-lei.tu.ra *sf* Leitura ligeira que se faz de um texto, para depois examiná-lo melhor. · Pl.: *pré-leituras*.

pre.li.mi.nar *adj* **1**. Que precede algo principal; introdutório. // *sf* **2**. Condição prévia. **3**. Jogo de futebol disputado antes da partida principal.

pré.lio *sm* **1**. Combate, luta, disputa. **2**. *P.ext*. Disputa esportiva.

pre.lo *sm* Máquina de imprimir; impressora. ·· **No prelo**. Prestes a ser publicado.

pre.lú.dio *sm* **1**. Prenúncio, sinal. **2**. Trecho musical que se executa antes do principal, o qual pode ser também uma composição independente.

pré-ma.trí.cu.la *sf* Matrícula feita previamente, para assegurar o direito à definitiva. · Pl.: *pré-matrículas*.

pre.ma.tu.ro *adj* **1**. Que ocorre, vem ou é feito muito cedo, antes do tempo normal. **2**. Nascido antes da gestação completa. → **prematuração** ou **prematuridade** *sf* (qualidade ou condição do que é prematuro).

pré-mé.di.co *adj* **1**. Que antecedeu os estudos formais de medicina. **2**. Anterior ao tratamento médico. · Pl.: *pré-médicos*.

pre.me.di.tar *v* Planejar; resolver ou decidir antecipada ou conscientemente: *premeditar um crime*. → **premeditação** *sf* (ato ou efeito de premeditar).

pré-mens.tru.al *adj* Anterior à menstruação. · Pl.: *pré--menstruais*.

pre.men.te *adj* Que exige atenção imediata; urgente. → **premência** *sf* (qualidade de premente; urgência).

pré-me.trô *sm* Sistema de transporte urbano suscetível de se transformar em metrô. · Pl.: *pré-metrôs*.

pre.mi.ar *v* **1**. Conferir prêmio a; distinguir com um prêmio: *premiar os vencedores*. **2**. Gratificar, recompensar: *a justiça não pode premiar o safado e punir o honesto*. **3**. Conferir, por sorteio, prêmio a: *a sorte nunca premia o bilhete de loteria que eu compro*. → **premiação** *sf* (**1**. ato ou efeito de premiar; **2**. solenidade ou ocasião em que se dá tal ato); **premiado** *adj* e *sm* (que ou aquele que obteve um prêmio) e *adj* (diz-se do bilhete de loteria ou de rifa que dá direito a prêmio); **prêmio** *sm* (recompensa devida ao mérito ou à sorte).

première [fr.] *sf* Pré-estreia ou primeira exibição pública de um filme ou de uma peça. · Pronuncia-se *premiéR*.

pre.mis.sa *sf* **1**. Em lógica, cada uma das duas proposições de um silogismo (a maior e a menor) das quais se tira uma conclusão: *se a premissa é verdadeira, a conclusão deverá ser necessariamente verdadeira*. **2**. *P.ext*. Princípio; suposição; ponto de partida, pressuposto: *seu raciocínio é baseado em uma premissa equivocada*.

pré-mo.lar *adj* e *sm* Que ou dente que se situa entre o canino e o primeiro molar. · Pl.: *pré-molares*.

pré-mol.da.do *adj* **1**. Que se moldou previamente. // *sm* **2**. Bloco de concreto pré-moldado. · Pl.: *pré-moldados*.

pre.mo.ni.ção *sf* Intuição ou forte sensação de que algo (desagradável) está por acontecer; pressentimento: *tive premonição desse acidente*. → **premonitório** *adj* (em que há premonição; que vem como aviso ou prevenção).

pré-na.tal *adj* **1**. Anterior ao nascimento da criança. // *sm* **2**. Assistência médica prestada durante a gestação. **3**. Período em que se dá tal assistência. · Pl.: *pré-natais*. Antôn.: *pós-natal*.

pren.da *sf* **1**. Aquilo que se doa geralmente para uma quermesse; presente. // *sfpl* **2**. Qualquer qualidade que o homem ou a mulher adquire ao longo da vida, estudando, trabalhando, etc. → **prendado** *adj* (**1**. que possui prendas; que recebeu educação esmerada; **2**. exímio, perito); **prendar** *v* (**1**. dar prendas a, presentear; **2**. dotar: *Deus a prendou de singular beleza*).

pren.der *v* **1**. Ligar ou amarrar para não escapar ou fugir: *prender o cachorro*. **2**. Ligar, unir, colar: *prender os pedaços do copo que quebrou, com uma poderosa cola*. **3**. Unir ou ligar moralmente: *muitas afinidades nos prendem*. **4**. Atrair, cativar: *esse professor sabe prender a atenção dos alunos*. **5**. Aprisionar, encarcerar: *prenderam todos os corruptos?* **6**. Capturar, apanhar: *já prenderam o leão que fugiu do circo*. **7**. Segurar, reter: *prender a respiração*. **8**. Emperrar, pegar: *a porta está prendendo no piso*. **9**. Enroscar-se, ficar preso: *a pipa prendeu a um fio de alta tensão*. **prender-se 10**. Comprometer-se afetivamente, amarrar-se, firmar-se; afeiçoar-se: *você é muito nova para se prender com alguém*. **11**. Relacionar-se, ligar-se, vincular-se: *este caso não se prende àquele*. · V. **prisão**.

pre.nhe *adj* Grávido: *cavalo-marinho prenhe; ventre prenhe.* · Var. popular: **prenha**. → **prenhez** (ê) *sf* (gravidez).

pre.no.me *sm* Nome que precede o de família; nome de batismo.

pren.sa *sf* **1**. Máquina que comprime ou achata. **2**. Máquina impressora; impressora, prelo. **3**. Máquina-ferramenta composta basicamente de duas placas que podem ser aproximadas por comando mecânico ou hidráulico, a fim de comprimir o que estiver colocado entre elas. → **prensagem** *sf* (ato ou operação de prensar); **prensar** *v* (**1**. apertar ou comprimir na prensa; **2**. apertar ou comprimir fortemente; espremer); **prensista** *s2gên* [operário(a) que trabalha com a prensa].

pre.nún.cio *sm* Sinal ou anúncio de fato futuro certo ou quase certo. → **prenunciação** *sf* (ato ou efeito de prenunciar); **prenunciar** *v* (**1**. anunciar antecipadamente; pressagiar: *nuvens escuras prenunciam chuva*; **2**. predizer, profetizar: *as cartomantes realmente prenunciam o futuro?*).

pré-nup.ci.al *adj* Anterior ao casamento; antenupcial. · Pl.: *pré-nupciais*.

pré-o.cu.par *v* Ocupar antecipadamente, geralmente por precaução: *os proprietários do prédio em construção, temendo invasores, pré-ocuparam todas as suas unidades, mesmo sem instalações hidráulicas*). (Não se confunde com *preocupar*.) → **pré-ocupação** *sf* (ato ou efeito de pré-ocupar; ocupação antecipada), que não se confunde com *preocupação*; **pré--ocupado** *adj* (que teve ocupação antes do tempo normal, geralmente por medida de precaução; que foi ocupado antecipadamente, por alguma razão: *um edifício pré-ocupado pelos moradores*), que não se confunde com *preocupado*; **pré-ocupante** *adj* e *s2gên* (que ou pessoa que pré-ocupa), que não se confunde com *preocupante*. (A 6.ª ed. do VOLP já traz essas palavras, assim como *pré-juízo*, que já constavam no **Grande dicionário Sacconi**.)

pre.o.cu.par *v* **1**. Prender ou atrair a atenção de: *carnaval não me preocupa nem um pouco*. **2**. Causar preocupação, inquietação ou apreensão a: *a inflação já não preocupa os brasileiros*. **preocupar-se 3**. Ter preocupação, inquietação ou apreensão; inquietar-se: *não me preocupo antes da hora*. (Não se confunde com *pré-ocupar*.) → **preocupação** *sf* [**1**. ato ou efeito de preocupar(-se); apreensão, inquietação; **2**. aquilo que monopoliza e inquieta a mente], que não se confunde com *pré-ocupação*; **preocupado** *adj* (que tem preocupação; inquieto, apreensivo), que não se confunde com *pré-ocupado*; **preocupante** *adj* e *sm* (que ou o que preocupa), que não se confunde com *pré-ocupante*.

pré-o.lím.pi.co *adj* Que antecede os Jogos Olímpicos ou as Olimpíadas. · Pl.: *pré-olímpicos*.

pré-o.pe.ra.tó.rio *sm* **1**. Período que corresponde ao preparo do paciente para ser submetido a intervenção cirúrgica. // *adj* **2**. Diz-se desse período. · Pl.: *pré-operatórios*.

pre.pa.rar *v* **1**. Aprontar com certa antecedência: *preparar o jantar*. **2**. Planejar cuidadosamente: *preparar um ataque*. **3**. Arquitetar, tramar, maquinar: *preparar uma cilada*. **4**. Confeccionar: *preparar um bolo*. **5**. Educar, instruir: *preparar o homem de amanhã*. **6**. Tornar apto ou capaz; habilitar: *preparar alunos para o vestibular*. **7**. Deixar de sobreaviso; predispor: *prepare o coração: amanhã o Brasil joga com a Argentina!* **8**. Pôr (originas, provas, etc.) em condições de ser editado. **9**. Prover do necessário; equipar: *preparou o carro para competir*. **preparar-se 10**. Aprontar-se: *prepare-se para uma má notícia!* **11**. Tornar-se apto ou capaz; habilitar-se: *preparar-se para o vestibular*. **12**. Armar-se, aparelhar-se: *preparar-se para a guerra*. **13**. Prevenir-se, precatar-se: *prepare-se, que lá vem chumbo grosso!* → **preparação** *sf* ou **preparo** *sm* [ato ou efeito de preparar(-se)]; **preparador** (ô) *adj* e *sm* (que ou aquele que prepara: *curso preparador de alunos para o ENEM*; o *preparador de goleiros de uma equipe*); **preparativo** ou **preparatório** *adj* (que prepara ou que contribui para alguém se preparar: *curso preparatório ao ENEM*); **preparativos** *smpl* (conjunto de medidas preliminares com o objetivo de tornar algo realizável: *os preparativos para um casamento*); **preparatório** *adj* (**1**. preparativo; **2**. prévio, preliminar: *trabalhos preparatórios para uma cirurgia*) e *sm* (**1**. aquilo que prepara ou antecipa alguma coisa; **2**. red. de *curso preparatório*, curso de ensino que prepara alunos para uma etapa posterior mais avançada).

pré-par.to *sm* Período que antecede o parto. · Pl.: *pré-partos*. · Antôn.: *pós-parto*.

pre.pon.de.rar *v* Prevalecer, predominar: *minha opinião preponderou na reunião*. → **preponderância** *sf* (supremacia, predomínio); **preponderante** *adj* (**1**. que pondera; **2**. que tem mais peso, importância, influência ou força).

pre.por *v* **1**. Pôr ou colocar antes; antepor: *preponha o artigo aos nomes das horas!* **2**. Anunciar previamente: *a imprensa prepôs os nomes dos convocados para a seleção brasileira*. **3**. Considerar uma coisa melhor ou mais vantajosa que a outra; querer antes; antepor, preferir: *preponha a saúde às drogas, ou seja, preponha a inteligência à burrice!* **4**. Nomear ou designar (alguém) para assumir cargo importante ou de confiança: *o governador prepôs um assessor a cada repartição pública*. · Conjuga-se pelo v. *pôr*. → **preponente** *adj* e *s2gên* (que ou pessoa que prepõe).

pre.po.si.ção *sf* **1**. Ato ou efeito de prepor; anteposição. **2**. Em gramática, palavra invariável que liga duas outras palavras entre si, estabelecendo entre elas certas relações. → **preposicional** *adj* (rel. a preposição); **prepositivo** *adj* (**1**. que se apõe ou põe diante ou do primeiro; **2**. da natureza da preposição).

pre.pos.to (ô) *adj* **1**. Anteposto. // *sm* **2**. Aquele que assume a direção ou a condução de alguma coisa, por delegação de um superior; delegado, representante.

pre.po.ten.te *adj* **1**. Que é mais poderoso, influente ou forte que outro(s). **2**. Arrogante. **3**. Caracterizado pelo abuso do poder ou da autoridade; opressor. → **prepotência** *sf* (**1**. qualidade de prepotente; **2**. arrogância, pretensão ridícula; **3**. abuso de poder; opressão).

pre.pú.cio *sm* Dobra ou envoltório de pele que recobre mais ou menos a glande do pênis em estado de flacidez. → **prepucial** *adj* (rel. a prepúcio).

pré-re.qui.si.to *sm* Requisito essencial, indispensável a alguma coisa. · Pl.: *pré-requisitos*.

prer.ro.ga.ti.va *sf* **1**. Privilégio ou direito exclusivo de um indivíduo ou classe: *possuir um carro importado é prerrogativa dos ricos*. **2**. Direito exclusivo: *é prerrogativa do presidente nomear juízes para o STF*; *as mudanças constitucionais são prerrogativa exclusiva do Congresso*.

pre.sa (ê) *sf* **1**. Ação de apreender ou apresar; apreensão, tomada. **2**. Aquilo que é apreendido nessa ação. **3**. Mulher prisioneira. **4**. Dente canino dos mamíferos, quando saliente. **5**. Dente das cobras peçonhentas ou serpentes. **6**. Garra de ave de rapina. **7**. Todo animal vivo que outro, carniceiro (chamado *predador*), caça para comer.

pres.bi.te.ri.a.nis.mo *sm* Doutrina dos evangélicos ou protestantes, de origem calvinista, na qual a autoridade da Igreja é exercida por presbíteros, e não por bispos, como no catolicismo. → **presbiteriano** *adj* (rel. ou pert. ao presbiterianismo) e *adj* e *sm* (que ou aquele que é adepto do presbiterianismo); **presbitério** *sm* (**1**. residência paroquial; **2**. igreja paroquial); **presbítero** *sm* [sacerdote ou padre (no catolicismo); ministro (nas igrejas presbiterianas)].

pres.cin.dir *v* **1**. Separar ou não levar em conta mentalmente; abstrair: *prescindir das cores de um objeto*. **2**. Decidir não ter (uma coisa); abrir mão; renunciar: *por causa de sua situação financeira delicada, ela prescindiu da compra de um carro novo*. **3**. Abrir mão; dispensar, desprezar: *não posso prescindir de sua ajuda*. **4**. Deixar fora (algo ou alguém importante); descartar, desconsiderar, desprezar: *a busca da compreensão entre os homens não pode prescindir da justiça social, da igualdade de oportunidades, da divisão de riqueza*. → **prescindência** *sf* (ato de prescindir: *a prescindência de tratamento levou-o à morte*).

pres.cre.ver *v* **1**. Ordenar, determinar, estabelecer: *com a morte dos pais, a lei prescreve que os bens sejam divididos entre os filhos*. **2**. Fixar, marcar: *prescrevi um prazo aos pedreiros, para a conclusão da obra*. **3**. Receitar: *o médico lhe prescreveu antibiótico*. **4**. Ficar sem efeito, por ter decorrido certo prazo legal; caducar: *a pena já prescreveu*. **5**. Cair em desuso; arcaizar-se: *essa gíria já prescreveu há muito tempo*. → **prescrição** *sf* (ato ou efeito de prescrever); **prescritivo** *adj* (que prescreve).

pre.sen.ça *sf* **1**. Existência, ocorrência: *havia a presença de cocaína no sangue da vítima*. **2**. Comparecimento; estada num lugar: *faço questão de sua presença na minha festa*. **3**. Frequência regular; assiduidade: *é obrigatória a presença dos alunos às aulas*. **4**. Companhia: *eu me senti à vontade na presença dela*. **5**. Boa aparência pessoal: *pessoa de presença não diz palavrões*. · Antôn. (1 a 3): *ausência*. → **presenciar** *v* (**1**. assistir a, estar presente a, ver: *presenciar um acidente*; **2**. observar, princ. por razões científicas: *presenciar um eclipse*);

presente *adj* (**1**. que ocorre atualmente; atual: *o momento presente*; **2**. que assiste ou comparece: *estive presente à* *posse dele*; **3.** assíduo: *aluno presente a todas as aulas*; **4.** que permanece na memória; patente no espírito: *Senna estará sempre presente em todos nós*; **5.** existente no momento; que ocorre agora: *na situação presente, o goleiro não joga a final do campeonato*; **6.** evidente, manifesto: *é presente que ela o ama*), *sm* (**1.** tempo atual; atualidade: *viver o presente intensamente*; **2.** dom presente, ou seja, dom que se dá na mão, que se entrega pessoalmente em ocasiões especiais; mimo, regalo: *dei-lhe um bom presente de aniversário*; **3.** forma verbal usada para indicar o que acontece ou existe agora; **4.** tempo dessa forma verbal: *o presente do indicativo*), *s2gên* (pessoa que está num lugar em determinado momento) e *smpl* (pessoas que se encontram num local: *houve aplauso dos presentes*); **presentear** *v* (dar presente a), que se conjuga por *frear*.

pre.se.pa.da *sf Pop.* **1.** Cena ou atitude grotesca, ridícula; palhaçada. **2.** Fanfarronice, jactância, gabolice.

pre.sé.pio *sm* **1.** Lugar onde se recolhe o gado; curral; estábulo; estrebaria. **2.** Representação do estábulo onde nasceu Jesus ou do episódio bíblico do Seu nascimento. → **presepeiro** *adj* e *sm* (**1.** que ou aquele que arma presépios; **2.** que ou aquele que costuma armar presepadas).

pre.ser.var *v* **1.** Livrar de dano ou mal futuro provável: *preservar a saúde, não consumindo drogas*. **2.** Manter intacto, intocado: *preservar sítios arqueológicos.* **preservar-se 3.** Afastar-se, defender-se, proteger-se, resguardar-se: *preservar-se das más companhias.* **4.** Livrar-se, desvencilhar-se, pôr-se a salvo, salvar-se: *preservar-se da mediocridade geral.* **5.** Guardar-se com cuidado; resguardar-se: *o time titular se preserva para a disputa da Copa Libertadores da América*.→ **preservação** *sf* (ato ou efeito de preservar); **preservativo** *adj* e *sm* (que ou o que tende a preservar ou trabalha para preservar) e *sm* (camisa de vênus; camisinha). ·· **Preservação ambiental**. Manutenção das características próprias de um ambiente considerado patrimônio ecológico ou paisagístico e as interações entre os seus componentes, livre de toda e qualquer intervenção humana.

pre.sí.dio *sm* Cadeia, cárcere, prisão, penitenciária. → **presidiário** *adj* (rel. ou pert. a presídio) e *sm* (condenado que cumpre pena num presídio; preso, detento).

pre.si.dir *v* **1.** Dirigir como presidente ou como autoridade máxima: *um baiano presidia o Congresso.* **2.** Assistir, dirigindo ou orientando; exercer autoridade ou controle, assistindo: *a professora presidia bem os alunos, na representação da peça.* **3.** Dirigir, governar, reger: *são essas as leis que presidem o universo, desde o princípio dos tempos.* **4.** Nortear, orientar: *são esses os princípios que presidem a minha vida.* → **presidência** *sf* (**1.** ato ou efeito de presidir; **2.** cargo de presidente; **3.** tempo durante o qual se ocupa esse cargo; **4.** lugar de honra a uma mesa, numa reunião, numa festa, etc.); **presidencial** *adj* (**1.** rel. ou pert. a presidente ou a presidência; **2.** que emana ou provém do presidente); **presidencialismo** *sm* (sistema político em que uma só pessoa, o presidente da República, acumula a função de chefe de Estado e de chefe de governo; regime presidencial); **presidencialista** *adj* (rel. a presidencialismo) e *adj* e *s2gên* (que ou pessoa que é partidária do presidencialismo); **presidenciável** *adj* e *s2gên* (que ou pessoa que pode ser indicada ou se apresentar como candidato a uma presidência, princ. da República); **presidente** *adj* e *s2gên* (que ou pessoa que preside a uma reunião, assembleia, partido, conselho, sessão, tribunal, etc., com a responsabilidade de fazer cumprir as disposições regulamentais) e *sm* (título oficial do chefe de Estado, nos países republicanos, de fem. (opcional): *presidenta*. ·· **Regime presidencial**. Presidencialismo.

pre.si.lha *sf* Qualquer objeto usado para prender ou apertar.

pre.so (ê) *adj* **1.** Seguro por corda, corrente, cabo, etc. **2.** De mãos atadas; dominado, subjugado. **3.** Recluso em cárcere ou prisão; encarcerado. **4.** Que está sob a custódia policial. **5.** Impedido de se mover livremente. **6.** Que não se encontra livre para agir. **7.** Travado. **8.** Envolvido moralmente, emocionalmente, etc. // *sm* **9.** Detento, presidiário. · Antôn. (1 a 7): *livre, solto*.

pres.sa *sf* **1.** Rapidez, velocidade: *andar sempre com pressa*. **2.** Urgência: *tenho pressa de chegar*. **3.** Grande necessidade ou precisão: *tenho pressa desse serviço.* · V. **pressuroso.** · Antôn. (1): *demora, lentidão, vagar*. ·· **Às pressas**. Rapidamente; de afogadilho: *Não gosto de fazer nada às pressas*. ·· **A toda (a) pressa**. Com a maior rapidez possível; sem nenhuma demora: *Saí de lá a toda a pressa*.

pres.sá.gio *sm* **1.** Sinal ou aviso de que algo (geralmente ruim) vai acontecer: *a eleição desse sujeito pressagia o que serão os quatro anos vindouros*. **2.** Pressentimento, intuição: *meus presságios sempre se confirmam*. → **pressagiar** *v* (anunciar por presságios; prognosticar: *essas medidas do governo pressagiam recessão*).

pres.são *sf* **1.** Ato ou efeito de premir, pressionar ou apertar. **2.** Força que age sobre uma dada superfície. **3.** Atuação ou coação sobre uma pessoa, para obrigá-la a uma ação. **4.** Redução de *pressão arterial*, força exercida pelo sangue sobre a parede das artérias. → **pressionar** *v* [**1.** fazer ou exercer pressão sobre (coisa): *pressione a tampa para abrir a lata!; **2.** coagir, constranger: *pressionar testemunhas*].

pres.sen.tir *v* **1.** Sentir antecipadamente: *pressentir uma reação*. **2.** Sentir intuitivamente: *pressentir um desastre*. **3.** Desconfiar, suspeitar: *os ladrões não pressentiram que estavam sendo filmados*. **4.** Ouvir ou perceber a distância (antes de ver ou de se concretizar): *pressinto-a chegando*. · Conjuga-se por *ferir*. → **pressentimento** *sm* (ato ou efeito de pressentir).

press kit [ingl.] *loc sm* Material promocional (fotos, texto, etc.) para ser distribuído à imprensa, antes do lançamento de um produto. · Pronuncia-se *prés kit*.

press release [ingl.] *loc sm* **1.** Texto com informações para a imprensa. **2.** Notícia ou divulgação preparada por um departamento de *marketing*, de relações públicas, etc. e distribuída aos veículos de divulgação, para inserção gratuita. · Pronuncia-se *prés rilíze* (o *r* soa brando, como em *faro*, pronunciado com a língua no céu da boca).

pres.su.por *v* **1.** Supor previamente; presumir: *ele supunha que ia morrer*. **2.** Fazer supor; presumir, dar a entender: *a saúde do corpo pressupõe a saúde da mente*. · Conjuga-se pelo v. *pôr*. → **pressuposição** *sf* ou **pressuposto** (ô; pl.: ó) *sm* (ato ou efeito de pressupor; conjetura; suposição); **pressuposto** (ô; pl.: ó) *adj* (que se pressupõe ou presume; presumido, imaginado: *a infração pressuposta não se confirmou*).

pres.su.ri.zar *v* Manter a pressão normal, dentro de (aeronave ou submarino). → **pressurização** *sf* (ato ou efeito de pressurizar).

pres.su.ro.so (ô; pl.: ó) *adj* **1.** Cheio de pressa; apressado: *o pressuroso povo paulistano*. **2.** Que deseja tudo com pressa; afobado: *o sapateiro diz que não faz questão de fregueses pressurosos*. **3.** Aplicado, zeloso, ativo, diligente: *loja de funcionários pressurosos*. **4.** Impaciente, irrequieto: *a demora deixa pressurosas as crianças*. → **pressurosidade** *sf* (qualidade de quem é pressuroso).

pres.tar *v* **1.** Realizar ou praticar, por imposição de autoridade ou de contrato: *prestar serviço militar*. **2.** Dar, fornecer, proporcionar ou oferecer (o que é devido, por alguma razão): *prestar informações*. **3.** Pronunciar formalmente: *prestar juramento à bandeira*. **4.** Submeter a condição ou aprovação: *prestar contas*. **5.** Fazer; submeter-se a: *prestar concurso*. **6.** Fazer, desempenhar, praticar: *prestar serviços*. **7.** Conferir, conceder: *prestar favores*. **8.** Ter boa qualidade: *esse carro não presta*. **prestar-se 9.** Estar disposto, dispor-se, inclinar-se: *não me presto a esse tipo de coisa*. **10.** Adequar-se, servir: *é uma peça que se presta a várias funções, no motor*. **11.** Admitir: *essa frase se presta a várias interpretações*. → **prestação** *sf* (**1.** ato ou efeito de prestar; **2.** cada uma das cotas de dívida a pagar parceladamente; **3.** quantia paga em cada uma dessas cotas); **prestacionista** *adj* e *s2gên* (que ou pessoa que paga compras em prestações; **prestamista** *adj* (rel. a prestações) e *s2gên* (**1.** pessoa que empresta dinheiro a juros; **2.** pessoa que compra à prestação; prestacionista);

pres.ta.ti.vo *adj* (que está sempre pronto para prestar ajuda ou servir).

pres.tes *adj* **1.** Preparado, pronto: *o time está prestes à decisão*. **2.** Esta a ponto de; que está na iminência de: *o vulcão está prestes a eclodir*.

pres.ti.di.gi.ta.ção *sf* Truque de mágica que requer destreza manual; ilusionismo. → **prestidigitador** (ô) *sm* (mágico, ilusionista).

pres.tí.gio *sm* **1.** Grande força moral; elevada reputação ou influência perante o público, resultante de altas qualidades ou altos postos exercidos com dignidade; cartaz. **2.** Importância ou distinção amplamente reconhecida. → **prestigiar** *v* (demonstrar que reconhece o valor de; conferir prestígio a: *o presidente prestigiou o evento*); **prestigioso** (ô; pl.: ó) *adj* (cheio de prestígio; respeitado, influente: *o prestigioso jornal francês deu a notícia na primeira página*).

prés.ti.mo *sm* **1**. Qualidade do que presta ou serve; utilidade, serventia: *esse terno já não tem préstimo*. **2**. Favor, ajuda, auxílio: *preciso de seus préstimos*. → **prestimoso** (ô; pl.: ó) *adj* (**1**. que ainda tem préstimo: *um prestimoso terno*; **2**. que está sempre disposto a ajudar; prestativo).

prés.ti.to *sm* **1**. Grande número de pessoas caminhando juntas com um objetivo; procissão, cortejo. **2**. Desfile de carros alegóricos no carnaval; corso.

pre.su.mir *v* **1**. Ter por verdadeiro, em razão da ausência de provas em contrário: *presumir a inocência de um réu*. **2**. Supor, imaginar: *não presumas que tudo sabes, porque nada sabes!* **3**. Pressupor (2): *a liberdade presume disciplina e responsabilidade*. **4**. Desconfiar de, suspeitar: *presume-se que ela esteja vivendo na Europa; presumo que estou sendo seguido*. **5**. Ter boa opinião ou imagem: *ele presume muito de si e dos seus*. → **presumido** *adj* (que se presume; suposto: *empresa de lucro presumido*) e *adj* e *sm* (que ou aquele que é vaidoso, arrogante, presunçoso); **presumível** ou **presuntivo** *adj* (que se pode presumir; provável); **presunção** *sf* (**1**. ato ou efeito de presumir; **2**. juízo, teoria ou opinião formada por suspeita, com fundamento em fatos anteriores; **3**. arrogância, pretensão, vaidade, imodéstia); **presunçoso** (ô; pl.: ó) *adj* e *sm* [que ou aquele que tem presunção (3); pretensioso, arrogante].

pre.sun.to *sm* Carne da perna do porco, cozida em vinho branco, temperada e curada, para se comer fria; fiambre.

pré-tem.po.ra.da *sf* Período imediatamente anterior ao do início de uma nova temporada, no qual os atletas de um clube se submetem a intenso treinamento e participam de jogos amistosos, ou de torneios iniciais. · Pl.: *pré-temporadas*.

pre.ten.der *v* **1**. Reclamar ou exigir, geralmente como um direito: *eles pretendem a sucessão do pai na direção da empresa*. **2**. Desejar ou querer (algo que geralmente se acha além de nossa capacidade): *pretender que o Brasil seja a maior potência mundial*. **3**. Ter a intenção de; planejar: *pretendo viajar amanhã*. **4**. Pleitear: *pretender um emprego público*. **5**. Sustentar, afirmar: *pretendem alguns que Marte é habitável*. **6**. Querer, esperar: *que pretendes tu de mim?* **pretender-se 7**. Julgar-se, considerar-se: *ele se pretende imortal*. → **pretendente** *adj* e *s2gên* (que ou pessoa que pretende ou postula alguma coisa: *vestibulando pretendente a um curso muito disputado*) e *s2gên* (**1**. pessoa que pretende ter direito a um trono; **2**. pessoa que pretende a mão de uma mulher); **pretendido** ou **pretenso** *adj* (suposto); **pretensão** *sf* (**1**. ato ou efeito de pretender; **2**. direito suposto e reivindicado; **3**. autoconfiança exagerada); **pretensioso** (ô; pl.: ó) *adj* e *sm* (**1**. que ou aquele que se esforça por mostrar valores e qualidades que não tem; **2**. que ou aquele que é ostentoso, espetaculoso, exibicionista, afetado) e *adj* (caracterizado por pretensão ridícula).

pre.te.rir *v* **1**. Pôr de lado, recusar: *preterir as drogas*. **2**. Deixar, sem motivo legal, de promover a posto ou emprego; rejeitar, desprezar: *o alto comando preteriu a promoção do general, para promover um coronel*. **3**. Ser indevidamente promovido a posto ou emprego, que competia a: *o amigo do chefe preteriu um antigo funcionário*. · Conjuga-se por *ferir*. → **preterição** *sf* (**1**. ato ou efeito de preterir, de desprezar: *a preterição de um filho em favor de outro*; **2**. ato ou efeito de, sem motivo legal, deixar de promover um indivíduo a um posto ou a uma posição que lhe cabia por direito: *a causa da revolta dos oficiais militares foi a preterição dos coronéis mais antigos, no ato de nomeação do comandante da polícia militar*).

pre.té.ri.to *adj* **1**. Que passou; passado: *fatos pretéritos não me interessam*. // *sm* **2**. Tempo verbal que exprime processo anterior ou passado. **3**. Forma verbal nesse tempo.

pre.tex.to (ê) *sm* Razão suposta ou aparente, destinada a cobrir ou disfarçar a verdadeira; desculpa. → **pretextar** *v* (alegar como pretexto: *pretextou uma dor de cabeça para não sair com o namorado*).

pre.to (ê) *adj* e *sm* **1**. Que ou cor que é a oposta ou a mais distante do branco; negro: *o piche é preto; ela chegou vestida de preto*. **2**. Que ou aquele que é de etnia negra; negro. // *adj* **3**. Sujo (em oposição a *limpo*): *suas unhas estão pretas!* **4**. *Fig*. Muito bronzeado pelo sol; muito moreno: *ficou uma semana na praia e voltou preta!* **5**. Diz-se das peças escuras de certos jogos e também os naipes de paus e espadas, no baralho. **6**. *Fig*. Difícil, complicado, ruço: *a coisa está preta!* **7**. *Pop*. Sem adição de leite nem de creme: *ele só toma café preto*. // *sm* **8**. Ausência de todas as cores (em oposição a *branco*, reunião de todas). **9**. Tinta preta: *dar uma demão de preto na parede*. **10**. Roupa preta: *você fica bem de preto*. **11**. Luto: *a família toda foi ao enterro vestindo preto*. · Antôn. (1, 2, 8 a 10): *branco*.

→ **pretejar** *v* (escurecer: *trabalhar na terra preteja as unhas*), cujo *e* continua fechado durante a conjugação.

pre.tô.ni.co *adj* Diz-se de vogal ou de sílaba que vem antes do elemento tônico da palavra. · Antôn.: *postônico*.

pre.tor (ô) *sm* **1**. Na antiga Roma, magistrado eleito anualmente que tinha as mesmas funções de um cônsul. **2**. Magistrado de alçada inferior à de juiz de direito. → **pretoria** *sf* (**1**. jurisdição do pretor; **2**. sala onde se realizam casamentos e atos de registro civil); **pretoriano** *adj* (rel. a pretor) e *sm* (soldado da guarda pretoriana).

pre.to-ve.lho *sm* Na umbanda, espírito de escravo que representa a humildade, a sabedoria e a bondade e, quando incorporado, fuma cachimbo e dá conselhos, responde a perguntas, etc. · Pl.: *pretos-velhos*.

pretzel [ingl.] *sm* **1**. Pão em formato de rosca entrelaçada nas pontas, muito comum na Baviera, Alemanha. **2**. Rosquinha salgada e dura, muito comum nos Estados Unidos. **3**. Rosquinha doce, feita com leite condensado, fermento, ovo e farinha de trigo, com cobertura de canela em pó e açúcar. · Pl.: *pretzels*. · Pronuncia-se *prétsol*.

pré-u.ni.ver.si.tá.rio *adj* **1**. Diz-se de curso de estudos que antecede o ingresso na universidade. **2**. Diz-se dos tempos anteriores ao ingresso na universidade ou relativo a esses tempos. · Pl.: *pré-universitários*.

pre.va.le.cer *v* **1**. Ter superioridade ou vantagem; preponderar, predominar: *a vontade da maioria deve prevalecer sobre a da minoria*. **2**. Continuar vigente ou existindo; persistir: *as velhas tradições ainda prevalecem por aqui*. **prevalecer-se 3**. Tirar partido, aproveitar-se, valer-se, beneficiar-se: *prevaleceu-se do cargo para obter vantagens*. **4**. Opor-se tenazmente; levantar-se, revoltar-se, insurgir-se, rebelar-se: *o povo prevaleceu-se contra o aumento dos preços dos combustíveis*. **5**. Mostrar-se autoritário ou despótico, abusando da força física ou moral: *como era maior e mais forte, gostava de se prevalecer dos colegas*. → **prevalecimento** *sm* [ato ou efeito de prevalecer(-se): *houve o prevalecimento de minha opinião entre as muitas que foram expostas; no final sempre haverá o prevalecimento da verdade*]; **prevalência** *sf* (qualidade ou condição do que prevalece; superioridade absoluta; supremacia, predomínio: *sempre deve haver a prevalência da razão sobre a emoção*).

pre.va.ri.car *v* **1**. Faltar (a deveres); deixar de cumprir: *nunca prevarique a nenhum dos seus deveres!* **2**. Faltar aos deveres de seu cargo, por interesse ou má-fé: *o funcionário que prevaricar será sumariamente demitido*. **3**. Proceder ou agir mal; errar: *o presidente prevaricou gravemente no exercício do cargo: foi apeado do poder*. **4**. Quebrar a fidelidade conjugal; cometer adultério: *nas pequenas cidades, as mulheres não prevaricam*. **5**. Violar segredo; *um amigo que não prevarica*. → **prevaricação** *sf* (**1**. ato ou efeito de prevaricar; **2**. falha no cumprimento de um dever, por interesse pessoal ou má-fé; abuso de poder; **3**. transgressão de norma ou princípio).

pre.ve.nir *v* **1**. Impedir que aconteça; tomar precauções para evitar (mal, dano, catástrofe, etc.): *circuito interno de TV previne assaltos?* **2**. Proibir, vedar: *a legislação brasileira previne o uso de lança-perfumes*. **3**. Avisar ou informar com antecedência; advertir: *os salva-vidas preveniam os banhistas de que o mar estava perigoso*. **4**. Pôr de sobreaviso; acautelar, precaver, precatar: *preveniram-nos contra represálias*. **5**. Inclinar o ânimo de uma pessoa ou de um grupo de pessoas a favor ou contra (pessoa ou coisa); predispor: *o bom desempenho do promotor preveniu imediatamente o júri contra o réu*. **6**. Preparar-se para evitar um mal possível: *é melhor prevenir que remediar*. **prevenir-se 7**. Tomar precauções; precaver-se, precatar-se: *prevenir-se contra incêndios*. **8**. Equipar-se, armar-se: *o delegado preveniu-se com provas incontestáveis contra o acusado*. · Conjuga-se por *agredir*. → **prevenção** *sf* [**1**. ato ou efeito de prevenir(-se); **2**. opinião ou sentimento de repulsa; predisposição]; **prevenido** *adj* (**1**. precavido, preparado: *estou prevenido para o que der e vier*; **2**. desconfiado, receoso: *ele está sempre prevenido contra todos*); **preventivo** *adj* e *sm* (**1**. que ou o que é usado para prevenir ou evitar (um mal): *policiamento preventivo; tomar um preventivo contra a gripe*; **2**. que ou o que previne uma doença: *tratamento preventivo; ela foi ao ginecologista para fazer um preventivo*).

pre.ver *v* **1**. Ver ou perceber antecipadamente: *Nostradamus previu muitos fatos*. **2**. Prognosticar: *prevejo um ano difícil para o Brasil*. **3**. Estabelecer: *o contrato não prevê verbas para essa obra*. **4**. Calcular, supor, imaginar: *não é difícil prever as consequências dessas medidas do governo*.

5. Pressupor: *nossas leis preveem mil recursos, daí por que o sistema judiciário está falido.* · Conjuga-se por *ver*. →
previsão *sf* (ato ou efeito de prever); **previsto** *adj* (**1**. que se previu; visto ou conhecido antecipadamente; **2**. mencionado com antecedência; **3**. marcado, aprazado).
pré-ves.ti.bu.lar *adj* **1**. Que se faz ou existe antes do vestibular. // *sm* **2**. Curso especializado em preparar candidatos aos exames vestibulares. · Pl.: *pré-vestibulares*.
pré.via *sf* Pesquisa eleitoral.
pre.vi.dên.cia *sf* **1**. Qualidade de previdente; prudência. **2**. Redução de *previdência social*, conjunto de medidas e instituições governamentais destinadas a proteger o trabalhador e a seus dependentes ou beneficiários, na doença, no desemprego, na velhice, etc. → **previdenciário** *adj* (rel. a previdência social) e *sm* (funcionário de instituto de previdência); **previdente** *adj* (**1**. que prevê; **2**. prudente, sensato, precavido). ·· **Previdência privada**. Plano, alternativa à previdência social, para o qual os indivíduos contribuem com seus ganhos, que então lhes pagará uma pensão após a aposentadoria. ·· **Previdência social**. Previdência (1).
pré.vio *adj* **1**. Feito com antecedência; precedente: *novo ataque pode ser feito sem prévio aviso*. **2**. Preliminar: *fazer uma reunião prévia para discutir a pauta do encontro*. ·· **Aviso prévio**. Comunicação formal que faz o empregador ao funcionário (ou vice-versa), avisando sobre o desinteresse em manter o contrato de trabalho.
pré-vo.ca.ci.o.nal *adj* Que visa a descobrir uma tendência vocacional. · Pl.: *pré-vocacionais*.
pré-vo.cá.li.co *adj* Que precede imediatamente uma vogal. · Antôn.: *pós-vocálico*. · Pl.: *pré-vocálicos*.
pre.zar *v* **1**. Estimar muito; ter em grande apreço ou consideração: *prezar um colega*. **2**. Respeitar: *preze a autoridade do papai!* **3**. Querer ou desejar ardentemente: *paz: é esse o bem que o povo preza*. **prezar-se 4**. Honrar-se, orgulhar-se: *ele se preza de ser corintiano*. → **prezado** *adj* (estimado, querido, caro: *meu prezado amigo, o importante é ter saúde*).
pri.ma.ci.al *adj* V. **primaz**.
pri.mar *v* **1**. Sobressair, destacar-se: *ela prima pela discrição*. **2**. Esmerar-se, apurar-se: *primar no desempenho de suas funções*.
pri.má.rio *adj* **1**. Elementar, rudimentar, muito simples. **2**. Diz-se do nível pedagógico que compreendia as quatro primeiras séries do ensino fundamental. **3**. Que estudava ou lecionava nesse nível. **4**. Destinado a esse nível de ensino. // *adj* e *sm* **5**. Que ou criminoso que cometeu o seu primeiro delito. // *sm* **6**. Redução de *curso primário*, curso escolar que compreendia as quatro primeiras séries do atual ensino fundamental. →
primariedade *sf* ou **primarismo** *sm* (qualidade ou condição de primário: *a primariedade não basta para evitar a prisão preventiva, decidiu o STF*); **primarismo** *sm* (**1**. primariedade; **2**. circunstância de ser o primeiro ou o principal, de anteceder os demais; **3**. caráter do que é elementar, rudimentar, primitivo: *o primarismo dos cartazes dos manifestantes era do tamanho do primarismo da reforma proposta pelo governo*; **4**. caráter do que é muito limitado ou estreito; limitação: *o primarismo mental de alguns políticos*; **5**. caráter de mesquinho, mesquinhez: *o primarismo de uma discussão sobre futebol*; **6**. caráter de superficial; medíocre: *o primarismo de certos críticos*).
pri.ma.ta *sm* **1**. Espécime dos primatas, ordem de mamíferos que compreende o homem e os animais assemelhados. // *adj* **2**. Relativo ou pertencente a essa ordem.
pri.ma.ve.ra *sf* **1**. Estação do ano que precede o verão, estendendo-se de 22 de setembro a 21 de dezembro no hemisfério sul. **2**. *Fig*. Ano de vida (de pessoa jovem). → **primaveral** ou **primaveril** *adj* (**1**. rel. a primavera ou próprio da primavera: *dias primaveris*; **2**. que se caracteriza pelo frescor, viço, perfume: *ar primaveril*; **3**. diz-se de pessoa de pouca idade; jovem: *festa de gente primaveril*); **primaverar** *v* (gozar ou passar a primavera: *primaveramos em uma região serrana*).
pri.maz *adj* **1**. Que ocupa o primeiro lugar. // *sm* **2**. Prelado de categoria superior à de bispos e arcebispos de uma determinada região, ou da sé episcopal mais importante, ou da mais antiga de um país (é mero título honorífico). →
primacial *adj* (**1**. rel. ou pert. a primaz; **2**. que há primazia; primordial: *pensamento positivo é primacial para alcançar o sucesso*; **3**. que é superior ou está acima dos demais; notável, exponencial: *Einstein foi uma figura primacial da física*); **primado** ou **primazia** *sf* (**1**. prioridade, preferência;

2. supremacia); **primazia** (**1**. primado; **2**. dignidade ou cargo de primaz).
pri.mei.ra-da.ma *sf* Mulher de presidente, governador ou prefeito. · Pl.: *primeiras-damas*.
pri.mei.ro *num* **1**. Ordinal correspondente a *um*. // *adj* **2**. Que está antes de tudo e de todos, em relação a tempo, ordem, classificação, importância, etc. // *sm* **3**. Aquele que, numa série, ocupa o primeiro lugar. // *adv* **4**. Antes de todos os outros. · Antôn. (2): *último*. → **primeiranista** *adj* e *s2gên* (que ou estudante que frequenta o primeiro ano de um curso superior), e não "primeiroanista"; **primeiro-ministro** *sm* (chefe de gabinete e também de governo de uma democracia parlamentarista), de fem. *primeira-ministra* e pl. *primeiros-ministros*; **primeiro-sargento** *sm* (**1**. posto e graduação militar acima de segundo-sargento e abaixo de sargento-ajudante; **2**. militar que ocupa esse posto ou que possui ou detém tal graduação), de fem. *primeira-sargenta* e pl. *primeiros-sargentos*; **primeiro-tenente** *sm* (**1**. posto e patente militar das Forças Armadas brasileiras; **2**. oficial que detém esse posto e patente, inferior a capitão), de fem. *primeira-tenente* e pl. *primeiros-tenentes*. ·· **Primeiro de abril**. Mentira que se costuma passar em alguém no dia primeiro de abril.
pri.me.vo *adj* **1**. Relativo aos primeiros tempos; primitivo: *hábitos primevos*. **2**. Dos tempos antigos: *gíria primeva*. **3**. *Fig*. De muito pouca idade; infantil: *crianças primevas*.
pri.mí.cias *sfpl* **1**. Primeiros frutos colhidos ou os primeiros animais que nascem de um rebanho. **2**. *Fig*. Primeiras produções. **3**. *Fig*. Primeiros efeitos. **4**. *Fig*. Primeiras vantagens. **5**. *Fig*. Começos: *as primícias da adolescência*.
pri.mí.pa.ra *sf* **1**. Mulher grávida pela primeira vez. **2**. Mulher que teve apenas um parto ou que pariu apenas um bebê. → **primiparidade** *sf* (estado ou condição de fêmea primípara).
pri.mi.ti.vo *adj* **1**. Dos primeiros tempos ou eras; primevo: *homem primitivo; costumes primitivos*. **2**. Que não sofreu evolução; rudimentar: *sociedade primitiva; povos primitivos; o esturjão é um peixe primitivo*. **3**. *Fig*. Que não mostra delicadeza no trato com as pessoas; grosseiro, bruto, tosco, rude. **4**. Natural, inato: *instintos primitivos*. **5**. Pouco sofisticado; rudimentar: *ferramentas primitivas; armas primitivas*. **6**. Que oferece um nível extremamente baixo de conforto, conveniência ou eficiência: *as acomodações no acampamento eram um pouco primitivas*. **7**. Em gramática, que serve de base para formar derivadas: *palavras primitivas; tempos verbais primitivos*. **8**. Diz-se de cada uma das sete cores do espectro solar. // *adj* e *sm* **9**. Que ou aquele que vive em estado natural. → **primitivismo** *sm* ou **primitividade** *sf* (estado ou característica do que é primitivo); **primitivista** *adj* (rel. a primitivismo) e *adj* e *s2gên* (que ou pessoa que é adepta do primitivismo).
pri.mo *sm* Filho de tio ou de tia de alguém. ·· **Número primo** (mat.). Aquele que só é divisível por si mesmo e pela unidade.
pri.mo.gê.ni.to *adj* e *sm* Que ou aquele que é o primeiro filho de um casal. → **primogenitura** *sf* (qualidade de primogênito).
pri.mor (ô) *sm* **1**. Qualidade daquilo que é lindo e perfeito, sem defeitos: *esse carro é um primor*. **2**. Habilidade, cuidado e capricho na realização de qualquer coisa; esmero, perfeição, excelência: *a patroa quer que o serviço seja feito com maior primor*. **3**. Coisa realizada com essa habilidade, capricho e excelência; aquilo que se destaca pela perfeição ou excelência: *a decoração de sua casa é um primor*. **4**. *Fig*. Pessoa que se destaca pela perfeição ou excelência naquilo que faz: *essa cantora é um primor*. **5**. *Fig*. Pessoa que sobressai pela simpatia e educação e serve de exemplo; encanto: *case com ela, é um primor de mulher*. // *smpl* **6**. Belezas, encantos: *minha terra tem primores sem igual*. → **primoroso** (ô; pl.: ó) *adj* (**1**. feito ou executado com primor, esmero ou perfeição; perfeito, esmerado: *serviço primoroso*; **2**. diz-se daquele que faz tudo com muito cuidado e capricho: *ele é um marceneiro primoroso*; **3**. excelente, notável, ótimo: *temos uma primorosa classe política...* **4**. magnífico, suntuoso, grandioso: *os Estados Unidos são uma nação primorosa!*).
pri.mór.dio *sm* **1**. O que se forma ou organiza primeiro. **2**. Parte inicial de um discurso; exórdio. // *smpl* **3**. Primeiros tempos: *nos primórdios da humanidade, o homem vivia em cavernas*. → **primordial** *adj* (**1**. rel. a primórdio; **2**. que surgiu primeiro; primitivo: *as formas primordiais de vida do nosso planeta*; **3**. principal, fundamental, essencial: *o cuidado com o meio ambiente é uma questão primordial para o futuro da humanidade*); **primordialidade** *sf* (qualidade ou caráter do que é primordial).

prin.ci.pal *adj* **1.** Que é o mais importante. **2.** Fundamental, essencial, básico. **3.** Que é o mais destacado ou notado. // *sm* **4.** O mais importante, o fundamental. **5.** Capital de uma dívida (em oposição aos juros). •• **Oração principal** (gram.). Aquela a que estão subordinadas todas as outras do período.

prín.ci.pe *sm* **1.** Filho de soberano(a) ou membro masculino de casa reinante. **2.** Chefe de principado. • Fem.: *princesa*. • Dim. irreg. pej.: *principelho* (ê). → **princesa** (ê) *sf* (**1.** mulher que governa um principado; **2.** filha de um rei ou monarca; **3.** esposa de um príncipe); **principado** *sm* (**1.** território ou Estado cujo soberano tem o título de príncipe ou de princesa; **2.** dignidade de príncipe ou de princesa); **principesco** (ê) *adj* (**1.** rel. a príncipe; **2.** *fig.* tão suntuoso ou faustoso quanto o de um príncipe; ostentoso, pomposo, opulento: *levar vida principesca*).

prin.cí.pio *sm* **1.** Ato de começar, abrangendo a razão em virtude da qual a coisa se faz: *o princípio do incêndio foi um curto-circuito*. **2.** Causa primária; base, razão maior: *Deus é o princípio do universo e de tudo o que existe*. **3.** Início, começo: *remontemos ao princípio da história!* **4.** Código pessoal de conduta reta: *ser homem de princípio*. **5.** Verdade ou norma fundamental: *o princípio da justiça*. **6.** Regra, norma: *o princípio geral sobre o uso do infinitivo português*. **6.** Preceito moral; norma de conduta: *os princípios cristãos*. **8.** Lei ou norma científica que explica a ação de alguma coisa na natureza: *o princípio de Arquimedes*. // *smpl* **9.** Educação, base moral ou ética: *um homem sem princípios*. **10.** Elementos, regras essenciais: *os princípios da física*. • Antôn. (1 e 3): *fim*, *termo*. → **principiante** *adj* e *s2gên* (que ou pessoa que começa a exercer uma atividade qualquer; iniciante); **principiar** *v* (**1.** dar princípio ou começo a; começar: *principiar um trabalho*; **2.** ter princípio ou começo: *imbuia principia com i*; **3.** começar: *ela principiou a chorar, sem razão aparente*). •• **A princípio.** Inicialmente; no começo: *A princípio tudo vai bem num casamento. A princípio acreditei que ela me amava*. •• **Em princípio.** Em tese, teoricamente: *Em princípio, tudo o que sobe, desce. Os astrônomos dizem que, em princípio, é possível chegar a todos os planetas do universo*.

printer [ingl.] *sm* Parte de um sistema que produz matéria impressa; impressora. • Pronuncia-se *príntâr*. → **printing** [ingl.] *sm* [**1.** matéria impressa; **2.** número total de cópias de uma publicação (um livro ou revista, p. ex.)]; tiragem, de pl. *printings* e pronúncia *príntin*.

prí.on *sm* Partícula microscópica de proteína, semelhante a um vírus, mas sem ácido nucleico, de função desconhecida, que se localiza na superfície das células cerebrais, que pode desencadear a chamada doença da vaca louca (encefalopatia espongiforme bovina ou mal de Creutzfeldt-Jacob).

pri.o.ri.da.de *sf* **1.** Fato ou condição tão importante, que deve ser considerada ou tratada antes de qualquer outra coisa: *a prioridade de qualquer governo deveria ser a Educação*. // *smpl* **2.** Algo considerado mais importante que outro: *organize suas prioridades!*; *ser jogador de futebol não estava no seu leque de prioridades*. → **prioritário** *adj* (que tem prioridade); **priorização** *sf* (ato ou efeito de priorizar); **priorizar** *v* (dar prioridade a).

pri.são *sf* **1.** Ato ou efeito de prender. **2.** Lugar onde se prende alguém; cadeia, cárcere, presídio, penitenciária. → **prisional** *adj* (rel. a prisão; carcerário: *ambiente prisional; condições prisionais*); **prisioneiro** *sm* (**1.** aquele que está detido em prisão; preso, detento, presidiário; **2.** aquele que perdeu a liberdade na guerra).

pris.ma *sm* **1.** Em óptica, vidro ou outro corpo sólido transparente em forma de prisma, usado para dispersar a luz em um espectro, ou para refletir e desviar a luz. **2.** Figura geométrica sólida com bases ou extremidades paralelas, polígonos congruentes e lados que são paralelogramos. **3.** *Fig.* Ponto de vista; modo de ver; ângulo: *analisando por esse prisma, você tem razão*. → **prismático** *adj* (**1.** rel. a prisma; **2.** que tem forma de prisma).

pri.var *v* **1.** Proibir, impedir, vedar: *privar o filho de um prazer, por castigo*. **2.** Tirar de seu possuidor; impedir de ter a posse ou a companhia de; despojar: *a paixão nos priva da lucidez, levando-nos, assim, a cometer insanidades*. **3.** Causar a perda, cessação, falta, etc.: *a forte chuva privou a cidade de energia elétrica; que Deus me prive desta dor!* **4.** Conviver na intimidade: *quem priva com corruptos, corrupto é; quem priva com ladrão, ladrão é*. **privar-se 5.** Abster-se a muito custo, sem nenhuma vontade, do gozo de um bem: *sendo mãe tão jovem, teve de privar-se dos prazeres da juventude; privar-se da companhia dos filhos*. **6.** Prescindir, abrir mão: *a mãe privava-se dos alimentos, para dá-los aos filhos*. → **privação** *sf* [**1.** ato ou efeito de privar(-se); **2.** estado de quem foi privado de alguma coisa; **3.** carência do que é necessário] e *sfpl* (falta das necessidades básicas ao bem-estar ou conforto, na vida); **privacidade** *sf* [**1.** qualidade ou condição de privado, de estar livre da vista dos outros; **2.** vida privada, livre de intrusão alheia, em sua intimidade; privatividade (2)]; **privada** *sf* (**1.** latrina, vaso sanitário; **2.** mictório); **privado** *adj* (**1.** resguardado da vista, presença ou intrusão alheia: *ambiente privado*; **2.** destinado ao uso exclusivo de uma pessoa ou grupo; exclusiva: *sala privada; elevador privado*; **3.** de um indivíduo; pessoal: *pesquisas privadas*; **4.** não aberto ao uso ou à participação pública; privativo: *clube privado; praia privada*; **5.** que pertence a uma pessoa ou grupo; que não é público; particular: *propriedade privada; escola privada*; **6.** rel. a fontes não governamentais: *fundos privados*; **7.** não conhecido do público; sigiloso, confidencial: *documentos privados*; **8.** falto, desprovido, carente: *governo privado de recursos*); **privatismo** *sm* (mania ou prática generalizada de privatizações), de antôn. *estatismo*; **privatista** *adj* (rel. a privatismo) e *adj* e *s2gên* (que ou pessoa que é favorável a privatizações), de antôn. *estatista*; **privatividade** *sf* (**1.** qualidade de privativo; **2.** vida privada; privacidade); **privativo** *adj* [**1.** reservado para uso apenas de uma ou de algumas pessoas; privado (2): *estacionamento privativo dos professores*; **2.** peculiar, característico, típico: *esse comportamento é privativo dos brasileiros*]; **privatização** *sf* (ato ou efeito de privatizar), de antôn. *estatização*; **privatizar** *v* [passar (empresa pública ou estatal) para o controle do setor privado ou particular, mediante compensação financeira: *o Brasil privatizou muitas empresas no governo Fernando Henrique Cardoso*], de antôn. *estatizar*.

pri.vi.lé.gio *sm* **1.** Direito especial, vantagem ou imunidade concedida a uns e não a outros: *a educação não deve ser privilégio de ricos*. **2.** Oportunidade de fazer algo especial ou agradável; grande prazer; satisfação, honra: *tive o privilégio de conhecer essa atriz*. // *smpl* **3.** Vantagem que as pessoas ricas e poderosas têm sobre outras pessoas em uma sociedade: *ele viveu uma vida de riqueza e privilégios; deputados e senadores têm uma série de privilégios, todos pagos pelo pobre contribuinte*. → **privilegiado** *adj* e *sm* (que ou aquele que, num grupo social, goza de privilégios) e *adj* (excepcional, singular); **privilegiar** *v* (conceder privilégio a: *privilegiar um dos filhos*); **privilegiar-se** (tornar-se privilegiado: *São Paulo se privilegiou com a instalação das indústrias automotivas, na década de 1950*).

pro *contr* da preposição *para* com o artigo *o*: *vá pro inferno!* • Fem.: *pra*. • Pl.: *pros*: *vá pros quintos dos infernos!*

pró *adv* **1.** A favor; em defesa: *muitas mulheres manifestaram-se contra o aborto; a minoria manifestou-se pró*. // *sm* **2.** Vantagem, conveniência: *o projeto tem prós e contras*. • Antôn. (1): *contra*.

pro.a (ô) *sf* Extremidade ou parte anterior de uma embarcação. • Antôn.: *popa*.

pro.a.ti.vo *adj* **1.** Que visa a ter eficácia antes de ocorrer uma dificuldade esperada; que assume um papel ativo, e não passivo; que faz acontecer, em vez de esperar acontecer: *polícia proativa no combate ao terrorismo*. **2.** Antecipativo: *medidas proativas contra o crime*. **3.** Diz-se de pessoa automotivada, que se antecipa às situações de problemas e causa mudanças, em vez de reagir a elas: *gerentes proativos são planejadores: eles identificam e previnem problemas potenciais, se antecipam às crises, em vez de fugir delas*. **4.** Diz-se de pessoa ou grupo que faz as coisas acontecer, em vez de esperar que aconteçam: *um time proativo é o que toma as iniciativas do jogo, diferentemente do reativo, que joga na retranca*. **5.** Em psicologia, diz-se do processo mental que afeta um processo subsequente. • Antôn.: *reativo*.

pro.ba.bi.li.da.de *sf* V. *provável*.

pro.bi.da.de *sf* V. *probo*.

pro.bi.ó.ti.co *sm* **1.** Microrganismo vivo (como os lactobacilos) que, ingerido em determinado número, mantém ou restaura as bactérias benéficas do trato digestivo, ou estimula seu crescimento, ajudando a prevenir e tratar algumas doenças: *o iogurte é um probiótico natural*. **2.** Produto ou preparado que contém tais microrganismos. // *adj* **3.** Diz-se desse microrganismo ou desse produto: *o Yakult é um alimento probiótico*. (Não se confunde com *prebiótico*: os *probióticos* são bactérias benéficas ao nosso organismo, enquanto os *prebióticos* são as fibras utilizadas por essas bactérias.) • V. *simbiótico* (em *simbiose*).

pro.ble.ma *sm* **1**. Qualquer questão ou assunto que envolve dúvida, incerteza ou dificuldade; pepino. **2**. Questão proposta para solução ou discussão. **3**. Coisa inexplicável; mistério. **4**. Questão que exige solução por meio de operação matemática ou de operação geométrica. **5**. *Fig.* Pessoa difícil de lidar ou de conviver. (Cuidado para não usar "probrema", "poblema" ou "pobrema"!) → **problemática** *sf* (conjunto de problemas relativos a um assunto: *a problemática do desemprego*); **problemático** *adj* (**1**. rel. a problema; **2**. duvidoso, incerto: *é problemática a vinda dessa banda ao Brasil*).

pro.bo (ó) *adj* Que é de caráter íntegro; honrado, honesto, decente. · Antôn.: *ímprobo*. → **probidade** *sf* (qualidade de probo; integridade de caráter; honradez, decência).

pro.bós.ci.de ou **pro.bós.ci.da** *sf* **1**. Focinho ou tromba longa e flexível de alguns mamíferos, como a anta e o elefante. **2**. Órgão frágil, longo, tubular e sugador de certos invertebrados, como vermes e moluscos. **3**. *Fig.Pej.* Nariz humano bastante proeminente e avantajado.

pro.ce.der *v* **1**. Originar-se, vir de, provir, derivar: *o português procede do latim*. **2**. Provir por geração; ser descendente; descender: *o homem procede de Adão e Eva, segundo a Bíblia*. **3**. Ser efeito ou consequência; derivar: *seu mau humor procede do desentendimento que teve com sua mulher*. **4**. Levar a efeito; realizar, efetuar: *proceder a um sorteio*. **5**. Em direito, iniciar ou instaurar um processo criminal: *procederei contra o Estado*. **6**. Ter sua origem em um determinado lugar: *toda sua família procede da Itália*. **7**. Ter seu ponto de partida em um lugar; vir, provir: *esse avião procede da França*. **8**. Ter seguimento; prosseguir, continuar: *procedem os protestos*. **9**. Ser contundente; concluir: *as provas procedem, são incontestáveis*. **10**. Agir, atuar, portar-se, comportar-se, conduzir-se: *não sei se procedi bem*. **11**. Ter cabimento ou fundamento legal: *a sua reclamação não procede*. // *sm* **12**. Modo de comportar-se; comportamento, conduta, procedimento, atitude: *o que está em questão é seu proceder na festa; são famílias rivais e de mesmíssimos procederes*. → **procedência** *sf* (**1**. qualidade de procedente; origem, princípio ou ponto de partida de uma pessoa ou coisa: *a ciência desconhece a procedência desse vírus; são carros de boa procedência*); **2**. cabimento, fundamento: *acusações sem procedência*); **procedente** *adj* (**1**. proveniente, oriundo; **2**. consequente, pertinente, lógico); **procedimento** *sm* (**1**. ato ou efeito de proceder; **2**. comportamento, conduta: *esse teu procedimento com os filhos não é correto*; **3**. maneira de fazer alguma coisa; processo, método: *processo de análises bioquímicas*); **processar** *v* [**1**. instaurar processo contra (alguém), por se sentir lesado: *processar corruptos*; **2**. conferir (documento) para validar: *processar os títulos eleitorais*; **3**. realizar ou executar operações sobre: *os computadores já processaram todos os dados do censo*; **4**. realizar por etapas: *processar a digestão*; **5**. dar tratamento especial a, com propósitos bem definidos]; **processador** (ô) *adj* e *sm* (que ou aquele que processa) e *sm* (**1**. unidade central de processamento do computador, destinada a interpretar e executar as instruções; **2**. red. de *processador de alimentos*, aparelho eletrodoméstico utilizado para cortar, ralar ou descascar alimentos); **processamento** *sm* (conjunto de operações realizadas para alcançar determinado fim); **processo** *sm* (**1**. ato de proceder, de dar andamento a algo; **2**. série de mudanças que ocorrem naturalmente; desenvolvimento contínuo que envolve muitas mudanças: *processo de envelhecimento; processo de aprendizagem*; **3**. reclamação que se leva a um tribunal contra uma pessoa ou empresa; ação judicial: *abrir um processo contra o governo*; **3**. conjunto das peças que constituem tal ação; autos: *se não está no processo, não está no mundo*; **4**. método, técnica: *desenvolveu-se um novo processo para remover o amianto*; **5**. série de ações tomadas ou etapas pelas quais se passa para atingir determinado fim: *esse ataque pode comprometer o processo de paz*; **6**. em anatomia, projeção ou crescimento de uma estrutura maior, geralmente um osso: *o processo alveolar da mandíbula*); **processual** *adj* (rel. a processo judicial).

pro.ce.la *sf* Tormenta no mar. · Antôn.: *bonança*. → **procelária** *sf* (ave marinha que, surgindo em bandos sobre o mar, prenuncia tempestade); **proceloso** (ô; pl.: ó) *adj* (**1**. rel. a procela: *dia proceloso*; **2**. que traz procela: *vento proceloso*; **3**. diz-se do mar que está muito agitado, com vento intenso e enormes ondas).

pró.cer ou **pró.ce.re** *s2gên* Pessoa importante, que ocupa posição social elevada, influente no meio em que vive, milita ou trabalha; pró-homem: *ele foi um prócer do regime militar*.

pro.cis.são *sf* **1**. Cortejo solene e religioso de padres e fiéis seguem em fila, carregando imagens, cantando ou rezando: *a procissão de Corpus Christi*. **2**. *P.ext.* Qualquer cortejo numeroso que se movimenta de forma ordeira, muitas vezes cerimoniosa: *uma procissão fúnebre; a carruagem da rainha encabeçava a procissão*. **3**. *Fig.* Desfile de pessoas, animais ou coisas que passam sucessivamente; sequência, sucessão: *uma procissão de veículos se dirige ao centro das manifestações; a cadela no cio e uma procissão de cães atrás*.

pro.cla.mar *v* Anunciar solenemente em público e em voz alta, de forma orgulhosa ou desafiadora: *D. Pedro I proclamou a independência*. **2**. Decretar, promulgar: *o presidente quis proclamar estado de sítio naquela ocasião*. **3**. Afirmar categoricamente; declarar enfaticamente: *depois de eleito, proclamou que iria governar com mão de ferro*. **4**. Declarar (alguém) oficialmente ou publicamente ser; elevar (alguém) a nível de importância: *proclamaram-na rainha aos 13 anos de idade, após a morte de seu pai*. → **proclamação** *sf* (ato ou efeito de proclamar); **proclamador** (ô) *adj* e *sm* (que ou aquele que proclama); **proclamas** *smpl* (anúncio público de iminência de matrimônio lido na igreja; edital de casamento).

pró.cli.se *sf* Colocação de pronome átono antes do verbo. · Antôn.: *ênclise*. → **proclítico** *adj* (diz-se do vocábulo em próclise), de antôn. *enclítico*.

PROCON ou **Procon** *sm* Acrônimo de *Procuradoria de Proteção e Defesa do Consumidor*, instituição encarregada de defender o consumidor contra o abuso econômico.

pro.cras.ti.nar *v* Adiar continuamente: *procrastinar um casamento*. · Antôn.: *precipitar*. → **procrastinação** *sf* (**1**. ato ou efeito de procrastinar; **2**. adiamento contínuo).

pro.cri.ar *v* **1**. Gerar: *procriar filhos*. **2**. Produzir: *o Brasil procriou poucos líderes políticos na última década*. **3**. Multiplicar-se, reproduzir-se: *os coelhos procriam rapidamente*. → **procriação** *sf* (ato ou efeito de procriar: *a procriação de animais em cativeiro*).

pro.cu.rar *v* **1**. Empenhar-se ou esforçar-se por encontrar: *procuro uma casa para comprar*. **2**. Ter a expectativa de encontrar: *procurar emprego*. **3**. Fazer consulta a; consultar: *procure um médico!* → **procura** *sf* (**1**. ato ou efeito de procurar; busca; **2**. demanda); **procuração** *sf* (**1**. incumbência que se confere a outrem, para tratar de certos assuntos ou negócios; **2**. documento que atesta essa incumbência); **procurador** (ô) *sm* (**1**. aquele que recebeu procuração; **2**. advogado do Executivo); **procuradoria** *sf* (**1**. ofício ou cargo de procurador; **2**. repartição pública onde o procurador exerce sua função). ·· **Procurar pelo em ovo**. Procurar problema onde não existe.

pro.dí.gio *sm* **1**. Fato extraordinário, que surpreende pelo caráter inusitado, causando espanto ou admiração; maravilha: *sair ileso desse acidente foi um prodígio!* **2**. Aquilo que surpreende favoravelmente; maravilha: *os prodígios da tecnologia moderna*. // *adj* e *sm* **3**. Que ou criança que é excepcionalmente precoce, dotada de grande inteligência ou talento: *Mozart foi um prodígio*. // *sm* **4**. *Fig.* Pessoa que surpreende pelo talento, inteligência, habilidade ou qualidade rara, notável; portento: *essa mulher é um prodígio de elegância*. → **prodigioso** (ô; pl.: ó) *adj* (caracterizado por prodígio).

pró.di.go *adj* e *sm* **1**. Que ou aquele que gasta excessivamente; dissipador. // *adj* **2**. Que distribui fartamente; generoso: *todo candidato é pródigo em sorriso antes das eleições*. · Superl. abs. sintético: *prodigalíssimo*. · Antôn. (1): *avaro, econômico*. → **prodigalidade** *sf* (qualidade de pródigo); **prodigalizar** *v* (gastar em excesso ou dissipar; dissipar: *prodigalizar a herança*).

pro.du.zir *v* **1**. Dar origem a; gerar: *a terra produz frutos*. **2**. Ocasionar, causar, provocar: *a guerra só produz desgraças*. **3**. Fabricar: *a indústria brasileira produz muitos veículos*. **4**. Compor; criar intelectualmente: *já produzi mais de cinquenta obras*. **5**. Organizar e montar (espetáculo de vulto): *produzir um filme*. **produzir-se 6**. Ficar excepcionalmente lindo: *ela se produziu toda para receber o novo namorado*. → **produção** *sf* [**1**. ato ou efeito de produzir(-se); **2**. quantidade total produzida]; **produtividade** *sf* (qualidade de produtivo); **produto** *sm* [**1**. aquilo que nasce de uma atividade qualquer na natureza; fruto; **2**. aquilo que resulta de uma atividade, de uma estado, de uma situação qualquer; **3**. resultado; consequência, fruto; **4**. resultado da multiplicação (p. ex.: em $2 \times 3 = 6$, o produto é 6)]; **produtor** (ô) *adj* e *sm* [**1**. que ou aquele que produz; **2**. que ou aquele bens ou serviços (em oposição a *consumidor*)] e *sm* (aquele que reúne os meios financeiros, o pessoal e todos os elementos necessários para a realização de uma produção teatral, cinematográfica, televisiva, etc.).

pro.e.mi.nen.te *adj* Que forma relevo ou proeminência; saliente, protuberante: *barriga proeminente; nariz proeminente; dentes proeminentes.* (Não se confunde com *preeminente,* embora dicionários registrem ambas como sinônimas.) → **proeminência** *sf* (qualidade de ser proeminente), que não se confunde com *preeminência.*

pro.ê.mio *sm* **1**. Observações preliminares; apresentação de um conteúdo; prefácio. **2**. Início de um discurso; exórdio. **3**. *Fig.* Princípio, início: *o proêmio das festas juninas.* → **proemial** *adj* (rel. ou pert. a proêmio ou da sua natureza).

pro.e.za (ê) *sf* **1**. Feito notável, extraordinário, de grande valor, por demandar saber, meditação e estratégia de ação. **2**. *Fig.* Qualquer ato incomum praticado em alguém: *minha vizinha realizou uma proeza: está grávida aos 60 anos!* [Não se confunde (1) com *façanha.* Um general executa *proezas*; seus comandados podem cometer *façanhas.* Se na *façanha* está presente o componente da coragem, na *proeza* reside a virtude do intelecto, da razão, da vontade planejada de realizar, para vencer. Um setuagenário que atravessa a nado o canal da Mancha, depois de se preparar adequadamente para o feito, realiza uma *proeza,* virtude própria dos que refletem ou se preparam antes de agir, depois de computados todos os prós e contras.]

pro.fa.no *adj* **1**. Caracterizado por irreverência ao que é sagrado ou àquilo que é por todos respeitado: *usar de termos profanos.* **2**. Não relativo à religião; mundano: *música profana; arte profana.* // *sm* **3**. Coisa profana: *não misture o sagrado com o profano!* **4**. Aquele que não faz parte de uma seita, associação, etc.: *os profanos não podem assistir aos cultos evangélicos.* // *adj* e *sm* **5**. Que ou aquele que é leigo: *sou inteiramente profano em pintura.* · Antôn. (1 e 2): *sagrado.* → **profanação** *sf* (**1**. ato ou efeito de profanar ou de não respeitar as coisas sagradas; **2**. desrespeito ou violação daquilo que é santo; sacrilégio; **3**. irreverência ou atitude desrespeitosa com pessoa ou coisa que merece respeito; afronta: *a profanação de túmulos;* **4**. mau uso de uma coisa digna de apreço; uso indigno de uma coisa; aviltamento: *a profanação do Hino Nacional*); **profanar** *v* [**1**. violar ou tratar com desrespeito (coisas sagradas ou de respeito geral): *profanar o nome de Deus; profanar um santuário*; **2**. *fig.* manchar, macular: *profanar a honra de alguém*]; **profanidade** *sf* (**1**. qualidade ou condição do que é profano; **2**. linguagem irreverente ou vulgar; **3**. uso dessa linguagem).

pro.fe.ci.a *sf* **1**. Predição do futuro, feita sob inspiração divina. **2**. Essa predição. **3**. Ação, função, vocação ou condição de profeta. **4**. Qualquer predição ou previsão. · V. **profeta**.

pro.fe.rir *v* **1**. Pronunciar alto e bom som: *proferir blasfêmias.* **2**. Dizer, exprimir: *ele não proferiu sequer uma palavra durante a reunião.* **3**. Decretar, publicar: *proferir sentença condenatória.* **4**. Expor oralmente: *proferir palestra.* → **proferição** *sf* ou **proferimento** *sm* (ato ou efeito de proferir).

pro.fes.sar *v* **1**. Confessar de público, geralmente de modo insincero: *ele professou seu profundo pesar pela morte do vizinho.* **2**. Afirmar abertamente; anunciar: *professei minha satisfação de estar presente ali.* **3**. Manifestar a pretensão de; pretender: *ele professou desprezar tudo o que havia escrito em suas obras.* **4**. Ensinar como professor: *ele professa o vernáculo há muitos anos.* **5**. Exercer: *professo o magistério há décadas.* **6**. Abraçar, seguir: *professo o catolicismo.* **7**. Pôr em prática; executar: *ele professa tudo o que prega.* **8**. Fazer votos, ingressando (em ordem ou seita religiosa): *ele professou na ordem dominicana aos trinta anos.* **9**. Fazer votos definitivos, entrando para uma vida religiosa: *enquanto não professares, és livre para casar.*

pro.fes.sor (ô) *sm* **1**. Aquele que leciona uma determinada disciplina em qualquer nível, em uma escola. **2**. *P.ext.* Aquele que ensina qualquer coisa em que é versado: *professor de música, de dança.* **3**. *Fig.* Coisa que ensina algo: *a experiência é um bom professor.* **4**. *Gír.* Treinador de futebol. → **professorado** *sm* (**1**. classe dos professores: *o professorado precisa ser mais reconhecido;* **2**. conjunto dos professores de determinado lugar: *o professorado recifense;* **3**. exercício do cargo de professor; magistério: *escolheu seguir o professorado, para sofrer a vida toda...*); **professoral** *adj* (**1**. rel. a professor ou a professorado: *vocação professoral; as reivindicações professorais*; **2**. próprio de professor; que denota certa autoridade: *falar em tom professoral; olhou-me com ar professoral*); **professorando** *sm* (aquele que está prestes a se formar professor); **professorar** *v* (**1**. ser professor de; lecionar, ensinar: *professor de inglês*; **2**. exercer as funções de professor; dedicar-se ao magistério).

pro.fe.ta *sm* **1**. Pessoa que fala como se estivesse sob orientação divina, para guiar o povo de Israel: *o profeta Moisés; o profeta Isaías.* **2**. Aquele que fala ou anuncia por inspiração divina ou sobrenatural o que acontecerá no futuro; aquele que prediz o futuro; vidente: *o profeta Nostradamus.* **3**. *P.ext.* Aquele que prediz ou prevê o que supostamente está por acontecer: *os profetas da desgraça.* **4**. *Fig.* Porta-voz ou líder inspirador de uma nova causa, doutrina ou movimento: *Rousseau foi um grande profeta da era moderna.* · Fem. (2 a 4): *profetisa.* **5**. Título dado a Maomé pelos muçulmanos. → **profético** *adj* (rel. a profeta ou a profecia); **profetar** ou **profetizar** *v* (**1**. revelar por suposta inspiração divina: *profetar o fim do mundo;* **2**. anunciar antecipadamente; prever: *muitos economistas profetizaram o fracasso do Plano Real;* **3**. fazer profecias: *ele profeta desde criança*).

pro.fí.cuo *adj* **1**. Que produz resultados bons ou úteis; produtivo, positivo: *discussão profícua; esperamos que o ano que se inicia seja mais profícuo do que o que está indo embora; realizar um trabalho profícuo à frente do governo.* **2**. Que traz grande lucro ou vantagem; lucrativo, rendoso: *o comércio é uma atividade profícua.* **3**. Cheio, repleto, pleno: *desejamos que seu ministério seja profícuo de bênçãos e realizações!* → **proficuidade** *sf* (qualidade do que é profícuo).

pro.fi.la.xi.a (x = ks) *sf* Prevenção de doenças ou controle de sua possível propagação: *a profilaxia antibiótica se dá para prevenir possível infecção.* → **profiláctico** ou **profilático** *adj* (que previne contra infecção e doença: *a higienização dos dentes é um tratamento profilático*).

pro.fis.são *sf* **1**. Qualquer tipo de trabalho ou atividade que requer formação, grande experiência ou uma habilidade especial: *ser jornalista de profissão; a profissão médica.* **2**. Ofício, ocupação; emprego: *a profissão de motoboi.* → **profissional** *adj* (rel. a uma profissão ou próprio de uma profissão) e *adj* e *s2gên* [que ou pessoa que exerce regularmente uma profissão, uma atividade (em oposição a *amador*)]; **profissionalismo** *sm* (**1**. qualidade daquele que exerce uma profissão com grande competência; **2**. exercício de uma atividade a título profissional por parte de uma pessoa); **profissionalização** *sf* [ato ou efeito de profissionalizar(-se)]; **profissionalizante** *adj* (**1**. que profissionaliza; **2**. diz-se do ensino que prepara para determinado ofício ou profissão); **profissionalizar** *v* [**1**. dar a uma atividade o caráter de uma profissão: *profissionalizar um esporte.* **2**. tornar (alguém) profissional: *profissionalizar um jogador*]; **profissionalizar-se** (tornar-se profissional: *ele se profissionalizou aos 15 anos*).

pro.fun.do *adj* **1**. Distante do topo ou da superfície, da entrada ou da frente; fundo: *piscina profunda; desfiladeiro profundo; túnel profundo; sofá profundo.* **2**. Intenso, pesado, extremo: *sono profundo; crítica profunda; profunda tristeza.* **3**. De grande complexidade; que requer séria reflexão; difícil de entender; intelectualmente exigente; complexo: *seus filmes sempre foram muito profundos; esse assunto é profundo demais.* **4**. Aberto até muito dentro; muito acentuado; cavado: *decote profundo.* **5**. Que penetra muito: *corte profundo.* **6**. Que vem lá do fundo: *respiração profunda; um suspiro profundo.* **7**. Muito forte ou bastante escuro; carregado: *o céu estava de um azul profundo.* **8**. Muito grande; desmedido: *ser profundo conhecedor da psique feminina; homem de profundos conhecimentos; ter profunda admiração por alguém.* **9**. Importante, relevante: *o país passa por profundas mudanças.* **10**. Que inspira medo por ser muito escuro; medonho: *escuridão profunda.* **11**. Muito arraigado: *homem de profundas crenças.* **12**. Baixo ou grave em tom: *voz profunda.* **12**. Sentido fortemente: *amor profundo.* // *adv* **13**. Profundamente: *esse produto remove a sujeira profundo; essas críticas calaram profundo nela.* · Antôn.: *superficial.* → **profundeza** (ê), **profundidade** ou **profundura** *sf* (qualidade ou condição de profundo; distância do topo ou superfície até a base de algo: *piscina com doze pés de profundidade*).

pro.fu.so *adj* **1**. Farto, abundante, copioso: *colheita profusa; medicamento que causa suor profuso;* ele pediu *profusas desculpas pelo atraso.* **2**. Muito gastador; dissipador: *pai avarento, filhos profusos.* **3**. Prolixo, difuso: *escritor profuso, desinteressante.* **4**. Extravagante, generoso: *homem profuso em seus agradecimentos.* → **profusão** *sf* (**1**. grande abundância; superabundância, exuberância: *houve uma profusão de livros e artigos sobre esse assunto; nunca tinha visto mulheres tão bonitas e em profusão; confessou o crime com profusão de detalhes;* **2**. gastos extravagantes; extravagância).

pro.gê.nie ou **pro.ge.ni.tu.ra** *sf* **1**. Descendente ou descendentes imediatos de pessoa ou animal; descendência, prole: *ele alega ser a progênie do rei; esta foto é de meu tataravô e sua progênie; sua numerosa progenitura está espalhada por todo o país*. **2**. Resultado ou produto de um esforço criativo: *esse opúsculo é sua progênie intelectual mais importante?*

pro.ge.ni.tor (ô) *sm* Avô. (Não se confunde com *genitor*.)

pro.gé.ria *sf* Doença genética progressiva sem cura e extremamente rara, que faz com que crianças envelheçam rapidamente, desde os dois primeiros anos de vida, conhecida cientificamente como *síndrome de Hutchinson-Gilford*.

pro.ges.te.ro.na *sf* Hormônio sexual esteroide feminino, $C_{21}H_{30}O_2$, secretado pelo corpo-lúteo, responsável por estimular o útero a se preparar para a gravidez.

prog.na.ta *adj* e *s2gên* Que ou pessoa que tem as maxilas alongadas e proeminentes. → **prognatia** *sf* ou **prognatismo** *sm* (saliência para a frente das maxilas); **prognático** *adj* (rel. a prognata ou a prognatia).

prog.nós.ti.co *sm* ou **prog.no.se** *sf* **1**. Curso provável de uma doença: *a doença tem um prognóstico ruim*. **2**. Previsão médica sobre o desenvolvimento possível ou esperado de uma doença, ou de sua provável situação futura: *o médico disse que é difícil fazer um prognóstico preciso dessa enfermidade*. **3**. *Fig*. Previsão do resultado provável de uma situação: *a ONU divulgou prognósticos sombrios sobre a explosão demográfica*. → **prognosticar** *v* (**1**. fazer o prognóstico de; pressagiar; prever: *estão prognosticando muitas dificuldades para o ano que vem*; **2**. fazer supor; prenunciar: *essas medidas do governo prognosticam mais desemprego*).

pro.gra.ma *sm* **1**. Escrito que anuncia com antecedência os detalhes de um espetáculo, cerimônia, etc. **2**. Transmissão ou série de transmissões na televisão ou no rádio: *qual o seu programa favorito?* **3**. Conjunto de matérias que serão ensinadas num curso ou ciclo de estudos; currículo. **4**. Conjunto de medidas ou atividades relacionadas com um objetivo específico de longo prazo: *o governo ia realizar um extenso programa de reformas*. **5**. Projeto ou plano político. **6**. Série de instruções codificadas alimentadas em um computador, para que ele execute tarefas específicas. **7**. *Fig*. Diversão, entretenimento: *ela me convidou para fazer um programa de índio*. **8**. *Pop*. Encontro para fins sexuais, mediante paga. → **programação** *sf* (**1**. ato ou efeito de programar; **2**. plano de trabalho de um grupo, empresa, etc., para ser posto em prática em determinado espaço de tempo; **3**. lista de anúncios e programas a serem cumpridos numa emissora de rádio ou de televisão; **4**. relação de espetáculos públicos que serão exibidos em determinado período, em certo local; **5**. ciência da elaboração de programas de computador); **programador** (ô) *sm* (**1**. aquele que faz programação; **2**. aquele que elabora, testa e implanta programas de computador);

programar *v* [**1**. planejar: *programar um passeio, uma viagem*; **2**. incluir em programação de rádio ou de televisão: *há rádio brasileira que só programa bossa nova?!*; **3**. regular, modificar: *programe seus hábitos alimentares, eliminando doces e massas!* **4**. preparar uma sequência instrucional de (material de ensino); **5**. executar ou realizar automaticamente, como se fosse uma máquina programada; condicionar: *programar crianças para dizer não a qualquer tipo de drogas*; **6**. inserir em (uma máquina ou aparelho) uma série de instruções de trabalho codificadas; **7**. prover (um computador) de uma série de instruções, para resolver um problema ou processar dados]; **programático** *adj* (rel. a programa: *conteúdo programático*).

pro.gre.dir *v* **1**. Adiantar-se, desenvolver-se, avançar, evoluir: *progredir na carreira*. **2**. Prosseguir, avançar: *as obras progridem*. **3**. Fazer progresso, prosperar: *o Brasil progride*. **4**. Tornar-se mais intenso; agravar-se: *a doença progrediu muito*. · Conjuga-se por *agredir*. → **progressão** *sf* [**1**. progresso (1 e 2); **2**. desenvolvimento regular; evolução; **3**. série contínua; sucessão, sequência; **4**. em matemática, série de números ou quantidades em que há sempre a mesma relação entre cada quantidade ou número e o que vem a seguir: *progressão aritmética*]; **progressista** *adj* [rel. a progresso (qualquer tipo) ou favorável a ele] e *adj* e *s2gên* (que ou pessoa que é simpatizante dos princípios socialistas ou marxistas); **progressividade** *sf* (qualidade de ser progressivo); **progressivo** *adj* (**1**. rel. a progressão; **2**. que se movimenta para a frente; que progride: *marcha progressiva*; **3**. que acontece ou se realiza em etapas, gradualmente, paulatinamente: *mudanças progressivas*); **progresso** *sm* (**1**. ato ou efeito de progredir; progressão: *a neblina impediu o progresso da viagem*; **2**. movimento para a frente em direção a um destino;

avanço: *o zagueiro impediu o progresso do atacante ao gol*; **3**. melhora contínua; evolução: *ela mostra progresso em sua recuperação*; **4**. melhora gradual das condições econômicas e culturais de uma pessoa ou de uma coletividade; desenvolvimento: *o progresso da China vem desde 1975*; **5**. crescimento, aumento, expansão, desenvolvimento: *o progresso do turismo interno; o progresso de um câncer*), de antôn. (1 e 2): *retrocesso*; (3 a 5): *declínio*.

pró-ho.mem *sm* Homem importante que sobressai entre os demais em sua época ou dentro de um grupo, partido, clube, movimento, etc.; prócer: *quem foi o pró-homem do século XX?* · Pl.: *pró-homens*.

pro.i.bir *v* **1**. Impedir (decreto, lei, autoridade, etc.), impondo sanção: *o prefeito proibiu o cigarro em repartições e ambientes fechados*. **2**. Não aconselhar; não recomendar; impedir: *a modéstia me proíbe de dizer tudo fiz na vida*. **3**. Não permitir; dispensar: *a inflação proibia os mais pobres de ter paz*. · Antôn.: *autorizar*. → **proibição** *sf* (ato ou efeito de proibir); **proibido** *adj* (que não é permitido por autoridade ou por lei; ilegal: *é proibido fumar em recintos fechados*); **proibitivo** *adj* (**1**. que proíbe ou restringe; proibitório: *num regime autoritário, são normais as medidas proibitivas à liberdade de expressão*; **2**. suficientemente alto para desencorajar a compra ou o uso: *preços proibitivos*); **proibitório** *adj* [proibitivo (1)].

pro.je.tar *v* **1**. Arremessar; atirar longe: *o vulcão projetou cinzas para todos os lados*. **2**. Fazer a projeção de: *projetar eslaide numa tela*. **3**. Intencionar, planejar: *projetar candidatar-se a um cargo público*. **4**. Fazer o projeto de: *projetar uma casa*. **5**. Fazer incidir; estender, prolongar: *os prédios aqui projetam sua sombra em boa parte da praia*. **projetar-se 6**. Atirar-se, lançar-se, arremessar-se: *projetar-se do 9.º andar de um prédio*. **7**. Estender-se; prolongar-se: *a sombra dos edifícios projeta-se sobre boa parte da praia*. **8**. *Fig*. Ganhar projeção; fazer sucesso; adquirir fama: *projetar-se como atriz*. → **projeção** *sf* [**1**. ato ou efeito de projetar(-se); **2**. *fig*. destaque, importância: *ganhar projeção no cenário internacional*]; **projecional** *adj* (rel. a projeção); **projetor** (ô) *sm* (aparelho que projeta luzes ou imagens iluminadas).

pro.je.til ou **pro.jé.til** *sm* **1**. Corpo arremessado contra uma direção ou um alvo. **2**. Corpo lançado por arma de fogo ou de arremesso (bala, obus, flecha, etc.). · Pl.: *projetis* e *projéteis*, respectivamente.

pro.je.to *sm* **1**. Plano ou intento para a realização de um ato. **2**. Plano geral de uma obra ou construção. **3**. Redação provisória de lei, regulamento, etc. → **projetista** *adj* e *s2gên* (que ou profissional que desenha plantas ou faz projetos para engenharia).

pro.je.tor (ô) *sm* **1**. Dispositivo ou aparelho que projeta luz a distância. **2**. Máquina que projeta imagens numa tela.

prol *sm* Circunstância vantajosa; vantagem. ·· **De prol**. De relevo; importante: *Cientista de prol*. ·· **Em prol de**. **1**. A favor de: *Falar a prol de um candidato*. **2**. Em defesa de: *Fazer um discurso em prol da moralidade no trato da coisa pública*.

pró-la.bo.re *sm* Remuneração por serviço prestado. · Pl.: *pró-labores*.

pro.lap.so *sm* Queda ou deslocamento de um órgão de sua posição normal, como ocorre ao útero e ao reto.

pro.le *sf* Conjunto de descendentes de um indivíduo ou de um casal. · V. **proliferar**.

pro.le.ta.ri.a.do *sm* Na teoria marxista, classe trabalhadora que não possui capital nem propriedade e precisa vender seu trabalho para sobreviver, opondo-se radicalmente à burguesia, aos empresários e aos proprietários. → **proletário** *adj* (**1**. rel. ou pert. a proletariado; **2**. próprio de proletário) e *adj* e *sm* (que ou aquele que pertence ao proletariado); **proletarização** *sf* [ato ou efeito de proletarizar(-se)]; **proletarizar(-se)** *v* [reduzir(-se) à condição de proletário].

pro.li.fe.rar *v* **1**. Causar o crescimento ou o aumento rápido de: *o governo brasileiro pretende proliferar o comércio com a Índia*. **2**. Crescer ou multiplicar-se rapidamente, produzindo novos tecidos, partes, células ou filhos: *as gerações antigas proliferavam muito; o casal proliferou em pouco tempo*. **3**. Aumentar ou reproduzir-se rapidamente; multiplicar-se: *no calor, as bactérias proliferam fácil; no Mediterrâneo, as algas proliferam em ritmo assustador; a radiação eletromagnética só prolifera cânceres já presentes*. → **proliferação** *sf* (ato ou efeito de proliferar); **prolífero** ou **prolífico** *adj* (**1**. que produz filhos, crias ou frutos em grande abundância; **2**. extremamente produtivo, do ponto de vista intelectual: *escritor prolífico*), de superl. abs. sintético *prolificentíssimo*; **prolificação** *sf* (ato ou efeito de prolificar); **prolificar** *v* (reproduzir-se abundantemente).

pro.li.xo (x = ks) *adj* **1**. Que usa ou contém mais palavras do que o necessário: *jornalista prolixo; narrativa prolixa*. **2**. Muito extenso e cansativo; enfadonho: *discurso prolixo*. · Antôn.: *conciso, lacônico*. → **prolixidade** *sf* (x = ks) *sf* (qualidade do que é prolixo).

pró.lo.go *sm* **1**. Fala que antecede uma representação de peça teatral. **2**. Pequena nota ou esclarecimento ao leitor da matéria de que se vai tratar, modo como foi concebida a obra, etc. · Antôn.: *epílogo*. → **prologal** *adj* (rel. ou sem. a prólogo), de antôn. *epilogal*.

pro.lon.gar *v* **1**. Tornar mais longo ou mais extenso: *prolongar uma rua*. **2**. Fazer durar mais tempo: *prolongar um sofrimento*. **3**. Estender além do tempo normal ou estabelecido; adiar o fim de; estender a duração de; prorrogar: *prolongar uma aula, um mandato, o tempo de jogo*. **prolongar-se 4**. Alongar-se: *a reunião se prolongou até tarde*. **5**. Estender-se: *o rio Amazonas prolonga-se dos Andes peruanos ao Atlântico*. **6**. Ir ao longo ou ao lado de: *fui prolongando-me com o muro, para não ser visto*. · Antôn. (1): *encurtar*. → **prolonga, prolongação** *sf* ou **prolongamento** *sm* [ato ou efeito de prolongar(-se)].

pro.mes.sa *sf* **1**. Ato ou efeito de prometer: *o pai fez uma promessa ao filho se ele se comportasse: dar-lhe a tão sonhada bicicleta*. **2**. Qualquer coisa que uma pessoa se obriga ou se compromete a fazer ou a realizar, para satisfazer, favorecer ou beneficiar pessoa(s); compromisso: *candidato a cargos públicos cumpre promessa?* **3**. Coisa prometida: *a promessa de sua mãe é uma bicicleta para o Natal?* **4**. Oferecimento religioso mediante o qual uma pessoa se compromete a realizar uma coisa que exige certo esforço ou sacrifício; voto: *ofereceu uma promessa a Santo Antão, se conseguisse casar naquele ano*. **5**. *Fig*. Pessoa que denota futuro de grande sucesso; esperança: *esse jogador ainda é uma promessa do clube*. → **prometer** *v* [**1**. obrigar-se moralmente a (fazer ou dar alguma coisa): *há políticos que prometem tudo e não cumprem nada*; **2**. dar sinais de; prenunciar: *o tempo promete chuva*; **3**. fazer promessas: *prometeu e não cumpriu*; **4**. dar esperanças de futuro auspicioso: *esse jogador promete*); **promissivo** ou **promissório** *adj* (**1**. rel. a promessa; **2**. que contém ou encerra uma promessa); **promissor** (ô) *adj* e *sm* (que ou aquele que promete; promitente) e *adj* (que oferece boas perspectivas; auspicioso: *atleta promissor; notícias promissoras*); **promissória** *sf* (red. de *nota promissória*, título de crédito nominativo em que o emitente se compromete a pagar ao favorecido, em lugar e tempo determinados, a quantia ali especificada); **promitente** *adj* e *s2gên* [que ou pessoa que promete; promissor(a)].

pro.mís.cuo *adj* **1**. Formado por elementos heterogêneos, juntos e em desordem; misturado: *bandos promíscuos de jovens circulam dia e noite pela cidade*. **2**. *Pop*. Diz-se daquele que se relaciona com vários parceiros sexuais, indiscriminadamente. **3**. *Fig*. Em que há muita depravação, devassidão ou libertinagem; devasso, libertino: *ambiente promíscuo*. → **promiscuidade** *sf* (**1**. qualidade ou estado de promíscuo; **2**. depravação, libertinagem, devassidão); **promiscuir-se** *v* (**1**. misturar-se desordenadamente; **2**. viver em promiscuidade).

pro.mon.tório *sm* Porção de terra que avança pelo mar com grande elevação, terminando geralmente em rocha alcantilada.

pro.mo.ver *v* **1**. Dar impulso a; trabalhar a favor de: *promover a agricultura*. **2**. Requerer: *promover um processo*. **3**. Realizar: *promover uma festa*. **4**. Tornar conhecido, importante, valorizado: *a TV promoveu a atriz durante o ano todo*. **5**. Elevar (a cargo ou categoria superior): *o presidente o promoveu por mérito*. → **promoção** *sf* (**1**. ato ou efeito de promover; **2**. elevação de posição, graduação ou responsabilidade; ascensão; **3**. publicidade, propaganda; **4**. liquidação de mercadoria ou produto, ou baixa significativa de seus preços; **5**. mercadoria ou produto comprado nessa liquidação); **promocional** *adj* (rel. a promoção de um produto ou mercadoria); **promotor** (ô) *adj* e *sm* (que ou aquele que promove, incentiva ou realiza alguma coisa) e *sm* (red. de *promotor público*, representante do Ministério Público, encarregado da acusação, nos processos criminais); **promotoria** *sf* (**1**. cargo ou ofício de promotor público; **2**. repartição do promotor).

prompt [ingl.] *sm* Em informática, símbolo ou sinal que aparece no monitor para indicar que o computador está pronto para receber novos comandos ou instrução do usuário. · Pl.: *prompts*. · Pronuncia-se *prômpt*.

prompter [ingl.] *sm* Em televisão, redução de *teleprompter*, aparelho eletrônico que exibe num monitor de vídeo o texto a ser lido por apresentadores, artistas, convidados, etc. · Pl.: *prompters*. · Pronuncia-se *prômptâr*.

pro.mul.gar *v* **1**. Ordenar a publicação de (lei, dogma ou encíclica da Igreja). **2**. Publicar oficial e solenemente (qualquer documento de natureza legislativa). **3**. Tornar (plano, ideia, crença, etc.) de conhecimento público, mediante declaração aberta; proclamar: *promulgou suas ideias pela Internet*. → **promulgação** *sf* (ato ou efeito de promulgar).

pro.na.ção *sf* **1**. Movimento de rotação da mão, de modo que o polegar fique ao lado do corpo e a palma voltada para baixo. **2**. Estado da mão nessa posição. **3**. Posição de quem está deitado sobre o ventre. · Antôn.: *supinação*. → **pronador** (ô) *adj* e *sm* (que ou músculo que permite a pronação).

pro.no.me *sm* Palavra que substitui ou acompanha um substantivo (nome), em relação às pessoas do discurso. → **pronominal** *adj* (rel. a pronome).

pronto *adj* **1**. Feito ou dado sem demora, imediatamente; imediato, instantâneo. **2**. Preparado para sair; arrumado. **3**. Concluído, acabado. **4**. Arrumado, preparado. → **prontidão** *sf* (**1**. estado ou condição do que se encontra pronto; **2**. desembaraço, presteza; **3**. estado de alerta de uma força militar); **prontificar-se** *v* [mostrar-se pronto ou disposto a fazer alguma coisa (usa-se com a prep. a + infinitivo): *eles se prontificaram a colaborar, a ajudar, a manter a casa limpa*]; **pronto-socorro** *sm* (hospital para atendimento médico de emergência), de pl. *prontos-socorros*.

pron.tu.á.rio *sm* **1**. Manual com informações úteis em resumo. **2**. Ficha escolar, médica, policial, etc. com os dados e os antecedentes de uma pessoa. **3**. Esses dados.

pro.nun.ci.ar *v* **1**. Expressar com clareza e precisão, por meio da voz; articular: *pronunciar as palavras*. **2**. Anunciar formalmente, oficialmente: *pronunciar um discurso em cadeia de rádio e televisão*. **3**. Declarar com autoridade; proferir: *o juiz já pronunciou a sentença*. **pronunciar-se 4**. Manifestar-se, opinar: *pronunciar-se sobre a impunidade reinante no país*. → **pronúncia** *sf* [**1**. ato ou efeito de pronunciar(-se); **2**. modo especial de pronunciar, em relação ao padrão nacional; pronunciação); **pronunciamento** *sm* (**1**. ato ou efeito de pronunciar-se coletivamente, a favor ou contra qualquer medida, ordem ou governo; revolta, rebelião; **2**. discurso apresentado em público ou em plenário; declaração pública).

pro.pa.gan.da *sf* **1**. Informação, ideia, teoria, etc. metodicamente divulgada para promover ou destruir uma causa, movimento, nação, etc. **2**. Anúncio, publicidade. → **propagandista** *adj* e *s2gên* (que ou pessoa que faz propaganda de algum produto ou mercadoria).

pro.pa.gar *v* **1**. Tornar bastante conhecido; espalhar, difundir, propalar: *propagar um boato*. **2**. Multiplicar por meio da reprodução: *propagar a espécie*. **3**. Multiplicar, aumentar: *a crise propagou o número de descontentes*. **4**. Proliferar: *os ratos propagam muito nas metrópoles*. **propagar-se 5**. Multiplicar-se por meio da reprodução: *os pobres se propagam demais*. **6**. Estender-se, generalizar-se: *o incêndio se propagou a todo o quarteirão*. **7**. Atravessar o espaço; transmitir-se: *a luz se propaga mais rapidamente que o som*. **8**. Desenvolver-se por contágio: *a gripe se propaga facilmente*. → **propagação** *sf* [ato ou efeito de propagar(-se)].

pro.pa.lar(-se) *v* Espalhar(-se); difundir(-se); propagar(-se): *propalar boatos; doenças venéreas se propagam rapidamente*. → **propalação** *sf* (ato ou efeito de propalar; difusão: *a propalação de boatos*); **propalador** (ô) *adj* e *sm* (que ou aquele que propala; difusor: *um propalador de boatos*).

pro.pa.ro.xí.to.no (x = ks) *adj* e *sm* Que ou vocábulo que apresenta tonicidade na antepenúltima sílaba (p. ex.: *árvore*). · V. **oxítono** e **paroxítono**.

pro.pe.dêu.ti.ca *sf* **1**. Introdução a um assunto ou a uma área de estudo. **2**. Estudo elementar, introdutório ou preparatório. → **propedêutico** *adj* (**1**. que serve de introdução; preliminar; **2**. que dá instrução introdutória a uma área de estudo).

pro.pe.len.te *sm* **1**. Qualquer coisa que propicia empuxo ou propulsão, como carga explosiva ou combustível de foguete. **2**. Gás inerte comprimido usado para dispersar o conteúdo de tubos de aerossol. → **propelir** *v* [mover (algo) para a frente; arremessar, lançar, projetar, impulsionar: *dois modernos motores propelem o barco*], se conjuga por *ferir*.

pro.pen.der *v* **1**. Pender ou inclinar-se (para algum lado): *a vitória propendia para o nosso lado*. **2**. *Fig*. Ter disposição, tendência ou vocação; inclinar-se: *ela propende para o* *estrelismo; ele propende mais para as ciências humanas do que para as ciências exatas.* → **propensão** *sf* (**1**. ato ou efeito de propender; **2**. inclinação, tendência, vocação); **propenso** *adj* (que tem queda ou inclinação natural, inata: *pessoa propensa a um infarto*).

pro.pí.cio *adj* Favorável: *o momento é propício para investir em imóveis.* · Antôn.: *desfavorável, contrário.* → **propiciar** *v* (tornar propício ou favorável; possibilitar, proporcionar: *o lago propicia momentos de lazer à população pobre*).

pro.pi.na *sf* **1**. Gratificação a empregados ou a funcionários de baixa categoria: *certos burocratas são quase sempre movidos a propina.* **2**.*P.ext.Pej.* Dinheiro gasto ou recebido ilicitamente, geralmente gasto por corruptor ou recebido por corrupto; bola (7): *o dinheiro na cueca era pura propina*.

pró.po.lis *s2gên2núm* Substância resinosa colhida do broto de certas árvores por abelhas, usada para calafetar ou cementar suas colmeias.

pro.por *v* **1**. Apresentar para consideração, exame ou discussão: *propor um projeto de lei.* **2**. Sugerir: *propor um regime para emagrecer.* **3**. Requerer em juízo: *propor uma ação.* **4**. Manifestar firme propósito de; prometer: *o ministro propôs erradicar a dengue.* **5**. Apresentar ou oferecer, como sinal de necessidade, grande desejo ou boa vontade: *propor a paz.* **6**. Oferecer ou apresentar à escolha: *propus vários candidatos, mas nenhum foi aceito.* **propor-se 7**. Prometer: *o ministro se propôs erradicar a dengue.* **8**.Tencionar, objetivar, visar: *nossa escola se propõe não só a informar, mas também a formar pessoas para a vida.* · Conjuga-se pelo v. *pôr.* → **proponente** *adj* e *s2gên* (que ou pessoa que propõe); **proposição** *sf* (**1**. ato ou efeito de propor; proposta); **2**. plano ou esquema proposto; **3**. declaração ou afirmação que expressa um julgamento ou opinião: *rebato a proposição de que todos os homens são iguais*; **4**. problema a ser demonstrado ou resolvido); **proposicional** *adj* (rel. a proposição); **proposta** *sf* [**1**. proposição (1); **2**. coisa que se propõe]; **proposto** (ô; pl.: ó) *adj* e *sm* (que ou aquilo que se propôs) e *sm* (aquele que é escolhido por outro para exercer em seu lugar certas funções).

pro.por.ção *sf* **1**. Número, quantidade ou nível de uma coisa em comparação com outra: *a proporção entre mulheres e homens na minha faculdade era de cinco para um; a proporção de gases de efeito estufa na atmosfera está aumentando.* **2**. Tamanho, forma ou nível de algo: *um edifício de proporções elegantes; essa declaração assumiu proporções alarmantes.* → **proporcional** *adj* (**1**. que corresponde em tamanho, grau ou intensidade a outra coisa: *a pena deve ser proporcional à gravidade do crime*; **2**. que tem a mesma proporção ou uma proporção constante: *lados correspondentes de triângulos semelhantes são proporcionais*; **3**. diz-se da conjunção subordinativa que expressa um fato ocorrido ou a ocorrer concomitantemente a outro com que se compara); **proporcionalidade** *sf* (**1**. qualidade ou propriedade de ser proporcional: *tratou-se do requisito da proporcionalidade da pena à gravidade do crime*; **2**. fato de uma quantidade variável ter uma relação constante com outra quantidade); **proporcionar** *v* (**1**. tornar proporcional; adequar; **2**. oferecer, trazer). · **À proporção que**. À medida que: *Os trabalhadores recebiam o salário na proporção que saíam da empresa*.

pro.pó.si.to *sm* Resultado desejado; objetivo, meta. → **propositado** ou **proposital** *adj* (em que há propósito ou intenção; intencional, propositual). · **De propósito**. De modo intencional; de caso pensado.

pró.prio *adj* **1**. Que é da mesma pessoa, pertencente a ela: *ela mora em casa própria.* **2**. Natural, típico, peculiar, característico: *plantas próprias de regiões úmidas; a rebeldia é própria da juventude.* **3**. Favorável, propício: *o clima frio é próprio ao cultivo de maçãs.* **4**. Denotativo, não figurado: *a palavra foi empregada em seu sentido próprio.* **5**. Diz-se do substantivo que designa um só ser de sua espécie, em oposição a *comum*: *Brasil é nome próprio.* // *pron* **6**. Chama a atenção para o ser ou a situação já mencionados ou implicados no discurso: *eu próprio abri-lhe a porta.* **7**.Reforça a identificação feita pelo pronome pessoal expresso: *ela própria, nós próprios*. **8**. Da pessoa em referência: *o próprio pai criticou o filho.* (Cuidado para não usar "própio"!) · Superl. abs. sintético: *propriíssimo* (com dois *ii*). → **propriedade** *sf* (**1**. qualidade de próprio, adequado, conveniente; **2**. peculiaridade, característica essencial; **3**. direito de gozar, usar e dispor de alguma coisa; **4**. aquilo que se possui em virtude desse direito); **proprietário** *adj* e *sm* (**1**. que ou aquele que tem propriedades; **2**. que ou aquele que aluga um imóvel, em relação ao inquilino). ·· **O próprio**. A pessoa em referência; o sujeito em pessoa; ele mesmo: *Tirou retrato, e o próprio veio buscar as cópias*.

pro.pug.nar *v* Pugnar em prol de (alguma coisa); defender (uma causa) ativamente: *propugnar suas ideias; propugnar por uma nova Constituição*.

pro.pul.sar ou **pro.pul.si.o.nar** *v* **1**. Fazer avançar por meio de propulsor; arremessar, lançar ou projetar para longe; impulsionar: *a explosão propulsou detritos a mais de cem metros de altura.* **2**. *Fig.* Estimular, incentivar: *é um governo que propulsa o desmatamento.* → **propulsão** *sf* (ato ou efeito de propulsar); **propulsor** (ô) *sm* (**1**. máquina ou motor destinado a imprimir movimento de propulsão a uma embarcação, a um foguete, etc.); **2**. motor de foguete).

pror.ro.gar *v* Prolongar ou dilatar (prazo estabelecido) ou fazer durar além do tempo determinado: *prorrogar um mandato.* → **prorrogação** *sf* (ato ou efeito de prorrogar; prolongamento: *o jogo terá prorrogação de trinta minutos*); **prorrogativo** *adj* (que prorroga ou serve para prorrogar: *a reparação ou substituição de peças durante o período de garantia não terá efeito prorrogativo sobre o prazo da garantia já dada*).

pror.rom.per *v* **1**. Manifestar subitamente; irromper, desatar: *prorromper em prantos.* **2**. Manifestar-se subitamente: *os aplausos prorromperam calorosamente, ao final do espetáculo.* **3**. Sair com ímpeto: *prorrompem lavas do vulcão em erupção.* → **prorrompimento** *sm* (ato ou efeito de prorromper).

pro.sa *sf* **1**. Linguagem escrita ou falada em sua forma normal, sem estrutura métrica (por oposição a *verso*): *leio mais prosa que poesia.* **2**. *Pop.* Bate-papo, conversação descontraída; papo: *tive uma prosa com meu filho ontem.* // *adj* **3**. *Pop.* Diz-se daquele que fala muito de si mesmo, exagerando as suas ações; fanfarrão; gabola: *deixe-se de ser prosa, rapaz, você não consegue conquistar ninguém!* → **prosador** (ô) *sm* (aquele que escreve em prosa); **prosaico** *adj* (**1**. rel. a prosa ou que tem as características da prosa; sem beleza poética: *linguagem prosaica*; **2**.*p.ext.* insignificante, corriqueiro, banal: *discutiram por razões prosaicas*; **3**. desprovido de ideal, de nobreza, de elegância, de delevação d'alma ou de sensibilidade: *ele é prosaico demais para ter o senso da beleza; ela é uma excelente moça, mas tão prosaica quanto uma fatia de mortadela*); **prosaísmo** *sm* (**1**. qualidade de prosaico; **2**. tendência para o tratamento de temas prosaicos, vulgares, pouco poéticos ou de baixo tratamento literário, ou para o uso de uma linguagem coloquial, direta, sem grandes pretensões de estilo: *a maior parte deste poema parece enveredar pelo prosaísmo de assuntos corriqueiros*; **3**. expressão ou construção própria da prosa: *trata-se de um poema cheio de prosaísmos*; **4**. o que é puramente vulgar, sem nenhum componente poético: *num mundo dominado pelo prosaísmo, pela banalização dos valores, pela mediocridade do espírito, qualquer apelo à exaltação da virtude não vinga*); **prosaizar** *v* (tornar prosaico, sem valor poético); **prosar** *v* (escrever em prosa), que não se confunde com *prosear*; **prosificação** *sf* (ato ou efeito de prosificar); **prosificar** *v* [verter ou passar para prosa (o que estava em versos)].

pro.sá.pia *sf* **1**. Série de antecessores de uma pessoa, princ. os ilustres ou aristocráticos; linhagem, estirpe, ascendência: *tinha ele o vezo de desfazer na prosápia dos outros toda a sua ira.* **2**. Sentimento excessivamente orgulhoso de quem se julga superior e menospreza os demais; altivez, soberba, arrogância: *rio da ignorância atrevida dessa gente cheia de prosápia, que revela quão pouco sabe da vida e dos homens*.

pros.cê.nio *sm* **1**. Parte do palco do teatro moderno em frente à cortina. **2**.*P.ext.* Palco.

pros.cre.ver *v* **1**. Banir (pessoa) por constituir-se em perigo político; impor pena de degredo a (alguém, geralmente por razões políticas); degredar: *proscrever subversivos.* **2**. Pôr fora de uso (coisa considerada perigosa ou odiosa); abolir, suprimir, extinguir, proibir: *Lenin proscreveu a liberdade religiosa na União Soviética.* **3**. Proibir a permanência ou a frequência de (alguém de algum lugar); afastar, expulsar: *proscreveram-no do clube.* **4**. Não permitir o uso de (coisa comprovadamente nociva ou sectária); proibir, vetar: *o Ministério da Saúde proscreveu esses medicamentos.* · Antôn. (1): *repatriar*; (2): *restabelecer, restaurar*; (3): *admitir*; (4): *permitir, liberar.* → **proscrição** *sf* (ato ou efeito de proscrever); **proscrito** *adj* e *sm* (que ou o que foi banido, abolido, extinto ou expulso).

pro.se.ar *v Pop.* **1**. Conversar descontraidamente; bater papo: *proseamos até tarde.* **2**. Contar muita vantagem; jactar-se, gabar-se: *o deputado proseou quanto pôde, e os vereadores acreditaram!* · Conjuga-se por *frear.* (Não se confunde com *prosar*.) → **proseador** (ô) *adj* e *sm* (que ou aquele que gosta de prosear).

pro.sé.li.to *sm* Aquele que recentemente abraçou uma doutrina, ideologia ou religião; novato numa doutrina, ideologia ou religião. → **proselitismo** *sm* (**1**. estado de proselito; **2**. prática de fazer prosélitos); **proselitista** *adj* (rel. a proselitismo) e *adj* e *s2gên* (que ou pessoa que pratica o proselitismo ou segue o proselitismo).

pro.só.dia *sf* Pronúncia correta das palavras, quanto à sua acentuação tônica. → **prosódico** *adj* (rel. a prosódia).

pro.so.po.pei.a (éi) *sf* Atribuição de qualidades e sentimentos humanos a seres irracionais e inanimados; personificação. → **prosopopeico** (éi) ou **prosopopaico** *adj* (rel. a prosopopeia).

pros.pec.ção *sf* Sondagem geológica, para descobrir filões ou jazidas minerais, princ. petróleo.

pros.pec.to ou **pros.pe.to** *sm* Folheto impresso, geralmente ilustrado, que contém informações sobre as características ou qualidades de um produto, além de instruções de como usá-lo.

prós.pe.ro *adj* **1**. Caracterizado por sucesso financeiro. **2**. Que tem sucesso; venturoso, feliz. **3**. Em boa situação financeira; abastado. **4**. Propício, favorável. · Superl. abs. sint. erudito: *prospérrimo*. → **prosperar** *v* (**1**. tornar próspero; melhorar: *um prêmio da loteria prospera a vida de qualquer pessoa*; **2**. ter sucesso ou êxito; desenvolver-se: *no seu reinado, as artes prosperaram*; **3**. progredir: *o Brasil prospera*); **prosperidade** *sf* (**1**. qualidade de próspero; **2**. situação de bem-estar social e econômico; riqueza, florescimento: *a instalação dessas indústrias trará prosperidade à cidade*; **3**. desenvolvimento favorável das coisas; boa sorte; felicidade: *desejo-lhe ainda mais prosperidade no ano-novo*), de antôn. *decadência*, *ruína*.

pros.se.guir *v* **1**. Dar seguimento a; continuar, seguir: *prossiga a aula, professor!* **2**. Dizer em seguida: *"na vida tudo são conquistas"*, *prosseguiu o mestre*. **3**. Continuar: *o Brasil deve prosseguir no caminho das reformas; ele prosseguiu calado durante todo o tempo*. **4**. Seguir avante; continuar: *o trem prosseguiu até a estação*. · Conjuga-se por *ferir*. → **prosseguimento** *sm* (**1**. ato ou efeito de prosseguir; **2**. continuação).

prós.ta.ta *sf* Glândula própria dos mamíferos machos, localizada perto da bexiga. → **prostático** *adj* (rel. ou pert. a próstata) e *adj* e *sm* (que ou aquele que sofre da próstata); **prostatite** *sf* (inflamação da próstata).

pros.ter.nar-se *v* Prostrar-se, curvar-se até ao chão: *os muçulmanos se prosternam para fazer suas orações*. → **prosternação** *sf* ou **prosternamento** *sm* (ato ou efeito de prosternar-se).

pros.tí.bu.lo *sm* Casa de prostituição; bordel, lupanar. → **prostibular** *adj* (rel. pert. sem. a prostíbulo ou próprio de prostíbulo); **prostibulário** *adj* (rel. a prostíbulo; prostibular: *ambiente prostibulário*) e *adj* e *sm* (frequentador de prostíbulos; bordeleiro).

pros.ti.tu.ir *v* **1**. Entregar à prostituição; perverter: *a mãe prostituiu a filha*. **2**. *Fig.Pej*. Desonrar, aviltar, afrontar: *juiz que prostitui a justiça*. **prostituir-se 3**. Vender-se ou oferecer-se como prostituto(a): *na cidade grande, ela acabou prostituindo-se*. **4**. *Fig.Pej*. Desonrar-se, aviltar-se: *quando a justiça acoberta a impunidade, ela se prostitui*. **5**. Trabalhar ou produzir mercenariamente na arte, ciência, etc., visando apenas ao proveito pecuniário: *conheço pintores que se prostituíram, com o intuito de enriquecerem*. → **prostituição** *sf* (prática de manter relações sexuais por dinheiro); **prostituta** *sf* (mulher da vida; meretriz, mundana); **prostituto** *adj* e *sm* (que ou homem que faz sexo por dinheiro).

pros.trar *v* **1**. Fazer cair; lançar por terra; derrubar, prosternar: *prostrar o adversário*. **2**. Levar à exaustão física ou psicológica: *a longa enfermidade o prostrou*. **3**. Abater física e moralmente; humilhar, aviltar: *os bandeirantes caçavam e prostravam os índios*. **prostrar-se 4**. Lançar-se de bruços, em sinal de reverência; prosternar-se: *prostrar-se ante uma imagem sagrada*. **5**. Humilhar-se, aviltar-se: *prostrar-se aos pés do ser amado*. **6**. Arquear-se, curvar-se: *com os anos, o corpo se prostra*. → **prostração** *sf* [ato ou efeito de prostrar(-se)].

pro.ta.go.nis.ta *s2gên* **1**. Personagem principal ou mais importante de filme, romance ou novela. // *sm* **2**. *Pop*. Equipe que mais se destaca numa competição ou jogo, numa partida, toma a iniciativa do jogo. → **protagonizar** *v* [**1**. ser protagonista de (filme, peça teatral, romance, etc.); **2**. desempenhar o papel principal em (qualquer acontecimento)].

pro.te.ger *v* **1**. Tomar a defesa de; amparar, socorrer: *proteger os fracos*. **2**. Favorecer, beneficiar: *professor que protege alunos*. **3**. Defender, resguardar: *leis que protegem a indústria*

nacional. · Antôn. (2): *perseguir*. → **proteção** *sf* [**1**. ato ou efeito de proteger(-se); **2**. amparo, apoio, auxílio; **3**. cuidado que se toma na carreira ou no bem-estar de alguém]; **protecionismo** *sm* (**1**. política econômica que consiste em criar uma situação de privilégio para a indústria nacional, contra a concorrência estrangeira, pela imposição de cotas restritivas ou de taxas mais ou menos pesadas sobre os produtos similares, importados; **2**.*p.ext*. qualquer favorecimento especial); **protecionista** *adj* (rel. a protecionismo) e *adj* e *s2gên* (que ou pessoa que é partidária do protecionismo); **protetor** (ô) *adj* e *sm* (**1**. que ou o que protege ou defende de alguma coisa; **2**. padroeiro); **protetorado** *sm* (**1**. relação de proteção e controle parcial assumida por uma potência superior sobre região ou país dependente; **2**. esse país ou essa região). ·· **Protetor solar**. Produto químico destinado a ser passado ou friccionado na pele, para protegê-la da ação nociva dos raios solares ultravioleta, que podem causar manchas e câncer de pele.

pro.te.í.na *sf* **1**. Qualquer das numerosas moléculas orgânicas grandes e complexas essenciais para a vida. **2**. Tecido animal ou vegetal rico nessas moléculas: *carne é alimento rico em proteína*. → **proteico** (éi) ou **proteínico** *adj* (rel. a proteína ou que a contém).

pro.te.lar *v* Retardar propositadamente (pagamento, compromisso, obrigação, etc.), para contrariar, desgastar ou criar embaraço: *protelar um casamento*. → **protelação** *sf* (retardamento propositado); **protelatório** *adj* (próprio para protelar).

pró.te.se *sf* **1**. Parte da terapêutica cirúrgica que cuida da substituição de um órgão mutilado, atrofiado ou inutilizado por peças artificiais (braço, perna, olho, dente, aparelhos auditivos, válvula cardíaca, etc.). **2**. Essa peça. **3**. Em gramática, acréscimo de fonema no início da palavra, sem alterar-lhe o sentido (p. ex.: *alevantar*). · V. **protético**. → **protesista** *adj* e *s2gên* [**1**. fabricante de próteses de todos os tipos; **2**. que ou aquele que faz próteses dentárias; protético(a)]; **protética** *sf* (**1**. ramo da odontologia relacionada com a produção de próteses dentárias e aparelhos ortodônticos; **2**. fem. de *protético*); **protético** *adj* (**1**. rel. a prótese: *componentes protéticos*; **2**. próprio do protético: *o vocabulário protético; os cuidados protéticos*) e *adj* e *sm* [protesista (2): *o protético produz próteses dentárias e aparelhos ortodônticos a pedido do cirurgião-dentista*].

pro.tes.to *sm* **1**. Ato ou efeito de protestar. **2**. Reclamação, queixa. **3**. Declaração formal de desaprovação, discordância ou oposição, emitida por pessoa, grupo ou organização interessada. **4**. Escrito em que há tal declaração. **5**. Declaração vigorosa dos próprios sentimentos ou opiniões; juras. **6**. Ato jurídico pelo qual se denuncia o não pagamento de um título de crédito. → **protestantismo** *sm* (religião protestante); **protestante** *adj* (rel. a protestantismo) e *adj* e *s2gên* (que ou pessoa que é adepta do protestantismo); **protestar** *v* [**1**. levar (título de crédito) a protesto: *protestar um cheque*; **2**. declarar formalmente, jurar: *protestei-lhe fidelidade eterna*; **3**. levantar-se, insurgir-se: *protestar contra o aumento de impostos*].

pro.to.co.lo *sm* **1**. Registro de atos públicos. **2**. Formulário ou documento que regula atos públicos. **3**. Formas de cerimônia e etiqueta observadas pelos diplomatas e chefes de Estado. **4**. Código de conduta correta. → **protocolar** *adj* (**1**. rel. a protocolo; **2**. conforme ao protocolo; **3**. *fig*. cerimonioso, formal, rígido: ter um pai protocolar); **protocolagem** ou **protocolização** *sf* (ato ou efeito de protocolizar); **protocolar** ou **protocolizar** *v* (inscrever ou registrar em protocolo); **protocolador** (ô), **protocolizador** (ô) *adj* e *sm* ou **protocolista** *adj* e *s2gên* (que ou pessoa que se encarrega de receber e registrar requerimentos do público externo, para encaminhá-los a quem de direito); **protocolar** ou **protocolizar** *v* (inscrever ou registrar em protocolo). (A 6.ª ed. do VOLP não traz *protocolização* nem *protocolizador*, mas registra *protocolizar*.)

pró.ton *sm* Partícula subatômica carregada de eletricidade positiva que, com os nêutrons, constitui os núcleos atômicos.

pro.to.plas.ma *sm* Substância viva essencial de uma célula, composta de substâncias inorgânicas (água, compostos minerais) e substâncias orgânicas (proteínas, carboidratos e lipídios). → **protoplasmático** ou **protoplásmico** *adj* (rel. a protoplasma).

pro.tó.ti.po *sm* **1**. Primeiro exemplar ou modelo de um novo carro desenvolvido pela indústria, para posterior aperfeiçoamento. **2**. Exemplo típico; arquétipo: *esse rapaz é o protótipo do imbecil bem-acabado*.

pro.to.zo.á.rio *sm* Microrganismo unicelular que constitui a forma de vida animal mais elementar.

pro.tru.são *sf* Estado ou condição de uma parte anatômica que se projeta; projeção: *a protrusão dos olhos, dos dentes*. · Antôn.: *retrusão*. → **protraído** ou **protruso** *adj* (que está adiante de sua posição normal: *dentes protrusos*).

pro.tu.be.ran.te *adj* Saliente, proeminente. → **protuberância** *sf* (saliência).

pro.va *sf* **1**. Evidência suficiente para estabelecer uma coisa como verdadeira ou factual. **2**. Segura manifestação ou demonstração. **3**. Exame de avaliação profissional. **4**. Experiência, ensaio. **5**. Tudo aquilo que permite julgar o valor de alguém ou de algo. **6**. Processo de testar se algo é verdadeiro, bom ou válido. **7**. Em matemática, operação pela qual se conhece a exatidão de um cálculo. **8**. Competição esportiva. **9**. Cada uma das folhas experimentais impressas, em artes gráficas, para ver se há necessidade de correções. **10**. Folha de impressão onde o autor ou o revisor indica as emendas. **11**. Primeira revelação de um negativo, em fotografia. → **provação** *sf* (fato que coloca alguém à prova, fazendo-o experimentar dificuldades e muitos sofrimentos); **provar** *v* (**1**. demonstrar a verdade através de provas; comprovar: *provar a inocência de um réu*; **2**. patentear, tornar evidente: *o ferimento prova a agressão*; **3**. Dar prova ou demonstração de: *provou o seu valor*; **4**. sofrer, padecer. experimentar: *provei todas as dores deste mundo*; **5**. experimentar, verificar, testar, checar: *provar os freios do carro*; **6**. comer ou beber, para ver se é bom: *provar um vinho*; **7**. comer ou beber em pequenas porções: *apenas provei o doce*; **8**. experimentar, vestindo: *provar uma roupa*); **provador** (ô) *adj* (que prova) e *sm* (**1**. profissional encarregado de provar bebidas e alimentos, para atestar sua qualidade ou classificá-la comercialmente; **2**. cabine em que se provam roupas numa loja ou num ateliê de costura).

pro.vá.vel *adj* **1**. Que tem fortes indícios, suficientes para estabelecer presunção, mas não prova: *hipótese provável; a causa provável de um acidente*. **2**. Que pode tornar-se verdadeiro ou real: *é provável que existam alienígenas; o provável vencedor de uma competição*. · Superl. abs. sint. erudito: *probabilíssimo*. (Não se confunde com *possível*.) → **probabilidade** *sf* [**1**. qualidade, estado ou condição de ser provável: *até ontem era apenas uma possibilidade, mas agora é uma probabilidade*; **2**. fato ou evento provável: *a erupção desse vulcão é uma grande probabilidade*; **3**. indício de que um fato ocorrerá: *há grande probabilidade de chuva para esta noite*; **4**. em estatística, frequência relativa com que um evento ocorre ou é provável que ocorra; **5**. em estatística, medida ou estimativa do grau de confiança que se pode ter na ocorrência de um evento, medido em uma escala de zero (impossibilidade) a um (certeza)], que não se confunde com *possibilidade*. (Algo é *possível* quando pode acontecer ou quando pode ser praticado. Assim, um terremoto de grandes proporções, no Brasil, é *possível* acontecer, mas não *provável*. Na esfera do ser animal e dentro de suas naturais limitações, tudo nesta vida é *possível*, mas nem tudo é *provável*. É *possível* que os oceanos cubram toda a superfície terrestre, mas não é *provável* que isso venha a ocorrer (ao menos por enquanto...). Certa vez, declarou um empresário alemão, em visita ao Brasil: *Por enquanto, não pretendemos produzir carros de passeio na América Latina. Diria que seria possível, mas não provável*. Acrescente-se: *possível* é até os nossos jornalistas escreverem razoavelmente... Se *possível* e *provável* fossem sinônimos, teríamos também sinonímia entre *impossível* e *improvável*, o que não acontece. Perceba a diferença: *Para o Corinthians, vencer o Flamengo no Maracanã é improvável, mas não impossível*.)

pro.vec.to *adj* **1**. De idade avançada: *pai provecto*. **2**. Avançado (idade): *pai de idade provecta*.

pro.ve.dor (ô) *sm* **1**. Dirigente de instituição beneficente ou assistencial: *o provedor da santa casa*. **2**. Aquele que se encarrega de prover alguma coisa; ganha-pão: *ele é o único provedor da família*. **3**. Redução de *provedor de acesso*, empresa que oferece serviços e/ou informações de acesso à Internet. **provedoria** *sf* (**1**. cargo, ofício ou jurisdição de provedor; **2**. repartição de provedor).

pro.vei.to *sm* **1**. Resultado positivo; utilidade, serventia: *essa pesquisa não foi de nenhum proveito*. **2**. Ganho, lucro, vantagem: *investir em imóveis não lhe trouxe proveito algum*. → **proveitoso** (ô; pl.: ó) *adj* (**1**. que traz proveito; lucrativo, vantajoso; **2**. benéfico, útil).

pro.ve.ni.ên.cia *sf* **1**. Ato ou efeito de provir. **2**. Lugar de origem de alguma coisa; procedência. **proveniente** *adj* (originário, procedente, oriundo).

pro.ven.to *sm* **1**. Rendimento proveniente do trabalho atual ou antigo. // *smpl* **2**. Qualquer quantia que faz parte da receita, não importando a sua proveniência. **3**. Honorários.

pro.ver *v* **1**. Nomear alguém para (cargo ou emprego): *prover uma vaga no Ministério*. **2**. Tomar medidas ou providências sobre; providenciar: *um chefe de família tem de prover as necessidades de seus membros*. **3**. Receber e deferir (recurso). **4**. Fornecer, suprir, abastecer: *prover a população carente com escolas e hospitais*. **5**. Dotar: *a natureza proveu-a de excepcional beleza*. **6**. Nomear, designar: *prover alguém de um emprego*. **prover-se 7**. Munir-se: *provi-me do necessário para a viagem*. · É derivado de *ver*, mas não se conjuga por ele nos tempos derivados do pretérito perfeito. Portanto: *provi, proveste, proveu, provemos, provestes, proveram* (pret. perf.); *provera, proveras, provera, provêramos, provêreis, proveram* (pret. mais-que-perf.); *provesse, provesses, provesse, provêssemos, provêsseis, provessem* (pret. imperf. do subj.); *prover, proveres, prover, provermos, proverdes, proverem* (fut. do subj.). O particípio é *provido*. Nos demais tempos, conjuga-se por *ver*. → **provido** *adj* (que possui tudo o que é necessário; cheio; abastecido: *a despensa está provida; ter a conta bancária bem provida*); **providente** *adj* (**1**. que provê; **2**. prudente, cauteloso); **provimento** *sm* [ato ou efeito de prover; provisão (1)]; **provisão** *sf* (**1**. ato ou efeito de prover; provimento; **2**. sortimento; **3**. conjunto de coisas úteis ou necessárias, reunidas, tendo em vista uso futuro); **provisional** ou **provisório** *adj* (rel. a provisão); **provisório** *adj* (**1**. provisional; **2**. que não é permanente; interino: *governo provisório*; **3**. sujeito a alteração posterior: *decisão provisória*), de antôn. *permanente, definitivo*.

pro.vér.bio *sm* Dito ou máxima popular que traz um ensinamento ou mensagem útil, como *Quem tudo quer tudo perde*. → **proverbial** *adj* (**1**. rel. a provérbio; **2**. expresso em provérbio; **3**. *fig.* famoso, sabido de todos).

pro.ve.ta (ê) *sf* Vaso de vidro usado em laboratórios; tubo de ensaio.

pro.vi.dên.cia *sf* **1**. Cuidado protetor de Deus ou da natureza como um poder espiritual: *confio na providência divina*. **2**. Preparação ou medida oportuna para eventualidades futuras. **Providência** *sf* **3**. Deus, princ. quando concebido como o condutor das criaturas terrenas. → **providencial** *adj* (**1**. rel. ou pert. a providência; **2**. oportuno, muito a propósito; **3**. emanado da Providência); **providenciar** *v* [tomar medidas a fim de que (pessoa ou coisa) receba aquilo que necessita; arranjar, arrumar, conseguir, prover: *providenciem mais cadeiras para a sala!*].

pro.vín.cia *sf* Divisão político-administrativa de muitos países. → **provincial** *adj* (rel. ou pert. a província); **provincialismo** ou **provincianismo** *sm* (**1**. fala, atitude ou comportamento típico de gente interiorana; **2**. *fig.pej.* estreiteza de visão ou mentalidade atrasada; mau gosto acentuado); **provinciano** *adj* e *sm* (**1**. que ou aquele que pertence à província; **2**. que ou aquele que é muito limitado ou estreito de visão, mente ou cultura; paroquial; **3**. que ou aquele que ainda não assimilou os modos apurados, educados ou civilizados; caipira, jeca; **4**. *fig.pej.* diz-se de pessoa tacanha, de mentalidade atrasada ou estreiteza de visão, além de muito mau gosto) e *adj* (**1**. rel. a província; **2**. próprio ou natural da província).

pro.vir *v* **1**. Originar-se, proceder: *o mau cheiro das bocas-de-lobo procede do acúmulo de lixo que nelas ocorre e provém do descuido da prefeitura, que não as limpa regularmente*. **2**. Descender: *você provém dos Matarazzos?* **3**. Vir (de algum lugar): *os escravos provinham da África*. · Conjuga-se por *vir*. · V. **proveniência**. → **provindo** *adj* (que proveio; procedente, proveniente, oriundo).

pro.vo.car *v* **1**. Chamar a combate; desafiar: *provocar o adversário*. **2**. Desafiar, incitar: *é um jornalista que gosta de provocar o leitor*. **3**. Insultar, afrontar, ofender: *a liberdade é um direito humano que incomoda e provoca os tiranos*. **4**. Produzir, ocasionar, causar: *a falta de higiene provoca doenças*. **5**. Aprontar, promover: *provocar confusão*. **6**. Estimular a libido ou sexo; tentar, excitar: *essa garota gosta de se vestir assim, só para provocar os homens*. **7**. Suscitar, causar: *essas medidas provocarão uma chuva de críticas e protestos; ele gosta de provocar ciúme à namorada*. **8**. Estimular ou incitar (alguém) para manifestar-se: *provoquei-o, e ele acabou revelando em quem ia votar*. **9**. Despertar, excitar, estimular: *pimenta provoca muito apetite*. **10**. Despertar a vontade de;

convidar, induzir: *este sol maravilhoso da Bahia provoca as pessoas ao banho de mar.* **11.** Desafiar, estimular: *provoquei-o a aceitar a revanche.* **12.** Causar, ocasionar: *o filme provocou sono aos assistentes.* **13.** Dirigir provocações: *ele provoca e corre.* → **provocação** *sf* (ato ou efeito de provocar); provocador (ô), **provocante, provocativo** ou **provocatório** *adj* (**1.** que provoca ou incita; incitador: *ato provocador; artigo provocatório; falar em tom provocativo;* **2.** que leva à irritação: *ruído provocador;* **3.** que desperta a libido; tentador: *olhar provocante; andar provocativo*); **provocador** (ô) *adj* e *sm* (que ou aquele que faz provocações públicas acintosamente, com algum objetivo escuso: *agente provocador em passeatas*).

pro.vo.lo.ne *sm* Queijo duro e suave, geralmente defumado, depois de seco, de origem italiana.

pro.xe.ne.ta (x = ks; ê) *s2gên* Pessoa que vive à custa de prostitutas; cáften ou caftina. (Cuidado para não dizer "procheneta"!) → **proxenético** (x = ks) *adj* (rel. a proxeneta); **proxenetismo** (x = ks) *sm* (qualidade ou ofício de proxeneta).

pró.xi.mo (x = ss) *adj* **1.** Perto (no tempo ou no espaço): *o Natal está próximo; os fios estavam muito próximos uns dos outros.* **2.** Seguinte a este; imediato: *tomarei o próximo ônibus.* **3.** Direto, imediato: *causas próximas e remotas da guerra.* **4.** Muito chegado; íntimo: *ele é meu parente próximo.* **5.** Semelhante, aproximado: *o clima daqui é bem próximo do de Caxambu.* // *sm* **6.** *Fig.* Pessoa considerada como nosso semelhante: *Cristo pregou o amor ao próximo.* // *adv* **7.** Perto; na vizinhança: *estudo aqui próximo.* · Antôn. (1 e 3 a 5): *afastado, distante.* → **proximal** (x = ss) *adj* (**1.** situado próximo do centro ou do ponto de origem; **2.** próximo no espaço; **3.** próximo de um ponto específico do corpo; **4.** diz-se de nervos ou vasos próximos de sua origem; **5.** que está mais próximo do ponto médio da arcada dentária), de antôn. *distal*; **proximidade** (x = ss) *sf* (vizinhança imediata) e *sfpl* (arredores, imediações).

pru.den.te *adj* e *s2gên* **1.** Que ou pessoa que tem bom senso, agindo sempre com calma, moderação e cuidado, procurando evitar o erro ou o perigo. // *adj* **2.** Em que há sensatez; sensato. → **prudência** *sf* (**1.** qualidade, estado ou fato de ser prudente; cautela, precaução; **2.** bom senso; sensatez, previdência), de antôn. (1): *precipitação, ânsia;* (2): *insensatez, imprevidência, imprecaução.*

pru.mo *sm* Instrumento formado de uma peça metálica, presa à extremidade de um fio metálico ou não, que serve para determinar a direção vertical.

pru.ri.do ou **pru.í.do** *sm* **1.** Coceira ou comichão intensa, causada por irritação da pele, por alergia ou por qualquer fator emocional. **2.** *Fig.* Desejo forte; tentação: *de vez em quando ela tem pruridos de solidariedade.* → **pruriginoso** (ô; pl.: ó) ou **prurítico** *adj* (**1.** rel. a prurido ou próprio de prurido; **2.** que provoca prurido).

pseu.do.ár.bi.tro *sm* Árbitro falso ou de nenhuma competência.

pseu.do.ci.ên.cia *sf* Conjunto de ideias, teorias, crenças ou práticas apenas de aparência científica, não baseadas em métodos científicos; falsa ciência; pseudosofia.

pseu.do.es.fe.ra *sf* Superfície de curvatura constante e negativa, em oposição à esfera, cuja curvatura é constante e positiva.

pseu.dô.ni.mo *sm* Nome fictício, usado para ocultar o verdadeiro. → **pseudonímia** ou **pseudonimia** *sf* (uso de nome falso ou fictício; criptonimia); **pseudonímico** *adj* (rel. a pseudonimia ou a pseudônimo).

pseu.do.pe.na.li.da.de *sf* No futebol, penalidade máxima inexistente que, porém, foi marcada.

pseu.do.pre.fi.xo *sm* Elemento de formação de palavras que, tendo origem no grego ou no latim como radical, passou a ser usado como prefixo (p. ex.: *auto-*, em *autoescola* e *hidro-* em *hidromassagem*).

pseu.dor.re.ve.la.ção *sf* Revelação falsa.

pseu.do.so.fi.a *sf* Pseudociência. → **pseudosófico** *adj* (rel. ou pert. a pseudosofia).

pseu.dos.sá.bio *sm* Falso sábio.

pseu.dos.si.gla *sf* Misto de sigla e de redução de uma palavra, formada sem atenção a nenhuma regra.

pseu.dos.su.fi.xo *sm* Sufixo falso. → **pseudossufixação** *sf* (formação de palavras mediante pseudossufixos).

psi.ca.ná.li.se *sf* **1.** Conjunto de teorias psicológicas formuladas pelo médico neurologista austríaco Sigmund Freud (1856-1939). **2.** Método terapêutico baseado nessas teorias, que compreende análise de fenômenos psíquicos e tratamento de distúrbios emocionais que envolve sessões de tratamento, durante as quais o paciente é encorajado a falar livremente sobre experiências pessoais e, princ., sobre a primeira infância e sonhos. → **psicanalista** *adj* e *s2gên* (especialista em psicanálise); **psicanalítico** *adj* (rel. ou pert. a psicanálise).

psi.co.a.ti.vo *adj* Relativo a droga que tem efeito significativo sobre os processos mentais.

psi.co.dé.li.co *adj* **1.** Diz-se de droga que provoca alucinações, como o LSD. **2.** Diz-se de qualquer coisa criada ou produzida sob o efeito dessa droga. **3.** Diz-se de coisa muito extravagante ou berrante, que foge aos padrões tradicionais; exótico.

psi.co.fí.si.ca *sf* Especialidade da psicologia que se ocupa do estudo da relação entre estímulos físicos e resposta sensorial. → **psicofísico** *adj* (**1.** rel. a psicofísica; **2.** que compartilha qualidades mentais e físicas: *a percepção psicofísica das cores*).

psi.co.gra.fi.a *sf* **1.** Descrição das características psicológicas de uma pessoa; psicograma. **2.** No espiritismo, registro mediúnico de um texto, cuja autoria é atribuída a um espírito. **3.** Em *marketing*, estudo do estilo de vida, das atividades e dos interesses dos consumidores. → **psicografar** *v* [escrever (o médium, o que lhe dita um espírito, segundo o espiritismo]; **psicográfico** *adj* (rel. a psicografia ou relacionado com psicografia) e *sm* (registro da intensidade relativa dos diversos traços da personalidade de um indivíduo); **psicógrafo** *sm* (**1.** aquele que é versado em psicografia; **2.** médium que escreve por ação de um espírito); **psicograma** *sm* [psicografia (1)].

psi.co.lo.gi.a *sf* **1.** Ciência da mente e do comportamento, abrangendo todos os aspectos das experiências consciente e inconsciente, bem como do pensamento: *ele se formou em psicologia.* **2.** Características mentais ou comportamentais de um indivíduo ou grupo; maneira como uma pessoa ou grupo pensa: *a psicologia infantil; a psicologia de um povo.* **3.** Teoria ou sistema de psicologia: *a psicologia de Jung.* **4.** Argumento ou estratégia mental sutil usada para convencer ou influenciar pessoas: *com psicologia ela conseguiu tudo do marido.* **psicológico** *adj* (**1.** rel. a psicologia: *teste psicológico;* **2.** rel. a mente: *problemas psicológicos*); **psicólogo** *sm* (aquele que é versado em psicologia).

psi.co.neu.ro.se *sf* Neurose. → **psiconeurótico** *adj* (rel. a psiconeurose) e *adj* e *sm* (que ou aquele que apresenta psiconeurose).

psi.co.pa.ti.a *sf* **1.** Transtorno mental em que o indivíduo manifesta comportamento amoral e antissocial, com tendências criminosas, demonstrando falta de habilidade para amar ou estabelecer relacionamentos pessoais significativos e expressando egoísmo extremo e dificuldade em aprender com a experiência, sem nunca sentir arrependimento ou remorso do que faz ou pratica: *maltratar animais é indício de psicopatia.* **2.** *P.ext.* Qualquer doença mental grave; psicose. (Não se confunde com *sociopatia.*) → **psicopata** *adj* e *s2gên* [que ou pessoa que manifesta psicopatia: *estudos recentes revelam: pessoas que têm preferência por alimentos amargos (cerveja, café forte, chocolate amargo e rúcula, p. ex.) podem ter tendências psicopatas e comportamentos antissociais*], que não se confunde com *sociopata;* psicopático *adj* (rel. a psicopatia ou próprio da psicopatia).

psi.co.se *sf* **1.** Qualquer distúrbio mental grave, como a esquizofrenia e a paranoia; psicopatia: *os sintomas da psicose incluem delírios e alucinações (ver ou ouvir coisas que outras pessoas não veem ou ouvem).* **2.** *Fig.* Ideia fixa; pensamento obsessivo: *a psicose de ter que revelar aos pais sua preferência sexual heterodoxa.* · V. **psicótico.**

psi.cos.se.xu.al *adj* Relativo a aspectos psicológicos e sexuais. → **psicossexualidade** *sf* (caráter do que é psicossexual). ·· **Fases psicossexuais.** As cinco fases do desenvolvimento psicossexual na infância, segundo Freud: *oral* (do nascimento até o primeiro ano de vida, na qual a libido é centrada na boca do bebê), *anal* (do primeiro ano aos três anos, na qual a libido se concentra no ânus, quando a criança sente grande prazer em defecar), *fálica* (dos três aos seis anos, na qual a sensibilidade se concentra na genitália, quando a masturbação se torna a grande fonte de prazer), *latente* (dos seis anos à puberdade, na qual já não há desenvolvimento psicossexual) e *genital* (que começa na puberdade, na qual o instinto sexual é direcionado ao prazer heterossexual, em vez do prazer próprio).

psi.cos.so.ci.al *adj* **1.** Que envolve aspectos dos comportamentos social e psicológico: *o desenvolvimento psicossocial de uma criança; o estresse psicossocial.*

psi.co.téc.ni.ca *sf* Uso de técnicas psicológicas para controlar e modificar o comportamento humano, princ. para fins práticos; uso da psicologia para resolver problemas práticos. → **psicotécnico** *adj* (**1**. rel. a psicotécnica; **2**. em que há psicotécnica: *exame psicotécnico*) e *sm* (red. de *exame psicotécnico*, teste a que se submete o candidato a carteira de motorista, para verificar se suas condições psicológicas são compatíveis com a atividade de dirigir veículos.

psi.co.te.ra.pi.a *sf* Tratamento de distúrbios mentais e emocionais, mediante o uso de técnicas psicológicas, como hipnose, sugestão, psicanálise, etc. → **psicoterapeuta** *s2gên* (especialista em psicoterapia); **psicoterápico** *adj* (**1**. rel. a psicoterapia: *exame psicoterápico*; **2**. *fig.* que tem valor curativo para os problemas psíquicos: *viagem psicoterápica*).

psi.có.ti.co *adj* **1**. Relativo a psicose(s). // *adj* e *sm* **2**. Que ou aquele que sofre de psicose.

psi.co.tró.pi.co *adj* e *sm* Que ou droga que afeta a atividade, o comportamento e a percepção mental.

psi.que *sf* **1**. Conjunto das funções mentais de um indivíduo; mente. **2**. Psiquismo. → **psíquico** *adj* (rel. ou pert. a psique ou mente); **psiquismo** *sm* [conjunto dos caracteres psíquicos de um indivíduo; estrutura mental; psique (2)]. (Cuidado para não usar "psiquê"!)

psi.qui.a.tri.a *sf* Ramo da medicina que se ocupa do tratamento das psicoses ou doenças mentais. → **psiquiatra** *s2gên* (especialista em psiquiatria); **psiquiátrico** *adj* (rel. a psiquiatria).

psi.ta.cí.deo *adj* **1**. Relativo aos psitacídeos. // *sm* **2**. Espécime dos psitacídeos, família de aves trepadoras e tropicais que inclui as araras, periquitos, papagaios, cacatuas, etc.

psiu *interj* Indica: **1**. Pedido de silêncio. **2**. Chamado.

pto.se *sf* Descenso (3). → **ptótico** *adj* (rel. à ptose).

pu.a *sf* **1**. Ponta aguçada de qualquer objeto; aguilhão. **2**. Ferramenta de fazer furos; broca. **3**. Bico da verruma. **4**. Haste da espora em cuja extremidade fica a roseta. **5**. *Pop.* RS Espora de aço que se põe nos galos de briga. **6**. Intervalo entre os dentes do pente do tear. **7**. *Pop.* Prego de madeira. **8**. *Pop.* Bebedeira. ·· **Sentar ao pua** (pop.). **1**. Dar surra em; surrar. **2**. Lançar-se sobre o inimigo com determinação; mandar ver.

pub [ingl.] *sm* Bar onde se bebe e ouve música, geralmente ao vivo, num ambiente aconchegante, geralmente à meia luz. · Pl.: *pubs*. · Pronuncia-se *páb*.

pu.bal.gi.a *sf* Dor crônica na virilha, causada por lesão em um tendão ou músculo da parte inferior do abdome ou da virilha. → **pubálgico** *adj* (rel. a pubalgia).

pu.ber.da.de *sf* Período da adolescência em que um indivíduo se torna fisiologicamente capaz de reprodução sexual. → **púbere** *adj* e *s2gên* (que ou pessoa que está na puberdade).

pú.bis *sm* **1**. Parte inferoanterior do osso ilíaco. **2**. Parte mediana e inferior do abdome, que se cobre de pelos na puberdade. → **pubiano** ou **púbico** *adj* (rel. ou pert. a púbis: *pelos pubianos; região púbica*).

pú.bli.ca-for.ma *sf* Cópia de documento feita e reconhecida por tabelião, que passa a valer como o original. · Pl.: *públicas-formas*.

pu.bli.ci.da.de *sf* **1**. Arte, técnica ou processo de atrair a atenção e o apoio do público mediante fornecimento de informações com valor de notícia sobre um produto, pessoa ou empresa. **2**. Atenção dada a alguém ou algo pela mídia: *ele ganhou publicidade com seu discurso sobre o aborto*. **3**. Material promocional ou informação divulgada ao público; panfleto informativo: *distribuiu-se muita publicidade desse evento nas ruas*. → **publicitário** *adj* (rel. a publicidade: *as campanhas publicitárias do governo*) e *adj* e *sm* (que ou profissional que trabalha em agência de publicidade).

pú.bli.co *adj* **1**. Relativo ou pertencente ao povo; popular: *a ordem pública; o interesse público*. **2**. Relativo ou pertencente ao governo: *a administração pública; as empresas públicas*. **3**. Que é do uso ou do domínio de todos; comum: *praça pública*. **4**. Conhecido de todos; manifesto: *notícia de conhecimento público*. **5**. Feito na presença de qualquer pessoa que se apresente: *concurso público*. **6**. Aberto ao conhecimento ou ao julgamento de todos: *escândalo público; documentos públicos*. // *sm* **7**. O povo, considerado em geral: *dar assistência ao público*. **8**. Conjunto de pessoas que dividem um interesse comum: *o público do futebol*. **9**. Conjunto de admiradores ou seguidores de uma figura famosa: *o público de Elvis Presley é fiel*. · Superl. abs. sint. erudito: *publicíssimo*. · Antôn. (1 a 6): *secreto, particular, privado*. → **publicação** *sf* (**1**. ação de publicar; **2**. obra publicada); **publicar** *v* (**1**. levar ao conhecimento público; anunciar: *publicar notícias*; **2**. preparar e lançar (material impresso ou gráfico), para venda ou distribuição ao público: *ele publicou seu livro*].

PUC *sf* Acrônimo de *P*ontifícia *U*niversidade *C*atólica. · Pl.: *PUCs*.

pu.çá *sm* **1**. Fruto do puçazeiro. **2**. *Pop.*CE Borla ou bolota de algodão com que se enfeitam as redes de dormir. **3**. Peneira de malhas, para apanhar pequenos peixes, camarões, siris, etc. → **puçazeiro** *sm* (planta que dá o puçá).

pu.den.do *adj* **1**. Ofensivo ao pudor; vergonhoso. **2**. Relativo ou pertencente aos órgãos genitais externos. → **pudente** *adj* (que tem pudor; pudico).

pu.de.ra *interj* Não era para menos!

pu.di.co *adj* Que tem ou revela pudor; pudente. · Superl. abs. sintético: *pudicíssimo*. → **pudicícia** *sf* (qualidade de pudico; recato, pudor).

pu.dim *sm* Doce cremoso e de sabor variado (de leite, de grãos, de chocolate, etc.) assado ou cozido em banho-maria, geralmente servido com calda.

pu.dor (ô) *sm* Sentimento de vergonha ou timidez relativamente à decência de costumes; recato. · V. **pudendo** e **pudico**.

pu.e.rí.cia *sf* Período da vida humana entre a infância e a adolescência; meninice.

pu.e.ri.cul.tu.ra *sf* Conjunto de regras e cuidados médico-sociais para assegurar o melhor desenvolvimento físico-mental das crianças, desde a gestação até a puberdade. → **puericultor** (ô) *sm* (**1**. aquele que se dedica à puericultura; **2**. especialista em puericultura).

pu.e.ril *adj* **1**. De criança ou próprio de criança; infantil: *birra pueril; energia pueril*. **2**. *Fig.Pej.* Bobo, tolo, infantil: *ele deu desculpas pueris; atitude pueril*. → **puerilidade** *sf* (qualidade ou condição de pueril; a segunda infância; meninice).

pu.er.pé.rio *sm* Período de 42 dias seguintes ao do parto, de expulsão da placenta e membranas; pós-parto. → **puérpera** *adj* e *sf* (que ou mulher que está no puerpério); **puerperal** *adj* (rel. a puérpera ou a parto).

pu.fe *sm* Assento acolchoado de toucador, sem braços nem espaldar.

pu.gi.lis.mo *sm* Boxe. → **pugilato** *sm* (luta de boxe); **pugilista** *adj* e *s2gên* (que ou pessoa que luta boxe).

pug.na *sf* **1**. Ação ou efeito de pugnar; luta, briga, combate. **2**. *Fig.* Debate acalorado; discussão acirrada. → **pugnar** *v* (**1**. travar luta; lutar, combater: *pugnar com muitos inimigos*; **2**. *fig.* discutir acaloradamente: *pugnar com os amigos sobre futebol*; **3**. *fig.* esforçar-se bastante para alcançar ou obter; bater-se: *pugnar por melhores condições de vida*; **4**. *fig.* fazer valer; defender: *pugnar por seus direitos*).

puh *interj* Indica: **1**. Choque, queda. **2**. Desprezo.

pu.jan.ça *sf* **1**. Grande força ou vitalidade; fortaleza, vigor, robustez. **2**. Poderio, domínio, grandeza: *a pujança do material bélico americano*. **3**. Abundância de bens materiais; fartura, riqueza: *a pujança da economia chinesa*. **4**. Vigor de vegetação; viço, exuberância: *a pujança da Amazônia*. **5**. Grande capacidade produtiva de uma terra. → **pujante** *adj* (que tem pujança).

pu.lar *v* **1**. Passar por cima de; saltar, transpor de um pulo: *pular um muro*. **2**. Saltar (geralmente em competições esportivas): *essa jogadora de vôlei pula quase dois metros*. **3**. Dançar animadamente; brincar: *pular o carnaval*. **4**. Omitir voluntariamente ou não (parte de um escrito), ao lê-lo ou copiá-lo; saltar: *pular uma frase do discurso*. **5**. Mover uma peça do xadrez ou das damas por cima de (outra colocada no tabuleiro). **6**. Deixar de fazer (uma coisa) entre duas outras da mesma espécie: *ela pula sempre uma refeição, porque está fazendo regime*. **7**. Trocar ou mudar constantemente: *vive pulando de escola, porque não consegue acompanhar as turmas*. **8**. Saltar, lançar-se, atirar-se, projetar-se: *uma fã pulou sobre o cantor; pular do último andar de um prédio*. **9**. Passar a posto ou cargo superior, sem passar pelos intermediários; saltar: *pulou de repórter para chefe da redação*. **10**. Passar de uma coisa a outra sem transição, bruscamente: *a inflação pulou para 5% ao mês*. **11**. Elevar-se do chão ou do lugar em que está com um impulso súbito dos pés e das pernas, para cair no mesmo lugar ou em outro; saltar: *pular da janela*. **12**. Levantar-se de forma repentina; saltar: *pulo da cama cedo*. **13**. Descer (de veículo ou meio de transporte); apear, saltar: *pulei no ponto errado*. **14**. Bater rapidamente (o coração): *pula-me o coração, quando a vejo.* **15.** Deslocar-se, saltando: *pular de um telhado para o outro.* **16.** Demonstrar animação: *pular de felicidade.* **17.** Sair um líquido ou outra coisa com força; saltar: *a tampa do champanha pulou assim que a toquei.* → **pulo** *sm* (**1.** ação de pular; salto para cima, caindo no mesmo lugar ou próximo dele; **2.** aumento significativo: *o preço dos combustíveis este ano deu um pulo).* ·· **Dar um pulo a** (ou **até**). Ir a ou até (um lugar) para estada rápida: *Dei um pulo à farmácia para buscar um analgésico.* ·· **Pular a cerca** (fig.). Ter relações extraconjugais; ser infiel ao cônjuge; enganar o marido ou a esposa. ·· **Pulo do gato** (fig.). Artifício que alguém guarda só para si, a fim de poder livrar-se ocasionalmente de uma situação difícil ou complicada.

pu.le *sf* **1.** Bilhete simples de aposta em corrida de cavalos. **2.** Bilhete de aposta fornecido pelo bicheiro, com a anotação dos números pedidos pelo freguês.

pul.ga *sf* Pequeno inseto hematófago e saltador, parasito de mamíferos e aves. → **pulguedo** (ê) ou **pulgueiro** *sm* (**1.** lugar onde há muitas pulgas; **2.** grande quantidade de pulgas; **3.** *pop. pej.* cinema de baixa categoria, onde costuma haver muitas pulgas); **pulguento** *adj* (cheio de pulgas: *cinema pulguento*).

pul.gão *sm* Pequeno inseto parasito de vegetais, de que sugam a seiva e aos quais transmite várias doenças.

pu.lha *sf* **1.** Mentira que ridiculariza seu autor. **2.** Pergunta ou comentário capcioso, com o propósito de deixar alguém em situação difícil. **3.** Comportamento ou ato de calhorda ou mau-caráter; patifaria, canalhice. // *adj* e *s2gên* **4.** *Pop.* Que ou pessoa que não tem dignidade nem caráter; calhorda, canalha, patife. → **pulhice** *sf* (qualidade, ato, atitude ou dito de pulha; canalhice, patifaria).

pul.mão *sm* Cada um dos dois órgãos da respiração contidos na cavidade pleural do tórax e ligados à faringe por meio da traqueia e da laringe. → **pulmonar** *adj* (rel. ou pert. a pulmão: *câncer pulmonar*).

pu.lô.ver *sm* Agasalho de malha de lã, com ou sem mangas, sem botões nem zíper, que se veste pela cabeça; suéter.

púl.pi.to *sm* Tribuna onde os padres pregam, localizada geralmente na parte lateral da igreja.

pul.sar¹ *v* **1.** Fazer soar (instrumento de corda); ferir, tanger, tocar. **2.** Bater ritmicamente: *o sangue pulsa nas veias.* **3.** *Fig.* Estar cheio de movimento, de fervor, de vitalidade: *na alta estação, esta cidade pulsa de vida.* **4.** *Fig.* Ser efervescente ou frenético: *no centro da cidade a vida pulsa.* **5.** Ter palpitação; palpitar: *pulsa-me o coração, de tanta ansiedade.* **6.** *Fig.* Procurar saber a opinião de; sondar: *o jornalista pulsou o presidente acerca desse assunto.* → **pulsação** *sf* (ato ou efeito de pulsar); **pulsante** *adj* (que pulsa).

pul.sar² *sm* Em astronomia, estrela de nêutrons de rotação rápida que emite pulsos de radiação, princ. ondas de rádio, com alto grau de regularidade. · Pl.: *pulsares.*

pul.so *sm* **1.** Pulsação regular das artérias, causada pelas sucessivas contrações do coração, princ. as que podem ser sentidas em uma artéria, como no pulso; latejamento das artérias; pulsação arterial: *o médico encontrou pulso fraco no rapaz acidentado.* **2.** Cada pulsação sucessiva das artérias ou do coração. **3.** *P.ext.* Qualquer batida, sinal, vibração, etc. regular ou rítmica. **4.** Região situada entre a mão e o antebraço; punho. **5.** *Fig.* Energia ou firmeza demonstrada no exercício da autoridade: *falta pulso ao presidente.* **6.** *Fig.* Agitação, vitalidade: *o pulso do centro de uma grande cidade.* **7.** Em eletricidade e eletrônica, variação brusca e momentânea em voltagem, corrente, etc. cujo valor é normalmente constante; breve surto de tensão ou corrente; impulso. **8.** Quantidade de energia física, como luz, som, eletricidade, que algo produz por um curto período de tempo: *um pulso de raios gama; uma estrela que emite pulsos regulares de ondas de rádio.* → **pulseira** *sf* (**1.** ornato circular para os pulsos ou para os braços; **2.** tira do relógio de pulso).

pu.lu.lar *v* **1.** Estar cheio de: *a cidade pulula de turistas.* **2.** Existir em grande quantidade; abundar, fervilhar: *pululam borrachudos em Ilhabela.* **3.** Multiplicar-se ou espalhar-se rapidamente e com abundância; procriar rapidamente: *ratos pululam em Paris.* **4.** Lançar rebentos (planta); brotar.

pul.ve.ri.zar *v* **1.** Reduzir a pó: *a explosão pulverizou a pedreira.* **2.** Espargir (líquido) em gotículas que parecem pó; vaporizar: *pulverizar as plantas.* **3.** Cobrir com inseticida: *pulverizar a lavoura.* **4.** *Fig.* Arrasar, aniquilar: *as bombas atômicas pulverizaram as cidades japonesas.* → **pulverização** *sf* (ato ou efeito de pulverizar); **pulverizador** (ô) *adj* e *sm* (que ou o que pulveriza); **pulverulência** *sf* (qualidade ou estado de pulverulento); **pulverulento** *adj* (coberto de pó).

pum *sm* **1.** *Pop.* Ruído feito quando se soltam gases; flato, traque, peido. // *interj* **2.** Indica som repentino, forte e surdo.

pu.ma *sm* Grande felídeo do continente americano, também conhecido como *suçuarana.*

pum.ba *interj* Indica ato contínuo, imediação.

pun.ção *sf* **1.** Ato ou efeito de pungir ou puncionar. // *sm* **2.** Instrumento metálico pontiagudo usado para furar, gravar ou dar forma a material. → **puncionar** *v* (**1.** praticar uma punção; **2.** marcar ou furar com uma punção).

punch [ingl.] *sm* Na luta de boxe, soco, murro, golpe. · Pl.: *punches.* · Pronuncia-se *pânch.*

pun.do.nor (ô) *sm* **1.** Alto sentimento de dignidade; brio: *admirável o pundonor dos japoneses, no momento da rendição, na II Guerra Mundial.* **2.** Exagerada suscetibilidade no amor-próprio: *para não ferir o pundonor do mecânico, elogiei-lhe o trabalho que, na verdade, foi um desastre.*

pun.gir *v* **1.** Picar; ferir com objeto pontiagudo: *os espinhos do limoeiro pungiram-me a perna.* **2.** Causar grande dor moral; afligir; aguilhoar: *o remorso punge a alma.* · Conjuga-se por *abolir.* · V. **punção**. → **pungência** *sf* (qualidade de pungente); **pungente** *adj* (**1.** que punge; picante, agudo; **2.** que afeta o sentido do olfato ou do paladar, provocando uma sensação cáustica, acre, picante, extremamente desagradável).

pun.guis.ta *adj* e *s2gên* Que ou pessoa que furta nas ruas. → **punguismo** *sm* (ato ou vida de punguista).

pu.nha.do *sm* **1.** Quantidade de qualquer coisa que caiba na mão: *um punhado de dinheiro.* **2.** Quantidade indeterminada, porém, pequena; bocado: *emprestei-lhe um punhado de açúcar.* **3.** *P.ext.* Porção de gente, dizendo um punhado de desafetos.

pu.nhal *sm* Arma branca de lâmina curta e pontiaguda. → **punhalada** *sf* (**1.** ferimento feito com punhal; **2.** grande golpe ou ofensa moral: *a traição é um punhalada muito dolorida*).

pu.nhe.ta (ê) *sf Pop.Chulo* Masturbação masculina; bronha.

pu.nho *sm* **1.** Pulso. **2.** Mão fechada. **3.** Tira das extremidades das mangas de camisa e blusa. **4.** Parte por onde se empunham armas, instrumentos, etc.; cabo.

pú.ni.co *adj* e *sm* Cartaginês. → **puno-** elemento contraído que significa *púnico: guerra puno-romana.*

pu.nir *v* Impor com autoridade um sofrimento a (pessoa que cometeu crime ou falta grave): *punir os corruptos.* · Antôn.: *premiar, recompensar.* → **punição** *sf* (ato ou efeito de punir); **punitivo** *adj* (**1.** que pune; **2.** caracterizado pela punição; que impõe ou encerra punição).

punk [ingl.] *adj* e *s2gên* **1.** Que ou jovem que é adepto(a) de um grupo rebelde e contestador, que despreza os valores sociais e adota sinais exteriores de provocação, como o uso de roupas extravagantes e corte de cabelo ousado, em cores. // *adj* **2.** Próprio desse tipo de jovem: *cabelo punk; moda punk.* **3.** Relativo ou pertencente aos *punks*: *movimento punk; ideais punks.* · Pl.: *punks.* · Pronuncia-se *pânk.*

pun.tu.ra *sf* Picada feita com punção, agulha, alfinete ou outro objeto pontiagudo.

pu.pa *sf* **1.** Estado intermediário entre a larva e a forma adulta, na metamorfose de certos insetos. **2.** Inseto nesse estado ou passando por esse estado.

pu.pi.la *sf* **1.** Orifício da íris pelo qual passam os raios luminosos; menina do olho. **2.** Mulher jovem que se prepara para professar, num convento. **3.** Menor órfã sob tutela. **4.** Feminino de *pupilo.*

pu.pi.lo *sm* **1.** Órfão menor sob a guarda de um tutor; tutelado. **2.** Discípulo, aluno. **3.** Protegido, valido: *os pupilos do senhor reitor.* **4.** Menor órfão sob tutela.

pu.rê *sm* Alimento pastoso, feito de legumes, de batatas ou de frutas: *purê de batata, de cenoura.*

pur.gar *v* **1.** Livrar de impurezas, purificar, depurar: *purgar o sangue.* **2.** Lançar pus: *a ferida está purgando.* **3.** *Fig.* Livrar de (algo ou alguém mau ou indesejável): *purgue os fantasmas de seu passado!*; *o prefeito purgou a cidade de flanelinhas.* **purgar(-se) 4.** Tratar(-se) com purgante; administrar(-se) um purgativo: *purgar uma criança; ele se purgou antes de fazer esse exame.* **purgar-se 5.** Purificar-se: *a alma se purga na penitência.* → **purgação** *sf* (ação ou efeito de purgar); **purgante** ou **purgativo** *adj* e *sm* (que ou medicamento que purga); **purgatório** *sm* (segundo os teólogos, lugar de purificação, onde as almas dos que faleceram em pecado venial vão acabar de expiar as suas culpas, para ganhar o reino do Céu.

pu.ri.ta.nis.mo *sm* **1**. Doutrina protestante dos séculos XVI e XVII, cujos seguidores pretendiam simplificar os ritos e as cerimônias litúrgicas e interpretar, melhor do que ninguém, o sentido da Bíblia. **2**. *Fig.* Austeridade moral; moralismo excessivo. → **puritano** *adj* e *sm* (**1**. que ou aquele que é adepto do puritanismo; **2**. que ou aquele que é muito rigoroso nos assuntos morais e acredita que o prazer é errado: *os puritanos são contrários à educação sexual*).

pu.ro *adj* **1**. Sem mistura; livre de impurezas, substâncias nocivas ou matéria estranha: *camisa de algodão puro; ar puro; mel puro; a água da chuva é quimicamente pura*. **2**. Sem mancha moral; limpo: *alma pura; amor puro*. **3**. Virginal, casto: *mulher pura*. **4**. Virtuoso, sem maldade: *as crianças têm coração puro*. **5**. Incontestável, completo: *é a pura verdade*. **6**. Livre de elementos estrangeiros; castiço: *falar num português puro*. **7**. Mero, só: *tudo isso é pura fantasia, pura ilusão, pura especulação; foi pura coincidência encontrá-la*. **8**. Teórico apenas, sem aplicações práticas; restrito apenas aos aspectos abstratos ou teóricos: *matemática pura*. **9**. Completo, total: *isso é loucura pura!* **10**. Simples, homogêneo: *branco puro*. **11**. De ancestralidade sem mistura: *cão de raça pura*. **12**. Diz-se do som claro, perfeito, livre de aspereza, agradável de ouvir: *o som puro de uma flauta*. → **pureza** (ê) *sf* (qualidade do que é puro); **purificação** *sf* [ato ou efeito de purificar(-se)], de antôn. *contaminação, poluição*; **purificar(-se)** *v* [tornar(-se) puro; purgar(-se): *purificar o sangue; purificar-se dos pecados*], de antôn. *poluir, corromper*; **purismo** *sm* (rigorosa observância da pureza da linguagem, da correção gramatical e da norma padrão, sem o uso de empréstimos de outras línguas); **purista** *adj* (rel. a purismo) e *adj* e *s2gên* (que ou pessoa que é dada ao purismo). ·· **Puro e simples**. Expressão que se usa após um substantivo equivalendo a *e nada mais*: *Ele só fez isso por ganância pura e simples*.

pu.ro-san.gue *adj* e *sm* Que ou cavalo que representa uma raça pura, sem cruzamento de outras. · Pl.: *puros-sangues*.

púr.pu.ra *sf* **1**. Dermatose caracterizada pela formação de manchas vermelhas. **2**. Cor vermelho-escura, formada pela mistura de vermelho com azul. // *adj* **3**. De cor púrpura; purpúreo, purpurino, vermelho-escuro: *meias púrpura*. (Como se vê, não varia.) → **purpúreo** ou **purpurino** *adj* [púrpura (3)]; **purpurina** *sf* (pó metálico prateado, dourado ou em cores, utilizado em maquiagem).

pu.ru.len.to *adj* **1**. Que tem o aspecto ou a natureza do pus; *secreção purulenta*. **2**. Que contém pus: *urina purulenta*. **3**. Misturado com pus: *sangue purulento*. **4**. Que forma ou produz pus: *infecção purulenta*. **5**. Que está supurado ou com pus: *apêndice purulento*. → **purulência** *sf* (**1**. qualidade do que é purulento; **2**. concentração de pus; abscesso).

pu.ru.ru.ca *adj* **1**. Frágil, quebradiço: *cabelo pururuca*. **2**. Diz-se do petisco de pele de porco torrada e crocante, depois de frito e bem seco. **3**. Diz-se desse porco ou de seu filhote: *leitão pururuca*. // *sf* **4**. *Pop*. Coco de polpa ainda tenra. **5**. *Pop*.MG Mistura de saibro com pedra miúda, abundante no leito de alguns rios; canjica. // *adj* e *s2gên* **6**. *Fig*. Que ou pessoa que é rabugenta e irascível. → **pururucador** (ô) *sm* (equipamento que consiste em um queimador infravermelho a gás que pode atingir temperaturas de até 800°C, próprio para fazer pururuca), palavra que a 6.ª ed. do VOLP não registra.

pus *sm2núm* Líquido espesso e amarelado que se forma em processos inflamatórios, composto de leucócitos e bactérias. → **pústula** *sf* (pequeno tumor ou bolha na pele contendo pus) e *sm* (*fig*. pessoa infame, de péssimo caráter: *seu marido é um pústula!*); **pustular** *adj* (rel. a pústula); **pustulento** *adj* e *sm* (que ou aquele que está coberto de pústulas).

pu.si.lâ.ni.me *adj* e *s2gên* **1**. Que ou pessoa que é fraca de energia, de firmeza, de determinação, de decisão: *nossos parlamentares são pusilânimes em combater a impunidade, porque ela lhes interessa*. **2**. Que ou pessoa que, sem coragem, tem medo de correr riscos e é caracterizada por desprezível timidez; covarde: *um presidente pusilânime não merece ser reeleito*. → **pusilanimidade** *sf* (qualidade ou condição de pusilânime; fraqueza de ânimo).

pu.to *sm Pop.Chulo* **1**. Homossexual, *gay*. **2**. Centavo, tostão: *não tenho um puto no bolso*. **3**. *Fig*. Homem desonesto. // *adj* **4**. Redução de *puto da vida*, furioso, irado: *fiquei puto com ela por ter dito aquilo*. → **puta** *sf* (*pop.chulo* prostituta, meretriz, biscate, piranha, pistoleira); **putada** *sf* (*pop.chulo* porção de putas); **putaria** *sf* (*pop.chulo* **1**. porção de putas; putedo; **2**. prostíbulo: *ele vive na putaria*; **3**. comportamento indecente; safadeza, sacanagem, vileza); **putedo** (ê) *sm* [putaria (1)].

pú.tri.do *adj* **1**. Podre e fétido; putrefato. **2**. *Fig*. Moralmente podre; corrupto: *era um governo pútrido, indigno do poder*. **3**. Extremamente poluído: *ninguém mais nada nas águas pútridas desse rio*. → **putrefação** *sf* (**1**. processo de decomposição do corpo de um animal morto ou de qualquer outra matéria orgânica por bactérias e fungos; apodrecimento; **2**. *fig*. decadência, declínio: *há quem aspire à putrefação do capitalismo*); **putrefato** *adj* (**1**. que apodreceu; **2**. *fig*. decadente: *o putrefato regime cubano*); **putrefazer(-se)** *v* [**1**. tornar(-se) pútrido ou podre; apodrecer; **2**. *fig*. tornar(-se) decadente].

putz.gri.la *interj Pop*. Exprime espanto, surpresa, admiração, impaciência, desapontamento, irritação, etc.: *putzgrila! mais imposto?!* (A 6.ª ed. do VOLP não traz essa interjeição, surgida com os *hippies*, na década de 1970.)

pu.xa *interj* Indica: **1**. Irritação, impaciência, admiração ou surpresa. // *sm* **2**. Redução de *puxa-saco* ou de *puxa-puxa*.

pu.xa-pu.xa *sm* **1**. Doce de consistência elástica e grudenta. // *adj* **2**. Diz-se de qualquer doce da mesma consistência; puxa: *balas puxa-puxas*. · Pl.: *puxa-puxas* ou *puxas-puxas*.

pu.xar *v* **1**. Mover ou deslocar para junto de si: *puxe uma cadeira e sente-se!* **2**. Atrair a si com alguma força: *quando a mulher se preparava para saltar do 20.º andar, o policial correu e puxou-a*. **3**. Fazer força para tirar ou arrancar: *puxar os cabelos*. **4**. Lançar mão de; sacar: *puxar o revólver*. **5**. Exercer tração em: *puxar um carrinho*. **6**. Arrastar; mover depois de si: *o boi puxa o arado*. **7**. Esticar, estirar: *não puxe muito esse barbante, que ele arrebenta!* **8**. Consumir, gastar: *ar-condicionado puxa muita energia*. **9**. Sorver, aspirar, haurir: *acendeu o cigarro e puxou a fumaça*. **10**. Dar início a; começar, iniciar, encetar: *puxar conversa*. **11**. Começar ou dar início, para que outros acompanhem: *puxar terço*. **12**. *Gír*. Furtar (veículo): *quantos carros esse ladrãozinho puxa por mês?* **13**. *Gír*. Fumar (maconha). **14**. Ter as características hereditárias: *puxei a família de meu pai*. **15**. Ser exigente: *esse professor puxa bastante*. → **puxada** *sf* (ação ou efeito de puxar); **puxadinho** *sm* (*pop*. extensão (5)]; **puxador** (ô) *adj* e *sm* (**1**. que ou aquele que inicia canto, oração, etc.; **2**. *gír*. que ou aquele que tem o vezo de furtar veículos; **3**. *gír*. maconheiro) e *sm* (peça por onde se puxa, para abrir qualquer coisa); **puxão** *sm* (puxada com força). ·· **Puxa vida!** Locução interjetiva que indica espanto, surpresa, impaciência ou aborrecimento: *Puxa vida, mais imposto?!*

pu.xa-sa.co *adj* e *s2gên Pop*. Que ou pessoa que bajula outra, para obter vantagens. · Pl.: *puxa-sacos*. → **puxa-saquismo** *sm* (*pop*. caráter ou ação de puxa-saco), de pl. *puxa-saquismos*.

pu.xe.ta (ê) *sf Pop*. **1**. Puxada curta ou breve. **2**. No futebol, lance em que o jogador puxa a bola para trás, por cima da cabeça, com o outro pé apoiado no chão.

puzzle [ingl.] *sm* Quebra-cabeça destinado a testar a paciência de alguém. · Pronuncia-se *pázol*.

PVC *sm* Sigla inglesa de *polyvinyl chloride* (policloreto de vinila), material plástico muito usado na fabricação de tubos e conexões. · Pl.: *PVCs*. · Pronuncia-se *pi vi ci* (à inglesa) ou *pê vê cê* (à portuguesa).

Q

q/Q *sm* Décima sétima letra do alfabeto, de nome *quê*. · Pl.: os *qq* ou os *quês*.

qbit [ingl.] *sm* V. **qubit**.

QLED [ingl.] *sm* Acrônimo inglês de *quantum dot light-emitting diode* = diodo emissor de luz com pontos quânticos, LED que também emite luz por trás da tela de cristal líquido, com a diferença dos pontos quânticos, que filtram a luz, brilho e intensidade de cor dos *pixels*, para formar a imagem. · Pronuncia-se *qléd*. (Usa-se também *tela de QLED*, ou adjetivamente: *tela QLED, TV QLED, tecnologia QLED*, etc.)

qua.dra *sf* 1. Campo retangular, geralmente de cimento, no qual se praticam certas modalidades de esporte (vôlei, tênis, basquete, etc.). 2. Qualquer das quatro estações do ano. 3. Conjunto de quatro elementos em qualquer jogo, princ. de loteria. 4. Fase, época, período: *estamos na quadra eleitoral; nesta quadra da vida, a que mais posso aspirar?* 5. Distância entre uma esquina e a outra do mesmo lado da rua; quarteirão: *eu e ela moramos na mesma quadra*. 6. Estrofe de quatro versos, geralmente de sete sílabas métricas, também chamada *quadrinha*; quarteto. 7. Composição poética constituída por essa estrofe, também chamada *quadrinha*; trova. · Dim. erudito: *quadrícula sf* ou *quadrículo sm*.

qua.dra.do *adj* 1. Diz-se da figura geométrica plana, de quatro lados iguais e todos os ângulos retos. 2. Diz-se de qualquer objeto que tem essa forma: *mesa quadrada*. 3. Diz-se da unidade de comprimento multiplicada por si mesma, que serve como medida padrão de superfície (área): *metro quadrado*. 4. Em matemática, pertencente a um quadrado: *raiz quadrada*. 5. *Fig.* Diz-se daquele que tem ombros largos e é musculoso, de constituição física forte, atlética: *o irmão dele era um cara quadrado, que não dava para encarar*. 6. *Fig.* Diz-se daquele que é pouco receptivo a inovações ou a mudanças bruscas, princ. na família e na sociedade; tradicionalista: *pai quadrado*. 7. *Fig.* Pouco inteligente; limitado intelectualmente: *o menino era um aluno quadrado, mas esforçado*. 8. *Fig. Pop.* No futebol, errado, torto: *recebeu um passe redondo e devolveu um passe quadrado*. // *sm* 9. Figura geométrica plana, de quatro lados iguais e todos os ângulos retos; quadrilátero. 10. Qualquer área quadrada. 11. Em matemática, produto de um número qualquer, multiplicado por si mesmo; segunda potência: *25 é o quadrado de 5*. · Dim. erudito: quadrículo. → **quadradão** *sm* (aum. de *quadrado*; quadrado grande) e *adj* e *sm* (*pop.* que ou aquele que é extremamente conservador, de ideias antiquadas ultrapassadas). ·· **Besta quadrada** (pop.pej.). Pessoa completamente ignorante ou estúpida: *Seu irmão é uma besta quadrada!* ·· **Elevar ao quadrado**. Multiplicar uma quantidade por si mesmo. ·· **Raiz quadrada de um número**. Número que, multiplicado por si mesmo, resulta em um dado número.

qua.dra.ge.ná.rio *adj* e *sm* Que ou aquele que tem entre 40 e 49 anos de idade; quarentão.

qua.dra.gé.si.mo *num* 1. Ordinal e fracionário correspondentes a quarenta. // *sm* 2. A quadragésima parte. 3. O que ocupa o quadragésimo lugar.

qua.dran.gu.lar *adj* 1. De quatro ângulos. // *sm* 2. Torneio esportivo disputado por quatro equipes.

qua.dran.te *sm* 1. A quarta parte da circunferência. 2. Área plana limitada por essa parte. 3. Mostrador de relógio. 4. Região, área, zona.

qua.dra.tu.ra *sf* 1. Redução de qualquer figura geométrica a um quadrado equivalente. 2. Quarto crescente ou quarto minguante da Lua.

qua.dri.cu.la.do *adj* Dividido em quadrinhos ou quadrículos; quadricular (1).

qua.dri.cu.lar *adj* 1. Quadriculado. // *v* 2. Dividir em quadrículos ou em quadrinhos: *quadricular uma folha de papel*. 3. Dar forma de quadrículo a: *quadricular uma vidraça*.

qua.dri.ê.nio ou **qua.tri.ê.nio** *sm* Espaço ou período de quatro anos. → **quadrienal** ou **quatrienal** *adj* (1. que dura ou tem quatro anos: *o mandato de deputado é quadrienal*; 2. que acontece de quatro em quatro anos: *as Olimpíadas são quatrienais*).

qua.dri.gê.meo *adj* 1. Relativo a cada um dos quatro irmãos gêmeos. // *sm* 2. Cada um dos quatro irmãos gêmeos.

qua.dril *sm* Parte saliente de cada lado do corpo dos mamíferos, formada pelo lado da pelve e parte superior do fêmur, juntamente com as partes carnudas que os cobrem; anca.

qua.dri.lá.te.ro *adj* e *sm* Que ou polígono que tem quatro lados. → **quadrilateral** *adj* (que tem quatro lados).

qua.dri.lha *sf* 1. Grupo de ladrões, assaltantes ou criminosos que trabalham juntos. 2. Dança quadrada, de origem francesa, para quatro pares. 3. Música para essa dança. → **quadrilheiro** *adj* (próprio de quadrilha) e *sm* (membro ou participante de quadrilha).

qua.dri.mes.tre *sm* Período de quatro meses. → **quadrimestral** *adj* (1. rel. a quadrimestre; 2. que acontece ou se realiza de quatro em quatro meses).

qua.dri.mo.tor (ô) *adj* e *sm* Que ou aeronave que tem quatro motores.

qua.drin.gen.te.ná.rio *sm* Comemoração dos quatrocentos anos de um fato notável.

qua.drin.gen.té.si.mo *num* 1. Ordinal e fracionário correspondentes a quatrocentos. // *sm* 2. A quadringentésima parte. 3. O que ocupa o quadringentésimo lugar.

qua.dri.nho *sm* 1. Quadro pequeno. 2. Cada um dos quadros com desenhos e dizeres de uma história em quadrinhos. // *smpl* 3. Redução de *estória* ou *história em quadrinhos*, história contada através de uma série de quadros com desenhos e pequenos textos correspondentes. → **quadrinista** *adj* e *s2gên* (que ou profissional que escreve estórias em quadrinhos); **quadrinização** *sf* (ato ou efeito de quadrinizar); **quadrinizar** *v* (adaptar para a forma de estória em quadrinhos, com os respectivos diálogos e desenhos).

qua.dri.nô.mio *sm* Expressão algébrica composta de quatro termos.

qua.dris.se.ma.na *sf* Conjunto de quatro semanas consecutivas.

qua.dro *sm* 1. Obra de pintura, desenho, gravura, etc. enquadrada numa moldura. 2. Superfície móvel ou fixa que indica dados, informações, etc.: *quadro de avisos*. 3. Redução de *quadro-negro*. 4. Apresentação artística figurativa, que procura representar alguma coisa. 5. Cada fotografia integrante de um filme cinematográfico. 6. Conjunto de funcionários de uma empresa ou de uma repartição, escritório, etc. 7. Cada um desses funcionários: *ele é um dos melhores quadros da nossa empresa*. 8. Em publicações, moldura quadrilateral que destaca alguma informação do texto ou onde se coloca uma ilustração, foto, etc. 9. Estrutura metálica da bicicleta. 10. Equipe, time, esquadra (3): *o árbitro não iniciou o jogo, porque o quadro vascaíno estava com um jogador a menos no campo*. 11. Conjunto de associados de um clube esportivo: *nosso quadro social é pequeno*. 12. Exposição, relato, panorama: *o ministro traçou um quadro perfeito da nossa economia*. 13. *Fig.* Situação atual: *é preocupante o quadro das principais livrarias brasileiras*. 14. Cada cena de um programa, espetáculo, etc. 15. Cada cena gravada em filme. 16. Área enquadrada pela objetiva de uma câmara; plano, campo. 17. Redução de *quadro clínico*, conjunto de sinais e sintomas de uma doença: *o quadro dele é grave*. 18. Painel de controle de instalação elétrica: *quadro de força*.

qua.dro-ne.gro *sm* Superfície plana, quadrangular e fixa à parede, usada nas escolas e revestida de um material próprio, para se escrever com giz; quadro (3). · Pl.: *quadros-negros*.

qua.drú.ma.no *adj* e *sm* 1. Que ou animal que tem quatro mãos. // *adj* 2. Relativo a esse animal.

qua.drun.vi.ra.to *sm* Autoridade ou governo exercido por quatro pessoas.

qua.drú.pe.de *adj* e *sm* 1. Que ou animal que possui quatro pés. // *sm* 2. *Fig.Pej.* Pessoa bruta, estúpida, grossa, ignorante; cavalgadura.

quá.dru.plo *num* 1. Multiplicativo de *quatro*. // *adj* 2. Que é quatro vezes maior que outra quantidade. // *sm* 3. Quantidade quatro vezes maior que outra. 4. Tamanho quatro vezes maior que outro. // *smpl* 5. Quatro crianças nascidas do mesmo parto; quadrigêmeos. → **quadruplicação** *sf* [1. ato ou efeito de quadruplicar(-se)]; 2. multiplicação por quatro]; **quadruplicar(-se)** *v* [tornar(-se) quatro vezes maior: *quadruplicar os lucros*; *o seu patrimônio (se) quadruplicou depois de eleito*].

qual *pron* 1. Que ser dentre outros: *não sei qual é a minha mala*. 2. De que tipo: *eu sei quais são os seus podres*. (Usados em frases interrogativas, torna-se pronome interrogativo: *Qual é a minha mala? Quais são os meus podres?*) **3**. Que [neste caso, *qual* vem sempre antecedido de *o* e termo antecedente (com preposição ou não): *Não conheço o rapaz o qual você abordou. Não conheço o rapaz do qual você fala.*) // *interj* **4**. Exprime dúvida, descrença ou negação enfática: *Se ela se arrependeu? Qual!* (Costuma aparecer com *nada*: *Qual nada!*) ·· **Cada qual**. Cada um: *Cada qual sabe onde lhe aperta o sapato*. ·· **Tal qual**. Igual a: *Ela é tal qual a mãe. Elas são tais qual a mãe. Ela é tal quais as irmãs. Elas são tais qual a mãe.* (Como se vê, tanto um quanto outro variam, embora já haja autores que considerem *tal qual* uma expressão invariável. Machado de Assis nos mostrou, em *Quincas Borba*, que não é bem assim.)

qua.li.da.de *sf* **1**. Característica essencial; propriedade inerente a um ser: *o alumínio tem uma qualidade: não enferruja; as qualidades químicas do álcool*. **2**. Grau de excelência ou não de algo: *houve uma melhora ou piora na qualidade desse produto?; a indústria automotiva brasileira parece não ter compromisso com qualidade*. **3**. Tipo, espécie: *de que qualidade é essa uva?* **4**. Aptidão ou capacidade confirmada; qualificação: *ela foi contratada por sua qualidade de administradora*. **5**. Fato de ser (alguém ou algo) excelente ou superior em sua espécie; categoria: *é um ator de grande qualidade; o vinho brasileiro é hoje de boa qualidade*. **6**. Qualidade dada a um som por seus tons; timbre. **7**. Atributo ou característica distintiva de uma pessoa: *sua maior qualidade é saber ouvir; teimosia é uma de suas más qualidades; ele mostra fortes qualidades de liderança*. **8**. Classe social; espécie, laia, jaez: *seus pais sabem que você anda com gente dessa qualidade?* ·· **De qualidade**. **1**. De alto padrão: *Produtos de qualidade*. **2**. Muito bom; excelente: *Eles fazem um show de qualidade*. ·· **Na qualidade de**. Na condição, posição ou papel de: *Na qualidade de presidente da República, ele jamais poderia dizer palavrões*. ·· **Qualidade de vida**. Nível de prazer, conforto e saúde na vida de alguém: *Perdida a qualidade de vida, perde-se a vontade de viver*.

qua.li.fi.car *v* **1**. Atribuir ou dar qualidade a; modificar: *o adjetivo qualifica o substantivo*. **2**. Descrever enumerando as qualidades ou características de; caracterizar: *qualificou bem o trabalho*. **3**. Considerar qualificado, apto: *o treinamento qualificou-o para o trabalho*. **qualificar-se 4**. Classificar-se em concurso ou competição: *meu time se qualificou para a fase final do campeonato*. → **qualificação** *sf* [ato ou efeito de qualificar(-se)]; **qualificado** *adj* (**1**. que tem qualidades ou atributos apropriados para exercer um ofício, ocupar uma posição, executar uma tarefa, etc.; competente, capaz; **2**. que satisfaz as condições exigidas; abalizado, habilitado); **qualificativo** *adj* (que permite qualificar-se para uma competição: *prova qualificativa*) e *sm* (palavra que indica uma qualidade); **qualitativo** *adj* [rel. à qualidade, à natureza dos objetos (por oposição a *quantitativo*)].

qual.quer *pron* **1**. Designa pessoa ou coisa indeterminada: *qualquer que deseje, encontrará emprego; esse planeta é visível a qualquer hora da noite*. (Neste caso, quando se trata de pessoa, na língua cotidiana aparece acompanhado de *um* ou de *outro*: *Qualquer um que deseje, encontrará emprego. Eu fiz; qualquer outro não faria.*) **2**. Todo(a), cada: *qualquer criança sabe disso; qualquer hora é hora para pedir perdão.* · Pl.: *quaisquer*.

quan.do *adv* **1**. Em que tempo, época ou período (?); em que ocasião (?): *quando voltaremos?* // *conj* **2**. No momento em que: *que lhe direi quando chegar?* **3**. Mas: *veio de carro, quando poderia ter vindo a pé*. Se, já que: *por que você se arrisca nisso, quando sabe que é perigoso?* // *pron* **5**. Que tempo: *até quando o supermercado ficará aberto?; até quando o dono quiser*.

quan.ti.a *sf* Quantidade de dinheiro. (Cuidado, portanto, para não incorrer em redundância, construindo *quantia "de dinheiro"!*)

quân.ti.co *adj* **1**. Relativo aos *quanta*. **2**. Baseado na teoria dos *quanta*: *física quântica*. → **quantização** *sf* [**1**. ato de dividir em *quanta* (v. *quantum*) ou expressar em termos da teoria quântica; **2**. alteração instantânea dos elétrons que contêm um nível mínimo de energia para um superior, se aquecidos]; **quantizar** *v* [**1**. efetuar uma quantização; subdividir (energia, p. ex.) em pequenos incrementos, mas mensuráveis; **2**. em informática, converter um sinal analógico em representação numérica]. ·· **Física** (ou **Mecânica** ou **Teoria**) **quântica**. Ramo da física que estuda todos os fenômenos que acontecem com as partículas atômicas e subatômicas (elétrons prótons, fótons, etc.): *Mesmo que a física quântica foque fenômenos microscópicos, estes são refletidos em todos os aspectos macroscópicos, já que tudo o que existe no universo é feito de moléculas, átomos e demais partículas subatômicas*.

quan.ti.da.de *sf* **1**. Número ou porção indefinida, ou exata, específica: *é grande a quantidade de passageiros a bordo*. **2**. Número ou porção grande, considerável: *o Ceasa só vende frutas e legumes em quantidade*. **3**. Propriedade ou aspecto mensurável, contável ou comparável de uma coisa. · V. **quantitativo**.

quan.ti.fi.car *v* Determinar, indicar ou expressar a quantidade de; calcular com rigor a quantidade de: *quantificar o número de torcedores num estádio ou de manifestantes numa passeata*. **2**. Expressar em termos quantitativos; atribuir valor quantitativo a; indicar com rigor o valor de: *quantificar uma indenização*. **3**. Conferir quantidade a (algo que tem apenas qualidade). → **quantificação** *sf* (**1**. ato ou efeito de quantificar; **2**. operação que consiste em determinar a quantidade de alguma coisa); **quantificável** *adj* (que se pode quantificar).

quan.ti.ta.ti.vo *adj* **1**. Relativo a número ou quantidade. **2**. Que é ou que pode ser medido por quantidade.

quan.to *pron* **1**. Que quantidade de pessoas ou coisas: *quantos convidados chegaram?; quantos convites você distribuiu?* **2**. Que número ou quantidade: *quantos anos tem você?* **3**. Que quantia ou preço: *quanto lhe devo?; quanto queres pelo carro?* **4**. Aquilo que (depois de *tudo* ou *todos*): *isso contraria tudo quanto aprendi; por tudo quanto é sagrado, peço-lhe que me perdoe!* // *adv* **5**. Quão intensamente; como: *quanto és tolo pensando assim!; só eu sei quanto a amo.* // *conj* **6**. Como: *ganhei tantos presentes quanto você*.

quantum [lat.] *sm* Quantidade mínima de energia física que pode emitir-se, propagar-se ou absorver-se, proporcional à radiação emitida. · Pl.: *quanta*. · Pronuncia-se *kuântum*. · V. **quântico**.

quão *adv* Quanto, como: *quão tolo fui!*

quá-quá-quá *interj* **1**. Imitativa de gargalhada. // *sm* **2**. Gargalhada: *que significa esse teu quá-quá-quá?* · Pl. (1): *quá-quá-quás*.

qua.rar *v* Tornar branca, com a exposição ao sol (a roupa ensaboada); corar. → **quarador** (ô) ou **quaradouro** *sm* (lugar arejado e ensolarado onde se põe a roupa a corar).

qua.ren.ta *num* **1**. Quatro dezenas (40, XL). **2**. Quadragésimo: *página quarenta*. // *sm* **3**. Algarismo representativo do número quarenta: *seu quarenta está malfeito*. · Ordinal e fracionário correspondentes: *quadragésimo*.

qua.ren.tão *adj* e *sm* Que ou aquele que tem entre 40 e 49 anos de idade; quadragenário. · Fem.: *quarentona*.

qua.ren.te.na *sf* **1**. Período de 40 dias. **2**. Período de 40 dias entre o término do carnaval e a Páscoa; Quaresma. (Neste caso se grafa com inicial maiúscula.) **3**. Período de tempo durante o qual veículos, mercadorias, bagagens e pessoas provindos de país atacado de doença contagiosa, ou suspeito disso, ficam detidos em um porto ou aeroporto, a fim de evitar a disseminação da doença no país de entrada. **4**. Condição de isolamento forçado, geralmente por razões de saúde pública.

Quaresma *sf* Período de penitência de 40 dias, entre o término do carnaval e a Páscoa; Quarentena. → **quaresmal** *adj* (rel. a Quaresma).

quar.ta *sf* **1**. Parte resultante da divisão de um todo em quatro partes iguais. **2**. Redução de *quarta-feira*: *toda quarta há jogos de futebol*. ·· **Quarta de final**. Etapa de um torneio esportivo em que oito equipes disputam classificação para a fase seguinte, chamada *semifinal*.

quar.ta-fei.ra *sf* O quarto dia da semana, começada no domingo; quarta. · Pl.: *quartas-feiras*.

quar.ta.nis.ta *adj* e *s2gên* Que ou estudante que frequenta o quarto ano de um curso superior. (Cuidado para não usar "quartoanista"!)

quar.tei.rão *sm* **1**. Pequena área de uma cidade que tem quatro ruas em torno dela; quadra. **2**. Porção de casas que formam essa área; quadra.

quar.tel *sm* Edifício destinado ao alojamento de tropas ou lugar onde se aquartelam soldados ou exércitos; caserna.

quar.tel-ge.ne.ral *sm* Repartição onde se situa o comando geral do Exército ou de uma grande divisão militar. · Pl.: *quartéis--generais*.

quar.te.to (ê) *sm* **1**. Conjunto de quatro vozes ou de quatro instrumentos. **2**. Composição musical para esse conjunto. **3**. Grupo de quatro coisas ou pessoas. **4**. Estrofe de quatro versos; quadra.

quar.to *num* **1**. Ordinal e fracionário correspondentes a quatro. // *sm* **2**. Cômodo de casa e hotel usado para dormir; dormitório. ·· **Quarto de milha**. **1**. Raça de cavalos originária dos Estados Unidos. **2**. Diz-se desse cavalo, que se destaca pela sua rapidez em distâncias curtas: *Tenho dois cavalos quarto de milha*. (Como se vê, não varia.). (O nome *quarto de milha* se deve ao fato da capacidade desse animal de se distanciar de cavalos de outras raças com enorme facilidade, em corridas de um quarto de milha ou até menos.) ·· **Quarto e sala**. Apartamento com apenas quarto e sala, além de cozinheta e banheiro; sala e quarto.

quar.to-za.guei.ro *sm* Zagueiro que joga do lado esquerdo do campo, formando dupla com o zagueiro central, na linha de beques. · Fem.: *quarta-zagueira*. · Pl.: *quartos-zagueiros*.

quart.zo *sm* Mineral duríssimo e muito comum, encontrado em quase todos os tipos de rocha e o principal componente da areia.

qua.sar *sm* Corpo estelar semelhante a uma estrela, de cor azul, que emite ondas de rádio mais intensas que as galáxias. · Pl.: *quasares*.

qua.se *adv* **1**. Aproximadamente: *estou quase bom*. **2**. Por pouco não: *quase caio*. // palavra denotativa de aproximação **3**. Praticamente; bem próximo: *ele já é quase doutor*. (Usa-se muitas vezes *quase que*, em que o último elemento é palavra de realce: *Quase que caio*.)

qua.ter.ná.rio *adj* **1**. Formado de quatro unidades ou elementos. **2**. Diz-se do compasso de quatro tempos. **3**. Diz-se do período em que o clima, a fauna e a flora foram semelhantes aos de hoje, caracterizado pelo aparecimento do homem e iniciado há cerca de um milhão de anos. // *sm* **4**. Esse período.

qua.ti *sm* Nome comum a diversos mamíferos de pequeno porte (até 70cm de comprimento), silvestres, carnívoros e arborícolas, de focinho alongado e cauda comprida e anelada. (Voz: *piar*.)

qua.tor.ze (ô) *num* V. **catorze**.

qua.tri.ê.nio *sm* V. **quadriênio**.

qua.tri.lhão ou **qua.tri.li.ão** *num* Mil trilhões.

qua.tro *num* **1**. Três mais um (4, IV): *quatro dos onze membros do STF*. **2**. Quarto: *página quatro*. // *sm* **3**. Algarismo representativo do número quatro. **4**. Algo numerado quatro ou alguém representativo desse número: *esse time precisa de um bom quatro*. **5**. Nota quatro, em provas, concursos ou exames. · Ordinal e fracionário: *quarto*.

qua.tro.cen.tão *adj* **1**. Diz-se do paulista de família muito tradicional. // *sm* **2**. Esse paulista. · Fem.: *quatrocentona*.

qua.tro.cen.tos *num* **1**. Quatro centenas (400, CD). **2**. Quadringentésimo: *página quatrocentos*. // *sm* **3**. Algarismo representativo desse numeral. (Ordinal e fracionário correspondentes: *quadringentésimo*.)

qua.tro-o.lhos *s2gên2núm* Pessoa que usa óculos.

qubit ou **qbit** [ingl.] *sm* Unidade básica de informações na computação quântica; *bit* quântico. · Pronunciam-se *kíu-bit, qbit*.

que *pron* **1**. O qual: *achei o livro que perdi*. **2**. Que coisa: *o que é isso?* **3**. Quanto: *que saudades!* // *adv* **4**. Quão: *que bom revê-la!* // *conj* **5**. E: *ela grita que grita o dia todo*. **6**. Mas: *culpe-os, que não a mim!* **7**. Ou...ou: *que chova, que faça sol, irei à praia*. **8**. Porque: *levante-se, que já é tarde!* **9**. (Liga uma oração a outra: *Sei que foi você*.). **10**. porque: *não vou à praia, que vai chover*. **11**. Embora: *apoiou sua ajuda, mínima que seja*. **12**. Se: *ah, que fosse eu o escolhido!* **13**. Para que: *faço votos que sejas feliz*. **14**. Quando: *agora que eu ia à praia, chove!* **15**. Introduz uma oração que dá ideia de consequência daquilo que ocorreu na oração principal, vindo quase sempre depois de *tal, tão, tanto* ou *tamanho*: *falou tanto, que ficou rouco*. **16**. Do que: *ficou maior que eu*. // *prep* **17**. De: *primeiro que tudo, vamos ouvi-los; tenho que ir*. // palavra denotativa de realce **18**. (Pode ser retirada da frase, sem prejuízo do sentido: *Quase que caio; que que é isso, rapaz?!; eu que fiz isso?!*) (Forma locução de realce com o verbo *ser*: *O homem é que está acabando com o planeta*.)

quê *sm* **1**. Alguma coisa; um componente. **2**. Nome da letra *q*. // *interj* **3**. Indica espanto, surpresa. // *pron* (no final da frase): *ela disse não sei o quê*. // *pron interr* (no final da frase ou antes de pausa forte): *ela fez isso por quê?; ela me fez isso por quê, se a amo tanto?*

que.bra *sf* **1**. Ato ou efeito de quebrar(-se). **2**. Interrupção, rompimento. **3**. Transgressão ou violação de regra, lei, costumes, etc. **4**. Diminuição sensível; redução apreciável. **5**. Falência. quebradeira. ·· **Quebra de braço**. Braço de ferro (2 e 3); luta de braço; queda de braço.

que.bra-ca.be.ça *sm* **1**. Jogo que consiste em montar um quadro com as peças que se encontram separadas, devendo, pois, ser encaixadas. **2**. Problema difícil, questão complicada. · Pl.: *quebra-cabeças*. (Cuidado para não usar "o quebra-cabeços"!)

que.bra.da *sf* **1**. Depressão nas serras ou montanhas; ladeira. **2**. Sulco produzido pelas águas do mar; ravina. **3**. *Pop*. Periferia malcuidada de uma cidade. **4**. *Pop*. Curva em estrada. **5**. *Pop*. Local bem distante.

que.bra.dei.ra *sf* **1**. Falência seriada de empresas ou instituições. **2**. Falta de dinheiro. **3**. Falta de forças; cansaço físico.

que.bra.di.ço *adj* Que facilmente se quebra; frágil.

que.bra.do *adj* **1**. Que se quebrou ou partiu. **2**. Que foi separado em duas ou mais partes com alguma violência; fraturado. **3**. Muito cansado; exausto. **4**. Arruinado financeiramente; falido. **5**. Que não funciona; encrencado, enguiçado.

que.bra-ga.lho *sm* Pessoa, coisa ou recurso a que se recorre para ajudar a resolver problemas ou dificuldades. · Pl.: *quebra-galhos*.

que.bra-ge.los *sm2núm* Navio próprio para navegar em mares glaciais.

que.bra-luz *sm* Abajur. · Pl.: *quebra-luzes*.

que.bra-mar *sm* Construção destinada a oferecer resistência ao embate das ondas. · Pl.: *quebra-mares*.

que.bra-ma.to *sm* Espécie de para-choque resistente, usado geralmente à frente do motor de veículos fora de estrada ou *off-road*, com a finalidade de proteger a dianteira do veículo nas trilhas. · Pl.: *quebra-matos*. (A 6.ª ed. do VOLP não registra a palavra.)

que.bra-mo.las *sm2núm* Obstáculo que se constrói em ruas e estradas, para obrigar o motorista a reduzir a velocidade; lombada. (Cuidado para não usar "quebra-mola"!)

que.bra-no.zes *sm2núm* Instrumento em forma de pinça ou alicate que serve para quebrar nozes e frutos semelhantes. (Cuidado para não usar "quebra-noz"!)

que.bran.tar *v* **1**. Pôr abaixo; derrubar: *quebrantar um muro*. **2**. Enfraquecer, debilitar: *a doença o quebrantou*. **3**. *Fig*. Infringir, violar: *quebrantar um juramento, a disciplina, a lei*. **4**. *Fig*. Vencer, dominar, controlar, aplacar: *a custo, consegui quebrantar a raiva*. **5**. *Fig*. Suplantar: *quebrantar seus próprios limites*. **6**. *Fig*. Abater, debilitar, derrubar: *a goleada sofrida quebrantou o moral do time*. **7**. *Fig*. Abrandar, suavizar: *o tempo quebranta qualquer dor*. **8**. Não guardar ou respeitar: *quebrantar um dia santo*. **9**. Sofrer quebranto ou mau-olhado: *não venceu na vida porque quebrantou*. **quebrantar-se 10**. Perder o ânimo, a força moral; desanimar; abater-se. **11**. Enfraquecer-se; debilitar-se. → **quebrantamento** *sm* [ato ou efeito de quebrantar(-se)]; **quebranto** *sm* (**1**. suposto azar ou energia negativa que o olhar, princ. de uma pessoa invejosa, transmite a alguém; mau-olhado; **2**.*p.ext*. estado de grande abatimento ou desânimo; prostração), palavra que na língua popular surge como "quebrante".

que.bra-pau *sm* Briga feia. · Pl.: *quebra-paus*.

que.bra-que.bra *sm* Grande desordem ou confusão popular, gerada por briga generalizada, terminada com depredações. · Pl.: *quebra-quebras*. (A 6.ª ed. do VOLP só registra um plural, mas para todos os outros compostos formados de formas verbais iguais aplica dois plurais; portanto, se houvesse coerência, nela deveria constar também o plural *quebras-quebras*.)

que.brar *v* **1**. Reduzir a pedaços, por efeito de choque, golpe ou queda; despedaçar: *as pedras de granizo quebraram muitas telhas*. **2**. Fraturar: *quebrar o braço*. **3**. Enguiçar, encrencar: *gasolina adulterada quebra qualquer motor*. **4**. Superar, ultrapassar: *quebrar um recorde*. **5**. Mudar a direção de; desviar: *quebrar o vento*. **6**. Espancar, surrar: *da próxima vez vou quebrá-lo, disse o zagueiro ao atacante*. **7**. Partir-se, romper-se: *a corda quebra sempre pelo lado mais fraco*. **8**. Abrir falência; falir: *a Mesbla quebrou*. **9**. Ficar pobre, perder tudo, arruinar-se: *em 1929, muitos fazendeiros quebraram da noite para o dia*. **quebrar-se 9**. Desfazer-se: *o encanto se quebra à meia-noite em ponto*. **quebrar(-se) 10**. Reduzir-se a pedaços, despedaçar-se: *muitas telhas (se) quebraram com o granizo*. ·· **Quebrar a cara**. Dar-se mal; ferrar-se, danar-se; abraçar o jacaré.

que.bra-ven.to *sm* Qualquer dispositivo que desvia o vento. · Pl.: *quebra-ventos*.

que.da *sf* **1**. Ato ou efeito de cair; caída: *a queda de material de construção de uma obra*. **2**. Tombo, baque: *sofrer queda de uma escada*. **3**. Redução de *queda d'água*. **3**. *Fig*. Demissão, cabeça: *a torcida exige a queda do treinador*. **4**. Decadência, ruína, falência: *a queda do império soviético*. **5**. Diminuição, perda: *queda de popularidade*. **6**. Inclinação natural, vocação, dom: *ter queda para a dança*. **7**. Forte atração; grande interesse: *ter queda por morenas*. **8**. Falta, corte, supressão: *queda de energia*. **9**. Erro, pecado: *a queda dos anjos*. **10**. Diminuição de valor; depreciação: *a queda do dólar*. ·· **Duro na queda** (pop.). **1**. Difícil de vencer: *Esse time é duro na queda*. **2**. Difícil de convencer ou de dobrar; inflexível, irredutível: *Seu pai é duro na queda*. ·· **Queda d'água**. Caída violenta da água, devida à interrupção brusca do nível do leito do rio; queda (3). [Em Portugal e na maioria dos dicionários brasileiros se usa com hífen (queda-d'água), que não se vê na 6.ª ed. do VOLP.] ·· **Queda de braço**. Braço de ferro (2 e 3); luta de braço; quebra de braço.

que.dar(-se) *v* **1**. Parar ou permanecer num ponto ou lugar: *ali (me) quedei por algum tempo*. **2**. *Fig*. Permanecer (num estado): *depois de muito chorar, a criança quedou(-se) birrenta*. → **quedo** (ê) *adj* (**1**. sem movimento; imóvel, parado, quieto: *encontrei-o quedo, junto à janela*; **2**. calmo, sereno, tranquilo: *os dias quedos que passamos no campo*; **3**. demorado, vagaroso: *os quedos anos da infância*).

queer [ingl.] *adj* e *s2gên* Que ou pessoa que não concorda com os rótulos socialmente impostos nem se identifica com o masculino e o feminino, preferindo transitar entre os gêneros; intergênero. · Pronuncia-se *kuir*.

que.fa.ze.res *smpl* Afazeres, atividades, ocupações: *os quefazeres domésticos*.

quei.jo *sm* Massa de leite coalhado, comprimido e seco ao ar. → **queijadinha** *sf* (doce feito com coco, queijo, leite e ovos, conhecido como *viúva* no Rio de Janeiro); **queijaria** *sf* [casa ou lugar onde se fabricam queijos; queijeira (1)]; **queijeira** *sf* (**1**. queijaria; **2**. prato coberto com campânula de proteção, usado para guardar queijo). ·· **Queijo de minas**. Queijo fresco, de cor bem branca, massa mole e sabor suave, também conhecido como *Minas frescal*. ·· **Queijo suíço**. **1**. Tipo de queijo amarelo, de dureza média e textura elástica, cheio de olhos ou buracos, que se formam durante o amadurecimento. **2**. *Fig*. O que é cheio de buracos, lacunas ou defeitos: *A defesa desse time é um queijo suíço*. ·· **Ter mais buracos que um queijo suíço** (fig.). Ter muitos buracos ou muitos defeitos: *Essa estrada tem mais buracos que um queijo suíço*. *Essa defesa tem mais buracos que um queijo suíço*.

quei.mar *v* **1**. Fazer submeter à combustão ou fazer ser consumido pelo fogo, parcial ou totalmente: *queimar o lixo*. **2**. Condenar à fogueira ou fazer morrer nela: *a Inquisição queimou muitas pessoas*. **3**. Aquecer demasiado: *o sol nordestino queima tudo*. **4**. Danificar com fogo, calor, radiação, eletricidade ou agente cáustico: *queimei o pão no forno*. **5**. Provocar a sensação de intenso calor ou ardor em: *o leite quente queimou-lhe a língua*. **6**. Usar como combustível ou como fonte de energia: *forno que queima lenha*. **7**. Destruir pelo gelo ou pelo frio intenso: *a geada queima os cafezais*. **8**. *Fig*. Vender por preço muito baixo; liquidar: *queimar o estoque*. **9**. *Fig*. Desgastar publicamente: *queimar um jogador*. **10**. *Fig*. Ser muito quente: *o sol nordestino queima*. **11**. Submeter-se à combustão; consumir-se pelo fogo: *tapetes e plásticos queimam com facilidade*. **queimar-se 12**. Ficar ou tornar-se queimado: *muito documento se queimou no incêndio*. **13**. Sofrer queimaduras ou ardor intenso: *a criança se queimou, quando foi mexer na panela com água fervente*. **14**. Bronzear-se: *ela vai à praia mais para paquerar que para se queimar*. **queimar(-se) 15**. Tornar-se inútil ou imprestável, por efeito de algum desarranjo externo ou interno: *a lâmpada (se) queimou com um dia de uso!* → **queima**, **queimação** *sf* ou **queimamento** *sm* [ato ou efeito de queimar(-se)]; **queimada** *sf* (**1**. ato ou efeito de queimar o mato; **2**. lugar onde houve queima de mato); **queimado** *adj* e *sm* (que ou o que, sofrendo a ação excessiva do fogo ou da geada, tornou-se imprestável) e *adj* (**1**. *fig*. queimado; **2**. *pop*. zangado, irritado); **3**. comprometido moral ou financeiramente); **queimadura** *sf* (lesão mais ou menos grave, produzida na pele por fogo, calor ou substância corrosiva). ·· **À queima-roupa**. **1**. Bem de perto; de muito perto. **2**. De repente.

quei.xa.da *sf* **1**. Mandíbula dos irracionais. **2**. Queixo grande e proeminente. // *sm* **3**. Mamífero sul-americano que, acuado, bate os queixos e mostra-se muito valente.

quei.xar-se *v* Demonstrar descontentamento; reclamar: *queixar-se do ruído*. → **queixa** *sf* (reclamação); **queixoso** (ô; pl.: ó) *adj* e *sm* (que ou aquele que se queixa) e *adj* (caracterizado por mágoa ou forte sentimento negativo); **queixume** *sm* (queixa frequente ou sem fim; lamúria).

quei.xa-cri.me *sf* Petição com que o ofendido ou seu representante legal inicia um processo contra o ofensor. · Pl.: *queixas-crime* ou *queixas-crimes*.

quei.xo *sm* **1**. Parte saliente do rosto, abaixo da boca. **2**. *Gír*. Mentira, cascata: *não acredite: isso é queixo dela*. → **queixudo** *adj* (**1**. de queixo grande; **2**. *pop*. papudo, garganta, prosa; **3**. *gír*. mentiroso, cascateiro). ·· **De queixo caído** (fig.). Muito admirado; boquiaberto: *Fiquei de queixo caído quando soube a verdade*. ·· **Queixo duplo**. Papada, rebarba.

quei.xo-du.ro *sm Pop.*S Pessoa muito teimosa ou muito desobediente: *sua irmã é o maior queixo-duro da turma*. · Pl.: *queixos-duros*.

que.jan.do *adj* e *sm* Que ou aquele que é semelhante, similar: *a construção colocará no apartamento piso portobello ou quejando*; *setor no supermercado de leite, queijo e quejandos*.

que.lô.nio *sm* Espécime dos quelônios, grupo de animais representados pelas tartarugas, cágados e jabutis.

quem *pron* **1**. Aquela pessoa que; o qual (ou variações): *a vida é para quem luta*; *eis o homem com quem deves falar*. **2**. Alguém que; aquele que; a pessoa que: *há sempre quem te ature*; *ele foi saindo como quem não quer nada; ignoro quem fez isso*. **3**. Que pessoa(s)?: *quem está aí?* **4**. Qualquer pessoa que; todas as pessoas que: *quem der com a língua nos dentes, morrerá*; *quem entrar sem pagar será preso*.

quenelle [fr.] *sm* Bolinho feito com um tempero delicado e bem condimentado, carne ou peixe picado, ligado com clara de ovo e natas, ovos batidos ou manteiga e farinha. · Pronuncia-se *kenéL*.

quen.ga *sf Pop.Chulo* Meretriz, prostituta, pistoleira.

Quênia *sm* País da África, de área equivalente à do estado de Minas Gerais. → **queniano** *adj* e *sm*.

quen.te *adj* **1**. Que tem uma temperatura relativa ou extremamente alta. **2**. Que causa sensação de grande calor no corpo. **3**. Bem apimentado. · Antôn.: *frio*. → **quentão** *sm* (*pop*. bebida feita de cachaça com gengibre, cravo, canela, açúcar e água, servida quente, tradicionalmente nas festas juninas); **quentinha** *sf* (**1**. embalagem aluminizada para conservar quente alimento em transporte; **2**. esse alimento; **quentura** *sf* (qualidade ou estado de quente; calidez), de adj. antôn. *frialdade*.

que.pe *sm* Boné de viseira horizontal que faz parte da farda de militares ou do uniforme de certos profissionais.

quer *conj* Ou; ou...ou: *quer queira, quer não queira, terá de deixar o imóvel*.

que.ra.ti.na *sf* V. **ceratina**.

que.re.la *sf* **1**. Queixa-crime, denúncia. **2**. *P.ext*. Discussão, briga: *as querelas entre vizinhos são comuns em prédios de apartamentos*. **3**. *P.ext*. Debate acalorado: *os candidatos envolveram-se numa querela sem fim*. → **querelante** *adj* e *s2gên* (que ou pessoa que apresenta querela); **querelar** *v* (apresentar denúncia em juízo); **querelar-se** (queixar-se, reclamar).

que.rer *v* **1**. Sentir vontade, desejo ou necessidade de: *quer um cafezinho?* **2**. Desejar, pretender: *essa gente só quer sombra e água fresca*. **3**. Ter a intenção de; tencionar, almejar: *o povo só quer emprego, comida e paz*. **4**. Desejar ganhar ou adquirir: *se passar no ENEM, ela quer um carro de presente*. **5**. Empenhar-se ou esforçar-se por: *eles queriam implantar a baderna no país*. **6**. Exigir, ordenar: *quero que vocês saiam já daqui!* **7**. Cobiçar, apetecer, desejar: *não queira a mulher do próximo!* **8**. Permitir, aceitar: *não o quero mais em minha casa*. **9**. Requerer, gostar de: *as samambaias querem sombra*. **10**. Estar pedindo; estar necessitando de; requerer: *seu carro está querendo uma lavagem*. **11**. Ambicionar; tentar alcançar: *querer o poder*. **12**. Julgar, imaginar, supor: *querem os místicos que todos os seres humanos sejam regidos por astros*. **13**. Concordar em; consentir: *ele não quer pôr de lado o orgulho*. **14**. Estar prestes a; ameaçar: *está querendo chover*. **15**. Ameaçar pela força: *o furacão queria arrancar todas as árvores*. **16**. Tentar, ensaiar: *ele quis beijá-la*. **17**. Ter a bondade de; dignar-se: *queira calar a boca!* (Neste caso, só se usa no imperativo.) **18**. Estar impossibilitado de: *o carro não quer pegar*. **19**. Pedir ou pretender no preço: *ele quer muito dinheiro pelo carro*. **20**. Pretender, desejar: *que queres tu de mim?* **21**. Sentir amor ou carinho por; amar: *terminei o namoro com ela, porque já não lhe quero*. **22**. Ambicionar, desejar: *quem muito quer, nada tem*. **23**. Ter ou manifestar vontade firme e decidida: *quem quer sempre, um dia acaba alcançando*. **24**. Desejar ou pretender que seja: *ela não o quis como seu namorado.* // *sm* **25**. Ato de querer; vontade, desejo: *é meu maior querer conquistá-la.* · Conj.: *quero, queres, quer, queremos, quereis, querem* (pres. do ind.); *queria, querias, queria, queríamos, queríeis, queriam* (pret. imperf.); *quis, quiseste, quis, quisemos, quisestes, quiseram* (pret. perf.); *quisera, quiseras, quisera, quiséramos, quiséreis, quiseram* (pret. mais-que-perf.); *quererei, quererás, quererá, quereremos, querereis, quererão* (fut. do pres.); *quereria, quererias, quereria, quereríamos, quereríeis, quereriam* (fut. do pret.); queira, queiras, *queira, queiramos, queirais, queiram* (pres. do subj.); *quisesse, quisesses, quisesse, quiséssemos, quisésseis, quisessem* (pret. imperf.); *quiser, quiseres, quiser, quisermos, quiserdes, quiserem* (fut.); *querendo* (gerúndio); *querer* (inf. impessoal); *querido* (particípio). → **querença** *sf* (ato ou efeito de querer).

que.ri.do *adj* e *sm* Que ou aquele que é estimado ou amado.

quer.mes.se *sf* **1**. Festa beneficente, realizada ao ar livre, com barracas e leilão de prendas, bebidas, comidas, *shows*, etc. **2**. Festa paroquial.

que.ro-que.ro *sm* Ave pernalta própria de várzeas, praias marítimas e margens de cursos de água. · Pl.: *quero-queros*.

que.ro.se.ne *sm* Líquido oleoso branco, extraído da destilação do petróleo, usado princ. como combustível e solvente.

que.ru.bim *sm* Anjo da segunda hierarquia, na tradição judaico-cristã, geralmente representado por uma criança alada. → **querúbico** ou **querubínico** *adj* (rel. ou sem. a querubim).

que.si.to *sm* **1**. Ponto ou questão interrogativa a que se tem de dar resposta ou opinião. **2**. Requisito, condição.

ques.tão (o **u** não soa) *sf* **1**. Qualquer dúvida suscitada entre duas ou mais pessoas, resolvida por juiz ou autoridade superior; investigação judicial; litígio. **2**. Frase interrogativa, usada geralmente para testar conhecimento; pergunta. **3**. Assunto aberto ou em disputa, para discussão; problema. **4**. Ponto de debate ou proposta a ser votada em uma reunião. Verdade, fato. · Dim.: *questiúncula*. (Cuidado, muito cuidado para não usar "questã" nem muito menos "kuestã"!) → **questionamento** (o **u** não soa) *sm* (ato ou efeito de questionar); **questionar** (o **u** não soa) *v* (**1**. interrogar, inquirir: *o juiz questionou as testemunhas*. **2**. discutir com: *é um jogador que questiona demais os árbitros*; **3**. contestar, não aceitar: *é um jogador que questiona demais as decisões dos árbitros*); **questionário** (o **u** não soa) *sm* (conjunto de questões ou perguntas que se submete a uma ou mais pessoas, por alguma razão); **questiúncula** (o **u** não soa) *sf* (**1**. pequena questão ou questão sem importância; **2**. discussão fútil, que não leva a nada).

qui.a.bo *sm* Fruto comestível do quiabeiro, supostamente de propriedades medicinais. → **quiabeiro** *sm* (planta herbácea que dá o quiabo).

qui.be *sm* Bolo de carne moída com trigo integral e condimentos, espécie de croquete, da culinária sírio-libanesa.

qui.be.be *sm* Prato da culinária nordestina feito com carne-de-sol ou charque, refogado e cozido com abóbora, temperado com dendê e cheiro-verde, até adquirir a consistência de uma papa grossa.

qui.çá *adv* Talvez, porventura.

qui.car *v* **1**. Fazer (a bola) saltar: *no basquete, os jogadores têm de movimentar-se quicando a bola*. **2**. Pular ou saltar: *a bola quicou à frente do gol, enganou o goleiro e entrou*. **3**. Bater ou tocar uma bola dura (de gude, de bocha, etc.) na outra.

quiche [fr.] *s2gên* Torta salgada, sem cobertura, recheada com creme e enriquecida com vários ingredientes, princ. queijo, legumes, cebolas e frutos do mar. · Pronuncia-se *kíche*. (No Brasil, usa-se mais no gênero masculino, embora seja feminina em sua língua de origem.)

qui.e.to *adj* **1**. Que não se mexe; imóvel. **2**. Tranquilo de ânimo. **3**. Acomodado; sem atividade. // *adv* **4**. De modo quieto; quietamente. → **quietar** ou **aquietar** *v* (dar descanso a; tranquilizar: *quietar as crianças*); **quietar(-se)** ou **aquietar(-se)** [ficar quieto: *finalmente, as crianças (se) aquietaram*]; **quietação** ou **aquietação** *sf* [ato ou efeito de quietar(-se) ou de aquietar(-se)]; **quietude** *sf* (**1**. qualidade ou estado de quieto; **2**. tranquilidade de espírito; paz), de antôn. *inquietude*.

qui.la.te *sm* **1**. Unidade de peso usada para medir a perfeição e a pureza das pedras preciosas e das pérolas, correspondente a 200mg. A 24.ª parte de ouro puro, que tem 24 quilates (o ouro de 18 quilates tem 18 partes de ouro puro e 6 partes de liga). **3**. *Fig.* Excelência; primor: *uma mulher desse quilate merece um bom presente*.

qui.lha *sf* Parte inferior de um navio, a qual constitui sua coluna vertebral, em que se apoiam todas as outras peças.

qui.lo *sm* Abreviação de *quilograma*. → **quilograma** *sm* (unidade básica de massa e peso, igual a mil gramas; quilo), de abrev. **kg**.

qui.lo.bit *sm* **1**. Unidade de informação igual a 1.024 *bits*. **2**. Mil *bits*. · Abrev.: **kb**.

qui.lo.byte *sm* **1**. Unidade de medida de capacidade de memória de um computador igual a 1.024 *bytes*. **2**. Mil *bytes*. · Abrev.: **kB**. · Pronuncia-se *kilobáite*.

qui.lo.ci.clo *sm* V. **quilohertz**.

qui.lo-hertz *sm2núm* Unidade de frequência igual a mil ciclos por segundo. · Abrev.: **kHz**. · Pronuncia-se *kilo-értç*.

qui.lo.li.tro *sm* Medida de capacidade equivalente a mil litros. · Abrev.: **kL** (sem ponto e, no plural, sem *s*: 1kL, 2kL).

qui.lom.bo *sm* Lugar no mato no qual se refugiavam os negros escravos que fugiam da escravidão. → **quilombola** *s2gên* [escravo(a) que antigamente se refugiava em quilombos].

qui.lô.me.tro *sm* Unidade de comprimento igual a mil metros. · Abrev.: **km**. → **quilometragem** *sf* (**1**. ato ou efeito de quilometrar; **2**. número de quilômetros percorridos); **quilometrar** *v* (**1**. medir em quilômetros; **2**. marcar por quilômetros).

qui.lo.watt *sm* Unidade de medida de potência igual a mil *watts*. · Abrev.: **kw**. · Pronuncia-se *kilouót*.

quim.ban.da *sf* **1**. Magia negra no baixo espiritismo; umbanda de linha negra. **2**. Terreiro de macumba.

quim.bun.do *sm* **1**. Indivíduo dos quimbundos, indígenas negros de Angola. **2**. Língua desses indígenas. // *adj* **3**. Relativo ou pertencente a esses indígenas.

qui.me.ra *sf* Fantasia, sonho, ilusão. · Antôn.: *realidade*. → **quimérico** *adj* (**1**. rel. a quimera; **2**. fictício, irreal, utópico).

quí.mi.ca *sf* **1**. Ciência que estuda a composição, as propriedades e transformações de substâncias e de várias formas elementares de matéria. **2**. Composição química. → **químico** *adj* (**1**. rel. a química; **2**. obtido por meio de química) e *sm* (aquele que é versado em química); **químico-físico** *adj* (rel. ou pert. ao mesmo tempo à química e à física), de pl. *químico-físicos*; **químico-industrial** *adj* (**1**. rel. à química e à indústria simultaneamente ou à química industrial), de pl. *químico-industriais* e *sm* (profissional da química industrial), de pl. *químicos-industriais*, de fem. *química-industrial*. (A 6.ª ed. do VOLP classifica *químico-industrial* como s2gên.)

qui.mi.o.lu.mi.nes.cên.cia ou **qui.mi.lu.mi.nes.cên.cia** *sf* Radiação luminosa resultante de uma reação química: *os vaga-lumes produzem luz através da quimioluminescência*. → **quimioluminescente** ou **quimiluminescente** *adj* (rel. a quimioluminescência).

qui.mi.o.me.câ.ni.co *adj* Que combina forças químicas (antissépticos) e ação mecânica de detergente, sabão, etc.: *há vários métodos quimiomecânicos de remoção de microrganismos das mãos*.

qui.mi.o.te.ra.pi.a *sf* Prevenção ou tratamento de infecções e outras doenças pelo uso de substâncias químicas. → **quimioterapeuta** *s2gên* (especialista em quimioterapia); **quimioterápico** *adj* (rel. a quimioterapia).

qui.mo *sm* Alimento parcialmente digerido que passa do estômago para o intestino delgado.

qui.mo.no *sm* **1**. Túnica longa que tem uma faixa na cintura, usada pelos japoneses. **2**. Roupão caseiro que imita essa túnica, usada princ. por mulheres.

qui.na *sf* **1**. Ponta, extremidade. **2**. Conjunto das cinco dezenas sorteadas que constitui o prêmio maior da loto. **3**. Série horizontal de cinco números, na loto ou na véspora. **4**. Pedra de dominó com cinco pontos. **5**. Planta medicinal ou a sua casca, de que sai a quinina.

qui.nau *sm* **1**. Corretivo, lição, emenda. **2**. Sinal com que se marcam os erros cometidos numa prova ou lição.

quin.dim *sm* Doce feito de gema de ovo, coco ralado, manteiga e calda de açúcar.

quin.gen.té.si.mo (o **u** soa) *num* **1**. Ordinal e fracionário correspondentes a quinhentos. // *sm* **2**. A quingentésima parte.

qui.nhão *sm* Parte que cabe a cada um, resultante da repartição de um todo; quota-parte.

qui.nhen.tos *num* **1**. Cinco centenas; cem vezes cinco (500, D). **2**. Quingentésimo: *página quinhentos*. // *sm* **3**. Algarismo representativo desse numeral: *um quinhentos malfeito*. · Ordinal e fracionário: *quingentésimo*.

qui.ni.na *sf* Alcaloide extraído da casca da quina, de sabor amargo e de uso medicinal. → **quinino** *sm* (sulfato de quinina).

quin.qua.ge.ná.rio (os **uu** soam) *adj* e *sm* Que ou aquele que tem entre 50 e 59 anos de idade.

quin.qua.gé.si.mo (os **uu** soam) *num* Ordinal e fracionário correspondentes a cinquenta.

quin.que.nal (os **uu** soam) *adj* **1**. Que dura cinco anos ou um quinquênio. **2**. Que se realiza ou acontece de cinco em cinco anos.

quin.quê.nio (os **uu** soam) *sm* Espaço de cinco anos; lustro.

quin.qui.lha.ri.as *sfpl* **1**. Miudezas de pouco valor, princ. de adorno. **2**. Bugigangas, trastes.

quin.ta *sf* **1**. Redução de *quinta-feira*. **2**. Redução de *quinta marcha*. **3**. Pequena propriedade rural em Portugal, equivalente a nossa *chácara*.

quin.ta-co.lu.na *sf* **1**. Conjunto das pessoas, nacionais ou estrangeiras, que auxiliam dissimuladamente o inimigo em caso de guerra ou de iminência de guerra, quer fazendo espionagem, quer fazendo propaganda subversiva, quer praticando atos de sabotagem. // *s2gên* **2**. Cada uma dessas pessoas; quinta-colunista. → **quinta-colunismo** *sm* (ação ou movimento próprio da quinta-coluna), de pl. *quinta-colunismos*; **quinta-colunista** *adj* (rel. a quinta-colunismo) e *s2gên* [quinta-coluna (2)], de pl. *quinta-colunistas*.

quin.ta-es.sên.cia ou **quintes.sên.cia** *sf* **1**. Extrato elevado ao último grau de pureza. **2**. Perfeição insuperável, requinte máximo. **3**. *Fig.* Pessoa que é exemplo de perfeição em alguma coisa: *ele é a quinta-essência da cortesia*. → **quinta-essencial** ou **quintessencial** *adj* (rel. a quinta-essência; refinado); **quintaessenciar** ou **quintessenciar** *v* (refinar, requintar).

quin.ta-fei.ra *sf* Quinto dia da semana, começado no domingo; quinta (1). · Pl.: *quintas-feiras*.

quin.tal *sm* Pequeno terreno nos fundos de uma casa, geralmente usado para plantar pequenos pomares ou para hortas. · Dim. irregular: *quintalejo* (ê).

quin.ta.nis.ta *adj* e *s2gên* Que o estudante que frequenta o quinto ano de um curso superior. (Cuidado para não usar "quintoanista"!)

quin.te.to (ê) *sm* **1**. Conjunto de cinco vozes ou de cinco instrumentos. **2**. Composição musical para esse conjunto. **3**. Grupo de cinco coisas ou pessoas.

quin.to *num* **1**. Ordinal e fracionário correspondente a cinco. // *sm* **2**. A quinta parte. **3**. Aquilo que, numa série de cinco, ocupa o último lugar. // *smpl* **4**. Inferno.

quín.tu.plo *num* **1**. Multiplicativo de *cinco*. // *adj* **2**. Que é cinco vezes maior que outra quantidade. **3**. Que é em número de cinco. **4**. Que é um de cinco gêmeos. // *sm* **5**. Quantidade cinco vezes maior que outra. **6**. Cada um de cinco gêmeos. // *smpl* **7**. Cinco crianças nascidas no mesmo parto. → **quintuplicação** *sf* [ato ou efeito de quintuplicar(-se)]; **quintuplicar** *v* (multiplicar por cinco; tornar cinco vezes maior); **quintuplicar(-se)** (tornar-se cinco vezes maior).

quin.ze *num* **1**. Catorze mais um (15, XV). **2**. Décimo quinto: *página quinze*. // *sm* **3**. Algarismo representativo desse numeral. **4**. O que, numa série de quinze, ocupa o último lugar. (Ordinal e fracionário: *décimo quinto*).

quin.ze.na *sf* **1**. Espaço ou período de 15 dias. **2**. Pagamento feito pelo trabalho de 15 dias. → **quinzenal** *adj* (**1**. rel. a quinzena; **2**. que acontece ou se faz de 15 em 15 dias); **quinzenalista** *adj* e *s2gên* (que ou pessoa que recebe salários por quinzena); **quinzenário** *sm* (publicação quinzenal).

qui.os.que *sm* Pequeno pavilhão em jardim, praça, etc., geralmente aberto de dois ou mais lados, usado para recreio ou para a venda de jornais, revistas, salgadinhos, etc. → **quiosqueiro** *sm* (dono de quiosque ou aquele que trabalha em quiosque).

qui.pá *sm* Solidéu usado pelos judeus praticantes.

qui.pro.quó *sm* **1**. Ato de confundir uma coisa com outra;

equívoco. **2**. Qualquer situação cômica ou confusão que resulta desse equívoco.

qui-qui-qui *s2gên* **1**. Pessoa gaga ou que pronuncia muito mal as palavras. // *sm* **2**. Risinho cabuloso: *os rapazes ficavam a um canto da sala, com qui-qui-quis e olhares maliciosos*. · Pl.: *qui-qui-quis*.

qui.re.ra ou **qui.re.la** *sf* **1**. Parte mais grossa de qualquer substância pulverizada, a qual não passa pelos orifícios da peneira. **2**. Milho quebrado que se dá a pintos e pássaros. // *sfpl* **3**. *Fig*. Dinheiro miúdo; trocados.

Quirguistão *sm* ou **Quirguízia** *sf* País da Ásia, ex-república soviética, de área equivalente à do estado do Paraná. → **quirguistanês** ou **quirguiz** *adj* e *s2gên*.

qui.ro.man.ci.a *sf* Adivinhação do futuro pelo exame das linhas da mão. → **quiromante** *s2gên* (pessoa que pratica a quiromancia); **quiromântico** *adj* (rel. a quiromancia).

quis.to *sm* V. **cisto**.

qui.tan.da *sf* Pequeno estabelecimento comercial onde se vendem alimentos frescos, princ. frutas, verduras e ovos.

qui.tar *v* **1**. Pagar integralmente (coisa adquirida ou conseguida a prazo). **2**. Pagar integralmente a (pessoa). → **quitação** *sf* (ato ou efeito de quitar); **quite** *adj* (**1**. que saldou suas dívidas: *estou quite com o banco*; **2**. livre, desobrigado: *estou quite com o serviço militar; estamos quites de mais um compromisso*).

qui.ti.ne.te *sf* **1**. Cozinheta de apartamento compacto (uma dependência com banheiro). **2**. Esse apartamento.

Quito *sf* Capital e a segunda maior cidade do Equador (Guaiaquil-Quito), situada a 2.830m acima do nível do mar. → **quitenho** *adj* e *sm*.

qui.to.sa.na *sf* Fibra natural solúvel, não digerível e não calórica, extraída da carapaça de alguns crustáceos (camarões, caranguejos e lagostas), que tem a propriedade de se ligar às gorduras saturadas presentes na alimentação e remover do corpo boa parte delas, sendo muito usada em regimes de emagrecimento e como redutor do colesterol.

qui.tu.te *sm* Prato benfeito ou bem temperado, da culinária baiana.

qui.uí ou **qui.vi** *sm* **1**. Planta trepadeira semelhante ao maracujá, que produz frutos comestíveis, esféricos, ovoides ou alongados, de casca parda, recoberta de pequenos pelos macios, polpa verde-amarelada, levemente ácida, com muitas sementinhas, ricos em vitamina C. **2**. Esse fruto.

qui.xo.te *s2gên Fig*. **1**. Pessoa que se mete ingenuamente no que não lhe diz respeito ou que toma dores de outrem e se sai mal. **2**. Pessoa ingênua, sonhadora, excessivamente romântica. → **quixotada** ou **quixotice** *sf* (**1**. bravata ridícula; fanfarronada; **2**. ato ou dito de sonhador ou ingênuo); **quixotesco** (ê) *adj* (**1**. rel. a Dom Quixote, personagem de Miguel de Cervantes, na obra *Dom Quixote de la Mancha*; **2**. *p.ext*. ridículo, grotesco; **3**. *fig*. excessivamente romântico ou sonhador); **quixotismo** *sm* (comportamento quixotesco).

quiz [ingl.] *sm* Teste de conhecimento rápido, escrito ou oral, sobre determinado assunto ou sobre assuntos gerais, com apresentação de opções como resposta. · Pl.: *quizzes*. · Pronuncia-se *kuíz*.

qui.zi.la ou **qui.zí.lia** *sf* **1**. Antipatia, aversão. **2**. Rixa, birra. → **quizilento** *adj* (**1**. que é dado a quizilas; **2**. que provoca quizília).

quo.ci.en.te (o **u** não soa) ou **co.ci.en.te** *sm* Número que indica quantas vezes o divisor está contido no dividendo; resultado da divisão de dois números (p. ex.: em 8 ÷ 4 = 2, o *quociente* é 2. ·· **Quociente de inteligência (QI)**. Divisão da idade mental de um indivíduo pela sua idade atual.

quó-quó *interj* Onomatopeia da voz da galinha. · Pl.: *quó-quós*.

quó.rum (o **u** não soa) *sm* **1**. Número de membros de um corpo coletivo necessário para a sua instalação, ou para a tomada de votos. **2**. Grupo escolhido a dedo; grupo seleto.

quo.ta *sf* V. **cota**. → **quota-parte** *sf* (v. **cota-parte**), de pl. *quotas-parte* ou *quotas-partes*; **quotista** *adj* e *s2gên* (v. **cotista**); **quotizar** *v* (v. **cotizar**).

quo.ti.di.a.no *adj* e *sm* V. **cotidiano**.

R

r/R *sm* Décima oitava letra do alfabeto, de nome *erre*. · Pl.: os *rr* ou os *erres*.

rã *sf* **1**. Pequeno animal anfíbio, semelhante ao sapo, mas de membros posteriores mais longos, conhecido no Norte e Nordeste como *jia*. (Voz: *coaxar, roncar, ronquejar*.) **2**. Coxa desse anfíbio, usada como alimento humano. · V. **ranário** e **ranicultura**.

ra.ba.cu.a.da *sf* Escória social; ralé, gentalha; borra (4). · Antôn.: *elite, nata, fina flor*.

ra.ba.da *sf* **1**. Rabo de bovino, sem pele, para servir de alimento humano. **2**. Prato preparado com esse rabo, servido com farinha de mandioca.

ra.ba.ne.te (ê) *sm* **1**. Planta herbácea de raiz curta, carnosa, comestível e arredondada, de cor vermelha, sabor acre e pouco nutritiva. **2**. Essa raiz.

ra.be.ar *v* **1**. Dirigir (os olhos) de esguelha: *o pai só rabeava os olhos, quando a filha se achegava mais ao namorado*. **2**. Mexer ou bulir com o rabo ou a cauda: *quando vê o dono, todo cão rabeia*. **3**. Derrapar (veículo) nas rodas traseiras: *o carro rabeou e capotou*. **4**. Pegar o rabo do boi ou do bezerro, para derrubá-lo, nos rodeios ou vaquejadas. · Conjuga-se por *frear*. → **rabeadura** *sf* ou **rabeio** *sm* (ato ou efeito de rabear).

ra.be.ca *sf* **1**. Instrumento musical da Idade Média, precursor do violino, um pouco maior e de timbre mais baixo. **2**. Sanfona (2).

ra.be.cão *sm* **1**. Contrabaixo. **2**. Carro que leva os cadáveres de indigentes para o necrotério ou para o cemitério.

ra.bei.ra *sf* **1**. Parte traseira de um veículo. **2**. Parte final de uma classificação, fila, série, etc. // *sm* **3**. Aquele que está na rabeira (2).

ra.bi *sm* Rabino.

ra.bi.cho *sm* **1**. Pequena trança de cabelo pendente da parte posterior da cabeça. **2**. Parte do arreio, preso à sela ou ao selim, que passa por baixo do rabo da cavalgadura. **3**. *Pop*. Namoro: *estar de rabicho com a vizinha*.

ra.bi.có *adj* Que não tem rabo ou que tem apenas o cotó: *gato rabicó*.

ra.bi.no *sm* **1**. Líder espiritual da congregação judaica; rabi. **2**. Título respeitoso dado a um mestre ou doutor judeu. → **rabínico** *adj* (rel. a rabino).

ra.bi.os.que *sm* ou **ra.bi.os.ca** *sf* Nádegas, bumbum, bunda, rabo: *fez traquinagem e levou duas palmadas no rabiosque*. (Existem ainda as formas *rabioste* e *rabiote*, ambas masculinas.)

ra.bis.co *sm* **1**. Risco tortuoso e maltraçado, que nada representa, feito com lápis, pena, etc.; garatuja. // *smpl* **2**. Letras malfeitas; garranchos, caligrafia ilegível. → **rabiscar** *v* (fazer rabiscos).

ra.bo *sm* **1**. Prolongamento inferior da coluna vertebral de muitos animais; cauda. **2**. Parte pela qual se pega ou segue utensílio ou instrumento; cabo. **3**. *Pop.Chulo* Rabiosque. · Aum. irregular: *rabadão*. · Dim. irregular: *rabicho*. → **rabudo** *adj* (**1**. que tem rabo grande; **2**. diz-se de vestido de grande cauda; **3**. *pop*. cheio de sorte; sortudo, largo) e *sm* (diabo). ·· **Rabo de cavalo**. Penteado em que se unem os cabelos na parte posterior da cabeça e, prendendo-os aí com algo elástico, se deixa cair como a cauda de um cavalo. ·· **Rabo de galo**. Aperitivo feito de aguardente e uma dose de vermute. ·· **Rabo de palha**. Mancha na reputação; defeito moral; estigma. ·· **Rabo de saia**. Mulher: *Esse rapaz não pode ver um rabo de saia que já vai atrás*.

ra.bu.gem *sf* **1**. Espécie de sarna canina. **2**. *Fig*. Impertinência, mau humor constante, rabugice. → **rabugento** *adj* (mal-humorado, impertinente); **rabugice** *sf* [rabugem (2)]; **rabujar** *v* (mostrar-se teimoso, rabugento).

rá.bu.la *s2gên* **1**. Advogado(a) sem diploma, apegado(a) à letra da lei. **2**. Advogado(a) reles, ordinário(a). **3**. Papel teatral de pouca importância; ponta. → **rabulice** *sf* (ato, dito, atitude ou comportamento de rábula).

ra.ça *sf* **1**. Divisão da espécie humana, caracterizada por maior ou menor combinação de traços distintivos físicos transmitidos hereditariamente. **2**. Grupo de tribos ou pessoas que formam um tronco etnicamente comum. **3**. Subespécie animal. **4**. Grande determinação; garra. **5**. *Fig.Pej*. Categoria, espécie ou classe de pessoas; gente (8): *não quero conversa com essa raça*. (Não se confunde com *etnia*.) → **raçador** (ô) *adj* e *sm* (que ou animal que nasceu de acasalamentos previamente estabelecidos e cuidadosamente selecionados, que acumula valores raciais dominantes para determinados caracteres, capaz de transmitir e imprimir suas excelentes características a seus descendentes: *touro raçador; curió raçador*); **racial** *adj* (rel. a raça ou a uma raça).

ra.ção *sf* **1**. Porção de alimento suficiente para a refeição de uma pessoa ou para a manutenção do bom funcionamento do organismo durante certo período. **2**. Quantidade fixa de provisões e alimentos cabível a cada pessoa ou grupo, em circunstâncias especiais (guerra, estado de sítio, etc.). **3**. Alimento feito esp. para animais: *trato meu cão só com ração*.

ra.cha *sf* **1**. Abertura longa e estreita feita num tudo inteiriço; rachadura, fenda. // *sm* **2**. Divisão de qualquer coisa entre duas ou mais pessoas. **3**. Dissensão, rompimento. **4**. Pelada da várzea, nem sempre amistosa. **5**. Corrida de automóveis em via pública, normalmente pondo em risco a segurança de pessoas; pega. → **rachadura** *sf* [racha (1)]; **rachar** *v* (**1**. fender, partir: *o raio rachou a árvore*; **2**. lascar, fragmentar: *rachar lenha*; **3**. dividir proporcionalmente: *vamos rachar as despesas!*; **4**. dividir em facções ou correntes distintas: *o presidente do MDB rachou o partido, com essa decisão; com essa decisão, o partido rachou*); **rachar(-se)** [fender-se, partir-se: *a madeira (se) rachou toda*].

ra.cio.cí.nio *sm* **1**. Operação mental pela qual, de dois ou mais juízos expostos, o espírito tira outro, por conclusão; reflexão. **2**. Faculdade de raciocinar; juízo. → **raciocinar** *v* (fazer uso da inteligência, para analisar fatos, situações e possibilidades e chegar a uma conclusão; formar raciocínio; pensar de forma lógica e detida; refletir); **raciocinativo** *adj* (**1**. rel. a raciocínio: *conhecimento místico e conhecimento raciocinativo*; **2**. que contém raciocínio: *questão raciocinativa*).

ra.ci.o.nal *adj* **1**. Que pode pensar e raciocinar: *o homem é um ser racional*. **2**. Baseado na razão; razoável: *decisão racional*. // *smpl* **3**. Seres pensantes; homens, pessoas (em oposição a *irracionais*). · Antôn. (1): *irracional*. → **racionabilidade** ou **racionalidade** *sf* (**1**. qualidade de racional: *às vezes penso que não há racionalidade no ser humano*; **2**. conformidade com a razão: *tem de haver racionabilidade na tomada de decisões*); **racionalismo** *sm* (**1**. crença ou teoria de que as opiniões e ações devem se basear na razão e no conhecimento, e não em crenças religiosas e respostas emocionais: *racionalismo científico*; **2**. princípio filosófico segundo o qual a razão, e não a experiência, é o fundamento da certeza do conhecimento); **racionalista** *adj* (rel. a racionalismo) e *adj* e *s2gên* (que ou pessoa que professa o racionalismo: *os racionalistas creem que todo conhecimento pode ser compreendido mediante um processo de raciocínio, independentemente das percepções dos sentidos*); **racionalização** *sf* (ato ou efeito de racionalizar: *a racionalização da produção*); **racionalizar** *v* [**1**. tornar racional ou mais eficaz: *racionalizar a produção*; **2**. eliminar os radicais de (expressão algébrica).

ra.ci.o.nar *v* **1**. Reduzir e controlar o uso de (alimentos e bens de consumo): *racionar energia*. **2**. Economizar, poupar: *o pai resolveu racionar o uso do telefone, porque a conta estava vindo muito alta*. → **racionamento** *sm* (ato ou efeito de racionar).

ra.cis.mo *sm* **1**. Ideologia fundada na crença de que existe uma hierarquia entre os grupos humanos, as chamadas *raças*, e que as diferenças raciais produzem uma superioridade inerente de uma determinada raça. **2**. Comportamento inspirado nessa ideologia. **3**. Sistema político ou social fundado nessa ideologia e projetado para executar seus princípios; segregacionismo. **4**. *P.ext*. Intolerância entre pessoas originárias de determinadas regiões geográficas de um mesmo país, consideradas inferiores. → **racista** *adj* (rel. a racismo ou caracterizado por racismo: *atitude racista*) e *adj* e *s2gên* (que ou pessoa que é adepto do racismo).

rack [ingl.] *sm* **1**. Móvel de material resistente (madeira, metal, etc.) no qual se coloca aparelhagem sonora. **2**. Caixa em que se armazenam os componentes eletrônicos do computador. **3**. Equipamento usado na fixação de uma ou mais bicicletas em veículos automotores, para transporte. · Pl.: *racks*. · Pronuncia-se *rák*, com *r* brando.

radar *sm* **1**. Método usado para detectar objetos distantes e determinar sua posição, velocidade ou outras características pela análise de ondas de rádio de altíssima frequência, refletidas em suas superfícies. **2**. Equipamento usado em tal detecção. **3**. *Fig.* Objetivo futuro; horizonte: *não está no meu radar viajar ao exterior.* [Trata-se de um acrônimo resultante do inglês *radio detection and ranging* (detecção e distanciometria por rádio), daí por que não se divide em sílabas.]

ra.di.ar *v* **1**. Emitir (radiações luminosas, térmicas, radiativas ou magnéticas) que se propagam em todas as direções; irradiar: *o forno radia calor.* **2**. Brilhar, refulgir: *o cordão de ouro radiava em seu pescoço.* **3**. *Fig.* Mostrar ou espalhar sentimento de (alegria, felicidade, entusiasmo, etc.); irradiar: *ela radiava confiança.* **4**. *Fig.* Espalhar raios de um centro: *vias expressas radiam do centro da cidade.* **5**. Em ecologia, espalhar-se por novos *habitats.* → **radiação** *sf* (**1**. ato ou efeito de radiar ou irradiar; irradiação; **2**. emissão e propagação de energia através do espaço ou da matéria, na forma de raios, ondas ou partículas subatômicas, princ. raios gama, raios X, raios ultravioleta, raios infravermelhos, luz visível e micro-ondas; **3**. essa energia); **radiador** (ô) *adj* (que radia; que lança e propaga uma radiação; irradiador) e *sm* (**1**. aquecedor de ambientes; **2**. dispositivo que faz parte do sistema de arrefecimento de um motor de explosão: *o radiador tem como função realizar a troca de calor entre o motor e o ar frio de fora do carro, com a ajuda de um líquido composto por 50% de água desmineralizada e 50% de aditivo*).

ra.di.al *adj* **1**. Que tem partes dispostas em raios. **2**. Feito na direção de um raio; que vai do centro para a periferia. **3**. Relativo ao rádio, osso do antebraço. // *sf* **4**. Rua ou avenida que vai da cidade para a periferia. // *sm* **5**. Redução de *pneu radial.*

ra.di.an.te *adj* **1**. Que emite raios de luz; que produz radiações; brilhante. **2**. Transbordante, cheio, pleno. **3**. *Fig.* Cheio de alegria ou contentamento; muito alegre ou contente.

ra.di.a.ti.vo ou **ra.di.o.a.ti.vo** *adj* **1**. Relativo a radiatividade. **2**. Diz-se do corpo ou substância cujos átomos se desintegram espontaneamente. → **radiatividade** ou **radioatividade** *sf* (propriedade de certos núcleos atômicos de perder espontaneamente sua massa e emitir partículas ou radiações eletromagnéticas).

ra.di.cal *adj* **1**. Relativo ou pertencente à raiz. **2**. Fundamental, básico. **3**. Extremo. **4**. Favorável a drásticas reformas políticas, econômicas e sociais. **5**. Completo, total. **6**. Que não verga; inflexível. **7**. Relativo ou pertencente ao radical de uma palavra. **8**. Diz-se do esporte que envolve muitos riscos. // *s2gên* **9**. Pessoa favorável a drásticas reformas políticas, econômicas e sociais. // *sm* **10**. Em gramática, elemento portador do significado e comum num grupo de palavras da mesma família. **11**. Em matemática, quantidade que forma a raiz de outra. **12**. Sinal usado na operação de radiciação. → **radicalismo** *sm* (**1**. doutrina ou prática de radicais; **2**. qualidade de ser radical, princ. em política, religião e moral; **3**. intransigência, intolerância); **radicalista** *adj* (rel. a radicalismo) e *adj* e *s2gên* (que ou pessoa que é partidária do radicalismo); **radicalização** *sf* [ato ou efeito de radicalizar(-se)]; **radicalizar(-se)** *v* [tornar(-se) radical ou extremo: *o regime militar radicalizou a Revolução de 1964 em 13 de dezembro de 1968; o regime militar radicalizou-se com o Ato Institucional n.º 5*]; **radicando** *sm* (número ou expressão algébrica que está sob o sinal de radical).

ra.di.car *v* **1**. Arraigar, enraizar: *radicar certas manias.* **2**. Firmar, tornar mais forte: *radicar os laços de amizade entre amigos.* **radicar-se 3**. Arraigar-se: *são manias que logo se radicam.* **4**. Fixar-se, consolidar-se: *o capitalismo já se radicou na Rússia.* **5**. Fixar residência: *radiquei-me em Portugal.* · Antôn. (1): *arrancar, desarraigar.* → **radicação** *sf* [ato ou efeito de radicar(-se)].

ra.di.ci.a.ção *sf* Em matemática, operação que permite extrair a raiz de um número ou expressão. (É o método inverso da *potenciação:* enquanto os cálculos com potências são determinados pela multiplicação de elementos iguais sucessivas vezes, a *radiciação* procura quais são esses elementos.)

rá.dio *sm* **1**. Osso comprido que, juntamente com o cúbito, forma o antebraço. **2**. Transmissão de som e sinais pelo espaço, por meio de ondas eletromagnéticas sem fio; radiofonia. **3**. Elemento químico metálico (símb.: **Ra**), altamente radiativo, de n.º atômico 88, branco, brilhante, usado em radioterapia. **4**. Aparelho transmissor ou receptor de sinais radiofônicos: *ouvi a notícia pelo meu rádio.* **5**. Atividade artística relacionada com a radiofonia: *trabalhou muitos anos no rádio, antes de chegar à televisão.* // *sf* **6**. Estação emissora de sinais radiofônicos: *você está sintonizado em qual rádio?* **7**. Conjunto das estações emissoras de determinado local, região, país, etc.: *a rádio argentina estava presente ao acontecimento.* → **radialista** *adj* e *s2gên* [que ou profissional que trabalha numa empresa de radiodifusão (rádio ou televisão), organizando programas ou deles participando].

ra.di.o.a.ma.dor ou **ra.di.a.ma.dor** (ô) *sm* **1**. Aquele que opera estação particular de transmissão e recepção radiofônica em ondas curtas, de caráter privado, não comercial. // *adj* **2**. Relativo a radioamadorismo. → **radioamadorismo** ou **radiamadorismo** *sm* (atividade de operar, sob licença e sem fins lucrativos, uma emissora de rádio particular em ondas curtas); **radioamadorístico** ou **radiamadorístico** *adj* (rel. a radioamador ou próprio de radiamador).

ra.di.o.a.ti.vi.da.de *sf* V. **radiatividade**. → **radioativo** *adj* (v. **radiativo**).

ra.di.o.di.fu.são *sf* **1**. Transmissão de fala, música, imagens visuais, etc. por rádio ou televisão. **2**. Rádio ou televisão como negócio ou profissão: *ele fez bela carreira na radiodifusão.*

ra.di.o.e.mis.so.ra (ô) *sf* Estação de rádio; radiodifusora.

ra.di.o.fo.ni.a *sf* Rádio (2). → **radiofônico** *adj* (rel. ou pert. a radiofonia).

ra.di.o.gra.fi.a *sf* **1**. Processo pelo qual se obtêm figuras mediante a ação de raios X. **2**. Chapa com essa figura; chapa radiográfica, raio-X. → **radiografar** *v* (registrar mediante radiografia); **radiográfico** *adj* (rel. ou pert. a radiografia).

ra.di.o.jor.nal *sm* Noticiário transmitido pelo rádio. → **radiojornalismo** *sm* (forma de jornalismo que utiliza o rádio como veículo de transmissão); **radiojornalista** *adj* e *s2gên* (que ou profissional que faz radiojornalismo).

ra.di.o.lo.gi.a *sf* **1**. Ramo da medicina que estuda as substâncias radiativas (raios X, isótopos radiativos, etc.) e sua aplicação para prevenção, diagnose e tratamento de doenças. **2**. Essa aplicação. → **radiológico** *adj* (rel. a radiologia); **radiologista** *adj* e *s2gên* (especialista em radiologia).

ra.di.o.no.ve.la *sf* Novela pelo rádio.

ra.di.o.pa.tru.lha *sf* **1**. Sistema de policiamento urbano em que uma estação de rádio central está em constante comunicação com viaturas espalhadas pela cidade, para determinar-lhes o pronto atendimento das ocorrências. **2**. Qualquer dessas viaturas, com sua respectiva guarnição de pessoal.

ra.di.o.pe.ra.dor (ô) *sm* Operador de rádio.

ra.di.or.re.cep.tor (ô) *sm* Qualquer dispositivo que recebe energia radiante com luz, calor ou raios X.

ra.di.or.re.ló.gio *sm* Rádio em conjunto com despertador numa mesma unidade móvel.

ra.di.or.re.por.ta.gem *sf* Reportagem feita pelo rádio. → **radiorrepórter** *s2gên* (jornalista que trabalha em radiorreportagem).

ra.di.os.co.pi.a *sf* Inspeção e exame da estrutura interna do corpo por meio de raios X. → **radioscópico** *adj* (rel. a radioscopia).

ra.di.os.son.da *sf* Instrumento transportado geralmente por um balão (aeróstato), para coletar e transmitir dados meteorológicos das altas camadas atmosféricas. → **radiossondagem** *sf* (sondagem feita mediante radiossonda).

ra.di.o.tá.xi (x = ks) *sm* Táxi equipado com serviço de rádio, para pronto atendimento ao usuário.

ra.di.o.te.a.tro *sm* Representação teatral transmitida pelo rádio. → **radioteatral** *adj* (rel. a radioteatro).

ra.di.o.te.ra.pi.a *sf* Tratamento de doença pela aplicação de raios X, rádio, radiações ultravioleta, etc. → **radioterapêutico** ou **radioterápico** *adj* (rel. a radioterapia).

ra.di.ou.vin.te *s2gên* Pessoa que ouve programa de rádio.

ra.di.o.vi.tro.la *sf* Aparelho em que se combinam rádio e vitrola.

ra.dô.nio *sm* Elemento químico gasoso (símb.: **Rn**), de n.º atômico 86, incolor, radiativo, nobre.

ra.fei.ro *adj* e *sm* Que ou cão que é treinado para guardar gado.

rafting [ingl.] *sm* Modalidade de esporte aquático que consiste em descer corredeiras em botes infláveis, desviando-se e rodopiando a toda a velocidade entre rochas e galhos. · Pl.: *raftings.* · Pronuncia-se *ráftin* (o *r* soa brando, pronunciado com a língua no céu da boca).

ra.gu sm 1. Ensopado ou guisado com legumes e bastante molho. 2. *P.ext*. Qualquer comida.

rai.a sf 1. Linha ou risca feita com objeto pontiagudo; traço, estria. 2. Linha ou sulco da palma da mão. 3. Mancha em forma de listra, princ. em madeira. 4. Faixa de pista de corrida de cavalos, em hipódromo. 5. Cada uma das faixas que dividem uma piscina nas competições de natação, demarcadas por cordas suspensas e boias na água, destinadas a cada um dos competidores. 6. Limite físico ou moral que se fixa para uma coisa ou ação; fronteira: *atingir as raias do ridículo*. 7. Estria em espiral feita no interior do cano das armas de fogo, destinada a dar ao projetil movimento de rotação e estabilidade na sua trajetória. 8. Dose de cocaína ou de heroína em pó para ser cheirada: *ele cheira um par de raias por dia*. 9. Arraia. · V. **rajar**. → **raiado** *adj* (que tem raias ou riscas); **raiar** v (1. traçar raias em; listrar: *raiar um tecido*; 2. emitir raios luminosos; brilhar: *já raia o Sol*; 3. começar a aparecer ou despontar no horizonte: *já raiou a aurora*; 4. surgir, manifestar-se: *"já raiou a liberdade no horizonte do Brasil"*). ·· **Fugir da raia**. Esquivar-se a um compromisso ou situação adversa. ·· **Sair da raia**. Retirar-se de uma competição; dar-se por vencido numa disputa; jogar a toalha (2).

rai.de sm 1. Incursão de tropas militares móveis em território inimigo ou desconhecido, para fins de reconhecimento. 2. Corrida motorizada (de motos, automóveis, etc.) de percurso longo e acidentado: *o raide Paris-Dacar*. · V. **enduro**. ·· **Raide aéreo**. Ataque fulminante e rápido feito por caças contra alvos estratégicos no solo do território inimigo.

rai.nha sf 1. Esposa de um rei. 2. Mulher que tem a autoridade suprema em um reino. 3. A segunda peça principal do jogo de xadrez. 4. Mulher que sobressai entre todas num concurso de beleza. 5. Abelha-mestra.

rai.o sm 1. Linha de luz ou de outra radiação que se propaga através do espaço. 2. Qualquer forma de energia radiante ou fluxo de partículas radiativas: *raios X*. 3. Quantidade pequena ou leve porção (de coisa boa). 4. Segmento de reta que vai do centro a um ponto qualquer de uma circunferência ou superfície esférica. 5. Distância considerada a partir de um ponto central a uma área em torno dela. 6. Descarga elétrica entre duas nuvens ou entre uma nuvem e o solo, acompanhada de um clarão fulgurante (relâmpago) e de um estrondo (trovão). 7. Cada uma das linhas retas que partem de um único ponto. 8. *Fig*. Sujeito, indivíduo, diabo: *esse raio dessa vizinha só me perturba*. // *interj* 9. Indica irritação, contrariedade, impaciência, etc. e só se usa no plural: *ó raios! onde deixei meus óculos?* · V. **radial** e **radiante**. ·· **Raios X**. Radiação eletromagnética não luminosa, capaz de atravessar quase todos os sólidos e radiografá-los internamente, muito usada nas explorações médicas do interior do organismo, também conhecida como *raios Roentgen*. (Não se confunde com *raio-x*.)

rai.om sm 1. Fibra têxtil sintética feita de celulose. 2. Tecido feito com essa fibra; seda artificial.

rai.o-X sm Fotografia ou exame feito por meio de raios X; chapa radiográfica; radiografia: *tirar um raio-x dos pulmões*. · Pl.: *raios-X*. (Não se confunde com *raios x*.)

rai.va sf 1. Doença virótica infecciosa, comum em cães e gatos, transmissível ao homem e a outros animais pela mordedura; hidrofobia. 2. *P.ext*. Extremo grau da ira; furor. 3. *P.ext*. Grande ódio e aversão. → **raivoso** (ô; pl.: ó) *adj* (1. doente de raiva; 2. *p.ext*. cheio de raiva, furioso).

ra.iz sf 1. Órgão inferior da planta que cresce em sentido oposto ao do caule e tem a função de fixá-la no solo e retirar deste água e substâncias minerais de que ela necessita. 2. Parte de alguns órgãos que fica encravada no corpo. 3. Origem, princípio. 4. Em gramática, radical. 5. Em matemática, número que resulta no radicando quando multiplicado por ele mesmo tantas vezes quanto o indicado pelo índice (p. ex.: a *raiz* cúbica de 27 é 3, pois 3 x 3 x 3 = 27). · Dim. (1 e 2): *radicela* (irreg.); *radícula* (erudito). · Col. (1): *raizama* sf ou *raizame* sm. · V. **radical**.

ra.ja.da sf 1. Golpe de vento violento, imprevisto e de pouca duração. 2. Sequência de tiros de metralhadora.

ra.jar v 1. Fazer raias em; riscar, listrar. 2. *Fig*. Pôr de permeio; entremear, intercalar. → **rajado** *adj* (1. raiado, listrado; 2. *fig*. entremeado, intercalado).

ra.lar v 1. Esfregar em ralador para fazer que alguma coisa se reduza a migalhas ou a pó: *ralar coco*. 2. *Fig*. Afligir, inquietar, atormentar, corroer: *notícia que rala a alma*. 3. Esfolar, arranhar: *caiu e ralou o joelho*. 4. Tocar de leve; roçar, relar: *eu nem ralei nela*. 5. *Pop*. Dar duro; esforçar-se muito: *ralei para conseguir esse emprego; ralei de estudar para passar*. **ralar-se** 6. *Fig*. Corroer-se, inquietar-se, atormentar-se: *ralar-se de amarguras*. 7. Sair-se mal, estrepar-se, ferrar-se: *mentiu e se ralou*. 8. *Pop*. Não dar importância; ligar pouco: *estou me ralando para a crítica*. → **ralação** sf ou **raladura** sf (ato ou efeito de ralar); **ralador** (ô) sm (utensílio culinário crivado de orifícios rebitados, próprios para ralar alimentos).

ra.lé sf Camada inferior da sociedade; escória social; borra (4), rabacuada. · Antôn.: *elite, nata, fina flor*.

ra.lhar v Repreender em voz alta e em tom severo; gritar, repreendendo: *a avó ralhava com as netas, que não lhe davam bola*. → **ralhação** sf ou **ralho** sm (repreensão, descompostura, pito, sabão).

ra.li sm Competição automobilística ou de motocicletas, de longa distância, na qual os concorrentes correm propriamente contra o relógio e não diretamente contra os outros competidores, que devem reunir-se em um determinado lugar, depois de passarem por umas tantas provas.

ra.lo sm 1. Fundo de peneira; crivo. 2. Peça metálica ou de plástico, com furos ou fendas, para permitir apenas o escoamento de líquidos, retendo detritos sólidos. // *adj* 3. Pouco espesso ou denso; fino, ralo. **ralear(-se)** v [tornar(-se) ralo ou menos denso], que se conjuga por *frear*.

RAM sf Acrônimo de *random-access memory* (memória de acesso), tipo de memória de computador no qual a informação pode ser acessada em qualquer ordem. (Não se confunde com ROM.)

ra.ma ou **ra.ma.da** sf Conjunto dos ramos de uma planta; ramagem. ·· **Em rama**. Em estado bruto ou natural, antes de ser processado: *Algodão em rama*. ·· **Pela rama**. De forma superficial; superficialmente, por cima: *Tratei do assunto pela rama*. → **ramagem** sf (1. rama; 2. desenho de ramos, folhas, flores, etc., num tecido).

ra.ma.dã sm 1. O nono mês do ano do calendário muçulmano, considerado sagrado. 2. Jejum observado durante esse mês.

ra.mal sm 1. Subdivisão de rodovia ou de ferrovia. 2. Subdivisão de instalação elétrica ou telefônica.

ra.ma.lhe.te (ê) sm Maço de flores reunidas e ligadas mais ou menos artisticamente; buquê.

ram.bo sm 1. Homem extremamente agressivo, metido a valentão, que não tem nenhum escrúpulo em ofender as pessoas, muitas vezes gratuitamente: *o ramo editorial brasileiro teve vários rambos*. // *adj* 2. Caracterizado por tais qualidades: *mentalidades rambo; motoristas rambo*. (Como se vê, nesta acepção não varia.)

ram.bu.tão sm 1. Planta nativa da Tailândia que dá frutos de casca dura, vermelha, semelhante a um ouriço. 2. Esse fruto, de polpa amarelada, carnuda, suculenta, sabor adocicado, ligeiramente ácido, rico em vitamina C.

ra.mei.ra sf Prostituta, meretriz, pistoleira.

ra.me.la sf V. **remela**.

ra.mer.rão sm 1. Som monótono e contínuo. 2. Rotina seguida sem crítica nem reflexão.

ra.mo sm 1. Cada uma das divisões dos galhos. 2. Ramificação, divisão. 3. Cada família proveniente do mesmo tronco: *descobriu um ramo da família de gente mulata*. 4. Especialidade em qualquer atividade; campo: *você atua em que ramo da medicina?* 5. Filo (1). · Aum. irregular (1): *ramalho*. → **ramificação** sf [1. ação, ato ou efeito de ramificar(-se); 2. conjunto dos ramos em projeção de um órgão vegetal; 3. cada um desses ramos; 4. ramal, divisão]; **ramificar(-se)** v [dividir(-se) em partes secundárias ou em diferentes direções: *ramificar uma autoestrada; naquele ponto, a autoestrada se ramifica*].

ram.pa sf 1. Plano inclinado no sentido da subida e mais forte que a ladeira. 2. Em teatro, ribalta.

ram.pei.ro *adj Pop*. S Diz-se de indivíduo (princ. mulher) de baixo nível e atitudes vulgares.

ra.ná.rio sm Lugar onde se criam rãs para fins culinários ou científicos.

ran.cho sm 1. Grupo de pessoas em trabalho, marcha, passeio, etc. 2. Grupo ou bloco carnavalesco. 3. Refeição para soldados, presos ou muitas pessoas. 4. Propriedade rural, destinada a recreação ou lazer. 5. Casa tosca e pequena; casebre.

ran.ço sm 1. Cheiro e sabor desagradáveis adquiridos por um corpo gorduroso que, em contato com o ar, oxida-se, deteriorando-se. 2. Mofo. → **rançoso** (ô; pl.: ó) *adj* (que tem ranço).

ran.cor (ô) *sm* Ressentimento profundo, oculto, reservado e reprimido, causado por forte motivo, geralmente ofensa, injustiça ou dano, que se sofreu sem protesto ou revide: *apesar de tudo o que ela me fez, não lhe tenho rancor.* → **rancoroso** (ó; pl.: ó) *adj* (1. cheio de rancor; 2. que guarda rancor; 3. em que há rancor: *palavras rancorosas*).

ran.de.vu *sm* Casa de tolerância ou de prostituição; prostíbulo.

ran.ger *v* 1. Mover (os dentes) roçando uns contra os outros, produzindo certo ruído, por efeito de raiva ou de dor. 2. Produzir som áspero como o de um objeto duro que roça sobre o outro; chiar: *essa porta está rangendo demais.* · Conj.: troca o *g* pelo *j* antes de *a* e *o*, o que não configura irregularidade. → **range-range** *sm* (rangido contínuo), de pl. *range-ranges* ou *ranges-ranges*; **rangido** *sm* (1. ato ou efeito de ranger; 2. som áspero; chiado).

ran.go *sm Pop.* Comida. → **rangar** *v* (comer).

ra.nhe.ta (ê) *adj* e *s2gên* Que ou pessoa que vive resmungando e reclamando de tudo e de todos e, por isso, se torna impertinente, rabugento(a), intolerante e mal-humorado(a). → **ranhetice** *sf* (qualidade, atitude ou comportamento de quem é ranheta).

ra.nho *sm* Muco viscoso que corre das fossas nasais. → **ranhento** *adj* e *sm* (que ou aquele que não se assoa, deixando escorrer o ranho pelo nariz).

ra.nhu.ra *sf* 1. Sulco longo e estreito, feito numa superfície plana. 2. Entalhe feito em peça, para nela encaixar o ressalto de outra peça, móvel ou fixa.

ra.ni.cul.tu.ra *sf* Criação de rãs, com propósitos comerciais. → **ranicultor** (ó) *sm* (criador de rãs).

ranking [ingl.] *sm* Lista de elementos em ordem decrescente de importância, prestígio, desempenho, etc., geralmente de rivais ou competidores; classificação: *o ranking dos maiores bancos do mundo.* · Pl.: *rankings.* · Pronuncia-se *rânkin*.

ran.zin.za *adj* e *s2gên* Que ou pessoa que é impaciente, implicante, mal-humorada, teimosa e irritante. → **ranzinzar** *v* (mostrar-se ranzinza); **ranzinzice** *sf* (rabugice).

rap [ingl.] *sm* Gênero de música popular, caracterizado por versos simples, recitados, praticamente falados, entrecortados de gírias e palavrões, com acompanhamento rítmico repetitivo e sincopado. · Pl.: *raps.* · Pronuncia-se *rép* (o *r* soa brando).

ra.pa *sm* 1. Jogo que consiste numa espécie de pião com quatro faces iguais, cujo impulso rotativo se dá com os dedos polegar e médio, sendo cada uma das faces a inicial de uma palavra: R (rapa), T (tira), D (deixa) e P (põe). 2. Carro oficial que traz fiscais e policiais para apreender as mercadorias de vendedores ambulantes ou marreteiros não autorizados. 3. Esse policial ou esse fiscal. 4. Pessoa comilona. // *sf* 5. Raspa (1).

ra.pa.ce *adj* 1. Que rouba ou rapina: *mãos rapaces; aves rapaces.* 2. Diz-se de ave que persegue a presa com afinco. 3. Diz-se de ave que ataca outros animais. 4. *Fig.* Diz-se daquele que é ávido por lucro: *comerciantes rapaces.* · Superl. abs. sintético: *rapacíssimo.* → **rapacidade** *sf* (1. qualidade de rapace; condição daquele que mostra inclinação para o roubo; 2. característica das aves carnívoras de garras fortes e curvas; 3. *fig.* avidez por lucros).

ra.pa.pé *sm* 1. Cortesia que se faz, ao cumprimentar alguém, arrastando o pé para trás. 2. Cumprimento exagerado, só para adular. // *smpl* 3. Bajulações.

ra.par *v* 1. Tirar tudo o que restou de (recipiente); limpar; raspar: *o menino rapou a lata de leite condensado*. 2. Cortar rente o pelo de; escanhoar, pelar: *rapar a cabeça, as axilas, a perna*. (Nesta acepção, o povo usa *raspar*.) 3. *Pop.Pej.* Tirar todo o conteúdo de; limpar: *o prefeito saiu, mas antes rapou os cofres públicos.* → **rapadura** *sf* (1. ato ou efeito de rapar; 2. pequeno tijolo de açúcar mascavo, feito do mel da cana-de-açúcar, que serve de alimento à população pobre do sertão nordestino). ·· **Entregar a rapadura** (fig.). 1. Desistir do que havia planejado. 2. Morrer.

ra.paz *adj* e *sm* Que ou aquele que é jovem e vive no período entre a adolescência e a maturidade; mocinho. · Aum.: *rapagão.* · Dim.: *rapazote* ou *rapazola.* · Col.: *rapaziada* (*sf*) ou *rapazio* (*sm*). · Fem.: *rapariga.* → **rapariga** *sf* (1. fem. de *rapaz*; mulher nova; moça; 2. *pop.chulo*NE mulher da vida; prostituta, meretriz, pistoleira).

ra.pé *sm* Tabaco em pó, especialmente preparado para ser cheirado.

ra.pel *sm* Técnica alpinista de descida, que consiste em deslizar-se por um cabo duplo, mediante saltos produzidos pelo impulso das pernas contra a parede. → **rapelar** *v* (descer de grande altitude, geralmente montanha, utilizando-se do rapel).

rá.pi.do *adj* 1. Que se move, faz, diz, acontece ou progride com muita velocidade. 2. Ágil. // *adv* 3. De modo rápido; rapidamente, sem demora. · Antôn. (1 e 2): *lento, moroso.* → **rapidez** (ê) *sf* (qualidade do que é rápido; forma veloz ou ligeira de fazer ou produzir as coisas; celeridade; grande velocidade), de antôn. *lentidão, morosidade*.

ra.pi.nar *v* 1. Roubar com rapidez, violência e surpresa: *delinquentes rapinam turistas estrangeiros no Rio de Janeiro*. 2.*P.ext.* Roubar ardilosamente, sutilmente; afanar: *eles estão sempre prontos para rapinar os cofres públicos; há pessoas que rapinam até cadáveres.* 3. *Fig.* Cometer rapinagem: *depois de muito rapinar na sua cidade natal, foi rapinar em Brasília.* → **rapina** *sf* (1. roubo rápido, violento; 2. *fig.* roubo ardiloso, sutil); **rapinagem** *sf* (1. qualidade ou condição de rapinante; 2. hábito de rapinar); **rapinante** *adj* e *s2gên* (que ou pessoa que rapina).

ra.po.sa (ô) *sf* 1. Mamífero carnívoro, da família do cão, de focinho pontiagudo, orelhas eretas e cauda longa e espessa. 2. Pele desse animal. 3. *Fig.Pej.* Pessoa manhosa, velhaca, esperta: *esse político é uma raposa.* · Masc.: *raposo* (ô). · V. **vulpino**.

rapper [ingl.] *s2gên* Pessoa adepta do *rap.* · Pl.: *rappers.* · Pronuncia-se *rápâr* (o primeiro *r* soa brando).

rapport [ingl.] *sm* Relação de confiança ou de afinidade emocional mútua; sentimento de compreensão, harmonia e simpatia entre duas ou mais pessoas que se relacionam: *um rapport íntimo entre professor e alunos; casa onde não há rapport entre pais e filhos.* · Pl.: *rapports.* · Pronuncia-se *rapôr* (o *r* inicial soa brando, pronunciado com a língua no céu da boca).

rap.só.dia *sf* 1. Peça musical irregular na forma e geralmente de caráter improvisado, na qual frequentemente se aproveitam temas populares estilizados ou em sua forma pura: *as rapsódias húngaras de Liszt; as rapsódias de Brahms, para piano.* 2. Obra literária composta por fragmentos de outras obras alheias. 3. Poema épico ou parte dele, que contém um episódio trágico, da antiga Grécia. (Cuidado para não dizer "rapzódia"!) → **rapsódico** *adj* (rel. a rapsódia); **rapsodista** *adj* e *s2gên* (que ou pessoa que compõe rapsódias ou compila poesias).

rap.tar *v* 1. Cometer o crime de rapto contra: *raptou a namorada, para casarem*. 2. Roubar, rapinar: *eles nos raptam dia e noite.* (As formas rizotônicas têm tonicidade na primeira sílaba: *rapto, raptas*, etc.) → **rapto** *sm* (1. retirada de pessoa de seu domicílio, mediante ameaça, violência ou fraude; 2. subtração de qualquer coisa mediante força ou violência; 3. *fig.* arroubo, êxtase; 4. *fig.* rasgo de eloquência); **raptor** (ô) *adj* e *sm* (que ou aquele que rapta).

ra.que *sf* 1. Coluna vertebral; espinha dorsal. 2. Eixo da pena das aves. → **raquiano** ou **raquidiano** *adj* [rel. ou pert. a raque (1)].

ra.que.te (é) ou **ra.que.ta** (ê) *sf* 1. Pá oval, plana e com cabo, encordoada com uma rede tecida em fibra, própria para jogar tênis. 2. Pá semelhante, porém, menor e inteiramente de madeira ou de plástico, com cabo curto, própria para jogar tênis de mesa ou pingue-pongue. → **raquetada** *sf* (golpe ou pancada que se dá com raquete).

ra.qui.tis.mo *sm* Doença do período do crescimento, caracterizada por deformações do esqueleto, enfraquecimento geral, dores musculares, afecções nervosas, etc. · Antôn.: *robustez, vigor.* → **raquítico** *adj* e *sm* (que ou aquele que em raquitismo), de antôn. *robusto*.

ra.re.fa.zer(-se) *v* Tornar(-se) fino, menos compacto ou menos denso: *rarefazer um gás; quase todos os gases se rarefazem.* · Antôn.: *condensar.* · Conjuga-se por *fazer.* → **rarefação** *sf* [ato ou efeito de rarefazer(-se)]; **rarefeito** *adj* [que se rarefez (gás)].

ra.ro *adj* 1. Que poucas vezes se encontra ou que poucas vezes acontece; incomum: *selo raro; doença rara.* 2. *Fig.* Excepcionalmente bom; extraordinário: *homem de raro talento; piloto de rara habilidade.* // *adv* 3. Poucas vezes; com pouca frequência; raramente: *nós raro viajamos.* → **rareamento** *sm* (ato ou efeito de rarear); **rarear** *v* [1. tornar(-se) mais raro ou menos denso: *o tempo rareia os cabelos dos homens; meus cabelos já começam a rarear; os incêndios rareiam as nossas florestas;* 2. ficar reduzido a um pequeno número; reduzir-se; diminuir: *nossos clientes rareiam dia a dia*], que se conjuga por *frear* e tem como antôn. *abundar*;

raridade *sf* (**1**. qualidade, estado ou fato de ser raro; **2**. fato raro ou incomum: *atletas cinquentões são uma raridade*).

ras.cu.nho *sm* **1**. Primeira redação de um escrito qualquer, que se corrige até chegar à forma definitiva, desejada; esboço de um texto: *apresentei-lhe um rascunho do contrato*. **2**. Diz-se do papel, geralmente de qualidade inferior, no qual se faz essa primeira redação. **3**. Primeiro lançamento de linhas, traços ou pontos de uma obra artística; primeiro delineio de um trabalho de arte. **4**. Primeira versão de qualquer trabalho, sujeito a correções e melhoramentos. → **rascunhar** *v* (fazer o rascunho de).

ras.gar *v* **1**. Abrir rasgão em, romper: *rasgar a camisa*. **2**. Fazer em pedaços, despedaçar: *rasgar a carta*. **3**. Abrir, cortar: *rasgar um abscesso*. **rasgar-se 4**. Romper-se, fender-se: *a um puxão, a camisa se rasgou*. **5**. Separar-se, dividir-se: *o papel se rasgou em vários pedaços*. → **rasgado** *adj* (**1**. com rasgo ou rasgão; despedaçado; **2**. *fig*. franco, claro, aberto); **rasgo** *sm* [**1**. ato ou efeito de rasgar(-se); **2**. *fig*. ímpeto, impulso: *num rasgo de petulância, dirigiu um gracejo à moça, que não gostou*]; **rasgo** ou **rasgão** *sm* (abertura feita em tecido que se rasga: *havia um rasgo na cortina*). ·· **Rasgar o verbo** (fig.). Dizer tudo o que pensa ou o que deseja; desabafar: *Rasguei o verbo sobre esses políticos na entrevista*. ·· **Rasgar seda** (fig.). Comportar-se de forma extremamente gentil com alguém: *É praxe que se rasgue seda aos amigos*.

ra.so *adj* **1**. De pouca profundidade. **2**. Sem elevações nem acidentes. // *sm* **3**. Lugar em que a água tem pouca profundidade. → **rasante** *adj* (**1**. que segue próximo e paralelo: *míssil rasante às águas do mar*; **2**. diz-se do voo a pouca altura). ·· **Olhos rasos d'água**. Olhos lacrimosos. ·· **Sapato raso**. **1**. Calçado de entrada baixa, que não cobre o peito do pé. **2**. Calçado que tem pouco ou nenhum salto. ·· **Soldado raso**. Aquele que não tem nenhuma graduação.

ras.pa.di.nha *sf Pop*. **1**. Espécie de sorvete feito de gelo ralado e xarope de frutas. **2**. Tipo de loteria que consiste em achar a sorte raspando uma película no cartão adquirido.

ras.par *v* **1**. Gastar pelo atrito; desgastar: *raspar o assoalho*. **2**. Limpar, esfregando: *raspar a sujeira do sapato no capacho*. **3**. Ferir ou tocar de raspão; arranhar: *um para-lama raspou no outro*. → **raspa** *sf* (**1**. qualquer resíduo de alimento que fica no fundo da panela; rapa; **2**. apara: *as raspas da madeira*); **raspadeira** *sf* (qualquer instrumento que serve para raspar); **raspagem** *sf* (ação ou efeito de raspar); **raspão** *sm* (arranhão na pele).

ras.ta.fá.ri *sm* **1**. Tipo de penteado, originário da Jamaica, que consiste em enrolar e trançar os cabelos, desde a raiz, geralmente com o auxílio de linha. // *adj* **2**. Diz-se desse tipo de penteado.

ras.ta.que.ra (o **u** soa) *s2gên* **1**. Novo-rico ou nova-rica que não perde oportunidade de aparecer ou de ostentar riqueza. // *adj* **2**. Próprio desse tipo de gente; rastaqueresco: *comportamento rastaquera*. **3**. Diz-se daquele que tem modos rudes e comportamento próprio de gente ignorante. → **rastaquerar** (o **u** soa) *v* (viver ou agir como rastaquera); **rastaqueresco** (o **u** soa; ê) *adj* (próprio de rastaquera); **rastaquerismo** (o **u** soa) *sm* (comportamento de rastaquera).

ras.tei.ra *sf* **1**. Golpe em que se mete o pé entre as pernas de outra pessoa, para fazê-la cair. **2**. *Fig*. Ato desleal de quem passa alguém para trás. ·· **Levar uma rasteira**. **1**. Sofrer o golpe de capoeira. **2**. *Fig*. Ser logrado ou tungado. ·· **Passar uma rasteira**. **1**. Aplicar o golpe de capoeira. **2**. *Fig*. Lograr, tungar.

ras.tei.ro *adj* **1**. Que anda arrastando-se pelo chão. **2**. Baixo; que se eleva pouco do solo. **3**. *Fig*. Ordinário, baixo, vil.

ras.te.jar *v* **1**. Seguir o rastro ou a pista de; rastrear: *os cães rastejam a caça*. **2**. *Fig*. Investigar, pesquisar, rastrear: *rastejar as causas de um fenômeno*. **3**. Estar no início ou no começo (de uma atividade); ser principiante: *ela ainda rasteja em informática*. **4**. Arrastar-se (réptil) sobre o ventre, pelo chão: *toda cobra rasteja*. **5**. Andar com a barriga tocando o chão ou o solo; mover-se de rastro: *a tropa avançava lentamente, rastejando*. **6**. Estender-se pelo chão, arrastando-se: *a cauda do vestido da noiva rastejava no chão sujo*. **7**. *Fig*. Rebaixar-se, aviltar-se: *o rapaz rastejava atrás dela, que mal o vê; quem tem brio não rasteja*. **8**. *Fig*. Ter sentimentos baixos, rasteiros: *só os espíritos de pouca luz rastejam*. · O *e* continua fechado durante a conjugação. → **rastejador** ou **rastejante** *adj* (que rasteja); **rastejo** (ê) *sm* (ação de rastejar ou de se arrastar sobre o ventre, pelo chão).

ras.te.lo (ê) *sm* Grade com dentes e cabo, usada para aplanar, limpar ou afofar a terra já lavrada.

ras.ti.lho *sm* Fio coberto de pólvora ou embebido em substância combustível, para levar fogo a alguma coisa.

ras.tre.ar *v* **1**. Seguir a pista de; rastejar (1): *a polícia rastreou a ligação e chegou até os sequestradores*. **2**. Rastejar (2). **3**. Localizar mediante algum sinal eletrônico ou por satélite: *rastrear incêndios*. **4**. Localizar a origem de: *rastrear uma ligação telefônica*. **5**. Acompanhar a trajetória de (objeto móvel) por meio eletrônico ou de satélite: *rastrear uma correspondência enviada pelo Correio*. · Conjuga-se por *frear*. → **rastreabilidade** *sf* (qualidade do que é rastreável; possibilidade de identificar a origem de um produto, veículo, etc. e de reconstituir o seu percurso, desde a origem até o destino final); **rastreado** *adj* (que é objeto de rastreamento: *veículos rastreados são evitados por quadrilhas de ladrões*); **rastreador** (ô) *adj* e *sm* (que ou o que rastreia ou vai no rastro de algo: *cão rastreador*); **rastreamento** ou **rastreio** *sm* [**1**. ato ou efeito de rastrear; **2**. busca de pista ou rastro de suspeito, fugitivo, caça, etc.; investigação; **3**. acompanhamento da trajetória de qualquer objeto móvel (objetos e encomendas postados, míssil, aeronave, espaçonave, automóvel, etc.) por meio de radar, rádio ou satélite: *feito o rastreamento, verificou-se que a encomenda que postei no Correio ainda está a meio caminho; os técnicos da Nasa fizeram o rastreamento do satélite; o governo brasileiro já faz o rastreio de toda a Amazônia*; **4**. escuta telefônica com o fim de determinar a origem da chamada recebida].

ras.tri.lho *sm* Grade com cujas pontas se espicaça e limpa a terra, ao mesmo tempo. → **rastrear** *v* [espicaçar e limpar (a terra) com o rastrilho], que se conjuga por *frear*.

ras.tro ou **ras.to** *sm* Vestígio no solo deixado por algo que se arrastou.

ra.su.rar *v* Rasgar, apagar ou riscar (um escrito), para alterar: *rasurar um cheque*. → **rasura** *sf* (**1**. ato ou efeito de rasurar; **2**. aquilo que foi rasurado).

ra.ta *sf* **1**. Fêmea e feminino de *rato*. **2**. *Gír*. Ato ou dito desastrado, que expõe seu autor à vergonha ou ao ridículo; gafe: *ele cometeu uma rata, ao dizer que Minas Gerais tem lindas praias*.

ra.ta.plã *sm* Onomatopeia do toque do tambor; rufo (1), rufar.

ra.te.ar *v* **1**. Dividir ou distribuir proporcionalmente: *ratear as despesas*. **2**. Falhar (um maquinismo ou um motor): *com gasolina adulterada, é natural que o motor rateie*. **3**. *P.ext*. Falhar em qualquer atividade: *se o cirurgião ou o anestesista ratear, ela morre*. **4**. Cometer rata: *diariamente se veem jornalistas rateando em seus textos*. · Conjuga-se por *frear*. → **rateação** *sf*, **rateamento** ou **rateio** *sm* (**1**. ato ou efeito de ratear; **2**. divisão ou distribuição proporcional dos direitos ou obrigações de cada um).

ra.ti.fi.car *v* **1**. Repetir categoricamente (o que se afirmou), declarando ser definitivo: *ratificar uma declaração*. **2**. Corroborar, confirmar, sancionar: *o STJ ratificou a decisão do primeiro grau*. (Não se confunde com *retificar*.) → **ratificação** *sf* (ato ou efeito de ratificar), que não se confunde com *retificação*.

ra.to *sm* **1**. Gênero de mamíferos roedores, da família dos murídeos, cujos representantes maiores são o rato de telhado e o camundongo, muito prolíficos e daninhos, que infestam edifícios, bueiros e lixões do mundo inteiro e são responsáveis não só pela destruição de grandes quantidades de alimento, como pela transmissão de vários tipos de doença, como a peste bubônica. (Voz: *chiar*.) **2**. *Fig.Pej*. Aquele que furta objetos de pequeno valor, geralmente em locais públicos (praias, feiras, etc.). **3**. *Fig.Pej*. Aquele que rouba dinheiro ou outro móvel público; ratazana: *o impeachment levou-o e a todos os seus ratos*. **4**. *Fig.Pej*. Homem tratante; calhorda, canalha. **5**. *Pop*. Frequentador assíduo: *ser um rato de igreja, um rato de cinema, um rato de teatro, um rato de livraria, um rato de biblioteca*. · Fem.: *rata*. · Col. (1): *ninhada*. → **ratoeira** *sf* (armadilha para apanhar ratos).

rave [ingl.] *sm* **1**. Festa produzidíssima, própria de *clubbers*, que começa no início da madrugada e não tem hora para terminar, realizada geralmente em lugares amplos (fábricas, galpões desativados, etc.) e afastados (sítios, chácara, etc.), ao ar livre, muitas vezes embalada por drogas, na qual DJs quase sempre apresentam composições que produzem em seus computadores: *a desidratação e a hipertimia têm sido causa de várias mortes em raves*. // *adj* **2**. Diz-se dessa festa. · Pronuncia-se *rêiv* (o *r* soa brando, pronunciado com a língua no céu da boca). → **raver** *s2gên* (participante de *raves*), que se pronuncia *rêivâr* (com *r* inicial brando).

ra.vi.na sf **1**. Torrente de água pluvial que cai de encostas ou lugar elevado. **2**. Depressão no solo aberto por essa torrente. **3**. Vale estreito, formado por um rio.

ra.vi.ó.li sm Pequeno pastel de massa de farinha de trigo, recheado de carne moída, ricota, etc., cozido em água fervente e acompanhado de molho.

ray-ban [ingl.] sm **1**. Vidro esverdeado, próprio para filtrar os raios luminosos, usado em portas, janelas, óculos, etc. **2**. Óculos feitos com esse vidro. · Pl.: *ray-bans*. · Pronuncia-se *rei-bã*. (Trata-se de marca registrada americana, portanto nome próprio que se tornou comum, a exemplo de *fórmica, gilete*, etc.)

ra.zão sf **1**. Faculdade ou capacidade de pensar, raciocinar, formar julgamentos e tirar conclusões de acordo com princípios lógicos (em oposição a instinto); raciocínio, inteligência: *o homem é o único animal com o poder da razão*. **2**. Bom uso das faculdades intelectuais; sanidade mental; lucidez: *tem cem anos e ainda não perdeu a razão*. **3**. Juízo, discernimento, bom senso: *decisão de acordo com a razão; a razão não manda nos sentimentos*. **4**. Causa, motivo, explicação: *qual a razão de tanta raiva?* **5**. Argumento, alegação, justificativa: *as razões apresentadas foram insuficientes para livrá-lo da punição*. **6**. Justiça, direito: *julgamento fundado na razão*. **7**. Em matemática, quociente entre dois números. **8**. Quociente entre dois termos consecutivos de uma progressão geométrica. **9**. Diferença entre termos consecutivos de uma progressão aritmética. // *sfpl* **10**. Explicações, justificativas: *suas razões são satisfatórias;* "*o coração tem razões que a própria razão desconhece*". ·· **À razão de**. **1**. À taxa de. **2**. Ao preço de. **3**. Na proporção de. ·· **Com razão**. Com minha aprovação: *Ele reagiu à agressão e com razão!* ·· **Em razão de**. Em virtude de: *Não viajou em razão de estar chovendo*.

ra.zo.á.vel adj **1**. Conforme à razão, à justiça; racional: *dedução razoável*. **2**. Não excessivo; comedido, moderado: *os honorários desse advogado são razoáveis; teremos este ano um crescimento apenas razoável do PIB*. **3**. Importante, útil: *é razoável perceber que o planeta não tem recursos inesgotáveis*. **4**. Bom, mas não excepcional; regular, aceitável: *seu inglês é apenas razoável*. **5**. Legítimo, justo: *sua reivindicação me parece razoável*. **6**. Sensato, ponderado; de bom senso: *ser razoável com estúpidos é perigoso; parece razoável imaginar que não estamos sós no universo*. → **razoabilidade** sf (**1**. qualidade de razoável ou sensato; **2**. qualidade do que é conveniente ou oportuno).

ré sf **1**. Feminino de *réu*. **2**. Redução de *marcha à ré*. // sm **3**. A segunda nota da escala musical. **4**. Sinal com que se representa essa nota na pauta.

re.a.bi.li.tar v **1**. Restabelecer os direitos, graduações, prerrogativas, boa reputação, etc. de: *a China reabilitou vários membros do Partido Comunista na década de 1970*. **2**. Restabelecer (alguém) na sua condição física ou psicológica, dando-lhe capacidade plena: *os médicos reabilitaram todos os acidentados*. **3**. Restabelecer a eficácia ou as boas operações de; sanear: *reabilitar uma empresa*. **4**. Regenerar, recuperar: *cadeia reabilita bandido?* **5**. Provocar ânimo novo a; fazer (alguém ou grupo) recuperar o moral: *o Corinthians reabilitou o Palmeiras, ao perder por 0 a 4*. **reabilitar-se 6**. Readquirir a estima pública ou particular; regenerar-se, recuperar-se moralmente: *reabilitar-se de um vício*. **7**. Adquirir ânimo novo; recuperar o moral (depois de um fato desfavorável): *o Palmeiras se reabilitou contra o Corinthians, vencendo-o por 4 a 0*. → **reabilitação** sf [**1**. ato ou efeito de reabilitar(-se); **2**. recuperação total ou parcial da saúde física ou mental]; **reabilitado** adj (que se reabilitou; recuperado, regenerado).

re.a.ção sf **1**. Ação ou efeito de reagir. **2**. Ação em direção oposta; força que se opõe a outra que a provoca. **3**. Ação em resposta a uma influência, evento, estímulo, etc. **4**. Ação de agente químico sobre outro(s), dando origem a nova substância. **5**. Mudança no núcleo de um átomo. **6**. Conservadorismo extremo em política. **7**. Mudança fisiológica que indica sensibilidade a matéria estranha. → **reagente** sm (**1**. substância contida numa reação química; **2**. substância usada numa reação química para detectar a presença de outra substância).

re.a.cen.der v **1**. Acender de novo: *reacendeu o cachimbo e continuou a falar*. **2**. *Fig*. Tornar mais forte, mais vivo; avivar, renovar: *essa vitória reacendeu as esperanças da equipe de classificar-se para a outra fase do torneio*. **3**. Acender-se novamente: *o fogo reacendeu sozinho*. **reacender-se 4**. *Fig*. Renovar-se, reanimar-se: *de repente, suas esperanças se reacenderam*.

re.a.ci.o.ná.rio adj e sm Que ou o que se opõe a toda inovação no campo de qualquer atividade humana, princ. política e social, mostrando-se conservador extremado. Antôn.: *revolucionário*. → **reacionarismo** sm (qualidade, ato ou dito de reacionário).

re.a.gir v **1**. Agir em resposta a uma influência, estímulo ou sugestão: *o doente não reagiu ao tratamento e acabou morrendo*. **2**. Agir em oposição a (algo ultrapassado ou ruim): *foram esses os escritores que reagiram contra o romantismo*. **3**. Agir em retorno a (algo provocativo ou agressivo): *recebeu um murro e reagiu*. **4**. Sofrer reação química, para produzir outra substância. → **reativo** adj (**1**. que reage; que mostra resposta a estímulo: *as pupilas são reativas à luz*; **2**. que age em resposta a uma situação, em vez de criá-la ou controlá-la (em oposição a *proativo*): *abordagem reativa; time reativo é aquele que não toma as iniciativas do jogo, ou seja, que joga na retranca*; **3**. que tende a reagir quimicamente: *o dióxido de nitrogênio é um gás altamente reativo*) e sm (substância reativa ou reagente).

re.a.jus.tar v **1**. Tornar a ajustar: *reajustar um parafuso*. **2**. Proporcionar (salários, preços, mensalidades, prestações) ao custo mais elevado de vida: *reajustar os salários*. → **reajustamento** ou **reajuste** sm (**1**. reaperto; **2**. restabelecimento de um equilíbrio qualquer: *reajuste de preços*; **3**. quantia envolvida num reajuste: *recebeu o reajuste e guardou-o*).

re.al adj **1**. Relativo ou pertencente ao rei ou à realeza. **2**. Que existe de fato; verdadeiro (em oposição a *fictício, imaginário*): *a possibilidade de erupção desse vulcão é real*. **3**. Relativo ao valor verdadeiro; não meramente nominal. // sm **4**. Que existe de fato; realidade. **5**. Unidade monetária e moeda do Brasil desde 1.º de julho de 1994. // sf **5**. *Gír*. Vida real, realidade: *quando caiu na real, já era tarde*. → **realidade** sf (**1**. qualidade ou estado de real, verdadeiro; **2**. aquilo que é real, verdadeiro; **3**. verdade acerca de uma situação, princ. quando desagradável; **4**. aquilo que existe objetivamente e de fato; coisas ou fatos reais); **realização** sf [ato ou efeito de realizar(-se)]; **realizado** adj (**1**. que se realizou ou se efetivou; **2**. que tornou realidade todos os seus sonhos, ideais ou objetivos; que se realizou); **realizar** (v **1**. tornar real, concreto ou verdadeiro; concretizar, efetuar: *realizar um desejo*; **2**. converter em dinheiro; vender: *não consegui realizar minhas ações*); **realizar-se 3**. [efetuar-se, concretizar-se, acontecer: *o casamento não se realizou*; **4**. alcançar seus objetivos ou ideais; tornar-se realizado (2): *só me realizarei no dia que casar com ela*].

re.al.çar v **1**. Fazer aparecer ou sobressair; dar realce ou destaque a: *realçar os olhos, usando maquiagem*. **2**. Destacar (passagens importantes de um texto) com um marcador geralmente fluorescente. **3**. Selecionar (item) em um *menu*, na área de trabalho ou dentro de um aplicativo, para copiar, mover, excluir, etc. **realçar-se 4**. Sobressair, destacar-se, distinguir-se: *os olhos se realçam com maquiagem*. → **realçamento** sm [realce (1)]; **realce** sm (**1**. ato ou efeito de realçar; realçamento; **2**. brilho, vivacidade: *a miss deu realce ao evento*; **3**. destaque, relevo, ênfase: *o palestrante deu realce à impunidade julgar reina no país*; **4**. área brilhante ou reflexiva em uma pintura, imagem ou desenho: *o artista usou lápis branco para os realces e carvão para as sombras*; **5**. área do cabelo com mecha mais clara, produzida por tintura; mecha de cabelo clareada: *cabelo castanho com realces loiros*).

re.a.le.jo (ê) sm Órgão mecânico e portátil que se toca através de uma manivela.

re.a.le.za (ê) sf **1**. Dignidade, poder, *status* ou autoridade de rei. **2**. Conjunto formado pelo rei e seus descendentes. **3**. Linhagem de um rei. **4**. País ou território sob a autoridade de um rei ou monarca. **5**. Direito ou privilégio de rei. **6**. Magnificência, esplendor. // sf **7**. Pessoa de linhagem real; membro de família real.

re.a.li.men.ta.ção sf **1**. Ato ou efeito de realimentar: *a realimentação de uma arma de fogo*. **2**. Retroalimentação; *feedback*. → **realimentar** v [**1**. alimentar novamente: *altas do dólar realimentam a inflação*; **2**. proceder à realimentação (2) de; retroalimentar].

re.a.lis.mo sm **1**. Qualidade ou estado do que é real (2). **2**. Atitude prática de enfrentar a realidade objetivamente. **3**. Movimento artístico literário da segunda metade do séc. XIX, caracterizado pela descrição da realidade como ela é, ainda que nos seus aspectos mais negativos e desagradáveis. (Nesta acepção, costuma aparecer com inicial maiúscula: *Realismo*.) → **realista** adj (rel. ou pert. ao realismo) e adj e s2gên (que ou pessoa que é partidária do realismo); **realístico** adj (rel. ao realismo ou próprio do realismo).

reality show [ingl.] *loc sm* Programa de televisão em que um grupo de pessoas convive durante um determinado período de tempo (geralmente três meses) sob a observação constante de câmeras que filmam e transmitem em tempo real tudo o que acontece com elas. · Pl.: *reality shows*. · Pronuncia-se *riáliti xôu* (o *r* soa brando, pronunciado com a língua no céu da boca).

re.a.tar *v* **1**. Atar novamente: *reatar um nó*. **2**. Dar continuidade a (o que se tinha interrompido); restabelecer: *reatar uma amizade*. → **reatamento** *sm* (ato ou efeito de reatar).

re.a.ti.vo *adj* e *sm* V. **reagir**.

re.a.tor (ô) *sm* **1**. Dispositivo elétrico inserido em um circuito para controlar o fluxo da corrente alternada. **2**. Redução de *reator nuclear*, aparelho em que uma série de reações nucleares são provocadas e controladas para gerar calor ou produzir radiação.

re.a.ver *v* Haver de novo (aquilo de cuja posse se havia sido privado); recuperar: *reaver o dinheiro perdido*. · Conj.: segue *haver*, mas só nas formas em que este verbo mantém a letra *v*; nas outras, substitui-se pelo sinônimo *recuperar*.

re.bai.xar *v* **1**. Tornar mais baixo, abaixar mais: *rebaixar um muro*. **2**. Abaixar de posto, classificação, etc.: *o alto comando resolveu rebaixar o coronel; meu time rebaixou o seu para a série B do campeonato*. **rebaixar(-se) 3**. *Fig.* Humilhar(-se), aviltar(-se): *chefe que rebaixa subordinado comete assédio moral; ele se rebaixou para conseguir o emprego*. → **rebaixamento** *sm* [ato ou efeito de rebaixar(-se)].

re.ba.nho *sm* **1**. Porção de cabeças de gado lanígero e, p. ext., de outros animais, em número superior a dez, geralmente sob a guarda de um pastor. **2**.*P.ext.* Conjunto dos fiéis relativamente à Igreja e às autoridades eclesiásticas. **3**.*P.ext.Pej.* Porção de pessoas que se deixam guiar ao capricho de alguém.

re.bar.ba *sf* **1**. Saliência natural em ângulo, geralmente em peça metálica ou em madeira cortada; aresta. **2**. *Pop.* Sobra de alguma coisa; restos. **3**. *Fig.* Aquilo que falta fazer ou concluir. **4**. Asperezas de obras de fundição. **5**. Acúmulo de tecido adiposo sob o queixo; queixo duplo; papada. **6**. Em ourivesaria, parte do engaste que se dobra sobre a pedra preciosa, para prendê-la. **7**. Em artes gráficas, claro entre duas linhas regulares de uma composição. → **rebarbar** *v* [**1**. retirar ou aparar as rebarbas de; **2**.*fig.* negar-se (cavalgadura) a seguir, dando pinotes ou saindo para um dos lados; refugar; **3**. *pop.* na Marinha, princ., recusar-se a obedecer ordem superior por achá-la injusta; **4**. *pop.* ser contrário a; opor-se a: *o adolescente rebarbou a presença da mãe no interrogatório*].

re.ba.ter *v* **1**. Voltar a bater ou bater várias vezes: *rebater as claras, até que tomem o ponto de neve*. **2**. Tornar a digitar: *rebateu o texto corrigido*. **3**. Não aceitar; recusar, rejeitar: *rebater uma oferta, uma proposta, um conselho*. **4**. Afastar investida ou ataque de; repelir, rechaçar: *a moça rebateu o rapaz galanteador*. **5**. Aparar, neutralizar (golpe): *rebater um soco*. **6**. Refutar ou opor-se a, com razões e argumentos; desmentir, destruir: *o advogado rebateu as acusações, provando a inocência do réu*. **7**. Conter, refrear, reprimir: *tomar bastante vitamina C, para rebater resfriado*. **8**. Dobrar, batendo; revirar para cima a ponta de; arrebitar: *rebater um prego, para servir de gancho*. **9**. Descontar (título de crédito): *rebater um cheque*. **10**. Repetir exaustivamente; repisar: *durante as reuniões, o chefe sempre rebate esse assunto*. **11**. Chutar (a bola) em direção mais ou menos oposta àquela em que veio: *o goleiro rebateu mal a bola*. **12**. Deitar sobre uma superfície horizontal (peça vertical): *rebater os bancos traseiros de um carro, para aumentar a capacidade de carga*. → **rebate, rebatimento** *sm* ou **rebatida** *sf* (ato ou efeito de rebater).

re.bel.de *adj* e *s2gên* **1**. Que ou pessoa que é indisciplinada, inimiga de se sujeitar a qualquer autoridade, controle, tradição, etc.: *aluno rebelde, criança rebelde; vários rebeldes armados foram capturados*. // *adj* **2**. Desse tipo de pessoa: *acampamento rebelde*. **3**. Revolto, desalinhado: *cabelo rebelde*. **4**. Difícil de curar ou de ceder: *febre rebelde*. **5**. Difícil de domar: *cavalo rebelde*. · Antôn. (1 e 5): *dócil*. → **rebelar** *v* (**1**. tornar rebelde; insurgir, revoltar: *rebelar os presos*); **2**. provocar a revolta de; revoltar: *o excesso de impostos ainda rebelará a população contra o governo*). **rebelar(-se)** (revoltar-se, insurgir-se: *os detentos daquele presídio se rebelaram novamente*); **rebeldia** *sf* (qualidade ou ato de rebelde); **rebelião** *sf* (**1**. resistência ou desobediência à autoridade opressora ou tida por opressora; **2** movimento generalizado e violento de presidiários, visando à fuga em massa).

re.ben.tar ou **ar.re.ben.tar** *v* **1**. Quebrar com forte ruído ou estrondo: *rebentar um cadeado, uma fechadura*. **2**. *Fig.* Matar, acabar com: *se não disser a verdade, eu o arrebento!* **3**. Romper, irromper: *a criança arrebentou em choro incontrolável*. **4**. Estourar, explodir: *várias bombas rebentaram no prédio*. **5**. Quebrar-se com violência; romper-se: *a corda sempre arrebenta pelo lado mais fraco*. **6**. Soar com força: *de repente, rebentou um grito de gol!* **7**. Lançar rebentos: *esses caules não rebentam mais*. → **rebentação** ou **arrebentação** *sf* (**1**. ato ou efeito de rebentar; **2**. quebra das ondas de encontro aos rochedos; arrebentação; **3**. lugar onde se dá essa quebra; arrebentação); **rebento** ou **arrebento** *sm* (**1**. ramo ou folha que acaba de nascer; botão, broto; **2**.*p.ext.* fruto de um trabalho; produto, resultado: *darei a público brevemente meu novo rebento*; **2**. *fig.* filho: *o pai chegou com seus rebentos*).

re.bi.te ou **ar.re.bi.te** *sm* **1**. Volta que se dá na ponta do prego, para que não saia da madeira. **2**. Pequeno cilindro metálico, com cabeça circular, para unir solidamente duas chapas. **3**. Droga usada por caminhoneiros que têm muita pressa de chegar, para evitar o sono, durante uma longa viagem de frete. → **rebitagem** *sf*, **rebitamento** ou **arrebitamento** *sm* (ato ou efeito de rebitar); **rebitar** ou **arrebitar** *v* (**1**. ligar ou unir com rebites: *rebitar uma fechadura no portão*; **2**. virar ou revirar a ponta de: *rebitar o canto da folha de um livro*).

re.bo.bi.nar *v* **1**. Bobinar outra vez (papel ou fita magnética). **2**. Retroceder o rolo ou carretel de (fita magnética, filme fotográfico, etc.). → **rebobinagem** *sf* (ato ou efeito de rebobinar).

re.bo.car *v* **1**. Levar a reboque; puxar com corda, cabo, corrente, etc. (embarcação ou veículo). **2**. Revestir de reboco: *rebocar uma parede*. **3**. Maquilar exageradamente: *as peruas gostam de rebocar o rosto*. → **reboco** (ô) *sm* [**1**. ato de rebocar (2); **2**. argamassa de cal e areia, com ou sem cimento, com que se revestem paredes, muros, etc., para lhes dar superfície lisa e uniforme]; **reboque** *sm* [**1**. ato ou efeito de rebocar (1); **2**. corda ou cabo para rebocar; **3**. veículo sem tração própria, puxado por outro; **4**. veículo com guincho para transporte de outros veículos; guincho).

re.bo.lar *v* **1**. Fazer mover sobre si (corpo redondo); rolar: *rebolar uma rocha*. **2**. Mexer (o corpo, os quadris) com graça e desenvoltura: *ela sempre passa por aqui, rebolando os quadris*. **rebolar(-se) 3**. Rolar sobre si mesmo: *o cão (se) rebolava na grama*. **4**. Mover os quadris com graça: *ela (se) rebola toda quando vê homem*. → **rebolação** *sf* ou **rebolamento** *sm* [ato ou efeito de rebolar(-se)]; **rebolado** *adj* (em que se rebola) e *sm* (movimento dos quadris; requebro: *admire aí o rebolado da mulata!*).

re.bo.lo (ô) *sm* Pedra de afiar, em forma de disco, que gira em torno de um eixo horizontal, passando por dentro de uma calha com água.

re.bor.do (ô; pl.: ó) *sm* Borda voltada para fora ou revirada.

re.bor.do.sa *sf Pop.* **1**. Repreensão severa; reprimenda, sabão, pito: *levou uma rebordosa do chefe*. **2**. Desentendimento, conflito: *rebordosa entre traficantes*. **3**.*P.ext.* Briga, pancadaria: *a festa acabou em rebordosa feia*. **4**. Situação altamente desagradável: *ela me colocou em rebordosa*. **5**. Doença grave ou recaída de doença grave: *enfrentou anos a rebordosa e quase a venceu*.

re.bo.ta.lho *sm* **1**. O que fica depois de se escolher o melhor; refugo. **2**. *Fig.* Escória da sociedade; ralé, rabacuada. · Antôn. (1): *nata*; (2): *elite, nata, fina flor*.

re.bo.te *sm* **1**. Bola rebatida pelo goleiro ou por jogador de defesa. **2**. Bola que não entra na cesta e é disputada por atacantes e defensores, no basquete.

re.bu ou **re.bu.li.ço** *sm* Movimento irregular e simultâneo de muita gente; confusão, agitação, tumulto.

re.bu.ça.do *adj* **1**. Coberto com rebuço: *a muçulmana apareceu com o rosto rebuçado*. **2**. Disfarçado, dissimulado: *sorriso rebuçado*. // *sm* **3**. Pequena guloseima feita de calda de açúcar endurecida, acrescida de corantes ou essências de vários sabores, vendida comumente em papel; bala. · Antôn. (2): *claro, patente, manifesto*. → **rebuçar** *v* [**1**. encobrir (o rosto) com capa ou rebuço: *as mulheres muçulmanas rebuçam o rosto*; **2**. ocultar, esconder: *rebuçar a calvície*); **rebuçar(-se)** disfarçar(-se), dissimular(-se): *procurou rebuçar a indignação*; *a mentira quase sempre se rebuça com o manto da verdade*); **rebuço** *sm* (**1**. parte de capa que cobre o rosto; **2**. *p.ext.* véu ou tecido para cobrir o rosto; **3**. lapela: *trazer um broche ao rebuço*; **4**. *fig.* disfarce, dissimulação: *os namorados de hoje se beijam em público sem rebuços*).

re.bus.car *v* Enfeitar exageradamente; requintar: *rebuscar uma frase.* → **rebusca** *sf* ou **rebuscamento** *sm* (ação de rebuscar); **rebuscamento** *sm* (**1**. rebusca; **2**. qualidade do que é rebuscado; apuro, requinte, primor); **rebuscado** *adj* (extremamente apurado; requintado; primoroso).

re.ca.do *sm* **1**. Mensagem curta e rápida enviada de uma pessoa a outra. **2**. *Gír.* Aviso, advertência, alerta: *o recado é para você, portanto se cuide!* ·· **Dar conta do recado**. Cumprir satisfatoriamente um trabalho ou missão; sair-se bem numa empresa. ·· **Dar o (seu) recado** (fig.). **1**. Dizer tudo o que pensa como forma de admoestação: *Ele foi à festa e deu o recado; parece que o pessoal entendeu.* **2**. Atuar, comportar-se ou agir maravilhosamente bem: **Ele foi à festa e deu o seu recado**. ·· **Não mandar recado** (fig.). Resolver uma parada pessoalmente: *O chefe aqui não é de mandar recado.* ·· **Tomar o recado na escada**. Responder antes de ouvir tudo o que é dito.

re.ca.ir *v* **1**. Cair de novo (em vício ou falta); reincidir, incorrer: *recair no mesmo erro.* **2**. Voltar a um estado ou situação anterior: *o assunto ia, voltava e recaía em política.* **3**. Incidir, cair: *forma rizotônica é aquela cuja tonicidade recai no radical.* **4**. Pesar, incidir: *a culpa recaiu num inocente.* **5**. Tratar sobre determinado tema; versar: *a palestra recairá sobre as dificuldades da microempresa.* **7**. Voltar a padecer de uma doença, que parecia curada ou que estava quase curada; ter ou sofrer recaída: *o doente recaiu de repente.* → **recaída** *sf* (**1**. ato ou efeito de recair; **2**. reincidência num inconveniente, num mal ou num vício; **3**. reagravamento de uma doença quase curada, geralmente por causa de alguma imprudência).

re.cal.car *v* **1**. Encher um recipiente de (coisas), apertando-as para que caibam mais: *não recalque tanto o pacote, senão vai estourar!* **2**. Calcar outra vez ou muitas vezes; repisar, comprimir excessivamente: *recalcar a roupa na mala.* **3**. Repetir muitas vezes; reiterar, insistir em; repisar: *recalcar um assunto.* **4**. Conter, reprimir, refrear: *não havia como recalcar as lágrimas.* **5**. Em psicanálise, submeter a recalque (2): *a rígida educação paterna recalcou-o.* → **recalcado** *adj* (**1**. que se recalcou ou repisou; que foi muito comprimido: *terra recalcada;* **2**. reprimido, refreado, contido: *choro recalcado; desejos recalcados no inconsciente*) e *adj* e *sm* (em psicanálise, que ou aquele que sofre de recalque: *a rígida educação paterna deixou-o recalcado*); **recalcamento** ou **recalque** *sm* (ato ou efeito de recalcar); **recalque** *sm* (**1**. recalcamento; **2**. em psicanálise, mecanismo inconsciente de defesa pelo qual pensamentos, ideias, sentimentos, impulsos ou lembranças desagradáveis ou dolorosas, princ. aquelas relativas a um fato passado traumático, são punidos pelo consciente e, então, submergidos no inconsciente, onde permanecem latentes, mas operantes e dinâmicos, continuando, assim, a exercer influência sobre o comportamento do indivíduo).

re.cal.ci.trar *v* **1**. Responder ou reagir com grosseria; replicar indelicadamente: *o filho sempre recalcitra aos conselhos do pai; o ministro recalcitrou à pergunta do repórter.* **2**. Resistir à ordem ou determinação de autoridade competente: *recalcitrar às orientações do agente de trânsito.* **3**. Revoltar-se, rebelar-se, insurgir-se: *recalcitrar contra os maus-tratos do padrasto.* **4**. Resistir a mudar de opinião ou de atitude; teimar: *ele recalcitra em não visitar a família.* **5**. Desferir coices (cavalgadura), quando agredida: *a égua recalcitra se você a chicoteia.* → **recalcitração** *sf* [recalcitrância (1)]; **recalcitrância** (**1**. ato ou efeito de recalcitrar; recalcitração; **2**. qualidade de recalcitrante); **recalcitrante** *adj* e *s2gên* (que ou pessoa que resiste a obedecer ou que é difícil de lidar ou de controlar).

recall [ingl.] *sm* Convocação pública do fabricante de um produto, que apresentou ou poderá apresentar algum defeito, para que seus adquirentes o levem de volta à fábrica ou à oficina de seus representantes, a fim de que sejam feitos os devidos reparos ou troca de peças; rechamada. · Pl.: *recalls.* · Pronuncia-se *rikól* (o *r* soa brando, pronunciado com a língua no céu da boca).

re.cam.bi.ar *v* Fazer retornar ao lugar de origem ou ponto de partida; mandar de volta; devolver: *recambiar imigrantes clandestinos.* → **recambiamento** ou **recâmbio** *sm* (ato ou efeito de recambiar). ·· **Recambiar um título**. Devolvê-lo quando não foi aceito ou pago, juntando ao principal as despesas do protesto, juro de mora, etc., exigindo ao mesmo tempo o pagamento.

re.can.to *sm* **1**. Lugar isolado, retirado e oculto: *encontrei um recanto para morar, longe de gente apressada e de ruídos sem fim.* **2**. Lugar mais íntimo ou mais profundo; esconderijo, escaninho: *busquei o nome dela em todos os recantos da memória, sem conseguir encontrá-lo.* **3**. Lugar aprazível ou de descanso: *o campo é o recanto ideal para recompor as energias.*

re.ca.par *v* Reconstituir a banda de rodagem de (pneu); recauchutar. (Não se confunde com *recapear.*) → **recapagem** *sf* (recauchutagem).

re.ca.pe.ar *v* Recobrir (estrada, rua) com nova camada de asfalto. (Não se confunde com *recapar.*) · Conjuga-se por *frear.* → **recapeamento** *sm* (ato ou efeito de recapear).

re.ca.pi.tu.lar *v* **1**. Repetir (o que já foi dito) de forma concisa, para avivar a memória: *o professor recapitulou o assunto no final da aula.* **2**. Relembrar: *recapitular os bons momentos da infância.* → **recapitulação** *sf* (ato ou efeito de recapitular).

re.ca.to *sm* **1**. Cuidado de evitar tudo o que ofende a decência e a moral; pudor, decência: *ela sempre mostrou recato no traje.* **2**. Cautela, prudência para evitar algum dano: *toda sinceridade exige recato; beber com recato.* **3**. Discrição, simplicidade: *apesar de eminente literato, leva uma vida de recato em sua pequena cidade natal.* → **recatado** *adj* (**1**. que tem ou revela recato; moderado, prudente, sensato: *ele é um crítico recatado do governo;* **2**. que tem pudor; pudico, decente: *mulher recatada se veste decentemente;* **3**. que vive recolhido, que não costuma aparecer em público; discreto: *o juiz era um homem recatado, só saía de casa para o tribunal*); **recatar** *v* (guardar com recato); **recatar-se** (resguardar-se, prevenir-se).

re.cau.chu.tar *v* Recapar. → **recauchutadora** (ô) *sf* (lugar onde se faz recauchutagem); **recauchutagem** *sf* (reconstituição da banda de rodagem de um pneu; recapagem).

re.ce.ar *v* **1**. Temer, sem estar absolutamente certo; achar, acreditar: *receio que ela esteja doente; receio que eu disse uma bobagem.* **2**. Ter medo de; temer: *ela receia sair à noite.* · Conjuga-se por *frear.* → **receio** *sm* (**1**. ato ou efeito de recear; **2**. incerteza ou hesitação, associada a temor: *havia um natural receio de contrair a covid-19;* **3**. sentimento de apreensão ante a possibilidade de ocorrer algo perigoso ou desagradável: *ter receio de falar em público; tive receio de abordá-la*).

re.ce.ber *v* **1**. Tomar ou aceitar (o que se dá, o que é enviado, o que vem, o que é devido): *receber um presente.* **2**. Perceber (aquilo a que se tem direito); cobrar: *mandei receber o aluguel.* **3**. Obter por direito ou mérito: *receber o grau de doutor.* **4**. Atuar como receptáculo de: *esse balde é colocado ali para receber a água da chuva.* **5**. Obedecer a: *receber ordens.* **6**. Padecer ou sofrer; experimentar: *receber punição.* **7**. Sair ao encontro de (pessoa que chega); recepcionar: *a torcida foi ao aeroporto, para receber os campeões.* **8**. Servir de receptáculo ou depositário a; incorporar, acolher: *esse terreno recebe lixo de três cidades; o rio Paraná recebe as águas do Tietê.* **9**. Entrar na posse de: *receber uma herança.* **10**. Acolher, aceitar: *recebi-o em casa como se fora meu próprio filho.* **11**. Tratar de certo modo um recém-chegado; recepcionar: *recebemos todo gringo de braços abertos.* **12**. Reagir de certo modo a; acatar: *recebi com tranquilidade as críticas.* **13**. Ser atingido por: *todos os planetas deste sistema recebem a luz do Sol.* **14**. Captar os sinais de (emissora): *ali na selva amazônica ninguém recebe essa emissora.* **15**. Incorporar como médium: *receber um espírito.* **16**. Ser destinatário de; aproveitar-se de: *a piscina recebe a luz do Sol durante toda a manhã.* **17**. Dar recepções ou audiências: *o Papa não recebe aos sábados.* **18**. Perceber salários: *há três meses que os operários não recebem.* · V. **recepção, receptivo** e **receptor**. → **recebedoria** *sf* (repartição em que se recebem taxas, impostos, etc.); **recibo** *sm* (comprovante de pagamento); **recebimento** *sm* (ato ou efeito de receber).

re.cei.ta *sf* **1**. Conjunto dos rendimentos de um Estado, sociedade ou indivíduo. **2**. Quantia recebida, apurada ou arrecadada; renda. **3**. Prescrição médica. **4**. Fórmula para preparar pratos culinários ou para fazer qualquer coisa. **5**. Conselho, sugestão. → **receitar** *v* (**1**. passar receitas de; **2**. prescrever como médico); **receituário** *sm* (**1**. conjunto de receitas prescritas por um médico, no decurso de uma doença; **2**. formulário médico para a prescrição de receitas).

receiver [ingl.] *sm* Aparelho de som que reúne amplificador e sintonizador. · Pl.: *receivers.* · Pronuncia-se *ricívâr* (o primeiro *r* soa brando, pronunciado com a língua no céu da boca).

re.cém- *pref.* que significa *recente* e se usa apenas antes de particípio, sempre com hífen: *recém-aberto, recém-casado, recém-nascido.* (Cuidado para não usar "récem"!)

re.cen.der *v* **1**. Emitir ou exalar cheiro ativo e agradável: *as flores recendem um perfume que me trouxe à lembrança tempos de infância; os jardins floridos sempre recendem.* **2**. Ter cheiro ativo e agradável; cheirar ativamente: *os lençóis* *recendiam a alfazema.* **3**. *Fig.* Deixar patente, manifesto, claro: *essa gente recende inveja.* → **recendente** *adj* (que recende: *loja recendente a delicioso perfume*).

re.cen.se.a.men.to *sm* **1**. Ato ou efeito de recensear. **2**. Enumeração oficial periódica de uma população (humana ou irracional), com detalhes de idade, sexo, profissão, etc.; censo. → **recensear** *v* (fazer o censo de), que se conjuga por *frear*.

re.cen.te *adj* **1**. Que aconteceu há muito pouco tempo; próximo (no tempo): *o computador é uma invenção relativamente recente; namoro recente.* // *adv* **2**. Recentemente; de data próxima: *cheguei recente do exterior.* · Antôn. (1): *antigo*. · V. **nupérrimo**. → **recentemente** *adv* (há pouco tempo; recente: *cheguei recentemente do exterior*); **recenticidade** ou **recentidade** *sf* (qualidade do que é recente: *a recentidade da edição de uma obra*).

re.ce.o.so (ô; pl.: ó) *adj* **1**. Que tem receio ou medo de fazer alguma coisa, em virtude das suas consequências. **2**. Apreensivo; sem sossego espiritual. · Antôn. (1): *decidido, resoluto.*

re.ce.pa.gem *sf* **1**. Corte de plantas rente ao chão, para que cresçam com mais força. **2**. Poda de árvore ou de arbusto. → **recepar** *v* (proceder à recepagem de).

re.cep.ção *sf* **1**. Ato ou efeito de receber; recebimento. **2**. Cerimônia que marca o ingresso de uma pessoa numa associação. **3**. Setor de qualquer estabelecimento no qual se recebem pessoas, dão informações, etc. **4**. Reunião social em que as pessoas são recebidas formalmente. **5**. Qualidade ou fidelidade das ondas e sinais elétricos. → **recepcionar** *v* (receber formalmente ou com muita festa e alegria: *recepcionar os amigos, os turistas, os campeões*); **recepcionista** *adj* e *s2gên* (que ou pessoa que é encarregada da recepção de hóspedes, clientes, visitantes, etc., em hotéis, empresas, feiras, etc.).

re.cep.tá.cu.lo *sm* **1**. Lugar em que se recolhe alguma coisa, para ser usada com algum fim; recipiente. **2**. Lugar onde convergem coisas de origens diversas. **3**. Em botânica, parte superior do pedúnculo que serve de base aos órgãos florais ou a uma inflorescência. → **receptacular** *adj* [rel. a receptáculo (3)].

re.cep.tar *v* Comprar, receber ou ocultar (mercadoria roubada ou de procedência criminosa) de forma consciente: *o ferro-velho recepta peças roubadas.* → **receptação** *sf* (ato ou efeito de receptar).

re.cep.ti.vo *adj* **1**. Que recebe ou é capaz de receber: *todo o mundo lhe conta seus problemas, porque é muito receptiva.* **2**. Pronto ou disposto a acolher favoravelmente: *os jovens são receptivos a mudanças.* → **receptividade** *sf* (qualidade de receptivo: *ela demonstrou receptividade à minha proposta*).

re.cep.tor (ô) *adj* e *sm* **1**. Que ou o que recebe qualquer coisa. // *sm* **2** Aparelho que recebe sinais ou ondas elétricas e converte-os em sons e/ou imagens. **4**. No processo da comunicação, aquele que recebe uma mensagem.

re.ces.são *sf* **1**. Ato ou efeito de retroceder ou recuar; recuo. **2**. Queda ou diminuição geral da atividade econômica, com a redução da produção e dos lucros e o aumento do desemprego e do número de falências e concordatas. **3**. Período ou espaço de tempo que dura essa queda. → **recessivo** *adj* (que provoca recessão).

re.ces.so *sm* **1**. Lugar íntimo; recanto, refúgio: *o recesso do lar.* **2**. Lugar remoto e afastado; recanto: *os eleitores vieram votar de todos os recessos do país.* **3**. Lugar secreto ou escondido: *os recessos escuros de uma caverna; os recessos do inconsciente.* **4**. Suspensão temporária das atividades legislativas, judiciárias ou escolares; férias. **5**. Período ou espaço de tempo que dura tal suspensão; férias. **6**.*P.ext.* Qualquer interrupção ou suspensão: *houve um recesso nas negociações de paz.*

re.cha.çar *v* **1**. Fazer (inimigo) bater em retirada: *os brasileiros rechaçaram franceses e holandeses na época colonial.* **2**. Rebater, contestar: *o advogado rechaçou a acusação da promotoria.* **3**. Não aceitar; recusar: *rechaçar doações.* → **rechaça** ou **rechaço** *sm* (ação ou efeito de rechaçar).

re.che.ar *v* **1**. Colocar algum alimento (recheio) dentro de outro alimento: *ela recheou os pastéis com duas azeitonas.* **2**. Encher com alguma substância: *mandei rechear meu travesseiro com plumas de ganso.* **3**. Encher completamente; abarrotar: *o garoto viu tantos doces na mesa e tratou logo de rechear os bolsos.* **4**. Encher de dinheiro: *novos impostos recheiam os cofres do governo.* **5**. *Fig.* Entremear, intercalar: *recheou a entrevista de piadinhas; recheou o currículo de informações desnecessárias.* · Conjuga-se por *frear*. → **recheado** *adj* (que tem recheio); **recheio** *sm* (**1**. ato ou efeito de rechear; **2**. tudo o que enche uma cavidade ou vão; conteúdo; **3**. *fig.* quantidade desnecessária de qualquer coisa).

re.chon.chu.do *adj* Diz-se de quem é muito gordo; gorducho, bolachudo.

re.ci.cla.gem *sf* **1**. Atualização pedagógica, administrativa, de conhecimento, etc., para conferir maior eficiência a uma categoria de profissionais: *há empresas privadas que dão cursos de reciclagem aos professores de escolas públicas.* **2**. Reaproveitamento de material usado; reutilização de qualquer coisa (vidro, metal, papel, etc.), para reprocessamento ou renovação: *a reciclagem de latinhas de cerveja.* **3**. *P.ext.* Qualquer renovação ou qualquer coisa que passou por um processo de renovação, a fim de se tornar mais útil ou interessante: *a reciclagem de uma velha piada.* → **reciclador** (ô) ou **reciclante** *adj* (que recicla: *indústria recicladora de plásticos*); **reciclar** *v* (promover a reciclagem de); **reciclar-se** (submeter-se a reciclagem); **reciclável** *adj* (que pode ou deve ser reciclado, para ser reutilizado; que pode ter nova utilização, depois de sofrer uma transformação ou adaptação).

re.ci.fe ou **ar.re.ci.fe** *sm* Série de rochedos junto à costa que se elevam pouco acima da água.

Recife *sf* Capital histórica, porto marítimo e a maior cidade do estado de Pernambuco. → **recifense** *adj* e *s2gên* (Usa-se também *o Recife*. Portanto, construímos: *Recife é linda* ou *o Recife é lindo*.)

re.cin.to *sm* Espaço interior delimitado entre paredes: *o recinto de um tribunal.*

re.ci.pi.en.te *sm* Receptáculo (1).

re.cí.pro.co *adj* Que implica permuta ou troca em condições iguais; que é comum a duas ou mais pessoas: *a antipatia que sentimos é recíproca.* → **reciprocidade** *sf* (qualidade de recíproco).

ré.ci.ta *sf* **1**. Representação em teatro de cantor, música, companhia de atores ou companhia lírica: *foi muito concorrida a récita do tenor italiano.* **2**. Declamação de composições literárias, com ou sem acompanhamento musical; recital. **3**. Espetáculo de que participam amadores, representado num lugar público ou improvisado.

re.ci.tal *sm* **1**. Récita (2). **2**. Apresentação pública de música ou dança feita só por um artista: *recital de piano.* **3**. Exibição de alunos de música. → **recitalista** *adj* e *s2gên* (que ou pessoa que dá recitais).

re.ci.tar *v* **1**. Dizer em voz alta (oração): *com medo, tratou logo de recitar um pai-nosso.* **2**. Dizer (geralmente poesia ou poema) de cor e em voz alta, com a devida entonação e expressão artísticas; declamar: *recitou um soneto de Antero de Quental; recitou poemas à amada.* **3**. Ler em voz alta e clara: *recitar trechos bíblicos.* **4**. *Fig.* Narrar, contar, referir: *ele gosta de recitar suas aventuras da juventude.* → **recitação** *sf* (ato ou efeito de recitar); **recitante** *adj* e *s2gên* (que ou pessoa que recita).

re.cla.mar *v* **1**. Fazer constantes exigências de (coisa devida ou justa); exigir: *reclamar seus direitos.* **2**. Pedir com insistência (coisa considerada justa); reivindicar: *reclamar melhores condições de trabalho.* **3**. Pretender: *reclamar uma herança.* **4**. Pedir, solicitar: *reclamei a conta, paguei-a e saí.* **5**. Requerer, demandar: *samambaias reclamam sombra.* **6**. Protestar ou opor-se verbalmente: *reclamar contra a poluição.* **7**. Queixar-se, lamentar-se: *reclamar de dores.* **8**. Manifestar descontentamento, por ver falhas, erros, omissões, etc.: *o povo reclama muito do governo.* → **reclamação** *sf* (**1**. ato ou efeito de reclamar; **2**. expressão ou declaração de que uma situação é insatisfatória ou inaceitável; queixa; **3**. motivo de insatisfação; queixa: *não tenho reclamação contra você*); **reclamante** *adj* e *s2gên* (que ou pessoa que reclama); **reclame** *sm* (anúncio comercial).

re.cli.nar *v* **1**. Afastar da posição perpendicular; inclinar: *reclinar o banco do carro.* **2**. Encostar, recostar, pousar: *reclinou em meu ombro e adormeceu.* **reclinar-se 3**. Inclinar-se, recostar-se, encostar-se: *reclinou-se ali mesmo e dormiu.* → **reclinação** *sf* [ato ou efeito de reclinar(-se)].

re.clu.são *sf* **1**. Encerramento voluntário ou forçado. **2**. Cadeia, prisão. → **recluso** *adj* e *sm* (que ou aquele que vive em reclusão ou afastado do convívio social).

re.co.brar(-se) *v* Recuperar(-se): *recobrar os sentidos; recobrar-se de um susto.* → **recobramento** ou **recobro** (ô) *sm* [ato ou efeito de recobrar(-se)].

re.co.lher *v* **1**. Fazer a colheita de: *recolher os ovos no galinheiro.* **2**. Pôr ao abrigo de (sereno, chuva, etc.); guardar: *recolher os passarinhos.* **3**. Colher, juntar: *recolher assinaturas para um protesto.* **4**. Abrigar, hospedar: *recolher mendigos no inverno.* **5**. Retrair, encolher: *cágados recolhem o pescoço.* **6**. Apanhar, reunindo, juntando: *recolheu os seus pertences, foi* *embora e nunca mais voltou.* **7**. Trancafiar, prender: *recolheram-no ao xadrez.* **recolher(-se) 8**. Voltar para casa; entrar em casa, depois de ter saído: *em bairro violento, as pessoas (se) recolhem cedo.* **recolher-se 9**. Dirigir-se ao quarto, à noite, para dormir; deitar-se; ir para a cama: *eu me recolho sempre antes da meia-noite.* → **recolha** (ô), **recolhida** *sf* ou **recolhimento** [ato ou efeito de recolher(-se)]. ·· **Recolha-se à sua insignificância!** Cuide da sua própria vida! (Usa-se para quem se mete onde não é chamado.) ·· **Toque de recolher**. **1**. Sinal para que os soldados voltem para o quartel a uma certa hora. **2**. *P.ext*. Sinal para que a população se recolha e já não saia de casa, em caso de estado de sítio.

re.co.men.dar *v* **1**. Aconselhar; indicar como bom ou aconselhável: *recomendei-lhe dois bons hotéis; recomendo que você se acalme; as montadoras recomendam troca de óleo a cada dez mil quilômetros.* **2**. Pedir com insistência: *o pai recomendou à filha que voltasse às 10h; recomendo-lhe o máximo cuidado, ao entrar na caverna.* **3**. Confiar aos cuidados ou à proteção de: *recomendou sua alma a Deus.* **4**. Confiar à guarda de: *recomendamos nossos cães aos vizinhos, durante nossa ausência.* **5**. Apresentar ou transmitir (a alguém) os cumprimentos ou saudações de: *recomende-me a seu pai, velho amigo de adolescência!* **6**. Tornar atraente ou desejável: *é um plano que tem muito pouco a recomendá-lo.* **recomendar-se** (mostrar-se digno de respeito: *esse candidato se recomenda por sua integridade moral.* · V. **comendativo**. → **recomendação** *sf* (ato ou efeito de recomendar); **recomendável** *adj* (**1**. que merece recomendação; **2**. que se pode indicar como bom, idôneo, útil ou apropriado).

re.com.pen.sar *v* **1**. Conceder compensação financeira a: *recompensar as vítimas do acidente.* **2**. Reconhecer um favor, trabalho, etc. de, conferindo recompensa de alguma forma; premiar: *recompensei o garoto que achou meus documentos.* **3**. Corresponder a, compensar: *o salário não recompensava tanto sacrifício.* → **recompensa** *sf* [**1**. ato ou efeito de recompensar(-se); **2**. remuneração em dinheiro ou em bens, por serviços prestados; pagamento; **3**. reconhecimento por uma ação meritória; retribuição, prêmio], de antôn. *punição*.

re.com.por *v* **1**. Tornar a compor, a constituir, a fazer; reorganizar: *recompor a maquiagem.* **2**. Restabelecer, recobrar: *recompor a postura, o alinho.* **3**. Reconstituir: *recompor mentalmente um encontro ou um acidente.* **4**. Reconciliar: *recompor velhos amigos.* **recompor-se 5**. Recobrar a saúde ou as forças: *recompus-me só um mês depois do acidente.* **6**. Reconciliar-se: *as duas facções rivais se recompuseram, finalmente.* · Conjuga-se pelo verbo *pôr*. → **recomposição** *sf* [ato ou efeito de recompor(-se)]; **recomposto** (ô; pl.: ó) *adj* (que se recompôs).

re.côn.ca.vo *sm* **1**. Pequena enseada no fundo de um golfo ou de uma baía; gruta natural. **2**. Terra em volta da cidade ou de porto.

re.con.ci.li.ar *v* **1**. Restabelecer a paz ou as boas relações perdidas entre; tornar amigos novamente: *reconciliar dois velhos inimigos.* **2**. Harmonizar, conciliar: *não é fácil reconciliar tantos interesses.* **reconciliar-se 3**. Pôr-se de bem ou em harmonia: *reconciliei-me com todos.* → **reconciliação** *sf* [ato ou efeito de reconciliar(-se)]; **reconciliador** (ô) *adj* e *sm* (que ou aquele que reconcilia); **reconciliatório** *adj* (que serve para reconciliar).

re.con.di.ci.o.nar *v* **1**. Restituir à primitiva condição; restaurar: *recondicionar as energias perdidas.* **2**. Fazer revisão geral de (motor, peças, etc.), reparando o que estiver desgastado pelo uso. → **recondicionamento** *sm* (ato ou efeito de recondicionar).

re.con.du.zir *v* **1**. Acompanhar (alguém que se retira), por cortesia ou atenção: *reconduzi-o até a porta do elevador.* **2**. Reeleger: *o eleitorado resolveu reconduzi-lo.* **3**. Remeter novamente, levar de novo, fazer voltar: *reconduzir os alunos à sala de aula.* → **recondução** *sf* (ato ou efeito de reconduzir).

re.con.for.tar *v* **1**. Dar nova força, novo vigor a; recuperar ou restituir as energias de; revigorar: *um bom vinho reconforta qualquer cristão.* **2**. Dar novo alento ou ânimo a; reanimar: *a música me reconforta.* **reconfortar-se 3**. Recuperar as energias: *reconfortar-se com vitaminas, com uma boa noite de sono.* → **reconfortante** *adj* e *sm* (que ou o que reconforta); **reconforto** (ô) *sm* [ato ou efeito de reconfortar(-se)].

re.co.nhe.cer *v* **1**. Identificar (algo ou alguém) como já visto, ouvido, percebido, conhecido, etc.: *os cães são treinados para reconhecer a existência de drogas nas malas dos viajantes.* **2**. Identificar ou conhecer por algum detalhe (som, aparência, característica, etc.): *reconheci-a pela voz.* **3**. Admitir a existência, a validade ou a legitimidade de: *o governo está começando a reconhecer a crise.* **4**. Admitir ou aceitar formal e oficialmente como legal ou legítimo: *o governo brasileiro reconheceu o novo regime peruano.* **5**. Admitir como seu filho legítimo: *ele reconheceu a filha, mas não a aceitou.* **6**. Convencer-se de; ter consciência ou certeza de: *a população reconhece os esforços do governo para não permitir a volta da inflação.* **7**. Perceber, identificar: *reconheceu que aquele era seu pai.* **8**. Examinar as condições ou a situação de; verificar, explorar: *reconhecer um terreno.* **9**. Confessar, declarar: *reconheço a minha culpa.* **10**. Agradecer, recompensar: *sei reconhecer um favor que me prestam.* → **reconhecido** *adj* (**1**. que se reconheceu ou se admitiu como real, verdadeiro, legítimo; **2**. que se mostra agradecido ou grato; obrigado); **reconhecimento** *sm* [**1**. ato ou efeito de reconhecer(-se); **2**. gratidão].

re.con.quis.tar *v* Tornar a conquistar, mediante novo esforço ou nova luta, o que que se deixou perder. → **reconquista** *sf* (ato ou efeito de reconquistar).

re.con.si.de.rar *v* Considerar ou avaliar de novo, princ. tendo em vista mudança de decisão ou de ação: *o governo vai reconsiderar a questão da recontratação dos funcionários demitidos.* → **reconsideração** *sf* (ato ou efeito de reconsiderar).

re.cons.ti.tu.ir *v* **1**. Constituir de novo, princ. adicionando água a produtos desidratados, para torná-los novamente líquidos: *reconstituir o leite.* **2**. Formar ou elaborar novamente: *reconstituir o rosto de um morto.* **3**. Dar nova escultura, igual à antiga ou diferente dela; recompor: *reconstituir a face de um acidentado.* **4**. Reviver (um fato) de forma artificial, procurando mostrá-lo como ocorreu em todos os seus detalhes possíveis: *a polícia reconstituiu o crime.* → **reconstituição** *sf* (ato ou efeito de reconstituir); **reconstituinte** *adj* (que reconstitui) e *sm* (**1**. medicamento que serve para fortalecer o organismo; fortificante; **2**. em agricultura, o que torna mais rico em elementos nutritivos).

re.cons.tru.ir *v* **1**. Construir novamente: *reconstruir uma cidade bombardeada.* **2**. Reorganizar, reestruturar: *reconstruir um império.* → **reconstrução** *sf* (ato ou efeito de reconstruir).

re.con.tar *v* Contar de novo, geralmente com mais atenção e critério: *recontar votos; recontar uma estória.* → **recontagem** *sf* (ação ou efeito de recontar).

re.con.ver.são *sf* **1**. Fato ou processo de converter alguém ou algo de volta ao estado ou condição anterior: *a reconversão de terras cultiváveis em gramado.* **2**. Adaptação a uma nova situação, como a produção de guerra para a produção de paz: *reconversão de empresas.* → **reconverter** *v* (**1**. proceder à reconversão de; converter novamente; **2**. adaptar a uma nova situação).

re.cor.dar *v* **1**. Lembrar novamente: *passaram o dia recordando o tempo de estudante.* **2**. Fazer lembrar: *cada rua daqui recorda um fato histórico.* **3**. Repassar ou recapitular (o que já foi visto ou estudado): *recordar a matéria aprendida na aula anterior.* **4**. Vir à memória, lembrar: *não me recorda nem mais o nome dela.* **recordar-se 5**. Lembrar-se: *não me recordo nem mesmo do nome dela.* → **recordação** *sf* (**1**. ato ou efeito de recordar; **2**. revisão, recapitulação; **3**. lembrança de experiências vividas; reminiscência; **4**. objeto que representa essa lembrança: *trouxe de Paris como recordação uma miniatura da torre Eiffel*); **recordativo** *adj* (**1**. que serve para fazer recordar; **2**. que excita a lembrança; **3**. comemorativo).

re.cor.de *sm* **1**. Qualquer realização, resultado, acontecimento ou desempenho que supera as marcas já conseguidas ou alcançadas. // *adj* **2**. Em que houve isso. (Não convém pronunciá-la à inglesa: "récorde", mesmo porque a palavra não tem acento gráfico. Há dicionário que, porém, registra a silabada.) **recordista** *adj* e *s2gên* (que ou pessoa que bateu um recorde).

re.co-re.co *sm* Instrumento musical de percussão, feito de um gomo de bambu seco, com pequenas aberturas, por onde se passa uma vareta para produzir um ruído que serve de acompanhamento para danças e cantigas; ganzá. · Pl.: *reco-recos*.

re.cor.rer *v* **1**. Tornar a percorrer: *recorrer um percurso.* **2**. Evocar: *recorrer o passado.* **3**. Pedir ajuda ou auxílio numa situação difícil: *nos momentos difíceis, recorreu ao melhor amigo.* **4**. Lançar mão, fazer uso, valer-se: *recorri às minhas economias para pagar médico e hospital.* **5**. Interpor agravo ou recurso judicial; apelar: *o réu foi condenado, mas o advogado vai recorrer.* · V. **recurso**. → **recorrência** *sf* (**1**. ato de recorrer: *a recorrência à justiça foi necessária*; **2**. nova ocorrência; repetição); **recorrente** *adj* (**1**. que recorre; **2**. que ocorre repetidamente ou reaparece; repetitivo, reincidente: *tendinite recorrente*; **3**. que reaparece de tempos em tempos: *a reforma da Previdência é um assunto recorrente na política brasileira*) e *adj* e *s2gên* (que ou pessoa que recorre de um despacho ou sentença judicial); **recorrido** *sm* (aquele contra o qual se interpõe recurso judicial).

re.cor.tar *v* **1**. Cortar, seguindo o contorno: *recortar figuras de revistas*. **2**. Separar, cortando: *recortar um anúncio de jornal*. **3**. Talhar, cortar: *recortar um vestido*. → **recorte** *sm* (**1**. ato ou efeito de recortar; **2**. aquilo que se recortou; **3**. acidente ou contorno de um litoral; **4**. divisão das margens de uma folha).

re.cos.tar *v* **1**. Inclinar (o corpo ou parte dele), encostando em algum lugar: *a criança recostou a cabeça na parede e dormiu*. **2**. Inclinar (o corpo ou parte dele), encostando em alguém: *a criança recostou o corpo na mãe e dormiu*. **recostar-se 3**. Inclinar (o corpo ou parte dele), para descansar ou adormecer: *a velhinha se recostou na cadeira de balanço e adormeceu*. → **recosto** (ô) *sm* (**1**. tudo o que serve para servir de encosto; almofada; **2**. parte do assento destinada a apoiar as costas; espaldar; **3**. lugar próprio para descansar ou adormecer: *aquele sofá era o meu recosto*).

re.co.zer *v* **1**. Cozer de novo. **2**. Cozer muito. **3**. Colocar (artefato de cerâmica, vidro ou esmalte) em forno quente, deixando-se esfriar lentamente. → **recozedura** *sf* ou **recozimento** *sm* (ato ou efeito de recozer).

re.cre.ar *v* **1**. Divertir: *aquelas maluquices da época de estudante até hoje me recreiam*. **2**. Aliviar do trabalho por meio de algum divertimento; descansar: *os livros infantis recreiam o espírito*. **recrear-se 3**. Distrair-se: *a criança se recreava com um bichinho de pelúcia*. · Conjuga-se por *frear*. (Não se confunde com *recriar*.) → **recreação** *sf* ou **recreio** *sm* [**1**. ato ou efeito de recrear(-se); **2**. passatempo, exercício, etc. que serve de meio para entreter-se física ou mentalmente; lazer: *o jogo de bola é um recreio salutar para os meninos*; **3**. tempo de descanso entre dois períodos de atividades; intervalo: *o recreio escolar é de vinte minutos*; **4**. lugar onde se recreia: *uma criança caiu no recreio, ferindo-se*; **5**. prazer, deleite: *as praias do Nordeste são um recreio para os olhos*; **6**. *fig*. pessoa que causa grande prazer ou deleite: *Isadora era um recreio para todos os sentidos*]; **recreativo** *adj* (**1**. que recreia, diverte ou dá prazer: *momentos recreativos*; **2**. em que há recreação: *instalações esportivas e recreativas*).

re.cri.ar *v* **1**. Criar de novo; restabelecer: *em 1989 abriu-se a porta para recriar um único Estado alemão*. **2**. Restaurar, restabelecer: *estava tentando recriar a vida familiar longe de casa;* o *hotel tentou recriar a atmosfera da década de 1960*. **3**. Reconstituir; reencenar: *ele recriou a peça para a televisão*. (Não se confunde com *recrear*.) → **recriação** *sf* (**1**. ato ou efeito de recriar; **2**. reconstituição de um episódio ou de um período histórico).

re.cri.mi.nar *v* **1**. Rebater censura ou acusação com outra mais contundente: *ela se defendia recriminando-me*. **2**. Censurar, criticar: *o pai recriminou o filho pela descortesia com as visitas*. → **recriminação** *sf* (ato ou efeito de recriminar); **recriminatório** *adj* (que contém recriminação).

re.cru.des.cer *v* **1**. Sobrevir ou reaparecer (doença) com maior intensidade; agravar-se, exacerbar-se: *a pandemia recrudesceu no segundo ano*. **2**. Tornar-se mais intenso; aumentar: *a crise só recrudesceu este ano; a chuva recrudesce neste instante*. → **recrudescência** *sf* (**1**. qualidade de recrudescente, do que se torna mais intenso; intensificação, agravamento; **2**. recrudescimento; **3**. aumento; **4**. reaparecimento das manifestações de uma doença, após uma aparente melhora; recaída); **recrudescimento** *sm* [ato ou efeito de recrudescer; recrudescência (2)]; **recrudescente** *adj* (**1**. que recrudesce ou se agrava: *febre recrudescente*; **2**. que aumenta: *miséria recrudescente*).

re.cru.ta *s2gên* **1**. Membro das Forças Armadas recentemente alistado(a); soldado(a) novo(a), em início de instrução militar. **2**. *P.ext*. Qualquer novo membro de organização, sociedade grupo, etc.; calouro, novato. **3**. *Fig*. Pessoa inexperiente ou ingênua. → **recrutamento** *sm* (ato ou efeito de recrutar); **recrutar** *v* [**1**. alistar (pessoas) no serviço militar: *o Brasil recrutou todos os seus reservistas para essa guerra*; **2**. angariar ou alistar (adeptos, simpatizantes, novos membros, etc.): *o clube recruta torcedores por todo o Brasil*; **3**. atrair (pessoas) para atividade ou profissão: *a empresa está recrutando eletricistas*].

ré.cua *sf* **1**. Ajuntamento de animais de carga, geralmente presos uns aos outros. **2**. Carga que esses animais conduzem. **3**. Ajuntamento de pessoas vis, canalhas, calhordas; súcia, caterva.

re.cu.ar *v* **1**. Ir ou andar para trás: *recuar um passo*. **2**. Afastar, fazer retroceder: *a polícia só conseguiu recuar os manifestantes usando gás lacrimogêneo*. **3**. Colocar aquém da posição atual: *recuar um muro*. **4**. Desistir, renunciar: *não recuaremos de nossas opiniões*. **5**. Voltar atrás no tempo: *na regressão que fez, recuou a duas vidas passadas*. **6**. Voltar atrás numa decisão ou opinião: *o governo, então, recuou para uma posição de negociação, o que já era um grande avanço*. **7**. Voltar para trás, por alguma conveniência muito forte, ou por um perigo iminente: *as tropas inimigas não recuaram*. **8**. Desistir de um propósito, voltando atrás: *ante a gravidade da situação, o governo recuou*. **9**. Afastar-se, distanciar-se: *assustadas, as crianças recuaram da janela, para não levarem um tiro*. → **recuada** *sf*, **recuamento** ou **recuo** *sm* (ato ou efeito de recuar).

re.cu.pe.rar *v* **1**. Recobrar, reaver (sem a implicação de esforço ou luta): *recuperar os sentidos*. **2**. Refazer (o que estava inutilizado): *o marceneiro recuperou vários móveis de casa*. **3**. Reabilitar, regenerar: *clínica que recupera viciados*. **4**. Obter novamente: *o analista recuperou todo o arquivo do computador*. **recuperar-se 5**. Ressarcir-se: *recuperar-se dos prejuízos*. **6**. Reabilitar-se, regenerar-se: *muitos viciados já se recuperaram nessa clínica*. **7**. Readquirir forças ou a saúde: *o doente está recuperando-se na UTI*. **8**. Melhorar: *recuperar-se em Matemática com a ajuda de um professor particular*. → **recuperação** *sf* [**1**. ato ou efeito de recuperar(-se); **2**. exame que se realiza nas escolas para aprovação: *vários colegas meus ficaram para recuperação*]; **recuperado** (**1**. que se recuperou; reabilitado, regenerado); **recuperativo** ou **recuperatório** *adj* (**1**. rel. a recuperação; **2**. que serve para recuperar); **recuperável** *adj* (que pode ser recuperado).

re.cur.so *sm* **1**. Ato ou efeito de recorrer. **2**. Meio ou expediente para vencer uma dificuldade ou resolver um problema. **3**. Solicitação de reforma de sentença judicial desfavorável. // *smpl* **4**. Meios pecuniários; dinheiro.

re.cur.var *v* **1**. Curvar de novo: *ele curvava e recurvava o pescoço*. **2**. Encurvar pela extremidade: *recurvar um galho*. **recurvar-se 3**. Inclinar-se, encurvar-se: *os ramos recurvam-se sob a ação do vento*. → **recurvado** ou **recurvo** *adj* (que é várias vezes curvo; curvo de modo que volta sobre si mesmo).

re.cu.sar *v* **1**. Não aceitar (coisa oferecida); rejeitar: *recusar um convite*. **2**. Negar-se a, opor-se a: *o rapaz recusou pronunciar o nome dela*. **3**. Não aceitar, não admitir: *recusar uma testemunha*. **recusar-se 4**. Negar-se, opor-se, resistir: *recusar-se a prestar depoimento*. → **recusa** *sf* [ato ou efeito de recusar(-se)]; **recusante** *adj* e *s2gên* (que ou pessoa que recusa); **recusativo** ou **recusatório** *adj* (que envolve ou contém recusa).

re.da.ção *sf* **1**. Ato ou efeito de redigir. **2**. Composição escrita, feita como exercício ou prova escolar. **3**. Texto redigido. **4**. Corpo de redatores de jornal, revista, etc. **5**. Lugar onde trabalham esses redatores. · V. **redatorial**. → **redacional** *adj* (rel. a redação ou próprio da redação).

re.dar.guir (**o** u **soa**) *v* Responder no mesmo tom e com opinião contrária; refutar, replicar: *o padre (lhe) redarguiu que não lhe devia explicações; ninguém se atreveu a redarguir o (ao) juiz; nem precisa redarguir: desconfio que já sei sua opinião*. · Conjuga-se por *arguir*. → **redarguição** (o **u** soa) *sf* (ato ou efeito de redarguir); **redarguente** (o **u** soa) *adj* e *s2gên* ou **redarguidor** (o **u** soa; ô) *adj* e *sm* (que ou pessoa que redargúi); **redarguitivo** (o **u** soa) *adj* (que serve para redarguir: *argumento redarguitivo*).

re.da.tor (ô) *sm* Aquele que redige ou escreve, princ. em jornais e revistas, matéria editorial ou comentada. → **redator-chefe** *sm* (chefe de uma equipe de redatores de um órgão ou periódico), de pl. *redatores-chefes*; **redatorial** *adj* (rel. a redator ou à redação).

re.de (ê) *sf* **1**. Tecido feito de fios entrelaçados em ligações regulares, usado para apanhar peixes ou aves. **2**. Tecido de arame, usado para resguardar vidraças; tela. **3**. Tecido de malha, algodão, seda, etc. em que as mulheres envolviam o cabelo. **4**. Tecido de malha que se suspende de dois pontos elevados ou entre árvores, utilizado em algumas regiões brasileiras para dormir ou embalar. **5**. Conjunto complexo de rodovias, ferrovias, fios, comunicações, canos, canais, casas comerciais, etc. **6**. Conjunto de duas ou mais emissoras de rádio ou televisão, unidas por fios coaxiais, ou por retransmissão mediante micro-ondas, para programas originais em um ponto. **7**. Conjunto de computadores que trabalham interligados. **8**. Cilada, armadilha. **9**. Faixa de fios entrelaçados ou presa em ambos os lados, para separar dois campos diferentes, em competições esportivas. **10**. Tecido de fios entrelaçados, usado para aparar pessoas que caem de grande altura. **11**. Sistema de água, esgoto, etc. **12**. Sistema formado por pessoas que trabalham numa atividade clandestina ou secreta.

ré.dea *sf* **1**. Correia presa aos dois anéis do freio, com a qual se conduz cavalgadura ou animais de carga. // *sfpl* **2**. *Fig.* Comando, direção, governo.

re.de.moi.nho ou **re.moi.nho** *sm* **1**. Ato de remoinhar; remoinhada. **2**. Movimento rotativo em espiral do vento ou da água. **3**. Qualquer movimento em espiral. **4**. Distribuição natural espiralada dos fios de cabelo, rente à raiz. → **redemoinhada** ou **remoinhada** *sf* [remoinho (1)]; **redemoinhar** ou **remoinhar** *v* (**1**. fazer girar ou rodar: *o álcool remoinha o cérebro*; **2**. andar ou mover-se em círculos; fazer remoinhos; redemoinhar: *veja, o vento está remoinhando!*); **redemoinhoso** ou **remoinhoso** (ô; pl.: ó) *adj* (que provoca remoinhos). (A forma *rodamoinho*, muito popular, deve ser desprezada, ainda que tenha registro no VOLP. E, para sermos fiéis à coerência, registramos aqui as formas *redemoinhada* e *redemoinhoso*, que o VOLP não traz, embora traga *redemoinhar* e *redemoinho*.)

re.den.ção *sf* **1**. Ato ou efeito de remir(-se) ou redimir(-se). **2**. Restabelecimento da justiça violada pelo homem ou pelas circunstâncias. **3**. Salvação do homem por Cristo. → **redentor** (ô) *adj* e *sm* (que ou aquele que redime); **redentorista** *adj* e *sm* (que ou aquele que é membro da Congregação do Santíssimo Redentor) e *adj* (rel. ou pert. a essa congregação).

re.di.gir *v* **1**. Escrever ordenada e metodicamente: *redigir um artigo*. **2**. Exprimir-se por escrito de modo ordenado e metódico: *ela redige bem*. · V. **redação** e **redator**.

re.dil *sm* Curral de ovinos.

re.di.mir ou **re.mir** *v* **1**. Adquirir de novo, tirar do poder do inimigo: *redimir as posições perdidas numa guerra*. **2**. Livrar das penas do inferno: *Cristo redimiu a humanidade*. **3**. Indenizar, ressarcir: *remir todos os prejuízos causados*. **4**. Expiar (ação má por outra boa): *redima seus pecados, orando diariamente!* **redimir-se 5**. Livrar-se do poder do inimigo: *o sequestrado se redimiu por milhões de dólares*. **6**. Livrar-se, libertar-se (de qualquer coisa que oprime ou inquieta): *remir-se das paixões*. **7**. Reabilitar-se: *ela se redimiu, orando diariamente*. · V. **redenção** e **redentor**.

re.di.vi.vo *adj* **1**. Que tornou à vida; ressuscitado. **2**. *Fig.* Que voltou a se manifestar: *uma doença rediviva*. **3**. *Fig.* Que rejuvenesceu; rejuvenescido, remoçado.

re.do.brar *v* **1**. Tornar a dobrar: *desdobrou o guardanapo e em seguida redobrou-o*. **2**. Tornar quatro vezes maior; quadruplicar: *redobrar os lucros*. **3**. Aumentar muito: *a seca redobra a miséria no Nordeste; redobre a atenção, ao descer a serra!* **4**. Repetir: *redobrar uma oração*. **5**. Fazer soar novamente; replicar: *o sacristão tocou os sinos, redobrou-os, mas os fiéis não vieram*. → **redobramento** *sm* (ato ou efeito de redobrar); **redobre** *adj* (**1**. muito repetido; redobrado; **2**. *fig.pej.* que tem duas caras; falso) e *sm* [**1**. rufo (2); **2**. canto das aves; gorjeio; **3**. *fig.pej.* ato ou atitude de quem tem duas caras; falsidade].

re.do.ma *sf* Objeto oco, de forma arredondada ou abobadada, que serve para cobrir e proteger algo delicado de poeira ou impurezas.

re.don.di.lha *sf* Verso de cinco sílabas (redondilha menor) ou de sete sílabas (redondilha maior).

re.don.do *adj* **1**. Circular, esférico, cilíndrico: *todos os planetas são redondos*. **2**. *Fig.* Gordo, rechonchudo: *homem de cara redonda*. **3**. *Fig.* Completo, total, rematado: *foi um redondo fracasso*. **4**. *Fig.* Categórico, terminante: *em resposta, ela lhe disse um não redondo*. **5**. *Fig.* Perfeito: *fez um discurso redondo*. **6**. Não fracionado; inteiro: *conta redonda; números redondos*. // *adv* **7**. De modo suave; suavemente: *essa cerveja desce redondo*. → **redondeza** (ê) *sf* (qualidade do que é redondo) e *sfpl* (região que fica ao redor de uma cidade).

re.dor *sm* Contorno, circuito, volta. ·· **Ao redor**. Em volta, em torno. ·· **Ao redor de**. **1**. Em volta de, em torno de. **2**. Aproximadamente, cerca de.

re.du.ção *sf* **1**. Ato ou efeito de reduzir(-se); diminuição: *a redução de uma expressão a uma palavra (p. ex.: telefone celular para apenas celular); redução de despesas, de funcionários*. **2**. Cópia reduzida ou em menor escala (em oposição a *ampliação*): *redução de uma foto, de uma xérox*. **3**. Desconto, abatimento: *o gerente me concedeu uma redução de dez por cento nas compras*. **4**. Em matemática, processo de conversão de uma fração em sua forma decimal. **5**. Processo de divisão dos fatores comuns no numerador e denominador de uma fração.

re.dun.dân.cia *sf* Repetição de ideias mediante o emprego de palavras ou expressões distintas; pleonasmo vicioso (p. ex.: *subir para cima, descer para baixo, demente mental*). → **redundante** *adj* (em que há redundância; pleonástico).

re.dun.dar *v* **1**. Reverter, converter-se: *sua vitória redundou em maior esperança do povo*. **2**. Resultar, provir: *a violência redunda do desemprego?*

re.du.pli.car *v* **1**. Duplicar novamente; redobrar: *reduplicar a dose*. **2**. Aumentar, multiplicar: *reduplicar os esforços*. → **reduplicação** *sf* (ato ou efeito de reduplicar).

re.du.to *sm* **1**. Pequena fortaleza construída dentro de outra obra de fortificação, destinada a prolongar a resistência desta, durante um ataque. **2**. Lugar fechado que serve de abrigo; refúgio.

re.du.zir *v* **1**. Tornar menor no tamanho ou na forma: *reduzir uma foto*. **2**. Diminuir: *reduzir os lucros*. **3**. Tornar menos intenso; abrandar, mitigar: *reduzir a dor*. **4**. Cambiar (marcha de veículo), diminuindo a velocidade: *reduzir a marcha*. **5**. Limitar, estreitar: *reduzir um espaço*. **reduzir-se 6**. Tornar-se menor; diminuir: *o exército se reduziu muito*. **7**. Limitar-se, resumir-se: *o discurso se reduziu a essas palavras*. **8**. Converter-se, transformar-se: *a cidade bombardeada se reduziu a cinzas*. **9**. Diminuir de intensidade, acalmar: *o temporal só se reduziu à noite*. · V. **redução**. → **redutível** ou **reduzível** *adj* (**1**. que se pode reduzir ou diminuir; **2**. diz-se da fração cujos termos não são primos entre si); **redutor** (ô) *adj* e *sm* (que ou o que reduz) e *sm* (aparelho que permite reproduzir desenhos, gravuras, etc. em tamanho reduzido); **reduzida** *adj* e *sf* (fem. de *reduzido*) e *sf* (marcha de um veículo utilitário com maior potência de tração que a primeira); **reduzido** *adj* [**1**. que sofreu redução; **2**. diz-se da oração subordinada que tem o verbo numa das formas nominais (infinitivo, gerúndio ou particípio); **3**. transformado, convertido; **4**. rebaixado].

re.e.di.tar *v* **1**. Editar ou publicar novamente: *reeditar um dicionário; o governo não pode reeditar uma medida provisória revogada*. **2**. Refazer a edição de: *reeditar um noticiário televisivo*. **3**. Reproduzir ou reviver (situação já ocorrida): *o time não reeditou a campanha do ano passado*. **4**. Instituir de novo; restaurar: *a quem interessa reeditar a Inquisição?* → **reedição** *sf* (**1**. ato ou efeito de reeditar: *daqui a alguns meses se fará a reedição dessa telenovela, que foi um sucesso*; **2**. nova edição de uma publicação: *esta reedição do dicionário saiu ainda melhor*).

re.e.le.ger(-se) *v* Eleger(-se) novamente: *não podemos reeleger corruptos; os corruptos não devem reeleger-se*. → **reeleição** *sf* [ato ou efeito de reeleger(-se)]; **reeleito** *adj* e *sm* (que ou aquele que foi eleito novamente).

re.em.bol.sar *v* Indenizar ou compensar (pelo que alguém gastou ou teve como prejuízo): *reembolsei meu colega das despesas que teve comigo*. **reembolsar-se 2**. Entrar na posse do dinheiro perdido ou emprestado; recuperar: *reembolsou-se de tudo o que perdeu no cassino*. → **reembolso** (ô) *sm* [**1**. ato ou efeito de reembolsar(-se); **2**. red. de *reembolso postal*, sistema de vendas de produtos pelo correio, que se encarrega de receber do cliente o pagamento e repassá-lo para a empresa vendedora; **3**. pagamento de quantias devidas a alguém].

re.en.car.nar(-se) *v* Reassumir, a alma, forma humana, em vidas sucessivas e diversas, segundo o espiritismo e outras crenças (hinduísmo, budismo, etc.); renascer em outro corpo ou em outra forma de vida: *um homem pode reencarnar na forma animal*. → **reencarnação** *sf* [ato ou efeito de reencarnar(-se): *os dalai-lamas são considerados reencarnação do Buda*].

re.en.ge.nha.ri.a *sf* Revisão completa das premissas, estratégias e processos que compõem a operação de uma empresa, com o objetivo precípuo de satisfazer o cliente, externo ou interno, reduzir custos, aprimorar a qualidade dos produtos e apressar o atendimento, com a máxima eficiência e, se possível, cortesia; aplicação da tecnologia e da ciência da gestão à modificação dos sistemas, organizações, processos e produtos existentes, para torná-los mais eficazes e ágeis: *a reengenharia é impulsionada por mercados abertos e pela competição*.

re.en.tran.te *adj* Que forma curvatura para dentro. · Antôn.: *saliente*. → **reentrância** *sf* (curvatura para dentro), de antôn. *saliência*; **reentrada** *sf* (ato ou efeito de reentrar); **reentrar** *v* (**1**. entrar de novo: *reentrar com um processo na justiça; reentrar no cheque especial*; **2**. participar uma vez mais; voltar a participar: *reentrar na política, na vida artística*; **3**. retornar a casa: *ontem reentrei tarde, para espanto de todos*).

re.e.qui.li.brar(-se) *v* Equilibrar(-se) novamente: *a acupuntura busca reequilibrar a energia vital, mediante estímulo de pontos específicos do corpo; é preciso reequilibrar as* *finanças da empresa; as finanças da empresa se reequilibraram com o novo diretor.* → **reequilíbrio** *sm* [ato ou efeito de reequilibrar(-se)].

re.e.qui.par *v* **1**. Tornar a equipar: *reequipar o carro; reequipar a frota militar.* → **reequipagem** *sf* ou **reequipamento** *sm* (ato ou efeito de reequipar).

re.er.guer(-se) *v* **1**. Erguer(-se) novamente: *reerguer um muro caído; os atletas brasileiros vão reerguer a taça na próxima Copa do Mundo.* **2**. *Fig.* Recuperar(-se) financeiramente: *o novo diretor reergueu a empresa; a empresa passou por problemas, mas acabou reerguendo-se.* → **reerguimento** *sm* [ato ou efeito de reerguer(-se)].

re.es.ca.lo.nar *v* **1**. Tornar a escalonar. **2**. Fixar ou determinar novos prazos para o pagamento de (dívidas): *o Brasil reescalonou toda a sua dívida externa.* → **reescalonamento** *sm* [ato ou efeito de reescalonar].

re.es.cre.ver *v* Tornar a escrever: *reescrever um texto.* → **re-escrevedor** (ô) *sm* (**1**. aquele que reescreve qualquer coisa; **2**. jornalista que possui bons conhecimentos vernáculos e reescreve as notícias dos repórteres e noticiaristas; copidesque); **reescrito** *sm* (aquilo que foi escrito novamente).

re.es.ti.li.za.ção *sf* Conjunto de mudanças no visual de um produto, princ. veículos, mas não muito profundas, para torná-lo mais atrativo e atual; maquiagem de um produto; *facelift* (2). → **reestilizado** *adj* (que passou por reestilização); **reestilizar** *v* (proceder à reestilização de).

re.fa.zer *v* **1**. Fazer de novo, geralmente reorganizando, reformulando: *refazer um trabalho*. **refazer(-se) 2**. Restabelecer(-se), recuperar(-se): *refazer as energias; refazer-se de um trauma.* → **refazimento** *sm* [ato ou efeito de refazer(-se)]; **refeito** *adj* (**1**. reparado, restaurado; **2**. corrigido, emendado).

re.fe.go (ê) *sm* **1**. Dobra ou prega de vestuário, para enfeite ou para deixá-lo mais curto. **2**. Dobra na pele das pessoas obesas. **3**. Dobra em papel, tecido, etc.

re.fei.ção *sf* Porção de alimentos que se toma de cada vez, a certas horas do dia e da noite. → **refeitório** *sm* (sala de refeições em colégios, quartéis, conventos, etc.).

re.fém *s2gên* **1**. Pessoa mantida em poder do inimigo ou de sequestradores, como garantia do cumprimento de certas condições. **2**. Pessoa que, sem poder agir, fica na dependência da ação ou da boa vontade de outrem, para ver efetivado qualquer fato. (Cuidado para não usar "réfem"!)

re.fe.rên.cia *sf* **1**. Ato ou efeito de referir(-se); menção, alusão. **2**. Relação que existe entre certas coisas. **3**. Serviço, nas bibliotecas, destinado a orientar os consulentes acerca das obras de referência ou de consulta. // *sfpl* **4**. Informações ou abonações de pessoa(s) idônea(s) em favor de alguém; recomendação: *a nova empregada tem boas referências.* **5**. Informação de pessoa acerca de serviços ou produtos: *peça referências ao gerente do supermercado sobre esse produto!* → **referencial** *adj* (**1**. rel. a referência; **2**. que contém uma ou mais referências; **3**. tomado ou usado como referência) e *sm* (aquilo que constitui uma base, um parâmetro).

re.fe.ren.dar *v* **1**. Assinar (documento, decreto, acordo, etc.) como responsável; responsabilizar-se pela execução ou realização de (algo aprovado por outrem): *o diretor referendou a decisão da congregação da faculdade.* **2**. Assinar (qualquer documento), tomando a responsabilidade: *referendar uma ata.* **3**. Assinar (um ministro) depois do chefe de Estado (decreto, lei, etc.), tomando a responsabilidade, para que possa ter execução: *o ministro da Educação referendou a reforma do ensino.* → **referendo** *sm* (**1**. aprovação de obra realizada; **2**. consulta que se faz ao povo para que aprove ou não a efetivação de uma resolução de interesse nacional, tornando-se, assim, lei).

re.fe.rir *v* **1**. Contar ou narrar fielmente (o que se ouviu): *referi o caso em detalhes ao juiz.* **referir-se 2**. Aludir, reportar-se: *refiro-me a ela, e não a você.* **3**. Ter relação, dizer respeito: *o bilhete não se refere a nada de seu interesse.* → **referente** *adj* (relativo, concernente: *esses dados são referentes ao passado*) e *sm* [em linguística, objeto ou entidade do mundo extralinguístico (real ou imaginário) segmentado por uma palavra ou expressão (v. **significado**)]; **refeito** *adj* (**1**. reparado, restaurado; **2**. corrigido, emendado).

re.fes.te.lar-se *v* Acomodar-se (em algum assunto) folgadamente, bem à vontade; repimpar-se; estirar-se: *refestelou-se no sofá, não deixando espaço para mais ninguém.*

re.fil *sm* Qualquer produto ou material que substitui outro semelhante usado e já gasto.

re.fi.lo *sm* Corte final e rente dado nas margens de um livro ou de uma obra, para ajustar a dimensão das folhas ou o formato dos exemplares. → **refilar** *v* (fazer o refilo de).

re.fi.nan.ci.ar *v* **1**. Financiar novamente: *refinanciei o carro, porque precisei de dinheiro.* **2**. Satisfazer (um débito), fazendo novo empréstimo, geralmente em bases mais vantajosas: *refinanciei o empréstimo, porque não tive dinheiro para saldá-lo.* → **refinanciamento** *sm* (ato ou efeito de refinanciar).

re.fi.nar *v* **1**. Tornar mais puro, mais fino; apurar: *refinar petróleo.* **2**. Tornar mais delicado; aperfeiçoar: *refinar o paladar.* **3**. Tornar mais forte, mais intenso; intensificar: *refinar o ódio.* **4**. Fazer sobressair: *refinar os cílios.* **refinar-se 5**. *Fig.* Perder a rudeza ou a vulgaridade no comportamento e nos modos; polir-se, educar-se: *junto de pessoas educadas, ela só tinha mesmo que refinar-se.* **6**. *Fig.* Apurar-se, aperfeiçoar-se, esmerar-se: *refinar-se na malandragem.* → **refinação** *sf*, **refinamento** ou **refino** *sm* [ato ou efeito de refinar(-se)]; **refinado** *adj* (**1**. que se refinou; que sofreu processo de refino: *açúcar refinado;* **2**. *fig.* apurado, aperfeiçoado: *todo bom músico tem ouvido refinado;* **3**. *fig.* fino, requintado, distinto: *restaurante refinado; homem de modos refinados;* **4**. *fig.* completo, rematado: *bandido de refinada crueldade*), de antôn. (3) *grosseiro;* **refinamento** *sm* (**1**. refinação, refino; **2**. atitude da pessoa que se caracteriza por sua distinção, requinte e delicadeza: *o refinamento de seus modos cativou a moça;* **3**. detalhe que indica o máximo cuidado ou perfeição em pessoa ou coisa: *o edifício será construído com todo tipo de refinamento técnico;* **4**. crueldade extrema praticada contra pessoa, animal ou coisa); **refinaria** *sf* (instalação industrial própria para purificar substância crua, como o petróleo).

re.fla.ção *sf* Tentativa de restaurar a atividade econômica, pondo mais dinheiro em circulação, geralmente pelo aumento dos gastos governamentais, redução das taxas públicas, etc. → **reflacionário** *adj* (rel. a reflação).

re.fle.tir *v* **1**. Espelhar, retratar: *o lago reflete meu rosto.* **2**. Revelar, mostrar, deixar transparecer: *seus olhos refletem a tristeza de seu coração.* **3**. Repercutir, repetir: *o espelho reflete a luz.* **4**. Pensar muito e maduramente; meditar, ponderar: *passou dias refletindo sobre o caso.* **5**. Mudar de direção, retornando: *as bolas do bilhar batem na tabela e refletem.* **6**. Recair, incidir: *esses maus momentos refletiram em toda a família.* **refletir-se 7**. Reproduzir-se, retratar-se: *a árvore se reflete na água do lago.* **8**. Repercutir, transmitir-se: *a crise se reflete em todos os setores da economia.* → **refletor** (ô) *adj* e *sm* (que ou o que reflete calor, luz, som, como um pedaço de vidro ou metal, altamente polido e geralmente côncavo, que reflete e emite raios ou feixes de luz); **reflexão** (x = ks) *sf* [**1**. ato ou efeito de refletir(-se); **2**. retorno ou mudança de direção da luz, som, calor radiante ou de outra forma de energia radiante, depois de bater numa superfície opaca; **3**. aquilo que é refletido (luz, som, calor radiante ou imagem); **4**. concentração mental; fixação do pensamento em alguma coisa: *nunca faça nada importante sem reflexão!;* **5**. pensamento ou opinião resultante dessa consideração: *os telespectadores se aborreciam com as constantes reflexões do apresentador*]; **reflexivo** (x = ks) *adj* (**1**. que reflete; reflexo: *luz reflexiva;* **2**. *fig.* sensato, prudente: *o professor é uma pessoa reflexiva;* **3**. meditativo, pensativo: *passou horas ali, isolado, reflexivo;* **4**. diz-se do pronome pessoal que, como complemento, acompanha um verbo na voz reflexiva); **reflexo** (x = ks) *adj* (que reflete; reflexivo: *luz reflexa*) e *sm* (**1**. luz refletida: *o reflexo do Sol prejudica a visão dos motoristas;* **2**. consequência de um fato, de uma atitude, etc.; efeito, resultado: *a violência é reflexo do desemprego;* **3**. reação pronta e instintiva em face de um acontecimento súbito: *goleiro de bom reflexo*).

re.flo.res.cer *v* **1**. Tornar(-se) florido: *a primavera refloresce os campos; os campos reflorescem a cada ano.* **2**. *Fig.* Reanimar(-se), revigorar(-se): *a esperança refloresce os corações: refloresce a esperança em cada coração brasileiro.* → **reflorescência** *sf* (qualidade de reflorescente); **reflorescente** *adj* (que refloresce); **reflorescimento** *sm* (ato ou efeito de reflorescer).

re.flo.res.tar *v* Replantar árvore em (área desmatada), para recompor o revestimento florestal perdido, ou para estabelecer uma produção de matéria-prima florestal: *como seria bom se reflorestássemos a Mata Atlântica!* · Antôn.: *desmatar, desflorestar.* → **reflorestamento** *sm* (ato ou efeito de reflorestar).

re.flu.ir *v* **1**. Volver (líquido) ao lugar de origem: *a maré já refluiu.* **2**. Chegar ou aparecer em grande quantidade: *o sangue refluiu à face.* **3**. Voltar ao ponto de origem; retroceder, recuar: *refluir no tempo.* · Conjuga-se por *atribuir*.

re.flu.xo (x = ks) *sm* **1**. Ato ou efeito de refluir. **2**. Redução de *refluxo da maré*. **3**. Volta ao passado; retrocesso. **4**. Redução de *refluxo gastroesofágico: café não é para todos, princ. os que sofrem de refluxo*. ·· **Refluxo da maré**. Movimento de maré descendente; vazante; refluxo (2). ·· **Refluxo gastroesofágico** (ou **gastroesofagiano**). Retorno involuntário e repetitivo do conteúdo do estômago para o esôfago e quase sempre em direção à boca, causando queimação e inflamação da parede do esôfago; refluxo (4).

re.fo.gar *v* **1**. Passar os temperos (cebola, alho, tomate, etc.) por gordura fervente: *refogar cebola*. **2**. Cozinhar com refogado; guisar: *refogar a carne*. → **refogado** *adj* (repassado com tempero em substância gordurosa e levemente abafado) e *sm* [**1**. molho feito de temperos (alho, cebola, tomate, etc.), fritos em óleo, ao qual se acrescentam carnes, peixes, aves, legumes ou verduras, para cozimento rápido; **2**. picadinho de carne, refogado com esse molho; ensopado, guisado).

re.for.çar *v* **1**. Tornar mais forte, mais intenso: *reforçar uma opinião*. **2**. Fortalecer (força militar) com tropas, navios ou aviões auxiliares: *o general reforçou a nossa posição, facilitando a vitória*. **3**. Reanimar, fortalecer: *reforçar o organismo com vitaminas*. **reforçar-se 4**. Tornar-se mais forte, adquirir mais força, fortalecer-se: *a teoria se reforçou com os fatos*. **5**. *Fig.* Tomar força ou apoio; apoiar-se, abonar-se: *reforçou-se com a opinião de cientistas, para afirmar isso*. → **reforçativo** *adj* (que serve para reforçar); **reforço** (ô; pl.: ó) *sm* (ato ou efeito de reforçar ou aquilo que reforça).

re.for.ma *sf* **1**. Ato ou efeito de reformar(-se), reconstrução. **2**. Modificação para melhor; melhoramento. **3**. Restauração, conserto, reparo. **4**. Emenda, revisão. **5**. Aposentadoria de militares. **Reforma 6**. Movimento religioso liderado por Martinho Lutero em 1520, rompendo com a Igreja católica, dando origem às correntes reformistas (luteranismo, calvinismo, anglicanismo, etc.), denominadas genericamente *protestantismo*.

re.for.mar *v* **1**. Formar de novo, para melhorar: *reformar os seus princípios morais*. **2**. Modificar para melhor; melhorar, aprimorar: *reformar o ensino*. **3**. Restaurar, consertar, reparar: *reformar a casa*. **4**. Emendar, revisar: *reformar o código penal*. **5**. Aposentar (militar): *o governo reformou o coronel*. **reformar-se 6**. Obter reforma ou aposentadoria (militar): *o general se reformou ainda moço*. → **reformado** *adj* (corrigido, emendado) e *adj* e *sm* (que ou militar que se reformou); **reformador** (ô), **reformativo** ou **reformatório** ou **reformista** *adj* (que reforma: *projeto reformista*); **reformista** *adj* e *s2gên* (que ou pessoa que defende a realização de reformas políticas, sociais e econômicas).

re.for.ma.tar *v* **1**. Formatar novamente: *ele aprendeu a remover os vírus do computador sem precisar reformatar o disco rígido*. **2**. *Fig.* Reestruturar, reorganizar: *ele prometeu reformatar o país*. → **reformatação** *sf* (ato ou efeito de reformatar).

re.for.mu.lar *v* **1**. Formular de novo: *reformular uma pergunta*. **2**. Dar nova elaboração a, geralmente melhorando; formular de modo diferente, geralmente aperfeiçoando; remodelar: *reformular todo o programa de ensino*. → **reformulação** *sf* (**1**. ato ou efeito de reformular; **2**. reorganização, reestruturação).

re.fra.ção *sf* **1**. Ato ou efeito de refratar(-se). **2**. Mudança de direção das ondas de energia (raio de luz calorífero, som) na passagem oblíqua de um meio a outro, de densidade distinta, na qual elas têm velocidade diferente (p. ex.: quando um raio de luz encontra uma superfície de água, ele sofre um desvio produzido pelo fenômeno da refração, pois a velocidade de propagação da luz no ar e na água é diferente). **3**. Poder refringente do olho ou capacidade deste para que os feixes de luz convirjam na retina. → **refrangente**, **refrativo** ou **refringente** *adj* (que produz refração).

re.frão *sm* **1**. Frase ou verso regularmente recorrente, princ. no final de cada estrofe ou divisão de um poema ou música; estribilho. **2**. Frase curta que encerra uma moral ou um ensinamento; máxima popular; adágio. **3**. *P.ext.* Comentário ou declaração frequentemente repetida. · Pl.: *refrãos* ou *refrães*.

re.fra.tar *v* **1**. Fazer que (uma radiação) mude de direção, quando passa obliquamente de um meio a outro de diferente densidade; causar refração a; refranger. **2**. Detectar erros de refração em (um olho, p. ex.) e corrigi-los. **3**. Desviar a direção de: *refratar o vento*. **refratar-se 4**. Desviar-se (a luz, o calor, o som) de sua primitiva direção; refratar; refranger-se: *os raios luminosos se refratam, ao atravessarem a água*. **5**. Refletir-se: *a sua sede de vingança refratava-se-lhe no semblante*.

re.fra.tá.rio *adj* **1**. Diz-se do material que resiste a altas temperaturas ou a qualquer ação química, física, etc., sem se alterar. // *adj* e *sm* **2**. *Fig.* Que ou aquele que é rebelde e não se submete a nada e a ninguém; insubmisso. → **refratarismo** *sm* (qualidade ou estado de refratário).

re.fre.ar *v* **1**. Reprimir ou dominar (animal) com o freio: *refrear o cavalo*. **2**. Vencer, dominar: *os surfistas refreiam a violência das ondas*. **3**. Moderar ou conter (com esforço): *refrear o ânimo dos briguentos*. **refrear-se 4**. Moderar-se ou conter-se, fazendo esforço: *nos momentos de nervosismo, convém refrear-se*. · Conjuga-se por *frear*. → **refreamento** ou **refreio** *sm* [**1**. ato ou efeito de refrear(-se); **2**. domínio de animal, utilizando o freio; **3**. *fig.* domínio, subjugação; **4**. *fig.* moderação, comedimento].

re.fre.ga *sf* **1**. Encontro violento entre duas forças rivais ou inimigas. **2**. Luta entre essas forças. → **refregar** *v* (lutar, brigar). ·· **Refrega de vento**. Rajada de vento.

re.fres.car *v* **1**. Tornar fresco novamente, mediante esfriamento ou umedecimento: *refrescar o corpo*. **2**. Estimular, avivar ou excitar (a memória): *esse fato me refrescou a memória*. **3**. Acalmar, tranquilizar: *refrescar a cabeça*. **4**. Baixar a temperatura, tornar-se fresco o tempo: *em Salvador só à noite refresca*. **5**. *Fig.* Melhorar ou abrandar a situação; resolver: *essa verba que nos foi destinada não refresca*. **refrescar-se 6**. Diminuir o calor do corpo: *você sair um pouco, para me refrescar*. → **refrescamento** *sm* [ato ou efeito de refrescar(-se)]; **refrescante** *adj* (que refresca); **refresco** (ê) *sm* (bebida adocicada, não alcoólica, geralmente de sabor natural, feita quase sempre em casa, no escritório, etc., com a qual se diminui o calor nos dias quentes).

re.fri.ge.rar *v* **1**. Tornar fresco; refrescar: *um potente ar-condicionado refrigera todo o salão*. **2**. Tornar frio; esfriar: *a geladeira refrigera bebidas e alimentos*. **3**. Tornar menos intenso o calor de: *roupas de linho refrigeram o corpo*. **4**. Amenizar, aliviar, abrandar: *ó Senhor, refrigera a minha dor!* **5**. Consolar, confortar: *ó Senhor, refrigera a minh'alma!* → **refrigeração** *sf* (ato ou efeito de refrigerar ou tornar mais fresco; resfriamento); **refrigerador** (ô) *sm* (geladeira); **refrigerante** *adj* (**1**. que faz baixar a temperatura; que refrigera; **2**. que refresca) e *sm* (bebida não alcoólica, adocicada e gaseificada, quase sempre de sabor artificial, produzida industrialmente, fechada com tampa metálica num vasilhame); **refrigério** *sm* (alívio, bem-estar, sensação agradável produzida pela frescura).

re.fu.gar *v* **1**. Recusar-se a aceitar; rejeitar: *refugar um convite*. **2**. Esquivar-se (animal) a entrar em: *o animal refugava a mangueira*. **3**. Negar-se (cavalo, boi, etc.) a obedecer a uma ordem do cavaleiro ou a executar o trabalho que lhe é destinado. **4**. Negar-se (o gado) a entrar no curral. → **refugo** *sm* [*pop.* **1**.s ato de refugar (3 e 4); **2**. coisa refugada; resto, restolho].

re.fu.gi.ar-se *v* **1**. Procurar refúgio ou proteção, evitando um perigo; esconder-se: *livrou-se da nevasca, refugiando-se numa gruta*. **2**. Fugir, saindo da pátria, evitando perseguição política; asilar-se: *os dissidentes cubanos se refugiaram nos Estados Unidos*. **3**. Proteger-se, resguardar-se: *refugiar-se do sol abrasador sob uma árvore*. **4**. Amparar-se; buscar consolo ou alívio: *para esquecê-la, refugiou-se na leitura*. → **refugiado** *adj* e *sm* (que ou aquele que se refugiou); **refúgio** *sm* (lugar seguro para onde se foge, a fim de se escapar a um perigo).

re.fu.tar *v* **1**. Rebater com argumentos, provando ser falso; contestar: *refutar uma tese*. **2**. Ser contrário a; não aceitar; não concordar com; reprovar: *refutar críticas*. **3**. Desmentir, negar: *a realidade refutou as superstições de fim do mundo em agosto de 1999*. → **refutação** *sf* (ato ou efeito de refutar); **refutatório** *adj* (que serve para refutar); **refutável** *adj* (que pode ser refutado).

re.ga-bo.fe *sm* **1**. Comezaina com muita bebida, folia e divertimento. **2**.*P.ext.* Qualquer folia ou divertimento em grande escala. · Pl.: *rega-bofes*.

re.ga.ço *sm* **1**. Concavidade formada pelo vestido, entre os joelhos e a cintura, quando a mulher está sentada; colo. **2**. Dobra formada por vestido ou avental levantado adiante.

re.ga.lar *v* **1**. Arregalar: *regalar os olhos de espanto*. **2**. Causar prazer, satisfação ou contentamento a: *a economia de mercado regalou o povo russo*. **3**. Dar presentes a; presentear: *ele gosta de regalar os amigos*. **4**. Recrear, entreter, divertir: *a babá regala as crianças na varanda*. **regalar-se 5**. Viver bem: *ela agora se regala com boa cama e lautos jantares*. **6**. Sentir grande prazer; regozijar-se, alegrar-se: *as crianças se regalam com as brincadeiras dos palhaços*. → **regalo** *sm* [**1**. ato de regalar(-se); **2**. qualquer coisa que se dá a uma

pessoa para agradá-la; presente, mimo; **3**. prazer, satisfação, contentamento: *"o que vem do gosto é o regalo da vida"*; **4**. vida tranquila, agradável, prazerosa; **5**. evento que dá grande prazer: *ele queria levá-la ao cinema como um regalo*].
re.ga.li.a *sf* Privilégio, vantagem.
re.gar *v* **1**. Aguar o suficiente para refrescar, manter o viço, fertilizar, geralmente com o uso de um regador: *regar as plantas*. **2**. Correr (um rio) junto de; banhar: *o Tietê rega quase todo o Estado de São Paulo*. **3**. Molhar levemente; umedecer: *uma lágrima lhe regou a face*. **4**. Acompanhar com bebida (o que se come): *regar um jantar a champanhe*. → **rega** ou **regadura** *sf* (ato ou efeito de regar); **regador** (ô) *adj* (que rega: *dispositivo regador de jardins*) e *sm* (vaso usado geralmente para aguar plantas).
re.ga.ta *sf* **1**. Competição de barcos à vela, a remo ou a motor, em percurso preestabelecido, disputando o prêmio de velocidade. **2**. Tipo de camiseta de alça mais grossa que a normal e bem cavada lateralmente. // *adj* **3**. Diz-se desse tipo de camiseta. (Nestes dois últimos casos, aparece geralmente no diminutivo: *regatinha*.) → **regatista** *adj* e *s2gên* (que ou pessoa que pratica regata).
re.ga.te.ar *v* **1**. Pedir insistentemente para obter preço melhor ou mais baixo de; pechinchar: *regateio tudo o que compro*. **2**. Diminuir, depreciar: *regatear os méritos de alguém*. **3**. Dar ou conceder com parcimônia o comedimento: *regatear favores*. **4**. Discutir com veemência ou violência; altercar: *pais que regateiam perante os filhos merecem reprimenda*. · Conjuga-se por *frear*. → **regateio** *sm* (ação de regatear).
re.ga.to *sm* Curso de água estreito, de volume diminuto e pouco extenso, menor ainda que o ribeiro; córrego.
re.ge.ne.rar *v* **1**. Renovar espiritual ou moralmente; corrigir, recuperar: *cadeia regenera bandido?* **2**. Dar nova vida ou energia a; revitalizar, fortalecer: *a vida no campo o regenerou*. **3**. Repor ou substituir (órgão ou parte de órgão destruído ou avariado), com formação de novos tecidos (em oposição a *degenerar*): *o organismo humano regenera quase todos os tecidos*. **regenerar-se 4**. Formar-se de novo: *os tecidos da pele se regeneram facilmente*. **5**. Emendar-se, reabilitar-se, corrigir-se: *bandido se regenera na cadeia*. → **regeneração** *sf* [ato ou efeito de regenerar(-se)]; **regenerado** *adj* e *sm* (que ou aquele que se regenerou ou reabilitou; recuperado, reabilitado); **regenerador** (ô) *adj* (que regenera ou reabilita) e *sm* (aquele ou aquilo que regenera).
re.ger *v* **1**. Regular: *qual é a lei que rege esta matéria?* **2**. Exercer o governo de; governar, reinar em: *Henrique VIII regeu a Grã-Bretanha por vários anos*. **3**. Guiar, encaminhar: *reger um menor*. **4**. Lecionar ou ensinar em escola pública: *reger a cadeira de Linguística, na USP*. **5**. Ter como dependente gramatical; subordinar: *o verbo consistir rege a preposição* em. **6**. Dirigir (orquestra ou coral), regulando o andamento e as entradas das diferentes partes. **reger-se 7**. Nortear-se, orientar-se, guiar-se: *ele se rege pelos exemplos do pai*. · Conj.: muda o *g* em *j* antes de *a* e *o*, sem se constituir em verbo irregular. · V. **regimento**. → **regência** *sf* (**1**. ato ou efeito de reger; direção, governo; **2**. governo interino de um Estado, durante a menoridade, a ausência ou o impedimento físico ou moral do soberano, ou enquanto este ainda não existe); **regencial** *adj* (rel. a regência); **regente** *adj* e *s2gên* (que ou pessoa que governa durante a menoridade, ausência ou incapacidade de um monarca) e *s2gên* (chefe de orquestra, banda, coro, etc.; maestro ou maestrina).
reggae [ingl.] *sm* Música popular de origem jamaicana. · Pl.: *reggaes*. · Pronuncia-se *réghi* (o *r* soa brando, pronunciado com a língua no oco da boca).
re.gi.ão *sf* **1**. Grande extensão de terra; área. **2**. Parte dessa área, destinada a determinada atividade; distrito. **3**. Parte extensa e contínua de uma superfície ou espaço, com características próprias (clima, produção, aspecto físico, fertilidade, etc.). (Nesta acepção, costuma aparecer com inicial maiúscula.) **4**. Parte do corpo de limites naturais ou arbitrários. **5**. Cada uma das circunscrições militares em que está dividido o país. → **regional** *adj* (**1**. rel. ou pert. a uma região; **2**. próprio de uma região) e *sm* (conjunto musical que executa composições populares, próprias de uma região); **regionalismo** *sm* (**1**. tendência, de ordem social, política e cultural, a superestimar e promover os valores próprios de determinada área ou região natural; **2**. caráter de uma obra literária que tem por temática figuras típicas de uma região, com seus costumes e tradição; **3**. fato linguístico peculiar a uma região); **regionalista** *adj* (rel. a regionalismo) e *adj* e *s2gên* (que ou pessoa que se caracteriza pelo regionalismo); **regionalização** *sf* (ato ou efeito de regionalizar); **regionalizar** *v* (**1**. dividir em regiões, geralmente com propósitos administrativos: *regionalizar um Estado*; **2**. dar feição ou caráter regional a; tornar regional: *regionalizar o campeonato brasileiro de futebol*).
re.gi.cí.dio *sm* Assassinato de rei ou de rainha. → **regicida** *adj* e *s2gên* (que ou pessoa que comete regicídio).
re.gi.me *sm* **1**. Ato ou modo de reger ou dirigir: *ele mantém mão firme no regime doméstico*. **2**. Forma como o poder político é exercido; forma particular de governo ou de administração: *regime militar; regime do FMI*. **3**. Maneira como um governo, instituição, empresa ou economia é administrada, princ. quando envolve uma ação dura ou severa: *o criminoso cumprirá pena em regime fechado*. **4**. Conjunto de disposições legais que regulam o modo como alguém ou algo está sujeito a uma instituição: *casamento em regime de comunhão parcial de bens*. **5**. Modo pelo qual um fenômeno ocorre; ritmo: *o regime das marés; o regime de chuvas de uma região*. **6**. Plano sistemático, como dieta, terapia, exercícios, medicação, especialmente criado para que a pessoa permaneça saudável e/ou atraente: *ela faz regime para emagrecer; seguir um regime de condicionamento físico*. **7**. Velocidade de rotação de um motor ou turbina. **8**. Em gramática, dependência entre palavras ou entre uma palavra e uma oração, num enunciado; regência: *regime verbal, regime de nomes*.
re.gi.men.to *sm* **1**. Ato ou efeito de reger. **2**. Conjunto de regras ou normas que determinam o funcionamento de uma assembleia, congresso, instituição, etc.; estatuto, regulamento. **3**. Unidade militar ou grupo de soldados sob o comando de um coronel. → **regimental** ou **regimentar** *adj* (rel. ou pert. a regimento; regulamentar).
ré.gio *adj* **1**. Relativo ou pertencente a rei; real: *poder régio; anel régio*. **2**. Que procede do rei: *carta régia*. **3**. *Fig*. Digno ou próprio de rei: *dei-lhe recepção régia; levar vida régia*. **4**. *Fig*. Magnífico, suntuoso, soberbo: *os cavalos árabes têm porte régio*.
re.gis.trar *v* **1**. Lançar (documento) por escrito no livro de registro: *registrar um diploma*. **2**. Inserir, inscrever: *registrar uma palavra num dicionário*. **3**. Inscrever (algo) em repartição oficial, para adquirir autenticidade e privilégios: *registrar uma escritura*. **4**. Fazer o seguro de (correspondência postal) em formulário adequado, para ficar sob a responsabilidade dos Correios e não se extraviar: *registrar uma carta*. **5**. Escrever, historiar: *registrar os fatos do dia*. **6**. Publicar: *todos os jornais registraram o fato*. **7**. Marcar por meio de registradora: *a moça do caixa registrou a importância da compra*. **8**. Gravar (qualquer som): *ele registrou toda a nossa conversa, usando um microgravador*. → **registradora** (ô) *sf* (máquina onde os comerciantes registram automaticamente o produto das vendas); **registro** *sm* (**1**. ato ou efeito de registrar; **2**. repartição oficial onde se faz anotação de certos atos; **3**. espécie de torneira que controla a entrada e a saída de água ou de gás; **4**. aparelho que indica o consumo de água, gás ou eletricidade; **5**. seguro de correspondência postal; **6**. bilhete que atesta esse seguro; **7**. red. de *registro civil*). ·· **Registro civil**. **1**. Cartório ou repartição onde se anotam oficialmente todos os dados relativos a nascimentos, casamentos e óbitos, feitos por um funcionário civil. **2**. Documento que atesta esses dados; registro (7).
re.go (ê) *sm* **1**. Sulco natural ou artificial que se abre na terra, para escoamento das águas. **2**. Sulco na terra feito pelo ferro do arado ou de outro instrumento. **3**. *Pop.Chulo* Sulco existente entre as nádegas.
re.go.zi.jar *v* **1**. Encher de regozijo ou grande alegria; alegrar bastante: *o nascimento do bebê regozijou toda a família*. **regozijar-se 2**. Sentir regozijo ou grande alegria; alegrar-se bastante: *regozijou-se de ter solucionado o caso*. → **regozijo** *sm* (grande alegria ou grande satisfação).
re.gra *sf* **1**. Princípio que norteia uma conduta, um procedimento; norma, preceito: *as regras do bom senso*. **2**. Prática normal ou costumeira: *o trabalho duro aqui é a regra, e não a exceção*. **3**. Exemplo, modelo: *a vida dos grandes homens deve servir de regra às gerações porvindouras*. **4**. Moderação, comedimento: *gastar com regra*. // *sfpl* **5**. *Pop*. Menstruação. · V. **regular**. → **regrado** *adj* (**1**. riscado com a régua; pautado; **2**. disciplinado, bem-comportado; **3**. regular, uniforme, normal; **4**. *pop*. diz-se da mulher que está menstruada); **regramento** *sm* [**1**. ato ou efeito de regrar(-se), de dispor conforme as normas, leis ou praxes: *ater-se ao regramento do Estado Democrático de Direito*; **2**. estatuto ou instrução que estabelece o que deve ou não ser feito ou cumprido; regulamento: *toda empresa idônea tem seu regramento*]; **regrar** *v* (**1**. traçar linhas retas e paralelas sobre;

pautar: *regrar o papel, para escrever direito*; **2**. alinhar pela régua: *regrar a letra, ao escrever uma carta*; **3**. impor regras a; sujeitar a certas regras; disciplinar: *regrar o comportamento dos filhos*); **regrar-se** (guiar-se, modelar-se, pautar-se: *regrar-se pelos bons exemplos*). •• (**Por**) **via de regra**. Quase sempre; geralmente: *No Brasil, por via de regra, ninguém cumpre pena antes do trânsito em julgado*. •• **Regra de três**. Regra que, em matemática, permite determinar com três quantidades conhecidas, uma quarta quantidade incógnita, que corresponde a um determinado grupo de valores das demais.

re.gre.dir *v* **1**. Diminuir de intensidade; atenuar (doença): *a febre regrediu*. **2**. Não progredir, retroceder: *o Brasil regredia, ao invés de progredir*. **3**. Declinar, degenerar: *a moral humana regride na proporção do avanço tecnológico*. · Antôn. (2): *progredir*. · Conjuga-se por *agredir*.

re.gres.sar *v* Tornar ao ponto de partida, depois de ausência mais ou menos longa ou de retorno de lugar distante; voltar, retornar: *na Sibéria, eu não via a hora de regressar ao Brasil*. → **regressão** *sf* (**1**. ato ou efeito de regressar ou voltar; regresso; **2**. ato ou efeito de regredir; retrocesso; **3**. retorno a supostas experiências vividas em vidas passadas); **regressivo** *adj* [**1**. que regressa ou retrocede; retroativo; **2**. diz-se de imposto cuja percentagem vai diminuindo, segundo o rendimento em que recai; **3**. diz-se da palavra derivada que se forma pela redução da primitiva (p. ex.: *asco*, que provém de *asqueroso*)]; **regresso** *sm* (ato ou efeito de regressar; retorno).

ré.gua *sf* Objeto de madeira, de plástico ou de metal, próprio para traçar linhas retas, medir comprimentos, etc. → **reguada** *sf* (golpe ou pancada com régua); **régua-tê** *sf* (régua em forma de T, também conhecida apenas por *tê*), de pl. *réguas-tê*.

re.guei.fa *sf* **1**. Bolo feito com farinha de trigo bem fina. **2**. Pão de trigo de forma entrançada; rosca. **3**. *Pop*. Prega ou dobra de gordura no rosto ou no corpo.

re.gu.la.men.to *sm* **1**. Ato ou efeito de regular, fixar, determinar. **2**. Norma ou ordem determinada por autoridade, para regular comportamentos em associações, instituições, sociedades, ou qualquer corpo coletivo; estatuto: *o regulamento de um concurso, de um clube*. → **regulamentação** *sf* (ato ou efeito de regulamentar); **regulamentar** *adj* (**1**. rel. ou pert. a regulamento; regimental; **2**. que consta do regulamento; **3**. conforme ao regulamento; **4**. conferido pelo regulamento) e *v* (sujeitar ou submeter a regulamento; regular, regularizar: *regulamentar as terras indígenas*).

re.gu.lar *adj* **1**. Relativo às regras, práticas ou praxes. **2**. Natural, normal. **3**. Harmônico, bem proporcionado, simétrico. **4**. Igual, uniforme. **5**. Que ocorre em intervalos fixos; periódico. **6**. Mediano, médio. **7**. Que pertence às forças armadas permanentes de um país. // *sm* **8**. Aquilo que é praxe. // *v* **9**. Sujeitar a regras; regularizar, regrar: *é preciso regular as ações policiais*. **10**. Estabelecer regras para; regularizar: *é preciso regular a ocupação de terras*. **11**. Estabelecer ordem em; controlar: *medicamento que regula os intestinos*. **12**. Acertar, ajustar: *regular o motor*. **13**. Aproximar-se (em altura, idade, etc.): *seu filho regula com o meu em altura*. **14**. Ter sanidade mental, achar-se com juízo perfeito: *o velho não regula bem*. **regular-se 15**. Guiar-se, orientar-se, nortear-se: *o homem de bem regula-se pelos princípios da justiça*. → **regulação** *sf* [ato ou efeito de regular(-se): *os rins estão envolvidos nos mecanismos de regulação da pressão arterial*]; **regulagem** *sf* (ação ou efeito de regular, de ajustar o funcionamento de aparelho, instrumento, máquina, motor, etc.: *carro com regulagem de altura e profundidade do volante*); **regularidade** *sf* (qualidade de regular); **regularização** *sf* [ato ou efeito de regularizar(-se)]; **regularizar** *v* (**1**. tornar regular; regulamentar: *regularizar a documentação do carro*; **2**. tornar conveniente ou adequado: *regularizar o relacionamento entre vizinhos*; **3**. consertar, corrigir: *regularizar uma rota*); **regularizar-se** (normalizar-se, tornar-se regular ou normal: *o intestino se regulariza com este medicamento*).

rei *sm* **1**. Aquele que é a autoridade máxima num Estado monárquico; monarca, soberano. **2**. Aquele que sobressai entre outro da sua classe ou categoria. **3**. Peça principal no jogo de xadrez. **4**. Carta do baralho, marcada com um senhor coroado. · Fem. (1): *rainha*. · Dim.: *reizete* (ê, irreg.); *régulo* (erudito). → **reinação** *sf* (*pop*. peraltice, travessura, artes); **reinador** (ô) *adj* (que faz reinação; peralta, travesso); **reinado** *sm* [**1**. tempo que dura o governo de um soberano (rei, imperador, etc.); **2**. esse governo; **3**. tempo em que uma pessoa ou um grupo exerce hegemonia, supremacia ou domínio]; **reinante** *adj* (**1**. que reina ou que é de momento: *a moda reinante é essa agora*; **2**. que predomina; predominante: *opinião reinante*) e *s2gên* (aquele ou aquela que reina; rei ou rainha); **reinar** *v* [**1**. exercer influência; influir: *a Lua reina nas marés*; **2**. exercer o poder como soberano (rei, imperador, etc.): *D. Pedro I reinou poucos anos*; **3**. manter o título e a posição de monarca, sem exercer o poder: *a rainha da Inglaterra reina, mas não governa*; **4**. predominar, prevalecer ou estabelecer-se num meio ou ambiente: *por alguns instantes, reinou o pânico dentro do avião*; **5**. *pop*. fazer diabruras, travessuras ou traquinagens; fazer reinação; daninhar: *suas crianças reinam demais!*]; **reino** *sm* (**1**. território sujeito à autoridade de um rei ou rainha; Estado monárquico; monarquia; **2**. conjunto de todos os súditos do rei; **3**. cada uma das grandes divisões em que se agrupam todos os corpos da natureza).

rei.de *sm* **1**. Invasão ou ataque rápido de tropas em território inimigo. **2**. Longa excursão, feita a pé, a cavalo, de automóvel, de avião, etc.

rei.dra.tar(-se) *v* Tornar a hidratar(-se): *reidratar a pele; tomar um medicamento, para se reidratar*. → **reidratação** *sf* [ato ou efeito de reidratar(-se)]; **reidratante** *adj* e *sm* (que ou produto que serve para reidratar).

reiki [jap.] *sm* Técnica de cura baseada no princípio de que o terapeuta pode canalizar energia para o paciente mediante toque da palma da mão, para ativar os processos naturais de cura do corpo e restaurar o bem-estar físico e emocional. · Pronuncia-se *rêiki*.

re.im.plan.tar *v* Tornar a implantar (órgão no lugar devido), com utilização de técnicas cirúrgicas apropriadas: *reimplantar um dedo decepado*. → **reimplantação** *sf* ou **reimplante** *sm* (ato ou efeito de reimplantar).

re.in.ci.dir *v* Tornar a incidir, tornar a cometer (qualquer coisa condenável e da mesma natureza); recair: *não reincida no mesmo erro de ontem!* → **reincidência** *sf* (ação ou efeito de reincidir); **reincidente** *adj* e *s2gên* (que ou pessoa que reincide).

re.i.ni.ci.a.li.zar *v* Tornar a inicializar; reiniciar, restartar. (Verbo específico de informática, assim como o substantivo correspondente.) → **reinicialização** *sf* (ato ou efeito de reinicializar); **reinício** *sm* (ato ou efeito de reiniciar; recomeço); **reiniciar(-se)** *v* [tornar(-se) a iniciar].

re.in.te.grar *v* **1**. Restabelecer (alguém) na posse de (imóvel, cargo, emprego, grupo, etc. de que foi privado); tornar a integrar: *reintegrar um criminoso na sociedade*. **reintegrar-se 2**. Tornar a participar como integrante de algum grupo, sociedade, etc.: *o jogador já se reintegrou no plantel do clube*. → **reintegração** *sf* [ato ou efeito de reintegrar(-se)].

réis *smpl* V. **real**.

rei.te.rar *v* Fazer de novo, repetir, renovar: *reiterar um convite a alguém*. → **reiteração** *sf* (ato ou efeito de reiterar); **reiterativo** *adj* (que reitera ou que serve para reiterar).

rei.tor (ô) *sm* A maior autoridade de certas corporações escolares ou religiosas. → **reitorado** *sm* (**1**. período que dura a reitoria; **2**. cargo de reitor); **reitoral** *adj* (de reitor: *ordem reitoral*); **reitoria** *sf* (**1**. cargo de reitor; **2**. repartição chefiada por um reitor; **3**. jurisdição de reitor).

rei.vin.di.car *v* **1**. Reclamar em tom de exigência, por direito ou justiça: *reivindicar melhores salários*. **2**. Tomar ou reclamar para si; assumir: *todos agora querem reivindicar as glórias do bicampeonato conquistado*. (Cuidado para não usar "reinvindicar"!) → **reivindicação** *sf* (ato ou efeito de reivindicar); **reivindicador** (ô) *adj* e *sm* (que ou aquele que reivindica); **reivindicante** *adj* (que reivindica; reivindicador: *funcionário reivindicante; sindicato reivindicante*); **reivindicativo** ou **reivindicatório** *adj* (rel. a reivindicação ou que serve para reivindicar).

re.jei.tar *v* **1**. Repelir ou repudiar (o que é dado ou oferecido); não aceitar, recusar, refutar, descartar: *rejeitar uma proposta, um presente, um suborno; os trabalhadores rejeitaram esse pífio aumento salarial*. **2**. *P.ext*. Repelir, repudiar: *o eleitor honesto rejeita candidato corrupto*. **3**. Não aprovar: *a câmara rejeitou o projeto de lei*. **4**. Não conceder; não aprovar: *o banco rejeitou seu pedido de empréstimo*. **5**. Desprezar, desdenhar: *nos bailes, ela sempre rejeitava maus dançarinos*. **6**. Defender-se com argumentos: *rejeitar as críticas*. **7**. Opor-se a; renegar: *rejeitar o pagamento de um imposto*. **8**. Reagir mal (o corpo) a um órgão transplantado: *o corpo dela rejeitou o coração que recebeu em transplante*. **9**. *Pop*. Vomitar: *qualquer alimento que ele come, seu organismo rejeita*. [Não se confunde (1) com *enjeitar*.] → **rejeição** *sf* (ato ou efeito de rejeitar); **rejeito** *sm* (descarte que não possibilita nenhum tipo de reaproveitamento ou reciclagem, como o lixo do banheiro), que não se confunde com *resíduo* (1)].

re.ju.bi.lar *v* **1.** Encher de júbilo ou contentamento: *a chegada do bebê rejubilou toda a família*. **rejubilar(-se) 2**. Ter grande júbilo ou contentamento: *toda a família (se) rejubilou com a chegada do bebê*. → **rejubilação** *sf* [ato ou efeito de rejubilar(-se)].

re.ju.ve.nes.cer *v* **1**. Tornar jovem novamente; remoçar: *certas vitaminas rejuvenescem as pessoas*. **rejuvenescer(-se) 2**. Remoçar; recuperar o vigor e a aparência da juventude: *rejuvenesci(-me), tomando vitaminas*. · Antôn.: *envelhecer*. → **rejuvenescimento** *sm* [ato ou efeito de rejuvenescer(-se)], de antôn. *envelhecimento*.

re.la.ção *sf* **1**. Lista, rol: *a relação dos aprovados no ENEM*. **2**. Associação lógica ou natural entre duas ou mais coisas; conexão: *a relação entre o fumo e a incidência de câncer nos pulmões e vias respiratórias*. **3**. Afinidade: *a relação entre pais e filhos*. **4**. Relacionamento: *não quero nenhuma relação com vizinhos*. // *sfpl* **5**. Vínculos recíprocos entre pessoas, grupos, países, etc.: *romper relações com alguém*. **6**. Pessoas com as quais se tem íntimo relacionamento: *ela não faz parte do meu círculo de relações*. **7**. Ato sexual: *ter relações antes do casamento*. → **relacionamento** *sm* [ato ou efeito de relacionar(-se)]. **relacionar** *v* [**1**. fazer relação ou lista de; arrolar (em certa ordem): *relacionar as roupas para lavagem*; **2**. narrar, contar: *relacionar as aventuras de uma viagem*; **3**. estabelecer relação de dependência, de causa e efeito entre: *não conseguir relacionar bem ideias e fatos numa dissertação*). **relacionar-se** (**1**. ligar-se: *esses fatos não se relacionam com aquele*; **2**. ter relações sociais: *ele se relaciona bem com os colegas*); **relações-públicas** *s2gên2núm* (pessoa que trabalha no departamento ou setor de relações públicas de uma empresa).

re.lâm.pa.go *sm* **1**. Luz rápida e intensa que precede ou acompanha um trovão. **2**. Qualquer luz rápida, intensa e breve. // *adj* **3**. Rápido como um relâmpago; rapidíssimo. → **relampaguear**, **relampear** ou **relampejar** *v* (**1**. produzir-se uma sucessão de relâmpagos; **2**. brilhar repentinamente, cintilar); **relampejo** (ê) *sm* (brilho intenso e breve de um relâmpago). (*Relampaguear* e *relampear* se conjugam por *frear*, e *relampejar* mantém o *e* fechado durante toda a conjugação.)

re.lan.ce *sm* Ato ou efeito de relancear; movimento rápido com os olhos; olhar rápido: *um relance foi suficiente para perceber que havia alguém ali*. → **relancear** *v* (dirigir os olhos rapidamente a; olhar de relance: *nem deu tempo de relancear o ponto do qual vinham os tiros*), que se conjuga por *frear*. ·· **De** (ou **Num**) **relance**. De modo muito rápido; num abrir e fechar de olhos; rapidamente: *Só consegui ver de relance o carro que causou o acidente*.

re.lap.so *adj* e *sm* **1**. Que os aquele que reincide nos erros, faltas, crimes, pecados ou em quaisquer outros maus hábitos ou práticas; reincidente. **2**. Que os aquele que é negligente no cumprimento de suas obrigações ou deveres; desleixado. → **relapsão** *sm* (**1**. ato de cair para trás; **2**. repetição de um ato; reincidência), **relapsia** *sf* (reincidência no crime, no erro, na falta, no pecado, etc.; contumácia: *o eleitor brasileiro é mestre em relapsia política*).

re.lar *v* Tocar de leve, roçar: *eu nem relei nela, não estou entendendo por que ela grita tanto*.

re.la.tar *v* **1**. Fazer o relato ou a narração despretensiosa de: *não quero apenas que você relate, mas sim que narre o que viu*. **2**. Fazer ou apresentar relatório de: *o árbitro já relatou o jogo de ontem*. **3**. Fazer relação, lista ou rol de; relacionar, listar, arrolar: *relatei a roupa que deveria ser enviada para a lavanderia e saí*. **4**. Estudar detidamente (um processo), para apresentar as suas conclusões a seus pares, fundamentar o seu voto e facilitar o julgamento destes. → **relato** *sm* (**1**. ato ou efeito de relatar; **2**. narração despretensiosa de um fato); **relator** (ô) *sm* [**1**. aquele que relata ou narra qualquer coisa; **2**. magistrado que relata (4)].

re.la.ti.vo *adj* **1**. Que tem relação, ligação ou conexão com alguma coisa; referente, concernente: *assunto relativo à paz mundial*. **2**. Considerado em comparação com outra coisa; comparativo: *as vantagens relativas dos pneus run flat em relação com os pneus comuns; vivemos em relativo conforto*. **3**. Que não é absoluto ou independente: *a felicidade é relativa*. → **relatividade** *sf* (caráter ou qualidade daquilo que é relativo, que não é absoluto: *a relatividade da noção de beleza*). ·· **Pronome relativo**. Pronome que se refere a um antecedente expresso ou implícito e introduz oração subordinada adjetiva. ·· **Teoria da relatividade**. Teoria formulada essencialmente pelo físico alemão Albert Einstein (1879-1955), segundo a qual a matéria e a energia são equivalentes e formam a base de energia nuclear, sendo conceitos relativos o tempo e o espaço.

re.la.tó.rio *sm* Exposição minuciosa e objetiva, geralmente por escrito, de um fato, de um estudo, de uma pesquisa, etc.

relax [ingl.] *sm* Distensão voluntária dos músculos, acompanhada de diminuição da tensão mental, produzindo uma sensação de repouso: *nadar para fazer um relax*. · Pronuncia-se *riléks* (o *r* soa brando, pronunciado com a língua no céu da boca).

re.la.xar *v* **1**. Tornar menos tenso ou rígido; afrouxar: *relaxar o nó da gravata*. **2**. Perverter, depravar: *relaxar os costumes, a moral*. **3**. Desmoralizar, avacalhar: *relaxar uma festa*. **4**. Tornar menos rigoroso ou severo: *relaxar a disciplina*. **5**. Livrar de tensão: *um banho morno sempre me relaxa*. **6**. Tornar-se negligente; agir sem capricho ou cuidado: *a empregada começou bem e agora já está relaxando; veja a sujeira debaixo do tapete!* e *adj* (**1**. descontraído; não tenso; **2**. desapertado, frouxo: *veio com o nó da gravata relaxado*; **3**. pouco rigoroso ou severo) e *adj* e *sm* (**1**. que ou aquele que é descuidado em relação aos deveres; **2**. que ou aquele que não tem cuidado com a própria aparência, que é desmazelado); **relaxamento** *sm* [ato ou efeito de relaxar(-se); **2**. entretenimento do corpo ou do espírito; recreação, diversão; **3**. redução da austeridade, do rigor ou da compostura; desleixo, relaxo (1); **4**. alongamento de músculo ou de fibras musculares inativas]; **relaxante** *adj* e *sm* (que ou o que relaxa); **relaxo** *sm* [**1**. desmazelo, desleixo, relaxamento (3); **2**. *pop*. avacalhação, desmoralização].

re.lé *sm* Dispositivo elétrico que abre ou fecha contatos, de forma a estabelecer ou interromper circuitos.

release [ingl.] *sm* **1**. Texto informativo e resumido, de cunho publicitário, distribuído à imprensa para divulgação gratuita, geralmente em forma de boletim. **2**. Em informática, versão atualizada de um aplicativo que modifica ou melhora a versão anterior. · Pronuncia-se *rilís* (o *r* soa brando, pronunciado com a língua no céu da boca).

re.le.gar *v* **1**. Pôr em segundo plano; atribuir a (alguém) posição menos importante; rebaixar: *o diretor relegou a atriz a um papel secundário no filme; relegaram-no a cidadão de segunda classe*. **2**. Expatriar, banir, exilar: *relegar elementos subversivos*. **3**. Afastar com desprezo; repelir: *relegaram o rapaz do convívio familiar*. → **relegação** *sf* (ato ou feito de relegar).

re.lei.tu.ra *sf* **1**. Ato ou efeito de reler; nova leitura: *descubra os grandes benefícios da releitura de um bom livro!* **2**. Nova leitura que se faz do que já é velho ou conhecido, para descobrir novidades ocultas ou ainda não percebidas totalmente: *só os privilegiados conseguem fazer essa releitura de Dom Casmurro*. **3**. Produção de uma obra qualquer, originariamente de outra pessoa, sem a preocupação de copiá-la ou de reproduzi-la, com base própria, baseada numa observação profunda, de uma obra alheia: *ele me disse que está tentando fazer mais releituras de Van Gogh, para ver se chega perto de tamanha expressividade*. **4**. Ato de captar o que está escondido nas entrelinhas de um escrito. **5**. Ato de dar nova interpretação ou novo significado a uma coisa qualquer (música, escrito, fato, anedota, estória, personagem, etc.): *há quem defenda uma releitura de algumas estórias infantis; Hollywood está pensando em fazer uma releitura do Batman*.

re.lem.brar *v* **1**. Lembrar de novo, recordar: *relembrar os tempos de infância*. **2**. Tornar a lembrar, advertir novamente: *relembrei a meu chefe os compromissos de amanhã*. → **relembrança** *sf* (recordação).

re.len.to *sm* Umidade atmosférica da noite; sereno, orvalho. ·· **Ao relento**. Exposto à umidade noturna; ao sereno: *Dormir ao relento*.

re.ler *v* **1**. Ler novamente: *li e reli a notícia*. **2**. Ler muitas vezes: *Dom Casmurro é um livro para se reler*. **3**. Rever (algo escrito) para eventual correção: *vou reler o que fiz, para ver se posso ou não mudar alguma coisa*.

re.les *adj* **1**. Ordinário, desprezível, vil: *candidatos reles*. **2**. Sem valor nenhum; de má qualidade: *filme reles*.

re.le.vo (ê) *sm* **1**. Saliência, relevância. **2**. Aquilo que faz saliência sobre uma superfície. **3**. Realce, destaque, distinção. **4**. Projeção de figuras ou formas de um fundo plano (em escultura) ou projeção apenas aparente (em pintura), que dá a impressão de terceira dimensão. **5**. Conjunto de saliências e depressões que modelam a superfície terrestre. → **relevação** *sf*, **relevamento** ou **relevo** (ê) *sm* [ato ou efeito de relevar(-se)]; **relevância** *sf* (qualidade do que é relevante); **relevante** *adj* (**1**. que releva ou interessa; importante, pertinente: *o juiz considerou relevantes os novos argumentos da defesa*; **2**. saliente, protuberante, proeminente: *ter um queixo relevante*;

3. preeminente, importante: *prestar relevantes serviços ao país*) e *sm* (o que importa; o importante; o indispensável: *ela tem ideias para tudo, mas falta-lhe o relevante: dinheiro para concretizá-las*); **relevar** *v* (**1**. dar relevo ou saliência a; tornar saliente ou relevante: *relevar uma palavra num texto, usando negrito*; **2**. desculpar por: *relevei o seu atraso*; **3**. aliviar, atenuar, mitigar, abrandar: *o amor releva sempre a dor da infidelidade*). **relevar-se** (sobressair, destacar-se, distinguir-se: *relevou-se na passarela e venceu o concurso*).

re.lho (ê) *sm* Açoite feito de uma só tira de couro cru torcido, usado para bater em animais.

re.li.cá.rio *sm* **1**. Receptáculo (caixa, bolsa, cofre, medalha, etc.) para guardar relíquias religiosas ou sagradas. **2**. Bolsinha ou medalha com relíquias que muitos devotos trazem ao pescoço.

re.li.gi.ão *sf* Qualquer sistema específico e organizado de crença, culto, cerimônias e regras usado para adorar um deus, que envolve geralmente um código de ética e uma filosofia: *o cristianismo e o budismo são religiões*. (Não se confunde com *seita*.) → **religiosa** *sf* (mulher ligada à Igreja por votos monásticos; freira, monja, irmã); **religiosidade** *sf* (**1**. qualidade ou estado de ser religioso: *mulher de religiosidade hipócrita*; **2**. disposição para os sentimentos religiosos: *ressurge a religiosidade entre os jovens*; **3**. observância fiel das obrigações religiosas; devoção: *as romarias são uma mostra da religiosidade popular*; **4**. *fig.* pontualidade ou exatidão, ao fazer ou cumprir uma coisa; zelo, escrúpulo: *ele cumpre todos os horários com religiosidade; fazer os trabalhos com religiosidade*); **religioso** (ô; pl.: ó) *adj* (**1**. rel. ou pert. a religião; **2**. observador das práticas religiosas; pio; **3**. profundo, rigoroso; **4**. rel. ou pert. a instituto monástico) e *sm* (aquele que, por voto sagrado, pertence a uma ordem religiosa; **2**. red. de *casamento religioso*: *eles casaram só no religioso*; **3**. igreja).

re.lin.char ou **rin.char** *v* Soltar a voz (o cavalo). → **relincho** ou **rincho** *sm* (voz do cavalo).

re.lí.quia *sf* **1**. Qualquer peça, objeto, etc. que pertenceu a um santo ou com ele se relaciona, conservado como sagrado pelos fiéis. **2**. Qualquer objeto importante ou precioso, do ponto de vista histórico ou cultural.

re.ló.gio *sm* **1**. Maquinismo que serve para marcar as horas e, em alguns tipos, para soar. **2**. Qualquer instrumento que marca o tempo; cronômetro. **3**. Aparelho que registra automaticamente o consumo de água, gás, energia elétrica, etc.; registro. → **relojoaria** *sf* (**1**. arte de relojoeiro; **2**. loja que fabrica ou conserta relógio); **relojoeiro** *adj* (rel. a relojoaria ou a relógios) e *sm* (aquele que fabrica ou conserta relógios).

re.lu.tar *v* **1**. Lutar novamente. **2**. Resistir: *relutou em aceitar a proposta*. **3**. Sentir-se indeciso ou inseguro; vacilar, hesitar: *ele sempre reluta na tomada das decisões importantes*. **relutância** *sf* (**1**. qualidade do que é relutante; **2**. ato ou efeito de relutar; hesitação; **3**. resistência, oposição: *a sua relutância em não admitir que errou impressiona até crianças*; **4**. em física, oposição oferecida ao fluxo magnético em um circuito magnético); **relutante** *adj* (que reluta).

re.lu.zir *v* Luzir muito; emitir lampejos; refletir luz; cintilar: *nem tudo o que reluz é ouro*. **2**. *Fig.* Sobressair ou destacar-se com muito brilho: *era uma alegria que reluzia*. → **reluzente** *adj* (**1**. que reluz ou emite lampejos; cintilante: *uma joia reluzente*; **2**. que brilha; lustroso, luzidio: *uma calvície reluzente*; **3**. *fig.* que se destaca ou sobressai brilhantemente: *de todos os ministros, o mais reluzente é esse*).

rel.va *sf* **1**. Vegetação formada por erva rala e rasteira, crescida naturalmente ou cultivada em parques e jardins. **2**. Lugar ou terreno coberto por essa vegetação; relvado, gramado: *aquela relva convida para um piquenique*. → **relvado** ou **arrelvado** *sm* [relva (2)]; **relvar** ou **arrelvar** *v* [cobrir(-se) de relva]; **relvoso** (ô; pl.: ó) *adj* (coberto de relva).

re.ma.ne.jar *v* **1**. Manejar novamente, com muito esforço: *consegui remanejar o barco*. **2**. Modificar a organização de (um grupo de pessoas): *remanejar funcionários*. · O e continua fechado durante a conjugação. → **remanejamento** *sm* (ato ou efeito de remanejar).

re.ma.nes.cer *v* Sobrar, restar, permanecer: *remanescem vivas as minhas esperanças*. → **remanescente** *adj* e *s2gên* (**1**. que ou o que remanesce, restante: *pentear seus últimos fios de cabelo remanescentes*; **2**. que ou aquele que sobreviveu; sobrevivente: *os falantes remanescentes de uma língua; os remanescentes da guerra*).

re.man.so *sm* **1**. Porção de água, marinha ou fluvial, estagnada ou sem quase nenhum movimento; água parada. **2**. Trecho de rio em que o fluxo da corrente é moderado. **3**. *Fig.* Cessação de qualquer movimento; quietação, sossego. **4**. *Fig.* Lugar sossegado, tranquilo, calmo. **5**. Local em que alguém se recolhe para descanso; retiro.

re.mar.car *v* **1**. Marcar de novo; pôr marca nova em: *remarcar os limites da grande área, num campo de futebol*. **2**. Reduzir ou aumentar (preços): *remarcar os preços nos supermercados*. **3**. Alterar para mais ou para menos: *remarcar todo o estoque, para liquidar tudo*. → **remarcação** *sf* (ato ou efeito de remarcar).

re.ma.tar *v* **1**. Concluir definitivamente, dando alguns retoques ou últimas demãos; finalizar: *rematar um discurso*. **2**. Executar (ponto de remate); fazer o acabamento de: *rematar as calças do filho*. **3**. Chegar ao fim; terminar: *as Olimpíadas remataram com dezenas de medalhas dos atletas brasileiros*. **4**. Pôr fim a; acabar com: *o Exército resolveu rematar a baderna e a desordem que reinavam no país*. **5**. Encimar, coroar: *uma suculenta cereja rematava a salada de frutas*. **6**. Adquirir em leilão ou hasta pública; arrematar: *rematar um quadro de Picasso*. → **remate** *sm* (ato ou efeito de rematar).

re.me.dar *v* V. **arremedar**.

re.me.di.ar *v* **1**. Dar remédio a; curar com remédio: *os enfermeiros remedeiam os doentes de hora em hora; é melhor prevenir uma doença do que remediá-la*. **2**. Tratar adequadamente ou com remédios apropriados: *essa doença não é fatal, se a remediarem precocemente*. **2**. Tornar mais suportável; atenuar, aliviar: *remediar um mal social; remediar os estragos causados por uma enchente; remediar uma carência*. **3**. *Pop.* Reparar, corrigir: *remediar o modo de pisar mediante exercícios especiais; remediar injustiças*. **4**. Evitar: *remediar guerras*. **5**. Prover do necessário; abastecer: *remediar indigentes*. **6**. Socorrer, provendo do necessário: *remediar os desabrigados, fornecendo-lhes roupa e alimentos*. **7**. *Pop.* Superar necessidade ou dificuldade, improvisando: *fritou um ovo para remediar a fome; o pobre remedeia a crise vendendo pipoca*. **remediar-se 8**. Arrumar-se, arranjar-se, virar-se, defender-se: *remedeio-me com o que tenho*. · Conjuga-se por *ansiar*. → **remediado** *adj* (que está bem de vida, sem ser rico; que possui alguns haveres ou bens: *comerciante remediado*); **remédio** *sm* [**1**. tudo o que serve para aliviar ou curar um mal (medicamentos, massagens, banhos, substâncias, etc.); **2**. *fig.* solução, recurso, saída: *o remédio agora é esperar para ver o que vai acontecer*; **3**. *fig.* cura, conserto: *essa gente não tem remédio, não adianta argumentar com elas*].

re.me.la ou **ra.me.la** *sf* Secreção amarelada ou esbranquiçada, semissólida, que se acumula nas bordas das pálpebras. → **remelento** ou **ramelento** *adj* (cheio de remela).

re.me.le.xo (ê) *sm* Bamboleio ou sacoteio do quadril; requebro, rebolado.

re.me.mo.rar *v* **1**. Trazer novamente à memória; relembrar, recordar: *rememorar o tempo de infância*. **2**. Dar ideia imperfeita de; ter semelhança com; assemelhar-se a; parecer-se com: *seu andar rememorava o de Cantinflas*. → **rememoração** *sf* (ato ou efeito de rememorar; evocação de fatos passados; recordação: *o filme é uma rememoração da angústia dos judeus durante a guerra*); **rememorativo** *adj* (que rememora ou que serve para rememorar: *festa rememorativa*).

re.men.dão *adj* e *sm* **1**. Que ou aquele que faz remendos; remendeiro. **2**. Que ou aquele que conserta sapatos. **3**. *Fig. Pej.* Que ou aquele que não é perfeito em seu trabalho; matão: *marceneiro remendão*. **4**. *Fig. Pej.* Que ou aquele que se veste com roupas remendadas ou esfarrapadas; maltrapilho. · Fem.: *remendona*. → **remendeiro** *adj* e *sm* [remendão (1)].

re.men.do *sm* **1**. Pedaço de pano com que se conserta roupa rasgada. **2**. Peça empregada no conserto de um objeto. **3**. Conserto, reparo. → **remendar** *v* (**1**. consertar com remendos: *remendar as calças*; **2**. *fig.* corrigir, consertar: *remendar uma frase*).

re.me.ter *v* **1**. Enviar, mandar, despachar: *remeter encomendas*. **2**. Dirigir, encaminhar: *remeter o leitor ao pé da página*. **3**. Investir contra; atacar: *remeter o inimigo*. → **remessa** *sf* (**1**. ato ou efeito de remeter: *a remessa de uma carta*; **2**. aquilo que se remeteu ou enviou: *a remessa ainda não chegou*); **remetente** *adj* e *s2gên* (que ou pessoa que remete ou envia alguma coisa).

re.me.xer *v* **1**. Mexer continuamente, muitas vezes: *remexer o mingau, para não engrossar; remexer os pés, sentado na cadeira de balanço*. **2**. Agitar, sacudir, mover: *o vento remexe as folhagens*. **3**. *Pop.* Requebrar, rebolar: *remexer os quadris*. **4**. Deixar em alvoroço, procurando algo útil ou aproveitável; revolver, revirar, vasculhar: *os ladrões remexeram todas as gavetas; remexer o lixo*. **5**. Bulir, tocar: *a polícia chegou, mas não remexeu em nada*. **remexer-se 6**. *Pop.* Rebolar-se, requebrar-se: *ela se remexe toda quando vê homem.* → **remeximento** *sm* (ato ou efeito de remexer).

re.mi.ção *sf* **1**. Ato ou efeito de remir: *a remição dos pecados*. **2**. Libertação, resgate: *a remição dos sequestrados*. (Não se confunde com *remissão*.)

re.mi.do *adj* Libertado do cativeiro; salvo, liberto. **·· Sócio remido**. O que paga certa importância para ter o direito vitalício de pertencer a uma sociedade, sem mais nenhum dispêndio.

re.mí.gio *sm* **1**. Cada uma das penas mais longas das asas das aves, com as quais sustentam e dirigem o voo; rêmige. **2**.*P.ext*. Bater das asas; voo das aves. → **rêmige** *sf* [remígio (1)].

re.mi.nis.cên.cia *sf* **1**. Lembrança ou recordação, com certo domínio do elemento afetivo: *reminiscência dos primeiros anos da juventude*. **2**. Memória ou lembrança vaga, imprecisa e distante, como se viesse das profundezas do tempo: *ter apenas reminiscências de um evento*. **3**. No platonismo, lembrança de um conhecimento adquirido em uma vida anterior, quando a alma, que vivia no mundo suprassensível das essências, contemplava as ideias; anamnese. // *sfpl* **4**. Relato de experiências memoráveis. **5**. Empréstimo ou plágio inconsciente: *encontramos neste autor reminiscências de Stendhal*.

re.mir(-se) *v* V. **redimir** e **remição**.

re.mis.são *sf* **1**. Ato ou efeito de remeter. **2**. Ato ou efeito de remitir, indultar, perdoar, dar como pago; perdão, esquecimento. (Não se confunde com *remição*.) → **remissivo** *adj* (que remete para outro ponto ou lugar).

re.mix (x = ks) *s2núm* **1**. Redução de *remixagem*. → **remixagem** (ks) *sf* (**1**. ato ou efeito de remixar; remix; **2**. modificação de música já gravada, com alteração do volume de um canal, supressão de trechos, acréscimo de partes, etc.; remix); **remixar** (x = ks) *v* (**1**. mixar novamente; **2**. fazer a remixagem de).

re.mo *sm* **1**. Haste de madeira com um cabo numa extremidade e uma parte mais larga na outra, com a qual se faz navegar embarcação não motorizada. **2**. Esporte náutico de barcos movidos a remo. → **remada** *sf* (**1**. golpe ou pancada com o remo; **2**. impulso com o remo); **remador** (ô) *adj* e *sm* (que ou aquele que rema); **remar** *v* [**1**. pôr em movimento (uma embarcação), com o auxílio de remos: *remar uma canoa*; **2**. esforçar-se, lutar: *ela remou contra tudo e contra todos e casou com o rapaz*; **3**. mover os remos, impelindo uma embarcação: *em Veneza, os gondoleiros remam cantando*; **4**. *fig*. levar a vida; viver: *não vou lá muito bem, mas vou remando*].

re.mo.çar *v* **1**. Dar um aspecto de novo ou de mais novo a (coisa) ou de mais jovem a (pessoa); renovar ou restaurar (coisa); rejuvenescer (pessoa): *esse penteado a remoçou uns dez anos; as obras e a nova pintura remoçaram o Pelourinho, em Salvador*. **2**. Fazer readquirir força, vigor ou energia: *a paz de espírito e o ar puro remoçam qualquer pessoa*. **3**. Adquirir aspecto de novo ou renovado: *ela (se) remoçou uns dez anos com esse penteado; a avenida (se) remoçou com a nova iluminação*. → **remoçado** *adj* (que remoçou); **remoçamento** *sm* [ato ou efeito de remoçar(-se); **rejuvenescimento**: *ela é especialista no remoçamento de quadros e estátuas; estou admirado de ver seu remoçamento, Virgínia: o que faz um ácido, hem!*].

re.mo.de.lar *v* Refazer, promovendo mudanças ou profundas modificações; reformular: *remodelar toda a frente do prédio*. → **remodelação**, **remodelagem** *sf* ou **remodelamento** *sm* (ato ou efeito de remodelar).

re.mo.er *v* **1**. Moer de novo: *remoer a carne, para fazer croquete*. **2**. Incomodar ou importunar com insistência: *essa preocupação me remói o sossego*. **3**. Ruminar: *a vaca remói o feno*. **4**. *Fig*. Pensar muito em; ruminar: *remoer uma ideia*. **remoer-se 5**. *Fig*. Encher-se de raiva; afligir-se, consumir-se, roer-se, atormentar-se: *ela se remoía, quando via a irmã bonita e atraente*.

re.mo.i.nhar *v* **1**. Fazer girar ou rodar: *o álcool remoinha o cérebro*. **2**. Redemoinhar. → **remoinho** *sm* (v. **redemoinho**).

re.mon.tar *v* **1**. Montar novamente (qualquer coisa): *remontar um motor*. **2**. Elevar muito: *ave que remonta o voo*. **3**. Substituir os cavalos de (exército, tropa): *remontar a cavalaria*. **4**. Ter sua origem ou princípio: *o advento da imprensa remonta ao séc. XV*. **5**. Tornar a montar em cavalgadura: *ela caiu, mas não teve medo: remontou*. **remontar-se 6**. Referir-se ou reportar-se (a tempos passados ou remotos): *o professor teve de se remontar à época dos hunos, para explicar melhor o assunto*. → **remontagem** *sf* ou **remonte** *sm* [ato ou efeito de remontar(-se)].

re.mor.der *v* **1**. Morder de novo ou morder muitas vezes: *remorder a maçã; ela vive remordendo os lábios*. **remorder-se 2**. *Fig*. Deixar-se dominar por sentimento baixo, ruim ou desagradável: *remorder-se de raiva, de inveja, de ciúme, de remorso*. → **remordimento** *sm* [ato ou efeito de remorder(-se)].

re.mor.so *sm* Sentimento de profundo arrependimento ou culpa por um erro ou ingratidão cometida; angústia corrosiva decorrente de um profundo sentimento de culpa pelos erros cometidos no passado; dor na consciência.

re.mo.to *adj* **1**. Muito distante no tempo ou no espaço: *os dinossauros viveram em tempos remotos; vilarejo remoto, não tinha sequer um médico*. **2**. Distante, afastado. **3**. Leve, mínimo. **4**. Que tem afinidade distante, seja de sangue, seja por casamento. **5**. Operado ou controlado a distância.

re.mo.ver *v* **1**. Passar ou mudar de um lugar para outro: *remover um móvel, na sala*. **2**. Transferir: *removeram-no para um presídio de segurança máxima*. **3**. Livrar-se de; afastar, superar: *remover os obstáculos*. **4**. Remexer, revolver: *as galinhas removem a terra do galinheiro em busca de alimento*. **5**. Demitir, exonerar: *remover um ministro do cargo*. **6**. Afastar, eliminar: *remover da polícia elementos corruptos*. → **remoção** *sf* (ato ou efeito de remover ou de ser removido; transferência); **removedor** (ô) *adj* (que remove: *galinhas são aves removedoras de terra*) e *sm* (preparado que tira sujeiras, manchas, etc. e remove tintas, verniz, esmalte e outros produtos químicos).

re.mu.ne.rar *v* **1**. Gratificar, recompensar: *remunerar os funcionários mais produtivos*. **2**. Pagar por (trabalho, serviço ou rendas): *remunerar os empregados quinzenalmente*. → **remuneração** *sf* (**1**. ato ou efeito de remunerar; **2**. dinheiro ou outra coisa que se dá ou serve para pagar um serviço prestado; paga, pagamento: *receberá sua remuneração assim que terminar o trabalho*).

re.na *sf* Espécie de veado de grande porte das regiões árticas, de hábitos gregários e migratórios.

re.nal *adj* Do(s) rim(ns): *insuficiência renal*.

re.nas.cer *v* **1**. Tornar a nascer: *segundo a lenda, a fênix renasceu das próprias cinzas*. **2**. Reviver: *ele se sente renascer no neto*. **3**. Reabilitar-se: *renascer para a vida*. **4**. Tornar a nascer: *cada dia renasce o Sol*. **5**. Adquirir novo impulso ou vigor; renovar-se: *o rock renasceu na década de 1980*. **6**. Crescer de novo; rebrotar: *as flores renascem na primavera*. **7**. Tornar a aparecer, reaparecer, ressurgir: *a cada eleição renascem as esperanças dos brasileiros*. → **renascença** *sf* ou **renascimento** *sm* (**1**. reaparecimento; **2**. vida nova, novo vigor).

Renascimento *sm* ou **Renascença** *sf* **1**. Movimento artístico-cultural ocorrido na Itália, no séc. XIV, com o objetivo de resgatar os valores da civilização greco-romana e exaltar as potencialidades realizadoras do homem. **2**. Período histórico durante o qual se deu tal movimento. **3**. *P.ext*. Qualquer movimento semelhante em importância. → **renascentista** *adj* (rel. ou pert. ao Renascimento) e *adj* e *s2gên* (que ou pessoa que é versada na arte e cultura do Renascimento).

RENAVAM ou **Renavam** *sm* Acrônimo de R̲egistro N̲acional de V̲eículos A̲utomotores, cadastro de todos os veículos automotores fabricados ou montados no país e importados, no Denatran. **·· Código Renavam**. Número de identificação dos veículos registrados nos Detrans interligados em sistema nacional, segundo uma codificação e sequência concedida pelo Denatran aos Detrans de cada Unidade da Federação.

ren.da *sf* **1**. Tecido fino, delicado e transparente, de fios em teia, formando desenhos variados, usado como guarnição de vestidos, colchas, toalhas, etc. **2**. Qualquer coisa entrelaçada e recortada em forma de renda; rendado. **3**. Quantia obtida em atividade produtiva (distinto de *ganhos de capital*) ou proveniente de juros, aluguéis, dividendos, etc. **4**. Quantia que se arrecada em determinada promoção. · Dim. irreg. (1): *rendilha*. → **rendado** *adj* (guarnecido de rendas) e *sm* [**1**. guarnição de rendas; **2**. renda (2)]; **rendeiro** *sm* (fabricante ou vendedor de rendas).

ren.der *v* **1**. Sujeitar, vencer, dominar: *render o inimigo*. **2**. Dar lucro: *a lavoura rendeu bom dinheiro este ano*. **3**. Ser causa de: *aquele seu gesto rendeu inúmeros dissabores*. **4**. Depor: *render as armas*. **5**. Ocupar o lugar de; substituir em tarefa ou serviço: *chegamos para render o pessoal do turno da noite*. **6**. Comover, sensibilizar: *a bondade de João Paulo II rendia até o mais gélido coração*. **7**. Prestar, oferecer: *render homenagem a alguém*. **8**. Produzir, causar: *essa matéria rendeu* à revista excelente vendagem. **9**. Ser produtivo: *este tipo de trabalho não rende!* **10**. Dar lucro ou rendimento: *este papel rende bastante.* **11**. Ter bom rendimento ou desempenho: *com a gasolina brasileira, os carros importados não rendem.* **12**. Demorar muito a acabar; durar: *a conversação das comadres rendia horas!* **13**. Ter efeito ou impacto prolongado; repercutir por algum tempo; reverberar: *aquilo que você fez rendeu, viu?* **render-se 14**. Dar-se por vencido; entregar-se, capitular: *os japoneses só se renderam depois da segunda bomba atômica.* **15**. Abater-se, desanimar: *ele não se rende facilmente.* **16**. Aceitar, sujeitar-se: *render-se à evidência dos fatos.* → **rendição** *sf* [ato ou efeito de render(-se), rendimento]; **rendido** *adj* (**1**. que se rendeu; dominado, vencido; **2**. *fig.* tomado por grande admiração ou êxtase: *não há turista que não se sinta rendido ante as cataratas do Iguaçu*; **3**. *pop.* que tem hérnia inguinal); **rendimento** *sm* [**1**. ato ou efeito de render(-se), rendição; **2**. ato ou efeito de prestar, oferecer: *rendimento de homenagens*; **3**. produção, eficiência: *o rendimento da equipe caiu muito no segundo tempo*; **4**. aproveitamento relativo de força ou energia: *o rendimento do meu carro melhorou com essa gasolina mais cara*; **5**. quantia recebida por serviço prestado; provento: *população de baixo rendimento mensal*; **6**. percentagem do produto obtido, em relação à matéria-prima; **7**. relação entre a energia fornecida por um sistema gerador de trabalho e a energia por ele consumida; **rendoso** (ô; pl.: ó) ou **rentável** *adj* (que dá bons lucros; lucrativo); **rentabilidade** *sf* (qualidade do que é rendável; lucratividade).

rendering [ingl.] *sm* ou **ren.de.ri.za.ção** *sf* **1**. Processo que permite a obtenção de imagens digitais resultantes de modelos tridimensionais mediante *softwares* específicos. **2**. Em arquitetura, processo de criação de imagens bi e tridimensionais de um projeto proposto. → **renderizar** *v* (fazer a renderização de). · Pronuncia-se *rênderin* (o *r* inicial soa brando, pronunciado com a língua no céu da boca).

re.ne.gar *v* **1**. Abandonar (credo religioso, partido político, país) por motivo ignóbil, passando a outro: *renegou o seu próprio país.* **2**. Odiar, execrar: *renegar o demônio.* **3**. Desmentir, negar: *renegou o seu passado.* **4**. Trair, atraiçoar: *Joaquim Silvério dos Reis renegou os seus companheiros.* **5**. Repudiar, rejeitar: *a mãe renegou o próprio filho, colocando-o numa lata de lixo, assim que nasceu.* → **renegação** *sf* ou **renegamento** *sm* (ato ou efeito de renegar); **renegado** *adj* e *sm* (**1**. que ou aquele que abandonou o seu credo religioso, partido político, país, etc. por motivo fútil, passando a outro); **2**. que ou aquele que se desdiz das suas antigas opiniões) e *adj* (**1**. diz-se daquele que é odiado ou execrado, por ser malvado ou mau; **2**. abandonado, repudiado: *o leão renegado pelo bando acabou morrendo*) e *sm* (sujeito malvado); **renegador** (ô) *adj* e *sm* (que ou aquele que renega).

re.nhi.do *adj* **1**. Disputado ou debatido com ardor, acaloradamente: *a renhida disputa entre dois candidatos a um mesmo cargo.* **2**. Disputado demorada e encarniçadamente; sangrento, encarniçado, violento: *batalha das mais renhidas da história foi a de Itororó.*

rê.nio *sm* Elemento químico metálico (símb.: **Re**), de n.º atômico 75, branco-prateado, raro, de grande densidade, do subgrupo do manganês, de elevado ponto de fusão, usado em ligas e catalisadores.

re.ni.ten.te *adj* **1**. Que não cede; persistente: *dor renitente; febre renitente.* **2**. Que persiste em sua opinião; persistente, contumaz, inflexível: *população renitente em ser vacinada.* → **renitência** *sf* (**1**. qualidade ou estado do que é renitente; **2**. oposição, resistência ou relutância em fazer ou consentir determinada coisa: *estava clara a sua renitência em não se vacinar*); **renitir** *v* (mostrar-se renitente).

re.no.me *sm* Fama conquistada por virtudes ou boas ações e conferida pela voz pública. → **renomado** ou **renomeado** *adj* (que tem renome; famoso, célebre: *o renomeado compositor brasileiro Tom Jobim*).

re.no.var *v* **1**. Modificar para melhor: *renovar o ensino.* **2**. Substituir, trocar: *renovar o guarda-roupa.* **3**. Insistir em, repetir: *renovar os apelos para a paz.* **4**. Reformar, melhorar ou aprimorar em todos os sentidos: *o Renascimento renovou as artes e a literatura.* **5**. Tornar a fazer: *renovar um empréstimo.* **6**. Restaurar, dar novas forças a: *renovar a esperança.* **7**. Reiterar, repetir: *renovo a Vossa Excelência os cumprimentos e o apreço.* **8**. Lançar renovos: *as plantas renovam nesta época do ano.* **renovar-se 9**. Rejuvenescer, revigorar-se: *minhas forças se renovam no verão.* → **renovação** *sf* ou **renovamento** *sm* [ato ou efeito de renovar(-se)]; **renovável** *adj* (que pode ser renovado); **renovo** (ô; pl.: ó) *sm* (nova haste que sai da raiz; rebento).

ren.que *sm* Fileira de seres inanimados: *renque de árvores; renque de colunas.* (Não se usa em referência a pessoas, ainda que alguns dicionários assim tragam.)

rent-a-car [ingl.] *sf* Locadora de carros. · Pronuncia-se *rentakár* (o primeiro *r* soa brando, pronunciado com a língua no céu da boca).

ren.te *adj* **1**. Muito curto: *quem rói unhas as tem rentes.* **2**. Muito próximo: *casas rentes umas das outras.* // *adv* **3**. Muito próximo: *a bola passou rente ao travessão.* **4**. Pela raiz: *cortar a árvore bem rente.* · **Rente a** (ou **com** ou **de**). Bem próximo: *Ficamos rente ao palco.*

re.nun.ci.ar *v* **1**. Abrir mão; abdicar, recusar, declinar: *renunciar a um cargo.* **2**. Renegar, abjurar: *renunciar (a) um ideal,* (a) *uma crença.* **3**. Desistir do exercício de um direito: *renunciar a uma herança.* **4**. Recusar, rejeitar: *ele renuncia (a) qualquer pagamento de propina.* **5**. Não dar nenhuma importância; desprezar: *os monges renunciam ao luxo.* **6**. Em certos jogos de cartas, não acompanhar o naipe lançado à mesa pelo primeiro jogador, apesar de tê-lo nas mãos. → **renúncia** *sf* (ato ou efeito de renunciar).

re.os.ta.to ou **re.ós.ta.to** *sm* Resistor variável, usado para controlar a corrente elétrica num circuito.

re.pa.rar *v* **1**. Consertar (o que foi danificado em certas partes, melhorando-as ou substituindo-as): *reparar uma fechadura.* **2**. Corrigir, remediar: *reparar um mal, um erro, uma injustiça.* **3**. Indenizar: *reparar os prejuízos causados a alguém.* **4**. Recobrar, restabelecer: *reparar as energias.* **5**. Observar, notar, perceber: *não repare na bagunça!; repare nos buracos dessa estrada!; reparei que ela fez cirurgia plástica no nariz.* **6**. Dirigir os olhos; olhar: *repare para mim: não estou elegante?* **7**. Ressarcir-se, compensar-se: *reparei-me de todos os prejuízos sofridos.* **8**. Abrigar-se, proteger-se: *reparar-se da chuva de granizo.* → **reparação** *sf* ou **reparo** *sm* (ato ou efeito de reparar).

re.par.tir *v* **1**. Dividir e parcelar; separar em partes: *repartir o cabelo.* **2**. Dividir: *repartir o bolo, o prêmio, o cabelo; repartir quatro por dois.* **3**. Compartilhar: *repartir a alegria.* **4**. Selecionar: *repartir as correspondências por zonas postais.* **5**. Dividir de comum acordo: *repartir um espaço, um território.* **6**. Tornar a partir; partir novamente: *ela chegou e dali a duas horas repartiu.* **repartir-se 7**. Dividir-se, ramificar-se: *o rio se reparte em vários pontos durante o seu curso.* **8**. Dispersar-se, espalhar-se: *a radiatividade se repartiu por toda a região.* → **reparte** *sm* (**1**. ato ou efeito de repartir; divisão, partilha, repartição, repartimento: *fizemos um reparte de tarefas*; **2**. quantidade de jornais e revistas enviada a cada banca de jornal); **repartição** *sf* (**1**. ato ou efeito de repartir; reparte, repartimento; **2**. seção, divisão ou serviço de um estabelecimento destinado a interesses coletivos; **3**. local onde funciona tal seção); **repartimento** *sm* [**1**. repartição (1); **2**. lugar reservado e separado de outros; compartimento; **3**. quarto de dormir, dormitório].

re.pas.sar *v* **1**. Rever; ler de novo, para deixar bem claro ou certificar-se dos efeitos; recapitular: *a mãe repassa as lições com o filho.* **2**. Passar novamente: *repassar toda a roupa, que amassou.* **3**. Embeber, impregnar: *repassar o sorvete em calda de chocolate.* **4**. Transferir: *repassar recursos para bancos menores.* **5**. Passar novamente: *passei e repassei por ali e não a vi.* → **repasse** *sm* (ato ou efeito de repassar).

re.pas.to *sm* **1**. Pastagem abundante. **2**. *Fig.* Refeição abundante e festiva; banquete. **3**. *Fig.* Qualquer refeição.

re.pa.tri.ar *v* **1**. Trazer de volta à pátria: *os Estados Unidos repatriaram muitos imigrantes ilegais.* **repatriar-se 2**. Retornar à pátria: *os judeus se repatriaram muito na década de 1950.* → **repatriação** *sf* ou **repatriamento** *sm* [ato ou efeito de repatriar(-se)].

re.pe.lão *sm* Empurrão violento.

re.pe.lir *v* **1**. Rechaçar, fazer retroceder: *repelir os invasores.* **2**. Não deixar entrar ou aproximar-se; manter a distância: *repelir insetos.* **3**. Recusar-se a aceitar; rejeitar, evitar: *repelir as más companhias.* **4**. Ter repugnância a; não tolerar: *meu estômago repele essa bebida.* **5**. Ser incompatível com; não deixar penetrar: *os óleos repelem a água.* **6**. Rebater, defender-se com força contra: *repelir as acusações.* · Antôn. (1 a 3 e 5): *atrair.* · Conjuga-se por *ferir.* · V. **repulsa**. → **repelência** *sf* (qualidade de repelente; repugnância), de antôn. *atração*; **repelente** *adj* (**1**. que repele ou mantém a distância; **2**. diz-se de tudo o que nos afasta, pela aversão que inspira; asqueroso, nojento, repugnante) e *sm* (substância própria para afugentar insetos), de antôn. (2) *atraente.*

re.pen.te sm **1**. Ação repentina, inesperada e geralmente extravagante. **2**. Qualquer dito ou verso repentino e improvisado. → **repentino** adj (súbito, momentâneo); **repentista** adj e s2gên (que ou pessoa que canta ou faz versos de improviso). · **De repente**. De uma hora para outra; repentinamente. (Cuidado para não escrever "derrepente"!)

re.per.cu.tir v **1**. Percutir muitas vezes: *repercutir tambores*. **2**. Refletir: *o espelho repercute a luz*. **3**. Reproduzir, repetir (o som): *o tamborim não repercutia as batidas*. **4**. Afastar de si com violência; reenviar: *como a parede repercutia a bola, ele podia jogar sozinho*. **5**. No jornalismo, fazer despertar o interesse geral por; trazer a público a repercussão ou a movimentação de (algum ambiente ou evento importante): *a mídia do mundo todo repercutiu os tsunâmis asiáticos; os repórteres repercutirão os vestiários dos dois times logo após o encerramento da partida*. (Esse emprego não tem guarida no português castiço.) **6**. Causar reflexos ou repercussão; exercer influência, refletir, influenciar: *a alta do petróleo repercutiu em toda a economia mundial*. **7**. Causar reflexo ou impressão: *sua atitude repercutiu muito mal*. **repercutir(-se) 8**. Refletir-se, reproduzir-se (som, luz, etc.): *a explosão (se) repercutia a quilômetros dali*. → **repercussão** sf [ato ou efeito de repercutir(-se): *filme de grande repercussão*].

re.per.tó.rio sm **1**. Conjunto de dramas, óperas, peças, etc. que uma companhia ou pessoa ensaiou e está preparada para representar, executar ou exibir: *pianista de amplo repertório*. **2**. Coleção, coletânea: *seu repertório de anedotas é grande*. **3**. Conjunto de coisas que alguém ou algo consegue fazer: *o repertório verbal de uma criança; seu repertório de habilidades culinárias impressiona; o repertório de instruções de um computador*.

re.pe.sar v **1**. Pesar de novo: *repesar um saco de milho*. **2**. Fig. Examinar atentamente; analisar: *repesar um plano*. → **repesagem** sf (ação ou efeito de repesar).

re.pes.ca.gem sf **1**. Fase de exame ou de uma competição esportiva, na qual os que tinham sido eliminados anteriormente ganham o direito de retornar ao exame ou à competição em igualdade de condições com os demais participantes, depois de cumprirem certas regras. **2**. Esse exame ou essa competição.

re.pe.te.co sm **1**. Repetição, replay. **2**. Reprise pela tevê de um lance, durante uma transmissão ao vivo, geralmente para dirimir alguma dúvida; replay.

re.pe.tir v **1**. Dizer ou fazer novamente: *repetir uma experiência*. **2**. Cursar pela segunda vez: *ela nunca repetiu o ano*. **3**. Tornar a usar ou a pôr: *ela não repete um vestido*. **4**. Repercutir: *o vale repete o fragor dos trovões*. **5**. Redizer o que outrem disse: *a mãe não permitiu que ela repetisse o palavrão que ouviu na rua*. **repetir(-se) 6**. Tornar a dar-se; suceder ou ocorrer novamente: *o fato (se) repetiu várias vezes*. **repetir-se 7**. Redizer uma ou mais vezes; repisar os mesmos assuntos: *ele se repete a todo o instante, evidência de seu nervosismo*. → **repetente** adj e s2gên (que ou pessoa que repete qualquer coisa) e s2gên (estudante que não passa o ano; estudante que levou bomba); **repetição** sf [ato ou efeito de repetir(-se)]; **repetidor** (ô) adj e sm (que ou o que repete); **repetidora** (ô) sf (estação de televisão, geralmente afiliada, que repete ou retransmite os programas de outra emissora); **repetitivo** adj (caracterizado por repetições: *lesão em tendão causada por movimentos repetitivos*).

re.pi.car v **1**. Tornar a picar ou picar muito, reduzindo a porções muito pequenas: *repicar a cebola*. **2**. Tanger repetidas vezes (sino ou campainha). **3**. Transplantar (mudas): *repicar uma avenca*. **4**. Produzir sons de diferentes timbres (sinos): *os sinos repicam alegremente desde manhãzinha*. **5**. Haver repique ou entrechoque de bolas (no jogo de bilhar). → **repicagem** sf ou **repique** (1) sm (ato ou efeito de repicar); **repique** sm (**1**. repicagem; **2**. toque sucessivo de vários sinos, geralmente festivo; **3**. sinal que anuncia alguma ameaça ou perigo; alarme: *repique falso*; **4**. entrechoque de bolas, no bilhar; **5**. crescimento de algo que já havia diminuído: *está havendo um repique da inflação*).

re.pim.par v **1**. Abarrotar ou encher muito (o estômago); empanturrar, empanzinar. **repimpar-se 2**. Empanturrar-se, fartar-se: *não convém repimpar-se antes de se deitar*. **3**. Fig. Acomodar-se de modo excessivamente confortável; refestelar-se: *repimpar-se no sofá*.

re.pi.sar v **1**. Tornar a pisar; calcar várias vezes: *repisar a uva*. **repisar(-se) 2**. Repetir(-se), tornando-se enfadonho, cacete, chato: *repisar um refrão; ela repisa nesse assunto sempre que pode; ele se repisa a todo o instante, evidência de seu nervosismo*. → **repisa** sf ou **repisamento** sm [ato ou efeito de repisar(-se)].

re.plan.tar v Plantar novamente. → **replantação** sf ou **replantio** sm (ato ou efeito de replantar).

replay [ingl.] sm **1**. Repetição imediata, total ou parcial de imagem, cena ou som, princ. em televisão, na transmissão ao vivo: *pelo replay dá para ver que não houve pênalti no lance*. **2**. P.ext. Qualquer repetição ou nova ocorrência; repeteco: *ouvir o replay de uma reclamação; esse acidente parece replay do outro*. · Pl.: *replays*. · Pronuncia-se *riplêi* (o *r* soa brando, pronunciado com a língua no céu da boca).

re.ple.men.to sm Redução de *replemento de um ângulo*, ângulo que, somado a outro, mede 360 graus; ângulo conjugado. → **replementar** adj (diz-se do ângulo que, somado com o primeiro, dá 360°).

re.ple.to adj **1**. Muito cheio; atulhado. **2**. Estufado ou abarrotado (de alimento e bebida). → **repleção** sf (estado de repleto: *a repleção de um estádio*).

ré.pli.ca sf **1**. Ato ou efeito de replicar; resposta. **2**. Cópia de uma obra de arte famosa. **3**. Resposta ou contestação a uma crítica ou ao que foi respondido. → **replicar** v (**1**. repetir, duplicar ou reproduzir: *replicar um quadro famoso*; **2**. refutar, contestar: *replicar uma acusação*; **3**. responder oralmente ou por escrito, procurando explicar: *ao me pedir ajuda, repliquei que não poderia fazê-lo*; **4**. responder refutando, quando deveria permanecer calado ou indiferente: *o réu não pode replicar ao juiz*; **5**. responder pela mesma ação e nas mesmas proporções ou na mesma intensidade: *replicar ao fogo inimigo*; **6**. acusar em réplica: *o promotor replicou brilhantemente*).

re.po.lho (ô) sm Variedade de couve, cujas folhas se formam em torno de uma compacta cabeça redonda.

re.por v **1**. Pôr novamente: *repor os livros na estante*. **2**. Devolver, restituir: *ele repôs tudo o que roubou*. **repor-se 3**. Restabelecer-se, reconstituir-se: *o império dos Matarazzos ruiu e não se repôs jamais*. · Conjuga-se pelo v. pôr. → **reposição** sf [ato ou efeito de repor(-se)].

re.por.ta.gem sf **1**. Ação de obter informações sobre um assunto e transmiti-las ao público pelo noticiário da mídia. **2**. Notícia desenvolvida sobre um assunto. **3**. Conjunto dos repórteres. → **repórter** s2gên (jornalista que colhe e registra notícias para serem divulgadas; jornalista de campo).

re.por.tar v **1**. Virar para trás, volver, recuar, remontar: *reportar o pensamento aos tempos da infância*. **2**. Dar como causa, atribuir: *reportou seus erros à inexperiência*. **reportar-se 3**. Referir-se, aludir: *reportar-se a um fato histórico*. **4**. Ter relação ou conexão com; relacionar-se, ligar-se: *a crise atual se reporta à falta de verdadeiros líderes políticos*.

re.po.si.tó.rio sm **1**. Depósito, reservatório: *uma livraria é um repositório de sabedoria*. **2**. P.ext. Qualquer coleção; repertório: *uma criança normal, aos oito anos, tem um repositório de quinhentas palavras*.

re.pou.sar v **1**. Descansar: *repousar o corpo*. **2**. Tranquilizar, aliviar: *repousar o espírito*. **3**. Basear-se, fundamentar-se, estribar-se: *sua tese repousa em argumentos frágeis*. **4**. Jazer; estar sepultado: *as cinzas do presidente repousam neste cemitério*. **5**. Estar situado; situar-se, localizar-se: *Brasília repousa sobre um planalto*. **6**. Descansar o corpo cansado: *repousaremos à sombra daquela árvore*. **7**. Dormir: *repousarei apenas algumas horas*. **8**. Depor impurezas no fundo: *deixei o líquido repousar, antes de ingeri-lo*. **9**. Ficar em posição de descanso, desgaste físico: *o doente repousa por ordem médica*. **10**. Não produzir temporariamente (terra), descansar: *deixemos repousar esta nossa terra por um ano, para depois produzir melhor!* · Antôn. (1 e 2): *agitar*. → **repousante** adj (que repousa ou descansa; que atenua a fadiga); **repouso** sm (**1**. pausa para descanso: *domingo é dia de repouso*; **2**. descanso motivado por dormir; sono: *o repouso é essencial ao organismo*; **3**. ausência ou cessação de movimento: *um corpo em repouso não despende energia*).

re.pre.en.der v Advertir com energia, aspereza, ameaçando com castigo, em razão de alguma falta cometida: *repreender o filho pela má-criação*. · Antôn.: *louvar, aprovar*. · V. **repri-menda**. → **repreensão** sf (ato ou efeito de repreender); **repreensível** adj (que merece repreensão; censurável); **repreensivo** adj (caracterizado pela repreensão: *falar em tom repreensivo*).

re.pre.sá.lia sf Ato praticado contra alguém ou um grupo, para vingar-se de ofensa, ou para se indenizar de um dano sofrido; retaliação, vingança, desforra.

re.pre.sar v **1.** Conter ou deter o curso de (corpo aquoso), por meio de diques, barragens, paredões, represas, etc.: *represar água*. **2.** *Fig.* Reprimir, conter, refrear: *represar a fúria*. **3.** *Fig.* Obstruir, impedir: *represar o trânsito*. **represar-se 4.** Acumular-se como em represa: *a água das chuvas se represa toda ali*. → **represa** (ê) *sf* [**1.** ato ou efeito de represar(-se); represamento; **2.** barragem ou represamento de água para servir à navegação ou a usos urbanos e industriais); **represamento** *sm* [represa (1)].

re.pre.sen.tar v **1.** Ser a imagem de; retratar: *o cartaz representa uma criança abandonada*. **2.** Significar, simbolizar: *a cruz representa o sacrifício de Cristo*. **3.** Interpretar em teatro: *representar o papel de megera numa peça*. **4.** Encenar, exibir (peça teatral): *a companhia representou* Hamlet, *de Shakespeare*. **5.** Substituir, fazer as vezes de: *um ministro representou o presidente nos funerais do piloto*. **6.** Retratar, pintar: *o gráfico representa a evolução das importações*. **7.** Ser ministro ou embaixador de: *Rui Barbosa representou magnificamente bem o Brasil em Haia*. **8.** Ser procurador de: *o advogado representa o cliente*. **9.** Aparentar: *ela representa ter quarenta anos*. **10.** Expor queixa; protestar: *os lavradores representaram ao ministro, porque a seca prolongada não lhes propiciou colheita para pagar as dívidas bancárias*. **11.** Desempenhar papel de ator; interpretar: *há crianças que representam tão bem quanto os adultos*. **representar-se 12.** Parecer, apresentar-se: *o momento se representa favorável a reformas sociais*. → **sentação** *sf* (ato ou efeito de representar); **representante** *adj* e *s2gên* (que ou pessoa que representa qualquer indivíduo ou grupo); **representativo** *adj* (**1.** que representa; **2.** que consiste em representantes eleitos).

re.pres.são *sf* **1.** Ato ou efeito de reprimir(-se); combate: *a repressão ao tráfico de drogas*. **2.** Recurso violento empregado oficialmente contra movimentos sociais, dissidentes, revoltas populares, etc. → **repressivo** *adj* (que reprime ou que serve para reprimir); **repressor** (ô) *adj* e *sm* (que ou o que atua com repressão); **reprimir** *v* (**1.** oprimir decidida e energicamente, não raro com a aplicação da força e da violência: *reprimir o tráfico de drogas*; **2.** suster, conter: *não conseguir reprimir o espirro*; **3.** disfarçar; não manifestar: *reprimir a raiva*) **reprimir-se 5.** conter-se, dominar-se); **reprimir-se** (conter-se, dominar-se: *não consegui reprimir-me ante aquela demonstração de injustiça*).

re.pri.men.da *sf* Advertência severa que se faz a alguém por ter agido ou se comportado mal; repreensão, pito, sabão.

re.pri.se *sf* Nova apresentação de um filme ou de uma peça teatral. → **reprisar** *v* [reapresentar (princ. espetáculos); repetir].

ré.pro.bo *adj* e *sm* **1.** Que ou aquele que foi condenado ao inferno, no catolicismo. **2.** Que ou aquele que se afastou ou foi expulso da Igreja católica, por sua heterodoxia religiosa. **3.** *Fig.* Que ou aquele que foi afastado do convívio social, por seu comportamento inconveniente; proscrito: *os réprobos do clube estão protestando contra a diretoria*. **4.** *Fig.* Que ou aquele que, por ser bandido, foi banido da sociedade ou é odiado por ela: *o ex-presidente se considera um réprobo*.

re.pro.ces.sa.men.to *sm* **1.** Ato ou efeito de reprocessar ou processar novamente. **2.** Tratamento a que se submete um material, a fim de extrair dele algo ainda aproveitável. → **reprocessar** *v* (**1.** processar novamente; **2.** submeter (um material) a determinado tratamento, para extrair-lhe algo ainda aproveitável].

re.pro.che *sm* Aquilo que se diz a alguém para lhe dar conhecimento de algum descontentamento ou de alguma desaprovação em relação ao seu comportamento; censura, reprovação. → **reprochar** *v* (**1.** censurar, reprovar: *reprochar uma ingratidão*; **2.** achar defeito em; criticar: *reprochar o acabamento dos carros nacionais*); **reprochar-se** (considerar-se responsável por alguma coisa; sentir-se responsável: *ele se reprocha de ter sido negligente*).

re.pro.du.zir *v* **1.** Produzir de novo, recriar: *reproduzir um texto*. **2.** Apresentar novamente: *reproduzir um jogo*. **3.** Descrever; representar: *reproduzir uma aventura*. **4.** Repetir: *reproduzir uma baderna*. **5.** Imitar fielmente: *reproduzir o meio ambiente*. **6.** Tirar cópias de: *reproduzir fotos*. **7.** Retratar: *o desenhista reproduziu a nossa velha casa*. **reproduzir-se 8.** Procriar, multiplicar-se: *os mamíferos se reproduzem na terra e na água*. **9.** Renovar-se, repetir-se: *o povo espera que não mais se reproduzam tais escândalos*. **10.** Manifestar-se, aparecer mais de uma vez; repetir-se: *os momentos de alegria logo se vão, mas os de tristeza facilmente se reproduzem*. → **reprodução** *sf* [ato ou efeito de reproduzir(-se)]; **reprodutivo** *adj* [**1.** rel. a reprodução; **2.** que (se) reproduz]; **reprodutor** (ô) *adj* e *sm* (que ou o que reproduz ou procria).

re.pro.gra.fi.a *sf* Processo de reprodução de documentos, desenhos, etc., no qual se utilizam técnicas fotográficas, como a fotocópia, a microfilmagem, a xerografia, etc. → **reprográfico** *adj* (rel. a reprografia).

re.pro.var *v* **1.** Não aprovar, rejeitar: *reprovar uma proposta*. **2.** Votar contra: *reprovar um projeto de lei*. **3.** Julgar inabilitado: *reprovar alunos*. **4.** Censurar medianamente: *muitos reprovaram o artigo do jornalista*. **5.** Julgar inabilitado, depois de passar por exame: *a ordem do governo aos professores era que não reprovassem*. → **reprovação** *sf* (ato ou efeito de reprovar); **reprovado** *adj* (**1.** censurado; **2.** rejeitado) e *adj* e *sm* (que ou aquele que, não alcançando a nota mínima exigida para aprovação em concurso ou exame, foi julgado inabilitado); **reprovável** *adj* (digno de reprovação; censurável, condenável).

rép.til ou **rep.til** *adj* e *sm* Que ou animal que rasteja ou se arrasta pela terra. · Pl.: *répteis, reptis*. → **reptilário** ou **reptiliano** *adj* (rel. ou pert. a réptil ou a répteis: *características reptilárias; hábitos reptilianos*).

re.pú.bli.ca *sf* **1.** Forma de governo que tem como chefe de Estado um presidente, eleito ou nomeado para determinado período de tempo. (Usa-se muitas vezes com inicial maiúscula.) **2.** Nação que adota essa organização política. **3.** Casa de estudantes originários de outras cidades. **4.** Conjunto desses estudantes. **República 5.** Governo de uma determinada nação republicana. · Dim. irreg. (2): *republiqueta* (ê). → **republicano** *adj* (rel. ou pert. a república) e *adj* e *sm* (**1.** que ou aquele que é partidário de um governo republicano; **2.** Que ou aquele que é membro, eleitor ou simpatizante de um partido republicano).

República Centro-Africana *loc sf* País da África, de área equivalente à dos estados de Minas Gerais e do Espírito Santo juntos. → **centro-africano** *adj* e *sm*.

República Checa *loc sf* País da Europa, de área quase igual à do estado de Santa Catarina. → **checo** *adj* e *sm*. (Embora com registro na 6.ª ed. do VOLP, não abonamos a grafia *tcheco*, por razões sobejamente explicadas em obras deste autor.)

República Dominicana *loc sf* País das Antilhas, de área pouco superior à do estado do Espírito Santo. → **dominicano** *adj* e *sm*.

re.pu.di.ar *v* **1.** Separar-se de (o cônjuge) mediante divórcio; divorciar-se: *ele repudiou a mulher assim que casou*. **2.** Abandonar, desamparar: *repudiar a família*. **3.** Não aceitar ou rejeitar veementemente (coisa considerada condenável); repelir: *todos repudiamos a corrupção e a impunidade*. **4.** Rejeitar como falso ou injusto: *o presidente repudiou denúncias de abusos dos direitos humanos*. **5.** Recusar-se a cumprir: *repudiar um contrato*. **6.** Negar-se a reconhecer; não aceitar: *repudiar um filho, uma dívida*. **7.** Rejeitar (coisas abstratas): *repudiar uma ideia, uma causa, um ideal*. → **repúdio** *sm* (ação ou efeito de repudiar).

re.pug.nar *v* **1.** Recusar, não aceitar: *os hidrófobos repugnam leite*. **2.** Opor-se, resistir: *repugna-me ouvir tudo isso*. **3.** Ser contrário ou incompatível: *sua teoria repugna à razão*. **4.** Desagradar; fazer doer: *a pronúncia circuito repugna a um ouvido bem-educado*. **5.** Causar nojo ou repugnância; enojar: *aquele rato morto na rua repugna*. (Durante a conjugação, as formas rizotônicas têm sempre tonicidade na segunda sílaba: *pug.*) → **repugnância** *sf* (extrema aversão, asco ou nojo que se sente a algo por ser sujo, imundo, imoral, indecente ou antiético); **repugnante** *adj* (que repugna; repelente, repulsivo).

re.pul.sa *sf* **1.** Ato ou efeito de repelir, de rejeitar; rejeição: *o rapaz ficou todo desconcertado, por causa da repulsa da garota*. **2.** Sensação de repugnância intensa e horror ao mesmo tempo; repelência: *as baratas causam repulsa às mulheres*. · Antôn.: *atração*. → **repulsivo** *adj* (que provoca repulsa; repelente, repugnante), de antôn. *atraente*.

re.pu.ta.ção *sf* Tudo aquilo que os outros pensam de outrem. → **reputar** *v* (**1.** dar reputação ou fama a: *um jogador desse nível reputa qualquer clube*; **2.** avaliar, estimar: *o ourives reputou a joia em dez mil reais*; **3.** considerar, julgar, achar: *reputo importante sua opinião*).

re.pu.xar *v* **1.** Puxar com violência ou com força: *pela mácriação, o pai repuxou-lhe a orelha*. **2.** Puxar para trás de si, esticando: *repuxar o cabelo, para fazer um rabo de cavalo*. → **repuxo** *sm* [**1.** ato ou efeito de repuxar; **2.** movimento de recuo de arma de fogo; tranco; **3.** jato de água lançado para cima por um mecanismo, caindo em fonte ininterrupta; esguicho (4)]. ·· **Aguentar o repuxo** (pop.). **1.** Suportar trabalho pesado ou puxado: *Os índios não aguentavam o repuxo, como os negros.* **2**. Enfrentar uma série de dificuldades: *Será que o comércio aguenta o repuxo até o Natal?*

re.que.brar *v* **1**. Mover (o corpo ou partes dele) com certa graça; rebolar, saracotear, gingar: *requebrar os quadris.* **requebrar-se 2**. Rebolar-se, saracotear-se: *ela se requebra toda quando vê homem.* → **requebro** (ê) *sm* [ato ou efeito de requebrar(-se)].

re.quei.jão *sm* **1**. Queijo artesanal feito a partir da nata do leite coagulada pela ação do calor. **2**. Queijo fresco industrial, pastoso e de aspecto homogêneo, comercializado em pequenos potes. (Cuidado para não usar "requejão"!)

re.quen.tar *v* Aquecer de novo: *requentar o café.* → **requentão** *sm* (café com cachaça ou conhaque).

re.que.rer *v* **1**. Pedir a autoridade superior que dê (o que a lei concede ou autoriza a pedir): *requerer aposentadoria.* **2**. Exigir, necessitar de, precisar de, demandar: *este trabalho requer concentração.* **3**. Ser digno de; merecer: *o fato requer comemoração.* **4**. Fazer petição: *tenho só dois dias para requerer.* [É verbo irregular somente na 1.ª pessoa do singular do presente do indicativo (*requeiro*) e, consequentemente, em todo o presente do subjuntivo e no modo imperativo; nas demais formas, é regular, não se conjugando, portanto, por *querer*.] → **requerente** *adj* e *s2gên* (que ou pessoa que requer); **requerimento** *sm* (**1**. ato ou efeito de requerer; **2**. petição formal e por escrito a uma autoridade superior que dê o que a lei concede ou autoriza a pedir; **3**. qualquer petição, verbal ou por escrito).

re.ques.tar *v* **1**. Fazer diligência para conseguir; buscar: *requestar jovens para o sacerdócio.* **2**. Solicitar, pedir: *requestar ajuda.* **3**. Pedir com insistência; instar, rogar: *requestou a concordância do pai à sua viagem.* **4**. Pretender o amor de (uma mulher); galantear, cortejar, paquerar: *vivia requestando as garotas da escola.* → **requesta** (ê) **1**. ato ou de requestar; **2**. rixa). ·· **Requestar os perigos**. Gostar de viver perigosamente; procurar os perigos com prazer.

ré.qui.em *sm* **1**. Missa especial por intenção da alma de um morto. **2**. Música para essa missa. **3**. Oração que a Igreja recita na liturgia dos mortos.

re.qui.fi.fe *sm* **1**. Enfeite, adorno: *os taxistas usam em seus veículos todo o tipo de requififes.* **2**. Cerimônia exagerada; formalidade: *os requififes dos ricos e dos pseudorricos.* (Usa-se mais no plural.)

re.quin.te *sm* **1**. Ato ou efeito de requintar. **2**. Excesso de aperfeiçoamento; apuro extremo; refinamento: *ela revela requinte nos modos*; **3**. Excesso friamente calculado; exagero, excesso: *matar com requintes de perversidade.* → **requintado** *adj* (**1**. fino, elegante, primoroso: *os pratos requintados de um banquete*; **2**. apurado, refinado, esmerado: *homem de gosto requintado*); **requintar** *v* [**1**. levar ou elevar ao mais alto grau de apuro; aperfeiçoar ao máximo; refinar: *a boa leitura requinta o estilo*; **2**. exagerar, tornando extravagante ou exótico: *requintar a maquiagem*) **requintar(-se)** [esmerar-se, apurar-se, refinar-se: *ela sempre requinta no traje; os usos e costumes (se) requintam com o tempo*].

re.qui.si.tar *v* Pedir ou exigir legalmente: *requisitar a tropa de choque, para conter manifestantes hostis.* → **requisição** *sf* (ato ou efeito de requisitar); **requisitante** *adj* e *s2gên* (que ou pessoa que requisita).

re.qui.si.to *sm* **1**. Condição exigida fundamentalmente para um propósito; condição necessária para a realização ou consecução de um certo fim. quesito (2): *preenchi todos os requisitos para assumir o cargo.* // *smpl* **2**. Qualidades, dotes, predicados: *ter requisitos de um bom orador.*

rés *adj* **1**. Rente. // *adj* **2**. Pela raiz; rente. // *sfpl* Feminino de *réus.* ·· **Ao rés de. 1**. Rente a; bem próximo a; junto a: *A bola passou ao rés da trave.* **2**. No mesmo nível de; ao longo de; rente com: *Os aguapés sempre se encontram ao rés da água.* ·· **Rés do chão**. Pavimento de edificação que fica no mesmo nível da rua; andar térreo de um prédio: *Quando começou a procurar casa, o que menos ela queria era comprar um rés do chão.*

rês *sf* **1**. Quadrúpede doméstico (boi, porco, carneiro, etc.) ou selvagem (búfalos, cervos, javalis, etc.) que se abate para servir de alimentação humana: *aves não são reses.* **2**. Cabeça (de gado): *ele tem bastantes reses na fazenda.*

res.cal.do *sm* **1**. Calor refletido de fornalha ou incêndio. **2**. Cinzas expelidas pelos vulcões. **3**. Cinza que conserva ainda algumas brasas. **4**. Trabalho de prevenção, para evitar que se inflamem novamente os restos de um incêndio recente. **5**. Vasilha em que se põe água fervente para sobre ela se

colocarem pratos de comida, a fim de se conservarem quentes. → **rescaldar** *v* (**1**. escaldar novamente: *rescaldar instrumentos cirúrgicos*; **2**. *fig.* esquentar demais: *o sol do meio-dia rescalda a pele, e não bronzeia*).

res.cin.dir *v* Pôr fim a; romper, dissolver, anular: *rescindir um contrato.* → **rescisão** *sf* (ação de rescindir; anulação, dissolução); **rescisório** *adj* (que rescinde ou que serve para rescindir).

re.se.nha *sf* **1**. Texto que descreve e analisa minuciosamente outra produção textual, que pode ser um filme, romance, peça de teatro, jogo de futebol, etc., com o objetivo de despertar o interesse do leitor sobre aquilo de que trata. **2**. *Gír.* Bate-papo entre amigos. **3**. *Gír.*RJ Festinha, baladinha. **4**. *Gír.* No futebol, conversa entre atletas e treinador, seja antes de uma partida, seja em treinos, quando este orienta aqueles. **5**. *Gír.* Gozação, zoação. → **resenhar** *v* [**1**. relatar ou descrever minuciosamente; **2**. fazer uma lista de (várias coisas); enumerar, relacionar; **3**. participar de resenha (4)]. ·· **Fazer resenha** (gír.). Tirar uma onda; zoar.

re.ser.va *sf* **1**. Ato ou efeito de reservar: *reserva de passagem.* **2**. Lugar garantido com antecedência: *eu tenho uma reserva nesse voo.* **3**. Aquilo que se poupa para se gastar só nas ocasiões extraordinárias; poupança: *ter uma reserva financeira para a velhice.* **4**. Conjunto dos cidadãos que já cumpriram as obrigações militares, legais, ou foram dispensados, estando sujeitos à convocação em caso de necessidade: *estão sendo convocados os cidadãos da reserva.* **5**. Situação dos oficiais do Exército, dispensados do serviço ativo, para serem definitivamente reformados: *o general passou para a reserva.* **6**. Área administrada pelo Estado, destinada à preservação da vida selvagem, da fauna e da flora, ou dos recursos naturais: *reserva florestal; reserva indígena; reserva mineral; reserva ecológica.* **7**. Quantidade de um mineral, combustível fóssil, ou outra fonte conhecida, existente num determinado local, pronta para ser explorada: *são enormes nossas reservas de petróleo.* **8**. Atitude de prudência, discrição ou comedimento; cautela: *antigamente, conversava-se à mesa sempre com muita reserva.* **9**. Desconfiança natural por pessoa ou coisa desconhecida: *os jogadores receberam o novo treinador com alguma reserva.* **10**. Situação do atleta que só atua no impedimento do titular; banco: *nenhum jogador gosta da reserva.* // *sm* **11**. Vinho ou licor que tem um envelhecimento mínimo de três anos, geralmente engarrafado em tonéis de carvalho: *comemoramos a conquista do campeonato com um delicioso reserva.* // *s2gên* **12**. Suplente de jogador(a) de futebol, basquete, etc. // *sfpl* **13**. Substância armazenada por um organismo vivo, para ser utilizada em sua nutrição, quando necessário: *um organismo sem reservas se torna débil.* **14**. Energia necessária ao organismo de uma pessoa, princ. de um atleta, para que possa encerrar sua participação em competições esportivas em boas condições físicas: *o corredor queniano acabou a corrida ainda com muitas reservas.* **15**. Importâncias e valores financeiros: *estão altas as reservas brasileiras em moeda estrangeira.* **16**. Economias; poupança: *convém ter reservas para tempos de crise ou para algum imprevisto*; **17**. Restrição, ressalva: *aceito sua opinião, mas com reservas.* → **reservado** *adj* (**1**. retraído, calado; **2**. que se reservou ou está em reserva; **3**. que fala pouco; discreto, recatado) e *sm* (**1**. lugar destinado a pessoas que querem privacidade ou ficar a sós; **2**. *pop.* mictório); **reservar** *v* (**1**. pôr de parte; guardar para mais tarde, ou para um propósito definido: *reservar alimentos*; **2**. guardar para si: *reservo o direito que tenho de protestar*; **3**. fazer a reserva de: *reservar um apartamento num hotel*); **reservatório** *adj* (próprio para reservas) e *sm* (**1**. lugar próprio para conservar coisas, geralmente em grande quantidade; **2**. grande depósito de água; **3**. lugar onde se acumula qualquer matéria); **reservista** *adj* e *s2gên* (**1**. que ou pessoa que é membro da reserva das forças armadas de um país; **2**. que ou pessoa que está quite com o serviço militar).

re.se.tar *v* **1**. Reiniciar (computador): *resetar o micro, porque travou.* **2**. Zerar (contador ou registro): *resetar o registro do telefone celular.* (Tem sido usado o inglês *reset* como substantivo correspondente: *Dei um reset na máquina, porque travou.*)

res.fo.le.gar ou **res.fol.gar** *v* Respirar com ruído ou com dificuldade, por ter perdido o fôlego; ofegar: *durante a corrida, eu resfolegava mais que os meus companheiros.* · Conj.: nas formas rizotônicas, usa-se a forma variante *resfolgar: resfolgo, resfolgas*, etc. → **resfolegante** *adj* (que resfolga); **resfôlego** *sm* (ato ou efeito de resfolegar).

res.fri.ar *v* **1**. Esfriar novamente: *resfriar o leite*. **2**. Submeter a um grande frio artificial: *resfriar as cervejas*. **resfriar(-se) 3**. Tornar-se frio: *no inverno, tudo (se) resfria mais fácil*. **4**. Adquirir resfriado; constipar-se: *tomou chuva e (se) resfriou*. · Antôn. (1): *aquecer*. → **resfriado** *adj* [**1**. que se resfriou; **2**. que tem resfriado (3)] e *sm* (inflamação das mucosas do aparelho respiratório, devida ao ar frio ou à umidade, mas sem febre; constipação); **resfriamento** *sm* [ato ou efeito de resfriar(-se)], de antôn. *aquecimento*.

res.ga.tar *v* **1**. Recuperar (algo cedido a outrem) mediante pagamento: *resgatar uma promissória*. **2**. Recuperar (capital cedido como investimento): *este tipo de investimento permite resgatar seu dinheiro a qualquer momento*. **3**. Fazer esquecer, apagar: *vamos resgatar os erros do passado!* **4**. Livrar ou libertar do cativeiro, mediante compensação financeira ou concessões: *resgatar uma criança sequestrada*. **5**. Livrar de situação perigosa: *os bombeiros resgataram várias pessoas com vida no incêndio*. **6**. Obter à custa de sacrifício: *o mundo só conseguiu resgatar a paz depois de seis anos*. **7**. Cumprir: *resgatar todos os compromissos da agenda*. **8**. Pagar, quitar: *resgatar uma dívida*. → **resgate** *sm* (**1**. ato ou efeito de resgatar; **2**. libertação de prisioneiro ou sequestrado, geralmente mediante compensação financeira ou concessões; **3**. quantia exigida para essa libertação; **4**. extinção de um débito em consequência de pagamento; quitação; **5**. salvamento).

res.guar.dar *v* **1**. Abrigar cuidadosamente: *resguardar os pés e as mãos, num dia de frio*. **2**. Manter intacto: *resguardar a pureza d'alma*. **3**. Defender, proteger: *resguardar o corpo do vento*. **4**. Livrar, isentar: *muito dinheiro o resguardou de ir para a cadeia*. **resguardar-se 6**. Defender-se, proteger-se: *resguardar-se do vento*. → **resguardo** *sm* [ato ou efeito de resguardar(-se)].

re.si.dir *v* **1**. Ter sede; sediar: *acreditava-se antigamente que a ira residia no fígado*. **2**. Achar-se, estar: *o mal do Brasil reside na corrupção e na impunidade*. **3**. Ter seu fundamento, basear-se: *no presidencialismo, a autoridade suprema reside no presidente*. **4**. Viver num lugar permanentemente, ou por grande período de tempo; morar: *resido na Rua da Paz*. → **residência** *sf* (**1**. morada, casa; **2**. permanência contínua em um lugar, definitiva ou não; **3**. estágio de médico recém-formado em hospital).

re.sí.duo *sm* **1**. Todo e qualquer material que sobra de determinado produto, como embalagem, casca, etc., suscetível de reutilização ou de reciclagem: *os resíduos ainda possuem algum valor econômico*. **2**. Material que resta de alguma substância que sofreu um processo químico ou físico; lia, fezes: *resíduo industrial; resíduos nucleares*. [Não se confunde (1) com *rejeito*.] → **residual** *adj* (**1**. rel. a resíduo ou característico de um resíduo; **2**. que permanece como resíduo; **3**. que restou da subtração de um número por outro) e *sm* (quantia que permanece numa conta corrente, de caderneta de poupança, etc., depois de uma substancial retirada ou saque).

re.sig.nar *v* **1**. Demitir-se voluntariamente de; renunciar a: *o presidente resignou o mandato espertamente*. **resignar-se 2**. Conformar-se, submeter-se sem revolta nem resistência; ter resignação: *resigno-me à sua vontade*. (Durante a conjugação, as formas rizotônicas têm tonicidade na segunda sílaba: *sig.*) → **resignação** *sf* [**1**. ato ou efeito de resignar(-se); **2**. aceitação do destino ou de uma situação desagradável, sem queixas, deixando de lutar contra ela, por sentir a inutilidade dos esforços]; **resignado** *adj* (que suporta um mal ou uma contrariedade com resignação).

re.si.li.ên.cia *sf* **1**. Capacidade de uma pessoa de lidar com problemas, recuperando-se e superando os momentos difíceis, readquirindo a força, o ânimo, o bom humor, etc. **2**. Capacidade de uma substância ou objeto de voltar à sua forma original, depois de ter sido esticado, dobrado, comprimido, etc.; elasticidade: *o náilon é excelente em resiliência*. **3**. Capacidade de voltar rapidamente a ser forte, saudável ou bem-sucedido, depois de enfrentar problemas: *a resiliência da nossa economia surpreendeu o mundo*. **4**. Capacidade de um ecossistema de retornar ao seu estado original, após sofrer perturbações. → **resiliente** *adj* (**1**. que apresenta resiliência; **2**. que tem elasticidade).

re.si.na *sf* **1**. Substância viscosa que exsuda naturalmente do caule de certas árvores, usada na fabricação de vernizes, medicamentos, etc. **2**. *P.ext*. Qualquer substância sintética semelhante. → **resinagem** *sf* (ato ou efeito de resinar); **resinar** *v* (**1**. extrair a resina de: *resinar pinheiros*; **2**. aplicar resina a: *resinar um ambiente*; **3**. misturar com resina); **resinoso** (ô; pl.: ó) *adj* (que tem ou produz resina).

re.sis.tir *v* **1**. Não ceder, não se dobrar: *resistir a todas as propostas*. **2**. Não ceder (à força ou à pressão de outro corpo): *o ar resiste aos corpos que nele se movem*. **3**. Opor-se: *resistir aos ataques inimigos*. **4**. Não sucumbir: *resisti a todas as tentações dela*. **5**. Suportar (o impacto de uma força que pode causar danos): *metal que resiste a qualquer tipo de choque*. **6**. Manter-se firme contra as ações, os efeitos ou a força de; sobreviver: *bactéria que resiste a qualquer antibiótico*. → **resistência** *sf* (**1**. ato ou efeito de resistir; **2**. força que se opõe a outra, tendendo a anulá-la; **3**. qualidade dos seres vivos de resistir a doenças, desgastes, privações, etc.; **4**. peça de aparelho elétrico que tem a propriedade física de resistir à passagem de uma corrente elétrica, de controlar a energia e conservar o calor); **resistente** *adj* (**1**. que resiste ou reage: *bactéria resistente a antibióticos*; **2**. que não é frágil; forte: *cabo resistente; organismo resistente*).

res.ma (ê) *sf* Conjunto de quinhentas folhas de um determinado tipo de papel.

res.mun.gar *v* **1**. Proferir (palavras) indistintamente e em tom baixo, geralmente com mau humor: *resmungar queixas*. **2**. Falar em tom baixo; proferir palavras desconexas em tom baixo: *ela vive resmungando*. → **resmungão** *adj* e *sm* (que ou aquele que vive resmungando; rabugento, ranzinza), de fem. *resmungona*; **resmungo** *sm* (*pop*. ato de resmungar); **resmunguice** *sf* (hábito ou mania de resmungar).

re.so.lu.ção *sf* **1**. Ato ou efeito de resolver(-se): *a resolução de um problema*. **2**. Decisão tomada depois de muita meditação, com disposição firme de vencer todas as dificuldades: *tomar a resolução de casar*. **3**. Ato pelo qual uma autoridade governamental toma uma decisão de caráter geral. **4**. Declaração formal de uma decisão ou expressão formal de opinião adotada por uma assembleia, mediante votação; deliberação. **5**. Grau de nitidez de uma imagem ou impressão, medida pelo número de *pixels* que a tela ou a impressora pode exibir por unidade de área. · Antôn. (2): *irresolução, hesitação*. → **resoluto** *adj* (firmemente decidido ou determinado; resolvido, disposto); **resolver** *v* (**1**. decidir firmemente: *resolvi que vou viajar*; **2**. decidir ou expressar por meio de votação; deliberar: *a assembleia do condomínio resolveu que...*; **3**. encontrar ou dar solução para; solucionar: *resolver um problema*). **resolver-se** (**1**. decidir-se firmemente: *resolver-se a viajar*; **2**. pronunciar-se, decidindo: *o júri já se resolveu sobre a culpa ou não do réu*); **resolvido** *adj* (**1**. que teve resolução: *assunto resolvido*; **2**. combinado, decidido: *está resolvido que viajaremos amanhã*; **3**. corajoso, audacioso: *homem resolvido*; **4**. determinado firmemente; resoluto: *estar resolvido a deixar a política*).

resort [ingl.] *sm* Local aprazível (geralmente hotel), que oferece toda a infraestrutura para hospedagem, lazer e recreação, ideal para o gozo de férias: *todas as atividades realizadas neste resort estão inteiramente integradas ao meio ambiente*. · Pronuncia-se *rizórt* (o *r* soa brando, pronunciado com a língua no céu da boca).

res.pal.dar *v* **1**. Tornar liso ou plano; alisar, aplanar: *respaldar um terreno*. **2**. *Fig*. Dar respaldo, apoio ou garantia a; apoiar, garantir: *quase todos os partidos respaldam as medidas do governo*. → **respaldo** *sm* (**1**. ação de respaldar; **2**. qualquer encosto para apoiar as costas; **3**. *fig*. apoio, garantia).

res.pec.ti.vo ou **res.pe.ti.vo** *adj* **1**. Que pertence ou se relaciona separadamente com cada um de dois ou mais seres anteriormente mencionados: *eles conversaram sobre as respectivas juventudes*. **2**. Adequado, apropriado, devido: *sentem-se nos respectivos lugares!*

res.pei.tar *v* **1**. Tratar com respeito, atenção ou consideração: *devemos respeitar todo o mundo*. **2**. Temer, recear: *o único na casa que ele respeita é o pai*. **3**. Levar em consideração, acatar: *respeitar a decisão da maioria*. **4**. Observar, cumprir, obedecer a: *respeitar o limite de velocidade permitido*. **5**. Perdoar ou poupar: *as guerras não respeitam crianças, mulheres e idosos*. **6**. Reconhecer: *respeitar a força do adversário*. **7**. Ter em consideração; acatar: *respeite a privacidade dos outros!* → **respeitabilidade** *sf* (qualidade do que é respeitável); **respeitante** *adj* (relativo, concernente, referente, atinente: *são documentos respeitantes ao descobrimento do Brasil*); **respeitável** *adj* (**1**. digno de respeito: *ele é respeitável pelo seu passado*; **2**. de boa reputação; decente, honrado: *homem de comportamento respeitável*; **3**. notável, formidável: *Guimarães Rosa é uma respeitável figura da nossa literatura*; **4**. considerável em quantidade, número ou tamanho: *roubaram uma respeitável quantia do banco*). → **respeito** *sm* (**1**. sentimento espontâneo que leva alguém a ter consideração, admiração ou estima por outra pessoa, em vista de sua idade, sabedoria, superioridade hierárquica, etc.: *o respeito aos pais*

R

é uma obrigação dos filhos; **2**. atitude de quem trata pessoa ou coisa com condescendência, deferência ou especial cuidado ou atenção, para não melindrar ou prejudicar; consideração, apreço: *ele trata seus funcionários com respeito*; **3**. sentimento de medo ou receio ante pessoa ou coisa que possa fazer mal ou causar dor; temor: *forças do mal, não lhes tenho nenhum respeito*; **4**. cuidado extremo para com alguém ou algo, por causar constante sensação de ameaça ou perigo: *é um bandido que tem o respeito da polícia*; **5**. disposição para obedecer a compromissos ou para observar com rigor regra, norma ou preceito; obediência, acatamento: *o respeito às leis é uma obrigação do cidadão*; **6**. aceitação de uma autoridade legítima ou de algo que a represente, com submissão às suas determinações ou a seu significado: *tenha respeito aos símbolos nacionais!*; **7**. atitude de quem se preocupa em não perturbar ou incomodar; cuidado, preocupação: *tenha respeito aos doentes, não buzinando na frente de hospitais!*) e *smpl* (cumprimentos, felicitações, saudações: *apresente, ministro, meus respeitos ao presidente!*); **respeitoso** (ô; pl.: ó) *adj* (**1**. que manifesta respeito: *durante um velório, todos se sentam em silêncio respeitoso*; **2**. que requer respeito: *todo ancião é respeitoso*; **3**. cheio do devido respeito: *cumprimento respeitoso; filho respeitoso; dançava com a garota a uma distância respeitosa*).

res.pin.gar *v* **1**. Sujar com borrifos ou salpicos: *o ônibus respingou-lhe a camisa nova de lama*. **2**. Projetar borrifos ou pingos: *essa torneira respinga, cuidado!* **3**. *Fig*. Atingir, maculando a reputação de: *essa acusação é grave e pode respingar no presidente*. → **respingo** *sm* (ato ou efeito de respingar; borrifo, salpico).

res.pi.rar *v* **1**. Absorver e soltar (o ar) pelas vias respiratórias, expelindo o gás carbônico, por meio do movimento dos pulmões; aspirar: *no campo, respiramos ar puro*. **2**. Realizar (o vegetal) trocas gasosas em seu processo de oxidação: *as plantas respiram o gás carbônico do ar e liberam oxigênio*. **3**. *Fig*. Deixar transparecer; revelar, sugerir (algo abstrato): *tudo ali respira limpeza; essa garota respira simpatia*. **4**. *Fig*. Gozar, desfrutar: *respirar paz, liberdade*. **5**. Exercer o fenômeno da respiração; inalar e exalar o ar: *respire fundo!* **6**. Trocar oxigênio por dióxido de carbono: *as plantas também respiram*. **7**. Pôr em movimento os órgãos que fazem passar a água pelas brânquias: *os peixes só conseguem respirar na água*. **8**. *Fig*. Tomar fôlego; descansar, folgar: *ela não me deu nem tempo de respirar e já foi me tacando outro beijo*. **9**. *Fig*. Sentir-se aliviado ou em paz, depois de um dia difícil de trabalho, de tensão, de pressão, de ansiedade, de preocupação, etc.; descansar, relaxar: *só em casa, no final do dia, pude respirar; a mãe não respirou enquanto os médicos não lhe disseram o que o filho tinha*. **10**. Estar vivo; ter vida; viver: *o afogado ainda respirava*. **11**. Não dar folga ou espaço para exercer bem o seu trabalho: *o zagueiro não deixou o meia respirar durante o jogo todo*. → **respiração** *sf* (ato ou efeito de respirar); **respiradouro** ou **respiro** *sm* (abertura por onde entra ou sai ar); **respiratório** *adj* (rel. a respiração); **respirável** *adj* (que se pode respirar).

res.plan.de.cer *v* **1**. Sobressair, distinguir-se, destacar-se, realçar: *são muitas as virtudes que resplandecem nela*. **2**. Brilhar intensamente: *no deserto, já de manhã, o Sol resplandece*. **3**. Manifestar-se brilhantemente: *o talento de Einstein resplandeceu tarde*. **4**. Ter (uma pessoa) superioridade ou vantagem sobre outra(s) por uma ou várias de suas qualidades; sobressair, destacar-se, realçar: *essa candidata resplandece não só por sua beleza, mas sobretudo por sua simpatia*. **5**. Refletir alegria ou satisfação: *a noiva resplandecia de felicidade, ao entrar na igreja*. → **resplandecência** *sf* [**1**. ato ou efeito de resplandecer; **2**. qualidade do que é resplandecente; de brilho intenso; deslumbrante, esplêndido; **3**. resplendor (1)]; **resplandecente** *adj* (**1**. que resplandece; que brilha muito; esplendoroso: *todos observávamos perplexos no céu as evoluções daquele misterioso objeto resplandecente*; **2**. *fig*. que reflete alegria, satisfação ou euforia; radiante: *a noiva entrou na igreja resplandecente de felicidade*); **resplendor** (ô) *sm* (**1**. aparência brilhante ou esplêndida; resplandecência (3); **2**. *fig*. reputação altamente positiva; glória: *o resplendor do passado histórico da China*; **3**. adereço circular, usado em fantasias de carnaval).

res.pon.der *v* **1**. Dar respostas grosseiras ou mal-educadas a; ser respondão com: *não responda seus pais nem os mais velhos!* **2**. Dizer, escrever ou agir em resposta: *responder a um questionário*. **3**. Dizer ou escrever replicando ou contestando: *responder a um processo*. **4**. Reagir positivamente, favoravelmente: *o paciente respondeu rápido ao tratamento*.
5. Revidar, desforrar: *os policiais responderam aos tiros que vieram da favela*. **6**. Responsabilizar-se: *respondo pela segurança de toda essa gente*. · V. **resposta**. → **respondão** *adj* e *sm* (que ou aquele que responde grosseiramente), de fem. *respondona*.

res.pon.sa.bi.li.da.de *sf* **1**. Circunstância de ser uma pessoa responsável por outra ou por alguma coisa; atribuição, obrigação: *o homem tem grande responsabilidade para com a natureza*. **2**. Condição de quem tem consciência de seus deveres e obrigações e assume-os com determinação: *quem não tem responsabilidade não merece confiança*. **3**. Circunstância de ser o culpado de uma coisa; culpa: *admitiu sua responsabilidade no acidente*. **4**. Obrigação moral ou legal de responder por atos próprios ou alheios, ou por uma coisa confiada: *os pais têm responsabilidade nos atos dos filhos menores*. **5**. Importância daquilo que está a cargo de uma pessoa: *a presidência é um cargo de grande responsabilidade*. → **responsabilizar** *v* (**1**. imputar responsabilidade a: *responsabilizar apenas a polícia é muito cômodo*; **2**. considerar responsável: *responsabilizaram o motorista do ônibus pelo acidente*); **responsabilizar-se** (tornar-se responsável: *responsabilizei-me pelos seus atos*); **responsável** *adj* e *s2gên* (**1**. que ou pessoa que responde pelos seus atos ou pelos de outrem: *a pessoa responsável pelas crianças sou eu; o homem será o único responsável pela certa reação drástica da natureza*; **2**. que ou pessoa que é culpada de uma coisa: *admitiu ser o responsável pelo acidente*, *adj* (que cumpre rigorosamente seus compromissos; que dá conta dos próprios atos; consciente de seus deveres e obrigações; sério: *desde criança, sempre foi muito responsável*) e *s2gên* [pessoa encarregada de um trabalho ou de uma atividade; encarregado(a): *quem é o responsável pela limpeza aqui?*].

res.pon.so *sm* **1**. Versículo cantado em cerimônias litúrgicas. **2**. *Pop*. Oração dirigida a um santo, princ. Santo Antônio, na qual a pessoa pede sua ajuda para recuperar coisa perdida ou resolver o que tanto a preocupa. **3**. *Pop*. Reprimenda, descompostura, sabão, pito.

res.pos.ta *sf* **1**. Aquilo que se diz ou fala em retorno a uma questão, pedido, agressão; réplica, refutação. **2**. Qualquer coisa que se dá em retorno. **3**. Solução: *você sabe a resposta?; prisão não é a resposta para jovens infratores*. **4**. Reação: *ao ouvir aquilo, sua única resposta foi ir embora; cachaça é a resposta do Brasil à tequila; um programa social ainda melhor foi a resposta do governo às críticas*. **5**. Ação que serve como retaliação: *a resposta dos Estados Unidos ao atentado às torres gêmeas foi avassaladora*. → **responsivo** *adj* (**1**. que contém resposta; **2**. que reage ou responde a uma situação de forma apropriada: *o tumor foi responsivo ao tratamento*; **3**. em informática, diz-se de um *site* ou página da Internet programada para apresentar diferentes configurações, adequando-se automaticamente ao formato da tela em que é exibida).

res.quí.cio *sm* **1**. Pequena abertura; fresta. **2**. Resto muito pequeno; vestígio.

res.sa.bi.a.do *adj* **1**. Desconfiado. **2**. Melindrado, ofendido, ressentido. → **ressabiar(-se)** *v* (**1**. ofender-se, melindrar-se; **2**. mostrar-se desconfiado, por já haver experimentado uma ou mais vezes).

res.sa.ca *sf* **1**. Recuo das ondas. **2**. Investida fragorosa contra o litoral das vagas do mar muito agitado. **3**. Mal-estar por efeito de uma noite passada em claro ou por bebedeira.

res.sal.tar *v* **1**. Chamar a atenção para; relevar, destacar, realçar, salientar: *ressaltar as qualidades de alguém; as cortinas brancas ressaltam as cores usadas na decoração*. **2**. Aparecer mais que os outros elementos de um grupo; destacar-se, sobressair, realçar-se: *o branco ressalta, a par do preto; entre os militares brasileiros ressalta a figura de Caxias*. → **ressalto** *sm* (ato ou efeito de ressaltar).

res.sal.va *sf* **1**. Ato ou efeito de ressalvar(-se). **2**. Qualquer observação que se faz para corrigir o que se disse ou escreveu. **3**. Exceção, restrição, reserva: *gostei da sua intervenção no debate, com algumas ressalvas*. **4**. Cláusula que altera termos de um contrato. **5**. Certidão de isenção do serviço militar. **6**. Salvo-conduto. → **ressalvar** *v* (**1**. pôr a salvo: *os bombeiros procuravam primeiro ressalvar as crianças*; **2**. livrar, eximir: *cada um procurava ressalvar o seu nome*; **3**. excluir, excetuar: *a lei só ressalva casos especialíssimos*); **ressalvar-se** (**1**. desculpar-se: *ressalvar-se de um atraso*; **2**. fazer ressalva ao que se disse ou fez: *o deputado governista ressalvou-se, dizendo que havia infinita distância entre o governo anterior e o atual*).

res.sar.cir(-se) *v* **1**. Pagar por despesa feita ou por prejuízo causado; compensar, indenizar, reparar: *ressarci-o de todos os prejuízos que lhe causei*. **ressarcir-se 2**. Receber compensação por algum dano sofrido; compensar-se: *ele se ressarciu de todos os danos sofridos, recebendo o seguro*. (Tradicionalmente, conjuga-se por *falir*, mas não há, no português contemporâneo, inconveniente em conjugá-lo integralmente: *ressarço, ressarces*, etc.) → **ressarcimento** *sm* [ato ou efeito de ressarcir(-se); reparação, indenização].

res.se.car(-se) *v* Tornar(-se) muito seco: *o frio resseca os lábios; os lábios se ressecam com o frio*. → **ressecação** *sf* ou **ressecamento** *sm* [ato ou efeito de ressecar(-se)].

res.sen.tir *v* **1**. Sentir novamente: *ressentir uma dor antiga*. **2**. Ficar muito sentido com: *ressentir o fim de um namoro*. **ressentir-se 3**. Magoar-se, ofender-se: *ressentir-se de uma advertência*. **4**. Sentir os efeitos de: *ressentir-se do longo tempo de inatividade*. **5**. Dar-se conta, perceber: *só durante o jogo é que o treinador se ressentiu da importância de ter um bom banco de reservas*. · Conjuga-se por *ferir*. → **ressentido** *adj* (ofendido, sentido, melindrado); **ressentimento** *sm* [**1**. ato ou efeito de ressentir(-se); **2**. sentimento de hostilidade ou aversão à pessoa da qual se recebeu algum mal; rancor: *percebe-se muito ressentimento em suas palavras*].

res.se.quir(-se) *v* Tornar(-se) muito seco; ressecar(-se): *o frio me ressequiu os lábios; meus lábios se ressequiram com o frio*. · Conjuga-se por *falir*. → **ressequido** *adj* (**1**. que se ressequiu; muito seco; **2**. sem a umidade natural).

res.so.ar *v* **1**. Produzir som forte; ressonar (1): *os tambores ressoavam mensagens na floresta*. **2**. Repetir (som): *o vale ressoava as nossas vozes*. **3**. Soar com força, retumbar: *os tambores das escolas de samba ressoavam na avenida; que ressoem as trombetas!* **4**. Soar repetidamente: *os passos dela ressoavam na escada*. · Conjuga-se por *abençoar*. → **ressonador** (ô) *adj* e *sm* (que ou o que ressoa: *cavernas são cavidades ressonadoras*) e *sm* (**1**. corpo sonoro que vibra, ao receber ondas acústicas de uma determinada frequência e amplitude; **2**. cada uma das cavidades que, na fonação humana, são produzidas no canal vocal, pela disposição que assumem os órgãos no momento da articulação); **ressonância** *sf* (**1**. intensificação e prolongação de um som, esp. musical, causadas por vibrações secundárias; **2**. em medicina, som produzido pela percussão de alguma parte do corpo, princ. do peito; **3**. *fig.* impressão ou repercussão causada na opinião pública); **ressonante** ou **ressoante** *adj* (que reforça o som; que apresenta o fenômeno da ressonância); **ressonar** *v* [**1**. fazer soar fortemente; produzir som forte; ressoar (1): *a banda ressonou todos os seus instrumentos*; **2**. respirar com ruídos durante o sono; roncar]; **ressoo** *sm* (ato ou efeito de ressoar).

res.sur.gir *v* **1**. Ressuscitar, renascer: *segundo a Bíblia, Cristo ressurgiu dos mortos, ao terceiro dia*. **2**. Tornar a surgir ou a aparecer; reaparecer: *o Sol ressurge todos os dias*. **3**. Tornar a se manifestar; voltar: *a dor ressurgiu no dia seguinte*. → **ressurgência** *sf* ou **ressurgimento** *sm* (ato ou efeito de ressurgir).

res.sur.rei.ção *sf* **1**. Retorno da morte à vida; ressuscitamento. **2**. Ato de trazer de volta uma prática, um uso, etc.; renascimento, ressurgimento. **Ressurreição** *sf* **3**. Ascensão de Cristo depois do terceiro dia de sua morte e sepultamento. **4**. Quadro que representa essa ascensão. → **ressuscitamento** *sm* [ressurreição (1)]; **ressuscitar** *v* (**1**. fazer voltar à vida: *Deus ressuscitará os mortos, no dia do Juízo Final*; **2**. *fig.* adotar novamente: *a moda ressuscita a minissaia de tempos em tempos*; **3**. voltar à vida: *Cristo ressuscitou ao terceiro dia*; **4**. *fig.* reaparecer, ressurgir: *a minissaia ressuscita de tempos em tempos*; **5**. *fig.* escapar de morrer: *dê graças a Deus por ter saído vivo desse acidente: você ressuscitou!*).

res.ta.be.le.cer *v* **1**. Estabelecer novamente: *restabelecer acordos*. **2**. Recuperar, restaurar: *restabelecer a calma*. **3**. Restituir à forma exata; recuperar: *restabelecer uma escultura*. **4**. Fazer voltar: *restabelecer a ordem, a disciplina*. **5**. Reconduzir (a local, situação ou posição primitiva); reintegrar: *restabelecer o diretor no seu cargo*. **restabelecer-se 6**. Voltar ao estado anterior, com a interferência do exército: *a ordem se restabeleceu na cidade*. **7**. Recuperar as forças ou a saúde: *restabeleci-me em pouco tempo*. → **restabelecimento** *sm* [ato ou efeito de restabelecer(-se)].

res.tar *v* **1**. Ficar, sobrar: *dela só restam saudades*. **2**. Faltar (para completar ou fazer): *restam-me poucos dias de férias*. **3**. Sobrar: *restou pouca coisa no cofre, depois do roubo*. **4**. Sobreviver: *não restou ninguém para contar a história*. **5**. Faltar para concluir: *resta apenas o remate dos móveis, para que tudo fique pronto*. → **restante** *adj* e *sm* (que ou o que restou ou sobrou; remanescente: *as peças restantes de um carro acidentado; ficou com um só carro e vendeu os restantes*).

res.tau.ran.te *sm* **1**. Lugar onde se preparam e servem refeições ao público, mediante pagamento. **2**. Refeitório.

res.tau.rar *v* **1**. Recuperar o brilho, a beleza ou o vigor de (algo valioso): *restaurar uma escultura*. **2**. Recuperar, restabelecer: *restaurar a calma*. **3**. Restituir ao poder: *a revolução restaurou o rei*. **4**. Pôr novamente em vigor: *restaurar o ensino antigo*. **5**. Dar novo esplendor a: *restaurar as artes e as ciências*. **restaurar-se 6**. Restabelecer-se, recuperar-se: *restaurar-se das extravagâncias cometidas na juventude*. → **restauração** *sf* ou **restauro** *sm* [ato ou efeito de restaurar(-se)]; **restaurador** (ô) *adj* e *sm* (que ou o que restaura: *restaurador do apetite*) e *sm* (aquele que, por ofício, restaura edificações, objetos de arte ou objetos valiosos); **restaurativo** *adj* (que restaura ou pode restaurar).

rés.tia *sf* **1**. Trança de caules ou de hastes. **2**. Feixe ou raio de luz que passa através de uma abertura estreita. ·· **Fazer réstia**. Refletir (objeto vítreo ou espelhado) a luz do Sol: *O para-brisa do seu carro está fazendo réstia*.

res.ti.lo *sm* Resíduo da destilação e fermentação do álcool de cana-de-açúcar; vinhoto.

res.tin.ga *sf* **1**. Faixa estreita de terra arenosa, acumulada junto ao litoral pela ação das águas do mar. **2**. Faixa de mato à margem de rio, lagoa ou igarapé. **3**. Rochedo marinho à superfície da água; abrolho, recife.

res.ti.tu.ir *v* **1**. Devolver (ao legítimo dono): *restituir o imposto cobrado a mais*. **2**. Fazer voltar (à condição primitiva); recuperar: *restituir um quadro*. **3**. Instituir novamente; restabelecer: *restituir a seriedade política no país*. **4**. Fazer retornar: *o mar nunca restituiu o corpo do deputado acidentado*. **5**. Dar novamente; fazer recuperar: *o remédio restituiu à criança o vigor antigo*. **6**. Restabelecer: *restituir a seriedade ao cargo de presidente*. **7**. Indenizar: *restituí-o de todos os prejuízos que lhe causei*. **restituir-se 8**. Indenizar-se, ressarcir-se: *restituir-se dos prejuízos*. · Conjuga-se por *atribuir*. → **restituição** *sf* [ato ou efeito de restituir(-se)]; **restituitório** *adj* (rel. a restituição ou que a contém).

res.to *sm* **1**. O que resta ou fica de um todo. **2**. Restante; o mais. **3**. Quantidade que permanece na subtração; diferença. **4**. Na divisão, parte indivisível do dividendo. // *smpl* **5**. Sobras.

res.to.lho (ô; pl.: ó) *sm* **1**. Parte do caule das gramíneas (milho, trigo, etc.) que, depois da ceifa, fica enraizada. **2**. Espiga de milho mal desenvolvida. **3**. Refugo, rebotalho.

res.trin.gir *v* **1**. Fazer que (uma coisa) fique mais estreita ou mais apertada; estreitar, apertar: *o deslizamento de terra restringiu a passagem de veículos pelo local*. **2**. Fazer que (uma coisa) fique menor; diminuir, encurtar, reduzir: *atalhos restringem as distâncias*. **3**. Manter ou confinar dentro de certos limites; limitar: *eles queriam restringir a liberdade de imprensa no país; restringir os benefícios aos aposentados*. **4**. Limitar, reduzir, resumir: *não se deve restringir a beleza só ao que se vê*. **restringir-se 5**. Limitar-se, resumir-se: *as atividades econômicas desse país se restringem à agricultura*. → **restrição** *sf* [ato ou efeito de restringir(-se)]; **restritivo** *adj* (de restrição ou que serve para restringir ou limitar: *lei restritiva da liberdade de imprensa*); **restrito** *adj* (**1**. mantido dentro de certos limites; limitado: *fazer uma dieta restrita*; **2**. reduzido, limitado: *espaço restrito*; **3**. que é proibido ou inacessível a pessoas estranhas ou não autorizadas: *área restrita*; **4**. rigoroso, exato, literal: *foi roubo mesmo, no sentido restrito da palavra*), de antôn. *amplo*.

re.sul.ta.do *sm* **1**. O que resulta ou resultou de alguma coisa; consequência: *qual o resultado de todo esse teu esforço?* **2**. Lucro, ganho: *tirou muito bom resultado dos seus negócios*. **3**. Em matemática, quantidade ou expressão obtida por cálculo; produto de uma operação. **4**. Término e efeito de um processo: *o jogo terminou com o resultado de 3 a 1 para o Flamengo*.

re.sul.tar *v* **1**. Ser uma coisa a consequência ou o efeito natural de outra: *o acidente resultou da imprudência do motorista*. **2**. Nascer, provir: *são filhos que resultaram de aventuras amorosas*. **3**. Ter um determinado resultado; redundar, reverter: *o investimento resultou em prejuízo*. **4**. Transformar-se, acabar: *brincadeiras de mão quase sempre resultam em brigas*. **5**. Ter sua origem; originar-se, derivar: *sua fortuna resulta da herança que recebeu*. **6**. Ser de determinada maneira: *os esforços para a paz resultaram* *inúteis.* → **resultante** *adj* (que resulta ou procede de alguma coisa; consequente: *os prejuízos resultantes de um terremoto*).

re.su.mir *v* **1**. Fazer resumo ou sinopse de: *resumir um romance*. **2**. Simbolizar, representar: *esses pracinhas resumem as glórias militares do Exército brasileiro*. **3**. Conter em resumo; sintetizar: *este artigo resume toda a questão*. **4**. Concentrar, fazer convergir: *ele resume nesse filho todas as suas esperanças*. **5**. Limitar, reduzir: *resumo as regras de crase a apenas duas*. **6**. Transformar, converter: *as bombas atômicas podem resumir o mundo a pó*. **resumir-se 7**. Limitar-se, reduzir-se: *sua vida se resume aos filhos*. **8**. Comunicar-se em poucas palavras; ser breve (na comunicação): *resuma-se, que temos pouco tempo!* · Antôn. (1 e 5): *ampliar, aumentar*. → **resumo** *sm* [**1**. ato ou efeito de resumir(-se); **2**. breve relato dos pontos principais de algo; sumário, sinopse, síntese; **3**. recapitulação sucinta: *nesse livro, ao final de cada capítulo, há um resumo;* **4**. *fig.* pessoa que simboliza ou representa perfeitamente uma qualidade: *Caxias é o resumo das qualidades do soldado brasileiro*].

res.va.lar *v* **1**. Tocar de leve; roçar, relar: *só por resvalar a mão no braço da mulher, levou um tapa*. **2**. Correr de leve e deslizando: *o látex resvala pela seringueira*. **3**. Incorrer, cometer: *resvalei em alguns deslizes gramaticais graves*. **4**. Transformar-se, converter-se: *a nata revelou em manteiga*. **5**. Escorregar, perdendo o equilíbrio e caindo: *resvalei na escada*. **6**. Cair por um declive; descer aos trambolhões ou sem controlar seus movimentos ou a direção: *foi empurrado e resvalou escada abaixo*. **7**. Escorregar: *o cavalo resvalou, e eu caí*. **8**. Passar ou decorrer insensivelmente: *resvalam os bons momentos, enquanto os maus parecem durar uma eternidade*. **9**. Escapar, fugir: *quando a boa oportunidade chega, não podemos deixá-la resvalar*. **10**. Cair suave e lentamente; descer, escorregando; deslizar: *não pude evitar que resvalassem algumas lágrimas*. → **resvaladeiro** ou **resvaladouro** *sm* (**1**. lugar ou terreno muito íngreme, em que se resvala com facilidade; ladeira; **2**. local elevado e alcantilado; despenhadeiro, precipício; **3**. *fig.* aquilo que põe em risco a dignidade ou a boa reputação de alguém: *há muita gente culta precipitando-se nos resvaladouros desse vício*); **resvaladura** *sf*, **resvalamento** ou **resvalo** *sm* (ato ou efeito de resvalar); **resvaladiço** ou **resvaladio** *adj* (liso, escorregadio: *piso resvaladiço; chão resvaladio*).

re.ta *sf* **1**. Em geometria, linha que segue sempre na mesma direção e estabelece a mais curta distância entre dois pontos. **2**. Trecho reto de uma estrada: *daqui lá é uma reta só*.

re.tá.bu.lo *sm* **1**. Construção de madeira ou de mármore que forma a parte posterior de um altar e compreende um ou mais painéis pintados, representativos de cenas religiosas. **2**. Qualquer painel existente num altar.

re.ta.do *adj Pop*.BA Palavra-ônibus que pode significar bonito, formoso, legal, excelente, vistoso, etc.: *carro retado, garota retada, penteado retado, camisa retada, dia retado, bom para praia*. (Em Pernambuco, usa-se *arretado*.)

re.ta.guar.da *sf* **1**. Grupo de soldados posicionados na parte de trás de um corpo de tropas, destinado a proteger um exército em retirada, evitando, assim, um ataque de surpresa. **2**. Parte posterior de qualquer coisa: *a retaguarda de um desfile*. **3**. Retranca: *equipe que só joga na retaguarda*.

re.ta.lhar *v* **1**. Reduzir a retalhos; cortar em pedaços; despedaçar: *o açougueiro retalhou a carne*. **2**. Golpear superficialmente, com instrumento muito cortante: *retalhar o rosto de alguém com uma navalha*. **3**. Fracionar, separar, dividir: *a guerra retalhou a Alemanha*. **4**. Vender (tecido) a retalho. (Não se confunde com *retaliar*.) → **retalhação** *sf* ou **retalhamento** *sm* (ato ou efeito de retalhar); **retalho** *sm* (pedaço de fazenda tirada da peça a que pertencia).

re.ta.li.ar *v* **1**. Aplicar a pena de talião a; usar de represálias com: *retaliar o inimigo*. **2**. Vingar, desagravar, desforrar: *retaliar as ofensas recebidas*. (Não se confunde com *retalhar*.) → **retaliação** *sf* (**1**. ato ou efeito de retaliar; represália; **2**. imposição da pena de talião), que não se confunde com *retalhação*; **retaliativo** *adj* (rel. a retaliação); **retaliatório** *adj* (que encerra retaliação).

re.tân.gu.lo *sm* **1**. Figura plana com quatro ângulos retos e os lados iguais dois a dois. // *adj* **2**. Que tem um ou mais ângulos retos. → **retangular** *adj* (que tem a forma de um retângulo); **retangularidade** *sf* (qualidade de retangular).

re.tar.dar *v* **1**. Fazer chegar mais tarde; atrasar: *a chuva retardou a nossa chegada*. **2**. Desacelerar: *a inflação retarda o progresso*. **3**. Adiar: *retardei o casamento por mais alguns meses*. **4**. Tornar lento; demorar, atrasar: *a burocracia retarda tudo*. **retardar(-se) 5**. Chegar tarde, atrasar-se: *o candidato (se)*

retardou, e não pôde entrar para fazer a prova. → **retardação** *sf*, **retardamento** ou **retardo** *sm* [ato ou efeito de retardar(-se)]; **retardado** *adj* e *sm* (que ou aquele que é mentalmente pouco desenvolvido em relação à sua idade), que não se confunde com *retardatário*; **retardatário** *adj* e *sm* [que ou aquele que se atrasa em relação aos demais ou que não consegue acompanhá-los; atrasado (no tempo): *aluno retardatário não entra; os retardatários não poderão entrar para fazer a prova*], que não se confunde com *retardado*.

re.ter *v* **1**. Segurar ou ter firme; não deixar sair da mão: *reter a guia do cão*. **2**. Manter ou conservar em seu poder: *o policial rodoviário reteve os documentos do motorista infrator*. **3**. Refrear, conter: *reter os impulsos*. **4**. Fazer parar; deter: *o guarda o reteve à saída*. **5**. Ter como preso, prender: *a polícia o reteve para averiguações*. **6**. Conservar na memória, ter de cor: *ele retém tudo o que lê*. **7**. Segurar (fisicamente): *se eu não a retivesse, ela teria caído*. **8**. Prender, represar: *são muitos os alimentos que retêm água no organismo*. **reter-se 9**. Parar, deter-se: *retivemo-nos ali por alguns instantes*. **10**. Refrear-se, conter-se: *ante o cinismo, não consigo reter-me*. **11**. Não avançar (em vista de um perigo): *retive-me à beira do precipício*. → **retenção** *sf* [ato ou efeito de reter(-se)]; **retentivo** *adj* (que retém ou fixa; retentor: *memória retentiva*); **retentor** (ô) *adj* e *sm* (que ou o que retém); **retido** *adj* [**1**. que se retém; **2**. conservado (na memória); **3**. preso, represado].

re.te.sar(-se) *v* Tornar(-se) tenso, teso ou rijo; esticar(-se); endurecer: *retesar os músculos, para atacar o agressor; os músculos da perna se retesaram de repente*. → **retesado** ou **reteso** (ê) *adj* (muito esticado ou tenso); **retesamento** *sm* [ato ou efeito de retesar(-se)].

re.ti.cên.cia *sf* **1**. Omissão propositada de algo que se deveria ou poderia dizer; silêncio voluntário; reserva. **2**. Aquilo que se omite. // *sfpl* **3**. Sinal de pontuação (...) formado por três pontos seguidos, usado para indicar omissão de palavras ou para exprimir uma suspensão do pensamento, em razão de dúvida, surpresa ou hesitação; três-pontinhos. **4**. Aposiopese. → **reticente** *adj* (rel. a reticência ou que a contém: *de suas reticentes palavras deduzo que está ofendido, mas não quer revelar*) e *adj* e *s2gên* (**1**. que ou pessoa que não revela seus pensamentos ou sentimentos prontamente; reservado: *ele era extremamente reticente sobre seus problemas pessoais*; **2**. que ou pessoa que reluta em fazer alguma coisa, por estar indeciso, relutante: *ele está reticente em vender suas ações*; **3**. que ou pessoa que se expressa com reticência ou usando indiretas; evasivo: *não seja reticente e fale claro!*; **4**. que ou pessoa que vacila ou hesita ante uma situação; vacilante, hesitante: *um árbitro não pode ser reticente, tem de decidir num instante*).

re.tí.cu.la *sf* **1**. Rede formada de linhas ou pontos muito finos, usada em instrumentos ópticos ou em processo de reprodução de imagens. **2**. Conjunto de pontos, linhas, círculos, etc. que forma essa rede, usado em artes gráficas, para produzir efeitos visuais. **3**. Retículo (1). → **retículo** *sm* [**1**. dim. erudito de *rede*; retícula (3); **2**. segundo compartimento do estômago dos ruminantes; barrete, coifa].

re.ti.dão *sf* **1**. Qualidade do que é reto: *a retidão de um muro*. **2**. *Fig.* Virtude de quem tem caráter íntegro e age sempre com lisura; integridade moral; probidade.

re.ti.fi.ca *sf* **1**. Oficina onde se recondicionam motores de explosão. **2**. Recondicionamento desses motores.

re.ti.fi.car *v* **1**. Tornar reto, alinhar: *retificar o traçado de uma estrada*. **2**. Corrigir ou reparar (o que está errado ou falso): *retificar a rota de um veículo espacial*. **3**. Colocar (motor de explosão ou qualquer de suas peças) em condições de pleno uso, depois de natural desgaste; recondicionar: *retificar o motor do carro*. (Não se confunde com *ratificar*.) → **retificação** *sf* (**1**. ação de retificar ou tornar reto; alinhamento; **2**. ação de corrigir ou reparar o que está errado ou falso; correção; **3**. conversão de corrente alternada em contínua), que não se confunde com *ratificação*.

re.ti.lí.neo *adj* **1**. Que forma uma linha reta: *um movimento retilíneo*. **2**. Formado ou caracterizado por linhas retas: *o triângulo é a figura retilínea mais simples da geometria*. **3**. Que se move em linha reta: *o curso pouco retilíneo de um rio; a propagação retilínea da luz*. **4**. *Fig.* Diz-se daquele que tem retidão, probidade; probo: *homem retilíneo*.

re.ti.na *sf* Membrana mais interna do olho, transparente e muito delgada, que recebe a imagem transmitida pelo cristalino, constituindo-se no instrumento imediato e essencial da visão. → **retiniano** ou **retínico** *adj* (rel. ou pert. a retina).

re.tin.to *adj* **1**. Que se tingiu outra vez. **2**. De cor escura carregada.

re.ti.rar *v* **1**. Tirar (do lugar onde está); pôr fora: *a montadora retirou muitos quilos do carro, deixando-o mais leve e compacto*. **2**. Levantar, sacar: *retirar dinheiro do banco*. **3**. Recolher, tirar: *os homens-rãs estão retirando os corpos do rio, onde o ônibus caiu*. **4**. Desistir de: *retirar a candidatura à presidência*. **5**. Puxar para trás ou para si; tirar: *quando fui cumprimentá-la, retirou a mão*. **6**. Fazer sair de onde estava: *o comando da polícia retirou os guardas daquele local*. **7**. Desdizer-se de: *não retiro as acusações que fiz*. **8**. Deixar de conceder ou de dar: *os deputados retiraram o seu apoio ao governo*. **9**. Salvar, livrar: *retirei-o da miséria*. **retirar(-se) 10**. Ir, partir: *retirar(-se) para o exterior*. **11**. Bater em retirada: *as tropas (se) retiraram apressadamente*. **retirar-se 12**. Afastar-se: *retirei-me daquele círculo de pseudoamigos*. **13**. Deixar ou largar (emprego, profissão, etc.): *retirou-se da vida pública*. **14**. Recolher-se: *retirei-me ao quarto para descansar*. **15**. Sair, deixar: *retirei-me da sala, para não ter que ver aquelas cenas na televisão*. **16**. Viver em retiro: *os monges se retiram, para melhor alcançar a paz espiritual*. → **retiração**, **retirada** *sf* ou **retiro** *sm* [ato ou efeito de retirar(-se)].

re.to *adj* **1**. Que se estende ou se movimenta continuamente numa só direção; direito, sem curvas: *estrada reta*. **2**. Rigorosamente vertical ou horizontal: *o quadro está reto na parede?* **3**. Diz-se de ângulo de 90°. **4**. *Fig.* Honesto, íntegro, probo, direito: *finalmente um presidente reto*. /*f adv* **5**. Em linha reta; direto: *seguimos reto ou viramos à esquerda?* **6**. Direto, sem evasivas: *vamos direto ao assunto!* // *sm* **7**. Parte inferior do intestino grosso, de cerca de 12,7cm de comprimento. **8**. Página à direita de um livro aberto; anverso. · V. **retidão**. **Pronome reto**. Pronome pessoal que exerce a função de sujeito, predicativo do sujeito ou vocativo.

re.to.car *v* **1**. Tocar outra vez: *retoquei a campainha, mas ninguém atendeu*. **2**. Dar retoques em; corrigir ou ajeitar para melhorar: *retocar a maquiagem*. → **retoque** *sm* (**1**. ato ou efeito de retocar: *fez um retoque na maquiagem*; **2**. pequenas correções em obra já terminada ou em fase de acabamento; **3**. correção ligeira feita em fotografia, para melhorar sua qualidade).

re.to.mar *v* **1**. Tomar outra vez, recuperar, reocupar, reaver: *retomar um território perdido*. **2**. Passar a fazer novamente (algo interrompido): *retomar um assunto*. → **retomada** *sf* (ato ou efeito de retomar).

re.tor.cer *v* **1**. Tornar a torcer: *retorcer a roupa*. **2**. Torcer muitas vezes: *retorcer os fios do bigode*. **retorcer(-se) 3**. Contorcer(-se), torcer(-se) continuamente: *retorcer braços e pernas; a minhoca se retorce toda, quando descoberta*. → **retorção** *sf* [ato ou efeito de retorcer(-se)].

re.tó.ri.ca *sf* **1**. Arte do uso efetivo e persuasivo da fala e da escrita, mediante o uso de figuras de linguagem; arte de persuadir pelo discurso. **2**. Livro sobre essa arte. → **retoricismo** ou **retorismo** *sm* (abuso de retórica); **retórico** *adj* (rel. a retórica) e *sm* (aquele que é versado em retórica).

re.tor.nar *v* **1**. Causar a volta de, fazer voltar: *o vento era tão forte, que conseguia retornar o nosso carro!* **2**. Devolver, restituir: *todo corrupto deve retornar o dinheiro roubado e ir preso*. **3**. Dar retorno a recado, telefonema, etc.: *até agora ela não retornou à ligação; você já retornou ao telefonema dela?* **4**. Voltar (ao ponto de partida): *retornei ao escritório horas depois*. **5**. Voltar (a lugar onde já se esteve): *retornarei aos Estados Unidos proximamente*. **6**. Chegar novamente: *o médico só retornará amanhã*. → **retornável** *adj* (**1**. de que se pode retornar: *caminho retornável*; **2**. que pode retornar; reversível: *doença retornável*; **3**. que se deve retornar ou restituir: *vasilhame retornável*); **retorno** (ô) *sm* (**1**. ato ou efeito de retornar; **2**. a segunda consulta feita ao médico, para verificar a evolução do quadro clínico: *no retorno, os médicos não cobram a consulta*; **3**. nas estradas e vias urbanas, desvio por onde se pode voltar, sem cruzar a pista: *esta estrada tem vários retornos*; **4**. volta, perdão: *o fim do namoro não teve retorno*). ·· **Em retorno**. De volta: *Telefonei-lhe duas vezes, não a encontrei, e até agora ela não me ligou em retorno*.

re.tor.quir (o **u** pode soar ou não) *v* Responder vigorosamente, contrapondo ou contestando, ou à altura da ofensa; retrucar; replicar: *apanhado de surpresa, o ministro retorquiu que não responderia àquela pergunta*. · Conjuga-se por *abolir*. → **retorsão** *sf* (**1**. ato ou efeito de retorquir; réplica; **2**. contestação, refutação; **3**. represália, retaliação; **4**. em direito, legislação aplicada a estrangeiros, como represália de legislação análoga em seu país).

re.tra.ir *v* **1**. Recolher, puxar a si: *retrair a mão, ao perceber forte calor*. **2**. Contrair, encolher: *planta que retrai as folhas*. **3**. Recuar, retroceder: *retrair o time inteiro, para garantir o empate*. **4**. Inibir: *o enorme público retraiu o cantor*. **retrair-se 5**. Recuar, retroceder: *o time se retraiu instintivamente, porque o empate lhe servia*. **6**. Afastar-se, deixar: *retrair-se da vida pública*. **7**. Tornar-se retraído; acanhar-se: *à presença dos pais, ela se retrai*. · Conjuga-se por *cair*. → **retração** *sf* ou **retraimento** *sm* [ato ou efeito de retrair(-se)]; **retraído** *adj* (introvertido, tímido, acanhado).

re.tran.ca *sf* **1**. Correia que se usa em torno das coxas das cavalgaduras e se prende à sela. **2**. Em artes gráficas, letra, palavra ou frase escrita ao pé das provas tipográficas, para identificá-las. **3**. Em futebol, esquema de jogo fortemente defensivo: *treinador adepto da retranca*. **4**. Esse tipo de jogo; retaguarda: *time que só joga na retranca*. **5**. *P.ext.* Atitude ou posição defensiva: *é uma menina que, orientada pela mãe, vive na retranca no namoro*. **6**. Em náutica, uma das vergas do mastro de mezena. → **retrancar** *v* [**1**. trancar novamente ou muito bem; **2**. fazer jogar na retranca; **3**. pôr a retranca (2) em]; **retrancar-se** [jogar na retranca (3)].

re.trans.mi.tir *v* **1**. Tornar a transmitir: *retransmitir uma informação*. **2**. Reenviar (sinal de radiodifusão sonora ou de televisão): *retransmitir um jogo de futebol*. → **retransmissão** *sf* (ato ou efeito de retransmitir); **retransmissor** (ô) *adj* e *sm* (que ou aparelho de telecomunicações que retransmite automaticamente os sinais recebidos); **retransmissora** (ô) *sf* (estação que capta e retransmite ondas radielétricas).

re.tra.sa.do *adj Pop.* Diz-se de data imediatamente anterior à última passada: *isso foi na semana retrasada, e não na passada*.

re.tra.tar *v* **1**. Fotografar: *retratar os filhos, as misses*. **2**. Descrever exatamente: *a obra retrata a miséria do povo*. **3**. Refletir, espelhar: *esse gesto dela retrata a sua grandeza*. **4**. Revelar, manifestar: *sua expressão retrata preocupação*. **5**. Retirar (o que se disse): *o juiz o obrigou a retratar a acusação*. **retratar-se 6**. Revelar-se, manifestar-se: *a preocupação se retrata na expressão de seu rosto*. **7**. Voltar atrás, com certa formalidade e publicidade, do que disse antes: *como não quis retratar-se, foi punido*. → **retratação** *sf* [ato ou efeito de retratar(-se)].

re.trá.til ou **re.trác.til** *adj* Que se pode retrair; que pode ser puxado para trás e para dentro: *a cabeça das tartarugas é retrátil*. → **retratilidade** ou **retractilidade** *sf* (qualidade do que é retrátil). ·· **Unhas retráteis**. Unhas dos mamíferos (leão, tigre, gato, etc.) quando, no estado de repouso, se acham naturalmente adaptadas à parte superior dos dedos ou encravadas neles e como que escondidas na pele.

re.tra.to *sm* **1**. Representação da imagem de uma pessoa por fotografia, desenho, pintura ou gravura: *a rainha posou para o seu retrato*. **2**. *Fig.* Cópia fiel ou exata; clone: *essa menina é o retrato da mãe*. **3**. *Fig.* Exemplo perfeito; protótipo: *ela é o retrato da mulher submissa; meu chefe é o retrato da incompetência*. **4**. *Fig.* Qualquer descrição benfeita e precisa de algo: *o cientista fez um retrato de como estará o planeta amanhã*. → **retratista** *adj* e *s2gên* (que ou pessoa que tira ou faz retratos). ·· **Retrato falado**. Esboço fisionômico de uma pessoa procurada pela polícia, feito por profissional especializado, com base na descrição fornecida por testemunhas visuais. ·· **Tirar retrato**. Deixar-se fotografar.

re.tre.ta (ê) *sf* **1**. Formatura de soldados ao fim do dia, para verificação de ausências, antes do toque de recolher. **2**. Toque militar que anuncia tal formatura. **3**. *Pop.* Exibição de banda de música em praça pública. → **retretista** (trè) *adj* e *s2gên* (*pop.* que ou pessoa que toca em retreta).

re.tri.bu.ir *v* **1**. Gratificar, premiar: *é uma sociedade que castiga os justos e retribui os safados*. **2**. Recompensar, pagar: *achei os seus documentos, entreguei-os, e ele não me retribuiu*. **3**. Corresponder a: *retribuir um favor, uma visita; eu olhava, e ela retribuía ao meu olhar*. → **retribuição** *sf* (**1**. ato ou efeito de retribuir; **2**. remuneração de trabalho ou serviço prestado; pagamento; salário: *se você me fizer isso, lhe darei boa retribuição*; **3**. recompensa, compensação: *ajudei-o tanto e o que recebi em retribuição?*; **4**. reconhecimento e agradecimento de favor ou atenção recebida: *o carinho dos netos é a única retribuição que os avós desejam*; **5**. correspondência, princ. de um sentimento: *houve retribuição sua ao amor que sempre lhe dediquei?*).

re.tro *adv* Atrás, para trás.

re.trô *adj Pop.* Redução de *retrógrado*, diz-se de estilo, veículo, roupa, etc. novos, mas inspirados em épocas passadas: *o estilo retrô se tornou referência na decoração de interiores; moda* *retrô; carros retrô; vestidos retrô.* (Como se vê, não varia.) (Não se confunde com *vintage*.)

re.tro.a.gir *v* **1**. Ter efeito sobre o passado: *há leis que retroagem*. **2**. Modificar o que está feito: *neste ponto do voo, é impossível retroagir*. → **retroação** *sf* (ato ou efeito de retroagir); **retroatividade** *sf* (qualidade de retroativo); **retroativo** *adj* (que tem efeito sobre o passado).

re.tro.a.li.men.ta.ção *sf* Procedimento pelo qual parte do sinal de saída de um sistema é transferida para a entrada desse mesmo sistema, com o fim de diminuir, amplificar ou controlar a saída do sistema; realimentação, *feedback*. → **retroalimentar** *adj* (rel. a retroalimentação) e *v* (proceder à retroalimentação de; realimentar).

re.tro.a.ti.vo *adj* **1**. Válido ou operante em relação ao passado; que tem efeito sobre o passado: *lei retroativa; aumento salarial retroativo a janeiro*. **2**. Relativo ao passado: *nas campanhas eleitorais retroativas, as promessas dos candidatos eram feitas e, depois, cumpridas; e hoje?* → **retroação** *sf* (ato ou efeito de retroagir); **retroagir** *v* (**1**. ter efeito sobre o passado: *há leis que retroagem;* **2**. modificar o que está feito: *neste ponto da decolagem, é impossível retroagir*); **retroatividade** *sf* (qualidade de retroativo).

re.tro.ce.der *v* **1**. Voltar atrás; desistir: *retrocedi na decisão que tomei; ante a perspectiva de derrota, retrocedemos*. **2**. Deter-se ante um perigo ou obstáculo; recuar: *a quarentena na capital retrocedeu para a fase amarela, depois da alta nos casos de covid-19*. **3**. Ir para trás; recuar, retrogradar: *o guarda obrigou o motorista a retroceder, pois estava sobre a faixa de pedestres*. **4**. Regredir, tornar-se muito pior; involuir: *o nível de vida no país só retrocede*. → **retrocedimento**, **retrocesso** *sm* ou **retrocessão** *sf* (ato ou efeito de retroceder; retrogradação), de antôn. *avanço;* **retrocessivo** *adj* (que faz retroceder ou que causa retrocessão).

re.tró.gra.do *adj* **1**. Que retrograda ou se move para trás: *fluxo sanguíneo retrógrado; recebemos uma contraproposta retrógrada*. **2**. *Fig*. Ultrapassado, conservador: *pensamento retrógrado*. **3**. Em astronomia, diz-se do planeta que parece retroceder em sua órbita, visto da Terra. **4**. Que afeta a memória de um período anterior a um evento precipitante (como lesão cerebral ou doença): *amnésia retrógrada*. // *adj* e *sm* **5**. *Fig*. Que ou aquele que defende princípios conservadores ou é contrário ao progresso; conservador, reacionário, caturra. · Antôn. (4): *anterógrado*. (4): *progressista*. → **retrogradação** *sf* [**1**. ação ou efeito de retrogradar; retorno a um estado anterior ou primitivo; retrocesso; **2**. movimento reverso temporário aparente de um planeta (de leste para oeste); resultante do progresso orbital relativo da Terra e do planeta; **3**. órbita ou rotação de um planeta ou satélite planetário na direção reversa daquela normal no sistema solar; **4**. ocorrência em que o amido reverte ou retrograda para uma estrutura mais cristalina, após o resfriamento]; **retrogradar** *v* [**1**. recuar, retroceder: *retrogradar à Idade da Pedra;* **2**. fazer marchar ou caminhar em sentido oposto ao do progresso: *as drogas retrogradam a sociedade;* **3**. mover-se (astro) em sentido retrógrado]. ·· **Ejaculação retrógrada**. Fenômeno que consiste em o sêmen, que normalmente sai pela uretra, fluir em direção à bexiga, durante o orgasmo: *a ejaculação retrógrada é um efeito colateral comum da prostatectomia*.

re.tro.pro.je.tor (ô) *sm* Aparelho especial usado para projetar imagens, textos, etc., escritos ou impressos em transparência, sem escurecer o ambiente. → **retroprojeção** *sf* (projeção feita com o auxílio de um retroprojetor).

re.trós *sm* **1**. Fio de seda ou algodão enrolado em um cilindro, usado em costura. **2**. Esse cilindro. ·· **Retrós preto** (fig.). Graça que o ator ou a atriz faz, numa peça de teatro, que não causa nenhum riso da plateia; transformando-a em gracinha.

re.tros.pec.ti.va ou **re.tros.pe.ti.va** *sf* **1**. Análise de coisas ou tempos passados; retrospecto. **2**. Vista de olhos para o passado; retrospecto. **3**. Exposição ou mostra sintética do trabalho de um artista, ao longo de muitos anos, em vez de seu trabalho mais recente: *o museu está exibindo uma retrospectiva de Picasso*. **4**. Qualquer exibição ou apresentação que representa o trabalho de artista(s) ou intérprete(s) sobre a totalidade ou grande parte de sua carreira: *uma retrospectiva dos filmes de O Gordo e o Magro*. **5**. Reapresentação cronológica de fatos ocorridos: *a televisão faz retrospectiva do ano, em dezembro*. → **retrospecto** ou **retrospeto** *sm* [retrospectiva (1 e 2)].

re.tros.se.xu.al (x = ks) *adj* e *sm* **1**. Que o homem que gosta de realçar seu lado masculino, não levando em conta o senso estético nem gastando tempo ou dinheiro para cuidar da aparência e do estilo, marcando oposição ao metrossexual. // *adj* **2**. Relativo a retrossexualidade. → **retrossexualismo** (x = ks) *sm* (qualidade de quem é retrossexual). (A 6.ª ed. do VOLP não traz nem uma nem outra palavra.)

re.tro.ví.rus *sm2núm* Tipo de vírus que usa uma enzima para copiar seu genoma, de ácido ribonucleico (RNA) para a forma de ácido desoxirribonucleico (DNA): *o HIV é um retrovírus*.

re.tro.vi.sor (ô) *sm* **1**. Pequeno espelho usado na lateral dos veículos automotivos, para possibilitar visibilidade traseira ao motorista. // *adj* **2**. Diz-se desse espelho.

re.tru.car *v* Retorquir. → **retruque** *sm* (ato ou efeito de retrucar).

re.tum.bar *v* Ressoar com estrondo profundo: *os brados de liberdade retumbavam nas ruas romenas em 1989*. → **retumbância** *sf* (**1**. qualidade de retumbante; **2**. retumbo); **retumbante** *adj* (que retumba); **retumbo** *sm* (ato ou efeito de retumbar; retumbância).

re.tur.no *sm* Nos campeonatos esportivos, a segunda série de partidas ou o segundo turno, em que as equipes disputam os mesmos jogos, com inversão do mando de campo. · Antôn.: *turno*.

réu *sm* **1**. Aquele que é chamado a juízo para responder por ação civil (em que se opõe a *autor*) ou por ação penal (em que é o mesmo que *acusado*). **2**. Aquele que é responsável por ação criminosa praticada contra a humanidade ou o interesse de grande número de pessoas. · Fem.: *ré*.

reu.ma.tis.mo *sm* Nome genérico aplicado a várias afecções agudas e crônicas, caracterizadas por dores nos músculos, articulações e nervos. → **reumático** ou **reumatoide** (ói) *adj* (rel. a reumatismo ou de sua natureza) e *adj* e *sm* (que ou aquele que sofre de reumatismo); **reumatologia** *sf* (ramo da medicina que estuda o reumatismo); **reumatológico** *adj* (rel. a reumatologia); **reumatologista** *adj* e *s2gên* (especialista em reumatologia).

re.u.ni.fi.car *v* **1**. Unificar novamente: *reunificar as facções de um partido*. **reunificar-se 2**. Unificar-se novamente: *a Alemanha se reunificou em 1990*. → **reunificação** *sf* [ato ou efeito de reunificar(-se)].

re.u.nir *v* **1**. Unir outra vez: *reunir os políticos adversários*. **2**. Juntar, agrupar: *reunir os amigos para uma festa*. **3**. Reunir em si; ter, possuir: *ela reúne todas as condições para ocupar o cargo*. **4**. Fazer comunicar: *o canal do Panamá reúne os dois principais oceanos*. **5**. Combinar, juntar: *a mulher brasileira reúne a graça, a beleza e a simpatia*. **6**. Harmonizar, conciliar, unir: *guerra tem apenas uma virtude: reúne a sociedade*. **7**. Chamar, convocar: *o presidente reuniu o Ministério*. **reunir(-se) 8**. Constituir-se (grupo, assembleia, etc.) para funcionar e decidir: *a diretoria não (se) reunirá esta semana*. **reunir-se 9**. Unir-se, aliar-se: *reuni-me aos manifestantes*. **10**. Juntar-se, agrupar-se: *reunimo-nos na casa dela*. → **reunião** *sf* [**1**. ato ou efeito de reunir(-se); **2**. conjunto de pessoas que se juntam para um fim; sessão].

re.ur.ba.ni.zar(-se) *v* Tornar(-se) a urbanizar: *reurbanizar as favelas; as favelas se reurbanizarão até o final deste governo*. → **reurbanização** *sf* [ato ou efeito de reurbanizar(-se)].

re.u.ti.li.zar *v* **1**. Utilizar de novo, princ. para efeito de reciclagem: *reutilizar latinhas de cerveja*. **2**. Dar novo uso ou utilidade a: *reutilizar uma calça velha*. → **reutilização** *sf* (ato ou efeito de reutilizar).

re.va.li.dar *v* **1**. Validar novamente; tornar legal outra vez: *revalidar um diploma antes cassado*. **2**. Confirmar, ratificar: *a testemunha revalidou o depoimento*. → **revalidação** *sf* (**1**. ato ou efeito de revalidar; **2**. ato de prolongar a validade de bilhete de viagem ou qualquer outro documento de passagem).

re.van.che *sf* **1**. Vingança, desforra. **2**. Prova ou evento que se torna a disputar, a pedido do perdedor e com a concordância do vencedor. → **revanchismo** *sm* (tendência obstinada para a desforra); **revanchista** *adj* (rel. a revanchismo) e *adj* e *s2gên* (que ou pessoa que é dada ao revanchismo).

réveillon [fr.] **1**. Celebração da passagem do ano-novo. **2**. Passagem do ano. · Pl.: *réveillons*. · Pronuncia-se *Reveiom*.

re.vel *adj* **1**. Que se rebela contra alguma coisa; rebelde: *aluno revel*. **2**. Que recusa carinho ou cuidados; arredio, esquivo: *criança revel*. // *adj* e *s2gên* **3**. Em direito, que ou parte que, sendo citada, não comparece em juízo ou não apresenta defesa no prazo legal. · V. **revelia**.

re.ve.lar *v* **1**. Dar a conhecer (coisa muito reservada ou secreta): *revelar um segredo*. **2**. Denunciar: *revelar uma conspiração*. **3**. Indicar, demonstrar: *sua atitude revela coragem*. **4**. Descobrir, desvelar: *dar declarações sem revelar o rosto*. **5**.

Fazer conhecer pela revelação divina: *Deus revelou a tábua dos mandamentos a Moisés.* **6**. Divulgar; dar a conhecer: *a revista revelou os pormenores do escândalo.* **7**. Fazer aparecer (a imagem) na matriz fotográfica: *revelar uma foto.* **revelar-se 8**. Manifestar-se: *ela se revelou uma grande atriz.* **9**. Fazer-se conhecer sobrenaturalmente: *Deus se revelou através de Cristo e dos profetas.* · Antôn. (1, 4 e 6): *ocultar.* → **revelação** *sf* [**1**. ato ou efeito de revelar(-se); **2**. aquilo que é revelado; **3**. coisa que produz sensação geral, descoberta subitamente; **4**. *fig.* pessoa cujas qualidades excepcionais se descobrem subitamente].

re.ve.li.a *sf* **1**. Qualidade do ato de revel; rebeldia; desobediência ostensiva. **2**. Estado ou situação processual de revel; ausência do réu na audiência de julgamento. ·· **À revelia**. Sem audiência da parte revel; sem o comparecimento da parte do acusado: *A sentença foi dada à revelia. O processo correu à revelia.* ·· **À revelia de**. **1**. Sem o conhecimento ou o consentimento de (a parte interessada): *Agir à revelia dos pais.* Fazer uma compra *à revelia dos sócios.* **2**. Sem o comparecimento de (o réu ou a parte interessada): *O processo correu à revelia do réu.*

re.ven.der *v* Tornar a vender: *revender carros.* → **revenda** *sf* (**1**. ato ou efeito de revender; **2**. loja ou agência revendedora); **revendedor** (ô) *adj* e *sm* (que ou o que revende alguma coisa).

re.ver *v* **1**. Ver de novo: *quem revir o lance deste gol, vai comprovar que a bola não entrou na meta.* **2**. Examinar atentamente (com o intuito de modificar): *rever o código penal.* **3**. Fazer a revisão de; revisar: *rever as provas.* **4**. Recapitular: *vamos rever a lição!* **5**. Reconsiderar: *espero que o tribunal reveja a sua decisão.* **rever-se 6**. Conhecer a própria imagem ou qualidades; reconhecer-se: *um pai quase sempre se revê nos filhos.* · Conjuga-se por *ver.* · V. **revisão**.

re.ver.be.rar *v* **1**. Ser repetido (um som ou ruído alto) várias vezes, como um eco; repercutir, ressoar: *as cavernas reverberam; sua gargalhada reverberou pelo salão.* **2**. Ter um efeito ou impacto prolongado; repercutir por algum tempo; render: *a renúncia do presidente, em 1961, reverberou por bom tempo.* → **reverberação** *sf* [ato ou efeito de reverberar; repercussão, revérbero (1)]; **reverberante**, **reverberativo** ou **reverberatório** *adj* (que reverbera ou que tem a propriedade de reverberar); **revérbero** *sm* (**1**. reverberação, repercussão; **2**. reflexo ou efeito de luz, som ou calor; **3**. efeito reverberativo produzido em música gravada por meio eletrônico; **4**. aparelho que produz esse efeito).

re.ve.rên.cia *sf* **1**. Sentimento de respeito, acompanhado de veneração. **2**. Qualquer gesto que denota profundo respeito. → **reverencial** *adj* (**1**. rel. a reverência; **2**. diz-se de coisa caracterizada pela reverência ou respeito: *gesto reverencial*); **reverenciar** *v* (**1**. prestar culto a; cultuar, adorar, venerar: *os evangélicos não reverenciam imagens*; **2**. tratar com reverência ou respeito; respeitar, acatar: *reverenciar os mestres, os pais*; **3**. prestar homenagens a; homenagear: *a torcida reverencia seus ídolos*; **4**. cumprimentar ou saudar respeitosamente: *reverenciar as autoridades*); **reverencioso** (ô; pl.: ó) ou **reverente** *adj* (diz-se de pessoa ou coisa caracterizada pela reverência; respeitoso: *alunos reverenciosos com o professor; foi um ato reverente inclinar-se ante a princesa*), de antôn. *irreverente.*

re.ve.ren.do *adj* **1**. Digno de reverência ou respeito: *nunca me esqueci daquele reverendo mestre.* // *sm* **2**. Título de respeito que precede o nome de padres, sacerdotes e madre superiora (reverenda). → **reverendíssimo** *adj* [**1**. muito venerável; **2**. *pop.* enorme, imenso: *fiz uma reverendíssima bobagem*) e *sm* [tratamento dado a eclesiásticos (desde padre até arcebispo), de abreviatura **Rev.**ᵐᵒ].

re.ver.são *sf* **1**. Ato ou efeito de reverter. **2**. Restituição ao dono anterior; devolução. **3**. Retorno ao estado primitivo. **4**. Retorno do funcionário público ou do militar ao serviço ativo. **5**. Mudança de direção dos ventos e marés. **6**. Repetição, numa mesma oração, de palavra com sentido diferente. **7**. No vôlei e no futebol, retorno da posse de bola ao adversário, por causa de alguma falta cometida. **8**. Transformação, conversão: *a reversão de uma dependência de empregada a dormitório da família.* → **reversível** *adj* (**1**. passível de reversão; **2**. que pode retornar; retornável; **3**. que pode ser mudado) e *adj* e *sm* (que ou aposento que pode sofrer alteração de finalidade); **reverso** *adj* (**1**. do lado oposto ao direito; avesso; **2**. diz-se da madeira que tem nós) e *sm* (**1**. lado oposto ao direito; avesso; **2**. lado oposto ao anverso; **reverter** *v* [**1**. voltar (ao ponto inicial ou estado anterior); retornar: *o tratamento reverteu o estado do paciente*; **2**. fazer ter o movimento contrário; retroceder, voltar: *o feitiço reverteu para o feiticeiro*; **3**. voltar (para a posse de alguém): *a fazenda reverteu para os herdeiros legítimos*; **4**. redundar, converter-se: *a arrecadação toda da campanha reverteu em benefício dos pobres*; **5**. determinar

(uma coisa) para certa finalidade ou destino; destinar: *os atores reverteram o cachê que receberiam para uma instituição de caridade*); **revertério** *sm* [*pop.* reviravolta numa situação, de favorável para desfavorável, ou de boa para má; revés (4): *a felicidade era tanta, que nem passava pela minha cabeça a possibilidade de um revertério, que acabou ocorrendo.* ·· **Dar o revertério**. Acontecer o inverso do esperado ou do normal; levar a breca; desandar.

re.vés *sm* **1**. Parte oposta de uma coisa; lado contrário ao normal; avesso, reverso: *gosto mais do revés desse tecido que do direito.* **2**. Pancada ou golpe dado com as costas da mão: *levou um revés na fuça pela indiscrição.* **3**. Golpe dado em tênis e outros esportes de raquete, que consiste em levar esta do lado contrário ao braço que a sustém; pancada que se dá obliquamente: *tenista de ótimo revés.* **4**. Fato ou acontecimento imprevisto que reverte uma situação boa para má; revertério: *com a queda abrupta nas pesquisas de intenção de voto, o candidato sofreu um revés surpreendente; os reveses da fortuna.* **5**. Golpe provocado por alguma desgraça; comoção: *com a morte do filho, sofreu duro revés.* **6**. Qualquer contrariedade ou infortúnio; fatalidade: *é uma família que anda passando por frequentes reveses.* **7**. Derrota em competição, discussão, eleição, etc.; fracasso, insucesso: *com mais esse revés, o time caiu para a divisão inferior.* **8**. Mudança brusca que experimenta uma pessoa no estado de ânimo ou no trato com as pessoas: *é um chefe que tem uns reveses que ninguém entende.* **9**. Aspecto ruim ou desfavorável; desvantagem, inconveniente: *o revés da fama é não poder sair de casa anonimamente, como qualquer outro cidadão.*

re.ves.tir *v* **1**. Vestir de novo: *revestiu o agasalho, porque o frio voltara.* **2**. Vestir (traje de cerimônia): *o padre revestiu os paramentos.* **3**. Cobrir: *muita poeira revestia os móveis da casa; muita neve revestia o gramado.* **4**. Cobrir com revestimento; recobrir: *revestir a casa toda de papel de parede; revestir as ruas de asfalto.* **5**. Cobrir, enfeitando: *tapetes de flores revestem as ruas no dia de Corpus Christi.* **6**. Tomar, adquirir, assumir: *alguns prefixos revestem dupla forma.* **7**. Estender-se por sobre; cobrir: *a trepadeira revestiu todo o muro.* **8**. Dar aparência de: *revestir de seriedade uma reunião.* **9**. Guarnecer, armar: *revestir alguém de poderes.* **10**. Disfarçar, encobrir: *reveste sua angústia de fingida calma.* **revestir-se 11**. Vestir-se como requer certa situação: *nos tribunais, os juízes se revestem de suas togas.* **12**. Encher-se, cobrir-se: *revestir-se de coragem.* **13**. Aparentar, imitar: *a cerimônia se reveste de uma solenidade quase pagã.* **14**. Armar-se, munir-se: *revestiu-se da autoridade que tinha para agir.* → **revestimento** *sm* [ato ou efeito de revestir(-se)].

re.ve.zar(-se) *v* Substituir(-se) alternadamente; alternar(-se): *o treinador reveza os goleiros; os goleiros (se) revezam no decorrer dos jogos.* → **revezamento** *sm* [ato ou efeito de revezar(-se)].

re.vi.dar *v* Rebater ou vingar (ataque, agressão, etc.) de forma ainda mais violenta: *o jogador revidou o pontapé; nunca revide a uma agressão!* → **revide** *sm* (ato ou efeito de revidar).

re.vi.go.rar *v* **1**. Dar novo vigor a; robustecer, fortalecer: *revigorar a saúde.* **revigorar(-se) 2**. Adquirir novas forças; fortalecer-se: *no retiro, sua fé (se) revigorou.* → **revigoramento** *sm* [ato ou efeito de revigorar(-se)].

re.vi.rar *v* **1**. Virar de novo: *revirar a página.* **2**. Retorcer, revolver: *revirar os olhos.* **3**. Revolver, remexer: *revirar as gavetas.* **4**. Virar do avesso; desvirar: *revirar um casaco.* **revirar-se 5**. Virar muitas vezes; revolver-se: *revirar-se na cama.* → **reviramento** *sm* [ato ou efeito de revirar(-se)].

re.vi.ra.vol.ta *sf* **1**. Giro ou volta sobre si mesmo; pirueta. **2**. Mudança repentina; alteração brusca.

re.vi.são *sf* **1**. Ato ou efeito de rever. **2**. Exame atento, com o propósito de modificar. **3**. Reconsideração, reformulação. **4**. Recapitulação. **5**. Emenda, correção. **6**. Setor ou sala de uma editora, agência de propaganda, etc. onde se procede a esse trabalho de emenda ou correção. **7**. Conjunto dos funcionários que trabalham nesse setor. →

revisar *v* [**1**. fazer a revisão de, com a intenção de corrigir ou emendar; rever: *revisar um processo*; **2**. fazer a inspeção ou averiguação de; inspecionar: *revisar a bagagem dos turistas*; **3**. dar visto a: *revisar o passaporte*; **4**. recapitular, recordar: *o professor revisou toda a matéria*; **5**. reexaminar e modificar; reformular: *revisei minha opinião sobre esse assunto*; **6**. verificar periodicamente o funcionamento de (máquina ou instalação): *revisar o carro*]; **revisor** (ô) *adj* e *sm* (que ou aquele que faz revisão de alguma coisa).

re.vis.ta sf **1**. Ato ou efeito de revistar; exame criterioso. **2**. Inspeção de militares em formatura. **3**. Gênero e espetáculo teatral híbrido, com quadros de canto, dança, críticas aos fatos da atualidade, anedotas, atrações circenses, etc. **4**. Publicação geralmente periódica, brochada e ilustrada, em que se divulgam informações sobre assuntos gerais, em caráter de reportagem, para esclarecer os fatos de real interesse do público, auxiliando na sua reflexão. → **revistar** v (**1**. passar revista a: *revistar a tropa;* **2**. examinar criteriosamente: *revistar um selo antigo;* **3**. passar busca a: *revistem os bolsos dele!*); **revistaria** sf (lugar onde se vendem revistas), palavra sem registro na 6.ª ed. do VOLP; **revisteca** sf (revista sem valor nem importância).

re.vi.ta.li.zar v **1**. Fortalecer, revigorar: *revitalizar as energias.* **2**. Dar nova força, vigor, vitalidade ou aparência a: *revitalizar a economia, a pele; revitalizar um bairro.* → **revitalização** sf (ato ou efeito de revitalizar).

re.vi.ver v **1**. Relembrar, recordar: *reviver o passado, olhando fotos da juventude.* **2**. Reconstituir: *reviver um crime.* **3**. Reabilitar, pôr novamente em uso; revivificar: *reviver uma gíria.* **4**. Voltar a sentir: *depois de recuperar a saúde, reviveu o prazer de ir à praia.* **5**. Revigorar, revivificar: *os exercícios físicos reviveram-no.* **6**. Ressuscitar: *Cristo reviveu Lázaro.* **7**. Revigorar-se: *com as chuvas, a grama reviveu.* **8**. Manifestar-se novamente; reaparecer: *com o novo governo, reviveram todas as nossas antigas esperanças.* → **revivência** sf (qualidade de revivente); **revivente** adj (que revive).

re.vi.vi.fi.car v **1**. Dar nova vida ou vigor a; revigorar, reviver (5): *uma boa sauna revivifica qualquer pessoa.* **2**. Reviver (3): *esse costureiro revivificou a minissaia.* → **revivificação** sf (ato ou efeito de revivificar); **revivificador** (ô) adj (que revivifica), palavra que não consta na 6.ª ed. do VOLP.

re.vo.a.da sf **1**. Voo da ave que volta ao ponto de partida. **2**. Bando de aves em voo: *uma revoada de andorinhas, no final da tarde, causa lindo espetáculo.* **3**. Nuvem de cupins voando em torno de pontos luminosos: *a revoada de cupins aparece geralmente no início da estação das chuvas.* **4**. Voo conjunto de aeronaves em dias festivos: *uma revoada de aeronaves comemorará na cidade o Dia do Aviador.* **5**. Fig. Grande número de pessoas em intensa movimentação ou agitação: *escândalos e pesquisas desfavoráveis provocaram uma revoada no ninho tucano.* **6**. Fig. Grande quantidade de coisas que se espalham pelo ar: *uma revoada de pipas.* **7**. Fig. Grande quantidade de (coisas abstratas); profusão, abundância: *uma revoada de maus pensamentos.* → **revoar** v [**1**. voar novamente; dar segundo voo; **2**. voar alto: *os condores revoam;* **3**. voar (a ave) em circunvoluções frequentes e rápidas, voltando ao ponto de partida; **4**. *fig.* pairar], que se conjuga por *abençoar;* **revoo** sm (ato ou efeito de revoar).

re.vo.gar v Anular ou abolir totalmente (lei atual, para retorno à anterior): *o Congresso revogou essa lei.* → **revogação** sf (ato ou efeito de revogar); **revogador** (ô) adj e sm (que ou o que revoga); **revogante** adj (que revoga; revogador); **revogatório** ou **revogatório** adj (**1**. rel. a revogação; **2**. que revoga ou invalida uma norma ou resolução anterior); **revogatório** adj (**1**. revogativo; **2**. que tem o poder de revogar).

re.vol.ta sf **1**. Ato ou efeito de revoltar(-se). **2**. Movimento destinado a subverter a ordem estabelecida. **3**. Justa indignação. → **revoltado** adj e sm (**1**. que ou aquele que se revoltou (por motivo considerado justo ou sério); revoltoso, rebelde: *as tropas revoltadas se renderam; os revoltados depuseram as armas;* **2**. que ou aquele que está tomado por grande repulsa; indignado: *o povo está revoltado contra o excesso de impostos;* **3**. que ou aquele que é rebelde, indócil ou insubmisso: *sala de alunos revoltados; os revoltados de uma turma;* **4**. que ou aquele que é inconformado com sua condição física, financeira, etc., por considerá-la a causa de sua preterição social: *esse sujeito é um revoltado desde criança, por isso é assim tão agressivo*); **revoltante** adj (que causa revolta, repulsa ou indignação: *crime revoltante*); **revoltar** v [**1**. revolucionar (1): *revoltar um país inteiro;* **2**. incitar à revolta: *a derrota humilhante revoltou a torcida contra o treinador;* **3**. causar repulsa ou revolta a; provocar em (alguém) um sentimento de raiva por um ato ou um fato que ofende ou humilha; indignar: *a corrupção revolta o povo*]; **revoltar-se** (**1**. tomar parte em revolta: *revoltar-se contra o regime;* **2**. mostrar raiva por um ato ou um fato que ofende ou humilha; indignar-se: *revoltar-se contra a justiça, que não pune ninguém e ainda solta bandidos*); **revoltoso** (ô; pl.: ó) adj e sm [revoltado (1)].

re.vol.to (ô) adj **1**. Diz-se do mar muito agitado, tormentoso. **2**. Que está em desalinho; desalinhado, desgrenhado: *cabelos revoltos.* **3**. Remexido, revirado: *voltando de viagem, encontramos a casa toda revolta.* **4**. Retorcido, recurvo: *bigodes revoltos.* **5**. Fig. Muito agitado; tumultuado: *tempos revoltos.* **6**. Fig. Irritado, exaltado: *ele já amanheceu revolto.*

re.vo.lu.ção sf **1**. Movimento de um astro em redor de outro (em oposição à *rotação*); translação. **2**. Tempo gasto nesse movimento. **3**. Qualquer movimento de rotação em torno de um eixo. **4**. Modificação radical das instituições políticas, sociais e econômicas de um Estado, geralmente acompanhada de violência armada (costuma usar-se inicial maiúscula, nesta acepção). **5**. Revolta ou insurreição generalizada, com troca de governo, geralmente mediante golpe de Estado. **6**. Mudança rápida e completa de qualquer tipo ou natureza. → **revolucionar** v [**1**. promover uma revolução em; revoltar (1): *revolucionar o país;* **2**. *fig.* transformar completamente; inovar radicalmente: *a informática revolucionou a vida da humanidade; essa teoria revolucionará toda a ciência*]; **revolucionário** adj [**1**. rel. ou pert. a revolução: *grito revolucionário; junta revolucionária;* **2**. próprio de revolução (1): *órbita revolucionária;* **3**. *fig.* que causa mudança repentina e total; completamente novo e de ótimo efeito: *a informática provocou mudanças revolucionárias em nossas vidas; a penicilina foi uma droga revolucionária;* **4**. *fig.* radicalmente novo e diferente: *é um modo revolucionário de fazer política; design revolucionário*] e adj e sm (**1**. que ou aquele que prega uma revolução ou luta armada; subversivo: *militante revolucionário;* **2**. que ou aquele que promove mudanças radicais ou grandes alterações em qualquer atividade; inovador: *ele foi um revolucionário no jornalismo*), de antôn. (1) *reacionário*.

re.vol.ver v **1**. Remexer, agitar: *o vento revolve as folhas das árvores.* **2**. Cavar, revirar: *revolver a terra, à procura de minhocas.* **3**. Examinar ou investigar criteriosamente: *revolver um arquivo.* **4**. Revirar: *revolver os olhos.* **revolver-se 5**. Revirar-se: *revolver-se na cama.* **6**. Passar; decorrer (tempo): *revolveu-se o tempo, e ninguém foi para a cadeia.* → **revolvimento** sm [ato ou efeito de revolver(-se)].

re.vól.ver sm **1**. Arma de fogo portátil, de pequeno porte, munida de um cilindro (que revolve), onde se colocam as balas. **2**. P.ext. Instrumento que, acionado por ar comprimido, serve para pintar.

re.zar v **1**. Dizer (orações) em voz baixa ou apenas interiormente; orar: *rezar uma ave-maria.* **2**. Celebrar ou oficiar (missa). **3**. Fazer súplica sincera a (uma divindade); implorar, orar: *os nordestinos rezam por chuva; ela rezou pelo perdão dele.* **4**. Endereçar um pedido solene ou expressão de agradecimento a uma divindade, orar: *estamos rezando por você.* **5**. Fig. Estabelecer, determinar, preceituar: *o estatuto reza que fumar aqui é proibido; como reza o programa, é proibido soltar fogos de artifício.* → **reza** sf (**1**. ato ou efeito de rezar; **2**. oração feita por obrigação ou por devoção; **3**. missa da tarde).

ri.a.cho sm Corrente de água maior que o regato e menor que o ribeiro.

ri.bal.ta sf **1**. Fileira de refletores que ficam à frente do palco, num teatro, entre o pano de boca e a orquestra (hoje em desuso). **2**. P.ext. Parte dianteira do palco; proscênio. **3**. Fig. Atividade teatral; teatro: *ela sonha com a ribalta.* ·· **Voltar à ribalta**. Ressurgir, reaparecer: *Sarney ainda voltou à ribalta da vida nacional depois de um fiasco na presidência.*

ri.ban.cei.ra sf **1**. Margem elevada de um rio; barranco. **2**. Despenhadeiro, precipício.

ri.bei.ra sf **1**. Abundante curso de água, menos largo e profundo que o rio, navegável ou não, entre margens próximas. **2**. Terra baixa, coberta de água no inverno e descoberta no verão.

ri.bei.ro sm Pequena corrente de água saída de uma fonte e menor que a ribeira. → **ribeirão** sm (corrente de água maior que o ribeiro e menor que o rio); **ribeirinho** adj (que se encontra às margens de rios ou ribeiras: *vegetação ribeirinha*) e adj e sm (que ou aquele que mora às margens de um rio ou ribeiro: *população ribeirinha; os ribeirinhos pescam diariamente*).

rí.ci.no sm **1**. Planta de cujas sementes se extrai um óleo purgativo; mamona. **2**. Esse óleo. ·· **Óleo de rícino** (ou **de mamona**). Óleo das sementes da mamona, usado como purgante.

ri.co adj e sm **1**. Que ou aquele que possui bens ou haveres que excedem as suas necessidades; que ou aquele que é abastado: *a cada ano aumenta a distância entre ricos e pobres.* // adj **2**. Que tem muitos recursos naturais valiosos ou uma pujante economia: *o Brasil é um país rico, de população pobre.* **3**. Fig. Abundante, farto: *fruta rica em* *vitaminas; texto rico em figuras metafóricas; pessoa de rico vocabulário.* **4.** *Fig.* De muito valor; valioso: *ele tem uma rica coleção de carros antigos.* **5.** *Fig.* Fecundo, fértil: *solo rico.* **6.** *Fig.* Gratificante: *formar um filho é uma rica experiência.* **7.** *Fig.* Intenso, profundo, vívido: *um vermelho rico.* **8.** *Fig.* Luxuoso, magnífico, esplêndido: *trajava rica jaqueta de brocado; casa de rica mobília.* **9.** *Fig.* Diz-se de bebida de sabor forte, agradável, encorpado: *vinho de rico aroma.* **10.** *Fig.* Diz-se da mistura em um motor de combustão interna que contém alta proporção de combustível. **11.** *Fig.* Cheio de eventos ou experiências emocionantes; interessante: *a rica história desse país.* **12.** *Fig.* Altamente produtivo: *mina rica.* **13.** *Fig.* Exuberante, opulento: *rica pastagem.* · Aum. (1): *ricaço.* · Antôn.: *pobre.* · V. **riqueza.**

ri.co.che.te (ê) *sm* Desvio de um corpo ou de um projétil qualquer, depois do choque ou do impacto. → **ricochetar** ou **ricochetear** *v* (saltar de ricochete: *a bala ricocheteou e quase atinge inocentes*), que se conjuga por *frear.* · **De ricochete. 1.** Por tabela (no bilhar). **2.** *Fig.* Indiretamente: *As críticas me atingiram de ricochete.*

ri.co.ta *sf* Queijo mole italiano, semelhante ao requeijão fresco, produzido a partir do soro do leite coalhado.

ri.dí.cu.lo *adj* **1.** Que provoca riso de zombaria ou escárnio. **2.** De pouco valor; irrisório, insignificante. **3.** Que não pode levar a sério. // *sm* **4.** Defeito pelo qual uma pessoa ou coisa se torna digna de riso, de zombaria. **5.** Maneira ridícula de ser ou de proceder. → **ridicularização** ou **ridiculização** *sf* [ato ou efeito de ridicularizar(-se)]; **ridicularizar** ou **ridiculizar** *v* (expor ao ridículo: *ridicularizar os colegas*); **ridicularizar-se** ou **ridiculizar-se** (tornar-se ridículo: *ele se ridiculariza vestindo-se dessa forma*).

ri.fa *sf* Espécie de loteria em que os prêmios são objetos, e não dinheiro. → **rifar** *v* (fazer rifa de: *rifar um carro*).

ri.fão *sm* Dito popular; provérbio (p. ex.: *quem tudo quer tudo perde*). · Pl.: *rifões* ou *rifães.*

ri.fi.fi *sm Pop.* Rolo, confusão, rebu, tumulto, sururu: *o jogo acabou em rififi.*

ri.fle *sm* Espingarda de repetição; fuzil.

rí.gi.do *adj* **1.** Que não verga por causa da dureza que tem; inflexível, rijo: *plástico rígido.* **2.** Rijo (2): *madeira rígida.* **3.** Firmemente fixado ou estabelecido: *móveis rígidos.* **4.** Rigoroso (1): *árbitro rígido.* · Antôn. (1): *flexível, maleável*; (2): *mole.* → **rigidez** (ê) *sf* (qualidade ou estado de rígido: *a rigidez do aço; a rigidez de horário*), de *afim. flexibilidade.*

ri.gor (ô) *sm* **1.** Severidade absoluta; inflexibilidade ou dureza extrema. **2.** Falta de carinho ou meiguice; aspereza, rudeza. **3.** Precisão, exatidão. **4.** Cuidado extremo; escrúpulo. **5.** Rigorosa observação da etiqueta. **6.** Alto grau de intensidade do frio ou do calor. · Antôn. (1): *brandura*; (2): *meiguice*; (4): *tolerância.* → **rigoroso** (ô; pl.: ó) *adj* (**1.** que age com rigor ou rígida severidade; atento às suas obrigações; rígido, severo: *professor rigoroso; árbitro rigoroso*; **2.** caracterizado pelo rigor ou rígida severidade; duro: *precisamos de leis mais rigorosas contra bandidos*; **3.** extremamente inclemente; hostil: *inverno rigoroso*; **4.** extremamente cuidadoso ou minucioso; escrupuloso: *procedeu-se a rigorosas investigações sobre o crime*; **5.** exato, preciso: *qual é a definição rigorosa de felicidade?*).

ri.jo *adj* **1.** Que não é flexível ou maleável; inflexível, duro: *plástico rijo.* **2.** Difícil de penetrar; rígido: *madeira rija.* **3.** Muito forte; intenso: *vento rijo.* **4.** Cheio de saúde; robusto: *aos setenta anos continua rijo e forte.* → **rijeza** (ê) *sf* (qualidade ou estado de rijo).

rim *sm* **1.** Cada um dos dois órgãos ou vísceras que secretam a urina, pela qual são expulsas as impurezas do sangue. **2.** Essa víscera, de certos animais, usada como alimento humano. · V. **renal.**

ri.ma *sf* Identidade ou semelhança de sons, a partir da vogal tônica, entre duas ou mais palavras. → **rimar** *v* (**1.** fazer a rima de; **2.** formar rima); **rimático** ou **rímico** *adj* (rel. ou pert. a rima).

rí.mel *sm* Cosmético para dar cor e volume aos cílios e supercílios.

rin.ça.gem *sf* Tratamento ou procedimento estético que consiste em enxaguar rapidamente os cabelos com produto apropriado, para lhes dar brilho ou coloração suave, sem alterar os fios brancos. → **rinçar** *v* (fazer rinçagem em).

rin.cão *sm* **1.** Região longínqua, bastante afastada das cidades e regiões civilizadas: *o candidato percorreu todos os rincões do país.* **2.** *Pop.* Lugar do campo bem protegido,

cercado de mata ou de regatos, no qual se deixam os animais a pastar. **3.** *Pop.* RS Lugar onde alguém nasceu ou mora. **4.** Em arquitetura, canto interior formado entre dois planos ou duas paredes. **5.** Interseção de duas águas de um telhado, que formam um ângulo saliente. → **rinconista** *s2gên* [**1.** morador de rincão; **2.** pastor de animais em rincão (2)].

rin.char *v* Relinchar. → **rincho** *sm* (voz do cavalo; relincho).

rin.gir *v* **1.** Ranger (os dentes). **2.** Ranger, chiar: *essa porta ringe muito.*

ringtone [ingl.] *sm* Tom musical que substitui a campainha tradicional, nos telefones celulares. · Pl.: *ringtones.* · Pronuncia-se *ring-tôuN* (o *r* soa brando, pronunciado com a língua no céu da boca).

rin.gue *sm* Tablado alto, quadrado e circundado por três cordas, no qual se realizam lutas de boxe, luta livre, etc.

ri.nha *sf* **1.** Briga de galos. **2.** Lugar onde se promovem brigas de galos.

ri.ni.te *sf* Inflamação da mucosa nasal.

ri.no.ce.ron.te *sm* Quadrúpede selvagem de grande porte, da Índia e da África, mamífero, herbívoro, que tem um chifre (o da Índia) ou dois chifres (o da África) no focinho. · Fêmea: *abada.* (Usa-se também como nome epiceno: *o rinoceronte macho, o rinoceronte fêmea.*)

rin.que *sm* **1.** Pista de gelo própria para patinação ou hóquei no gelo. **2.** *P.ext.* Local ou edifício com essa pista.

ri.o *sm* **1.** Qualquer grande curso de água doce, de leito definitivo, que flui colina abaixo com a força da gravidade e deságua em lago, rio ou mar: *o maior rio do mundo é o Amazonas, com 6.992km.* **2.** *Fig.* Qualquer fluxo abundante e semelhante: *rio de lava; rios de lama desceram pela encosta.* **3.** *Fig.* Quantidade considerável de qualquer líquido que verte; fluxo abundante de fluido: *rios de suor escorrem pelo seu rosto; rios de lágrimas ela chorou pela perda do ser amado.* **4.** *Fig.* Quantidade considerável de qualquer coisa; abundância: *gastar rios de dinheiro; tomou rios de café.* · Dim. (1): *regato, riacho* e *ribeiro.*

Rio Branco *sf* Capital mais ocidental do país e a maior cidade do estado do Acre. → **rio-branquense** *adj* e *s2gên*, de pl. *rio--branquenses.*

Rio de Janeiro *loc sm* **1.** Estado da Região Sudeste do Brasil. · Abrev.: **RJ.** → **fluminense** *adj* e *s2gên* // *loc sf* **2.** Capital e a maior cidade do estado do Rio de Janeiro. → **carioca** *adj* e *s2gên.*

Rio Grande do Norte *loc sm* Estado da Região Nordeste do Brasil. · Abrev.: **RN.** → **potiguar**, **norte-rio-grandense** ou **rio--grandense-do-norte** *adj* e *s2gên*, de pl., respectivamente, *potiguares*, *norte-rio-grandenses* e *rio-grandenses-do-norte.*

Rio Grande do Sul *loc sm* Estado da Região Sul do Brasil. · Abrev.: **RS.** → **gaúcho** *adj* e *sm*, **rio-grandense-do-sul** ou **sul--rio-grandense** *adj* e *s2gên*, de pl., respectivamente, *gaúchos*, *rio-grandenses-do-sul* e *sul-rio-grandenses.*

ri.pa *sf* Pedaço estreito e comprido de madeira; sarrafo. → **ripagem** *sf* ou **ripamento** *sm* (ação ou efeito de ripar); **ripar** *v* (**1.** pregar ripas em: *ripar uma porteira*; **2.** gradear com ripas: *ripar um vão de janela*; **3.** serrar, formando ripas: *ripar um carvalho*; **4.** *pop.* meter a ripa em; espancar, surrar: *a polícia ripou o ladrãozinho*; **5.** *fig.* falar mal de; criticar: *o jornalista ripou o governo*).

ri.pon.ga *s2gên Gír.Pej.*RJ Hippie: *a egrégia faculdade de Direito, que antes exigia terno e gravata para assistir às aulas, hoje é frequentada por ripongas.*

ri.que.za (ê) *sf* **1.** Qualidade ou condição de ser rico: *ostentar a riqueza é próprio de novo-rico.* **2.** Classe das pessoas ricas: *a riqueza não se importa com o preço dos combustíveis.* **3.** Qualidade do que é caro ou do que aparenta ser caro: *a riqueza dos móveis da casa dela impressiona.* **4.** Bens materiais, dinheiro, propriedades: *acumular riqueza.* **5.** Objetos de grande valor: *as riquezas do Louvre.* **6.** Produtos da atividade econômica de uma comunidade: *a circulação de riquezas é que produz uma economia forte.* **7.** Recursos de um país: *a distribuição da riqueza.* **8.** O que por si só tem certo valor: *riquezas literárias; país de grande riqueza artística.* **9.** *Fig.* Grande quantidade; fartura, abundância: *descreveu o crime com riqueza de detalhes; jardim com riqueza de flora; escritor com riqueza de vocabulário.* **10.** *Fig.* Qualidade interessante ou significativa: *a riqueza de Paris é sua vida cultural; a riqueza e a diversidade da floresta amazônica.* **11.** *Fig.* Imponência, ostentação, suntuosidade, luxo: *a riqueza dos adornos carnavalescos impressiona turistas.* **12.** *Fig.*

Fertilidade, fecundidade: *a riqueza petrolífera da Venezuela*. **13**. Em ecologia, número de indivíduos de uma espécie em determinada área. **14**. Razão entre o volume de ar admitido e o volume de combustível introduzido simultaneamente em um motor de combustão interna. · Antôn.: *pobreza*.

rir *v* **1**. Fazer troça de; troçar, zombar, gozar: *ela riu de mim*. **2**. Não levar a sério: *há filhos que riem dos conselhos dos pais, mas não tardam a se arrepender*. **3**. Mostrar-se risonho ou simpático; sorrir: *o professor não ri para aluno nenhum*; *é preciso rir para os fregueses*. **4**. Gostar ou achar graça, dando risos ou gargalhadas: *as crianças riem dos palhaços*. **5**. Dar risada: *ri muito naquela noite*. **6**. Mostrar-se satisfeito: *na vitória, ele ri e pula de alegria*; *na derrota, chora como criança*. **7**. Fazer gracejos ou gozações; gracejar: *recebeu a punição rindo*. **8**. Soltar a sua voz (princ. a hiena). // *sm* **9**. Riso: *o rir dele não era normal, não era espontâneo*. · Antôn. (1, 4 a 6 e 8): *chorar*. · Conj.: *rio, ris, ri, rimos, rides, riem* (pres. do ind.); *ria, rias, ria, riamos, riais, riam* (pres. do subj.). Nas outras formas, é regular. → **risada** *sf* (**1**. ato ou efeito de rir: *ao dar sua risada, ela mostrou a falha dentária*; **2**. riso forte e espalhafatoso; gargalhada; **3**. riso de muita gente ao mesmo tempo: *o caco do ator provocou risada da plateia*); **riso** *sm* (ato ou efeito de rir), de antôn. *choro*; **risonho** *adj* (**1**. que vive rindo ou que ri à toa; sorridente; **2**. *fig*. esperançoso, promissor: *ter futuro risonho*; **3**. *fig*. agradável, prazeroso: *teve um dia risonho com a família*), de antôn. (1) *tristonho, macambúzio*, (2) *perdido* e (3) *decepcionante*.

ris.co *sm* **1**. Risca (1). **2**. Mal provável, com possibilidade de sucesso: *quem joga na loteria corre o risco de perder o dinheiro, mas também de ganhar a bolada*. **3**. Possibilidade de um acontecimento prejudicial à saúde, à vida de alguém, etc.; possibilidade de perigo físico: *a aventura envolvia riscos*. → **risca** *sf* [**1**. linha ou traço feito com qualquer objeto pontiagudo; risco (1); **2**. sinal com que se marcam as divisórias de um campo esportivo; **3**. separação reta do cabelo, feita com pente; **4**.*p.ext*. qualquer lista ou faixa]; **riscado** *adj* (que se riscou) e *sm* (tecido de algodão ou de linho com riscas de cor); **riscador** (ô) *adj* e *sm* (que ou o que risca) e *sm* (instrumento de riscar); **riscadura** *sf*, **riscamento** ou **risco** *sm* (ação ou efeito de riscar); **riscar** *v* (**1**. fazer riscas ou riscos em: *riscar uma folha de papel*; **2**. apagar ou encher com riscos: *riscar o nome de alguém numa lista de convidados*; **3**. eliminar, suprimir: *a bomba riscou a cidade do mapa*; **4**. acender, friccionando: *riscar um palito de fósforo*). ·· **À risca**. Ao pé da letra; rigorosamente: *Seguir à risca as instruções recebidas*. ·· **Entender do riscado**. Conhecer bem o assunto; ser competente no assunto.

ri.so.to (ó) *sm* Prato italiano feito à base de arroz cozido com manteiga e queijo parmesão ralado.

rís.pi.do *adj* **1**. Grosseiro no trato; grosso, intratável: *chefe ríspido*. **2**. Caracterizado pela grosseria ou rudeza: *homem de modos ríspidos*. · Antôn. (1): *suave, brando*; (2): *suave, agradável*. → **rispidez** (ê) ou **rispideza** (ê) *sf* (qualidade de ríspido), de antôn. *suavidade, brandura*.

ris.so.le *sm* Pequeno pastel de massa cozida, passado na farinha de rosca e frito, com recheio a escolher: palmito, queijo, carne, camarão, etc. (Cuidado para não usar "risólis"!)

ris.te *sm* Peça metálica em que o cavaleiro apoia a extremidade inferior da lança, na ocasião de investir. ·· **Em riste**. Em posição erguida, como que ameaçando um ataque.

rit.mo *sm* **1**. Elemento temporal da música, devido à sucessão e à relação entre os valores de duração: *acompanhar o ritmo durante a dança*. **2**. Forma ou padrão rítmico característico: *bolero em ritmo de bossa nova*. **3**. Movimento periódico e regular: *o ritmo cardíaco, o ritmo das ondas*. **4**. Retorno, em intervalos regulares no tempo, de um fato ou fenômeno: *o ritmo das estações*. **5**. Sucessão de atividades mais ou menos regulares: *um intenso ritmo de trabalho*. **6**. Velocidade em que determinada ação ou processo ocorre: *o ritmo de vida, o ritmo de produção de uma indústria; as entregas de correspondências dos Correios estão em ritmo normal*. **7**. Sucessão, com intervalos regulares, de sílabas tônicas ou átonas, num verso ou poema; música no verso. → **ritmar** *v* (dar ritmo a; cadenciar), cujas formas rizotônicas têm tonicidade na primeira sílaba: *rit*; **rítmico** *adj* (**1**. rel. a ritmo; **2**. que tem ritmo; ritmado); **ritmista** *adj* e *s2gên* (**1**. especialista em instrumentos de percussão; percussionista; **2**. nas escolas de samba, que ou sambista que marca o ritmo da batucada).

ri.to *sm* **1**. Conjunto de regras e cerimônias praticadas em uma comunidade religiosa, prescritas para a celebração de um culto; liturgia: *o rito romano; o rito ortodoxo*. **2**. Conjunto de regras que regem a condução de uma celebração litúrgica; cerimonial, ritual. **3**. Comportamento específico, repetido e invariável de alguém ou de um grupo, na realização de determinada atividade; costume, hábito, protocolo. **4**. Em certas sociedades, ato ou cerimônia mágica, de natureza repetitiva, cujo objetivo é dirigir uma força oculta para uma determinada ação. **5**. Conjunto das cerimônias e regras cerimoniais de cada sistema maçônico. **6**. *Fig*. Qualquer prática já costumeira: *o rito da conquista de uma mulher*. → **ritual** *adj* (**1**. rel., sem. ou pert. a rito; **2**. praticado como rito: *danças rituais*) e *sm* (**1**. forma estabelecida de uma cerimônia religiosa; culto, liturgia; **2**. livro que contém os ritos religiosos e as formas cerimoniais; **3**. conjunto de regras a ser seguidas; protocolo, cerimonial: *o ritual de posse do presidente da República*; **4**. código de conduta social, como o aperto de mãos em saudação); **ritualismo** *sm* (**1**. conjunto dos ritos de uma igreja; **2**. prática de um ritual religioso; **3**. apego excessivo a rituais, cerimônias, formalidades); **ritualista** ou **ritualístico** *adj* (rel. a ritual ou a ritualismo); **ritualista** *adj* e *s2gên* (**1**. que ou pessoa que estuda um ritual ou é autoridade no assunto; **2**.*p.ext*. que ou pessoa que é apegada a rituais, cerimônias, etiquetas, protocolos). ·· **Rito de iniciação**. Aquele em que alguém é admitido em uma seita ou ordem. ·· **Rito de passagem**. **1**. Ritual que, nas sociedades primitivas, marcava a passagem de um indivíduo de uma etapa ou condição social para outra. **2**. Celebração que marca mudança de *status* de alguém no seio de sua comunidade: *Os mais importantes ritos de passagem são os ligados a nascimento, casamento, mortes e formaturas*.

ri.val *adj* e *s2gên* **1**. Que ou pessoa que compete em pretensões amorosas. **2**. Que ou pessoa que compete com outro nos objetivos, tentando igualar-se a ele ou ultrapassá-lo; competidor(a). **3**. Que, que o que é igual ou quase igual a outro em alguma coisa. → **rivalidade** *sf* (**1**. competição entre pessoas que desejam a mesma pessoa ou a mesma coisa; concorrência que fazem indivíduos ou coletividades que pretendem a mesma coisa; competição, emulação: *a rivalidade entre dois famosos conquistadores; a rivalidade entre dois times de futebol*; **2**. animosidade entre duas ou mais pessoas; desentendimento, rixa: *a rivalidade entre torcidas*); **rivalizar** *v* (**1**. competir: *no séc. XVI, a Espanha rivalizava com Portugal nos descobrimentos*; **2**. igualar-se em qualidade: *este vinho rivaliza com os melhores do mundo*; **3**. ser rival: *a mãe quer rivalizar com a filha!*).

ri.xa *sf* **1**. Discórdia rancorosa surgida de antigas desavenças; diferença. **2**. Qualquer desavença ou discórdia que às vezes degenera em agressão física. → **rixar** *v* (ter rixas com alguém); **rixento** *adj* (dado a rixas).

ri.zi.cul.tor (ô) *sm* Orizicultor. → **rizicultura** *sf* (v. **orizicultura**).

ri.zó.fa.go *adj* Que se alimenta de raízes. → **rizofagia** *sf* (prática de se alimentar de raízes); **rizofágico** *adj* (rel. a rizofagia).

ri.zo.ma *sm* Caule, geralmente subterrâneo, que desenvolve simultaneamente raízes e rebentos em diversos pontos de sua extensão. → **rizomático** *adj* (rel. a rizoma); **rizomatoso** (ô; pl.: ó) *adj* (sem. a rizoma ou que o contém).

ri.zo.tô.ni.co *adj* Diz-se das formas verbais cuja tonicidade se encontra no radical (p. ex.: *a*mo, *a*mas, *a*ma, *a*mam). · Antôn.: *arrizotônico*.

RNA *sm* Sigla inglesa de ribo*n*ucleic *a*cid = ácido ribonucleico (ARN), molécula responsável pelo transporte da informação genética do DNA.

roadie ou **roady** [ingl.] *s2gên* Pessoa encarregada de cuidar dos instrumentos de uma banda de *rock* em suas viagens e espetáculos. · Pl.: *roadies*. · Pronuncia-se *rôudi* (o *r* soa brando, pronunciado com a língua no céu da boca).

roadster [ingl.] *sm* Automóvel conversível de apenas dois lugares, provido de santantônios. · Pl.: *roadsters*. · Pronuncia-se *rôudstar* (o *r* inicial soa brando, pronunciado com a língua no céu da boca).

roaming [ingl.] *sm Telefonia Celular* Tipo de serviço que possibilita que os usuários utilizem seus aparelhos fora de sua área de cobertura (quando estão em outra cidade ou em outro Estado). · Pl.: *roamings*. · Pronuncia-se *rôumin* (o *r* soa brando, pronunciado com a língua no céu da boca).

ro.ba.lo *sm* Peixe marinho de grande porte (chega a ter 1,20m de comprimento e a pesar 15kg), cor plúmbea, de peito e ventre brancos, muito apreciado por sua carne, de primeira qualidade. **2**. Essa carne, muito estimada na alimentação humana.

robe [fr.] *sm* **1**. Peça do vestuário masculino, longa e aberta na frente, própria para uso doméstico, com cinto, vestida sobre a roupa de baixo; roupão. **2**. Penhoar.

ro.bô *sm* **1.** Máquina que muitas vezes se assemelha a um ser humano e executa tarefas complexas mecânicas sob comando. **2.** *P.ext.* Qualquer máquina que opera automaticamente ou por controle remoto. **3.** *Fig.* Pessoa que trabalha mecanicamente e de forma rotineira. **4.** *Fig.Pej.* Pessoa sem vontade própria, geralmente sob o comando de outrem; títere, fantoche, marionete. → **robótica** *sf* (**1.** ramo da engenharia que concebe, desenha e constrói robôs e estuda sua utilização nas linhas de produção industrial; **2.** automação industrial informatizada); **robótico** *adj* (rel. a robô ou a robótica); **robotização** *sf* [ato ou efeito de robotizar(-se)]; **robotizar** *v* [**1.** equipar de robôs; **2.** privar (alguém) de toda iniciativa, reduzindo o trabalho a uma tarefa automática, semelhante à de um robô); **robotizar-se** [**1.** equipar-se de robôs: *robotizar uma indústria*; **2.** realizar (qualquer operação) mediante robôs: *robotizaram o processo de engarrafamento de cerveja*; **3.** *fig.* privar (alguém) de toda iniciativa, reduzindo o trabalho a uma tarefa automática, sem. à de um robô: *empresa que robotiza seus funcionários*]; **robotizar-se** (**1.** equipar-se de robôs; **2.** *fig.* trabalhar como um robô).

ro.bus.to *adj* **1.** Forte e saudável; vigoroso: *nenê robusto*. **2.** Forte, potente: *músculos robustos*. **3.** Sólido, forte, firme. inabalável: *estrutura robusta; fé robusta; fazer uma robusta defesa do governo*. **4.** Forte, intenso: *voz robusta*. **5.** Forte, rico, encorpado: *vinho robusto*. **6.** *Fig.* Capaz de superar condições adversas; improvável de quebrar: *país de economia robusta; o robusto mercado imobiliário carioca*. · Antôn.: *fraco, débil, frágil*. → **robustecer** *v* (tornar(-se) robusto ou forte; fortalecer(-se): *ar puro robustece os pulmões; com caminhadas diárias, o músculo cardíaco (se) robustece*], de antôn. *enfraquecer, debilitar*; **robustecimento** *sm* (ato ou efeito de robustecer), de antôn. *enfraquecimento, debilidade, fragilidade*; **robustez** (ê), **robusteza** (ê) ou **robustidão** *sf* (qualidade de robusto: *esse novo utilitário é o máximo em luxo e robustez*), de antôn. *fragilidade, fraqueza*.

ro.ca[1] *sf* **1.** Pedra grande, presa ao solo. **2.** Penhasco no mar. · V. **roqueiro**.

ro.ca[2] *sf* **1.** Pequeno bastão com uma ponta arredondada, em que se enrola a rama do linho do algodão ou da lã a ser fiada. **2.** *P.ext.* Essa rama.

ro.ça *sf* **1.** Ato ou efeito de roçar; roçadura. **2.** Terreno cheio de mato. **3.** Mato crescido em serras. **4.** Terreno de pequenas plantações, no qual se utilizam métodos agrícolas rústicos ou primitivos; roçado. **5.** Lugar de habitação, em oposição a *cidade*; zona rural, mato, campo. → **roçado** *adj* (que se roçou) e *sm* [roça (4)]; **roçadura** *sf* [roça (1)]; **roceiro** *adj* (**1.** rel. a roça ou que mora na roça); **2.** diz-se de animal que invade roças para pastar e causa devastação] e *adj* e *sm* (matuto).

ro.cam.bo.le *sm* Bolo, doce ou salgado, recheado com geleia, goiabada, doce de leite, etc. e enrolado sobre si mesmo.

ro.cam.bo.les.co (ê) *adj* **1.** Cheio de aventuras incríveis e confusas [como as de Rocambole, personagem de um romance do francês Pierre Alexis ou visconde de Ponson du Terrail (1829-1871)]. **2.** *Fig.* Complicado, confuso; cheio de fatos intrincados. → **rocambolismo** *sm* (aquilo que apresenta caráter rocambolesco).

ro.çar *v* **1.** Cortar rente (vegetação): *roçar capim*. **2.** Passar rente a: *cheguei lá roçando o muro*. **roçar(-se)** Tocar de leve: *roçar o braço de alguém; o gato gosta de roçar-se pela perna das pessoas*. → **roça**, **roçadura** *sf* ou **roçamento** *sm* [ato ou efeito de roçar(-se)]; **roçadeira** *sf* (**1.** foice de cabo alto, própria para roçar; **2.** máquina agrícola utilizada na limpeza de pastagens, corte de forragens, etc.); **roçado** *adj* (que se roçou) e *sm* [roça (4)]; **roçadura** *sf* (**1.** roça, roçamento; **2.** atrito entre duas superfícies; **3.** ruído provocado por esse atrito).

ro.cha *sf* **1.** Grande massa mineral, de mesma composição, estrutura e origem, constituinte básica da crosta terrestre. **2.** Pedaço informe dessa massa, de qualquer tamanho. → **rochoso** (ô; pl.: ó) *adj* (cheio de rochas ou da natureza da rocha); **rochedo** (ê) *sm* (**1.** grande rocha, elevada, de acesso difícil ou perigoso, em terra ou no mar; **2.** parte inferior do osso temporal, muito rija, que contém o ouvido interno; **3.** *fig.* o que é firme, inabalável: *ó Deus, sois o rochedo que me abriga e me protege*).

ro.cio *sm* Orvalho. (Cuidado para não usar "rócio"!)

rock [ingl.] *sm* Redução de *rock-and-roll*. · Pl.: *rocks*. · Pronuncia-se *rók* (o *r* soa brando, pronunciado com a língua no céu da boca).

rock-and-roll ou **rock'n'roll** [ingl.] *sm* **1.** Ritmo popular de origem americana, surgido na década de 1950, que se tornou extremamente popular entre os jovens. **2.** Dança para esse ritmo. · Usa-se muito apenas *rock*. · Pronuncia-se *rók-énd-ról* (ambos os *rr* soam brandos, pronunciados com a língua no céu da boca). · V. **roqueiro**.

ro.da *sf* **1.** Armação circular própria para girar em torno de um eixo, em veículos, máquinas, etc. **2.** *P.ext.* Qualquer coisa semelhante na forma ou na função. **3.** Grupo de pessoas, dispostas em círculo ou não: *roda de samba*. **4.** Círculo de amizades: *ele não faz parte da minha roda*. **5.** Jogo infantil em que as crianças cantam e se movimentam de mãos dadas, em círculo. · Dim. irreg. (1): *rodela*. · V. **rodar**. → **rodada** *sf* (**1.** giro completo de uma roda; **2.** cada uma das vezes em que se serve bebida a uma roda de pessoas; **3.** Cada grupo de jogos de um campeonato); **rodado** *adj* (**1.** que tem roda; **2.** com sulcos ou vestígios de rodas: *trilha rodada*; **3.** que decorreu; decorrido; transcorrido: *depois de anos rodados, eis que ela aparece novamente*; **4.** percorrido: *carro com poucos quilômetros rodados*; **5.** *pop.* experiente: *mecânico rodado*; **6.** *pop.* que já fez sexo com muitas pessoas: *ele casou com uma mulher rodada*), *adj* e *sm* (que ou saia ou vestido que tem muita roda) e *sm* (**1.** essa roda; **2.** conjunto das rodas de um veículo automóvel: *carro com rodado novo*; **3.** conjunto de sinais que as rodas de um veículo automóvel deixam no solo). ·· **Alta roda**. Elite socioeconômica; conjunto dos empresários ou capitalistas. ·· **Botar** (ou **Pôr**) **na roda**. No futebol, trocar passes sucessivos, para cansar ou humilhar o adversário; dar olé. ·· **Brincar de roda**. Dar as mãos (crianças, nessa brincadeira infantil), cantar e girar em forma de roda. ·· **Roda de bola**. Altinha. ·· **Roda dura** (pop.MG). Mau ou má motorista; navalha.

ro.da-gi.gan.te *sf* Aparelho de parque de diversão, formado de pequenas cadeiras montadas em uma grande roda que gira. · Pl.: *rodas-gigantes*.

ro.da.pé *sm* **1.** Cinta protetora (de madeira, ladrilhos, gesso, etc.) na parte inferior das paredes, junto ao piso. **2.** Parte inferior de uma página impressa. **3.** Artigo de jornal inserido na margem inferior da folha.

ro.dar *v* **1.** Fazer girar em volta: *o vento roda o moinho*. **2.** Percorrer em volta; contornar: *rodar o quarteirão*. **3.** Viajar por; percorrer: *rodar o Brasil todo*. **4.** Percorrer com veículo de rodas: *meu carro já rodou cem mil quilômetros*. **5.** Imprimir: *a nova máquina roda mil cadernos por hora*. **6.** Filmar: *rodar uma cena*. **7.** Mover-se em círculo; dar voltas, girar: *o menino rodou tanto, que ficou tonto e caiu*. **8.** Mover-se sobre rodas: rodam os veículos. **9.** Dirigir-se para algum lugar: *dali rodamos para Salvador*. **10.** *Gír.* Ser reprovado; levar bomba: *rodei outra vez no ENEM*. → **rodagem** *sf* (**1.** ação ou efeito de rodar: *a rodagem de um filme; seu carro não está em condições de rodagem*; **2.** período de tempo durante o qual se roda alguma coisa ou algo roda: *a garantia é de um ano, sem limite de rodagem*; **3.** *pop.* raio da roda de um veículo automóvel, que serve como medida de pneu; **4.** fábrica de rodas; **5.** *pop.* atividade: *o time teve pouca rodagem na temporada*). ·· **Banda de rodagem**. Parte do pneu que fica em contato com o solo, responsável pela aderência do carro com o chão. ·· **Estrada de rodagem**. Rodovia asfaltada, em que transitam veículos de todos os tamanhos; autoestrada. ·· **Faixa de rodagem**. Parte da via pública destinada ao trânsito de veículos; pista. (Não se confunde com *faixa de tráfego*, que é cada uma das subdivisões da *faixa de rodagem*.) ·· **Rodar a baiana** (pop.). Promover escândalo público, geralmente por motivo fútil, banal, insignificante; armar o maior barraco; dar piti: *Ao ver o namorado com outra, ela rodou a baiana*. ·· **Rodar a lâmpada** (fig.). Fazer hora; cozinhar o galo: *Nosso time era muito melhor e vencia por 2 a 0, era só rodar a lâmpada e esperar o fim do jogo*.

ro.da-vi.va *sf* Movimento incessante; grande atividade, lufa-lufa. · Pl.: *rodas-vivas*.

ro.de.ar *v* **1.** Andar ou percorrer em volta de; contornar: *os meninos rodeavam a casa, brincando*. **2.** Formar círculo em volta de; cercar: *os netos rodearam o avô, para ouvir a estorinha*. **3.** Conviver com: *nem as pessoas que o rodeiam o entendem*. **4.** Não ir direto a; ladear: *rodear o assunto, rodear-se*. **5.** Fazer-se acompanhar: *rodear-se de amigos*. · Conjuga-se por *frear*. → **rodeamento** *sm* [ato ou efeito de rodear(-se)]; **rodeio** *sm* (**1.** rodeamento; **2.** exibição pública de peões, que consiste em montar, sem sela, potros selvagens ou touros, capturar novilhos, etc.).

ró.dio *sm* Elemento químico metálico (símb.: **Rh**), de n.º atômico 45, duro, durável, usado para formar ligas em alta temperatura, com platina e ouro.

ro.dí.zio sm **1**. Haste de madeira grossa e cônica que movimenta a roda do moinho. **2**. Pequena roda que se adapta aos pés de cadeiras, poltronas, geladeiras, fogões, etc., ou em portas de correr, para que possam ser deslocados com mais facilidade. **3**. Revezamento em certas funções ou atividades. **4**. Sistema de serviço em restaurante no qual vários tipos de carne ou de outro alimento são oferecidos à vontade do freguês.

ro.do (ô) sm **1**. Utensílio doméstico com cabo e, na outra extremidade, guarnecido de borracha, usado para puxar água de superfícies molhadas. **2**. Instrumento agrícola para se juntar cereais. → **rodinho** sm (**1**. rodo pequeno; **2**. gír. jovem que se encarrega de limpar para-brisa dos carros que param nos sinais de trânsito, nem sempre com autorização do motorista para isso). ·· **A rodo**. Em grande quantidade, à beça. ·· **Passar o rodo** (gír.). Pegar muitas mulheres (ou homens); pegar geral.

ro.do.a.nel sm Anel viário de grande extensão que circunda uma metrópole, destinado a desafogar-lhe o trânsito, princ. de caminhões.

ro.do.fer.ro.vi.á.rio adj Que se faz por rodovia e ferrovia: transporte rodoferroviário.

ro.do.mo.ço (ô) sm Funcionário de empresas de viação que presta assistência aos passageiros dos ônibus interestaduais ou de longo percurso.

ro.do.pi.ar v **1**. Dar inúmeras voltas em: é verdade que seu irmão consegue rodopiar o pescoço?! **2**. Rodar ou girar muito em torno de si mesmo, descrevendo círculos sobre círculos: o carro rodopiou na pista e capotou. **3**. Dar inúmeras voltas: o avião rodopiou no céu azul e despejou as bombas sobre a cidade. → **rodopio** sm (ato ou efeito de rodopiar).

ro.do.trem sm Treminhão. (A palavra não consta na 6.ª ed. do VOLP.)

ro.do.vi.a sf Caminho público, longo e largo, fora das áreas urbanas, geralmente asfaltado, projetado por engenharia e construído com mais uma ou menos arte, para trânsito essencialmente de veículos automotores; estrada (2). → **rodoviária** sf (estação de embarque e desembarque de passageiros de linhas de ônibus interestaduais, interurbanos, etc.; terminal rodoviário); **rodoviário** adj (**1**. rel. a rodovia: acostamento rodoviário; mapa rodoviário; **2**. que trabalha nas rodovias: policial rodoviário; **3**. que se destina ao embarque e desembarque de passageiros de ônibus: estação rodoviária; **4**. que se realiza por rodovia: transporte rodoviário; **5**. composto de rodovias: rede rodoviária) e adj e sm (que ou aquele que é empregado de empresa rodoviária). ·· **Terminal rodoviário**. Rodoviária.

ro.er v **1**. Cortar (coisa dura) com os dentes: roer as unhas. **2**. Devorar aos poucos, de modo contínuo: o rato roeu a corda. **3**. Corroer, gastar: a ferrugem rói o ferro. **4**. Fig. Enfraquecer, debilitar, minar, consumir: a sede me roía as entranhas. · V. **roque-roque**. → **roedor** (ô) adj (que rói) e sm (espécime dos roedores, ordem de mamíferos representada pelos ratos, castores, esquilos, etc.); **roedura** sf (ato ou efeito de roer).

ro.gar v **1**. Pedir com insistência e humildade; suplicar, implorar: rogou aos pares que não fosse cassado; rogar perdão a Deus. **2**. Fazer súplicas; suplicar: "rogai por nós, pecadores". → **rogação** sf ou **rogo** (ô; pl.: ó) sm (ato ou efeito de rogar; súplica); **rogado** adj (diz-se da pessoa que gosta que lhe peçam alguma coisa insistentemente: minha mulher é muito rogada). · **A rogo**. A pedido. ·· **Assinar a rogo**. Assinar em nome e a pedido de pessoa impossibilitada de fazê-lo, por doença ou analfabetismo. ·· **Fazer-se de rogado**. Gostar que lhe peçam com humildade e insistência, como que para provar sua autoridade; fingir não estar disposto a atender a um pedido ou rogo; fazer-se de difícil. ·· **Rogar (uma) praga a alguém**. Desejar-lhe algum malefício, geralmente por vingança; proferir imprecações contra a pessoa.

ro.jão sm **1**. Artefato pirotécnico que produz som forte, quando estoura. **2**. Esse som. **3**. Pop. Consequência difícil de suportar ou tolerar; abacaxi.

rol sm Lista ou relação de pessoas ou coisas. · Pl.: róis.

ro.la (ô) sf **1**. Variedade de pomba de pequeno porte, também conhecida como rolinha. (Voz: arrular, arrulhar, gemer, rulhar.) **2**. Pop.Chulo Pênis.

ro.lar v **1**. Fazer girar: rolar a bengala, o chapéu na mão. **2**. Fazer avançar (alguma coisa), obrigando-a a dar voltas sobre si mesma: rolar pesados fardos. **3**. Adiar ou renegociar o pagamento de; fazer rolar: rolar uma dívida. **4**. Adiar: rolar um casamento, uma viagem. **5**. Gír. Acontecer (alguma coisa), princ. no plano sexual: já rolou alguma coisa entre vocês, desde o início do namoro? **6**. Cair, rodando sobre si mesmo: rolavam pedras do morro. **7**. Revirar-se: rolou na cama a noite toda. **8**. Rodar (em posição horizontal) sobre uma superfície: os cães rolavam na grama. **9**. Gír. Continuar: a festa rolou até as 5h. **10**. Gír. Ter consumo: rola muita droga no carnaval. **11**. Gír. Acontecer, pintar: o que vai rolar este fim de semana? **12**. Gír. Acontecer (relação sexual): não vou convidá-la para a cama, vou deixar rolar. → **rolagem** sf [**1**. ato ou efeito de rolar; rolamento (1); **2**. adiamento de pagamento; **3**.p.ext. qualquer adiamento]; **rolamento** sm [**1**. rolagem (1); **2** conjunto de aros metálicos entre os quais existem cilindros de aço, que facilitam o movimento de outra peça, geralmente um eixo giratório, por oferecerem o mínimo de reação por atrito, diminuindo, assim, as perdas de energia; rolimã; **3**. fluxo de tráfego: pista de rolamento].

rol.da.na sf Roda com uma correia que, numa extremidade, aplica-se à força e, na outra, à resistência, usada para transmitir força ou executar trabalho, como levantamento de pesos; polia.

rol.dão sm **1**. Desorganização, desordem, bagunça, confusão. **2**. Arremesso violento e para longe. ·· **De roldão**. De modo confuso e às pressas: Nunca faça nada de roldão! ·· **Levar de roldão**. Arrastar pessoas ou coisas de uma vez e impetuosamente: A enxurrada levou de roldão duas pessoas. A crise americana de 2008 levou o mundo de roldão.

ro.lê sm Redução de bife rolê, bife cortado fino, enrolado com cenoura e bacon e ensopado; bife enrolado. · V. **rolé**.

ro.lé sm Pequeno passeio; volta: dar um rolé na praia. (Em São Paulo se usa rolê; no Rio de Janeiro e nos estados do Nordeste, rolé.)

ro.le.ta (ê) sf Jogo de azar que consiste numa roda giratória com casas numeradas de 0 a 36 nos bordos e no qual o número premiado é indicado por uma bolinha parada numa dessas casas.

ro.le.ta-rus.sa sf **1**. Jogo ou diversão perigosa em que uma pessoa usa um revólver com apenas uma bala no tambor, roda o cilindro, aponta a arma para a região temporal e aciona o gatilho. **2**.P.ext. Qualquer atitude ou ato irrefletido, de mau senso ou consequência altamente perigosa. · Pl.: roletas-russas.

ro.lha (ô) sf Peça cilíndrica de cortiça, plástico, etc., usada para tapar o gargalo de garrafas, litros, frascos, etc.

ro.li.mã sm **1**. Rolamento (2). **2**. Carrinho de madeira que consiste numa tábua montada sobre rolamentos (2).

ro.li.nha sf Rola.

roll-on [ingl.] sm Sistema de aplicação de um produto líquido que consiste numa bola na extremidade superior de um frasco descartável, a qual, ao ir girando sobre uma superfície dura, se empapa do líquido e vai espalhando-o ao mesmo tempo nessa superfície: esse desodorante existe em roll-on e em spray. · Pronuncia-se rôulòn (o r soa brando, pronunciado com a língua no céu da boca).

ro.lo (ô) sm **1**. Cilindro mais ou menos comprido e maciço. **2**. Redução de rolo compressor, máquina de pavimentação e terraplenagem, com um ou mais grandes cilindros de ferro, para aplanar, por compressão, terrenos ou o macadame das estradas. **3**. Carretel com fita enrolada. **4**. Massa densa de fumaça, pó, etc. **5**. Tudo o que é de forma arredondada e meio longa. **6**. Pop. Confusão, tumulto, rebu. → **rolete** (ê) sm (**1**. pequeno rolo; rolinho; **2**. pedaço de cana descascada, de nó a nó, para ser chupado; **3**. conjunto de paus roliços sobre os quais se desliza alguma coisa); **roliço** adj (**1**. que tem forma de rolo ou cilindro; cilíndrico; redondo: o cabo de vassoura é roliço; **2**. fig. que possui forma arredondada e delicada: garota de braços roliços).

ROM [ingl.] sf Sigla inglesa de read-only memory = memória exclusiva de leitura: pequena memória que permite fácil e rápido acesso aos dados arquivados num computador, mas impede acréscimos ou modificações desses dados. · Pronuncia-se róM. (Não se confunde com RAM.)

Roma sf Capital e a maior cidade da Itália, sede da civilização ocidental por mais de dois mil anos. → **romano** adj e sm.

ro.mã sf **1**. Fruto comestível da romãzeira que, maduro, arrebenta-se, mostrando as sementes, geralmente vermelho-claras, carnudas e adocicadas. **2**. Romãzeira. → **romãzeira** sf [árvore de pequeno porte que dá esse fruto; romã (2)].

ro.mai.co adj **1**. Relativo ou pertencente ao moderno povo grego ou a seu idioma. // sm **2**. Idioma grego moderno, falado desde 146 a.C.

ro.man.ce sm **1**. Obra narrativa de ficção, escrita em prosa, mais longa e complexa que o conto e a novela, caracterizada pela descrição psicológica dos personagens, suas aventuras, amores, etc. **2**. Gênero literário caracterizado por esse tipo de obra. **3**.*P.ext*. Qualquer descrição fantasiosa ou exagerada. **4**. *Pop*. Caso amoroso; namoro: *ele e a vizinha iniciaram um romance*. **5**. Forma de latim alterado que, durante a Idade Média, firmou-se como língua popular de diversos povos europeus. // *adj* **6**. Romântico (4). → **romanceação** *sf* (ato ou efeito de romancear); **romanceado** *adj* (contado, narrado ou descrito em forma de romance: *batalha romanceada; biografia romanceada*); **romancear** *v* (descrever, narrar ou contar em forma de romance); que se conjuga por *frear*; **romanceiro** *sm* (coleção de romances, poesias ou canções populares que constituem a literatura poética e nacional de um povo; cancioneiro); **romancista** *adj* e *s2gên* (que ou pessoa que escreve romances); **romanesco** (ê) *adj* (característico ou próprio de romance; abundante em grandes aventuras; aventuroso: *uma viagem romanesca*).

ro.mâ.ni.co *sm* **1**. Conjunto de todas as línguas romances ou neolatinas (português, francês, espanhol, italiano, romeno, catalão, galego, provençal, franco-provençal, rético e sardo). **2**. Em arquitetura, estilo que prevaleceu nos sécs. XI e XII, caracterizado por arcos, abóbadas e refinadas ornamentações. // *adj* **3**. Relativo a esse estilo. **4**. Relativo às línguas romances ou neolatinas; romance (6).

ro.ma.no *adj* e *sm* **1**. Natural ou habitante de Roma. // *adj* **2**. Diz-se do estilo ou da arquitetura dos países latinos dos sécs. V ao XII. **3**. Diz-se do algarismo, numeral ou numeração representada pelas letras I (1), V (5), X (10), L (50), C (100), D (500) e M (1.000).

ro.mân.ti.co *adj* **1**. Relativo a um estilo de arte, música e literatura que vigorou no final do séc. XVIII e início do séc. XIX, que trata da beleza da natureza e das emoções humanas: *Chopin foi um compositor romântico*. **2**. Relativo a romance ou próprio de romance. **3**. Relativo ao amor ou ao relacionamento amoroso: *comédia romântica; jantar romântico, à luz de velas; enviando flores à amada? és muito romântico!* **4**. *Fig*. Sonhador, irreal, fantasioso: *você tem uma visão romântica da zona rural; ele tem uma ideia romântica do que é ser ator*. **5**. Tão lindo, que faz pensar no amor ou faz sentir fortes emoções: *música romântica; imagens românticas de uma praia deserta*. // *sm* **6**. Homem romântico (3) ou que tem visões românticas. // *adj* e *sm* **7**. Partidário do Romantismo. → **romantismo** *sm* (**1**. qualidade ou estado do que é romântico; **Romantismo 2**. movimento artístico do final do séc. XVIII e início do séc. XIX que reagiu contra os ideais de restrição, razão e harmonia do classicismo, cultuando a emoção, a intuição, a imaginação, o subjetivismo e os temas nacionais).

ro.ma.ri.a *sf* **1**. Peregrinação de caráter religioso, com espírito de devoção. **2**. Grande quantidade de pessoas em passeio. → **romeiro** *sm* (aquele que vai em romaria; peregrino).

rom.bo *sm* **1**. Furo de grandes proporções, feito por algo de forte impacto. **2**. Abertura grande, feita violentamente; arrombamento. **3**. *Pop*. Grande desfalque; prejuízo pecuniário de grande monta. **4**. *Fig. Deficit: um rombo nas contas públicas*.

rom.bu.do *adj* **1**. Que não é pontudo ou aguçado. **2**. *Fig*. Imbecil, estúpido. **3**. *Pop*.CE Diz-se do namoro cheio de intimidades.

Romênia *sf* País da Europa, de área equivalente à do estado de Rondônia. → **romeno** *adj* e *sm*.

ro.meu e ju.li.e.ta *loc sm Pop*.RJ Queijo com goiabada. · Pl.: *romeu e julietas*.

rom.pan.te *adj* **1**. Reação impetuosa, própria de quem está fora de si; raiva ou fúria: *estranhei o rompante do seu chefe*. **2**. Arrogância, altivez, presunção. // *adj* **3**. Altivo, arrogante, presunçoso. **4**. Precipitado, irrefletido: *decisão rompante*. ·· **De rompante**. Rápida, impetuosa e subitamente: *Um homem encapuzado entrou de rompante no bar e matou duas pessoas*.

rom.per *v* **1**. Despedaçar, partir: *o furacão rompeu todas as vidraças do prédio*. **2**. Rasgar, separar com violência: *rompi a camisa na cerca*. **3**. Passar através de: *a Lua rompe as nuvens e ilumina os campos*. **4**. Abrir à força; arrombar: *a torcida rompeu o portão do estádio*. **5**. Penetrar em: *os bandeirantes romperam o sertão*. **6**. Interromper, suspender: *qualquer ruído me rompe o sono*. **7**. Abrir passagem violentamente: *a polícia rompeu caminho usando gás lacrimogêneo*. **8**. Ultrapassar com força: *o avião rompeu a barreira do som*. **9**. Violar, infringir: *romper um contrato*. **10**. Atravessar, transpassar, perfurar: *o estilete rompeu-lhe o pulmão*. **11**. Revelar: *romper um segredo*. **12**. Pôr fim a uma relação de: *romper uma amizade*. **13**. Começar a manifestar-se subitamente: *romper em choro*. **14**. Opor-se, reagir, resistir: *romper com uma tradição*. **15**. Cortar relações pessoais, afetivas ou internacionais: *rompi com ela, finalmente*. **16**. Brotar: *já romperam as flores*. **17**. Nascer, surgir, despontar: *rompe o dia*. **18**. Sair impetuosamente; prorromper: *rompem protestos de todos os cantos do país, por causa de tantos impostos*. **romper-se 19**. Quebrar-se, despedaçar-se: *o vaso caiu e rompeu-se todo*. **20**. Rasgar-se: *a sandália se rompeu no segundo dia de uso*. **21**. Abrir-se, fender-se: *a terra se rompeu em vários pontos do Japão, com esse violento terremoto*. // *sm* **22**. Rompimento: *o romper de uma comporta de represa*. **23**. Aparição: *o romper do Sol*. → **rompimento** *sm* ou **ruptura** *sf* [ato ou efeito de romper(-se)]. · V. **ruptura**.

ron.car *v* **1**. Dizer em ar de desafio: *roncar vantagens*. **2**. Querer passar; posar: *ele ronca de valente, mas é covarde*. **3**. Respirar com ruído barulhento e cavernoso, durante o sono: *ela é linda, mas ronca feito um trator!* **4**. Fazer ruído forte e contínuo, como o de um motor em funcionamento: *roncam os motores: começa a corrida*. → **ronco** *sm* (**1**. ruído barulhento e cavernoso de quem dorme profundamente; **2**.*p.ext*. ruído forte e contínuo de qualquer coisa, semelhante a esse som).

ron.da *sf* **1**. Pequeno grupo de soldados que, à noite, percorrem locais determinados, para zelar pela tranquilidade pública; patrulha. **2**. Inspeção para verificar a boa ordem de alguma coisa. → **rondar** *v* (fazer ronda a: *uma viatura policial ronda o bairro*).

Rondônia *sf* Estado da Região Norte do Brasil. · Abrev.: **RO**. → **rondoniense** *adj* e *s2gên*.

ron.rom *sm* Ruído produzido pelo gato, quando descansa. → **ronronante** *adj* (que ronrona); **ronronar** *v* (fazer ronrom).

ro.quei.ro *adj* **1**. Relativo a roca. **2**. Fundado ou edificado sobre rocas: *fortaleza roqueira*. **3**. Formado de rocas: *lar roqueiro*. // *adj* e *sm* **4**. Que ou aquele que faz ou vende rocas. **5**. Que ou aquele que fia na roca. **6**. Que ou aquele que compõe, canta, toca ou aprecia *rock*.

ro.que-ro.que *sm* Ato de roer. · Pl.: *roque-roques*.

Roraima (ãi) *sm* Estado da Região Norte do Brasil, o de menor população (cerca de 653 mil em 2022). · Abrev.: **RR**. → **roraimense** (ãi) *adj* e *s2gên* (A pronúncia "roráima" é própria dos índios da região que, impossibilitados foneticamente de fazer soar o *m* nasal, pronunciam o ditongo *ai* oralmente. Note que dizemos *andãime*, serra da *Bocãina*, *Teodoro Bãima*, *pãina*, *fãina*, *Elãine*, *Gislãine*, *polãinas*, etc.).

ro.sa *sf* **1**. Flor odorífera, de variadas cores, produzida pela roseira. // *adj* **2**. Róseo, rosado. // *sfpl* **3**. Alegria, prazer. (Usada com valor de adjetivo, na indicação da cor, não varia: *camisas rosa, vestidos rosa*.) → **rosáceo** *adj* (**1**. rel. a rosa: *aspecto rosáceo*; **2**. de cor ou tom rosa-claro; rosado, róseo: *pintou as paredes da casa de um tom rosáceo*); **rosado** *adj* (**1**. de cor ou tom rosa; róseo: *casaco rosado*; **2**. diz-se dessa cor ou desse tom: *casou com um vestido de cor rosada*; **3**. feito com rosas: *buquê rosado*; **4**. diz-se do vinho tinto claro) e *sm* (**1**. cor rosa; **2**. vinho rosado); **rosal** ou **roseiral** *sm* (plantação de roseiras); **roseira** *sf* (arbusto ornamental que dá a rosa); **róseo** *adj* (**1**. rosado, cor-de-rosa, rosa; **2**. próprio de rosa). ·· **Rosa dos ventos**. Mostrador da bússola com os pontos cardeais e suas divisões.

ro.sa-cho.que *adj* **1**. De um cor-de-rosa muito vivo, desagradável à vista: *lenços rosa-choque*. (Como se vê, o *adj* não varia.) // *sm* **2**. Esse tom de cor-de-rosa. · Pl. (2): *rosas-choque*. (A 6.ª ed. do VOLP agasalhou essa forma; na edição anterior, apenas *rosa-shocking*.)

ro.sá.rio *sm* **1**. Conjunto de três terços, ou seja, quinze dezenas de ave-marias e quinze pai-nossos, usado para cantar as orações vocais. **2**. Oração católica que se faz com esse conjunto. **3**. *Fig*. Série ininterrupta de alguma coisa; sucessão, enfiada: *a fábrica recebeu um rosário de reclamações*.

ros.bife *sm* Peça de carne bovina meio assada, servida em fatias.

ros.ca (ô) *sf* **1**. Espiral do parafuso ou de outro objeto qualquer. **2**. Pão ou biscoito em forma de argola retorcida. **3**. Cada uma das voltas de uma cobra enrolada sobre si mesmo. → **roscar** ou **rosquear** *v* [**1**. fazer roscas em (parafuso); **2**. fixar com parafuso ou rosca; aparafusar].

ro.se.ta *sf* **1**. Rosa pequena; rosinha. **2**. Nome comum a diversos objetos que têm a forma semelhante à da rosa. **3**. Peça móvel da espora, constituída de um disco dentado, para picar a barriga das cavalgaduras. → **rosetar** *v* [esporear (o cavalo) com a roseta].

ros.nar *v* **1**. Emitir (cão, lobo, onça, etc.) som ameaçador, mostrando os dentes. **2**. *Fig*. Dizer em voz baixa, por entre os dentes; resmungar: *saiu rosnando palavrões*. **3**. *Fig*. Falar mal em segredo: *a cozinheira rosna da camareira, e esta rosna da cozinheira*. **4**. *Fig*. Constar, dizer-se à boca pequena: *rosnam por aqui que vai haver novo aumento dos combustíveis*. → **rosnado** *sm* (voz do cão, do lobo, da onça, etc., em tom ameaçador, arreganhando os dentes); **rosnadura** *sf* (ato ou efeito de rosnar).

ros.to (ô) *sm* **1**. Parte anterior da cabeça humana, delimitada pelo couro cabeludo, as orelhas e o pescoço, composta da testa, olhos, nariz, boca, queixo e bochechas; cara, face, fácies. **2**. Expressão, semblante, fisionomia: *criança de rosto triste*. **3**. Frontispício (2). **4**. Anverso de medalha.

ros.tro *sm* **1**. Bico das aves. **2**. Aparelho sugador de certos insetos.

ro.ta *sf* **1**. Trajetória ou itinerário a ser percorrido por qualquer meio de transporte aéreo, marítimo ou terrestre: *a rota de um avião; as rotas marítimas para o Canadá*. **2**. *P.ext*. Caminho de um lugar para outro; direção, rumo: *a rota de fuga dos presidiários foi bloqueada por policiais armados*. ·· **De rota batida**. Sem parar ou descansar: *Viajar de São Paulo a Salvador de rota batida*. ·· **Rota de colisão**. **1**. Iminência de choque: *Um asteroide está em rota de colisão com a Terra. O maior iceberg do mundo está em rota de colisão com uma ilha*. **2**. *Fig*. Situação de conflito iminente: *O presidente está em rota de colisão com o seu vice*.

ro.ta.ção *sf* **1**. Ato ou efeito de rotar; giro. **2**. Movimento de um corpo em torno de um ponto ou de um eixo fixo, material ou não; giro: *o ciclo completo do motor ocupa uma rotação da manivela e dois cursos do pistão*. **3**. Alternância periódica de ações, atividades, funções, serviços, etc.: *rotação de pessoal numa empresa; rotação de mão de obra; rotação de hóspede num hotel*. **4**. Frequência de viagens feitas por um meio de transporte de uma linha regular. → **rotacional** *adj* (rel. a rotação); **rotar** *v* (girar).

ro.ta.ti.va *sf* Impressora contínua, que opera por meio de cilindros, usada, em virtude de sua alta velocidade, princ. por jornais e revistas de elevadas tiragens.

ro.ta.ti.vo *adj* **1**. Que faz rodar ou girar; que transmite rotação, rotatório. **2**. Caracterizado por sucessão ou revezamento: *o trabalho de presidir a reunião é rotativo*. → **rotatividade** *sf* [**1**. qualidade de rotativo; **2**. intensidade de rotação (3): *motel de alta rotatividade*].

ro.ta.tó.ria *sf* Pequeno círculo, em cidade ou rodovia, que os motoristas contornam, para mudarem de direção com mais segurança. → **rotatório** *adj* (que gira em torno de um eixo).

ro.te.a.dor (ô) *adj* e *sm* **1**. Que ou o que roteia ou abre caminho: *navio roteador*. // *sm* **2**. Em informática, aparelho que permite transmissão de dados entre dois pontos de uma rede de computadores ou entre redes de computadores. → **rotear** *v* [conduzir (embarcação) em determinada rota]; **2**. em informática, transmitir (dados) mediante um roteador], que se conjuga por *frear*.

ro.tei.ro *sm* **1**. Relação dos lugares por onde alguém passa ou deve passar durante uma viagem; itinerário. **2**. Texto que descreve os cenários e a participação dos atores em peças, filmes e programas de rádio e televisão. **3**. Indicação resumida do desenvolvimento de um programa de rádio ou televisão, de um filme ou de um audiovisual. **4**. Plano de trabalho que deve ser seguido. → **roteirista** *adj* e *s2gên* (que ou pessoa que escreve roteiros cinematográficos ou de programas de televisão); **roteirização** *sf* (ato ou efeito de roteirizar); **roteirizar** *v* (escrever o roteiro de).

ro.ti.na *sf* **1**. Sequência de ações a ser seguidas com regularidade: *estabelecer uma rotina de trabalho*. **2**. Costume de fazer sempre as mesmas coisas, da mesma maneira; procedimento habitual ou costumeiro na vida diária: *a rotina é que acaba com o amor entre um casal*. **3**. Sequência de instruções do computador para realizar uma determinada tarefa: *uma rotina de entrada; uma rotina de saída*. **rotineiro** *adj* (rel. a rotina).

ro.tis.se.ri.a *sf* **1**. Loja ou restaurante onde se vendem carnes, queijos, presuntos, etc. **2**. Grelha elétrica portátil para assar carne ou revolver espeto de carne.

ro.to (ô) *adj* **1**. Que se rompeu, rasgou ou esfarrapou; rasgado, esfarrapado: *a moda agora é usar calças rotas*. // *adj* e *sm* **2**. Que ou aquele que está com a roupa toda esfarrapada; maltrapilho.

ro.tor (ô) *sm* **1**. Espécie de pistão rotativo. **2**. Mecanismo rotatório dos helicópteros, com as respectivas pás.

ró.tu.la *sf* **1**. Grade de madeira, usada em janelas, para deixar entrar a luz pelos intervalos das travessas de madeira que se cruzam entre si. **2**. Nome que antigamente designava a patela. → **rotular** ou **rotuliano** *adj* [rel. a rótula (2)].

ró.tu.lo *sm* Impresso utilizado nas embalagens e frascos, para identificar sua marca, conteúdo, dados do fabricante, etc.; etiqueta: *a cerveja tem novo rótulo*. → **rotulação** ou **rotulagem** *sf* (ato ou operação de rotular; etiquetagem); **rotular** *v* (colocar rótulo ou etiqueta em; etiquetar).

ro.tun.do *adj* **1**. Curvo, circular, esférico, redondo. **2**. *P.ext*. Gordo, obeso: *monge de ventre rotundo*. **3**. *Fig*. Que não dá margem a dúvidas; categórico, taxativo: *fez a proposta de namoro e recebeu um rotundo NÃO!; uma rotunda vitória de 4 a 0*. → **rotundidade** *sf* (qualidade de rotundo).

rou.ba-ban.dei.ra *sf* V. **barra-bandeira**. · Pl.: *rouba-bandeiras*.

rou.bar *v* **1**. Subtrair mediante ameaça ou violência: *roubaram o tênis do garoto*. **2**. Conquistar: *roubar corações*. **3**. Raptar, sequestrar: *roubaram o filho de meu vizinho e exigiram um vultoso resgate*. **4**. Burlar ou violar as regras de (jogo), favorecendo um competidor: *o árbitro roubou o Palmeiras*. **5**. Fraudar, adulterar: *roubar no peso das embalagens*. **6**. Praticar roubos; ter vida de ladrão: *no Brasil, ninguém rouba*. · O ditongo *ou* permanece fechado e claramente pronunciado durante toda a conjugação. → **roubada** *sf* (**1**. aquilo que foge completamente às expectativas; furada; programa de índio: *que roubada essa de querer ir a um gingo, num sábado à noite!*; **2**. mau negócio; furada: *comprar carro de taxista é uma roubada!*); **roubalheira** *sf* (roubo vultoso, sucessivo, importante e escandaloso, princ. de bens ou quantias pertencentes ao Estado); **roubo** *sm* (**1**. ato ou efeito de roubar; **2**. coisa roubada; produto do roubo).

rou.co *adj* **1**. De voz grossa, cavernosa e abafada, por causa de infecção nas cordas vocais. **2**. Diz-se do som áspero, cavernoso e abafado. · V. **rouquidão**.

rou.fe.nho *adj* De fala nasalada; fanhoso.

round [ingl.] *sm* Cada um dos tempos de uma luta de boxe; assalto. · Pl.: *rounds*. · Pronuncia-se *ráund* (o *r* soa brando, pronunciado com a língua no céu da boca).

rou.pa *sf* **1**. Qualquer peça, geralmente de tecido, pele ou pelo de animais, destinada a cobrir o corpo humano, para se aquecer, preservar o pudor ou mesmo para a moda; traje, indumentária, vestuário: *o baile exige roupa de gala*. **2**. Qualquer peça de tecido, de uso doméstico: *roupas de cama, mesa e banho*. → **roupa-branca** *sf* (roupa de baixo; roupa íntima), de pl. *roupas-brancas*; **roupagem** ou **rouparia** (1) *sf* (grande quantidade de roupas); **roupão** *sm* (peça caseira de vestuário, longa ou curta e aberta na frente, com mangas compridas ou curtas e um cinto do mesmo tecido; *robe*); **rouparia** *sf* (**1**. roupagem; **2**. lugar onde se guardam roupas em hospitais, hotéis, quartéis, clubes de futebol, etc.; **3**. loja de roupas); **roupa-velheiro** *sm* (aquele que compra e vende roupa usada), de pl. *roupas-velheiros*; **roupeiro** *sm* [**1**. encarregado de rouparia (2); **2**. aquele que faz roupas; **3**. móvel onde se guardam roupas]. ·· **Bater roupa** (pop.fut.). Defender (o goleiro), mas soltar a bola à sua frente, num chute adversário. ·· **Lavar (a) roupa suja** (fig.). Revelar em público questões estritamente íntimas ou familiares, quando não segredos e fatos pessoais ou comprometedores. ·· **Roupa de baixo**. Roupa íntima; roupa-branca. ·· **Roupa de marca** (ou **de grife**). Roupa que traz a assinatura de um estilista famoso.

rou.qui.dão *sf* Estado, condição ou doença de quem está rouco. → **rouquejar** *v* (**1**. emitir sons roucos; ter rouquidão: *ele não fala, só rouqueja*; **2**. *fig*. estrondar, troar: *rouquejam os canhões*), que mantém, durante a conjugação, o *e* fechado; **rouquenho** *adj* (meio rouco: *amanheci rouquenho*).

rou.xi.nol *sm* **1**. Passarinho migratório do Velho Mundo, de canto melodioso. (Voz: *cantar, gorjear, trilar, trinar*.) **2**. *Fig*. Pessoa que canta muito bem: *tenho uma vizinha que é um rouxinol*.

rover [ingl.] *sm* Veículo tripulado ou não, usado na exploração de terrenos de planetas ou satélites. · Pl.: *rovers*. · Pronuncia-se *róvâr* (o *r* inicial soa brando.)

ro.xo (ô) *adj* **1**. Diz-se da cor resultante da combinação do vermelho e do azul; púrpura; violeta. **2**. Que tem essa cor. **3**. *Pop*. Diz-se de adepto ou admirador fanático de um time de futebol, partido político, etc. **4**. Que tem (algo ruim) excessivamente; tomado, louco.

royalty [ingl.] *sm* Percentagem paga a inventor, autor, editor ou proprietário de fórmulas químicas, farmacêuticas, etc. pelo direito de uso ou de reprodução de seus inventos e criações;

direito autoral. · Pl.: *royalties*. · Pronuncia-se *róialti* (o *r* soa brando, pronunciado com a língua no céu da boca.)

RRR *sm* Abreviatura de <u>r</u>eduzir, <u>r</u>eutilizar, <u>r</u>eciclar, a mais nova visão ecológica a respeito do lixo, que primeiramente deve ser reduzido, através da reciclagem (p. ex., em vez de usar um copo plástico, usar um copo de vidro ou uma xícara); depois, em vez de rejeitá-lo, tentar reaproveitá-lo (p. ex., uma caixa de fósforos pode virar um carrinho de brinquedo, ou o goleiro do seu jogo de botão, ou qualquer outra coisa, acionada a imaginação; o verso de suas folhas de papel escritas pode virar um caderno de anotações ou uma pequena agenda) e, por último, reciclá-lo (fazer a separação seletiva do lixo: vidro com vidro, papel com papel, etc., restos de comida isolados, etc., tendo sempre em vista que reduzir é melhor que reutilizar, e reutilizar é melhor que reciclar: *a produção e acumulação de lixo, mesmo quando tratado, causa graves problemas ambientais, por isso nunca se esqueça dos três RRR!*

ru.a *sf* **1**. Logradouro público de uma cidade, ladeado por casas, prédios ou muros, pelo qual transitam geralmente veículos; via. **2**. *Fig.* Conjunto das pessoas que moram nesse logradouro: *a rua toda soltou fogos.* // *interj* **3**. Exprime ira de quem está expulsando alguém do local em que se encontra. · Dim. (1): *ruela*. → **rueiro** *adj* e *sm* (que ou aquele que gosta de estar na rua). ·· **Olho da rua**. Lugar para onde se manda alguém demitido ou desprezado.

Ruanda *sf* País da África, de área pouco menor que a do estado de Alagoas. → **ruandês** *adj* e *sm*.

ru.bé.o.la *sf* Doença altamente contagiosa, caracterizada por febre, tosse, coriza, conjuntivite, fotofobia, falta de apetite e uma típica erupção cutânea.

ru.bi ou **ru.bim** *sm* **1**. Pedra preciosa de cor rubra. // *adj* **2**. Diz-se dessa cor. **3**. Que tem essa cor: *meias rubi, batons rubi*. (Como se vê, neste caso não varia.)

ru.bi.á.cea *sf* Espécime das rubiáceas, família de plantas à qual pertence o cafeeiro. **rubiáceo** *adj* (rel. o pert. a rubiáceas).

ru.bí.dio *sm* Elemento químico metálico raro (símb. **Rb**), de n.º atômico 37, usado na fabricação de tubos eletrônicos.

ru.blo *sm* Unidade monetária e moeda da Rússia, dividida em 100 copeques.

ru.bor (ô) *sm* **1**. Qualidade de rubro; vermelhidão. **2**. *Fig.* Vermelhidão no rosto, resultante de fadiga, vergonha, pudor, timidez ou modéstia; enrubescimento. → **ruborização** *sf* [ato ou efeito de ruborizar(-se)]; **ruborizar(-se)** *v* [causar rubor a; corar(-se): *a vergonha sempre lhe ruboriza a face; ela (se) ruboriza sempre que está na presença de estranhos*].

ru.bri.ca *sf* Assinatura abreviada. (Cuidado para não usar "rúbrica"!) → **rubricar** *v* (pôr rubrica em).

ru.bro *adj* Vermelho muito vivo, carregado, da cor do sangue. → **rubro-negro** *adj* e *sm* (flamenguista), de pl. *rubro-negros*.

ru.ço *adj* **1**. Pardacento. **2**. Que tem cabelos brancos e pretos mesclados; grisalho. **3**. Complicado, difícil. (Não se confunde com *russo*.)

rú.cu.la *sf* **1**. Planta hortícola cujas folhas, de sabor picante, são consumidas como salada. **2**. Essa folha.

ru.de *adj* **1**. Que não foi limado ou polido; áspero, tosco: *as lixas têm superfície rude*. **2**. *Fig.* Malcriado, grosseiro, indelicado: *recebeu resposta rude; não entendi por que foste rude com ela*. **3**. Tosco, primitivo: *povo rude; desenhos rudes*. **4**. Sem cultura ou refinamento: *camponeses rudes e analfabetos*. **5**. Insuportável por causa da temperatura incômoda; rigoroso: *a Groenlândia tem clima rude*. **6**. Duro: *foi um rude golpe contra o regime*. · Antôn. (1): *liso, polido*; (2): *urbano, cortês, polido, gentil*; (4): *culto, letrado*; (5): *ameno, agradável*. → **rudez** (ê) ou **rudeza** (ê) *sf* (qualidade de rude).

ru.di.men.to *sm* **1**. Esboço, princípio: *ela me deu apenas um rudimento de sorriso, e isso já me bastou.* // *smpl* **2**. Princípios básicos, primeiras noções: *ensinei-lhe os rudimentos de informática*. → **rudimentar** *adj* (**1**. muito simples ou elementar; básico: *escreveu num português rudimentar*; **2**. que se encontra nas fases iniciais de desenvolvimento; incipiente: *ferramentas rudimentares*).

ru.far *v* **1**. Produzir rufos em: *rufar caixas e tambores*. **2**. Produzir som surdo de percussão: *rufam os tambores; começa o carnaval.* // *sm* **3**. Som surdo produzido por instrumento de percussão: *o rufar dos tambores no carnaval de rua*. (Não se confunde com *ruflar*.) → **rufo** *sm* (**1**. o soar do tambor; rataplã; **2**.*p.ext*. qualquer som semelhante; **3**. floreio com os dedos sobre o pandeiro ou sobre uma superfície qualquer; redobre), que não se confunde com *ruflo*. ·· **Num rufo**. Num instante, rapidinho: *Fez o trabalho num rufo*.

ru.flar *v* **1**. Agitar (asas) para alçar voo, fazendo um ruído abafado: *a qualquer aproximação humana os patos fogem, ruflando as asas*. **2**. Agitar muito, fazer tremular: *o vento forte rufla as bandeiras nos mastros*. **3**. Agitar-se muito, produzindo rumor: *os toldos ruflam, com o forte vento*. (Não se confunde com *rufar*.) → **ruflo** *sm* (ação ou efeito de ruflar), que não se confunde com *rufo*.

ru.ga *sf* **1**. Dobra na pele, causada por velhice, vento, sol, etc.; gelha. **2**.*P.ext*. Dobra em qualquer superfície; vinco, prega: *as rugas do lençol numa cama desarrumada*. → **rugosidade** *sf* (qualidade de rugoso); **rugoso** (ô; pl.: ó) *adj* (cheio de rugas).

ru.ge *sm* Cosmético avermelhado, em pó ou pasta, usado para colorir as maçãs do rosto; *blush*.

ru.ge-ru.ge *sm* **1**. Fru-fru. **2**. Ruído brando de vozes humanas. **3**. Grande agitação ou desordem; confusão; balbúrdia. · Pl.: *ruge-ruges* ou *ruges-ruges*.

ru.gir *v* **1**. Bradar: *rugir ameaças*. **2**. Emitir a voz (leão ou outra fera); urrar: *o leão ruge, e o gato mia*. // *sm* **3**. Rugido, bramido: *o rugir das feras do circo assustava as crianças*. → **rugido** *sm* (**1**. urro de leão; **2**.*p.ext*. qualquer som áspero e cavernoso).

ru.í.do *sm* **1**. Qualquer som áspero, desagradável, inesperado e indesejável; barulho. **2**. Na teoria da comunicação, sinal indesejável que prejudica a transmissão de uma mensagem. · Antôn. (1): *silêncio*. → **ruidoso** (ô; pl.: ó) *adj* (que produz muito ruído; barulhento: *eletrodomésticos ruidosos*).

ru.im *adj* **1**. De má índole; maldoso, mau, perverso. **2**. Cheio de defeitos ou imperfeições. **3**. De má qualidade; vagabundo, ordinário. **4**. Desagradável aos sentidos. **5**. Defeituoso, precário. **6**. Danoso, nocivo, prejudicial. **7**. Adoentado. **8**. Desfavorável, desagradável. **9**. Que não tem validade, frio. **10**. Que não observa as regras gramaticais; pobre, precário. · Antôn.: *bom*. (Note pela divisão silábica: diz-se *ru-im*.) → **ruindade** *sf* (qualidade ou característica do que é ruim).

ru.í.na *sf* **1**. Destruição ou desintegração total, física, moral, social ou econômica. **2**. Causa dessa destruição total. // *sfpl* **3**. Partes mais ou menos informes de construção que ruiu. **4**. Restos de civilizações passadas. → **ruinoso** (ô; pl.: ó) *adj* (**1**. que está em ruínas; **2**. que causa ruína; destrutivo, danoso); **ruir** *v* (**1**. cair com estrondo; desmoronar, desabar: *o viaduto ruiu*; **2**. *fig*. desaparecer, sumir, acabar: *ruíram todas as minhas esperanças*; **3**. *fig*. passar, transcorrer: *na prisão não se percebia o tempo ruir*), que se conjuga apenas nas formas que mantêm o *i*.

rui.vo *adj* **1**. Louro-avermelhado. // *adj* e *sm* **2**. Que ou aquele que tem cabelos ruivos. → **ruivacento** ou **ruivaço** *adj* (um tanto ruivo).

rum *sm* Aguardente obtida pela destilação do melaço da cana-de-açúcar.

rum.ba *sf* **1**. Dança de salão afro-cubana, executada com pronunciados movimentos de quadril. **2**. Música sincopada, de compasso binário, ritmo sincopado e variado e melodia repetitiva, própria para essa dança.

ru.mi.nan.te *adj* **1**. Que rumina. **2**. Relativo a ruminantes. // *sm* **3**. Espécime dos ruminantes, mamíferos herbívoros de quatro estômagos ou segmentos de estômago (pança, barrete, folhoso e coagulador), representados princ. pelos bois, cabras, camelos, carneiros, girafas, lhamas e hipopótamos. → **ruminação** *sf* (ato ou efeito de ruminar); **ruminar** *v* [**1**. remastigar ou remoer (alimentos que voltam do estômago à boca)]; **2**. *fig*. refletir demoradamente; matutar, remoer: *ao vê-la tão linda, tão formosa, fiquei ali ruminando um pensamento*).

ru.mo *sm* Direção que se toma para ir aonde se deseja; caminho. → **rumar** *v* (**1**. dirigir (embarcação): *rumar as velas para o norte*; **2**. dirigir-se, ir, encaminhar-se: *crianças, rumem da escola para casa!*).

ru.mor (ô) *sm* **1**. Ruído provocado por muitas vozes; burburinho. **2**. Boato ou comentário muito vago, sem muito alarido, mas difundido a grande velocidade e atingindo lugares distantes. → **rumoroso** (ô; pl.: ó) *adj* (**1**. barulhento, ruidoso: *cachoeira rumorosa*; **2**. *fig*. que provoca muito comentário ou falatório; escandaloso: *casamento rumoroso*).

ru.pes.tre *adj* **1**. Relativo a rocha. **2**. Que cresce sobre os rochedos. **3**. Gravado em rochedo. → **rupícola** *adj* (que vive nos rochedos ou nas rochas: *animais rupícolas*).

rup.tu.ra *sf* ou **rom.pi.men.to** *sm* **1**. Ato ou efeito de romper; quebra: *uma pequena fissura no para-brisa pode evoluir para uma ruptura; a enchente causou a ruptura da barragem*.

2. Quebra de relacionamento harmonioso, amigável ou pacífico: *a ruptura com a mãe nunca seria curada*. **3.** Rasgo de um tecido: *ruptura do músculo cardíaco; ruptura de um disco intervertebral*. **4.** Interrupção, suspensão: *ruptura de contrato*. **5.** Hérnia. (Cuidado para não usar "rutura"!)

ru.ral *adj* **1.** Relativo ou pertencente ao campo (em oposição a *urbano*); campestre: *economia rural; população rural; eleitor rural; êxodo rural*. **2.** Próprio do campo: *tranquilidade rural*. **3.** Situado no campo: *propriedades rurais*. **4.** Que tira do campo a sua subsistência: *produtor rural*. // *adj* e *s2gên* **5.** Que ou pessoa que vive e trabalha no campo; camponês, lavrador. → **ruralidade** *sf* (qualidade ou estado do que ou de quem é rural, em oposição a *urbanidade*: *o pintor se inspirou na ruralidade de Goiânia; a festa do peão, em Barretos, é um momento importante da ruralidade*); **ruralismo** *sm* (**1.** predomínio do campo ou da agricultura em relação à cidade; **2.** doutrina ou ação ruralista; **3.** emprego de cenas rurais na arte); **ruralista** *adj* (rel. a ruralismo ou a atividades rurais) e *adj* e *s2gên* (especialista no estudo das questões rurais); **ruralização** *sf* (ato ou efeito de ruralizar: *o Pará é o líder em urbanização tardia no Brasil, o que o faz possuir a maior taxa nacional de ruralização*); **ruralizar(-se)** *v* [**1.** tornar(-se) rural: *ruralizar favelados*; **2.** adaptar-se à vida rural: *em pouco tempo eles (se) ruralizaram*]; **rurícola** *adj* (que vive no campo ou na zona rural) e *s2gên* (lavrador ou lavradeira); **rurígena** *adj* e *s2gên* (que ou pessoa que nasceu no campo ou na zona rural).

rus.ga *sf* Pequena briga, discussão ou desentendimento entre duas pessoas. → **rusguento** *adj* (amigo de rusgas).

rush [ingl.] *sm* **1.** Grande afluência de veículos; pico. **2.** Grande afluência de pessoas; corrida. · Pl.: *rushes*. · Pronuncia-se *rách* (o *r* soa brando, pronunciado com a língua no céu da boca).

Rússia *sf* País que ocupa dois continentes (Europa e Ásia), sucessor do império tsarista russo (1547-1917) e da União das Repúblicas Socialistas Soviéticas (URSS), de 1917 a 1991, de área equivalente a dois Brasis (60% da sua área correspondem à Sibéria). Nome oficial: Federação Russa. → **russo** *adj* e *sm* (que não se confunde com *ruço*).

rús.ti.co *adj* **1.** Relativo ou pertencente ao campo; típico do campo; rural, campestre: *vida rústica; traje rústico; a cabana tem um certo charme rústico*. **2.** Sem acabamento refinado; simples, modesto, tosco: *móveis rústicos; cerâmica rústica*. **3.** *Fig.Pej.* Grosseiro e desajeitado; falto de polimento e elegância social; rude: *homem rústico*. **4.** Que não sofreu a influência do homem: *terras rústicas*. // *sm* **5.** Homem do campo pouco ou nada sofisticado; camponês: *paramos para ver os rústicos dançarem e festejarem*. · Superl. abs. sintético: *rusticíssimo*. · Antôn. (1): *urbano*; (2): *sofisticado*; (3): *gentil, polido, cortês*; (4): *cultivado*. → **rusticidade** *sf* (**1.** qualidade do que ou de quem é rústico, tosco: *a rusticidade dos móveis de uma casa*; **2.** *fig.pej.* rudeza nos gestos, atos e comportamento; grosseria, incivilidade: *a rusticidade do matuto não implica estupidez ou falta de inteligência*), de antôn. *sofisticação, polidez*.

S

s/S *sm* Décima nona letra do alfabeto, de nome *esse*. · Pl.: os *ss* ou os *esses*.

Saara *sm* O maior deserto da Terra, localizado no norte da África. → **saariano** *adj* (rel. ou pert. ao Saara).

sá.ba.do *sm* Sétimo dia da semana, iniciada no domingo (entre os cristãos). → **sabático** ou **sabatino** *adj* (**1**. rel. a sábado; **2**. apropriado para o sábado; **sabático** *adj* (**1**. sabatino; **2**. rel. ao período de suspensão temporária das atividades normais ou regulares, geralmente para estudo, reciclagem ou aprimoramento profissional: *licença sabática; período sabático*).

sa.bão *sm* **1**. Produto detergente, em pedaço ou em pó, utilizado para lavagem de roupas e limpeza em geral. **2**. *Pop*. Repreensão severa; pito, carão. → **saboaria** *sf* (fábrica, loja ou depósito de sabão); **saboeira** *sf* (**1**. vendedora de sabão; **2**. saboneteira); **saboeiro** *sm* (fabricante ou vendedor de sabão); **sabonete** (ê) *sm* (barra de sabão fino e aromatizado, usado princ. para a lavagem do corpo); **saboneteira** *sf* (utensílio para colocar sabonete em uso).

sa.ba.ti.na *sf* **1**. *Pop*. Prova escolar, para medir o conhecimento da matéria estudada. **2**. *Fig*. Discussão, questão, debate. **3**. *Pop*. Sessão em que um candidato a um determinado cargo tem de responder a uma série de perguntas; arguição: *indicado para o STF, o ex-ministro passará por sabatina do Senado*. → **sabatinar** *v* (submeter a sabatina); **sabatino** *adj* (rel. a sabatina).

sa.be.do.ri.a *sf* **1**. Qualidade de ter experiência, conhecimento e bom senso; capacidade de julgar ou discernir o que é verdadeiro ou correto; discernimento; qualidade de ser sábio: *ele decidiu de acordo com a sua sabedoria habitual; a sabedoria vem da velhice*. **2**. Grande acúmulo de conhecimentos: *saber: professor de grande sabedoria*. **3**. Qualidade de quem age com prudência e moderação: *ela não teve a sabedoria de esperar o trânsito melhorar*. **4**. *Pop.Pej*. Qualidade de sabido, esperto; esperteza: *é conhecida de todos a sabedoria de misturar solvente à gasolina, para auferir maiores lucros*.

sa.ber *v* **1**. Estar informado ou a par de; conhecer: *saber o endereço de alguém*. **2**. Ter informação, ciência ou conhecimento de: *o doente sabia que ia morrer*. **3**. Estar convencido de: *sei que ela não me ama*. **4**. Ser instruído em; conhecer: *saber o português como poucos*. **5**. Poder explicar; compreender: *não sei o que sinto*. **6**. Ter ideia de; imaginar: *você sabe o que isso significa?* **7**. Ter capacidade para; conseguir: *ela sabe cozinhar*. **8**. Pressupor: *quem é que sabe com certeza o que vem por aí?* **9**. Ter conhecimento ou informação: *sei de tudo*. **10**. Ter vasto conhecimento acumulado: *esse professor sabe muito*. // *sm* **11**. Sabedoria; grande acúmulo de conhecimentos: *o saber não ocupa lugar*. · Conj.: *sei, sabes, sabe, sabemos, sabeis, sabem* (pres. do ind.); *soube, soubeste, soube, soubemos, soubestes, souberam* (pret. perf.); *sabia, sabias, sabia, sabíamos, sabíeis, sabiam* (pret. imperf.); *soubera, souberas, soubera, soubéramos, soubéreis, souberam* (pret. mais-que-perf.); *saberei, saberás, saberá, saberemos, sabereis, saberão* (fut. do pres.); *saberia, saberias, saberia, saberíamos, saberíeis, saberiam* (fut. do pret.); *saiba, saibas, saiba, saibamos, saibais, saibam* (pres. do subj.); *soubesse, soubesses, soubesse, soubéssemos, soubésseis, soubessem* (pret. imperf.); *souber, souberes, souber, soubermos, souberdes, souberem* (fut.); *sabendo* (gerúndio); *sabido* (particípio); *saber* (infinitivo impessoal). · **A saber**. Locução que serve para especificar, equivalente a *na seguinte ordem*. · **Dar a saber**. Tornar público: *O jornalista deu a saber a notícia*. · **Não saber a quantas anda**. Não estar ciente ou a par de alguma coisa: *Ninguém sabe a quantas anda esse processo*. · **Não saber de si**. Andar muito confuso por excesso de trabalho: *Tenho trabalhado tanto, que não sei de mim*. · **Quem sabe?** (ou **Quem sabe!**). Talvez, é possível, pode ser. · **Sei lá!** Não sei (exprime desdém ou desconhecimento, realçando o sentimento do falante).

sa.be-tu.do *s2gên2núm Pop*. Pessoa sabichona.

sa.bi.á *s2gên* **1**. Pássaro de tamanho médio, de coloração geral parda, com tons avermelhados em algumas espécies, muito apreciado pelo seu canto. (Voz: *cantar, gorjear, trinar*.) **2**. *Pop*. Boqueira.

sa.bi.chão *adj* e *sm* Que ou aquele que alardeia sabedoria ou se presume sábio; sabe-tudo. · Fem.: *sabichona*.

sa.bi.do *adj* **1**. Conhecido de todos: público e notório: *é sabido que a violência está em todas as partes*. **2**. Que tem juízo ou bom senso; ajuizado, sensato: *garoto sabido, não foi na conversa do estranho*. **3**. Especialista, versado, entendido, perito: *ele é sabido em informática*. // *adj* e *sm* **4**. Que ou aquele que é espertalhão, velhaco, astuto, cheio de espertezas: *ela é muito sabidinha; o sabido ficou anos sem pagar imposto de renda*.

sá.bio *adj* e *sm* **1**. Que ou aquele que sobressai pelos vastos e variados conhecimentos em um ou mais domínios: *Rui Barbosa foi um homem sábio*. // *adj* **2**. Que denota bom senso, sensatez, prudência: *decisão sábia; ouvi seus sábios conselhos*. // *sm* **3**. Pessoa competente e independente, encarregada pelo poder público de estudar uma questão delicada: *o projeto foi submetido a uma comissão de sábios*. · Superl. abs. sint. erudito: *sapientíssimo*. · Antôn.: *ignorante*.

sa.bor (ô) *sm* Gosto. → **saborear** *v* (**1**. comer ou beber lentamente, para aumentar o prazer gustativo; apreciar pelo paladar: *coma devagar e saboreie todos esses quitutes!; saborear um bom vinho*; **2**. causar bom sabor ao paladar de: *esse pernil saboreou-me*. **3**. dar sabor a: *a cozinheira saboreou bem os alimentos*; **4**. *fig*. causar satisfação a: *a despensa cheia saboreia a dona da casa*; **5**. *fig*. perceber pelo cheiro e com prazer: *saboreie os odores do meu jardim!*; **6**. *fig*. gozar ou aproveitar ao máximo: *jovens, saibam saborear a juventude!; preso injustamente por dez anos, ele agora saboreia a sua liberdade*; **7**. *fig*. sofrer ou experimentar lentamente: *ela saboreia agora a decepção que teve com o rapaz*), que se conjuga por *frear*; **saboroso** (ô; pl.: ó) *adj* (**1**. delicioso, gostoso: *comida saborosa*; **2**. *fig*. agradável, prazeroso: *companhia saborosa*), de antôn. *insosso*.

sa.bo.tar *v* **1**. Danificar, destruir ou inutilizar (qualquer coisa funcional ou em construção) voluntariamente, princ. para evitar o sucesso de um inimigo ou de um competidor: *os subversivos sabotavam as torres de transmissão de energia elétrica; não teriam sabotado Senna?* **2**. Dificultar (trabalhos, projetos, etc.) propositadamente; impedir a ocorrência de (alguma coisa); minar: *sabotar uma transmissão de rádio; sabotar as iniciativas de colegas*. → **sabotagem** *sf* (ato ou efeito de sabotar).

sa.bre *sm* Pequena espada ligeiramente recurvada, que corta só de um lado.

sa.bu.go *sm* **1**. Espiga de milho sem os grãos. **2**. Sabugueiro. **3**. Parte do dedo à qual a unha está ligada: *ele rói as unhas até o sabugo*. **4**. Eixo do rolo da máquina de imprimir ou de bobina de papel. **5**. Matéria interna do chifre dos animais. → **sabugueiro** *sm* [arbusto ornamental, que dá flores de propriedades medicinais; sabugo (2)].

sa.bu.jo *sm* **1**. Grande cão de caça, de olfato muito apurado. // *adj* e *sm* **2**. *Fig.Pej*. Que ou aquele que é bajulador e subserviente: *os coronéis nordestinos se cercavam de todo tipo de sabujo*. // *adj* **3**. Que revela servilismo, subserviência: *funcionário de semblante sabujo*.

SAC *sm* Acrônimo de <u>S</u>erviço de <u>A</u>tendimento ao <u>C</u>liente, departamento de uma empresa que atende sua clientela.

sa.ca *sf* **1**. Saco grande e cheio (geralmente de cereais), equivalente a 60kg (muito usado para medir café) ou a 50kg (usado para medir soja, milho e feijão). **2**. Conteúdo desse saco: *saca de feijão*. · V. **sacada** (2 e 3).

sa.ca.da *sf* **1**. Parte de uma construção que avança para fora da fachada de uma casa. **2**. Porção de sacos; quantia de sacos; sacaria. **3**. Conteúdo de um saco ou de uma saca. **4**. *Gír*. Ação específica de alguém num determinado instante; manjada. **5**. *Gír*. Olhadela.

sa.ca.na *adj* e *s2gên Pop*. **1**. Que ou pessoa que é safada, inescrupulosa, sem caráter, capaz de praticar as maiores indignidades; canalha, crápula, calhorda, patife, pulha. **2**. Que ou pessoa que é libertina ou devassa. **3**. Que ou pessoa que gosta de gozar os outros; gozador(a). → **sacanagem** ou **sacanice** *sf* (ato, atitude, dito ou comportamento de sacana); **sacanear** *v* (**1**. fazer sacanagens a; **2**. agir como sacana), que se conjuga por *frear*.

sa.car *v* **1**. Puxar para fora rápida e bruscamente: *sacar o revólver*. **2**. Fazer retirada de (quantia): *sacar dinheiro do banco*. **3**. *Gír*. Perceber intuitivamente; pescar, morar, manjar: *já saquei tudo: ele jamais me namorar*. **4**. Emitir (contra alguém ou alguma firma) um título de crédito. **5**. Fazer saque (de título de crédito): *sacar contra um banco*. **6**. Puxar e apontar qualquer arma, rápida e bruscamente: *ela saca rápido*.

597

7. Fazer a jogada inicial de uma partida de tênis, pingue-pongue, vôlei, etc.; dar um saque. · V. **saque**. → **sacado** *adj* (retirado) e *sm* (aquele contra o qual se emite um título de crédito); **sacador** (ô) *adj* e *sm* (que ou o que saca) e *sm* (aquele que emite um título de crédito).

sa.ça.ri.car *v* Rebolar-se, requebrar-se. → **saçarico** *sm* (ato de saçaricar).

sa.ca.ri.no *adj* **1.** Relativo a açúcar. **2.** Doce como o açúcar: *pudim sacarino*. **3.** Diz-se do animal que se alimenta de açúcar.

sa.ca-ro.lha *sm* ou **sa.ca-ro.lhas** *sm2núm* Utensílio apropriado para tirar rolhas às garrafas: *o saca-rolha está enferrujado; o saca-rolhas está imprestável*.

sa.ca.ro.se *sf* Açúcar de cana ou de beterraba.

sa.cer.do.te *sm* **1.** Aquele que foi ordenado para celebrar a missa, na Igreja católica. **2.** Aquele que tem autoridade para celebrar ou dirigir ritos sagrados. · Fem.: *sacerdotisa* (mulher que, entre os pagãos, exercia as funções sacerdotais). → **sacerdócio** *sm* (1. ministério de padre; **2.** carreira eclesiástica; **3.** *fig.* missão nobre, honrosa ou sacrificada: *o magistério é um sacerdócio*); **sacerdotal** *adj* (de sacerdote ou sacerdócio: *funções sacerdotais; vocação sacerdotal*).

sa.chê ou **sa.ché** *sm* **1.** Saquinho de pano cheio de ervas aromáticas. **2.** *P.ext.* Qualquer saquinho, princ. de plástico.

sa.ci ou **sa.ci-pe.re.rê** *sm* Entidade fantástica do folclore brasileiro, representada por um negrinho de uma perna só, cachimbador, que vive pregando peças aos viajantes no meio do mato. · Pl.: *sacis-pererês* ou *saci-pererês*.

sa.ci.ar(-se) *v* **1.** Satisfazer(-se) plenamente (de fome ou sede): *saciar a fome; saciar-se de comida chinesa*. **2.** *Fig.* Satisfazer(-se) totalmente: *saciar a curiosidade; saciar-se de tanta notícia má*. → **saciação** *sf* [ato ou efeito de saciar(-se)]; **saciedade** *sf* (estado de quem se saciou).

sa.co *sm* **1.** Receptáculo, geralmente retangular, com um dos lados menores aberto (boca), destinado a conter provisoriamente diversas miudezas, com o fim de proteção ou de transporte. **2.** Conteúdo desse receptáculo. **3.** *Pop.Chulo* Escroto. **4.** *Gír.* Chateação, porre. **5.** *Gír.* Paciência. **6.** *Fig.Pej.* Pessoa chata, desagradável, cacete.

sa.co.la *sf* Pequeno saco, geralmente de plástico, com alças. → **sacoleiro** *sm* (pop. aquele que compra mercadorias populares por atacado, geralmente em lugares distantes, para revendê-las a varejo, com bom lucro); **sacolejar** *v* (**1.** agitar muito e repetidas vezes; sacudir: *este ônibus sacoleja muito os passageiros*; **2.** rebolar, requebrar: *sacolejar os quadris*; **3.** *fig.* impressionar vivamente; abalar: *esse acidente aéreo sacolejou a população*), que mantém o *e* fechado durante a conjugação; **sacolejo** (ê) *sm* (ato ou efeito de sacolejar).

sa.co.lé *sm Pop.* **1.** Sorvete vendido num saquinho de plástico fechado, também conhecido como *gelinho, brasinha* e *sorvete de saquinho*. **2.** *Gír.* Saquinho de plástico com droga.

sa.cra.men.to *sm* **1.** Cada um dos sete ritos cristãos. **2.** Cada um dos elementos consagrados da Eucaristia, princ. o pão; consagração. **3.** Custódia onde está encerrada a hóstia. → **sacramental** *adj* (rel. a sacramento: *cerimônia sacramental*); **sacramentar** *v* (**1.** administrar os sacramentos a: *o padre sacramentou os doentes terminais*; **2.** tornar sagrado: *sacramentar uma gruta em que apareceu a Virgem*) **sacramentar-se** (receber os sacramentos: *o moribundo acaba de se sacramentar*).

sa.crá.rio *sm* Lugar onde se guardam coisas sagradas, princ. hóstias consagradas.

sa.cri.fí.cio *sm* **1.** Cerimônia religiosa em que se consagra algo à divindade, imolando ou não. **2.** Risco em que se põem os próprios interesses, para benefício de outra pessoa ou coisa. **3.** Ato de renúncia ou sofrimento, em favor de outrem. → **sacrificar** *v* [**1.** oferecer em sacrifício, com cerimônias próprias; fazer sacrifícios a (divindade); imolar: *os antigos hebreus sacrificavam animais*; **2.** matar (animal), por razões imperiosas: *como o cão contraiu raiva, tivemos de sacrificá-lo*; **3.** prejudicar: *não sacrifique sua saúde, usando drogas!*; **4.** abrir mão de; renunciar a: *sacrificar os próprios interesses*; **5.** prejudicar (uma coisa) em benefício de (outra): *o general sacrificou mil soldados para manter essa posição*]; **sacrificar-se** (fazer sacrifícios: *os pais se sacrificam pelos filhos*).

sa.cri.lé.gio *sm* **1.** Desrespeito a pessoa ou coisa sagrada. **2.** Qualquer ato absurdo, extremamente repreensível. → **sacrílego** *adj* e *sm* (que ou aquele que cometeu sacrilégio) e *adj* (em que há sacrilégio: *ato sacrílego*).

sa.cri.panta *adj* e *s2gên* **1.** Que ou pessoa que é capaz das mais abjetas atitudes, indignidades e violências; que ou pessoa que é sacana, velhaca, patife, pulha, canalha, calhorda. // *s2gên* **2.** Pessoa que finge ser beata.

sa.cris.tão *sm* Homem encarregado de cuidar da sacristia e, por extensão, de uma igreja, auxiliando o padre nos serviços divinos. · Fem.: *sacristã*. · Pl.: *sacristãos* ou *sacristães*. → **sacristania** *sf* (emprego ou função de sacristão: *há muitos candidatos à sacristania; ele exerce muito bem a sacristania*); **sacristia** *sf* (dependência da igreja, ao lado do altar, na qual se guardam os objetos do culto e se revestem os sacerdotes).

sa.cro *adj* **1.** Sagrado, santo. **2.** Religioso (em oposição a *profano*): *música sacra*. // *sm* **3.** Osso triangular da pelve, situado entre a quinta vértebra lombar e o cóccix. · Antôn. (1 e 2): *profano*. → **sacral** *adj* [rel. a sacro (2)].

sa.cros.san.to *adj* Extremamente sagrado e inviolável. → **sacrossantidade** *sf* (qualidade de sacrossanto).

sa.cu.dir *v* **1.** Agitar forte e repetidamente, em diversos sentidos; chacoalhar, sacolejar: *as crianças sacudiam as bandeirolas, à passagem da comitiva presidencial*. **2.** Fazer tremer; abalar: *novo terremoto sacudiu a Turquia*. **3.** Mover naturalmente de um lado para o outro; abanar: *sacudir os braços*. **4.** Mover vigorosamente ou fortemente, de um lado para o outro: *sacudi-o pelos ombros*. **5.** Pôr fora, agitando: *sacudir as migalhas de pão da toalha de mesa*. **6.** Limpar, agitando: *sacudir o lençol*. **7.** Bater, para limpar: *sacudir o tapete*. **8.** Estimular, excitar, animar: *a vitória sacudiu a equipe, que estava com o moral baixo*. **sacudir-se 9.** Agitar-se muito: *saiu da areia da praia sacudindo-se toda*. **10.** Rebolar-se, requebrar-se: *ela passava sacudindo-se toda*. **11.** Tremer por efeito de sismo: *a terra se sacudiu novamente na Itália*. · Conjuga-se por *fugir*. → **sacudida** *sf* ou **sacudimento** *sm* [ação ou efeito de sacudir(-se)]; **sacudidela** *sf* (sacudida suave).

sa.di.o *adj* **1.** Que tem boa saúde; saudável. **2.** Que não altera ou prejudica a saúde; higiênico.

sa.dis.mo *sm* **1.** Perversão sexual em que alguém só sente prazer se infligir dor física ou psicológica (incluindo humilhação) ao parceiro. **2.** *P.ext.* Prazer com o sofrimento alheio: *o sadismo dos torturadores*. **3.** *P.ext.* Crueldade extrema. · Antôn.: *masoquismo*. → **sádico** ou **sadista** *adj* (**1.** rel. a sadismo; **2.** caracterizado pelo sadismo: *atitude sádica*) e *adj* e *sm* ou *s2gên* (**1.** que ou pessoa que pratica o sadismo; **2.** que ou pessoa que manifesta uma maldade ou crueldade sistemática e gratuita, caracterizada pelo extremo prazer com o sofrimento alheio, de qualquer natureza), de antôn. *masoquista*; **sadomasoquismo** *sm* (perversão sexual em que alguém só sente prazer se, ao mesmo tempo, sentir dor e infligir dor ao parceiro); **sadomasoquista** (**1.** rel. a sadomasoquismo; **2.** caracterizado por sadomasoquismo) e *adj* e *s2gên* (que ou pessoa que é dada à prática do sadomasoquismo).

sa.fa.do *adj* e *sm* Que ou aquele que é de índole vil e não sente nenhuma vergonha de prejudicar os outros; canalha, mau-caráter. → **safadeza** (ê) *sf* (qualidade, ato, atitude, dito ou comportamento de safado); **safanagem** (*gír.* tremenda safadeza ou grande sacanagem: *é uma safanagem dizer que os baianos são preguiçosos; ela disse que ainda é muito novinha para ficar de safanagem com o namoradinho*), palavra sem registro na 6.ª ed. do VOLP. · V. **safardana**.

sa.fa.não *sm* **1.** Bofetão dado com as costas da mão. **2.** Empurrão violento.

sa.far *v* **1.** Tirar, puxando: *safou a gravata, aliviado*. **2.** Salvar, livrar: *desta vez a sorte o safou*. **3.** Surrupiar, roubar: *safaram-lhe o tênis*. **safar-se 4.** Ficar livre do que estorva ou incomoda; esquivar-se: *safar-se dos repórteres*. **5.** Fugir: *safar-se da prisão*.

sa.far.da.na *s2gên* Pessoa muito safada; salafrário(a).

sa.fá.ri *sm* **1.** Expedição de caça, princ. na África. **2.** *P.ext.* Caravana de tal expedição. **3.** *P.ext.* Qualquer expedição longa ou aventureira.

sa.fe.na *sf* Cada uma das duas principais veias superficiais da perna, uma maior que a outra, iniciadas no pé. → **safenado** *adj* e *sm* (que ou aquele que se submeteu a uma cirurgia de ponte de safena).

sá.fi.co *adj* Diz-se do verso cujo acento se encontra na 4.ª, 8.ª e 10.ª sílabas.

sa.fi.ra *sf* **1.** Pedra preciosa, geralmente de cor azul e muito rija, variedade dura de corídon. **2.** Cor azul intensa, própria dessa pedra. // *adj* **3.** Diz-se dessa cor. **4.** Que tem essa cor: *meias safira; carros safira*. (Como se vê, como *adj* não varia.)

sa.fis.mo *sm* Amor homossexual de mulher para mulher; amor lésbico; lesbianismo. → **safista** *adj* (rel. a safismo) e *sf* (mulher que pratica o safismo; lésbica). (A 6.ª ed. do VOLP registra *safista* como "s2gên", em mais um de seus equívocos.)

sa.fra *sf* **1**. Conjunto de toda a produção agrícola de um ano. **2**. Época do ano de comercialização do boi gordo e na qual há mais abundância no campo. → **safreiro** *sm* ou **safrista** *s2gên* [trabalhador(a) que só consegue emprego em época de safra]. (A 6.ª ed. do VOLP não registra *safrista*.)

sa.ga *sf* **1**. Narrativa heroica ou lendária e rica de incidentes e perigos, geralmente de uma família, ao longo de várias gerações: *O tempo e o vento conta a saga de uma família gaúcha durante várias gerações.* **2**.*P.ext*. História dramática, geralmente romanceada, de uma família. **3**.*P.ext*. Qualquer acontecimento ou fato cheio de lances curiosos ou perigosos: *a saga de viajantes que sofreram naufrágio*.

sa.gaz *adj* **1**. Diz-se da pessoa que tem o dom natural de descobrir facilmente o que é difícil, confuso, obscuro ou que está oculto; que é capaz de entender e julgar situações e oportunidades rapidamente; que é astuto(a) e prevê as coisas; arguto(a), perspicaz: *um bom advogado tem de ser sagaz; se você fosse mais sagaz, não teria tido tanto prejuízo com seu ex-sócio.* **2**. Diz-se de pessoa, ente ou animal que não se deixa enganar; esperto(a), vivo(a), ladino(a): *era um professor sagaz, com quem nenhum aluno ousava colar; o diabo é mais sagaz do que muitos imaginam e usa de pequenas brechas para conseguir seus objetivos escusos; a raposa é um animal sagaz.* **3**. Diz-se daquilo que é feito com muita malícia ou perspicácia; malicioso(a); perspicaz: *observação sagaz; crítica sagaz; fraude sagaz.* **4**. Diz-se do cão hábil para rastrear a caça. · Antôn. (1): *ingênuo*; (2): *pateta, parvo, tolo*; (3): *grosseiro, grotesco*. · Superl. abs. sintético: *sagacíssimo*. → **sagacidade** *sf* (qualidade ou comportamento de sagaz).

Sagitário *sm* **1**. Nono signo do zodíaco na astrologia, das pessoas nascidas entre 22 de novembro e 21 de dezembro. **2**. Nona constelação zodiacal, retratada como um centauro atirando uma flecha, situada entre Escorpião e Capricórnio. → **sagitariano** *adj* e *sm* (que ou aquele que nasceu sob o signo de Sagitário).

sa.gra.do *adj* **1**. Digno de respeito e reverência religiosa; sacro: *ritos sagrados; templos sagrados*. **2**. Que incorpora as leis ou doutrinas de uma religião: *um texto sagrado hindu*. **3**. Digno de respeito absoluto: *essa pedra é sagrada para os indígenas*. **4**. *Fig*. Que não se pode deixar de cumprir: *minha palavra é sagrada*. **5**. *Fig*. Em que não se deve tocar ou mexer; intangível, imexível: *numa sociedade democrática, o princípio da presunção de inocência é sagrado; aquele plano econômico era sagrado.* **6**. *Fig*. Muito importante para ser alterado: *a unidade do país é sagrada*. **7**. *Fig*. Que não se pode infringir ou desrespeitar; inviolável: *o direito de propriedade é sagrado*. // *sm* **8**. Tudo o que faz parte do domínio religioso e merece veneração ou respeito, por ser associado a uma divindade ou a objetos considerados divinos. · Superl. abs. sint. erudito: *sacratíssimo*. · Antôn. (1): *profano*.

sa.grar *v* **1**. Dedicar a uma divindade; consagrar: *sagrar um altar, uma igreja*. **2**. Investir numa dignidade, por meio de cerimônias religiosas: *sagrar um bispo, um imperador*. **3**. Lançar bênção a; abençoar: *sagrar uma união matrimonial*. **4**. Santificar, consagrar: *sagrar a hóstia*. **5**. Respeitar como a uma coisa sagrada; venerar: *o povo sagrou o piloto Senna*. **6**. Oferecer, ofertar, entregar: *sagrar a alma a Deus*. **7**. Investir de caráter sagrado; consagrar: *o Papa ainda não sagrou santo o Padre Cícero*. **8**. Investir de um caráter especial, por algum mérito, reconhecimento ou votação: *sagraram-no herói nacional; sagraram Bento XVI papa em 2005.* **sagrar-se 9**. Dedicar-se a Deus ou ao serviço divino; consagrar-se: *ela resolveu sagrar-se à vida monástica*. **10**. Dedicar-se, devotar-se: *sagrar-se aos pobres*. **11**. Investir-se um caráter especial, por mérito, reconhecimento ou votação: *meu time se sagrou campeão brasileiro; sagrei-me campeão dos pesos-pesados*. → **sagração** *sf* [ato ou efeito de sagrar(-se)].

sa.gu ou **sa.gum** *sm* Substância amilácea extraída da parte central do salgueiro, vendida no comércio sob forma granulosa, por ser passada por um crivo quando a preparam.

sa.guão *sm* Amplo salão na entrada de qualquer grande edifício (hotel, teatro, museu, etc.); *lobby*, vestíbulo, *hall*.

sa.gui ou **sa.guim** (o **u** soa em ambas) *sm* Nome comum a pequenos macacos das florestas tropicais, de cauda longa e felpuda, não preênsil, também conhecidos (impropriamente) como *micos*, que vivem em pequenos bandos e se alimentam princ. de insetos e frutas. (Voz: *assobiar, guinchar*).

sai.a *sf* **1**. Peça do vestuário feminino que desce da cintura sobre os quadris e as pernas, de comprimento bastante variado, que pode ser ou não uma peça independente. **2**.*P.ext*. Mulher: *ele gosta mesmo é de saia*. **3**.*P.ext*. Chapa metálica do para-lama traseiro de um automóvel, usada como acessório. **4**.*P.ext*. Peça pendente da parte interna de cada um dos para-lamas de automóveis, usada para impedir que a lama se espalhe pela parte inferior do chassi. **5**.*P.ext*. Pano de mesa que cai dos lados até o chão. → **saiote** *sm* (**1**. saia pequena; **2**. saia curta que as mulheres usam por baixo de outra saia ou do vestido). ·· **Saia justa**. **1**. Saia apertada, colada ao corpo. **2**. *Gír*. Discussão acalorada; bate-boca: *Durante a reunião houve uma saia justa entre diretores e funcionários da empresa.* **3**. Situação embaraçosa ou constrangedora: *Dizendo isso, ela deixou seus colegas na maior saia justa.*

sai.bo *sm* Sabor ou gosto desagradável.

sai.bro *sm* **1**. Mistura de argila com areia grossa, usada no preparo de argamassa. **2**. Areia grossa de rio.

sa.í.da *sf* **1**. Ato ou efeito de sair; saimento: *a saída de mercadorias; a saída de gás*. **2**. Lugar por onde se sai de algum lugar: *a saída do cinema é por ali*. **3**. Momento em que se sai de algum lugar: *pego você na saída*. **4**. Venda, demanda, procura: *esse televisor tem muita saída*. **5**. Solução, recurso: *maus pensamentos encontram saída no trabalho; ela não teve saída, a não ser deixar acontecer*. **6**. Largada: *foi dada a saída para o último páreo*. **7**. Redução de *saída de praia*, peça do vestuário feminino que se usa à saída de praia ou piscina sobre maiô ou biquíni. **8**. Em informática, transferência de informação processada, da unidade central para um dispositivo externo. **9**.*P.ext*. Essa informação ou esse dispositivo. **10**. *Pop*. Resposta brilhante: *as pessoas aplaudiram a saída do presidente a essa pergunta do jornalista*. **11**. *Pop*. Dito repentino, repente: *esse cara tem umas saídas engraçadas*. **12**. Pretexto, desculpa: *ela tem saída para tudo; não me venha mais com as suas velhas saídas!* **13**. Em contabilidade, valor gasto. · Antôn. (1 a 3 e 13): *entrada*. ·· **Dar a saída**. Começar o jogo: *Quem dá a saída é o time da casa.* · **Saída de banho**. Roupão usado à saída do banho.

sa.ir *v* **1**. Caber em sorte: *saiu para um pobre o prêmio*. **2**. Parecer-se, puxar: *ele saiu ao pai*. **3**. Desviar-se, afastar-se: *não saio deste caminho*. **4**. Desligar-se: *sair do emprego*. **5**. Passar de dentro para fora: *sair de casa*. **6**. Ir de um lugar para outro: *muitos nisseis saíram do Brasil, mas já estão voltando*. **7**. Afastar-se: *sair da rota*. **8**. Livrar-se, ficar livre: *sair da cadeia*. **9**. Retirar-se: *não saia sem falar comigo!* **10**. Aparecer, surgir, mostrar-se: *sair à janela, ao portão*. **11**. Desaparecer, sumir-se: *esta mancha não sai*. **12**. Deslocar-se, mover-se: *sem sair de casa eu consigo ganhar mais que você*. **13**. Separar-se, deslocar-se: *a roda saiu do eixo*. **14**. Provir, proceder: *aquela fumaça está saindo de um incêndio*. **15**. Tornar-se, vir a ser: *ela saiu uma grande dona de casa*. **sair-se 16**. Livrar-se, escapar: *sair-se de uma encrenca*. **17**. Reagir: *sair-se com palavrões a uma ofensa recebida*. **18**. Desviar-se, afastar-se: *sair-se de um motorista bêbado, que quase provoca um acidente*. **19**. Dar conta; incumbir-se: *sair-se bem de uma missão*. **20**. Obter determinado resultado: *conjuga-se por cair*. · Antôn. (5 a 9): *entrar*. → **saideira** *sf* [a última rodada (do que já se está bebendo muito)]; **saído** *adj* [**1**. que se ausentou ou saiu; **2**. publicado; **3**. *pop*. saliente, assanhado, atrevido (mais usado no diminutivo: *saidinho*)].

sal *sm* **1**. Cloreto de sódio, NaCl, ou sal de cozinha. **2**. Composto químico resultante da reação de um ácido com uma base: *as rochas são ricas em sais minerais; o nitrato de potássio e o cloreto de potássio são sais de potássio.* **3**. *Fig*. Graça, encanto: *mulher sem sal*. // *smpl* **4**. Substâncias voláteis que se podem aspirar a pessoas desfalecidas para voltarem a si. · V. **salícola** e **salicultura**. → **saleiro** *sm* (**1**. vaso em que se guarda o sal ou no qual se leva o sal à mesa; **2**. lugar em que se coloca o sal para o gado); **sal-gema** *sm* (sal comum em estado mineral), de pl. *sais-gemas*; **salineiro** *adj* (rel. a sal ou a salina: *indústria salineira; o terminal salineiro do Rio Grande do Norte*) e *sm* (**1**. trabalhador de salina; **2**. proprietário de salina; **3**. vendedor de sal). · V. **salícola, salicultura, salina** e **salino**. ·· **Sais aromáticos**. Mistura de carbonato de amônio com algum perfume, usada como inalante no alívio de dores de cabeça, recuperação de desmaios, etc. ·· **Sais de banho**. Cristais de sais enriquecidos com óleos essenciais que, industrializados, contêm perfumes, corantes, conservantes, etc.: *Os sais de banho são benéficos para a higiene do corpo, relaxante para os músculos cansados e doloridos, além de serem um bom suavizante e desintoxicante para a pele, em razão de suas propriedades curativas.* ·· **Sais minerais**. Sais inorgânicos, fundamentais para a alimentação dos seres vivos. ·· **Sal grosso**. Sal sem refino, tal qual se encontra nas salinas, muito usado para banho de descarrego e para quebrar a inveja, o azar e outros males.

sa.la *sf* **1**. Compartimento principal espaçoso de uma casa, destinado ao uso social. **2**. Compartimento de uma habitação destinado a um ou mais usos. **3**. Nos prédios públicos e privados, compartimento destinado a determinadas atividades. · Dim.: *saleta* (ê). ·· **Sala e quarto**. Apartamento constituído apenas de sala e quarto; quarto e sala.

sa.la.da *sf* **1**. Mistura de vários tipos de hortaliças temperadas com sal, azeite, vinagre ou limão, pimenta, etc. e servidas frias e cruas. **2**. *Fig.* Alface: *criança geralmente não come salada*. **3**. *Pop.* Mistura de muitas coisas diferentes; mixórdia; salada russa. ·· **Salada Caesar** (pronuncia-se *cízár*). Salada tipicamente composta de alface romana e *croûtons* servidos com um molho contendo azeite de oliva, suco de lima, ovo cru, queijo parmesão e temperos. ·· **Salada de frutas**. Mistura de várias qualidades de frutas, picadas e adoçadas com açúcar ou com guaraná. ·· **Salada russa**. **1**. Salada de batatas e outros legumes cozidos, temperada com maionese. **2**. *Fig.* Salada (3).

sa.la.frá.rio *sm Pop.Pej.* Homem ordinário, desonesto, safado, vil, sem escrúpulos.

sa.la.man.dra *sf* Anfíbio semelhante à lagartixa ou ao lagarto, de cor preta com manchas amarelas, só existente, no Brasil, na região amazônica.

sa.la.me *sm* Carne de porco picada, misturada com pequenos cubos de toucinho e pimenta em grãos, ensacada em tripa para ser comer crua, geralmente em fatias. → **salaminho** *sm* (variedade de salame, acondicionado em tripa fina e curta).

sa.lão *sm* **1**. Sala grande, para festas, reuniões, recepções, etc. **2**. Exposição periódica de arte, produtos industriais, etc. **3**. Barbearia. **4**. Redução de *salão de beleza*, lugar próprio para o embelezamento de mulheres.

sa.lá.rio *sm* Pagamento em dinheiro a que faz jus o empregado ou funcionário; ordenado: *ele sustenta a família ganhando salário mínimo*. → **salarial** *adj* (rel. a salário: *folha salarial*); **salário-educação** *sm* (contribuição social que serve como fonte adicional de recursos do ensino fundamental público, permitindo às três instâncias de governo investirem em programas, projetos e ações que qualifiquem profissionais da educação e estimulem alunos a permanecer em sala de aula), de pl. *salários-educação*; **salário-família** *sm* (remuneração adicional recebida pelo empregado, de acordo com o número de seus dependentes), de pl. *salários-família* ou *salários-famílias*; **salário-hora** *sm* (salário ganho por hora de trabalho), de pl. *salários-hora* ou *salários-horas*; **salário--maternidade** *sm* (benefício previdenciário mensal a que tem direito a pessoa que se afasta de sua atividade por motivo de nascimento de filho, adoção, aborto não criminoso, fetos natimortos ou guarda judicial para fins de adoção), de pl. *salários-maternidade*; **salário-mínimo** *sm* (trabalhador que recebe salário mínimo), de pl. *salários-mínimos*. ·· **Salário mínimo**. O menor salário fixado por lei, que não se confunde com *salário-mínimo*. (Usa-se também apenas *salário*.)

sal.do *sm* **1**. Diferença entre o crédito e o débito; diferença entre o dinheiro que se deve e o que se tem. **2**. Quantia disponível numa conta. **3**. Resto do estoque de uma mercadoria, geralmente vendido a preço mais baixo. → **saldar** *v* [**1**. pagar ou liquidar (dívida); **2**. *fig.* tomar ou tirar satisfação; ajustar contas: *chegou a hora de saldarmos nossas diferenças*], que não se confunde com *saudar*.

sa.le.si.a.no *adj* **1**. Relativo ou pertencente ao instituto religioso que tem como patrono São Francisco de Sales, fundado em Torino em 1845, na Itália, por São João Bosco, dedicado princ. à educação e à obra missionária. // *sm* **2**. Membro dessa congregação.

sal.gar *v* **1**. Temperar com sal: *salgar o churrasco*. **2**. Impregnar de sal para conservar: *salgar o peixe*. **3**. *Fig.* Tornar picante: *salgar uma piada*. **4**. *Fig.* Elevar muito (o preço): *salgar o preço do feijão*. → **salga**, **salgação** ou **salgadura** *sf* (ato ou efeito de salgar); **salgadinhos** *smpl* (comida salgada em forma de pequenas unidades, como croquetes, empadinhas, pastéis, rissoles, coxinhas, etc.); **salgado** *adj* [**1**. que tem ou levou sal; **2**. que tem ou levou sal em demasia; **3**. conservado em sal; **4**. *fig.* picante, malicioso. **5**. *Fig.* alto ou exagerado (preço)] e *sm* [qualquer petisco salgado (coxinha, empada, pastel, quibe, rissole, etc.)].

sal.guei.ro *sm* Nome comum a muitas espécies de arbustos ornamentais, que compreendem o chorão e o vime.

sa.lí.co.la *adj* **1**. Que habita as salinas. **2**. Que explora as salinas. **3**. Que produz sal.

sa.li.cul.tu.ra *sf* **1**. Extração ou fabricação de sal em salinas. **2**. Produção de sal. → **salicultor** (ô) *sm* (aquele que possui ou explora salinas).

sa.li.en.te *adj* **1**. Que sobressai; protuberante, proeminente (em oposição a *reentrante*): *nariz saliente; barriga saliente; dentes salientes*. **2**. *Fig.* Evidente, manifesto: *a estatização é a marca mais saliente da esquerda*. **3**. *Fig.* Marcante, importante, perceptível: *a honestidade é a característica mais saliente de sua personalidade*. // *adj* e *s2gên* **4**. *Pop.* Que ou pessoa que é atrevida, petulante, saída, desrespeitosa, assanhada ou, então, enxerida: *ela não namora rapaz saliente; deixe-se de ser saliente, menina!* → **saliência** *sf* [**1**. qualidade de saliente; **2**. parte mais alta ou que sobressai de uma superfície qualquer; proeminência, protuberância (em oposição a *reentrância*); **salientar** *v* (**1**. tornar saliente ou proeminente: *salientar um nariz, numa caricatura*; **2**. chamar a atenção para; enfatizar, realçar, acentuar: *salientar as razões de uma conduta*); **salientar-se** (destacar-se, sobressair: *salientar-se como grande político*).

sa.li.na *sf* **1**. Grande quantidade de sal amontoado; monte de sal. **2**. Terreno exposto ao vento e preparado para nele se produzir o sal pela evaporação da água do mar. **3**. Lugar onde se produz sal comercialmente. · V. **salícola** e **salicultura**.

sa.li.no *adj* Que contém sal ou que é de sua natureza. → **salinidade** *sf* (**1**. qualidade de salino; **2**. grande concentração, teor ou densidade de sal em uma solução; **3**. concentração de sais minerais dissolvidos nas águas marinhas); **salinização** *sf* [ato ou efeito de salinizar(-se)]; **salinizar(-se)** *v* [tornar(-se) salino].

sa.li.tre *sm* Nome vulgar do nitrato de potássio. → **salitraria** *sf* (refinaria de salitre); **salitreira** *sf* (jazida de salitre).

sa.li.va *sf* Secreção das glândulas salivares, que dá início ao processo de digestão dos alimentos; cuspo. → **salivação** *sf* (**1**. ato ou efeito de salivar; **2**. secreção abundante de saliva); **salival** ou **salivar** *adj* (**1**. da saliva: *acidez salival*; **2**. diz-se da glândula que secreta a saliva); **salivar** ou **ensalivar** *v* (**1**. umedecer com saliva: *salivar os dedos, para contar dinheiro é prática anti-higiênica*; **2**. secretar saliva: *você saliva demais*; **3**. expelir saliva; cuspir); **salivoso** (ô; pl.: ó) *adj* (**1**. cheio ou impregnado de saliva: *beijo salivoso*; **2**. sem. a saliva: *fluido salivoso*).

sal.mão *sm* **1**. Peixe fluvial e marinho, do hemisfério norte, que na época da reprodução sobe os rios e desova em locais de água corrente fria e bem oxigenada. // *sm* **2**. Carne desse peixe, cor-de-rosa claro, muito apreciada na alimentação humana.

sal.mo *sm* Hino ou cântico religioso, para ser cantado ao som de instrumentos de corda. → **sálmico** *adj* (rel. ou sem. a salmo); **salmista** *adj* e *s2gên* (que ou pessoa que compõe salmos); **salmodia** ou **salmódia** *sf* (modo de cantar os salmos, sempre na mesma nota, sem inflexão de voz); **salmodiar** *v* (cantar salmos).

sal.mo.ne.la *sf* Bactéria patogênica aos seres humanos e animais de sangue quente. → **salmonelose** *sf* (infecção causada pela salmonela).

sal.mou.ra *sf* Água saturada de sal, para conservação de alimentos.

sa.lo.bre ou **sa.lo.bro** (ô) *adj* **1**. Ligeiramente salgado. **2**. Diz-se da água de gosto desagradável, pela presença de sais, embora com salinidade inferior à da água do mar. (Cuidado para não usar "salobra" nem muito menos "saloba"!)

Salomão, ilhas. País insular do sudoeste do Pacífico, de área pouco menor que a do estado de Alagoas. → **salomônico** *adj* e *sm*.

sa.lo.nis.mo *sm* Prática do futebol de salão ou futsal. → **salonista** *adj* (rel. a salonismo) e *adj* e *s2gên* (praticante de salonismo).

sal.pi.cão *sm* Prato frio, preparado com frango desfiado, presunto ou lombo picado, misturados a uma salada.

sal.pi.car *v* **1**. Temperar, espalhando pitadas de sal; salgar: *salpicar a carne*. **2**. Manchar com salpicos ou pingos: *a lama salpicou-lhe a roupa*. **3**. *Fig.* Manchar, macular, infamar: *salpicar a honra de alguém*. **4**. Espalhar (pó, gotas, pingos, partículas, etc.): *o pintor salpicou a parede com cimento*. → **salpicamento** ou **salpico** (1) *sm* (ato ou efeito de salpicar); **salpico** *sm* (**1**. salpicamento; **2**. gota ou pingo de lama que ressalta e borrifa; **3**. mancha deixada por essa gota ou pingo) e esse pingo); **salpicos** *smpl* (pequenos pontos coloridos em certos tecidos).

sal.sa *sf* **1**. Erva cujas folhas, cheirosas, se usam como condimento e cuja raiz se utiliza como legume. **2**. Essa folha que, juntamente com a cebolinha, constitui o chamado *cheiro-verde*. **3**. Molho picante, de origem mexicana. **4**. Música de origem porto-riquenha, mistura de ritmo cubano com elementos de *jazz*, *soul* e *rock*. **5**. Dança para essa música. → **salsinha** *sf* (**1**. salsa pequena; **2**. *gír*. homem afeminado).

sal.são *sm* **1**. Planta herbácea de cheiro bastante acentuado, caule alongado, largo e macio, de sabor amargo e picante, usado em saladas, sopas, molhos, etc. ou como condimento; aipo. **2**. Esse caule; aipo.

sal.sa.par.ri.lha *sf* **1**. Planta de raízes aromáticas que, secas, são usadas como condimento. **2**. Raiz ou conjunto de raízes secas dessa planta.

sal.sei.ra *sf* Galheta em que se servem molhos à mesa.

sal.sei.ro *sm Pop.* **1**. Confusão, briga, rebu, tumulto. **2**. Aguaceiro, toró.

sal.si.cha *sf* Espécie de linguiça feita de carne moída, princ. de porco, condimentada e embutida em tripas naturais e artificiais de pequeno diâmetro. → **salsichão** *sm* (salsicha grande e grossa); **salsicharia** *sf* (**1**. indústria ou comércio de salsicheiro; **2**. estabelecimento onde se fabricam e vendem salsichas); **salsicheiro** *sm* (fabricante ou vendedor de salsichas).

sal.su.gem *sf* **1**. Qualidade do que é salgado. **2**. Lodo com substâncias salinas. **3**. Conjunto de detritos que flutuam próximo das praias, portos, etc. **4**. Percentagem de sal contida princ. nas águas do mar. **5**. Impetigem.

sal.tar *v* **1**. Atravessar, pulando: *o cavaleiro saltou vários obstáculos; o ladrão saltou o muro para entrar na casa; saltar uma poça d'água*. **2**. Passar por cima: *saltar a cerca*. **3**. Passar direto; omitir: *saltar três páginas, na leitura*. **4**. Pular, dar pulos: *as crianças correm, saltam, rolam*. **5**. Descer (de onde se está); apear-se, desembarcar: *saltar do ônibus*. **6**. Não levar em conta; passar por cima de: *saltou um parágrafo na leitura do texto*. **7**. Bater ou palpitar aceleradamente: *senti o coração saltar, ao vê-la tão linda*. **8**. Investir contra: *o cão saltou sobre o rapaz*. **9**. Sobressair: *os olhos saltam-lhe das órbitas*. **10**. Passar para algo superior, sem observar fases intermediárias; pular: *saltou de tenente para coronel*. **11**. Mudar bruscamente; saltitar (2): *a conversa saltou de política para futebol*. **12**. *Pop*. Fazer vir: *salta uma cerveja bem gelada!* •• **Saltar aos olhos** (ou **à vista**). Ser evidente; estar na cara: *Salta aos olhos que essa gente é corrupta*. •• **Saltar da cama**. Pôr-se de pé apressadamente. •• **Saltar de banda**. Ir-se embora rapidamente; cair fora. •• **Saltar de paraquedas**. Atirar-se de uma aeronave devidamente equipado, princ. na prática esportiva do paraquedismo. (Evite usar *"pular" de paraquedas!*) •• **Saltar pela janela** (fig.). Fugir, desaparecer, perder-se: *Casa em que a miséria entra pela porta, o amor salta pela janela*.

sal.te.ar *v* **1**. Atacar de repente, para roubar ou matar; assaltar: *muitos ladrões salteiam pessoas diariamente, por nossas ruas*. **2**. Apanhar de surpresa; surpreender: *a tristeza de vez em quando me salteia*. **3**. Corar rapidamente (alimento) numa gordura, mexendo-o sempre, para que não engrude: *saltear batatas*. **saltear-se 4**. Assustar-se, apavorar-se: *saltear-se com tanta violência*. • Conjuga-se por *frear*. → **salteada** *sf* ou **salteamento** *sm* (ato ou efeito de saltear; assalto repentino e inesperado); **salteado** *adj* (**1**. que se salteou; **2**. fora de ordem: *ele disse o alfabeto com todas as letras salteadas*). •• **Saber de cor e salteado**. Saber muito bem e na ponta da língua.

sal.tei.ra *sf* Pequena sola que se coloca sob o calcanhar do sapato, para deixar a pessoa mais alta.

sal.tí.gra.do *adj* Diz-se do animal que se desloca ou se move aos saltos: *o canguru é um animal saltígrado*.

sal.tim.ban.co *sm* **1**. Integrante de um elenco de atores populares itinerantes, que se apresentam em circos, feiras e praças públicas interioranas. **2**. Sujeito que exibe suas supostas habilidades em lugares públicos, geralmente com malibares ou vendendo poções milagrosas; charlatão, farsante. **3**. *Fig*. Sujeito sem opiniões seguras, que não é sério e não merece crédito nem consideração. **4**. *Pop.Pej*. Artista de circo. **5**. *Fig. Pej*. Aquele que muda frequentemente de emprego, de residência, etc.

sal.ti.tar *v* **1**. Dar pequenos e repetidos saltos: *as gazelas saltitam*. **2**. Passar de repente de um assunto para outro; saltar: *ele saltitou de política para futebol*. → **saltitante** *adj* (que saltita).

sal.to *sm* **1**. Ato ou efeito de saltar. **2**. Transição brusca, rápida. **3**. Passagem direta, omissão. **4**. Passagem repentina. **5**. Passagem brusca e sem graus intermediários. **6**. Queda d'água. **7**. Peça saliente e dura do calçado, para altear o calcanhar; tacão. **8**. Falha ou erro de composição gráfica, que consiste em omissão de palavra, frase ou trechos inteiros.

sal.to-mor.tal *sm* Acrobacia que consiste em dar uma volta completa no corpo, no ar, para diante, para trás ou para o lado, sem que as mãos toquem no chão. **2**. Golpe de capoeira semelhante a essa acrobacia. • Pl.: *saltos-mortais*.

sa.lu.bre *adj* Benéfico ou favorável à saúde. • Superl. abs. sint. erudito: *salubérrimo*. → **salubridade** *sf* (**1**. qualidade, estado ou condição de salubre ou de saudável; sanidade: *não se conhecem os indicadores reais da salubridade ambiental*; **2**. estado da saúde pública: *é preocupante a salubridade de alguns restaurantes e bares da cidade*); **salubrificação** *sf* (ato ou efeito de salubrificar); **salubrificar** ou **salubrizar** *v* (tornar salubre; sanear).

sa.lu.tar *adj* **1**. Favorável à saúde; benéfico, saudável: *o ar salutar do campo*. **2**. Que restabele as forças; fortificante: *leitura salutar; sono salutar*. **3**. *Fig*. Moralmente edificante; construtivo: *conselho salutar*.

sal.va *sf* **1**. Descarga de armas de fogo, em sinal de regozijo ou em honra de alguém. **2**. Saudação, aclamação pública. **3**. *P.ext*. Grande número de sons, palavras ou ditos.

sal.va-ban.dei.ra *sf* V. **barra-bandeira**. • Pl.: *salva-bandeiras*.

Salvador (ô) *sf* Capital e a maior cidade do estado da Bahia. → **salvadorense** *adj* e *s2gên* ou **soteropolitano** (tè) *adj* e *sm*.

sal.va.guar.da *sf* **1**. Proteção, garantia ou licença concedida por autoridade; salvo-conduto. **2**. Coisa que serve de defesa contra um perigo temido: *a lei é a salvaguarda dos regimes democráticos*. **3**. Segurança, garantia: *fazer escape, para salvaguarda dos arquivos*. **4**. Durante uma encadernação, cada uma das folhas cortadas e presas no princípio e no fim do volume, para evitar sujeira no livro. // *sf* **5**. *Fig*. Pessoa que serve de defesa contra um perigo temido. → **salvaguardar** *v* (proteger, defender).

sal.var *v* **1**. Livrar de perigo, morte ou ruína iminente ou qualquer outra coisa desagradável: *nós, pessoas esclarecidas, precisamos salvar o planeta; salvar alguém de um afogamento; o goleiro salvou o time da derrota*. **2**. Pôr a salvo; livrar de perda (alguma coisa): *salvei tudo o que podia, antes de sair do prédio em chamas*. **3**. Conservar salvo ou intacto; manter, preservar: *salvar a honra; salvar as aparências*. **4**. Fazer escape de (dados): *salve sempre seu trabalho!* **5**. Recuperar (princ. dinheiro): *salvar um dinheiro emprestado, que já se tinha como perdido*. **6**. Saudar com salvas de artilharia. **salvar-se 7**. Pôr-se a salvo de algum mal iminente: *salvar-se de um acidente*. **8**. Obter a salvação eterna; livrar-se das penas do inferno: *fazendo o bem, nos salvaremos*. → **salvação** *sf* ou **salvamento** *sm* [ato ou efeito de salvar(-se)]; **salvador** (ô) *adj* e *sm* (que ou aquele que salva). •• **Salvador da pátria** (fig.). Pessoa que resolve qualquer problema difícil ou situação complicada.

sal.va-vi.das *s2gên2núm* **1**. Pessoa cujo ofício é socorrer banhistas em risco de afogamento. // *sm* **2**. Aparelho usado para salvar náufragos e ameaçados de afogamento. // *adj* **3**. Diz-se de qualquer coisa que se destina a salvamento de náufragos. (Cuidado para não usar "salva-vida"!)

sal.ve *interj* Indica saudação.

sal.ve-rai.nha *sf* Oração católica dedicada à Virgem Maria, iniciada com as palavras que formam este composto. • Pl.: *salve-rainhas*.

sal.vo *adj* **1**. Livre de perigo, morte ou ruína que era iminente. **2**. Que obteve a graça eterna; que se livrou das penas do inferno. // *prep* **3**. Exceto, fora, tirante: *todos ali têm culpa, salvo as crianças*.

sal.vo-con.du.to *sm* **1**. Licença por escrito que se dá a alguém para poder transitar por qualquer lugar, sem ser incomodado ou preso; salvaguarda (1). **2**. *Fig*. Imunidade, privilégio: *ele tem salvo-conduto para dizer o que quiser*. • Pl.: *salvo-condutos* ou *salvos-condutos*.

sa.mam.bai.a *sf* Planta ornamental, sem flores nem sementes, de folhas sempre verdes, muito cultivada em vasos e jardins.

sa.ma.ri.ta.no *adj* e *sm* **1**. Natural ou habitante de Samaria, antiga cidade da Palestina. // *sm* **2**. *Fig*. Homem caridoso, de bom coração.

sam.ba *sm* **1**. Gênero musical e tipo de dança popular brasileiros, de origem africana. **2**. Música para essa dança. → **sambar** *v* (**1**. dançar o samba; **2**. *p.ext*. dançar); **sambista** *adj* e *s2gên* [que ou pessoa que samba (1) muito bem] e *s2gên* (pessoa que compõe sambas).

sam.ba-can.ção *sm* **1.** Modalidade de samba lento na melodia e de letra sentimental, muito em voga na década de 1940. // *adj* **2.** *Pop.* Diz-se de um tipo de cuecas semelhante a uma bermuda. · Pl.: *sambas-canção* ou *sambas-canções*.

sam.ba.do *adj* **1.** Diz-se de coisa desgastada pelo uso; surrado: *sapato sambado*. **2.** Diz-se de pessoa desgastada fisicamente, parecendo envelhecida: *aos 40 anos e já sambado?!*

sam.ba-en.re.do *sm* Modalidade de samba que resume na melodia e na letra, sempre extensa, o conteúdo do tema escolhido para a apresentação da escola de samba, no desfile na avenida. · Pl.: *sambas-enredo* ou *sambas-enredos*.

sam.ba.qui *sm Pop.* Depósito antiquíssimo de conchas, esqueletos, utensílios gerais e cascos de ostras, junto ao litoral brasileiro, acumulados por tribos no período pré-histórico.

sam.bó.dro.mo *sm Pop.* Via pública (rua, avenida, etc.) em que desfilam escolas de samba, blocos carnavalescos, etc., durante o carnaval.

sam.bu.rá *sm* Cesto feito de um trançado de cipó, vime ou taquara, bojudo e de boca estreita, no qual os pescadores levam iscas de pesca e guardam o pescado.

Samoa (ô) *sf* País do sudoeste do Pacífico, oficialmente *Estado Independente de Samoa*, ex-Samoa Ocidental, formado por duas grandes ilhas e sete ilhotas, de área equivalente à metade daquela ocupada pelo nosso Distrito Federal. → **samoano** *adj* e *sm*.

sa.mo.var *sm* Espécie de chaleira portátil, de cobre, prata ou porcelana, usada na Rússia, para ferver água destinada à preparação do chá.

sampling [ingl.] *sm* Técnica que permite ao DJ recortar, copiar, alterar e editar os fundamentos originais de uma música, para produzir uma "nova" música: *o sampling é obtido através do uso de sintetizadores e de computadores; a popularização dos samplings ocorreu após o sucesso do movimento hip-hop no final dos anos setentas em Nova Iorque*. · Pl.: *samplings*. · Pronuncia-se *sémplin*.

SAMU ou **Samu** *sm* Acrônimo de <u>S</u>erviço de <u>A</u>tendimento <u>M</u>óvel de <u>U</u>rgência. O SAMU é um serviço de atendimento médico, utilizado por ambulância, em casos de emergência. Realiza o atendimento de urgência e emergência em qualquer lugar: residências, locais de trabalho e vias públicas. O socorro é feito após chamada gratuita, feita para o número 192.

sa.mu.rai *sm* Guerreiro profissional que pertencia a uma aristocracia militar no tempo do Japão feudal.

sa.nar *v* **1.** Restabelecer a saúde de; curar, sarar: *sanar um doente*. **2.** Reparar, corrigir, sanear: *sanar um erro*. **3.** Resolver (dificuldade, problema, etc.): *a prefeitura sanou os principais problemas do bairro: água e esgoto*. → **sanativo** *adj* (que sana ou é próprio para sanar: *elixir sanativo*)

sa.na.tó.rio *sm* Hospital ou clínica especializada no tratamento de doenças crônicas (tuberculose, esquizofrenia, etc.) ou para a recuperação de doentes, com assistência médica.

san.ca *sf* **1.** Cimalha convexa, ou superfície curva que liga as paredes de uma sala ao teto. **2.** Parte do telhado que se assenta sobre a espessura da parede. **3.** Moldura ou uma parede, geralmente de gesso, destinada a dissimular ou disfarçar as lâmpadas elétricas com que se ilumina indiretamente uma dependência da casa.

san.ção *sf* **1.** Aprovação de lei pelo chefe de Estado. **2.** Pena que a lei reserva para quem pratica um crime. // *sfpl* **3.** Medida coercitiva ou repressiva adotada por várias nações que agem juntas contra uma nação que viola o direito internacional. → **sancionar** *v* [**1.** dar sanção a; aprovar ou ratificar oficialmente (autoridade competente): *o presidente já sancionou a lei*; **2.** confirmar, ratificar, aprovar, apoiar: *o povo sancionou o termo rabacuada*; **3.** impor sanções a; penalizar, princ. por meio de disciplina: *o país precisa aprender a sancionar os que são corruptos*]

san.dá.lia *sf* Calçado aberto, preso nos pés por tiras. ·· **Sandália bota.** Tipo de calçado que é um misto de sandália com bota, que deixa descobertos a parte dos pés e cobre a região do tornozelo (as de cano curto) ou sobe até o joelho (as de cano longo).

sân.da.lo *sm* **1.** Árvore de madeira resistente e aromática. **2.** Essa madeira. **3.** Essência extraída dessa árvore.

san.deu *adj* e *sm* Tolo, estúpido, mentecapto. · Fem.: *sandia*. → **sandice** *sf* (qualidade, condição, ação ou dito de sandeu; tolice, asnice).

san.du.í.che *sm* Conjunto de duas fatias de pão, com ou sem manteiga, e recheio de carne, presunto, queijo, mortadela, etc. (Usa-se na língua descontraída a redução *sanduba*.)

sa.ne.ar *v* **1.** Tornar são, saudável, habitável; desinfetar, higienizar: *sanear um córrego*. **2.** Reparar, corrigir, sanar: *sanear um erro*. **3.** Restabelecer a austeridade de; moralizar: *sanear as contas públicas*. **4.** Reprimir: *sanear a prostituição*. **5.** Colocar em boa situação financeiro: *o governo saneou a estatal, pra privatizá-la*. · Antôn. (1): *sujar, infectar*. · Conjuga-se por *frear*. → **saneamento** *sm* (ato ou efeito de sanear).

san.fo.na *sf* **1.** Instrumento musical semelhante ao acordeom, mas menor e de caixa hexagonal. **2.** Utensílio de ferreiro, acionado por um arco, que faz girar a broca; rabeca (2). → **sanfonado** *adj* (**1.** sem. o do fole de uma sanfona; **2.** diz-se da porta feita de material flexível, própria para movimentar-se em linha reta, horizontalmente); **sanfoneiro** *sm* (tocador de sanfona).

san.fo.ri.za.do *adj* Diz-se de tecido que passa por um processo mecânico, para que não encolha. → **sanforizar** *v* [tratar (tecido), para que não encolha].

san.grar *v* **1.** Tirar o sangue, abrindo uma veia: *sangrar um animal, para matá-lo*. **2.** Tirar algum líquido a: *sangrar uma árvore*. **3.** Extrair certos produtos naturais de: *sangrar uma mina*. **4.** Esgotar: *a excessiva carga de impostos sangra o bolso dos contribuintes*. **5.** Em artes gráficas, começar (linha) com um claro. **6.** Verter sangue: *seu nariz sangrava muito*. **7.** Perder sangue: *a vítima sangrava muito*. → **sangramento** *sm* ou **sangria** (1) *sf* [ato ou efeito de sangrar(-se)].

san.gue *sm* **1.** Fluido espesso e vermelho (nos vertebrados) que circula, impulsionado pelos movimentos do coração, pelas artérias, veias e capilares, conduzindo matéria nutritiva aos tecidos e eliminando substâncias inaproveitadas e o dióxido de carbono: *ele perdeu muito sangue no acidente*. **2.** *P.ext.* Fluido comparável de um invertebrado. **3.** *Fig.* Relação familiar por nascimento, em vez de casamento: *eles têm vínculo por sangue*. **4.** *Fig.* Morte ou assassinato: *ele tem as mãos sujas de sangue*. **5.** *Fig.* Violência, derramamento de sangue: *o filme foi só sangue*. **6.** *Fig.* Vida: *dar o sangue pela pátria*. **7.** *Fig.* Pessoal ou equipe animada, mais bem-disposto, com mais vigor: *a empresa precisa de sangue novo*. **8.** *Fig.* Família, linhagem, ascendência: *ser de sangue nobre*. **9.** *Fig.* Filho(a): *essa garota é o meu sangue*. **10.** *Fig.* Caráter genético; talento hereditário: *a arte está em seu sangue*. → **sangrento** *adj* (**1.** que verte ou derrama sangue; **2.** coberto ou tinto de sangue; sanguinolento; **3.** em que há grande derramamento de sangue humano; sanguinolento); **sangria** *sf* (**1.** sangramento; **2.** extravasamento de sangue de uma veia, praticado com arte e para fim médico; **3.** porção de sangue extravasado; **4.** golpe com faca, punhal, etc. no abate de animais; **5.** abertura em reservatório, represa, etc., para escoar água; **6.** golpe em árvore, para fazer sair a seiva; **7.** refresco feito de vinho, açúcar, limão e água; **8.** simples mistura de vinho com água, para torná-lo menos forte; **9.** vazamento que uma mina recursos, forças, energia: *com a sangria nas reservas em dólares, o Brasil tinha dificuldade em importar*; **10.** evasão de dinheiro ou de recursos); **sanguessuga** *sf* (verme que vive em água de rios e se prende a animais para lhes sugar o sangue) e *sm* [*fig. pej.* chupa-sangue (1), parasita: *esse rapaz não é seu amigo, é um sanguessuga*]; **sanguinário** (o **u** soa ou não) *adj* [**1.** que gosta de ver derramar sangue; sanguinolento (2); cruel; **2.** caracterizado pelo corrimento de sangue]; **sanguíneo** (o **u** soa ou não) *adj* (**1.** rel. a sangue; **2.** que tem sangue ou abundância de sangue); **sanguinolência** (o **u** soa ou não) *sf* (**1.** qualidade de sanguinolento; **2.** maldade extrema; crueldade, ferocidade); **sanguinolento** (o **u** soa ou não) *adj* [**1.** sangrento (2 e 3); **2.** sanguinário (1); **3.** misturado com sangue ou tinto de sangue]. ·· **Sangria desatada** (fig.). Aquilo que não admite delongas, que exige providência imediata. ·· **Sangue bom** (pop.). Pessoa boa, confiável. ·· **Sangue ruim** (pop.). Pessoa má, em quem não se pode confiar por nada. ·· **Subir o sangue à cabeça** (fig.). Perder o controle; descontrolar-se emocionalmente. ·· **Ter sangue de barata** (fig.). Ter comportamento apático ou pusilânime. ·· **Ter sangue quente** (ou **sangue nas veias**). Ter temperamento irascível; irritar-se com grande facilidade; ser esquentado ou temperamental.

san.gue-fri.o *adj* e *sm* **1.** Que ou pessoa que é insensível, fria: *matador sangue-frio; sempre fui um sangue-frio, mas naquele instante, ao ver aquela cena, chorei*. // *adj* **2.** Caracterizado pela falta de sentimento; frio; desumano: *crime sangue-frio*. // *sm* **3.** *Fig.* Calma, impassibilidade, insensibilidade: é preciso muito sangue-frio para assaltar um banco. · Pl.: *sangues- -frios* (do subst.); o *adj* não varia: *matadoras sangue-frio*. ··

A sangue-frio. Friamente, com extrema frieza ou crueldade: *Matar a sangue-frio*.

sa.nha *sf* **1**. Ímpeto de raiva, de fúria que acomete alguém ou um grupo: *a população espancou com sanha o ladrãozinho*. **2**. *Fig*. Desejo incontrolável; vontade irrefreável: *o governo foi tomado pela sanha de gastar, gastar, gastar*.

sa.nha.ço *sm* Pássaro brasileiro que vive de preferência no alto das palmeiras e se alimenta princ. de frutas.

sa.ni.da.de *sf* **1**. Qualidade ou estado do que é são; capacidade de pensar e de se comportar de maneira normal e racional; boa saúde física ou mental: *seu comportamento passou a ser tão estranho, que passei a questionar a sua sanidade*. **2**. *Fig*. Bom senso; sensatez: *talvez o novo presidente possa trazer alguma sanidade para esta confusão*.

sa.ni.fi.car *v* Tornar são ou salubre; sanear; higienizar: *sanificar um ambiente*. → **sanificação** *sf* (ato ou efeito de sanificar); **sanificador** (ô) *adj* e *sm* (que ou o que sanifica).

sa.ni.tá.rio *adj* **1**. Relativo à saúde ou à higiene. **2**. Diz-se das instalações e aparelhos destinados à satisfação das necessidades fisiológicas das pessoas. // *sm* **3**. Banheiro, princ. público: *instalaram sanitários na praça, durante o carnaval*. // *smpl* **4**. Conjunto das peças de higiene e limpeza pessoais, tais como pias, vasos, chuveiros, etc. de um lugar; banheiro. → **sanitarismo** *sm* [meio higiênico de promover a saúde através da prevenção do contato humano com resíduos de risco (fezes, esgoto, lixo hospitalar, etc.); conservação da saúde pública: *a humanidade deve muito de sua noção de sanitarismo ao povo judeu*); **sanitarista** *adj* (rel. a sanitarismo: *tecnocracia sanitarista*) e *adj* e *s2gên* (especialista em assuntos sanitários: *engenheiro sanitarista*); **sanitarização** *sf* (ato ou efeito de sanitarizar); **sanitarizado** *adj* (que se sanitarizou: *água sanitarizada*); **sanitarizar** *v* (**1**. livrar de microrganismos patogênicos; desinfetar, sanear; **2**. *fig*. livrar de coisas danosas ou de influências malévolas; sanear: *sanitarizar um partido*).

San Marino *loc sf* A menor república do mundo e provavelmente o mais antigo Estado europeu, encravado em território italiano. → **samarinês** *adj* e *sm*.

sâns.cri.to *sm* **1**. Língua sagrada da Índia antiga, da família indo-europeia, subfamília indo-ariana, na qual foram escritos os livros sagrados e poemas épicos hindus, hoje língua padrão da Índia e do hinduísmo. // *adj* **2**. Relativo ou pertencente a essa língua.

san.sei *s2gên* Descendente de imigrantes japoneses da terceira geração, nascido(a) e criado(a) em continente americano; neto(a) de imigrantes japoneses que nasceu e vive na América. // *adj* **2**. Diz-se desse descendente: *menino sansei*. (Não se confunde com *issei* nem com *nissei*.)

Santa Catarina *loc sf* Estado da Região Sul do Brasil. · Abrev.: **SC**. → **catarinense** ou **barriga-verde** *adj* e *s2gên*, de pl. *barrigas-verdes*.

Santa Lúcia *loc sf* País insular do Caribe, situado a norte da Venezuela e a sul de Martinica. → **santa-lucense** *adj* e *s2gên*.

san.tan.tô.nio ou **san.to-an.tô.nio** *sm* **1**. Cabeçote da sela, ao qual se agarra o mau cavaleiro. **2**. Peça metálica semicircular, colocada na carroceria de automóveis de corrida, utilitários, etc., atrás do assento do condutor, para proteção em caso de capotagem. · Pl.: *santo-antônios* ou *santos-antônios*.

san.tar.rão *adj* e *sm* **1**. Que ou aquele que exagera em seus atos de devoção. **2**. Que ou aquele que tem uma devoção falsa ou hipócrita. · Fem.: *santarrona*.

san.to *adj* **1**. Puro; isento de pecado ou de culpa. **2**. Diz-se daquele que a Igreja canonizou. (Neste caso, acompanha sempre um nome próprio e se grafa com inicial maiúscula.) **3**. De bom coração, extremamente bondoso. // *sm* **4**. Aquele que foi santificado ou canonizado pela Igreja. → **santeiro** *adj* (devoto, beato) e *sm* (vendedor ou escultor de imagens de santos); **santidade** *sf* (qualidade daquele ou daquilo que é santo); **santificação** *sf* [ato ou efeito de santificar(-se)]; **santificador** (ô) *adj* e *sm* (que ou aquele que santifica); **santificar** *v* (**1**. tornar santo ou inscrever no rol dos santos; canonizar: *a Igreja não santificou o padre Cícero*; **2**. tornar livre do pecado; purificar: *santificar o seu rebanho de fiéis*); **santificar-se** (tornar-se santo: *santificar-se na ajuda aos mais necessitados*); **santíssimo** *adj* (superl. abs. sintético de *santo*) e *sm* (**1**. sacramento da eucaristia; **2**. hóstia consagrada); **santuário** *sm* (**1**. lugar sagrado, como igreja, lugar notável por aparições, milagres, etc.; **2**. lugar onde alguém pode refugiar-se com segurança. **3**. área reservada em que aves e animais selvagens são protegidos da caça ou de molestadores). ·· **Sua Santidade**. Tratamento dado ao Papa, na ausência dele, ou seja, quando nos referimos a ele. (Na presença do Papa, ou quando nos dirigimos a ele, usamos *Vossa Santidade*.)

são *adj* e *sm* **1**. Que ou aquele que não está doente; sadio. // *adj* **2**. Que está em bom estado. **3**. Sem nenhum ferimento; incólume. **4**. Forma reduzida de *santo*, usada antes de nomes iniciados por consoante. (Neste caso, grafa-se com inicial maiúscula.) · Fem.: *sã*. · Pl.: *sãos*. · Antôn. (1): *doente*. · V. **sanidade** e **sanitário**.

São Cristóvão e Névis *loc sf* País insular do mar das Antilhas. → **são-cristovense** *adj* e *s2gên*, de pl. *são-cristovenses*.

São Luís *loc sf* Capital e a maior cidade do estado do Maranhão. → **são-luisense** *adj* e *s2gên*.

são-pau.li.no *adj* e *sm* Torcedor do São Paulo Futebol Clube; bâmbi (pej.). · Pl.: *são-paulinos*.

São Paulo *loc sm* **1**. Estado da Região Sudeste do Brasil, o mais desenvolvido e o mais populoso do país. · Abrev.: **SP**. → **paulista** *adj* e *s2gên* // *loc sf* **2**. Capital e a maior cidade do estado de São Paulo, *paulistano adj* e *sm*.

São Tomé e Príncipe *loc sf* República no golfo da Guiné, formada por duas ilhas principais e várias ilhotas. → **são--tomense** *adj* e *s2gên*, de pl. *são-tomenses*.

São Vicente e Granadinas *loc sf* País-arquipélago do Caribe. → **são-vicentino** *adj* e *sm*, de pl. *são-vicentinos*.

sa.pa *sf* **1**. Feminino de *sapo*. **2**. Pá que serve para levantar a terra cavada. **3**. Trabalho de abrir caminhos subterrâneos, fossos, etc. com essa pá.

sa.pa.ta *sf* **1**. Calçado largo e grosseiro, sem tacão ou de tacão raso. **2**. Porção de madeira grossa posta sobre o pilar, para reforçar a trave aí assentada. **3**. Tipo de fundação superficial, feita de concreto armado, dimensionada para que a carga dos pilares seja transferida para o solo, por meio de suas bases, que podem ser quadradas, retangulares ou trapezoidais. **4**. Base de apoio a trilho ferroviário. **5**. Peça metálica que faz parte do freio dos automóveis. **6**. *Pop.Pej*. Redução de *sapatão* (2) ou *sapatona*.

sa.pa.to *sm* Calçado destinado a cobrir o pé. · Aum. (pej.): *sapatola* ou *sapatorra* (ambos *sf*). → **sapatão** *sm* ou **sapatona** *sf* (**1**. sapato grande; **2**. *pop.pej*. homossexual feminina, geralmente de modos e comportamento masculinizados; lésbica); **sapataria** *sf* (**1**. loja de calçados; **2**. ofício de sapateiro; **3**. lugar onde se consertam sapatos); **sapateada** *sf* ou **sapateio** *sm* (ato ou efeito de sapatear); **sapateado** *sm* (dança popular, executada batendo os saltos e os bicos dos sapatos no chão, fazendo ruído característico, muito praticada na Espanha, acompanhada por castanholas); **sapateador** (ô) *adj* e *sm* (que ou dançarino que sapateia) e *sm* (dançarino de sapateado); **sapatear** *v* (executar sapateado), que se conjuga por *frear*; **sapateira** *sf* (**1**. fem. de sapateiro; **2**. móvel onde se guardam sapatos ou calçados); **sapateiro** *sm* (fabricante, vendedor ou consertador de sapatos); **sapatênis** *sm2núm* (misto de sapato com tênis), palavra sem registro na 6.ª ed. do VOLP); **sapatilha** *sf* [**1**. sapato especial de bailarinos, leve e flexível, com ou sem ponta reforçada; **2**. sapato chato, leve, mole, flexível e sem sola, semelhante ao de bailarinos, próprio para a prática de certos esportes (esgrima, boxe, ginástica, etc.)].

sa.pé ou **sa.pê** *sm* Gramínea de folhas muito resistentes e duras, usadas geralmente para cobrir palhoças. → **sapezal** ou **sapezeiro** *sm* (plantação de sapés).

sa.pe.ar *v* **1**. Espiar de fora ou às escondidas; observar de fora ou às ocultas: *sapear a filha namorando na varanda*. **2**. Acompanhar (qualquer tipo de jogo de mesa), sem tomar parte, mas dando palpites; peruar: *fui lá só para sapear*. · Conjuga-se por *frear*. → **sapeação** *sf* (ato ou efeito de sapear; peruação).

sa.pe.ca *sf* **1**. Sapecação, sapecada. // *adj* e *sf* **2**. Que ou moça que é assanhada, muito namoradeira. // *adj* **3**. Diz-se de criança traquinas, levada da breca.

sa.pe.car *v* **1**. Passar de leve pelas chamas; chamuscar: *sapecar o frango, depois de depenado*. **2**. *Pop*. Desferir (tapas, murros), dar, aplicar: *sapequei-lhe um bofetão*. **3**. Disparar, atirar: *sa-pecaram-no vários tiros*. **4**. Infligir, aplicar: *o guarda sapecou uma vultosa multa no motorista infrator*. **5**. Lançar, atirar, fazer: *sapequei-lhe duas perguntas, de difícil resposta*. → **sa.peca** (1), **sapecação** ou **sapecada** *sf* (ato ou efeito de sapecar).

sa.pe.rê *adj* Diz-se da cana-de-açúcar imprestável tanto para a moagem quanto para a replantação, por ter a palha aderente ao colmo.

sa.pi.en.te *adj* Que tem grande sabedoria e discernimento; que sabe muito. → **sapiência** *sf* (qualidade de quem é sapiente).

sa.pi.nho *sm* **1**. Pequeno sapo. // *smpl* **2**. Aftas na mucosa bucal dos bebês, princ. na fase de amamentação, provocadas por fungo. **3**. Saliência carnosa que aparece na língua dos cavalos. (Há dicionários que registram *sapinho*, no singular, para as acepções 2 e 3. Pois é.)

sa.po *sm* **1**. Anfíbio peçonhento, sem cauda nem dentes, de pele rugosa e língua presa na parte anterior da boca, insetívoro de grande utilidade à agricultura. (Voz: *coaxar*, *gargarejar*, *grasnar*, *roncar*, *rouquejar*.) // *sm* **2**. *Fig.* Pessoa que sapeia (2); peru. · Fem. (1): *sapa*. · Col. (1): *saparia* sf. · Aum.: (1): *saparrão*. → **sapo-boi** *sm* (intanha), de pl. *sapos-boi* e *sapos-bois*. ·· **Engolir sapos** (fig.). Suportar coisas desagradáveis sem revidar ou reagir, por conveniência ou impotência; engolir em seco; levar desaforo para casa: *Na vida temos que aprender a engolir sapos*.

sa.pó.lio *sm* Saponáceo usado para limpeza de louça, alumínios, etc.

sa.po.ná.ceo *adj* e *sm* Que ou preparado que tem as qualidades ou a natureza do sabão.

sa.po.ti *sm* Fruto comestível do sapotizeiro, de polpa suculenta e muito doce. → **sapota** sf ou **sapotizeiro** *sm* (árvore que dá o sapoti).

sa.que *sm* **1**. Ato ou efeito de sacar; saqueio. **2**. Ato ou efeito de saquear. **3**. Jogada inicial da bola, no vôlei, tênis, pingue-pongue, etc. **4**. Pilhagem praticada por soldados em cidade invadida. **5**. Assalto a casas comerciais por multidão, em momento de confusão ou desordem. → **saquear** *v* (pilhar), que se conjuga por *frear*; **saqueio** *sm* [saque (1)].

sa.quê *sm* Bebida obtida pela fermentação artificial do arroz, tomada quente pelos japoneses antes das refeições.

sa.ra.ba.ta.na *sf* Tubo comprido pelo qual, soprando, se podem atirar projetis (pedrinhas, grãos de chumbo, milho, etc.).

sa.ra.co.te.ar *v* **1**. Rebolar, requebrar: *saracotear as quadris*. **2**. Não parar num lugar, movimentar-se muito: *os macacos vivem saracoteando pelas árvores*. **saracotear-se 3**. Requebrar-se, rebolar-se: *a garota se saracoteava quando via homem*. · Conjuga-se por *frear*. → **saracoteamento** ou **saracoteio** *sm* [ato ou efeito de saracotear(-se)].

sa.ra.cu.ra *sf* Nome comum às aves que habitam pântanos, brejos, lagoas e rios, do Sul da América Central até o Uruguai e Norte da Argentina, alimentando-se de pequenos peixes, vermes, moluscos, crustáceos e insetos. (Voz: *apitar*.)

sa.rai.va *sf* **1**. Chuva de pedras ou de pedriscos de gelo; granizo. **2**. Saraivada. → **saraivada** *sf* [grande quantidade de coisas que caem ou vêm ao mesmo tempo, rapidamente; saraiva (2)].

sa.ram.po *sm* Doença altamente contagiosa, que ataca princ. as crianças e deixa manchas vermelhas por todo o corpo. → **sarampento** *adj* e *sm* (que ou aquele que está com sarampo).

sa.ra.pa.tel *sm* Prato da culinária nordestina, feito com miúdos de porco refogados (fígado, rim, bofe, etc.) com abundância de condimentos, preparado em molho do sangue do próprio animal, servido bem quente, com farinha de mandioca.

sa.rar *v* **1**. Restituir a saúde de repente a: *a benzedura sarou a criança*. **2**. Recuperar-se: *sarar do resfriado*. **3**. Cicatrizar-se, fechar-se: *em dois dias, a ferida sarou*. **sarar(-se) 4**. Passar de repente da enfermidade à saúde; recuperar-se, restabelecer-se: *eu (me) sarei logo*. → **sarado** *adj* (**1**. que sarou; **2**. *gír.* de corpo atlético, em razão de exercícios intensos; malhado; **3**. *gír.* diz-se desse corpo).

sa.ra.rá *s2gên* **1**. Albino(a). // *adj* **2**. Diz-se da cor arruivada nos mulatos. **3**. Diz-se da pessoa dessa cor. // *sf* **4**. Fêmea alada do cupim.

sa.rau *sm* Baile noturno familiar, muito comum antigamente.

sa.ra.vá *interj* Salve. · Usada nos cultos afro-brasileiros.

sar.cas.mo *sm* Zombaria ou gozação insultuosa, humilhante, ofensiva; escárnio, deboche. → **sarcástico** *adj* (**1**. que envolve sarcasmo; **2**. irônico, cínico.).

sar.có.fa.go *sm* Túmulo, geralmente inscrito ou decorado com esculturas, feito de uma pedra calcária que os antigos acreditavam ter a propriedade de consumir a carne, usado quando não queriam incinerar o corpo.

sar.co.ma *sm* Câncer ou neoplasma maligno. → **sarcomatoso** (ô; pl.: ó) *adj* (**1**. rel. ou sem. a sarcoma; **2**. que tem sarcoma).

sar.da *sf* Mancha marrom que aparece geralmente no rosto e nos ombros, sobretudo das pessoas de pele muito clara, por causa de prolongadas exposições aos raios solares. → **sardento** ou **sardoso** (ô; pl.: ó) *adj* (que tem muitas sardas).

sar.di.nha *sf* **1**. Pequeno peixe marinho, de cor escura no dorso e escamas grandes, que vive em grandes cardumes, largamente usado na alimentação humana, por isso de grande valor comercial. **2**. *Gír.* Pequeno investidor, geralmente na Bolsa de Valores. **3**. *Gír.Pej.* Investidor ou *trader* iniciante, iludido, incauto e desavisado. // *sm* **4**. *Pop.* Pessoa que presta serviços ilícitos a um superior, chamado *tubarão*: *no narcotráfico, combatem-se os sardinhas, mas é preciso também se chegar aos tubarões*. // *adj* e *s2gên* **5**. *Pop.Pej.* Que ou pessoa que é simpatizante, sócia ou torcedora do Santos Futebol Clube; santista, peixe. ·· **Chegar** (ou **Puxar**) **a brasa a sua sardinha**. Lutar por seus próprios interesses. ·· **Tirar sardinha** (pop.). **1**. Brincadeira sem graça que consiste em bater fortemente e de raspão no traseiro de alguém com os dedos indicador e médio unidos. **2**. Brincadeira infantil que consiste em uma criança estender as mãos com as palmas voltadas para cima, enquanto outra nelas apoia as próprias palmas, devendo a primeira retirar suas mãos repentinamente e tentar bater fortemente nas costas das mãos da outra; se não conseguir, invertem-se as posições.

sar.dô.ni.co *adj* Diz-se do riso forçado, irônico, cínico.

sar.ga.ço *sm* Alga marinha acastanhada, de grandes dimensões, que geralmente forma uma densa massa flutuante ou extensa área na costa.

sar.gen.to *sm* **1**. Posto militar imediatamente inferior a subtenente ou a suboficial e imediatamente superior a cabo. **2**. Aquele que ocupa esse posto. · Fem.: *sargenta*. → **sargento-ajudante** *sm* (**1**. posto e graduação militar acima de primeiro-sargento; **2**. Aquele que ocupa esse posto ou tem essa graduação), de pl. *sargentos-ajudantes*.

sa.ri.lho *sm* **1**. Cilindro em que se enrolam fios, cordas, cabos e correntes. **2**. Dispositivo cilíndrico acionado por manivela ou motor, em torno do qual se enrolam cabos de aço capazes de levantar grandes pesos. **3**. *P.ext.* Qualquer mecanismo rotativo, usado para enrolar ou desenrolar fios, cordas, cabos, etc. **4**. *Fig.* Movimento rotativo do corpo em volta do trapézio, nos exercícios ginásticos. **5**. *Pop.* Engenho para tirar água de poços e cisternas; nora. **6**. Haste atravessada por outras em cruz, destinada a encosto de armas, nos acampamentos militares. **7**. *Pop.AL* Pau em que se enrola fumo de rolo. **8**. Encosto ou descanso de armas, em grupos de três. **9**. Ação de mover um pau ou arma rapidamente em volta, para afastar os circunstantes. **10**. *Pop.* Briga, confusão, tumulto, encrenca: *nessas festas funk sempre dá sarilho*. **11**. *Gír.* Situação crítica, complicada: *ingênuo, acabou se metendo num sarilho daqueles*. ·· **Armar sarilho**. Provocar briga e confusões.

sar.ja *sf* Redução de *tecido em ligamento sarja*, tecido resistente de lã, algodão, linho ou misto, com fios entrecruzados, apresentando estrias ou finas nervuras no sentido diagonal.

sar.je.ta (ê) *sf* **1**. Lugar à beira da calçada por onde escoam as águas da chuva. **2**. *P.ext.* Meio-fio das calçadas. **3**. *Fig.* Estado ou situação de penúria, decadência ou humilhação; indigência moral; lama: *eu o tirei da sarjeta, e o ingrato não reconheceu isso*.

sar.na *sf* **1**. Doença de pele altamente contagiosa, causada por um ácaro; escabiose. **2**. *Pop.Pej.* Pessoa cacete, extremamente chata. → **sarnento** *adj* e *sm* (que ou aquele que tem sarna: *cão sarnento*), palavra que a 6.ª ed. do VOLP não registra; **sarnoso** (ô; pl.: ó) *adj* (sarnento).

sa.ron.gue *sm* **1**. Pequena saia feita com tecido vivamente estampado, usada por homens e mulheres da Oceania. **2**. Esse tecido.

sar.ra.ce.no *sm* **1**. Membro dos sarracenos, povo nômade dos desertos entre a Síria e a Arábia, na época do império romano. **2**. Membro dos berberes, povo árabe que conquistou a Península Ibérica na Idade Média; árabe, mouro. // *adj* **3**. Relativo ou pertencente a esses povos ou a sua cultura: *cidadela sarracena*.

sar.ra.fo *sm* **1**. Tira comprida e estreita de madeira; ripa. **2**. Conjunto de todas as sobras da madeira, depois de cortada. **3**. Sarrafada (3). → **sarrafada** *sf* [**1**. golpe com sarrafo; **2**. paulada, cacetada; **3**. pontapé desferido no adversário, numa jogada ou lance; sarrafo (3)]; **sarrafear** *v* (**1**. cortar em sarrafos ou ripas; **2**. desferir pontapés em, no futebol), que se conjuga por *frear*.

sar.ro *sm* **1**. Fezes do vinho ou de certos líquidos que aderem ao fundo ou à parede dos recipientes; sedimento. **2**. Resíduo de nicotina que fica em cachimbos, piteiras e nos dentes dos fumantes. **3**. Crosta de sujeira formada nos dentes não escovados; tártaro. **4**. Fuligem que a pólvora queimada deixa nas armas. **5**. *Gír.* Bolinagem. **6**. *Pop.* Coisa gozada ou engraçada. // *sm* **7**. *Fig*. Pessoa gozada ou engraçada. → **sarrento** *adj* (cheio de sarro).

SARS *sf* Sigla inglesa de *severe acute respiratory syndrome* = síndrome respiratória aguda grave, causada pelo coronavírus, mais conhecida por *pneumonia asiática*.

sashimi [jap.] *sm* Prato da culinária japonesa que consiste em fatias finas de peixe cru, temperadas com molho de soja. · Pronuncia-se *sachimi*.

sas.sa.frás *sm* **1**. Árvore americana de grande porte e casca aromática. **2**. Essa casca seca, utilizada como canela e da qual se extrai um óleo volátil, empregado em perfumaria e medicina. · Pl.: *sassafrases*.

sa.tã *sm* Diabo, satanás, capeta. → **satanás** *sm* (satã); **satânico** *adj* (**1**. rel. a satã; **2**. *fig*. profundamente cruel ou perverso; diabólico); **satanismo** *sm* (**1**. caráter de satânico; maldade ou crueldade extrema; **2**. culto ou adoração de satã); **satanista** *adj* (rel. a satanismo) e *adj* e *s2gên* (que ou pessoa que é adepta do satanismo); **satanização** *sf* (ato ou efeito de satanizar); **satanizar** *v* (dar caráter satânico a; tornar diabólico).

sa.té.li.te *sm* **1**. Astro que gira em torno de um planeta; Lua. **2**. Redução de *satélite artificial*, objeto, aparelho, dispositivo, etc. lançado ao espaço para girar em torno de um astro qualquer. **3**. País sob o domínio ou influência de outro. **4**. Comunidade urbana ou suburbana localizada nas proximidades de uma cidade grande. **5**. *Fig*. Pessoa que vive sob a dependência e a proteção de outra.

sá.ti.ra *sf* **1**. Em literatura ou em caricatura, no teatro ou no cinema, uso de humor, paródia ou ironia para ridicularizar uma questão, com conteúdo crítico, político ou moral. **2**. Zombaria dos senões ou dos defeitos, sem levar em conta as qualidades e as virtudes. → **satírico** *adj* (**1**. rel. a sátira; **2**. caracterizado por sátira: *espírito satírico; desenho satírico*; **3**. que escreve sátiras: *autor satírico*); **satirista** *adj* e *s2gên* (**1**. que ou pessoa que faz sátiras; **2**. *fig*. que ou pessoa que é maledicente); **satirização** *sf* (ato ou efeito de satirizar); **satirizar** *v* (**1**. fazer sátira contra: *satirizar o governo*; **2**. fazer ou escrever sátiras).

sa.tis.fa.zer *v* **1**. Realizar, cumprir: *satisfazer um desejo*. **2**. Saciar, matar: *o mau político acha que só o circo satisfaz as necessidades do povo*. **3**. Atender aos reclamos de: *satisfazer a curiosidade*. **4**. Convencer: *as explicações do presidente não satisfizeram o povo*. **5**. Convir, ser conveniente: *a proposta não lhe satisfez*. **6**. Bastar, ser suficiente: *a comissão de 10% satisfaz plenamente aos corretores*. **7**. Agradar a; contentar: *meus presentes nunca a (*ou* lhe) satisfazem*. **8**. Corresponder às expectativas de: *a apresentação do cantor não satisfez o (*ou* ao) público; o carro não é grande, mas satisfaz*. **satisfazer-se 9**. Dar-se por satisfeito, contentar-se: *ela se satisfaz com pouco*. **10**. Aproveitar-se fisicamente, saciando-se: *o estuprador se satisfez da garota e abandonou-a*. → **satisfação** *sf* [**1**. ato ou efeito de satisfazer(-se); **2**. contentamento ou sensação agradável pela realização de um desejo; gratificação: *a satisfação de ver os filhos formados; a satisfação no trabalho é mais importante que o salário*; **3**. explicação: *saiu sem dar satisfação a ninguém*]; **satisfatório** *adj* (**1**. que causa satisfação ou contentamento: *meu salário é satisfatório*; **2**. que atende à demanda ou à expectativa: *a produção de veículos no Brasil é satisfatória*); **3**. convincente, aceitável: *sua versão dos fatos é satisfatória*); **satisfeito** *adj* (**1**. saciado, farto: *recusou a sobremesa, porque já estava satisfeito*; **2**. que aprova, por ter correspondido às expectativas; **3**. contente: *seu comportamento deixou os pais satisfeitos*; **4**. realizado, cumprido: *promessa satisfeita*).

sa.tu.rar *v* **1**. Encher, saciar: *o excesso de chuvas saturou o solo*. **2**. Impregnar: *os poluentes saturam o ar, tornando-o irrespirável*. **3**. Levar (uma solução química) a conter a máxima quantidade possível de outra substância dissolvida ou combinada. **saturar-se 4**. Chegar aos limites do tolerável; encher-se, fartar-se: *o eleitor já se saturou dos maus políticos*. **5**. Saciar-se: *saturei-me de peixe, vivendo naquela ilha*. **6**. Impregnar-se completamente: *o ar se saturou de monóxido de carbono*. → **saturação** *sf* ou **saturamento** *sm* [ato ou efeito de saturar(-se)].

Saturno *sm* **1**. O segundo maior planeta do Sistema Solar e o sexto mais distante do Sol. **2**. Na mitologia romana, deus da agricultura, pai de Ceres. → **saturnal** ou **saturnino** *adj* [rel. a Saturno (2) ou às festas em sua honra].

sau.da.de *sf* **1**. Sentimento suave de tristeza causado pelo desejo de rever um ente querido, de reviver um período da vida ou de estar novamente num lugar do qual se está privado ou distante: *ter saudade dos colegas de escola*. // *sfpl* **2**. Lembranças, recomendações, cumprimentos: *mandei-lhes saudades minhas por meu irmão*. → **saudoso** (ô; pl.: ó) *adj* (**1**. cheio de saudade: *estar saudoso dos filhos*; **2**. que inspira ou causa saudade: *a saudosa seresta: o saudoso Tom Jobim*). ·· **Deixar na saudade**. **1**. Deixar para trás; ultrapassar: *Com o meu Fusquinha 62, deixei um Mercedes-Benz na saudade!* **2**. No futebol, passar por (adversário), driblando: *Com um toque, deixou o zagueiro na saudade e fez o gol*.

sau.dar *v* **1**. Dirigir cumprimento ou saudação a; cumprimentar: *ela saiu sem me saudar*. **2**. Aclamar com gestos e palavras; ovacionar: *os torcedores saudaram os pentacampeões nas ruas*. **3**. Alegrar-se de ver ou sentir: *eu saúdo o Sol todos os dias*. **4**. Enviar cumprimentos a: *encarreguei-o de saudar os campeões*. **5**. Dar as boas-vindas a: *assim que chegamos, saudou-nos a dona da casa*. (Não se confunde com *saldar*.) · Conj.: *saúdo, saúdas, saúda, saudamos, saudais, saúdam* (pres. do ind.); *saúde, saúdes, saúde, saudemos, saudeis, saúdem* (pres. do subj.). → **saudação** *sf* (ato ou efeito de saudar) e *sfpl* (felicitações; demonstração de amizade ou de respeito).

sa.ú.de *sf* **1**. Condição de estar bem, livre de doenças ou de doenças físicas e mentais: *ter saúde é melhor que ter dinheiro*. **2**. Condição mental ou física de uma pessoa: *problemas de saúde obrigaram-no a se aposentar; fumar arrasa a saúde*. **3**. *Fig*. Condição de uma organização ou sistema que prospera ou se desenvolve: *a saúde financeira de uma empresa; devemos proteger a saúde de nossos oceanos*. **4**. Brinde à saúde, felicidade ou prosperidade de alguém. // *interj* **5**. Exprime o desejo de boa saúde, felicidade ou prosperidade a alguém, mediante um brinde. → **saudável** *adj* (**1**. que goza de boa saúde; robusto: *crianças saudáveis*; **2**. livre de doenças: *coração saudável*; **3**. que não recebeu agrotóxico; favorável à saúde: *alimentos saudáveis; frutos saudáveis*; **4**. benéfico para o estado físico, mental ou emocional: *estilo de vida saudável*; **5**. próspero, sólido: *país de economia saudável*; **6**. que denota boa saúde: *o brilho de uma pele saudável*; **7**. que denota bom senso ou equilíbrio; sensato: *sua opinião não é saudável*; **8**. que não causa dano moral ou intelectual; benéfico, salutar: *leituras saudáveis*).

sau.do.sis.mo *sm* Superestima do passado e das coisas do passado. → **saudosista** *adj* (rel. a saudosismo ou que denota saudosismo) e *adj* e *s2gên* (que ou pessoa que tem saudosismo).

sau.na *sf* **1**. Banho em que a pessoa fica exposta a vapores de água quente, acompanhado de duchas frias ou mergulhos em água fria; banho finlandês. **2**. Equipamento que propicia esse banho. **3**. Estabelecimento onde se toma esse banho. **4**. *Fig*. Lugar extremamente quente; forno.

sa.ú.va *sf* Formiga graúda, de extrema voracidade, que corta as folhas, carregando seus fragmentos para o ninho, causando grande estrago nas plantações, constituindo-se em uma das grandes pragas da lavoura. → **sauval** ou **sauveiro** *sm* (toca de saúva).

sa.va.na *sf* Vasta planície tropical, princ. da América do Sul e da África, caracterizada pelo predomínio de gramíneas e árvores esparsas, situada entre as florestas equatoriais e os desertos. → **savânico** *adj* (rel. ou pert. a savana); **savanícola** *adj* (que vive na savana).

sa.vei.ro *sm* Barco forte e comprido, usado para carga e descarga de naves; alvarenga.

sax (x = ks) *sm2ním* Forma reduzida de *saxofone*. → **saxofone** (x = ks) *sm* (instrumento musical de sopro de metal recurvo; sax); **saxofonista** (x = ks) *adj* e *s2gên* (que ou pessoa que toca saxofone).

sa.xão (x = ks) *adj* **1**. Relativo aos saxões, antigo povo germânico que habitava a Saxônia, região entre o Reno e o Báltico; saxônico. // *sm* **2**. Membro desse povo. **3**. Língua desse povo. → **saxônico** (x = ks) *adj* [saxão (1)].

sa.zão *sf* **1**. Estação do ano. **2**. Tempo ou momento apropriado para a colheita. → **sazonal** *adj* [**1**. rel. a sazão (1); **2**. que ocorre ou se dá na sazão (1)]; **sazonalidade** *sf* (**1**. qualidade de sazonal; **2**. relativo a ou próprio de uma estação de ano em que há maior venda ou procura de produtos, como a venda de sorvetes no verão e a de malhas no inverno); **sazonar** *v* (tornar maduro; amadurecer).

SBPC *sf* Sigla de *Sociedade Brasileira para o Progresso da Ciência*, entidade civil criada em 1948 para apoiar e estimular o trabalho científico, além de defender os interesses dos cientistas.

scampi [it.] *smpl* **1**. Camarão grande ou lagostim. **2**. Iguaria feita com esse camarão ou lagostim na grelha, servido ao molho de alho e manteiga. (É plural de *scampo*.) · Pronuncia-se *skâmpi*.

scanner [ingl.] *sm* V. **escâner**.

scooter [ingl.] *sm* Pequena moto sem marchas, na qual o condutor guia em posição sentada; lambreta, motoneta. · Pl.: *scooters*. · Pronuncia-se *skútâr*.

scouter [ingl.] *s2gên* **1**. Pessoa ligada a uma agência de modelos, encarregada da descoberta de modelos ou de novos talentos. **2**. Pessoa cuja função é fotografar pessoas nas ruas, para eventualmente exercerem trabalho de figuração em filmes, na televisão, etc. · Pl.: *scouters*. · Pronuncia-se *skáutâr*.

scrapbook [ingl.] *sm* Álbum de fotos decorado e personalizado. · Pronuncia-se *skrap-buk*. → **scrapbooking** *sm* (arte de criar ou de compor *scrapbooks*), que se pronuncia skrap-búkin.

script [ingl.] *sm* **1**. Texto dos diálogos e do enredo de filme, peça teatral, novela de rádio ou telenovela. **2**. Indicação do desenvolvimento de um programa de televisão, como marcação de cenas, de diálogos, de iluminação ou de efeitos sonoros; roteiro de programação. **3**. Conjunto de comandos e parâmetros escritos numa determinada linguagem de programação de computador, para a execução automática de tarefas. · Pl.: *scripts*. · Pronuncia-se *skrípt*.

scriptkiddie ou **scriptikiddy** [ingl.] *s2gên* No jargão dos internautas, pessoa que aspira a ser *hacker* (1). · Pl.: *scriptikiddies*. · Pronuncia-se *skript-kídi*.

se 1. *pron* equivalente a *a si mesmo*. **2**. equivalente a *um ao outro*. **3**. *pron* apassivador (só com verbo transitivo direto). **4**. *pron* integrante do verbo (só com verbo pronominal, como *arrepender-se*, sem função sintática). **5**. *conj* (equivalente de *caso*, com mudança do tempo do verbo): *se você não for, eu não vou*. (= caso você não vá, eu não vou.) **6**. Introduz uma oração interrogativa direta: *diz-me se vais ou ficas*. ·· **Se não**. **1**. Caso não: *Se você não for, eu não vou. Todo artigo precede o substantivo; se não, vejamos: a xérox, o dó, etc.* (= Caso não seja assim..) **2**. Ou: *Manuel é rico, se não riquíssimo. Deu dois milhões a cada filho, se não mais.*

sé *sf* **1**. Igreja episcopal ou arquiepiscopal; catedral. **2**. Sede oficial ou centro de autoridade de um bispo. **3**. Posição, autoridade ou jurisdição de um bispo.

se.a.ra *sf* **1**. Campo semeado de trigo ou de outros cereais. **2**. Terreno que se semeia, depois de lavrado. **3**. Pequena área de terra cultivada. **4**. *Fig*. Associação, agremiação. **5**. *Fig*. Área de conhecimento ou atividade de uma pessoa; praia: *esse assunto não é da minha seara; não dê palpite em seara alheia!* → **seareiro** *sm* (**1**. cultivador de seara; **2**. pequeno lavrador). ·· **Meter a foice em seara alheia** (fig.). Intrometer-se no que não lhe diz respeito.

se.be *sf* Cerca de arbustos, ramos ou troncos secos e entrelaçados.

se.bo (ê) *sm* **1**. Secreção semifluida das glândulas sebáceas. **2**. Substância consistente e gordurosa dos ruminantes (princ. do boi e do carneiro) que endurece quando esfriada, usada na fabricação de velas. **3**. *Pop*. Lugar onde se vendem livros ou discos usados; alfarrabista. → **sebáceo** *adj* (**1**. da natureza do sebo; **2**. que contém ou produz sebo); **sebeiro** *sm* (preparador e/ou vendedor de sebo ou de velas de sebo); **sebentice** *sf* (**1**. qualidade ou estado de sebento; **2**. falta de asseio); **sebento** *adj* (sujo de sebo); **sebista** *adj* e *s2gên* [que ou pessoa que compra e vende livros e discos usados; que ou o que é dono(a) de sebo (3): *os sebistas têm mais consciência da importância da educação de que muitos políticos*); **seborreia** (éi) *sf* (inflamação crônica da pele, caracterizada por acúmulo de escamas de pele oleosa; hiperseccreção das glândulas sebáceas); **seborreico** (éi) *adj* (**1**. rel. a seborreia; **2**. que tem seborreia: *couro cabeludo seborreico*); **seboso** (ô; pl.: ó) *adj* (**1**. cheio de sebo; gorduroso; **2**.*p.ext*. sujo, imundo; **3**. *pop.pej*. metido a importante ou a besta; pedante, arrogante: *ela ficou muito sebosa depois que ganhou o concurso de miss bumbum*.

SEBRAE ou **Sebrae** *sm* Acrônimo de *Serviço Brasileiro de Apoio às Micro e Pequenas Empresas*, que, desde 1972, trabalha no desenvolvimento sustentável das empresas de pequeno porte do país, através da oferta de cursos de capacitação, apoio na obtenção de crédito, etc.

se.ção ou **secção** *sf* **1**. Cada uma das divisões de um jornal ou de uma obra escrita. **2**. Cada uma das divisões de uma organização; → **secionar** ou **seccionar** *v* (dividir em seções; cortar em pedaços).

se.car *v* **1**. Tornar seco; esgotar: *secar um tanque*. **2**. Fazer murchar: *o calor secou a planta*. **3**. Dar ou transmitir azar a: *ela me secou, por isso perdi o jogo*. **secar(-se) 4**. Perder o viço, murchar, tornar-se todo seco: *sem água, as plantas (se) secaram*. **5**. Tornar-se seco; esgotar-se: *a fonte (se) secou*. · Antôn. (1): *molhar*. → **seca** (ê) *sf* (**1**. ato ou efeito de secar; secagem; **2**. falta de chuvas, estiagem; **3**. período em que a ausência ou a carência de chuvas acarreta graves problemas sociais e econômicos); **secador** (ô) *adj* e *sm* (que ou o que seca) e *sm* (aparelho, máquina, estufa, forno, etc. em que ou por que se seca qualquer coisa); **secadora** (ô) *sf* (secador); **secagem** *sf* [seca (1)].

se.ces.são *sf* **1**. Ato ou efeito de separar-se daquilo a que estava unido; quebra de uma união; separação. **2**. Retirada formal da condição de integrante territorial de uma nação. → **secessionismo** *sm* (tendência para a secessão política; separatismo); **secessionista** *adj* (rel. a secessionismo) e *adj* e *s2gên* (que ou pessoa que é partidária ou simpatizante do seccionismo).

se.co (ê) *adj* **1**. Sem umidade ou de muito pouca umidade: *toalha seca*. **2**. Sem a umidade ou o fluido natural: *olho seco; boca seca; folhas secas*. **3**. Sem a quantidade de sumo ou de polpa normal: *abacaxis secos*. **4**. Que perdeu o viço; ressequido, murcho: *maracujá seco*. **5**. Sem vegetação; árido, desértico: *terra seca*. **6**. Sem precipitação ou umidade normal: *clima seco*. **7**. Que não é mais pegajoso: *tinta seca*. **8**. Que não dá leite: *vaca seca*. **9**. Escasso ou falto de secreções: *tosse seca*. **10**. Sem bebida alcoólica: *festa seca*. **11**. Sem lubrificação: *engrenagem seca*. **12**. Diz-se de peixe, carne, etc. a que se retirou a umidade, para poder conservá-los. **13**. Que se exauriu: *poço seco*. **14**. Sem água corrente: *rio seco*. **15**. *Fig*. Descortês, ríspido, grosseiro: *deu-me uma resposta seca*. **16**. *Fig*. Desinteressante, cansativo: *palestrante seco*. **17**. *Fig*. Muito desejoso; sedento, louco, doido: *estar seco por um banho*. **18**. *Fig*. Muito fraco; magro: *a doença o deixou seco*. **19**. Áspero e curto; sem eco ou ressonância: *foi um ruído seco*. **20**. *Fig*. Vazio, esgotado: *estar seco de planos*. **21**. Diz-se de vinho forte com escassa quantidade (até 4g) de açúcar por litro. // *sm* **22**. Lugar ou terreno seco. **23**. *Pop*.N Baixio de areia que a vazante deixa a descoberto. // *smpl* **24**. Gêneros alimentícios secos, vendidos por medida, como feijão, arroz, trigo, etc. (em oposição a *molhados*, representados por óleos, bebidas, etc.). · Antôn. (1): *molhado*. → **secura** *sf* (qualidade de seco). ·· **Estar em seco**. Estar em terra firme: *Feliz por estar em seco, depois de uma longa viagem de navio*.

se.cre.ção *sf* **1**. Processo de segregar uma subtância do sangue ou das células. **2**. Substância segregada, como a saliva, o muco, as lágrimas, a bílis, o suco gástrico, etc. → **secretar** *v* [segregar (3)]; **secretor** (ô) *adj* e *sm* (que ou órgão que secreta ou produz secreção); **secretório** *adj* (**1**. rel. a secreção; segregatício; **2**. que secreta; secretor); **segregatício** *adj* [**1**. secretório (1); **2**. próprio de secreção].

se.cre.ta.ri.a *sf* Seção de uma administração que cuida do expediente burocrático (papéis, documentos, arquivos, etc.). → **secretária** *sf* (**1**. mulher que exerce o secretariado em escritório, repartição, etc.; **2**. mesa sobre a qual se escreve e na qual se guardam papéis, documentos, etc.); **secretariado** *sm* (**1**. cargo de secretário; **2**. conjunto dos secretários de Estado; **3**. curso de nível médio ou superior, para formação de secretários); **secretário** *sm* (**1**. aquele que é responsável por uma secretaria; chefe de secretaria; **2**. aquele que dirige administrativamente um setor do organismo do Estado; **3**. aquele que presta serviços a outrem, cuidando da sua correspondência, agenda, etc.); **secretariar** *v* [**1**. exercer as funções ou cargo de secretário(a); **2**. servir de secretário(a)]. ·· **Secretária eletrônica**. Aparelho de recepção, conectado ao telefone ou ao computador, que registra as chamadas ou mensagens recebidas, durante a ausência do destinatário, ou quando este não quer ou não pode atender à ligação.

se.cre.to *adj* **1**. Que se mantém em segredo ou oculto do conhecimento ou da vista de outrem. **2**. Conhecido só de uma ou de poucas pessoas, que têm alguma ou muita responsabilidade sobre a coisa; confidencial. **3**. Que usa método e propósitos ocultos. **4**. Conhecido só por membros de um determinado grupo. **5**. Que trabalha de modo confidencial ou que age em segredo. · Antôn. (1): *público*.

sec.tá.rio *adj* **1**. Relativo ou pertencente a uma seita. **2**. Que não admite opinião divergente; rígido em suas convicções; intransigente. // *adj* e *sm* **3**. Que ou aquele que se filiou apaixonadamente a uma seita ou a um sistema qualquer. // *sm* **4**. *Fig*. Aquele que segue rigorosamente outro no seu modo de pensar; partidário ferrenho. → **sectarismo** *sm* (caráter de pessoa sectária); **sectarista** *adj* (rel. a sectarismo) e *adj* e *s2gên* (que ou pessoa que tem espírito sectário).

sé.cu.lo *sm* **1**. Período de cem anos; centúria. **2**. Cada um dos períodos de cem anos numerados ordinalmente, a partir de uma data fixa: *o século XXI*. **3**. Tempo presente: *é um homem de seu século*. **4**. Época que se tornou célebre por um acontecimento importante ou pelos homens ilustres que nela viveram: *século de Napoleão Bonaparte*. **5**. Vida considerada desde o ponto de vista prático, profano ou material: *viver segundo o século*. **6**. *Fig*. Período de tempo muito longo: *faz um século que não a vejo*. **7**. Vida secular (em oposição a *vida religiosa*); sociedade civil. → **secular** *adj* (**1**. rel. a século; **2**. que acontece de cem em cem anos; **3**. que tem muitos anos; que é muito antigo; **4**. diz-se do clérigo que não pertence a nenhuma ordem religiosa); **secularidade** *sf* (qualidade do que é secular); **secularização** *sf* [ato ou efeito de secularizar(-se)]; **secularizar(-se)** *v* [**1**. tornar secular ou leigo; **2**. confiscar (bens da Igreja); **3**. sujeitar à lei civil; **4**. dispensar dos votos monásticos]; **secularizar-se** (abandonar um instituto religioso ou a vida religiosa; tornar-se leigo ou secular).

se.cun.dar *v* **1**. Ajudar, auxiliar: *vários cientistas secundam o ministro da Saúde*. **2**. *Pop*. Fazer pela segunda vez; repetir, reforçar: *já secundei o pedido da pizza*.

se.cun.dá.rio *adj* **1**. De menor importância; inferior. **2**. Que vem logo depois do que é primário. **3**. Derivado do que é primário ou original. // *sm* **4**. Redução de *curso secundário*, grau de instrução entre o primário e o superior (designação que caiu em desuso, em virtude da reforma do ensino). → **secundarista** *adj* e *s2gên* (que o estudante que cursava o antigo secundário).

se.cu.ri.tá.rio *adj* **1**. Relativo a seguro (7). // *sm* **2**. Funcionário de companhia de seguro.

se.da (ê) *sf* **1**. Substância segregada em forma de fio muito fino, forte e macio pelo bicho-da-seda, na feitura de seu casulo. **2**. Fio têxtil feito com tal substância. **3**. Tecido feito com esse fio ou com fibra sintética. **4**. *Gír*. Papel fino em que se enrola cigarro de maconha. **5**. *Fig*. Pessoa muito amável ou delicada: *todo bandido, quando preso, vira uma seda*. **6**. *Fig*. Pessoa muito sensível ou melindrosa. // *sfpl* **7**. Pelos duros, ásperos e longos de alguns animais, como o leão, o javali, etc. → **sedosidade** *sf* (qualidade de sedoso); **sedoso** (ô; pl.: ó) *adj* (**1**. de seda ou semelhante a seda na textura, por ser liso, macio, fino e brilhante: *cabelos sedosos; ela tem pele sedosa e sem manchas*; **2**. diz-se da fala suave de uma pessoa, que pretende ser persuasiva).

se.dã *sm* Veículo de duas ou quatro portas, com teto rígido e porta-malas saliente do habitáculo; três-volumes.

se.dar *v* **1**. Acalmar, serenar, aquietar (o que estava excitado): *sedar os nervos*. **2**. Administrar um sedativo a; pôr sob sedação, ou seja, em relaxamento fisiológico ou mental, mediante o uso de uma droga: *o médico precisou sedar o paciente para poder examiná-lo, porque ele urrava de dor*. → **sedação** *sf* (ato ou efeito de sedar); **sedativo** *adj* e *sm* (que ou medicamento que acalma; calmante).

se.de *sf* **1**. Centro de operações ou estabelecimento principal de um negócio, governo, administração, tribunal, etc., de onde partem ordens, diretrizes de trabalho, etc. **2**. Casa grande de uma fazenda. **3**. Ponto central. → **sediar** *v* (servir de sede a: *o Brasil sediou a Copa do Mundo de 2014*).

se.de (é) *sf* **1**. Vontade natural de beber líquido, princ. água. **2**. *Fig*. Desejo ardente; avidez: *sede de vingança*. · V. **sequioso**.

se.dém *sm* Cinto que comprime a virilha de touros e cavalos, durante os rodeios, apertado no momento em que o animal é solto na arena, para estimular os saltos.

se.den.tá.rio *adj* e *sm* **1**. Que ou aquele que está quase sempre parado ou sentado. // *adj* **2**. Caracterizado pelo imobilismo, pela falta de movimentação muscular. **3**. De habitação fixa (por oposição a *nômade*). → **sedentariedade** *sf* ou **sedentarismo** *sm* [**1**. caráter de sedentário (em oposição a *nomadismo*); **2**. modo de vida de sedentário; estilo de vida caracterizado pelo excessivo tempo em ficar sentado ou deitado, com pouco ou nenhum exercício físico]; **sedentarização** *sf* (processo pelo qual os povos nômades adotam formas de vida sedentária: *quando se dará a sedentarização dos ciganos?*); **sedentarizar** *v* (tornar sedentário); **sedentarizar-se** (**1**. levar vida sedentária: *antes atleta, com a nova profissão acabou se sedentarizando*; **2**. fixar-se em algum lugar; fixar residência: *os ciganos não se sedentarizam*).

se.den.to *adj* **1**. Que tem muita sede; sequioso. **2**. *Fig*. Muito desejoso, ávido, seco; sequioso.

se.des.tre *adj* Que representa alguém sentado: *estátua sedestre*.

SEDEX ou **Sedex** (x = ks) *sm* **1**. Acrônimo de *Serviço de Encomenda Express*, tipo de serviço da Empresa Brasileira de Correios e Telégrafos que consiste no transporte rápido de cartas, documentos, encomendas, objetos, etc., cujo prazo máximo de entrega é de três dias. **sedex 2**. Aquilo que é enviado por tal serviço: *onde puseram o sedex que acaba de chegar?*

se.di.ção *sf* **1**. Incitamento de resistência ou insurreição popular contra a autoridade constituída: *os líderes do grupo foram presos e acusados de sedição*. **2**. Incitamento à desordem pública ou à desobediência civil. → **sedicioso** (ô; pl.: ó) *adj* (que tem o caráter de sedição) e *adj* e *sm* (**1**. que ou aquele que incita à sedição ou dela participa; **2**. que ou aquele que é indisciplinado, revoltoso, rebelde).

se.di.men.to *sm* **1**. Todo depósito formado pela precipitação de matérias que estavam suspensas num líquido; borra (2). **2**. Qualquer camada de matéria depositada pela água, vento ou chuvas. → **sedimentação** *sf* [**1**. ato ou efeito de sedimentar(-se); **2**. deposição de sedimentos; **3**. uma das fases a considerar na formação das rochas sedimentares, na qual se constitui o depósito do material]; **sedimentar** *adj* (que contém sedimento); **sedimentar(-se)** *v* [**1**. formar(-se) sedimento; **2**. tornar(-se) mais sólido ou firme; consolidar(-se)].

se.du.zir *v* **1**. Persuadir (alguém, geralmente jovem ou inexperiente) a ter relações sexuais ilícitas, princ. pela primeira vez, usando artifícios, iludindo: *ele seduziu a menor e com ela teve de casar*. **2**. Fazer cair em erro: *os prazeres carnais seduzem os homens*. **3**. Encantar, atrair, fascinar: *o olhar dela me seduz*. **4**. Incitar à revolta ou à rebelião: *os capitães não conseguiram seduzir os cabos e sargentos*. → **sedução** *sf* ou **seduzimento** *sm* (ato de seduzir ou de ser seduzido).

se.gar *v* **1**. Ceifar, cortar: *segar a grama, o mato*. **2**. Acabar com; pôr fim a: *segar a vida*. (Não se confunde com *cegar*.) → **sega**, **segada** ou **segadura** *sf* (ação ou efeito de segar); **segadeira** *sf* (espécie de foice grande).

se.ge *sf* **1**. Antiga carruagem de luxo, de duas rodas, com um único assento, puxada por dois cavalos. **2**. *P.ext*. Qualquer carruagem. → **segeiro** *sm* (**1**. fabricante ou vendedor de seges; **2**. artífice que construía e reparava carroças, além de consertar objetos agrícolas).

seg.men.to *sm* Cada uma das partes em que se pode dividir um todo; seção, setor, bloco. (Cuidado para não usar "seguimento"!) → **segmentação** *sf* [ato ou efeito de segmentar(-se)]; **segmentar** ou **segmentário** *adj* (**1**. rel. a segmento: *linha segmentar*; **2**. composto de segmentos ou dividido em segmentos; **3**. caracterizado por segmentos ou por segmentação) e *v* [**1**. dividir em segmentos; **2**. privar de segmento(s) a]; **segmentar-se** (dividir-se em segmentos).

se.gre.do (ê) *sm* **1**. Aquilo que não se diz ou não se deve revelar; silêncio cuidadoso de não revelar o que convém permaneça ignorado por outras pessoas. **2**. Aquilo que se diz ao ouvido de alguém, em voz baixa; confidência. **3**. O que é sabido por poucos; sigilo: *segredo de Estado*. **4**. Sequência de giros que é preciso dar à maçaneta de um cofre, para abri-lo. **5**. *Fig*. Meio ou expediente só conhecido de um ou de poucos; truque. (Não se confunde com *mistério*; o *segredo* é o *mistério* não revelado. Faz-se *mistério* falando; guarda-se *segredo*, calando.) → **segredar** *v* (dizer em segredo; confidenciar).

se.gre.gar *v* **1**. Separar de outros; apartar, isolar: *segregar os maus elementos*. **2**. Separar (determinado grupo racial, religioso, etc.) do resto da sociedade, marginalizar: *segregar judeus e ciganos*. **3**. Produzir e expelir (secreção); secretar: *o fígado segrega a bílis*. **segregar-se 4**. Isolar-se, apartar-se, afastar-se: *segregar-se da sociedade*. → **segregação** *sf* [**1**. ato ou efeito de segregar(-se); segregamento; **2**. política e prática de impor uma separação das minorias raciais, sociais, religiosas, etc., nas escolas, condomínios, indústrias, etc., princ. para praticar a discriminação contra pessoas de cor numa sociedade predominantemente branca; discriminação; **3**. separação dos componentes de uma mistura, ficando os mais finos à superfície]; **segregacionismo** *sm* (política ou doutrina de segregação racial); **segregacionista** *adj* (rel. a segregacionismo) e *adj* e *s2gên* (que ou pessoa que defende a política ou a prática da segregação); **segregamento** *sm* [segregação (1)]; **segregatício** *adj* (rel. a segregação); **segregativo** *adj* (que segrega ou marginaliza).

se.guir *v* **1**. Ir atrás de; acompanhar: *vou seguir o cortejo*. **2**. Perseguir, com o intuito de alcançar: *a polícia seguiu os ladrões e prendeu-os*. **3**. Espiar, observar atentamente com os olhos: *segui até desaparecer no horizonte o avião que levava o meu amor*. **4**. Percorrer: *seguir um roteiro*. **5**. Ir tão depressa como; igualar em velocidade: *o cão não conseguia seguir o dono, que ia de bicicleta*. **6**. Ir ao longo de; trilhar, percorrer: *siga esta rua, para chegar à praia!* **7**. Observar a evolução de: *o professor deve seguir os alunos no seu aprendizado.* **8.** Vir depois de: *o domingo segue o sábado.* **9.** Escutar e compreender (alguém que está falando): *não pude seguir o Papa, por causa do barulho.* **10.** Tomar o partido de; aderir a: *o povo seguiu o candidato do governo.* **11.** Entregar-se a: *seguir os impulsos é perigoso.* **12.** Atender a; atentar em: *seguir os conselhos dos pais.* **13.** Prosseguir em; continuar: *sigam esse critério até o final!* **14.** Imitar, tomar como modelo; copiar: *seguir o exemplo paterno.* **15.** Exercer ou professar (profissão): *seguir a carreira diplomática.* **16.** Ser sectário de: *seguir o espiritismo.* **17.** Ser harmonioso ou conforme com: *seguir os usos e costumes de um país.* **18.** Vir depois; suceder, sobrevir: *o riso seguia ao pranto.* **19.** Continuar, prosseguir: *o tempo segue e não espera ninguém.* **20.** Tomar certa direção: *seguir para o Sul.* **21.** Partir em viagem: *quando você segue para Salvador?* **seguir-se 22.** Suceder-se: *ao discurso se seguiam vaias.* **23.** Decorrer, passar: *seguiu-se muito tempo, até que ela voltasse.* · Antôn. (1): *preceder, anteceder.* · Conjuga-se por *ferir.* → **seguida** *sf* (ato ou efeito de seguir; seguimento); **seguido** *adj* (**1.** contínuo, ininterrupto; **2.** posto em prática; praticado, adotado); **seguimento** *sm* (**1.** ato ou efeito de seguir; seguida; **2.** ato de prosseguir algo que foi iniciado; prosseguimento, continuação); **seguinte** *adj* (**1.** que segue ou vem logo após, no tempo, na ordem ou na sequência; imediato, subsequente; **2.** que vem a seguir; que se trata em seguida), *sm* (aquilo que vem a seguir) e *s2gên* [pessoa que vem a seguir, numa ordem ou sequência; próximo(a)]. ·· **Em seguida.** Logo após.

se.guil.ho.te *sm* Filhote de baleia, com mais de seis meses, ainda mamão.

se.gun.da *sf* **1.** Redução de *segunda-feira.* **2.** Redução de *segunda marcha*, marcha de velocidade num veículo automóvel. → **segunda-feira** *sf* [segundo dia da semana, iniciada no domingo; segunda (1)], de pl. *segundas-feiras.*

se.gun.do *num* **1.** Ordinal correspondente a *dois.* // *sm* **2.** Coisa ou pessoa que ocupa o segundo lugar. **3.** A sexagésima parte do minuto (de abrev.: **s**), indicada por duas linhas ("). **4.** Pessoa que se segue imediatamente após a primeira, numa classificação. // *prep* **5.** De acordo com; conforme, consoante: *segundo o presidente, a Petrobras é privatizável.* // *conj* **6.** Conforme, consoante: *ela dança segundo a música.* **7.** À medida que: *atendo a todos, segundo vão chegando.* → **segundanista** *adj* e *s2gên* (que ou estudante que frequenta o segundo ano de um curso), e não "segundoanista"; **segundona** *sf* (*pop.* no futebol, segunda divisão das equipes profissionais: *o Corinthians caiu para a segundona em 2007*); **segundo-sargento** *sm* (**1.** posto e graduação militar abaixo de primeiro- -sargento e acima de terceiro-sargento; **2.** militar que ocupa esse posto ou tem essa graduação), de pl. *segundos-sargentos*; **segundo-tenente** *sm* (**1.** posto militar imediatamente inferior a primeiro-tenente; **2.** oficial que ocupa esse posto), de pl. *segundos-tenentes.* ·· **De segunda classe. 1.** De *status* secundário: *Questões de segunda classe.* **2.** Diz-se da acomodação de viagem classificada logo abaixo da classe mais alta ou da primeira classe: *Viajar de segunda classe.* **3.** Tratado como inferior em *status*, direitos ou privilégios, em comparação com outros: *Cidadão de segunda classe.*

se.gu.rar *v* **1.** Tornar preso, seguro, firme; firmar: *segurar o copo na mão.* **2.** Agarrar, prender, pegar em: *segure firme o meu braço!* **3.** Amparar, sustentar: *várias colunas seguram a laje.* **4.** Não revelar ou divulgar: *o jornalista segurou a informação quanto pôde.* **5.** Pôr no seguro: *segurar o carro.* **segurar(-se) 6.** Agarrar, apoiar-se: *segure-se ao corrimão!* **segurar-se 7.** Prevenir-se, precaver-se, garantir-se: *segurar-se contra roubo.* ·· **Segurar a onda** (gír.) Suportar uma situação difícil, sem perder a esportiva ou a compostura. → **segurado** *adj* (que está no seguro) e *sm* (num contrato de seguro, aquele que paga o prêmio); **segurador** (ô) *adj* e *sm* (**1.** que ou aquele que segura; **2.** que ou aquele que, num contrato de seguro, obriga-se a indenizar eventuais danos ou perdas, em caso de sinistro ou a pagar certa quantia aos herdeiros, em caso de falecimento); **segurança** *sf* (**1.** ato ou efeito de segurar; **2.** estado ou condição de estar seguro, livre de qualquer perigo; seguridade; **3.** confiança, certeza, convicção: *responder com segurança*; **4.** confiança, tranquilidade: *ele transmite segurança à família*; **5.** garantia, aval: *preciso de uma segurança para lhe vender o carro a prazo*; **5.** grupo de pessoas especialmente treinadas para proteger alguém ou algo contra riscos de agressão; **6.** decisão, firmeza: *caminhar com segurança*) e *s2gên* (pessoa encarregada da segurança de alguém ou de alguma empresa); **seguridade** *sf* (**1.** segurança: *nossas instalações apresentam total seguridade*; **2.** redução de *seguridade social*, sistema que amplia e democratiza o acesso da população à saúde, previdência social e assistência social); **seguro** *adj* (**1.** livre de perigo; **2.** firme; **3.** convicto, convencido, certo; **4.** que tem autoconfiança; **5.** preso, fixo) e *sm* (**1.** aquilo que oferece segurança; o certo ou correto; **2.** contrato em que uma das partes, mediante recebimento de prêmio da outra, obriga-se a indenizar esta de eventual prejuízo); **seguro-desemprego** *sm* (benefício em dinheiro fornecido oficialmente aos trabalhadores que perderam seu emprego; auxílio-desemprego), de pl. *seguros-desemprego* ou *seguros-desempregos.* · V. **securitário.**

segway [ingl.] *sm* Veículo elétrico de duas rodas e transporte individual, cujo condutor dirige em pé e acelera ou reduz a velocidade mediante movimento do corpo (para a frente, acelera; para trás, reduz). · Pl.: *segways.* · Pronuncia-se *séghuêi.*

sei.o *sm* **1.** Parte do corpo humano feminino onde se situam as glândulas mamárias; peito, mama. **2.** Cada uma dessas glândulas; mama, peito. **3.** Parte interna e central; interior. **4.** Grande cavidade ligada ao nariz, que pode ser infeccionada ou obstruída, causando dores faciais e febre (sinusite). **5.** Sínus.

seis *num* **1.** Cinco mais um (6, VI): *seis dos onze membros do STF.* **2.** Sexto: *página seis.* // *sm* **3.** Algarismo representativo do número seis. **4.** Algo numerado seis ou alguém representativo desse número: *esse time precisa de um bom seis.* **5.** Nota seis, em provas, concursos ou exames. · Ordinal e fracionário: *sexto.*

seis.cen.té.si.mo *num* e *sm* V. **sexcentésimo.**

seis.cen.tos *num* **1.** Seis centenas (600, DC). **2.** Seiscentésimo: *página seiscentos.* // *sm* **3.** Algarismo representativo do número seiscentos. · Ordinal e fracionário: *seiscentésimo* ou *sexcentésimo.*

sei.ta *sf* Doutrina religiosa que se desvia da tradicionalmente aceita, abraçada por um grupo que se une em torno de um líder ou chefe: *há inúmeras seitas espalhadas por todo o Brasil, basta encontrar uma garagem...* (Não se confunde com *religião.*) · V. **sectário.**

sei.va *sf* Substância vital que contém sais minerais e açúcar e circula por todos os tecidos da planta.

sei.xo *sm* Pedra solta, lisa e arredondada dos rios; cascalho, calhau.

se.la *sf* Arreio acolchoado que se coloca num animal para cavalgá-lo. (Não se confunde com *cela.*) · Dim. irregular: *selim.* → **selaria** *sf* (**1.** arte de seleiro; **2.** conjunto dos arreios; **3.** loja onde se fazem e vendem selas); **seleiro** *sm* (fabricante ou vendedor de selas).

se.lar *v* **1.** Pôr selo em: *selar uma carta.* **2.** Colocar sela em: *selar um cavalo.* **3.** Confirmar, validar, ratificar: *selar um pacto.* **4.** Pôr fim ou termo a; terminar, encerrar: *selar uma amizade.* → **selagem** *sf* [ação ou efeito de selar (1)].

se.le.ção *sf* **1.** Ação de selecionar. **2.** Selecionado, escrete. → **selecionado** *adj* (que passou por seleção; seleto, escolhido) e *sm* (equipe formada de craques de vários clubes, para a disputa de jogos importantes; seleção, escrete); **selecionador** (ô) *adj* e *sm* (que ou que seleciona); **selecionar** *v* [escolher (os elementos ou indivíduos que atendem melhor a um determinado objetivo) com cuidado e critério, num conjunto; fazer a seleção ou escolha de: *selecionar tomates*]; **seletividade** *sf* (**1.** qualidade de seletivo; **2.** propriedade que, em maior ou menor grau, os receptores de rádio possuem de selecionar o sinal desejado em determinada frequência, sem permitir interferências de outros mais próximos); **seletivo** *adj* (**1.** rel. a seleção; **2.** que tem a função ou o poder de selecionar; que faz seleção: *exame seletivo: entrevista seletiva numa empresa*; **3.** caracterizado por cuidadosa seleção: *clientes seletivos*; **4.** diz-se do receptor de rádio que permite selecionar uma onda de determinada frequência, sem interferências de ondas vizinhas); **seleto** *adj* (**1.** escolhido com cuidado e critério; selecionado com esmero: *um grupo seleto de cientistas*; **2.** de especial qualidade ou valor; excelente: *público seleto*); **seletor** (ô) *adj* e *sm* (que ou o que seleciona: *um seletor de frequência de rádio*).

se.lê.nio *sm* Elemento químico não metálico (símb.: **Se**), de n.º atômico 34, empregado industrialmente como corante para vidros, esmaltes e vernizes, nas células fotoelétricas, etc.: *a beterraba contém ferro, magnésio, manganês, sódio, zinco, cobre e selênio.*

se.le.ta *sf* Coleção de trechos literários ou científicos selecionados de bons autores, sem nenhuma exigência quanto à disposição ou ordem.

selfie [ingl.] *sf* Foto digital que a pessoa tira de si mesma, pelo telefone celular. · Pl.: *selfies*. · Pronuncia-se *sélfi*.

self-made man [ingl.] *loc sm* Homem que nasceu pobre e ficou rico, graças a seu próprio trabalho ou esforço, sem ter o amparo de pais ricos ou a ajuda de pistolões. · Pl.: *self-made men*. · Pronuncia-se *sélf-mêid-men*.

self-mailer [ingl.] *sm* **1**. Tipo de mala direta formado por um folheto que já traz o cartão-resposta. **2**. Fôlder que pode ser enviado pelo correio sem ser encerrado em um envelope. · Pl.: *self-mailers*. · Pronuncia-se *sélf-mêilâr*.

self-service [ingl.] *adj* **1**. Diz-se de restaurante, supermercado, postos de combustíveis, elevador, sorveteria, etc. em que as pessoas não necessitam de ajudantes para se servirem. // *sm* **2**. Autosserviço. · Pl.: *self-services*. · Pronuncia-se *sélf-sârvis*. ·· **Self-service popular**. Bandejão.

se.lim *sm* **1**. Sela pequena. **2**. Pequeno assento com moleju, sobre o qual se assenta o ciclista ou o motociclista.

se.lo (ê) *sm* **1**. Redução de *selo postal*, pequeno pedaço de papel com estampa, que se cola sobre o que se envia pelo correio. **2**. Marca que o fabricante coloca em seu produto; etiqueta. → **selinho** *sm* (**1**. selo pequeno; **2**. *pop*. beijo breve e superficial, apenas com a leve aproximação dos lábios, que se arredondam em forma de bico).

sel.va *sf* **1**. Mata inculta, rude, emaranhada; densa floresta equatorial. **2**. *Fig*. Grande quantidade de quaisquer coisas: *uma selva de edifícios*. · V. **silvestre** e **silvícola**. → **selvático** *adj* (**1**. rel. a selva; **2**. próprio das selvas; **3**. *fig*. de difícil trato; rude, grosseiro; **4**. diz-se de animal arisco).

sel.va.gem *adj* **1**. Que vive nas selvas, sem conhecimento da civilização, em meio a rudimentares convenções sociais, quase como um animal: *ainda há tribos selvagens na Amazônia*. **2**. Que nasce, se cria e vive nas selvas; bravio: *potros selvagens*. **3**. Diz-se de planta, terreno ou território ainda não cultivado, tocado, ou desbravado pelo homem. **4**. Que ainda não foi domesticado: *gato selvagem*. **5**. *Fig*. Caracterizado pela selvageria; impiedoso, cruel, brutal: *ataque selvagem*. **6**. Que não leva em conta as necessidades humanas; incontrolado: *capitalismo selvagem*. // *s2gên* **7**. Pessoa bárbara, selvagem. **8**. Habitante da selva; silvícola. **9**. *Fig*. Pessoa arisca. **10**. *Fig*. Pessoa grosseira, intratável. · Antôn. (1): *civilizado*; (2 e 4): *domesticado, manso*; (3): *cultivado*; (6): *humano, humanitário*. → **selvageria** ou **selvajaria** *sf* (qualidade, ato, atitude, dito ou comportamento de selvagem).

sem *prep* **1**. Indica privação, ausência, exclusão: *estar sem dinheiro; viajar sem o marido; amor sem limites*. **2**. Indica exceção: *todos os filhos, sem o caçula, viajaram*. **3**. Indica modo, seguido de no infinitivo: *ele come sem mastigar*. (Funciona como prefixo em palavras como *sem-terra* e *sem-teto*.)

se.má.fo.ra *sf* Sistema de sinalização pelo qual uma bandeirola colorida, usada aos pares, é segurada em cada mão, e várias posições das armas indicam letras, símbolos, números específicos, etc. (A 6.ª ed. do VOLP não registra a palavra.)

se.má.fo.ro *sm* **1**. Posto de sinalização estabelecido numa costa, para comunicação com os navios à vista. **2**. Poste de sinais nas linhas férreas, com farol e hastes móveis. **3**. Sinal luminoso de trânsito de automóveis; sinaleira. → **semafórico** *adj* (rel. a semáforo).

se.ma.na *sf* **1**. Período de sete dias consecutivos, contados a partir do domingo: *o mês tem sempre quatro semanas*. **2**. Série de sete dias quaisquer consecutivos: *tirei uma semana de férias*. **3**. Dias da semana, à exceção do domingo; dias de trabalho: *naquela semana, eu não trabalhei*. **4**. Salário ou féria ganha durante sete dias consecutivos; semanada (1): *a semana foi gorda no boteco do seu Mané*. **5**. Período de sete dias num mês, no qual se comemora determinado acontecimento: *a semana da primavera*. → **semanada** *sf* [**1**. semana (4); **2**. quantia dada pelos pais aos filhos ainda menores para as despesas de uma semana: *sua semanada é gorda, hem!*; **3**. o que se faz numa semana]; **semanal** *adj* (**1**. da semana: *pagamento semanal; aulas semanais*; **2**. que se faz, sucede ou se repete a cada sete dias: *visita semanal; publicação semanal*; **3**. que dura sete dias: *a programação deste cinema é semanal*); **semanário** *adj* [semanal (2)] e *sm* (periódico que se publica semanalmente; hebdomadário).

se.man.col ou **se.man.cô.me.tro** *sm* *Gír*. Capacidade de perceber quando está sendo inconveniente; desconfiômetro.

se.man.te.ma *sm* **1**. Unidade irredutível de significado, numa palavra; radical ou raiz de uma palavra, onde reside o seu sentido fundamental; lexema. **2**. Palavra considerada quanto à significação.

se.mân.ti.ca *sf* Estudo do significado das palavras através do tempo e do espaço. → **semanticista** *adj* e *s2gên* (especialista em semântica); **semântico** *adj* (**1**. rel. a semântica; **2**. rel. ao significado das unidades linguísticas: *análise semântica*). ·· **Campo semântico**. Área abrangida, no domínio do significado, por uma palavra ou grupo de palavras da língua.

sem.blan.te *sm* Expressão facial de uma pessoa; fácies, cara: *seu semblante revelava bom humor; homem de semblante sombrio*.

se.me.ar *v* **1**. Lançar ou espalhar na terra sementes de: *semear verduras*. **2**. Deitar ou lançar sementes em: *semear a terra*. **3**. Propagar, disseminar: *Cristo semeou o amor*. **4**. Espalhar, divulgar; fazer correr: *semear boatos*. **5**. Causar, produzir: *seu comportamento semeia ódios e antipatias*. **6**. Fomentar, estimular, promover: *semear a cizânia entre colegas*. **7**. Introduzir em (meio de cultura) germes bacterianos, para obter a sua multiplicação. **8**. Encher, abundar: *o bispo semeou o Brasil de suas igrejas*. **9**. Praticar a semeadura: *quem semeia colhe*. · Conjuga-se por *frear*. → **semeação** ou **semeadura** *sf* (ato ou efeito de semear).

se.me.lhan.te *adj* **1**. Quase igual; parecido, análogo, similar. **2**. Em matemática, diz-se das figuras que têm a mesma forma, mas não a mesma grandeza (p. ex.: dois círculos de raios diferentes). // *pron* **2**. Tal, esse: *semelhante dívida é impagável*. // *sm* **3**. O próximo: *respeite os seus semelhantes!* · Superl. abs. sint. erudito: *similimo*. · Antôn. (1): *dessemelhante, diferente*. → **semelhança** *sf* (qualidade do que é semelhante; similaridade: *a semelhança física entre humanos e macacos*). · V. **assemelhar**.

sê.men *sm* Líquido fecundante dos animais; esperma. · Pl.: *semens* (sem acento). · V. **seminal**.

se.men.te *sf* **1**. Óvulo fecundado de uma planta, capaz de formar espécime semelhante, por conter um embrião. **2**. *Fig*. Fonte ou origem de alguma coisa. · Dim. erudito (1): *semínula*. · V. **seminal**.

se.mes.tre *sm* **1**. Período ou espaço de seis meses consecutivos; meio ano. **2**. Quantia equivalente a seis meses; semestralidade. **semestral** *adj* (rel. a semestre ou que acontece ou aparece de seis em seis meses); **semestralidade** *sf* [**1**. qualidade de semestral; **2**. semestre (2)].

se.mi.a.ber.to *adj* Parcialmente aberto: *porta semiaberta*.

se.mi.a.ca.ba.do *adj* **1**. Parcialmente acabado. **2**. Diz-se do produto industrial que se encontra em estoque aguardando por operações finais que o adapte a usos diferentes ou especficações do cliente.

se.mi.a.nal.fa.be.to *adj* e *sm* **1**. Que ou aquele que não foi suficientemente alfabetizado. **2**. Que ou aquele que possui apenas conhecimentos superficiais sobre um assunto ou matéria, que julga dominar.

se.mi.á.ri.do *adj* **1**. Diz-se do clima que apresenta longos períodos de estiagem, altas temperaturas e chuvas escassas e mal distribuídas. // *sm* **2**. Região caracterizada por esse tipo de clima.

se.mi.au.to.má.ti.co *adj* **1**. Que não é inteiramente automático; câmbio semiautomático. **2**. Diz-se da arma de fogo que dispara uma bala a cada acionamento do gatilho: *rifle semiautomático; pistola semiautomática*.

se.mi.bre.ve *sf* **1**. Nota musical que vale duas mínimas ou a metade de uma breve. **2**. Representação gráfica dessa nota.

se.mi.cír.cu.lo *sm* **1**. Metade de um círculo; meia-lua. **2**. Instrumento de forma circular, dividido em 180°. **semicircular** *adj* (**1**. rel., pert. ou sem. a semicírculo; **2**. quase circular).

se.mi.col.chei.a *sf* **1**. Nota musical que tem o valor de meia colcheia. **2**. Representação gráfica dessa nota.

se.mi.con.du.tor (ô) *sm* Material cuja condutividade elétrica se situa entre o metal e o isolante.

se.mi.cons.ci.en.te *adj* Parcialmente consciente. → **semiconsciência** *sf* (estado intermediário entre a consciência e a inconsciência).

se.mi.deus *sm* **1**. Ser mitológico, com mais poder do que um mortal e menos do que um deus; divindade inferior. **2**. *Fig*. Homem considerado superior e com atributos tão notáveis, que parece aproximar-se do divino; ser humano deificado.

se.mi.ei.xo *sm* Cada um dos eixos que transmitem o movimento do diferencial às rodas motrizes, num veículo automotivo.

se.mi.em.bri.a.ga.do *adj* Parcialmente embriagado; não totalmente bêbado.

se.mi.es.cra.vo *adj* e *sm* Que ou aquele que vive em regime de quase escravidão. → **semiescravidão** *sf* (trabalho ou atividade que ainda mantém algumas características da escravidão).

se.mi.es.cu.ri.dão *sf* Escuridão quase total.

se.mi.es.pe.ci.a.li.za.do *adj* Diz-se daquele que não é inteiramente especializado naquilo em que atua; semiqualificado: *técnico semiespecializado em informática.*

se.mi.fi.nal *adj* e *sf* Que ou partida ou prova que precede a final. → **semifinalista** *adj* e *s2gên* (que ou esportista ou equipe que se classificou para a semifinal de uma competição).

se.mi.fu.sa *sf* **1.** Nota musical que vale metade de uma fusa. **2.** Representação gráfica dessa nota.

se.mi-in.cons.ci.en.te *adj* Meio inconsciente. · Pl.: *semi-inconscientes.*

se.mi-in.ter.no *adj* e *sm* Que ou aluno que permanece na escola pela manhã e pela tarde, faz ali suas refeições e só dorme em casa. · Pl.: *semi-internos.* → **semi-internato** *sm* (**1.** estado ou condição de semi-interno; **2.** escola cujos alunos são semi-internos).

se.mi.mor.to (ô; pl.: ó) *adj* **1.** Quase morto; semivivo, exânime. **2.** *Fig.* Muito cansado; exausto, extenuado. **3.** *Fig.* Amortecido, apagado, mortiço: *luz semimorta.*

se.mi.nal *adj* **1.** Relativo a semente. **2.** Relativo ou pertencente a sêmen.

se.mi.ná.rio *sm* **1.** Estabelecimento de ensino que habilita para o sacerdócio. **2.** Conjunto dos educadores, pessoal e alunos desse estabelecimento. **3.** Congresso científico ou cultural. **4.** *Fig.* Grupo de estudo formado para debater um tema, com exposição de cada um dos elementos do grupo. **5.** Esse debate. → **seminarista** *adj* (**1.** rel. a seminário; **2.** próprio de seminário) e *sm* (aluno de seminário (1)].

se.mí.ni.ma *sf* **1.** Nota musical que vale a metade da mínima. **2.** Representação gráfica dessa nota.

se.mi.no.vo (ô; pl.: ó) *adj* e *sm* Que ou veículo automotor que é quase novo, ou seja, de no máximo três anos de uso, muito conservado e de baixa quilometragem. (A 6.ª ed. do VOLP não registra a palavra.)

se.mi.nu *adj* **1.** Parcialmente vestido; quase nu. **2.** Maltrapilho, esfarrapado. → **seminudez** (ê) *sf* (qualidade ou estado de seminu).

se.mi.o.fi.ci.al *adj* Que tem alguma, mas não plena, autoridade oficial: *publicação semioficial.*

se.mi.por.tá.til *adj* Capaz de ser movido com relativa facilidade, mas sem ter sido projetado para fácil portabilidade; quase portátil: *equipamento semiportátil.*

se.mi.pre.ci.o.so (ô; pl.: ó) *adj* De valor comercial como a pedra preciosa, mas não classificado como tal, por não ser tão raro (ametista, granada, água-marinha, topázio, etc.).

se.mi.qua.li.fi.ca.do *adj* Semiespecializado. (A 6.ª ed. do VOLP não registra a palavra.)

se.mir.re.ta *sf* Em geometria, cada uma das duas partes em que uma linha reta é dividida por seu ponto.

se.mis.sel.va.gem *adj* e *s2gên* **1.** Que ou o que permanece em estado quase selvagem: *tribos semisselvagens.* **2.** *Fig.Pej.* Que ou pessoa que é pouco civilizada, brutal, grosseira.

se.mis.sin.té.ti.co *adj* Que é produzido por alteração química de matéria-prima natural: *óleo semissintético; antibiótico semissintético.*

se.mis.só.li.do *adj* De consistência intermediária entre o sólido e o líquido; pastoso: *os géis são substâncias semissólidas.*

se.mi.ta *s2gên* **1.** Membro do povo que fala a língua semita e vive ou viveu no Oriente Médio e no Norte da África, constituído por árabes, aramaicos, assírios, babilônios, cananeus, cartagineses, etíopes, malteses, hebreus e fenícios. **2.** *P.ext.* Judeu ou judia; israelita. // *adj* **3.** Relativo ou pertencente aos semitas; semítico. → **semítico** *adj* [semita (3)]; **semitismo** *sm* (**1.** palavra ou expressão semítica; **2.** costumes, ideias, influência ou característica do povo judeu; **3.** política ou predisposição favorável aos judeus).

se.mi.tom *sm* Meio-tom.

se.mi.trans.pa.ren.te *adj* Meio transparente: *vidro semitransparente.* → **semitransparência** *sf* (qualidade de semitransparente).

se.mi.vi.vo *adj* Semimorto (1).

se.mi.vo.gal *sf* Cada um dos fonemas vocálicos que acompanham a base da sílaba para constituir um ditongo (p. ex.: *pai, pau, mãe, mão*). → **semivocálico** *adj* (rel. a uma semivogal).

sem-nú.me.ro *sm2núm* Número grande e indeterminado: *acidentou-se um sem-número de vezes e não morreu.* (Não se confunde com a expressão *sem número* = sem marcação numérica: *casa sem número, página sem número.*)

se.mo.li.na *sf* Produto granuloso e grosseiro, derivado do milho moído, usado para fazer massa, como macarrão e espaguete.

se.mos.tra.ção *sf* *Pop.* Mania de aparecer, de atrair atenções ou de ostentar-se, quer pela inteligência, quer pela riqueza, quer pelo traje. → **semostradeiro** *adj* (dado à semostração; exibicionista: *pessoa semostradeira*); **semostrador** (ô) *adj* e *sm* (que ou aquele que é dado à semostração); **semostrar** *v* (ostentar-se, exibir-se, aparecer: *ela vive para semostrar*).

se.mo.ven.te *adj* e *sm* **1.** Que ou ser que se move por si próprio. // *adj* **2.** Diz-se dos animais de rebanho (como bovinos, ovinos, suínos, caprinos, equinos, etc.) que constituem patrimônio e podem servir para consumo humano. **3.** Diz-se de animais utilizados pelo homem para serviços, seja no campo, seja na cidade: *durante a escravidão, aqui no Brasil, quem tinha escravo não tinha ser humano, tinha, pela lei, um semovente.*

sem-par *adj* **1.** Sem igual; inigualável, ímpar, singular, único, incomparável: *o verde sem-par das nossas matas; as praias sem-par do nosso litoral.* (Como se vê, não varia.) // *s2gên2núm* **2.** Pessoa sem igual: *aquele presidente foi um sem-par da nossa política.*

sem.pi.ter.no *adj* **1.** Que não teve princípio nem há de ter fim, de duração infinita; eterno: *somente Deus é sempiterno.* **2.** *Fig.* Muito antigo: *a distinção sempiterna entre certo e errado.* · Antôn.: *efêmero, transitório.*

sem.pre *adv* **1.** Todo o tempo; invariavelmente: *ela sempre diz não no início.* **2.** Em certo ou qualquer tempo ou ocasião: *ela sempre faz das suas.* **3.** Para sempre; eternamente: *ela sempre me amará.* **4.** De qualquer modo: *ganha-se pouco, mas sempre dá para comprar algum eletrodoméstico.* · Antôn. (1 a 3): *nunca.* ·· **De sempre**. Habitual, costumeiro: *No restaurante, ele sempre pede o prato de sempre.* ·· **Para todo o sempre** ou **Para sempre**). Para toda a vida; eternamente: *Amá-la-ei para todo o sempre.* ·· **Quase sempre**. Geralmente: *Ela quase sempre grita, quando a contrariam.* ·· **Sempre que**. Todas as vezes que: *Sempre que ela abre a boca, saem tolices.*

sem.pre-vi.va *sf* **1.** Planta ornamental, nativa da Europa, de flores avermelhadas. **2.** Essa flor. · Pl.: *sempre-vivas.*

sem-pu.lo *sm* No futebol, chute dado com bola e jogador no ar. · Pl.: *sem-pulos* (a 6.ª ed. do VOLP, porém, registra a palavra como sm2núm. Ou seja: o jogador dá um sem-pulo e dois sem-pulo...)

sem-sal *adj* **1.** Sem gosto; insosso: *comida de hospital é muito sem-sal, porque não tem sal.* **2.** *Fig.* Desinteressante, sem atrativo; sem graça; insípido: *um namorado sem-sal.* // *s2gên* **3.** Pessoa sem atrativo ou sem graça. (A 6.ª ed. do VOLP registra a palavra como s2gên2núm, assim como faz com *sem-terra* e *sem-teto.* Ou seja, somos obrigados a construir: "sem-sal invadiram minha festa...")

sem-ter.ra *adj* e *s2gên* Que ou pessoa que não tem chão em que trabalhar. · Pl.: *sem-terras.* (A 6.ª ed. do VOLP, porém, registra a palavra como sm2gên2núm. Ou seja, os jornalistas são obrigados a construir manchetes assim: "sem-terra invadiram uma fazenda". Isso é português? Não é. Nem aqui nem em Macau.)

sem-te.to *adj* e *s2gên* Que ou pessoa que não tem casa em que morar. · Pl.: *sem-tetos.* (Diz-se aqui o mesmo que se disse no verbete anterior.)

sem-ver.go.nha *adj* e *s2gên* Que ou pessoa que é cafajeste, calhorda, canalha, não tem escrúpulo ou integridade moral; descarado(a). · Pl.: *sem-vergonhas.* (V. **sem-terra** e **sem-teto.**) → **sem-vergonheza, sem-vergonhice** *sf* ou **sem-vergonhismo** *sm* (qualidade, ato, dito ou comportamento de sem-vergonha), todas três com variação do segundo elemento, porém, sem respaldo da 6.ª ed. do VOLP.

se.na *sf* **1.** Peça de dominó, carta de jogar ou face de dado de seis pontos. **2.** Conjunto de seis itens iguais ou da mesma natureza.

SENAC ou **Senac** *sm* Acrônimo de *Serviço Nacional de Aprendizagem Comercial*: entidade civil de direito privado, criada em 1946, voltada para a formação e aperfeiçoamento profissional de empregados do comércio.

se.na.do sm **1.** Câmara alta do Congresso de muitos Estados; a segunda câmara de representação política existente nos sistemas bicamerais. **2.** Local onde essa câmara se reúne. **3.** Conjunto dos membros dessa câmara: *o senado não aprovou a medida.* **Senado 4.** Na antiga Roma, conselho supremo do Estado, ou assembleia de patrícios, que possuía prerrogativas inalienáveis, na qual residia a autoridade máxima do Estado. **5.** Local em que se reunia esse conselho. → **senador** (ô) sm (membro do senado); **senadoria, senatoria** ou **senatória** sf (cargo, atividade ou mandato de senador: *a senatoria é de oito anos*); **senatorial** ou **senatório** adj (rel. a senado ou a senadores: *sessão senatorial; cadeira senatorial; votação senatória*).

SENAI ou **Senai** sm Acrônimo de <u>S</u>erviço <u>N</u>acional de <u>A</u>prendizagem <u>I</u>ndustrial, entidade criada em 1942 pelo governo federal, para formar e aperfeiçoar a mão de obra industrial.

se.não conj **1.** Do contrário: *feche a janela, senão entra mosquito!; não grite, senão você apanha!* **2.** Mas, porém; a não ser: *esse foi o foguetório, não, senão tiros; não fiz isso com a intenção de magoá-lo, senão de adverti-lo; ela nada faz senão reclamar.* **3.** Sem que: *ela não diz duas palavras senão cometa dois erros.* **4.** Mas também: *não só a abraçava, senão a beijava muito.* // sm **5.** Defeito, falha ou falta leve: *não encontrei nenhum senão na sua ficha de antecedentes.* // palavra denotativa de exclusão **6.** Exceto: *ela jamais amou outra pessoa, senão a mim.* · V. **se.**

SENATRAN ou **Senatran** sm Acrônimo de <u>S</u>ecretaria <u>Na</u>cional de <u>Trân</u>sito, órgão executivo da União, substituto do Denatran. Controla os Detrans estaduais e tem por obrigação supervisionar, coordenar, controlar e fiscalizar a política do programa nacional de trânsito.

sen.da sf **1.** Caminho muito estreito, usado por pedestres ou por rebanho miúdo; vereda. **2.** Fig. Rumo que se segue na vida: *enveredou pela senda do tráfico de drogas e foi morto.*

Senegal sm País da África, de área pouco menor que o do estado do Paraná. → **senegalense** adj e s2gên, **senegalês** ou **senegaliano** adj e sm.

se.nes.cên.cia sf **1.** Estado de ser velho; processo pelo qual a célula envelhece e para de se dividir permanentemente, mas não morre; processo do envelhecimento biológico: *a senescência pode desempenhar papel importante no desenvolvimento de cânceres.* **2.** Fase de crescimento de uma planta ou de uma de suas partes (como uma folha) desde a maturidade até a morte. → **senescente** adj (**1.** que está envelhecendo; **2.** diz-se de célula que já não está se dividindo).

se.nha sf **1.** Gesto, palavra, frase ou sinal conhecido e convencionado entre duas ou mais pessoas, com algum objetivo; código: *assobiar era a senha para que a empregada abrisse a porta da casa.* **2.** Documento que comprova um protocolo de inscrição, para participação num evento, retirada de documentos, etc.: *a funcionária do laboratório de análises clínicas só entrega o resultado do exame mediante apresentação da senha.* **3.** Tíquete numerado por uma máquina, usado em bancos, hospitais, correios, etc. para estabelecer a ordem de atendimento das pessoas. **4.** Em informática, código de acesso a informações e a serviços ou operações de um sistema de computadores; *password.*

se.nhor (ô) sm **1.** Dono, proprietário: *senhor de terras; senhor de escravos.* **2.** Tratamento cerimonioso ou respeitoso entre pessoas que não se tratam por *tu* ou *você.* **3.** Tratamento cerimonioso ou respeitoso dispensado a homem que já não é tão jovem, mas distinto por sua compostura. · Abrev. (2 e 3): **sr.** (com ponto). **Senhor 4.** Jesus Cristo. // adj **5.** Grande e admirável: *Ademir da Guia foi um senhor jogador.* **senhora** sf [**1.** fem. de *senhor;* **2.** dona de casa, em relação aos empregados; **3.** tratamento dado por cortesia às damas (acompanhado do pronome possessivo *minha*); **4.** qualquer mulher que já não é tão jovem, mas é distinta por sua compostura; **5.** dona de qualquer coisa]; **senhoria** sf (**1.** direito, poder ou autoridade que uma pessoa tem sobre a terra de que é possuidor; **2.** dona da casa em que se mora e a quem se paga o aluguel); **Senhoria** (tratamento dispensado a pessoa de decente posição social ou na linguagem comercial); **senhorio** sm (**1.** alugador de um imóvel, seu ou de outrem; **2.** direito de autoridade ou domínio sobre a coisa possuída); **senhorita** sf (qualquer moça solteira), de abrev. **sr.ta**

se.nil adj **1.** Característico ou próprio da velhice, de pessoas idosas. **2.** Que sofre de declínio físico e mental, por efeito da idade avançada. · Antôn.: *jovem.* → **senilidade** sf (qualidade ou estado de ser senil); **senilização** sf (ato ou efeito de senilizar(-se)]; **senilizar(-se)** v [tornar(-se) senil].

sê.ni.or adj **1.** Diz-se do mais velho entre duas pessoas da mesma família (em oposição a *júnior*). **2.** *P.ext.* Diz-se do profissional mais experiente, entre dois outros ou mais (também em oposição a *júnior*): *secretária sênior.* // adj e sm **3.** Que ou desportista que já conquistou pelo menos um prêmio: *piloto sênior.* · Pl.: *seniores* (ô).

sen.sa.ção sf **1.** Capacidade ou processo de perceber pelos sentidos. **2.** Impressão no corpo ou na mente, produzida pelos sentidos: *sensação de picada no braço; sensação de alívio.* **3.** Estado de excitação produzido por algum ato ou fato inusitado: *sensação de perigo iminente; sensação de estar em ambiente de gravidade zero.* **4.** Fig. Impressão positiva; sucesso: *fazer sensação num concurso de beleza.* **5.** Fig. Vivo interesse: *a renúncia causou sensação na mídia.* **6.** Fig. Causa de grande empolgação: *o show foi a sensação musical dos últimos tempos na cidade.* · V. **sensorial.** → **sensacional** adj (**1.** rel. a sensação; **2.** que desperta grande interesse ou reação; espetacular, extraordinário; **3.** formidável, excelente, ótimo, maravilhoso);

sensacionalismo sm (uso de escândalos, exageros, mexericos e detalhes violentos, princ. em periódicos a cunho); **sensacionalista** adj (rel. a sensacionalismo) e adj e s2gên [que ou pessoa que é dada ao sensacionalismo]. · **Sensação térmica.** Percepção subjetiva da temperatura ambiente, nem sempre correspondente à temperatura real, influenciada por vários fatores, como a intensidade do vento, a umidade, etc.

sen.sa.to adj **1.** Que reflete em tudo o que faz; que tem bom senso; prudente, equilibrado. **2.** Caracterizado pelo bom senso, pela prudência. · Antôn.: *leviano.* → **sensatez** (ê) sf (**1.** qualidade de sensato; bom senso; **2.** atitude sensata; cautela, prudência), de antôn. *leviandade.*

sen.sei sm Professor de judô ou de caratê.

sen.si.ti.va sf Planta tropical que retrai as folhas ao menor toque, também conhecida por *dormideira* e *não-me-toques.*

sen.si.ti.vo adj **1.** Relativo ou pertencente aos sentidos; sensorial, sensório: *órgãos sensitivos.* **2.** Que tem extrema sensibilidade; muito sensível: *plantas sensitivas à luz.* **3.** Que se melindra facilmente; melindroso, extremamente sensível: *garota sensitiva.* **4.** Que reage facilmente a certos agentes, como o filme fotográfico. **5.** Capaz de medir ou reagir a mínimas alterações; sensível: *balança sensitiva.* // adj e sm **6.** Que ou pessoa que é paranormal ou dotada de percepção extrassensorial. → **sensitividade** sf (qualidade de sensitivo).

sen.sí.vel adj **1.** Que pode ser percebido pelos sentidos ou pelo intelecto; perceptível: *o universo sensível.* **2.** Dotado de sensibilidade; capaz de sentir ou de perceber; sensitivo: *os olhos são sensíveis à luz; sou extremamente sensível aos encantos femininos.* **3.** Atento, consciente: *estou sensível a tudo o que se passa à minha volta.* **4.** Que está muito aflito, desgostoso ou impressionado: *o presidente é sensível à situação dos pobres.* **5.** Que é triste ou causa pesar; lamentável: *essa morte representa uma perda sensível ao país.* **6.** Que se emociona com facilidade; emotivo, melindroso, delicado: *pessoa muito sensível.* **7.** Que se percebe com facilidade, por ser muito intenso; significativo, expressivo, apreciável: *foi sensível a queda da temperatura.* **8.** Que sente as mudanças no meio ambiente: *pele sensível.* **9.** Que indica mínimas mudanças de condição; sensitivo; exato, preciso: *balança sensível.* **10.** Que reage com facilidade à ação de agentes externos: *ela é sensível a penicilina.* → **sensibilidade** sf (**1.** qualidade de sensível; **2.** capacidade ou faculdade de sentir, de perceber; reação a estímulos sensórios; **3.** disposição ou capacidade para se ofender ou melindrar-se; susceptibilidade; **4.** propriedade de reagir a mudanças de condição ou do meio ambiente); **sensibilização** sf [ato ou efeito de sensibilizar(-se)]; **sensibilizar(-se)** v [**1.** tornar(-se) sensível ou comovente; abalar(-se), chocar(-se), comover(-se): *a morte do piloto sensibilizou o mundo; todos nos sensibilizamos com essa tragédia;* **2.** impressionar(-se) vivamente, emocionar(-se): *campanha promocional que não consegue sensibilizar o consumidor tem de sair do ar; o presidente não se sensibilizou com esse discurso*].

sen.so sm **1.** Juízo aplicado a coisas corriqueiras da vida: *é difícil conviver com pessoas sem senso.* **2.** Faculdade ou função da mente semelhante ao sentido físico: *o senso moral.* **3.** Capacidade natural de perceber, entender, calcular, raciocinar, apreciar, julgar, etc.: *ele tem o senso exato da medida, quando bebe.* **4.** Percepção ou impressão mais ou menos vaga; noção: *ter senso de responsabilidade.* **5.** Reconhecimento ou percepção através dos sentidos; consciência: *ter senso do próprio valor*. (Não se confunde com *censo*.) •• **Bom senso**. **1**. Faculdade de discernir entre o que convém e o que não convém, entre o certo e o errado, entre o falso e o verdadeiro, etc. **2**. Aplicação adequada do espírito no julgamento de cada caso particular da vida; equilíbrio: *Um presidente da República tem de ter bom senso*. (Essa expressão saiu na 5.ª ed. impressa do VOLP com hífen; daí por que este autor publicou seus dicionários conforme lá estava. E saiu-se mal. Confiou no que não deveria ter confiado.) •• **Senso comum**. Modo de pensar da maioria; consenso: *O nazismo era senso comum na Alemanha, em 1939*.

sen.sor (ô) *sm* **1**. Dispositivo ou aparelho sensível à luz, radiação, calor, som, estímulo mecânico, ou a qualquer outro estímulo físico. **2**. Elemento que transforma sinais mecânicos ou ópticos em impulsos elétricos, que podem ser "lidos" por instrumentos específicos. (Não se confunde com *censor*.)

sen.so.ri.al *adj* Relativo a sensação ou a sensório. → **sensório** *adj* [sensitivo (1)] e *sm* (**1**. parte do cérebro que funciona como centro de sensações; **2**. sistema sensorial do corpo, tomado em sua totalidade).

sen.su.al *adj* **1**. Diz-se do que desperta o prazer dos sentidos, princ. o prazer erótico ou sexual: *um decote sensual*. **2**. Diz-se da pessoa que, naturalmente e em razão de seu corpo, desperta a libido: *ela é sensual, sem ser sexy*. // *s2gên* **3**. Essa pessoa. → **sensualidade** *sf* (**1**. qualidade de sensual; **2**. modo de ser ou de se apresentar que suscita ou convida ao prazer, princ. erótico ou sexual).

sentar *v* **1**. Pôr (pessoa) sobre um assento: *a mãe sentou todos os filhos juntos*. **2**. Lançar a distância; atirar, jogar: *sentaram pedras na cabeça do árbitro*. **3**. Atear: *sentaram fogo no paiol*. **4**. Aplicar, desferir: *sentaram-lhe um murro na cara*. **5**. *Pop*.S Parar bruscamente (um cavalo em galope). **6**. Ajustar-se, cair, assentar: *esse penteado lhe senta bem*. **7**. Baixar, pousar, assentar: *a poeira já sentou*. **sentar(-se)** **8**. Meter-se ou pôr-se num assento ou no chão: *quando (me) sentei, vi que o chão estava molhado*; *sente(-se) por favor!* **9**. Tomar assento junto a: *sentar(-se) à janela*; *sentar(-se) à mesa*. **10**. Tomar assento sobre: *sentar(-se) na mesa não é atitude educada*; *sentar(-se) no muro*.

sen.ten.ça *sf* **1**. Qualquer reflexão profunda e luminosa, cuja verdade se funda no raciocínio ou na experiência; máxima. **2**. Despacho ou decisão judicial. **3**. Punição judicial; pena. → **sentenciado** *adj* e *sm* [que ou aquele que recebeu uma sentença (2)]; **sentenciar** *v* (**1**. condenar por meio de sentença: *o juiz ainda não sentenciou o réu*; **2**. proferir sentença: *o juiz ainda não sentenciou*); **sentencioso** (ô; pl.: ó) *adj* (**1**. que tem forma ou natureza de sentença; **2**. que encerra sentença ou lição moral).

sen.ti.do *adj* **1**. Melindrado, magoado, ressentido. **2**. Que se ofende com qualquer coisa; sensível. **3**. Pesaroso, triste. // *sm* **4**. Cada uma das faculdades que tem o homem e os animais de receber impressões externas por meio de certos órgãos. **5**. Razão de ser; lógica. **6**. Objetivo, intuito, propósito. **7**. Valor ou significação de uma palavra em determinado contexto; significado, significação. **8**. Posição de corpo ereto, braços alinhados com o corpo e calcanhares unidos, assumida ao comando de um superior, no meio militar. // *smpl* **9**. Paixão física, prazeres sensuais, sensualidade. **10**. Raciocínio, faculdades intelectuais. **11**. Consciência. // *interj* **12**. Atenção cuidado. **13**. Voz de comando militar para que as tropas ouçam as diversas vozes das manobras. • V. **sensual**.

sen.ti.men.to *sm* **1**. Ato ou efeito de sentir. **2**. Aptidão para sentir ou disposição para comover-se, impressionar-se; sensibilidade: *ter o sentimento muito aguçado para admirar as obras de arte*. **3**. Manifestação do que se sente: *esse gesto abalou todo o seu sentimento de justiça*. **4**. Paixão (em oposição a *razão*): *encarar tudo pelo lado do sentimento*. **5**. Noção, senso: *o sentimento do dever cumprido*. **6**. Disposição afetiva: *sentimento patriótico*. **7**. Afeição, amor: *nunca escondi meu sentimento por ela*. **8**. Alma, coração: *cantar com sentimento*. **9**. Desgosto, incômodo: *experimentar um grande sentimento pelo insucesso de um amigo*. // *smpl* **10**. Conjunto das qualidades morais que no indivíduo constituem a honra, a probidade, a nobreza de alma, etc.: *garota de bons sentimentos*. **11**. Boas qualidades morais; bom caráter: *homem sem sentimentos*. **12**. Pêsames, condolências: *dei-lhe meus sentimentos pela morte do filho*. → **sentimental** *adj* (**1**. rel. a sentimento ou a sentimentos; **2** romântico, emotivo) e *s2gên* (pessoa romântica); **sentimentalismo** *sm* (exagero sentimental; pieguice); **sentimentalista** *adj* (rel. a sentimentalismo) e *adj* e *s2gên* [que ou pessoa que é dada a sentimentalismos].

sen.ti.ne.la *sf* **1**. Soldado estacionado como um guarda, geralmente à frente de um quartel, para evitar ataque surpresa; vigia militar. **2**. *Fig*. Grande protetor(a): *o servidor militar é a sentinela da sociedade*. •• **Estar de sentinela em alguém ou algo**. Estar vigiando-o: *Estou de sentinela no leite ao fogo, para que não ferva e entorne no fogão*.

sen.tir *v* **1**. Perceber por qualquer órgão dos sentidos: *sentir o perfume das flores*. **2**. Experimentar (sensação física ou moral): *sentir calor*. **3**. Ter pesar ou tristeza por: *não sente remorsos do que fez*. **4**. Sofrer, ser afetado por: *sentir o peso dos anos*. **5**. Observar, verificar: *procurei sentir o ambiente*. **6**. Ressentir-se de: *sentir a mudança de clima*. **7**. Ter uma vaga convicção ou impressão de; pressentir, perceber: *sinto que estou certo*. **8**. Ouvir indistintamente, perceber ao longe: *sentir passos no corredor*. **sentir-se** **9**. Ter consciência do próprio estado; reconhecer-se: *sinto-me outro aqui*. **10**. Imaginar-se, julgar-se: *sentia-me no céu ao lado dela*. // *sm* **12**. Ponto de vista; modo de ver; opinião: *no meu sentir, a coisa se deu de modo bem diferente do que ele conta*. • Conjuga-se por *ferir*. → **Fazer-se sentir**. Tornar-se evidente ou sensível: *Os efeitos da droga logo se fizeram sentir*. •• **Sentir falta de alguém**. Sentir saudade dele; sofrer com a sua ausência.

sen.za.la *sf* Conjunto dos alojamentos destinados aos escravos, numa fazenda, à época do Brasil colonial.

sé.pa.la *sf* Estrutura foliácea, geralmente esverdeada e normalmente menor e mais consistente que a pétala, que tem a função de proteger o botão floral: *o conjunto de sépalas de uma flor forma o cálice*. → **sepalino** *adj* (rel. a sépala).

se.pa.rar *v* **1**. Pôr à parte, aprontando: *separe tudo o que é seu e suma-se do meu caminho!* **2**. Dissociar, desligar: *separar a Igreja e o Estado*. **3**. Dividir, isolar: *separar uma sala; a ponte ruiu, separando um povo do outro*. **4**. Obstar à união de; desunir: *um muro separa o meu terreno e o dele*; *separar a carne dos ossos*. **5**. Distanciar, afastar: *a morte os separou para sempre*. **6**. Selecionar, classificar: *separar a correspondência por zonas postais*. **7**. Apartar, distinguindo: *separar a nata do leite, o joio do trigo*. **8**. Situar-se entre: *os Pireneus separam a Espanha da França*. **9**. Dissociar, desligar: *separar a Igreja do Estado*. **10**. Extrair: *separar metal de minério*. **separar-se 11**. Afastar-se: *separar a nata do leite*. **12**. Apartar-se; pôr-se longe; afastar-se: *as crianças se separaram dos pais*. **13**. Dividir-se: *neste ponto a estrada se separa em duas*. **14**. Divorciar-se: *ele já se separou da segunda mulher?!* **15**. Distanciar-se, ir viver longe: *separou-se dos amigos, da família, de tudo*. → **separação** *sf* [ato ou efeito de separar(-se)]; **separativo** ou **separatório** *adj* (que serve para separar ou que tem a propriedade de separar: *móvel separatório de ambientes*).

sep.ti.ce.mi.a *sf* Infecção generalizada, causada pela disseminação de microrganismos patogênicos ou suas toxinas na corrente sanguínea; toxicidade sanguínea: *septicemia broncopulmonar*. → **septicêmico** *adj* (rel. a septicemia ou que a apresenta).

sép.ti.co *adj* **1**. Que provoca infecção ou putrefação. **2**. Que contém germes patogênicos. **3**. Relativo a microrganismos patogênicos ou a suas toxinas. → **septicidade** *sf* (qualidade de séptico: *a septicidade em sistemas de drenagem de águas residuais*).

sep.tin.gen.té.si.mo *num* V. **setingentésimo**.

sep.to *sm* Parede divisória ou membrana, princ. entre espaços corporais ou massas de tecido mole: *septo nasal*; *os piercings de septo e anéis labiais são apenas para os corajosos*.

sep.tu.a.ge.ná.rio *adj* e *sm* V. **setuagenário**.

sep.tu.a.gé.si.mo *num* **V. setuagésimo**.

se.pul.cro *sm* Túmulo com campa ou qualquer outra construção acima do solo. → **sepulcral** *adj* (**1**. rel. ou pert. a sepulcro; **2**. *fig*. forte, intenso, pétreo: *mantive silêncio sepulcral sobre esse assunto*).

se.pul.tu.ra *sf* Qualquer local onde se enterram pessoas mortas ou defuntos; tumba. → **sepultamento** *sm* (inumação), de antôn. *exumação*; **sepultar** *v* [dar sepultura a (defunto); inumar], de antôn. *exumar*; **sepulto** *adj* (que recebeu sepultura), de antôn. *insepulto*.

se.quaz *adj* e *s2gên* Que ou pessoa que segue um chefe ou cabeça, com assiduidade.

se.que.la (**o** u **soa**) *sf* **1**. *Pop*. Ato ou efeito de seguir; seguimento, continuação, sequência. **2**. Bando de pessoas vis ou desprezíveis que acompanham alguém; corja, súcia. **3**. Consequência (geralmente patológica); efeito secundário (maléfico); complicação posterior: *essa doença deixa se-*

quelas. **4**. Obra literária, cinematográfica ou televisiva que continua a história ou desenvolve o tema de uma anterior.

se.quên.cia (o **u** soa) *sf* **1**. Ato ou efeito de seguir; seguimento, sequela, continuação. **2**. Sucessão, série, ordem. **3**. Série de cenas filmadas sem interrupções, para constituírem uma unidade dramática; episódio. → **sequencial** (o **u** soa) *adj* (em que há sequência).

se.quer *palavra denotativa de negação* Nem mesmo; nem ao menos: *ela não sabia sequer meu nome*.

se.ques.trar (o **u** soa) *v* **1**. Prender e reter violentamente (alguém) com privação de todo e qualquer direito. **2**. Desviar (aeronave ou navio) de sua rota, mediante violência. **3**. Reter (bens) ilegalmente ou ilegitimamente; tomar (bens) mediante arbitrariedade ou violência. **4**. Fazer sequestro ou penhora de. → **sequestração** (o **u** soa) *sf* [sequestro (1)]; **sequestrado** (o **u** soa) *adj* e *sm* (que ou aquele que sofreu a violência do sequestro); **sequestrador** (o **u** soa; ô) *adj* e *sm* (que ou bandido que pratica sequestros); **sequestro** (o **u** soa) *sm* (**1**. ação ou efeito de sequestrar; sequestração; **2**. arresto, penhora; **3**. objeto depositado ou sequestrado).

se.qui.lho *sm* Biscoito seco e quebradiço, preparado com ovos, polvilho e açúcar.

se.qui.o.so (ô; pl.: ó) *adj* **1**. Que tem muita sede. **2**. *Fig*. Muito desejoso; ávido, sedento.

sé.qui.to (o **u** soa ou não) *sm* Grupo de pessoas que seguem outra(s) por dever, obrigação, cortesia, etc.

se.quoi.a (cói) *sf* Cada uma das duas espécies de árvores da Califórnia (EUA) que atingem até 140m de altura e duram mais de dois mil anos.

ser *v* **1**. Indica estado permanente (ligando o predicativo ao sujeito): *ela é linda*. **2**. Indica tempo (nas orações sem sujeito): *é cedo*. **3**. Forma tempo composto da voz passiva (quando acompanha particípio): *ser aplaudido*. **4**. Forma locução de realce com *que* ou *quem*: *eu é que não vou mais lá; foi ela quem fez isso*. **5**. Ser feito: *isso é de ouro*. **6**. Ser natural: *ela é de Campinas*. **7**. Pertencer a: *isto é meu*. **8**. Ser próprio: *isso é de gente malvada*. **9**. Transcorrer, acontecer: *a vida é assim mesmo*. **10**. Estar: *Deus é convosco!* **11**. Descender: *ela é de família pobre*. **12**. Dizer respeito: *o caso não é com você*. **13**. Ter aptidão ou gosto: *criança não é para o trabalho*. **14**. Defender; ser favorável: *sou pela proibição permanente da caça às baleias*. **15**. Representar: *essa mulher é tudo para mim*. **16**. Existir: *Deus é; ali era a casa dela*. **17**. Acontecer, ocorrer, suceder: *o eclipse foi a 11 de junho*. **18**. Situar-se, localizar-se, ficar: *a escola é perto*. **19**. Haver (= existir): *era uma vez duas princesinhas*. // *sm* **20**. Tudo o que existe ou imaginamos existir como substância. · Conj.: *sou, és, é, somos, sois, são* (pres. do ind.); *era, eras, era, éramos, éreis, eram* (pret. imperf.); *fui, foste, foi, fomos, fostes, foram* (pret. perf.); *fora, foras, fora, fôramos, fôreis, foram* (pret. mais-que-perf.); *serei, serás, será, seremos, sereis, serão* (fut. do pres.); *seria, serias, seria, seríamos, seríeis, seriam* (fut. do pret.); *seja, sejas, seja, sejamos, sejais, sejam* (pres. do subj.); *fosse, fosses, fosse, fôssemos, fôsseis, fossem* (pret. imperf.); *for, fores, for, formos, fordes, forem* (fut.); *sendo* (gerúndio); *sido* (particípio); *ser, seres, ser, sermos, serdes, serem* (infinitivo pessoal); *ser* (infinitivo impessoal).

se.ra.fim *sm* Anjo da mais alta hierarquia. → **seráfico** *adj* (rel. a serafim).

se.rão *sm* **1**. Tarefa noturna. **2**. Quantia paga por essa tarefa. **3**. Reunião familiar à noite, em que alguns fazem pequenos serviços caseiros e outros conversam ou discutem qualquer assunto. **4**. Tempo entre o jantar e a hora de dormir.

SERASA ou **Serasa** *sf* Acrônimo de *Serviços de Assessoria S.A.*, hoje *Centralização de Serviços dos Bancos S.A.*, empresa privada brasileira de caráter público, responsável por reunir informações, fazer análises e pesquisas sobre as pessoas físicas e jurídicas com dívidas financeiras: *uma das formas de acompanhar o perfil do consumidor é atraves do score, índice criado pela Serasa, que mede o comportamento financeiro dos consumidores; o indicador é medido de 0 a 1000 e corresponde à probabilidade de um consumidor pagar suas contas em dia*.

se.rei.a *sf* **1**. Na mitologia grega, monstro, metade mulher, metade peixe, que, com seu canto maravilhoso, atraía navegantes para as rochas da ilha em que habitava, os quais, assim, naufragavam e morriam. **2**. *Fig*. Mulher extremamente bela, charmosa e sedutora. **3**. *Pop*. Aparelho que emite sons agudos, estridentes e prolongados, usado como aviso para abrir caminho no tráfego para as ambulâncias e viaturas policiais, marcar os horários em indústrias, etc.; sirena.

se.re.le.pe *sm* **1**. Esquilo. **2**. Pessoa viva, esperta.

se.re.nar *v* **1**. Tornar sereno ou calmo; acalmar, tranquilizar: *o discurso do ministro serenou o mercado*. **2**. Apaziguar, acalmar: *serenar os ânimos dos briguentos*. **3**. Cair sereno: *serenou muito ontem*. **4**. Chuviscar: *em São Paulo, nesta época, serena todos os dias*. **serenar(-se) 5**. Acalmar-se, tranquilizar-se: *o mercado financeiro só (se) serenou com o discurso do ministro*.

se.re.na.ta *sf* **1**. Pequeno concerto musical noturno e ao ar livre, debaixo da janela de alguma pessoa; seresta. **2**. Composição musical para piano, harpa ou orquestra.

se.re.ni.da.de *sf* **1**. Qualidade ou estado de sereno. **2**. Tranquilidade, suavidade.

se.re.no *adj* **1**. Calmo, tranquilo, sossegado. **2**. Diz-se do tempo claro, puro, calmo. // *sm* **3**. Umidade fina, penetrante e pouco abundante que cai à noite; relento.

se.res.ta *sf* Serenata (1). → **seresteiro** *adj* (rel. a seresta) e *adj* e *sm* (que ou aquele que é dado a fazer serestas).

Sergipe *sm* Estado da Região Nordeste do Brasil, o menor da União. · Abrev.: **SE**. → **sergipano** *adj* e *sm*.

serial killer [ingl.] *loc s2gên* Pessoa que ataca e assassina, de forma similar, mais de três pessoas, uma a uma, durante curto espaço de tempo; assassino(a) serial. · Pl.: *serial killers*. · Pronuncia-se *sírial kílâr*.

se.ri.ci.cul.tu.ra ou **se.ri.cul.tu.ra** *sf* **1**. Criação comercial do bicho-da-seda, para a obtenção dos casulos que fornecem o fio de seda, usado na fabricação do valioso tecido. **2**. Preparo e fabrico da seda. → **sericicultor** ou **sericultor** (ô) *adj* e *sm* (que ou aquele que se dedica à sericultura; sericícola).

sé.rie *sf* **1**. Conjunto de pessoas ou de coisas que se sucedem seguindo uma certa ordem; sucessão, sequência. **2**. Ano escolar. **3**. Grande quantidade, porção. → **seriação** *sf* (ato ou efeito de seriar); **seriado** *adj* [disposto ou feito em série(s); serial] e *adj* e *sm* (que ou filme que é exibido em série pelo cinema ou pela televisão); **serial** *adj* [**1**. seriado (1); **2**. rel. ou pert. à série]; **seriar** *v* (**1**. dispor ou ordenar em série: *seriar um curso escolar*; **2**. classificar por séries: *seriar espécies vegetais*).

se.ri.e.ma *sf* Ave de pernas delgadas e longas, típica do cerrado brasileiro, que se alimenta de insetos, serpentes e pequenos roedores e tem no canto a sua principal característica. (Voz: *cacarejar, gargalhar, guinchar*.)

se.ri.gra.fi.a *sf* **1**. Processo de impressão que consiste em reproduzir imagens sobre superfícies planas ou curvas (papel, pano, vidro, metal, etc.) formando uma espécie de máscara, em que as partes impermeabilizadas representam os claros do desenho ou as áreas reservadas a outras cores, e a tinta passa através das partes impermeáveis, premida pelo rolo ou puxador. **2**. Estampa obtida por esse processo. · V. **silk-screen**. → **serigráfico** *adj* (rel. a serigrafia: *processo serigráfico*); **serígrafo** *sm* (aquele que faz serigrafias).

se.rin.ga *sf* **1**. Instrumento médico usado para injetar líquidos no corpo ou retirar fluidos do organismo. **2**. Bomba portátil usada para introduzir líquido em cavidades do corpo.

se.rin.guei.ra *sf* Árvore de grande porte de cujo tronco, através de incisões na casca, se extrai o látex, matéria-prima da borracha. · Col.: *seringal* sm. → **seringalista** *adj* e *s2gên* [que ou pessoa que é dona de seringal]; **seringueiro** *sm* (trabalhador que extrai o látex da seringueira).

sé.rio *adj* **1**. Que não ri; sisudo: *homem sério*. **2**. Grave em qualidade: *dirigiu-me um olhar sério*. **3**. Honesto, honrado, decente, idôneo: *comerciante sério*. **4**. Real, verdadeiro: *proposta séria*. **5**. Que causa grande preocupação, por ser crítico, grave: *doença séria; sofrer um sério acidente*. **6**. Que convém a pessoas solenes, formais; discreto: *uma camisa séria*. **7**. Digno de respeito; respeitado: *o Brasil é visto como um país sério no concerto das nações?* **8**. Pudico: *moço sério*. **9**. Importante: *assunto sério*. // *adv* **10**. De modo sério; a sério: *falem sério com seus filhos!* · Superl. abs. sintético: *seriíssimo* (com dois ii). → **seriedade** *sf* (qualidade de sério). ·· **A sério** Sério (10): *Conversem a sério com seus filhos!* ·· **Sair do sério**. **1**. Praticar algum ato a que não está acostumado. **2**. Irritar-se profundamente; enfurecer-se: *Ao saber do fato, o pai saiu do sério*. **3**. Brincar, divertir-se: *Saia do sério, venha até o nosso circo e divirta-se com os nossos palhaços!*

ser.mão *sm* **1**. Discurso religioso, disposto com arte, pronunciado por um padre, do púlpito, com solenidade. **2**. *P.ext*. Qualquer discurso longo e enfadonho. **3**. *Fig*. Repreensão longa e fastidiosa por um erro cometido. → **sermonário** *sm* (**1**. coleção de sermões; **2**. autor de sermões) e *adj* (**1**. rel. a sermão ou que com ele tem relação; **2**. próprio de sermão).

ser.pe.ar ou **ser.pen.te.ar** *v* **1**. Andar arrastando-se em zigue-zagues pelo chão, como as serpentes. **2**. Fazer zigue-zagues durante seu curso: *rio que serpenteia o vale*. · Conjuga-se por *frear*. → **serpeante** ou **serpenteante** *adj* (que faz ou descreve curvas semelhantes às da serpente, quando se desloca; coleante); **serpentário** *sm* (viveiro de serpentes); **serpente** *sf* (ofídio peçonhento); **serpentiforme** *adj* (que tem forma de serpente: *a moreia é um peixe serpentiforme*); **serpentina** *sf* (**1**. tira estreita, bem longa e enrolada, de papel colorido, que se desenrola quando arremessada, usada princ. no carnaval; **2**. tubo em espiral para refrigerar um líquido ou para o aquecer, segundo o meio em que está imerso; **3**. castiçal de braços tortuosos em cujas extremidades se põem velas).

ser.ra *sf* **1**. Instrumento com lâmina dentada e cortante. **2**. Essa lâmina. **3**. Conjunto ou sucessão de montanhas ligadas entre si, de mesma composição geológica e o mesmo modo de formação, com estruturas comuns. · Dim. irregular (1): *serrota* ou *serrote* sm. → **serrano** *adj* e *sm* (que ou aquele que mora em serras; montanhês).

Serra Leoa *loc sf* País da África, de área correspondente a meio estado do Acre. → **serra-leonês** *adj* e *sm*, de pl. *serra-leoneses* (ê).

ser.ra.lha *sf* Planta comestível que vegeta espontaneamente nas hortas brasileiras, também conhecida como *chicória-brava*.

ser.ra.lha.ri.a ou **ser.ra.lhe.ri.a** *sf* **1**. Oficina em que se fabricam e consertam grades, arados, chaves, fechaduras e outras obras de ferro. **2**. Ofício de serralheiro. → **serralheiro** *sm* (ferreiro).

ser.rar *v* **1**. Cortar ou separar (madeira, árvore, etc.) com serra ou serrote. **2**. Conseguir de graça; filar: *serrar um doce do colega*. → **serração** ou **serragem** *sf* (ação ou operação de serrar); **serraria** *sf* (estabelecimento industrial próprio para serrar toros).

ser.ri.lha *sf* **1**. Bordo denteado de qualquer objeto. **2**. Qualquer lavor denteado, princ. aquele da circunferência das moedas. → **serrilhar** *v* (fazer serrilha em).

ser.ro.te *sm* **1**. Pequena serra. **2**. Instrumento cortante, com cabo e lâmina denteada.

ser.tão *sm* **1**. Parte interna de um país, muito longe da costa. **2**. Qualquer região agreste, distante dos núcleos urbanos e do litoral, na qual predomina a criação de gado e prevalecem os costumes antigos. → **sertanejo** (ê) *adj* e *sm* (que ou aquele que vive no sertão; caipira), *sm* (red. de *cantor sertanejo*) e *adj* (próprio de quem vive no sertão ou zona rural; caipira); **sertanista** *adj* e *s2gên* (**1**. que ou aquele que se embrenhava nos sertões à procura de riquezas; bandeirante; **2**. que ou aquele que se aproxima dos indígenas para estudar seus costumes e tentar protegê-los).

Sertão *sm* Sub-região do Nordeste brasileiro que apresenta maiores dificuldades econômicas da região, caracterizado por baixo índice demográfico, com população espacialmente dispersa, com irregular e muito baixo regime de chuvas, marcado por secas intensas e duradouras, na qual está localizado o chamado *polígono das secas*.

ser.ven.te *s2gên* **1**. Pessoa que ajuda outra em trabalhos manuais. **2**. Pessoa encarregada de limpezas, arrumações, etc. → **serventia** *sf* [**1**. utilidade, préstimo; **2**. trabalho de servente; **3**. lugar por onde se passa; passagem; **4**. servidão (2)]; **serventuário** *sm* (**1**. aquele que serve um ofício, emprego ou tarefa; **2**. funcionário da Justiça, de cartório ou de tabelionato).

Sérvia *sf* País europeu, de área equivalente à do estado de Santa Catarina. → **sérvio** *adj* e *sm*.

ser.vi.ço *sm* **1**. Ato ou efeito de servir. **2**. Trabalho executado para outro(s): pessoa, grupo, empresa ou governo. **3**. Duração desse trabalho. **4**. Trabalho desempenhado por pessoal de hotel ou restaurante. **5**. Tudo o que existe para uso de serviçais (em oposição a *social*). **6**. Pôr ou repor (a bola ou a peteca) em jogo; saque. // *smpl* **7**. Dedicação plena e corajosa, em atividade nobre. → **serviçal** *adj* (que está sempre pronto a servir; que gosta de prestar serviços; prestativo) e *s2gên* [**1**. criado(a); **2**. trabalhador(a) que faz serviços gerais numa casa, empresa, hospital, etc.]; **serviçalismo** *sm* (qualidade de serviçal).

ser.vi.dor (ô) *adj* e *sm* **1**. Que ou aquele que serve a alguém ou a uma instituição. // *sm* **2**. Funcionário, empregado. **3**. Em informática, computador ou sistema que fornece recursos, dados, serviços ou programas a outros computadores, conhecidos como *clientes*, em uma rede.

ser.vil *adj* **1**. Relativo a escravo ou próprio dele. **2**. Excessivamente submisso, subserviente. **3**. Que segue estritamente o original ou o modelo. → **servilão** *sm* (homem excessivamente servil), de fem. *servilona*; **servilismo** *sm* (qualidade ou caráter de ser servil; excessiva disposição de servir e agradar aos outros).

ser.vir *v* **1**. Prestar serviços a: *o garçom já o serviu?* **2**. Consagrar-se ao serviço de: *servir o Exército*. **3**. Ser útil a: *gosto de servir os amigos*. **4**. Pôr sobre a mesa (bebida ou comida): *servir o almoço*. **5**. Oferecer, dar: *sirva bebida aos convidados!* **6**. Prestar serviços militares: *servir na guerra*. **7**. Ser útil; convir: *compramos a máquina, mas infelizmente ela não serve a nosso tipo de trabalho; essa mulher não lhe serve, rapaz: esqueça-a!* **8**. Ajustar-se ao corpo: *a camisa não lhe serviu*. **9**. Ter serventia: *essas latinhas servem para tudo*. **10**. Prestar serviços de qualquer natureza, como subordinado de outrem: *ele serviu a seu país por muitos anos*. **11**. Prestar serviços como doméstico ou garçom: *sirva à mesa!* **12**. Prestar serviços militares: *Filipe serviu na Marinha*. **13**. Ter utilidade: *jornal velho já não serve. Pode jogar!* **14**. Ajudar, auxiliar: *minha intenção é servir*. **servir-se 15**. Fazer uso, munir-se: *servir-se de uma faca para descascar as laranjas*. **16**. Dispor, usar de préstimos: *sirva-se de mim quando quiser!* · Conjuga-se por *ferir*.

ser.vo *sm* **1**. Aquele que trabalhava como escravo na terra para os senhores feudais (condes, marqueses, duques). **2**. Criado, serviçal. // *adj* **3**. Que não é livre, dependente. → **servidão** *sf* [**1**. estado ou condição de servo ou escravo; escravidão, cativeiro; **2**. numa propriedade particular, área que pode ser utilizada como passagem, sem necessidade do consentimento do proprietário; serventia (4)], de antôn. *liberdade, autonomia*.

sé.sa.mo *sm* Gergelim.

SESC ou **Sesc** *sm* Acrônimo de Serviço Social do Comércio, entidade nacional, criada em 1946 por decreto-lei, para assistir os trabalhadores do comércio com centros de lazer, ambulatórios médicos e odontológicos, cursos profissionalizantes, etc.

SESI ou **Sesi** *sm* Acrônimo de Serviço Social da Indústria, entidade criada em 1946 pelo governo federal para atender aos trabalhadores do setor industrial, à semelhança do SESC.

ses.ma.ri.a *sf* Terra inculta ou abandonada que os reis de Portugal doavam a interessados em cultivá-la ou explorá-la. → **sesmeiro** *sm* (**1**. aquele que era encarregado pelo rei de distribuir as sesmarias; **2**. aquele que recebia uma sesmaria); **sesmo** (ê) *sm* (**1**. terreno dividido em sesmarias; **2**. lugar onde há sesmarias).

ses.qui.cen.te.ná.rio (sès) *sm* **1**. O centésimo quinquagésimo (150º) aniversário ou sua celebração. // *adj* **2**. Que tem 150 anos: *árvore sesquicentenária*.

ses.são *sf* **1**. Período de tempo durante o qual se realiza parte de um trabalho. **2**. Tempo durante o qual está reunida uma corporação. **3**. Reunião para a prática do espiritismo. **4**. Espaço de tempo em que funciona qualquer espetáculo. **5**. Reunião de pessoas para tratar de assunto de interesse comum. (Não se confunde com *cessão* nem com *seção* ou *secção*.)

ses.sen.ta *num* **1**. Seis dezenas (60, LX). **2**. Sexagésimo: *página sessenta*. // *sm* **3**. Algarismo representativo desse numeral. // *smpl* **4**. Anos compreendidos entre 60 e 69 de qualquer século. · Ordinal e fracionário: *sexagésimo*. → **sessentão** *adj* e *sm* (que ou aquele que tem entre 60 e 69 anos de idade; sexagenário), de fem. *sessentona*.

ses.ta *sf* Soneca ou breve cochilada no início da tarde, geralmente depois do almoço. ·· **Dormir** (ou **Fazer**) **a sesta**. Tirar uma soneca depois do almoço.

ses.tro *sm* **1**. Vezo de torcer a cara ou fazer gestos extravagantes; cacoete, mania, vício. **2**. Destino, sina, fortuna. **3**. Mau conselho ou opinião. // *adj* **4**. Esquerdo: *pé sestro; mão sestra*. **5**. *Fig*. Que traz azar ou desgraça; agourento, sinistro.

set [ingl.] *sm* **1**. Subdivisão de uma partida, princ. do vôlei e do tênis. **2**. Redução de *set de filmagem*, local onde ocorre a filmagem. **3**. No teatro e na televisão, recinto, com cenários, onde se realiza uma peça ou se faz a gravação de algum programa. · Pl.: *sets*. · Pronuncia-se *sét*.

se.ta *sf* **1**. Flecha sem penas. **2**. Sinal em forma de flecha, indicativo de direção. **3**. Ponteiro que marca as horas nos relógios.

se.te *num* **1**. Seis mais um (7, VII): *sete dos onze membros do STF*. **2**. Sétimo: *página sete*. // *sm* **3**. Algarismo representativo do número sete. **4**. Algo numerado sete ou alguém representativo desse número: *esse time precisa de um bom* *sete*. **5**. Nota sete, em provas, concursos ou exames. · Ordinal e fracionário: *sétimo*.

se.te.cen.tos *num* **1**. Sete centenas (700, DCC). **2**. Setingentésimo: *página setecentos*. // *sm* **3**. Algarismo representativo desse numeral. · Ordinal e fracionário: *setingentésimo*.

se.tem.bro *sm* Nono mês do ano.

se.ten.ta *num* **1**. Sete dezenas (70, LXX). **2**. Setuagésimo: *página setenta*. // *sm* **3**. Algarismo representativo desse numeral. // *smpl* **4**. Anos compreendidos entre 70 a 79 de qualquer século. · Ordinal e fracionário: *setuagésimo*. → **setentão** *adj* e *sm* (que ou aquele que tem entre 70 a 79 anos de idade; setuagenário), de fem. *setentona*.

se.ten.tri.o.nal *adj* **1**. Que habita o Norte. **2**. Situado a norte de outro ponto; boreal. **3**. Próprio do Norte. // *s2gên* **4**. Habitante do Norte. · Antôn. (1 e 2): *austral, meridional*.

se.ti.lha *sf* Estrofe de sete versos.

se.ti.lhão ou **se.ti.li.ão** *num* Mil sextilhões.

sé.ti.mo *num* **1**. Ordinal e fracionário correspondentes a sete. // *adj* e *sm* **2**. Diz-se de ou cada uma das sete partes iguais em que se divide um todo; a sétima parte. **3**. Que ou aquele ou aquilo que ocupa o último lugar numa série de sete seres. → **setimanista** *adj* e *s2gên* (que ou estudante que frequenta o sétimo ano de um curso superior).

se.tin.gen.té.si.mo ou **sep.tin.gen.té.si.mo** *num* **1**. Ordinal e fracionário correspondentes a setecentos. // *adj* e *sm* **2**. Diz-se de ou cada uma das setecentas partes iguais em que se divide um todo; a setingentésima parte. **3**. Que ou o que ocupa o último lugar numa série de setecentos seres. (A primeira forma é preferível.)

se.tor (ô) *sm* **1**. Parte de um círculo limitada por dois raios e o arco incluído. **2**. Cada uma das partes em que se divide uma batalha, a fim de controlar as operações. **3**. Divisão semelhante de uma atividade. **4**. Subdivisão administrativa de uma cidade; zona. → **setorial** *adj* (rel. ou pert. a setor); **setorização** *sf* (ato ou efeito de setorizar; divisão em setores); **setorizar** *v* (dividir em setores).

se.tu.a.ge.ná.rio ou **sep.tu.a.ge.ná.rio** *adj* e *sm* Setentão. (Prefere-se a primeira forma.)

se.tu.a.gé.si.mo ou **sep.tu.a.gé.si.mo** *num* **1**. Ordinal e fracionário correspondentes a setenta. // *adj* e *sm* **2**. Diz-se de ou cada uma das setenta partes iguais em que se divide um todo; a setuagésima parte. **3**. Que ou aquele ou aquilo que ocupa o último lugar numa série de setenta seres. (Prefere-se a primeira forma.)

sé.tu.plo *num* **1**. Multiplicativo de *sete*; que vale sete vezes outro. // *sm* **2**. Quantidade ou número que equivale a sete vezes outro. → **setuplicar** ou **septuplicar** *v* (**1**. multiplicar por sete; **2**. tornar sete vezes maior: *o movimento nesta rodovia setuplicou de dois anos para cá*).

seu *pron* **1**. Relativo ou pertencente à 3.ª pessoa do discurso, equivalente a *dele* (e variações) ou *de você* (e variação). **2**. Redução popular de *senhor*. // *sm* **3**. Aquilo que pertence à pessoa de quem se fala ou a *você(s)*. // *smpl* **4**. Família; os parentes.

seu-vi.zi.nho *sm Pop*. Dedo anular, aquele em que geralmente se usa anel. · Pl.: *seus-vizinhos*.

se.van.di.ja *sf* **1**. Nome comum a todos os insetos parasitas e vermes. // *s2gên* **2**.*P.ext.Pej*. Pessoa desprezível, que vive à custa dos outros; parasito: *ela escolheu tanto e acabou casando com um sevandija*. **3**. *Fig*. Pessoa que sofre todas as humilhações sem mostrar ressentimento: *o jardineiro era um coitado, um sevandija*.

se.ve.ro *adj* **1**. Diz-se daquele que é rigoroso nos costumes e exigente na observância dos deveres, mostrando-se áspero com os que não o são. · Antôn.: *indulgente, brando, tolerante*. → **severidade** *sf* (qualidade de severo), de antôn. *indulgência, brandura, tolerância*.

se.ví.cia *sf* **1**. Tortura física, infligida princ. a pessoa que está sob sua responsabilidade ou sua autoridade; maus-tratos. **2**. *Fig*. Crueldade, desumanidade. (É mais usada no plural.) → **seviciar** *v* (**1**. maltratar com sevícias; **2**. praticar sevícias em).

se.xa.ge.ná.rio (x = ks) *adj* e *sm* Sessentão.

se.xa.gé.si.mo (x = ks) *num* **1**. Ordinal e fracionário correspondentes a sessenta. // *adj* e *sm* **2**. Diz-se de ou cada uma das sessenta partes iguais em que se divide um todo; a sexagésima parte. **3**. Que ou o que ocupa o último lugar numa série de sessenta seres.

sex.cen.te.ná.rio (x = ks) *adj* **1**. Relativo ao período de 600 anos. // *sm* **2**. O sexcentésimo aniversário ou sua comemoração.

sex.cen.té.si.mo (x = ks) ou **seis.cen.té.si.mo** *num* **1**. Ordinal e fracionário correspondentes a seiscentos. // *adj* e *sm* **2**. Diz-se de ou cada uma das seiscentas partes iguais em que se divide um todo; a seiscentésima parte. **3**. Que ou aquele ou aquilo que ocupa o sexcentésimo lugar numa série de seiscentos seres.

se.xo (x = ks) *sm* **1**. Conjunto de características biológicas que permitem classificar os seres vivos entre macho e fêmea: *o formulário pede seu nome, idade e sexo*. **2**. Conjunto das partes pudendas do homem e da mulher; genitália: *o sexo corporal não determina o gênero*. **3**. Conjunto dos indivíduos do mesmo sexo: *o sexo feminino*. **4**. Atividade sexual, incluindo especificamente relações sexuais: *elas gostam de falar sobre sexo*. **5**. Ato sexual; cópula. → **sexismo** (x = ks) *sm* (**1**. tendência para considerar tudo do ponto de vista do sexo; **2**. atitude discriminatória ou depreciativa fundamentada no sexo, particularmente contra a mulher; **sexista** (x = ks) *adj* (rel. a sexismo) e *adj* e *s2gên* (que ou pessoa que é partidária do sexismo); **sexologia** (x = ks) *sf* (estudo do comportamento sexual humano); **sexológico** (x = ks) *adj* (rel. a sexologia); **sexologista** (x = ks) *adj* e *s2gên* ou **sexólogo** (x = ks) *sm* (especialista em sexologia); **sexual** (x = ks) *adj* (**1**. rel. a sexo; **2**. que envolve sexo ou que ocorre entre ambos os sexos; **sexualidade** (x = ks) *sf* (**1**. qualidade de sexual; **2**. caráter ou potência sexual; **3**. conjunto dos fenômenos sexuais ou ligados ao sexo, observáveis nos seres vivos; **4**. conjunto das diversas modalidades de satisfação sexual ligadas à reprodução da espécie; **5**. sensualidade); **sexualismo** (x = ks) *sm* (**1**. estado ou condição daquele que tem órgão sexuais; **2**. preocupação excessiva com o sexo; **3**. atividade sexual); **sexualista** (x = ks) *adj* (rel. a sexualismo) e *adj* e *s2gên* (que ou pessoa que se caracteriza pelo sexualismo); **sexualização** (x = ks) *sf* [ato ou efeito de sexualizar(-se)]; **sexualizar** (x = ks) *v* (**1**. introduzir a sexualidade num domínio qualquer; **2**. conferir um caráter sexual a); **sexualizar-se** (**1**. adquirir características fisiológicas próprias do sexo; **2**. adquirir conteúdo ou conotação sexual). ·· **Fazer sexo**. Ter relações sexuais. (Não se confunde com *gênero*: *sexo* se refere às diferenças físicas entre pessoas dos sexos masculino e feminino. Uma pessoa normalmente tem seu *sexo* determinado no nascimento, com base em suas características fisiológicas; tal sexo é chamado de *sexo natal* da pessoa. O *gênero*, por outro lado, envolve como a pessoa se identifica; ao contrário do sexo natal, o *gênero* não é feito de formas binárias; em vez disso, o *gênero* é um amplo espectro. Uma pessoa pode se identificar em qualquer ponto desse espectro ou totalmente fora dele. As pessoas podem se identificar com *gêneros* diferentes de seu sexo natal ou com nenhum sexo. Tais identidades podem incluir *transgênero*, não binárias ou neutro, em relação ao *gênero*. Existem muitas outras maneiras pelas quais uma pessoa pode definir seu próprio *gênero*.)

sex shop [ingl.] *loc sm* Loja especializada na venda de revistas, livros, filmes e todo tipo de objetos eróticos, pornográficos ou afrodisíacos. · Pl.: *sex shops*. · Pronuncia-se *séks-chóp*.

sex.ta-fei.ra *sf* Sexto dia da semana, começada no domingo. · Usa-se muito apenas *sexta*. · Pl.: *sextas-feiras*.

sex.ta.nis.ta *adj* e *s2gên* Que ou estudante que frequenta o sexto ano de um curso superior. (Cuidado para não usar "sextoanista"!)

sex.tar *v Gír*. **1**. Gozar as delícias da sexta-feira, início do fim de semana; divertir-se na sexta-feira: *hoje eu vou sextar num barzinho com meus amigos; hoje é quinta-feira, portanto amanhã é dia de sextar*. **2**. Chegar a sexta-feira: *sextou e ninguém me convidou para a balada*. (Esta gíria surgiu de uma música, *Sextou*, do grupo Forró da Pegação).

sex.ta.var *v* Dar seis faces ou ângulos a; talhar em hexágono ou em hexaedro: *sextavar um vidro*. → **sextavado** *adj* (que tem seis faces; hexagonal).

sex.te.to (ê) *sm* **1**. Composição musical para seis vozes ou seis instrumentos. **2**. Conjunto dos músicos que executam essa composição.

sex.ti.lha *sf* Estrofe de seis versos.

sex.to (ê) *num* **1**. Ordinal e fracionário correspondentes a seis. // *sm* **2**. Cada uma das seis partes iguais em que se divide um todo; a sexta parte. **3**. O que ocupa o último lugar numa série de seis seres. (Não se confunde com *cesto*.)

sêx.tu.plo *num* **1**. Multiplicativo de *seis*. // *sm* **2**. Quantidade ou número que vale seis vezes mais que outro. // *smpl* **3**. Conjunto de seis crianças nascidas do mesmo parto.

sexy [ingl.] *adj* Que desperta a libido ou desejo sexual: *garotas sexy*; *olhares sexy*. (Como se vê, não varia.) · Pronuncia-se *séksi*.

Seychelles *sfpl* País insular formado por 115 ilhas, no oceano Índico, a nordeste de Madagascar, de 458,4km² de área total. → **seychellense** *adj* e *s2gên*.

se.zão *sf* ou **se.zo.nis.mo** *sm* Febre terçã; malária, maleita, impaludismo, sezonismo. → **sezonal** ou **sezônico** *adj* (rel. a sezão); **sezonático** *adj* (que causa sezões).

shantala *sf* Método terapêutico de massagem para bebês, originária da Índia, que traz benefícios respiratórios, digestivos, imunológicos, relaxantes e analgésicos.

shape [ingl.] *sm* **1**. Forma da prancha de surfe ou de *skate*. **2**. *Gír*. Nas academias de ginástica, forma física de uma pessoa. · Pronuncia-se *chêip*. → **shaper** *s2gên* (pessoa que dá formato à prancha), que se pronuncia *chêipâr*, de pl. *shapers*.

sheik [ingl.] *sm* V. **xeque**.

shiatsu [jap.] *sm* Técnica de massagem terapêutica oriental que consiste em aplicar a pressão dos dedos e das palmas da mão nas áreas do corpo usadas em acupuntura. · Pronuncia-se *chiátsu*.

shopping center [ingl.] *loc sm* Centro comercial que compreende, além de lojas, restaurantes e lanchonetes, casas de espetáculo e grande área de estacionamento de veículos, tudo sob a responsabilidade de uma administração centralizada. (Usa-se muito apenas *shopping*.) · Pl.: *shopping centers*. · Pronuncia-se *xópin cêntâr*.

short [ingl.] *sm* Filme de caráter documentário, de pouca duração. · Pl.: *shorts*. · Pronuncia-se *chórti*. · V. **shorts**.

shorts [ingl.] *smpl* Calças curtas, para a prática de esporte ou o lazer, tanto para homens quanto para mulheres. · Pronuncia-se *chórts*. (No Brasil, usa-se muito *short* por *shorts*.)

show [ingl.] *sm* Qualquer espetáculo em que há música, dança, coreografia, etc., destinado a divertir; exibição ou entretenimento público. · Pl.: *shows*. · Pronuncia-se *chôu*.

show business ou **show biz** [ingl.] *loc sm* Indústria da diversão (teatro, cinema, televisão, rádio, circo, parque, carnaval, etc.). · Pronuncia-se *chôu bísnis*.

showcase [ingl.] *sm* **1**. Local onde se lança, exibe ou apresenta alguém ou algo de forma especial: *o showcase será na lagoa Rodrigo de Freitas*. **2**. Esse lançamento, essa exibição ou essa apresentação, vistos como um evento: *o cantor fará um showcase para um programa de televisão*; *haverá um showcase da moderna arquitetura brasileira*. · Pl.: *showcases*. · Pronuncia-se *chôu kêis*.

showroom [ingl.] *sm* Local onde o comércio ou a indústria apresenta seus produtos ao consumidor. · Pl.: *showroons*. · Pronuncia-se *chôu-rum* (o *r* soa brando, pronunciado com a língua no céu da boca).

shoyu [chin.] *sm* Molho de soja. · Pl.: *shoyus*. · Pronuncia-se *chôi-ú*.

si *sm* **1**. A sétima nota da escala musical. // *pron* **2**. Forma oblíqua de *ele* (e variações), quando precedida de preposição, em referência ao sujeito da oração (p. ex.: *ela só fala de si*; *eles só pensam em si*).

si.a.mês *adj* e *sm* **1**. Que ou aquele que nascia ou habitava no Sião (atual Tailândia). // *adj* **2**. Diz-se de uma raça de gatos de olhos azuis, pelo curto e cara escura, importada do Sião para a Europa em fins do séc. XIX. **3**. Diz-se desse gato. **4**. Diz-se do irmão que nasce ligado com outro. // *sm* **5**. Língua do antigo Sião e a mais importante falada atualmente na Tailândia.

si.ar *v* Fechar (as asas) a ave, para descer mais depressa.

Sibéria *sf* Vasta área de terra que forma 60% do território russo. → **siberiano** *adj* e *sm*.

Sibila *sf* **1**. Na mitologia greco-romana, mulher que tinha o dom da profecia e era consultada como oráculo, sendo, assim, considerada a mensageira da vontade dos deuses. **sibila 2**. Profetisa, na mitologia e literatura gregas. **3**. *P.ext*. Qualquer mulher que profetiza; maga, feiticeira. **4**. *Fig.Pej*. Mulher velha, feia e de maus instintos; bruxa. → **sibilino** *adj* (**1**. rel. a Sibila; profético: *previsões sibilinas*; **2**. de difícil compreensão; enigmático: *texto sibilino*), de antôn. (2): *claro, preciso*; **sibilismo** *sm* (**1**. crença em Sibila; **2**. *fig*. qualidade do que é enigmático, ininteligível); **sibilista** ou **sibilístico** *adj* (rel. a sibilismo).

si.bi.lo *sm* **1**. Assobio, silvo, sibilação. **2**. Ruído produzido pela expiração, durante uma crise de asma, perceptível por auscultador pulmonar. → **sibilação** *sf* [sibilo (1)]; **sibilante** *adj* (que sibila: *vento sibilante*) e *adj* e *sf* (que ou consoante fricativa alveolar que soa como um sibilo, como o *ç*, de *caça*); **sibilar** *v* (assobiar, silvar).

sic [lat.] *adv* Assim, deste modo, desta forma, desta maneira. · Usa-se entre parênteses, para indicar que a palavra ou frase anterior está ou pode estar incorreta, mas é exatamente assim que aparece no original.

si.co.fan.ta *sm* **1**. Na antiga Grécia, aquele que denunciava às autoridades os fazendeiros sonegadores de impostos na venda de figo (*sykon* = figo). // *s2gên* **2**. *P.ext*. Pessoa que faz acusações falsas; caluniador(a); mentiroso(a). **3**. *P.ext*. Informante, delator(a), dedo-duro. **4**. Pessoa que vive adulando poderosos ou pessoas influentes, para obter vantagens; bajulador(a).

si.cra.no *sm* Palavra usada para referir-se de modo indeterminado a uma terceira pessoa, se a primeira é *fulano* e a segunda, *beltrano*: *fulano pagou o que gastou, beltrano mandou marcar e sicrano não quis pagar*.

SIDA ou **sida** *sf* Acrônimo de *síndrome de imunodeficiência adquirida*; AIDS ou *aids*. → **sidafobia** *sf* (temor mórbido de contrair SIDA); **sidafóbico** *adj* (rel. a sidafobia) e **sidáfobo** *adj* e *sm* (que ou aquele que tem sidafobia); **sidático** *adj* e *sm* (que ou aquele que tem SIDA; aidético).

side bag ou **side air bag** [ingl.] *loc sm* Bolsa de ar situada na lateral dos automóveis, destinada à proteção do tronco do motorista e dos passageiros; bolsa inflável lateral. · Pl.: *side bags*, *side air bags*. · Pronuncia-se *sáid-bégh*, *sáid-ér-bégh*.

sidecar [ingl.] *sm* **1**. Carrinho ligado de um lado a uma motocicleta, para transporte de mais um passageiro. **2**. Conjunto de tal carrinho com a motocicleta. · Pl.: *sidecars*. · Pronuncia-se *sáid-kar*.

si.de.ral *adj* **1**. Relativo ou pertencente a estrelas ou constelações; estelar. **2**. Relativo ao céu ou próprio dele; celeste. → **sideração** *sf* (**1**. ação ou efeito de siderar; fulminação; **2**. suposta influência dos astros na vida das pessoas); **sideralidade** *sf* (**1**. qualidade de sideral; **2**. no espiritismo, estado astral do corpo, depois da morte); **siderante** *adj* (**1**. que sidera; fulminante; **2**. diz-se do astro que exerce influência na vida de alguém); **siderar** *v* (**1**. provocar sideração em; fulminar, paralisar: *aquele olhar me siderou*; **2**. *fig*. deixar perplexo, atônico; aturdir: *essa declaração siderou o mundo*).

si.de.rur.gi.a *sf* Indústria metalúrgica que trabalha com ferro e produz aço. → **siderúrgica** *sf* (redução de *empresa siderúrgica*, indústria que trabalha com ferro e produz aço); **siderúrgico** *adj* (rel. ou pert. a siderurgia) e *adj* e *sm* (que ou aquele que trabalha em siderurgia); **siderurgista** *adj* e *s2gên* (que ou pessoa que trabalha na produção de aço).

si.dra *sf* Vinho de maçã. (Não se confunde com *cidra*.)

si.fão *sm* **1**. Tubo recurvado, em forma de S, de braços desiguais, utilizado para fazer passar líquidos de um recipiente para outro, ou para retirá-los de um recipiente, sem o inclinar. **2**. Dispositivo de um aparelho sanitário (pia, bacia sanitária, etc.) que serve para evacuar as águas usadas, impedindo a subida de mau cheiro. → **sifonado** *adj* (provido de sifão); **sifonagem** *sf* (operação que consiste em aspirar, mediante a ação do sifão, os detritos acumulados no fundo de um aquário; **sifonar** *v* (proceder à sifonagem de: *para sifonar um aquário, bombas e aquecedores devem ser desligados*).

sí.fi.lis *sf2núm* Doença venérea infectocontagiosa, crônica, geralmente transmitida sexualmente. → **sifilítico** *adj* (rel. ou pert. a sífilis) e *adj* e *sm* (que ou aquele que é doente de sífilis).

sighseeing [ingl.] *sm* Visita aos pontos turísticos de uma cidade. · Pl.: *sighseeings*. · Pronuncia-se *sáit-siín*.

si.gi.lo *sm* Segredo absoluto, ligado à ética, o qual não deve ser revelado nem veiculado em nenhuma hipótese, sob pena de crime ou de leviandade de conduta: *sigilo confessional*; *sigilo profissional*; *sigilo bancário*. → **sigiloso** (ô; pl.: ó) *adj* (caracterizado por sigilo).

si.gla *sf* Tipo de abreviatura soletrada, formada pela redução de um grupo de palavras às suas iniciais, como INSS, TER, STF, etc. (Não se confunde com *acrônimo*.) → **siglar** *adj* (rel. ou pert. a sigla) e *v* (formar sigla de).

sig.ma *sm* Décima oitava letra do alfabeto grego.

sig.na.tá.rio *adj* e *sm* Que ou aquele que assina ou assinou um documento.

sig.ni.fi.car *v* **1**. Ter o significado de; querer dizer: *em grego, akros significa ponta, extremidade*. **2**. Expressar, exprimir, denotar: *um olhar dele já significava repreensão*. **3**. Acarretar, implicar: *um escândalo desses poderá significar o fim do go-*

verno. **4.** Mostrar, indicar: *a ausência dele significa indiferença ou medo?* **5.** Constituir, formar: *meus filhos significam a minha real fortuna.* **6.** Ser o símbolo de; simbolizar, representar: *o amarelo da nossa bandeira significa a riqueza (= ouro) do nosso solo.* → **significação** *sf* (**1.** ato ou efeito de significar; **2.** valor semântico da palavra, o que representa, o que quer dizer por si mesma; ideia que a palavra exprime; sentido, significado: *ele empregou* retificar *na significação de* ratificar; **3.** valor, importância, significado: *só depois que rompeu o namoro, percebeu a significação da namorada na sua vida*); **significado** *sm* [**1.** significação (2 e 3); **2.** em linguística, conceito que o próprio signo linguístico encerra (v. **referente**)]; **significante** *adj* (que significa alguma coisa; significativo) e *sm* [forma ou elemento material, visível e sensível de um signo linguístico (em oposição a *significado*, que é a ideia, o conteúdo semântico); imagem acústica que, com o significado, constitui o signo linguístico]; **significativo** *adj* (**1.** que serve para significar alguma coisa; significante; **2.** que exprime de maneira sensível um pensamento, uma intenção, uma vontade, etc.; expressivo, relevante: *a indústria automotiva brasileira registrou este ano um aumento significativo nas vendas*; **3.** representativo de alguma coisa: *brinquedo significativo*; **4.** importante, digno de atenção ou consideração: *reunir provas significativas*; **5.** vultoso, enorme: *ganhou quantia significativa*; **6.** que tem um significado especial, disfarçado ou secreto; sugestivo: *dirigiu-me um olhar significativo*).

sig.no *sm* **1.** Cada uma das doze partes ou espaços iguais em que se divide o zodíaco e respectiva constelação: *o signo de Sagitário.* **2.** Elemento ou unidade linguística formada pela associação de um significante e de um significado: *as palavras são signos linguísticos.* **3.** Aquilo que representa materialmente alguma coisa: *as letras do alfabeto e os algarismos arábicos são signos convencionais.*

sí.la.ba *sf* Som vocálico ou conjunto de sons pronunciados numa só emissão de voz, centrado numa vogal (p. ex.: *a-mi-za-de*). → **silabação** *sf* (**1.** ato ou efeito de silabar; **2.** processo de leitura em que se lê dividindo as palavras em sílabas; **silabada** *sf* (erro de pronúncia resultante do deslocamento do acento tônico de uma palavra; erro prosódico, como "récorde", "gratuíto" e "rúbrica"); **silabar** *v* (ler ou pronunciar palavra sílaba por sílaba; soletrar); **silábico** *adj* [**1.** rel. ou pert. a sílaba: *divisão silábica*; **2.** diz-se do som que por si só pode constituir uma sílaba ou funcionar como centro de sílaba: *o* a *é um fonema silábico*).

si.la.gem *sf* **1.** Armazenagem de cereais em silos, mediante normas adequadas. **2.** Forragem tirada dos silos, para alimentar os animais. · V. **silo**.

si.lên.cio *sm* **1.** Ausência completa de som ou ruído; quietude: *sirenas cortam o silêncio da noite.* **2.** Estado ou fato de quem não emite nenhum som; abstenção de fala; mudez: *o silêncio de um réu num tribunal.* **3.** Fato de não mencionar alguma coisa; omissão de menção: *é preocupante o silêncio da mídia sobre esse fato.* **4.** Sigilo, segredo: *essa pesquisa foi conduzida em silêncio.* **5.** Ausência: *deu notícias depois de anos de silêncio.* // **interj 6.** Indica ordem de calar ou de parar de fazer ruído. · Antôn. (1): *ruído, barulho.* → **silenciador** (ô) *adj* e *sm* (que ou o que silencia) e *sm* (silencioso);

silenciar *v* (**1.** guardar ou manter silêncio a respeito de: *silenciar o assunto ou uma reunião*; **2.** impor ou exigir silêncio a; calar: *o orador silenciou a multidão apenas com um gesto*; **3.** fazer ou manter silêncio; ficar calado; calar-se: *um dia soubere a verdade, silencia!*); **silencioso** (ô; pl.: ó) *adj* (**1.** que não fala; **2.** em que reina o silêncio; **3.** que não faz ruído ou muito ruído) e *sm* (abafador de som ou de ruído adaptado a veículos, armas de fogo, máquinas, etc.; silenciador), de antôn. (1): *tagarela*; (2 e 3); *ruidoso, barulhento*.

si.lep.se *sf* Figura de linguagem pela qual as palavras são regidas pela ideia que sugerem, e não pelas regras gramaticais (p. ex.: *São Paulo é poluída*). → **siléptico** *adj* (**1.** rel. a silepse; **2.** em que há silepse).

si.lhu.e.ta (ê) *sf* **1.** Sombra projetada de uma pessoa ou de um objeto, cuja forma e contornos se destacam contra um fundo claro: *a silhueta de um rosto, de um arranha-céu.* **2.** Forma do corpo de uma pessoa ou de um objeto: *o vestido foi ajustado para lhe dar uma boa silhueta.* **3.** Imagem que mostra a vista lateral do rosto de uma pessoa; perfil. **4.** Forma geral de um ser ou coisa, com contornos vagos: *podíamos distinguir as silhuetas no nevoeiro.* **5.** Aparência ou linha geral da carroceria de um veículo ou de certos objetos: *carro de silhueta elegante*.

sí.li.ca *sf* Nome comum do dióxido de silício, encontrado abundantemente na crosta terrestre, matéria principal da areia. → **silicioso** (ô; pl.: ó) *adj* (**1.** rel. ou sem. a sílica); **2.** que contém sílica; silicoso); **3.** derivado da sílica); **silicoso** (ô; pl.: ó) *adj* (que contém sílica ou que tem a sua natureza).

si.lí.cio *sm* Elemento químico não metálico (símb.: **Si**), de n.º atômico 14, quase tão abundante na crosta terrestre quanto o oxigênio, com o qual combina para formar a sílica, usado em ligas, na fabricação de aço, pilhas, transístores, *chips* de computador, etc.

si.li.co.ne *sm* Qualquer dos compostos orgânicos do silício, extremamente resistente ao calor e à oxidação, muito usados como adesivo e isolante, em tintas, cosméticos, vernizes, lubrificantes, etc.

silk-screen ou **silkscreen** [ingl.] *sm* Serigrafia. · Pronuncia-se *sílk-skrin.*

si.lo *sm* **1.** Grande depósito para armazenar produtos agrícolas (cereais, forragens, etc.). **2.** Instalação subterrânea para alojamento de míssil balístico pronto para entrar em ação. · V. **silagem**.

si.lo.gis.mo *sm* Forma de raciocínio dedutivo pela qual se chega a uma conclusão de duas proposições iniciais (premissas), como: *Todos os homens morrem; eu sou homem; logo, eu morrerei.* → **silogístico** *adj* (rel. a silogismo ou caracterizado por silogismo).

sil.ves.tre *adj* **1.** Próprio das selvas, da mata; que se cria na mata; selvagem: *animais silvestres.* **2.** Que dá flor ou fruto sem cultura; selvagem: *jabuticabeira silvestre.*

sil.ví.co.la *adj* e *s2gên* Que ou pessoa que cresce ou vive nas selvas; selvagem, aborígine.

sil.vi.cul.tu.ra *sf* **1.** Cultivo de árvores florestais. **2.** Estudo do desenvolvimento florestal. → **silvicultor** (ô) *sm* (aquele que se dedica à silvicultura).

sil.vo *sm* **1.** Som agudo emitido pelas cobras. **2.** Assobio, sibilo. **3.** Qualquer som agudo e relativamente prolongado. → **silvar** *v* (**1.** aspirar produzindo silvo ou som parecido: *silvar a sopa*; **2.** produzir silvo; assobiar: *mato em que silvam cobras*).

sim *adv* **1.** Usa-se para você dar resposta positiva a uma pergunta (em oposição a *não*): *– você quer sorvete? – sim; – mais açúcar no café? – sim, por favor.* **2.** Usa-se para mostrar que você está pronto ou disposto a falar com aquele que o procura: *– sim, que deseja?; – sim, posso te ajudar?* **3.** Usa-se para indicar que você concorda, aceita ou entende o que alguém lhe disse: *– essa é a sua grande chance. – sim, eu sei.* **4.** Usa-se como uma forma educada de você discordar de algo que lhe disseram (sempre seguido por *mas*): *ah, sim, mas pense no risco que eles correm, vendendo tudo e saindo pelo mundo.* **5.** Usa-se para indicar que esqueceu algo, mas acabou de se lembrar: *o que eu estava dizendo mesmo? ah, sim, sobre a vida a dois.* **6.** Usa-se para enfatizar e confirmar uma declaração de seu ato fazendo: *ganhei na loteria; sim, ganhei!* // *sm* **7.** Resposta afirmativa: *precisamos de um sim para começar o trabalho.* **8.** Voto positivo: *os sins venceram os nãos na enquete.*

sim.bi.o.se *sf* **1.** Associação íntima e prolongada entre dois ou mais organismos de espécies diferentes, que podem beneficiar-se mutuamente, como o caso de um fungo e de uma alga, que juntos formam um líquen. **2.** *P.ext.* Qualquer relação entre dois seres que se beneficiam mutuamente. → **simbionte** *sm* (organismo em relação simbiótica); **simbiôntico** ou **simbiótico** *adj* (**1.** rel. a simbiose; **2.** caracterizado por simbiose ou em que ocorre simbiose: *célula simbiôntica*; **3.** que vive em simbiose) e *sm* (combinação de prebióticos e probióticos, para intensificar os efeitos de ambos, resultando em efeitos importantes para o equilíbrio e bom funcionamento do sistema digestivo, como os iogurtes e sucos de frutas, legumes e bebidas lácteas fermentadas). · V. **prebiótico** e **probiótico**.

sím.bo.lo *sm* **1.** Figura ou imagem que representa, por associação, semelhança ou convenção, algo abstrato. **2.** Letra, figura ou combinação de letras usada para representar um objeto ou uma ideia, como se faz em química e matemática. → **simbólico** *adj* (**1.** que tem caráter de símbolo: *figura simbólica*; **2.** expresso por meio de símbolo: *mensagem simbólica*; **3.** inexpressivo, irrisório: *o pintor vendeu sua melhor tela por um preço simbólico*); **simbolismo** *sm* (**1.** prática de representar os seres por símbolos; **2.** série de símbolos; **3.** significado ou caráter simbólico); **Simbolismo** (movimento literário que reagiu ao parnasianismo, usando o símbolo como fundamento de sua arte); **simbolista** *adj* (rel. ou pert. ao simbolismo) e *adj* e *s2gên* (que ou pessoa que é adepta do simbolismo);

simbolização *sf* (**1.** ato ou efeito de simbolizar; **2.** representação simbólica); **simbolizar** *v* (**1.** ser o símbolo de; tipificar: *a pomba simboliza a paz*; **2.** representar legitimamente; personificar: *Tom Jobim simbolizou a bossa nova nos Estados Unidos*; **3.** representar ou exprimir simbolicamente: *o homem usou o cão para simbolizar a fidelidade*); **simbologia** *sf* (**1.** estudo ou representação de símbolos; **2.** uso de símbolos); **simbológico** *adj* (rel. a simbologia).

si.me.tri.a *sf* **1.** Semelhança, correspondência ou equilíbrio entre sistemas ou partes de um sistema; condição de ser simétrico: *o todo ou as partes correspondentes têm simetria*. **2.** Em matemática, correspondência exata em posição ou forma sobre um determinado ponto, linha ou plano. **3.** Beleza ou harmonia de forma baseada em um arranjo proporcional de partes. **4.** Semelhança proporcional e equilibrada encontrada nos lados opostos de um objeto: *não há simetria no rosto, já que o lado direito nunca corresponde ao lado esquerdo, e vice-versa*. → **simétrico** *adj* (**1.** que tem simetria, regularidade; **2.** diz-se de coisas semelhantes e opostas).

si.mi.lar *adj* e *sm* Que ou produto ou objeto que é semelhante a outro. → **similaridade** ou **similitude** *sf* (qualidade ou condição de similar; semelhança).

sí.mio *sm* Macaco. → **simiano** *adj* (rel. ou sem. a símio; simiesco) e *sm* (esse símio); **simiesco** (ê) *adj* [simiano (1)].

si.mo.ni.a *sf* Comércio criminoso de coisas sagradas ou espirituais, como os sacramentos, os benefícios eclesiásticos, etc. → **simoníaco** *adj* (rel. a simonia) e *sm* (aquele que cometeu o crime de simonia).

sim.pa.ti.a *sf* **1.** Afinidade espontânea e natural entre pessoas, princ. pela identidade de sentimentos, interesses e ideias; comunhão de alma: *existe uma inexplicável simpatia entre mim e essa mulher; não tenho amor, mas sim grande simpatia por você*. **2.** Inclinação afetiva; começo de amor: *corriam rumores de que estava havendo uma simpatia da ministra por um de seus colegas de pasta*. **3.** Aprovação, consentimento: *ele ganhou a simpatia do chefe para desenvolver esse projeto; a mulher olhou com simpatia para o marido ante aquela situação*. **4.** Identificação: *tenho simpatia por essa teoria; adquiri uma simpatia por essa personagem*. **5.** Interesse sincero: *vejo com simpatia esse teu projeto*. **6.** *Fig.* Pessoa simpática: *esse rapaz é uma simpatia!* **7.** *Pop.* Suposto modo de afastar desgraças ou conseguir efetivação de desejos, por meio de sinais, ritos, preceitos, etc.: *ela fez uma simpatia para acabar com a dor de dente*. **8.** *Pop.* Forma amistosa de tratamento: *simpatia, pode me trazer o cardápio?* · Antôn. (1 a 5): *antipatia*. [Não se confunde (1) com *empatia*: *simpatia* é o ato ou capacidade de compartilhar sentimentos, interesses e ideias com outra pessoa; *empatia* indica menos proximidade emocional, ou seja, entende-se como outra pessoa se sente, sem necessariamente compartilhar suas emoções.] → **simpático** *adj* (**1.** rel. a simpatia; **2.** que revela simpatia; **3.** que agrada ao espírito; agradável; **4.** agradável, aprazível) e *sm* (homem simpático), de superl. abs. sintético *simpaticíssimo* e antônimo *antipático*; **simpatizante** *adj* e *s2gên* (que ou pessoa que manifesta simpatia por alguma pessoa ou por alguma coisa); **simpatizar** *v* (ter simpatia ou afinidade espiritual; sentir certa afeição: *ela simpatizou comigo de cara*).

sim.ples *adj* **1.** Formado só por uma coisa, elemento ou parte; elementar: *corpos simples*. **2.** Que não é complicado ou complexo; fácil de entender, resolver, consertar, fazer ou adivinhar: *"o mais difícil é ser simples"*. **3.** Básico, fundamental: *programa simples de computador*. **4.** Trivial, corriqueiro: *roupa simples*. **5.** Que não é duplo ou múltiplo; singelo: *um chope simples para mim e um duplo para ela*. **6.** Mero, comum: *ele não passa de um simples jardineiro*. **7.** Só, único: *uma simples andorinha não faz verão; com um simples toque você levanta o vidro do carro*. **8.** Modesto, sem luxo: *móveis simples*. **9.** De origem humilde: *os lavradores são gente simples*. **10.** Que não é pretensioso ou sofisticado; natural: *estilo simples*. **11.** Que tem ou manifesta pouca inteligência, deixando-se enganar facilmente; ingênuo, simplório. **12.** Sem instrução; iletrado. **13.** Normal, comum: *nos dias simples, os médicos são obrigados a usar jaleco*. **14.** Em biologia, sem divisões ou ramos; que não é composto: *folha simples*. **15.** Em música, sem elaboração ou figuração: *tom simples; harmonia simples*. // *adv* **16.** Com simplicidade: *jornalistas que escrevem simples*. · Antôn. (1): *composto*; (2 e 3): *complexo, complicado*; (4): *duplo*; (5): *importante*; (7): *luxuoso, suntuoso*; (7): *nobre*; (8): *vivo, esperto*. · Superl. abs. sint. erudito: *simplicíssimo* (a forma regular é *simplíssimo*). → **simplicidade** *sf* (**1.** propriedade, caráter, qualidade ou estado de simples; **2.** ausência ou falta de luxo, pompa, ostentação ou sofisticação; **3.** ausência ou falta de afetação, de pretensão; naturalidade, espontaneidade; **4.** pureza, ingenuidade, falta de malícia); **simplificação** *sf* [ato ou efeito de simplificar(-se)], de antôn. *complicação*; **simplificar(-se)** *v* [tornar(-se) simples ou mais simples), de antôn. (1) *complicar*; **simplismo** *sm* (**1.** tendência de supersimplificar a análise de uma questão, de um problema, de uma crise, etc., por ignorância da sua complexidade; **2.** simplificação exagerada, que beira a ingenuidade ou a leviandade; superficialismo); **simplista** *adj* (em que há simplismo) e *adj* e *s2gên* (que ou pessoa que raciocina ou age com simplismo).

SIMPLES ou **Simples** *sm* Sistema tributário simplificado que favorece as empresas enquadradas como microempresas e empresas de pequeno porte, instituído em 1996 pelo governo federal. (Trata-se do *Sistema Integrado de Pagamento de Impostos e Contribuições das Microempresas e Empresas de Pequeno Porte*.)

sim.pló.rio *adj* e *sm* Que ou aquele que, por sua simplicidade, ingenuidade ou falta de malícia, é meio tolo ou abobalhado. · Antôn.: *esperto, ladino, sabido, astuto*. → **simploriedade** *sf* (qualidade de simplório), de antôn. *esperteza, astúcia*.

sim.pó.sio *sm* **1.** Encontro ou reunião de especialistas para a discussão de um tema ou assunto relevante, com audiência e apresentação de vários falantes; congresso. **2.** *P.ext.* Qualquer reunião social em que se trocam ideias livremente.

si.mu.la.cro *sm* **1.** Ação ou representação simulada, disfarçada ou fingida; simulação: *um simulacro de casamento*. **2.** Imagem ou representação grosseira; contrafação, arremedo: *o futebol de hoje é apenas um simulacro daquele de 1960*. // *sm* **3.** *Fig.* Pessoa que representa simuladamente: *o dublê é apenas um simulacro do herói*. · Antôn. (1): *realidade*.

si.mu.lar *v* **1.** Fazer parecer real (o que não é): *simular um desmaio*. **2.** Fazer crer, dar a entender: *ela simulava que o amava, e ele simulava que lhe queria*. **3.** Fazer o simulacro (1) de: *simular um ataque aéreo*. → **simulação** *sf* [**1.** ato ou efeito de simular; **2.** simulacro (1): *o choro durante o velório era pura simulação; essas cenas são uma simulação do crime*; **3.** reprodução mediante um dispositivo físico, de um sistema informático ou do comportamento de um determinado sistema informático]; **simulado** *adj* (que parece real, mas não é; aparente) e *sm* (red. de *exame simulado*, exame semelhante ao do vestibular, prestado por alunos de um curso ou cursinho);

simulador (ô) *adj* e *sm* (que ou o que simula) e *sm* [**1.** aparelho que cria artificialmente determinadas condições, semelhantes às reais (tempo, temperatura, pressão, umidade, vibrações, etc.); **2.** instrumento gráfico ou intelectual por meio do qual se procura imitar o comportamento de um sistema ou de uma situação real, sem vivê-la diretamente]; **simulatório** *adj* (em que há simulação: *acordo simulatório*).

si.mul.tâ.neo *adj* **1.** Que acontece, se faz ou se opera ao mesmo tempo de outra coisa; concomitante: *lançamento simultâneo de um sedã e um SUV; tradução simultânea*. **2.** Que aproveita a muitos ao mesmo tempo: *ensino simultâneo*. → **simultaneidade** *sf* (qualidade de simultâneo; coincidência no tempo; concomitância). (Cuidado para não usar "simultânio" nem muito menos "simultaniedade"!) ·· **Em simultâneo**. Simultaneamente, ao mesmo tempo, concomitantemente: *As aulas presenciais e as online acontecerão em simultâneo*.

si.na *sf* *Pop.* Destino, geralmente mau, funesto, cheio de amarguras: *esse casamento foi uma sina para ambas as famílias*.

SINAES ou **Sinaes** *sm* Acrônimo de *Sistema Nacional de Avaliação da Educação Superior*, criado a 14 de abril de 2004 pelo MEC com novo instrumento de avaliação das instituições, dos cursos e do desempenho dos estudantes universitários, girando em torno destes eixos: o ensino, a pesquisa, a extensão, a responsabilidade social, o desempenho dos alunos, a gestão da instituição, o corpo docente, as instalações e vários outros aspectos.

si.na.go.ga *sf* Templo israelita. → **sinagogal** ou **sinagógico** *adj* (rel. ou pert. a sinagoga).

si.nal *sm* **1.** Dinheiro que o comprador adianta como garantia do contrato que vai fazer. **2.** Indício ou fato indicativo de que se podem tirar conclusões; prenúncio. **3.** Símbolo, figura, gesto ou som de significado convencional, que transmite uma mensagem. **4.** Marca, vestígio, rastro. **5.** Testemunho, demonstração, prova. **6.** Marca ou particularidade física (pinta, mancha ou cicatriz). **7.** Representação gráfica com sentido convencional. **8.** Ruído característico. **9.** Impulso elétrico representativo de som ou figura transmitida ou recebida, como no rádio e na televisão. **10**. Sinaleira, semáforo. **11**. Em matemática, símbolo representativo de uma operação. → **sinaleira** *sf* [semáforo, sinal (10)]; **sinaleiro** *sm* (**1**. poste de sinais nas vias férreas, com farol; **2**. homem postado em certo ponto, encarregado de dar ou fazer sinais); **sinalização** *sf* (**1**. ato ou efeito de sinalizar; **2**. sistema de sinais de tráfego, usado em cidades, estradas de ferro, rodovias, etc.; **3**. indicação ou advertência destinada a orientar motoristas; **4**. conjunto dos sinais de trânsito de uma cidade, estrada, bairro, etc.); **sinalizar** *v* (**1**. pôr sinais em; marcar com sinalização: *sinalizar estradas*; **2**. prometer, mediante indícios; acenar com a possibilidade de; indicar, fazer supor: *o novo governo sinaliza que vai mexer no câmbio*). ·· **Sinal da cruz**. Movimento cerimonioso da mão direita, em forma de cruz, feito para demonstrar fé em Jesus ou para invocar a bênção de Deus; gesto de benzer-se.

sin.ce.ro *adj* **1**. Diz-se daquele que diz tudo o que sente e pensa de maneira aberta, sem fingir nem disfarçar nada; que fala e se comporta com sinceridade; aberto: *digo tudo o que penso: sempre fui sincero*. **2**. Diz-se de pessoa ou de coisa em que se pode confiar, por ser verdadeiro, autêntico; confiável: *amigo sincero; amizade sincera*. **3**. Dito ou feito de maneira verdadeira, sem disfarce nem artifício: *choro sincero*. **4**. Afetuoso, cordial, caloroso: *aceite o meu sincero abraço!*· Antôn.: *falso, fingido, hipócrita*. → **sinceridade** *sf* (**1**. característica daquele que se exprime de modo verdadeiro, manifestando seus sentimentos e externando seus pensamentos sem artifício nem hipocrisia: *usei de toda a sinceridade com ela*; **2**. comportamento sincero: *minha participação na reunião foi marcada pela sinceridade*; **3**. palavra ou observação verdadeira, sem disfarce: *desculpe-me da sinceridade, mas você está bêbado*), de antôn. *falsidade, fingimento, hipocrisia*.

sín.cli.se *sf* Emprego ou colocação de pronomes oblíquos átonos em relação ao verbo; topologia pronominal: *a sínclise se divide em próclise, mesóclise e ênclise*. → **sinclítico** *adj* (diz-se do pronome oblíquo átono colocado junto a um verbo); **sinclitismo** *sm* (teoria geral sobre a colocação dos pronomes oblíquos átonos).

sín.co.pe *sf* **1**. Perda temporária da consciência, resultante de insuficiente fluxo sanguíneo para o cérebro; desmaio. **2**. *P.ext. Pej*. Chilique, faniquito, ataque. **3**. Em gramática, contração de uma palavra por omissão de um ou mais fonemas intermediários (p. ex.: "competividade" por *competitividade*). → **sincopal** ou **sincópico** *adj* (rel. a síncope).

sin.cre.tis.mo *sm* **1**. Amálgama ou combinação de diferentes sistemas de crença, doutrinas ou elementos culturais, como se dá em filosofia e em religião, princ. quando o resultado é parcial ou heterogêneo: *o sincretismo religioso baiano, em que o cristianismo se mistura com as religiões africanas e indígenas*. **2**. *P.ext*. Qualquer amálgama de concepções heterogêneas. **3**. Em linguística, identidade entre duas formas do mesmo lexema, como na forma *amaram*, do verbo *amar*, que tanto pode ser a 3.ª pessoa do plural do pretérito perfeito quanto do mais-que-perfeito (a distinção nesse caso foi sincretizada ou neutralizada). → **sincrético** *adj* (rel. a sincretismo ou caracterizado por ele; sincretista); **sincretista** *adj* (sincrético) e *s2gên* (pessoa partidária do sincretismo); sincretização *sf* (ação ou efeito de sincretizar); **sincretizar** *v* [reunir ou amalgamar (concepções heterogêneas); tornar sincrético].

sin.cro.ni.a *sf* **1**. Simultaneidade ou concorrência de fatos; sincronismo (1). **2**. Sincronismo (2). **3**. Estudo de um idioma num dado momento, numa dada época, sem referência ao contexto histórico; descritivo (em oposição a *diacronia*). **4**. Trabalho ou atuação sincrônica: *há uma perfeita sincronia entre a defesa e o ataque, nesse time*. → **sincrônico** *adj* (**1**. que ocorre ou se passa ao mesmo tempo; **2**. rel. ou pert. a sincronia); **sincronismo** *sm* [**1**. sincronia (1); **2**. relação de fatos sincrônicos; sincronia (2)]; **sincronização** *sf* (ato ou efeito de sincronizar); **sincronizador** (ô) *adj* e *sm* (que ou o que sincroniza); **sincronizar** *v* [**1**. tornar coincidente no tempo ou no grau de velocidade); **2**. fazer ocorrer (fatos) na mesma data ou período; fazer coincidir (fatos)].

sin.de.mi.a *sf* Situação em que duas ou mais doenças interagem de tal forma, que acabam causando danos maiores do que a mera soma dessas duas doenças: *a interação entre HIV e tuberculose é um exemplo de sindemia; uma é causada por bactéria, a outra por vírus, e ter uma dessas doenças torna a pessoa muito mais suscetível a outras*. → **sindêmico** *adj* (rel. a sindemia). (A 6.ª ed. do VOLP não registra nem uma nem outra.)

sin.di.ca.to *sm* **1**. Associação ou agrupamento de pessoas da mesma categoria profissional, formado para a defesa de seus interesses, seja por empregadores (*sindicato patronal*), seja por empregados (*sindicato operário* ou *de trabalhadores*), seja pela aliança entre empregadores e empregados (*sindicato misto*). **2**. Sindicância (2). **3**. Grupo organizado de gângsteres que controlam um tipo de crime: *Al Capone comandava o sindicato do crime na Chicago da década de 1920*. → **sindical** *adj* (**1**. rel. a um sindicato; sindicatário; **2**. rel. a sindicalismo); **sindicalismo** *sm* (**1**. ação reivindicatória ou política dos sindicatos; **2**. conjunto dos sindicatos); **sindicalista** *adj* (rel. ou pert. a sindicatos) e *adj* e *s2gên* (que ou pessoa que milita num sindicato); **sindicalização** *sf* [ato ou efeito de sindicalizar(-se)]; **sindicalizado** *adj* e *sm* (que ou aquele que é membro de um sindicato); **sindicalizar** *v* (**1**. tornar sindical: *sindicalizar contribuições*; **2**. organizar ou reunir em sindicato; sindicar: *sindicalizaram todos os metalúrgicos*); **sindicalizar-se** (**1**. organizar-se ou reunir-se em sindicato: *os petroleiros se sindicalizaram faz tempo*; **2**. passar a pertencer a um sindicato; tornar-se sindicalizado: *você tem de se sindicalizar, para ter seus direitos preservados*); **sindicância** *sf* (**1**. ato de sindicar, ou seja, de, por ordem superior, informar-se dos fatos ou inspecioná-los, para saber o que houve de anormal; **2**. coleta de informações realizada em empresas, instituições, etc. para verificar a existência ou não de procedimentos irregulares; **3**. cargo ou desempenho de síndico; sindicato); **sindicar** *v* (**1**. fazer sindicância em; investigar, averiguar: *sindicaram o comportamento dela na cidade*; **2**. organizar em sindicato; sindicalizar; **3**. realizar sindicâncias ou tomar informações por ordem superior; investigar, averiguar); **sindicatário** *adj* [sindical (1)] e *sm* (membro de um sindicato; sindicalizado); **síndico** *sm* (**1**. aquele que é indicado ou eleito para representar uma associação, universidade ou outro organismo em transações comerciais; agente de negócios; **2**. administrador de condomínio; **3**. administrador de uma falência; **4**. homem encarregado de realizar sindicâncias).

sín.dro.me *sf* **1**. Combinação de sinais e sintomas que, juntos, indicam um processo de determinada doença: *a síndrome de Down; a síndrome do intestino irritável*. **2**. *P.ext*. Conjunto de sinais ou características associados a uma situação crítica e causadores de receio, medo ou insegurança: *a síndrome da violência urbana*. [Não se confunde (1) *com* doença: a diferença básica entre *doença* e *síndrome* se relaciona com causas e sintomas. A *doença* afeta o funcionamento de alguma parte do organismo e possui sintomas específicos e causas bem conhecidas: a gripe e a covid-19 são *doenças*; a *síndrome* pode produzir uma série de sintomas sem uma causa identificável. Nota: a SIDA ou AIDS, apesar de ser conhecida como "síndrome", é na verdade uma *doença*, com por ter causas conhecidas e sintomas específicos.] ·· **Síndrome de Estocolmo**. Tentativa da vítima, por se encontrar em estado de tensão, de se identificar com o(s) seu(s) agressor(es) ou de conquistar-lhe(s) a simpatia, considerada um transtorno psicológico.

si.ne.co.lo.gi.a *sf* Parte da ecologia que trata da estrutura, desenvolvimento e distribuição de comunidades ecológicas; estudo ecológico de comunidades inteiras de plantas e animais. → **sinecológico** *adj* (rel. a sinecologia); **sinecólogo** *sm* (especialista em sinecologia).

si.ne.cu.ra *sf* Emprego que remunera bem sem exigir muito trabalho, esforço ou responsabilidade; tribuneca (2).

sine die [lat.] *loc adv* Sem data fixa para futuro encontro; por tempo indeterminado; indefinidamente: *a reunião foi adiada sine die*. · Pronuncia-se *síne díe*.

si.né.do.que *sf* Figura de linguagem relacionada com o conceito de extensão metafórica (em oposição a *metonímia*, que compreende apenas os casos de analogia ou de relação). → **sinedóquico** *adj* (rel. a sinédoque).

sine qua non [lat.] *loc adj* **1**. Absolutamente necessário; indispensável, imprescindível: *é condição sine qua non que ela compareça; esta é uma cláusula sine qua non, para assinatura do contrato*. // *loc sm* **2**. Condição indispensável; pré-requisito absoluto e imperioso: *a presença de um farmacêutico é, por lei, sine qua non numa farmácia ou drogaria*. · Pl.: *sine quibus non*. · Pronuncia-se *síne kuá non* (pl.: *síne kuíbus non*).

si.né.re.se *sf* Transformação de hiato em ditongo, como em *Bauru* (B**a.u**.ru > B**au**.ru) ou em *baiano* (b**a.i**.ano > b**ai**.a.no). · Antôn.: *diérese*. → **sinerético** *adj* (rel. a sinérese ou em que há sinérese).

si.ner.gi.a *sf* **1**. Interação ou união de elementos que, combinados, produzem um efeito total maior que a soma de seus efeitos individuais; capacidade potencial de organizações ou grupos individuais de serem mais bem-sucedidos ou produtivos como resultado de uma cooperação eficaz; força combinada ou cooperativa; sinergismo: *é não só importante, como absolutamente necessária a sinergia entre todos os departamentos de uma empresa, para que ela obtenha ótimos resultados.* **2**. Esforço ou empenho solidário e simultâneo: *a sinergia entre a polícia civil e a polícia militar propiciou o esclarecimento do caso.* **3**. Entrosamento e produtividade máxima de uma equipe de trabalho, de jogadores, etc. **4**. Em fisiologia, ação cooperativa de dois ou mais músculos, nervos ou semelhantes com o mesmo objetivo. **5**. Em farmácia, ação cooperativa de duas ou mais drogas, com propriedades complementares, para produzir um melhor resultado na cura de uma doença. → **sinergético** ou **sinérgico** *adj* (rel. a sinergia ou que implica sinergia: *boa higiene oral e flúor parecem ter um efeito sinergético*); **sinergismo** *sm* [sinergia (1)].

sin.fo.ni.a *sf* **1**. Composição musical elaborada para orquestra completa, tanto sinfônica como filarmônica, normalmente em quatro movimentos, pelo menos um dos quais é tradicionalmente em forma de sonata. **2**. Harmonia de sons ou cores: *a tela era uma sinfonia de verde.* **3**. Qualquer coisa caracterizada por uma combinação harmoniosa de diferentes elementos: *uma sinfonia de sabores; o verão no Brasil é uma sinfonia de sol e formosuras.* → **sinfônico** *adj* (rel. a sinfonia); **sinfonista** *adj* e *s2gên* (que ou pessoa que compõe ou executa sinfonia); **sinfônica** *sf* [red. de *orquestra sinfônica*, grande orquestra clássica, mantida por instituição pública (difere, portanto, da orquestra filarmônica), formada por grande número de músicos, que tocam sinfonias em instrumentos de sopro, metais, cordas e de percussão.

Singapura *sf* Cidade-Estado situada no sul da Península Malaia. → **singapurense** *adj* e *s2gên* ou **singapuriano** *adj* e *sm* (A 6.ª ed. do VOLP registra ainda ambas com "c" inicial, embora o nome do país seja conhecido no mundo inteiro como *Singapura* ou *Singapore*, no original.)

sin.ge.lo *adj* **1**. Que não é constituído de partes; simples. **2**. Simples, sem complicação: *explicação singela*. **3**. Simples, sem luxo, modesto: *decoração singela*. **4**. Puro, não corrompido: *homem de alma singela*. **5**. Sem malícia, ingênuo, crédulo: *o homem do campo costuma ser singelo*. **6**. Inofensivo, inocente: *esconde-esconde é uma brincadeira singela*. **7**. Trivial, comum, simples: *ofereci-lhe um singelo almoço*. · Antôn. (1): composto; (2): complicado, complexo; (3): afetado; (4): impuro, corrupto; (5): maldoso, malicioso; (6): perigoso; (7): faustoso. → **singeleza** (ê) *sf* (**1**. qualidade de singelo; **2**. simplicidade).

single [ingl.] *adj* **1**. Diz-se de apartamento em hotel para apenas um hóspede. // *sm* **2**. Esse apartamento. · Pl.: *singles*. · Pronuncia-se *síngol*.

sin.grar *v* **1**. Navegar: *os navegadores portugueses singraram os mares em todas as direções; o Titanic, maior navio de passageiros da época, não conseguiu singrar por muitos mares.* **2**. *P.ext.* Abrir caminho ou passagem; atravessar: *o corso de foliões singrava entre a multidão.* **3**. Navegar à vela; velejar. **4**. *Fig.* Prosseguir na vida. → **singradura** *sf* (**1**. ato ou efeito de singrar; **2**. rota percorrida por um navio num determinado tempo; **3**. tempo de navegação, desde a partida até à chegada da embarcação).

sin.gu.lar *adj* **1**. Único em sua espécie; ímpar: *prédio de arquitetura singular*. **2**. Raro, ímpar, incomum: *pianista de talento singular*. **3**. Estranho, excêntrico, bizarro: *pessoa de opiniões singulares*. // *sm* **4**. Categoria gramatical que denota só um indivíduo; número singular. **5**. Forma no singular. · Antôn. (1 a 3): *comum, corriqueiro*; (4 e 5): *plural*. → **singularidade** *sf* [**1**. qualidade, estado, fato ou condição de singular; **2**. traço marcante ou qualidade única que distingue um ser de outro; particularidade; peculiaridade; **3**. qualquer coisa (ação, dito, gesto, etc.) incomum, estranho ou esquisito]; **singularização** *sf* [ato ou efeito de singularizar(-se); distinção]; **singularizar** *v* (**1**. tornar singular ou extraordinário: *um ator desse porte singulariza qualquer novela*; **2**. privilegiar: *a beleza e a sensualidade singularizam essa garota*; **3**. explicar pormenorizadamente; esmiuçar: *o professor singulariza a matéria, para que os alunos a entendam melhor*); **singularizar-se** (sobressair, distinguir-se, destacar-se: *essa garota se singulariza pela beleza e sensualidade*).

si.nhá *sf* Tratamento respeitoso que os escravos conferiam à patroa ou mulher do senhor ou patrão. → **sinhá-moça** *sf*

sinhazinha *sf* (forma respeitosa e carinhosa de se dirigir ou referir à jovem filha de um amo, senhor ou patrão; filha de sinhá), de masc. *sinhô-moço, sinhozinho* e pl. (1) *sinhás-moças*; **sinhô** *sm* (tratamento respeitoso que os escravos conferiam ao amo, senhor ou patrão); **sinhô-moço** ou **sinhozinho** *sm* (forma respeitosa e carinhosa de se dirigir ou referir ao jovem filho de um patrão), de pl. (1) *sinhôs-moços*; **sinhô-velho** *sm* (tratamento escravo aos senhores idosos), de pl. *sinhôs-velhos*.

si.nim.bu *sm Pop*. Iguana.

si.nis.tro *adj* **1**. Diz-se da pessoa que usa normalmente a mão esquerda; canhoto. **2**. Que prenuncia desgraças; agourento, tenebroso: *havia algo sinistro naquela voz; silêncio sinistro*. **3**. Que inspira medo ou receio; ameaçador, assustador: *olhar sinistro; nuvens sinistras*. **4**. Malvado, cruel, perverso: *os sinistros conquistadores espanhóis; trama sinistra*. **5**. Destrutivo, danoso, pernicioso: *exercer influência sinistra sobre alguém*. **6**. Infeliz, desastroso, funesto: *destino sinistro; morte sinistra*. **7**. *Gír*. Muito bom; excelente, maneiro: *arrumei uma namoradinha sinistra*. // *sm* **8**. Ocorrência de prejuízo em bens segurados. **9**. Desastre, acidente que provoca perdas materiais. **10**. Perda por efeito de incêndio; infortúnio. **sinistra** *sf* (mão esquerda; canhota), de antôn. *destra*; **sinistrar** *v* [sofrer sinistro (a coisa segurada)].

si.ni.zar *v* **1**. Dar modos e costumes próprios dos chineses a; tornar chinês: *o governo chinês quer sinizar o Tibete*. **sinizar-se** **2**. Adotar modos e costumes próprios dos chineses; tornar-se achinesado: *os tibetanos se sinizarão?* → **sinização** *sf* [ato ou efeito de sinizar(-se)].

si.no *sm* Instrumento de percussão, oco, geralmente de bronze, em forma de campânula invertida, que se toca com martelo (em sua superfície externa) ou com badalo (em sua superfície interna). · V. **campanudo** e **campânula**. → **sineiro** *adj* (que tem sinos) e *sm* (**1**. fabricante ou vendedor de sinos; **2**. aquele cuja função é tocar sinos).

sí.no.do *sm* Assembleia eclesiástica cristã, composta geralmente de religiosos de determinada diocese, para tratar de questões doutrinárias, organizacionais, etc., muito importante, princ. nas Igrejas Ortodoxa e Luterana. → **sinodal** ou **sinódico** *adj* (rel. a sínodo); **sinodático** *adj* (que se faz ou cumpre num sínodo).

si.no-ja.po.nês *adj* Relativo ou pertencente à China e ao Japão ou a chineses e japoneses. · Pl.: *sino-japoneses*.

si.nô.ni.mo *adj* e *sm* Que ou palavra que tem o mesmo ou quase o mesmo significado que outra da mesma língua. · Antôn.: *antônimo*. → **sinonímia** *sf* (relação entre as palavras sinônimas), de antôn. *antonímia*; **sinonímica** *sf* (estudo dos sinônimos); **sinonímico** *adj* (rel. a sinônimos ou a sinonímia), de antôn. *antonímico*.

si.nop.se *sf* **1**. Exposição breve ou condensada, geralmente por escrito, destinada a dar uma visão geral sobre um assunto ou matéria; sumário. **2**. Sumário do roteiro de novela, filme, peça teatral, etc. → **sinóptico** ou **sinótico** *adj* (rel. a sinopse).

sín.qui.se *sf* Hipérbato exagerado, que torna dúbia ou ininteligível a frase (p. ex.: *Onde você amarrou o burro do seu tio?*).

sin.tag.ma *sm* Unidade linguística que consiste em um conjunto de formas linguísticas (fonemas, palavras ou frases) que estão em uma relação sequencial entre si: *o sintagma é sempre composto por duas ou mais unidades; meu amigo é um sintagma nominal; já choveu muito é um sintagma verbal*. → **sintagmático** *adj* (rel. a sintagma).

sin.ta.xe (x = ss) *sf* **1**. Parte da gramática que estuda a frase e a sua estrutura. **2**. Conjunto das regras gramaticais que regem essa parte. (A pronúncia "sintakse", se bem que abonada num dicionário, deve ser desprezada.) → **sintático** *adj* (rel. a sintaxe).

sin.te.co *sm* Verniz transparente e durável, para revestimento de assoalhos. → **sintecar** *v* (colocar ou aplicar sinteco em).

sín.te.se *sf* **1**. Operação mental pela qual se reúnem em um todo coerente, estruturado e homogêneo diversos elementos do conhecimento relativos a uma determinada área (em oposição a *análise*). **2**. Combinação de elementos ou substâncias separadas, para formar um todo coerente (em oposição a *análise*). **3**. O todo complexo assim formado. **4**. Exposição resumida; resumo. **5**. Produção de uma substância por meio de reações químicas ou biológicas: *a luz solar estimula a síntese de vitamina D na pele; a síntese do colágeno no corpo diminui à medida que a pessoa envelhece.* → **sintético** *adj* (**1**. rel. a síntese; **2**. produzido por processos químicos, sem o uso de produtos naturais) e *sm* (qualquer material ou produto sintético), de antôn. (1) *analítico*; **sintetizador** (ô) *sm* (**1**. aquele ou aquilo que sintetiza; **2**. red. de *sintetizador eletrônico*, instrumento eletrônico, geralmente computadorizado, que cria, modifica ou imita os sons dos instrumentos musicais, tornando-os mais complexos); **sintetização** *sf* (ato ou efeito de sintetizar); **sintetizar** *v* [**1**. formar (material ou entidade abstrata) pela combinação das partes ou elementos; formar ou produzir síntese química: *existem proteínas que o corpo é incapaz de sintetizar*; **2**. tornar sintético ou resumido; resumir: *sintetizar um texto*].

sin.to.ma *sm* **1**. Qualquer alteração perceptível no organismo ou em suas funções que indica doença, tipo de doença, ou fase em que ela se encontra. **2**. Sinal característico de existência de algo mais; evidência, indício. → **sintomático** *adj* (**1**. rel. a sintoma; **2**. que é o sintoma de uma determinada doença; **3**.*p.ext.* que indica ou significa algo; indicativo: *essa crise cambial é sintomática de aumento da taxa de juros*).

sin.to.ni.a *sf* **1**. Ajuste de um circuito receptor, como rádio ou televisão, para a frequência ou máxima recepção do sinal eletrônico de uma emissora; coincidência entre a frequência de dois sistemas: *a sintonia do meu rádio com a Rádio Jornal do Brasil, à noite, naquela época, era automática*. **2**. *Fig.* Reciprocidade, acordo mútuo (de emoções, pensamentos, etc.): *sintonia de opiniões*. **3**. Harmonia, entrosamento, afinação, sintonização: *há sintonia entre defesa e ataque nesse time; as irmãs fazem tudo em sintonia*. **4**. *Fig.* Adaptação ou adequação a uma situação: *houve perfeita sintonia com a vida no campo entre nossos filhos*. → **sintônico** *adj* (**1**. rel. a sintonia; **2**. que está em sintonia; **sintonização** *sf* [**1**. ato ou efeito de sintonizar; **2**. sintonia (3)]; **sintonizador** (ô) *adj* e *sm* (que ou o que sintoniza) e *sm* (circuito eletrônico que seleciona uma frequência particular); **sintonizar** *v* [**1**. ajustar (rádio ou televisão) para receber sinais de uma estação emissora: *sintonizei a melhor rádio da cidade*; **2**. *fig.* afinar-se, combinar, entrosar-se, harmonizar-se: *não consigo sintonizar com essa gente*]. •• **Em sintonia com**. De acordo com; em concordância com; conforme a: *O violino não está em sintonia com o piano. O Brasil precisa estar em sintonia com o mundo moderno*.

si.nu.ca *sf* **1**. Variedade de jogo de bilhar, com oito bolas de cores diferentes, no qual se contam os pontos pelo número e valor que caem nas caçapas; snooker. **2**. Estabelecimento onde se pratica esse jogo. **3**. Mesa própria para esse jogo. **4**. *Fig.* Redução de *sinuca de bico*, situação extremamente difícil ou embaraçosa; impasse.

si.nim.bu ou **si.num.bu** *sm Pop.* Iguana.

si.nu.o.so (ô; pl.: ó) *adj* Cheio de curvas, cotovelos ou voltas. → **sinuosidade** *sf* (qualidade ou estado do que é sinuoso).

sí.nus *sm2núm* **1**. Qualquer cavidade dentro de um osso, princ. da face ou do crânio; seio. **2**. Ducto dilatado que contém sangue venoso; seio. **3**. Qualquer cavidade ou abertura relativamente estreita; seio. → **sinusite** *sf* (inflamação de um ou mais sinus paranasais).

si.o.nis.mo *sm* Movimento mundial dos judeus, iniciado no final do séc. XIX, que resultou no restabelecimento e desenvolvimento, na Palestina, do Estado de Israel, proclamado em maio de 1948. → **sionista** *adj* (rel. a sionismo) e *adj* e *s2gên* (que ou pessoa que é partidária ou simpatizante do sionismo); **sionístico** *adj* (rel. ao sionismo ou a sionista).

si.re.na ou **si.re.ne** *sf* Sereia (3). → **sirênico** *adj* (rel. a sirena).

si.ri *sm* Crustáceo semelhante ao caranguejo, que tem nadadeiras no último par de pernas.

Síria *sf* País do sudoeste da Ásia, de área pouco menor que a do estado do Paraná. → **sírio** *adj* e *sm*.

si.ri.gai.ta ou **se.ri.gai.ta** *sf Pop.Pej.* Mulher vulgar e mal-educada, que gosta de namoricos e de requebrar-se quando anda, para exibir-se. → **sirigaitar** ou **serigaitar** *v* (**1**. ter modos de sirigaita; **2**. requebrar-se, para exibir-se).

si.sal *sm* **1**. Planta de cujas folhas se extrai uma fibra resistente, usada na fabricação de cordas, esteiras e tapetes. **2**. Essa fibra. **3**. Tecido feito com essa fibra.

sis.mo *sm* Terremoto. → **sísmico** *adj* (rel. a sismo); **sismógrafo** *sm* (instrumento que detecta e registra a intensidade, hora e duração dos sismos); **sismologia** *sf* (ramo da geofísica que estuda os sismos); **sismológico** *adj* (rel. a sismologia); **sismologista** *adj* e *s2gên* ou **sismólogo** *sm* (especialista em sismologia).

si.so *sm* Bom discernimento, tino, juízo: *é um rapaz de siso*. • V. **sisudo**. •• **Dente de siso**. Cada um dos últimos dos dentes molares, um em cada extremidade das arcadas. (Rompe entre os 17 e 21 anos, justamente a idade que marca a passagem para a vida adulta, supostamente a idade em que se adquire juízo.)

sis.te.ma *sm* **1**. Conjunto de elementos que, interligados ou interdependentes, formam uma estrutura organizada; modelo: *sistema eleitoral; sistema viário; sistema educacional; sistema penitenciário*. **2**. Conjunto das entidades relacionadas com determinado setor de atividade: *sistema financeiro; sistema bancário*. **3**. Forma de governo ou de organização social, econômica ou política: *sistema capitalista; sistema parlamentar*. **4**. Poder econômico vigente: *para empreender tais reformas, é preciso enfrentar o sistema*. **5**. Organização de dados, elementos e conhecimentos num todo coerente: *sistema de signos; sistema monetário*. **6**. Cadeia de estruturas e canais: *sistema de distribuição de gás; sistema de comunicações*. **7**. Conjunto dos princípios que formam um corpo de doutrina: *sistema evolutivo de Darwin*. **8**. Grupo de seres ou de fenômenos que ocorrem naturalmente: *o sistema fluvial; o sistema solar; o sistema planetário*. **9**. Conjunto de órgãos constituídos fundamentalmente por uma mesma categoria de tecidos, com funções similares: *sistema respiratório; sistema digestório; sistema nervoso*. [De acordo com a terminologia anatômica universal, os conjuntos de órgãos constituem um *sistema*, e não mais um "aparelho", termo atualmente aplicado ao conjunto de sistemas que realizam uma determinada função (p. ex.: o aparelho locomotor, constituído pelos sistemas muscular, esquelético e articular).] **10**. Qualquer método destinado a marcar, medir ou classificar alguma coisa: *sistema métrico; sistema decimal*. **11**. Técnica, método ou plano organizado e coordenado: *sistema revolucionário de ensinar línguas; ter um bom sistema de trabalho; sistema de defesa; sistema Braille*. **12**. Maneira, forma, modo, meio: *um novo sistema de abotoamento de calças*. **13**. Grupo de componentes mecânicos, elétricos ou eletrônicos que interagem: *sistema de freios; sistema de alta definição*. **14**. Hábito de cada pessoa; modo pessoal, característico ou particular; maneira própria: *seu sistema de escovar os dentes é errado*. **15**. Em informática, conjunto de elementos que se inter-relacionam, para desempenhar determinada função operacional: *sistema de dados*. **16**. Em informática, conjunto formado pelo computador, seus elementos periféricos e programas projetados para funcionar juntos. **17**. O computador em si ou a rede. **18**. Conjunto de montanhas que formam uma unidade geográfica: *sistema de montanhas*. → **sistemática** *sf* (**1**. arte ou ciência de reduzir conhecimentos, noções, princípios, modos de ação, classes de seres, etc. a um plano organizado; **2**. ordenação em sistema; sistematização); **sistemático** *adj* [**1**. rel. ou pert. a um sistema: *raciocínio sistemático*; **2**. feito com método, segundo uma ordem lógica e coerente; que segue um sistema: *classificação sistemática*; **3**. que é extremamente metódico: *pai sistemático*; **4**. caracterizado por esse comportamento: *fazer oposição sistemática*; **5**. sistêmico (3)]; **sistematização** *sf* [**1**. ato ou efeito de sistematizar; **2**. sistemática (2)]; **sistematizar** *v* (**1**. reduzir a um sistema; tornar sistemático ou ordenado: *a ciência ajuda a sistematizar o conhecimento*; **2**. agrupar ou condensar num corpo doutrinário: *só um sábio conseguirá sistematizar todos esses princípios*); **sistêmico** *adj* (**1**. que afeta todo o corpo ou um organismo inteiro; **2**. que afeta um sistema particular do corpo, princ. o sistema nervoso; **3**.rel. a sistema; sistemático); **sistemista** *adj* e *sm* (que ou empresa que fornece à indústria automotiva subconjuntos ou subsistemas inteiros de veículos, prontos para a montagem) e *s2gên* (em informática e telecomunicações, profissional especializado(a) na instalação, configuração e gerenciamento de redes de computadores e telecomunicações, bem como nos mais subsistemas de um sistema de computador (p. ex.: sistema operacional, banco de dados, servidor, impressora, etc.); engenheiro(a) de sistemas], palavra sem registro na 6.ª ed. do VOLP. •• **Sistema CGS (centímetro-grama-segundo)**. Sistema métrico de medida em que o comprimento é medido em centímetros, a massa em gramas e o tempo em segundos, adotado em 1881, no Congresso Internacional de Eletricidade. •• **Sistema solar**. Conjunto de corpos celestes que gravitam uma estrela e, em nosso caso particular, o Sol: *Nosso sistema solar é constituído por oito planetas (conhecidos), satélites naturais, asteroides, meteoros, cometas e poeira cósmica*. •• **Sistema telescópico**. Telessistema.

sís.to.le *sf* **1**. Em fisiologia, fase do batimento cardíaco durante a qual o músculo do coração se contrai e bombeia sangue das câmaras para as artérias; pressão arterial máxima, durante a contração do ventrículo esquerdo do coração. **2**. Em gramática, deslocação do acento ou tonicidade da palavra para a sílaba anterior (p. ex.: "récorde" por recorde, "rúbrica" por rubrica). • Antôn.: *diástole*. → **sistáltico**, **sistolar** ou **sistólico** *adj* (rel. a sístole).

SISU ou **Sisu** *sm* Acrônimo de *Sistema de Seleção Unificada*, desenvolvido pelo Ministério da Educação (MEC) para selecionar os candidatos às vagas das instituições públicas de ensino superior que utilizarem a nota do Exame Nacional do Ensino Médio (ENEM) como única fase de seu processo seletivo. A seleção é feita pelo SISU com base na nota obtida pelo candidato no referido exame.

si.su.do *adj* e *sm* **1.** Que ou aquele que tem muito siso ou bom senso e é sério no trato; circunspecto (3). **2.** Que ou aquele que tem o cenho sempre franzido, cerrado, carrancudo, denotando seriedade ou gravidade. · Antôn. (1): *leviano;* (2): *alegre, descontraído.* → **sisudez** (ê) ou **sisudeza** (ê) *sf* (qualidade de quem é sisuso).

sitcom [ingl.] *sm* Abreviação inglesa de <u>situation comedy</u> = comédia de situação, gênero de comédia televisiva que explora as situações do cotidiano. · Pl.: *sitcoms.* · Pronuncia-se *sítkam.*

site [ingl.] *sm* Endereço eletrônico, cuja porta de entrada é sempre sua *home page; site web;* página, sítio (mais usado em Portugal). · Pl.: *sites.* · Pronuncia-se *sáit.* ·· **Site web.** *Site.* (Pronuncia-se *sáit uéb.*)

sí.tio *sm* **1.** Ato ou efeito de sitiar; cerco duradouro (de forças militares) ao reduto inimigo, para provocar a sua rendição. **2.** *Fig.* Assédio contínuo; insistência impertinente e inconveniente; perseguição. **3.** Localidade: *visitei muitos sítios em Portugal.* **4.** *Pop.* Propriedade rural para o cultivo de pequena lavoura, maior que a chácara e menor que a fazenda; fazendola. **5.** Ambiente rural, roça, campo (em oposição a *cidade).* **6.** *Site.* **7.** Terreno ou área em que se podem fazer determinadas pesquisas, recolhimentos e observações: *sítio arqueológico.* → **sitiante** *adj* e *s2gên* (que ou agente que sitia, bloqueia ou cerca uma localidade) e *s2gên* (pop. pessoa que mora em sítio ou que possui sítio); **sitiar** *v* (**1.** cercar por muito tempo, com intenção de cansar, para depois investir e tomar: *os aliados sitiaram as forças inimigas;* **2.** cercar para qualquer fim: *os repórteres sitiaram o treinador, após o jogo*).

si.tu.ar *v* **1.** Localizar, estabelecer: *situe a Noruega no mapa!* **situar-se 2.** Colocar-se, postar-se: *situei-me à direita das misses.* **3.** Estar situado, localizar-se: *Bertioga se situa no litoral norte de São Paulo.* **4.** Tomar consciência; conscientizar-se: *ainda não me situei nessa questão.* → **sito** ou **situado** *adj* (localizado: *farmácia sita na Rua da Saúde; loja situada na Praça da Matriz);* **situação** *sf* [**1.** ato ou efeito de situar(-se); posição; **2.** lugar em que um ser se coloca ou estabelece; **3.** estado, condição; **4.** estado ou condição financeira; **5.** conjunto de circunstâncias num determinado momento; conjuntura; **6.** conjunto das forças políticas que se encontram no poder ou são a seu favor (em oposição a *oposição);* governo]; **situacionismo** *sm* (partido do governo ou dos que estão no poder); **situacionista** *adj* (rel. ou pert. a situacionismo) e *adj* e *s2gên* (que ou pessoa que apoia o situacionismo ou é dele partidária).

SIVAM ou **Sivam** *sm* Acrônimo de <u>Sistema de Vigilância da Amazônia</u>, que monitora toda a Amazônia por satélite, por razões de segurança e para controlar de certa forma o maior reservatório de água potável de superfície do mundo.

skate [ingl.] *sm* V. **esqueite**.

skating [ingl.] *sm* Arte ou esporte de deslizar sobre patins; patinação. · Pl.: *skatings.* · Pronuncia-se *skêitin.*

SKD *sm* Sigla inglesa de <u>semi knocked down</u> = semimontado, veículo importado ou exportado em subconjuntos prontos, ou seja, semidesmontado, cuja montagem é feita no local de destino. · Pl.: *SKDs.* · Pronuncia-se *és kei di* (à inglesa) ou *esse cá dê* (à portuguesa).

sketch [ingl.] *sm* **1.** Peça ou cena curta e satírica numa revista ou teatro de variedades; sátira teatral curta. **2.** Qualquer composição literária concisa, leve ou informal (um ensaio, p. ex.). **3.** Breve composição para piano. **4.** *Fig.* Pessoa engraçada: *meter-se* a sketch *da turma.* · Pl.: *sketches.* · Pronuncia-se *skétch.*

skinhead [ingl.] *s2gên* Jovem antissocial, geralmente da Inglaterra e de ideologia neonazista, que rapa a cabeça e se reúne em concertos de *rock* e em jogos esportivos, para promover atos de racismo e anarquia. · Pl.: *skinheads.* · Pronuncia-se *skin-réd* (o *r* soa brando, pronunciado com a língua no céu da boca.)

skinny [ingl.] *sf* **1.** Tipo de calça bem justa, colada ao corpo, de boca estreita, com *stretch* e aplicações metálicas nos bolsos. // *adj* **2.** Diz-se desse tipo de calça. · Pl.: *skinnies.* · Pronuncia-se *skíni.*

skunk [ingl.] *sm* Potentíssimo derivado da maconha, criado em laboratório. · Pl.: *skunks.* · Pronuncia-se *skânk.*

sky-surf [ingl.] *sm* Modalidade de esporte radical que consiste em o praticante saltar de uma aeronave com uma prancha presa aos pés e fazer evoluções durante o tempo de queda livre, que dura cerca de trinta segundos. · Pl.: *sky-surfs.* · Pronuncia-se *skái-sârf.*

slack [ingl.] *sm* Conjunto feminino de calças e camisa (ou blusa) do mesmo tecido, usado geralmente em ocasiões informais. · Pl.: *slacks.* · Pronuncia-se *slék.*

slalom [ingl.] *sm* **1.** Na modalidade esportiva de esqui, descida rápida, com uma série de viradas, num percurso obrigatório balizado. **2.** Percurso em zigue-zagues feito por um veículo, ao longo de um trajeto de 90m em linha reta, marcado por obstáculos (geralmente cones), para testes de estabilidade, segurança, etc. · Pl.: *sláloms.* · Pronuncia-se *slálom.*

slice [ingl.] *sm* **1.** No tênis, rebatida de efeito em que a raquete atinge a bola num plano inclinado, de cima para baixo. **2.** Curso seguido pela bola. · Pl.: *slices.* · Pronuncia-se *sláis.*

slick [ingl.] *sm* **1.** Pneu de competição de banda de rodagem completamente lisa, que fornece 100% de contato com o piso. // *adj* **2.** Diz-se desse pneu. · Pl.: *slicks.* · Pronuncia-se *slík.*

slide [ingl.] *sm* V. **eslaide**.

slip [ingl.] *sm* Peça de vestuário semelhante a um calção, muito curta e justa, utilizada como roupa íntima ou como calção de banho. · Pl.: *slips.* · Pronuncia-se *slíp.*

slob [ingl.] *sm* No *wakeboard*, salto em que o surfista segura com a mão da frente a ponta da prancha. · Pl.: *slobs.* · Pronuncia-se *slób.*

slogan [ingl.] *sm* **1.** Frase concisa, adotada como lema de partido político ou de outro grupo de pessoas. **2.** Frase feita, que anuncia e caracteriza um produto. · Pl.: *slogans.* · Pronuncia-se *slôgan.* (A 6.ª ed. do VOLP ainda não traz o aportuguesamento deste anglicismo.)

slow motion [ingl.] *loc sm* **1.** Técnica de filmagem na qual a ação projetada é mais lenta que a original; câmera lenta. **2.** Essa ação; câmera lenta. · Pl.: *slow motions.* · Pronuncia-se *slóu môuchan.*

smart card [ingl.] *loc sm* Cartão de plástico de alta tecnologia, com um *microchip* que contém dinheiro virtual, tido como substituto das notas ou cédulas tradicionais; cartão inteligente. · Pl.: *smart cards.* · Pronuncia-se *smárt card.*

smartphone [ingl.] *sm* Telefone celular com tela LCD de alta resolução e funções de computador, como processadores de texto e programas de e-mail. que executa muitas funções de um computador, normalmente tendo uma interface de tela sensível ao toque, acesso à internet e um sistema operacional capaz de executar aplicativos baixados. · Pronuncia-se *smárt-fôuN.*

smash [ingl.] *sm* No tênis, tipo de golpe com a raquete dado pelo jogador por cima da cabeça. · Pl.: *smashes.* · Pronuncia-se *sméch.*

smiley [ingl.] *sm* Em informática, símbolo que representa um rosto sorridente, usado na comunicação escrita para indicar que o escritor está satisfeito ou brincando. · Pl.: *smileys.* · Pronuncia-se *smáili.*

smog [ingl.] *sm* Névoa seca, insalubre e irritante, mistura de poluição com neblina, característica das metrópoles de clima temperado. · Pl.: *smogs.* · Pronuncia-se *smógh.*

smoking [ingl.] *sm* Traje masculino cerimonioso, de gala, constituído de paletó preto, com lapelas de cetim, faixa na cintura, gravata-borboleta e calças ornadas de um galão nas costuras laterais, menos formal que o fraque, para ser usado à noite, em jantares solenes, recepções, banquetes, etc. · Pl.: *smokings.* · Pronuncia-se *smókim.*

SMS *sm* Sigla inglesa de <u>short message service</u> (serviço de mensagens curtas), mensagem de texto de até 160 caracteres, enviada de um celular a outro, popularmente conhecida como *torpedo.* · V. **MMS**.

snack [ingl.] *sm* Refeição ou alimentação ligeira, à base de salgadinhos; lanche. · Pl.: *snacks.* · Pronuncia-se *snék.*

snack-bar [ingl.] *sm* Lanchonete ou pequeno restaurante, onde se servem com rapidez refeições ligeiras e combinadas. · Pl.: *snack-bars.* · Pronuncia-se *snék-bar.*

snapshot [ingl.] *sm* **1.** Sequência de cenas feitas com apenas uma câmera e sem cortes; tomada rápida. **2.** Foto instantânea; instantâneo. · Pronuncia-se *snépt-chót.* · Pl.: *snapshots.* · Pl.: *snapshots.*

snif! *interj* Onomatopeia que imita o soluço.

snipe [ingl.] *sm* **1.** Barco de regatas, à vela e de pequeno porte. // *adj* e *sm* **2.** Que ou modalidade de esporte que é praticada com esse barco. · Pl.: *snipes.* · Pronuncia-se *snáip.*

snob [ingl.] *adj* e *s2gên* V. **esnobe**.

snooker [ingl.] *sm* Variedade de bilhar, jogado com quinze bolas vermelhas e seis de outras cores; sinuca (1). · Pl.: *snookers*. · Pronuncia-se *snúkâr*.

snorkel [ingl.] *sm* Tubo que permite ao mergulhador respirar; respiradouro de mergulhador. · Pl.: *snorkels*. · Pronuncia-se *snôrkâl*.

snowboard [ingl.] *sm* Modalidade de esporte que consiste em surfar em montanhas de neve. · Pronuncia-se *snôu-bôrd* (ou *bórd*).

só *adj* **1**. Desacompanhado; sem companhia, sozinho: *ela ficou só na festa*. **2**. Solitário, isolado: *ele é um homem só*. **3**. sem família; sozinho: *vivo só*. **4**. Único: *existe um só Deus?*; *apareceu um só candidato à presidência do clube*. **5**. Sem auxílio, apoio ou ajuda: *"não me deixem só!"*. // *adv* **6**. Somente, unicamente: *só você viu o acidente*. // *sm* **7**. Jogador que, no voltarete, joga somente com as cartas que tem, sem comprar nenhuma. ·· **A sós**. Sem companhia; sozinho. ·· **Por si só**. Sem a intervenção de ninguém e de nada: *Trabalhando, o sucesso virá por si só. Os números falam por si sós. Por si sós elas chegaram à conclusão de que erraram*. (Note que varia.) ·· **Só que**. Mas, no entanto: *Ela é solteira, só que não quer casar*.

so.a.lha *sf* Cada uma das chapas metálicas do pandeiro, que retinem quando se agita o instrumento.

so.a.lhei.ra *sf* **1**. Hora em que, ao sol, o calor é mais intenso. **2**. Luz e calor mais intensos do Sol: *proteger-se da soalheira sob um guarda-sol, na praia*. **3**. Exposição aos raios solares: *devemos evitar a soalheira, ao meio-dia*. → **soalheiro** *adj* (**1**. exposto ao sol: *as piscinas devem ser necessariamente soalheiras*; **2**. em que não há nenhuma ou pouca sombra: *estacionamento soalheiro, que expõe demais os veículos ao calor*) e *sm* (**1**. lugar onde faz muito calor, em razão da incidência direta dos raios solares; **2**. porção de gente ociosa e maledicente, geralmente sentada ao sol, preocupada em falar da vida alheia: *fofocas do soalheiro*; **3**. vício ou mau hábito de falar mal dos outros; má-língua, maledicência); **4**. terreno na aba das serras, exposto ao nascente).

so.a.lho *sm* V. **assoalho**. → **soalhar** *v* (v. **assoalhar**).

so.ar *v* **1**. Tanger, tocar: *soei a harpa*. **2**. Mostrar por meio de sons ou ruídos; indicar: *fogos de artifício nem sempre soam alegria*. **3**. Dar ou bater (horas): *ouça: os sinos soam duas horas; já soaram seis horas*. **4**. Agradar, interessar: *sua proposta não me soa*. **5**. Mais parecer: *suas palavras soam a gozação*. **6**. Parecer: *seu discurso soa falso*. **7**. Emitir ou produzir som; tocar: *soam os tamborins, choram as cuícas*. **8**. Ecoar: *aquele conselho dela ainda me soava ao ouvido*. **9**. Ser pronunciado (letra ou fonema): *em mictório e detectar, o* c *soa obrigatoriamente*. · Conjuga-se por *abençoar*. → **soante** ou **sonante** *adj* (que soa).

sob (ô) *prep* **1**. Debaixo ou embaixo de (algo); por baixo de: *esconder-se sob a cama*. 2. Abaixo da superfície de: *sob a água*. **3**. Debaixo de (autoridade, domínio ou vontade): *o Brasil esteve sob o domínio português por mais de três séculos: viver sob a saia da mãe*. **4**. Durante a administração ou o governo de: *sob esse presidente, o Brasil deu um salto de desenvolvimento*. **5**. Com força de: *declarar sob juramento*. **6**. Protegido, controlado ou zelado por: *viver sob a tutela de alguém; ela está sob meus cuidados*. **7**. Sujeito aos efeitos de: *estar sob anestesiologia*. **8**. Em estado ou processo de; em: *estar sob reparos; a questão está sob discussão*. **9**. Sujeito aos termos ou às condições de: *estar sob contrato*. **10**. Encoberto ou escondido por: *escrever sob pseudônimo*. **11**. Com base em; a partir de: *terno sob medida; sob esse aspecto, você tem razão*. **12**. Durante o tempo convencionalmente assinalado por (um signo do zodíaco): *nascer sob Sagitário*. **13**. Mediante: *trabalhar sob protesto*. · Antôn.: *sobre*.

so.be.jo (ê) *adj* **1**. Que sobeja ou sobra: *vinho sobejo vai para a geladeira; em nossa casa, comida sobeja vai para os pobres*. **2**. Excessivo, demasiado: *ter sobejo ciúme*. **3**. Grande, enorme, imenso: *casa que exigiu sobejo esforço para ser construída*. // *adv* **4**. O que sobra; resto, sobejo: *chegamos tarde e só aproveitamos os sobejos do casório*. // *adv* **5**. Demasiadamente, sobejamente: *criticou sobejamente o governo*. ·· **De sobejo**. De sobra; sobejamente: *Você conhece de sobejo como são esses políticos*. → **sobejar** *v* (**1**. sobrar: *em nossa casa, comida que sobeja vai para os pobres*; **2**. abundar: *sobejam provas contra ele*), que mantém o *e* fechado durante toda a conjugação).

so.be.ra.no *adj* **1**. Superior em autoridade e poder. **2**. Poderoso, influente. **3**. Que exerce um poder supremo sem coação nem restrição. // *sm* **4**. Rei, príncipe ou imperador; monarca. **5**. Qualquer governante supremo. → **soberania** *sf* [**1**. poder ou autoridade completa e independente de um Estado; **2**. autoridade moral suprema; **3**. autoridade suprema de um soberano (rei, imperador, etc.)].

so.ber.bo (ê) *adj* e *sm* **1**. Que ou aquele que tem soberba, que é extremamente arrogante, altivo, presunçoso, sobranceiro. // *adj* **2**. Caracterizado pela arrogância ou por um ar de grandeza intolerável: *chegou com aquele seu ar soberbo à reunião*. **3**. Caracterizado pelo mais alto grau de grandeza, excelência, brilho e competência: *trabalho soberbo*. **4**. Grandioso, majestoso, suntuoso: *espetáculo soberbo*. **5**. Muito bom; excelente: *que vinho soberbo este!; que atuação soberba a desse ator!*. **6**. Maravilhoso, magnífico: *a pantera é um animal soberbo!* · Superl. abs. sint. erudito: *superbíssimo*. · Antôn.: *modesto, humilde, simples*. → **soberba** (ê) *sf* (orgulho afetado, desmedido, ridículo e ilegítimo; arrogância, altivez), de antôn. *humildade, modéstia, simplicidade*; **soberbia** *sf* (**1**. qualidade de soberbo; **2**. *pej*. soberba ostensiva, que beira o ridículo), de antôn. *modéstia, humildade, simplicidade*.

so.bra.çar *v* **1**. Meter debaixo do braço; segurar apertando entre o braço e o corpo: *sobraçar um jornal dobrado*. **2**. Advogar, defender: *sobraçar a causa errada*. **sobraçar-se 3**. Abraçar-se: *na hora do perigo, sobraçou-se com o crucifixo*. **4**. Andar de braço dado: *naquela época, os maridos se sobraçavam com as mulheres, na rua*.

so.bran.cei.ro *adj* **1**. Superior a outro; elevado, dominante: *castelo construído sobre rochas, sobranceiro ao mar*. **2**. Diz-se daquele que encara tudo com ares de superioridade. **3**. Diz-se daquele que tem ânimo forte para o infortúnio, para resistir aos reveses da vida. **4**. Que sobressai a outra coisa. **5**. *Fig*. Soberbo (1), sobrecenho: *mulher de olhar sobranceiro; homem prepotente e sobranceiro, gerou uma infinidade de inimigos*. // *adv* **6**. Em situação sobranceira; em lugar elevado. → **sobrançaria** ou **sobranceria** *sf* (**1**. qualidade de sobranceiro; **2**. ação ou modos de sobranceiro; **3**. soberba).

so.bran.ce.lha (ê) *sf* Arco de pelos que forma a parte superior da órbita ocular; supercílio. (Cuidado para não usar "sombrancelha"!) → **sobrancelhudo** *adj* (**1**. diz-se daquele que tem espessas sobrancelhas: *Monteiro Lobato era sobrancelhudo*; **2**. *fig*. que vive mal-humorado ou carrancudo; trombudo).

so.brar *v* **1**. Ter ou haver em excesso; ter demais: *sobram-lhe razões para zangar-se*. **2**. Ficar como resto ou sobra; restar: *não me sobrou alternativa; sobrou-me pouco dinheiro*. **3**. Ser mais que suficiente; bastar: *esta quantia mais do que lhes sobrará para a viagem*. **4**. Existir em grande quantidade; abundar: *sobram funcionários públicos nas repartições; sobrou pancadaria na festa*. **5**. Ser deixado de lado, esquecido, relegado: *todos foram, e eu acabei sobrando*. **6**. Estar a mais em um lugar (dizendo-se de pessoa): *você, aqui, sobra; logo percebeu que ali estava sobrando e saiu de fininho*. **7**. *Gír*. No esporte, mostrar condições técnicas muito superiores aos demais concorrentes ou competidores: *não há nenhum time sobrando no campeonato brasileiro deste ano*. · Antôn. (1): *faltar, carecer*. → **sobra** *sf* (**1**. ato ou efeito de sobrar; **2**. resto, sobejo), de antôn. (1) *falta*; **sobrado** *adj* (que sobra; bastante, demasiado) e *sm* (casa de dois ou no máximo três pavimentos). ·· **De sobra**. Bastante, muito: *Conheço sua manha de sobra*. ·· **Sobrar para alguém** (gír.). Sofrer as consequências, sem ter nada a ver com o fato; caber-lhe (algo desagradável ou ruim): *Os convidados vieram, beberam, comeram e sujaram tudo; tinha que sobrar para mim, porque o faxineiro no dia seguinte fui eu*.

so.bre (ô) *prep* **1**. Em cima de: *o lápis está sobre a mesa*. **2**. De encontro a; contra: *a luz do sol reluzia sobre os carros*. **3**. Junto ou rente com: *usar cabelos sobre os ombros*. **4**. Apesar de: *sobre ser presidente, não pode exorbitar de suas funções*. **5**. Acerca de; a respeito de: *falar sobre futebol*. **6**. Acima de: *meus interesses estão sobre os seus*. **6**. À troco de; mediante; com a garantia de: *emprestar sobre penhores; jurar sobre a palavra de honra*. **7**. Conforme a; em: *ganhar comissão sobre as vendas*. **8**. Com superioridade ou autoridade sobre: *ter ascendência sobre alguém*. **9**. Mais que: *"amar a Deus sobre todas as coisas"*. **10**. Em razão de; por motivo de: *imposto sobre serviço*. **11**. Em troca de: *saiu da prisão sobre fiança*. **12**. No interior de; em: *um odor de rosas pairou sobre o ambiente*. · Antôn.: *sob*.

so.bre.a.vi.so *sm* Prevenção, precaução, cautela. ·· **De sobreaviso**. Precavido, prevenindo: *A desconfiança nos põe de sobreaviso contra todo o mundo*.

so.bre.ca.pa *sf* Cobertura de papel, impressa, que reveste e protege a capa dura de um livro.

so.bre.car.ga *sf* **1**. Carga excessiva: *caminhões com sobrecarga são multados nas rodovias.* **2**. *Fig.* Quantidade excessiva; excesso: *sobrecarga de estresse.* **3**. Excesso de corrente ou de tensão num circuito elétrico. **4**. Agravante: *a seca é uma sobrecarga da crise econômica; estávamos já cansados e como sobrecarga aquele calorão.* → **sobrecarregar** *v* (**1**. carregar em excesso: *sobrecarregar um caminhão;* **2**. aumentar excessivamente; onerar: *sobrecarregar o povo de impostos*).

so.bre.car.ta *sf* Envelope, sobrescrito.

so.bre.ca.sa.ca *sf* Casaco masculino, comprido, abotoado até a cintura, de abas que rodeiam completamente o corpo.

so.bre.ce.nho *sm* **1**. Conjunto das duas sobrancelhas; sobrolho: *Monteiro Lobato era homem de sobrecenho espesso.* **2**. *Fig.* Fisionomia carrancuda; semblante carregado; cara fechada; carranca: *os repórteres estranharam o sobrecenho do presidente, normalmente tão leve e descontraído.* // *adj* **3**. Arrogante, soberbo, sobranceiro: *mulher de olhar sobrecenho.*

so.bre.co.mum *adj* Diz-se do nome ou substantivo que tem uma só forma e um só gênero gramatical (masculino ou feminino), para designar pessoas de ambos os sexos (p. ex.: a criança, o indivíduo). · V. **comum de dois** e **epiceno**.

so.bre.co.xa (ô) *sf* Nome que o povo dá, nas aves, à verdadeira coxa.

so.bre.fa.tu.rar *v* Superfaturar. → **sobrefaturamento** *sm* (superfaturamento).

so.bre-hu.ma.no *adj* **1**. Acima da força ou capacidade humana normal; extraordinário, fora do comum: *esforço sobre-humano.* **2**. De natureza superior; meio divino; sobrenatural: *os anjos são seres sobre-humanos; poderes sobre-humanos.* · Pl.: *sobre-humanos.*

so.brei.ro *sm* Árvore de cujo tronco se extrai a cortiça.

so.bre.lo.ja *sf* **1**. Piso baixo entre a loja e o primeiro andar. **2**. Cada uma das seções da loja desse piso.

so.bre.ma.nei.ra ou **so.bre.mo.do** *adv* Além da conta; muito, bastante: *ele me ajudou sobremaneira.*

so.bre.me.sa (ê) *sf* **1**. Alimento doce servido como parte final de uma refeição; sobrepasto: *sobremesa de morango com chantili.* **2**. Momento em que se serve esse alimento: *cheguei bem na sobremesa.* **3**. *Fig.* Conclusão, remate: *de sobremesa ainda soltou um palavrão.*

so.bre.na.tu.ral *adj* **1**. Relativo à existência fora do nosso mundo; extraterreno. **2**. Característico de Deus ou de uma divindade. **3**. Relativo a espíritos, fantasmas, etc. **4**. Sobre-humano (2). // *sm* **5**. Aquilo que é extraterreno, que foge ao entendimento humano.

so.bre.no.me *sm* Nome que se segue ao de batismo; nome de família; apelido (em Portugal).

so.bre.pas.to *sm* Sobremesa (1).

so.bre.pe.liz *sf* Veste fina e branca, com mangas soltas ou bem largas, que os padres usam sobre a batina, ou que os leigos envergam, quando desempenham funções dentro da igreja.

so.bre.pes.ca *sf* Pesca em quantidades acima das quotas acordadas internacionalmente para garantir a manutenção dos estoques de peixes ou a sustentabilidade da pesca comercial: pesca indiscriminada: *a maior ameaça aos ecossistemas marinhos é representada pela sobrepesca, princ. a pesca industrial; a sobrepesca mata e desperdiça entre 20 e 40 milhões de toneladas de peixes não comerciais, tartarugas e mamíferos marinhos todos os anos, representando cerca de um terço de toda a pesca mundial; aves e peixes que rodeiam a Antártica estão ameaçados pela sobrepesca.*

so.bre.por ou **su.per.por** *v* **1**. Pôr por cima: *sobrepor os livros aos discos.* **2**. *Fig.* Tratar ou cuidar preferencialmente; preferir, priorizar, antepor: *certos deputados sobrepõem seus interesses aos da Nação.* **sobrepor-se 3**. Colocar-se sobre: *a areia trazida pelas ondas sobrepunha-se às extensas camadas de algas, na praia.* **4**. Suceder; vir depois; sobrevir: *novos fatos se sobrepuseram à situação, agravando-a.* · Conjuga-se pelo v. *pôr.* → **sobreposição** ou **superposição** *sf* [ato ou efeito de sobrepor(-se)]; **sobreposto** (ô; pl.: ó) ou **superposto** (ô; pl.: ó) *adj* (**1**. posto em cima ou por cima: *lápide sobreposta ao túmulo;* **2**. *fig.* que prevalece ou tem prioridade: *parlamentar, para alguns, é aquele nababo que sempre tem seus interesses sobrepostos aos da nação*).

so.bre.pre.ço (ê) *sm* Preço além do normal ou muito além do sugerido pela fábrica; ágio: *algumas revendedoras estão cobrando sobrepreço na venda desse modelo de automóvel.*

so.bre.pu.jar *v* **1**. Superar, mostrar-se superior a: *o atleta sobrepujou facilmente os adversários.* **2**. Ter prioridade sobre: *seus interesses sobrepujam os da população.* **3**. Ir além de, ultrapassar, superar, exceder: *nenhum atleta deve querer sobrepujar o limite de suas próprias forças.* **4**. Exceder moralmente, intelectualmente, etc.: *o irmão mais novo acabou sobrepujando o mais velho.* **5**. Vencer, superar: *sobrepujar todos os riscos de um rali.* → **sobrepujamento** *sm* ou **sobrepujança** *sf* (ação ou efeito de sobrepujar); **sobrepujante** *adj* (que sobrepuja: *filósofo sobrepujante*).

so.bres.cre.ver ou **so.bres.cri.tar** *v* **1**. Escrever sobre: *sobrescrever uma carta é preencher o envelope.* **2**. Endereçar: *sobrescritar uma carta ao presidente.* →

sobrescrito *sm* [**1**. envelope: *preencha corretamente o sobrescrito e não se esqueça do CEP!;* **2**. aquilo que se escreve no envelope (nome e endereço do destinatário); dados do destinatário constantes num envelope: *o sobrescrito estava incompleto*].

so.bres.sai.a *sf* Saia que se usa por cima de outra.

so.bres.sa.ir *v* Destacar-se, distinguir-se: *a Miss Bahia sobressai a todas as candidatas; a beleza da Miss Bahia sobressaía.* (Embora seus sinônimos sejam pronominais, *sobressair* é verbo intransitivo, e não pronominal, como registrado em um de nossos dicionários.)

so.bres.sa.len.te ou **so.bres.se.len.te** *adj* e *sm* **1**. Que ou o que sobressai ou excede: *foi uma contribuição de sobressalente importância para a sobrevivência do nosso teatro; se houver peso sobresselente, o elevador não sobe nem desce.* **2**. Que ou o que fica como reserva, pronto para suprir faltas: *pneu sobressalente.*

so.bres.sal.tar *v* **1**. Tomar de assalto; atacar: *os bandidos sobressaltaram a delegacia carioca.* **2**. Assustar, espantar: *o menor ruído o sobressalta.* **3**. Transpor: *sobressaltar a cerca.* **4**. Pegar de surpresa, surpreender: *a notícia sobressaltou toda a família.* **sobressaltar-se 5**. Assustar-se, espantar-se: *sobressaltei-me, ao saber desse escândalo.* **6**. Ficar apreensivo, inquietar-se: *a mãe se sobressaltava com a demora da filha.* → **sobressalto** *sm* [**1**. ação ou efeito de sobressaltar(-se); **2**. abalo emocional ou choque de quem se vê ante um mal ou atacado por ele; susto (2)].

so.bres.ta.da *sf* **1**. Cada dia que passa depois da estada fixada, num hotel, pousada, etc. **2**. *P.ext.* Quantia que se paga por essa demora: *o hotel cobrou cem reais pela sobrestada.* (Não se confunde com *sobrestadia.*)

so.bres.ta.di.a *sf* **1**. Cada dia que passa, além do prazo fixado, na estadia de um veículo em algum lugar. **2**. *P.ext.* Quantia que se paga por essa demora: *o dono do estacionamento cobrou vinte reais pela sobrestadia do meu carro.* **3**. Tempo de permanência de navio mercante num porto, excedendo ao estabelecido para a sua carga ou descarga. (Não se confunde com *sobrestada.*)

so.bres.tar *v* **1**. Suspender, interromper, sustar: *a Câmara sobrestém os trabalhos na quinta-feira.* **2**. Não prosseguir; não ir adiante; parar: *sobrestar numa caminhada; ante o apito do guarda, sobrestive.* **3**. Abster-se: *sobresteve em assinar o abaixo-assinado.* **4**. Ser iminente; ameaçar: *sobrestava uma tempestade, por isso partimos rapidamente.* · Conjuga-se por *estar.* → **sobrestamento** *sm* (ato ou efeito de sobrestar).

so.bres.ter.çan.te *adj* Diz-se de carro que manifesta a tendência de sair de traseira, quando se ultrapassa o limite de aderência entre o solo e o pneu, seja por alta velocidade, seja por deficiência de atrito. · Antôn.: *subesterçante.* → **sobresterço** (ê) *sm* (derrapagem ou saída de traseira de um automóvel, causada por várias razões, dentre as quais um movimento brusco no volante, em determinada condição de piso, que, não corrigido, acarreta um rodopio do veículo), de antôn. *subesterço.* (A 6.ª ed. do VOLP não registra nenhuma dessas palavras.)

so.bres.ti.mar *v* Superestimar. (Está em desuso.)

so.bre.tar.de *sf* **1**. Última parte da tarde, antes do anoitecer; lusco-fusco. // *adv* **2**. Ao lusco-fusco; ao final da tarde: *costumava sair sobretarde para caminhar à beira-mar.*

so.bre.ta.xa *sf* Taxa extra ou adicional sobre algo já taxado, fixada geralmente como medida protecionista. → **sobretaxar** *v* (impor sobretaxa: *sobretaxar produtos supérfluos*)

so.bre.tu.do *sm* **1**. Casacão usado sobre todas as roupas, para proteger do frio. // *adv* **2**. Principalmente, mormente, especialmente: *ela teme sobretudo o fim do mundo.*

so.bre.vi.da *sf* **1**. Estado do que sobrevive a outro. **2**. Tempo final de vida. **3**. Prolongamento da vida, além de determinado prazo.

so.bre.vir *v* **1**. Acontecer, ocorrer ou suceder depois: *a revolução sobreveio logo depois desse fato*. **2**. Acontecer repentinamente: *em meio à reunião, sobreveio-me forte dor de cabeça*. **3**. Chegar ou acontecer de repente: *sobreveio uma chuva de granizo devastadora*. · Conjuga-se por *vir*.

so.bre.vi.ver *v* **1**. Escapar (a coisa ruim); subsistir: *sobreviver a um desastre*. **2**. Subsistir ou viver depois da perda de: *sobreviveu aos pais no incêndio*. **3**. Continuar vivo, enquanto outros morrem: *em condições de miséria, poucos bebês sobrevivem*. → **sobrevivência** *sf* (qualidade ou estado de sobrevivente); **sobrevivente** *adj* e *s2gên* (que ou pessoa que sobrevive ou sobreviveu).

so.bre.vo.ar *v* Voar sobre: *sobrevoar áreas atingidas pela enchente*. → **sobrevoo** *sm* (ato ou efeito de sobrevoar; voo sobre).

so.bri.nho *sm* Filho do irmão ou da irmã de alguém.

só.brio *adj* **1**. Que se alimenta com o absolutamente indispensável; moderado na comida e na bebida; frugal. **2**. Que não está embriagado nem intoxicado por drogas; não intoxicado: *ele é decente quando está sóbrio*. **3**. Não extravagante ou chamativo; discreto: *estilo sóbrio*; *ele só usa roupas sóbrias*. **4**. Calmo e racional: *homem de atitude sóbria na solução de problemas*. → **sobriedade** *sf* (qualidade ou estado de quem é sóbrio).

so.bro.lho (ô; pl.: ó) *sm* Sobrecenho (1).

sob-ro.da *sf* Qualquer acidente (pedra, buraco, depressão, etc.) no leito carroçável de rua ou estrada que torna o veículo descontrolável, provocando acidente. · Pl.: *sob-rodas*.

so.çai.te *sm* Redução de *café-soçaite*, conjunto das pessoas da alta sociedade, que levam uma vida de luxo e se reúnem e frequentam os mesmos lugares na vida mundana; grã-finagem. (A 6.ª ed. do VOLP só registra *café-soçaite*.)

so.ca.pa *sf* **1**. Disfarce, dissimulação, fantasia. **2**. *Fig.* Manha, astúcia. ·· **À socapa**. **1**. Disfarçadamente, discretamente, furtivamente: *Rir à socapa*. **2**. Sem fazer ruído; silenciosamente: *Entrar em casa de madrugada à socapa*.

so.car *v* **1**. Dar socos em; esmurrar, soquear: *socar a mesa, de raiva*. **2**. Amassar muito; esmagar, moer: *socar milho*. **3**. Calcar ou apertar (a pólvora) com soquete. **4**. Apertar ou comprimir (alguma coisa), para endurecê-la: *socar a terra em volta de uma planta*. **5**. *Fig.* Enfiar ou meter em quantidade excessiva: *socar a roupa na mala*.

so.ci.al *adj* **1**. Relativo à sociedade ou às relações sociais: *vida social*; *problemas sociais*; *ciências sociais*; *normas sociais*. **2**. Que gosta da companhia de outros; gregário, sociável: *os jovens são naturalmente sociais*; *as zebras são animais sociais*. **3**. Que convém ou interessa à sociedade: *pacto social*. **4**. Dos sócios de uma coletividade: *carteira social*. **5**. Relativo à sociedade comercial: *razão social*; *capital social*. **6**. Reservado a moradores (e não a serviçais ou trabalhadores): *elevador social*. **7**. Que promove o encontro entre pessoas, geralmente do mesmo nível econômico ou cultural: *evento social*. **8**. Que presta ajuda aos necessitados: *entidade social*. // *sfpl* **9**. Bem-estar das pessoas, princ. das menos favorecidas: *o bom político zela pelo social*. // *sfpl* **10**. Setor em estádio, clube, etc. reservado aos sócios. → **sociabilidade** *sf* (qualidade de quem é sociável); **sociável** *adj* [**1**. que gosta da companhia de outros; social, gregário; **2**. caracterizado pelo companheirismo, pela camaradagem; **3**. polido, civilizado, cortês; urbano].

so.ci.al-cris.tão *adj* e *sm* Que ou aquele que é simpatizante ou partidário do Partido Social Cristão (PSC). · Pl.: *social-cristãos* (do adjetivo) e *sociais-cristãos* (do subst.). (A 6.ª ed. do VOLP não registra a palavra.)

so.ci.al-de.mo.cra.ci.a *sf* Teoria política que defende o uso de meios democráticos para concluir a transição gradual do capitalismo para o socialismo; democracia social. · Pl.: *social-democracias* (a 6.ª ed. do VOLP registra *sociais-democracias*, equivocadamente). → **social-democrata** *adj* e *s2gên* (que ou pessoa que é simpatizante ou partidária da social-democracia), de pl. *social-democratas* (a 6.ª ed. do VOLP registra o plural *sociais-democratas* para o substantivo); **social-democrático** *adj* (rel. a social-democracia: *filiações social-democráticas*), de pl. *social-democráticos*.

so.ci.a.lis.mo *sm* **1**. Teoria política e econômica da organização social que defende que os meios de produção, distribuição e troca devem ser propriedade ou regulados exclusivamente pela coletividade ou pelo Estado, e o poder político exercido pela comunidade. **2**. Política ou prática baseada nessa teoria. **3**. Na teoria marxista, estado social de transição entre a queda do capitalismo e a concretização do comunismo, sob a ditadura do proletariado. → **socialista** *adj* (rel. a socialismo) e *adj* e *s2gên* (que ou pessoa que é adepta do socialismo); **socialização** *sf* [ato ou efeito de socializar(-se)]; **socializar** *v* (**1**. tornar social, sociável ou socialista: *socializar um país*; **2**. reunir em sociedade: *socializar os boias-frias*; **3**. adaptar às necessidades da sociedade; tornar propriedade coletiva ou governamental: *socializar terras*); **socializar-se** (tornar-se social, sociável ou socialista: *e o mundo não se socializou*).

socialite [ingl.] *s2gên* Pessoa de destaque na sociedade. · Pl.: *socialites*. · Pronuncia-se *sôuchalait*.

so.ci.e.da.de *sf* **1**. Modo de vida próprio ao homem e a certos animais, caracterizado por uma associação organizada de indivíduos que visam a um interesse geral. **2**. Conjunto de indivíduos que vivem em grupo organizado; meio humano em que se vive, caracterizado pelas suas constituições, leis, regras. **3**. Grupo social formado por pessoas que se reúnem frequentemente. **4**. Companhia de outro(s). **5**. Associação de pessoas ilustres ou caridosas. **6**. Companhia, empresa, firma. **7**. União de duas ou mais pessoas, organizações, governos, etc., com um objetivo comum; parceria. → **societário** *adj* e *sm* (que ou aquele que pertence a uma sociedade, princ. comercial; sócio, associado) e *adj* (diz-se dos animais que vivem em sociedade: *as formigas e abelhas são insetos societários*); **sócio** *sm* [**1**. societário (1); **2**. membro de clube ou organização; associado; **3**. aquele que tem uma convivência íntima e harmoniosa com alguém, com mútua proteção, ajuda, compartilhamento, etc.; parceiro, companheiro, camarada].

so.ci.o.cul.tu.ral (sò) *adj* Relativo aos fatores sociais e culturais; que envolve uma combinação de fatores sociais e culturais.

so.ci.o.e.co.nô.mi.co (sò) *adj* Relativo aos fatores sociais e econômicos; que envolve uma combinação de fatores sociais e econômicos.

so.ci.o.e.du.ca.ti.vo (sò) *adj* Relativo à difusão da cultura e educação em uma coletividade: *o panorama socioeducativo do país não é alentador*.

só.cio-fun.da.dor (ô) *sm* Aquele que constituiu uma empresa em sociedade com outro(s). · Pl.: *sócios-fundadores*.

só.cio-ge.ren.te *sm* Sócio que, por determinação contratual ou por escolha dos demais membros da sociedade, é incumbido da administração dos negócios da empresa. · Pl.: *sócios-gerentes*.

só.cio-his.tó.ri.co *adj* Relativo aos fatores ou problemas sociais e históricos de uma sociedade; histórico-social: *o significado sócio-histórico do serviço social*. · Pl.: *sócio-históricos*.

so.ci.o.lin.guís.ti.ca (sò; o **u** soa) *sf* Estudo da língua e do comportamento linguístico influenciado por fatores socioculturais; estudo da interação entre a linguística e as variáveis sociais. → **sociolinguista** (sò; o **u** soa) *s2gên* (pessoa versada em sociolinguística); **sociolinguístico** (sò; o **u** soa) *adj* (rel. a sociolinguística).

so.ci.o.lo.gi.a *sf* **1**. Estudo sistemático do desenvolvimento, estrutura, interação e comportamento coletivo de grupos organizados de seres humanos. **2**. Estudo dos problemas sociais. → **sociológico** *adj* (rel. a sociologia); **sociólogo** *sm* (aquele que é versado em sociologia).

so.ci.o.pa.ti.a (sò) *sf* Dificuldade que uma pessoa sente em conviver socialmente, com desprezo das normas sociais, indiferença aos direitos e sentimentos alheios, falta de empatia com outros seres humanos, geralmente com manifestações agressivas e/ou comportamento violento e perigoso. (Não se confunde com *psicopatia*.) → **sociopata** (sò) *adj* e *s2gên* (que ou pessoa que sofre de sociopatia), que não se confunde com *psicopata*, que é simpático, charmoso, inteligente, manipulador, frio, calculista e não tem plena consciência de sua atividade criminosa, porque não tem nenhum escrúpulo moral, embora possa fingir que sim (trata-se de um ator habilidoso); já o *sociopata* vive trombudo, costuma ser cabeça quente e manifesta clara incapacidade de levar uma vida normal; ambos têm, entretanto, transtorno de personalidade antissocial; **sociopático** (sò) *adj* (rel. a sociopatia).

so.ci.o.po.lí.ti.co (sò) *adj* Relativo a fatores sociais e políticos: *a realidade sociopolítica do Brasil é diferente da dos países vizinhos*.

só.cio-pro.pri.e.tá.rio *sm* Aquele que é proprietário de uma empresa em sociedade com outro(s). · Pl.: *sócios-proprietários*.

so.ci.or.re.li.gi.o.so (sò; ô; pl.: ó) *adj* Relativo a fatores sociais e religiosos.

so.ci.os.sim.bó.li.co (sò) *adj* Relativo à sociedade e aos símbolos: *a função sociossimbólica da linguagem*; *o significado sociossimbólico da violência na iniciação de gangues*.

só.cio-tor.ce.dor (ô) *sm* Torcedor que colabora com seu clube de coração com mensalidade ou anuidade e passa a ter direito a certos privilégios. · Pl.: *sócios-torcedores*.

so.co (ô) *sm* Pancada com a mão completamente fechada; murro. → **soco-inglês** *sm* [peça metálica usada em quatro dedos da mão (exceto o polegar), usada para aplicação de socos pungentes na cara do adversário, podendo ser fatais], de pl. *socos-ingleses*.

so.ço.brar *v* Afundar, naufragar: *o Titanic soçobrou na primeira viagem*. → **soçobra** *sf*, **soçobramento** ou **soçobro** (ô) *sm* (ato ou efeito de soçobrar).

so.cor.rer *v* **1**. Auxiliar ou ajudar de qualquer forma: *socorrer um náufrago*. **socorrer-se 2**. Pedir socorro, recorrer: *socorrer-se a todos os santos, num momento de perigo*. **3**. Valer-se, lançar mão: *socorrer-se de uma boa estratégia*. → **socorro** (ô; pl.: ó) *sm* [**1**. ato ou efeito de socorrer(-se); auxílio, ajuda; **2**. qualquer ajuda, auxílio, assistência ou apoio a quem o está necessitando com urgência] e *interj* (ajudem!). ·· **Primeiros socorros**. Assistência dada imediatamente a alguém, logo depois de um acidente.

Sócrates (470-399 a.C.). Filósofo grego de Atenas, considerado um dos mais profundos sábios de todos os tempos, embora analfabeto. → **socrático** *adj* (de Sócrates: *filosofia socrática*) e *adj* e *sm* (que ou aquele que é partidário do socratismo); **socratismo** *sm* (doutrina de Sócrates, fundamentada na defesa da verdade e na reflexão ética, que influenciou toda a filosofia grega posterior).

so.da *sf* **1**. Água gaseificada tomada como refrigerante, ou como acompanhante de bebidas alcoólicas. **2**. Redução de *soda cáustica*, nome vulgar do hidróxido de sódio (NaOH), substância altamente corrosiva.

só.dio *sm* Elemento químico metálico e muito ativo (símb.: **Na**), que explode em contato com a água, de n° atômico 11, o sexto mais abundante na natureza, usado em grande variedade de importantes compostos industriais.

so.do.mi.a *sf* **1**. Relação sexual que envolve cópula anal e/ou oral tanto entre homossexuais quanto entre heterossexuais. **2**. Relação sexual de ser humano com animal. **3**. Relação sexual entre um homem e outro bem mais jovem; pederastia. → **sodômico** ou **sodomítico** *adj* (rel. a sodomia); **sodomita** *adj* e *s2gên* (**1**. praticante de sodomia; **2**. natural ou habitante de Sodoma, cidade da antiga Palestina que teria sido destruída por Deus, por sua depravação); **sodomização** *sf* (ato ou efeito de sodomizar; relação sexual em que dos parceiros penetra o ânus do outro); **sodomizar** *v* (praticar sodomia ou sexo anal com, princ. à força: *o sequestrador sodomizou a vítima*). (A 6.ª ed. do VOLP registra *sodomizar*, mas não *sodomização*.)

so.er *v* Costumar ou ter por costume desde muito tempo: *em Belém sói chover todos os dias às 16h; elas soíam dormir de bruços*. · Usa-se apenas nas terceiras pessoas e apenas no presente e no pretérito imperfeito do indicativo.

so.er.guer(-se) *v* **1**. Levantar(-se) apenas um pouco ou com alguma dificuldade: *soerguer a cabeça; soergueu-se na cadeira, para pegar a janela*. **2**. Revitalizar(-se), revigorar(-se): *é preciso soerguer a indústria do turismo no Brasil; a indústria do turismo só se soerguirá com uma nova política do governo*. → **soerguimento** *sm* (ato ou efeito de soerguer(-se)].

so.fá *sm* Móvel estofado com braços e dois ou três espaldares. → **sofá-cama** *sm* (sofá que pode ser transformado em cama), de pl. *sofás-cama* ou *sofás-camas*.

so.fis.ma *sm* Argumento aparentemente lógico, mas falso, enganoso, de má-fé ou capcioso, geralmente para confundir ou derrotar alguém num debate ou discussão. → **sofismar** *v* (**1**. enganar, usando sofisma; **2**. empregar sofisma; argumentar por sofisma); **sofista** *adj* e *s2gên* (que ou pessoa que usa de sofismas); **sofístico** *adj* (rel. a sofisma ou a sofista).

so.fis.ti.car(-se) *v* Tornar(-se) requintado ou mais complexo; requintar(-se): *sofisticar a decoração de uma casa; a moda se sofisticou demais*. → **sofisticação** *sf* [ato ou efeito de sofisticar(-se)], de antôn. *simplificação*; **sofisticado** *adj* (**1**. requintado, fino, de bom gosto: *mulher sofisticada no vestir*; **2**. muito complexo ou complicado; profundo: *raciocínio sofisticado*; **3**. sem naturalidade; artificial, afetado: *sorriso sofisticado*; **4**. falsamente refinado ou intelectual; esnobe; **5**. diz-se de quem é considerado culto e de bom gosto: *ufologista sofisticado*).

so.fral.da *sf* Sopé de monte ou de serra.

sô.fre.go *adj* **1**. Que come ou bebe muito depressa, avidamente. **2**. *P.ext*. Que deseja algo ardentemente; muito desejoso, sequioso: *sôfrego de elogios, de sucesso*. **3**. *Fig*. Ansioso, impaciente: *estar sôfrega por encontrar o filho que chega de viagem*. → **sofreguidão** *sf* (qualidade de quem é sôfrego).

so.frer *v* **1**. Suportar ou sentir (coisa ruim ou danosa); afligir-se com (algo maléfico): *sofrer o desprezo de alguém*. **2**. Padecer: *sofrer (de) frio e fome*. **3**. Experimentar (coisa ruim ou desagradável): *o pobre é que sofre com a inflação*. → **sofrimento** *sm* (ato ou efeito de sofrer), de antôn. *prazer, felicidade*; **sofrível** *adj* (**1**. suportável; **2**. que está entre o bom e o mau; razoável).

softball [ingl.] *sm* **1**. Modalidade de esporte, variação do beisebol, jogada num campo menor e com bola maior e mais macia. **2**. Essa bola. · Pl.: *softballs*. · Pronuncia-se *sóft-ból*.

softkey [ingl.] *sf* Em informática e telefonia celular, cada uma das teclas que possibilitam acesso a muitas outras funções; tecla multifunção. · Pl.: *softkeys*. · Pronuncia-se *sóft-ki*.

software [ingl.] *sm* Conjunto de todos os programas, procedimentos e dados usados para a operação de um sistema de computador (em oposição a *hardware*). · Pl.: *softwares*. Pronuncia-se *sóft-uér*.

so.gro (ô) *sm* Pai do marido ou da mulher de alguém. · Fem.: *sogra*.

SOHC *sm* Acrônimo inglês de *single overhead camshaft* = único comando de válvulas no cabeçote. Diz-se do motor de explosão que tem duas válvulas no cabeçote, uma para admissão e a outra para escape. V. **DOHC**.

so.ja *sf* **1**. Planta leguminosa, originária do sudeste asiático, introduzida na América (EUA) em 1890, muito cultivada por causa de sua semente, rica em proteína e óleo. **2**. Essa semente; feijão-soja. → **sojicultor** (ô) *adj* e *sm* (que ou aquele que cultiva a soja); **sojicultura** *sf* (cultura em grande escala da soja); **sojicultural** *adj* (rel. a sojicultura); **sojoada** *sf* (pop. iguaria preparada do mesmo modo e com os mesmos ingredientes da feijoada, porém, com feijão-soja no lugar do feijão-preto).

Sol *sm* **1**. Estrela que é o centro do sistema solar, em volta da qual giram todos os planetas, de quem recebem luz e calor: *eclipse do Sol; pôr do Sol*. **sol** *sm* **2**. Luz e calor provenientes dessa estrela: *tomar sol*. **3**. Lugar iluminado por essa estrela: *saia do sol, menino!* **4**. Luz: *o sol da liberdade raiou, afinal, no Leste europeu*. **5**. Nota musical: *o sol é a quinta nota da escala musical*. **6**. Sinal representativo dessa nota na pauta.

so.la *sf* **1**. Couro curtido e preparado princ. para manufaturar calçados. **2**. Parte do calçado que assenta no chão. **3**. Base (do pé).

so.la.par *v* **1**. Destruir ou arruinar gradualmente; minar: *o cigarro solapa a saúde; a água da enchente se infiltrou e solapou a fundação do prédio*. **2**. Fazer fracassar; provocar o fracasso de: *a oposição solapou o projeto do governo*. **3**. Encobrir, ocultar: *ela sabe como ninguém solapar o ciúme que tem do namorado*. → **solapamento** *sm* (ato ou efeito de solapar).

so.lar *adj* **1**. Relativo ou pertencente ao Sol. **2**. Baseado no uso de energia solar. // *sm* **3**. Qualquer palácio ou casa nobre. // *v* **4**. Pôr sola em (calçado). **5**. Ficar duro como sola (bolo, carne, etc.). **6**. Executar um solo musical. → **solarengo** *adj* (rel. ou pert. a solar); **solário** *sm* (qualquer terraço ou varanda onde bate muito sol, destinada geralmente a banhos de sol, princ. com fins terapêuticos).

so.la.van.co *sm* Sacudida brusca de veículo em movimento; tranco: *o ônibus deu um solavanco e fez vários passageiros caírem*. → **solavancar** *v* (dar solavancos).

sol.da *sf* **1**. Substância metálica e fusível que se usa para unir peças também metálicas. **2**. Soldadura, soldagem. → **solda**, **soldadura** ou **soldagem** *sf* (ato ou efeito de soldar); **soldar** *v* (unir com solda).

sol.da.do *adj* **1**. Que foi unido com solda. // *sm* **2**. Aquele que se alistou no Exército ou numa das polícias militares estaduais. **3**. Qualquer militar sem graduação; praça. **4**. *Fig*. Sectário, partidário, defensor: *ser um soldado da democracia*. · Fem.: *soldada*. → **soldadesca** (ê) *sf* (os militares, a classe militar); **soldadesco** (ê) *adj* (rel. a soldados);

soldo (ô) *sm* (salário de militar).

so.le.cis.mo *sm* Qualquer transgressão às normas sintáticas (p. ex.: "fazem" dois anos que não chove, "houveram" muitas reclamações). → **solecista** *adj* e *s2gên* (que ou pessoa que comete solecismos), **solecístico** *adj* (rel. a solecismo ou a solecista).

so.lei.ra *sf* **1**. Peça de madeira ou de pedra, abaixo da porta, no nível do piso; limiar (da porta). **2**. Construção de madeira, ferro ou cimento em que se assentam os pilares das pontes, eclusas, etc. **3**. Parte do estribo sobre a qual assenta o pé.

so.le.ne *adj* **1**. Realizado segundo certas formalidades públicas; pomposo, magnífico. **2**. Muito sério e respeitoso. **3**. Realizado segundo o ritual ou a tradição. **4**. Feito de acordo com a lei. → **solenidade** *sf* (**1**. qualidade de solene; **2**. festa ou ato solene).

so.ler.te *adj* e *s2gên* **1**. Que ou pessoa que age com engenhosidade, sabedoria e esperteza. **2**. Que ou pessoa que é hábil em usar meios desonestos para conseguir o que quer; velhaco(a), malandro(a), finório(a). → **solércia** *sf* (**1**. qualidade de solerte; **2**. engenhosidade, esperteza ou sagacidade para fazer alguma coisa: *o Estado, hoje, assusta com sua solércia em perseguir e cobrar e com sua lerdeza em ajudar e servir*; **3**. velhacaria, malandragem, esperteza: *posso até perdoar, mas nunca vou esquecer a solércia que você praticou contra mim*).

so.le.trar *v* **1**. Ler pronunciando separadamente as letras de (palavra ou sigla): *soletre a palavra salsicha!* **2**. Ler pronunciando pausadamente as sílabas de (uma palavra): *soletre a palavra* interstício*!* → **soletração** *sf* (**1**. ato ou efeito de soletrar; **2**. método de aprendizado de leitura que consiste em tomar cada letra ou cada dígrafo como unidade de leitura).

sol.fa.ta.ra *sf* Área vulcânica que expele vapores quentes e gases sulfurosos.

sol.fe.jar *v* Ler ou cantar, pronunciando somente os nomes das notas e respeitando os sinais da notação: *solfejar uma composição*. (Mantém o e fechado durante a conjugação.) → **solfejo** (ê) *sm* (**1**. ato ou efeito de solfejar; **2**. arte de solfejar; **3**. exercício musical para aprender a solfejar); **solfista** *s2gên* (pessoa que solfeja).

so.li.ci.tar *v* **1**. Pedir com o máximo zelo ou cuidado: *solicitar um empréstimo*. **2**. Convidar, exigindo: *o juiz solicitou que as partes se pronunciassem*. **3**. Requerer: *solicitar umas férias*. → **solicitação** *sf* (ato ou efeito de solicitar); **solicitante** *adj* e *s2gên* (que ou pessoa que solicita).

so.lí.ci.to *adj* **1**. Diz-se daquele que a um pedido age com boa vontade, prazer e cuidado: *toda secretária deve ser solícita*. **2**. Diz-se daquele que toma iniciativa e age prontamente para ajudar ou servir; que está sempre pronto para ajudar; prestativo: *vendedor solícito*. **3**. Cuidadoso, zeloso, diligente: *governanta solícita; babá solícita*. **4**. Que denota solicitude, atenção, consideração: *gesto solícito*. → **solicitude** *sf* (qualidade ou característica de solícito).

so.li.dão *sf* **1**. Estado, condição ou sentimento de vazio ou de angústia por estar só ou por se sentir só, ainda que na companhia de outro(s). (Não se confunde com *solitude*.) **2**. Afastamento das habitações; ausência de qualquer atividade humana: *a solidão das montanhas*. **3**. Lugar solitário e pouco frequentado: *a solidão do campo*. •• **Solidão a dois**. Estado ou condição em que duas pessoas, geralmente casadas, sentem-se incompreendidas, rejeitadas, mal amadas, desinteressantes e desinteressadas.

so.li.dá.rio *adj* **1**. Em que há união ou companheirismo: *ambiente solidário; colega solidário*. **2**. Que compartilha com outra pessoa opiniões, interesses, ideias, responsabilidades, objetivos, etc. **3**. Que partilha o sentimento e o sofrimento de outrem. **4**. Em direito, que responsabiliza cada um dos devedores pelo pagamento integral de uma dívida. **5**.*P.ext*. Ligado por ato solidário: *devedor solidário*. → **solidariedade** *sf* (qualidade de quem é solidário); **solidarização** *sf* [ato ou efeito de solidarizar(-se); manifestação de apoio, princ. moral]; **solidarizar(-se)** *v* [tornar(-se) solidário: *as catástrofes solidarizam as pessoas; solidarizo-me com vocês nessa campanha*].

so.li.déu *sm* **1**. Barrete circular com que religiosos cobrem a coroa ou alto da cabeça. **2**. Barrete usado pelos judeus durante as orações ou cerimônias fúnebres e, normalmente, por todos os ortodoxos.

só.li.do *adj* e *sm* **1**. Que ou corpo que tem as três dimensões (comprimento, largura e altura), distinto de *superfície* (que tem duas dimensões) e de *linha* (que tem apenas uma). // *adj* **2**. Diz-se do corpo cujas partículas são tão aderentes umas às outras, que lhe permite resistir a pressões relativamente fortes; duro; que não muda facilmente de forma (em oposição a *líquido* e a *gasoso*). **3**. Diz-se de alimento consistente; substancial. **4**. Nutritivo, substancial, bom para a saúde. **5**. Confiável, seguro. **6**. Profundo, vasto. **7**. Firme, inabalável. **8**. Firme, forte, resistente. **9**. Financeiramente seguro. // *sm* **10**. Substância de forma e volume definidos, geralmente caracterizada pela rigidez de forma e resistência a pressão ou deformações (em oposição a *líquido* e *gás*); o que não é nem líquido nem gasoso. **11**. Figura geométrica de três dimensões, (em oposição a *superfície*, que tem duas dimensões, e a *linha*, que só tem uma). **12**. Alimentação à base de produtos sólidos. → **solidez** *sf* (qualidade ou estado de sólido); **solidificação** *sf* [ato ou efeito de solidificar(-se)]; **solidificar(-se)** *v* [tornar(-se) sólido, duro; congelar(-se): *o frio do Sul solidifica a água nos encanamentos; até a água dos encanamentos (se) solidificou, com o frio*].

so.li.tá.ria *sf* **1**. Verme intestinal; tênia. **2**. *Pop*. Cela de penitenciária, onde se mantém isolado detento turbulento, rebelde ou altamente perigoso. **3**. *Pop*. Pena cumprida em tal cela.

so.li.tá.rio *adj* **1**. Relativo a solidão. **2**. Que é único num lugar. **3**. Que se fez ou gozou sozinho. // *adj* e *sm* **4**. Que ou quem vive sozinho. // *sm* **5**. Joia com uma só pedra preciosa engastada, mas grande. **6**. Essa pedra.

so.li.tu.de *sf* Estado, condição ou sentimento de privacidade, em que alguém se isola voluntariamente ou está sozinho porque quer; isolamento voluntário; prazer ou glória de estar sozinho. [Não se confunde com *solidão* (1): na *solidão* há quase sempre desespero; na *solitude*, prazer.

so.lo¹ *sm* **1**. Fina camada de superfície terrestre, na qual se anda e se desenvolvem as plantas. **2**. Tipo particular de terra ou chão. **3**. Apresentação de ginástica artística em que o atleta, sem aparelhos, realiza movimentos acrobáticos sobre o chão acolchoado.

so.lo² *sm* **1**. Qualquer performance de uma pessoa sozinha. **2**. Em concertos, trecho destinado à execução de um só músico. **3**. *Pop*. Primeiro voo que um aluno de pilotagem faz sozinho. **4**. Qualquer dos vários jogos de cartas em que um jogador decide atuar sem parceiro contra os demais. // *adj* **5**. Diz-se de cantor ou instrumento musical que se apresenta só. **6**. Diz-se de cantor(a) que opta por apresentar-se só, depois de fazer parte de um conjunto. **7**.*P.ext*. Diz-se de tudo o que é feito ou realizado sem companheiro: *carreira solo, álbum solo, voo solo, etc*. → **solista** *adj* e *s2gên* (que ou pessoa que executa um solo).

sols.tí.cio *sm* Cada uma das duas épocas do ano em que o Sol está a maior distância do equador (por volta de 21 de junho: *solstício* do inverno e por volta de 22 de dezembro: *solstício* do verão, ambos no hemisfério sul).

sol.tar *v* **1**. Largar (o que estava preso ou seguro): *soltar o cabelo*. **2**. Tornar livre, dar liberdade a: *soltar os passarinhos*. **3**. Desfraldar: *soltar as velas*. **4**. Deixar correr o conteúdo de: *soltar o tanque*. **5**. Afrouxar, desapertar: *soltar o nó da gravata*. **6**. Proferir, dizer (geralmente tolices): *soltar bobagens*. **7**. Emitir: *soltar gases*. **8**. Disparar: *soltar foguetes*. **9**. Exalar: *as rosas soltam deliciosos perfumes*. **10**. Aplicar, desferir: *soltei-lhe um tapão*. **soltar-se 11**. Afrouxar-se, desprender-se: *a correia se soltou da catraca*. **12**. Desinibir-se, relaxar: *só quando bebeu é que ela se soltou*. • Antôn. (1 e 2): *prender, amarrar*. → **soltamento** *sm* ou **soltura** *sf* [ato ou efeito de soltar(-se)]; **solto** (ô) *adj* (**1**. que não está preso; **2**. que está à vontade; desembaraçado; **3**. largo, folgado; **4**. que não apresenta aderência entre suas partes; desunido). •• **Soltar a franga** (pop.). **1**. Assumir abertamente a sua condição de *gay* ou homossexual. **2**. Descontrair-se, desembaraçar-se: *Ante gente séria ou desconhecida, ele é todo formal; ante conhecidos ou amigos, solta a franga*. **3**. Fazer tudo aquilo a que tem direito: *Ela chegou à minha festa toda séria, bebeu e acabou soltando a franga*.

sol.tei.ro *adj* e *sm* Que ou aquele que não casou. → **solteirão** *adj* e *sm* (que ou aquele que se conserva solteiro até depois dos 40 anos, de. fem. *solteirona*).

so.lu.ção *sf* **1**. Ato ou efeito de solver; resolução. **2**. Meio de resolver problema ou de lidar com situação difícil: *não há solução fácil para problemas conjugais: a solução do seu problema é simples: gastar menos*. **3**. Resposta correta para um quebra-cabeça: *ela sempre tem solução para as palavras cruzadas*. **4**. Produtos ou serviços projetados para atender a uma determinada necessidade: *é uma empresa de marketing de internet especializada em soluções de e-commerce*. **5**. Mistura líquida em que o componente secundário (soluto) é uniformemente distribuído dentro do componente principal (solvente). **6**. Processo ou estado de ser dissolvido em um solvente: *esse tipo de goma em solução é melhor usada em papel fino*. → **solubilidade** *sf* (qualidade de ser o solúvel); **solucionar** *v* (dar solução a; resolver); **soluto** *sm* [substância dissolvida numa solução (em oposição a *solvente*) e *adj* (que está em solução; dissolvido); **solúvel** *adj* (**1**. que se pode dissolver: *café solúvel;* **2**. *fig.* que se pode resolver ou solucionar: *problema solúvel);* **solvência** *sf* (qualidade de solvente); **solvente** *adj* (que tem como pagar legalmente todos os débitos contraídos: *consumidor solvente*) e *adj* e *sm* [que ou substância que tem a capacidade de dissolver outra, produzindo uma solução (em oposição a *soluto*)]; **solver** *v* (**1**. resolver, solucionar: *solver problemas;* **2**. pagar, quitar: *solver dívidas;* **3**. dissolver: *solver um pó*). •• **Solução de continuidade**. Interrupção, cessação: *As negociações não sofreram solução de continuidade.*

so.lu.ço *sm* **1**. Fenômeno reflexo que consiste na contração espasmódica do diafragma, acompanhada de um ruído característico de aspiração. **2**. Choro entrecortado de soluços. → **soluçar** *v* (**1**. exprimir entre soluços: *soluçou todas as suas queixas;* **2**. dar ou soltar soluços: *depois de mamarem, os bebês geralmente soluçam*).

soluçoso (ô; pl.: ó) *adj* (**1**. que soluça; **2**. acompanhado de soluços).

som *sm* **1**. Energia que viaja em ondas pelo ar, água ou outras substâncias e pode ser ouvida: *o som viaja mais lentamente que a luz; esse avião viaja mais rápido que a velocidade do som.* **2**. Sensação auditiva provocada por uma onda acústica: *ouvir som de tiros.* **3**. Toda vibração acústica considerada do ponto de vista das sensações auditivas; ruído característico ou distintivo; tipo de som: *o som da cigarra irrita; o som de água corrente; o som de um violino.* **4**. Volume ou intensidade sonora de um aparelho ou equipamento: *abaixe o som, que estou ao telefone!* **5**. Conjunto das técnicas de gravação e reprodução de sons, particularmente do cinema, do rádio e da televisão. **6**. Toda emissão de voz, simples ou articulada. **7**. *Gír.* Qualquer música, princ. a popular: *estou ouvindo um som maneiro aqui no meu fone de ouvido.* **8**. *Pop.* Aparelho ou equipamento sonoro: *comprei um som importado.* **8**. Estilo próprio de compositor, cantor ou conjunto musical: *gosto de som dessa banda.* • V. **sonoro**. → **sônico** *adj* (**1**. rel. a som; **2**. rel. a velocidade do som; **3**. que possui uma velocidade igual à do som).

so.mar *v* **1**. Efetuar a operação de soma ou adição de: *some todos esses números!* **2**. Equivaler a: *as despesas somam mil reais.* **3**. Avaliar: *somar os prós e os contras de um empreendimento.* **4**. Totalizar: *o público no estádio somou apenas cem torcedores.* **5**. Concentrar, reunir, acumular: *somar forças, esforços para alcançar um objetivo.* **somar-se 5**. Juntar-se, reunir-se: *meu apelo se somou ao de milhares de pessoas.* → **soma** *sf* (**1**. ação ou efeito de somar; adição; **2**. resultado de uma adição; total, somatório; **3**. conjunto formado a partir da reunião de diversos elementos; total; **4**. certa porção de dinheiro; quantia: *gastou vultosa soma nessa obra;* **5**. totalidade, conjunto: *nessa lista consta a soma de todos os sócios do clube;* **6**. grande quantidade de qualquer coisa; abundância: *envolver-se em uma soma de problemas*); **somatório** *adj* (rel. a soma ou que indica uma soma) e *sm* [**1**. operação pela qual se faz a soma de várias quantidades; soma geral; **2**. totalidade ou conjunto dos diversos subconjuntos, fatos ou coisas; **3**. soma (2)]. (A 6.ª ed. do VOLP registra ainda *somatória,* forma considerada cacográfica até bem pouco tempo atrás.)

Somália *sf* País da África, de área correspondente à dos estados de Minas Gerais e Espírito Santo juntos. → **somali** *adj* e *s2gên* ou **somaliano** *adj* e *sm* (A primeira forma, como se vê, é oxítona, embora a mídia a considere paroxítona, pronunciando "somáli".)

so.má.ti.co *adj* **1**. Relativo ao corpo humano; corporal, físico (por oposição a *psíquico*): *as pessoas responderam a um questionário sobre seus sintomas somáticos.* **2**. Relativo às paredes corporais (por oposição às vísceras ou órgãos internos). **3**. Relativo à célula somática.

sombra *sf* **1**. Falta de luz por efeito de interposição ou presença de corpo opaco. **2**. Lugar onde não bate nenhum raio solar. **3**. Ausência de luz solar. **4**. Ligeira aparência; ar. **5**. Cosmético de tons variados com que se pintam as pálpebras. **6**. Pessoa que acompanha ou persegue outra constantemente. **7**. Pessoa de mesmo brilho, competência ou prestígio. → **sombreação** *sf* ou **sombreamento** *sm* [ato ou efeito de sombrear(-se)]; **sombreado** *adj* (**1**. que está à sombra de qualquer coisa; **2**. diz-se de quadro que tem distribuição de sombras) e *sm* (gradação do escuro num quadro, desenho, rosto, etc.); **sombrear** *v* [**1**. dar sombra a: *uma palmeira sombreia o terraço;* **2**. tornar escuro ou mais escuro (o que é claro ou branco); escurecer: *sombrear as sobrancelhas e o bigode;* **3**. fazer sombreados em: *sombrear um desenho;* **4**. tornar sombrio, carrancudo], que se conjuga por *frear;* **sombreiro** *sm* (**1**. aquilo que produz sombra;

guarda-sol; **2**. chapéu de abas bem largas, típico do México); **sombrinha** *sf* (cobertura portátil e circular, de tecido leve e colorido, com cabo, usada para proteger as mulheres do sol ou da chuva); **sombrio** *adj* (**1**. em que há pouca iluminação; escuro: *ruas sombrias;* **2**. de tonalidade cinzenta; escuro: *cores sombrias;* **3**. que faz sombra: *prédios sombrios na avenida beira-mar;* **4**. em que não bate sol: *quarto sombrio;* **5**. *fig.* sem esperanças ou perspectivas: *futuro sombrio;* **6**. *fig.* tenebroso, fúnebre: *noite sombria;* **7**. *fig.* triste, melancólico, taciturno, sorumbático: *olhar sombrio;* **8**. *fig.* pavoroso, lúgubre: *caso sombrio; o lado sombrio de uma personalidade;* **9**. *fig.* carregado, pesado: *ambiente sombrio;* **10**. *Fig.* em que não há progresso ou desenvolvimento: *passamos por uma década sombria em nossa economia*) e *sm* (lugar em que não há sol: *os aposentados estão sempre ali, sentados no sombrio da praça*).

so.me.nos *adj* De qualidade ou valor inferior; insignificante, irrelevante: *questão somenos.* (Usa-se também *de somenos.*)

so.men.te (sò) *adv* Só, apenas, unicamente.

so.mi.ê *sm* **1**. Estrado revestido de tecido sobre o qual se assenta o colchão. **2**. Sofá sem braço nem espaldar.

sommelier [fr.] *s2gên* Profissional de restaurante de luxo, cuja função consiste em recomendar, degustar, servir e garantir a boa qualidade e temperatura dos vinhos e outras bebidas. • Pl.: *sommeliers.* • Pronuncia-se *someliê.*

so.nam.bu.lis.mo *sm* Estado, doença ou distúrbio que consiste em caminhar durante o sono, além de uma série de movimentos, atos automáticos e inconscientes, sem que reste a menor lembrança ao indivíduo, ao despertar. → **sonambúlico** *adj* (rel. a sonâmbulo); **sonâmbulo** *adj* e *sm* (que ou aquele que tem sonambulismo).

so.nan.te ou **so.an.te** *adj* **1**. Que soa, sonoro: *em liquidar, o u pode ser sonante ou não.* **2**. Cunhado em metal (por oposição a *papel*): *moeda sonante.* → **sonância** *sf* (qualidade de sonante).

sonar *sm* **1**. Acrônimo inglês de <u>*sound navigation and ranging*</u>, equipamento usado para detectar e localizar objetos submersos (p. ex.: submarinos, bancos de areia) por meio das ondas sonoras que eles refletem ou produzem. // *adj* **2**. Relativo a esse equipamento ou próprio dele.

so.na.ta *sf* Composição instrumental para piano ou para no máximo quatro instrumentos de solo (um dos quais tem de ser de teclado), constituída de três ou quatro movimentos independentes, que variam de formas e tonalidades (por oposição às composições vocais, chamadas *cantatas*).

son.da *sf* **1**. Instrumento usado para medir a profundidade das águas e explorar lugares desconhecidos. **2**. Instrumento que se eleva a grandes altitudes, com equipamento destinado a explorar a atmosfera. **3**. Redução de *sonda espacial,* engenho empregado nos voos espaciais exploratórios. **4**. Aparelho, geralmente flexível, que se introduz em orifícios do organismo para pôr ou extrair líquidos. → **sondagem** *sf* (ato ou efeito de sondar); **sondar** *v* (**1**. examinar ou explorar com sonda: *sondar o estômago, para constatar um mal;* **2**. averiguar, empregando meios cautelosos; observar às ocultas; espiar: *sonde o que os namorados estão fazendo na sacada!;* **3**. procurar conhecer: *vou sondar o que ela acha*).

son.dá *sf* Linha grossa e comprida, para pescaria com anzol nos lugares fundos.

so.ne.gar *v* **1**. Deixar de mencionar (quando a menção é exigida por lei): *sonegar informações na declaração de imposto de renda.* **2**. Deixar de pagar (imposto) ou contribuir, porém não integralmente, iludindo a lei. → **sonegação** *sf* ou **sonegamento** *sm* (ato ou efeito de sonegar).

so.ne.to (ê) *sm* Poema de catorze versos dispostos em dois quartetos e dois tercetos, rimados esquematicamente. → **sonetear** *v* (**1**. celebrar em sonetos; **2**. compor ou fazer sonetos), que se conjuga por *frear;* **sonetista** *adj* e *s2gên* (que ou quem faz sonetos).

son.ga.mon.ga *s2gên* Pessoa sonsa, abestalhada.

so.nho *sm* **1**. Sucessão de imagens, pensamentos ou emoções, geralmente confusos ou ilógicos, que ocorre durante o sono e pode ser memorizada, quase sempre parcialmente. **2**. Aquilo com que se sonha. **3**. Devaneio, fantasia, ilusão. **4**. Aspiração ou ideal acalentado; meta, objetivo: *qual é o seu sonho de vida?* **5**. *Fig.* Coisa ou pessoa encantadora: *esta cidade é um sonho!; sua filha é um sonho!* **6**. Bolo fofo e com recheio, feito de ovos e farinha, frito e polvilhado exteriormente com açúcar e canela; filhó (1). // *smpl* **7**. O que sempre foi muito desejado, tido quase como impossível: *comprei o carro dos meus sonhos.* → **sonhador** (ô) *adj* e *sm* (**1**. que ou aquele que sonha: *o sonho* oferece insights *sobre a vida interior do sonhador*; **2**. *fig.* que ou aquele que vive em um mundo de fantasia e imaginação; **3**. *fig.* que ou aquele que tem ideias ou projetos tidos como impraticáveis; visionário) e *adj* (próprio de sonho; que sugere sonho: *olhar sonhador*); **sonhar** *v* (**1**. ver em sonhos: *sonhei que era um maestro*; **2**. supor, imaginar: *você nem sonha o que sofri por essa mulher!*; **3**. desejar muito; aspirar: *sonhava em conhecer as ilhas gregas*; **4**. ver em sonhos: *sonhei com você*; **5**. ter sonhos: *todo o mundo sonha*; **6**. entregar-se a fantasias e devaneios; devanear: *ela vive sonhando*).

so.no *sm* **1**. Estado de quem dorme. **2**. Desejo ou vontade de dormir. → **soneca** *sf* (breve período de sono; sono curto, cochilo; **soneira** *sf* [sonolência (2)]; **sonífero** *adj* e *sm* (que ou substância que causa sono; soporífero); **sonolência** *sf* (**1**. estado intermediário entre o sono e a vigília; estado de sonolento; **2**. desejo irresistível de dormir; soneira: *beber vinho dá sonolência*); **sonolento** *adj* (**1**. rel. a sonolência; **2**. que provoca sono; **3**. que se levantou há pouco e ainda não está totalmente acordado; **sonoterapeuta** *s2gên* (especialista em sonoterapia), palavra sem registro no 6.ª ed. do VOLP; **sonoterapia** *sf* (tratamento de doenças nervosas ou mentais por meio de sono artificial prolongado); **sonoterápico** *adj* (rel. a sonoterapia).

so.no.plas.ti.a *sf* **1**. Técnica de criar, selecionar e aplicar efeitos sonoros, em filmes, programas de rádio e televisão, teatro, etc.: *esse profissional conhece tudo sobre sonoplastia*. **2**. Conjunto desses efeitos sonoros: *sensacional a sonoplastia desse filme*. → **sonoplasta** *s2gên* (pessoa que trabalha em sonoplastia ou se dedica ao seu estudo); **sonoplástico** *adj* (rel. a sonoplastia: *efeitos sonoplásticos*).

so.no.ro *adj* **1**. Que produz ou reforça o som; ressonante. **2**. Que produz som forte, intenso. **3**. Que reforça bem o som. **4**. De som agradável; harmonioso, suave. **5**. Diz-se de fonema cuja emissão ou articulação é acompanhada da vibração das cordas vocais (em oposição a *surdo*). → **sonoridade** *sf* (qualidade ou condição de ser sonoro); **sonorização** *sf* (**1**. ato ou efeito de sonorizar; **2**. mudança de um fonema surdo para sonoro (p. ex.: vaça > vaga); **sonorizador** (ô) *adj* e *sm* (que ou o que sonoriza) e *sm* [dispositivo com pequenas ondas, construído de um lado a outro de uma autopista, destinado a causar trepidação e ruído e alertar o motorista da existência de algum obstáculo adiante (geralmente redutores de velocidade, como quebra--molas, lombadas, etc.), obrigando-o a reduzir a velocidade]; **sonorizar** *v* (**1**. dotar de som: *sonorizar um filme*; **2**. instalar equipamento de som em: *sonorizar um carro*; **3**. tornar sonoro (fonema surdo)].

son.so *adj* e *sm* **1**. Que ou aquele que se faz de tolo ou de ingênuo, para disfarçar a esperteza; fingido, dissimulado, hipócrita. **2**. *Pop.* Que ou aquele que é abobalhado. → **sonsice** *sf* (**1**. qualidade de quem é sonso; **2**. fingimento, dissimulação, hipocrisia).

so.pa (ô) *sf* **1**. Caldo alimentício feito com carne, vegetais, massa, etc., geralmente servido como entrada. **2**. *Pop.* Qualquer coisa fácil de fazer, vencer ou obter; baba.

so.pa.po *sm* Tapa forte dado no rosto; tapão, bofetão. (Não se confunde com *tabefe*.)

so.pé *sm* Parte onde começa um monte; base de monte ou montanha.

so.pe.sar *v* **1**. Avaliar o peso de (alguma coisa), segurando ou suspendendo na mão: *sopesar um animal, uma fruta, um calhamaço*. **2**. Suspender com a mão: *sopesar um troféu*. **3**. Suportar o peso de: *a mãe sopesava nos braços, em pé, os dois filhos chorões*. **4**. Distribuir com regra e parcimônia: *sopesar as gratificações*. **5**. Conter, reprimir: *sopesar o riso, o choro, o medo*. **6**. Avaliar, medir: *é preciso sopesar bem os prós e os contras dessa medida*. **sopesar-se 7**. Manter-se em equilíbrio; equilibrar-se: *sopesar-se num muro*. → **soposo** (ê) *sm* [ato ou efeito de sopesar(-se)].

so.pi.tar *v* **1**. Fazer dormir; fazer adormecer: *sopitar o nenê com uma canção de ninar; o cansaço sopitou-nos*. **2**. Dominar, conter, refrear: *sopitar a inveja*. **3**. Acalmar, serenar: *o árbitro deu o pênalti, para sopitar a fúria da torcida*. **4**. Quebrar as forças de; enfraquecer, alquebrar: *o trabalho duro, dia a dia, ia sopitando-nos*. **5**. Iludir com sonhos e esperanças: *sopitar as garotas com promessas de casamento*. → **sopitamento** *sm* (ato ou efeito de sopitar).

so.po.rí.fe.ro ou **so.po.rí.fi.co** *adj* e *sm* Sonífero.

so.pra.no *sm* **1**. A mais aguda das vozes humanas. // *s2gên* **2**. Cantor(a) ou pessoa que tem essa voz.

so.prar *v* V. **assoprar**. → **sopro** ou **assopro** (ô) *sm* (ato ou efeito de soprar ou assoprar); **sopro** (ô) *sm* (**1**. assopro: *apagar as velinhas do bolo com um só sopro*; **2**. ruído anormal que se detecta mediante auscultação e pode localizar-se em diversos órgãos: *sopro do coração*; **3**. *fig.* inspiração criadora; **4**. *fig.* espaço muito breve de tempo; instante: *fiz isso num sopro; estava junto dela, em seu último sopro de vida*; **5**. *fig.* influência, força, estímulo, impulso). ·· **Instrumento de sopro**. Instrumento musical em que o som é produzido pela vibração de uma coluna de ar, como a gaita, o acordeom, o pistom, etc.

so.que.ar *v* **1**. Socar (1). **2**. Dar trancos ou solavancos: *antes de partir, o trem soqueou bruscamente*. · Conjuga-se por *frear*.

so.que.te *sf* Meia feminina de cano curto, que chega apenas até o tornozelo, própria para ser usada com tênis ou sapato baixo.

so.que.te (ê) *sm* **1**. Utensílio pesado para socar ou comprimir a terra. **2**. Soco dado com pouca força. **3**. Suporte rosqueado em que se encaixa uma parte da lâmpada.

sorbet [fr.] *sm* Tipo de sorvete que não contém leite na sua composição, feito com bebidas alcoólicas e frutas frescas, servido como sobremesa ou na limpeza do paladar, entre pratos salgados. · Pl.: *sorbets*. · Pronuncia-se *sòRbê*.

sór.di.do *adj* **1**. Moralmente indecente, imundo, repugnante, nojento; canalha, calhorda: *político sórdido*. **2**. Caracterizado pela indecência: *atitude sórdida*. → **sordidez** (ê) ou **sordideza** (ê) *sf* (qualidade ou caráter de sórdido).

sor.go (ô) *sm* **1**. Planta gramínea, semelhante ao milho, cultivada por seus grãos nutritivos. **2**. Esse grão.

so.ro (ô) *sm* **1**. Líquido que sobra, quando o sangue ou o leite coalham. **2**. Líquido que uma pessoa recebe pela veia, para tratamento ou alimentação. **3**. Redução de *soro medicinal*, substância usada na prevenção ou no tratamento de doença, produzida a partir do soro sanguíneo de animais: *soro antitetânico*. → **sorológico** *adj* (rel. a soro).

so.ro.ne.ga.ti.vo *adj* Que apresenta reação negativa a um teste de soro sanguíneo para uma doença, princ. sífilis e aids.

so.ro.po.si.ti.vo *adj* Que apresenta reação positiva a um teste de soro sanguíneo para uma doença, princ. sífilis e sida.

só.ror *sf* Tratamento dado às freiras ou irmãs, usado obrigatoriamente antes de nome (p. ex.: *sóror Lúcia*). → **sororal** *adj* (rel. a sóror).

so.ro.ri.cí.dio (sò) *sm* Assassinato de irmã. · V. **fratricídio**. → **sororicida** *adj* e *s2gên* (que ou pessoa que comete sororicídio); **sororidade** *sf* (relação de irmandade, afeição e união entre mulheres).

sor.ra.tei.ro *adj* **1**. Que faz as coisas sem que ninguém perceba; que age secretamente; astuto, matreiro, manhoso: *o Papai Noel das crianças é sempre sorrateiro*. **2**. Que esconde seus verdadeiros sentimentos ou suas reais intenções; dissimulado, disfarçado: *o lobo, então, sorrateiro, começa a conversar com Chapeuzinho Vermelho*. **3**. Caracterizado pela dissimulação ou disfarce; dissimulado, fingido, disfarçado: *sorriso sorrateiro*.

sor.rir *v* Contrair discretamente os músculos faciais, por causa de algo agradável ou engraçado. · Antôn.: *chorar*. → **sorridente** *adj* (**1**. que sorri; risonho: *recepcionistas têm de ser sorridentes*; **2**. que denota prazer ou contentamento: *rosto sorridente*; **3**. *fig.* promissor, esperançoso: *ter um futuro sorridente*); **sorriso** *sm* (ato de sorrir; expressão facial em que os olhos brilham e os cantos da boca se curvam ligeiramente para cima, denotando satisfação, aprovação, prazer, amizade e, às vezes, desprezo e ironia).

sor.te *sf* **1**. Evento que está além do controle e parece sujeito ao acaso; destino, fortuna: *conformou-se com sua sorte*. **2**. Felicidade ditada pelo destino: *foi sorte não ter casado*. **3**. Momento ou circunstância feliz. **4**. Bilhete premiado de loteria: *tirei a sorte grande*. **5**. Decisão pelo acaso; sorteio: *decidimos pela sorte com quem ficaria o ingresso do show*. **6**. Tipo, classe, categoria: *gente de toda sorte compareceu*. → **sortear** *v* (tirar ou escolher ao acaso); **sorteio** *sm* [**1**. ato ou efeito de sortear; **2**. extração dos números de rifa, loteria, etc; **3**. sorte (6)]; **sortudo** *adj* e *sm* (que tem muita sorte; que é afortunado). ·· **De sorte que**. De maneira que, de forma que. ·· **Por sorte**. Por felicidade: *Por sorte eles chegaram antes da tempestade*.

sor.ti.do *adj* **1**. Abastecido, provido, cheio: *despensa sortida*. **2**. Variado, diversificado: *tecido de cores sortidas; balas de sortidos sabores; cardápio bem sortido*. **3**. Que tem grande variedade de produtos ou mercadorias: *mercado bem sortido*. // *sm* **4**. Refeição servida no prato; prato feito; pê-efe. → **sortimento** *sm* (**1**. ato ou efeito de sortir; **2**. abundância diversificada de gêneros, produtos ou mercadorias; variedade abundante; multiplicidade: *loja que tem um sortimento de calçados; quitanda com um sortimento de frutas*); **sortir** *v* [encher de (mercadorias); abastecer, prover: *ele sortiu o estoque da loja*], que se conjuga *polir* e não se confunde com *surtir*.

sor.ti.lé.gio *sm* **1**. Magia de bruxa ou feiticeiro, princ. como meio de tomar decisões ou fazer previsões; bruxaria, feitiço. **2**. *P.ext.* Qualquer coisa que exerce atração, sedução ou fascínio: *quem resistia aos sortilégios daquela mulher?* **3**. *P.ext.* Trama que se arma para alcançar algum objetivo; maquinação: *usou de todos os sortilégios inimagináveis para conquistar a garota.*

so.rum.bá.ti.co *adj* e *sm* Que ou aquele que vive triste ou de aspecto sombrio, com tendência ao isolamento. · Antôn.: *alegre, expansivo*. → **sorumbatismo** *sm* (qualidade ou estado de sorumbático).

sor.ver *v* **1**. Meter em si, para dentro, de uma só vez (corpo inteiro, e não partes dele): *um buraco negro sorve até galáxias!* **2**. Beber aos poucos, lentamente: *sorver um café quente*. **3**. Destruir, aniquilar, pôr fim a: *a guerra sorveu mais de cinquenta milhões de almas*. **4**. Chupar, sugar: *sorveu pelo canudinho todo o suco de abacate*. **5**. Tragar, subverter, afundar: *o mar bravo sorveu dez embarcações*. → **sorvedouro** *sm* (**1**. ponto em que, em mar, rio ou lago, faz redemoinho, levando para o fundo tudo o que nele cai; turbilhão; **2**. abertura no solo de fundo abismal; abismo, precipício; **3**. *fig.* tudo o que acarreta gastos exagerados: *carro velho é sorvedouro de dinheiro)*; **sorvedura** *sf* ou **sorvo** (ô) *sm* (**1**. ato ou efeito de sorver; **2**. quantidade de líquido que se toma de uma só vez; trago: *num sorvo, tomou toda aquela cachaça*; **3**. quantidade pequena de uma bebida; gole: *o gaúcho lança fora os primeiros sorvos de mate*).

sor.ve.te (ê) *sm* Pasta congelada, de consistência nívea, feita de vários sabores. → **sorveteira** *sf* (máquina de fazer sorvetes); **sorveteiro** *sm* (fabricante e/ou vendedor de sorvetes); **sorveteria** *sf* (lugar onde se faz e vende sorvete).

SOS ou **S.O.S.** *sm* Sigla inglesa de *save our soul* = salve nossas almas. **1**. Sinal internacional de rádio, usado princ. por navios e aviões em perigo. **2**. Chamada ou sinal de ajuda. · Pronuncia-se *és ou és* (à inglesa) ou *esse ó esse* (à portuguesa).

só.sia *sm* Pessoa muito parecida com outra; retrato, clone: *minha irmã é uma sósia dessa atriz.*

sos.lai.o *sm* Inclinação oblíqua; obliquidade, esguelha, viés: *o soslaio de alguns planetas*. **· De soslaio**. De maneira oblíqua; de esguelha; de lado: *Ela só me olhava de soslaio.*

sos.se.ga.le.ão *sm* **1**. Qualquer coisa que tranquiliza ou acalma; calmante: *precisaram dar um sossega-leão no rapaz, que estava fora de si*. **2**. Repreenda ou bronca em público; carão: *depois do sossega-leão que levou do chefe, emburrou*. **3**. *Pop.* CE Gradil fechado, de madeira, onde se deixam crianças de tenra idade, para evitar que saiam pela casa e se machuquem; Pronuncia-se · Pl.: *sossega-leões*.

sos.se.gar *v* **1**. Acalmar, aquietar: *só um grande novo amor é capaz de sossegar o coração de um apaixonado*. **2**. Tranquilizar, despreocupar: *o telefonema da filha sossegou os pais*. **3**. Dar descanso a, descansar: *depois de viver dias de muita tensão, agora quero sossegar um pouco a cabeça*. **sossegar(-se)** **4**. Acalmar-se, aquietar-se: *o coração do apaixonado nunca (se) sossega*. **5**. Ficar sem se manifestar ou sem se mexer: *pare um pouco de gritar, sossegue(-se)!* **6**. Deixar-se de confusões, badernas ou preocupações: *a torcida (se) sossegou com a contratação de bons jogadores*. → **sossegado** *adj* (**1**. pacato, de bons costumes, calmo; **2**. despreocupado; **3**. Que não tem atropelos nem agitações; pacato, tranquilo; **4**. isolado: *buscou um recanto sossegado para ler)*; **sossego** (ê) *sm* [**1**. ato ou efeito de sossegar(-se); **2**. ausência de barulho ou tumulto; estado de tranquilidade: *a chegada das crianças quebrou-me o sossego*], de antôn. *preocupação, inquietação, agitação*.

só.tão *sm* Compartimento sem janelas de uma casa, localizado entre o teto e o telhado, usado geralmente como depósito de trastes. · Pl.: *sótãos*.

so.ta.que *sm* Inflexão de voz peculiar a uma região, cidade ou país, comparada com a inflexão da língua do país de origem ou com a língua padrão.

so.ta.ven.to *sm* Lado contrário àquele de onde sopra o vento. · Antôn.: *barlavento*.

so.te.ro.po.li.ta.no *adj* e *sm* V. **Salvador**.

so.ter.rar *v* Cobrir de terra ou enterrar (falando-se de desgraças): *as lavas do Vesúvio soterraram Pompeia*. → **soterração** *sf* ou **soterramento** *sm* (ação ou efeito de soterrar).

so.tur.no *adj* **1**. Que manifesta melancolia; melancólico; macambúzio; taciturno: *chegou calado e com a expressão soturna*. **2**. Que tem aspecto lúgubre; sombrio; carregado; pesado; sinistro: *ambiente soturno; caverna soturna*. **3**. Que infunde muito medo ou pavor; pavoroso; horripilante: *assistiam a soturnos filmes de madrugada pela televisão*. → **soturnidade** *sf* (qualidade ou caráter do que é soturno).

souvenir [fr.] *sm* Objeto típico de um lugar, vendido como lembrança a turistas, ou adquirido como lembrança de viagem; recordação. · Pl.: *souvenirs*. · Pronuncia-se *suveniR*.

so.va *sf* **1**. Ato ou efeito de sovar ou amaciar batendo. **2**. Surra, tunda, pau: *levou sova da mãe pela malcriação*. **3**. *Pop.* Derrota vexatória, humilhante: *o ex-governador paulista levou uma sova na eleição presidencial, que era para nunca mais se meter em política*. **4**. *Pop.* Uso diário: *a custo tirou aquela camisa da sova*. → **sovado** *adj* [**1**. que levou sova (2); surrado; **2**. pisado, amassado; **3**. diz-se da massa alimentícia que, depois de ser trabalhada, é batida fortemente sobre a mesa; **4**. muito gasto pelo uso; surrado); **sovar** *v* [**1**. amaciar batendo: *sovar o couro cru*; **2**. pisar (a uva); **3**. dar sova em; surrar: *essa mãe sova muito os filhos*; **4**. usar muito, todos os dias (peça do vestuário), gastando(-a); surrar: *sovar um terno*; **5**. montar (um cavalo) dias seguidos; **6**. Bater a massa de; amassar: *sovar o pão*].

so.va.co *sm Pop.* Axila. (Cuidado para não usar "subaco"!).

so.vi.na *adj* e *s2gên* Que ou pessoa que é tacanha, muito apegada a dinheiro, a bens materiais, preferindo sofrer privações a gastar. · Antôn.: *generoso*. → **sovinice** *sf* (atitude ou característica de quem é sovina), de antôn. *generosidade*.

soy [ingl.] *sm* Molho de soja. · Pl.: *soys*. · Pronuncia-se *sôi*.

so.zi.nho (sò) *adj* **1**. Absolutamente só; sem nenhuma companhia: *quero ficar sozinho; ele fala sozinho*. **2**. Acompanhado somente de uma pessoa: *deixe-me aqui sozinho com ela, que eu resolvo isso!* **3**. Que foi abandonado ou esquecido: *eles me deixaram aqui sozinho*. **4**. Sem nenhuma ajuda, física, moral ou financeira; *ele enfrentou sozinho um bando de cafajestes; desde os 16 anos que ele segue a vida sozinho*.

spa *sm* **1**. Estabelecimento hoteleiro elegante, que oferece instalações dedicadas princ. à saúde, *fitness*, perda de peso, beleza e relaxamento. **2**. Estância hidromineral.

spaghetti [it.] *sm* V. **espaguete**.

spam [ingl.] *sm* **1**. Mensagem indesejada recebida em *e-mail*, pela Internet. **2**. Envio indiscriminado de *e-mails* ou de *e-mails* não solicitados. · Pl.: *spams*. · Pronuncia-se *spã*. → ***spammer*** *s2gên* (pessoa que envia *spams*), de pl. *spammers* e pronúncia *spâmâr*.

sparring [ingl.] *s2gên* Parceiro(a) de treino de boxeador(a). · Pl.: *sparrings*. · Pronuncia-se *spárin*.

speaker [ingl.] *sm* **1**. Locutor(a) de rádio, televisão, etc. // *Sin.* **2**. Alto-falante. · Pl.: *speakers*. · Pronuncia-se *spíkâr*.

spencer [ingl.] *sm* Casaco curto, que chega até a cintura, geralmente de corte reto, de frente transpassada e mangas longas, com abotoamento. · Pl.: *spencers*. · Pronuncia-se *spênsâr*.

spider [ingl.] *sm* Carro esportivo, de carroceria aberta, para dois passageiros: *o Porsche 911 é um spider dos sonhos de qualquer ser vivente*. · Pl.: *spiders*. · Pronuncia-se *spáidâr*.

spin [ingl.] *sm* **1**. Momento angular intrínseco de uma partícula elementar ou do fóton, produzido pela rotação em seu próprio eixo. **2**. Momento angular total de um nuclídeo. · Pl.: *spins*.

spinning [ingl.] *sm* Aula de ciclismo feita em grupo, praticada inteiramente com a ajuda de uma bicicleta ergométrica, desenhada especialmente para a modalidade, que permite ao praticante facilmente ajustar a resistência da bicicleta a seu próprio nível de treinamento; ciclismo *indoor*. · Pl.: *spinnings*. · Pronuncia-se *spínin*.

split screen [ingl.] *loc sm* Efeito visual que consiste em dividir a tela ao meio, usado em cenas paralelas e simultâneas (p. ex.: conversas telefônicas, no nos telejornais, para mostrar numa janela o apresentador em estúdio conversando com o repórter ou entrevistado que está fora da emissora, em outra janela). · Pl.: *split screens*. · Pronuncia-se *split skrin*.

spoiler [ingl.] *sm* Defletor de ar montado na traseira de um automóvel, para desviar o fluxo de ar e aumentar a aderência do veículo ao solo, em altas velocidades. · Pl.: *spoilers*. · Pronuncia-se *spóilâr*.

sportsman [ingl.] *sm* Esportista do sexo masculino. · Fem.: *sportswoman*. · Pl.: *sportsmen*. · Pronuncia-se *sportsmaen*.

sportswear [ingl.] *sm* **1**. Traje esportivo e informal. **2**. Roupa própria para a prática desportiva. · Pronuncia-se *spórts-uér*.

spot [ingl.] *sm* **1**. Luz focada e forte num ser em particular, dando-lhe destaque. **2**. Lâmpada de grande potência que produz essa luz. **3**. Anúncio de curta duração (no máximo trinta segundos), com voz e efeitos sonoros, mas sem música, no rádio ou na televisão. **4**. Fração de tempo destinada à transmissão de um comercial, dentro da programação de uma emissora. · Pl.: *spots*. · Pronuncia-se *spót*.

spray [ingl.] *sm* **1**. Nuvem ou névoa de gotículas que se desprendem de uma garrafa de cerveja, quando aberta, ou de ondas quando quebram na praia. **2**. Jato de gotículas que saem de qualquer frasco de perfume, inseticida, etc., acionado por dispositivo na parte superior do recipiente; aerossol. **3**. Esse recipiente ou frasco; aerossol. · Pl.: *sprays*. · Pronuncia-se *sprêi*.

spread [ingl.] *sm* **1**. Taxa adicional de risco no mercado financeiro. **2**. Diferença entre o preço pago ao produtor e aquele cobrado do consumidor, por um produto. **3**. Diferença entre as taxas de compra e de venda de determinada moeda ou de títulos do mercado. **4**. Margem de lucro resultante da diferença entre o retorno sobre os ativos e o custo dos passivos. · Pl.: *spreads*. · Pronuncia-se *spréd*.

sprinkler [ingl.] *sm* **1**. Chuveiro automático, instalado nos andares dos edifícios, destinado a espargir água automaticamente, no caso de ocorrência de incêndios. **2**. Qualquer dispositivo que esborrifa água, como o girador de jardins, o hissope, o tanque volante com aspersor, para limpeza de vias públicas, etc. · Pl.: *sprinklers*. · Pronuncia-se *springklár*.

sprint [ingl.] *sm* **1**. A maior velocidade possível atingida por um corredor, princ. no final da corrida. **2**. Esse momento final da corrida. **3**. Corrida de velocidade a curta distância, em atletismo e em ciclismo. · Pl.: *sprints*. · Pronuncia-se *sprint*.

sprinter [ingl.] *s2gên* **1**. Atleta que sobressai em *sprints*. // *sm* **2**. Cavalo de corrida especializado em competições de curta distância. · Pl.: *sprinters*. · Pronuncia-se *sprintâr*.

spyware [ingl.] *sm* Programa que vem oculto a um outro baixado da Internet, sem que o usuário tenha conhecimento e, uma vez instalado, sempre que o computador estiver conectado à rede, passa a exibir anúncios *pop-up*, além de enviar ao remetente informações sobre os hábitos de navegação do usuário. · Pl.: *spywares*. · Pronuncia-se *spái-uér*.

squash [ingl.] *sm* Modalidade esportiva que consiste em arremessar, numa pequena quadra em recinto fechado, uma bola macia de borracha, fazendo-a ricochetear em até quatro paredes, com o uso de raquete menor que a de tênis, mas de cabo longo. · Pl.: *squahes*. · Pronuncia-se *skuách*.

squatter [ingl.] *s2gên* Sem-teto que ocupa ilegalmente uma casa ou prédio. · Pl.: *squatters*. · Pronuncia-se *skuótâr*.

squid [ingl.] *sm* Dispositivo que mede variações extremamente pequenas de fluxo magnético e detecta voltagens e correntes elétricas muito fracas. · Pl.: *squids*. · Pronuncia-se *skuíd*.

Sri Lanka *loc sm* País insular situado no sul da Ásia, antigamente chamado Ceilão, de área correspondente a cerca de meio estado do Ceará. → **cingalês** *adj e sm*.

stacking [ingl.] *sm* Manobra do paraquedismo que consiste em formar uma espécie de pirâmide humana, ficando um paraquedista acima do outro, durante a queda. · Pl.: *stackings*. · Pronuncia-se *stákin*.

staff [ingl.] *sm* **1**. Grupo de assistentes ou assessores de um executivo. **2**. Grupo de oficiais militares que mais atuam na administração e não participam de combates. **3**. Qualquer grupo de pessoas que trabalham em harmonia com seu líder. · Pl.: *staffs*. · Pronuncia-se *stáf*.

stalking [ingl.] *sm* Perseguição reiterada praticada por usuário de redes sociais a uma celebridade, com ameaça da integridade física ou psicológica e quase sempre invasão de privacidade ou de contas, envio recorrente de SMSs, etc. → **stalker** *s2gên* (pessoa que segue obsessivamente uma celebridade, importunando-a de forma insistente, através da Internet), que se pronuncia *stókâr*. · Pl.: *stalkings*. · Pronuncia-se *stókin*.

stand [ingl.] *sm* V. **estande**.

standby [ingl.] *adj* **1**. Guardado como reserva para ser usado quando necessário; sobressalente: *pneu* standby; *gerador* standby. **2**. Relativo a lista de espera em viagem aérea, por falta de assentos num voo: *passageiro standby*. **3**. Diz-se de situação em que um equipamento eletrônico se encontra à espera de ser utilizado ou situação em que um equipamento semelhante está pronto para ser utilizado, havendo defeito em outro. · Pl.: *standbys*. · Pronuncia-se *standbái*. · V. **standy-by**.

stand-by [ingl.] *sm* **1**. Empréstimo de curto prazo concedido aos países-membros do Fundo Monetário Internacional (FMI), mediante carta de intenção, usado geralmente para resolver problemas de balanço de pagamentos. **2**. Quantidade de tempo pelo qual se pode deixar o celular carregado, aguardando chamadas. **3**. Aviso aos apresentadores, nos bastidores das emissoras de televisão, de que o telejornal está prestes a entrar no ar. **4**. Apresentador substituto de telejornal. **5**. Matéria jornalística preparada para ser apresentada em casos emergenciais. · Pl.: *stand-bys*. · Pronuncia-se *stand-bái*. · V. **standby**.

stand-up ou **standup** [ingl.] *sm* Intervenção rápida em que o repórter, sozinho, dá a informação, geralmente no local relativo ao assunto da notícia, sem edição de imagens adicionais. · Pl.: *stand-ups*. · Pronuncia-se *sténdap*.

startup [ingl.] *sf* Empresa recém-criada, ainda em fase de desenvolvimento, que cresce rapidamente e gera lucros cada vez maiores, com custos de manutenção muito baixos, oferecendo produto ou serviço exclusivo e inovador. · Pl.: *startups*. · Pronuncia-se *stártap*.

station wagon [ingl.] *loc sf* Veículo automotivo familiar, com grande porta-malas ou espaço para bagagem, ao qual se dá no Brasil, em algumas regiões, o nome de *perua*. · Pl.: *station wagons*. · Pronuncia-se *stêichan uéghen*.

status [lat.] *sm* **1**. Condição ou caráter legal de uma pessoa ou coisa. **2**. Classe social. **3**. Posição em relação a outros. **4**. Alto prestígio social; reputação. **5**. Situação ou condição de uma pessoa num caso amoroso.

status quo [lat.] *loc sm* Estado, situação ou condição existente; situação, estado ou condição atual das coisas. · Pronuncia-se *státus kuó*. · A forma original, *statu quo*, é menos usada.

stencil [ingl.] *sm* V. **estêncil**.

STF *sm* Sigla de *Supremo Tribunal Federal*, corte suprema da Justiça Brasileira, encarregada de assegurar o cumprimento rigoroso da Constituição, composta por 11 ministros nomeados pelo presidente da República e aprovados pelo senado, com jurisdição em todo o território nacional.

STJ *sm* Sigla de *Superior Tribunal de Justiça*, corte responsável por uniformizar a interpretação da lei federal em todo o Brasil, seguindo os princípios constitucionais e a garantia e defesa do Estado de Direito.

stonewashed [ingl.] *sm* Acabamento obtido em peças de roupa já costuradas e tingidas ou estampadas, através da lavagem industrial das peças com pedras ou enzimas, para dar-lhes aspecto de usadas. · Pronuncia-se *stôn-uáchd*.

stress [ingl.] *sm* V. **estresse**.

stretch [ingl.] *sm* **1**. Tecido de grande elasticidade, obtido pela associação de elastano com resinas. // *adj* **2**. Diz-se de tecido ou de roupa feita desse tecido: *o blazer ajustado pede um tecido* stretch *para ficar bem confortável; o elastano é a matéria-prima dos tecidos* stretch; *calças* strech. (Como se vê, o *adj* não varia.) · Pl. (1): *stretches*. · Pronuncia-se *stréch*.

streaming [ingl.] *sm* Tecnologia de transmissão de dados pela Internet, princ. áudio e vídeo, sem a necessidade de baixar o conteúdo: *filmes, podcasts, webcasts, programas de TV e vídeos musicais são formas comuns de* streaming *de conteúdo*. • Pl.: *streamings*. • Pronuncia-se *strímin*.

string [ingl.] *sm* Conjunto de caracteres consecutivos que o computador considera como uma unidade. · Pl.: *strings*. · Pronuncia-se *string*.

strip [ingl.] *sm* **1**. Embalagem em forma de tira, para botões, comprimidos farmacêuticos, etc. **2**. Tira de papel ou de fotolito que contém as últimas emendas de um material a ser impresso. · Pl.: *strips*. · Pronuncia-se *strip*.

stripfilm [ingl.] *sm Filmstrip*. · Pl.: *stripfilms*. · Pronuncia-se *strip-film*.

stripper [ingl.] *s2gên* Pessoa que faz *striptease*; *stripteaser*. · Pl.: *strippers*. · Pronuncia-se *strípâr*.

striptease [ingl.] *sm* **1**. Arte de se despir em público lentamente, tirando de tempos em tempos, peça por peça, com movimentos sensuais, eróticos e acompanhamento musical adequado. **2**. Boate em que se exibe tal arte. **3**. Qualquer ato de se despir em público. · Pl.: *stripteases*. · Pronuncia-se *stríp-tize*.

stripteaser [ingl.] *s2gên* Pessoa que faz *striptease*; *stripper*. · Pl.: *stripteasers*. · Pronuncia-se *strip-tízâr*.

strobe [ingl.] *sm* Dispositivo eletrônico que, num televisor, divide a tela em quadros congelados de uma mesma sequência de imagens. · Pl.: *strobes*. · Pronuncia-se *strôub*.

su.ã *sf* V. **assuã**.

su.ar *v* **1**. Verter pelos poros (fluido): *suar sangue*. **2**. Ensopar de suor: *suar a camisa*. **3**. Lançar ou verter suor pelos poros da pele: *o lavrador sua bastante*. **4**. Afadigar-se (quando a consequência é fato agradável): *suei, mas consegui o que queria*. **5**. Verter umidade: *a moringa está suando*. · Conj.: *suo, suas, sua, suamos, suais, suam* (pres. do ind.); *sue, sues, sue, suemos, sueis, suem* (pres. do subj.). → **suado** *adj* (**1**. que tem suor ou em que há suor; **2**. que está com a superfície coberta de vapor de água condensada; **3**. que exigiu muito esforço ou sacrifício); **suador** (ô) *adj* e *sm* (que ou aquele que sua ou faz suar) e *sm* (*fig*. grande dificuldade; suadouro: *fazê-los entender isso foi um suador*); **suadouro** *sm* (**1**. ato ou efeito de suar; sudação; **2**. lugar muito quente; sauna; **3**. qualquer bebida ou droga que provoque bastante suor; **4**. *fig*. grande dificuldade ou sacrifício); **suarento** *adj* (coberto e pegajoso de suor); **suor** (ó) *sm* (**1**. secreção abundante das glândulas sudoríparas da pele; **2**. saída dessa secreção; ação de suar; **3**. *fig*. trabalho duro, penoso, árduo). · V. **sudação, sudário, sudoral, sudorese, sudorífero** e **sudoríparo**.

su.ás.ti.ca *sf* Cruz com quatro braços voltados para a direita, em ângulo reto, usada como símbolo do III Reich ou nazismo e até hoje como símbolo místico do budismo. → **suástico** *adj* (rel. a suástica; gamado: *cruz suástica*).

su.a.ve *adj* **1**. Que impressiona deliciosamente os sentidos. **2**. Que se faz sem esforço; pouco custoso; moderado, leve. **3**. Pouco intenso; moderado. **4**. Que não é agressivo nem ofensivo; doce. → **suavidade** *sf* (qualidade ou estado do que é suave); **suavização** *sf* [ato ou efeito de suavizar(-se)]; **suavizante** *adj* (que suaviza); **suavizar(-se)** *v* [tornar(-se) suave ou mais suave].

su.ba.flu.en.te *sm* Afluente do afluente.

su.ba.li.men.tar *v* Subnutrir. → **subalimentação** *sf* (subnutrição); **subalimentado** *adj* e *sm* (subnutrido).

su.bal.ter.no *adj* e *sm* Que ou aquele que está sob as ordens de alguém que lhe é superior hierarquicamente. → **subalternidade** *sf* (qualidade, estado ou condição de quem é subalterno).

su.ba.lu.guel ou **su.ba.lu.guer** *sm* Sublocação. → **subalugar** *v* (alugar a um terceiro; sublocar).

su.ba.quá.ti.co *adj* **1**. Que está debaixo da água. **2**. Que se faz debaixo da água.

su.bar.bus.to *sm* Planta que ocupa o meio-termo entre o arbusto e a erva. → **subarbustivo** *adj* (rel. a subarbusto).

su.ba.tô.mi.co *adj* **1**. Relativo ao processo que ocorre dentro de um átomo. **2**. Relativo a partículas contidas num átomo, como elétrons, prótons ou nêutrons. **3**. De dimensões menores que as de um átomo: *partículas subatômicas*.

sub-blo.co *sm* Bloco posto ou construído abaixo de outro. · Pl.: *sub-blocos*.

sub.che.fe *s2gên* Pessoa que substitui o chefe ou exerce funções análogas às dele. → **subchefia** *sf* (**1**. cargo ou função de subchefe; **2**. local onde o subchefe exerce seu cargo ou função).

sub.clas.si.fi.ca.ção *sf* Divisão de uma classificação. → **subclassificar** *v* (fazer a subclassificação de).

sub.co.man.dan.te *sm* Aquele que tem funções imediatamente inferiores às do comandante ou que o substitui. · Fem.: *subcomandanta*.

sub.co.mis.são *sf* **1**. Cada uma das seções em que se divide uma comissão. **2**. Comissão secundária, cujos membros são indicados por outros, da comissão principal, geralmente para tratar de um determinado assunto.

sub.co.mis.sá.rio *sm* Empregado inferior ao comissário ou substituto deste.

sub.co.mi.tê *sm* Comitê secundário, subordinado a outro, central.

sub.con.jun.to *sm* **1**. Divisão de um conjunto. **2**. Conjunto contido em outro.

sub.cons.ci.ên.cia *sf* **1**. Estado mental entre a consciência e a inconsciência. **2**. Conjunto de fenômenos psíquicos sob o nível da consciência. → **subconsciente** *adj* (rel. ou pert. ao subconsciente) e *sm* (parte do conteúdo psíquico ou da atividade mental da qual o indivíduo tem pouca ou nenhuma percepção consciente, porque se mantém em estado latente).

sub.con.ti.nen.te *sm* **1**. Grande massa de terra que faz parte de um continente, mas é considerada geográfica e politicamente independente. **2**. Grande massa de terra menor que um continente. → **subcontinental** *adj* (rel. a subcontinente).

sub.cu.tâ.neo *adj* **1**. Situado abaixo da pele. **2**. Introduzido na parte superficial da pele; hipodérmico.

sub.de.le.ga.do *sm* Aquele que substitui o delegado ou que exerce funções análogas às dele. → **subdelegacia** *sf* (**1**. repartição policial dependente de uma delegacia; **2**. cargo ou função de subdelegado; **3**. lugar onde o subdelegado trabalha); **subdelegação** *sf* (**1**. ato ou efeito de subdelegar; **2**. qualidade de subdelegado; **3**. repartição de subdelegado; **4**. sucursal de estabelecimento público); **subdelegar** *v* (transmitir por subdelegação).

sub.de.sen.vol.vi.do *adj* **1**. Insuficientemente desenvolvido. **2**. Diz-se de um país, região, economia, etc. a que faltaram condições mínimas para desenvolver normalmente ou a contento. → **subdesenvolvimento** *sm* (**1**. desenvolvimento insuficiente ou abaixo do normal; **2**. situação, condição ou estado de subdesenvolvido).

sub.di.re.tor (ô) *sm* Aquele que substitui eventualmente o diretor ou que exerce funções análogas às dele. → **subdireção** ou **subdiretoria** *sf* (repartição ou cargo de subdiretor).

sub.di.vi.dir *v* **1**. Dividir (coisa já dividida) em partes menores: *subdividir os artigos de uma lei*. **subdividir-se 2**. Separar-se em várias divisões ou subdivisões: *os turistas dividiram-se em grupos, e estes se subdividiram em trincas, para evitar assaltos*. → **subdivisão** *sf* [ato ou efeito de subdividir(-se); divisão de uma das partes de um todo já subdividido].

su.be.men.da *sf* Emenda (a um projeto de lei) proposta a outra, feita anteriormente.

su.bem.pre.go (ê) *sm* **1**. Emprego não qualificado, de baixíssima remuneração. **2**. Situação econômica em que a mão de obra só encontra trabalho periodicamente. → **subempregado** *adj* e *sm* (que ou aquele que exerce um subemprego).

su.ben.ten.der *v* Entender (coisa que não está expressa claramente); supor; presumir: *por essa declaração, subentendemos que há crise no governo*. → **subentendido** *adj* e *sm* (que ou aquilo que se subentende); **subentendimento** *sm* (ato ou efeito de subentender).

su.ben.tra.da *sf* Subverbete.

su.be.pá.ti.co ou **sub-he.pá.ti.co** *adj* Situado abaixo do fígado.

su.bes.pé.cie *sf* **1**. Divisão de uma espécie. **2**. Subdivisão de uma espécie taxonômica, geralmente baseada em distribuição geográfica ou ecológica.

su.bes.ta.ção *sf* **1**. Estação dependente de outra. **2**. Numa rede de distribuição de eletricidade, estação que distribui a corrente por linhas acessórias.

su.bes.ter.çan.te *adj* Diz-se de carro que manifesta a tendência de sair de frente, quando se ultrapassa o limite de aderência entre o solo e o pneu, seja por alta velocidade, seja por deficiência de atrito. · Antôn.: *sobresterçante*. → **subesterço** (ê) *sm* (saída de frente de um automóvel, condição mais perigosa que o sobresterço, a qual se corrige com um giro do volante mais ainda no sentido da curva que está sendo feita, com alívio simultâneo do pé do acelerador), de antôn. *sobresterço*. (A 6.ª ed. do VOLP não registra nem uma nem outra palavra.)

su.bes.ti.mar *v* **1**. Calcular ou estimar para menos: *subestimar o custo de uma obra*. **2**. Não dar o devido valor a; desmerecer: *nunca subestime seu adversário!* **3**. Estimar (algo) menos importante do que realmente é: *vocês subestimaram a extensão do problema*. → **subestima** ou **subestimação** *sf* (ato ou efeito de subestimar).

sub.fa.mí.lia *sf* Categoria taxonômica de organismos imediatamente inferior a família.

sub.fa.tu.ra.men.to *sm* Sonegação fiscal que consiste em faturar valor menor que o realmente cobrado. **subfaturar** *v* (proceder ao subfaturamento de).

sub.gê.ne.ro *sm* Categoria taxonômica classificada entre o gênero e a espécie. → **subgenérico** *adj* (rel. a subgênero).

sub.ge.ren.te *s2gên* Pessoa que substitui o gerente na sua ausência ou que exerce funções análogas às dele. → **subgerência** *sf* (**1**. cargo de subgerente; **2**. lugar onde trabalha o subgerente; **3**. conjunto dos subgerentes).

sub.gru.po *sm* **1**. Grupo subordinado ou cada uma das divisões de um grupo racial, linguístico, etc. **2**. Subconjunto não vazio de um grupo, em matemática.

sub.hu.ma.no *adj* **1.** Abaixo da raça humana em desenvolvimento evolutivo. **2.** Abaixo da condição digna de um ser humano; desumano, miserável: *os imigrantes ilegais receberam tratamento sub-humano*; há pessoas que vivem em condições *sub-humanas*. → **sub-humanidade** *sf* (**1.** natureza ou condição de sub-humano; **2.** falta de humanidade; desumanidade).

su.bir *v* **1.** Percorrer, andando ou indo para cima: *subir uma escada*. **2.** Trepar por; galgar: *subir uma árvore*. **3.** Erguer, elevar: *subir o volume do rádio*. **4.** Transportar, levar, conduzir: *subir material para o último andar*. **5.** Navegar no sentido da nascente: *subir um rio*. **6.** Ascender, elevar-se: *subir ao Céu*. **7.** Ir de baixo para cima: *quando todos desciam, eu subia*. **8.** Crescer em altura: *o nível do rio subiu*. **9.** Aumentar em número, quantidade ou valor: *o custo de vida subiu*. **10.** Levantar voo; decolar: *sobe avião a cada dois minutos neste aeroporto*. **11.** Entrar (em veículo): *subir para o avião*. **12.** Atingir cotação ou taxa elevada: *os juros subiram*. · Conjuga-se por *fugir*. · Antôn.: *descer*. → **subida** *sf* (**1.** ação de subir; **2.** aumento, elevação; **3.** terreno inclinado; encosta, aclive), de antôn. (1): *descida*; (2): *baixa*; (3): *declive*; **subido** *adj* (**1.** alto, elevado: *ele só usa subido o colarinho*; **2.** *fig.* eminente, preeminente: *ter aula com um subido professor*; **3.** *fig.* notável, célebre: *homem de subidos feitos*; **4.** *fig.* imenso, elevado, marcante: *tenho a subida honra de apresentar-lhes o presidente*; **5.** caro, elevado, excessivo: *o povo reclama contra o subido valor da gasolina*; **6.** diz-se de estilo pomposo).

sú.bi.to *adj* **1.** Que chega sem aviso; repentino, inesperado: *o agravamento da covid-19 em idosos é súbito; mal súbito*. // *adv* **2.** De repente; repentinamente; de súbito: *súbito me vi numa situação complicada*. · **De súbito.** De repente; súbito.

sub.ja.cen.te *adj* **1.** Situado diretamente abaixo de uma superfície, mas não em contato com ela: *tecido subjacente; rocha subjacente*. **2.** *Fig.* Que não se manifesta claramente; escondido atrás de certas aparências; implícito ou subentendido: *ter intenções subjacentes para com alguém*.

sub.je.ti.vo *adj* **1.** Relativo a sujeito. **2.** Que se passa no interior do espírito, na consciência pessoal (em oposição a *objetivo*). **3.** Pessoal, particular. **4.** Que existe somente na mente; ilusório. **5.** Diz-se de pronome ou de oração que exerce a função de sujeito. → **subjetivação** *sf* (ato ou efeito de subjetivar); **subjetivar** *v* (tornar ou considerar subjetivo); **subjetividade** *sf* (**1.** qualidade, estado ou domínio do que é subjetivo; **2.** campo ou domínio das atividades subjetivas; **3.** interpretação de um sujeito individual; **4.** característica de uma opinião ou atitude marcada por sentimentos, impressões ou preferências pessoais), de antôn. *objetividade*.

sub.ju.gar *v* **1.** Vencer, submetendo ao jugo, ao império; submeter pela força das armas: *os romanos subjugaram vários povos*. **2.** *Fig.* Dominar moralmente; trazer sob completo controle; tornar submisso: *subjugar o marido*. **3.** Dominar pela força física: *subjugar um touro*. **4.** *Fig.* Reprimir, refrear: *subjugar as paixões*. · Antôn. (4): *liberar*. → **subjugação** *sf* (ato ou efeito de subjugar).

sub.jun.ti.vo *adj* **1.** Subordinado, dependente. // *adj* e *sm* **2.** Que ou modo verbal que exprime dúvida, incerteza, vontade, desejo (em oposição a *indicativo* e *imperativo*). // *sm* **3.** Forma verbal no modo subjuntivo.

sub.le.var *v* **1.** Levantar de baixo para cima: *o tubarão sublevou o barco*. **2.** Incitar à revolta; revoltar: *sublevar os quartéis*. **sublevar-se 3.** Rebelar-se, revoltar-se: *os presidiários se sublevaram, mantendo reféns*. → **sublevação** *sf* [ato ou efeito de sublevar(-se); levante em massa do povo, não necessariamente armado].

su.bli.mar *v* **1.** Exaltar ao máximo, até o último grau: *o orador enalteceu os méritos do presidente, o secretário exaltou-os, e o ministro sublimou-os*. **2.** Sublevar (um desejo forte ou impulso instintivo) para algo mais positivo ou mais aceitável: *ele sublimou a libido, rezando*. **3.** Apurar, purificar: *sublimar o ouro*. **sublimar(-se) 4.** Tornar(-se) sublime; enaltecer(-se); exaltar(-se): *sublimar suas qualidades*. **5.** Fazer passar ou passar (uma substância) diretamente do estado sólido para o gasoso ou vice-versa: *sublimar a naftalina; o incêndio fez com que a neve se sublimasse*. → **sublimação** *sf* [**1.** ato ou efeito de sublimar(-se); **2.** elevação a um estado sublime]; **sublimidade** *sf* (qualidade ou condição do que é sublime); **sublime** *adj* (**1.** que apresenta grande perfeição material, moral ou intelectual; elevado: *pensamentos sublimes*. **2.** extremamente belo; esteticamente perfeito; soberbo, grandioso: *a sublime arquitetura romana*. **3.** irrepreensível do ponto de vista moral ou intelectual; digno de admiração; **4.** diz-se daquele cujos méritos ultrapassam o normal; **5.** que está em posição superior; insigne: *a sublime poesia de Vinicius*; **6.** que está para lá de humano; divino; **7.** que desperta pensamentos e sentimentos nobres; **8.** *pop.* excelente, extraordinário, esplêndido, magnífico: *foi um jantar sublime numa noite sublime*; **9.** impressionante e inspirador: *paisagem sublime*; **10.** diz-se do estilo caracterizado pela elevação de pensamento e beleza de expressão) e *sm* (**1.** o mais alto grau de perfeição e beleza; **2.** o que há de mais elevado em ações ou sentimentos: *ele vai do sublime ao ridículo em segundos*).

sub.li.mi.nar ou **sub.li.mi.nal** *adj* Que existe ou funciona abaixo do limiar da consciência ou apreensão; que não é reconhecido ou compreendido pela mente consciente, mas com influência sobre ela: *mensagem subliminar; propaganda subliminal*. → **subliminaridade** ou **subliminalidade** *sf* (qualidade do que é subliminar: *a subliminaridade é prática perigosa, no entanto está amplamente espalhada pela mídia*).

sub.lin.gual *adj* Situado debaixo da língua.

sub.li.nhar *v* **1.** Passar uma linha ou um traço sob (palavra, frase, etc.), para chamar a atenção do leitor, por alguma razão; grifar. **2.** *Fig.* Ressaltar, destacar, salientar, frisar: *sublinhei a importância da informática nas escolas*.

sub.lo.car *v* Alugar a terceiros; subalugar: *sublocar um apartamento a turistas*. → **sublocação** *sf* ou **subaluguel** *sm* (ato ou efeito de sublocar ou subalugar); **sublocador** (ô) *sm* (aquele que subloca); **sublocatário** *sm* (aquele que recebe por sublocação).

sub.ma.ri.no *adj* **1.** Situado ou feito sob a superfície da água do mar. // *sm* **2.** Navio de guerra que pode submergir, navegar e combater debaixo da água. → **submarinista** *s2gên* (**1.** tripulante de submarino militar; **2.** esportista que se dedica à pesca submarina) e *adj* (diz-se desse tripulante ou desse esportista).

sub.mer.gir *v* **1.** Cobrir de água; inundar, alagar: *o temporal submergiu as avenidas marginais*. **2.** Afundar: *a tempestade submergiu o navio*. **3.** *Fig.* Preocupar demasiado: *a violência submerge os pais*. **4.** *Fig.* Destruir ou arruinar completamente. **submergir(-se) 5.** Ir ao fundo; ir a pique; afundar: *o navio (se) submergiu*. → **submersão** *sf* [ato ou efeito de submergir(-se)]; **submergido** ou **submerso** *adj* (que submergiu; coberto pelas águas).

sub.me.ter *v* **1.** Dominar, impondo condições e oprimindo; subjugar: *os iraquianos submeteram os curdos*. **2.** Dominar fisicamente; subjugar: *submeter os rebeldes*. **3.** Apresentar para aprovação ou consideração: *submeter o plano econômico à apreciação presidencial*. **4.** Subordinar: *submeti-os ao meu critério*. **submeter-se 5.** Sujeitar-se: *submeter-se a uma cirurgia*. **6.** Entregar-se, render-se, dobrar-se: *submeter-se à vontade da maioria*. → **submissão** *sf* [**1.** ato ou efeito de submeter(-se); sujeição; **2.** meiguice, brandura; **3.** humildade excessiva; subserviência; **4.** ato de submeter algo a consideração]; **submisso** *adj* (**1.** que está sempre disposto a obedecer à vontade superior, conformando-se com todas as suas vontades; subserviente; **2.** caracterizado pela submissão ou obediência cega; subserviente, servil; **3.** Subordinado, dependente, subjuntivo), de antôn. *arrogante, altivo*.

sub.me.tra.lha.do.ra (ô) *sf* Metralhadora portátil.

sub.múl.ti.plo *sm* **1.** Número inteiro que é divisor exato de outro inteiro: *3 é submúltiplo de 12*. // *adj* **2.** Diz-se desse número.

sub.mun.do *sm* Conjunto dos marginais vistos como grupo social organizado.

sub.nu.trir *v* Alimentar insuficientemente; subalimentar. → **subnutrição** *sf* (alimentação insuficiente; subalimentação); **subnutrido** *adj* e *sm* (que ou aquele que recebe subalimentação; subalimentado).

su.bo.fi.ci.al *sm* **1.** Posto da Marinha e da Aeronáutica imediatamente inferior a guarda-marinha e a aspirante-aviador e superior a primeiro-sargento. **2.** Aquele que ocupa esse posto. · Fem.: *suboficiala*.

su.bor.dem *sf* Em classificações biológicas, subdivisão de uma ordem.

su.bor.di.nar *v* **1.** Sujeitar, dominar, subjugar: *os iraquianos subordinaram os curdos*. **2.** Sujeitar, submeter: *é preciso subordinar os motoristas à lei*. **3.** Estabelecer subordinação entre: *alguns tipos de pronomes subordinam uma oração a outra*. **subordinar-se 4.** Submeter-se, sujeitar-se: *os motoristas devem subordinar-se à lei*. → **subordinação** *sf* [**1.** ato ou efeito de subordinar(-se); **2.** ordem que estabelece a dependência hierárquica de umas pessoas em relação a outras; obediência; **3.** dependência de uma coisa em relação a outra; **4.** dependência de orações dentro de um período, com função específica para cada uma, sendo uma delas sempre independente, chamada *principal*); **subordinado** *adj* e *sm* (que ou aquele que está sob as ordens ou dependência de um superior; dependente, subalterno), *adj* (**1**. que tem ligação ou conexão com algo superior; de menor importância, secundário; **2**. diz-se da oração de um período composto que depende de outra) e *sm* (criado, serviçal, doméstico); **subordinador** (ô) *adj* e *sm* (que ou o que subordina); **subordinante** *adj* (subordinador); **subordinativo** *adj* (diz-se do elemento linguístico que estabelece uma subordinação, compreendendo os conetivos subordinativos, as preposições e os pronomes relativos).

su.bor.nar *v* **1**. Induzir (alguém) a agir a seu favor, cometendo um crime, mediante oferta de dinheiro, presente, etc.: *o preso subornou o carcereiro e fugiu*. **2**. Induzir (princ. testemunha) a dar testemunho falso: *tentou subornar uma das testemunhas e foi preso*. → **subornação** *sf*, **subornamento** ou **suborno** (ô) *sm* (ação ou efeito de subornar); **suborno** (ô) *sm* (**1**. subornação, subornamento; **2**. aquilo que se dá para subornar alguém; **3**. compra da consciência alheia; **4**. crime daquele que, no exercício de seu cargo, recebe dinheiro ou vantagens para omitir-se na prática de seus deveres funcionais, com prejuízo de terceiros; corrupção).

sub.pre.fei.tu.ra *sf* **1**. Subdivisão do departamento administrativo, sob a responsabilidade de um subprefeito. **2**. Residência ou repartição do subprefeito. **3**. Conjunto dos serviços da administração subprefeitural. → **subprefeito** *sm* (aquele que substitui o prefeito na sua ausência ou que exerce funções análogas às dele); **subprefeitural** *adj* (rel. a subprefeitura ou a subprefeito).

sub.pro.cu.ra.dor (ô) *sm* Membro da procuradoria subordinado hierarquicamente ao procurador. → **subprocuradoria** *sf* (repartição imediatamente inferior a procuradoria).

sub.pro.du.to *sm* Produto derivado de outro, principal.

sub-ra.ça *sf* **1**. Subdivisão estabelecida numa raça principal. **2**. Raça inferior. · Pl.: *sub-raças*.

sub-re.gi.ão *sf* Subdivisão de uma região, princ. de região ecológica. · Pl.: *sub-regiões*. → **sub-regional** *adj* (rel. ou pert. a sub-região), de pl. *sub-regionais*. ·· **Sub-regiões naturais do Nordeste brasileiro**. São 4: Agreste, Meio-Norte, Sertão e Zona da Mata.

sub-rei.no *sm* Subdivisão de um reino vegetal ou animal. · Pl.: *sub-reinos*.

sub-rei.tor (ô) *sm* Aquele que substitui o reitor na sua ausência ou exerce funções análogas às dele. · Pl.: *sub-reitores* (ô). → **sub-reitoria** *sf* (**1**. cargo de sub-reitor; **2**. lugar onde trabalha o sub-reitor), de pl. *sub-reitorias*.

sub-rep.ção *sf* **1**. Ato de conseguir ou alcançar uma graça, concessão, benefício, etc. ocultando ou omitindo circunstâncias que, conhecidas, levariam à negação ou indeferimento do que se pretendia. **2**. Emprego de meios sub-reptícios. **3**. Subtração fraudulenta; roubo. · Pl.: *sub-repções*. → **sub-reptício** *adj* (**1**. feito às escondidas ou secretamente, de forma disfarçada, dissimulada; furtivo: *havia o apoio sub-reptício do presidente a essa intervenção*; *um olhar sub-reptício*; **2**. fraudulento: *agir de modo sub-reptício*; *usar de táticas sub-reptícias*; **3**. mantido em segredo, por não ser aprovado: *eles tiveram um caso sub-reptício*), de pl. *sub-reptícios*.

sub-ro.gar *v* **1**. Substituir: *sub-rogar um fiador, um candidato*. **2**. Transferir (direito ou encargo): *sub-rogar uma dívida*. → **sub-rogação** *sf* (**1**. ato ou efeito de sub-rogar; substituição judicial de uma pessoa ou coisa por outra; **2**. forma de transmissão de crédito em que um terceiro adquire os direitos do credor originário em relação ao respectivo devedor); **sub-rogado** *adj* (**1**. transmitido por herança ou por sucessão; **2**. substituído judicialmente por outro); **sub--rogante** ou **sub-rogatório** *adj* (que sub-roga); **sub-rogador** (ô) *adj* e *sm* (que ou aquele que sub-roga).

sub.sa.lá.rio *sm* Salário abaixo daquele merecido pelo assalariado.

subs.cre.ver *v* **1**. Assinar (o próprio nome) no final de um documento; subscritar: *esqueceu-se de subscrever seu nome no título eleitoral*. **2**. Assinar o próprio nome, aprovando (algo feito por outrem); subscritar: *subscrevi um abaixo-assinado*. **3**. Aceitar, aprovar, sancionar: *as partes subscreveram o acordo*. **4**. Dar alguma quantia (para algum fim meritório): *subscrever com boa quantia para a campanha*. **subscrever-se 5**. Assinar-se: *ele se subscreve Correa, grafia antiga, e não Correia, grafia atual*. · Conjuga-se por *escrever*. → **subscrição** *sf* [**1**. ato ou efeito de subscrever(-se); **2**. compromisso de contribuir com certa quantia para a realização de alguma obra meritória ou pia, para a fundação de uma empresa, de um hospital, etc.; **3**. essa quantia; **4**. assinatura que se apõe à parte inferior de uma ata ou texto, para aprová-lo; **5**. assinatura de uma carta ou de qualquer documento; **6**. assinatura (de periódico ou de televisão a cabo); **7**. valor para pagar tal assinatura; **8**. preferência de compra de ações que representam aumento de capital, com preço inferior ao vigente no mercado, por parte dos acionistas de uma empresa]; **subscritar** *v* (apor assinatura a; subscrever); **subscritor** (ô) *adj* e *sm* (que ou aquele que subscreve).

sub.se.quen.te (o **u** soa) *adj* Que segue imediatamente a outro no tempo ou no espaço; imediato: *a mudança se dará na eleição subsequente à deste ano*; *a explosão e o subsequente incêndio foram provocados por uma fagulha elétrica*. · Antôn.: *antecedente*. → **subsequência** (o **u** soa) *sf* (qualidade de subsequente; continuação, seguimento), de antôn. *antecedência*.

sub.ser.vi.en.te *adj* **1**. Que obedece às ordens de outrem de forma humilhante ou vexatória; que serve as vontades de outrem de forma submissa; que é obsequiosamente submisso ou servil: *toda empresa chinesa é subserviente a seu governo autoritário*; *esses políticos, para se manterem no poder, precisam de gente subserviente*. **2**. Que cede à vontade ou às ordens de outrem sem questionar ou reclamar, mesmo contrariando suas convicções; que é excessivamente condescendente: *a tradicional mulher japonesa é subserviente demais*. → **subserviência** *sf* (qualidade de subserviente; condescendência servil).

sub.sí.dio (si = ssi) *sm* **1**. Suplementação, apoio ou ajuda financeira do Estado para possibilitar o desenvolvimento de setores econômicos de real interesse público; subvenção. **2**. Auxílio ou ajuda (de qualquer ordem) que se dá a uma empresa. **3**. Ajuda financeira ou de outra ordem fornecida pelo governo, em benefício de pessoas ou instituições que enfrentam alguma dificuldade: *o governo destinou um subsídio para as vítimas das enchentes*. // *smpl* **4**. Elementos, informações, dados: *ele reúne subsídios para a sua tese*. **5**. *Pop*. Vencimentos de senadores, deputados e vereadores: *os parlamentares aumentaram seus subsídios*. → **subsidiar** (si = ssi) *v* (**1**. dar subsídio a; subvencionar: *o governo vai subsidiar o gás de cozinha*; **2**. ajudar financeiramente: *empresas subsidiam a campanha desse candidato*); **subsidiária** (si = ssi) *sf* (empresa cujo controle é exercido por outra, que detém a maioria das suas ações); **subsidiariedade** (si = ssi) *sf* [**1**. qualidade ou estado do que é subsidiário; **2**. princípio de organização social segundo o qual as decisões sobre questões sociais e políticas devem ser tomadas pelas comunidades locais, incluindo a decisão de submeter o assunto a um fórum mais amplo: *a subsidiariedade, elemento da doutrina social católica, afirma que o que pode ser feito em um nível inferior de um sistema social não deve ser feito em um nível superior*], palavra sem registro na 6.ª ed. do VOLP; **subsidiário** (si = ssi) *adj* (**1**. rel. a subsídio; **2**. que subsidia, ajuda ou socorre; **3**. de menor importância; acessório, secundário: *os quesitos subsidiários de uma questão*; **4**. que reforça o que já se alegou: *argumentos subsidiários*) *adj* e *sm* (que ou rio que deságua em outro; afluente, tributário).

sub.sis.tir (sis = ssis ou zis) *v* **1**. Existir (em sua substância ou individualidade); continuar a existir: *tudo o que hoje subsiste fatalmente desaparecerá*. **2**. Existir ainda; persistir: *ainda subsistem algumas dúvidas a respeito da idoneidade desse comerciante*. **3**. Sobreviver: *subsistir com esmolas*. **4**. Estar em vigor; viger: *essa lei ainda subsiste?* **5**. Manter-se vivo ou forte: *o casamento só subsiste quando há amor verdadeiro*. → **subsistência** (sis = ssis ou zis) *sf* (**1**. qualidade ou estado do que subsiste; **2**. permanência, conservação, manutenção: *a subsistência de uma tradição, de um casamento*; **3**. conjunto de meios necessários à manutenção da vida; sobrevivência, sustento: *fazer bicos como forma de subsistência*); **subsistente** (sis = ssis ou zis) *adj* (**1**. que subsiste ou que continua a existir; **2**. que dura, permanece ou persiste).

sub.so.lo *sm* **1**. Camada da crosta terrestre imediatamente abaixo do solo superficial e acima da rocha. **2**. Construção situada abaixo do andar térreo.

sub.sô.ni.co *adj* **1**. Relativo à velocidade menor do que a do som. **2**. Que tem essa velocidade. · Antôn.: *supersônico*.

subs.ta.be.le.cer *v* **1**. Nomear como substituto: *substabelecer um diretor*. **2**. Transferir a outrem (encargo, procuração, etc.): *substabeleci a meu vizinho a responsabilidade de vigiar a casa dos meus amigos, que saíram de viagem*. → **subestabelecimento** *sm* (ato ou efeito de substabelecer). (A

6.ª ed. do VOLP registra ainda as formas *subestabelecer* e *subestabelecimento*.)

subs.tân.cia *sf* **1**. Aquilo que tem massa e ocupa espaço; matéria cujas propriedades e características são estáveis e homogêneas: *a água é uma substância líquida*. **2**. Tipo de matéria de composição química definida: *uma substância calcária*. **3**. Essência ou fundamento de algo dito ou escrito: *qual foi, afinal, a substância da nossa conversa?* **4**. Consistência, corpo: *sopa aguada, sem muita substância*. **5**. Densidade material: *o vácuo não tem substância; o ar tem pouca substância*. **6**. Parte nutritiva dos alimentos; nutriente, sustância: *refrigerantes não têm substância*. **7**. Pobre em conteúdo; superficial: *artigo sem substância*. **8**. Conjunto de características próprias de uma coisa, que são estáveis e não variam: *a fé católica de hoje em dia perdeu sua substância*. **9**. Em linguística, a realidade acústica de uma palavra (em oposição a *forma*). **10**. Nas filosofias aristotélica e escolástica, aquilo que existe em si, independentemente dos acidentes ou atributos que lhe possam ser atribuídos. → **substancialidade** *sf* (qualidade do que é substancial; **substancial** *adj* (**1**. rel. a substância; **2**. considerável, significativo: *uma quantidade substancial de dinheiro*; **3**. resistente, forte: *edifícios construídos com material substancial resistem a terremotos*; **4**. nutritivo, substancioso: *refeição substancial*) e *sm* (**1**. essencial, fundamental; **2** aquilo que nutre); **substancioso** (ô; pl.: ó) *adj* (**1**. nutritivo, substancial; **2**. diz-se de obra rica em doutrina e em ideias; **3**. cheio de vigor ou substância; vigoroso: *pronunciou substancioso discurso na Câmara*).

subs.tan.ti.vo *adj* **1**. De existência independente. **2**. Essencial, fundamental: *as qualidades substantivas de um automóvel*. **3**. Que equivale a um substantivo: *pronome substantivo*. **4**. Importante, significativo, sério: *não há provas substantivas da eficácia dessa vacina; houve discussões substantivas entre os líderes mundiais acerca do aquecimento global*. // *sm* **5**. Palavra que designa tudo o que existe ou que imaginamos existir; nome. → **substantivação** *sf* [ato ou efeito de substantivar(-se)]; **substantivar(-se)** *v* [tornar(-se) substantivo; substantivar um adjetivo].

subs.ti.tu.ir *v* **1**. Ser ou existir em vez de: *o computador substituiu com enormes vantagens a máquina de escrever*. **2**. Tomar o lugar de: *o subdiretor substituiu o diretor, que está doente*. **3**. Pôr no lugar de outro: *o presidente substituiu vários ministros*. **4**. Mudar, para pôr outro em seu lugar: *substituir um jogador por outro, na equipe*. → **substituição** *sf* (ato ou efeito de substituir; troca); **substitutivo** *adj* (que substitui) e *sm* (substituição, emenda); **substituto** *adj* e *sm* (que ou o que substitui; sucedâneo: *o leite de soja é um bom substituto do leite de vaca*).

sub.te.nen.te *sm* **1**. Posto do Exército brasileiro imediatamente inferior a aspirante e superior a primeiro-sargento. // *s2gên* **2**. Pessoa que detém esse posto.

sub.ter.fú.gio *sm* Expediente ou meio sutil, ardiloso, para safar-se de algo indesejado ou evitar uma dificuldade; evasiva; pretexto: *apelou para um subterfúgio para não aceitar o convite; a reunião foi apenas um subterfúgio para mantê-lo fora do escritório, enquanto o procuravam*.

sub.ter.râ.neo *adj* **1**. Situado debaixo da terra; subterrestre. **2**. Que ocorre debaixo da terra; subterrestre. **3**. *Fig*. Que se faz secretamente, às ocultas. // *sm* **4**. Lugar subterrâneo. → **subterrestre** *adj* [subterrâneo (1 e 2)].

sub.tí.tu.lo *sm* Título secundário, geralmente explicativo, subordinado a outro e composto em caracteres menores.

sub.tô.ni.ca *adj* e *sf* Que ou sílaba que recebe tonicidade secundária. → **subtônico** *adj* (**1**. rel. a subtônica; **2**. diz-se da sílaba que recebe tonicidade secundária).

sub.to.tal *sm* Total parcial.

sub.tra.ir *v* **1**. Fazer desaparecer: *o mágico subtraiu uma mulher do palco!* **2**. Tirar fraudulentamente; surrupiar, furtar: *subtraíram-me a carteira!* **3**. Livrar, afastar, eximir: *o filho queria subtrair os pais a mais essa preocupação*. **4**. Deduzir, descontar: *subtraia do lucro as despesas!* **5**. Pronom. mão: *subtraí um tempo ao meu lazer, para me dedicar à creche*. **6**. Em aritmética, diminuir quantidades numéricas; efetuar a subtração de: *de 10 subtraindo 2, quanto fica?* **subtrair-se** *v* **7**. Esquivar-se, furtar-se, fugir: *subtrair-se a uma responsabilidade, a um compromisso*. · Antôn. (4 e 6): *adicionar, somar, juntar*. → **subtração** *sf* [**1**. ato ou efeito de subtrair(se); **2**. operação aritmética que consiste em encontrar a diferença entre dois números ou quantidades; diminuição (indicada pelo símbolo –)], de antôn. (2) *adição*; **subtraendo** *sm* [número subtraído de outro (p. ex.: em 8 – 3 = 5, o *subtraendo* é 3)]. · V. **diminuendo**.

subtrativo *adj* (rel. a subtração).

sub.tro.pi.cal *adj* **1**. Relativo a áreas geográficas adjacentes aos trópicos. **2**. Característico dessas regiões: *clima subtropical*.

su.bur.ba.no *adj* **1**. Relativo ou pertencente a subúrbio. **2**. Característico de um subúrbio. // *sm* **3**. Aquele que mora em subúrbio. // *adj* e *sm* **4**. *Pop*. Que ou aquele que revela mau gosto; cafona, brega. → **subúrbio** *sm* (região afastada de um grande centro urbano; periferia).

sub.ven.ção *sf* Subsídio (1) ou auxílio pecuniário, geralmente concedido por uma fundação ou pelo poder público; prestação de assistência ou apoio financeiro: *tratou-se na reunião da subvenção ao BNDES*. → **subvencionado** *adj* (que recebe ou recebeu subvenção); **subvencionar** *v* (**1**. conceder subvenção a; subsidiar; **2**. ajudar a manter ou a sobreviver; socorrer: *o governo americano subvencionou as montadoras na crise de 2008*).

sub.ver.be.te (ê) *sm* **1**. Palavra da mesma família do verbete, definida ou não, incluída como parte integrante do verbete (p. ex.: *sucatagem, sucatamento* e *sucatar* podem aparecer, numa obra, como subverbetes de *sucata*); subentrada. **2**. Expressão que tem forte correspondência com a entrada (p. ex.: *senso comum é subverbete de senso*).

sub.ver.ter(-se) *v* **1**. Destruir ou ficar destruído (o que existe legalmente ou está estabelecido): *subverter a ordem; quando uma sentença jurídica se subverte, há consequências*. **2**. Destruir(-se) completamente; arruinar(-se): *o povo subverteu a monarquia francesa, tomando a Bastilha; Pompeia subverteu-se em 79*. **3**. Afundar(-se); submergir(-se): *um iceberg subverteu o Titanic; o transatlântico subverteu-se, ao chocar-se com um iceberg*. **4**. Minar ou solapar os princípios de; corromper: *subverter a juventude*. → **subversão** *sf* [**1**. ato ou efeito de subverter(-se); **2**. enfraquecimento do poder ou autoridade de um sistema ou instituição estabelecida: *o que ocorre hoje no Brasil é uma indisfarçável subversão do regime democrático*; **3**. tentativa sistemática de derrubar ou minar um governo ou sistema político]; **subversivo** *adj* e *sm* (**1**. que ou o que busca subverter um sistema político ou uma instituição estabelecida; *publicações subversivas iam para o lixo*; **2**. que ou aquele que é militante da subversão: *ele e seus companheiros foram tachados de subversivos*).

subwoofer [ingl.] *sm* Alto-falante projetado especialmente para reproduzir as frequências muito baixas (subgraves), trabalhando nas faixas entre 20Hz e 120Hz; alto-falante que reproduza ao máximo sons graves. · Pl.: *subwoofers*. · Pronuncia-se *sâbúfâr*.

su.ca.ta *sf* **1**. Ferro velho que pode ser reaproveitado ou reciclado. **2**. *P.ext*. Qualquer objeto sem valor, fora de uso, gasto, estragado. **3**. Ferro-velho. → **sucatagem** *sf*, **sucatamento** ou **sucateamento** *sm* [ato ou efeito de sucatear(-se)]; **sucatar(-se)** ou **sucatear(-se)** *v* [transformar(-se) em sucata], sendo este conjugado por *frear*.

suc.ção *sf* **1**. Ação ou efeito de sugar, chupar; aspiração, absorção. **2**. Fenômeno ou resultado causado pela diferença de pressão, ao se tirar todo o ar, ou parte do ar, em determinado espaço.

su.ce.dâ.neo *adj* e *sm* Que ou pessoa ou coisa que ocupa o lugar ou a função de outra; substituto: *o leite de soja é usado como sucedâneo do leite de vaca*. → **sucedaneidade** *sf* (qualidade ou condição do que é sucedâneo), palavra sem registro na 6.ª ed. do VOLP.

su.ce.der *v* **1**. Vir ou acontecer depois; seguir-se, vir em seguida: *ao calor insuportável sempre sucede uma chuvinha refrescante: a república sucedeu à monarquia*. **2**. Acontecer: *sinto-me culpado do que lhe sucedeu; sucede que ele morreu antes dos 40*. **3**. Substituir, por eleição, direito natural, etc: *o filho sucedeu ao pai, no trono*. **suceder-se 4**. Acontecer sucessivamente: *sucedem-se os sequestros e assaltos no Rio; sucederam-se anos e anos, até que um dia ela voltou*. → **sucedido** *adj* e *sm* (que ou o que sucedeu, aconteceu, realizou-se); **sucedimento** *sm* [**1**. ato ou efeito de suceder(-se); sucessão: *houve um sucedimento de colisões de veículos, por causa da neblina*; **2**. acontecimento, ocorrência: *o sucedimento de um acidente*]; **sucessão** *sf* [**1**. ato ou efeito de suceder(-se); **2**. sequência ou série ininterrupta ou quase ininterrupta; **3**. transmissão de um encargo, direito, etc. feita segundo certas regras; **4**. descendência, herdeiros]; **sucessório** *adj* (rel. a sucessão ou que dela trata: *lei sucessória*); **sucessivo** *adj* (**1**. que envolve sucessão; **2**. que acontece sem interrupção; seguido,

contínuo, consecutivo: *chorou por três dias sucessivos*);
sucesso *sm* (**1**. aquilo que sucede; acontecimento, fato: *os sucessos do dia a dia*; **2**. bom resultado; êxito; **3**. *fig.* o que alcança grande popularidade: *esse filme foi um sucesso; essa atriz é um sucesso*) e *interj* (expressa o desejo de bom êxito, de resultado feliz), de antôn. *fracasso, fiasco, malogro*; **sucessor** (ô) *adj* e *sm* (**1**. que ou aquele que sucede a outrem; **2**. que ou aquele que herda; herdeiro; **3**. que ou aquele que tem as mesmas qualidades, virtudes ou predicados que teve outrem: *Ademir da Guia não teve sucessor no Palmeiras*).

sú.cia *sf* Grupo ou bando de pessoas de má índole ou de mau caráter; cambada, malta, matilha, corja.

su.cin.to *adj* Caracterizado pela clareza e precisão, em poucas palavras; conciso, lacônico. · Antôn.: *prolixo, extenso*.

su.co *sm* **1**. Líquido nutritivo extraído geralmente de frutas; sumo. **2**. Parte ou conteúdo líquido de substância vegetal ou animal. **3**. Fluido natural de um organismo animal.

su.cro.al.co.o.lei.ro *adj* Relativo ao açúcar e ao álcool: *produtores sucroalcooleiros*.

su.çu.ara.na *sf* Mamífero felídeo, carnívoro, de hábitos noturnos, também conhecido como *onça-parda* e *puma*.

su.cu.len.to *adj* **1**. Cheio de suco ou sumo: *abacaxi suculento só o da Paraíba*. **2**. Substancial, nutritivo: *uma sopa suculenta*. **3**. *Fig.* Que atrai e agrada pelo bom aspecto; apetitoso: *uma suculenta picanha*. **4**. Diz-se das plantas em que a raiz, o talo ou as folhas foram engrossados para permitir o armazenamento de água em quantidades muito maiores que nas plantas normais. → **suculência** *sf* (qualidade do que é suculento).

su.cum.bir *v* **1**. Dobrar-se ou ceder (a força superior): *sucumbir ao peso dos anos*. **2**. Abater-se, vergar: *os fracos sucumbem logo ao primeiro fracasso*. **3**. Não resistir, ceder: *a garota acabou sucumbindo aos desejos do namorado*. **4**. Morrer: *sucumbir a um infarto; sucumbir em combate*. **5**. Ser vencido; vergar: *sucumbir de cansaço*. **6**. Deixar de existir; ser abolido: *todas as garantias individuais sucumbiram naquele momento*. **7**. Cessar de existir; acabar: *a revista sucumbiu logo depois da segunda tiragem*. → **sucumbência** *sf* ou **sucumbimento** *sm* (ato ou efeito de sucumbir); **sucumbência** *sf* (**1**. sucumbimento; **2**. em direito, princípio pelo qual a parte perdedora de uma ação é obrigada a arcar com os honorários do advogado da parte vencedora, por isso mesmo denominados *honorários de sucumbência*).

su.cu.ri *sf* Cobra que habita princ. rios e pântanos, de grandes dimensões (12m), a que se dá também o nome de *anaconda*.

su.cur.sal *adj* e *sf* **1**. Que ou casa comercial, editorial, financeira, etc. que depende da matriz; filial. // *sf* **2**. Escritório em cidades distantes de sede de um jornal ou de uma revista, no qual trabalham redatores, repórteres, chefes de redação, fotógrafos e contínuos, com o objetivo de enviarem diariamente notícias para a redação. → **sucursalismo** *sm* (forma de organização comercial constituída por estabelecimentos que uma empresa tem em diferentes lugares, dependentes de uma matriz: *o franquiado é um sócio e não um empregado, como no sucursalismo*); **sucursalista** *adj* (rel. a sucursalismo) e *adj* e *s2gên* (dirigente de uma sucursal).

su.da.ção *sf* **1**. Ato ou processo de suar; suadouro. **2**. Excreção de fluido salgado pelas glândulas sudoríparas da pele; suor.

Sudão *sm* País da África, no terceiro maior do continente, de área correspondente à dos estados do Amazonas e do Maranhão juntos. → **sudanense** *adj* e *s2gên* ou **sudanês** *adj* e *sm*.

Sudão do Sul *loc sm* País da África que, em 2011, separou-se do Sudão. Sua área correspondente a pouco mais que a área dos estados do Maranhão e do Piauí juntos. → **sul-sudanense** *adj* e *s2gên*.

su.dá.rio *sm* **1**. Pano com que antigamente se limpava o suor, sendo depois substituído pelo lenço. **2**. Lençol que envolve um cadáver; mortalha. ·· **Santo Sudário**. Lençol de linho em que supostamente Jesus foi envolvido quando baixou à sepultura.

SUDENE ou **Sudene** *sf* Acrônimo de <u>S</u>uperintendência do <u>D</u>esenvolvimento do <u>N</u>ordeste, autarquia federal criada em 1959 para incrementar o desenvolvimento, mediante o planejamento e a coordenação das atividades dos órgãos federais na região nordestina. Foi extinta em 2001 e recriada em 2007.

su.des.te *sm* **1**. Ponto colateral da rosa dos ventos, situado entre o sul e o leste. **2**. Vento que sopra dessa região. **3**. Região ou ponto do horizonte situado entre o sul e o leste, em relação a um ponto qualquer de referência. **Sudeste** ou **Sueste 4**. Região geográfica e administrativa do Brasil, que compreende o Espírito Santo (ES), Minas Gerais (MG), o Rio de Janeiro (RJ) e São Paulo (SP). · Abrev.: **SE**.

sú.di.to *adj* e *sm* **1**. Que ou aquele que está sujeito à autoridade de um soberano. **2**. Vassalo (1).

su.do.es.te *sm* **1**. Ponto colateral da rosa dos ventos, situado entre o sul e o oeste. **2**. Região ou ponto do horizonte situado entre o sul e o oeste, em relação a um ponto qualquer de referência. · Abrev.: **SO**.

sudoku [jap.] *sm* Quebra-cabeça ou jogo de raciocínio e lógica que consiste em preencher uma grade de 81 espaços, com números de 1 a 9, sem repetir o mesmo algarismo nos quadrantes, linhas e colunas de 9 casas. · Pronuncia-se *sudôku*.

su.do.ral *adj* Relativo a suor; sudoríparo (1).

su.do.re.se *sf* Secreção intensa de suor.

su.do.rí.fe.ro ou **su.do.rí.fi.co** *adj* e *sm* Que ou droga que faz suar; suador, suadouro. **sudoríparo** *adj* (**1**. rel. a suor; sudoral; **2**. que produz suor; sudorífero). ·· **Glândulas sudoríferas** (ou **sudoríparas**). Glândulas da pele que secretam suor.

Suécia *sf* Reino escandinavo do norte da Europa, de área equivalente à dos estados de São Paulo e do Paraná juntos. → **sueco** *adj* e *sm*.

su.e.de *sm* **1**. Couro de superfície acamurçada, usado na fabricação de luvas e calçados. **2**. Tecido com superfície semelhante, usado na confecção de roupas. → **suedine** *sf* (tecido de algodão de textura sem. ao suede).

su.ei.ra *sf Pop.* Trabalho pesado, que faz suar; trabalheira: *foi uma grande sueira para organizar a festa, mas valeu a pena*.

su.é.ter *sm* Pulôver de lã, com ou sem mangas.

su.fi.ci.en.te *adj* e *sm* Que ou aquilo que satisfaz ou basta, não deixando sobra: *você tem dinheiro suficiente para a viagem?; já tenho dívidas suficientes, não preciso de mais uma; tenho apenas o suficiente para viver*. → **suficiência** *sf* (qualidade, condição ou característica de suficiente).

su.fi.xo (x = ks) *sm* Afixo que, posposto ao radical dos vocábulos, forma palavras derivadas ou flexionadas (p. ex.: *laran<u>jal</u>*). → **sufixação** (x = ks) *sf* (**1**. ato ou efeito de sufixar; **2**. formação de palavras mediante o acréscimo de sufixo); **sufixal** (x = ks) *adj* [rel. a sufixo(s)]; **sufixar** (x = ks) *v* (juntar sufixo a).

su.flê *sm* Massa leve e cremosa, preparada com farinha de trigo, legumes, queijo, etc., com claras batidas em neve e levada ao forno.

su.fo.car *v* **1**. Fazer perder a respiração a: *a fumaça sufocou várias pessoas*. **2**. Matar por asfixia; asfixiar, estrangular: *o criminoso a sufocou*. **3**. Reprimir, debelar: *sufocar o movimento dos rebeldes*. **4**. Ter cuidados extremos e exagerados com: *mãe que sufoca os filhos*. **sufocar(-se) 5**. Perder ou fazer perder a respiração: *eu pressentia que (me) ia sufocar; o calor nordestino sufoca*. **6**. Ficar preso ou reprimido; reprimir-se: *o choro e os soluços (se) sufocavam na garganta*. → **sufocação** *sf* ou **sufocamento** *sm* [**1**. ato ou efeito de sufocar(-se); **2**. falta de ar; **3**. dificuldade em respirar; **4**. suspensão da respiração; asfixia]; **sufocador** (ô) ou **sufocante** *adj* [**1**. que provoca sufocação; que causa falta de ar ou asfixia; sufocativo (1); **2**. abafado, pesado; **3**. *fig.* opressivo; repressor: *o ciúme só é bom quando não se torna sufocante*); **sufocativo** *adj* [**1**. que sufoca ou causa falta de ar; sufocante (1); **2**. *fig.* opressor, repressor, sufocante (3); **sufoco** (ô) *sm* (**1**. pressa, afogadilho: *para que todo esse sufoco, se ninguém aqui vai tomar o trem?*; **2**. aperto, dificuldade, deus nos acuda: *tomar ônibus, em São Paulo, às 18h, é um sufoco!*).

su.frá.gio *sm* **1**. Direito de voto: *o sufrágio feminino é uma conquista relativamente recente*. **2**. Exercício desse direito; voto dado para a eleição de alguém: *o sufrágio no Brasil é universal e direto*. **3**. Apoio, adesão, aprovação: *o síndico teve o sufrágio dos condôminos para a reforma da fachada do prédio*. **4**. Oração curta, de intercessão ou súplica: *fizeram muitos sufrágios pela alma do rapaz*. → **sufragar** *v* (**1**. apoiar com sufrágio ou voto; **2**. eleger); **sufragista** *adj* (rel. a sufrágio) e *adj* e *s2gên* (que ou pessoa que defende a extensão do voto político a todas as pessoas, indistintamente).

su.fu.mi.ga.ção *sf* ou **su.fu.mí.gio** *sm* **1**. Fumigação que ocorre sob alguma coisa. **2**. Queima de substâncias aromáticas, para purificar ou odorizar o ar. → **sufumigar** *v* (aplicar a sufumigação a).

su.gar *v* **1**. Chupar com esforço: *a abelha suga o néctar das flores*. **2**. Beber até a última gota; exaurir: *sugar o copo de leite*.

3. Ser parasito de: *esse é um marido que só suga a mulher.* **4.** *Fig.* Apossar-se de (bens de alguém) de modo fraudulento; subtrair, surrupiar: *é um advogado que suga seus clientes.* → **sugação** *sf* (ato ou efeito de sugar); **sugador** (ô) *adj* e *sm* (que ou o que suga: *o pernilongo é um inseto sugador*), *adj* (diz-se do órgão dos insetos adaptados para sugar) e *sm* [**1.** sugadouro (1); **2.** aquele que vive à custa de outrem; parasito]; **sugadouro** *sm* [**1.** espécie de tromba de alguns insetos, própria para sugar; sugador (1); **2.** órgão das plantas parasitas, próprio para sugar a seiva da planta hospedeira].

su.ge.rir *v* **1.** Oferecer para consideração ou ação; propor: *sugerir brincadeiras para as crianças se distraírem.* **2.** Induzir a; indicar: *a porta aberta sugere fuga precipitada.* **3.** Indicar indiretamente; implicar: *era um silêncio que sugeria algum problema sério.* **4.** Trazer (alguma coisa) à mente, por associação de ideias; evocar: *a música sugere uma noite tranquila.* **5.** Insinuar; dar a entender: *você está sugerindo que o acidente se deu por culpa minha?!* → **sugesta** *sf* [*gír.* **1.** abreviação de *sugestão*; **2.** ato de assaltante simular que está armado, para amedrontar a vítima e conseguir seu objetivo; sugestão (9)]: *o bandido não tinha arma nenhuma, roubou só na sugesta*); **sugestão** *sf* [**1.** ato ou processo de sugerir; **2.** ideia, plano ou indicação, à guisa de conselho: *essa compra foi feita por sugestão minha; a sugestão da casa é a costela no bafo;* **3.** aquilo que se sugere; proposta: *sua sugestão de invadir o Congresso não foi levada a sério;* **4.** algo que apenas excita a imaginação; insinuação: *a sugestão de um decote;* **5.** incitação, estímulo, instigação: *ele só participou do assalto por sugestão de amigos;* **6.** pequeno sinal; indício: *havia uma sugestão de chuva no ar;* **7.** processo pelo qual um estado físico ou mental é influenciado por um pensamento ou ideia: *o sucesso de uma propaganda depende do seu poder de sugestão;* **8.** em psicologia, ato de induzir uma pessoa a aceitar uma ideia ou crença sem crítica; **9.** *gír.* sugesta (2)]; **sugestionar** *v* (influenciar a mente de: *o hipnotizador sugestiona o paciente*); **sugestionar-se** (sentir o efeito da sugestão na mente: *as crianças muito se sugestionam com os filmes de terror*); **sugestivo** *adj* (**1.** que sugere; que contém sugestão: *afirmou isso em tom sugestivo*); **2.** que estimula ou desperta novas ideias; **3.** insinuante: *decote sugestivo*).

Suíça *sf* País europeu cujo nome oficial é Confederação Helvética, de área equivalente à do estado do Rio de Janeiro. → **suíço** *adj* e *sm*.

su.i.ças *sfpl* Porção de barba que se deixa crescer nos lados da face, até a altura do queixo.

su.i.ci.dar-se *v* **1.** Provocar a morte a si próprio; cometer suicídio; matar-se. **2.** *Fig.* Causar a própria desgraça; arruinar-se: *com tanto escândalo de corrupção de seus membros, esse partido se suicidou perante a opinião pública.* → **suicida** *s2gên* (pessoa que se suicida); **suicídio** *sm* (ato ou efeito de suicidar-se).

sui generis [lat.] *adj* Sem igual; único em seu gênero; singular: *a carreira sui generis de um piloto.* · Pronuncia-se *súi gêneris*.

su.in.gue *sm* **1.** Estilo de *jazz* muito tocado nas décadas de 1930 e 1940 por grandes bandas (*big bands*), caracterizado por ritmo suave, melodioso. **2.** Dança para esse estilo de *jazz*. **3.** Ritmo dessa dança. **4.** Balanço de corpo que o jogador de golfe dá para a bola dar a tacada. **5.** Prática sexual conjunta de dois ou mais casais, com troca de parceiros durante a orgia; troca de casais; *swapping*.

suí.no *adj* **1.** Relativo ou pertencente a porco: *rebanho suíno; carne suína*. // *sm* **2.** Porco. → **suinocultor** (ô) *sm* (criador de porcos); **suinocultura** *sf* (criação de porcos).

su.í.te *sf* **1.** *Pop.* Nos hotéis e hospitais, apartamento amplo e luxuoso, com quarto, sala e banheiro privativo. **2.** *Pop.* Nas residências, quarto de dormir com banheiro anexo e exclusivo. **3.** Série ordenada de danças instrumentais, nas mesmas tonalidades ou relacionadas, geralmente precedidas por um prelúdio. **4.** Composição instrumental moderna, em vários movimentos. **5.** *Pop.* Em jornalismo, matéria que apresenta novas informações em relação a outra já publicada. **6.** Em informática, série de programas de computador concebidos para funcionar em conjunto.

su.jar *v* **1.** Tornar sujo (o que estava limpo): *sujar as mãos com graxa.* **2.** Fazer sujeira; defecar: *o bebê sujou no colo da mãe.* **3.** *Fig.* Fazer (alguém ou algo) perder o prestígio ou a boa reputação; macular, manchar, comprometer: *esse crime o sujou pelo resto da vida.* **4.** *Fig.* Mudar para pior; corromper, perverter: *esse tipo de revista só serve para sujar a mente dos adolescentes.* **5.** Manchar de fezes: *ele tem dez anos e ainda suja as calças.* **6.** *Gír.* Surgir problema ou empecilho no desenrolar de um ato ilícito ou ilegal: *a polícia chegou, sujou.* **sujar-se 7.** Tornar-se sujo: *de um dia para o outro, os cabelos se sujam; sujar-se no trabalho.* **8.** Evacuar ou defecar involuntariamente; cagar-se, borrar-se: *de tanto medo, ele se sujou todo.* **9.** *Fig.* Desmoralizar-se, comprometer-se moralmente: *alguns deputados se sujaram pelo resto da vida nesse escândalo; você vai se sujar por causa de dez reais?!* **10.** *Gír.* Ficar malvisto; perder o prestígio: *ela se sujou comigo, não quero nem mais vê-la.* · Antôn. (1): *limpar, purificar, sanear.* → **sujeira** *sf* (**1.** qualidade do que é sujo; **2.** coisa ou lugar sujo; porcaria, imundície; **3.** procedimento incorreto ou desonesto; traição ou descortesia com amigo, colega ou companheiro; jogo sujo); **sujidade** *sf* (falta de limpeza ou asseio; sujeira), de antôn. *limpeza, asseio*; **sujismundo** *sm* (*pop.* aquele que, sem se importar com as condições do meio ambiente nem com a saúde e o bem-estar próprio, nem muito menos do alheio, não tem nenhuma preocupação com a limpeza, vive sujo, jogando lixo nas ruas, praias, etc.: *o prefeito decretou guerra aos sujismundos*), palavra sem registro na 6.ª ed. do VOLP; **sujo** *adj* (**1.** que não está limpo; **2.** *fig.pej.* indecente, calhorda, canalha; **3.** ruim, negativo; **4.** *pop.* que está sem crédito; negativado), de antôn. *limpo*.

su.jei.tar *v* **1.** Subjugar, vencer: *não havia quem sujeitasse aqueles exércitos.* **2.** Submeter: *aquele governo sujeitou o povo a duras provações.* **3.** Fazer passar por ação específica: *sujeitar o metal a intenso calor.* **4.** Subordinar: *devemos sempre sujeitar a vontade à razão.* **sujeitar-se 5.** Submeter-se, render-se: *sujeitar-se ao ridículo.* → **sujeição** *sf* [**1.** ato ou efeito de sujeitar(-se); **2.** obediência cega; submissão: *a sujeição da mulher ao homem no Japão é quase que uma obrigação*]; **sujeito** *adj* (**1.** submetido: *filhos sujeitos a ordens paternas*; **2.** exposto: *os moradores de rua são sujeitos a chuvas e serenos*; **3.** dependente, subordinado: *sou sujeito ao chefe*; **4.** passível: *região sujeita a terremotos*, **5.** propenso, inclinado: *é uma pessoa sujeita a depressão*) e *sm* (**1.** em gramática, ser ao qual se atribui a ideia contida no predicado; **2.** tipo, figura, indivíduo: *quem é esse sujeito?*; **3.** pessoa cujo nome se conhece, mas não se quer citar: *não quero mais esse sujeito em minha casa*).

sul *sm* **1.** Ponto cardeal oposto ao norte. **2.** Região ou ponto do horizonte situado na direção desse ponto. **Sul 3.** Região geográfica e administrativa do Brasil que compreende o Paraná (PR), Santa Catarina (SC) e o Rio Grande do Sul (RS). · Abrev.: **S.** → **suleiro**, **sulino** *adj* e *sm* ou **sulista** *adj* e *s2gên* (natural ou habitante do Sul de um país).

sul-a.fri.ca.no *adj* e *sm* Natural ou habitante da África do Sul. · Pl.: *sul-africanos.*

sul-a.me.ri.ca.no *adj* e *sm* Natural ou habitante da América do Sul. · Pl.: *sul-americanos.*

sul.car *v* **1.** Fazer sulcos em: *o tempo sulca a pele do rosto e das mãos.* **2.** Cortar (águas), deixando sulcos ou esteiras para trás: *as caravelas portuguesas sulcaram todos os mares.* **3.** Atravessar, cortar: *excelentes rodovias sulcam todos os Estados Unidos.* → **sulcagem** *sf* (ato ou processo de sulcar).

sul.co *sm* **1.** Rego aberto na terra pelo arado ou pela enxada. **2.** Fenda formada por embarcação ou assemelhado que corta as águas; esteira. **3.** Ruga ou prega na pele. **4.** Fissura profunda na superfície de um órgão (fígado, pulmão, etc.). → **sulcadeira** *sf* (implemento agrícola que traça sulcos em terreno cultivável).

sul-co.re.a.no *adj* e *sm* Natural ou habitante da Coreia do Sul (v.). · Pl.: *sul-coreanos.*

sul.fi.te *adj* Diz-se do papel branco, obtido com pasta de sulfito. → **sulfito** *sm* (**1.** sal ou éster do ácido sulfuroso; **2.** qualquer composto que contém esse sal, princ. o usado em alimentos (carne, p. ex.) como conservante, que pode causar graves reações alérgicas a pessoas susceptíveis).

súl.fur *sm* Enxofre. → **sulfuração** *sf* (ato ou efeito de sulfurar); **sulfurar** *v* (misturar ou combinar com enxofre); **sulfúreo** *adj* (**1.** da natureza do enxofre; **2.** que contém enxofre; sulfuroso; **3.** que tem cheiro de enxofre); **sulfúrico** *adj* (rel. ou pert. a enxofre; **sulfurização** *sf* (ato ou efeito de sulfurizar); **sulfurizar** *v* [impregnar de enxofre; introduzir enxofre em (substância)]; **sulfuroso** (ô; pl.: ó) *adj* [sulfúreo (2)].

su.li.no *adj* e *sm* V. **sul**.

sul-ma.to-gros.sen.se *adj* e *s2gên* V. **Mato Grosso do Sul**.

sul-ri.o-gran.den.se *adj* e *s2gên* V. **Rio Grande do Sul**.

sul.tão *sm* **1.** Soberano de país muçulmano, do antigo império otomano. **2.** *P.ext.* Senhor poderoso e despótico. **3.** *Fig.* Homem de muitas amantes; paxá. · Fem.: *sultana*. · Pl.: *sultãos, sultães* ou *sultões*. → **sultanato** *sm* (**1**. país governado por um sultão; **2**. cargo, dignidade ou poder de um sultão).

su.ma *sf* Resumo ou síntese, princ. de tratado filosófico ou teológico. · Dim. erudito: *súmula* (v.). → **sumamente** *adv* (em alto grau ou intensidade; muito: *os turistas estrangeiros ficaram sumamente impressionados com a beleza das praias brasileiras*). ·· **Em suma**. Em resumo, resumidamente.

su.ma.ren.to *adj* Cheio de sumo: *fruta sumarenta*.

su.má.rio *adj* **1**. De proporções extremamente reduzidas: *ela usa trajes sumários na praia*. **2**. Feito resumidamente; resumido, sintético: *relatório sumário*. **3**. Feito rapidamente e sem formalidades; simples: *julgamento sumário*. // *sm* **4**. Resumo dos pontos principais de uma obra, discurso, etc. na mesma ordem que a matéria foi desenvolvida; síntese. **4**. Índice: *livro sem sumário*. · Superl. abs. sintético: *sumariíssimo* (com dois *ii*). → **sumariação** ou **sumarização** *sf* (ato ou efeito de sumariar; resumo); **sumariar** ou **sumarizar** *v* (resumir, sintetizar).

su.mi.da.de *sf* **1**. Ponto mais alto de alguma coisa; cimo, cume, topo: *a sumidade das montanhas, aqui, é cheia de neve*. // *sf* **2**. *Fig*. Pessoa que sobressai entre as demais por seu saber, prestígio ou talento em determinado assunto ou atividade: *ela é uma sumidade em física*.

su.mir *v* **1**. Fazer desaparecer; esconder: *as crianças sumiram todas as minhas canetas*. **2**. Ocultar ou disfarçar: *ela sumia o sorriso com a mão, para não mostrar a banguela*. **sumir(-se) 3**. Desaparecer: *cadê o dinheiro que estava aqui? Sumiu(-se)?* · Conjuga-se por *fugir*. → **sumiço** *sm* (ação ou efeito de sumir; desaparecimento).

su.mo *adj* **1**. Superlativo absoluto sintético erudito de *alto*; superior. **2**. Maior que tudo; máximo, extremado. // *sm* **3**. Suco nutritivo vegetal ou animal; caldo, suco. **4**. Líquido ácido que se desprende da casca de fruta cítrica. · Antôn. (1 e 2): *ínfimo*. · V. **sumarento**.

su.mô *sm* Espécie de luta corpo a corpo japonesa, geralmente muito breve, disputada por homens corpulentos, que usam apenas uma sunga cavada, na qual vence aquele que prostrar o outro. → **sumoca** *s2gên* (pessoa que luta sumô).

sú.mu.la *sf* **1**. Pequena suma; resumo. **2**. Relatório sucinto de fatos, princ. feito por árbitros esportivos. → **sumular** *v* (fazer a súmula de); **sumulista** *adj* e *s2gên* (que ou pessoa que escreve súmula).

sundae [ingl.] *sm* Guloseima que consiste em sorvete encimado por calda de qualquer sabor (chocolate, morango, etc.), pedacinhos de nozes, chantili, etc. · Pronuncia-se *sândei*.

sun.ga *sf* **1**. Calção de criança. **2**. Calção masculino curto e cavado, para banho e natação; maiô masculino. **3**. Cueca semelhante a esse calção.

su.ni.ta *s2gên* **1**. Muçulmano(a) ortodoxo(a). // *adj* **2**. Relativo ou pertencente a esse(a) muçulmano(a).

sun.quí.ni *sm* Tipo de biquíni em que a peça de baixo é cavada e cobre a barriga até quase o umbigo.

sun.tu.á.rio *adj* **1**. Relativo a luxo. **2**. Relativo a despesas ou gastos.

sun.tu.o.so (ô; pl.: ó) *adj* Pomposo e feito à custa de grandes despesas; extravagantemente caro; luxuoso, aparatoso: *no carnaval carioca, predominam as fantasias suntuosas*. · Antôn.: *modesto, humilde, simples*. → **suntuosidade** *sf* (**1**. qualidade do que é suntuoso; **2**. luxo extraordinário e ostensivo; **3**. grande aparato; pompa), de antôn. *modéstia, humildade, simplicidade*.

su.or (ó) *sm* V. **suar**.

su.pe.dâ.neo *sm* **1**. Banquinho que se usa para descanso dos pés; escabelo. **2**. Estrado junto ao altar, sobre o qual o sacerdote reza a missa. **3**. *P.ext*. Base, suporte, apoio: *isso não tem supedâneo jurídico*.

su.per- *pref*. que indica excesso e exige hífen apenas antes de palavras iniciadas por *h* (super-homem) e *r* (super--requintado).

su.pe.ra.bun.dan.te *adj* Farto, excessivo: *a safra superabundante deste ano provocará baixa nos preços dos alimentos*. → **superabundância** *sf* (grande abundância; fartura); **superabundar** *v* (**1**. exceder: *quando os produtos superabundam à demanda, os preços caem; a produção de cebolas superabundou*; **2**. estar cheio ou repleto; transbordar: *as grandes cidades superabundam de bandidos*).

su.pe.rá.ci.do *adj* Excessivamente ácido: *o limão é uma fruta superácida*. → **superacidez** (ê) *sf* (qualidade de superácido).

su.pe.ra.e.ro.di.nâ.mi.ca (è) *sf* Parte da aerodinâmica que estuda o movimento dos corpos no meio da alta atmosfera terrestre, onde o ar é rarefeito, com pouca densidade e pressão. → **superaerodinâmico** (è) *adj* (rel. a superaerodinâmica).

su.pe.ra.li.men.tar *v* Abarrotar de comida; supernutrir: *mãe que superalimenta os filhos*. → **superalimentação** *sf* (ato ou efeito de superalimentar).

su.pe.ra.que.cer *v* **1**. Aquecer em excesso: *o forte calor superaqueceu o motor do carro*. **2**. Submeter a temperatura elevada: *superaquecer um metal*. → **superaquecimento** *sm* (aquecimento excessivo).

su.pe.rar *v* **1**. Prevalecer sobre; vencer, submeter: *superar todos os adversários*. **2**. Ser superior a; exceder, ultrapassar: *a renda do jogo superou todas as expectativas*. **3**. Vencer, derrubar: *superar crises*. **4**. Ir além de (alturas): *o voo do condor supera os Andes*. **5**. Levar vantagem; sobrepujar: *nenhum rio supera o Amazonas em volume d'água*. **superar-se 6**. Tornar-se melhor ou superior em relação a si mesmo; exceder-se: *nos momentos de perigo, a gente se supera*. → **superação** *sf* (ato ou efeito de superar); **superado** *adj* (**1**. vencido: *eram jogos superados uns atrás dos outros pela maior categoria da equipe brasileira*; **2**. afastado, removido: *a crise já está superada*; **3**. ultrapassado, obsoleto: *ideias superadas; um professor superado em seu método de ensino*); **superável** *adj* (que se pode superar: *dificuldades superáveis*).

superavit [lat.] *sm* **1**. Diferença a mais entre receita e despesa; saldo positivo: *o superavit da balança comercial brasileira*. **2**. Produção mais do que suficiente; excesso, abundância: *o superavit na safra de grãos foi bom para o país este ano*. · Antôn.: *deficit* (cujo aportuguesamento, *défice*, já consta do VOLP). → **superavitário** *adj* (que apresenta *superavit*), de antôn. *deficitário*. (O VOLP ainda não aportuguesou este latinismo, mas já o fez com *deficit*; forma desejável: *superávite*.) ·· **Superavit primário**. Dinheiro que sobra no caixa do governo, depois de pagar todas as despesas com a quantia arrecadada em impostos.

su.per.bac.té.ria *sf* Bactéria resistente a todos os antibióticos.

su.per.cam.pe.o.na.to *sm* Disputa final entre duas ou mais equipes campeãs dos respectivos grupos. → **supercampeão** *sm* (aquele que conquistou um supercampeonato).

su.per.cí.lio *sm* Sobrancelha. → **superciliar** *adj* (rel. a supercílio: *arcadas superciliares*).

su.per.ci.vi.li.za.do *adj* Extremamente civilizado. → **supercivilização** *sf* (civilização altamente desenvolvida ou culturalmente superior).

su.per.com.pu.ta.dor (ô) *sm* Computador poderoso e velocíssimo, que chega a fazer três bilhões de cálculos por segundo, usado em avançadas pesquisas científicas.

su.per.con.du.ti.vi.da.de *sf* Capacidade de um material de transportar eletricidade sem perder energia. → **supercondutor** (ô) *adj* e *sm* (que ou metal que perde resistência elétrica a temperaturas muito baixas; que ou metal em que ocorre supercondutividade).

su.per.do.se *sf* **1**. Dose excessiva de droga alucinógena; *overdose*. **2**. Ingestão ou exposição excessiva a algo: *mesmo com uma superdose de analgésico, sua dor de cabeça não passava*. **superdosagem** *sf* (dosagem excessiva: *a superdosagem de medicamentos, que inclui a automedicação, é um problema grave e considerado um transtorno de saúde pública*); **superdosar** *v* (dosar excessivamente: *superdosar analgésicos é perigoso*), palavras estas sem registro na 6.ª ed. do VOLP.

su.per.do.ta.do *adj* e *sm* **1**. Que ou aquele que é dotado de inteligência incomum, excepcional: *criança superdotada*. **2**. *Pop*.*Chulo* Que ou aquele que tem pênis avantajado; bem-dotado.

su.pe.re.go *sm* Em psicanálise, parte da personalidade formada na infância, relacionada com a ética, a autocrítica e com os padrões morais da sociedade; parte da mente que atua como uma consciência autocrítica, que sabe o que é certo e o que é errado e faz com que nos sintamos culpados quando fazemos algo errado. · V. **ego** e **id**.

su.pe.res.ti.mar *v* **1**. Estimar demais; querer bem em excesso a: *superestimar os filhos*. **2**. Avaliar ou calcular em excesso: *superestimar um carro usado*. **3**. Ter em demasiada conta; dar excessivo valor a: *superestimar as suas próprias forças*. · Antôn.: *subestimar*. → **superestima** ou **superestimação** *sf* (ato ou efeito de superestimar), de antôn. *subestima*.

su.pe.res.tre.la (ê) *sf Fig.* Pessoa que sobressai em uma atividade relacionada com o mundo esportivo ou cinematográfico; *superstar: Al Pacino é uma superestrela do cinema.*

su.pe.res.tru.tu.ra *sf* **1.** Construção elevada sobre outra; parte de uma construção situada acima do solo (por oposição a *infraestrutura*). **2.** Tudo o que se superpõe a alguma coisa que lhe serve de base. **3.** Conjunto das ideologias religiosas, filosóficas, jurídicas e políticas de uma classe social. · Antôn.: *infraestrutura.* → **superestrutural** *adj* (rel. a superestrutura).

su.pe.rex.ci.tar *v* Excitar em demasia: *o período de Natal superexcita o comércio e as pessoas.* → **superexcitação** *sf* (excitação excessiva, exagerada).

su.pe.re.xi.gen.te (x = z) *adj* Exigente em excesso: *patrão superexigente.* → **superexigência** (x = z) *sf* (exigência excessiva, exagerada).

su.per.fa.tu.ra.men.to ou **so.bre.fa.tu.ra.men.to** *sm* **1.** Fraude que se comete contra o fisco, caracterizada pela diferença a mais entre o preço da fatura e o preço de mercado. **2.** Fraude que se comete contra o dinheiro do povo, caracterizada pela elevação do valor final de uma obra pública, sendo a diferença embolsada por seu(s) responsável(eis). → **superfaturar** ou **sobrefaturar** *v* (promover o superfaturamento de).

su.per.fi.ci.al *adj* **1.** Relativo a superfície: *camada superficial da pele.* **2.** Que existe apenas à superfície; que não é profundo: *queimadura superficial; a explosão causou danos superficiais à nossa casas.* **3.** *Fig.* Pouco ou nada profundo; básico: *ter conhecimento superficial de física quântica.* **4.** *Fig.* Diz-se da pessoa que se preocupa muito com a aparência: *as misses costumam ser superficiais.* **5.** *Fig.* Sem rigor ou cuidado; extremamente rápido: *fizeram uma investigação superficial sobre o caso.* · Antôn.: *profundo.* → **superficialidade** *sf* ou **superficialismo** *sm* (qualidade ou caráter de superficial), de antôn. *profundidade;* **superfície** *sf* (**1.** parte exterior e visível dos corpos; **2.** camada superior visível de uma área ou de um corpo; **3.** extensão com duas dimensões (comprimento e largura); **4.** qualquer figura geométrica de duas dimensões).

su.per.fi.no *adj* **1.** Muito fino (em grão ou textura). **2.** De qualidade superior; excelente. → **superfinidade** *sf* (qualidade de superfino).

su.pér.fluo *adj* e *sm* Que ou o que é, além de excessivo, inútil, desnecessário. · Antôn.: *necessário, indispensável.* → **superfluidade** *sf* (**1.** qualidade do que é supérfluo; **2.** coisa supérflua ou inútil: *você gasta demais com superfluidades*), de antôn. *necessidade.*

su.per-he.rói *sm* Herói (princ. de filmes e livros infantis) que possui extraordinários poderes ou qualidades. · Pl.: *super--heróis.*

su.per-ho.mem *sm* Homem de poderes e qualidades excepcionais. · Pl.: *super-homens.*

su.pe.rin.ten.der *v* **1.** Dirigir superiormente, como chefe máximo (empresa, repartição, etc.): *superintender um hospital.* **2.** Supervisar, inspecionar: *superintender as obras de uma rodovia.* → **superintendência** *sf* (**1.** ação ou efeito de superintender; **2.** cargo de superintendente; **3.** lugar onde o superintendente exerce o seu cargo); **superintendente** *adj* e *s2gên* (que ou pessoa que superintende, ou seja, que dirige um trabalho ou uma obra com autoridade sobre todas as pessoas neles envolvidas).

su.pe.rin.te.res.san.te *adj* Que é mais do que interessante; interessantíssimo.

su.pe.ri.or (ô) *adj* **1.** Situado acima de outro; que é mais alto em posição: *andar superior.* **2.** Que demonstra ter consciência ou sentimento de ser melhor que outrem; soberbo, altivo: *seja superior, não se incomode com tais leviandades!; olhar superior.* **3.** Que ocupa um lugar elevado numa escala natural ou artificial: *o homem é um vertebrado superior.* **4.** Que está acima da média em excelência, mérito, inteligência, etc.: *poeta superior aos de sua época.* **5.** Que emana de autoridade: *ordens superiores.* **6.** Maior em número ou em quantidade que outro: *seu exército foi derrotado pelo número superior de tropas inimigas.* **7.** Que tem maior graduação que outrem: *oficial superior.* **8.** Indiferente; que não se deixa influenciar ou afetar. **9.** Que não é vulgar; distinto. **10.** Que está acima; que é maior: *o Brasil é superior à sua crise.* // *sm* **11.** Religioso que dirige um convento, mosteiro ou abadia. **12.** Pessoa que tem autoridade sobre outra(s): *quero conversar com seu superior.* · Fem. (11): *superiora* (ô). · Antôn.: *inferior.* → **superioridade** *sf* (**1.** caráter do que é superior em qualidade ou em valor: *a superioridade de um texto;* **2.** situação vantajosa ou dominante; supremacia: *ter superioridade militar;* **3.** atitude de quem acredita ser superior aos outros; arrogância, altivez: *ar de superioridade*), de antôn. *inferioridade.*

su.per.la.ti.vo *adj* **1.** Elevado, muito alto. **2.** Que exprime o grau extremo ou mais elevado de qualidade. // *sm* **3.** O mais alto grau; grau superlativo. → **superlativar** *v* (tornar superlativo; pôr no grau superlativo); **superlatividade** *sf* (qualidade de superlativo: *-íssimo é uma das desinências de superlatividade existentes em português*). ·· **Superlativo absoluto.** Aquele que, sem estabelecer comparação, eleva ao máximo uma qualidade (p. ex.: *país* muito pobre, *pais* paupérrimo). ·· **Superlativo relativo.** Aquele que destaca um ser dentre outros, pelo grau maior ou menor de certa qualidade (p. ex.: o mais *feroz* dos *animais;* o menos *bravo* dos *animais*).

su.per.lo.tar *v* **1.** Fazer exceder a lotação de: *superlotar um estádio.* **2.** Ficar totalmente lotado ou abarrotado: *o estádio superlotou.* → **superlotação** *sf* (lotação excessiva).

su.per.mãe *sf* Mãe excessivamente protetora.

su.per.mer.ca.do *sm* Grande armazém de secos e molhados, carnes, verduras, etc., no qual os fregueses se servem dos artigos expostos nas prateleiras, pagando à saída. → **supermercadista** *adj* (rel. ou pert. a supermercado) e *s2gên* [proprietário(a) de supermercado].

su.per.mo.de.lo (ê) *sm* Modelo fotográfico ou que desfila, de grande renome internacional; *top model.*

su.per.no.va *sf* Fenômeno celeste raro que consiste na explosão da maior parte de uma estrela, resultando num brilho extremo e brevíssimo, mas com vasta emissão de quantidade de energia.

sú.pe.ro *adj* **1.** Situado acima de; superior. **2.** Diz-se do ovário que se desenvolve sobre o cálice da flor. · Superl. abs. sint. erudito: *supérrimo* (muito superior; supremo). · Antôn.: *ínfero.*

su.per.po.pu.la.ção *sf* Excesso de população numa região ou num país; superpovoamento.

su.per.por(-se) *v* Sobrepor(-se). · Conjuga-se pelo v. *pôr.* → **superposição** *sf* [**1.** colocação de uma coisa acima ou em cima de outra; sobreposição; **2.** percentagem pela qual uma operação se sobrepõe na sequência da operação prevista (p. ex.: 20% de superposição significa que a etapa pode começar quando 80% da etapa prévia estiver completa); **3.** combinação de dois fenômenos físicos distintos do mesmo tipo (como *spin* ou comprimento de onda) para que coexistam como parte do mesmo evento]; **superposto** (ô; pl.: ó) *adj* (sobreposto).

su.per.po.tên.cia *sf* Nação ou país com poderio nuclear, geralmente de influência ou significativo interesse fora da sua própria região.

su.per.po.vo.ar *v* Povoar em excesso. · Conjuga-se por *abençoar.* → **superpovoamento** *sm* (excesso de população numa região ou num país; superpopulação).

su.per.pro.du.ção *sf* **1.** Produção de bens em excesso, em relação à demanda. **2.** Espetáculo (filme, *show*, etc.) produzido com grande orçamento e lançado com muita publicidade. → **superproduzir** *v* [**1.** produzir em excesso; **2.** promover a superprodução (2) de].

su.per.qua.dra *sf* Quadra urbana de grandes dimensões (200 x 200m), disposta de maneira especial, fora do tráfego principal, na qual os edifícios residenciais formam um conjunto harmonioso, cercado de muita área verde e dotado de escolas, mercados, farmácias, *playgrounds*, etc.: *Brasília foi a primeira cidade brasileira a ter superquadras.*

su.per-re.quin.ta.do *adj* Muito requintado: *ambiente super--requintado.* · Pl.: *super-requintados.*

su.per.sa.fra *sf* Safra acima da esperada.

su.per.se.cre.to *adj* Do mais alto sigilo; altamente confidencial; ultrassecreto: *documentos ultrassecretos; arma supersecreta.*

su.per.sen.sí.vel *adj* **1.** Que está além ou acima da percepção dos sentidos. **2.** Que é sensível em excesso; hipersensível. → **supersensibildiade** *sf* (qualidade do que é supersensível).

su.per.sim.ples *adj* Extremamente simples: *questão supersimples.*

su.per.sô.ni.co *adj* **1.** Relativo a vibrações acústicas de frequência acima de 20 mil ciclos por segundo, inaudíveis ao ouvido humano; ultrassônico. **2.** Relativo a velocidade superior à do som. **3.** Que tem essa velocidade. // *sm* **4.** Redução de *avião supersônico,* o que viaja com velocidade superior à do som. · Antôn.: *subsônico.*

superstar [ingl.] *s2gên* **1.** Pessoa (ator, cantor, atleta, etc.) que alcança grande sucesso na sua atividade e goza de grande admiração popular, cobrando vultosos cachês por exibição ou apresentação. **2**.*P.ext*. Qualquer pessoa extremamente popular ou preeminente, que causa grande atração. · Pl.: *superstars*. · Pronuncia-se *superstár*.

su.pers.ti.ção *sf* **1**. Crendice exagerada, fundada não só na ignorância, mas também no temor, que leva as pessoas ao cumprimento de atos e deveres absurdos ou ridículos. **2**. Medo irracional do que é desconhecido ou misterioso, princ. relacionado com religião. **3**. Crença errônea; temor absurdo. → **supersticiosidade** *sf* (qualidade de quem é supersticioso); **supersticioso** (ô; pl.: ó) *adj* e *sm* (que ou aquele que tem superstição) e *adj* (rel. a superstição ou caracterizado por superstição: *ideias supersticiosas*).

su.pers.tra.to *sm* **1**. Camada ou estrato superposto a outro. **2**. Língua de povo invasor que, depois de assimilada pela língua pré-existente, deixa nela vestígios da mesma natureza que o substrato (p. ex.: o germânico e o árabe, em relação ao latim, na Península Ibérica). · Antôn.: *substrato*.

su.per.ven.ção ou **su.per.ve.ni.ên.cia** *sf* Ato ou efeito de sobrevir: *lutar pela superveniência da maioridade penal: a supervenção de um novo acidente com o ônibus espacial poderá causar uma grave crise na NASA*. → **superveniente** *adj* (que sobrevém; que aparece ou vem depois de outra coisa; subsequente).

su.per.vi.sar ou **su.per.vi.si.o.nar** *v* Dirigir, orientar ou inspecionar (trabalho, operação, etc.); superintender (2.). → **supervisão** *sf* (ato ou efeito de supervisar); **supervisor** (ô) *sm* (aquele que supervisiona ou se encarrega de dirigir um trabalho ou de orientar um grupo de pessoas na execução de um projeto).

su.pe.tão *sm* Gesto ou movimento brusco, inesperado e impulsivo. ·· **De supetão**. De modo súbito e inesperado; de repente: *Dei-lhe uma resposta de supetão*.

su.pim.pa *adj* Gír. Muito bom; excelente, maravilhoso: *que jantar supimpa!, que garota supimpa!*

su.pi.no *adj* **1**. Deitado de costas, em decúbito dorsal: *caiu em posição supina*. **2**. Diz-se da mão ou do pé que está com a palma ou com a sola voltada para cima ou em estado de supinação. **3**. Diz-se de algo no seu mais alto grau; sumo, supremo: *viver na mais supina ignorância, na mais supina miséria*. // *sm* **4**. Exercício físico que se faz deitado de costas, levantando pesos, para fortalecer a região muscular peitoral: *ele não gosta de fazer supino*. → **supinação** *sf* (**1**. movimento que os músculos supinadores exercem sobre o antebraço e a mão, de forma que a palma fica voltada para cima ou para a frente; **2**. posição de alguém deitado de costas, com a cabeça muito deitada para trás, e os braços e as pernas estendidos, sinal de extrema fraqueza ou abatimento) de antôn. (1): *pronação*; **supinador** (ô) *adj* e *sm* (**1**. cada um dos músculos que se situam na parte externa do antebraço, responsáveis pelo movimento de supinação do antegraço) e *adj* (diz-se de cada um desses músculos).

su.plan.tar *v* **1**. Sobrepujar, vencer: *suplantar um rival; o exército alemão suplantou o exército francês*. **2**. Substituir com vantagem: *o computador suplantou a máquina de escrever*. → **suplantação** *sf* (ato ou efeito de suplantar).

su.ple.men.to *sm* **1**. Parte que se ajunta a um todo, para ampliá-lo ou para aperfeiçoá-lo. **2**. Caderno especial, em formato tradicional ou tabloide, que circula fazendo parte intrínseca de um jornal ou revista, contendo assuntos especializados (turismo, literatura, agricultura, automobilismo, etc.). **3**. Aquilo que se dá a mais. → **suplementação** *sf* (ato ou efeito de suplementar); **suplementar** *adj* (que se ajunta como suplemento; suplementário) e *v* (**1**. completar adicionando; **2**. servir de suplemento; **3**. compensar a deficiência de; reforçar); **suplementário** *adj* (suplementar).

su.plen.te *adj* e *s2gên* Que ou pessoa que assume o lugar de outra pessoa, no caso de impedimento ou falta desta. → **suplência** *sf* (**1**. ato de suprir; **2**. cargo de suplente).

su.ple.ti.vo *adj* **1**. Que completa ou supre. // *sm* **2**. Redução de *ensino supletivo*, o que se destina a completar ou suprir a escolarização regular. **3**. Redução de *curso supletivo*, o que ministra ensino supletivo.

sú.pli.ca *sf* **1**. Pedido insistente e humilde de graça ou esmola. **2**. Ato ou efeito de suplicar; suplicação. → **suplicação** *sf* [súplica (2)]; **suplicante** *adj* e *s2gên* (**1**. que ou pessoa que suplica; 2. que ou pessoa que pede despacho ou deferimento; requerente); **suplicar** *v* (**1**. pedir com humildade e submissão, geralmente curvando o corpo, de joelhos, com as mãos postas; **2**. pedir com insistência e humildade).

su.plí.cio *sm* **1**. Sofrimento dos que vão ser justiçados; martírio: *o suplício de Cristo, no Calvário*. **2**. Todo grande sofrimento físico ou moral dado como castigo; tortura: *nos campos de concentração, aplicavam suplícios aos presos*. **3**.*P.ext*. Tudo o que causa grande sofrimento moral prolongado; padecimento: *ela não vai suportar o suplício de ver o filho paraplégico*. **4**. *Fig*. Aquilo que aflige ou atormenta; tormento, sacrifício: *ter de se levantar cedo, para ela, é um suplício*. **5**. Pena de morte: *Saddam Hussein foi condenado ao suplício na forca*. **6**. Execução dessa pena: *o suplício foi realizado às 6h*. → **supliciado** *adj* e *sm* (que ou aquele que sofreu suplício ou que foi justiçado); **supliciamento** *sm* (ação de supliciar); **supliciar** *v* (**1**. submeter a suplício ou castigo corporal; torturar, martirizar: *supliciar terroristas*; **2**. castigar com a pena de morte; executar: *os militares romenos supliciaram Ceausescu e sua mulher, no Natal de 1989*; **3**. *fig*. provocar sofrimento moral, aflição ou tormento; atormentar, afligir, torturar moralmente: *toda longa espera me suplicia*).

su.por *v* **1**. Admitir por hipóteses; imaginar: *suponha que A seja igual a B!* **2**. Acreditar, pensar, presumir: *os cientistas supõem que os grandes dinossauros viviam em pântanos*. **3**. Considerar como provável: *supus que choveria*. **4**. Implicar, pressupor: *a existência do ovo supõe uma ave*. **5**. Julgar, considerar, achar: *as crianças supõem que tudo é fácil*. · Conjuga-se pelo v. *pôr*. → **suposição** *sf* (**1**. ato ou efeito de supor; **2**. hipótese, conjetura: *espero que essas suposições sejam infundadas*; **3**. opinião formada sem provas positivas: *fazer suposições sobre o que não conhece*).

su.por.tar *v* **1**. Sustentar (peso, pressão, etc.): *a ponte não suporta o peso desse caminhão*. **2**. Aguentar, resistir a: *os motores não suportam tamanha aceleração*. **3**. Fazer face a; resistir a: *as mulheres não suportam tanto assédio masculino nas praias*. **4**. Sofrer conformadamente: *suportar a calamidade da guerra*. **5**. Aguentar com muita compreensão: *suportar os defeitos alheios*.

su.por.te *sm* **1**. Tudo o que serve de sustentáculo ou apoio a alguma coisa, fazendo-a permanecer no lugar ou em equilíbrio. **2**. Sustento (de pessoa, família, etc.) com os meios necessários; arrimo. **3**. Coisa que dá sustento financeiro. **4**. *Fig*. Pessoa que sustenta financeiramente; arrimo: *a filha mais velha era o suporte da família*.

su.po.si.tó.rio *sm* Medicamento semissólido que se introduz no reto, na vagina ou na uretra, nos quais se dissolve com o calor do corpo, liberando seus princípios ativos.

su.pos.to (ô; pl.: ó) *adj* **1**. Que se presume verdadeiro ou real, mas sem provas positivas; hipotético; provável: *o marido teve um suposto caso com a empregada; os óvnis são pilotados por supostos alienígenas*. **2**. Altamente duvidoso; alegado: *ele revela um suposto arrependimento; confiei nos meus supostos amigos*. // *sm* **3**. Coisa admitida como provável. **4**. Hipótese, conjetura, suposição. ·· **Suposto que**. Ainda que, mesmo que; embora.

su.pra- *pref*. que só exige hífen antes de *h* ou de *a*. · Antôn.: *infra-*.

su.pra.ci.ta.do *adj* Citado acima; supramencionado.

su.pra.men.ci.o.na.do *adj* Supracitado.

su.pra.na.ci.o.nal *adj* Que transcende a autoridade de um governo nacional. · Pl.: *supranacionais*.

su.pra.par.ti.dá.rio *adj* Que transcende os interesses de um só partido. → **suprapartidarismo** *sm* (**1**. prática ou sistema suprapartidário; **2**. tendência favorável a um sistema suprapartidário).

su.prar.re.nal *adj* Situado acima dos rins.

su.pras.su.mo *sm* O grau mais elevado; auge; máximo; quintessência: *o suprassumo da injustiça é a eterna impunidade*.

su.pre.mo *adj* **1**. Superlativo absoluto sintético erudito de *alto*; que está acima de tudo ou de todos; que é o mais alto: *supremo tribunal; depois de supremo esforço, conseguiu soltar-se*. **2**. Que pertence ou é devido a Deus; divino: *a suprema bondade e sabedoria*. **3**. Que vem depois de tudo; derradeiro: *o condenado não quis manifestar nenhum desejo naquele momento supremo*. **Supremo 4**. Qualquer tribunal superior (de justiça ou federal): *recorri ao Supremo; os juízes do Supremo*. · Antôn. (1): *ínfimo*. → **supremacia** *sf* (**1**. estado de supremo; superioridade absoluta e incontestável; predomínio, hegemonia: *a supremacia da vontade popular no Estado Democrático de Direito*; **2**. autoridade suprema: *a supremacia da Constituição sobre todas as demais leis*). ·· **Supremacia quântica**. Ponto ou momento em que um computador quântico é capaz de realizar tarefas e solucionar problemas que os convencionais não conseguem: *A supremacia quântica será tão extraordinariamente significativa quanto a criação da Internet*.

su.pri.mir *v* **1**. Eliminar, cortar: *suprimir algumas frases de um texto*. **2**. Impedir a publicação ou divulgação de: *o* *governo militar suprimia todas as informações políticas*. **3**. Fazer desaparecer; eliminar, extinguir: *suprimir o cigarro do mundo, eis uma boa ideia*. **4**. Tornar sem efeito; anular, abolir: *o governo suprimiu todas as garantias individuais*. **5**. Não dizer, citar ou mencionar; omitir: *a testemunha suprimiu uma circunstância importante do crime*. **supressão** *sf* (**1**. ato ou efeito de suprimir: *a supressão de empregos, por causa do excesso de impostos*; **2**. lacuna, omissão: *toda lei apresenta supressões*; **3**. cessação, parada: *a supressão da respiração*); **supressivo** ou **supressório** *adj* (que tende a suprimir ou que serve para suprimir: *medida supressiva da liberdade*).

su.prir *v* **1**. Completar, inteirar: *como lhe faltaram dez reais para a compra do ingresso, eu supri a falta*. **2**. Substituir: *o gênio supre a experiência*. **3**. Preencher (falta, vazio, etc.): *ninguém supre a falta de uma mãe*. **4**. Satisfazer: *suprir uma necessidade*. **5**. Compensar: *os amigos dela suprem a perda do filho morto tragicamente*. **6**. Prover, abastecer: *suprir a geladeira de cervejas*. **7**. Acudir, remediar: *vendeu o carro para suprir às despesas da casa*. **8**. Prover à subsistência: *trabalhou duramente, para suprir aos filhos*. → **suprido** *adj* (abastecido, provido: *geladeira suprida de guloseimas*); **suprimento** *sm* (**1**. ato ou efeito de suprir; **2**. auxílio, ajuda: *o governo negou suprimento aos bancos com problemas de caixa*; **3**. fornecimento, provisão: *fazer suprimento com gêneros de má qualidade*).

su.pu.rar *v* **1**. Lançar ou expelir (matéria purulenta): *a ferida supurava matéria fétida*. **2**. Produzir, formar ou expelir pus: *o abscesso supurou*. **3**. *Fig*. Exteriorizar (sentimento ruim); deixar sair: *supure toda a sua raiva!* → **supuração** *sf* (ato ou efeito de supurar; processo de formação e acúmulo de pus, em uma reação inflamatória e/ou infecciosa); **supurado** *adj* (que produziu, formou ou expeliu pus: *apêndice supurado*); **supurativo** *adj* (que facilita a supuração) e *sm* (unguento ou medicamento que provoca a supuração).

sur.di.na *sf* Qualquer peça móvel utilizada para abafar o som de certos instrumentos musicais. •• **Na surdina** (fig.). Secretamente, às escondidas.

sur.do *adj* e *sm* **1**. Que ou aquele que não ouve ou ouve muito pouco. // *adj* **2**. *Fig*. Insensível, indiferente, alheio: *políticos surdos aos anseios do povo*. **3**. Que produz som fraco, abafado. **4**. Diz-se do fonema produzido com as cordas vocais afastadas, de maneira que elas não vibram à passagem do ar vindo da glote (p. ex.: *p, t*). // *sm* **5**. Grande tambor, de som abafado. · Antôn. (3 e 4): *sonoro*. → **surdez** (ê) *sf* (perda ou grande diminuição do sentido da audição).

sur.do-mu.do *adj* e *sm* Que ou aquele que é surdo e mudo ao mesmo tempo. · Fem.: *surda-muda*, de pl. *surdas-mudas*. · Pl.: *surdos-mudos*. → **surdo-mudez** (ê) *sf* (qualidade, estado ou condição de surdo-mudo), de pl. *surdo-mudezes*.

surface [ingl.] *sm* Trecho de uma viagem aérea ou marítima feito por terra. · Pl.: *surfaces*. · Pronuncia-se *surféiç*.

sur.fe *sm* Esporte marítimo que consiste em equilibrar-se de pé sobre uma prancha que desliza à superfície da água, sob impulsão das ondas. → **surfar** *v* (praticar o surfe); **surfista** *adj* e *s2gên* (**1**. praticante do surfe; **2**. *gír*. que ou pessoa que viaja sobre o teto de trem suburbano ou de ônibus urbano, ou agarrada às suas portas, tendo o corpo inteiro do lado de fora do veículo de transporte).

sur.gir *v* **1**. Ocorrer, sobrevir: *surgiu-lhe, de súbito, uma ideia genial*. **2**. Despertar, acordar: *surgir de um sono profundo e medonho*. **3**. Aparecer de repente ou de frente: *o pai dela surgiu, e eu tive de correr*. **4**. Vir do fundo à superfície; emergir: *depois de alguns dias, surgiram boiando os corpos dos náufragos*. **5**. Nascer, despontar: *eis que surge o Sol!* **6**. Sobrevir, aparecer, acontecer, ocorrer: *durante a transmissão surgiram vários problemas de áudio*. **7**. Vir, chegar: *surgirá o dia em que o Brasil será uma potência mundial*. **8**. Vir, provir: *uma grande ideia me surgiu na cabeça*. · Antôn.: *desaparecer, sumir-se*. → **surgimento** *sm* (ato ou efeito de surgir; aparecimento), de antôn. *desaparecimento, sumiço*.

surimi [jap.] *sm* Prato tradicional da culinária japonesa, que consiste em uma massa de carne de peixe aromatizada, apresentada na forma de pequenos bastões, de sabor semelhante ao do caranguejo. · Pronuncia-se *surími*.

Suriname *sm* País da América do Sul, situado a norte do Brasil, de área equivalente à dos estados de Pernambuco e da Paraíba juntos. → **surinamês** *adj* e *sm*.

surmenage [fr.] *sm* **1**. Excesso de atividade intelectual. **2**. Fadiga ou estresse resultante dessa atividade; estafa, estresse. · Pronuncia-se *siRmenáj*.

sur.pre.en.der *v* **1**. Apanhar de surpresa ou em flagrante: *a chuva nos surpreendeu na estrada*. **2**. Causar surpresa a, espantar: *escândalos no governo já não me surpreendem*. **3**. Admirar, espantar: *não surpreende que ela tenha reagido assim*. **surpreender-se 4**. Espantar-se, admirar-se, ficar surpreso: *surpreender-se com o comportamento de alguém*. → **surpreendente** *adj* (**1**. que surpreende; surpreendedor: *receber uma visita surpreendente*; **2**. *fig*. admirável, maravilhoso, magnífico: *que filme mais surpreendente este!*); **surpreendedor** (ô) *adj* e *sm* (que ou aquele que ou que surpreende ou causa surpresa: *foi surpreendedor vê-lo entre os premiados*); **surpreendido** ou **surpreso** (ê) *adj* [que recebeu impressão súbita, agradável (prazeroso, admirado) ou desagradável (perplexo, chocado), de algo inesperado]: *surpreendida com o prêmio, chorou; surpreso com a tempestade, retornou*); **surpresa** (ê) *sf* (**1**. ato ou efeito de surpreender(-se); **2**. sentimento de grande e súbito prazer causado a alguém: *ele queria fazer surpresa aos pais: retornou de viagem sem avisar*; **3**. aquilo que causa tal sentimento: *a surpresa deixou a mãe emocionada*; **4**. prazer ou sobressalto súbito, causado por um caso imprevisto; perplexidade, pasmo, espanto: *procurei disfarçar a minha surpresa ante aquele encontro*) e *adj* (que se faz sem aviso prévio; que se faz de surpresa: *visitas surpresa; fiscalizações surpresa*), que, como se vê, neste caso não varia. •• **De surpresa**. Inesperadamente; sem aviso prévio.

sur.rar *v* **1**. Curtir (peles), para dar maciez e flexibilidade: *surrar peles de carneiros*. **2**. Dar surra ou sova em; bater em; espancar: *os pais não devem surrar os filhos*. **3**. Usar muito; gastar com o uso diário: *surrar uma camisa*. **surrar-se 4**. Gastar-se, ficar velho: *a manga da blusa ia surrando-se rapidamente naquele seu trabalho*. → **surra** (*rr*) *sf* (**1**. sova, coça, tunda: *apanhou boa surra da mãe pela malcriadez*; **2**. *fig*. grande derrota imposta ao adversário; lavada, chocolate: *depois da surra que o time estava levando, seus torcedores enrolaram as bandeiras e se aquietaram*); **surrado** *adj* (**1**. muito gasto pelo uso; sovado: *roupa surrada*; **2**. *fig*. muito sabido ou conhecido de todos; velho: *piada surrada; assunto surrado*; **3**. *fig*. antiquado, obsoleto, ultrapassado: *usar surradas táticas de conquista amorosa*); **surragem** *sf* ou **surramento** *sm* (ato ou efeito de surrar).

sur.re.al *adj* **1**. Que pertence ao domínio do sonho, da fantasia, da imaginação; fantástico: *mergulhar num mundo surreal; viagem surreal*. **2**. Diz-se de tudo o que é extremamente diferente, próprio de outro mundo; estranho, exótico, bizarro: *sonho surreal; comigo só acontecem mesmo coisas surreais*. // *sm* **3**. Aquilo que vai além do real, no vocabulário surrealista. **4**. Aquilo que é extremamente diferente, próprio de outro mundo. → **surrealismo** *sm* (movimento de vanguarda surgido na França do séc. XX, na arte e na literatura, que tenta expressar a mente subconsciente); **surrealista** *adj* (rel. ou pert. a surrealismo) e *adj* e *s2gên* (que ou pessoa que é adepta do surrealismo); **surrealístico** *adj* (rel. a surrealismo ou a surrealista).

sur.ri.pi.ar ou **sur.ru.pi.ar** *v* Tirar às escondidas; furtar: *surripiaram -me a carteira*. → **surripiagem** *sf* ou **surripianço** *sm* (ato ou efeito de surripiar). (A 6.ª ed. do VOLP registra *surrupiar*, mas não "surrupiagem" nem "surrupianço".)

sursis [fr.] *sm* Suspensão condicional da pena privativa de liberdade. · Pronuncia-se *siRsí*, mas no Brasil se ouve muito *sursí*.

sur.to *sm* **1**. Aparecimento súbito e inesperado; irrupção: *surto de bolhas na pele*. **2**. Aumento de qualquer atividade ou negócio: *o surto de vendas no Natal*. **3**. Adesão significativa e rápida: *a Bossa Nova foi na verdade um surto cultural*. **4**. Ataque súbito e inesperado; acesso: *ter um surto de raiva, de tosse*. **5**. Aparecimento e aumento súbito na incidência de uma doença; manifestação súbita e ativa de um mal; eclosão, irrupção: *surto de cólera, de dengue, de gripe*. **6**. Em psicanálise, crise em que uma pessoa se desliga da realidade, gerando incoerência de pensamento e alterações da percepção. **7**. Defeito, pane, enguiço: *até hoje não sei por que houve aquele surto no meu carro*. **8**. Voo a grande altitude de uma ave: *o surto do condor*. **9**. Alteração brusca de corrente ou tensão elétrica. // *adj* **10**. Ancorado, fundeado: *há um luxuoso iate surto no cais*. → **surtar** *v* (**1**. em psicanálise, sofrer surto psicótico: *ela era bem normal, até que surtou*; **2**. perder a cabeça ou o controle, ante determinada situação; ficar fora de si e acabar cometendo besteira; pirar, endoidar: *o deputado surtou no avião e foi contido pelos passageiros*; **3**. apresentar defeito ou pane, aparentemente sem motivo; pifar: *meu carro surtou!*).

sur.tir *v* Produzir ou alcançar (efeito, resultado): *a surra não surtiu efeito*. (É verbo unipessoal, só se conjuga nas terceiras pessoas, do singular e do plural. (Não se confunde com *sortir*.)

su.ru.ba *sf Pop.* **1.** Bengalão, cacete. **2.** Pênis. **3.** Grande confusão ou bagunça; caos: *o país vive uma suruba de* fake news. **4.** *Chulo* Sexo grupal; surubada, bacanal. → **surubada** *sf* [suruba (1)].

su.ru.bim *sm Pop.* **1.** Peixe de couro, de água doce, também conhecido como *pintado*. // *sm* **2.** Carne desse peixe, muito apreciada na alimentação humana.

su.ru.cu.cu *sf Pop.* A maior serpente brasileira, venenosíssima, que apresenta cabeça arredondada e cauda terminada em um espinho, chegando a atingir até 3,60m de comprimento.

su.ru.ru *sm* **1.** Molusco comestível de água doce, também conhecido como *siriri*, comum nas lagoas alagoanas. **2.** *Gír.* Confusão, briga, rolo, rebu, fuzuê.

SUS *sm* Acrônimo de *Sistema Único de Saúde*, cujo objetivo é minimizar a situação de desigualdade na assistência à saúde da população, tornando obrigatório o atendimento público a qualquer cidadão, sendo proibidas cobranças de dinheiro sob qualquer pretexto.

sus.ce.tí.vel ou **sus.cep.tí.vel** *adj* **1.** Que admite; passível. **2.** Que é sensível ou sujeito; que aceita. **3.** Propenso, dado. → **suscetibilidade** ou **susceptibilidade** *sf* (qualidade do que é suscetível ou susceptível); **suscetibilizar** ou **susceptibilizar** *v* (causar ressentimento a; melindrar); **suscetibilizar-se** ou **susceptibilizar-se** (ressentir-se por pouca coisa; melindrar-se).

sus.ci.tar *v* **1.** Fazer surgir, aparecer ou causar: *Hitler acreditava que podia suscitar gerações de super-homens*. **2.** Provocar, causar, originar: *seu comportamento estranho suscitou suspeitas*. **3.** Trazer à lembrança; lembrar, pressupor: *champanhe suscita festa, comemoração*. → **suscitação** *sf* ou **suscitamento** *sm* (ato ou efeito de suscitar); **suscitador** (ô) *adj* e *sm* ou **suscitante** *adj* e *s2gên* (que ou pessoa que suscita).

SUSEP *sf* Acrônimo de *Superintendência de Seguros Privados*, órgão do Ministério da Fazenda responsável pelo controle e fiscalização do mercado de seguro, previdência privada aberta e capitalização.

su.se.ra.no *sm* **1.** Senhor feudal. // *adj* **2.** Relativo a suserano. **3.** Relativo a governo ou Estado que exerce controle político sobre outro aparentemente independente. → **suserania** *sf* (**1.** qualidade ou poder de suserano; **2.** território controlado por um suserano).

sushi [jap.] *sm* Prato da culinária japonesa feito de bolinho de arroz e peixe cru, com vários condimentos. · Pronuncia-se *suchí*. → **shushiman** *sm* (profissional especializado no preparo de *sushis*).

sus.pei.tar *v* **1.** Supor com alguma segurança: *suspeito que haja corruptos no Brasil*. **2.** Desconfiar de: *ela suspeitava que a observavam*. → **suspeição** *sf* (desconfiança leve; pequena evidência, mas sem prova); **suspeita** *sf* (desconfiança forte, mais ou menos fundada, mas sem prova); **suspeito** *adj* e *sm* (que ou aquele que infunde suspeitas, princ. de ter cometido um crime) e *adj* (**1.** caracterizado pela suspeita; suspeitoso: *testemunha suspeita; nesses filmes, o mordomo sempre é o principal suspeito do crime*; **2.** diz-se de quem não inspira a menor confiança, em virtude de um passado pouco sério ou comprometedor: *você se fez suspeito para tecer qualquer opinião a esse respeito*); **suspeitoso** (ô; pl.: ó) *adj* [**1.** que tem suspeitas; desconfiado: *o mineiro é, por natureza, um sujeito suspeitoso*; **2.** suspeito (1)].

sus.pen.der *v* **1.** Suster no ar, deixar pendente: *suspender um sino*. **2.** Avaliar o peso, de, levantando no ar: *suspendeu a mala para ver se podia carregá-la*. **3.** Interromper temporariamente: *suspender uma reunião*. **4.** Impedir temporariamente, por castigo, as atividades de: *suspender um aluno*. **5.** Desistir de, sustar: *suspendi a encomenda*. **6.** Adiar, deixar para outra ocasião: *suspender uma execução*. **7.** Sustar: *suspender o pagamento de um cheque*. **8.** Içar: *suspender a âncora*. → **suspensão** *sf* [**1.** ato ou efeito de suspender: *a suspensão de um medicamento*; **2.** proibição oficial de alguém exercer suas funções habituais por um determinado período de tempo; **3.** paralisação do pagamento de obrigações comerciais; **4.** redução de *sistema de suspensão*, conjunto de molas e amortecedores de um veículo, destinado a protegê-lo das condições da rodovia e a amortecer solavancos ou trepidações; **4.** estado em que as partículas de uma substância se misturam a um fluido, mas não se dissolvem; **5.** substância em tal estado; **6.** sistema constituído por partículas mantidas dispersas por agitação (suspensão mecânica) ou pelo movimento molecular no meio circundante (suspensão coloidal)]; **suspensivo** *adj* (**1.** que suspende, adia ou para temporariamente uma coisa; **2.** que suspende execução, julgamento, decisão, contrato, etc.: *despacho de efeito suspensivo*); **suspenso** *adj* (**1.** pendente, pendurado: *balões suspensos do teto*; **2.** parado ou adiado temporariamente; interrompido: *tratamento suspenso; pagamento suspenso*; **3.** cancelado: *compra suspensa*; **4.** privado de exercer suas atividades por alguma razão; punido, castigado: *jogador suspenso por duas partidas*; **5.** incompleto: *frase suspensa*); **suspensório** *sm* (bandagem ou ligadura destinada a sustentar ou comprimir o escroto) e *smpl* (par de tiras que, passando pelos ombros e cruzando-se nas costas, serve para segurar as calças pelo cós). ·· **Em suspenso.** Não concluído; interrompido: *Deixar um assunto em suspenso*.

sus.pen.se *sm* **1.** Estado de incerteza mental, acompanhado de ansiedade ou excitação, o qual se manifesta quando esperamos uma decisão ou um resultado importante. **2.** *P.ext.* Qualquer momento de grande expectativa, acompanhado de forte tensão, que nos faz conhecer o desfecho de um fato. **3.** Artifício num espetáculo, filme, livro, etc. no qual se retarda o desfecho de um fato importante, para causar grande ansiedade, excitação, expectativa ou forte tensão emocional.

sus.pi.ro *sm* **1.** Respiração forte e mais prolongada, própria dos estados emocionais. **2.** Gemido amoroso ou por efeito de carícias. **3.** Pequeno orifício próprio para dar passagem a líquidos ou a gases em excesso. **4.** Doce feito com claras de ovos batidas com açúcar; merengue. → **suspiração** *sf* (ato de suspirar, princ. seguidamente); **suspirar** *v* (**1.** exprimir por meio de suspiros: *suspirar saudades*; **2.** desejar ardentemente, aspirar: *suspirar por um diploma*; **3.** estar apaixonado: *ainda suspiro por ela*; **4.** dar suspiros por tristeza, saudade ou desgosto).

sus.sa *adj Gír.* **1.** Que está sossegado, sem nenhuma preocupação, em paz: *morreu, agora está sussa*. **2.** Que evita briga ou discussão: *tenho um amigo sussa*. **3.** Que não se perturba por nada; imperturbável: *o terremoto comendo solto, e ele sussa!* (Provavelmente, abreviação de *sossegado*.)

sus.sur.ro *sm* **1.** Fala em voz baixa, sem vibração das cordas vocais, princ. por questões de privacidade; murmúrio, cochicho, cicio. **2.** Rumor brando de qualquer coisa: *o sussurro da brisa*. **3.** Som baixo, mas confuso, indistinto; murmúrio. **4.** Zumbido de certos insetos e aves (abelhas, beija-flores, corujas, vespas, etc.). → **sussurrante** *adj* (que sussurra: *vento sussurrante*) e **sussurrar** *v* (produzir sussurro).

sus.tân.cia *sf* **1.** Nutriente, do serviço): *sopa com sustância*. **2.** *P.ext.* Disposição para o trabalho; força, vigor, energia, resistência: *enfraquecido pela fome, ele já não tinha sustância*. **3.** Coragem: *ele precisava de um conselho amigo, para lhe dar sustância*. **4.** Ponto principal; essência: *temos que analisar a sustância de sua proposta*.

sus.tar *v* **1.** Interromper (ação ou serviço): *sustar o pagamento de um cheque; sustei a encomenda*. **sustar(-se) 2.** Parar, interromper-se: *ela fala durante horas, sem (se) sustar*. → **sustação** *sf* [ação ou efeito de sustar(-se)]; **sustatório** *adj* (que susta ou pode sustar: *ordem sustatória de um pagamento*).

sus.te.ni.do *sm* Sinal musical (#) que, colocado à esquerda de uma nota, indica que ela deve subir meio-tom. · Antôn.: *bemol*. → **sustenização** *sf* (ato ou efeito de sustenizar), palavra sem registro na 6.ª ed. do VOLP; **sustenizar** *v* [**1.** subir de meio-tom (uma nota). **2.** marcar (chave ou trecho musical) com sustenido]. (A 6.ª ed. do VOLP registra *bemolização*, mas não *sustenização*; não se sabe por quê.)

sus.ten.ta.bi.li.da.de *sf* **1.** Qualidade ou condição do que é sustentável; atendimento a nossas próprias necessidades, sem comprometer a capacidade das gerações futuras de atender às suas próprias: *sustentabilidade ambiental, sustentabilidade econômica*. **2.** Modelo de sistema que tem condições de se manter ou conservar. **3.** Capacidade de algo ser mantido em determinada taxa ou nível: *a sustentatibilidade do crescimento econômico do mundo*. **4.** Empenho de evitar o esgotamento dos recursos naturais, a fim de manter o equilíbrio ecológico: *a busca da sustentabilidade ambiental global*. → **sustentável** *adj* (**1.** que se pode sustentar ou manter: *ambiente sustentável*; **2.** que se consegue sustentar ou defender: *tese sustentável*; **3.** feito ou realizado de modo a evitar os danos provocados pelas ações humanas. ·· **Desenvolvimento sustentável.** Desenvolvimento que atende às necessidades do presente, sem comprometer a capacidade das gerações futuras de atender às suas próprias necessidades.

sus.ten.tar *v* **1.** Impedir que caia; suportar; suster (1): *são essas as vigas que sustentam o prédio.* **2.** Afirmar convictamente: *sustentar a imortalidade da alma.* **3.** Resistir a; fazer face a, suster (2): *sustentar as provocações.* **4.** Conservar, manter, suster (6): *sustentar o crédito.* **5.** Prover diariamente de todas as necessidades básicas: *sustentar os filhos.* **6.** Defender com argumentos: *sustentar uma tese.* **7.** Nutrir: *proteínas, vitaminas e sais minerais sustentam o organismo.* **8.** Perseverar: *sustentar um combate por vários dias.* **9.** Prolongar: *sustentar uma nota musical.* **10.** Confirmar, ratificar: *se ela sustentar o que disse, apanhará!* **sustentar-se 11.** Manter-se na posição, equilibrar-se, suster-se, firmar-se: *não é fácil sustentar-se em cima de um touro.* **12.** Resistir ao inimigo: *os franceses não se sustentaram por muito tempo e sucumbiram, no início da guerra.* **13.** Manter-se sempre bem, no mesmo nível; firmar-se: *o autor se sustentou no seu papel de vilão.* **14.** Viver, substituir, manter-se: *sustento-me do trabalho, e não de roubos.* **15.** Manter-se, continuar: *quero sustentar-me nesta convicção: sem disciplina, não há povo que progrida social e moralmente.* → **sustentação** *sf* ou **sustento** *sm* [**1.** ato ou efeito de sustentar(-se); **2.** manutenção da vida; sobrevivência: *não ter meios de sustentação; o que ganha não dá para o sustento da família*; **3.** meio de sobrevivência: *a aposentadoria representa seu único sustento*]; **sustentáculo** *sm* (qualquer coisa que sustenta outra: *essas colunas são o sustentáculo deste prédio; a imprensa livre é o sustentáculo da democracia*).

sus.ter *v* **1.** Sustentar (1): *grossas vigas sustinham o edifício.* **2.** Sustentar (3): *suster um assédio sexual.* **3.** Reprimir, conter, refrear: *suster o riso.* **4.** Deter, fazer parar: *a polícia susteve o carro suspeito.* **5.** Diminuir, moderar: *suster as despesas domésticas.* **6.** Sustentar (4): *o que sustém a democracia são os homens íntegros, e não os corruptos.* **suster-se 7.** Conservar-se, manter-se, sustentar-se, equilibrar-se: *o gavião já não conseguia suster-se nas asas, em vista do ferimento recebido.* **8.** Conter-se, comedir-se: *não consegui suster-me e ali mesmo desabafei.* · Conjuga-se por *ter.* → **sustimento** *sm* [ato ou efeito de suster(-se)].

sus.to *sm* **1.** Medo passageiro que tolhe os movimentos nos primeiros momentos; súbita, intensa e breve sensação de medo: *pulei de susto, ao ouvir o estrondo.* **2.** Abalo emocional; choque, sobressalto: *dei-lhe a notícia da morte do filho devagar, para não causar-lhe um natural susto.* ·· **Levar (um) susto.** Assustar-se: *Levei um susto quando vi aquele monstro a minha frente.* ·· **Sem susto.** Livre de qualquer preocupação; despreocupadamente: *Pode viajar com esse carro, sem susto!*

su.ta.che *sf* Trancinha estreita, geralmente de seda, lã ou algodão, usada como enfeite de vestidos.

su.ti.ã *sm* Peça de *lingerie* destinada a sustentar ou modelar os seios.

su.til *adj* **1.** Composto de partículas minutíssimas; muito tênue: *as gotículas sutis dos sprays; os fios sutis da teia de aranha.* **2.** Penetrante; que se infiltra por todas as partes: *gás sutil; veneno sutil.* **3.** Que não se capta ou compreende de imediato, porque não está inteiramente claro ou totalmente explícito; que não é óbvio; que exige perspicácia para entender ou apreender; perspicaz, arguto: *ela me fez uma pergunta sutil, e eu lhe dei uma resposta ainda mais sutil; comentário sutil; as sutis observações do advogado deixaram insegura a testemunha da parte contrária.* **4.** Delicado, refinado, aguçado: *ouvido sutil.* **5.** Que possui ou demonstra grande aptidão para determinada atividade; talentoso: *nunca fui muito sutil para negócios.* **6.** Quase imperceptível; muito leve; suave: *um sorriso sutil; um aroma sutil; mulher de passos sutis.* **7.** Tão delicado ou preciso, que se torna difícil analisar ou descrever: *uma fragrância sutil.* **8.** Que é delicadamente complexo e discreto: *casa de iluminação sutil.* **9.** Que faz uso de métodos inteligentes e indiretos, para conseguir algo: *o repórter tentou uma abordagem mais sutil do presidente.* **10.** Difícil de entender ou perceber; que não é claro, evidente: *um enólogo é capaz de perceber diferenças sutis de sabor em vinhos de safras diferentes.* **11.** Muito pequeno; mínimo: *houve um aumento sutil, mas significativo, nos casos de dengue no Brasil; a sutil diferença entre* **ser** *e* **estar.** **12.** Que revela um humor fino, inteligente: *piada sutil.* · Superl. abs. sint. erudito: *sutílimo.* (Não se confunde com *sútil.*) → **sutileza** (ê) *sf* (**1.** qualidade ou estado de ser sutil; **2.** conjunto de detalhes e diferenças que não são óbvios: *as sutilezas do comportamento humano; este vinho não tem a sutileza de sabor do vinho francês*).

sú.til *adj* Composto de pedaços cosidos. (Não se confunde com *sutil.*)

su.tu.ra *sf* **1.** Linha de junção ou junta imóvel existente entre dois ossos, particularmente os do crânio. **2.** Operação cirúrgica que consiste em unir as partes desagregadas mediante costura; costura cirúrgica; suturação. **3.** Fio, linha, etc. usada nessa operação. **4.** Linha ou cicatriz formada por essa operação. → **suturação** *sf* (ato ou efeito de suturar); **suturar** *v* (fazer a sutura de).

SUV [ingl.] *sm* Acrônimo ou sigla inglesa de *sport utility vehicle*, veículo utilitário esportivo, potente, com tração nas quatro rodas, que pode trafegar em terreno acidentado. · Pl.: *SUVs.* · Pronuncia-se em inglês *és iu vê*; em português, *esse, u, vê*, ou então, *siúv* (inglês) e *súv* (português).

su.ve.nir *sm* Objeto típico de um lugar, vendido como lembrança a turistas, ou adquirido como lembrança de viagem; recordação. · Pl.: *suvenires.*

su.xar *v* Tornar frouxo; afrouxar: *suxar o nó da gravata.* → **suxo** *adj* (frouxo, lasso: *nó suxo*).

swapping [ingl.] *sm* **1.** Mecanismo que consiste em copiar temporariamente em disco (memória secundária) a informação associada a processos que não estão em execução, num computador. **2.** Troca de casais; suingue. · Pl.: *swappings.* · Pronuncia-se *suópin.*

swing [ingl.] *sm* V. **suingue.** → **swinger** *s2gên* [praticante de suingue(5)], que se pronuncia *suíngâr.*

swingarm [ingl.] *sm* Componente de quadro de bicicleta, composto por tubos, que funciona como braço oscilante. · Pl.: *swingarms.* · Pronuncia-se *suín-garm.*

T

t/T sm Vigésima letra do alfabeto.
ta.ba sf Aldeia de índios sul-americanos.
ta.ba.co sm **1.** Planta herbácea, cujas folhas, ricas em nicotina, são preparadas para fumar, mascar ou inalar. **2.** Produto fabricado dessas folhas secas e preparadas para uso, princ. em cigarro; fumo. → **tabacaria** sf (loja onde se vendem produtos tabagísticos); **tabagismo** sm (uso prolongado do tabaco); **tabagista** adj (rel. a tabagismo) e adj e s2gên (que ou pessoa que se viciou no tabaco); **tabagístico** adj (rel. a tabagismo ou a tabagista).
ta.ba.que sm V. **atabaque**.
ta.ba.réu sm Pop. **1.** Homem ingênuo, simples, sem instrução, de hábitos rudes, geralmente habitante da zona rural; caipira, jeca, capiau, matuto. **2.**P.ext. Pessoa acanhada, que tem dificuldade em se expressar. **3.** Fig. Homem inapto, incompetente. **4.** Pej. Soldado que, por ter pouca experiência, não cumpre direito as ordens recebidas. · Fem.: tabaroa (ô).
ta.be.fe sm Pop. Bofetada leve dada no rosto, com a palma da mão aberta. (Não se confunde com sopapo.)
ta.be.la sf **1.** Pequeno quadro, folha de papel ou tábua em que se registram nomes, números, etc.; lista organizada de dados; tábua (3). **2.** Escala de serviço, plantão, etc. **3.** Parte interna da borda que guarnece a mesa do jogo de bilhar. **4.** Placa de vidro ou de madeira na qual fica presa a cesta de basquete. **5.** No futebol, jogada rápida e insinuante em que dois ou mais jogadores passam a bola entre si, na corrida, em direção ao gol adversário. · **tabelamento** sm (ato ou efeito de tabelar); **tabelar** v [**1.** fazer tabela de: tabelar dados de uma pesquisa; **2.** submeter a uma tabela ou lista oficial de preços: o governo tabelou a carne de segunda; **3.** fazer tabela (5): o centroavante tabelou com o meia e fez o gol];
tabelinha sf [**1.** tabela pequena; **2.** tabela (5) em alta velocidade e a curta distância; **3.** pop. método anticoncepcional pelo qual a mulher marca os dias férteis do seu ciclo menstrual, geralmente para evitar relações sexuais nesses dias e, consequentemente, não engravidar]. ·· **Cair pelas tabelas.** Estar exausto. ·· **Cumprir tabela.** Jogar, sem ter mais nenhuma chance de qualquer tipo de classificação ou de conquista de título, numa competição. ·· **Por tabela. 1.** De forma indireta; indiretamente: Processando o diretor, você está processando, por tabela, a escola. **2.** Além disso: O caminhão, desgovernado, derrubou um poste e, por tabela, destruiu um muro.
ta.be.li.ão sm Escrivão público que reconhece firmas, registra títulos e documentos, faz escrituras, procurações, etc. · Fem.: tabelioa (ô) ou tabeliã. · Pl.: tabeliães. → **tabelional, tabelionar** ou **tabelionático** adj (rel. a tabelionato); **tabelionato** sm (**1.** ofício de tabelião; **2.** escritório de tabelião).
ta.ber.na ou **ta.ver.na** sf Boteco onde se consome bebida alcoólica a preço baixo; baiuca. → **tabernal** ou **tavernal** adj (rel. a taberna ou taverna); **taberneiro** ou **taverneiro** sm (dono de taberna ou taverna).
ta.bi.que sm Divisória leve, geralmente de madeira; tapume.
ta.bla.do sm **1.** Estrado de madeira, para destacar pessoa ou coisa; palanque. **2.** Parte do teatro onde os atores representam; palco.
tablet [ingl.] sm Pequeno computador portátil, de pouca espessura e tela sensível ao toque (touchscreen), destinado mais para entretenimento que para uso profissional. · Pl.: tablets. · Pronuncia-se táblèt.
ta.ble.te sm Barra, geralmente retangular, de qualquer produto consumível (doce, remédio, alimento, etc.).
tabletop [ingl.] sm **1.** Salto estilo motocross em que a bike fica meio de lado, perpendicular à rampa. **2.** Salto no surfe que consiste em dobrar os dois joelhos, fazendo com que a prancha fique paralela à superfície da água (tolerância de 10°, 2 marolas). · Pl.: tabletops. · Pronuncia-se têibol-tóp.
ta.bloi.de (ói) adj e sm **1.** Que ou medicamento que tem forma de pastilha. // sm **2.** Formato de jornal surgido em meados do séc. XX, no qual cada página mede, aproximadamente, a metade do tamanho de um jornal padrão. **3.** Jornal nesse formato, geralmente de 5 colunas por página e sensacionalista, que dá notícias de forma condensada, quase sempre com muita ilustração e manchetes bombásticas, em letras gigantescas. **4.** P.ext. Qualquer jornal de formato menor que o padrão.
ta.bo.ca sf Pop. **1.** Bambu, taquara. **2.** NE Vara de bambu, usada para pescar. **3.** NE Gomo de bambu que se enche de pólvora, para ser usado como foguete caseiro. **4.** BA Biscoito fino e doce, em forma de cone ou cilindro. **5.** Logro, peça: preguei-lhe uma taboca. **6.** BA Pequena venda ou bazar em que se vendem miudezas. → **taboquear** v (**1.** enganar, lograr, trapacear; **2.** causar decepção amorosa a; decepcionar no amor; **3.** faltar à palavra dada a: vive taboqueando os amigos), que se conjuga por frear.
ta.bu sm **1.** Proibição determinada pelos costumes de uma comunidade. **2.** Aquilo que é protegido por tal proibição. **3.** Assunto sobre o qual se faz silêncio, por crença, pudor, ignorância, preconceito ou hipocrisia: sexo ainda é um tabu no Brasil. **4.** Preconceito absurdo ou ridículo: ela venceu todos os tabus da família real e casou com o príncipe. **5.** Pop. Sequência de jogos entre duas equipes, na qual uma delas sempre consegue só vitórias ou só derrotas: o Flamengo manteve o tabu de vitórias sobre o Fluminense. // adj **6.** Que não é consentido livremente; proibido: sexo ainda é assunto tabu no Brasil; tesão e babaca até pouco tempo atrás eram palavras tabus. → **tabuísmo** sm (palavra ou expressão tabu, considerada chula, grosseira ou ofensiva; palavrão).
tá.bua sf **1.** Peça de madeira plana, lisa e pouco espessa, mais comprida que larga, própria para pisos: na sala, o piso era de tábuas de madeira de lei. **2.** Peça plana, de pouca espessura, de madeira ou de outro material rígido, adaptada para determinado uso: tábua de passar roupa. **3.** Lista organizada de dados; tabela (1): meu time está mal na tábua de classificação do campeonato brasileiro. **4.** Placa comemorativa gravada que traz uma inscrição. **5.** Em matemática, quadro de números metodicamente ordenados, que permite obter, com pouca demora, o valor numérico de um resultado desejado: tábua de logaritmos. **6.** Pop. Recusa a pedido de namoro ou de casamento. · Col. (1): tabuame sm. · Aum. (1): tabuão. · Dim. regular (1): tabuinha. · V. **tabular**. → **tabuado** sm (**1.** porção de tábuas; tabuame; **2.** conjunto de peças de madeira unidas entre si, ou colocadas lado a lado, que servem de revestimento para assoalho, parede, etc.; **3.** tapume de tábuas); **tabuame** sm [tabuado (1)]. ·· **Dar tábua** (pop.). Recusar-se a uma contradança (falando-se da dama em relação ao cavalheiro): Ela nunca me deu tábua. ·· **Levar tábua** (pop.). **1.** Ser enganado no amor. **2.** Ser recusado, numa contradança: Ia aos bailes e levava tábua de todas as garotas. ·· **Ser uma tábua.** Não ter (geralmente a mulher) os contornos normais do corpo, no peito e nas nádegas; ser reto: As americanas são uma tábua da cintura para baixo. ·· **Tábua de salvação** (fig.). Último expediente ou recurso extremo, para escapar a uma situação difícil ou aflitiva: A reforma tributária é a tábua de salvação do povo brasileiro para pagar menos impostos e ser beneficiado com eles. Ante aquela onça, minha tábua de salvação foi subir a uma árvore e me acomodar num galho bem fino, porque a danada me perseguiu até lá em cima.
ta.bu.a.da sf **1.** Tabela aritmética que ensina as quatro operações. **2.** Objeto ou livro que contém essa tabela. **3.** Golpe ou pancada que se dá com tábua.
tá.bu.la sf Cada uma das pequenas peças circulares usadas para jogar damas e gamão; távola, pedra. ·· **Fazer tábula rasa de.** Desconsiderar tudo o que foi dito e escrito anteriormente; ignorar, desprezar: Aquele sociólogo, quando na presidência, fez tábula rasa de tudo o que havia escrito. ·· **Tábula rasa. 1.** Folha de papel em branco. **2.** Na filosofia, mente humana ainda não afetada por experiências ou impressões externas, desprovida de qualquer conhecimento ontido, tal como uma folha de papel em branco a ser preenchida. **3.** P.ext. Qualquer coisa que existe em seu estado original ou primitivo, ainda não alterada por forças externas. **4.** Fig. Oportunidade para um novo começo.
ta.bu.la.dor (ô) adj e sm **1.** Que ou mecanismo de máquina de escrever que desloca o carro ao alinhamento previamente determinado mediante a pressão de uma tecla. **2.** Essa tecla. **3.** Em informática, tecla que permite passar de um campo a outro na mesma interface, sem usar o mouse, ou possibilita fazer alinhamentos, tabulações, etc.
ta.bu.lar adj Relativo ou semelhante a tábua.
ta.bu.le sm Prato da cozinha árabe, geralmente degustado como aperitivo, feito de triguilho, coentro, tomate picado,

cebola, salsa, hortelã, temperado com azeite de oliva, pimenta e limão: *tabule original, verdadeiro, não leva pepino.*

ta.bu.lei.ro *sm* **1**. Bandeja. **2**. Assadeira. **3**. Quadro onde se joga xadrez, damas, etc. **4**. Parte plana no alto da escada; patamar. **5**. Mesa de trabalho de alfaiates e modistas. **6**. Em feiras livres, mesa rústica onde são expostos frutas, legumes, hortaliças, etc. **7**. Canteiro de jardim ou de horta. **8**. *Pop*.AM Ninho de tartarugas. **9**. Parte de ponte ou viaduto que se apoia nas colunas ou arcos. **10**. Parte em que está assentado o teclado do piano. **11**. Assoalho de carros e carroças. **12**. Parte plana em torno de uma igreja ou de um edifício. **13**.MG Planalto de nível irregular, separado por outro similar por escarpas íngremes. **14**. Seção de uma salina.

ta.bu.le.ta (ê) *sf* **1**. Tábua que contém aviso ou advertência fixada em lugar público e bem visível. **2**. Letreiro, com informações publicitárias ou não, colocado dentro ou fora de um estabelecimento comercial.

ta.ça *sf* **1**. Objeto semelhante a um copo, de pouca profundidade e provido de pé. **2**. Conteúdo desse objeto. **3**. Troféu esportivo semelhante a esse objeto; copa.

ta.ca.cá *sm Pop*.PA Caldo feito da goma da mandioca cozida, temperado com alho, camarões secos moídos, pimenta, etc., muito apreciado pelos paraenses, que a tomam em cuia, bem quente.

ta.ca.nho *adj* **1**. De baixa estatura; pequeno, baixo: *além de corcunda, era tacanho.* **2**. Limitado, estreito: *mentalidade tacanha.* // *adj* e *sm* **3**. *Pop.* Que ou aquele que é pobre de espírito e tem estreiteza de ideias ou de visão; estúpido. **4**. Que ou aquele que é extremamente apegado a bens materiais e não põe a mão no bolso para gastar; sovina. **5**. Que ou aquele que não se mostra disposto a aceitar ideias, crenças ou maneiras de se comportar diferentes das suas, por ter estacionado no tempo; intolerante, intransigente. **6**. Que ou aquele que dá muita importância ou valor a coisas insignificantes. → **tacanharia**, **tacanheza** (ê) ou **tacanhice** *sf* (qualidade, atitude ou caráter de tacanho).

ta.cão *sm* **1**. Salto grosseiro de calçado. **2**. *Fig*. Autoridade opressora ou tirânica. **3**. No teatro ou no cinema, batida de pés no chão, em sinal de insatisfação da plateia.

ta.ca.pe *sm* Arma ofensiva usada pelos índios da América.

ta.car *v* **1**. Dar tacada (1) em: *tacar mal uma bola.* **2**. Desferir, pespegar: *taquei-lhe um tapa na cara!* **3**. Atirar, jogar: *tacou uma pedra na vidraça.*

ta.cha *sf* **1**. Mancha, nódoa: *voltou para casa com uma tacha de batom no colarinho.* **2**. Defeito moral grave, que desdoura, pecha: *trata-se de uma personalidade sem tacha.* **3**. Prego de cabeça larga e chata; brocha. (Não se confunde com *taxa*.) → **tachar** *v* [qualificar ou classificar (sempre em mau sentido): *alguns jornalistas tacharam o governo de corrupto*], que não se confunde com *taxar*; **tachear** *v* (pregar tachas em), que se conjuga por *frear.*

ta.chim *sm* Capa de couro ou caixa de papelão reforçado, para guardar livros ou álbuns de encadernação luxuosa.

ta.cho *sm* Vaso largo e pouco fundo, feito de cobre, latão, barro, etc., com asas, destinado a usos culinários. → **tachada** *sf* (**1**. conteúdo de um tacho: *ela comeu uma tachada inteira de doce de abóbora com coco!*; **2**. operação que consiste em fazer alguma coisa, princ. doce, no tacho: *na segunda tachada, o açúcar demora menos para derreter, porque o tacho já está quente*; **3**. bebedeira).

tá.ci.to *adj* **1**. Que se pode supor ou subentender, sem se expressar por palavras (pois o silêncio ou a inação autorizam); que não é expresso por palavras, mas se deduz de algum modo; implícito: *seu rubor foi uma confissão tácita; houve um consentimento expresso da mãe e um consentimento tácito do pai.* **2**. Silencioso, calado: *a mulher, tricotando, permanecia tácita em seu canto.* **3**. Não falado; feito em silêncio: *oração tácita.* · Antôn. (1): *expresso*; (2): *tagarela.*

ta.ci.tur.no *adj* **1**. Diz-se daquele que fala pouco, que é de poucas palavras, pouco comunicativo, reservado: *um homem taciturno é desagradável, mas o que fala demais é irritante.* **2**. De aspecto sombrio, triste; tristonho, melancólico: *toda religião que torne o homem taciturno é, por natureza, falsa; o ser humano deve servir a Deus com prazer, com alegria.* **3**. Fúnebre, tétrico, macabro: *os filmes taciturnos de Zé do Caixão; ter visões taciturnas.* **4**. Que vive mal-humorado; grave, sisudo, carrancudo, trombudo: *sempre foi um chefe taciturno.* · Antôn. (1): *expansivo, extrovertido*; (2 e 3): *alegre, prazeroso*; (4): *travesso, brincalhão, estouvado, radiante.* →

ta.ci.tur.ni.da.de *sf* (qualidade ou estado de taciturno), de antôn. *alegria, extroversão.*

ta.co *sm* **1**. Bastão roliço e comprido, mais fino na extremidade oposta à empunhadura, com o qual se dá impulso às bolas do bilhar. **2**. Bastão com que se toca a bola, em jogo de golfe, polo, hóquei, etc. **3**. Cada uma das pequenas peças de madeira, geralmente retangulares, utilizadas para revestir pisos em lajes de concreto armado. **4**. Pedaço de madeira embutido na parede ou no concreto armado para receber pregos ou parafusos nos marcos de portas, tábuas de rodapés, lambris de madeira, etc.; bucha. **5**. *Pop.* Pedaço, bocado: *cada um recebeu um taco de rapadura.* · V. **taquear**. → **tacada** *sf* (**1**. impulso dado a uma bola com um taco; **2**. quantia vultosa, bolada). ·· **Confiar no seu taco**. Sentir-se muito seguro ou confiante no que faz: *Como confia no seu taco, nem estudou para o concurso.* ·· **Taco a taco**. Em pé de igualdade; pau a pau.

ta.có.gra.fo *sm* **1**. Aparelho próprio para registrar velocidades de veículos automotivos. **2**. Aparelho que limita a velocidade máxima de veículos. → **tacografia** *sf* (uso do tacógrafo); **tacográfico** *adj* (rel. a tacografia).

ta.cô.me.tro *sm* **1**. Dispositivo que indica a velocidade de rotação de um eixo ou de um motor, geralmente em revoluções por minuto (rpm); conta-giros, taquímetro: *os carros modernos já vêm com tacômetro.* **2**. No cinema, dispositivo de uma câmara que controla o número de fotografias a ser rodado por segundo. → **tacometria** ou **taquimetria** *sf* [aplicação do tacômetro(1); **tacométrico** ou **taquimétrico** *adj* [rel. a tacometria ou a tacômetro(1)]; **taquímetro** *sm* [tacômetro (1)].

ta.di.nho *adj* Redução e diminutivo carinhoso ou irônico de *coitado*: *tadinho dele, levou o fora da namorada!*

Tadjiquistão *sm* República independente da Ásia central, ex-república soviética, de área pouco menor que a do estado do Ceará. → **tadjique** *adj* e *s2gên.*

tae kwon do [cor.] *loc sm* Arte coreana de autodefesa, um estilo de caratê que utiliza as pernas na maioria dos golpes. · Pronuncia-se *tai kuôn dô*. (Não se confunde com *tai chi chuan*.)

ta.fe.tá *sm* Tecido feito de várias fibras (seda, raiom náilon) muito brilhante e mais armado e encorpado que a seda.

ta.ga.re.la *adj* e *s2gên* Que ou pessoa que tem a volúpia de falar, e, por isso, fala muito, cometendo geralmente desatinos ou indiscrições. → **tagarelagem** ou **tagarelice** *sf* (**1**. hábito de falar demais; palraria, garrulice; **2**. fala ou dito sem nenhuma importância; **tagarelar** *v* (**1**. falar demais; palrar; **2**. cometer desatinos ou indiscrições, falando).

tai chi chuan [chin.] *loc sm* Uma das artes marciais chinesas, destinada à autodefesa e à meditação, hoje muito empregada como exercício contra o estresse. · Pronuncia-se *tái chí chuân*. (Não se confunde com *tae kwon do*.)

Tailândia *sf* Monarquia do sudeste asiático, antigamente chamada Sião, de área equivalente à dos estados do Rio Grande do Sul e de Roraima juntos. → **tailandês** *adj* e *sm.*

tailleur [fr.] *sm* Conjunto feminino composto de saia e blusa (ou casaco curto) que combine, ajustado na cintura. · Pl.: *tailleurs*. · Pronúncia aproximada: *tai-éR.*

tai.nha *sf* Peixe marinho do Atlântico que desova em água doce, conhecido como *curimã* no Norte e Nordeste.

tai.o.ba *sf* **1**. Planta herbácea de folhas largas e um tanto azuladas, muito cultivada como alimento. **2**. Essa planta.

tai.pa *sf* Parede feita de barro amassado e calcado entre varas amarradas paralelamente com cipós; estuque, pau a pique.

ta.is.sô *sm* Série de exercícios de ginástica rítmica e de alongamento feitos por operários japoneses nos pátios das fábricas, antes do início do expediente, e também por alunos, nos pátios das escolas, antes das aulas, para deixar as pessoas mais dispostas e descontraídas, porque relaxam os músculos e as articulações de todo o corpo, além de muitos outros benefícios à saúde. (Usa-se também *rádio taissô*, porque a referida ginástica é transmitida por rádio.)

Taiwan *sf* Estado insular da Ásia, conhecido antigamente por Formosa. Sua área é pouco menor que a do estado do Rio de Janeiro. · Pronuncia-se *tai-uã*. → **taiwanês** *adj* e *sm.*

tal *pron* **1**. Semelhante: *tal coisa não se faz; atitudes tais merecem severa punição.* **2**. Esse: *tal era, em suma, o meu estado; em tal dia, a tais horas, podem querer-me aqui.* **3**. Isso: *se ele é advogado eu não sei, mas todos o tomam como tal.* **4**. Algum: *entre os turistas houve tal que não pôde entrar nos Estados Unidos.* **5**. Fulano: *estou falando do tal que me abordou na rua.* // *s2gên* **6**. *Pop.* Batuta, bamba, bambambã:

ele era o tal em física. **7**. *Pop.Pej.* Pessoa que se julga o(a) maioral: *ele é o tal da favela; ela se acha a tal do pedaço.* ·· **Tal qual** (ou **Tal e qual**). **1**. Da mesma maneira que; como: *Ao retornar de viagem, quero encontrar meu carro tal qual deixei.* **2**. Exatamente igual a: *A filha é tal e qual a mãe.* (Neste caso, variam: As filhas são *tais* qual a mãe. A mãe é tal *quais* as filhas. Os irmãos são *tais quais* os primos. Há, no entanto, quem defenda a não variação, com o que não concordamos.)

ta.la *sf* **1**. Pedaço chato e fino de madeira ou de outro material duro. **2**. Chicote feito de uma só tira de couro. **3**. Parte chata do relho ou chicote. **4**. Parte do aro da roda dos automóveis sobre a qual se assenta o pneu.

ta.la.bar.te *sm* Boldrié de oficial do Exército, usado para manter o cinto na posição.

ta.la.ga.da *sf* Gole de bebida alcoólica que se toma de uma só vez.

ta.la.gar.ça *sf* Pano grosso e ralo sobre o qual se borda.

tá.la.mo *sm* **1**. Leito conjugal. **2**. Grande massa de substância cinzenta do cérebro. **3**. Receptáculo de uma flor.

ta.lan.te *sm* **1**. Vontade, desejo, arbítrio: *tudo foi feito de acordo com o talante do presidente.* **2**. Empenho, esforço; conto com o seu talante para conseguir isso. ·· **A seu** (ou **a meu, a nosso,** etc.) **talante**. A seu bel-prazer; segundo sua vontade: *Não faço nada a meu talante lá em casa.*

ta.lão *sm* **1**. Bloco de folhas picotadas ao meio, com dizeres correspondentes nas duas partes, das quais uma se destaca e se entrega como comprovante de recebimento ou quitação. **2**. Bloco de cheques. **3**. Parte posterior do pé do homem; calcanhar. **4**. Parte posterior do pé de alguns animais. **5**. Parte do calçado ou das meias, correspondente ao calcanhar. · V. **talonário**. → **talar** *adj* **1**. (rel. ou pert. ao talão ou calcanhar; **2**. que desce até o calcanhar).

ta.la.ri.co *sm Gír.Pej.* Homem que se envolve afetiva ou sexualmente com a mulher de amigo; fura-olho. · Fem.: *talarica* (mulher que se envolve com marido de amiga). → **talaricagem** *sf* (*gír.* ato ou efeito de talaricar); **talaricar** *v* [*gír.* ficar de olho em (pessoa ou coisa que a outros pertence); cobiçar ou desejar muito (o que é dos outros): *ela está talaricando o namorado da amiga; quem talarica mulher casada cutuca vespeiro; ela está talaricando o dinheiro do velho*]. (A 6.ª ed. do VOLP não registra nenhuma delas.)

tal.co *sm* **1**. Mineral extremamente mole, de cor verde a cinzenta, presente em rochas metamórficas. **2**. Pó fino e branco desse mineral, purificado e perfumado.

ta.len.to *sm* **1**. Aptidão ou habilidade natural e especial, geralmente atlética, artística ou muito criativa: *seu talento para a música despertou cedo; jovens de talento.* **2**. *Fig.* Pessoa de grande capacidade atlética, artística ou muito criativa: *ela é um talento para o desenho.* → **talentoso** (ô; pl.: ó) *adj* (que tem muito talento).

ta.lha¹ *sf* **1**. Ato ou efeito de talhar ou entalhar; talhadura, talhamento; talho (1). **2**. Corte ou sulco praticado na madeira ou no metal; talho (2). **3**. Escultura decorativa de madeira, marfim ou osso. **4**. Porção de feixes de lenha.

ta.lha² *sf Pop.* **1**. Vasilha de barro, de boca estreita e bojo grande, próprio para guardar líquidos (azeite, vinho, etc.). **2**. Pote (1).

ta.lhar *v* **1**. Fazer talho em; cortar: *talhar o pé com uma foice.* **2**. Gravar, esculpir, entalhar: *talhar o mármore.* **3**. Cortar à feição do corpo; moldar: *essa costureira talha camisas muito bem.* **4**. Determinar, traçar: *o homem sensato talha seu próprio destino.* **5**. Cortar ou dividir em maços (o baralho de cartas). **6**. Adequar, ajustar, moldar: *talhar seu modo de viver pelo dos ricos.* **7**. Predestinar: *a natureza talhou para lidar com crianças.* **8**. Cortar o pano para a roupa: *essa costureira talha bem.* **talhar(-se) 9**. Estragar-se ou coagular-se (leite, depois de fervido): *fora da geladeira, o leite (se) talhou.* → **talha**, **talhadura** *sf*, **talhamento** ou **talho** *sm* [ato ou efeito de talhar(-se) ou entalhar]; **talhada** *sf* (pedaço talhado de grandes frutas, como a melancia, o melão, etc.); **talhadeira** *sf* (ferramenta de aço, com lâmina afiada numa das extremidades, usada para cortar ou talhar pedra, metal, etc.); **talhado** *adj* (**1**. que se talhou: *os supermercados vendem pedaços talhados de melancia*; **2**. apropriado, adequado: *é um carro talhado para você*; **3**. que tem queda, inclinação, propensão ou aptidão; vocacionado: *ele não é talhado para o clero*; **4**. diz-se do leite coalhado ou coagulado); **talhe** *sm* (**1**. toda a configuração particular de pessoa ou coisa; feitio: *letra de belo talhe*; **2**. modo de talhar um pano; corte; talho: *terno de talhe moderno*).

ta.lha.rim *sm* **1**. Massa alimentícia cortada em tiras bem finas. **2**. Prato feito com essa massa, servido com molho e queijo parmesão ralado.

ta.lha.te.le *sm* **1**. Massa alimentícia cortada em tiras largas. **2**. Prato feito com essa massa, servida com molho e queijo parmesão ralado. (A 6.ª ed. do VOLP não registra a palavra; prefere registrar o estrangeirismo *tagliatelle.* Mas traz *talharim,* aportuguesamento do italiano *tagliarini.* Entender, é preciso...)

ta.lher *sm* **1**. Conjunto das três peças (garfo, colher e faca) utilizadas durante as refeições. **2**. *Fig.* Cada uma dessas três peças. **3**. *Fig.* Lugar destinado a cada comensal em jantar ou banquete: *darei um banquete para cem talheres.*

ta.lho *sm* **1**. Talha (1). **2**. Talha (2). **3**. Divisão e corte da carne, no açougue. **4**. Cepo em que o açougueiro corta a carne. **5**. Talhe (2).

ta.li.ão *sm* Vingança ou desforra igual à ofensa recebida; retaliação. → **talionar** *v* (aplicar a pena de talião); **talionato** *sm* (pena de talião). ·· **Pena** (ou **Lei**) **de talião**. Prática antiga de condenação, pela qual se vingava o delito infligindo ao criminoso pena idêntica ao crime que praticara; retaliação.

tá.lio *sm* Elemento químico metálico (símb.: **Tl**), macio e venenoso, de n.º atômico 81, semelhante ao chumbo nas propriedades físicas, de largo emprego industrial.

ta.lis.mã *sm* **1**. Qualquer objeto (anel, pedra, etc.) usado como amuleto, que se acredita ter poderes mágicos e trazer sorte. **2**. *Fig.* Qualquer coisa que produz efeitos aparentemente mágicos ou milagrosos.

talk show [ingl.] *loc sm* Programa de entrevistas pelo rádio ou pela televisão, comandado geralmente por um jornalista de prestígio nacional. · Pl.: *talks shows.* · Pronuncia-se *tók-xou.*

talk time [ingl.] *loc sm* Quantidade de tempo que se pode falar ao celular, sem recarregar a bateria; tempo de conversação a um telefone celular. · Pronuncia-se *tók táiM.*

Talmude *sm* Coleção da lei e tradição judaicas. → **talmúdico** *adj* (do Talmude: *estudos talmúdicos*); **talmudista** *adj* e *s2gên* (**1**. que ou pessoa que segue a doutrina do Talmude; **2**. que ou pessoa que é versada no Talmude).

ta.lo *sm* **1**. Fibra grossa que se estende pelo meio das folhas das plantas e geralmente se prolonga, confundindo-se com o pecíolo: *talo de couve.* **2**. Corpo vegetativo rudimentar das algas, fungos e liquens. **3**. Em arquitetura, tronco de uma coluna sem base nem capitel; fuste. · V. **taludo**. → **talino** *adj* [rel. a talo (1)]; **taloide** (ói) *adj* (sem. a talo); **taloso** (ô; pl.: ó) *adj* (cheio de talos).

ta.lo.cha *sf* Tábua retangular com que os pedreiros e estucadores estendem e alisam a argamassa ou o estuque.

ta.lo.ná.rio *sm* **1**. Bloco ou livro cujas folhas formam um talão. // *adj* **2**. Diz-se desse bloco ou desse livro.

ta.lu.de *sm* **1**. Inclinação que se dá à superfície lateral de um muro, terreno, etc. **2**. Terreno bem inclinado, rampa.

ta.lu.do *adj* **1**. De talo duro e resistente. **2**. Forte e bem desenvolvido fisicamente; corpulento, troncudo: *zagueiro taludo.*

tá.lus *sm2núm* **1**. Osso que se articula com a tíbia e a fíbula, formando o tornozelo, antigamente conhecido como astrágalo: *o tornozelo é uma estrutura formada pela união de três ossos: tíbia, fíbula e tálus.* **2**. Em geologia, massa de fragmentos de rocha na base de um rochedo.

tal.vez (ê) *adv* **1**. Possivelmente, mas não certamente; provavelmente, quiçá: *talvez eu vá ao jogo; há talvez cinco pessoas ali.* **2**. Por acaso; porventura: *se, talvez, você não puder vir, avise-me!*

ta.man.co *sm* Calçado grosseiro, com sola de madeira.

ta.man.du.á *sm* Quadrúpede mamífero desdentado, de hábitos noturnos, cabeça alongada e afilada, e grande língua delgada e pegajosa, apropriada para fisgar seu alimento preferido: cupins. → **tamanduá-bandeira** *sm* (tamanduá de cauda e pelos compridos, com uma listra branca e mancha negra estendendo-se do pescoço e do peito para as costas, de pl. *tamanduas-bandeira* ou *tamanduás-bandeiras*).

ta.ma.nho *adj* **1**. Tão grande; enorme: *quem disse tamanha bobagem?* // *sm* **2**. Altura do corpo humano. **3**. Dimensão, volume ou grandeza de qualquer coisa: *dicionário de tamanho regular.* **4**. Dimensão padrão de uma peça do vestuário, de um par de luvas, de sapatos, etc.; número. → **tamanhinho, tamanhino** ou **tamaninho** *adj* e *sm* (que ou aquele que tem tamanho muito pequeno; pequenino: *é ainda muito* *tamanhinho para viajar sozinho; ainda ontem esse rapagão era deste tamaninho*), porém, a 6.ª ed. do VOLP não traz as duas últimas. ·· **Sem tamanho**. Muito grande; enorme: *Ela disse uma bobagem sem tamanho.* ·· **Tamanho família**. **1**. Diz-se de embalagem (garrafa, caixa, etc.) cujo conteúdo corresponde ao dobro ou ao triplo de uma embalagem normal. **2**. Muito grande, enorme: *Problemas tamanho família.* (Como se vê, não varia.)

tâ.ma.ra *sf* Fruto comestível da tamareira, doce, saboroso e de elevado conteúdo sacarino. → **tamareira** *sf* (palmeira de grande porte, de origem pré-histórica, que medra em abundância na Ásia e na África e dá a tâmara).

ta.ma.rin.do *sm* Fruto comestível do tamarindeiro, de sabor ácido, muito usado no preparo de bebidas e doces. → **tamarindeiro** *sm* (árvore brasileira originária da África que dá o tamarindo).

tam.ba.qui *sm* **1**. Peixe comum na Amazônia, de carne muito apreciada. **2**. Essa carne: *comi tambaqui hoje no almoço*.

tam.bém *adv* **1**. Igualmente (com o intuito de dar a ideia de inclusão): *estas laranjas são também lá da minha chácara; criança também paga ingresso?* **2**. Igualmente (com o intuito de dar mais informações sobre uma pessoa ou coisa): *ele é funcionário do Banco do Brasil e também da Caixa Econômica.* **3**. Igualmente (indicando que o mesmo fato se aplica a mais alguém ou alguma coisa): *minha primeira namorada era também chamada Beatriz, como você.* // *palavra denotativa de inclusão* **4**. Até: *também você contra mim, mulher?!* // *palavra denotativa de adversidade* **5**. Mas: *não dei parte à polícia; também não ia adiantar nada.* // *interj* **4**. Pudera (indicando estranheza, desgosto ou descontentamento): *ela diz que não consegue dormir bem; também! com um calor destes!*

tam.bor (ô) *sm* **1**. Instrumento de percussão que consiste numa caixa cilíndrica de metal, com uma película esticada em ambas as faces, numa das quais (a superior) se bate com baquetas, muito utilizado nas bandas militares e nas filarmônicas. **2**. Recipiente metálico, grande e cilíndrico, espécie de tonel, próprio para acondicionar líquidos inflamáveis. **3**. Cilindro giratório do revólver, no qual se colocam os cartuchos. · Dim. irregular: *tamboril* ou *tamborim*. → **tamborilar** *v* (**1**. bater cadenciadamente com os dedos sobre uma superfície qualquer, imitando o ruído de um tambor: *era só ele ficar impaciente, que começava a tamborilar na mesa*; **2**. produzir som semelhante ao de um tambor: *a chuva tamborila na vidraça*); **tamborim** *sm* (**1**. tambor pequeno; **2**. instrumento de percussão formado por um pequeno retângulo de madeira, com tampo de pele de gato retesada, que se toca com uma baqueta).

tam.bo.re.te (ê) *sm* **1**. Banquinho baixo e leve, de plástico ou de madeira, sem braço nem espaldar, muito utilizado em bares; mocho. **2**. *Pop*. Nos tribunais, banco destinado ao réu. **3**. *Pop*. NE Pessoa de baixa estatura; cotó, catatau, tampinha: *ela, de 1,80m casou com um tamborete de 1,50m.*

ta.moi.o (ô) *s2gên* **1**. Membro dos tamoios, tribo indígena tupi extinta, que habitava o território do atual Estado do Rio de Janeiro e se aliou aos franceses contra a dominação portuguesa no Brasil. // *adj* **2**. Relativo ou pertencente a essa tribo.

tam.pa *sf* Pequena peça móvel para cobrir panelas, caixas, bueiros, etc. ou fechar garrafas, vidros, etc. → **tampão** *sm* (**1**. tampa grande; **2**. rolha grande ou bucha; **3**. chumaço de pano, algodão ou gaze com que se impede hemorragia ou a saída de medicamento líquido; **4**. absorvente higiênico); **tampar** *v* (cobrir com tampa: *tampar a panela, o bueiro, a garrafa*), que não se confunde com *tapar* (não se "tampa" a boca, o ouvido, os olhos, porque nenhum deles tem tampa); **tampinha** *sf* (**1**. tampa pequena; **2**. jogo infantil em que se usam tampas metálicas de garrafas) e *s2gên* (*fig.pej.* pessoa de baixa estatura; catatau, cotó, tamborete); **tampo** *sm* (**1**. tampa fixa de pipas, tonéis, etc. ou qualquer pedaço de madeira com que se tapam orifícios; **2**. peça circular que cobre o vaso sanitário, à qual geralmente vem afixada).

tam.pou.co *adv* **1**. Também não: *ela não falava e eu tampouco*. **2**. (Nem) ao menos (supõe sempre outra negação a que se refere): *ela não fala inglês nem tampouco francês; não permite que a filha trabalhe nem tampouco que namore*. **3**. Nem sequer: *ao chegar de viagem, tampouco me telefonou.* (Não se confunde com *tão pouco* (= muito pouco, de tal forma pouco): *Dormi tão pouco hoje, que nem tive tempo de sonhar.*

ta.na.ju.ra *sf* **1**. Nome comum às fêmeas ou rainhas das abelhas, vespas, marimbondos e formigas. // *sf* **2**. *Pop*. Pessoa de bunda grande ou volumosa.

tan.dem *sm* Bicicleta com selins e pedais para dois ciclistas, um atrás do outro. ·· **Em tandem**. Em fila simples; um atrás do outro; em fila indiana. (A 6.ª ed. do VOLP ainda registra a palavra como estrangeira.)

tan.ga *sf* **1**. Espécie de avental com que os indígenas tapam o ventre até as coxas. **2**. Biquíni ou calcinha bem cavados. ·· **Na tanga** (pop.). Sem dinheiro nenhum; duro, liso.

tan.gen.te *adj* **1**. Em contato físico imediato; que toca. // *adj* e *sf* Que ou linha que toca outra em um único ponto, mas não a intersecciona. // *sf* **2**. Nas ferrovias, reta que se segue a uma curva. **3**. *Pop*. Recurso para escapar de um apuro ou dificuldade sem ser atingido. ·· **Passar na tangente**. **1**. Passar em exame com a nota mínima. **2**. Tratar de um assunto apenas superficialmente ou sem se deter nele. ·· **Sair pela tangente**. **1**. Sair de uma situação difícil ou delicada, recorrendo a pretextos ou evasivas: *Na hora de falar com o pai da moça, saiu pela tangente e deixou o local.* **2**. Mudar de assunto abruptamente: *Não, não saia pela tangente, vamos continuar falando nesse mesmo assunto!*

tan.ger *v* **1**. Tocar (instrumento musical): *tanger uma harpa.* **2**. Tocar ou açoitar (animais), estimulando-os a andar ou a fugir: *o pastor tange suas ovelhas.* **3**. Dizer respeito; referir-se, ter relação: *no que tange a esse assunto, nada tenho a declarar.* **4**. Soar: *às 6h, tange o sino da matriz.* **5**. Tocar qualquer instrumento: *encontrei-o cantando e tangendo.* → **tangimento** *sm* (ato ou efeito de tanger).

tan.ge.ri.na *sf* Variedade de laranja, fruto da tangerineira, de casca e gomos facilmente destacáveis, também conhecida, em regiões diferentes do Brasil, como *mexerica*, *bergamota*, *laranja-cravo* e *laranja-mimosa.* → **tangerineira** *sf* (árvore que dá a tangerina e fornece uma casca rica em óleo essencial; mexeriqueira).

tan.gí.vel *adj* **1**. Que se pode tocar ou apalpar; palpável: *o ar não é algo tangível.* **2**. Que pode ser tangido ou tocado. **3**. *Fig.* Fácil de ser entendido; evidente. **4**. Real, concreto, verdadeiro. · Antôn.: *intangível.* → **tangibilidade** *sf* (qualidade ou característica de tangível), de antôn. *intangibilidade*.

tan.go *sm* Música e dança originárias da Argentina, de ritmo lento, em dois tempos.

ta.ni.no *sm* Substância usada para curtir couros.

tan.jão *adj* e *sm Pop*. Que ou aquele que só trabalha sob estímulo ou pressão; preguiçoso. · Fem.: *tanjona*.

ta.no.ei.ro *sm* Aquele que faz objetos de madeira torneada, como pipas, tonéis, barris, etc. **tanoaria** *sf* (**1**. oficina de tanoeiro; **2**. obra de tanoeiro; **3**. ofício de tanoeiro).

tan.que¹ *sm* **1**. Grande recipiente para líquido ou gás. **2**. Nos veículos automotores, recipiente fechado, onde fica o combustível. **3**. Cuba de alvenaria ou de plástico, destinada a lavagem de roupa à mão. **4**. *Pop*.NE Pequeno açude. → **tanquinho** *sm* (**1**. dim. regular de *tanque*; tanque pequeno) e *adj* e *sm* [*pop*. que ou abdome que tem a musculatura bem firme e definida, devido geralmente a exercícios físicos e a boa alimentação, com reentrância sem. a um tanque (2)].

tan.que² *sm* **1**. Veículo militar de combate, blindado e armado de metralhadoras pesadas, canhões ou mísseis, que se move em esteira (4). **2**. *Pop.Fut.* Jogador(a) corpulento(a) que, mesmo sem muita técnica, consegue levar alguma vantagem sobre seu marcador. → **tanqueiro** *sm* (motorista de carro-tanque).

tan.quí.ni *sm* **1**. Biquíni em que a parte de cima é substituída por uma camiseta curta. **2**. Modelito constituído de duas peças, um *top* mais comprido e um shortinho. (A 6.ª ed. do VOLP não registra a palavra.)

tan.tã *adj* e *s2gên* Que ou pessoa que é tonta, desequilibrada, biruta.

tân.ta.lo *sm* Elemento químico metálico (símb.: **Ta**), de n.º atômico 73, usado para fazer filamentos de lâmpadas, partes de reatores nucleares, etc.

tan.tan.guê ou **ton.ton.guê** *sm* Esconde-esconde.

tan.to *pron* **1**. Tão grande; tamanho: *nunca houve tanta corrupção quanto naquele governo.* **2**. Tão numeroso; em tal quantidade: *as lágrimas eram tantas, que ela não enxergava nada.* **3**. Alguma quantia (repetido): *deu tanto para o filho, tanto para a filha e partiu.* // *sm* **4**. Quantia indeterminada ou não, mas não expressamente definida: *depois de pagas as despesas, ainda restou um tanto; combinei com ela pagar um tanto por mês.* **5**. Volume, quantia quantidade, tamanho, etc. igual a outro um certo número de vezes: *este carro vale quatro tantos daquele.* // *smpl* **6**. Muitos: *entre os tantos que há por aí,* *escolheram-me logo a mim?* // *adv* **7**. Tantas vezes: *ele tanto pediu, que acabou conseguindo*. **8**. Com tão grande força e intensidade: *para quem se alegra tanto com a infelicidade dos outros, esse castigo ainda é ameno*. → **tantão** *sm* (pop. grande e indeterminada quantidade, distância, porção, quantia, intensidade, etc.: *andei dez quilômetros e ainda falta um tantão para chegar; eu te amo só um tantão assim!*); **tantinho** *sm* (pop. pouquinho, bocadinho: *se você tiver um tantinho de paciência, eu o atenderei; quero só um tantinho de pimenta*).

Tanzânia *sf* País da África, de área equivalente à do estado de Santa Catarina. → **tanzaniano** *adj* e *sm*.

tão *adv* **1**. Em tal medida; em tal proporção: *Deus pôs o prazer tão próximo da dor, que muitas vezes se chora de alegria*. **2**. Muito: *ela é tão alta!* **3**. Na mesma medida; igualmente (na correlação com *quanto, quão* ou *como*): *ela é tão bonita quanto ordinária; ela é tão bonita quão a irmã; ela é tão ordinária como a irmã*. ·· **De tão**. Diz-se de uma coisa que é tão exagerada, que leva a má consequência: *De tão bom, chega a ser tonto*. ·· **Tão logo**. Assim que: *Tão logo desceu do avião, foi preso*. ·· **Tão só** (ou **Tão somente**). **1**. Meramente, apenas, unicamente: *Fui lá tão só para lhe pedir desculpa. Divorciaram-se tão somente por causa de um cachorro*. **2**. Não mais que: *Ele era tão somente um charlatão, e todo o mundo o tratava por doutor!*

ta.pa *sm* Pancada no rosto, com a palma da mão aberta; tabefe. → **tapão** *sm* (pancada forte no rosto; bofetão, sopapo).

ta.pa.gem *sf* **1**. Barragem rudimentar, feita de varinhas ou de folhas de palmeira, que se arma no leito dos rios, para apanhar peixes. **2**. Cerca ao redor de horta ou quintal. **3**. Barreira usada para defesa militar. **4**. Barragem de terra, feita na margem de rios, para reter água e evitar escapada de peixes.

ta.pa.jó *s2gên* **1**. Membro dos tapajós, tribo indígena tupi extinta, que vivia à margem do rio Tapajós. // *adj* **2**. Relativo ou pertencente a essa tribo.

ta.par *v* **1**. Cobrir ou fechar, usando tampa ou não: *tapar a panela, os olhos, o ouvido, o nariz*. **2**. Encher de qualquer coisa, para fazer desaparecer; vedar, fechar: *tapar uma fenda, um buraco*. **3**. Esconder, cobrir: *a fumaça dos escapamentos dos caminhões tapava a visão dos motoristas que vinham atrás*. · Antôn. (1 e 2): *abrir*. (Não se confunde com *tampar*, que é fechar usando tampa; tudo o que tampa tapa, mas nem tudo o que tapa tampa). → **tapação** *sf* ou **tapamento** *sm* (ato ou efeito de tapar); **tapado** *adj* (**1**. que se tapou ou tampou: *vinho se conserva em garrafa tapada*; **2**. obstruído, fechado: *estar com o ouvido tapado*) e *adj* e *sm* (que ou aquele que não aprende de jeito nenhum, por mais negativas e traumáticas que tenham sido as experiências de vida, ou por mais esforço que façam educadores, a fim de que adquira o indispensável bom senso ou alguma cultura, algum conhecimento; bronco, estúpido, cabeça-dura: *aluno tapado, então, se aquietou*; **3**. agasalho de lã que cobre o pescoço e a boca), de pl. *tapa-bocas*; **tapa-buraco** *sm* (solução provisória e emergencial) e *s2gên* (*fig.* pessoa que, numa emergência, substitui outra), de pl. *tapa-buracos*; **tapação** *sf* ou **tapamento** *sm* (ação ou efeito de tapar); **tapa--nuca** *sm* (capinha adaptada a um boné, destinada a proteger o pescoço), de pl. *tapa-nucas*; **tapa-olho** ou **tapa-olhos** *sm* (**1**. banda ou faixa de pano que cobre e protege o olho; **2**. pancada ou bofetão no olho; sopapo); **tapa-sexo** *sm* (peça sumária, apenas suficiente para tapar o órgão sexual), de pl. *tapa-sexos*.

tape [ingl.] *sm* V. **teipe**.

ta.pe.ar *v* **1**. Dar tapas em; esbofetear: *a mulher tapeou o marido na frente de todo o mundo*. **2**. Causar dano ou prejuízo a (uma pessoa), com mentira ou ação desonesta; enganar, lograr, tungar: *os camelôs adoram tapear as pessoas*. · Conjuga-se por *frear*. → **tapeação** *sf* [ato ou efeito de tapear (2); logro, enganação].

ta.pe.ça.ri.a *sf* **1**. Tapete próprio para forrar móveis, pisos ou paredes. **2**. Fábrica ou loja de tapetes. **3**. Arte ou ofício de tapeceiro. → **tapeçar** *v* (forrar com tapetes; atapetar); **tapeceiro** *adj* (rel. a fabricação de tapetes) e *sm* (**1**. fabricante ou vendedor de tapetes; **2**. aquele que executa manualmente tapetes ou tapeçarias).

ta.pe.ra *sf Pop.* **1**. Qualquer propriedade (habitação, vilarejo, fazenda, etc.) completamente abandonada e em ruínas. **2**. *P.ext.* Qualquer lugar destruído, de mau aspecto. // *adj* **3**. *Pop.* Diz-se de pessoa sem olho(s) **4**. *Pop.SP* Diz-se daquele que tem jeito de tonto ou bobo; abobado.

ta.pe.te (ê) *sm* **1**. Tecido pesado e resistente, solto ou avulso, próprio para cobrir ou decorar pisos e ambientes. **2**. Qualquer coisa semelhante a esse tecido, na lisura ou suavidade. · V. **tapeçaria**. → **atapetar(-se)** ou **tapetar(-se)** *v* [cobrir(-se) com tapete]; **tapetão** *sm* (**1**. tapete grande; **2**. *gír.* tribunal desportivo, encarregado de resolver as pendências jurídicas relacionadas com o esporte, princ. o futebol; expediente extracampo).

ta.pi.o.ca *sf* **1**. Pão caseiro do sertanejo, feito da goma da mandioca (amido), água e sal, às vezes temperado com coco ralado e leite condensado, com forma semelhante a um disco pequeno. **2**. Fécula da raiz da mandioca.

ta.pir *sm* Anta.

ta.pi.ri *sm Pop.AM* **1**. Cabana que se constrói para abrigo provisório de seringueiros. **2**. Ribanceira de rio.

ta.pui.a *s2gên* **1**. Nome com que os primeiros colonizadores e os índios tupinambás designavam todos os povos indígenas de língua estranha ao tronco tupi. **2**. Membro dos tapuias, antiga nação indígena antropófaga do Brasil, que habitava princ. o atual território do Maranhão e do Ceará. // *adj* **3**. Relativo ou pertencente a esses povos.

ta.pu.me *sm* Divisória ou parede, geralmente provisória e feita de tábuas, com que se veda ou fecha uma porção qualquer de terreno.

ta.qua.ra *sf* **1**. Qualquer espécie indígena de bambu. **2**. Vara, ripa ou lasca de bambu. → **taquarinha** *sf* (**1**. taquara pequena. **2**. bicho-pau, maria-seca). ·· **Taquara rachada** (pop.). Pessoa que tem voz estridente, desafinada e altamente desagradável. ·· **Voz de taquara rachada** (pop.). Essa voz.

ta.que.ar *v* Revestir (piso) de tacos. · Conjuga-se por *frear*. → **taqueamento** *sm* (ato ou efeito de taquear); **taqueiro** *sm* (operário especializado no assentamento de assoalhos de tacos).

ta.qui.car.di.a *sf* Aceleração normal ou patológica do ritmo cardíaco. → **taquicardíaco** ou **taquicárdico** *adj* (rel. a taquicardia) e *adj* e *sm* (que ou aquele que tem taquicardia).

ta.qui.gra.fi.a *sf* Método rápido de escrita que consiste em grafar sinais que representam sílabas, tornando possível o registro simultâneo da fala; estenografia. → **taquigrafar** *v* (escrever ou reproduzir pela taquigrafia; estenografar); **taquigráfico** *adj* (rel. a taquigrafia; estenográfico); **taquígrafo** *sm* (aquele que se serve pela taquigrafia; estenógrafo).

ta.qui.nho *sm* No ciclismo, parte de metal que fica preso na sapatilha e se encaixa no pedal: *dores na panturrilha podem ser sinal de que o taquinho está muito para frente ou para trás; dores na lateral do joelho podem ser sinal de que o taquinho está virado muito para dentro ou para fora*.

ta.ra *sf* **1**. Embalagem em que é acondicionada qualquer mercadoria; diferença entre o peso líquido e o peso bruto. **2**. Peso de um veículo sem a carga ou de uma embalagem sem o conteúdo. **3**. Defeito de fabricação: *relógio com tara*. **4**. *P.ext.* Defeito físico ou mental hereditário. **5**. *Pop.* Fixação psicossexual; atração irresistível; tesão incomum: *ter tara por morenas*. **6**. *P.ext.* Interesse exagerado; obsessão: *ter tara por carros importados*. → **tarado** *adj* (**1**. pesado com desconto de tara; **2**. que tem marcado o peso da tara) e *adj* e *sm* (que ou aquele que é degenerado ou desequilibrado sexual); **tarar** *v* (pesar, para descontar a tara).

ta.ra.me.la *sf* V. **tramela**.

ta.ran.te.la *sf* Dança e composição musical vivas, rápidas e ritmadas, em compasso de 3 por 8 e 6 por 8, características dos napolitanos.

ta.rân.tu.la *sf* Grande aranha peluda, venenosa, cuja picada, dolorosíssima, causa febre e delírio, sem ser letal.

tar.de *adv* **1**. Depois do tempo esperado, usual, conveniente ou próprio; fora de melhor hora; tardiamente: *a polícia chegou tarde*. **2**. Em hora avançada, geralmente da noite: *saio tarde e volto tarde*. // *sf* **3**. Período do dia que vai do meio-dia até o anoitecer: *a tarde está fresca*. **4**. Hora avançada da noite: *conversamos até tarde*. · Antôn. (1 e 2): *cedo*. → **tardança** *sf* (demora, atraso); **tardar** *v* (**1**. demorar: *o tempo tardou a partida do ônibus*; **2**. demorar-se: *voltem cedo, não tardem!*; **3**. vir tarde: *a morte pode até tardar, mas não falha*); **tardinha** *sf* (fim da tarde); **tardio** *adj* (**1**. atrasado, retardatário: *os candidatos tardios ficam sem poder prestar o exame*; **2**. moroso no seu desenvolvimento: *inteligência tardia*; **3**. que aparece depois do tempo devido ou quando já não se espera:

um filho tardio). •• **À** (ou **De**, ou **Pela**) **tardinha** (ou **tardezinha**). No finalzinho da tarde.

tar.dí.gra.do *adj* 1. Diz-se do animal que se desloca vagarosamente: *os bichos-preguiças são tardígrados*. 2. Relativo ou pertencente aos tardígrados, grupo de animais microscópicos invertebrados (menos de 1mm de comprimento), de corpo cilíndrico não segmentado e grande resistência a condições adversas, capazes de sobreviver a uma fogueira, a um congelamento e até mesmo ao vácuo do espaço, que vivem na água doce, plantas aquáticas ou no lodo, deslocando-se muito lentamente. // *sm* 3. Esse animal.

ta.re.fa *sf* 1. Trabalho definido, que tem prazo certo para ser feito. 2. Aquilo que se deve fazer por obrigação ou dever. 3. Empresa, empreendimento. → **tarefeiro** *sm* (1. homem encarregado de tarefa; 2. aquele cujo salário é pago por tarefa).

ta.ri.fa *sf* 1. Taxa imposta por um governo, nas importações e exportações de mercadorias. 2. Taxa imposta por instituições financeiras. 3. Tabela de preços para transporte de passageiro ou de carga, princ. do correio. → **tarifação** *sf* (ato ou efeito de tarifar); **tarifaço** *sm* (aumento geral de todas as tarifas públicas); **tarifar** *v* (estabelecer a tarifa de; aplicar tarifa a); **tarifário** *adj* (rel. a tarifa) e *sm* (tabela de preços cobrados por determinado serviço).

ta.rim.ba *sf* 1. Estrado de madeira onde dormem os soldados, nos quartéis e postos de guarda. 2.*P.ext*. Cama dura, bastante desconfortável. 3. *Fig.* Grande prática ou longa experiência. → **tarimbado** *adj* (muito experiente: *cirurgião tarimbado*).

tar.ja *sf* 1. Ornato de pintura, desenho ou escultura no contorno de um objeto. 2. Faixa preta nas margens do papel, indicativa de luto. 3. Faixa de qualquer cor na margem do papel. • Dim. irregular: *tarjeta* (ê). → **tarjado** *adj* (guarnecido de tarja); **tarjar** *v* (guarnecer de tarja; pôr tarja em); **tarjeta** (ê) *sf* (1. tarja pequena ou estreita; 2. ferrolho de correr ou girar, usado para trancar portas e janelas).

ta.rô *sm* Baralho de 78 naipes, divididos em 4 baralhos de 14 cartas cada um (10 números e 4 figuras, chamados *arcanos menores*) e 22 cartas fora de série, numeradas de 0 a 21 (*arcanos maiores*). → **tarólogo** *adj* e *sm* (que ou aquele que lê cartas de tarô).

tar.ra.fa *sf* Pequena rede de pescar, de forma circular, que se lança à mão, guarnecida de chumbos nas bordas. → **tarrafar** ou **tarrafear** *v* (pescar com tarrafa); **tarrafeação** *sf* (ação ou efeito de tarrafear); **tarrafeador** (ô) *adj* e *sm* (que ou aquele que tarrafeia); **tarrafear** *v* [1. tarrafar; 2. derrubar (o touro), segurando-o pelo rabo), que se conjuga por *frear*.

tar.ra.xa *sf* 1. Rosca. 2. Utensílio para fazer as roscas dos parafusos. 3. Peça usada para apertar; cunha, cavilha. → **tarraxar** *v* (v. **atarraxar**).

tar.ro *sm* Balde que acolhe o leite ordenhado.

tar.so *sm* 1. Parte do pé dos vertebrados terrestres situada entre a tíbia e o metatarso; tondinho (1). 2. Conjunto dos sete ossículos dessa parte, chamados tarsianos, que formam o tornozelo; parte posterior do esqueleto do pé. 3. Fina lâmina de tecido conjuntivo fibroso que sustenta a borda de cada pálpebra. → **tarsal, tarsiano** ou **társico** *adj* (rel. ou pert. a tarso).

tar.tã *sm* 1. Tecido axadrezado, em forma de manta, usado na confecção do traje típico dos montanheses da Escócia, onde cada clã tem seu padrão distintivo próprio. 2.*P.ext*. Qualquer tecido semelhante ou artigo feito desse tecido. // *adj* 3. Semelhante ao tartã, feito do ou que tem o padrão do tartã. •• **Tartã de seda**. Tecido de seda que tem padrão tartã.

tar.ta.mu.do *adj* e *sm* Que ou aquele que gagueja ou que atropela as palavras por defeito orgânico ou emoção de momento; tatibitate. → **tartamudear** *v* (gaguejar ou falar com voz trêmula), que se conjuga por *frear*; **tartamudeio** *sm* ou **tartamudez** (ê) *sf* (estado ou qualidade de tartamudo).

tár.ta.ro *sm* 1. Depósito que o vinho deixa nas paredes das pipas, garrafas, etc. 2. Depósito calcário que se forma nos dentes. 3. Membro dos tártaros, povo da Ásia central que invadiu a Ásia ocidental e a Europa oriental, na Idade Média. 4. Língua falada pelos tártaros. // *adj* e *sm* 5. Natural ou habitante da Tartária, república autônoma da Rússia.

tar.ta.ru.ga *sf* 1. Réptil quelônio anfíbio (terrestre e marinho), ovíparo, cujo corpo é protegido por uma carapaça óssea. // *sf* 2. Essa carapaça, utilizada na fabricação de objetos de adorno. 3. Saliência, geralmente pintada de amarelo, que as companhias de tráfego usam no leito carroçável, para delimitar faixas de trânsito ou para obrigar o motorista a reduzir a velocidade. •• **A passo de tartaruga**. Muito devagar; lentamente; a passo de caracol.

tar.tu.fo *sm* 1. Homem hipócrita, fingido, falso. 2. Falso beato. 3. Doce italiano, composto por dois ou mais sabores de sorvete, com calda de frutas. 4. Tipo de fungo comestível que cresce no subsolo; trufa. → **tartufaria, tartufice** *sf* ou **tartufismo** *sm* (1. hipocrisia; 2. beatice); **tartufista** *adj* (1. rel. a tartufo; 2. próprio de tartufo) e *adj* e *s2gên* (que ou pessoa que usa de tartufices).

ta.ru.go *sm* 1. Torno ou prego de pau com que se ligam ou prendem uma à outra duas peças de madeira, duas tábuas, etc. 2. Pedaço de madeira que se embute na parede, para receber pregos ou parafusos de fixação; bucha. 3. Prego de madeira. 4. Peça transversal de madeira, usada entre os barrotes de madeira, para evitar a deslocação lateral. 5. *Pop*. Homem atarracado; tortulho (2), caçapo.

tas.ca *sf* Restaurante muito ordinário; taberna, baiuca. · V. **tasqueiro**.

tas.car *v* 1. Morder, mordiscar ou mover entre os dentes (ponta de charuto, de caneta, o freio, etc.): *aluno que tem a mania de tascar a ponta de todas as canetas esferográficas; cavalo que tasca muito o freio*. 2. Ingerir (alimento), comer: *tasquei uns dez brigadeiros em dois minutos*. 3. Atacar, agredir: *namorada minha ninguém tasca*. 4. Rasgar (balão ou papagaio que vem caindo). 5. Falar mal de: *ela tem a mania de tascar todos os ex-namorados*. 6. Dar, desferir: *tascar um beijo na moça; ela tascou um tapão no sem-vergonha*. 7. Pôr (fogo) em; atear: *se você não levar todos os seus trastes agora, eu tasco fogo neles*. 8. Bater, chocar-se com; colidir: *distraído, tascou a testa na porta de vidro da loja*.

taser [ingl.] *sm* Arma de choque, que incapacita uma pessoa temporariamente, usada para autodefesa e na aplicação da lei. · Pronuncia-se *têizar*. (É marca comercial americana; portanto nome próprio que se tornou comum, a exemplo de *fórmica, gilete*, etc.)

tas.quei.ro *sm* Dono ou trabalhador de tasca; taberneiro.

ta.tam.ba *adj* e *s2gên Pop*. 1. Que ou pessoa que articula muito mal as palavras, quase sempre trocando consoantes; tatibitate. 2. Que ou pessoa que é tola ou pouco inteligente. 3. Que ou pessoa que é rude, grosseira, bronca.

ta.ta.me ou **ta.tâ.mi** *sm* 1. Esteira grossa, feita de junco entrelaçado, de tamanho uniforme, usada como piso nas casas japonesas. 2. Esteira sobre a qual se pratica o judô.

ta.ta.ra.ne.to *sm* V. **tetraneto**.

ta.ta.ra.vô *sm* V. **tetravô**.

ta.ti.bi.ta.te *adj* e *s2gên* 1. Que ou pessoa que articula mal as palavras; tatamba. 2. Tartamudo(a). 3. Que ou pessoa que é muito tímida ou acanhada. **tatibitatear** *v* (falar ou agir como tatibitate), que se conjuga por *frear*.

tá.ti.ca *sf* 1. Arte ou ciência de dispor forças militares ou navais e manobrá-las em combate. 2. Planejamento de uma campanha publicitária, visando a obter o melhor resultado possível. 3. Meio ou expediente hábil, usado para se sair bem de uma situação complicada. **tático** *adj* (rel. a tática) e *adj* e *sm* (que ou aquele que é hábil em táticas).

ta.to *sm* 1. Sentido pelo qual um objeto é percebido por contato físico, princ. com os dedos. 2. Sensação causada pelos objetos, quando os apalpamos. 3. Ato de apalpar; tateio. 4. Jeito, habilidade, tino, vocação: *ter tato para negócios*. 5. Senso aguçado do que fazer ou dizer para manter boas relações com os outros ou evitar ofensas; habilidade em lidar com situações difíceis ou delicadas; diplomacia: *só com muito tato você conseguirá isso dela*. → **tateamento** ou **tateio** *sm* (ato ou efeito de tatear); **tatear** *v* (1. aplicar o tato a; apalpar: *o cego tateia a parede, à procura da porta de saída*; 2. tocar nas coisas com as mãos, com os pés, com uma bengala, etc., para se guiar: *tatear na escuridão*), que se conjuga por *frear*; **tátil** ou **táctil** *adj* (1. perceptível ao sentido do tato; tangível; 2. rel. a tato); **tatilidade** ou **tactilidade** *sf* (1. qualidade ou condição do que é tátil ou táctil; 2. faculdade cerebral que permite perceber as sensações táteis).

ta.tu *sm* 1. Mamífero desdentado onívoro que vive em galerias subterrâneas, que ele mesmo cava, de hábitos noturnos, corpo arredondado e coberto por placas protetoras, que formam uma espécie de carapaça. (Voz: *choramingar*). 2. Prato preparado com a carne desse animal: *temos tatu hoje no almoço*. 3. *Gír*. Ranho seco. // *smpl* 4. Irmãs sem irmãos ou vice-versa (porque todos os filhotes de tatu de uma mesma ninhada têm o mesmo sexo). // *adj* e *sm* 5. Bobo, tolo, otário: *só dá dinheiro para essa gente quem é tatu; os tatus foram vocês, e não eu*. → **tatu-bola**

sm (variedade de tatu, cujo nome lhe vem de, nos momentos de perigo, enrolar-se para proteger-se, tomando o aspecto de uma bola), de pl. *tatus-bola* ou *tatus-bolas;* **tatuzão** *sm* (**1**. tatu grande; **2**. *pop.* gigantesca escavadeira subterrânea, usada princ. na construção de túneis de metrô, à qual os portugueses chamam *tuneladora*).

ta.tu.a.gem *sf* **1**. Prática ou processo de marcar a pele com pinturas, desenhos, legendas, etc. indeléveis, mediante picadas nela e inserindo pigmentos. **2**.*P.ext.* Qualquer marca ou desenho feito desse modo. → **tatuador** (ô) *adj* e *sm* (que ou aquele que tatua); **tatuar** *v* (fazer tatuagem em).

ta.tu.ra.na, **ta.ta.ra.na** ou **ta.tau.ra.na** *sf* Lagarta peluda e urticante.

tau.ma.tur.go *adj* e *sm* Que ou aquele que opera maravilhas ou realiza milagres. **taumaturgia** *sf* (obra de taumaturgo); **taumatúrgico** *adj* (rel. a taumaturgia).

tau.ri.no *adj* Relativo ou pertencente a touro. // *adj* e *sm* **2**. Que ou aquele que nasceu sob o signo de Touro.

tau.ró.dro.mo *sm* Praça de touros.

tau.ro.ma.qui.a *sf* Arte de tourear, de combater touros na arena. → **tauromáquico** *adj* (rel. a tauromaquia).

tá.vo.la *sf* **1**. Tábula (1). **2**. Mesa para jogos de tabuleiro. **3**. Qualquer mesa (palavra então consagrada na expressão *távola redonda*, mesa circular, em torno da qual se reuniam os lendários cavaleiros da corte do rei Artur, da Inglaterra, para tomar decisões importantes).

ta.xa *sf* **1**. Preço regulado pelo Estado para a venda ou a importação de mercadorias. **2**. Tributo pago pela população por um serviço a ela prestado. **3**. Preço regulamentar. **4**. Importância cobrada por uma agência de propaganda de seu cliente. **5**. Multa paga pelo destinatário de carta não selada ou com selo insuficiente. **6**. Proporção fixada com percentagem. **7**. Número indicativo da percentagem (p. ex.: em 5%, a *taxa* é 5). ·· **Taxa SELIC**. Taxa básica da economia brasileira, estabelecida mensalmente pelo Comitê de Política Monetária (Copom), órgão do Banco Central, a qual indica quanto o governo paga em juros pelos títulos que emite regularmente, para refinanciar sua dívida. A taxa SELIC (acrônimo de *Sistema Especial de Liquidação e Custódia*) afeta o custo do crédito para as empresas e os consumidores. → **taxação** *sf* (ato ou efeito de taxar); **taxar** *v* [**1**. estabelecer a taxa de; **2**. regular o preço de; **3**. impor taxa a; **4**. lançar um imposto regular sobre; qualificar ou classificar (no bom ou no mau sentido: *taxaram o presidente de gênio ou de tartufo?*], que não se confunde com *tachar*; **taxativo** *adj* (**1**. que taxa ou limita; restritivo; **2**. *fig.* imperativo e decisivo; categórico, definitivo: *o pai foi taxativo: minha filha não casa com esse rapaz!*).

tá.xi (x = ks) *sm* Qualquer automóvel de aluguel, com taxímetro ou não; carro de praça. → **táxi-aéreo** *sm* [*pop*. aeronave (avião ou helicóptero) de aluguel, que faz voos panorâmicos, reportagens aéreas, viagens de curta distância, etc.], de pl. *táxis-aéreos*; **taxímetro** (x = ks) *sm* (instrumento que, nos táxis, mede e registra o valor devido da corrida); **taxista** (x = ks) *s2gên* (motorista de táxi).

ta.xi.ar (x = ks) *v* Movimentar-se (aeronave) na pista do aeroporto, em baixa velocidade, antes da decolagem ou depois do pouso. → **taxiamento** (x = ks) *sm* (ato ou efeito de taxiar).

ta.xo.lo.gi.a (x = ks) *sf* **1**. Ciência que se dedica ao estudo descritivo de todas as espécies de seres vivos e sua classificação dentro de uma hierarquia de grupamentos. **2**. Estudo da taxonomia. → **taxológico** (x = ks) *adj* (rel. a taxologia); **taxólogo** (x = ks) *adj* e *sm* (especialista em taxologia).

tá.xon (x = ks) *sm* Qualquer unidade de classificação biológica, como uma espécie, um gênero, uma família, etc. → **taxonomia** (x = ks) ou **taxionomia** (x = ks) *sf* (**1**. ciência, técnica ou disciplina que estuda os princípios, métodos e fins da classificação dos seres vivos; ciência da identificação biológica; **2**.*p.ext.* qualquer classificação sistemática em grupos ou categorias: *a taxonomia dos grandes traficantes de drogas, feita pela polícia e pela imprensa*); **taxonômico** (x = ks) ou **taxionômico** (x = ks) *adj* (rel. a taxonomia ou taxionomia: *o estudo taxonômico do mundo vegetal*); **taxonomista** (x = ks) ou **taxionomista** (x = ks) *adj* e *s2gên* ou **taxônomo** (x = ks) ou **taxiônomo** (x = ks) *sm* (especialista em taxionomia).

tchã *sm Pop*. **1**. Toque de bom gosto ou de requinte: *ela deu um tchã no penteado*. **2**. Encanto pessoal; charme: *sua namorada não tem nenhum tchã*.

tchau *interj* V. **chau**.

tche.co *adj* e *sm* V. **checo**.

te *pron* na função de objeto direto (amo-*te*) ou de objeto indireto (obedeço-*te*).

tê *sm* **1**. Nome da letra *t*. **2**. Qualquer peça, princ. de instalação hidráulica, com a forma dessa letra. · Pl.: os *tês* ou os *tt*.

te.ar *sm* Qualquer aparelho, manual ou elétrico, usado para tecer.

teaser [ingl.] *sm* Dispositivo, vídeo ou áudio publicitário ou promocional, que revela muito pouco sobre o produto, destinado a despertar o interesse do público, antes de um lançamento. · Pronuncia-se *tízâr*.

te.a.tro *sm* **1**. Conjunto de artes cênicas através das quais se cria uma representação fictícia, mas inteligível e sequencial, da realidade da vida humana. **2**. Casa ou edifício onde se representam essas artes cênicas. **3**. Conjunto das obras ou peças dramáticas de um autor, época, país, etc. **4**. Atividade teatral ou profissional de ator teatral. **5**. Arte dramática; drama. **6**. Grande área geográfica em que se coordenam operações militares; palco. → **teatral** *adj* (**1**. rel. ou pert. a teatro: *peça teatral*; **2**. próprio de teatro; dramático: *atitude teatral*; **3**. caracterizado pelo exagero; forçado, exagerado, artificial: *gestos teatrais*); **teatralização** *sf* (ato ou efeito de teatralizar); **teatralizar** *v* (**1**. adaptar para o teatro; **2**. dramatizar, exagerar); **teatrista** *adj* e *s2gên* (que ou pessoa que frequentemente vai a teatro); **teatrólogo** *sm* (autor ou escritor de peças teatrais; dramaturgo).

te.be.xê *s2gên Pop*. Auxiliar de mãe de santo, encarregado(a) de puxar as cantigas, nas sessões do candomblé.

te.ce.lão *sm* Operário que tece fibras têxteis. · Fem.: *tecelã* ou *teceloa* (ô).

te.cer *v* **1**. Produzir (tecido ou teia) com fios; tramar: *a aranha tece sua teia*. **2**. Trançar: *tecer uma corda*. **3**. Exercer o ofício de tecelão. **4**. *Fig*. Compor, fazer: *tecer um elogio a alguém*. → **tecedeira** *sf* (**1**. trabalhadora de teares; tecelã; **2**. aranha); **tecedeiro** *adj* (que tece; tecedor: *máquina tecedeira*); **tecedor** (ô) *adj* e *sm* (que ou o que tece: *um tecedor de tapetes*); **tecedura** *sf* (**1**. ação de tecer; tecelagem; **2**. disposição dos fios de uma teia); **tecelaria** ou **tecelagem** *sf* [**1**. tecedura (1); **2**. fabricação de tecidos; **3**. indústria de fabricação de tecidos; **4**. seção de fábrica de tecidos na qual se encontram os teares; **5**. local em que os fios são recebidos para serem entrelaçados, transformando-se em tecidos]; **tecido** *adj* (**1**. que se teceu; feito no tear: *roupas tecidas*; **2**. *fig*. imaginado, engendrado, inventado: *plano muito bem tecido*) e *sm* (**1**. qualquer obra de fios entrelaçados, usada princ. na confecção de vestes, artigos de cama, mesa, banho, etc.; fazenda, pano; **2**. conjunto de células semelhantes em sua substância intercelular, que agem juntas, para exercer determinada função: *tecido adiposo*); **tecidual** *adj* [rel. a tecido (2)]. ·· **Melhorar o tecido social**. Fornecer mais e melhores interações entre os membros da comunidade, para que eles possam fazer mais amigos, estar mais envolvidos, ser felizes, estar mais dispostos a ajudar alguém, quando houver necessidade, e ser inspirados a manter seu meio um lugar positivo e agradável de viver. ·· **Tecido social**. Laços que mantêm uma sociedade unida.

te.cla *sf* Peça móvel de alguns instrumentos que, pressionada pelos dedos, produz certo efeito. → **teclado** *sm* (**1**. série de teclas, como a de um piano, órgão, etc.; **2**. instrumento tocado por meio de uma série de teclas semelhantes às do piano, geralmente ligado a um sintetizador ou a um amplificador; piano elétrico; **tecladista** *s2gên* [músico(a) que toca um instrumento de teclas, princ. um sintetizador ou órgão eletrônico]; **teclagem** *sf* (ato ou efeito de teclar); **teclar** *v* [pressionar ou acionar (uma tecla)].

tec.né.cio *sm* Elemento metálico sintético, radiativo (símb.: **Tc**), de n.º atômico 43, o primeiro elemento artificial produzido pelo homem, usado para eliminar corrosões no aço.

téc.ni.ca *sf* **1**. Estudo ou princípios de uma arte, ou das artes em geral, princ. artes práticas. **2**. Método de procedimento. **3**. Jeito ou maneira especial. **4**. Grande excelência em alguma atividade. **5**. Conjunto de instalações de uma emissora de televisão (cabinas de controle, de locução, de iluminação, de som, mesa de cortes, etc.). **6**. Conjunto das pessoas que trabalham em tais instalações. → **tecnicidade** (tèc) *sf* ou **tecnicismo** (tèc) *sm* (abuso ou apego excessivo à técnica); **tecnicista** (tèc) *adj* (rel. a tecnicismo) e *s2gên* (pessoa que abusa de tecnicismos); **técnico** *adj* (**1**. rel. a uma arte ou ciência; **2**. peculiar ou característico de determinada arte, ciência, profissão, ofício, etc.; **3**. de interesse de pessoas de conhecimento especializado; **4**. rel. a artes mecânicas e industriais e a ciências aplicadas; **5**. caracterizado por estrita interpretação das regras) e *sm* (**1.** perito, especialista; **2.** treinador esportivo).

tec.no.cra.ci.a (tèc) *sf* **1.** Teoria ou movimento que defende o controle da economia, do governo e do sistema social por tecnocratas. **2.** Sistema de governo em que se aplica essa teoria. → **tecnocrata** (tèc) *s2gên* [**1.** pessoa partidária da tecnocracia; **2.** pessoa (político, administrador, funcionário, gerente, etc.) que dá excessiva importância aos fatores técnicos ou racionais, em detrimento dos aspectos humanos, artísticos e psicológicos, na solução dos problemas sociais ou econômicos de uma sociedade]; **tecnocrático** (tèc) *adj* (**1.** rel. ou pert. a tecnocracia ou a tecnocratas; **2.** próprio da tecnocracia ou dos tecnocratas].

tec.no.fo.bi.a (tèc) *sf* Aversão injustificada ao uso de computadores ou de quaisquer outros aparelhos de alta tecnologia. → **tecnofóbico** (tèc) *adj* (rel. a tecnofobia: *não compra computador, por razões tecnofóbicas*); **tecnófobo** (tèc) *adj* e *sm* (que ou aquele que tem tecnofobia).

tec.no.lo.gi.a (tèc) *sf* **1.** Conjunto de conhecimentos e práticas, fundado nos princípios científicos e aplicados num determinado ramo técnico. **2.** Aplicação dos conhecimentos científicos à produção em geral. → **tecnológico** (tèc) *adj* (rel. a tecnologia); **tecnologista** (tèc) *adj* e *s2gên* ou **tecnólogo** (tèc) *sm* (especialista em tecnologia).

te.co-te.co *sm* Pequeno avião monomotor, próprio para passeios ou trajetos curtos. · Pl.: *teco-tecos*.

TED *sf* Acrônimo de *transferência eletrônica disponível*, sistema de transferência de valores introduzido em abril de 2002, pelo qual os recursos transferidos de um banco ficam disponíveis na conta do favorecido quase que instantaneamente. · Pl.: TEDs. · Pronuncia-se *téd*.

te.déu *sm Pop.* **1.** Forma popular de te-déum. **2.** Confusão, rolo, rebu: *a festa acabou virando um tedéu*. → **té-déum** *sm* (**1.** antigo hino litúrgico cristão de louvor a Deus que começa com *Te Deum laudamus* = Nós te louvamos, ó Deus; **2.** cerimônia que acompanha essa ação de graças: *assistir a um te-déum*; **3.** *p.ext.* expressão de agradecimento ou exultação).

té.dio *sm* Sensação de cansaço e mal-estar espirituais, acompanhada de um vazio interior, causada por falta de entusiasmo, rotina, aborrecimento, etc. → **tedioso** (ô; pl.: ó) *adj* (aborrecido, chato ou cansativo, em razão da extensão ou da vagareza; maçante, enfadonho).

teen [ingl.] *s2gên* Pessoa entre os 13 e os 19 anos; adolescente, *teenager*. · Pl.: *teens*. · Pronuncia-se *tin*. → **teenager** ou **teen-ager** *s2gên* (*teen*), de pl. *teenagers* ou *teen-agers*, que se pronuncia *tín-êidjâr*.

tee shirt [ingl.] *loc sm* V. **t-shirt**.

teflon [ingl.] *sm* Tipo de matéria plástica resistente ao calor e à corrosão. · Pronuncia-se *téflon*.

te.gu.men.to *sm* **1.** Conjunto dos tecidos que cobrem o corpo dos homens e dos animais (pele, pelos, escamas, penas, etc.). **2.** Revestimento externo das sementes. → **tegumentar** ou **tegumentário** *adj* (rel. a tegumento: *sistema tegumentar; glândulas tegumentárias*).

tei.a *sf* Rede feita pela aranha.

tei.cul.tu.ra *sf* Cultura do chá: *a bananicultura e a teicultura são as duas principais atividades econômicas de Registro (SP)*. → **teicultor** (ô) *adj* (rel. a teicultura) e *sm* (aquele que se dedica à teicultura).

tei.mar *v* **1.** Sustentar com teimosia; manter (cisma) com tenacidade e obstinação: *até hoje ela teima que eu estava com outra, naquele dia*. **2.** Insistir em (por burrice ou ignorância); manter (opinião ou ponto de vista) com tenacidade e obstinação: *ela teima que o homem não foi à Lua: ela teimou comigo que o homem não foi à Lua*. → **teima** *sf* [ato ou efeito de teimar (2); insistência caprichosa e às vezes acintosa em fazer ou dizer alguma coisa, apesar das dificuldades e obstáculos que a coisa oferece: *é elogiável a teima do brasileiro em procurar ser feliz*]; **teimosia** *sf* (teima ou insistência habitual, por isso mesmo aborrecida, cacete, chata); **teimosinha** *sf* (no sistema de loterias da Caixa Econômica Federal e particularmente na megassena, aposta que vale para vários concursos); **teimoso** (ô; pl.: ó) *adj* e *sm* (que ou aquele que teima ou demonstra teimosia) e *adj* (que não para ou cessa; incessante, contínuo).

tei.pe *sm* **1.** Fita magnética. **2.** Redução de *videoteipe*.

tei.ú *sm* O maior dos lagartos brasileiros (2m de comprimento), de carne comestível e pele muito apreciada no comércio. // *sm* **2.** Essa carne. **3.** Essa pele.

te.ja.di.lho *sm* **1.** Telhado de uma só vertente, junto a um edifício, para cobrir janela ou porta. **2.** Capota de automóvel ou de carruagem.

te.la *sf* **1.** Tecido de fios de linho, seda, etc. entrelaçados. **2.** Tecido sobre o qual se pinta um quadro. **3.** Quadro, pintura. **4.** Painel em que se projetam filmes, diapositivos, etc. **5.** Parte superficial do tubo de imagens dos televisores, sobre a qual se formam imagens. **6.** Tecido de arame para cercar ou proteger.

te.lão (tè) *sm* **1.** Tela grande: *esse cinema tem um telão*. **2.** Grande tela utilizada em recintos amplos, estádios e praças públicas, para receber, ampliadas, imagens transmitidas por emissoras de televisão. **3.** Painel com anúncios que num teatro, durante os entreatos, pende diante do pano de boca.

te.le.as.sis.tên.ci.a (tè) *sf* Atendimento assistencial a distância, em que os pacientes são monitorados remotamente por um profissional de saúde, que conta com o apoio de outros especialistas remotos. → **teleassistente** (tè) *s2gên* (pessoa que participa de teleassistência). (A 6.ª ed. do VOLP não registra nem uma nem outra.)

te.le.a.ten.den.te (tè) *s2gên* Pessoa que, numa empresa, atende a ligações telefônicas. → **teleatendimento** (tè) *sm* (modalidade de atendimento a distância), palavras que a 6.ª ed. do VOLP não traz. (Não se confunde com *telefonista*: a *teleatente* não faz ligações, só as recebe.)

te.le.a.tor (tè; ô) *sm* Ator de televisão. · Fem.: *teleatriz*.

te.le.ci.rur.gi.a (tè) *sf* Procedimento cirúrgico remoto auxiliado por tecnologia segura, com cirurgião e equipamento robótico em espaços físicos distintos. → **telecirúrgico** (tè) *adj* (rel. a telecirurgia), palavra que a 6.ª ed. do VOLP não registra.

te.le.co.mu.ni.ca.ção (tè) *sf* **1.** Comunicação a distância, por cabo, telefone, fax, Internet, telex, rádio ou televisão. // *sfpl* **2.** Ciência e tecnologia da transmissão de informações a grandes distâncias, na forma de sinais eletromagnéticos (cabo, telefone, fax, Internet, telex, rádio ou televisão).

te.le.con.fe.rên.ci.a (tè) *sf* **1.** Processo que permite a comunicação de duas ou mais pessoas em lugares diferentes, ligadas por telefonia, televisão ou computador. **2.** Conferência realizada por esse processo. → **teleconferencista** (tè) *s2gên* (cada um dos participantes de teleconferência), palavra não registrada na 6.ª ed. do VOLP.

te.le.con.sul.ta (tè) *sf* Consulta médica remota feita com o auxílio da tecnologia. → **teleconsultor** (tè; ô) *adj* e *sm* (que ou aquele que participa de teleconsultoria: *médico teleconsultor*), palavra sem registro na 6.ª ed. do VOLP; **teleconsultoria** (tè) *sf* Consultoria entre médicos e profissionais da saúde, feita com auxílio da tecnologia, destinada a esclarecer dúvidas sobre procedimentos, ações de saúde e questões relacionadas com o processo de trabalho.

te.le.cur.so (tè) *sm* Curso de estudo ministrado por televisão.

te.le.di.ag.nós.ti.co (tè) *sm* Transmissão de gráficos, imagens e dados, via internet, para laudo ou parecer de médico a distância.

te.le.dra.ma (tè) *sm* Drama (romance, conto, etc.) levado pela televisão.

te.le.e.du.ca.ção *sf* Ensino ou educação a distância, mediante meios eletrônicos de comunicação ou por correspondência postal. (Só na 6.ª ed. os responsáveis pelo VOLP resolveram mudar a grafia desta palavra, que vinha até então sendo registrada sem hífen.)

te.le-en.tre.ga *sf* Entrega de mercadorias em domicílio, na compra feita por telefone. · Pl.: *tele-entregas*.

te.le-en.tu.lho *sm* Atendimento telefônico para pedir retirada de entulho de um local: *acionei o telentulho para remover todo esse entulho de construção em frente de casa*. · Pl.: *tele-entulhos*. (A 6.ª ed. do VOLP não registra a palavra.)

te.le.fé.ri.co (tè) *adj* e *sm* **1.** Que ou cabo que transporta ao longe. // *sm* **2.** Bondinho suspenso por cabos que transporta passageiros de uma carga de um monte a outro, ou de um monte ao solo. → **teleferagem** (tè) *sf* ou **teleferismo** (tè) *sm* (transporte por meios teleféricos).

te.le.fo.ne *sm* Aparelho que permite a transmissão de som a grandes distâncias, por meio de correntes magnéticas. · Abrev.: **tel.** (com o ponto). → **telefonada** *sf* ou **telefonema** *sm* (comunicação ou ligação telefônica); **telefonar** *v* [comunicar(-se) por telefone)]; **telefonia** *sf* (processo de transmissão de sons a grande distância); **telefônico** *adj* (**1.** rel. ou pert. a telefone: *fio telefônico*; **2.** feito por telefone: *chamada telefônica*); **telefonista** *s2gên* (pessoa encarregada dos serviços de telefone em uma empresa ou numa repartição), que não se confunde com *teleatendente*. •• **Telefone celular**. Telefone portátil, alimentado por bateria, que estabelece comunicação com outros aparelhos, sem conexão física com uma rede de telecomunicações; celular, telemóvel (para os lusitanos).

te.le.fo.to (tè) *sf* **1**. Transmissão e recepção a grande distância de imagens fotográficas mediante ondas hertzianas. **2**.*P.ext*. Aparelhagem de transmissão e recepção usada em tal sistema. **3**. *Fig*. Essa imagem; telefotografia. → **telefotografar** (tè) *v* (tirar telefotografias de); **telefotografia** (tè) *sf* [**1**. arte ou técnica de fotografar a grande distância utilizando câmera com lente teleobjetiva; **2**. fotografia assim tirada; telefoto (3)]; **telefotográfico** (tè) *adj* (rel. a telefotografia).

te.lé.gra.fo *sm* Aparelho que permite o envio e a transmissão, a distância, de mensagens, textos, documentos, fotos e desenhos, empregando sinais elétricos através de cabos ou por meio de ondas radioelétricas. → **telegrafar** *v* (transmitir ou comunicar por telégrafo ou por telegrama); **telegrafia** *sf* (comunicação por meio de telégrafo); **telegráfico** *adj* (**1**. rel. a telégrafo ou transmitido por telégrafo; **2**. rel. a telegrafia; **3**. *fig*. muito breve ou conciso: *discurso telegráfico*); **telegrafista** *s2gên* (pessoa que opera um telégrafo).

te.le.gra.ma *sm* **1**. Mensagem transmitida por telégrafo, caracterizada pela supressão ou abreviamento de algumas palavras. **2**. Papel em que consta essa mensagem por escrito. · V. **telegrafar**.

te.le.gui.ar (tè) *v* **1**. Guiar (veículo ou engenho) a distância. **2**. *Fig*. Inspirar a conduta de (alguém) por uma influência oculta, a distância: *ela é uma mulher que teleguia o marido*. → **teleguiado** (tè) *adj* (**1**. diz-se de engenho, míssil ou qualquer outro projetil guiado a distância, por ondas hertzianas; **2**. *fig*. diz-se do sujeito que só age a mando de alguém; que não tem vontade nem opinião própria) e *sm* (míssil teleguiado).

te.le.jor.nal (tè) *sm* Noticiário transmitido por emissoras de televisão. → **telejornalismo** (tè) *sm* (atividade jornalística exercida em telejornal); **telejornalista** (tè) *adj* e *s2gên* (que ou profissional que faz telejornal); **telejornalístico** (tè) *adj* (rel. a telejornal, a telejornalista ou a telejornalismo).

telemarketing [ingl.] *sm* Uso do telefone na venda de mercadorias e serviços. · Pl.: *telemarketings*. · Pronuncia-se *tèle-márketim*. → **telemarketer** *s2gên* (pessoa que vende mercadorias e serviços por *telemarketing*), que se pronuncia *tèle-márketár*.

te.le.má.ti.ca (tè) *sf* **1**. União de duas ciências: telecomunicações, ramo da tecnologia que inclui linhas telefônicas e cabos, e informática, como sistemas de computador. **2**. Método de monitoramento de carros, caminhões, equipamentos e outros ativos mediante o uso de tecnologia GPS. **3**. Ciência que cuida da manipulação e utilização da informação através do uso combinado de computador e meios de telecomunicação. → **telemático** (tè) *adj* (rel. a telemática: *sistema telemático*).

te.le.me.di.ci.na (tè) *sf* Exercício da medicina praticado a distância, com o auxílio de um conjunto de tecnologias e aplicações.

te.le.me.tri.a (tè) *sf* Processo que consiste em utilizar um equipamento especial para medir algo, como pressão, velocidade e temperatura e enviá-las por rádio a outro lugar. → **telemétrico** (tè) *adj* (rel. a telemetria).

te.le.mo.ni.to.ra.men.to (tè) *sm* Processo médico realizado a distância, com a ajuda da tecnologia, e de maneira contínua, com o propósito de acompanhar as condições de saúde do paciente e oferecer-lhe a devida assistência.

te.le.mó.vel (tè) *sm* Nome com que os portugueses designam o telefone celular.

te.le.no.ve.la (tè) *sf* Novela de televisão, apresentada em capítulos diários, geralmente num período que varia entre quatro e seis meses.

te.le.ob.je.ti.va (tè) *sf* Instrumento óptico que permite a formação de imagens claras de objetos a grande distância.

te.le.o.don.to.lo.gi.a (tè) *sf* Atendimento odontológico a distância, com o fim de promover a saúde bucal em todos os seus aspectos. → **teleodontológico** (tè) *adj* (rel. a teodontologia), palavra que não tem registro na 6.ª ed. do VOLP.

te.le.o.ri.en.ta.ção (tè) *sf* Ato médico que consiste em preencher, a distância, declaração de saúde para adesão a plano privado de assistência à saúde.

te.le.pa.ti.a *sf* **1**. Transmissão de pensamento ou do sentimento, de uma pessoa para outra, sem a intervenção dos sentidos. **2**. Capacidade que têm algumas pessoas desse tipo de transmissão. → **telepata** *adj* e *s2gên* (que ou pessoa que possui a faculdade da telepatia); **telepático** *adj* (rel. a telepatia).

te.le.pon.to (tè) *sm Teleprompter*.

teleprompter [ingl.] *sm* Dispositivo eletrônico acoplado à câmera de cinema ou de televisão que torna possível a um palestrante, ator, apresentador de telejornal, etc. ler o texto, que corre sincronizadamente num rolo de papel ou numa tela; teleponto. · Pl.: *teleprompters*. · Pronuncia-se *tèle-prâmptâr*.

te.ler.re.ca.do (tè) *sm* Recado que se passa por telefone, em serviço especial e profissional. (A 6.ª ed. do VOLP não traz a palavra.)

te.ler.ro.bô (tè) *sm* Robô que se opera a distância.

te.les.co.la (tè) *sf* Sistema de educação que usa o rádio e a televisão para transmitir programas escolares a distância. → **telescolar** (tè) *adj* (rel. a telescola), palavra sem registro na 6.ª ed. do VOLP.

te.les.có.pio *sm* Instrumento óptico usado para detectar ou pesquisar corpos celestes a longa distância. → **telescopia** *sf* (aplicação do telescópio); **telescópico** *adj* (**1**. rel. a telescopia ou a telescópio; **2**. feito com o auxílio do telescópio: *descoberta telescópica*; **3**. que só se vê com o auxílio do telescópio: *planetas telescópicos*; **4**. diz-se de um objeto cujos elementos são corrediços e se encaixam uns nos outros, aumentando ou diminuindo o seu comprimento: *antena telescópica*).

teleshopping [ingl.] *sm* Compra e venda de produtos por meio da televisão e do telefone; televenda. · Pl.: *teleshoppings*. · Pronuncia-se *tèle-chópin*.

te.les.pec.ta.dor (tè; ô) *adj* e *sm* Que ou aquele que assiste a um programa de televisão.

te.les.sa.la (tè) *sf* Ambiente de aprendizado em que se faz pesquisa ou estudos com o apoio de equipamentos eletrônicos. (Palavra sem registro na 6.ª ed. do VOLP.)

te.les.ser.vi.ço (tè) *sm* Serviço que se presta por telefone, de modo profissional. (Palavra sem registro na 6.ª ed. do VOLP.)

te.les.sis.te.ma (tè) *sm* Recurso óptico para longe e distância intermediária, que melhora a resolução de um objeto, aumenta o tamanho da imagem projetada sobre a retina, tornando-a mais próxima; sistema telescópico. (Palavra sem registro na 6.ª ed. do VOLP.)

te.les.sor.tei.o (tè) *sm* Sorteio de prêmios entre telespectadores que participam, por telefone, de certos programas pela tevê. (Palavra sem registro na 6.ª ed. do VOLP.)

te.les.su.por.te (tè) *sm* Atendimento remoto ou a distância: *utilizei o telessuporte, discando o 0800 da empresa*. (Palavra sem registro na 6.ª ed. do VOLP.)

te.le.te.ca (tè) *sf* Local em que se arquivam os registros de emissões televisivas, filmes, diapositivos, etc.

te.le.tex.to (tè; ê) *sm* **1**. Sistema que utiliza o televisor doméstico para o recebimento de notícias, textos, gráficos e publicidade, através do próprio sinal de televisão transmitido pelo ar. **2**. Informação obtida por tal sistema.

te.le.ti.po (tè) *sm* Aparelho telegráfico que envia diretamente um texto por meio de um teclado datilográfico, registrando a mensagem, no posto receptor, na forma de caracteres de impressão. → **teletipista** (tè) *s2gên* (pessoa que opera o teletipo).

te.le.tri.a.gem (tè) *sf* Intervenção médica realizada a distância, através de recursos de telecomunicações, destinada a avaliar sintomas do paciente e posteriormente direcioná-lo ao tipo adequado de assistência.

te.le.van.ge.lis.ta (tè) *s2gên* Evangelista que apresenta programas religiosos pela televisão. → **televangelismo** (tè) *sm* (apresentação de programas religiosos pela televisão.) (Palavras sem registro na 6.ª ed. do VOLP.)

te.le.ven.da (tè) *sf* Compra e venda de produtos por meio da televisão e do telefone. (Palavra sem registro na 6.ª ed. do VOLP.)

te.le.vi.são *sf* **1**. Meio de comunicação de massa que permite a transmissão simultânea a distância de imagens e sons, por cabo ou através de ondas hertzianas. **2**. Setor televisivo; pessoal que trabalha em televisão. **3**. Televisor. → **televisionamento** ou **televisamento** *sm* (ato ou efeito de televisionar ou televisar); **televisionar** ou **televisar** *v* (transmitir pela televisão); **televisivo** *adj* (televisor); **televisor** (ô) *adj* [rel. ou pert. a televisão; televisivo) e *sm* (aparelho receptor de televisão; televisão (3)]; **televisora** (ô) *sf* (emissora de televisão); **televizinho** *sm* (*pop*. aquele que, não possuindo televisor em casa, costuma assistir aos programas que lhe interessam na casa de vizinhos).

te.lex (x = ks) *sm2núm* **1**. Sistema de telecomunicação que consiste em teletipos ligados a redes telefônicas, para enviar e receber sinais. **2**. Mensagem enviada ou recebida por tal sistema. **3**. Aparelho utilizado em tal sistema. → **telexar** (x = ks) *v* (transmitir por telex); **telexograma** (x = ks) *sm* (telegrama expedido e recebido através da rede de telex).

te.lha (ê) *sf* **1**. Peça de barro cozido e de forma variada, destinada a cobrir tetos de prédios. **2**. *Pop.* Cabeça, mente, juízo. **3**. *Pop.* Costume nocivo; mania, vício. → **entelhar** ou **telhar** *v* (cobrir com telhas); **telhado** *sm* (**1**. parte superior e exterior de prédios, formada geralmente de telhas encaixadas umas nas outras e simetricamente dispostas; **2**. conjunto de telhas que cobrem um prédio); **telha-vã** *sf* (**1**. telhado sem forro; **2**. telhado sem argamassa, feito apenas sobre ripas), de pl. *telhas-vãs*; **telheiro** *sm* (fabricante de telhas); **telhudo** *adj* (*pop.* maníaco).

te.lú.ri.co *adj* **1**. Relativo ou pertencente à Terra ou ao solo; terrestre. **2**. Relativo ao telúrio ou que o contém, princ. com valência 6.

te.lú.rio *sm* Elemento químico semimetálico (símb.: **Te**), de n.º atômico 52, usado para dar resistência ao chumbo, para colorir vidro e cerâmica e para ligar aço inoxidável. · V. **telúrico** (2).

te.ma *sm* **1**. Recorte de um assunto, que acarreta necessariamente a defesa de um ponto de vista e dá margem a discussão. **2**. Ideia ou motivo dominante numa obra de arte. **3**. Tópico em torno do qual é planejada e executada uma campanha de publicidade. **4**. Redução de *tema musical*, motivo de uma composição musical, à volta do qual se desenvolve toda a partitura. **5**. Trilha sonora de filme, telenovela ou peça. **6**. Em gramática, radical acrescido da vogal temática (p. ex.: *canta*, *vende* e *parti* são três temas verbais; *menino*, *aluno* e *ferido* são três temas nominais). · V. **assunto**. → **temário** *sm* (conjunto de temas que são objeto de um congresso ou simpósio); **temática** *sf* (conjunto de temas literários ou artísticos, característicos de autor ou escola: *as aventuras marítimas dos portugueses constituem a temática de Os Lusíadas*); **temático** *adj* (**1**. rel. a tema: *cena de importância temática*; **2**. que constitui o tema de uma palavra: *vogal temática*).

temaki [jap.] *sm Sushi* de tamanho maior, de preparo rápido, feito em cone de arroz envolto em alga, bem elaborado, feito com as mãos, e não enrolado na esteira, com maior variedade de ingredientes; cone de *sushi*. → **temakeria** *sf* (restaurante especializado em *temaki*).

te.mer *v* **1**. Ter medo ou temor de; recear: *temer a morte*. **2**. Crer na probabilidade de (coisa ruim): *o tempo está se armando: temo uma tempestade*. **3**. Ter grande respeito por: *temer os pais*. **4**. Ter ou sentir temor de ofender: *temer a Deus*. **5**. Preocupar-se, inquietar-se: *temo pelo pior*. (O *e* da primeira sílaba soa sempre fechado durante a conjugação.) → **temente** *adj* (que teme ou respeita muito: *ele diz ser temente a Deus*); **temível** *adj* (**1**. que se pode ou se deve temer; **2**. que causa temor ou medo), do superl. abs. sint. erudito *temibilíssimo*.

te.me.rá.rio *adj* **1**. Que indica temeridade; arriscado, imprudente, perigoso. **2**. Que, com heroísmo exagerado, atira-se ao perigo, com mais probabilidade de se sair mal do que bem; ousado e irresponsável. **3**. Caracterizado por esse procedimento. **4**. Sem fundamento; infundado: *acusação temerária*. → **temeridade** *sf* (ignorância ao perigo; imprudência, audácia irresponsável; ousadia irresponsável e muito arriscada).

te.mor (ô) *sm* **1**. Inquietação do espírito ante a iminência de um perigo. **2**. Sentimento de profundo respeito. · Antôn. (**1**): *coragem*, *intrepidez*. → **temeroso** (ô; pl.: ó) *adj* (**1**. que infunde ou inspira temor; **2**. que tem medo ou temor); **temido** *adj* (**1**. que causa medo ou temor; assustador; **2**. corajoso, bravo, valente).

têm.pe.ra *sf* **1**. Grau de dureza e resistência conferido a um metal, mediante a sua introdução, em brasa, em banho de água fria. **2**. Operação que confere esse grau ao metal. **3**. *Fig.* Temperamento, índole, caráter: *político de boa têmpora*. → **temperado** *adj* (**1**. que tem têmpera; **2**. moderado, suave, agradável: *clima temperado*; **3**. em que se colocou tempero: *arroz temperado*; **4**. comedido, sóbrio, moderado: *família de gastos temperados*; **5**. suavizado, atenuado: *ira temperada pela razão*).

tem.pe.ra.men.to *sm* **1**. Maneira de pensar, comportar-se ou reagir característica de uma determinada pessoa. **2**. Irritabilidade ou sensibilidade excessiva. → **temperamental** *adj* (rel. a temperamento) e *adj* e *s2gên* (que ou pessoa que reage obedecendo aos impulsos do temperamento).

tem.pe.ra.tu.ra *sf* Grau de calor ou de frio de um corpo ou de um ambiente. (A temperatura só pode ser *alta* ou *baixa*, mas não "quente" ou "fria", como se encontra comumente na língua cotidiana.)

tem.pe.ro (ê) *sm* **1**. Ato ou efeito de temperar. **2**. Substância que se junta à comida para torná-la mais saborosa; condimento. → **temperança** *sf* (**1**. moderação nos desejos e paixões; **2**. sobriedade no comer ou no beber); **temperar** *v* (**1**. pôr tempero em: *temperar o arroz*; **2**. dar temperatura amena a: *a brisa tempera o forte calor de Fortaleza*; **3**. moderar, conter: *tempere seus impulsos!*; **4**. moderar o gosto de: *temperar a salada*; **5**. dar consistência ou rijeza a: *temperar o aço*).

tem.pes.ta.de *sf* **1**. Violenta perturbação atmosférica, geralmente acompanhada de trovões, relâmpagos, rajadas de vento, muita chuva e às vezes granizo. **2**. Perturbação violenta das águas marinhas, causada pelo ímpeto e violência dos ventos. **3**. Agitação violenta do ar no deserto. · Antôn.: *bonança*. → **tempestuosidade** *sf* (qualidade, condição ou característica do que é tempestuoso), de antôn. *calma*, *tranquilidade*, *serenidade*; **tempestuoso** (ô; pl.: ó) *adj* (**1**. que traz tempestades; tormentoso; **2**. sem. a tempestade; **3**. caracterizado por frequentes tempestades ou sujeito a elas; **4**. muito agitado, turbulento; tormentoso: *passar noites tempestuosas*), de antôn. *calmo*, *tranquilo*.

tem.pes.ti.vo *adj* Que vem ou chega no tempo devido, adequado; oportuno: *a tempestiva chegada da polícia evitou o crime; o presidente falará à Nação na ocasião tempestiva*. · Antôn.: *intempestivo*. → **tempestividade** *sf* (qualidade do que é tempestivo; oportunidade), de antôn. *intempestividade*.

tem.plo *sm* **1**. Lugar sagrado e público, onde se realizam cultos religiosos, princ. nas religiões budista e hindu. **2**. *P.ext.* Lugar onde se reúnem os maçons. **3**. Lugar reservado para elevadas atividades. **4**. Edifício onde se cultuavam os deuses antigos. **4**. *Fig.* Lugar dedicado a um propósito especial: *esse restaurante é um templo da culinária francesa; Ipanema foi o templo da bossa nova*.

tem.po *sm* **1**. Duração de toda a existência, passado, presente e futuro. **2**. Duração finita. **3**. Período limitado entre dois fatos. **4**. Período particular. **5**. Determinado período do dia. **6**. Período indefinido que se estende ao futuro. **7**. Período disponível. **8**. Instante próprio. **9**. Estação, época. **10**. Condições meteorológicas, estado atmosférico. **11**. Intervalo para instruções, no vôlei. **12**. Flexão verbal que indica o momento ou a época em que se realiza o fato. **13**. Cada um dos períodos em que se dividem certos jogos. // *smpl* **14**. Período histórico ou contemporâneo, marcado por figura notável. **15**. Período em relação a sua condição. ·· **Um tempão**. Muito tempo, uma cara: *Faz um tempão que não vejo Beatriz*.

tem.po.ra.da *sf* **1**. Grande espaço de tempo; período prolongado. **2**. Época do ano propícia ou escolhida para determinadas realizações; estação. **3**. Época do ano de maior frequência de turistas.

tem.po.ral *adj* **1**. Que passa com o tempo; temporário. **2**. Relativo ao mundo, às coisas materiais (em oposição às espirituais). **3**. Relativo às têmporas. // *sm* **4**. Cada um dos ossos da parte lateral inferior do crânio. **5**. Tempestade que se prolonga por vários dias. → **temporalidade** *sf* (qualidade, condição ou característica do que é temporal).

tem.po.rão *adj* **1**. Que vem ou acontece antes do tempo próprio; antes de época: *frio temporão; carnaval temporão*. **2**. Diz-se do fruto que amadurece antes dos demais: *uva temporã*. **3**. Diz-se do filho que nasce muito depois do último irmão ou muito depois do casamento dos pais. · Fem.: *temporã*. · Pl.: *temporãos* ou *temporões*.

tem.po.rá.rio *adj* **1**. Temporal (1). **2**. Que não é definitivo; provisório; transitório. · Antôn.: *permanente*, *eterno*. → **temporariedade** *sf* (qualidade, característica ou condição do que é temporário; transitoriedade).

têm.po.ras *sfpl* As partes lateral e superior da cabeça.

tem.po.ri.zar *v* **1**. Adiar, geralmente na esperança de tempos mais favoráveis ou propícios: *temporizar um casamento*. **2**. Condescender, transigir, contemporizar: *os árabes já temporizaram com os israelenses sobre esses pontos*. **3**. Agir evasivamente, a fim de ganhar tempo, postergar uma decisão, etc.: *ao receber uma intimação judicial, não temporize, porque não adianta!* → **temporização** *sf* ou **temporizamento** *sm* (ato ou efeito de temporizar); **temporizador** (ô) *adj* e *sm* (que ou que temporiza) e *sm* (circuito eletrônico destinado a ligar ou a desligar outro, num determinado instante).

tem.po-se.rá *sm2núm* Esconde-esconde.

tem.pu.rá *sm* Prato típico da cozinha japonesa, feito à base de frutos do mar e legumes, empanados e fritos com bastante óleo.
tem-tem *sm* Gaturamo, guarantã. · Pl.: *tem-tens*.
tê.nar *sm* Saliência muscular da palma da mão, na base do polegar. (Em Portugal a palavra é oxítona; a 6.ª ed. do VOLP insiste na paroxítona.)
te.naz *adj* **1**. Diz-se daquele que não desiste facilmente de suas convicções, opiniões, ideal ou propósitos; perseverante, obstinado, determinado: *sempre foi um tenaz defensor da liberdade; concorrente tenaz*. **2**. Diz-se do que adere fortemente a uma superfície; adesivo: *a resina é mais tenaz que a cera; lama tenaz*. **3**. Diz-se do que opõe muita resistência à ruptura ou à deformação; resistente (por oposição a *dúctil*): *plástico muito tenaz*. **4**. Que dura muito tempo; duradouro: *um amor tenaz*. **5**. Difícil de extirpar, eliminar ou destruir: *os preconceitos são tenazes*. // *sf* **6**. Instrumento semelhante à tesoura, usado para segurar ferro em brasa, entre outras utilidades. **7**. Pinça. **8**. Fórceps. · Antôn. (1): *inconstante, volúvel*. · Superl. abs. sint. erudito: *tenacíssimo*. → **tenacidade** *sf* (qualidade ou característica do que é tenaz).
ten.ção *sf* Leve intenção: ela chorava à menor tenção minha de partir. (Não se confunde com *tensão*.) → **tencionar** *v* (ter a tenção de).
ten.da *sf* **1**. Barraca de lona, para fins civis ou militares. **2**. Oficina pequena e tosca de um artesão. **3**. Local de reunião de macumbeiros e umbandistas.
ten.dão *sm* Tecido conjuntivo fibroso, situado na extremidade dos músculos, que serve para a fixação destes aos ossos e a outras partes. · V. **tendinite**. ·· **Tendão calcâneo** (ou **de Aquiles**). O maior e mais forte tendão do corpo humano, situado na parte inferoposterior de cada perna, que liga os músculos da panturrilha ao osso do calcanhar.
ten.dên.cia *sf* **1**. Movimento que prevalece numa determinada direção; evolução natural. **2**. Probabilidade característica. **3**. Predisposição, propensão ou inclinação a determinada coisa; queda. **4**. Orientação implícita; intenção de estabelecer uma opinião ou doutrina. → **tendenciosidade** *sf* (qualidade ou condição do que é tendencioso); **tendencioso** (ô; pl.: ó) *adj* (**1**. que revela tendência para um dos lados de uma questão ou ponto de vista, princ. polêmico; parcial: *historiador tendencioso; jornal tendencioso*; **2**. que mostra intenção de desagradar ou prejudicar alguém; maldoso, malévolo: *comentário tendencioso*).
ten.de.pá *sm* Briga, rolo, confusão, fuá.
ten.der *v* **1**. Apresentar tendência, inclinação ou propensão; propender, inclinar-se: *o vento tendeu ao oeste*. **2**. Ter vocação para: *tender para a música*. **3**. Levar ou conduzir a algum resultado: *medidas que tendem a melhorar as condições de trabalho*. **4**. Aspirar, pretender ardentemente, visar: *o homem tende para a perfeição*. **5**. Ter em vista ou por objetivo; objetivar: *sua presença ali só tende a acirrar os ânimos*. **6**. Aproximar-se: *quantidades que tendem para zero*. **7**. Dirigir-se, encaminhar-se: *os grandes rios tendem para o mar*. → **tendente** *adj* (**1**. que tende; **2**. que tem vocação ou queda para).
tên.der¹ *adj* e *sm Pop.* Que ou presunto que é defumado industrialmente.
tên.der² *sm* **1**. Vagão que vem engatado imediatamente atrás da locomotiva, com carvão ou lenha e água, para abastecimento desta. **2**. Navio destinado a dar suporte a outros navios, em reparos ou abastecimento.
ten.di.ni.te *sf* Inflamação de um tendão. → **tendinoso** (ô; pl.: ó) *adj* (**1**. constituído por tendões: *tecido tendinoso*; **2**. rel. ou sem. a tendão).
te.ne.bro.so (ô; pl.: ó) *adj* **1**. Sem claridade alguma; muito escuro; trevoso (2): *noite tenebrosa*. **2**. *Fig*. Escuro, sombrio: *depois de tenebroso inverno, voltam os pássaros*. **3**. *Fig*. Difícil de entender; obscuro: *teoria tenebrosa*. **4**. *Fig*. Digno de desprezo; vil, infame, perverso: *suas intenções eram tenebrosas*. **5**. *Fig*. Que mete medo; assustador: *história tenebrosa*. → **tenebrosidade** *sf* (qualidade, condição ou característica do que é tenebroso).
te.nen.te *sm* **1**. Posto militar imediatamente inferior ao de capitão. // *s2gên* **2**. Oficial(a) que detém esse posto.
te.nen.te-co.ro.nel *sm* **1**. Posto militar entre o de major e o de coronel. **2**. Oficial que detém esse posto. · Fem.: *tenente-coronela*. · Pl.: *tenentes-coronéis*.
tê.nia *sf* Verme parasito do homem e dos animais, também conhecido como *bicha-solitária* e *solitária*. → **teníase** *sf* (doença provocada pela tênia); **tenicida** *adj* e *sm* (que ou produto que elimina tênias); **tenífugo** *adj* e *sm* [que ou droga que é capaz de expelir tênia(s) do organismo].

tê.nis *sm2núm* **1**. Jogo de quadra, individual ou duplo, disputado com bola e raquete. **2**. Essa modalidade de esporte. **3**. Calçado de lona ou de couro na parte superior e de sola de borracha sintética, próprio para a prática de esportes. → **tenista** *s2gên* (pessoa que joga tênis); **tenístico** *adj* (do tênis ou do tenista: *técnica tenística*). ·· **Tênis de mesa**. Esporte olímpico, semelhante ao pingue-pongue, de regras oficiais, bolinha específica e raquetes devidamente homologadas: *O tênis de mesa foi criado por oficiais do exército inglês, no final do séc. XIX*.
te.nor (ô) *sm* **1**. A mais aguda das vozes masculinas. **2**. Cantor com essa voz. // *adj* **3**. Diz-se do instrumento de sopro que tem o registro de um tenor. → **tenorino** *sm* (**1**. tenor ligeiro, que canta com voz de falsete: *os timbres masculinos podem ser baixo, barítono, tenor e tenorino*; **2**. voz adolescente masculina grave).
ten.ro *adj* **1**. Macio ou mole (por ser novo, recente ou fresco): *frutos tenros; carne tenra*. **2**. *Fig*. Delicado, sensível, frágil: *a rosa é uma flor tenra*. **3**. De pouco tempo; recente: *tenra amizade*. **4**. *Fig*. Fácil de cortar ou mastigar: *alimentos tenros*. **5**. Verdejante, viçoso: *grama tenra*. **6**. *Fig*. Leve, suave: *senti o tenro toque de sua mão em meu rosto*. → **tenrura** *sf* (qualidade, condição ou característica de tenro). ·· **Tenra idade**. Infância: *Ele trabalha desde a tenra idade*.
ten.são *sf* **1**. Estado do que é tenso. **2**. Estado rígido manifestado em certas partes do corpo. **3**. Concessão contínua, física ou mental. **4**. Força eletromotriz; voltagem. **5**. Estado de grave desentendimento entre nações. (Não se confunde com *tenção*.) → **tênsil** *adj* (rel. a tensão); **tensivo** *adj* (que causa tensão); **tenso** *adj* (**1**. estendido ou esticado com força; retesado: *o barbante estava tenso e se rompeu*; **2**. que está sob tensão física ou mental, princ. antes de um evento importante; muito preocupado; nervoso: *os torcedores estão tensos*; **3**. em que há tensão: *jogo tenso*); **tensor** (ô) *adj* (que estende ou estica) e *sm* (**1**. músculo que estica ou enrijece qualquer parte do corpo; **2**. peça que serve para estender; tirante).
ten.tá.cu.lo *sm* Apêndice móvel, não articulado, de alguns animais, princ. invertebrados, que serve como órgão de tato, preensão ou fixação. → **tentacular** *adj* (**1**. rel. a tentáculo; **2**. provido de tentáculos).
ten.tar *v* **1**. Esforçar-se por conseguir; pretender: *tentar dormir, sem conseguir*. **2**. Procurar, buscar: *tentei conter o riso*. **3**. Testar o efeito ou o resultado de: *tentou uma nova receita*. **4**. Arriscar: *tentar a sorte*. **5**. Experimentar; pôr à prova: *tentar uma nova profissão*. **6**. Empregar: *tentar todos os meios para reconquistar alguém*. **7**. Instigar para o mal ou para o pecado: *o diabo tenta a gente*. **8**. Causar desejo a; procurar seduzir: *com aquela minissaia, ela tenta o mundo!* **9**. Fascinar: *a proposta da empresa o tentou*. → **tentação** *sf* (**1**. ato ou efeito de tentar; **2**. impulso, excitação ou estímulo à prática do mal ou à atração de algo proibido; **3**. desejo ou apetite violento; **4**. diabo; coisa-ruim; **5**. coisa tentadora; **6**. *fig*. pessoa que, por suas excepcionais qualidades físicas, pode levar outrem a praticar algum tipo de pecado; perdição); **tentador** (ô) *adj* (**1**. que, por ser extraordinariamente bom, solicita a aceitar: *proposta tentadora*; **2**. que inspira desejo ou apetite: *mulher tentadora; doce tentador*); **tentativa** *sf* (ação de tentar ou experimentar).
ten.to *sm* Ponto marcado em qualquer jogo esportivo.
tê.nue *adj* **1**. Fisicamente longo, fino e frágil: *os tênues fios de uma teia de aranha*. **2**. *Fig*. Fraco, frágil, débil: *ainda havia um tênue fio de esperança; o ministro exerce tênue influência sobre o presidente*. **3**. *Fig*. Leve, ligeiro, sutil: *há uma tênue diferença de significado entre estada e estadia*. **4**. *Fig*. Leve, ligeiro, fugaz: *guardo apenas uma tênue lembrança disso*. **5**. *Fig*. Sem base sólida; fraco, frágil, inconsistente: *argumentos tênues; as provas do crime são tênues*. **6**. *Fig*. De pequena importância ou significado; insignificante: *ele ocupa uma posição tênue na história*. **7**. *Fig*. Vago, impreciso: *ele fez apenas um relato tênue do que ocorreu*. → **tenuidade** *sf* (qualidade ou estado do que é tênue; fragilidade).
te.o.cra.ci.a *sf* **1**. Regime político em que o poder é considerado como proveniente diretamente de Deus, exercido por aqueles que são investidos da autoridade religiosa. **2**. Estado que adota esse regime: *o Irã é uma teocracia*. → **teocrata** *s2gên* (membro ou partidário(a) da teocracia); **teocrático** *adj* (rel. ou pert. a uma teocracia: *Estado teocrático*).
te.o.lo.gi.a *sf* **1**. Ciência que se ocupa do estudo de Deus, sua natureza, atributos e relação com o mundo e com o homem: *a*

teologia judaica. **2**. Curso específico desse estudo, geralmente feito em seminário aos que se preparam para o ministério ou sacerdócio. **3**. Ramo específico desse estudo, realizado a partir da perspectiva de um indivíduo ou de um determinado grupo: *a teologia de santo Agostinho; a teologia da libertação; a teologia feminista.* → **teologal** *adj* (**1**. teológico; **2**. que trata de Deus; **3**. *fig*. grave, solene); **teológico** *adj* (rel. a teologia: *formação teológica*); **teólogo** *adj* e *sm* (especialista em teologia ou estudioso de teologia). ·· **Virtudes teologais**. A fé, a esperança e a caridade: *O Papa Francisco transformou a ternura na quarta virtude teologal*.

te.or (ô) *sm* **1**. Conteúdo essencial ou textual de um escrito; termo: *não tomei conhecimento do teor do testamento.* **2**. Padrão de procedimento; norma, regra, sistema: *vamos instituir um novo teor de administração na empresa*. **3**. Grau ou proporção de uma substância num todo; percentagem: *o teor alcoólico de uma bebida; o sangue tinha alto teor de entorpecentes*. **4**. *Fig*. Forma específica de fazer algo; modo, maneira.

te.o.re.ma *sm* **1**. Proposição que pode ser demonstrada por raciocínio lógico ou matemático: *a proposição de que, em um triângulo retângulo, o quadrado feito no lado longo é igual à soma dos quadrados feitos nos outros dois lados, é um teorema*. **2**. *P.ext*. Qualquer declaração baseada em demonstração rigorosa.

te.o.ri.a *sf* **1**. Conhecimento especulativo de uma ciência ou arte (em oposição à *prática*). **2**. Conjunto de teoremas e de leis sistematicamente organizados, sujeitos a uma verificação experimental, que visa a estabelecer a verdade de um sistema científico. **3**. Conjunto relativamente organizado de ideias ou conceitos em relação a uma determinada área. **4**. Mera hipótese; conjetura. → **teorético** *adj* [teórico (1): *ciência teorética*); **teórico** *adj* (**1**. rel. a teoria; teorético; **2**. baseado em teoria; **3**. que existe apenas em teoria; suposto, hipotético: *física teórica*; **4**. caracterizado por mera investigação teórica, sem o apoio da prática; especulativo: *estudos teóricos*) e *sm* (**1**. autor de teorias; teorista; **2**. aquele que se atém apenas a teorias ou princípios de uma arte ou ciência, com desprezo do seu lado prático e objetivo; **3**. *fig*. sonhador, utopista); **teórico-prático** *adj* (rel. ou pert. à teoria e à prática ao mesmo tempo), de pl. *teórico-práticos*; **teorismo** *sm* (fascínio por teorias); **teorista** *adj* (rel. a teorismo) e *adj* e *s2gên* (**1**. que ou pessoa que é autora de teorias; **2**. que ou pessoa que conhece os princípios de uma ciência, mas não tem domínio de sua prática); **teorização** *sf* (ato ou efeito de teorizar); **teorizar** *v* [formular teorias sobre; especular sobre].

té.pi.do *adj* **1**. Que tem pouco calor; moderadamente quente; morno: *água tépida*. **2**. *Fig*. Sem entusiasmo; morno, tíbio (4): *tivemos uma recepção tépida*. → **tepidez** (ê) *sf* (qualidade, estado ou condição do que se acha tépido).

te.qui.la *sf* Aguardente mexicana.

ter *v* **1**. Estar na posse de; possuir: *ter dinheiro, bens.* **2**. Possuir relações de parentesco: *casal que tem muitos filhos*. **3**. Possuir para gozo ou lazer: *o sultão tem muitas mulheres.* **4**. Trazer, conter: *a obra tem um bom índice*. **5**. Trazer consigo; carregar, sustentar: *ter criança no colo, nos braços*. **6**. Apresentar em si; possuir: *ela tem olhos verdes*. **7**. Poder gozar: *tive alguns dias de folga*. **8**. Gozar, desfrutar, usufruir: *ter férias; ter boa saúde*. **9**. Obter, alcançar, conseguir, conquistar: *ele teve tudo o que quis na vida; ter sucesso num empreendimento*. **10**. Dispor de: *você tem 24h para deixar a cidade*. **11**. Sentir, sofrer, experimentar: *ter dores, alergia, acesso de tosse*. **12**. Conter, encerrar: *banheiro que tem gente; geladeira que tem só água*. **13**. Ensinar: *só tenho dois alunos particulares*. **14**. Seguir, adotar: *tenho a mesma opinião que você*. **15**. Dar à luz: *ela teve sete filhos*. **16**. Ser dotado de: *ter juízo, inteligência*. **17**. Ser possuído de; sentir: *ter ciúme, inveja, ódio*. **18**. Estar na idade de; contar: *ter trinta anos*. **19**. Importar: *que tem isso?* **20**. Trajar, vestir: *a criança tinha bela roupinha*. **21**. Ser composto ou formado de: *a obra tem seis volumes*. **22**. Ocupar: *ele tem boa posição na cidade*. **23**. Estar sob controle ou orientação de: *a casa tem dono*. **24**. Ser obrigado a executar: *ter muito serviço*. **25**. Conquistar, granjear: *ter o apoio da maioria*. **26**. Sentir, revelar: *ter medo*. · Conj.: *tenho, tens, tem, temos, tendes, têm* (pres. do ind.); *tinha, tinhas, tinha, tínhamos, tínheis, tinham* (pret. imperf.); *tive, tiveste, teve, tivemos, tivestes, tiveram* (pret. perf.); *tivera, tiveras, tivera, tivéramos, tivéreis, tiveram* (pret. mais-que-perf.); *terei, terás, terá, teremos, tereis, terão* (fut. do pres.); *teria, terias, teria, teríamos, teríeis, teriam* (fut. do pret.); *tenha, tenhas, tenha, tenhamos, tenhais, tenham* (pres. do subj.); *tivesse, tivesses, tivesse, tivéssemos, tivésseis, tivessem*

(pret. imperf.); *tiver, tiveres, tiver, tivermos, tiverdes, tiverem* (fut.); *tendo* (gerúndio); *tido* (particípio); *ter, teres, ter, termos, terdes, terem* (infinitivo pessoal); *ter* (infinitivo impessoal). ·· **Teúda e manteúda**. Expressão arcaica que equivale a *tida e mantida*, ainda usada no meio jurídico, para definir a pessoa (geralmente mulher) sustentada financeiramente por amante.

te.ra.nós.ti.ca *sf* Tratamento que usa imagens diagnósticas para identificar se os receptores alvo estão presentes nas células cancerosas, seguido por um tratamento de radiação de precisão que tem como alvo tais receptores. → **teranóstico** *adj* (rel. a teranóstica). (Nenhuma dessas palavras consta da 6.ª ed. do VOLP.)

te.ra.pêu.ti.ca *sf* Ramo da medicina que trata da aplicação de remédios e do tratamento de doenças; arte ou ciência de curar; terapia. → **terapeuta** *s2gên* (**1**. pessoa que aplica ou estuda a terapêutica; **2**. psicoterapeuta); **terapêutico** *adj* (**1**. rel. a terapêutica; **2**. que tem ou mostra poderes de cura: *droga terapêutica*); **terapia** *sf* (**1**. terapêutica; **2**. psicoterapia).

te.ra.to.lo.gi.a *sf* **1**. Estudo científico de anomalias congênitas e formações anormais em plantas e animais. **2**. Mitologia relacionada com criaturas míticas e monstros fantásticos. **3**. Coleção de contos sobre essas criaturas. → **teratológico** *adj* (rel. a teratologia); **teratologista** *adj* e *s2gên* ou **teratólogo** *sm* (especialista em teratologia).

te.ra.to.ma *sm* Tipo raro de tumor, formado por vários tipos de tecidos, como cabelo, dente, músculo ou osso, comum no ovário, testículo ou cóccix.

tér.bio *sm* Elemento químico metálico (símb.: **Tb**), de n.º atômico 65, usado em ligas metálicas para a produção de dispositivos eletrônicos.

ter.ça (ê) *sf* **1**. A terça parte de um todo. **2**. Redução de *terça-feira*.

ter.çã *adj* e *sf* Que ou febre que se manifesta de três em três dias. → **tercionário** *adj* e *sm* (que ou aquele que tem febre terçã).

ter.ça-fei.ra *sf* Terceiro dia da semana, começada no domingo; terça (2). · Pl.: *terças-feiras*.

ter.cei.ri.zar *v* Transferir a terceiros (certo tipo de serviço ou trabalho), para diminuir custos e encargos: *a empresa terceirizou os seus serviços de alimentação aos funcionários*. → **terceirização** *sf* (**1**. ato ou efeito de terceirizar; **2**. prática comercial de uma empresa que consiste em contratar terceiros para a execução de serviços que tradicionalmente eram realizados internamente pelos próprios funcionários da empresa).

ter.cei.ro *num* **1**. Ordinal correspondente a três; aquele que, numa série, se segue imediatamente ao segundo: *terceiro andar*. // *sm* **2**. Intercessor, medianeiro: *recorreu à influência de terceiro para ter audiência com o presidente*. // *smpl* **3**. Outras pessoas: *transferir responsabilidades a terceiros*. **4**. Pessoas estranhas: *ela fica envergonhada na presença de terceiros*. **5**. Em direito, pessoas ou entidades que, não sendo parte direta numa ação, podem ter interesses nela. → **terceiranista** *adj* e *s2gên* (que ou estudante que frequenta o terceiro ano de um curso superior), e não "terceiroanista"; **terceirização** *sf* (ato ou efeito de terceirizar); **terceirizar** *v* [transferir (serviços não essenciais) para outras empresas: *a empresa terceirizou todos os seus serviços de limpeza*); **terceiro-sargento** *sm* (**1**. nas Forças Armadas, posto e graduação abaixo de segundo-sargento e imediatamente acima de cabo; **2**. militar que ocupa esse posto ou tem essa graduação), de pl. *terceiros-sargentos*; **terciário** *adj* (que está em terceiro lugar) e *sm* [**1**. red. de *setor terciário*, setor da atividade econômica que engloba os serviços (transportes, comunicações, comércio, seguros, hotelaria, espetáculos, bancos, etc.); **2**. red. de *período terciário*, tempo geológico caracterizado pelo aparecimento da flora moderna, dos macacos e de grande parte dos mamíferos). ·· **Terceira dimensão**. **1**. Dimensão adicional pela qual um objeto sólido é distinto de qualquer objeto plano. **2**. Qualquer coisa que intensifica a realidade. · V. **tridimensional**.

ter.ce.to (ê) *sm* **1**. Estrofe de três versos, unidos pelo sentido e por certas combinações de rimas. **2**. Composição musical para três vozes ou três instrumentos. **3**. Conjunto musical formado por três vozes ou por três instrumentos; trio.

ter.ço (ê) *num* **1**. Fracionário correspondente a três. // *sm* **2**. A terça parte de um todo. **3**. A terça parte do rosário. (Não se confunde com *terso*.)

ter.çol *sm* Pequeno abscesso formado por uma das várias glândulas sebáceas da pálpebra, causado por infecção bacteriana. (O povo usa *treçol*.)

te.re.bin.ti.na *sf* Substância incolor, volátil, de cheiro forte, extraída princ. do pinheiro, muito usada para afinar tintas. (Cuidado para não usar "terebentina"!) ·· **Essência de terebintina**. Solvente natural, poderoso fungicida, muito utilizado como combustível e junto com tintas a óleo, sem interferir na sua tonalidade; aguarrás.

te.re.re.ca *adj* e *s2gên* **1**. Que ou pessoa que fala demais; tagarela. **2**. Que ou pessoa que não sossega, irrequieta. **3**. Que ou pessoa que é inconstante, instável, volúvel. **4**. Que ou pessoa que é muito agitada e pouco produtiva. // *adj* **5**. Diz-se do pião que gira dando saltos, por ter ponta rombuda.

te.re.sa *sf Gír.* Corda improvisada, feita com lençóis amarrados, usada por presidiários, em tentativa de fuga.

Teresina *sf* Capital e a maior cidade do estado do Piauí. → **teresinense** *adj* e *s2gên*.

ter.gal *sm* Tecido de fibra sintética de poliéster, que não amarrota. (Trata-se de nome comercial francês, portanto nome próprio que se tornou comum, a exemplo de fórmica, gilete, etc.)

ter.gi.ver.sar *v* **1**. Mudar constantemente de opinião: *nunca tergiversei nos meus ideais*. **2**. Usar de subterfúgios, pretextos ou evasivas, mostrando-se inseguro num debate, discussão, etc.: *um estadista não pode tergiversar*. **3**. Hesitar, não tomar decisão: *tergiversar ante uma dificuldade imprevista*. → **tergiversação** *sf* (ato ou efeito de tergiversar).

ter.ma.cús.ti.co (tèr) ou **ter.mo.a.cús.ti.co** *adj* **1**. Relativo a calor e a som, ao mesmo tempo: *isolamento termacústico*. **2**. Diz-se de material ou produto que é à prova de calor e de som: *a lã de rocha é um material termacústico*.

ter.mal *adj* **1**. Relativo a calor; causado por calor; térmico (1). **2**. Térmico (2). **3**. De temperatura mais alta que a do meio ambiente; quente. **4**. Relativo às termas; térmico (4). → **térmico** *adj* [**1**. rel. a calor; termal (1); **2**. que conserva calor; termal (2); **3**. causado por calor; **4**. termal (4)].

ter.mas *sfpl* **1**. Estabelecimento onde se tomam banhos medicinais com águas termais. **2**. Balneário.

ter.me.lé.tri.ca ou **ter.mo.e.lé.tri.ca** *sf* **1**. Usina geradora de energia elétrica de fonte térmica. // *adj* **2**. Diz-se desse tipo de usina. → **termeletricidade** ou **termoeletricidade** *sf* (eletricidade gerada por um fluxo de calor); **termelétrico** ou **termoelétrico** *adj* (**1**. rel. a termeletricidade; **2**. diz-se de usina ou central elétrica que gera energia elétrica de fonte térmica).

ter.mi.nar *v* **1**. Pôr fim a (o que tem de cessar ou que não deve durar); concluir, acabar: *terminar um curso*. **2**. Dar por acabado ou encerrado; acabar; encerrar: *terminar um namoro*. **3**. Ter como parte final: *palavras que terminam por -a nem sempre são femininas*. **4**. Ter como fim: *a discussão terminou por briga*. **5**. Chegar ao fim, acabar: *a reunião terminou às 19h*. **terminar-se 6**. Ter por limite; confinar: *minha chácara termina-se com aquela cerca; sua liberdade se termina quando começa a minha*. · Antôn. (1 e 2): *começar, iniciar, principiar*. → **terminação** *sf* [**1**. ato ou efeito de terminar(-se); conclusão; **2**. extremidade; **3**. elemento que se pospõe ao radical (p. ex.: menin*inho*, alun*a*, menin*inha*). **4**. resultado de uma coisa); **terminal** *adj* (**1**. situado no final ou na extremidade de alguma coisa; **2**. que causa o fim da vida; fatal, letal, mortal; **3**. que está no final da vida; frente à morte); **4**. terminante, categórico) e *sm* (**1**. estação final ou de maior junção de linhas aéreas, férreas ou rodoviárias; **2**. ponto a que uma corrente pode ser ligada a um circuito elétrico; **3**. dispositivo por meio do qual essa ligação é feita; **4**. dispositivo composto de um vídeo, um teclado e uma impressora, que serve para extrair, imprimir ou introduzir dados num sistema central de computação); **terminante** *adj* (**1**. que termina ou conclui; **2**. que põe fim à questão; categórico, peremptório); **término** *sm* (**1**. termo, fim; **2**. fim ou extremidade de alguma coisa; limite).

ter.mi.no.lo.gi.a *sf* **1**. Vocabulário próprio de uma profissão, ciência, arte, etc.; nomenclatura. **2**. Vocabulário próprio de um autor, região, etc. → **terminológico** *adj* (rel. a terminologia).

tér.mi.ta ou **tér.mi.te** *sf* Cupim.

ter.mo (ê) *sm* **1**. Palavra ou locução de determinado significado. **2**. Qualquer palavra ou locução considerada como membro de uma construção ou forma de expressão. **3**. Teor. **4**. Fim, final. **5**. Elemento da oração. **6**. Cada um dos elementos a serem adicionados ou subtraídos. **7**. Cada um dos elementos de uma expressão algébrica.

ter.mo.di.nâ.mi.ca *sf* Ramo da física que estuda as relações entre as energias térmica e mecânica e a conversão de uma em outra. → **termodinâmico** *adj* (rel. a termodinâmica).

ter.mô.me.tro *sm* **1**. Instrumento que mede a temperatura absoluta de um corpo ou de um elemento. **2**. Aquilo que indica ou revela o estado ou o andamento de uma situação. → **termométrico** *adj* (rel. a termômetro).

ter.mo.nu.cle.ar (tèr) *adj* **1**. Relativo à fusão de núcleos atômicos. **2**. Relativo a bombas de hidrogênio.

ter.mo.plás.ti.co *adj* **1**. Que fica mole quando aquecido e duro quando resfriado. // *sm* **2**. Resina termoplástica. → **termoplasticidade** *sf* (qualidade ou estado do que é termoplástico).

ter.mos.ta.to *sm* Dispositivo usado em ares-condicionados, refrigeradores, sistemas de calefação, etc. que automaticamente responde a mudanças de temperatura, ativando a chave de controle do equipamento. → **termostático** *adj* (rel. a termostato).

ter.ná.rio *adj* **1**. Formado por três unidades. **2**. Baseado no número três.

ter.no¹ *sm* **1**. Grupo de três seres; trio. **2**. Traje masculino composto de paletó, calças e às vezes colete, da mesma fazenda e cor. **3**. No jogo do bicho, aposta em três grupos diferentes. **4**. Três das demais dezenas de qualquer jogo de loteria.

ter.no² *adj* **1**. Que é cuidadoso, doce e carinhoso com as pessoas; meigo, afetuoso: *ele é muito terno com os filhos*. **2**. Caracterizado por branda ou suave emoção: *voz terna, olhar terno*. **3**. Delicado, suave: *quando senti aquele toque terno de suas mãos no meu rosto, desmoronei*. **4**. Que se emociona com facilidade; sensível: *ela chora, porque é muito terna*. **5**. Caracterizado pela compaixão; generoso, bom: *coração terno*. **6**. Que inspira dó ou compaixão: *mulher de ternos queixumes*. · Antôn. (1): *violento, agressivo, grosseiro*; (2 e 3): *duro, frio*. → **ternura** *sf* (sentimento delicado, que leva uma pessoa a tratar outra com muito carinho e afeição; qualidade de terno; meiguice, afeto: *sempre tive grande ternura com crianças*).

ter.ra *sf* **1**. Parte sólida da crosta terrestre. **2**. Parte da superfície terrestre acima da água. **3**. Porção de minúsculos grãos de areia. **4**. Solo, chão (em oposição a *bordo*). **5**. Pátria, país. **6**. Lugar em que se habita; local, pedaço. **7**. Vida terrena. // *sm* **8**. Fio neutro de uma instalação elétrica. // *sfpl* **9**. Propriedade rural. **Terra 10**. O quinto maior planeta do sistema solar e o terceiro mais distante do Sol, no qual habitamos. **11**. Conjunto das pessoas que habitam esse planeta. → **terráqueo** *adj* (de terra e água: *planeta terráqueo*) e *adj* e *sm* (terrestre: *seres terráqueos; os terráqueos desapareceremos?*); **terrícola** *adj* (que vive na terra ou solo); **terroso** (ô; pl.: ó) *adj* (**1**. próprio da terra; **2**. sujo de terra; **3**. sem brilho ou viço; macilento). ·· **Terra a terra** (pop.). **1**. Que tem caráter simples; natural. **2**. Que tem sentido prático; pragmático. **3**. Franco, sincero. **4**. Corriqueiro, trivial.

ter.ra.ço *sm* **1**. Varanda de certa extensão. **2**. Espaço descoberto na parte superior dos edifícios, usado como plataforma, jardim, heliponto, etc.

ter.ra.co.ta *sf* **1**. Argila impermeável, dura, semicozida em forno, usada em cerâmica, ornamentos arquitetônicos e como material para escultura. **2**. Produto cerâmico feito dessa argila.

Terra do Fogo *loc sf* Arquipélago do extremo sul da América do Sul. → **fueguino** *adj* e *sm*

ter.ra.for.mar *v* Transformar (um planeta ou satélite) de tal forma, que possa ter as mesmas condições de habitabilidade da Terra. → **terraformação** *sf* (ato ou efeito de terrraformar).

ter.ra.ple.nar *v* Encher os desníveis de (terreno) com terra, pedras ou entulhos em geral, para uma construção ou a abertura de uma via; proceder à terraplenagem de. → **terraplenagem** *sf* ou **terrapleno** *sm* (ato ou efeito de terraplenar, conjunto de operações de escavação, remoção, depósito e compactação de terra, necessárias à realização de uma obra); **terrapleno** *sm* (**1**. terraplenagem; **2**. terreno que se tornou plano com o serviço de terraplenagem; terreno aplainado). (A 6.ª ed. do VOLP, no entanto, abona as antes cacográficas formas *terraplanar, terraplanagem* e *terraplano*.)

ter.ras-ra.ras *sfpl* Nome genérico dos elementos químicos relacionados química e fisicamente entre si, de n.º atômico entre 57 e 71.

ter.rei.ro *sm* **1**. Espaço de terra livre, largo e plano, onde geralmente se secam grãos. **2**. Local de cerimônias de cultos afro-brasileiros.

ter.re.mo.to *sm* Vibração ou movimento violento de algumas partes abaixo da superfície terrestre, seguido geralmente de ruínas, mortes e maremotos; sismo, abalo sísmico.

ter.re.no *adj* **1**. Do mundo material (por oposição a *espiritual*); mundano, carnal: *os prazeres terrenos; as ambições terrenas.* **2**. Da cor da terra; térreo: *substâncias terrenas.* // *sm* **3**. Espaço delimitado de terra, para construção: *tenho vários terrenos na praia.* **4**. Setor de atividade; campo, ramo: *em que terreno você trabalha?* **5**. Natureza do terreno: *reconhecer o terreno.*

tér.reo *adj* **1**. Diz-se da construção que fica ao rés do chão, junto à terra. **2**. Terreno (2). // *sm* **3**. Qualquer pavimento situado ao rés do chão.

ter.res.tre *adj* e *s2gên* **1**. Que ou indivíduo que vive na Terra; terráqueo(a). // *adj* **2**. Da terra (em oposição a *mar* ou a *céu*): *crosta terrestre.* **3**. Relativo à terra ou que vem do interior da terra: *atmosfera terrestre; vapores terrestres.* **4**. Por terra: *viagem terrestre.* **5**. Da Terra: *idade terrestre; a imagem terrestre vista da Lua é fantástica!*

ter.ri.tó.rio *sm* **1**. Área de terra; região. **2**. Área sob o controle de um governo. **3**. Região ocupada e pertencente a um país, constituinte da base física do Estado. **4**. Área que um animal defende contra intrusos, princ. da mesma espécie. **Território 5**. Região que não constitui Estado e é administrada pela União. → **territorial** *adj* (rel. ou pert. a um território); **territorialidade** *sf* (**1**. condição de um território; **2**. comportamento padrão nos animais, que consiste na ocupação e defesa de um território, considerado seu).

ter.ror (ô) *sm* **1**. Medo intenso e agudo; pavor. **2**. Coisa ou animal que causa esse medo. **3**. Violência ou ameaças de violências usadas como meio de intimidação ou coerção. **4**. *Fig.* Pessoa que causa medo intenso e agudo. **5**. *Fig.* Pessoa muito desagradável. **6**. *Pop.* Jogador(a) que causa dificuldades ou problemas sérios para o adversário; tormento. → **terribilidade** *sf* (qualidade ou condição de terrível); **terrificante** ou **terrífico** *adj* (que causa terror ou grande medo; apavorante); **terrificar** *v* (**1**. causar terror a; aterrorizar, amedrontar: *estórias macabras terrificam as crianças;* **2**. ameaçar, intimidar: *é uma classe política que terrifica o povo*); **terrível** *adj* (**1**. que causa terror; assustador; **2**. desagradável, péssimo; **3**. *fig.* muito grande, enorme), de superl. abs. sint. erudito: *terribilíssimo.*

ter.ro.ris.mo *sm* **1**. Uso da violência, por razões ideológicas ou políticas, para infundir temor à população e procurar desestabilizar o governo. **2**. Grupo de pessoas que fazem uso desse tipo de violência. → **terrorista** *adj* (rel. ou pert. a terrorismo) e *adj* e *s2gên* [que ou pessoa que organiza ato(s) de terrorismo ou que dele(s) participa].

ter.so *adj* **1**. Que não tem palavras supérfluas; conciso. **2**. De aparência limpa, pura, imaculada. (Não se confunde com *terço.*)

ter.tú.lia *sf* **1**. Reunião entre parentes ou entre amigos. **2**. Reunião de literatos.

te.são *sm* **1**. Rijeza. **2**. *Pop.Chulo* Estado do pênis em ereção. **3**. *Pop.Chulo* Desejo sexual ardente. **4**. *Pop.Chulo* Potência sexual. **5**.*P.ext.Chulo* Qualquer coisa deliciosa ou excelente: *os esportes radicais são um tesão.* **6**. *Pop.Chulo* Atração ou desejo seual irresistível: *tenho um tesão por essa morena!* **7**. *Fig.Chulo* Pessoa que desperta a libido. (Cuidado para não usar "a", "uma" tesão!) → **teso** (ê) *adj* (**1**. bem esticado; rijo; **2**. duro, inflexível; **3**. ereto; **4**. forte, rijo), de antôn. (1) *bambo, mole, frouxo;* **tesudo** *adj* e *sm* (que ou aquele que tem muito tesão) e *sm* (homem que inspira a libido; tesão (7)].

te.se *sf* **1**. Proposição ou teoria considerada verdadeira, que pode ser defendida com argumentos. **2**. Dissertação que desenvolve um ponto de vista original, resultante de pesquisa, exigida para o título acadêmico de mestre ou de doutor. **3**. Brochura em que essa dissertação é publicada.

te.sou.ra *sf* **1**. Instrumento cortante que consiste em duas lâminas que se unem no meio por um eixo e trabalham uma contra a outra, usado por alfaiates, costureiras, barbeiros, etc. **2**. Armação de madeira sobre a qual se assentam os ligamentos de um telhado. **3**. *Fig.* Pessoa que, sem ter o que fazer de útil, apraz-se em criticar a vida alheia. → **tesourar** *v* (**1**. cortar com a tesoura; **2**. *pop.* fofocar, fuxicar).

te.sou.rei.ro *sm* Funcionário encarregado das finanças de uma empresa, instituição, grupo, Estado, pessoa, etc. → **tesouraria** *sf* (**1**. cargo de tesoureiro; **2**. repartição onde trabalha o tesoureiro; **3**. lugar onde se guarda e administra o tesouro público; **4**. escritório ou seção de empresas e bancos onde se realizam as transações monetárias).

te.sou.ro *sm* **1**. Riqueza acumulada em forma de metais preciosos, dinheiro ou joias. **2**. Qualquer coisa de inestimável valor. **4**. Redução de *tesouro nacional*, repartição pública que centraliza a administração dos negócios financeiros da União,

princ. quanto à receita e às despesas públicas; erário (nesta acepção, costuma aparecer com inicial maiúscula).

tes.ta *sf* Parte superior da cabeça, acima dos olhos. → **testaçudo** ou **testudo** *adj* (de testa grande); **testada** *sf* (pancada com a testa). ·· **Testa de ferro**. Pessoa que empresta seu nome ou faz negócios em nome de outra, que pretende permanecer em sigilo.

tes.ta.men.to *sm* **1**. Ato jurídico unilateral de vontade, pelo qual uma pessoa dispõe de seu patrimônio, no todo ou em parte, para valer depois de sua morte. **2**. Escrito ou documento que contém esse ato jurídico. → **testador** (ô) *adj* e *sm* ou **testante** *adj* e *s2gên* (que ou pessoa que testa ou faz testamento); **testamental** *adj* (rel. a testamento); **testamentário** *sm* (herdeiro por testamento); **testamenteiro** *sm* (aquele que cumpre ou faz cumprir um testamento).

test-drive [ingl.] *sm* Teste de direção que o interessado num veículo automóvel pode fazer antes de se decidir pela compra, para avaliar seu desempenho e condições gerais. · Pl.: *test-drives.* · Pronuncia-se *tést-dráiv.*

tes.te *sm* **1**. Meio de julgamento. **2**. Julgamento da qualidade de alguma coisa. **3**. Fato que prova as qualidades de uma pessoa. **4**. Prova ou série de provas que se impõe a estudantes, trabalhadores, etc., para avaliar o seu desenvolvimento mental e algumas de suas aptidões (físicas, vocacionais, etc.). **5**. Lista de perguntas que servem para tal fim. **6**. Exame ou verificação do funcionamento de qualquer máquina ou maquinismo. → **testar** *v* (**1**. submeter a teste, para certificar-se de seu bom funcionamento ou de sua aptidão: *testar uma caneta;* **2**. experimentar ou provar, para tomar uma decisão: *testar um carro;* **3**. deixar por testamento; legar: *testou só os bens imóveis*).

tes.te.mu.nha *sf* **1**. Pessoa que em juízo faz prova, por ter visto, ouvido ou conhecido alguém ou alguma coisa. **2**. Pessoa que assiste a certos atos, para torná-los autênticos e válidos. **3**. Pessoa que presencia um fato qualquer e pode atestar sua veracidade ou validade. → **testemunhal** *adj* (rel. ou pert. a testemunha); **testemunhar** *v* (**1**. tomar conhecimento pessoal de; presenciar, ver: *testemunhar um crime;* **2**. servir de testemunha: *testemunhei contra o acusado*); **testemunho** *sm* (**1**. ato ou efeito de testemunhar; **2**. depoimento de testemunha; **3**. prova, sinal ou indício de um fato: *a presença dela ali é o testemunho da sua participação no crime*). ·· **Testemunha de jeová**. Pessoa adepta da religião cristã Testemunhas de Jeová: *As testemunhas de jeová consideram Jesus Cristo como o Filho de Deus, mas não no sentido de ser igual a Deus.* (Nessa expressão, como se vê, grafa-se *jeová* com inicial minúscula, assim como com inicial minúscula escrevemos também *deus* em *deus nos acuda*.)

tes.tí.cu.lo *sm* Cada uma das duas glândulas reprodutivas sexuais masculinas, localizadas na bolsa escrotal, produtoras dos espermatozoides e dos hormônios masculinos. → **testicular** *adj* (rel. ou pert. a testículo).

tes.tos.te.ro.na *sf* Hormônio produzido pelos testículos, importante no desenvolvimento dos órgãos genitais e caracteres sexuais secundários masculinos.

te.ta *sf* Oitava letra do alfabeto grego.

te.ta (ê) *sf* **1**. Glândula mamária da fêmea de animais irracionais. **2**. *Fig.* Fonte, manancial. **3**. *Pop.* Coisa fácil de fazer; manha: *a prova de Matemática do concurso foi uma teta!* → **tetudo** *adj* (de teta grande).

té.ta.no *sm* Doença infecciosa aguda, causada pela toxina de um bacilo, caracterizada por rigidez muscular, com dificuldade para abrir a boca. → **tetânico** *adj* (rel. a tétano).

te.tei.a (éi) *sf* **1**. Enfeite de criança; bibelô. **2**. *Pop.* Coisa muito bonita, delicada e graciosa. **3**. *Fig.* Pessoa muito graciosa e atraente; chuchu, uva.

te.to *sm* **1**. Face superior interna de uma casa, assentada sobre paredes ou colunas (em oposição a *pavimento*). **2**. *Fig.* Casa, habitação, morada. **3**. Telhado. **4**. Limite máximo (em oposição a *piso*). ·· **Teto solar**. Painel corredíço no teto dos automóveis.

te.tra *sm* Redução de *tetracampeão* ou de *tetracampeonato.*

te.tra.cam.pe.ão (tè) *adj* e *sm* Que ou aquele que é campeão por quatro vezes consecutivas e, por extensão, por quatro vezes, num mesmo tipo de competição, em anos alternados; tetra. → **tetracampeonato** (tè) *sm* (campeonato conquistado por quatro vezes, consecutivas ou não; tetra).

te.tra.e.dro (tè) *adj* e *sm* Que ou poliedro que tem quatro faces. → **tetraédrico** (tè) *adj* (rel. ou sem. a tetraedro).

te.trá.go.no (tè) *adj* e *sm* Que ou polígono que tem quatro ângulos ou lados. → **tetragonal** (tè) *adj* (em forma de tetrágono); **tetragônico** (tè) *adj* (de quatro ângulos).

te.tra.ne.to (tè) *sm* Filho do trineto ou da trineta. · É melhor forma que *tataraneto*.

te.tra.ple.gi.a (tè) *sf* Paralisia dos quatro membros. → **tetraplégico** (tè) *adj* e *sm* (que ou aquele que sofre de tetraplegia).

te.tras.sí.la.bo (tè) *adj* e *sm* Que ou vocábulo ou verso que tem quatro sílabas. → **tetrassilábico** (tè) *adj* (tetrassílabo).

te.tra.vô (tè) *sm* Pai do trisavô ou da trisavó. · É melhor forma que *tataravô*.

té.tri.co *adj* **1**. Diz-se do que causa temor e angústia, por sua escuridão ou relação com a morte; sombrio, fúnebre: *um cemitério é sempre um ambiente tétrico, de tétrica paisagem*. **2**. Que provoca medo ou terror; medonho, tetro (2): *filmes tétricos*. **3**. Diz-se do que é muito triste ou excessivamente pessimista; melancólico: *previsões tétricas*. **4**. Extremamente sério ou grave; carrancudo, trombudo: *homem de expressão tétrica*. · Superl. abs. sint. erudito *tetérrimo*. → **tetricidade** *sf* (qualidade do que é tétrico: *a tetricidade de um cemitério*), de antôn. *alegria*; **tetro** *adj* [**1**. sem nenhuma claridade; escuro, sombrio; **2**. tétrico (2)], de superl. abs. sint. erudito *tetérrimo*.

teu *pron* Relativo ou pertencente à 2.ª pessoa do discurso; equivalente a *de ti*.

teu.to-brasileiro *adj* **1**. Relativo à Alemanha e ao Brasil: *amizade teuto-brasileira*. // *adj* e *sm* **2**. Que ou aquele que é de origem alemã e brasileira. · Pl.: *teuto-brasileiros*.

teu.tô.ni.co *adj* Relativo à Alemanha e aos alemães; germânico.

te.vê *sf* **1**. Emissora de televisão. // *sm* **2**. Aparelho de televisão; televisor.

têx.til *adj* **1**. Que se pode tecer: *fibra têxtil*. **2**. Relativo a tecido ou a indústria de tecidos: *indústria têxtil*. // *sm* **3**. Qualquer tecido: *esse têxtil o Brasil importa muito*; *a exportação de têxteis brasileira avança*.

tex.to (ê) *sm* **1**. Parte principal de um livro ou impresso (por oposição às fotos, ilustrações, etc.). **2**. Corpo principal da matéria de um manuscrito, livro, etc. (por oposição às notas, apêndices, ilustrações, etc.). **3**. Palavras originais de algo escrito ou impresso (por oposição a tradução, paráfrase, revisão ou condensação). **4**. Qualquer conjunto de palavras ditas ou lidas em voz alta. → **textual** *adj* (**1**. rel. a um texto; **2**. baseado num texto; **3**. reproduzido fielmente ou literalmente); **textualidade** *sf* (qualidade ou condição do que é textual).

tex.tu.ra *sf* **1**. Ato ou efeito de tecer. **2**. Tipo ou modo de entrecruzamento dos fios de um tecido; trama (2). **3**. Estrutura física característica conferida a matéria, objeto, etc. pelo tamanho, forma e disposição de suas partes. **4**. Qualidade visual ou tátil de uma superfície. → **textural** *adj* (rel. a textura); **texturização** *sf* (ato ou efeito de texturizar); **texturizar** *v* (dar a textura desejada a, por um processo especial).

tez (ê) *sf* Superfície da pele do rosto considerada princ. quanto à cor: *homem de tez branca; mulher de tez delicada*.

thriller [ingl.] *sm* **1**. Livro, filme ou peça de suspense que provoca medo. **2**. Qualquer coisa que causa suspense ou medo. · Pl.: *thrillers*. · Pronuncia-se *trílâr*.

ti *pron* Variação do pronome *tu* para os casos em que acompanha uma preposição: *a ti, de ti, para ti, por ti* (com a preposição *com* usa-se *contigo*).

ti.a *sf* **1**. Irmã do pai ou da mãe de alguém. **2**. Mulher do tio de alguém. **3**. Tratamento tido por carinhoso, dado por jovens às amigas das mamães, professoras, etc.

ti.a-a.vó *sf* Irmã do avô ou da avó em relação aos netos destes. · Pl.: *tias-avós*.

ti.a.ra *sf* Arco usado na cabeça pelas mulheres, como adorno, ou para prender os cabelos na altura do cocuruto.

Tibete *sm* Território anexado ilegalmente pela China em 1951, situado no sudoeste do país, de área equivalente à do estado do Pará. → **tibetano** *adj* e *sm*.

tí.bia *sf* O mais grosso e o mais interno dos dois ossos da perna, situado entre o joelho e o tornozelo. → **tibial** *adj* (rel. ou pert. à tíbia).

tí.bio *adj* **1**. Tépido, morno: *água tíbia*. **2**. Fraco, débil, insuficiente: *reação tíbia*. **3**. *Fig.* Descuidado, negligente: *ser tíbio no cumprimento dos seus deveres*. **4**. *Fig.* Sem entusiasmo; tépido (2), morno: *aluno de vontade tíbia*. → **tibieza** (ê) *sf*; **tibiez** (ê) *sf* (qualidade, condição ou característica de tíbio).

ti.bum *interj* Indica queda de qualquer coisa pesada em água profunda.

ti.ção *sm* **1**. Pedaço de madeira ou carvão, aceso ou meio queimado. **2**. *Fig.Pej.* Pessoa de pele muito escura.

ti.car *v* Marcar, checar, conferir ou registrar, mediante o sinal em forma de V em (palavra, parágrafo, parcela de uma soma, etc.). · V. **tique** (3).

ticket [ingl.] *sm* V. **tíquete**.

ti.co *sm* Pedacinho ou pequena quantidade de qualquer coisa.

ti.co-ti.co *sm* **1**. Passarinho brasileiro de plumagem pardacenta, com listas cinzentas e pretas na cabeça e mancha avermelhada no pescoço. // *sm* **2**. *Pop.* Tipo de velocípede, para crianças bem pequenas. **3**. *Pop.* Serra vertical, de dentes finos, usada princ. para trabalhos manuais. **4**. *Fig.Pej.* Pessoa ou coisa insignificante, de nenhuma importância. · Pl.: *tico-ticos*.

tiebreak ou **tiebreaker** [ingl.] *sm* Numa competição esportiva, princ. futebol, tênis e vôlei, prorrogação ou jogo de desempate, para se conhecer o vencedor. · Pl.: *tiebreaks* ou *tiebreakers*. · Pronuncia-se *tái-brêik* e *tái-brêikâr*, respectivamente.

ti.e.te *s2gên Pop.* Fã ardoroso(a) de qualquer artista, cantor ou esportista. → **tietagem** *sf* (*pop.* ato ou comportamento de tiete); **tietar** *v* (*pop.* agir como tiete).

TIF *sf* Acrônimo inglês de *transoral incisionless fundoplication* = fundoplicatura transoral sem incisão, procedimento endoscópico avançado que proporciona alívio dos sintomas do refluxo ácido gastroesofágico: *os médicos treinados na TIF restauram a forma natural, a localização e a eficácia da válvula esofágica, interrompendo o refluxo*.

ti.fo *sm* Doença infecciosa aguda, também conhecida como *febre tifoide*, transmitida pelo leite, água ou alimento contaminado, caracterizada por dor de cabeça, delírio, tosse, diarreia, erupção cutânea e febre alta. → **tífico** *adj* (rel. a tifo); **tifoide** (ói) *adj* (que tem o caráter ou a natureza do tifo); **tifoso** (ô; pl.: ó) *adj* e *sm* (que ou aquele que tem tifo).

ti.ge.la *sf* **1**. Vaso de boca larga e sem asa, próprio para servir sopa, caldo, etc. **2**. Conteúdo desse vaso. **3**. Vasilha que recebe a seiva da seringueira, depois de feita a incisão. → **tigelada** *sf* (**1**. tigela cheia; **2**. conteúdo de uma tigela; **3**. golpe com uma tigela).

ti.gre *sm* O maior felino asiático, de pelame amarelado com listras negras, considerado o mais feroz dos mamíferos carnívoros e atualmente muito ameaçado de extinção. (Voz: *bramar, bramir, mugir, rugir, urrar*.) → **tigresa** (ê) *sf* [*pop.* **1**. fêmea do tigre (que em Portugal só se usa como epiceno: *o tigre macho, o tigre fêmea*); **2**. mulher de grande beleza e poder de sedução]; **tigrino** *adj* (de tigre: *ameaça tigrina*; *garras tigrinas*).

ti.jo.lo (ô; pl.: ó) *sm* **1**. Peça de barro cozido, especialmente em forma de paralelepípedo, destinada a construções. **2**. Peça semelhante de qualquer outra coisa. → **tijolada** *sf* (**1**. pancada ou golpe que se dá com tijolo; **2**. *pop.* no futebol, chute ou cabeçada violenta dada em direção ao gol; petardo, tirambaço).

tiki-taka *sm* Nome dado ao estilo de jogo de futebol implementado em 2008 pelo treinador Pepe Guardiola no Barcelona, que consiste em toques rápidos, movimentações em grupo, velocidade e imprevisibilidade, para confundir a defesa adversária e chegar ao gol. · Pl.: *tiki-takas*.

til *sm* **1**. Sinal diacrítico (~) que dá caráter nasal às vogais *a* e *o*. **2**. *Fig.* Coisa mínima ou insignificante: *o revisor que retirar um til deste dicionário será amaldiçoado*. · Pl.: *tis*. (O plural diminutivo de *til* é *tizinho*, assim como o de *canil* é *canizinhos*, de *funil* é *funizinhos*, etc.)

ti.lá.pia *sf* **1**. Peixe de água doce, nativo da África, de coloração prateada, com estrias escuras, muito criado em viveiros, pela qualidade de sua carne. **2**. Essa carne, servida na alimentação humana.

til.bu.ri *sm* Carruagem leve e aberta, de dois assentos, duas rodas e puxado por um só animal, muito popular no séc. XIX.

ti.lin.tar *v* **1**. Fazer soar metalicamente; tocar (sino ou campainha): *o patrão tilintou o sininho da mesa, para chamar o mordomo*. **2**. Soar metalicamente (sino, campainha, moeda): *as moedas tilintavam no chão, e ninguém as catava*. // *sm* **3**. Ruído semelhante ao metálico de copos, garrafas, etc.: *o tilintar dos copos numa festa*. (Não se confunda com *tiritar*.)

tiltrotor ou **tilt-rotor** [ingl.] *sm* Aparelho que é um misto de avião e helicóptero: pousa e decola na vertical e voa na horizontal. · Pl.: *tiltrotors*. · Pronuncia-se *til-trôdor*.

ti.mão *sm* **1.** Volante com que se manobra o leme. **2.** *P.ext.* Leme. **3.** *Fig.* Direção, governo. **4.** Varal de carruagem. **5.** Peça do arado a que se atrelam os animais. **6.** *Pop.* Time excelente, equipe formidável; timaço. · V. **timoneiro**.

tim.ba *sf* Instrumento musical de percussão semelhante ao atabaque, porém menor, que se toca junto ao colo.

tim.ba.le *sm* Tambor metálico, em forma de meio globo, coberto por uma pele esticada e tocado com duas baquetas estofadas. → **timbaleiro** *adj* e *sm* (que ou aquele que toca timbale).

tim.bi.ra *s2gên* **1.** Membro dos timbiras, tribo indígena que vive na Região Nordeste do Brasil. // *adj* **2.** Relativo ou pertencente a essa tribo.

tim.bre *sm* **1.** Insígnia no escudo, designando o grau de nobreza do proprietário. **2.** Marca ou sinal que identifica uma empresa, escola, instituição, etc. **3.** Carimbo, chancela. **4.** Qualidade característica do som que distingue uma voz ou instrumento musical de outro, determinada pela coexistência de sons harmônicos, porém com fundamental e diferente de *altura* e de *intensidade*. **5.** Grau de ressonância de um som da voz, princ. de uma vogal. → **timbragem** *sf* (**1.** ação ou efeito de timbrar; **2.** processo de impressão em relevo, empregado sobretudo em selos, notas de bancos, papéis de crédito, etc.); **timbrar** *v* (**1.** marcar com timbre; **2.** *fig.* empenhar-se, esforçar-se: *ele sempre timbrou em ser correto*).

ti.me *sm* **1.** Número de atletas que, nos esportes coletivos, são selecionados para a disputa de uma partida; equipe; quadro: *time de vôlei*. **2.** Grupo de pessoas que têm um objetivo comum; equipe, quadro: *nosso time de vendedores é o melhor do Brasil*. → **timaço** *sm* (time excelente, quase imbatível; timão); **timeco** ou **timinho** *sm* (*pop.pej.* time de baixo nível técnico, formado por jogadores medíocres).

timer [ingl.] *sm* **1.** Relógio usado para medir e sinalizar o fim de intervalos de tempo: *o timer do forno*. **2.** Dispositivo que ativa ou desativa automaticamente um equipamento, em tempo(s) predeterminado(s). · Pl.: *timers*. · Pronuncia-se *táimâr*.

time-sharing [ingl.] *sm* **1.** Sistema, técnica ou serviço que permite o acesso simultâneo de vários usuários a um computador central, mediante terminais diferentes e distantes; tempo compartilhado. **2.** Sistema de partilha de um imóvel de férias em que cada proprietário tem direito a utilizá-lo durante uma época do ano preestabelecida. · Pronuncia-se *táiM-chérin*.

ti.mi.do *adj* e *sm* **1.** Que ou aquele que não tem autoconfiança, desconfia das pessoas e receia audácias ou arrojos. **2.** Caracterizado pela insegurança. **3.** Fraco. · Antôn. (1): *audacioso, ousado*. → **timidez** (ê) *sf* (qualidade, estado ou condição de tímido), de antôn. *audácia*.

timing [ingl.] *sm* **1.** Senso intuitivo para a escolha da melhor oportunidade ou do melhor momento para agir, ou para a duração de um plano, a fim de alcançar o resultado desejado. **2.** No mercado financeiro, momento mais indicado para realizar uma determinada transação, que pode ser comprar ou resgatar um título. · Pl.: *timings*. · Pronuncia-se *táimin*.

ti.mo *sm* Pequena glândula endócrina dos vertebrados, situada atrás do esterno, que consiste princ. de tecido linfático e aumenta gradativamente de tamanho e atividade até a puberdade (14 anos), depois se atrofia, de importante papel no sistema imunológico. → **tímico** *adj* (rel. a timo).

ti.mo.nei.ro *sm* **1.** Aquele que fica ao timão de uma embarcação, dirigindo-a. **2.** *Fig.* Líder, guia de um povo, país, etc.: *ser timoneiro do próprio destino*.

ti.mo.ra.to *adj* **1.** Que tem medo por escrúpulo, pelo excessivo temor de Deus. **2.** Tímido, medroso. **3.** Caracterizado pelo medo ou pela insegurança.

Timor-Leste *sm* País asiático, ex-colônia portuguesa. → **timorense** *adj* e *s2gên*.

tím.pa.no *sm* **1.** Membrana tensa, fina e semitransparente do ouvido médio, que transmite vibrações sonoras ao ouvido interno por meio de ossículos auditivos. **2.** Ressonador membranoso em órgão reprodutor de som. **3.** Em arquitetura, face recuada, geralmente triangular, de um frontão, dentro da moldura feita pelas cornijas superior e inferior. **4.** Espaço semelhante entre um arco e a cabeça horizontal de uma porta ou janela abaixo. **5.** Em artes gráficas, camada de embalagem, normalmente de papel, colocada entre o cilindro e o papel a ser impresso, para equalizar a pressão sobre toda a forma. // *smpl* **6.** Ouvidos. → **timpanal** ou **timpânico** *adj* (rel. a tímpano).

tim-tim *sm* Saudação alegre e amigável que consiste no bater de copos ao alto, quando se bebe à saúde de alguém. ·· **Tim-tim por tim-tim**. Com todos os detalhes; detalhadamente, minuciosamente.

ti.na *sf* **1.** Vaso aberto e grande, mais largo que fundo, usado princ. para lavar roupa. **2.** Conteúdo desse vaso; tinada. **3.** Espécie de banheira, de formato mais ou menos oval. → **tinada** *sf* [tina (2)].

ti.ner *sm* Líquido volátil, semelhante à terebintina, usado para diluir tintas, vernizes, etc. na consistência desejada.

tin.gir *v* **1.** Mergulhar em tinta de cor diferente da primitiva: *tingir um casaco*. **2.** Pintar de certa cor: *ele tingiu os cabelos para parecer mais novo*. **3.** Comunicar ou dar certa cor a; colorir: *os relâmpagos tingiam o céu*. **4.** Fazer corar, ruborizar: *a vergonha lhe tingiu o rosto*. **tingir-se 5.** Tomar cor; ficar colorido: *o céu se tingiu de várias cores*. · V. **tintorial** e **tintura**. (É verbo regular; troca apenas o *g* pelo *j* antes de *a* ou de *o*, sem que isso caracterize irregularidade: *tinjo*, *tinja*, etc.) → **tingidura**, **tintura** (1) *sf* ou **tingimento** *sm* [ato ou efeito de tingir(-se)].

ti.nha *sf* **1.** Doença cutânea, grave e contagiosa, que ataca o couro cabelo, causada por um fungo. **2.** *Fig.* Qualquer vício ou defeito. → **tinhoso** (ô; pl.: ó) *adj* e *sm* (que ou aquele que foi acometido de tinha), *adj* (**1.** teimoso; **2.** nojento, asqueroso, repugnante: *todo bueiro é um lugar tinhoso*) e *sm* (diabo: *essa série de azares é coisa do tinhoso*).

ti.nha.nha *sf* Troca, permuta, barganha.

ti.nho.rão *sm* Planta ornamental de raízes tuberosas, muito cultivada por sua rara beleza.

ti.nir *v* **1.** Soar agudamente (metal ou vidro): *o som das batidas do martelo ainda tine em meus ouvidos*. **2.** Zunir (os ouvidos): *às vezes meus ouvidos tinem sem razão aparente*. **3.** Tremer (de frio, medo ou fome); tiritar: *a criança tinia de frio*. · Conjuga-se por *falir*. → **tinido** *sm* (som agudo de metal ou vidro); **tinidor** (ô) *adj* e *sm* (que ou o que tine), de fem. *tinideira*; **tininte** *adj* (tinidor).

ti.no *sm* **1.** Faculdade para diferençar o bom do mau; juízo, siso, discernimento: *moça de tino não entra em carro de estranho*. **2.** Prudência, cuidado: *usei de muito tino para convencê-la*. **3.** Senso de orientação: *deixei-me levar pelo tino e não errei o caminho*. **4.** Talento, faro, queda, jeito, inclinação: *ter tino para negócios*.

tin.ta *sf* Substância usada para colorir tecidos, papéis, cabelo, etc. ou para escrever. → **tinteiro** *sm* (pequeno vaso próprio para conter tinta de escrever).

tin.to *adj* **1.** Tingido, tinturado: *cabelo tingido*. **2.** Manchado, sujo: *chegou com o colarinho tinto de batom; o fundamentalismo é sempre tingido de raiva e violência*. **3.** Diz-se do vinho de cor escura (em oposição a *vinho branco*).

tin.tu.ra *sf* **1.** Ato ou efeito de tingir; tingimento, tingidura. **2.** Solução de matérias corantes, utilizada para modificar a cor dos cabelos, de tecidos, etc. → **tinturado** *adj* [tingido (1)]; **tinturaria** *sf* (**1.** arte, ofício ou profissão de tintureiro; **2.** estabelecimento comercial onde se tingem tecidos; **3.** estabelecimento comercial onde se lavam e passam peças de roupa de todos os tipos; lavanderia); **tintureira** *sf* (**1.** mulher que tinge tecidos; **2.** dona de tinturaria; **3.** espécie de tubarão); **tintureiro** *sm* (**1.** homem que tinge tecidos; **2.** dono de tinturaria; **3.** funcionário de tinturaria).

ti.o *sm* **1.** Irmão do pai ou da mãe de alguém. **2.** Marido da tia. **3.** Tratamento fútil por carinhoso que os jovens dão aos amigos dos pais, aos professores e até a pessoas de meia-idade desconhecidas. → **tiozão** *sm* (**1.** aum. regular de *tio*; tio de elevada estatura; **2.** *pop.* homem de meia-idade; coroa: *jazz é música de tiozão?*).

ti.o-a.vô *sm* Irmão do avô ou da avó, em relação aos netos destes. · Pl.: *tios-avôs* (homens); *tios-avós* (homens e mulheres).

ti.o.re.ga *sf* *Pop.NE* Coisa confusa, complicada: *não me meta em tioregas!*

tí.pi.co *adj* **1.** Que reproduz com fidelidade as características de um protótipo ou modelo; que caracteriza precisamente; que é um modelo exato ou serve de tipo; que constitui um exemplo característico: *é uma típica família italiana; casas típicas de subúrbio; essa resposta é típica de você*. **2.** Que é particular e representativo de uma determinada pessoa, região, época, cultura, etc.: *bailes típicos; costumes típicos; desfilar em trajes típicos*. **3.** Simbólico, emblemático: *Cole Porter é o compositor típico das músicas românticas*. → **tipicidade** *sf* (**1.** qualidade ou condição do que é típico; **2.** representatividade;

3. conjunto de características que formam a particularidade ou peculiaridade de uma pessoa, grupo ou coisa: *a tipicidade de uma garota, de uma família; a tipicidade de um vinho*; **4.** em direito, concentração num único fato de todos os elementos que caracterizam legalmente um delito); **tipificação** *sf* (ato ou efeito de tipificar); **tipificar** *v* (**1.** servir como exemplo típico de; caracterizar: *é uma atitude que tipifica o mau-caráter*; **2.** simbolizar: *o cão, com muita propriedade, tipifica a lealdade*).

ti.pi.ti ou **ta.pi.ti** *sm* Cesto cilíndrico de palha, feito pelos índios, no qual se coloca a mandioca a ser espremida.

ti.ple *sf* **1.** A mais aguda das vozes humanas, própria das crianças e das mulheres. // *s2gên* Soprano.

ti.po *sm* **1.** Categoria de pessoas ou coisas que têm traços ou características comuns: *os convidados para o jantar são do tipo nobre; que tipo de xampu você usa?; esse tipo de planta cresce melhor em terreno úmido.* **2.** Coisa vista como membro de uma classe ou categoria: *esse é apenas um tipo de cogumelo*. **3.** Conjunto de feições características de uma raça. **4.** Conjunto de caracteres tipográficos de mesmo estilo; fonte: *fonte Excelsior.* **5.** Característica de letra tipográfica: *tipo itálico.* **6.** Modelo perfeito; exemplo: *ela é um verdadeiro tipo de fitness.* **7.** *Fig.* Pessoa esquisita, excêntrica; figura. **8.** Pessoa desconhecida; sujeito, cara, indivíduo: *qual é a desse tipo?* **9.** Indivíduo pouco respeitável: *não me dou bem com gente desse tipo.* → **tipão** *sm* (**1.***pop.* pessoa que sobressai pelo físico vistoso e atraente: *essa mulher é um tipão!*; **2.** *pop.* tipo de personalidade curiosa, que sobressai pela excentricidade; figuraça); **tipinho** *sm* (*pop.* pessoa sem nenhuma importância ou expressão, que geralmente inspira desdém ou certo asco: *que tipinho esse teu vizinho, hem!*).

ti.po.gra.fi.a *sf* **1.** Arte e técnica de imprimir com tipos móveis. **2.** Estabelecimento onde se executa essa arte e técnica. → **tipografar** *v* (imprimir); **tipográfico** *adj* (rel. a tipografia); **tipógrafo** *sm* (compositor tipográfico).

ti.pói *sm* Espécie de túnica larga e sem mangas, usada pelas índias e camponesas paraguaias.

ti.poi.a (ói) *sf* Lenço ou tira de pano presa ao pescoço, usada para sustentar um braço ou uma mão doente.

ti.po.lo.gi.a *sf* **1.** Estudo ou classificação sistemática dos tipos humanos que têm características ou traços em comum. **2.** Conjunto de caracteres tipográficos utilizados num projeto gráfico. **3.** Estudo e classificação das línguas de acordo com suas características estruturais, sem referência à sua história. → **tipológico** *adj* (rel. a tipologia); **tipologista** *adj* e *s2gên* ou **tipólogo** *sm* (especialista em tipologia).

ti.que *sm* **1.** Contração muscular ou movimento brusco involuntário, habitual e repetitivo, princ. do rosto, geralmente desagradável ou ridículo; cacoete. **2.** Qualquer hábito ridículo; mania, vício. **3.** Ato ou efeito de ticar.

ti.que-ta.que *sm* **1.** Som repetitivo de qualquer batida. **2.** Onomatopeia que indica relógio em funcionamento. · Pl.: *tique-taques.* → **tiquetaquear** *v* (fazer ruído de tique-taque), que se conjuga por *frear*.

ti.que.te *sm* Pedaço de papel impresso que dá a seu portador certos direitos; cupom. **tíquete-alimentação** *sm* (cartão que dá direito a seu portador de comprar alimentos), de pl. *tíquetes--alimentação*; **tíquete-refeição** *sm* (cartão que dá direito a seu portador de fazer refeições no valor igual àquele que está nele impresso ou equivalente àquele que foi depositado), de pl. *tíquetes-refeição* ou *tíquetes-refeições*; **tíquete-restaurante** *sm* (vale-refeição), de pl. *tíquetes-restaurante* (A 6.ª ed. do VOLP registra apenas um plural de *tíquete-alimentação* e de *tíquete--restaurante*, mas dois para *tíquete-refeição*; entender é fácil?).

ti.qui.nho *sm Pop.* Pedacinho ou pouquinho de qualquer coisa: *ela não me deu nem um tiquinho do chocolate.*

ti.qui.ra *sf Pop.*N Aguardente de mandioca.

ti.ra *sf* **1.** Retalho de pano, papel, couro, etc. mais comprido que largo; fita. // *sm* **2.** *Pop.* Agente de polícia; investigador(a).

ti.ra.co.lo *sm* Correia que cinge o corpo, passando por cima de um dos ombros e por baixo do braço oposto, para transporte de objetos. · **A tiracolo**. Atravessada de um lado do pescoço para o lado oposto, passando por baixo do braço.

ti.ra-dú.vi.das *sm2núm* Coisa que dirime ou esclarece dúvidas: *este dicionário é um bom tira-dúvidas.* (Cuidado para não usar "tira-dúvida"!)

ti.ra.gem *sf* **1.** Impressão gráfica de uma publicação. **2.** Número total de exemplares de revistas, jornais e livros impressos de uma só vez, a partir de uma matriz.

ti.ra-gos.to *sm* Qualquer salgadinho que acompanha bebida alcoólica ou coquetel, fora das principais refeições. · Pl.: *tira--gostos*.

ti.ra-man.chas *sm2núm* Preparado químico próprio para tirar manchas de roupas, pisos, paredes, etc. (Cuidado para não usar "tira-mancha"!)

ti.ram.ba.ço *sm Pop.* Chute forte em direção ao gol; petardo, cacetada.

tiramisú [it.] *sm* Pavê italiano, que consiste em camadas de pão de ló ou de bolachas do tipo *champagne* embebidas em café e vinho ou rum, licor de cacau, licor de amêndoa, entremeadas de queijo, polvilhada com chocolate amargo. · Pronuncia-se *tiramissú*. (A 6.ª ed. do VOLP traz esse italianismo sem acento.)

ti.ra.ni.a *sf* **1.** Exercício arbitrário do poder. **2.** Governo em que um único governante é investido de poderes absolutos; governo de tirano. **3.** Estado governado por um tirano. **4.***P.ext.* Qualquer rigor exagerado. → **tiranicida** *adj* e *s2gên* (que ou pessoa que comete tiranicídio); **tiranicídio** *sm* (assassinato de um tirano); **tirânico** *adj* (**1.** rel. a tirano ou a tirania; **2.** próprio de tirano ou de tirania; cruel); **tiranização** *sf* (ato ou efeito de tiranizar); **tiranizar** *v* (**1.** governar com tirania; **2.** tratar com excessivo rigor ou severidade); **tirano** *sm* (**1.** ditador injusto, cruel e sanguinário; **2.***p.ext.* qualquer homem arbitrário e opressivo) e *adj* (tirânico, arbitrário, opressivo).

ti.ra.nos.sau.ro *sm* Réptil carnívoro fóssil, que viveu durante o período cretáceo.

ti.ran.te *adj* **1.** Que se aproxima de (cor); semelhante. // *sm* **2.** Cada uma das correias que prendem a(s) cavalgadura(s) ao veículo que puxa(m). **3.** Qualquer peça que serve para esticar ou puxar. // *prep* **4.** Exceto, salvo.

ti.ra-pro.sa *adj* e *s2gên* Que ou pessoa que é valentona. · Pl.: *tira-prosas*.

ti.rar *v* **1.** Extrair, arrancar: *tirar cutículas.* **2.** Remover, deslocar: *tire os móveis do chão, senão a enchente vai estragá-los!* **3.** Sacar, arrancar: *tirar o revólver.* **4.** Substituir: *o treinador tirou o centroavante para pôr um zagueiro.* **5.** Conceber: *de onde você tirou essa estória?* **6.** Despir, descalçar: *tirar o paletó.* **7.** Levar para sempre; privar de: *Deus lhe tirou a vida muito cedo.* **8.** Auferir, obter: *tirar boas notas nos exames.* **9.** Gozar, usufruir: *tirar férias, licença, um descanso.* **10.** Livrar, libertar: *esse é um advogado que só tira presos de porta de cadeia.* **11.** Perambular, a fim de receber: *tirar esmola na rua.* **12.** Fazer desaparecer; eliminar, fazer perder: *produto que tira qualquer mancha.* **13.** Fazer sair: *tirar dinheiro do bolso.* **14.** Copiar, extrair: *tirar uma xérox.* **15.** Cumprir (sentença): *tirou dez anos de cadeia.* **16.** Excluir, excetuar: *tirando o filho mais novo, todos na casa dirigem veículos.* **17.** Suprimir: *tirou do discurso as frases indesejáveis.* **18.** Bater (foto): *tirei duas fotos dela.* **19.** Ser objeto de (qualquer tipo de filme): *tirar radiografia.* **20.** Imprimir: *tirar poucos exemplares não compensa, é sempre melhor fazer grandes tiragens.* **21.** Sacar, retirar: *tirar dinheiro do caixa eletrônico.* **22.** Servir-se de: *posso tirar uma laranja?* **23.** Apurar: *tirar a medida para fazer um terno.* **24.** Compor de improviso (trecho musical): *tirei um sambinha ao violão.* **25.** Fazer troça ou gozação de; gozar, zoar: *que é isso, mano, você está me tirando?* **26.** Contestar, negar: *ela é culta, e isso ninguém lhe tira.* **27.** Ter como exemplo: *tire por mim; trabalhei a vida toda e continuo pobre.* **28.** Ser tirante a; aproximar-se: *um azul marinho que tira para o negro.* · Antôn. (4 e 6): *colocar.* → **tiração** ou **tirada** *sf* (ato ou efeito de tirar: *a tiração de leite das vacas*); **tirada** *sf* (**1.** tiração; **2.** grande caminhada: *daqui até o estádio é uma tirada*; **3.** *pop.* frase espirituosa ou irônica). ·· **Tiração de onda** (gír.). Gozação, sarro, zoação.

ti.ra-tei.mas *sm2núm* **1.** Qualquer objeto com que se castigam crianças teimosas. **2.** *Pop.* Argumento incontestável, decisivo, final, terminante. **3.** *P.ext.* Dicionário. **4.** *Pop.* Jogo decisivo entre duas equipes. **5.** *Pop.* Recurso eletrônico que analisa trechos selecionados de imagens gravadas, princ. lances de competições esportivas, avaliando detalhes que tenham suscitado dúvidas na percepção em velocidade normal. (A 6.ª ed. do VOLP também registra *tira-teima*.)

ti.re.oi.de (ói) *sf* **1.** Glândula de secreção interna, formada por dois lóbulos ovoides, situada na base do pescoço, na parte inferior da laringe e superior da traqueia. **2.** Pomo de adão; gogó. // *adj* **3.** Diz-se dessa glândula. → **tireóideo** *adj* (rel. a tireoide: *glândula tireóidea; doença tireóidea*); **tireoidismo** (òi) *sm* (doença causada por hiperatividade da tireoide); **tireoidite** (òi) *sf* (inflamação da glândula tireoide). (A 6.ª ed. do

VOLP registra ainda as variantes populares *tiróideo*, *tiroide*, *tiroidismo* e *tiroidite*.)

ti.ri.ça *sf* **1**. Doença grave, que deixa a pele amarelada ou esverdeada e prostra a pessoa, que fica preguiçosa, sem vontade de fazer nada; icterícia. **2**.*P.ext*. Preguiça, indolência. **3**. *Gír*. Pessoa muito feia; bagulho: *festa onde só tem tiriça estou fora*.

ti.ri.ri.ca *sf* **1**. Erva daninha difícil de erradicar. // *adj* **2**. *Pop*. Furioso, muito irritado.

ti.ri.tar *v* Tremer de frio (geralmente batendo os dentes), de medo ou de fome: *as crianças tiritavam na sala sem lareira*. (Não se confunde com *tilintar*.) → **tiritante** *adj* (que tirita; que treme ou bate os dentes de frio ou de medo).

ti.ro *sm* **1**. Ato ou efeito de tirar. **2**. Bala disparada por arma de fogo. **3**. Lugar onde se aprende a atirar com arma de fogo. **4**. *Pop*. No futebol, chute forte; pelotaço, tirambaço. ·· **Tiro de guerra**. Instituição militar do Exército brasileiro encarregado de formar atiradores, além de cidadãos com consciência cívica e cabos de segunda categoria da reserva ou reservistas. ·· **Tiro e queda**. Diz-se de qualquer coisa realmente eficaz; infalível: *Para dor de cabeça, este analgésico é tiro e queda*.

ti.ro.cí.nio *sm* **1**. Formação prática; exercício de principiantes; aprendizado. **2**. Capacidade de avaliar com rigor pessoas e situações, usando o bom senso. **3**. Experiência ou prática adquirida no exercício de uma atividade, ou necessária ao exercício de uma profissão: *é preciso muito tirocínio para ser um bom cirurgião*. **4**. Prática ou exercício militar para subir de posto.

ti.ro.le.sa (ê) *sf* Atividade de aventura ou esporte radical, originário da região do Tirol, na Áustria, que consiste em um cabo aéreo ancorado horizontalmente entre dois pontos, pelo qual o aventureiro se desloca através de roldanas conectadas por mosquetões a uma cadeirinha de alpinismo, permitindo-lhe sentir a emoção de voar por vales, contemplando belas paisagens.

ti.ro.tei.o *sm* Briga na qual há troca ou sequência de tiros.

tí.si.ca *sf* Tuberculose pulmonar. → **tísico** *adj* e *sm* (que ou aquele que sofre de tísica; tuberculoso); **tisiologia** *sf* (ramo da medicina que estuda a tuberculose); **tisiológico** *adj* (rel. a tisiologia); **tisiologista** *adj* e *s2gên* ou **tisiólogo** *sm* (especialista em tisiologia).

tis.su.lar *adj* Relativo ou pertencente ao tecido orgânico: *reparação tissular; metabolismo tissular, fluido tissular*.

Titã *sm* **1**. Na mitologia grega, cada um dos 12 gigantes, filhos (seis irmãos e seis irmãs) de Urano (Céu) e Geia (Terra) que se rebelaram contra seu pai e depuseram-no. **ti.tã 2**. Coisa de grande tamanho, grande força ou grande influência: *os titãs dos mares se enfrentaram na II Guerra Mundial, fazendo vítimas de ambos os lados*. **3**. Guindaste de grande potência. **4**. *Fig*. Pessoa de grande tamanho, grande força ou grande influência ou poder: *Matarazzo era o maior titã da indústria brasileira, no início do séc. XX*. → **titânico** *adj* [**1**. dos Titãs; **2**. diz-se daquele que tem força descomunal: *um boxeador titânico*; **3**. muito grande; gigantesco, colossal, de Titã: *fez um esforço titânico para passar no vestibular, mas não conseguiu*]. ·· **De Titã**. Titânico (3): *Trabalho de Titã. Esforço de Titã*.

ti.tâ.nio *sm* Elemento químico metálico (símb.: **Ti**), de n.º atômico 22, usado para reforçar o aço. → **titânico** *adj* (rel. a titânio).

ti.te.la *sf* **1**. Parte carnuda do peito das aves. **2**.*P.ext*. Melhor parte de qualquer coisa; filé.

tí.te.re *sm* **1**. Boneco cujos membros se movem por meio de cordeis ou engonços, imitando gestos humanos; boneco de engonço. **2**. *Fig*. Pessoa manipulada por outra; fantoche, bonifrate, marionete. → **titerear** *v* [**1**. trabalhar com títere(s); **2**. mover-se como um títere], que se conjuga por *frear*; **titereio** ou **titeriteiro** *adj* e *sm* (que ou aquele que maneja títeres).

ti.ti.ca *sf* **1**. Excremento de aves, princ. galinha. **2**. *Fig*. Coisa insignificante; mixaria. **3**. *Fig*. Pessoa desprezível; zé-ninguém, pé de chinelo: *seu irmão é uma titica e pensa que é alguém na ordem das coisas*.

ti.tin.ga *sf* *Pop.N* **1**. Manchas no rosto ou no corpo; pano. **2**. Sarda.

ti.tio *sm* Tratamento carinhoso que se dá ao tio; hipocorístico de *tio*.

ti-ti-ti *sm* **1**. Conversa mole; nhem-nhem-nhem. **2**. Mexerico, fofoca. · Pl.: *ti-ti-tis*.

ti.tu.be.ar *v* **1**. Vacilar, ter dúvidas; hesitar: *titubear em tomar uma decisão*. **2**. Não poder manter-se em pé; cambalear: *o bêbado titubeou e caiu*. · Conjuga-se por *frear*. → **titubeação** *sf*, **titubeamento** ou **titubeio** *sm* (ato ou efeito de titubear), de antôn. *firmeza, segurança*; **titubeante** *adj* (que titubeia; vacilante, hesitante), de antôn. *firme, seguro*.

tí.tu.lo *sm* **1**. Inscrição na capa ou no início de um livro, jornal, revista ou de qualquer texto escrito ou obra impressa, a qual a nomeia e às vezes dá ideia do seu conteúdo. **2**. Nome de filme, programa de rádio ou de televisão, peça teatral, obra de arte, etc. **3**. Palavra ou expressão usada antes de um nome, para indicar seu *status;* denominação honorífica. **4**. Documento que prova um direito ou conhecimento. **5**. Documento que autentica um direito qualquer em justiça; instrumento. **6**. Redução de *título de crédito*; qualquer papel negociável. **7**. Campeonato esportivo. → **titulação** *sf* (**1**. ato ou efeito de titular ou intitular; intitulação, titulagem: *a titulação de um livro*; **2**. conjunto dos títulos e subtítulos publicados em uma edição de jornal ou revista; **3**. técnica de redigir títulos, de acordo com a orientação do jornal ou da revista, com a adoção dos tipos escolhidos para cada editoria; **4**. quantidade ou conjunto de títulos acadêmicos acumulados por um profissional: *nesse concurso, vai valer muito a titulação de cada candidato*); **titulador** (ô) *sm* (jornalista que redige títulos); **titulagem** *sf* [titulação (1)]; **titular** *adj* (**1**. rel. a título: *um texto titular muito extenso*; **2**. que existe em nome apenas; que tem apenas o título ou o nome; nominal: *ele é apenas o chefe titular da família, mas não manda coisa nenhuma*; **3**. que traz o mesmo nome que o título: *o herói titular de um romance*; **4**. que tem título honorífico ou nobiliárquico: *fidalgo titular*), *adj* e *sm* (que ou letra ou tipo que se usa nos títulos, princ. nos periódicos), *adj* e *s2gên* [**1**. que ou pessoa que efetivamente ocupa um cargo ou posição, desempenha uma função, etc., por oposição a quem o(a) substitui eventualmente: *jogador titular de uma equipe; juiz titular de uma vara; o titular do time sou eu; o titular do ministério ainda não tomou posse*; **2**. que ou pessoa física ou jurídica que é o sujeito ativo de um direito ou credor de uma obrigação, em nome da qual figura um documento, conta--corrente, etc.; possuidor(a), detentor(a): *o membro titular de um plano de saúde; o titular de uma conta bancária*; **3**. que ou professor que atingiu a titulação máxima na carreira universitária: *professor titular; o titular de uma cadeira*], *s2gên* (membro de um ministério, em relação à sua pasta); *v* [**1**. dar título ou nome a (uma obra, redação, matéria jornalística, etc.); intitular: *titular um romance, um poema*; **2**. conferir título de grau acadêmico a: *é um curso que tem por objetivo titular professores*; **3**. fazer o registro de; registrar: *titular as dívidas do Estado; titular as despesas domésticas*; **4**. intitular, chamar, denominar: *titularam-no (de) o Anhanguera*]. **titular-se** (**1**. obter uma pessoa uma titulação acadêmica: *ele se titulou há pouco*; **2**. denominar-se ou chamar-se por um título; intitular-se: *é um candidato que se titulou o campeão da ética e, no entanto...; como se titula seu último poema?*); **titularidade** *sf* (**1**. qualidade de titular: *o jogador se esforçou muito e recuperou a titularidade na equipe*; **2**. condição de dono, possuidor ou detentor: *a titularidade desse plano de saúde é minha; a titularidade da empresa é sua?*).

ti.ziu *sm* Passarinho arisco que, depois de emitir seu canto (tiziu), dá um salto vertical, caindo no mesmo ponto onde estava pousado.

tlim, tlim-tlim ou **tlim-tlim-tlim** *sm* Onomatopeia ou voz imitativa do sino, da campainha, do tilintar de moedas, etc. · Pl.: *tlim-tlins, tlim-tlim-tlins*.

tme.se *sf* **1**. Forma de hipérbato que consiste em dividir uma palavra, inserindo outra(s) de permeio, como se tem comumente em inglês, e não em português (p. ex.: *be thou ware*, em vez de *beware; where I go ever* por *wherever I go*). **2**. Mesóclise (p. ex.: *vê-la-ei, pedir-vo-lo-ia*).

TNT *sm* Sigla de *trinitrotolueno*, substância altamente explosiva, usada em guerras.

to.a (ô) *sf* Cabo com o qual uma embarcação reboca outra. ·· **À toa**. **1**. A reboque: *O barco teve de voltar ao cais à toa*. **2**. A esmo: *A polícia atirou à toa e atingiu inocentes*. **3**. Sem motivo: *Você se irritou à toa*. **4**. Sem fundamento: *Não é à toa que ele já foi condenado várias vezes por estupro*. **5**. Inutilmente: *Você se apressou à toa; o avião nem está no solo ainda*. **6**. Insignificante, irrisório: *Recebe um salário à toa*. **7**. De pouca monta; pequeno: *Fiz para ela um servicinho à toa*. **8**. Sem-vergonha: *Eita mulherzinha à toa!* **9**. Sem fazer nada: *Estou à toa, posso ajudar-lhe*. **10**. Ociosamente: *Ela vive à toa pela vida*.

to.a.da *sf* **1**. Ato ou efeito de toar. **2**. Qualquer cantiga simples. **3**. Som vago e maldefinido; rumor confuso. **4**. Tom de voz. **5**. Notícia vaga, rumor, boato. **6**. *Pop*.PA Música cantada durante a apresentação dos bois, na festa do boi-bumbá.

to.a.le.te *sf* **1**. Ato de se aprontar (lavar-se, pentear-se, trocar de roupa e maquiar-se) para aparecer em público. // *sm* **2**. Traje feminino requintado. **3**. Pequeno móvel onde se colocam os objetos do toucador. **4**. Local próprio para se arrumar, pentear-se, retocar a maquiagem, etc., no qual geralmente há lavatório e vaso sanitário; lavabo.

to.a.lha *sf* **1**. Peça de pano ou de papel absorvente para enxugar o corpo ou parte dele. **2**. Peça de tecido usada para cobrir mesas, móveis, altares, etc. → **toalheiro** *sm* (**1**. suporte para pendurar toalhas; **2**. fabricante e/ou vendedor de toalhas; **3**. móvel onde se guardam toalhas; **4**. empresa que lava toalhas de consultórios, escritórios, etc., substituindo-as regularmente); **toalhinha** *sf* (**1**. pano de linho que as freiras usam na cabeça; **2**. toalha úmida e descartável, para higiene das mãos). ·· **Jogar a toalha** (fig.). **1**. Desistir. **2**. Dar-se por vencido numa disputa; sair da raia.

to.ar *v* **1**. Soar, parecer, afigurar-se: *não me toa bem essa união dos dois*. **2**. Assemelhar-se, ter ares ou aspecto de: *seu convite, meu caro, toa a gozação*. **3**. Condizer, combinar: *essa gravata não toa com sua camisa; esse gesto não toa com você*. **4**. Agradar, aprazer, convir: *não me toa estar com essa gente; não me toavam algumas cláusulas do contrato a mim apresentado*. **5**. Parecer: *a proposta (me) toou como indecente*. **6**. Produzir ruído ou som forte: *trovões toavam sem cessar, amedrontando as crianças*. **7**. Emitir som; soar: *não tome as palavras pelo que toam, mas pelo que significam*. · V. **toada**. → **toante** *adj* (**1**. que toa ou soa bem; **2**. que se combina com: *gravata toante com a camisa*). ·· **Rimas toantes** (ou **assoantes**). Aquelas que se formam com correspondência apenas das vogais tônicas (p. ex.: **o**lhos/dem**o**ra; t**a**rde, esper**a**r-te).

to.bo.á.gua *sm* Brinquedo radical de parque aquático, formado por dois escorregadores paralelos de 18m de altura e quase 70° de inclinação, que faz uma pessoa desembocar numa piscina a 45km/h.

to.bo.gã *sm* **1**. Rampa ou pista ondulada de grande altura, em declive, sobre a qual se desliza nos parques de diversão. **2**. Trenó baixo, longo e estreito, próprio para deslizar nas encostas cobertas de neve. → **toboganista** *s2gên* (pessoa que desliza em tobogã).

to.ca *sf* Qualquer buraco onde vivem ou se refugiam feras ou animais de caça.

to.ca-CDs *sm2núm* Aparelho elétrico usado para reproduzir o que está gravado em CD (*compact disk*); CD *player*.

to.ca-dis.cos *sm2núm* Aparelho elétrico usado para reproduzir gravações fonográficas automaticamente.

to.ca-fi.tas *sm2núm* Aparelho elétrico que decodifica os sinais ou dados registrados em fita magnética (cassete); leitor de cassetes. (Cuidado para não usar o "toca-fita", forma que não tem registro em nenhum dicionário, porém, consta da 6.ª ed. do VOLP, lamentavelmente.)

to.cai.a *sf* Emboscada preparada para matar ou caçar; cilada. → **tocaiar** ou **atocaiar** *v* (**1**. emboscar-se para matar ou caçar; **2**. vigiar, observar; **3**. estar de espreita); **tocaieiro** *sm* [aquele que arma tocaia(s)]. ·· **De tocaia**. Em posição ou postura que permite estar alerta para alguma coisa; à espreita, de emboscada.

to.ca-lá.pis *sm2núm* Perna do compasso na qual se encaixa o lápis para descrever arcos ou circunferências.

to.can.te *adj* **1**. Que toca ou diz respeito; relativo, referente: *assuntos tocantes a ela já não me tocam*. **2**. Que comove, enternecendo; chocante, comovente: *palavras tocantes; mensagem tocante; a realidade afegã, hoje, é tocante*. ·· **No tocante a**. Com relação a; relativamente a; a respeito de.

Tocantins *sm* Estado da Região Norte do Brasil. · Abrev.: **TO**. (Usa-se sempre com artigo: *o Tocantins, sou do Tocantins, fui ao Tocantins*.) → **tocantinense** *adj* e *s2gên*.

to.car *v* **1**. Pôr a mão, o dedo, etc. em contato com (alguma coisa) para senti-la; apalpar: *não toque os tomates, na feira!* **2**. Ter contato com; atingir: *assim que tocou solo brasileiro, o Papa se ajoelhou e beijou-o*. **3**. Fazer soar (instrumento musical): *tocar violão*. **4**. Fazer ouvir (som): *os sinos de Belém tocam músicas natalinas*. **5**. Executar (música): *a orquestra tocou valsas*. **6**. Despertar a emoção de; emocionar, sensibilizar: *suas palavras e lamentos já não me tocam*. **7**. Inspirar: *tocou-o a graça divina*. **8**. Conduzir, levar: *os boiadeiros tocam o gado*. **9**. Expulsar: *toquei-o de casa*. **10**. Tratar de, mencionar: *não tocarei nesse assunto*. **11**. Caber em partilha: *tocaram-me apenas uma casinha e um terreno*. **12**. Dizer respeito, interessar: *a ecologia toca a todo o mundo*. **13**. Caber, competir: *tocou-me cuidar dos meus irmãos mais novos*. **14**. Ir de encontro, chocar: *o Titanic tocou num iceberg e afundou*. **15**. Mexer: *não toque em nada no meu quarto!* **16**. Encostar a mão, relar, roçar: *eu nem toquei nela*. **17**. Ir, dirigir-se: *quando soube do ocorrido, toquei para casa rapidamente*. **18**. Soar: *o telefone tocou, tocou, e ninguém atendeu*. **tocar-se 19**. Ter um ponto comum de contato: *os extremos se tocam*. **20**. Entrar em contato: *seus lábios se tocaram*. **21**. Perceber, dar-se conta: *quando me toquei, já havia sido roubado*. · V. **toque**. → **tocador** (ô) *adj* e *sm* (que ou aquele que toca algum instrumento) e *sm* (**1**. auxiliar de tropeiro; **2**. campeiro que toca os animais em marcha).

to.ca.ta *sf* **1**. Composição breve, de forma livre, para piano, órgão ou qualquer outro instrumento de teclado, destinada, em princípio, a mostrar a técnica do instrumentista: *as tocatas de Bach*. **2**. Toque de qualquer instrumento: *aquela tocata de violas é para quê?*

to.cha *sf* Luz portátil produzida pela chama de um pavio embebido em matéria inflamável; facho, archote.

to.co (ô; pl.: ô ou ó) *sm* **1**. Parte inferior de tronco de árvore cortada ou abatida, que fica na terra. **2**. Pedaço de vela ou de tocha parcialmente queimada; coto. **3**. Ponta de cigarro. ·· **Dar um toco em alguém** (gír.). Rejeitá-lo. ·· **Levar** (ou **Tomar**) **um toco** (gír.). **1**. No basquete, ato de o adversário roubar a bola justamente no instante em que o jogador vai fazer a cesta. **2**. *P.ext*. Ser rejeitado; tomar um fora: *Fui falar com a gata, mas levei um toco: ela tem namorado!*

to.co-mo.cho *sm* Conto do vigário com falsos bilhetes premiados da loteria; conto do bilhete premiado. · Pl.: *tocos-mochos*.

to.da.vi.a *conj* Contudo, entretanto, no entanto.

to.do (ô) *pron* **1**. Qualquer (pessoa ou coisa indeterminada): cada, sem excluir nenhum: *todo homem é mortal; todo dia é dia de festa em Salvador (BA)*. // pl **2**. O número todo de (uma espécie): *todos os homens são mortais*. **3**. Toda a gente; todo o mundo; a humanidade: *todos pagaremos um alto preço pelo aquecimento global*. **4**. Parte dessa gente: *todos em casa gostaram de você*. **5**. Cada (sem excluir nenhum); qualquer: *imigrantes de todas as partes do mundo chegam aos Estados Unidos; depois que o filho morreu, ela chora todos os dias*. // *adv* **6**. Totalmente, inteiramente, por inteiro: *ela ficou toda nua*. (Pode flexionar-se por atração, neste caso: *ela ficou toda nua*.) **7**. Exclusivamente, unicamente, só, somente, apenas: *ela diz que o namorado é todo dela; o dourado é um peixe que é todo espinhas*. // *adj* **8**. Completo, inteiro (depois do subst.): *beijei o corpo todo dela; chove o ano todo em Belém*. (Se anteposto, será seguido de artigo: *Beijei todo o corpo dela. Chove todo o ano em Belém*.) **9**. *Fig.* Grande ou o máximo (de): *teve toda a chance de vencer, mas perdeu; tratei-a com todo o respeito; preste toda a atenção!* (Nesta acepção também sempre seguido de artigo.) // *sm* **10**. Agregado de partes que formam um conjunto, uma união: *esse time é um todo harmonioso*. **11**. Aspecto geral: *o todo da sua redação não está ruim*.

to.do-po.de.ro.so *adj* e *sm* Que ou aquele que pode tudo, que tem muita influência. · Fem.: *todo-poderosa*. · Fem. pl.: *todo-poderosas*. · Pl.: *todo-poderosos*. ·· **O Todo-Poderoso**. Deus.

to.do-ter.re.no *sm2núm* Que ou veículo automotor que se utiliza em qualquer tipo de terreno: *pneus todo-terreno; moto todo-terreno; no Brasil, os todo-terreno representam apenas 3% do mercado, mas a tendência é de grande crescimento*. (A 6.ª ed. do VOLP não registra a palavra.)

to.ei.ra *sf* **1**. Cada uma das duas cordas mais próximas dos bordões da guitarra. **2**. Corda de viola. ·· **Nas toeiras** (*pop.* SP). Em grande dificuldade, princ. financeira; em apuros; apertado.

toffee [ingl.] *sm* Caramelo ou bala de açúcar mascavo, leite e manteiga. (Usa-se adjetivamente: *balas toffee*), que, como se vê, não varia. · Pronuncia-se *tófi*.

tofu [jap.] *sm* Espécie de queijo coalho, preparado com leite de soja comprimido, reduzido a pasta, rico em proteínas, usado em saladas e alimentos cozidos. · Pronuncia-se *tofú*.

to.ga *sf* **1**. Capa que advogados, juízes e promotores usam num tribunal; beca. **2**. *P.ext.* Magistratura. → **togado** *adj* e *sm* (que ou aquele que usa toga). ·· **Vestir toga** (fig.). Arvorar-se em juiz: *A ignorância veste toga para me julgar*.

Togo (ô) *sm* País da África, de área pouco maior que a do estado da Paraíba. → **togolês** *adj* e *sm*.

toi.ci.nho ou **tou.ci.nho** sm Gordura do porco localizada subjacente à pele, com o respectivo couro. (O toucinho defumado recebe o nome de *bacon*.)

to.jo (ó; pl.: ó) sm *Pop.* Pessoa entojada que, à primeira vista, já causa repulsa ou repugnância: *essa tua vizinha é um tojo!*

token [ingl.] sm **1**. Moeda emitida por empresa, que pode ser negociada especificamente pelo bem ou serviço oferecido por essa mesma empresa. **2**. Unidade de uma criptomoeda: *dois tokens de bitcoin*. **3**. Sistema gerador de senhas que os bancos usam para garantir a segurança do cliente e evitar fraudes. **4**. Representação digital de um ativo real (quantia em ouro, um imóvel, etc.) · Pl.: *tokens*. · Pronuncia-se *tôukn*.

tol.dar v **1**. Cobrir com toldo: *toldar a entrada da loja*. **2**. Cobrir, tapar: *as árvores frondosas toldam boa parte do rio nesta área*. **3**. Obscurecer: *o álcool e a cocaína toldam a razão*. **4**. Entristecer: *a notícia lhe toldou o rosto*. **toldar(-se) 5**. Turvar(-se): *as chuvas toldaram a água do rio; o rio se toldou com as chuvas*. **toldar-se 6**. Encher-se de nuvens: *o céu se toldou de repente*. → **toldamento** sm [ato ou efeito de toldar(-se)].

tol.do (ô) sm Cobertura, geralmente de lona, destinada a proteger do sol e da chuva portas, janelas, varandas, etc.

to.lei.ma sf Qualidade ou estado de atoleimado ou de pateta (p. ex. quando uma pessoa sai para trabalhar, veste a blusa ao contrário e só percebe o erro na metade do dia).

to.le.rar v **1**. Permitir tacitamente, não se opondo: *tolerar uma gozação*. **2**. Sofrer ou aguentar em silêncio, sem reclamar, por impotência, fraqueza, boa educação, etc.: *a mãe tolera os vícios do filho*. **3**. Não impedir, tendo poder para tolher ou vedar: *o governo tolera o jogo do bicho*. **4**. Reconhecer e respeitar (crenças, práticas, etc. de outrem), sem ser simpatizante delas: *os associados deste clube não toleram a presença de torcedores de outras equipes no seu quadro social*. **5**. Ter tolerância a (substância); suportar: *meu organismo não tolera antibióticos*. → **tolerância** sf (qualidade de tolerante); **tolerante** adj (que tolera: *professor tolerante à indisciplina*); **tolerável** adj (**1**. que pode ser tolerado ou suportado; suportável: *frio tolerável; dor tolerável*; **2**. que não é rigorosamente perfeito, mas sem apresentar grandes defeitos; razoável: *os móveis desses marceneiros são toleráveis*; **3**. aceitável: *erro tolerável; gafe tolerável*).

to.le.te (ê) sm **1**. *Pop.* Rolo de fumo. **2**. *P.ext.* Troço (2). **3**. Cavilha de madeira ou de ferro, fixa na borda do barco, para apoio do remo.

to.lher v **1**. Estorvar, dificultar, embaraçar: *tolher a passagem de veículos*. **2**. Paralisar: *frio que tolhe os membros*. **3**. Não deixar manifestar-se: *a emoção lhe tolheu a voz*. **4**. Opor-se a, lutar contra: *é preciso tolher o avanço do surto da dengue*. **5**. Impedir, proibir: *tolher a liberdade dos filhos*. **tolher-se 6**. Ficar imóvel: *tolher-se de frio, de medo*. → **tolhimento** sm [ato ou efeito de tolher(-se)].

to.lo (ô) adj e sm **1**. Que ou aquele que só pratica asneira, geralmente por ser ingênuo ou pouco inteligente; babaca, imbecil. // adj **2**. Caracterizado pela tolice: *comentário tolo*. · Antôn.: *astuto, sagaz*. → **tolaz** adj e s2gên ou **toleirão** adj e sm (que ou pessoa que é muito tola), de fem. *toleirona*; **tolice** sf (**1**. qualidade de tolo; **2**. qualquer coisa errada, que se faz ou se diz por não pensar ou não saber; asneira, bobagem, besteira, estupidez).

tom sm **1**. Som de altura, qualidade ou duração distinta. **2**. Intervalo entre duas notas correspondente a dois semitons. **3**. Qualidade característica ou timbre de determinado instrumento ou voz. **4**. Maneira de se exprimir na fala ou na escrita. **5**. Cor ou matiz de cor; nuança. **6**. Qualidade da cor. **7**. Cor predominante de um quadro. · V. **tonal**.

to.mar v **1**. Pegar em: *tomou um livro da biblioteca e passou a ler com interesse*. **2**. Segurar, agarrar: *tomar o filho pela mão*. **3**. Suspender, sustentando: *tomar a criança no colo*. **4**. Apoderar-se de; conquistar: *tomar um país*. **5**. Apreender, capturar: *a polícia tomou as armas dos marginais*. **6**. Tirar, furtar, surrupiar: *tomaram-lhe a carteira*. **7**. Ocupar, preencher: *ela tomou o meu lugar*. **8**. Receber por empréstimo: *tomar dinheiro em banco*. **9**. Consumir, gastar (tempo): *é um trabalho que (me) toma tempo*. **10**. Subir (para um veículo): *tomar o ônibus*. **11**. Contratar: *tomei-o para trabalhar comigo*. **12**. Seguir (direção ou caminho): *tomei a rua errada*. **13**. Imitar: *os filhos tomam o exemplo dos pais*. **14**. Ser acometido ou invadido por: *tomei um susto*. **15**. Estorvar, obstruir: *a polícia dispersou os manifestantes que tomavam a passagem na avenida*. **16**. Adotar: *tomar medidas duras*. **17**. Adquirir: *o caso tomou proporções gigantescas!* **18**. Ingerir: *tomar um remédio, uma sopa*. **19**. Aspirar, sorver: *tomar ar puro*. **20**. Calcular, avaliar: *tomar a medida de um terreno*. **21**. Pedir, exigir: *tomar os documentos ao motorista*. **22**. Tirar, arrebatar: *tomaram o pirulito à criança*. **tomar-se 23**. Ser possuído de impressão, sentimento, etc.: *tomar-se de pavor, de ira, de revolta*. → **tomada** sf (**1**. ato ou efeito de tomar; **2**. conquista de cidade, fortaleza, etc.; **3**. ramificação de instalação elétrica, para uso de qualquer aparelho elétrico; **4**. peça que permite a conexão de um circuito elétrico a um circuito de alimentação; plugue; **5**. filmagem de uma cena ou plano dentro da realização de um filme; **6**. unidade básica da televisão, que mostra uma imagem no instante em que está sendo focalizada). ·· **Toma lá dá cá**. Troca de favores, apoios, benesses, etc.

to.ma.ra interj Indica desejo ardente; oxalá. ·· **Tomara que caia**.
1. Traje feminino (vestido ou blusa) que vai até a altura das axilas, desprovido de alças ou mangas. **2**. Diz-se desse traje.

to.ma.ri.lho sm **1**. Planta originária da Nova Zelândia, que dá um fruto semelhante a um tomate. **2**. Esse fruto, de sabor agridoce, rico em vitaminas A e C. (Também conhecido como *tomate-maracujá* e *tomate-francês*.)

to.ma.te sm **1**. Fruto do tomateiro, rico em carotenoides, muito usado em saladas. **2**. Tomateiro. → **tomateiro** sm [planta hortense, nativa da América do Sul, que dá o tomate; tomate (2)].

tom.ba.di.lho sm Parte mais alta do navio, situada na parte traseira.

tom.bar v **1**. Derrubar, deitar abaixo: *tombar as cadeiras*. **2**. Fazer o inventário ou tombo de; registrar: *a biblioteca tombou os livros doados*. **3**. Pôr sob guarda oficial permanente, para conservar e proteger (aquilo que seja de interesse público, por seu valor artístico, histórico ou científico): *tombar cidades históricas*. **4**. Cair no chão, vir abaixo: *o viaduto, antes mesmo de ser inaugurado, tombou*. **5**. Cair rolando, capotar: *o carro deslizou e tombou morro abaixo*. → **tombamento** sm [**1**. ação ou efeito de tombar; tombo (1); **2**. ação ou efeito de fazer o tombo (2 e 3) de]; **tombo** sm [**1**. ação ou efeito de tombar (1); queda, tombamento (1); **2**. inventário dos bens imóveis demarcados; **3**. inventário e registro de livros].

tôm.bo.la sf **1**. Jogo em que ganha aquele que encher primeiro uma cartela com números. **2**. Jogo de azar em que se impele uma bolinha sobre um tabuleiro, com cavidades múltiplas pintadas em cores diversas, ganhando o jogador que tiver apostado na cor da cavidade em que a bola cair. **3**. Loteria com fim beneficente, na qual se ganham prêmios, e não dinheiro; bingo.

to.mis.mo sm Filosofia escolástica do monge dominicano Tomás de Aquino (1225-1274), que tenta conciliar o aristotelismo com o cristianismo. → **tomista** adj (rel. a tomismo: *doutrina tomista*) e s2gên (que ou pessoa que é adepta do tomismo).

to.mo sm **1**. Divisão editorial de uma obra, feita pelo autor ou com sua anuência. **2**. Parte, fragmento, parcela, porção: *contei-lhe apenas um tomo de minha vida*. **3**. *Fig.* Base, fundamento: *sua acusação não tem tomo nenhum*.

to.mo.gra.fi.a sf **1**. Técnica de raios X que produz um filme que representa uma parte detalhada da estrutura em estudo, numa profundidade predeterminada. **2**. Imagem obtida por essa técnica. → **tomográfico** adj (rel. a tomografia ou a tomógrafo); **tomógrafo** sm (aparelho usado para fazer a tomografia); **tomograma** sm (registro visual produzido por tomografia).

to.mo.to.ci.a sf Parto realizado através de uma incisão abdominal; operação cesariana; cesárea. → **tomotócico** adj (rel. a tomotocia: *parto tomotócico*).

to.na sf **1**. Película que envolve alguns vegetais; casca, pele: *a tona do alho, da cebola, da maçã*. **2**. *P.ext.* Qualquer película ou camada fina: *uma tona de pó cobre os móveis*. **3**. Casca que envolve o tronco das árvores; cortiça. **4**. *P.ext.* Casca do sobreiro. **4**. Parte de cima de um corpo aquoso; superfície: *um monstro emergiu para a tona do lago*. ·· **À tona**. **1**. À superfície da água: *Uma bola fica sempre à tona da água*. **2**. Em situação de ser comentado; à baila: *Com a erupção do vulcão, veio à tona novamente a preocupação da população*. **3**. A ser conhecido; a conhecimento: *Depois de casado, o lado mau de sua personalidade veio à tona. A pandemia trouxe à tona novas palavras*.

to.nal adj **1**. Relativo a tom, tonalidade ou tonicidade: *há pouca variedade tonal em sua voz; a gama tonal desse tecido abrange desde o muito claro até o muito escuro*. → **tonalidade** sf (**1**. soma de relações, melódicas e harmônicas, existentes entre os tons de uma escala ou sistema musical; **2**. matiz de uma cor; tom, nuança: *gosto dessa tonalidade de verde*; **3**.*p.ext.* esquema de cores: *existem tecidos de todas as tonalidades*.

ton.di.nho *sm* **1**. *Pop*. Tarso (1). **2**. Em arquitetura, pequena moldura circular na base das colunas.

to.nel *sm* Barril grande, para guardar líquido, geralmente vinho e cerveja, com capacidade equivalente a duas pipas, ou seja, 840 litros.

to.ne.la.da *sf* **1**. Medida de peso do sistema métrico, equivalente a mil quilos. **2**. Conteúdo de um tonel. **3**. Medida com que se calcula o carregamento de vagões, caminhões e navios. → **tonelagem** *sf* (**1**. peso máximo de capacidade de carga de navio, vagão, caminhão, etc., expresso em toneladas; **2**. cálculo ou medida dessa capacidade).

toner [ingl.] *sm* Em impressoras monocromáticas a *laser* e fotocopiadoras, pó preto, fino e resinoso, carregado positivamente, suspeito de ser cancerígeno, usado para impressão. · Pl.: *toners*. · Pronuncia-se **tôu***nâr*.

Tonga *sf* Reino da Oceania, formado por 169 ilhas, das quais apenas 36 são habitadas. **tonga** *adj* e *s2gên*, **tonganês** ou **tongano** *adj* e *sm*.

tô.ni.ca *sf* **1**. O primeiro grau de uma escala diatônica. **2**. Tom básico, a primeira nota de uma escala. **3**. Redução de *vogal tônica* ou de *sílaba tônica*, vogal ou sílaba de uma palavra que sobressai às demais por ser pronunciada com maior intensidade. **4**. Assunto predominante; linha principal: *a tônica do seu discurso foi o desemprego*. **5**. Redução de *água tônica*, água gaseificada que contém quinino, de sabor amargo.

tô.ni.co *adj* **1**. Relativo a tom. **2**. Diz-se de vogal ou sílaba pronunciada com maior intensidade. // *adj* e *sm* **3**. Que ou medicamento que tonifica o corpo. // *sm* **4**. Aquilo que restaura, revigora ou estimula: *um fim de semana passado no campo é sempre um tônico para mim*. **5**. Produto para revigorar o cabelo ou a pele. → **tonicidade** *sf* (qualidade ou estado do que é tônico); **tonificação** *sf* [ato ou efeito de tonificar(-se)]; **tonificador** (ó) ou **tonificante** *adj* (que tonifica)]; **tonificar(-se)** *v* [fortificar(-se), fortalecer(-se): *tonificar os músculos; os músculos se tonificam com exercícios*].

to.ni.nha *sf* Mamífero cetáceo marinho a que se dá também o nome de *boto*.

to.ni.tru.an.te *adj* Ruidoso como um trovão; retumbante. → **tonitruância** *sf* (qualidade ou caráter do que é tonitruante).

to.no *sm* **1**. Redução de *tono muscular*, contração muscular leve e contínua que, nos músculos estriados, ajuda a manter a posição ereta do corpo e auxilia o retorno do sangue venoso ao coração; estado natural de tensão dos músculos do corpo; tônus: *quando há perda do tono, vem a flacidez; num estado de relaxamento completo, isto é, sem tono, o músculo leva mais tempo para iniciar a contração*. **2**. Estado de dinamismo, de vigor físico ou moral; força, energia: *falta-lhe tono, daí por que você não vê sentido nesse seu trabalho*. **3**. Tom de voz. → **tônus** *sm* [**1**. propriedade do músculo; **2**. tono (1)].

ton.si.la *sf* Redução de *tonsila palatina*, cada uma das duas pequenas glândulas laterais existentes no fundo da garganta, perto da base da língua, em forma de amêndoa, antigamente conhecidas como *amígdalas*. → **tonsilar** *sf* [rel. à(s) tonsila(s)]; **tonsilectomia** (lèc) ou **tonsilotomia** *sf* (extração cirúrgica das tonsilas); **tonsilectômico** (lèc) ou **tonsilotômico** *adj* (rel a tonsilectomia ou tonsilotomia); **tonsilite** *sf* (inflamação da tonsila).

ton.su.ra *sf* Corte circular, rente ao cabelo, na parte mais alta e posterior de cabeça, feito entre os clérigos; cercilho, coroa. → **tonsurado** *adj* (**1**. que recebeu a tonsura; cercilhado; **2**. tosquiado; **3**. *fig*. que entrou para o estado eclesiástico) e *sm* (clérigo); **tonsurar** *v* [**1**. praticar a cerimônia da tonsura em; **2**. cortar rente (Lat, pelo ou cabelo); tosquiar: *tonsurou o pelo da ovelha*); **tonsurar-se** (tornar-se padre).

ton.to *adj* **1**. Que sente tontura ou vertigem; zonzo: *altura me deixa tonto*. **2**. Zonzo, atordoado, aturdido: *estou tonto de sono*. **3**. Embriagado, bêbado: *a festa nem havia começado, e ele já estava tonto*. // *adj* e *sm* **4**. Que ou aquele que é bobo, tolo, idiota, sem noção: *desejo tonto; os tontos também votam*. **5**. Que ou aquele que perdeu a razão; demente, doido. → **tontão** *adj* e *sm* (que ou aquele que é mais do que tonto; bobão, babão), de fem. *tontona*; **tonteira** *sf* (**1**. tolice, asnice, disparate; **2**. tontura); **tontura** *sf* (perturbação na orientação espacial, causada por uma queda momentânea da pressão arterial e fluxo sanguíneo para a cabeça, que ocorre quando se levanta muito rapidamente, porém, sem a sensação de estar em movimento, como ocorre na vertigem; tonteira (2)]. · **Às**

tontas. **1**. Sem destino: *Os mendigos perambulam às tontas pelas ruas*. **2**. Levianamente; sem seriedade: *Votar às tontas*. **3**. Sem critério; a torto e a direito: *A polícia chegou e foi distribuindo cassetadas às tontas*.

tô.nus *sm2núm* V. **tono**.

top [ingl.] *sm* **1**. Sinal sonoro breve, de cinco ou de oito segundos, que indica uma contagem regressiva e antecede a transmissão de um telejornal, para que as retransmissoras possam proceder à sincronização. **2**. Peça da indumentária superior feminina, mistura de miniblusa e bustiê. **3**. O que ocupa a posição mais elevada ou mais importante: *qual é o top de linha dessa montadora?* · Pl.: *tops*. · Pronuncia-se *tóp*.

to.par *v* **1**. Encontrar inesperadamente: *topei com ela na praia*. **2**. Aceitar, concordar com: *topar uma aposta*. **3**. Gostar de, simpatizar com: *não topo esse cara*. **4**. Dar com o pé; ir bater de encontro; dar uma topada: *topar na porta de vidro do hotel*. → **topada** *sf* (**1**. tropeção; **2**. choque, encontrão); **topa- -tudo** *s2gên2núm* (pessoa que aceita qualquer coisa para fazer; pau para toda obra).

to.pá.zio *sm* Pedra preciosa, geralmente amarela ou azul-clara, que consiste de um silicato de alumínio contendo flúor, de fórmula $Al_2SiO_4F_2$.

to.pe.te *sm* **1**. Cabelo que fica eriçado e levantado na frente da cabeça, natural ou artificialmente. **2**. *Pop*. Atrevimento, ousadia, audácia: *ela ainda teve o topete de me enfrentar!* → **topetada** *sf* (cabeçada); **topetudo** *adj* (que tem topete) e *adj* e *sm* (**1**.*pop*. que ou aquele que é atrevido, ousado; **2**. *pop*. que ou aquele que tem muita coragem; valente, peitudo: *só mesmo os topetudos enfrentaram a polícia*; **3**. *pop*. que ou aquele que tem poder ou muita influência; poderoso).

to.pi.a.ri.a *sf* Arte de adornar jardins fazendo uma poda especial, que transforma a planta ou grupo de plantas em uma escultura viva. → **topiário** *sm* (jardineiro que pratica a topiaria).

tó.pi.co *adj* **1**. Relativo ou pertencente a um determinado lugar; local: *o linguajar tópico do Recife*. **2**. Referente direta e precisamente ao assunto de que se trata. // *adj* e *sm* **3**. Que ou medicamento que é de uso externo, que se aplica sobre a pele, na parte afetada por algum mal: *medicamento de aplicação tópica*. // *sm* **4**. Argumento aplicado a todos os casos parecidos; lugar-comum. **5**. Pequeno comentário de jornal, geralmente sobre assunto do dia. **6**. Assunto específico sobre o qual se discute; item de discussão: *a pandemia se tornou tópico frequente de conversa*. **7**. Em linguística, tema de um segmento textual. **8**. *Fig.* Ponto a debater: *os tópicos principais de um discurso*.

topless [ingl.] *adj* **1**. Diz-se da veste feminina que não cobre o corpo da cintura para cima. // *sm* **2**. Prática de deixar os seios à mostra em público. · Pronuncia-se *tóp-lés*.

top manager [ingl.] *loc s2gên* Pessoa mais graduada ou de responsabilidade máxima dentro de uma empresa, organização ou repartição pública. · Pl.: *top managers*. · Pronuncia-se *tóp mênidjâr*.

top model [ingl.] *loc s2gên* Modelo profissional bem- -sucedido(a) e muito bem-remunerado(a), que participa de altos eventos internacionais como um de seus destaques. · Pl.: *top models*. · Pronuncia-se *tóp-módel*.

to.po (ô) *sm* **1**. Parte mais alta em que uma coisa termina; ápice, cume, cimo. **2**. Auge, apogeu: *ele atinge atualmente o topo da carreira*. · **Topo de linha**. Que ou carro que é o mais sofisticado de um modelo ou linha de produção.

to.po.gra.fi.a *sf* **1**. Descrição minuciosa de um lugar ou região; topologia. **2**. Representação gráfica das características superficiais de um lugar ou região num mapa, que indica suas posições e elevações relativas. **3**. Características superficiais de um lugar ou região. **4**. Levantamento de tais características. → **topográfico** *adj* (rel. a topografia); **topógrafo** *sm* (profissional versado em topografia).

to.po.lo.gi.a *sf* **1**. Topografia (1). **2**. Tratado da colocação das palavras na frase: a topologia pronominal. → **topológico** *adj* (rel. a topologia); **topologista** *adj* e *s2gên* ou **topólogo** *sm* (especialista em topologia).

to.po.ní.mi.a *sf* **1**. Conjunto dos topônimos de uma região ou de um país. **2**. Estudo desses topônimos. → **toponímico** *adj* (rel. a toponímia); **topônimo** *sm* (nome próprio de lugar ou de acidente geográfico: *Moji é um topônimo indígena*).

top-sider [ingl.] *sm* Sapato esporte, de salto pouco saliente, feito de couro mole e sola de borracha. · Pl.: *top-siders*. · Pronuncia-se *tóp-sáidâr*.

topspin [ingl.] *sm* No tênis, rebatida de efeito que consiste em atingir a bola num plano inclinado, de baixo para cima. · Pl.: *topspins*. · Pronuncia-se *tópspin*.

top ten [ingl.] *loc sm* Lista dos dez livros ou CDs mais vendidos, durante determinado período. · Pronuncia-se *tóp ten*.

to.que *sm* **1**. Ato ou efeito de tocar; contato: *no futebol, toque com a mão na bola é falta*. **2**. Som produzido por batidas ou percussão. **3**. Som que se tira de um instrumento musical. **4**. Aviso sonoro de um telefone: *mudei o toque do celular*. **5**. Jeito próprio; estilo. **6**. Mancha que, nas frutas, indica início de putrefação. **7**. Esmero ou apuro artístico; retoque. **8**. Exame de uma cavidade corporal mediante auxílio dos dedos: *toque retal*. **9**. Pequena porção; pitada: *coquetel com um toque de framboesa*. **10**. *Gír.* Informação, dica: *ela me deu um toque para o concurso*. **11**. Espaço ocupado por um caractere num escrito: *texto de duzentos toques*. **12**. Som convencional que ordena a execução de operações militares.

to.ra *sf* Grande tronco de madeira, sem a casca. · V. **toro**.

to.ran.ja ou **to.ron.ja** *sf* Fruto da toranjeira, arredondado, grande, de polpa rica em vitamina C; pomelo. → **toranjal** ou **toronjal** *sm* (plantação de toranjas ou toronjas); **toranjeira** ou **toronjeira** *sf* (árvore cítrica, nativa das Antilhas, que dá a toranja).

tó.rax (x = ks) *sm2núm* **1**. Parte do tronco humano situada entre o pescoço e o abdome, na qual estão contidos os principais órgãos da respiração e da circulação. **2**. Nos insetos, parte mediana do corpo, situada entre a cabeça e o abdome. → **torácico** *adj* (rel. ou pert. ao tórax).

tor.ce.gão *sm* V. **estorcegão**.

tor.cer *v* **1**. Virar sobre si mesmo, com força: *torcer o pé*. **2**. Fazer virar sobre si mesmo, com força: *torcer o nariz de alguém*. **3**. Entortar: *torcer um prego*. **4**. *Fig.* Distorcer, desvirtuar: *torcer os fatos*. **5**. Mudar de: torcer a vocação. **6**. Ser simpatizante, torcedor ou estimulante (de alguma equipe): *torcer pelo Flamengo*. **7**. Desejar o sucesso (de alguém): *torço por vocês*. **8**. Desejar veementemente (que algo aconteça): *torço pelo sucesso de vocês*. **9**. Inclinar-se, pender: *a árvore, ao cair, torceu para o nosso lado*. **10**. Fazer votos: *torço para que vocês sejam felizes*. **torcer-se 11**. Dobrar-se: *os caules se torceram com a ventania*. **12**. Contorcer-se: *ela se torcia em dores*. → **torção** *sf* [**1**. ato ou efeito de torcer(-se); torcedura; **2**. estado ou condição de algo torcido: *a torção de um fio*; **3**. entorse: *sofrer torção no tornozelo*]; **torcedor** (ô) *adj e sm* (que ou aquele que torce por alguém ou por algum clube); **torcedura** *sf* [**1**. torção (1); **2**. curva, sinuosidade: *as torceduras de um rio*; **3**. beliscão: *dei-lhe uma violenta torcedura, que deve de estar doendo até agora!*]; **torcida** *sf* (**1**. ato ou efeito de torcer; **2**. conjunto de torcedores de todos os times ou de um determinado time: *a torcida vai ao estádio para brigar?*; **3**. mecha de candeeiro ou de vela feita de fios de linho ou de algodão torcidos; pavio: *a torcida estava muito curta, e o fogo não se mantinha*).

tor.ci.co.lo *sm* Condição anormal em que a cabeça é inclinada para um lado, causada por contração espasmódica dos músculos do pescoço; mau jeito.

tor.di.lho *adj* e *sm* Que ou cavalo que tem pelagem negra ou sobressaiem manchas brancas, ou que tem pelagem branca, a que sobressaem manchas negras (*tordilho negro*).

tor.do (ô) *sm* Pássaro canoro migratório, de peito salpicado de manchas negras. (Voz: *trucilar*.)

tó.rio *sm* Elemento químico metálico radiativo (símb.: **Th**), de n.º atômico 90, usado em ligas de magnésio e como fonte de energia nuclear.

tor.men.ta *sf* Tempestade violenta, que causa terror e muitas vezes pânico, por causa do seu grande poder de destruição. · Antôn.: *calmaria*. → **tormentório** ou **tormentoso** (ô; pl.: ó) *adj* (rel. a tormenta ou em que há tormentas; tempestuoso, proceloso: *mar tormentório*); **tormentoso** *adj* (**1**. tormentório; **2**. que provoca tormentas: *vento tormentoso*; **3**. *fig.* trabalhoso, difícil, árduo: *serviço tormentoso este o meu*; **4**. *fig.* agitado, turbulento: *ter sonhos tormentosos*).

tor.men.to *sm* **1**. Ato ou efeito de atormentar(-se). **2**. Cúmulo da dor e da inquietação ansiosa, causadas por sofrimento físico ou mental: *passar tormentos*. **3**. *P.ext.* Qualquer coisa que causa dor ou sofrimento. **4**. *Fig.* Fonte de muitos problemas, preocupações ou aborrecimentos. **5**. *Fig.* Pessoa que causa problemas, preocupações e aborrecimentos. **6**. *Pop.* Terror (5).

tor.na.do *sm* Tempestade rotativa breve, mas muito violenta, que ocorre apenas em terra firme (a que ocorre no mar se diz *tromba d'água*).

tor.nar *v* **1**. Voltar, regressar, retornar: *o bom filho a casa torna; tornemos ao ponto inicial!* **2**. Manifestar-se de novo; voltar: *a juventude não torna jamais*. **tornar-se 3**. Vir a ser: *filho que se tornou rebelde*. **4**. Transformar-se: *a verruga se tornou em câncer*.

tor.ne.ar *v* **1**. Fabricar ou lavrar no torno: *tornear a madeira, para fazer uma bengala*. **2**. Tornar roliço ou redondo; arredondar: *tornear o bumbum, fazendo ginástica*. **3**. Rodear, circundar: *um mar violento torneia Cuba nesta época do ano*. **4**. Cingir: *vários colares lhe torneavam o pescoço*. **5**. Aprimorar, melhorar: *tornear um texto, um discurso*. · Conjuga-se por *frear*. → **torneado** *adj* (**1**. feito ou preparado ao torno: *peça torneada*; **2**. *fig.* benfeito, roliço: *garota de pernas e braços torneados*; **3**. *fig.* escrito ou redigido com certa elegância: *jornalista de textos torneados*) e *sm* (**1**. peça feita ao torno; **2**. forma elegante, roliça: *admiro-lhe o torneado dos braços*; **3**. *fig.* requinte estilístico: *admiro o torneado desse jornalista*); **torneamento** *sm* [torneio (1)];

torneio *sm* (**1**. ato ou efeito de tornear; torneamento; **2**. competição esportiva de curta duração, na qual as equipes participantes não jogam necessariamente todas entre si, recebendo o título de campeão e um troféu aquela que for classificada em primeiro lugar).

tor.nei.ra *sf* Peça, geralmente metálica, adaptada a um recipiente, tubo, cano, etc., acionada manualmente, que permite deixar sair líquido ou gás neles contido, quando aberta.

tor.ni.que.te (ê) *sm* **1**. Aparelho à porta de estádios, cinemas, teatros, supermercados, etc. que permite a passagem de uma só pessoa de cada vez; borboleta. **2**. Instrumento cirúrgico que serve para comprimir as artérias e, assim, evitar as hemorragias.

tor.no (ô) *sm* **1**. Redução de *torno mecânico*, aparelho usado para polir e dar acabamento a qualquer peça, metálica ou de madeira, através do movimento de rotação, dando-lhe forma cilíndrica ou arredondada. **2**. Prego de madeira; cavilha. · Dim. irregular: *tornilho*. → **tornearia** *sf* (arte ou oficina de torneiro); **torneiro** ou **torneiro-mecânico** *sm* [aquele que trabalha ao torno (1)], de pl. *torneiros-mecânicos*. ·· **Em torno**. Ao (ou em) redor; em volta: *Quando olhei em torno, já não havia ninguém ali*. ·· **Em torno a** (ou **de**). Em volta de: *Reuniram-se todos em torno à mesa. Centenas de mariposas esvoaçam em torno da luz*. ·· **Torno de bancada**. Engenho metálico onde se apertam com parafuso as peças que nele se colocam para serem limadas, polidas, etc. (em oposição a *torno mecânico*).

tor.no.ze.lo (ê) *sm* Saliência dos ossos na articulação da perna com o pé, formada do lado interno pela tíbia e do lado externo pelo perônio. → **tornozeleira** *sf* (**1**. peça de malha elástica, usada por atletas, para proteger o tornozelo; **2**. corrente ou tira artesanal, usada como enfeite no tornozelo, princ. pelas mulheres).

to.ro *sm* **1**. Tronco de árvore abatida, ainda com a casca. **2**. Peça de madeira, cujas seções terminais são paralelas. **3**. Reunião de fios grossos ou de cordéis juntos, formando um cabo. · V. **tora**.

to.ró *sm* Aguaceiro forte e efêmero; chuva grossa e passageira, pé d'água.

to.ro.ro.ma *sm Pop.*N Corrente fluvial forte e ruidosa.

tor.pe (ô) *adj* **1**. Moralmente baixo; sórdido, infame: *todo traficante é torpe*. **2**. Obsceno, indecente: *pessoa de linguagem torpe; palavra tomada em sentido torpe*. **3**. Caracterizado pela sordidez ou vileza: *fofocas torpes*. **4**. Asqueroso, nojento, repugnante, repulsivo: *casa onde se veem os mais torpes insetos vagando livremente*. **5**. Sem importância, valor ou relevância; insignificante, fútil: *matou por motivo torpe*. · Antôn. (1 a 3): *nobre, elevado, decente, sério*. → **torpeza** (ê) *sf* ou **turpitude** *sf* (**1**. qualidade de torpe; **2**. ação, atitude ou palavras torpes; **3**. desonestidade; **4**. procedimento desprezível ou vil; ignomínia; **5**. ato impudico ou ofensivo), de antôn. *decência, nobreza*.

tor.pe.dei.ro *sm* Pequeno navio de guerra (entre 200 a 800 toneladas), rápido, ágil, usado antigamente para torpedear navios inimigos; lancha-torpedeira.

tor.pe.do (ê) *sm* **1**. Míssil submarino que explode quando atinge o alvo. **2**. Mina submarina para a destruição de navios. **3**. Em jornalismo, legenda explicativa de uma foto, na primeira página, que dispensa título e texto de chamada convencional, constante de uma a três linhas, terminadas sem ponto, com indicação da página em que se pode ler a notícia. **4**. *Pop.* Coquetel alcoólico feito de bebidas fortes. **5**. *Pop.* Mensagem de texto enviada ao telefone celular de alguém. **6**. *Pop.Chulo* Peido muito malcheiroso; bufa. → **tor.pe.dea.men.to** *sm* (ação ou efeito de torpedear); **torpedear** *v* (**1**. atirar ou lançar torpedos contra; atacar com torpedos: *torpedear um navio*; **2**. *fig.* fazer gorar ou malograr-se: *torpedear o projeto da oposição*; **3**. *fig.* bombardear, massacrar: *os jornalistas torpedeiam o presidente com perguntas descabidas*), que se conjuga por *frear*.

tor.por (ô) *sm* **1**. Estado de inatividade ou insensibilidade física ou mental; estupor. **2**. Letargia, apatia. **3**. Dormência, como a de um animal que hiberna.

tor.que *sm* **1**. Agente dinâmico da rotação; força giratória: *quando queremos fazer um corpo girar em torno de algum ponto, exercemos um torque sobre ele; a maçaneta de uma porta é aberta pela aplicação de um torque*. **2**. Força útil de um motor, a que faz um veículo sair da inércia, arrancar e vencer ladeiras íngremes, sem necessidade de troca de marchas. [Não se confunde com *potência*: o *torque* tem a ver com força; a *potência* tem a ver com velocidade. Um caminhão precisa de *torque*, não de *potência*, já um carro esporte precisa mais de *potência* que de *torque*, se bem que alguns deles possuem bom torque e alta potência. A unidade do *torque*, de acordo com o Sistema Internacional (SI), é o Newton x metro (N.m) e é medido no Brasil em kgfm (quilograma força metro)].

tor.quês *sf* **1**. Tenaz usada para extrair coisas. **2**. Pinça de determinados crustáceos.

tor.rão *sm* **1**. Massa pequena e solta de terra compacta. **2**. Massa pequena e solta de uma substância em pó ou em grãos. **3**. Redução de *torrão natal*, lugar em que se nasceu.

tor.rar *v* **1**. Secar muito; desidratar totalmente: *torrar amendoim*. **2**. *Pop.* Vender por qualquer preço; queimar, liquidar: *os lojistas resolveram torrar o estoque*. **3**. *Pop.* Aborrecer, chatear, incomodar: *essas crianças vivem torrando os vizinhos*. → **torra, torração** ou **torragem** *sf* (ação ou efeito de torrar); **torrada** *sf* (fatia de pão torrado: *tomar chá com torradas*).

tor.re (ô) *sf* **1**. Construção alta, sólida, que antigamente servia para defesa. **2**. Construção alta de uma igreja, na qual geralmente ficam os sinos; campanário. **3**. Ponto elevado de comando, observação, etc. **4**. Construção elevada e estreita, para diversos fins. **5**. Arranha-céu. **6**. Peça do jogo de xadrez. · Aum. regular (1 a 4): *torreão*. → **torrista** *adj* e *s2gên* (que ou pessoa que trabalha no alto da torre de extração de petróleo, no mar, orientando o encaixe dos tubos que são medidos no poço: *o torrista trabalha nas empresas petrolíferas e de gasodutos*), palavra não constante da 6.ª ed. do VOLP. ·· **Torre de babel**. **1**. Reunião de pessoas na qual ninguém se entende. **2**. *Fig.* Grande confusão; balbúrdia.

tor.re.fa.zer ou **tor.ri.fi.car** *v* Sujeitar a fogo ou calor intenso; fazer torrar: *torrefazer café*. → **torrefação** ou **torrificação** *sf* (ato ou efeito de torrefazer ou torrificar); **torrefação** *sf* (**1**. torrificação; **2**. estabelecimento onde se torra e mói café).

tor.ren.te *sf* **1**. Curso de água que, emanando de enxurrada, corre com grande rapidez e violência. **2**. Chuva violenta. **3**. Grande abundância de qualquer coisa. **torrencial** *adj* (**1**. rel. a torrente ou sem. a torrente, em rapidez e violência: *desmoronamentos de terra torrenciais*; **2**. abundante, caudaloso: *chuvas torrenciais*).

tor.res.mo (ê) *sm* **1**. Pequeno pedaço de toucinho frito. **2**. *P.ext.* Qualquer coisa muito torrada.

tór.ri.do *adj* **1**. Extremamente quente, por força da incidência dos raios solares: *zona tórrida; o tórrido dezembro no Brasil.* **2**. *Fig.* Altamente passional; ardente: *ter um caso tórrido com uma vizinha; garota de beijo tórrido*.

tor.ro.ne *sm* Barra de doce, à base de mel e clara de ovos, entremeada de amêndoas ou amendoins torrados, ou com frutas cristalizadas. (A 6.ª ed. do VOLP não registra a palavra.)

tor.so (ô) *sm* **1**. Corpo humano, com exceção da cabeça e dos membros; tronco. **2**. Estátua do corpo humano sem a cabeça nem os membros.

tor.ta *sf* **1**. Alimento cozido ao forno, feito com massa de farinha e recheado com carne, camarão, palmito, etc. **2**. Bolo de camadas, recheado e geralmente com cobertura cremosa: *torta de chocolate*. → **tortilha** *sf* (**1**. torta pequena; **2**. espécie de omelete, de forma arredondada, como a torta, feita com ovos e batatas fritas, que se podem combinar com cebolas, carne, chouriço ou os mais diferentes vegetais, dependendo da região onde é feita).

tor.to (ô; pl.: ó) *adj* **1**. Curvo, sinuoso: *"Deus escreve certo por linhas tortas".* // *adv* **2**. De modo errado: *elas andam torto*. **3**. De esguelha, de lado, obliquamente: *os irmãos dela me olharam torto*. · Antôn. (1 e 2): *reto*. → **tortuosidade** *sf* (qualidade ou estado de tortuoso; sinuosidade); **tortuoso** (ô; pl.: ó) *adj* (**1**. cheio de curvas; sinuoso: *estrada tortuosa*; **2**. *fig.* fraudulento, ilícito, desonesto: *atingir seus objetivos por meios tortuosos*). ·· **A torto e a direito**. Irrefletidamente; sem critério; a esmo; indiscriminadamente: *É uma empresa que demite a torto e a direito*. ·· **Responder torto**. Responder com falta de respeito ou de modo grosseiro.

tor.tu.lho *sm* **1**. Nome comum a cogumelos silvestres comestíveis. **2**. *Fig.* Homem atarracado; tarugo (5), caçapo (2).

tor.tu.ra *sf* **1**. Ato ou efeito de torturar. **2**. Qualidade ou estado do que é tortuoso; tortuosidade, sinuosidade: *a tortura da antiga estrada de Santos*. **3**. Qualquer ato que cause a uma pessoa dores ou sofrimentos agudos, físicos ou psicológicos, provocados deliberadamente, a fim de obter dela informações ou confissões, ou simplesmente pelo prazer sádico de castigá-la ou de intimidá-la; suplício: *ele confessou tudo, mas sob tortura*. **4**. Método de infligir tal suplício. **5**. Qualquer ato de crueldade semelhante cometido contra um animal. **6**. *P.ext.* Sofrimento moral intenso, semelhante a uma tortura; angústia, aflição: *sua vida passou a ser uma tortura, depois desse fato*. **7**. *Fig.* Experiência muito desagradável: *o trânsito em São Paulo é uma tortura!* → **torturar** *v* (**1**. submeter a tortura ou suplício; supliciar: *antes de matarem, torturaram o prefeito*; **2**. *fig.* atormentar moralmente, afligir muito, angustiar: *a indiferença dela é que o tortura*; **3**. incomodar muito, fisicamente: *sapato apertado tortura o pé*; **4**. *fig.* causar experiência muito desagradável: *o trânsito paulistano tortura*); **torturar-se** (afligir-se muito, angustiar-se: *não se torture pensando no dinheiro perdido!*).

tor.ve.li.nho *sm* **1**. Movimento de rotação rápido e em espiral; redemoinho. **2**. *Fig.* Atividade intensa: *perdi-me, num torvelinho de maus pensamentos*. **3**. *Fig.* Estado de completa confusão: *o torvelinho da legislação tributária brasileira*.

to.sar *v* **1**. Aparar a lã de; tosquiar: *tosar ovelhas*. **2**. Cortar rente (cabelo, erva, etc.); rapar, tosquiar: *tosar a grama*. → **tosa** ou **tosadura** *sf* (ação ou efeito de tosar).

tos.co (ô) *adj* **1**. Que não é lapidado, polido nem lavrado; tal como a natureza produziu; bruto: *pedra tosca*. **2**. Grosseiro, malfeito; mal-acabado: *móveis toscos*. **3**. Que não tem cultura nenhuma; bronco, grosseiro, rude: *como pude ser amigo de homem tão tosco!* · Antôn. (1): *polido, lapidado*; (2): *esmerado, caprichado, bem-acabado, benfeito*; (3): *polido, educado, culto*.

tos.qui.ar *v* Tosar. → **tosquia** ou **tosquiadura** *sf* (ação ou efeito de tosquiar).

tos.se *sf* Expiração brusca, sonora e involuntária do ar contido nos pulmões, provocada por irritação das vias respiratórias. → **tossegoso** (ô; pl.: ó) *adj* (que tem tosse: *criança tossegosa*); **tossida** ou **tossidela** *sf* (ato ou efeito de tossir: *dei uma tossida para limpar a garganta e disse tudo o que tinha a dizer*); **tossido** *sm* (tossida artificialmente provocada, com o intuito de chamar a atenção de alguém, ou para fazer alguma advertência); **tossir** *v* (ter ou provocar tosse). ·· **Tosse comprida** (ou **convulsa**). Coqueluche, pertússis.

tos.tão *sm* **1**. Antiga moeda brasileira de níquel, que circulou na época colonial, até 1694, equivalente a 100 réis. **2**. *P.ext.* Dinheiro ou pequena quantidade de dinheiro: *estou sem tostão; dei-lhe alguns tostões*. **3**. *Pop.* No futebol, joelhada que um jogador dá nos músculos da coxa do adversário, provocando dor lancinante; paulistinha.

tos.tar *v* **1**. Secar em excesso, a ponto de queimar superficialmente e escurecer: *o fogo alto tostou o arroz*. **tostar-se 2**. Escurecer-se à ação de calor intenso: *o arroz se tostou, ao fogo alto*. → **tostadeira** *sf* (aparelho próprio para tostar pão, sanduíches, etc.); **tostadela** *sf* (ato ou efeito de tostar de leve); **tostadura** *sf* [ato ou efeito de tostar(-se)].

tos.te *sm* Ato de propor um brinde ou de beber em homenagem a alguém, geralmente em jantares especiais ou banquetes.

to.tal *adj* **1**. Que compreende ou constitui o todo; inteiro: *a obra teve um custo total de cem mil reais; o número total de passageiros; a seguradora considerou perda total nesse carro*.

2. Sem restrição; completo, inteiro: *teve total apoio da família.* **3.** Completo, absoluto: *a peça foi um fracasso total; guerra total; eclipse total da Lua.* // *sm* **4.** Produto da adição; soma: *um total de mil reais.* **5.** Quantidade inteira; totalidade: *ele marcou um total de trinta pontos; o total de maçãs colhidas chega a mil.* → **totalidade** *sf* [quantidade ou soma total; total (5)]; **totalização** *sf* (ato ou efeito de totalizar); **totalizar** *v* (**1.** calcular o total de: *totalizar as despesas, os prejuízos;* **2.** atingir o total de: *as despesas totalizaram mil reais*).

to.ta.li.ta.ris.mo *sm* Sistema político autoritário, caracterizado pela concentração do poder nas mãos de uma ou de algumas pessoas. → **totalitário** *adj* e *sm* (que ou aquele que se caracteriza pelo totalitarismo); **totalitarista** *adj* (rel. ou pert. ao totalitarismo) e *adj* e *s2gên* (que ou pessoa que é partidária do totalitarismo).

to.tem ou **tó.te.me** *sm* **1.** Entre certas antigas tribos primitivas, planta ou ser animado (animal, ave, etc.) tomados como símbolos de respeito (mas não de culto), com os quais se consideravam intimamente relacionados, por parentesco ou descendência, evitando, em geral, matá-los, comê-los ou destruí-los. **2.** *P.ext.* Pessoa ou coisa considerada um símbolo reverenciado: *Pelé é o totem do futebol mundial; as cadeias de fast food se tornaram totens do desenvolvimento econômico de muitos países.* · Pl.: *totens* (1). → **totêmico** *adj* (rel. ou sem. a totem: *culto totêmico; a entrada da casa é ladeada por figuras totêmicas*); **totemismo** *sm* (crença em totens ou sistema de organização social fundamentado no totem); **totemista** *adj* (rel. a totemismo) e *adj* e *s2gên* (praticante do totemismo); **totemístico** *adj* (rel. a totemismo ou a totemista).

to.tó *sm* **1.** Cão pequeno; cãozinho: *como é o nome do seu totó?* **2.** Tufo de cabelo atado, geralmente de cada um dos lados da cabeça. **3.** Jogo inspirado no futebol, que se pratica numa mesa e consiste em manipular bonecos presos a manetes; pebolim. **4.** *Pop.* Leve toque na bola, desviando sutilmente sua trajetória (usado mais no diminutivo: *totozinho*.) **5.** *Pop.* Excremento. ·· **Futebol totó**. Pebolim; totó (3).

tou.ca *sf* **1.** Cobertura de cabeça amarrada sob o queixo, de vários feitios, segundo as épocas e localidades, usada princ. por crianças. **2.** Peça com que as religiosas cobrem a cabeça, pescoço e ombros. → **toucado** *sm* (conjunto dos ornatos que as mulheres usam na cabeça); **toucar** *v* [**1.** pôr touca em: *ninguém mais touca os filhos como antigamente;* **2.** cobrir com touca: *toucar os cabelos;* **3.** pentear e arrumar convenientemente (o cabelo)].

tou.ça *sf* Grupo espesso de arbustos ou de plantas rasteiras; moita. → **touceira** *sf* (**1.** porção de plantas unidas, da mesma natureza; grande touça; **2.** parte viva restante do tronco de uma árvore abatida).

tou.ca.dor (ô) *sm* Cômoda com espelho e às vezes luzes, com utensílios próprios para alguém se pentear e/ou se maquiar; penteadeira.

touchscreen [ingl.] *sf* **1.** Em informática, tecnologia que dispensa o uso do *mouse*, sendo os comandos executados mediante leves toques na tela do computador. **2.** Tela de computador ou celular sensível ao toque, que possibilita ao usuário realizar toques ou comandos de determinado aparelho a partir do toque direto na tela da máquina ou do aparelho, sem necessidade de usar periféricos. · Pronuncia-se *ták-scrin*.

tou.pei.ra *sf* **1.** Mamífero insetívoro que vive em tocas, de olhos tão rudimentares, que por muito tempo se acreditou não existirem. (Voz: *chiar*.) **2.** *Fig.* Pessoa intelectualmente cega, ignorante, bronca, estúpida.

tour [fr.] *sm* **1.** Viagem ou passeio que consiste em visitar vários lugares de interesse, por lazer ou cultura, geralmente com a orientação ou a liderança de um guia; turismo. **2.** Grupo organizado para essa viagem ou passeio. · Pl.: *tours*. · Pronuncia-se *túR*. ·· ***Tour de force***. **1.** Exercício físico que exige muito esforço. **2.** Esforço muito grande, para alcançar um fim. · Pronuncia-se *túR de fóRs*.

tournée [fr.] *sf* V. **turnê**.

tou.ro *sm* **1.** Animal bovino, macho, adulto e não castrado; macho bovino não castrado. (Voz: *berrar, bufar, mugir, urrar*.) // *sm* **2.** *Fig.* Pessoa muito forte. **Touro 3.** Constelação e signo do zodíaco. · Fem. (1): *toura*. · V. **taurino**. → **toura** *sf* (**1.** fêmea do touro; **2.** vaca estéril ou que ainda não teve crias; **3.** *pop.* mulher brava ou irascível); **tourada** *sf* (corrida de touros; tauromaquia); **toureação** *sf* ou **toureio** *sf* (ação ou efeito de tourear); **tourear** *v* [correr (touros) em circo ou arena; praticar a tauromaquia), que se conjuga por *frear*.

tó.xi.co (x = ks) *adj* **1.** Que produz efeitos nocivos à saúde; venenoso: *os pesticidas, sem exceção, são produtos tóxicos; gás tóxico; lixo tóxico; cogumelo tóxico.* **2.** Relativo a toxina ou veneno: *condição tóxica.* **3.** Causado por uma toxina ou outro veneno: *hepatite tóxica.* **4.** Que tem o efeito de um veneno: *os antibióticos curam, mas são tóxicos; viver uma relação tóxica com a mulher.* // *sm* **5.** Veneno: *ela ingeriu tóxico, porque queria morrer.* **6.** Entorpecente, droga: *ele é viciado em tóxicos.* → **toxicidade** (tò; x = ks), **toxidade** (x = ks) ou **toxidez** (tò; x = ks; ê) *sf* (qualidade de ser tóxico ou venenoso: *a toxicidade de um medicamento depende de sua dosagem; determinar a toxidez do arsênio*); **toxicodependência** (tò; x = ks) *sf* (condição ou estado de dependência psicológica e/ou física, devido ao frequente consumo de drogas, que persiste mesmo havendo consequências negativas extremas); **toxicodependente** (tò; x = ks) *adj* e *s2gên* (que ou pessoa que é dependente psíquica ou fisicamente de algum tipo de droga); **toxicofobia** (tò; x = ks) *sf* (medo mórbido de venenos e de ser envenenado); **toxicofóbico** (tò; x = ks) *adj* (rel. a toxicofobia); **toxicófobo** (tò; x = ks) *adj* e *sm* (que ou aquele que tem toxicofobia); **toxicologia** (tò; x = ks) *sf* (estudo científico dos venenos, sua detectação, seus efeitos e métodos de tratamento para as condições por eles produzidas); **toxicológico** (tò; x = ks) *adj* (rel. a toxicologia); **toxicologista** (tò; x = ks) *adj* e *s2gên* (especialista em toxicologia); **toxicomania** (tò; x = ks) *sf* (vício de ingerir entorpecentes); **toxicomaníaco** (tò; x = ks) ou **toxicômano** (tò; x = ks) *adj* e *sm* (que ou aquele que é viciado em tóxicos ou entorpecentes);

toxina (tò; x = ks) *sf* (**1.** substância venenosa de origem animal ou vegetal: *toxina bacteriana;* **2.** substância solúvel e tóxica elaborada por bactérias); **toxinose** (tò; x = ks) *sf* (qualquer doença causada por uma toxina).

TPM *sf* Sigla de *t*ensão *p*ré-*m*enstrual.

TR *sf* Abreviatura de *t*axa *r*eferencial de juros, taxa tida como referência para reajustes da caderneta de poupança e de diversos tipos de contrato e dívida, inclusive financiamentos imobiliários, definida todo mês pelo Banco Central, de acordo com a remuneração média das aplicações bancárias. · Pl.: TRs.

tra.ba.lho *sm* **1.** Esforço físico ou mental para realizar algo necessário ao indivíduo ou à sociedade: *"o trabalho dignifica o homem".* **2.** Emprego, ocupação, serviço, atividade, meio de subsistência: *são milhões as pessoas que procuram trabalho; seu trabalho era de datilógrafo.* **3.** Local onde isso se dá: *ela sai do trabalho às 18h.* **4.** Realização, empreendimento: *seu trabalho à frente do Ministério da Educação é exemplar.* **5.** Tarefa escolar; deveres: *o professor passou trabalho para casa.* **6.** Serviço, tarefa: *já terminei o trabalho.* **7.** Esforço cansativo, despendido em uma tarefa específica; canseira: *você não imagina o trabalho que tive para fazer essa mesa!* **8.** Grande esforço; luta: *foi um trabalho daqueles demovê-lo dessa ideia.* **9.** Encargo, obrigação: *é meu trabalho zelar pelo bem público.* **10.** Algo que resulta do uso ou modelagem de um determinado material: *um trabalho de porcelana.* **11.** Esforço humano aplicado à produção de riqueza: *os conflitos entre o capital e o trabalho.* **12.** Obra resultante de uma atividade: *o professor nos pediu um trabalho sobre a Inquisição espanhola.* **13.** Maneira, estilo ou qualidade de uma obra: *trabalho de mestre.* **14.** Criação artística (pintura, escultura, composição literária ou musical, etc.); obra de arte: *esse trabalho de Picasso foi reconhecido mundialmente.* **15.** Ação dos agentes naturais: *a erosão é um trabalho do vento, da água e do tempo.* **16.** *Pop.* Feitiço, despacho: *ela fez um trabalho contra o ex-namorado.* **17.** Em física, transferência de energia de um sistema físico para outro. **18.** Medida de energia gasta para mover um objeto; força vezes distância. → **trabalhador** (ô) *adj* (que se dedica bastante a seu trabalho; que trabalha muito: *funcionário trabalhador*) e *sm* (operário: *o dia primeiro de maio é dia do trabalhador*), de fem. (1): *trabalhadora;* (2): *trabalhadora* (ô); **trabalhão** *sm* (**1.** grande trabalho; trabalheira: *tive um trabalhão neste Natal;* **2.** *fig.* grande dificuldade: *foi um trabalhão fazê-lo mudar de ideia*); **trabalhar** *v* [**1.** pôr em obra; lavrar: *trabalhar a terra;* **2.** aperfeiçoar, melhorar: *trabalhar um texto;* **3.** exercer sua atividade em (lugar): *esse vendedor trabalha o Nordeste;* **4.** influenciar ou persuadir (em geral insidiosamente); condicionar: *trabalhar o eleitorado;* **5.** ocupar-se de algum ofício ou profissão: *trabalhar em compra e venda de veículos;* **6.** esforçar-se, empenhar-se: *trabalhou muito em formar os filhos;* **7.** negociar, comerciar: *trabalhar com carros usados;* **8.** dedicar-se a uma profissão: *ela nāo trabalha nem estuda;* **9.** estar em operação; funcionar: *as usinas hidrelétricas trabalham 24h por dia;* **10.** cogitar, matutar: *minha cabeça trabalha dia e noite;* **11.** exercer uma atividade de modo contínuo: *trabalhei até tarde ontem*]; **trabalheira** *sf* [trabalhão (1): *a infelicidade dá uma trabalheira danada!*]; **trabalhoso** (ô; pl.: ó) *adj* (que dá muito trabalho: *serviço trabalhoso*). ·· **Dar trabalho**. **1**. Ser encargo pesado para alguém: *A elaboração deste dicionário deu trabalho*. **2**. Exigir atenção e cuidados constantes de alguém: *Esse filho sempre me deu trabalho*. ·· **Trabalho de campo**. **1**. Toda e qualquer atividade realizada fora de um laboratório, com o propósito de obter dados ou coletar amostras, para uma determinada pesquisa, ou para esclarecimento e diagnóstico de doenças. **2**. Componente de um estudo de mercado que implica entrevistas pessoais realizadas por investigadores especializados, com o objetivo de obter dados ou informações. ·· **Trabalhos forçados**. Trabalhos obrigatórios impostos a um condenado.

tra.bu.co *sm* **1**. Antiga máquina de guerra com que se lançavam grandes pedras contra as fortalezas. **2**. Espingarda curta e de boca larga, espécie de bacamarte.

tra.ça *sf* Pequeno inseto noturno que, no estado larvar, rói papel, madeira, semente, tecido, etc.

tra.ção *sf* **1**. Modo de ação de uma força motriz colocada adiante da força de resistência. **2**. Ação exercida pelas rodas motrizes de um automóvel, transmitida a todo o veículo, levando-o a se movimentar. · V. **tracionar** e **tratório**.

tra.ci.o.nar *v* Deslocar por tração; puxar: *trator que traciona grandes cargas; tracionar um reboque; tracione a barra até a altura da nuca!* → **tracionador** (ô) *adj* e *sm* (que ou o que traciona); **tracionamento** *sm* (ação ou efeito de tracionar: *tracionamento de carga; minha impressora apresenta de vez em quando problemas no tracionamento do papel*.

trackball [ingl.] *sm* **1**. Tecnologia que dispensa o uso do *mouse*, sendo os comandos executados mediante toques na tela do computador. **2**. Dispositivo de controle do cursor, semelhante ao *mouse*, provido de uma bola ou esfera que fica voltada para cima, destinada a ser movida, para provocar o deslocamento do cursor na tela, permitindo que a mão do usuário fique imóvel e só os dedos se movimentem. · Pl.: *trackballs*. · Pronuncia-se *trékbòl*.

tracking [ingl.] *sm* Pesquisa que a coordenação de uma campanha encomenda, para saber das reais condições de um produto ou candidato. · Pl.: *trackings*. · Pronuncia-se *trékin*.

tra.ço *sm* **1**. Ato ou efeito de traçar; traçado (1); traçamento. **2**. Qualquer linha ou risco feito com caneta, lápis, pincel, etc.: *conhece-se a personalidade de uma pessoa pelos traços de sua letra*. **3**. Contorno de um objeto não sombreado. **4**. Marca visível (uma pegada, p. ex.) deixada na passagem de pessoa, animal ou coisa. **5**. Sinal indicativo da presença ou existência de alguma coisa em outras épocas; vestígio, sinal, marca: *a guerra sempre deixa seus traços*. **6**. Marca distintiva; caráter: *essa letra tem o traço de gente culta*. **7**. Indicativo de leve percepção; toque: *falou com um traço de sarcasmo*. **8**. Quantidade mínima, imensurável: *sangue com traços de cocaína*. **9**. Aspecto, cada: *esse é um traço forte de seu caráter*. **10**. Ilustração sem chapeados nem meios-tons, feita só com traços: *as charges são traços*. **11**. Em institutos de pesquisa, quantidade menor de 1%. // *smpl* **12**. Feições, linhas do rosto: *ele tem traços do pai*. → **traçado** *sm* [**1**. ato ou efeito de traçar (linhas, riscos, etc.); traçamento; **2** maneira ou modo de traçar; **3**. planta de rodovia, ferrovia, rua, avenida, etc.] e *adj* (que se traçou); **traçamento** *sm* [traçado (1), traço (1)]; **traçar** *v* [**1**. fazer ou descrever (traços): *traçar uma reta*; **2**. representar por meio de traços; delinear, esboçar: *traçar um perfil*; **3**. riscar, pautar: *traçar uma cartolina*; **4**. planejar, projetar, tracejar: *traçar um plano de ação*; **5**. determinar, estabelecer: *a diretoria traçou as novas diretrizes para a empresa*; **6**. demarcar, delimitar: *traçar as divisas de um Estado*; **7**. expor, mostrar: *traçar a situação do ensino no Brasil*; **8**. pôr de través ou a tiracolo; cruzar: *traçar um xale sobre o ombro; ao tomar posse, o presidente traça a faixa no peito*]; **tracejado** *adj* (que se tracejou), *sm* (conjunto das linhas ou das superfícies tracejadas, num desenho) e *adj* e *sm* (que ou linha que se formou pela sequência de pequenos traços iguais, a intervalos também sempre iguais); **tracejamento** *sm* (ação ou efeito de tracejar); **tracejar** *v* [**1**. formar (figura) com traços; fazer tracejado em: *passou a aula toda tracejando o contorno do rosto da namorada*; **2**. mencionar rapidamente: *a questão do homossexualismo em si não é bem o ponto central do filme, é um pano de fundo para tracejar os relacionamentos e os nós da trama*; **3**. fazer traços nas linhas; riscar: *pegou um lápis e uma folha de papel em branco e começou a tracejar*), verbo que mantém fechada a vogal tônica durante a conjugação]. ·· **Traço de união**. Hífen.

tra.co.ma *sm* Doença ocular infecciosa, crônica e contagiosa, causada por uma bactéria. → **tracomatoso** (ô; pl.: ó) *adj* (rel. a tracoma) e *adj* e *sm* (que ou aquele que é acometido de tracoma).

trade [ingl.] *sm* Operação de compra e venda de ativos (ações) no curtíssimo prazo. · Pl.: *trades*. · Pronuncia-se *trêid*. → **trader** *s2gên* (pessoa que realiza operações de curtíssimo prazo na Bolsa de Valores: *o trader deve estar preparado para uma atividade intensa, que exige estratégia, equilíbrio, disciplina e sobretudo sangue-frio para lidar com o sobe e desce do mercado e colocar o lucro no bolso*), que se pronuncia *trêidâr*. ·· **Trade turístico**. Conjunto de agentes, operadores, hoteleiros e prestadores de serviços turísticos: *O trade turístico apresentou roteiros para a serra gaúcha*.

trademark [ingl.] *sf* Nome, figura, símbolo ou logotipo que identifica um produto, registrado oficialmente e de uso exclusivo do fabricante; marca registrada. · Pl.: *trademarks*. · Pronuncia-se *trêidmárk*.

trade name [ingl.] *loc sm* Nome fictício sob o qual uma firma ou empresa fica conhecida popularmente, diferente daquele registrado oficialmente como sua razão social; nome de fantasia. · Pl.: *trade names*. · Pronuncia-se *trêid nêiM*.

trade-off [ingl.] *sf* Relação custo-benefício. · Pl.: *trade-offs*. · Pronuncia-se *treidóf*.

tra.di.ção *sf* **1**. Transmissão de elementos de uma cultura de geração para geração, princ. pela comunicação oral. **2**. Usos e costumes que vêm de longa data e servem praticamente como uma lei escrita. **3**. Série desses usos e costumes tomados como um corpo coerente de exemplos influentes no presente. **4**. Costume, praxe. → **tradicional** *adj* (**1**. rel. ou pert. à tradição; **2**. fundado ou baseado na tradição; **3**. que se conserva ou se transmite pela tradição; **4**. que segue os costumes ou as ideias próprias do passado; conservador: *ele não entende os filhos, porque é um pai tradicional*; **5**. que segue os usos ou o estilo mais comum; corrente: *é um modelo tradicional de automóvel, não vejo ousadia no seu design*; **6**. diz-se da gramática essencialmente normativa: *pela gramática tradicional, não devemos conjugar o verbo explodir integralmente*); **tradicionalidade** *sf* (qualidade do que é tradicional; transmissão de geração a geração de alguma coisa considerada importante: *a tradicionalidade oral é de suma importância para os povos indígenas*); **tradicionalismo** *sm* (**1**. atitude de apego aos costumes, ideias ou normas do passado; conservadorismo; **2**. tendência política que advoga a manutenção ou o restabelecimento das instituições antigas na organização do Estado e da sociedade); **tradicionalista** *adj* (**1**. rel. a tradicionalismo; **2**. retardado no tempo; retrógrado, ultrapassado) e *adj* e *s2gên* (que ou pessoa que é partidária do tradicionalismo ou que preza muito as tradições: *família tradicionalista*); **tradicionário** *adj* e *sm* (**1**. que ou aquele que segue as tradições; **2**. que ou judeu que se socorre da tradição talmúdica para interpretar a Bíblia.

trading company [ingl.] *loc sf* Empresa de importação e exportação de material, bens e serviços. · Pl.: *trade companies*. · Pronuncia-se *trêid kômpani*.

tra.du.zir *v* **1**. Transpor de uma língua para outra; verter, trasladar: *traduzir as obras de Shakespeare*. **2**. Manifestar, revelar: *traduzir todos os seus sentimentos numa carta*. **3**. Representar, simbolizar: *a balança traduz a justiça; o resultado das eleições traduziu a indignação do povo contra a corrupção*. **4**. Fig. Explicar, exprimir, explanar: *é um candidato que traduz suas ideias em poucas palavras*. **5**. Fig. Interpretar: *você conseguiu traduzir fielmente o que eu sinto por ela*. **6**. Fig. Significar, indicar: *o aspecto dela traduz relaxo, desleixo*. **traduzir-se 7**. Manifestar-se, transparecer: *seu ódio se traduzia em cada um de seus gestos*. **8**. Transformar-se: *esse lance iria traduzir-se no primeiro gol da equipe; nossa campanha vai traduzir-se em muitos benefícios para os pobres*. → **tradução** *sf* [**1**. ato ou efeito de traduzir(-se); **2**. obra traduzida: *não leio traduções*]; **tradutor** (ô) *adj* e *sm* (que ou aquele que faz traduções) e *sm* (intérprete).

trá.fe.go *sm* **1**. Movimento de veículos, navios, aviões, pedestres, etc., numa área ou numa rota. **2**. Conjunto de veículos ou de pedestres em trânsito. **3**. Fluxo das mensagens transmitidas por determinado meio de comunicação. (Não se confunde com *tráfico*.) → **trafegar** *v* (transitar, passar: *carros trafegam mais nas avenidas que nas ruas*).

trá.fi.co *sm* Negócio desonesto ou fraudulento. (Não se confunde com *tráfego*.) → **traficância** *sf* (ação ou efeito de traficar); **traficante** *adj* e *s2gên* (que ou meliante que trafica); **traficar** *v* (comerciar ilicitamente: *traficar com entorpecentes*).

tra.gar *v* **1.** Beber de um trago: *tragou um copo de cachaça e não fez nem careta!* **2.** Engolir com avidez, de uma só vez, sem mastigar: *minha fome é tanta, que sou capaz de tragar um boi!* **3.** Absorver a fumaça do tabaco aos pulmões: *ela fuma, e não traga.* → **tragada** *sf* [ação de tragar (fumaça de cigarro ou bebida alcoólica)]; **trago** *sm* (**1**. gole de bebida alcoólica tomado com avidez; **2.** eminência cartilaginosa à entrada do conduto auditivo externo do homem que geralmente se enche de pelos na idade avançada; trágus]; **trágus** *sm* [trago (2)].

tra.gé.dia *sf* **1.** Peça teatral em que figuram personagens ilustres, históricas ou mitológicas, escrita em linguagem poética, nobre, elevada, cujo fim é excitar o terror e a piedade, terminando sempre por um acontecimento funesto. **2.** Representação desse tipo de peça teatral. **3.** Gênero desse tipo de peça teatral. **4.***P.ext.* Acontecimento funesto; desgraça, catástrofe. · Antôn. (1): *comédia.* → **tragicidade** *sf* (qualidade do que é trágico); **trágico** *adj* (**1.** rel. a tragédia; **2.** que tem os elementos da tragédia; calamitoso; **3.** funesto, sinistro) e *adj* e *sm* (que ou aquele que compõe tragédia);

tragicomédia *sf* (**1.** peça teatral que combina elementos da tragédia e da comédia, sempre com final feliz; comédia trágica; **2.** incidente ou situação que tem ao mesmo tempo elementos trágicos e cômicos); **tragicomicidade** *sf* (qualidade de tragicômico); **tragicômico** *adj* (**1.** rel. a tragicomédia; **2.** que é ao mesmo tempo trágico e cômico; *funesto, mas pontilhado de incidentes cômicos*).

trailer [ingl.] *sm* **1**. Filme curto e promocional, que mostra cenas selecionadas de um filme ou de um programa de televisão. **2.** Veículo sem tração própria, puxado por automóvel, caminhão, trator, etc.; reboque. **3.** Veículo ligado a um automóvel e usado como casa móvel, equipado com móveis, cozinheta, banheiro, etc., próprio para acampar. · Pl.: *trailers.* · Pronuncia-se *trêilâr.*

trainee [ingl.] *s2gên* Profissional recém-formado(a) ou em início de carreira que passa por um treinamento, para assumir determinado cargo numa empresa. · Pl.: *trainees.* · Pronuncia-se *treiní.*

trai.nei.ra *sf* Barco de pesca que usa traina (rede de pescar sardinhas).

training [ingl.] *sm* **1**. Rotina de quem treina; treinamento. **2.** Roupa leve e macia, geralmente de malha ou de moletom, utilizada na prática esportiva. · Pl.: *trainings.* · Pronuncia-se *trêinin.*

tra.ir *v* **1.** Expor (pessoa, grupo, país, etc.) ao perigo, ao fornecer informações preciosas ao inimigo; cometer traição; atraiçoar: *Joaquim Silvério dos Reis traiu seus companheiros.* **2.** *Fig.* Revelar não ser merecedor de (algo): *ela traiu a minha confiança.* **3.** *Fig.* Cometer infidelidade conjugal contra: *ela é mulher que trai o marido.* **4.** *Fig.* Frustrar, decepcionar: *o carro me traiu na curva; minhas pernas me traíram na corrida.* **5.** *Fig.* Abandonar ou deixar de cumprir de forma ignóbil (algo abstrato): *trair seus próprios ideais; trair juramento é grave.* **6.** *Fig.* Revelar involuntariamente: *aquele sorriso traiu sua satisfação pelo ocorrido; seu nervosismo trai seu medo.* **7.** *Fig.* Faltar, falhar: *minha memória só me trai.* · Conjuga-se por *cair.* → **traição** *sf* (ato ou efeito de trair); **traiçoeiro** *adj* (rel. a traição) e *adj* e *sm* (que ou aquele que traiu ou costuma trair); **traidor** (ô) *adj* e *sm* (que ou aquele que comete ou cometeu traição).

trai.ra *sf* **1.** Peixe fluvial carnívoro, possuidor de dentes fortes e afiados, de carne pouco apreciada. **2.** *Gír.Pej.* Pessoa que trai parente, companheiro ou colega.

tra.je *sm* Vestuário habitual, do dia a dia, próprio de uma ocasião ou de uma profissão; vestes. → **trajar(-se)** *v* [vestir(-se): *trajar de branco; ela sempre (se) traja na moda*].

tra.je.to *sm* Percurso ou caminho que deve ser percorrido de determinado ponto a outro. → **trajetória** *sf* (**1.** caminho de um projétil ou de qualquer corpo que se desloca no espaço; **2.** caminho escolhido ou tomado).

trá-lá-lá *sm* Nádegas. · Pl.: *trá-lá-las.*

tra.lha *sf* **1.** Pequena rede de pesca com que só um homem pode manejar. **2.** Amontoado de coisas velhas, sem préstimos; cacaréus, bugigangas, trastes. **3.** *Pop.* Conjunto de objetos usados para determinado fim: *a tralha de marceneiro.* **4.** *Pop.* Antífen, cerquilha.

tra.ma *sf* **1.** Estrutura de fios que num tecido se cruzam no sentido transversal da peça, cruzados pelos da urdidura. **2.** Sequência de acontecimentos que constituem a base do enredo de um romance, conto, filme ou peça de teatro. **3.** Conjunto de ações planejadas em segredo contra alguém ou alguma instituição; conluio, conspiração. → **tramar** *v* [**1.** passar (a trama) por entre os fios da urdidura; tecer, entrelaçar; **2.** *fig.* maquinar, armar, urdir: *tramar um plano diabólico*]; **tramista** *adj* e *s2gên* [que ou pessoa que arma tramas contra outrem; caloteiro(a), trapaceiro(a), velhaco(a)].

tra.man.zo.la *s2gên Pop.*RS Pessoa jovem, alta e cheia de vida, mas preguiçosa.

tram.ba.le.ar ou **tram.ba.lhar** *v Pop.*RS Trambecar. · Conjuga-se (1) por *frear.*

tram.bi.que *sm* Negócio fraudulento. → **trambicar** *v* (trapacear); **trambiqueiro** *adj* e *sm* (que ou aquele que é dado a fazer trambiques; trapaceiro, vigarista).

tram.bo.lha.da *sf* Porção de coisas atadas ou enfiadas. ·· **De trambolhada**. Aos trambolhões: *A enxurrada levou, de trambolhada, carros, pontes e até pessoas.*

tram.bo.lhão *sm* **1.** Queda com ruído; baque. **2.** *Pop.* Decadência ou ruína súbita. **3.** Acontecimento imprevisto; contratempo. ·· **Aos trambolhões**. Desordenadamente; aos trancos e barrancos; de trambolhada.

tram.bo.lho (ô) *sm* **1**. Qualquer corpo pesado que se prende ao pé de um animal doméstico, para que não se afaste da casa; trangalho. **2**. Grande molho; feixe volumoso: *um trambolho de chaves, de legumes.* **3**. *Fig.* Obstáculo, estorvo: *tire esse trambolho do caminho!* **4**. *Fig.* Pessoa muito gorda, que anda com dificuldade: *o rei Momo era um trambolho, mal conseguia mover as pernas e ainda queria sambar!*

tram.bu.la.dor (ô) *sm* Peça que liga à base da alavanca do câmbio de um veículo a suas engrenagens, responsável pelo encaixe entre estas.

tra.me.la ou **ta.ra.me.la** *sf* **1.** Peça de madeira que, girando em torno de um prego, serve para fechar porta ou janela de casas rústicas, gaiolas, etc.; cravelho. **tramela 2**. No RS, peça de madeira que se prende ao pescoço do bezerro, para evitar que mame. → **tramelar** ou **taramelar** *v* (fechar com tramela ou taramela).

trâ.mi.tes *smpl* Curso ou caminho normal, apropriado, rotineiro. → **tramitação** *sf* (**1.** ato ou efeito de tramitar: *a tramitação do divórcio já havia sido iniciada*; **2.** série de atos e medidas prescritas para a consecução de um processo); **tramitar** *v* [seguir os trâmites (um processo, um documento)].

tra.moi.a (ói) *sf* Manobra secreta com objetivos escusos ou ilícitos; trapaça, armação, cambalacho. → **tramoieiro** (òi) *sm* (aquele que é dado a fazer tramoias).

tra.mon.ta.na *sf* **1**. Estrela polar. **2.** Vento do norte. **3**. Rumo do norte. ·· **Perder a tramontana. 1**. Perder o rumo; desnortear-se. **2**. Atrapalhar-se, perturbar-se: *É comum um motorista interiorano perder a tramontana no trânsito paulistano.*

tram.po.lim *sm* **1.** Prancha de onde os nadadores tomam impulso para o salto. **2.** *Fig.* Meio de ascensão: *o Ministério da Fazenda é o trampolim perfeito para mergulhar na presidência da República.* **3.** *Fig.* Pessoa que serve como meio de ascensão: *a tia era o trampolim ideal para que ele chegasse ao cargo pretendido.*

tram.po.li.na *sf* **1.** Cambalhota. **2.** Trapaça, tramoia, cambalacho, velhacaria. → **trampolinagem** *sf* (ato de fazer trampolinas ou de dizer trampolinices); **trampolinar** *v* (cometer trampolinas); **trampolineiro** *adj* e *sm* [**1.** que ou aquele que comete trampolinas (2); trapaceiro, velhaco; **2.** (caloteiro); **trampolinice** *sf* [ato próprio de trampolineiro; trapaça, trampolina (2)].

tram.po.se.ar *v Pop.*RS Intrometer-se nos negócios ou na vida alheios. · Conjuga-se por *frear.*

tran.ca *sf* **1**. Barra de ferro ou de madeira que, posta transversalmente sobre uma porta ou janela, serve para fechá-la com segurança. **2.***P.ext.* Obstáculo, óbice. **3.** *Fig.* Traço grosso em desenho.

tran.ça *sf* **1.** Conjunto de fios ou de cabelos entrelaçados. **2.** *P.ext.* Qualquer coisa semelhante. → **trançar(-se)** *v* [entrelaçar(-se)].

tran.ca.ço *sm Pop.*RS Coriza.

tran.ca.fi.ar *v* Prender, encarcerar, trancar (2): *é preciso trancafiar os corruptos.* → **trancafiamento** *sm* (ato ou efeito de trancafiar).

tran.chã *adj Pop.* **1.** Categórico, terminante. **2.** Muito bom, excelente, legal: *carro tranchã.*

tran.co *sm* **1.** Solavanco forte: *esse carro só pega no tranco.* **2.** Empurrão, encontrão: *ela me deu um tranco.* **3.** Advertência séria; pito, sabão: *levou um tranco do professor.* **4.** Ritmo lento; lenga-lenga: *nesse tranco, você não chegará a lugar* *nenhum*. **5**. Lição: *depois desse tranco, ele se emendou*. **6**. No futebol, empurrão no adversário com o ombro, para ser beneficiado na jogada, punido com falta. → **trancamento** *sm* [ato ou efeito de trancar(-se)]; **trancar** *v* (**1**. fechar com tranca ou com chave: *você trancou o carro?*; **2**. trancafiar: *tranquem todos os corruptos!*; **3**. suspender temporariamente: *trancar a matrícula*); **trancar-se** (**1**. mostrar-se fechado, pouco ou nada comunicativo: *quando ele se zanga, tranca-se e não fala com ninguém*; **2**. não se manifestar; não se pronunciar; fechar-se: *trancou-se sobre o caso*); **tranqueira** *sf* (**1**. tudo o que tranca, impede ou dificulta a passagem; **2**. bugigangas, cacaréus, trastes; **3**. *fig.pej*. pessoa inútil e desprezível, que costuma atrapalhar os outros; traste); **tranqueirar** ou **entranqueirar** *v* (**1**. prover de tranqueira; **2**. atravancar). ·· **Aguentar o tranco**. Resistir bravamente a uma situação difícil ou penosa; aguentar o canjirão. *Temos dinheiro suficiente para aguentar o tranco*. ·· **Aos trancos**. De qualquer maneira; sem critério: *aos trancos e barrancos* (2): *Levar a vida aos trancos*. Fazer tudo *aos trancos*. ·· **A** (ou **Aos**) **trancos e barrancos**. **1**. Com extrema dificuldade; a muito custo: *Viver a trancos e barrancos*. **2**. Aos trancos; aos trambolhões: *Fazer tudo aos trancos e barrancos*. ·· **Sofrer um tranco** (fig.). Passar por uma grande comoção: *Sofri um tranco, com essa morte*.

tran.cu.cho ou **tran.cu.do** *adj* Pop.S Meio embriagado.

tran.ga.lho *sm* Trambolho (1).

tran.gla *sf* Barra metálica que prende as passadeiras aos degraus das escadas.

tran.qui.lo (o **u** soa) *adj* **1**. Que é ou está calmo, sereno, sem agitação: *trânsito tranquilo; pessoa tranquila*. **2**. Sem problemas nem imprevistos; normal: *ela teve uma gravidez tranquila; o jogo em Buenos Aires foi tranquilo*. **3**. Que não sente remorso; leve: *ter a consciência tranquila*. **4**. Certo, seguro: *é tranquila a sua eleição*. · Antôn. (1): *agitado, perturbado*; (2): *problemático*; (3): *pesado*; (4): *incerto, duvidoso*. → **tranquilidade** (o **u** soa) *sf* (qualidade ou estado de tranquilo); **tranquilizador** (o **u** soa; ô) ou **tranquilizante** (o **u** soa) *adj e sm* (que ou o que tranquiliza); **tranquilizar(-se)** *v* [tornar(-se) tranquilo; despreocupar(-se)].

tran.sa (s = z) *sf Pop*. **1**. Tramoia, armação, cambalacho: *transa política*. **2**. Transação: *transa comercial*. **3**. Relação sexual: *a transa com a vizinha trouxe consequências*. → **transação** (s = z) *sf* (**1**. ação de transacionar ou negociar; negócio; **2**. operação comercial; **3**. acordo, ajuste); **transacional** (s = z) *adj* (rel. a transação ou ao que tem o caráter de transação); **transacionar** (s = z) *v* [negociar, comerciar, transar (3): *transacionar muamba*]; **transar** (s = z) *v* [**1**.*pop.* ter transa (1) com; tramar, arquitetar, maquinar: *transar um plano legal*; **2**. *gír*. gostar de: *não transo moto, só transo carro*; **3**. negociar, comerciar, transacionar: *você transa que tipo de produto?*; **4**. ter relação sexual: *ele nunca transou com a namorada*]; **transator** (s = z; ô) *adj e sm* (que ou aquele que realiza alguma transação).

tran.sal.pi.no *adj* Situado além dos Alpes (em relação a Roma). · Antôn.: *cisalpino*.

tran.sa.ma.zô.ni.co (s = z) *adj* Que cruza ou atravessa a Amazônia.

tran.san.di.no *adj* Situado além dos Andes. · Antôn.: *cisandino*.

tran.sa.tlân.ti.co (s = z) *adj* **1**. Situado além do Atlântico: *terras transatlânticas*. **2**. Que cruza o Atlântico: *viagem transatlântica*. // *sm* **3**. Redução de *navio transatlântico*, navio de grandes proporções, que faz viagens entre a Europa e a América. · Antôn. (1): *cisatlântico*.

trans.bor.dar ou **tras.bor.dar** *v* **1**. Sair pelas bordas ou margens de: *as águas do rio transbordaram as marginais*. **2**. Fazer (recipiente ou corpo aquoso) sair das suas bordas: *as fortes chuvas trasbordaram o Tietê*. **3**. *Fig*. Ir além de; ultrapassar, exceder, transpor: *esses escândalos todos transbordaram os limites de tolerância do país*. **4**. *Fig*. Experimentar, manifestar ou deixar transparecer em excesso (sentimento, sensação, etc.): *depois da vitória, a equipe transborda otimismo para a próxima partida*. **5**. Extravasar, entornar: *o leite ferveu e trasbordou da leiteira*. **6**. Ultrapassar os limites da prudência: *com mais um imposto, a ira popular transbordou*. **7**. *Fig*. Existir em abundância; abundar, pulular, fervilhar: *estádio transbordava de torcedores*. → **transbordamento** ou **trasbordamento, transbordo** (ô) ou **trasbordo** *sm* (ato ou efeito de transbordar); **transbordante** *adj* (que transborda ou extravasa: *um rio transbordante; um coração transbordante de amor*).

trans.cen.den.te *adj* **1**. Que vai além dos limites ordinários ou comuns; que excede; transcendental (1): *qualidades transcendentes*. **2**. Superior, supremo: *seres transcendentes*. → **transcendência** *sf* (qualidade do que é transcendente); **transcendental** *adj* (**1**. transcendente (1); **2**. abstrato, metafísico, vago: *teoria transcendental*; **3**. sobrenatural, místico: *crenças transcendentais*); **transcendentalidade** *sf* (qualidade do que é transcendental); **transcender** *v* (**1**. ir além dos limites de: *emoções que transcendem o entendimento*; **2**. exceder, ultrapassar: *a paixão sempre transcende a razão*; **3**. elevar-se acima de: *o avião transcendeu as nuvens*).

trans.cep.tor (ô) ou **trans.re.cep.tor** (ô) *sm* Aparelho, geralmente portátil, que transmite e recebe sinais de rádio (p. ex., o *walkie-talkie*).

trans.co.da.gem *sf* Operação que consiste em transformar código numa informação equivalente, mas situada dentro de outro código. → **transcodar** *v* (passar de um código a outro).

trans.co.di.fi.ca.dor (ô) *sm* Dispositivo eletrônico usado para converter padrões de sinal de televisão. → **transcodificação** *sf* (ato ou efeito de transcodificar); **transcodificar** *v* [**1**. converter ou adaptar de um código ou sistema para outro, pela conversão de padrões: *transcodificar um televisor; transcodificar um aparelho de um sistema alemão para o sistema nacional*; **2**. traduzir (mensagem) de um código para outro].

trans.co.mu.ni.car-se *v* Comunicar-se supostamente com seres do além. → **transcomunicação** *sf* (suposta comunicação de ou com seres do além); **transcomunicador** (ô) *sm* (aquele que se transcomunica).

trans.con.ti.nen.tal *adj* Que atravessa ou cruza um continente: *aves transcontinentais*.

trans.cor.rer *v* **1**. Decorrer; passar(-se): *depois das enchentes, transcorreram vários meses sem chuva*. **2**. Estar ou permanecer (em certo estado ou condição): *a semana transcorreu calma e tranquila*. → **transcorrência** (ô) ou **transcurso** *sm* (ato ou efeito de transcorrer); **transcurso** *sm* (**1**. transcorrência; **2**. período de tempo que transcorre; decurso: *com o transcurso das horas, vai escurecendo*).

trans.cre.ver *v* **1**. Passar (um texto) para outra folha; copiar, trasladar: *transcrever poemas para o caderno*. **2**. Copiar (texto alheio) com o propósito de citação: *ele me autorizou a transcrever a sua teoria no meu artigo*. **3**. Reproduzir por escrito (o que se ouve): *o escrivão transcreveu corretamente o depoimento das testemunhas*. **4**. Escrever com um sistema de escrita (o que está escrito com outro): *transcrever o texto grego em caracteres hebraicos*. **5**. Representar (fonemas) por meio do alfabeto fonético. **6**. Em informática, transferir (dados) de um arquivo para outro. · Conjuga-se por *escrever*. → **transcrição** *sf* (ato ou efeito de transcrever).

tran.se (s = z) *sm* **1**. Estado de semiconsciência, caracterizado pela suspensão dos movimentos voluntários e pela presença de atividade automática e estereotipada do pensamento, com subsequente amnésia do que ocorreu durante esse estado. **2**. Momento crítico ou aflitivo; crise. **3**. Grande sofrimento, tristeza, dor ou angústia. **4**. Estado modificado de consciência do médium, ao manifestar-se nele o espírito.

tran.se.un.te (s = z) *adj* e *s2gên* Que ou pessoa que está passando, andando pela via pública; passante, pedestre.

tran.se.xu.al (x = ks) *s2gên* **1**. Pessoa cuja identificação sexual primária é com o sexo oposto. **2**. Pessoa que foi submetida a cirurgia, para a mudança de sexo. // *adj* **3**. Diz-se dessas pessoas. → **transexualidade** (x = ks) *sf* (qualidade de transexual; qualidade de pessoa que tem a genitália de um sexo, mas tem comportamento sexual do outro); **transexualismo** (x = ks) *sm* (sentimento muito forte de se pertencer ao sexo oposto, que leva a esforços para obter, mediante operação cirúrgica, a inversão do sexo).

trans.fe.rir *v* **1**. Mudar para prazo longo ou curto; adiar: *transferir um jogo*. **2**. Remover de um lugar (pessoa); deslocar: *transferir presos*. **3**. Mudar, deslocar (coisas): *transferir a empresa para o Nordeste*. **4**. Mudar (desenho ou figura) de uma superfície para outra, por impressão: *transferir um mapa para uma folha de papel*. **5**. Ceder, transmitir: *transferir direitos a alguém*. **6**. Passar, incumbir: *transferi o trabalho para minha secretária*. **transferir-se 7**. Mudar-se (de lugar, de trabalho, de escola, etc.): *transferi-me para Paris*. · Conjuga-se por *ferir*. → **transferência** *sf* [ato ou efeito de transferir(-se)]; **transferidor** *adj e sm* (que ou o que transfere; dispositivo transferidor de energia) e *sm* (instrumento geométrico, em forma de semicírculo ou de círculo, dividido em 180° e 360°, respectivamente, usado para medir ou marcar ângulos no desenho).

trans.fi.gu.rar *v* **1.** Mudar ou alterar a forma ou aparência externa de; transformar: *a dor o transfigurou*. **2.** Dar uma ideia falsa de; falsear, desfigurar: *o ator transfigurou a personagem que representou*. **transfigurar-se 3.** Transformar-se, mudar de figura: *quando a Miss Bahia apareceu, o ambiente se transfigurou*. → **transfiguração** *sf* [ato ou efeito de transfigurar(-se)].

trans.fi.ni.to *adj* **1.** Que vai além do finito. **2.** Em matemática, diz-se de cada um dos números usados para indicar os conjuntos infinitos.

trans.fi.xar (x = ks) *v* **1.** Penetrar através de, com algum instrumento perfurante; perfurar: *transfixar a parede*. **2.** Traspassar (alguém) com instrumento perfurante ou pontiagudo; empalar: *transfixar um condenado*. → **transfixação** (x = ks) *sf* (perfuração).

trans.for.mar *v* **1.** Tornar outro, dando novo estado ou disposição a; alterar: *a chegada do bebê transformou a vida naquela casa*. **2.** Alterar (voltagem ou corrente) por meio de transformador. **3.** Mudar de forma, aparência ou estrutura; metamorfosear: *a palavra mágica shazam transformava um homem num super-homem, o Capitão Marvel*. **4.** Mudar de natureza, condição ou caráter; converter: *transformar a casa do pai numa boate*. **5.** Mudar em outra substância; transmudar: *o padre transforma o vinho em sangue*. **transformar-se 6.** Converter-se, mudar: *o amor facilmente se transforma em ódio, e vice-versa*. **7.** Disfarçar-se: *o árbitro teve de se transformar em padre, para poder sair ileso do estádio*. **8.** Passar para um novo estado: *quando a vejo, meus olhos se transformam, viram sininhos de vibração*. → **transformação** *sf* [ato ou efeito de transformar(-se)]; **transformador** (ô) *adj* e *sm* (que ou o que transforma) e *sm* (aparelho que converte corrente elétrica de tensão menor em outra de tensão maior, ou vice-versa); **transformismo** *sm* (**1.** doutrina segundo a qual as espécies animais e vegetais se transformam gradualmente e derivam umas das outras por descendência, durante diferentes épocas geológicas; evolucionismo; **2.** atividade de um transformista); **transformista** *adj* e *s2gên* (pessoa que se disfarça, mudando de traje e de aparência sexual; travesti).

trâns.fu.ga *s2gên* **1.** Pessoa que, em tempo de guerra, deserta de suas fileiras, para passar às do inimigo. **2.** Pessoa que abandona seus princípios, ideais, partido, etc., passando-se para o lado oposto. → **transfúgio** *sm* (ato de transfugir); **transfugir** *v* (fugir como trânsfuga).

trans.fun.dir *v* **1.** Transferir (líquido) de um recipiente para outro. **2.** Espalhar, difundir, propagar: *transfundir a doutrina cristã no Irã é loucura!* **3.** Transferir (sangue, solução salina, etc.) para a veia ou artéria (de outra pessoa): *transfundir sangue a um acidentado*. → **transfusão** *sf* (ato ou efeito de transfundir).

trans.gê.ne.ro *adj* e *sm* Que ou indivíduo que não se identifica mentalmente com o seu sexo de nascença, por oposição ao *cisgênero*: *com a cirurgia, a pessoa transgênero conquista sua liberdade interior; a empresa contratou uma funcionária transgênero; atletas transgêneros*. (Como se vê, não varia.) · Entre os transgêneros se incluem os transexuais e os travestis. → **transgeneridade** *sf* (qualidade ou característica de quem é transgênero).

trans.gê.ni.co *adj* Diz-se de plantas, animais e alimentos que receberam, em laboratório, a adição de um gene de outra espécie, para resistir a doenças, alterações climáticas e pragas.

trans.gre.dir *v* **1.** Ir além dos limites impostos por (lei, comando, normas, etc.); violar, infringir, desrespeitar. **2.** Deixar de cumprir: *transgredir promessas*. **3.** Ultrapassar, exceder: *transgredir os limites da prudência*. · Conjuga-se por *agredir*. → **transgressão** *sf* (ato ou efeito de transgredir); **transgressivo** *adj* (que transgride); **transgressor** (ô) *adj* e *sm* (que ou aquele que transgride).

tran.si.ção (s = z) *sf* **1.** Mudança, movimento ou passagem de um estado, posição, conceito, lugar, etc. para outro. **2.** Período durante o qual ocorre tal mudança. · V. **transitivo** e **transitório**. → **transicional** (s = z) *adj* (rel. a transição).

tran.si.do (s = z) *adj* Tomado (de frio, susto, medo, etc.).

tran.si.gir (s = z) *v* **1.** Chegarem (duas pessoas) a um acordo num litígio, cedendo ambas as partes; acordar. **2.** Dar-se por vencido; entregar-se, render-se, ceder: *ela transigiu nas vontades do namorado e acabou ficando grávida*. **3.** Abandonar uma parte de suas exigências em relação a uma coisa; não resistir; ceder, concordar: *o presidente não transige nos seus princípios*. **4.** Comprometer-se, envolver-se: *não transijo com bandidos*. **5.** Ser transigente ou tolerante; tolerar: *governo que transige com a corrupção tem que ser deposto*. **6.** Aceitar ideias ou opiniões contrárias, a fim de chegar a um acordo; fazer acordo ou chegar a ele; concordar: *primeiro disse que não, mas logo depois acabou transigindo; mais vale transigir que brigar*. → **transigência** (s = z) *sf* (qualidade de quem é transigente); **transigente** *adj* e *s2gên* (que ou pessoa que transige).

tran.sís.tor (s = z; ô) ou **tran.sis.tor** (s = z; ô) *sm* **1.** Pequeno dispositivo eletrônico que contém um semicondutor e pelo menos três contatos elétricos, usado num circuito, como amplificador, detector, etc. **2.** Rádio de pilha que usa esse dispositivo. · Pl.: *transistores*, *transistores* (ô). → **transistorização** (s = z) *v* [prover (um aparelho) de transístores ou, p. ext., de circuitos integrados].

tran.si.ti.vo (s = z) *adj* **1.** Caracterizado pela transição; passageiro. **2.** Diz-se do verbo que exprime uma ação que transita do sujeito para um complemento (objeto direto ou objeto indireto), por não ter sentido completo. → **transitivar(-se)** *v* [tornar(-se) transitivo); **transitividade** (s = z) *sf* (qualidade ou estado de transitivo).

trân.si.to (s = z) *sm* **1.** Ato ou efeito de transitar. **2.** Passagem de um lugar para outro; tráfego. **3.** Transporte de um lugar para outro de pessoas ou mercadorias. **4.** Sistema de transporte local público, princ. na área urbana. **5.** Transição: *o difícil trânsito da infância para a idade adulta*. **6.** Aceitação, receptividade, acesso: *ele tem bom trânsito nos Ministérios*. **7.** Passagem de um corpo celeste sobre o meridiano de um lugar ou pelo campo de um telescópio. **8.** Passagem de um corpo menor (Mercúrio, p. ex.) pelo disco de um corpo maior (o Sol, p. ex.). **9.** *Pop*. Congestionamento: *estou preso no trânsito*. → **transitar** (s = z) *v* (**1.** andar, passar ou caminhar por; percorrer: *transitar as ruas à noite é perigoso*; **2.** mudar de estado ou condição: *transitar da oposição para a situação*; **3.** passar: *muitos estudantes são obrigados a transitar por esse local, à noite, considerado muito perigoso*; **4.** deslocar-se ou mover-se de um lugar a outro: *transitar de Londres para Paris*).

tran.si.tó.rio (s= z) *adj* **1.** Que serve de transição; fronteiriço. **2.** Provisório. **3.** Que dura muito pouco tempo; passageiro, breve. · Antôn.: *permanente, durável, definitivo*. → **transitoriedade** (s = z) *sf* (qualidade ou caráter de transitório), de antôn. *permanência*.

trans.la.ção *sf* **1.** Ato ou efeito de transladar, ou seja, de mudar uma coisa de um lugar para outro. **2.** Movimento de um astro em volta do centro do seu sistema; revolução.

trans.la.dar(-se) *v* V. **trasladar**. → **translado** *sm* (v. **traslado**).

trans.li.ne.ar *v* Passar, na escrita, de uma linha para outra, ficando parte do vocábulo no fim da linha superior e o restante no princípio da linha inferior. · Conjuga-se por *frear*. → **translineação** *sf* (ato ou efeito de translinear).

trans.li.te.ra.ção *sf* Operação ou processo que consiste em escrever palavras ou letras nos caracteres de outro alfabeto: *a transliteração do grupo inglês sh como x em português*. → **transliterar** *v* [mudar (letras, palavras) em caracteres correspondentes de outro alfabeto ou idioma; proceder à transliteração: *transliterar o inglês sh como x*].

trans.lú.ci.do *adj* **1.** Que não é transparente, mas permite a passagem da luz; fosco. **2.** Claro, cristalino, transparente. **3.** Facilmente entendível; lúcido: *texto translúcido*. · Antôn. (1): *opaco*; (2): *turvo*; (3): *obscuro*. → **translucidação** (ato ou efeito de translucidar); **translucidar** *v* (tornar translúcido); **translucidez** (ê) *sf* (qualidade do que é translúcido), de antôn. *opacidade*.

trans.mi.grar *v* **1.** Fazer mudar de domicílio: *a violência naquela cidade os transmigrou para o campo*. **2.** Passar de uma região ou país (para outro): *transmigrar para a Europa*. **transmigrar-se 3.** Mudar-se: *transmigrar-se para Salvador*. **4.** Passar (a alma) de um corpo para outro, segundo certas crenças. → **transmigração** *sf* [ato ou efeito de transmigrar-se]; **transmigrador** (ô) ou **transmigrante** *adj* e *s2gên* (que ou pessoa que transmigra); **transmigratório** *adj* (rel. a transmigração).

trans.mi.tir *v* **1.** Conduzir: *o vidro transmite a luz*. **2.** Fazer passar de uma pessoa a outra: *a escola tansmite conhecimentos e cultura*. **3.** Exalar: *as flores transmitem aroma*. **4.** Fazer chegar (fenômeno físico) de um lugar a outro; transferir: *o telex transmite mensagens de um local para outro*. **5.** Emitir (ondas eletromagnéticas): *o rádio e a televisão transmitirão o jogo*. **6.** Comunicar por contágio: *transmitir a rubéola*. **7.** Passar (características genéticas) dos pais aos filhos: *pais que não transmitem doenças, porque não fumam*. **8.** Narrar: *o locutor transmitiu o jogo com perfeição*. **transmitir-se 9.** Comunicar-se;

passar: *há defeitos físicos e morais que se transmitem com o sangue*. **10**. Propagar-se: *a luz se transmite com muita velocidade*. → **transmissão** *sf* [**1**. ato ou efeito de transmitir(-se); **2**. parte de um veículo automóvel que transmite força motriz do motor às rodas, geralmente por meio de engrenagens ou cilindros hidráulicos; **3**. emissão ou envio de sinais de um dispositivo (transmissor) a outro (receptor), por meio de rádio, cabos, fios, etc; **4**. transferência de qualquer coisa (doença, características hereditárias, direitos, obrigações, etc.)]; **transmissível** *adj* (que pode ser transmitido); **transmissor** (ô) *adj* e *sm* (que ou o que transmite) e *sm* (aparelho que emite sinais de rádio, modula sua amplitude ou frequência e envia-os através do espaço por meio de uma antena).

trans.mu.dar ou **trans.mu.tar** *v* **1**. Mudar de uma natureza, substância, forma ou condição para outra; transformar: *o exílio o transmudou; as guerras transmudam o homem em feras*. **transmudar-se 3**. Transformar-se: *sua personalidade se transmudou com a guerra*. → **transmudação, transmutação** *sf* ou **transmudamento** *sm* [ato ou efeito de transmudar(-se)]; **transmutação** *sf* (**1**. transmudamento; **2**. transformação de um elemento em outro por uma reação nuclear ou por uma série delas; **3**. na Idade Média, suposta conversão dos metais comuns em ouro e prata, pela alquimia); **transmutativo** *adj* (que transmuta).

trans.na.dar *v* **1**. Atravessar a nado: *transnadar o canal da Mancha*. **2**. Conduzir nadando: *Camões conseguiu sobreviver a um naufrágio, transnadando a sua epopeia num dos braços*.

tran.sob.je.ti.vo (s = z) *adj* Diz-se do verbo transitivo que exige, além do complemento, um predicativo do objeto (p. ex.: *achei-o pálido*).

tran.so.ce.â.ni.co (s = z) *adj* **1**. Que cruza ou atravessa o oceano; transmarino: *aves transoceânicas*. **2**. Ultramarino: *terras transoceânicas*.

trans.pa.re.cer *v* **1**. Manifestar-se, revelar-se, refletir-se: *a sinceridade transparece na sua expressão*. **2**. Aparecer ou mostrar-se parcialmente: *belas pernas transpareciam debaixo daquele vestido transparente*.

trans.pa.ren.te *adj* **1**. Que tem a propriedade de transmitir os raios de luz através de sua substância (em oposição a *opaco*). **2**. Tão fino em textura, que permite a passagem de luz pelos seus interstícios. **3**. Que é facilmente reconhecido ou detectado; óbvio. **4**. *Fig*. Que nada esconde ou omite; franco, aberto: *ministro transparente*. → **transparência** *sf* (qualidade de transparente).

trans.pas.sar(-se) *v* V. *traspassar*.

trans.pi.rar *v* **1**. Fazer sair pelos poros (humores, vapor d'água, odor, etc.): *ele transpirou sangue*. **2**. Exalar transpiração pelos poros da pele: *no calor, o corpo transpira muito*. **3**. Emitir, desprender, exalar: *o ar de Campos do Jordão transpira pureza*. **4**. Exprimir: *transpirar felicidade*. **5**. *Fig*. Tornar-se de conhecimento público; divulgar-se, vazar: *a decisão presidencial transpirou, e o presidente não gostou*. → **transpiração** *sf* (ato ou efeito de transpirar); **transpiratório** *adj* (rel. a transpiração).

trans.plan.tar *v* **1**. Remover (planta) de um lugar para outro: *transplantar mudas de laranjeira*. **2**. Transferir (tecido, órgão, etc.) de uma parte do corpo para outra, no mesmo indivíduo, ou de uma pessoa (ou animal) para outra. **3**. Fazer passar de um país para outro: *transplantar usos e costumes de um país para outro*. → **transplantação** *sf*, **transplante** ou **transplantio** *sm* (ação ou efeito de transplantar); **transplantado** *adj* (que se transplantou: *funciona muito bem um coração transplantado*) e *adj* e *sm* (que ou aquele que recebeu transplante); **transplantador** (ô) *adj* (rel. a transplante: *a unidade transplantadora de um hospital*); **transplantatório** ou **transplantável** *adj* (que pode ser transplantado: *mudas transplantatórias; o fígado é um órgão transplantável*); **transplante** *sm* (**1**. transplantação; **2**. enxerto).

trans.pla.ti.no *adj* Situado além do rio da Prata. · Antôn.: *cisplatino*.

transponder [ingl.] *sm* **1**. Rádio ou radar que funciona como unidade repetidora de sinais predeterminados. **2**. Pequeno aparelho, dotado de sensor, instalado no para-brisa do veículo, para facilitar a cobrança do pedágio nas rodovias. · Pl.: *transponders*. Pronuncia-se *trènspândâr*, mas no Brasil se ouve muito *transpónder*.

trans.por *v* **1**. Passar além de; atravessar: *o avião transpôs a zona de turbulência sem problemas*. **2**. Mudar de um lugar para outro; transferir: *transpor as águas de um rio*. **3**. Ultrapassar, exceder: *o jato transpôs a barreira do som*. **4**. Galgar, saltar: *transpor uma barreira*. **5**. Vencer, superar: *transpor dificuldades*. **transpor-se 6**. Desaparecer, pôr-se: *o Sol já se transpôs no horizonte*. · Conjuga-se pelo v. *pôr*. → **transposição** *sf* (**1**. ato ou efeito de transpor: *em contabilidade, um erro, ao copiar um número de um lugar para outro é um erro de transposição*; **2**. em genética, transferência de um segmento de DNA de um local para outro, no genoma; **3**. em matemática, transferência de qualquer termo de uma equação de um lado para o outro, com mudança correspondente de sinal; **4**. permutação matemática ou intercâmbio de duas letras ou símbolos).

trans.por.tar *v* **1**. Conduzir ou levar (de um lugar para outro, princ. a longa distância): *os ônibus transportavam muitos turistas*. **2**. Enlevar, arrebatar, entusiasmar: *essa música me transporta*. **3**. Traduzir, verter: *transportar as obras de Cícero para o português*. **transportar-se 4**. Passar de um lugar para outro: *transportar-se do aeroporto até o escritório*. **5**. Remontar mentalmente: *transportar-se ao passado*. → **transportadora** (ô) *sf* (empresa especializada em transporte de cargas); **transporte** *sm* [**1**. ato ou efeito de transportar(-se); **2**. veículo que serve de transporte; **3**. sistema de condução de passageiros: *você tem dinheiro para o transporte?*; **4**. soma que passa de uma coluna ou página para a outra, a fim de juntar-se a outras parcelas].

trans.tor.nar *v* **1**. Pôr em desordem; revirar: *a polícia transtornou gavetas e documentos*. **2**. Indispor: *essa discussão transtornou o nosso bom relacionamento*. **3**. Perturbar, agitando; desorganizar, conturbar: *a chegada dos campeões de futebol transtornou o trânsito*. **4**. Perturbar mental ou emocionalmente; desequilibrar emocionalmente: *a crítica o transtornou*. **transtornar-se 5**. Perturbar-se mental ou emocionalmente: *transtornou-se com a notícia*. **6**. Desarranjar fisicamente: *aquele bolo lhe transtornou o intestino*. **transtornar-se 7**. Perturbar-se mental ou emocionalmente: *transtornou-se com a notícia*. → **transtorno** (ô) *sm* (contratempo, contrariedade).

tran.subs.tan.ci.a.ção *sf* **1**. Mudança de uma substância em outra. **2**. Na Eucaristia, transformação do pão e do vinho no corpo e no sangue de Cristo, apesar de sua aparência permanecer a mesma. **transubstancial** *adj* (que transubstancia); **transubstancialidade** *sf* (qualidade do que é transubstancial); **transubstanciar** *v* [**1**. mudar a substância; transformar completamente: *os alquimistas queriam achar a fórmula para transubstanciar pedra em ouro*; **2**. mudar a substância de (pão e vinho eucarísticos) no corpo e sangue de Cristo]; **transubstanciar-se** [**1**. transformar-se (uma substância em outra): *se pedras se transubstanciassem em ouro, a Terra seria dourada*; **2**. realizar-se o mistério da transubstanciação].

tran.su.dar (s = ss) *v* **1**. Suar: *quem trabalha ao sol transuda*. **2**. Verter: *o tronco da seringueira transuda o látex; uma substância leitosa transuda do mamão verde, quando riscado*. **3**. Deixar passar (um líquido) gota a gota; gotejar: *a água da chuva de ontem ainda transuda do teto*. **4**. Propagar-se pelo espaço: *a claridade transudava pelo vão do telhado*. **5**. *Fig*. Mostrar-se claramente; revelar-se, transparecer: *a decepção transuda do seu semblante*. → **transudação** (s = ss) *sf* (ato ou efeito de transudar).

tran.su.ma.nis.mo (su = zu) *sm* Crença ou teoria de que a raça humana pode evoluir além de suas atuais limitações físicas e mentais, princ. por meio da ciência e da tecnologia: *o transumanismo tem por objetivo fazer o homem viver mais e melhor, ver melhor, experimentar sensações inusitadas e pensar com a ajuda de máquinas*. → à **transumanista** (su = zu) *adj* (rel. a transumanismo: *visão transumanista*) e *s2gên* (que ou pessoa que é adepta do transumanismo); **transumano** (su = zu) *adj* (que transcende os limites do humano: *o futuro é transumano*). (A 6.ª ed. do VOLP traz *transumanismo* e *transumano*, mas não *transumanista*. Como assim?)

tran.su.râ.ni.co *adj* Diz-se do elemento químico cujo número atômico é maior que o do urânio (92), que, portanto, não existe na natureza, sendo produzido por reações nucleares. · Antôn.: *cisurânico*.

trans.va.sar ou **tras.va.sar** *v* Passar de um recipiente para outro: *transvasar o leite quente, até que esfrie*. (Não se confunde com *transvazar*.)

trans.va.zar *v* **1**. Entornar, derramar: *transvazaram muito leite na mesa*. **transvazar-se 2**. Entornar-se, derramar-se: *toda a gasolina do tanque se transvazou*. (Não se confunde com *transvasar*.)

trans.ver.sal *adj* **1**. Que passa ou está em sentido oblíquo; diagonal: *numa árvore, todo galho é transversal ao tronco*. // *adj* e *sf* **2**. Que ou rua que atravessa uma via principal, ou nesta desemboca: *moro numa rua transversal a essa avenida*.

3. Em matemática, que ou reta que corta uma curva em dois pontos.

trans.ves.tir ou **tras.vestir** *v* Transformar, metamorfosear: *a bruxa o transvestiu em sapo.*

trans.vi.ar *v* **1.** Afastar do caminho certo; desencaminhar: *uma falsa pista transviou os investigadores da polícia.* **2.** Corromper, desvirtuar, perverter: *essas revistas transviam as nossas crianças.* **transviar-se 3.** Afastar-se do caminho certo: *a caravana se transviou da rota.* **4.** Perder-se no caminho; extraviar-se: *quantos volumes não se transviam diariamente pelo correio?* **5.** Corromper-se, desvirtuar-se, perverter-se: *no poder, ele se transviou.* → **trapacear** *v* (fazer trapaça em), que se conjuga por *frear*; **trapaceiro** ou **trapacento** *adj* e *sm* (que ou aquele que trapaceia), de antôn. *sério, probo.*

tra.pa.ça *sf* **1.** Manobra astuciosa ou artimanha para burlar a boa-fé de outrem e prejudicá-lo; logro, engano, ardil. **2.** Fraude, dolo, má-fé. **3.** Trica (1). · Antôn. (1): *probidade, seriedade.* → **trapacear** *v* (fazer trapaça em), que se conjuga por *frear*; **trapaceiro** ou **trapacento** *adj* e *sm* (que ou aquele que trapaceia), de antôn. *sério, probo.*

tra.pa.lha.da *sf* **1.** Mistura desordenada; situação de desordem; confusão: *no chão da lavanderia, uma trapalhada de roupas.* **2.** *Pop.* Situação complicada; enrascada, encrenca; imbróglio: *foi ela que me meteu nessa trapalhada.* **3.** Atitude ou manobra ardilosa; logro, trapaça: *seu irmão é mestre em trapalhadas.*

tra.pa.lhão *sm* **1.** Trapo grande. // *adj* e *sm* **2.** Que ou aquele que com tudo se atrapalha; que ou aquele que é atrapalhado, atabalhoado. · Fem. (2): *trapalhona.*

tra.pei.ro Catador de papel, papelão, trapos, etc. nas ruas; monturelro.

tra.pé.zio *sm* **1.** Aparelho de ginástica composto por uma barra de madeira ou de ferro, pendente por duas cordas. **2.** Quadrilátero que tem dois lados opostos desiguais (chamados *bases*) e paralelos. **3.** Músculo grande e achatado, situado na parte posterior e superior do tronco, que aproxima a escápula da coluna vertebral. **4.** Primeiro osso da segunda série do carpo, contando do polegar. → **trapezista** *adj* e *s2gên* (que ou ginasta ou acrobata que trabalha em trapézio); **trapezoidal** (pè) *adj* [em forma de trapézio (2)].

tra.pi.che *sm* **1.** Armazém marítimo onde se guardam mercadorias importadas ou para exportar; armazém-geral. **2.** *Pop.*NE Pequeno engenho de açúcar, movido por animais. → **trapicheiro** *adj* e *sm* (que ou aquele que administra, aluga ou possui trapiche).

tra.po *sm* **1.** Pedaço de qualquer pano velho ou muito usado; farrapo. **2.** *P.ext.* Qualquer roupa velha. **3.** *Fig.* Pessoa extremamente cansada. **4.** *Fig.* Pessoa atingida por séria depressão física ou moral. // *smpl* **5.** Pedaços de fazenda, desprezados por serem velhos, rotos ou inúteis. · V. **trapeiro.**

tra.que *sm* **1.** Estouro provocado por qualquer coisa. **2.** Qualquer artefato pirotécnico que faz ruído. **3.** *Pop.* Ventosidade com estrépito; peido ruidoso; flato, pum. → **traquear** ou **traquejar** *v* (soltar traques; peidar).

tra.quei.a (éi) *sf* Canal cartilaginoso que, nos homens e em certos vertebrados, estabelece comunicação entre a laringe e os brônquios, além de servir de passagem do ar. → **traqueal** ou **traqueano** *adj* (da traqueia); **traqueotomia** *sf* (incisão feita na traqueia); **traqueotômico** *adj* (rel. a traqueotomia).

tra.que.ja.do *adj* Experiente, tarimbado. → **traquejo** (ê) *sm* (experiência, prática, tarimba).

tra.qui.na ou **tra.qui.nas** *adj* e *s2gên* Que ou criança que é irrequieta e só comete diabruras ou traquinagens. → **traquinagem** ou **traquinice** *sf* (ato ou efeito de traquinar); **traquinar** *v* (cometer traquinagens).

trás *prep* **1.** Após, atrás: *ano trás ano e sempre a mesma estória.* // *adv* **2.** Atrás de, por detrás de: *trás aquela fala mansa, existe um vigarista.* // *interj* **3.** Expressa o som de um golpe com ruído. [No português contemporâneo, a preposição quase não se usa; o advérbio não se usa senão em *de trás, para trás* e *por trás (de).*] ·· **De trás.** Na parte traseira: *Crianças devem viajar no banco de trás.* ·· **Por trás. 1.** Pela parte traseira: *Eu a peguei por trás.* **2.** Às escondidas; às ocultas: *Gente falsa gosta de falar por trás.* **3.** Sob a capa ou a máscara de; por detrás de: *Por trás desse sorriso esconde-se um ódio profundo.* **4.** Oculto, escondido, por detrás de: *Quem estará por trás desses atentados terroristas?* **5.** Do outro lado; além de: *O que ela esconde por trás daquele olhar?*

tra.san.te.on.tem ou **tra.san.ton.tem** *adv* No dia anterior ao de ontem.

tra.sei.ra *sf* **1.** Parte posterior ou retaguarda de qualquer coisa: *subir para o ônibus pela porta traseira.* **2.** *Pop.* Nádegas, traseiro, bumbum, bunda. · Antôn. (1): *dianteira.* → **traseiro** *adj* (que fica na parte posterior: *pneu traseiro*) e *sm* [*pop.* traseira (2)].

trash [ingl.] *sm* **1.** Filme de qualidade inferior; chanchada. **2.** Quaquer material artístico ou literário de má qualidade. **3.** Grupo de pessoas desprezíveis. **4.** *Fig.* Pessoa desprezível; pé de chinelo, mequetrefe: *sai, trash!* // *adj* **5.** Sem graça; desinteressante, chato, cacete: *a atriz diz que está numa fase meio trash, em que só pensa em amamentar o filho, comer salgadinhos, beber refrigerante e dormir.* · Pl.: *trashes.* · Pronuncia-se *tréch.* ·· **Estilo trash. 1.** Estilo caracterizado pelo mais puro lixo cultural. **2.** Estilo moda de lixo, caracterizado por roupas velhas, furadas ou rasgadas.

tras.la.dar ou **trans.la.dar** *v* **1.** Adiar, transferir: *trasladar um casamento.* **2.** Copiar exatamente; transcrever: *transladar um pensamento filosófico.* **3.** Mudar de um lugar para outro; transferir: *trasladar os restos mortais de Cabral para o Brasil.* **4.** Traduzir, verter: *transladei o vídeo para o português.* **trasladar-se** ou **transladar-se 5.** Mudar-se: *trasladei-me para Paris.* → **trasladação, transladação** *sf*, **traslado** ou **translado** *sm* [**1.** ato ou efeito de trasladar(-se) ou transladar(-se); **2.** serviço oferecido por agências de turismo que consiste em transportar passageiros de aeroportos ou portos para os hotéis e vice-versa].

tras.pas.sar ou **trans.pas.sar** *v* **1.** Passar além de; atravessar: *traspassar rios.* **2.** Passar através de; penetrar: *a bala transpassou-lhe o pulmão.* **3.** Causar grande dor moral; torturar, afligir: *essa ingratidão me traspassou o coração.* **4.** Exceder, ultrapassar: *os manifestantes traspassaram os limites da tolerância, por isso apanharam da polícia.* **5.** Fechar (peça de um vestuário), sobrepondo duas partes. **6.** Ceder, transferir: *traspassar o carro a outra pessoa.* **7.** Traduzir, verter: *traspassar Cícero para o português.* **traspassar-se** ou **transpassar-se 8.** Transportar-se, transferir-se: *todos os náufragos da barca se traspassaram ao navio.* → **traspassação** ou **transpassação** *sf*, **traspasse** ou **transpasse, traspasso** ou **transpasso** *sm* [ato ou efeito de traspassar(-se) ou transpassar(-se)].

tras.te *sm* **1.** Mobília ou utensílio velho, já sem nenhum préstimo. **2.** *Fig.* Pessoa inútil, sem préstimo; tranqueira.

tra.tar *v* **1.** Acolher, receber: *trate bem o turista!* **2.** Dar ou conferir certo tratamento ou acolhida a: *hotel que trata mal seus hóspedes tem de fechar.* **3.** Acertar, ajustar, combinar, contratar: *tratar de uma venda.* **4.** Desenvolver ou expor; abordar: *o conferencista tratou o assunto com profundidade.* **5.** Conversar ou falar sobre: *naquela mesa de bar eles só tratam de futebol.* **6.** Cuidar de, assistir, prestar assistência a: *o governo trata dos pobres.* **7.** Alimentar: *tratar os passarinhos.* **8.** Ocupar-se de; cuidar de: *tratar melhor os negócios da família.* **9.** Prestar serviços médicos, buscando a cura de: *foi ese médico que tratou minha doença.* **10.** Cuidar de, procurar curar: *eu mesmo tratei meu ferimento.* **11.** Aplicar certo tratamento terapêutico a: *não trate gripe com antibiótico!* **12.**Debater, discutir: *os deputados ainda não trataram a questão da reforma agrária.* **13.** Agir ou conduzir-se de determinada maneira: *sempre o tratei com respeito.* **14.** Ter por assunto, objeto ou tema; versar: *o livro trata de informática.* **15.** Esforçar-se, empenhar-se: *trate de arranjar um emprego!* **16.** Resolver: *tratei de ficar calado.* **17.** Preparar: *ele está tratando dos papéis do casamento.* **18.** Relacionar, referir: *trata-se de assunto para adultos.* → **tratado** *adj* (que se tratou) e *sm* (**1.** acordo formal entre dois ou mais Estados com referência à paz, aliança, comércio ou outras relações internacionais; **2.** documento que corporifica ou atesta esse acordo. **3.** qualquer acordo, ajuste ou pacto; **4.** obra em que se trata com profundidade de uma arte, ciência ou de qualquer matéria particular); **tratamento** *sm* (**1.** ato ou efeito de tratar; trato; **2.** alimentação diária; **3.** série metódica de aplicações medicinais, odontológicas ou psiquiátricas, para combater doenças ou perturbações; **4.** título honorífico ou de graduação; **5.** modo de tratar ou de alguém se dirigir a outra pessoa); **tratante** *adj* e *s2gên* (que ou pessoa que não cumpre o combinado ou prometido); **tratantada** ou **tratantice** *sf* (ação própria de tratante; patifaria, velhacaria); **tratável** *adj* (**1.** que se pode tratar; **2.** de bom trato; acessível); **trato**[1] *sm* [**1.** tratamento (1); **2.** ajuste feito de boca, com a garantia da palavra dos que o fazem; trativa; **3.** convivência, intimidade; **4.** modo de se portar; procedimento]; **trativa** *sf* [trato (2), ajuste, combinado].

tra.to² *sm* **1.** Espaço que medeia entre dois lugares ou regiões; extensão contínua de terra, água, etc.; trecho. **2.** Conduto entre duas regiões extensas do organismo. ·· **Trato digestivo.** Conduto que se estende da boca ao ânus. ·· **Trato gastrintestinal.** Conduto sinuoso de 10 a 12m de comprimento que se estende desde a cavidade oral até o ânus. ·· **Trato respiratório.** Conduto que se estende do nariz aos alvéolos pulmonares; vias respiratórias. ·· **Trato urinário.** Conduto que se estende dos rins à uretra.

tra.tor (ô) *sm* Veículo motorizado, de grandes e pesados pneus, usado para arar, rebocar outros veículos, etc. → **tratorista** *s2gên* (pessoa que dirige um trator ou que trabalha com ele).

tra.to.ri.a *sf* Restaurante rústico ou informal que serve comida italiana.

tra.tó.rio *adj* Relativo a tração: *a eficiência de um trator para desenvolver esforço tratório depende da interação entre o rodado e o solo, envolvendo um completo conjunto de fatores.*

trau.li.ta.da *sf* Golpe ou pancada muito forte; cacetada.

trau.ma *sm* **1.** Lesão ou ferimento grave causado ao corpo por alguma violência externa (acidente, p. ex.); traumatismo (2). **2.** Condição produzida por essa lesão. **3.** Choque psicológico ou emocional que pode causar sentimentos ou comportamentos perturbados, que geralmente levam a neurose. **4.** *P.ext.* Qualquer experiência aflitiva, que abala o indivíduo física ou moralmente e pode produzir comportamento e sentimentos confusos. → **traumático** *adj* (rel. a trauma); **traumatismo** *sm* [**1.** condição física ou psicológica produzida por um trauma; **2.** lesão ou pancada; trauma (1)]; **traumatização** *sf* [ato ou efeito de traumatizar(-se)]; **traumatizante** *adj* (que traumatiza); **traumatizar** *v* (causar traumatismo ou trauma a; lesionar; **2.** causar traumatismo ou choque emocional); **traumatizar-se** (**1.** sofrer traumatismo ou lesão física; lesionar-se; **2.** sofrer traumatismo ou choque emocional); **traumatologia** *sf* (ramo da medicina que se ocupa das lesões traumáticas causadas por acidentes por violência); **traumatológico** *adj* (rel. a traumatologia); **traumatologista** *adj* e *s2gên* (especialista em traumatologia).

tra.var *v* **1.** Prender ou unir (peças de madeira). **2.** Impedir os movimentos a: *travar os músculos.* **3.** Impedir que se solte: *travar uma porca.* **4.** Iniciar, entabular, encetar: *travar novas amizades.* **5.** Fechar completamente: *quando o pit bull trava as mandíbulas, é difícil destravá-las.* **6.** Causar travo ou amargor a; amargar: *caju verde trava a boca.* **7.** Desencadear: *quando eles se encontram, sempre travam briga.* → **trava** *sf* (**1.** ato ou efeito de travar; travação, travamento; **2.** qualquer dispositivo ou mecanismo que impede o movimento ou a abertura de alguma coisa; **3.** freio; **4.** inclinação alternada dos dentes da serra; **5.** saliência de couro ou de plástico da sola das chuteiras, para que os atletas se prendam melhor ao piso).

tra.ve *sf* **1.** Viga metálica ou de madeira que segura a armação de um edifício. **2.** Cada um dos dois paus ou postes do arco, encimados pelo travessão.

tra.ve.co *sm Gír.* Travesti, biba.

traveler's check [ingl.] *loc sm* Cheque que um viajante leva consigo, por não desejar levar dinheiro, descontável na maior parte dos bancos, hotéis e outros estabelecimentos comerciais, mediante assinatura do portador, na frente do agente que o descontará; cheque de viagem. · Pronuncia-se *trévlârs tchék*.

travelling [ingl.] *sm* Em televisão e cinema, movimento da câmera sobre um trilho, ou feito pelo próprio *cameraman*, acompanhando paralelamente as cenas, que estão sendo filmadas. · Pl.: *travellings*. · Pronuncia-se *trévelin*.

tra.vés *sm* **1.** Inclinação de uma coisa em relação a outra. **2.** Parte das fortificações entre a cortina e o baluarte; flanco. ·· **De través.** Em direção transversal; transversalmente: *Pus a cama de través, para ganhar espaço.* ·· **Olhar de través.** Olhar torcendo a vista, e não a cabeça; olhar de esguelha: *Todo o mundo notou que, ao passar, ela me olhou de través.*

tra.ves.sa *sf* **1.** Rua curta, estreita ou larga, transversal entre duas ou mais ruas principais. **2.** Prato grande, mais comprido que largo, em que se levam iguarias para a mesa. **3.** Peça de madeira que se coloca atravessada em cima da porta. **4.** Pente pequeno e curvo, usado para segurar o cabelo das mulheres e crianças. → **travessão** *sm* [**1.** travessa grande; **2.** barra horizontal que encima e liga as duas traves do arco; **3.** sinal gráfico (—) usado para marcar a fala dos interlocutores, separar frases, substituir parênteses, etc.].

tra.ves.sei.ro *sm* Saco fechado de pano e cheio de matéria mole, usado para descansar a cabeça, quando se deita.

tra.ves.si.a *sf* **1.** Ato ou efeito de atravessar um continente, mar, rio, região, etc. **2.** Longo trecho de caminho inteiramente desabitado. **3.** Vento forte e contrário à navegação. **4.** Distância entre dois pontos, marítimos ou terrestres. **5.** Venda ou comércio, na clandestinidade, de gêneros alimentícios ou outras mercadorias.

tra.ves.su.ra *sf* **1.** Ação de criança travessa; maldade infantil; traquinagem maldosa. **2.** Leve malícia divertida; brejeirice. → **travesso** (ê) *adj* (diz-se de criança irrequieta, que causa pequenas perversidades e problemas só para se divertir; endiabrado).

tra.ves.ti *s2gên* Pessoa que nasceu no gênero masculino, mas se entende pertencente ao gênero feminino, sem, porém, reivindicar a identidade feminina. → **travestido** *adj* e *sm* (que ou o que se disfarça ou dissimula, com algum objetivo ou por alguma razão; disfarçado, dissimulado); **travestir-se** *v* (**1.** vestir-se com roupa do sexo oposto; **2.** disfarçar-se, dissimular-se: *há muitos políticos que se travestem de homens de bem*).

tra.vo *sm* Sabor amargo e adstringente de fruta ou de qualquer comida ou bebida; amargor. → **travento** ou **travoso** (ô; pl.: ó) *adj* (que tem travo: *fruta traventa*).

tra.zer *v* **1.** Conduzir consigo para este lugar: *quem trouxe as crianças da escola?* **2.** Ser portador ou mensageiro de: *trago boas notícias.* **3.** Ter consigo, portar: *trazer uma gargantilha de ouro.* **4.** Transmitir: *a televisão está trazendo novelas cada vez mais ousadas.* **5.** Conduzir, transportar: *ela trazia o filho no braço.* **6.** Conter, encerrar: *o filme traz bela mensagem.* **7.** Fazer-se acompanhar de; vir acompanhado de: *o pai sempre vem ao estádio e traz o filho.* **8.** Vestir, trajar: *ela trazia uma regata verde-clara.* **9.** Causar, provocar: *a cena trouxe emoção e lágrimas.* **10.** Ter: *foi multado porque trazia pneus carecas.* **11.** Mostrar, exibir, ostentar: *os atletas brasileiros trazem as cores nacionais à lapela.* **12.** Sugerir, suscitar: *saudade é um sentimento que sempre traz certa emoção.* **13.** Propiciar, proporcionar: *o leilão trouxe bom dinheiro para a igreja.* **14.** Atrair, chamar: *quando o jogo é bom, traz torcedores ao estádio.* **15.** Usar: *ele sempre traz boné, porque é calvo.* · Antôn. (1 a 3 e 5 a 7): *levar.* · Conj.: *trago, trazes, traz, trazemos, trazeis, trazem* (pres. do ind.); *trazia, trazias, trazia, trazíamos, trazíeis, traziam* (pret. imperf.); *trouxe, trouxeste, trouxe, trouxemos, trouxestes, trouxeram* (pret. perf.); *trouxera, trouxeras, trouxera, trouxéramos, trouxéreis, trouxeram* (pret. mais-que-perf.); *trarei, trarás, trará, traremos, trareis, trarão* (fut. do pres.); *traria, trarias, traria, traríamos, traríeis, trariam* (fut. do pret.); *traga, tragas, traga, tragamos, tragais, tragam* (pres. do subj.); *trouxesse, trouxesses, trouxesse, trouxéssemos, trouxésseis, trouxessem* (pret. imperf.); *trouxer, trouxeres, trouxer, trouxermos, trouxerdes, trouxerem* (fut.); *trazendo* (gerúndio); *trazido* (particípio); *trazer, trazeres, trazer, trazermos, trazerdes, trazerem* (infinitivo pessoal); *trazer* (infinitivo impessoal).

TRE *sm* Sigla de *Tribunal Regional Eleitoral*, órgão da Justiça Eleitoral ao qual compete apreciar os recursos contra decisões dos juízes singulares e das juntas. · Pronuncia-se *tê erre é*. · Pl.: TREs.

treble control [ingl.] *loc sm* Dispositivo que, num amplificador ou num pré-amplificador, controla os agudos. · Pronuncia-se *trébol kontrôl*.

tre.bo.çu *sm Pop.* Homem ou animal corpulento.

tre.cen.té.si.mo ou **tri.cen.té.si.mo** *num* **1.** Ordinal e fracionário correspondentes a trezentos. // **2.** A trecentésima parte. **3.** O que ocupa o último lugar numa série de trezentos seres.

tre.cho (ê) *sm* **1.** Intervalo de tempo. **2.** Extensão de um ponto a outro, no tempo ou no espaço: *voar no trecho Campinas- -Salvador.* **3.** Fragmento de uma obra literária ou musical; excerto: *um trecho de Chopin.* **4.** Extensão maior ou menor de rio, de estrada, praia, etc.: *o rio se aprofunda nesse trecho; trecho de serra é sempre perigoso; Balneário Camboriú liberou trecho de nova faixa de areia.*

tre.co *sm Pop.* **1.** Qualquer coisa cujo nome não se sabe ou não se quer dizer; trem, negócio, coisa. **2.** Mal-estar físico ou mental.

tre.do (ê) *adj* Traiçoeiro. → **tredice** *sf* (qualidade de tredo; traição).

trê.fe.go *adj* **1.** Irrequieto, traquinas. **2.** Hábil para enganar os outros; ardiloso, manhoso.

tre.fi.lar *v* **1.** Transformar (barra de metal) em arame, puxando-a por uma fieira; estirar. **2.** Estender e diminuir a seção transversal de (peça metálica), puxando-a por matrizes, ou batendo-a. → **trefilação** ou **trefilagem** *sf* [**1.** ação ou efeito de trefilar; **2**. processo industrial que consiste em forçar a passagem de um metal, que já possui alguma forma, como fio, cabo, tubo, barra, etc., através de uma ferramenta (fieira), cuja função é reduzir as dimensões do material que está sendo estirado]; **trefilado** *sm* (produto de trefilação; qualquer fio, cabo, arame, etc. reduzido em seu diâmetro por deformação mecânica); **trefilador** (ô) *adj* e *sm* (que ou operário que trefila).

tré.gua *sf* **1**. Parada da guerra por algum tempo, por um acordo feito entre os combatentes; suspensão de hostilidades por algum tempo; armistício. **2**. Cessação temporária de algo que incomoda ou aflige. **3**. Interrupção de qualquer atividade; pausa, descanso. · **Não dar tréguas**. Não dar descanso.

trei.nar ou **tre.nar** *v* **1**. Dar cevo a (aves). **2**. Preparar ou tornar apto para determinada tarefa, atividade ou serviço: *treinar vendedores*. **3**. Adestrar: *treinar cães*. **treinar(-se) 4**. Submeter-se a treinos intensivos, a fim de melhor se conduzir numa competição próxima: *ele (se) treinou muito para essa competição*. → **treinador** (ô) ou **trenador** (ô) *sm* (aquele que treina pessoas ou animais); **treinamento** ou **trenamento**, **treino** ou **treno** *sm* [ato ou efeito de treinar(se)].

tre.jei.to *sm* **1**. Tique nervoso. **2**. Careta, esgar.

trekking [ingl.] *sm* **1**. Caminhada em grupo, longa e penosa, cujo objetivo básico é explorar a natureza, com duração média de dois a cinco dias, e pernoites em barracas ou casas de colonos, com utilização de estruturas rústicas durante o percurso, pontilhada de aventuras, entre as quais atravessar rios em pinguelas rudimentares, subir morros com ajuda de cordas, etc. **2**. Passeio ou caminhada por trilhas em montanhas ou florestas. · Pl.: *trekkings*. · Pronuncia-se *trékin*.

tre.la *sf* **1**. Correia a que vai preso o cão; guia. **2**. *Pop*. Confiança, liberdades: *ela deu trela a estranhos*.

tre.ler *v* **1**. Tagarelar. **2**. Caducar; não saber nem mesmo o que diz: *era jovem e já trelia*. **3**. Ser intrometido ou implicante. → **trelência** *sf* (ato ou efeito de treler); **trelente** *s2gên* (pessoa que trelê).

tre.lho (ê) *sm* Peça culinária com que se bate a nata para o preparo da manteiga. · · **Sem trelho nem trabelho**. A torto e a direito; às tontas, às cegas, aos trancos e barrancos: *Fazer tudo sem trelho nem trabelho*.

tre.li.ça *sf* **1**. Estrutura de ripas de madeira, usada princ. como suporte para árvores frutíferas ou trepadeiras. **2**. Qualquer rede de ripas de madeira fina, com fins ornamentais, usada em portas, janelas, biombos, etc. **3**. Qualquer coisa na forma de rede.

trem *sm* **1**. Série de vagões engatados que, puxados por uma locomotiva, conduzem cargas ou passageiros. **2**. Conteúdo desses vagões. **3**. Mecanismo que forma um sistema de serviço. **4**. *Pop*.MG Qualquer coisa; treco, negócio. **5**. *Pop*.MG Tranqueira, traste.

tre.ma *sm* Sinal (¨) usado antigamente para marcar o *u* sonoro átono dos grupos *gue, gui, que, qui*. → **tremar** *v* (pôr trema em).

trem-ba.la *sm* Trem que desenvolve altas velocidades (mais de 200km/h). · Pl.: *trens-balas* ou *trens-bala*.

tre.me.bun.do *adj* **1**. Tremendo (1). **2**. Trêmulo (1).

tre.me.lu.zir *v* Brilhar com luz trêmula; bruxulear, cintilar. → **tremeluzente** *adj* (que treme luz).

tre.men.do *adj* **1**. Que provoca temores ou desperta pavor; pavoroso, horrível, assustador, trebebundo: *o país foi abalado por um tremendo terremoto*. **2**. *Fig*. Muito grande ou intenso; enorme: *fazer tremendo sucesso; levei tremendo susto*. **3**. *Fig*. Extraordinário, excelente: *fizeram um tremendo trabalho!; escritor de tremendo talento*.

tre.mer *v* **1**. Ser sacudido por pequenos movimentos rápidos, repetidos e destruidores; estremecer: *a terra tremeu em São Paulo*. **2**. Sentir movimento convulsivo causado pelo frio, medo, etc.: *as crianças tremiam de frio*. (A sílaba inicial, *tre*, continua com a vogal fechada durante toda a conjugação.) → **tremedeira** ou **tremura** *sf* [tremor (1)].

tre.mês ou **tre.me.si.nho** *adj* **1**. Que nasce e amadurece em três meses: *trigo tremês*. **2**. Que dura três meses: *festival tremesinho*.

tre.me-tre.me *sm* **1**. Tremor contínuo: *no Japão é comum o treme-treme da terra*. **2**. Certa erva ornamental. **3**. *Pop*. Edifício de muitos apartamentos por andar, usados geralmente para encontros amorosos. · Pl.: *treme-tremes* ou *tremes-tremes*.

trem-hos.pi.tal *sm* Trem destinado a transportar doentes e feridos militares. · Pl.: *trens-hospital* ou *trens-hospitais*.

tre.mi.nhão *sm* Grande caminhão, de mais de 30m de comprimento, com até sete eixos de rodagem dupla, ou seja, com dois pneus de cada lado, empregado no transporte de cana-de-açúcar; rodotrem.

tre.mor (ô) *sm* **1**. Ato (involuntário) ou efeito de tremer; tremedeira, tremura. **2**. Agitação involuntária do corpo ou de parte dele. **3**. Medo excessivo; temor.

trem.pe *sf* **1**. Tripé em que se assenta panela que vai ao fogo. **2**. Chapa de ferro com orifícios redondos que cobre a parte de cima do fogão à lenha. **3**. Cada um desses orifícios, em que se colocam as panelas. **4**. Qualquer grade ou suporte para panelas, nos fogões elétricos ou a gás. **5**. Reunião de três pessoas, para tratar de interesses comuns. **6**. Jangada formada por três toros ou paus.

tre.mu.lar *v* **1**. Agitar, sacudir: *as crianças tremularam bandeirolas, quando passou a comitiva presidencial*. **2**. Mover-se com tremor: *tremula a bandeira brasileira no mastro*. **3**. Ressoar, tremendo: *a situação era tensa, a voz do comandante tremulava*. → **tremulação** *sf* (ato ou efeito de tremular); **tremulante** *adj* (que tremula); **trêmulo** *adj* **1**. que tremula: *mãos trêmulas*; **2**. falto de firmeza; frouxo, hesitante, vacilante: *voz trêmula*).

tre.na *sf* Fita metálica graduada e enrolada no interior de uma caixa circular, com 10 a 25m de comprimento, usada em medições de terrenos, prédios, etc.

trench coat [ingl.] *loc sm* Casaco comprido, de gola e cinto, em estilo militar, espécie de capa de chuva, de bolsos largos e profundos e cinto com fivela na cintura, usado tanto na proteção contra o frio quanto na indumentária de moda. · Pl.: *trench coats*. · Pronuncia-se *trénch kôut*.

trend [ingl.] *sm* **1**. Estilo de moda que tende a predominar na próxima estação. **2**. Tendência de uma determinada *commodity* ou de um determinado setor do mercado: *o trend da soja continua em alta*. · Pl.: *trends*. · Pronuncia-se *trénd*.

trendsetter [ingl.] *s2gên* Pessoa que, de alguma forma, influencia ou lança tendências e se destaca pela diferença e inovação, princ. no mundo da moda. · Pl.: *trendsetters*. · Pronuncia-se *trénd-sétar*.

tre.nhei.ro *adj Pop*.MG Diz-se de pessoa ou coisa sem nenhum valor ou importância; trem: *esse meu vizinho é um cara muito trenheiro*.

tre.nó *sm* Carruagem com esquis no lugar das rodas, própria para andar sobre a neve, usada no Polo Norte.

tre.no.di.a *sf* Poema, fala ou canção de lamentação, princ. da morte; peça fúnebre. → **trenódico** *adj* (rel. a trenodia).

tre.pa *sf* **1**. Surra, sova, tunda: *dei-lhe uma trepa daquelas!* **2**. Reprimenda severa; descompostura, sabão: *passei-lhe uma tremenda trepa!*

tre.par *v* **1**. Subir: *trepar a uma árvore*. **2**. *Pop.Chulo* Ter relação sexual; copular: *ele trepa com qualquer mulher*. → **trepação** *sf* (**1**. ação de trepar ou subir; trepada; **2**. sucessão de cópulas; **3**. comentário maldoso sobre alguém; maledicência; **4**. pilhéria, troça, gozação); **trepada** *sf* [**1**. trepação (1); **2**. relação sexual; transa]; **trepadeira** *adj* (que trepa: *planta trepadeira*), *sf* (planta que trepa pelas paredes) e *adj* e *sf* (que ou mulher que, não sendo prostituta, transa com todo o mundo; piranha).

tre.pi.dar *v* **1**. Vacilar, hesitar: *não trepidei em aceitar o convite*. **2**. Vibrar, sacudir: *o volante do carro está trepidando muito*. → **trepidação** *sf* (ato ou efeito de trepidar); **trepidante** *adj* (**1**. que trepida: *volante trepidante*; **2**. *fig*. muito ativo ou movimentado: *a trepidante capital paulista*).

tré.pi.do *adj* **1**. Muito assustado; trêmulo de susto; apavorado, sobressaltado: *o terremoto nessa região do Brasil deixou trépida a população*. **2**. Que revela susto ou sobressalto: *chegou com a expressão trépida*. **3**. Que corre ou flui tremendo: *o rio Tietê nasce nessas trépidas águas*. → **trepidez** (ê) *sf* (qualidade de trépido).

tré.pli.ca *sf* Ato de treplicar; resposta dada a uma réplica. → **treplicar** *v* (responder ou refutar com tréplica).

três *num* **1**. Dois mais um (3, III): *três dos onze ministros do STF*. **2**. Terceiro: *página três*. // *sm* **3**. Algarismo representativo do número três. **4**. Algo numerado três ou alguém representativo desse número: *esse time precisa de um bom três*. **5**. Nota três, em provas, concursos ou exames. · Ordinal e fracionário: terceiro. · V. **ternário** e **triplicar**.

tre.san.dar *v* **1**. Mover para trás; desandar, recuar: *tresandar a carroça*. **2**. Provocar confusão entre; perturbar: *aluno que* *tresanda os colegas.* **3**. Exalar (cheiro intenso e desagradável): *a maria-fedida tresanda fedor insuportável.* **4**. Cheirar (mal); feder: *suas roupas tresandam a cigarro.* → **tresandante** *adj* (que tresanda).

tres.ler *v* **1**. Ler de trás para diante. **2**. Enlouquecer por ler muito: *alguns leem e se tornam sábios, outros leem e tresleem.* **3**. Dizer ou praticar tolices: *será que tresleio?*

tres.lou.ca.do *adj e sm* Louco, insano; tresvariado. → **tresloucar** *v* (enlouquecer).

tre.soi.tão *sm* Revólver de calibre trinta e oito; trinta e oito.

tres.pas.sar(-se) *v* V. **traspassar**. → **trespasse** *sm* (v. **traspasse**).

três-pon.ti.nhos *smpl* Reticências.

três-quar.tos *adj* **1**. Diz-se de peça de vestuário, ou de parte dela, de comprimento correspondente a três quartos do total: *saia três-quartos; manga três-quartos.* // *sm2núm* **2**. Apartamento de três quartos: *moro num três-quartos.*

tres.va.ri.ar *v* Delirar; cometer disparates ou sandices: *muita gente de juízo às vezes tresvaria.* → **tresvariado** *adj* (tresloucado); **tresvario** *sm* (ato ou efeito de tresvariar).

três-vo.lu.mes *sm2núm* Sedã.

tre.ta (ê) *sf* **1**. Artifício manhoso que se utiliza para conseguir um objetivo; artimanha, astúcia, ardil: *ideou uma treta para entrar no estádio sem pagar.* // *sfpl* **2**. Conversa mole para enganar; lábia, tapeação: *lá vêm os candidatos com suas tretas novamente!* → **tretear** *v* (usar de tretas; trapacear), que se conjuga por *frear;* **treteiro** *adj e sm* (que ou aquele que é dado a tretas ou trapaças; espertalhão, trapaceiro).

tre.vas *sfpl* **1**. Ausência total de luz; escuridão completa, absoluta; breu. **2**. *Fig.* Ignorância total; estupidez absoluta. · Antôn.: *luz.* → **trevoso** (ô; pl.: ó) *adj* (**1**. dominado pelas trevas; **2**. tenebroso).

tre.ve.lô *s2gên* Motorista inábil; barbeiro(a).

tre.vo (ê) *sm* **1**. Planta leguminosa de folha tríplice. **2**. Conjunto de vias para evitar cruzamentos em rodovias de tráfego intenso. → **treval** *sm* (plantação de trevos).

tre.vo.so (ô/ pl.: ó) *adj* V. **trevas**.

tre.ze (ê) *num* **1**. Doze mais um (13, XIII). **2**. Décimo terceiro: *página treze.* // *sm* **3**. Algarismo que representa esse numeral. · Ordinal e fracionário: *décimo terceiro.*

tre.ze.na *sf* **1**. Conjunto de treze unidades. **2**. Espaço de treze dias. **3**. Reza que se repete durante os treze dias anteriores à festa de algum santo.

tre.zen.tos *num* **1**. Três centenas (300, CCC). **2**. Trecentésimo: *página trezentos.* // *sm* **3**. Algarismo representativo desse numeral. · Ordinal e fracionário: *trecentésimo* ou *tricentésimo.*

tri *sm* Redução de *tricampeão* ou de *tricampeonato.*

tri.a.de ou **trí.a.da** *sf* Grupo de três pessoas ou coisas intimamente relacionadas; trindade. → **triádico** *adj* (rel. a tríade).

tri.a.gem *sf* **1**. Processo de escolha de pessoas feridas, num grupo, para determinar a prioridade de tratamento médico, com preferência aos que têm maior probabilidade de sobrevivência. **2**. Escolha, seleção.

trial [ingl.] *sm* **1**. No motociclismo esportivo, prova de habilidade que consiste em superar diferentes obstáculos em terreno irregular ou montanhoso. **2**. Motocicleta feita para esse tipo de prova. · Pl.: *trials.* · Pronuncia-se *trái-al.*

tri.ân.gu.lo *sm* **1**. Polígono de três ângulos e três lados. **2**. Qualquer coisa semelhante. **3**. Instrumento de percussão que consiste em uma peça metálica triangular aberta em um dos ângulos, no qual se bate com uma pequena haste de ferro. **4**. Relacionamento que envolve três pessoas. **triangulação** *sf* (ato ou efeito de triangular); **triangular** *adj* [**1**. rel. a triângulo; **2**. que tem três ângulos; **3**. que tem a forma de um triângulo; **4**. que tem um triângulo como base; **5**. que envolve um grupo de três seres ou elementos (pessoas, equipes, coisas, ideias)], *sm* (competição esportiva de que participam apenas três equipes) e *v* (**1**. dividir em triângulos; **2**. formar triângulo durante a movimentação, numa partida de futebol: *os atacantes triangulam bem com o meio de campo, mas não finalizam*).

tri.a.tlo *sm* Competição atlética olímpica em que os atletas participam, sem parar, de três modalidades: natação (1,5km), ciclismo (40km) e corrida (10km), vencida por aquele que alcançar o maior número de pontos. → **triatleta** *s2gên* (atleta que pratica o triatlo).

tri.a.xi.al (x = ks) *adj* **1**. Que tem três eixos: *alto-falante triaxial.* // *sm* **2**. Redução de *alto-falante triaxial,* que une *woofer, tweeter* e *midrange* na mesma peça: *colocar três triaxiais no carro.*

tri.bo *sm* **1**. Conjunto dos descendentes de cada um dos doze patriarcas, entre os hebreus; clã: *as doze tribos de Israel.* **2**. Unidade de organização social muito simples, que consiste em um número de famílias, clãs, etc. que vivem numa determinada área e partilham antepassados, costumes, crença, cultura, tradições e lideranças comuns; comunidade: *os índios vivem em tribos; as tribos árabes do deserto.* **3**. Grupo familiar numeroso e unido: *neste final de semana reuniu-se toda a tribo dos Carvalhos para um jantar de confraternização.* **4**. *Gír.* Conjunto de pessoas, geralmente jovens, com afinidades e preferências comuns; turma, patota: *as tribos urbanas; a tribo dos esqueitistas.* → **tribal** *adj* (**1**. rel. a tribo; **2**. que vive em tribo); **tribalismo** *sm* (**1**. organização, cultura e crença de uma tribo; **2**. extrema identidade e lealdade ao próprio grupo: *no Congresso brasileiro há o espírito de tribalismo?*); **tribalista** *adj* (rel. a tribalismo) e *adj e s2gên* [que ou pessoa que é adepta do tribalismo (2)]; **tribalístico** *adj* (rel. a tribalismo ou a tribalista).

tri.bu.fu, tri.bu.fé ou **tru.bu.fu** *adj e sm* **1**. Que ou aquele que é malvestido; maltrapilho. // *s2gên* **2**. *Pop.*MG Pessoa muito feia.

tri.bu.la.ção ou **a.tri.bu.la.ção** *sf* Trabalho aflitivo, que atormenta como um castigo.

tri.bu.no *sm* **1**. Magistrado, na antiga Roma, que representava os plebeus, sendo, a partir de 449 a.C., eleito pelo povo para defendê-lo contra a opressão dos nobres. **2**. Aquele que defende os direitos do povo. **3**. Orador renomado ou defensor eloquente de uma causa. · Fem.: *tribuna.* → **tribuna** *sf* (**1**. fem. de *tribuno;* **2**. plataforma de onde falam oradores; **3**. lugar alto, reservado a autoridades ou pessoas importantes; **4**. coluna, sessão de jornal, programa de rádio ou de televisão, em que alguém pode dirigir-se ao público para exprimir suas ideias e opiniões); **tribunal** *sm* (**1**. órgão de uma sociedade ao qual compete administrar a justiça com plena autonomia: *tribunal militar;* **2**. grupo de juízes que julgam coletivamente; corte de justiça; **3**. lugar ou sede em que essa corte julga; **4**. lugar onde se é julgado); **tribuneca** *sf* (**1**. tribunal sem categoria: *mesmo absolvido pelos seus comparsas, o senador alagoano ocupa vaga feito um fantasma pelos salões obscuros da sua tribuneca;* **2**. emprego rendoso, geralmente em cargo público, que praticamente não requer responsabilidade, devolução ou serviço ativo; sinecura: *mergulhada em suas distorções, a magistratura passa a constituir-se, aos olhos do povo, em uma lânguida tribuneca de quelônios.* · **Tribunal de Justiça**. Órgão colegiado, formado por juízes do segundo grau (desembargadores) que julgam recursos das decisões do primeiro grau. · **Tribunal do júri**. Júri.

tri.bu.to *sm* **1**. Contribuição exigida pelo Estado, direta ou indiretamente, na forma de imposto ou taxa. **2**. Testemunho ou expressão de gratidão. **3**. Homenagem, preito. **4**. Aquilo que se é obrigado a sofrer. → **tributação** *sf* (ato ou efeito de tributar); **tributal** *adj* (**1**. rel. a tributo; tributário: *legislação tributal;* **2**. onerado com tributo: *bens tributais*); **tributar** *v* (**1**. impor tributo a: *há países que não tributam seus cidadãos;* **2**. cobrar tributo sobre: *tributar mercadorias importadas;* **3**. render, prestar, dedicar: *tributar homenagem a alguém*); **tributário** *adj* [tributal (**1**): *legislação tributária*]; **2**. subordinado, inferior: *Estado tributário; povo tributário, sm* (aquele que está sujeito a pagar tributo) e *adj e sm* (que ou o que paga tributo; contribuinte), *sm* (rio que corre para outro maior ou outra massa de água; afluente) e *adj* (diz-se desse rio); **tributável** *adj* (que pode ou deve ser tributado).

tri.ca *sf* **1**. Trapaça, tramoia, cambalacho. **2**. Mexerico, fofoca, intriga. **3**. Coisa sem valor; insignificância, ninharia, bagatela.

tri.cam.pe.ão *adj e sm* Que ou o que ficou três vezes campeão, consecutivas ou não. → **tricampeonato** *sm* (campeonato conquistado por três vezes, consecutivas ou não).

tri.cen.te.ná.rio *adj* **1**. Que tem trezentos anos. // *sm* **2**. Comemoração de fato notável, acontecido há trezentos anos.

tri.cen.té.si.mo *num* V. **trecentésimo**.

trí.ceps *adj e sm2núm* Que ou músculo que tem três feixes fibrosos numa de suas extremidades, utilizado para estender o antebraço.

tri.ci.clo *sm* **1**. Velocípede infantil de três rodas, impulsionado por pedais. **2**. Veículo semelhante, impulsionado por manivela ou por motor, usado por deficientes físicos. **3**. Veículo de três rodas, provido de uma caixa, para o transporte de pequenas cargas. → **triciclista** *adj* e *s2gên* (que ou pessoa que utiliza triciclo para se locomover).

tri.cô *sm* Tecido de malhas entrelaçadas, executado à mão ou à máquina, com agulhas apropriadas. → **tricotadora** (ô) *sf* (**1**. máquina de tricotar; **2**. mulher que tricota); **tricotar** ou **tricotear** *v* (fazer tricô), sendo este conjugado por *frear*; **tricoteiro** *adj* e *sm* (que ou aquele que tricota).

tri.co.li.ne ou **tri.co.li.na** *sf* Tecido fino, leve e sedoso, de algodão, de trama bem fechada, espécie de popeline.

tri.co.lor (ô) *adj* **1**. De três cores. **2**. Diz-se de qualquer clube esportivo de três cores representativas. **3**. Diz-se do torcedor de cada um desses clubes. // *sm* **4**. Qualquer desses clubes ou qualquer torcedor deles.

tri.den.te *sm* **1**. Arpão com três dentes pontiagudos, usado na pesca. // *adj* **2**. Que tem três dentes ou protrusões semelhantes; tridentado. → **tridentado** *adj* (tridente).

tri.di.men.si.o.nal *adj* **1**. Que tem ou comporta três dimensões (comprimento, altura e largura). **2**. Relativo às três dimensões. → **tridimensionalidade** *sf* (qualidade ou estado de tridimensional: *a tridimensionalidade de uma escultura*).

trí.duo *sm* **1**. Espaço de três dias consecutivos. **2**. Festa da Igreja que dura três dias: *o tríduo do Sacramento*.

tri.e.dro *sm* **1**. *ant* Que ou figura que tem três faces ou é formada pela reunião de três planos, que se encontram num ponto. → **triédrico** *adj* (rel. a triedro).

tri.ê.nio *sm* **1**. Período de três anos consecutivos. **2**. Exercício de cargo por três anos. → **trienal** *adj* (que dura três anos) e *sf* (exposição de arte realizada de três em três anos); **trienalidade** *sf* (qualidade do que é trienal).

tri.fá.si.co *adj* **1**. Que tem ou apresenta três fases. **2**. Diz-se das correntes alternadas que circulam em três circuitos elétricos independentes.

tri.fí.bio *adj* e *sm* Que ou veículo de transporte que opera na terra, na água e no ar.

tri.fo.li.a.do *adj* Que tem três folhas. (Não existe a forma "trifolhado".) → **trifólio** *sm* (**1**. trevo; **2**. ornamento arquitetônico em forma de trevo).

tri.fur.car(-se) *v* Dividir(-se) em três partes ou ramos: *trifurcar uma estrada; a estrada ali se trifurca*. → **trifurcação** *sf* [ato ou efeito de trifurcar(-se)]; **trifurcado** *adj* (dividido em três partes ou ramos: *antena trifurcada; galho trifurcado*).

tri.gê.meo *sm* **1**. Cada uma das três crianças nascidas do mesmo parto. // *adj* **2**. Diz-se de cada uma delas.

tri.gé.si.mo *num* **1**. Ordinal e fracionário correspondentes a trinta. // *sm* **2**. A trigésima parte. **3**. O que ocupa o último lugar numa série de trinta seres.

tri.go *sm* **1**. Planta gramínea que fornece um dos mais importantes cereais na alimentação humana. **2**. Esse grão. · V. **tritíceo** e **triticultura**. → **trigal** *sm* (plantação de trigo).

tri.go.no.me.tri.a *sf* Ramo da matemática que se ocupa das relações entre os lados e os ângulos dos triângulos e dos cálculos neles baseados, particularmente as funções trigonométricas. → **trigonométrico** *adj* (rel. a trigonometria).

tri.guei.ro *adj* Moreno, assim como se apresenta o trigo, quando maduro.

tri.ja.to *sm* Avião movido por três turbinas a jato.

tri.lar *v* **1**. Gorjear, trinar: *trilar suaves melodias*. **2**. Assoprar (som agudo e prolongado); silvar: *o árbitro trilou o apito e encerrou o jogo*. **3**. Cantar ou tocar fazendo trilo.

tri.lhar *v* **1**. Debulhar (cereais) com o trilho (1). **2**. Bater ou pisar (o linho). **3**. Calcar com os pés; pisar: *alguém trilhou esse gramado*. **4**. Percorrer, deixando pegadas, vestígios ou rastos: *trilhar a areia da praia*. **5**. Reduzir a pequenos pedaços; moer: *trilhar a palha*. **6**. Abrir caminho por; andar por: *trilhar a mata*. **7**. Percorrer, palmilhar: *trilhar ruas desertas*. **8**. Seguir (caminho ou norma moral): *trilhar o caminho da virtude, e não o atalho do vício*. **9**. Abrir, sulcar: *trilhar os mares*. → **trilha** *sf* (**1**. ato ou efeito de trilhar; **2**. caminho estreito, aberto entre vegetações; senda; **3**. caminho, via, direção, trilho; **4**. vestígio, pista, rasto; **5**. *fig*. caminho a seguir; exemplo, modelo; **6**. *pop*. linha ou sulco de gravação em disco fonográfico, fita, filme, etc.).

tri.lhão ou **tri.li.ão** *sm* Mil bilhões.

tri.lho *sm* **1**. Cilindro de madeira com dentes de ferro, utilizado na lavoura para debulhar cereais. **2**. Barra de ferro, com um parte superior arredondada, sobre a qual giram as rodas de locomotivas, vagões e bondes; carril. **3**. Caminho estreito por onde passa um indivíduo de cada vez. **4**. Trilha (3). **5**. Utensílio de bater a coalhada, para fazer queijo.

tri.lín.gue (o **u** soa) *adj* e *s2gên* Que ou pessoa que fala três línguas.

tri.lo *sm* **1**. Trinado, trino, gorjeio. **2**. Som do apito; silvo.

tri.lo.gi.a *sf* Conjunto de três obras (musicais, literárias, etc.) que, apesar de cada uma conservar sua unidade própria, são intimamente relacionadas no tema, na sequência, etc., formando um todo: *a Divina Comédia é uma trilogia*. → **trilógico** *adj* (rel. a trilogia).

tri.mem.bre *adj* De três membros, divisões ou partes: *verso trimembre; departamento trimembre*.

tri.men.sal *adj* Que se faz, realiza ou publica três vezes por mês.

tri.mes.tral *adj* Que se faz, realiza ou publica de três em três meses. → **trimestralidade** *sf* (**1**. qualidade de trimestral; **2**. prestação trimestral); **trimestre** *sm* (**1**. espaço de três meses; **2**. quantia paga ou recebida no fim de cada trimestre).

trimode [ingl.] *adj* e *sm* Que ou telefone móvel que é capaz de operar nos módulos celular (analógico e digital para voz) e por satélite (para voz e dados, quando suas opções de telefonia digital/analógica e celular não estão disponíveis), mantendo-se conectado virtualmente em qualquer lugar do planeta. · Pl.: *trimodes*. · Pronuncia-se trímôud.

tri.mo.tor (ô) *adj* e *sm* Que ou aeroplano que tem três motores.

tri.na.ci.o.nal *adj* **1**. Que envolve três nações: *acordo trinacional*. // *sf* **2**. Empresa ou organização que opera em três países: *uma trinacional não é multinacional*.

tri.nar *v* **1**. Trilar, gorjear: *trinar suaves melodias*. **2**. Soltar trino ou trilo: *trinam os curiós*. → **trinado** ou **trino** *sm* (ação de trinar; repetição rápida e continuada de duas notas vizinhas; gorjeio, trilo); **trinador** (ô) *adj* e *sm* (que ou o que trina: *passarinho trinador*).

trin.ca *sf* **1**. Bando de moleques de rua mancomunados entre si. **2**. Reunião de três cartas com o mesmo número de pontos ou com a mesma figura. **3**. *Pop.Pej*. Grupo de três pessoas; trio. **4**. Pequena rachadura, fenda.

trin.car *v* **1**. Morder, provocando barulho: *trincar uma maçã*. **2**. Apertar com os dentes: *trincar os lábios, de nervosismo*. **3**. Apresentar trinca ou pequena rachadura: *a parede trincou*.

trin.cha *sf* **1**. Pincel grande, grosso e largo, para pintar paredes. **2**. Ferramenta própria para arrancar prego. **3**. Espécie de enxó de carpinteiro.

trin.char *v* **1**. Retalhar pelas juntas (carnes que serão servidas à mesa): *trinchar um frango assado*. **2**. Cortar em pedaços (rês) e com certa arte: *o açougueiro trinchava o boi, quando cheguei*. → **trincho** *sm* (**1**. ação ou modo de trinchar; **2**. travessa ou prato grande sobre o qual se trincham as iguarias).

trin.chei.ra *sf* **1**. Fosso feito no solo por soldados, no sentido longitudinal, para a defesa contra o fogo ou ataque inimigos. **2**. *P.ext*. Fortaleza, baluarte.

trin.co *sm* **1**. Tranqueta de ferro para fechar portas. **2**. Fechadura sem lingueta em que a chave levanta essa tranqueta.

trin.da.de *sf* **1**. Grupo de três pessoas; tríada: *Tom Jobim, Vinícius de Morais e João Gilberto formavam a trindade de gênios da bossa nova*. **2**. Divindade tríplice, em certas religiões: *trindade hindu*. // *sfpl* **3**. Toque das ave-marias. **Trindade 4**. União de três pessoas distintas (Pai, Filho e Espírito Santo) em um só Deus, também chamada Santíssima Trindade: *o mistério da Trindade*.

tri.ne.to *sm* Filho do bisneto(a).

Trinidad e Tobago *loc sf* País das Antilhas, ao norte da Venezuela, formado por duas ilhas (Trinidad, a maior, e Tobago), cuja área total é pouco menor que a do Distrito Federal. → **trinitário** *adj* e *sm*.

tri.no *adj* **1**. Que consta de três membros. **2**. Trinado, trilo, gorjeio.

tri.nô.mio *sm* Polinômio formado de três termos (p. ex.: $3x + 2y + 3$).

trin.que *sm* **1**. Cabide em que os alfaiates colocam as roupas, imediatamente após acabarem de confeccioná-las. **2**. Elegância ou esmero no vestir. **3**. Qualidade daquilo que é de novo em folha. ·· **Andar** (ou **Estar**) **no trinque** (ou **nos trinques**). Andar (ou Estar) com roupa nova e muito elegante.

trin.ta *num* **1**. Três dezenas (30, XXX). **2**. Trigésimo: *página trinta*. // *sm* **3**. Algarismo representativo desse numeral. // *smpl* **4**. Anos compreendidos entre 30 e 39 de qualquer século. ·· **Trinta e oito**. Revólver de calibre 38; tresoitão.

trin.tão *adj* e *sm* Que ou aquele que tem entre 30 e 39 anos; trintenário. · Fem.: *trintona*.

trin.te.ná.rio *adj* e *sm* Trintão.

tri.o *sm* **1**. Grupo de três pessoas ou coisas. **2**. Composição musical para três vozes ou instrumentos. **3**. Conjunto de três cantores ou três instrumentistas. ·· **Trio elétrico**. Grande caminhão provido de aparelhagem de som muito potente, para diversões carnavalescas.

tri.pa *sf* **1**. Intestino de animal. **2**. Prato feito com essa víscera animal; bucho. **3**. *Gír.* Em jornalismo, matéria sem interesse; linguiça (2).

tri.pa.nos.so.mo ou **tri.pa.nos.so.ma** *sm* **1**. Gênero de protozoários parasitos de vertebrados, inclusive do homem, transmitidos por insetos vetores. **2**. Qualquer espécie ou espécime desse gênero. (Reside aqui mais um problema causado pela 6.ª ed. do VOLP, que registra apenas *tripanossoma*, e não mais *tripanossomo*, forma esta constante em todos os dicionários, menos em um deles.)

tri.par.tir(-se) *v* Partir(-se) ou dividir(-se) em três partes: *tripartir um bolo; a grande árvore tripartiu-se*. → **tripartição** *sf* [ato ou efeito de tripartir(-se)]; **tripartite** *adj* (**1**. dividido em três partes; **2**. que envolve três partes).

tri.pé *sm* **1**. Suporte portátil e ajustável, com três pés, de máquina fotográfica, telescópio, etc. **2**. Banquinho, mesa, pedestal, etc., com três pés.

triple [ingl.] *sm* Unidade hoteleira ocupada por três pessoas ao mesmo tempo, geralmente participantes de excursão. · Pl.: *triples*. · Pronuncia-se *trípol*.

tri.plex (x = ks) ou **tri.plex** (x = ks) *adj* e *sm2núm* **1**. Que ou tipo de vidro que é composto por duas lâminas, com uma terceira, de mica, interposta. **2**. *Pop.* Que ou apartamento que tem três pisos ou pavimentos, interligados por uma escada interior. (A prosódia oxítona é generalizada, mas não a aconselhável.)

tri.pli.car *v* **1**. Multiplicar por três: *triplicar os lucros*. **2**. Fazer três cópias idênticas de: *triplique este documento para mim!* **3**. Multiplicar (quantidade) pelo fator três. **triplicar(-se) 4**. Tornar-se triplo: *seus lucros (se) triplicaram neste ano*. → **triplicação** *sf* [ato ou efeito de triplicar(-se)].

tri.pli.ca.ta *sf* **1**. Terceira cópia. **2**. Cada uma de três cópias idênticas.

trí.pli.ce *num* **1**. Que é três vezes maior que outro; multiplicativo de três; triplo. // *adj* **2**. Que consta de três elementos: *a tríplice fronteira, uma lista tríplice, a tríplice aliança*. **3**. Realizado em três etapas: *serviço tríplice*. // *sf* **4**. Redução de *vacina tríplice*, que previne contra difteria, tétano e coqueluche. → **triplicidade** *sf* (qualidade ou condição de tríplice). ·· **A Tríplice Coroa**. No futebol, conquista de um clube, no mesmo ano, três títulos. ·· **Vacina Tríplice Viral**. Vacina que previne contra o sarampo, a rubéola e a caxumba.

tri.plo *num* **1**. Tríplice (1). // *sm* **2**. Quantidade três vezes maior que outra: *em dois anos, os imóveis aqui valorizaram o triplo*. // *adj* **3**. Que contém ou envolve três pessoas, elementos ou partes: *triplo assassinato; nó triplo*. **4**. Destinado a três pessoas.

trip-trail [ingl.] *sm* Corrida ciclística com distância superior a 25 quilômetros, na qual os competidores partem de uma cidade a outra, sem retornar ao local de origem. · Pl.: *trip-trails*. · Pronuncia-se *tríp-trêil*.

tri.pu.di.ar *v* **1**. Exultar ou alegrar-se tanto com a sua boa condição ou situação, a ponto de manifestar desprezo ao que se acha de modo diverso; prevalecer-se: *o verdadeiro campeão não tripudia sobre o adversário vencido*. **2**. Atolar-se, perder-se totalmente, afundar-se: *tripudiar no crime*. **3**. Dançar, batendo com os pés num plano; sapatear: *a dançarina tripudiava sobre o tablado, fazendo soar as castanholas*. → **tripudiante** *adj* e *s2gên* (que ou pessoa que tripudia); **tripúdio** *sm* (ação ou efeito de tripudiar).

tri.pu.la.ção *sf* Todo o pessoal de serviço de aeronave ou de navio (comandante, piloto, comissários, oficiais, marinheiros, serviçais, etc.). → **tripulante** *adj* e *s2gên* (que ou membro que faz parte de uma tripulação); **tripular** *v* [**1**. prover de tripulação; **2**. dirigir ou governar (aeronave ou embarcação)].

tri.que-tri.que *sm* Formalidade, convencionalismo, frescura, chiquê. · Pl.: *trique-triques*. ·· **Cheio de trique-triques**. Cheio de frescuras ou de chiquês; dengoso.

tri.qui.ni *sm* Biquíni em que na frente o sutiã e a calcinha são emendados, ligados por amarrações, imitando um maiô, e atrás tem a calcinha bem cavada; engana-mamãe.

tri.sa.nu.al *adj* **1**. Que dura três anos. **2**. Que se dá, acontece ou se realiza de três em três anos: *a eleição nesse clube é trisanual*.

tri.sa.vô *sm* Pai de bisavô ou de bisavó.

tris.car *v* **1**. Tocar de leve; roçar: *ele mal anda triscando os pés no chão*. **2**. Fazer bulha ou ruído: *triscam as torcidas no estádio*. **3**. Aprontar bagunça, baderna, desordem: *os manifestantes não querem tanto protestar quanto triscar*. **4**. Ter trisca ou rixa com alguém; brigar: *quando jogam Flamengo e Vasco, os torcedores triscam mesmo, não há o que segure*. → **trisca** *sf* (**1**. ato ou efeito de triscar; **2**. briga, rixa: *brasileiros e argentinos sempre tiveram lá suas triscas, princ. quando estão em estádios de futebol*).

tris.sí.la.bo *adj* e *sm* Que ou vocábulo ou verso que tem três sílabas. **trissilábico** *adj* (trissílabo).

tris.te *adj* e *s2gên* **1**. Que ou pessoa que não sente contentamento ou alegria e o demonstra no semblante, nas atitudes, etc. // *adj* **2**. Decepcionado, desiludido: *andar triste com os resultados do seu time*. **3**. Que causa dor, desgosto ou sofrimento: *notícia triste*. **4**. Caracterizado pela dor ou falta de contentamento: *cara triste*. **5**. Aborrecido, lamentável: *é triste torcer por um time que só perde*. **6**. Rebelde, indisciplinado: *esse menino é triste!* **7**. De mau caráter; ordinário, calhorda: *minha vizinha é triste: faz barulho só pelo prazer de sentir as pessoas incomodadas*. · Antôn. (1 e 4): *alegre*; (5): *agradável, prazeroso*; (6): *comportado, disciplinado*; (7) *educado, civilizado*. → **tristeza** (ê) *sf* (qualidade ou estado de triste), de antôn. *alegria*; **tristonho** *adj* (**1**. que aparenta tristeza: *criança tristonha*; **2**. de aspecto triste; melancólico: *olhar tristonho*; **3**. que causa tristeza: *tarde tristonha*).

tri.tí.ceo *adj* Relativo ao trigo.

tri.ti.cul.tu.ra *sf* Cultura do trigo. → **triticultor** (ô) *sm* (aquele que se dedica à triticultura).

tri.ton.go *sm* Encontro vocálico que consiste numa vogal ladeada de semivogais (p. ex.: *uai*).

tri.tu.rar *v* **1**. Reduzir a pequenos fragmentos, sem chegarem a ser pó. **2**. Reduzir a pó; pulverizar; moer: *triturar café*. **3**. *Fig.* Atormentar, incomodar muito: *há vizinhos que nos trituram a paciência*. **4**. *Fig.* Impor derrota avassaladora a; aplicar um chocolate amargo a: *o Flamengo triturou o Bangu: 12 a 0*. **5**. *Fig.* Reduzir a uma insignificância: *o promotor triturou a defesa do réu*. → **tritura, trituração** *sf* ou **trituramento** *sm* (ato ou efeito de triturar).

tri.un.fo *sm* **1**. Ato ou efeito de triunfar, ou seja, de ser vitorioso ou muito bem-sucedido; grande vitória, conquista, êxito ou sucesso. **2**. Superioridade, prevalência, vantagem, supremacia. → **triunfal** *adj* (**1**. rel. a triunfo; **2**. em que há triunfo); **triunfante** *adj* (**1**. que triunfa; **2**. radiante de alegria; **3**. pomposo, ostentoso); **triunfar** *v* (**1**. obter um triunfo ou uma grande vitória; **2**. prevalecer, vencer: *a verdade triunfará*).

tri.un.vi.ra.to ou **tri.un.vi.ra.do** *sm* **1**. Na antiga Roma, tríade de líderes políticos que exercia o poder supremo. **2**. Coalizão de três governantes para administração conjunta. → **triunviral** *adj* (rel. a triúnviro); **triúnviro** *sm* (cada um dos membros de um triunvirato).

tri.va.len.te *adj* Que tem valência 3. → **trivalência** *sf* (qualidade de trivalente).

tri.ve.la *sf* No futebol, chute dado com o lado externo do pé. ·· **De trivela**. Diz-se desse chute.

tri.vi.al *adj* **1**. De muito pouca importância; insignificante. **2**. Ordinário, comum, vulgar. // *sm* **3**. Comida simples do dia a dia. → **trivialidade** *sf* (qualidade de trivial); **trivializar(-se)** *v* [tornar(-se) trivial].

triz, por um *loc adv* **1**. Por pouco, por um fio: *Por um triz não cometo a besteira de casar com ela*. **2**. Milagrosamente: *Escapou por um triz de casar com aquele traste*. **3**. Na iminência de morrer: *A mulher estava por um triz quando chegou ao hospital*.

tro.ar *v* **1**. Fazer barulho de trovão; trovejar: *em Salvador (BA) nunca troa*. **2**. Fazer grande estrondo: *o mar troa: é a ressaca*. **3**. Ressoar com força; vibrar: *sua voz me troou aos ouvidos*. // *sm* **4**. Estrondo, troada. → **troada** *sf* (grande ruído; estrondo); **troante** *adj* (que troa; retumbante; sem. ao som do trovão: *homem de voz troante*).

tro.ca *sf* **1**. Ato ou efeito de trocar, de dar e receber reciprocamente: *troca de prisioneiros, de presentes*. **2**. Barganha, permuta, escambo: *troca de arroz por feijão*. **3**. Câmbio: *troca de reais por dólares*. **4**. Mudança: *troca de governo; troca de* *guarda.* •• **Em troca.** Como recompensa ou compensação: *Você come, bebe e dorme aqui e não dá nada em troca.*

tro.ça *sf* Ato ou efeito de troçar; brincadeira, para fazer rir à custa de alguém; chacota, caçoada. → **troçar** *v* [zombar ou caçoar de: *não troce os (dos) mais velhos!*]; **trocista** *adj* e *s2gên* (que ou pessoa que gosta de troçar).

tro.ca.di.lho *sm* Jogo de palavras de som semelhante e distinta significação, que ensejam equívocos (p. ex.: catraca de canhão × conhaque de alcatrão).

tro.car *v* **1**. Dar ou apresentar (uma coisa) por outra; permutar, barganhar: *trocar presentes, figurinhas; trocar ideia com alguém.* **2**. Barganhar equivocadamente: *trocaram os bebês no hospital.* **3**. Mudar: *troquei a camisa molhada por outra, seca; troquei de lugar.* **4**. Passar (de uma velocidade para outra): *trocar marchas.* **5**. Mudar a roupa de: *a mãe já trocou o bebê cinco vezes hoje.* **6**. Confundir, mudar por engano: *troquei os nomes de meus próprios filhos.* **7**. Substituir: *trocar a lâmpada queimada.* **8**. Dar e receber reciprocamente: *trocamos olhares.* (Não se aconselha o uso deste verbo como pronominal, no sentido de *trocar de roupa.* Assim, p. ex.: Ela "se trocou" e saiu.) → **trocado** *adj* [**1**. que se trocou; **2**. Miúdo (dinheiro): *não tenho dinheiro trocado*) e *sm* (dinheiro miúdo; troco: *dei-lhe um trocado*); **trocador** (ô) *adj* e *sm* (que ou o que troca) e *sm* (cobrador de ônibus); **troca-troca** *sm* (**1**. permuta de atletas entre clubes; **2**. mudança de partido político entre representantes do povo: *depois das eleições, é um tal de troca-troca danado no Congresso*; **3**. qualquer negociação que não envolve dinheiro, mas apenas trocas recíprocas; **4**. *pop.* intercurso sexual e recíproco entre homens), de pl. *troca-trocas* ou *trocas-trocas;* **troco** (ô; pl.: ô ou ó) *sm* (**1**. quantia que se devolve ao comprador que pagou com nota de valor superior ao do objeto adquirido; **2**. dinheiro miúdo de valor igual ao de uma nota; **3**. revide, resposta).

tro.ço *sm* **1**. Treco (1). **2**. Treco (2). **3**. Doença qualquer. // *smpl* **4**. Bugigangas, cacaréus, trastes.

tro.ço (ô; pl.: ó) *sm* **1**. Pedaço de pau tosco e roliço. **2**. Grande pedaço roliço de matéria fecal; tolete.

tro.féu *sm* Qualquer símbolo de uma vitória (medalha, taça, etc.) obtida em luta, competição, etc.

tro.glo.di.ta *adj* e *s2gên* **1**. Que ou pessoa que vivia nas cavernas. **2**. Que ou pessoa que tem comportamento brutal ou primitivo. → **troglodítico** *adj* (rel. a troglodita); **trogloditismo** *sm* (modo de vida dos trogloditas; vida em cavernas).

troi.ca (ói) *sf* **1**. Conjunto de três cavalos lado a lado, atrelados a um trenó ou a uma carruagem, na Rússia. **2**. Esse trenó ou carruagem. **3**. Conjunto de três pessoas ou coisas; trinca, trio: *uma troica de países assinou o acordo.* **4**. Governo de três indivíduos: *o exército destituiu a troica que governava o país.*

tro.lar *v Gír.* **1**. Enganar, com o propósito de humilhar; sacanear. **2**. Chatear ou irritar (alguém), com gozação intensa; zoar (2). → **trolagem** *sf* (ato ou efeito de trolar).

tro.le *sm* **1**. Cabo que estabelece contato entre o ônibus elétrico e o fio condutor da corrente. **2**. Pequeno vagão montado nos trilhos das ferrovias, movido por operários que vão nele, para transportar material. **3**. Carruagem rústica. → **trolista** *s2gên* (pessoa encarregada de pôr o trole em movimento, nas ferrovias).

tró.le.bus *sm2núm* Ônibus elétrico, cujo movimento é limitado pela extensão do cabo ou trole ligado ao fio aéreo condutor da corrente.

tro.lha (ô) *sf* **1**. Pá de pedreiro na qual está a cal de que ele se vai servindo. // *sm* **2**. Servente de pedreiro. **3**. Pedreiro reles, ordinário. // *sm* **4**. *Fig.* Pessoa sem importância nenhuma; mequetrefe, pé de chinelo. **5**. *Pop.* Pessoa maltrapilha, malvestida.

tró-ló-ló *sm* **1**. Música de caráter ligeiro e fácil. **2**. Lero-lero, conversa mole, nhe-nhe-nhem. • pl.: *tró-ló-lós.*

trom *sm* Som do trovão ou do canhão.

trom.ba *sf* **1**. Órgão do olfato e aparelho de preensão do elefante e da anta. **2**. *Pop.* Cara amarrada ou zangada; carranca. → **trombada** *sf* (**1**. pancada com a tromba; **2**. batida, colisão); **trombadinha** *s2gên* (menor delinquente que age em grupos, na rua, cometendo pequenos delitos, após um encontrão; pivete); **trombar** *v* (chocar-se, colidir, bater: *o carro trombou com o ônibus*); **trombudo** *adj* (**1**. que tem tromba; **2**. *pop.* carrancudo, emburrado, sisudo: *chefe trombudo*). •• **Tromba d'água**. **1**. Fenômeno meteorológico marítimo correspondente ao tornado (que só ocorre em terra). **2**. *P.ext.* Chuva muito forte, pé d'água, toró.

trom.be.ta (ê) *sf* **1**. Instrumento de sopro, espécie de corneta simples. **2**. Máscara de couro que se coloca nos cavalos para que não comam ou bebam fora da ração. **3**. *Fig.* Pessoa que toca esse instrumento; trombeteiro(a). → **trombetear** *v* (**1**. tocar em trombeta: *trombetear um alarme;* **2**. *fig.* alardear: *trombetear vantagens*), que se conjuga por *frear;* **trombeteiro** *sm* (tocador de trombeta).

trom.bo *sm* Coágulo sanguíneo que adere ao local em que se formou, impede o fluxo de sangue e causa a trombose. → **trombose** *sf* (formação ou presença de trombo em uma parte do sistema circulatório: *a imobilidade é uma das causas da trombose*); **trombótico** *adj* (rel. a trombose ou por esta causado: *dizem que a aspirina previne as complicações trombóticas*).

trom.bo.ne *sm* **1**. Instrumento de sopro, formado por dois tubos encaixados um no outro (trombone de vara) ou por um jogo de pistões (trombone de pistões). **2**. *Fig.* Trombonista. → **trombonista** *s2gên* [pessoa que toca trombone; trombone (2)].

trom.pa *sf* **1**. Instrumento de vidro, usado nos laboratórios para fazer aspiração do ar. **2**. Instrumento musical de sopro, de forma espiralada e pavilhão largo, de som muito suave; corne. **3**. *Fig.* Trompista. • V. **tuba**. → **trompista** *s2gên* [pessoa que toca trompa; trompa (3)].

trom.pa.ço *sm* ou **trom.pa.da** *sf Pop.S* **1**. Pancada forte e violenta: *um carro acabou de dar um trompaço no poste.* **2**. Choque frontal de uma pessoa com outra; encontrão, tronchada: *ao sair do banco, houve um trompaço entre mim e a garota.* **3**. Golpe dado com o punho fechado; murro, soco. **4**. Golpe dado com a tromba do elefante.

trom.pe.ta (ê) *s2gên Pop.*RS **1**. Pessoa ordinária, sem-vergonha. **2**. Pessoa cujo maior prazer é justamente acabar com o prazer dos outros; desmancha-prazeres. → **trompetada** *sf* (ato próprio de trompeta).

trom.pe.te *sm* **1**. Instrumento de sopro de som penetrante e forte, formado de um tubo geralmente dobrado uma ou duas vezes em torno de si mesmo, terminado em um pavilhão. **2**. *Fig.* Trompetista. → **trompetista** *s2gên* [pessoa que toca trompete; trompete (2)].

tron.cho *adj* **1**. Privado de algum membro ou ramo; mutilado: *cão troncho.* **2**. Curvado para um dos lados; torto: *um quadro troncho à parede.* **3**. Sem graça: *deu um riso troncho e calou-se.* // *sm* **4**. Membro mutilado. **5**. Talo grosso de couve. **6**. *Pop.* Homem violento ou perigoso. → **tronchar** *v* (cortar rente; mutilar: *tronchar as orelhas de um cão*); **tronchudo** *adj* (**1**. diz-se da hortaliça de talo grosso; **2**. diz-se de pessoa que tem membros fortes; entroncado, troncudo, corpulento: *sujeito tronchudo*); **tronchura** *sf* (*pop.*NE ato, dito ou modo de troncho).

tron.co *sm* **1**. Parte grossa da árvore, a que sustenta a copa, distinta das raízes e dos ramos; caule resistente e ramificado, típico das plantas arbóreas (mangueira, jacarandá, seringueira, eucalipto, etc.). **2**. Parte do corpo humano ou animal, com exceção dos membros e da cabeça. **3**. Pau fincado no chão, ao qual se amarravam escravos, para puni-los. **4**. Origem de família, raça, etc. **5**. Principal linha de um sistema de comunicações ou de transporte. → **troncudo** *adj* [tronchudo (2)].

tro.no *sm* **1**. Assento acolchoado, elevado e pomposo, ocupado por um soberano ou outra figura importante, em ocasiões cerimoniosas, como o Papa. **2**. Cargo ou dignidade de soberano: *ele ganhou o trono por sucessão.* **3**. Conhecimento da pessoa do soberano: *as reivindicações não chegam ao trono.* **4**. O próprio soberano: *são ordens diretas do trono.* **5**. Cargo ou autoridade episcopal: *o trono diocesano.* **6**. *Pop.* Vaso sanitário, latrina.

tro.pa *sf* **1**. Grande número de soldados de qualquer arma: *o comandante está passando revista à tropa.* **2**. Porção de pessoas juntas; multidão: *vivia acompanhada com uma tropa de amigos.* **3**.*P.ext.* Unidade de escoteiros. **4**. *Pop.* Caravana de animais de carga: *uma tropa de jumentos.* **5**. *Pop.*RS Manada de bois e cavalos em marcha. **6**. Conjunto das forças militares que compõem o exército; exército: *a tropa não gostou da notícia.* → **tropa-fandanga** *sf* (bando de indisciplinados e desordeiros: *nunca fiz parte de nenhuma tropa-fandanga*), de pl. *tropas-fandangas;* **tropeirada** *sf* (porção de tropeiros); **tropeiro** *sm* [**1**. condutor ou negociante de tropa (5); **2**. empresário do setor de transportes; **3**. *pop.* criciló].

tro.pe.çar *v* **1**. Topar, perdendo ou quase perdendo o equilíbrio; tropicar: *tropeceu numa pedra.* **2**. Esbarrar: *tropeçar em obstáculos inesperados.* **3**. *Fig.* Cometer escorregões ou deslizes, ao falar: *ele tropeçou em várias palavras, durante o discurso.* **4**. *Fig.* Vacilar, hesitar, titubear: *o prefeito tropeçou* *na resposta.* → **tropeçada, tropicada** *sf,* **tropeçamento, tropeção, tropeço** (ê) ou **tropição** *sm* (ato ou efeito de tropeçar; topada); **tropeço** (ê) *sm* (**1**. tropeçada; **2**. obstáculo em que se tropeça; **3**. atitude impensada, insensata ou leviana; erro, mancada); **tropicar** *v* [tropeçar (**1**), princ. várias vezes (dizendo-se de cavalgaduras e também de pessoas)].

trô.pe.go *adj* **1**. Que mal pode andar: *velho trôpego.* **2**. Que tem dificuldade de mover qualquer parte do corpo: *trôpego das pernas.* **3**. Caracterizado pela dificuldade de movimento: *andar trôpego.*

tro.pel *sm* **1**. Multidão ruidosa que caminha desordenadamente e quase sempre praticando vandalismos. **2**. Ruído feito com os pés. **3**.*P.ext.* Ruído forte, provocado pela deslocação de muitos animais. **4**. *Fig.* Situação confusa e ruidosa; balbúrdia: *como estudar com esse tropel na rua?* **5**. *Fig.* Grande quantidade de qualquer coisa: *fizeram um tropel de anúncios pela TV, para promover esse carro.* (O povo usa "tropé".) → **tropeada** *sf* (ato ou efeito de tropear); **tropear** *v* [**1**. fazer (o cavalo) ruído com as patas, ao andar; **2**. andar ou caminhar fazendo ruído com os pés), que se conjuga por *frear*; **tropelia** *sf* (**1**. tumulto que faz gente em tropel; **2**. traquinice ou travessura feita com baderna, arruaça, algazarra, geralmente destruidora, atropeladora; estripulia).

tro.pi.car *v* V. **tropeçar**.

tró.pi.co *sm* **1**. Cada uma das linhas paralelas ao equador que separam as regiões mais quentes das mais frias da Terra. **2**. Cada uma das regiões da Terra localizadas entre essas linhas e o equador. **tropical** ou **intertropical** *adj* (**1**. rel. aos trópicos ou característico deles; **2**. situado entre os trópicos; **3**. Muito quente e úmido; tórrido); **tropical** *sm* (**1**. tecido leve, brilhante, caracterizado por amassar pouco e usado princ. para confeccionar ternos; **2**. roupa feita desse tecido); **tropicalismo** *sm* (**1**. qualidade do que é tropical; **2**. movimento cultural baiano do final da década de 1960, liderado por Caetano Veloso e Gilberto Gil, que teve como objetivo principal criticar a realidade e a qualidade da poesia da época); **tropicalista** *adj* (rel. a tropicalismo) e *adj* e *s2gên* (que ou pessoa que era adepta do tropicalismo); **tropicalização** *sf* (proceder à tropicalização de); **tropicalizar** *v* [alterar (material ou produto) para adaptar a condições mais severas ou mais precárias: *tropicalizar suspensões de automóveis*]; **tropicana** *sf* (conjunto de coisas relacionadas com uma determinada região tropical: *a tropicana da Jamaica*).

tro.pis.mo *sm* Movimento de plantas em resposta a estímulos direcionais externos, como luz, gravidade, umidade, etc.

tro.po *sm* Emprego de palavra ou expressão em sentido figurado.

tro.pos.fe.ra *sf* Camada mais baixa da atmosfera, em contato com a superfície terrestre, que varia em altura, de 10km a 20km, caracterizada pela queda de temperatura à medida que aumenta a altitude, na qual se formam e encontram todas as nuvens e ocorrem todas as intempéries. → **troposférico** *adj* (rel. a troposfera).

tro.te *sm* **1**. Tipo de marcha do cavalo, na qual a pata anterior e a posterior do lado contrário se elevam ao mesmo tempo. **2**. *Pop.* Gozação que os veteranos de faculdades submetem os calouros. **3**. *Pop.* Ligação telefônica anônima, feita geralmente por brincadeira. → **trotar** ou **trotear** *v* [**1**. andar (o cavalo) a trote; **2**. cavalgar a trote]; **trotista** *s2gên* (pessoa dada a passar trotes).

troupe [fr.] *sf* V. **trupe**.

trousse [fr.] *sf* Recipiente em que as mulheres guardam cosméticos (pó de arroz, p. ex.), para retoques em locais públicos. · Pronuncia-se *tRúss.*

trou.xa *sf* **1**. Fardo de roupa. // *adj* e *s2gên* **2**. Que ou pessoa que se deixa enganar facilmente; otário(a).

tro.va *sf* **1**. Composição poética lírica, ligeira e de caráter popular. **2**. Quadra popular.

→ **trovador** (ô) *sm* (**1**. poeta palaciano da Idade Média, também cantador de coplas, que viajava de castelo em castelo, recitando trovas suas ou alheias; **2**. poeta de trovas; **3**. poeta lírico); **trovadoresco** (ê) *adj* (**1**. de trovador; **2**. diz-se da poesia, estilo, etc. dos trovadores medievais); **trovar** *v* (fazer ou cantar trovas); **trovista** *adj* e *s2gên* (que ou pessoa que compõe trovas).

tro.vão *sm* Estrondo produzido nas nuvens por descarga elétrica atmosférica, causada por um raio. → **trovejar** ou **trovoar** *v* (**1**. soar o trovão ou os trovões: *trovejou, mas não choveu*; **2**. *fig.* pronunciar ou emitir com voz estrondosa:

trovejar ofensas, ameaças; **3**. *fig.* protestar veementemente: *trovejar contra a corrupção;* **4**. *fig.* falar muito alto; gritar: *o orador trovejava no palanque, mas ninguém lhe dava ouvidos*); **trovoada** *sf* (mau tempo com sucessão de trovões).

tro.vis.ca.do *adj Pop.*S Diz-se daquele que está um tanto embriagado; alegre, tocado.

TRT *sm* Sigla de *Tribunal Regional do Trabalho*, órgão da Justiça do Trabalho, de segunda instância, ao qual compete, entre outras reponsabilidades, processar, conciliar e julgar os recursos das sentenças proferidas pelos juízes das Juntas de Conciliação e Julgamento. · Pl.: TRTs.

tru.ão *sm* **1**. Homem vagabundo e desavergonhado, que vive de expedientes, pregando mentiras, enganando e dizendo graçolas; palhaço. **2**. Homem que, com suas palhaçadas, diverte os outros; palhaço. **3**. Bobo da corte, que antigamente só servia para divertir os príncipes e os nobres. → **truanesco** (ê) *adj* (rel. a truão ou próprio dele); **truania** ou **truanice** *sf* (ato, dito ou comportamento de truão).

tru.ca *sf* **1**. Equipamento usado para produzir efeitos especiais, óticos e sonoros, em filmes e minisséries. **2**. Conjunto desses efeitos; trucagem. **3**. Abreviação de truque ou trucagem. → **trucagem** *sf* (conjunto de artifícios destinados a dar aparência real a uma cena cinematográfica; efeitos especiais; truca (2)].

tru.ci.dar *v* Matar com requintes de crueldade; matar barbaramente: *os hunos trucidavam os vencidos: eram bárbaros.* → **trucidação** *sf* ou **trucidamento** *sm* (ato ou efeito de trucidar).

tru.ci.lar *v* **1**. Emitir (o tordo) seu canto. // *sm* **2**. Canto do tordo.

tru.co ou **tru.que** *sm* Jogo de cartas que envolve quatro pessoas divididas em duplas adversárias. → **trucar** *v* (no jogo de truco, propor ao parceiro a primeira parada).

tru.cu.len.to *adj* **1**. Cruel, feroz, extremamente brutal: *os hunos eram truculentos.* **2**.*P.ext.* Muito agressivo ou hostil: *polícia truculenta.* **3**. *Fig.* Extremamente severo ou duro: *tecer truculentas críticas contra o autor de um artigo.* → **truculência** *sf* (ato ou qualidade de truculento).

tru.fa *sf* **1**. Cogumelo subterrâneo comestível, muito saboroso; tartufo. **2**. Bombom de chocolate fundido em manteiga ou creme de leite, aromatizado com conhaque, uísque, champanhe, baunilha, canela, café, etc., recoberto com pó de cacau. → **trufar** *v* (rechear com trufas); **trufeira** *sf* (terreno onde se encontram trufas); **trufeiro** *adj* (rel. a trufas: *comércio trufeiro*) e *adj* e *sm* (que ou aquele que colhe ou vende trufas).

tru.ís.mo *sm* Verdade óbvia, evidente em si mesma, geralmente um clichê (p. ex.: *Quanto mais se vive, mais se aprende*). → **truístico** *adj* (rel. a truísmo).

trum.bi.car-se ou **trom.bi.car-se** *v Pop.* Dar-se muito mal; entrar pelo cano; estrepar-se, lascar-se, danar-se, ferrar-se.

trun.car *v* **1**. Cortar ou separar (membros ou partes altas ou essenciais) do tronco: *truncar os ramos de uma árvore.* **2**. Tornar incompleto: *truncar uma coleção.* → **truncamento** *sm* (ato ou efeito de truncar).

trun.cha *sf Pop.*RJ Pé de cabra.

trun.fa *sf* **1**. Topete ou cacho, símbolo de destemor, usado pelos valentões de antigamente, princ. os cangaceiros do Nordeste. **2**. Cabelo: *preciso cortar a trunfa.* **3**. Cabelo longo e desalinhado; grenha. **4**. Ato ou dito arrogante; topete.

trun.fo *sm* **1**. Naipe que bate os outros, em certos jogos. **2**. Recurso poderoso. **3**. *Fig.* Pessoa de grande influência e importância.

tru.pe *sf* **1**. Grupo de artistas que viaja dando espetáculos; companhia teatral. **2**. *Fig.* Grupo de sequazes: *o traficante e sua trupe.*

tru.que *sm* **1**. Modo esperto ou especial de enganar alguém ou de conseguir alguma coisa dos outros, de maneira mais fácil. **2**. Processo sutil empregado em cinema, teatro, televisão, etc., para criar efeitos especiais. **3**. Truco. → **truqueiro** *sm* [aquele que joga truque (3)].

trus.te *sm* Acordo ilegal entre empresas nacionais ou regionais, no qual o estoque das empresas formadoras é controlado por um conselho central, tornando possível, assim, diminuir custos, controlar preços, eliminar a concorrência, adquirindo o que aparece de similar no mercado, para dominar esse mesmo mercado.

tru.ta *sf* **1**. Peixe carnívoro de água doce, parecido com o salmão, de carne muito apreciada. // *sf* **2**. Essa carne. → **trutaria** *sf* (porção de trutas).

truz *interj* Indica estrondo produzido pela queda de um corpo ou por uma explosão.

tsar, tzar ou **czar** *sm* **1**. Título que se dava ao imperador da Rússia (de 1547 a 1917) e, na Idade Média, aos soberanos da Bulgária e da Sérvia. **2**. Líder ou governante autoritário. **3**. Qualquer homem que detém grande poder ou influência. · Fem.: *tsarina, tzarina, czarina*. (A primeira forma, **tsar**, é preferível.) → **tsaréviche** ou **czaréviche** *sm* (título que recebia o príncipe da Rússia, primogênito do tsar); **tsarevna** ou **czarevna** *sf* (título que se dava à princesa herdeira da Rússia, filha do tsar); **tsaricida** ou **czaricida** *s2gên* (pessoa que comete ou que cometeu tsaricídio); **tsaricídio** ou **czaricídio** *sm* (assassinato de um tsar); **tsarismo** ou **czarismo** *sm* (regime monárquico que vigorou na Rússia de 1547 a 1917, caracterizado por uma forma de governo em que o poder absoluto era exercido pelos tsares); **tsarista** ou **czarista** *adj* (do tsarismo: *palácios tsaristas*) e *adj* e *s2gên* (que ou pessoa que é partidária ou defensora do tsarismo).

TSE *sm* Sigla de *Tribunal Superior Eleitoral*, a mais alta corte da Justiça Eleitoral, com sede em Brasília, composta de sete membros. · Pronuncia-se *tê esse é*.

tsé-tsé *sf* Mosca africana, de manchas pretas e abdome amarelado, cuja picada transmite a doença do sono ao homem. · Pl.: *tsé-tsés*.

T-shirt [ingl.] *sm* Malha de algodão, de mangas longas ou curtas, em forma de T; camiseta. · Pl.: *T-shirts*. · Pronuncia-se *ti chârt*.

TST *sm* Sigla de *Tribunal Superior do Trabalho*, a mais alta corte da Justiça do Trabalho, com sede em Brasília, composta de 27 ministros, nomeados pelo presidente da República, depois de aprovados os seus nomes pelo senado.

tsu.nâ.mi *sm* Onda oceânica gigantesca (de 7 a 100m), provocada por terremoto ou erupção vulcânica submarinos, que pode viajar milhares de quilômetros, a uma velocidade de propagação de 900km/h, em mares profundos, causando grande devastação, quando chega à região costeira.

tu *pron* Designa a 2.ª pessoa do singular do caso reto, na função de sujeito, usado para pessoas íntimas ou subordinadas.

tu.ba *sf* **1**. Instrumento de sopro, metálico e com pistões, de registro grave. **2**. *Fig.* Tubista. → **tubáceo** *adj* (em forma de tuba); **tubista** *s2gên* [pessoa que toca tuba; tuba (2)]. ·· **Tuba auditiva**. Duto auditivo que se estende do tímpano à faringe, de 3 a 4cm de comprimento, revestido de mucosa, responsável pelo equilíbrio da pressão entre as paredes do tímpano. (Antigamente chamada *trompa de Eustáquio*, sua oclusão provoca otite.) ·· **Tuba uterina**. Duto que se estende de cada lado do útero e termina perto do ovário. (Antigamente chamada *trompa de Falópio*, serve para conduzir o óvulo do ovário ao útero e os espermatozoides do útero ao ovário.) → **tubário** *adj* (rel. a tuba auditiva ou a tuba uterina).

tu.ba.í.na *sf* Refrigerante bem doce, feito com xarope, de gosto semelhante ao do guaraná. (No interior do país se usa muito "taubaína".)

tu.ba.rão *sm* **1**. Grande peixe cartilaginoso, o maior predador dos mares. **2**. *Pop.Pej.* Negociante ganancioso(a), que deseja lucros cada vez maiores, concorrendo para a elevação da inflação e do custo de vida.

tube [ingl.] *sm* Imagem com fundo transparente na extensão. · Pl.: *tubes*. · Pronuncia-se *tiúb*.

tubeless [ingl.] *sm* **1**. Aro especial das bicicletas, semelhante à roda dos automóveis modernos, que dispensa a câmara de ar. **2**. Pneu sem câmara, de bicicleta. · Pl.: *tubelesses*. · Pronuncia-se *tiúb-lés*.

tú.be.ra *sf* Trufa (1).

tu.bér.cu.lo *sm* **1**. Excrescência feculenta que dá na raiz de algumas plantas, como a batata e a mandioca. **2**. Pequeno tumor arredondado num osso ou na superfície do corpo, lesão característica de tuberculose. → **tuberculado, tubercular** ou **tuberculoso** (ô; pl.: ó) *adj* (que tem tubérculos); **tuberosidade** *sf* (saliência com forma de tubérculo); **tuberoso** (ô; pl.: ó) *adj* (que tem forma de tubérculo).

tu.ber.cu.lo.se *sf* Doença infecciosa grave, de seres humanos e animais, caracterizada pela formação de tubérculos nos pulmões e em outros tecidos do corpo, como no sistema gastrintestinal e urogenital; tísica. → **tuberculoso** (ô; pl.: ó) *adj* e *sm* (que ou aquele que tem tuberculose).

tu.bo *sm* **1**. Canal cilíndrico, reto ou curvo, para a passagem de líquidos ou gases. **2**. Canal natural do corpo. // *smpl* **3**. *Pop.* Muito dinheiro: *gastou os tubos para consertar o carro*. · Dim. erudito (1 e 2): *túbulo*. → **tubagem** *sf* (**1**. conjunto de tubos; tubulação; **2**. introdução de tubo de borracha em cavidades naturais do organismo); **tubinho** *sm* (**1**. pequeno tubo; **2**. *pop.* modelo de vestido reto, sem corte na cintura nem cós); **tubulação** *sf* (**1**. conjunto de tubos ou vasos, com bombas e válvulas para controle de vazão, usado para o transporte de água, gás, etc. a média e longa distâncias; **2**. colocação ou disposição de um ou mais tubos); **tubular** *adj* (em forma de tubo).

tu.ca.no *sm* **1**. Ave trepadora, multicolor, de bico enorme, maior que a cabeça, vivamente colorido, que se alimenta de frutos. (Voz: *chalrar.*) **2**. *Pop.* Aquele que é partidário do Partido da Social Democracia Brasileira (PSDB), que tem como símbolo um tucano. // *adj* **3**. Diz-se desse adepto ou partidário: *político tucano*. · Fem. (2 e 3): *tucana*. → **tucanalha** *sf* (*pop.pej.* bando de maus políticos filiados ao PSDB, caracterizado por peculato e toda sorte de falcatruas nos governos que dirigem: *a tucanalha acabou com a TV Cultura*) e *adj* (característico ou próprio desse bando: *o jeito tucanalha de roubar merenda escolar; desvios de recursos públicos tucanalhas do Rodoanel*).

tu.cho *sm* Pino (3).

tu.cum *sm* **1**. Palmeira de cujas folhas se extrai fibra resistente e de cuja noz se faz óleo alimentício. **2**. Essa fibra.

tu.cu.mã *sf* **1**. Grande palmeira da flora amazônica. **2**. Fruto dessa palmeira. **3**. Cágado que vive na região do rio Tocantins.

tu.cu.na.ré *sm* **1**. Grande peixe de escama de carne saborosa, próprio da Amazônia, o único predador conhecido das piranhas. **2**. Essa carne.

tu.cu.pi *sm* Líquido amarelo, de gosto amargo e acentuado, preparado com o suco da raiz de mandioca, cozido longamente, utilizado em carnes, peixes e no pato, tradicional da cozinha paraense.

tu.do *pron* **1**. Quantidade toda: *tudo foi perdido com a geada*. **2**. Totalidade das coisas: *falamos de tudo*. **3**. Todas as coisas ou todas as qualidades: *tudo na vida é importante; encontrei nela tudo o que esperava de uma boa esposa*. **4**. Qualquer coisa: *tudo pode acontecer*. **5**. Aquilo que é de grande valor ou importância: *boa reputação é tudo para uma mulher*. **6**. Vida em geral: *está tudo bem?* **7**. O que é essencial ou indispensável: *beleza não é tudo*. → **tudo-nada** *sm* (insignificância, ínfima porção), de pl. *tudo-nadas* ou *tudos-nadas*. ·· **Os tufos** (pop.). Muito dinheiro: *Eles recebem os tufos para não fazerem nada*.

tu.fão *sm* Ciclone tropical do oeste do Pacífico, dos mares da China e áreas adjacentes.

tu.fo *sm* **1**. Porção de plantas, flores, penas, lã, etc. prensadas umas contra as outras, em forma de cacho ou ramalhete. **2**. Agrupamento de arbustos ou ervas apertados uns contra os outros: *um tufo de capim*. **3**. Saliência de alguma coisa ajuntada num lugar: *o metaleiro tinha um tufo de cabelos roxos no meio da cabeça rapada*. **4**. Saliência de tecido formada em parte da roupa feminina: *casaco de mangas com tufos*. **5**. *Pop.* Grande quantidade (de dinheiro); quantia vultosa: *ele gasta tufos de dinheiro em cassinos*. ··

tu.gú.rio *sm* Habitação extremamente pobre, própria dos povoados nordestinos mais ermos e distantes.

tu.im *sm* **1**. O menor periquito brasileiro, que vive em bandos. **2**. *Gír.* Noinha. · Pl.: *tuins*.

tu.ís.te *sm* **1**. Dança caracterizada por movimentos e giros vigorosos dos quadris e dos braços, em moda na década de 1960. **2**. Música para essa dança.

tu.i.tar *v* Enviar e receber mensagens curtas, de até 140 caracteres, pelo aplicativo de mídia social Twitter. · V. **Twitter**. → **tuitada** *sf* (*pop.* (ato de tuitar: *vou dar uma tuitada de leve*); **tuíte** *sm* (mensagem enviada ou recebida pelo aplicativo de mídia social *Twitter*); **tuiteiro** *sm* (aquele que gosta de tuitar).

tu.i.u.iú *sm* Grande ave sul-americana, de plumagem branca ou amarelada, cabeça nua e bico largo na base e comprido e cilíndrico na ponta, também conhecida como *jaburu* em algumas regiões brasileiras.

tuk-tuk [ingl.] *sm* Veículo de pequeno porte, motorizado, aberto e com cabine, de três ou quatro rodas, usado como táxi, princ. na Índia. · Pl.: *tuk-tuks*. (Trata-se de onomatopeia tailandesa, já que tenta imitar o som produzido pelo motor desse veículo. Em Portugal se usa *tuque-tuque*. No Brasil, a 6.ª ed. do VOLP não registra nem *tuk-tuk* como palavra estrangeira, nem *tuque-tuque*. Ou seja, para os acadêmicos esse veículo não existe.)

tu.le *sm* Tecido fino, leve e transparente, de fio de seda, raiom ou náilon, usado princ. em véus, camisolas, etc.; filó.

tu.lha sf **1**. Celeiro. **2**. Cova utilizada para comprimir azeitona, para a obtenção do azeite. **3**. Lugar onde se guarda café em grão.

tu.li.pa sf **1**. Planta herbácea de flores de cores variadas, em forma de pequenos cálices repolhudos. **2**. Flor dessa planta. **3**. Pop. Copo alto e estreito, usado para beber chope e cerveja. → **tulipáceo** adj (sem. a tulipa).

tum interj Onomatopeia que procura reproduzir a explosão de um tiro.

tum.ba sf Cova bem cuidada, mas sem nenhuma construção acima do solo, apenas coberta com laje ou pedra. → **tumbeiro** adj (rel. a tumba).

tú.mi.do adj Aumentado de volume; inchado. → **tumefação** ou **tumidez** (ê) sf (inchação); **tumefato** adj (inchado); **tumefazer(-se)** v [tornar(-se) túmido].

tu.mor (ô) sm **1**. Aumento patológico do volume de um tecido. **2**. Desenvolvimento espontâneo de tecido novo, formando massa anormal; neoplasma. → **tumoral** adj (rel. a tumor); **tumoroso** (ô; pl.: ó) adj (que tem tumor).

tú.mu.lo sm **1**. Cova com uma pequena porção de terra por cima, na qual se enterram os mortos; sepultura, jazigo. **2**. Câmara ou cofre para os defuntos. **3**.P.ext. Lugar silencioso e triste: *depois da morte dela, a casa virou um túmulo*. **4**. Fig. Fim, ruína: *"o casamento é o túmulo do amor"*. **5**. Fig. Pessoa tão discreta, que se compara a uma pessoa morta: *pode confiar tudo a ela, que sempre foi um túmulo*. → **tumular** adj (**1**. de túmulo ou próprio de túmulo; tumulário: *silêncio tumular*; **2**. fig. muito triste; fúnebre: *chegou com expressão tumular*); **tumulário** adj [tumular (1)].

tu.mul.to sm **1**. Grande movimento de pessoas, acompanhado de barulho, desordem e confusão: *à porta do estádio houve grande tumulto de torcedores e jornalistas*. **2**. Inquietação, desassossego, agitação moral, perturbação. → **tumultuado** adj [em que há tumulto ou baderna; alvoroçado; tumultuoso (2): *as sessões do Congresso têm sido tumultuadas*]; **tumultuar** v (**1**. incitar à baderna ou desordem; agitar: *os manifestantes tumultuaram a sessão do Congresso*; **2**. provocar ou fazer tumulto em; atrapalhar muito: *caminhões, nesta rua estreita, tumultuam o trânsito*; **3**. rebelar-se, insurgir-se: *o povo tumultuou, obrigando o presidente a renunciar*; **4**. promover tumulto ou confusão; provocar baderna ou desordem: *a oposição mais quer é tumultuar*); **tumultuoso** (ô; pl.: ó) adj (**1**. que produz ou promove tumulto: *as gangues são tumultuosas por natureza*; **2**. que se desenvolve ou acontece com desordem ou violência; em que há tumulto; tumultuado: *manifestação tumultuosa*; **3**. que tem o caráter de tumulto; desordenado, confuso: *trânsito tumultuoso*; **4**. ruidoso, barulhento: *torcida tumultuosa*).

tu.na sf Pop. **1**. Vida de vadio; vadiagem, vagabundagem, ociosidade. **2**. Grupo musical, formado por estudantes universitários que visitam diversos lugares, dando concertos musicais, com o objetivo de manter a tradição acadêmica associada ao gosto pela música. → **tunador** (ô) adj e sm ou **tunante** adj e s2gên [**1**. que ou estudante que vadia ou vagabundeia; **2**. que ou pessoa que trapaceia; trapaceiro(a)]; **tunar** v [**1**. levar vida de ócio; andar à tuna; vadiar, vagabundear. **2**. Gír. alterar a parte mecânica e/ou estética de (veículo, eletrônico, foto, etc.), a fim de personalizar ou melhorar o seu aspecto ou desempenho: *usou aplicativos para tunar suas fotos no celular e postá-las na rede*]. · V. **tuning**. ·· **Andar à tuna**. Tunar (1).

tun.da sf **1**. Surra, sova, coça. **2**. Fig. Descompostura, pito, sabão.

tun.dra sf Área desarborizada das regiões árticas, de subsolo congelado e vegetação de liquens, musgos, ervas e subarbustos.

tú.nel sm **1**. Passagem subterrânea aberta em montanhas ou por baixo delas, de rios, mares, etc., para tráfego de veículos automotivos, trens, etc. **2**.P.ext. Qualquer passagem semelhante, como a das galerias ou corredores de minas, ou a que fazem certos animais no solo. → **tunelamento** sm (**1**. ato ou efeito de tunelar; técnica que consiste em criar túneis entre duas máquinas, pelos quais certas informações passam; **2**. red. de *tunelamento quântico*); **tunelar** v (criar um túnel, a fim de que dados possam ser enviados com a senha e os outros usuários tenham acesso). ·· **Tunelamento quântico**. Fenômeno da mecânica quântica no qual elétrons passam por uma barreira pela qual classicamente não deveriam ser capazes de passar; tunelamento (2): *O tunelamento quântico é a razão de o nosso Sol brilhar*.

tun.gar v Pop. Enganar, lograr, passar para trás, tapear: *ela me tungou direitinho*. → **tungada** sf (pop. logro).

tungs.tê.nio sm Elemento químico metálico (símb.: **W**), de n.º atômico 74, altamente resistente à corrosão, usado princ. em filamentos de lâmpadas elétricas. → **tungstênico** adj (rel. a tungstênio).

tú.ni.ca sf **1**. Na antiguidade greco-romana, vestuário longo e simples, ajustado ao corpo, usado por ambos os sexos. **2**. Veste semelhante nos dias que correm. **3**. Casaco reto e justo, usado como parte de uniforme militar.

tuning [ingl.] sm **1**. Sintonia fina. **2**. Afinação. **3**. Pop. Arte de deixar um carro em "sintonia fina" com o seu dono, de seja, de equipá-lo para deixá-lo mais veloz, bonito, seguro e princ. diferente dos outros; carro personalizado. // adj **3**. Diz-se desse carro: *carros* tuning. **4**. Relativo a estas arte: *eventos* tuning; *produtos* tuning. (Como se vê, não varia.) · Pl.: tunings. · Pronuncia-se *túnin*. → **tuneiro** sm (aquele que é aficionado a tuning; tuner); **tuner** s2gên [tuneiro(a), que se diz *túnâr*.

Tunísia sf País do norte da África, de área equivalente à dos estados do Ceará e de Sergipe juntos. → **tunisiano** adj e sm.

Tupã sm Deus supremo entre os indígenas, nome tupi do trovão, que eles consideravam como a maior divindade.

tu.pi s2gên **1**. Membro dos tupis, tribo indígena que habitava inicialmente a região amazônica e depois se estendeu pelo litoral atlântico e pelas regiões do Chaco. // adj **2**. Relativo ou pertencente a essa tribo. // sm **3**. Língua dessa tribo, que constituía um dos quatro principais troncos linguísticos da América do Sul.

tu.pi-gua.ra.ni sm **1**. Família linguística indígena na qual se incluem o tupi e o guarani. // adj **2**. Relativo ou pertencente a essa família linguística. · Pl. (2): *tupi-guaranis* (na acepção 1 não tem plural).

tu.pi.nam.bá s2gên **1**. Membro dos tupinambás, tribo tupi antropófaga que habitava a costa brasileira desde o Pará até a Bahia, no séc. XVI. // adj **2**. Relativo ou pertencente a essa tribo. // sm **3**. Língua extinta dessa tribo.

tu.pi.ni.quim s2gên **1**. Membro dos tupiniquins, tribo indígena tupi da região de Porto Seguro (BA). // adj **2**. Relativo ou pertencente a essa tribo. **3**. Pop. Próprio do Brasil; brasileiro.

tur.ba ou **tur.ba.mul.ta** sf Grande quantidade de pessoas que, em desordem, gritam e reclamam.

tur.ban.te sm **1**. Espécie de toucado masculino, em que se enrola uma grande faixa em volta da cabeça, usado princ. por muçulmanos do sul da Ásia. **2**. Toucado feminino semelhante.

tur.bar v **1**. Tornar turvo, turvar: *turbar a água*. **2**. Agitar, revolver: *o forte vento turba as águas do mar*. **3**. Perturbar, transtornar: *os interesses mesquinhos turbam o bom relacionamento humano*. **turbar-se 4**. Turvar-se, toldar-se: *a água do rio se turbou com as chuvas*. **5**. Escurecer: *o tempo se turbou de repente*. **6**. Tomar um aspecto sombrio, carregado; carregar-se: *ao saber de novos casos de corrupção, a face do presidente se turbou*. → **turbação** (ô) sf ou **turbamento** sm (turvação); **turbativo** adj (diz-se do que inquieta ou perturba: *ela me olhou de forma turbativa*); **turbidez** (ê) sf [qualidade ou estado de túrbido (1)]; **túrbido** adj (**1**. turvo: *um rio perenemente túrbido*; **2**. escuro, sombrio, carregado: *nuvens túrbidas*; **3**. fig. que perturba ou inquieta; perturbador: *a túrbida volta da inflação*).

tur.bi.lhão sm **1**. Movimento rápido de rotação do ar; redemoinho; pé de vento. **2**. Massa de água que redemoinha rapidamente, formando uma espécie de funil. **3**.P.ext. Tudo o que nos arrasta ou excita violentamente.

tur.bi.na sf **1**. Máquina rotativa que dispõe de um rotor com ventoinhas ou pás impelidas pela pressão da água, ar ou gases aquecidos. **2**. Nos aviões a jato, hélice que funciona em altíssima velocidade, embutida numa caixa metálica que suga o ar pela frente, soltando-o por trás, empurrando a aeronave para a frente. → **turbinado** adj [**1**. diz-se do motor que possui um compressor ou uma turbina que auxilia e potencializa a entrada da mistura de ar/combustível no cilindro (em oposição a *aspirado*); sobrealimentado; **2**. diz-se do veículo com esse motor; sobrealimentado; **3**. gír. diz-se de taxímetro acelerado artificialmente]; **turbinagem** sf (ação de turbinar; operação industrial que consiste em submeter uma substância à ação da força centrífuga produzida por uma turbina); **turbinar** v [**1**. submeter (uma substância) à turbinagem; **2**. Dotar (um motor) de turbo; sobrealimentar; **3**. gír. provocar aceleração de (taxímetro), para que o preço da corrida fique maior]; **turbo** sm (**1**. sistema que aumenta a quantidade de mistura ar/combustível que entra nos cilindros de um motor, para queimar; **2**. máquina que opera em tal sistema; turbopropulsor; turbocompressor; **3**. automóvel provido de tal sistema); **turbocompressor** (ô) *sm* [turbo (2)]; **turbodiesel** *adj* e *sm* (**1**. que ou motor turbo que é movido a *diesel*; **2**. que ou veículo que é dotado desse tipo de motor: *picape turbo*diesel; **3**. que ou propulsor que é movido a *diesel*), que se pronuncia *turbodízel*; **turboélice** ou **turbo-hélice** *sm* (**1**. avião, geralmente militar, dotado de turbopropulsor; **2**. motor desse avião), de pl. *turbo-hélices*; **turbogerador** (ô) *adj* e *sm* (gerador elétrico acionado por uma turbina); **turbojato** *sm* (**1**. avião provido de turborreator; **2**. turbina desse avião; turborreator); **turbomáquina** *sf* (nome genérico das máquinas movidas por turbinas a gás); **turbopropulsor** (ô) *sm* [turbo (2)]; **turborreator** (ô) *sm* [turbina a gás, usada para propulsar aviões; turbojato (2)].

tur.bu.len.to *adj* e *sm* **1**. Que ou quem está em constante agitação ou tumulto. // *adj* **2**. De caráter ou tendência caótica. **3**. Que causa inquietação, agitação ou desassossego. → **turbulência** *sf* (**1**. qualidade ou estado de turbulento: *o avião sofreu turbulência durante nosso voo*; **2**. movimento violento e instável de ar ou água, ou outro fluido; **3**. perturbação da ordem social; estado de confusão, violência e desordem social).

tur.co *adj* e *sm* **1**. Natural ou habitante da Turquia. // *adj* **2**. Da Turquia. // *sm* **3**. Língua usada na Turquia e zonas da Bulgária, Chipre, Grécia, ex-Iugoslávia e ex-URSS por cerca de 65 milhões de falantes. → **turcada** *sf* (**1**. porção de turcos juntos; **2**. *pop.* porção de descendentes árabes juntos, princ. sírios e libaneses).

Turcomenistão *sm* País da Ásia, ex-república soviética, de área correspondente aos estados de São Paulo, Rio de Janeiro e Paraná juntos. → **turcomeno** *adj* e *sm*

tur.fa *sf* **1**. Matéria orgânica existente em regiões pantanosas, composta de matéria vegetal parcialmente decomposta. **2**. Essa matéria vegetal, usada como fertilizante ou como combustível. → **turfeira** *sf* (jazida de turfa); **turfoso** (ô; pl.: ó) *adj* (**1**. rel. a turfa; **2**. que contém turfa; **3**. rico em turfa).

tur.fe *sm* **1**. Prado ou pista de corridas de cavalo; hipódromo. **2**. Esporte das corridas de cavalo; hipismo. → **turfista** *adj* e *s2gên* (que ou pessoa que tem vivo interesse por turfe); **turfístico** *adj* (rel. ou pert. a turfe ou a turfista).

tu.rí.bu.lo *sm* Vaso metálico em que se queima incenso nas igrejas, ante ou altar, durante as cerimônias religiosas. → **turibular** *v* (**1**. queimar incenso em honra de; **2**. *fig.* bajular); **turibulário** *adj* e *sm* (**1**. que ou aquele que balança o turíbulo para incensar; **2**. *fig.* bajulador).

tu.ris.mo *sm* **1**. Esporte de viajar, por prazer, para admirar paisagens, a natureza, obras de arte, observar costumes, fazer compras, etc., geralmente longe de onde se mora ou no exterior. **2**. Comércio especializado em promover viagens e serviços para turistas. **3**. Movimento de turistas. → **turista** *adj* (de menor custo; econômico: *viajar de classe turista*) e *s2gên* (**1**. pessoa que faz turismo; **2**. *pop.* estudante que quase não vai à escola; **3**. *pop.* pessoa que quase não para em casa); **turístico** *adj* (**1**. rel. a turismo ou a turista; **2**. diz-se do lugar que atrai turistas: *cidade turística*).

tur.ma *sf* **1**. Grande multidão em bandos: *fomos ao estádio em turma*. **2**. Grupo, corpo: *a turma da limpeza*. **3**. Conjunto de estudantes que frequentam o mesmo curso; classe: *a turma B está sem aula*. **4**. Cada um dos grupos de operários ou funcionários que trabalham num turno. **5**. Grupo de amigos; galera, patota: *ponho a mão no fogo por minha turma*.

tur.ma.li.na *sf* Mineral que contém alumínio, boro, ferro, lítio e outros elementos, usado como pedra preciosa. → **turmalínico** *adj* (rel. a turmalina).

tur.nê *sf* **1**. Viagem turística ou de lazer, com itinerário, paradas e visitas predeterminadas; excursão. **2**. Roteiro de um artista, para apresentações; excursão artística ou profissional; *tour*: *o cantor fará uma turnê pelo Nordeste; a companhia teatral está de turnê pelo exterior.*

tur.ne.dô *sm* Fatia alta, redonda e macia, retirada do meio do filé *mignon*, servida com molhos diversos.

tur.no *sm* **1**. Vez em que cabe a uma ou mais pessoas fazer alguma coisa, revezando-se com outra(s) pessoa(s). **2**. Nos campeonatos esportivos, a primeira série de partidas disputadas pelas equipes (em oposição ao *returno*). **3**. *Pop.* Cada uma das divisões do horário diário de trabalho, princ. nas escolas, hospitais, etc. **4**. *Pop.* Cada uma das divisões de votação, num sistema eleitoral. ·· **Por seu turno**. **1**. De modo alternado: *As candidatas ao emprego foram entrando, cada uma por seu turno*. **2**. Por sua vez: *O escrivão comunicou o fato ao juiz que, por seu turno, tomou a providência cabível.*

tur.pi.ló.quio *sm* Palavra ou expressão torpe, obscena, indecente; palavrão.

tur.que.sa (ê) *sf* **1**. Mineral quase sempre de cor azul-celeste ou azul-piscina, usado como pedra preciosa. // *sm* **2**. Essa cor: *o turquesa nesse carro não fica bem*. // *adj* **3**. Diz-se dessa cor. **4**. Que tem essa cor: *meias turquesa; lenços turquesa*. (Como se vê, não varia.)

Turquia *sf* País do sudeste europeu e da Ásia Menor, de área equivalente a meio estado do Amazonas. · V. **turco**.

tur.ra *sf* **1**. Teima, teimosia, caturrice. **2**. Pancada com a testa. → **turrão** *adj* e *sm* (teimoso, caturra), de fem. *turrona*; **turrar** *v* (discutir, na defesa de uma ideia ou ponto de vista: *não turre comigo!*); **turrista** *adj* e *s2gên* (que ou pessoa que gosta de turrar).

tu.rum.bam.ba ou **su.rum.bam.ba** *sm* Briga generalizada em ambiente cheio de gente, da qual resultam feridos leves; rolo, rebu. (Em MG corre *xirimbamba*, forma que a 6.ª ed. do VOLP não traz.)

tu.ru.na *adj* e *s2gên* Que ou pessoa que é forte e metida a valente.

tur.var(-se) *v* **1**. Tornar(-se) turvo ou falto de transparência: *as chuvas turvaram as águas do rio Tietê; sem tratamento, a água da piscina (se) turvou*. **2**. Alterar(-se), perturbar(-se): *a ganância turva a mente do indivíduo: a mente do indivíduo (se) turva com tanta ganância*. **3**. Tornar(-se) embaciado: *a catarata turva o cristalino; o para-brisa (se) turva internamente, quando chove*. **4**. Tornar(-se) escuro; escurecer: *nuvens plúmbeas turvam o céu: o tempo (se) turvou de repente*. **5**. Tornar(-se) carregado, carrancudo ou sombrio: *a má notícia turvou sua face; o semblante do presidente (se) turvou, quando soube da notícia*. → **turvação** *sf* ou **turvamento** *sm* (ato ou efeito de turvar); **turvo** *adj* (**1**. que não tem sua transparência natural, por estar sujo ou misturado com alguma coisa: *urina turva; rio de águas turvas*; **2**. confuso ou pouco claro: *ter a vista turva e cansada; o cenário é turvo*; **3**. instável, intranquilo: *vivemos tempos turvos*; **4**. coberto de nuvens; escuro, nebuloso: *o céu está turvo*), de antôn. (1): *límpido, cristalino, nítido, transparente*, (2): *claro*, (3): *tranquilo, sereno*, (4): *claro, aberto*.

tu.ta.no *sm* **1**. Substância mole e gordurosa do interior dos ossos, na qual as células sanguíneas são produzidas; medula óssea: *o tutano tem sustância*. **2**. *Fig.* A parte mais íntima de uma coisa; âmago, cerne. **3**. Preparo intelectual; conhecimento, cultura, competência: *é um político de tutano*. **4**. Força, disposição: *atleta tem que ter tutano*.

tu.te.la *sf* **1**. Proteção, defesa, amparo, tutoria (3). **2**. Encargo de uma pessoa de administrar, guardar ou representar alguém sob a sua guarda. → **tutelado** *adj* e *sm* (**1**. que ou aquele que está sob tutela; **2**. que ou aquele que é protegido ou amparado); **tutelagem** *sf* (**1**. ato ou efeito de tutelar; **2**. encargo ou autoridade de tutor; **3**. *fig.* proteção, amparo); **tutelando** *adj* e *sm* (que ou menor que vai receber tutor em juízo); **tutelar** *adj* (**1**. rel. a tutela: *gerência tutelar*; **2**. protetor, defensor: *a Igreja católica latina se arvorou em instituição tutelar dos pobres ou excluídos, como prefere chamar*) e *v* [**1**. exercer tutela sobre; proteger ou amparar (como tutor); tutorar: *tutelar órfãos e menores*; **2**. proteger, amparar; *há deuses que tutelam a nossa cidade*]; **tutor** (ô) *sm* (aquele que legalmente é encarregado de tutelar alguém; protetor, defensor), de fem. *tutora* (ô) ou *tutriz*; **tutorar** ou **tutorear** *v* (tutelar), que se conjuga por *frear*; **tutoria** *sf* [**1**. cargo ou dignidade de tutor; **2**. exercício de tutela ou tempo que dura esse exercício; **3**. tutela (1): *é velhaco, mas tem a tutoria dos pais*]; **tutorial** *adj* (**1**. rel. a tutor; **2**. diz-se de ensino praticado por um tutor) e *adj* e *sm* (que ou manual de instruções que ensina a usar ou fazer uma determinada coisa: *para aprender a usar o novo programa do computador basta acompanhar o tutorial*); **tutorização** *sf* [ato ou efeito de tornar tutorial (2): *para atender às particularidades de cada aluno, o professor deverá dedicar-se bastante à tutorização*].

tutti-frutti [it.] *adj* e *sm* Que ou alimento que tem uma combinação de sabores de frutas: *iogurte tutti-frutti; sorvete de tutti-frutti*. (Não varia no plural.)

tu.tu *sm* *Pop.* **1**. Redução de *tutu de feijão*, feijão cozido e refogado, engrossado com farinha de mandioca ou de milho até tomar a consistência de pirão. **2**. Prato feito de carne de porco salgada, toucinho, feijão e farinha de mandioca.

3. Dinheiro: *essa gente é cheia do tutu*. **4.** Bicho-papão, cuca: *cuidado, que o tutu te pega, hem!* ·· **Estar montado no tutu** (ou **Nadar no tutu**). Ter muito dinheiro; ser muito rico.

tutu [fr.] *sm* Saia curta, formada de várias camadas de tule superpostas, usada pelas bailarinas de balé clássico. · Pl.: *tutus*. · Pronuncia-se *titi*.

tu.tu.car *v* **1.** Produzir som surdo; batucar: *tutucam os bombos da fanfarra*. // *sm* **2.** Tutuque: *o tutucar dos bombos da fanfarra*. → **tutuque** *sm* [ato ou efeito de tutucar; tutucar (2)].

Tuvalu *sm* País insular da Oceania, formado de 9 pequenos atóis de solo pobre. → **tuvaluano** *adj* e *sm*.

TV *sm* **1.** Abreviatura de *televisor*. // *sf* **2.** Abreviatura de *televisão*. · Pl.: *TVs*. ·· **TV a** (ou **por**) **cabo**. **1.** Transmissão de televisão para os domicílios por meio de cabo coaxial ou de fibra ótica. **2.** Emissora ou televisão que faz essa transmissão. (A expressão com a preposição *por* é mais consentânea com os princípios da língua, porém, não é a usual entre os brasileiros.) ·· **TV interativa**. Serviço de TV que permite a interatividade do telespectador, isto é, a sua interferência instantânea na programação, podendo ainda enviar mensagens e até fazer compras de produtos e serviços: *Graças ao advento da TV interativa, o telespectador, sem sair do conforto do lar e do seu sofá, poderá interagir com o apresentador do programa a que estiver assistindo e opinar sobre o que ele estiver apresentando; caso canse do que está vendo, poderá entrar no menu da emissora e escolher um filme ou outro programa qualquer*. ·· **TV paga** (ou **por assinatura**). Televisão em que o telespectador paga para receber o sinal, geralmente de um determinado pacote de canais, mediante contrato com uma operadora, tornando-se, assim, cliente desta e assinante daquela.

tweed [ingl.] *sm* **1.** Tecido de lã natural, de origem escocesa, quente, forte, resistente e impermeável, usado na fabricação de roupas esporte. **2.** Tecido natural ou sintético que imita esse. **tweeds** *smpl* **3.** Roupa feita de qualquer desses tecidos. · Pl.: *tweeds*. · Pronuncia-se *tuíd*.

tweeter [ingl.] *sm* Pequeno alto-falante destinado à reprodução de sons de alta frequência. · Pl.: *tweeters*. · Pronuncia-se *tuítâr*.

TWI *sm* Sigla inglesa de *tread wear indicator*, indicador do desgaste da banda de rodagem de um pneu. Trata-se de uma pequena elevação de borracha, presente no fundo do sulco da banda de rodagem, que serve para indicar o limite mínimo da altura dos sulcos (de 1,6mm), como garantia de aderência. · Pl.: *TWIs*. · Pronuncia-se *ti dábliu ái* (à inglesa) ou *tê dábliu i* (à portuguesa).

twist [ingl.] *sm* **1.** Dança caracterizada por movimentos e giros vigorosos dos quadris e dos braços, em moda na década de 1960. **2.** Música para essa dança. · Pl.: *twists*. · Pronuncia-se *tuíste*.

Twitter [ingl.] *sm* Serviço gratuito de microblogue de rede social que permite que membros registrados transmitam mensagens curtas, os *tweets*. · Pronuncia-se *tuítâr*.

txu.car.ra.mãe *s2gên* **1.** Membro dos txucarramães, tribo indígena caiapó do grupo jê, que vive em Mato Grosso. // *adj* **2.** Relativo ou pertencente a essa tribo: *terras txucarramães*. (A 6.ª ed. do VOLP ainda não encampou a palavra.)

tycoon [ingl.] *sm* **1.** Homem de negócios ou industrial muito rico e poderoso; magnata. **2.** Líder ou cacique político. · Pl.: *tycoons*. · Pronuncia-se *taikún*.

tyvek [ingl.] *sm* Membrana permeável produzida com fibras contínuas extremamente finas de polietileno, de alta densidade e extraordinária resistência ao rasgo, à perfuração, à água, ao apodrecimento, ao mofo e à sujeira, conhecida também por *não tecido*, muito usada na construção civil e atualmente em roupas da moda. · Pl: *tyveks*. · Pronuncia-se *táivèk*. (É marca registrada da DuPont, portanto nome próprio que se tornou comum, a exemplo de fórmica, gilete, etc.)

U

u/U *sm* Vigésima primeira letra do alfabeto. · Pl.: os *uu* ou os *us*.

uai *interj* Indica surpresa ou espanto.

uai.mi.ri (ou **vai.mi.ri**)**-a.tro.a.ri** *s2gên* **1**. Membro dos uaimiris-atroaris, tribo indígena da Amazônia. // *adj* **2**. Relativo ou pertencente a essa tribo. · Pl.: *uaimiris-atroaris*.

uau *interj* Indica grande admiração ou surpresa, por isso geralmente pronunciada desta forma: *uaaaau!*

u.bá *sf* **1**. Canoa indígena da Amazônia, sem banco, feita de um só tronco escavado a fogo ou de casca inteiriça de árvore. **2**. Árvore que fornece o tronco para a confecção dessa canoa.

ú.be.re *sm* **1**. Teta de vaca. // *adj* **2**. Fértil, fecundo: *solo úbere*. · Superl. abs. sint. erudito: *ubérrimo*. · Antôn.: *estéril*. → **uberdade** *sf* (qualidade de úbere).

UBES ou **Ubes** *sf* Acrônimo de *União Brasileira dos Estudantes Secundaristas*, entidade que representa e defende os interesses dos estudantes secundaristas.

u.bí.quo *adj* **1**. Que está presente ao mesmo tempo em todos os lugares; onipresente: *os agentes da Gestapo eram ubíquos*. **2**. *Fig*. Diz-se da pessoa que, extremamente ocupada, quer estar presente a todos os compromissos. → **ubiquação** *sf* (**1**. fato de ser ubíquo; **2**. local em que se situa uma coisa; localização: *o preço do aluguel de apartamento em São Paulo oscila muito (a diferença de preços reside na diferença de tamanho, qualidade e ubiquação de cada unidade)*; **ubiquar** *v* (ter a faculdade ou o dom da ubiquidade); **ubiquidade** (o **u** soa) *sf* (faculdade de ser ubíquo); **ubiquitário** (o **u** soa) *adj* (que está, aparece ou vive em toda parte: *os ácaros são animaizinhos ubiquitários*); **ubiquista** (o **u** soa) *adj* (diz-se das espécies que se encontram em meios ecológicos muito diferentes: *o pardal é uma ave ubiquista*) e *adj* e *s2gên* (que ou pessoa que tem a faculdade ou o dom da ubiquidade).

u.çá *sm* Caburi.

u.cha.ri.a *sf* **1**. Despensa das casas reais ou abastadas. **2**. *P.ext*. Qualquer despensa. ·· **Onde é a sua ucharia?** Pergunta que se dirige àqueles que fazem pouco do que é dos outros.

Ucrânia *sf* País do sudeste europeu, ex-república soviética, de área equivalente à dos estados de Minas Gerais e de Sergipe juntos. → **ucraniano**, **ucrânio** *adj* e *sm* ou **ucraniense** *adj* e *s2gên*.

UDR *sf* Sigla de *União Democrática Ruralista*, entidade privada, criada em 1985 com o propósito de defender os interesses dos proprietários rurais contra invasões de terra.

UE *sf* Sigla de *União Europeia*, bloco econômico nas nações da Europa, substituto da Comunidade Econômica Europeia (CEE), criada em 1958. São 27 (2022) seus países-membros: Alemanha, Bélgica, França, Holanda, Itália e Luxemburgo (fundadores), Áustria, Bulgária, Chipre, Croácia, Dinamarca, Eslováquia, Eslovênia, Espanha, Estônia, Finlândia, Grécia, Hungria, Irlanda, Letônia, Lituânia, Malta, Polônia, Portugal, República Checa, Romênia e Suécia. Macedônia e Turquia encontram-se em fase de negociação. Constitui hoje o maior poder comercial do mundo. · Pronuncia-se *u é*.

ué *interj* Indica espanto, surpresa ou dúvida.

uf *interj* Indica alívio ou cansaço.

u.fa *interj* Indica alívio, ironia ou cansaço.

u.fa.no *adj* **1**. Que se sente orgulhoso ou honrado por alguma coisa: *estar ufano de ver um filho doutor*. **2**. Triunfante; vencedor; glorioso: *eis aí o clube mais ufano do país*. **3**. *Pej*. Admirador exagerado de seus próprios méritos; presunçoso; vaidoso. → **ufanar** *v* (tornar ufano); **ufanar-se** (**1**. orgulhar-se; **2**. gabar-se, vangloriar-se); **ufania** *sf* (qualidade de ufano); **ufanismo** *sm* (patriotismo exagerado); **ufanista** *adj* e *s2gên* (que ou pessoa que tem ufanismo).

UFIR ou **ufir** *sf* Acrônimo de *Unidade Fiscal de Referência*, criada em janeiro de 1992, com o fim de estabelecer um índice de reajuste para os impostos. · Pl.: *UFIRs* ou *ufirs*.

UFO ou **ufo** *sm* Acrônimo inglês de *Unidentified Flying Object* = objeto voador não identificado; óvni · Pl.: *UFOs* ou *ufos*. → **ufologia** *sf* (estudo dos ufos; ovniologia); **ufológico** *adj* (rel. a ufologia; ovniológico); **ufologista** *adj* e *s2gên* ou **ufólogo** *sm* (especialista em ufologia; ovniologista); **ufomania** *sf* (interesse exagerado por ufos; ovniomania); **ufomaníaco** *adj* (rel. a ufomania; ovniomaníaco); **ufomaníaco** ou **ufômano** *adj* e *sm* (que ou aquele que tem ufomania; ovniomaníaco; ovniômano); **ufonauta** *s2gên* [suposto(a) tripulante de um ufo; ovnionauta].

Uganda *sf* País da África, de área pouco menor que a do estado de São Paulo. → **ugandense** *adj* e *s2gên*.

uh *interj* **1**. Exprime emoção forte em desejo não realizado ou frustrado (soa *uuuuuu!*, como aquele da torcida no estádio, quando a bola passa rente ao gol adversário). **2**. Exprime ainda desprezo ou repugnância.

UHF *sf* Sigla inglesa de *ultrahigh frequency* = frequência altíssima, tipo de onda sonora empregada pelas emissoras de televisão.

ui *interj* Indica dor ou surpresa.

ui.ra.pu.ru ou **i.ra.pu.ru** *sm* Pássaro da Amazônia, o mais canoro do Brasil, cujo canto se ouve apenas poucos dias no ano.

u.ís.que *sm* **1**. Aguardente de cevada, centeio ou milho, originária da Escócia. **2**. Dose dessa aguardente. → **uiscada** *sf* [**1**. reunião em que se bebe uísque; **2**. bebedeira de uísque]; **uisqueria** *sf* (bar onde a principal bebida servida é o uísque).

ui.vo *sm* **1**. Grito prolongado, peculiar ao lobo; uivar. **2**. Grito ou latido lamentoso do cão. **3**. Grito humano semelhante ao uivo. → **uivada** *sf* (uivo prolongado ou sucessivamente repetido); **uivador** (ô) ou **uivante** *adj* (que uiva); **uivar** *v* (soltar uivos ou produzir som sem. ao uivo) e *sm* (uivo).

úl.ce.ra *sf* Lesão ou ferida em pele ou mucosa, princ. no estômago e no duodeno, acompanhada de formação de pus, necrose dos tecidos vizinhos, etc. → **ulceração** *sf* [**1**. ato ou efeito de ulcerar(-se); **2**. formação de úlcera(s)]; **ulcerar(-se)** *v* [desenvolver úlcera(s)]; **ulcerativo** *adj* (rel. a úlcera ou que a provoca); **ulceroso** (ô; pl.: ó) *adj* e *sm* (que ou aquele que tem úlcera).

ul.na *sf* Osso longo, ex-cúbito, que vai do dedo mínimo até o cúbito (ex-cotovelo). → **ulnal** ou **ulnário** *adj* (rel. ou pert. à ulna).

ul.te.ri.or (ô) *adj* **1**. Subsequente, posterior: *veremos novo capítulo na aula ulterior*; *erros e senões desta edição serão corrigidos em edição ulterior*. **2**. Situado além de determinado limite: *terras ulteriores ao Saara*. → **ulterioridade** *sf* (qualidade do que é ulterior).

ul.ti.ma.nis.ta *adj* e *s2gên* Que ou estudante que frequenta o último ano de um curso superior. (Cuidado para não usar "ultimoanista"!)

ul.ti.mar *v* **1**. Arrematar, concluir: *a editora ultima a publicação de mais um dicionário*. **2**. Fechar (negócio): *ultimei só hoje a compra do apartamento*. **3**. Coroar, completar: *para ultimar o seu gesto cavalheiresco, deu-lhe um beijo na testa*. **4**. Finalizar, dar por encerrado ou terminado: *com a discussão, ultimaram o namoro*. → **ultimação** *sf* (ato ou efeito de ultimar).

ul.ti.ma.to *sm* **1**. Últimas condições apresentadas a outrem. **2**. Proposta que deve ser aceita sem discussão e imediatamente; intimação ameaçadora; última palavra.

úl.ti.mo *adj* e *sm* **1**. Que ou aquele que, não tendo outro depois de si, ficou mais afastado do primeiro (no tempo ou no espaço): *esse é o último ônibus da noite*; *sou o último da fila*. **2**. Que ou aquele que sobrevive a outros. // *adj* **3**. Decisivo, terminante. **4**. Que está mais próximo do momento em que se fala. **5**. Final, extremo: *soou a sua última hora*. **6**. Final, total: *qual é o último preço desse par de tênis?* **7**. Mais recente: *a última edição*; *o último sábado*. // *sm* **8**. O mais vil, desprezível ou miserável. · Antôn. (1): *primeiro*. [Não se confunde (1) com *derradeiro*.] ·· **Por último**. Depois de todos os outros. *Cheguei por último à festa*.

ul.tra *s2gên* Pessoa fanática, radical ou extremista em política, religião, opiniões, etc. → **ultraísmo** *sm* (radicalismo, extremismo); **ultraísta** *adj* (rel. a ultraísmo) e *adj* e *s2gên* (que ou pessoa que é adepta do ultraísmo).

ul.tra- *pref* que exige hífen antes de palavras iniciadas por *a* ou *h*.

ul.tra.con.ser.va.dor (ô) *adj* e *sm* Que ou aquele que é extremamente conservador nos hábitos, nas opiniões e em política; reacionário. · Antôn.: *ultraliberal*.

ul.tra.je *sm* **1**. Insulto ou ofensa muito grave, que viola o bom nome ou a reputação de alguém. **2**. Transgressão grave. · Antôn.: *elogio*. → **ultrajante** ou **ultrajoso** (ô; pl.: ó) *adj* (caracterizado pelo ultraje; ofensivo, afrontoso, insultante;

apelido ultrajante; fazer uma referência ultrajosa a alguém);
ultrajar *v* (**1**. ofender ou insultar gravemente; humilhar moralmente; afrontar: ultrajar o presidente; **2**. transgredir gravemente: *os jornalistas de hoje ultrajam o vernáculo*).

ul.tra.le.ve *adj* **1**. Extremamente leve, em relação a outros de sua espécie. // *sm* **2**. Aeroplano levíssimo, de recreação e para no máximo duas pessoas, movido a motor de baixa potência, que permite pouso e decolagem em pista curta (cerca de 50m).

ul.tra.mar *sm* Território dependente de um Estado, mas separado deste pelo mar. → **ultramarino** *adj* (**1**. do ultramar: *território ultramarino*; **2**. da cor do ultramar: *azul ultramarino*) e *adj* e *sm* (natural ou habitante do ultramar: *população ultramarina; as condições de vida dos ultramarinos*)

ul.tra.mi.cros.co.pi.a *sf* Análise e observação de organismos ou objetos extremamente diminutos, através do ultramicroscópio. → **ultramicroscópico** *adj* (**1**. rel. a ultramicroscópio ou a ultramicroscopia; **2**. que é extremamente diminuto para ser visto através de um microscópio comum); **microscópio** *sm* (microscópio com alta intensidade de iluminação, usado para estudar minutíssimos objetos ou organismos que escapam ao microscópio comum).

ul.tra.mo.der.no *adj* Que tem ideias, estilo, etc. muito avançados. → **ultramodernismo** *sm* (excesso de modernismo); **ultramodernista** *adj* (rel. a ultramodernismo) e *adj* e *s2gên* (que ou pessoa que é modernista extremada).

ul.tra.na.ci.o.na.lis.mo *sm* **1**. Dedicação extrema e exagerada a sua própria nação ou a seus interesses. **2**. Nacionalismo extremado, princ. quando oposto à cooperação internacional. → **ultranacionalista** *adj* (rel. a ultranacionalismo ou caracterizado pelo ultranacionalismo) e *adj* e *s2gên* (que ou pessoa que é nacionalista extremada).

ul.tra.pas.sar *v* **1**. Passar além de; transpor: *ultrapassar uma barreira*. **2**. Exceder os limites de: *som que ultrapassa a sensibilidade do ouvido humano*. **3**. Passar à frente de (pessoa ou veículo que se movimenta no mesmo sentido): *ultrapassar veículo em lombada é loucura!* → **ultrapassado** *adj* (**1**. superado, retrógrado: *ter um pai ultrapassado*; **2**. obsoleto: *um modelo ultrapassado de automóvel*); **ultrapassagem** *sf* (ato ou efeito de ultrapassar).

ul.trar.ra.di.cal *adj* e *s2gên* Que ou pessoa que é radical ao extremo. → **ultrarradicalismo** *sm* (qualidade de quem é ultrarradical).

ul.trar.rá.pi.do *adj* De extrema rapidez; rapidíssimo.

ul.trar.re.a.lis.mo *sm* **1**. Sistema, doutrina ou opinião dos que defendem exageradamente a realeza e as ideias monarquistas. **2**. Extremo realismo na literatura, artes ou filosofia. → **ultrarrealista** *adj* (rel. ou pert. ao ultrarrealismo); *adj* e *s2gên* (que ou pessoa que é adepta do ultrarrealismo).

ul.trar.ro.mân.ti.co *adj* **1**. Excessivamente romântico. // *adj* e *sm* **2**. Que ou literato que é adepto do ultrarromantismo. → **ultrarromantismo** *sm* (corrente literária romântica marcada pelo egocentrismo, melancolia, morbidez e por forte tendência depressiva: *Álvares de Azevedo, Casimiro de Abreu, Fagundes Varela e Junqueira Freire foram os principais nomes do ultrarromantismo brasileiro*).

ul.tras.se.cre.to *adj* Secreto ao extremo; supersecreto.

ul.tras.sen.sí.vel *adj* Extremamente sensível: *dentes ultrassensíveis*. → **ultrassensibilidade** *sf* (qualidade do que é ultrassensível).

ul.tras.so.fis.ti.ca.do *adj* Extremamente sofisticado: *desfile ultrassofisticado*. → **ultrassofisticação** *sf* (qualidade ou condição do que é ultrassofisticado).

ul.tras.som *sm* **1**. Som além da escala perceptível pelo ouvido humano, de inúmeras aplicações. **2**. Aplicação de ondas ultrassônicas para terapia ou diagnose. → **ultrassônico** *adj* (rel. a ultrassom).

ul.tras.so.no.gra.fi.a *sf* **1**. Método de exploração médica que analisa a reflexão dos ultrassons sobre os órgãos; ecografia. **2**. Imagem obtida por esse método. → **ultrassonográfico** *adj* (rel. a ultrassonografia); **ultrassonógrafo** *sm* (aparelho que permite praticar a ultrassonografia).

ul.tra.ter.re.no *adj* Situado ou feito fora dos limites da Terra: *viagens ultraterrenas*.

ul.tra.ti.tâ.ni.co *adj* Gigantesco, imenso: *fazer esforços ultratitânicos*.

ul.tra.vi.o.le.ta (ê) *adj* **1**. Diz-se de comprimento de onda extremamente curto, situado além do violeta do espectro visível: *raios ultravioleta*. (Como se vê, não varia.) **2**. Que produz luz ultravioleta. // *sm* **3**. Redução de *radiação ultravioleta*, luz além do alcance da visão humana.

u.lu.lar *v* **1**. Exprimir ou soltar, gritando lamentosamente. **2**. Proferir aos berros; vociferar: *ulular insultos pela casa*. **3**. Soltar voz triste e lamentosa: *ulula o cão, à ausência do dono*. **4**. Gritar de aflição ou de dor: *ululam os acidentados, na pista*. → **ululação** ou **ululo** *sm* (gemido de tristeza ou grito de dor); **ululante** *adj* (**1**. que ulula; **2**. *fig*. mais do que evidente; cristalino: *a Terra é redonda: essa é uma verdade ululante*).

um *num* **1**. O primeiro e menor número inteiro; uma unidade (1, I). *um dos onze membros do STF*. **2**. Primeiro: *página um*. // *sm* **3**. Algarismo representativo do número um. **4**. Algo numerado um ou alguém representativo desse número: *esse time precisa de um bom um*. **5**. Nota um, em provas, concursos ou exames. // *art* **5**. Qualquer: *onde estão os políticos honestos? Ainda haverá um? // pron* **6**. Todo: *um homem não chora, isso é, um homem infeliz não chora*. **7**. Pessoa ou coisa: *eu sou um que não gosta de fofocas; prometer é um, fazer é outro*. · Ordinal e fracionário: *primeiro*.

um.ban.da *sf* Cerimônia ou culto religioso de origem afro-brasileira, que adotou elementos do espiritismo, do catolicismo e de outros cultos. → **umbandismo** *sm* (sistematização das várias tendências da umbanda); **umbandista** *adj* (rel. ou pert. à umbanda) e *adj* e *s2gên* (que ou pessoa que segue a umbanda).

um.bi.go *sm* **1**. Ponto no abdome deixado pelo cordão umbilical. **2**. Saliência semelhante existente em certos frutos, como a laranja-da-baía. (O povo usa *embigo*, que até tem registro na 6.ª ed. do VOLP, o que não surpreende.) → **umbigada** *sf* (pancada com a região umbilical); **umbilical** *adj* (rel., pert. ou sem. a umbigo). ·· **Cordão umbilical**. Estrutura mole e flexível que liga o feto à placenta e dá passagem às artérias e veias umbilicais.

um.bral *sm* **1**. Ombreira de porta. **2**. *P.ext*. Entrada, limiar: *já estamos nos umbrais de um novo ano*.

um.bu ou **im.bu** *sm* Fruto comestível do umbuzeiro; ciruela. → **umbuzeiro** ou **imbuzeiro** *sm* (árvore que dá o umbu; ciruela).

u.mec.tar *v* **1**. Umedecer com substâncias que diluem; tornar úmido; hidratar: *umectar a pele com bom hidratante*. **umectar-se 2**. Umedecer-se, tornar-se umectado ou hidratado: *usando este produto, os lábios se umectam e não se ressecam com o frio ou com o sol*. → **umectação** *sf* [ato ou efeito de umectar(-se)]; **umectante** *adj* e *sm* (que ou produto que retém umidade, como a glicerina, p. ex.).

u.me.de.cer(-se) *v* Tornar(-se) úmido; molhar(-se) levemente; umectar(-se): *umedecer os lábios ressecados; seus olhos (se) umedecem a qualquer notícia dessas*. → **umedecimento** *sm* [ato ou efeito de umedecer(-se)].

ú.me.ro *sm* Osso longo do braço, que vai do cúbito ao ombro, articulando-se com a escápula. → **umeral** *adj* (rel. ou pert. ao úmero).

ú.mi.do *adj* **1**. Levemente molhado. **2**. Que tem alta quantidade de água ou de vapor de água. → **umidade** *sf* (presença de água nos sólidos ou gasosos). ·· **Umidade relativa do ar**. Quantidade de vapor d'água existente na atmosfera, em relação à quantidade que o ar poderia conter à mesma temperatura, expressa em percentagem. ·· **Umidade (absoluta) do ar**. Quantidade de vapor d'água presente na atmosfera, em um determinado momento, a uma determinada temperatura.

um-se.te-um *s2gên2núm Pop*. **1**. Pessoa estelionatária. (Deriva do artigo 171 do Código Penal, sobre crime de estelionato). **2**. Pessoa que costuma trapacear os outros, para levar alguma vantagem; vigarista, trambiqueiro(a), pilantra. **3**. Pessoa que costuma contar vantagens, para alardear superioridade.

u.nâ.ni.me *adj* **1**. Relativo ou pertencente a todos: *ouviu-se um não unânime*. **2**. De consenso; concorde: *decisão unânime; os médicos foram unânimes no diagnóstico*. → **unanimidade** *sf* (comunhão geral de opiniões, pensamentos, votos ou ideias).

un.ção *sf* **1**. Ato ou efeito de ungir ou untar. **2**. Cerimônia que consiste em umedecer com óleo, segundo o ritual prescrito, certos e determinados pontos do corpo de uma pessoa, para sagrá-la ou para lhe conferir uma graça. **3**. Fricção suave com uma pomada que contém um princípio ativo destinado a penetrar na pele. **4**. Modo cativante de exteriorizar os pensamentos. **5**. Sentimento piedoso, que leva ao arrependimento; piedade religiosa.

un.de.ca.cam.pe.ão (dè) *adj* e *sm* Que ou aquele que conquistou o título de campeão por onze vezes, consecutivas ou não. → **undecacampeonato** (dè) *sm* (campeonato conquistado onze vezes, consecutivas ou não).

un.dé.ci.mo *num* **1.** Ordinal e fracionário correspondentes a onze; décimo primeiro: *morar no undécimo andar.* // *sm* **2.** Cada uma das onze partes iguais em que se divide um todo; a undécima parte: *ele ganha o undécimo do que merece.*

un.dé.cu.plo *adj* **1.** Que é onze vezes maior que outro. // *sm* **2.** Quantidade onze vezes maior que a outra: *viver o undécuplo do tempo de vida de seus conterrâneos.* // *num* **3.** Multiplicativo de onze.

underground [ingl.] *sm* **1.** Grupo artístico de vanguarda, que não entrou nos circuitos comerciais. **2.** Organização secreta que luta contra o governo estabelecido ou contra forças de ocupação: *o underground francês colaborou para a vitória aliada.* **3.** Publicação periódica clandestina. **4.** Em moda, o que não acompanha as linhas clássicas ou comerciais nas confecções, visto como "marginal". // *adj* **5.** Diz-se do movimento cultural ou social desprezado pela mídia. **6.** Diz-se de publicação ou de filme independente, do circuito alternativo. · Pl.: *undergrounds.* · Pronuncia-se *ândâr-gráund.*

UNE ou **Une** *sf* Acrônimo de *União Nacional dos Estudantes*, entidade representativa dos estudantes universitários, fundada em 13 de agosto de 1937, no Rio de Janeiro.

UNESCO ou **Unesco** *sf* Acrônimo inglês de *United Nations Educational, Scientific and Cultural Organization* = Organização Educativa, Científica e Cultural das Nações Unidas, criada em 1946 para promover a colaboração internacional entre Estados na área da educação, das ciências naturais e sociais, das comunicações e da cultura.

UNESP ou **Unesp** *sf* Acrônimo de *Universidade Estadual Paulista Júlio de Mesquita Filho*, instituição de ensino superior do governo do estado de São Paulo, criada em 1976.

un.gir *v* **1.** Untar ou friccionar com substância oleosa: *ungir as partes doloridas com unguento.* **2.** Conferir poder ou dignidade a: *Leão III ungiu Carlos Magno na basílica de São Pedro, em 799.* **3.** Dar a extrema-unção a: *ungir um moribundo.* **4.** Fig. Aperfeiçoar, melhorar, aprimorar: ungir a moral social. **5.** Influenciar com termos doces ou carinhosos: ungir os filhos. · Conjuga-se integralmente, trocando apenas o *g* pelo *j* em algumas formas, o que não caracteriza irregularidade. → **ungido** *adj* (que se ungiu) e *sm* (**1.** aquele que foi alvo de uma cerimônia da sagração; **2.** eclesiástico que recebeu as ordens do bispo; **3.** aquele que foi ungido ou untado).

un.gue.al (o **u** não soa) ou **un.gui.nal** (o **u** soa) *adj* Relativo ou pertencente à unha: *manchas ungueais.*

un.guen.to (o **u** soa) *sm* Medicamento gorduroso e mole, de propriedades antissépticas, cosméticas ou curativas, para ser aplicado sobre a pele.

un.gu.la.do *adj* e *sm* **1.** Que ou mamífero que tem os dedos providos de cascos. // *adj* **2.** Relativo ou pertencente a esse mamífero. **3.** Semelhante a casco.

u.nha *sf* Revestimento córneo da extremidade dos dedos. · V. **ungueal.** → **unhada** *sf* (arranhão ou ferimento causado pela unha); **unhar** *v* (ferir com as unhas; arranhar); **unheiro** *sm* (inflamação na raiz da unha; panarício). ·· **À unha.** À força, na marra: *O peão pegou o touro à unha.* ·· **Com unhas e dentes.** Com firmeza e vigor; vigorosamente: *Defendi-me com unhas e dentes.* ·· **Ser unha e carne.** Ser íntimo e inseparável; dar-se muito bem: *Eles se conhecem desde a infância e são unha e carne.* ·· **Unha de fome.** Que ou pessoa que é muito apegada a dinheiro; mão de vaca; muxiba; unhaca.

u.nha.ca *s2gên* Unha de fome.

u.ni.ão *sf* **1.** Ato ou efeito de unir(-se); ligação: *a união faz a força.* **2.** Concórdia, paz, harmonia: *o casal vivia em perfeita união.* **3.** Ligação matrimonial; casamento: *foram as duas famílias que armaram essa união.* **4.** Associação: *a união de moradores de um bairro.* **5.** Ajuntamento de pessoas com interesses comuns; aliança: *promover uniões no Congresso, contra o governo.* · Antôn. (1): *desunião*; (2): *discórdia, cizânia.* ·· **A União. 1.** O Brasil, visto como unidade nacional: *Sergipe é o menor estado da União.* **2.** O governo federal: *A União é responsável pela educação e saúde dos cidadãos.* **3.** Qualquer organização política indissolúvel de Estados e territórios. ·· **União** (ou **Parceria**) **civil.** União entre pessoas do mesmo sexo, reconhecida oficialmente. ·· **União estável.** Relação pública, duradoura e contínua de um casal, que vive sob o mesmo teto, sem a realização do casamento civil, mas com constituição de família.

UNICAMP ou **Unicamp** *sf* Acrônimo de *Universidade Estadual de Campinas*, instituição de ensino superior do governo de São Paulo, criada em 1962 e inaugurada em 1966, com sede em Campinas.

UNICEF ou **Unicef** *sm* Acrônimo do antigo nome dessa entidade: *United Nations International Children's Emergency Fund*, hoje *United Nations Children's Fund*, organismo humanitário das Nações Unidas (ONU), fundado em 1946, para ajudar os países devastados pela guerra. Tornou-se organização permanente em 1953, especializando-se na assistência às crianças do mundo pobre. Vive de doações e campanhas beneficentes. Em 1965 foi premiado com o Nobel da Paz.

u.ni.ce.lu.lar *adj* De uma só célula. → **unicelularidade** *sf* (qualidade de unicelular).

u.ni.ci.clo *sm* Veículo de uma só roda, movido por pedais. → **uniciclista** *s2gên* (pessoa que anda em uniciclo).

ú.ni.co *adj* **1.** Que é apenas um; simples: *filho único.* **2.** Sem igual, inigualável, excepcional; muito especial; incomum: *oportunidade única foi perdida.* **3.** Superior a todos os demais; incomparável: *Bach foi único em seu tratamento do contraponto.* **4.** De um só sentido ou fluxo: *mão única de direção.* **5.** Característico de determinada localidade, categoria ou condição: *construção única em seu gênero.* **6.** Que só existe um em determinado grupo: *sou seu único herdeiro.* → **unicidade** *sf* (qualidade de único), de antôn. *multiplicidade.*

u.ni.co.lor (ô) *adj* De uma só cor; monocromático.

u.ni.cór.nio *sm* **1.** Rinoceronte de um só corno; unicorne. // *sm* **2.** Criatura mitológica, semelhante a um cavalo, com um corno no meio da testa. → **unicorne** *adj* (de um só chifre) e *sm* (unicórnio).

u.ni.da.de *sf* **1.** O menor dos números primos absolutos; número um (1). **2.** Estado ou condição de único; singeleza: *a unidade divina.* **3.** Princípio da numeração: *o metro é a unidade adotada para medidas de extensão.* **4.** Número inteiro inferior a dez: *coluna das unidades.* **5.** Combinação ou arranjo de partes em um todo; unificação. **6.** Uma combinação ou união assim formada. **7.** Exemplar de qualquer coisa: *a falta de unidades disponíveis fez elevar o preço dos produtos importados.* **8.** Cada um dos objetos de uma produção em série. **9.** Harmonia, coesão: *falta unidade entre os partidos que apoiam o governo.* **10.** Tropa de soldados que manobram juntos. **11.** Cada navio, na Marinha de Guerra. **12.** Continuidade, constância lógica: *num exército, necessita-se de unidade de propósitos; a unidade de uma narrativa.* · V. **unitário.** ·· **Unidade astronômica** (**UA**). Distância que separa a Terra do Sol, usada para medir distâncias dentro do sistema solar. (Pl. da abrev.: **UAs**). ·· **Unidade de tratamento intensivo** (**UTI**). Seção especializada de um hospital que conta com equipamento médico e equipe de enfermeiros altamente especializados, com aparelhos de monitoração, destinada a tratamento de pacientes em estado crítico de saúde. (Pl. da abrev.: **UTIs**.) ·· **Unidade eletromagnética.** Qualquer unidade do sistema CGS eletromagnético. ·· **Unidade habitacional. 1.** Conjunto de cômodos que compõem uma estrutura completa para moradia. **2.** Num pequeno hotel, pousada ou pensão, acomodação sem serviço de banheiro privativo; quarto. ·· **Unidade hoteleira.** Espaço do hotel destinado ao bem-estar, higiene e repouso do hóspede, ou seja, apartamento ou quarto. ·· **Unidade internacional** (**UI**). Grandeza utilizada para medir algumas vitaminas, em vez de gramas ou mililitros, utilizados em outros componentes. (Pl. da abrev.: **UIs**).

u.ni.di.men.si.o.nal *adj* **1.** De uma só dimensão (altura, largura, profundidade ou espessura): *uma linha reta é unidimensional.* **2.** *P.ext.* Visto ou analisado apenas por um ângulo: *questão unidimensional.* **3.** *Fig.* Sem profundidade; superficial: *novela de histórias e personagens unidimensionais.* → **unidimensionalidade** *sf* (qualidade de ser unidimensional).

u.ni.di.re.ci.o.nal *adj* **1.** Que opera ou se move em uma única direção: *microfone unidirecional.* **2.** Caracterizado por uma só direção: *meta de governo unidirecional.*

u.ni.do *adj* **1.** Tão junto, que não fica absolutamente nenhum espaço intermediário: *sementes unidas.* **2.** *Fig.* Ligado por amizade ou sentimentos comuns: *família que reza unida permanece unida.* **3.** Reunido: *unidos, lutaram a Alemanha, a Itália e o Japão, formando o Eixo.*

u.ni.fi.car(-se) *v* **1.** Tornar(-se) unido ou único; reunir(-se) em uma única unidade ou grupo: *unificar o país, unificar o sistema tributário; unificar as correntes ideológicas dentro de um partido.* **2.** Tornar(-se) padrão ou uniforme; padronizar(-se): *unificar a produção.* → **unificação** *sf* [ato ou efeito de unificar(-se)].

u.ni.for.me *adj* **1.** De uma só forma; que não varia; igual: *o avanço tecnológico uniforme da humanidade.* **2.** Caracterizado pela regularidade ou constância; regular, constante, invariável: *aceleração uniforme.* **3.** Que tem os elementos componentes muito semelhantes entre si; homogêneo: *o nível socioeconômico dos alunos dessa escola é uniforme*. **4**. Em gramática, diz-se do adjetivo que tem uma só forma para os dois gêneros (p. ex.: *feliz*). // *sm* **5**. Vestuário padronizado a toda uma categoria; farda. → **uniformidade** *sf* (qualidade do que é uniforme); **uniformização** *sf* [ato ou efeito de uniformizar(-se)]; **uniformizar(-se)** *v* [tornar(-se) uniforme ou igual; igualar(-se), padronizar(-se)].

u.ni.gê.ni.to *adj* e *sm* Que ou aquele que é filho único.

u.ni.la.te.ral *adj* **1**. Feito por uma só das partes. **2**. De um só lado ou superfície. → **unilateralidade** *sf* ou **unilateralismo** *sm* (qualidade do que é unilateral).

u.ni.lín.gue (o **u** soa) *adj* **1**. Escrito ou falado numa só língua. **2**. Que fala fluentemente apenas uma língua; monoglota, monolíngue. → **unilinguismo** (o **u** soa) *sm* (**1**. situação de uma comunidade em que se usa apenas uma língua; monolinguismo; **2**. domínio de apenas uma língua por parte de um falante; monolinguismo); **unilinguista** (o **u** soa) *adj* (rel. a unilinguismo; monolinguista) e *adj* e *s2gên* (que ou pessoa que é favorável a apenas uma língua como oficial de uma comunidade; monolinguista).

u.ni.pes.so.al *adj* **1**. Que existe numa só pessoa. **2**. Que consta de uma só pessoa. **3**. Diz-se do verbo que, tendo sujeito, só é usado nas terceiras pessoas (do singular e do plural), como *constar*.

u.ni.po.lar *adj* **1**. De um só polo elétrico ou magnético. **2**. Que tem um único sistema fibroso: *nervo unipolar*. → **unipolaridade** *sf* (qualidade do que é unipolar).

u.nir *v* **1**. Unificar; tornar um só: *unir as torcidas de um time*. **2**. Ligar; estabelecer ligação ou comunicação entre: *o canal do Panamá une o Atlântico ao Pacífico*. **3**. Associar, reunir: *unir o útil ao agradável*. **4**. Casar: *o padre os uniu*. **5**. Ligar afetivamente: *o amor os uniu para sempre*. **6**. Ajuntar-se, aderir: *os batentes da porta não unem bem quando se fecham*. **unir-se 7**. Ligar-se ou juntar-se por afeto, casamento ou interesse: *uniu-se aos bons*. → **unitivo** *adj* (que tem a propriedade de unir ou de fazer unir: *apesar de haver na relação sexual um fator unitivo e outro procriativo, eles casaram para apenas buscar o fator unitivo*).

u.nis.sex (x = ks) *adj* **1**. Usado indiferentemente por homem e por mulher: *perfumes unissex; cabeleireiros unissex;* (Como se vê, não varia.) **2**. Que não se distingue como feminino ou masculino: *rosto unissex*.

u.nís.so.no *adj* **1**. Que tem a mesma altura, frequência ou som; unissonante. **2**. Que soa junto, a um só tempo; unissonante. // *sm* **3**. Simultaneidade de sons. → **unissonância** *sf* (**1**. conjunto de sons uníssonos; **2**. melodia, musicalidade); **unissonante** *adj* [uníssono (1 e 2)].

u.ni.tá.rio *adj* **1**. Relativo à unidade. **2**. Da natureza de uma unidade; indivisível.

u.ni.val.ve *adj* **1**. Que tem a concha formada por uma só valva ou peça, como certos moluscos. **2**. Composto de uma só valva ou peça: *concha univalve*. **3**. Diz-se do fruto que só se abre de um lado. → **univalvular** *adj* (que tem uma só válvula).

u.ni.ver.sal *adj* **1**. Relativo ou pertencente ao universo ou cosmo; cósmico. **2**. Mundial. **3**. Relativo a todos os membros de uma classe ou grupo em consideração. **4**. Comum a todas as situações ou condições. **5**. Que se presta a vários usos. **6**. Aplicável a todos. **7**. Usado ou entendido por todos. → **universalidade** *sf* ou **universalismo** *sm* [**1**. generalidade; **2**. totalidade, universalidade (4)]; **universalização** *sf* [ato ou efeito de universalizar(-se); generalização]; **universalizar(-se)** *v* [tornar(-se) universal, generalizar(-se): *universalizar o ensino; universalizar a energia elétrica ao meio rural; essa gíria logo se universalizou*].

u.ni.ver.si.da.de *sf* **1**. Instituição educacional que compreende um conjunto de escolas superiores, chamadas *faculdades*, destinadas à especialização profissional, à pesquisa e à prestação de serviços à comunidade. **2**. Edifício onde funciona tal instituição. **3**. Pessoal docente, discente e administrativo dessa instituição. **4**. Totalidade das pessoas ou das coisas; universalidade (2). → **universitário** *adj* (rel. ou pert. à universidade) e *sm* (aluno de universidade).

u.ni.ver.so *sm* **1**. Conjunto de todos os astros e outras formas de matéria existentes no espaço; cosmo; macrocosmo: *o universo tem cerca de 15 bilhões de anos*. **2**. *Fig.* Mundo todo; humanidade: *o universo o aplaude*. **3**. *Fig.* Meio, mundo: *o universo científico; o universo das drogas*. **4**. *Fig.* Grande número ou quantidade: *no meu universo de ações, não há nenhuma da Petrobras; e isso abre um novo universo de possibilidades*.

u.ni.vi.te.li.no *adj* Diz-se do gêmeo que provém do mesmo óvulo fecundado.

u.ní.vo.co *adj* Que tem somente um significado ou que possibilita uma única interpretação; que não é ambíguo. · Antôn.: *equívoco*. → **univocidade** *sf* (qualidade do que é unívoco).

u.no *adj* **1**. Único em sua espécie ou gênero; singular. **2**. Que não pode ser dividido; indivisível.

un.tar *v* Aplicar (substância gordurosa) a, esfregando; besuntar: *untar o corpo com óleo bronzeador*. → **unto** *sm* (banha ou gordura de porco que fica sobre os rins); **untuosidade** *sf* (qualidade do que é untuoso); **untuoso** (ô; pl.: ó) *adj* (oleoso, gorduroso); **untura** *sf* (ato ou efeito de untar).

u.pa *sf* **1**. Salto brusco. // *interj* **2**. Serve para animar a se levantar ou a subir. **3**. Indica espanto ou admiração.

update [ingl.] *sm* Atualização de programas já instalados no computador. · Pl.: *updates*. · Pronuncia-se *áp-dêiti*. → **updating** *sm* (atualização de informações bancárias), de pl. *updatings*, que se pronuncia *ápdêitins*.

upgrade [ingl.] *sm* **1**. Serviço de cortesia oferecido por hotéis, navios e empresas aéreas, que consiste em oferecer ao hóspede ou ao passageiro o gozo de um serviço superior ao que foi adquirido, como a passagem da classe econômica para a executiva, numa aeronave. **2**. Atualização ou substituição de um programa ou equipamento de computador por outro mais moderno. · Pl.: *upgrades*. · Pronuncia-se *áp-grêid*. ·· **Fazer upgrade de memória**. Aumentar a capacidade de memória do computador.

UPI *sf* Sigla inglesa de *United Press International*, agência internacional de notícias, com sede em Washington, fundada em 1907. · Lê-se *u pê i*.

upload [ingl.] *sm* Envio ou transferência de dados ou arquivos de um computador ou outro dispositivo digital para a memória de outro computador ou dispositivo, geralmente remoto e pela internet. · Pronuncia-*se áp-lôud*.

up-to-date [ingl.] *adj* **1**. Que está de acordo com as últimas ideias, estilos, movimentos, etc.; que é a última novidade; moderno: *tecnologia* up-to-date. **2**. Que é o mais recente; último: *boletim meteorológico* up-to-date. · Pl.: *up-to-dates*. · Pronuncia-se *áp-tu-dêit*.

u.râ.nio *sm* Elemento químico metálico (símb.: **U**), de n.º atômico 92, radiativo e tóxico, usado em bombas atômicas e de hidrogênio e como combustível em reatores nucleares. → **urânico** *adj* (rel. a urânio).

ur.ba.no *adj* **1**. Relativo ou pertencente à cidade: *perímetro urbano; transportes urbanos*. **2**. *Fig.* Civilizado, refinado, educado, polido no trato: *seja sempre urbano com as pessoas!* → **urbanidade** *sf* (**1**. qualidade do que é urbano, em oposição a *ruralidade*: *é preciso ainda saber se a urbanidade aprimora ou deteriora o homem*; **2**. *fig.* modo educado, polido de se comportar; refinamento e elegância de maneiras; cortesia nas atitudes e conduta: *sempre trate as pessoas com urbanidade!*) e *sfpl* (gentilezas, cortesias, amabilidades: *pessoa cheia de urbanidades*); **urbanismo** *sm* (**1**. ciência e técnica da organização das cidades, com o objetivo de criar condições satisfatórias de vida; **2**. vida urbana, em relação à sua organização, problemas, etc.; **3**. estudo da vida nas cidades); **urbanista** *adj* e *s2gên* ou **urbanólogo** *adj* e *sm* (especialista em urbanismo); **urbanístico** *adj* (rel. a urbanismo ou a urbanista); **urbanitário** *adj* e *sm* [que ou aquele que trabalha nos serviços urbanos (limpeza, água e esgoto, eletricidade, gás etc.): *trabalhador urbanitário; greve dos urbanitários*] e *adj* (rel. a tais serviços: *o processo de terceirização do trabalho se intensifica a cada dia no setor urbanitário*); **urbanização** *sf* (**1**. ato ou efeito de urbanizar; **2**. concentração crescente da população nas cidades; **3**. conjunto de obras e serviços presentes nas cidades); **urbanizar** *v* [**1**. tornar urbano; dotar de características de cidade: *urbanizar áreas da periferia*; **2**. aplicar aos modernos conceitos de urbanismo a (cidade): *o prefeito urbanizou toda Curitiba*; **3**. *fig.* civilizar, refinar: *urbanizar os matutos*]; **urbanizar-se** (**1**. transformar-se em zona urbana; **2**. *fig.* refinar-se, polir-se).

urbi et orbi [lat.] *loc adj* **1**. Diz-se da bênção solene do Papa a todas as pessoas do mundo, dada da *loggia* da basílica de São Pedro, geralmente no Natal e na Páscoa. // *loc adv* **2**. A todo o mundo; a todas as partes: *viajar* urbi et orbi. · Pronuncia-se *úrbi ét órbi*.

ur.dir *v* **1**. Dispor ou tramar (fios de tela, tecido, etc.): *urdir algodão, para fazer tapetes*. **2**. Tecer (teia): *a aranha urde mil teias nos cantos da casa*. **3**. *Fig.* Tramar, maquinar: *urdir* *intrigas*. **4**. *Fig*. Imaginar, fantasiar: *urdir mil suposições*. → **urdideira** *sf* (mulher ou máquina que urde); **urdidura** *sf*, **urdimento** ou **urdume** *sm* (ato ou efeito de urdir).

u.rei.a (éi) *sf* Substância sólida cristalina, encontrada no sangue, linfa e urina, produto final do metabolismo proteico. → **ureico** (éi) *adj* (rel. a ureia).

u.re.ter *sm* Cada um dos dois canais que levam a urina do rim à bexiga, nos mamíferos, e à cloaca, nos outros vertebrados. → **ureteral** ou **uretérico** *adj* (rel. a ureter).

u.ré.ti.co *adj* **1**. Da urina: *cor urética*. **2**. Diz-se de qualquer afecção no aparelho urinário.

u.re.tra *sf* Canal que se estende da bexiga ao exterior e serve para eliminar a urina e, nos mamíferos masculinos, também o sêmen. → **uretral** *adj* (rel. ou pert. à uretra); **uretrite** *sf* (inflamação da uretra).

ur.gen.te *adj* Que não deve ser adiado por mais nenhum instante; que deve ser feito, decidido, etc. sem demora; premente. · Antôn.: *lento, moroso, vagaroso*. → **urgência** *sf* (qualidade do que é urgente), de antôn. *lentidão, morosidade*.

ur.gir *v* **1**. Perseguir de perto: *a polícia urge os sequestradores*. **2**. Exigir, reclamar: *a população urge justiça*. **3**. Obrigar, impelir: *as circunstâncias urgiram-no à humilhação*. **4**. Ser urgente ou premente: *urge acabar com a impunidade*. **5**. Ser iminente: *urge nova crise*. **6**. Não permitir demora ou delongas: *a situação urge*. · Conjuga-se por *abolir*.

ú.ri.co *adj* Diz-se do ácido ($C_5H_4N_4O_3$), presente na urina humana e dos animais carnívoros.

u.ri.na *sf* Líquido excretado pelos rins, acumulado na bexiga e eliminado através da uretra; mijo. · V. **urético**. → **urinar** *v* (**1**. expelir com a urina; **2**. molhar com a urina; **3**. expelir urina); **urinário** *adj* (**1**. rel. a urina, sua produção ou excreção; **2**. rel. ao aparelho urinário); **urinol** *sm* (vaso sanitário portátil; penico).

ur.na *sf* **1**. Receptáculo em que se depositavam os votos de um escrutínio ou os números de uma rifa, loteria, etc.: *urna eleitoral*. **2**. Vaso em que se recolhiam antigamente as cinzas de um corpo cremado. **3**. Redução de *urna funerária*, caixão de defunto. // *sfpl* **4**. Pleito eleitoral, escrutínio, eleição: *já temos o resultado das urnas*. **Urna eletrônica**. Equipamento eletrônico em que o eleitor vota apertando teclas e botões.

u.ro.lo.gi.a *sf* Ramo da medicina que estuda o aparelho urinário de ambos os sexos e a genitália masculina. → **urológico** *adj* (rel. a urologia); **urologista** *adj* e *s2gên* (especialista em urologia).

ur.ro *sm* **1**. Bramido forte de feras. **2**. Berro humano muito forte: *ele dava urros de dor, na cadeira do dentista*. → **urrar** *v* (soltar urros).

ur.so *sm* **1**. Grande mamífero corpulento, do gênero *Ursus*, peludo e feroz, de cauda curta, o maior carnívoro terrestre. (Voz: *bramir, roncar, rugir, urrar*.) **2**. *Fig.Pej*. Amigo falso. · Fem.: *ursa*. → **ursídeo** ou **ursino** *adj* (rel. ou sem. a urso); **urso-branco** ou **urso-polar** *sm* (grande urso, maior que o comum, de cor branca ou creme, que vive nas regiões polares), de pl. *ursos-brancos, ursos-polares*; **urso-do-mar** *sm* (lobo-marinho, leão-marinho), de pl. *ursos-do-mar*; **urso-pardo** *sm* (urso robusto, de focinho largo e orelhas pequenas, pelo pardo, onívoro e o que mais se presta à domesticação), de pl. *ursos-pardos*.

ur.ti.cá.ria *sf* Erupção cutânea que causa prurido, semelhante ao causado pelas urtigas na pele.

ur.ti.ga *sf* Planta cuja haste e folhas são providas de pelos que produzem prurido e ardor na pele. **urticante** *adj* (que causa sensação de queimadura ou ardor).

u.ru.bu *sm* **1**. Ave negra de rapina, de cabeça e pescoço nus, que se alimenta de carniça. (Voz: *crocitar, grasnar*.) (Não se confunde com *abutre* nem com *corvo*.) // *adj* e *s2gên* **2**. *Pop*. Torcedor(a) do Clube de Regatas do Flamengo; flamenguista; rubro-negro(a).

u.ru.cu ou **u.ru.cum** *sm* **1**. Fruto do urucuzeiro. **2**. Substância que se extrai da polpa desse fruto, usada pelos indígenas brasileiros para pintar a pele; açafrão. → **urucuzeiro** *sm* (árvore que dá o urucu).

u.ru.cu.ba.ca *sf Pop*. **1**. Azar, caiporismo, macaca. **2**. Feitiço, mau-olhado.

Uruguai *sm* País da América do Sul, de área correspondente à dos estados de Pernambuco, Paraíba e Sergipe juntos. → **uruguaio** *adj* e *sm*.

u.ru.tu *sf* Serpente de veneno violentíssimo, que tem na cabeça uma mancha em forma de âncora.

USA *smpl* Sigla inglesa de *United States of America* = Estados Unidos da América (EUA, em português). · Pronuncia-se *u és êi* (à inglesa) ou *u esse a* (à portuguesa).

u.sar *v* **1**. Empregar para algum propósito; pôr a serviço: *usar o telefone*. **2**. Fazer uso de: *usar (de) artimanhas,(de) violência, (de) bom senso*. **3**. Ter por costume; costumar: *ele usa dormir a sesta*. **4**. Explorar maldosamente: *ela usou os amigos para conseguir o que queria*. **5**. Gastar, consumir, despender: *ele usou todas as suas energias nessa obra*. **6**. Trajar, vestir: *nunca usarei uma roupa dessas*. **7**. Trazer habitualmente: *naquela época eu usava bigode*. **8**. Beber, fumar ou ingerir habitualmente; consumir: *usar drogas*. **9**. Fazer uso de: *usar violência*. → **usabilidade** *sf* (em informática, facilidade de uso de um sistema, de uma interface ou de um programa, na realização de uma determinada tarefa: *sempre que houver uma interface, ou seja, um ponto de contato entre um ser humano e um objeto físico ou abstrato, podemos avaliar a usabilidade que esse objeto oferece*; os sites que adotam as boas práticas da usabilidade têm obtido diversos benefícios diretos e indiretos, em relação a seus usuários ou consumidores); **usado** *adj* (**1**. que tem ou já teve uso: *as ferramentas usadas diariamente ele deixava sempre à mão*; **2**. gasto pelo uso: *ele tinha três camisas já muito usadas*; **3**. que é de segunda mão: *ele só compra carro usado*); **useiro** *adj* (que tem por uso ou costume fazer alguma coisa; que tende a fazer a mesma coisa repetidas vezes: *indivíduo useiro em trapaças*); **uso** *sm* (**1**. ato ou efeito de usar; **2**. emprego frequente; **3**. costume, praxe, hábito; **4**. utilidade, aplicação; **5**. moda, voga). ·· **Ser useiro e vezeiro em alguma coisa**. Ser viciado nela (sempre ato condenável): *Essa gente é useira e vezeira em fazer intrigas*.

u.si.na *sf* Complexo industrial que produz energia, álcool, etc. → **usineiro** *adj* (rel. a usina) e *sm* (dono de usina de açúcar).

USP *sf* Acrônimo de *Universidade de São Paulo*, instituição de ensino superior do governo do Estado de São Paulo, criada em 1934, considerada uma das melhores universidades do mundo. → **uspiano** *adj* e *sm* (que ou aquele que é aluno da USP).

u.su.al *adj* **1**. Habitual, costumeiro: *encerrou o discurso com as usuais expressões de agradecimento; seguiu seu caminho usual*. **2**. Ordinário, comum: *as usuais chuvas de janeiro, em São Paulo*. **3**. Banal, corriqueiro: *ela só diz coisas usuais, desinteressantes*. // *sm* **4**. Aquilo que é costumeiro, de hábito, de praxe: *o usual nos Estados Unidos é usar cintos de segurança em qualquer situação*. · Antôn. (1): *inusitado*; (2): *raro*; (3): *interessante*. → **usualidade** *sf* (qualidade do que é usual), de antôn. *raridade*.

u.su.á.rio *adj* e *sm* **1**. Que ou aquele que tem o usufruto de alguma coisa pelo direito de uso. **2**. Que ou aquele que usa habitualmente (serviço público ou privado). **3**. Em informática, aquele que utiliza determinado serviço na Web, normalmente registrado através de *login* (nome) e *password* (senha).

u.su.ca.pi.ão *sf* ou *sm* Aquisição de um direito de propriedade por ter a posse dela durante determinado tempo. (Trata-se de palavra feminina pela origem; tornou-se, porém, masculina no português do Brasil.) → **usucapiente** *adj* e *s2gên* (que ou pessoa que adquiriu o direito de propriedade por usucapião); **usucapir** *v* (**1**. adquirir por usucapião; **2**. estar em vigor; viger, vigorar: *essa lei já não usucape*), que se conjuga por *abolir*.

u.su.fru.to *sm* **1**. Ato ou efeito de usufruir. **2**. Coisa usufruída. **3**. Direito de gozar todas as vantagens de uma propriedade alheia, desde que não seja alienada nem destruída. → **usufruir** *v* [**1**. ter em usufruto: *seus irmãos usufruem a (da) chácara que ele herdou*; **2**. fazer bom uso de; desfrutar, gozar de: *ainda não usufruí as (das) boas coisas da vida; usufrua a (da) saúde, antes que se acabe!*], que se conjuga por *atribuir*.

usufrutuário *adj* (rel. a usufruto) e *sm* (aquele que usufrui).

u.su.ra *sf* **1**. Prática de emprestar dinheiro a juros exorbitantes e ilegalmente; agiotagem: *o crime de usura é apenado com quantos anos de reclusão?* **2**. Juro exorbitante e ilegal: *a usura da loja de eletrodomésticos não afugenta o consumidor incauto*. **3**. *P.ext*. Lucro exagerado. **4**. Avareza, mesquinharia. **5**. *Pop.NE* Desejo exagerado de riqueza, glória, sucesso, poder, etc. → **usurar** *v* (emprestar dinheiro com usura); **usurário** *adj* e *sm* (**1**. que ou aquele que usura; agiota; **2**. avaro, mesquinho).

u.sur.par *v* **1**. Tomar para seu uso, autoritária, violenta e fraudulentamente; obter sem direito: *usurpar a melhor parte da herança*. **2**. Exercer indevida ou ilegalmente: *o príncipe* *usurpou o trono.* → **usurpação** *sf* ou **usurpamento** *sm* (**1**. ato ou efeito de usurpar; **2**. posse de coisa usurpada); **usurpador** (ô) *adj* e *sm* [que ou aquele que usurpa; intruso (2)].

u.ten.sí.lio *sm* Qualquer ferramenta, instrumento, objeto, etc. que possa ser útil aos usos da vida corrente ou ao exercício de certas artes ou profissões: *utensílios de cozinha, de mesa, de pesca*.

ú.te.ro *sm* Órgão muscular, oco e elástico, das fêmeas mamíferas, no qual se gera e desenvolve o embrião, durante a gravidez. → **uterino** *adj* (**1**. rel. ou pert. ao útero: *artérias uterinas*; **2**. situado ou que ocorre no útero: *câncer uterino*).

UTI *sf* Sigla de <u>U</u>nidade de <u>T</u>erapia <u>I</u>ntensiva: unidade hospitalar em que está todo tipo de aparelhos para atendimento de emergência. · Pl.: *UTIs*.

ú.til *adj* **1**. Que presta para alguma coisa; que tem serventia: *membro útil da sociedade*. **2**. Que ajuda ou auxilia: *informações úteis*. **3**. Relativo a tempo de trabalho (em oposição a *feriado* ou a *domingo*): *dia útil*. **4**. Determinado por lei: *o prazo útil estava já se esgotando*. // *sm* **5**. Aquilo que é útil: *unir o útil ao agradável*. → **utilidade** *sf* (qualidade, estado ou condição do que é útil); **utilitário** *adj* (**1**. rel. a utilidade: *é inegável o caráter utilitário dos computadores na vida moderna*) e *adj* e *sm* (que ou veículo automotor resistente que é empregado geralmente para o transporte de cargas); **utilização** *sf* [**1**. ato ou efeito de utilizar(-se); **2**. modo de utilizar uma coisa; uso; aproveitamento]; **utilizar** *v* (**1**. tirar utilidade ou serventia de: *utilizar um telefone para falar com alguém*; **2**. tornar útil; aproveitar: *utilize melhor o seu tempo!*); **utilizar-se** (servir-se, valer-se: *utilizou-se do telefone para achincalhar a ex-mulher*).

u.to.pi.a *sf* **1**. Qualquer lugar visto como de perfeição ideal. **2**. Qualquer aspiração, ideia ou projeto fantástico e impossível de realizar. → **utópico** *adj* (rel. a utopia); **utopista** *adj* e *s2gên* [que ou pessoa que idealiza utopias; sonhador(a)].

u.va *sf* **1**. Fruto da parreira ou videira. **2**. *Fig*. Coisa, garota ou criança muito bonita: *seu automóvel é uma uva!* → **uval** (de uva: *suco uval*).

u.vai.a *sf* Fruto ácido, azedo e amarelado da árvore do mesmo nome.

ú.vu.la *sf* Apêndice móvel e contrátil do véu palatino, de importante papel na deglutição e na fonação; campainha. → **uvular** ou **uvulário** *adj* (rel. ou pert. à úvula).

u.xo.ri.cí.dio (x = ks) *sm* Assassinato da mulher, praticado pelo marido. · V. **mariticídio**. → **uxoricida** (x = ks) *adj* e *s2gên* (que ou marido que comete uxoricídio).

Uzbequistão *sm* País da Ásia central, ex-república soviética, de área equivalente à dos estados de São Paulo e Paraná juntos. → **uzbeque**, **usbeque** *adj* e *s2gên* ou **uzbequistanês** *adj* e *sm*.

V

v/V sm Vigésima segunda letra do alfabeto. · Pl.: os vv ou os vês.

va.ca sf **1.** Fêmea do touro ou do boi. (Voz: *berrar, mugir.*) **2.** Carne bovina, para consumo humano ou animal: *bife de vaca.* **3.** *Pop.* Rateio de dinheiro entre amigos; vaquinha (2). **4.** *Fig. Pej.* Mulher fácil, leviana, vulgar, sem classe e de vida libertina; biscate. **5.** *Pop.Pej.* Surfista que não consegue se sustentar na prancha, caindo muito. **6.** *Pop.* No jogo do bicho, o 25.º grupo, que compreende as dezenas 97, 98, 99 e 00. → **vacaria** sf (**1.** manada de vacas; **2.** curral onde se recolhem as vacas; **3.** local em que se tratam as vacas e ordenha-se seu leite à vista dos compradores); **vacariano** adj (rel. a vacaria); **vacaril** adj (de vaca ou do gado vacum: *exposição vacaril*). ·· **A vaca foi pro brejo** (fig.). **1.** Fracassei ou fracassamos (em conquista ou empreendimento). **2.** Fui descoberto ou fomos descobertos (em algo ilegal); *a casa caiu.* ·· **Contar com o leite de vaca que nem está na feira** (fig.). Fazer planos com o dinheiro que ainda não se tem. ·· **Doença da vaca louca**. Doença neurodegenerativa que afeta o gado bovino, conhecida cientificamente como *encefalopatia espongiforme bovina*. ·· **Época** (ou **Tempo**) **de vacas gordas**. Época (ou Tempo) de prosperidade e fartura. ·· **Época** (ou **Tempo**) **de vacas magras**. Época (ou Tempo) de escassez e carestia. ·· **Fazer uma vaca** (ou **uma vaquinha**). Dividir igualmente entre várias pessoas uma despesa qualquer. ·· **Nem que a vaca tussa**. Acontece o que acontecer. ·· **Outra vaca no milho** (fig.). Uma coisa a mais numa sequência de coisas negativas. ·· **Vaca atolada**. Prato típico da culinária caipira mineira, feito com pedaços de costela bovina, mandioca, cebola e temperos. ·· **Vaca leiteira** (fig.). Fonte constante de benesses ou privilégios. ·· **Vaca maninha**. Vaca que nunca pariu. ·· **Vaca sagrada** (fig.). Pessoa ou coisa venerada, fora de toda crítica e acima de qualquer suspeita.

va.cân.cia sf **1.** Estado do que se encontra vago ou desocupado. **2.** Tempo durante o qual fica vago cargo, emprego, ofício, dignidade, etc. **3.** Espaço vazio não ocupado. → **vacante** adj (**1.** que está vago ou em vacância; **2.** que não tem ocupante; desocupado. **3.** que está em desuso ou não está mais em uso).

va.ca-pre.ta *Pop.* sf Mistura de sorvete com refrigerante do tipo coca-cola. · Pl.: *vacas-pretas*.

va.ci.lar v **1.** Sacudir, abalar: *os tremores de terra vacilaram os prédios da avenida.* **2.** Tornar vacilante ou hesitante: *as seguidas derrotas agora vacilam a equipe.* **3.** Hesitar, titubear, ter dúvidas: *ela vacilou em entrar no carro.* **4.** Balançar-se por falta de firmeza; oscilar: *o barco vacilava nas águas revoltas do Amazonas.* **5.** Tremer, oscilar: *a luz da vela vacila.* → **vacilação, vacilada** sf V. **vacilo**; **vacilo** sm (ato ou efeito de vacilar); **vacilante** adj (que vacila, hesitante); **vacilão** adj e sm (*pop. pej.* que ou aquele que costuma cometer vaciladas); mané, de fem. *vacilona*.

va.ci.na sf **1.** Qualquer preparado introduzido no organismo, para prevenir uma doença pelo estímulo de anticorpos contra ela; imunização. **2.** Programa que auxilia a proteger contra vírus de computador. → **vacinação** sf (ato ou efeito de vacinar(-se)); **vacinal** ou **vacínico** adj (rel. a vacina); **vacinar** v (administrar vacina a); **vacinar-se** (tomar vacina).

va.cu.i.da.de sf V. **vácuo**.

va.cum adj **1.** Diz-se do gado formado princ. de vacas, bois e novilhos. // sm **2.** Esse gado. **3.** Espécime desse gado: *exposição de vacuns*.

vá.cuo adj **1.** Vazio, vago: *aposentos vácuos; cabeças vácuas de ideias.* // sm **2.** Espaço totalmente desprovido de matéria; vacuidade (2). **3.** Estado ou condição semelhante a isso; vazio: *o vácuo de poder num país é sempre muito perigoso.* **4.** Remoção total de ar ou gás num espaço fechado, por qualquer meio artificial. **5.** Zona de pressão menor que a atmosférica, criada quando um carro trafega, em velocidade elevada, muito próximo do veículo da frente. **6.** Falta de um tipo de profissionais, objetos, etc.; carência: *há um grande vácuo de bons profissionais nessa área.* **7.** *Fig.* Sentimento penoso de ausência ou privação; vazio: *sua partida deixou um vácuo em minha vida.* → **vacuidade** sf (**1.** ausência total de matéria; **2.** espaço vazio; vácuo).

va.de.ar v Passar ou atravessar a vau, ou seja, a pé ou a cavalo: *vadear um rio.* · Conjuga-se por *frear.* (Não se confunde com *vadiar.*) → **vadeação** sf (ato ou efeito de vadear), que não se confunde com *vadiação*.

va.de-mé.cum sm **1.** Qualquer coisa que uma pessoa carrega, de uso regular ou frequente. **2.** Livro de mão ou guia prático, com dados úteis, de uso frequente. · Pl.: *vade-mécuns*.

va.di.ar v **1.** Andar como vadio, sem rumo certo; vaguear. **2.** Ficar à toa; levar vida ociosa; não trabalhar nem estudar; vagabundear. **3.** Divertir-se com jogos, passatempos, etc.; brincar: *crianças só pensam em vadiar.* **4.** *Pop.*NE Ter relações sexuais: *foi pego vadiando com a vizinha.* → **vadiação**, **vadiagem** ou **vadiice** sf (ato ou efeito de vadiar); **vadiagem** sf (**1.** vadiação; vadiice; **2.** vida de vadio); **vadio** adj e sm (que ou aquele que vadia).

va.ga sf **1.** Onda marítima elevada a grande altura, em águas agitadas. **2.** Lugar desocupado em hotéis ou em lugares públicos. **3.** Cargo desocupado ou deixado vago. · Aum. irregular (1): *vagalhão sm*.

va.ga.bun.do adj e sm **1.** Que ou aquele que não tem casa nem emprego e leva vida errante, perambulando aqui e ali, evitando trabalho; andarilho (2): *os vagabundos costumam dormir em bancos de parques e jardins.* **2.***P.ext.Pej.* Que ou aquele que é inútil, irresponsável, para nada presta: *vocês todos são um bando de vagabundos.* **3.** *Pop.Pej.* Que ou pessoa que é vil, infame, calhorda, canalha: *muitos vagabundos encontram ninho na política.* // adj **4.** *Pop.Pej.* De péssima qualidade; ordinário, muito ruim: *árbitro vagabundo; vinho vagabundo; conselho vagabundo.* → **vagabundagem** sf (**1.** vida de vagabundo; **2.** bando de vagabundos: *a vagabundagem está toda reunida ali na esquina*); **vagabundar** ou **vagabundear** v (levar vida de vagabundo).

va.ga-lu.me sm **1.** Inseto noturno de órgãos bioluminescentes na parte posterior do abdome; pirilampo. **2.** *Pop.* Lanterninha de cinema, teatro, etc. · Pl.: *vaga-lumes*.

va.gão sm **1.** Veículo ferroviário rebocado, destinado ao transporte de passageiros ou de carga; carro de trem. **2.** Conteúdo desse carro. **3.** Carro de metrô. **4.** *Pop.* Grande quantidade: *ter um vagão de problemas.* → **vagão-dormitório** ou **vagão-leito** sm (vagão provido de beliches para o pernoite de passageiros), de pl. *vagões-dormitório* ou *vagões-dormitórios*; *vagões-leito* ou *vagões-leito*; **vagão-restaurante** sm (vagão onde há serviço de café e restaurante), de pl. *vagões-restaurante* ou *vagões-restaurantes*; **vagão-tanque** sm (vagão que transporta líquidos, princ. combustíveis), de pl. *vagões-tanque* ou *vagões-tanques*.

va.gar v **1.** Deixar vago: *quando vaguei a poltrona, já a tomaram.* **2.** Percorrer navegando: *vagar mares desconhecidos.* **3.** Ficar vago: *vagou o cargo.* **4.** Andar sem destino nem ocupação: *vagar pelas ruas.* **5.** Espalhar-se, circular, difundir-se: *más notícias vagam no mercado todas as quintas-feiras.* // sm **6.** Falta de pressa, lentidão, vagareza: *li o jornal com vagar.* **7.** Tempo desocupado, de lazer: *nos meus vagares, estudo música.* **8.** Oportunidade, ensejo: *não ia a teatro, porque não lhe aparecia vagar.* → **vagareza** (ê) sf (vagar (6)); **vagaroso** (ô; pl.: ó) adj (lento, moroso, lerdo).

va.gem sf **1.** Fruto das leguminosas (feijão, grão-de-bico, ervilha, lentilha, etc.), dentro da qual se encontram as sementes. **2.** Fruto ainda verde do feijão, usado como alimento; feijão verde.

va.gi.do sm **1.** Choro de recém-nascido. **2.** Lamento, gemido. → **vagir** v [**1.** chorar (recém-nascido): *o nenê vagia no berço*; **2.** *fig.* lamentar-se, gemer], que se conjuga por *abolir*.

va.gi.na sf Canal musculomembranoso que forma a passagem entre o colo do útero e a vulva. → **vaginal** ou **vagínico** adj (rel. ou pert. à vagina).

va.go adj **1.** Incerto, indefinido: *ter uma vaga ideia do que ocorreu; olhar vago.* **2.** Que não está ocupado; vazio, não preenchido: *poltrona vaga; cargo vago.* **3.** Diz-se do décimo nervo craniano, de funções sensórias e motoras (antigamente chamado *pneumogástrio*), que desce até o abdome e enerva inúmeros órgãos, essencial à fala, deglutição, respiração, ritmo cardíaco e digestão. // sm **4.** Esse nervo. · Antôn. (1): *preciso, determinado*; (2): *ocupado.* → **vagueza** (ê), **vaguidade** ou **vaguidão** sf (qualidade ou estado de vago).

va.gue.ar v **1.** Percorrer a esmo: *vaguear a cidade.* **2.** Correr: *vaguear o olhar pelas proximidades.* **3.** Andar sem destino: *crianças que vagueiam pelas ruas.* **4.** Devanear: *minha mente vagueia além dos horizontes.* **5.** Ser inconstante, volúvel:

borboleta que vagueia de flor em flor. · Conjuga-se por *frear.* → **vagueação** *sf* (ato ou efeito de vaguear).

vai.a *sf* Manifestação pública de desagrado, mediante gritos, assovios, etc., em virtude de uma expectativa malograda ou frustrada; apupo. · Antôn.: *aplauso, ovação.* → **vaiar** *v* (dar vaias a; apupar), de antôn. *aplaudir, ovacionar.*

vai.da.de *sf* **1**. Desejo imoderado e infundado de chamar a atenção e merecer a admiração dos outros, princ. pela aparência, modo de vestir, feitos ou realizações: *ela não usa óculos por pura vaidade; a vaidade daquele presidente era notória.* **2**. Ideia exageradamente positiva que alguém faz de si mesmo; falta de modéstia; imodéstia; presunção ridícula dos próprios méritos; fatuidade: *a vaidade não lhe permitiu reconhecer que errara.* **3**. Caráter do que é vão, fútil; futilidade: *a vaidade das honrarias, das homenagens.* **4**. Tudo aquilo que não se baseia em valores morais, mas na mera ostentação: *construir uma mansão dessas no sítio é uma vaidade; possuir um iate para ele é uma vaidade a que nunca aspirou.* // *sfpl* **5**. Coisas insignificantes; trivialidades, futilidades: *guarda com o maior carinho suas vaidades da adolescência.* **6**. Palavras vãs, inúteis, sem sentido; abobrinha: *ela só diz vaidades.* · Antôn. (1): *simplicidade*; (2): *modéstia.* → **vaidoso** (ô; pl.: ó) *adj* e *sm* (que ou aquele que manifesta vaidade: *a indústria de cosméticos está de olho nos homens vaidosos*) e *adj* (caracterizado pela vaidade; fútil, presunçoso), de antôn. *modesto, simples.*

vai.mi.ri-a.tro.a.ri *adj* e *s2gên* V. **uaimiri-atroari.**

vai.vém *sm* **1**. Movimento de pessoa ou coisa que vai e vem repetidas vezes: *um vaivém de torcedores; o limpador de para-brisa funciona, fazendo um movimento de vaivém.* **2**. Movimento para a frente e para trás, ou para os lados, alternadamente, de pessoa ou coisa; balanço: *o vaivém dos quadris das dançarinas de forró; o vaivém do navio lhe causou ânsia.* **3**. Sucessão alternada de acontecimentos prósperos e adversos; inconstância, instabilidade: *os vaivéns das ações da Bolsa de Valores.* (Usa-se também em locução: *vai e vem.*) ·· **Vai não vai.** Indecisão; chove não molha.

vai-volta *sm2núm Pop.* Caixão de defunto que, nos hospitais pobres, vai ao cemitério, mas não é enterrado junto com o morto, sendo reutilizado para transportar outros cadáveres.

va.la *sf* **1**. Qualquer escavação alongada. **2**. Redução de *vala comum*, cova coletiva para o enterramento gratuito de cadáveres de pessoas indigentes ou de vítimas conjuntas de calamidades. · Dim. irregular (1): *valeta* (ê).

va.le *sm* **1**. Depressão topográfica alongada, aberta, entre grandes elevações de terra (montes, montanhas, etc.) geralmente formada por erosão de um curso de água que corre ao longo dela. **2**. Área extensa de terra relativamente baixa, irrigada por um grande sistema fluvial; várzea. **3**. Qualquer depressão semelhante a um vale, como o ponto ou ângulo formado pelo encontro dos dois lados inclinados de um telhado. **4**. Documento sem valor legal que comprova retirada ou adiantamento de dinheiro.

va.lên.cia *sf* Capacidade de combinação de um átomo ou de um radical, determinada pelo número de elétrons que ele poderá perder, ganhar ou dividir, quando reage com outros átomos.

va.len.te *adj* e *s2gên* Que ou aquele que, além de fisicamente forte, mostra-se audaciosamente corajoso(a) ou bravo(a). · Antôn.: *covarde, frouxo.* → **valentão** *adj* e *sm* (que ou aquele que é metido a valente, amigo de arruaça e desafios a todo o mundo, acovardando-se muitas vezes quando encontra quem o encare), de fem. *valentona*; **valentia** *sf* (qualidade ou ação de valente), de antôn. *covardia.*

va.ler *v* **1**. Ter o valor de: *o carro vale cem mil reais.* **2**. Custar: *um alfinete valia mil cruzeiros.* **3**. Merecer, ser digno de: *ele não vale o que come.* **4**. Ser equivalente a; equivaler a: *preferir vale o mesmo que querer antes.* **5**. Significar, querer dizer: *o zero à esquerda nada vale.* **6**. Fazer respeitar: *ele fez valer seus direitos.* **7**. Servir: *isso lhe valeu como lição.* **8**. Aplicar-se: *a lei deve valer para todos.* **9**. Fazer as vezes de; substituir: *nesse caso o pronome vale de objeto indireto.* **10**. Ter valor ou merecimento: *sua teoria vale mais que a minha.* **11**. Ter crédito, influência ou poder: *santo de casa não vale muito.* **12**. Ter validade; vigorar, viger: *na briga, só não valia cuspir; o contrato ainda vale.* **13**. Valer a pena: *valeu, Verdão!* **valer-se 14**. Servir-se, utilizar-se: *ele se valeu de todos os meios para chegar ao poder.* · Conj.: *valho, vales, vale, valemos, valeis, valem* (pres. do ind.); *valha, valhas, valha, valhamos, valhais, valham* (pres. do subj.). → **valimento** *sm* (ato ou efeito de valer). ·· **A valer.** Muito, bastante: *Dormi a valer.* ·· **A** (ou **Para**) **valer.** A sério, de verdade: *Brigaram para valer.* ·· **Não valer o que come** (ou **o que o gato enterra**). Ser um inútil. ·· **Ou coisa que o valha.** Ou coisa semelhante: *Disse que era comendador ou coisa que o valha.* ·· **Valer a pena.** Compensar o trabalho que dá; ser altamente vantajoso. (Cuidado para não usar acento grave no **a**: *Valer "à" pena!*) ·· **Valer mais** (ou **Valer antes**). Ser melhor; ser preferível: *Vale mais um jegue que me leve que um camelo que me derrube.* ·· **Valer por.** Equivaler: *Homem que vale por dois.* ·· **Valeu** (pop.). **1**. Obrigado: *Ficou muito bom o serviço. Valeu.* **2**. Tudo bem: *Dei um beijo na sua namorada, valeu?*

va.le-re.fei.ção *sm* Tíquete ou cupom que representa a parte do pagamento de um funcionário, destinada à sua alimentação. · Pl.: *vales-refeição* ou *vales-refeições.*

valet [ingl.] *sm* **1**. Redução de *valet parking*: **a)** acordo entre o administrador de um estacionamento de veículos e um estabelecimento comercial (restaurantes, bares, hotéis, teatros, lojas, etc.), pelo qual um manobrista se encarrega de receber os automóveis das pessoas que chegam, estacioná-los em local adequado e seguro, devolvendo-os à saída; **b)** estacionamento com manobrista. **2**. Serviço de manobrista e guarda de veículos dessas pessoas, geralmente com garantia contra incêndio, furto, roubo e colisão. // *s2gên* **3**. *Fig.* Pessoa que realiza tal serviço; manobrista de *valet parking.* · Pronuncia-se *válei*, mas no Brasil se ouve muito *válit.*

va.le.ta (ê) *sf* **1**. Vala pequena. **2**. Pequena vala à beira de rua, estrada, etc., para escoar água.

va.le.te *sm* Carta de jogar, inferior ao rei e superior à dama, a qual traz pintado um escudeiro; conde.

va.le-trans.por.te *sm* Tíquete ou cupom que representa a parte do pagamento de um funcionário, destinada ao seu transporte. · Pl.: *vales-transporte* ou *vales-transportes.*

va.le.tu.di.ná.rio *adj* e *sm* Que ou aquele que tem saúde frágil e compleição débil, enfermiça. → **valetudinarismo** *sm* (qualidade, condição ou estado de valetudinário).

va.le-tu.do *sm2núm* **1**. Modalidade de esporte em que dois atletas podem aplicar qualquer tipo de golpe; luta livre. **2**. Situação em que se usa de qualquer meio ou expediente para se alcançar certo objetivo.

va.lha.cou.to *sm* **1**. Refúgio ou esconderijo em que se metem bandidos e criminosos, para fugir a perigo, perseguições da polícia, elementos de outras quadrilhas, etc.: *o Brasil não pode ser valhacouto de terroristas, como o foi de Cesare Battisti.* **2**. *Fig.* Amparo, proteção, socorro ou apoio que se dá a alguém: *o presidente de então deu valhacouto a um terrorista italiano, mantendo-o no país.* **3**. *Fig.* Meio de encobrimento de defeitos ou de intenções; pretexto: *o mundo do futebol, hoje, é um valhacouto da violência não só verbal.*

va.li.a *sf* **1**. Valor intrínseco ou estimativo de pessoa ou coisa: *esse professor é de grande valia para nossa universidade; esse diário devia ter grande valia para ela.* **2**. Utilidade, préstimo, serventia: *amigos há de grande valia.* → **valioso** (ô; pl.: ó) *adj* (**1**. de grande valia; **2**. de grande importância).

va.li.do *adj* e *sm* **1**. Que ou aquele que tem valimento junto ao poderoso, por seu saber, seus bons conselhos, sua experiência: *o marquês de Pombal era valido do rei D. José I.* **2** *P.ext.* Que ou aquele que é particularmente protegido ou favorecido; favorito: *os validos do presidente.*

vá.li.do *adj* **1**. Que tem valor ou força legal: *título válido.* **2**. Justo, correto: *é válido cobrar imposto de aposentado?* **3**. Que surte efeito; eficaz: *métodos válidos.* → **validação** *sf* (ato ou efeito de validar); **validade** ou **validez** (ê) *sf* (legitimidade); **validar** *v* (dar validade ou legitimidade a; legitimar).

va.li.o.so (ô; pl.: ó) *adj* **1**. Que tem grande valor: *joia valiosa.* **2**. *Fig.* De grande importância: *conselho valioso.* **3**. *Fig.* De qualidades admiráveis: *um amigo valioso.*

va.li.se ou **va.li.sa** *sf* Maleta de mão, para conduzir objetos pessoais.

va.lor (ô) *sm* **1**. Coragem brilhante: *o valor dos astronautas.* **2**. O que a coisa vale intrinsecamente ou afetivamente: *carro velho, mas de grande valor para mim.* **3**. Importância monetária ou material: *o valor flutuante do ouro e da prata.* **4**. Importância relativa: *qual o valor dessa carta de baralho?* **5**. Poder de aquisição ou compra (de uma moeda): *o valor do dólar baixou nos meios internacionais.* **6**. Digno de respeito, estima e admiração: *um homem de valor.* **7**. Validade, legitimidade: *sua opinião, para mim, não tem valor nenhum.* **8**. Apreço, importância: *não dar valor a si mesmo.* **9**. Magnitude, quantidade: *o valor de um ângulo.* **10**. Importância, significação: *o valor de uma palavra.* **11**. Utilidade ou mérito: *o valor* *da educação.* **12.** Quantidade numérica estabelecida para um símbolo: *27 é o valor de x nessa equação.* **13.** Duração relativa de uma nota, tom ou pausa. // *smpl* **14.** Conjunto de princípios, ideais e julgamentos morais: *meus valores não são iguais aos seus valores.* → **valoração** *sf* (ato ou efeito de valorar); **valorar** *v* (**1.** avaliar em dinheiro; estimar: *o ourives valorou a joia em um milhão de reais*; **2.** emitir juízo de valor sobre; avaliar; apreciar: *valorar a qualidade de uma telenovela*), que não se confunde com *valorizar*; **valorativo** *adj* (caracterizado pela valoração: *padrão valorativo*); **valorização** *sf* [ato ou efeito de valorizar(-se)]; **valorizar** *v* (**1.** dar o devido valor a; reconhecer o valor, os méritos ou as qualidades de: *precisamos valorizar o professor*; **2.** aumentar o valor de; enriquecer: *melhoramentos como asfalto e luz elétrica valorizam um terreno*; **3.** ter em alta conta; apreciar, estimar: *eu valorizo sua amizade*); **valorizar-se** (**1.** dar-se o devido valor; reconhecer em si o valor, os méritos ou as qualidades que tem: *ela se valoriza quanto pode*; **2.** alcançar maior valor monetário: *terreno com luz elétrica e asfalto à frente se valoriza mais que outros*), que não se confunde com *valorar*; **valoroso** (ô; pl.: ó) *adj* (**1.** que mostra grande coragem ante o perigo, princ. na guerra; corajoso, destemido; **2.** caracterizado pela bravura: *feitos valorosos*). ·· **Valor agregado.** **1.** Total obtido na soma das contas (produto, receitas e despesas) de um determinado setor. **2.** Lucro obtido com a valorização de um produto entre uma etapa e outra de comercialização. **3.** Conhecimento embutido num produto, serviço ou processo. ·· **Valor de face.** Valor de uma obrigação, nota ou outro título como expresso no certificado ou instrumento. ·· **Valor de venda** (ou **de mercado**). Valor de compra e venda que um imóvel atinge na prática, atribuído por especialistas no setor. ·· **Valor extrínseco.** Valor nominal (3). ·· **Valor intrínseco** (ou **real**). Valor decorrente das próprias qualidades de uma moeda ou de quaisquer objetos, independentemente de convenção ou valor estimativo. ·· **Valor nominal.** **1.** Aquele que não foi corrigido para compensar a corrosão inflacionária. **2.** Valor pelo qual se emite um título, em que vem declarado. **3.** Valor atribuído por convenção a uma moeda e nele inscrito; valor extrínseco. ·· **Valor nutritivo.** Valor de um alimento em função de seus nutrientes digestivos. ·· **Valor venal.** Valor atribuído pela prefeitura a cada imóvel, levando em conta sua metragem, localização, destinação e características; valor de venda ou de mercado de um imóvel.

val.sa *sf* **1.** Dança de salão, de origem vienense. **2.** Peça musical para essa dança. → **valsar** *v* [**1.** transformar em valsa: *valsar um bolero*; **2.** dançar valsa(s)]; **valseiro** *sm* (compositor de valsas); **valsista** *adj* e *s2gên* (que ou pessoa que valsa ou que valsa bem: *ter um pai valsista*).

val.va *sf* Concha. · Dim. erudito: *válvula*.

vál.vu.la *sf* **1.** Diminutivo erudito de *valva*; pequena valva. **2.** Dispositivo que fecha hermeticamente um tubo. **3.** Dispositivo que regula o fluxo de gases, líquidos, etc., por tubulações. **4.** Qualquer estrutura membranosa num órgão oco ou passagem (veia, artéria) que se fecha temporariamente, a fim de forçar o fluxo de um fluido numa só direção. **5.** Redução de *válvula eletrônica*, tubo eletrônico. → **valvulado** ou **valvular** *adj* (que tem válvula).

vam.pe *sf* **1.** Mulher sedutora e fatal, que costuma usar todo o seu charme e sensualidade para atrair os homens, explorá-los, levá-los à ruína financeira e, por fim, deixá-los. **2.** *P.ext.* Mulher muito atraente.

vam.pi.ro *sm* **1.** No folclore do Leste europeu, cadáver reanimado por um espírito demoníaco que sai da sepultura à noite para sugar o sangue dos vivos, levando consigo a vitalidade das vítimas. **2.** *Fig.* Aquele que enriquece pelo trabalho de outro(s) ou por meios ilícitos. **3.** Morcego hematófago, transmissor da raiva aos animais e às vezes ao homem. · Fem. (1 e 2): *vampira* ou *vampiresa* (ê). → **vampiresco** (ê) *adj* (rel. a vampiro ou próprio dele); **vampirismo** *sm* [**1.** crença na existência de vampiros; **2.** atitude ou conduta própria de vampiro; **3.** *fig.* exploração inescrupulosa ou ruinosa de outro(s)]; **vampirizar** *v* (*fig.* explorar, sugar).

van [ingl.] *sf* **1.** Utilitário coberto, usado para o transporte de mercadorias e animais. **2.** Perua, geralmente de duas ou mais portas laterais e uma na traseira, com bancos confortáveis para seis ou mais pessoas. · Pl.: *vans*. · Pronuncia-se *vén*, mas no Brasil evite-se muito *vã*.

vân.da.lo *sm* **1.** Membro de um antigo povo germânico que no séc. V invadiu o império romano, devastou a Gália (406) e a Espanha, invadiu a África, capturou Cartago (439), estabeleceu-se no norte da África (449) e saqueou Roma (455), de onde vem a sua reputação destrutiva. **2.** *Fig.* Pessoa que, por estupidez ou ignorância, destrói ou danifica deliberadamente monumentos, obras de arte, propriedades públicas ou privadas; destruidor(a) ignorante. → **vandálico** *adj* (rel. a vândalo ou próprio de vândalo); **vandalismo** *sm* (**1.** ação própria de vândalo; **2.** destruição ou mutilação do que merece respeito, seja pela sua antiguidade, seja pelas suas tradições, seja pela sua beleza); **vandalização** *sf* [ato ou efeito de vandalizar(-se)]; **vandalizar** *v* (**1.** destruir, mutilar ou estragar, por estupidez ou ignorância; **2.** praticar vandalismos); **vandalizar-se** (tornar-se vândalo).

van.gló.ria *sf* Conceito extremamente alto, porém falso, que alguém tem de si próprio; ostentação de um valor que a própria pessoa se atribui; vaidade excessiva; presunção ridícula. → **vangloriar(-se)** *v* [encher(-se) de glória]; **vanglorioso** (ô; pl.: ó) *adj* (diz-se daquele que tem vanglória, que é vaidoso de coisas que, na verdade, não constituem glória alguma).

van.guar.da *sf* **1.** Destacamento de segurança que atua à frente de uma tropa em marcha, para informá-la e protegê-la. **2.** Frente, dianteira: *os japoneses estão na vanguarda do progresso tecnológico*. **3.** Movimento pioneiro que congrega novas ideias culturais, artísticas, sociais, científicas, etc., geralmente em ruptura com aquele que o precedeu; vanguardismo (3). **4.** Grupo de pessoas envolvidas nesse movimento; os vanguardistas; vanguardismo (4). · Antôn. (1 e 2): *retaguarda*. → **vanguardeiro** *adj* e *sm* ou **vanguardista** (4) *adj* e *s2gên* (**1.** que ou pessoa que marcha na vanguarda; **2.** que ou pessoa que é defensora do vanguardismo); **vanguardismo** *sm* [**1.** conjunto de tendências culturais, artísticas, sociais, científicas, etc. caracterizadas por acentuado espírito inovador e revolucionário; **2.** movimento caracterizado por esse conjunto de tendências; vanguarda (3); **3.** grupo de pessoas envolvidas nesse movimento; os vanguardistas; vanguarda (4): *o vanguardismo reagiu a essas medidas do governo*]; **vanguardista** *adj* (**1.** rel. a vanguarda; **2.** situado ou baseado na vanguarda; **3.** próprio da vanguarda).

va.ni.da.de *sf* **1.** Qualidade do que é vão, vazio, sem valor: *o monge aborda a vaidade das coisas humanas e acentua a vanidade e a precariedade dos valores terrenos*. **2.** Caráter daquele que tem um alto conceito de si mesmo e deseja ser admirado e considerado por todos; vaidade vã; presunção tola. // *sfpl* **3.** Coisas sem valor; insignificâncias: *ela não abre mão de suas vanidades*. **4.** Palavras vãs, inúteis, sem sentido: *ela só diz vanidades*.

van.ta.gem *sf* **1.** Qualquer circunstância, oportunidade ou meios especialmente favoráveis ao sucesso de um objetivo. **2.** Aquilo que constitui um proveito, um ganho, um benefício. **3.** Posição de superioridade; lambujem, dianteira. **4.** Superioridade em competição; diferença a favor. **5.** No tênis, ponto marcado por um dos jogadores, quando a marca é de 40. → **vantajoso** (ô; pl.: ó) *adj* (**1.** em que há vantagem: *troque o seu carro em condições vantajosas em nossa loja!*; **2.** que traz vantagem: *a transferência do jogo é vantajosa para a nossa equipe*; **3.** que dá lucro; lucrativo: *empresa muito vantajosa aos seus acionistas*).

vão *adj* **1.** Completamente improfícuo; que não tem ou não teve nenhuma utilidade. **2.** Vazio, oco. **3.** Falso, enganador, mentiroso. **4.** Fútil, frívolo. **5.** Que é fruto da imaginação, irreal, fantástico. // *sm* **6.** Qualquer espaço vazio entre dois pontos ou duas coisas. **7.** Abertura que, numa edificação, corresponde a portas, janelas, etc. **8.** Distância entre dois pontos de uma viga, abóbada, arco, etc. · Fem. (1 a 5): *vã*. · Pl.: *vãos*. · V. **vanidade**. · Superl. abs. sint. erudito: *vaníssimo*. ·· **Em vão**. Inutilmente, sem proveito nenhum: *Esforçar-se em vão*.

Vanuatu *sm* País-arquipélago, formado por 80 ilhotas do oceano Pacífico, de área total equivalente a meio estado de Sergipe. · Pronuncia-se *vănuátu*. → **vanuatense** *adj* e *s2gên*.

va.por (ô) *sm* **1.** Estado gasoso de uma substância que, à temperatura ordinária, é líquida ou sólida. **2.** Exalação visível (fumaça, neblina, etc.) suspensa no ar. **3.** Embarcação a vapor. → **vaporação** *sf* (ato ou efeito de vaporar); **vaporar** *v* [**1.** lançar ou exalar (vapores): *as panelas vaporam delicioso cheiro de comida; a chuva vapora um cheiro característico*]; **vaporar(-se)** exalar vapores: *delicioso cheiro de comida (se) evapora das panelas na cozinha*; **3.** *fig.* dissipar-se, desfazer-se: e, assim, minhas esperanças iam (se) vaporando dia a dia], que não se confunde (2) com *evaporar* nem com *vaporizar-se* e *volatilizar-se* (v. **volátil**); **vaporização** *sf* [ato ou efeito de vaporizar(-se]; **vaporizador** (ô) *adj* (que vaporiza) e *sm* (**1.** recipiente em que se vaporiza um líquido; **2.** utensílio com que se borrifa qualquer líquido em gotículas; aerossol; *spray*); **vaporizar** *v* [reduzir (um líquido) a vapor] **vaporizar-se** [passar (um líquido) ao estado de vapor, elevando-lhe a temperatura]; **vaporosidade** *sf* (qualidade do que é vaporoso);

vaporoso (ô; pl.: ó) *adj* (**1.** cheio de vapores; **2.** que produz ou exala vapores; volátil; **3.** *fig.* extremamente leve, delicado e fino, geralmente transparente: *ela trajava um vaporoso vestido branco de rendas)*. ·· **A vapor. 1.** Com a força do vapor de água: *Barco a vapor.* **2.** *Fig.* Muito depressa; com extrema rapidez; a todo o vapor: *Ir a vapor e voltar a cágado*.

va.quei.ro *sm* **1.** Pastor ou condutor de gado vacum. // *adj* **2.** Relativo ou pertencente a gado vacum. → **vaqueirada** *sf* [grupo de vaqueiros; vaqueirama (1)]; **vaqueiragem** *sf* (**1.** ato de vaqueirar; **2.** profissão ou ofício de vaqueiro; vaqueirice); **vaqueirama** *sf* (**1.** vaqueirada; **2.** *pop*.NE reunião de vaqueiros para apartar o gado ou proceder à vaquejada); **vaqueirar** *v* (exercer o ofício ou a profissão de vaqueiro); **vaqueirice** *sf* [vaqueiragem (2)].

va.que.ja.da *sf* **1.** Procura do gado espalhado pelos campos, matos, etc. e sua consequente reunião e condução aos currais, para apartação, ferra, marcação, etc., geralmente nos últimos meses do inverno. **2.** Modalidade esportiva e popular praticada princ. no Nordeste, na qual dois vaqueiros a cavalo, durante o galope, derrubam um boi ou um bezerro, puxando-o pelo rabo.

va.que.ta (ê) *sf* Couro bovino muito fino e macio de rês nova (novilha ou garrote), curtido e tratado.

va.qui.nha *sf* **1.** Vaca pequena. **2.** *Pop.* Coleta de dinheiro em um grupo, para comprar alguma coisa ou indenizar alguém; vaca (3).

va.ra *sf* **1.** Ramo delgado e flexível. **2.** Ramo de bambu ou de material sintético em que se ata a linha com anzol para a pesca. **3.** Haste de madeira ou de metal de guarda--chuva, guarda-sol e de barraca de praia. **4.** Cada uma das circunscrições ou áreas judiciais em que se dividem as comarcas e à qual preside um juiz de direito. **5.** Cargo ou função de juiz. **6.** *Fig.* Poder, autoridade. **7.** Açoite com que se castiga alguém: *foi malcriado, por isso entrou na vara.* **8.** *Pop*.*Chulo* Pênis. **9.** Manada de porcos. · V. **vareiro, varejão** e **varejar**. · Dim. irregular (1 a 3): *vareta* (ê) ou *varela*. · Aum. irregular (1 a 3): *varejão* sm. ·· **Debaixo de vara**. Sob mandado judicial. ·· **Tremer como vara verde**. Sentir muito medo.

va.ra.do *adj* **1.** Diz-se de embarcação encalhada em seco. **2.** Furado de lado a lado, atravessado, perfurado, trespassado. **3.** *Fig.* Estupefato, atônito, perplexo, horrorizado: *o delegado ficou varado com aquele depoimento.* **4.** *Pop.* Faminto ou sedento: *estar varado de fome e de vingança.* **5.** *Pop.* Escondido, enfurnado: *os ladrões ficaram dias varados no mato.* → **varadouro** *sm* (**1.** lugar seco onde se fazem encalhar os navios para limpeza, conserto, etc.; **2.** lugar onde se reúnem pessoas para descansar ou conversar).

va.ral *sm* **1.** Cada uma das duas varas grossas e compridas que saem de cada lado das liteiras, padiolas, andores, etc. **2.** Cada uma das duas varas a que se atrela animal de tração. **3.** Arame, corda, fio, etc. esticado a certa altura, para estender e secar roupa; estendal onde se secam roupas.

va.ran.da *sf* Terraço ou alpendre coberto, em frente ou à volta das habitações. · V. **avarandado**.

va.rão *sm* **1.** Vara grande; varejão. **2.** Homem de valor, virtuoso, de excelentes qualidades. **3.** *P.ext.* Qualquer homem adulto. **4.** *Pop.* Homem casado que impõe respeito à mulher, não se deixando dominar por ela. // *adj* **5.** Do sexo masculino. · Fem.: *virago* ou *varoa* (arc.). · V. **varonia**.

va.ra.pau *sm* **1.** Pau comprido e forte, usado como arma ofensiva. **2.** *Fig.* Pessoa alta e magra.

va.rar *v* **1.** Açoitar ou flagelar com vara: *varar os filhos.* **2.** Atravessar, perfurar: *a bala lhe varou o coração.* **3.** Passar, consumir: *varar a noite estudando.* **4.** Atravessar com ímpeto; meter-se ou embrenhar-se por: *varar a Amazônia.* **5.** Passar (rio, lago, etc.). **6.** Meter-se, embrenhar-se: *o animal escapou da jaula e varou pelo mato adentro.*

va.re.do (ê) *sm* Conjunto das pequenas vigas ou caibros sobre o qual se assenta o ripado do telhado.

va.rei.o *sm* **1.** Estado de perturbação mental que leva o indivíduo a proferir coisas desconexas. **2.** Delírio, alucinação, desvario. **3.** Repreensão, sabão, pito, carão, chupada. **4.** Surra, sova. ·· **Vareio de bola**. No jargão do futebol, demonstração de como se deve jogar bola, no desenrolar de uma partida; surra de bola: *O Palmeiras tomou um vareio de bola do River Plate em pleno Allianz Park.*

va.rei.ro (êi) *sm* Aquele que impele à vara uma embarcação.

va.re.jão *sm* **1.** Vara grande; varão. **2.** *Pop.* Grande loja de vendas de artigos e mercadorias diretamente ao público, em grande escala e a baixo preço.

va.re.jar *v* **1.** Fazer cair, batendo com vara: *varejar mangas no pé.* **2.** Revistar ou vasculhar (casas, refúgios) à cata de foragidos: *os soldados entravam e varejavam todas as casas.* (O *e* continua fechado durante a conjugação.) → **varejadura** *sf*, **varejamento** ou **varejo** (ê) *sm* (ato ou efeito de varejar).

va.re.jei.ra *sf* Redução de *mosca-varejeira*, mosca relativamente grande, esverdeada, que faz um forte zumbido e persegue os animais, para depositar seus ovos sobre sua carne.

va.re.jo (ê) *sm* **1.** Varejadura, varejamento. **2.** Venda de mercadoria por peça ou unidade. **3.** Comércio especializado nesse tipo de venda. · Antôn. (2 e 3): *atacado*. · V. **varejar**. → **varejista** *adj* (rel. a varejo) e *s2gên* (negociante que vende a varejo), de antôn. *atacadista*. ·· **A varejo**. Em pequenas porções ou quantidades.

va.re.ta (ê) *sf* **1.** Vara pequena; varela. **2.** Perna de compasso. **3.** Cada uma das hastes de armação ou de sustentação dos guarda-chuvas, guarda-sóis, sombrinhas e leques. **4.** Dispositivo do motor de um carro, destinado a medir o nível de óleo no interior do cárter.

var.gem *sf* V. **várzea**.

va.ri.ar *v* **1.** Tornar diverso; diversificar: *variar a dieta.* **2.** Repetir (melodia ou tema), modificando a harmonia, o ritmo, etc.: *variar um compasso musical.* **3.** Diferir, desviar: *variar dos padrões normais de comportamento.* **4.** Discrepar, diferençar: *a segunda edição do dicionário variou muito da primeira.* **5.** Sofrer mudanças, mudar: *varia a moda, variam os usos e costumes.* **6.** Sofrer alteração paulatina: *a temperatura variou durante o dia.* **7.** Flexionar-se: *o verbo varia em tempo, modo, número e pessoa.* **8.** Diferir, divergir: *as opiniões variam muito.* **9.** Mudar periodicamente: *a demanda varia conforme a época do ano.* **10.** *Pop.* Enlouquecer, delirar: *o velho já está variando.* → **variação** *sf* (**1.** ato ou efeito de variar; mudança, alteração; **2.** quantidade, extensão ou grau de mudança; **3.** forma diferente de uma mesma coisa); **variado** *adj* (**1.** diverso, diferente, distinto; **2.** que tem grande sortimento; sortido; **3.** um tanto doido; adoidado); **variante** *adj* (**1.** que tende a mudar ou a variar: *cor variante*; **2.** que difere levemente de um tipo padrão: *fechadura variante*; **3.** que não é definido; alternativo: *leitura variante*; **4.** que não é universalmente aceito: *teoria variante*) e *sf* [**1.** qualquer coisa que varia levemente de outra; diferença, variação: *as variantes de cor*; **2.** desvio em estrada: *seguimos por uma variante de terra*; **3.** versão diferente de uma narrativa; **4.** forma linguística admitida na língua como alternativa de outra, com o mesmo valor e função (p. ex.: o *l* em final de sílaba do sul do Brasil e *flecha/frecha*)]; **variável** *adj* (sujeito a variação; mutável). ·· **Variante morfológica**. Cada uma das formas variantes (p. ex.: *flecha* e *frecha*; *flocos* e *frocos*; *plancha* e *prancha*). ·· **Variante ortográfica**. Cada uma das grafias admitidas para uma mesma palavra (p. ex.: *cãibra* e *câimbra*). ·· **Variante prosódica**. Cada uma das pronúncias aceitas de uma mesma palavra, em relação à posição da sílaba tônica (p. ex.: *transistor* e *transístor*; *Oceânia* e *Oceania*).

va.ri.ce.la *sf* Catapora.

va.ri.co.se *sf* Estado mórbido causado por varizes; formação de varizes: *gravidezes sucessivas causam varicose.* → **varicosidade** *sf* (qualidade ou estado de varicoso); **varicoso** (ô; pl.: ó) *adj* e *sm* (que ou aquele que tem varizes ou é predisposto a tê-las) e *adj* (**1.** que está anormalmente inchado ou túmido: *veia varicosa*; **2.** rel. a variz(es)].

va.ri.e.da.de *sf* **1.** Qualidade ou condição de diverso; diversidade: *dar variedade a uma dieta.* **2.** Diferença, discrepância: *a variedade de tratamento na cadeia.* **3.** Número de diferentes coisas da mesma categoria geral; coleção de coisas variadas; sortimento: *mercado com grande variedade de frutas e verduras.* **4.** Tipo, qualidade, espécie: *ter muitas variedades de roupas.* **5.** Forma diferente: *variedades de experiência.* **6.** Categoria dentro de uma espécie, baseada em alguma diferença hereditária. **7.** Tipo de animal ou planta produzido por seleção artificial; cultivar: *há muitas variedades de manga.* **8.** Qualquer das formas de um mineral variável em cor, estrutura, cristalização, etc.: *variedades de quartzo.* // *sfpl* **9.** Entretenimento que consiste numa série de breves e diversificadas apresentações de humor, música, canto, acrobacia, etc.: *teatro de variedades.* **10.** Seção de periódico na qual se incluem passatempos, charadas, palavras cruzadas, anedotas, filatelia, numismática, etc.

va.ri.e.gar *v* **1.** Tornar variegado; pintalgar. **2.** Dar variedade a; diversificar, sortir, variar: *variegar um espetáculo circense.*

→ **variegação** *sf* (**1**. ato ou efeito de variegar; **2**. qualidade ou estado de variegado; variedade de cores; matiz, nuança); **variegado** *adj* (**1**. que tem marcas, pintas, riscas ou sinais de cor ou cores diferentes; pintalgado: *as variegadas folhas da comigo-ninguém-pode*; **2**. caracterizado pela variedade; diversificado, variado, sortido: *a variegada fauna brasileira*).

vá.rio *adj* **1**. Contraditório: *o vário depoimento da testemunha poderá condená-la*. **2**. Desigual: *vivemos numa sociedade vária*. **3**. De diferentes cores; matizado: *a vária plumagem do pavão*. **4**. *Fig.* Inconstante, volúvel: *mulher vária e cheia de vontades*. // *pron pl* **5**. Alguns, diversos (em número indefinido, acima de dois, menos que *muitos* e sempre antes do subst.): *várias pessoas; dos tipos de queijo em análise, vários foram aprovados*.

va.rí.o.la *sf* Doença viral aguda, contagiosa e sistêmica, caracterizada por pústulas na pele e febre alta. → **variolar** *adj* (sem. às manchas da varíola); **variólico** *adj* (rel. a varíola ou próprio dela); **varioloso** (ô; pl.: ó) *adj* e *sm* (que ou aquele que tem varíola).

va.riz *sf* Veia ou artéria anormalmente dilatada, geralmente na perna, pelo acúmulo de sangue em seu interior. · V. **varicose**.

va.ro.ni.a *sf* **1**. Qualidade ou condição de varão. **2**. Sucessão ou descendência por linha masculina: *ele é descendente, por varonia, do barão de Anhumas*. → **varonil** *adj* (**1**. rel. ou pert. a varão; **2**. próprio de varão; **3**. *fig.* másculo, viril, potente, forte; **4**. *fig.* heroico, nobre; **varonilidade** *sf* (qualidade de varonil).

var.rão *sm* Porco não castrado, que serve como reprodutor; cachaço.

var.rer *v* **1**. Limpar da poeira, do lixo, etc., com a vassoura: *varrer a casa*. **2**. Expulsar, expurgar: *varrer os corruptos do poder*. **3**. Levar ou arrastar: *o vento varre a sujeira da praia*. **4**. Esvaziar, exaurir, limpar: *os membros do governo que finda varrem as gavetas*. **5**. Apagar, fazer desaparecer: *varrer a lembrança de um fato desagradável*. **6**. Tocar: *a barra da calça varria o chão; a onda varre a praia*. **7**. Espalhar, dispersar: *o vento varreu a fumaça*. **8**. Passar violentamente por uma superfície, devastando: *um furacão varreu a costa da Flórida*. **9**. Passar por: *feixes de elétrons varrem a tela, gerando imagens*. **10**. *Fig.* Limpar, livrar: *varrer a cidade de traficantes*. **varrer-se 11**. Apagar-se, desaparecer completamente, dissipar-se: *varreu-se-me da memória até o nome dela*. → **varrição, varredura** ou **varrida** *sf* (ato ou efeito de varrer); **varredura** *sf* (**1**. varrição, varrida; **2**. processo pelo qual ondas de rádio provenientes de um radar varrem o espaço para detectar obstáculos ou objetos em movimento; **3**. sistema empregado na transmissão e recepção de imagens de televisão, reconstituídas ponto por ponto) e *sfpl* (**1**. aquilo que se junta varrendo; lixo; **2**. restos que ficam na mesa, depois das refeições; migalhas); **varrido** *adj* [**1**. limpo com vassoura: *terreiro varrido*; **2**. que sofreu varredura: *espaço aéreo varrido*; **3**. que perdeu a razão; louco: *foi cometendo asneiras, até que ficou varrido*; **4**. red. de *zona de varrido*, região entre a máxima e a mínima excursão da onda sobre a face da praia (devido às mudanças do nível da água, a *zona de varrido* se torna seca e molhada alternadamente)]. ·· **Doido varrido**. Completamente louco.

vár.zea *sf* **1**. Terreno baixo, plano, fértil e cultivado em um vale ou às margens de um rio. **2**. *Pop.* Campo de futebol rústico e aberto dos subúrbios de uma cidade. **3**. Esse futebol. **4**. *Pop.* Gentalha, ralé, rabacuada. (A variante *vargem* é pouco usada.) → **varziano** *adj* e *sm* (que ou aquele que mora num subúrbio; suburbano: *ter uma namorada varziana*) e *adj* (situado num subúrbio; suburbano: *clube varziano*).

va.sa *sf* **1**. Lodo fino formado no fundo de rios, lagos, mar, etc. **2**. *Fig.Pej.* Camada viciosa da sociedade: *os traficantes enriquecem e proliferam por causa da vasa social, cada vez maior*. (Não se confunde com *vaza*.)

vas.ca.í.no *adj* e *sm* Torcedor do Vasco da Gama Futebol e Regatas; cruz-maltino; bacalhau.

vas.co.le.jar *v* **1**. Agitar (líquido contido num recipiente): *vascoleje o conteúdo antes de tomar!* **2**. Revolver, remexer: *vascolejei o lixo, para encontrar o anel perdido*. **3**. *Fig.* Perturbar, inquietar: *esse vascolejam o espírito*. (Mantém fechada a vogal tônica durante a conjugação.) → **vascolejamento** *sm* (ato ou efeito de vascolejar).

vas.cu.lar *adj* **1**. Relativo ou pertencente a vasos que conduzem fluidos (sangue, linfa ou seiva) pelo organismo de um animal ou de uma planta: *insuficiência vascular*. **2**. Formado desses vasos: *tecido vascular*. **3**. Diz-se de perturbações, distúrbios, doenças, etc. que resultam de um defeito de irrigação dos tecidos, devido a espamos, tromboses, embolias ou, ao contrário, a uma ruptura de um vaso sanguíneo que provoca uma hemorragia local. **4**. Diz-se das plantas que possuem vasos condutores. **vascularidade** *sf* (presença normal ou anormal de vasos sanguíneos ou linfáticos em qualquer região do corpo); **vascularização** *sf* (desenvolvimento de novos vasos sanguíneos numa região do corpo, num órgão ou num tumor); **vascularizar** *v* (tornar vascular, pelo desenvolvimento de novos vasos sanguíneos).

vas.cu.lhar *v* **1**. Varrer com vasculho: *a empregada vasculhou todos os cantos do teto da casa*. **2**. Procurar com cuidado, remexer: *vasculhei todas as gavetas, para achar o documento*. **3**. *Fig.* Investigar ou pesquisar minuciosamente; esquadrinhar: *a polícia vasculhou toda a vida do político*. → **vasculho** *sm* (vassoura de cabo comprido, com um pano ou tiras na ponta, usada na limpeza de fornos, tetos e paredes altas).

va.sec.to.mi.a (sèc) *sf* Cirurgia que consiste em remover todo o vaso deferente, ou parte dele, para causar a esterilidade masculina. → **vasectômico** (sèc) *adj* (rel. a vasectomia).

va.se.li.na *sf* Substância semissólida e gordurosa, extraída dos resíduos do petróleo, usada como lubrificante.

va.si.lha *sf* Qualquer recipiente usado para guardar líquidos. → **vasilhame** *sm* (**1**. porção de vasilhas; **2**. garrafa vazia; casco).

va.so *sm* **1**. Qualquer peça côncava própria para conter sólidos ou líquidos. **2**. Peça análoga, com terra ou pedrinhas, para flores naturais (no primeiro caso) ou artificiais (no segundo). **3**. Redução de *vaso sanitário*, louça dos banheiros, na qual se fazem as necessidades físicas; latrina. **4**. Qualquer canal do organismo humano através do qual circula fluido.

vas.sa.lo *sm* **1**. No sistema feudal, aquele que recebia proteção e tinha garantido o uso da terra, em troca de homenagem, lealdade e geralmente serviço militar a um nobre, seu suserano, chamado senhor feudal; súdito. // *adj* **2**. Servil, subserviente. **3**. Que paga tributo a alguém superior. → **vassalagem** *sf* (**1**. condição ou estado de vassalo; **2**. conjunto de vassalos; **3**. serviço prestado por um vassalo; **4**. submissão, sujeição, servilismo).

vas.sou.ra *sf* Utensílio doméstico com cabo e ponta de piaçaba ou material semelhante, destinado a varrer o chão. → **vassourada** *sf* (**1**. pancada com a vassoura; **2**. *fig.* expurgo, limpeza: *o chefe deu uma vassourada no departamento do pessoal, ficando apenas com dois funcionários*); **vassourar** *v* (varrer); **vassoureiro** *sm* (fabricante ou vendedor de vassouras).

vas.to *adj* **1**. De grandes dimensões ou de grandeza indefinida; muito extenso; imenso: *a África tem um vasto deserto*. **2**. Muito diversificado ou variado: *homem de vasto prestígio, de vasta cultura*. **3**. De tamanho ou importância significativa; grande, considerável: *o clube tem uma vasta área de lazer*. **4**. Fecundo, talentoso: *o espírito vasto e brilhante de Vinícius de Morais*. **5**. Volumoso, denso, cerrado, compacto: *os mexicanos costumam cultuar vastos bigodes*. · Antôn. (1 e 3): *pequeno, acanhado, escasso*; (2): *limitado, estrito*; (4): *infecundo, estéril*. → **vastidão** *sf* (qualidade ou estado de vasto: *a vastidão do território brasileiro*).

va.ta.pá *sm* Prato da cozinha baiana, de origem africana, feito com peixe, camarão, azeite de dendê, leite de coco, amendoim e castanha de caju torrados e moídos, com bastante tempero e pimenta.

va.te *sm* **1**. Aquele que faz vaticínios; vidente, profeta. **2**. Aquele que faz versos ou compõe poesias; poeta, versejador, trovador: *Fernando Pessoa é o vate das letras portuguesas contemporâneas*.

Vaticano[1] *sm* **1**. Residência oficial do Papa, na Cidade do Vaticano e sede da Cúria Romana. **2**.*P.ext.* Governo papal; papado, Santa Sé. **va.ti.ca.no** *adj* **3**. Relativo ou pertencente ao Vaticano: *banco vaticano*. // *sm* **4**.*P.ext.* Casa extremamente ampla, ou com muitas dependências. **5**. *Pop.*AM Grande embarcação fluvial a vapor. → **vaticanismo** *sm* (partido dos que defendem os interesses morais e materiais do papa ou dos que pregam a supremacia absoluta do poder papal; papismo); **vaticanista** *adj* (rel. a vaticanismo) e *adj* e *s2gên* (**1**. que ou pessoa que é partidária do vaticanismo; papista; **2**. especialista em assuntos relacionados com o Vaticano).

Vaticano[2] *sm* O menor Estado independente do mundo (apenas 44 hectares), situado dentro de Roma, Itália, governado pelo Papa, e o centro espiritual e administrativo da Igreja católica.

va.ti.cí.nio *sm* **1**. Ato ou efeito de vaticinar; vaticinação. **2**. Predição ou profecia de vate. **3**. Qualquer profecia ou prognóstico. **4**. Conjetura que os políticos fazem sobre a sorte futura das nações. → **vaticinação** *sf* [vaticínio (1)]; **vaticinar**

v (fazer o vaticínio de; predizer, profetizar, prenunciar: *vaticinar uma vitória, uma morte, um terremoto*).

vau *sm* Lugar raso (de qualquer curso de água) que se pode vadear.

vaudeville [fr.] *sm* **1**. Qualquer *show* de variedades; variedades. **2**. Comédia popular leve, geralmente satírica, que inclui canções, danças e pantomima. **3**. Canção popular, geralmente satírica: *Juca é um cantor versado em vaudevilles*. · Pronuncia-se *vôdviL*.

vault [fr.] *sm* Salto por cima de um obstáculo, com o auxílio das mãos. · Pl.: *vaults*. · Pronuncia-se *volt*.

va.za-bar.ris *sm2núm* **1**. Costa cheia de recifes, muito sujeita a naufrágios. **2**. *Fig*. Lugar onde há muitas riquezas escondidas. **3**. *Pop*. Colapso, ruína: *o negócio, promissor no início, acabou culminando em vaza-barris*.

va.zar *v* **1**. Tornar vazio; esvaziar: *vazar o tanque*. **2**. Furar, perfurar, varar, atravessar: *vazar a parede*. **3**. Beber todo o conteúdo de: *vazar um barril de cerveja*. **4**. Desaguar: *este rio vaza suas águas no oceano Atlântico*. **5**. Em artes gráficas, aplicar (traço) em área sem impressão, dentro de uma mancha que permita contraste. **6**. Em televisão, captar (imagens) fora dos limites estabelecidos no roteiro. **7**. Entornar, despejar: *do terraço, as crianças vazavam água quente em quem passava na rua*. **8**. Modelar, calcar: *vazou o seu trabalho na obra de grandes mestres*. **9**. Baixar ou refluir (a maré). **10**. Deixar sair um líquido: *a caixa d'água está vazando*. **11**. Divulgar-se ou transpirar (informação sigilosa); vir a público: *a notícia vazou, o que irritou o presidente*. **12**. Sair, retirar-se: *aos poucos toda aquela massa de torcedores ia vazando do estádio*. **vazar-se** **13**. Escoar-se, espalhar-se: *os torcedores, depois da briga, vazaram-se por todos os cantos do estádio, fugindo à ação policial*. → **vazamento** *sm* ou **vazão** *sf* (ato ou efeito de vazar); **vazante** *adj* (que vaza) e *sf* (**1**. maré baixa; refluxo; **2**. período em que um rio apresenta o menor volume de águas; **3**. vale temporariamente alagado, ao longo de um rio, ribeiro, etc.); **vazão** *sf* (**1**. escoamento; saída; **2**. volume de líquido que circula, por unidade de tempo, em conduto, rio, etc.; **3**. saída, venda ou consumo (de mercadoria ou produto)]; **vazio** *adj* (**1**. que não está momentaneamente ocupado ou cheio; **2**. privado de qualquer coisa; desprovido; **3**. vão, fútil, oco) e *sm* (**1**. espaço não ocupado; **2**. vácuo; **3**. *fig*. sentimento angustiante e profundo, causado por saudade, privação ou ausência); **4**. lacuna, hiato), de antôn. (1 e 2): *cheio*.

vê *sm* Nome da letra *v*. · Pl.: os *vês* ou os *vv*.

ve.a.do *sm* **1**. Mamífero ruminante da família dos cervídeos, que vive em bandos nos bosques e matas de todo o mundo, muito veloz e tímido, de chifres divididos em galhos; cervo. (Voz: *bramir*.) **2**. Carne desse animal, servida na alimentação humana: *comemos veado hoje no almoço*. **3**. *Pop*. Homem afrescalhado ou efeminado; homossexual do sexo masculino; pederasta passivo; invertido sexual; baitola, boiola, bicha, maricas, gay, entendido, fruta. // *adj* **4**. *Pop*. Afrescalhado, fresco: *você está muito veado hoje!* · Fem. (1): *veada, cerva*. · V. **aveadado**. (Há quem advogue a forma "viado" para as acepções 3 e 4.)

ve.dar *v* **1**. Impedir, por ato de arbítrio: *vedar a entrada de uma pessoa num clube*. **2**. Estancar: *vedar o sangue de um ferimento*. **3**. Tapar, fechar: *vedar um tanque*. **4**. Impedir a passagem de: *construir uma cerca viva para vedar o vento sul*. → **vedação** *sf* (ato ou efeito de vedar).

ve.de.te *sf* **1**. Atriz que se destaca no teatro de revista. **2**. Estrela de qualquer peça teatral, telenovela ou filme. **3**. *Fig*. Pessoa que se destaca ou sobressai. → **vedetismo** *sm* (*pej*. comportamento exagerado de quem quer ser o centro das atenções; estrelismo).

ve.e.men.te *adj* **1**. Caracterizado pelo fervor, pelo entusiasmo, pela paixão; fervoroso, entusiástico, apaixonado, ardente, inflamado, caloroso, exaltado. **2**. Forte, enérgico, vigoroso. → **veemência** *sf* (**1**. qualidade de veemente; **2**. grande eloquência).

ve.ga.no *adj* e *sm* Que ou aquele que, por razões éticas relacionadas com o respeito ao direito dos animais, prescindem de consumir ou de usar qualquer produto animal na sua vida cotidiana. → **veganismo** *sm* (opção ou filosofia de vida dos veganos).

ve.ge.tal *adj* **1**. Relativo ou pertencente às plantas. **2**. Extraído de plantas. // *sm* **3**. Qualquer planta (em oposição a *matéria animal* ou a *matéria inorgânica*). **4**. Parte comestível de uma planta (beterraba, tomate, batata, alface, rúcula, etc.), excelente fonte de vitaminas e sais minerais. → **vegetação** *sf* (**1**. ato ou efeito de vegetar; **2**. conjunto dos vegetais de um lugar ou de uma região; flora); **vegetar** *v* [**1**. viver e crescer (plantas): *as heras vegetam às paredes e troncos*; **2**. levar existência passiva, mental ou fisicamente; viver sem sentimentos nem emoções: *depois que sofreu o acidente, ele vegeta, não vive*); **vegetarianismo** *sm* (sistema alimentar dos vegetarianos), que não se confunde com *vegetarismo*; **vegetariano** *adj* e *sm* (que ou aquele que compõe a sua dieta somente de vegetais); **vegetarismo** *sm* (sistema alimentar dos vegetaristas), que não se confunde com *vegetarianismo*; **vegetarista** *adj* e *s2gên* (que ou pessoa vegetariana que admite o consumo de certos alimentos de origem animal, como o queijo, o leite, os ovos); **vegetativo** *adj* [**1**. que se desenvolve ou é capaz de se desenvolver como plantas; que pode vegetar; **2**. rel. ou pert. a vegetação: *funções vegetativas*; **3**. rel. a funções ou partes vegetais relacionadas com a nutrição (raízes, caules e folhas), e não com a reprodução (flores); **4**. diz-se das atividades orgânicas que funcionam involuntariamente; **5**. que pode desenvolver vegetais: *solo vegetativo*; **6**. que mostra pequena ou nenhuma atividade mental: *levar vida vegetativa; estado vegetativo*); **vegetanimal** (gè) ou **vegetoanimal** (gè) *adj* (**1**. rel. a plantas e animais: *reduzir uma pessoa ao estado vegetoanimal*; **2**. que contém substâncias vegetais e animais: *ração vegetoanimal*); **vegetomineral** (gè) *adj* (**1**. rel. a plantas e minerais: *água vegetomineral*; **2**. que contém substâncias vegetais e minerais: *tratamento estético à base de lama vegetomineral*).

vei.a *sf* **1**. Vaso que conduz sangue venoso ou vermelho-escuro (pouco oxigenado) ao coração, exceto a veia pulmonar, que carrega sangue oxigenado. **2**. Qualquer vaso sanguíneo. **3**. *Fig*. Tendência inata; queda, vocação: *sua veia para zoações é de todos conhecida*. **4**. Nervura secundária das folhas. · Antôn. (1 e 4): *vênula*. · V. **venoso**. ·· **Veia jugular**. Cada uma das quatro veias mais grossas do pescoço; jugular.

ve.í.cu.lo *sm* **1**. Qualquer meio de transporte. **2**. Meio de transmissão ou de expressão. **3**. Qualquer dos meios de divulgação (livro, jornal, revista, rádio, televisão, cinema, cartazes, etc.). → **veiculação** *sf* (**1**. ato ou efeito de veicular; **2**. divulgação ou propagação de mensagem publicitária por veículo de comunicação de massa); **veicular** *adj* (rel. a veículo ou próprio de veículo) e *v* (**1**. conduzir ou transportar em veículo: *veicular alunos da zona rural para a escola*; **2**. propagar, difundir, divulgar: *veicular notícias*).

vei.o *sm* **1**. Estria em rocha. **2**. Parte da mina onde se acha o mineral; filão. **3**. Desenho de linhas com cores diferentes no cerne da madeira. **4**. Filete de água; riacho, ribeiro.

ve.la¹ *sf* **1**. Peça de lona ou de outro tecido resistente que, desdobrada desde a verga de uma embarcação, forma uma superfície que, pressionada pela força do vento, impulsiona o barco, permitindo a navegação. **2**. Qualquer peça semelhante, como a peça de lona que se prende aos braços do moinho de vento. **3**. Embarcação à vela. **4**. Modalidade esportiva, com diferentes categorias, que consiste em percorrer um trajeto numa embarcação à vela; prática esportiva da navegação à vela. → **veleiro** *sm* (**1**. barco à vela; **2**. aquele que faz velas para navios); **velejador** (ô) *adj* e *sm* (que ou aquele que veleja); **velejar** *v* (navegar à vela), verbo esse que mantém fechado e da segunda sílaba durante a conjugação.

ve.la² *sf* **1**. Ato ou efeito de velar, de estar sem dormir; vigília. **2**. Tempo em que se vela por qualquer motivo: *a vela foi só de duas horas*. **3**. *Fig*. Pessoa que vela, que fica de vigília; sentinela.

ve.la³ *sf* **1**. Rolo fino de cera, parafina, etc., geralmente fino, que envolve um pavio, para acender e aluminar: *se um dia fores envolvido pela escuridão, procura acender uma vela, e não ficar se lamentando das trevas!* **2**. Redução de *vela de ignição*, peça do motor de explosão destinada a produzir a centelha elétrica na cabeça dos cilindros. **3**. Elemento filtrante composto de um cilindro oco e poroso que, mergulhado num líquido, separa deste as partículas em suspensão, usado em filtro, para purificar a água. **4**. *Pop*. Pessoa que segura vela; acompanhante, geralmente compulsório, de casal: *a irmã mais nova de minha namorada era sempre a nossa vela, para todos os lugares e situações*. · V. **velame**. ·· **Acender uma vela a Deus e outra ao diabo**. Servir a dois senhores ou a duas causas opostas ao mesmo tempo; agradar a gregos e troianos. ·· **Ficar de vela** (ou **Segurar vela**). No âmbito familiar, acompanhar ou vigiar um casal de namorados, geralmente por ordem superior. ·· **Procurar com vela acesa** (fig.). Buscar com extremo cuidado.

ve.la.do *adj* **1**. Coberto ou escondido com véu: *os rostos velados das muçulmanas*. **2**. Encoberto, oculto, escondido: *os cientistas acabam de descobrir novos planetas velados*. **3**. Disfarçado,

dissimulado: *riso velado*. **4**. Em fotografia, diz-se de película virgem ou de cópia manchada, por ter recebido luz antes de ser usada.
ve.la.me *sm* **1**. Conjunto de velas de uma embarcação. **2**. *Fig.* Aquilo que encobre, disfarça ou mascara; véu.
ve.lar¹ *adj* **1**. Relativo ao véu palatino: *região velar*. **2**. Diz-se de fonema formado com o dorso da língua tocando o palato mole, como o / k /. // *sf* **3**. Esse fonema.
ve.lar² *v* **1**. Permanecer de guarda, de vigia, de sentinela; vigiar: *uma viatura policial vela o quarteirão*. **2**. Proteger ou exercer vigilância sobre; vigiar: *velar as crianças*. **3**. Passar a (noite) acordado: *velei várias noites, pensando no assunto*. **4**. Passar a noite acordado, à cabeceira de (enfermo), para tratar ou cuidar dele, ou ao pé de (defunto), na noite anterior ao do enterramento: *muitas pessoas velaram o corpo do presidente*. **5**. Zelar, proteger, defender: *velar pela honra e pelos interesses da família*. **6**. Cuidar, preocupar-se, zelar, dedicar-se: *é um diretor que vela pela manutenção da disciplina na escola*. **7**. Estar de vigia ou de sentinela, à noite: *enquanto o quartel dorme, muitas sentinelas velam*. → **velamento** *sm* (ato ou efeito de velar).
ve.lar³ *v* **1**. Cobrir com véu: *velar o rosto*. **2**. Esconder, encobrir: *ela procurava velar a nudez com as mãos*. **3**. Tornar secreto: *velar as suas intimidades*. **4**. Disfarçar, dissimular: *velar um apoio político*.
ve.lei.da.de *sf* **1**. Vontade em seu nível mais fraco, imperfeito, vago; intenção fugaz, não seguida de ato: *o que era enorme vontade no candidato é apenas veleidade no eleito; numa guerra com os Estados Unidos, esse paiseco não pode ter sequer veleidades de resistência*. **2**. Desejo ridículo ou considerado ridículo; pretensão, presunção: *a coroa teve a veleidade de se apaixonar por um adolescente*. **3**. Petulância, insolência, ousadia: *ele teve a veleidade de me falar nesse tom de voz*. **4**. Desejo de fazer algo só por teimosia; capricho, atitude de imaturidade: *juventude e veleidade sempre caminharam juntas*. **5**. Devaneio, sonho, fantasia: *aos cinquenta, ela ainda tem veleidades matrimoniais*.
ve.lha.co *adj* e *sm* **1**. Que ou aquele que engana com dolo, não cumprindo o prometido e usando de fraude para fugir ao compromisso assumido; enganador: *comerciante velhaco com os fregueses tem futuro curto*. **2**. Que ou aquele que só pratica ações ruins; patife, tratante. → **velhacada**, **velhacagem** ou **velhacaria** *sf* (ato ou golpe de velhaco; patifaria).
ve.lha-guar.da *sf* Os mais antigos e experientes de um grupo qualquer: *a velha-guarda não gosta de quem usa pearcings e tatuagens; a história de uma escola de samba é passada de pai para filho graças ao trabalho da velha-guarda*. · Pl.: *velhas-guardas*.
ve.lho *adj* e *sm* **1**. Que ou aquele que tem idade avançada e geralmente se torna fraco ou doente, em consequência disso: *um leão velho; os velhos merecem respeito*. // *adj* **2**. Deteriorado pelo uso ou pelo tempo: *carro velho; roupa velha*. **3**. Experiente, tarimbado: *um velho motorista da família*. **4**. Antiquado, arcaico, obsoleto, ultrapassado: *político de ideias velhas*. **5**. Diz-se carinhosamente de qualquer figura célebre contemporânea ou da antiguidade: *o velho Caxias; o velho Sócrates*. **6**. Extremamente conhecido; manjado: *ele e suas velhas piadas*. **7**. Que pertence ao passado: *a velha praça de minha infância querida já não existe*. **8**. Que existe desde um passado distante: *uma velha mania*. **9**. Feito ou produzido há muito tempo: *um vinho velho*. **10**. Querido, caro: *e, então, velho amigo?* // *sm* **11**. Pai ou marido, geralmente já de alguma idade: *meu velho, hoje é o aniversário do nosso casamento; o velho lá em casa não é mole!* · Antôn. (1): *novo, jovem*; (2); *novo*; (3): *novato*; (4): *progressista, vanguardista*. · Dim. irregular (1): *velhote*, de fem. *velhota*. · Superl. abs. sint. erudito: *vetérrimo*. → **velharia** *sf* (**1**.porção de velhos; **2**. traste antigo); **velhice** *sf* (**1**. idade avançada; **2**. os velhos como um todo), de antôn. *mocidade, juventude*.
ve.lo.ci.da.de *sf* **1**. Qualidade de veloz; ligeireza. **2**. Relação entre um espaço percorrido e a unidade de tempo. · Antôn. (1): *lentidão*.
ve.lo.cí.me.tro *sm* Instrumento do painel de um veículo automóvel que mede a velocidade percorrida em milhas ou quilômetros por hora.
ve.lo.cí.pe.de *sm* Veículo de três rodas, tipo primitivo de bicicleta, com pedais ligados à roda da frente.
ve.lo.cis.ta *s2gên Pop.* Atleta que se dedica ao esporte de corridas de velocidade. (A 6.ª ed. do VOLP não registra a palavra, de uso tão amplo.)

ve.ló.dro.mo *sm* Pista para corridas de bicicletas; pista de ciclismo.
ve.ló.rio *sm* **1**. Ato de velar um morto ou defunto. **2**. Recinto especialmente destinado a esse ato.
ve.loz *adj* **1**. Que percorre muito espaço em pouco tempo; que se move em grande velocidade. **2**. Que ocorre com grande rapidez; rápido. · Superl. abs. sint. erudito: *velocíssimo*. · Antôn. (1): *lento*.
ve.lu.do *sm* **1**. Tecido de lã, seda, algodão, etc., felpudo e grosso, com pelos extremamente macios num dos lados. **2**. *P.ext*. Qualquer coisa semelhante a esse tecido em maciez, suavidade, textura, etc.
ve.nal *adj* **1**. Relativo a venda: *o valor venal de um imóvel*. **2**. Passível de venda: *tudo nesta vida é venal, menos a dignidade*. **3**. *Fig.Pej*. Que se deixa subornar ou corromper; corrupto; desonesto: *árbitro venal*. → **venalidade** *sf* (**1**. qualidade de venal; **2**. possibilidade de uma coisa ser vendida; **3**. inclinação de uma pessoa a aceitar suborno); **venalismo** *sm* (império ou domínio dos venais, da venalidade); **venalizar(-se)** *v* [tornar(-se) venal].
ven.cer *v* **1**. Conseguir vitória ou vantagem sobre: *vencer um inimigo*. **2**. Sair-se vitorioso em; ter sucesso em: *vencer a guerra*. **3**. Prostrar, subjugar: *o cansaço me venceu*. **4**. Superar: *vencer obstáculos, dificuldades*. **5**. Percorrer, cobrir: *em uma hora vencemos dez quilômetros a pé*. **6**. Executar ou realizar por completo: *vencer uma tarefa*. **7**. Aguentar, suportar: *o aeroplano venceu a tempestade*. **8**. Terminar ou encerrar: *vencer mais um dia de trabalho*. **9**. Realizar todos os objetivos: *vencer na vida*. **10**. Sair vencedor: *meu time só vence!* **11**. Ser um vencedor na vida; realizar-se: *no Brasil, muitos imigrantes venceram*. **vencer-se 12**. Chegar ao fim do prazo em que se deve efetuar um pagamento: *a prestação da casa venceu-se ontem*. → **vencedor** (ô) *adj* e *sm* (**1**. que ou aquele que venceu ou derrotou um adversário ou um inimigo; **2**. que ou aquele que venceu na vida), de antôn. *vencido*; **vencimento** *sm* [**1**. ato ou efeito de vencer(-se); **2**. término de prazo para pagar dívida] e *smpl* (salário, ordenado).
ven.da *sf* **1**. Mercearia. **2**. Ato ou efeito de vender, vendagem (1). **3**. Faixa para vendar os olhos.
ven.da.gem *sf* **1**. Venda (2). **2**. Ato ou efeito de vendar.
ven.dar *v* Cobrir ou tapar (os olhos) com venda ou faixa.
ven.da.val *sm* Vento forte e tempestuoso.
ven.der *v* **1**. Trocar ou alienar por dinheiro; ceder definitivamente por um preço convencionado ou acordado: *vender o carro*. **2**. Negociar em, comerciar em: *ele vende carros usados*. **3**. Ter à disposição de interessados na compra de: *o armazém vende legumes*. **4**. Sacrificar ou conceder por dinheiro ou interesse: *não se admite juiz que vende sentenças*. **5**. Entregar com sacrifício da dignidade, em troca de dinheiro: *vender o corpo*. **6**. Trair ou denunciar por interesse: *Judas vendeu Jesus*. **7**. Alcançar a venda de: *o dicionário já vendeu dois milhões de exemplares*. **vender-se 8**. Corromper-se, deixar-se subornar: *o juiz se vendeu*. **9**. Dar seu voto por dinheiro: *eleitor que se vende é burro*. → **vendável** *adj* (**1**. que já se pode vender; disponível para venda; possível de ser negociado: *findo o inventário, todos os imóveis da família já são vendáveis*); **2**. passível de venda: *seus lindos olhos não são vendáveis*), que não se confunde com *vendível*; **vendido** *adj* (**1**. que se vendeu ou se alienou por venda: *teve o carro vendido pelo filho sem seu consentimento*; **2**. adquirido por venda: *mercadoria vendida não pode ser devolvida*; **3**. que se deixou subornar por dinheiro; subornado: *o árbitro estava vendido e nos prejudicou*) e *adj* e *sm* (que ou aquele que vendeu); **vendilhão** *sm* (**1**. vendedor ambulante; mascate; **2**. que ou quem negocia com coisas de ordem moral), de fem. *vendilhona*; **vendível** *adj* (que pode até ser vendido; que pode até ser objeto de negócio ou negociação; possível de encontrar comprador: *para essa gente, tudo se vende, até a própria dignidade deles é vendível; quem naquela época comprava um Gordini tinha um problema na hora da venda, porque o carro simplesmente não era vendível*), que não se confunde com *vendável*. ·· **Estar vendido**. Estar contrafeito ou constrangido. ·· **Ficar vendido**. Ficar admirado ou espantado. ·· **Ficar vendido no lance**. Perdê-lo completamente: *O atacante deu apenas um toque, e o zagueiro ficou vendido no lance*.
ve.ne.fí.cio *sm* **1**. Preparo de veneno com objetivos criminosos: *o venefício da seita japonesa era feito nos porões do templo*. **2**. Crime de envenenar alguém: *pelo venefício, pegou trinta anos de cadeia*. → **veneficiar** *v* (envenenar); **venéfico** *adj* (venenoso).

ve.ne.no sm **1**. Substância tóxica, de origem animal, vegetal ou mineral, que, ao entrar no corpo de um ser vivo, mata: *morreu com veneno para rato*. **2**. *Gír*. Trabalho artesanal feito no motor de um automóvel, para melhorar-lhe o rendimento. [Não se confunde (1) com *peçonha*, já que o veneno não é produzido por glândula nem é inoculado; o veneno entra no corpo por ingestão ou respiração.] → **venenoso** (ô; pl.: ó) *adj* (**1**. que tem veneno: *planta venenosa*; **2**. cheio de veneno; tóxico: *a carne do baiacu é venenosa*; **3**. que envenena; tóxico: *o chocolate é venenoso para os cães*; **4**. *fig*. maldoso, maledicente: *comentário venenoso*; **5**. *fig*. extremamente desagradável ou malicioso: *havia uma atmosfera venenosa no escritório; olhar venenoso*).

ve.ne.rar *v* **1**. Render culto externo de profundo respeito a (qualquer ser sagrado): *o povo brasileiro venera Nossa Senhora Aparecida*. **2**. Render culto a, reverenciar: *os hindus veneram a vaca*. **3**. Ter grande respeito por, devotar grande consideração a: *venerar os pais*. · Antôn. (1): *desrespeitar*; (2): *ofender*; (3): *desacatar, desrespeitar*. → **veneração** *sf* (ato ou efeito de venerar); **venerando** ou **venerável** *adj* (digno de grande respeito; muito respeitável).

ve.né.reo *adj* Resultante de relações sexuais: *doença venérea*.

ve.ne.ta (ê) *sf* **1**. Fúria repentina; acesso de loucura: *numa de suas venetas, quase matou a filha*. **2**. *Pop*. Impulso repentino; telha: *deu-lhe na veneta de casar*. ·· **De veneta**. Diz-se de pessoa imprevisível, que nem sempre age coerentemente.

ve.ne.zi.a.na *sf* Tipo de janela de ripas ou lâminas inclinadas, que deixam entrar o ar e um pouco de claridade.

Venezuela *sf* País do norte da América do Sul, de área pouco maior que a do estado de Mato Grosso. → **venezuelano** *adj* e *sm*.

vê.nia *sf* **1**. Licença ou permissão dada por uma autoridade: *falou com a vênia do juiz*. **2**. Perdão de culpa ou ofensa; penitência: *o confessor lhe deu a vênia*. **3**. Reverência ou saudação que consiste na inclinação da cabeça e leve flexão do busto; mesura: *ao final do concerto, o maestro agradeceu os aplausos da plateia com repetidas vênias; ao final da peça, os atores fizeram vênia à plateia*.

ve.ni.al *adj* **1**. Diz-se de qualquer falta ou erro leve. **2**. Diz-se do pecado que não priva a alma da graça divina. → **venialidade** *sf* (qualidade do que é venial ou leve).

ve.no.so (ô; pl.: ó) *adj* **1**. Relativo a veia(s). **2**. Relativo ao sangue vermelho-escuro, pobre de oxigênio, reconduzido pelas veias ao coração, e dos pulmões pela artéria pulmonar.

ven.ta *sf* **1**. Cada um dos dois orifícios por onde as bestas aspiram o ar; narina. // *sfpl* **2**. Conjunto das narinas; nariz ou focinho. **3**. *Fig*. Cara, fuça: *recebeu um bofetão nas ventas*. **4**. *Fig*. Presença, frente (de alguém): *nas minhas ventas, ela nada confirmou*.

ven.to *sm* **1**. Ar atmosférico em movimento natural: *o vento que venta cá é o mesmo que venta lá*. (Voz: *assobiar, soprar, zunir*.) **2**. Circulação ou deslocação de uma corrente de ar causada pela passagem de um corpo ou por meios físicos ou mecânicos; ar artificialmente agitado: *o vento do secador de cabelos*. **3**. Ar atmosférico: *pastel cheio de vento*. **4**. Bolha que ocorre no metal fundido ou no vidro, em razão de alguma porção de ar que nele penetrou, ao solidificar-se. **5**. Cada uma das 32 subdivisões da rosa dos ventos. **6**. Influência boa ou ruim: *sopra nesta região o vento da miséria; que ventos o trazem?* **7**. Qualquer coisa que move o ânimo com violência; turbulência: *foi movido pelo vento enganador da paixão*. **8**. Ventosidade (2); pum, peido, flato. **9**. Coisa vã, vazia ou fugaz; futilidade, asneira, aboborinha: *ela só tem vento na cabeça*. **10**. Tendência geral de influências que se manifestam num dado momento: *o vento está mais para crise que para progresso*. · V. **eólico**. → **ventania** *sf* (vento forte e prolongado); **ventar** *v* (fazer vento; soprar com força o vento); **ventarola** *sf* (leque circular e sem varetas, que não fecha nem abre); **ventilação** *sf* (ato ou efeito de ventilar); **ventilador** (ô) *sm* (aparelho eletrodoméstico próprio para fazer circular o ar, refrescando o ambiente); **ventilar** *v* [**1**. prover de ar fresco (um subsolo): *ventilar uma mina de carvão*; **2**. fazer o ar circular em (ambiente): *este circulador de ar ventila bem a sala*; **3**. renovar o ar de; arejar: *a brisa ventila nossos quartos*; **4**. expor (qualquer coisa) ao ar fresco, para manter em boas condições: *é preciso ventilar as mangas, senão elas apodrecem*; **5**. cogitar, conceber, considerar: *ninguém ventilou a hipótese de ela não gostar do gracejo?*) **ventoinha** *sf* (**1**. parte móvel do cata-vento; **2**. conjunto de pás de um ventilador); **ventosidade** *sf* ou **ventosidades** *sfpl* (**1**. arroto; **2**. expulsão ruidosa de gases intestinais; flato, peido). ·· **Aos quatro ventos**. **1**. Para todas as direções: *Atirar aos quatro ventos*. **2**. Por bom número de pessoas; entre muita gente: *Espalhou aos quatro ventos que o marido era impotente*. ·· **Cheio de vento**. Cheio de si; soberbo, arrogante. ·· **Ir de vento em popa**. **1**. Navegar com vento favorável: *Nosso barco ia de vento em popa, quando de repente uma enorme onda o virou*. **2**. Ser favorecido pelas circunstâncias; com prosperidade: *A economia brasileira vai de vento em popa?*

ven.to.sa *sf* **1**. Vaso de vidro aplicado sobre a pele, a fim de determinar uma violenta aspiração que produza uma revulsão na parte doente do corpo a que se aplica. **2**. Órgão de certos animais aquáticos, por meio do qual eles fazem o vácuo e sugam os corpos a que se aferram.

ven.tre *sm* Cavidade abdominal (associada à ideia de fecundidade e de atividade funcional). → **ventral** *adj* (**1**. rel. ou pert. a ventre; **2**. situado sob o abdome de certos animais: *barbatanas ventrais*).

ven.trí.cu.lo *sm* Cada uma das duas cavidades inferiores do coração (a esquerda envia o sangue arterial a todos os órgãos, e a direita envia aos pulmões o sangue venoso). → **ventricular** *adj* (rel. ou pert. a ventrículo).

ven.trí.lo.quo (quo = co) *adj* e *sm* Que ou aquele que fala com pequeno ou nenhum movimento labial, de tal forma que a voz parece não provir do falante, mas de outra fonte (geralmente um boneco). → **ventriloquia** *sf* (habilidade, arte ou técnica de emitir sons sem mover os lábios e os músculos faciais: *demonstrar sua ventriloquia*); **ventriloquial** *adj* (rel. a ventriloquia ou ao ventríloquo: *arte ventriloquial; exibição ventriloquial*).

ven.tri.po.ten.te *adj* **1**. Que tem estômago forte. **2**. Que aprecia comer bastante; gastrônomo.

ven.tu.ra *sf* **1**. Aquilo que ocorre de bom, sem se ter concorrido para o seu acontecimento; boa sorte; dita: *ter a ventura de ganhar na loteria; terei eu a ventura de ser amado por ela?* **2**. Risco, perigo: *as venturas de um safári*. · Antôn. (1): *desventura, infortúnio*. → **venturoso** (ô; pl.: ó) *adj* (**1**. cheio de ventura; ditoso, feliz: *mês venturoso, cheio de boas notícias*; **2**. em que há risco, perigo ou ventura; arriscado, perigoso: *viagem venturosa*).

Vênus *sf* **1**. O segundo planeta em distância do sistema solar. **2**. Na mitologia romana, deusa do amor sexual e da beleza física, identificada com a grega Afrodite. → **venusiano** *adj* (rel. a Vênus: *solo venusiano*) e *sm* (suposto habitante do planeta Vênus).

vê-oi.to *adj* **1**. Diz-se do motor de oito cilindros dispostos em V ou da marca ou modelo de veículo que traz esse motor: *um Lexus vê-oito*. // *sm* **2**. Esse motor. **3**. Automóvel que traz esse tipo de motor: *o ronco de um vê-oito é emocionante!* · Pl.: *vê-oitos*.

ver *v* **1**. Conhecer ou perceber pelo sentido da vista: *vejo tudo*. **2**. Divisar, distinguir: *o timoneiro vê terra*. **3**. Assistir a, ser espectador de: *ver um filme*. **4**. Visitar: *fui vê-la no hospital*. **5**. Encontrar-se com, avistar-se com: *o presidente quer vê-lo*. **6**. Perceber pela observação; reconhecer: *quando o bandido viu que estava perdido, entregou-se*. · V. **visão**. · Conj.: *vejo, vês, vê, vemos, vedes, veem* (pres. do ind.); *via, vias, via, víamos, víeis, viam* (pret. imperf.); *vi, viste, viu, vimos, vistes, viram* (pret. perf.); *vira, viras, vira, víramos, víreis, viram* (pret. mais-que-perf.); *verei, verás, verá, veremos, vereis, verão* (fut. do pres.); *veria, verias, veria, veríamos, veríeis, veriam* (fut. do pret.); *veja, vejas, veja, vejamos, vejais, vejam* (pres. do subj.); *visse, visses, visse, víssemos, vísseis, vissem* (pret. imperf.); *vir, vires, vir, virmos, virdes, virem* (fut.); *vendo* (gerúndio); *visto* (particípio); *ver* (infinitivo impessoal); *ver, veres, ver, vermos, verdes, verem* (infinitivo pessoal). ·· **A meu ver**. Na minha opinião, a meu juízo: *A meu ver, os alienistas estão chegando*. ·· **A nosso ver**. Na nossa opinião, a nosso juízo: *A nosso ver, você está delirando*. (Não convém usar "ao meu ver", "ao nosso ver".) ··· Pela conjugação, se nota que não existe "se eu ver", "quando eu ver".

ve.ra.ci.da.de *sf* **1**. Qualidade de veraz; veridicidade. **2**. Segurança e confiabilidade de uma pesquisa ou notícia divulgada.

ve.rão *sm* **1**. Estação quente do ano, entre a primavera e o outono; estio. **2**. Tempo quente. **3**. AM e NE Estação da seca. · Dim. (1): *veranico* (verão ameno). · Pl.: *verões* ou *verões*. → **veranear** *v* (passar o verão em algum lugar agradável: *veranear no Caribe*), que se conjuga por *frear*; **veraneio** *sm* (ato de veranear); **veranista** *adj* e *s2gên* [que ou pessoa que passa o verão em lugar agradável (praia, campo, estação termal, etc.), diferente daquele onde vive habitualmente; vilegiaturista].

ve.raz *adj* **1**. Diz-se daquele que sempre diz a verdade; que não mente; verdadeiro: *acredito nele, porque é uma pessoa veraz*. **2**. Diz-se do fato que ocorreu como se narra ou conta; verídico: *os fatos históricos constituem a história veraz; já as invenções históricas compõem as estórias*. · Superl. abs. sint. erudito: *veracíssimo*. · V. **veracidade**.

ver.ba *sf* **1**. Certa quantia destinada pela administração pública a determinado fim. **2**. Quantia, dinheiro. **3**. Importância destinada por uma empresa, instituição, etc., no desenvolvimento de uma campanha publicitária.

ver.bal *adj* **1**. Relativo a verbo: sufixo verbal. **2**. Diz-se do predicado cujo núcleo é um verbo. **3**. Feito por meio de palavras apenas; de boca: *acordo verbal*. → **verbalização** *sf* (**1**. ato ou efeito de verbalizar; expressão através de palavras; **2**. processo morfológico de formação de verbos a partir de vocábulos de outra categoria gramatical); **verbalizar** *v* [expressar(-se) em palavras: *o doente não conseguia verbalizar o que sentia*].

ver.be.rar *v* Bater com chicote ou açoite; açoitar: *verberar um prisioneiro*. → **verberação** *sf* (ato ou efeito de verberar).

ver.be.te (ê) *sm* Nas obras de referência (dicionários, enciclopédias, etc.), cada um dos blocos ou conjuntos independentes encabeçados por uma palavra de entrada, geralmente em destaque visual, que se define ou se explica; entrada com o respectivo texto. → **verbetar** *v* (pôr, registrar ou organizar em verbetes); **verbetista** *adj* e *s2gên* (que ou pessoa que escreve verbetes).

verbi gratia [lat.] *loc denotativa de explicação* Por exemplo. · Abrev.: **v.g**. · Pronuncia-se *vérbi grácia*.

ver.bo *sm* **1**. Palavra de excepcional importância: *fiat é o verbo augusto da Criação*. **2**. Modo de se expressar mediante palavras; expressão: *todo nordestino tem um verbo fácil*. **3**. Palavra que, na oração, exprime ações, processos ou estados e morfologicamente apresenta variações de modo, tempo, número e pessoa. → **verbal** *adj* [**1**. rel. a verbo; **2**. oral (em oposição a *escrito*)]; **verbo-nominal** *adj* (diz-se do predicado cujos núcleos se localizam no verbo e num nome), de pl. *verbo-nominais*; **verborragia** ou **verborreia** (éi) *sf* (*pej*. uso abundante de palavras para expressar pouco ou nenhum conteúdo); **verborrágico** ou **verborreico** (éi) *adj* (rel. a verborragia ou verborreia); **verbosidade** *sf* (qualidade de verboso); **verboso** (ô; pl.: ó) *adj* (**1**. que fala muito, com lógica ou não; **2**. caracterizado pelo uso excessivo e desnecessário de palavras; prolixo). ·· **O Verbo** (ou **O Verbo Divino**). O Filho de Deus; a segunda pessoa da Santíssima Trindade, conforme a crença cristã.

ver.da.de *sf* **1**. Correspondência ou conformidade da realidade com o que se diz, pensa ou sente dela; igualdade absoluta entre o que ocorreu e o que se diz; qualidade do que é verdadeiro ou real; realidade: *o que a testemunha disse não é verdade; se chove, e eu digo que chove, estou dizendo uma verdade*. **2**. Dito, juízo ou proposição que não se pode negar de modo racional ou são aceitos em geral por uma coletividade; princípio certo; axioma: *1 + 1 são dois é uma verdade matemática*. **3**. Expressão franca e sem rodeios da opinião crítica ou negativa que se tem sobre alguém, dirigida a ela pessoalmente: *a verdade possui lâmina afiada, por isso costuma ser dolorosa*. **4**. Atitude daquele que, por costume, relata ou descreve algo sem alterar absolutamente nada; veracidade, sinceridade, autenticidade: *sempre confiei na verdade das suas palavras; em política há sempre duas verdades: a dos amigos e a dos adversários*. **5**. Máxima, sentença moral: *seria exigir muito obrigar os homens a viver segundo a verdade de Sócrates: "De três coisas precisam os homens: prudência no ânimo, silêncio na língua e vergonha na cara"?* **6**. Coisa certa e admitida: *essa é a minha verdade; agora, qual é a sua?* **7**. Proposição apresentada como irrefutável; dogma: *cada religião tem as suas verdades*. // *sfpl* **8**. Coisa ou conjunto de coisas que precisam ser ditas a alguém, para sua tomada de consciência ou vergonha; exposição franca e aberta do que se pensa ou sabe de alguém: *quando ele chegar de viagem, vou lhe dizer algumas verdades*. // *adj* **9**. Verdadeiro, real: *você acha que tudo o que está nos livros de história é verdade?* · Antôn. (1 e 2): *mentira*. → **verdadeiro** *adj* (**1**. em que há verdade: *relato verdadeiro;*. **2**. que fala verdade: *presidente verdadeiro;* **3**. verídico: *fato verdadeiro;* **4**. real ou exato: *qual é o verdadeiro significado dessa palavra?;* **5**. autêntico, legítimo: *qual é o seu verdadeiro nome?;* **6**. puro, genuíno: *esse é o verdadeiro uísque escocês;* **7**. sincero: *sinto por ela um amor verdadeiro;*

8. certo, seguro, confiável: *amigo verdadeiro;* **9**. determinado em referência ao eixo da Terra, e não aos polos magnéticos: *norte verdadeiro*) e *sm* (verdade, realidade: *o verdadeiro é que todos vamos morrer um dia*), de antôn. (1, 2, 4, 5, 7 e 8): *falso;* (3): *fictício*. ·· **A bem da verdade**. Para ser sincero; para falar verdade: *A bem da verdade, ele não é tão honesto quanto apregoa*. ·· **A falar verdade**. Sinceramente; para ser sincero ou verdadeiro: *A falar verdade, ela preferiu um amigo a mim*. ·· **Em** (ou **Na**) **verdade**. **1**. Expressão com que se reconhece a opinião, intenção ou sentimento autêntico de uma pessoa; efetivamente: *Em verdade, também eu não creio nessas coisas*. **2**. Expressão com que se retifica alguma ideia expressa anteriormente; de fato, efetivamente, realmente: *Na verdade, não foi bem assim que aconteceu o fato*. ·· **De verdade**. **1**. Como deve ser; na acepção literal da palavra; competente: *Ele é um cirurgião de verdade*. **2**. De fato, realmente: *Não fui eu, de verdade, quem fez isso*. ·· **Faltar à verdade**. Dizer o contrário do que é ou do que se sabe; mentir.

ver.de (ê) *adj* **1**. Da cor da folhagem em desenvolvimento: *olhos verdes*. **2**. Diz-se dessa cor. **3**. Verdejante: *campos verdes*. **4**. Feito de verduras: *salada verde*. **5**. Não maduro: *fruta verde*. **6**. Não suficientemente seco: *madeira verde; lenha verde*. **7**. Imaturo, inexperiente: *está verde ainda para casar*. **8**. Que luta pela ecologia: *partido verde*. **9**. Diz-se do vinho de sabor ácido, áspero, devido à falta de maturidade. **10**. Fresco, recente, novo: *carne verde*. // *sm* **11**. Cor intermediária do espectro, entre o amarelo e o azul. **12**. Cor secundária formada pela mistura dos pigmentos azuis e amarelos. **13**. Indumentária verde: *ele só veste verde*. // *sf* **14**. Dólar, verdinha: *recebe o salário na verde*. → **verdejante** *adj* (que verdeja); **verdejar** *v* (**1**. tornar verde; **2**. apresentar cor verde); **verdinha** *sf* (*pop*. nota de dólar; verde (14): *comprou o apartamento na verdinha*); **verdoengo** ou **verdolengo** *adj* (**1**. esverdeado; **2**. que ainda não está bem maduro; de vez); **verdor** (ô) *sm* (**1**. verdura ou cor verde dos vegetais; **2**. estado do que ainda está verde: *o verdor de uma manga;* **3**. propriedade do que é verde: *o verdor da grama;* **4**. vegetação verde: *há falta de verdor em São Paulo;* **5**. vigor, viço, força: *estar no verdor da juventude;* **6**. *fig*. inexperiência própria da juventude; imaturidade, verdura); **verdura** *sf* [**1**. cada um dos vegetais verdes (alface, chicória, rúcula, agrião, etc.); hortaliça; **2**. cor verde da planta, verdor; **3**. estado do que é verde; verdor; **4**. *fig*. inexperiência, imaturidade, verdor]; **verdureiro** *sm* (vendedor de verdura). ·· **Jogar verde**. Plantar verde para colher maduro. ·· **Plantar verde para colher maduro**. Fazer perguntas ou insinuações sutis, para levar alguém a revelações que não desejava fazer; jogar verde. ·· **Sinal verde**. **1**. Sinal de trânsito que indica passagem livre. **2**. Permissão, consentimento: *O presidente deu sinal verde para a operação*. ·· **Verde e amarelo**. Que ou o que representa o Brasil e, por conseguinte, os brasileiros em especial: *Seleção verde e amarela. As seleções do mundo todo respeitam o verde e amarelo, quando entra em campo*. ·· **Verde e branco**. **1**. Que tem as cores ou listras verde e brancas: *A camisa verde e branca do Palmeiras*. **2**. Conjunto formado pela cor verde e pelo branco: *O verde e branco do selecionado boliviano*. ·· **Verde e rosa**. **1**. Conjunto formado pelas cores ou listras verde e rosa: *O verde e rosa da Mangueira*. **2**. Diz-se desse conjunto de cores: *A cor verde e rosa da Mangueira*. **3**. Que tem esse conjunto de cores: *A nação verde e rosa. Camisa verde e rosa*.

ver.de-a.ma.re.lo *adj* **1**. Diz-se do conjunto das cores verde e amarela distintamente: *bandeira verde-amarela*. **2**. Diz-se dessas duas cores juntas, mas não combinadas intimamente: *bandeira de cor verde-amarela*. **3**. Extremamente nacionalista (em relação ao Brasil): *um escritor verde-amarelo*. // *sm* **4**. Conjunto formado pelas cores verde e amarela, porém distintas, não combinadas intimamente: *o verde-amarelo da nossa baandeira*. (Usa-se também **verde e amarelo**, que faz no plural *verde e amarelos*, tanto numa classe de palavras quanto noutra.) · Pl.: *verdes-amarelos* (do subst.) e *verde--amarelos* (do adj.).

ver.de-cla.ro *adj* e *sm* Que ou tonalidade que está entre o verde e o branco; verde-mar. · Pl.: *verdes-claros* (do subst.) e *verde--claros* (do adj.).

ver.de-es.cu.ro *adj* e *sm* Que ou tonalidade que está entre o verde e o preto; verde-montanha. · Pl.: *verdes-escuros* (do subst.) e *verde-escuros* (do adj.).

ver.de-mar *adj* e *sm* Verde-claro. · Pl.: *verdes-mares* (do subst.) e o *adj* não varia: *camisas verde-mar*.

ver.de-mus.go *adj* e *sm* Que ou tonalidade que se assemelha ao verde-escuro do musgo. · Pl.: *verdes-musgos* (do subst.) e o *adj* não varia: *camisas verde-musgo*.

ver.de-o.li.va *adj* e *sm* Que ou tonalidade que se assemelha ao verde da azeitona. · Pl.: *verdes-olivas* (do subst.) e o adjetivo não varia: *camisas verde-oliva*.

ver.du.go *sm* **1**. Carrasco, algoz. **2**. *Fig*. Pessoa desumana, cruel, que maltrata as pessoas.

ve.re.a.dor (ô) *sm* Representante do povo nas câmaras municipais; edil, camarista. → **vereação** *sf* (**1**. ato ou efeito de verear; **2**. conjunto dos vereadores); **vereamento** *sm* (**1**. exercício dos vereadores; **2**. jurisdição dos vereadores); **vereança** *sf* (cargo de vereador); **verear** *v* (**1**. legislar como vereador; **2**. exercer as funções de vereador), que se conjuga por *frear*.

ve.re.da (ê) *sf* Trilha indistinta, que marca apenas o rumo a seguir.

ve.re.dic.to *sm* Decisão final de um júri sobre matéria submetida a seu julgamento. (A 6.ª ed. do VOLP registra, ainda, *veredito*, forma até há pouco tempo considerada cacográfica.)

ver.ga (ê) *sf* **1**. Peça de madeira ou de pedra, colocada sobre as ombreiras de portas e janelas. **2**. Vara flexível, própria para açoitar ou fazer cestos. **3**. Barra de metal delgada e maleável. · Aum. irregular (1): *vergalhão*. · Dim. irregular: *vergasta*.

ver.ga.lhão *sm* **1**. Vergalho grande. **2**. Barra metálica roliça, de diversos diâmetros, usada na construção civil.

ver.ga.lho *sm* **1**. Chicote feito com o membro viril ressecado de boi ou cavalo. **2**. Esse membro viril ressecado. **3**. Qualquer chicote. → **vergalhar** *v* (bater ou surrar com vergalho).

ver.gão *sm* **1**. Verga grande; vergalhão. **2**. Marca feita na pele por verga, chicote, etc.

ver.gar *v* **1**. Dobrar, curvar: *vergar um galho da goiabeira*. **2**. Submeter, sujeitar: *a vida acabou vergando-lhe o orgulho*. **3**. Convencer: *foi duro para vergá-la*. **4**. Comover: *nem as lágrimas dela o vergaram*. **5**. Dobrar-se, curvar-se: vergar à opinião pública. **6**. Inclinar-se, curvar-se: *as palmeiras vergam ao vento*. **7**. Ceder ao peso de alguma coisa: *a estante, cheia de livros pesados, vergou*. **8**. Reconhecer o erro, ceder: *ele morre, mas não verga*. → **vergadura** *sf* ou **vergamento** *sm* (ato ou efeito de vergar).

ver.gas.ta *sf* **1**. Verga pequena. **2**. Vara fina, rija e cortante, utilizada para açoitar. → **vergastada** *sf* (pancada com vergasta); **vergastar** *v* (bater com vergasta em).

ver.gê *adj* **1**. Diz-se de papel levemente transparente, com linhas verticais e horizontais (linhas d'água). // *sm* **2**. Esse papel; papel linha d'água.

ver.go.nha *sf* **1**. Pejo de ação feita contra o decoro ou a decência: *ela não tem vergonha de sair vestida desse jeito à rua?* **2**. Constrangimento resultante da ideia ou do receio da desonra, do vexame ou da humilhação: *não me faça passar vergonha!* **3**. Desonra, ignomínia: *a prisão do rapaz foi uma vergonha para a família*. **4**. Ato indecoroso; indecência: *que vergonha tanta corrupção!* **5**. Rubor da face, causado pelo pejo ou pudor; desapontamento: *ela fica com vergonha quando se fala em sexo*. **6**. Timidez, acanhamento: *ter vergonha de falar em público*. **7**. Dignidade, honra: *tenha vergonha nessa cara, rapaz!* // *sfpl* **8**. Genitália: *apareceu despida, escondendo as vergonhas com as mãos*. → **vergonheira** *sf* (**1**. grande vergonha ou série de vergonhas); **2**. pouca-vergonha, bandalheira); **vergonhice** *sf* (falta de vergonha); **vergonhoso** (ô; pl.: ó) *adj* (**1**. que tem vergonha ou pejo; tímido, acanhado; **2**. que causa desonra, desonroso). ·· **Perder a vergonha**. Abandonar-se à indignidade, desprezando a própria honra: *Quem perdeu a vergonha já não tem mais nada a perder*. ·· **Ter vergonha na cara**. Ter brios, ter consciência da própria dignidade; ser honrado e digno.

ve.rí.di.co *adj* Veraz, autêntico, verdadeiro. → **veridicidade** *sf* (veracidade: *a veridicidade de uma informação*).

ve.ri.fi.car *v* **1**. Apurar a verdade, autenticidade ou correção de, mediante exame, pesquisa, investigação ou comparação: *o guarda verificou os documentos do motorista*. **2**. Checar ou testar, para certificar-se de que está bem ou em ordem; examinar, conferir: *verifique os freios, antes de descer a serra!* **3**. Acontecer, ocorrer: *verificam-se muitos acidentes, toda semana, nesta rodovia; as profecias de Nostradamus já se verificaram?* → **verificação** *sf* (ato ou efeito de verificar).

ver.me *sm* **1**. Bicho pequeno, de corpo mole e alongado, sem patas. **2**. Parasito intestinal do homem e de certos animais; lombriga. **3**. Bicho que o vulgo crê roer os cadáveres na sepultura. **4**. *Fig*. Pessoa reles, vil, desprezível. · Dim. erudito: **vermículo**. → **vermicida** ou **vermífugo** *sm* (droga que mata vermes); **vermicular** *adj* (rel. ou pert. a vermes); **verminação** *sf* (produção de vermes nos intestinos); **verminose** *sf* (doença causada por vermes no organismo).

ver.me.lho (ê) *adj* e *sm* **1**. Que ou cor que tem semelhança com o sangue. // *adj* **2**. Diz-se dessa cor. **3**. Avermelhado. **4**. Louco, doido, danado. **5**. *Fig*. Comunista: *sindicalista vermelho*. // *sm* **6**. Qualquer coisa de cor vermelha. **7**. *Fig*. Situação deficitária. **8**. *Fig*. Indivíduo comunista. → **avermelhar(-se)** ou **vermelhar(-se)** *v* [tornar(-se) vermelho]; **vermelhidão** *sf* (**1**. qualidade ou estado de vermelho; **2**. rubor da face).

ver.mu.te *sm* Vinho (geralmente branco) fortificado com extratos de ervas aromáticas.

ver.ná.cu.lo *adj* **1**. Próprio do país a que pertence; nacional: *língua vernácula*. **2**. Castiço, puro: *construção vernácula*. **3**. Que usa a língua nativa de uma região, e não propriamente a língua literária: *Cornélio Pires é um dos nossos mais conhecidos autores vernáculos*. // *sm* **4**. Idioma próprio de um país: *o português é o nosso vernáculo*. → **vernaculidade** *sf* ou **vernaculismo** *sm* (qualidade de vernáculo); **vernaculista** *adj* e *s2gên* (que ou pessoa que escreve de modo puro ou castiço); **vernaculização** *sf* (ato ou efeito de vernaculizar); **vernaculizar** *v* [tornar vernáculo; adaptar (palavra ou expressão) ao vernáculo].

ver.nis.sa.gem *sf* Evento comemorativo e de divulgação, geralmente realizado em uma galeria, para mostra de obras de um pintor a um público convidado.

ver.niz *sm* **1**. Preparado feito de resinas dissolvidas em óleo ou em álcool, usado para recobrir madeira, metal, etc., não só para dar brilho, como para proteger contra insetos e o desgaste natural. **2**. Camada lustrosa resultante desse preparado: *o verniz de uma capa de revista*. **3**. Couro que recebeu esse preparado: *sapato de verniz*. **4**. Substância transparente que se aplica ao barro, louça e porcelana que, cozidos, adquirem brilho e dureza; vidrado. **5**. *Fig*. Conhecimento muito superficial que se tem de uma coisa; tinta: *ele se diz muito culto, mas só tem mesmo um verniz de cultura*. **6**. *Fig*. Aparência enganosa de refinamento nas atitudes e comportamento: *o verniz dos novos-ricos*.

ve.ros.sí.mil *adj* Que parece verdadeiro ou real; verossimilhante. · Superl. abs. sint. erudito: *verossímilimo*. → **verossimilhança** ou **verossimilitude** *sf* (qualidade de verossímil).

ver.ri.na *sf* Censura ou acusação violenta contra alguém, geralmente escrita ou em discurso pronunciado publicamente: *o ministro lançou uma verrina contra a imprensa*. → **verrino** *adj* (rel. a verrina ou que tem o caráter de verrina); **verrineiro** *adj* e *sm* ou **verrinista** *adj* e *s2gên* (que ou pessoa que faz verrinas).

ver.ru.ga *sf* Pequena saliência dura, rugosa e arredondada na pele. · Dim. erudito: *verrúcula*. → **verrucal** *adj* (rel. a verruga); **verrucoso** (ô; pl.: ó) ou **verruguento** *adj* (cheio de verrugas). (O povo prefere usar *berruga*, e a 6.ª ed. do VOLP abona essa forma popular, assim como *berruguento*.)

ver.ru.ma *sf* Pequeno instrumento de aço, cujo extremo inferior (pua) é lavrado em hélice e termina em ponta, usado para abrir furos na madeira; broca. → **verrumar** *v* (furar com verruma ou com qualquer instrumento semelhante).

ver.sal *adj* e *sf* Que ou letra que é capitular ou maiúscula. → **versalete** (ê) *sm* (letra versal, mas de tamanho equivalente ao da letra minúscula da fonte que está sendo usada, como em TERRA).

ver.são *sf* **1**. Ato ou efeito de voltar; volta: *a versão ao ponto inicial de uma questão*. **2**. Passagem de um texto de uma língua para outra; tradução: *quem fez a versão desse texto do inglês para o português?* **3**. Tradução da língua materna para outra, princ. como exercício escolar: *fazer uma versão de Garota de Ipanema*. **4**. Interpretação: *qual é a sua versão sobre o fato?* **5**. Maneira que cada pessoa tem de narrar o mesmo fato: *cada testemunha contou uma versão diferente do crime*. **6**. Ponto paralelo; variante: *essa lenda tem várias versões*. **7**. Adaptação de uma obra de arte ou de literatura a outro meio ou estilo: *a versão filmada de um romance famoso*. **8**. Rumores: *corre a versão de que o ministro foi demitido, e não a de que se demitiu*. **9**. No jornalismo, ênfase dada a uma notícia.

ver.sar *v* **1**. Ter como objeto; tratar de: *o livro versa (sobre) assuntos esotéricos*. **2**. Estudar: *versar os clássicos da língua*. **3**. Examinar, analisar: *versar as obras clássicas*. **4**. Pôr em verso; versejar: *versar uma crônica*. **5**. Exercitar, treinar, capacitar: *versar as crianças na arte da pintura*. **6**. Consistir, basear-se: *a dificuldade versa nisso*. → **versado** *adj* (conhecedor profundo de uma arte, ciência ou assunto; entendido).

ver.sá.til *adj* **1**. Capaz de se adaptar a muitas funções ou atividades diferentes; polivalente: *ator versátil; jogador versátil*.

2. De variados usos ou funções: *o mais versátil de todos os vegetais é o tomate; o canivete é uma ferramenta versátil.* **3**. Inconstante, volúvel: *pessoa de temperamento versátil.* → **versatilidade** *sf* (qualidade de versátil; capacidade de ser diverso, adaptando-se às necessidades de cada momento: *a versatilidade de um autor, de um computador*).

ver.sí.cu.lo *sm* **1**. Diminutivo erudito de *verso*; pequeno verso. **2**. Pequeno verso dos salmos, dito ou cantado pelo oficiante (padre ou ministro), seguido pelo responso da congregação. **3**. Pequeno parágrafo bíblico. **4**. Cada subdivisão de artigo, parágrafo, etc. **5**. Sinal tipográfico que marca o início de cada uma dessas subdivisões.

ver.so^1 *sm* **1**. Cada uma das linhas de um poema: *os sonetos clássicos têm 14 versos.* **2**. Tipo particular de linha ou composição métrica: *verso decassílabo.* **3**. Arte poética; gênero poético; versificação: *ele é homem que cultiva o verso.* // *smpl* **4**. Poesia ou composição em verso: *escrevi um livro de versos.* **5**. Grupo de determinados poemas: *li um livro de versos satíricos.* · Dim. erudito de (1): *versículo*. → **versejar** ou **versificar** *v* (compor versos); **versejador** (ô) *adj* e *sm* (que ou aquele que verseja ou compõe versos, bons ou maus); **versificação** *sf* [verso (3)]; **versista** *adj* e *s2gên* (**1**. que ou pessoa que compõe versos; **2**. que ou pessoa que, sem ser poeta, tem facilidade para versificar, como os repentistas nordestinos).

ver.so^2 *sm* **1**. Página oposta à da frente de um livro ou o lado reverso de uma folha, oposta ao reto: *foto com dedicatória no verso.* **2**. Parte posterior de qualquer objeto: *o que há no verso dessa moeda?* · V. **avesso**.

versus [lat.] *prep* **1**. Contra: *Palmeiras* versus *Corinthians; autor* versus *réu.* **2**. Em contraste com; comparado com: *liberdade* versus *escravidão.* (Usa-se comumente a letra *x* em seu lugar: *Palmeiras x Corinthians*.)

vér.te.bra *sf* Cada um dos 33 segmentos de ossos da coluna vertebral. → **vertebrado** *sm* [espécime dos vertebrados, grande divisão do reino animal, que compreende todos os seres com coluna vertebral (de ossos ou de cartilagens), como os peixes, anfíbios, répteis, aves e mamíferos] e *adj* (rel. ou pert. a essa divisão); **vertebral** *adj* (**1**. rel. ou pert. a vértebras; **2**. formado de vértebras).

ver.ten.te *sf* **1**. Parte inclinada de uma montanha, por onde descem as correntes pluviais; encosta. **2**. Cada uma das superfícies de um telhado. **3**. *Fig.* Linha ideológica: *o partido tem duas vertentes, uma conservadora e a outra progressista.//* *adj* **4**. Que verte ou desce com ímpeto: *as águas vertentes de uma cachoeira.* **5**. Que é objeto de discussão; que se discute; de que se trata: *o assunto vertente não deve ser de conhecimento da imprensa.* → **vertedor** (ô) *adj* e *sm* (que ou o que verte ou derrama) e *sm* (dispositivo utilizado para controlar e medir pequenas vazões de líquidos em canais abertos: *um reservatório deve ter um vertedor, para escoar grandes cheias*); **verter** *v* [**1**. deixar cair (um líquido) do recipiente que o contém; derramar: *quando pegou a jarra para colocar o suco no copo, verteu-o quase todo*; **2**. inclinar (um recipiente) ou virá-lo boca abaixo, para esvaziar seu conteúdo; despejar: *verteu o conteúdo da jarra na pia*; **3**. fazer sair com ímpeto; jorrar: *verter sangue pela boca*; **4**. espalhar, difundir: *o dragão verte fogo pela boca*; **5**. traduzir: *verter Shakespeare*; **6**. derivar, brotar: *esses rios vertem da mesma serra*; **7**. desaguar, desembocar: *esses rios vertem no mar*; **8**. escorrer, sair: *do seu nariz vertia muito sangue*). ·· **Verter água** (fig.). Urinar.

ver.ti.cal *adj* **1**. Que está numa posição ou direção perpendicular ao solo ou ao plano do horizonte. **2**. *Fig.* Hierárquico: *essa foi a primeira geração de bebês infectados por transmissão vertical, isto é, de mãe para filho.* // *sf* **3**. Linha ou plano vertical. **4**. Posição ou direção vertical: *o fio de prumo marca a vertical; aviões, hoje, já decolam na vertical.* → **verticalidade** *sf* (qualidade ou estado do que é vertical: *a verticalidade dos edifícios nas grandes cidades*).

vér.ti.ce *sm* **1**. Ponto culminante; topo, ápice: *o vértice de um cone, de uma colina.* **2**. Ponto num triângulo ou pirâmide oposto à sua base ou mais distante dela. **3**. Parte mais alta do crânio; cocuruto. **4**. Ponto em que duas ou mais retas se interceptam; ponta. **5**. Ponto em que dois caminhos se encontram: *o vértice de uma encruzilhada.* **6**. Em óptica, ponto no centro de uma lente em que o eixo de simetria cruza a curva da lente. **7**. Em astronomia, ponto na esfera celeste para o qual ou a partir do qual o movimento comum de um grupo de estrelas é dirigido. → **verticidade** *sf* (**1**. tendência de se dirigir para o vértice, para o ponto culminante; **2**. tendência ou propriedade de um corpo de se mover mais para um lado do que para outro).

ver.ti.gem *sf* Sensação falsa de movimento rotatório, com a impressão de que tudo gira. (Não se confunde com *tontura*.) → **vertiginosidade** *sf* (qualidade de vertiginoso); **vertiginoso** (ô; pl.: ó) *adj* (**1**. que causa vertigem: *altura vertiginosa*; **2**. que tem ou sofre vertigens: *criança vertiginosa*; **3**. *fig.* muito forte ou muito rápido: *aumento vertiginoso de preços*).

ver.ti.gi.no.so (ô) *adj* **1**. Que causa vertigem. **2**. Que tem ou sofre vertigens. → **vertiginosidade** *sf* (qualidade de vertiginoso).

ver.ve *sf* **1**. Grande vigor, energia ou entusiasmo na expressão de ideias; inspiração: *falta verve na equipe do governo.* **2**. *P.ext.* Grande vigor, excitação ou entusiasmo: *ele canta com extrema verve e flexibilidade; a professorinha contava estorinhas com tanta verve, que as criancinhas nem piscavam.* **3**. Grande vitalidade ou estilo energético na expressão artística: *os bailarinos russos são famosos por sua verve no palco.*

ves.go (ê) *adj* e *sm* Que ou aquele que tem desvio em um dos olhos, não podendo focalizar bem os objetos no campo de visão; estrábico, zarolho. → **vesguear** *v* (ser vesgo), que se conjuga por *frear*; **vesguice** *sf* (estrabismo).

ve.sí.cu.la *sf* **1**. Pequena bexiga ou bolha. **2**. Qualquer saco ou bolsa membranosa que contém fluido claro. **3**. Bolha cutânea com fluido seroso, causada por queimadura ou qualquer outro dano físico. → **vesical** *adj* (rel. ou pert. a bexiga); **vesicante** ou **vesicatório** *adj* e *sm* [que ou o que produz vesículas (2)]; **vesiculação** *sf* [formação de vesículas (2)]; **vesicular** *adj* (**1**. sem. a uma vesícula ou bolha; **2**. formado por vesículas ou bolhas; **3**. rel. a vesícula biliar).

ves.pa (ê) *sf* **1**. Marimbondo, cuja fêmea tem um ferrão venenoso e retrátil, semelhante ao das abelhas. (Voz: *zumbir*.) **2**. *Fig.* Pessoa de caráter intratável e temperamento rude: *seu pai é uma vespa!* · Col. (1): *vespeiro* sm.

vés.pe.ra *sf* **1**. Período da tarde. **2**. Dia imediatamente anterior àquele de que se trata. // *sfpl* **3**. Dias que mais proximamente antecedem qualquer dia ou qualquer fato. → **vesperal** *adj* (**1**. rel. ou pert. a tarde; vespertino, crepuscular; **2**. feito de tarde; que acontece à tarde, vespertino, crepuscular) e *sm* [espetáculo (de cinema, teatro, etc.) realizado à tarde; matinê]; **vespertino** *adj* [vesperal (1 e 2)] e *sm* (jornal publicado à tarde).

ves.te *sf* Vestuário, vestimenta, traje.

ves.ti.á.rio *sm* Compartimento ou local de uma escola, clube, estádio, teatro, etc., usado especialmente para guardar roupa ou para trocar a roupa comum por outras, especiais, temporariamente. (Não se confunde com *vestuário*.)

ves.ti.bu.lar *adj* **1**. Relativo ao vestíbulo. // *adj* e *sm* **2**. Que ou exame que se faz para ingresso em faculdade. **3**. Que ou curso preparatório que se frequenta para fazer esse exame. → **vestibulando** *adj* e *sm* (que ou aquele que está prestando exame vestibular), de fem. *vestibulanda*; **vestibulinho** *sm* (exame que princ. escolas particulares fazem para admissão de alunos no nível médio e, às vezes, até no nível fundamental).

ves.tí.bu.lo *sm* **1**. Área de acesso à porta principal de uma casa ou edifício. **2**. Espaço compreendido entre a porta principal e as portas interiores de uma casa ou edifício; saguão, *lobby*, *hall*. **3**. Cavidade ou pequeno espaço no início de um ducto do organismo. · V. **vestibular** (1).

ves.ti.do *adj* **1**. Que não está despido ou sem roupa; que usa alguma roupa. **2**. Trajado: *ela chegou vestida com minissaia.* **3**. Fantasiado: *vi-o vestido de pirata.* // *sm* **4**. Traje, geralmente feminino, composto de saia e blusa numa só peça.

ves.tí.gio *sm* **1**. Marca, evidência ou sinal de alguma coisa que já existiu, mas ora está desaparecida. **2**. Sinal, pista. **3**. Sinal tênue; resquício.

ves.ti.men.ta *sf* **1**. Veste usada pelo oficiante. **2**. Veste, traje, vestuário.

ves.tir *v* **1**. Pôr roupa sobre; cobrir, protegendo: *vestir os filhos.* **2**. Pôr, colocar ou usar (qualquer peça do vestuário) como enfeite ou como adesão a uma causa: *o presidente vestiu o boné do MST.* **3**. Pôr sobre si (peça do vestuário) em: *vestir uma blusa.* **4**. Trajar: *por que estás vestindo luto?* **5**. Portar (vestimenta, peça de roupa, etc.): *para ires à escola, deves vestir uniforme.* **6**. Usar roupa feita de (certo tecido): *naquela época eu só vestia linho.* **7**. Usar feito roupa: *o mendigo vestia um saco de feijão.* **8**. Usar, pôr ou calçar: *ela nunca vestiu luvas.* **9**. Socorrer com roupa: *campanha para vestir os pobres.* **10**. Costurar ou fazer roupa para: *quem veste a primeira- -dama?* **11**. Usar roupa de (marca, grife, etc.): *ele passou a* *vestir apenas Armani, depois da posse.* **12**. Assumir (forma, aparência): *o demônio vestiu a forma de uma serpente, no Paraíso.* **13**. Pôr como envoltório; envolver: *vestir os livros com plástico.* **14**. Cair, ajustar-se: *essa roupa vestiu bem em você.* **15**. Ter bom ou mau caimento: *as calças dessa grife vestem muito bem.* **vestir-se 16**. Trajar-se: *ela se veste muito mal.* **17**. Comprar roupa para seu uso: *ela só se veste em lojas de shopping.* **18**. Cobrir-se, encher-se: *o céu, de repente, se vestiu de nuvens escuras.* **19**. Trajar-se com disfarce; disfarçar-se na veste: *é comum homem se vestir de mulher, no carnaval.* // *sm* **20**. Ato ou efeito de vestir(-se): *ela tem bom gosto no vestir.* **21**. Vestuário, traje, indumentária: *sua única preocupação é o vestir.* · Antôn. (1): *desnudar, despir.*

ves.tu.á.rio *sm* **1**. Conjunto das peças com que as pessoas se vestem; indumentária, traje: *ela tem um vestuário bem completo.* **2**. Modo de vestir-se ou de se apresentar vestido: *a garota sobressaiu mais pelo vestuário que pelo charme.* (Não se confunde com *vestiário.*)

ve.tar *v* **1**. Impedir (projeto de lei) de se tornar lei mediante o exercício do veto; negar-se a sancionar (ato, lei, resolução, etc.); opor veto a: *o presidente vetou as alterações no código de trânsito.* **2**. Proibir autoritariamente; não aceitar ou impugnar, por capricho ou arbitrariamente: *vetar a admissão de uma pessoa como sócia do clube.* · Antôn. (1): *sancionar;* (2): *aprovar.*

ve.te.ra.no *adj* e *sm* **1**. Que ou aquele que é antigo em algum serviço, atividade, escola, etc. **2**. Que ou aquele que serviu numa força militar durante a guerra. · Antôn. (1): *calouro, novato.* → **veteranice** *sf* (qualidade ou estado de veterano).

ve.te.ri.ná.ria *sf* Redução de *medicina veterinária,* ramo da medicina que trata do estudo, causa, prevenção e tratamento das doenças dos animais, princ. domésticos. → **veterinário** *adj* (rel. a veterinária) e *adj* e *sm* (especialista em veterinária).

ve.to *sm* **1**. Ato ou efeito de vetar ou proibir; oposição, proibição. **2**. Direito constitucional de um governante de não sancionar uma lei votada pelas câmaras legislativas. **3**. Exercício desse direito. · Antôn.: *aprovação.*

ve.tor ou **vec.tor** (ô) *sm* **1**. Inseto (mosquito, carrapato, etc.) que transporta microrganismos de um hospedeiro a outro, transmitindo doenças. **2**. Condutor, portador: *ser um vetor de drogas para o exterior.* **3**. Qualquer portador (avião, míssil) de bomba explosiva, geralmente nuclear. **4**. Em matemática, quantidade (força, velocidade) determinada por uma magnitude e uma direção. **5**. Linha que representa essa quantidade, dirigida de seu ponto de origem a sua posição final. → **vetorial** ou **vectorial** *adj* (rel. a vetor).

ve.tus.to *adj* **1**. Muito antigo; antiquíssimo: *a vetusta e tão maltratada Terra.* **2**. Deteriorado pela ação do tempo: *um vetusto pergaminho.* **3**. *Fig.* Respeitável pela idade. → **vetustez** (ê) *sf* (qualidade de vetusto).

véu *sm* **1**. Tecido muito fino, geralmente cheio de orifícios, que oculta, cobre ou protege alguma coisa. **2**. Pedaço de pano muito fino e transparente, de renda de tule ou tecido semelhante, usado para cobrir o rosto ou a cabeça. **3**.*P.ext.* Tudo o que serve para vendar ou ocultar: *um véu de fumaça impedia de ver a estrada.* · V. **velado.**

ve.xa.me *sm* Ato ou atitude que cria situação embaraçosa ou constrangedora; humilhação, vergonha. → **vexaminoso** (ô; pl.: ó), **vexativo** ou **vexatório** *adj* (que causa vexame ou vergonha).

ve.xar ou **a.ve.xar** *v* **1**. Causar tormento a; afligir, molestar: *vexar o povo com impostos escorchantes.* **2**. Expor a uma vergonha, a um escândalo, a uma afronta: *o pai, bêbado, vexou a família toda.* **vexar-se** ou **avexar-se 3**. Envergonhar-se ou escandalizar-se: *a gentalha não se vexa de nada.* **4**. Apressar-se: *não se avexe: temos muito tempo!* → **vexação** ou **avexação** *sf* (ato ou efeito de vexar(-se) ou avexar(-se)); **vexado** *adj* (**1**. envergonhado: *fico vexado só de pensar nisso;* **2**. apressado: *chegou e se dirigiu vexado ao banheiro;* **3**. perseguido, atormentado: *ela, hoje, se vê muito vexada por tais preocupações;* **4**. humilhado, afrontado, desonrado: *vi-me vexado no brio e dei-lhe um sopapo*).

vez (ê) *sf* **1**. Ocasião em que um fato acontece: *isso se deu uma só vez.* **2**. Cada ocasião de um tempo que se repete: *disse-lhe só uma vez, e ele aprendeu.* **3**. Circunstância determinada, em que se faz ou se pode fazer alguma coisa: *raras vezes saio de casa.* **4**. Cada um dos casos em que um fato se dá: *espere sua vez!* **5**. Alternativa, escolha: *você não tem vez aqui.* **6**. Quantidade que se repete, se multiplica ou se compara a outras (depois de números): *duas vezes três são seis.* **7**. Pequena porção; quinhão: *tinha dinheiro para uma vez de cachaça.* ·· **Algumas**

(ou **Às** ou **Por**) **vezes.** Nem sempre; de vez em quando; vez por outra: *Algumas vezes a surpreendia chorando.* ·· **Cada vez.** Usa-se para expressar progresso ou regresso em uma ação ou processo: *Ela está cada vez mais bonita. Ele está cada vez menos educado.* ·· **Cada vez que.** Sempre que: *Cada vez que a via, sentia um friozinho na barriga.* ·· **De vez. 1**. Definitivamente; de uma vez por todas. **2**. Não inteiramente maduro (fruta). **3**. Bem-disposto, de boa maré. ·· **De vez em quando** (ou **De quando em vez**). De tempos em tempos; às vezes; vez por outra. ·· **Em vez de.** Em lugar de (sem a ideia de oposição): *Em vez de ir à escola, foi ao estádio. Ele foi nadar, em vez de jogar bola.* [Havendo a ideia de oposição, usa-se melhormente *ao invés de* (mas jamais "ao envez de"): *Ao invés de chorar, ela ri. Eu desci, ao invés de subir.*)

ve.zo (ê) *sm* **1**. Costume ou hábito vicioso: *ele tem o vezo de tudo reclamar.* **2**. Posição tendenciosa, parcial: *o vezo dessa emissora está claro nessa telenovela.* → **vezeiro** *adj* (que tem vezo ou costume; acostumado, habituado (toma-se à má parte): *ser vezeiro em reclamar, em cometer infrações de trânsito, em mentir, em chegar atrasado*). V. **useiro.**

VHF *sm* Sigla inglesa de *very high frequency* = frequência muito alta; designa a faixa de radiofrequências de 30 a 300 MHz, que compreende os canais de números 2 a 13.

vi.a *sf* **1**. Qualquer caminho ou estrada que conduz de um ponto a outro; itinerário: *uma árvore caída obstrui a via principal da cidade; via Dutra.* **2**. Rumo, direção: *segui a via de casa.* **3**. Meio de acesso, caminho: *chegou ao cargo por vias ilegais.* **4**. Meio de transporte: *via fluvial; via aérea.* **5**. Exemplar de um documento, de uma letra de câmbio, etc.: *documento em duas vias.* **6**. Qualquer canal do organismo; conduto: *via venosa; vias respiratórias.* // *prep* **7**. Por, através de: *chegamos a Guarujá via balsa; transmissão via satélite; pagamento via PIX.* ·· **Em via(s) de.** Na iminência de; prestes a: *Filho viciado em drogas põe a família toda em via de enlouquecer.* ·· **Por via das dúvidas.** Por segurança ou cautela; pelo sim, pelo não: *Por via das dúvidas, fui ver que estava acontecendo.* ·· **Por via de regra.** Geralmente, habitualmente: *O salário cai na conta por via de regra até o quinto dia útil do mês.* (Não convém usar apenas "via de regra".) ·· **Via de tráfego.** Faixa de rodagem destinada ao trânsito de uma única fila de veículos. ·· **Via Láctea.** Galáxia espiral, da qual o sistema solar faz parte, que abriga de 100 a 400 bilhões de estrelas. ·· **Via pública.** Qualquer logradouro franqueado ao uso público, como rua, praça, avenida, etc. ·· **Via sacra.** Via-crúcis. (Não se confunde com *via-sacra.*) ·· **Vias de fato.** Luta corporal; briga: *Discutiram muito, mas não chegaram às vias de fato.*

vi.a.bi.li.da.de *sf* V. **viável.**

vi.a.ção *sf* **1**. Modo de percorrer um caminho: *viação rápida.* **2**. Conjunto das vias de um território: *morreu num trágico acidente de viação.* **3**. Transporte de pessoas ou coisas: *empresa de viação.* → **viário** *adj* (rel. ou pert. a viação) e *sm* (leito de via férrea ou espaço por ela ocupado).

vi.a-crú.cis *sf* **1**. Caminho que Jesus fez para o Calvário; via sacra. **2**.*P.ext.* Grande provação ou tormento; sofrimento; martírio.

vi.a.du.to *sm* Grande ponte de concreto ou de ferro, para uso de veículos e de pedestres, construída elevada, para transpor um obstáculo (rua, rio, estrada, ferrovia, cruzamentos, etc.).

vi.a.gem *sf* **1**. Ato de se transportar de um lugar a outro, mais ou menos distante, por qualquer meio de locomoção: *meu trabalho requer muitas viagens.* **2**. O trajeto percorrido ou a percorrer: *não gosto de viagens longas; essa viagem é perigosa, porque teremos de passar por pântanos.* **3**. *Gír.* Estado alucinatório, provocado pelo consumo de certas drogas. (Cuidado para não usar "viajem", que é forma verbal, e não substantivo: *Espero que vocês viajem bem.*) → **viageiro** *adj* (**1**. rel. ou pert. a viagem; **2**. que viaja muito) e *sm* (viajante); **viajado** *adj* (**1**. que viajou muito; **2**. *pop.* experiente, tarimbado); **viajante** *adj* e *s2gên* (que ou pessoa que viaja por lazer ou por profissão) e *s2gên* (redução de *caixeiro-viajante*); **viajar** *v* **1**. percorrer, mover-se por: *viajar o Brasil todo;* **2**. fazer viagem ou viagens: *viajar por todo o Brasil;* **3**. *pop.* estar no mundo da lua; estar muito distraído: *eu estava viajando, por isso nem percebi qual foi a pergunta dela;* **4**. *gír.* estar sob o efeito de uma droga ou entorpecente muito violento: *deixe-o em paz, que ele está viajando!*).

vi.a.gra *sm* Vasodilatador usado no tratamento da disfunção erétil ou impotência sexual. (Trata-se de marca registrada da indústria farmacêutica Pfizer, portanto nome próprio que se tornou comum, a exemplo de *danone, gilete, band-aid,* etc.)

vi.an.dar *v* Viajar a pé: *o nordestino está acostumado a viandar sob sol causticante*. → **viandante** *adj* e *s2gên* [que ou pessoa que vianda; andarilho(a)].

vi.a-sa.cra *sf* **1**. Conjunto dos 14 quadros com as cenas da Paixão de Cristo. **2**. Conjunto das orações que se fazem diante desses quadros. · Pl.: *vias-sacras*. (Não se confunde com *via sacra*.)

vi.a.tu.ra *sf* Qualquer veículo ou meio de transporte, princ. policial ou militar.

vi.á.vel *adj* **1**. Que não oferece embaraço ou transtorno ao trânsito. **2**. Praticável, possível. → **viabilidade** *sf* (qualidade do que é viável); **viabilização** *sf* (ato ou efeito de viabilizar(-se)); **viabilizar(-se)** *v* [tornar(-se) viável].

ví.bo.ra *sf* **1**. Serpente venenosíssima. **2**. *Fig*. Pessoa falsa, traiçoeira, de mau gênio e perigosa. · V. **viperino**.

vibracall [ingl.] *sm* Dispositivo de alguns telefones celulares que vibra, assim que se recebe uma chamada. · Pronuncia-se *vibrakól*.

vi.bra.fo.ne *sm* **1**. Instrumento musical de percussão, semelhante a uma marimba. **2**. *Fig*. Pessoa que toca esse instrumento; vibrafonista. → **vibrafonista** *adj* e *s2gên* [que ou pessoa que toca vibrafone; vibrafone (2)].

vi.brar *v* **1**. Agitar: *as torcidas vibram as bandeiras de seus clubes nos estádios, à marcação de cada gol*. **2**. Ferir, tanger: *vibrar as cordas do violão*. **3**. Comunicar vibrações a; fazer tremular ou oscilar: *esta estrada de terra vibra qualquer carro*. **4**. Fazer soar, tanger: *o carteiro vibrou a campainha da casa*. **5**. Agitar, emocionando, empolgar: *o gol vibrou a torcida*. **6**. Estremecer, trepidar: *as janelas vibravam com os fortes trovões*. **7**. Manifestar grande alegria, entusiasmar-se: *a torcida vibrou com o gol*. **8**. Mostrar emoção, emocionar-se: *ela sempre reage friamente às vitórias, jamais vibra*. → **vibração** *sf* (ato ou efeito de vibrar); **vibrador** (ô) *adj* e *sm* (que ou o que vibra ou faz vibrar); **vibrante** *adj* (**1**. vibratório; **2**. *fig*. que faz vibrar; emocionante, eletrizante: *concerto vibrante*; **3**. *fig*. extremamente movimentado: *as avenidas vibrantes de Nova Iorque*; **4**. diz-se da cor relativamente alta na escala do brilho) e *adj* e *sf* [que ou consoante que se articula fazendo vibrar o ápice da língua contra os alvéolos, ou a raiz da língua contra o véu palatino (p. ex.: o *r* de *ramo*)]; **vibratório** *adj* (que vibra; vibrante).

vi.bri.ão *sm* Bactéria móvel, gram-negativa, que causa a cólera. · Pl.: *vibriões*.

vi.bris.sas *sfpl* Pelos que crescem nas fossas nasais.

vi.cá.rio *adj* **1**. Substituto. **2**. Diz-se do verbo que substitui outro, para evitar a sua repetição (p. ex.: *chore, como fazem as crianças!*). → **vicarial** *adj* (v. **vigário**).

vi.ce- *pref.* que sempre exige hífen e indica substituição (*vice--governador*) ou posição inferior (*vice-almirante*). · Usado como substantivo, varia normalmente: *os vices*.

vi.ce.jar *v* **1**. Dar viço a (plantas): *as chuvas vicejam as plantas*. **2**. Fazer brotar pujantemente: *o clima do Sul viceja as macieiras*. **3**. Fazer nascer ou surgir: *o novo governo viceja muitas esperanças*. **4**. Crescer com viço, vigor ou exuberância: *os fertilizantes fazem as plantas vicejar*. · O e continua fechado durante a conjugação. → **vicejante** *adj* (que viceja); **vicejo** (ê) *sm* (ato ou efeito de vicejar).

vi.ce.nal *adj* Feito ou renovado de 20 em 20 anos. → **vicênio** *sm* (período de 20 anos).

vi.ce-ver.sa *adv* Em ordem inversa da precedente: *ela me ama e vice-versa*.

vi.ci.nal *adj* **1**. Relativo a ou pertencente aos vizinhos: *relacionamento vicinal*. **2**. Vizinho, adjacente: *morar no bairro vicinal*. **3**. Relativo a estrada ou caminho próximo a uma cidade: *as estradas vicinais aqui não são asfaltadas*. → **vicinalidade** *sf* [qualidade de vicinal (3)].

ví.cio *sm* **1**. Prática ou hábito inveterado ou prejudicial; mania: *o vício de roer unhas*. **2**. Apego extremo a tóxicos, bebidas, jogos, etc.: *o vício de drogas*. **3**. Qualquer desvio ou deturpação linguística: *os vícios de linguagem*. · Antôn. (1): *virtude*. → **viciação** *sf* ou **viciamento** *sm* [**1**. ato ou efeito de viciar(-se); **2**. estado do que está viciado; **3**. falsificação, adulteração: *a viciação de uma balança*]; **viciado** *adj* e *sm* (**1**. que ou aquele que adquiriu algum vício e, de forma direta ou indireta, causa grandes males; **2**. que ou aquele que adquiriu algum hábito ou costume que se tornou arraigado ou tradicional; **3**. que ou aquilo que foi adulterado, falsificado, maquiado ou desvirtuado) e *adj* (corrupto, impuro); **viciar** *v* (**1**. depravar ou corromper (física ou moralmente): *a nicotina vicia as pessoas*; **2**. adulterar, falsificar: *viciar uma balança; viciar um documento*); **viciar-se** (adquirir ou contrair vício; corromper-se, perverter-se: *viciar-se na cidade grande*); **viciosidade** *sf* (qualidade de vicioso); **vicioso** (ô; pl.: ó) *adj* (**1**. caracterizado pelo vício: *conduta viciosa*; **2**. cheio de erros, imperfeições ou defeitos: *contrato vicioso*). ·· **Vício de linguagem**. Modo de se expressar contrário aos padrões normativos da língua; desvio das normas gramaticais. Compreende o barbarismo, o solecismo, a cacofonia, a ambiguidade, o preciosismo, o arcaísmo, o plebeísmo e a redundância. ·· **Vício redibitório** (dir.). Problema ou defeito oculto em algo que foi adquirido e pago, sem que o comprador fosse dele avisado no momento da compra.

vi.cis.si.tu.de *sf* **1**. Alternância ou sucessão regular de fatos de caráter oposto, prósperos ou adversos, altos e baixos da fortuna; reveses: *a vida é cheia de vicissitudes*. **2**. Fato negativo que produz uma brusca mudança na marcha dos acontecimentos; incidente: *nossa viagem foi pródiga de vicissitudes bizarras*. → **vicissitudinário** *adj* (caracterizado por vicissitudes ou sujeito a vicissitudes).

vi.ço *sm* **1**. Vigor da vegetação: *com a volta das chuvas, os campos mostram um novo viço*. **2**. *Fig*. Vigor, exuberância: *o viço da juventude*. → **viçar** *v* (**1**. vicejar: *as mangueiras viçam abundantes*; **2**. desenvolver-se, medrar: *jardim onde viça muito mato*; **3**. alastrar-se, propagar-se: *é justamente na alta sociedade que viçam os maiores escândalos e vícios*).

vi.da *sf* **1**. Propriedade ou qualidade que distingue os organismos vivos dos organismos mortos e da matéria inanimada, manifestada em funções, tais como o metabolismo, o crescimento, a reprodução e a reação a estímulos, ou em adaptação ao meio ambiente: *as origens da vida*. **2**. Condição ou estado característico de um organismo vivo. **3**. Conjunto dos organismos vivos: *vida vegetal; vida marinha*. **4**. Tipo ou aspecto particular da existência das pessoas: *começar vida nova no exterior*. **5**. Qualquer dos dois estados de existência de uma pessoa separados pela morte: *desta vida nada se leva*. **6**. Qualquer das várias existências sucessivas nas quais uma alma é considerada reencarnada, como no hinduísmo: *quem fui eu em minhas vidas passadas?* **7**. Ser vivo, princ. uma pessoa: *terremoto que ceifou milhares de vidas*. **8**. Experiências física, mental e espiritual que constituem a existência: *a vida artística de um escritor*. **9**. Intervalo de tempo entre o nascimento e a morte; existência: *ele teve vida longa; de quantos anos é a vida de uma tartaruga?* **10**. Intervalo de tempo entre o nascimento de alguém e o momento presente: *teve faringite a vida toda*. **11**. Período de um fato até a morte: *depois do acidente, ficou paralítico por toda a vida*. **12**. Segmento particular da vida de alguém: *minha vida adolescente foi rica*. **13**. Tempo em que alguma coisa inanimada ou abstrata existe, funciona ou é válida: *a vida útil de um carro; as gírias e os modismos têm vida curta; a expectativa de vida das baterias modernas*. **14**. Estado espiritual considerado na transcendência da morte do corpo. **15**. Estado de prostituição: *quando seus pais morreram, ela entrou na vida*. **16**. Existência, relações ou atividade humana em geral: *vida cotidiana*. **17**. Manifestação de vida; seres vivos: *há vida em Marte?* **18**. Modo de viver: *levar uma vida dura*. **19**. Atividade relacionada com um determinado campo ou área: *a vida militar; a vida noturna do Rio de Janeiro*. **20**. Vitalidade, vigor, energia: *rosto cheio de vida; a entrada desse atacante deu vida ao time*. **21**. Vivência, experiência: *a vida me ensinou muita coisa*. **22**. Dureza da existência: *você é muito jovem ainda, não conhece a vida*. **23**. Expressividade, vigor: *rosto sem vida*. **24**. Sobrevivência, sustento, pão de cada dia: *ele luta diariamente pela vida*. **25**. Grande motivo de prazer ou de satisfação: *o computador, hoje, é a vida da garotada*. **26**. Base, fundamento: *o petróleo é a vida da economia árabe*. **27**. Biografia ou descrição da vida de uma grande figura histórica, artística ou literária: *escrever a vida de Caxias; interessa-lhe a vida de Lennon*. **28**. Convivência conjugal; convívio sob o mesmo teto: *minha vida com ele sempre foi de muito amor e respeito*. **29**. Condição humana; mundo dos humanos: *conhecer a vida; encarar a vida*. **30**. Existência no tempo das coisas sujeitas a uma evolução: *a vida das estrelas, das palavras*. **31**. *Fig*. Pessoa considerada preciosa e fonte de vitalidade ou de animação: *os netos eram a vida dele; essa trapezista é a vida do circo; esse ator é a vida da novela*. · Antôn. (1 e 2): *morte*. · V. **vital, vitalício, vitalidade, vitalizar** e **vivificar**. → **vidão** *sm* ou **vidona** *sf* (vida cheia de prazeres e sem preocupações; vida regalada: *leva um vidão no interior*).

vide [lat.] Veja. · Abrev.: **v**. (Usado para remeter o leitor a um item ou a partes de um texto.)

vi.de.as.ta *s2gên* Produtor(a) ou diretor(a) de obras de ficção em vídeo. (A 6.ª ed. do VOLP não registra a palavra.)

vi.dei.ra *sf* Trepadeira que dá uva; vinha.

vi.den.te *adj* e *s2gên* Que ou pessoa que tem o suposto poder sobrenatural de ver o mundo espiritual e eventos futuros. → **vidência** *sf* (faculdade, qualidade ou dom de vidente).

vídeo *sm* **1**. Conjunto dos elementos da televisão relativos à transmissão ou recepção de imagens (em oposição a *áudio*). **2**. Parte do televisor na qual são vistas as imagens; tela do televisor. **3**. Televisão. **4**. Redução de *videoteipe*. **5**. Programa, filme, etc. gravado em videoteipe, geralmente disponível em videocassete. → **videocâmara** *sf* (câmara portátil, capaz de gravar imagens para televisão; câmara de vídeo); **videocassetada** *sf* (*pop*. **1**. queda ou tombo, geralmente de pessoa, registrado por um videocassete, operado por um amador; **2**. cada uma dessas quedas, mostradas na televisão); **videocassete** *sm* (**1**. cassete com fita magnética gravada; **2**. aparelho eletrônico utilizado para reprodução de filmes e programas gravados em cassetes, além de permitir gravação de som e imagens transmitidas pela televisão); **videocharge** *sf* (charge feita para a televisão, com efeitos animados, produzidos por computação gráfica); **videoclipe** *sm* (vídeo musical produzido com imagens de grande interesse visual, para promover determinada música e seu intérprete; clipe); **videoconferência** *sf* (tipo de reunião *on-line* em que os participantes, em diferentes locais, comunicam-se entre si por áudio e vídeo em tempo real); **videoescola** *sf* (escola ou conjunto de lições ministradas através do vídeo); **videoescolar** *adj* (rel. a videoescola: *lições videoescolares*); **videogame** [ingl.] ou **videojogo** (ô; pl.: ó) *sm* (**1**. jogo eletrônico ou computadorizado, com finalidade recreativa; **2**. videocassete com gravação desse jogo), que se pronuncia *vídiou-ghêiM*; **videolocador** (ô) *sm* (dono de videolocadora); **videolocadora** (ô) *sf* (loja onde se compram e alugam fitas de videocassete e de videogueime; locadora de vídeo); **videolocatário** *sm* (aquele que toma por aluguel fita de videocassete); **videomania** *sf* (paixão ou grande interesse por televisão e produtos de vídeo); **videomaníaco** *adj* (rel. a videomania) e *adj* e *sm* (que ou aquele que tem videomania); **videorreportagem** *sf* (reportagem produzida por esse jornalista); **videopôquer** *sm* (**1**. jogo de azar em que o jogador simula uma partida de pôquer contra uma máquina, que lhe apresenta, numa tela, imagens de cartas; **2**. essa máquina); **videoporteiro** *sm* (interfone de última geração, que permite ao porteiro de um edifício ver a imagem da pessoa que toca a campainha, além de ouvir sua voz); **videoquê** *sm* (**1**. aparelho eletrônico que possibilita a uma pessoa cantar vendo-se num monitor, com acompanhamento musical; **2**. estabelecimento comercial que oferece esse tipo de aparelho para tal entretenimento; **3**. esse entretenimento); **videorrepórter** *s2gên* (jornalista que utiliza sua câmera para produzir matéria), palavras estas sem registro na 6.ª ed. do VOLP; **videoteca** *sf* (**1**. arquivo, à semelhança de uma biblioteca, no qual se encontra vasto material videográfico organizado ou catalogado, para consulta; **2**. local em que se encontra esse arquivo: *a videoteca está fechada*); **videotecário** *adj* (rel. a videoteca) e *sm* (aquele que administra uma videoteca); **videoteipe** ou **teipe** *sm* [**1**. fita magnética em que se gravam sons e imagens; fita de vídeo; **2**. gravação de um programa de televisão em fita; vídeo (4); **3**. sistema que permite essa gravação: *as telenovelas eram ao vivo, antes de surgir o videoteipe*], de abrev. **VT** e pl. **VTs**; **videotex** (x = ks) *sm2núm* ou **videotexto** (ê) *sm* (**1**. sistema interativo de comunicação pela informação armazenada no computador é transmitida para televisões por cabo ou linhas telefônicas e recebida no televisor de casa, ou no terminal do computador, usado para vários serviços, tais como operações bancárias eletrônicas, correio eletrônico, compras, informações, etc.; **2**. informação recebida por tal sistema); **videowall** [ingl.] *sm* (conjunto de monitores de vídeo, instalados uns sobre os outros, formando uma espécie de parede, que exibem todos uma mesma imagem, partes diferentes de uma mesma imagem, ou imagens independentes umas das outras), de pl. *videowalls*; que se pronuncia *vídiou-uól*.

vi.dro *sm* **1**. Substância mineral, dura e frágil, geralmente transparente, muito resistente à água e aos agentes químicos, obtida pela fusão da mistura de sílica (areia), álcali (soda ou potassa) e cal. **2**. Qualquer objeto feito dessa substância: *o vidro da vitrina; o vidro do aquário*. **3**. Recipiente de vidro; frasco: *o vidro de perfume*. **4**. Conteúdo desse vidro: *ela usou um vidro de perfume para ir ao baile*. **5**. *Fig.* Qualquer coisa frágil como o vidro: *jogador que tem joelho de vidro, vive machucado*. · V. **vítreo** e **vitrificar**. → **vidraça** *sf* (**1**. folha de vidro polido, usada geralmente em caixilhos de portas e janelas; **2**. esse caixilho); **vidraçaria** *sf* [**1**. conjunto de vidraças de uma casa ou edifício; **2**. estabelecimento onde se vendem vidros; vidraria (1)]; **vidraceiro** *sm* (**1**. fabricante ou vendedor de vidros; **2**. aquele que coloca vidros nos caixilhos); **vidracento** *adj* (que tem aspecto de vidraça); **vidracista** *adj* e *s2gên* (que ou profissional que faz pinturas em vidraças ou em vitrais); **vidrado** *adj* (**1**. provido de vidros: *as janelas da construção ainda não estão vidradas*; **2**. vitrificado: *louça vidrada*; **3**. sem brilho ou transparência; embaciado, fosco: *com a idade, os olhos vão ficando vidrados*; **4**. *gír*. fascinado, apaixonado, fissurado, gamado, doente, louco, doido: *ele é vidrado em morenas; baiano é vidrado em futebol e praia*) e *sm* (**1**. brilho do vidro; **2**. substância à base de esmalte, aplicada na superfície do barro cozido, que funde durante a segunda cozedura, tornando-se brilhante e impermeável; verniz: *o vidrado tem duas funções principais: a impermeabilização e o embelezamento*); **vidragem** *sf* (ação ou efeito de vidrar); **vidrar** *v* (**1**. revestir de substância vitrificável; **2**. colocar vidro em; envidraçar; **3**. *gír*. encantar-se por; gamar: *vidrei nesse carro; o rapaz vidrou na vizinha*; **vidrar(-se)** tornar(-se) vidrado ou vitrificado; embaciar(-se): *o tempo vidra os olhos; nossos olhos se vidram com a velhice*); **vidraria** *sf* [**1**. vidraçaria (2); **2**. arte de fabricar vidro; **3**. conjunto de objetos de vidro; **4**. porção de vidros); **vidreiro** *adj* (rel. a indústria de vidros) e *adj* e *sm* (que ou aquele que trabalha com vidro); **vidrilho** *sm* (tubinhos de vidro usados na ornamentação de roupas, chapéus, penteados, etc. de mulheres).

vi.e.la *sf* Rua estreita; beco.

vi.és *sm* **1**. Obliquidade na posição de uma coisa; linha oblíqua ou diagonal: *o viés de uma parede, de um muro; o viés da torre de Pisa*. **2**. Tira estreita de pano, cortada em diagonal: *a costureira pregou o viés entre os dois babados da saia*. **3**. Linha que cruza diagonalmente a fibra do tecido: *cortar a roupa no viés*. **4**. Natureza, qualidade: *uma crítica de viés vingativo*. **5**. Rumo ou tendência que toma uma coisa ou assunto: *as negociações tomaram um novo viés; não gosto do viés que você está dando à nossa conversa*. **6**. Tendência das taxas de juros estabelecida pelas autoridades monetárias, princ. pelo Copom: *o Copom decidiu manter a taxa de juros, mas com viés de baixa*. · Pl.: *vieses*. ·· **De viés**. De esguelha, obliquamente.

Vietnã (èt) *sm* País do sudeste asiático, unido em 1976, depois de 35 anos de guerra, de área rigorosamente igual à do estado do Maranhão. → **vietnamês** (èt), **vietnamiano** (èt) *adj* e *sm*, **vietnamense** (èt) ou **vietnamita** (èt) *adj* e *s2gên*, sendo este usado como *sm* para designar o idioma dos vietnamitas.

vi.ga *sf* Barra grossa, alta e larga, de madeira, de ferro ou de concreto armado, que sustenta o peso de paredes, pavimentos, etc. · Col.: *vigamento* sm. · Dim.: *vigota*. ·· **Viga mestra**. Viga maior, de grande sustentação, que, numa construção, recebe a maior carga de peso.

vi.gá.rio *sm* Padre responsável por uma paróquia; pároco. → **vicarial** *adj* (rel. a vigário ou a vicariato); **vicariato** *sm* (residência, cargo ou jurisdição de vigário); **vigarice** *sf* ou **vigarismo** *sm* [**1**. ato de vigarista ou próprio de vigarista; **2**. trapaça, falcatrua, maracutaia]; **vigarista** *adj* e *s2gên* [**1**. que ou pessoa que é dada a aplicar o conto do vigário, enganando as pessoas sem o menor escrúpulo, para obter vantagem; trapaceiro(a); tratante; **2**. *p.ext*. que ou pessoa que usa de má-fé para tirar dinheiro de incautos; pilantra, velhaco(a)] e *sf* (*pop*. mulher que se prostitui; prostituta).

vi.ger *v* Estar em vigor; vigorar: *a moda feminina que vige neste verão é tentadora*. (Só se conjuga nas pessoas que mantêm a vogal temática *-e-*; é mais usado nas terceiras pessoas, do singular e do plural.) → **vigência** *sf* (qualidade do que é vigente); **vigente** *adj* (que vigora ou vige; que está em vigor: *lei vigente; rejeitar os padrões morais vigentes*).

vi.gé.si.mo *num* **1**. Ordinal e fracionário correspondentes a vinte. // *sm* **2**. Cada uma das 20 partes iguais em que se divide um todo; a vigésima parte. **3**. O que ocupa o vigésimo lugar. → **vigesimal** *adj* (rel. a vigésimo).

vi.gi.a *sf* **1**. Ato ou efeito de vigiar. **2**. Estado de quem vigia. **3**. Guarita de sentinela em lugar alto. // *sm* **4**. Qualquer animal que sirva de guarda. // *s2gên* **5**. *Fig.* Pessoa encarregada de observar o que se passa, de tomar conta de um lugar, princ. durante a noite, precisando estar sempre desperta e atenta; vigilante. → **vigiar** *v* (**1**. espreitar, espiar: *o pai da moça vigia o namoro dela na varanda*; **2**. guardar, cuidar de: *a babá vigia as crianças*; **3**. estar acordado; velar: *vigiei a noite inteira naquele velório*).

vi.gi.lan.te *adj* e *s2gên* **1**. Que ou pessoa que está sempre alerta, em cuidado contínuo, para não se deixar enganar; que ou pessoa que está permanentemente atenta. // *s2gên* **2**. Vigia (5). → **vigilância** *sf* (**1**. observação atenta, rigorosa: *ele está sob vigilância da guarda municipal; o preço da liberdade é a eterna vigilância;* **2**. observação contínua de um lugar: *câmera de vigilância*).

vi.gí.lia *sf* **1**. Estado daquele que, durante a noite, fica desperto por alguma razão. **2**. Período de extrema atenção, princ. durante a noite. **3**. Véspera de festa de igreja.

vi.gor (ô) *sm* **1**. Força legal; validade, vigência: *a lei ainda está em vigor*. **2**. Força física ou mental; energia, vitalidade: *é jovem, por isso tem vigor para trabalhar*. **3**. Crescimento ativo, forte; força: *em terra boa, a soja cresce com vigor*. **4**. Sentimento forte ou intenso; entusiasmo: *recebeu a boa notícia com o vigor de sempre*. **5**. Intensidade, força, energia: *o vigor com que ela recusou o convite é significativo*. · Antôn. (2 e 4): *fraqueza*. → **vigorar** *v* (**1**. dar vigor, força ou vitalidade a; fortalecer: *o ar do campo me vigorou;* **2**. adquirir vigor, força, energia; fortalecer-se: *o doente já começa a vigorar;* **3**. estar em vigor ou vigência: *a lei vigorará já a partir de amanhã*); **vigoroso** (ô; pl.: ó) *adj* (cheio de vigor).

viking [ingl.] *s2gên* Membro dos vikings, povo escandinavo de navegadores que saquearam as costas da Europa do séc. IX ao XI. · Pl.: *vikings*. · Pronuncia-se *váikin*, mas no Brasil só se ouve *víkin*. (A 6.ª ed. do VOLP traz o aportuguesamento *viquingue* e – pasmemos! – *apenas* como adjetivo. Esse é o nosso vocabulário oficial...)

vil *adj* e *s2gên* **1**. Que ou pessoa que, perdendo a estima dos outros e a própria, vende sua honra e comete as maiores indignidades, tornando-se digno de desprezo; calhorda, canalha, patife. // *adj* **2**. Odiosamente mau; infame: *submeteram Cristo a vis torturas e humilhações*. **3**. Extremamente desagradável; ofensivo ou repugnante: *cheiro vil; é um fato tão vil, que nem merece comentário*. **5**. Muito baixo; ínfimo, irrisório: *receber salário vil*. **6**. Desprezível, humilde: *tarefas vis*. **7**. Indigno, miserável: *ter uma existência vil; viver vida vil*. **8**. Sem escrúpulos; degradável; moralmente baixo ou chão; mesquinho, sórdido: *numa atitude das mais vis, ele delatou o colega, para tomar-lhe o posto*. · Antôn. (1): *nobre, virtuoso*; (5): *elevado*; (6): *nobre*. · V. **vilania**. → **vileza** (ê) *sf* (**1**. qualidade de vil; **2**. ato vil ou baixo; baixeza), de antôn. *nobreza*.

vi.la *sf* **1**. Povoação de categoria superior à da aldeia e inferior à da cidade. **2**. Conjunto de todos os habitantes dessa povoação. **3**. Conjunto residencial popular, caracterizado por casas humildes. **4**. Qualquer conjunto semelhante. · Dim.: *vilela, vileta* ou *vilota*.

vi.la.ni.a *sf* **1**. Qualidade de vilão ou de vil; vileza. **2**. Ação ou dito de vilão. **3**. Avareza.

vi.lão *adj* e *sm* **1**. Que ou pessoa que, na Idade Média, vivia na vila ou na zona rural; camponês (em oposição a *burguês*, aquele que vivia no burgo ou cidade). **2**. Que ou aquele que é cruel e dado a cometer crimes de todos os tipos; bandido. **3**. Que ou aquele que é vil, baixo, sórdido; calhorda, canalha, patife. · Fem.: *vilã* ou *viloa* (ô). · Pl.: *vilãos, vilães* ou *vilões*. · V. **vilania**.

vi.la.re.jo (ê) *sm* Pequeno povoado; lugarejo.

vi.le.gi.a.tu.ra *sf* Temporada que as pessoas da cidade passam no campo, estações balneárias ou nas praias; veraneio. → **vilegiaturista** *adj* e *s2gên* (que ou pessoa que veraneia; veranista).

vi.li.pên.dio *sm* **1**. Grande desprezo ou modo ofensivo de tratar uma pessoa ou coisa; menosprezo, afronta: *ele agora é vítima de vilipêndio da ex-mulher*. **2**. Atitude de quem deprecia as qualidades de alguém ou de algo; desvalorização, degradação: *como foi um traidor, mereceu o vilipêndio dos companheiros*. · Antôn. (1): *apreço, carinho, consideração*; (2): *elogio*. → **vilipendiar** *v* (tratar com vilipêndio; manifestar grande desprezo a); **vilipendioso** (ô; pl.: ó) *adj* (cheio de desprezo ou caracterizado por vilipêndio).

vi.me *sm* **1**. Vara fina e flexível, semelhante ao bambu, utilizada para atar parreiras, vinhas, etc. e também para fazer cestos, móveis, etc. **2**. Qualquer vara fina e flexível. → **vimial** ou **vimeiro** *sm* (grande plantação de vimeiros); **vimeiro** *sm* (arbusto cultivado para a produção de vime); **vimíneo, viminoso** (ô; pl.: ó) ou **vimoso** (ô; pl.: ó) *adj* (**1**. feito de vime; **2**. em que há vimeiros).

vi.ná.ceo *adj* Feito de vinho ou semelhante a vinho.

vi.na.gre *sm* Produto líquido e acre, resultante da fermentação acética do vinho ou de qualquer líquido alcoólico (álcool de cereais, cidra, etc.). → **vinagreira** *sf* (vasilha em que se guarda o vinagre); **vinagrete** *sm* (molho feito de vinagre e azeite de oliva, temperado com sal, pimenta-do-reino e pedaços de cebola picada) e *adj* (diz-se desse molho).

vi.ná.rio *adj* Relativo a vinho: *recipiente vinário*.

vin.cha *sf* Tira ou faixa com que se cinge a cabeça, para evitar que o cabelo caia na testa: *o jogador entrou em campo usando adereços como um brinco e uma vincha*.

vin.co *sm* Aresta bem marcada por uma dobra ou prega, como nas calças, p. ex. → **vincar** *v* (fazer vincos em: *ninguém mais vinca as calças*).

vín.cu.lo *sm* **1**. Tudo o que liga ou une; laço: *o vínculo entre tabaco e câncer é de todos sabido*. **2**. Relação formal; ligação profissional: *vínculo empregatício; o atleta mantém vínculo com o clube somente enquanto vige o seu contrato*. **3**. Relação forte de sentimentos; laço moral; relacionamento, ligação, elo: *há entre eles um forte vínculo de amizade; estar ligado a alguém por vínculos afetivos*. **4**. Nexo, sentido, conexão, relação: *que vínculo tem essa questão com o meu problema?* → **vinculação** *sf* [ato ou efeito de vincular(-se)]; **vincular** *v* (**1**. ligar ou prender moralmente: *um grande amor vincula as pessoas*; **2**. penhorar: *vincular bens*; **3**. ligar, associar: *vincular uma questão a outra*; **4**. condicionar: *o banco vinculou o empréstimo à hipoteca da casa*; **5**. prender, arraigar: *o governo quer vincular o homem à terra*); **vincular(-se)** [anexar(-se), ligar(-se), juntar(-se): *vincular um documento ao outro; vincular-se a um partido*].

vin.di.ma *sf* **1**. Colheita de uvas. **2**. Conjunto de todas as uvas colhidas. **3**. Período de vindima. → **vindimar** *v* (fazer a vindima de; colher as uvas de).

vin.gar *v* **1**. Tirar vingança de; infligir punição ou penalidade em revide a: *vingar um assassinato*. **2**. Infligir punição a alguém, para satisfação pessoal de (a pessoa ofendida): *o filho vingou o pai*. **3**. Tirar desforra de; desforrar: *vingar uma ofensa*. **5**. Desafrontar: *vingar a honra da família*. **5**. Promover a reparação de; reparar: *vingar danos morais, através da justiça*. **6**. Conseguir ou lograr (antes de infinitivo): *ele vingou eleger-se*. **7**. Alcançar ou atingir o seu objetivo; ser bem-sucedido; dar certo: *a iniciativa vingou*. **8**. Desenvolver-se, crescer, medrar: *a planta não vingou*. **9**. Prevalecer: *sua ideia não vingará*. **10**. Sobreviver, sobrar: *tantos filhotes nascidos, e só vingou um*. **11**. Tornar-se fato linguístico; consagrar-se: *a forma vitrô, eminentemente popular, vingou, apesar do VOLP*. **vingar-se 12**. Tirar vingança de afronta, ofensa, injúria ou qualquer outro mal recebido: *não descansou enquanto não se vingou do pai assassinado*. → **vingança** *sf* [**1**. ato ou efeito de vingar(-se); **2**. revide de uma agressão ou ato violento, mediante outra agressão ou ato violento, como punição ou retribuição; retaliação, represália; **3**. desejo ardente de retaliar, de se vingar; **4**. desforra, revanche]; **vingativo** *adj* (**1**. que é dado a vingança; **2**. em que há vingança).

ving tsun [chin.] *loc sm* Luta marcial de origem chinesa, um dos tipos de *kung fu*, que consiste basicamente em dois golpes: um chute e um soco rápidos, desferidos em pontos estratégicos e mais sensíveis do oponente.

vi.nha *sf* **1**. Videira. **2**. Plantação de videiras. **3**. Cultura de videiras; vinhataria. → **vinhal** ou **vinhedo** (ê) *sm* (grande plantação de vinhas); **vinhataria** *sf* [**1**. vinha (3); **2**. fabricação de vinho]; **vinhateiro** *adj* (rel. a vinhas) e *adj* e *sm* (que ou aquele que cultiva vinhas ou fabrica vinhos); **vinheiro** *sm* (cultivador de vinhas; vinhateiro).

vi.nhe.ta (ê) *sf* **1**. Desenho decorativo ou pequena ilustração usada geralmente no frontispício de um livro ou no início de um capítulo. **2**. Qualquer ornamento usado em artes gráficas. **3**. Peça curta para rádio ou televisão, usada repetidas vezes durante uma programação (no seu início, reinício ou encerramento), para identificar o programa, a estação ou o patrocinador. **4**. Logotipo de emissora de televisão. → **vinhetista** *adj* e *s2gên* (especialista em vinhetas).

vi.nho *sm* **1**. Bebida obtida pela fermentação alcoólica do sumo de frutas frescas, princ. de uvas (no caso de outras frutas, acrescenta-se o nome da fruta usada. **2**. Cor vermelho-escura, própria do vinho tinto. // *adj* **3**. Diz-se dessa cor. **4**. Que tem essa cor: *camisas vinho*. (Como se vê, não varia.) · V. **vináceo, vinário** e **vinicultura**. → **vinhaça** *sf* (**1**. vinho ordinário, vagabundo; **2**. abundância de vinho; **3**. vinhoto); **vinificação** *sf* (**1**. fabrico de vinho; **2**. técnica ou processo de tratar o vinho); **vinificador** (ô) *sm* (aparelho próprio para evitar o contato do ar com o vinho); **vinificar** *v* [transformar (uvas ou outras frutas) em vinho, pela fermentação].

vi.nho.to (ô) *sm* Resíduo ou subproduto da destilação do álcool de cana-de-açúcar; vinhaça, restilo.

vi.ni.cul.tu.ra *sf* **1**. Cultura das vinhas; viticultura. **2**. Fabricação de vinho. → **vinicultor** (ô) ou **viticultor** (ô) *sm* (aquele que se dedica à vinicultura).

vi.nil *sm* **1**. Plástico flexível e durável, usado em capas, discos fonográficos, etc. **2**. Disco fonográfico feito com esse plástico. → **vinílico** *adj* (**1**. rel. a vinil; **2**. que contém vinil; **3**. que é feito de vinil).

vintage [ingl.] *adj* e *sm* **1**. Que ou vinho que foi produzido de uma safra de altíssima qualidade: *para ser* vintage, *o vinho tem que ser produzido somente com uvas de um determinado ano, de uma casta ou de várias*. **2**. Diz-se de ou qualquer artigo ou peça antiga e clássica, em bom estado de conservação e qualidade, de alto valor, por sua originalidade, que geralmente se encontra em brechós, antiquários e outras lojas especializadas: *sapatos* vintage, *móveis* vintage. **3**. Diz-se dessas peças ou dessas lojas: *peças* vintage; *lojas* vintage. (Como se vê, não varia.) · Pronuncia-se *víntedj*. (Não se confunde com *retrô*.)

vin.te *num* **1**. Duas dezenas (20, XX). **2**. Vigésimo: *página vinte*. // *sm* **3**. Algarismo representativo desse numeral. · Ordinal e fracionário: *vigésimo*. → **vintena** *sf* (**1**. grupo de vinte: *uma vintena de eleitores*; **2**. a vigésima parte: *receber a vintena de herança*). ·· **Vinte e um**. Jogo de cartas de azar, cujo objetivo é receber cartas de valores não superiores a 21; *blackjack*.

vin.tém *sm* **1**. Antiga moeda portuguesa de cobre que valia vinte réis. **2**. *Fig.* Dinheiro, tostão: *estou sem vintém*.

vi.o.la *sf* **1**. Instrumento musical de cordas dedilháveis, de som agudo, semelhante ao violão, com cinco ou seis cordas metálicas duplas. **2**. Violeiro ou violista. → **violeiro** *sm* (fabricante, vendedor ou tocador de viola; **violista** *s2gên* [pessoa que toca viola (viola (2)].

vi.o.lão *sm* **1**. Instrumento musical de seis cordas dedilháveis, maior que a viola, cuja caixa de ressonância tem forma de 8, e braço longo, largo e reto. **2**. Violonista. **3**. *Fig.* Mulher de cintura fina e quadril largo, com um violão, modelo de perfeição na década de 1940. → **violonista** *s2gên* [pessoa que toca violão; violão (2)].

vi.o.lar *v* **1**. Infringir, transgredir: *violar os direitos humanos*. **2**. Quebrar, quebrantar: *violar a privacidade alheia*. **3**. Profanar, desrespeitar o caráter sagrado de: *violar uma sepultura*. **4**. Revelar ou divulgar (o que deveria ser mantido em segredo): *violar segredos*. **5**. Atentar violentamente contra o pudor de; estuprar; violentar: *violar virgens*. **6**. Devassar o conteúdo de: *violar uma carta*. **7**. Invadir ilegalmente (domicílio alheio). → **violação** *sf* (ato ou efeito de violar).

vi.o.len.to *adj* **1**. Caracterizado por grande força, intensidade ou severidade. **2**. Que, por temperamento, usa e abusa da força física, praticando atos agressivos ou brutais; furioso. **3**. Que exige muita força; que exaure as forças. **4**. Enérgico e forte. **5**. Extremamente duro; desleal. **6**. Caracterizado por grande força destrutiva. **7**. Causado por forças humanas, e não naturais. → **violência** *sf* (**1**. ato violento; **2**. qualidade de violento; **3**. intensidade, severidade; **4**. força indomável; fúria; **5**. exercício abusivo ou injusto do poder; coação); **violentar** *v* (**1**. sofrer violência física ou moral; constranger: *essa prática é repugnante e violenta o meu caráter*; **2**. violar, estuprar: *violentar uma mulher*); **violentar-se** (fazer alguma coisa contra a vontade; constranger-se: *ela se violenta diante do marido, porque não pode manifestar-se*).

vi.o.le.ta (ê) *sf* **1**. Planta ornamental, cuja flor, de cor roxa, tem suave perfume. **2**. Essa flor. // *sm* **3**. Cor roxa, própria dessa flor. // *adj* **4**. Diz-se dessa cor. **5**. Que tem essa cor: *gravatas violeta*. (Como se vê, não varia.) → **violáceo** *adj* (rel. ou sem. a violeta).

vi.o.li.no *sm* **1**. Instrumento musical de madeira, de quatro cordas, que se faz vibrar por fricção de um arco. **2**. *Fig.* Violinista. → **violinista** *s2gên* [pessoa que toca violino; violino (2)].

vi.o.lon.ce.lo *sm* **1**. Instrumento musical de cordas e arco, semelhante ao violino, mas de grandes dimensões e de tom mais grave. **2**. *Fig.* Violoncelista. → **violoncelista** *s2gên* [pessoa que toca violoncelo; violoncelo (2)].

VIP *s2gên* Acrônimo inglês de *very important person*. **1**. Pessoa muito importante ou influente. // *adj* **2**. Diz-se desse tipo de pessoa. **3**. Destinado exclusivamente a esse tipo de pessoa: *sala VIP*. **4**. *P.ext*. Excelente: *hotel de café da manhã* vip. · Pl.: *VIPs*.

vi.pe.ri.no *adj* **1**. Relativo, pertencente ou semelhante a víbora. **2**. *Fig.* Que ofende muito; ofensivo; agressivo: *mulher de língua viperina*.

vi.quin.gue *s2gên* V. **viking**.

vir *v* **1**. Deslocar-se ou dirigir-se ao lugar em que está o ouvinte: *ela sempre vem aqui*. **2**. Regressar, voltar: *ele já veio da fazenda?* **3**. Chegar, proceder: *o avião que pousou veio do Japão*. **4**. Provir, proceder: *de onde vem esse ruído?* **5**. Descender: *ele vem de família humilde*. **6**. Ocorrer: *foi a primeira coisa que me veio à cabeça*. **7**. Surgir, aparecer: *a Lua veio magnífica hoje*. **8**. Caminhar, andar: *ela vinha depressa, e eu, devagar*. **9**. Afluir: *todos vieram ao estádio de uma só vez*. **10**. Acudir: *gritei por socorro, mas ninguém veio*. **11**. Originar-se, proceder, ter origem em: *a maior parte das palavras portuguesas vem do latim*. **12**. Chegar (tempo, ocasião): *tempo virá em que cobrarão impostos até do ar que respiramos*. **13**. Estar para acontecer: *só os profetas sabem o que há de vir*. **14**. Aparecer, apresentar-se, comparecer: *toquei a campainha, mas não veio ninguém*. **15**. Ser disponível: *a roupa vem em três modelos e em três tamanhos*. · Conj.: *venho, vens, vem, vimos, vindes, vêm* (pres. do ind.); *vinha, vinhas, vinha, vínhamos, vínheis, vinham* (pret. imperf.); *vim, vieste, veio, viemos, viestes, vieram* (pret. perf.); *viera, vieras, viera, viéramos, viéreis, vieram* (pret. mais-que-perf.); *virei, virás, virá, viremos, vireis, virão* (fut. do pres.); *viria, virias, viria, viríamos, viríeis, viriam* (fut. do pret.); *venha, venhas, venha, venhamos, venhais, venham* (pres. do subj.); *viesse, viesses, viesse, viéssemos, viésseis, viessem* (pret. imperf.); *vier, vieres, vier, viermos, vierdes, vierem* (fut.); *vindo* (gerúndio); *vindo* (particípio); *vir* (infinitivo impessoal); *vir, vires, vir, virmos, virdes, virem* (infinitivo pessoal). · Antôn.: *ir*. → **vinda** *sf* (**1**. ato ou efeito de vir; **2**. chegada; **3**. volta, retorno, regresso); **vindo** *adj* (que veio ou chegou; chegado); **vindouro** *adj* (que deve vir ou acontecer dentro de pouco tempo).

vi.ra *sf* **1**. Pedaço de tecido fino e macio, geralmente bordado, que se coloca na beirada da manta que envolve um recém-nascido, para não irritar a pele delicada do bebê. **2**. Tira de couro estreita que se costura ou prega entre as solas do calçado, junto às bordas. // *sm* **3**. Música e dança de roda portuguesas.

vi.ra.bre.quim *sm* Peça do motor de explosão que permite, em conjunto com bielas, transformar o movimento alternado do pistão em movimento de rotação; eixo ou árvore de manivelas. (A 6.ª ed. do VOLP registra também *girabrequim*, que era considerada forma cacográfica até pouco tempo atrás.)

vi.ra.ção *sf* **1**. Vento fresco e suave que marca a virada da temperatura, soprando do mar para a terra. **2**. *Pop.* Prostituição: *mulher de viração*.

vi.ra-ca.sa.ca *s2gên* Pessoa que costuma mudar de ideias, de preferências, de opiniões ou de princípios conforme as conveniências e as circunstâncias. · Pl.: *vira-casacas*.

vi.ra.do *adj* **1**. Voltado. **2**. Que está às avessas ou pelo avesso. **3**. Dobrado, voltado. **4**. Revirado. **5**. Posto no sentido oposto. **6**. Apontado, dirigido. // *sm* **7**. Redução de *virado de feijão*, a que também chamam *viradinho*, prato da culinária paulista, feito com tutu de feijão, torresmos, farinha, linguiça, ovos estrelados, couve, arroz e costeletas de porco.

vi.ra.go *sf* Mulher que tem estatura, voz, aspecto e maneiras de homem; machona, sapatão, mulher macho. (Como feminino de *varão*, é termo obsoleto.)

vi.ral *adj* Virótico.

vi.ra-la.ta *sm* **1**. Cão sem raça nem dono, sem características fixas, mas muito dócil e inteligente, que vive nas ruas, procurando alimento nas latas de lixo. // *adj* **2**. Diz-se desse cão. · Pl.: *vira-latas*.

vi.ra.li.zar *v* Disseminar-se (conteúdo) rápida e amplamente pelas redes sociais, de forma a criar um impacto ou efeito semelhante a um vírus, permitindo que seja compartilhado por uma infinidade de pessoas: *o vídeo da chacina viralizou*. → **viralização** *sf* (ato ou efeito de viralizar).

vi.rar *v* **1**. Volver: *virar uma pedra, para ver se há minhocas embaixo*. **2**. Voltar para trás ou para o lado: *virar o rosto*. **3**. Voltar completamente: *vire o disco!* **4**. Pôr ao avesso, revirar: *a lavadeira virou os bolsos das calças, para ver se não havia nada dentro*. **5**. Beber de uma só vez: *virou uma garrafa de cerveja*. **6**. Dobrar: *virei a esquina e não mais a vi*. **7**. Girar: *este ventilador vira rápido*. **8**. Mudar (o tempo): *de repente, o tempo virou, choveu e ficamos sem praia*. **9**. Estar voltado: *casas que viram para o nascente*. **10**. Emborcar: *se a canoa não virar, olê, olê, olá*. **11**. Transformar-se em; tornar-se em: *o dia virou noite.* **virar-se 12.** Voltar-se: *virou-se e viu-a beijando outro.* **13.** Rebelar-se, revoltar-se: *a torcida acabou virando-se contra os jogadores mercenários da equipe.* **14.** Dar voltas; agitar-se: *virar-se na cama.* **15.** Pôr-se em posição oposta: *virar-se de bruços.* **16.** Esforçar-se para ganhar a vida: *os rapazes estão se virando bem sozinhos em São Paulo.* **17.** Fazer bico ou serviço extra: *nos fins de semana ela se vira, vendendo sanduíches na praia.* **18.** Danar-se, estrepar-se: *você votou nele, agora se vire!* **19.** Fazer bico ou serviço extra: *nos fins de semana ela se vira vendendo sanduíches na praia.* → **virada** *sf* [**1.** ato ou efeito de virar(-se); **2.** mudança brusca e radical; **3.** situação em que a equipe que está em desvantagem reage e vence a partida].

vi.ra.vol.ta *sf* **1.** Volta completa: *o motorista deu uma viravolta e retornou.* **2.** Mudança total; reviravolta: *houve uma viravolta na situação política.* **3.** Cambalhota: *a cada gol que fazia ele dava uma viravolta, para comemorar.* **4.** Vicissitudes; altos e baixos: *as viravoltas da vida.* → **viravoltar** ou **viravoltear** *v* (dar viravolta), sendo este conjugado por *frear*.

vir.gem *adj* e *sf* **1.** Que ou mulher que ainda não manteve relações sexuais; donzela. // *adj* **2.** Diz-se do homem que ainda não teve relações sexuais com mulher; casto. **3.** Diz-se da mata ou da terra inexplorada. **4.** Diz-se de filme fotográfico ou fita magnética ainda não utilizada ou gravada. **Virgem 5.** Mãe de Jesus. **6.** Retrato ou imagem dela. **7.** Constelação e signo do zodíaco. → **virginal** *adj* (rel. ou pert. a virgem); **virgindade** *sf* (estado de pessoa virgem); *virginiano adj* e *sm* (que ou aquele que nasceu sob o signo de Virgem).

vír.gu.la *sf* **1.** Sinal de pontuação (,) que indica pequena pausa respiratória na leitura, o que equivale a uma pequena ou grande mudança na entoação. **2.** Sinal que separa, na notação decimal de um número, a parte inteira da parte decimal. → **virgulação** *sf* (colocação de vírgulas); **virgular** *v* (colocar vírgulas em).

vi.ril *adj* **1.** Relativo ou pertencente ao varão ou homem forte, másculo. **2.** Que tem ou mostra força masculina. **3.** Capaz de se portar como macho; potente. → **virilidade** *sf* (**1.** qualidade de viril; **2.** conjunto de características físicas e psíquicas do sexo masculino; **3.** capacidade de gerar; vigor sexual; potência); **virilismo** *sm* (presença de características sexuais secundárias maculinas numa mulher); **virilizar(-se)** *v* [tornar(-se) viril ou forte].

vi.ri.lha *sf* Ponto de junção entre a coxa e a parte inferior do abdome ou tronco; região inguinal.

vi.ro.lo.gi.a *sf* Estudo dos vírus e das doenças virais. → **virológico** *adj* (rel. a virologia); **virologista** *adj* e *s2gên* ou **virólogo** *sm* (especialista em virologia).

vi.ro.se *sf* Doença provocada por vírus.

vi.ró.ti.co ou **vi.ral** *adj* **1.** Relativo a vírus. **2.** Causado por vírus. **3.** Da natureza de vírus.

vir.tu.al *adj* **1.** Que não existe no momento, mas pode vir a existir; que se encontra no estado da simples possibilidade; possível: *espero passar o próximo Natal na minha virtual casa de praia; sua coragem era apenas virtual.* **2.** Diz-se do que é praticamente certo ou assegurado: *meu time era o virtual campeão brasileiro de futebol, em 2009.* **3.** Em informática, que se simula por programas de computador; que tem existência aparente e não real: *imagens virtuais; realidade virtual.* **4.** Em informática, que acontece ou se faz pela Internet; que existe apenas na Internet: *as conversas virtuais num chat; fazer um curso virtual; namoro virtual; biblioteca virtual.* → **virtualidade** *sf* (qualidade de virtual).

vir.tu.de *sf* **1.** Conformidade da vida e da conduta de alguém com os princípios éticos ou morais (em oposição a *vício*); retidão de comportamento: *São Francisco de Assis era um homem de grande virtude.* **2.** Exemplo ou tipo de excelência ética ou moral: *a virtude da paciência.* **3.** Castidade nas mulheres. **4.** Qualidade benéfica; vantagem: *plano que tem a virtude de ser prático; vizinho que tem a virtude de não perturbar.* ·· **Em virtude de.** Em razão de, por causa de, por efeito de.

vir.tu.o.se (ô) *s2gên* ou **vir.tu.o.so** (ô; pl.: ó) *sm* Músico(a) de raro talento, técnica ou estilo pessoal.

vir.tu.o.so (ô; pl.: ó) *adj* **1.** De grandes virtudes: *levar vida virtuosa; homem virtuoso.* **2.** Casto ou puro (diz-se de mulheres): *enquanto viveu na zona rural, era uma mulher virtuosa; depois que veio para a cidade, corrompeu-se.* **3.** Caracterizado pela virtude: *ação virtuosa.* **4.** Eficaz: *remédio virtuoso.* // *sm* **5.** Virtuose. → **virtuosidade** *sf* ou **virtuosismo** *sm* (qualidade de virtuoso).

vi.ru.len.to *adj* **1.** Relativo a vírus ou que contém vírus. **2.** Produzido por vírus: *a covid-19 é um mal virulento.* **3.** Extremamente venenoso. **4.** *Fig.* Muito violento ou agressivo: *acusação virulenta.* → **virulência** *sf* (qualidade ou estado de virulento).

vírus *sm2núm* **1.** Organismo ultramicroscópico, infeccioso, que se multiplica somente dentro das células de hospedeiros vivos (bactérias, plantas e animais). **2.** Pequeno programa clandestino que corrompe todos os dados e arquivos, propagando-se de computador para computador, quando são trocados os discos. · V. **viralizar, virótico** e **virulento**.

vi.sa.gem *sf* **1.** Trejeito fisionômico; esgar (1): *olhar para um miserável, com visagem de pena.* **2.** Ornamento com forma de cabeça ou de cara; carranca. **3.** *Pop.* Assombração, fantasma.

vi.são *sf* **1.** Ato ou efeito de ver. **2.** Sentido pelo qual se percebem a luz e as cores. **3.** Ponto de vista; modo de ver; vista. **4.** Imagem sobrenatural que se julga ver em sonhos ou por superstição. **5.** Aparição fantástica. **6.** Vista, paisagem, panorama. · V. **visionário** e **visual**.

vi.sar *v* **1.** Apontar (arma de fogo) para; disparar contra; mirar: *visar um alvo; o policial visou o bandido, mas acabou acertando um refém.* **2.** Dirigir o olhar para: *o goleiro só teve tempo de visar a bola passando rente à trave.* **3.** Pôr o sinal de visto em; carimbar, autenticando; validar: *visar um passaporte.* **4.** Ter como destinatário; dirigir-se a: *a fábrica visa crianças de até 12 anos com esses jogos.* **5.** *Fig.* Ter em vista; pretender, objetivar: *visar (a) um salário melhor; os japoneses visavam (a)o domínio de toda a Ásia, durante a guerra; essa providência visa (a) melhorar o atendimento.* → **visada** *sf* (ato ou efeito de visar); **visado** *adj* (**1.** que recebeu um visto de instituição ou autoridade competente: *cheque visado; documento visado*; **2.** que se tem em vista ou em mira: *os objetivos visados foram atingidos*; **3.** marcado, procurado: *esse tipo de carro é muito visado pelos ladrões*).

vís.ce.ra *sf* **1.** Qualquer órgão vital das cavidades do corpo, princ. os da cavidade abdominal (coração, pulmões, rins, etc.). // *sfpl* **2.** Intestinos. → **visceral** *adj* (rel. ou pert. a vísceras).

vis.co *sm* V. **visgo**.

vis.con.de *sm* **1.** Título de nobreza imediatamente inferior ao de conde, dado princ. aos filhos caçulas do conde, e superior ao de barão. **2.** Aquele que detém esse título. · Fem.: *viscondessa* (ê). → **viscondado** *sm* (título ou dignidade de visconde ou viscondessa).

vi.sei.ra *sf* Parte anterior de capacete, quepe, boné, etc. destinada a proteger os olhos do sol.

vis.go ou **vis.co** *sm* **1.** Planta parasita. **2.** Suco vegetal grosso, em que se envolvem varinhas, para apanhar passarinhos. **3.** *Fig.* Isca, engodo, chamariz: *como visgo, ela usava um decote insinuante.* → **viscosidade** *sf* (qualidade ou estado de viscoso); **viscoso, visgoso** (ô; pl.: ó) ou **visguento** *adj* (**1.** grudento, pegajoso: *as lesmas são animaizinhos viscosos*; **2.** espesso ou gelatinoso; de alta viscosidade: *óleo é substância viscosa*; **3.** em que há visgo: *substância visguenta*).

vi.si.go.do (ô) *sm* **1.** Membro dos visigodos ou godos ocidentais, povo germânico que no ano de 200 invadiu a Dácia (Romênia), derrotou os romanos em 378 e, liderados por Alarico I, invadiu o norte da Itália e saqueou Roma (410). // *adj* **2.** Relativo ou pertencente a esse povo. → **visigótico** *adj* (rel. a visigodos).

vi.si.o.ná.rio *adj* **1.** Relativo a visões sobrenaturais ou fantasmas. // *adj* e *sm* **2.** Que ou aquele que tem ou crê ter visões sobrenaturais. **3.** Que ou aquele que tem ideias, planos ou ideais excêntricos, utópicos, irrealizáveis, sonhadores; sonhador.

vi.si.ta *sf* **1.** Ato ou efeito de visitar; visitação. **2.** Ação de visitar lugar ou pessoa, por alguma razão. **3.** Pessoa que visita; visitante.

vi.si.tar *v* **1.** Ir a um lugar e permanecer com (pessoa ou grupo de pessoas), por um certo período de tempo, por razões sociais, de amizade ou de cortesia: *visitar os amigos.* **2.** Ir ver ou passar o tempo em (um lugar) com certo propósito: *visitar um museu.* **3.** Ir ver, por caridade ou devoção, a fim de ajudar, consolar, prestar solidariedade, etc.: *visitar os doentes.* **4.** Ir ver com propósitos de consulta ou exame; consultar: *você precisa visitar um dentista, porque está com um terrível mau hálito!* **5.** Ir ver com propósitos comerciais: *o gerente do banco visitou dois clientes hoje; visitar uma feira em Frankfurt, Alemanha.* **6.** Viajar por; percorrer viajando: *antes de conhecer o exterior, visite o Brasil!* → **visita** ou **visitação** *sf* (ato ou efeito de visitar); **visitante** *adj* e *s2gên* (que ou pessoa que visita; visita: *visitante de feira internacional*) e *s2gên* (pessoa que passa por um determinado *site*, na Internet).

vi.sí.vel *adj* **1**. Que pode ser visto a olho nu: *o farol do porto é visível a quilômetros de distância; planeta visível toda noite*. **2** *Fig*. Evidente, claro, óbvio: *o progresso do Brasil é visível*. **3**. Que se consegue ver; aparente; exposto à vista: *a Lua já está visível; a vestimenta da muçulmana deixa visíveis apenas os olhos*. **4**. Que está em condições de receber visitas: *o médico considerou-o visível*. · Superl. abs. sint. erudito: *visibilíssimo*. → **visibilidade** *sf* (qualidade, atributo ou condição do que é visível).

vis.lum.brar *v* **1**. Ver indistintamente, ao longe; entrever: *vislumbrou na rua o vulto de um homem*. **2**. Imaginar, conjeturar: *nem sequer pude vislumbrar o que ela estava querendo dizer com aquilo*. **3**. Ter leve semelhança com; lembrar: *ela vislumbra a mãe*. **4**. Aventar, entrever, pressentir: *vislumbro uma possibilidade de sair dessa fria em que nos metemos: fugirmos*. **5**. Lançar luz fraca e tênue: *uma lamparina vislumbrava num móvel ao lado do seu leito de morte*. **6**. Começar a surgir ou a aparecer: *vislumbra uma magnífica Lua entre as nuvens*. → **vislumbre** *sm* (**1**. pequeno clarão; luz tênue; **2**. aparência vaga, indistinta: *enquanto houver o mais tênue vislumbre de esperança, lutaremos*; **3**. sinal, vestígio: *o país já sente vislumbre de recuperação econômica*; **4**. semelhança leve; parecença: *ele tem apenas uns vislumbres do pai*).

vison [fr.] *sm* **1**. Mamífero carnívoro de pele macia e lustrosa. **2**. Essa pele, utilizada na fabricação de casacos, estolas, etc. **3**. Esse casaco, essa estola, etc. · Pl.: *visons*. · Pronuncia-se *vizom*.

vi.sor (ô) *sm* **1**. Orifício próprio de certos instrumentos, por onde se pode ver ou observar. **2**. Parte da câmera de fotografia, cinema ou televisão que serve de orientação ao operador na cena a ser focalizada.

vís.po.ra *sf Pop*. Jogo de azar em que se preenchem cartelas com números sorteados; bingo, loto (ô).

vis.ta *sf* **1**. Ato ou efeito de ver: *não teve a vista do animal na pista*. **2**. Sentido da visão: *tenho boa vista*. **3**. Cada um dos olhos: *estar com dor na vista*. **4**. Órgão da visão: *vista cansada*. **5**. Paisagem, panorama, visão: *que linda vista temos daqui de toda a cidade!* **6**. Paisagem que se vê a partir de algum ponto: *apartamento com vista para o mar*. **7**. Abertura dianteira da calça; braguilha: *ele chegou com a vista aberta*. · V. **visual**. → **vistoso** (ô; pl.: ó) *adj* (que chama a atenção ou agrada à vista).

vis.to *sm* **1**. Ato administrativo que consiste em rubricar ou carimbar documento para mostrar que foi conferido pelo chefe ou pela autoridade competente. // *adj* **2**. Que se viu. ·· **A olhos vistos**. De modo claro, inequívoco; visivelmente: *Em 1973, o Brasil progredia a olhos vistos, chegando o PIB a 14%*.

vis.to.ri.a *sf* **1**. Inspeção feita por peritos. **2**. *P.ext*. Revista dada em alguém ou algo que está sob suspeita. **3**. Exame, inspeção: *ele sempre faz vistoria no celular da filha*. → **vistoriar** *v* (fazer vistoria em: *vistoriar restaurantes*).

vi.su.al *adj* **1**. Relativo ou pertencente à vista ou à visão: *órgão visual; deficiência visual; campo visual*. **2**. Que se percebe ou apreende pela visão: *desenho com um dramático efeito visual*. **3**. Que se faz, realiza ou mantém apenas com o auxílio do sentido da visão: *navegação visual; voo visual; pouso visual*. // *sm* **4**. Aparência ou aspecto de uma pessoa ou coisa; *look*: *ela mudou o visual e agradou*. **5**. Ambiente, meio, cenário: *quando mudaram o visual do local de trabalho dele, o estresse diminuiu*. **6**. Aquilo que se estende amplamente à nossa vista; panorama, vista: *que belo visual da cidade se tem do Terraço Itália, em São Paulo!* → **visualidade** *sf* (**1**. qualidade ou estado do que é visual; visibilidade; **2**. efeito ou sensação agradável que produz a visão de objetos a certa distância); **visualização** *sf* (ato ou efeito de visualizar: *o telescópio permite a visualização de galáxias distantes*); **visualizar** *v* (**1**. tornar visível por meios artificiais (o que não pode ser visto a olho nu): *o microscópio permite visualizar todos os tipos de microrganismos*; **2**. representar (um fenômeno) mediante imagens óticas ou gráficos; **3**. representar na mente a imagem de; formar a imagem mental de; imaginar: *apesar de já se terem passado muitos anos, ainda consigo visualizar seu lindo rosto*; **4**. formar na mente uma imagem visual de (um conceito abstrato); **5**. fazer aparecer na tela (resultados de um processamento de uma informação)].

vi.tal *adj* **1**. Relativo ou necessário à vida: *força vital*. **2**. Fortificante: *os fertilizantes são vitais do solo*. **3**. *Fig*. Essencial, fundamental: *esse é o ponto vital da questão*.

vi.ta.lí.cio *adj* Que dura ou é para durar toda a vida: *cargo vitalício; união vitalícia*. → **vitaliciedade** *sf* (qualidade do que é vitalício).

vi.ta.li.da.de *sf* **1**. Exuberância física ou vigor mental; dinamismo: *pessoa de grande vitalidade*. **2**. Capacidade de sobrevivência: *a vitalidade de uma instituição*.

vi.ta.li.zar *v* **1**. Dotar de vida ou ânimo; animar: *nada vitaliza um ser, a não ser o poder de Deus*. **2**. Tornar mais vigoroso; fortalecer: *vitalizar os músculos, fazendo exercícios; os turistas vitalizam a economia da cidade, durante as férias*. **3**. Dar nova vida a; reanimar, agitar: *os turistas vitalizam a cidade, durante as férias, em Salvador*. → **vitalização** *sf* (ato ou efeito de vitalizar).

vi.ta.mi.na *sf* **1**. Substância orgânica indispensável, ainda que em mínimas quantidades, ao crescimento e ao bom funcionamento do organismo. **2**. *Pop*. Suco de frutas variadas, batidas com leite no liquidificador. **3**. *P.ext*. Qualquer suco de fruta batido no liquidificador. → **vitaminação** ou **vitaminização** *sf* (**1**. ato ou efeito de vitaminar ou de vitiminizar; **2**. fornecimento de vitaminas a um organismo; **3**. adição de vitaminas a uma substância); **vitaminado** ou **vitaminizado** *adj* (enriquecido com uma ou mais vitaminas: *leite vitaminizado*); **vitaminar** ou **vitaminizar** *v* [acrescentar vitamina a (um alimento), para enriquecê-lo]; **vitamínico** *adj* (rel. a vitamina).

vi.te.la *sf* **1**. Feminino de *vitelo*. **2**. Carne de novilha (até um ano de idade) usada na alimentação humana. **3**. Pele desse animal, preparada para fabricação de calçados, bolsas, etc. → **vitelo** *sm* (rês bovina com idade inferior a um ano; bezerro, novilho).

vi.ti.cul.tu.ra *sf* Vinicultura. → **viticultor** (ô) *sm* (vinicultor).

vi.ti.li.go *sm* ou **vi.ti.li.gem** *sf* Afecção cutânea adquirida incurável, de causas desconhecidas, caracterizada por manchas brancas de pele despigmentada.

ví.ti.ma *sf* **1**. Pessoa que sofre as consequências de uma ação destrutiva, danosa ou maldosa: *as vítimas da guerra*. **2**. Pessoa que é enganada ou tapeada: *as vítimas de uma fraude*. **3**. Pessoa ou animal sacrificado em ritos religiosos. → **vitimar** *v* (**1**. causar a morte de; **2**. causar prejuízo a; prejudicar: *a longa estiagem vitima qualquer plantação*; **3**. trapacear: *é uma política que vitima o povo*); **vitimar-se** (**1**. sacrificar-se: *Cristo se vitimou pelos pecadores*; **2**. apresentar-se como vítima; fazer-se de vítima; vitimizar-se: *ele se vitima, para safar-se da punição*; **vitimário** *adj* (rel. a vítima); **vitimização** *sf* [ato ou processo de vitimar(-se) ou processo de ser vítima]; **vitimizador** (ô) *adj* e *sm* (que ou aquele que vitimiza: *continua difícil estabelecer estatísticas precisas da vitimização infantil, pois a conspiração de silêncio entre vítima e vitimizador também continua, princ. no âmbito familiar*); **vitimizar** *v* [provocar constrangimento moral ou choque emocional em (alguém), causando-lhe trauma; transformar em vítima: *vitimizar homossexuais; vitimizar criminosos e criminalizar as vítimas é um dos maiores vícios do pensamento contemporâneo*]; **vitimizar-se** [fazer-se de vítima; vitimar-se (2): *é um senador que usa sempre a estratégia de se vitimizar, para angariar a simpatia dos eleitores*].

vi.ti.vi.ni.cul.tor (ô) *sm* Aquele que cultiva as vinhas e fabrica vinho. → **vitivinícola** *adj* (rel. a vitivinicultura); **vitivinicultura** *sf* (conjunto das atividades da viticultura e da vinificação).

vi.tó.ria *sf* **1**. Vantagem obtida sobre o inimigo na guerra, sobre o adversário na disputa, sobre o concorrente na rivalidade ou concorrência. **2**. *P.ext*. Qualquer conquista vantajosa. · Antôn. (1): *derrota*. **vitoriar** *v* (aplaudir entusiasticamente); **vitorioso** (ô; pl.: ó) *adj* (caracterizado pela vitória ou pelo sucesso). ·· **Cantar vitória**. Vangloriar-se de um feito. ·· **Vitória de Pirro** (fig.). Vitória que inflige perda ou dano tão devastador ao vencedor, que equivale a uma derrota; vitória infeliz ou desgraçada.

vi.tó.ria-ré.gia *sf* Planta aquática, símbolo da Amazônia, de grandes folhas e belas flores. · Pl.: *vitórias-régias*.

vi.tral *sm* Vidraça colorida ou com pinturas sobre o vidro, geralmente em igrejas, representando personagens ou cenas. → **vitralista** *adj* e *s2gên* (que ou artista que faz vitrais).

ví.treo *adj* **1**. Relativo ou semelhante ao vidro. **2**. Feito de vidro. **3**. Que contém vidro.

vi.tri.fi.car *v* **1**. Vidrar: *vitrificar cerâmica*. **2**. Fundir (uma substância), para obter vidro; transformar em vidro: *vitrificar areia*. **vitrificar(-se)** **3**. Transformar-se em vidro: *a areia (se) vitrifica por esse processo*. **4**. Tomar a aparência de vidro; adquirir aspecto vítreo: *ninguém sabe qual é a fórmula que ela usa para que esse doce se vitrifique*. → **vitrificação** *sf* [ato ou efeito de vitrificar(-se)]; **vitrificável** *adj* (que pode ser transformado em vidro).

vi.tri.na *sf* **1**. Móvel cuja face principal é de vidro transparente, atrás do qual se expõem, nas lojas, mercadorias à venda: *as* *vitrinas das lojas já estão enfeitadas para o Natal.* **2**. Mostruário envidraçado: *na exposição, as joias mais caras estão expostas em vitrinas blindadas.* **3**. *Fig.* Aquilo que representa um conjunto mais amplo; modelo: *nossa cidade é a vitrina da região.* **4**. *Fig.* Lugar onde as pessoas melhor se expõem, para serem apreciadas: *o jogador escolheu um clube paulista, porque em São Paulo a vitrina do futebol é maior.* → **vitrinário** *sm* (ladrão que furta objetos expostos em vitrinas); **vitrinista** *adj* e *s2gên* (especialista no arranjo e decoração de vitrinas). (Não convém usar o galicismo puro *vitrine.*)

vi.trô *sm* Janela envidraçada, com moldura metálica e basculante, própria para cozinha e banheiro. (A 6.ª ed. do VOLP ainda não registrou a palavra, embora conste até em dicionários portugueses. O brasileiro não parece disposto a substituí-la por *vitral*, como querem ranhetas.)

vi.tro.la *sf* Aparelho elétrico que antigamente se usava para reproduzir sons gravados em disco; eletrola.

vi.tu ou **bi.tu** *sm* Macho da saúva.

vi.tu.a.lhas *sfpl* Mantimentos, víveres: *despensa cheia de vitualhas importadas.*

vi.tu.pé.rio *sm* **1**. Ato ou efeito de vituperar; vituperação. **2**. Infâmia, desonra, afronta, ofensa: *elogio em boca própria é vitupério.* **3**. Acusação infamante: *ninguém de bom senso levou a sério aquele teu vitupério contra o presidente.* **4**. Qualquer ação vergonhosa ou afrontosa; vileza, sordidez: *mal é capaz de todos os vitupérios.* → **vituperação** *sf* [vitupério (1)]; **vituperar** *v* [**1**. tratar (uma pessoa) com xingamentos; insultar, afrontar; **2**. censurar, desaprovar: *a oposição vitupera as privatizações*].

vi.ú.va-ne.gra *sf* A mais peçonhenta das aranhas, cuja fêmea come o macho após a cópula. · Pl.: *viúvas-negras.*

vi.ú.vo *adj* e *sm* **1**. Que ou aquele que perdeu a mulher por morte e ainda não voltou a casar. // *adj* **2**. Que não tem; falto, privado, desprovido: *viúva dos carinhos paternos, perdeu-se na vida.* // *sf* **3**. *Fig.* Pessoa que continua fã de quem já morreu ou de quem perdeu seu cargo importante: *as viúvas de Michael Jackson; as viúvas do ex-presidente continuam dando as cartas em palácio.* → **viuvez** (ê) *sf* [estado de viúvo(a)]. ·· **Viúva branca.** Mulher casada que enviuvou antes mesmo de ter tido relações sexuais com o marido.

vi.va *interj* **1**. Indica aplauso, felicitação, entusiasmo ou alegria. // *sm* **2**. Grito ou exclamação de aplauso, entusiasmo ou alegria.

vi.va.ci.da.de *sf* **1**. Qualidade do que é vivaz, provido de força, energia, vigor ou entusiasmo; viveza. **2**. Prontidão na realização de algo; presteza, agilidade: *impressiona a vivacidade dessa empresa no atendimento a seus clientes.* **3**. Qualidade de quem aprende ou compreende tudo com enorme facilidade e rapidez; esperteza, argúcia, inteligência: *a vivacidade de Mozart surpreendia os professores.* **4**. Animação, entusiasmo: *a vivacidade de uma torcida no estádio.* **5**. Longa duração; resistência, durabilidade, persistência: *impressiona a vivacidade dessa mística; não se pode afirmar com firmeza que o regime comunista soviético, ao durar menos de um século, alcançou a tão desejada vivacidade milenar pretendida pelos seus admiradores.* → **viveza** (ê) *sf* [vivacidade (1)].

vi.val.di.no *adj* e *sm* Que ou aquele que é muito velhaco ou espertalhão.

vi.val.ma *sf* Pessoa viva: *não havia vivalma nas ruas àquela hora da noite.*

vi.va-voz *sm* Recurso eletrônico que permite conversações telefônicas sem necessidade de retirar o aparelho do gancho. · Pl.: *vivas-vozes.*

vi.vaz *adj* **1**. Que vive ou pode viver muitos anos: *as tartarugas são animais vivazes.* **2**. Que dura ou pode durar muito; resistente: *amores antigos, amores vivazes; amores de hoje, amores fugazes; as sequoias são famosas por serem extremamente altas e vivazes.* **3**. Vigoroso, acalorado: *discussão vivaz.* **4**. Que resiste a mudanças, por ser antigo; arraigado, entranhado: *sociedade de preconceitos vivazes.* **5**. Intenso, penetrante, forte: *um odor vivaz de dama-da-noite tomou conta da nossa casa.* **6**. Diz-se da cor que tem brilho, intensidade ou força: *o vermelho é uma cor vivaz.* **7**. Diz-se daquele que é rápido na compreensão e no raciocínio; perspicaz, sagaz, arguto: *as crianças de hoje são muito vivazes.* **8**. Diz-se da planta cujos órgãos subterrâneos vivem durante três ou mais estações, tendo a parte aérea anualmente renovada: *a roseira é uma planta vivaz.* **9**. Que tem vivacidade ou força, vigor, entusiasmo; animado em temperamento, comportamento e espírito; cheio de vida, de bom humor ou de animação; vibrante: *era um professor sexagenário, mas ainda muito vivaz; dever de todo anfitrião: ser vivaz.* **10**. Que tem ou teve longa duração; duradouro: *foi vivaz o regime soviético?* **11**. Difícil de destruir; que tende a permanecer forte e vigoroso para sempre: *quando se dissipará este sentimento ainda tão vivaz que nutro por ela?* **12**. Diz-se da planta que vive por vários anos, por ter rizoma, raiz ou tubérculo que brota anualmente. · Superl. abs. sint. erudito: *vivacíssimo.* · V. **vivacidade**.

vi.vei.ro *sm* Lugar apropriado para a criação de pássaros ou para a conservação de plantas para transplante.

vi.vên.cia *sf* **1**. Existência: *preocupar-se com a velhice é antecipá-la como vivência.* **2**. Experiência de contato íntimo: *a vivência com os índios lhe proporcionou grande cultura indígena.* **3**. Qualquer tipo de experiência: *ter vivência no ensino, na política.* **4**. Período que se viveu; tempo de vida: *a vivência dos poetas românticos brasileiros foi muito curta.* → **vivencial** *adj* (rel. a vivência); **vivenciar** *v* (viver ou sentir intensamente: *vivenciar uma viagem espacial*).

vi.ven.da *sf* Casa grande onde se vive cômoda e luxuosamente; mansão.

vi.ver *v* **1**. Passar ou empregar (a vida): *viver vida miserável.* **2**. Gozar (a vida): *você é que vive a vida!* **3**. Ter, desfrutar: *ela já viveu todos os tipos de experiências sexuais.* **4**. Alimentar-se: *eles vivem de pão e água.* **5**. Ter como meio de subsistência (atividade): *ele vive de bicos.* **6**. Dedicar-se: *ela vive para os filhos.* **7**. Coabitar: *ela vive com o amante.* **8**. Ter vida, existir: *ninguém vive eternamente.* **9**. Passar a vida: *vivo como posso.* **10**. Levar certo tipo de vida: *viver em paz.* **11**. Gozar ou aproveitar a vida: *à noite é que as pessoas vivem, em São Paulo.* **12**. Residir, morar: *sempre vivi no Nordeste.* **13**. Comparecer assiduamente: *sua irmã vive lá em casa.* **14**. Conviver: *eles vivem juntos há muitos anos.* **15**. Passar a vida: *eles vivem felizes.* **16**. Estar constantemente; permanecer: *os Alpes vivem cobertos de neve.* · Antôn. (8): *morrer.* → **vivente** *adj* (que vive) e *s2gên* (ser vivo); **vivido** *adj* (**1**. que se viveu ou experimentou; **2**. que viveu muito; **3**. que tem grande experiência da vida; tarimbado, experiente). ·· **Vivam os noivos!** Saudação de núpcias, em que *os noivos* é o sujeito; daí por que o verbo deve estar no plural. (Outros exemplos: *Vivam os campeões! Vivamos nós! Viva eu!*) ·· **Viver para** (ou **por**) **alguém.** Amá-lo com absoluta exclusividade.

vi.ve.res *smpl* Gêneros alimentícios; mantimentos, vitualhas.

ví.vi.do *adj* **1**. De luminosidade intensa; fulgurante, extremamente luminoso: *vívidos ambientes.* **2**. Intenso, muito claro, cristalino: *lembranças vívidas.* **3**. Vivo, ardente, apaixonado, intenso: *experimentar vívidas emoções.* **4**. Que permanece vivo na memória; inesquecível: *as vívidas experiências do passado.* → **vividez** (ê) *sf* (qualidade de vívido).

vi.vi.fi.car *v* **1**. Dar vida a; animar: *a chuva vivifica os campos.* **2**. Dar mais vida ou vigor a; animar: *um sorriso vivifica o rosto.* **3**. *Fig.* Dar atividade ou movimento a; reanimar: *os turistas vivificam a cidade, nas férias.* **4**. Tornar ou apresentar como vivo: *a história vivifica o passado.* **5**. Produzir vivificação ou reanimação: *a carne apodrece; o espírito vivifica.* **vivificar-se 6**. Ganhar vida ou vigor: *os campos se vivificam com a chuva.* **7**. Reanimar-se; ganhar movimento; ativar-se: *o comércio se vivifica com os turistas.* → **vivificação** *sf* (animação ou reanimação); **vivificante** *adj* (que vivifica).

vi.ví.pa.ro *adj* e *sm* Que ou animal que pare os filhos já completamente desenvolvidos (em oposição a *ovíparo*): *a cabra é um animal vivíparo.* → **viviparidade** *sf* [tipo de reprodução animal em que o embrião se desenvolve dentro do corpo da mãe até o momento do parto (em oposição a *oviparidade*)].

vi.vis.sec.ção ou **vi.vis.se.ção** *sf* Operação cirúrgica em animais vivos, feita em laboratório, para estudo de doenças e de fenômenos fisiológicos. → **vivisseccionista** ou **vivissecionista** *adj* e *s2gên* (especialista em vivissecção). (A 6.ª ed. do VOLP não registra nenhuma delas.)

vi.vo *adj* e *sm* **1**. Que ou aquele que tem vida: *ser vivo; os vivos têm medo.* // *adj* **2**. *Fig.* Que não se deixa enganar facilmente; ladino, esperto: *esse cara é muito vivo!* **3**. *Fig.* Intenso, forte, brilhante: *cores vivas; vermelho vivo.* **4**. *Fig.* Muito expressivo: *olhar vivo.* **5**. Cheio de vida, de energia, de movimento, de atividade: *cidade viva.* **6**. Que apresenta efeitos ainda recentes: *a influência vivа dos militares na política.* **7**. Forte, intenso, vivaz: *conservar vivas as esperanças de reconciliação.* **8**. Acalorado, enérgico: *fazer vivos protestos contra a corrupção.* · Antôn. (1): *morto;* (2): ingênuo; (3): *neutro;* (4): *frouxo, inexpressivo;* (5): *apático.* ·· **Ao vivo.** No exato momento em que acontece.

vi.zi.nho *adj* e *sm* **1.** Que ou aquele que mora ou reside perto, próximo de outrem ou de algo: *vizinho bom é aquele que não se percebe.* // *adj* **2.** Que está perto, que fica a pequena distância de onde se está; próximo no espaço: *quais são todos os países vizinhos do Brasil?* → **vizinhança** *sf* (**1.** qualidade do que é vizinho ou próximo: *a vizinhança entre Santos e São Vicente;* **2.** conjunto das pessoas vizinhas: *a vizinhança reclamou do barulho*) e *sfpl* (arredores, circunvizinhanças: *morar nas vizinhanças da capital*).

VJ *sm* Abreviatura de *videojóquei.* · Pl.: *VJs.* · Pronuncia-se *vi djêi.*

vo.ar *v* **1.** Ser lançado ou atirado: *um ovo voou contra o governador.* **2.** Mover-se e sustentar-se no ar por meio de asas ou por meios mecânicos: *o condor voa alto.* **3.** Viajar de avião: *voar para Brasília.* **4.** *Fig.* Mover-se com muita rapidez: *esse carro voa.* **5.** *Fig.* Passar com extrema rapidez: *o tempo voa.* **6.** *Fig.* Explodir: *a loja de fogos de artifício voou pelos ares.* **7.** *Fig.* Desaparecer rapidamente: *as palavras voam.* · V. **voo.** → **voador** (ô) *adj* e *sm* (que ou o que voa: *carro voador*) e *adj* (*fig.* muito rápido; veloz); **voante** *adj* (**1.** que voa; voador, volante (1); **2.** *fig.* efêmero, fugaz: *vida voante a do ser humano*).

vo.ca.bu.lá.rio *sm* **1.** Lista em ordem alfabética de todos os vocábulos ou palavras de uma língua ou dialeto; léxico: *o vocabulário português possui cerca de 500 mil palavras.* **2.** Livro que traz essa lista, destinado a esclarecer os aspectos de ortografia e pronúncia: *tenho a mais recente edição desse vocabulário.* **3.** Conjunto de palavras usadas num setor ou área de conhecimento; léxico: *o vocabulário da informática; o vocabulário médico.* **4.** Conjunto das palavras usadas ou conhecidas por um indivíduo, grupo ou classe social; léxico: *o vocabulário de Guimarães Rosa; o vocabulário da juventude, dos surfistas, dos marginais.* → **vocabular** *adj* (rel. a vocábulo); **vocábulo** *sm* (elemento linguístico considerado apenas como combinação de fonemas e grafemas, sem ligação com o seu significado; elemento linguístico de autonomia formal, sem valor semântico).

vo.ca.ção *sf* **1.** Inclinação ou queda (para determinada coisa). **2.** Chamado divino para a vida religiosa. **3.** Aptidão natural; talento. → **vocacional** *adj* (rel. a vocação: *teste vocacional*).

vo.cal *adj* **1.** Relativo ou pertencente à voz ou aos órgãos da voz: *deficiência vocal; som vocal; treinamento vocal.* **2.** Que serve para a emissão ou produção da voz: *órgãos vocais.* **3.** Expresso por meio da voz: *comunicação vocal.* **4.** Feito para cantar: *música com partes vocais e instrumentais.* **5.** Que tem voz: *o cão é um animal vocal, mas não verbal.* **6.** Cheio de vozes em confusão: *uma assembleia vocal.* // *sm* **7.** Composição musical acompanhada pela voz humana. **8.** Cantor ou cantores num conjunto de música popular. → **vocalismo** *sm* (**1.** uso da voz na fala ou no canto; **2.** ação, técnica ou arte de cantar; **3.** conjunto de vogais de uma língua ou de um dialeto); **vocalista** *sf* [pessoa que canta acompanhada de uma orquestra ou de um conjunto musical; cantor(a)]; **vocalístico** *adj* (rel. a vocalismo ou a vocalista); **vocalização** *sf* (**1.** ato ou efeito de vocalizar: *não entendo o que esse homem diz porque sua vocalização é precária;* **2.** transformação, geralmente na evolução histórica de uma palavra, de uma consoante em vogal; **3.** exercício preparatório de canto que consiste em praticar escalas, arpejos, mudanças de notas, etc., valendo-se de um som vocálico; **4.** peça composta exclusivamente para executar tais exercícios); **vocalizar** *v* [**1.** produzir com a voz; **2.** dar voz a; articular: *vocalizar um sentimento popular;* **3.** transformar (consoante) em vogal durante a articulação; **4.** usar a voz; **5.** cantar; **6.** transformar-se em vogal].

vo.cá.li.co *adj* **1.** Relativo a vogal. **2.** Que contém vogal. ·· **Encontro vocálico.** União de vogais e semivogais que soam juntas numa mesma sílaba, formando os ditongos e tritongos, ou em sílabas distintas, formando os hiatos.

vo.ca.ti.vo *sm* Termo oracional que serve para pôr em evidência o ser a quem se dirige, sem manter relação sintática com outro.

vo.cê *pron* **1.** Tratamento usado para pessoa (2.ª) íntima, ou superior a subordinado. **2.** Alguém; a gente; qualquer pessoa: *você nunca sabe o que pode acontecer amanhã; um ácaro você não vê, mas sente.*

vo.ci.fe.rar *v* **1.** Proferir em voz alta e com raiva; esbravejar: *vociferar pragas contra alguém.* **2.** Gritar, protestando: *a torcida vociferava insultos contra o árbitro; vociferar contra a política econômica do governo.* → **vociferação** *sf* (**1.** ato ou efeito de vociferar ou gritar em protesto; **2.** berreiro, gritaria de protesto).

vo.ço.ro.ca *sf* Grande fenda que surge na superfície do solo, aberta pela ação das enxurradas, ou pelo desmoronamento de camadas do solo, resultante da infiltração das águas pluviais em solos areníticos muito porosos, comum nos estados de São Paulo e do Paraná. (Em São Paulo, também corre a variante *boçoroca.*)

vod.ca *sf* Aguardente russa feita princ. de centeio.

vo.du *sm* Culto folclórico, de origem africana, que emprega a magia negra.

vo.ga *sf* Estilo que prevalece numa época; moda. · V. **vogar.**

vo.gal *sf* **1.** Fonema sonoro produzido pela livre passagem da corrente de ar pela boca (em oposição a *consoante*). **2.** Letra que representa esse fonema. // *adj* **3.** Diz-se desse fonema ou dessa letra. // *s2gên* **4.** Juiz(a) representante de empregados ou empregadores em questões judiciais trabalhistas. **5.** Pessoa com direito a voto numa assembleia. **6.** Membro de junta, júri, comissão, etc. · V. **vocálico.**

vo.gar *v* **1.** Navegar (embarcação): *voga a jangada em águas revoltas.* **2.** Circular, correr, propalar-se, divulgar-se: *vogam muitos boatos por aí.* **3.** Importar, interessar: *o que você pensa não voga.* **4.** Ter valor, valer, estar em circulação: *mil cruzeiros é nota que até hoje não voga, pode jogar fora!* **5.** Estar em uso ou na moda: *essa gíria vogava no século passado.* **6.** Circular em paz, ter chance, ter vez: *corintiano não voga por aqui.*

vo.lan.te *adj* **1.** Que voa. **2.** Que facilmente se põe ou se tira; móvel. **3.** Inconstante, volúvel. **4.** Efêmero, transitório. // *sm* **5.** Redução de *volante de direção*, principal órgão de comando do sistema de direção de um veículo. **6.** Correia contínua em roda de máquina. **7.** Qualquer impresso, com texto e ilustração, para distribuição pública. // *sf* **8.** Tropa ligeira, sem bagagem nem artilharia.

vo.lá.til *adj* **1.** Que voa ou é capaz de voar; voador, voante, volante: *as espécies voláteis do Pantanal.* **2.** Que se move ligeiramente pelo ar: *as partículas voláteis de pó.* **3.** Que muda com facilidade; muito móvel ou flutuante; volúvel, inconstante, instável: *caráter volátil; eleitorado volátil; numa economia inflacionária, é normal que o comércio trabalhe com preços voláteis.* **4.** Sem firmeza; instável: *opiniões voláteis.* **5.** Diz-se do corpo que passa diretamente ao estado gasoso, sem emitir vapores; que se evapora facilmente, sem desprender vapores: *o éter é um líquido volátil.* **6.** Em informática, diz-se da memória cujo conteúdo se apaga, assim que a alimentação elétrica é cortada. → **volatilidade** *sf* (qualidade do que é volátil); **volatilização** ou **volatização** *sf* [ato ou efeito de volatilizar(-se)]; **volatilizante** ou **volatizante** *adj* [que pode volatilizar(-se)]; **volatilizar(-se)** ou **volatizar(-se)** *v* [tornar(-se) volátil]; **volatilizável** ou **volatizável** *adj* (passível de volatilizar: *o éter é um líquido volatilizável*).

vô.lei *sm* Abreviação de *voleibol.* → **voleibol** ou **volibol** *sm* (modalidade esportiva em que duas equipes de seis atletas cada uma, separadas por uma rede, jogam com uma bola, batendo-lhe com a mão ou o punho; volei), de pl. *voleibóis, volibóis;* **voleibolista** ou **volibolista** *adj* e *s2gên* (**1.** que ou atleta que joga voleibol; **2.** especialista em voleibol ou pessoa que é afeicionada a esse esporte). ·· **Vôlei de praia.** Modalidade esportiva semelhante ao voleibol, disputada em duplas, em areia de praia.

vo.lei.o *sm* Lance em que o jogador apanha a bola no ar e a chuta com o peito do pé e a canela, fazendo o balão subir vários metros e cair repentinamente. ·· **De voleio.** Diz-se do lance ou do chute dessa forma.

vo.li.ção *sf* **1.** Escolha ou decisão consciente; exercício da vontade. **2.** Poder ou faculdade de escolher ou decidir. → **volitivo** *adj* (rel. a volição ou a vontade).

VOLP *sm* Acrônimo de <u>V</u>ocabulário <u>O</u>rtográfico da <u>L</u>íngua <u>P</u>ortuguesa, vocabulário elaborado pela Academia Brasileira de Letras, com força de lei. Tem apresentado inúmeros senões.

volt (ô) *sm* Unidade no Sistema Internacional de potencial elétrico, de diferença de potencial, de tensão elétrica e de força eletromotriz. · Abrev.: **V** (sem ponto). · Pl.: *volts.* · V. **voltagem.**

vol.ta *sf* **1.** Ato ou efeito de voltar(-se); regresso; retorno: *passagem de ida e volta; aguarde a minha volta!* **2.** Ato ou efeito de lembrar uma época passada: *a volta à infância.* **3.** Ato ou efeito de girar em torno de seu eixo; giro: *a Terra dá uma volta sobre si mesma a cada 24h.* **4.** Ação de fazer girar a chave na fechadura: *quando saíres, dá duas voltas à chave!* **5.** Na dança, movimento de rotação do corpo sobre si mesmo; rodopio: *as voltas da bailarina encantavam o público.* **6.** Passeio ou caminhada curta; giro: *fui dar uma volta na praça.*

7. Circuito fechado: *fui conhecer a volta do novo autódromo.* **8**. Ação de contornar esse circuito fechado: *na segunda volta, o piloto teve de parar.* **9**. Mudança, arrependimento: *é uma decisão sem volta.* **10**. Cada uma das sinuosidades de uma estrada, rio, escada em espiral, etc.: *o acidente aconteceu naquela volta.* **11**. Giro, volteio: *a cinta dava uma volta e meia na cintura.* **12**. Troco, resposta, desforra, revide: *não se preocupe, que vai ter volta! // sfpl* **13**. Vicissitudes: *as voltas que o mundo dá.* ·· **À** (ou **Em**) **volta de**. **1**. Em redor de, em torno de: *Alguns torcedores tiraram fotos à volta do ídolo.* **2**. Por volta de, cerca de, próximo de, perto de, aproximadamente: *À volta da meia-noite, ouviram-se tiros.* ·· **Às voltas com**. Diante de ou a braços com (situação ruim ou desagradável): *Estar às voltas com problemas de saúde.* ·· **Dar a volta por cima**. Superar uma situação muito difícil: *Walt Disney faliu cinco vezes, mas conseguiu dar a volta por cima.* ·· **Dar uma volta** (ou **umas voltas**, ou *uma voltinha*). Perambular, para distrair-se ou espairecer: *Saí à noite para dar uma voltinha pelo pátio.* ·· **Por volta de**. Cerca de, aproximadamente, à volta de (2): *Chegamos por volta da meia-noite.* ·· **Volta e meia**. Frequentemente; vira e mexe: *Volta e meia ela sente dor de cabeça.*

vol.ta.gem *sf* Força eletromotriz, ou diferença de potencial elétrico, expressa em volts; tensão.

vol.tai.co *adj* **1**. Relativo a eletricidade ou corrente elétrica produzida por ação química. **2**. Que produz eletricidade por ação voltimica.

vol.tar *v* **1**. Pôr do avesso; revirar: *voltar os bolsos das calças.* **2**. Virar, volver: *voltar o rosto para trás, a fim de não ver um acidente.* **3**. Dar (quantia) para completar o valor de uma negociação: *ele recebeu o carro no negócio e ainda voltou uns trocados.* **4**. Entregar (quantia excedente), em razão de um pagamento ter sido feito com moeda de valor superior à importância gasta; dar em troco; devolver: *ele *lhe dei uma nota de cem reais, e ele voltou uma nota de dez.* **5**. Pôr do avesso; revirar: *voltar os bolsos.* **6**. Dobrar, quebrar: *voltar a esquina.* **7**. Revolver, remexer: *voltar o solo.* **8**. Apontar, dirigir, virar: *o bandido voltou a arma contra mim.* **9**. Dirigir, aplicar, encaminhar: *voltei o pensamento para Deus.* **10**. Retornar (a um estado anterior: *em cinco ou seis lavadas, seu cabelo voltará à cor natural.* **11**. Fazer uma ação de novo; recomeçar: *voltar a fumar.* **12**. Repetir-se: *voltaremos a vê-la?* **13**. Tratar novamente; ocupar-se de novo; retomar (assunto): *voltando ao que eu estava dizendo, ...* **14**. Ir novamente, pela segunda vez ou mais de uma vez a um ponto ou lugar; retornar, regressar: *quando voltei à escola, já era tarde.* **15**. Vir, retornar, regressar: *voltei dos Estados Unidos há um mês.* **16**. Dobrar, virar: *voltei à esquerda e encontrei um táxi.* **17**. Recomeçar, retornar: *as dores voltaram.* **18**. Retornar do estômago, em vômito: *tudo o que ele come, volta.* **19**. No futebol, recuar no auxílio à defesa: *o treinador pedia que o time voltasse, para assegurar o empate.* **20**. Mudar de direção: *o vento voltou para o norte.* **21**. Reproduzir-se, repetir-se: *os dias de inflação galopante não voltarão.* **voltar-se 22**. Virar-se: *voltou-se para o lado e dormiu; foi embora sem se voltar sequer uma vez.* **23**. Dirigir-se, virar-se: *voltou-se para mim sorrindo.* **24**. Recorrer, apelar: *voltar-se para Deus.* **25**. Revoltar-se, insurgir-se, indignar-se: *voltar-se contra tudo e contra todos.* **26**. Agitar-se, revirar-se, revolver-se: *voltar-se na cama a noite toda.*

vol.ta.re.te (ê) *sm* Jogo de cartas em que cada um dos três parceiros recebe nove cartas.

vol.te.ar *v* **1**. Andar à volta ou em torno de; contornar: *voltear o quarteirão.* **2**. Girar várias vezes: *voltear a chave na fechadura.* **3**. Voar sobre; revoar: *moscas já volteavam o cadáver.* · Conjuga-se por *frear*. → **volteio** *sm* (ato ou efeito de voltear).

vol.tí.me.tro ou **vol.tô.me.tro** *sm* Instrumento que mede a diferença de potencial elétrico entre dois pontos, em volts.

vo.lu.me *sm* **1**. Porção do espaço ocupada em três dimensões (largura, altura e comprimento), expressa em unidades cúbicas: *que volume ocupa essa caixa?* **2**. Livro (geralmente de uma série deles e considerado no seu sentido material, e não no intelectual); unidade física de uma obra: *biblioteca de cem mil volumes.* **3**. Massa, quantidade: *o Amazonas é o maior rio do mundo em volume de água.* **4**. Intensidade ou amplitude (de som, voz); altura: *aumente o volume do rádio!* **5**. Controle, num aparelho receptor, dessa intensidade: *o volume é digital.* **6**. Pacote, embrulho, fardo: *carregava dois volumes pesados.* **7**. Grandeza física que indica a quantidade de matéria presente em um corpo; massa. **8**. Em desenho, gravura ou pintura, efeito obtido com quantidades de luz ou com linhas na representação das massas, dando ilusão de tridimensionalidade. → **volumoso** (ô; pl.: ó) *adj* (**1**. de grande volume; **2**. de muitos volumes).

vo.lun.tá.rio *adj* e *sm* **1**. Que ou aquele que se oferece espontaneamente para um serviço. **2**. Que ou aquele que se alista espontaneamente no Exército. *// adj* **3**. Formado por voluntários (2). **4**. Feito espontaneamente. → **voluntariedade** *sf* (qualidade de voluntário, do que se faz por vontade ou iniciativa própria; espontaneidade: *a voluntariedade de devolução ao dono de um achado; a voluntariedade religiosa; o amor, este sentimento puramente irracional, é algo que arrebata o sujeito de tal forma, que sua voluntariedade fica nula*); **voluntariosidade** *sf* (qualidade de quem é voluntarioso); **voluntarioso** (ô; pl.: ó) *adj* (**1**. que se preocupa apenas em satisfazer sua vontade, sem consideração de nenhuma ordem; **2**. caprichoso, teimoso).

vo.lú.pia *sf* **1**. Desejo imoderado (de algo que proporciona prazer). **2**. Intenso desejo sexual; voluptuosidade. → **voluptuosidade** ou **volutuosidade** *sf* [volúpia (2)]; **voluptuoso** ou **volutuoso** (ô; pl.: ó) *adj* (**1**. caracterizado por grande prazer dos sentidos: *formas esculturais voluptuosas*; **2**. sensual: *pensamentos voluptuosos*; **3**. delicioso: *viagens voluptuosas*).

vo.lú.vel *adj* **1**. Que gira facilmente: *as pás volúveis de um ventilador.* **2**. *Fig.* Que muda facilmente; inconstante; instável: *chefe de temperamento volúvel.* · Superl. abs. sint. erudito: *volubilíssimo.* → **volubilidade** *sf* (caráter de pessoa volúvel).

vol.ver *v* **1**. Virar: *volver o rosto.* **2**. Remexer, revolver: *volver a terra, preparando-a para o plantio.* **3**. Transportar: *volver os olhos ao passado.* **4**. Dirigir: *volver os olhos ao ser amado.* **5**. Voltar-se, dedicar-se: *volver à leitura dos clássicos.* **6**. Voltar, regressar: *volver para casa.* **7**. Decorrer, passar: *volveram já dez anos.* **8**. Virar para um lado ou para o outro: *direita, volver!* **9**. Voltar-se: *volver-se para as pesquisas.* **10**. Agitar-se: *como se volvem as ondas do mar!* **11**. Revirar-se: *volver-se na cama.*

vô.mer *sm* Pequeno osso que forma a parte do septo nasal dos mamíferos. → **vomeriano** ou **vomerino** *adj* (rel. a vômer).

vo.mi.tar *v* **1**. Expelir com esforço pela boca (conteúdo estomacal): *a criança vomitava tudo o que comia.* **2**. *Fig.* Lançar pela boca: *vomitar sangue.* **3**. *Fig.* Lançar violentamente para fora de si: *o vulcão vomitava lavas e pedras.* **4**. *Fig.* Proferir com violência: *vomitar protestos.* **5**. *Fig.* Sujar com vômito: *vomitou toda a saia da mãe.* → **vômito** *sm* (**1**. ato ou efeito de vomitar; **2**. aquilo que se vomitou).

von.ta.de *sf* **1**. Faculdade de praticar livremente um ato ou deixar de fazê-lo; consciência da opção: *o homem é um ser dotado de vontade.* **2**. Desejo: *o casal tinha uma só vontade e uma só alma.* **3**. Desígnio, arbítrio: *nosso destino depende da vontade de Deus.* **4**. Capacidade de escolha ou de decisão: *não ter vontade própria. // sfpl* **5**. Capricho: *filho único é cheio de vontades.* ·· **À vontade**. **1**. A gosto; sem constrangimento; com liberdade: *Fique à vontade: a casa é sua! Fico muito à vontade, quando estou ao lado dela.* **2**. Em grande quantidade: *Ali havia frutas à vontade.* ·· **Ter força de vontade**. Ser perseverante na realização dos seus objetivos.

vo.o *sm* **1**. Ato ou efeito de voar. **2**. Locomoção no ar, princ. de aves e de insetos, graças a movimentos coordenados de asas, que são os órgãos de sustentação: *o voo do condor.* **3**. Deslocação de aeronaves ou de qualquer veículo pelo espaço: *o voo do parapente.* **4**. Modo de se deslocar: *voo rasante.* **5**. Distância coberta por tal locomoção: *é um vôo de trezentos quilômetros.* **6**. Determinada viagem aérea: *o voo 157 ainda não decolou.* **7**. Itinerário de uma aeronave: *o voo São Paulo-Miami será direto.* **8**. *Fig.* Realização, conquista: *ele sempre foi um empresário dado a grandes voos.* **9**. *Fig.* Arroubo, arrebatamento, êxtase: *o voo da imaginação.* ·· **Voo livre**. Modalidade de esporte que consiste em atividades de passeio utilizando balão, asa-delta, paraquedas, parapente ou planador; voo sem motor nem tração.

vo.ra.gem *sf* **1**. Aquilo que sorve ou engole. **2**. Redemoinho de ar ou de água; turbilhão; vórtice. **3**. *Fig.* Tudo o que subverte, traga ou consome com violência: *a voragem da agiotagem não tem limites.*

vo.raz *adj* **1**. Que come muito rapidamente grandes quantidades de alimento; glutão. **2**. Que não se sacia; insaciável: *criança de apetite voraz; leitor voraz.* **3**. *Fig.* Que arruína, consome ou destrói; destruidor, consumidor: *incêndio voraz; certos cânceres são mais vorazes que outros.* **4**. Extremamente ambicioso: *ele é voraz e brilhante nos negócios; um político voraz é um perigo!* · Superl. abs. sint. erudito: *voracíssimo.* → **voracidade** *sf* (qualidade de voraz).

vór.ti.ce *sm* **1**. Movimento em espiral de água ou de ar, numa determinada área, que suga para o seu centro tudo o que está em volta; redemoinho de ar ou de água; turbilhão, voragem. **2**. Qualquer atividade, situação, lugar ou estado de coisas que atrai para o seu centro tudo o que está em volta, provocando consequências desagradáveis ou catastróficas: *como aconteceu com muitos atores, ele também foi varrido no vórtice de Hollywood; o vórtice da guerra*. **vortical** *adj* (rel. a vórtice).

vos *pron* Forma oblíqua da 2.ª pessoa do plural, na função de objeto direto ou de objeto indireto.

vós *pron* Designação da 2.ª pessoa do plural do caso reto, na função de sujeito, vocativo ou, quando regido de preposição, na função de complemento.

vos.me.cê ou **vos.se.me.cê** *pron* Forma antiga e popular de *você*, derivada da *Vossa Mercê*.

Vos.sên.cia *pron* Contração de *Vossa Excelência*.

vos.so *pron* **1**. Pertencente à pessoa ou às pessoas a quem se dirige. **2**. De vós.

vo.to *sm* **1**. Expressão formal de uma escolha feita por um indivíduo ou conjunto de indivíduos; votação, sufrágio. **2**. Direito a essa expressão. **3**. Cédula eleitoral. **4**. Promessa ou juramento feito a Deus, de forma singela e deliberada, por motivos religiosos. **5**. Promessa que se faz à divindade, geralmente para obter uma graça. **6**. Aquilo que se oferece, em cumprimento dessa promessa. **7**. Manifestação consciente ou pronunciamento, num julgamento ou deliberação, em assembleia ou tribunal. → **votação** *sf* [**1**. ato ou efeito de votar; **2**. Conjunto de votos recolhidos em eleição ou assembleia); **votar** *v* (**1**. apreciar mediante voto: *a câmara votou vários projetos*; **2**. sufragar (só na voz passiva): *ser o mais votado nas eleições*; **3**. empregar, destinar, dedicar: *voto boa parte do tempo a este trabalho*; **4**. dar o seu voto: *votei pela democracia*; **5**. acompanhar no voto: *ele votou com a maioria*; **6**. exercer o direito de voto: *sempre votei, cumprindo com o meu dever cívico*); **votivo** *adj* (rel. a voto ou inerente a voto: *segredo votivo*). ▪▪ **Voto útil**. O que se dá a um candidato para impedir a vitória de outro de maior rejeição. ▪▪ **Voto vencido**. **1**. Opinião divergente da maioria e derrotada numa votação; voto superado pelos da maioria: *Meu voto vencido contribuiu para maior reflexão sobre a matéria*. **2**. *Fig*. Pessoa que emite essa opinião: *Fui voto vencido nessa matéria, durante a assembleia*.

vo.vô *sm* Avô, nono. · Fem.: *vovó*.

voyeur [fr.] *sm* Homem que obtém gratificação sexual presenciando atos sexuais ou vendo as partes íntimas de outras pessoas, geralmente estranhas, sem despertar-lhes suspeita. · Fem.: *voyeuse* (que se pronuncia *vuá-ézi*). · Pl.: *voyeurs*. · Pronuncia-se *vuá-iéR*. → **voyeurismo** *sm* (distúrbio da sexualidade pelo qual se busca o prazer observando às escondidas cenas eróticas ou as partes íntimas de alguém); **voyeurista** *adj* e *s2gên* (que ou pessoa que é dada ao voyeurismo); **voyeurístico** *adj* (rel. a voyeurismo ou a voyeurista).

voz *sf* **1**. Som ou conjunto de sons produzidos pelos órgãos vocais de um vertebrado. **2**. Capacidade de produzir tais sons. **3**. Qualidade desse som vocal. **4**. Sons característicos da fala. **5**. Direito de se expressar; voto. **6**. Queixa, reclamação: *muitas vozes se levantaram contra o governo, por causa do aumento de impostos*. **7**. Instrumento ou meio de expressão: *o jornal passou a ser a voz do partido*. **8**. Maneira como se apresenta a ação expressa pelo verbo, em relação ao sujeito, praticando (*voz ativa*), recebendo (*voz passiva*) ou praticando e recebendo (*voz reflexiva*) a ação. **9**. Ordem, decisão: *voz de comando*. **10**. Palavra; manifestação verbal: *não ouvi sequer uma voz sensata na reunião*; *sempre fui voz dissidente nessa questão*. **11**. Autoridade, poder decisório: *ele não tem voz nesse tipo de assembleia*. **12**. Sugestão interior: *ouvir a voz da consciência*. · Aum. (1): *vozeirão* sm. · V. **vocal** → **vozaria**, **vozearia** *sf* ou **vozerio** *sm* (ruído de muitas vozes distintas e simultâneas; alarido, estrépito); **vozear** *v* (falar em voz alta; gritar), que se conjuga por *frear*.

VPN *sf* Sigla inglesa de *virtual private network* (rede privada virtual), rede privada do usuário que lhe dá mais segurança na navegação, já que possui melhor criptografia, protegendo seus dados: *as VPNs mascaram o IP, para que as ações online do usuário sejam virtualmente impossíveis de rastrear*. · Pl.: *VPNs*.

VT *sm* Abreviatura de *videoteipe*. · Pl.: *VTs*.

vul.ca.ni.zar *v* **1**. Tratar (borracha) com enxofre, sob a ação do calor e de pressão, para torná-la mais elástica, resistente e durável. **2**. Submeter (qualquer substância) a processo análogo, para endurecê-la. → **vulcanização** *sf* (**1**. ato ou efeito de vulcanizar; **2**. operação que consiste em melhorar a resistência da borracha, tratando-a com enxofre; **3**. qualquer operação semelhante, com o objetivo de aumentar a resistência de uma substância).

vul.cão *sm* **1**. Grande abertura num ponto de menor resistência da crosta terrestre, por onde gases, cinzas, lava, etc. são expelidos a intervalos irregulares, geralmente com violência, e vão formando uma montanha ou cone característico. **2**. Essa montanha. · Pl.: *vulcãos* ou *vulcões* (*vulcães* caiu em desuso). → **vulcânico** *adj* (**1**. rel., pert. ou sem. a um vulcão: *erupção vulcânica*; **2**. causado por vulcão: *ilhas vulcânicas*); **vulcanismo** *sm* (**1**. força ou atividade vulcânica; **2**. conjunto de fenômenos relacionados com a atividade vulcânica); **vulcanologia** *sf* (estudo científico dos vulcões); **vulcanológico** *adj* (rel. a vulcanologia); **vulcanologista** *adj* e *s2gên* ou **vulcanólogo** *sm* (especialista em vulcanologia).

vul.go *sm* **1**. Camada inferior da sociedade; ralé, gentalha, vulgacho, povão. **2**. Alcunha, geralmente sarcástica ou irônica, que se dá a alguém por brincadeira ou outra razão. → **vulgacho** *sm* [vulgo (1)]; **vulgar** *adj* (**1**. rel. ou pert. ao vulgo; **2**. caracterizado pela ignorância ou falta de bom gosto; **3**. indecente, obsceno; **4**. comum, ordinário, familiar; **5**. banal, reles; **6**. diz-se da forma linguística falada cotidianamente pela sociedade (em oposição à forma escrita ou literária, mais cuidada)]; **vulgaridade** *sf* (**1**. qualidade ou estado de vulgar; **2**. ato, ação, hábito ou dito vulgar]; **vulgarização** *sf* [ato ou efeito de vulgarizar(-se)]; **vulgarizar(-se)** *v* [tornar(-se) vulgar].

vul.ne.rá.vel *adj* **1**. Fácil de ser atingido física ou emocionalmente. **2**. Frágil, fraco, débil. **3**. Pouco resistente; suscetível. → **vulnerabilidade** *sf* (**1**. qualidade, estado ou condição de vulnerável; situação caacterizada pela fragilidade e consequente enfraquecimento de coisa, pessoa ou grupo de pessoas, tornando fácil seu alcance físico ou emocional: *a vulnerabilidade do sistema de defesa americano*; *a vulnerabilidade de um ser apaixonado*; **2**. falha no projeto ou implementação de um *software* ou sistema operacional que, explorada por um atacante, resulta na violação da segurança de um computador).

vul.pi.no *adj* De raposa: *hábitos vulpinos*.

vul.to *sm* **1**. Figura ou imagem que não se distingue bem: *vi um vulto de criança*. **2**. Rosto, face: *por aquele lindo vulto também correm lágrimas*. **3**. Volume, massa: *dívida de grande vulto*. **4**. Importância, significado: *rebelião sem nenhum vulto*. **5**. Pessoa muito importante: *o Papa João Paulo II é um vulto da história contemporânea*. → **vultoso** (ô; pl.: ó) *adj* (**1**. que faz vulto ou volume; volumoso: *pacotes vultosos*; **2**. *fig*. muito grande, considerável: *despesas vultosas*), que não se confunde com *vultuoso*.

vul.tu.o.so (ô; pl.: ó) *adj* Diz-se do rosto que está com vultuosidade. (Não se confunde com *vultoso*.) → **vultuosidade** *sf* (congestão, enrijecimento e inchaço do rosto).

vul.tu.ri.no *adj* **1**. De abutre: *hábitos vulturinos*. **2**. *Fig*. Semelhante ao abutre nas qualidades predatórias; predador: *o homem é um animal vulturino*.

vul.va *sf* Parte externa dos órgãos genitais da mulher. → **vulvar** *adj* (rel. ou pert. a vulva).

vur.mo *sm* Sangue purulento; pus de chaga ou de úlcera. → **vurmoso** (ô; pl.: ó) *adj* (que tem vurmo).

W

w/W *sm* Vigésima terceira letra do alfabeto português (de nome *dáblio*), às vezes substituída por *u* ou por *v* e muito empregada em abreviaturas e símbolos científicos: w = watt; W = Oeste; tungstênio.

walkie-talkie [ingl.] *sm* Pequeno transmissor e receptor de rádio que uma pessoa pode usar para se comunicar a uma distância relativamente curta. · Pl.: *walkie-talkies*. · Pronuncia-se *uók-tók*.

walkman [ingl.] *sm* Pequeno aparelho que permite a escuta de rádio e de cassete de som por meio de fone de ouvido. · Pl.: *walkmen*. · Pronuncia-se *uók-mén*.

wannabe [ingl.] *s2gên* Pessoa que sonha ser algo, mas, por falta de talento, instrução, etc., provavelmente não vai conseguir realizar seu desejo. · Pl.: *wannabes*. · Pronuncia-se *uâna-bi*.

WAP *sm* Sigla inglesa de *wireless application protocol* = protocolo para aplicações sem fio, sistema que permite que conteúdos da Internet sejam visualizados na tela de um telefone celular, o que pode incluir inúmeros serviços, como notícias, transações bancárias e operação de reserva de voos. · Pronuncia-se *dábliu êi pi* (à inglesa) ou *dáblio á pê* (à portuguesa), mas se ouve também como acrônimo: *uáp*.

warez [ingl.] *s2gên* Pessoa fanática por *software* pirata. · Pronuncia-se *uérez*.

water closet [ingl.] *loc sm* Mictório, privada. · Abrev.: **WC** ou **W.C**. · Pl.: *water closets*. · Pronuncia-se *uótâr klôuzit*.

waterdance [ingl.] *sf* Tipo de terapia de relaxamento corpórea aquática desenvolvida a partir do *watsu*, que consiste em movimentar a pessoa em água aquecida sobre e sob a água, com submersão e flutuação total do corpo, destinado a alongar e relaxar totalmente o praticante em níveis físicos e mentais. · Pronuncia-se *uótâr-dénç*.

waterproof [ingl.] *adj* **1**. Impermeável: *lona* waterproof. **2**. Tratado com borracha ou plástico, para evitar a penetração de água: *tecido* waterproof. · Pl.: *waterproofs*. · Pronuncia-se *uótâr-prúf*.

watsu [jap.] *sm* Tipo de terapia de relaxamento corpórea aquática que consiste em fazer o *shiatsu* dentro da água. · Pronuncia-se *uótsu*.

watt *sm* Unidade de medida de corrente elétrica. · Pl.: *watts*. · Símb.: **W** (sem ponto). · Pronuncia-se *uót*, mas no Brasil se ouve muito *vát*.

web [ingl.] *sf* **1**. Sistema de acesso à informação, apresentada sob a forma de hipertexto, na Internet e nome pelo qual se popularizou a rede mundial de computadores, a partir de 1991. **2**. Acervo de informações, arquivos, etc., tornados disponíveis por tal sistema. · Pronuncia-se *uéb*.

webcam [ingl.] *sm* Câmera digital que capta imagens em movimento e, se ligada a um PC, pode transmitir imagens ao vivo pela Internet. · Pl.: *webcams*. · Pronuncia-se *uéb-kèm*.

webcast [ingl.] *sm* Transmissão de vídeo de um evento transmitido pela Internet. · Pl.: *webcasts*. · Pronuncia-se *uéb-kást*. → **webcasting** *sm* (veiculação de um evento pela Internet), que se pronuncia *uéb-kástin*.

website [ingl.] *sm* Conjunto de páginas que reúne informações sobre organizações, entidades, pessoas ou instituições; *site*. · Pl.: *websites*. · Pronuncia-se *uéb-sáiti*.

WebTV *sm* Televisor que pode funcionar como tela de computador, para o consumidor acessar a Internet. · Pronuncia-se *uéb-ti-vi* (à inglesa) ou *uéb-tê-vê* (parcialmente à portuguesa).

weekend [ingl.] *sm* Fim de semana. · Pl.: *weekends*. · Pronuncia-se *uí-kénd*.

western [ingl.] *sm* Filme de faroeste; faroeste, bangue-bangue. · Pl.: *westerns*. · Pronuncia-se *uéstern*.

whisky [ingl.] *sm* V. **uísque**.

wide-body [ingl.] *sm* Jato de grande porte, de fuselagem larga, com poltronas divididas por dois corredores. · Pronuncia-se *uáid-bódi*. → **wide-bodied** *adj* (rel. a esse tipo de jato).

widescreen [ingl.] *sm* Tela de televisor mais longa que a convencional, destinada a reproduzir a proporção das gigantescas telas de cinema. · Pl.: *widescreens*. · Pronuncia-se *uáid-skrin*.

WI-FI ou **wi-fi** *sf* Abreviatura da expressão inglesa *wireless fidelity* = fidelidade sem fio, tecnologia de conectividade sem fio, que possibilita a conexão de computadores portáteis via rádio. · Pronuncia-se *uai-fai*. [É marca registrada, pertencente à Wireless Ethernet Compatibility Alliance (WECA)].

wiki [ingl.] *sm* Em informática, *site* que permite aos visitantes fazer alterações, contribuições ou correções. · Pl.: *wikis*. · Pronuncia-se *uíki*.

Wikipedia *sf* **1**. *Site* popular da Internet, fundado em 2001, com o objetivo de criar uma enciclopédia livre, que tivesse a contribuição de internautas voluntários com o poder de editar ou aprimorar o conteúdo das suas informações. **2**. Essa enciclopédia. · Pronuncia-se *uíki-pídia* (à inglesa) ou *uíki-pédia* (à portuguesa). → **wikipedista** *adj* e *s2gên* (que ou pessoa que contribui ou colabora com a Wikipedia).

winchester [ingl.] *sm* **1**. Disco rígido para armazenamento de dados em computadores, de alta capacidade. **2**. Rifle utilizado nos Estados Unidos a partir de 1866. · Pl.: *winchesters*. · Pronuncia-se *uín-chéster*, mas se ouve muito *vinchéster*.

windows [ingl.] *sm2núm* Interface gráfica que administra as operações do computador, usando símbolos (ícones) no lugar de comandos. · Pronuncia-se *uíndous*.

windsurf [ingl.] *sm* Modalidade de esporte aquático, misto de surfe e vela. · Pronuncia-se *uínd-surfe*. → **windsurfar** *v* (praticar *windsurf*); **windsurfista** *adj* (rel. a *windsurf*) e *adj* e *s2gên* (que ou pessoa que pratica o *windsurf*).

wireless [ingl.] *sm* **1**. Rede de computadores sem a necessidade do uso de cabos. **2**. Tecnologia que permite transferir informação entre dois ou mais pontos não fisicamente conectados, podendo a distância ser curta (controle remoto da televisão, p. ex.) ou alcançar milhões de quilômetros, como o sistema de comunicação de rádio do espaço. // *adj* **3**. Diz-se dessa tecnologia: *a tecnologia* wireless *é usada desde* walkie-talkies *até satélites artificiais no espaço*. · Pronuncia-se *uái-relés*.

woofer [ingl.] *sm* Alto-falante de graves. · Pl.: *woofers*. · Pronuncia-se *uúfer*.

workaholic [ingl.] *adj* e *s2gên* Que ou pessoa que tem uma compulsiva e irresistível necessidade de trabalhar. · Pl.: *workaholics*. · Pronuncia-se *uârk-a-rólic* (em que o *r* inicial soa brando, pronunciado com a língua no céu da boca). → **workaholism** *sm* (necessidade compulsiva e irresistível de trabalhar), que se pronuncia *uârk-á-rólizM* (em que o *r* inicial soa brando).

workshop [ingl.] *sm* Seminário, curso intensivo ou oficina de trabalho em que um grupo de pessoas se reúne para receber um treinamento, divulgar um conhecimento ou uma técnica, ou simplesmente para discutir um determinado tema; oficina: *o Ministério do Meio Ambiente promoveu recentemente no Rio de Janeiro dois* workshops *internacionais, para discutir os problemas causados pela transferência de espécies marinhas exóticas na água de lastro dos navios mercantes*. · Pl.: *workshops*. · Pronuncia-se *uârk-chòp*.

workstation [ingl.] *sf* **1**. Local de trabalho de um usuário, no qual ficam o terminal do computador, a impressora, o *modem*, etc.; terminal informático de trabalho. **2**. Microcomputador poderoso, de alta resolução, que pode ser utilizado sozinho ou conectado a uma rede de comunicação. **3**. Equipamento destinado estritamente a uso profissional, como conjunto de computador, vídeo, CPU, escâner e outros acessórios que operam programas gráficos de editoração eletrônica, para a preparação de anúncios, cartazes e outros materiais gráficos pela agência, estúdio ou fornecedor de artes gráficas. · Pl.: *workstations*. · Pronuncia-se *uârk-stêichan*.

worm [ingl.] *sm* Tipo de vírus que se autopropaga para causar estragos em redes e sistemas computacionais. · Pl.: *worms*. · Pronuncia-se *uârm*.

wow [ingl.] *sm* Flutuação da tonalidade de um som, em razão da variação na velocidade da gravação ou de defeito do equipamento de reprodução. · Pl.: *wows*. · Pronuncia-se *uôu*.

WWW [ingl.] *sf* Sigla inglesa de World Wide Web, rede mundial de computadores, sistema de informação na Internet que permite a ligação de documentos a outros documentos por *links* de hipertexto, permitindo ao usuário busca de informação passando de um documento a outro; web. · Pronuncia-se *dábliu, dábliu, dábliu*.

X

x/X *sm* Vigésima quarta letra do alfabeto. · Pl.: os *xis* ou os *xx*.

xá *sm* Título do soberano do Irã, antes de este país se transformar numa república islâmica. (Não se confunde com *chá*.)

xá.ca.ra *sf* Narrativa popular em verso, cantada antigamente ao som da viola. (Não se confunde com *chácara*.)

xa.dor (ó) *sm* Manto longo, folgado e negro, que cobre a face e o corpo da cabeça aos pés, usado pelas mulheres muçulmanas.

xa.drez (ê) *sm* **1**. Jogo em que dois parceiros fazem mover, num tabuleiro de 64 casas, diferentes peças (16 para cada lado), no qual o objetivo de cada um deles é a tomada do rei do parceiro contrário e a defesa do seu. **2**. Esse tabuleiro. **3**. Desenho em que as cores são dispostas em quadrados alternados, semelhantes ao tabuleiro do jogo de xadrez. **4**. Tecido com esse desenho. **5**. Cadeia, prisão. // *adj* **6**. Diz-se daquilo que apresenta esse desenho; axadrezado. · Pl.: *xadrezes* (ê). → **xadrezar** *v* (v. **enxadrezar**); **xadrezista** *s2gên* (v. **enxadrista**).

xa.le *sm* Agasalho feminino, espécie de manta que cobre o pescoço e os ombros.

xam.pu *sm* Produto químico usado princ. para lavar cabelo.

xan.gô *sm* Poderoso orixá masculino do culto afro-brasileiro, filho de Iemanjá, deus dos raios e dos trovões, identificado no sincretismo religioso com São Jerônimo. (Usa-se, por isso, muitas vezes, com inicial maiúscula.)

xan.tun.gue *sm* **1**. Tecido de seda de fios irregulares. **2**. Tecido de algodão ou de raiom, de características semelhantes às da seda.

xa.rá *s2gên* **1**. Pessoa que tem o mesmo prenome ou nome de batismo que outra; homônimo. **2**. *Pop*. Cara (usa-se apenas como vocativo): *ó xará, vê se te mancas!*

xa.ro.pe *sm* **1**. Líquido grosso e doce, usado como medicamento, princ. contra a tosse. **2**. Concentrado de frutas com açúcar, empregado na fabricação de refrigerantes. // *adj* e *sm* **3**. *Gír.Pej*. Que ou aquele que é extremamente cacete, maçante, chato(a). → **xaropada** *sf* (**1**. porção de xarope que se toma de uma só vez; **2**. qualquer medicamento preparado contra a tosse; **3**. *pop*. coisa maçante, cacete, chata; chateação, porre).

xa.van.te *s2gên* **1**. Membro dos xavantes, tribo indígena do grupo jê, de Mato Grosso. // *adj* **2**. Relativo ou pertencente a essa tribo. // *sm* **3**. Língua da família jê.

xa.ve.co *sm* **1**. Pequena embarcação usada por piratas no Mediterrâneo, nos sécs. XVIII e XIX. **2**.*P.ext*. Qualquer barco velho. **3**. *Pop*. Coisa sem valor nem importância. **4**. *Pop*. Ato de trapaceiro, velhaco ou vigarista; velhacaria, patifaria, xavecagem. **5**. *Gír*. Conversa atraente, cheia de astúcia ou manha, para convencer ou seduzir alguém; lábia, cantada. **6**. *Pop*. Pessoa sem valor nem importância; mequetrefe, pé de chinelo. → **xavecagem** *sf* [xaveco (4)]; **xavecar** *v* (praticar xavecagem).

xa.xa.do *sm* **1**. Gênero musical e coreográfico do folclore nordestino, originário do baião, difundido por Luís Gonzaga. **2**. Dança do sertão nordestino, bailada somente por homens, tornada popular pelos cangaceiros de Lampião, executada em círculo ou fila indiana, que consiste em avançar o pé direito em três ou quatro movimentos laterais e puxar o esquerdo, num rápido e deslizado sapateado. **3**. Música para essa dança.

xa.xim *sm* Tronco de certas samambaias, utilizado em floricultura.

xe.no.fi.li.a *sf* ou **xe.no.fi.lis.mo** *sm* Amor ou simpatia por tudo o que é estrangeiro. · Antôn.: *xenofobia*. → **xenófilo** *adj* e *sm* (que ou aquele que tem xenofilia), de antôn. *xenófobo*.

xe.no.fo.bi.a *sf* ou **xe.no.fo.bis.mo** *sm* Aversão ou hostilidade a tudo o que é estrangeiro. · Antôn.: *xenofilia*. → **xenófobo** *adj* e *sm* (que ou aquele que tem xenofobia), de antôn. *xenófilo*.

xê.non ou **xe.nô.nio** *sm* Elemento químico gasoso (símb.: **Xe**), incolor, inodoro, nobre, de n.º atômico 54, usado como anestésico em cirurgia e em lâmpadas de *flash* de longa duração.

xe.no.trans.plan.te *sm* Transplante de órgão, tecido ou células entre espécies distintas.

xe.pa (ê) *sf Pop*.**1**. Comida de quartel. **2**. Comida ordinária, de má qualidade. **3**. Restos de comida. **4**. Papel velho e usado, recolhido para ser reciclado nas fábricas de celulose. **5**. Sobras ou refugos de feiras livres e mercados, geralmente perecíveis, oferecidos a preço baixo ou distribuídos gratuitamente a pessoas carentes. **6**. *Gír*. Guimba, bagana, bituca.

xe.que *sm* **1**. Jogada, no xadrez, em que o rei é acossado por peça adversária. **2**. Risco, perigo. **3**. Entre os árabes, chefe de tribo; soberano, mandachuva. → **xeque-mate** *sm* (lance no jogo de xadrez em que o rei não pode ser defendido por outra pedra nem se mover sem ser comido), de pl. *xeques-mate* ou *xeques-mates*.

xe.re.ta (ê) *adj* e *s2gên* Que ou pessoa que é intrometida, bisbilhoteira, abelhuda ou enxerida. (Cuidado para não usar "xereto"!) → **xeretar** ou **xeretear** *v* (bisbilhotar, intrometer-se), sendo este conjugado por *frear*.

xe.ri.fe *sm* Delegado (nos Estados Unidos e na Inglaterra).

xé.rox (x = ks) *sf2núm* **1**. Processo de impressão em que por eletrostática se transfere imagem positiva a um papel; xerografia, xerocópia. **2**. Cópia assim obtida; xerografia, xerocópia. **3**. Máquina empregada nesse processo. → **xerocar** (xè) ou **xeroxar** (xè; x = ks) *v* (xerocopiar); **xerocópia** (xè) ou **xerografia** (xè) *sf* [xérox (1 e 2)]; **xerocopiar** (xè) ou **xerografar** (xè) *v* (tirar xérox de; xerocar); **xerográfico** (xè) *adj* (rel. a xerografia).

xe.ta (ê) *sf Pop*.NE Ato de atirar beijos a distância com gesto, numa atitude de provocação amorosa.

xe.xé *sm* **1**. Mascarado carnavalesco que representa um velho ridículo, vestido de casaca, calção e meia, armado de grande faca de pau. // *adj* e *s2gên* **2**. Que ou pessoa que, em razão da idade, ficou caduca ou gagá. **3**. Que ou pessoa que se caracteriza pela conduta ridícula.

xe.xe.len.to *adj Pop*. **1**. De qualidade inferior; ordinário, vagabundo: *restaurante xexelento*. **2**. De má aparência: *candidato xexelento não consegue emprego*. **3**. Diz-se daquele que implica com todo o mundo; implicante, chato: *velho xexelento*.

xi *interj* Indica desagrado ou expectativa de decepção.

xi.ba.tã *sm* V. **chibatã**.

xí.ca.ra *sf* **1**. Pequeno vaso com asa, no qual se bebe líquido quente (café, chá, leite, etc.). **2**. Conteúdo desse vaso.

xi.fó.pa.gos *adj* e *smpl* Que ou gêmeos que nascem ligados pelo tórax ou por qualquer parte do corpo. (Cuidado para não usar "xipófagos"!) → **xifopagia** *sf* (condição de xifópago).

xi.i.ta *s2gên* **1**. Membro da seita islâmica radical que rejeita os três primeiros califas e reconhece Ali, primo e genro de Maomé, e seus descendentes como sucessores legítimos de Maomé. **2**. Membro radical de qualquer partido ou agremiação, princ. de esquerda. // *adj* **3**. Diz-se de cada um desses membros. → **xiismo** *sm* (doutrina dos xiitas).

xi.le.ma *sm* Tecido vascular das plantas, responsável pela condução da água e dos nutrientes da raiz.

xi.lin.dró *sm* Cadeia, xadrez, prisão: *os corruptos conseguiram sair do xilindró*.

xi.lo.fo.ne *sm* **1**. Instrumento musical de percussão semelhante à marimba, com lâminas de madeira, originário da Indonésia e introduzido na Europa no séc. XVI. **2**. *Fig*. Pessoa que toca xilofone; xilofonista. → **xilofonista** *adj* e *s2gên* (que ou pessoa que toca xilofone).

xi.lo.gra.far *v* Gravar em madeira; xilogravar.

xi.lo.gra.fi.a *sf* Arte de gravar em madeira. → **xilografar** ou **xilogravar** *v* (gravar em madeira); **xilográfico** *adj* (rel. a xilografia); **xilógrafo** ou **xilogravador** (ô) *sm* (artista que grava em madeira); **xilogravura** *sf* **1**. (gravura em madeira; **2**. processo de gravar manualmente em madeira ou em metal, com buril); **xilogravurista** *adj* e *s2gên* (especialista em xilogravura).

xi.man.go *sm* Ave falconídea, uma das aves de rapina mais comuns na Argentina.

xim.bé ou **xim.be.va** *adj* Diz-se do animal que tem o focinho curto e achatado.

xim.bi.ca *sf Pop*. **1**. *Pej*. Cachaça. **2**. Certo jogo de cartas. **3**. Carro muito usado. **4**.*Chulo* Vulva. // *s2gên* **5**. *Pop*.PE Pessoa mentirosa.

xin.gar *v* Insultar com palavras: *xinguei os moleques*. → **xingação** *sf*, **xingamento** ou **xingo** *sm* (ato ou efeito de xingar); **xingatório** *adj* [caracterizado por xingo(s)] e *sm* (grande número de xingos); **xingo** *sm* [**1**. xingação; **2**. palavra(s) com que se xinga].

xin.to.ís.mo *sm* Religião nativa do Japão, de origem pré-histórica, baseada na crença de que a família real descende da deusa do Sol e caracterizada pela ausência de dogmas formais e pela veneração aos espíritos e ancestrais naturais. → **xintoísta** *adj* (rel. a xintoísmo) e *adj* e *s2gên* (que ou pessoa que professa o xintoísmo).

xin.xim *sm* Na culinária baiana, guisado de galinha cozido em pouca água e com vários condimentos, camarões, etc.

xi.que.xi.que *sm* Planta cactácea que atinge 2m de altura, rica em água, comum nas caatingas da Bahia a Pernambuco.

xi.rim.bam.ba *sf Pop*.MG V. **turumbamba**.

xis *sm2núm* Nome da letra *x*.

xis.to *sm* Nome genérico das rochas metamórficas que se dividem facilmente em camadas finas, como a ardósia.

xi.xi *sm* Urina. ·· **Fazer xixi**. Urinar.

xô *interj* Empregada para enxotar galinhas, outras aves e até mesmo pessoas, quando aborrecidas, cacetes, chatas, incômodas.

xo.dó *sm Pop*. **1**. Envolvimento amoroso com alguém; namoro: *não sei dizer bem como começou esse xodó com ela*. **2**. Carinho ou apego especial que se tem por pessoa, animal ou coisa: *meu avô tem um xodó pelos netos!; ela tem um xodó por esse gato!; tenho um xodó por esse carro!* **3**. Coisa ou animal pelo qual se tem esse carinho ou apego especial: *esse gato é o seu xodó; esse carro é o meu xodó*. **4**. *Fig*. Pessoa pela qual se tem esse carinho ou apego especial: *Beatriz sempre foi meu xodó*. **5**. Namorado(a): *quem é atualmente seu xodó, Hortênsia?* ·· **De xodó com**. Apaixonado ou gamado por: *Estou de xodó com a vizinha*.

xo.ta ou **xo.xo.ta** *sf Pop.Chulo* Genitália feminina; vulva.

xo.te *sm* **1**. Gênero musical do Nordeste, de origem alemã. **2**. Dança de salão executada no Nordeste, ao som de sanfonas. **3**. Música para essa dança.

xu.á *sm Gír*. Coisa maravilhosa; maravilha: *a conquista do pentacampeonato foi um xuá*.

xu.cro *adj* **1**. Diz-se do animal ainda não domado ou muito arisco. **2**. *Fig*. Sem cultura ou refinamento; ignorante, bronco. **3**. *Fig*. Sem nenhuma experiência; inexperiente: *ele é xucro em informática*. **4**. *Fig*. Grosseiro, mal-educado, rude. **5**. *Fig*. Diz-se daquele que se esquiva de estranhos; arredio, arisco: *as crianças da zona rural costumam ser xucras*. → **xucrice** *sf* ou **xucrismo** *sm* (**1**. qualidade de xucro; **2**. *fig*. ignorância; **3**. *fig*. falta de educação; grosseria). [Há os que preferem a forma com *ch* (*chucro*), que a 6.ª ed. do VOLP registra, mas não "chucrice" nem "chucrismo", dando a entender que a forma preferível é mesmo com *x*, ainda que o étimo da palavra seja quíchua.]

Y

y/Y *sm* Vigésima quinta letra do alfabeto português (de nome *ípsilon*), às vezes substituída pelo *i* (bo**y** = bó**i**) ou pelo ditongo *ai* (n**y**lon = n**ái**lon). Emprega-se muito em abreviaturas internacionais (**y**d = jarda), em símbolos químicos (**Y** = ítrio), na indicação de uma das incógnitas algébricas (**y**) e nos nomes próprios estrangeiros personativos e locativos e seus derivados (p. ex.: B**y**ron, b**y**roniano).

Yahoo *sm* Portal da Internet que incorpora um mecanismo de busca e um diretório de *sites* da *World Wide Web* organizados em uma hierarquia de categorias de tópicos. · Pronuncia-se *iárru*.

yakisoba [jap.] *sm* Prato da culinária japonesa que consiste em uma massa, semelhante ao talharim, acompanhada de vários legumes, carne, frango e molho especial. · Pronuncia-se *iáki-soba*.

yakitori [jap.] *sm* Prato da culinária japonesa que consiste em pequenos pedaços de frango desossado assados em pequenos espetos. · Pronuncia-se *iáki-tóri*.

yakon *sm* **1**. Planta andina de raiz suculenta, rica em vitamina e sais minerais, mas sem amido nem açúcares, com aspecto de batata-doce e sabor semelhante ao da pera, também conhecida como batata-*diet*. **2**. Essa raiz.

yang [chin.] *sm* V. **yin/yang, escola do**.

yd [ingl. *yard*] Símbolo de *jarda*.

yen [jap.] *sm* Unidade monetária do Japão; iene.

yin/yang, escola do. Escola filosófica chinesa (séc. IV e III a.C.) que estabeleceu uma oposição dialética entre dois princípios da realidade: o *yin* (feminino, negativo, passivo, frio, obscuro, Terra) e o *yang* (masculino, positivo, ativo, quente, luminoso, Céu), cuja interação influi nos destinos de todas as coisas e criaturas. · Pronuncia-se *iín-iâng*.

Yoga (ô) *sf* V. **ioga**.

yokozona [jap.] *sm* A mais alta classificação do sumô; grande campeão.

yonsei [jap.] *s2gên* Descendente da quarta geração de japoneses que emigraram para a América, aqui nascida e criada.

Youtube *sm* Serviço de compartilhamento de vídeo que permite aos usuários assistir a vídeos postados por outros usuários e enviar seus próprios vídeos. (Ainda que o *Youtube* possa servir a uma plataforma de negócios, a maioria das pessoas visita mesmo o *Youtube* para se divertir.)

yuan [chin.] *sm* Unidade monetária da China. · Pronuncia-se *iuã*.

yuppie [ingl.] *s2gên* Profissional urbano(a), muito preocupado(a) com a aparência, geralmente do mercado financeiro, jovem, educado(a), de formação universitária, muito ambicioso(a), bem-remunerado(a), de estilo de vida próspero e materialista. · Pl.: *yuppies*. · Pronuncia-se *iúpi*.

Z

z/Z *sm* Vigésima sexta e última letra do alfabeto. · Pl.: os *zz* ou os *zês*.

za.bum.ba *sm* Tambor grande, de forma cilíndrica; bombo. → **zabumbada** *sf* [1. ação, ato ou efeito de zabumbar; **2**. grande algazarra produzida por zabumba(s)]; **zabumbar** *v* [1. tocar zabumba; **2**. fazer algazarra com zabumba(s)]; **zabumbeiro** *sm* (tocador de zabumba).

za.ga *sf* **1**. Posição ocupada pelos dois zagueiros, o zagueiro central e o quarto-zagueiro. **2**. Esses dois zagueiros. **3**. Defesa ou retaguarda de uma equipe. → **zagueiro** *sm* [cada um dos dois jogadores (zagueiro central e quarto-zagueiro) que atuam na defesa, posicionando-se à frente do goleiro; beque], de fem. *zagueira*. ·· **Zagueiro central**. Zagueiro que joga entre o lateral-direito e o quarto- zagueiro, antigamente chamado *beque central*.

za.gal *sm* **1**. Pastor de rebanho ou de gado. **2**. Ajudante de fazenda de criação de gado. **3**. Rapaz forte, robusto. · Fem.: *zagala*.

zãi.bo ou **zâim.bo** *adj* **1**. Que tem pernas tortas; cambaio. **2**. Estrábico, vesgo, zarolho.

zai.no (ãi) *adj* **1**. Diz-se do cavalo de pelo castanho-escuro e uniforme, sem manchas nem malhas. **2**. Diz-se do cavalo que não tem manchas no pelo. **3**. *Pop.Pej*. Dissimulado, fingido, matreiro: *um político zaino*.

Zâmbia *sf* País da África, de área correspondente à dos estados de Minas Gerais, Ceará e Sergipe juntos. → **zambiano** *adj* e *sm*.

zan.ga *sf* **1**. Ato ou efeito de zangar(-se). **2**. Antipatia, aversão: *minha zanga com esse sujeitinho é antiga*. **3**. Mau humor: *o professor hoje está de zanga*. **4**. Aborrecimento, irritação: *a zanga do presidente com os jornalistas tem lá seu fundamento*. → **zangado** *adj* (aborrecido, irritado), de antôn. *contente, satisfeito*; **zangar** *v* (causar zanga a; perturbar, incomodar) **zangar-se** (aborrecer-se, irritar-se).

zan.gão ou **zân.gão** *sm* **1**. Macho da abelha. **2**. Vespa que não fabrica mel. **3**. *Fig*. Pessoa parasita, exploradora. · Pl.: *zangãos* ou *zangões* (de *zangão*) e *zângãos* (de *zângão*).

zan.zar *v* Andar à toa, sem rumo, de um lado para outro; vaguear: *estive zanzando pelas ruas da cidade*.

zapping [ingl.] *sm* Hábito de mudar constantemente os canais de televisão, usando o controle-remoto. · Pl.: *zappings*. · Pronuncia-se *zápin*. → **zapear** *v* (mudar constantemente de canal de televisão, usando o controle remoto), que se conjuga por *frear*.

za.ra.ba.ta.na *sf* Canudo comprido através do qual se expelem, com o sopro, setas ou bolinhas, geralmente untadas com veneno.

za.ro.lho (ô) *adj* e *sm* Caolho (1 e 2).

zar.par *v* **1**. Partir (embarcação); levantar âncora (navio). **2**. Fugir: *quando viu a polícia, zarpou*. **3**. Ir-se embora, partir: *os dois zarparam cedo de casa*.

zás *interj* Sugere pancada ou movimento rápido.

zê *sm* Nome da letra *z*. · Pl.: os *zês* ou os *zz*.

ze.bra (ê) *sf* **1**. Mamífero quadrúpede da família do cavalo, que vive em bandos, na África, de pelo com listras escuras e claras. (Voz: *relinchar, zurrar*.) **2**. *Pop*. Pessoa estúpida, burra, imbecil. **3**. *Pop*. Azarão em qualquer jogo ou disputa. **4**. *Pop*. Pequeno calombo lateral de pista de corridas, nas curvas mais fechadas do circuito, geralmente eminente e pintado de branco. → **zebral, zebrário** ou **zebrino** *adj* [rel. a zebra (1)].

ze.bu *sm* **1**. Variedade de boi, originário da Índia, dotado de corcova e pequenos chifres. // *adj* **2**. Diz-se desse boi. → **zebueiro** ou **zebuzeiro** *sm* (criador ou negociante de gado zebu); **zebuíno** *adj* (rel. a zebu ou próprio de zebu).

ze.fir *sm* Tecido de algodão, leve e transparente, utilizado na confecção de roupas infantis e de camisas masculinas.

zé.fi.ro *sm* Vento suave e fresco. → **zefirino** *adj* (rel. a zéfiro).

ze.lo (ê) *sm* **1**. Grande afeição ou extremo cuidado para com alguém ou alguma coisa: *é um marceneiro que mostra zelo na execução do seu ofício*. **2**. Devoção entusiástica por uma causa, ideal ou objetivo e incansável diligência e empenho em sua execução: *trabalhar com muito zelo*. → **zelador** (ô) *adj* (diz-se daquele que zela) e *sm* [1. num condomínio residencial, funcionário responsável pelo cumprimento das normas, manutenção da ordem, supervisão, limpeza e conservação do prédio; **2**. encarregado de cuidar de algum lugar (escola, museu, etc.); **3**. administrador das santas casas de misericórdia]; **zeladoria** *sf* (**1**. ofício ou cargo de zelador; **2**. lugar ou repartição onde trabalha o zelador); **zelar** *v* (**1**. ter zelo com; cuidar bem de: *zele seu nome, sua reputação!*; **2**. tomar conta de, com o máximo cuidado e interesse: *zele o seu carro!*);

zeloso (ô; pl.: ó) *adj* (**1**. que tem zelo; ardentemente dedicado ou devotado: *pai zeloso dos filhos*; **2**. cheio de empenho ou interesse; extremamente interessado: *ainda existem políticos zelosos em levar o país à ordem e ao progresso*).

zé-ma.né *sm Pop.Pej*. **1**. Pessoa tola, que nunca faz nada certo e sempre se dá mal. **2**. Pessoa que não tem nenhum prestígio; bola murcha. · Pl.: *zés-manés*.

zen *sm* **1**. Forma de budismo que teve início na China e se espalhou pelo Japão, em cuja cultura exerce até hoje grande influência; zen-budismo. // *adj* **2**. Relativo a essa forma de budismo. → **zen-budismo** *sm* (zen), de pl. *zen-budismos*; **zen-budista** *adj* (rel. a zen-budismo) e *adj* e *s2gên* (que ou pessoa que professa o zen-budismo), de pl. *zen-budistas*.

zé-nin.guém *sm Pop.Pej*. Pessoa insignificante, sem nenhuma importância; pé de chinelo, mequetrefe, joão-ninguém; zé-prequeté. · Pl.: *zés-ninguéns*.

zê.ni.te *sm* **1**. Ponto em que a vertical de um lugar vai encontrar a esfera celeste acima do horizonte (em oposição a *nadir*). **2**. *Fig*. Ponto mais elevado que se pode atingir; ápice, apogeu, auge: *atingir o zênite da carreira*. → **zenital** *adj* (rel. a zênite).

ze.pe.lim *sm* Balão dirigível, em forma de charuto.

zé-pe.rei.ra *sm Pop*. **1**. Bumbo. **2**. Tocador de bumbo. **3**. Certo ritmo carnavalesco executado no bumbo. **4**. Diversão carnavalesca em que um ou mais foliões tocam bumbos e desfilam em parada.

zé-po.vi.nho *sm Pop.Pej*. A classe social mais baixa da sociedade; ralé, plebe, rabacuada. · Pl.: *zé-povinhos*. · Antôn.: *elite*.

zé-pre.gos *sm2núm* Macho da tartaruga, conhecido no Amazonas por *capitari*.

zé-pre.que.té *sm Pop*. Zé-ninguém, pobre-diabo. · Pl.: *zés-prequetés* ou *zé-prequetés*.

ze.ro *sm* **1**. Figura ou símbolo numérico em forma de 0 que, por si só, não tem valor algum, indicando ausência de quantidade; cifra. **2**. Elemento de um conjunto que, quando acrescido a outro elemento qualquer no conjunto, produz uma soma idêntica com o elemento ao qual é acrescido. **3**. Número cardinal que indica a ausência de uma ou de todas as unidades em consideração. **4**. Número ordinal que indica um ponto inicial ou original. **5**. Ponto inicial da escala da maioria dos instrumentos de medição. **6**. Ponto ou grau mais baixo. **7**. Nota nula em exame, que indica nenhum conhecimento ou aproveitamento do que foi exigido ou ensinado. **8**. Ausência de um elemento linguístico, como um morfema, numa posição em que algo existe ou pode existir. **9**. *Fig.Pej*. Pessoa sem nenhuma importância; zé-ninguém, pé de chinelo, mequetrefe. // *adj* **10**. Novo: *a moto é zero*. (Usado no diminutivo, também não varia: *a moto é zerinho*.) → **zerar** *v* [**1**. reduzir a zero; tornar nulo, anular: *seu comportamento zerou nossos esforços*; **2**. reduzir (conta bancária) a zero: *zerei minha conta*; **3**. dar nota zero a: *o professor zerou a classe toda*; **4**. saldar, liquidar: *zerar uma dívida*; **5**. receber nota zero: *zerei em Física*]; **zerinho** *adj* (pop. novo em folha; novinho; zero-quilômetro: *comprei uma moto zerinho*; *comprei dois carros zerinho*), que, como se vê, não varia; **zero-quilômetro** *adj* e *sm* (que ou automóvel que acabou de sair da linha de produção da fábrica: *um zero-quilômetro já é difícil comprar, que se dirá, então, de dois zeros-quilômetros!*), de pl. *zeros-quilômetros*. [Na função de adjetivo (*carro zero-quilômetro*), não há variação: *carros zero-quilômetro*.] ·· **Ser zero à esquerda**. Ser pessoa sem nenhuma importância; ser insignificante na ordem das coisas; ser um zé-mané: *Quem é ele no governo? Um zero à esquerda!*

zes.to *sm* **1**. Pequeno pedaço da parte mais externa da casca cítrica (princ. limão e laranja), usado para dar sabor a algum alimento. **2**. *Fig.* Animação, entusiasmo: *aos 70 anos, ele ainda permanece com todo o zesto impetuoso da adolescência.*

ze.ta *sm* Nome da sexta letra do alfabeto grego, equivalente do nosso *z*. → **zetacismo** ou **zezeísmo** *sm* (vício de articulação que consiste em substituir qualquer consoante, geralmente uma fricativa, pelo fonema /z/.)

zeug.ma *sm* Figura de linguagem pela qual se subentendem, numa ou mais frases ou orações, palavras expressas noutra frase ou oração que com essas está ligada. Ex.: *Vi alguns rapazes e (algumas) garotas. Eu era pobre; ela (era) rica.* → **zeugmático** *adj* (rel. a zeugma ou que o apresenta).

zi.ca *sf Pop.* Azar, urucubaca, ziquizira.

zi.go.ma *sm* Osso em cada lado da face, formador da parte proeminente, chamada popularmente *maçã do rosto* e antigamente *malar*; osso zigomático. → **zigomático** *adj* (rel. a zigoma). ·· **Osso zigomático**. Zigoma.

zi.go.to (ô) *sm* **1**. Célula formada pela união ou fusão de dois gametas, antes de ela sofrer divisão, ou seja, a primeira célula de um novo indivíduo. **2**. Organismo que se desenvolve dessa célula. → **zigótico** *adj* (rel. a zigoto).

zi.gue-za.gue *sm* **1**. Série de linhas que se unem duas a duas, formando ângulos, cujos vértices estão voltados alternadamente para a direita e para a esquerda de uma linha média. **2**. Percurso assim delineado; sinuosidade. · Pl.: *zigue-zagues*. → **ziguezagueante** *adj* (que ziguezagueia); **ziguezaguear** *v* (fazer ziguezagues ou andar em ziguezague), que se conjuga por *frear*.

zi.lhão *num* Termo eminentemente popular (e sem registro no VOLP) que simula a função de um numeral e expressa a ideia de número ou quantidade extraordinariamente grande: *recebo um zilhão de cartas por mês; daqui a zilhões de anos, não só o nosso sistema solar, mas também a Via Láctea desaparecerão.* → **zilionário** *adj e sm* (que ou aquele que tem uma quantidade incalculável de bens: *o zilionário fundador da Tesla*) e *adj* (diz-se de quantia extraordinariamente grande: *quem ganhou o zilionário prêmio da loteria?*)

Zimbábue *sm* País da África, de área equivalente à dos estados do Mato Grosso do Sul e de Alagoas juntos. → **zimbabuano** *adj* e *sm* ou **zimbabuense** *adj* e *s2gên*.

zim.bó.rio *sm* Domo, coruchéu (2).

zi.na.bre *sm* V. **azinhavre**.

zin.co *sm* **1**. Elemento químico metálico (símb.: **Zn**), maleável e quebradiço, pouco resistente ao calor, de n.º atômico 30, empregado, em folhas, na cobertura de casas, galpões, etc. e na fabricação de vários utensílios domésticos. **2**. Folha desse metal.

zín.ga.ro *sm* Cigano músico.

zi.nha *sf* Qualquer mulher, princ. a sem nenhuma expressão: *bar frequentado por zinhas*.

zip [ingl.] *sm* **1**. Em informática, processo de compactação de arquivos, por meio de programas específicos, como o Winzip, p. ex. **2**. Arquivo compactado por esse processo. · Pl.: *zips*. · Pronuncia-se *zíp*. → **zipar** *v* [compactar (arquivos de computador) para armazenamento e uso]; **zip drive** *loc sm* (**1**. dispositivo de armazenamento magnético, removível, que utiliza discos flexíveis, com grande capacidade de armazenamento e alta velocidade de leitura e escrita, usado especialmente para fazer cópias de segurança ou becapes; **2**. esse disco), que se pronuncia *zip dráiv*.

zí.per *sm* Fecho corrediço dentado, usado em roupas, bolsas, etc.; fecho ecler. · Pl.: *zíperes*.

zi.qui.zi.ra ou **zi.gui.zi.ra** *sf Pop.* **1**. Azar, urucubaca. **2**. Qualquer doença, dor ou ferimento de causa não conhecida. **3**. Feitiçaria, mandinga, macumba, bruxaria, trabalho: *fizeram ziquizira para ela, que nunca mais conseguiu namorado*.

zir.rê *sf* Craconha; mesclado.

zo.ar *v* **1**. *Gír.* Fazer troça ou gozação de; gozar, caçoar, tirar: *que é isso, mano, você está me zoando?* **2**. Produzir ruído forte: *como helicóptero zoa!* **3**. Produzir ruído semelhante ao dos insetos em voo; zumbir. **4**. Divertir-se: *ele queria morar numa cidade grande, para poder zoar à vontade.* **5**. Provocar confusão ou bagunça; bagunçar: *essa gente só vem a estádio para zoar*. · Conjuga-se por *abençoar*. → **zoação** *sf* (*gír.* gozação); **zoada** *sf* (ruído forte e confuso; zoeira); **zoadeira** *sf* ou **zoadeiro** *sm* (zoada infernal e contínua); **zoante** *adj* (que zoa).

zo.dí.a.co *sm* **1**. Faixa da esfera celeste, dividida em doze seções, cada uma das quais correspondendo a uma constelação ou signo. **2**. Diagrama ou figura que representa o zodíaco. **3**. *Fig.* Circuito completo; círculo: *viver um zodíaco de azares.* → **zodiacal** *adj* (rel. a zodíaco).

zo.ei.ra *sf* Zoada. · Antôn.: *silêncio*.

zoi.ão (ôi) *sm Pop.* **1**. Olho grande e arregalado. **2**. Ambição exagerada; ganância: *entrou na pirâmide financeira pensando em ganhar milhões; resultado: perdeu tudo. Quem manda ter zoião?* // *adj* **3**. Ganancioso, zoiudo: *entrou na pirâmide financeira pensando em ficar milionário; resultado: perdeu tudo. Quem manda ser zoião?* → **zoiudo** (ôi) *adj* (**1**. que tem olhos grandes e arregalados; **2**. ganancioso; zoião).

zom.ba.ri.a *sf* Deboche, gozação, chacota, caçoada. → **zombador** (ô) *adj* e *sm* (que ou aquele que zomba); **zombar** *v* [debochar, caçoar, gozar: *todo corintiano gosta de zombar os* (dos) *palmeirenses e vice-versa*]; **zombeteiro** *adj* e *sm* (gozador, galhofeiro: *ter espírito zombeteiro*).

zo.na *sf* **1**. Região, área. **2**. Região caracterizada por certas particularidades. **3**. Cada uma das cinco regiões da superfície terrestre, divididas de acordo com o clima e a latitude. **4**. Bagunça, confusão. **5**. Redução de *zona do baixo meretrício*, área delimitada de uma cidade, especialmente destinada ao funcionamento da prostituição. → **zoneamento** *sm* (**1**. divisão de um espaço geográfico em seções ou áreas funcionais e específicas; **2**. red. de *zoneamento urbano*, divisão de áreas urbanas em zonas reservadas a determinados fins ou atividades, visando a um melhor planejamento urbano); **zonear** *v* (**1**. dividir por zonas; **2**. promover desordens ou bagunça; bagunçar), que se conjuga por *frear*.

Zona da Mata *loc sf* Sub-região do Nordeste brasileiro que se estende do leste do estado do Rio Grande do Norte até o sul da Bahia, formada por uma estreita faixa de terra, que apresenta temperaturas elevadas e grande pluviosidade no outono e no inverno, devido a sua proximidade do oceano. Recebeu esse nome por ter sido originalmente coberta pela Mata Atlântica, um dos biomas que abriga a maior biodiversidade do país, hoje quase que inteiramente devastada pelo homem.

zon.zo *adj* Atordoado. · Antôn.: *firme*. → **zonzeira** *sf* (tontura, tonteira).

zo.o *sm* Redução de *jardim zoológico* ou apenas de *zoológico*.

zo.o.ar.que.o.lo.gi.a *sf* Ramo da arqueologia que tem como objeto de estudo o conjunto de animais encontrados em sítios arqueológicos. → **zooarqueológico** *adj* (rel. a zooarqueologia); **zooarqueólogo** *sm* (aquele que é versado em zooarqueologia).

zo.o.lo.gi.a *sf* **1**. Ramo da biologia que estuda os animais e a vida animal. **2**. Vida animal de uma determinada área ou período. **3**. Característica de um determinado grupo animal. → **zoológico** *adj* (rel. a zoologia); **zoologista** *adj* e *s2gên* ou **zoólogo** *sm* (especialista em zoologia).

zoom [ingl.] *sm* **1**. Jogo de lentes em que é possível variar a distância focal, ao mesmo tempo em que se mantém o objeto focalizado, dando a impressão de que o objeto está se aproximando ou se afastando do observador, sem causar distorções; lente *zoom*. **2**. Efeito produzido por essa lente (abertura ou fechamento de um quadro); movimento de aproximação (*zoom in*) ou afastamento (*zoom out*) da câmera de um objeto, pessoa ou cena que está sendo filmada ou gravada. **3**. Ampliação de uma imagem na tela do microcomputador. · Pl.: *zooms*. · Pronuncia-se *zum*.

zo.o.no.se *sf* Doença de animais (raiva, etc.) que pode ser transmitida aos seres humanos. **zoonótico** *adj* (rel. a zoonose ou que a apresenta).

zo.o.tec.ni.a *sf* **1**. Ramo das ciências agrárias com atuação nas fazendas, na indústria alimentícia, na ração e de insumos para animais e nas cooperativas agropecuárias. **2**. Ciência que estuda a criação e o aperfeiçoamento de raça dos animais domésticos. → **zootécnico** *adj* (rel. a zootecnia) e *adj* e *sm* (especialista em zootecnia).

zo.ri *sm* Tradicional chinelo ou sandália japonesa, de tiras de palha entrelaçadas, para manter os pés sempre frescos.

zor.ra (ô) *sf* **1**. Trenó próprio para arrastar madeira ou grandes árvores abatidas. **2**. *Pop.* Confusão, bagunça, zona, baderna.

zu.ar.te *sm* **1**. Tecido de algodão azul, preto ou vermelho, ou mescla de algodão encorpado, rústico, com fios brancos e azuis; azulão. // *adj* **2**. Diz-se desse tecido.

zum.bi *sm* **1**. Fantasma que, segundo os cultos afro-brasileiros, só sai à noite. **2**. *Fig.* Pessoa que só sai à noite. **3**. Título que se dava ao chefe de um quilombo.

zum.bi.do *sm* **1**. Sussurro de abelhas, moscas, pernilongos, dengues e de outros insetos alados; zum-zum-zum, zum-zum. **2**. Qualquer som semelhante, de causa externa ou interna; zum-zum-zum, zum-zum. → **zumbir** *v* (**1**. dizer em voz baixa; sussurrar: *os namorados zumbem palavrinhas doces*; **2**. produzir ruído semelhante ao das abelhas e outros insetos) e *sm* (ato de zumbir).

zu.ni.do *sm* Som agudo do vento que passa por alguma greta ou que por ela ecoa. (Não se confunde com *zumbido*.) → **zunir** *v* [produzir (o vento, p. ex.) som agudo e sibilante].

zum-zum-zum ou **zum-zum** *sm* **1**. Zumbido. **2**. Notícia que se comenta à boca-pequena, geralmente sem nenhum fundamento; boato, diz que diz. · Pl.: *zum-zum-zuns, zum-zuns*.

zu.ra *adj* e *s2gên* Que ou pessoa que é avara, pão-duro, mão de vaca.

zu.re.ta (ê) *adj* e *s2gên Pop*. **1**. Que ou pessoa que é um tanto doida ou amalucada. **2**. Que ou pessoa que se irrita com facilidade; irascível: *chefe zureta*. **3**. Que ou pessoa que facilmente solta fogo pelos olhos de raiva.

zur.ro *sm* Voz do burro. → **zurrar** *v* (emitir zurros; ornejar).

zwieback [al.] *sm* Pão de ovos, geralmente adocicado, cozido, fatiado e torrado até ficar crocante. · Pronuncia-se *súibak*.

zzz *sm* Onomatopeia que procura reproduzir um ruído leve e contínuo: *como aborrece um zzz de pernilongo, quando o que mais interessa é pegar no sono!*